Diccionario Cambridge Pocket

ENGLISH - SPANISH
ESPAÑOL - INGLÉS

CAMBRIDGE UNIVERSITY PRESS
Cambridge, New York, Melbourne, Madrid, Cape Town, Singapore, São Paulo, Delhi

Cambridge University Press
C/ Basílica 17, 28020 Madrid, Spain

EDICIONES SM
C/ Impresores 2, Urbanización Prado del Espino, 28660 Boadilla del Monte (Madrid)

www.cambridge.org

First published 2008

Printed in Spain

ISBN 978-84-832-3476-1 POCKET paperback + CD-ROM (the Americas)
ISBN 978-84-832-3489-2 POCKET flexi-cover (the Americas)
ISBN 978-84-832-3471-5 POCKET paperback (the Americas)
ISBN 978-84-832-3478-5 POCKET flexi-cover + CD-ROM (Europe)

ISBN 978-84-832-3477-8 COMPACT paperback + CD-ROM (the Americas)
ISBN 978-84-832-3482-2 COMPACT paperback (the Americas)
ISBN 978-84-832-3475-4 COMPACT paperback + CD-ROM (Europe)

Diccionario Cambridge Pocket

Proyecto editorial
Concepción Maldonado

Coordinación editorial
Nieves Almarza
Yolanda Lozano

Asesoramiento y revisión
Mike Champion

Equipo de redacción
Amparo Cantalejo
Richard Cook
Cristina Cristóbal
Elena Díaz-Plaza
Mercedes Escudero
Juan Fernández
Miguel Ángel Galindo
Patricia Matas
Eva Piñeiro
Heather Sutton
Irene Tablado
Aránzazu Tauroni

Universidad de Salamanca
Julia Alonso
Amparo Cantalejo
Federico Faccio
María Jesús Fernández
Marta Fernández
Teresa Fuentes
Lucía Morado
Miguel Sánchez
Santiago Sánchez
Lara Sanz

Cuadros gramaticales y de uso
Carolina Blázquez

Ilustración
Fátima García García
Javier Olivares
Mª Antonia Santolaya
Javier Vázquez

Guía de Conversación
Mike Champion
Mercedes Escudero
Diseño e ilustraciones: Julio Sánchez

Gestión de la Base de Datos
Ana Castro
Antonio del Saz

Análisis del Corpus
Julie Moore

Apoyo base de datos del diccionario y el Corpus
Dominic Glennon

Preimpresión
Negra / Proyectos Gráficos

Fotografía
Javier Calbet; Sonsoles Prada; R. Open, J. Hancer, G. Howard, J. Player, J. Mead, S. Powell, M. Kaylan, M. Quaraishy / CAMERA PRESS-ZARDOYA; M. Franck, T. Hoepker, M. Parr, B. Barbey / MAGNUM-ZARDOYA; Laguna, R. Whitman / LIAISON-ZARDOYA; R. Shing, W. O. Appelioftt / ZARDOYA; Archivo SM; C. Windsor, D. E. Myers, S. Westmorland, N. Fobes; M. Smith; W. Corbett / FOTOTECA STONE; j: M. Navia; B. Simmons, C. Lacz, J. P. Durand, Lopesino Hidalgo / MARCO POLO; J. J: Balbuena; AGE FOTOSTOCK; J. M. Ruiz; M&C Denis Huot, M. Brodsky, B. Simmons / STOCK PHOTOS; Pedro Carrión; Olimpia Torres; F. López Aranguren, Amaro Olivares; J: M. Reyero; José Julián Rico; SIPA PRESS; EL CAMALEÓN; Gabriel Echevarría; José Luis González; Carlos Jiménez; Pascual Rubio; José Sacristán; A. Salazar; M. Carrazo / CONTIFOTO; P. A. Thompson / INDEX; J. Jaén / STAFF.

ÍNDICE GENERAL

Introduction

Cambridge POCKET is a bilingual dictionary specifically written to meet the needs of Spanish beginner learners of English.

This Spanish-English dictionary includes not only thousands of words, phrases and examples together with their translations, but also extensive notes highlighting the most common mistakes made by Hispanic learners of English all over the world, informed by the Cambridge Learner Corpus. At the same time, Grammar boxes focus on the most difficult and problematic aspects of English providing simple explanations and examples. The dictionary has an excellent coverage of British and American English as well as Spanish spoken in Spain and Latin America.

In addition, Cambridge POCKET includes a thorough 32 page Conversation Guide which contextualises common conversations and communications, showing the most frequent expressions and structures as well as essential vocabulary. This resource allows students of English visiting an English-speaking country for the first time to communicate successfully in various situations.

The 32-page full-colour section of illustrated vocabulary is designed to help students learn and consolidate the key vocabulary and to put it into context.

The English-Spanish dictionary section is filled with 'clues' in Spanish showing the different meanings of a word as well as real examples taken from the Cambridge International Corpus of more than a billion words in order to ensure students choose the correct word for any given situation.

Presentación

Cambridge POCKET es un diccionario bilingüe, pensado especialmente para cubrir las necesidades de estudiantes hispanohablantes de inglés, de nivel inicial.

Este diccionario ofrece, además de cientos de palabras, expresiones y ejemplos junto a sus traducciones, numerosas notas para destacar los errores más comunes cometidos por los hispanohablantes al expresarse en inglés. Estos errores han sido extraídos del **Cambridge Learner Corpus**. Asimismo, se han incluido unos cuadros de gramática que recogen los aspectos más problemáticos del inglés, con explicaciones sencillas y ejemplos prácticos. El diccionario cubre de manera extensiva el inglés británico y americano, así como el español de España y el de Hispanoamérica.

Igualmente, se incluye una Guía de Conversación de 32 páginas en la que se contextualizan conversaciones frecuentes, con vocabulario y estructuras esenciales para un estudiante de inglés que se encuentre por primera vez en un país de habla inglesa. Esta Guía le permitirá afrontar con éxito diversas situaciones de comunicación.

Las 32 páginas de ilustraciones temáticas en color están diseñadas para ayudar a aprender el vocabulario de forma significativa y contextualizada.

El diccionario inglés-español facilita la elección de los términos mediante abundantes 'pistas' en español sobre los distintos significados posibles de una palabra y ejemplos reales, obtenidos del **Cambridge International Corpus** que contiene más de mil millones de palabras.

Índice de cuadros gramaticales y de uso

Ordenados alfabéticamente, independientemente de que estén en la parte *English-Spanish* o en la parte español-inglés

Índice de la guía de conversación

Repertorio de las expresiones más útiles ordenadas alfabéticamente por temas

Índice de ilustraciones en color

Ordenados alfabéticamente por temas

Ejemplos de uso

Indicación en las palabras más usuales *(las primeras que hay que aprender)* →

↑**bike** /baɪk/ *n* [C] **1** *(inform)* ⇨bici **2** *(inform)* ⇨moto

Transcripción fonética y notas de pronunciación *(en la página 15 están todos los signos fonéticos)* →

↑**clothes** UK: /kləʊðz/ US: /kloʊðz/ *n* [PL] ⇨ropa: *Where did you put my clothes?* - ¿Dónde has puesto mi ropa? ■ PRON. La *e* no se pronuncia

Distinción inglés británico e inglés americano →

↑**lorry** UK: /ˈlɒr.i/ US: /ˈlɔːr-/ [*pl* lorries] *UK n* [C] **1** (*UK/US tb* **truck**) ⇨camión **2** ~ **driver** ⇨camionero,ra

Formas comparativas y superlativas del inglés →

↑**dizzy** /ˈdɪz.i/ *adj* [*comp* dizzier, *superl* dizziest] ⇨mareado,da

Información sobre el plural →

↑**beach** /biːtʃ/ [*pl* beaches] *n* [C] ⇨playa

Formas irregulares de verbos →

↑**arise, arose, arisen** /əˈraɪz/ [arising] *v* [I] ⇨presentarse ⇨surgir

Distinción clara entre locuciones y *phrasal verbs* →

↑**answer**[1] UK: /ˈɑːnt.sə^{r}/ US: /ˈænt.sɚ/ *v* [T, I] **1** ⇨contestar ⇨responder **2** **to ~ the door** ⇨abrir la puerta

PHRASAL VERBS

- **to answer back** ⇨replicar ⇨dar una mala contestación
- **to answer to *sb* (for *sth*)** ⇨responder ante alguien [de algo]

Notas gramaticales y de uso para evitar malas traducciones o usos incorrectos →

↑**prohibit** /prəˈhɪb.ɪt/ *v* [T] *(form)* ⇨prohibir ■ CONSTR. 1. to prohibit sb from doing sth 2. Se usa más en pasiva

↑**advice** /ədˈvaɪs/ *n* [U] ⇨consejo: *He asked me for advice* - Me pidió consejo; *I gave him a piece of advice* - Le di un consejo ■ Se dice *some advice* o *a piece of advice*. Incorrecto: *an advice* ■ Distinto de *notice* (aviso)

↑**library** /ˈlaɪ.brər.i, -bri/ [*pl* libraries] *n* [C] ⇨biblioteca: *to take some books out of the library* - sacar unos libros de la biblioteca ■ Distinto de *bookshop* (librería)

continuous /kənˈtɪn.ju.əs/ *adj* ⇨continuo,nua ⇨constante ■ Se usa para algo que no se interrumpe. Comparar con *continual*

adhesivo, va ▮ *adj.* **1** ⇒adhesive: *cinta adhesiva* - adhesive tape ▮ **adhesivo** *s.m.* **2** *(sustancia)* ⇒adhesive **3** *(pegatina)* ⇒sticker

Distintas categorías en una misma palabra

estación *s.f.* **1** *(del año)* ⇒season **2** *(de tren o de autobús)* ⇒station

Pistas que ayudan a encontrar la traducción deseada

llamada *s.f.* **1** *(telefónica)* ⇒phone call ⇒call: *llamada a cobro revertido* - reverse-charge call **2** *devolver la llamada* - to call back **3** *pasarle una llamada a alguien* - to put sb through

Abundantes ejemplos de uso

brazo *s.m.* **1** ⇒arm **2** *(de mar)* ⇒inlet **3** **~ de gitano** ⇒Swiss roll **4** **con los brazos abiertos** ⇒with open arms **5** **con los brazos cruzados** ⇒with folded arms **6** **dar el ~ a torcer** *col.* ⇒to give way **7** **del ~** ⇒arm in arm **8** **ser el ~ derecho de alguien** ⇒to be *sb's* right-hand person

Locuciones y expresiones usuales

mujer *s.f.* **1** ⇒woman (*pl* women) **2** *(esposa)* ⇒wife (*pl* wives)

Plurales irregulares

antena *s.f.* **1** *(de un aparato)* ⇒aerial UK; ⇒antenna US (*pl* antennas) **2** *(de un insecto)* ⇒antenna (*pl* antennae)

Distinción inglés británico e inglés americano

piscis *adj./s.com.* ⇒Pisces *n*

Categoría de la traducción, cuando no coincide exactamente con la del español

botella *s.f.* **1** ⇒bottle [Hay dos formas de decir *una botella de vino*: *a bottle of wine* (si está llena) y *a wine bottle* (si está vacía)] **2** **{de/en} botella** ⇒bottled

depender *v.* ⇒to depend [CONSTR. 1. to depend on sth/sb 2. to depend + interrogativo] [Se dice: *It depends on you - Depende de ti*. Incorrecto: *It depends of you*] **1 2 3**

fruta *s.f.* ⇒fruit [Normalmente se usa como nombre incontable. Se dice *the fruit*, *some fruit* o *a piece of fruit*. Incorrecto: *a fruit*]

Notas gramaticales y de uso para evitar malas traducciones o usos incorrectos

Índice de abreviaturas

adj	adjective	*numer.*	numeral
adj.	adjetivo	*offens*	offensive
adv	adverb	*old-fash*	old-fashioned
adv.	adverbio	*pl.*	plural
AMÉR.	Hispanoamericano	*poét.*	poético
art	article	*poses.*	posesivo
art.determ.	artículo determinante	*prep*	preposition
art.indeterm.	artículo indeterminado	*prep.*	preposición
Aus	Australian English	*prnl.*	pronominal
AUX	auxiliary verb	*pron*	pronoun
C	countable	*pron.*	pronombre
col.	coloquial	PRON.	Pronunciación
conj	conjunction	*pron.excl.*	pronombre exclamativo
conj.	conjunción	*pron.pers.*	pronombre personal
CONSTR.	Construcción	*relat.*	relativo
demos.	demostrativo	*s.*	sustantivo
desp.	despectivo	*s.amb.*	sustantivo ambiguo
euphem	euphemism	*sb*	somebody
excl	exclamation	*s.com.*	sustantivo común
excl.	exclamación	*s.f.*	sustantivo femenino
form	formal	*s.m.*	sustantivo masculino
form.	formal	*Scot*	Scottish English
hum	humorous	*sing*	singular
I	intransitive	*sth*	something
indef.	indefinido	T	transitive
inform	informal	U	uncountable
interj.	interjección	UK	British English
interrog.	interrogativo	US	American English
lit	literary	*v*	verb
n	noun	*v.*	verbo
NO PL	no plural	*very inform*	very informal
North Eng	Northern English	*vulg*	vulgar

Símbolos empleados en este diccionario

 Traducción

~ Sustituye la palabra que se traduce

 Separación de distintas categorías gramaticales

 Palabras que son marca comercial o proceden de una marca comercial

 Notas

 Transcripción fonética

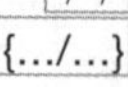 Se puede elegir cualquier elemento de los encerrados entre llaves

 Precede a las palabras más usuales (las primeras que hay que aprender)

Signos de transcripción fonética

Sonidos vocálicos

Vocales cortas

Símbolo:	Se pronuncia:
/æ/	**a**t, c**a**n,
/e/	**e**gg, b**e**d,
/ɪ/	**i**n, d**i**d, s**i**t,
/ɒ/	**o**n, **o**ff, t**o**p
/ʊ/	p**u**t, b**oo**k, c**ou**ld
/ʌ/	**u**s, s**u**n, b**u**t
/i/	ver**y**, happ**y**
/ə/	**a**go, b**a**lloon, cin**e**m**a**

Vocales largas

Símbolo:	Se pronuncia:
/ɑː/	**ar**m, c**ar**, f**a**ther
/iː/	**ea**t, m**e**, s**ee**
/ɜː/	b**ir**d, h**er**, l**ear**n
/ɔː/	**or**, h**or**se, s**aw**
/uː/	y**ou**, bl**ue**, t**oo**

Diptongos

Símbolo:	Se pronuncia:
/eɪ/	d**ay**, st**a**tion, **ei**ght
/aɪ/	**I**, m**y**, t**i**me
/ɔɪ/	b**oy**, t**oy**, c**oi**n
/əʊ/	**o**pen, g**o**, h**o**me
/oʊ/	low *(US)*
/aʊ/	**ou**t, n**ow**, br**ow**n
/ɪə/	**ea**r, y**ea**r, h**e**re
/eə/	**air**, h**air**, wh**ere**
/ʊə/	p**ure**, t**our**
/aɪə/	f**ire**, h**ire**
/aʊə/	o**ur**, s**our**, sh**ower**

Sonidos consonánticos

Símbolo:	Se pronuncia:
/b/	**b**ig, ca**b**
/d/	**d**o, sa**d**
/dʒ/	**g**entleman, **j**ust, brid**ge**
/f/	**f**at, i**f**
/g/	**g**o, ba**g**
/h/	**h**appy, **h**ouse
/j/	**y**es, **y**ou
/k/	**c**at, bla**ck**
/l/	**l**eg, litt**l**e
/m/	**m**e, ti**m**e
/n/	**n**ot, ca**n**
/ŋ/	ri**ng**, sa**ng**
/p/	**p**en, to**p**
/r/	**r**ed, d**r**y
/s/	**s**it, le**ss**
/ʃ/	**sh**e, fi**sh**
/t/	**t**en, bi**t**
/t̬/	be**tt**er *(US)*
/tʃ/	**ch**ip, cat**ch**
/v/	**v**et, gi**v**e
/w/	**w**e, **w**indow, q**u**een
/z/	**z**ip, la**z**y
/ʒ/	plea**s**ure, televi**s**ion
/ð/	**th**is, **th**ey, **th**en
/θ/	**th**in, **th**ink, ba**th**

Dictionary

ENGLISH SPANISH

a[1] /eɪ/ [*pl* a's] *n* [C] *(letra del alfabeto)* ⇒a

↑**a**[2] /ə, eɪ/ *art* **1** ⇒un,-a: *It's a girl* - Es una niña **2** ⇒un,-a: *I have a dozen eggs* - Tengo una docena de huevos; *a lot of ideas* - una cantidad de ideas **3** *(frecuencia)* ⇒al: *twice a year* - dos veces al año ■ Ver cuadro en esta página y ver cuadros any / a (en frases negativas e interrogativas) y a / an / the

A /eɪ/ [*pl* A's] ▮ *n* [C, U] **1** *(nota musical)* ⇒la **2** *(en un examen)* ⇒sobresaliente ▮ *n* [C] **3** ⇒A ■ Procede de amp (amperio)

abaci *n* [PL] See **abacus**

aback /ə'bæk/ **to be taken ~** ⇒dejar a alguien desconcertado,da

abacus /'æb.ə.kəs/ [*pl* abaci, abacuses] *n* [C] *(instrumento para cálculos aritméticos)* ⇒ábaco

↑**abandon** /ə'bæn.dən/ *v* [T] **1** ⇒abandonar **2** ⇒renunciar: *She abandoned her plan* - Renunció a su plan

abattoir UK: /'æb.ə.twɑːʳ/ US: /-twɑːr/ *UK n* [C] ⇒matadero

abbey /'æb.i/ *n* [C] ⇒abadía ■ Al dar el nombre de una abadía, se escribe con mayúscula inicial: *Westminster Abbey*

↑**abbreviate** /ə'briː.vi.eɪt/ [abbreviated, abbreviating] *v* [T] ⇒abreviar

abbreviation /əˌbriː.vi'eɪ.ʃən/ *n* [C] ⇒abreviatura ⇒sigla

abdicate /'æb.dɪ.keɪt/ [abdicated, abdicating] *v* [T, I] ⇒abdicar: *to abdicate in favour of sb* - abdicar en favor de alguien

abdomen /'æb.də.mən/ *n* [C] *(form)* ⇒abdomen

abduct /æb'dʌkt/ *v* [T] **1** ⇒secuestrar **2** ⇒abducir ■ CONSTR. Se usa más en pasiva

abide /ə'baɪd/ [abided, abiding] *v* [T] ⇒soportar: *I can't abide this heat* - No soporto este calor ■ Normalmente se usa con *can't* o *couldn't*

PHRASAL VERBS
· **to abide by *sth*** 1 *(una decisión)* ⇒acatar **2** *(una promesa)* ⇒cumplir

↑**ability** UK: /ə'bɪl.ɪ.ti/ US: /-ə.ˤt̬i/ [*pl* abilities] *n* [C, U] **1** ⇒capacidad **2** ⇒talento

ablaze /ə'bleɪz/ *adj* ⇒en llamas

↑**able** /'eɪ.bl̩/ *adj* **1** ⇒capaz ⇒competente **2 to be ~ to** ⇒ser capaz de ⇒poder ■ Se usa como infinitivo de *can*

↑**abnormal** UK: /æb'nɔː.məl/ US: /-'nɔːr-/ *adj* ⇒anormal

↑**aboard** UK: /ə'bɔːd/ US: /-'bɔːrd/ *adv, prep (en una embarcación, en un avión, en un tren)* ⇒a bordo

abode UK: /ə'bəʊd/ US: /-'boʊd/ *n* [C] *(form)* ⇒morada ⇒domicilio

↑**abolish** UK: /ə'bɒl.ɪʃ/ US: /-'bɑː.lɪʃ/ [abolishes] *v* [T] ⇒abolir ⇒suprimir

abolition /ˌæb.ə'lɪʃ.ən/ *n* [U] ⇒abolición

abominable UK: /ə'bɒm.ɪ.nə.bl̩/ US: /-'bɑː.mɪ-/ *adj* **1** ⇒abominable: *the abominable snowman* - el abominable hombre de las nieves **2** ⇒pésimo,ma

aboriginal /ˌæb.ə'rɪdʒ.ɪ.nəl/ *adj* ⇒aborigen

a / an

- **A** se usa delante de palabras que empiezan con sonido consonántico "a balloon" y delante de palabras que empiezan con "y", "eu" o "u" cuando estas letras iniciales se pronuncian como se pronuncia el pronombre "you" ("a young woman").
- **An** se usa delante de palabras que empiezan con sonido vocálico "an orange" y delante de palabras que empiezan por "h" cuando esta letra no se pronuncia ("an hour").

a	an
a dog	*an envelope*
a European country	*an elephant*
a yard	*an instrument*
a hero	*an honour*

(Ver también cuadro **a / an / the**.)

A

† **abort** UK: /əˈbɔːt/ US: /-ˈbɔrt/ *v* [T] **1** ⇒abortar [intencionadamente] **2** *(un proceso)* ⇒paralizar

abortion UK: /əˈbɔː.ʃən/ US: /-ˈbɔːr-/ *n* [C, U] ⇒aborto [intencional]

abortive UK: /əˈbɔː.tɪv/ US: /-ˈbɔːr.ˤt̬ɪv/ *adj (form)* ⇒fallido,da: *an abortive attempt* - un intento fallido

abound /əˈbaʊnd/ *v* [I] ⇒abundar

PHRASAL VERBS

· **to abound {in/with}** ***sth*** ⇒abundar algo: *This region abounds with vineyards* - En esta región abundan los viñedos

† **about** /əˈbaʊt/ *adv, prep* **1** ⇒sobre ⇒acerca de **2** ⇒aproximadamente ⇒más o menos **3** ⇒casi **4** ⇒por todas partes **5 {how/what} about...?** ⇒¿qué tal si...? **6 to be ~** ⇒tratar de

† **above** /əˈbʌv/ *adv, prep* **1** ⇒encima de ⇒por encima de ■ Ver cuadro over / above **2** ⇒arriba: *to receive orders from above* - recibir órdenes de arriba **3** ⇒más de: *above average* - más del promedio **4 ~ all** ⇒sobre todo

abrasive /əˈbreɪ.sɪv/ *adj* **1** *(un comportamiento)* ⇒brusco,ca ⇒corrosivo,va **2** *(una sustancia)* ⇒abrasivo,va ⇒áspero,ra

abreast /əˈbrest/ *adv* **1** ⇒a la par **2 to keep (*****sb*****) ~ of *****sth*** *(form)* ⇒mantener al corriente de algo

† **abroad** /əˈbrɔːd/ *adv* ⇒en el extranjero ⇒al extranjero ■ Incorrecto: *We're going to abroad*

† **abrupt** /əˈbrʌpt/ *adj* **1** ⇒brusco,ca ⇒abrupto,ta ⇒inesperado,da **2** ⇒brusco,ca ⇒cortante

abscess /ˈæb.ses/ [*pl* abscesses] *n* [C] *(en medicina)* ⇒absceso

† **absence** /ˈæb.sənts/ *n* [C, U] **1** ⇒ausencia **2 in the ~ of** ⇒a falta de: *In the absence of tea, I'll drink coffee* - A falta de té, beberé café

absent /ˈæb.sənt/ *adj* ⇒ausente ⇒distraído,da

absentee /ˌæb.sənˈtiː/ *n* [C] ⇒ausente

absent-minded /ˌæb.səntˈmaɪn.dɪd/ *adj* ⇒despistado,da ⇒distraído,da

† **absolute** /ˌæb.səˈluːt, ˈ---/ *adj* ⇒absoluto,ta ⇒total

absolutely /ˌæb.səˈluːt.li, ˈ--ˌ--/ *adv* **1** ⇒completamente ⇒absolutamente ⇒realmente **2** ⇒desde luego: *«Do you think we will win?» «Absolutely!»* - «¿Crees que vamos a ganar?» «¡Desde luego!»

absolve UK: /əbˈzɒlv/ US: /-ˈzɑːlv/ [absolved, absolving] *v* [T] *(form)* ⇒eximir: *The official report absolves him of blame* - El informe oficial le exime de culpa ■ CONSTR. to absolve sb from/of sth

† **absorb** UK: /əbˈzɔːb/ US: /-ˈzɔːrb/ *v* [T] **1** ⇒absorber **2** ⇒asimilar **3** ⇒amortiguar

absorbent UK: /əbˈzɔː.bənt/ US: /-ˈzɔːr-/ *adj (un material)* ⇒absorbente

absorbing UK: /əbˈzɔː.bɪŋ/ US: /-ˈzɔːr-/ *adj* ⇒cautivador,-a ⇒que te atrapa

abstain /æbˈsteɪn/ *v* [I] *(form)* ⇒abstenerse: *I abstained from voting* - Me abstuve de votar ■ CONSTR. to abstain from + doing sth

† **abstract** /ˈæb.strækt/ *adj* **1** ⇒abstracto,ta **2 in the ~** ⇒en abstracto

† **absurd** UK: /əbˈsɜːd/ US: /-ˈsɝːd/ *adj* ⇒absurdo,da

abundance /əˈbʌn.dənts/ *n* [U, NO PL] *(form)* ⇒abundancia: *in abundance* - en abundancia

abundant /əˈbʌn.dənt/ *adj (form)* ⇒abundante

abuse[1] /əˈbjuːs/ ▮ *n* [C, U] **1** ⇒abuso: *an abuse of power* - un abuso de poder ▮ *n* [U] **2** ⇒insultos **3** ⇒malos tratos

abuse[2] /əˈbjuːz/ [abused, abusing] *v* [T] **1** ⇒abusar de **2** ⇒insultar ⇒ofender **3** ⇒maltratar

abyss /əˈbɪs/ [*pl* abysses] *n* [C] *(lit)* ⇒abismo

† **academic** /ˌæk.əˈdem.ɪk/ *adj* **1** ⇒académico,ca: *academic standards* - niveles académicos **2** ⇒intrascendente ⇒irrelevante **3** ⇒teórico,ca ⇒especulativo,va

academy /əˈkæd.ə.mi/ [*pl* academies] *n* [C] ⇒academia

† **accelerate** UK: /əkˈsel.ə.reɪt/ US: /-ɚ.eɪt/ [accelerated, accelerating] *v* [T, I] ⇒acelerar

† **accent** /ˈæk.sənt/ *n* [C] **1** ⇒acento: *She speaks Spanish with a French accent* - Habla español con acento francés **2** *(en ortografía)* ⇒tilde ⇒acento **3** ⇒énfasis

accentuate /əkˈsen.tju.eɪt/ [accentuated, accentuating] *v* [T] ⇒acentuar ⇒enfatizar ⇒realzar

† **accept** /əkˈsept/ ▮ *v* [T, I] **1** ⇒aceptar ⇒aprobar ▮ *v* [T] **2** ⇒acoger **3** ⇒aceptar ⇒admitir **4** ⇒confesar ⇒reconocer ■ CONSTR. to accept + (that) ■ PRON. La primera *c* se pronuncia como una *k* y la segunda como una *s*

acceptable /əkˈsep.tə.bl̩/ *adj* ⇒aceptable ■ PRON. La primera *c* se pronuncia como una *k* y la segunda como una *s*

acceptance /əkˈsep.tənts/ *n* [U] ⇒aceptación ⇒aprobación ⇒acogida

† **access** /ˈæk.ses/ *n* [U] **1** *(a un lugar)* ⇒entrada ⇒acceso **2** *(a algo)* ⇒acceso ■ PRON. La primera *c* se pronuncia como una *k* y la segunda como una *s*

accessible /əkˈses.ə.bl̩/ *adj* ⇒accesible ■ PRON. La primera *c* se pronuncia como una *k* y la segunda como una *s*

accessory UK: /əkˈses.ər.i/ US: /-ɚ-/ [*pl* accessories] *n* [C] **1** ⇒accesorio ⇒complemento ■ Se usa más en plural **2** *(form)* ⇒cómplice: *to be an accessory to sth* - ser cómplice de algo

† **accident** /ˈæk.sɪ.dənt/ *n* [C] **1** ⇒accidente **2** *It was an accident* - Fue sin querer **3 by ~ 1** ⇒por casualidad: *I met him by accident* - Me lo encontré por casualidad **2** ⇒por descuido: *I dropped it by accident* - Se me cayó por descuido ■ PRON. La primera *c* se pronuncia como una *k* y la segunda como una *s*

accidental UK: /ˌæk.sɪˈden.tᵊl/ US: /-ˢt̬[ə]l/ *adj* ⇒casual un encuentro accidental; ⇒accidental ■ PRON. La primera *c* se pronuncia como una *k* y la segunda como una *s*

accidentally UK: /ˌæk.sɪˈden.tᵊl.i/ US: /-ˢt̬[ə]l-/ *adv* ⇒casualmente ⇒accidentalmente

acclaim¹ /əˈkleɪm/ *n* [U] ⇒aclamación ⇒aplauso ⇒buena acogida

acclaim² /əˈkleɪm/ *v* [T] ⇒aclamar

↑**accommodate** UK: /əˈkɒm.ə.deɪt/ US: /-ˈkɑː.mə-/ [accommodated, accommodating] *v* [T] **1** ⇒alojar **2** *(form)* ⇒adaptar(se) **3** ⇒complacer ⇒condescender

accommodation UK: /əˌkɒm.əˈdeɪ.ʃᵊn/ US: /-ˌkɑː.mə-/ (*US tb* **accommodations**) *n* [U] ⇒alojamiento ⇒habitaciones ⇒vivienda

accompaniment /əˈkʌm.pᵊn.ɪ.mənt/ *n* [C, U] **1** *(en música)* ⇒acompañamiento **2** *(en una comida)* ⇒guarnición

↑**accompany** /əˈkʌm.pə.ni/ [accompanies, accompanied] *v* [T] **1** *(form)* ⇒acompañar: *to accompany sb to a place* - acompañar a alguien a un sitio **2** *(en música)* ⇒acompañar

accomplice UK: /əˈkʌm.plɪs/ US: /-ˈkɑːm-/ *n* [C] ⇒cómplice

↑**accomplish** UK: /əˈkʌm.plɪʃ/ US: /-ˈkɑːm-/ [accomplishes] *v* [T] ⇒lograr ⇒realizar

accomplished UK: /əˈkʌm.plɪʃt/ US: /-ˈkɑːm-/ *adj (form)* ⇒consumado,da ⇒experto,ta

accomplishment UK: /əˈkʌm.plɪʃ.mənt/ US: /-ˈkɑːm-/ *n* [C, U] **1** ⇒logro ⇒realización **2** ⇒talento

accord¹ UK: /əˈkɔːd/ US: /-ˈkɔːrd/ *n* [C, U] **1** ⇒acuerdo [formal] ⇒convenio **2 with one ~** *(form)* ⇒de común acuerdo

accord² UK: /əˈkɔːd/ US: /-ˈkɔːrd/ *v* [T] *(form) (un trato especial)* ⇒conceder ⇒dar ■ CONSTR. to accord + dos objetos

PHRASAL VERBS
· **to accord with *sth*** *(form)* ⇒coincidir con algo

accordance UK: /əˈkɔː.dᵊnts/ US: /-ˈkɔːr-/ **in ~ with *sth*** *(form)* ⇒de acuerdo con algo: *In accordance with her wishes she was buried next to her husband* - De acuerdo con sus deseos, la enterraron junto a su marido

accordingly UK: /əˈkɔː.dɪŋ.li/ US: /-ˈkɔːr-/ *adv* **1** ⇒por consiguiente **2** ⇒en consecuencia: *to act accordingly* - actuar en consecuencia

↑**according to** *prep* ⇒según: *According to him, the fire was arson* - Según dice él, el incendio fue provocado

accordion UK: /əˈkɔː.di.ən/ US: /-ˈkɔːr-/ *n* [C] ⇒acordeón: *to play the accordion* - tocar el acordeón

account¹ /əˈkaʊnt/ *n* [C] **1** ⇒relato [de un evento] **2** ⇒cuenta bancaria **3** ⇒contabilidad **4** ⇒factura **5 {by/from} all accounts** ⇒por lo que dicen **6 of no ~** *(form)* ⇒sin ninguna importancia **7 on ~** ⇒a cuenta **8 on ~ of** ⇒a causa de **9 on {that/this} ~** *(form)* ⇒según {eso/esto} **10 to take *sth* into ~** ⇒tener algo en cuenta

account² /əˈkaʊnt/

PHRASAL VERBS
· **account for *sth*** **1** ⇒explicar ⇒rendir cuentas **2** ⇒constituir

accountable UK: /əˈkaʊn.tə.bl̩/ US: /-ˢt̬ə-/ *adj* ⇒responsable ■ CONSTR. Se usa detrás de un verbo

accountancy UK: /əˈkaʊn.tᵊnt.si/ US: /-ˢt̬[ə]nt-/ *UK n* [U] ⇒contabilidad

↑**accountant** UK: /əˈkaʊn.tᵊnt/ US: /-ˢt̬[ə]nt/ *n* [C] ⇒contable ⇒contador,-a AMÉR.

accounts /əˈkaʊnts/ *n* [PL] ⇒contabilidad ⇒cuentas

↑**accumulate** /əˈkjuː.mjʊ.leɪt/ [accumulated, accumulating] *v* [T, I] ⇒acumular(se)

accuracy /ˈæk.jʊ.rə.si/ *n* [U] ⇒precisión ⇒exactitud

↑**accurate** /ˈæk.jʊ.rət/ *adj* ⇒correcto,ta ⇒fiel ⇒preciso,sa

accusation /ˌæk.jʊˈzeɪ.ʃᵊn/ *n* [C, U] ⇒acusación: *a false accusation* - una acusación infundada

↑**accuse** /əˈkjuːz/ [accused, accusing] *v* [T] ⇒acusar: *to accuse sb of committing a crime* - acusar a alguien de cometer un delito ■ CONSTR. to accuse of + doing sth

accused the ~ ⇒el acusado, la acusada: *The accused appeared before the judge* - Los acusados comparecieron ante el juez

accustom /əˈkʌs.təm/

PHRASAL VERBS
· **to accustom *oneself* to {sth/doing *sth*}** ⇒acostumbrarse a algo

accustomed /əˈkʌs.təmd/ *adj* ⇒acostumbrado,da: *You'll soon get accustomed to it* - Pronto te acostumbrarás ■ CONSTR. accustomed to doing sth ■ PRON. La ***e*** no se pronuncia

ace /eɪs/ *n* [C] **1** *(naipe)* ⇒as **2** *(en tenis)* ⇒saque ganador

ache¹ /eɪk/ *n* [C] ⇒dolor ⇒molestia

ache² /eɪk/ [ached, aching] *v* [I] **1** ⇒doler: *My arms ache* - Me duelen los brazos **2** ⇒tener agujetas: *My legs ached the next day* - Tuve agujetas al día siguiente ■ PRON. Rima con *make*

↑**achieve** /əˈtʃiːv/ [achieved, achieving] *v* [T] ⇒lograr ⇒conseguir ■ Nunca se usa seguido de otro verbo

achievement /əˈtʃiːv.mənt/ *n* [C, U] ⇒logro ⇒realización

aching *adj* **1** ⇒dolorido,da **2** ⇒con agujetas

acid¹ /ˈæs.ɪd/ *n* [C, U] ⇒ácido

acid² /ˈæs.ɪd/ *adj* **1** ⇒ácido,da **2** *(un comentario)* ⇒mordaz **3** *(un sabor)* ⇒agrio,gria

acid rain *n* [U] ⇒lluvia ácida

A

↑**acknowledge** UK: /ək'nɒl.ɪdʒ/ US: /-'nɑː.lɪdʒ/ [acknowledged, acknowledging] *v* [T] ⇒reconocer ⇒admitir ■ CONSTR. 1. to acknowledge + (that) 2. to acknowledge + doing sth 3. to acknowledge + to do sth

acne /'æk.ni/ *n* [U] ⇒acné ■ PRON. La segunda sílaba se pronuncia como *knee*

acorn UK: /'eɪ.kɔːn/ US: /-kɔːrn/ *n* [C] ⇒bellota

acoustic /ə'kuː.stɪk/ *adj* ⇒acústico,ca

acoustics /ə'kuː.stɪks/ *n* [PL] ⇒acústica: *The acoustics in the hall are great* - La acústica de la sala es estupenda

↑**acquaintance** /ə'kweɪn.tᵊnts/ *n* [C] **1** ⇒conocido,da: *They're not friends, just acquaintances* - No son amigos, solo conocidos **2 to make sb's ~** *(form)* ⇒conocer a alguien [por primera vez]

acquainted UK: /ə'kweɪn.tɪd/ US: /-ˁt̬ɪd/ *adj* **1** *(form)* ⇒familiarizado,da ■ CONSTR. Se usa detrás de un verbo **2 to be ~ with sth/sb** *(form)* ⇒conocer ⇒estar familiarizado,da **3 to get ~ with sth/sb** *(form)* ⇒conocer [por primera vez] ■ PRON. La *e* se pronuncia como la *i* en *did*

acquiesce /ˌæk.wi'es/ [acquiesced, acquiescing] *v* [I] *(form)* ⇒condescender ⇒aceptar ⇒consentir ■ CONSTR. to acquiesce in/to sth

↑**acquire** UK: /ə'kwaɪəʳ/ US: /-'kwaɪə/ [acquired, acquiring] *v* [T] **1** *(posesiones)* ⇒adquirir ⇒obtener ⇒conseguir **2** *(conocimientos, habilidades)* ⇒adquirir ■ PRON. Rima con *fire*

acquisition /ˌæk.wɪ'zɪʃ.ᵊn/ *n* [C, U] ⇒adquisición

acquit /ə'kwɪt/ *v* [T] ⇒absolver ■ CONSTR. Se usa más en pasiva

↑**acre** UK: /'eɪ.kəʳ/ US: /-kə/ *n* [C] *(unidad de medida)* ⇒acre

acrobat /'æk.rə.bæt/ *n* [C] ⇒acróbata

acrobatics UK: /ˌæk.rə'bæt.ɪks/ US: /-'bæˁt̬-/ *n* [PL] ⇒acrobacia

acronym UK: /'æk.rəʊ.nɪm/ US: /-rə-/ *n* [C] ⇒acrónimo

↑**across** UK: /ə'krɒs/ US: /-'krɑːs/ *adv, prep* **1** ⇒a través de ⇒por **2** ⇒al otro lado de **3** ⇒de un lado a otro **4** ⇒al otro lado **5** *I ran across the street* - Crucé la calle corriendo ■ Se usa frecuentemente con verbos de movimiento. Al traducirlo en español su significado suele estar implícito en el verbo: *to swim across the river - cruzar el río nadando* ■ Ver cuadro **6** ⇒de ancho **7 ~ from** ⇒enfrente de

acrylic¹ /ə'krɪl.ɪk/ *adj* ⇒acrílico,ca

acrylic² /ə'krɪl.ɪk/ ▌*n* [U] **1** *(tela)* ⇒acrílico ▌*n* [C] **2** *(pintura)* ⇒acrílico

↑**act**¹ /ækt/ ▌*v* [I] **1** ⇒actuar ⇒hacer algo **2** ⇒comportarse ⇒hacer ▌*v* [T, I] **3** *(en teatro, en cine)* ⇒actuar ⇒interpretar

act² /ækt/ ▌*n* [NO PL] **1** *(para disimular)* ⇒acto ⇒engaño ▌*n* [C] **2** ⇒acto ⇒acción **3** *(en teatro)* ⇒acto **4** *(en un espectáculo)* ⇒número **5** *(tb* **Act of Parliament**) ⇒ley ⇒normativa **6 in the ~** ⇒con las manos en la masa ⇒in fraganti **7 to get one's ~ together** *(inform)* ⇒organizarse **8 to put on an ~** *(inform)* ⇒fingir

acting¹ /'æk.tɪŋ/ *adj* ⇒interino,na ⇒en funciones

acting² /'æk.tɪŋ/ *n* [U] ⇒arte dramático ⇒interpretación

↑**action** /'æk.ʃᵊn/ *n* [C, U] **1** ⇒acción **2 in ~** ⇒en acción: *You must come and see me in action* - Tienes que venir a verme en acción **3 to be out of ~** ⇒no funcionar: *This car is out of action* - Este coche no funciona **4 to put sth into ~** ⇒poner en práctica

activate /'æk.tɪ.veɪt/ [activated, activating] *v* [T] ⇒activar: *to activate a device* - activar un dispositivo

↑**active** /'æk.tɪv/ *adj* **1** ⇒activo,va ⇒dinámico,ca **2** ⇒activo,va ⇒implicado,da **3** *(un volcán)* ⇒en actividad

actively /'æk.tɪv.li/ *adv* ⇒activamente

activist /'æk.tɪ.vɪst/ *n* [C] *(en política)* ⇒activista

↑**activity** UK: /æk'tɪv.ɪ.ti/ US: /-ə.ˁt̬i/ [*pl* activities] *n* [C, U] **1** ⇒actividad ■ Se usa más en plural **2** ⇒movimiento ⇒bullicio

↑**actor** UK: /'æk.təʳ/ US: /-tə/ *n* [C] ⇒actor ⇒actriz ■ Para una mujer se suele usar *actress*

actress [*pl* actresses] *n* [C] ⇒actriz

↑**actual** /'æk.tʃu.əl, -tju-, -tʃʊl/ *adj* ⇒real ⇒verdadero,ra ■ Distinto de *current* (actual)

↑**actually** /'æk.tʃu.ə.li, -tju-, -tʃʊ.li/ *adv* **1** ⇒de hecho: *I grew more and more bored and actually fell asleep for a few minutes* - Estaba cada vez más aburrido; de hecho, me quedé dormido unos

across / through

- Se usa **across** para expresar un desplazamiento de un lado a otro:
  - *to walk across the road.* (cruzar la calle.)
- Se usa **through** para expresar un desplazamiento en el que se atraviesa un lugar con obstáculos:
  - *I had to go through the city and there was a terrible traffic jam.* (Tenía que cruzar la ciudad y había un tráfico horrible.)

  También se utiliza **through** para expresar el paso por un espacio en tres dimensiones:
  - *to go through a tunnel.* (pasar por el túnel.)

minutos 2 ⇒en realidad 3 ⇒a decir verdad ■ Distinto de *currently* (actualmente)

acupuncture UK: /ˈæk.jʊ.pʌŋk.tʃəʳ/ US: /-tʃɚ/ *n* [U] ⇒acupuntura

acute /əˈkjuːt/ *adj* **1** ⇒extremo,ma ⇒grave **2** ⇒agudo,da: *an acute pain* - un dolor agudo **3** *(un ángulo)* ⇒agudo,da **4** *(un sentido o una mente)* ⇒agudo,da ⇒perspicaz

ad /æd/ *n* [C] *(inform)* ⇒forma abreviada de **advertisement** (anuncio publicitario)

AD /ˌeɪˈdiː/ *adv* ⇒d.C. ⇒después de Cristo ■ Procede de *Anno Domini* (en el Año del Señor)

adamant /ˈæd.ə.mənt/ *adj* ⇒categórico,ca ⇒firme

Adam's apple /ˌæd.əmzˈæp.l̩/ *n* [C] *(en un hombre)* ⇒nuez ⇒bocado de Adán

↑**adapt** /əˈdæpt/ *v* [I] ⇒adaptar(se): *to adapt to a new situation* - adaptarse a una nueva situación; *Adapt the content for your audience* - Adapte el contenido para su público

↑**add** /æd/ *v* [T] **1** ⇒sumar **2** ⇒añadir ⇒agregar **3** *(un dato)* ⇒añadir ■ CONSTR. to add + that

PHRASAL VERBS
- **to add up** *(inform) (una situación)* ⇒cuadrar ⇒encajar *col.;* ⇒tener sentido
- **to add (*sth*) up [M]** *(cifras)* ⇒cuadrar
- **to add up to (*sth*)** ⇒ascender a

adder UK: /ˈæd.əʳ/ US: /-ɚ/ *n* [C] *(animal)* ⇒víbora

↑**addict** /ˈæd.ɪkt/ *n* [C] ⇒aficionado,da ⇒adicto,ta

addicted /əˈdɪk.tɪd/ *adj* ⇒adicto,ta

addiction /əˈdɪk.ʃᵊn/ *n* [C, U] ⇒adicción ⇒dependencia

addictive /əˈdɪk.tɪv/ *adj* ⇒adictivo,va

addition /əˈdɪʃ.ᵊn/ *n* [C, U] **1** *(en matemáticas)* ⇒suma **2** ⇒agregación ⇒incorporación ⇒adquisición

additional /əˈdɪʃ.ᵊn.ᵊl/ *adj* ⇒adicional ⇒extra

additive UK: /ˈæd.ɪ.tɪv/ US: /-ə.ˤt̬ɪv/ *n* [C] ⇒aditivo

↑**address**[1] UK: /əˈdres/ US: /ˈæd.res/ [*pl* addresses] *n* [C] **1** ⇒domicilio ⇒dirección **2** *(form)* ⇒discurso [formal]: *to give an address* - pronunciar un discurso

address[2] /əˈdres/ [addresses] *v* [T] **1** ⇒dirigir ⇒poner la dirección del destinatario **2** *(form)* ⇒dirigir **3** *(form) (al hablar)* ⇒dirigirse **4** *(un asunto, un problema)* ⇒abordar ⇒tratar

adept[1] /əˈdept/ *adj* ⇒ducho,cha ⇒hábil ■ Distinto de *supporter* (adepto,ta)

adept[2] /əˈdept/ *n* [C] ⇒experto,ta ■ Distinto de *supporter* (adepto,ta)

↑**adequate** /ˈæd.ə.kwət/ *adj* **1** ⇒suficiente **2** ⇒apropiado,da ⇒adecuado,da

adhere UK: /ədˈhɪəʳ/ US: /-ˈhɪr/ [adhered, adhering] *v* [I] *(form) (a una superficie)* ⇒adherirse ⇒pegarse

PHRASAL VERBS
- **to adhere to *sth*** **1** *(form) (una norma, regla o promesa)* ⇒cumplir con ⇒observar **2** *(form)* ⇒apoyar algo ⇒adherirse a algo

adhesive[1] /ədˈhiː.sɪv/ *n* [C, U] ⇒adhesivo ⇒pegamento

adhesive[2] /ədˈhiː.sɪv/ *adj* ⇒adhesivo,va

↑**adjacent** /əˈdʒeɪ.sᵊnt/ *adj (form)* ⇒adyacente ⇒contiguo,gua

↑**adjective** /ˈædʒ.ek.tɪv/ *n* [C] *(en gramática)* ⇒adjetivo

adjoining /əˈdʒɔɪ.nɪŋ/ *adj* ⇒colindante ⇒contiguo,gua

adjourn UK: /əˈdʒɜːn/ US: /-ˈdʒɝːn/ *v* [T, I] **1** *(form)* ⇒parar ⇒aplazar **2** *(form)* ⇒suspender(se) **3** *(en un tribunal): The court is adjourned* - Se levanta la sesión

↑**adjust** /əˈdʒʌst/ ▌*v* [T] **1** ⇒ajustar ⇒regular ⇒reajustar ▌*v* [I] **2** ⇒adaptarse

administration /ədˌmɪn.ɪˈstreɪ.ʃᵊn/ *n* [U] **1** ⇒administración **2** *US* ⇒gobierno: *the Kennedy administration* - el Gobierno de Kennedy

administrative UK: /ədˈmɪn.ɪ.strə.tɪv/ US: /-ˤt̬ɪv/ *adj* ⇒administrativo,va

admirable /ˈæd.mɪ.rə.bl̩/ *adj* ⇒admirable

admiral /ˈæd.mɪ.rəl/ *n* [C] ⇒almirante

admiration /ˌæd.mɪˈreɪ.ʃᵊn/ *n* [U] ⇒admiración

↑**admire** UK: /ədˈmaɪəʳ/ US: /-ˈmaɪr/ [admired, admiring] *v* [T] **1** ⇒estimar ⇒admirar **2** ⇒contemplar ⇒admirar

admission /ədˈmɪʃ.ᵊn/ ▌*n* [C] **1** *(de culpa o debilidad)* ⇒confesión ⇒reconocimiento **2** *n* [U] ⇒entrada ⇒admisión

↑**admit** /ədˈmɪt/ [admitted, admitting] ▌*v* [T, I] **1** ⇒reconocer ⇒admitir ■ CONSTR. 1. to admit + (that) 2. to admit + doing sth 3. to admit + to doing sth ▌*v* [T] **2** ⇒admitir ⇒permitir la entrada

adolescence /ˌæd.əˈles.ᵊnts/ *n* [U] ⇒adolescencia ■ PRON. La primera *c* no se pronuncia

↑**adolescent** /ˌæd.əˈles.ᵊnt/ *adj, n* [C] ⇒adolescente

↑**adopt** UK: /əˈdɒpt/ US: /-ˈdɑːpt/ ▌*v* [T, I] **1** *(un niño)* ⇒adoptar ▌*v* [T] **2** *(una actitud, un plan)* ⇒adoptar

adopted UK: /əˈdɒp.tɪd/ US: /-ˈdɑːp-/ *adj* ⇒adoptivo,va

adore UK: /əˈdɔːʳ/ US: /-ˈdɔːr/ [adored, adoring] *v* [T] **1** ⇒adorar **2** ⇒encantar: *I adore black and white films* - Me encantan las películas en blanco y negro

adorn UK: /əˈdɔːn/ US: /-ˈdɔːrn/ *v* [T] *(form)* ⇒adornar ⇒embellecer

adrenalin /əˈdren.ᵊl.ɪn/ (*tb* **adrenaline**) *n* [U] ⇒adrenalina

adrenaline *n* [U] See **adrenalin**

↑ **adult**[1] /ˈæd.ʌlt, əˈdʌlt/ *n* [C] ⇒adulto,ta ⇒mayor

adult[2] /ˈæd.ʌlt, əˈdʌlt/ *adj* ⇒adulto,ta ⇒para adultos

adulthood /ˈæd.ʌlt.hʊd, əˈdʌlt-/ *n* [U] **1** *(etapa)* ⇒madurez **2** ⇒mayoría de edad

advance[1] UK: /ədˈvɑːnts/ US: /-ˈvænts/ *n* [C, U] **1** *(en movimiento)* ⇒avance **2** ⇒progreso ⇒avance **3** *(sueldo)* ⇒adelanto **4 in ~** ⇒con antelación ⇒por adelantado

advance[2] UK: /ədˈvɑːnts/ US: /-ˈvænts/ [advanced, advancing] ▌*v* [T, I] **1** ⇒avanzar ⇒progresar ▌*v* [I] **2** *(en movimiento)* ⇒avanzar

advanced UK: /ədˈvɑːntst/ US: /-ˈvæntst/ *adj* **1** ⇒casi acabado,da ⇒adelantado,da **2** *(de nivel)* ⇒avanzado,da ⇒superior ■ PRON. La *e* no se pronuncia

↑ **advantage** UK: /ədˈvɑːn.tɪdʒ/ US: /-ˈvæn.ˤt̬ɪdʒ/ *n* [C, U] **1** ⇒ventaja ⇒provecho **2** *(en tenis)* ⇒ventaja **3 to take ~ of *sth*** ⇒aprovechar algo **4 to take ~ of *sb*** ⇒aprovecharse de alguien ■ PRON. La última *a* se pronuncia como la *i* en *did*

advantageous /ˌæd.vænˈteɪ.dʒəs/ *adj* ⇒ventajoso,sa

↑ **adventure** UK: /ədˈven.tʃəʳ/ US: /-tʃɚ/ *n* [C, U] **1** ⇒aventura **2 ~ sports** ⇒deportes de riesgo ■ PRON. Rima con *butcher*

adventurous UK: /ədˈven.tʃᵊr.əs/ US: /-tʃɚ-/ *adj* **1** ⇒aventurero,ra **2** ⇒emprendedor,-a **3** ⇒aventurado,da

↑ **adverb** UK: /ˈæd.vɜːb/ US: /-vɝːb/ *n* [C] *(en gramática)* ⇒adverbio

↑ **advert** UK: /ˈæd.vɜːt/ US: /-vɝːt/ *UK n* [C] ⇒forma abreviada de **advertisement** (anuncio publicitario)

↑ **advertise** UK: /ˈæd.və.taɪz/ US: /-vɚ-/ [advertised, advertising] ▌*v* [T] **1** ⇒anunciar: *to advertise a product* - anunciar un producto ▌*v* [I] **2** ⇒poner un anuncio **3** ⇒hacer publicidad

advertisement UK: /ədˈvɜː.tɪs.mənt/ US: /ˈæd.vɝː.taɪz.mənt/ *n* [C] **1** ⇒anuncio [publicitario] **2** *a job advertisement* - una oferta de trabajo ■ La forma abreviada es *ad* o *advert* ■ Distinto de *announcement* (declaración)

↑ **advice** /ədˈvaɪs/ *n* [U] ⇒consejo: *He asked me for advice* - Me pidió consejo; *I gave him a piece of advice* - Le di un consejo ■ Se dice *some advice* o *a piece of advice*. Incorrecto: *an advice* ■ Distinto de *notice* (aviso)

advisable /ədˈvaɪ.zə.bl̩/ *adj* ⇒aconsejable: *It's advisable to do physical exercise* - Es aconsejable hacer ejercicio físico ■ CONSTR. Se usa detrás de un verbo

advise /ədˈvaɪz/ [advised, advising] *v* [T, I] ⇒recomendar ⇒aconsejar ■ CONSTR. 1. to advise + that 2. to advise + doing sth 3. to advise + to do sth 4. to advise + interrogativa indirecta

advisory UK: /ədˈvaɪ.zᵊr.i/ US: /-zɚ-/ *adj* ⇒consultivo,va: *an advisory committee* - un comité consultivo

advocacy /ˈæd.və.kə.si/ *n* [U] ⇒apoyo ⇒defensa

advocate[1] /ˈæd.və.keɪt/ [advocated, advocating] *v* [T] ⇒propugnar ⇒abogar por ⇒recomendar

advocate[2] /ˈæd.və.kət/ *n* [C] **1** *UK* ⇒defensor,-a **2** *UK* ⇒abogado defensor, abogada defensora **3** ⇒adalid ⇒abanderado,da

aerial UK: /ˈeə.ri.əl/ US: /ˈer.i-/ *UK* (*US* **antenna**) *n* [C] ⇒antena [de un aparato]

aerobics UK: /eəˈrəʊ.bɪks/ US: /erˈoʊ-/ *n* [U] *(gimnasia)* ⇒aeróbic

↑ **aeroplane** UK: /ˈeə.rə.pleɪn/ US: /ˈer-/ *UK* (*US* **airplane**) *n* [C] ⇒avión ■ La forma abreviada es *plane*

aerosol UK: /ˈeə.rəʊ.sɒl/ US: /ˈer.ə.sɑːl/ *n* [C] ⇒aerosol

aesthetic UK: /esˈθet.ɪk/ US: /-ˈθeˤt̬-/ (*US tb* **esthetic**) *adj* ⇒estético,ca ⇒bonito,ta

↑ **affair** UK: /əˈfeəʳ/ US: /-ˈfer/ *n* [C] **1** ⇒asunto: *That is my affair* - Eso es asunto mío **2** ⇒ocasión ⇒acontecimiento **3** ⇒aventura amorosa ⇒lío *col.*

↑ **affect** /əˈfekt/ *v* [T] **1** ⇒afectar ⇒influir **2** ⇒conmover ⇒emocionar ■ CONSTR. Se usa más en pasiva

affected /əˈfek.tɪd/ *adj* ⇒afectado,da ⇒fingido,da

↑ **affection** /əˈfek.ʃᵊn/ *n* [U] ⇒cariño: *to have great affection for sb* - sentir mucho cariño por alguien ■ Distinto de *condition* (afección)

affectionate /əˈfek.ʃᵊn.ət/ *adj* ⇒cariñoso,sa: *She's a very affectionate person* - Es una persona muy cariñosa

affective *adj (form)* ⇒afectivo,va

affirm UK: /əˈfɜːm/ US: /-ˈfɝːm/ *v* [T] *(form)* ⇒afirmar ⇒declarar

affirmative UK: /əˈfɜː.mə.tɪv/ US: /-ˈfɝː.mə.ˤt̬ɪv/ *adj (form)* ⇒afirmativo,va

affix /ˈæf.ɪks/ [*pl* affixes] *n* [C] *(en gramática)* ⇒afijo

↑ **afford** UK: /əˈfɔːd/ US: /-ˈfɔːrd/ *v* [T] **1** *(una compra)* ⇒pagar ⇒permitirse **2** *(un error)* ⇒permitirse [el lujo de] **3** *(form)* ⇒proporcionar ■ CONSTR. to afford + to do sth

↑ **afraid** /əˈfreɪd/ *adj* **1** ⇒asustado,da: *Don't be afraid* - No estés asustado ■ CONSTR. Se usa detrás de un verbo **2 I'm ~ (that)** ⇒me temo que: *I'm afraid that I won't be able to go* - Me temo que no podré ir **3 to be ~ for *sth/sb*** ⇒temer por **4 to be ~ (of *sth*)** ⇒tener miedo: *He's afraid of flying* - Tiene miedo a volar ■ CONSTR. to be afraid of + doing sth **5 to be ~ to do *sth*** ⇒no atreverse a hacer algo

Africa /ˈæf.rɪ.kə/ *n* [U] ⇒África

African /ˈæf.rɪ.kən/ *adj, n* [C] ⇒africano,na

African-American (*tb* **Afro-american**) *adj, n* [C] ⇒afroamericano,na

Afro-american *adj, n* [c] See **African-American**

↑**after**[1] UK: /ˈɑː.təʳ/ US: /ˈæf.tɚ/ *prep* **1** *(tiempo)* ⇒después de **2** *(lugar)* ⇒detrás de **3** *(en una escala)* ⇒después de **4** *US (para las horas)* ⇒y **5 ~ all** ⇒después de todo ⇒con todo **6 ~ you** ⇒usted primero ⇒después de usted ⇒tú primero **7 the day ~ tomorrow** ⇒pasado mañana **8 to be ~ *sth*** ⇒buscar algo ⇒pretender

↑**after**[2] UK: /ˈɑː.təʳ/ US: /ˈæf.tɚ/ *conj* ⇒después de: *After finishing my homework, I phoned him* - Después de hacer los deberes, lo llamé por teléfono; *After forty-five minutes, the train finally arrived* - Después de cuarenta y cinco minutos, el tren por fin llegó ■ Nunca se usa seguido de un verbo en futuro

↑**afternoon** UK: /ˌɑː.təˈnuːn/ US: /ˌæf.tɚ-/ *n* [c, u] *(hasta las seis de la tarde)* ⇒tarde ■ Se usa desde las doce del mediodía hasta las seis de la tarde. Comparar con *evening* ■ Ver cuadro partes del día

afterward *US adv* See **afterwards**

↑**afterwards** UK: /ˈɑː.tə.wədz/ US: /ˈæf.tɚ.wɚdz/ (*US tb* **afterward**) *adv* ⇒después: *We left shortly afterwards* - Nos fuimos poco después

↑**again** UK: /əˈgen/ UK: /-ˈgeɪn/ US: /-ˈgen/ *adv* **1** ⇒de nuevo ⇒otra vez **2 ~ and ~** ⇒una y otra vez **3 never ~** ⇒nunca más **4 once ~** ⇒una vez más

↑**against** UK: /əˈgentst/ UK: /-ˈgeɪntst/ US: /-ˈgentst/ *prep* **1** *(contacto)* ⇒contra **2** *(en deportes)* ⇒contra **3** ⇒en contra de: *I'm against the death penalty* - Estoy en contra de la pena de muerte

↑**age**[1] /eɪdʒ/ *n* [u] **1** ⇒edad **2** ⇒época **3** ⇒vejez **4 for ages** *(inform)* ⇒hace mucho ⇒mucho tiempo **5 under ~** ⇒menor de edad ⇒demasiado joven

age[2] /eɪdʒ/ [aged, aging; *UK tb* ageing] *v* [T, I] ⇒envejecer: *She has aged a lot recently* - Ha envejecido mucho últimamente

aged[1] /ˈeɪ.dʒɪd/ *adj* ⇒viejo,ja ⇒mayor ■ PRON. La *e* se pronuncia como la *i* en *did*

aged[2] /eɪdʒd/ *n* ⇒de... años: *She has two girls, aged two and four* - Tiene dos hijas, de dos y cuatro años ■ PRON. La *e* no se pronuncia

ageing[1] /ˈeɪ.dʒɪŋ/ *UK* (*US* **aging**) *adj* ⇒avejentado,da

ageing[2] /ˈeɪ.dʒɪŋ/ *UK* (*US* **aging**) *n* [u] ⇒envejecimiento

agency /ˈeɪ.dʒənt.si/ [*pl* agencies] *n* [c] **1** ⇒agencia ⇒organismo **2 temp ~** ⇒empresa de trabajo temporal

↑**agenda** /əˈdʒen.də/ *n* [c] ⇒orden del día ■ Distinto de *diary* (agenda)

↑**agent** /ˈeɪ.dʒənt/ *n* [c] ⇒agente ⇒representante

aggravate /ˈæg.rə.veɪt/ [aggravated, aggravating] *v* [T] **1** *(inform)* ⇒fastidiar ⇒incordiar *col.*; ⇒irritar **2** ⇒agravar

↑**aggression** /əˈgreʃ.ən/ *n* [u] **1** ⇒agresión **2** ⇒agresividad

aggressive /əˈgres.ɪv/ *adj* **1** ⇒agresivo,va **2** *(una actitud)* ⇒violento,ta

agile UK: /ˈædʒ.aɪl/ US: /-[ə]l/ *adj* ⇒ágil: *You've got a very agile mind* - Tienes una mente muy ágil

aging /ˈeɪ.dʒɪŋ/ *US adj, n* [u] See **ageing**

agitated UK: /ˈædʒ.ɪ.teɪ.tɪd/ US: /-ˤţɪd/ *adj* ⇒perturbado,da ⇒nervioso,sa ■ PRON. La *e* se pronuncia como la *i* en *did*

agnostic UK: /ægˈnɒs.tɪk/ US: /-ˈnɑː.stɪk/ *n* [c] ⇒agnóstico,ca

↑**ago** UK: /əˈgəʊ/ US: /-ˈgoʊ/ *adv* ⇒hace: *I started learning English only two years ago* - Empecé a estudiar inglés hace solo dos años ■ Se sitúa detrás del período al que hace referencia y suele aparecer al final de la frase. Se usa con verbos en pasado simple o en pasado continuo. Comparar con *for* y *since*

agonize /ˈæg.ə.naɪz/ [agonized, agonizing] *v* [I] ⇒atormentar(se) ⇒reconcomer(se) ■ CONSTR. to agonize about/over sth ■ Distinto de *to be dying* (agonizar)

agony /ˈæg.ə.ni/ [*pl* agonies] *n* [c, u] ⇒sufrimiento ⇒agonía ⇒dolor [extremo]

agony aunt *UK n* [u] *(en un periódico o revista)* ⇒consejero,ra sentimental

↑**agree** /əˈgriː/ [agreed] ▮ *v* [T, I] **1** ⇒estar de acuerdo ■ CONSTR. to agree + (that) **2** ⇒ponerse de acuerdo ■ CONSTR. 1. to agree + (that) 2. to agree + to do sth ▮ *v* [I] **3** ⇒consentir ⇒acceder ■ CONSTR. to agree + to do sth **4** ⇒aprobar ⇒aceptar **5 not to ~ with *sb*** ⇒no sentarle bien a alguien

agreeable /əˈgriː.ə.bl̩/ *adj* **1** *(form)* ⇒conforme: *I'm agreeable to it* - Estoy conforme con ello ■ CONSTR. to be agreeable to sth **2** *(form)* ⇒agradable

agreed /əˈgriːd/ *adj (un precio, una norma)* ⇒fijado,da ⇒establecido,da ⇒acordado,da

↑**agreement** /əˈgriː.mənt/ *n* [c, u] **1** ⇒acuerdo: *to reach an agreement* - llegar a un acuerdo **2 in ~** ⇒de acuerdo

↑**agriculture** UK: /ˈæg.rɪ.kʌl.tʃəʳ/ US: /-tʃɚ/ *n* [u] ⇒agricultura

ah /ɑː/ *excl* ⇒¡ah!

aha /ɑːˈhɑː/ *excl* ⇒¡ajá! *col.*: *Aha, now I understand you!* - ¡Ajá, ahora te entiendo!

↑**ahead** /əˈhed/ *adv* **1** ⇒delante: *Who was ahead of me in the queue?* - ¿Quién estaba delante de mí en la fila? **2 straight ~** ⇒todo recto: *Go straight ahead until you get to the hospital* - Sigue todo recto hasta llegar al hospital **3 to be ~** ⇒llevar ventaja

ahead of *prep* **1** ⇒delante de: *Tony sat just ahead of Mary* - Tony se sentó justo delante de Mary **2 ahead of {schedule/time}** *to be a month ahead of schedule* - llevar un mes de adelanto sobre lo calculado

A

AI /ˌeɪˈaɪ/ *n* [U] ➾forma abreviada de **artificial intelligence** (inteligencia artificial)
aid[1] /eɪd/ *n* [C, U] **1** ➾ayuda ➾apoyo ➾auxilio **2 in ~ of *sth*/*sb*** ➾a beneficio de
aid[2] *v* [T] ➾ayudar ➾facilitar
↑ **AIDS** /eɪdz/ *n* [U] ➾sida ■ Procede de *Acquired Immune Deficiency Syndrome* (síndrome de la inmunodeficiencia adquirida)
ailment /ˈeɪl.mənt/ *n* [C] ➾achaque ➾dolencia ➾enfermedad
↑ **aim**[1] /eɪm/ ▌*n* [C] **1** ➾objetivo ➾propósito ▌*n* [U] **2** ➾puntería **3 to take ~** ➾apuntar
↑ **aim**[2] /eɪm/ *v* [T, I] **1** *(con un arma)* ➾apuntar **2** ➾proponerse ➾querer ➾pretender **3 to ~ *sth* at** ➾dirigir algo a
aimless /ˈeɪm.ləs/ *adj* ➾sin objetivo ➾sin propósito fijo ➾sin sentido
ain't /eɪnt/ **1** *(inform) (am not, are not, is not)* See **be 2** *(inform) (have not got, has not got)* See **have**
↑ **air**[1] UK: /eəʳ/ US: /er/ *n* [U] **1** ➾aire: *to get some fresh air* - tomar el aire **2** *(manera, apariencia): He had an air of incredulity* - Parecía no creerlo **3 by ~** ➾por avión **4 up in the ~** ➾en el aire *col.*
air[2] ▌*v* [T, I] **1** *(una prenda de vestir)* ➾airear ➾orear ▌*v* [T] **2** *(un lugar)* ➾ventilar ➾airear
↑ **air conditioning** *n* [U] ➾aire acondicionado
↑ **aircraft** UK: /ˈeə.krɑːft/ US: /ˈer.kræft/ [*pl* aircraft] *n* [C] ➾avión
airfare UK: /ˈeə.feə/ US: /ˈer.fer/ *n* [C] ➾precio del billete de avión
airfield UK: /ˈeə.fiːld/ US: /ˈer-/ *n* [C] ➾aeródromo
air force *n* [C] ➾fuerzas aéreas
air hostess [*pl* air hostesses] *UK n* [C] ➾azafata ➾aeromoza *AMÉR.*
↑ **airline** UK: /ˈeə.laɪn/ US: /ˈer-/ *n* [C] ➾línea aérea ➾compañía aérea
airliner UK: /ˈeəˌlaɪ.nəʳ/ US: /ˈerˌlaɪ.nə/ *n* [C] ➾avión [comercial] ➾avión de pasajeros
airmail UK: /ˈeə.meɪl/ US: /ˈer-/ *n* [U] ➾correo aéreo: *by airmail* - por correo aéreo
airplane UK: /ˈeə.pleɪn/ US: /ˈer-/ *US n* [C] See **aeroplane**
↑ **airport** UK: /ˈeə.pɔːt/ US: /ˈer.pɔːrt/ *n* [C] ➾aeropuerto
air raid *n* [C] ➾ataque aéreo
airtight UK: /ˈeə.taɪt/ US: /ˈer-/ *adj (un contenedor)* ➾hermético,ca
airway UK: /ˈeə.weɪ/ US: /ˈer-/ *n* [C] **1** *(en anatomía)* ➾vía respiratoria **2** *(en aviación)* ➾ruta aérea
airy UK: /ˈeə.ri/ US: /ˈer.i/ *adj* [*comp* airier, *superl* airiest] **1** *(una habitación)* ➾bien ventilado,da **2** *(una persona, una actitud)* ➾poco serio,ria ➾despreocupado,da
aisle /aɪl/ *n* [C] *(en un supermercado, un avión o una sala)* ➾pasillo ■ PRON. La *s* no se pronuncia
↑ **alarm** UK: /əˈlɑːm/ US: /-lɑːrm/ ▌*n* [U] **1** ➾alarma ➾miedo ➾pánico ➾susto **2** *n* [C] *(de luz o sonido)* ➾alarma **3 to raise the ~** ➾dar la alarma
alarm clock *n* [C] ➾despertador
alas /əˈlæs/ *adv (lit)* ➾desgraciadamente ➾por desgracia
Alaska /əˈlæs.kə/ *n* [U] ➾Alaska ■ La forma abreviada es *AK*
Alaskan /əˈlæs.kən/ *adj, n* [C] ➾de Alaska
Albanian /ælˈbeɪ.ni.ən/ *adj, n* [C] ➾albanés,-a
albeit UK: /ɔːlˈbiː.ɪt/ US: /ɑːl-/ *conj (form)* ➾aunque
album /ˈæl.bəm/ *n* [C] **1** ➾álbum: *photo album* - álbum de fotos **2** *(en música)* ➾álbum
↑ **alcohol** UK: /ˈæl.kə.hɒl/ US: /-hɑːl/ *n* [U] ➾alcohol
alcoholic UK: /ˌæl.kəˈhɒl.ɪk/ US: /-ˈhɑː.lɪk/ *adj, n* [C] ➾alcohólico,ca: *alcoholic drinks* - bebidas alcohólicas
ale /eɪl/ *n* [C, U] ➾cerveza: *pale ale* - cerveza rubia ligera
alert[1] UK: /əˈlɜːt/ US: /-ˈlɝːt/ *adj* **1** *(mentalmente)* ➾espabilado,da ➾despierto,ta **2** ➾alerta: *to be alert to sth* - estar alerta a algo
alert[2] UK: /əˈlɜːt/ US: /-ˈlɝːt/ *n* [C] **1** ➾alarma ➾alerta **2 bomb ~** ➾aviso de bomba
A level *n* [PL] ➾en el Reino Unido, examen estatal para estudiantes de diecisiete y dieciocho años
algae /ˈæl.giː/ *n* [PL] ➾algas
algebra /ˈæl.dʒə.brə/ *n* [U] *(en matemáticas)* ➾álgebra
Algerian UK: /ælˈdʒɪə.ri.ən/ US: /-ˈdʒɪr.i-/ *adj, n* [C] ➾argelino,na
alibi /ˈæl.ɪ.baɪ/ *n* [C] ➾coartada: *to have an alibi* - tener una coartada
alien[1] /ˈeɪ.li.ən/ *adj* ➾extraño,ña ➾ajeno,na
alien[2] /ˈeɪ.li.ən/ *n* [C] **1** ➾extraterrestre ➾alienígena **2** *(form) (persona)* ➾extranjero,ra
alienate /ˈeɪ.li.ə.neɪt/ [alienated, alienating] *v* [T] **1** ➾alienar: *His job alienated him* - Su trabajo lo alienaba **2** ➾ofender ➾provocar un alejamiento
alight /əˈlaɪt/ *UK adj* **1** ➾encendido,da ➾ardiendo ■ CONSTR. Se usa detrás de un verbo **2 to set *sth* ~** *UK* ➾prender fuego a algo
align *v* [T, I] ➾alinear

PHRASAL VERBS

· **to align *oneself* with *sb*** ➾aliarse con alguien: *They aligned themselves with the minority faction* - Se aliaron con la facción minoritaria

alike[1] /əˈlaɪk/ *adj* **1** ➾similar **2** *(carácter)* ➾igual **3 to look ~** ➾parecerse: *You two look very alike* - Vosotros dos os parecéis mucho ■ CONSTR. Se usa detrás de un verbo

A

alike[2] /əˈlaɪk/ *adv* **1** ⇒igual ⇒por igual **2** ⇒tanto: *both men and women alike* - tanto hombres como mujeres

↑**alive** /əˈlaɪv/ *adj* **1** ⇒vivo,va: *I think she's still alive* - Creo que sigue viva; *The bar of soap seems to be alive* - Parece que la pastilla de jabón está viva ■ CONSTR. Se usa detrás de un verbo **2 ~ and kicking** ⇒vivito,ta y coleando *col.* **3 to keep *sth* ~** ⇒conservar

↑**all**[1] UK: /ɔːl/ US: /ɑːl/ *pron* ⇒todo: *All you need is a bit of self-confidence* - Todo lo que necesitas es un poco más de confianza en ti mismo; *She's a woman that has seen it all* - Es una mujer que lo ha visto todo

all[2] UK: /ɔːl/ US: /ɑːl/ *adj* **1** ⇒todos,das: *All my friends came to the party* - Todos mis amigos vinieron a la fiesta **2** *(cantidad entera)* ⇒todo,da

↑**all**[3] UK: /ɔːl/ US: /ɑːl/ *adv* **1** ⇒por completo ⇒totalmente ⇒muy **2** *(en deportes): The score was three all* - El resultado fue empate a tres **3 ~ along** ⇒todo el tiempo **4 ~ but 1** ⇒todos,das menos: *All but Steven came to the ceremony* - Vinieron todos a la ceremonia, menos Steven **2** ⇒casi: *She all but died* - Casi se muere **5 ~ in** *(en un precio)* ⇒todo incluido **6 ~ in ~** ⇒en resumen ⇒en general ⇒a fin de cuentas **7 ~ over** ⇒por todo,da: *There were sheets of paper all over the floor* - Había papeles por todo el suelo **8 ~ the better** ⇒tanto mejor **9 ~ the more** ⇒todavía más: *It is snowing today, which makes our excursion all the more exciting* - Está nevando, lo que hace que nuestra excursión sea todavía más emocionante **10 ~ too** ⇒demasiado **11 in ~** ⇒en total **12 not at ~** ⇒en absoluto: *He isn't at all stupid* - No es tonto en absoluto **13 that's ~** ⇒eso es todo ⇒nada más **14 to be ~ over** ⇒haberse terminado: *It's all over, Jane, and I don't want to see you again* - Se ha terminado, Jane, y no quiero volver a verte

↑**allegation** /ˌæl.əˈgeɪ.ʃᵊn/ *n* [C] **1** ⇒alegación ⇒aseveración **2** ⇒acusación

↑**allege** /əˈledʒ/ [alleged, alleging] *v* [T] ⇒alegar: *She alleged that she was abroad at the time* - Alegó que se encontraba en el extranjero ■ CONSTR. 1. to allege + (that) 2. to allege + to do sth 3. Se usa más en pasiva

allegiance /əˈliː.dʒᵊnts/ *n* [U] ⇒lealtad: *to pledge allegiance to the flag* - jurar lealtad a la bandera

allergic UK: /əˈlɜː.dʒɪk/ US: /-lɝː-/ *adj* ⇒alérgico,ca: *I'm allergic to cats* - Soy alérgica a los gatos ■ CONSTR. Se usa detrás de un verbo

allergy UK: /ˈæl.ə.dʒi/ US: /-ɚ-/ [*pl* allergies] *n* [C] ⇒alergia: *I've got an allergy to some kinds of food* - Tengo alergia a algunos alimentos

alley /ˈæl.i/ *n* [C] ⇒callejón ⇒callejuela

↑**alliance** /əˈlaɪ.ᵊnts/ *n* [C] ⇒alianza ⇒acuerdo

↑**allied** /ˈæl.aɪd, əˈlaɪd/ *adj* **1** ⇒aliado,da **2** ⇒relacionado,da: *allied subjects* - temas relacionados

alligator UK: /ˈæl.ɪ.geɪ.təʳ/ US: /-ˤt̬ɚ/ *n* [C] ⇒caimán

all-night *adj* **1** *(un negocio)* ⇒abierto,ta toda la noche **2** *(un evento)* ⇒que dura toda la noche

↑**allocate** /ˈæl.ə.keɪt/ [allocated, allocating] *v* [T] ⇒asignar ⇒repartir ■ CONSTR. to allocate + dos objetos

allot UK: /əˈlɒt/ US: /-ˈlɑːt/ [allotted, allotting] *v* [T] ⇒asignar ■ CONSTR. 1. to allot + dos objetos 2. Se usa más en pasiva

all-out UK: /ˈɔːl.aʊt/ US: /ɑːl-/ *adj* ⇒total: *an all-out offensive* - una ofensiva total

↑**allow** /əˈlaʊ/ *v* [T] **1** ⇒permitir ⇒dejar ■ CONSTR. 1. to allow + to do sth 2. to allow + dos objetos 3. Se usa más en pasiva **2** *(form)* ⇒conceder ⇒admitir ■ CONSTR. to allow + that **3** ⇒calcular: *Allow five hour for the journey* - Calcula cinco horas para el viaje

PHRASAL VERBS

- **to allow for *sth*** ⇒tener algo en cuenta ■ CONSTR. to allow for + doing sth

allowance /əˈlaʊ.ᵊnts/ *n* [C] **1** ⇒concesión **2** *(dinero)* ⇒pensión ⇒asignación ⇒subvención **3** *US* ⇒paga semanal **4 to make ~ for *sth*** ⇒tener algo en cuenta: *We have to make allowance for bad weather* - Debemos tener en cuenta el mal tiempo **5 to make allowances for *sth/sb*** ⇒hacer concesiones ⇒ser compasivo,va

alloy /ˈæl.ɔɪ/ *n* [C] ⇒aleación

all right[1] *adj, adv* **1** ⇒bien: *The show was all right* - La función estuvo bien **2** ⇒seguro ⇒bien ■ CONSTR. Se usa detrás de un verbo

all right[2] *excl* ⇒de acuerdo

all-time UK: /ˈɔːl.taɪm/ US: /ˈɑːl-/ *adj* **1** ⇒de todos los tiempos: *an all-time record* - un récord de todos los tiempos **2** ⇒nunca visto,ta ⇒sin precedentes

ally[1] /ˈæl.aɪ/ [*pl* allies] *n* [C] ⇒aliado,da

ally[2] /əˈlaɪ/ [allies, allied]

PHRASAL VERBS

- **to ally *oneself* {to/with} *sb*** ⇒aliarse con alguien

almond UK: /ˈɑː.mənd/ US: /ˈɑːl-/ *n* [C, U] ⇒almendra: *almond flakes* - láminas de almendra

↑**almost** UK: /ˈɔːl.məʊst/ US: /ˈɑːl.moʊst/ *adv* ⇒casi: *Tim is almost as tall as his father* - Tim es casi tan alto como su padre; *I'm almost finished* - Casi he terminado

↑**alone** UK: /əˈləʊn/ US: /-ˈloʊn/ *adj, adv (sin compañía)* ⇒solo,la ■ CONSTR. Se usa detrás de un verbo ■ Hace referencia al estado. Comparar con *lonely*

↑**along**[1] UK: /əˈlɒŋ/ US: /-ˈlɑːŋ/ *prep* ⇒a lo largo de ⇒por

† **along²** UK: /əˈlɒŋ/ US: /-ˈlɑːŋ/ *adv* **1** *(hacia adelante): Drive along slowly until you see it* - Conduce despacio hasta que lo veas ■ Se usa frecuentemente con verbos de movimiento. Al traducirlo en español su significado suele estar implícito en el verbo: *to drive along - conducir* **2 ~ with sth/sb** ⇨con: *Are you coming along with us?* - ¿Te vienes con nosotros?

† **alongside** UK: /əˌlɒŋˈsaɪd/ US: /əˈlɑːŋ.saɪd/ *adv, prep* ⇨junto a ⇨al lado de ⇨al costado de ■ Se usa con objetos móviles. Comparar con *next to*

† **aloud** /əˈlaʊd/ *adv* ⇨en voz alta ⇨a voces

† **alphabet** /ˈæl.fə.bet/ *n* [c] ⇨alfabeto ⇨abecedario

alphabetical UK: /ˌæl.fəˈbet.ɪ.kəl/ US: /-ˈbeˤt̬-/ *adj* ⇨alfabético,ca: *in alphabetical order* - por orden alfabético

† **already** /ɔːlˈred.i/ *adv* **1** *(antes de ahora)* ⇨ya **2** *(antes de lo esperado)* ⇨ya ■ Se usa en oraciones afirmativas e interrogativas ■ Ver cuadro

† **alright** UK: /ɔːlˈraɪt/ US: /ɑːl-/ *adv* See **all right**

† **also** UK: /ˈɔːl.səʊ/ US: /ˈɑːl.soʊ/ *adv* ⇨también ⇨además ■ Normalmente *also* se sitúa delante del verbo principal y después del verbo auxiliar. *Too* y *as well* siempre se sitúan al final.

altar UK: /ˈɔːl.təʳ/ UK: /ˈɒl-/ US: /-ˤt̬ə/ *n* [c] ⇨altar: *high altar* - altar mayor

† **alter** UK: /ˈɒl.təʳ/ US: /ˈɑːl.ˤt̬ə/ *v* [T, I] **1** ⇨alterar ⇨cambiar **2** *(una prenda de vestir)* ⇨arreglar

alteration UK: /ˌɒl.təˈreɪ.ʃən/ US: /ˌɑːl.ˤt̬ə-/ *n* [c, u] **1** ⇨cambio ⇨alteración **2** *(ropa)* ⇨arreglo

† **alternate** UK: /ˈɒl.tə.neɪt/ US: /ˈɑːl.ˤt̬ə-/ [alternated, alternating] ▮ *v* [T] **1** ⇨alternar **2** ⇨alternar ⇨oscilar ■ CONSTR. Se usa generalmente seguido de las preposiciones between y with ▮ *v* [I] **3** ⇨turnarse

† **alternative** UK: /ɒlˈtɜː.nə.tɪv/ US: /ɑːlˈtɝː.nə.ˤt̬ɪv/ *n* [c] ⇨alternativa ⇨posibilidad ⇨opción

alternatively UK: /ɒlˈtɜː.nə.tɪv.li/ US: /ɑːlˈtɝː.nə.ˤt̬ɪv-/ *adv* **1** ⇨si no **2** *We could go to the cinema, or alternatively, we could go to the theatre* - Podemos ir al cine, o podemos ir al teatro

† **although** UK: /ɔːlˈðəʊ/ US: /ɑːlˈðoʊ/ *conj* **1** ⇨aunque: *Although I didn't study hard, I passed the exam* - Aprobé el examen, aunque no estudié mucho **2** ⇨a pesar de que ⇨aunque

altitude UK: /ˈæl.tɪ.tjuːd/ US: /-ˤt̬ə.tuːd/ *n* [c, u] ⇨altura ⇨altitud

† **altogether** UK: /ˌɔːl.təˈgeð.əʳ/ US: /ˌɑːl.təˈgeð.ə/ *adv* **1** ⇨totalmente ⇨del todo ⇨completamente **2** ⇨en total: *How much is it altogether?* - ¿Cuánto es en total?

† **aluminium** /ˌæl.jʊˈmɪn.i.əm/ *UK n* [u] **1** *(en química)* ⇨aluminio **2 ~ foil** ⇨papel de aluminio

† **always** UK: /ˈɔːl.weɪz/ US: /ˈɑːl-/ *adv* **1** ⇨siempre: *You can always change your mind* - Siempre puedes cambiar de idea ■ Se sitúa detrás del verbo *to be* y de los verbos auxiliares y modales, y delante de los demás verbos: *James has always turned up late - James siempre ha llegado tarde; I always walk to school - Siempre voy andando al colegio* **2 as ~** ⇨como siempre

already / yet

• **Already** se usa en oraciones afirmativas y en interrogativas que expresan sorpresa. **Already** se sitúa detrás de los verbos auxiliares y modales, y delante del resto de los verbos. Cuando expresa sorpresa porque la acción ha terminado solo puede situarse al final.

afirmativa	negativa	interrogativa
*I have **already** seen that film.* (Esa película ya la he visto.) *I **already** phoned him* (Ya le llamé.)	–	*Have you finished **already**?* (¿Has terminado ya?)

• ***Yet*** se usa en oraciones negativas y en interrogativas. ***Yet*** se sitúa al final de las oraciones.

afirmativa	negativa	interrogativa
–	*She hasn't phoned me **yet**.* (Aún no me ha llamado.)	*Have you finished **yet**?* (¿Has terminado ya?)

(Ver también cuadro **todavía**.)

↑ **a.m.** /ˌeɪˈem/ *adv* ⇒de la mañana: *School starts at 8.30 a.m.* - Las clases empiezan a las 8.30 de la mañana ■ Cuando se dice *a.m.* no se dice *o'clock* ■ Procede de *ante meridiem* (antes del mediodía)

am /æm, əm/ ⇒primera persona singular del presente del verbo *to be*

AM /ˌeɪˈem/ *n* [U] *(en la radio)* ⇒AM ■ Procede de *amplitude modulation* (modulación de amplitud)

amalgamate /əˈmæl.gə.meɪt/ [amalgamated, amalgamating] *v* [T, I] ⇒fusionarse

↑ **amateur** UK: /ˈæm.ə.təʳ/ US: /-ˤt̬ɚ/ *adj, n* [C] ⇒aficionado,da ⇒amateur

↑ **amaze** /əˈmeɪz/ [amazed, amazing] *v* [T] ⇒asombrar ⇒alucinar ■ PRON. La segunda sílaba, *maze*, rima con *days*

amazed /əˈmeɪzd/ *adj* **1** ⇒asombrado,da ⇒sorprendido,da ⇒alucinado,da **2** *I was amazed to hear that they had married* - Aluciné al oír que se habían casado ■ CONSTR. 1. amazed at/by sth/sb 2. amazed + to do sth 3. amazed + (that) ■ Ver cuadro adjetivos terminados en "-ed" / "-ing": excited / exciting

amazement /əˈmeɪz.mənt/ *n* [U] ⇒asombro: *He looked at me in amazement* - Me miró con asombro

amazing /əˈmeɪ.zɪŋ/ *adj* ⇒asombroso,sa ⇒alucinante ■ PRON. La segunda parte, *maz*, rima con *days* ■ Ver cuadro adjetivos terminados en "-ed" / "-ing": excited / exciting

amazingly /əˈmeɪ.zɪŋ.li/ *adv* ⇒increíblemente ⇒extraordinariamente

↑ **ambassador** UK: /æmˈbæs.ə.dəʳ/ US: /-dɚ/ *n* [C] ⇒embajador,-a

amber UK: /ˈæm.bəʳ/ US: /-bɚ/ *n* [U] **1** *(joya)* ⇒ámbar **2** *(color)* ⇒ámbar **3** *(en un semáforo)* ⇒amarillo

ambient /ˈæm.bi.ᵊnt/ *adj (form)* ⇒ambiental: *ambient temperature* - temperatura ambiental

ambiguity UK: /ˌæm.bɪˈgjuː.ɪ.ti/ US: /-ə.ˤt̬i/ [*pl* ambiguities] *n* [C, U] ⇒ambigüedad

↑ **ambiguous** /æmˈbɪg.ju.əs/ *adj* ⇒ambiguo,gua

↑ **ambition** /æmˈbɪʃ.ᵊn/ *n* [C, U] **1** ⇒ambición ⇒aspiración **2** *(cualidad)* ⇒ambición

ambitious /æmˈbɪʃ.əs/ *adj* ⇒ambicioso,sa

↑ **ambulance** /ˈæm.bjʊ.lənts/ *n* [C] ⇒ambulancia: *Call for an ambulance!* - ¡Pide una ambulancia!

ambush /ˈæm.bʊʃ/ [*pl* ambushes] *n* [C] ⇒emboscada

amen /ˌɑːˈmen, ˌeɪ-/ *excl* ⇒amén

amend /əˈmend/ *v* [T] *(un texto legal)* ⇒modificar ⇒enmendar ■ CONSTR. Se usa más en pasiva

amends /əˈmendz/ **to make ~** ⇒compensar a alguien por algo [mal hecho]

amenity UK: /əˈmiː.nɪ.ti/ US: /əˈmen.ə.ˤt̬i/ [*pl* amenities] *n* [C] ⇒instalación ⇒comodidad ⇒servicio ■ Se usa más en plural

American¹ /əˈmer.ɪ.kən/ *adj* **1** ⇒estadounidense ⇒norteamericano,na ⇒americano,na **2** *(América del sur, central y del norte)* ⇒americano,na

American² /əˈmer.ɪ.kən/ *n* [C] ⇒estadounidense ⇒norteamericano,na ⇒americano,na

American Indian (*tb* **Indian**) *adj, n* [C] *(de América del norte)* ⇒indio,dia ⇒amerindio,dia

amiable /ˈeɪ.mi.ə.bl̩/ *adj* ⇒atento,ta ⇒amable ⇒afable

amicable /ˈæm.ɪ.kə.bl̩/ *adj* ⇒amistoso,sa ⇒amigable

↑ **amid** /əˈmɪd/ *prep (form)* ⇒entre: *She told it to me amid sobs and tears* - Me lo contó entre sollozos y lágrimas

ammunition /ˌæm.jʊˈnɪʃ.ᵊn/ *n* [U] **1** ⇒munición **2** *(en una discusión)* ⇒argumentos

amnesia /æmˈniː.zi.ə, -ʒɚ/ *n* [U] ⇒amnesia: *to suffer from amnesia* - padecer amnesia

amnesty /ˈæm.nɪ.sti/ [*pl* amnesties] *n* [C, U] ⇒amnistía: *to grant an amnesty* - conceder una amnistía

↑ **among** /əˈmʌŋ/ (*tb* **amongst**) *prep (más de dos cosas o personas)* ⇒entre ■ Ver cuadro entre (among / between)

amongst *prep* See **among**

↑ **amount¹** /əˈmaʊnt/ *n* [C] **1** ⇒cantidad ⇒suma ■ Se usa especialmente con nombres incontables **2 to ~ to sth** *(una cantidad)* ⇒ascender a algo ⇒equivaler a algo

amount² /əˈmaʊnt/

PHRASAL VERBS

· **to amount to sth** *(una cantidad)* ⇒ascender a algo ⇒equivaler a algo

amp /æmp/ *n* [C] **1** *(en física)* ⇒amperio **2** *(inform)* ⇒forma abreviada de **amplifier** (amplificador)

↑ **ample** /ˈæm.pl̩/ *adj* ⇒abundante ⇒más que suficiente

amplifier UK: /ˈæm.plɪ.faɪ.əʳ/ US: /-ɚ/ *n* [C] ⇒amplificador ■ La forma abreviada es *amp*

amplify /ˈæm.plɪ.faɪ/ [amplifies, amplified] *v* [T] **1** ⇒amplificar **2** *(form)* ⇒ampliar

amputate /ˈæm.pjʊ.teɪt/ [amputated, amputating] *v* [T, I] ⇒amputar

↑ **amuse** /əˈmjuːz/ [amused, amusing] *v* [T] **1** ⇒divertir ⇒hacer gracia **2** ⇒entretenerse ⇒divertirse ■ CONSTR. Se usa más como reflexivo

amusement /əˈmjuːz.mənt/ *n* [U] ⇒diversión ⇒entretenimiento ⇒distracción

amusing /əˈmjuː.zɪŋ/ *adj* ⇒divertido,da ⇒entretenido,da ■ Distinto de *amused* (que se divierte) ■ Ver cuadro adjetivos terminados en "-ed" / "-ing": excited / exciting

↑ **an** /ən, æn/ *art* See **a** ■ Ver cuadros a / an y a / an / the

anaemia /əˈniː.mi.ə/ *UK* (*US* **anemia**) *n* [U] *(en medicina)* ⇒anemia ■ PRON. La segunda sílaba, *nae*, rima con *knee*

anaesthetic UK: /ˌæn.əsˈθet.ɪk/ US: /-ˈθeˤt̬-/ *UK* (*US* **anesthetic**) *n* [C, U] ⇒anestesia

analogy /əˈnæl.ə.dʒi/ [*pl* analogies] *n* [C, U] ⇒analogía: *by analogy* - por analogía

↑**analyse** /ˈæn.ᵊl.aɪz/ [analysed, analysing] *UK v* [T] ⇒analizar: *to analyse a text* - analizar un texto

analyses *n* [PL] See **analysis**

analysis /əˈnæl.ə.sɪs/ [*pl* analyses] *n* [C, U] **1** ⇒análisis **2 in the {final/last} ~** ⇒a fin de cuentas

↑**analyst** /ˈæn.ə.lɪst/ *n* [C] **1** ⇒analista: *He works as a financial analyst* - Trabaja como analista financiero **2** ⇒psicoanalista

analytical UK: /ˌæn.əˈlɪt.ɪ.kᵊl/ US: /-ˈlɪˤt̬-/ *adj* ⇒analítico,ca

anarchy UK: /ˈæn.ə.ki/ US: /-ɚ-/ *n* [U] ⇒anarquía

anatomy UK: /əˈnæt.ə.mi/ US: /-ˈnæˤt̬-/ [*pl* anatomies] *n* [C, U] ⇒anatomía

↑**ancestor** UK: /ˈæn.ses.təʳ/ US: /-tɚ/ *n* [C] ⇒antepasado,da ⇒precursor,-a

↑**anchor** UK: /ˈæŋ.kəʳ/ US: /-kɚ/ *n* [C] **1** ⇒ancla: *to drop anchor* - echar anclas **2** *(persona)* ⇒pilar ⇒sostén

↑**ancient** /ˈeɪn.tʃᵊnt/ *adj* **1** *(en historia)* ⇒antiguo,gua **2** *(inform)* ⇒muy viejo,ja: *Your car is ancient!* - ¡Tu coche es muy viejo! ■ Distinto de *elderly man/elderly woman* (anciano,na)

↑**and** /ænd, ənd, ən/ *conj* **1** ⇒y: *Pat plays the guitar and the violin* - Pat toca la guitarra y el violín **2** *(secuencia)* ⇒y **3** ⇒con: *fish and chips* - pescado con patatas fritas **4** *(comparación): higher and higher* - cada vez más alto **5** *(repetición): I've worked and worked* - He trabajado sin parar

Andorra /ænˈdɔː.rə/ *n* [U] ⇒Andorra

Andorran /ænˈdɔː.rən/ *adj, n* [C] ⇒andorrano,na

anecdote UK: /ˈæn.ɪk.dəʊt/ US: /-doʊt/ *n* [C] ⇒anécdota

anemia /əˈniː.mi.ə/ *US n* [U] See **anaemia**

anesthetic *US n* [U] See **anaesthetic**

↑**angel** /ˈeɪn.dʒᵊl/ *n* [C] **1** ⇒ángel **2** *(persona)* ⇒ángel ⇒cielo

↑**anger** UK: /ˈæŋ.gəʳ/ US: /-gɚ/ *n* [U] ⇒enfado ⇒ira

↑**angle** /ˈæŋ.gl̩/ *n* [C] **1** ⇒ángulo: *at a 180º angle* - en un ángulo de 180º; *an acute angle* - un ángulo agudo **2** ⇒punto de vista

Anglican /ˈæŋ.glɪ.kən/ *n* [C] ⇒anglicano,na

Anglo-Saxon UK: /ˌæŋ.gləʊˈsæk.sᵊn/ US: /ˌæŋ.gloʊ-/ *adj, n* [C] ⇒anglosajón,-a

Angola UK: /æŋˈgəʊ.lə/ US: /-ˈgoʊ-/ *n* [U] ⇒Angola

Angolan UK: /æŋˈgəʊ.lən/ US: /-ˈgoʊ-/ *adj, n* [C] ⇒angoleño,ña

angrily /ˈæŋ.grɪ.li/ *adv* ⇒con ira ⇒airadamente

↑**angry** /ˈæŋ.gri/ *adj* [*comp* angrier, *superl* angriest] **1** ⇒enfadado,da **2 to get ~** ⇒enfadarse ⇒embroncarse *AMÉR. col.*

anguish /ˈæŋ.gwɪʃ/ *n* [U] *(sufrimiento físico o mental)* ⇒angustia ⇒congoja

angular UK: /ˈæŋ.gjʊ.ləʳ/ US: /-lɚ/ *adj* **1** ⇒angular: *angular shapes* - formas angulares **2** *(una persona)* ⇒huesudo,da

↑**animal** /ˈæn.ɪ.məl/ *n* [C] **1** ⇒animal **2** *(offens)* ⇒bruto,ta *desp.*; ⇒bestia *desp.*

animate[1] /ˈæn.ɪ.mət/ *adj* ⇒viviente ⇒vivo,va ⇒animado,da

animate[2] /ˈæn.ɪ.meɪt/ [animated, animating] *v* [T] **1** ⇒animar: *A faint smile animated her face* - Una leve sonrisa animó su rostro **2** ⇒hacer dibujos animados

animated UK: /ˈæn.ɪ.meɪ.tɪd/ US: /-ˤt̬ɪd/ *adj* **1** ⇒animado,da ⇒vivaz **2 ~ cartoons** ⇒dibujos animados

animation /ˌæn.ɪˈmeɪ.ʃᵊn/ *n* [U] **1** ⇒vivacidad ⇒animación **2** *(en cine o en informática)* ⇒animación ⇒imágenes animadas

↑**ankle** /ˈæŋ.kl̩/ *n* [C] ⇒tobillo: *Kelly twisted her ankle yesterday* - Kelly se torció el tobillo ayer

↑**anniversary** UK: /ˌæn.ɪˈvɜː.sᵊr.i/ US: /-ˈvɝː.sɚ-/ [*pl* anniversaries] *n* [C] ⇒aniversario: *a wedding anniversary* - un aniversario de boda

↑**announce** /əˈnaʊnts/ [announced, announcing] *v* [T] ⇒anunciar ⇒declarar ⇒comunicar ⇒hacer público,ca ■ CONSTR. to announce + (that)

announcement /əˈnaʊnt.smənt/ *n* [C] ⇒declaración ⇒anuncio ■ Distinto de *advertisement* (anuncio publicitario)

announcer UK: /əˈnaʊnt.səʳ/ US: /-sɚ/ *n* [C] *(en la radio, en la televisión)* ⇒locutor,-a ⇒presentador,-a ⇒conductor,-a *AMÉR.*

↑**annoy** /əˈnɔɪ/ *v* [T] ⇒irritar ⇒mosquear *col.*; ⇒molestar ⇒fregar *AMÉR. col.*; ⇒chingar *AMÉR. vulg.*

annoyance /əˈnɔɪ.ᵊnts/ ▌*n* [U] **1** ⇒enfado ⇒enojo ▌*n* [C] **2** ⇒molestia ⇒irritación

annoyed /əˈnɔɪd/ *adj* ⇒enfadado,da ⇒irritado,da ⇒mosqueado,da *col.*

annoying /əˈnɔɪ.ɪŋ/ *adj* ⇒molesto,ta: *That noise is very annoying* - Ese ruido es muy molesto

↑**annual** /ˈæn.ju.əl, -jʊl/ *adj* ⇒anual: *annual income* - ingresos anuales

anonymity UK: /ˌæn.ɒnˈɪm.ɪ.ti/ US: /-əˈnɪm.ə.ˤt̬i/ *n* [U] ⇒anonimato

↑**anonymous** UK: /əˈnɒn.ɪ.məs/ US: /-ˈnɑː.nə-/ *adj* ⇒anónimo,ma: *an anonymous letter* - una carta anónima

anorak /ˈæn.ᵊr.æk/ *UK n* [C] **1** ⇒anorak **2** *UK (persona)* ⇒obseso,sa

anorexia /æn.əˌrek.si.ə.nəˈvəʊ.sə/ *(tb* **anorexia nervosa)** *n* [U] *(en medicina)* ⇒anorexia

† **another**[1] UK: /əˈnʌð.əʳ/ US: /-ə/ *adj* ⇒otro,tra ■ Se usa especialmente con sustantivos en singular sin artículo u otros determinantes, y con sustantivos en plural acompañados de un numeral: *Can you give me another sandwich?* - *¿Me puedes dar otro sándwich?*; *We have to wait another three months* - *Tendremos que esperar otros tres meses.* Comparar con *other*

† **another**[2] UK: /əˈnʌð.əʳ/ US: /-ə/ *pron* ⇒otro,tra: *I don't like this jacket; I want another* - Esta chaqueta no me gusta; quiero otra ■ Nunca se usa con artículo delante u otros determinantes. Incorrecto: *I want the another, I want other.* Comparar con *other*

† **answer**[1] UK: /ˈɑːnt.səʳ/ US: /ˈænt.sə/ *v* [T, I] **1** ⇒contestar ⇒responder **2 to ~ the door** ⇒abrir la puerta

PHRASAL VERBS
- **to answer back** ⇒replicar ⇒dar una mala contestación
- **to answer to *sb* (for *sth*)** ⇒responder ante alguien [de algo]

† **answer**[2] UK: /ˈɑːnt.səʳ/ US: /ˈænt.sə/ *n* [C] **1** ⇒contestación ⇒respuesta **2 in ~ to *sth*** ⇒en respuesta a algo ■ PRON. La *w* no se pronuncia

† **answering machine** *(UK tb* **answerphone)** *n* [C] ⇒contestador automático ■ PRON. La *w* no se pronuncia

† **answerphone** UK: /ˈɑːnt.sə.fəʊn/ US: /ˈænt.sə.foʊn/ *UK n* [C] See **answering machine**

† **ant** /ænt/ *n* [C] ⇒hormiga

antagonism /ænˈtæg.ə.nɪ.zəm/ *n* [U] ⇒antagonismo ⇒hostilidad

Antarctic UK: /ænˈtɑːk.tɪk/ US: /-ˈtɑːrk-/ *adj* ⇒antártico,ca

antelope UK: /ˈæn.tɪ.ləʊp/ US: /-ˤţ[ə]l.oʊp/ *n* [C] ⇒antílope

antenna /ænˈten.ə/ *n* [C] **1** *(de un insecto)* ⇒antena ■ Su plural es *antennae* **2** *US (UK* **aerial)** *(de un aparato)* ⇒antena ■ Su plural es *antennas*

anthem /ˈænt.θəm/ *n* [C] ⇒himno: *national anthem* - himno nacional

anthology UK: /ænˈθɒl.ə.dʒi/ US: /-ˈθɑː.lə-/ [*pl* anthologies] *n* [C] ⇒antología

anthropologist UK: /ˌænt.θrəˈpɒl.ə.dʒɪst/ US: /-ˈpɑː.lə-/ *n* [C] ⇒antropólogo,ga

anthropology UK: /ˌænt.θrəˈpɒl.ə.dʒi/ US: /-ˈpɑː.lə-/ *n* [U] ⇒antropología

† **antibiotic** UK: /ˌæn.ti.baɪˈɒt.ɪk/ US: /-ˤţi.baɪˈɑː.ˤţɪk/ *n* [C] *(en biología)* ⇒antibiótico ■ Se usa más en plural ■ PRON. La tercera sílaba, *bi*, rima con *by*

antibody UK: /ˈæn.tiˌbɒd.i/ US: /-ˤţiˌbɑː.di/ [*pl* antibodies] *n* [C] *(en biología)* ⇒anticuerpo

† **anticipate** /ænˈtɪs.ɪ.peɪt/ [anticipated, anticipating] *v* [T] **1** ⇒prever: *Do you anticipate any obstacles?* - ¿Prevés algún obstáculo?; ⇒esperar ■ CONSTR. to anticipate + that **2** ⇒adelantarse ⇒anticiparse

anticipation /ænˌtɪs.ɪˈpeɪ.ʃən/ *n* [U] **1** *(previo a algo)* ⇒ilusión ⇒excitación **2 in ~ of** ⇒en previsión de

anticlimax UK: /ˌæn.tiˈklaɪ.mæks/ US: /-ˤţi-/ [*pl* anticlimaxes] *n* [C] ⇒anticlímax ⇒decepción

antics UK: /ˈæn.tɪks/ US: /-ˤţɪks/ *n* [PL] **1** ⇒travesuras ⇒payasadas **2 to be up to *one's* ~** ⇒hacer de las suyas *col.*

antidote UK: /ˈæn.ti.dəʊt/ US: /-ˤţi.doʊt/ *n* [C] ⇒antídoto: *Laughing is a good antidote to stress* - La risa es un buen antídoto contra el estrés

antiquated UK: /ˈæn.tɪ.kweɪ.tɪd/ US: /-ˤţə.kweɪ.ˤţɪd/ *adj* ⇒anticuado,da

antique[1] /ænˈtiːk/ *n* [C] ⇒antigüedad ⇒reliquia

antique[2] /ænˈtiːk/ *adj* **1** ⇒antiguo,gua [con valor]: *an antique vase* - un jarrón antiguo **2 ~ dealer** ⇒anticuario,ria

antler UK: /ˈænt.ləʳ/ US: /-lə/ *n* [C] **1** *(de un ciervo, un alce, o un reno)* ⇒asta ⇒cuerno **2 antlers** *(de un ciervo, un alce, o un reno)* ⇒cornamenta

anus /ˈeɪ.nəs/ [*pl* anuses] *n* [C] ⇒ano

† **anxiety** UK: /æŋˈzaɪ.ə.ti/ US: /-ˤţi/ *n* [U] **1** ⇒preocupación ⇒inquietud **2** ⇒ansiedad: *anxiety attack* - ataque de ansiedad

anxious /ˈæŋk.ʃəs/ *adj* **1** ⇒preocupado,da ⇒nervioso,sa: *I'm always anxious before an exam* - Siempre estoy nerviosa antes de un examen **2** ⇒deseoso,sa ⇒ansioso,sa

anxiously /ˈæŋk.ʃə.sli/ *adv* **1** ⇒con gran preocupación **2** ⇒ansiosamente ⇒con ansiedad

† **any** /ˈen.i/ *adj, pron* **1** *(con nombres contables en oraciones interrogativas)* ⇒alguno,na **2** *(con nombres contables en oraciones negativas)* ⇒ninguno,na **3** *(con nombres incontables en oraciones interrogativas)* ⇒algo de **4** *(con nombres incontables en oraciones interrogativas): I haven't got any money. Have you got any?* - No tengo dinero. ¿Tú tienes? ■ Sin traducción en español **5** *(con nombres incontables en oraciones negativas)* ⇒nada **6** ⇒cualquiera: *You can get this book in any bookshop* - Este libro se consigue en cualquier librería **7** *(en oraciones condicionales): If I had any friends here...* - Si tuviera amigos aquí... ■ Normalmente se usa en oraciones interrogativas o negativas. Comparar con *some* ■ Ver cuadro en página siguiente y ver cuadro some / any

† **anybody** UK: /ˈen.iˌbɒd.i/ US: /-ˌbɑː.di/ *pron* See **anyone**

anyhow /ˈen.i.haʊ/ *adv* See **anyway**

any more **not... any more** ⇒ya no: *Brook doesn't live here any more* - Brook ya no vive aquí

A

† **anyone** /ˈen.i.wʌn/ (*tb* **anybody**) *pron* **1** *(en oraciones interrogativas)* ⇒alguien **2** *(en oraciones negativas)* ⇒nadie **3** *(en oraciones afirmativas)* ⇒cualquiera ⇒todo el mundo ■ Normalmente se usa en oraciones interrogativas o negativas. Comparar con *somebody*

anyplace /ˈen.i.pleɪs/ *US adv* See **anywhere**

† **anything** /ˈen.i.θɪŋ/ *pron* **1** *(en oraciones interrogativas)* ⇒algo **2** *(en oraciones negativas)* ⇒nada **3** *(en oraciones afirmativas)* ⇒cualquier cosa ⇒lo que sea ■ Normalmente se usa en oraciones interrogativas o negativas. Comparar con *something* **4 ~ but** ⇒todo menos: *They were anything but nice* - Eran todo menos agradables

† **anyway** /ˈen.i.weɪ/ (*tb* **anyhow**) *adv* **1** *(spoken)* ⇒de todas formas ⇒de todos modos **2** *(spoken)* ⇒al menos **3** *(spoken)* ⇒bueno: *Anyway, give my regards to Hannah* - Bueno, saluda a Hannah de mi parte **4** *(spoken) (para cambiar de tema)* ⇒cambiando de tema ⇒bueno

† **anywhere** UK: /ˈen.i.weəʳ/ US: /-wer/ (*US tb* **anyplace**) *adv* **1** *(en oraciones interrogativas)* ⇒en algún sitio ⇒a alguna parte **2** *(en oraciones afirmativas)* ⇒en cualquier lugar ⇒a cualquier lugar **3** *(en oraciones negativas)* ⇒en ningún sitio ⇒a ninguna parte

† **apart** UK: /əˈpɑːt/ US: /-ˈpɑːrt/ *adv* **1** ⇒separado,da ⇒aislado,da **2** *He stood some metres apart from the crowd* - Permaneció a unos metros de la multitud **3 ~ from** ⇒de no ser por ⇒aparte de

† **apartment** UK: /əˈpɑːt.mənt/ US: /-ˈpɑːrt-/ *US* (*UK* **flat**) *n* [C] ⇒piso ⇒apartamento ⇒departamento *AMÉR.*

apathetic UK: /ˌæp.əˈθet.ɪk/ US: /-ˈθeˁt̬-/ *adj* ⇒apático,ca

apathy /ˈæp.ə.θi/ *n* [U] ⇒apatía

ape /eɪp/ *n* [C] ⇒simio,mia

apologetic UK: /əˌpɒl.əˈdʒet.ɪk/ US: /-ˌpɑː.ləˈdʒeˁt̬.ɪk/ *adj* **1** ⇒apologético,ca ⇒de disculpa **2 to be ~ about *sth*** ⇒disculparse: *He was very apologetic about it* - Se disculpó mucho por lo ocurrido

apologise [apologised, apologising] *UK v* [I] See **apologize**

† **apologize** UK: /əˈpɒl.ə.dʒaɪz/ US: /-ˈpɑː.lə-/ [apologized, apologizing] (*UK tb* **apologise**) *v* [I] ⇒disculparse ⇒pedir disculpas

apology UK: /əˈpɒl.ə.dʒi/ US: /-ˈpɑː.lə-/ [*pl* apologies] *n* [C] **1** ⇒disculpa ■ Distinto de *defence* (apología) **2 to make no {apologies/apology} for *sth*** ⇒no disculparse por algo

apostle UK: /əˈpɒs.l̩/ US: /-ˈpɑː.sl̩/ *n* [C] ⇒apóstol

† **apostrophe** UK: /əˈpɒs.trə.fi/ US: /-ˈpɑː.strə-/ *n* [C] *(en ortografía)* ⇒apóstrofo ■ Ver cuadro signos de puntuación

† **appal** UK: /əˈpɔːl/ US: /-ˈpɑːl/ [appalled, appalling] *UK v* [T] **1** ⇒horrorizar ⇒indignar ⇒dejar consternado,da **2** ⇒repeler ⇒repugnar

appalling UK: /əˈpɔː.lɪŋ/ US: /-ˈpɑː-/ *adj* **1** ⇒horrible ⇒espantoso,sa **2** ⇒pésimo,ma ⇒atroz

apparatus UK: /ˌæp.əˈreɪ.təs/ US: /-ˈræˁt̬.əs/ ▌*n* [U] **1** ⇒aparato ⇒equipo ▌*n* [C] **2** *(en una organización)* ⇒aparato ■ El plural es *apparatus* o *apparatuses* **3** *(en anatomía)* ⇒aparato ■ El plural es *apparatus* o *apparatuses*

† **apparent** UK: /əˈpær.ənt/ US: /-ˈper-/ *adj* **1** ⇒claro,ra ⇒evidente **2** ⇒aparente ⇒supuesto,ta

† **apparently** UK: /əˈpær.ənt.li/ US: /-ˈper-/ *adv* ⇒al parecer ⇒por lo visto ⇒dizque *AMÉR.*

† **appeal¹** /əˈpiːl/ ▌*n* [C] **1** ⇒petición **2** ⇒llamamiento ▌*n* [C, U] **3** *(en derecho)* ⇒apelación ⇒recurso ▌*n* [U] **4** ⇒atractivo ⇒encanto

appeal² /əˈpiːl/ *v* [I] **1** ⇒pedir ⇒solicitar **2** ⇒atraer ⇒interesar ■ CONSTR. to appeal + to sb **3** *(en derecho)* ⇒apelar

† **appear** UK: /əˈpɪəʳ/ US: /-ˈpɪr/ *v* [I] **1** ⇒aparecer ⇒salir **2** ⇒parecer ⇒parece ser que ■ CONSTR. 1. to appear + (that) 2. to appear + to do sth **3** *(en derecho)* ⇒comparecer

appearance UK: /əˈpɪə.rənts/ US: /-ˈpɪr.[ə]nts/ ▌*n* [C] **1** ⇒aparición: *He recorded his appearance on TV* - Grabó su aparición en televisión ▌*n* [C, U] **2** ⇒aspecto **3 to keep up appearances** ⇒mantener las apariencias

appendicitis UK: /əˌpen.dɪˈsaɪ.tɪs/ US: /-ˁt̬ɪs/ *n* [U] ⇒apendicitis ■ La penúltima sílaba *ci* rima con *my*

any / a (en frases negativas e interrogativas)

- **Any** se usa:
  - Con nombres en plural:
    - *Have you got **any** cookies?* (¿Tienes galletas?)
    - *We don't have **any** stamps.* (No tenemos ningún sello.)
  - Con nombres incontables
    - *Is there **any** sugar left?* (¿Queda algo de azúcar?)
- **A** solo se usa con nombres contables en singular:
  - *Have you got **a** pen?* (¿Tienes un bolígrafo?)
  - *She hasn't got **a** dog.* (Ella no tiene un perro.)

(Ver también cuadro **some / any**.)

appendix /ə'pen.dɪks/ [*pl* appendices, appendixes] *n* [C] ⇒apéndice

↑**appetite** /'æp.ɪ.taɪt/ *n* [C, U] **1** ⇒apetito **2** ⇒apetencia ⇒deseo

appetizer UK: /'æp.ɪ.taɪ.zəʳ/ US: /-zə/ *n* [C] **1** *(comida)* ⇒aperitivo ⇒antojitos *AMÉR.* **2** *US* (*UK* **starter**) ⇒primer plato

appetizing /'æp.ɪ.taɪ.zɪŋ/ *adj* ⇒apetitoso,sa

↑**applaud** UK: /ə'plɔːd/ US: /-'plɑːd/ *v* [T, I] ⇒aplaudir

applause UK: /ə'plɔːz/ US: /-'plɑːz/ *n* [U] **1** ⇒aplauso **2** *A round of applause for our guest* - Un aplauso para nuestro invitado

↑**apple** /'æp.l̩/ *n* [C] ⇒manzana

↑**appliance** /ə'plaɪ.ənts/ *n* [C] **1** ⇒aparato **2 electrical ~** ⇒electrodoméstico

applicable /ə'plɪk.ə.bl̩/ *adj* ⇒aplicable

application /ˌæp.lɪ'keɪ.ʃᵊn/ ▮ *n* [C, U] **1** ⇒solicitud: *Please fill in the application form* - Por favor, rellene el impreso de solicitud **2** ⇒uso ⇒aplicación ▮ *n* [U] **3** ⇒puesta en práctica ⇒aplicación **4** ⇒aplicación ⇒dedicación

applied /ə'plaɪd/ *adj (una ciencia o disciplina)* ⇒aplicado,da

↑**apply** /ə'plaɪ/ [applies, applied] ▮ *v* [I] **1** ⇒solicitar **2** ⇒referirse ⇒afectar ▮ *v* [T] **3** ⇒aplicar ⇒utilizar **4** ⇒aplicar ⇒extender **5 to ~ *oneself*** ⇒aplicarse

↑**appoint** /ə'pɔɪnt/ *v* [T] ⇒nombrar: *She was appointed chairwoman of the board* - Fue nombrada presidenta del consejo

↑**appointment** /ə'pɔɪnt.mənt/ ▮ *n* [C, U] **1** ⇒nombramiento ▮ *n* [C] **2** ⇒cita [formal]: *I've got an appointment with the dentist* - Tengo cita con el dentista ■ Se usa para citas con especialistas (médico, dentista, abogado, etc.). Comparar con *meeting* y *date*

appraisal /ə'preɪ.zᵊl/ *n* [C, U] ⇒evaluación ⇒valoración

↑**appreciate** /ə'priː.ʃi.eɪt/ [appreciated, appreciating] ▮ *v* [T] **1** ⇒agradecer **2** ⇒apreciar ⇒valorar **3** *(un asunto)* ⇒comprender ▮ *v* [I] **4** *(bienes)* ⇒revalorizarse

apprehension /ˌæp.rɪ'hen.ʃᵊn/ *n* [U] **1** *(form)* ⇒aprehensión ⇒arresto **2** *(form)* ⇒aprehensión ⇒comprensión

apprentice UK: /ə'pren.tɪs/ US: /-ˁt̬ɪs/ *n* [C] ⇒aprendiz,-a ⇒chícharo *AMÉR.*

↑**approach**[1] UK: /ə'prəʊtʃ/ US: /-'proʊtʃ/ [approaches] ▮ *v* [T, I] **1** ⇒acercarse ⇒aproximarse ▮ *v* [T] **2** *(un asunto)* ⇒abordar ⇒enfocar ⇒plantear **3 to ~ *sb*** ⇒acudir en ayuda de alguien

↑**approach**[2] UK: /ə'prəʊtʃ/ US: /-'proʊtʃ/ [*pl* approaches] ▮ *n* [C, U] **1** ⇒acercamiento ⇒aproximación ▮ *n* [C] **2** ⇒enfoque ⇒planteamiento

↑**appropriate**[1] UK: /ə'prəʊ.pri.ət/ US: /-'proʊ-/ *adj* ⇒adecuado,da ⇒oportuno,na ⇒apropiado,da ■ PRON. La segunda *a* se pronuncia como en el adverbio inglés *ago*

appropriate[2] UK: /ə'prəʊ.pri.eɪt/ US: /-'proʊ-/ [appropriated, appropriating] *v* [T] **1** *(form)* ⇒apropiarse **2** *(form)* ⇒destinar [dinero]

appropriately UK: /ə'prəʊ.pri.ət.li/ US: /-'proʊ-/ *adv* ⇒apropiadamente ⇒adecuadamente ⇒debidamente

approval /ə'pruː.vᵊl/ *n* [U] **1** ⇒aprobación ⇒consentimiento **2** ⇒apoyo ⇒aprobación [de una propuesta] **3 on ~** ⇒a prueba: *to buy sth on approval* - comprar algo a prueba

↑**approve** /ə'pruːv/ [approved, approving] ▮ *v* [I] **1** ⇒aprobar ⇒estar de acuerdo ■ CONSTR. to approve of sth ▮ *v* [T] **2** *(una propuesta, un plan)* ⇒ratificar ⇒aprobar

↑**approximate** UK: /ə'prɒk.sɪ.mət/ US: /-'prɑːk/ *adj* ⇒aproximado,da

approximately UK: /ə'prɒk.sɪ.mət.li/ US: /-'prɑːk-/ *adv* ⇒aproximadamente ■ La forma abreviada es *approx*

apricot UK: /'eɪ.prɪ.kɒt/ US: /-kɑːt/ *n* [C] **1** *(fruta)* ⇒albaricoque ⇒damasco *AMÉR.* **2** *(color)* ⇒albaricoque

↑**April** /'eɪ.prəl/ *n* [C, U] ⇒abril: *in April* - en abril; *on April 10th* - el diez de abril ■ La forma abreviada es Apr

April Fool's Day /ˌeɪ.prəl'fuːlzˌdeɪ/ *n* [C, U] ⇒día de los inocentes ■ Se celebra el 1 de abril y equivale al día de los Santos Inocentes en España.

apron /'eɪ.prən/ *n* [C] ⇒delantal

apt /æpt/ *adj* **1** ⇒acertado,da ⇒adecuado,da **2 to be ~ to do *sth*** ⇒tener tendencia a hacer algo: *He's apt to forget his anniversary* - Tiene tendencia a olvidar el aniversario

aptitude UK: /'æp.tɪ.tjuːd/ US: /-tuːd/ *n* [C, U] ⇒aptitud ⇒talento

aquarium UK: /ə'kweə.ri.əm/ US: /-'kwer.i-/ [*pl* aquaria, aquariums] *n* [C] *(para peces)* ⇒acuario

Aquarius UK: /ə'kweə.ri.əs/ US: /-'kwer.i-/ [*pl* Aquariuses] *n* [C, U] *(signo del zodíaco)* ⇒acuario

aquatic UK: /ə'kwæt.ɪk/ US: /-'kwæˁt̬-/ *adj* ⇒acuático,ca: *an aquatic plant* - una planta acuática

Arab UK: /'ær.əb/ US: /'er-/ *adj, n* [C] ⇒árabe ■ Distinto de *arabic* (el idioma árabe)

Arabic[1] UK: /'ær.ə.bɪk/ US: /'er-/ *n* [U] *(idioma)* ⇒árabe ■ Distinto de *Arab* (gentilicio)

Arabic[2] UK: /'ær.ə.bɪk/ US: /'er-/ *adj* ⇒árabe: *Arabic script* - la escritura árabe

arable UK: /'ær.ə.bl̩/ US: /'er-/ *adj* ⇒cultivable ⇒de cultivo

↑**arbitrary** UK: /'ɑː.bɪ.trə.ri/ US: /'ɑːr.bə.trer-/ *adj* **1** ⇒arbitrario,ria **2** ⇒indiscriminado,da

arbitrate UK: /'ɑː.bɪ.treɪt/ US: /'ɑːr-/ [arbitrated, arbitrating] *v* [T, I] ⇒mediar ⇒arbitrar

A

arc UK: /ɑːk/ US: /ɑːrk/ *n* [C] ⇒arco
arcade UK: /ɑːˈkeɪd/ US: /ɑːr-/ *n* [C] ⇒soportales ⇒galería [comercial]
arch[1] UK: /ɑːtʃ/ US: /ɑːrtʃ/ [*pl* arches] *n* [C] *(en una construcción)* ⇒arco
arch[2] UK: /ɑːtʃ/ US: /ɑːrtʃ/ [arches] *v* [T, I] **1** *(la espalda)* ⇒arquear **2** *(las cejas)* ⇒enarcar
archaeologist UK: /ˌɑː.kiˈɒl.ə.dʒɪst/ US: /ˌɑːr.kiˈɑː.lə-/ *UK n* [C] ⇒arqueólogo,ga
↑**archaeology** UK: /ˌɑː.kiˈɒl.ə.dʒi/ US: /ˌɑːr.kiˈɑː.lə-/ *UK* (*US* **archeology**) *n* [U] ⇒arqueología
archaic UK: /ɑːˈkeɪ.ɪk/ US: /ɑːr-/ *adj* ⇒arcaico,ca
archbishop /ˌɑːtʃˈbɪʃ.əp/ *n* [C] ⇒arzobispo
archeology UK: /ˌɑː.kiˈɒl.ə.dʒi/ US: /ˌɑːr.kiˈɑː.lə-/ *US n* [U] See **archaeology**
archery UK: /ˈɑː.tʃə.ri/ US: /ˈɑːr.tʃɚ.i/ *n* [U] ⇒tiro con arco
↑**architect** UK: /ˈɑː.kɪ.tekt/ US: /ˈɑːr-/ *n* [C] ⇒arquitecto,ta
architecture UK: /ˈɑː.kɪ.tek.tʃəʳ/ US: /ˈɑːr.kɪ.tek.tʃɚ/ *n* [U] ⇒arquitectura
archive UK: /ˈɑː.kaɪv/ US: /ˈɑːr-/ *n* [C] ⇒archivo [histórico]
Arctic UK: /ˈɑːk.tɪk/ US: /ˈɑːrk-/ *adj* ⇒ártico,ca
ardent UK: /ˈɑː.dᵊnt/ US: /ˈɑːr-/ *adj* ⇒apasionado,da ⇒ferviente
are /ɑːʳ/, /əʳ/ ⇒tercera persona plural del presente del verbo *to be*
↑**area** UK: /ˈeə.ri.ə/ US: /ˈer.i-/ *n* [C] **1** ⇒área ⇒superficie ⇒zona **2** *(unidad de superficie)* ⇒área **3** ⇒área ⇒ámbito
area code *US* (*UK* **dialling code**) *n* [C] ⇒prefijo telefónico: *What is your area code?* - ¿Cuál es tu prefijo telefónico?
arena /əˈriː.nə/ *n* [C] **1** ⇒estadio **2** ⇒pista **3** *(en una plaza de toros)* ⇒ruedo **4** ⇒ámbito ⇒escena
aren't UK: /ɑːnt/ US: /ɑːrnt/ *(are not)* See **be**
Argentina UK: /ˌɑː.dʒənˈtiː.nə/ US: /ˌɑːr-/ *n* [U] ⇒Argentina ■ PRON. La segunda sílaba, *gen*, se pronuncia como en *gentleman*
Argentine *adj, n* [C] See **Argentinian**
Argentinian UK: /ˌɑː.dʒənˈtɪn.i.ən/ US: /ˌɑːr-/ (*tb* **Argentine**) *adj, n* [C] ⇒argentino,na ■ PRON. La segunda sílaba, *gen*, se pronuncia como en *gentleman*
arguable UK: /ˈɑːg.ju.ə.bl/ US: /ˈɑːrg-/ *adj* **1** *(form)* ⇒discutible **2 it is ~ that** *(form)* ⇒podría afirmarse que
↑**argue** UK: /ˈɑːg.juː/ US: /ˈɑːrg-/ [argued, arguing] ▌*v* [I] **1** ⇒reñir ⇒discutir ■ Se usa para discusiones con discordia. Comparar con *to discuss* (hablar, discutir) ▌*v* [T, I] **2** ⇒alegar: *He argued that he didn't know anything about it* - Alegaba que él no sabía nada ■ CONSTR. to argue + that **3** ⇒sostener ⇒opinar
↑**argument** UK: /ˈɑːg.jʊ.mənt/ US: /ˈɑːrg-/ *n* [C] **1** ⇒riña ⇒discusión **2** ⇒argumento ⇒razonamiento **3 to have an ~** ⇒discutir
arid UK: /ˈær.ɪd/ US: /ˈer-/ *adj* ⇒árido,da
Aries UK: /ˈeə.riːz/ US: /ˈer.iːz/ [*pl* Arieses] *n* [C, U] *(signo del zodíaco)* ⇒aries
↑**arise, arose, arisen** /əˈraɪz/ [arising] *v* [I] ⇒presentarse ⇒surgir
arisen past participle of **arise**
aristocracy UK: /ðiˌær.ɪˈstɒk.rə.si/ US: /-ˌer.ɪˈstɑː.krə-/ [*pl* aristocracies] *n* [C] ⇒aristocracia ■ Por ser un nombre colectivo se puede usar con el verbo en singular o en plural
aristocrat UK: /ˈær.ɪ.stə.kræt/ US: /ˈer-/ *n* [C] ⇒aristócrata
↑**arithmetic** UK: /əˈrɪθ.mə.tɪk/ US: /-ˀt̬ɪk/ *n* [U] ⇒aritmética ⇒cálculo
ark UK: /ðiˈɑːk/ US: /-ˈɑːrk/ **the ~** *(en la Biblia)* ⇒arca de Noé
↑**arm** UK: /ɑːm/ US: /ɑːrm/ *n* [C] **1** ⇒brazo: *I broke my arm* - Me he roto el brazo **2** *(en una prenda de vestir)* ⇒manga **3 ~ in ~** ⇒del brazo: *They walked arm in arm* - Iban cogidos del brazo **4 to twist sb's ~** *(inform)* ⇒liar a alguien *col.;* ⇒persuadir a alguien ⇒convencer a alguien
armband UK: /ˈɑːm.bænd/ US: /ˈɑːrm-/ *n* [C] ⇒brazalete [de tela]: *the Captain's armband* - el brazalete del capitán
↑**armchair** UK: /ˈɑːm.tʃeəʳ/ US: /ˈɑːrm.tʃer/ *n* [C] ⇒sillón
armed UK: /ɑːmd/ US: /ɑːrmd/ *adj* **1** ⇒armado,da **2 ~ robbery** ⇒atraco a mano armada ■ PRON. La *e* no se pronuncia
armed forces (*tb* **armed services**) *n* [PL] ⇒fuerzas armadas
Armenia UK: /ɑːˈmiː.ni.ə/ US: /ɑːr-/ *n* [U] ⇒Armenia
Armenian[1] UK: /ɑːˈmiː.ni.ən/ US: /ɑːr-/ ▌*n* [U] **1** *(idioma)* ⇒armenio ▌*n* [C] **2** *(gentilicio)* ⇒armenio,nia
Armenian[2] UK: /ɑːˈmiː.ni.ən/ US: /ɑːr-/ *adj* ⇒armenio,nia
armistice UK: /ˈɑː.mɪ.stɪs/ US: /ˈɑːr-/ *n* [C] ⇒armisticio
↑**armour** UK: /ˈɑː.məʳ/ US: /ˈɑːr.mɚ/ *UK* (*US* **armor**) *n* [U] ⇒armadura
armpit UK: /ˈɑːm.pɪt/ US: /ˈɑːrm-/ *n* [C] ⇒sobaco ⇒axila
arms UK: /ɑːmz/ US: /ɑːrmz/ *n* [PL] **1** ⇒armamento **2** ⇒armas **3 to be up in ~** ⇒estar en pie de guerra
↑**army** UK: /ˈɑː.mi/ US: /ˈɑːr-/ [*pl* armies] *n* [C] ⇒ejército de tierra ■ Por ser un nombre colectivo se puede usar con el verbo en singular o en plural
aroma UK: /əˈrəʊ.mə/ US: /-ˈroʊ-/ *n* [C] ⇒aroma: *the aroma of freshly made coffee* - el aroma del café recién hecho

arose UK: /ə'rəʊz/ US: /-'roʊz/ past tense of **arise**

↑**around** /ə'raʊnd/ *adv, prep* **1** (*UK tb* **round**) *(lugar)* ⇒alrededor de **2** (*UK tb* **round**) *(distintos lugares)* ⇒por **3** *(cálculo aproximado)* ⇒aproximadamente ⇒alrededor de **4** (*UK tb* **round**) *(lugar)* ⇒alrededor **5** (*UK tb* **round**) ⇒de un lugar a otro ⇒de un sitio para otro **6** (*UK tb* **round**) ⇒cerca ⇒por aquí

↑**arouse** /ə'raʊz/ [aroused, arousing] *v* [T] **1** ⇒provocar ⇒suscitar **2** *(un sentimiento o una sensación)* ⇒despertar **3** ⇒enfadar ⇒alterar **4** ⇒excitar [sexualmente] **5 to ~ *sb* from sleep** *(form)* ⇒despertar a alguien

↑**arrange** /ə'reɪndʒ/ [arranged, arranging] *v* [T] **1** ⇒acordar ⇒quedar ■ CONSTR. to arrange + to do sth **2** ⇒concretar ⇒fijar **3** ⇒organizar ⇒colocar **4** *(en música)* ⇒arreglar

arrangement /ə'reɪndʒ.mənt/ ▌*n* [C, U] **1** ⇒acuerdo: *to come to an arrangement with sb* - llegar a un acuerdo con alguien ▌*n* [U] **2** ⇒disposición ▌*n* [C] **3** ⇒arreglo

arrangements *n* [PL] ⇒preparativos ⇒planes ■ CONSTR. arrangements + to do sth

arrest[1] /ə'rest/ *v* [T] **1** ⇒arrestar ⇒detener **2** *(form)* ⇒contener ⇒frenar

arrest[2] /ə'rest/ *n* [C, U] **1** ⇒arresto ⇒detención **2 to be under ~** ⇒estar detenido,da

arrival /ə'raɪ.v(ə)l/ ▌*n* [U] **1** ⇒llegada: *the arrival of flight 2202* - la llegada del vuelo 2202; *arrivals hall* - sala de llegadas **2** ⇒llegada ⇒inicio ▌*n* [C] **3** *the new arrivals* - los recién llegados

↑**arrive** /ə'raɪv/ [arrived, arriving] *v* [I] ⇒llegar: *to arrive at a conclusion* - llegar a una conclusión ■ CONSTR. 1. *to arrive in* se usa con países, ciudades, pueblos, etc.: *We arrived in London at 10 p.m. - Llegamos a Londres a las 10 de la noche.* 2. *to arrive at* se usa con edificios, estaciones, aeropuertos, etc.: *What time did you arrive at the hotel? - ¿A qué hora llegaste al hotel?* 3. Cuando se hace referencia a la llegada a casa, se usa sin preposición: *I arrived home late - Llegué a casa tarde*

↑**arrogant** UK: /'ær.ə.g(ə)nt/ US: /'er-/ *adj* ⇒arrogante

↑**arrow** UK: /'ær.əʊ/ US: /'er.oʊ/ *n* [C] *(arma)* ⇒flecha

arson UK: /'ɑː.s(ə)n/ US: /'ɑːr-/ *n* [U] ⇒incendio provocado

arsonist UK: /'ɑː.s(ə)n.ɪst/ US: /'ɑːr-/ *n* [C] ⇒incendiario,ria ⇒pirómano,na

↑**art** UK: /ɑːt/ US: /ɑːrt/ ▌*n* [U] **1** ⇒arte: *art lessons* - clases de arte ▌*n* [C, U] **2** ⇒arte ⇒habilidad ⇒destreza

artery UK: /'ɑː.t(ə)r.i/ US: /'ɑːr.ˤţɚ-/ [*pl* arteries] *n* [C] ⇒arteria

art gallery [*pl* art galleries] *n* [C] **1** ⇒museo de arte **2** ⇒galería de arte

artichoke UK: /'ɑː.tɪ.tʃəʊk/ US: /'ɑːr.ˤţɪ.tʃoʊk/ *n* [C] ⇒alcachofa: *stuffed artichoke* - alcachofa rellena

↑**article** UK: /'ɑː.tɪ.kl̩/ US: /'ɑːr.ˤţɪ-/ *n* [C] **1** ⇒artículo ⇒reportaje **2** *(en gramática)* ⇒artículo **3** ⇒objeto: *an article of value* - un objeto de valor **4 ~ of clothing** ⇒prenda de vestir

articulate UK: /ɑː'tɪk.jʊ.lət/ US: /ɑːr-/ *adj* **1** ⇒elocuente ⇒facundo,da *form.* **2** *She's very articulate* - Se expresa con mucha facilidad

↑**artificial** UK: /ˌɑː.tɪ'fɪʃ.(ə)l/ US: /ˌɑːr.ˤţɪ-/ *adj* **1** *(un objeto)* ⇒artificial **2** *(una actitud, una persona)* ⇒artificial ⇒insincero,ra ⇒forzado,da

artificial intelligence *n* [U] ⇒inteligencia artificial ■ La forma abreviada es *AI*

artillery UK: /ɑː'tɪl.(ə)r.i/ US: /ɑːr'tɪl.ɚ-/ *n* [U] ⇒artillería: *heavy artillery* - artillería pesada

artisan UK: /'ɑː.tɪ.zæn/ US: /'ɑːr.ˤţɪ-/ *n* [C] ⇒artesano,na

artist UK: /'ɑː.tɪst/ US: /'ɑːr.ˤţɪst/ *n* [C] ⇒artista ■ Se usa para referirse a una persona que crea una obra de arte

artistic UK: /ɑː'tɪs.tɪk/ US: /ɑːr-/ *adj* ⇒artístico,ca

artistically UK: /ɑː'tɪs.tɪ.kli/ US: /ɑːr-/ *adv* ⇒artísticamente

↑**arts** UK: /ɑːts/ US: /ɑːrts/ *n* [PL] *(en la universidad)* ⇒letras ⇒humanidades

artwork UK: /'ɑːt.wɜːk/ US: /'ɑːrt.wɝːk/ *n* [U] **1** ⇒ilustración ⇒material gráfico **2** *This book has got excellent artwork* - Este libro está muy bien ilustrado

↑**as** /əz, æz/ *conj, prep* **1** *(función)* ⇒como **2** *(con profesiones)* ⇒como **3** *(modo)* ⇒como ■ Se usa para comparar oraciones (*I'll do it as I please - Lo haré como me parezca*), pero nunca para comparar sintagmas nominales ni para dar ejemplos. Comparar con *like* **4** *(tiempo)* ⇒cuando ⇒mientras **5** *(causa)* ⇒ya que ⇒como **6 as... as** ⇒tan... como: *My younger brother is almost as tall as I am* - Mi hermano pequeño es casi tan alto como yo **7 ~ for *sth/sb*** ⇒en cuanto a: *As for the flat, the relatives will decide what to do with it* - En cuanto al piso, los familiares decidirán qué hacer con él **8 ~ {from/of}** *(form)* ⇒a partir de: *as from 6 June* - a partir del seis de junio **9 ~ {if/though}** ⇒como si: *She talks as though she were the boss* - Habla como si fuera la jefa **10 ~ it is** ⇒vista la situación **11 ~ much again** ⇒otro tanto **12 ~ to *sth*** *(form)* ⇒en cuanto a algo **13 ~ yet** ⇒hasta ahora

asap /ˌeɪ.es.eɪ'piː/ ⇒forma abreviada de **as soon as possible** (lo antes posible)

asbestos UK: /æs'bes.tɒs/ US: /-tɑːs/ *n* [U] *(mineral)* ⇒amianto

ascend /ə'send/ ▌*v* [T, I] **1** *(form)* ⇒subir ⇒ascender ⇒elevar(se) ▌*v* [I] **2** *(form) (en el trabajo)* ⇒ascender

ascent /ə'sent/ ▌*n* [C, NO PL] **1** ⇒subida ⇒ascenso ▌*n* [C] **2** ⇒cuesta

A

ascertain UK: /ˌæs.əˈteɪn/ US: /-ə-/ *v* [T] *(form)* ⇨averiguar: *They'll ascertain how the robbery was carried out* - Averiguarán cómo se cometió el robo ■ CONSTR. to ascertain + interrogativa indirecta

ascribe /əˈskraɪb/

PHRASAL VERBS

· **to ascribe *sth* to *sth/sb*** *(form)* ⇨atribuir algo a: *Everyone ascribes the anonymous letter to him* - Todos le atribuyen la carta anónima

ash /æʃ/ [*pl* ashes] ▌*n* [C, U] **1** ⇨ceniza: *Their house was reduced to ashes* - Su casa quedó reducida a cenizas ▌*n* [C] **2** *(árbol)* ⇨fresno

† **ashamed** /əˈʃeɪmd/ *adj* **1** ⇨avergonzado,da **2 to be ~** ⇨tener vergüenza ■ CONSTR. ashamed of sth/ sb ■ PRON. La *e* no se pronuncia

ashore UK: /əˈʃɔːʳ/ US: /-ˈʃɔːr/ *adv* **1** ⇨en la orilla **2** ⇨en tierra **3 to {come/go} ~** ⇨desembarcar

ashtray /ˈæʃ.treɪ/ *n* [C] ⇨cenicero

Asia /ˈeɪ.ʒə/ *n* [U] ⇨Asia ■ PRON. La primera *a* se pronuncia como en *ate*

Asian /ˈeɪ.ʒən/ *adj, n* [C] ⇨asiático,ca ■ PRON. La primera *A* se pronuncia como *ei* en *eight*

† **aside** /əˈsaɪd/ *adv, prep* ⇨a un lado: *Move aside* - Échate a un lado

† **ask** UK: /ɑːsk/ US: /æsk/ ▌*v* [T, I] **1** ⇨preguntar ⇨hacer una pregunta ■ CONSTR. 1. to ask + interrogativa indirecta 2. to ask + dos objetos **2** ⇨pedir ■ CONSTR. 1. to ask + to do sth 2. to ask for sth ▌*v* [T] **3** ⇨invitar **4 don't ~ me!** *(inform)* ⇨¡yo qué sé! **5 for the asking** ⇨con solo pedirlo **6 to ~ for {it/ trouble}** *(inform)* ⇨buscarse problemas

PHRASAL VERBS

· **to ask after *sb*** ⇨preguntar cómo está alguien

† **asleep** /əˈsliːp/ *adj* **1** ⇨dormido,da: *The baby is sound asleep* - El bebé está profundamente dormido ■ CONSTR. Se usa detrás de un verbo **2 to fall ~** ⇨quedarse dormido,da

asparagus UK: /əˈspær.ə.gəs/ US: /-ˈsper-/ *n* [U] ⇨espárrago: *asparagus tips* - puntas de espárragos

† **aspect** /ˈæs.pekt/ ▌*n* [C] **1** ⇨aspecto ⇨faceta **2** *(de un edificio)* ⇨orientación ▌*n* [NO PL] **3** *(form)* ⇨aspecto ⇨apariencia

asphalt UK: /ˈæs.fɔːlt/ US: /-fɑːlt/ *US* (*UK* **Tarmac®**) *n* [U] ⇨asfalto

† **aspiration** UK: /ˌæs.pɪˈreɪ.ʃən/ US: /-pəˈeɪ-/ *n* [C] ⇨aspiración ⇨objetivo ■ Se usa más en plural

† **aspire** UK: /əˈspaɪəʳ/ US: /-ˈspaɪr/

PHRASAL VERBS

· **to aspire to *sth*** ⇨aspirar a algo

aspirin /ˈæs.pɪ.rɪn/ [*pl* aspirin, aspirins] *n* [C] ⇨aspirina®: *to take an aspirin* - tomar una aspirina

ass /æs/ [*pl* asses] *n* [C] **1** (*tb* **donkey**) *(old-fash) (animal)* ⇨asno,na ⇨burro,rra **2** *(inform)* ⇨imbécil *col. desp.*

† **assassin** /əˈsæs.ɪn/ *n* [C] ⇨magnicida ⇨asesino,na ■ Se usa cuando la víctima es una persona importante. Comparar con *murderer*

assassinate /əˈsæs.ɪ.neɪt/ [assassinated, assassinating] *v* [T] ⇨perpetrar un magnicidio ⇨asesinar ■ Se usa cuando se refiere a una persona importante. Comparar con *murder*

assault¹ UK: /əˈsɒlt/ US: /-ˈsɑːlt/ ▌*n* [C, U] **1** *(a una persona)* ⇨agresión ▌*n* [C] **2** ⇨ataque [militar] ⇨incursión ⇨asalto

assault² UK: /əˈsɒlt/ US: /-ˈsɑːlt/ *v* [T] ⇨agredir ⇨atacar

assemble /əˈsem.bl/ [assembled, assembling] ▌*v* [T, I] **1** ⇨reunir(se) ⇨congregar(se) ▌*v* [T] **2** ⇨montar ⇨armar

† **assembly** /əˈsem.bli/ ▌*n* [C] **1** ⇨reunión ■ El plural es *assemblies* **2** ⇨asamblea ■ El plural es *assemblies* ▌*n* [C, U] **3** ⇨asamblea escolar ▌*n* [U] **4** ⇨montaje ⇨ensamblaje

† **assert** UK: /əˈsɜːt/ US: /-ˈsɝːt/ *v* [T] **1** *(form)* ⇨aseverar ⇨afirmar ■ CONSTR. to assert + that **2** *(la autoridad)* ⇨hacer valer ⇨imponer **3** *(un derecho)* ⇨reivindicar ⇨reclamar ■ Distinto de *to reclaim* (recuperar) **4 to ~ *oneself*** ⇨imponerse

† **assertive** UK: /əˈsɜː.tɪv/ US: /-ˈsɝː.ˤt̬ɪv/ *adj* ⇨firme ⇨que se hace valer

† **assess** /əˈses/ [assesses] *v* [T] **1** ⇨tasar ⇨valorar **2** ⇨calcular ⇨estimar **3** ⇨evaluar

† **asset** /ˈæs.et, -ɪt/ *n* [C] **1** ⇨ventaja ⇨punto a favor ⇨baza **2** *(de una empresa)* ⇨empleado,da muy valioso,sa **3** *(en economía)* ⇨activo ⇨bien ■ Se usa más en plural

† **assign** /əˈsaɪn/ *v* [T] **1** *(una tarea)* ⇨encargar ⇨asignar ■ CONSTR. 1. to assign sb to sth 2. Se usa más en pasiva **2** ⇨asignar: *They assigned all the colours a letter* - Asignaron una letra a cada color **3** *(una herencia)* ⇨ceder ⇨legar ■ CONSTR. to assign + dos objetos **4** *(a un lugar)* ⇨destinar ■ CONSTR. Se usa más en pasiva

assignment /əˈsaɪn.mənt/ ▌*n* [C] **1** ⇨tarea ⇨trabajo ▌*n* [U] **2** ⇨misión

assimilate /əˈsɪm.ɪ.leɪt/ [assimilated, assimilating] ▌*v* [T] **1** ⇨asimilar: *to assimilate new ideas* - asimilar nuevas ideas ▌*v* [T, I] **2** *(a un entorno)* ⇨integrar(se) ⇨adaptar(se)

† **assist** /əˈsɪst/ *v* [T, I] ⇨ayudar ⇨asistir

† **assistance** /əˈsɪs.tənts/ *n* [U] *(form)* ⇨ayuda: *Thank you for your assistance* - Gracias por su ayuda

† **assistant** /əˈsɪs.tənt/ *n* [C] **1** ⇨ayudante ⇨asistente **2 ~ manager** ⇨subdirector,-a

associate¹ UK: /əˈsəʊ.si.eɪt/ US: /-ˈsoʊ-/ [associated, associating] *v* [T] ⇨asociar ⇨relacionar ⇨vincular

associate² UK: /əˈsəʊ.si.ət/ US: /-ˈsoʊ-/ *n* [C] ⇨socio,cia

† **association** UK: /əˌsəʊ.si'eɪ.ʃən/ US: /-ˌsoʊ-/ ▮ *n* [C] **1** *(organización)* ⇒asociación ■ Por ser un nombre colectivo se puede usar con el verbo en singular o en plural ▮ *n* [C, U] **2** *(unión)* ⇒conexión ⇒asociación

assorted UK: /ə'sɔː.tɪd/ US: /-'sɔːr.ˤt̬ɪd/ *adj* ⇒variado,da ⇒surtido,da

assortment UK: /ə'sɔːt.mənt/ US: /-'sɔːrt-/ *n* [C] ⇒variedad ⇒surtido ⇒colección

† **assume** UK: /ə'sjuːm/ US: /-'suːm/ [assumed, assuming] *v* [T] **1** ⇒suponer ⇒dar por sentado ■ CONSTR. to assume + (that) **2** ⇒asumir **3** ⇒adoptar

assumed *adj* **1** ⇒falso,sa: *an assumed name* - un nombre falso **2** ⇒presunto,ta

assumption /ə'sʌmp.ʃən/ ▮ *n* [C] **1** ⇒suposición ⇒supuesto ▮ *n* [U] **2** ⇒adquisición ⇒toma

assurance UK: /ə'ʃɔː.rənts/ US: /-'ʃɝː.[ə]nts/ ▮ *n* [C] **1** ⇒garantía ⇒promesa ▮ *n* [U] **2** ⇒confianza

† **assure** UK: /ə'ʃɔːʳ/ US: /-'ʃɝː/ [assured, assuring] *v* [T] ⇒asegurar ⇒prometer ■ CONSTR. to assure + (that)

† **asterisk** UK: /'æs.tᵊr.ɪsk/ US: /-tɚ-/ *n* [C] *(en ortografía)* ⇒asterisco

asteroid UK: /'æs.tᵊr.ɔɪd/ US: /-tə.rɔɪd/ *n* [C] ⇒asteroide: *the asteroid belt* - el anillo de asteroides

asthma UK: /'æs.mə/ US: /'æz-/ *n* [U] *(en medicina)* ⇒asma

† **astonish** UK: /ə'stɒn.ɪʃ/ US: /-'stɑː.nɪʃ/ [astonishes] *v* [T] ⇒asombrar ⇒dejar pasmado,da

astonishment UK: /ə'stɒn.ɪʃ.mənt/ US: /-'stɑː.nɪʃ-/ *n* [U] ⇒asombro ⇒sorpresa ⇒estupor ■ Distinto de *stupor* (sopor)

astound /ə'staʊnd/ *v* [T] ⇒pasmar ⇒dejar atónito,ta ⇒asombrar

astray /ə'streɪ/ **1 to go ~** ⇒descarriarse ⇒extraviarse **2 to lead *sb* ~** ⇒llevar a alguien por mal camino

astride /ə'straɪd/ *adv, prep* ⇒a horcajadas: *to sit astride* - sentarse a horcajadas

† **astrology** UK: /ə'strɒl.ə.dʒi/ US: /-'strɑː.lə-/ *n* [U] ⇒astrología

astronaut UK: /'æs.trə.nɔːt/ US: /-nɑːt/ *n* [C] ⇒astronauta

† **astronomy** UK: /ə'strɒn.ə.mi/ US: /-'strɑː.nə-/ *n* [U] ⇒astronomía

astute UK: /ə'stjuːt/ US: /-'stuːt/ *adj* ⇒sagaz ⇒listo,ta ⇒astuto,ta

asylum /ə'saɪ.ləm/ *n* [U] ⇒asilo político: *They are seeking asylum* - Buscan asilo político

† **at** /ət, æt/ *prep* **1** *(lugar concreto)* ⇒en **2** *(tiempo): at night* - por la noche **3** *(para las horas)* ⇒a **4** *(velocidad)* ⇒a **5** *(precio)* ⇒en **6** *(en una dirección)* ⇒en ■ Se usa cuando se especifica el número de la calle. Comparar con *in* **7** *(dirección)* ⇒hacia ■ Ver cuadro on / in / at (preposiciones de tiempo)

ate /et, eɪt/ past tense of **eat**

† **athlete** /'æθ.liːt/ *n* [C] ⇒atleta

athletic UK: /æθ'let.ɪk/ US: /-'leˤt̬-/ *adj* ⇒atlético,ca

athletics UK: /æθ'let.ɪks/ US: /-'leˤt̬-/ *UK n* [U] ⇒atletismo: *an athletics meeting* - una competición de atletismo

† **atlas** /'æt.ləs/ [*pl* atlases] *n* [C] **1** ⇒atlas **2 road ~** ⇒mapa de carreteras

ATM /ˌeɪ.tiː'em/ *US n* [C] ⇒forma abreviada de **Automatic Teller Machine** (cajero automático)

† **atmosphere** UK: /'æt.məs.fɪəʳ/ US: /-fɪr/ ▮ *n* [C, U] **1** *(gas, aire)* ⇒atmósfera ▮ *n* [C] **2** *(de un planeta)* ⇒atmósfera ▮ *n* [NO PL] **3** *(en un lugar específico)* ⇒ambiente

atmospheric /ˌæt.məs'fer.ɪk/ *adj* ⇒atmosférico,ca: *atmospheric conditions* - condiciones atmosféricas

† **atom** UK: /'æt.əm/ US: /'æˤt̬-/ *n* [C] *(en química)* ⇒átomo

atomic UK: /ə'tɒm.ɪk/ US: /-'tɑː.mɪk/ *adj* ⇒atómico,ca

atrocious UK: /ə'trəʊ.ʃəs/ US: /-'troʊ-/ *adj* **1** ⇒atroz ⇒cruel **2** ⇒horrible ⇒espantoso,sa ⇒pésimo,ma

† **attach** /ə'tætʃ/ [attaches] *v* [T] **1** ⇒adjuntar: *I attach a copy of the contract* - Le adjunto una copia del contrato **2** ⇒atar ⇒unir **3 to ~ importance to *sth*** ⇒darle importancia a algo: *I didn't attach any importance to it* - No le di ninguna importancia

attached /ə'tætʃt/ *adj* **1** ⇒unido,da **2** ⇒adjunto,ta: *the attached document* - el documento adjunto **3 to be ~ to *sth/sb*** ⇒tener cariño a ⇒estar unido,da a

† **attack**[1] /ə'tæk/ *n* [C, U] ⇒ataque: *a frontal attack* - un ataque frontal

† **attack**[2] /ə'tæk/ *v* [T, I] ⇒atacar: *The soldiers attacked the military post* - Los soldados atacaron el puesto militar

attain /ə'teɪn/ *v* [T] **1** *(form)* ⇒alcanzar ⇒conseguir **2** *(form) (a una edad, una condición)* ⇒llegar ■ Nunca se usa seguido de otro verbo

† **attempt**[1] /ə'tempt/ *n* [C] **1** ⇒intento: *to make an attempt* - hacer un intento **2 an ~ on *one*'s life** ⇒intento de asesinato

† **attempt**[2] /ə'tempt/ *v* [T] ⇒intentar ⇒tratar ■ CONSTR. to attempt + to do sth

† **attend** /ə'tend/ *v* [T, I] **1** ⇒acudir ⇒asistir **2** ⇒atender ⇒cuidar

PHRASAL VERBS
· **to attend to *sth/sb*** ⇒ocuparse de

attendance /ə'ten.dᵊnts/ *n* [C, U] **1** ⇒concurrencia ⇒asistencia **2 to be in ~** *(form)* ⇒estar presente

attendant /ə'ten.dᵊnt/ *n* [C] *(de un lugar público)* ⇒celador,-a ⇒encargado,da ⇒vigilante

† **attention** /ə'ten.tʃᵊn/ *n* [U] **1** ⇒atención: *Can I have your attention, please?* - Atención, por favor

A

2 to {attract/get} (*sb*'s) ~ ⇨llamar la atención (de alguien)

attentive UK: /əˈten.tɪv/ US: /-ˤt̬ɪv/ *adj* ⇨atento,ta: *You should always be attentive to the signs* - Deberías estar siempre atento a las señales

attic UK: /ˈæt.ɪk/ US: /ˈæˤt̬-/ *n* [C] ⇨desván ⇨buhardilla ⇨entretecho *AMÉR.* ■ Distinto de *top floor* (ático)

↑**attitude** UK: /ˈæt.ɪ.tjuːd/ US: /ˈæˤt̬.ɪ.tuːd/ *n* [C, U] ⇨actitud ⇨postura

↑**attorney** UK: /əˈtɜː.ni/ US: /-ˈtɝː-/ *US* (*UK/US tb* **lawyer**) *n* [C] ⇨abogado,da

↑**attract** /əˈtrækt/ *v* [T] **1** ⇨atraer: *Honey attracts bears* - La miel atrae a los osos **2** ⇨atraer [sexualmente] ■ CONSTR. Se usa más en pasiva

attraction /əˈtræk.ʃᵊn/ ▮ *n* [C] **1** ⇨atracción ⇨atractivo ▮ *n* [U] **2** ⇨encanto ⇨atractivo ⇨atracción

↑**attractive** /əˈtræk.tɪv/ *adj* **1** ⇨guapo,pa ⇨atractivo,va **2** ⇨atractivo,va ⇨interesante

attribute¹ /əˈtrɪb.juːt, -juːt/

PHRASAL VERBS

· **to attribute *sth* to *sth/sb*** ⇨atribuir algo

attribute² /ˈæt.rɪ.bjuːt/ *n* [C] ⇨atributo

aubergine UK: /ˈəʊ.bə.ʒiːn/ US: /ˈoʊ.bɚ-/ *UK* (*US* **eggplant**) *n* [C] ⇨berenjena

auburn UK: /ˈɔː.bən/ US: /ˈɑː.bɚn/ *adj (el pelo)* ⇨cobrizo,za ⇨castaño rojizo

auction¹ UK: /ˈɔːk.ʃᵊn/ US: /ˈɑːk-/ *n* [C, U] ⇨subasta: *to bid at an auction* - pujar en una subasta

auction² UK: /ˈɔːk.ʃᵊn/ US: /ˈɑːk-/ *v* [T] ⇨subastar: *She auctioned her collection of paintings* - Subastó su colección de cuadros

audible UK: /ˈɔː.dɪ.bl/ US: /ˈɑː-/ *adj* ⇨audible

↑**audience** UK: /ˈɔː.di.ənts/ US: /ˈɑː-/ *n* [C] **1** *(en un espectáculo)* ⇨público ■ Por ser un nombre colectivo se puede usar con el verbo en singular o en plural **2** *(en un programa de radiotelevisión)* ⇨audiencia ■ Por ser un nombre colectivo se puede usar con el verbo en singular o en plural **3** *(form)* ⇨audiencia ⇨recepción

audio UK: /ˈɔː.di.əʊ/ US: /ˈɑː.di.oʊ/ *adj (un equipo o un sistema)* ⇨de audio

audit¹ UK: /ˈɔː.dɪt/ US: /ˈɑː-/ *n* [C] ⇨auditoría ⇨revisión de cuentas

audit² UK: /ˈɔː.dɪt/ US: /ˈɑː-/ *v* [T] ⇨auditar ⇨hacer una auditoría

audition¹ UK: /ɔːˈdɪʃ.ᵊn/ US: /ɑː-/ *n* [C] ⇨audición ⇨prueba

audition² UK: /ɔːˈdɪʃ.ᵊn/ US: /ɑː-/ *v* [T, I] ⇨hacer una audición

auditorium UK: /ˌɔː.dɪˈtɔː.ri.əm/ US: /ˌɑː.dɪˈtɔːr.i-/ [*pl* auditoria, auditoriums] *n* [C] *(sala)* ⇨auditorio

auditory UK: /ˈɔː.dɪ.tri/ US: /ˈɑː-/ *adj (form)* ⇨auditivo,va ■ Distinto de *auditorium* (auditorio)

↑**August** UK: /ˈɔː.gəst/ US: /ˈɑː-/ *n* [C, U] ⇨agosto: *in August* - en agosto; *on August 1st* - el 1 de agosto ■ La forma abreviada es *Aug*

↑**aunt** UK: /ɑːnt/ US: /ænt/ *n* [C] *(pariente)* ⇨tía

auntie *n* [C] *(inform) (pariente)* ⇨tía

au pair *n* [C] ⇨au pair

austere UK: /ɔːˈstɪəʳ/ US: /ɑːˈstɪr/ *adj* ⇨austero,ra

Australasia UK: /ˌɒs.trəˈleɪ.ʒə/ US: /ˌɑː.strə-/ *n* [U] ⇨Australasia

Australia UK: /ɒsˈtreɪ.li.ə/ US: /ɑːˈstreɪl.jə/ *n* [U] ⇨Australia ■ PRON. *stra* rima con *day*

Australian UK: /ɒsˈtreɪ.li.ən/ US: /ɑːˈstreɪl.jən/ *adj, n* [C] ⇨australiano,na

Austria UK: /ˈɒs.tri.ə/ US: /ˈɑː.stri-/ *n* [U] ⇨Austria

Austrian UK: /ˈɒ.striː.ən/ US: /ɔː.striːən/ *adj, n* [C] ⇨austríaco,ca

↑**authentic** UK: /ɔːˈθen.tɪk/ US: /ɑːˈθen.ˤt̬ɪk/ *adj* ⇨auténtico,ca

↑**author** UK: /ˈɔː.θəʳ/ US: /ˈɑː.θɚ/ *n* [C] ⇨autor,-a ■ PRON. La sílaba *au* se pronuncia como *aw* en *saw*

authoritarian UK: /ˌɔː.θɒr.ɪˈteə.ri.ən/ US: /əˌθɔːr.ɪˈter.i-/ *adj* ⇨autoritario,ria: *an authoritarian regime* - un régimen autoritario

authoritative UK: /ɔːˈθɒr.ɪ.tə.tɪv/ US: /əˈθɔːr.ɪ.ˤt̬ə.ˤt̬ɪv/ *adj* **1** ⇨autoritario,ria: *an authoritative voice* - una voz autoritaria **2** ⇨serio,ria ⇨acreditado,da

↑**authority** UK: /ɔːˈθɒr.ɪ.ti/ US: /əˈθɔːr.ɪ.ˤt̬i/ ▮ *n* [U] **1** ⇨autoridad ⇨poder ▮ *n* [C] **2** *(persona)* ⇨experto,ta ⇨autoridad ■ El plural es *authorities* **3 to have *sth* on good ~** ⇨saber algo de buena tinta *col.*

↑**authorize** UK: /ˈɔː.θᵊr.aɪz/ US: /ˈɑː.θɚ-/ [authorized, authorizing] *v* [T] ⇨autorizar: *Are you authorized to enter?* - ¿Estás autorizado a entrar?

autobiography UK: /ˌɔː.təʊ.baɪˈɒg.rə.fi/ US: /ˌɑː.ˤt̬ə.baɪˈɑː.grə-/ [*pl* autobiographies] *n* [C] ⇨autobiografía ■ PRON. La tercera sílaba, *bi*, se pronuncia como *buy*

autograph UK: /ˈɔː.tə.grɑːf/ US: /ˈɑː.ˤt̬ə.græf/ *n* [C] ⇨autógrafo: *Could I have your autograph, please?* - ¿Me da su autógrafo, por favor?

automate UK: /ˈɔː.tə.meɪt/ US: /ˈɑː.ˤt̬ə-/ [automated, automating] *v* [T] ⇨automatizar: *to automate a process* - automatizar un proceso

↑**automatic** UK: /ˌɔː.təˈmæt.ɪk/ US: /ˌɑː.ˤt̬əˈmæˤt̬-/ *adj* ⇨automático,ca: *automatic car* - coche automático

automobile UK: /ˈɔː.tə.məʊ.biːl/ US: /ˈɑː.ˤt̬ə.moʊ-/ *US* (*UK/US tb* **car**) *n* [C] ⇨automóvil ⇨carro *AMÉR.*; ⇨auto *AMÉR.*

autonomous UK: /ɔːˈtɒn.ə.məs/ US: /ɑːˈtɑː.nə-/ *adj* ⇨autónomo,ma: *autonomous region* - región autónoma

autonomy UK: /ɔːˈtɒn.ə.mi/ US: /ɑːˈtɑː.nə-/ *n* [U] ⇒autonomía: *to preserve one's autonomy* - mantener la propia autonomía

autopsy UK: /ˈɔː.tɒp.si/ US: /ˈɑː.tɑːp-/ [*pl* autopsies] *n* [C] ⇒autopsia: *to perform an autopsy* - realizar una autopsia

↑**autumn** UK: /ˈɔː.təm/ US: /ˈɑː.ˤt̬[ə]m/ (*US tb* **fall**) *n* [C, U] ⇒otoño: *in the autumn* - en otoño

auxiliary[1] UK: /ɔːɡˈzɪl.i.ᵊr.i/ US: /ɑːɡˈzɪl.i.er-/ *adj* ⇒auxiliar ■ Ver cuadro en página siguiente

auxiliary[2] UK: /ɔːɡˈzɪl.i.ᵊr.i/ US: /ɑːɡˈzɪl.i.er-/ [*pl* auxiliaries] *n* [C] ⇒ayudante

avail[1] /əˈveɪl/ **to {little/no} ~** ⇒en vano ⇒inútilmente

avail[2] /əˈveɪl/

PHRASAL VERBS

· **to avail *oneself* of *sth*** *(form)* ⇒hacer uso de algo ⇒aprovechar algo ⇒disfrutar de algo

↑**available** /əˈveɪ.lə.bl̩/ *adj* **1** ⇒disponible: *I'm available* - Estoy disponible **2** *There are still tickets available for the concert* - Aún quedan entradas para el concierto **3** ⇒libre

avalanche UK: /ˈæv.ᵊl.ɑːntʃ/ US: /-æntʃ/ *n* [C] ⇒avalancha ⇒alud

avant-garde UK: /ˌæv.ɑ̃ŋ.ˈɡɑːd/ US: /-ˈɡɑːrd/ *adj* ⇒vanguardista

Ave *n* [U] ⇒forma abreviada de **avenue** (avenida): *5th Ave.* - la quinta avenida ■ Solo se usa cuando se nombra una avenida determinada

↑**avenue** UK: /ˈæv.ə.njuː/ US: /-nuː/ *n* [C] **1** ⇒avenida ■ La forma abreviada es *Ave* ■ Al dar el nombre de una avenida, se escribe con mayúscula inicial: *Fremont Avenue* **2** ⇒posibilidad ⇒vía

↑**average**[1] UK: /ˈæv.ᵊr.ɪdʒ/ US: /-ɚ-/ *adj* **1** ⇒normal ⇒común **2** ⇒mediocre ■ PRON. La segunda *a* se pronuncia como *i* en *did*

↑**average**[2] UK: /ˈæv.ᵊr.ɪdʒ/ US: /-ɚ-/ *n* [C, U] ⇒promedio ⇒media

aversion UK: /əˈvɜː.ʃᵊn/ UK: /-ʒᵊn/ US: /-ˈvɝː.ʒ[ə]n/ *n* [C] ⇒aversión ⇒antipatía

avert UK: /əˈvɜːt/ US: /-ˈvɝːt/ *v* [T] ⇒evitar: *to avert a conflict* - evitar un conflicto

↑**aviation** /ˌeɪ.viˈeɪ.ʃᵊn/ *n* [U] ⇒aviación

avid /ˈæv.ɪd/ *adj* ⇒ávido,da ⇒anhelante ⇒ferviente

avocado (pear) UK: /ˌæv.ə.kɑː.dəʊ/ US: /-doʊ/ *n* [C] ⇒aguacate ⇒palta AMÉR.

↑**avoid** /əˈvɔɪd/ *v* [T] ⇒evitar ⇒eludir ⇒esquivar ■ CONSTR. to avoid + doing sth

await /əˈweɪt/ *v* [T] *(form)* ⇒esperar ⇒aguardar

↑**awake**[1] /əˈweɪk/ *adj* ⇒despierto,ta: *Are you awake?* - ¿Estás despierto?

awake[2], **awoke, awoken** /əˈweɪk/ [awaking] *v* [T, I] *(lit)* ⇒despertar(se): *This awoke my curiosity* - Esto despertó mi curiosidad; *He awoke me with a kiss* - Me despertó con un beso

awaken /əˈweɪ.kᵊn/

PHRASAL VERBS

· **to awaken *sb* to *sth*** **1** *(lit)* ⇒advertir a alguien de algo: *to awaken sb to a danger* - advertir a alguien de un peligro **2** ⇒hacer consciente a alguien de algo

award[1] UK: /əˈwɔːd/ US: /-ˈwɔːrd/ *n* [C] ⇒premio ⇒galardón

award[2] UK: /əˈwɔːd/ US: /-ˈwɔːrd/ *v* [T] **1** ⇒premiar [con algo]: *They awarded him a gold medal* - Lo premiaron con una medalla de oro **2** ⇒conceder: *She was awarded the prize for best actress* - Le concedieron el premio a la mejor actriz ■ CONSTR. 1. to award + dos objetos 2. Se usa más en pasiva

↑**aware** UK: /əˈweəʳ/ US: /-ˈwer/ *adj* **1** ⇒consciente: *Are you aware of the problem?* - ¿Eres consciente del problema? ■ CONSTR. to be aware of/that sth **2** *She is not aware that we are here* - Ella no sabe que estamos aquí ■ CONSTR. to be aware of/that sth **3 as far as I am ~** ⇒que yo sepa **4 to make *sb* ~ of *sth*** ⇒concienciar a alguien de algo

awareness UK: /əˈweə.nəs/ US: /-ˈwer-/ *n* [U] ⇒conciencia ⇒conocimiento

↑**away** /əˈweɪ/ *adv* **1** ⇒de viaje: *I was away when you phoned* - Cuando llamaste, estaba de viaje **2** *(distancia)* ⇒a... de **3** *(en deportes)* ⇒fuera de casa

↑**awe** UK: /ɔː/ US: /ɑː/ *n* [U] **1** ⇒veneración **2** ⇒temor y respeto **3 to be in ~ of *sb*** **1** ⇒sentir gran admiración y respeto por alguien **2** ⇒sentirse intimidado,da por alguien

↑**awful** UK: /ˈɔː.fᵊl/ US: /ˈɑː-/ *adj* **1** ⇒horrible ⇒espantoso,sa **2** ⇒pésimo,ma **3** *(una persona, un estado)* ⇒muy malo,la ⇒horroroso,sa

awfully UK: /ˈɔː.fᵊl.i/ US: /ˈɑː-/ *adv (inform)* ⇒muy ⇒tremendamente

↑**awkward** UK: /ˈɔː.kwəd/ US: /ˈɑː.kwɚd/ *adj* **1** *(una situación, un asunto)* ⇒violento,ta ⇒delicado,da ⇒incómodo,da **2** *(un movimiento)* ⇒torpe ⇒desgarbado,da

awkwardness UK: /ˈɔː.kwəd.nəs/ US: /ˈɑː.kwɚd-/ *n* [U] **1** *(de una situación)* ⇒incomodidad **2** *(de un movimiento)* ⇒torpeza

awoke UK: /əˈwəʊk/ US: /-ˈwoʊk/ past tense of **awake**

awoken UK: /əˈwəʊ.kᵊn/ US: /-ˈwoʊ-/ past participle of **awake**

axe /æks/ (*US tb* **ax**) *n* [C] **1** ⇒hacha: *to chop wood with an axe* - cortar leña con el hacha **2 to have an ~ to grind** ⇒tener un interés personal en algo

axis /ˈæk.sɪs/ [*pl* axes] *n* [C] ⇒eje

axle /ˈæk.sl̩/ *n* [C] *(de un vehículo)* ⇒eje

aye[1] /aɪ/ *adv* ⇒sí: *to say aye* - decir sí

aye[2] /aɪ/ *n* [C] ⇒voto a favor

A

auxiliary verbs: be / do / have

En inglés hay tres verbos que se utilizan a veces como verbos auxiliares: **be**, **do** y **have**.

- **Be** se usa para formar:
  - **Los tiempos continuos:** "be" + la forma en "-ing" del verbo principal:
    - *They **are playing** football.* (Están jugando al fútbol.)
    - *I **was walking** through the park when I found a ring.* (Estaba caminando por el parque cuando me encontré un anillo.)
  - **La voz pasiva:** "be" + el participio pasado del verbo principal:
    - *English **is spoken** in Australia.* (En Australia se habla inglés.)
    - *I **was walking** through the park when I found a ring.* (Estaba caminando por el parque cuando me encontré un anillo.)
  - **Oraciones cortas** (cuando se quiere evitar la repetición de una parte de la oración):
    - *Was Jim at the party? No, he **wasn't**.* (¿Estaba Jim en la fiesta? No.)
- **Do** se usa para formar:
  - **El presente**, en oraciones negativas e interrogativas: "do" + el infinitivo sin "to" del verbo principal:
    - *I **don't drink** coffee.* (No tomo café.)
    - ***Do** you **want** an apple?* (¿Quieres una manzana?)
  - **El pasado**, en oraciones negativas e interrogativas: "did" + el infinitivo sin "to" del verbo principal:
    - *I **didn't understand** that film.* (No entendí esa película.)
    - ***Did** you **have** a good time?* (¿Te lo has pasado bien?)
  - **Oraciones cortas** (cuando se quiere evitar la repetición del verbo o de una parte de la oración):
    - *Does your mother speak English? Yes, she **does**.* (¿Tu madre habla inglés? Sí.)
    - *My mother doesn't like cooking, but I **do**.* (A mi madre no le gusta cocinar, pero a mí sí.)
  - **Question tags**:
    - *She usually comes back at 6 pm, **doesn't** she?* (Ella vuelve normalmente a las 6 de la tarde, ¿no?)
    - *You didn't see her last night, **did** you?* (No la viste anoche, ¿no?)
- **Have** se usa para formar:
  - **El presente perfecto simple** ("have" + el participio pasado del verbo principal):
    - *I should **have studied** harder.* / (Debería haber estudiado más.)
  - **El presente continuo** ("have" + "been" + la forma en "-ing" del verbo principal):
    - *We **have been looking** for you.* / (Te hemos estado buscando.)
  - **El pasado perfecto** ("had" + el participio pasado del verbo principal):
    - *Susan **had left** when I arrived home.* / (Susan se había ido cuando llegué a casa.)
  - **El pasado continuo** ("had" + "been" + la forma en "-ing" del verbo principal):
    - *He told me he **had been waiting** for a long time.* / (Me dijo que había estado esperando mucho tiempo.)
  - **Oraciones cortas** (cuando se quiere evitar la repetición del verbo o de una parte de la oración):
    - *Have you done your homework? / Yes, I **have**.* (¿Has hecho tus deberes? / Sí.)
    - *Had she warned you about it? / No, she **hadn't**.* (¿Te había advertido de eso? / No.)
  - **Question tags**:
    - *You haven't told him, **have** you?* (No se lo has dicho, ¿no?)
    - *He hasn't seen her today, **has** he?* (No la ha visto hoy, ¿verdad?)

b /biː/ [*pl* b's] *n* [C] *(letra del alfabeto)* ⇒b

B /biː/ [*pl* B's] *n* [C, U] **1** *(calificación)* ⇒notable **2** *(nota musical)* ⇒si

BA /ˌbiːˈeɪ/ *n* [C] ⇒forma abreviada de **Bachelor of Arts** (licenciatura en una carrera de Humanidades o de Ciencias Sociales)

babble[1] /ˈbæb.l̩/ [babbled, babbling] *v* [T, I] **1** ⇒barbullar *col.;* ⇒cotorrear *col.* **2** ⇒farfullar *col.*

babble[2] /ˈbæb.l̩/ *n* [U] **1** ⇒balbuceo **2** ⇒cuchicheo

babe /beɪb/ *n* [C] **1** *(very inform)* ⇒nena *col.: I miss you, babe* - Nena, te echo de menos **2** *(lit)* ⇒bebé

† **baby** /ˈbeɪ.bi/ [*pl* babies] *n* [C] **1** ⇒bebé ⇒guagua AMÉR. **2** *(de un animal)* ⇒cría **3 to have a ~** ⇒dar a luz ⇒tener un niño

baby carriage *US* (*UK* **pram**) *n* [C] ⇒cochecito [de niño]

babyish /ˈbeɪ.bi.ɪʃ/ *adj* ⇒infantil

babysit /ˈbeɪ.bi.sɪt/ [babysitted, babysitting] *v* [T, I] ⇒cuidar niños

babysitter UK: /ˈbeɪ.biˌsɪt.əʳ/ US: /-ˌsɪˁt̬.ə/ *n* [C] ⇒niñero,ra ⇒canguro *col.*

babysitting *n* [U] ⇒cuidado de niños [como canguro]

bachelor UK: /ˈbætʃ.ᵊl.əʳ/ US: /-ə/ *n* [C] **1** *(hombre)* ⇒soltero ▪ Se emplea únicamente con hombres **2 Bachelor of Arts** ⇒licenciatura en una carrera de Humanidades o Ciencias Sociales ▪ La forma abreviada es *BA* **3 Bachelor of Science** ⇒licenciatura en una carrera de Ciencias ▪ La forma abreviada es *BSc*

† **back**[1] /bæk/ *adv* **1** ⇒hacia atrás: *Move back, please* - Échate hacia atrás, por favor **2** ⇒de vuelta: *I'll be back at five* - Estaré de vuelta a las cinco **3** *When are you coming back?* - ¿Cuándo vuelves? **4** ⇒de nuevo ⇒otra vez **5 ~ and forth** ⇒de acá para allá: *People ran back and forth fetching water* - La gente corría de acá para allá cogiendo agua ▪ Se usa frecuentemente para expresar reciprocidad. Al traducirlo en español su significado suele estar implícito en el verbo: *to smile back - devolver una sonrisa*

† **back**[2] /bæk/ *n* [C] **1** ⇒parte de atrás: *at the back of the house* - en la parte de atrás de la casa **2** ⇒espalda: *My back aches* - Me duele la espalda; *to sit back-to-back* - sentarse espalda contra espalda **3** *(de un asiento)* ⇒respaldo **4 ~ to front** *UK* ⇒al revés: *You're wearing your shirt back to front* - Llevas la camisa al revés **5 behind *sb*'s ~** ⇒a espaldas de alguien: *to talk behind sb's back* - hablar a espaldas de alguien **6 to turn *one*'s ~ on *sth/sb*** ⇒dar la espalda

back[3] /bæk/ *v* [T] **1** ⇒dar marcha atrás **2** ⇒apoyar ⇒respaldar **3** ⇒financiar ⇒subvencionar

PHRASAL VERBS

- **to back away 1** ⇒retroceder **2** *(un plan, una idea)* ⇒cancelar
- **to back down** ⇒echarse atrás ⇒rajarse *col.*
- **to back onto *sth*** *His house backs onto the beach* - Su casa da a la playa
- **to back out** ⇒rajarse *col.;* ⇒retirarse
- **to back *sth* up [M] 1** *(en informática)* ⇒hacer una copia de seguridad **2** ⇒respaldar ▪ CONSTR. Se usa más en pasiva

† **back**[4] /bæk/ *adj* ⇒trasero,ra

backache /ˈbæk.eɪk/ *n* [C, U] ⇒dolor de espalda: *I have a backache* - Tengo dolor de espalda ▪ PRON. La última sílaba, *ache*, rima con *make*

backbone UK: /ˈbæk.bəʊn/ US: /-boʊn/ ▌*n* [C] **1** *(en anatomía)* ⇒espina dorsal **2** ⇒pilar ▌*n* [U] **3** ⇒arrojo ⇒agallas *col.*

backfire UK: /ˈbæk.faɪəʳ/ US: /-faɪr/ UK: /ˌbækˈfaɪəʳ/ US: /-ˈfaɪr/ [backfired, backfiring] *v* [I] **1** ⇒fallar ⇒salir mal **2** *(un motor)* ⇒petardear *col.*

† **background** /ˈbæk.graʊnd/ ▌*n* [U] **1** ⇒orígenes ⇒antecedentes ▌*n* [C] **2** *(de una foto o cuadro)* ⇒fondo

backing /ˈbæk.ɪŋ/ *n* [U] **1** *(especialmente económico)* ⇒apoyo ⇒respaldo **2** *(en música)* ⇒acompañamiento

backlash /ˈbæk.læʃ/ *n* [C] ⇒reacción violenta

backlog UK: /ˈbæk.lɒg/ US: /-lɑːg/ *n* [C] *I have a big backlog of work* - Tengo mucho trabajo atrasado

B

backpack /ˈbæk.pæk/ *US* (*UK* **rucksack**) *n* [C] ⇒mochila

backpacker UK: /ˈbækˌpæk.əʳ/ US: /-ə/ *n* [C] ⇒excursionista ⇒mochilero,ra

backside /ˈbæk.saɪd/ *n* [C] *(inform)* ⇒trasero *col.*

backspin *n* [U] *(de una pelota)* ⇒efecto hacia atrás

backstage /ˈbæk.steɪdʒ/, /-ˈ-/ *adv* ⇒entre bastidores ⇒entre bambalinas

† **backup** /ˈbæk.ʌp/ ▮ *n* [C, U] **1** ⇒apoyo ⇒soporte ▮ *n* [C] **2** *(en informática)* ⇒copia de seguridad

backward UK: /ˈbæk.wəd/ US: /-wəd/ *adj* **1** ⇒atrás: *a backward look* - una mirada atrás **2** ⇒atrasado,da *desp.*; ⇒retrasado,da *desp.* ■ Las expresiones *to be a slow learner* o *to have learning difficulties* se consideran más apropiadas

† **backwards** UK: /ˈbæk.wədz/ US: /-wədz/ *adv* **1** ⇒hacia atrás: *Careful you don't fall backwards* - Cuidado, no te caigas hacia atrás **2** ⇒hacia atrás ⇒de atrás hacia delante **3 ~ and forwards** ⇒de un lado para otro

backyard UK: /ˌbækˈjɑːd/ US: /-ˈjɑːrd/ *n* [C] **1** *UK* ⇒patio trasero **2** *US* ⇒jardín trasero

† **bacon** /ˈbeɪ.kᵊn/ *n* [U] ⇒panceta ⇒beicon

† **bacteria** UK: /bækˈtɪə.ri.ə/ US: /-ˈtɪr.i-/ *n* [PL] ⇒bacteria

† **bad** /bæd/ *adj* [*comp* worse, *superl* worst] **1** ⇒malo,la ⇒mal **2** ⇒malo,la ⇒perjudicial **3** ⇒grave ⇒serio,ria **4 not ~ at all** ⇒nada mal **5 to be ~ at *sth*** *I'm bad at figures* - Se me dan mal los cálculos **6 too ~** *(inform)* ⇒mala suerte *col.*; ⇒yeta *AMÉR. col.*

bade /bæd/ past tense of **bid**

† **badge** /bædʒ/ *UK n* [C] ⇒insignia ⇒pin ⇒chapa

badger UK: /ˈbædʒ.əʳ/ US: /-ə/ *n* [C] *(animal)* ⇒tejón

badly /ˈbæd.li/ *adv* [*comp* worse, *superl* worst] **1** ⇒mal **2** ⇒gravemente ⇒seriamente **3** ⇒con urgencia ⇒urgentemente **4 to be badly-off 1** ⇒andar mal de dinero **2** *(en una situación o lugar)* ⇒estar mal

badminton /ˈbæd.mɪn.tᵊn/ *n* [U] ⇒bádminton: *a game of badminton* - un partido de bádminton

baffle /ˈbæf.l̩/ [baffled, baffling] *v* [T] **1** ⇒dejar perplejo,ja ⇒desconcertar **2** *(planes, esfuerzos)* ⇒frustrar ■ CONSTR. Se usa más en pasiva

† **bag** /bæg/ *n* [C] **1** ⇒bolsa ⇒bolso **2 bags of *sth*** *UK (inform)* ⇒un montón de algo *col.*; ⇒una pila de algo *col.* **3 to be in the ~** *(very inform, old-fash)* ⇒tener en el bote *col.*

bagel /ˈbeɪ.gᵊl/ *n* [C] ⇒panecillo en forma de rosca

† **baggage** /ˈbæg.ɪdʒ/ *n* [U] ⇒equipaje: *excess baggage* - exceso de equipaje; *hand baggage* - equipaje de mano ■ PRON. La última *a* se pronuncia como la *i* en *did*

baggy /ˈbæg.i/ *adj* [*comp* baggier, *superl* baggiest] *(una prenda de vestir)* ⇒holgado,da

bagpipes /ˈbæg.paɪps/ *n* [PL] ⇒gaita: *to play the bagpipes* - tocar la gaita

BAGPIPES

bail /beɪl/ *n* [U] ⇒fianza: *to be released on bail* - poner en libertad bajo fianza; *to stand bail for sb* - pagar la fianza

bailiff /ˈbeɪ.lɪf/ *UK n* [C] *(en derecho)* ⇒alguacil

bait /beɪt/ *n* [U] ⇒cebo ⇒anzuelo

† **bake** /beɪk/ [baked, baking] *v* [T, I] ⇒asar ⇒hornear

baked beans *n* [PL] ⇒alubias en salsa de tomate [enlatadas]

baked potato [*pl* baked potatoes] *n* [C] ⇒patata asada [con piel] ■ PRON. La *e* no se pronuncia

† **baker** UK: /ˈbeɪ.kəʳ/ US: /-kə/ *n* [C] ⇒panadero,ra ⇒pastelero,ra

baker's [*pl* bakers'] *n* [C] ⇒panadería ⇒pastelería

bakery UK: /ˈbeɪ.kᵊr.i/ US: /-kə.i/ [*pl* bakeries] *n* [C] ⇒panadería ⇒pastelería

† **balance**[1] /ˈbæl.ᵊnts/ *n* [U] **1** ⇒equilibrio **2** ⇒báscula **3** *(en economía)* ⇒saldo **4 on ~** ⇒a fin de cuentas **5 to throw *sb* off ~** ⇒pillar a alguien desprevenido

† **balance**[2] /ˈbæl.ᵊnts/ [balanced, balancing] *v* [T, I] **1** ⇒mantener en equilibrio **2** ⇒compensar ⇒nivelar **3** *(una cuenta)* ⇒cuadrar ■ Distinto de *to swing* o *to rock* (balancear)

balanced *adj* ⇒equilibrado,da: *a balanced diet* - una dieta equilibrada

balcony /ˈbæl.kə.ni/ [*pl* balconies] *n* [C] **1** ⇒balcón **2** ⇒terraza [de una casa]

† **bald** UK: /bɔːld/ US: /bɑːld/ *adj* ⇒calvo,va

† **ball** UK: /bɔːl/ US: /bɑːl/ *n* [C] **1** ⇒bola ⇒pelota **2** ⇒ovillo: *a ball of wool* - un ovillo de lana **3** ⇒baile **4 to be on the ~** ⇒estar espabilado,da **5 to have a ~** *(inform)* ⇒pasarlo bomba *col.* **6 to set the ~ rolling** ⇒poner algo en marcha ⇒comenzar algo ■ Distinto de *balloon* (globo)

ballad /ˈbæl.əd/ *n* [C] ⇒balada
ballerina /ˌbæl.əˈriː.nə/ *n* [C] ⇒bailarina [de ballet]
↑**ballet** UK: /ˈbæl.eɪ/ US: /-ˈ-/ *n* [U] **1** ⇒ballet **2** ~ **dancer** ⇒bailarín,-a
ball game *n* [C] **1** ⇒juego de pelota **2** *US* ⇒partido de béisbol **3 to be a whole new ~** ⇒ser otro cantar *col.*
↑**balloon** /bəˈluːn/ *n* [C] **1** ⇒globo: *He bought some balloons for the party* - Compró unos globos para la fiesta **2** ⇒globo aerostático ■ Distinto de *ball* (balón)
ballot[1] /ˈbæl.ət/ *n* [C] **1** ⇒votación: *to hold a ballot* - someter algo a votación **2** ⇒papeleta ⇒voto ⇒boleta *AMÉR.*
ballot[2] /ˈbæl.ət/ *UK v* [T] ⇒votar [en secreto]
ballpark UK: /ˈbɔːl.pɑːk/ US: /ˈbɑːl.pɑːrk/ *US n* [C] **1** ⇒estadio de béisbol **2 a ~ figure** ⇒una cifra aproximada
ballroom /ˈbɔːlruːm/ *n* [C] ⇒salón de baile
Baltic *adj* ⇒báltico,ca
bamboo /bæmˈbuː/ *n* [C, U] ⇒bambú
ban[1] /bæn/ [banned, banning] *v* [T] ⇒prohibir [por ley]: *to ban smoking in public places* - prohibir el tabaco en los lugares públicos
ban[2] /bæn/ *n* [C] ⇒prohibición [por ley]
↑**banana** UK: /bəˈnɑː.nə/ US: /-ˈnæn.ə/ *n* [C, U] **1** ⇒plátano ⇒banana **2** *banana tree* - platanero
↑**band** /bænd/ *n* [C] **1** ⇒cinta **2** *(en una prenda de vestir)* ⇒raya ancha **3** *(de música)* ⇒grupo ⇒banda ■ Por ser un nombre colectivo se puede usar con el verbo en singular o en plural **4** *(de personas)* ⇒grupo ⇒pandilla ■ Por ser un nombre colectivo se puede usar con el verbo en singular o en plural **5** *(en la radio)* ⇒banda de frecuencia
bandage[1] /ˈbæn.dɪdʒ/ *n* [C, U] ⇒venda ⇒vendaje ■ PRON. La última *a* se pronuncia como la *i* en *did*
bandage[2] /ˈbæn.dɪdʒ/ [bandaged, bandaging] *v* [T] ⇒vendar: *The nurse bandaged her arm* - El enfermero le vendó el brazo ■ PRON. La última *a* se pronuncia como *i* en *did*
Band-Aid® *US* (*UK* **plaster**) *n* [C] ⇒tirita® ⇒curita® *AMÉR.*
bandit /ˈbæn.dɪt/ *n* [C] ⇒bandido,da
↑**bandwagon** /ˈbændˌwæg.ən/ **to {get/jump} on the ~** ⇒subir(se) al carro *col.*: *They were quick to jump on the bandwagon* - No dudaron en subirse al carro
bang[1] /bæŋ/ *n* [C] **1** ⇒golpe ⇒portazo: *He left the room shutting the door with a bang* - Salió de la habitación dando un portazo **2** ⇒estallido ⇒estruendo
bang[2] /bæŋ/ *v* [T, I] **1** ⇒dar golpes ⇒dar un portazo **2** ⇒golpear
bang[3] /bæŋ/ *adv* **1** *UK (inform)* ⇒justo ⇒exactamente **2 ~ goes *sth*** *UK (inform)* ⇒adiós a algo: *He has to work in August, so bang goes our summer holiday* - Tiene que trabajar en agosto, así que adiós a nuestras vacaciones **3 to go ~** *(inform)* ⇒explotar ⇒estallar
banger UK: /ˈbæŋ.əʳ/ US: /-ɚ/ *UK n* [C] **1** *(explosivo)* ⇒petardo **2** *(inform) (coche)* ⇒cacharro *col.* **3** *(inform)* ⇒salchicha: *bangers and mash* - salchichas con puré de patatas
Bangladesh *n* [U] ⇒Bangladesh
Bangladeshi *adj, n* [C] ⇒bangladeshí
bangs /bæŋz/ *US* (*UK* **fringe**) *n* [PL] ⇒flequillo
banish /ˈbæn.ɪʃ/ [banishes] *v* [T] ⇒desterrar: *The King banished the disloyal knight* - El rey desterró al desleal caballero; *I'll banish all thoughts of him from my mind* - Lo desterraré completamente de mi mente
banister UK: /ˈbæn.ɪ.stəʳ/ US: /-stɚ/ *n* [C] *(en una escalera)* ⇒barandilla ⇒pasamanos
↑**bank**[1] /bæŋk/ *n* [C] **1** *(de dinero)* ⇒banco **2** *(de un lago o un río)* ⇒orilla ⇒ribera **3** ⇒banco [de arena]: *The boat ran aground on a bank near the shore* - El barco encalló en un banco de arena cerca de la costa
bank[2] /bæŋk/ ▌*v* [T, I] **1** ⇒tener una cuenta: *Who do you bank with?* - ¿En qué banco tienes una cuenta? ▌*v* [T] **2** ⇒ingresar: *Wait until Monday to bank your cheque* - Espera al lunes para ingresar el talón

PHRASAL VERBS
· **to bank on *sth/sb*** 1 ⇒contar con: *We are banking on your presence* - Contamos con su presencia **2** ⇒fiar(se): *I wouldn't bank on it* - Yo no me fiaría

↑**bank account** *n* [C] ⇒cuenta bancaria: *to open a bank account* - abrir una cuenta
banker UK: /ˈbæŋ.kəʳ/ US: /-kɚ/ *n* [C] **1** ⇒banquero,ra **2** *(en un juego)* ⇒la banca
bank holiday *UK n* [C] ⇒día festivo en que cierran los bancos y muchos establecimientos comerciales
banking /ˈbæŋ.kɪŋ/ *n* [U] *(actividad)* ⇒banca
↑**bankrupt** /ˈbæŋ.krʌpt/ *adj* ⇒en bancarrota ⇒arruinado,da
bankruptcy /ˈbæŋ.krəpt.si/ ▌*n* [U] **1** ⇒bancarrota **2** ⇒decadencia: *moral bankruptcy* - decadencia moral ▌*n* [C] **3** ⇒quiebra ■ El plural es *bankruptcies*
banner UK: /ˈbæn.əʳ/ US: /-ɚ/ *n* [C] **1** ⇒banderín ⇒estandarte **2** ⇒pancarta
banquet /ˈbæŋ.kwɪt/ *n* [C] ⇒banquete: *They held a banquet for two hundred guests* - Dieron un banquete para doscientos invitados
baptism /ˈbæp.tɪ.zəm/ *n* [C, U] ⇒bautismo

baptize /bæpˈtaɪz/ [baptized, baptizing] (*UK tb* **baptise**) *v* [T] ⇒bautizar

B

↑**bar**[1] UK: /bɑːʳ/ US: /bɑːr/ *n* [C] **1** *(lugar)* ⇒bar **2** *(en un bar)* ⇒barra ⇒mostrador **3** *(de metal)* ⇒reja ⇒barra ⇒barrote **4** *(en música)* ⇒compás

bar[2] UK: /bɑːʳ/ US: /bɑːr/ [barred, barring] *v* [T] **1** ⇒prohibir la entrada: *They have barred me from entering the building* - Me prohibieron entrar al edificio **2** ⇒enrejar ⇒poner barrotes **3** ⇒tapar ⇒bloquear

barbarian UK: /bɑːˈbeə.ri.ən/ US: /bɑːrˈber.i-/ *n* [C] *(en historia)* ⇒bárbaro,ra

barbaric UK: /bɑːˈbær.ɪk/ US: /bɑːr-/ *adj* **1** ⇒bárbaro,ra ⇒extremadamente cruel **2** *a barbaric act* - una atrocidad

barbecue[1] UK: /ˈbɑː.bɪ.kjuː/ US: /ˈbɑːr-/ *n* [C] **1** *(para cocinar)* ⇒barbacoa ⇒parrilla **2** *(evento)* ⇒barbacoa

barbecue[2] UK: /ˈbɑː.bɪ.kjuː/ US: /ˈbɑːr-/ [barbecued, barbecuing] *v* [T, I] ⇒hacer a la barbacoa

barbed wire *n* [U] ⇒alambrada ⇒alambre de espino

↑**barber** UK: /ˈbɑː.bəʳ/ US: /ˈbɑːr.bɚ/ *n* [C] ⇒peluquero,ra [de hombres] ⇒barbero,ra

bar code *n* [C] ⇒código de barras

↑**bare** UK: /beəʳ/ US: /ber/ *adj* **1** ⇒desnudo,da ⇒biringo,ga *AMÉR. col.;* ⇒pilucho,cha *AMÉR. col.* **2** *(un armario)* ⇒vacío,a **3** ⇒básico,ca

barefoot UK: /ˈbeə.fʊt/ US: /ˈber-/ *adj, adv* ⇒descalzo,za: *to walk barefoot* - andar descalzo

↑**barely** UK: /ˈbeə.li/ US: /ˈber-/ *adv* ⇒apenas: *You've barely eaten* - Apenas has comido

bargain[1] UK: /ˈbɑː.gɪn/ US: /ˈbɑːr-/ *n* [C] **1** ⇒ganga ⇒chollo **2** ⇒acuerdo ⇒trato **3 into the ~** *UK* ⇒además

bargain[2] UK: /ˈbɑː.gɪn/ US: /ˈbɑːr-/ *v* [I] ⇒negociar ⇒regatear

PHRASAL VERBS
· **to bargain {for/on}** ***sth*** ⇒contar con algo ⇒esperar algo

barge UK: /bɑːdʒ/ US: /bɑːrdʒ/ *n* [C] ⇒barcaza

baritone UK: /ˈbær.ɪ.təʊn/ US: /-toʊn/ *n* [C] ⇒barítono

bark[1] UK: /bɑːk/ US: /bɑːrk/ *n* [C] **1** ⇒ladrido **2** *(de un árbol)* ⇒corteza

bark[2] UK: /bɑːk/ US: /bɑːrk/ *v* [I] ⇒ladrar: *Her dog barks at strangers* - Su perro ladra a los desconocidos ■ CONSTR. to bark at sth/sb

barley UK: /ˈbɑː.li/ US: /ˈbɑːr-/ *n* [U] *(cereal)* ⇒cebada

barmaid UK: /ˈbɑː.meɪd/ US: /ˈbɑːr-/ *UK* (*US* **bartender**) *n* [C] *(en un bar)* ⇒camarera ■ Se emplea únicamente con mujeres

barman UK: /ˈbɑː.mən/ US: /ˈbɑːr-/ [*pl* barmen] *UK* (*US* **bartender**) *n* [C] ⇒barman ⇒camarero

barmy UK: /ˈbɑː.mi/ US: /ˈbɑːr-/ *UK adj* [*comp* barmier, *superl* barmiest] *(inform)* ⇒chiflado,da *col.;* ⇒piantado,da *AMÉR. col.*

↑**barn** UK: /bɑːn/ US: /bɑːrn/ *n* [C] ⇒granero ⇒establo [para vacas]

barometer UK: /bəˈrɒm.ɪ.təʳ/ US: /-ˈrɑː.mɪ.ˀt̬ɚ/ *n* [C] ⇒barómetro

baron /ˈbær.ᵊn/ *n* [C] **1** *(título nobiliario)* ⇒barón **2** ⇒magnate

baroness /ˈbær.ᵊn.es/, /ˌ--ˈ-/ [*pl* baronesses] *n* [C] *(título nobiliario)* ⇒baronesa

barracks /ˈbær.əks/ [*pl* barracks] *n* [C] ⇒cuartel [militar] ■ Se puede usar con el verbo en singular o en plural

barrel /ˈbær.ᵊl/ *n* [C] **1** ⇒barril ⇒tonel **2** *(de un arma)* ⇒cañón

barren /ˈbær.ᵊn/ *adj* ⇒árido,da ⇒yermo,ma

barricade[1] /ˈbær.ɪ.keɪd/, /--ˈ-/ *n* [C] ⇒barricada: *To the barricades!* - ¡A las barricadas!

barricade[2] /ˈbær.ɪ.keɪd/, /--ˈ-/ [barricaded, barricading] *v* [T] **1** ⇒poner una barricada **2 to ~** ***oneself*** ⇒refugiarse ⇒parapetarse ■ CONSTR. Se usa generalmente seguido de una preposición

↑**barrier** UK: /ˈbær.i.əʳ/ US: /-ɚ/ *n* [C] ⇒barrera ⇒valla

barrister UK: /ˈbær.ɪ.stəʳ/ US: /-stɚ/ *n* [C] **1** *(en Reino Unido y Australia)* ⇒abogado,da que puede intervenir en todos los tribunales **2 prosecution ~** ⇒fiscal ■ Comparar con *solicitor*

barrow UK: /ˈbær.əʊ/ US: /-oʊ/ *n* [C] **1** *UK* (*UK/US tb* **wheelbarrow**) ⇒carretilla **2** ⇒túmulo

bartender UK: /ˈbɑːˌten.dəʳ/ US: /ˈbɑːrˌten.dɚ/ *US* (*UK* **barmaid/barman**) *n* [C] *(en un bar)* ⇒camarero,ra

barter UK: /ˈbɑː.təʳ/ US: /ˈbɑːr.ˀt̬ɚ/ *v* [T, I] ⇒cambiar ⇒canjear

base[1] /beɪs/ *n* [C] **1** *(de un objeto)* ⇒base ⇒pie **2** ⇒sucursal ⇒sede **3** ⇒base [militar]

↑**base**[2] /beɪs/ **to be based {at/in}** ⇒estar establecido,da en

↑**baseball** UK: /ˈbeɪs.bɔːl/ US: /-bɑːl/ *n* [U] ⇒béisbol: *to play baseball* - jugar al béisbol

baseball cap *n* [C] ⇒gorra de béisbol

basement /ˈbeɪ.smənt/ *n* [C] ⇒sótano

bases /ˈbeɪ.siːz/, /ˈbeɪ.sɪz/ *n* [PL] **1** See **basis 2** See **base**

bash[1] /bæʃ/ [*pl* bashes] *n* [C] **1** *(inform)* ⇒porrazo *col.* **2** *(inform)* ⇒fiesta: *my birthday bash* - mi fiesta de cumpleaños **3 to have a ~ at** ***sth UK (inform)*** ⇒intentar algo

bash[2] /bæʃ/ [bashes] *v* [T] *(inform)* ⇒dar(se) un porrazo *col.;* ⇒golpear(se) ⇒pegar con fuerza

↑**basic** /ˈbeɪ.sɪk/ *adj* ⇒básico,ca ⇒fundamental

basically /ˈbeɪ.sɪ.kli/ *adv* **1** ⇒en el fondo **2** ⇒básicamente ⇒fundamentalmente

basil UK: /ˈbæz.əl/ US: /ˈbeɪ.z[ə]l/ *n* [U] ⇒albahaca

† **basin** /ˈbeɪ.sən/ *n* [C] **1** *UK* ⇒cuenco **2** *UK (en un cuarto de baño)* ⇒lavabo ⇒lavatorio *AMÉR.*; ⇒pileta *AMÉR.* **3** *UK* ⇒palangana **4** *(en un río, lago o mar)* ⇒cuenca

† **basis** /ˈbeɪ.sɪs/ [*pl* bases] *n* [C] **1** ⇒base **2 on the ~ of *sth*** ⇒de acuerdo con algo

† **basket** UK: /ˈbɑː.skɪt/ US: /ˈbæs.kɪt/ *n* [C] **1** ⇒cesto **2** *(de mimbre)* ⇒cesta ⇒canasta **3** *(en baloncesto)* ⇒canasta

† **basketball** UK: /ˈbɑː.skɪt.bɔːl/ US: /ˈbæs.kɪt.bɑːl/ *n* [U] ⇒baloncesto ⇒basquetbol *AMÉR.*

bass[1] /beɪs/, /bæs/ [*pl* basses] ▌*n* [C] **1** (*tb* **double bass**) *(instrumento musical)* ⇒contrabajo **2** *(instrumento musical)* ⇒bajo ▌*n* [C, U] **3** *(cantante)* ⇒bajo

bass[2] /beɪs/, /bæs/ *adj (en música)* ⇒bajo

bat[1] /bæt/ *n* [C] **1** ⇒murciélago **2** ⇒pala ⇒bate

bat[2] /bæt/ [batted, batting] *v* [T, I] ⇒batear

batch /bætʃ/ [*pl* batches] *n* [C] **1** ⇒lote [de cosas o personas] **2** ⇒hornada

† **bath**[1] UK: /bɑːθ/ US: /bæθ/ *n* [C] **1** *UK* (*US* **bathtub**) ⇒bañera ⇒tina *AMÉR.*; ⇒bañadera *AMÉR.* **2** *(en la bañera)* ⇒baño

bath[2] UK: /bɑːθ/ US: /bæθ/ *UK v* [T, I] *(en la bañera)* ⇒bañar(se)

bathe /beɪð/ [bathed, bathing] ▌*v* [I] **1** *(en el mar o en una piscina)* ⇒bañarse ▌*v* [T, I] **2** *(una herida o una parte del cuerpo)* ⇒lavar

bathing costume (*tb* **costume**) *UK n* [C] *(old-fash)* ⇒bañador

bathrobe UK: /ˈbɑːθ.rəʊb/ US: /ˈbæθ.roʊb/ *n* [C] **1** ⇒albornoz **2** *US* (*UK* **dressing gown**) ⇒bata

† **bathroom** UK: /ˈbɑːθ.rʊm/ UK: /-ruːm/ US: /ˈbæθ-/ (*UK tb* **toilet**) *n* [C] ⇒cuarto de baño ⇒aseo ⇒lavatorio *AMÉR.*

bathtub UK: /ˈbɑːθ.tʌb/ US: /ˈbæθ-/ *n* [C] *US* (*UK* **bath**) ⇒bañera ⇒tina *AMÉR.*; ⇒bañadera *AMÉR.*

baton UK: /ˈbæt.ɒn/ US: /ˈbæˤt̬.[ə]n/ *n* [C] **1** *US* ⇒porra ⇒cachiporra **2** *(en música)* ⇒batuta **3** *(en una carrera de relevos)* ⇒testigo

batsman /ˈbæt.smən/ [*pl* batsmen] *UK n* [C] *(en cricket)* ⇒bateador

batsmen *UK n* [PL] See **batsman**

battalion /bəˈtæl.i.ən/ *n* [C] ⇒batallón

batter[1] UK: /ˈbæt.əʳ/ US: /ˈbæˤt̬.ɚ/ *n* [U] **1** *(para freír)* ⇒rebozado **2** *(para creps o tortitas)* ⇒masa **3** *(en béisbol)* ⇒bateador,-a

batter[2] UK: /ˈbæt.əʳ/ US: /ˈbæˤt̬.ɚ/ *v* [T, I] **1** ⇒maltratar [físicamente] ⇒apalear **2** *(un objeto)* ⇒golpear con fuerza **3** *(el viento, las olas)* ⇒azotar ■ CONSTR. Se usa generalmente seguido de las preposiciones against, at, on, o de un adverbio

battered UK: /ˈbæt.əd/ US: /ˈbæˤt̬.ɚd/ *adj* **1** ⇒maltratado,da **2** ⇒usado,da ⇒ajado,da

† **battery** UK: /ˈbæt.ər.i/ US: /ˈbæˤt̬.ɚ.i/ [*pl* batteries] *n* [C] **1** ⇒pila: *a rechargeable battery* - una pila recargable **2** *(de un coche)* ⇒batería

battle[1] UK: /ˈbæt.l̩/ US: /ˈbæˤt̬-/ *n* [C] ⇒batalla ⇒lucha

battle[2] UK: /ˈbæt.l̩/ US: /ˈbæˤt̬-/ [battled, battling] *v* [I] ⇒combatir ⇒luchar

bawl UK: /bɔːl/ US: /bɑːl/ *v* [T, I] **1** *(inform)* ⇒berrear: *The child started to bawl* - El niño empezó a berrear **2** *(inform)* ⇒chillar ⇒gritar

† **bay** /beɪ/ *n* [C] **1** ⇒golfo ⇒bahía ■ Al dar el nombre de un golfo o una bahía, se escribe con mayúscula inicial: *the Bay of Biscay - el golfo de Vizcaya* **2 to {hold/keep} *sth/sb* at ~** ⇒mantener a raya

bayonet /ˈbeɪ.ə.nət/ *n* [C] ⇒bayoneta

bay (tree) *n* [C] *(árbol)* ⇒laurel

bazaar UK: /bəˈzɑːʳ/ US: /-ˈzɑːr/ *n* [C] **1** *(en algunos países orientales)* ⇒bazar **2** ⇒mercadillo

B&B *n* [C, U] ⇒forma abreviada de **bed and breakfast** (pensión con desayuno)

BC /ˌbiːˈsiː/ *adv* ⇒a.C. ■ Procede de *Before Christ* (antes de Cristo)

† **be, was/were, been** /biː, bi/, /bɪ/, /bɪ, wɒz/wɜːʳ, biːn/ [being] ▌*v* **1** *(cualidad)* ⇒ser **2** *(estado)* ⇒estar **3** *(lugar)* ⇒estar ■ CONSTR. Se usa generalmente seguido de una preposición o un adverbio. En este sentido, *been* se emplea como participio de pasado del verbo *to go* para indicar que alguien ha ido y ha regresado de un lugar: *I've been to London twice this year - He estado en Londres dos veces este año* **4** *(medida)* ⇒tener **5** *(distancia)* ⇒quedar ⇒estar **6** *(edad)* ⇒tener **7** ⇒tener lugar ⇒ser **8** *(sensación)* ⇒tener **9** *(sentimiento o sensación)* ⇒estar ▌*v* [AUX] **10** ⇒estar: *I am reading right now* - Ahora mismo estoy leyendo; *What were you doing when I phoned?* - ¿Qué estabas haciendo cuando te llamé? ■ Ver cuadro en página siguiente y ver cuadro auxiliary verbs

† **beach** /biːtʃ/ [*pl* beaches] *n* [C] ⇒playa

bead /biːd/ *n* [C] **1** ⇒cuenta ⇒abalorio **2** *(de líquido)* ⇒gota

beak /biːk/ *n* [C] *(de un pájaro)* ⇒pico

beaker UK: /ˈbiː.kəʳ/ US: /-kɚ/ *UK n* [C] **1** *(en química)* ⇒vaso de precipitados **2** *UK (de plástico)* ⇒vaso

beam[1] /biːm/ *n* [C] **1** ⇒rayo de luz ⇒haz de luz **2** ⇒viga: *a wooden beam* - una viga de madera **3** ⇒gran sonrisa ⇒sonrisa radiante

beam[2] /biːm/ ▌*v* [I] **1** ⇒sonreír abiertamente **2** ⇒brillar ⇒resplandecer ▌*v* [T] **3** *(un programa de televisión)* ⇒retransmitir ■ CONSTR. Se usa más en pasiva

† **bean** /biːn/ *n* [C] **1** ⇒judía: *green beans* - judías verdes; ⇒habichuela *AMÉR.*; ⇒frijol *AMÉR.* **2** ⇒grano: *coffee beans* - granos de café

beanstalk *n* [C] ⇒tallo [de una judía]

B

B

↑**bear**[1], **bore, borne** UK: /beəʳ/ US: /ber/ *v* [T] **1** *(un peso)* ⇒aguantar **2** ⇒soportar: *I can't bear being alone* - No soporto estar solo ■ CONSTR. 1. to bear + doing sth 2. to bear + to do sth **3** ⇒portar ⇒llevar **4** *(form)* ⇒dar a luz ⇒tener hijos,jas **5** ⇒guardar rencor **6 to ~ a {relation/resemblance} to *sth/sb*** ⇒guardar {relación/parecido} con **7 to ~ *sth/sb* in mind** ⇒tener en cuenta [para el futuro] **8 to ~ {left/right}** ⇒girar {a la izquierda/a la derecha}

PHRASAL VERBS

· **to bear *sth/sb* out [M]** ⇒confirmar ⇒apoyar

bear[2] UK: /beəʳ/ US: /ber/ *n* [C] ⇒oso,sa

bearable UK: /ˈbeə.rə.bḷ/ US: /ˈber.ə-/ *adj* ⇒soportable: *It's hot here, but it's bearable* - Hace calor aquí, pero es soportable

↑**beard** UK: /bɪəd/ US: /bɪrd/ *n* [C] ⇒barba: *to have a beard* - llevar barba

bearer UK: /ˈbeə.rəʳ/ US: /ˈber.ɚ/ *n* [C] **1** *(de un documento o un talón)* ⇒portador,-a ⇒titular **2** ⇒porteador,-a [de carga] **3** *(de una credencial)* ⇒titular

beast /biːst/ *n* [C] **1** *(form) (animal)* ⇒bestia **2** *(persona)* ⇒bestia *desp.*

↑**beat**[1], **beat, beaten** /biːt/ ▌*v* [T] **1** ⇒batir ⇒vencer a ▌*v* [T, I] **2** ⇒golpear: *The wind was beating against the windows* - El viento golpeaba contra las ventanas ■ CONSTR. Se usa generalmente seguido de una preposición o un adverbio ▌*v* [I] **3** ⇒latir

beat[2] /biːt/ *n* [C, U] **1** *(de un tambor)* ⇒golpe **2** ⇒ritmo: *the beat of the music* - el ritmo de la música **3** (*tb* **heartbeat**) ⇒latido ⇒ritmo cardíaco

beaten UK: /ˈbiː.tᵊn/ US: /-ˤt̬[ə]n/ past participle of **beat**

beating UK: /ˈbiː.tɪŋ/ US: /-ˤt̬ɪŋ/ *n* [C] **1** ⇒golpeteo ⇒redoble **2** ⇒paliza **3** ⇒latido **4** ⇒derrota [muy clara] ⇒paliza *col.* **5 to take some ~** ⇒ser difícil: *It will take some beating to defeat this team* - Será difícil ganar a este equipo

beautician /bjuːˈtɪʃ.ᵊn/ *n* [C] ⇒esteticista

beautiful UK: /ˈbjuː.tɪ.fᵊl/ US: /-ˤt̬ɪ-/ *adj* ⇒hermoso,sa ⇒bello,lla ⇒precioso,sa

beautifully UK: /ˈbjuː.tɪ.fᵊl.i/ US: /-ˤt̬ɪ-/ *adv* ⇒estupendamente ⇒de maravilla

↑**beauty** UK: /ˈbjuː.ti/ US: /-ˤt̬i/ *n* [U] ⇒belleza

beauty salon *n* [C] ⇒salón de belleza

beaver UK: /ˈbiː.vəʳ/ US: /-vɚ/ *n* [C] *(animal)* ⇒castor

became /bɪˈkeɪm/ past tense of **become**

↑**because** /bɪˈkəz/, /-ˈkɒz/ *conj* ⇒porque: *He bought a chocolate cake because his sister loves them* - Compró una tarta de chocolate porque a su hermana le encantan ■ La forma abreviada es *'cos* o *'cause*

because of *prep* ⇒debido a: *They postponed the match because of the rain* - Han aplazado el partido debido a la lluvia

to be (ser / estar)

present simple

affirmative	**contractions**	**negative**	**questions**
I am	I'm	I'm not	am I?
you **are**	you**'re**	you **aren't**	**aren't** you?
he/she/it **is**	he/she/it**'s**	he/she/it **isn't**	**is** he/she/it?
we **are**	we**'re**	we **aren't**	**are** we?
you **are**	you**'re**	you **aren't**	**are** you?
they **are**	they**'re**	they **aren't**	**are** they?

past tense

affirmative	**negative**	**questions**
I was	I **wasn't**	was I?
you **were**	you **weren't**	**were** you?
he/she/it **was**	he/she/it **wasn't**	**was** he/she/it?
we **were**	we **weren't**	**were** we?
you **were**	you **weren't**	**were** you?
they **were**	they **weren't**	**were** they?

the *-ing* form

being

past participle

been

(Ver también cuadro **auxiliary verbs**.)

beckon /'bek.ᵊn/ ▌ *v* [T, I] **1** ⇨llamar con señas ⇨hacer señas ▌ *v* [I] **2** ⇨atraer ⇨fascinar

↑**become, became, become** /bɪ'kʌm/ [becoming] *v* [I] **1** ⇨convertirse en ⇨hacerse **2** ⇨tornarse ⇨volverse

PHRASAL VERBS
· **to become of *sth/sb*** ⇨ser de

becoming /bɪ'kʌm.ɪŋ/ **1** *adj (old-fash)* ⇨favorecedor,-a **2 to be ~** *(old-fash)* ⇨sentar bien: *His jacket is very becoming* - Esa chaqueta le sienta muy bien

↑**bed** /bi:'ed/, /bed/ *n* [C] **1** ⇨cama: *to make the bed* - hacer la cama **2** *(en un río)* ⇨lecho **3** *(en un mar)* ⇨fondo

bed and breakfast *n* [C, U] ⇨pensión con desayuno ■ La forma abreviada es *B&B* o *B and B*

bedbug *n* [C] *(animal)* ⇨chinche

bedclothes UK: /'bed.kləʊðz/ US: /-kloʊðz/ *n* [PL] ⇨ropa de cama

↑**bedroom** /'bed.rʊm/,/-ru:m/ *n* [C] ⇨dormitorio ⇨habitación ⇨recámara *AMÉR.*

bedside /'bed.saɪd/ *n* [C] ⇨cabecera: *Sit at his bedside* - Siéntate junto a su cabecero

bedspread /'bed.spred/ *n* [C] ⇨cobertor ⇨colcha

bedtime /'bed.taɪm/ *n* [U] ⇨hora de acostarse

↑**bee** /bi:/ *n* [C] ⇨abeja: *worker bee* - abeja obrera; *queen bee* - abeja reina

beech (tree) /bi:tʃ/ [*pl* beeches] *n* [C, U] *(árbol)* ⇨haya

↑**beef** /bi:f/ *n* [U] ⇨carne de vaca: *roast beef* - rosbif

beefburger UK: /'bi:fˌbɜ:.gəʳ/ US: /-ˌbɜ:.gɚ/ *UK* (*UK/US tb* **hamburger**) *n* [C] ⇨hamburguesa

beehive /'bi:.haɪv/ *n* [C] ⇨colmena ■ La forma abreviada es *hive*

been /bi:n/ past participle of **be**

beep[1] /bi:p/ *v* [T, I] **1** ⇨pitar ⇨tocar [el claxon] **2** *(un despertador)* ⇨sonar

beep[2] /bi:p/ *n* [C] ⇨pitido

↑**beer** UK: /bɪəʳ/ US: /bɪr/ *n* [C, U] ⇨cerveza: *beer mug* - jarra de cerveza

beet /bi:t/ *US* (*UK* **beetroot**) *n* [C, U] ⇨remolacha ⇨betarraga *AMÉR.*

beetle UK: /'bi:.tl/ US: /-ˁtl/ *n* [C] ⇨escarabajo: *dung beetle* - escarabajo pelotero

beetroot /'bi:.tru:t/ *UK* *n* [C, U] See **beet**

↑**before**[1] UK: /bɪ'fɔ:ʳ/ US: /-'fɔ:r/ *prep* **1** ⇨ante ⇨delante de **2** *(tiempo)* ⇨antes de **3** *(lugar)* ⇨antes de

↑**before**[2] UK: /bɪ'fɔ:ʳ/ US: /-'fɔ:r/ *conj* ⇨antes de: *Think before you speak* - Piensa antes de hablar ■ Nunca se usa seguido de un verbo en futuro

↑**before**[3] UK: /bɪ'fɔ:ʳ/ US: /-'fɔ:r/ *adv* **1** ⇨antes: *Have you been here before?* - ¿Has estado antes aquí? **2** ⇨antes ⇨anterior

beforehand UK: /bɪ'fɔ:.hænd/ US: /-'fɔ:r-/ *adv* ⇨de antemano: *I spoke to him beforehand* - Hablé con él de antemano

↑**beg** /beg/ [begged, begging] ▌ *v* [I] **1** ⇨mendigar: *A lot of people beg in big cities* - Mucha gente mendiga en las grandes ciudades ▌ *v* [T, I] **2** ⇨rogar ⇨suplicar ■ CONSTR. to beg + to do sth

began /bɪ'gæn/ past tense of **begin**

beggar UK: /'beg.əʳ/ US: /-ɚ/ *n* [C] **1** ⇨mendigo,ga **2 the poor ~** *(inform)* ⇨el pobre diablo *col.*

↑**begin, began, begun** /bɪ'gɪn/ [beginning] *v* [T, I] **1** ⇨empezar ⇨comenzar ■ CONSTR. 1. to begin + doing sth 2. to begin + to do sth **2 to ~ with 1** ⇨al principio **2** ⇨para empezar

beginner UK: /bɪ'gɪn.əʳ/ US: /-ɚ/ *n* [C] ⇨principiante: *beginner's luck* - suerte del principiante

beginning /bɪ'gɪn.ɪŋ/ *n* [C] ⇨comienzo ⇨principio ⇨origen

begun /bɪ'gʌn/ past participle of **begin**

↑**behave** /bɪ'heɪv/ [behaved, behaving] *v* [I] **1** ⇨portarse ⇨comportarse **2 ~ *oneself*** ⇨comportarse

behavior *US* *n* [U] See **behaviour**

behaviour UK: /bɪ'heɪ.vjəʳ/ US: /-vjɚ/ *UK* (*US* **behavior**) *n* [U] ⇨comportamiento ⇨conducta

behead /bɪ'hed/ *v* [T] ⇨decapitar ■ CONSTR. Se usa más en pasiva

↑**behind**[1] /bɪ'haɪnd/ *prep* **1** ⇨detrás de **2** ⇨por detrás de: *We are behind other companies in technological development* - Vamos por detrás de otras empresas en desarrollo tecnológico **3** ⇨a favor de

↑**behind**[2] /bɪ'haɪnd/ *adv* **1** ⇨atrás ⇨detrás **2** ⇨atrasado,da ⇨retrasado,da

behind[3] /bɪ'haɪnd/ *n* [C] *(inform, euphem)* ⇨trasero *col.*

beige /beɪʒ/ *adj, n* [U] ⇨beige ⇨beis

↑**being** /'bi:.ɪŋ/ ▌ *n* [C, U] **1** ⇨ser ▌ *n* [U] **2** ⇨existencia **3 to come into ~** ⇨nacer ⇨crearse

belated UK: /bɪ'leɪ.tɪd/ US: /-ˁtɪd/ *adj* **1** ⇨tardío,a **2** *A belated Happy Birthday!* - ¡Feliz Cumpleaños, aunque sea tarde!

Belgian /'bel.dʒən/ *adj, n* [C] ⇨belga

Belgium *n* [U] ⇨Bélgica

↑**belief** /bɪ'li:f/ *n* [U] **1** ⇨creencia **2** ⇨opinión **3 beyond ~** ⇨increíblemente ⇨increíble **4 in the ~ that** ⇨confiando en que

↑**believe** /bɪ'li:v/ [believed, believing] *v* [T] **1** ⇨creer: *I believe you* - Te creo; *I don't believe my ears* - No me lo puedo creer **2** ⇨pensar ⇨creer ■ CONSTR. to believe + (that) **3 ~ it or not** ⇨aunque no lo creas

PHRASAL VERBS
· **to believe in *sth/sb*** ⇨creer en: *Do you believe in witches?* - ¿Crees en las brujas?

believer UK: /bɪ'liː.vəʳ/ US: /-vər/ *n* [c] **1** ⇒creyente **2 to be a ~ in *sth*** ⇒ser partidario,ria de algo

↑**bell** /bel/ *n* [c] **1** ⇒timbre: *to ring the bell* - tocar al timbre **2** ⇒campana

bellow[1] UK: /'bel.əʊ/ US: /-oʊ/ *v* [T, I] ⇒bramar ⇒gritar

bellow[2] UK: /'bel.əʊ/ US: /-oʊ/ *n* [c] ⇒bramido ⇒grito

belly /'bel.i/ [*pl* bellies] *n* [c] *(inform)* ⇒barriga *col.;* ⇒panza *col.;* ⇒guata *AMÉR. col.*

belly button *n* [c] *(inform)* ⇒ombligo ■ Pertenece al lenguaje infantil

↑**belong** UK: /bɪ'lɒŋ/ US: /-'lɑːŋ/ *v* [I] **1** ⇒pertenecer: *This belongs to my grandfather* - Esto pertenece a mi abuelo; *I feel I don't belong here* - Siento que este no es mi sitio **2** ⇒ser miembro de ⇒pertenecer

belongings UK: /bɪ'lɒŋ.ɪŋz/ US: /-'lɑːŋ-/ *n* [PL] ⇒pertenencias

Belorussian[1] ▌*n* [U] **1** *(idioma)* ⇒bielorruso ▌*n* [c] **2** *(gentilicio)* ⇒bielorruso,sa

Belorussian[2] *adj* ⇒bielorruso,sa

beloved /bɪ'lʌv.ɪd/, /-'lʌvd/ *adj (lit)* ⇒amado,da

↑**below[1]** UK: /bɪ'ləʊ/ US: /-'loʊ/ *prep* ⇒por debajo de ⇒bajo

↑**below[2]** UK: /bɪ'ləʊ/ US: /-'loʊ/ *adv* ⇒bajo ⇒de abajo ⇒abajo

↑**belt** /belt/ *n* [c] **1** ⇒cinturón: *seat belt* - cinturón de seguridad **2 to be below the ~** ⇒ser un golpe bajo

↑**bench** /bentʃ/ [*pl* benches] *n* [c] **1** ⇒banco ⇒asiento **2** *(en deportes)* ⇒banquillo ⇒banca *AMÉR.* **3** *(en política)* ⇒escaño

↑**bend[1], bent, bent** /bend/ *v* [T, I] ⇒doblar ⇒encorvar

PHRASAL VERBS

· **to bend down** ⇒agacharse ⇒inclinarse

bend[2] /bend/ *n* [c] **1** ⇒curva: *a tight bend* - una curva cerrada **2** ⇒recodo **3** *(en fontanería)* ⇒codo **4 round the ~** *(inform)* ⇒chalado,da *col.;* ⇒loco,ca

↑**beneath** /bɪ'niːθ/ *prep* ⇒debajo de ⇒bajo

benefactor UK: /'ben.ɪ.fæk.təʳ/ US: /-ˤt̬ə/ *n* [c] ⇒benefactor,-a

beneficial /ˌben.ɪ'fɪʃ.ᵊl/ *adj* ⇒beneficioso,sa ⇒útil ⇒provechoso,sa

↑**benefit[1]** /'ben.ɪ.fɪt/ *n* [C, U] **1** *(elemento positivo)* ⇒beneficio ⇒ventaja **2** ⇒subsidio **3** ⇒función benéfica **4 to give *sb* the ~ of the doubt** ⇒conceder a alguien el beneficio de la duda

benefit[2] /'ben.ɪ.fɪt/ *v* [T] ⇒beneficiar

benevolent /bɪ'nev.ᵊl.ᵊnt/ *adj* **1** *(form)* ⇒benevolente **2** ⇒benéfico,ca

benign /bɪ'naɪn/ *adj* ⇒benigno,na: *a benign tumour* - un tumor benigno

bent /bent/ past tense and past participle forms of **bend**

bequeath /bɪ'kwiːð/ *v* [T] *(form)* ⇒legar: *to bequeath sth to sb* - legar algo a alguien ■ CONSTR. to bequeath + dos objetos

bequest /bɪ'kwest/ *n* [c] ⇒legado

bereaved /bɪ'riːvd/ *adj* **1** ⇒que ha perdido un ser querido **2** *the bereaved family* - la familia del difunto

beret UK: /'ber.eɪ/ US: /bə'reɪ/ *n* [c] ⇒boina ■ PRON. La última *e* rima con *way*

↑**berry** /'ber.i/ [*pl* berries] *n* [c] ⇒baya

berserk UK: /bə'zɜːk/ US: /bə'zɝːk/ *adj* **1** ⇒loco,ca ⇒desquiciado,da **2 to go ~** *(inform)* ⇒perder los estribos ⇒ponerse como un fiera *col.*

berth[1] UK: /bɜːθ/ US: /bɝːθ/ *n* [c] **1** *(en una embarcación)* ⇒camarote **2** *(en un tren)* ⇒litera

berth[2] UK: /bɜːθ/ US: /bɝːθ/ *v* [T, I] *(una embarcación)* ⇒atracar

beset, beset, beset /bɪ'set/ [besetting] *v* [T] **1** *(form)* ⇒agobiar **2** *(form) to be beset by doubts* - estar lleno de dudas ■ CONSTR. Se usa más en pasiva

↑**beside** /bɪ'saɪd/ *prep* **1** ⇒al lado de ⇒junto a **2 ~ *oneself* (with *sth*)** ⇒fuera de sí [por algo]

besides[1] /bɪ'saɪdz/ *prep* ⇒además de ⇒aparte de

besides[2] /bɪ'saɪdz/ *adv* ⇒además

besiege /bɪ'siːdʒ/ [besieged, besieging] *v* [T] **1** ⇒asediar ⇒sitiar **2** ⇒asediar ⇒bombardear ⇒acosar ■ CONSTR. Se usa más en pasiva

↑**best[1]** /best/ *adj* **1** the superlative form of **good** **2 ~ before** *(en un producto)* ⇒consumir preferentemente antes de

↑**best[2]** /best/ *adv* **1** the superlative form of **well** **2 as ~ you can** ⇒lo mejor que puedas

best[3] /best/ *n* [NO PL] **1 all the best!** *(inform)* ⇒que te vaya bien **2 at ~** ⇒como mucho ⇒en el mejor de los casos **3 to {do/try} *one's* ~** ⇒hacer todo lo posible: *I'll do my best to go* - Haré todo lo posible por ir **4 to make the ~ of *sth*** ⇒sacar el máximo partido de algo

best man [*pl* best men] *n* [NO PL] ⇒padrino de boda

bestseller UK: /ˌbes*t*'sel.əʳ/ US: /-ə/ *n* [c] **1** *(para libros)* ⇒éxito de ventas ⇒superventas ⇒best seller **2** ⇒producto de mayores ventas

best-selling /ˌbes*t*'sel.ɪŋ/ *adj* **1** *(un escritor)* ⇒de éxito **2** *(un producto)* ⇒de mayores ventas

↑**bet[1], bet, bet** /bet/ [betting] *v* [T, I] **1** ⇒apostar ■ CONSTR. 1. to bet on sth 2. to bet + dos objetos + (that) **2 I ~** *(inform)* ⇒seguro que ⇒a que **3** *I wouldn't bet on it!* - ¡No me fiaría! **4 you bet!** *(inform)* ⇒¡ya lo creo! *col.* ■ CONSTR. to bet + (that)

bet[2] /bet/ *n* [c] ⇒apuesta: *They made a bet on the result of the match* - Hicieron una apuesta sobre los resultados del partido

↑**betray** /bɪ'treɪ/ *v* [T] **1** ⇒traicionar: *Never betray your friends* - Nunca traiciones a tus amigos **2** *(un secreto)* ⇒revelar

↑**better**[1] UK: /'bet.əʳ/ US: /'beˁt̬.ɚ/ *adj* **1** the comparative form of **good**: *Peter used to get better marks in Secondary School* - Peter sacaba mejores notas en el instituto; *The slower, the better* - Cuanto más despacio, mejor **2 to be no ~ than** ⇒no ser más que

↑**better**[2] UK: /'bet.əʳ/ US: /'beˁt̬.ɚ/ *adv* **1** the comparative form of **well**: *Since he's been having guitar lessons, he can play much better* - Desde que va a clases de guitarra toca mucho mejor **2 to be ~ off (without *sth/sb*)** ⇒estar mejor [sin algo o sin alguien]

better[3] UK: /'bet.əʳ/ US: /'beˁt̬.ɚ/ *n* [U] **to get the ~ of *sb*** *(un sentimiento)* ⇒superar a alguien ⇒vencer a alguien

↑**between**[1] /bɪ'twi:n/ *prep* **1** *(dos cosas o personas)* ⇒entre **2** *(unión de dos cosas)* ⇒entre **3** *(cálculo aproximado)* ⇒entre **4** *(tiempo)* ⇒entre ■ Ver cuadro entre (among / between)

↑**between**[2] /bɪ'twi:n/ *adv* ⇒en medio

↑**beware** UK: /bɪ'weəʳ/ US: /-'wer/ *v* [I] ⇒tener cuidado: *Beware of the dog!* - ¡Ten cuidado con el perro! ■ CONSTR. to beware of + doing sth ■ Normalmente se usa solo en imperativo e infinitivo

bewildering UK: /bɪ'wɪl.dᵊr.ɪŋ/ US: /-dɚ.ɪŋ/ *adj* ⇒desconcertante

bewitch /bɪ'wɪtʃ/ [bewitches] *v* [T] ⇒cautivar ⇒encantar ⇒hechizar ■ CONSTR. Se usa más en pasiva

beyond[1] UK: /bi'jɒnd/ US: /-'jɑ:nd/ *prep* **1** ⇒más allá de **2 to be ~ *sb*** *(inform) He's beyond me* - No puedo entenderlo

beyond[2] UK: /bi'jɒnd/ US: /-'jɑ:nd/ *adv* ⇒más allá

↑**bias** /'baɪ.əs/ [*pl* biasses] *n* [C, U] ⇒prejuicio ⇒parcialidad

biased /'baɪ.əst/ *adj* **1** ⇒parcial **2 to be ~ towards *sth*** ⇒tener inclinación por algo

bib /bɪb/ *n* [C] ⇒babero

↑**Bible** /'baɪ.bl̩/ *n* [C, NO PL] ⇒Biblia: *the Holy Bible* - la Santa Biblia

biblical /'bɪb.lɪ.kᵊl/ *adj* ⇒bíblico,ca

bibliography UK: /ˌbɪb.li'ɒg.rə.fi/ US: /-'ɑ:.grə-/ [*pl* bibliographies] *n* [C] ⇒bibliografía

biceps /'baɪ.seps/ [*pl* biceps] *n* [C] ⇒bíceps

bicker UK: /'bɪk.əʳ/ US: /-ɚ/ *v* [I] ⇒discutir por menudencias

↑**bicycle** /'baɪ.sɪ.kl̩/ *n* [C] ⇒bicicleta ■ Normalmente se usa *bike*

bid[1] /bɪd/ *n* [C] **1** ⇒oferta **2** *(en una subasta)* ⇒puja **3** ⇒intento ⇒conato **4 to make a ~ for *sth*** ⇒intentar conseguir algo

bid[2], **bid, bid** (*tb* **bade, bidden**) /bɪd/ [bidding] *v* [T, I] **1** ⇒ofrecer ■ CONSTR. to bid + dos objetos **2** ⇒pujar

bidden past participle of **bid**

bide /baɪd/ **to ~ *one's* time** ⇒esperar el momento oportuno

biennial /baɪ'en.i.əl/ *adj* ⇒bienal

↑**big**[1] /bɪg/ *adj* [*comp* bigger, *superl* biggest] **1** ⇒grande ■ Ver cuadro grande (big / great) **2** ⇒importante: *a big decision* - una decisión importante

big[2] /bɪg/ *adv* [*comp* bigger, *superl* biggest] *(inform)* ⇒a lo grande

Bigfoot [*pl* bigfeet] *n* [C] ⇒yeti del noroeste de EE. UU. y oeste de Canadá

big-headed /ˌbɪg'hed.ɪd/ *adj* ⇒engreído,da

bigoted UK: /'bɪg.ə.tɪd/ US: /-ˁt̬ɪd/ *adj* ⇒intolerante

↑**bike** /baɪk/ *n* [C] **1** *(inform)* ⇒bici **2** *(inform)* ⇒moto

biker UK: /'baɪ.kəʳ/ US: /-kɚ/ *n* [C] ⇒motociclista

bikini /bɪ'ki:.ni/ *n* [C] ⇒biquini: *bikini bottom* - parte de abajo del biquini; *bikini top* - parte de arriba del biquini

bilingual /baɪ'lɪŋ.gwᵊl/ *adj* ⇒bilingüe

↑**bill** /bɪl/ *n* [C, NO PL] **1** *UK* (*US* **check**) ⇒cuenta: *to pay the bill* - pagar la cuenta **2** ⇒factura **3** *(en derecho)* ⇒proyecto de ley **4 to {fill/fit} the ~** ⇒satisfacer los requisitos

billboard UK: /'bɪl.bɔ:d/ US: /-bɔ:rd/ *US* (*UK* **hoarding**) *n* [C] ⇒valla publicitaria

billiards UK: /'bɪl.i.ədz/ US: /'bɪl.jɚdz/ *n* [U] ⇒billar

billing /'bɪl.ɪŋ/ **to give {star/top} ~ to *sb*** *(en una película u obra de teatro)* ⇒encabezar el cartel

↑**billion** /'bɪl.jən/ *n* [C] ⇒millardo ⇒mil millones ■ Distinto de *trillion* (billón). Anteriormente *billion* significaba *one million million* (billón)

↑**bin** /bɪn/ *UK* (*US* **trash can**) *n* [C] **1** ⇒cubo de basura ⇒caneca *AMÉR.* **2** ⇒papelera

binary UK: /'baɪ.nᵊr.i/ US: /-nɚ-/ *adj* ⇒binario,ria: *binary code* - código binario

bind[1], **bound, bound** /baɪnd/ *v* [T] **1** ⇒atar: *They bound the package with string* - Ataron el paquete con una cuerda **2** ⇒encuadernar

bind[2] /baɪnd/ *n* [C] *(inform)* ⇒lata *col.*; ⇒rollo *col.*

binder UK: /'baɪn.dəʳ/ US: /-dɚ/ *n* [C] ⇒carpeta: *ring binder* - carpeta de anillas ■ Distinto de *carpet* (alfombra)

binding[1] /'baɪn.dɪŋ/ *n* [C, U] **1** ⇒encuadernación **2** ⇒ribete

binding[2] /'baɪn.dɪŋ/ *adj* ⇒vinculante: *a binding obligation* - un compromiso vinculante

binge /bɪndʒ/ *n* [C] **1** *(inform)* ⇒comilona *col.* **2** *(inform)* ⇒borrachera *col.*

bingo UK: /ˈbɪŋ.gəʊ/ US: /-goʊ/ *n* [U] ⇒bingo: *to play bingo* - jugar al bingo

binoculars UK: /bɪˈnɒk.jʊ.ləz/ US: /-ˈnɑː.kjʊ.lɚz/ *n* [PL] ⇒prismáticos

biochemical UK: /ˌbaɪ.əʊˈkem.ɪ.kəl/ US: /-oʊ-/ *adj* ⇒bioquímico,ca

biochemistry UK: /ˌbaɪ.əʊˈkem.ɪ.stri/ US: /-oʊ-/ *n* [U] ⇒bioquímica

biodegradable UK: /ˌbaɪ.əʊ.dɪˈgreɪ.dɪ.bl̩/ US: /-oʊ-/ *adj* ⇒biodegradable

biodiversity UK: /ˌbaɪ.əʊ.daɪˈvɜː.sɪ.ti/ US: /-oʊ.dɪˈvɜː.sə.ˤt̬i/ *n* [U] ⇒biodiversidad

bioengineering *n* [U] ⇒bioingenería ■ PRON. *bi* se pronuncia como *by* y la *o* es larga, como en el término inglés *no*

biographer UK: /baɪˈɒg.rə.fəʳ/ US: /-ˈɑː.grə.fɚ/ *n* [C] ⇒biógrafo,fa

↑ **biography** UK: /baɪˈɒg.rə.fi/ US: /-ˈɑː.grə-/ [*pl* biographies] *n* [C, U] ⇒biografía

biological UK: /ˌbaɪ.əˈlɒdʒ.ɪ.kəl/ US: /-ˈlɑː.dʒɪ-/ *adj* ⇒biológico,ca: *biological clock* - reloj biológico

biologist UK: /baɪˈɒl.ə.dʒɪst/ US: /-ˈɑː.lə-/ *n* [C] ⇒biólogo,ga

↑ **biology** UK: /baɪˈɒl.ə.dʒi/ US: /-ˈɑː.lə-/ *n* [U] ⇒biología

biotechnology UK: /ˌbaɪ.əʊ.tekˈnɒl.ə.dʒi/ US: /-oʊ.tekˈnɑː.lə-/ *n* [U] ⇒biotecnología

birch UK: /bɜːtʃ/ US: /bɝːtʃ/ [*pl* birches] *n* [C] *(árbol)* ⇒abedul

↑ **bird** UK: /bɜːd/ US: /bɝːd/ *n* [C] ⇒ave ⇒pájaro

biro® [*pl* biros] *UK n* [C] ⇒bolígrafo ⇒birome AMÉR.; ⇒esfero AMÉR. *col.*

↑ **birth** UK: /bɜːθ/ US: /bɝːθ/ ▌*n* [C, U] **1** ⇒nacimiento ⇒parto **2** ⇒natalidad ▌*n* [NO PL] **3** ⇒cuna ⇒origen **4 to give ~** ⇒dar a luz: *She gave birth to a beautiful baby boy* - Dio a luz a un precioso niño

birth control *n* [U] **1** ⇒control de natalidad **2** ⇒método anticonceptivo

↑ **birthday** UK: /ˈbɜː.θeɪ/ US: /ˈbɝːθ-/ *n* [C] ⇒cumpleaños: *Happy birthday!* - ¡Feliz cumpleaños!; *When is your birthday?* - ¿Cuándo es tu cumpleaños?

birthmark UK: /ˈbɜːθ.mɑːk/ US: /ˈbɝːθ.mɑːrk/ *n* [C] ⇒mancha de nacimiento ⇒antojo

birthplace UK: /ˈbɜːθ.pleɪs/ US: /ˈbɝːθ-/ *n* [C] ⇒lugar de nacimiento

↑ **biscuit** /ˈbɪs.kɪt/ *UK* (*US* **cookie**) *n* [C] ⇒galleta ⇒masita AMÉR. ■ PRON. La parte final, *cuit*, se pronuncia como *kit*

bisexual /baɪˈsek.sju.əl/ *adj, n* [C] ⇒bisexual

↑ **bishop** /ˈbɪʃ.əp/ *n* [C] **1** ⇒obispo **2** *(en ajedrez)* ⇒alfil

bison /ˈbaɪ.sən/ [*pl* bison] *n* [C] *(animal)* ⇒bisonte ■ PRON. La parte inicial se pronuncia como *bye*

↑ **bit¹** /bɪt/ *n* [C] **1** ⇒trozo: *small bits of broken glass* - trozos pequeños de cristal roto **2** *(en informática)* ⇒bit **3** *(para un caballo)* ⇒bocado ⇒freno **4 a ~ 1** ⇒un poco: *I'm a bit tired* - Estoy un poco cansado; *Could I have a bit more soup, please?* - ¿Podría tomar un poco más de sopa, por favor? **2** *(inform)* ⇒un rato ⇒un periquete *col.* **5 a ~ much** *(inform)* ⇒demasiado **6 ~ by ~** ⇒poco a poco **7 bits and pieces** *(inform) I could only find bits and pieces of information* - Sólo pude encontrar información suelta **8 not {a/one} ~** ⇒en absoluto

bit² /bɪt/ past tense of **bite**

bitch /bɪtʃ/ [*pl* bitches] *n* [C] *(animal doméstico)* ⇒perra

↑ **bite¹, bit, bitten** /baɪt/ [biting] *v* [T, I] **1** ⇒morder **2** ⇒picar: *Mosquitoes bit his arm* - Los mosquitos le picaron en el brazo

bite² /baɪt/ *n* [C] **1** *(de insecto)* ⇒picadura **2** *(de mamífero, reptil o pez)* ⇒mordedura **3** *(comida)* ⇒bocado

bitten /ˈbɪt.ən/ past participle of **bite**

bitter¹ UK: /ˈbɪt.əʳ/ US: /ˈbɪˤt̬.ɚ/ *adj* **1** *(de sabor)* ⇒amargo,ga **2** ⇒enfadado,da ⇒amargado,da **3** ⇒glacial ⇒gélido,da

bitter² UK: /ˈbɪt.əʳ/ US: /ˈbɪˤt̬.ɚ/ *UK n* [U] ⇒cerveza tostada ⇒cerveza amarga

bitterly UK: /ˈbɪt.ə.li/ US: /ˈbɪˤt̬.ɚ-/ *adv* ⇒con amargura

↑ **bizarre** UK: /bɪˈzɑːʳ/ US: /-ˈzɑːr/ *adj* ⇒extraño,ña ■ Distinto de *courageous* (bizarro)

↑ **black¹** /blæk/ *adj* **1** ⇒negro,gra: *jet black* - negro azabache **2** ⇒malo,la ⇒oscuro,ra

↑ **black²** /blæk/ *n* [C] *(color)* ⇒negro

↑ **black³** /blæk/

PHRASAL VERBS
· **to black out** *(inform)* ⇒perder el conocimiento ⇒desmayarse

blackberry UK: /ˈblæk.bər.i/ US: /-ber-/ [*pl* blackberries] *n* [C] **1** *(fruta)* ⇒mora **2** *(planta)* ⇒zarzamora

blackbird UK: /ˈblæk.bɜːd/ US: /-bɝːd/ *n* [C] *(ave)* ⇒mirlo

↑ **blackboard** UK: /ˈblæk.bɔːd/ US: /-bɔːrd/ (*US tb* **chalkboard**) *n* [C] ⇒pizarra

blackcurrant UK: /ˌblækˈkʌr.ənt/ US: /ˈblæk.kɜː-/ *n* [C] *(fruta)* ⇒grosella negra

blacken /ˈblæk.ən/ ▌*v* [T, I] **1** ⇒ennegrecer(se): *The fire has blackened the walls* - El fuego ha ennegrecido las paredes ▌*v* [T] **2** ⇒manchar ⇒mancillar

blacklist¹ /ˈblæk.lɪst/ *n* [C] ⇒lista negra: *to be on a blacklist* - figurar en una lista negra

blacklist² /ˈblæk.lɪst/ *v* [T] ⇒poner en la lista negra: *He has been blacklisted* - Lo han puesto en la lista negra ■ CONSTR. Se usa más en pasiva

blackmail[1] /ˈblæk.meɪl/ *n* [U] ⇒chantaje: *It's emotional blackmail* - Es un chantaje emocional
blackmail[2] /ˈblæk.meɪl/ *v* [T] ⇒chantajear: *He was blackmailed by the mafia* - La mafia lo estaba chantajeando
blackness *n* [U] ⇒negrura ⇒negror
blacksmith /ˈblæk.smɪθ/ *n* [C] ⇒herrero,ra
bladder UK: /ˈblæd.əʳ/ US: /-ə/ *n* [C] *(en anatomía)* ⇒vejiga
↑**blade** /bleɪd/ *n* [C] **1** *(de un cuchillo)* ⇒hoja ⇒filo **2** *(de un ventilador)* ⇒aspa **3** *(remo)* ⇒pala **4** *(hierba)* ⇒brizna: *a blade of grass* - una brizna de hierba
↑**blame**[1] /bleɪm/ [blamed, blaming] *v* [T] **1** ⇒culpar: *Don't blame me!* - ¡No me eches la culpa!; *to blame oneself* - culparse a sí mismo **2 to be to ~ (for *sth*)** ⇒tener la culpa de algo
↑**blame**[2] /bleɪm/ *n* [U] ⇒culpa: *to put the blame on sb* - echar la culpa a alguien
bland /blænd/ *adj* ⇒soso,sa ⇒insípido,da ⇒insulso,sa ■ Distinto de *soft* (blando)
blank[1] /blæŋk/ *adj* **1** ⇒en blanco: *a blank sheet of paper* - una hoja en blanco; *My mind went blank* - Se me quedó la mente en blanco **2** *(una pantalla, una pared)* ⇒vacío,a **3** *(una cara, una expresión)* ⇒impasible **4** ⇒perdido,da ⇒vacío,a ⇒inexpresivo,va **5** *(una sensación)* ⇒vacío,a **6 ~ cartridge** ⇒cartucho de fogueo
blank[2] /blæŋk/ *n* [C] **1** *(en un formulario)* ⇒espacio en blanco **2** ⇒bala de fogueo
blanket[1] /ˈblæŋ.kɪt/ *n* [C] ⇒manta ⇒cobija *AMÉR.*; ⇒frazada *AMÉR.*
blanket[2] /ˈblæŋ.kɪt/ *v* [T] *(lit)* ⇒cubrir
blanket[3] /ˈblæŋ.kɪt/ *adj* ⇒general ⇒completo,ta
blare UK: /bleəʳ/ US: /bler/ [blared, blaring] *v* [I] ⇒sonar a todo volumen
blasphemy /ˈblæs.fə.mi/ [*pl* blasphemies] *n* [C, U] ⇒blasfemia
blast[1] UK: /blɑːst/ US: /blæst/ *n* [C] **1** ⇒ráfaga: *a blast of wind* - una ráfaga de viento **2** *(de agua)* ⇒explosión ⇒chorro
blast[2] UK: /blɑːst/ US: /blæst/ *v* [T, I] ⇒destruir [con explosivos]
blast-off UK: /ˈblɑːst.ɒf/ US: /ˈblæst.ɑːf/ *n* [U] ⇒lanzamiento [de una nave espacial]
blatant /ˈbleɪ.tənt/ *adj* ⇒descarado,da ⇒flagrante
blaze[1] /bleɪz/ [blazed, blazing] *v* [I] **1** ⇒arder: *The logs blazed in the fireplace* - Los troncos ardían en la chimenea **2** ⇒brillar
blaze[2] /bleɪz/ *n* [C] **1** ⇒incendio ⇒hoguera **2 a ~ of glory** ⇒un momento de gloria
blazer UK: /ˈbleɪ.zəʳ/ US: /-zə/ *n* [C] *(prenda de vestir)* ⇒blazer ⇒americana
bleach[1] /bliːtʃ/ *n* [U] ⇒lejía ⇒lavandina *AMÉR.*
bleach[2] /bliːtʃ/ *v* [T] **1** ⇒lavar con lejía ⇒blanquear **2** ⇒aclarar: *The sun has bleached my hair* - El sol me ha aclarado el pelo
bleak /bliːk/ *adj* **1** *(un clima)* ⇒inhóspito,ta ⇒desapacible ⇒crudo,da **2** *(un lugar)* ⇒desolado,da **3** *(una situación)* ⇒desolador,-a ⇒nada prometedor,-a
bleat /bliːt/ *v* [I] ⇒balar
bled past tense and past participle forms of **bleed**
↑**bleed, bled, bled** /bliːd/ *v* [I] ⇒sangrar: *My hand is bleeding* - Me sangra la mano
bleep[1] /bliːp/ *n* [C] ⇒pitido
bleep[2] /bliːp/ *v* [I] *(un aparato electrónico)* ⇒dar pitidos ⇒llamar
blemish /ˈblem.ɪʃ/ *n* [C, U] ⇒tacha ⇒mancha
blend[1] /blend/ ▌*v* [T] **1** ⇒mezclar ▌*v* [T, I] **2** ⇒combinarse

PHRASAL VERBS
- **to blend into *sth*** ⇒integrarse en algo
- **to blend in (with *sth/sb*)** ⇒armonizar

blend[2] /blend/ *n* [C] ⇒mezcla: *a blend of tea* - un té de mezcla
blender UK: /ˈblen.dəʳ/ US: /-də/ *n* [C] ⇒licuadora
↑**bless, blest, blest** (*tb* **blessed, blessed**) /bles/ [blesses] *v* [T] **1** ⇒bendecir: *to bless sb* - bendecir a alguien ■ Se usan más las formas regulares del pasado y del participio **2 ~ you!** *(para un estornudo)* ⇒¡Jesús! **3 to be blessed with *sth*** ⇒gozar de algo
blessed /blest/, /ˈbles.ɪd/ *adj* **1** ⇒bendito,ta **2** ⇒dotado,da: *He's blessed with good qualities* - Está dotado de buenas cualidades **3** *(en religión)* ⇒santísimo,ma
blessing /ˈbles.ɪŋ/ *n* [C, U] **1** *(en religión)* ⇒bendición **2** ⇒visto bueno **3 to be a ~ in disguise** ⇒no hay mal que por bien no venga
blest past tense and past participle forms of **bless**
blew /bluː/ past tense of **blow**
↑**blind**[1] /blaɪnd/ *adj* ⇒ciego,ga: *a blind date* - una cita a ciegas
blind[2] /blaɪnd/ *v* [T] ⇒deslumbrar ⇒cegar
blind[3] /blaɪnd/ *n* [C] **1** ⇒persiana: *to raise the blinds* - subir las persianas; *to lower the blinds* - bajar las persianas **2** *US* (*UK* **hide**) ⇒observatorio [de animales]
blindfold[1] UK: /ˈblaɪnd.fəʊld/ US: /-foʊld/ *n* [C] *(para los ojos)* ⇒venda
blindfold[2] UK: /ˈblaɪnd.fəʊld/ US: /-foʊld/ *v* [T] ⇒vendar los ojos
blinding /ˈblaɪn.dɪŋ/ *adj* **1** *(una luz)* ⇒cegador,-a **2 a ~ headache** ⇒un dolor de cabeza terrible
blind spot *n* [C] **1** ⇒punto débil **2** *(en la conducción)* ⇒ángulo muerto
blink[1] /blɪŋk/ ▌*v* [T, I] **1** ⇒parpadear ▌*v* [I] **2** ⇒centellear ⇒titilar

blink[2] /blɪŋk/ *n* [C] ⇒parpadeo
blip /blɪp/ *n* [C] **1** ⇒pitido **2** *(en un radar)* ⇒señal luminosa
bliss /blɪs/ *n* [U] ⇒dicha ⇒felicidad
blister UK: /ˈblɪs.təʳ/ US: /-tɚ/ *n* [C] *(en la piel)* ⇒ampolla
blistering UK: /ˈblɪs.tᵊr.ɪŋ/ US: /-tɚ-/ *adj* **1** ⇒abrasador,-a **2** ⇒mordaz ⇒feroz **3** *(en deportes)* ⇒arrollador,-a **4** *(velocidad)* ⇒vertiginoso,sa
blitz /blɪts/ *n* [C] ⇒campaña intensiva
blizzard UK: /ˈblɪz.əd/ US: /-ɚd/ *n* [C] ⇒ventisca
bloated UK: /ˈbləʊ.tɪd/ US: /ˈbloʊ.ˤţɪd/ *adj* ⇒hinchado,da: *His belly was bloated from drinking* - Después de beber, tenía la barriga hinchada
blob UK: /blɒb/ US: /blɑːb/ *n* [C] **1** ⇒gota gorda: *a blob of glue* - una gota gorda de pegamento **2** ⇒mancha
bloc UK: /blɒk/ US: /blɑːk/ *n* [C] ⇒bloque [de países]
block[1] UK: /blɒk/ US: /blɑːk/ *n* [C] **1** ⇒bloque: *a block of concrete* - un bloque de hormigón **2** *(de edificios)* ⇒bloque ⇒manzana ⇒cuadra AMÉR. **3** ⇒obstáculo ⇒impedimento
↑**block**[2] UK: /blɒk/ US: /blɑːk/ *v* [T] **1** ⇒bloquear ⇒obstruir **2** ⇒tapar **3** ⇒impedir **4** *(en deportes)* ⇒parar
blockade[1] UK: /blɒkˈeɪd/ US: /blɑːˈkeɪd/ *n* [C] *(militar o de comercio)* ⇒bloqueo
blockade[2] UK: /blɒkˈeɪd/ US: /blɑːˈkeɪd/ [blockaded, blockading] *v* [T] ⇒bloquear
blockage UK: /ˈblɒk.ɪdʒ/ US: /ˈblɑː.kɪdʒ/ *n* [C, U] ⇒obstrucción ⇒atasco
blockbuster UK: /ˈblɒkˌbʌs.təʳ/ US: /ˈblɑːkˌbʌs.tɚ/ *n* [C] **1** *(inform)* ⇒éxito de taquilla **2** *(inform) (para libros)* ⇒gran éxito de ventas **3** *(un producto)* ⇒gran éxito de ventas
block capitals *n* [PL] ⇒letras mayúsculas
block of flats [*pl* blocks of flats] *UK n* [C] ⇒bloque de pisos
blog UK: /blɒg/ US: /blɑːg/ *n* [C] *(en internet)* ⇒cuaderno de bitácora ⇒blog
↑**bloke** UK: /bləʊk/ US: /bloʊk/ *UK n* [C] *(inform)* ⇒tío *col.;* ⇒tipo *col.* ■ Se emplea únicamente con hombres
blond *adj* See **blonde**
↑**blonde** UK: /blɒnd/ US: /blɑːnd/ *adj, n* [C] ⇒rubio,bia ⇒güero,ra AMÉR.
↑**blood** /blʌd/ *n* [U] ⇒sangre: *a blood test* - un análisis de sangre; *a blood donor* - un donante de sangre; *blood group* - grupo sanguíneo ■ PRON. La doble vocal se pronuncia como la *u* en el término inglés *sun*
blood pressure *n* [U] *(en medicina)* ⇒tensión arterial
bloodshed /ˈblʌd.ʃed/ *n* [U] ⇒derramamiento de sangre
bloodshot UK: /ˈblʌd.ʃɒt/ US: /-ʃɑːt/ *adj (un ojo)* ⇒inyectado,da en sangre ⇒rojo,ja
bloodstained /ˈblʌd.steɪnd/ *adj* ⇒manchado,da de sangre
bloodstream /ˈblʌd.striːm/ *n* [NO PL] **1** ⇒corriente sanguínea ⇒flujo sanguíneo **2** *injected directly into the bloodstream* - inyectado directamente en la sangre ■ PRON. La doble vocal se pronuncia como la *u* en el término inglés *sun*
bloodthirsty UK: /ˈblʌdˌθɜː.sti/ US: /-ˌθɝː-/ *adj* [*comp* bloodthirstier, *superl* bloodthirstiest] **1** ⇒sanguinario,ria ⇒ávido,da de sangre **2** ⇒sangriento,ta: *a bloodthirsty film* - una película sangrienta
↑**bloody** /ˈblʌd.i/ *adj* [*comp* bloodier, *superl* bloodiest] **1** ⇒sangriento,ta: *a bloody battle* - una batalla sangrienta **2** *UK (very inform)* ⇒maldito,ta *col.;* ⇒puñetero,ra *col.* ■ PRON. La doble vocal se pronuncia como la *u* en el término inglés *sun*
bloom[1] /bluːm/ *v* [I] ⇒florecer: *The roses are blooming* - Las rosas están floreciendo
bloom[2] /bluːm/ *n* [C] ⇒flor
blossom[1] UK: /ˈblɒs.ᵊm/ US: /ˈblɑː.s[ə]m/ *v* [I] ⇒florecer
blossom[2] UK: /ˈblɒs.ᵊm/ US: /ˈblɑː.s[ə]m/ *n* [C, U] ⇒flor [de un árbol frutal]
blot[1] UK: /blɒt/ US: /blɑːt/ [botted, blotting] *v* [T] **1** ⇒secar [con papel o tela] **2** *(un papel)* ⇒emborronar

PHRASAL VERBS
· **to blot *sth* out 1** ⇒tapar algo **2** ⇒borrar algo de la mente

blot[2] UK: /blɒt/ US: /blɑːt/ *n* [C] **1** ⇒mancha: *a blot on sb's reputation* - una mancha en la reputación de alguien **2** ⇒borrón [de tinta]
blotch UK: /blɒtʃ/ US: /blɑːtʃ/ [*pl* blotches] *n* [C] *(en la piel)* ⇒mancha
blouse UK: /blaʊz/ US: /blaʊs/ *n* [C] ⇒blusa
↑**blow**[1], **blew, blown** UK: /bləʊ/ US: /bloʊ/ *v* [I] **1** ⇒soplar: *The wind is blowing hard today* - El viento sopla muy fuerte hoy **2** *(un silbato)* ⇒tocar **3 to ~ a {fuse/gasket}** *(inform, old-fash)* ⇒ponerse hecho,cha una fiera **4 to ~ *one*'s nose** ⇒sonarse: *Take this handkerchief and blow your nose* - Coge este pañuelo y suénate

PHRASAL VERBS
· **to blow *sth* away [M]** *(el viento, el aire)* ⇒llevarse algo
· **to blow *sth* down [M]** *(el viento)* ⇒derribar
· **to blow *sth* out [M]** ⇒apagar algo [con aire]: *to blow a candle out* - apagar una vela
· **to blow over 1** ⇒ser derribado,da [por el viento] **2** *(una tormenta)* ⇒pasar **3** *(un escándalo)* ⇒olvidarse
· **to blow up (at *sb*)** *(inform)* ⇒ponerse hecho,cha una furia con alguien

blow[2] UK: /bləʊ/ US: /bloʊ/ *n* [C] **1** ⇒golpe: *a low blow* - un golpe bajo **2 to come to blows (over sth)** ⇒llegar a las manos [por algo]

blown UK: /bləʊn/ US: /bloʊn/ past participle of **blow**

† **blue**[1] /bluː/ *adj* **1** *(color)* ⇒azul **2** *(relacionado con el sexo)* ⇒verde ⇒porno **3** *(inform)* ⇒triste: *I feel blue* - Me siento triste

† **blue**[2] /bluː/ *n* [C, U] **1** ⇒azul: *light blue and dark blue* - azul claro y azul oscuro **2 out of the ~** *(inform)* ⇒de repente ⇒inesperadamente

blueberry /ˈbluːˌbᵊr.i/, /-ˌber-/ [*pl* blueberries] *n* [C] *(fruta)* ⇒arándano

blue-collar UK: /ˌbluːˈkɒl.əʳ/ US: /-ˈkɑː.lə/ *adj (un trabajador)* ⇒que emplea la fuerza física en su trabajo

blue-eyed boy *UK* (*US* **fair-haired boy**) *n* [C] *(inform)* ⇒niño mimado

blueprint /ˈbluː.prɪnt/ *n* [C] **1** ⇒programa ⇒proyecto **2** *(en arquitectura)* ⇒primer proyecto ⇒anteproyecto

bluff[1] /blʌf/ *v* [T, I] **1** ⇒tirarse un farol *col.;* ⇒engañar **2** ⇒fingir ⇒vacilar *col.*

bluff[2] /blʌf/ *n* [C, U] ⇒mentira ⇒farol *col.;* ⇒engaño

blunder[1] UK: /ˈblʌn.dəʳ/ US: /-də/ *n* [C] ⇒metedura de pata *col.;* ⇒metida de pata *AMÉR. col.;* ⇒error

blunder[2] UK: /ˈblʌn.dəʳ/ US: /-də/ *v* [I] **1** ⇒meter la pata *col.: I blundered telling her the secret* - Metí la pata al contarle el secreto **2** ⇒precipitarse: *The country is blundering towards a crisis* - El país se precipita hacia la crisis

blunt /blʌnt/ *adj* **1** ⇒desafilado,da ⇒romo,ma **2** ⇒directo,ta ⇒brusco,ca

blur UK: /blɜːʳ/ US: /blɝː/ [blurred, blurring] ▌*v* [T, I] **1** *(una imagen)* ⇒desdibujarse ⇒hacerse borroso,sa **2** *(una diferencia)* ⇒atenuarse ▌*v* [T] **3** ⇒empañar: *Tears blurred his eyes* - Las lágrimas empañaban sus ojos

blurred UK: /blɜːd/ US: /blɝːd/ *adj* **1** ⇒borroso,sa ⇒difuso,sa ⇒desenfocado,da **2** *(un recuerdo)* ⇒vago,ga ⇒borroso,sa ■ PRON. La *e* no se pronuncia

blurt UK: /blɜːt/ US: /blɝːt/ (*tb* **blurt out**) *v* [T] ⇒soltar ⇒espetar

† **blush**[1] /blʌʃ/ [blushes] *v* [I] ⇒ruborizarse ⇒ponerse rojo,ja

† **blush**[2] /blʌʃ/ *US n* [C] See **blusher**

blusher UK: /ˈblʌʃ.əʳ/ US: /-ə/ *UK* (*US* **blush**) *n* [C, U] *(maquillaje)* ⇒colorete

boar UK: /bɔːʳ/ US: /bɔːr/ [*pl* boar, boars] *n* [C] **1** *(animal)* ⇒verraco **2 wild ~** ⇒jabalí

board[1] UK: /bɔːd/ US: /bɔːrd/ *n* [C] **1** ⇒tabla ⇒tablón **2** ⇒pizarra **3** (*tb* **board of directors**) ⇒junta directiva ⇒consejo de administración ■ Por ser un nombre colectivo se puede usar con el verbo en singular o en plural **4** *(de un juego)* ⇒tablero **5** *(en hotel o pensión)* ⇒comida **6 above ~** ⇒ilícito,ta ⇒ilegal **7 across ~** ⇒en todos los niveles **8 on ~ 1** *(en un avión o embarcación)* ⇒a bordo de **2** *(en un tren)* ⇒dentro de ■ Incorrecto: no se usa con la preposición *of*

board[2] UK: /bɔːd/ US: /bɔːrd/ *v* [T, I] **1** *(a un avión o embarcación)* ⇒embarcar ⇒subir a bordo **2** *(a un tren)* ⇒subir **3** ⇒hospedar

PHRASAL VERBS

· **to board *sth* up** [M] *(una puerta, una ventana)* ⇒tapar con tablas

boarder UK: /ˈbɔː.dəʳ/ US: /ˈbɔːr.də/ *n* [C] **1** *UK (un alumno)* ⇒interno,na **2** *US* (*UK* **lodger**) *(de una casa particular)* ⇒huésped,-a

boarding school *n* [C] ⇒internado: *to attend a boarding school* - ir a un internado

boast[1] UK: /bəʊst/ US: /boʊst/ *v* [T, I] **1** ⇒fanfarronear ⇒jactarse ⇒presumir ■ CONSTR. 1. to boast + that 2. to boast about sth/sb **2** *(form)* ⇒gozar de ⇒contar con

boast[2] UK: /bəʊst/ US: /boʊst/ *n* [C] ⇒fanfarronada ⇒alarde

boastful UK: /ˈbəʊst.fᵊl/ US: /ˈboʊst-/ *adj (al hablar)* ⇒presuntuoso,sa ⇒presumido,da ⇒fanfarrón,-a *col.*

† **boat** UK: /bəʊt/ US: /boʊt/ *n* [C] ⇒bote ⇒barca ⇒barco ⇒buque ■ Se usa con embarcaciones pequeñas y, coloquialmente, con todas. Comparar con *ship*

boating UK: /ˈbəʊ.tɪŋ/ US: /ˈboʊ.ˁt̬ɪŋ/ *n* [U] ⇒paseo en barca: *to go boating* - ir de paseo en barca

bob[1] UK: /bɒb/ US: /bɑːb/ [bobbed, bobbing] *v* [T] ⇒flotar [en el agua meciéndose con las olas]

PHRASAL VERBS

· **to bob up** ⇒aparecer ⇒surgir

bob[2] UK: /bɒb/ US: /bɑːb/ *n* [C] **1** *(inform)* ⇒chelín **2** ⇒pelo a lo garçon ■ Se emplea únicamente con mujeres

bobby UK: /ˈbɒb.i/ US: /ˈbɑː.bi/ [*pl* bobbies] *UK n* [C] *(inform)* ⇒poli *col.*

bode UK: /bəʊd/ US: /boʊd/ [boded, boding] *v* [T, I] *(lit)* ⇒augurar ⇒auspiciar

bodily[1] UK: /ˈbɒd.ɪ.li/ US: /ˈbɑː.dɪ-/ *adj* ⇒corporal ⇒fisiológico,ca

bodily[2] UK: /ˈbɒd.ɪ.li/ US: /ˈbɑː.dɪ-/ *adv* **1** ⇒en persona **2** *(con los brazos)* ⇒a la fuerza **3** ⇒en conjunto

† **body** UK: /ˈbɒd.i/ US: /ˈbɑː.di/ [*pl* bodies] *n* [C] **1** ⇒cuerpo: *a healthy body* - un cuerpo sano **2** ⇒cadáver **3** ⇒grupo ⇒organismo **4** ⇒en conjunto **5 ~ and soul** ⇒en cuerpo y alma

bodybuilding UK: /ˈbɒd.iˌbɪl.dɪŋ/ US: /ˈbɑː.di-/ *n* [U] ⇒culturismo

B

bodyguard UK: /ˈbɒd.i.gɑːd/ US: /ˈbɑː.di.gɑːrd/ *n* [C] ➾guardaespaldas ➾guardia personal ■ Se puede usar con el verbo en singular o en plural

bog[1] UK: /bɒg/ US: /bɑːg/ *n* [C] **1** ➾ciénaga **2** *(very inform)* ➾váter *col.;* ➾meadero *vulg.*

bog[2] UK: /bɒg/ US: /bɑːg/ [bogged, bogging]

PHRASAL VERBS
· **to be bogged down** ➾estancar(se) ➾empantanarse ➾atascarse

bogus UK: /ˈbəʊ.gəs/ US: /ˈboʊ-/ *adj* ➾fraudulento,ta ➾falso,sa

↑**boil** /bɔɪl/ *v* [T, I] **1** ➾hervir: *Water boils at 100ºC* - El agua hierve a cien grados **2** ➾cocer

PHRASAL VERBS
· **to boil down *sth*** ➾reducirse a algo
· **to boil over** ➾salirse [por el calor]: *The milk is boiling over!* - ¡Se está saliendo la leche!

boiler UK: /ˈbɔɪ.ləʳ/ US: /-lɚ/ *n* [C] **1** ➾caldera ➾calentador [de agua] **2** *(en una embarcación)* ➾calderas

boiling *adj* **1** *(inform) (el tiempo, el día)* ➾muy caliente ➾asfixiante **2** *It's boiling!* - ¡Me aso!

boiling point *n* [U] ➾punto de ebullición

boisterous UK: /ˈbɔɪ.stᵊr.əs/ US: /-stɚ-/ *adj* ➾bullicioso,sa ➾escandaloso,sa ➾alborotado,da

↑**bold** UK: /bəʊld/ US: /boʊld/ *adj* **1** ➾audaz ➾valiente **2** ➾descarado,da ➾atrevido,da **3** ➾bien definido,da ➾marcado,da **4** ➾llamativo,va **5 to {be/make} so ~ (as to do *sth*)** *(form)* ➾atreverse a hacer algo

Bolivia *n* [U] ➾Bolivia

Bolivian *adj, n* [C] ➾boliviano,na

bolster UK: /ˈbəʊl.stəʳ/ US: /ˈboʊl.stɚ/ *v* [T] **1** *(la moral)* ➾levantar **2** *(una industria)* ➾impulsar **3** *(una imagen, un argumento)* ➾reforzar

bolt UK: /bəʊlt/ US: /boʊlt/ *n* [C] **1** *(de una puerta, ventana)* ➾cerrojo **2** ➾perno ➾tornillo **3** ➾rayo ➾relámpago

↑**bomb**[1] UK: /bɒm/ US: /bɑːm/ *n* [C] **1** ➾bomba [explosiva]: *a bomb alert* - un aviso de bomba **2 to go little a ~** ➾ir como un rayo ■ PRON. No se pronuncia la *b* final

bomb[2] UK: /bɒm/ US: /bɑːm/ *v* [T] ➾bombardear

bombard UK: /bɒmˈbɑːd/ US: /bɑːmˈbɑːrd/ *v* [T] **1** ➾bombardear [con bombas] **2** ➾acosar ➾bombardear

bomber UK: /ˈbɒm.əʳ/ US: /ˈbɑː.mɚ/ *n* [C] **1** *(avión)* ➾bombardero **2** ➾persona que pone bombas

bombshell UK: /ˈbɒm.ʃel/ US: /ˈbɑːm-/ *n* [C] **1** *(inform)* ➾notición ➾bombazo *col.* **2** ➾mujer despampanante

bond[1] UK: /bɒnd/ US: /bɑːnd/ *n* [C] **1** ➾lazo ➾vínculo **2** ➾pacto **3** *(en economía)* ➾bono

bond[2] UK: /bɒnd/ US: /bɑːnd/ ▮ *v* [T, I] **1** ➾unir(se) ➾adherir(se) ▮ *v* [I] **2** ➾establecer lazos afectivos

bonds UK: /bɒndz/ US: /bɑːndz/ *n* [PL] ➾ataduras ➾cadenas

↑**bone** UK: /bəʊn/ US: /boʊn/ *n* [C, U] **1** *(del cuerpo)* ➾hueso **2** *(de la carne)* ➾hueso **3** *(del pescado)* ➾espina **4 to have a ~ to pick with *sb*** *(inform)* ➾tener que arreglar cuentas con alguien: *I have a bone to pick with you* - Tú y yo tenemos que arreglar cuentas

bone marrow *n* [U] *(en anatomía)* ➾médula ósea

bonfire UK: /ˈbɒn.faɪəʳ/ US: /ˈbɑːn.faɪr/ *n* [C] ➾hoguera: *to make a bonfire* - encender una hoguera

bonnet UK: /ˈbɒn.ɪt/ US: /ˈbɑː.nɪt/ *n* [C] **1** *UK* (*US* **hood**) *(en un vehículo)* ➾capó **2** *(de señora)* ➾sombrero **3** *(de bebé)* ➾gorro

↑**bonus** UK: /ˈbəʊ.nəs/ US: /ˈboʊ-/ [*pl* bonuses] *n* [C] *(paga)* ➾extra ➾prima ➾plus

bony UK: /ˈbəʊ.ni/ US: /ˈboʊ-/ *adj* [*comp* bonier, *superl* boniest] ➾huesudo,da ➾óseo,a

boo[1] /buː/ *v* [T, I] ➾abuchear: *The spectators booed the players* - El público abucheó a los jugadores

boo[2] /buː/ *n* [C] ➾abucheo

boob /buːb/ *n* [C] **1** *(inform)* ➾metedura de pata *col.;* ➾metida de pata *AMÉR. col.* **2** *(inform)* ➾tonto,ta *desp.;* ➾bobo,ba *desp.*

booby prize *n* [C] *(en una competición)* ➾premio de consolación al último clasificado

↑**book**[1] /bʊk/ *n* [C] **1** ➾libro **2** ➾libreto **3 to be in *sb*'s bad books** ➾estar en la lista negra de alguien **4 to be in *sb*'s good books** ➾gozar del favor de alguien

↑**book**[2] /bʊk/ ▮ *v* [T, I] **1** ➾reservar ▮ *v* [T] **2** *UK (en deportes)* ➾amonestar **3** ➾contratar **4** *(inform) (la policía)* ➾fichar **5 to be booked up 1** ➾estar sin plazas **2** *(inform)* ➾estar ocupado,da

PHRASAL VERBS
· **to book in** *(en un hotel)* ➾registrar(se)

bookcase /ˈbʊk.keɪs/ *n* [C] ➾estantería ➾librería

booking /ˈbʊk.ɪŋ/ *n* [C] *UK* **1** ➾reserva: *booking fee* - suplemento por hacer la reserva **2** *UK (en deportes)* ➾amonestación

booklet /ˈbʊk.lət/ *n* [C] ➾folleto

bookmaker UK: /ˈbʊkˌmeɪ.kəʳ/ US: /-kɚ/ *n* [C] ➾corredor,-a de apuestas

bookmark[1] UK: /ˈbʊk.mɑːk/ US: /ˈbʊk.mɑːrk/ US: /-mɑːrk/ *n* [C] **1** ➾marcapáginas **2** *(en internet)* ➾favorito

bookmark[2] UK: /ˈbʊk.mɑːk/ US: /ˈbʊk.mɑːrk/ US: /-mɑːrk/ *v* [T] *(en internet)* ➾añadir a la lista de favoritos

bookseller UK: /ˈbʊkˌsel.əʳ/ US: /-ɚ/ *n* [C] ➾librero,ra

bookshelf /ˈbʊk.ʃelf/ [*pl* bookshelves] *n* [C] ➾estante [para libros]

B

† **bookshop** UK: /ˈbʊk.ʃɒp/ US: /-ʃɑːp/ *UK* (*US* **bookstore**) *n* [C] *(establecimiento)* ⇒librería
boom¹ /buːm/ *n* [C, U] **1** ⇒estruendo **2** ⇒boom
boom² /buːm/ *v* [I] ⇒retumbar ⇒tronar ⇒resonar
boomerang /ˈbuː.mə.ræŋ/ *n* [C] ⇒bumerán
boost¹ /buːst/ *n* [C] **1** ⇒estímulo [positivo] ⇒impulso ⇒empujón **2** ⇒aumento
boost² /buːst/ *v* [T] **1** *(ventas, beneficios)* ⇒dar un empujón a ⇒estimular ⇒impulsar ⇒disparar **2** ⇒aumentar ⇒alentar
boot¹ /buːt/ *n* [C] **1** ⇒bota **2** *UK* (*US* **trunk**) ⇒maletero ⇒baúl *AMÉR.;* ⇒cajuela *AMÉR.*
boot² /buːt/ *v* [T] **1** ⇒dar una patada **2 to ~ *sth* (up)** *(en informática)* ⇒arrancar algo ⇒iniciar algo
PHRASAL VERBS
· **to boot *sb* out** *(inform)* ⇒poner a alguien de patitas en la calle *col.*
booth UK: /buːð/ US: /buːθ/ *n* [C] **1** ⇒cabina: *a telephone booth* - una cabina de teléfono **2** *(en una feria)* ⇒caseta
booze¹ /buːz/ *n* [U] *(inform)* ⇒bebida alcohólica
booze² /buːz/ [boozed, boozing] *v* [I] **1** *(inform) (alcohol)* ⇒soplar *col.;* ⇒pimplar *col.;* ⇒beber **2** *to go out boozing* - salir de copas
† **border¹** UK: /bɔː.dəʳ/ US: /ˈbɔːr.dɚ/ *n* [C] **1** ⇒frontera: *the border between the two countries* - la frontera entre los dos países **2** ⇒borde
border² UK: /bɔː.dəʳ/ US: /ˈbɔːr.dɚ/ *v* [T, I] ⇒limitar ⇒lindar
PHRASAL VERBS
· **to border on *sth*** ⇒rayar en algo
borderline¹ UK: /ˈbɔː.də.laɪn/ US: /ˈbɔːr.dɚ-/ *adj* ⇒dudoso,sa: *a borderline case* - un caso dudoso
borderline² UK: /ˈbɔː.də.laɪn/ US: /ˈbɔːr.dɚ-/ *n* [NO PL] ⇒línea divisoria ⇒límite
bore¹ UK: /bɔːʳ/ US: /bɔːr/ [bored, boring] ▮ **1** past tense of **bear** ▮ *v* [T] **2** ⇒aburrir
bore² UK: /bɔːʳ/ US: /bɔːr/ ▮ *n* [NO PL] **1** *(inform)* ⇒pesadez ⇒rollo *col.* ▮ *n* [C] **2** *(inform)* ⇒pelmazo,za *col.;* ⇒pesado,da
bored UK: /bɔːd/ US: /bɔːrd/ *adj* ⇒aburrido,da: *to be bored stiff* - aburrirse como una ostra ■ PRON. No se pronuncia la ***e*** ■ Ver cuadro adjetivos terminados en "-ed" / "-ing": excited / exciting
boredom UK: /ˈbɔː.dəm/ US: /ˈbɔːr-/ *n* [U] ⇒aburrimiento
boring UK: /ˈbɔː.rɪŋ/ US: /ˈbɔːr.ɪŋ/ *adj* ⇒aburrido,da: *The film was really boring* - La película era muy aburrida; *a boring speech* - un discurso aburrido ■ Distinto de *to be bored* (estar aburrido) ■ Ver cuadro adjetivos terminados en "-ed" / "-ing": excited / exciting
† **born¹** UK: /bɔːn/ US: /bɔːrn/ **to be ~** ⇒nacer: *I was born in 1977* - Nací en 1977
born² UK: /bɔːn/ US: /bɔːrn/ *adj* **1** ⇒nato,ta: *She's a born artist* - Es una artista nata **2** ⇒nacido,da ■ CONSTR. Se usa detrás de un verbo
borne UK: /bɔːn/ US: /bɔːrn/ past participle of **bear**
borough UK: /ˈbʌr.ə/ US: /ˈbɝː.oʊ/ *n* [C] **1** ⇒municipio **2** *(en Londres y Nueva York)* ⇒distrito municipal
† **borrow** UK: /ˈbɒr.əʊ/ US: /ˈbɑː.roʊ/ US: /ˈbɑːr.oʊ/ *v* [T] ⇒pedir prestado,da ⇒tomar prestado,da
borrowing UK: /ˈbɒr.əʊ.ɪŋ/ US: /ˈbɑːr.oʊ-/ *n* [U] **1** *(en economía)* ⇒crédito **2** *(en lingüística)* ⇒préstamo
Bosnia-Herzegovina *n* [U] ⇒Bosnia y Herzegovina
Bosnian *adj, n* [C] ⇒bosnio-herzegovino,na ⇒bosnio,nia
bosom /ˈbʊz.ᵊm/ *n* [C] **1** ⇒busto ⇒seno **2** ⇒seno: *in the bosom of the family* - en el seno de la familia
boss¹ UK: /bɒs/ US: /bɑːs/ [*pl* bosses] *n* [C] ⇒jefe,fa
boss² UK: /bɒs/ US: /bɑːs/ *v* [T] ⇒dar órdenes ⇒mandar ■ CONSTR. to boss sb about/around
bossy UK: /ˈbɒs.i/ US: /ˈbɑː.si/ *adj* [*comp* bossier, *superl* bossiest] ⇒mandón,-a *col.: Don't be so bossy* - No seas tan mandón
botany UK: /ˈbɒt.ᵊn.i/ US: /ˈbɑː.ˤţ[ə]n-/ *n* [U] ⇒botánica
botch¹ UK: /bɒtʃ/ US: /bɑːtʃ/ *v* [T] ⇒estropearlo ⇒cagarla *vulg.*
botch² UK: /bɒtʃ/ US: /bɑːtʃ/ [*pl* botches] *n* [C] **1** ⇒error ⇒metedura de pata **2** ⇒chapuza *col.: to make a botch of sth* - hacer una chapuza
† **both** UK: /bəʊθ/ US: /boʊθ/ *adj, pron* **1** ⇒ambos,bas ⇒los dos, las dos **2 both... and...** ⇒tanto... como...
† **bother¹** UK: /ˈbɒð.əʳ/ US: /ˈbɑː.ðɚ/ ▮ *v* [T] **1** ⇒molestar ⇒fregar *AMÉR. col.* ▮ *v* [T, I] **2** ⇒molestarse **3** ⇒preocupar ■ CONSTR. 1. to bother + that 2. to bother + doing sth 3. to bother + to do sth **4 can't be bothered 1** *UK (inform)* ⇒no dar la gana **2** ⇒pasar *col.* **5 I'm not bothered** ⇒me da igual
bother² UK: /ˈbɒð.əʳ/ US: /ˈbɑː.ðɚ/ *n* [U] ⇒molestia
† **bottle¹** UK: /ˈbɒt.l̩/ US: /ˈbɑː.ˤţl̩/ *n* [C] **1** ⇒botella **2** ⇒frasco
bottle² UK: /ˈbɒt.l̩/ US: /ˈbɑː.ˤţl̩/ [bottled, bottling] *v* [T] ⇒embotellar ⇒envasar ■ CONSTR. Se usa más en pasiva
bottle bank *n* [C] ⇒contenedor para vidrio [para reciclar]
† **bottom¹** UK: /ˌbɒt.əm/ US: /ˌbɑː.ˤţəm/ UK: /ˈbɒt.ᵊm/ US: /ˈbɑː.ˤţəm/ *n* [C] **1** ⇒fondo ⇒final ⇒pie **2** ⇒culo ⇒trasero *col.* ■ Distinto de *button* (botón)
bottom² UK: /ˌbɒt.əm/ US: /ˌbɑː.ˤţəm/ UK: /ˈbɒt.ᵊm/ US: /ˈbɑː.ˤţəm/ *adj* ⇒último,ma
bough /baʊ/ *n* [C] *(lit) (de un árbol)* ⇒rama [grande]

B

bought UK: /bɔːt/ US: /bɑːt/ past tense and past participle forms of **buy**

boulder UK: /ˈbəʊl.dəʳ/ US: /ˈboʊl.dɚ/ *n* [C] ⇒roca grande

boulevard UK: /ˈbuː.lə.vɑːd/ US: /ˈbʊl.ə.vɑːrd/ *n* [C] ⇒bulevar

↑ **bounce** /baʊnts/ [bounced, bouncing] *v* [T, I] **1** ⇒botar ⇒hacer rebotar **2** *(un cheque)* ⇒rechazar ⇒ser devuelto,ta

PHRASAL VERBS

· **to bounce back** *(inform)* ⇒recuperarse

bouncer UK: /ˈbaʊnt.səʳ/ US: /-sɚ/ *n* [C] *(de un bar)* ⇒gorila *col.;* ⇒portero,ra

bouncing /ˈbaʊnt.sɪŋ/ *adj (una persona)* ⇒rebosante

bouncy /ˈbaʊnt.si/ *adj* [*comp* bouncier, *superl* bounciest] **1** ⇒jovial ⇒dinámico,ca **2** *(una pelota)* ⇒que bota [bien]

bound[1] /baʊnd/ *adj* **1** ⇒obligado,da: *to be bound by the rules to do sth* - estar obligado por las normas a hacer algo **2** ~ **up with** ***sth*** ⇒ligado,da a algo **3 to be ~ for** ⇒navegar con rumbo a **4 to be ~ to do** ***sth*** ⇒seguro que: *You're bound to lose your bet* - Seguro que pierdes la apuesta

bound[2] /baʊnd/ ▮ **1** past tense and past participle forms of **bind** ▮ *v* [I] **2** ⇒correr dando saltos ⇒saltar ▪ CONSTR. Se usa generalmente seguido de una preposición o un adverbio

↑ **boundary** /ˈbaʊn.dᵊr.i/ [*pl* boundaries] *n* [C] ⇒frontera ⇒límite

bounds /baʊndz/ *n* [PL] **1** ⇒límites: *beyond reasonable bounds* - más allá de los límites razonables **2 out of ~** ⇒zona donde no se puede entrar ⇒zona prohibida

bouquet /bʊˈkeɪ/ *n* [C] ⇒ramo [de flores]: *a bouquet of roses* - un ramo de rosas

bourgeois UK: /ˈbɔː.ʒwɑː/ US: /ˈbʊrʒ-/ *adj* ⇒burgués,-a

bout /baʊt/ *n* [C] **1** *(en medicina)* ⇒ataque **2** *(en boxeo)* ⇒combate **3** *(de una actividad)* ⇒racha

boutique /buːˈtiːk/ *n* [C] ⇒boutique ⇒tienda de ropa

↑ **bow**[1] /baʊ/ UK: /bəʊ/ US: /boʊ/ *v* [T, I] **1** *(la cabeza)* ⇒bajar ⇒inclinar **2** ⇒hacer una reverencia ⇒inclinarse

↑ **bow**[2] /baʊ/ UK: /bəʊ/ US: /boʊ/ *n* [C] **1** ⇒reverencia **2** *(en náutica)* ⇒proa **3** *(arma)* ⇒arco **4** *(de un instrumento musical)* ⇒arco **5** ⇒lazo ⇒cinta

bowel /ˈbaʊ.ᵊlz/, /baʊəlz/ *n* [C] ⇒intestino ▪ Se usa más en plural

↑ **bowl**[1] UK: /bəʊl/ US: /boʊl/ *n* [C] **1** ⇒tazón ⇒bol ⇒cuenco **2** ⇒plato hondo **3** ⇒bola ⇒pelota

↑ **bowl**[2] UK: /bəʊl/ US: /boʊl/ *v* [T, I] ⇒lanzar [la pelota]

bowler UK: /ˈbəʊ.ləʳ/ US: /ˈboʊ.lɚ/ *UK n* [C] *(en cricket)* ⇒lanzador,-a

bowler hat *UK* (*US* **derby**) *n* [C] *(sombrero)* ⇒bombín

bowling UK: /ˈbəʊ.lɪŋ/ US: /ˈboʊ-/ (*UK tb* **tenpin bowling**) *n* [U] ⇒bolos: *to go bowling* - ir a jugar a los bolos

bowling alley *n* [C] ⇒bolera

bow tie *n* [C] ⇒pajarita

box[1] UK: /bɒks/ US: /bɑːks/ [*pl* boxes] *n* [C] **1** ⇒caja ⇒estuche **2** ⇒palco **3** *(en un formulario)* ⇒recuadro ⇒casilla

box[2] UK: /bɒks/ US: /bɑːks/ *v* [T, I] **1** ⇒boxear **2** ⇒embalar ▪ CONSTR. Se usa frecuentemente seguido de la preposición up

boxer UK: /ˈbɒk.səʳ/ US: /ˈbɑːk.sɚ/ *n* [C] ⇒boxeador,-a

boxer shorts *n* [PL] *(ropa interior)* ⇒boxer

↑ **boxing** UK: /ˈbɒk.sɪŋ/ US: /ˈbɑːk-/ *n* [U] ⇒boxeo

Boxing Day *n* [C, U] ⇒fiesta del 26 de diciembre

box office *n* [C] *(en un teatro o cine)* ⇒taquilla

↑ **boy** /bɔɪ/ *n* [C] ⇒niño ⇒chico ⇒chamaco *AMÉR.* ▪ El uso de *boy* para referirse a un adulto puede resultar ofensivo

boycott[1] UK: /ˈbɔɪ.kɒt/ US: /-kɑːt/ *n* [C] ⇒boicot

boycott[2] UK: /ˈbɔɪ.kɒt/ US: /-kɑːt/ *v* [T] ⇒boicotear

↑ **boyfriend** /ˈbɔɪ.frend/ *n* [C] ⇒novio ⇒pololo *AMÉR. col.*

boyhood /ˈbɔɪ.hʊd/ *n* [U] ⇒niñez ▪ Se emplea únicamente con hombres

boyish /ˈbɔɪ.ɪʃ/ *adj* **1** ⇒juvenil ▪ Se emplea únicamente con hombres **2** ⇒hombruno,na

Boy Scout *n* [C] ⇒scout ⇒niño explorador

↑ **bra** /brɑː/ *n* [C] ⇒sujetador ⇒corpiño *AMÉR.;* ⇒ajustador *AMÉR.*

brace[1] /breɪs/ [braced, bracing] *v* [T] **1** *(un tejado o una pared)* ⇒sujetar **2** ⇒apoyar **3 to ~ *oneself* (for *sth*)** ⇒mentalizar(se) ⇒prepararse [para algo difícil]

brace[2] /breɪs/ *n* [C] **1** ⇒soporte [ortopédico] **2** ⇒collarín **3** *UK* (*US* **braces**) ⇒ortodoncia: *to wear a brace* - llevar una ortodoncia **4** *(de dos cosas iguales)* ⇒pareja

↑ **bracelet** /ˈbreɪ.slət/ *n* [C] ⇒brazalete ⇒pulsera ▪ PRON. La primera parte, *brace*, rima con *race*

braces /ˈbreɪ.sɪz/ *n* [PL] **1** *UK* (*US* **suspenders**) ⇒tirantes ⇒suspensores *AMÉR.* **2** *US* See **brace**

bracing /ˈbreɪ.sɪŋ/ *adj* ⇒tonificante ⇒estimulante

bracket[1] /ˈbræk.ɪt/ *n* [C] **1** *(soporte)* ⇒abrazadera **2** ⇒grupo **3** ⇒categoría **4 square brackets** ⇒corchetes

bracket² /ˈbræk.ɪt/ *v* [T] **1** ⇒agrupar **2** ⇒equiparar ■ CONSTR. 1. to be bracketed with sth/sb 2. Se usa más en pasiva **3** ⇒poner entre paréntesis
brackets *n* [PL] ⇒paréntesis: *in brackets* - entre paréntesis ■ Ver cuadro signos de puntuación
brag /bræg/ [bragged, bragging] *v* [I] ⇒jactarse ⇒presumir ■ CONSTR. to brag about sth
braid /breɪd/ ▮ *n* [C] **1** *US* (*UK* **plait**) ⇒trenza ▮ *n* [U] **2** *(labor textil)* ⇒pasamanería
Braille /breɪl/ *n* [U] ⇒Braille
↑**brain** /breɪn/ *n* [C] **1** *(órgano)* ⇒cerebro **2** *(inteligencia)* ⇒cerebro **3 to have *sth* on the ~** *(inform)* ⇒tener algo metido en la cabeza
brains /breɪnz/ *n* [PL] **1** ⇒seso ⇒inteligencia **2** *(inform)* ⇒líder ⇒cerebro
brainstorming UK: /ˈbreɪnˌstɔː.mɪŋ/ US: /-ˌstɔːr-/ *n* [U] ⇒intercambio rápido de ideas ⇒lluvia de ideas
brainwash UK: /ˈbreɪn.wɒʃ/ US: /-wɑːʃ/ *v* [T] ⇒lavar el cerebro ■ CONSTR. to brainwash sb into + doing sth
brainwave /ˈbreɪn.weɪv/ *UK* (*US* **brainstorm**) *n* [C] ⇒idea brillante
brainy /ˈbreɪ.ni/ *adj* [*comp* brainier, *superl* brainiest] *(inform)* ⇒inteligente ⇒listo,ta
brake¹ /breɪk/ *n* [C] **1** *(de un vehículo)* ⇒freno **2 to put the brakes on** ⇒frenar
brake² /breɪk/ [braked, braking] *v* [I] *(un vehículo)* ⇒frenar
branch¹ UK: /brɑːntʃ/ US: /bræntʃ/ [*pl* branches] *n* [C] **1** *(de un árbol)* ⇒rama **2** *(de una empresa)* ⇒sucursal
branch² UK: /brɑːntʃ/ US: /bræntʃ/
PHRASAL VERBS
· **to branch off** *(un camino o una carretera)* ⇒desviar(se) ⇒bifurcarse
brand¹ /brænd/ *n* [C] *(de un producto)* ⇒marca
brand² /brænd/ *v* [T] **1** ⇒calificar: *to brand sb as sth* - calificar a alguien de algo **2** *(el ganado)* ⇒marcar
brandish /ˈbræn.dɪʃ/ [brandishes] *v* [T] ⇒empuñar ⇒blandir
brand new *adj* ⇒nuevo,va ⇒recién estrenado,da ⇒flamante
↑**brandy** /ˈbræn.di/ [*pl* brandies] *n* [C, U] ⇒brandy
brash /bræʃ/ *adj* **1** ⇒presuntuoso,sa ⇒insolente **2** *(un color o una prenda)* ⇒alegre ⇒chillón,-a
↑**brass** UK: /brɑːs/ US: /bræs/ *n* [U] ⇒latón
brat /bræt/ *n* [C] *(inform)* ⇒mocoso,sa *desp.* ■ Normalmente se usa para niños
bravado UK: /brəˈvɑː.dəʊ/ US: /-doʊ/ *n* [U] ⇒bravata ⇒bravuconería
brave¹ /breɪv/ *adj* ⇒valiente: *a brave decision* - una decisión valiente
brave² /breɪv/ [braved, braving] *v* [T] *(una adversidad)* ⇒desafiar ⇒soportar
bravery UK: /ˈbreɪ.vᵊr.i/ US: /-vɚ-/ *n* [U] ⇒valentía ⇒valor
brawl UK: /brɔːl/ US: /brɑːl/ *n* [C] ⇒reyerta
Brazil *n* [U] ⇒Brasil
Brazilian *adj, n* [C] ⇒brasileño,ña
breach¹ /briːtʃ/ [*pl* breaches] *n* [C] **1** *(form)* ⇒ruptura **2** ⇒infracción ⇒incumplimiento **3** ⇒fallo
breach² /briːtʃ/ *v* [T] **1** ⇒infringir ⇒incumplir **2** *(form) (una promesa)* ⇒romper
↑**bread** /bred/ *n* [U] ⇒pan: *wholemeal bread* - pan integral; *white sliced bread* - pan de molde ■ Se dice *a piece of bread, a slice of bread* o *a loaf of bread*. Incorrecto: *a bread*

BREAD

breadcrumbs /ˈbred.krʌmz/ *n* [PL] **1** ⇒pan rallado **2 fish in ~** ⇒pescado empanado
↑**breadth** /bredθ/, /bretθ/ *n* [U] **1** ⇒anchura ⇒ancho **2** ⇒amplitud: *breadth of knowledge* - amplitud de conocimientos
break¹, broke, broken /breɪk/ ▮ *v* [T, I] **1** ⇒romper ▮ *v* [T] **2** *(una ley)* ⇒violar **3** *(una promesa)* ⇒incumplir **4** *(una caída)* ⇒amortiguar **5** *(un viaje)* ⇒interrumpir **6** *(un código)* ⇒descifrar **7** *(un récord)* ⇒superar ▮ *v* [I] **8** *(el tiempo)* ⇒cambiar **9** *(una tormenta)* ⇒estallar **10** *(una noticia)* ⇒hacerse público,ca **11** *(la luz)* ⇒quebrarse **12** *(las olas)* ⇒romper **13 to ~ (for *sth*)** ⇒hacer un descanso [para algo]
PHRASAL VERBS
· **to break away (from *sth*)** ⇒separarse [de algo] ⇒romper [con algo]
· **to break down 1** *(un vehículo o una máquina)* ⇒averiarse **2** ⇒romper a llorar ⇒derrumbarse
· **to break *sth* down [M] 1** ⇒derribar algo **2** ⇒desglosar algo ⇒dividir algo
· **to break in 1** ⇒entrar forzando algo ⇒allanar **2** ⇒interrumpir
· **to break into *sth*** ⇒forzar la entrada para robar

- **to break (*sth*) off** ⇨interrumpirse ⇨callarse
- **to break out 1** ⇨producirse **2** ⇨estallar
- **to break out of *sth*** ⇨escaparse de algo
- **to break through *sth*** ⇨abrirse camino a través de algo
- **to break up 1** *(una relación sentimental)* ⇨romper ⇨separarse **2** *UK (un período escolar)* ⇨terminar ⇨acabar
- **to break *sth* up [M]** ⇨dividir algo ⇨separar algo

break² /breɪk/ *n* [C] **1** ⇨ruptura **2** ⇨pausa ⇨descanso **3** *UK* (*US* **recess**) *(en la escuela)* ⇨recreo **4** ⇨agujero ⇨hueco **5** *(inform)* ⇨golpe de suerte **6 to give *sb* a ~** ⇨dar un respiro a alguien **7 to make a ~ for it** ⇨intentar escapar

†**breakdown** /ˈbreɪk.daʊn/ *n* [C] **1** *(de un vehículo o una máquina)* ⇨avería ⇨pana *AMÉR.;* ⇨varada *AMÉR.* **2** ⇨interrupción: *a breakdown in peace talks* - una interrupción de las negociaciones de paz **3** ⇨desglose **4** ⇨crisis [de salud]

†**breakfast** /ˈbrek.fəst/ *n* [C, U] **1** ⇨desayuno **2 to have ~** ⇨desayunar

break-in /ˈbreɪk.ɪn/ *n* [C] *(en un edificio)* ⇨robo [con allanamiento]

†**breakthrough** /ˈbreɪk.θruː/ *n* [C] **1** ⇨gran avance **2** ⇨descubrimiento significativo ⇨adelanto significativo

†**breast** /brest/ ▌ *n* [C, U] **1** *(de una persona o un animal)* ⇨pecho **2** *(de ave)* ⇨pechuga ▌ *n* [C] **3** *(de mujer)* ⇨pecho ⇨mama

breast-feed /ˈbrest.fiːd/ *v* [T, I] ⇨dar el pecho ⇨amamantar

breaststroke UK: /ˈbrest.strəʊk/ US: /-stroʊk/ *n* [U] *(en natación)* ⇨estilo braza

†**breath** /breθ/ *n* [C, U] **1** ⇨respiración ⇨aliento **2** ⇨aire **3 ~ of fresh air** ⇨soplo de aire fresco **4 out of ~** ⇨sin aliento **5 to catch *one's* ~** ⇨recuperar el aliento ⇨contener la respiración **6 to get *one's* ~ back** ⇨recuperar el aliento **7 to take *sb's* ~ away** ⇨dejar a alguien boquiabierto,ta **8 under *one's* ~** ⇨entre susurros

breathe /briːð/ [breathed, breathing] *v* [T, I] **1** ⇨respirar: *to breathe deeply* - respirar profundamente **2 not to ~ a word** ⇨no soltar ni una palabra **3 to ~ down *sb's* neck** *(inform)* ⇨estar encima de alguien **4 to ~ (new) life into *sth*** ⇨infundir vida a algo

PHRASAL VERBS
- **to breathe (*sth*) in** ⇨aspirar [algo]
- **to breathe (*sth*) out** ⇨espirar [algo]

breathing /ˈbriː.ðɪŋ/ *n* [U] *(proceso)* ⇨respiración

breathless /ˈbreθ.ləs/ *adj* ⇨sin aliento

breathtaking /ˈbreθˌteɪ.kɪŋ/ *adj* **1** ⇨impresionante **2** *(velocidad)* ⇨vertiginoso,sa

bred past tense and past participle forms of **breed**

breed¹ /briːd/ *n* [C] *(de un animal)* ⇨raza

breed², bred, bred /briːd/ ▌ *v* [T, I] **1** *(un animal)* ⇨criar ▌ *v* [T] **2** ⇨producir ⇨generar ⇨engendrar ▌ *v* [I] **3** ⇨reproducirse

†**breeze** /briːz/ *n* [C] ⇨brisa ⇨aire

brew /bruː/ ▌ *v* [T] **1** *(cerveza)* ⇨elaborar ▌ *v* [T, I] **2** *(una infusión)* ⇨hacer ⇨preparar

brewery UK: /ˈbruə.ri/ US: /ˈbrʊr.i/ [*pl* breweries] *n* [C] ⇨cervecería ⇨fábrica de cerveza

bribe¹ /braɪb/ *n* [C] ⇨soborno

bribe² /braɪb/ [bribed, bribing] *v* [T] ⇨sobornar: *to bribe sb to lie* - sobornar a alguien para que mienta ■ CONSTR. to bribe + to do sth

bribery UK: /ˈbraɪ.bᵊr.i/ US: /-bɚ-/ *n* [U] ⇨soborno

brick¹ /brɪk/ *n* [C] **1** ⇨ladrillo **2** *(inform)* ⇨pedazo de pan *col.: He's a brick* - Es un pedazo de pan

brick² /brɪk/

PHRASAL VERBS
- **to brick *sth* {in/up}** ⇨tapiar algo

bricklayer UK: /ˈbrɪkˌleɪ.əʳ/ US: /-ɚ/ *n* [C] ⇨albañil,-a

†**bride** /braɪd/ *n* [C] *(en una boda)* ⇨novia

bridegroom /ˈbraɪd.grʊm/, /-gruːm/ *n* [C] *(en una boda)* ⇨novio ■ La forma abreviada es *groom*

bridesmaid /ˈbraɪdz.meɪd/ *n* [C] ⇨dama de honor

bridge¹ /brɪdʒ/ *n* [C] **1** ⇨puente: *a suspension bridge* - un puente colgante **2** *(en una embarcación)* ⇨puente de mando **3** ⇨vínculo **4** *(juego de cartas)* ⇨bridge

bridge² /brɪdʒ/ **to ~ the {gap/gulf} between *sth* and *sth*** ⇨aunar ⇨salvar ⇨unificar ⇨acortar la distancia

bridle /ˈbraɪ.dl̩/ *n* [C] *(de un caballo)* ⇨brida

†**brief** /briːf/ *adj* **1** ⇨breve: *Be brief, please* - Sé breve, por favor **2 in ~** ⇨en resumen

briefcase /ˈbriːf.keɪs/ *n* [C] ⇨maletín

briefing /ˈbriː.fɪŋ/ *n* [C, U] ⇨briefing ⇨reunión informativa [antes de algo]

briefly /ˈbriː.fli/ *adv* **1** ⇨brevemente ⇨por un corto espacio de tiempo **2** ⇨en pocas palabras

briefs /briːfs/ *n* [PL] **1** ⇨calzoncillos **2** ⇨bragas ⇨calzonarias *AMÉR.;* ⇨blúmer *AMÉR.*

brigade /brɪˈgeɪd/ *n* [C] **1** ⇨brigada **2 fire ~** ⇨cuerpo de bomberos

†**bright** /braɪt/ *adj* **1** ⇨brillante ⇨luminoso,sa **2** ⇨listo,ta **3** ⇨alegre **4** *(una luz)* ⇨fuerte **5** *(un color)* ⇨vivo,va

brighten UK: /ˈbraɪ.tᵊn/ US: /-ˀt̬[ə]n/ (*tb* **brighten up**) ▌ *v* [T, I] **1** ⇨iluminar(se) ⇨alegrar(se) ▌ *v* [T] **2** *(un sitio)* ⇨iluminar más ⇨dar más luz a **3** *(una perspectiva o el tiempo)* ⇨mejorar

brightly /ˈbraɪt.li/ *adv* **1** ⇒intensamente: *The moon was shining brightly in the sky* - La luna brillaba intensamente en el cielo **2** *(sonreír, saludar, decir)* ⇒alegremente

↑**brilliant** /ˈbrɪl.i.ənt/ *adj* **1** ⇒brillante **2** ⇒inteligente ⇒brillante **3** *UK* ⇒estupendo,da ⇒chévere *AMÉR. col.*

brim /brɪm/ *n* [C] **1** *(de un vaso)* ⇒borde **2** *(de un sombrero)* ⇒ala

↑**bring, brought, brought** /brɪŋ/ *v* [T] **1** ⇒traer ■ CONSTR. to bring + dos objetos **2** ⇒reportar [beneficios]

PHRASAL VERBS

- **to bring *sth* about [M]** ⇒producir algo ⇒provocar algo ⇒generar algo ⇒causar algo
- **to bring *sth* back [M]** **1** ⇒devolver algo ⇒restaurar algo **2** ⇒recordar algo
- **to bring *sth* down [M]** **1** *(un precio)* ⇒reducir **2** (*UK tb* **to put sth down into sth**) ⇒atribuir **3** ⇒derribar algo
- **to bring *sth* forward** ⇒adelantar algo
- **to bring *sth* off** ⇒lograr algo
- **to bring *sth* on** ⇒provocar algo
- **to bring *sth* out [M]** **1** *(un producto)* ⇒sacar ⇒lanzar **2** ⇒publicar **3** ⇒realzar
- **to bring *sb* round** ⇒hacer que alguien vuelva en sí
- **to bring *sth/sb* together** ⇒reconciliar ⇒unir
- **to bring *sth* up [M]** **1** ⇒mencionar algo **2** *UK (inform)* ⇒vomitar ⇒devolver
- **to bring *sb* up [M]** ⇒criar a alguien ⇒educar

↑**brink** /brɪŋk/ *n* [NO PL] ⇒borde: *They were on the brink of ruin* - Estaban al borde de la ruina; *on the brink of the precipice* - al borde del precipicio

brisk /brɪsk/ *adj* **1** ⇒rápido,da **2** ⇒vigoroso,sa **3** *(un negocio)* ⇒activo,va

Brit /brɪt/ *n* [C] **1** *(inform)* ⇒forma abreviada de **British** (británico,ca) **2** ⇒forma abreviada de **Briton**

Britain *n* [NO PL] See **Great Britain**

British[1] UK: /ˈbrɪt.ɪʃ/ US: /ˈbrɪˤt̬-/ *adj* ⇒británico,ca

British[2] UK: /ˈbrɪt.ɪʃ/ US: /ˈbrɪˤt̬-/ **the ~** *(gentilicio)* ⇒los británicos, las británicas ■ El singular es *a British man, a British woman* o *a Briton* ■ La forma abreviada es *Brit*

Briton UK: /ˈbrɪt.ən/ US: /ˈbrɪˤt̬-/ *n* [C] *(gentilicio)* ⇒británico,ca ■ La forma abreviada es *Brit*

brittle UK: /ˈbrɪt.l̩/ US: /ˈbrɪˤt̬-/ *adj* ⇒quebradizo,za ⇒frágil

broach UK: /brəʊtʃ/ US: /broʊtʃ/ [broaches] *v* [T] ⇒abordar ⇒sacar a colación

↑**broad** UK: /brɔːd/ US: /brɑːd/ *adj* **1** ⇒ancho,cha ⇒amplio,plia **2** *(un acento)* ⇒marcado,da **3 in ~ daylight** ⇒a plena luz del día

broadband UK: /ˈbrɔːd.bænd/ US: /ˈbrɑːd-/ *n* [U] *(en internet)* ⇒banda ancha

broadcast[1] UK: /ˈbrɔːd.kɑːst/ US: /ˈbrɑːd.kæst/ *n* [C] *(en radio o televisión)* ⇒emisión ⇒retransmisión

broadcast[2], **broadcast, broadcast** (*US* **broadcasted, broadcasted**) UK: /ˈbrɔːd.kɑːst/ US: /ˈbrɑːd.kæst/ *v* [T, I] **1** *(en radio o televisión)* ⇒emitir ⇒retransmitir ■ CONSTR. Se usa más en pasiva **2** ⇒publicar ⇒propagar

broaden UK: /ˈbrɔː.dən/ US: /ˈbrɑː-/ *v* [T, I] **1** ⇒ensanchar **2** ⇒ampliar: *to broaden one's knowledge* - ampliar los conocimientos

broadly UK: /ˈbrɔːd.li/ US: /ˈbrɑːd-/ *adv* **1** ⇒en líneas generales **2** *(sonreír)* ⇒abiertamente

broadsheet UK: /ˈbrɔːd.ʃiːt/ US: /ˈbrɑːd-/ *UK n* [C] ⇒periódico de gran formato y de calidad

broccoli UK: /ˈbrɒk.əl.i/ US: /ˈbrɑː.k[ə]l-/ *n* [U] ⇒brécol

brochure UK: /ˈbrəʊ.ʃəʳ/ US: /broʊˈʃʊr/ *n* [C] ⇒folleto [grande]: *a holiday brochure* - un folleto de vacaciones

broiler UK: /ˈbrɔɪ.ləʳ/ US: /-lɚ/ *US* (*UK/US tb* **grill**) *n* [C] ⇒parrilla ⇒grill

broke[1] UK: /brəʊk/ US: /broʊk/ *adj* **1** *(inform)* ⇒sin blanca *col.*; ⇒quebrado,da *AMÉR. col.* **2 to go ~** *(inform) (una empresa)* ⇒quebrar

broke[2] UK: /brəʊk/ US: /broʊk/ past tense of **break**

broken[1] UK: /ˈbrəʊ.kən/ US: /ˈbroʊ-/ *adj* **1** ⇒roto,ta ⇒fragmentado,da **2** ⇒estropeado,da ⇒averiado,da **3** ⇒fracasado,da ⇒destrozado,a

broken[2] UK: /ˈbrəʊ.kən/ US: /ˈbroʊ-/ past participle of **break**

broken-hearted UK: /ˌbrəʊ.kənˈhɑː.tɪd/ US: /ˌbroʊ.k[ə]nˈhɑːr.ˤt̬ɪd/ *adj* **1** ⇒descorazonado,da **2 to be ~** ⇒tener el corazón roto

broker UK: /ˈbrəʊ.kəʳ/ US: /ˈbroʊ.kɚ/ *n* [C] ⇒forma abreviada de **stockbroker** (corredor,-a de bolsa)

bronchitis UK: /brɒŋˈkaɪ.tɪs/ US: /brɑːŋˈkaɪ.ˤt̬ɪs/ *n* [U] ⇒bronquitis ■ PRON. La segunda sílaba, *chi*, rima con *my*

↑**bronze** UK: /brɒnz/ US: /brɑːnz/ *n* [U] ⇒bronce

brooch UK: /brəʊtʃ/ US: /broʊtʃ/ [*pl* brooches] *n* [C] ⇒broche

brood /bruːd/ *v* [I] **1** *(ave)* ⇒empollar **2** ⇒cavilar ⇒dar vueltas [a algún problema]

brook /brʊk/ *n* [C] ⇒arroyo ⇒quebrada *AMÉR.*

broom /bruːm/, /brʊm/ *n* [C] **1** ⇒escoba **2** *(planta)* ⇒retama

broth UK: /brɒθ/ US: /brɑːθ/ *n* [U] ⇒caldo ⇒sopa

↑**brother** UK: /ˈbrʌð.əʳ/ US: /-ɚ/ *n* [C] ⇒hermano ■ Se refiere únicamente a los hermanos de sexo masculino. Para hacer referencia a los hermanos en general hay que utilizar la locución *brothers and sisters*: *How many brothers and sisters have you got?* - *¿Cuántos hermanos tienes?*

brother-in-law UK: /ˈbrʌð.ə.rɪn.lɔː/ US: /-ɚ.ɪn.lɑː/ [*pl* brothers-in-law] *n* [c] ⇒cuñado

B

brotherly UK: /ˈbrʌð.əl.i/ US: /-ɚ.li/ *adj* ⇒fraternal ⇒fraterno

brought UK: /brɔːt/ US: /brɑːt/ past tense and past participle forms of **bring**

brow /braʊ/ ▌*n* [c] **1** *(de la cara)* ⇒frente ■ Se usa más *forehead* ▌*n* [NO PL] **2** *UK (de una colina)* ⇒cima

brown[1] /braʊn/ *n* [c, u] ⇒marrón

↑**brown**[2] /braʊn/ *adj* **1** ⇒marrón **2** *(el pelo)* ⇒castaño,ña **3** *(la piel)* ⇒moreno,na **4** *(el azúcar)* ⇒moreno,na

brownie /ˈbraʊ.ni/ *n* [c] ⇒bizcocho de chocolate y nueces ⇒brownie

Brownie /ˈbraʊ.ni/ *n* [c] ⇒niña exploradora de entre siete y diez años

↑**browse** /braʊz/ [browsed, browsing] *v* [I] **1** *(una revista)* ⇒hojear **2** *(en una tienda)* ⇒echar un vistazo ⇒curiosear ⇒mirar **3** ⇒pastar ⇒pacer

PHRASAL VERBS
- **to browse through *sth*** *(una publicación)* ⇒hojear

browser UK: /ˈbraʊ.zəʳ/ US: /ˈbraʊ.zɚ/ (*tb* **web browser**) *n* [c] *(en informática)* ⇒navegador

↑**bruise**[1] /bruːz/ *n* [c] **1** ⇒moratón ⇒cardenal **2** *(en la fruta)* ⇒golpe

bruise[2] /bruːz/ [bruised, bruising] *v* [T] ⇒hacerse un moratón ⇒magullar(se) ■ CONSTR. Se usa más en pasiva

brush[1] /brʌʃ/ [*pl* brushes] *n* [c] **1** ⇒cepillo **2** ⇒brocha **3** ⇒pincel

brush[2] /brʌʃ/ *v* [T] ⇒cepillar: *to brush one's hair* - cepillarse el pelo

PHRASAL VERBS
- **to brush against *sth*** ⇒rozar algo ligeramente al pasar
- **to brush *sth* {aside/off} [M]** ⇒rechazar algo ⇒no hacer caso a algo
- **to brush {by/past} *sth/sb*** ⇒pasar rozando ⇒pasar muy cerca (de)
- **to brush *sth* up** ⇒dar un repaso a algo

brushed *adj (una tela, un tejido)* ⇒peinado,da

brusque UK: /bruːsk/ US: /brʌsk/ *adj (maneras)* ⇒brusco,ca ⇒poco cortés

↑**brutal** UK: /ˈbruː.təl/ US: /-ˤt̬[ə]l/ *adj* ⇒brutal ⇒cruel

brute /bruːt/ *adj* ⇒bruto,ta: *brute force* - fuerza bruta

BSE /ˌbiː.esˈiː/ *n* [u] ⇒forma abreviada de **Bovine Spongiform Encephalopathy** (encefalopatía bovina espongiforme)

BTW *(en internet)* ⇒forma abreviada de **by the way** (a propósito)

bubble[1] /ˈbʌb.l̩/ *n* [c] ⇒burbuja ⇒pompa

bubble[2] /ˈbʌb.l̩/ [bubbled, bubbling] *v* [I] **1** ⇒borbotar **2** ⇒burbujear

bubble gum (*tb* **gum**) *n* [u] ⇒chicle [de globo]

bubbly /ˈbʌb.li/ *adj* [*comp* bubblier, *superl* bubbliest] **1** *(una persona)* ⇒animado,da ⇒entusiasta ⇒dicharachero,ra **2** ⇒espumoso,sa ⇒burbujeante ⇒efervescente

buck[1] /bʌk/ *n* [c] **1** *(inform)* ⇒dólar americano o australiano **2** *(de algunos animales como el ciervo o el conejo)* ⇒macho **3 the ~ stops here** ⇒yo soy el último responsable ⇒yo soy la última responsable **4 to make a quick ~** *(inform)* ⇒hacer pasta rápidamente *col.;* ⇒hacer dinero fácil *col.*

buck[2] /bʌk/ *v* [I] **1** *(un caballo)* ⇒dar brincos **2 to ~ the trend** ⇒ir contra la corriente

PHRASAL VERBS
- **to buck *sb* up** *(inform)* ⇒animar a alguien

↑**bucket** /ˈbʌk.ɪt/ *n* [c] *(recipiente)* ⇒cubo

buckle[1] /ˈbʌk.l̩/ *n* [c] ⇒hebilla: *the belt buckle* - la hebilla de un cinturón

buckle[2] /ˈbʌk.l̩/ [buckled, buckling] ▌*v* [I] **1** ⇒doblarse ⇒fallar ▌*v* [T] **2** ⇒combar(se): *The door buckled when he kicked it* - Combó la puerta de una patada **3 to ~ *sth* {on/up}** ⇒abrochar algo

bud /bʌd/ *n* [c] **1** *(de una hoja)* ⇒brote **2** *(de una flor)* ⇒capullo **3** *US (inform)* ⇒amigo ■ Se emplea únicamente con hombres

Buddhism /ˈbʊd.ɪ.zəm/ *n* [u] ⇒budismo

Buddhist /ˈbʊd.ɪst/ *adj, n* [c] ⇒budista

budding /ˈbʌd.ɪŋ/ *adj* ⇒en ciernes: *a budding friendship* - amistad en ciernes

buddy /ˈbʌd.i/ [*pl* buddies] *n* [c] *(inform)* ⇒colega *col.;* ⇒tío *col.* ■ Se emplea únicamente con hombres

budge /bʌdʒ/ [budged, budging] *v* [T, I] **1** ⇒ceder ⇒cambiar de opinión **2** ⇒mover(se): *She won't budge from the village* - No se moverá del pueblo

budgerigar *UK n* [c] ⇒periquito,ta ■ La forma abreviada es *budgie*

budget[1] /ˈbʌdʒ.ɪt/ *n* [c, u] **1** ⇒presupuesto: *to go over budget* - exceder el presupuesto **2** *(en política)* ⇒presupuestos generales

budget[2] /ˈbʌdʒ.ɪt/ *v* [T, I] **1** ⇒presupuestar **2** *(los gastos)* ⇒planificar **3 to ~ for *sth*** ⇒contar con algo

buff[1] /bʌf/ *adj, n* [u] ⇒beige ⇒beis

buff[2] /bʌf/ *n* [c] **1** ⇒entusiasta ⇒aficionado,da **2 film ~** ⇒cinéfilo,la

buffalo UK: /ˈbʌf.ə.ləʊ/ US: /-loʊ/ [*pl* buffaloes, buffalo] *n* [c] **1** ⇒búfalo,la **2** ⇒bisonte [americano]

buffer UK: /ˈbʌf.əʳ/ US: /-ɚ/ *n* [c] **1** *(de un tren)* ⇒tope **2** ⇒amortiguador

buffet /ˈbʌf.ɪt/ UK: /ˈbʊf.eɪ/ US: /bəˈfeɪ/ *n* [C] **1** *(comida)* ⇒bufé **2** *UK (en un tren o una estación de tren)* ⇒cafetería ⇒bar

bug[1] /bʌg/ *n* [C] **1** ⇒chinche ⇒bicho *col. (inform)* **2** *(de personas u ordenadores)* ⇒virus **3** *(inform)* ⇒micrófono oculto

bug[2] /bʌg/ [bugged, bugging] *v* [T] **1** *(inform)* ⇒molestar: *Is that noise bugging you?* - ¿Te molesta este ruido? **2** *(un teléfono)* ⇒pinchar **3** ⇒poner un micrófono oculto

buggy /ˈbʌg.i/ [*pl* buggies] (*UK tb* **pushchair**) *n* [C] ⇒carricoche [de bebé] ⇒cochecito

↑**build, built, built** /bɪld/ *v* [T, I] ⇒construir ⇒crear ⇒producir ■ PRON. Rima con *bill*

PHRASAL VERBS
- **to build *sth* in 1** ⇒incorporar algo **2** *(un mueble)* ⇒empotrar
- **to build on *sth*** ⇒aprovechar algo
- **to build *sth/sb* up** ⇒poner muy bien
- **to build *sth* up [M]** ⇒fortalecer ⇒alimentar

builder UK: /ˈbɪl.dəʳ/ US: /-dɚ/ *n* [C] **1** ⇒constructor,-a **2** ⇒albañil,-a ■ PRON. La parte inicial, *buil*, se pronuncia como *bill*

↑**building** *n* [C, U] ⇒edificio: *a three storey building* - un edificio de tres plantas ■ PRON. La parte inicial *buil* se pronuncia como *bill*

building society [*pl* building societies] *UK n* [C] ⇒sociedad de préstamos hipotecarios

build-up /ˈbɪld.ʌp/ *n* [C, U] **1** ⇒aumento progresivo **2** ⇒acumulación ⇒concentración **3** ⇒propaganda **4 the ~ to *sth*** *UK (de un evento)* ⇒período antes de ⇒período de preparación previo

built past tense and past participle forms of **build**

built-in /ˌbɪltˈɪn/ *US adj* **1** ⇒incorporado,da **2** ⇒inherente **3** ⇒empotrado,da: *a built-in cupboard* - un armario empotrado

built-up /ˌbɪltˈʌp/ *adj* ⇒edificado,da

bulb /bʌlb/ *n* [C] **1** (*tb* **light bulb**) ⇒bombilla ⇒foco AMÉR.; ⇒ampolleta AMÉR. **2** *(planta)* ⇒bulbo

Bulgaria *n* [U] ⇒Bulgaria

Bulgarian[1] ▌*n* [U] **1** *(idioma)* ⇒búlgaro ▌*n* [C] **2** *(gentilicio)* ⇒búlgaro,ra

Bulgarian[2] *adj* ⇒búlgaro,ra

bulge[1] /bʌldʒ/ [bulged, bulging] *v* [I] **1** *(una estructura)* ⇒sobresalir **2** ⇒estar repleto,ta

bulge[2] /bʌldʒ/ *n* [C] **1** ⇒protuberancia ⇒bulto ⇒abombamiento **2** ⇒aumento [transitorio]

bulk /bʌlk/ ▌*n* [C] **1** *(de una persona)* ⇒volumen ⇒masa ▌*n* [U] **2** *(cantidad)* ⇒la mayor parte **3 in ~** ⇒al por mayor ⇒en grandes cantidades ⇒a granel

bulky /ˈbʌl.ki/ *adj* [*comp* bulkier, *superl* bulkiest] ⇒voluminoso,sa ⇒abultado,da

↑**bull** /bʊl/ *n* [C] ⇒toro: *a charging bull* - un toro que está embistiendo

bulldog UK: /ˈbʊl.dɒg/ US: /-dɑːg/ *n* [C] *(perro)* ⇒bulldog

bulldozer UK: /ˈbʊlˌdəʊ.zəʳ/ US: /-ˌdoʊ.zɚ/ *n* [C] *(máquina pesada)* ⇒bulldozer ⇒topadora AMÉR.

↑**bullet** /ˈbʊl.ɪt/ *n* [C] ⇒bala: *a stray bullet* - una bala extraviada; *a bullet wound* - una herida de bala

bulletin UK: /ˈbʊl.ə.tɪn/ US: /-ˤt̬ɪn/ *n* [C] **1** ⇒boletín informativo **2** *(de un organismo oficial)* ⇒boletín **3** ⇒parte ⇒comunicación

bulletin board *US* (*UK* **noticeboard**) *n* [C] ⇒tablón de anuncios

bullion /ˈbʊl.i.ən/ *n* [U] **1** ⇒oro en lingotes **2** ⇒plata en lingotes

bullock /ˈbʊl.ək/ *n* [C] ⇒novillo castrado

bully[1] /ˈbʊl.i/ [bullies, bullied] *v* [T] ⇒intimidar ⇒meterse con ■ CONSTR. to bully sb into + doing sth

bully[2] /ˈbʊl.i/ [*pl* bullies] *n* [C] ⇒matón,-a *col.;* ⇒acosador,-a

bum[1] /bʌm/ *n* [C] **1** *UK (inform)* ⇒culo ⇒culete *col.* **2** *US (inform)* ⇒vagabundo,da **3** *(inform)* ⇒holgazán,-a

bum[2] /bʌm/ [bummed, bumming]

PHRASAL VERBS
- **to bum around** ⇒vagabundear

bumbag /ˈbʌm.bæg/ *UK* (*US* **fanny pack**) *n* [C] *(bolsa)* ⇒riñonera

bumblebee /ˈbʌm.bl̩.biː/ *n* [C] ⇒abejorro

bummer UK: /ˈbʌm.əʳ/ US: /-ɚ/ *n* [NO PL] *(offens)* ⇒rollo *col.;* ⇒lata *col.*

bump[1] /bʌmp/ *v* [T] ⇒chocar ■ CONSTR. Se usa generalmente seguido de las preposiciones against e into

PHRASAL VERBS
- **to bump into *sb*** *(inform)* ⇒toparse con alguien ⇒encontrarse con alguien
- **to bump *sb* off [M]** *(inform)* ⇒cargarse a alguien *col.;* ⇒liquidar a alguien *col.*
- **to bump *sth* up** *(inform)* ⇒aumentar algo ⇒subir algo

bump[2] /bʌmp/ *n* [C] **1** ⇒montículo ⇒bache **2** ⇒chichón **3** ⇒ruido ⇒golpe **4** ⇒abolladura

bumper[1] UK: /ˈbʌm.pəʳ/ US: /-pɚ/ *n* [C] ⇒parachoques ⇒bómper AMÉR.

bumper[2] UK: /ˈbʌm.pəʳ/ US: /-pɚ/ *adj* ⇒abundante ⇒excepcional

bumpy /ˈbʌm.pi/ *adj* [*comp* bumpier, *superl* bumpiest] **1** *(una carretera)* ⇒con baches **2** *(un vuelo)* ⇒con turbulencias **3** *(una superficie)* ⇒desigual

bun /bʌn/ *n* [C] **1** *UK* ⇒bollo **2** *(en el pelo)* ⇒moño

bunch[1] /bʌntʃ/ [*pl* bunches] ▌*n* [C] **1** ⇒ramo **2** ⇒manojo **3** ⇒racimo ▌*n* [NO PL] **4** *(inform) (de personas)* ⇒grupo ⇒panda *col.*

bunch² /bʌntʃ/ *v* [T, I] ⇒agrupar(se) ⇒apiñar(se)
bundle¹ /'bʌn.dl̩/ *n* [C] **1** ⇒fardo ⇒fajo **2** ⇒montón **3** ⇒haz
bundle² /'bʌn.dl̩/ [bundled, bundling] *v* [T, I] ⇒apretujar(se): *We bundled into the car* - Nos apretujamos en el coche ■ CONSTR. Se usa generalmente seguido de la preposición into

PHRASAL VERBS
· **to bundle *sth* {together/up} [M]** *(varias cosas)* ⇒liar ⇒amarrar

bung¹ /bʌŋ/ *UK n* [C] **1** *(inform)* ⇒tapón **2** *(inform)* ⇒soborno
bung² /bʌŋ/ *UK v* [T] **1** *(inform)* ⇒poner [rápidamente] ⇒meter [rápidamente] ■ CONSTR. Se usa generalmente seguido de una preposición o un adverbio **2** *(inform)* ⇒arrojar [rápidamente] ⇒tirar **3** *(inform)* ⇒taponar(se): *My nose is bunged up* - Se me ha taponado la nariz
bungalow UK: /'bʌŋ.gᵊl.əʊ/ US: /-oʊ/ *n* [C] ⇒bungaló
bungee jumping /'bʌn.dʒi̩ˌdʒʌm.pɪŋ/ *n* [U] ⇒puenting: *to go bungee jumping* - hacer puenting
bungle /'bʌŋ.gl̩/ [bungled, bungling] *v* [T] ⇒hacer mal ⇒desaprovechar una oportunidad
bunk¹ /bʌŋk/ *n* [C] **1** ⇒litera **2 to do a ~** *(inform)* ⇒poner pies en polvorosa *col.*
bunk² /bʌŋk/ *excl (inform)* ⇒¡tonterías!
bunk³ /bʌŋk/

PHRASAL VERBS
· **to bunk off (*sth*)** *UK (inform)* ⇒pirarse [de algún lugar] *col.*

bunny [*pl* bunnies] *n* [C] ⇒conejito,ta ■ Pertenece al lenguaje infantil
buoy¹ UK: /bɔɪ/ US: /'bu:.i/ *n* [C] ⇒boya
buoy² UK: /bɔɪ/ US: /'bu:.i/ (*tb* **buoy up**) *v* [T] ⇒animar: *She was buoyed up by his words* - Sus palabras la animaron ■ CONSTR. Se usa más en pasiva
buoyant /'bɔɪ.ᵊnt/ *adj* **1** ⇒animado,da **2** ⇒boyante **3** ⇒que flota
burden¹ UK: /'bɜ:.dᵊn/ US: /'bɝ:-/ *n* [C] ⇒carga ⇒peso
burden² UK: /'bɜ:.dᵊn/ US: /'bɝ:-/ *v* [T] **1** ⇒cargar: *I was burdened with all the responsibility* - Me cargaron con toda la responsabilidad **2** ⇒agobiar
bureau UK: /'bjʊə.rəʊ/ US: /'bjʊr.oʊ/ [*pl* bureaux; US bureaus] *n* [C] **1** ⇒agencia ⇒oficina **2** ⇒escritorio **3** *US* (*UK/US tb* **chest of drawers**) ⇒cómoda
bureaucracy UK: /bjʊə'rɒk.rə.si/ US: /bjʊ'rɑ:.krə-/ [*pl* bureaucracies] *n* [C, U] ⇒burocracia
↑**burger** UK: /'bɜ:.gəʳ/ US: /'bɝ:.gɚ/ *n* [C] ⇒forma abreviada de **hamburger** (hamburguesa)
↑**burglar** UK: /'bɜ:.gləʳ/ US: /'bɝ:.glɚ/ *n* [C] ⇒ladrón,-a [que entra en una casa a escondidas] ⇒caco *col.*
burglary UK: /'bɜ:.glᵊr.i/ US: /'bɝ:.glɚ-/ [*pl* burglaries] *n* [C, U] *(en un edificio)* ⇒robo
burgle UK: /'bɜ:.gl̩/ US: /'bɝ:-/ [burgled, burgling] *UK v* [T] *(en un edificio)* ⇒robar ■ CONSTR. Se usa más en pasiva ■ Ver cuadro robar (steal / rob / burgle)
↑**burial** /'ber.i.əl/ *n* [C, U] ⇒entierro
burly UK: /'bɜ:.li/ US: /'bɝ:-/ *adj* [*comp* burlier, *superl* burliest] ⇒fornido,da ⇒corpulento,ta
burn¹, burnt, burnt (*US tb* **burned, burned**) UK: /bɜ:n/ US: /bɝ:n/ ▌*v* [T, I] **1** ⇒arder ⇒quemarse ▌*v* [T] **2** ⇒quemar: *They've burnt all their old papers* - Han quemado todos los papeles viejos **3** *(los ojos, una herida)* ⇒escocer **4 to ~ for *sth*/to do *sth*** ⇒arder en deseos de algo
burn² UK: /bɜ:n/ US: /bɝ:n/ *n* [C] **1** ⇒quemadura **2** *(en Escocia)* ⇒arroyo
burning UK: /'bɜ:.nɪŋ/ US: /'bɝ:-/ *adj* **1** ⇒ardiente **2** ⇒grande ⇒intenso,sa **3** ⇒candente
burnt UK: /bɜ:nt/ US: /bɝ:nt/ past tense and past participle forms of **burn**
burp¹ UK: /bɜ:p/ US: /bɝ:p/ *v* [I] ⇒eructar
burp² UK: /bɜ:p/ US: /bɝ:p/ *n* [C] ⇒eructo
burrow¹ UK: /'bʌr.əʊ/ US: /'bɝ:.oʊ/ *v* [I] ⇒excavar: *to burrow a hole* - excavar un agujero ■ CONSTR. Se usa generalmente seguido de la preposición into
burrow² UK: /'bʌr.əʊ/ US: /'bɝ:.oʊ/ *n* [C] ⇒madriguera
burst¹, burst, burst UK: /bɜ:st/ US: /bɝ:st/ *v* [T, I] **1** ⇒estallar ⇒reventar ⇒explotar **2 to be bursting to do *sth*** ⇒reventar por hacer algo *col.* **3 to ~ open** ⇒abrirse de golpe **4 to ~ out laughing** ⇒soltar una carcajada

PHRASAL VERBS
· **to burst {in/into *sth*}** ⇒irrumpir
· **to burst out** ⇒salir de golpe [de una habitación]

burst² UK: /bɜ:st/ US: /bɝ:st/ *n* [C] **1** *(de un sentimiento)* ⇒arranque **2** *(de aplausos)* ⇒salva **3** *(de disparos)* ⇒ráfaga
↑**bury** /'ber.i/ [buries, buried] *v* [T] **1** ⇒enterrar: *Shakespeare was buried in Stratford* - Shakespeare fue enterrado en Stratford **2** ⇒clavar ■ CONSTR. Se usa más en pasiva ■ PRON. Rima con *merry*
↑**bus** /bʌs/ [*pl* buses] *n* [C] **1** ⇒autobús ⇒guagua *AMÉR.*; ⇒camión *AMÉR.*; ⇒colectivo *AMÉR.* **2** *Where can I catch the number 29 bus?* - ¿Dónde cojo el 29?
↑**bush** /bʊʃ/ [*pl* bushes] *n* [C] **1** ⇒arbusto **2** *(en África, en Australia)* ⇒sabana
bushy /'bʊʃ.i/ *adj* [*comp* bushier, *superl* bushiest] **1** *(un bigote, una barba)* ⇒poblado,da **2** *(un*

rabo de animal) ⇒peludo,da **3** *(una planta)* ⇒frondoso,sa **4** ⇒con arbustos

busily /ˈbɪz.ɪ.li/ *adv* **1** ⇒afanosamente **2** ⇒enérgicamente

† **business** /ˈbɪz.nɪs/ ▮ *n* [U] **1** ⇒negocio: *a profitable business* - un negocio rentable; *to do business with sb* - hacer negocios con alguien **2** ⇒cuestión ⇒asunto ▮ *n* [C] **3** ⇒empresa: *a successful business* - una empresa de éxito ■ El plural es *businesses* **4 on ~** ⇒de negocios: *His father is away on business* - Su padre está fuera en viaje de negocios ■ PRON. La *u* inicial se pronuncia como la *i* en *bill* **5 to get down to ~** ⇒ir al grano *col.* **6 to go out of ~** ⇒quebrar **7 to have no ~ doing *sth*** ⇒no tener derecho a hacer algo

businesslike /ˈbɪz.nɪs.laɪk/ *adj* **1** ⇒profesional: *She's very businesslike at work* - Es muy profesional en su trabajo **2** ⇒serio,ria ⇒formal **3** ⇒sistemático,ca

† **businessman** /ˈbɪz.nɪs.mən/ [*pl* businessmen] *n* [C] ⇒hombre de negocios

† **businesswoman** /ˈbɪz.nɪsˌwʊm.ən/ [*pl* businesswomen] *n* [C] ⇒mujer de negocios

busk /bʌsk/ *UK v* [I] ⇒cantar o tocar algún instrumento en la calle para obtener dinero

bus station *n* [C] ⇒estación de autobuses

† **bus stop** *n* [C] ⇒parada de autobús

bust¹, bust, bust (*US* **busted, busted**) /bʌst/ *v* [T] **1** *(inform)* ⇒destrozar ⇒echar abajo **2** *(inform)* ⇒detener: *The police busted him yesterday* - La policía lo detuvo ayer ■ CONSTR. Se usa más en pasiva **3** *(inform)* ⇒hacer una redada ⇒registrar

bust² /bʌst/ *n* [C] **1** *(de mujer)* ⇒busto ⇒pecho **2** *(estatua)* ⇒busto

bust³ /bʌst/ *adj* **1** *(inform)* ⇒escacharrado,da *col.*; ⇒roto,ta ■ CONSTR. Se usa detrás de un verbo **2 to go ~** *(una empresa)* ⇒quebrar ⇒quedarse en bancarrota

bustle¹ /ˈbʌs.l̩/ [bustled, bustling] *v* [I] ⇒trajinar

bustle² /ˈbʌs.l̩/ ▮ *n* [U] **1** ⇒bullicio ⇒ajetreo ▮ *n* [C] **2** *(prenda de vestir)* ⇒polisón

† **busy** /ˈbɪz.i/ *adj* [*comp* busier, *superl* busiest] **1** ⇒atareado,da ⇒ocupado,da **2** ⇒concurrido,da ⇒lleno,na **3** *US* (*UK* **engaged**) *(un teléfono)* ⇒comunicando ■ PRON. La *u* se pronuncia como la *i* en *big*

† **but¹** /bʌt, bət/ *conj* ⇒pero ⇒sin embargo

† **but²** /bʌt, bət/ *prep* **1** ⇒excepto ⇒menos **2 ~ for *sth/sb*** ⇒de no haber sido por

butcher¹ UK: /ˈbʊtʃ.əʳ/ US: /-ɚ/ *n* [C] ⇒carnicero,ra

† **butcher²** UK: /ˈbʊtʃ.əʳ/ US: /-ɚ/ *v* [T] ⇒matar

butcher's [*pl* butchers'] *UK n* [C] ⇒carnicería

butler UK: /ˈbʌt.ləʳ/ US: /-lɚ/ *n* [C] ⇒mayordomo

butt¹ /bʌt/ *n* [C] **1** *US (inform)* ⇒culo *col.* **2** ⇒colilla [de un cigarrillo] **3** ⇒tonel **4** ⇒blanco: *to be the butt of all the criticism* - ser el blanco de todas las críticas

butt² /bʌt/ *v* [T] ⇒dar un cabezazo

PHRASAL VERBS

· **to butt in** *(inform) (una conversación)* ⇒interrumpir

† **butter¹** UK: /ˈbʌt.əʳ/ US: /ˈbʌˁt̬.ɚ/ *n* [U] ⇒mantequilla ⇒manteca *AMÉR.*

butter² UK: /ˈbʌt.əʳ/ US: /ˈbʌˁt̬.ɚ/ *v* [T] ⇒untar con mantequilla: *to butter a piece of toast* - untar una tostada con mantequilla

buttercup UK: /ˈbʌt.ə.kʌp/ US: /ˈbʌˁt̬.ɚ-/ *n* [C] *(en botánica)* ⇒ranúnculo

† **butterfly** UK: /ˈbʌt.ə.flaɪ/ US: /ˈbʌˁt̬.ɚ-/ [*pl* butterflies] *n* [C] **1** ⇒mariposa **2 to have butterflies (in *one's* stomach)** *(inform)* ⇒sentir un cosquilleo en el estómago

buttock UK: /ˈbʌt.ək/ US: /ˈbʌˁt̬-/ *n* [C] ⇒nalga

button¹ UK: /ˈbʌt.ᵊn/ US: /ˈbʌˁt̬-/ *n* [C] *(en una prenda o en una máquina)* ⇒botón ■ Distinto de *bottom* (último, fondo)

† **button²** UK: /ˈbʌt.ᵊn/ US: /ˈbʌˁt̬-/

PHRASAL VERBS

· **to button *sth* (up)** ⇒abrochar(se) algo

buttonhole¹ UK: /ˈbʌt.ᵊn.həʊl/ US: /ˈbʌˁt̬.[ə]n.hoʊl/ *n* [C] *(en una prenda de vestir)* ⇒ojal

buttonhole² UK: /ˈbʌt.ᵊn.həʊl/ US: /ˈbʌˁt̬.[ə]n.hoʊl/ [buttonholed, buttonholing] *v* [T] ⇒aprovechar una oportunidad para hablar ⇒enganchar *col.*

† **buy¹, bought, bought** /baɪ/ *v* [T] ⇒comprar: *She'll buy David a new school bag* - Le comprará una cartera nueva a David ■ CONSTR. to buy + dos objetos

buy² /baɪ/ *n* [C] ⇒compra

buyer UK: /ˈbaɪ.əʳ/ US: /-ɚ/ *n* [C] ⇒comprador,-a: *We have a buyer for the house* - Tenemos un comprador para la casa

buzz¹ /bʌz/ *n* [NO PL] **1** *Skiing gives me a buzz* - Esquiar me vuelve loca **2** *(inform)* ⇒llamada telefónica ⇒toque **3** ⇒zumbido **4** ⇒murmullo

buzz² /bʌz/ *v* [I] **1** ⇒zumbar: *My ears are buzzing* - Me zumban los oídos **2** ⇒estar muy animado,da: *The party is buzzing* - Esta fiesta está muy animada ■ CONSTR. Se usa más en pasiva

PHRASAL VERBS

· **to buzz off** *(inform)* ⇒largarse *col.*

buzzer UK: /ˈbʌz.əʳ/ US: /-ɚ/ *n* [C] ⇒timbre [eléctrico]

† **by¹** /baɪ/ *prep* **1** *(autoría)* ⇒por **2** *(plazo de tiempo)* ⇒para **3** *(transporte)* ⇒en **4** *(modo)* ■ Se usa con verbos en gerundio para indicar el modo en el que se lleva a cabo una acción: *He makes a living by selling cars*

- *Se gana la vida vendiendo coches* **5** ⇒junto a ⇒cerca de

B ↑**by**[2] /baɪ/ *adv* **1** ⇒por delante: *She went by without saying a word* - Pasó por delante sin decirnos una palabra **2** **to {keep/put}** ***sth*** **~** ⇒guardar algo para más tarde

bye (*tb* **bye-bye**) *excl* **1** *(inform)* ⇒¡adiós! ⇒¡hasta luego! **2** **bye for now** ⇒hasta pronto

bye-bye *excl* See **bye**

by-election /ˈbaɪ.ɪˌlek.ʃən/ *n* [C] ⇒elecciones parciales

bypass[1] UK: /ˈbaɪ.pɑːs/ US: /-pæs/ [*pl* bypasses] *n* [C] **1** *(en medicina)* ⇒baipás ⇒puente **2** *(carretera)* ⇒circunvalación

bypass[2] UK: /ˈbaɪ.pɑːs/ US: /-pæs/ *v* [T] **1** ⇒evitar ⇒saltar **2** ⇒circunvalar

by-product UK: /ˈbaɪˌprɒd.ʌkt/ US: /-ˌprɑː.dəkt/ *n* [C] **1** ⇒subproducto **2** ⇒consecuencia ⇒resultado

bystander UK: /ˈbaɪˌstæn.dəʳ/ US: /-dɚ/ *n* [C] **1** *(de un hecho)* ⇒espectador,-a ⇒testigo **2** *Several innocent bystanders were injured* - Varios transeúntes resultaron heridos

C

c /siː/ [*pl* c's] *n* [C] *(letra del alfabeto)* ⇒c ■ PRON. Se pronuncia como *see*

C¹ /siː/ [*pl* C's] *n* [C, U] *(nota musical)* ⇒do

C² /siː/ *n* [U] ⇒forma abreviada de **centigrade** (escala centígrada)

cab /kæb/ *n* [C] **1** *(de un camión)* ⇒cabina **2** *(inform)* ⇒taxi

CAB *UK n* [C] ⇒forma abreviada de **Citizens' Advice Bureau** (oficina de información al ciudadano)

cabaret UK: /ˈkæb.ə.reɪ/ US: /-ɚ.eɪ/ *n* [C, U] ⇒cabaré

↑**cabbage** /ˈkæb.ɪdʒ/ *n* [C, U] **1** ⇒repollo ⇒col **2 red ~** ⇒lombarda ■ PRON. La última *a* se pronuncia como la *i* de *did*

cabin /ˈkæb.ɪn/ *n* [C] **1** ⇒camarote **2** *(de un camión o un avión)* ⇒cabina ■ Distinto de *booth* y *box* (cabina)

↑**cabinet** *n* [C] ⇒vitrina ⇒armario [de objetos] ■ Por ser un nombre colectivo se puede usar con el verbo en singular o en plural ■ Distinto de *booth* y *box* (cabina)

↑**cable** /ˈkeɪ.bl̩/ *n* [C, U] ⇒cable: *a length of cable* - un trozo de cable

cable car *n* [C] ⇒teleférico

cache /kæʃ/ *n* [C] ⇒alijo: *a cache of arms* - un alijo de armas

cactus /ˈkæk.təs/ [*pl* cacti, cactuses] *n* [C] ⇒cacto ⇒cactus

cadet /kəˈdet/ *n* [C] ⇒cadete

Cadillac® *n* [C] ⇒Cadillac®

caesarean *UK* (*US* **cesarean**) *n* [C, U] ⇒cesárea

café /ˈkæf.eɪ/ *n* [C] ⇒cafetería ⇒café

cafeteria UK: /ˌkæf.əˈtɪə.ri.ə/ US: /-ˈtɪr.i-/ *n* [C] *(en un colegio, en una oficina)* ⇒cafetería ⇒cantina

caffeine /ˈkæf.iːn/ *n* [U] ⇒cafeína

↑**cage** /keɪdʒ/ *n* [C] ⇒jaula

cagey /ˈkeɪ.dʒi/ *adj* [*comp* cagier, *superl* cagiest] ⇒reservado,da [para dar información]

↑**cake** /keɪk/ *n* [C, U] **1** ⇒tarta ⇒torta *AMÉR.;* ⇒ponqué *AMÉR.* **2** ⇒pastel **3 to have *one's* ~ and eat it** ⇒estar en misa y repicando *col.*

caked *adj* ⇒cubierto,ta: *caked with dust* - cubierto de polvo

calamity UK: /kəˈlæm.ɪ.ti/ US: /-ə.ˤt̬i/ [*pl* calamities] *n* [C] ⇒desastre ⇒calamidad

calcium /ˈkæl.si.əm/ *n* [U] ⇒calcio

↑**calculate** /ˈkæl.kjʊ.leɪt/ [calculated, calculating] *v* [T] ⇒calcular: *to calculate the purchase price* - calcular el importe de una compra

calculation /ˌkæl.kjʊˈleɪ.ʃən/ *n* [C, U] ⇒cálculo

calculator UK: /ˈkæl.kjʊ.leɪ.təʳ/ US: /-ˤt̬ɚ/ *n* [C] ⇒calculadora

↑**calendar** UK: /ˈkæl.ɪn.dəʳ/ US: /-dɚ/ *n* [C] ⇒almanaque ⇒calendario

calf UK: /kɑːf/ US: /kæf/ *n* [C] **1** ⇒ternero,ra ■ El plural es *calves* **2** ⇒pantorrilla ■ El plural es *calves*

calibre UK: /ˈkæl.ɪ.bəʳ/ US: /-bɚ/ *UK n* [U] **1** ⇒calibre [de un arma] **2** ⇒calibre ⇒nivel

↑**call¹** UK: /kɔːl/ US: /kɑːl/ *v* [T, I] **1** ⇒llamar ⇒gritar **2** (*UK tb* **ring**) ⇒telefonear ⇒llamar

PHRASAL VERBS

- **to call back** ⇒volver: *She'll call back in a couple of hours* - Volverá en un par de horas
- **to call (*sb*) back** (*UK tb* **to ring (sb) back**) ⇒devolver la llamada ⇒volver a llamar: *Can you call me back in five minutes?* - ¿Puedes volver a llamar dentro de cinco minutos?
- **to call for *sth*** **1** ⇒pedir: *He is calling for help* - Está pidiendo ayuda **2** ⇒avisar ⇒llamar **3** *This news calls for a celebration!* - ¡Esta noticia hay que celebrarla! **4** ⇒requerir ⇒exigir **5** ⇒recoger: *I will call for Susan at six* - Recogeré a Susan a las seis
- **to call *sth* off [M]** **1** *(un trato o un plan)* ⇒anular ⇒cancelar **2** *(una búsqueda)* ⇒abandonar

↑**call²** UK: /kɔːl/ US: /kɑːl/ *n* [C] **1** ⇒grito ⇒llamada **2** ⇒llamada telefónica **3** *Can you give me a call at six?* - ¿Puedes llamarme a las seis? **4** ⇒necesidad: *There was no call for you to be rude* - No había necesidad de ser tan grosero **5** ⇒llamamiento

caller UK: /ˈkɔː.ləʳ/ US: /ˈkɑː.lɚ/ *n* [C] **1** ⇒persona que llama [por teléfono]: *The caller didn't give* *me his name* - La persona que llamó no me dijo su nombre **2** *UK* ⇒visitante ⇒visita

calling UK: /ˈkɔː.lɪŋ/ US: /ˈkɑː-/ *n* [c] **1** ⇒vocación **2** ~ **card 1** *US* ⇒tarjeta de visita **2** *US* ⇒tarjeta telefónica

callous /ˈkæl.əs/ *adj* ⇒cruel ⇒insensible

↑**calm¹** /kɑːm/ *adj* **1** ⇒calmado,da ⇒tranquilo,la ⇒sereno,na **2** *Be calm!* - ¡Tranquilizaos!

calm² /kɑːm/ *v* [T] ⇒calmar ⇒tranquilizar

PHRASAL VERBS

· **to calm (*sb*) down** [M] ⇒calmar(se) ⇒tranquilizar(se)

calm³ /kɑːm/ *n* [U] ⇒calma

calmly /ˈkɑːm.li/ *adv* ⇒con calma ⇒tranquilamente

calorie UK: /ˈkæl.ər.i/ US: /-ɚ-/ *n* [c] ⇒caloría: *a low calorie diet* - una dieta baja en calorías

calves UK: /kɑːvz/ US: /kævz/ *n* [PL] See **calf**

camcorder UK: /ˈkæmˌkɔː.dər/ US: /-ˌkɔːr.dɚ/ *n* [c] ⇒cámara de vídeo

came /keɪm/ past tense of **come**

camel /ˈkæm.əl/ *n* [c] ⇒camello,lla: *to ride a camel* - montar en camello

↑**camera** /ˈkæm.rə/ *n* [c] ⇒cámara fotográfica

cameraman /ˈkæm.rə.mæn, -mən/ [*pl* cameramen] *n* [c] *(persona)* ⇒cámara

Cameroon /ˌkæm.əˈruːn/ *n* [U] ⇒Camerún

Cameroonian /ˌkæm.əˈruː.ni.ən/ *adj, n* [c] ⇒camerunés,-a

camouflage¹ /ˈkæm.ə.flɑːʒ/ *n* [U] ⇒camuflaje

camouflage² /ˈkæm.ə.flɑːʒ/ [camouflaged, camouflaging] *v* [T] ⇒camuflar(se)

camp¹ /kæmp/ *v* [I] ⇒acampar

camp² /kæmp/ *n* [c] ⇒campamento

campaign¹ /kæmˈpeɪn/ *n* [c] **1** ⇒campaña electoral **2** ⇒campaña militar

campaign² /kæmˈpeɪn/ *v* [I] ⇒hacer campaña

campaigner UK: /ˌkæmˈpeɪ.nər/ US: /-nɚ/ *n* [c] **1** ⇒militante **2** *(de una causa)* ⇒defensor,-a

camper UK: /ˈkæm.pər/ US: /-pɚ/ *n* [c] **1** ⇒campista **2** *UK* ⇒autocaravana **3** *US* ⇒caravana

camping /ˈkæm.pɪŋ/ *n* [U] **1** ⇒acampada **2** *(actividad)* ⇒camping

campsite /ˈkæmp.saɪt/ (*US tb* **campground**) *n* [c] **1** ⇒zona de acampada **2** *(lugar)* ⇒camping

↑**campus** /ˈkæm.pəs/ [*pl* campuses] *n* [c, U] ⇒campus ⇒ciudad universitaria

↑**can¹** /kæn, kən/ *v* [MODAL] **1** *(posibilidad)* ⇒ser capaz ⇒poder **2** *(peticiones)* ⇒poder ▪ La forma condicional *could* se usa frecuentemente en peticiones y es más cortés. También se puede utilizar la forma *may*, para peticiones en primera persona, pero es más formal **3** *(habilidad, capacidad)* ⇒saber **4** *(permiso)* ⇒poder ▪ La forma condicional *could* también se usa y es más cortés **5** *(probabilidad)* ⇒poder ▪ CONSTR. can + do sth ▪ *Be able to* se emplea como forma infinitiva de *can* ▪ *Could* es el pasado y el condicional de *can* ▪ Ver cuadro modal verbs

can² /kæn/ *n* [c] **1** *(de bebida)* ⇒lata ⇒bote **2** (*UK tb* **tin**) *(de un alimento)* ⇒lata

CAN

can³ /kæn/ [canned, canning] *v* [T] ⇒enlatar

Canada /ˈkæn.ə.də/ *n* [U] ⇒Canadá ▪ PRON. Se acentúa la primera sílaba

Canadian /kəˈneɪ.di.ən/ *adj, n* [c] ⇒canadiense

↑**canal** /kəˈnæl/ *n* [c] **1** *(para barcazas)* ⇒canal [de agua] **2** *(en anatomía)* ⇒tubo

canary UK: /kəˈneə.ri/ US: /-ˈner.i/ [*pl* canaries] *n* [c] *(ave)* ⇒canario,ria

↑**cancel** /ˈkænt.səl/ [cancelled, cancelling; *US* canceled, canceling] *v* [T] ⇒cancelar: *They cancelled the show* - Cancelaron el espectáculo

PHRASAL VERBS

· **to cancel *sth* out** ⇒compensar algo

cancellation /ˌkænt.səlˈeɪ.ʃən/ *n* [c, U] ⇒cancelación

↑**cancer** UK: /ˈkænt.sər/ US: /-sɚ/ *n* [U] *(en medicina)* ⇒cáncer

↑**Cancer** *n* [c, U] *(signo del zodíaco)* ⇒cáncer

candid /ˈkæn.dɪd/ *adj* **1** ⇒franco,ca: *a candid response* - una respuesta franca **2** *(una fotografía)* ⇒espontáneo,a ⇒natural

↑**candidate** /ˈkæn.dɪ.dət, -deɪt/ *n* [c] **1** ⇒candidato,ta **2** *UK* ⇒examinando,da ⇒opositor,-a **3** *(para un puesto)* ⇒aspirante ⇒solicitante

↑**candle** /ˈkæn.dl/ *n* [c] ⇒vela ⇒cirio

candlelight /ˈkæn.dl.laɪt/ *n* [U] ⇒luz de una vela

candlestick /ˈkæn.dl.stɪk/ *n* [c] ⇒candelabro

↑**candy** /ˈkæn.di/ [*pl* candies] *US* (*UK* **sweet**) *n* [c, U] ⇒caramelo

cane /keɪn/ *n* [c, U] **1** ⇒caña: *sugar cane* - caña de azúcar **2** ⇒mimbre **3** ⇒bastón **4** *UK* ⇒vara

canine /ˈkeɪ.naɪn/ *adj* ⇒canino,na

canine (tooth) [*pl* canine (teeth)] *n* [c] ⇒diente canino ⇒colmillo

canister UK: /ˈkæn.ɪ.stəʳ/ US: /-stə/ *n* [C] **1** *(de té, de galletas)* ⇒lata **2** ⇒bote
cannabis /ˈkæn.ə.bɪs/ *UK* (*US* **marijuana**) *n* [U] *(planta, droga)* ⇒cannabis
canned /kænd/ *adj* **1** (*UK tb* **tinned**) *(un alimento o una bebida)* ⇒enlatado,da **2** ⇒enlatado,da *col.;* ⇒grabado,da *col.*
cannibal /ˈkæn.ɪ.bəl/ *n* [C] ⇒caníbal
cannon /ˈkæn.ən/ *n* [C] *(arma)* ⇒cañón
↑ **cannot** UK: /ˈkæn.ɒt/ US: /-ɑːt/ See **can** ■ La contracción es *can't*
canoe /kəˈnuː/ *n* [C] ⇒canoa ⇒piragua
canoeing /kəˈnuː.ɪŋ/ *n* [U] ⇒piragüismo ⇒canotaje *AMÉR.*
can opener *n* [C] ⇒abrelatas
canopy /ˈkæn.ə.pi/ [*pl* canopies] *n* [C] **1** ⇒dosel **2** ⇒techo ⇒toldo ⇒marquesina
↑ **can't** UK: /kɑːnt/ US: /kænt/ *(cannot)* See **can**
↑ **canteen** /kænˈtiːn/ *n* [C] **1** ⇒cantina ⇒comedor **2** ⇒cantimplora
canter UK: /ˈkæn.təʳ/ US: /-tə/ *n* [C] ⇒trote rápido
canvas /ˈkæn.vəs/ ▮ *n* [U] **1** ⇒lona: *canvas shoes* - zapatillas de lona ▮ *n* [C] **2** *(en arte)* ⇒lienzo ■ El plural es *canvases* **3 under ~** ⇒en una tienda de campaña: *to live under canvas* - vivir en una tienda de campaña
canvass /ˈkæn.vəs/ [*pl* canvasses] *n* [C] *(form)* ⇒sondeo [de opinión]
canyon /ˈkæn.jən/ *n* [C] *(en geología)* ⇒cañón
cap[1] /kæp/ *n* [C] **1** ⇒gorra **2** *(de un bolígrafo)* ⇒capuchón ⇒tapón ⇒tapa
cap[2] /kæp/ [capped, capping] *v* [T] **1** ⇒superar **2 to ~ it all** *(inform)* ⇒para colmo *col.*
capability UK: /ˌkeɪ.pəˈbɪl.ɪ.ti/ US: /-ə.ˤt̬i/ [*pl* capabilities] *n* [C, U] ⇒aptitud ⇒capacidad
↑ **capable** /ˈkeɪ.pə.bl/ *adj* **1** *(cualidad)* ⇒competente ⇒capaz **2** *(con potencial)* ⇒capaz
↑ **capacity** UK: /kəˈpæs.ə.ti/ US: /-ˤt̬i/ [*pl* capacities] *n* [C, U, NO PL] **1** *(de un lugar)* ⇒capacidad ⇒aforo **2** ⇒aptitud ⇒capacidad
cape /keɪp/ *n* [C] **1** *(prenda de vestir)* ⇒capa ⇒capote **2** *(en geología)* ⇒cabo
caper[1] UK: /ˈkeɪ.pəʳ/ US: /-pə/ *v* [I] ⇒dar saltos [de alegría] ⇒brincar ■ CONSTR. Se usa generalmente seguido de una preposición o un adverbio
caper[2] UK: /ˈkeɪ.pəʳ/ US: /-pə/ *n* [C] **1** *(planta)* ⇒alcaparra **2** ⇒travesura ⇒fechoría
Cape Verde UK: /ˌkeɪpˈvɜːd/ US: /-ˈvɝːd/ *n* [U] ⇒Cabo Verde
Cape Verdean UK: /ˌkeɪpˈvɜː.di.ən/ US: /-ˈvɝː-/ *adj, n* [C] ⇒caboverdiano,na
capillary UK: /kəˈpɪl.ər.i/ US: /-ɚ-/ [*pl* capillaries] *n* [C] *(en anatomía)* ⇒vaso capilar
↑ **capital** UK: /ˈkæp.ɪ.təl/ US: /-ˤt̬[ə]l/ ▮ *n* [C] **1** *(en geografía)* ⇒capital ▮ *n* [U] **2** *(en economía)* ⇒capital **3** ⇒mayúscula **4** *(de una columna)* ⇒capitel **5 to make ~ (out) of** ***sth*** ⇒sacar partido de algo
↑ **capitalism** UK: /ˈkæp.ɪ.təl.ɪ.zəm/ US: /-ˤt̬[ə]l-/ *n* [U] ⇒capitalismo
capitalize UK: /ˈkæp.ɪ.təl.aɪz/ US: /-ˤt̬[ə]l-/ [capitalized, capitalizing] *v* [I] *(form)* ⇒poner en mayúsculas ■ Se usa más *to put in capitals*
PHRASAL VERBS
· **to capitalize on** ***sth*** ⇒capitalizar algo ⇒sacar provecho de algo
capitulate /kəˈpɪt.jʊ.leɪt/ [capitulated, capitulating] *v* [I] ⇒capitular
cappuccino UK: /ˌkæp.ʊˈtʃiː.nəʊ/ US: /-noʊ/ *n* [C, U] ⇒café capuchino
Capricorn UK: /ˈkæp.rɪ.kɔːn/ US: /-kɔːrn/ *n* [C, U] *(signo del zodíaco)* ⇒capricornio
capsaicin *n* [C] ⇒componente del chile
capsize /kæpˈsaɪz/ [capsized, capsizing] *v* [T, I] *(un embarcación)* ⇒volcar
capsule UK: /ˈkæp.sjuːl/ US: /-s[ə]l/ *n* [C] **1** ⇒cápsula **2** *a space capsule* - una cápsula espacial
captain[1] UK: /ˈkæp.tɪn/ US: /-t[ə]n/ *n* [C] **1** *(de un barco, de un avión)* ⇒capitán,-a ⇒comandante **2** *(del ejército, de la marina)* ⇒capitán,-a **3** *(de un equipo)* ⇒capitán,-a
captain[2] UK: /ˈkæp.tɪn/ US: /-t[ə]n/ *v* [T] ⇒capitanear ⇒liderar
caption /ˈkæp.ʃən/ *n* [C] **1** ⇒pie de foto **2** ⇒encabezamiento ⇒título
captivate /ˈkæp.tɪ.veɪt/ [captivated, captivating] *v* [T] ⇒cautivar
captive[1] /ˈkæp.tɪv/ *adj* **1** ⇒cautivo,va ⇒en cautiverio **2 to {hold/take}** ***sb*** **~** ⇒apresar a alguien
captive[2] /ˈkæp.tɪv/ *n* [C] ⇒cautivo,va
captivity UK: /kæpˈtɪv.ɪ.ti/ US: /-ə.ˤt̬i/ *n* [U] ⇒cautividad ⇒cautiverio
capture[1] UK: /ˈkæp.tʃəʳ/ US: /-tʃə/ [captured, capturing] *v* [T] **1** ⇒capturar ⇒cazar **2** ⇒conquistar ⇒tomar **3** ⇒captar
capture[2] UK: /ˈkæp.tʃəʳ/ US: /-tʃə/ *n* [C, U] **1** ⇒captura **2** *(un lugar)* ⇒conquista ⇒toma **3** *(de datos)* ⇒captura ⇒recogida
↑ **car** UK: /kɑːʳ/ US: /kɑːr/ *n* [C] **1** (*US tb* **automobile**) (*UK tb* **motor car**) ⇒coche ⇒carro *AMÉR.;* ⇒auto *AMÉR.* **2** *US* (*UK* **coach**) ⇒vagón [de tren]
caramel UK: /ˈkær.ə.məl/ US: /ˈkɑːr.məl/ UK: /ˈker.ə-/ *n* [U] **1** ⇒caramelo **2** ⇒azúcar tostado
carat UK: /ˈkær.ət/ US: /ˈker-/ *UK* (*US* **karat**) *n* [C] ⇒quilate: *4 carat gold* - oro de cuatro quilates
caravan UK: /ˈkær.ə.væn/ US: /ˈker-/ *UK* (*US* **trailer**) *n* [C] **1** *(remolque grande)* ⇒caravana **2** ⇒carromato

carbohydrate UK: /ˌkɑː.bəʊˈhaɪ.dreɪt/ US: /ˌkɑːr-/ *n* [C, U] *(en química)* ⇒hidrato de carbono
↑ **carbon** UK: /ˈkɑː.bən/ US: /ˈkɑːr-/ ▌ *n* [U] **1** *(en química)* ⇒carbono ▌ *n* [C] **2** ⇒hoja de papel carbón

C

carbon copy [*pl* carbon copies] *n* [C] **1** ⇒copia hecha con papel carbón **2** ⇒réplica ⇒calco
car boot sale *UK n* [C] ⇒mercadillo en el que particulares venden objetos de segunda mano, normalmente desde el maletero del coche
carcass UK: /ˈkɑː.kəs/ US: /ˈkɑːr-/ [*pl* carcasses] *n* [C] **1** *(de un animal muerto)* ⇒cadáver ⇒restos ⇒despojos **2** *(de un edificio)* ⇒ruinas ⇒armazón **3** *(de un vehículo)* ⇒carcasa
↑ **card** UK: /kɑːd/ US: /kɑːrd/ *n* [C] **1** ⇒forma abreviada de **postcard** (postal) **2** ⇒tarjeta: *a birthday card* - una tarjeta de cumpleaños; *a greetings card* - una tarjeta de felicitación **3** ⇒naipe ⇒carta **4** ⇒tarjeta [personal] ⇒carné **5 on the cards** *(inform)* ⇒probable **6 to play *one*'s cards right** ⇒jugar bien las propias cartas
↑ **cardboard** UK: /ˈkɑːd.bɔːd/ US: /ˈkɑːrd.bɔːrd/ *n* [U] ⇒cartón ⇒cartulina
cardiac UK: /ˈkɑː.di.æk/ US: /ˈkɑːr-/ *adj* ⇒cardíaco,ca: *He suffered a cardiac arrest* - Sufrió un paro cardíaco
↑ **cardigan** UK: /ˈkɑː.dɪ.gən/ US: /ˈkɑːr-/ *n* [C] ⇒rebeca ⇒chaqueta de punto
cardinal[1] UK: /ˈkɑː.dɪ.nəl/ US: /ˈkɑːr-/ *n* [C] **1** *(en religión)* ⇒cardenal **2** *(ave)* ⇒cardenal
cardinal[2] UK: /ˈkɑː.dɪ.nəl/ US: /ˈkɑːr-/ *adj* **1** See **cardinal (number) 2** *(form)* ⇒esencial ⇒fundamental **3** *a cardinal sin* - un pecado capital
cardinal (number) *n* [C] ⇒número cardinal
↑ **care**[1] UK: /keəʳ/ US: /ker/ [cared, caring] *v* [I] ⇒importar: *I don't care how you sorted it out* - No me importa cómo lo solucionaste ■ CONSTR. to care + interrogativa indirecta

PHRASAL VERBS
- **to care for *sth/sb*** **1** ⇒atender ⇒cuidar **2** *(form)* ⇒gustar: *I don't care for chocolate* - No me gusta el chocolate **3** *(form)* ⇒apetecer

↑ **care**[2] UK: /keəʳ/ US: /ker/ ▌ *n* [U] **1** ⇒atención ⇒cuidado ▌ *n* [C, U] **2** ⇒preocupación: *She seems to have no cares* - Parece no tener preocupaciones **3 take care!** *(en despedidas)* ⇒¡cuídate! **4 to take ~ of *sth/sb*** **1** ⇒cuidar **2** ⇒encargarse ⇒ocuparse
↑ **career**[1] UK: /kəˈrɪəʳ/ US: /-ˈrɪr/ *n* [C] ⇒carrera [profesional]
career[2] UK: /kəˈrɪəʳ/ US: /-ˈrɪr/ *v* [I] ⇒correr muy deprisa
carefree UK: /ˈkeə.friː/ US: /ˈker-/ *adj* ⇒libre de preocupaciones
careful UK: /ˈkeə.fəl/ US: /ˈker-/ *adj* **1** ⇒cuidadoso,sa ⇒cauteloso,sa ⇒prudente **2 be careful!** ⇒¡ten cuidado!
carefully UK: /ˈkeə.fəl.i/ US: /ˈker-/ *adv* ⇒con cuidado
careless UK: /ˈkeə.ləs/ US: /ˈker-/ *adj* ⇒descuidado,da ⇒tonto,ta ⇒negligente ⇒imprudente
carer UK: /ˈkeə.rəʳ/ US: /ˈker.ɚ/ *UK* (*US* **caretaker**) *n* [C] ⇒cuidador,-a
caress[1] /kəˈres/ *v* [T] ⇒acariciar
caress[2] /kəˈres/ [*pl* caresses] *n* [C] ⇒caricia
caretaker UK: /ˈkeəˌteɪ.kəʳ/ US: /ˈkerˌteɪ.kɚ/ *n* [C] **1** *UK* (*US* **janitor**) *(de un edificio)* ⇒conserje ⇒portero,ra ⇒vigilante **2** *US* (*UK* **carer**) ⇒cuidador,-a
↑ **cargo** UK: /ˈkɑː.gəʊ/ US: /ˈkɑːr.goʊ/ [*pl* cargoes, cargos] *n* [C, U] ⇒carga ⇒cargamento ■ Distinto de *post* (cargo)
Caribbean UK: /ˌkær.ɪˈbiː.ən/ UK: /kəˈrɪb.i-/ US: /ˌker.ɪˈbiː-/ *adj, n* [C] ⇒caribeño,ña
caricature UK: /ˈkær.ɪ.kə.tʃʊəʳ/ US: /ˈker.ɪ.kə.tʃʊr/ *n* [C, U] ⇒caricatura
↑ **caring** UK: /ˈkeə.rɪŋ/ US: /ˈker.ɪŋ/ *adj* **1** ⇒cariñoso,sa y comprensivo,va **2** ⇒humanitario,ria
carnation UK: /kɑːˈneɪ.ʃən/ US: /kɑːr-/ *n* [C] ⇒clavel
carnival UK: /ˈkɑː.nɪ.vəl/ US: /ˈkɑːr-/ ▌ *n* [C, U] **1** ⇒carnaval: *the carnival queen* - la reina del carnaval ▌ *n* [C] **2** *US* (*UK* **fête**) ⇒feria [benéfica] ⇒fiesta
carnivore UK: /ˈkɑː.nɪ.vɔːʳ/ US: /ˈkɑːr.nɪ.vɔːr/ *n* [C] ⇒carnívoro,ra
carol UK: /ˈkær.əl/ US: /ˈker-/ *n* [C] ⇒villancico
carousel UK: /ˌkær.ʊˈsel/ US: /ˌker.ə-/ *n* [C] **1** *US* (*UK tb* **roundabout**) ⇒carrusel ⇒tiovivo **2** ⇒cinta [transportadora]
↑ **car park** *UK* (*US* **parking lot**) *n* [C] ⇒aparcamiento ⇒parqueadero *AMÉR.;* ⇒parqueo *AMÉR.*
carpenter UK: /ˈkɑː.pɪn.təʳ/ US: /ˈkɑːr.pɪn.ţɚ/ *n* [C] ⇒carpintero,ra
carpet[1] UK: /ˈkɑː.pɪt/ US: /ˈkɑːr-/ *n* [C, U] ⇒moqueta ⇒alfombra ⇒tapete *AMÉR.* ■ Distinto de *binder* y *folder* (carpeta)
carpet[2] UK: /ˈkɑː.pɪt/ US: /ˈkɑːr-/ *v* [T] ⇒alfombrar ⇒enmoquetar
↑ **carriage** UK: /ˈkær.ɪdʒ/ US: /ˈker-/ ▌ *n* [C] **1** *UK (en un tren)* ⇒vagón de pasajeros **2** ⇒carruaje ⇒carroza ▌ *n* [U] **3** *UK* ⇒transporte de mercancías ■ PRON. Rima con *fridge*
carriageway UK: /ˈkær.ɪdʒ.weɪ/ US: /ˈker-/ *UK n* [C] **1** ⇒calzada **2** ⇒carretera: *dual carriageway* - carretera de dobe calzada
carrier UK: /ˈkær.i.əʳ/ US: /ˈker.i.ɚ/ *n* [C] **1** ⇒empresa de transportes **2** ⇒compañía aérea **3** ⇒portador,-a [de una enfermedad]
carrier bag *UK n* [C] ⇒bolsa de plástico
↑ **carrot** UK: /ˈkær.ət/ US: /ˈker-/ *n* [C] **1** ⇒zanahoria **2** *(inform)* ⇒recompensa

↑ **carry** UK: /ˈkær.i/ US: /ˈker-/ [carries, carried] ▌ *v* [T] **1** ⇒llevar: *Do you want me to carry the suitcase?* - ¿Quieres que te lleve la maleta? **2** ⇒soportar ▌ *v* [I] **3** ⇒oírse desde lejos: *His voice carries* - Su voz se oye desde lejos

PHRASAL VERBS

- **to carry *sb* away [M]** ⇒dejarse llevar por algo: *They were carried away by their excitement* - Se dejaron llevar por la emoción
- **to carry *sth* off [M]** ⇒salir airoso,sa de algo ⇒llevarse ⇒alzarse con
- **to carry *sth* out [M]** **1** ⇒llevar algo a cabo ⇒realizar algo **2** *(una promesa)* ⇒cumplir
- **to carry *sth* through** ⇒llevar algo a término
- **to get carried away** ⇒emocionarse ⇒entusiasmarse

cart[1] UK: /kɑːt/ US: /kɑːrt/ *n* [C] **1** ⇒carro **2** ⇒carreta **3** *US* (*UK* **trolley**) ⇒carrito de la compra **4** ⇒carretilla

cart[2] UK: /kɑːt/ US: /kɑːrt/ *v* [T] *(inform)* ⇒transportar ⇒cargar con ■ CONSTR. Se usa generalmente seguido de una preposición o un adverbio

PHRASAL VERBS

- **to cart *sth* {about/around}** *(inform)* ⇒cargar con algo
- **to cart *sth/sb* {away/off}** *(inform)* ⇒llevarse

carton UK: /ˈkɑː.tᵊn/ US: /ˈkɑːr.ˁţ[ə]n/ *n* [C] *(envase)* ⇒cartón ⇒tetra brik

↑ **cartoon** UK: /kɑːˈtuːn/ US: /kɑːr-/ *n* [C] **1** ⇒chiste gráfico ⇒viñeta **2** ⇒dibujos animados **3** *(en arte)* ⇒dibujo ⇒cartón

CARTOON

cartridge UK: /ˈkɑː.trɪdʒ/ US: /ˈkɑːr-/ *n* [C] **1** ⇒película [fotográfica] **2** ⇒cartucho [de tinta] **3** *(de un arma de fuego)* ⇒cartucho

↑ **carve** UK: /kɑːv/ US: /kɑːrv/ [carved, carving] *v* [T] **1** ⇒esculpir ⇒tallar **2** ⇒grabar

PHRASAL VERBS

- **to carve *sth* out (for *oneself*)** ⇒forjarse algo
- **to carve *sth* up [M]** ⇒repartir(se) algo ⇒dividir(se) algo

carving UK: /ˈkɑː.vɪŋ/ US: /ˈkɑːr-/ ▌ *n* [C] **1** ⇒escultura ⇒talla ▌ *n* [U] **2** *(actividad)* ⇒escultura

cascade /kæsˈkeɪd/ *n* [C] **1** ⇒cascada ⇒salto de agua **2** *(lit)* ⇒aluvión

↑ **case** /keɪs/ ▌ *n* [C] **1** *(ejemplo)* ⇒caso **2** *UK* (*UK/US tb* **suitcase**) ⇒maleta ⇒maletín **3** ⇒funda **4** ⇒proceso judicial ▌ *n* [NO PL] **5** ⇒argumentos **6** **court ~** ⇒causa ⇒juicio **7** **in any ~** ⇒en cualquier caso ⇒de cualquier forma ⇒de todos modos **8** **(just) in ~** ⇒por si acaso ⇒por si

↑ **cash[1]** /kæʃ/ *n* [U] **1** ⇒dinero en efectivo **2** *to pay in cash* - pagar en efectivo **3** **~ on delivery** ⇒entrega contra reembolso ■ La forma abreviada es *COD*

cash[2] /kæʃ/ *v* [T] ⇒cobrar: *to cash a cheque* - cobrar un cheque

PHRASAL VERBS

- **to cash in on *sth*** ⇒aprovecharse de algo

cash card *UK n* [C] ⇒tarjeta bancaria

cash desk *UK n* [C] *(en un establecimiento)* ⇒caja

cashier UK: /kæʃˈɪəʳ/ US: /-ˈɪr/ *n* [C] ⇒cajero,ra

↑ **cash machine** (*UK tb* **cashpoint**) *n* [C] ⇒cajero automático

cashmere UK: /ˈkæʃ.mɪəʳ/ US: /-mɪr/ *n* [U] ⇒cachemir

cashpoint /ˈkæʃ.pɔɪnt/ *UK n* [C] See **cash machine**

↑ **casino** UK: /kəˈsiː.nəʊ/ US: /-noʊ/ *n* [C] ⇒casino

cask UK: /kɑːsk/ US: /kæsk/ *n* [C] ⇒barril ⇒cuba

casket UK: /ˈkɑː.skɪt/ US: /ˈkæs.kɪt/ *n* [C] **1** *UK* ⇒cofre [para guardar objetos de valor] **2** *US* (*UK/US tb* **coffin**) ⇒ataúd ⇒cajón *AMÉR.*

casserole UK: /ˈkæs.ᵊr.əʊl/ US: /-ə.roʊl/ *n* [C] **1** (*tb* **casserole dish**) *(para el horno)* ⇒cazuela **2** ⇒guiso ■ Distinto de *saucepan* (cacerola)

↑ **cassette** /kəˈset/ *n* [C] ⇒cinta ⇒casete

cast[1] UK: /kɑːst/ US: /kæst/ *n* [C] **1** *(en un espectáculo)* ⇒reparto ■ Por ser un nombre colectivo se puede usar con el verbo en singular o en plural **2** ⇒molde

cast[2], cast, cast UK: /kɑːst/ US: /kæst/ *v* [T] **1** *(en un espectáculo)* ⇒seleccionar ⇒hacer el reparto ■ CONSTR. Se usa más en pasiva **2** ⇒votar ⇒dar el voto **3** *(lit)* ⇒lanzar ⇒tirar ■ CONSTR. Se usa generalmente seguido de una preposición o un adverbio **4** *(en escultura)* ⇒vaciar **5** **to ~ a spell on *sth/sb*** ⇒hechizar **6** **to ~ *one's* vote** ⇒votar ⇒dar el voto

PHRASAL VERBS

- **to cast {about/around} for *sth*** *(form)* ⇒buscar algo
- **to cast *sth/sb* aside [M]** *(form)* ⇒dejar de lado ⇒desechar
- **to cast *sth* off [M]** *(form)* ⇒deshacerse de algo

caste UK: /kɑːst/ US: /kæst/ *n* [C, U] ⇒casta ⇒grupo social

cast iron *n* [U] ⇒hierro con un alto contenido de carbono

C ↑**castle** UK: /ˈkɑː.sl̩/ US: /ˈkæs.l̩/ *n* [C] **1** ⇒castillo **2** *(en ajedrez)* ⇒torre ■ PRON. La *t* no se pronuncia

castrate /kæsˈtreɪt/ [castrated, castrating] *v* [T] ⇒castrar

↑**casual** /ˈkæʒ.ju.əl/ *adj* **1** ⇒despreocupado,da: *a casual attitude* - una actitud despreocupada **2** *UK* ⇒temporal ⇒esporádico,ca ⇒ocasional ■ Distinto de *chance* (casual)

casually /ˈkæʒ.ju.ə.li/ *adv* ⇒de manera informal ⇒despreocupadamente

↑**casualty** /ˈkæʒ.ju.əl.ti/ ▌*n* [C] **1** ⇒víctima ⇒baja ■ El plural es *casualties* ▌*n* [U] **2** *UK* ⇒sala de urgencias ■ Distinto de *coincidence* y *chance* (casualidad)

↑**cat** /kæt/ *n* [C] **1** ⇒gato,ta **2** ⇒felino

Catalan UK: /ˈkæt.ə.læn/ US: /ˈkæˁţ-/ *n* [U] *(idioma)* ⇒catalán ■ PRON. Se acentúa la primera sílaba

catalogue[1] UK: /ˈkæt.ᵊl.ɒg/ US: /ˈkæˁţ.[ə]l.ɑːg/ *n* [C] **1** ⇒catálogo **2** ⇒serie: *a catalogue of problems* - una serie de problemas **3** ⇒fichero

catalogue[2] UK: /ˈkæt.ᵊl.ɒg/ US: /ˈkæˁţ.[ə]l.ɑːg/ [catalogued, cataloguing] *v* [T] ⇒catalogar

catalyst UK: /ˈkæt.ᵊl.ɪst/ US: /ˈkæˁţ-/ *n* [C] ⇒catalizador

catamaran UK: /ˈkæt.ə.mə.ræn/ US: /ˈkæˁţ-/ *n* [C] *(barco)* ⇒catamarán

catapult[1] UK: /ˈkæt.ə.pʌlt/ US: /ˈkæˁţ-/ *v* [T] ⇒catapultar ■ CONSTR. Se usa generalmente seguido de una preposición o un adverbio

catapult[2] UK: /ˈkæt.ə.pʌlt/ US: /ˈkæˁţ-/ *n* [C] **1** ⇒catapulta **2** *UK* ⇒tirachinas

cataract UK: /ˈkæt.ə.rækt/ US: /ˈkæˁţ-/ *n* [C] **1** *(de los ojos)* ⇒catarata **2** *(form) (de agua)* ⇒catarata

catarrh UK: /kəˈtɑːʳ/ US: /-ˈtɑːr/ *UK n* [U] *(form)* ⇒catarro

catastrophe /kəˈtæs.trə.fi/ *n* [C] ⇒catástrofe

↑**catch[1], caught, caught** /kætʃ/ *v* [T] **1** ⇒coger ⇒agarrar **2** ⇒cazar ⇒atrapar ■ CONSTR. to catch + doing sth **3** ⇒pillar(se) **4** *(un medio de transporte)* ⇒tomar ⇒coger **5** *(una efermedad)* ⇒coger ⇒contraer **6** ⇒oír ⇒entender **7 to ~ fire** ⇒arder ⇒prender(se)

PHRASAL VERBS
- **to {be/get} caught up in *sth*** ⇒estar metido,da en algo
- **to catch at *sth*** ⇒tratar de agarrar algo
- **to catch on** ⇒poner(se) de moda
- **to catch on (to *sth*)** ⇒enterarse de algo
- **to catch *sb* out [M]** *UK* ⇒coger desprevenido,da a alguien ⇒pillar a alguien
- **to catch up with *sth/sb*** ⇒alcanzar ⇒ponerse al día

catch[2] /kætʃ/ [*pl* catches] *n* [NO PL] **1** ⇒trampa ⇒gato encerrado *col.* **2** ⇒pesca **3** ⇒cierre ⇒cerradura **4 to be *sb* a good ~** ⇒ser un buen partido *col.*

catching /ˈkætʃ.ɪŋ/ *adj* **1** ⇒contagioso,sa **2** *(una norma, una cláusula)* ⇒general ⇒para todo

catchment area UK: /ˈkætʃ.mənt,eə.ri.ə/ US: /ˈketʃ.mənt,er.i-/ *UK n* [C] ⇒distrito ⇒zona de captación

catchphrase /ˈkætʃ.freɪz/ *n* [C] ⇒frase favorita ⇒frase de moda

catchy /ˈkætʃ.i/ *adj* [*comp* catchier, *superl* catchiest] *(una canción, una melodía)* ⇒pegadizo,za

categorical UK: /ˌkæt.əˈgɒr.ɪ.kᵊl/ US: /ˌkæˁţ.əˈgɑːr-/ *adj* **1** ⇒categórico,ca **2** *(una negación)* ⇒enfático,ca ⇒rotundo,da

↑**category** UK: /ˈkæt.ə.gri/ US: /ˈkæˁţ-/ [*pl* categories] *n* [C] ⇒categoría

cater UK: /ˈkeɪ.təʳ/ US: /-ˁţə/ *v* [I] ⇒abastecer: *to cater for sb* - abastecer a alguien

PHRASAL VERBS
- **to cater for *sth/sb*** *UK* (*US* **to cater to sb**) ⇒dirigirse a ⇒atender a: *to cater for sb's needs* - atender a las necesidades de alguien
- **to cater to *sth/sb*** ⇒satisfacer los caprichos

catering UK: /ˈkeɪ.tᵊr.ɪŋ/ US: /-ˁţə-/ *n* [U] **1** ⇒catering **2** ⇒estudios de hostelería

caterpillar UK: /ˈkæt.ə.pɪl.əʳ/ US: /ˈkæˁţ.ə.pɪl.ə/ *n* [C] **1** ⇒oruga **2** ⇒tractor de oruga

↑**cathedral** /kəˈθiː.drəl/ *n* [C] ⇒catedral ■ PRON. La *e* se pronuncia con énfasis y como la *i* de *Spanish*

↑**Catholic** /ˈkæθ.ᵊl.ɪk/ *adj, n* [C] ⇒católico,ca: *She's a Catholic* - Es católica ■ PRON. La *th* se pronuncia como la *z* española y la *o* no se pronuncia

Catholicism UK: /kəˈθɒl.ɪ.sɪ.zᵊm/ US: /-θɑː.lɪ-/ *n* [U] ⇒catolicismo

↑**cattle** UK: /ˈkæt.l̩/ US: /ˈkæˁţ-/ *n* [PL] ⇒ganado vacuno

catwalk UK: /ˈkæt.wɔːk/ US: /-wɑːk/ *n* [C] ⇒pasarela [de desfiles]

caught UK: /kɔːt/ US: /kɑːt/ past tense and past participle forms of **catch**

cauldron UK: /ˈkɔːl.drᵊn/ US: /ˈkɑːl-/ *n* [C] **1** *(lit)* ⇒caldero **2** *a cauldron of unrest* - un semillero de descontento

cauliflower UK: /ˈkɒl.ɪˌflaʊ.əʳ/ US: /ˈkɑː.lɪˌflaʊr/ *n* [C, U] ⇒coliflor

↑**cause[1]** UK: /kɔːz/ US: /kɑːz/ *n* [C, U] **1** *(origen)* ⇒causa **2** ⇒razón **3** *(propósito)* ⇒causa

↑**cause[2]** UK: /kɔːz/ US: /kɑːz/ [caused, causing] *v* [T] ⇒hacer ⇒causar ■ CONSTR. 1. to cause + to do sth 2. to cause + dos objetos

causeway UK: /ˈkɔːz.weɪ/ US: /ˈkɑːz-/ *n* [C] ⇒camino elevado

caustic UK: /ˈkɔː.stɪk/ US: /ˈkɑː-/ *adj* **1** ⇒cáustico,ca **2** ⇒mordaz

caution[1] UK: /ˈkɔː.ʃᵊn/ US: /ˈkɑː-/ ▌*n* [U] **1** ⇒cautela ⇒precaución ▌*n* [C, U] **2** ⇒advertencia **3** *UK* ⇒amonestación **4 to {cast/throw} ~ to the winds** ⇒abandonar toda precaución

caution[2] UK: /ˈkɔː.ʃᵊn/ US: /ˈkɑː-/ *v* [T] **1** *(form)* ⇒advertir: *to caution sb about sth* - advertir a alguien de algo **2** ⇒leerle los derechos a alguien ■ CONSTR. Se usa más en pasiva

cautious UK: /ˈkɔː.ʃəs/ US: /ˈkɑː-/ *adj* ⇒cauto,ta ⇒precavido,da ⇒prudente

cavalry /ˈkæv.ᵊl.ri/ *n* [U] ⇒caballería: *cavalry charge* - carga de caballería ■ Por ser un nombre colectivo se puede usar con el verbo en singular o en plural

cave[1] /keɪv/ *n* [C] ⇒cueva ⇒caverna

↑**cave**[2] /keɪv/

PHRASAL VERBS

· **to cave in** *(una estructura)* ⇒venirse abajo ⇒derrumbarse ⇒ceder

caveman /ˈkeɪv.mæn/ [*pl* cavemen] *n* [C] ⇒troglodita ⇒cavernícola

cavern UK: /ˈkæv.ᵊn/ US: /-ɚn/ *n* [C] ⇒caverna

cavewoman [*pl* cavewomen] *n* [C] ⇒troglodita ⇒cavernícola

caviar UK: /ˈkæv.i.ɑːʳ/ US: /-ɑːr/ UK: /ˌ--ˈ-/ *n* [U] ⇒caviar

cavity UK: /ˈkæv.ɪ.ti/ US: /-ə.ˤt̬i/ [*pl* cavities] *n* [C] **1** ⇒cavidad **2** ⇒caries

↑**CD** /ˌsiːˈdiː/ *n* [C] ⇒CD ■ Procede de *compact disc* (disco compacto) ■ PRON. La *C* se pronuncia como *see* y la *D* rima con ello

↑**CD player** *n* [C] ⇒reproductor de CD ■ Procede de *compact disc player* (reproductor de discos compactos)

↑**CD-ROM** UK: /ˌsiː.diːˈrɒm/ US: /-ˈrɑːm/ *n* [C, U] ⇒CD-ROM ■ Procede de *compact disc read only memory* (disco compacto solo de lectura)

CE *n* [NO PL] ⇒forma abreviada de **Church of England** (iglesia anglicana)

↑**cease** /siːs/ [ceased, ceasing] *v* [T, I] **1** *(form)* ⇒cesar ⇒terminar **2** *(form)* ⇒dejar de: *The machine ceased to function* - La máquina dejó de funcionar ■ CONSTR. 1. to cease + doing sth 2. to cease + to do sth

ceasefire UK: /ˈsiːs.faɪəʳ/ US: /-faɪr/ *n* [C] ⇒alto el fuego: *to announce a ceasefire* - declarar un alto el fuego

ceaseless /ˈsiː.sləs/ *adj (form)* ⇒incesante ⇒continuo,nua

↑**ceiling** /ˈsiː.lɪŋ/ *n* [C] **1** ⇒techo: *to look up at the ceiling* - mirar al techo **2** ⇒tope ⇒límite ■ PRON. La primera sílaba, *cei*, se pronuncia como *see*

↑**celebrate** /ˈsel.ɪ.breɪt/ [celebrated, celebrating] *v* [T, I] ⇒celebrar ⇒festejar

celebrated UK: /ˈsel.ɪ.breɪ.tɪd/ US: /-ˤt̬ɪd/ *adj* ⇒célebre: *to be celebrated for sth* - ser célebre por algo

celebration /ˌsel.ɪˈbreɪ.ʃᵊn/ *n* [C, U] ⇒celebración ⇒fiesta ■ PRON. La *c* se pronuncia como una *s*

↑**celebrity** UK: /sɪˈleb.rɪ.ti/ US: /-ˤt̬i/ [*pl* celebrities] *n* [C] ⇒celebridad C

celery UK: /ˈsel.ᵊr.i/ US: /-ɚ-/ *n* [U] ⇒apio

↑**cell** /sel/ *n* [C] **1** ⇒célula: *living cells* - células vivas **2** ⇒celda

↑**cellar** UK: /ˈsel.əʳ/ US: /-ɚ/ *n* [C] ⇒sótano ⇒bodega

cellmate /ˈsel.meɪt/ *n* [C] ⇒compañero,ra de celda

cello UK: /ˈtʃel.əʊ/ US: /-oʊ/ *n* [C] ⇒violonchelo ⇒chelo ■ PRON. La *c* se pronuncia como una *ch*

cellular UK: /ˈsel.jʊ.ləʳ/ US: /-lɚ/ *adj* ⇒celular

↑**Celsius** /ˈsel.si.əs/ (*tb* **centigrade**) *adj, n* [U] ⇒escala de Celsius ⇒escala centígrada ■ La forma abreviada es *C* ■ Con números se escribe normalmente el signo *°C* en lugar de *centigrade*: *25 °C - 25 grados* ■ PRON. La *c* se pronuncia como una *s*

Celtic /ˈkel.tɪk, ˈsel-/ *adj* ⇒celta ⇒céltico,ca ■ PRON. Las dos *c* se pronuncian como una *k*

cement[1] /sɪˈment/ *n* [U] ⇒cemento ■ PRON. La *c* se pronuncia como una *s*

cement[2] /sɪˈment/ *v* [T] **1** ⇒fortalecer: *Time cemented their relationship* - El tiempo fortaleció su relación **2** ⇒revestir de cemento

↑**cemetery** UK: /ˈsem.ə.tri/ US: /-ter.i/ [*pl* cemeteries] *n* [C] ⇒cementerio ■ PRON. La *c* se pronuncia como una *s*. La última *e* no se pronuncia

censor[1] UK: /ˈsen*t*.səʳ/ US: /-sɚ/ *v* [T] ⇒censurar ■ CONSTR. Se usa más en pasiva

censor[2] UK: /ˈsen*t*.səʳ/ US: /-sɚ/ *n* [C] ⇒censor,-a

censure[1] UK: /ˈsen.ʃəʳ/ US: /-ʃɚ/ [censured, censuring] *v* [T] *(form)* ⇒censurar ⇒desaprobar

censure[2] UK: /ˈsen.ʃəʳ/ US: /-ʃɚ/ *n* [U] *(form)* ⇒censura ⇒desaprobación

census /ˈsen*t*.səs/ [*pl* censuses] *n* [C] ⇒censo ⇒padrón

↑**cent** /sent/ *n* [C] *(moneda)* ⇒centavo ■ PRON. La *c* se pronuncia como una *s*

centenary UK: /senˈtiː.nᵊr.i/ UK: /-ˈten.ᵊr-/ US: /-ˈten.ɚ-/ [*pl* centenaries] *UK n* [C] ⇒centenario

center UK: /ˈsen.təʳ/ US: /-ˤt̬ɚ/ *US n* [C], *v* [T] See **centre**

centigrade[1] UK: /ˈsen.tɪ.greɪd/ US: /-ˤt̬ɪ-/ (*tb* **Celsius**) *n* [U] ⇒escala centígrada ⇒escala de Celsius ■ La forma abreviada es *C* ■ Con números se escribe normalmente el signo *°C* en lugar de *centigrade*: *25 °C - 25 grados* ■ PRON. La *c* se pronuncia como una *s*

↑**centigrade**[2] UK: /ˈsen.tɪ.greɪd/ US: /-ˤt̬ɪ-/ *adj* ⇒centígrado ■ PRON. La *c* se pronuncia como una *s*

↑**centimetre** UK: /ˈsen.tɪˌmiː.təʳ/ US: /-ˤt̬ɪˌmiː.ˤt̬ɚ/ *UK n* [C] ⇒centímetro ■ La forma abreviada es *cm* ■ PRON. La *c* se pronuncia como una *s*

C

† **central** /ˈsen.trəl/ *adj* **1** ⇒central **2** ⇒central ⇒principal **3** *(en una ciudad)* ⇒céntrico,ca ■ PRON. La *c* se pronuncia como una *s*

centralize /ˈsen.trə.laɪz/ [centralized, centralizing] *v* [T] ⇒centralizar: *to centralize power* - centralizar el poder ■ CONSTR. Se usa más en pasiva

centrally /ˈsen.trə.li/ *adv* ⇒en el centro

† **centre¹** UK: /ˈsen.təʳ/ US: /-ˀt̬ɚ/ *UK* (*US* **center**) *n* [C] ⇒centro: *the town centre* - el centro de la ciudad ■ PRON. La *c* se pronuncia como una *s*

centre² UK: /ˈsen.təʳ/ US: /-ˀt̬ɚ/ [centred, centring] *UK* (*US* **center**) *v* [T] ⇒centrar ■ PRON. La *c* se pronuncia como una *s*

PHRASAL VERBS

· **to centre {around/on} *sth/sb*** ⇒centrarse en: *I tried to centre my attention on the task* - Procuré centrar mi atención en la tarea

† **century** UK: /ˈsen.tʃəʳr.i/ US: /-tʃɚ-/ [*pl* centuries] *n* [C] **1** ⇒siglo: *in the 19th century* - en el siglo XIX; *over the centuries* - con el paso de los siglos **2** *(mucho tiempo)* ⇒siglo **3** *(en cricket)* ⇒cien carreras ■ PRON. La *c* se pronuncia como una *s*

† **cereal** UK: /ˈsɪə.ri.əl/ US: /ˈsɪr.i-/ *n* [C, U] **1** ⇒cereal **2** ⇒cereales: *breakfast cereals* - cereales de desayuno ■ PRON. La *c* se pronuncia como una *s* y la sílaba *cer* rima con *near*

cerebral /ˈser.ɪ.brəl/ *adj* **1** *(form)* ⇒cerebral ⇒mental **2** *(form) (una persona)* ⇒cerebral ⇒calculador,-a

ceremonial UK: /ˌser.ɪˈməʊ.ni.əl/ US: /-ˈmoʊ-/ *adj* ⇒ceremonial

† **ceremony** /ˈser.ɪ.mə.ni/ [*pl* ceremonies] *n* [C] ⇒ceremonia: *the opening ceremony* - la ceremonia de apertura ■ PRON. La *c* se pronuncia como una *s*

cert UK: /sɜːt/ US: /sɝːt/ *UK n* [C] *(inform)* ⇒ganador seguro, ganadora segura

† **certain** UK: /ˈsɜː.tən/ US: /ˈsɝː-/ *adj* **1** ⇒seguro,ra: *Do you know for certain?* - ¿Estás seguro?; ⇒convencido,da **2** ⇒determinado,da ⇒cierto,ta **3 for ~** ⇒con seguridad **4 to make ~ (that)** ⇒asegurarse (de que) ■ PRON. La *c* se pronuncia como una *s*

certainly UK: /ˈsɜː.tən.li/ US: /ˈsɝː-/ *adv* **1** ⇒seguro ⇒con toda certeza **2** ⇒desde luego ⇒por supuesto

certainty UK: /ˈsɜː.tən.ti/ US: /ˈsɝː-/ ▮ *n* [U] **1** ⇒seguridad ⇒certeza ▮ *n* [C] **2** ⇒hecho ⇒realidad ■ El plural es *certainties*

† **certificate** UK: /səˈtɪf.ɪ.kət/ US: /sɚ-/ *n* [C] **1** ⇒certificado ⇒partida **2** *(de educación)* ⇒título ⇒diploma **3 doctor's ~** ⇒baja médica ■ PRON. La primera *c* se pronuncia como una *s*

certify UK: /ˈsɜː.tɪ.faɪ/ US: /ˈsɝː.ˀt̬ə-/ [certifies, certified] *v* [T] ⇒certificar

cesarean *US* (*UK* **caesarean**) *n* [C] ⇒cesárea

CFC /ˌsiː.efˈsiː/ *n* [U] *(en química)* ⇒CFC ■ Procede de *chlorofluorocarbon* (clorofluorocarbono)

chain¹ /tʃeɪn/ *n* [C] **1** ⇒cadena **2 in chains** ⇒encadenado,da ■ PRON. Rima con *rain*

chain² /tʃeɪn/ *v* [T] ⇒encadenar ⇒atar ■ CONSTR. Se usa generalmente seguido de las preposiciones *up* y *to* ■ PRON. Rima con *rain*

chain-smoke UK: /ˈtʃeɪn.sməʊk/ US: /-smoʊk/ [chain-smoked, chain-smoking] *v* [T, I] ⇒fumar como un carretero *col.*

chain store *n* [C] ⇒tienda que pertenece a una cadena de establecimientos

† **chair¹** UK: /tʃeəʳ/ US: /tʃer/ *n* [C] **1** ⇒silla **2** ⇒presidente,ta **3** *(en la universidad)* ⇒cátedra

chair² UK: /tʃeəʳ/ US: /tʃer/ *v* [T] ⇒presidir

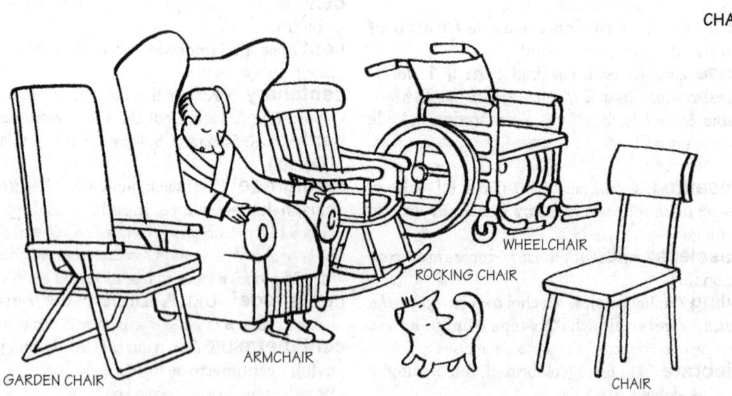

↑ **chairman** /ˈtʃeə.mən/ [*pl* chairmen] *n* [C] ⇒presidente

chairperson *n* [C] ⇒presidente,ta

chairwoman UK: /ˈtʃeə,wʊm.ən/ US: /ˈtʃer-/ [*pl* chairwomen] *n* [C] ⇒presidenta

chalet /ˈʃæl.eɪ/ *n* [C] *(en una montaña)* ⇒chalé [de madera] ■ PRON. La *t* no se pronuncia

chalk[1] UK: /tʃɔːk/ US: /tʃɑːk/ *n* [U] **1** ⇒tiza **2 like ~ and cheese** ⇒como la noche y el día: *We are like chalk and cheese* - Somos como la noche y el día

chalk[2] UK: /tʃɔːk/ US: /tʃɑːk/ *UK v* [T] ⇒escribir [con tiza]: *He chalked his name on the blackboard* - Escribió su nombre en la pizarra

PHRASAL VERBS

· **to chalk *sth* up [M]** *(una victoria, un punto)* ⇒apuntarse ⇒anotarse

chalkboard UK: /ˈtʃɔːk.bɔːd/ US: /ˈtʃɑːk.bɔːrd/ *US* (*UK/US tb* **blackboard**) *n* [C] ⇒pizarra

↑ **challenge**[1] /ˈtʃæl.ɪndʒ/ *n* [C, U] **1** ⇒desafío ⇒provocación **2** ⇒reto: *Learning Russian was a big challenge for me* - Aprender ruso fue todo un reto

challenge[2] /ˈtʃæl.ɪndʒ/ [challenged, challenging] *v* [T] **1** ⇒desafiar ⇒retar ⇒provocar **2** ⇒cuestionar

challenging /ˈtʃæl.ɪn.dʒɪŋ/ *adj* **1** ⇒desafiante ⇒difícil **2** ⇒estimulante

chamber UK: /ˈtʃeɪm.bəʳ/ US: /-bɚ/ *n* [C] **1** *(form)* ⇒cámara: *a torture chamber* - una cámara de tortura **2** ⇒cámara [parlamentaria] ■ PRON. La primera parte, *cha*, rima con *day*

chamberlain *n* [C] ⇒chambelán

↑ **champagne** /ʃæmˈpeɪn/ *n* [U] ⇒champán ■ PRON. La *ch* se pronuncia como la *sh* en *shall* y la última parte, *pagne*, se pronuncia como *pain*

champion[1] /ˈtʃæm.pi.ən/ *n* [C] **1** ⇒campeón,-a **2** ⇒defensor,-a ⇒abanderado,da

champion[2] /ˈtʃæm.pi.ən/ *v* [T] ⇒defender ⇒abanderar

championship /ˈtʃæm.pi.ən.ʃɪp/ *n* [C] ⇒campeonato

↑ **chance**[1] UK: /tʃɑːnts/ US: /tʃænts/ *n* [C, U] **1** ⇒posibilidad: *I don't stand a chance of winning* - No tengo ninguna posibilidad de ganar **2** ⇒suerte: *Work hard, don't leave it to chance!* - ¡Trabaja duro y no te fíes de la suerte! **3** ⇒oportunidad: *to miss a chance* - perder una oportunidad **4 by (any) ~** ⇒por casualidad: *Are you from Australia, by any chance?* - ¿Eres de Australia, por casualidad? **5 chances are (that)** ⇒lo más probable es (que): *Chances are that he'll pass the exam* - Lo más probable es que apruebe el examen **6 to take a ~** ⇒correr el riesgo: *I'll take the chance* - Correré el riesgo

chance[2] UK: /tʃɑːnts/ US: /tʃænts/ [chanced, chancing] *v* [T] *(inform)* ⇒probar suerte

chance[3] UK: /tʃɑːnts/ US: /tʃænts/ *adj* ⇒casual ⇒fortuito,ta

↑ **chancellor** UK: /ˈtʃɑːnt.sᵊl.əʳ/ US: /ˈtʃænt.s[ə]l.ɚ/ *n* [C] **1** ⇒canciller **2** *(en algunas universidades)* ⇒rector,-a **3 Chancellor of the Exchequer** *UK* ⇒ministro,tra de Economía y Hacienda

chandelier UK: /ˌʃæn.dəˈlɪəʳ/ US: /-ˈlɪr/ *n* [C] ⇒candelabro

↑ **change**[1] /tʃeɪndʒ/ [changed, changing] ▌*v* [T, I] **1** ⇒cambiar: *This country has changed a lot in the last twenty years* - Este país ha cambiado mucho en los últimos veinte años **2** *(en un medio de transporte)* ⇒hacer transbordo **3** *v* [T] ⇒cambiar [moneda] ■ PRON. *chan* rima con *rain*

PHRASAL VERBS

· **to change over** ⇒cambiar [de una cosa a otra]

↑ **change**[2] /tʃeɪndʒ/ ▌*n* [C, U] **1** ⇒cambio: *I'm amazed by the change in her attitude* - Estoy asombrado por su cambio de actitud; ⇒transformación ▌*n* [U] **2** *(dinero)* ⇒cambio ⇒vuelta ⇒vuelto AMÉR. **3** ⇒dinero suelto ⇒feria AMÉR. **4 a ~ of clothes** ⇒una muda ■ PRON. *chan* rima con *rain*

changeover UK: /ˈtʃeɪndʒˌəʊ.vəʳ/ US: /-ˌoʊ.vɚ/ *n* [C] ⇒cambio ⇒transición

changing room *UK n* [C] **1** *(en deportes)* ⇒vestuario **2** *(en una tienda)* ⇒probador

↑ **channel**[1] /ˈtʃæn.ᵊl/ *n* [C] **1** ⇒canal **2** ⇒cadena ⇒emisora **3 The (English) Channel** ⇒el Canal de la Mancha ■ PRON. Se acentúa la primera sílaba

channel[2] /ˈtʃæn.ᵊl/ [channelled, channelling; *US* channeled, channeling] *v* [T] ⇒canalizar ⇒dirigir

chant[1] UK: /tʃɑːnt/ US: /tʃænt/ *v* [T, I] ⇒corear

chant[2] UK: /tʃɑːnt/ US: /tʃænt/ *n* [C] **1** ⇒consigna ⇒canción **2** ⇒canto **3** *(en religión)* ⇒canto litúrgico ⇒salmodia

↑ **chaos** UK: /ˈkeɪ.ɒs/ US: /-ɑːs/ *n* [U] ⇒caos ■ PRON. La primera sílaba, *cha*, rima con *day* y la *ch* se pronuncia como una *k*

chap /tʃæp/ *UK n* [C] *(inform)* ⇒tío *col.*

↑ **chapel** /ˈtʃæp.ᵊl/ *n* [C] ⇒capilla

chaplain /ˈtʃæp.lɪn/ *n* [C] ⇒capellán ■ PRON. La última parte, *lain*, rima con el término inglés *in*

↑ **chapter** UK: /ˈtʃæp.təʳ/ US: /-tɚ/ *n* [C] ⇒capítulo: *in the opening chapter of the book* - en el primer capítulo del libro

↑ **character** UK: /ˈkær.ɪk.təʳ/ US: /ˈker.ɪk.tɚ/ ▌*n* [C, U] **1** ⇒carácter ⇒temperamento ▌*n* [C] **2** ⇒personaje: *the most important character* - el personaje principal **3** ⇒carácter: *Japanese characters* - caracteres japoneses ■ PRON. Se acentúa la primera sílaba

characteristic[1] UK: /ˌkær.ɪk.təˈrɪs.tɪk/ US: /ˌker-/ *n* [C] ⇒característica

characteristic[2] UK: /ˌkær.ɪk.təˈrɪs.tɪk/ US: /ˌker-/ *adj* ⇒característico,ca

characterize UK: /ˈkær.ɪk.tə.raɪz/ US: /ˈker.ɪk.tɚ.aɪz/ [characterized, characterizing] *v* [T] **1** ⇒caracterizar ■ CONSTR. Se usa más en pasiva **2** ⇒describir ⇒calificar

charade UK: /ʃəˈrɑːd/ US: /-ˈreɪd/ *n* [C] ⇒farsa

charcoal UK: /ˈtʃɑː.kəʊl/ US: /ˈtʃɑːr.koʊl/ *n* [U] **1** ⇒carbón vegetal **2** *(en arte)* ⇒carboncillo

↑ **charge**[1] UK: /tʃɑːdʒ/ US: /tʃɑːrdʒ/ [charged, charging] ▌*v* [T] **1** ⇒cobrar ■ CONSTR. to charge + dos objetos **2** ⇒acusar ■ CONSTR. 1. to charge sb with sth 2. Se usa más en pasiva ▌*v* [T, I] **3** ⇒cargar ⇒embestir **4** ⇒recargar ⇒cargar

↑ **charge**[2] UK: /tʃɑːdʒ/ US: /tʃɑːrdʒ/ ▌*n* [C, U] **1** ⇒precio ⇒pago ▌*n* [C] **2** ⇒acusación ⇒cargo **3** ⇒carga ⇒acometida ⇒ataque **4** ⇒carga [explosiva] **5 to be in ~ of *sth/sb*** ⇒estar al frente de ⇒estar a cargo de ⇒ser el responsable de

chariot UK: /ˈtʃær.i.ət/ US: /ˈtʃer-/ *n* [C] *(en la antigüedad)* ⇒cuadriga ⇒carro

charisma /kəˈrɪz.mə/ *n* [U] ⇒carisma: *She has a lot of charisma* - Tiene mucho carisma

charitable UK: /ˈtʃær.ɪ.tə.bl̩/ US: /ˈtʃer.ɪ.ˤt̬ə-/ *adj* **1** ⇒caritativo,va ⇒benéfico,ca **2** ⇒comprensivo,va

↑ **charity** UK: /ˈtʃær.ɪ.ti/ US: /ˈtʃer.ɪ.ˤt̬i/ ▌*n* [U] **1** *(form)* ⇒caridad ▌*n* [C, U] **2** ⇒institución benéfica ■ El plural es *charities*

charity shop *UK n* [C] ⇒tienda de una organización benéfica

charlie UK: /ˈtʃɑː.li/ US: /ˈtʃɑːr-/ *n* [C] *(inform, old-fash)* ⇒tonto,ta ⇒primo,ma *col.*

charm[1] UK: /tʃɑːm/ US: /tʃɑːrm/ ▌*n* [C, U] **1** ⇒encanto: *She used all her charms to persuade me* - Empleó todos sus encantos para convencerme ▌*n* [C] **2** ⇒amuleto **3** *(un plan): to work like a charm* - funcionar a las mil maravillas

charm[2] UK: /tʃɑːm/ US: /tʃɑːrm/ *v* [T] ⇒encantar ⇒cautivar ■ CONSTR. Se usa más en pasiva

charming UK: /ˈtʃɑː.mɪŋ/ US: /ˈtʃɑːr-/ *adj* **1** *(una persona)* ⇒encantador,-a ⇒cautivador,-a **2** *(un lugar)* ⇒encantador,-a **3** *(un objeto)* ⇒muy bonito,ta ⇒muy mono,na

chart[1] UK: /tʃɑːt/ US: /tʃɑːrt/ *n* [C] **1** ⇒tabla ⇒gráfico **2** ⇒carta de navegación **3 the charts** ⇒lista de éxitos [musicales]: *at the top of the charts* - en el número uno de la lista de éxitos

chart[2] UK: /tʃɑːt/ US: /tʃɑːrt/ *v* [T] **1** ⇒levantar un mapa ⇒trazar una carta de navegación **2** ⇒reflejar ⇒dejar constancia

charter[1] UK: /ˈtʃɑː.təʳ/ US: /ˈtʃɑːr.ˤt̬ɚ/ *n* [C] ⇒carta ⇒estatuto

charter[2] UK: /ˈtʃɑː.təʳ/ US: /ˈtʃɑːr.ˤt̬ɚ/ *v* [T] ⇒fletar: *to charter a ship* - fletar un barco

↑ **chase**[1] /tʃeɪs/ [chased, chasing] ▌*v* [T, I] **1** ⇒perseguir: *The dogs chased the fox to the river* - Los perros persiguieron al zorro hasta el río ▌*v* [T] **2** *UK* ⇒andar a la caza de algo *col.* ■ PRON. Rima con *face*

PHRASAL VERBS
- **to chase *sb* up [M]** *(inform)* ⇒contactar a alguien [para averiguar por qué no se ha cumplido algo]

chase[2] /tʃeɪs/ *n* [C] ⇒persecución: *a car chase* - una persecución de coches

chasm /ˈkæz.ᵊm/ *n* [C] ⇒abismo ■ PRON. La *ch* se pronuncia como una *k*

chassis UK: /ˈʃæs.i/ US: /ˈtʃæs.i/ UK: /ˈʃæs.iz/ US: /ˈtʃæs.iz/ [*pl* chassis] *n* [C] *(en un automóvil)* ⇒chasis

chastity UK: /ˈtʃæs.tə.ti/ US: /-ˤt̬i/ *n* [U] ⇒castidad

chat[1] /tʃæt/ [chatted, chatting] *v* [I] ⇒charlar: *We chatted until two in the morning* - Estuvimos charlando hasta las dos de la madrugada

PHRASAL VERBS
- **to chat *sb* up [M]** *UK (inform)* ⇒coquetear con alguien ⇒ligar con alguien *col.*

chat[2] /tʃæt/ *n* [C, U] **1** ⇒charla ⇒conversación **2** *(en el ordenador)* ⇒chat ⇒conversatorio *AMÉR.*

chat room *n* [C] *(en internet)* ⇒foro

chatter[1] UK: /ˈtʃæt.əʳ/ US: /ˈtʃæˤt̬.ɚ/ ▌*v* [I] **1** ⇒cotorrear *col.;* ⇒charlar **2** *(un pájaro)* ⇒gorjear ▌*v* [T, I] **3** *(los dientes)* ⇒castañetear [por frío]

chatter[2] UK: /ˈtʃæt.əʳ/ US: /ˈtʃæˤt̬.ɚ/ *n* [U] **1** ⇒charloteo *col.;* ⇒cháchara *col.* **2** *(de un pájaro)* ⇒gorjeo **3** *(de los dientes)* ⇒castañeteo

chauffeur[1] UK: /ˈʃəʊ.fəʳ/ US: /ʃoʊˈfɝː/ *n* [C] ⇒chófer ⇒chofer *AMÉR.* ■ PRON. La *ch* se pronuncia como *sh* en *shop*

chauffeur[2] UK: /ˈʃəʊ.fəʳ/ US: /ʃoʊˈfɝː/ *v* [T] ⇒llevar en coche ■ CONSTR. Se usa generalmente seguido de las preposiciones around y about ■ PRON. La *ch* se pronuncia como *sh* en *shop*

↑ **cheap** /tʃiːp/ *adj* **1** ⇒barato,ta: *That's very cheap!* - ¡Eso es muy barato! **2** *(un chiste, un comentario)* ⇒fácil ⇒de mal gusto **3** *US* ⇒tacaño,ña *desp.;* ⇒rácano,na *col. desp.*

cheat[1] /tʃiːt/ ▌*v* [I] **1** ⇒hacer trampas ⇒copiar [en un examen] ▌*v* [T] **2** ⇒engañar ■ PRON. Rima con *eat*

PHRASAL VERBS
- **to cheat on *sb*** *(inform)* ⇒poner los cuernos a alguien *col.;* ⇒engañar a alguien
- **to cheat *sb* out of *sth*** ⇒quitar algo a alguien [engañándolo]

cheat[2] /tʃiːt/ *n* [C] ⇒tramposo,sa ⇒fullero,ra ■ PRON. Rima con *eat*

↑ **check**[1] /tʃek/ ▌*v* [T, I] **1** ⇒revisar ⇒comprobar ⇒checar *AMÉR.;* ⇒chequear *AMÉR.* ■ CONSTR. to check +

(that) **2** *(en ajedrez)* ⇒dar jaque ▮ *v* [T] **3** ⇒poner freno a ▮ *v* [I] **4** ⇒consultar

PHRASAL VERBS

- **to check in** **1** *(en un hotel)* ⇒registrar(se) **2** *(en un aeropuerto)* ⇒facturar ⇒checar *AMÉR.*; ⇒chequear *AMÉR.*
- **to check *sth* off [M]** ⇒comprobar y tachar [de una lista]
- **to check out** *(en un hotel)* ⇒dejar la habitación
- **to check *sth* out [M]** *US* ⇒sacar [un libro de una biblioteca]
- **to check *sth/sb* out [M]** **1** *(inform)* ⇒verificar ⇒comprobar **2** *(inform)* ⇒echar un vistazo
- **to check up on *sb*** ⇒investigar a alguien

check² /tʃek/ ▮ *n* [C] **1** ⇒revisión ⇒comprobación **2** *to do a check on sth* - comprobar algo **3** *US* (*UK* **bill**) ⇒cuenta ⇒factura **4** *US* (*UK* **tick**) ⇒visto bueno ⇒marca **5** *US* (*UK* **cheque**) ⇒cheque **6** *(en ajedrez)* ⇒jaque ▮ *n* [C, U] **7** ⇒tela de cuadros **8 to {hold/keep} *sth* in ~** ⇒contener algo ⇒controlar algo

checkbook /ˈtʃek.bʊk/ *US* (*UK* **chequebook**) *n* [C] ⇒talonario de cheques

checked /tʃekt/ *adj* ⇒de cuadros: *a blue and white checked shirt* - una camisa de cuadros blancos y azules ■ PRON. La última *e* no se pronuncia

checkers UK: /ˈtʃek.əz/ US: /-ɚz/ *US* (*UK* **draughts**) *n* [U] *(juego)* ⇒damas

check-in /ˈtʃek.ɪn/ ▮ *n* [C] **1** *(en un aeropuerto)* ⇒mostrador de facturación ▮ *n* [U] **2** ⇒facturación [del equipaje]

checking account *US* (*UK* **current account**) *n* [C] ⇒cuenta corriente

checklist /ˈtʃek.lɪst/ *n* [C] ⇒lista que uno escribe para acordarse de algo

checkmate /ˈtʃek.meɪt/ *n* [U] *(en ajedrez)* ⇒jaque mate ■ PRON. La última parte, *mate*, rima con el término inglés *late*

†**checkout** /ˈtʃek.aʊt/ *n* [C] *(en una tienda)* ⇒caja

checkpoint /ˈtʃek.pɔɪnt/ *n* [C] ⇒puesto de control: *to pass through a checkpoint* - pasar por un puesto de control

check-up *n* [C] ⇒revisión médica ⇒chequeo

†**cheek** /tʃiːk/ *n* [C] **1** ⇒mejilla **2** *UK She's got a cheek!* - ¡Qué cara tiene! ■ CONSTR. to have a cheek to do something

cheekbone UK: /ˈtʃiːk.bəʊn/ US: /-boʊn/ *n* [C] ⇒pómulo ■ Se usa más en plural

cheeky /ˈtʃiː.ki/ *UK adj* [*comp* cheekier, *superl* cheekiest] ⇒fresco,ca ⇒descarado,da ⇒impertinente

cheer¹ UK: /tʃɪəʳ/ US: /tʃɪr/ *v* [T, I] ⇒vitorear ⇒animar ⇒vivar *AMÉR.*

PHRASAL VERBS

- **to cheer *sb* on [M]** ⇒animar a alguien ⇒alentar a alguien
- **to cheer *sth* up [M]** ⇒dar vida ⇒alegrar algo
- **to cheer (*sb*) up [M]** ⇒alegrar(se) ⇒animar(se)

cheer² UK: /tʃɪəʳ/ US: /tʃɪr/ *n* [C] ⇒hurra: *Three cheers for our team!* - ¡Tres hurras por nuestro equipo!

†**cheerful** UK: /ˈtʃɪə.fəl/ US: /ˈtʃɪr-/ *adj* ⇒alegre: *You're very cheerful today* - Estás muy alegre hoy

cheerfully UK: /ˈtʃɪə.fəl.i/ US: /ˈtʃɪr-/ *adv* ⇒alegremente ⇒tranquilamente

cheerfulness UK: /ˈtʃɪə.fəl.nəs/ US: /ˈtʃɪr-/ *n* [U] ⇒alegría

cheering¹ UK: /ˈtʃɪə.rɪŋ/ US: /ˈtʃɪr-/ *adj* ⇒alentador,-a

cheering² UK: /ˈtʃɪə.rɪŋ/ US: /ˈtʃɪr-/ *n* [U] ⇒aliento ⇒ánimo

cheerleader UK: /ˈtʃɪəˌliː.dəʳ/ US: /ˈtʃɪrˌliː.dɚ/ *n* [C] *(en deportes)* ⇒animador,-a ■ Se usa más con mujeres

cheers *excl* **1** *(en un brindis)* ⇒¡salud! **2** *UK (inform)* ⇒¡gracias! **3** *UK (inform)* ⇒¡adiós! ⇒¡hasta luego!

†**cheese** /tʃiːz/ *n* [C, U] ⇒queso

cheeseburger UK: /ˈtʃiːzˌbɜː.gəʳ/ US: /-ˌbɝː.gɚ/ *n* [C] ⇒hamburguesa con queso

cheesecake /ˈtʃiːz.keɪk/ *n* [C, U] ⇒tarta de queso

cheetah UK: /ˈtʃiː.tə/ US: /-ˈt̬ə/ *n* [C] ⇒guepardo ■ PRON. La última *h* no se pronuncia

†**chef** /ʃef/ *n* [C] ⇒chef ■ PRON. La *ch* se pronuncia como *sh* en *shop*

chemical¹ /ˈkem.ɪ.kəl/ *adj* ⇒químico,ca ■ PRON. La *ch* se pronuncia como una *k*

†**chemical²** /ˈkem.ɪ.kəl/ *n* [C] ⇒sustancia química ■ PRON. La *ch* se pronuncia como una *k*

chemically /ˈkem.ɪ.kli/ *adv* ⇒químicamente ■ PRON. La *ch* se pronuncia como *k* y la *a* no se pronuncia

†**chemist** /ˈkem.ɪst/ *n* [C] **1** ⇒químico,ca **2** *UK* (*UK/US tb* **pharmacist**) ⇒farmacéutico,ca ■ PRON. La *ch* se pronuncia como una *k*

†**chemistry** /ˈkem.ɪ.stri/ *n* [U] ⇒química

chemist's [*pl* chemists'] *UK* (*US* **drugstore**) *n* [C] ⇒farmacia ■ PRON. La *ch* se pronuncia como una *k*

†**cheque** /tʃek/ *UK* (*US* **check**) *n* [C] ⇒cheque ⇒talón

chequebook /ˈtʃek.bʊk/ *UK* (*US* **checkbook**) *n* [C] ⇒talonario de cheques

cherish /ˈtʃer.ɪʃ/ [cherishes] *v* [T] **1** ⇒acariciar ⇒considerar **2** ⇒valorar

†**cherry** /ˈtʃer.i/ [*pl* cherries] *n* [C] **1** ⇒cereza **2** *cherry tree* - cerezo

C

C

† **chess** /tʃes/ *n* [U] ⇨ajedrez: *to play chess* - jugar al ajedrez

† **chest** /tʃest/ *n* [C] **1** ⇨pecho **2** ⇨cofre **3 to get** ***sth*** **off** ***one***'**s** ~ *(inform)* ⇨desahogarse

chestnut[1] /ˈtʃest.nʌt/ *n* [C] **1** *(fruto)* ⇨castaña **2** *(árbol)* ⇨castaño ■ PRON. La *u* se pronuncia como en el término inglés *sun*

chestnut[2] /ˈtʃest.nʌt/ *adj* ⇨castaño,ña ■ PRON. La *u* se pronuncia como en el término inglés *sun*

chest of drawers [*pl* chests of drawers] *UK* (*US* **bureau**) *n* [C] ⇨cómoda: *a wooden chest of drawers* - una cómoda de madera

† **chew** /tʃuː/ *v* [T, I] ⇨masticar: *This steak is hard to chew* - Me cuesta masticar este filete
PHRASAL VERBS
· **to chew** ***sth*** **over [M]** *(una idea o un tema)* ⇨rumiar *col.*

† **chewing gum** *n* [U] ⇨chicle

chick /tʃɪk/ *n* [C] **1** *(animal)* ⇨pollo **2** *(inform)* ⇨chavala

chicken[1] /ˈtʃɪk.ɪn/ ▌*n* [C] **1** ⇨pollo ⇨gallo ⇨gallina **2** *(inform)* ⇨miedica *col.* ▌*n* [U] **3** ⇨carne de pollo

† **chicken**[2] /ˈtʃɪk.ɪn/
PHRASAL VERBS
· **to chicken out** *(inform)* ⇨rilarse *col.;* ⇨rajarse *col.*

chief[1] /tʃiːf/ *adj* ⇨principal: *my chief concern* - mi principal preocupación ■ PRON. La primera parte, *chie*, rima con el término inglés *me*

chief[2] /tʃiːf/ *n* [C] *(de una tribu o de un servicio)* ⇨jefe,fa ■ PRON. La primera parte, *chie*, rima con el término inglés *me*

chiefly /ˈtʃiː.fli/ *adv* ⇨principalmente

chieftain /ˈtʃiːf.tən/ *n* [C] *(de una tribu o de un clan)* ⇨jefe,fa ⇨cacique

† **child** /tʃaɪld/ [*pl* children] *n* [C] **1** ⇨niño,ña **2** ⇨hijo,ja: *He has a four-year-old child* - Tiene un hijo de cuatro años **3 to be a child's play** ⇨ser un juego de niños ⇨ser muy fácil ■ PRON. La *i* se pronuncia como el pronombre de primera persona *I*

childbirth UK: /ˈtʃaɪld.bɜːθ/ US: /-bɝːθ/ *n* [U] *(actividad)* ⇨parto

childcare UK: /ˈtʃaɪld.keəʳ/ US: /-ker/ *n* [U] **1** ⇨cuidado de los niños **2** ~ **facilities** ⇨guarderías

childhood /ˈtʃaɪld.hʊd/ *n* [U] ⇨infancia ⇨niñez

childish /ˈtʃaɪl.dɪʃ/ *adj* ⇨infantil ⇨pueril

childminder UK: /ˈtʃaɪldˌmaɪn.dəʳ/ US: /-dɚ/ *UK n* [C] ⇨niñero,ra que cuida niños en su propia casa

children /ˈtʃɪl.drən/ *n* [PL] See **child** ■ Se dice *three children*. Incorrecto: *three childrens* ■ PRON. La *i* se pronuncia como en *ill*

Chile /ˈtʃɪl.i/ *n* [U] ⇨Chile

Chilean /ˈtʃɪl.i.ən/ *adj, n* [C] ⇨chileno,na

chill[1] /tʃɪl/ ▌*v* [T] **1** ⇨enfriar: *Put some ice in the drinks to chill them* - Echa hielo a las bebidas para enfriarlas ▌*v* [I] **2** ⇨enfriarse
PHRASAL VERBS
· **to chill out** *(inform)* ⇨relajarse

chill[2] /tʃɪl/ ▌*n* [NO PL] **1** ⇨fresco ▌*n* [C] **2** ⇨escalofrío: *That noise sent a chill down my spine* - Ese sonido me produjo un escalofrío en la espalda **3** *UK* ⇨resfriado

† **chilli** /ˈtʃɪl.i/ [*pl* chillies] *UK* ▌*n* [C, U] **1** ⇨chile ⇨guindilla ⇨ají *AMÉR.* ▌*n* [C] **2** *(plato)* ⇨chile

chilly /ˈtʃɪl.i/ *adj* [*comp* chillier, *superl* chilliest] ⇨frío,a: *It's a chilly afternoon* - Hace frío esta tarde; *a chilly stare* - una mirada fría

chime[1] /tʃaɪm/ [chimed, chiming] *v* [T, I] ⇨repicar ⇨dar
PHRASAL VERBS
· **to chime in** *(en una conversación)* ⇨interrumpir

chime[2] /tʃaɪm/ *n* [C] **1** ⇨campanada **2** ⇨repique

† **chimney** /ˈtʃɪm.ni/ *n* [C] *(para la extracción de humos)* ⇨chimenea ■ Comparar con *fireplace*

chimpanzee /ˌtʃɪm.pænˈziː/ *n* [C] ⇨chimpancé

† **chin** /tʃɪn/ *n* [C] ⇨barbilla ⇨mentón

china /ˈtʃaɪ.nə/ *n* [U] **1** ⇨porcelana **2** ⇨vajilla de porcelana ■ Distinto de *pebble* (china) ■ PRON. La *i* se pronuncia como el pronombre de primera persona *I*

Chinatown /ˈtʃaɪ.nə.taʊn/ *n* [U] ⇨zona de una ciudad que acoge el centro social de la comunidad china en la que hay muchas tiendas y restaurantes chinos ■ PRON. La *i* se pronuncia como el pronombre de primera persona *I*

Chinese[1] /tʃaɪˈniːz/ *adj* ⇨chino,na ■ PRON. La *i* se pronuncia como el pronombre de primera persona *I*

Chinese[2] /tʃaɪˈniːz/ *n* [U] **1** *(idioma)* ⇨chino **2 the** ~ *(gentilicio)* ⇨los chinos, las chinas ■ El singular es *a Chinese man, a Chinese woman* ■ PRON. La *i* se pronuncia como el pronombre de primera persona *I*

chink /tʃɪŋk/ *n* [C] **1** ⇨grieta ⇨abertura **2** ⇨tintineo **3 a** ~ **in** ***sb***'**s armour** ⇨punto débil

chip[1] /tʃɪp/ *n* [C] **1** *UK* ⇨patata frita [natural]: *Do you want chips with your steak?* - ¿Quieres patatas fritas con el filete? **2** *US* (*UK* **crisp**) ⇨patata frita [de bolsa] **3** *(en informática)* ⇨chip **4** *(en fútbol)* ⇨vaselina **5** *(en un juego)* ⇨ficha **6** ⇨astilla [de madera] **7** ⇨mella ⇨desportilladura **8 a** ~ **off the old block** *(inform)* ⇨de tal palo tal astilla *col.* **9 to have a** ~ **on** ***one***'**s shoulder** *(inform)* ⇨ser un,-a resentido,da

chip[2] /tʃɪp/ [chipped, chipping] *v* [T] ⇨mellar ⇨desportillar ⇨romper(se)
PHRASAL VERBS
· **to chip in (*sth*) [M]** *(inform)* ⇨hacer un fondo común ⇨contribuir [con dinero]

chirp UK: /tʃɜːp/ US: /tʃɝːp/ *v* [I] *(un pájaro)* ⇒gorjear ⇒trinar

chirpy UK: /ˈtʃɜː.pi/ US: /ˈtʃɝː-/ *UK adj* [*comp* chirpier, *superl* chirpiest] *(inform)* ⇒alegre ⇒animado,da

chisel /ˈtʃɪz.əl/ *n* [C] ⇒cincel

chives /tʃaɪvz/ *n* [PL] *(planta)* ⇒cebollino

chlorine UK: /ˈklɔː.riːn/ US: /ˈklɔːr.iːn/ *n* [U] ⇒cloro

chocaholic UK: /ˌtʃɒk.əˈhɒl.ɪk/ US: /ˌtʃɑː.kəˈhɑː.lɪk/ *n* [C] See **chocoholic**

chocoholic UK: /ˌtʃɒk.əˈhɒl.ɪk/ US: /ˌtʃɑː.kəˈhɑː.lɪk/ (*tb* **chocaholic**) *n* [C] *(inform, hum)* ⇒adicto,ta al chocolate ⇒chocolatero,ra

† **chocolate** UK: /ˈtʃɒk.lət/ US: /ˈtʃɑːk-/ ▮ *n* [U] **1** ⇒chocolate: *a bar of chocolate* - una tableta de chocolate ▮ *n* [C] **2** ⇒bombón: *a box of chocolates* - una caja de bombones ■ PRON. La segunda *o* no se pronuncia y la *a* se pronuncia como en *ago*

† **choice**[1] /tʃɔɪs/ ▮ *n* [U, NO PL] **1** ⇒elección **2** *If I had a choice, I wouldn't stay* - Si yo pudiera elegir, no me quedaría **3** ⇒selección ⇒variedad ▮ *n* [C] **4** *to make choices* - tomar decisiones

choice[2] /tʃɔɪs/ *adj* ⇒selecto,ta: *the choicest jewels* - las joyas más selectas

† **choir** UK: /kwaɪəʳ/ US: /kwaɪr/ *n* [C] ⇒coro ⇒orfeón ■ Por ser un nombre colectivo se puede usar con el verbo en singular o en plural ■ PRON. La *ch* se pronuncia como una *k*

choke[1] UK: /tʃəʊk/ US: /tʃoʊk/ [choked, choking] ▮ *v* [I] **1** ⇒atragantarse ⇒atorarse *AMÉR.* **2** ⇒ahogarse ▮ *v* [T] **3** ⇒estrangular **4** (*tb* **choke up**) ⇒atascar ■ CONSTR. Se usa más en pasiva

PHRASAL VERBS

- **to choke *sth* back [M]** ⇒tragarse algo ⇒contener algo

choke[2] UK: /tʃəʊk/ US: /tʃoʊk/ *n* [C] *(en un coche)* ⇒estárter

cholera UK: /ˈkɒl.ər.ə/ US: /ˈkɑː.lɚ-/ *n* [U] *(en medicina)* ⇒cólera

cholesterol UK: /kəˈles.tər.ɒl/ US: /-tə.rɑːl/ *n* [U] ⇒colesterol

† **choose, chose, chosen** /tʃuːz/ [choosing] ▮ *v* [T] **1** ⇒seleccionar ⇒elegir ▮ *v* [I] **2** ⇒elegir ⇒decidir: *He has chosen to go to university* - Ha decidido ir a la universidad ■ PRON. Rima con el verbo inglés *lose*

chop[1] UK: /tʃɒp/ US: /tʃɑːp/ [chopped, chopping] *v* [T] ⇒trocear ⇒cortar

PHRASAL VERBS

- **to chop *sth* down [M]** ⇒talar algo
- **to chop *sth* off [M]** ⇒cortar algo [con una herramienta afilada]: *to chop off a branch* - cortar una rama

chop[2] UK: /tʃɒp/ US: /tʃɑːp/ *n* [C] **1** ⇒chuleta: *pork chops* - chuletas de cerdo **2** ⇒tajo

chopper UK: /ˈtʃɒp.əʳ/ US: /ˈtʃɑː.pɚ/ *n* [C] **1** *(inform)* ⇒helicóptero **2** ⇒hacha pequeña

choppy UK: /ˈtʃɒp.i/ US: /ˈtʃɑː.pi/ *adj* [*comp* choppier, *superl* choppiest] *(el mar)* ⇒picado,da ⇒revuelto,ta

chopsticks *n* [PL] ⇒palillos [chinos]

choral UK: /ˈkɔː.rəl/ US: /ˈkɔːr.[ə]l/ *adj* ⇒coral: *choral music* - música coral ■ PRON. La *ch* se pronuncia como una *k* y se acentúa la primera sílaba

chord UK: /kɔːd/ US: /kɔːrd/ *n* [C] *(en música)* ⇒acorde

chore UK: /tʃɔːʳ/ US: /tʃɔːr/ [*pl* chores] *n* [C] **1** ⇒trabajo rutinario **2** ⇒faena de la casa

choreography UK: /ˌkɒr.iˈɒg.rə.fi/ US: /ˌkɔːr.iˈɑː.grə-/ *n* [U] ⇒coreografía

chorus[1] UK: /ˈkɔː.rəs/ US: /ˈkɔːr.əs/ [*pl* choruses] *n* [C] **1** *(en una canción)* ⇒estribillo **2** *(en un espectáculo)* ⇒coro ■ Por ser un nombre colectivo se puede usar con el verbo en singular o en plural ■ PRON. La *ch* se pronuncia como una *k*

chorus[2] UK: /ˈkɔː.rəs/ US: /ˈkɔːr.əs/ [choruses] *UK v* [T] ⇒corear

chose UK: /tʃəʊz/ US: /tʃoʊz/ past tense of **choose**

chosen UK: /ˈtʃəʊ.zən/ US: /ˈtʃoʊ-/ past participle of **choose**

† **Christ** /kraɪst/ (*tb* **Jesus Christ**) *n* ⇒Cristo ■ PRON. La primera parte, *chri*, se pronuncia como *cry*

christen /ˈkrɪs.ən/ *v* [T] ⇒bautizar

† **Christian** /ˈkrɪs.tʃən, -ti.ən/ *adj, n* [C] ⇒cristiano,na

Christianity UK: /ˌkrɪs.tiˈæn.ɪ.ti/ US: /-tʃiˈæn.ə.ˁt̬i/ *n* [U] ⇒cristianismo

Christian name *n* [C] ⇒nombre de pila

† **Christmas** /ˈkrɪs.məs/ [*pl* Christmases] *n* [C, U] ⇒Navidad: *Where are you going to spend Christmas?* - ¿Dónde vas a pasar la navidad? ■ La forma abreviada es *Xmas*

Christmas cracker *UK* (*UK tb* **cracker**) *n* [C] ⇒piñata de papel [con forma de caramelo]

chrome UK: /krəʊm/ US: /kroʊm/ *n* [U] *(en química)* ⇒cromo

chromosome UK: /ˈkrəʊ.mə.səʊm/ US: /ˈkroʊ.mə.soʊm/ *n* [C] ⇒cromosoma

† **chronic** UK: /ˈkrɒn.ɪk/ US: /ˈkrɑː.nɪk/ *adj* **1** ⇒crónico,ca: *a chronic complaint* - una afección crónica **2** ⇒empedernido,da ⇒incorregible

chronicle[1] UK: /ˈkrɒn.ɪ.kl̩/ US: /ˈkrɑː.nɪ-/ *n* [C] ⇒crónica

chronicle[2] UK: /ˈkrɒn.ɪ.kl̩/ US: /ˈkrɑː.nɪ-/ [chronicled, chronicling] *v* [T] ⇒registrar ⇒hacer una crónica

chronological UK: /ˌkrɒn.əˈlɒdʒ.ɪ.kəl/ US: /-ˈlɑː.dʒɪ-/ *adj* ⇒cronológico,ca: *in chronological order* - en orden cronológico

chubby /ˈtʃʌb.i/ *adj* [*comp* chubbier, *superl* chubbiest] ⇒regordete,ta *col.*

chuck /tʃʌk/ *v* [T] **1** *(inform)* ⇒lanzar ⇒echar ■ CONSTR. Se usa generalmente seguido de una preposición o un adverbio **2** *(inform)* ⇒abandonar

PHRASAL VERBS
- **to chuck *sth* {away/out} [M]** *(inform)* ⇒tirar algo [a la basura]
- **to chuck *sth* in [M]** *UK (inform)* ⇒abandonar algo ⇒mandar algo al diablo *col.*
- **to chuck *sb* out [M]** *UK (inform)* ⇒largar a alguien *col.*

chuckle¹ /ˈtʃʌk.l̩/ [chuckled, chuckling] *v* [I] ⇒reír(se) entre dientes

chuckle² /ˈtʃʌk.l̩/ *n* [C] ⇒risa entre dientes

chum /tʃʌm/ *n* [C] *(inform)* ⇒colega *col.*

chunk /tʃʌŋk/ *n* [C] ⇒trozo gordo: *a chunk of bread* - un trozo gordo de pan

↑**church** UK: /tʃɜːtʃ/ US: /tʃɝːtʃ/ [*pl* churches] *n* [C, U] ⇒iglesia: *to go to church* - ir a la iglesia ■ PRON. La primera parte, *chur*, rima con el término inglés *her*

churchyard UK: /ˈtʃɜːtʃ.jɑːd/ US: /ˈtʃɝːtʃ.jɑːrd/ *n* [C] ⇒cementerio de una iglesia

churn UK: /tʃɜːn/ US: /tʃɝːn/ ▌*v* [T] **1** *(un líquido)* ⇒remover ⇒mezclar ▌*v* [I] **2** *(el estómago)* ⇒revolverse

PHRASAL VERBS
- **to churn *sth* out [M]** *(inform)* ⇒producir algo como churros *col.*

chute /ʃuːt/ *n* [C] **1** ⇒tobogán: *to go down the chute* - bajar por el tobogán **2** *(inform)* ⇒forma abreviada de **parachute** (paracaídas) ■ PRON. Se pronuncia como *shoot*

cider UK: /ˈsaɪ.dəʳ/ US: /-dɚ/ *n* [C, U] ⇒sidra: *a bottle of cider* - una botella de sidra

cigar UK: /sɪˈgɑːʳ/ US: /-gɑːr/ *n* [C] ⇒puro

↑**cigarette** UK: /ˌsɪg.əˈret/ US: /-ɚ-/ *n* [C] ⇒cigarrillo: *a pack of cigarettes* - un paquete de cigarrillos

cinder UK: /ˈsɪn.dəʳ/ US: /-dɚ/ *n* [C] ⇒ascua ⇒brasa

↑**cinema** /ˈsɪn.ə.mə/ *UK* (*US* **movie theater**) *n* [C] *(local)* ⇒cine ■ PRON. La *c* se pronuncia como una *s*

cinnamon /ˈsɪn.ə.mən/ *n* [U] ⇒canela

↑**circle¹** UK: /ˈsɜː.kl̩/ US: /ˈsɝː-/ *n* [C] ⇒círculo ■ PRON. La primera *c* se pronuncia como una *s*

circle² UK: /ˈsɜː.kl̩/ US: /ˈsɝː-/ [circled, circling] ▌*v* [T, I] **1** ⇒dar vueltas ▌*v* [T] **2** ⇒rodear: *Circle the right answers* - Rodee la respuesta correcta ■ PRON. La primera *c* se pronuncia como una *s*

↑**circuit** UK: /ˈsɜː.kɪt/ US: /ˈsɝː-/ *n* [C] **1** ⇒circuito [de carreras] **2** ⇒circuito **3** ⇒gira ⇒tour ■ PRON. La primera *c* se pronuncia como una *s* y la *u* no se pronuncia

circular¹ UK: /ˈsɜː.kjʊ.ləʳ/ US: /ˈsɝː.kjʊ.lɚ/ *adj* ⇒circular ⇒redondo,da ■ PRON. La primera *c* se pronuncia como una *s*

circular² UK: /ˈsɜː.kjʊ.ləʳ/ US: /ˈsɝː.kjʊ.lɚ/ *n* [C] ⇒circular ⇒comunicado ■ PRON. La primera *c* se pronuncia como una *s*

↑**circulate** UK: /ˈsɜː.kjʊ.leɪt/ US: /ˈsɝː-/ [circulated, circulating] ▌*v* [I] **1** ⇒circular ⇒correr ▌*v* [T, I] **2** ⇒circular ⇒fluir

circulation UK: /ˌsɜː.kjʊˈleɪ.ʃən/ US: /ˌsɝː-/ ▌*n* [U] **1** ⇒circulación [sanguínea] **2** ⇒circulación ▌*n* [NO PL] **3** *(en prensa)* ⇒tirada ■ PRON. La primera *c* se pronuncia como una *s*

circumcise UK: /ˈsɜː.kəm.saɪz/ US: /ˈsɝː-/ [circumcised, circumcising] *v* [T] ⇒circuncidar

circumference UK: /səˈkʌmp.fᵊr.ᵊnts/ US: /sɚˈkʌmp.fɚ-/ *n* [C, U] ⇒circunferencia

↑**circumstance** UK: /ˈsɜː.kəm.stɑːnts/ US: /ˈsɝː.kəm.stænts/ *n* [C] ⇒circunstancia: *not under any circumstances* - bajo ninguna circunstancia ■ PRON. La primera *c* se pronuncia como una *s*

↑**circus** UK: /ˈsɜː.kəs/ US: /ˈsɝː-/ [*pl* circuses] *n* [C] **1** ⇒circo **2** *UK* ⇒glorieta ■ PRON. La primera *c* se pronuncia como una *s*

cistern UK: /ˈsɪs.tən/ US: /-tɚn/ *n* [C] ⇒cisterna

cite /saɪt/ [cited, citing] *v* [T] *(form)* ⇒citar ⇒nombrar

↑**citizen** UK: /ˈsɪt.ɪ.zᵊn/ US: /ˈsɪˤt̬-/ *n* [C] ⇒ciudadano,na ■ PRON. La *c* se pronuncia como una *s*

↑**city** UK: /ˈsɪt.i/ US: /ˈsɪˤt̬-/ [*pl* cities] *n* [C] **1** ⇒ciudad: *the city centre* - el centro de la ciudad **2 the City** *UK* ⇒el centro financiero de Londres ■ PRON. La *c* se pronuncia como una *s*

civic /ˈsɪv.ɪk/ *adj* **1** ⇒municipal **2** ⇒cívico,ca

↑**civil** /ˈsɪv.ᵊl/ *adj* **1** ⇒civil: *civil war* - guerra civil **2** *civil engineer* - ingeniero de caminos **3** *(una persona, un comportamiento)* ⇒educado,da ⇒cortés

↑**civilian** /sɪˈvɪl.i.ən/ *n* [C] ⇒civil: *civilian casualties* - bajas civiles

↑**civilization** /ˌsɪv.ᵊl.aɪˈzeɪ.ʃᵊn/ *n* [C, U] ⇒civilización ■ PRON. La *c* se pronuncia como una *s* y *li* rima con *my*

civilized /ˈsɪv.ɪ.laɪzd/ *adj* ⇒civilizado,da ■ PRON. La *c* se pronuncia como una *s* y la *e* no se pronuncia

civil rights *n* [PL] ⇒derechos del ciudadano

Civil Service *n* [NO PL] ⇒administración pública: *to work in the Civil Service* - trabajar en la administración pública

cl *n* [C] ⇒forma abreviada de **centilitre** (centilitro)

clad /klæd/ *adj* **1** *(lit)* ⇒vestido,da: *to be clad in blue* - ir vestido de azul **2** ⇒cubierto,ta

claim¹ /kleɪm/ *n* [C] **1** ⇒afirmación **2** ⇒reclamación ⇒petición ⇒demanda ⇒reclamo *AMÉR.* **3** ⇒derecho: *to have a claim to sth* - tener derecho a algo ■ Distinto de *reclamation* (recuperación de un terreno)

↑**claim²** /kleɪm/ ▌*v* [T] **1** ⇒afirmar ■ CONSTR. 1. to claim + (that) 2. to claim + to do sth **2** ⇒reclamar **3** *(una* *vida)* ⇨cobrarse ▮ *v* [T, I] **4** *(un subsidio)* ⇨solicitar ■ Distinto de *to reclaim* (recuperar)

clam[1] /klæm/ *n* [C] ⇨almeja

clam[2] /klæm/ [clammed, clamming]

PHRASAL VERBS

· **to clam up** *(inform)* ⇨cerrar el pico *col.*

clamber UK: /ˈklæm.bəʳ/ US: /-bɚ/ *v* [I] **1** ⇨trepar: *to clamber up a tree* - trepar a un árbol **2** ⇨subir con dificultades ■ CONSTR. Se usa generalmente seguido de una preposición o un adverbio

clammy /ˈklæm.i/ *adj* [*comp* clammier, *superl* clammiest] ⇨pegajoso,sa ⇨sudoroso,sa

clamour[1] UK: /ˈklæm.əʳ/ US: /-ɚ/ *UK v* [I] ⇨clamar ⇨pedir ■ CONSTR. 1. to clamour [for/against] sth 2. to clamour + to do sth

clamour[2] UK: /ˈklæm.əʳ/ US: /-ɚ/ *UK n* [U, NO PL] *(form)* ⇨clamor: *a public clamour* - un clamor popular

clamp[1] /klæmp/ *n* [C] ⇨abrazadera

clamp[2] /klæmp/ *v* [T] **1** ⇨sujetar(se) con fuerza **2** ⇨sujetar con una abrazadera ■ Se usa generalmente seguido de una preposición

PHRASAL VERBS

· **to clamp down on *sth*** ⇨reprimir algo ⇨actuar contra algo

clampdown /ˈklæmp.daʊn/ *n* [C] ⇨medida drástica: *a clampdown on delinquency* - una medida drástica contra la delincuencia

clan /klæn/ *n* [C] **1** ⇨clan **2** *(familia)* ⇨clan *col.*

clandestine /klænˈdes.tɪn/ *adj* *(form)* ⇨clandestino,na: *a clandestine meeting* - una reunión clandestina

clang[1] /klæŋ/ ▮ *v* [I] **1** ⇨sonar ⇨repicar ▮ *v* [T] **2** ⇨hacer sonar ⇨tocar

clang[2] /klæŋ/ *n* [C] **1** ⇨sonido metálico **2** ⇨estruendo

clank[1] /klæŋk/ *v* [I] ⇨hacer un ruido metálico

clank[2] /klæŋk/ *n* [C] ⇨ruido metálico

clap[1] /klæp/ [clapped, clapping] *v* [T, I] **1** ⇨aplaudir **2 to ~ *sb* on the back** ⇨dar una palmadita en la espalda

clap[2] /klæp/ ▮ *n* [C] **1** ⇨palmadita: *a clap on the back* - una palmadita en la espalda ▮ *n* [NO PL] **2** ⇨aplauso **3 a ~ of thunder** ⇨un trueno

clapping *n* [U] ⇨aplausos

clarification UK: /ˌklær.ɪ.fɪˈkeɪ.ʃən/ US: /ˌkler-/ *n* [C, U] ⇨aclaración: *to seek a clarification* - pedir una aclaración

clarify UK: /ˈklær.ɪ.faɪ/ US: /ˈkler-/ [clarifies, clarified] *v* [T] ⇨aclarar: *to clarify a situation* - aclarar una situación ■ PRON. La última sílaba, *fy*, rima con *my*

clarinet UK: /ˌklær.ɪˈnet/ US: /ˌkler-/ *n* [C] ⇨clarinete: *to play the clarinet in an orchestra* - tocar el clarinete en una orquesta

clarity UK: /ˈklær.ɪ.ti/ US: /ˈkler.ɪ.ˤt̬i/ *n* [U] ⇨claridad: *to write with unusual clarity* - escribir con claridad inusual

clash[1] /klæʃ/ ▮ *v* [I] **1** ⇨chocar ⇨enfrentarse ■ CONSTR. Se usa generalmente seguido de las preposiciones over y with **2** *(colores, estilos)* ⇨desentonar ▮ *v* [T, I] **3** ⇨producir un sonido metálico

clash[2] /klæʃ/ [*pl* clashes] *n* [C] **1** ⇨enfrentamiento ⇨choque ⇨conflicto **2** ⇨sonido metálico

clasp[1] UK: /klɑːsp/ US: /klæsp/ *v* [T] ⇨agarrar ⇨sujetar

clasp[2] UK: /klɑːsp/ US: /klæsp/ ▮ *n* [C] **1** ⇨cierre ⇨broche ▮ *n* [NO PL] **2** ⇨apretón ⇨agarrón

↑**class**[1] UK: /klɑːs/ US: /klæs/ [*pl* classes] ▮ *n* [C] **1** ⇨clase ⇨grupo de estudiantes ■ Por ser un nombre colectivo se puede usar con el verbo en singular o en plural **2** ⇨clase ⇨tipo **3** ⇨clase ⇨condición social **4 to be in a ~ of *one*'s own** ⇨ser inigualable **5** *n* [C, U] *(lección)* ⇨clase **6** *n* [U] *(inform)* *(estilo)* ⇨clase ■ Al ser incontable, no tiene plural

class[2] UK: /klɑːs/ US: /klæs/ *v* [T] **1** ⇨clasificar **2** *(a una persona)* ⇨etiquetar ⇨catalogar ■ CONSTR. to class sb as sth

classic[1] /ˈklæs.ɪk/ *adj* **1** *(un caso, un ejemplo)* ⇨clásico,ca ⇨típico,ca **2** *(un estilo)* ⇨clásico,ca ⇨conservador,-a **3** *That film is a classic film* - Esa película es un clásico

classic[2] /ˈklæs.ɪk/ *n* [C] ⇨clásico: *a classic of world literature* - un clásico de la literatura universal

↑**classical** /ˈklæs.ɪ.kəl/ *adj* ⇨clásico,ca: *classical music* - música clásica

classify /ˈklæs.ɪ.faɪ/ [classifies, classified] *v* [T] ⇨clasificar ⇨ordenar ■ CONSTR. Se usa más en pasiva

classmate UK: /ˈklɑːs.meɪt/ US: /ˈklæs-/ *n* [C] ⇨compañero,ra de clase

↑**classroom** UK: /ˈklɑːs.ruːm/ UK: /-rʊm/ US: /ˈklæs-/ *n* [C] ⇨aula ⇨clase

classy UK: /ˈklɑː.si/ US: /ˈklæs.i/ *adj* [*comp* classier, *superl* classiest] *(inform)* ⇨con estilo: *a classy dress* - un vestido con estilo

clatter[1] UK: /ˈklæt.əʳ/ US: /ˈklæˤt̬.ɚ/ *n* [NO PL] ⇨estrépito ⇨estruendo

clatter[2] UK: /ˈklæt.əʳ/ US: /ˈklæˤt̬.ɚ/ *v* [I] ⇨causar un estruendo

↑**clause** UK: /klɔːz/ US: /klɑːz/ *n* [C] **1** *(en derecho)* ⇨cláusula **2** *(en gramática)* ⇨proposición

claustrophobia UK: /ˌklɒs.trəˈfəʊ.bi.ə/ US: /ˌklɑː.strəˈfoʊ-/ *n* [U] ⇨claustrofobia

claw[1] UK: /klɔː/ US: /klɑː/ *n* [C] **1** ⇨garra **2** ⇨pinza **3** *(de un gato)* ⇨uña

claw[2] UK: /klɔː/ US: /klɑː/ *v* [T, I] ⇨arañar

clay /kleɪ/ *n* [U] ⇨arcilla

C

† **clean**[1] /kliːn/ *adj* **1** ⇒limpio,pia: *He keeps his house very clean* - Siempre tiene la casa muy limpia **2** ⇒limpio,pia ⇒justo,ta ⇒honesto,ta **3** ⇒moral ⇒decente **4 to make a ~ break** ⇒cortar por lo sano *col.;* ⇒acabar por completo con algo

† **clean**[2] /kliːn/ *v* [T, I] ⇒limpiar: *to clean one's teeth* - lavarse los dientes

PHRASAL VERBS
- **to clean *sth* off [M]** ⇒limpiar algo
- **to clean *sth* out [M]** ⇒hacer una limpieza a fondo
- **to clean *sth/sb* out [M]** *(very inform)* ⇒dejar temblando *col.*
- **to clean *(sth/sb)* up [M]** 1 ⇒ordenar ⇒limpiar 2 ⇒limpiar: *The police cleaned up the neighbourhood* - La policía limpió el barrio

cleaner UK: /ˈkliː.nəʳ/ US: /-nɚ/ ▮ *n* [C] **1** *(oficio)* ⇒limpiador,-a ▮ *n* [C, U] **2** *(sustancia)* ⇒producto de limpieza ⇒limpiador

cleaner's UK: /ˈkliː.nəz/ US: /-nɚz/ [*pl* cleaners'] *n* [C] ⇒tintorería

cleaning /ˈkliː.nɪŋ/ *n* [U] ⇒limpieza ⇒lavado

cleanse /klenz/ [cleansed, cleansing] *v* [T] ⇒limpiar a fondo

† **clear**[1] UK: /klɪəʳ/ US: /klɪr/ *adj* **1** ⇒claro,ra ⇒despejado,da ⇒limpio,pia ⇒transparente **2** ⇒claro,ra ⇒sencillo,lla **3** ⇒claro,ra ⇒obvio,via **4** ⇒seguro,ra ⇒claro,ra **5 as ~ as day** ⇒más claro que el agua **6 as ~ as mud** *(hum)* ⇒incomprensible ⇒nada claro,ra **7 to be in the ~** ⇒estar fuera de sospecha **8 to make *sth* ~ to *sb*** ⇒dejar algo claro a alguien

† **clear**[2] UK: /klɪəʳ/ US: /klɪr/ ▮ *v* [I] **1** ⇒despejar ▮ *v* [T] **2** ⇒recoger ⇒despejar **3** *(un obstáculo)* ⇒salvar **4 to ~ the air** ⇒aclarar las cosas

PHRASAL VERBS
- **to clear *sth* away [M]** ⇒quitar algo
- **to clear off** *UK (inform)* ⇒largarse *col.*
- **to clear *sth* out** ⇒hacer una limpieza de algo ⇒ordenar algo
- **to clear up** 1 *(el día)* ⇒abrir 2 *(el tiempo)* ⇒mejorar
- **to clear *sth* up [M]** ⇒aclarar algo ⇒resolver algo

clear[3] UK: /klɪəʳ/ US: /klɪr/ *adv* **1** ⇒claramente **2** ⇒lejos

clearance UK: /ˈklɪə.rənts/ US: /ˈklɪr.[ə]nts/ *n* [C, U] **1** *(de un lugar)* ⇒desocupación **2** ⇒permiso [oficial]: *The plane had clearance to land* - El avión tenía permiso para aterrizar **3** ⇒gálibo **4** *(en fútbol)* ⇒despeje **5 ~ sale** ⇒liquidación

clear-cut UK: /ˌklɪəˈkʌt/ US: /ˌklɪr-/ *adj* ⇒claro,ra ⇒manifiesto,ta

clearing UK: /ˈklɪə.rɪŋ/ US: /ˈklɪr.ɪŋ/ *n* [C] *(en un bosque)* ⇒calvero ⇒claro

clearly UK: /ˈklɪə.li/ US: /ˈklɪr-/ *adv* **1** ⇒evidentemente ⇒claramente **2** ⇒claramente ⇒con claridad **3** ⇒desde luego: *Clearly you do not understand* - Desde luego, no entiendes

cleavage /ˈkliː.vɪdʒ/ *n* [C, U] ⇒escote ▪ PRON. La *a* se pronuncia como la *i* en *did*

clef /klef/ *n* [C] *(en música)* ⇒clave

clement /ˈklem.ᵊnt/ *adj* **1** *(form) (una persona)* ⇒clemente **2** *(el tiempo atmosférico)* ⇒benigno,na

clench /klentʃ/ [clenches] *v* [T] ⇒apretar: *to clench one's fists* - apretar los puños

clergy UK: /ˈklɜː.dʒi/ US: /ˈklɝː-/ *n* [PL] ⇒clero

clergyman UK: /ˈklɜː.dʒɪ.mən/ US: /ˈklɝː-/ [*pl* clergymen] *n* [C] ⇒clérigo

clerical /ˈkler.ɪ.kᵊl/ *adj* **1** ⇒clerical **2** *(un trabajo)* ⇒de oficina

clerk UK: /klɑːk/ US: /klɝːk/ *n* [C] **1** ⇒oficinista **2** ⇒empleado,da **3** *US* (*UK* **shop assistant**) ⇒dependiente,ta **4** *US (en un hotel)* ⇒recepcionista ▪ PRON. La primera parte, *cler*, rima con *far*

† **clever** UK: /ˈklev.əʳ/ US: /-ɚ/ *adj* **1** ⇒listo,ta **2** ⇒hábil **3** ⇒ingenioso,sa: *a clever idea* - una idea ingeniosa **4 to be too ~ by half** ⇒pasarse de listo,ta *col.*

cliché UK: /ˈkliː.ʃeɪ/ US: /-ˈ-/ *US n* [C] ⇒cliché ⇒tópico ▪ PRON. La *ch* se pronuncia como la *sh* en *shop*

click[1] /klɪk/ ▮ *v* [T, I] **1** ⇒chasquear **2** *(en informática)* ⇒hacer clic ▮ *v* [I] **3** *(inform)* ⇒caer en la cuenta *col.;* ⇒entender

click[2] /klɪk/ *n* [C] **1** ⇒chasquido **2** *(en informática)* ⇒clic **3** ⇒taconazo

† **client** /ˈklaɪ.ᵊnt/ *n* [C] ⇒cliente ▪ PRON. La primera parte, *cli*, rima con *fly*

clientele UK: /ˌkliː.ɒnˈtel/ US: /-ɑːn-/ *n* [NO PL] ⇒clientela ▪ Por ser un nombre colectivo se puede usar con el verbo en singular o en plural

† **cliff** /klɪf/ *n* [C] ⇒acantilado: *a very steep cliff* - un acantilado muy abrupto

† **climate** /ˈklaɪ.mət/ ▮ *n* [C, U] **1** ⇒clima: *climate change* - cambio climático ▮ *n* [C] **2** ⇒ambiente ⇒situación ▪ PRON. La primera sílaba, *clim*, rima con el término inglés *time*

climatic UK: /klaɪˈmæt.ɪk/ US: /-ˈmæˁt̬-/ *adj (form)* ⇒climático,ca: *climatic conditions* - las condiciones climáticas

climax /ˈklaɪ.mæks/ [*pl* climaxes] *n* [C] ⇒clímax ⇒culmen ▪ PRON. La primera parte, *clim*, rima con el término inglés *time*

† **climb**[1] /klaɪm/ *v* [T, I] **1** ⇒ascender ⇒subir **2** ⇒trepar: *to climb a wall* - trepar por un muro **3** *(un precio)* ⇒subir ▪ PRON. La *b* no se pronuncia. Esta palabra rima con el término inglés *time*

PHRASAL VERBS
- **to climb down** *UK (inform)* ⇒admitir un error ⇒recular *col.*; ⇒retractarse
- **to climb out of** ***sth*** ⇒salir
- **to climb up** ***sth*** ⇒subirse a algo

↑**climb²** /klaɪm/ *n* [c] ⇒escalada ⇒subida ■ PRON. La *b* no se pronuncia. Esta palabra rima con el término inglés *time*

climbing /ˈklaɪ.mɪŋ/ *n* [u] ⇒montañismo ⇒alpinismo ⇒andinismo *AMÉR.* ■ PRON. La *b* no se pronuncia

clinch /klɪntʃ/ *v* [T] **1** *(inform)* ⇒cerrar con éxito: *to clinch a deal* - cerrar un trato con éxito **2 ~ it** *His performance in the final audition clinched it for him* - Su actuación en el casting final fue decisiva para él

↑**cling, clung, clung** /klɪŋ/ *v* [I] **1** ⇒agarrar(se): *Cling on to the rock until they rescue you!* - ¡Agárrate a la roca hasta que te rescaten! ■ CONSTR. Se usa generalmente seguido de las preposiciones on, together y to **2** ⇒aferrarse

PHRASAL VERBS
- **to cling to** ***sb*** ⇒estar atado a alguien

clingfilm® /ˈklɪŋ.fɪlm/ *UK n* [u] ⇒plástico transparente

↑**clinic** /ˈklɪn.ɪk/ *n* [c] ⇒clínica

↑**clinical** /ˈklɪn.ɪ.kəl/ *adj* **1** ⇒clínico,ca: *clinical trials* - ensayos clínicos **2** *(una actitud)* ⇒frío,-a

clink¹ /klɪŋk/ ▌*v* [T, I] **1** *(objetos metálicos o de cristal)* ⇒chocar ▌*v* [I] **2** ⇒tintinear

clink² /klɪŋk/ ▌*n* [c] **1** ⇒tintineo ▌*n* [U, NO PL] **2** *(inform)* ⇒talego *col.*

clip¹ /klɪp/ *n* [c] **1** ⇒clip **2** ⇒tráiler [de una película]

clip² /klɪp/ [clipped, clipping] ▌*v* [T, I] **1** ⇒sujetar con un clip ▌*v* [T] **2** ⇒cortar **3** ⇒golpear

clipboard UK: /ˈklɪp.bɔːd/ US: /-bɔːrd/ *n* [c] ⇒carpeta con un clip en la parte superior que sirve para sujetar papeles

clique UK: /kliːk/ US: /klɪk/ *n* [c] ⇒camarilla ■ Por ser un nombre colectivo se puede usar con el verbo en singular o en plural

cloak¹ UK: /kləʊk/ US: /kloʊk/ *n* [c] *(prenda de vestir)* ⇒capa

cloak² UK: /kləʊk/ US: /kloʊk/ *v* [T] *to be cloaked in sth* - estar envuelto en algo

cloakroom UK: /ˈkləʊk.rʊm/ UK: /-ruːm/ US: /ˈkloʊk-/ *n* [c] **1** ⇒guardarropa **2** *UK (form, old-fash)* ⇒lavabo ⇒aseo

↑**clock¹** UK: /klɒk/ US: /klɑːk/ *n* [c] **1** ⇒reloj [de pared]: *to set the clock* - poner en hora el reloj; *That clock is fast* - Ese reloj está adelantado **2** *UK (en un vehículo)* ⇒cuentakilómetros **3 around/round the ~** ⇒las veinticuatro horas del día **4 to turn the ~ back** *UK* ⇒volver atrás: *If only I could turn the clock back!* - ¡Ojalá pudiese volver atrás!

↑**clock²** UK: /klɒk/ US: /klɑːk/ *v* [T] ⇒cronometrar

PHRASAL VERBS
- **to clock in** (*UK tb* **to clock on**) *(al llegar al trabajo)* ⇒fichar ⇒checar *AMÉR.*
- **to clock off** (*UK tb* **to clock out**) *(al salir del trabajo)* ⇒fichar ⇒checar *AMÉR.*
- **to clock** ***sth*** **up [M]** ⇒acumular algo

clockwise UK: /ˈklɒk.waɪz/ US: /ˈklɑːk-/ *adj, adv* ⇒en el sentido de las agujas del reloj ■ PRON. *wi* rima con *my*

clockwork¹ UK: /ˈklɒk.wɜːk/ US: /ˈklɑːk.wɝːk/ *adj* ⇒de cuerda: *a clockwork toy* - un juguete de cuerda

clockwork² UK: /ˈklɒk.wɜːk/ US: /ˈklɑːk.wɝːk/ *n* [u] **1** ⇒mecanismo de cuerda **2 as regular as a ~** ⇒como un reloj *col.* **3 to go like ~** ⇒marchar como un reloj *col.*; ⇒salir a las mil maravillas *col.*

clog¹ UK: /klɒg/ US: /klɑːg/ *n* [c] ⇒zueco ⇒chanclo

clog² UK: /klɒg/ US: /klɑːg/ [clogged, clogging] (*tb* **clog up**) *v* [T, I] ⇒bloquear: *The accident clogged up the road* - El accidente bloqueó la carretera

cloister UK: /ˈklɔɪ.stəʳ/ US: /-stɚ/ *n* [c] ⇒claustro ■ PRON. La primera parte, *cloi*, rima con *boy*

clone¹ UK: /kləʊn/ US: /kloʊn/ *n* [c] ⇒clon

clone² UK: /kləʊn/ US: /kloʊn/ [cloned, cloning] *v* [T] ⇒clonar

↑**close¹** UK: /kləʊz/ US: /kloʊz/ [closed, closing] *v* [T, I] **1** (*UK tb* **shut**) ⇒cerrar: *Close your eyes* - Cierra los ojos; *The corner shop closes on Fridays* - La tienda de la esquina cierra los viernes **2** ⇒concluir ⇒clausurar

PHRASAL VERBS
- **to close (*sth*) down [M]** ⇒cerrar algo [definitivamente] ⇒clausurar algo
- **to close in** ⇒acercarse: *The enemy closed in for the attack* - El enemigo se acercó para atacar

↑**close²** UK: /kləʊs/ US: /kloʊs/ *adj* **1** ⇒próximo,ma ⇒cercano,na **2** ⇒cercano,na ⇒íntimo,ma **3** ⇒minucioso,sa ⇒cuidadoso,sa **4** *It was close, but we escaped* - Escapamos por los pelos **5** ⇒reservado,da **6** ⇒reñido,da ⇒disputado,da **7** ⇒bochornoso ⇒sofocante

↑**close³** UK: /kləʊs/ US: /kloʊs/ *adv* ⇒cerca: *We're getting close* - Ya estamos cerca

close⁴ UK: /kləʊz/ US: /kloʊz/ ▌*n* [NO PL] **1** ⇒final ⇒fin ▌*n* [c] **2** *UK* ⇒calle: *I live at 22 Kensington Close* - Vivo en el número 22 de la calle Kensington

closed UK: /kləʊzd/ US: /kloʊzd/ *adj* ⇒cerrado,da ■ PRON. La *e* no se pronuncia

close-knit UK: /ˌkləʊsˈnɪt/ US: /ˌkloʊs-/ *adj* ⇒unido,da: *a very close-knit group* - un grupo muy unido

closely UK: /ˈkləʊ.sli/ US: /ˈkloʊ-/ *adv* **1** ⇒estrechamente **2** ⇒atentamente
closet UK: /ˈklɒz.ɪt/ US: /ˈklɑː.zɪt/ *n* [c] *US* (*UK/US tb* **wardrobe**) ⇒armario ropero
close-up UK: /ˈkləʊs.ʌp/ US: /ˈkloʊs-/ *n* [c] ⇒primer plano
closing UK: /ˈkləʊ.zɪŋ/ US: /ˈkloʊz-/ *adj* ⇒último,ma ⇒final
closure UK: /ˈkləʊ.ʒəʳ/ US: /ˈkloʊ.ʒə/ *n* [c, u] **1** ⇒cierre [de un negocio] **2** ⇒fin
↑**cloth** UK: /klɒθ/ US: /klɑːθ/ ▮ *n* [u] **1** ⇒paño ⇒tela: *a piece of cloth* - una tela ▮ *n* [c] **2** ⇒bayeta ⇒trapo
↑**clothes** UK: /kləʊðz/ US: /kloʊðz/ *n* [PL] ⇒ropa: *Where did you put my clothes?* - ¿Dónde has puesto mi ropa? ■ PRON. La *e* no se pronuncia
clothes peg *UK n* [c] ⇒pinza de la ropa ⇒gancho *AMÉR.*
↑**clothing** UK: /ˈkləʊ.ðɪŋ/ US: /ˈkloʊ-/ *n* [u] **1** ⇒ropa **2** *a piece of clothing* - una prenda de vestir **3** *the clothing industry* - la industria textil
cloud[1] /klaʊd/ ▮ *n* [c, u] **1** ⇒nube ▮ *n* [c] **2** ⇒nube [de algo]: *a cloud of smoke* - una nube de humo ■ PRON. La *ou* se pronuncia como en el término inglés *out*
cloud[2] /klaʊd/ ▮ *v* [T] **1** ⇒nublar(se) ⇒ofuscar(se) ▮ *v* [I] **2** ⇒empañar(se): *The mirror clouded* - Se empañó el espejo

PHRASAL VERBS
· **to cloud over** ⇒nublar(se): *The sky clouded over* - El cielo se nubló

cloudless /ˈklaʊd.ləs/ *adj* ⇒despejado,da ⇒raso,sa
cloudy /ˈklaʊ.di/ *adj* [*comp* cloudier, *superl* cloudiest] **1** ⇒nuboso,sa ⇒nublado,da **2** ⇒turbio,-a ■ PRON. La *ou* se pronuncia como en el término inglés *out*
clout[1] /klaʊt/ *UK v* [T] *(inform)* ⇒dar un tortazo *col.*
clout[2] /klaʊt/ ▮ *n* [c] **1** *UK (inform)* ⇒tortazo *col.* ▮ *n* [u] **2** ⇒influencia: *a person with clout* - una persona con influencia
clover UK: /ˈkləʊ.vəʳ/ US: /ˈkloʊ.və/ *n* [u] ⇒trébol
clown /klaʊn/ *n* [c] ⇒payaso,sa ■ PRON. La *ow* se pronuncia como en *how*
↑**club**[1] /klʌb/ *n* [c] **1** ⇒club: *to be a member of a club* - ser socio de un club **2** ⇒porra ⇒palo **3** ⇒palo de golf **4** ⇒discoteca ■ PRON. La *u* se pronuncia como en el término inglés *run*
club[2] /klʌb/ [clubbed, clubbing] *v* [T] ⇒aporrear ⇒golpear con un palo ■ PRON. La *u* se pronuncia como en el término inglés *run*

PHRASAL VERBS
· **to club together** *UK* ⇒hacer un fondo común

clubbing /ˈklʌb.ɪŋ/ **to go ~** ⇒ir de discotecas ■ PRON. La *u* se pronuncia como en el término inglés *run*
clubs /klʌbz/ *n* [u] *(naipe)* ⇒tréboles
cluck[1] /klʌk/ *v* [I] ⇒cloquear ⇒cacarear
cluck[2] /klʌk/ *n* [c] ⇒cacareo
↑**clue** /kluː/ *n* [c] **1** ⇒pista: *Give me a clue* - Dame una pista **2 not to have a ~** *(inform)* ⇒no tener ni idea *col.*: *He doesn't have a clue about car mechanics* - No tiene ni idea de mecánica ■ PRON. Rima con *blue*
clump /klʌmp/ *n* [c] **1** ⇒grupo de árboles **2** ⇒manojo ⇒mata
↑**clumsy** /ˈklʌm.zi/ *adj* [*comp* clumsier, *superl* clumsiest] ⇒torpe ⇒manazas *col.*; ⇒patoso,sa *col.*
clung /klʌŋ/ past tense and past participle forms of **cling**
cluster[1] UK: /ˈklʌs.təʳ/ US: /-tə/ *n* [c] **1** ⇒grupo pequeño: *The students talked in clusters* - Los estudiantes hablaban en pequeños grupos **2** *(en estadística)* ⇒grupo **3** ⇒racimo [de fruta]
cluster[2] UK: /ˈklʌs.təʳ/ US: /-tə/ *v* [I] **1** ⇒apiñarse: *The kids clustered around their grandfather* - Los niños se apiñaron alrededor de su abuelo **2** *(números, casos)* ⇒agruparse
clutch[1] /klʌtʃ/ *v* [T] ⇒agarrar ⇒apretar

PHRASAL VERBS
· **to clutch at *sth*** ⇒intentar agarrar algo ⇒intentar aferrarse a algo

clutch[2] /klʌtʃ/ ▮ *n* [c, u] **1** ⇒garra ■ El plural es *clutches* ▮ *n* [c] **2** ⇒nidada ■ El plural es *clutches* ▮ *n* [u] **3** ⇒embrague
clutter[1] UK: /ˈklʌt.əʳ/ US: /ˈklʌˤţ.ə/ *v* [T] *(un lugar)* ⇒abarrotar ⇒atestar ■ CONSTR. Se usa más en pasiva
clutter[2] UK: /ˈklʌt.əʳ/ US: /ˈklʌˤţ.ə/ *n* [u] ⇒desorden ⇒confusión
cm *n* [c] ⇒forma abreviada escrita de **centimetre** (centímetro)
c/o UK: /ˌsiːˈəʊ/ US: /-ˈoʊ/ *prep* ⇒forma abreviada de **care of** (en casa de): *Please send the parcel to Mike Simpson, c/o the Wilkins family* - Por favor, envíe el paquete a Mike Simpson, en casa de los Wilkins
coach[1] UK: /kəʊtʃ/ US: /koʊtʃ/ *v* [T] **1** ⇒entrenar **2** ⇒dar clases
↑**coach**[2] UK: /kəʊtʃ/ US: /koʊtʃ/ [*pl* coaches] *n* [c] **1** *UK* ⇒autocar ⇒autobús **2** ⇒coche de caballos **3** *UK* (*US* **car**) ⇒vagón [de tren] **4** *US (en un avión o en un tren)* ⇒asiento de tarifa reducida **5** ⇒entrenador,-a ⇒preparador,-a
↑**coal** UK: /kəʊl/ US: /koʊl/ *n* [u] **1** ⇒carbón: *a coal mine* - una mina de carbón **2 coals** ⇒brasas de carbón
coalition UK: /kəʊ.əˈlɪʃ.ən/ US: /koʊ-/ *n* [c] ⇒coalición: *to form a coalition* - formar una coalición ■ Por ser un nombre colectivo se puede usar con el verbo en singular o en plural

coarse UK: /kɔːs/ US: /kɔːrs/ *adj* **1** ⇒grueso,sa ⇒áspero,ra **2** *(una persona)* ⇒vulgar *desp.;* ⇒grosero,ra ■ PRON. Rima con *horse*

↑**coast**[1] UK: /kəʊst/ US: /koʊst/ *n* [C, U] ⇒costa: *the Mediterranean coast* - la costa mediterránea

coast[2] UK: /kəʊst/ US: /koʊst/ *v* [I] **1** *(un vehículo)* ⇒ir en punto muerto **2** ⇒deslizar(se): *The sports car coasted down the motorway* - El deportivo se deslizaba por la autopista

coastal UK: /ˈkəʊ.stəl/ US: /ˈkoʊ-/ *adj* ⇒costero,ra

coaster UK: /ˈkəʊ.stəʳ/ US: /ˈkoʊ.stɚ/ *n* [C] ⇒posavasos

coastguard UK: /ˈkəʊst.gɑːd/ US: /ˈkoʊst.gɑːrd/ *n* [C] **1** *(organización)* ⇒servicio de guardacostas **2** *(persona)* ⇒guardia costero,ra ■ PRON. La *u* no se pronuncia

coastline UK: /ˈkəʊst.laɪn/ US: /ˈkoʊst-/ *n* [C, U] ⇒litoral

↑**coat**[1] UK: /kəʊt/ US: /koʊt/ *n* [C] **1** ⇒abrigo ⇒chaquetón **2** *(de un animal)* ⇒pelaje **3** ⇒mano de pintura: *It'll need two coats* - Necesitará dos manos de pintura

coat[2] UK: /kəʊt/ US: /koʊt/ *v* [T] ⇒cubrir ⇒bañar

coat hanger *n* [C] ⇒perchero ⇒percha ⇒gancho *AMÉR.*

coax UK: /kəʊks/ US: /koʊks/ [coaxes] *v* [T] ⇒persuadir: *to coax sb into doing sth* - persuadir a alguien para que haga algo ■ CONSTR. to coax into + doing sth

PHRASAL VERBS

· **to coax *sth* {from/out of} *sb*** ⇒sonsacar algo a alguien

cobbler UK: /ˈkɒb.ləʳ/ US: /ˈkɑː.blɚ/ *UK n* [C] *(old-fash)* ⇒zapatero,ra

cobweb UK: /ˈkɒb.web/ US: /ˈkɑːb-/ *n* [C] ⇒telaraña

cocaine UK: /kəʊˈkeɪn/ US: /koʊ-/ *n* [U] ⇒cocaína

cock[1] UK: /kɒk/ US: /kɑːk/ *n* [C] *UK* (*US* **rooster**) ⇒gallo: *the song of cock* - el canto del gallo

cock[2] UK: /kɒk/ US: /kɑːk/ *v* [T] **1** *(un arma)* ⇒amartillar **2** ⇒levantar: *to cock an eyebrow* - levantar una ceja **3 to ~ *sth* up** ⇒cagarla *vulg.*

cockney[1] ▌*n* [C] **1** ⇒persona nacida en el este de Londres ▌*n* [U] **2** ⇒dialecto de las personas de clase obrera nacidas en el este de Londres

cockney[2] *adj* ⇒del este de Londres y de su gente

cockpit UK: /ˈkɒk.pɪt/ US: /ˈkɑːk-/ *n* [C] ⇒cabina [de un avión]

cockroach UK: /ˈkɒk.rəʊtʃ/ US: /ˈkɑːk.roʊtʃ/ [*pl* cockroaches] *n* [C] ⇒cucaracha: *I saw a cockroach last night* - Anoche vi una cucaracha

cocktail UK: /ˈkɒk.teɪl/ US: /ˈkɑːk-/ ▌*n* [C] **1** ⇒cóctel: *a cocktail bar* - un bar de cócteles ▌*n* [C, U] **2** ⇒macedonia [de frutas]

↑**cocoa** UK: /ˈkəʊ.kəʊ/ US: /ˈkoʊ.koʊ/ *n* [U] ⇒cacao ⇒chocolate

coconut UK: /ˈkəʊ.kə.nʌt/ US: /ˈkoʊ-/ *n* [C] ⇒coco

cocoon /kəˈkuːn/ *n* [C] **1** ⇒capullo [de un gusano] **2** ⇒caparazón

cod UK: /kɒd/ US: /kɑːd/ [*pl* cod] *n* [C, U] ⇒bacalao

COD UK: /ˌsiː.əʊˈdiː/ US: /-oʊˈ-/ *adv* ⇒forma abreviada de **cash on delivery** (entrega contra reembolso)

↑**code** UK: /kəʊd/ US: /koʊd/ ▌*n* [C, U] **1** ⇒código ⇒clave ▌*n* [C] **2** *(en derecho)* ⇒código

coded UK: /kəʊd.ɪd/ US: /koʊd-/ *adj* **1** ⇒codificado,da **2** ⇒indirecto,ta ■ PRON. La *e* se pronuncia como la *i* en *did*

coerce UK: /kəʊˈɜːs/ US: /koʊˈɜːs/ [coerced, coercing] *v* [T] *(form)* ⇒coaccionar ■ CONSTR. to coerce into + doing sth

↑**coffee** UK: /ˈkɒf.i/ US: /ˈkɑː.fi/ ▌*n* [U] **1** ⇒café ▌*n* [C, U] **2** *(referido a la bebida y su recipiente)* ⇒café **3 ~ maker** ⇒cafetera

coffee pot *n* [C] ⇒cafetera

coffin UK: /ˈkɒf.ɪn/ US: /ˈkɑː.fɪn/ (*US tb* **casket**) *n* [C] ⇒ataúd

cog UK: /kɒg/ US: /kɑːg/ *n* [C] **1** ⇒rueda dentada **2** *(en una rueda dentada)* ⇒diente

cogent UK: /ˈkəʊ.dʒənt/ US: /ˈkoʊ-/ *adj (form)* ⇒convincente ⇒contundente

cognitive UK: /ˈkɒg.nɪ.tɪv/ US: /ˈkɑːg.nɪ.ˤt̬ɪv/ *adj* ⇒cognoscitivo,va

coherent UK: /kəʊˈhɪə.rənt/ US: /koʊˈhɪr.[ə]nt/ *adj* **1** ⇒coherente ⇒consecuente **2** *(una forma de hablar)* ⇒inteligible

cohesion UK: /kəʊˈhiː.ʒən/ US: /koʊ-/ *n* [U] ⇒cohesión

cohesive UK: /kəʊˈhiː.sɪv/ US: /koʊ-/ *adj* ⇒cohesionado,da ⇒equilibrado,da

coil[1] /kɔɪl/ *n* [C] **1** ⇒espiral **2** ⇒rollo [de cuerda o de alambre] **3** *(en un coche)* ⇒bobina eléctrica **4** *UK (inform)* ⇒diu ⇒dispositivo intrauterino

coil[2] /kɔɪl/ *v* [I] ⇒enrollar(se)

coin[1] /kɔɪn/ *n* [C] ⇒moneda: *coin collecting* - colección de monedas

coin[2] /kɔɪn/ *v* [T] ⇒acuñar: *to coin money* - acuñar moneda

↑**coincide** UK: /ˌkəʊ.ɪnˈsaɪd/ US: /ˌkoʊ-/ [coincided, coinciding] *v* [I] ⇒coincidir: *Our opinions coincide with yours* - Nuestras opiniones coinciden con las vuestras ■ PRON. La última sílaba, *cide*, se pronuncia como el sustantivo inglés *side*

↑**coincidence** UK: /kəʊˈɪnt.sɪ.dənts/ US: /koʊ-/ *n* [C, U] ⇒coincidencia ⇒casualidad

coke UK: /kəʊk/ US: /koʊk/ *n* [U] **1** ⇒coque **2** *(inform)* ⇒cocaína ⇒coca *col.*

Coke® UK: /kəʊk/ US: /koʊk/ *n* [C, U] ⇒coca cola®: *Two Cokes with ice, please* - Dos cocacolas con hielo, por favor

cola UK: /ˈkəʊ.lə/ US: /koʊ-/ *n* [C, U] *(bebida)* ⇒cola
colander UK: /ˈkʌl.ɪn.dəʳ/ US: /ˈkɑː.lən.dɚ/ *n* [C] ⇒escurridor ⇒colador
↑**cold**[1] UK: /kəʊld/ US: /koʊld/ *adj* **1** ⇒frío,a: *The soup is cold* - La sopa está fría **2 to be ~ 1** ⇒tener frío: *I'm so cold!* - ¡Tengo mucho frío! **2** ⇒hacer frío: *It's very cold, two degrees below zero* - Hace mucho frío, estamos a dos grados bajo cero **3 to get ~ 1** ⇒enfriarse **2** ⇒coger frío **4 to {get/have} ~ feet** ⇒entrar miedo ⇒acobardarse ■ Generalmente indica una temperatura fría y desagradable. Comparar con *cool*
cold[2] UK: /kəʊld/ US: /koʊld/ ▌*n* [U, NO PL] **1** ⇒frío ▌*n* [C] **2** ⇒resfriado: *I have a bad cold* - Tengo un buen resfriado **3 to catch a ~** ⇒resfriarse
cold-blooded UK: /ˌkəʊldˈblʌd.ɪd/ US: /ˌkoʊld-/ *adj* **1** ⇒desalmado,da ⇒despiadado,da **2** ⇒de sangre fría: *Reptiles are cold-blooded animals* - Los reptiles son animales de sangre fría
coldly UK: /ˈkəʊld.li/ US: /ˈkoʊld-/ *adv* ⇒fríamente ⇒con frialdad
coldness UK: /ˈkəʊld.nəs/ US: /ˈkoʊld-/ *n* [U] ⇒frialdad
collaborate /kəˈlæb.ə.reɪt/ [collaborated, collaborating] *v* [I] ⇒colaborar ⇒participar
collaboration /kəˌlæb.əˈreɪ.ʃən/ ▌*n* [C, U] **1** ⇒colaboración ⇒participación ▌*n* [U] **2** ⇒colaboracionismo
collage UK: /ˈkɒl.ɑːʒ/ US: /ˈkɑː.lɑːʒ/ ▌*n* [C, U] **1** *(obra)* ⇒collage ▌*n* [U] **2** *(técnica)* ⇒collage
collapse[1] /kəˈlæps/ [collapsed, collapsing] ▌*v* [I] **1** ⇒derrumbarse ⇒desplomarse ⇒venirse abajo **2** *(una persona)* ⇒desmayarse ▌*v* [T, I] **3** *(un mueble)* ⇒plegar(se)
collapse[2] /kəˈlæps/ ▌*n* [U] **1** ⇒derrumbamiento ▌*n* [C, U] **2** ⇒desmayo ⇒desfallecimiento **3** ⇒caída: *the collapse of the Government* - la caída del Gobierno
↑**collar** UK: /ˈkɒl.əʳ/ US: /ˈkɑː.lɚ/ *n* [C] **1** *(de una prenda de vestir)* ⇒cuello **2** *(de un animal)* ⇒collar
collarbone UK: /ˈkɒl.ə.bəʊn/ US: /ˈkɑː.lɚ.boʊn/ *n* [C] ⇒clavícula
collateral[1] UK: /kəˈlæt.ər.əl/ US: /-ˈlæˤt̬.ɚ-/ *n* [U] *(form)* ⇒garantía bancaria ⇒fianza
collateral[2] UK: /kəˈlæt.ər.əl/ US: /-ˈlæˤt̬.ɚ-/ *adj (form)* ⇒colateral
↑**colleague** UK: /ˈkɒl.iːg/ US: /ˈkɑː.liːg/ *n* [C] *(de trabajo)* ⇒compañero,ra ⇒colega ■ PRON. *llea* rima con el término inglés *me*
↑**collect**[1] /kəˈlekt/ ▌*v* [T] **1** ⇒coleccionar **2** ⇒reunir ⇒recabar ▌*v* [T, I] **3** *(dinero)* ⇒recaudar ⇒recolectar ▌*v* [I] **4** ⇒reunirse
collect[2] /kəˈlekt/ *US adj, adv* ⇒a cobro revertido: *a collect call* - una llamada a cobro revertido
collected /kəˈlek.tɪd/ *adj* **1** ⇒sereno,na ⇒sosegado,da **2** ⇒completo,ta ■ PRON. La última *e* se pronuncia como la *i* en *did*
collection /kəˈlek.ʃən/ ▌*n* [C] **1** ⇒colección: *a collection of postcards* - una colección de postales **2** ⇒colecta **3** ⇒conjunto ⇒grupo ▌*n* [C, U] **4** ⇒recogida
collective[1] /kəˈlek.tɪv/ *adj* ⇒colectivo,va: *collective noun* - sustantivo colectivo
collective[2] /kəˈlek.tɪv/ *n* [C] ⇒cooperativa
collector UK: /kəˈlek.təʳ/ US: /-tɚ/ *n* [C] **1** ⇒coleccionista **2** ⇒revisor,-a: *Get your ticket ready, the collector is coming* - Saca el billete, que viene el revisor
↑**college** UK: /ˈkɒl.ɪdʒ/ US: /ˈkɑː.lɪdʒ/ *n* [C, U] **1** ⇒facultad universitaria **2** *UK* ⇒escuela superior de formación profesional **3** *US* ⇒universidad ■ PRON. La última parte, *llege*, rima con *fridge*
collide /kəˈlaɪd/ [collided, colliding] *v* [I] **1** ⇒chocar(se): *I collided with the lamp-post* - Choqué contra la farola **2** ⇒estar en desacuerdo ⇒chocar
colliery UK: /ˈkɒl.i.ər.i/ US: /ˈkɑː.ljɚ-/ [*pl* collieries] *UK n* [C] ⇒mina de carbón
collision /kəˈlɪʒ.ən/ *n* [C] ⇒choque ⇒colisión
colloquial UK: /kəˈləʊ.kwi.əl/ US: /-ˈloʊ-/ *adj* ⇒coloquial: *in colloquial speech* - en lenguaje coloquial
Colombia /kəˈlʌm.bi.ə/ *n* [U] ⇒Colombia
Colombian /kəˈlʌm.bi.ən/ *adj, n* [C] ⇒colombiano,na
colon UK: /ˈkəʊ.lɒn/ US: /ˈkoʊ.lən/ *n* [C] **1** *(en gramática)* ⇒dos puntos ■ Ver cuadro signos de puntuación **2** *(en anatomía)* ⇒colon
colonel UK: /ˈkɜː.nəl/ US: /ˈkɝː-/ *n* [C] ⇒coronel ■ PRON. La primera parte, *col*, se pronuncia como *cur* en *curtain* y la segunda *o* no se pronuncia
colonial UK: /kəˈləʊ.ni.əl/ US: /-ˈloʊ-/ *adj* ⇒colonial
↑**colony** UK: /ˈkɒl.ə.ni/ US: /ˈkɑː.lə-/ [*pl* colonies] *n* [C] ⇒colonia: *a colony of ants* - una colonia de hormigas
color UK: /ˈkʌl.əʳ/ US: /-ɚ/ *US n* [C, U], *v* [T] See **colour**
colored *US adj* See **coloured**
colorful *US adj* See **colourful**
colossal UK: /kəˈlɒs.əl/ US: /-ˈlɑː.s[ə]l/ *adj* ⇒colosal ■ PRON. Se acentúa en la segunda sílaba, *lo*
colossus UK: /kəˈlɒs.əs/ US: /-ˈlɑː.səs/ [*pl* colossi, colossuses] *n* [C] ⇒coloso
↑**colour**[1] UK: /ˈkʌl.əʳ/ US: /-ɚ/ *UK* (*US* **color**) *n* [C, U] **1** ⇒color: *What colour is it?* - ¿De qué color es? **2 to {be/feel} off ~** ⇒no sentirse bien
colour[2] UK: /ˈkʌl.əʳ/ US: /-ɚ/ *UK* (*US* **color**) ▌*v* [T, I] **1** ⇒colorear ▌*v* [T] **2** *(una opinión o una idea)* ⇒marcar ■ CONSTR. Se usa más en pasiva

colour-blind UK: /ˈkʌl.ə.blaɪnd/ US: /-ɚ-/ *UK adj* ⇒daltónico,ca: *He is colour-blind and sees red as green* - Es daltónico, lo que es rojo lo ve verde ■ PRON. *blind* rima con *find*

coloured UK: /ˈkʌl.əd/ US: /-ɚd/ *UK* (*US* **colored**) *adj* **1** ⇒de color: *an earth-coloured fabric* - un tejido de color tierra **2** ⇒coloreado,da ■ PRON. La *e* no se pronuncia

colourful UK: /ˈkʌl.ə.fəl/ US: /-ɚ-/ *UK* (*US* **colorful**) *adj* **1** ⇒lleno,na de color ⇒con mucho colorido **2** ⇒pintoresco,ca

colouring UK: /ˈkʌl.ər.ɪŋ/ US: /-ɚ-/ *UK n* [U] **1** ⇒colorido **2** ⇒color [de la cara]: *Eve has bad colouring* - Eve tiene mal color **3** ⇒colorante

colt UK: /kəʊlt/ US: /koʊlt/ *n* [C] *(animal)* ⇒potro

↑ **column** UK: /ˈkɒl.əm/ US: /ˈkɑː.ləm/ *n* [C] **1** *(estructura arquitectónica)* ⇒columna **2** *(en un periódico)* ⇒columna ■ PRON. La *n* no se pronuncia

coma UK: /ˈkəʊ.mə/ US: /ˈkoʊ-/ *n* [C] *(en medicina)* ⇒coma

comb[1] UK: /kəʊm/ US: /koʊm/ *n* [C] **1** ⇒peine **2** ⇒peineta ■ PRON. La *b* no se pronuncia

comb[2] UK: /kəʊm/ US: /koʊm/ *v* [T] **1** ⇒peinar: *Wash your face and comb your hair* - Lávate la cara y péinate **2** *(una zona)* ⇒rastrear ⇒peinar ■ PRON. La *b* no se pronuncia

combat[1] UK: /ˈkɒm.bæt/ US: /ˈkɑːm-/ *n* [C, U] ⇒combate: *combat zone* - zona de combate

combat[2] UK: /kəmˈbæt/ US: /ˈkɑːm.bæt/ *v* [T] ⇒combatir: *to combat an illness* - combatir una enfermedad

combination UK: /ˌkɒm.bɪˈneɪ.ʃən/ US: /ˌkɑːm-/ ▌ *n* [C, U] **1** ⇒combinación **2** *n* [C] *(de números)* ⇒combinación

↑ **combine** /kəmˈbaɪn/ [combined, combining] *v* [T, I] ⇒combinar

combined *adj* ⇒conjunto,ta ■ PRON. La *e* no se pronuncia

↑ **come, came, come** /kʌm/ [coming] *v* [I] **1** ⇒venir ⇒ir **2** ⇒venir ⇒llegar **3** *(en una secuencia)* ⇒ser **4** ⇒ser de **5** ⇒llegar a ■ CONSTR. to come + to do sth **6** *(un producto)* ⇒venir **7** ⇒pasar ⇒ocurrir *vulg.* **8** ~ **on! 1** ⇒¡venga ya! **2** ⇒¡vamos! ⇒¡venga! ⇒¡ándale! *AMÉR.* **9 to ~ to nothing** ⇒quedarse en nada ■ PRON. El presente *come* rima con el término inglés *some*. El pasado *came* rima con el término inglés *same*

PHRASAL VERBS

- **to come about** ⇒suceder ⇒ocurrir
- **to come across *sth/sb*** ⇒tropezarse con ⇒dar con ⇒encontrar por casualidad
- **to come along 1** ⇒acudir ⇒asistir ⇒venir ⇒acompañar **2** ⇒ir ⇒progresar
- **to come apart** ⇒deshacerse ⇒romperse
- **to come {around/round} to *sth* 1** *(el humor)* ⇒cambiar **2** *(una opinión)* ⇒empezar a compartir ⇒llegar a compartir
- **to come away (from *sth*)** ⇒desprenderse [de algo] ⇒alejarse [de algo] ⇒marcharse
- **to come back 1** ⇒volver ⇒regresar **2** ⇒responder **3** ⇒recordar ⇒acordarse
- **to come by *sth*** ⇒conseguir algo ⇒adquirir algo
- **to come down 1** *(los precios, un nivel, una escalera)* ⇒bajar **2** *(las hojas de los árboles, la lluvia o la nieve)* ⇒caer **3** *(un avión)* ⇒aterrizar **4** *(inform)* ⇒desplomarse ⇒desvanecerse
- **to come forward** ⇒ofrecerse
- **to come in 1** ⇒entrar ⇒llegar **2** *(la marea)* ⇒subir **3** *(inform)* ⇒aparecer ⇒entrar en escena
- **to come in for *sth*** *UK* ⇒ser el blanco de
- **to come off 1** ⇒caerse ⇒desprenderse **2** *(inform)* *(un plan)* ⇒tener éxito ⇒salir bien **3** *(un botón)* ⇒salir(se) **4** *Come off it!* - ¡Venga ya! **5** *(una medicina)* ⇒dejar [de tomar]
- **to come on 1** *(en deportes)* ⇒entrar [al campo] **2** ⇒salir [al escenario] **3** ⇒progresar **4** *(una luz)* ⇒encenderse
- **to come out 1** *(de un lugar)* ⇒salir **2** *(una mancha)* ⇒salir ⇒desaparecer **3** ⇒poner de manifiesto **4** ⇒salir del armario *col.* **5** *(una flor)* ⇒florecer **6** ⇒resultar ⇒salir
- **to come out with *sth* 1** ⇒soltar algo *col.* **2** ⇒salir
- **to come over 1** ⇒venir [a un lugar] **2** ⇒dar una imagen ⇒parecer
- **to come over *sb* 1** *(un sentimiento)* ⇒invadir a alguien **2** *I don't know what come over me* - No sé qué me pasó
- **to come round 1** *UK* ⇒visitar ⇒ir a ver **2** ⇒recobrar la consciencia ⇒volver en sí
- **to come through (*sth*)** ⇒sobrevivir [a algo] ⇒superar
- **to come to** ⇒volver en sí [después de un golpe o una operación]
- **to come to *sth* 1** *He's an expert when it comes to DIY* - Es experto cuando se trata de bricolaje **2** *(una cantidad)* ⇒ascender a algo **3** ⇒llegar [a una situación generalmente negativa]
- **to come up 1** *(el sol, la luna)* ⇒salir **2** *(un problema, una oportunidad)* ⇒surgir **3** *(un tema)* ⇒mencionar ⇒hablar ⇒surgir
- **to come up against *sth/sb*** *(un problema, una dificultad)* ⇒encontrarse con
- **to come up to *sb*** ⇒acercarse

comeback /ˈkʌm.bæk/ *n* [C] **1** *(a una actividad)* ⇒retorno ⇒vuelta **2** ⇒réplica ⇒contestación

comedian /kəˈmiː.di.ən/ *n* [C] **1** ⇒humorista **2** ⇒comediante ■ PRON. *me* se pronuncia como el término inglés *me*

† **comedy** UK: /ˈkɒm.ə.di/ US: /ˈkɑː.mə-/ ■ *n* [U] **1** *(género)* ⇒comedia ■ *n* [C, U] **2** *(obra)* ⇒comedia ■ El plural es *comedies*

C

comet UK: /ˈkɒm.ɪt/ US: /ˈkɑː.mɪt/ *n* [C] *(en astronomía)* ⇒cometa

comfort¹ UK: /ˈkʌm.fət/ US: /-fɚt/ *n* [U] **1** ⇒comodidad ⇒confort **2** ⇒consuelo ■ PRON. La *r* no se pronuncia y la segunda *o* se pronuncia como la *a* en el adverbio inglés *ago*

comfort² UK: /ˈkʌm.fət/ US: /-fɚt/ *v* [T] ⇒confortar ⇒consolar

† **comfortable** UK: /ˈkʌmp.fə.tə.bl̩/ US: /-fɚ.ˤt̬ə-/ *adj* **1** ⇒cómodo,da ⇒confortable **2** *(una victoria)* ⇒fácil **3** *(una mayoría)* ⇒amplio,plia

comfortably /ˈkʌmf.tə.bli/ *adv* **1** ⇒cómodamente **2** ⇒fácilmente **3 to be ~ off** ⇒vivir con holgura

comforter UK: /ˈkʌm.fə.təʳ/ US: /-ˤt̬ɚ/ *US* (*UK/US tb* **duvet**) *n* [C] ⇒edredón

comfy /ˈkʌmp.fi/ *adj* [*comp* comfier, *superl* comfiest] *(inform)* ⇒cómodo,da

comic¹ UK: /ˈkɒm.ɪk/ US: /ˈkɑː.mɪk/ *adj* ⇒cómico,ca

comic² UK: /ˈkɒm.ɪk/ US: /ˈkɑː.mɪk/ *n* [C] **1** ⇒tebeo ⇒cómic **2** ⇒cómico,ca

coming¹ /ˈkʌm.ɪŋ/ *n* [NO PL] **1** ⇒llegada: *the coming of autumn* - la llegada del otoño **2** *(en religión)* ⇒advenimiento

coming² /ˈkʌm.ɪŋ/ *adj* ⇒próximo,ma ⇒venidero ⇒que viene

† **comma** UK: /ˈkɒm.ə/ US: /ˈkɑː.mə/ *n* [C] *(en gramática)* ⇒coma ■ Ver cuadro signos de puntuación

command¹ UK: /kəˈmɑːnd/ US: /-ˈmænd/ ■ *n* [C] **1** ⇒orden: *to obey a command* - obedecer una orden **2** *(en informática)* ⇒comando ■ *n* [NO PL] **3** ⇒dominio ⇒habilidad ■ *n* [U] **4** ⇒mando: *to be in command* - estar al mando

command² UK: /kəˈmɑːnd/ US: /-ˈmænd/ ■ *v* [T, I] **1** *(form)* ⇒ordenar ■ CONSTR. to command + to do sth **2** *(form)* ⇒disponer [de recursos] ■ *v* [T] **3** *(form)* ⇒mandar

† **commander** UK: /kəˈmɑːn.dəʳ/ US: /-ˈmæn.dɚ/ *n* [C] **1** *(en el ejército)* ⇒comandante **2** *(de una embarcación)* ⇒capitán

commando UK: /kəˈmɑːn.dəʊ/ US: /-ˈmæn.doʊ/ [*pl* commandoes, comandos] *n* [C] **1** *(en el ejército)* ⇒comando **2** *(grupo de personas)* ⇒comando

commemorate /kəˈmem.ə.reɪt/ [commemorated, commemorating] *v* [T] ⇒conmemorar

commence /kəˈmen*t*s/ [commenced, commencing] *v* [T, I] *(form)* ⇒dar comienzo ⇒emprender ⇒empezar

commend /kəˈmend/ *v* [T] **1** *(form)* ⇒elogiar: *He commended me for my success* - Me elogió por mis éxitos ■ CONSTR. Se usa más en pasiva **2** ⇒recomendar **3** *(el alma, el espíritu)* ⇒encomendar

† **comment¹** UK: /ˈkɒm.ent/ US: /ˈkɑː.ment/ *n* [C, U] ⇒observación ⇒comentario

† **comment²** UK: /ˈkɒm.ent/ US: /ˈkɑː.ment/ *v* [T, I] ⇒comentar: *I commented that she should be more careful* - Le comenté que debía tener más cuidado ■ CONSTR. 1. to comment + that 2. to comment + on

commentary UK: /ˈkɒm.ən.tri/ US: /ˈkɑː.mən.ter-/ [*pl* commentaries] *n* [C, U] ⇒comentario ⇒crónica

commentator UK: /ˈkɒm.ən.teɪ.təʳ/ US: /ˈkɑː.mən.teɪ.ˤt̬ɚ/ *n* [C] ⇒comentarista ⇒cronista

† **commerce** UK: /ˈkɒm.ɜːs/ US: /ˈkɑː.mɝːs/ *n* [U] *(actividad)* ⇒comercio

commercial¹ UK: /kəˈmɜː.ʃəl/ US: /-ˈmɝː-/ *n* [C] ⇒anuncio [publicitario]: *TV commercials* - los anuncios de la tele ■ PRON. La *ci* se pronuncia como *sh* en *shop*

commercial² UK: /kəˈmɜː.ʃəl/ US: /-ˈmɝː-/ *adj* **1** ⇒comercial ⇒mercantil **2** ⇒vendible ⇒comercial ■ PRON. La *ci* se pronuncia como *sh* en *shop*

commercial traveller *n* [C] See **traveller**

commission¹ /kəˈmɪʃ.ən/ ■ *n* [C, U] **1** ⇒encargo **2** ⇒comisión ⇒porcentaje **3** *n* [C] *(en política)* ⇒comisión ⇒comité

commission² /kəˈmɪʃ.ən/ *v* [T] ⇒encargar: *I commissioned her to design my wedding dress* - Le encargué el diseño de mi traje de novia

commissioner UK: /kəˈmɪʃ.ən.əʳ/ US: /-ɚ/ *n* [C] ⇒comisario,ria

† **commit** /kəˈmɪt/ [committed, committing] *v* [T] **1** ⇒cometer: *She has never committed a crime* - Nunca ha cometido un delito **2** *(recursos)* ⇒asignar **3 to ~ oneself** 1 ⇒comprometerse 2 ⇒pronunciarse **4 to ~ sth to memory** *I've committed it to memory* - Lo he aprendido de memoria

committed UK: /kəˈmɪt.ɪd/ US: /-ˈmɪˤt̬-/ *adj* **1** ⇒devoto,ta **2 to be ~ to sth/sb** ⇒estar comprometido,da ⇒entregarse

† **committee** UK: /kəˈmɪt.i/ US: /-ˈmɪˤt̬-/ *n* [C] ⇒comité: *to sit on a committee* - estar en un comité ■ Por ser un nombre colectivo se puede usar con el verbo en singular o en plural ■ PRON. Se acentúa en la segunda sílaba

commodity UK: /kəˈmɒd.ə.ti/ US: /-ˈmɑː.də.ˤt̬i/ [*pl* commodities] *n* [C] **1** ⇒artículo ⇒mercancía **2** *(en economía)* ⇒materia prima

† **common¹** UK: /ˈkɒm.ən/ US: /ˈkɑː.mən/ *adj* **1** ⇒corriente ⇒común **2** ⇒corriente ⇒frecuente **3** ⇒corriente ⇒ordinario,ria ⇒normal **4** ⇒común ⇒compartido,da **5** *UK (offens)* ⇒vulgar ⇒ordinario,ria **6 in ~** ⇒en común

common[2] UK: /ˈkɒm.ən/ US: /ˈkɑː.mən/ *n* [C] **1** ⇒ejido **2 the Commons** *(en Reino Unido y Canadá)* ⇒la Cámara de los Comunes

commonly UK: /ˈkɒm.ən.li/ US: /ˈkɑː.mən-/ *adv* ⇒generalmente ⇒por lo general

commonplace UK: /ˈkɒm.ən.pleɪs/ US: /ˈkɑː.mən-/ *adj* ⇒habitual ⇒normal

commons *US n* [PL] See **common**

Commonwealth the ~ ⇒la Commonwealth

commotion UK: /kəˈməʊ.ʃən/ US: /-ˈmoʊ-/ *n* [U, NO PL] ⇒conmoción

communal UK: /ˈkɒm.jʊ.nəl/ UK: /kəˈmjuː-/ US: /ˈkɑː.mjə-/ *adj* ⇒comunal

commune UK: /ˈkɒm.juːn/ US: /ˈkɑː.mjuːn/ *n* [C] ⇒comuna ■ Por ser un nombre colectivo se puede usar con el verbo en singular o en plural ■ PRON. La *u* se pronuncia como *you*

↑**communicate** /kəˈmjuː.nɪ.keɪt/ [communicated, communicating] *v* [I] ⇒comunicarse ■ PRON. La *u* se pronuncia como *you*

communication /kəˌmjuː.nɪˈkeɪ.ʃən/ *n* [C, U] **1** ⇒comunicación: *communication problems* - problemas de comunicación **2** *(form)* ⇒mensaje ■ PRON. La *u* se pronuncia como *you*

communicative UK: /kəˈmjuː.nɪ.kə.tɪv/ US: /-ˤt̬ɪv/ *adj* ⇒comunicativo,va: *She's not very communicative* - No es muy comunicativa

communion /kəˈmjuː.ni.ən/ *n* [U] ⇒comunión ■ PRON. La *u* se pronuncia como *you*

communiqué /kəˈmjuː.nɪ.keɪ/ *n* [C] ⇒comunicado: *to issue a communiqué* - emitir un comunicado

↑**communism** UK: /ˈkɒm.jʊ.nɪ.zəm/ US: /ˈkɑː.mjə-/ *n* [U] ⇒comunismo

↑**community** UK: /kəˈmjuː.nə.ti/ US: /-ˤt̬i/ [*pl* communities] *n* [C] **1** ⇒comunidad **2** ⇒colonia: *a British community* - una colonia británica ■ Por ser un nombre colectivo se puede usar con el verbo en singular o en plural ■ PRON. La *u* se pronuncia como *you*

commute /kəˈmjuːt/ [commuted, commuting] ▌*v* [I] **1** ⇒viajar para ir al trabajo ▌*v* [T] **2** ⇒conmutar ■ PRON. La *u* se pronuncia como *you*

compact /kəmˈpækt/ *adj* ⇒compacto,ta

compact[2] UK: /ˈkɒm.pækt/ US: /ˈkɑːm-/ *n* [C] ⇒polvera

compact disc *n* [C] ⇒disco compacto ■ La forma abreviada es *CD*

↑**companion** /kəmˈpæn.jən/ *n* [C] *(de viaje, de la vida)* ⇒compañero,ra

↑**company** /ˈkʌm.pə.ni/ [*pl* companies] *n* [C] **1** ⇒empresa ⇒compañía ■ La forma abreviada es *Co.* **2** ⇒compañía ⇒grupo de artistas ■ Por ser un nombre colectivo se puede usar con el verbo en singular o en plural **3 to keep sb ~** ⇒hacer compañía a alguien

company car *n* [C] ⇒coche de empresa

comparable UK: /ˈkɒm.pər.ə.bl̩/ US: /ˈkɑːm.pɚ-/ *adj* ⇒comparable: *to be comparable to sth* - ser comparable con algo ■ PRON. La primera *a* prácticamente no se pronuncia

↑**comparative** UK: /kəmˈpær.ə.tɪv/ US: /-ˈper.ə.ˤt̬ɪv/ *n* [C] ⇒comparativo ■ Ver cuadro en página siguiente

↑**compare** UK: /kəmˈpeər/ US: /-per/ [compared, comparing] *v* [T] ⇒comparar(se)

comparison UK: /kəmˈpær.ɪ.sən/ US: /-ˈper-/ *n* [C, U] ⇒comparación: *in comparison* - en comparación

compartment UK: /kəmˈpɑːt.mənt/ US: /-ˈpɑːrt-/ *n* [C] **1** *(de un vagón de tren)* ⇒compartimento **2** *(de un objeto)* ⇒compartimento

compass /ˈkʌm.pəs/ [*pl* compasses] *n* [C] **1** ⇒brújula **2** *US* See **compasses** ■ PRON. La primera parte, *com*, se pronuncia como *come*

compasses /ˈkʌm.pə.sɪz/ *UK* (*US* **compass**) *n* [PL] *(en matemáticas)* ⇒compás

compassion /kəmˈpæʃ.ən/ *n* [U] ⇒compasión: *to feel compassion for sb* - sentir compasión por alguien

↑**compatible** UK: /kəmˈpæt.ɪ.bl̩/ US: /-ˈpæˤt̬-/ *adj* ⇒compatible ■ PRON. La última parte, *ble*, se pronuncia como en *table*

compel /kəmˈpel/ [compelled, compelling] *v* [T] *(form)* ⇒obligar: *They compelled him to resign* - Lo obligaron a dimitir

↑**compensate** UK: /ˈkɒm.pən.seɪt/ US: /ˈkɑːm-/ [compensated, compensating] ▌*v* [T, I] **1** ⇒compensar **2** *v* [T] ⇒indemnizar: *The airline compensated the victims* - La compañía aérea indemnizó a la víctimas

↑**compete** /kəmˈpiːt/ [competed, competing] *v* [I] **1** ⇒competir ⇒participar **2** ⇒competir ⇒medirse ■ PRON. *pete* rima con *feet*

↑**competence** UK: /ˈkɒm.pɪ.tənts/ US: /ˈkɑːm-/ *n* [C, U] **1** ⇒competencia [para hacer algo] ⇒capacidad **2** *(de un tribunal)* ⇒competencia

competent UK: /ˈkɒm.pɪ.tənt/ US: /ˈkɑː.m.pə.ˤt̬[ə]nt/ *adj* ⇒eficiente ⇒competente ■ PRON. La última *e* se pronuncia como la *a* en el adverbio inglés *ago*

competition UK: /ˌkɒm.pəˈtɪʃ.ən/ US: /ˌkɑːm-/ ▌*n* [C] **1** ⇒competición ⇒concurso ▌*n* [U] **2** ⇒competencia ⇒rivalidad

competitive UK: /kəmˈpet.ɪ.tɪv/ US: /-ˈpeˤt̬.ə.ˤt̬ɪv/ *adj* ⇒competitivo,va: *competitive spirit* - espíritu competitivo

competitively UK: /kəmˈpet.ɪ.tɪv.li/ US: /-ˈpeˤt̬.ə.ˤt̬ɪv-/ *adv* **1** ⇒competitivamente ⇒con espíritu competitivo **2** *competitively priced* - a precios competitivos

competitor UK: /kəmˈpet.ɪ.tər/ US: /-ˈpeˤt̬.ɪ.ˤt̬ɚ/ *n* [C] **1** ⇒competidor,-a ⇒rival **2** ⇒participante

comparative and superlative forms of adjectives

- **Formación:**

– **"-er", "-est"**

C

Con adjetivos de una sílaba y con adjetivos de dos sílabas que terminan en "-y", se forma el comparativo añadiendo "-er" y el superlativo añadiendo "-est":

tall *taller* *tallest*
(alto más alto el más alto)

The black tower is taller then the white.
(La torre negra es más alta que la blanca.)

The black tower is the tallest of the three.
(La torre negra es la más alta de las tres.)

Atención: algunos adjetivos de dos sílabas que no terminan en "-y" también forman el comparativo y el superlativo de esta manera:

narrow *narrower* *narrowest*
(estrecho más estrecho el más estrecho)

simple *simpler* *simplest*
(sencillo más sencillo el más sencillo)

– **"more" y "most"**

Con muchos adjetivos de dos sílabas que no terminan en "-y", y con todos los adjetivos de tres o más sílabas, se forma el comparativo con "more" y el superlativo con "most":

boring *more boring* *the most boring*
(aburrido más aburrido el más aburrido)

intelligent *more intelligent* *the most intelligent*
(inteligente más inteligente el más inteligente)

· *John thinks he's* ***more intelligent*** *than I am.*
(John cree que es más inteligente que yo.)

· *Carol is* ***the most intelligent*** *person in our class.*
(Carol es la persona más inteligente de la clase.)

- **Formas irregulares**

Algunos adjetivos tienen formas irregulares para el comparativo y el superlativo:

adjetivo	***comparativo***	***superlativo***
good (bueno)	***better*** (mejor)	***best*** (el / la mejor)
bad (malo)	***worse*** (peor)	***worst*** (el / la peor)
little (pequeño)	***less*** (menos)	***least*** (el más pequeño / la más pequeña)
much / many (mucho)	***more*** (más)	***most*** (el / la más)
far (lejos)	***farther / further*** (más lejos)	***farthest / furthest*** (el más lejano / la más lejana)

Las formas en "-er" y "-est" siguen algunas normas ortográficas:
– Cuando el adjetivo termina en consonante + "e", se omite la "e":

· *Peter is nic**er** than his brother.*
(Peter es más amable que su hermano.)

– Cuando el adjetivo termina en vocal + consonante, se duplica la consonante:

· *Which is the big**gest** country in Europe?*
(¿Cuál es el país más grande de Europa?)

– Cuando el adjetivo termina en consonante + "-y", la "y" se convierte en "i":

· *I think German is eas**ier** than Chinese.*
(Creo que el alemán es más fácil que el chino.)

† **compile** /kəm'paɪl/ [compiled, compiling] *v* [T] ⇨recopilar: *to compile data* - recopilar datos ■ PRON. *pile* rima con *smile*

† **complain** /kəm'pleɪn/ *v* [I] ⇨quejarse ⇨protestar ■ CONSTR. 1. to complain + that 2. to complain **about** sth

complement¹ UK: /'kɒm.plɪ.ment/ US: /'kɑːm-/ *v* [T] **1** ⇨ir bien con ⇨realzar **2** ⇨complementar

complement² UK: /'kɒm.plɪ.ment/ US: /'kɑːm-/ *n* [C] **1** ⇨complemento **2** *(form)* ⇨dotación **3** *(en gramática)* ⇨complemento

† **complete¹** /kəm'pliːt/ *adj* **1** ⇨completo,ta ⇨entero,ra **2** ⇨completo,ta ⇨concluido,da

† **complete²** /kəm'pliːt/ [completed, completing] *v* [T] **1** ⇨completar ⇨acabar ⇨terminar **2** ⇨rellenar: *to complete a form* - rellenar un formulario

completely /kəm'pliːt.li/ *adv* ⇨completamente ⇨totalmente

† **complex¹** UK: /'kɒm.pleks/ UK: /kəm'pleks/ US: /'kɑːm-/ *adj* ⇨complejo,ja

complex² UK: /'kɒm.pleks/ US: /'kɑːm-/ [*pl* complexes] *n* [C] **1** ⇨complejo [urbanístico] **2** *(en psicología)* ⇨complejo

complexion /kəm'plek.ʃᵊn/ *n* [C] **1** ⇨cutis **2** ⇨naturaleza ⇨carácter ⇨cariz

complexity UK: /kəm'plek.sɪ.ti/ US: /-sə.ˤt̬i/ *n* [C, U] ⇨complejidad

compliance /kəm'plaɪ.ənts/ *n* [U] *(form)* ⇨conformidad ■ PRON. *pli* rima con *fly*

† **complicate** UK: /'kɒm.plɪ.keɪt/ US: /'kɑːm-/ [complicated, complicating] *v* [T] ⇨complicar: *Don't complicate things* - No compliques las cosas

complicated UK: /'kɒm.plɪ.keɪ.tɪd/ US: /'kɑːm.plɪ.keɪ.ˤt̬ɪd/ *adj* **1** ⇨complicado,da **2** *to get more complicated* - complicarse ■ PRON. La *e* se pronuncia como la *i* de *did*

compliment¹ UK: /'kɒm.plɪ.mənt/ US: /'kɑːm-/ *n* [C] ⇨cumplido ⇨piropo

compliment² UK: /'kɒm.plɪ.mənt/ US: /'kɑːm-/ *v* [T] ⇨felicitar: *They complimented me on my work* - Me felicitaron por mi trabajo

complimentary UK: /ˌkɒm.plɪ'men.tᵊr.i/ US: /ˌkɑːm.plɪ'men.ˤt̬ɚ-/ *adj* **1** ⇨halagador,-a **2** ⇨gratuito,ta: *a complimentary ticket* - una invitación

† **comply** /kəm'plaɪ/ [complies, complied] *v* [I] *(form)* ⇨cumplir ⇨obedecer ■ PRON. *ply* rima con *fly*

component¹ UK: /kəm'pəʊ.nənt/ US: /-'poʊ-/ *n* [C] **1** ⇨componente ⇨parte **2** ⇨pieza [de un mecanismo]

† **component²** UK: /kəm'pəʊ.nənt/ US: /-'poʊ-/ *adj* ⇨integrante

† **compose** UK: /kəm'pəʊz/ US: /-'poʊz/ [composed, composing] *v* [T] **1** *(un tema musical)* ⇨componer ⇨crear **2** *(un texto)* ⇨redactar **3** ⇨integrar ⇨componer ■ CONSTR. Se usa más en pasiva **4 to ~ oneself** ⇨serenarse ⇨tranquilizarse

composed UK: /kəm'pəʊzd/ US: /-'poʊzd/ *adj (una persona)* ⇨dueño,ña de sí ⇨sereno,na

composer UK: /kəm'pəʊ.zəʳ/ US: /-'poʊ.zɚ/ *n* [C] ⇨compositor,-a

composition UK: /ˌkɒm.pə'zɪʃ.ᵊn/ US: /ˌkɑːm-/ *n* [C, U] **1** ⇨constitución ⇨composición **2** ⇨redacción

compost UK: /'kɒm.pɒst/ US: /'kɑːm.poʊst/ *n* [U] ⇨compost ⇨abono

composure UK: /kəm'pəʊ.ʒəʳ/ US: /-'poʊ.ʒɚ/ *n* [U] ⇨compostura ⇨serenidad

compound¹ UK: /'kɒm.paʊnd/ US: /'kɑːm-/ *n* [C] **1** ⇨recinto **2** ⇨compuesto químico

compound² UK: /'kɒm.paʊnd/ US: /'kɑːm-/ *adj* **1** ⇨compuesto,ta ⇨combinado,da **2** *(en gramática)* ⇨compuesto,ta

compound³ /kəm'paʊnd/ *v* [T] ⇨agravar

comprehend UK: /ˌkɒm.prɪ'hend/ US: /ˌkɑːm-/ *v* [T, I] *(form)* ⇨comprender: *to comprehend a problem* - comprender un problema

comprehensible UK: /ˌkɒm.prɪ'hent.sɪ.bl̩/ US: /ˌkɑːm-/ *adj* ⇨comprensible

comprehension UK: /ˌkɒm.prɪ'hen.tʃᵊn/ US: /ˌkɑːm-/ *n* [U] ⇨comprensión

comprehensive¹ UK: /ˌkɒm.prɪ'hent.sɪv/ US: /ˌkɑːm-/ *adj* ⇨completo,ta ⇨exhaustivo,va ■ Distinto de *understanding* y *sympathetic* (comprensivo)

comprehensive² UK: /ˌkɒm.prɪ'hent.sɪv/ US: /ˌkɑːm-/ *UK n* [C] ⇨centro de enseñanza secundaria

compress /kəm'pres/ *v* [T] **1** *(en informática)* ⇨comprimir **2** ⇨condensar ⇨resumir

† **comprise** /kəm'praɪz/ [comprised, comprising] *v* [T] **1** *(form)* ⇨abarcar ⇨constar **2** ⇨componer ⇨formar ⇨comprender

compromise¹ UK: /'kɒm.prə.maɪz/ US: /'kɑːm-/ *n* [C, U] ⇨acuerdo ⇨arreglo ■ Distinto de *commitment* (compromiso)

compromise² UK: /'kɒm.prə.maɪz/ US: /'kɑːm-/ [compromised, compromising] *v* [I] **1** ⇨llegar a un acuerdo **2** ⇨comprometer

† **compulsion** /kəm'pʌl.ʃᵊn/ ■ *n* [U] **1** ⇨obligación ■ *n* [C] **2** ⇨deseo irresistible

compulsive /kəm'pʌl.sɪv/ *adj* **1** ⇨compulsivo,va ⇨empedernido,da **2** *(un libro)* ⇨absorbente

compulsory UK: /kəm'pʌl.sᵊr.i/ US: /-sɚ-/ *adj* **1** ⇨obligatorio,ria **2** *(un despido)* ⇨forzoso,sa ■ PRON. La *u* se pronuncia como en el término inglés *sun*

† **computer** UK: /kəm'pjuː.təʳ/ US: /-ˤt̬ɚ/ *n* [C] ⇨ordenador ⇨computadora AMÉR. ■ PRON. La *u* se pronuncia como *you* ■ Ver cuadro **ordenador**

† **computer game** *n* [C] **1** ⇨juego de ordenador **2** ⇨videojuego

computing UK: /kəm'pjuː.tɪŋ/ US: /-ˤt̬ɪŋ/ *n* [U] ⇨informática ■ PRON. La *u* se pronuncia como *you*

comrade UK: /ˈkɒm.reɪd/ US: /ˈkɑːm.ræd/ *n* [C] *(lit)* ⇒camarada ⇒compañero,ra

con[1] UK: /kɒn/ US: /kɑːn/ [conned, conning] *v* [T] *(inform)* **1** ⇒estafar ⇒timar *col.* ■ CONSTR. to con sb out of sth **2** ⇒engañar ⇒engatusar *col.* ■ CONSTR. to con sb into doing th

con[2] UK: /kɒn/ US: /kɑːn/ *n* [C] *(inform)* ⇒estafa ⇒timo *col.*

con artist (*tb* **con man**) *n* [C] ⇒timador,-a ⇒estafador,-a

†**conceal** /kənˈsiːl/ *v* [T] **1** *(un objeto)* ⇒ocultar **2** *(un sentimiento)* ⇒disimular ⇒ocultar

†**concede** /kənˈsiːd/ [conceded, conceding] ▌*v* [T] **1** ⇒reconocer: *He conceded that the other boy was the winner* - Reconoció que el otro chico era el ganador ■ CONSTR. to concede + (that) **2** ⇒darse por vencido,da ⇒rendirse **3** *v* [T, I] ⇒ceder: *to concede a right* - ceder un derecho ■ PRON. *cede* se pronuncia como *seed*

conceit /kənˈsiːt/ *n* [U] ⇒engreimiento ■ PRON. *ceit* se pronuncia como *seat*

conceive /kənˈsiːv/ [conceived, conceiving] ▌*v* [T, I] **1** ⇒concebir ⇒quedarse embarazada **2** ⇒imaginar(se) ⇒concebir ▌*v* [T] **3** ⇒concebir ⇒idear

†**concentrate** UK: /ˈkɒnt.sᵊn.treɪt/ US: /ˈkɑːnt-/ [concentrated, concentrating] *v* [I] ⇒concentrarse: *I have to concentrate on this task* - Tengo que concentrarme en esta tarea ■ PRON. La segunda *c* se pronuncia como una *s*

concentration UK: /ˌkɒnt.sᵊnˈtreɪ.ʃᵊn/ US: /ˌkɑːnt-/ ▌*n* [U] **1** *(capacidad mental)* ⇒concentración ⇒atención ▌*n* [C, U] **2** ⇒concentración ⇒cantidad ■ PRON. La segunda *c* se pronuncia como una *s*

concentric /kənˈsen.trɪk/ *adj (en geometría)* ⇒concéntrico,ca

†**concept** UK: /ˈkɒn.sept/ US: /ˈkɑːn-/ *n* [C] ⇒concepto ■ PRON. La segunda *c* se pronuncia como una *s*

conception /kənˈsep.ʃᵊn/ ▌*n* [C, U] **1** ⇒concepción ⇒idea ▌*n* [U] **2** *(de un niño, un animal)* ⇒concepción

†**concern**[1] UK: /kənˈsɜːn/ US: /-ˈsɝːn/ *v* [T] **1** ⇒concernir ⇒afectar ⇒incumbir **2** ⇒preocupar **3 to ~ *oneself*** ⇒interesarse ⇒preocuparse ⇒ocuparse ■ PRON. La segunda *c* se pronuncia como una *s*

concern[2] UK: /kənˈsɜːn/ US: /-ˈsɝːn/ ▌*n* [C, U] **1** ⇒preocupación: *My main concern is...* - Mi principal preocupación es... **2** ⇒interés ▌*n* [C] **3** ⇒negocio: *a going concern* - un negocio rentable ■ PRON. La segunda *c* se pronuncia como una *s*

concerned UK: /kənˈsɜːnd/ US: /-ˈsɝːnd/ *adj* **1** ⇒preocupado,da **2** ⇒interesado,da ⇒en cuestión **3 as far as *sth/sb* is ~** ⇒en cuanto a ⇒con respecto a ■ PRON. La última *e* no se pronuncia y la segunda *c* se pronuncia como una *s*

concerning UK: /kənˈsɜː.nɪŋ/ US: /-ˈsɝː-/ *prep* ⇒acerca de ⇒sobre

†**concert** UK: /ˈkɒn.sət/ US: /ˈkɑːn.sət/ *n* [C] ⇒concierto ⇒recital ■ PRON. La segunda *c* se pronuncia como una *s*

concerted UK: /kənˈsɜː.tɪd/ US: /-ˈsɝː.ˀt̬ɪd/ *adj* ⇒coordinado,da ⇒concertado,da ⇒conjunto,ta

concerto UK: /kənˈtʃɜː.təʊ/ US: /-ˈtʃer.ˀt̬oʊ/ [*pl* concerti, concertos] *n* [C] *(composición musical)* ⇒concierto ■ PRON. *cert* se pronuncia como *shirt*

†**concession** /kənˈseʃ.ᵊn/ *n* [C, U] ⇒concesión

conciliation /kənˌsɪl.iˈeɪ.ʃᵊn/ *n* [U] *(form)* ⇒conciliación

concise /kənˈsaɪs/ *adj* ⇒conciso,sa ■ PRON. La segunda *c* se pronuncia como una *s* y *ise* se pronuncia como el término inglés *ice*

†**conclude** /kənˈkluːd/ [concluded, concluding] ▌*v* [T] **1** ⇒concluir ⇒llegar a la conclusión ■ CONSTR. to conclude + that ▌*v* [T, I] **2** *(form)* ⇒finalizar ⇒terminar

conclusion /kənˈkluː.ʒᵊn/ *n* [C] **1** ⇒conclusión: *to come to a conclusion* - llegar a una conclusión **2 in ~** *(form)* ⇒en conclusión **3 to jump to conclusions** ⇒llegar a una conclusión precipitadamente

conclusive /kənˈkluː.sɪv/ *adj* ⇒concluyente ⇒decisivo,va

concoct UK: /kənˈkɒkt/ US: /-ˈkɑːkt/ *v* [T] **1** ⇒inventar(se): *to concoct an excuse* - inventarse una excusa **2** ⇒crear ⇒confeccionar ⇒preparar

concourse UK: /ˈkɒŋ.kɔːs/ US: /ˈkɑːn.kɔːrs/ *n* [C] *(en un edificio público grande)* ⇒vestíbulo

†**concrete**[1] UK: /ˈkɒŋ.kriːt/ US: /ˈkɑːn-/ *n* [U] ⇒hormigón ⇒concreto *AMÉR.*

concrete[2] UK: /ˈkɒŋ.kriːt/ US: /ˈkɑːn-/ *adj* ⇒concreto,ta: *concrete noun* - nombre concreto ■ Comparar con *specific*

concur UK: /kənˈkɜːʳ/ US: /-ˈkɝː/ *v* [T, I] *(form)* ⇒coincidir ⇒comulgar

concurrent UK: /kənˈkʌr.ᵊnt/ US: /-ˈkɝː-/ *adj* ⇒coincidente ⇒simultáneo,a

†**condemn** /kənˈdem/ *v* [T] **1** ⇒condenar ⇒desaprobar **2** ⇒declarar en ruina ■ PRON. La última *n* no se pronuncia

PHRASAL VERBS

· **to condemn *sb* to {sth/do *sth*}** **1** *(un castigo)* ⇒condenar **2** *(un sufrimiento)* ⇒obligar a alguien a algo ⇒condenar a alguien a algo

condensation UK: /ˌkɒn.denˈseɪ.ʃᵊn/ US: /ˌkɑːn-/ *n* [U] ⇒condensación

condense /kənˈdents/ [condensed, condensing] ▌*v* [T, I] **1** *(un gas, un líquido)* ⇒condensar(se) ▌*v* [T] **2** ⇒resumir: *to condense a speech* - resumir un discurso

† **condition**[1] /kən'dɪʃ.ən/ ▮ *n* [U, NO PL] **1** ⇒situación ⇒estado ▮ *n* [C] **2** ⇒requerimiento ⇒condición **3** ⇒enfermedad ⇒afección **4 out of ~** ⇒en baja forma

condition[2] /kən'dɪʃ.ən/ *v* [T] **1** *(un comportamiento)* ⇒condicionar ⇒influir ▪ CONSTR. 1. to condition + to do sth 2. Se usa más en pasiva **2** *(el pelo)* ⇒acondicionar

conditional[1] /kən'dɪʃ.ən.əl/ *adj* **1** ⇒condicional **2 to be ~ {on/upon} *sth*** ⇒estar supeditado,da a algo ⇒estar condicionado,da a algo

conditional[2] /kən'dɪʃ.ən.əl/ **the ~** *(en gramática)* ⇒el condicional ▪ El condicional se usa para expresar acciones que dependen de que suceda algo más ▪ Ver cuadro en página siguiente y ver cuadro **verb tenses**

conditioning /kən'dɪʃ.ən.ɪŋ/ *n* [U] **1** ⇒condicionamiento **2 air ~** ⇒aire acondicionado

conditions /kən'dɪʃ.ənz/ *n* [PL] ⇒condiciones ⇒circunstancias

condo UK: /'kɒn.dəʊ/ US: /'kɑːn.doʊ/ *US n* [C] *(inform)* See **condominium**

condolence UK: /kən'dəʊ.lənts/ US: /-'doʊ-/ *n* [C, U] **1** ⇒condolencia ⇒pésame **2** *My condolences* - Te acompaño en el sentimiento

condom UK: /'kɒn.dɒm/ US: /'kɑːn.dəm/ (*US tb* **rubber**) *n* [C] ⇒preservativo ⇒condón

condominium UK: /ˌkɒn.də'mɪn.i.əm/ US: /ˌkɑːn-/ *n* [C] **1** (*US tb* **condo**) ⇒apartamento en condominio **2** (*US tb* **condo**) *(edificio)* ⇒condominio AMÉR. **3** ⇒país gobernado por otros dos o más países

condone UK: /kən'dəʊn/ US: /-'doʊn/ [condoned, condoning] *v* [T] **1** ⇒perdonar ⇒excusar **2** ⇒aceptar ⇒aprobar

condor UK: /'kɒn.dɔːʳ/ US: /'kɑːn.dɔːr/ *n* [C] *(ave rapaz)* ⇒cóndor

conducive UK: /kən'djuː.sɪv/ US: /-'duː-/ *adj* **1** ⇒propicio,cia **2** *This music is conducive to sleep* - Esta música invita al sueño

conduct[1] UK: /'kɒn.dʌkt/ US: /'kɑːn-/ *n* [U] **1** ⇒conducta ⇒comportamiento **2** *(form)* ⇒gestión

conduct[2] /kən'dʌkt/ ▮ *v* [T] **1** ⇒realizar ⇒llevar a cabo **2** ⇒conducir ⇒transmitir ▮ *v* [T, I] **3** ⇒dirigir: *Who conducts the school orchestra?* - ¿Quién dirige la orquesta del colegio? **4 to ~ *oneself*** ⇒comportarse

conductor UK: /kən'dʌk.təʳ/ US: /-tɚ/ *n* [C] **1** ⇒director,-a de orquesta **2** *(en un transporte)* ⇒revisor,-a ⇒cobrador,-a [de billetes] ▪ Distinto de *driver* (conductor) **3** *(material)* ⇒conductor ▪ PRON. La *u* se pronuncia como en el término inglés *sun*

cone UK: /kəʊn/ US: /koʊn/ *n* [C] **1** *(forma)* ⇒cono **2** ⇒cucurucho ⇒cono **3** *(de un pino o un abeto)* ⇒piña

confectionery UK: /kən'fek.ʃən.ri/ US: /-er.i/ *UK n* [U] ⇒repostería

confer UK: /kən'fɜːʳ/ US: /-'fɝː/ [conferred, conferring] ▮ *v* [I] **1** ⇒discutir ⇒deliberar ⇒consultar ▮ *v* [T] **2** *(form)* ⇒conceder ⇒otorgar

† **conference** UK: /'kɒn.fər.ənts/ US: /'kɑːn.fɚ-/ *n* [C] **1** ⇒conferencia ⇒congreso **2** ⇒reunión

† **confess** /kən'fes/ [confesses] *v* [T, I] **1** ⇒confesar ⇒admitir ▪ CONSTR. to confess to + doing sth **2** *(en religión)* ⇒confesar

confession /kən'feʃ.ən/ *n* [C, U] ⇒confesión

confide /kən'faɪd/ [confided, confiding] *v* [T, I] ⇒revelar ⇒confiar ▪ CONSTR. to confide + that

PHRASAL VERBS

- **to confide in *sb*** ⇒confiar en alguien ⇒fiarse de alguien

† **confidence** UK: /'kɒn.fɪ.dənts/ US: /'kɑːn-/ ▮ *n* [U] **1** ⇒confianza: *You lack confidence* - Te falta confianza ▮ *n* [C] **2** ⇒secreto ⇒confidencia **3 in ~** ⇒en confianza **4 to have ~ in *sb*** ⇒fiarse de alguien ⇒tener confianza en alguien ▪ Distinto de *secret* (confidencia)

confident UK: /'kɒn.fɪ.dənt/ US: /'kɑːn-/ *adj* **1** ⇒seguro,ra de sí mismo,ma **2 to be ~ {of *sth*/that}** ⇒estar seguro,ra de ▪ Distinto de *confidant* e *informer* (confidente)

† **confidential** UK: /ˌkɒn.fɪ'den.tʃəl/ US: /ˌkɑːn-/ *adj* ⇒confidencial: *a confidential document* - un documento confidencial

confidently UK: /'kɒn.fɪ.dənt.li/ US: /'kɑːn-/ *adv* ⇒con seguridad

† **confine** /kən'faɪn/ [confined, confining] *v* [T] **1** ⇒encerrar ⇒confinar ▪ CONSTR. Se usa más en pasiva **2 to be confined to bed** ⇒tener que guardar cama

confines UK: /'kɒn.faɪnz/ US: /'kɑːn-/ *n* [PL] ⇒confines ⇒límites

† **confirm** UK: /kən'fɜːm/ US: /-'fɝːm/ *v* [T] **1** ⇒confirmar ⇒ratificar ⇒constatar **2** *(en religión)* ⇒confirmarse

confirmation UK: /ˌkɒn.fə'meɪ.ʃən/ US: /ˌkɑːn.fɚ-/ *n* [C, U] **1** ⇒confirmación ⇒comprobación **2** *(en religión)* ⇒confirmación

confiscate UK: /'kɒn.fɪ.skeɪt/ US: /'kɑːn-/ [confiscated, confiscating] *v* [T] ⇒confiscar: *to confiscate sth from sb* - confiscar algo a alguien

† **conflict** UK: /'kɒn.flɪkt/ US: /'kɑːn-/ *n* [C, U] ⇒conflicto: *to come into conflict* - entrar en conflicto

conform UK: /kən'fɔːm/ US: /-'fɔːrm/ *v* [I] ⇒comportarse [correctamente] ▪ Distinto de *to make up* (conformar)

PHRASAL VERBS

- **to conform {to/with} *sth*** **1** ⇒seguir algo ⇒atenerse a algo **2** ⇒ajustarse a algo: *Does it conform to our requirements?* - ¿Se ajusta a los requisitos?

C

conditional

• El primer condicional

	oración condicional	oración principal
If	presente	**"will" / "can" / "may" / "might" / "must"** + verbo principal

· ***If*** *you need help, you can call me.*
(Si necesitas ayuda, puedes llamarme.)

Se utiliza:

– Para describir situaciones reales o probables en el futuro:

· *If we play music too loudly, it will disturb the neighbours.*
(Si ponemos la música muy alta molestará a los vecinos.)

– Para dar avisos, consejos o hacer promesas:

· *If I don't call my mother, she might worry.*
(Si no llamo a mi madre, podría preocuparse.)

• El segundo condicional

	oración condicional	oración principal
If	pasado	**"would" / "could" / "might"** + verbo principal

· ***If*** *I had a plane, I would travel around the world.*
(Si tuviera un avión, viajaría por todo el mundo.)

Se utiliza para referirse a situaciones en el presente o en el futuro que son improbables o imaginadas:

· *What would you do if you were me?*
(¿Qué harías si fueras yo?)

• El tercer condicional

	oración condicional	oración principal
If	pasado perfecto	**"would have" / "could have" / "might have"** + verbo principal

· ***If*** *we hadn't got lost we would have arrived on time.*
(Si no nos hubiéramos perdido, habríamos llegado a tiempo.)

Se utiliza para referirse a situaciones posibles del pasado que no han sucedido:

· *If you had made the reservations, we could have slept in that hotel.*
(Si hubieras hecho las reservas, podríamos haber dormido en ese hotel.)

• Condicional mixto

	oración condicional	oración principal
If	pasado perfecto	**would / might + be**

· ***If*** *we hadn't taken the shortcut, we would still be walking now.*
(Si no hubiéramos cogido el atajo, todavía seguiríamos caminando.)

Se utiliza para referirse a situaciones posibles del pasado que no han sucedido y a su hipotético impacto en el presente o en el futuro.

† **confront** /kən'frʌnt/ *v* [T] **1** ⇒confrontar: *They confronted him with the witnesses* - Lo confrontaron con los testigos **2** ⇒hacer frente ⇒afrontar **3 to be confronted {by/with}** ***sth*** ⇒enfrentar(se) a algo

† **confuse** /kən'fjuːz/ [confused, confusing] *v* [T] **1** ⇒desconcertar ⇒confundir **2** ⇒despistar ⇒confundir ■ PRON. La *u* se pronuncia como *you*

confused /kən'fjuːzd/ *adj* ⇒confuso,sa ■ PRON. La *e* no se pronuncia y la *u* se pronuncia como *you*

confusing /kən'fjuː.zɪŋ/ *adj* **1** ⇒confuso,sa ⇒lioso,sa **2** *How confusing!* - ¡Qué lío!

confusion /kən'fjuː.ʒᵊn/ ▮ *n* [C, U] **1** ⇒desbarajuste ⇒confusión ▮ *n* [U] **2** ⇒confusión ⇒equivocación **3** *(situación)* ⇒lío ⇒confusión ⇒caos ■ PRON. La *u* se pronuncia como *you*

congeal /kən'dʒɪəl/ *v* [I] ⇒coagular(se) ⇒cuajar

congenial /kən'dʒiː.ni.əl/ *adj* **1** *(form)* ⇒cordial ⇒gentil **2** *(form)* ⇒placentero,ra ⇒agradable

congenital UK: /kən'dʒen.ɪ.tᵊl/ US: /-ˁţ[ə]l/ *adj* **1** ⇒congénito,ta **2** ⇒contumaz ⇒compulsivo,va

congested /kən'dʒes.tɪd/ *adj* ⇒congestionado,da

conglomerate UK: /kən'glɒm.ᵊr.ət/ US: /-'glɑː.mɚ-/ *n* [C] ⇒grupo empresarial

† **congratulate** /kən'græt.jʊ.leɪt/ [congratulated, congratulating] *v* [T] ⇒felicitar: *I congratulate you on your new job* - Te felicito por tu nuevo trabajo ■ PRON. La *u* se pronuncia como *you*

congratulations /kən,græt.jʊ'leɪ.ʃᵊnz/ *excl* ⇒¡felicidades! ⇒¡enhorabuena! ■ PRON. La *u* se pronuncia como *you*

congregate UK: /'kɒŋ.grɪ.geɪt/ US: /'kɑːŋ-/ [congregated, congregating] *v* [I] ⇒congregarse ⇒reunirse

† **congress** *n* [NO PL] **1** ⇒congreso ⇒conferencia **2 Congress** *US* ⇒congreso ■ El Congreso de EE. UU. está formado por la Cámara de Representantes y el Senado ■ Por ser un nombre colectivo se puede usar con el verbo en singular o en plural

conical UK: /'kɒn.ɪ.kᵊl/ US: /'kɑː.nɪ-/ *adj* ⇒cónico,ca

conifer UK: /'kɒn.ɪ.fəʳ/ US: /'kɑː.nɪ.fɚ/ *n* [C] *(en botánica)* ⇒conífera

conjecture UK: /kən'dʒek.tʃəʳ/ US: /-tʃɚ/ *n* [C, U] ⇒conjetura

† **conjunction** /kən'dʒʌŋk.ʃᵊn/ *n* [C] **1** ⇒conjunción **2 in ~ with** ***sth/sb*** ⇒conjuntamente con

conjure UK: /'kʌn.dʒəʳ/ US: /-dʒɚ/ [conjured, conjuring] *v* [T] ⇒hacer aparecer: *He conjured a coin out of her ear* - Hizo aparecer una moneda de su oreja

PHRASAL VERBS

· **to conjure** ***sth*** **up [M] 1** ⇒evocar: *That sound conjures up pleasant memories* - Este sonido me evoca bellos recuerdos **2** ⇒visualizar ⇒imaginarse **3** *(una comida)* ⇒preparar algo [rápidamente]

con man [*pl* con men] *n* [C] See **con artist**

† **connect** /kə'nekt/ ▮ *v* [T, I] **1** ⇒conectar ⇒unir **2** *(un transporte público)* ⇒enlazar ⇒conectar **3** *v* [I] ⇒relacionar ⇒asociar **4** ⇒conectar [por teléfono]

connected /kə'nek.tɪd/ *adj* ⇒conectado,da ⇒unido,da ⇒relacionado,da ■ PRON. La última *e* se pronuncia como la *i* en *did*

connection /kə'nek.ʃᵊn/ ▮ *n* [C, U] **1** ⇒conexión ⇒relación **2** ⇒conexión [a internet] ▮ *n* [C] **3** *(en transporte público)* ⇒enlace **4 in ~ with** ⇒con respecto a **5 to have connections** ⇒tener enchufe *col.*

connoisseur UK: /ˌkɒn.ə'sɜːʳ/ US: /ˌkɑː.nə'sɝː/ *n* [C] ⇒entendido,da ⇒experto,ta ■ PRON. *oi* se pronuncia como la *a* en el adverbio inglés *ago* y *sseur* rima con el término inglés *her*

conquer UK: /'kɒŋ.kəʳ/ US: /'kɑːŋ.kɚ/ *v* [T] **1** ⇒conquistar ⇒invadir **2** *(un problema)* ⇒dominar ⇒vencer ■ PRON. La *qu* se pronuncia como una *k* y *quer* rima con el término inglés *her*

conquest UK: /'kɒŋ.kwest/ US: /'kɑːŋ-/ *n* [C, U] ⇒conquista ■ PRON. La *qu* se pronuncia como en *queen*

† **conscience** UK: /'kɒn.*t*ʃᵊn*t*s/ US: /'kɑːn-/ *n* [C, U] ⇒conciencia: *to have a clear conscience* - tener la conciencia tranquila; *He had a guilty conscience* - Le remordía la conciencia

conscientious UK: /ˌkɒn.*t*ʃi'en*t*.ʃəs/ US: /ˌkɑːn-/ *adj* **1** ⇒concienzudo,da **2 ~ objector** ⇒objetor de conciencia

† **conscious** UK: /'kɒn.*t*ʃəs/ US: /'kɑːn-/ *adj* **1** ⇒consciente ⇒despierto,ta **2** ⇒consciente ⇒deliberado,da **3** *to be conscious of sth* - ser consciente de algo

consciousness UK: /'kɒn.*t*ʃə.snəs/ US: /'kɑːn-/ ▮ *n* [U] **1** ⇒consciencia ⇒conocimiento ▮ *n* [NO PL] **2** ⇒conciencia

conscript UK: /'kɒn.skrɪpt/ US: /'kɑːn-/ *n* [C] ⇒recluta

consecrate UK: /'kɒn*t*.sɪ.kreɪt/ US: /'kɑːn*t*-/ [consecrated, consecrating] *v* [T] ⇒consagrar

† **consecutive** UK: /kən'sek.jʊ.tɪv/ US: /-ˁţɪv/ *adj* ⇒consecutivo,va ■ PRON. La *u* se pronuncia como *you*

† **consensus** /kən'sen*t*.səs/ *n* [U, NO PL] ⇒consenso: *to reach a consensus* - alcanzar un consenso

consent[1] /kən'sent/ *n* [U] ⇒consentimiento: *I gave my consent for them to go ahead* - Di mi consentimiento para que continuaran

consent[2] /kən'sent/ *v* [I] ⇒condescender ⇒consentir ⇒acceder ■ CONSTR. to consent + to do sth

† **consequence** UK: /'kɒn*t*.sɪ.kwən*t*s/ US: /'kɑːn*t*-/ *n* [C] ⇒consecuencia

consequent UK: /'kɒn*t*.sɪ.kwənt/ US: /'kɑːn*t*-/ *adj* *(form)* ⇒consiguiente ■ Distinto de *consistent* (consecuente)

C

C

consequently UK: /ˈkɒnt.sɪ.kwənt.li/ US: /ˈkɑːnt-/ *adv (form)* ⇒en consecuencia ⇒por consiguiente

conservation UK: /ˌkɒnt.səˈveɪ.ʃᵊn/ US: /ˌkɑːnt.sɚ-/ *n* [U] **1** ⇒conservación ⇒preservación **2** ⇒conservación ⇒ahorro ■ PRON. *vation* rima con *station*

† **conservative** UK: /kənˈsɜː.və.tɪv/ US: /-ˈsɝː.və.ˤt̬ɪv/ *adj* **1** ⇒conservador,-a **2** *(un cálculo)* ⇒prudente ⇒cauteloso,sa

conservatory UK: /kənˈsɜː.və.tri/ US: /-ˈsɝː.və.tɔː.ri/ [*pl* conservatories] *n* [C] **1** ⇒habitación acristalada de una casa ⇒solárium **2** ⇒conservatorio [de música o de arte]

conserve UK: /kənˈsɜːv/ US: /-ˈsɝːv/ [conserved, conserving] *v* [T] **1** ⇒ahorrar: *to conserve energy* - ahorrar energía **2** ⇒proteger ⇒preservar

† **consider** UK: /kənˈsɪd.əʳ/ US: /-ɚ/ *v* [T] **1** ⇒considerar ⇒estudiar ⇒reflexionar ■ CONSTR. to consider + doing sth **2** ⇒juzgar ⇒considerar

† **considerable** UK: /kənˈsɪd.ᵊr.ə.bl̩/ US: /-ɚ-/ *adj* ⇒considerable ■ PRON. La *a* se pronuncia como en el adverbio inglés *ago*

considerate UK: /kənˈsɪd.ᵊr.ət/ US: /-ɚ-/ *adj* ⇒considerado,da ⇒atento,ta ■ PRON. La *a* se pronuncia como en el adverbio inglés *ago*

consideration /kənˌsɪd.əˈreɪ.ʃᵊn/ ▮ *n* [C] **1** ⇒importancia ⇒interés ▮ *n* [U] **2** ⇒consideración ⇒estudio ⇒reflexión **3** ⇒deferencia ⇒consideración **4 to be under ~** ⇒estar siendo estudiado,da ⇒ser objeto de estudio **5 to take *sth* into ~** ⇒tener en cuenta

considering UK: /kənˈsɪd.ᵊr.ɪŋ/ US: /-ɚ-/ *conj, prep* **1** ⇒considerando ⇒teniendo en cuenta **2** *She is very agile, considering her age* - Está muy ágil para su edad

consign /kənˈsaɪn/

PHRASAL VERBS

- **to consign *sth/sb* to *sth*** 1 *(form)* ⇒deshacerse de **2** ⇒abandonar a: *The child was consigned to an orphanage* - El niño fue abandonado en un orfanato **3** ⇒relegar a: *an actor consigned to oblivion* - un actor relegado al olvido ■ Distinto de *to record* y *to set aside* (consignar) ■ PRON. *sign* rima con el término inglés *mine*

consist /kənˈsɪst/

PHRASAL VERBS

- **to consist in *sth*** *(form)* ⇒tratar(se) de ⇒consistir en
- **to consist of *sth*** ⇒consistir en ⇒constar de

consistency /kənˈsɪs.tᵊnt.si/ ▮ *n* [U] **1** ⇒consistencia ⇒regularidad ▮ *n* [C, U] **2** ⇒consistencia [de un líquido]

† **consistent** /kənˈsɪs.tᵊnt/ *adj* **1** ⇒coherente ⇒consecuente **2 to be ~ with *sth*** *(form)* ⇒estar en concordancia con algo ■ Distinto de *firm* y *solid* (consistente)

consolation UK: /ˌkɒn.səˈleɪ.ʃᵊn/ US: /ˌkɑːn-/ *n* [C, U] ⇒consuelo ■ PRON. *lation* rima con *station*

console¹ UK: /kənˈsəʊl/ US: /-ˈsoʊl/ [consoled, consoling] *v* [T] ⇒consolar

console² UK: /ˈkɒn.səʊl/ US: /-soʊl/ *n* [C] *(en informática)* ⇒consola

consolidate UK: /kənˈsɒl.ɪ.deɪt/ US: /-ˈsɑː.lɪ-/ [consolidated, consolidating] ▮ *v* [T, I] **1** ⇒afianzar ⇒consolidar ▮ *v* [I] **2** *(un grupo, una empresa)* ⇒consolidar(se) ⇒fusionar(se)

consolidation UK: /kənˌsɒl.ɪˈdeɪ.ʃᵊn/ US: /-ˌsɑː.lɪ-/ *n* [U] *(de un grupo, de una empresa)* ⇒consolidación

† **consonant** UK: /ˈkɒn.sə.nənt/ US: /ˈkɑːn-/ *n* [C] ⇒consonante

consortium UK: /kənˈsɔː.ti.əm/ US: /-ˈsɔːr.ˤt̬i-/ [*pl* consortia, consortiums] *n* [C] ⇒consorcio

conspicuous /kənˈspɪk.ju.əs/ *adj* **1** ⇒notable ⇒llamativo,va **2 to be ~ by its absence** ⇒brillar por su ausencia *col.*

† **conspiracy** /kənˈspɪr.ə.si/ [*pl* conspiracies] *n* [C, U] ⇒conspiración

conspire UK: /kənˈspaɪəʳ/ US: /-ˈspaɪr/ [conspired, conspiring] *v* [I] **1** ⇒conspirar: *to conspire against sb* - conspirar contra alguien ■ CONSTR. to conspire + to do sth **2** ⇒volverse en contra

constable UK: /ˈkʌnt.stə.bl̩/ US: /ˈkɑːnt-/ *n* [C] ⇒policía [agente] ■ PRON. La *a* se pronuncia como en el adverbio inglés *ago*

† **constant** UK: /ˈkɒnt.stᵊnt/ US: /ˈkɑːnt-/ *adj* **1** ⇒continuo,nua ⇒constante **2** ⇒leal ⇒fiel

constantly UK: /ˈkɒnt.stᵊnt.li/ US: /ˈkɑːnt-/ *adv* ⇒constantemente

constellation UK: /ˌkɒnt.stəˈleɪ.ʃᵊn/ US: /ˌkɑːnt-/ *n* [C] ⇒constelación ■ PRON. *llation* rima con *station*

constipated UK: /ˈkɒnt.stɪ.peɪ.tɪd/ US: /ˈkɑːnt.stɪ.peɪ.ˤt̬ɪd/ *adj* ⇒estreñido,da ■ Distinto de *to have a cold* (estar constipado,da) ■ PRON. La *e* se pronuncia como la *i* en *did*

constipation UK: /ˌkɒnt.stɪˈpeɪ.ʃᵊn/ US: /ˌkɑːnt-/ *n* [U] ⇒estreñimiento ■ Distinto de *cold* (constipado) ■ PRON. *pation* rima con *station*

† **constituency** /kənˈstɪt.ju.ənt.si/ [*pl* constituencies] *n* [C] ⇒distrito electoral

constituent /kənˈstɪt.ju.ənt/ *n* [C] **1** ⇒componente **2** ⇒elector,-a

† **constitute** UK: /ˈkɒn.stɪ.tjuːt/ US: /ˈkɑːn.stɪ.tuːt/ [constituted, constituting] *v* [T] **1** ⇒constituir **2** ⇒componer ⇒integrar

† **constitution** UK: /ˌkɒnt.stɪˈtjuː.ʃᵊn/ US: /ˌkɑːnt.stɪˈtuː-/ *n* [C] **1** *(en derecho)* ⇒constitución ⇒estatuto **2** *(de una persona)* ⇒constitución

constitutional UK: /ˌkɒnt.stɪˈtjuː.ʃᵊn.ᵊl/ US: /ˌkɑːnt.stɪˈtuː-/ *adj* ⇒constitucional

constraint /kən'streɪnt/ *n* [c] ⇒limitación ⇒restricción ⇒constricción

constrict /kən'strɪkt/ ▌*v* [T] **1** ⇒coartar ⇒constreñir ▌*v* [T, I] **2** ⇒apretar(se) ⇒constreñir(se)

† **construct** /kən'strʌkt/ *v* [T] ⇒construir: *to construct a bridge* - construir un puente ■ Se usa más *build* ■ PRON. La *u* se pronuncia como en el término inglés *sun*

construction /kən'strʌk.ʃən/ ▌*n* [U] **1** *(actividad)* ⇒construcción ▌*n* [c] **2** *(obra)* ⇒construcción ⇒edificio ■ PRON. La *u* se pronuncia como en el término inglés *sun*

construe /kən'stru:/ [construed, construing] *v* [T] ⇒interpretar

consul UK: /'kɒnt.səl/ US: /'kɑ:nt-/ *n* [c] ⇒cónsul

consulate UK: /'kɒn.sjʊ.lət/ US: /'kɑ:n.sjə-/ *n* [c] ⇒consulado ■ PRON. La *a* se pronuncia como en el adverbio inglés *ago*

† **consult** /kən'sʌlt/ ▌*v* [T] **1** ⇒consultar ▌*v* [T, I] **2** *(un asunto)* ⇒tratar ⇒consultar ■ PRON. La *u* se pronuncia como en el término inglés *sun*

consultant /kən'sʌl.tənt/ *n* [c] **1** ⇒asesor,-a ⇒consultor,-a **2** *UK* ⇒especialista [médico] ■ PRON. La *u* se pronuncia como en el término inglés *sun*

† **consume** UK: /kən'sju:m/ US: /-'su:m/ [consumed, consuming] *v* [T] **1** ⇒consumir ⇒utilizar ⇒gastar **2** *(form)* ⇒consumir ⇒ingerir **3 to be consumed {by/with} *sth*** *Vincent was consumed with jealousy* - A Vincent le consumían los celos ■ PRON. La *u* se pronuncia como *you*

consumer UK: /kən'sju:.mər/ US: /-'su:.mə/ *n* [c] **1** ⇒consumidor,-a **2** *consumer society* - sociedad de consumo

consumerism UK: /kən'sju:.mə.rɪ.zəm/ US: /-'su:.mə.ɪ-/ *n* [U] ⇒consumismo

consummate¹ UK: /'kɒn.sjʊ.meɪt/ US: /'kɑ:n.sə-/ [consummated, consummating] *v* [T] **1** *(el matrimonio)* ⇒consumar **2** ⇒culminar ⇒cumplir

consummate² UK: /'kɒn.sə.mət/ US: /'kɑ:n-/ *adj* *(form)* ⇒consumado,da ⇒experto,ta

consumption /kən'sʌmp.ʃən/ *n* [U] **1** ⇒consumo ⇒compra **2** ⇒consumo ⇒uso ⇒gasto **3** ⇒consumición ■ PRON. La *u* se pronuncia como en el término inglés *sun*

† **contact¹** UK: /'kɒn.tækt/ US: /'kɑ:n-/ ▌*n* [U] **1** ⇒contacto [físico] **2** ⇒trato ⇒contacto ▌*n* [c] **3** ⇒enchufe *col.;* ⇒contacto **4** See **contact lens**

† **contact²** UK: /'kɒn.tækt/ US: /'kɑ:n-/ *v* [T] ⇒ponerse en contacto ⇒contactar

contact lens [*pl* contact lenses] (*tb* **contact**) *n* [c] ⇒lente de contacto ⇒lentilla

contagious /kən'teɪ.dʒəs/ *adj* ⇒contagioso,sa: *a highly contagious disease* - una enfermedad muy contagiosa ■ PRON. *ta* rima con *day* y la *i* no se pronuncia

† **contain** /kən'teɪn/ *v* [T] **1** ⇒contener **2** ⇒controlar ⇒contener(se) ■ CONSTR. Se usa más como reflexivo

container UK: /kən'teɪ.nər/ US: /-nə/ *n* [c] **1** ⇒contenedor ⇒recipiente **2** *(para el transporte)* ⇒contenedor

contaminate /kən'tæm.ɪ.neɪt/ [contaminated, contaminating] *v* [T] ⇒contaminar

† **contemplate** UK: /'kɒn.təm.pleɪt/ US: /'kɑ:n.ˀt̬əm-/ [contemplated, contemplating] *v* [T] **1** ⇒plantearse ⇒considerar ■ CONSTR. to contemplate + doing sth **2** ⇒contemplar

† **contemporary¹** UK: /kən'tem.pər.ər.i/ US: /-pə.rer-/ *adj* **1** ⇒contemporáneo,a **2** ⇒coetáneo,a

contemporary² UK: /kən'tem.pər.ər.i/ US: /-pə.rer-/ [*pl* contemporaries] *n* [c] ⇒coetáneo,a

† **contempt** /kən'tempt/ *n* [U] **1** ⇒desprecio **2 ~ of court** *(en derecho)* ⇒desacato al tribunal

contend /kən'tend/ *v* [T] **1** *(form)* ⇒sostener ⇒afirmar ■ CONSTR. to contend + (that) **2 to ~ for *sth*** **1** ⇒luchar por algo **2** ⇒competir por algo: *They contended for the first prize* - Compitieron por el primer premio

PHRASAL VERBS

· **to contend with *sth*** ⇒enfrentarse a algo: *to contend with a problem* - enfrentarse a un problema

content¹ UK: /'kɒn.tent/ US: /'kɑ:n-/ *n* [NO PL] **1** *(de un texto o de una película)* ⇒contenido ⇒tema **2** *(de una comida, de una materia)* ⇒contenido

content² /kən'tent/ *adj* ⇒contento,ta ⇒satisfecho,cha

contented UK: /kən'ten.tɪd/ US: /-ˀt̬ɪd/ *adj* ⇒contento,ta ⇒satisfecho,cha ■ PRON. La última *e* se pronuncia como la *i* de *did*

contention /kən'tent.ʃən/ ▌*n* [c] **1** *(form)* ⇒opinión ▌*n* [U] **2** ⇒discusión ⇒disensión **3 a bone of ~** ⇒objeto de discordia

contentious /kən'tent.ʃəs/ *adj* *(form)* ⇒polémico,ca ⇒controvertido,da

† **contents** UK: /'kɒn.tents/ US: /'kɑ:n-/ *n* [PL] ⇒contenidos ⇒materias ■ También se utiliza a menudo la forma singular *content*

contest¹ UK: /'kɒn.test/ US: /'kɑ:n-/ *n* [c] **1** ⇒concurso ⇒certamen **2** ⇒lucha ⇒contienda

contest² /kən'test/ *v* [T] **1** ⇒rebatir: *I decided to contest the decision* - Decidí rebatir la decisión **2** ⇒competir ⇒disputar **3** *(una decisión)* ⇒impugnar ■ Distinto de *to answer* (contestar)

contestant /kən'tes.tənt/ *n* [c] **1** ⇒concursante **2** ⇒contrincante

† **context** UK: /'kɒn.tekst/ US: /'kɑ:n-/ *n* [c, U] ⇒contexto

contextual /kən'tek.stju.əl/ *adj* *(form)* ⇒contextual

C

† **continent** UK: /ˈkɒn.tɪ.nənt/ US: /ˈkɑːn.ˀt̬[ə]n.ənt/ *n* [C] **1** ⇒continente **2 the Continent** *UK* ⇒Europa Continental

continental UK: /ˌkɒn.tɪˈnen.tᵊl/ US: /ˌkɑːn.ˀt̬[ə]nˈen.ˀt̬[ə]l/ *adj* ⇒continental

continental breakfast *n* [C] ⇒desayuno continental

contingency /kənˈtɪn.dʒᵊnt.si/ [*pl* contingencies] *n* [C] ⇒contingencia

contingent /kənˈtɪn.dʒᵊnt/ *n* [PL] **1** ⇒contingente [militar] **2** *(de un país, de una organización)* ⇒representación ■ Por ser un nombre colectivo se puede usar con el verbo en singular o en plural

continual /kənˈtɪn.ju.əl/ *adj* ⇒continuo,nua ■ Se usa para algo que se repite con frecuencia. Comparar con *continuous* ■ PRON. La *u* se pronuncia como *you*

continuation /kənˌtɪn.juˈeɪ.ʃᵊn/ *n* [C] ⇒continuación

† **continue** /kənˈtɪn.juː/ [continued, continuing] *v* [T, I] ⇒seguir ⇒continuar ■ CONSTR. 1. to continue + doing sth 2. to continue + to do sth ■ La forma *continued* que se utiliza en los textos como *continúa* puede ser abreviada con *cont.* ■ PRON. La última parte, *ue*, se pronuncia como en *you*

continued /kənˈtɪn.juːd/ *adj* ⇒continuo,nua ■ PRON. La *u* se pronuncia como *you* y la *e* no se pronuncia

continuity UK: /ˌkɒn.tɪˈnjuː.ɪ.ti/ US: /ˌkɑːn.t[ə]nˈuː.ə.ˀt̬i/ *n* [U] ⇒continuidad

continuous /kənˈtɪn.ju.əs/ *adj* ⇒continuo,nua ⇒constante ■ Se usa para algo que no se interrumpe. Comparar con *continual*

continuously /kənˈtɪn.ju.ə.sli/ *adv* ⇒continuamente ⇒constantemente

contort UK: /kənˈtɔːt/ US: /-ˈtɔːrt/ *v* [T, I] ⇒contorsionar(se) ⇒retorcer(se)

contour UK: /ˈkɒn.tɔːʳ/ US: /ˈkɑːn.tʊr/ *n* [C] **1** ⇒contorno ⇒silueta **2** *(en un mapa)* ⇒línea de nivel ■ PRON. La *ou* se pronuncia como *aw* en *saw*

contraband UK: /ˈkɒn.trə.bænd/ US: /ˈkɑːn-/ *n* [U] ⇒contrabando ⇒fayuca *AMÉR. col.*

contraception UK: /ˌkɒn.trəˈsep.ʃᵊn/ US: /ˌkɑːn-/ *n* [U] ⇒contracepción ■ PRON. La segunda *c* se pronuncia como una *s*

† **contract¹** UK: /ˈkɒn.trækt/ US: /ˈkɑːn-/ *n* [C] ⇒contrato: *to sign a contract* - firmar un contrato

contract² /kənˈtrækt/ ▌*v* [T] **1** *(form)* ⇒contraer: *to contract an illness* - contraer una enfermedad ▌*v* [T, I] **2** ⇒contratar

contraction /kənˈtræk.ʃᵊn/ *n* [C] ⇒contracción

contradict UK: /ˌkɒn.trəˈdɪkt/ US: /ˌkɑːn-/ *v* [T] ⇒contradecir(se): *to contradict sb* - contradecir a alguien

contradiction UK: /ˌkɒn.trəˈdɪk.ʃᵊn/ US: /ˌkɑːn-/ *n* [C, U] ⇒contradicción

contrary UK: /ˈkɒn.trə.ri/ US: /ˈkɑːn.tre-/ *adj* **1** ⇒contrario,ria ⇒opuesto,ta **2 ~ to *sth*** ⇒en contra de algo: *contrary to popular belief* - en contra de lo que se suele creer **3 on the ~** ⇒por el contrario

† **contrast¹** UK: /ˈkɒn.trɑːst/ US: /ˈkɑːn.træst/ *n* [C, U] ⇒contraste

contrast² UK: /kənˈtrɑːst/ US: /-ˈtræst/ *v* [T, I] ⇒contrastar: *This contrasts with their previous attitude* - Esto contrasta con su postura anterior

† **contribute** UK: /kənˈtrɪb.juːt/ UK: /ˈkɒn.trɪ.bjuːt/ US: /ˈkɑːn-/ [contributed, contributing] *v* [T, I] ⇒contribuir ⇒aportar ■ PRON. La *u* se pronuncia como en *you*

PHRASAL VERBS
- **to contribute to *sth*** ⇒participar en algo ⇒contribuir a algo

contribution UK: /ˌkɒn.trɪˈbjuː.ʃᵊn/ US: /ˌkɑːn-/ *n* [C] **1** *(de dinero)* ⇒contribución ⇒aportación **2** ⇒contribución ⇒ayuda ■ PRON. La *u* se pronuncia como en *you*

† **control¹** UK: /kənˈtrəʊl/ US: /-ˈtroʊl/ *n* [U] **1** ⇒control ⇒poder **2** *Who's in control?* - ¿Quién manda aquí? **3** ⇒control ⇒manejo **4** *(instrumento)* ⇒control **5** *the control panel* - los mandos **6** *(en un experimento)* ⇒control **7** ⇒restricción **8** ⇒calma **9** ⇒mando ⇒tecla **10 out of ~** ⇒descontrolado,da ⇒fuera de control

† **control²** UK: /kənˈtrəʊl/ US: /-ˈtroʊl/ [controlled, controlling] *v* [T] **1** ⇒controlar ⇒manejar **2** ⇒contener ⇒controlar

controlled *adj* **1** ⇒controlado,da **2** *(una emoción)* ⇒contenido,da

controls *n* [PL] ⇒mandos ⇒controles

controversial UK: /ˌkɒn.trəˈvɜː.ʃᵊl/ US: /ˌkɑːn.trəˈvɝː-/ *adj* ⇒controvertido,da ⇒polémico,ca

† **controversy** UK: /ˈkɒn.trə.vɜː.si/ UK: /kənˈtrɒv.ə-/ US: /ˈkɑːn.trə.vɝː-/ [*pl* controversies] *n* [C, U] ⇒controversia ⇒polémica

convene /kənˈviːn/ [convened, convening] *v* [T, I] *(form)* ⇒convocar ⇒congregar(se)

convenience /kənˈviː.ni.ənts/ ▌*n* [U] **1** ⇒conveniencia ▌*n* [C] **2** ⇒comodidad **3** *convenience food* - platos preparados

convenience store *US n* [C] *(establecimiento)* ⇒ultramarinos ⇒abarrotería *AMÉR.*

† **convenient** /kənˈviː.ni.ənt/ *adj* **1** ⇒conveniente ⇒adecuado,da ⇒oportuno,na ⇒práctico,ca **2** ⇒bien situado,da ⇒a mano *col.* **3 to be ~** ⇒convenir ⇒parecer bien

convent UK: /ˈkɒn.vənt/ US: /ˈkɑːn-/ *n* [C] **1** ⇒convento **2** *to enter a convent* - hacerse monja

† **convention** /kən'ven.tʃᵊn/ ▮ *n* [C, U] **1** ⇨convención ⇨práctica **2** *to break with convention* - salir de lo establecido ▮ *n* [C] **3** ⇨asamblea ⇨congreso **4** ⇨convención ⇨acuerdo

conventional /kən'vent.ʃᵊn.ᵊl/ *adj* **1** ⇨convencional: *a conventional lifestyle* - un estilo de vida convencional **2** ~ **wisdom** ⇨sabiduría popular

converge UK: /kən'vɜːdʒ/ US: /-'vɝːdʒ/ [converged, converging] *v* [I] **1** ⇨converger: *The lines converge at this point* - Las líneas convergen en este punto **2** ⇨coincidir ⇨unirse

† **conversation** UK: /ˌkɒn.və'seɪ.ʃᵊn/ US: /ˌkɑːn.vɚ-/ *n* [C, U] ⇨conversación: *to have a conversation with sb* - mantener una conversación con alguien

converse[1] UK: /kən'vɜːs/ US: /-'vɝːs/ [conversed, conversing] *v* [I] *(form)* ⇨conversar ⇨departir *form.*

converse[2] UK: /'kɒn.vɜːs/ UK: /kən'vɜːs/ US: /'kɑːn.vɝːs/ UK: /kən'vɝːs/ **the** ~ *(form)* ⇨lo contrario

conversion UK: /kən'vɜː.ʃᵊn/ UK: /-ʒᵊn/ US: /-'vɝː-/ ▮ *n* [C, U] **1** ⇨conversión ▮ *n* [C] **2** *(de un edificio)* ⇨reforma ⇨remodelación **3** *(en rugby)* ⇨transformación

† **convert** UK: /kən'vɜːt/ US: /-'vɝːt/ *v* [T, I] **1** ⇨transformar(se): *They converted their house into a hotel* - Transformaron su casa en un hotel **2** ⇨convertir(se): *to convert to another religion* - convertirse a otra religión

convertible[1] UK: /kən'vɜː.tɪ.bl̩/ US: /-'vɝː.ˁt̬ə-/ *adj* **1** *(en economía)* ⇨convertible **2** *(un sofá)* ⇨transformable [en cama]

convertible[2] UK: /kən'vɜː.tɪ.bl̩/ US: /-'vɝː.ˁt̬ɪ-/ *n* [C] *(un vehículo)* ⇨descapotable ⇨convertible AMÉR.

† **convey** /kən'veɪ/ *v* [T] **1** ⇨transmitir ⇨expresar **2** ⇨transportar ⇨llevar ▪ PRON. La segunda sílaba, *vey*, rima con *day*

conveyor belt *n* [C] ⇨cinta transportadora

convict[1] /kən'vɪkt/ *v* [T] *(en derecho)* ⇨condenar ⇨declarar culpable ▪ CONSTR. Se usa más en pasiva

convict[2] UK: /'kɒn.vɪkt/ US: /'kɑːn-/ *n* [C] ⇨condenado,da ⇨presidiario,ria

† **conviction** /kən'vɪk.ʃᵊn/ ▮ *n* [C, U] **1** ⇨convicción ▮ *n* [C] **2** ⇨condena

† **convince** /kən'vɪnts/ [convinced, convincing] *v* [T] ⇨convencer: *Don't try to convince me about it* - No intentes convencerme de ello ▪ CONSTR. 1. to convince + that 2. to convince + to do sth ▪ PRON. *in* se pronuncia como el término inglés *in*

† **cook**[1] /kʊk/ *v* [T, I] **1** ⇨cocinar **2** **to** ~ **the books** *(inform)* ⇨falsificar los libros de contabilidad ▪ PRON. Rima con *book*

PHRASAL VERBS
- **to cook *sth* up** [M] *(inform)* ⇨tramar ⇨inventar

cook[2] /kʊk/ *n* [C] ⇨cocinero,ra ▪ PRON. Rima con *book*

cookbook /'kʊk.bʊk/ *n* [C] ⇨libro de cocina

cooked /kʊkt/ *adj* **1** ⇨cocinado,da ⇨cocido,da **2** *cooked meal* - comida caliente ▪ PRON. La *e* no se pronuncia

cooker UK: /'kʊk.əʳ/ US: /-ɚ/ *UK* (*US* **stove**) *n* [C] *(aparato)* ⇨cocina

cookery UK: /'kʊk.ᵊr.i/ US: /-ɚ-/ *UK n* [U] ⇨cocina: *a cookery class* - una clase de cocina; *cookery books* - libros de cocina

† **cookie** /'kʊk.i/ *US n* [C] **1** (*UK* **biscuit**) ⇨galleta ⇨masita AMÉR. **2** *(inform)* ⇨tipo,pa *col.* **3** *(en informática)* ⇨cookie

cooking /'kʊk.ɪŋ/ *n* [U] **1** ⇨cocina: *Italian cooking* - la cocina italiana ▪ Se usa más *cuisine* **2** ⇨comida: *vegetarian cooking* - comida vegetariana

† **cool**[1] /kuːl/ *adj* **1** ⇨fresco,ca ▪ Indica una temperatura agradable. Comparar con *cold* **2** *(en el manejo de una situación)* ⇨sereno,na ⇨tranquilo,la **3** ⇨frío,a ⇨distante **4** *(inform)* ⇨guay *col.;* ⇨chulo,la *col.;* ⇨chévere *col.* AMÉR. **5** *(inform) (una persona)* ⇨guay *col.;* ⇨genial **6** **to {keep/stay}** ~ ⇨mantener la calma ▪ PRON. *coo* rima con *too*

cool[2] /kuːl/ *v* [T, I] ⇨enfriar(se): *Wait until the soup has cooled a little* - Espera a que se enfríe un poco la sopa

PHRASAL VERBS
- **to cool *(sb)* {down/off}** [M] **1** ⇨calmarse: *Cool down a bit, Alice* - Cálmate un poco, Alice **2** *(una relación)* ⇨enfriarse
- **to cool *(sth/sb)* {down/off}** [M] **1** ⇨refrescar: *It has cooled down a bit* - Ha refrescado un poco **2** ⇨enfriarse: *His enthusiasm cooled off quickly* - Su entusiasmo se enfrió rápidamente

coolness /'kuːl.nəs/ *n* [U] **1** ⇨frialdad **2** *(del agua, del aire)* ⇨frescor

† **cooperate** UK: /kəʊ'ɒp.ᵊr.eɪt/ US: /koʊ'ɑː.pə.reɪt/ [cooperated, cooperating] (*tb* **co-operate**) *v* [I] ⇨cooperar ⇨colaborar

cooperation UK: /kəʊˌɒp.ᵊrˈeɪ.ʃᵊn/ US: /koʊˌɑː.pəˈreɪ-/ (*tb* **co-operation**) *n* [U] ⇒cooperación ⇒colaboración

cooperative[1] UK:/kəʊˈɒp.ᵊr.ə.tɪv/US:/koʊˈɑː.pɚ.ə.ˁt̬ɪv/ *adj* **1** ⇒cooperativo,va ⇒colaborador,-a **2** *She has been very cooperative* - Ha colaborado mucho

cooperative[2] UK:/kəʊˈɒp.ᵊr.ə.tɪv/US:/koʊˈɑː.pɚ.ə.ˁt̬ɪv/ (*tb* **co-operative**) *n* [C] ⇒cooperativa ■ La forma abreviada es *co-op*

cooperatively UK: /kəʊˈɒp.ᵊr.ə.tɪv.li/ US: /koʊˈɑː.pɚ.ə.ˁt̬ɪv-/ (*tb* **co-operatively**) *adv* ⇒cooperativamente ⇒conjuntamente

coordinate UK: /kəʊˈɔː.dɪ.neɪt/ US: /koʊˈɔːr-/ [coordinated, coordinating] *v* [T] **1** ⇒coordinar **2** ⇒combinar: *She coordinates colours very well* - Combina muy bien los colores

coordinates UK: /kəʊˈɔː.dɪ.nəts/ US: /koʊˈoːr-/ (*tb* **co-ordinates**) *n* [PL] **1** *(prendas de vestir)* ⇒conjunto **2** ⇒coordenadas [de un mapa]

coordination UK: /kəʊˌɔː.dɪˈneɪ.ʃᵊn/ US: /koʊˌɔːr-/ *n* [U] **1** *(de personas)* ⇒organización ⇒coordinación **2** *(del cuerpo)* ⇒sincronización ⇒coordinación

cop UK: /kɒp/ US: /kɑːp/ *US n* [C] *(inform)* ⇒poli *col.;* ⇒madero,ra *col.;* ⇒paco,ca *AMÉR. col.*

↑**cope** UK: /kəʊp/ US: /koʊp/ [coped, coping] *v* [I] **1** ⇒arreglárselas *col.;* ⇒llevar [una situación] **2** ⇒aceptar ⇒resignarse **3** ⇒poder

copious UK: /ˈkəʊ.pi.əs/ US: /ˈkoʊ-/ *adj* ⇒copioso,sa ⇒abundante

↑**copper** UK: /ˈkɒp.əʳ/ US: /ˈkɑː.pɚ/ ▮ *n* [U] **1** ⇒cobre ▮ *n* [C] **2** *UK (inform)* ⇒poli *col.;* ⇒madero,ra *col.;* ⇒paco,ca *AMÉR. col.*

coppers *UK n* [PL] *(inform)* ⇒calderilla

↑**copy**[1] UK: /ˈkɒp.i/ US: /ˈkɑː.pi/ [*pl* copies] *n* [C] **1** ⇒copia **2** ⇒ejemplar: *How many copies do you have?* - ¿Cuántos ejemplares tenéis?

↑**copy**[2] UK: /ˈkɒp.i/ US: /ˈkɑː.pi/ [copies, copied] *v* [T] **1** ⇒copiar: *to copy a document* - copiar un documento **2** ⇒imitar: *My little brother copies everything I do* - Mi hermano pequeño imita todo lo que hago

PHRASAL VERBS
· **to copy *sth* out [M]** *UK* ⇒copiar algo [a mano en papel]

copyright UK: /ˈkɒp.i.raɪt/ US: /ˈkɑː.pi-/ *n* [C, U] ⇒derechos de autor ⇒copyright

coral UK: /ˈkɒr.əl/ US: /ˈkɔːr-/ *n* [U] ⇒coral: *She's wearing a coral bracelet* - Lleva una pulsera de coral ■ PRON. Se acentúa la primera sílaba, *co*

cord UK: /kɔːd/ US: /kɔːrd/ *n* [C, U] **1** ⇒cuerda ⇒cordón **2** *US* (*UK tb* **flex/lead**) ⇒cable [eléctrico]

cordless UK: /ˈkɔːd.ləs/ US: /ˈkɔːrd-/ *adj* ⇒inalámbrico,ca: *a cordless phone* - un teléfono inalámbrico

cordon[1] UK: /ˈkɔː.dᵊn/ US: /ˈkɔːr-/ *n* [C] ⇒cordón: *a police cordon* - un cordón policial ■ PRON. Se acentúa la primera sílaba, *cor*

cordon[2] UK: /ˈkɔː.dᵊn/ US: /ˈkɔːr-/

PHRASAL VERBS
· **to cordon *sth* off [M]** ⇒acordonar

cords UK: /kɔːdz/ US: /kɔːrdz/ *n* [PL] *(inform)* ⇒pantalón de pana: *three pairs of cords* - tres pantalones de pana

corduroy UK: /ˈkɔː.də.rɔɪ/ US: /ˈkɔːr-/ *n* [U] ⇒pana

↑**core** UK: /kɔːʳ/ US: /kɔːr/ ▮ *n* [NO PL] **1** *(de la Tierra, de un reactor nuclear)* ⇒núcleo ⇒centro **2** ⇒esencia ⇒lo esencial **3** *the core issues* - los asuntos esenciales **4** *the core business* - la actividad principal **5** *core skills* - capacidades esenciales ▮ *n* [C] **6** *(de una fruta)* ⇒corazón **7 to the ~** ⇒hasta la médula *col.;* ⇒extremadamente

coriander UK: /ˌkɒr.iˈæn.dəʳ/ US: /ˈkɔːr.i.æn.dɚ/ *n* [U] *(planta)* ⇒cilantro

cork UK: /kɔːk/ US: /kɔːrk/ ▮ *n* [U] **1** *(material)* ⇒corcho ▮ *n* [C] **2** *(de una botella)* ⇒corcho

corkscrew UK: /ˈkɔːk.skruː/ US: /ˈkɔːrk-/ *n* [C] ⇒sacacorchos: *Where is your corkscrew?* - ¿Dónde está el sacacorchos?

↑**corn** UK: /kɔːn/ US: /kɔːrn/ ▮ *n* [U] **1** *UK* (*US* **grain**) ⇒cereal ⇒grano **2** *US* (*UK* **maize**) ⇒maíz ⇒mazorca **3** *US* (*UK/US tb* **sweetcorn**) ⇒maíz tierno **4** *US (inform)* ⇒cursilería ⇒sentimentalismo ▮ *n* [C] **5** *(en el pie)* ⇒callo ⇒dureza

↑**corner**[1] UK: /ˈkɔː.nəʳ/ US: /ˈkɔːr.nɚ/ *n* [C] **1** ⇒esquina: *I'll meet you at the corner of Cross Street and Bridge Road* - Te espero en la esquina de Cross Street y Bridge Road ■ Se emplea la preposición *at* cuando se hace referencia a una zona abierta, como por ejemplo una calle **2** *(de una habitación, de una caja)* ⇒rincón ■ Se emplea la preposición *in* cuando se hace referencia a una zona cerrada, como por ejemplo una habitación **3** *(en fútbol)* ⇒saque de esquina ⇒córner **4** ⇒sitio: *a picturesque corner* - un sitio pintoresco **5 just {around/round} the ~** ⇒a la vuelta de la esquina: *Her birthday is just around the corner* - Su cumpleaños está a la vuelta de la esquina ■ PRON. La sílaba *ner* se pronuncia como en *dinner*

corner[2] UK: /ˈkɔː.nəʳ/ US: /ˈkɔːr.nɚ/ ▮ *v* [I] **1** *(conduciendo)* ⇒torcer ▮ *v* [T] **2** *(a una persona o un animal)* ⇒acorralar ⇒arrinconar **3** *(un mercado)* ⇒acaparar ■ PRON. La sílaba *ner* se pronuncia como en *dinner*

cornerstone UK: /ˈkɔː.nə.stəʊn/ US: /ˈkɔːr.nɚ.stoʊn/ *n* [C] ⇒piedra angular

cornflakes UK: /ˈkɔːn.fleɪks/ US: /ˈkɔːrn-/ *n* [PL] ⇒copos de maíz

corny UK: /ˈkɔː.ni/ US: /ˈkɔːr-/ *adj* [*comp* cornier, *superl* corniest] **1** *(inform)* ⇒malo,la: *a corny joke*

- un chiste malo **2** *(inform)* ⇨cursi ⇨sensiblero,ra

corona UK: /kəˈrəʊ.nə/ US: /-ˈroʊ-/ [*pl* coronae, coronas] *n* [C] *(en astronomía)* ⇨halo ⇨corona

coronation UK: /ˌkɒr.əˈneɪ.ʃən/ US: /ˌkɔːr-/ *n* [C] ⇨coronación ■ PRON. *nation* rima con *station*

coroner UK: /ˈkɒr.ə.nəʳ/ US: /ˈkɔːr.[ə]n.ɚ/ *n* [C] ⇨persona encargada de la investigación de muertes no naturales o repentinas

corpora UK: /ˈkɔː.pər.ə/ US: /ˈkɔːr.pɚ-/ *n* [PL] See **corpus**

corporal¹ UK: /ˈkɔː.pər.əl/ US: /ˈkɔːr.pɚ-/ *n* [C] *(en el ejército)* ⇨cabo

corporal² UK: /ˈkɔː.pər.əl/ US: /ˈkɔːr.pɚ-/ *adj (form)* ⇨corporal

↑**corporate** UK: /ˈkɔː.pər.ət/ US: /ˈkɔːr.pɚ-/ *adj* **1** ⇨corporativo,va: *corporate image* - imagen corporativa **2** ⇨colectivo,va ■ PRON. La *a* se pronuncia como en el adverbio inglés *ago*

↑**corporation** UK: /ˌkɔː.pərˈeɪ.ʃən/ US: /ˌkɔːr.pəˈreɪ-/ *n* [C] **1** ⇨corporación ⇨grupo empresarial **2** *UK* ⇨ayuntamiento ■ Por ser un nombre colectivo se puede usar con el verbo en singular o en plural ■ La forma abreviada es *Corp.*

corps UK: /kɔːʳ/ US: /kɔːr/ [*pl* corps] *n* [C] **1** *(en el ejército)* ⇨cuerpo **2** ⇨colectivo ⇨cuerpo ■ Por ser un nombre colectivo se puede usar con el verbo en singular o en plural ■ PRON. No se pronuncia *ps*. Rima con la conjunción inglesa *or*

↑**corpse** UK: /kɔːps/ US: /kɔːrps/ *n* [C] ⇨cadáver

corpus UK: /ˈkɔː.pəs/ US: /ˈkɔːr-/ [*pl* corpora, corpuses] *n* [C] **1** ⇨corpus **2** ⇨obra ⇨bibliografía

↑**correct¹** /kəˈrekt/ *adj* **1** *(verdadero, preciso)* ⇨correcto,ta **2** *(una vestimenta, una manera, un habla)* ⇨apropiado,da ⇨adecuado,da ⇨correcto,ta **3** *to be correct* - tener razón

correct² /kəˈrekt/ *v* [T] ⇨corregir: *to correct an exercise* - corregir un ejercicio

correction /kəˈrek.ʃən/ *n* [C, U] **1** ⇨corrección **2** ⇨rectificación

correctly /kəˈrekt.li/ *adv* ⇨correctamente

correlation UK: /ˌkɒr.əˈleɪ.ʃən/ US: /ˌkɔːr-/ *n* [C] ⇨correlación ■ PRON. *lation* rima con *station*

↑**correspond** UK: /ˌkɒr.ɪˈspɒnd/ US: /ˌkɔːr.ɪˈspɑːnd/ *v* [I] **1** *(form)* ⇨cartearse **2** ⇨corresponderse ⇨concordar

correspondence UK: /ˌkɒr.ɪˈspɒn.dənts/ US: /ˌkɔːr.ɪˈspɑːn-/ ▌*n* [U] **1** ⇨correo ⇨correspondencia ▌*n* [C, U] **2** ⇨correspondencia ⇨conexión ⇨relación

↑**correspondent** UK: /ˌkɒr.ɪˈspɒn.dənt/ US: /ˌkɔːr.ɪˈspɑːn-/ *n* [C] ⇨corresponsal: *our correspondent in Moscow* - nuestro corresponsal en Moscú ■ Distinto de *corresponding* (correspondiente)

corresponding UK: /ˌkɒr.ɪˈspɒn.dɪŋ/ US: /ˌkɔːr.ɪˈspɑːn-/ *adj* ⇨correspondiente ■ Distinto de *correspondent* (corresponsal)

↑**corridor** UK: /ˈkɒr.ɪ.dɔːʳ/ US: /ˈkɔːr.ɪ.dɚ/ *n* [C] *(entre paredes)* ⇨pasillo

corrugated UK: /ˈkɒr.ə.geɪ.tɪd/ US: /ˈkɔːr.ə.geɪ.ˤţɪd/ *adj (un metal o un trozo de papel)* ⇨ondulado,da

↑**corrupt¹** /kəˈrʌpt/ *adj* **1** ⇨corrupto,ta ⇨deshonesto,ta **2** ⇨corrupto,ta ⇨dañado,da ■ PRON. La *u* se pronuncia como el término inglés *sun*

corrupt² /kəˈrʌpt/ *v* [T] **1** ⇨corromper: *to corrupt sb* - corromper a alguien ■ CONSTR. Se usa más en pasiva **2** ⇨dañar ⇨estropear ■ PRON. La *u* se pronuncia como el término inglés *sun*

cos (lettuce) *UK n* [C] ⇨lechuga romana ■ PRON. La segunda sílaba de *lettuce*, *tuce*, rima con *kiss*

cosmetic UK: /kɒzˈmet.ɪk/ US: /kɑːzˈmeˤţ-/ *adj* **1** ⇨cosmético,ca: *a cosmetic cream* - una crema cosmética **2** *(la realidad)* ⇨disfrazado,da ⇨maquillado,da

cosmetics UK: /kɒzˈmet.ɪks/ US: /kɑːzˈmeˤţ-/ *n* [PL] ⇨cosmético

cosmopolitan UK: /ˌkɒz.məˈpɒl.ɪ.tən/ US: /ˌkɑːz.məˈpɑː.lɪ.ˤţ[ə]n/ *adj* ⇨cosmopolita

↑**cost¹** UK: /kɒst/ US: /kɑːst/ *n* [C, U] **1** ⇨coste ⇨precio **2** *to buy sth at cost* - comprar algo a precio de coste **3 at all costs** ⇨como sea ⇨a cualquier precio

↑**cost², cost, cost** UK: /kɒst/ US: /kɑːst/ *v* [T] ⇨costar: *It cost him a fortune* - Le costó un dineral; *How much does this cost?* - ¿Cuánto cuesta esto? ■ CONSTR. 1. to cost + to do sth 2. to cost + dos objetos

cost³ UK: /kɒst/ US: /kɑːst/ *v* [T] ⇨presupuestar ⇨calcular costes ■ En esta acepción, el pasado y el participio tienen forma regulares

co-star UK: /ˈkəʊ.stɑːʳ/ US: /ˈkoʊ.stɑːr/ *n* [C] *(en el cine o el teatro)* ⇨coprotagonista

Costa Rica UK: /ˌkɒs.təˈriː.kə/ US: /ˌkɑː.stə-/ *n* [U] ⇨Costa Rica

Costa Rican UK: /ˌkɒs.təˈriː.kən/ US: /ˌkɑː.stə-/ *adj, n* [C] ⇨costarricense

costly UK: /ˈkɒst.li/ US: /ˈkɑːst-/ *adj* [*comp* costlier, *superl* costliest] ⇨costoso,sa ⇨caro,ra

↑**costume** UK: /ˈkɒs.tjuːm/ US: /ˈkɑː.stuːm/ *n* [C, U] **1** *(en un espectáculo o en una película)* ⇨vestuario **2** ⇨traje típico ⇨traje regional **3** *(para una fiesta)* ⇨disfraz **4** *(tb* **bathing costume***)* *UK (old-fash)* ⇨bañador

↑**cosy** UK: /ˈkəʊ.zi/ US: /ˈkoʊ-/ *UK* (*US* **cozy**) *adj* [*comp* cosier, *superl* cosiest] ⇨acogedor,-a ⇨cómodo,da

cot UK: /kɒt/ US: /kɑːt/ *n* [C] **1** *UK* (*US* **crib**) ⇨cuna **2** *US* ⇨catre

↑**cottage** UK: /ˈkɒt.ɪdʒ/ US: /ˈkɑː.ˤţɪdʒ/ *n* [C] ⇨pequeña casa de campo ■ PRON. La *a* se pronuncia como la *i* de *did*

C

cottage cheese *n* [U] ⇒queso blanco ⇒requesón ■ PRON. La *a* se pronuncia como la *i* en *did*

↑**cotton** UK: /ˈkɒt.ᵊn/ US: /ˈkɑː.ˤt̬[ə]n/ *n* [U] **1** *(planta)* ⇒algodón **2** *US* See **cotton wool** ■ PRON. La segunda *o* apenas se pronuncia

cotton wool *UK* (*US* **cotton**) *n* [U] ⇒algodón hidrófilo

couch[1] /kaʊtʃ/ [*pl* couches] *n* [C] **1** ⇒sofá: *I'm going to lie down on the couch* - Voy a tumbarme en el sofá **2** ⇒diván ■ PRON. *cou* se pronuncia como *cow*

couch[2] /kaʊtʃ/ **to ~ *sth* {as/in} *sth*** ⇒expresar algo {de/en} una forma determinada ■ PRON. *cou* se pronuncia como *cow*

couch potato [*pl* couch potatoes] *UK n* [C] *(hum)* ⇒teleadicto,ta ■ PRON. *cou* se pronuncia como *cow*

↑**cough**[1] UK: /kɒf/ US: /kɑːf/ *v* [I] ⇒toser: *I couldn't stop coughing* - No pude parar de toser

PHRASAL VERBS

- **to cough (*sth*) up [M]** *(inform) (dinero o información)* ⇒soltar ⇒apoquinar *col.*
- **to cough *sth* up [M]** ⇒escupir algo

cough[2] UK: /kɒf/ US: /kɑːf/ *n* [C] ⇒tos

↑**could**[1] /kʊd, kəd/ *v* [MODAL] **1** *(habilidad)* ⇒aprender a **2** *(posibilidad): That book could be in the library* - Ese libro podría estar en la biblioteca **3** *(permiso): Could I open the window, please?* - ¿Podría abrir la ventana, por favor? ■ Se usa también la forma *can*, pero es menos cortés **4** *(petición): Could you tell me where the nearest chemist's is, please?* - ¿Me podría decir dónde está la farmacia más cercana, por favor? ■ Se usa también la forma *can*, pero es menos cortés **5** *(sugerencia): We could go to the cinema tomorrow* - Podríamos ir al cine mañana **6 how ~ you...?** ⇒¿cómo has podido...?: *How could you do that to me?* - ¿Cómo has podido hacerme esto? **7 if I ~** ⇒si pudiera: *If I could afford it, I would buy a house on the beach* - Si pudiera permitírmelo, compraría una casa en la playa ■ Va seguido de un infinitivo sin *to* ■ PRON. La *l* no se pronuncia y *ou* se pronuncia como la *u* en *put* ■ Ver cuadro modal verbs

↑**could**[2] /kʊd, kəd/ See **can**

↑**couldn't** /ˈkʊd.ᵊnt/ *(could not)* See **could**

could've /ˈkʊd.ᵊv/ *(could have)* See **could**

↑**council** /ˈkaʊnt.sᵊl/ *n* [C] **1** ⇒ayuntamiento: *a council officer* - un empleado del ayuntamiento **2** ⇒consejo: *a council of war* - un consejo de guerra ■ Se puede usar con el verbo en singular o en plural **3 ~ flat** *UK* ⇒piso subvencionado por el ayuntamiento **4 ~ house** *UK* ⇒casa subvencionada por el ayuntamiento ■ PRON. La segunda *c* se pronuncia como una *s*

councillor UK: /ˈkaʊnt.sᵊl.əʳ/ US: /-ɚ/ *UK n* [C] ⇒concejal,-a: *She is a local councillor* - Es concejala del ayuntamiento local ■ La forma abreviada es *Cllr*

counsel[1] /ˈkaʊnt.sᵊl/ ▮ *n* [U] **1** *(lit)* ⇒asesoramiento ▮ *n* [C] **2** ⇒abogado,da

counsel[2] /ˈkaʊnt.sᵊl/ [counselled, counselling; *US tb* counseled, counseling] *v* [T] *(form)* ⇒aconsejar ■ CONSTR. to counsel + to do sth

↑**count**[1] /kaʊnt/ ▮ *v* [T, I] **1** ⇒contar ⇒numerar **2** ⇒considerar ▮ *v* [I] **3** ⇒valer ⇒contar **4 to ~ the cost (of *sth*) 1** ⇒pagar las consecuencias [de algo] **2** ⇒reparar en el coste [de hacer algo]

PHRASAL VERBS

- **to count down (to *sth*)** ⇒contar los días que quedan [para algo]
- **to count *sb* in** *(inform)* ⇒contar con alguien ⇒considerar
- **to count on *sth*** ⇒asumir [en los planes] ⇒esperar [que algo ocurra]
- **to count on *sb*** *(para apoyar o ayudar)* ⇒contar con alguien ⇒confiar en alguien
- **to count *sb* out** ⇒no contar con alguien ⇒no incluir a alguien
- **to count towards *sth*** ⇒contribuir a algo
- **to count up *sth/sb*** ⇒contar

count[2] /kaʊnt/ *n* [C] **1** ⇒recuento **2** ⇒conde

countable UK: /ˈkaʊn.tə.bl̩/ US: /-ˤt̬ə-/ *adj (en gramática)* ⇒contable ■ Ver cuadro

countdown /ˈkaʊnt.daʊn/ *n* [C] ⇒cuenta atrás

countenance[1] UK: /ˈkaʊn.tə.nənts/ US: /-t[ə]n.ənts/ ▮ *n* [C, U] **1** *(form)* ⇒semblante ⇒rostro ▮ *n* [U] **2** *(form)* ⇒aprobación ⇒consentimiento

countenance[2] UK: /ˈkaʊn.tə.nənts/ US: /-t[ə]n.ənts/ [countenanced, countenancing] *v* [T] *(form)* ⇒aprobar ⇒tolerar ⇒consentir

counter[1] UK: /ˈkaʊn.təʳ/ US: /-ˤt̬ɚ/ *n* [C] **1** ⇒mostrador: *Ask at the counter* - Pregunta en el mostrador **2** *(en un juego)* ⇒ficha **3** ⇒contador

counter[2] UK: /ˈkaʊn.təʳ/ US: /-ˤt̬ɚ/ *v* [T] **1** ⇒contrarrestar: *to counter the negative effects of sth* - contrarrestar los efectos negativos de algo **2** ⇒rebatir

↑**counter**[3] UK: /ˈkaʊn.təʳ/ US: /-ˤt̬ɚ/ **~ to *sth*** ⇒en contra de algo

counteract UK: /ˌkaʊn.təˈrækt/ US: /-ˤt̬ɚ.ækt/ *v* [T] ⇒contrarrestar

counter-attack *n* [C] ⇒contraataque: *to mount a counter-attack* - montar un contraataque

counterfeit UK: /ˈkaʊn.tə.fɪt/ US: /-ˤt̬ɚ-/ *adj* ⇒falso,sa ⇒fraudulento,ta ■ PRON. La última *e* no se pronuncia

counterpart UK: /ˈkaʊn.tə.pɑːt/ US: /-ˤt̬ɚ.pɑːrt/ *n* [C] ⇒homólogo,ga: *my counterpart in the other team* - mi homólogo en el otro equipo

counterproductive UK: /ˌkaʊn.tə.prəˈdʌk.tɪv/ US: /-ˤt̬ɚ-/ *adj* ⇒contraproducente

countess UK: /ˈkaʊn.tes/ US: /-ˤt̬əs/ [*pl* countesses] *n* [C] ⇒condesa

countless /ˈkaʊnt.ləs/ *adj* ⇒innumerable: *countless times* - innumerables veces

↑**country** /ˈkʌn.tri/ ▮ *n* [C] **1** ⇒país ■ El plural es *countries* ▮ *n* [U, NO PL] **2** ⇒campo ⇒campaña AMÉR. **3** ⇒terreno ■ PRON. *coun* rima con el término inglés *sun*

countryman /ˈkʌn.trɪ.mən/ [*pl* countrymen] *n* [C] **1** ⇒compatriota **2** ⇒campesino

↑**countryside** /ˈkʌn.trɪ.saɪd/ *n* [U] ⇒campo ⇒campiña ⇒campaña AMÉR.

↑**county** UK: /ˈkaʊn.ti/ US: /-ˤt̬i/ [*pl* counties] *n* [C] ⇒condado ⇒provincia ■ La forma abreviada es *Co.* ■ PRON. *cou* se pronuncia como *cow*

↑**coup** /kuː/ *n* [C] ⇒golpe de Estado

↑**couple**[1] /ˈkʌp.l̩/ ▮ *n* [C] **1** ⇒pareja: *They are a couple* - Son pareja ■ Por ser un nombre colectivo se puede usar con el verbo en singular o en plural ▮ *n* [NO PL] **2** ⇒par **3 a ~ of** ⇒algunos,nas: *I last saw him a couple of months ago* - Lo vi por última vez hace algunos meses ■ PRON. *cou* se pronuncia como la *u* en el término inglés *sun*

couple[2] /ˈkʌp.l̩/ [coupled, coupling] *v* [T] **1** ⇒unir ⇒asociar ■ CONSTR. Se usa más en pasiva **2 coupled with *sth*** ⇒unido,da con algo

coupon UK: /ˈkuː.pɒn/ US: /-pɑːn/ *n* [C] ⇒cupón ⇒vale

↑**courage** UK: /ˈkʌr.ɪdʒ/ US: /ˈkɝː-/ *n* [U] ⇒valor ⇒coraje ■ PRON. La *a* se pronuncia como la *i* de *did*

courgette UK: /kɔːˈʒet/ US: /kʊr-/ *UK* (*US* **zucchini**) *n* [C, U] ⇒calabacín

courier UK: /ˈkʊr.i.əʳ/ US: /-i.ɚ/ *n* [C] **1** ⇒mensajero,ra: *We'll send it to you by courier* - Te lo enviaremos por mensajero **2** *UK* ⇒guía turístico,ca ■ PRON. La *e* se pronuncia como la *a* del adverbio inglés *ago*

↑**course** UK: /kɔːs/ US: /kɔːrs/ ▮ *n* [C] **1** ⇒curso: *a history course* - un curso de historia **2** ⇒plato: *What will you have as first course?* - ¿Qué van a tomar de primer plato? **3** ⇒pista [de carreras] **4** ⇒campo [de golf] **5** *UK (en medicina)* ⇒tratamiento **6** ⇒transcurso: *in the course of a month* - en el transcurso de un mes ▮ *n* [C, U] **7** ⇒rumbo ⇒dirección ⇒ruta **8 a ~ of action** ⇒una línea de actuación **9 {during/in} the ~ of *sth*** ⇒durante: *in the course of the meeting* - durante la reunión **10 of ~** ⇒desde luego ⇒por supuesto **11 of ~ not** ⇒por supuesto que no ⇒claro que no ■ PRON. Rima con *horse*

coursebook UK: /ˈkɔːs.bʊk/ US: /ˈkɔːrs-/ *UK n* [C] ⇒libro de texto ■ PRON. *course* rima con *horse*

coursework UK: /ˈkɔːs.wɜːk/ US: /ˈkɔːrs.wɝːk/ *UK n* [U] ⇒trabajo realizado por un estudiante que cuenta para la nota final

↑**court**[1] UK: /kɔːt/ US: /kɔːrt/ *n* [C, U] **1** ⇒juzgado ⇒audiencia ⇒tribunal **2** ⇒corte real **3** *(en deportes)* ⇒pista ⇒cancha **4 to take *sb* to ~** ⇒llevar a alguien ante los tribunales ■ PRON. La *u* no se pronuncia

court[2] UK: /kɔːt/ US: /kɔːrt/ ▮ *v* [T, I] **1** *(old-fash)* ⇒cortejar ▮ *v* [T] **2** ⇒intentar conseguir **3** ⇒halagar **4** ⇒exponerse: *to court danger* - exponerse a un peligro ■ PRON. La *u* no se pronuncia

courteous UK: /ˈkɜː.ti.əs/ US: /ˈkɝː.ˤt̬i-/ *adj* ⇒cortés ■ PRON. *cour* rima con el término inglés *her* y la *e* se pronuncia como una *i*

↑**courtesy** UK: /ˈkɜː.tə.si/ US: /ˈkɝː.ˤt̬ə-/ ▮ *n* [U] **1** ⇒cortesía ⇒gentileza ▮ *n* [C, U] **2** ⇒elogio: *They exchanged courtesies* - Se intercambiaron elogios ■ El plural es *courtesies* **3 (by) ~ of *sth/sb*** ⇒por gentileza de ⇒por cortesía de

courtship UK: /ˈkɔːt.ʃɪp/ US: /ˈkɔːrt-/ ▮ *n* [C, U] **1** *(form)* ⇒noviazgo ▮ *n* [U] **2** *(de animales)* ⇒cortejo

countable / uncountable nouns

- Los **nombres contables** designan realidades que se pueden contar:
  - *a book, two books, three books* (un libro, dos libros, tres libros)
- Los **nombres incontables** designan realidades que no se pueden contar:
  - *water (agua)*
  - air (aire)

  Atención: los nombres contables no tienen plural y nunca van acompañados por "a", "an" o números:
  - *I need money.* (No: *I need ~~a~~ money.*) (Necesito dinero. No: Necesito ~~un~~ dinero.)
  - *Drink some **water**.* (No: *Drink ~~one~~ water.*) (Bebe agua. No: Bebe ~~un~~ agua.)

Es posible transformar un nombre incontable en contable utilizando "a piece of":

- *furniture* (mobiliario) — ***a piece of** furniture* (un mueble)

Atención: hay palabras que en español son contables pero en inglés son incontables, como "advice", "news" y "data":

- *Let me give you **a piece of advice**.* (No: *Let me give you ~~an~~ advice.*) (Déjame darte un consejo.)
- *I have an interesting **piece of news**.* (Tengo una noticia interesante.)

courtyard UK: /ˈkɔːt.jɑːd/ US: /ˈkɔːrt.jɑːrd/ *n* [C] ⇒patio ■ PRON. La *u* no se pronuncia

† **cousin** /ˈkʌz.ᵊn/ *n* [C] ⇒primo,ma: *first cousin* - primo carnal ■ PRON. *ou* se pronuncia como la *u* en el pronombre inglés *us*

C

cove UK: /kəʊv/ US: /koʊv/ *n* [C] ⇒cala [entrante del mar]

covenant /ˈkʌv.ᵊn.ᵊnt/ *n* [C] **1** ⇒convenio ⇒pacto **2** ⇒documento escrito por el que alguien se compromete a pagar una cantidad de dinero a una organización benéfica durante un período de tiempo determinado

† **cover¹** UK: /ˈkʌv.əʳ/ US: /-ɚ/ *v* [T] **1** ⇒cubrir ⇒tapar **2** ⇒recorrer **3** *(un área)* ⇒ocupar **4** ⇒abarcar ⇒tratar ■ PRON. La *o* se pronuncia como la *u* en el término inglés *sun*

PHRASAL VERBS
- **to cover for *sb*** ⇒sustituir a alguien [temporalmente]
- **to cover *sth* up [M]** ⇒ocultar algo ⇒cubrir algo
- **to cover up for *sb*** ⇒cubrir las espaldas a alguien

† **cover²** UK: /ˈkʌv.əʳ/ US: /-ɚ/ ▮ *n* [C] **1** *(en un libro)* ⇒tapa ⇒cubierta **2** ⇒funda ⇒envoltura **3** ⇒tapadera: *This is a cover for illegal activities* - Esto es una tapadera de actividades ilegales **4** *to blow sb's cover* - desenmascarar a alguien ▮ *n* [U] **5** ⇒garantía [financiera] ⇒cobertura [financiera] **6** *(del tiempo o de un ataque)* ⇒protección **7 from ~ to ~** ⇒de principio a fin **8 to take ~ (from *sth*)** ⇒resguardarse [de algo] **9 under ~ of *sth*** ⇒al amparo de algo ■ PRON. La *o* se pronuncia como la *u* en el término inglés *sun*

coveralls UK: /ˈkʌv.ə.rɔːlz/ US: /-ɚ.ɑːlz/ *n* [PL] *US* (*UK* **overalls**) *(de un trabajador)* ⇒mono ⇒mameluco *AMÉR.;* ⇒overol *AMÉR.*

covering UK: /ˈkʌv.ᵊr.ɪŋ/ US: /-ɚ-/ *n* [C] **1** ⇒cubierta **2** ⇒capa: *a covering of snow* - una capa de nieve

covers UK: /ˈkʌv.əz/ US: /-ɚz/ *n* [PL] *(en la cama)* ⇒mantas

covert UK: /ˈkəʊ.vɜːt/ US: /ˈkoʊ.vɝːt/ UK: /-ˈ-/ *adj* *(form)* ⇒encubierto,ta ⇒clandestino,na

cover-up UK: /ˈkʌv.ə.rʌp/ US: /-ɚ.ʌp/ *n* [C] ⇒encubrimiento

covet /ˈkʌv.ɪt/ *v* [T] *(form)* ⇒codiciar

† **cow** /kaʊ/ *n* [C] ⇒vaca

† **coward** UK: /ˈkaʊ.əd/ US: /ˈkaʊ.ɚd/ *n* [C] ⇒cobarde ■ PRON. La *r* no se pronuncia

cowardly UK: /ˈkaʊ.əd.li/ US: /-ɚd-/ *adj* ⇒cobarde ⇒miedoso,sa

cowboy /ˈkaʊ.bɔɪ/ *n* [C] **1** ⇒vaquero **2** *UK (inform)* ⇒chapucero,ra *desp.*

co-worker UK: /ˌkəʊˈwɜː.kəʳ/ US: /ˌkoʊˈwɝː.kɚ/ *n* [C] ⇒compañero,ra de trabajo

cowshed /ˈkaʊ.ʃed/ *n* [C] **1** ⇒establo **2** ⇒vaqueriza

coy /kɔɪ/ *adj* [*comp* coyer, *superl* coyest] **1** ⇒evasivo,va ⇒reservado,da **2** ⇒tímido,da **3** *a coy smile* - una sonrisa coqueta y tímida

cozy UK: /ˈkəʊ.zi/ US: /ˈkoʊ-/ *US adj* [*comp* cozier, *superl* coziest] See **cosy**

crab /kræb/ *n* [C, U] ⇒cangrejo: *crab salad* - ensalada de cangrejo

crack¹ /kræk/ ▮ *v* [T, I] **1** ⇒resquebrajar(se) **2** ⇒crujir(se): *Don't crack your knuckles!* - ¡No te crujas los dedos! ▮ *v* [T] **3** *(un huevo o una nuez)* ⇒cascar ⇒romper **4** ⇒golpear(se) ▮ *v* [I] **5** ⇒desmoronar(se): *In the end, he cracked* - Al final se desmoronó **6 to get cracking** *(inform)* ⇒poner(se) manos a la obra

PHRASAL VERBS
- **to crack down (on *sth/sb*)** ⇒tomar medidas (contra)
- **to crack up** *(inform)* ⇒sufrir una crisis nerviosa

crack² /kræk/ ▮ *n* [C] **1** ⇒raja ⇒grieta **2** ⇒rendija ⇒abertura **3** ⇒crujido **4** ⇒comentario [irónico]: *to make cracks about sth* - hacer comentarios sobre algo **5** *(inform) (una persona)* ⇒crack *col.* ▮ *n* [U] **6** *(droga)* ⇒crack **7 at the ~ of dawn** ⇒al amanecer

crackdown /ˈkræk.daʊn/ *n* [C] ⇒medidas enérgicas: *The police have launched a crackdown on speeding* - La policía está tomando medidas enérgicas contra el exceso de velocidad

cracker UK: /ˈkræk.əʳ/ US: /-ɚ/ *n* [C] **1** *UK* (*UK tb* **christmas cracker**) ⇒paquete sorpresa [con forma de caramelo] **2** ⇒galleta salada

crackle¹ /ˈkræk.l̩/ [crackled, crackling] *v* [I] ⇒crepitar ⇒crujir

crackle² /ˈkræk.l̩/ *n* [C, U] ⇒crepitación ⇒crujido

cradle¹ /ˈkreɪ.dl̩/ [cradled, cradling] *v* [T] **1** ⇒acunar: *She cradled the baby in her arms* - Acunó al bebé entre sus brazos **2** ⇒mecer

cradle² /ˈkreɪ.dl̩/ *n* [C] **1** ⇒cuna mecedora **2** *(en mecánica)* ⇒soporte **3** ⇒cuna ⇒origen

† **craft** UK: /krɑːft/ US: /kræft/ ▮ *n* [C, U] **1** ⇒artesanía: *arts and crafts fair* - feria de artesanía **2** ⇒oficio ▮ *n* [C] **3** ⇒barco ⇒nave ■ El plural es *craft*

craftsman UK: /ˈkrɑːfts.mən/ US: /ˈkræfts-/ [*pl* craftsmen] *n* [C] ⇒artesano

crafty UK: /ˈkrɑː.fti/ US: /ˈkræf-/ *adj* [*comp* craftier, *superl* craftiest] ⇒astuto,ta ⇒ladino,na

crag /kræg/ *n* [C] ⇒peñasco

cram /kræm/ [crammed, cramming] *v* [T] **1** ⇒atestar ⇒atiborrar ■ CONSTR. Se usa generalmente seguido de una preposición o un adverbio **2** ⇒apiñar(se):

The children crammed into the car - Los niños se apiñaban en el coche ■ CONSTR. Se usa generalmente seguido de una preposición o un adverbio **3** *US* (*UK* **swot**) *(inform)* ⇒empollar *col.*

cramp[1] /kræmp/ *n* [C, U] ⇒tirón [muscular] *col.;* ⇒calambre

cramp[2] /kræmp/ *v* [I] *(inform)* ⇒frustrar ⇒cortar *col.*

cranberry UK: /ˈkræn.bᵊr.i/ US: /-ber-/ [*pl* cranberries] *n* [C] *(fruta)* ⇒arándano

crane /kreɪn/ *n* [C] **1** ⇒grúa: *They are using a crane on that building* - Están usando una grúa en ese edificio **2** *(ave)* ⇒grulla

crank /kræŋk/ *n* [C] **1** *(inform)* ⇒bicho raro *col.* ■ Normalmente tiene un matiz negativo **2** *US (inform)* ⇒cascarrabias *col. desp.* **3** ⇒manivela

crap[1] /kræp/ *n* [U] *(vulg)* ⇒chorrada *col.*: *Cut the crap* - Basta de chorradas

crap[2] /kræp/ *adj (inform)* ⇒pésimo,ma

crash[1] /kræʃ/ [*pl* crashes] *n* [C] **1** (*US tb* **wreck**) ⇒choque ⇒accidente **2** ⇒estrépito **3** ⇒quiebra ⇒caída **4** *(en informática)* ⇒fallo

crash[2] /kræʃ/ *v* [T, I] **1** ⇒chocar: *He crashed his car into a lamp-post* - Se chocó con el coche contra una farola **2** ⇒quebrar ⇒romper **3** *(en informática)* ⇒colgarse

PHRASAL VERBS
- **to crash (out)** *(inform)* ⇒dormir(se) ⇒acostar(se)

crass /kræs/ *adj* **1** ⇒burdo,da: *a person of crass manners* - una persona de modales burdos **2** *(un error)* ⇒craso,sa

crate /kreɪt/ *n* [C] ⇒cajón ⇒caja

crater UK: /ˈkreɪ.təʳ/ US: /-ˤt̬ɚ/ *n* [C] ⇒cráter ■ PRON. La sílaba *cra* rima con *day*

crave /kreɪv/ [craved, craving] *v* [T, I] ⇒anhelar ⇒morirse *col.*

crawl[1] UK: /krɔːl/ US: /krɑːl/ *v* [I] **1** ⇒andar a gatas ⇒gatear **2 to be crawling with** ⇒estar plagado,da de **3 to ~ (along)** *(el tráfico)* ⇒ir a paso de tortuga *col.* **4 to ~ (to *sb*)** ⇒hacer la pelota (a alguien): *Stop crawling to your boss* - Para de hacerle la pelota a tu jefe

crawl[2] UK: /krɔːl/ US: /krɑːl/ ▮ *n* [C] **1** ⇒paso de tortuga ▮ *n* [U, NO PL] **2** *(en natación)* ⇒estilo crol

crayon UK: /ˈkreɪ.ɒn/ US: /-ɑːn/ ▮ *n* [C] **1** ⇒pintura [de cera] ▮ *n* [U] **2** *(en arte)* ⇒pastel

craze /kreɪz/ *n* [C] ⇒moda ⇒fiebre

↑ **crazy** /ˈkreɪ.zi/ *adj* [*comp* crazier, *superl* craziest] **1** ⇒loco,ca **2** ⇒disparatado,da **3** ⇒enfadado,da

creak /kriːk/ *v* [I] ⇒chirriar ⇒crujir

cream[1] /kriːm/ ▮ *n* [U] **1** ⇒nata ⇒crema de leche **2** *(color)* ⇒crema **3** ⇒la flor y nata ▮ *n* [C, U] **4** *(en cosmética)* ⇒crema **5** ⇒pomada

↑ **cream**[2] /kriːm/ *v* [T] ⇒batir: *cream the egg whites until stiff* - batir las claras de huevo a punto de nieve

PHRASAL VERBS
- **to cream *sth/sb* off [M]** ⇒quedarse con lo mejor de

crease[1] /kriːs/ *n* [C] **1** ⇒arruga **2** ⇒raya [de un pantalón]

crease[2] /kriːs/ [creased, creasing] *v* [T, I] ⇒arrugar(se): *She didn't want to crease her dress* - No quería arrugarse el vestido

↑ **create** /kriˈeɪt/ [created, creating] *v* [T] ⇒crear ⇒producir

creation /kriˈeɪ.ʃᵊn/ ▮ *n* [U] **1** ⇒creación ⇒elaboración ▮ *n* [C] **2** ⇒creación ⇒obra

↑ **creative** UK: /kriˈeɪ.tɪv/ US: /-ˤt̬ɪv/ *adj* ⇒creativo,va: *creative minds* - personas creativas

creativity UK: /ˌkriː.eɪˈtɪv.ɪ.ti/ US: /-ˈˤt̬ɪv.ə.ˤt̬i/ *n* [U] ⇒creatividad

↑ **creature** UK: /ˈkriː.tʃəʳ/ US: /-tʃɚ/ *n* [C] **1** ⇒criatura **2 ~ of habits** ⇒esclavo,va de sus propias costumbres

creche /kreʃ/ *n* [C] *UK* **1** ⇒guardería; *US* **2** ⇒belén

credentials /krɪˈden.tʃᵊlz/ *n* [PL] **1** ⇒credenciales ⇒referencias **2** ⇒títulos **3** ⇒currículum vitae

↑ **credible** /ˈkred.ɪ.bl̩/ *adj* ⇒creíble ⇒verosímil

↑ **credit** /ˈkred.ɪt/ ▮ *n* [U] **1** ⇒crédito: *Did you buy your car on credit?* - ¿Compraste el coche a crédito?; *Is her credit good?* - ¿Se le puede dar crédito? **2** ⇒mérito ⇒reconocimiento ▮ *n* [C] **3** ⇒saldo positivo **4** *(en contabilidad)* ⇒haber **5 to be a ~ to *sth/sb*** ⇒hacer honor a: *She is a credit to her family* - Hace honor a su familia **6 to do ~ to *sb*** ⇒honrar a alguien

↑ **credit card** *n* [C] ⇒tarjeta de crédito

credits the ~ *(en una película o en un programa de televisión)* ⇒los títulos de crédito

creed /kriːd/ *n* [C] ⇒credo

creek /kriːk/ *n* [C] **1** *UK (en geografía)* ⇒cala **2** *US* ⇒arroyo **3 to be up the ~ without a paddle** ⇒estar en apuros ⇒ir apañado,da *col.*

creep[1], **crept, crept** /kriːp/ *v* [I] **1** ⇒deslizarse sigilosamente ⇒ir sigilosamente **2** ⇒arrastrarse: *The mouse crept under the sofa* - El ratón pasó arrastrándose por debajo del sofá **3** *(una sensación, un sentimiento)* ⇒invadir **4** *(una planta)* ⇒trepar ■ CONSTR. Se usa generalmente seguido de una preposición o un adverbio **5** *(inform)* ⇒hacer la pelota *col.*

creep[2] /kriːp/ *n* [C] *UK (inform)* ⇒pelota *col.;* ⇒pelotillero,ra *col.*

creepy /ˈkriː.pi/ *adj* [*comp* creepier, *superl* creepiest] *(inform)* ⇒horripilante ⇒espeluznante

C

C

cremate UK: /krɪˈmeɪt/ US: /ˈkriː.meɪt/ [cremated, cremating] *v* [T] ⇒incinerar ⇒cremar

crematorium UK: /ˌkrem.əˈtɔː.ri.əm/ US: /-ˈtɔːr.i-/ [*pl* crematoria, crematoriums] *n* [C] ⇒crematorio

crept /krept/ past tense and past participle forms of **creep**

crescendo UK: /krɪˈʃen.dəʊ/ US: /-doʊ/ *n* [C] **1** *(en música)* ⇒crescendo **2** ⇒aumento ⇒incremento repentino

crescent /ˈkres.ᵊnt/ *n* [C] **1** ⇒medialuna **2** ⇒calle curva ■ PRON. La segunda *c* no se pronuncia

crest /krest/ *n* [C] **1** ⇒cima ⇒cumbre **2** ⇒cresta **3** *(en heráldica)* ⇒blasón

crestfallen UK: /ˈkrestˌfɔː.lᵊn/ US: /-ˌfɑː-/ *adj* ⇒cabizbajo,ja ⇒afligido,da

cretaceous *adj* ⇒cretáceo,cea

crevasse /krəˈvæs/ *n* [C] ⇒grieta profunda [de un glaciar]

crevice /ˈkrev.ɪs/ *n* [C] ⇒grieta [de una roca]

† **crew** /kruː/ *n* [C] **1** ⇒tripulación: *lifeboat crew* - tripulación de un bote salvavidas **2** ⇒equipo ■ Por ser un nombre colectivo se puede usar con el verbo en singular o en plural ■ PRON. Rima con *too*

crib¹ /krɪb/ *n* [C] **1** *US* ⇒cuna **2** ⇒pesebre **3** *US (inform)* ⇒copia

crib² /krɪb/ [cribbed, cribbing] *v* [T, I] **1** *(inform)* ⇒plagiar **2** *(inform)* ⇒copiar [en un examen]

† **cricket** /ˈkrɪk.ɪt/ ▌*n* [U] **1** ⇒cricket ▌*n* [C] **2** ⇒grillo ■ PRON. La *e* se pronuncia como la *i* en *did*

cricketer UK: /ˈkrɪk.ɪ.təʳ/ US: /-ˁt̬ə/ *n* [C] ⇒jugador,-a de cricket

† **crime** /kraɪm/ ▌*n* [C] **1** ⇒delito: *to commit a crime* - cometer un delito **2** ⇒crimen: *a crime of passion* - un crimen pasional ▌*n* [U] **3** ⇒delincuencia: *the fight against crime* - la lucha contra la delincuencia ■ PRON. Rima con *time*

criminal¹ /ˈkrɪm.ɪ.nəl/ *adj* **1** ⇒delictivo,va **2** *(en derecho)* ⇒penal **3** ⇒inmoral

† **criminal²** /ˈkrɪm.ɪ.nəl/ *n* [C] ⇒delincuente ■ Distinto de *murderer* (criminal)

crimson /ˈkrɪm.zᵊn/ *adj* ⇒carmesí

cringe /krɪndʒ/ [cringed, cringing] *v* [I] ⇒morirse de vergüenza: *to cringe at sth* - morirse de vergüenza por algo

cripple /ˈkrɪp.l̩/ [crippled, crippling] *v* [T] **1** ⇒dejar inválido,da ■ CONSTR. Se usa más en pasiva **2** ⇒traumatizar: *Her death crippled him emotionally* - Su muerte lo traumatizó **3** ⇒paralizar ⇒perjudicar ■ CONSTR. Se usa más en pasiva

† **crisis** /ˈkraɪ.sɪs/ [*pl* crises] *n* [C, U] ⇒crisis ■ PRON. La sílaba *cri* rima con *my*

crisp¹ /krɪsp/ *adj* **1** ⇒crujiente **2** *(en meteorología)* ⇒frío, seco y soleado **3** *(un tono de voz)* ⇒tajante ⇒seco,ca

crisp² /krɪsp/ *UK* (*US* **chip**) *n* [C] ⇒patata frita [de bolsa]

crispy /ˈkrɪs.pi/ *adj* [*comp* crispier, *superl* crispiest] ⇒crujiente: *crispy bacon* - beicon crujiente

criteria *n* [PL] See **criterion**

† **criterion** UK: /kraɪˈtɪə.ri.ən/ US: /-ˈtɪr.i-/ [*pl* criteria] *n* [C] ⇒criterio

† **critic** UK: /ˈkrɪt.ɪk/ US: /ˈkrɪˁt̬-/ *n* [C] **1** ⇒crítico,ca: *a film critic* - un crítico de cine **2** ⇒detractor,-a: *She is a fierce critic of bullfighting* - Es una detractora acérrima de los toros

† **critical** UK: /ˈkrɪt.ɪ.kᵊl/ US: /ˈkrɪˁt̬-/ *adj* **1** ⇒crítico,ca **2** ⇒criticón,-a *col.* **3** ⇒crucial: *a critical decision* - una decisión crucial **4** ⇒muy grave

† **criticism** UK: /ˈkrɪt.ɪ.sɪ.zᵊm/ US: /ˈkrɪˁt̬-/ ▌*n* [U] **1** ⇒crítica: *He doesn't take criticism well* - No acepta bien las críticas ▌*n* [C, U] **2** ⇒crítica ⇒reprobación ■ PRON. La segunda *c* se pronuncia como una *s*

† **criticize** UK: /ˈkrɪt.ɪ.saɪz/ US: /ˈkrɪˁt̬-/ [criticized, criticizing] *v* [T, I] ⇒criticar: *He was criticized for his decision* - Fue criticado por su decisión ■ CONSTR. 1. to criticize for + doing sth 2. Se usa más en pasiva ■ PRON. *cize* se pronuncia como *size*

critique /krɪˈtiːk/ *n* [C] *(texto elaborado, ensayo)* ⇒crítica

croak¹ UK: /krəʊk/ US: /kroʊk/ *v* [I] ⇒croar

croak² UK: /krəʊk/ US: /kroʊk/ *n* [C] ⇒graznido

Croat UK: /ˈkrəʊ.æt/ US: /ˈkroʊ-/ ▌*n* [U] **1** *(idioma)* ⇒croata ▌*n* [C] **2** *(gentilicio)* ⇒croata

Croatia UK: /krəʊˈeɪ.ʃə/ US: /kroʊ-/ *n* [U] ⇒Croacia

Croatian UK: /krəʊˈeɪ.ʃən/ US: /kroʊ-/ *adj* ⇒croata

crochet UK: /ˈkrəʊ.ʃeɪ/ US: /kroʊˈʃeɪ/ *n* [U] ⇒labor de ganchillo ■ PRON. La *t* no se pronuncia y *chet* rima con *day*

crockery UK: /ˈkrɒk.ᵊr.i/ US: /ˈkrɑː.kɚ-/ *n* [U] ⇒loza ⇒vajilla

† **crocodile** UK: /ˈkrɒk.ə.daɪl/ US: /ˈkrɑː.kə-/ *n* [C] ⇒cocodrilo

crocus UK: /ˈkrəʊ.kəs/ US: /ˈkroʊ-/ [*pl* crocuses] *n* [C] *(flor)* ⇒azafrán

croissant UK: /ˈkwæs.ɒ/ US: /kwɑːˈsɑː/ *n* [C] ⇒cruasán ⇒medialuna *AMÉR.*

crony UK: /ˈkrəʊ.ni/ US: /ˈkroʊ-/ [*pl* cronies] *n* [C] *(inform)* ⇒colega *col.* ■ Tiene un matiz negativo

crook /krʊk/ *n* [C] **1** *(inform)* ⇒granuja ⇒ladrón,-a **2** *(de un brazo, de una pierna)* ⇒cara interior **3** ⇒báculo ■ PRON. Rima con *book*

crooked /ˈkrʊk.ɪd/ *adj* **1** ⇒con curvas ⇒tortuoso,sa **2** ⇒torcido,da: *That picture is crooked* - Ese cuadro está torcido **3** *(inform)* ⇒poco limpio,pia ⇒deshonesto,ta ■ PRON. La *e* se pronuncia como la *i* de *did*

↑ **crop**[1] UK: /krɒp/ US: /krɑːp/ *n* [C] ⇒cosecha

crop[2] UK: /krɒp/ US: /krɑːp/ [cropped, cropping] ▌ *v* [T] **1** ⇒rapar(se): *to crop one's hair* - raparse el pelo **2** ⇒recortar ▌ *v* [T, I] **3** *(un animal)* ⇒pacer ⇒pastar

PHRASAL VERBS

· **to crop up** ⇒suceder ⇒surgir

croquet UK: /ˈkrəʊ.keɪ/ US: /kroʊˈkeɪ/ *n* [U] *(juego)* ⇒croquet ■ PRON. La sílaba *quet* rima con *day*

↑ **cross**[1] UK: /krɒs/ US: /krɑːs/ *v* [T, I] **1** ⇒cruzar ⇒atravesar **2 to ~ *oneself*** ⇒santiguarse

↑ **cross**[2] UK: /krɒs/ US: /krɑːs/ [*pl* crosses] *n* [C] **1** ⇒cruz: *It's a cross we have to bear* - Es una cruz que tenemos **2** ⇒cruce ⇒mezcla

cross[3] UK: /krɒs/ US: /krɑːs/ *adj* **1** ⇒enfadado,da **2 to get ~** ⇒enfadarse ⇒embroncarse *AMÉR. col.*

crossbar UK: /ˈkrɒs.bɑːʳ/ US: /ˈkrɑːs.bɑːr/ *n* [C] **1** *(en deportes)* ⇒larguero **2** ⇒barra de la bicicleta

cross-country UK: /ˌkrɒsˈkʌn.tri/ US: /ˌkrɑːs-/ *adv* ⇒a campo través: *to drive cross-country* - conducir a campo través

crossfire UK: /ˈkrɒs.faɪəʳ/ US: /ˈkrɑːs.faɪr/ *n* [U] **1** ⇒fuego cruzado **2 caught in the ~** ⇒entre dos fuegos

crossing UK: /ˈkrɒs.ɪŋ/ US: /ˈkrɑː.sɪŋ/ *n* [C] **1** ⇒travesía [por mar] **2** ⇒cruce [vial] **3** ⇒paso de peatones **4** *(acción)* ⇒cruce

cross-legged UK: /ˌkrɒsˈlegd/ UK: /-ɪd/ US: /ˌkrɑːs-/ *adv* ⇒con las piernas cruzadas

crossly UK: /ˈkrɒs.li/ US: /ˈkrɑː.sli/ *adv 'Shut up', he said crossly* - 'Cállate', dijo enfadado

cross purposes to talk at ~ ⇒hablar de cosas distintas: *I think we are talking at cross purposes* - Creo que hablamos de cosas distintas

crossroads UK: /ˈkrɒs.rəʊdz/ US: /ˈkrɑːs.roʊdz/ [*pl* crossroads] *n* [C] **1** ⇒cruce [de calles o carreteras] **2 to be at a ~** ⇒estar en una encrucijada

cross-section /ˈkrɒs.sek.ʃᵊn/ *n* [C] **1** ⇒corte transversal **2** ⇒muestra representativa: *a cross-section of the population* - una muestra representativa de la población

crosswalk UK: /ˈkrɒs.wɔːk/ US: /ˈkrɑːs.wɑːk/ *US* (*UK* **zebra crossing**) *n* [C] ⇒paso de peatones ⇒paso de cebra

crossword (puzzle) *n* [C] ⇒crucigrama: *to do a crossword* - hacer un crucigrama

crotch UK: /krɒtʃ/ US: /krɑːtʃ/ [*pl* crotches] (*UK tb* **crutch**) *n* [C] ⇒entrepierna

crouch /kraʊtʃ/ [crouches] *v* [I] ⇒ponerse en cuclillas ⇒agacharse ■ PRON. *crou* rima con *now*

crow[1] UK: /krəʊ/ US: /kroʊ/ *n* [C] **1** ⇒cuervo **2 as the ~ flies** ⇒en línea recta ■ PRON. Rima con *grow*

crow[2] UK: /krəʊ/ US: /kroʊ/ *v* [I] **1** ⇒cacarear **2** ⇒jactarse: *They were crowing about their victory for days* - Se jactaron de su victoria durante días ■ PRON. Rima con *grow*

↑ **crowd**[1] /kraʊd/ ▌ *n* [C] **1** ⇒multitud: *A large crowd gathered in the square* - Una gran multitud se reunió en la plaza **2** ⇒público ▌ *n* [NO PL] **3** *(inform) (de personas)* ⇒grupo ⇒panda *col.* ■ Por ser un nombre colectivo se puede usar con el verbo en singular o en plural ■ PRON. *crow* rima con *now*

crowd[2] /kraʊd/ *v* [T] ⇒amontonarse: *They all crowded into the room* - Se amontonaron para entrar en la habitación ■ PRON. *crow* rima con *now*

PHRASAL VERBS

· **to crowd {around/round} *(sth/sb)*** ⇒apiñarse alrededor

· **to crowd {in/into *sth*}** ⇒entrar en tropel ⇒apretujarse *col.*

· **to crowd (*sth*) into *sth*** ⇒meter en algo ⇒apiñar en algo

↑ **crowded** /ˈkraʊ.dɪd/ *adj* **1** ⇒abarrotado,da: *The station was crowded* - La estación estaba abarrotada de gente **2** ⇒concurrido,da ■ PRON. La *e* se pronuncia como la *i* de *did*

crown[1] /kraʊn/ *n* [C] **1** ⇒corona **2** ⇒coronilla **3** ⇒cumbre [de una colina] **4** ⇒corona [de un diente] **5 the Crown** *UK* ⇒el Estado ■ PRON. Rima con *brown*

crown[2] /kraʊn/ *v* [T] ⇒coronar ■ PRON. Rima con *brown*

↑ **crucial** /ˈkruː.ʃᵊl/ *adj* ⇒crucial: *It's at a crucial stage* - Está en un momento crucial

crucifix /ˈkruː.sɪ.fɪks/ [*pl* crucifixes] *n* [C] ⇒crucifijo ■ PRON. La segunda *c* se pronuncia como una *s*

crucify /ˈkruː.sɪ.faɪ/ [crucifies, crucified] *v* [T] ⇒crucificar ■ CONSTR. Se usa más en pasiva ■ PRON. La segunda *c* se pronuncia como una *s* y *fy* rima con *my*

↑ **crude** /kruːd/ *adj* **1** ⇒rudimentario,ria: *a crude method* - un método rudimentario **2** ⇒burdo,da ⇒grosero,ra ⇒tosco,ca ■ Distinto de *raw* (crudo,da)

↑ **cruel** /ˈkruː.əl, kruəl/ *adj* ⇒cruel ■ PRON. La *e* se pronuncia como la *a* en el adverbio inglés *ago*

cruelty UK: /ˈkruː.əl.ti/ UK: /ˈkruəl-/ US: /-ˁt̬i/ [*pl* cruelties] *n* [C, U] ⇒crueldad

cruise[1] /kruːz/ *n* [C] **1** ⇒crucero: *to go on a cruise* - hacer un crucero **2** ⇒travesía ■ PRON. *crui* rima con el adjetivo inglés *true*

cruise[2] /kruːz/ [cruised, cruising] *v* [I] **1** ⇒hacer un crucero **2** *(un avión)* ⇒volar [a velocidad de crucero] ■ PRON. *crui* rima con el adjetivo inglés *true*

crumb /krʌm/ *n* [C] **1** ⇒miga **2** ⇒pizca ■ PRON. La *b* no se pronuncia

crumble[1] /ˈkrʌm.bl̩/ [crumbled, crumbling] *v* [T, I] **1** ⇒derrumbar(se) ⇒desmoronar(se) **2** ⇒desmigar **3** *(una alianza)* ⇒deshacer(se)

crumble[2] /ˈkrʌm.bl̩/ *UK n* [C, U] ⇒pastel: *an apple crumble* - un pastel de manzana

crumple /ˈkrʌm.pl̩/ [crumpled, crumpling] ▌*v* [T, I] **1** ⇒arrugar ⇒engurruñar *col.* ▌*v* [I] **2** ⇒desmayarse ⇒desplomarse

crunch[1] /krʌntʃ/ ▌*v* [T, I] **1** ⇒masticar haciendo ruido ▌*v* [I] **2** ⇒crujir: *The snow crunched under my feet* - La nieve crujía bajo mis pies ■ PRON. La *u* se pronuncia como en el término inglés *sun*

crunch[2] /krʌntʃ/ [*pl* crunches] *n* [C] **1** ⇒crujido **2** *(inform)* ⇒momento decisivo ■ PRON. La *u* se pronuncia como en el término inglés *sun*

crusade /kru:ˈseɪd/ *n* [C] **1** ⇒cruzada **2** *to wage a crusade against sth* - hacer una campaña en contra de algo

crush[1] /krʌʃ/ *v* [T] **1** ⇒aplastar: *to crush a can with your foot* - aplastar una lata con el pie **2** *(el ánimo)* ⇒abatir ■ PRON. La *u* se pronuncia como en el término inglés *sun*

crush[2] /krʌʃ/ [*pl* crushes] *n* [C] **1** ⇒aglomeración [de personas] **2** *(inform)* ⇒flechazo [de amor] *col.*: *to have a crush on sb* - sentir un flechazo por alguien ■ PRON. La *u* se pronuncia como en el término inglés *sun*

crust /krʌst/ *n* [C, U] **1** *(del pan)* ⇒corteza **2** *(de la Tierra)* ⇒corteza

crutch /krʌtʃ/ [*pl* crutches] (*UK, US* **crotch**) *n* [C] **1** ⇒muleta **2** ⇒apoyo [excesivo] **3** *UK* ⇒entrepierna

crux /krʌks/ *n* [NO PL] ⇒quid: *the crux of the matter* - el quid de la cuestión

↑ **cry**[1] /kraɪ/ [cries, cried] ▌*v* [I] **1** ⇒llorar: *Stop crying!* - ¡Deja de llorar! ▌*v* [T, I] **2** ⇒exclamar ⇒gritar ■ Se usa más *shout* **3 to ~ one's eyes out** ⇒llorar a lágrima viva *col.*

PHRASAL VERBS

· **to cry out for *sth*** ⇒pedir algo a gritos

↑ **cry**[2] /kraɪ/ [*pl* cries] *n* [C] **1** ⇒grito: *a cry for help* - un grito de socorro **2** ⇒llorera ⇒llantina *col.*

crying /ˈkraɪ.ɪŋ/ *adj* **1** *a crying need* - una necesidad apremiante **2** *a crying shame* - una verdadera lástima

crypt /krɪpt/ *n* [C] ⇒cripta

cryptic /ˈkrɪp.tɪk/ *adj* ⇒críptico,ca ⇒enigmático,ca

↑ **crystal** /ˈkrɪs.tᵊl/ *n* [U] **1** ⇒cristal **2** *a sugar crystal* - un terrón de azúcar **3** *a salt crystal* - un grano de sal **4** *crystal clear* - totalmente claro

cub /kʌb/ *n* [C] **1** ⇒cachorro,rra **2** ⇒niño Scout

Cuba /ˈkju:.bə/ *n* [U] ⇒Cuba

Cuban /ˈkju:.bən/ *adj, n* [C] ⇒cubano,na

cube /kju:b/ *n* [C] *(forma)* ⇒cubo ■ PRON. La *u* se pronuncia como *you*

cubicle /ˈkju:.bɪ.kl̩/ *n* [C] **1** ⇒cubículo **2** ⇒probador **3** ⇒vestuario ■ PRON. La *u* se pronuncia como *you*

cuckoo /ˈkʊk.u:/ *n* [C] *(ave)* ⇒cuco

↑ **cucumber** UK: /ˈkju:.kʌm.bəʳ/ US: /-bɚ/ *n* [C, U] ⇒pepino ■ PRON. La primera *u* se pronuncia como *you*

cuddle[1] /ˈkʌd.l̩/ [cuddled, cuddling] *v* [T, I] ⇒abrazar ⇒achuchar ■ PRON. La *u* se pronuncia como en el término inglés *sun*

PHRASAL VERBS

· **to cuddle up {against/to} *sb*** ⇒acurrucarse junto a alguien

cuddle[2] /ˈkʌd.l̩/ *n* [C] ⇒abrazo ■ PRON. La *u* se pronuncia como en el término inglés *sun*

cue[1] /kju:/ *n* [C] **1** *(en teatro, en cine)* ⇒señal ⇒entrada **2** ⇒taco [de un billar] **3 right on ~** ⇒en el momento justo **4 to take one's ~** ⇒seguir el ejemplo de alguien ■ PRON. *ue* se pronuncia como *you*

cue[2] /kju:/ [cued] *v* [T] *(en teatro, en cine)* ⇒hacer una señal ⇒dar la entrada ■ PRON. *ue* se pronuncia como *you*

cuff[1] /kʌf/ *n* [C] **1** ⇒puño [de una camisa] ⇒bocamanga **2** *US* ⇒vuelta [de un pantalón] **3** ⇒manotazo **4 off the ~ 1** *(decir algo)* ⇒espontáneamente **2** *an off the cuff remark* - un comentario improvisado ■ PRON. La *u* se pronuncia como en *cup*

cuff[2] /kʌf/ *v* [T] **1** ⇒dar un manotazo **2** *(inform)* ⇒esposar: *The police handcuffed the thief* - La policía esposó al ladrón ■ PRON. La *u* se pronuncia como en *cup*

cuisine /kwɪˈzi:n/ *n* [U] ⇒cocina

cul-de-sac /ˈkʌl.də.sæk/ *n* [C] ⇒callejón sin salida

culinary UK: /ˈkʌl.ɪ.nᵊr.i/ US: /ˈkʌl.ə.ner-/ *adj* ⇒culinario,ria

cull /kʌl/ *v* [T] ⇒sacrificar a un animal ⇒carnear *AMÉR.*

culminate /ˈkʌl.mɪ.neɪt/ [culminated, culminating] *v* [T, I] *(form)* ⇒culminar ■ CONSTR. to culminate in/with sth

culpable /ˈkʌl.pə.bl̩/ *adj (form)* ⇒culpable

culprit /ˈkʌl.prɪt/ *n* [C] **1** ⇒culpable **2** ⇒móvil ⇒causa

cult /kʌlt/ *n* [C] **1** ⇒secta **2** ⇒culto ■ PRON. La *u* se pronuncia como en *cup*

cultivate UK: /ˈkʌl.tɪ.veɪt/ US: /-ˤt̬ə-/ [cultivated, cultivating] *v* [T] ⇒cultivar: *to cultivate coffee* - cultivar café; *to cultivate a friendship* - cultivar una amistad ■ PRON. La *u* se pronuncia como en *cup*

cultivated UK: /ˈkʌl.tɪ.veɪ.tɪd/ US: /-ˤt̬ə.veɪ.ˤt̬ɪd/ *adj* **1** ⇒cultivado,da ⇒labrado,da **2** *(una planta)* ⇒de cultivo **3** *(una persona)* ⇒culto,ta ■ PRON. La *u* se pronuncia como en *cup*

cultivation UK: /ˌkʌl.tɪˈveɪ.ʃᵊn/ US: /-ˤt̬ə-/ *n* [U] ⇒cultivo: *the cultivation of sunflowers* - el cultivo de girasoles

cultural UK: /ˈkʌl.tʃᵊr.ᵊl/ US: /-tʃɚ-/ *adj* ⇒cultural ■ PRON. La primera *u* se pronuncia como en *cup*

† **culture** UK: /ˈkʌl.tʃəʳ/ US: /-tʃɚ/ ▌ *n* [U] **1** ⇒cultura ⇒conocimientos ▌ *n* [C, U] **2** ⇒cultura ⇒civilización ■ PRON. La primera *u* se pronuncia como la *u* de *cup* y la terminación *ture* se pronuncia como la sílaba *cher* de *butcher*

cumbersome UK: /ˈkʌm.bə.səm/ US: /-bɚ-/ *adj* **1** ⇒voluminoso,sa **2** ⇒engorroso,sa ⇒incómodo,da

cumulative UK: /ˈkjuː.mjʊ.lə.tɪv/ US: /-ˤt̬ɪv/ *adj* ⇒acumulativo,va

cunning[1] /ˈkʌn.ɪŋ/ *adj* ⇒astuto,ta ⇒ingenioso,sa ■ PRON. La *u* se pronuncia como en *cup*

cunning[2] /ˈkʌn.ɪŋ/ *n* [U] ⇒astucia ⇒maña ■ PRON. La *u* se pronuncia como en *cup*

† **cup**[1] /kʌp/ *n* [C] **1** ⇒taza: *two cups of coffee* - dos tazas de café **2** ⇒copa ⇒trofeo **3 (not) to be sb's ~ of tea** ⇒(no) ser del gusto de alguien: *That kind of music is not my cup of tea* - Ese tipo de música no es de mi gusto ■ PRON. La *u* se pronuncia como en el término inglés *sun*

† **cup**[2] /kʌp/ [cupped, cupping] *v* [T] ⇒ahuecar [las manos] ■ PRON. La *u* se pronuncia como en el término inglés *sun*

† **cupboard** UK: /ˈkʌb.əd/ US: /-ɚd/ *n* [C] ⇒armario ⇒alacena ⇒aparador

curate UK: /ˈkjʊə.rət/ US: /ˈkjʊr.ət/ *n* [C] ⇒coadjutor de la Iglesia Anglicana

curator UK: /kjʊˈreɪ.təʳ/ US: /kjɝːˈeɪ.ˤt̬ɚ/ *n* [C] *(de un museo, de una galería)* ⇒conservador,-a ■ PRON. Entre la *c* y la *u* se pronuncia una *y* como en *yes*, y la sílaba *ra* rima con *day*

† **curb**[1] UK: /kɜːb/ US: /kɝːb/ *v* [T] ⇒frenar: *They wanted to curb foreign exports* - Querían frenar las exportaciones extranjeras

curb[2] UK: /kɜːb/ US: /kɝːb/ *n* [C] **1** ⇒freno: *The Government imposed a curb on public spending* - El Gobierno puso freno al gasto público ■ CONSTR. a curb on sth **2** *US* See **kerb**

curdle UK: /ˈkɜː.dl̩/ US: /ˈkɝː-/ [curdled, curdling] *v* [T, I] ⇒cortarse: *The milk has curdled* - La leche se ha cortado

cure[1] UK: /kjʊəʳ/ US: /kjʊr/ *n* [C] **1** ⇒cura ⇒remedio **2** ⇒solución ■ PRON. Entre la *c* y la *u*se pronuncia una *y* como en *yes*

† **cure**[2] UK: /kjʊəʳ/ US: /kjʊr/ [cured, curing] *v* [T] **1** ⇒curar ⇒sanar **2** *(un alimento)* ⇒curar ⇒secar **3** ⇒resolver ⇒remediar ■ PRON. Entre la *c* y la *u*se pronuncia una *y* como en *yes*

curfew UK: /ˈkɜː.fjuː/ US: /ˈkɝː-/ *n* [C, U] **1** ⇒toque de queda **2** *to be in before the curfew* - estar de vuelta en casa antes del toque de queda

curiosity UK: /ˌkjʊə.riˈɒs.ɪ.ti/ US: /ˌkjʊr.iˈɑː.sə.ˤt̬i/ ▌ *n* [U] **1** ⇒curiosidad: *to feel curiosity about sth* - sentir curiosidad por algo ▌ *n* [C] **2** ⇒curiosidad ⇒rareza ■ El plural es *curiosities*

† **curious** UK: /ˈkjʊə.ri.əs/ US: /ˈkjʊr.i-/ *adj* **1** ⇒curioso,sa ⇒intrigado,da **2** ⇒raro,ra ⇒curioso,sa ■ PRON. Entre la *c* y la *u*se pronuncia una *y* como en *yes*

curl[1] UK: /kɜːl/ US: /kɝːl/ *n* [C, U] ⇒rizo ■ PRON. *cur* rima con el término inglés *her*

curl[2] UK: /kɜːl/ US: /kɝːl/ *v* [T, I] ⇒rizar(se) ■ PRON. *cur* rima con el término inglés *her*

PHRASAL VERBS
- **to curl up 1** ⇒acurrucarse: *She curled up on the sofa* - Se acurrucó en el sofá **2** ⇒curvarse

curly UK: /ˈkɜː.li/ US: /ˈkɝː-/ *adj* [*comp* curlier, *superl* curliest] ⇒rizado,da: *curly hair* - pelo rizado ■ PRON. *cur* rima con el término inglés *her*

currant UK: /ˈkʌr.ᵊnt/ US: /ˈkɝː-/ *n* [C] **1** ⇒pasa **2** ⇒grosella

† **currency** UK: /ˈkʌr.ᵊnt.si/ US: /ˈkɝː-/ ▌ *n* [C, U] **1** ⇒moneda ⇒divisa ■ El plural es *currencies* ▌ *n* [U] **2** ⇒aceptación **3 to gain ~** ⇒difundirse

† **current**[1] UK: /ˈkʌr.ᵊnt/ US: /ˈkɝː-/ *adj* ⇒actual: *What's the current situation?* - ¿Cuál es la situación actual?; *current affairs* - temas de actualidad ■ Distinto de *common* y *ordinary* (corriente)

current[2] UK: /ˈkʌr.ᵊnt/ US: /ˈkɝː-/ ▌ *n* [C] **1** ⇒corriente: *The current took the paper boat away* - La corriente se llevó el barco de papel; *to go against the current* - ir a contracorriente **2** *n* [C, U] ⇒corriente eléctrica: *to turn the current off* - cortar la corriente eléctrica

current account *UK* (*US* **checking account**) *n* [C] ⇒cuenta corriente

curricular UK: /kəˈrɪk.jʊ.ləʳ/ US: /-lɚ/ *adj* ⇒curricular

† **curriculum** /kəˈrɪk.jʊ.ləm/ [*pl* curricula, curriculums] *n* [C] ⇒currículo ⇒plan de estudios ■ PRON. La primera *u* se pronuncia como en el término inglés *sun*

curry[1] UK: /ˈkʌr.i/ US: /ˈkɝː-/ [*pl* curries] *n* [C, U] *(en cocina)* ⇒curry

† **curry**[2] UK: /ˈkʌr.i/ US: /ˈkɝː-/ [curries, curried] *v* [T] **1** ⇒preparar un alimento con curry **2** *(a un caballo)* ⇒almohazar ⇒cepillar **3 to ~ favour with sb** ⇒intentar congraciarse con alguien ■ Tiene una connotación negativa

curse[1] UK: /kɜːs/ US: /kɝːs/ *n* [C] **1** ⇒maldición: *to put a curse on sb* - echar una maldición a alguien **2** ⇒palabrota **3** ⇒cruz **4** ⇒desgracia ■ PRON. La sílaba *cur* rima con el término inglés *her*

curse[2] UK: /kɜːs/ US: /kɝːs/ [cursed, cursing] *v* [T, I] ⇒maldecir ■ PRON. La sílaba *cur* rima con el término inglés *her*

cursor UK: /ˈkɜː.səʳ/ US: /ˈkɝː.sɚ/ *n* [C] *(en informática)* ⇒cursor

cursory UK: /ˈkɜː.sᵊr.i/ US: /ˈkɝː.sɚ-/ *adj* **1** *(form)* ⇒somero,ra **2** *to give sth a cursory glance* - mirar algo muy brevemente **3** *(form) (una saludo)* ⇒mínimo,ma

C

curt UK: /kɜːt/ US: /kɝːt/ *adj* ⇒brusco,ca ⇒seco,ca
curtail UK: /kəˈteɪl/ US: /kɚ-/ *v* [T] *(form)* ⇒acortar ⇒reducir
↑ **curtain** UK: /ˈkɜː.tᵊn/ US: /ˈkɝː.ˤţ[ə]n/ *n* [C] **1** ⇒cortina **2** *(en teatro)* ⇒telón **3 to draw the curtains** ⇒correr las cortinas ■ PRON. La sílaba *cur* rima con el término inglés *her*
↑ **curve¹** UK: /kɜːv/ US: /kɝːv/ *n* [C] **1** ⇒curva **2** *the learning curve* - el proceso de aprendizaje ■ PRON. La sílaba *cur* rima con el término inglés *her*
curve² UK: /kɜːv/ US: /kɝːv/ [curved, curving] *v* [T, I] ⇒curvar(se) ⇒hacer una curva ■ PRON. La sílaba *cur* rima con el término inglés *her*
curvy UK: /ˈkɜː.vi/ US: /ˈkɝː-/ *adj* [*comp* curvier, *superl* curviest] ⇒con curvas ⇒curvilíneo,a
cushion¹ /ˈkʊʃ.ᵊn/ *n* [C] ⇒cojín
cushion² /ˈkʊʃ.ᵊn/ *v* [T] ⇒amortiguar ⇒mitigar
cushy /ˈkʊʃ.i/ *adj* [*comp* cushier, *superl* cushiest] *(inform) (un trabajo, una situación)* ⇒cómodo,da ⇒fácil ⇒chupado,da *col.*
custard UK: /ˈkʌs.təd/ US: /-tɚd/ *n* [U] ⇒tipo de natillas que se sirve caliente ■ PRON. *us* se pronuncia como el pronombre inglés *us*
custodian UK: /kʌsˈtəʊ.di.ən/ US: /-ˈtoʊ-/ *n* [C] **1** *(form)* ⇒guardián,-a **2** *US* ⇒conserje
custody /ˈkʌs.tə.di/ *n* [U] **1** ⇒custodia **2** ⇒detención ⇒arresto **3 to take *sb* into ~** ⇒detener a alguien ⇒arrestar a alguien
↑ **custom** /ˈkʌs.təm/ ▮ *n* [C, U] **1** ⇒costumbre ⇒tradición ⇒hábito ▮ *n* [U] **2** ⇒clientela ■ PRON. *us* se pronuncia como el pronombre inglés *us*
↑ **customer** UK: /ˈkʌs.tə.məʳ/ US: /-mɚ/ *n* [C] ⇒cliente: *customer service* - servicio de atención al cliente ■ PRON. *us* se pronuncia como el pronombre inglés *us*
customs /ˈkʌs.təmz/ *n* [PL] ⇒aduana: *to go through customs* - pasar por la aduana
↑ **cut¹, cut, cut** /kʌt/ [cutting] ▮ *v* [T, I] **1** ⇒cortar: *Can you cut the bread into slices?* - ¿Puedes cortar el pan en rebanadas? ▮ *v* [T] **2** ⇒recortar: *to cut the budget* - recortar el presupuesto **3** ⇒tallar: *to cut a diamond* - tallar un diamante **4** ⇒cortarse **5 ~ it out!** *(inform)* ⇒¡Déjalo ya! ⇒¡Ya te vale! *col.*

PHRASAL VERBS

- **to cut across *sth*** **1** ⇒atajar por algún lugar **2** ⇒rebasar algo ⇒superar algo
- **to cut {back/down} (on *sth*)** **1** ⇒reducir algo: *to cut down on sugar* - reducir el consumo de azúcar **2** *to cut down on expenses* - reducir los gastos
- **to cut *sth* down [M]** **1** ⇒talar ⇒cortar **2** ⇒acortar ⇒reducir
- **to cut in** ⇒interrumpir: *She cut in on our conversation* - Interrumpió nuestra conversación
- **to cut *sth/sb* off [M]** **1** ⇒aislar algo ⇒incomunicar **2** *(un suministro o un servicio)* ⇒cortar ■ CONSTR. Se usa más en pasiva
- **to cut *sth* out [M]** **1** ⇒recortar algo **2** ⇒dejar de {beber/comer...} algo: *You should cut out chocolate* - Deberías dejar de comer chocolate
- **to cut *sth* up [M]** ⇒cortar algo: *He cut up the card into four pieces* - Cortó la tarjeta en cuatro trozos
- **to not be cut out {for/to be} *sth*** ⇒no estar hecho,cha para algo

cut² /kʌt/ ▮ *n* [C] **1** ⇒corte: *He has a cut on his finger* - Tiene un corte en el dedo **2** ⇒recorte: *a cut in spending* - un recorte de gastos ▮ *n* [NO PL] **3** *(inform)* ⇒pellizco *col.*; ⇒parte
cutback /ˈkʌt.bæk/ *n* [C] ⇒reducción ⇒recorte
cute /kjuːt/ *adj* **1** ⇒mono,na *col.*; ⇒lindo,da ⇒chiche *AMÉR.* **2** *US (inform)* ⇒listillo,lla *col.*; ⇒listo,ta ■ PRON. La *u* se pronuncia como *you*
cutlery UK: /ˈkʌt.lə.ri/ US: /-lɚ.i/ *UK n* [U] ⇒cubertería ⇒cubiertos
cutlet /ˈkʌt.lət/ *n* [C] ⇒chuleta [de carne]
cutout UK: /ˈkʌt.aʊt/ US: /ˈkʌˤţ-/ *n* [C] **1** ⇒recorte [de papel] **2** *(en electrónica)* ⇒fusible ⇒cortacircuitos
cut-price /ˌkʌtˈpraɪs/ *UK adj* ⇒a precio reducido ⇒a bajo precio
cut-throat UK: /ˈkʌt.θrəʊt/ US: /-θroʊt/ *UK adj* ⇒despiadado,da ⇒implacable
cutting¹ UK: /ˈkʌt.ɪŋ/ US: /ˈkʌˤţ-/ *n* [C] **1** *UK* ⇒recorte de prensa **2** *(en botánica)* ⇒esqueje
cutting² UK: /ˈkʌt.ɪŋ/ US: /ˈkʌˤţ-/ *adj* ⇒cortante: *a cutting remark* - un comentario cortante
↑ **CV** /ˌsiːˈviː/ *UK n* [C] ⇒CV ⇒currículum vitae ■ Procede de *curriculum vitae* (currículo)
cyanide /ˈsaɪə.naɪd/ *n* [U] ⇒cianuro
cyberspace UK: /ˈsaɪ.bə.speɪs/ US: /-bɚ-/ *n* [U] ⇒ciberespacio ⇒espacio cibernético
cycle¹ /ˈsaɪ.kl̩/ *n* [C] **1** ⇒ciclo: *the moon's cycle* - el ciclo lunar **2** ⇒bicicleta ⇒bici *col.*
cycle² /ˈsaɪ.kl̩/ [cycled, cycling] *v* [I] ⇒ir en bicicleta ⇒montar en bicicleta
cyclical /ˈsaɪ.klɪ.kᵊl, ˈsɪk.lɪ-/ *adj* ⇒cíclico,ca
cycling /ˈsaɪ.klɪŋ/ *n* [U] ⇒ciclismo
cyclone UK: /ˈsaɪ.kləʊn/ US: /-kloʊn/ *n* [C] ⇒ciclón
cylinder UK: /ˈsɪl.ɪn.dəʳ/ US: /-dɚ/ *n* [C] ⇒cilindro
cymbal /ˈsɪm.bᵊl/ *n* [C] *(instrumento musical)* ⇒platillo
cynic /ˈsɪn.ɪk/ *n* [C] ⇒escéptico,ca ⇒persona recelosa ■ Distinto de *hypocrite* (cínico)
Cypriot /ˈsɪp.ri.ət/ *adj, n* [C] ⇒chipriota
Cyprus /ˈsaɪ.prəs/ *n* [U] ⇒Chipre
cyst /sɪst/ *n* [C] ⇒quiste ■ PRON. Se pronuncia como *sist* en *sister*

D

d

d /diː/ [*pl* d's or ds] *n* [C] *(letra del alfabeto)* ⇒d ■ PRON. Se pronuncia como *dee* en *deep*

D /diː/ [*pl* D's or Ds] *n* [C, U] *(nota musical)* ⇒re

DA /ˌdiːˈeɪ/ *US n* [C] ⇒forma abreviada de **district attorney** (fiscal)

dab[1] /dæb/ [dabbed, dabbing] *v* [T, I] **1** ⇒aplicar(se): *She dabbed iodine on the cuts* - Aplicó yodo en las heridas **2** ⇒limpiar(se): *He dabbed at his lips with the napkin* - Se limpió los labios con la servilleta ■ CONSTR. to dab at sth

dab[2] /dæb/ *n* [C] ⇒poquito: *a dab of glue* - un poquito de pegamento; ⇒pizca *col.*

↑**dad** /dæd/ *n* [C] *(inform)* ⇒papá

↑**daddy** /ˈdæd.i/ [*pl* daddies] *n* [C] *(inform)* ⇒papá ⇒papi *col.* ■ Pertenece al lenguaje infantil

dado rail UK: /ˈdeɪ.dəʊ.reɪl/ US: /-doʊ-/ *n* [C] *(en la pared)* ⇒moldura [de madera]

daffodil /ˈdæf.ə.dɪl/ *n* [C] *(planta)* ⇒narciso: *Daffodils come out in spring* - Los narcisos suelen salir en primavera

↑**daft** UK: /dɑːft/ US: /dæft/ *UK adj* **1** *(inform)* ⇒bobo,ba *col.*: *Kevin, don't be daft!* - ¡Kevin, no seas bobo! **2** *(inform) That's daft!* - ¡Eso es una tontería!

dagger UK: /ˈdæg.əʳ/ US: /-ɚ/ *n* [C] *(arma blanca)* ⇒daga

daily[1] /ˈdeɪ.li/ *adj, adv* **1** ⇒diario,ria: *a daily meal* - una comida diaria **2** ⇒a diario **3** ⇒cotidiano,na ■ PRON. *dai* se pronuncia como *day*

daily[2] /ˈdeɪ.li/ [*pl* dailies] *n* [C] ⇒diario ⇒periódico

dainty UK: /ˈdeɪn.ti/ US: /-ˤt̬i/ *adj* [*comp* daintier, *superl* daintiest] ⇒delicado,da

dairy[1] UK: /ˈdeə.ri/ US: /ˈder.i/ [*pl* dairies] *n* [C] ⇒lechería

dairy[2] UK: /ˈdeə.ri/ US: /ˈder.i/ *adj* ⇒lechero,ra ⇒lácteo,a: *to consume dairy products* - consumir productos lácteos

daisy /ˈdeɪ.zi/ [*pl* daisies] *n* [C] ⇒margarita

dally /ˈdæl.i/ [dallies, dallied] *v* [I] **1** *(old-fash)* ⇒entretenerse: *Come on, Jack, don't dally!* - ¡Venga, Jack, no te entretengas! **2 to ~ with *sb*'s affections** ⇒jugar con los sentimientos de alguien

PHRASAL VERBS

· **to dally with *sth*** ⇒coquetear con [una idea, un proyecto]

dam[1] /dæm/ *n* [C] ⇒presa [de agua]

dam[2] /dæm/ [dammed, damming] *v* [T] ⇒construir una presa [de agua]

↑**damage**[1] /ˈdæm.ɪdʒ/ *n* [U] ⇒daño: *The hurricane caused a lot of damage* - El huracán causó muchos daños ■ PRON. La segunda *a* se pronuncia como la *i* en *did*

↑**damage**[2] /ˈdæm.ɪdʒ/ [damaged, damaging] *v* [T] ⇒dañar: *The fire damaged the building* - El fuego dañó el edificio ■ PRON. La segunda *a* se pronuncia como la *i* en *did*

dame /deɪm/ *n* [C] **1** *US (inform, old-fash)* ⇒mujer **2** *UK* ⇒personaje de mujer anciana interpretado en las pantomimas por un hombre

Dame *n* [C] ⇒En el Reino Unido, título que se concede a algunas mujeres como honor especial

damn[1] /dæm/ *adj (inform)* ⇒maldito,ta *col.*; ⇒condenado,da ■ PRON. La *n* no se pronuncia

damn[2] /dæm/ *adv (inform)* ⇒redomadamente ⇒rematadamente ■ PRON. La *n* no se pronuncia

damn[3] /dæm/ **not to give a ~** *(inform)* ⇒importar un bledo *col.*: *I don't give a damn what she says* - Me importa un bledo lo que diga ■ PRON. La *n* no se pronuncia

damn[4] /dæm/ *v* [T] ⇒condenar ⇒criticar ■ CONSTR. Se usa más en pasiva ■ PRON. La *n* no se pronuncia

damning /ˈdæm.ɪŋ/ *adj* **1** ⇒condenatorio,ria: *damning evidence* - pruebas condenatorias **2** ⇒mordaz ■ PRON. La primera *n* no se pronuncia

damp[1] /dæmp/ *adj* ⇒húmedo,da ⇒mojado,da ■ Tiene una connotación negativa. Comparar con *moist* y con *humid*

↑**damp**[2] /dæmp/ *n* [U] ⇒humedad: *Damp is destroying the paintwork* - La humedad está estropeando la pintura ■ Tiene una connotación negativa. Comparar con *humidity*

† **damp**[3] /dæmp/ *v* [T] See **dampen**

PHRASAL VERBS

· **to damp *sth* down [M] 1** *(un fuego)* ⇒sofocar **2** *(un sentimiento, una emoción)* ⇒apaciguar

dampen /ˈdæm.pən/ (*tb* **damp**) *v* [T] **1** ⇒humedecer **2** ⇒aplacar ⇒amortiguar

D

† **dance**[1] UK: /dɑːnts/ US: /dænts/ [danced, dancing] *v* [T, I] ⇒bailar: *He dances very well* - Baila muy bien

† **dance**[2] UK: /dɑːnts/ US: /dænts/ *n* [C, U] ⇒baile

dancer UK: /ˈdɑːnt.səʳ/ US: /ˈdænt.sɚ/ *n* [C] ⇒bailarín,-a

dancing *n* [U] ⇒baile

dandruff UK: /ˈdæn.drʌf/ US: /-drəf/ *n* [U] ⇒caspa

† **danger** UK: /ˈdeɪn.dʒəʳ/ US: /-dʒɚ/ ▌*n* [C, U] **1** ⇒peligro ▌*n* [C] **2** ⇒riesgo ⇒peligro ■ PRON. *da* se pronuncia como *day*

† **dangerous** UK: /ˈdeɪn.dʒəʳr.əs/ US: /-dʒɚ-/ *adj* ⇒peligroso,sa ⇒arriesgado,da ⇒riesgoso,sa *AMÉR.* ■ PRON. *da* se pronuncia como *day*

dangerously UK: /ˈdeɪn.dʒəʳr.ə.sli/ US: /-dʒɚ-/ *adv* ⇒peligrosamente ⇒arriesgadamente ⇒riesgosamente *AMÉR.*

dangle /ˈdæŋ.gl/ [dangled, dangling] ▌*v* [T, I] **1** ⇒pender ⇒colgar ▌*v* [T] **2** ⇒tentar ■ CONSTR. to dangle sth before/in front of sb

Danish[1] /ˈdeɪ.nɪʃ/ *n* [U] **1** *(idioma)* ⇒danés **2 the ~** *(gentilicio)* ⇒los daneses, las danesas ■ El singular es *a Dane* ■ PRON. La primera parte, *Da*, se pronuncia como *day*

Danish[2] /ˈdeɪ.nɪʃ/ *adj* ⇒danés,-a

dank /dæŋk/ *adj* ⇒frío,a y húmedo,da

† **dare** UK: /deəʳ/ US: /der/ [dared, daring] *v* [I] **1** ⇒atreverse: *I didn't dare to tell him* - No me atreví a decírselo; *I daren't contradict her* - No me atrevo a contradecirla ■ CONSTR. to dare + (to) do sth **2 don't you ~** *(inform)* ⇒ni se te ocurra: *Don't you dare lie to me* - Ni se te ocurra mentirme **3 how ~ you...?** ⇒¿cómo te atreves...?: *How dare you speak to me like that?* - ¿Cómo te atreves a hablarme de esa manera? **4 I ~ say** ⇒me atrevo a decir ⇒creo ⇒no me sorprendería **5 to ~ *sb* to do *sth*** ⇒retar a alguien a hacer algo ⇒desafiar a alguien a hacer algo

daring[1] UK: /ˈdeə.rɪŋ/ US: /ˈder.ɪŋ/ *adj* ⇒atrevido,da ⇒audaz

daring[2] UK: /ˈdeə.rɪŋ/ US: /ˈder.ɪŋ/ *n* [U] ⇒atrevimiento ⇒osadía

† **dark**[1] UK: /dɑːk/ US: /dɑːrk/ *adj* **1** ⇒oscuro,ra **2** ⇒moreno,na ⇒morocho,cha *AMÉR.* **3** ⇒aciago,ga

† **dark**[2] UK: /dɑːk/ US: /dɑːrk/ *n* [U] **1** ⇒oscuridad **2 after ~** ⇒de noche: *Don't go out after dark!* - ¡No salgas de noche!

darken UK: /ˈdɑː.kən/ US: /ˈdɑːr-/ *v* [T, I] **1** ⇒oscurecer(se): *The sky darkened* - El cielo se oscureció **2** ⇒ensombrecer ⇒amargar

darkly UK: /ˈdɑː.kli/ US: /ˈdɑːr-/ *adv* **1** *(un lugar)* ⇒en penumbra **2** ⇒misteriosamente ⇒enigmáticamente

darkness UK: /ˈdɑːk.nəs/ US: /ˈdɑːrk-/ *n* [U] ⇒oscuridad

darkroom UK: /ˈdɑːk.rʊm/ UK: /-ruːm/ US: /ˈdɑːrk-/ *n* [C] *(en fotografía)* ⇒cuarto de revelado ⇒cuarto oscuro

† **darling** UK: /ˈdɑː.lɪŋ/ US: /ˈdɑːr-/ *n* [C] ⇒cariño: *Are you OK, darling?* - ¿Estás bien, cariño? ■ Se usa como vocativo

darn UK: /dɑːn/ US: /dɑːrn/ *v* [T, I] ⇒remendar ⇒zurcir

dart[1] UK: /dɑːt/ US: /dɑːrt/ *n* [C] ⇒dardo: *to play darts* - jugar a los dardos

dart[2] UK: /dɑːt/ US: /dɑːrt/ *v* [I] ⇒lanzarse ⇒precipitarse ■ CONSTR. Se usa generalmente seguido de una preposición o un adverbio

dash[1] /dæʃ/ *v* [I] ⇒correr ⇒darse prisa ⇒apurarse *AMÉR.*

† **dash**[2] /dæʃ/ [*pl* dashes] ▌*n* [C] **1** *(signo de puntuación)* ⇒guión largo ⇒raya ■ Ver cuadro signos de puntuación **2** ⇒pizca *col.* ▌*n* [NO PL] **3** ⇒carrera: *to make a dash* - echarse una carrera

dashboard UK: /ˈdæʃ.bɔːd/ US: /-bɔːrd/ *n* [C] *(en un vehículo)* ⇒salpicadero ⇒control de mandos

† **data** UK: /ˈdeɪ.tə/ US: /-ˁt̬ə/ *n* [U] ⇒datos ⇒información ■ Se puede usar con el verbo en singular o en plural: *The data is/are being checked* - *Se están revisando los datos* ■ PRON. *da* se pronuncia como *day*

† **database** UK: /ˈdeɪ.tə.beɪs/ US: /-ˁt̬ə-/ *n* [C] ⇒base de datos ■ PRON. *da* se pronuncia como *day*

† **date**[1] /deɪt/ *n* [C] **1** ⇒fecha **2** ⇒cita: *a blind date* - una cita a ciegas ■ Comparar con *appointment* y *meeting* **3** ⇒dátil

date[2] /deɪt/ [dated, dating] ▌*v* [T] **1** ⇒fechar ⇒datar ▌*v* [T, I] **2** ⇒pasar(se) de moda **3** ⇒salir [con alguien] **4 to ~** *(form)* ⇒hasta la fecha

PHRASAL VERBS

· **to date {back/from} 1** ⇒datar de **2** ⇒remontarse a

dated UK: /ˈdeɪ.tɪd/ US: /-ˁt̬ɪd/ *adj* ⇒pasado,da de moda ⇒anticuado,da ■ PRON. La *e* se pronuncia como la *i* en *did*

† **daughter** UK: /ˈdɔː.təʳ/ US: /ˈdɑː.ˁt̬ɚ/ *n* [C] ⇒hija ■ PRON. La *gh* no se pronuncia

daughter-in-law UK: /ˈdɔː.tər.ɪn.ˌlɔː/ US: /ˈdɑː.ˁt̬ɚ.ɪn.ˌlɑː/ [*pl* daughters-in-law] *n* [C] ⇒nuera ■ PRON. La *gh* no se pronuncia

daunting UK: /ˈdɔːn.tɪŋ/ US: /ˈdɑːn.ˁt̬ɪŋ/ *adj* *(una tarea)* ⇒abrumador,-a

dawn[1] UK: /dɔːn/ US: /dɑːn/ *n* [C, U] ⇒amanecer ⇒alba

dawn[2] UK: /dɔːn/ US: /dɑːn/ *v* [I] ⇒amanecer

↑**day** /deɪ/ *n* [C] **1** ⇒día: *during the day* - durante el día; *two days a week* - dos días a la semana; *three days ago* - hace tres días **2 ~ in ~ out** ⇒un día sí y el otro también **3 in the (good) old days** ⇒en los buenos tiempos **4 some ~** (*tb* **one of these days**) ⇒algún día: *Some day I'll be famous* - Algún día seré famoso **5 the ~ after tomorrow** ⇒pasado mañana **6 the ~ before yesterday** ⇒anteayer ⇒antes de ayer **7 these days** ⇒hoy día **8 to call it a ~** ⇒terminar por hoy **9 to call it a ~** ⇒dejarlo para otro día ⇒tener suficiente por ese día **10 to have seen better days** ⇒haber conocido tiempos mejores **11 to make** ***sb*'s ~** ⇒hacer feliz a alguien

daybreak /ˈdeɪ.breɪk/ *n* [U] ⇒amanecer

daydream[1] /ˈdeɪ.driːm/ *v* [I] ⇒soñar despierto,ta: *Stop daydreaming!* - ¡Deja de soñar despierto!

daydream[2] /ˈdeɪ.driːm/ *n* [C] ⇒ensueño ⇒fantasía

daylight /ˈdeɪ.laɪt/ *n* [U] **1** ⇒luz del día **2 in broad ~** ⇒a plena luz del día

day return *UK n* [C] ⇒billete de ida y vuelta para un mismo día

↑**daytime** /ˈdeɪ.taɪm/ *n* [U] ⇒día: *Our baby sleeps in the daytime* - Nuestro bebé duerme durante el día

day-to-day /ˌdeɪ.təˈdeɪ/ *adj* **1** ⇒diario,ria **2** ⇒cotidiano,na

day trip *n* [C] ⇒excursión de un día: *to go on a day trip* - hacer una excursión de un día

daze /deɪz/ **to be in a ~** ⇒estar aturdido,da

dazed /deɪzd/ *adj* ⇒aturdido,da

dazzle /ˈdæz.l̩/ [dazzled, dazzling] *v* [T] **1** ⇒deslumbrar: *The headlights dazzled me for a moment* - Los faros me deslumbraron por unos instantes **2** ⇒maravillar ⇒deslumbrar ■ CONSTR. Se usa más en pasiva

dazzling /ˈdæz.lɪŋ/ *adj* **1** ⇒deslumbrante ⇒impresionante **2** ⇒deslumbrante ⇒cegador,-a

deacon /ˈdiː.kən/ *n* [C] *(en religión)* ⇒diácono

↑**dead**[1] /ded/ *adj* **1** ⇒muerto,ta: *dead or alive* - vivo o muerto **2** *(una parte del cuerpo)* ⇒dormido,da **3** *(una máquina)* ⇒desconectado,da **4** *(una pila)* ⇒gastado,da **5** *(un lugar)* ⇒muerto,ta

dead[2] /ded/ *adv* **1** *(inform)* ⇒muy: *This book is dead good* - Este libro está muy bien **2** *(inform)* ⇒completamente: *I'm dead sure* - Estoy completamente segura ■ PRON. Rima con *red*

deaden /ˈded.ən/ *v* [T] **1** *(un sonido)* ⇒amortiguar **2** *(el dolor)* ⇒calmar

dead end *n* [C] ⇒callejón sin salida

dead heat *n* [C] *(en una carrera)* ⇒empate

↑**deadline** /ˈded.laɪn/ *n* [C] ⇒plazo ⇒fecha tope

deadlock UK: /ˈded.lɒk/ US: /-lɑːk/ *n* [U, NO PL] *(en una negociación)* ⇒punto muerto

deadly /ˈded.li/ *adj* [*comp* deadlier, *superl* deadliest] ⇒mortal

↑**deaf** /def/ *adj* ⇒sordo,da: *to be deaf in one ear* - ser sordo de un oído

deafening /ˈdef.ən.ɪŋ/ *adj* **1** ⇒ensordecedor,-a **2** *a deafening silence* - un silencio absoluto

deal[1] /dɪəl/ *n* [C] **1** ⇒trato [comercial]: *It's a deal!* - ¡Trato hecho! **2** ⇒acuerdo: *to make a deal with sb* - llegar a un acuerdo con alguien **3 a {good/great} ~** ⇒mucho,cha: *He ate a good deal* - Comió mucho ■ Se usa con sustantivos incontables o sin nada detrás

↑**deal**[2], **dealt, dealt** /dɪəl/ *v* [T, I] **1** ⇒comerciar ⇒tratar **2** *(en naipes)* ⇒repartir ■ CONSTR. to deal + dos objetos

PHRASAL VERBS

- **to deal in *sth*** ⇒comerciar con algo
- **to deal with *sth*** ⇒ocuparse de algo: *I'll deal with that* - Yo me ocupo de eso
- **to deal with *sb*** ⇒tratar con alguien: *Do you usually deal with him?* - ¿Sueles tratar con él?; *She is a hard woman to deal with* - Es difícil tratar con ella

dealer UK: /ˈdiː.ləʳ/ US: /-lə/ *n* [C] **1** ⇒comerciante **2** *(en naipes)* ⇒jugador,-a que reparte

dealing *n* [C, U] ⇒tráfico [de drogas o de armas]

dealt /delt/ past tense and past participle forms of **deal**

dean /diːn/ *n* [C] **1** *(en una universidad)* ⇒decano,na **2** *(en religión)* ⇒deán

↑**dear**[1] UK: /dɪəʳ/ US: /dɪr/ *adj* **1** *She was very dear to me* - La quería mucho **2** *(en una carta)* ⇒querido,da ⇒estimado,da **3** *UK* ⇒caro,ra: *That is very dear* - Eso es muy caro

↑**dear**[2] UK: /dɪəʳ/ US: /dɪr/ **oh, dear!** ⇒¡vaya! ⇒¡Dios mío! ⇒¡madre mía!

dear[3] UK: /dɪəʳ/ US: /dɪr/ *n* [C] ⇒cariño: *Are you OK, dear?* - ¿Estás bien, cariño? ■ Se usa como vocativo

dearly UK: /ˈdɪə.li/ US: /ˈdɪr-/ *adv* ⇒mucho: *I would dearly love to go* - Iría con mucho gusto

↑**death** /deθ/ *n* [C, U] **1** ⇒muerte: *Till death do us part* - Hasta que la muerte nos separe **2 the ~ penalty** ⇒pena de muerte **3 to catch *one*'s ~ of cold** *(inform)* ⇒pillar un trancazo *col.* **4 to put *sb* to ~** ⇒matar a alguien ■ PRON. Rima con la palabra española *pez*

deathly /ˈdeθ.li/ *adj, adv* **1** ⇒sepulcral: *a deathly silence* - un silencio sepulcral **2** ⇒como un muerto **3** ⇒como una tumba

debase /dɪˈbeɪs/ [debased, debasing] *v* [T] **1** *(form)* ⇒depreciar ⇒desvalorizar **2** *(form) (una moneda)* ⇒devaluar

debatable UK: /dɪˈbeɪ.tə.bl̩/ US: /-ˤţə-/ *adj* ⇒discutible: *a debatable point* - una afirmación discutible

debate[1] /dɪˈbeɪt/ *n* [C, U] ⇒debate ⇒discusión ■ PRON. La segunda sílaba, *bate*, rima con el término inglés *late*

D

debate[2] /dɪˈbeɪt/ [debated, debating] ▌*v* [T] **1** ⇒debatir ⇒discutir ■ CONSTR. to debate + interrogativa indirecta **2** *v* [T, I] ⇒debatir ⇒discutir ■ PRON. La segunda sílaba, *bate*, rima con el término inglés *late*

debit[1] /ˈdeb.ɪt/ *n* [C, U] ⇒débito

debit[2] /ˈdeb.ɪt/ *v* [T] *(un banco)* ⇒cargar ⇒cobrar

debris UK: /ˈdeb.riː/ UK: /ˈdeɪ.briː/ US: /dəˈbriː/ *n* [U] **1** ⇒escombros **2** ⇒restos ■ PRON. La *s* no se pronuncia

↑ **debt** /det/ *n* [C, U] ⇒deuda ⇒culebra *AMÉR.* ■ PRON. La *b* no se pronuncia

debtor UK: /ˈdet.əʳ/ US: /ˈdeˤţ.ə/ *n* [C] ⇒deudor,-a ■ PRON. La *b* no se pronuncia

↑ **decade** /ˈdek.eɪd, -ˈ-/ *n* [C] ⇒década ■ PRON. La última parte, *cade*, rima con el término inglés *made*

decadence /ˈdek.ə.dᵊnts/ *n* [U] ⇒decadencia

decaffeinated UK: /diːˈkæf.ɪ.neɪ.tɪd/ US: /dɪˈkæf.ɪ.neɪ.ˤţɪd/ *adj* ⇒descafeinado,da ■ PRON. La última *e* se pronuncia como la *i* en *did*

decay[1] /dɪˈkeɪ/ *v* [I] **1** ⇒deteriorarse **2** ⇒decaer ⇒desmoronarse **3** ⇒descomponerse ⇒pudrirse **4** *(los dientes)* ⇒picarse

decay[2] /dɪˈkeɪ/ *n* [U] **1** ⇒deterioro **2** ⇒desmoronamiento **3** ⇒descomposición **4 tooth ~** ⇒caries

deceased[1] /dɪˈsiːst/ *adj (form)* ⇒difunto,ta ⇒finado,da ■ PRON. La última *e* no se pronuncia

deceased[2] /dɪˈsiːst/ **the ~** *(form)* ⇒el difunto, la difunta ⇒el finado, la finada ■ PRON. La última *e* no se pronuncia

deceit /dɪˈsiːt/ *n* [C, U] ⇒engaño ■ PRON. La última parte, *ceit*, se pronuncia como *seat*

↑ **deceive** /dɪˈsiːv/ [deceived, deceiving] *v* [T] ⇒engañar: *She deceived me* - Me engañó ■ PRON. *cei* se pronuncia como *see*

↑ **December** UK: /dɪˈsem.bəʳ/ US: /-bə/ *n* [C, U] ⇒diciembre: *in December* - en diciembre; *on December 5th* - el cinco de diciembre ■ La forma abreviada escrita es *Dec* ■ PRON. La *c* se pronuncia como *s*

decency /ˈdiː.sᵊnt.si/ *n* [U] ⇒decencia ⇒decoro

↑ **decent** /ˈdiː.sᵊnt/ *adj* ⇒decente ■ PRON. *de* rima con el término inglés *me* y la *c* se pronuncia como *s*

↑ **deception** /dɪˈsep.ʃᵊn/ *n* [C, U] ⇒engaño ■ Distinto de *disappointment* (decepción)

deceptive /dɪˈsep.tɪv/ *adj* ⇒engañoso,sa: *Her smile was deceptive* - Su sonrisa era engañosa

↑ **decide** /dɪˈsaɪd/ [decided, deciding] ▌*v* [T, I] **1** ⇒decidir: *What have you decided to do?* - ¿Qué has decidido hacer? ■ CONSTR. 1. to decide + (that) 2. to decide + to do sth 3. to decide + interrogativa indirecta ▌*v* [T] **2** ⇒determinar [un resultado]

PHRASAL VERBS
· **to decide on *sth/sb*** ⇒decidirse por ⇒optar por

decided /dɪˈsaɪ.dɪd/ *adj* **1** *(form)* ⇒evidente ⇒claro,ra **2** *(un carácter o una manera)* ⇒resuelto,ta ⇒firme ■ Distinto de *decisive* (decisivo,va)

decimal /ˈdes.ɪ.məl/ *adj, n* [C] ⇒decimal ■ PRON. La *c* se pronuncia como *s*

decipher UK: /dɪˈsaɪ.fəʳ/ US: /-fə/ *v* [T] *(un mensaje)* ⇒descifrar

decision /dɪˈsɪʒ.ᵊn/ ▌*n* [C] **1** ⇒decisión: *He made the decision to quit the job* - Tomó la decisión de dejar el trabajo **2** *n* [U] ⇒decisión ⇒arrojo ■ PRON. La *c* se pronuncia como *s*

decision-making *n* [U] *(actividad)* ⇒toma de decisiones

↑ **decisive** /dɪˈsaɪ.sɪv/ *adj* **1** ⇒atrevido,da ⇒decidido,da **2** ⇒decisivo,va: *the decisive moment* - el momento decisivo ■ PRON. La segunda sílaba, *ci*, rima con *my*

↑ **deck** /dek/ *n* [C] **1** ⇒cubierta [de un barco] **2** *(de un autobús o de un avión)* ⇒piso **3** *US* (*UK* **pack**) ⇒baraja [de cartas] **4** ⇒pletina

deckchair UK: /ˈdek.tʃeəʳ/ US: /-tʃer/ *n* [C] ⇒tumbona

↑ **declaration** /ˌdek.ləˈreɪ.ʃᵊn/ *n* [C] ⇒declaración [oficial]

↑ **declare** UK: /dɪˈkleəʳ/ US: /-ˈkler/ [declared, declaring] *v* [T] ⇒declarar: *to declare war on a country* - declarar la guerra a un país ■ CONSTR. to declare + that

PHRASAL VERBS
· **to declare {for/against} *sth/sb*** ⇒pronunciarse {a favor/en contra} de alguien

decline[1] /dɪˈklaɪn/ *n* [U, NO PL] **1** ⇒decaimiento ⇒deterioro ⇒declive **2** ⇒disminución

decline[2] /dɪˈklaɪn/ [declined, declining] ▌*v* [I] **1** ⇒empeorar ⇒debilitarse **2** ⇒reducirse ▌*v* [T, I] **3** *(form)* ⇒rechazar ⇒rehusar ⇒declinar ■ CONSTR. to decline + to do sth

decoder UK: /diːˈkəud.əʳ/ US: /-ˈkoud.ə/ *n* [C] ⇒descodificador

decompose UK: /ˌdiː.kəmˈpəuz/ US: /-ˈpouz/ [decomposed, decomposing] *v* [I] *(una planta o un animal)* ⇒descomponer(se) ⇒pudrir(se)

decor UK: /ˈdeɪ.kɔːʳ/ UK: /ˈdek.ɔːʳ/ US: /deɪˈkɔːr/ *n* [U, NO PL] ⇒decoración

↑ **decorate** /ˈdek.ə.reɪt/ [decorated, decorating] ▌*v* [T] **1** ⇒decorar **2** *v* [T, I] ⇒pintar **3** ⇒condecorar ■ CONSTR. Se usa más en pasiva

decoration /ˌdek.əˈreɪ.ʃᵊn/ ▌*n* [C, U] **1** ⇒decoración ▌*n* [C] **2** ⇒condecoración

decorations *n* [PL] ⇒adornos: *Christmas decorations* - adornos navideños

decorative UK: /ˈdek.ᵊr.ə.tɪv/ US: /-ɚ.ə.ˤt̬ɪv/ *adj* ⇒decorativo,va

decorator UK: /ˈdek.ᵊr.eɪ.təʳ/ US: /-ɚ.eɪ.ˤt̬ɚ/ *n* [C] **1** ⇒decorador,-a **2 interior ~** ⇒interiorista

decoy /ˈdiː.kɔɪ/ *n* [C] ⇒señuelo ⇒reclamo

decrease[1] UK: /dɪˈkriːs/ US: /ˈdiː.kriːs/ [decreased, decreasing] *v* [T, I] ⇒disminuir ⇒reducir ■ PRON. *crea* rima con el término inglés *me*

decrease[2] /ˈdiː.kriːs/ *n* [C, U] ⇒disminución ⇒reducción

decree[1] /dɪˈkriː/ *n* [C] ⇒decreto ⇒sentencia

decree[2] /dɪˈkriː/ [decreed] *v* [T] ⇒decretar: *The king decreed that there would be a truce* - El rey decretó una tregua ■ CONSTR. to decree + that

decrepit /dɪˈkrep.ɪt/ *adj* ⇒decrépito,ta

↑**dedicate** /ˈded.ɪ.keɪt/ [dedicated, dedicating] *v* [T] **1** ⇒dedicar ⇒consagrar **2** *(un libro)* ⇒dedicar ■ CONSTR. En 1 y en 2, to dedicate sth to sb

dedicated UK: /ˈded.ɪ.keɪ.tɪd/ US: /-ˤt̬ɪd/ *adj* **1** ⇒entregado,da: *She is dedicated to her research* - Está entregada a sus investigaciones **2** ⇒especializado,da ■ PRON. La última *e* se pronuncia como la *i* en *did*

dedication /ˌded.ɪˈkeɪ.ʃᵊn/ ▮ *n* [U] **1** ⇒dedicación ⇒entrega ▮ *n* [C] **2** *(en un libro)* ⇒dedicatoria

deduce UK: /dɪˈdjuːs/ US: /-ˈduːs/ [deduced, deducing] *v* [T] *(una conclusión)* ⇒deducir ⇒inferir ■ CONSTR. to deduce + (that)

deduct /dɪˈdʌkt/ *v* [T] *(una cantidad)* ⇒deducir ⇒restar

deduction /dɪˈdʌk.ʃᵊn/ *n* [C, U] **1** ⇒deducción **2** ⇒descuento ⇒rebaja

deed /diːd/ *n* [C] **1** *(form)* ⇒hecho **2** ⇒hazaña **3** *(en derecho)* ⇒escritura ■ Se usa más en plural

↑**deem** /diːm/ *v* [T] *(form)* ⇒considerar: *This place is deemed to be unsafe* - Este sitio se considera peligroso ■ CONSTR. to be deemed + to do sth

↑**deep** /diːp/ *adj* **1** ⇒profundo,da ⇒hondo,da **2** *(un sonido)* ⇒bajo,ja ⇒grave **3** *(un color)* ⇒intenso,sa **4 to be ~ in *sth*** ⇒estar sumido,da en algo ⇒estar absorto,ta en algo

deepen /ˈdiː.pᵊn/ ▮ *v* [T, I] **1** *(un agujero)* ⇒hacer(se) más profundo,da **2** ⇒intensificar ⇒aumentar ▮ *v* [I] **3** *(la luz, el color)* ⇒oscurecer(se)

deep freeze *n* [C] ⇒congelador ⇒heladera *AMÉR.*; ⇒freezer *AMÉR.*

deeply /ˈdiː.pli/ *adv* **1** ⇒en profundidad **2** ⇒profundamente: *She breathed deeply* - Respiraba profundamente

deer UK: /dɪəʳ/ US: /dɪr/ [*pl* deer] *n* [C] **1** ⇒ciervo,va ⇒venado **2** ⇒ciervo macho

default[1] UK: /dɪˈfɒlt/ US: /-ˈfɑːlt/ *n* [U] **1** ⇒incumplimiento ⇒impago **2** ⇒valor por defecto **3 by ~** *(form)* ⇒por defecto: *The program is installed by default* - El programa se encuentra instalado por defecto

default[2] UK: /dɪˈfɒlt/ US: /-ˈfɑːlt/ *v* [I] ⇒demorarse en el pago: *He defaulted on the mortgage* - Se demoró en el pago de la hipoteca ■ CONSTR. to default on sth

↑**defeat**[1] /dɪˈfiːt/ *v* [T] ⇒derrotar ⇒batir

↑**defeat**[2] /dɪˈfiːt/ *n* [C, U] ⇒derrota

defect[1] /ˈdiː.fekt/ *n* [C] ⇒defecto: *one of his biggest defects* - uno de sus mayores defectos

defect[2] /dɪˈfekt/ *v* [I] ⇒desertar: *He defected from his country to Ireland* - Desertó de su país para ir a Irlanda

defence /dɪˈfen*t*s/ *UK* (*US* **defense**) *n* [C, U] ⇒defensa

defenceless /dɪˈfen*t*.sləs/ *UK* (*US* **defenseless**) *adj* ⇒indefenso,sa

↑**defend** /dɪˈfend/ *v* [T] **1** ⇒defender: *She defended him tooth and nail* - Lo defendió con uñas y dientes **2** ⇒defender ⇒apoyar **3** *(en derecho)* ⇒defender

defendant /dɪˈfen.dᵊnt/ *n* [C] ⇒acusado,da ⇒demandado,da

defender UK: /dɪˈfen.dəʳ/ US: /-dɚ/ *n* [C] **1** *(en deportes)* ⇒defensa ⇒zaguero,ra **2** ⇒defensor,-a

defense *US n* [C, U] See **defence**

defensive /dɪˈfen*t*.sɪv/ *adj* **1** ⇒defensivo,va: *a defensive strategy* - una estrategia defensiva **2 to be ~ about *sth*** ⇒estar a la defensiva con algo

defer UK: /dɪˈfɜːʳ/ US: /-ˈfɝː/ [deferred, deferring] *v* [T] ⇒posponer ⇒aplazar

deference UK: /ˈdef.ᵊr.ᵊn*t*s/ US: /-ɚ-/ *n* [U] ⇒deferencia

defiance /dɪˈfaɪ.ən*t*s/ *n* [U] ⇒desobediencia ⇒desafío

defiant /dɪˈfaɪ.ənt/ *adj* ⇒desobediente ⇒desafiante

↑**deficiency** /dɪˈfɪʃ.ᵊn*t*.si/ [*pl* deficiencies] *n* [C, U] **1** ⇒carencia **2** ⇒deficiencia: *deficiencies in the security measures* - deficiencias en las medidas de seguridad

deficient /dɪˈfɪʃ.ᵊnt/ *adj* **1** ⇒carente **2** ⇒deficiente

↑**define** /dɪˈfaɪn/ [defined, defining] *v* [T] ⇒definir ⇒caracterizar

↑**definite** /ˈdef.ɪ.nət/ *adj* **1** ⇒claro,ra ⇒seguro,ra **2** ⇒definitivo,-va ■ PRON. *ite* se pronuncia como *it*

definitely /ˈdef.ɪ.nət.li/ *adv* ⇒definitivamente ⇒sin duda ■ PRON. *ite* se pronuncia como *it*

definition /ˌdef.ɪˈnɪʃ.ᵊn/ ▮ *n* [C] **1** *(de una palabra)* ⇒definición ▮ *n* [U] **2** *(de una imagen)* ⇒claridad ⇒definición

definitive UK: /dɪˈfɪn.ɪ.tɪv/ US: /-ə.ˤt̬ɪv/ *adj* **1** ⇒definitivo,va **2** ⇒irrevocable **3** *This book is definitive* *in its field* - Este libro es el mejor exponente en su campo

deflate /dɪˈfleɪt/ [deflated, deflating] ■ *v* [T] **1** ⇒desilusionar(se) ■ CONSTR. Se usa más en pasiva ■ *v* [T, I] **2** *(un globo o una rueda)* ⇒desinflar(se) ⇒deshinchar(se)

deflect /dɪˈflekt/ *v* [T, I] ⇒desviar: *He deflected the arrow* - Desvió la flecha

deforestation UK: /diːˌfɒr.ɪˈsteɪ.ʃᵊn/ US: /-ˌfɔːr-/ *n* [U] ⇒deforestación

deformed UK: /dɪˈfɔːmd/ US: /-ˈfɔːrmd/ *adj* ⇒deformado,da ⇒deforme

deformity UK: /dɪˈfɔː.mɪ.ti/ US: /-ˈfɔːr.mə.ˤt̬i/ [*pl* deformities] *n* [C, U] ⇒deformidad

defrost UK: /ˌdiːˈfrɒst/ US: /-ˈfrɑːst/ *v* [T, I] ⇒descongelar(se): *Please defrost some meat* - Por favor, descongela algo de carne

deft /deft/ *adj* ⇒hábil ⇒diestro,tra

defunct /dɪˈfʌŋkt/ *adj* **1** *(una organización o un grupo)* ⇒desaparecido,da **2** ⇒fallecido,da ⇒muerto,ta

defuse /ˌdiːˈfjuːz/ [defused, defusing] *v* [T] **1** *(una situación tensa)* ⇒atenuar **2** *(una bomba)* ⇒desactivar [quitando la mecha] ■ PRON. La *u* se pronuncia como *you*

↑**defy** /dɪˈfaɪ/ [defies, defied] *v* [T] **1** ⇒desafiar **2 to ~ *sb* to do *sth*** ⇒retar a alguien a hacer algo ■ PRON. *fy* rima con *my*

degenerate /dɪˈdʒen.ə.reɪt/ [degenerated, degenerating] *v* [I] ⇒degenerar ■ CONSTR. to degenerate into sth

degrade /dɪˈgreɪd/ [degraded, degrading] ■ *v* [T] **1** ⇒degradar ⇒humillar ⇒injuriar **2** ⇒deteriorar ⇒degradar ■ *v* [T, I] **3** *(una imagen o un sonido)* ⇒distorsionar ■ *v* [I] **4** *(una sustancia)* ⇒degradar

↑**degree** /dɪˈgriː/ ■ *n* [C] **1** ⇒título universitario ⇒licenciatura **2** *(de un ángulo o de temperatura)* ⇒grado ■ *n* [C, U] **3** ⇒nivel ⇒grado **4 by degrees** ⇒poco a poco **5 to {a/some} ~** ⇒en cierta medida

dehydration /ˌdiː.haɪˈdreɪ.ʃᵊn/ *n* [U] ⇒deshidratación ■ PRON. *hy* se pronuncia como *high*

deign /deɪn/ **to ~ to do *sth*** ⇒dignarse (a) hacer algo: *She didn't deign to speak* - No se dignó hablar ■ PRON. La *g* no se pronuncia

deity UK: /ˈdeɪ.ɪ.ti/ US: /ˈdiː.ə.ˤt̬i/ [*pl* deities] *n* [C] *(form)* ⇒deidad

dejected /dɪˈdʒek.tɪd/ *adj* ⇒desanimado,da

↑**delay¹** /dɪˈleɪ/ *v* [T, I] **1** ⇒retrasar(se) ⇒demorar(se) **2** ⇒retrasar ⇒posponer ■ CONSTR. to delay + doing sth ■ PRON. *lay* rima con *day*

↑**delay²** /dɪˈleɪ/ *n* [C, U] ⇒retraso ⇒demora ■ PRON. *lay* rima con *day*

delegate¹ /ˈdel.ɪ.gət/ *n* [C] ⇒delegado,da

delegate² /ˈdel.ɪ.geɪt/ [delegated, delegating] *v* [T] ⇒delegar ⇒encomendar

delegation /ˌdel.ɪˈgeɪ.ʃᵊn/ ■ *n* [U] **1** ⇒delegación ⇒cesión ■ *n* [C] **2** ⇒delegación ⇒comisión ■ Por ser un nombre colectivo se puede usar con el verbo en singular o en plural

↑**delete** /dɪˈliːt/ [deleted, deleting] *v* [T] *(datos)* ⇒borrar ⇒eliminar ⇒suprimir ■ PRON. *lete* rima con *meet*

deliberate¹ UK: /dɪˈlɪb.ᵊr.ət/ US: /-ɚ-/ *adj* **1** ⇒deliberado,da ⇒intencionado,da **2** *(un movimiento)* ⇒lento,ta ⇒pausado,da

deliberate² /dɪˈlɪb.ə.reɪt/ [deliberated, deliberating] *v* [T, I] *(form)* ⇒deliberar ■ PRON. *rate* rima con el término inglés *mate*

deliberately UK: /dɪˈlɪb.ᵊr.ət.li/ US: /-ɚ-/ *adv* ⇒deliberadamente ⇒adrede ⇒aposta

deliberation /dɪˌlɪb.əˈreɪ.ʃᵊn/ *n* [C, U] ⇒deliberación ⇒intención

delicacy /ˈdel.ɪ.kə.si/ ■ *n* [C] **1** ⇒exquisitez [gastronómica] ■ El plural es *delicacies* ■ *n* [U] **2** *(cualidad)* ⇒delicadeza ⇒fragilidad

↑**delicate** /ˈdel.ɪ.kət/ *adj* **1** ⇒delicado,da ⇒frágil **2** ⇒delicado,da: *a delicate matter* - un tema delicado **3** ⇒suave: *a delicate flavour* - un sabor suave ■ PRON. La *a* se pronuncia como en *ago*

delicatessen /ˌdel.ɪ.kəˈtes.ᵊn/ *n* [C] ⇒tienda de delicatessen ■ La forma abreviada es *deli*

↑**delicious** /dɪˈlɪʃ.əs/ *adj* ⇒delicioso,sa ■ PRON. La sílaba *ci* se pronuncia *sh*

delight¹ /dɪˈlaɪt/ *n* [C, U] **1** ⇒placer ⇒deleite **2 to take ~ in *sth*** ⇒deleitarse en algo

delight² /dɪˈlaɪt/ *v* [T] ⇒encantar ⇒deleitar

delighted UK: /dɪˈlaɪ.tɪd/ US: /-ˤt̬ɪd/ *adj* ⇒encantado,da: *Delighted to meet you* - Encantado de conocerte ■ PRON. La última *e* se pronuncia como la *i* en *did*

delightful /dɪˈlaɪt.fᵊl/ *adj* **1** ⇒encantador,-a **2** ⇒delicioso,sa ⇒maravilloso,sa

delinquency /dɪˈlɪŋ.kwᵊnt.si/ ■ *n* [U] **1** ⇒delincuencia: *juvenile delinquency* - delincuencia juvenil ■ *n* [C] **2** *(form)* ⇒acción ilegal o inmoral ■ El plural es *delinquencies*

delinquent /dɪˈlɪŋ.kwᵊnt/ *n* [C] ⇒delincuente: *juvenile delinquent* - delincuente juvenil

delirious /dɪˈlɪr.i.əs/ *adj* **1** ⇒delirante **2** ⇒exultante: *Hugh was delirious with happiness* - Hugh estaba exultante de felicidad

↑**deliver** UK: /dɪˈlɪv.əʳ/ US: /-ɚ/ *v* [T, I] **1** ⇒entregar ⇒repartir **2** *(un recado)* ⇒dar ⇒comunicar ⇒mandar **3** ⇒pronunciar **4** ⇒atender un parto **5** ⇒cumplir [una promesa]

delivery UK: /dɪˈlɪv.ᵊr.i/ US: /-ɚ-/ ■ *n* [C] **1** ⇒entrega ⇒reparto ■ El plural es *deliveries* **2** ⇒parto ■ El plural es *deliveries* ▮ *n* [U] **3** ⇒**oratoria** **4** ⇒**presentación** ⇒**declamación**

delta UK: /ˈdel.tə/ US: /-ˁt̬ə/ *n* [C] ⇒delta [de un río]

delude /dɪˈluːd/ [deluded, deluding] *v* [T] ⇒engañar(se) ⇒hacer creer ■ CONSTR. 1. to delude into + doing sth 2. Se usa más en pasiva

deluge[1] /ˈdel.juːdʒ/ *n* [C] **1** ⇒avalancha [de cosas] ⇒aluvión [de cosas] **2** ⇒diluvio

deluge[2] /ˈdel.juːdʒ/ [deluged, deluging] *v* [T] ⇒abrumar: *He is deluged with work* - Le abruma el trabajo ■ CONSTR. Se usa más en pasiva

delusion /dɪˈluː.ʒᵊn/ *n* [C, U] **1** ⇒error **2** ⇒ilusión ⇒engaño **3** *Poor boy, he's under the delusion he'll get the job* - Pobrecillo, se cree que le van a dar el trabajo

deluxe /dɪˈlʌks/ (*tb* **de luxe**) *adj* ⇒de lujo: *deluxe products* - productos de lujo ■ PRON. La *u* se pronuncia como en el término inglés *sun*

demand[1] UK: /dɪˈmɑːnd/ US: /-ˈmænd/ ▮ *n* [U, NO PL] **1** ⇒demanda ▮ *n* [C] **2** ⇒petición ⇒exigencia ▮ *n* [C, U] **3** *(en economía)* ⇒demanda **4 in ~** ⇒muy solicitado,da **5 on ~** ⇒a petición

↑**demand**[2] UK: /dɪˈmɑːnd/ US: /-ˈmænd/ *v* [T] **1** ⇒pedir ⇒exigir ■ CONSTR. 1.to demand + that 2. to demand + to do sth **2** ⇒requerir ⇒exigir

demanding UK: /dɪˈmɑːn.dɪŋ/ US: /-ˈmæn-/ *adj* **1** ⇒exigente **2** ⇒absorbente: *a demanding job* - un trabajo absorbente

demise /dɪˈmaɪz/ *n* [NO PL] **1** *(form)* ⇒final ⇒fin **2** *(form)* ⇒deceso *form.*; ⇒fallecimiento ■ PRON. *mi* se pronuncia como *my*

demo UK: /ˈdem.əʊ/ US: /-oʊ/ *UK n* [C] **1** *(inform)* ⇒forma abreviada de **demonstration** (manifestación) **2** *(inform)* ⇒maqueta: *a demo tape* - una maqueta musical **3** *(en informática)* ⇒demo

↑**democracy** UK: /dɪˈmɒk.rə.si/ US: /-ˈmɑː.krə-/ [*pl* democracies] *n* [C, U] ⇒democracia

democrat /ˈdem.ə.kræt/ *n* [C] **1** ⇒demócrata **2** *(miembro del Partido Democrático Norteamericano)* ⇒demócrata

democratic UK: /ˌdem.əˈkræt.ɪk/ US: /-ˈkræˁt̬-/ *adj* ⇒democrático,ca: *a democratic debate* - un debate democrático

↑**demolish** UK: /dɪˈmɒl.ɪʃ/ US: /-ˈmɑː.lɪʃ/ [demolishes] *v* [T] **1** ⇒demoler ⇒derribar **2** *(un argumento)* ⇒desmontar

demolition /ˌdem.əˈlɪʃ.ᵊn/ *n* [C, U] ⇒demolición

demon /ˈdiː.mən/ *n* [C] **1** ⇒demonio **2** *(amenaza)* ⇒fantasma **3** ⇒as ⇒fiera ■ PRON. La primera sílaba, *de*, rima con *see*

demonic UK: /dɪˈmɒn.ɪk/ US: /-ˈmɑː.nɪk/ *adj* ⇒demoníaco,ca

↑**demonstrate** /ˈdem.ən.streɪt/ [demonstrated, demonstrating] ▮ *v* [T] **1** ⇒demostrar ⇒probar ■ CONSTR. to demonstrate + interrogativa indirecta **2** ⇒demostrar ⇒mostrar ■ CONSTR. to demonstrate + that ▮ *v* [I] **3** ⇒manifestarse

demonstration /ˌdem.ənˈstreɪ.ʃᵊn/ ▮ *n* [C, U] **1** ⇒demostración ⇒prueba ▮ *n* [C] **2** ⇒manifestación

demonstrative UK: /dɪˈmɒnt.strə.tɪv/ US: /-ˈmɑːnt.strə.ˁt̬ɪv/ *adj* ⇒expresivo,va

demonstrator UK: /ˈdem.ən.streɪ.təʳ/ US: /-ˁt̬ə/ *n* [C] ⇒manifestante

demotivate UK: /ˌdiːˈməʊ.tɪ.veɪt/ US: /-ˈmoʊ.ˁt̬ɪ-/ [demotivated, demotivating] *v* [T] ⇒desmotivar

den /den/ *n* [C] **1** ⇒madriguera **2** ⇒escondrijo ⇒guarida **3** ⇒tugurio ⇒antro *desp.* **4** *US* ⇒cuarto de estar

denial /dɪˈnaɪ.əl/ ▮ *n* [C, U] **1** ⇒rechazo ⇒negación ▮ *n* [U] **2** ⇒negación ⇒denegación ■ PRON. La primera sílaba, *de*, rima con *see*

↑**denim** /ˈden.ɪm/ *n* [U] ⇒tela vaquera: *a denim jacket* - una cazadora vaquera

denomination UK: /dɪˌnɒm.ɪˈneɪ.ʃᵊn/ US: /-ˌnɑː.mə-/ *n* [C] **1** ⇒denominación ⇒clase **2** ⇒confesión [religiosa] **3** ⇒valor [de una moneda]

denounce /dɪˈnaʊnts/ [denounced, denouncing] *v* [T] ⇒denunciar ⇒acusar ⇒sindicar *AMÉR.*

↑**dense** /dents/ *adj* ⇒denso,sa ⇒espeso,sa

densely /ˈdent.sli/ *adv* ⇒densamente ⇒espesamente ⇒apretadamente

density UK: /ˈdent.sɪ.ti/ US: /-sə.ˁt̬i/ [*pl* densities] *n* [C, U] ⇒densidad: *population density* - densidad de población

dent[1] /dent/ *n* [C] **1** ⇒abolladura **2** *(deuda, pérdida)* ⇒agujero ■ Distinto de *tooth* (diente)

dent[2] /dent/ *v* [T] **1** ⇒abollar **2** ⇒mermar: *The result dented her confidence* - El resultado mermó su confianza

↑**dental** UK: /ˈden.tᵊl/ US: /-ˁt̬[ə]l/ *adj* ⇒dental: *dental treatment* - tratamiento dental

↑**dentist** UK: /ˈden.tɪst/ US: /-ˁt̬ɪst/ *n* [C] ⇒dentista

denunciation /dɪˌnʌnt.siˈeɪ.ʃᵊn/ *n* [C, U] ⇒denuncia

↑**deny** /dɪˈnaɪ/ [denies, denied] *v* [T] **1** *(una historia)* ⇒desmentir **2** ⇒negar ■ CONSTR. 1.to deny + (that) 2.to deny + doing sth 3. to deny + dos objetos **3** ⇒negar ⇒impedir

deodorant UK: /diˈəʊ.dᵊr.ᵊnt/ US: /-ˈoʊ.dɚ-/ *n* [C, U] ⇒desodorante ■ PRON. *de* rima con *see*

↑**depart** UK: /dɪˈpɑːt/ US: /-ˈpɑːrt/ *v* [I] *(form)* ⇒salir: *The train departs from platform five at 10.50* - El tren sale del andén cinco a las 10.50 ■ La forma abreviada es *dep.*

↑**department** UK: /dɪˈpɑːt.mənt/ US: /-ˈpɑːrt-/ *n* [C] **1** *(de un colegio, de una tienda, de una empresa)* ⇒departamento ■ La forma abreviada es *dept* **2** *(en Gran Bretaña)* ⇒ministerio

departmental UK: /ˌdiː.pɑːtˈmen.təl/ US: /-pɑːrtˈmen.ˀt̬[ə]l/ *adj* ⇒departamental

↑ **department store** *n* [C] ⇒grandes almacenes

departure UK: /dɪˈpɑː.tʃəʳ/ US: /-ˈpɑːr.tʃə/ *n* [C, U] **1** ⇒salida: *the departure of flight 603 to London* - la salida del vuelo 603 con destino a Londres **2** *What's your departure time to London?* - ¿A qué hora sales para Londres? **3** ⇒cambio [en una tendencia] ■ La forma abreviada escrita es *dep.* ■ Pron.: La última sílaba, *ture*, se pronuncia como en *picture*

↑ **depend** /dɪˈpend/ *v* [I] **1** ⇒confiar ⇒contar **2** ⇒depender: *It doesn't depend on me* - No depende de mí ■ Constr. 1. to depend on 2. to depend + interrogativa indirecta

PHRASAL VERBS

· **to depend {on/upon} *sth/sb*** **1** ⇒depender: *I still depend on my parents* - Todavía dependo de mis padres **2** ⇒confiar en ⇒contar con

dependable /dɪˈpen.də.bl̩/ *adj* ⇒fiable ⇒de confianza

dependant /dɪˈpen.dənt/ *UK* (*US* **dependent**) *n* [C] *He is a single man with no dependants* - Es un hombre soltero sin personas a su cargo

↑ **dependence** /dɪˈpen.dənts/ *n* [U, NO PL] ⇒dependencia: *alcohol dependence* - dependencia del alcohol

↑ **dependent**[1] /dɪˈpen.dənt/ *adj* **1** ⇒dependiente,ta **2 to be ~ on *sth*** ⇒depender de algo

↑ **dependent**[2] /dɪˈpen.dənt/ *US n* [C] See **dependant**

↑ **depict** /dɪˈpɪkt/ *v* [T] ⇒retratar ⇒pintar ⇒describir

deplore UK: /dɪˈplɔːʳ/ US: /-ˈplɔːr/ [deplored, deploring] *v* [T] **1** *(form)* ⇒abominar ⇒aborrecer **2** *(form)* ⇒lamentar ■ Distinto de *to grieve* (deplorar)

deploy /dɪˈplɔɪ/ *v* [T] **1** ⇒desplegar [militarmente] **2** ⇒utilizar

deport UK: /dɪˈpɔːt/ US: /-ˈpɔːrt/ *v* [T] ⇒deportar

depose UK: /dɪˈpəʊz/ US: /-ˈpoʊz/ [deposed, deposing] *v* [T] ⇒destituir ⇒derrocar ⇒remover AMÉR.

deposit[1] UK: /dɪˈpɒz.ɪt/ US: /-ˈpɑː.zɪt/ *n* [C] **1** ⇒fianza ⇒señal **2** *(en un banco)* ⇒depósito **3** ⇒fianza **4** ⇒depósito ⇒sedimento

deposit[2] UK: /dɪˈpɒz.ɪt/ US: /-ˈpɑː.zɪt/ *v* [T] **1** ⇒ingresar ⇒depositar **2** ⇒poner ⇒depositar **3 to ~ *sth* with *sb*** ⇒dejar en manos de alguien

depot UK: /ˈdep.əʊ/ US: /ˈdiː.poʊ/ *n* [C] **1** ⇒depósito ⇒almacén **2** ⇒cochera **3** *US (de autobuses, de trenes)* ⇒estación ■ Pron. La *t* no se pronuncia

↑ **depress** /dɪˈpres/ [depresses] *v* [T] **1** ⇒deprimir: *The news depressed everybody* - La noticia los deprimió a todos **2** *(un precio)* ⇒reducir ⇒bajar

depressed /dɪˈprest/ *adj* ⇒deprimido,da: *He's a bit depressed* - Está un poco deprimido ■ Pron. La última *e* no se pronuncia

depressing /dɪˈpres.ɪŋ/ *adj* ⇒deprimente

↑ **depression** /dɪˈpreʃ.ən/ *n* [C, U] **1** ⇒depresión **2** *(en economía)* ⇒depresión ⇒recesión

↑ **deprive** /dɪˈpraɪv/ [deprived, depriving]

PHRASAL VERBS

· **to deprive *sb* of *sth*** ⇒privar a alguien de algo: *to deprive sb of a right* - privar a alguien de un derecho

deprived /dɪˈpraɪvd/ *adj* ⇒necesitado,da: *a deprived family* - una familia necesitada

↑ **depth** /depθ/ ▌*n* [C, U] **1** ⇒profundidad: *What is the depth of this swimming pool?* - ¿Qué profundidad tiene esta piscina? ▌*n* [U] **2** *He was amazed at the depth of their knowledge about this subject* - Se quedó asombrado con el conocimiento tan profundo que tienen en esta materia **3 in ~** ⇒en profundidad

↑ **deputy** UK: /ˈdep.jʊ.ti/ US: /-ˀt̬i/ [*pl* deputies] *n* [C] ⇒vice- ⇒sub- ■ Pron. La *u* se pronuncia como *you*

derail /ˌdiːˈreɪl/ ▌*v* [T, I] **1** *(un tren)* ⇒descarrilar(se) ▌*v* [T] **2** *(un plan, un proyecto, un proceso)* ⇒estropear ⇒fastidiar ⇒hacer descarrilar

deranged /dɪˈreɪndʒd/ *adj* ⇒trastornado,da ⇒enloquecido,da ■ Pron. La última *e* no se pronuncia

derby UK: /ˈdɑː.bi/ US: /ˈdɝː-/ [*pl* derbies] *n* [C] **1** *UK (en deportes)* ⇒derbi **2** *(en hípica)* ⇒derby **3** *US* (*UK* **bowler hat**) ⇒bombín

derelict /ˈder.ə.lɪkt/ *adj (un edificio)* ⇒abandonado,da ⇒en ruinas

deride /dɪˈraɪd/ [derided, deriding] *v* [T] *(form)* ⇒ridiculizar ⇒mofarse de

derision /dɪˈrɪʒ.ən/ *n* [U] *(form)* ⇒burla ⇒mofa

derisive /dɪˈraɪ.sɪv/ *adj (un gesto)* ⇒burlón,-a

derisory UK: /dɪˈraɪ.sər.i/ US: /-ɚ.i/ *adj* **1** *(form) (una suma de dinero)* ⇒irrisorio,ria **2** ⇒cruel ⇒mordaz

derivation /ˌder.ɪˈveɪ.ʃən/ *n* [C, U] ⇒derivación [lingüística]

derivative UK: /dɪˈrɪv.ɪ.tɪv/ US: /-ə.ˀt̬ɪv/ *n* [C] **1** *(en lingüística)* ⇒derivado **2** *(una expresión artística)* ⇒poco original

↑ **derive** /dɪˈraɪv/ [derived, deriving] *v* [T] ⇒obtener ⇒hallar

PHRASAL VERBS

· **to derive (*sth*) from *sth*** **1** ⇒derivar(se) de algo **2** ⇒obtener ⇒encontrar ■ Constr. Se usa más en pasiva

dermatologist UK: /ˌdɜː.məˈtɒl.ə.dʒɪst/ US: /ˌdɝː.məˈtɑː.lə-/ *n* [C] ⇒dermatólogo,ga

derogatory UK: /dɪˈrɒg.ə.tər.i/ UK: /-tri/ US: /-ˈrɑː.gə.tɔːr-/ *adj* ⇒despectivo,va

↑ **descend** /dɪˈsend/ *v* [T, I] *(form)* ⇒descender: *to descend a mountain* - descender una montaña

descendant /dɪˈsen.dənt/ *n* [C] ⇒descendiente

descent /dɪˈsent/ ▮ *n* [c, u] **1** ⇒descenso **2** ⇒pendiente [de un terreno] ▮ *n* [u] **3** ⇒origen ⇒ascendencia **4** ⇒incursión: *His descent into drugs was unexpected* - Su incursión en las drogas fue inesperada ■ Normalmente tiene un sentido negativo

↑**describe** /dɪˈskraɪb/ [described, describing] *v* [T] ⇒describir: *Can you describe what you have seen?* - ¿Puede describir lo que ha visto? ■ CONSTR. to describe + interrogativa indirecta

description /dɪˈskrɪp.ʃᵊn/ *n* [c, u] ⇒descripción

descriptive /dɪˈskrɪp.tɪv/ *adj* ⇒descriptivo,va: *a descriptive report* - un informe descriptivo

desert[1] UK: /ˈdez.ət/ US: /-ɚt/ *n* [c, u] ⇒desierto: *The Sahara desert* - el desierto del Sahara ■ Distinto de *dessert* (postre) ■ PRON. La primera *e* se pronuncia como una *e* española

desert[2] UK: /dɪˈzɜːt/ US: /-ˈzɜːt/ ▮ *v* [T, I] **1** ⇒desertar ▮ *v* [T] **2** ⇒desamparar ⇒abandonar **3** ⇒dejar desierto ■ PRON. La primera parte, *de*, rima con el término inglés *me*

deserted UK: /dɪˈzɜː.tɪd/ US: /-ˈzɝː.ˤt̬ɪd/ *adj* ⇒desierto,ta: *The streets were deserted* - Las calles estaban desiertas ■ PRON. La primera parte, *de*, rima con el término inglés *me*, y la última, *e*, se pronuncia como la *i* en *did*

deserter UK: /dɪˈzɜː.təʳ/ US: /-ˈzɝː.ˤt̬ɚ/ *n* [c] ⇒desertor,-a

desert island *n* [c] ⇒isla desierta ■ PRON. La primera *e* se pronuncia como una *e* española

↑**deserve** UK: /dɪˈzɜːv/ US: /-ˈzɝːv/ [deserved, deserving] *v* [T] ⇒merecer: *They deserve to win the championship* - Se merecen ganar el campeonato ■ CONSTR. to deserve + to do sth ■ PRON. La primera *e* se pronuncia como una *e* española y *ser* rima con el término inglés *her*

deserving UK: /dɪˈzɜː.vɪŋ/ US: /-ˈzɝː-/ *adj* **1** ⇒digno,na de ser ayudado,da **2** ⇒meritorio,ria

↑**design**[1] /dɪˈzaɪn/ ▮ *n* [c] **1** *(de un edificio)* ⇒plano ⇒proyecto **2** ⇒dibujo ⇒diseño **3** ⇒plan ▮ *n* [u] **4** ⇒diseño **5** ⇒intención ⇒propósito

↑**design**[2] /dɪˈzaɪn/ *v* [T, I] ⇒diseñar ⇒idear: *designed to protect* - ideado para proteger ■ PRON. La segunda sílaba, *sign*, rima con el término inglés *mine*

designate /ˈdez.ɪg.neɪt/ [designated, designating] *v* [T] ⇒designar ⇒nombrar

designer[1] UK: /dɪˈzaɪ.nəʳ/ US: /-nɚ/ *n* [c] ⇒diseñador,-a: *a fashion designer* - un diseñador de moda

designer[2] UK: /dɪˈzaɪ.nəʳ/ US: /-nɚ/ *adj* ⇒de marca ⇒de diseño

desirable UK: /dɪˈzaɪə.rə.bl/ US: /-ˈzaɪr.ə-/ *adj* **1** ⇒conveniente **2** ⇒envidiable ⇒deseable ⇒atractivo,va

↑**desire**[1] UK: /dɪˈzaɪəʳ/ US: /-ˈzaɪr/ ▮ *n* [c, u] **1** ⇒ansia ⇒deseo **2** *n* [u] ⇒deseo sexual: *to feel desire for sb* - sentir deseo por alguien

desire[2] UK: /dɪˈzaɪəʳ/ US: /dɪˈzaɪr/ [desired, desiring] *v* [T] *(form)* ⇒desear ■ CONSTR. to desire + to do sth

↑**desk** /desk/ *n* [c] **1** ⇒escritorio ⇒pupitre ⇒mesa de trabajo **2** *She's not at her desk at the moment, I'm afraid* - Me temo que no está en su sitio en este momento

↑**desktop** UK: /ˈdesk.tɒp/ US: /-tɑːp/ *n* [c] **1** ⇒ordenador personal **2** *(en la pantalla de un ordenador)* ⇒escritorio

desolate /ˈdes.ᵊl.ət/ *adj* **1** *(una persona)* ⇒desolado,da ⇒afligido,da **2** *(un lugar)* ⇒desolador,-a

despair[1] UK: /dɪˈspeəʳ/ US: /-ˈsper/ *n* [u] ⇒desesperación

despair[2] UK: /dɪˈspeəʳ/ US: /-ˈsper/ *v* [I] ⇒desesperar ⇒perder la esperanza ■ CONSTR. to despair of + doing sth

despatch /dɪˈspætʃ/ [despatches] *UK n* [c, u], *v* [T] *(form)* See **dispatch**

↑**desperate** UK: /ˈdes.pᵊr.ət/ US: /-pɚ-/ *adj* **1** ⇒desesperado,da ⇒desanimado,da **2** *(una situación)* ⇒muy grave ⇒desesperado,da ■ PRON. La *a* se pronuncia como en el adverbio inglés *ago*

desperation /ˌdes.pəˈreɪ.ʃᵊn/ *n* [u] ⇒desesperación

despicable /dɪˈspɪk.ə.bl/ *adj* ⇒despreciable

despise /dɪˈspaɪz/ [despised, despising] *v* [T] ⇒despreciar ⇒detestar

↑**despite** /dɪˈspaɪt/ *prep* ⇒a pesar de: *We played the match despite the rain* - Jugamos el partido a pesar de la lluvia

despondent UK: /dɪˈspɒn.dᵊnt/ US: /-ˈspɑːn-/ *adj* ⇒abatido,da ⇒desalentado,da

despot UK: /ˈdes.pɒt/ US: /-pɑːt/ *n* [c] ⇒déspota

↑**dessert** UK: /dɪˈzɜːt/ US: /-ˈzɝːt/ *n* [c, u] ⇒postre: *What would you like for dessert?* - ¿Qué quiere de postre? ■ Distinto de *desert* (desierto) ■ PRON. La sílaba *de* rima con el término inglés *me* y se acentúa la segunda sílaba

dessertspoon UK: /dɪˈzɜːt.spuːn/ US: /-ˈzɝːt-/ *UK n* [c] **1** ⇒cuchara [de postre] **2** ⇒cucharada [de postre]: *Add a dessertspoon of sugar* - Añada una cucharada de azúcar

↑**destination** /ˌdes.tɪˈneɪ.ʃᵊn/ *n* [c] *(lugar)* ⇒destino

destined /ˈdes.tɪnd/ *adj* **1** ⇒destinado,da: *He was destined to be president* - Estaba destinado a ser el presidente **2** ⇒con destino **3** *They were destined to succeed* - Estaba escrito que triunfarían ■ PRON. La última *e* no se pronuncia

destiny /ˈdes.tɪ.ni/ [*pl* destinies] *n* [c, u] ⇒destino ⇒sino

destitute UK: /ˈdes.tɪ.tjuːt/ US: /-ˤt̬ɪ.tuːt/ *adj* ⇒desamparado,da ⇒indigente

↑**destroy** /dɪˈstrɔɪ/ *v* [T] ⇒destruir ⇒destrozar

destroyer UK: /dɪˈstrɔɪ.əʳ/ US: /-ɚ/ *n* [c] *(embarcación)* ⇒destructor

destruction /dɪˈstrʌk.ʃᵊn/ *n* [U] ⇒destrucción

D **detach** /dɪˈtætʃ/ [detaches] *v* [T] ⇒separar: *Detach the rope from the hook* - Separa la cuerda del gancho

detached /dɪˈtætʃt/ *adj* **1** ⇒distante ⇒alejado,da **2** ⇒imparcial **3** *(una vivienda)* ⇒separado,da ■ PRON. La última *e* no se pronuncia

detachment /dɪˈtætʃ.mənt/ ▮ *n* [U] **1** ⇒distanciamiento ⇒alejamiento **2** ⇒imparcialidad ▮ *n* [c] **3** *(en el ejército)* ⇒destacamento

↑**detail[1]** UK: /ˈdiː.teɪl/ US: /-ˈ-/ *n* [c, U] **1** ⇒detalle: *We can sort out the details later* - Los detalles los podemos arreglar luego **2 in ~** ⇒en detalle ⇒detalladamente **3 to go into ~** ⇒entrar en detalles

detail[2] UK: /ˈdiː.teɪl/ US: /-ˈ-/ *v* [T] ⇒detallar: *Could you detail how it happened?* - ¿Podría detallar cómo ocurrió? ■ CONSTR. to detail + interrogativa indirecta

detailed UK: /ˈdiː.teɪld/ US: /-ˈ-/ *adj* ⇒detallado,da: *a detailed description* - una descripción detallada ■ PRON. La última *e* no se pronuncia

detain /dɪˈteɪn/ *v* [T] **1** ⇒detener: *The accused was detained by the police* - El acusado fue detenido por la policía ■ CONSTR. Se usa más en pasiva **2** ⇒entretener: *I don't want to detain you* - No quiero entretenerte más

↑**detect** /dɪˈtekt/ *v* [T] ⇒detectar ⇒descubrir

detection /dɪˈtek.ʃᵊn/ *n* [U] **1** ⇒detección **2** ⇒descubrimiento

↑**detective** /dɪˈtek.tɪv/ *n* [c] ⇒detective ■ La forma abreviada es *Det*

detector UK: /dɪˈtek.təʳ/ US: /-tɚ/ *n* [c] ⇒detector: *metal detector* - detector de metales

detention /dɪˈten.tʃᵊn/ ▮ *n* [U] **1** ⇒arresto ⇒detención ▮ *n* [c, U] **2** *(en el colegio)* ⇒castigo

↑**deter** UK: /dɪˈtɜːʳ/ US: /-ˈtɜː/ [deterred, deterring] *v* [T] ⇒disuadir ■ CONSTR. to deter from + doing sth

detergent UK: /dɪˈtɜː.dʒᵊnt/ US: /-ˈtɜː-/ *n* [c, U] ⇒detergente

↑**deteriorate** UK: /dɪˈtɪə.ri.ə.reɪt/ US: /-ˈtɪr.i-/ [deteriorated, deteriorating] *v* [I] ⇒deteriorarse ⇒empeorar

determination UK: /dɪˌtɜː.mɪˈneɪ.ʃᵊn/ US: /-ˌtɜː-/ *n* [U] ⇒determinación ⇒voluntad

↑**determine** UK: /dɪˈtɜː.mɪn/ US: /-ˈtɜː-/ [determined, determining] *v* [T] **1** *(form)* ⇒determinar ⇒decidir ⇒resolver ■ CONSTR. 1. to determine + to do sth 2. to determine + interrogativa indirecta **2** *(form)* ⇒fijar: *They determined the date for the event* - Fijaron la fecha de la celebración ■ PRON. *min* rima con el término inglés *in*

↑**determined** UK: /dɪˈtɜː.mɪnd/ US: /-ˈtɜː-/ *adj* **1** ⇒decidido,da ⇒resuelto,ta **2** ⇒empeñado,da [en algo]: *He is determined to learn to play the piano* - Está empeñado en aprender a tocar el piano ■ PRON. La última *e* no se pronuncia y *min* rima con el término inglés *in*

↑**determiner** UK: /dɪˈtɜː.mɪ.nəʳ/ US: /-ˈtɜː.mɪ.nɚ/ *n* [c] *(en gramática)* ⇒determinante

deterrent /dɪˈter.ᵊnt/ *n* [c] **1** ⇒freno **2** ⇒elemento disuasorio

detest /dɪˈtest/ *v* [T] ⇒detestar: *I detest being late* - Detesto llegar tarde ■ CONSTR. to detest + doing sth

detonate UK: /ˈdet.ᵊn.eɪt/ US: /ˈdeˤt̬-/ [detonated, detonating] *v* [T, I] ⇒detonar: *to detonate a bomb* - detonar una bomba

detour UK: /ˈdiː.tɔːʳ/ US: /-tʊr/ *n* [c] **1** *(un camino)* ⇒rodeo **2** *US* (*UK* **diversion**) ⇒desviación ⇒desvío

detox UK: /ˈdiː.tɒks/ US: /-tɑːks/ *n* [NO PL, U] ⇒desintoxicación ■ PRON. La primera sílaba, *de*, rima con el término inglés *me*

detract /dɪˈtrækt/

PHRASAL VERBS

· **to detract from *sth*** ⇒empañar algo ⇒restar mérito a algo ⇒desmerecer

detriment /ˈdet.rɪ.mənt/ **to the ~ of *sth/sb*** *(form)* ⇒en detrimento

devaluation /ˌdiː.væl.juˈeɪ.ʃᵊn/ *n* [c, U] ⇒devaluación

devalue /ˌdiːˈvæl.juː/ [devalued, devaluing] *v* [T] ⇒devaluar: *to devalue a currency* - devaluar una moneda

↑**devastate** /ˈdev.ə.steɪt/ [devastated, devastating] *v* [T] **1** ⇒devastar: *The fire devastated the forest* - El incendio devastó el bosque **2** *(a una persona)* ⇒desconsolar ⇒afligir

devastating UK: /ˈdev.ə.steɪ.tɪŋ/ US: /-ˤt̬ɪŋ/ *adj* **1** ⇒devastador,-a ⇒desolador,-a **2** ⇒demoledor,-a ⇒aplastante

↑**develop** /dɪˈvel.əp/ ▮ *v* [T, I] **1** ⇒desarrollar(se) **2** ⇒elaborar **3** ⇒convertirse **4** *v* [T] ⇒revelar [una foto] **5** ⇒urbanizar [un lugar] **6** ⇒contraer [una enfermedad]

developed /dɪˈvel.əpt/ *adj* ⇒desarrollado,da: *developed countries* - países desarrollados ■ PRON. La última *e* no se pronuncia

developer UK: /dɪˈvel.ə.pəʳ/ US: /-pɚ/ ▮ *n* [c] **1** ⇒promotor,-a **2** *(de una idea o de un diseño)* ⇒productor,-a ▮ *n* [c, U] **3** *(en fotografía)* ⇒revelador

↑**developing[1]** /dɪˈvel.ə.pɪŋ/ *adj* ⇒en desarrollo

↑**developing[2]** /dɪˈvel.ə.pɪŋ/ *n* [U] *(en fotografía)* ⇒revelado

development /dɪ'vel.əp.mənt/ ▮ *n* [C, U] **1** ⇒desarrollo ⇒evolución **2** ⇒crecimiento ▮ *n* [C] **3** ⇒acontecimiento ⇒suceso **4** ⇒urbanización ▮ *n* [U] **5** ⇒surgimiento **6** ⇒construcción ⇒edificación

deviant /'diː.vi.ənt/ *adj, n* [C] ⇒pervertido,da *desp.*

deviate /'diː.vi.eɪt/ [deviated, deviating] *v* [I] ⇒desviarse: *to deviate from the norm* - desviarse de lo habitual

↑**device** /dɪ'vaɪs/ *n* [C] **1** ⇒dispositivo ⇒mecanismo ⇒aparato **2** ⇒plan ⇒estrategia

↑**devil** /'dev.ᵊl/ *n* [C] ⇒diablo ⇒demonio

devious /'diː.vi.əs/ *adj* **1** ⇒astuto,ta ⇒taimado,da **2** *(una carretera)* ⇒tortuoso,sa

↑**devise** /dɪ'vaɪz/ [devised, devising] *v* [T] ⇒concebir ⇒idear

devoid /dɪ'vɔɪd/ *adj (form)* ⇒carente ⇒desprovisto,ta

devolution /ˌdiː.və'luː.ʃᵊn/ *n* [U] *(en política)* ⇒descentralización ■ Distinto de *return* (devolución)

↑**devote** UK: /dɪ'vəʊt/ US: /-'voʊt/ [devoted, devoting]

PHRASAL VERBS
· **to devote *sth* to *sth/sb*** ⇒dedicar(se)

devoted UK: /dɪ'vəʊ.tɪd/ US: /-'voʊ.ˤt̬ɪd/ *adj* ⇒dedicado,da ⇒entregado,da ■ PRON. La última *e* se pronuncia como la *i* en *did*

devotee /ˌdev.ə'tiː/ *n* [C] **1** ⇒seguidor,-a ⇒forofo,fa **2** *(en religión)* ⇒devoto,ta

devotion UK: /dɪ'vəʊ.ʃᵊn/ US: /-'voʊ-/ *n* [U] **1** ⇒devoción [religiosa] **2** ⇒adoración ⇒veneración **3** *(a una actividad)* ⇒entrega ⇒dedicación

devour UK: /dɪ'vaʊəʳ/ US: /-'vaʊɚ/ *v* [T] **1** ⇒devorar **2** *(un libro o una publicación)* ⇒devorar

devout /dɪ'vaʊt/ *adj* **1** ⇒devoto,ta ⇒piadoso,sa **2** ⇒a ultranza: *a devout supporter* - un defensor a ultranza

dew UK: /djuː/ US: /duː/ *n* [U] ⇒rocío

dexterity UK: /dek'ster.ə.ti/ US: /-ˤt̬i/ *n* [U] ⇒destreza

diabetes UK: /ˌdaɪə'biː.tiːz/ US: /-ˤt̬əs/ *n* [U] ⇒diabetes ■ PRON. *di* rima con *my* y *be* se pronuncia como el verbo inglés *be*

diabolical UK: /ˌdaɪə'bɒl.ɪ.kᵊl/ US: /-'bɑː.lɪ.k[ə]l/ *adj* **1** ⇒diabólico,ca ⇒diablesco,ca **2** *(inform)* ⇒diabólico,ca *col.;* ⇒espantoso,sa

↑**diagnose** UK: /'daɪ.əg.nəʊz/ US: /ˌdaɪ.əg'noʊz/ [diagnosed, diagnosing] *v* [T] **1** ⇒diagnosticar ■ CONSTR. to diagnose with/as having stg **2** ⇒detectar: *to diagnose a fault* - detectar un fallo

diagnosis UK: /ˌdaɪ.əg'nəʊ.sɪs/ US: /-'noʊ-/ [*pl* diagnoses] *n* [C, U] ⇒diagnóstico: *What is the diagnosis?* - ¿Cuál es el diagnóstico? ■ PRON. *di* rima con *my*

diagnostic UK: /ˌdaɪ.əg'nɒs.tɪk/ US: /-'nɑː.stɪk/ *adj* ⇒diagnóstico,ca: *diagnostic methods* - métodos diagnósticos

↑**diagonal** /daɪ'æg.ᵊn.ᵊl/ *adj, n* [C] ⇒diagonal

diagonally /daɪ'æg.ᵊn.ᵊl.i/ *adv* ⇒en diagonal ⇒diagonalmente

↑**diagram** /'daɪ.ə.græm/ *n* [C] ⇒diagrama ⇒esquema ■ PRON. La primera parte, *di*, rima con *my*

dial[1] /'daɪ.əl/ *n* [C] **1** ⇒dial **2** *(en un reloj)* ⇒esfera ■ PRON. La primera parte, *di*, rima con *my*

dial[2] /'daɪ.əl/ [dialled, dialling; *US* dialed, dialing] *v* [T, I] ⇒marcar ⇒discar *AMÉR.* ■ PRON. La primera parte, *di*, rima con *my*

dialect /'daɪ.ə.lekt/ *n* [C, U] ⇒dialecto

↑**dialogue** UK: /'daɪ.ə.lɒg/ US: /-lɑːg/ *n* [C, U] ⇒diálogo ■ PRON. La primera parte, *di*, rima con *my*

diameter UK: /daɪ'æm.ɪ.təʳ/ US: /-ə.ˤt̬ɚ/ *n* [C, U] ⇒diámetro

↑**diamond** /'daɪə.mənd/ *n* [C, U] **1** ⇒diamante **2** *(forma)* ⇒rombo ■ PRON. La primera parte, *di*, rima con *my*

diamonds /'daɪə.məndz/ *n* [PL] *(naipe)* ⇒diamantes ⇒rombos ■ PRON. La primera parte, *di*, rima con *my*

diaper UK: /'daɪ.pəʳ/ US: /-pɚ/ *US* (*UK* **nappy**) *n* [C] ⇒pañal: *disposable diapers* - pañales desechables

diaphragm /'daɪ.ə.fræm/ *n* [C] ⇒diafragma

diarrhoea /ˌdaɪ.ə'riː.ə/ *UK* (*US* **diarrhea**) *n* [U] ⇒diarrea ■ PRON. *di* rima con *my* y *rhoe* con el término inglés *me*

↑**diary** UK: /'daɪə.ri/ US: /'daɪr.i/ [*pl* diaries] *n* [C] **1** ⇒agenda: *I'll check in my diary if I'm free tomorrow* - Miraré en mi agenda si mañana estoy libre **2** ⇒diario [personal]

dice[1] /daɪs/ [*pl* dice] *n* [C] ⇒dado

dice[2] /daɪs/ [diced, dicing] *v* [T] *(en cocina)* ⇒cortar en dados

↑**dictate** UK: /dɪk'teɪt/ US: /'--/ [dictated, dictating] ▮ *v* [T, I] **1** ⇒dictar ▮ *v* [T] **2** ⇒decidir ⇒dictar ■ CONSTR. to dictate + interrogativa indirecta

PHRASAL VERBS
· **to dictate to *sb*** ⇒dar órdenes a alguien ⇒mandar a alguien

dictation /dɪk'teɪ.ʃᵊn/ *n* [C, U] ⇒dictado ■ PRON. La sílaba *ta* rima con *day*

dictator UK: /dɪk'teɪ.təʳ/ US: /'dɪk.teɪ.ˤt̬ɚ/ *n* [C] ⇒dictador,-a ■ PRON. La sílaba *ta* rima con *day*

dictatorship UK: /dɪk'teɪ.tə.ʃɪp/ US: /-ˤt̬ɚ-/ *n* [C, U] ⇒dictadura

↑**dictionary** UK: /'dɪk.ʃᵊn.ᵊr.i/ US: /-er.i/ [*pl* dictionaries] *n* [C] ⇒diccionario: *Look it up in the dictionary* - Búscalo en el diccionario

did /dɪd/ past tense of **do**

didactic /daɪ'dæk.tɪk/ *adj* **1** ⇒didáctico,ca **2** *(literatura)* ⇒didáctico,ca ⇒moralizador,-a

↑**didn't** /'dɪd.ᵊnt/ *(did not)* See **do**

↑**die** /daɪ/ [died, dying] *v* [I] **1** ⇒morir(se): *He died of a heart attack* - Murió de un ataque al corazón;

to die of old age - morirse de viejo **2 to be dying to do *sth*** (*tb* **to be dying for sth**) *(inform)* ⇒morirse de ganas por hacer algo

PHRASAL VERBS
- **to die away** *(un sonido)* ⇒disminuir paulatinamente hasta desaparecer
- **to die down** ⇒disminuir ⇒amainar
- **to die off** ⇒morirse uno tras otro
- **to die out** 1 *(un animal)* ⇒extinguirse 2 *(una costumbre)* ⇒desaparecer

D

diesel /ˈdiː.zəl/ ▮ *n* [U] **1** ⇒gasóleo ▮ *n* [C] **2** *(un vehículo)* ⇒diésel ■ PRON. La primera *e* no se pronuncia

↑ **diet¹** /ˈdaɪ.ət/ ▮ *n* [C, U] **1** ⇒dieta: *a balanced diet* - una dieta equilibrada **2** *n* [C] ⇒régimen ⇒dieta ■ PRON. La primera parte, *di*, rima con *my* y la *e* se pronuncia como la *a* en el adverbio inglés *ago*

diet² /ˈdaɪ.ət/ *v* [I] ⇒hacer régimen: *Have you been dieting?* - ¿Has estado haciendo régimen? ■ PRON. La primera parte, *di*, rima con *my* y la *e* se pronuncia como la *a* en el adverbio inglés *ago*

dietetic *adj* ⇒dietético,ca

↑ **differ** UK: /ˈdɪf.əʳ/ US: /-ɚ/ *v* [I] **1** ⇒diferenciarse ⇒ser diferente **2** *(form)* ⇒discrepar ⇒diferir **3** *I beg to differ* - Siento tener que disentir

difference UK: /ˈdɪf.ər.ənts/ US: /-ɚ-/ *n* [C, U] **1** ⇒diferencia: *There is a little difference between them* - Hay pocas diferencias entre las dos **2 to make a ~** ⇒influir: *Your diet can make a difference to your health* - Tu dieta puede influir en tu salud

different UK: /ˈdɪf.ər.ənt/ US: /-ɚ-/ *adj* ⇒diferente ⇒distinto,ta ■ CONSTR. different from/to sth. Incorrecto: different of sth

differentiate /ˌdɪf.əˈren.tʃi.eɪt/ [differentiated, differentiating] ▮ *v* [T, I] **1** ⇒diferenciar: *Can you differentiate between these two images?* - ¿Puedes diferenciar estas dos imágenes? ■ CONSTR. to differentiate between sth and sth ▮ *v* [T] **2** ⇒distinguir ⇒diferenciar ■ CONSTR. to differentiate sth from sth

differently UK: /ˈdɪf.ər.ənt.li/ US: /-ɚ-/ *adv* ⇒de manera diferente

↑ **difficult** /ˈdɪf.ɪ.kəlt/ *adj* **1** ⇒difícil **2** *I find it difficult to speak in public* - Me cuesta hablar en público

difficulty UK: /ˈdɪf.ɪ.kəl.ti/ US: /-ˤt̬i/ ▮ *n* [U] **1** ⇒dificultad: *I had no difficulty in finding it* - No tuve dificultad en encontrarlo ■ CONSTR. difficulty + doing sth, difficulty in + doing sth ▮ *n* [C] **2** ⇒aprieto ⇒apuro ■ El plural es *difficulties*

diffident /ˈdɪf.ɪ.dənt/ *adj* **1** ⇒tímido,da **2** ⇒reservado,da

↑ **dig¹, dug, dug** /dɪg/ [digging] ▮ *v* [T, I] **1** ⇒excavar: *to dig a hole in the ground* - excavar un agujero en el suelo ▮ *v* [T] **2** ⇒cavar: *The prisoner dug a tunnel from his cell* - El prisionero cavó un túnel desde su celda **3 ~ in!** *(inform)* ⇒¡al ataque! ■ Se usa antes de empezar a comer **4 to ~ one's heels in** ⇒mantenerse en sus trece

PHRASAL VERBS
- **to dig {in/into} *sth*** *(inform)* ⇒empezar a comer
- **to dig (*sth*) into *sth/sb*** ⇒clavar algo en
- **to dig *sth* out** [M] ⇒sacar [algo guardado]
- **to dig *sth/sb* out** [M] ⇒sacar [cavando]
- **to dig *sth* up** [M] 1 ⇒desenterrar algo: *The dog dug up a bone* - El perro desenterró un hueso 2 ⇒sacar algo a la luz 3 *(una superficie)* ⇒levantar

dig² /dɪg/ ▮ *n* [C] **1** ⇒excavación: *to work on a dig* - trabajar en una excavación **2** ⇒pulla ⇒indirecta ▮ *n* [NO PL] **3** *(inform)* ⇒codazo

digest¹ /daɪˈdʒest/ *v* [T] **1** *(un alimento)* ⇒digerir **2** *(una información)* ⇒digerir ⇒asimilar ■ PRON. La sílaba *di* rima con *my* y la *g* se pronuncia como en el término inglés *general*

↑ **digest²** /ˈdaɪ.dʒest/ *n* [C] ⇒resumen ⇒compendio ■ PRON. La sílaba *di* rima con *my* y la *g* se pronuncia como en el término inglés *general*

digestion /daɪˈdʒes.tʃən/ *n* [C, U] ⇒digestión ■ PRON. La sílaba *di* rima con *my*

digger UK: /ˈdɪg.əʳ/ US: /-ɚ/ *n* [C] ⇒excavadora

digging *n* [U] ⇒excavación

↑ **digit** /ˈdɪdʒ.ɪt/ *n* [C] **1** ⇒dígito ⇒número **2** *(form)* ⇒dedo

digital UK: /ˈdɪdʒ.ɪ.təl/ US: /-ˤt̬[ə]l/ *adj* ⇒digital ■ PRON. La primera parte, *dig*, rima con *brigde*

digital camera *n* [C] ⇒cámara digital ■ PRON. La *g* se pronuncia como en *gentleman*

dignified /ˈdɪg.nɪ.faɪd/ *adj* **1** ⇒distinguido,da ⇒solemne **2** ⇒decoroso,sa ⇒digno,na

dignitary UK: /ˈdɪg.nɪ.tər.i/ US: /-nə.ter-/ [*pl* dignataries] *n* [C] ⇒dignatario,ria

↑ **dignity** UK: /ˈdɪg.nɪ.ti/ US: /-ə.ˤt̬i/ [*pl* dignities] *n* [C] ⇒dignidad

dike /daɪk/ *n* [C] See **dyke**

dilapidated UK: /dɪˈlæp.ɪ.deɪ.tɪd/ US: /-ˤt̬ɪd/ *adj* **1** *(un edificio)* ⇒en estado de ruina ⇒ruinoso,sa **2** *(un vehículo)* ⇒destartalado,da ■ Distinto de *squandered* (dilapidado)

↑ **dilemma** /daɪˈlem.ə/ *n* [C] ⇒dilema ■ PRON. La sílaba *di* rima con *my*

↑ **dilute** /daɪˈluːt/ [diluted, diluting] *v* [T] **1** ⇒diluir: *Dilute the paint with turpentine* - Diluye la pintura con aguarrás **2** ⇒suavizar ⇒debilitar ■ PRON. La sílaba *di* rima con *my*

dim¹ /dɪm/ *adj* [*comp* dimmer, *superl* dimmest] **1** ⇒tenue ⇒débil **2** *(un recuerdo)* ⇒vago,ga ⇒borroso,sa **3** *(un lugar)* ⇒sombrío,a **4** *(la vista)* ⇒turbio,bia **5** *(un futuro)* ⇒poco prometedor,-a

dim[2] /dɪm/ [dimmed, dimming] *v* [T, I] *(la luz)* ⇒atenuar(se)

dime /daɪm/ *n* [C] *(en Canadá y en EE. UU.)* ⇒moneda de diez centavos

dimension /ˌdaɪˈmen.tʃən/ *n* [C] ⇒medida ⇒dimensión

↑**diminish** /dɪˈmɪn.ɪʃ/ [diminishes] *v* [T, I] **1** ⇒disminuir **2** ⇒infravalorar: *He's always trying to diminish her works* - Siempre intenta infravalorar sus obras

diminutive[1] UK: /dɪˈmɪn.jʊ.tɪv/ US: /-ˤt̬ɪv/ *adj (form)* ⇒diminuto,ta

diminutive[2] UK: /dɪˈmɪn.jʊ.tɪv/ US: /-ˤt̬ɪv/ *n* [C] ⇒diminutivo

dimple /ˈdɪm.pl̩/ *n* [C] *(en la cara)* ⇒hoyuelo

din /dɪn/ *n* [NO PL] **1** ⇒estruendo **2** ⇒barullo *col.*

dine /daɪn/ [dined, dining] *v* [I] **1** *(form)* ⇒cenar: *They dined in a small restaurant* - Cenaron en un pequeño restaurante **2 to ~ out** *(form)* ⇒cenar fuera ■ PRON. Rima con el término inglés *mine*

diner UK: /ˈdaɪ.nəʳ/ US: /-nə/ *n* [C] **1** ⇒comensal **2** *US* ⇒bar donde se sirven comidas baratas ■ PRON. La primera parte rima con el término inglés *mine*

dinghy /ˈdɪŋ.gi/ [*pl* dinghies] *n* [C] *(embarcación)* ⇒bote ■ PRON. La *h* no se pronuncia

dingy /ˈdɪn.dʒi/ *adj* [*comp* dingier, *superl* dingiest] ⇒oscuro,ra y mugriento,ta

↑**dining room** *n* [C] *(en una casa)* ⇒comedor ■ PRON. La primera parte rima con el término inglés *mine*

↑**dinner** UK: /ˈdɪn.əʳ/ US: /-ə/ *n* [C, U] **1** ⇒cena ⇒comida AMÉR. **2** *to go out for dinner* - salir para cenar **3** *UK* ⇒comida ⇒almuerzo **4 to have ~** ⇒cenar ■ Se dice *to have dinner* o *to dine*. Incorrecto: *to dinner*

dinner jacket *UK* (*US* **tuxedo**) *n* [C] ⇒esmoquin

dinosaur UK: /ˈdaɪ.nə.sɔːʳ/ US: /-sɔːr/ *n* [C] ⇒dinosaurio ■ PRON. La sílaba *di* rima con *my* y *saur* se pronuncia como *saw*

diocese /ˈdaɪ.ə.sɪs/ *n* [C] ⇒diócesis

dip[1] /dɪp/ ▌*n* [C, U] **1** ⇒salsa espesa [para mojar] ▌*n* [C] **2** *(en una superficie)* ⇒hondonada ⇒depresión **3** ⇒bajada ⇒descenso ⇒caída **4** *(inform) (en el mar o en una piscina)* ⇒chapuzón ⇒baño

dip[2] /dɪp/ [dipped, dipping] ▌*v* [T] **1** ⇒mojar: *I like dipping biscuits in coffee* - Me gusta mojar las galletas en el café ▌*v* [I] **2** ⇒descender

PHRASAL VERBS

· **to dip into *sth*** **1** *UK* ⇒hojear algo **2** ⇒echar mano [de los ahorros]

diphthong UK: /ˈdɪf.θɒŋ/ UK: /ˈdɪp-/ US: /-θɑːŋ/ *n* [C] *(en gramática)* ⇒diptongo

diploma UK: /dɪˈpləʊ.mə/ US: /-ˈploʊ-/ *n* [C] ⇒diploma

↑**diplomacy** UK: /dɪˈpləʊ.mə.si/ US: /-ˈploʊ-/ *n* [U] ⇒diplomacia

diplomat /ˈdɪp.lə.mæt/ *n* [C] ⇒diplomático,ca

diplomatic UK: /ˌdɪp.ləˈmæt.ɪk/ US: /-ˈmæˤt̬-/ *adj* ⇒diplomático,ca

dire UK: /daɪəʳ/ US: /daɪr/ *adj* **1** ⇒extremo,ma ⇒acuciante ⇒apremiante **2** *(form) (una situación)* ⇒monstruoso,sa

↑**direct**[1] /daɪˈrekt/ *adj* **1** ⇒inmediato ⇒directo,ta **2** ⇒franco,ca ⇒directo,ta **3** ⇒sin intermediarios

↑**direct**[2] /daɪˈrekt/ *v* [T] **1** *(una película, una obra de teatro)* ⇒dirigir **2** ⇒dar indicaciones ⇒indicar **3** ⇒organizar ⇒dirigir

direct debit *n* [C, U] ⇒domiciliación bancaria

↑**direction** /daɪˈrek.ʃən/ ▌*n* [C] **1** ⇒dirección ⇒sentido ▌*n* [U] **2** ⇒dirección ⇒mando

directions /daɪˈrek.ʃənz/ *n* [PL] ⇒indicaciones ⇒instrucciones

directive /daɪˈrek.tɪv/ *n* [C] *(form)* ⇒directiva ⇒directriz

directly /daɪˈrekt.li/ *adv* **1** ⇒directamente **2** ⇒enseguida **3 ~ {after/behind/opposite...}** ⇒justo {después/detrás/enfrente...}: *directly after lunch* - justo después de cenar

directness /daɪˈrekt.nəs/ *n* [U] ⇒franqueza

director /daɪˈrek.təʳ/ *n* [C] ⇒director,-a: *The director of this film also made...* - La directora de esta película también hizo... ■ PRON. La sílaba *di* rima con *my*

directorate /daɪˈrek.tər.ət/ *n* [C] ⇒junta directiva ■ Por ser un nombre colectivo se puede usar con el verbo en singular o en plural

↑**dirt** UK: /dɜːt/ US: /dɝːt/ *n* [U] **1** ⇒suciedad **2** ⇒tierra: *The little boy was playing in the dirt* - El niño jugaba en la tierra **3 to dig {the/up} ~ on *sb*** *(inform)* ⇒sacar los trapos sucios de alguien ■ PRON. *dir* rima con el término inglés *her*

dirty[1] UK: /ˈdɜː.ti/ US: /ˈdɝː.ˤt̬i/ *adj* [*comp* dirtier, *superl* dirtiest] **1** ⇒sucio,cia **2** *(un tema, un chiste)* ⇒verde ⇒picante **3** *(una práctica)* ⇒sucio,cia ⇒injusto,ta ■ PRON. La sílaba *dir* rima con el término inglés *her*

dirty[2] UK: /ˈdɜː.ti/ US: /ˈdɝː.ˤt̬i/ [dirties, dirtied] *v* [T] ⇒ensuciar: *Don't dirty the floor* - No ensucies el suelo ■ PRON. La sílaba *dir* rima con el término inglés *her*

dis /dɪs/ [dissed, dissing] *US v* [T] *(inform)* ⇒faltar al respeto

↑**disability** UK: /ˌdɪs.əˈbɪl.ɪ.ti/ US: /-ə.ˤt̬i/ [*pl* disabilities] *n* [C, U] ⇒discapacidad

↑**disabled** /dɪˈseɪ.bl̩d/ *adj* ⇒discapacitado,da ■ PRON. La *e* no se pronuncia

↑**disadvantage** UK: /ˌdɪs.ədˈvɑːn.tɪdʒ/ US: /-ˈvæn.ˤt̬ɪdʒ/ *n* [C, U] ⇒desventaja: *to be at a disadvantage* - estar en desventaja ■ PRON. La última *a* se pronuncia como la *i* en *did*

disadvantaged UK: /ˌdɪs.əd'vɑːn.tɪdʒd/ US: /-'væn.ˤt̬ɪdʒd/ *adj* ⇒marginado,da ⇒desfavorecido,da

†**disagree** /ˌdɪs.ə'griː/ [disagreed] *v* [I] **1** ⇒discrepar ⇒no estar de acuerdo ■ CONSTR. 1. to disagree + that 2. to disagree with sb/sth **2** *Let's agree to disagree* - Vamos a aceptar que tenemos opiniones distintas

PHRASAL VERBS
· **to disagree with** ***sb*** *(una comida)* ⇒sentar mal alguien

disagreeable /ˌdɪs.ə'griː.ə.bl̩/ *adj (form)* ⇒desagradable

disagreement /ˌdɪs.ə'griː.mənt/ *n* [C, U] ⇒discrepancia ⇒desacuerdo

disallow /ˌdɪs.ə'laʊ/ *v* [T] *(en deportes)* ⇒anular ⇒no aceptar

†**disappear** UK: /ˌdɪs.ə'pɪəʳ/ US: /-'pɪr/ *v* [I] ⇒desaparecer: *The ship disappeared over the horizon* - El barco desapareció en el horizonte

disappearance UK: /ˌdɪs.ə'pɪə.rᵊnts/ US: /-'pɪr.[ə]nts/ *n* [C, U] ⇒desaparición

†**disappoint** /ˌdɪs.ə'pɔɪnt/ *v* [T] ⇒decepcionar: *The film really disappointed me* - La película me decepcionó mucho

disappointed UK: /ˌdɪs.ə'pɔɪn.tɪd/ US: /-ˤt̬ɪd/ *adj* ⇒decepcionado,da ⇒defraudado,da ■ PRON. La *e* se pronuncia como la *i* en *did*

disappointing UK: /ˌdɪs.ə'pɔɪn.tɪŋ/ US: /-ˤt̬ɪŋ/ *adj* ⇒decepcionante: *It was a disappointing end to the story* - El final de la historia fue decepcionante

disappointment /ˌdɪs.ə'pɔɪnt.mənt/ *n* [C, U] ⇒decepción ■ Distinto de *deception* (engaño)

disapproval /ˌdɪs.ə'pruː.vᵊl/ *n* [U] ⇒desaprobación

†**disapprove** /ˌdɪs.ə'pruːv/ [disapproved, disapproving] *v* [I] ⇒desaprobar: *I disapprove of your lying* - Desapruebo que mientas ■ CONSTR. to disapprove of sth/sb. Incorrecto: to disapprove sth/sb

disarm UK: /dɪ'sɑːm/ US: /-'sɑːrm/ *v* [T, I] ⇒desarmar(se): *The police disarmed the thief* - La policía desarmó al ladrón

disarmament UK: /dɪ'sɑː.mə.mənt/ US: /-'sɑːr-/ *n* [U] ⇒desarme

†**disaster** UK: /dɪ'zɑː.stəʳ/ US: /-'zæs.tɚ/ *n* [C, U] ⇒desastre: *natural disaster* - desastre natural

disastrous UK: /dɪ'zɑː.strəs/ US: /-'zæs.trəs/ *adj* ⇒desastroso,sa

disband /dɪs'bænd/ *v* [I] *(form)* ⇒deshacer(se) ⇒disolver(se)

disbelief /ˌdɪs.bɪ'liːf/ *n* [U] ⇒incredulidad

†**disc** /dɪsk/ (*US tb* **disk**) *n* [C] **1** *(forma)* ⇒disco **2** ⇒disco [musical] **3** *(en anatomía y en mecánica)* ⇒disco ■ Distinto de *disco* (discoteca)

discard UK: /dɪ'skɑːd/ US: /-'skɑːrd/ *v* [T] **1** ⇒tirar ⇒deshacerse de **2** ⇒descartar: *to discard an option* - descartar una opción

discern UK: /dɪ'sɜːn/ US: /-'sɝːn/ *v* [T] **1** *(form)* ⇒divisar ⇒distinguir **2** *(form)* ⇒percibir **3** ⇒discernir

discharge[1] UK: /dɪs'tʃɑːdʒ/ US: /-'tʃɑːrdʒ/ [discharged, discharging] ▮ *v* [T] **1** ⇒dar el alta ■ CONSTR. Se usa más en pasiva **2** *(en el ejército)* ⇒licenciar [permanente] ■ CONSTR. Se usa más en pasiva **3** ⇒disparar: *to discharge a gun* - disparar un arma ▮ *v* [T, I] **4** ⇒descargar ⇒verter **5** *(una deuda)* ⇒liquidar ⇒pagar

discharge[2] UK: /'dɪs.tʃɑːdʒ/ US: /-tʃɑːrdʒ/ *n* [C, U] **1** ⇒alta médica **2** *(en el ejército)* ⇒licencia [absoluta] **3** ⇒descarga [de una arma] **4** ⇒expulsión ⇒vertido **5** ⇒supuración

disciple /dɪ'saɪ.pl̩/ *n* [C] ⇒discípulo,la ■ PRON. *sci* rima con *my* y la *c* no se pronuncia

disciplinary UK: /ˌdɪs.ə'plɪn.ᵊr.i/ US: /'dɪs.ə.plɪ.ner-/ *adj* ⇒disciplinario,ria

†**discipline** /'dɪs.ə.plɪn/ *n* [U] ⇒disciplina ■ PRON. La *c* no se pronuncia e *ine* se pronuncia como el término inglés *in*

disc jockey *n* [C] ⇒pinchadiscos: *He works as a disc jockey* - Trabaja como pinchadiscos ■ La forma abreviada es *DJ*

†**disclose** UK: /dɪ'skləʊz/ US: /-'sklouz/ [disclose, disclosing] *v* [T, I] *(form)* ⇒revelar ■ CONSTR. to disclose + that

disclosure UK: /dɪ'skləʊ.ʒəʳ/ US: /-'sklou.ʒɚ/ *n* [C, U] *(form)* ⇒revelación: *disclosure of information* - revelación de información

†**disco** UK: /'dɪs.kəʊ/ US: /-kou/ *n* [C] ⇒discoteca ■ Distinto de *disc* (disco)

discomfort UK: /dɪ'skʌmp.fət/ US: /-fɚt/ ▮ *n* [U] **1** ⇒molestia [física] **2** ⇒inquietud ⇒trastorno ▮ *n* [C, U] **3** ⇒situación incómoda

disconcerting UK: /ˌdɪs.kən'sɜː.tɪŋ/ US: /-'sɝː.ˤt̬ɪŋ/ *adj* ⇒desconcertante: *a discorcenting silence* - un silencio desconcertante

disconnect /ˌdɪs.kə'nekt/ *v* [T] ⇒desconectar ⇒cortar

disconnected /ˌdɪs.kə'nek.tɪd/ *adj* ⇒desconectado,da

discontent /ˌdɪs.kən'tent/ *n* [U] ⇒descontento: *discontent among the ranks* - descontento entre las filas

discontinue /ˌdɪs.kən'tɪn.juː/ [discontinued, discontinuing] *v* [T] *(form)* ⇒interrumpir ⇒suspender ■ CONSTR. Se usa más en pasiva

discord UK: /'dɪs.kɔːd/ US: /-kɔːrd/ *n* [U] **1** *(form)* ⇒discordia **2** *(en música)* ⇒disonancia

discount[1] /'dɪs.kaʊnt/ *n* [C, U] ⇒descuento

discount[2] /dɪ'skaʊnt/ *v* [T] **1** ⇒descontar **2** ⇒desechar ⇒descartar

† **discourage** UK: /dɪ'skʌr.ɪdʒ/ US: /-'skɝː-/ [discouraged, discouraging] *v* [T] **1** ⇒desanimar ⇒desalentar **2** ⇒disuadir: *They discouraged us from trying it* - Nos disuadieron de probarlo ■ CONSTR. to discourage from doing sth ■ PRON. La *a* se pronuncia como la *i* en *did*

discouraging UK: /dɪ'skʌr.ɪ.dʒɪŋ/ US: /-'skɝː-/ *adj* ⇒desalentador,-a

† **discover** UK: /dɪ'skʌv.əʳ/ US: /-ɚ/ *v* [T] ⇒descubrir ■ CONSTR. 1. to discover + (that) 2. to discover sb + doing sth 3. to be discovered + to have sth 4. to discover + interrogativa indirecta

discovery UK: /dɪ'skʌv.ᵊr.i/ US: /-ɚ-/ [*pl* discoveries] *n* [C, U] ⇒descubrimiento

discredit /dɪ'skred.ɪt/ *v* [T] *(form)* ⇒desacreditar: *to discredit sb* - desacreditar a alguien

discreet /dɪ'skriːt/ *adj* ⇒discreto,ta ■ PRON. La última parte, *creet*, rima con *meet*

discrepancy /dɪ'skrep.ᵊnt.si/ [*pl* discrepancies] *n* [C, U] ⇒discrepancia ⇒diferencia

discretion /dɪ'skreʃ.ᵊn/ *n* [U] **1** ⇒discreción ⇒mesura **2** ⇒criterio

† **discriminate** /dɪ'skrɪm.ɪ.neɪt/ [discriminated, discriminating] *v* [I] **1** ⇒discriminar: *to discriminate against sb* - discriminar a alguien **2** ⇒distinguir ⇒discernir

discriminating UK: /dɪ'skrɪm.ɪ.neɪ.tɪŋ/ US: /-ˤt̬ɪŋ/ *adj* ⇒exigente y sagaz

discrimination /dɪˌskrɪm.ɪ'neɪ.ʃᵊn/ *n* [U] ⇒discriminación: *a clear case of discrimination* - un claro ejemplo de discriminación

discriminatory UK: /dɪ'skrɪm.ɪ.nə.tᵊr.i/ US: /dɪ'skrɪm.ɪ.nə.tɔːr-/ *adj* ⇒discriminatorio,ria

† **discuss** /dɪ'skʌs/ [discusses] *v* [T] ⇒hablar ⇒discutir ■ Se usa para discusiones sin discordia. Comparar con *to argue* (discutir, pelear)

discussion /dɪ'skʌʃ.ᵊn/ *n* [C, U] ⇒conversación ⇒discusión

disdain /dɪs'deɪn/ *n* [U] *(form)* ⇒desdén

† **disease** /dɪ'ziːz/ *n* [C, U] ⇒enfermedad: *Parkinson's disease* - enfermedad de Parkinson ■ Se usa *disease*, y no *illness*, cuando se especifica la enfermedad ■ PRON. *sea* rima con el sustantivo inglés *tea*

disembark UK: /ˌdɪs.ɪm'bɑːk/ US: /-'bɑːrk/ *v* [I] *(form)* ⇒desembarcar: *We disembarked in Marseilles* - Desembarcamos en Marsella

disenchanted UK: /ˌdɪs.ɪn'tʃɑːn.tɪd/ US: /-'tʃæn.ˤt̬ɪd/ *adj* ⇒desencantado,da ⇒desilusionado,da

disentangle /ˌdɪs.ɪn'tæŋ.gl̩/ [disentangled, disentangling] *v* [T] **1** ⇒liberar ⇒separar ⇒soltar **2** ⇒desenredar(se): *She disentangled her hair* - Se desenredó el pelo **3** ⇒desentrañar: *to disentangle a mystery* - desentrañar un misterio

disfigure UK: /dɪs'fɪg.əʳ/ US: /-jɚ/ [disfigured, disfiguring] *v* [T] ⇒desfigurar

† **disgrace**[1] /dɪs'greɪs/ [disgraced, disgracing] *v* [T] ⇒deshonrar

† **disgrace**[2] /dɪs'greɪs/ *n* [U] ⇒deshonra ⇒vergüenza ■ Distinto de *misfortune* (desgracia)

disgraceful /dɪs'greɪs.fᵊl/ *adj* ⇒deshonroso,sa ⇒vergonzoso,sa ■ Distinto de *unlucky* (desgraciado)

disgruntled UK: /dɪs'grʌn.tl̩d/ US: /-ˤt̬l̩d/ *adj* ⇒disgustado,da: *to be disgruntled at sth* - estar disgustado por algo

disguise[1] /dɪs'gaɪz/ *n* [C, U] ⇒disfraz ■ PRON. *gui* rima con *my*

disguise[2] /dɪs'gaɪz/ [disguised, disguising] *v* [T] **1** ⇒disfrazar(se): *The spy disguised himself as a tourist* - El espía se disfrazó de turista ■ CONSTR. Se usa más como reflexivo **2** *(un sentimiento)* ⇒disimular ⇒ocultar ■ PRON. *gui* rima con *my*

disgust /dɪs'gʌst/ *n* [U] **1** ⇒asco **2** ⇒indignación ■ Distinto de *upset* (disgusto) ■ PRON. La *u* se pronuncia como el pronombre inglés *us*

disgusted /dɪs'gʌs.tɪd/ *adj* **1** ⇒asqueado,da **2** ⇒disgustado,da ■ PRON. La *e* se pronuncia como la *i* en *did*

† **disgusting** /dɪs'gʌs.tɪŋ/ *adj* ⇒asqueroso,sa ⇒repugnante ■ Distinto de *upset* (disgustado) ■ PRON. La *u* se pronuncia como en el pronombre inglés *us*

† **dish**[1] /dɪʃ/ [*pl* dishes] *n* [C] **1** ⇒plato: *Will you wash the dishes?* - ¿Puedes fregar los platos?; *a meat dish* - un plato de carne **2** ⇒fuente [para servir comida] **3** *(antena)* ⇒parabólica

† **dish**[2] /dɪʃ/ [dishes]

PHRASAL VERBS

- **to dish *sth* out [M]** **1** *(inform)* ⇒repartir algo [sin pensarlo mucho]: *He arrived and started dishing out criticism* - Llegó y se puso a repartir críticas **2** ⇒servir [comida]
- **to dish (*sth*) up [M]** *UK (inform)* ⇒servir [comida]: *Could you dish up the rice?* - ¿Puedes servir el arroz?

dishcloth UK: /'dɪʃ.klɒθ/ US: /-klɑːθ/ *n* [C] ⇒trapo ⇒paño ⇒bayeta

disheartened UK: /dɪs'hɑː.tᵊnd/ US: /-'hɑːr.ˤt̬[ə]n-/ *adj* ⇒desanimado,da

dishevelled /dɪ'ʃev.ᵊld/ *UK adj* **1** *(una apariencia)* ⇒desaliñado,da **2** ⇒despeinado,da

† **dishonest** UK: /dɪ'sɒn.ɪst/ US: /-'sɑː.nɪst/ *adj* **1** ⇒deshonesto,ta **2** ⇒avieso,sa ⇒fraudulento,ta ■ PRON. La *h* no se pronuncia

dishonour[1] UK: /dɪ'sɒn.əʳ/ US: /-'sɑː.nɚ/ *UK n* [U] ⇒deshonor

dishonour[2] UK: /dɪ'sɒn.əʳ/ US: /-'sɑː.n/ *UK v* [T] **1** ⇒deshonrar **2** *(un acuerdo)* ⇒quebrantar

↑**dishwasher** UK: /ˈdɪʃˌwɒʃ.əʳ/ US: /-ˌwɑː.ʃə/ *n* [C] ⇒lavavajillas ⇒lavaplatos *col.*

disillusion /ˌdɪs.ɪˈluː.ʒən/ *v* [T] ⇒desencantar ⇒desilusionar

disillusionment /ˌdɪs.ɪˈluː.ʒən.mənt/ *n* [U] ⇒desencanto ⇒desilusión

D

disinfect /ˌdɪs.ɪnˈfekt/ *v* [T] ⇒desinfectar: *My father has disinfected the kitchen* - Mi padre ha desinfectado la cocina

disinfectant UK: /ˌdɪs.ɪnˈfek.tənt/ US: /-ˤt̬[ə]nt/ *n* [C, U] ⇒desinfectante

↑**disintegrate** UK: /dɪˈsɪn.tɪ.greɪt/ US: /-ˤt̬ə-/ [disintegrated, disintegrating] *v* [I] ⇒desintegrar(se) ⇒desmoronar(se)

disinterested /dɪˈsɪn.trə.stɪd/ *adj* ⇒desinteresado,da

disjointed UK: /dɪsˈdʒɔɪn.tɪd/ US: /-ˤt̬ɪd/ *adj* ⇒inconexo,xa ⇒desarticulado,da

↑**disk** /dɪsk/ *n* [C] **1** ⇒disquete **2** *US* See **disc**

diskette /dɪsˈket/ *n* [C] ⇒disquete

dislike¹ /dɪˈslaɪk/ [disliked, disliking] *v* [T] ⇒no gustar ⇒sentir antipatía ■ CONSTR. to dislike + doing sth

dislike² /dɪˈslaɪk/ *n* [C, U] ⇒aversión

dislocate UK: /ˈdɪs.ləʊ.keɪt/ US: /dɪˈsloʊ-/ [dislocated, dislocating] *v* [T] ⇒dislocarse: *to dislocate one's shoulder* - dislocarse un hombro

dislodge UK: /dɪˈslɒdʒ/ US: /-ˈslɑːdʒ/ [dislodged, dislodging] *v* [T] **1** *(a una persona)* ⇒desalojar **2** *(un objeto)* ⇒mover ⇒quitar ⇒sacar **3** ⇒arrebatar el puesto **4** ⇒retirar ⇒extraer

disloyal /ˌdɪsˈlɔɪ.əl/ *adj* ⇒desleal

dismal /ˈdɪz.məl/ *adj* **1** ⇒tétrico,ca ⇒lúgubre **2** ⇒pésimo,ma

dismantle UK: /dɪˈsmæn.tl̩/ US: /-ˤt̬l̩/ [dismantled, dismantling] ▮ *v* [T] **1** ⇒desmantelar: *to dismantle a ring of smugglers* - desmantelar una red de contrabandistas ▮ *v* [T, I] **2** *(un aparato)* ⇒desmontar ⇒desarmar

dismay /dɪˈsmeɪ/ *n* [U] ⇒consternación

dismember UK: /dɪˈsmem.bəʳ/ US: /-bə/ *v* [T] **1** ⇒desmembrar [un cuerpo] **2** *(lit)* ⇒desmembrar: *to dismember a State* - desmembrar un Estado

↑**dismiss** /dɪˈsmɪs/ [dismisses] *v* [T] **1** *(una idea o una opinión)* ⇒descartar ⇒desechar **2** ⇒despedir ⇒cesantear *AMÉR.;* ⇒botar *AMÉR.* ■ CONSTR. Se usa más en pasiva **3** ⇒dejar salir

dismissal /dɪˈsmɪs.əl/ ▮ *n* [U] **1** ⇒rechazo [de una idea o una opinión] ▮ *n* [C, U] **2** ⇒despido: *How has she taken the dismissal?* - ¿Cómo ha encajado el despido?

dismissive /dɪˈsmɪs.ɪv/ *adj* ⇒desdeñoso,sa

dismount /dɪˈsmaʊnt/ *v* [I] *(form) (un caballo o una bicicleta)* ⇒desmontar ⇒apear(se)

disobedience UK: /ˌdɪs.əʊˈbiː.di.ənts/ US: /-ə-/ *n* [U] ⇒desobediencia

disobey UK: /ˌdɪs.əʊˈbeɪ/ US: /-ə-/ *v* [T, I] ⇒desobedecer: *You shouldn't disobey your mother* - No deberías desobedecer a tu madre

disorder UK: /dɪˈsɔː.dəʳ/ US: /-ˈsɔːr.də/ ▮ *n* [C, U] **1** ⇒trastorno [psicológico] **2** ⇒trastorno ⇒deficiencia ▮ *n* [U] **3** ⇒desorden ⇒entrevero *AMÉR. col.* **4** *(en el comportamiento)* ⇒desorden

disorderly UK: /dɪˈsɔː.dəl.i/ US: /-ˈsɔːr.də.li/ *adj* **1** *(un lugar)* ⇒desordenado,da ⇒sucio,-a **2** *(un comportamiento)* ⇒escandaloso,sa **3 drunk and ~** *(en derecho)* ⇒persona ebria acusada de alterar el orden público

disorganised *UK adj* See **disorganized**

↑**disorganized** UK: /dɪˈsɔː.gə.naɪzd/ US: /-ˈsɔːr-/ (*UK tb* **disorganised**) *adj* ⇒desorganizado,da ⇒desordenado,da ■ PRON. La *e* no se pronuncia

disorientated *UK adj* See **disoriented**

disoriented UK: /dɪˈsɔː.ri.ən.tɪd/ US: /-ˈsːɔr.i.ən.ˤt̬ɪd/ (*UK tb* **disorientated**) *adj* ⇒desorientado,da

disown UK: /dɪˈsəʊn/ US: /-ˈsoʊn/ *v* [T] ⇒renegar

dispatch¹ /dɪˈspætʃ/ (*UK tb* **despatch**) *v* [T] **1** ⇒enviar: *They dispatched their troops to the zone* - Enviaron sus tropas a la zona **2** ⇒despachar: *to dispatch a missive* - despachar una misiva

dispatch² /dɪˈspætʃ/ (*UK tb* **despatch**) ▮ *n* [U] **1** ⇒envío ▮ *n* [C] **2** ⇒despacho ⇒notificación ■ El plural es *dispatches*

dispel /dɪˈspel/ [dispelled, dispelling] *v* [T] ⇒disipar ⇒alejar

dispense /dɪˈspents/ [dispensed, dispensing] *v* [T] **1** ⇒distribuir: *They dispensed food among the needy* - Distribuyeron alimentos entre los necesitados **2** *(una máquina)* ⇒expender **3** ⇒dispensar: *to dispense medicines* - dispensar medicinas **4** ⇒eximir **5** ⇒administrar justicia

PHRASAL VERBS

· **to dispense with *sth/sb*** ⇒prescindir de

↑**disperse** UK: /dɪˈspɜːs/ US: /-spɝːs/ [dispersed, dispersing] *v* [T, I] ⇒dispersar(se): *The crowd dispersed after the concert* - La multitud se dispersó después del concierto

displace /dɪˈspleɪs/ [displaced, displacing] *v* [T] **1** ⇒desplazar **2** ⇒reemplazar

display¹ /dɪˈspleɪ/ *n* [C, U] **1** ⇒exposición ⇒exhibición **2** ⇒manifestación ⇒demostración **3 to be on ~** ⇒exponer(se) ⇒exhibir(se)

display² /dɪˈspleɪ/ ▮ *v* [T] **1** ⇒exponer ⇒exhibir **2** *(un sentimiento)* ⇒mostrar ⇒manifestar ▮ *v* [T, I] **3** *(en informática)* ⇒mostrar [en pantalla]

disposable UK: /dɪˈspəʊ.zə.bl̩/ US: /-ˈspoʊ-/ *adj* **1** ⇒desechable **2** *(en economía)* ⇒disponible

disposal UK: /dɪˈspəʊ.zəl/ US: /-ˈspoʊ-/ *n* [U] **1** ⇒desechos ⇒despojos **2 at *sb's* ~** *(form)* ⇒a disposición de alguien

disposed UK: /dɪˈspəʊzd/ US: /-ˈspoʊzd/ **to be ~ to do** *sth (form)* ⇒estar dispuesto,ta a

disposition /ˌdɪs.pəˈzɪʃ.ən/ *n* [C] ⇒temperamento ⇒forma de ser

disproportionate UK: /ˌdɪs.prəˈpɔː.ʃən.ət/ US: /-ˈpɔːr-/ *adj* ⇒desproporcionado,da

disprove /dɪˈspruːv/ [disproved, disproving] *v* [T] ⇒refutar: *to disprove a theory* - refutar una teoría

dispute[1] /dɪˈspjuːt, ˈdɪs.pjuːt/ *n* [C, U] **1** ⇒disputa ⇒conflicto **2 {in/under} ~** ⇒en litigio: *That question is still in dispute* - Esa cuestión todavía se encuentra en litigio

dispute[2] /dɪˈspjuːt/ [disputed, disputing] *v* [T, I] ⇒discutir ⇒oponerse ⇒rebatir ■ CONSTR. to dispute + (that)

disqualify UK: /dɪˈskwɒl.ɪ.faɪ/ US: /-ˈskwɑː.lə-/ [disqualifies, disqualified] *v* [T] **1** ⇒inhabilitar: *He was disqualified from driving for a year* - Lo inhabilitaron para conducir durante un año **2** *(en deportes)* ⇒descalificar ■ CONSTR. Se usa más en pasiva

disregard[1] UK: /ˌdɪs.rɪˈgɑːd/ US: /-ˈgɑːrd/ *v* [T] ⇒hacer caso omiso: *He disregarded my advice* - Hizo caso omiso de mi consejo

disregard[2] UK: /ˌdɪs.rɪˈgɑːd/ US: /-ˈgɑːrd/ *n* [U] **1** ⇒indiferencia **2** *(a una ley o una norma)* ⇒desacato

disreputable UK: /dɪsˈrep.jʊ.tə.bl/ US: /-jə.ˤt̬ə-/ *adj* **1** ⇒de mala reputación **2** ⇒de mala fama

disrepute /ˌdɪs.rɪˈpjuːt/ *n* [U] ⇒descrédito: *He fell into disrepute* - Cayó en el descrédito

disrespect /ˌdɪs.rɪˈspekt/ *n* [U] ⇒falta de respeto

↑ **disrupt** /dɪsˈrʌpt/ *v* [T] **1** ⇒interrumpir ⇒trastocar [el curso de algo] **2** ⇒desorganizar ⇒romper ⇒estropear ■ PRON. *ru* se pronuncia como en el término inglés *run*

dissatisfaction UK: /dɪsˌsæt.ɪsˈfæk.ʃən/ US: /ˌdɪs.sæˤt̬.əs-/ *n* [U] ⇒insatisfacción

↑ **dissatisfied** UK: /ˌdɪsˈsæt.ɪs.faɪd/ US: /-ˈsæˤt̬.əs-/ *adj* ⇒insatisfecho,cha ⇒descontento,ta ■ PRON. La última parte, *fied*, rima con el sustantivo inglés *side*

dissent /dɪˈsent/ *n* [U] ⇒disconformidad ⇒desacuerdo

dissertation UK: /ˌdɪs.əˈteɪ.ʃən/ US: /-ɚ-/ *n* [C] **1** ⇒disertación **2** *(en la universidad)* ⇒tesina

dissident /ˈdɪs.ɪ.dənt/ *n* [C] ⇒disidente

dissimilar UK: /ˌdɪsˈsɪm.ɪ.ləʳ/ US: /-lɚ/ *adj* ⇒diferente ⇒distinto,ta

dissociate UK: /dɪˈsəʊ.ʃi.eɪt/ US: /-ˈsoʊ-/ [dissociated, dissociating] *v* [T] ⇒disociar ■ CONSTR. to dissociate sth from sth

PHRASAL VERBS

· **to dissociate *oneself* from *sth*** ⇒separarse de algo ⇒distanciarse de algo

↑ **dissolve** UK: /dɪˈzɒlv/ US: /-ˈzɑːlv/ [dissolved, dissolving] ▌*v* [T, I] **1** ⇒disolver(se) ⇒diluir(se) ▌*v* [T] **2** ⇒disolver ⇒anular ■ CONSTR. Se usa más en pasiva

dissuade /dɪˈsweɪd/ [dissuaded, dissuading] *v* [T] ⇒disuadir: *She dissuaded her from leaving the country* - La disuadió de abandonar el país ■ CONSTR. to dissuade from + doing sth ■ PRON. *ua* se pronuncia como *way*

↑ **distance[1]** /ˈdɪs.tənts/ *n* [C, U] **1** ⇒distancia **2 in the ~** ⇒a lo lejos

↑ **distance[2]** /ˈdɪs.tənts/ [distanced, distancing] **to ~ *oneself* from *sth/sb*** ⇒distanciarse de: *He distanced himself from her* - Se distanció de ella

distant /ˈdɪs.tənt/ *adj* **1** ⇒lejano,na **2** ⇒distante ⇒frío,a

distaste /dɪˈsteɪst/ *n* [U] ⇒aversión: *to have distaste for sth* - tener aversión a algo

distasteful /dɪˈsteɪst.fəl/ *adj* ⇒desagradable

distil /dɪˈstɪl/ [distilled, distilling] *UK v* [T] ⇒destilar: *to distil alcohol* - destilar alcohol

↑ **distinct** /dɪˈstɪŋkt/ *adj* **1** ⇒claro,ra ⇒marcado,da **2** ⇒distinto,ta ⇒diferente

↑ **distinction** /dɪˈstɪŋk.ʃən/ *n* [C, U] **1** ⇒distinción ⇒diferencia **2** ⇒distinción ⇒honor

↑ **distinctive** /dɪˈstɪŋk.tɪv/ *adj* ⇒distintivo,va ⇒particular ⇒peculiar

↑ **distinguish** /dɪˈstɪŋ.gwɪʃ/ [distinguishes] ▌*v* [T, I] **1** ⇒distinguir ⇒diferenciar ▌*v* [T] **2** ⇒distinguir ⇒divisar **3 to ~ *oneself*** ⇒distinguirse ⇒destacar

distinguished /dɪˈstɪŋ.gwɪʃt/ *adj* ⇒distinguido,da ⇒eminente ■ PRON. La *e* no se pronuncia

distort UK: /dɪˈstɔːt/ US: /-ˈstɔːrt/ *v* [T] **1** *(un dato o una información)* ⇒distorsionar ⇒tergiversar **2** *(un sonido o una forma)* ⇒distorsionar

↑ **distract** /dɪˈstrækt/ *v* [T] ⇒distraer: *Don't distract me while I'm working* - No me distraigas cuando estoy trabajando

distracted /dɪˈstræk.tɪd/ *adj* ⇒distraído,da ■ PRON. La *e* se pronuncia como la *i* en *did*

distraction /dɪˈstræk.ʃən/ *n* [C, U] ⇒distracción

distraught UK: /dɪˈstrɔːt/ US: /-ˈstrɑːt/ *adj* ⇒angustiado,da ⇒consternado,da

↑ **distress** /dɪˈstres/ *n* [U] **1** ⇒aflicción ⇒angustia ⇒pena **2 ~ signal** ⇒señal de socorro **3 in ~** ⇒en apuros

↑ **distribute** UK: /dɪˈstrɪb.juːt/ UK: /ˈdɪs.trɪ.bjuːt/ US: /-jʊt/ [distributed, distributing] *v* [T] ⇒distribuir ■ PRON. La *u* se pronuncia como *you*

distribution /ˌdɪs.trɪˈbjuː.ʃən/ *n* [C, U] ⇒distribución ■ PRON. La *u* se pronuncia como *you*

distributor UK: /dɪˈstrɪb.jʊ.təʳ/ US: /-jə.ˁt̬ə/ *n* [C] ⇨distribuidor,-a

† **district** /ˈdɪs.trɪkt/ *n* [C] **1** *(en una ciudad)* ⇨distrito ⇨barrio **2** *(en un país)* ⇨región ⇨zona

distrust[1] /dɪˈstrʌst/ *n* [U] ⇨desconfianza

distrust[2] /dɪˈstrʌst/ *v* [T] ⇨desconfiar: *to distrust on sth* - desconfiar de algo

D

† **disturb** UK: /dɪˈstɜːb/ US: /-ˈstɝːb/ *v* [T] **1** ⇨molestar ⇨interrumpir ⇨fregar *AMÉR. col.* **2** ⇨inquietar **3** ⇨perturbar ⇨trastornar **4** ⇨desordenar ■ PRON. *ur* rima con el término inglés *her*

disturbance UK: /dɪˈstɜː.bᵊnts/ US: /-ˈstɝː-/ *n* [C, U] **1** ⇨molestia **2** ⇨alboroto **3** ⇨alteración [del orden] **4** ⇨interrupción **5** ⇨interferencias [radiofónicas]

disturbed UK: /dɪˈstɜːbd/ US: /-ˈstɝːbd/ *adj* ⇨trastornado,da ⇨enloquecido,da ■ PRON. *ur* rima con el término inglés *her* y la última *e* no se pronuncia

disturbing UK: /dɪˈstɜː.bɪŋ/ US: /-ˈstɝː-/ *adj* ⇨perturbador,-a ⇨inquietante ■ PRON. *ur* rima con el término inglés *her*

disused /dɪˈsjuːzd/ *adj* ⇨abandonado,da: *a disused factory* - una fábrica abandonada ■ PRON. La *e* no se pronuncia

ditch[1] /dɪtʃ/ [*pl* ditches] *n* [C] **1** ⇨cuneta **2** ⇨zanja

ditch[2] /dɪtʃ/ *v* [T] **1** *(inform) (a la pareja)* ⇨dejar plantado,da *col.;* ⇨abandonar **2** *(inform)* ⇨deshacerse [de algo] ⇨abandonar

dither UK: /ˈdɪð.əʳ/ US: /-ə/ *v* [I] ⇨titubear ⇨vacilar

ditto UK: /ˈdɪt.əʊ/ US: /ˈdɪˁt̬.oʊ/ *n* [C] ⇨ídem

dive[1], **dived, dived** (*US tb* **dove, dove**) /daɪv/ [diving] *v* [I] **1** ⇨zambullirse ⇨tirarse de cabeza ⇨sumergirse **2** ⇨bucear **3** *(un avión, un pájaro)* ⇨caer en picado **4** *(en deportes)* ⇨tirarse en plancha **5** *(precios)* ⇨caer en picado ⇨bajar **6 to ~ {into/under}** ***sth*** ⇨meterse {en/debajo de} algo [precipitadamente]

dive[2] /daɪv/ *n* [C] **1** ⇨zambullida ⇨inmersión **2** ⇨salto de cabeza ⇨salto en picado **3** ⇨bajada vertiginosa [en la bolsa] **4** *(inform)* ⇨garito *col.;* ⇨antro *desp.*

diver UK: /ˈdaɪ.vəʳ/ US: /-və/ *n* [C] ⇨buceador,-a

diverge UK: /ˌdaɪˈvɜːdʒ/ US: /dɪˈvɝːdʒ/ [diverged, diverging] *v* [I] **1** ⇨discrepar **2** ⇨apartarse ⇨salirse **3** ⇨separarse ⇨divergir

† **diverse** UK: /daɪˈvɜːs/ US: /dɪˈvɝːs/ *adj* ⇨diverso,sa

diversify UK: /daɪˈvɜː.sɪ.faɪ/ US: /dɪˈvɝː-/ [diversifies, diversified] *v* [T, I] ⇨diversificar(se): *Their company has diversified* - Su empresa se ha diversificado

diversion UK: /daɪˈvɜː.ʃᵊn/ US: /dɪˈvɝː-/ *n* [C] **1** *UK* (*US* **detour**) ⇨desviación ⇨desvío **2** ⇨distracción

† **diversity** UK: /daɪˈvɜː.sɪ.ti/ US: /dɪˈvɝː.sə.ˁt̬i/ [*pl* diversities] *n* [U, NO PL] ⇨diversidad: *a wide diversity of opinion* - una amplia diversidad de opiniones

divert UK: /daɪˈvɜːt/ US: /dɪˈvɝːt/ *v* [T] **1** ⇨desviar **2 to ~ *sb's* {attention/thoughts}** ⇨distraer a alguien ■ Distinto de *to amuse* (divertir) ■ PRON. La primera parte, *di*, rima con *my*

† **divide** /dɪˈvaɪd/ [divided, dividing] ▌*v* [T, I] **1** ⇨dividir ⇨separar ■ Se usa generalmente seguido de las preposiciones by e into ▌*v* [T] **2** ⇨partir ⇨repartir **3** ⇨dividir ⇨enfrentar

divided *adj* ⇨dividido,da ■ PRON. La *e* se pronuncia como al *i* en *did*

† **dividend** /ˈdɪv.ɪ.dend, -dənd/ *n* [C] *(en economía)* ⇨dividendo ⇨beneficio

divine /dɪˈvaɪn/ *adj* ⇨divino,na ■ PRON. La segunda sílaba, *vine*, rima con el término inglés *mine*

diving /ˈdaɪ.vɪŋ/ *n* [U] **1** ⇨buceo ⇨submarinismo **2** ⇨saltos de trampolín

diving board *n* [C] ⇨trampolín [de una piscina]

† **division** /dɪˈvɪʒ.ᵊn/ ▌*n* [U] **1** ⇨división **2** ⇨cálculo ▌*n* [C, U] **3** ⇨desacuerdo ▌*n* [C] **4** ⇨sección ⇨departamento **5** *(en el ejército)* ⇨división **6** *(en deportes)* ⇨división **7** ⇨votación

† **divorce**[1] UK: /dɪˈvɔːs/ US: /-ˈvɔːrs/ *n* [C, U] **1** ⇨divorcio **2** *to get a divorce* - divorciarse

divorce[2] UK: /dɪˈvɔːs/ US: /-ˈvɔːrs/ [divorced, divorcing] *v* [T, I] ⇨divorciar(se): *She divorced him* - Se divorció de él

divulge /daɪˈvʌldʒ/ [divulged, divulging] *v* [T] *(form)* ⇨divulgar ■ CONSTR. to divulge + interrogativa indirecta ■ PRON. La primera sílaba, *di*, rima con *my*

† **DIY** /ˌdiː.aɪˈwaɪ/ *UK n* [U] ⇨forma abreviada de **do-it-yourself** (bricolaje) ■ PRON. Se pronuncia cada letra por separado

† **dizzy** /ˈdɪz.i/ *adj* [*comp* dizzier, *superl* dizziest] ⇨mareado,da

DJ /ˌdiːˈdʒeɪ, ˈ--/ *n* [C] ⇨forma abreviada de **disc jockey** (pinchadiscos)

DNA /ˌdiː.enˈeɪ/ *n* [U] ⇨ADN ■ Procede de *deoxyribonucleic acid* (ácido desoxirribonucleico)

† **do**[1], **did, done** /də, du, duː/ [does] ▌*v* [T] **1** ⇨hacer **2** ⇨hacer ⇨recorrer **3** ⇨estudiar ▌*v* [I] **4** ⇨servir ⇨valer ⇨bastar **5** ⇨venir bien ▌*v* [AUX] **6** *«Does she study German?» «Yes, she does»* - «¿Estudia alemán?» «Sí»; *I don't know* - No lo sé; *My brother plays basketball more than I do* - Mi hermano juega más al baloncesto que yo; *I did tell you* - Te lo dije ■ En español no se traduce **7 How do you do?** *(saludo)* ⇨encantado,da ⇨mucho gusto **8 {it/that} {will never/won't} ~** ⇨no puede ser **9 that does it!** ⇨¡esto es el colmo! **10 that's done it!** *(inform)* ⇨cagarla *vulg.;* ⇨fastidiarla **11 that**

will do! ⇒¡ya basta! ⇒¡es suficiente! **12 to {be/ have} to ~ with *sth/sb*** ⇒tener que ver con **13 to ~ *one*'s best** ⇒hacer lo que se puede **14 to ~ *sb* good** ⇒sentar bien a alguien **15 what do you do?** ⇒¿en qué trabaja? ⇒¿a qué se dedica? ■ Ver cuadros auxiliary verbs y hacer (to do / to make)

PHRASAL VERBS

- **to do away with *sb*** *(inform)* ⇒cargarse a alguien *col.*
- **to do *sth* up** [M] **1** *UK* ⇒abrochar(se) algo **2** ⇒envolver algo **3** *(un edificio)* ⇒reformar ⇒renovar
- **to do without *sth/sb*** ⇒prescindir de ⇒pasar(se) sin

do² /duː/ [*pl* do's, dos] *UK* ▮ *n* [c] **1** *(inform)* ⇒fiesta: *her leaving do* - su fiesta de despedida ▮ *n* [U, NO PL] **2** (*tb* **doh**) *(nota musical)* ⇒do **3 do's and don'ts** ⇒reglas ⇒consejos

docile UK: /ˈdəʊ.saɪl/ US: /ˈdɑː.s[ə]l/ *adj* ⇒dócil

dock¹ UK: /dɒk/ US: /dɑːk/ *n* [c] **1** *(en un puerto)* ⇒muelle ⇒dársena **2** *(en un puerto)* ⇒dique **3** *UK (en un tribunal)* ⇒banquillo de los acusados

dock² UK: /dɒk/ US: /dɑːk/ *v* [T, I] **1** *(un barco)* ⇒atracar ⇒arribar **2** ⇒llegar en barco

↑**doctor¹** UK: /ˈdɒk.təʳ/ US: /ˈdɑːk.tɚ/ *n* [c] ⇒doctor,-a ⇒médico,ca ■ La forma abreviada es *Doc* o *Dr*

doctor² UK: /ˈdɒk.təʳ/ US: /ˈdɑːk.tɚ/ *v* [T] **1** ⇒adulterar **2** ⇒amañar

↑**Doctor** *n* [c] **1** *(distinción académica)* ⇒doctor **2 ~ of Medicine** ⇒doctor en medicina ■ La forma abreviada es *MD* **3 ~ of Philosophy** ⇒doctor titulado ■ La forma abreviada es *DPhil* o *PhD*

doctorate UK: /ˈdɒk.tᵊr.ət/ US: /ˈdɑːk.tɚ-/ *n* [c] ⇒doctorado

doctrine UK: /ˈdɒk.trɪn/ US: /ˈdɑːk-/ *n* [C, U] ⇒doctrina

↑**document¹** UK: /ˈdɒk.jʊ.mənt/ US: /ˈdɑː.kjʊ-/ *n* [c] ⇒documento ■ PRON. La *u* se pronuncia como en *you*

↑**document²** UK: /ˈdɒk.jʊ.mənt/ UK: /-ment/ US: /ˈdɑː.kjʊ-/ *v* [T] ⇒documentar ■ PRON. La *u* se pronuncia como en *you*

documentary¹ UK: /ˌdɒk.jʊˈmen.tᵊr.i/ US: /ˌdɑː.kjəˈmen.ˤt̬ɚ-/ [*pl* documentaries] *n* [c] ⇒documental ■ PRON. La *u* se pronuncia como en *you*

↑**documentary²** UK: /ˌdɒk.jʊˈmen.tᵊr.i/ US: /ˌdɑː.kjʊˈmen.ˤt̬ɚ-/ *adj* ⇒documental: *documentary evidence* - pruebas documentales ■ PRON. La *u* se pronuncia como en *you*

docusoap UK: /ˈdɒ.kjuː.səʊp/ US: /ˈdɑː.kjuː.soʊp/ *n* [c] *(programa de televisión)* ⇒docuserie

dodge UK: /dɒdʒ/ US: /dɑːdʒ/ [dodged, dodging] ▮ *v* [T, I] **1** ⇒esquivar ⇒hacer un quiebro ▮ *v* [T] **2** ⇒eludir

dodgy UK: /ˈdɒdʒ.i/ US: /ˈdɑː.dʒi/ *UK adj* [*comp* dodgier, *superl* dodgiest] **1** *(inform)* ⇒desleal ⇒deshonesto,ta **2** *(inform)* ⇒arriesgado,da: *a dodgy situation* - una situación arriesgada **3** *(inform)* ⇒débil ⇒delicado,da

doe UK: /dəʊ/ US: /doʊ/ *n* [c] **1** ⇒coneja **2** ⇒liebre hembra **3** ⇒cierva

does /dʌz, dəz/ See **do**

doesn't /ˈdʌz.ᵊnt/ *(does not)* See **do**

↑**dog¹** UK: /dɒg/ US: /dɑːg/ *n* [c] ⇒perro,rra: *Suddenly the dogs began to bark* - De repente, los perros empezaron a ladrar

dog² UK: /dɒg/ US: /dɑːg/ [dogged, dogging] *v* [T] **1** ⇒seguir ⇒perseguir **2** *(un problema)* ⇒perseguir

dogged UK: /ˈdɒg.ɪd/ US: /ˈdɑː.gɪd/ *adj* ⇒tenaz: *a dogged attitude* - una actitud tenaz

dogsbody UK: /ˈdɒgz.bɒd.i/ US: /ˈdɑːgz.bɑː.di/ [*pl* dogsbodies] *UK n* [c] *(inform)* ⇒persona que hace siempre el trabajo sucio o el trabajo aburrido

dog-tired UK: /ˌdɒgˈtaɪəd/ US: /ˌdɑːgˈtaɪrd/ *adj (inform)* ⇒agotado,da ⇒molido,da *col.*

doh UK: /dəʊ/ US: /doʊ/ (*tb* **do**) *n* [U, NO PL] *(nota musical)* ⇒do

doing /ˈduː.ɪŋ/ *n* [U] ⇒obra: *I'm sure this is his doing* - Estoy seguro de que esto es obra suya

dole UK: /dəʊl/ US: /doʊl/ *UK n* [NO PL] **1** (*US* **welfare**) *(inform)* ⇒subsidio de desempleo **2** ⇒paro: *the dole queue* - la cola del paro **3 to be on the ~** (*US* **to be on welfare**) *(inform)* ⇒cobrar el paro

↑**doll** UK: /dɒl/ US: /dɑːl/ *n* [c] *(juguete)* ⇒muñeca

↑**dollar** UK: /ˈdɒl.əʳ/ US: /ˈdɑː.lɚ/ *n* [c] *(moneda)* ⇒dólar

dolphin UK: /ˈdɒl.fɪn/ US: /ˈdɑːl-/ *n* [c] ⇒delfín

↑**domain** UK: /dəʊˈmeɪn/ US: /doʊ-/ *n* [c] **1** ⇒ámbito ⇒sector **2** *(form)* ⇒dominio ⇒territorio **3** *(en internet)* ⇒dominio

dome UK: /dəʊm/ US: /doʊm/ *n* [c] ⇒cúpula

↑**domestic** /dəˈmes.tɪk/ *adj* **1** ⇒casero,ra ⇒hogareño,ña **2** ⇒doméstico,ca **3** ⇒nacional: *domestic economy* - economía nacional

domesticated UK: /dəˈmes.tɪ.keɪ.tɪd/ US: /-ˤt̬ɪd/ *adj* ⇒que tiene buena disposición para realizar las tareas domésticas

dominance UK: /ˈdɒm.ɪ.nənts/ US: /ˈdɑː.mə-/ *n* [U] ⇒dominación ⇒dominio

↑**dominant** UK: /ˈdɒm.ɪ.nənt/ US: /ˈdɑː.mə-/ *adj* **1** ⇒dominante ⇒dominador,-a **2** ⇒predominante

↑**dominate** UK: /ˈdɒm.ɪ.neɪt/ US: /ˈdɑː.mə-/ [dominated, dominating] *v* [T, I] **1** ⇒dominar: *The Romans dominated many nations* - Los romanos dominaron a muchos pueblos **2** ⇒dominar ⇒destacar

D

domination UK: /ˌdɒm.ɪˈneɪ.ʃən/ US: /ˌdɑː.mə-/ *n* [U] ⇒dominación ⇒dominio

domineering UK:/ˌdɒm.ɪˈnɪə.rɪŋ/ US:/ˌdɑː.məˈnɪr.ɪŋ/ *adj* ⇒dominante ⇒mandón,-a *col.*

Dominica /dəˈmɪn.ɪ.kə/ *n* [U] ⇒Dominica

Dominican UK: /dəˈmɪn.ɪ.kən/ US: /doʊ-/ *adj, n* [C] **1** *(de la República Dominicana)* ⇒dominicano **2** *(de Dominica)* ⇒dominiqués

Dominican Republic the ~ ⇒República Dominicana

dominion /dəˈmɪn.jən/ ▮ *n* [U] **1** *(form)* ⇒dominio ⇒poder ▮ *n* [C] **2** ⇒dominio ⇒territorio

domino UK: /ˈdɒm.ɪ.nəʊ/ US: /ˈdɑː.mə.noʊ/ [*pl* dominoes] *n* [C] ⇒ficha de dominó

dominoes UK: /ˈdɒm.ɪ.nəʊz/ US: /ˈdɑː.mɪ.noʊz/ *n* [U] ⇒dominó: *to play dominoes* - jugar al dominó

↑ **donate** UK: /dəʊˈneɪt/ US: /ˈdoʊ.neɪt/ [donated, donating] *v* [T, I] ⇒donar

donation UK: /dəʊˈneɪ.ʃən/ US: /doʊˈneɪ-/ ▮ *n* [U] **1** ⇒donación: *blood donation* - donación de sangre ▮ *n* [C] **2** ⇒donativo: *to make a donation* - hacer un donativo

done[1] /dʌn/ past participle of **do**

done[2] /dʌn/ *adj* ⇒acabado,da ⇒hecho,cha

↑ **donkey** UK: /ˈdɒŋ.ki/ US: /ˈdɑːŋ-/ (*tb* **ass**) *n* [C] ⇒asno ⇒burro,rra

↑ **donor** UK: /ˈdəʊ.nəʳ/ US: /ˈdoʊ.nə/ *n* [C] ⇒donante: *an anonymous donor* - un donante anónimo ▪ PRON. Se acentúa la primera sílaba

↑ **don't** UK: /dəʊnt/ US: /doʊnt/ *(do not)* See **do**

donut UK: /ˈdəʊ.nʌt/ US: /ˈdoʊ-/ (*tb* **doughnut**) *US n* [C] ⇒donut®

doodle[1] /ˈduː.dl̩/ [doodled, doodling] *v* [T, I] ⇒hacer garabatos

doodle[2] /ˈduː.dl̩/ *n* [C] ⇒garabato

doom /duːm/ *n* [U] **1** ⇒condena ⇒perdición **2** ⇒fatalidad **3 merchant of ~** *UK* ⇒agorero,ra **4 prophet of ~** ⇒catastrofista

doomed /duːmd/ *adj* ⇒condenado,da ⇒abocado,da

↑ **door** UK: /dɔːʳ/ US: /dɔːr/ *n* [C] **1** ⇒puerta: *to knock on the door* - llamar a la puerta **2** *He lives three doors away* - Vive tres casas más arriba **3 out of doors** ⇒al aire libre

doorbell UK: /ˈdɔː.bel/ US: /ˈdɔːr-/ *n* [C] ⇒timbre [de la puerta]: *The doorbell rang* - Sonó el timbre de la puerta

doorknob UK: /ˈdɔː.nɒb/ US: /ˈdɔːr.nɑːb/ *n* [C] ⇒pomo ⇒tirador

doorman UK: /ˈdɔː.mən/ US: /ˈdɔːr-/ [*pl* doormen] *n* [C] *(en un hotel o en un edificio público)* ⇒conserje

doorstep UK: /ˈdɔː.step/ US: /ˈdɔːr-/ *n* [C] **1** ⇒peldaño **2 on one's ~** ⇒a un paso ⇒muy cerca

doorway UK: /ˈdɔː.weɪ/ US: /ˈdɔːr-/ *n* [C] **1** ⇒vano [de una puerta] **2** ⇒entrada [a un edificio] ⇒portal

dope[1] UK: /dəʊp/ US: /doʊp/ *n* [U] **1** *(inform)* ⇒chocolate *col.;* ⇒hachís **2** *dope test* - control antidopaje

dope[2] UK: /dəʊp/ US: /doʊp/ [doped, doping] *v* [T] **1** ⇒dopar **2** ⇒narcotizar

dormant UK: /ˈdɔː.mənt/ US: /ˈdɔːr-/ *adj* ⇒inactivo,va ⇒dormido,da ⇒en estado latente

dormitory UK: /ˈdɔː.mɪ.tər.i/ US: /ˈdɔːr.mə.tɔːr-/ [*pl* dormitories] *n* [C] **1** ⇒dormitorio **2** *US* (*UK* **hall of residence**) ⇒colegio mayor

dosage UK: /ˈdəʊ.sɪdʒ/ US: /ˈdoʊ-/ *n* [C] See **dose**

↑ **dose** UK: /dəʊs/ US: /doʊs/ (*tb* **dosage**) *n* [C] ⇒dosis: *in small doses* - en pequeñas dosis

dossier UK: /ˈdɒs.i.eɪ/ UK: /-əʳ/ US: /ˈdɑː.si.eɪ/ *n* [C] ⇒dossier ⇒expediente

dot[1] UK: /dɒt/ US: /dɑːt/ *n* [C] **1** ⇒punto **2 on the ~** ⇒en punto: *at twenty past five on the dot* - a las cinco y veinte en punto ▪ Ver cuadro signos de puntuación

dot[2] UK: /dɒt/ US: /dɑːt/ [dotted, dotting] *v* [T] **1** ⇒esparcir ▪ CONSTR. Se usa más en pasiva **2** ⇒poner puntos **3 to ~ the i's and cross the t's** ⇒dar los últimos retoques a algo ⇒retocar

dot.com UK: /ˌdɒtˈkɒm/ US: /ˌdɑːtˈkɑːm/ *n* [C] ⇒empresa que desarrolla su actividad principalmente por internet

dote UK: /dəʊt/ US: /doʊt/ [doted, doting]

PHRASAL VERBS
- **to dote on *sb*** ⇒adorar a alguien: *She dotes on her grandson* - Adora a su nieto

doting UK: /ˈdəʊ.tɪŋ/ US: /ˈdoʊ.ˁt̬ɪŋ/ *adj (una persona)* ⇒que adora a alguien

↑ **double**[1] /ˈdʌb.l̩/ *adj, n* [C] **1** ⇒doble: *a double room* - una habitación doble; *a double meaning* - un doble sentido **2** *George is your double!* - ¡George es tu doble!

↑ **double**[2] /ˈdʌb.l̩/ [doubled, doubling] *v* [T, I] ⇒duplicar(se)

PHRASAL VERBS
- **to double (*sb*) {over/up}** 1 ⇒retorcerse **2** *to double up with laughter* - partirse de risa
- **to double (up) as *sth*** ⇒hacer las veces de algo ⇒valer también como

double-barrelled /ˌdʌb.l̩ˈbær.əld/ *UK adj* **1** *(un arma)* ⇒de dos cañones **2** *(un apellido)* ⇒compuesto,ta

double bass [*pl* double basses] (*tb* **bass**) *n* [C] *(instrumento musical)* ⇒contrabajo ▪ PRON. *bass* rima con *face*

double-check /ˌdʌb.l̩ˈtʃek/ *v* [T] ⇒comprobar ⇒cerciorar(se)

double-click /ˌdʌb.ḷˈklɪk/ *v* [T, I] *(en informática)* ⇒hacer doble clic

double-cross UK: /ˌdʌb.ḷˈkrɒs/ US: /-ˈkrɑːs/ [double-crosses] *v* [T] *(inform)* ⇒engañar ⇒traicionar

double-decker (bus) [*pl* double-decker (buses)] *UK n* [C] ⇒autobús de dos pisos

double-glazing /ˌdʌb.ḷˈgleɪ.zɪŋ/ *UK n* [U] ⇒doble acristalamiento

double-page spread *n* [C] ⇒doble página

doubly /ˈdʌb.li/ *adv* ⇒doblemente: *That's doubly dangerous* - Es doblemente peligroso

↑**doubt**[1] /daʊt/ *n* [C, U] **1** ⇒duda **2 in ~** ⇒dudoso,sa ⇒incierto,ta **3 no ~** ⇒seguro ⇒indudablemente **4 to cast ~ on *sth*** ⇒poner en duda ⇒sembrar la duda **5 without (a) ~** ⇒sin duda ⇒sin lugar a duda ■ PRON. La *b* no se pronuncia y rima con el término inglés *out*

↑**doubt**[2] /daʊt/ *v* [T] ⇒dudar: *I doubt that they'll come* - Dudo de que vengan ■ CONSTR. to doubt + (that) ■ PRON. La *b* no se pronuncia y rima con el término inglés *out*

doubtful /ˈdaʊt.fᵊl/ *adj* ⇒dudoso,sa ■ PRON. La *b* no se pronuncia y la primera sílaba, *doubt*, rima con el término inglés *out*

doubtfully /ˈdaʊt.fᵊl.i/ *adv* ⇒dudosamente

doubtless /ˈdaʊt.ləs/ *adv* ⇒sin duda ⇒indudablemente

dough UK: /dəʊ/ US: /doʊ/ *n* [C, U] *(alimento)* ⇒masa ⇒pasta ■ PRON. Rima con el término inglés *go*

doughnut UK: /ˈdəʊ.nʌt/ US: /ˈdoʊ-/ (*US tb* **donut**) *n* [C] ⇒donut®

dour UK: /dʊəʳ/ US: /dʊr/ *adj* ⇒adusto,ta ⇒huraño,ña ⇒arisco,ca

douse /daʊs/ [doused, dousing] *v* [T] **1** ⇒extinguir [un fuego] **2** ⇒empapar

dove /dʌv/ *n* [C] ⇒paloma ■ PRON. La *o* se pronuncia como la *u* en el término inglés *run*

dove[2] UK: /dəʊv/ US: /doʊv/ *US* past tense and past participle forms of **dive**

dowdy /ˈdaʊ.di/ *adj* [*comp* dowdier, *superl* dowdiest] *(una prenda de vestir, una persona)* ⇒pasado,da de moda ⇒poco atractivo,va

↑**down**[1] /daʊn/ *adv, prep* **1** ⇒hacia abajo: *He went down the hill I think* - Creo que se fue hacia abajo ■ Se usa frecuentemente con verbos de movimiento. Al traducirlo en español su significado suele estar implícito en el verbo: *to go down a mountain - descender una montaña* **2 ~ under** *(inform)* ⇒Australia **3 to be ~ to *sb* *UK*** ⇒ser la responsabilidad de alguien

down[2] /daʊn/ *adj* **1** ⇒más bajo,ja **2** ⇒triste ⇒decaído,da **3** *The server was down all day* - El servidor no funcionó en todo el día

down[3] /daʊn/ *n* [U] **1** ⇒plumón: *duck down* - plumón de pavo **2** ⇒pelusa ⇒pelusilla **3 to have a ~ on *sb*** *UK (inform)* ⇒tener manía a alguien *col.*

down[4] /daʊn/ *v* [T] *(inform)* ⇒beber rápidamente: *The child downed two glasses of water* - El niño se bebió rápidamente dos vasos de agua

down-and-out /ˌdaʊn.əˈnaʊt/ *adj, n* [C] ⇒indigente

D

downcast /ˈdaʊn.kɑːst/ *adj* **1** ⇒abatido,da **2** *His eyes were downcast* - Tenía la mirada baja

downgrade /ˌdaʊnˈgreɪd/ [downgraded, downgrading] *v* [T] ⇒bajar de categoría ⇒bajar de nivel

downhearted UK: /ˌdaʊnˈhɑː.tɪd/ US: /-ˈhɑːr.ˤt̬ɪd/ *adj* ⇒desanimado,da

downhill[1] /ˌdaʊnˈhɪl, ˈ--/ *adv* **1** ⇒cuesta abajo **2** ⇒en decadencia: *to be going downhill* - estar en decadencia

downhill[2] /ˌdaʊnˈhɪl, ˈ--/ *adj* **1** ⇒cuesta abajo **2 to be all ~** ⇒ser coser y cantar *col.*

download[1] UK: /ˌdaʊnˈləʊd/ UK: /ˈ--/ US: /-ˈloʊd/ *v* [T, I] *(en informática)* ⇒bajar(se) ⇒descargar

download[2] UK: /ˈdaʊn.ləʊd/ US: /-loʊd/ *n* [C] *(en informática)* ⇒descarga

downloadable UK: /ˌdaʊnˈləʊd.ə.bḷ/ US: /-ˈloʊd-/ *adj (un archivo informático)* ⇒que se puede descargar [de internet]

downmarket UK: /ˌdaʊnˈmɑː.kɪt/ US: /ˈdaʊnˌmɑːr-/ *UK adj* ⇒de baja calidad

downplay /ˌdaʊnˈpleɪ/ *v* [T] ⇒quitar importancia

downpour UK: /ˈdaʊn.pɔːʳ/ US: /-pɔːr/ *n* [C] ⇒chaparrón: *a sudden downpour* - un chaparrón repentino

downright[1] /ˈdaʊn.raɪt/ *adj (informal)* ⇒declarado,da ⇒manifiesto,ta

downright[2] /ˈdaʊn.raɪt/ *adv* ⇒completamente

downside /ˈdaʊn.saɪd/ *n* [NO PL] ⇒lado negativo ⇒inconveniente

downsize /ˈdaʊn.saɪz/ [downsized, downsizing] *v* [T, I] *(euphem) (en una empresa)* ⇒reducir

downstairs[1] UK: /ˌdaʊnˈsteəz/ US: /-ˈsterz/ *adj, adv* **1** ⇒de abajo: *That's my downstairs neighbour* - Ese es mi vecino de abajo **2** ⇒abajo: *I'll wait for you downstairs* - Te espero abajo

↑**downstairs**[2] UK: /ˌdaʊnˈsteəz/ US: /-ˈsterz/ **the ~** *(en una casa)* ⇒el piso de abajo

downstream /ˌdaʊnˈstriːm/ *adv* ⇒río abajo: *to swim downstream* - nadar río abajo

down-to-earth UK: /ˌdaʊn.tuːˈɜːθ/ US: /-ˈɝːθ/ *adj* ⇒práctico,ca y sencillo,lla: *a down-to-earth person* - una persona práctica y sencilla

↑**downtown** /ˌdaʊnˈtaʊn/ *US adj, adv* **1** ⇒en el centro [de la ciudad] **2** ⇒del centro [de la ciudad]

downtrodden UK: /ˈdaʊnˌtrɒd.ᵊn/ US: /-ˌtrɑː.d[ə]n/ *adj* ⇒oprimido,da ⇒sometido,da

downturn UK: /ˈdaʊn.tɜːn/ US: /-tɝːn/ *n* [C] *(en economía)* ⇒descenso

† **downwards** UK: /ˈdaʊn.wədz/ US: /-wɚdz/ *UK adv* ⇒hacia abajo: *to move downwards* - ir hacia abajo

doze¹ UK: /dəʊz/ US: /doʊz/ [dozed, dozing] *v* [I] ⇒dormitar ⇒echar una cabezada

PHRASAL VERBS
· **to doze off** ⇒dormirse

doze² UK: /dəʊz/ US: /doʊz/ *UK n* [NO PL] ⇒cabezada ⇒siesta

† **dozen** /ˈdʌz.ᵊn/ *n* [C] ⇒docena: *I want half a dozen eggs* - Quiero media docena de huevos ■ Se dice *a dozen sth*. Incorrecto: *a dozen of sth* ■ La forma abreviada es *doz*

† **Dr** *n* [C] ⇒forma abreviada de **doctor** (doctor,-a)

drab /dræb/ *adj* [*comp* drabber, *superl* drabbest] ⇒monótono,na ⇒aburrido,da

draft¹ UK: /drɑːft/ US: /dræft/ *n* [C] **1** ⇒borrador ⇒esbozo **2** *(en banca)* ⇒orden de pago **3** *US* See **draught 4 the ~** *US (en el ejército)* ⇒llamada a filas

draft² UK: /drɑːft/ US: /dræft/ *v* [T] **1** ⇒hacer un borrador **2** *US (en el ejército)* ⇒llamar a filas ■ CONSTR. Se usa más en pasiva

PHRASAL VERBS
· **to draft *sb* in [M]** *UK* ⇒designar a alguien ⇒enviar a alguien

draftsman UK: /ˈdrɑːfts.mən/ US: /ˈdræfts-/ [*pl* draftsmen] *US n* [C] See **draughtsman**

drafty UK: /ˈdrɑːf.ti/ US: /ˈdræf.ˤt̬i/ *US* (*UK* **draughty**) *adj* [*comp* draftier, *superl* draftiest] ⇒con corriente

drag¹ /dræg/ [dragged, dragging] ▮ *v* [T] **1** ⇒arrastrar: *She dragged the suitcase into the room* - Arrastró la maleta hasta la habitación ■ CONSTR. Se usa generalmente seguido de una preposición o un adverbio ▮ *v* [I] **2** (*tb* **drag on**) ⇒alargarse ⇒pasar muy lentamente ⇒hacerse pesado,da

drag² /dræg/ ▮ *n* [NO PL] **1** *(inform)* ⇒rollo *col.*: *The film was a real drag* - La película era un auténtico rollo **2** *(very inform) (una persona)* ⇒pelmazo,za *col.*; ⇒pesado,da ▮ *n* [C] **3** *(inform)* ⇒calada [de un cigarro]

dragon /ˈdræg.ᵊn/ *n* [C] ⇒dragón

dragonfly /ˈdræg.ᵊn.flaɪ/ [*pl* dragonflies] *n* [C] ⇒libélula

drain¹ /dreɪn/ ▮ *v* [T] **1** ⇒escurrir: *Drain the mushrooms* - Escurre los champiñones **2** *v* [I] *(un lugar)* ⇒drenar ⇒desaguar **3** ⇒agotar: *emotionally drained* - emocionalmente agotado **4** *(un vaso)* ⇒beber [entero]

PHRASAL VERBS
· **to drain (*sth*) away [M]** ⇒agotarse algo ⇒desaparecer algo

drain² /dreɪn/ *n* [C] **1** ⇒desagüe ⇒alcantarilla **2** a **~ on *sth*** *(de dinero o energía)* ⇒chorreo ⇒sangría

drainage /ˈdreɪ.nɪdʒ/ *n* [U] ⇒desagüe ⇒drenaje ■ PRON. La segunda *a* se pronuncia como la *i* en *did*

drained /dreɪnd/ *adj* ⇒agotado,da ⇒sin fuerzas

dram /dræm/ *Scot n* [C] ⇒trago [de bebida]

† **drama** UK: /ˈdrɑː.mə/ US: /ˈdræm.ə/ *n* [C, U] **1** ⇒obra de teatro **2** *(arte)* ⇒teatro **3** *(un evento)* ⇒drama

dramatic UK: /drəˈmæt.ɪk/ US: /-ˈmæˤt̬-/ *adj* **1** *(referido al teatro)* ⇒dramático,ca **2** ⇒espectacular: *a dramatic fire* - un incendio espectacular

dramatist UK: /ˈdræm.ə.tɪst/ US: /-ˤt̬ɪst/ *n* [C] ⇒dramaturgo,ga

dramatize /ˈdræm.ə.taɪz/ [dramatized, dramatizing] *v* [T] **1** ⇒dramatizar ⇒hacer teatro **2** *to be dramatized on film* - ser llevado a la pantalla **3** *to be dramatized on stage* - hacer una representación teatral

drank /dræŋk/ past tense of **drink**

drape /dreɪp/ [draped, draping] **1 to ~ *sth* {across/on/over} *sth*** ⇒colgar algo sobre algo **2 to ~ {in/with} *sth*** ⇒cubrir con algo ⇒envolver con algo

drapes /dreɪps/ *US n* [PL] ⇒cortinas

drastic /ˈdræs.tɪk/ *adj* **1** ⇒drástico,ca **2** ⇒radical

draught UK: /drɑːft/ US: /dræft/ *UK* (*US* **draft**) *n* [C] ⇒corriente de aire ■ PRON. La *gh* se pronuncia como una *f*

draughts UK: /drɑːfts/ US: /dræfts/ *UK* (*US* **checkers**) *n* [U] *(juego)* ⇒damas

draughtsman UK: /ˈdrɑːfts.mən/ US: /ˈdræfts-/ [*pl* draughtsmen] *UK* (*US* **draftsman**) *n* [C] **1** ⇒dibujante **2** ⇒delineante

draughty UK: /ˈdrɑːf.ti/ US: /ˈdræf.ˤt̬i/ *UK* (*US* **drafty**) *adj* [*comp* draughtier, *superl* draughtiest] ⇒con corriente: *a draughty room* - una habitación con corriente ■ PRON. La *gh* se pronuncia como una *f*

† **draw¹, drew, drawn** UK: /drɔː/ US: /drɑː/ ▮ *v* [T, I] **1** ⇒dibujar **2** *(en deportes)* ⇒empatar ■ CONSTR. to draw with sb ▮ *v* [T] **3** ⇒atraer ⇒despertar interés **4** *(de un banco)* ⇒sacar [dinero] **5** ⇒sacar [un arma] **6** *(las cortinas)* ⇒correr ⇒descorrer **7 to ~ a comparison** ⇒hacer una comparación ⇒comparar **8 to ~ (sb's attention) to *sth/sb*** ⇒llamar la atención de

PHRASAL VERBS
· **to draw back** ⇒apartarse ⇒retroceder
· **to draw in** *UK (los días)* ⇒acortarse
· **to draw on *sth/sb*** ⇒hacer uso ⇒sacar provecho
· **to draw up** ⇒parar(se) ⇒detener(se)
· **to draw *sth* up [M] 1** *(un plan)* ⇒preparar ⇒elaborar **2** *(una carta)* ⇒redactar

draw[2] UK: /drɔː/ US: /drɑː/ *n* [C] **1** *UK* ⇒empate ⇒tablas **2** (*US tb* **drawing**) ⇒sorteo **3** ⇒atractivo ⇒encanto

drawback UK: /ˈdrɔː.bæk/ US: /ˈdrɑː-/ *n* [C] ⇒inconveniente ⇒desventaja

↑**drawer** UK: /drɔːʳ/ US: /drɑː/ *n* [C] ⇒cajón: *It's in the drawer* - Está en el cajón ■ PRON. Rima con *floor*

drawers UK: /drɔːz/ US: /drɑːz/ *n* [PL] *(old-fash)* ⇒calzoncillos: *a pair of drawers* - unos calzoncillos

drawing UK: /ˈdrɔː.ɪŋ/ US: /ˈdrɑː-/ *n* [C, U] **1** ⇒dibujo **2** *US* (*UK/US tb* **draw**) ⇒sorteo

drawing pin *UK* (*US* **thumbtack**) *n* [C] ⇒chincheta ⇒tachuela ⇒chinche *AMÉR.*

drawing room *n* [C] *(old-fash)* ⇒cuarto de estar

drawl UK: /drɔːl/ US: /drɑːl/ *n* [NO PL] ⇒habla pausada que alarga las vocales ⇒voz cansina

drawn[1] UK: /drɔːn/ US: /drɑːn/ *adj* ⇒cansado,da ⇒demacrado,da

drawn[2] UK: /drɔːn/ US: /drɑːn/ past participle of **draw**

dread[1] /dred/ *v* [T] **1** ⇒tener pavor ⇒temer ■ CONSTR. to dread + doing sth **2** I ~ **to think** ⇒me da miedo pensar ■ PRON. Rima con *red*

dread[2] /dred/ *n* [U] ⇒pavor ⇒terror ■ PRON. Rima con *red*

↑**dreadful** /ˈdred.fᵊl/ *adj* ⇒pavoroso,sa ⇒horrible ⇒espantoso,sa ■ PRON. La primera parte, *dread*, rima con *red*

dreadfully /ˈdred.fᵊl.i/ *adv* **1** ⇒muy mal ⇒fatal **2** *UK (form)* ⇒muchísimo: *He said he felt dreadfully sorry* - Dijo que lo sentía muchísimo

dreadlocks UK: /ˈdred.lɒks/ US: /-lɑːks/ *n* [PL] ⇒rastas

↑**dream**[1] /driːm/ *n* [C] ⇒sueño: *I had a strange dream last night* - Tuve un extraño sueño anoche

↑**dream**[2], **dreamt, dreamt** (*US tb* **dreamed, dreamed**) /driːm/ *v* [T, I] **1** ⇒soñar: *I dreamt of you* - Soñé contigo **2** ⇒imaginar ⇒soñar ■ CONSTR. to dream + (that)

dreamer UK: /ˈdriː.məʳ/ US: /-mɚ/ *n* [C] ⇒soñador,-a

dreamt past tense and past participle forms of **dream** ■ PRON. *ea* se pronuncia como la *e* en *red*

dreamy /ˈdriː.mi/ *adj* [*comp* dreamier, *superl* dreamiest] **1** ⇒soñador,-a **2** *(una música)* ⇒apacible **3** ⇒de ensueño ⇒maravilloso,sa **4** *to have a dreamy look* - estar en las nubes

dreary UK: /ˈdrɪə.ri/ US: /ˈdrɪr.i/ *adj* [*comp* drearier, *superl* dreariest] **1** ⇒lóbrego,ga ⇒sombrío,bría **2** ⇒deprimente ⇒aburrido,da

dredge /dredʒ/ [dredged, dredging] *v* [T] ⇒dragar: *to dredge a river* - dragar un río

drench /drentʃ/ [drenches] *v* [T] ⇒empapar(se): *We got drenched on the way back home* - Nos empapamos al volver a casa ■ CONSTR. Se usa más en pasiva

↑**dress**[1] /dres/ ❙ *v* [T, I] **1** ⇒vestir(se) ❙ *v* [T] **2** *(una ensalada)* ⇒aliñar **3** *(una herida)* ⇒curar **4** *(un escaparate)* ⇒decorar

PHRASAL VERBS
- **to dress up 1** ⇒disfrazarse **2** ⇒ponerse elegante
- **to dress *sth* up [M]** ⇒disfrazar algo ⇒adornar algo

↑**dress**[2] /dres/ ❙ *n* [C] **1** ⇒vestido ■ El plural es *dresses* ❙ *n* [U] **2** ⇒ropa

dresser UK: /ˈdres.əʳ/ US: /-ɚ/ *n* [C] **1** *US* ⇒tocador ⇒peinador *AMÉR.* **2** *UK* ⇒aparador [de cocina] **3** ⇒ayudante de vestuario

dressing /ˈdres.ɪŋ/ ❙ *n* [C, U] **1** ⇒aliño ❙ *n* [C] **2** ⇒vendaje

dressing gown *UK* (*US* **robe**) *n* [C] **1** ⇒bata **2** ⇒albornoz

dressing room *n* [C] **1** ⇒vestidor ⇒vestuario **2** ⇒camerino

dressing table *UK n* [C] ⇒tocador ⇒peinador *AMÉR.*

dressmaker UK: /ˈdresˌmeɪ.kəʳ/ US: /-kɚ/ *n* [C] ⇒modisto,ta [de mujeres]

drew /druː/ past tense of **draw** ■ PRON. Rima con *blue*

dribble /ˈdrɪb.l̩/ [dribbled, dribbling] *v* [T, I] **1** ⇒babear **2** ⇒gotear: *Water was dribbling out of the tap* - El grifo estaba goteando **3** *(en deportes)* ⇒regatear

drier UK: /ˈdraɪ.əʳ/ US: /-ɚ/ (*tb* **dryer**) *n* [C] **1** ⇒secador [de pelo] **2** (*UK tb* **tumble dryer**) ⇒secadora [de ropa] ■ PRON. La primera parte, *dri*, se pronuncia como *dry*

drift[1] /drɪft/ *v* [I] **1** ⇒dejarse llevar ⇒dejarse arrastrar **2** ⇒ir a la deriva: *The boat drifted* - El barco iba a la deriva **3** *(la nieve, la arena)* ⇒apilar(se) ⇒amontonar(se) ■ CONSTR. Se usa generalmente seguido de una preposición o un adverbio

drift[2] /drɪft/ ❙ *n* [U, NO PL] **1** ⇒movimiento ⇒cambio ❙ *n* [C] **2** *(de nieve)* ⇒montón ❙ *n* [NO PL] **3** ⇒idea general: *Do you get the drift?* - ¿Captas la idea general?

drill[1] /drɪl/ ❙ *n* [C] **1** ⇒taladro ⇒taladradora **2** ⇒práctica ⇒ejercicio ❙ *n* [U] **3** *(en el ejército)* ⇒instrucción

drill[2] /drɪl/ ❙ *v* [T, I] **1** ⇒taladrar ⇒perforar **2** *(en el ejército)* ⇒entrenar(se) ❙ *v* [T] **3** ⇒instruir ⇒educar ■ CONSTR. Se usa generalmente seguido de una preposición o un adverbio

drily /ˈdraɪ.li/ *adv* **1** ⇒secamente **2** ⇒con ironía

D

↑**drink**[1], **drank, drunk** /drɪŋk/ *v* [I] ⇒beber ⇒tomar [bebidas alcohólicas] AMÉR.

PHRASAL VERBS
· **to drink to *sth/sb*** ⇒brindar por
· **to drink (*sth*) up** [M] ⇒terminarse una bebida

↑**drink**[2] /drɪŋk/ *n* [C, U] **1** ⇒bebida **2** *Shall I get you a drink?* - ¿Te traigo algo de beber? **3** *Let's go out for a drink* - ¿Vamos a tomar una copa?

D

drinker UK: /ˈdrɪŋ.kəʳ/ US: /-kə/ *n* [C] ⇒bebedor,-a: *an inveterate drinker* - un bebedor empedernido

drinking /ˈdrɪŋ.kɪŋ/ *n* [U] *(hábito)* ⇒bebida

drinking water *n* [U] ⇒agua potable

drip[1] /drɪp/ [dripped, dripping] *v* [T, I] **1** ⇒gotear **2** *The roof is dripping* - Hay goteras en el techo

drip[2] /drɪp/ ▮ *n* [NO PL] **1** ⇒goteo ▮ *n* [C] **2** ⇒gota **3** *(en medicina)* ⇒gotero **4** *(inform)* ⇒panoli *col. desp.;* ⇒ñoño,ña *col. desp.*

↑**drive**[1], **drove, driven** /draɪv/, /draɪv, drəʊv, ˈdrɪv.ən/ [driving] *v* [T, I] **1** ⇒conducir ⇒manejar AMÉR. **2** ⇒impulsar **3** ⇒hacer funcionar **4 to ~ *sb* {crazy/mad/wild}** ⇒volver loco,ca a alguien *col.* **5 to be in the driving seat** ⇒tener la sartén por el mango *col.*

PHRASAL VERBS
· **to drive off** ⇒alejarse [en coche] ⇒arrancar el coche y marcharse

drive[2] /draɪv/ ▮ *n* [C] **1** ⇒paseo [en coche]: *Let's go for a drive* - ¿Damos un paseo en coche? **2** (*tb* **driveway**) *(de una casa)* ⇒camino de entrada **3** ⇒campaña **4** *(en deportes)* ⇒ataque **5** *(en informática)* ⇒unidad de disco **6** *(en mecánica)* ⇒transmisión **7** ⇒impulso ▮ *n* [U] **8** ⇒energía ⇒empuje

drive-in /ˈdraɪv.ɪn/ *US n* [C] ⇒lugar exterior de algunos establecimientos en los que se sirve a los clientes sin que salgan del coche

driven /ˈdrɪv.ən/, /ˈdrɪv.ən/ past participle of **drive**
■ PRON. La *i* se pronuncia como en *did*

driver UK: /ˈdraɪ.vəʳ/ US: /-və/ *n* [C] **1** ⇒conductor,-a: *taxi driver* - conductor de taxi; ⇒chófer ⇒chofer AMÉR. **2** *(en un tren)* ⇒maquinista **3** *(en informática)* ⇒controlador **4** *(en economía)* ⇒propulsor

driver's license *US n* [C] See **driving licence**

driveway /ˈdraɪv.weɪ/ (*tb* **drive**) *n* [C] *(de una casa)* ⇒camino de entrada

driving /ˈdraɪ.vɪŋ/ *n* [U] **1** ⇒conducción ⇒manejo AMÉR. **2** *driving instructor* - profesor de autoescuela

↑**driving licence** *UK* (*US* **driver's license**) *n* [C] ⇒carné de conducir: *to get one's driving licence* - sacarse el carné de conducir ■ PRON. La primera parte de *licence, li,* rima con *my*

drizzle[1] /ˈdrɪz.l̩/ *n* [U] ⇒llovizna ⇒chirimiri ⇒garúa AMÉR.

drizzle[2] /ˈdrɪz.l̩/ [drizzled, drizzling] *v* [I] ⇒chispear ⇒lloviznar

drone[1] UK: /drəʊn/ US: /droʊn/ ▮ *n* [NO PL] **1** ⇒zumbido [de insectos] **2** ⇒soniquete **3** ⇒roncón [de una gaita] ▮ *n* [C] **4** *(insecto)* ⇒zángano

drone[2] UK: /drəʊn/ US: /droʊn/ [droned, droning] *v* [I] ⇒zumbar

PHRASAL VERBS
· **to drone on (about *sth*)** ⇒hablar monótonamente [sobre algo]

drool /druːl/ *v* [I] **1** ⇒babear **2 to ~ at *sth*** ⇒hacerse la boca agua *col.*: *We drooled at the sight of the meal* - Se nos hizo la boca agua al ver la comida

PHRASAL VERBS
· **to drool over *sth/sb*** ⇒caerse la baba *col.*: *He drools over his children* - Se le cae la baba con sus hijos

droop /druːp/ *v* [I] **1** ⇒caer lánguidamente **2** *(una planta)* ⇒ponerse mustio,tia ⇒marchitarse **3** *(el ánimo)* ⇒decaer

↑**drop**[1] UK: /drɒp/ US: /drɑːp/ [dropped, dropping] ▮ *v* [I] **1** *(un objeto)* ⇒caer(se) ⇒dejar caer **2** ⇒bajar: *Sales have dropped considerably* - Las ventas han bajado bastante ▮ *v* [T] **3** *(un plan, una idea)* ⇒abandonar **4** *(en coche)* ⇒dejar [de camino] **5 to ~ *sb* a hint** ⇒soltar una indirecta **6 to ~ *sb* a line** ⇒escribirle una nota a alguien **7 to ~ dead** ⇒morir súbitamente

PHRASAL VERBS
· **to drop behind** ⇒quedarse rezagado,da
· **to drop {by/in}** *(inform)* ⇒hacer una visita: *I'll drop in tomorrow* - Te haré una visita mañana
· **to drop off 1** *(inform)* ⇒quedarse dormido,da **2** ⇒disminuir ⇒menguar
· **to drop out 1** *(de una competición, de un juego)* ⇒retirarse **2** *(la universidad)* ⇒abandonar

↑**drop**[2] UK: /drɒp/ US: /drɑːp/ ▮ *n* [C] **1** ⇒gota **2** *It's just a drop in the ocean* - Es solo una gota en el mar **3** *(inform)* ⇒trago ▮ *n* [NO PL] **4** ⇒caída: *a drop in prices* - una caída de precios **5** ⇒caída ⇒pendiente **6** ⇒lanzamiento de provisiones [desde un avión]

dropout UK: /ˈdrɒp.aʊt/ US: /ˈdrɑːp-/ *n* [C] **1** ⇒marginado,da **2** ⇒persona que no acaba sus estudios universitarios

droppings UK: /ˈdrɒp.ɪŋz/ US: /ˈdrɑː.pɪŋz/ *n* [PL] ⇒excremento [de un animal]

drought /draʊt/ *n* [C, U] ⇒sequía ■ PRON. Rima con el término inglés *out*

drove UK: /drəʊv/ US: /droʊv/ past tense of **drive**

↑**drown** /draʊn/ *v* [T, I] **1** ⇒ahogar(se): *The ship sank and twenty people drowned* - El barco se hundió y se ahogaron veinte personas **2** ⇒inundar(se)

PHRASAL VERBS
· **to drown *sth/sb* out [M]** *(inform) (un ruido)* ⇨ahogar

drowsy /ˈdraʊ.zi/ *adj* [*comp* drowsier, *superl* drowsiest] ⇨adormecido,da ⇨somnoliento,ta

drudgery UK: /ˈdrʌdʒ.ᵊr.i/ US: /-ɚ-/ *n* [U] ⇨trabajo pesado

↑**drug[1]** /drʌg/ *n* [C] **1** ⇨medicamento ⇨fármaco **2** ⇨droga ■ Se usa más en plural

↑**drug[2]** /drʌg/ [drugged, drugging] *v* [T] ⇨drogar

drug addict *n* [C] ⇨drogadicto,ta

↑**drugstore** UK: /ˈdrʌg.stɔːʳ/ US: /-stɔːr/ *US* (*UK* **chemist's**) *n* [C] ⇨farmacia

drum[1] /drʌm/ *n* [C] **1** *(instrumento musical)* ⇨batería **2** ⇨tambor

drum[2] /drʌm/ [drummed, drumming] *v* [T, I] **1** ⇨tocar la batería **2** ⇨tocar el tambor **3** ⇨repiquetear ⇨tamborilear

PHRASAL VERBS
· **to drum *sth* into *sb*** ⇨hacer comprender algo a alguien ■ CONSTR. Se usa más en pasiva
· **to drum *sth* up [M]** *(el apoyo, el interés)* ⇨aumentar ⇨conseguir

drummer UK: /ˈdrʌm.əʳ/ US: /-ɚ/ *n* [C] *(persona)* ⇨batería

drumming *n* [U, NO PL] ⇨repiqueteo: *the drumming of the rain on the roof* - el repiqueteo de la lluvia contra el techo

↑**drunk[1]** /drʌŋk/ *adj* **1** ⇨borracho,cha **2 to get ~** ⇨emborracharse ■ PRON. La *u* se pronuncia como en el término inglés *run*

↑**drunk[2]** /drʌŋk/ past participle of **drink** ■ PRON. La *u* se pronuncia como en el término inglés *run*

drunken /ˈdrʌŋ.kən/ *adj* **1** *(una persona)* ⇨bebido,da ⇨borracho,cha **2** ⇨etílico,ca

↑**dry[1]** /draɪ/ *adj* [*comp* drier or dryer, *superl* driest or dryest] **1** ⇨seco,ca ⇨árido,da **2** ⇨aburrido,da **3** ⇨irónico,ca

↑**dry[2]** /draɪ/ [dries, dried] *v* [T, I] ⇨secar(se): *Help me dry the dishes* - Ayúdame a secar los platos

PHRASAL VERBS
· **to dry (*sth*) out** ⇨secar(se)
· **to dry up 1** *(un río, un lago)* ⇨secarse **2** *UK (una persona)* ⇨atascarse ⇨quedarse en blanco *col.* **3** *(un recurso)* ⇨agotarse **4** *(la vajilla)* ⇨secar
· **to dry (*sth*) up [M]** *UK* ⇨secar [los platos]

dry clean *v* [T, I] ⇨limpiar en seco

dryer UK: /ˈdraɪ.əʳ/ US: /-ɚ/ (*tb* **drier**) *n* [C] **1** ⇨secador **2** (*UK tb* **tumble dryer**) ⇨secadora [de ropa]

↑**dual** UK: /ˈdjuː.əl/ US: /ˈduː.[ə]l/ *adj* ⇨dual ⇨doble

dual carriageway *UK n* [C] ⇨autovía ⇨carretera de doble sentido

dub /dʌb/ [dubbed, dubbing] *v* [T] **1** ⇨apodar **2** ⇨doblar: *The film was dubbed into Spanish* - La película estaba doblada al español ■ CONSTR. Se usa más en pasiva ■ PRON. La *u* se pronuncia como en el término inglés *run*

↑**dubious** UK: /ˈdjuː.bi.əs/ US: /ˈduː-/ *adj* **1** ⇨dudoso,sa ⇨poco fiable ⇨sospechoso,sa **2** *to be dubious about sth* - tener dudas sobre algo **3** *to have the dubious honour of doing sth* - tener el discutible honor de hacer algo ■ PRON. La *u* se pronuncia como en *you*

D

duchess /ˈdʌtʃ.es/ [*pl* duchesses] *n* [C] ⇨duquesa

duck[1] /dʌk/ *n* [C] **1** *(ave)* ⇨pato,ta **2** *(en cricket)* ⇨cero

duck[2] /dʌk/ ▮ *v* [T, I] **1** ⇨agacharse: *I ducked just in time to dodge the ball* - Me agaché justo a tiempo para esquivar el balón **2** *v* [T] *(inform) (un problema)* ⇨eludir ⇨torear *col.*

PHRASAL VERBS
· **to duck out of *sth*** ⇨escaquearse de algo ■ CONSTR. to duck out + of + doing sth

duckling /ˈdʌk.lɪŋ/ *n* [C, U] ⇨patito,ta: *the ugly duckling* - el patito feo

duct /dʌkt/ *n* [C] ⇨conducto: *air duct* - conducto de aire

dud[1] /dʌd/ *n* [C] *(inform)* ⇨birria *col. desp.;* ⇨patata *col.* ■ PRON. La *u* se pronuncia como en el término inglés *sun*

dud[2] /dʌd/ *adj* **1** *(inform)* ⇨que no funciona: *a dud light bulb* - una bombilla que no funciona **2** *(una bomba)* ⇨que no estalla **3** *(una moneda)* ⇨falso,sa **4** *(un talón)* ⇨sin fondos ■ PRON. La *u* se pronuncia como en el término inglés *sun*

dude /duːd/ *US n* [C] *(very inform)* ⇨colega *col.;* ⇨tío *col.*

↑**due[1]** UK: /djuː/ US: /duː/ *adj* **1** *(form) When is the baby due?* - ¿Cuándo se espera que nazca el bebé? **2** *(deuda): Our rent is due today* - El plazo para pagar el alquiler vence hoy ■ CONSTR. Se usa detrás de un verbo **3** *(form)* ⇨debido,da: *to treat sb with due respect* - tratar a alguien con el debido respeto **4 ~ to** ⇨debido a: *Due to the weather, we had dinner inside* - Debido al tiempo, cenamos dentro **5 to be ~ for** ⇨tocar: *I'm due for a visit to the dentist quite soon* - Me toca ir al dentista dentro de poco

due[2] UK: /djuː/ US: /duː/ **to give *sb* {his/her/their} ~** ⇨para ser justo,ta con alguien ⇨reconocer el mérito de alguien

duel UK: /ˈdjuː.əl/ US: /ˈduː.[ə]l/ *n* [C] ⇨duelo

dues UK: /djuːz/ US: /duːz/ *n* [PL] *(de una asociación, de un sindicato)* ⇨cuotas

duet UK: /djuˈet/ US: /duː-/ *n* [C] *(en música)* ⇨dúo ⇨dueto

dug /dʌg/ past tense and past participle forms of **dig** ■ PRON. La *u* se pronuncia como en el término inglés *gun*

↑**duke** UK: /djuːk/ US: /duːk/ *n* [c] ⇒duque

↑**dull** /dʌl/ *adj* **1** ⇒soso,sa ⇒aburrido,da **2** ⇒nublado,da ⇒gris **3** *(un sonido)* ⇒sordo,da ■ PRON. La *u* se pronuncia como en el término inglés *gun*

D

duly UK: /ˈdjuː.li/ US: /ˈduː-/ *adv* **1** *(form)* ⇒debidamente **2** *(form)* ⇒como es debido: *She duly arrived at 4 o'clock* - Llegó a las cuatro en punto, como es debido **3** *(form)* ⇒como estaba previsto

dumb /dʌm/ *adj* **1** ⇒mudo,da **2** *US (inform)* ⇒tonto,ta *desp.*; ⇒boludo,da *AMÉR. vulg. desp.* ■ PRON. La *b* no se pronuncia

dumbfounded /ˌdʌmˈfaʊn.dɪd/ *adj* ⇒perplejo,ja

dummy[1] /ˈdʌm.i/ [*pl* dummies] *n* [c] **1** ⇒maniquí **2** ⇒réplica ⇒copia **3** *US (inform)* ⇒memo,ma *desp.* **4** *UK* (*US* **pacifier**) ⇒chupete ⇒chupón *AMÉR.* **5** ~ **run** ⇒ensayo ⇒simulacro

dummy[2] /ˈdʌm.i/ *adj* ⇒de juguete

dump[1] /dʌmp/ *v* [T] **1** ⇒verter **2** ⇒tirar **3** *(inform)* ⇒dejar ⇒plantar *col.*

dump[2] /dʌmp/ (*UK tb* **tip**) *n* [c] **1** ⇒vertedero **2** *(en el ejército)* ⇒depósito **3** *(inform) (una habitación, una casa)* ⇒cuadra *desp.*; ⇒leonera *desp.* **4** *(inform) (un lugar)* ⇒antro

dumpling /ˈdʌm.plɪŋ/ *n* [c] ⇒bola de masa que se utiliza en repostería o bien se come como acompañamiento de carne o verduras

dumps /dʌmps/ **to be (down) in the** ~ *(inform)* ⇒estar bajo,ja de ánimo

dun /dʌn/ *adj* ⇒pardo,da

dune UK: /djuːn/ US: /duːn/ *n* [c] ⇒duna

dung /dʌŋ/ *n* [U] ⇒boñiga ⇒bosta

dungarees /ˌdʌŋ.gəˈriːz/ *UK* (*US* **overalls**) *n* [PL] ⇒peto ⇒mono ⇒mameluco *AMÉR.*

dungeon /ˈdʌn.dʒᵊn/ *n* [c] ⇒mazmorra ■ PRON. La primera parte, *dun*, rima con el término inglés *sun*

duo UK: /ˈdjuː.əʊ/ US: /ˈduː.oʊ/ *n* [c] ⇒pareja ⇒dúo

dupe UK: /djuːp/ US: /duːp/ [duped, duping] *v* [T] ⇒engañar: *Don't let him dupe you* - No te dejes engañar por él ■ CONSTR. to be duped + into + doing sth

duplicate[1] UK: /ˈdjuː.plɪ.keɪt/ US: /ˈduː-/ [duplicated, duplicating] *v* [T] ⇒duplicar: *He always duplicates important documents* - Siempre duplica los documentos importantes

duplicate[2] UK: /ˈdjuː.plɪ.kət/ US: /ˈduː-/ *n* [c] ⇒duplicado

duplicate[3] UK: /ˈdjuː.plɪ.kət/ US: /ˈduː-/ *adj* ⇒duplicado,da

durable UK: /ˈdjʊə.rə.bl̩/ US: /ˈdʊr.ə-/ *adj* ⇒duradero,ra

duration UK: /djʊəˈreɪ.ʃᵊn/ US: /duː-/ *n* [U] **1** ⇒duración **2** **for the** ~ **(of** ***sth*****)** ⇒hasta el término de algo ⇒mientras dure algo

duress UK: /djʊˈres/ US: /duː-/ **under** ~ *(form)* ⇒bajo coacción

↑**during** UK: /ˈdjʊə.rɪŋ/ US: /ˈdʊr.ɪŋ/ *prep* ⇒durante: *Smoking isn't allowed during the flight* - No está permitido fumar durante el vuelo; ⇒a lo largo de

dusk /dʌsk/ *n* [U] ⇒atardecer ⇒anochecer

dust[1] /dʌst/ *n* [U] ⇒polvareda ⇒polvo ■ PRON. *us* se pronuncia como el pronombre inglés *us*

dust[2] /dʌst/ ■ *v* [T, I] **1** ⇒quitar el polvo: *Dust those shelves* - Quítale el polvo a esos estantes ■ *v* [T] **2** ⇒espolvorear

PHRASAL VERBS

· **to dust** ***sth*** **{down/off} [M]** ⇒desempolvar algo

↑**dustbin** /ˈdʌst.bɪn/ *UK* (*US* **garbage can**) *n* [c] ⇒cubo de basura ⇒caneca *AMÉR.* ■ PRON. *us* se pronuncia como el pronombre inglés *us*

duster UK: /ˈdʌs.təʳ/ US: /-tɚ/ *n* [c] **1** *UK* ⇒gamuza ⇒trapo **2** ⇒borrador [de pizarra]

dustman /ˈdʌst.mən/ [*pl* dustmen] *UK* (*US* **garbage man**) *n* [c] ⇒basurero

dustpan /ˈdʌst.pæn/ *n* [c] ⇒recogedor

dusty /ˈdʌs.ti/ *adj* [*comp* dustier, *superl* dustiest] ⇒polvoriento,ta: *a pile of dusty newspapers* - un montón de periódicos polvorientos ■ PRON. *us* se pronuncia como el pronombre inglés *us*

Dutch[1] /dʌtʃ/ *n* [U] **1** *(idioma)* ⇒neerlandés ⇒holandés **2** **the** ~ *(gentilicio)* ⇒los holandeses, las holandesas ■ El singular es *a Dutchman* o *a Dutchwoman*

Dutch[2] /dʌtʃ/ *adj* ⇒holandés,-a: *Are you Dutch?* - ¿Eres holandesa?

Dutchman /ˈdʌtʃ.mən/ [*pl* Dutchmen] *n* [c] ⇒holandés

Dutchmen *n* [PL] See **Dutchman**

Dutchwoman /ˈdʌtʃ.wʊm.ən/ [*pl* Dutchwomen] *n* [c] ⇒holandesa

Dutchwomen *n* [PL] See **Dutchwoman**

dutiful UK: /ˈdjuː.tɪ.fᵊl/ US: /ˈduː.ˤt̬ɪ-/ *adj* **1** ⇒sumiso,sa ⇒obediente **2** ⇒cumplidor,-a

↑**duty** UK: /ˈdjuː.ti/ US: /ˈduː.ˤt̬i/ [*pl* duties] *n* [C, U] **1** ⇒obligación ⇒deber **2** ⇒responsabilidad ⇒función **3** ⇒impuesto **4** **to be off** ~ ⇒estar fuera de servicio **5** **to be on** ~ ⇒estar de servicio

duty-free UK: /ˌdjuː.tiˈfriː/ US: /ˌduː.ˤt̬i-/ *adj* ⇒libre de impuestos: *a duty-free shop* - una tienda libre de impuestos

↑**duvet** UK: /ˈduː.veɪ/ US: /-ˈ-/ *UK* (*US* **comforter**) *n* [c] ⇒edredón ■ PRON. La *t* no se pronuncia

↑**DVD** /ˌdiː.viːˈdiː/ *n* [c] ⇒DVD ■ Procede de *digital versatile disc* (disco digital polivalente) o *digital video disc* (disco digital de vídeo)

dwarf[1] UK: /dwɔːf/ US: /dwɔːrf/ [*pl* dwarves, dwarfs] *adj, n* [C] ⇒enano,na

dwarf[2] UK: /dwɔːf/ US: /dwɔːrf/ *v* [T] ⇒empequeñecer: *My boat is dwarfed by those large ships* - Esos grandes barcos empequeñecen mi bote ■ CONSTR. Se usa más en pasiva

dwell, dwelt, dwelt (*tb* **dwelled, dwelled**) /dwel/ *v* [I] *(form)* ⇒morar ⇒habitar ■ CONSTR. Se usa generalmente seguido de una preposición o un adverbio

PHRASAL VERBS

- **to dwell {on/upon}** ***sth*** ⇒obsesionarse con algo: *Don't dwell on it* - No te obsesiones con eso

dwelling /ˈdwel.ɪŋ/ *n* [C] *(form)* ⇒morada ⇒vivienda

dwelt past tense and past participle forms of **dwell**

dwindle /ˈdwɪn.dl̩/ [dwindled, dwindling] *v* [I] ⇒disminuir ⇒reducirse ⇒menguar

dye[1] /daɪ/ *n* [C, U] ⇒tinte ⇒tintura

dye[2] /daɪ/ [dyed, dyeing] *v* [T] ⇒teñir(se): *to dye one's hair* - teñirse el pelo

dying /ˈdaɪ.ɪŋ/ *adj* **1** ⇒moribundo,da ⇒agonizante **2** ⇒último,ma **3** ⇒que se está perdiendo ⇒en vías de extinción

dyke /daɪk/ (*tb* **dike**) *n* [C] **1** ⇒dique **2** *UK* ⇒acequia

↑**dynamic** /daɪˈnæm.ɪk/ *adj* **1** ⇒dinámico,ca **2** *(persona)* ⇒activo,va ⇒dinámico,ca *col.* ■ PRON. La primera sílaba, *dy*, rima con *my*

dynamics /daɪˈnæm.ɪks/ *n* [U] ⇒dinámica: *group dynamics* - dinámicas de grupo ■ PRON. La primera sílaba, *dy*, rima con *my*

dynamism /ˈdaɪ.nə.mɪ.zəm/ *n* [U] ⇒dinamismo

dynamite[1] /ˈdaɪ.nə.maɪt/ *n* [U] **1** ⇒dinamita **2** *(inform)* ⇒bomba: *Their new album is pure dynamite* - Su nuevo disco es la bomba ■ PRON. La primera sílaba, *dy*, rima con *my*

dynamite[2] /ˈdaɪ.nə.maɪt/ [dynamited, dynamiting] *v* [T] ⇒dinamitar ■ PRON. La primera sílaba, *dy*, rima con *my*

dynasty UK: /ˈdɪn.ə.sti/ US: /ˈdaɪ.nə-/ [*pl* dynasties] *n* [C] ⇒dinastía

dysentery UK: /ˈdɪs.ən.tər.i/ UK: /-tri/ US: /-ter-/ *n* [U] *(en medicina)* ⇒disentería

dyslexia /dɪˈslek.si.ə/ *n* [U] ⇒dislexia

e /iː/ [*pl* e's] *n* [C] *(letra del alfabeto)* ⇒e

E /iː/ [*pl* E's] *n* [C, U] *(nota musical)* ⇒mi

†**each¹** /iːtʃ/ *adj* ⇒cada

†**each²** /iːtʃ/ *pron* ⇒cada uno,na: *The avocados cost one pound each* - Los aguacates cuestan una libra cada uno

†**each other** (*tb* **one another**) *pron* ⇒el uno al otro, la una a la otra ⇒se

†**eager** UK: /ˈiː.gəʳ/ US: /-gɚ/ *adj* **1** ⇒anhelante ⇒ávido,da ⇒deseoso,sa **2 to be ~ to do *sth*** ⇒tener ganas de hacer algo ⇒estar ansioso,sa por hacer algo

†**eagle** /ˈiː.gl̩/ *n* [C] **1** ⇒águila **2** *with an eagle eye* - con ojo de lince

†**ear** UK: /ɪəʳ/ US: /ɪr/ *n* [C] **1** ⇒oreja **2** ⇒oído: *She has a good ear for music* - Tiene buen oído para la música; *ear infection* - infección de oídos **3** ⇒espiga [de trigo] **4 to be all ears** ⇒ser todo oídos **5 to be up to *one's* ears in *sth*** ⇒estar desbordado,da de algo: *They're up to their ears in problems* - Están desbordados de problemas **6 to play *sth* by ~** *(en música)* ⇒tocar de oído **7 to play it by ~** *(una situación)* ⇒improvisar

earache UK: /ˈɪə.reɪk/ US: /ˈɪr.eɪk/ *n* [C, U] ⇒dolor de oídos: *to have an earache* - tener dolor de oídos ■ PRON. La última sílaba, *ache*, rima con *make*

eardrum UK: /ˈɪə.drʌm/ US: /ˈɪr-/ *n* [C] ⇒tímpano

earl UK: /ɜːl/ US: /ɝːl/ *n* [C] ⇒conde [británico]

†**early¹** UK: /ˈɜː.li/ US: /ˈɝː-/ *adj* [*comp* earlier, *superl* earliest] **1** ⇒temprano,na **2** ⇒primero,ra: *One of my earliest memories...* - Uno de mis primeros recuerdos... **3** ⇒prematuro,ra ⇒anticipado,da **4 the ~ hours** ⇒la madrugada ■ Hace referencia al principio de un período. Comparar con *soon*

†**early²** UK: /ˈɜː.li/ US: /ˈɝː-/ *adv* [*comp* earlier, *superl* earliest] **1** ⇒pronto ⇒temprano ⇒antes [de lo previsto] **2** *(en el día)* ⇒pronto ⇒temprano **3** ⇒a principios: *early last year* - a principios del año pasado **4** ⇒prematuramente **5 at the earliest** ⇒como muy temprano **6 ~ on** ⇒al poco de empezar ■ Hace referencia al principio de un período. Comparar con *soon*

earmark UK: /ˈɪə.mɑːk/ US: /ˈɪr.mɑːrk/ *v* [T] ⇒destinar: *Some money has been earmarked for that purpose* - Han destinado dinero a ese fin ■ CONSTR. 1. to earmak sth for sth 2. Se usa más en pasiva

†**earn** UK: /ɜːn/ US: /ɝːn/ *v* [T] **1** ⇒ganar [dinero por medio del trabajo]: *He earns a lot of money* - Gana mucho dinero **2** ⇒merecerse **3** ⇒ganarse: *to earn one's crust* - ganarse el pan

earnest UK: /ˈɜː.nɪst/ US: /ˈɝː-/ *adj* **1** ⇒serio,ria ⇒sincero,ra **2** ⇒decidido,da **3** ⇒ferviente **4 in ~** ⇒de verdad ⇒en serio

earnings UK: /ˈɜː.nɪŋz/ US: /ˈɝː-/ *n* [PL] ⇒ganancias ⇒ingresos ⇒sueldo

earphones UK: /ˈɪə.fəʊnz/ US: /ˈɪr.foʊnz/ *n* [PL] ⇒auriculares ⇒cascos

†**earring** UK: /ˈɪə.rɪŋ/ US: /ˈɪr.ɪŋ/ *n* [C] ⇒pendiente ⇒arete *AMÉR.*; ⇒aro *AMÉR.* ■ Se usa más en plural

earshot UK: /ˈɪə.ʃɒt/ US: /ˈɪr.ʃɑːt/ **to be out of ~** ⇒estar a cierta distancia de una persona de manera que no se pueda oír lo que dice

†**earth¹** ▌*n* [U, NO PL] **1** *(planeta)* ⇒Tierra ▌*n* [U] **2** *(en geología)* ⇒tierra ⇒suelo **3 to {charge/cost} the ~** *UK* ⇒{cobrar/costar} un ojo de la cara *col.* **4 to come (back) down to ~** ⇒bajarse de las nubes ⇒volver a la realidad **5 What on earth...?** *(inform)* ⇒¿qué demonios...? *col.*

earth² *UK v* [T] *(en electricidad)* ⇒conectar a tierra

earthly UK: /ˈɜːθ.li/ US: /ˈɝːθ-/ *adj (lit)* ⇒terrenal: *earthly paradise* - paraíso terrenal

earthquake UK: /ˈɜːθ.kweɪk/ US: /ˈɝːθ-/ *n* [C] ⇒terremoto ⇒seísmo ■ La forma abreviada es *quake*

ease¹ /iːz/ *n* [U] **1** ⇒facilidad: *with great ease* - con gran facilidad **2** ⇒bienestar ⇒desahogo **3 at ease!** *(en las fuerzas armadas)* ⇒descansen **4 to {be/feel} at ~** ⇒estar a gusto ⇒sentirse a gusto

ease² /iːz/ [eased, easing] *v* [T] **1** ⇒aliviar: *Cold water will ease your pain* - El agua fría te aliviará el dolor **2** ⇒aflojar **3** ⇒reducir: *to ease traffic problems* - reducir los atascos **4 to ~ *sth/sb* {across/back/into/out/up}** ⇒mover a alguien

con cuidado ■ CONSTR. Se usa más como reflexivo **5 to ~ one's mind** ⇒tranquilizarse
PHRASAL VERBS
· **to ease {off/up}** 1 ⇒moderarse 2 *(una presión, un dolor)* ⇒disminuir 3 *(la lluvia, una tormenta)* ⇒amainar

easel /ˈiː.zəl/ *n* [c] ⇒caballete

easily /ˈiː.zɪ.li/ *adv* **1** ⇒fácilmente **2** ⇒perfectamente **3 ~ the {best/biggest/worst...}** ⇒seguramente el/la {mejor/mayor/peor...} ⇒con mucho el/la {mejor/mayor/peor...}

↑ **east**[1] /iːst/ *n* [U] **1** ⇒este: *the east of Spain* - el este de España ■ La forma abreviada es *E* **2 the East** ⇒Oriente ⇒el oriente

↑ **east**[2] /iːst/ *adj* ⇒este ⇒del este ⇒oriental

↑ **east**[3] /iːst/ *adv* ⇒al este ⇒en dirección este

↑ **Easter** UK: /ˈiː.stər/ US: /-stə/ *n* [C, U] ⇒Semana Santa ⇒Pascua

eastern UK: /ˈiː.stən/ US: /-stən/ *(tb* **Eastern**) *adj* ⇒oriental ⇒del este ■ La forma abreviada es *E*

easy *adj, adv* [*comp* easier, *superl* easiest] **1** ⇒fácil **2** ⇒relajado,da **3 easier said than done** ⇒más fácil dicho que hecho **4 I'm ~** *(inform)* ⇒me es igual **5 to go ~ on *sth/sb*** *(inform)* ⇒tener cuidado con ⇒no pasarse con **6 to take {it/things} ~** ⇒tomarse las cosas con calma

easy-going UK: /ˌiː.ziˈgəʊ.ɪŋ/ US: /-ˈgoʊ-/ *adj* ⇒de trato fácil ⇒afable ⇒tolerante

↑ **eat, ate, eaten** /iːt/ *v* [T, I] **1** ⇒comer: *Eat your dinner* - Cómete la cena **2 What's eating {him/you...}?** ⇒¿Qué mosca {le/te...} ha picado?
PHRASAL VERBS
· **to eat away at *sth*** 1 ⇒corroer algo ⇒carcomer algo ⇒desgastar 2 *(un roedor)* ⇒roer
· **to eat out** ⇒salir a comer: *They often eat out on Sundays* - A menudo salen a comer los domingos
· **to eat (*sth*) up [M]** ⇒comerse algo ⇒acabar con algo

eaten past participle of **eat**

eater UK: /ˈiː.tər/ US: /-ˤt̬ə/ *n* [C] **1** *(persona)* ⇒comedor,-a **2** *She's a good eater* - Come bien **3** *She's a big eater* - Es una comilona

eavesdrop UK: /ˈiːvz.drɒp/ US: /-drɑːp/ [eavesdropped, eavesdropping] *v* [I] ⇒escuchar a hurtadillas

ebb[1] /eb/ *v* [I] **1** *(la marea)* ⇒bajar **2** ⇒disminuir ⇒mermar

ebb[2] /eb/ **the ~ (tide)** ⇒el reflujo

ebony /ˈeb.ən.i/ *n* [U] ⇒ébano

eccentric /ekˈsen.trɪk/ *adj, n* [C] ⇒excéntrico,ca

echo[1] UK: /ˈek.əʊ/ US: /-oʊ/ [*pl* echoes] *n* [C] **1** *(de un sonido)* ⇒eco ⇒resonancia **2** *(de un evento o de una idea)* ⇒repercusión ⇒eco

echo[2] UK: /ˈek.əʊ/ US: /-oʊ/ *v* [T] **1** ⇒repetir ⇒hacerse eco de **2** *(un sonido)* ⇒resonar ⇒retumbar

eclipse[1] /ɪˈklɪps/ *n* [C] ⇒eclipse

eclipse[2] /ɪˈklɪps/ [eclipsed, eclipsing] *v* [T] ⇒eclipsar ■ CONSTR. Se usa más en pasiva

ecological UK: /ˌiː.kəˈlɒdʒ.ɪ.kəl/ US: /-ˈlɑː.dʒɪ-/ *adj* ⇒ecológico,ca

↑ **ecology** UK: /ɪˈkɒl.ə.dʒi/ US: /-ˈkɑː.lə-/ *n* [U] ⇒ecología

economic UK: /iː.kəˈnɒm.ɪk/ UK: /ek.ə-/ US: /-ˈnɑː.mɪk/ *adj* **1** *(relativo a la economía)* ⇒económico,ca **2** ⇒rentable ⇒provechoso,sa

economical /ˌiː.kəˈnɒm.ɪ.kəl/ *adj* **1** ⇒barato,ta ⇒económico,ca **2** *economical with the truth* - que no dice toda la verdad

economics UK: /ˌiː.kəˈnɒm.ɪks/ UK: /ek.ə-/ US: /-ˈnɑː.mɪks/ *n* [U] ⇒economía

economize UK: /ɪˈkɒn.ə.maɪz/ US: /-ˈkɑː.nə-/ [economized, economizing] *v* [I] ⇒ahorrar ⇒economizar

↑ **economy** UK: /ɪˈkɒn.ə.mi/ US: /-ˈkɑː.nə-/ [*pl* economies] *n* [C, U] **1** ⇒economía **2** *economy pack* - envase familiar

ecosystem UK: /ˈiː.kəʊˌsɪs.təm/ US: /-koʊ-/ *n* [C] ⇒ecosistema: *to upset the ecosystem* - alterar el ecosistema

ecstasy /ˈek.stə.si/ [*pl* ecstasies] *n* [C] **1** ⇒éxtasis **2 Ecstasy** *(droga)* ⇒éxtasis

ecstatic UK: /ɪkˈstæt.ɪk/ US: /-ˈstæˤt̬-/ *adj* ⇒extasiado,da ⇒loco,ca de contento,ta

ecstatically UK: /ɪkˈstæt.ɪ.kli/ US: /-ˈstæˤt̬-/ *adv* ⇒con mucho entusiasmo ⇒con euforia

Ecuador UK: /ˈek.we.dɔːr/ US: /-dɔːr/ *n* [U] ⇒Ecuador

Ecuadorian /ˌek.weˈdɔː.ri.ən/ *adj, n* [C] ⇒ecuatoriano,na

↑ **edge**[1] /edʒ/ *n* [C] **1** ⇒borde: *on the edge* - al borde **2** ⇒filo **3** ⇒orilla **4** ⇒canto [de una moneda] **5 to be on ~** ⇒estar nervioso,sa ⇒tener los nervios encrespados **6 to take the ~ off *sth*** ⇒suavizar algo ⇒calmar algo

edge[2] /edʒ/ [edged, edging] *v* [I] **1** ⇒orlar ⇒ribetear **2 to ~ away (from *sth/sb*)** ⇒alejarse poco a poco

edgy /ˈedʒ.i/ *adj* [*comp* edgier, *superl* edgiest] *(inform)* ⇒nervioso,sa ⇒crispado,da

edible /ˈed.ɪ.bl̩/ *adj* ⇒comestible

↑ **edit** /ˈed.ɪt/ *v* [T] **1** *(una publicación)* ⇒editar **2** *(un texto)* ⇒preparar ⇒corregir ⇒revisar ⇒cortar

↑ **edition** /ɪˈdɪʃ.ən/ *n* [C] **1** ⇒edición: *first edition* - primera edición **2** ⇒tirada ⇒impresión

editor UK: /ˈed.ɪ.tər/ US: /-ˤt̬ə/ *n* [C] **1** *(de un periódico)* ⇒director,-a ⇒editor,-a **2** *(de un libro)* ⇒corrector,-a ⇒revisor,-a **3** *(de un texto)* ⇒editor,-a ⇒redactor,-a **4** *(de una película)* ⇒montador,-a ⇒editor,-a

E

editorial UK: /ˌed.ɪˈtɔː.ri.əl/ US: /-əˈtɔːr.i-/ *adj, n* [c] *(en un periódico)* ⇒editorial

†**educate** /ˈed.jʊ.keɪt/ [educated, educating] *v* [T] ⇒educar: *She was educated in a school in Wales* - Fue educada en un colegio de Gales ■ CONSTR. Se usa más en pasiva

educated UK: /ˈed.jʊ.keɪ.tɪd/ US: /-ˤţɪd/ *adj* **1** ⇒preparado,da: *a highly educated professional* - un profesional muy preparado ■ Distinto de *polite* (educado,da) **2 an ~ guess** ⇒una predicción fundada

education /ˌed.jʊˈkeɪ.ʃən/ *n* [U, NO PL] ⇒enseñanza ⇒formación académica

educational /ˌed.jʊˈkeɪ.ʃən.əl/ *adj* ⇒instructivo,va ⇒educativo,va

eel /iːl/ *n* [c] ⇒anguila

eerie UK: /ˈɪə.ri/ US: /ˈɪr.i/ *adj* ⇒inquietante ⇒raro,ra y misterioso,sa

†**effect** /ɪˈfekt/ *n* [c, U] **1** ⇒resultado ⇒efecto **2 for ~** ⇒para impresionar **3 in ~** ⇒en realidad ⇒de hecho **4 to no ~** ⇒en vano ⇒inútilmente **5 to take ~** *(en medicina)* ⇒hacer efecto **6 to {that/this} ~** ⇒a tenor de {eso/esto}

effective /ɪˈfek.tɪv/ *adj* ⇒eficaz ⇒efectivo,va

effectively /ɪˈfek.tɪv.li/ *adv* ⇒eficazmente

effectiveness /ɪˈfek.tɪv.nəs/ *n* [U] ⇒efectividad

effeminate /ɪˈfem.ɪ.nət/ *adj* ⇒afeminado,da

efficiency /ɪˈfɪʃ.ənt.si/ *n* [U] **1** ⇒eficacia ⇒eficiencia **2** *energy efficiency* - uso eficiente de la energía

†**efficient** /ɪˈfɪʃ.ənt/ *adj* ⇒eficiente ⇒eficaz

efficiently /ɪˈfɪʃ.ənt.li/ *adv* ⇒de manera eficaz

†**effort** UK: /ˈef.ət/ US: /-ət/ ▮ *n* [c, U] **1** ⇒esfuerzo ▮ *n* [c] **2** ⇒intento

†**e.g.** /iːˈdʒiː/ *adv* ⇒forma abreviada de **exempli gratia** (por ejemplo)

†**egg**[1] /eg/ *n* [c, U] **1** ⇒huevo: *to lay an egg* - poner un huevo; *a fried egg* - un huevo frito **2 to put all one's eggs in one basket** *(inform)* ⇒jugárselo todo a una carta

†**egg**[2] /eg/

PHRASAL VERBS
· **to egg sb on [M]** ⇒animar a alguien [a hacer algo malo o peligroso]

eggplant UK: /ˈeg.plɑːnt/ US: /-plænt/ *US* (*UK* **aubergine**) *n* [c] ⇒berenjena

ego UK: /ˈiː.gəʊ/ US: /ˈiː.goʊ/ *n* [c] **1** ⇒ego **2 to boost sb's ~** ⇒ensalzar el ego de alguien

Egyptian /iˈdʒɪp.ʃən/ *adj, n* [c] ⇒egipcio,cia

eh /eɪ/ *UK excl* **1** *(spoken)* ⇒¿cómo? ⇒¿qué? **2** ⇒¿no? ⇒¿no es así?

†**eight** /eɪt/ ⇒ocho: *There are eight of them* - Son ocho; *He is eight years old* - Tiene ocho años

†**eighteen** /eɪˈtiːn, ˈ--/ ⇒dieciocho

eighteenth /eɪˈtiːnθ, ˈ--/ **1** ⇒decimoctavo,va **2** *(para las fechas)* ⇒dieciocho ■ Se puede escribir también *18th*

eighth[1] /eɪtθ/ **1** ⇒octavo,va: *He finished eighth in the race* - Terminó octavo en la carrera **2** *(para las fechas)* ⇒ocho **3** *It is her eighth birthday today* - Hoy cumple ocho años ■ Se puede escribir también *8th*

eighth[2] /eɪtθ/ *n* [c] ⇒octavo ⇒octava parte

†**eighty** UK: /ˈeɪ.ti/ US: /-ˤţi/ ⇒ochenta

either[1] UK: /ˈaɪ.ðəʳ/ UK: /ˈiː-/ US: /-ðə/ *conj* **either... or...** *(en oraciones positivas)* ⇒o ■ *Either* siempre se sitúa delante del primer objeto

†**either**[2] UK: /ˈaɪ.ðəʳ/ UK: /ˈiː-/ US: /-ðə/ *adj* **1** ⇒ambos,bas: *There were flowers on either side of the path* - Había flores a ambos lados del camino **2** ⇒cualquier,-a de los dos

†**either**[3] UK: /ˈaɪ.ðəʳ/ UK: /ˈiː-/ US: /-ðə/ *adv* ⇒tampoco ■ Se usa en oraciones negativas y se sitúa al final

†**either**[4] UK: /ˈaɪ.ðəʳ/ UK: /ˈiː-/ US: /-ðə/ *pron* **1** ⇒cualquiera **2** *(en oraciones negativas)* ⇒ninguno,na

eject /ɪˈdʒekt/ *v* [T] **1** ⇒echar [a una persona] ⇒expulsar ■ CONSTR. Se usa más en pasiva **2** *(de una máquina)* ⇒arrojar

elaborate[1] UK: /ɪˈlæb.ər.ət/ US: /-ə-/ *adj* **1** ⇒elaborado,da **2** *(un diseño, una arquitectura)* ⇒complicado,da ⇒rebuscado,da **3** *(un plan)* ⇒detallado,da

elaborate[2] /ɪˈlæb.ə.reɪt/ [elaborated, elaborating] ▮ *v* [T] **1** ⇒elaborar: *to elaborate a theory* - elaborar una teoría ▮ *v* [I] **2** ⇒entrar en detalles ⇒desarrollar

elapse /ɪˈlæps/ [elapsed, elapsing] *v* [I] *(form) (tiempo)* ⇒transcurrir

elastic[1] /ɪˈlæs.tɪk/ *adj* **1** ⇒elástico,ca **2** *(un material, un plan)* ⇒flexible ⇒adaptable

elastic[2] /ɪˈlæs.tɪk/ *n* [U] ⇒elástico

elastic band *UK* (*UK/US tb* **rubber band**) *n* [c] ⇒goma elástica

elated UK: /ɪˈleɪ.tɪd/ US: /-ˤţɪd/ *adj* ⇒eufórico,ca ⇒exultante

†**elbow** UK: /ˈel.bəʊ/ US: /-boʊ/ *n* [c] ⇒codo

†**elder** UK: /ˈel.dəʳ/ US: /-də/ *adj* **1** the comparative form of **old 2** ⇒mayor: *my elder brother* - mi hermano mayor ■ Se usa cuando se comparan las edades de las personas, especialmente de los miembros de una familia. Nunca se usa con *than*. Si se usa con un nombre, siempre se sitúa delante de este: *My elder brother is a singer - Mi hermano mayor es cantante* **3** *an elder statesman* - un viejo y respetado estadista

elderly[1] UK: /ˈel.dəl.i/ US: /-də.li/ *adj* ⇒mayor: *an elderly woman* - una señora mayor ■ Es una palabra más formal que *old* para personas

†**elderly**[2] UK: /ˈel.dəl.i/ US: /-də.li/ *n* [PL] **the ~** ⇒los mayores: *a leisure centre for the elderly* - un centro de ocio para los mayores

† **eldest** /ˈel.dɪst/ *adj, n* [NO PL] **1** the superlative form of **old** **2** ⇒mayor: *the eldest brother* - el mayor de los hermanos ■ Se usa cuando se comparan las edades de las personas, especialmente de los miembros de una familia. Nunca se usa con *than*. Si se usa con un nombre, siempre se sitúa delante de este: *Joel is the eldest member of the family - Joel es el mayor de los miembros de la familia* **3** ⇒mayor: *Kelly was the eldest of the three sisters* - Kelly era la mayor de las tres hermanas

† **elect** /ɪˈlekt/ *v* [T] ⇒elegir: *She was elected as the new President* - Fue elegida nueva presidenta ■ CONSTR. Se usa más en pasiva

election /ɪˈlek.ʃᵊn/ *n* [C, U] **1** ⇒comicios ⇒elecciones **2** *an election campaign* - una campaña electoral

electoral UK: /ɪˈlek.tᵊr.ᵊl/ US: /-tɚ-/ *adj* ⇒electoral

electorate UK: /ɪˈlek.tᵊr.ət/ US: /-tɚ-/ *n* [C] ⇒electorado ■ Por ser un nombre colectivo se puede usar con el verbo en singular o en plural

† **electric** /ɪˈlek.trɪk/ *adj* **1** *(un aparato)* ⇒eléctrico,ca **2** ⇒electrizante **3** *US the electric bill* - la factura de la luz **4** *electric fence* - valla electrificada

electrical /ɪˈlek.trɪ.kᵊl/ *adj (relativo a la electricidad)* ⇒eléctrico,ca

electrician /ˌɪl.ekˈtrɪʃ.ᵊn/ *n* [C] ⇒electricista

† **electricity** UK: /ɪˌlekˈtrɪs.ɪ.ti/ US: /-ə.ˤt̬i/ *n* [U] **1** ⇒electricidad **2** *UK the electricity bill* - la factura de la luz

electric shock (*tb* **shock**) *n* [C] ⇒descarga eléctrica: *to get an electric shock* - recibir una descarga eléctrica

electrocute /ɪˈlek.trə.kjuːt/ [electrocuted, electrocuting] *v* [T] ⇒electrocutar ■ CONSTR. Se usa más en pasiva

electrode UK: /ɪˈlek.trəʊd/ US: /-troʊd/ *n* [C] ⇒electrodo

electromagnetic UK: /ɪˌlek.trəʊ.mægˈnet.ɪk/ US: /-troʊ.mægˈneˤt̬-/ *adj* ⇒electromagnético,ca

electron UK: /ɪˈlek.trɒn/ US: /-trɑːn/ *n* [C] ⇒electrón: *electron gun* - cañón de electrones

† **electronic** UK: /ɪˌlekˈtrɒn.ɪk/ US: /-ˈtrɑː.nɪk/ *adj* ⇒electrónico,ca: *an electronic device* - un dispositivo electrónico; *electronic publishing* - edición por internet

electronics UK: /ɪˌlekˈtrɒn.ɪks/ US: /-ˈtrɑː.nɪks/ *n* [U] ⇒electrónica

elegance /ˈel.ɪ.gᵊnts/ *n* [U] ⇒elegancia

† **elegant** /ˈel.ɪ.gᵊnt/ *adj* ⇒elegante

† **element** /ˈel.ɪ.mənt/ *n* [C] **1** *(una parte de algo)* ⇒elemento ⇒componente **2** *(en química)* ⇒elemento **3** ⇒resistencia [eléctrica]

elementary UK: /ˌel.ɪˈmen.tᵊr.i/ US: /-ˤt̬ɚ-/ *adj* **1** ⇒elemental ⇒básico,ca **2** *(un nivel)* ⇒rudimentario,ria

† **elephant** /ˈel.ɪ.fənt/ *n* [C] ⇒elefante,ta

elevator UK: /ˈel.ɪ.veɪ.təʳ/ US: /-ˤt̬ɚ/ *US* (*UK* **lift**) *n* [C] ⇒ascensor ⇒elevador *AMÉR.*

† **eleven** /ɪˈlev.ᵊn/ ⇒once: *There are eleven of them* - Son once; *He is eleven years old* - Tiene once años

elevenses /ɪˈlev.ᵊn.zɪz/ *n* [U] ⇒desayuno de media mañana

eleventh /ɪˈlev.ᵊnθ/ **1** ⇒undécimo,ma **2** *(para las fechas)* ⇒once **3** *It is his eleventh birthday today* - Hoy cumple once años ■ Se puede escribir también *11th*

elf /elf/ [*pl* elves] *n* [C] ⇒elfo ⇒duende

elicit /ɪˈlɪs.ɪt/ *v* [T] **1** ⇒suscitar ⇒provocar **2** ⇒obtener: *to elicit an answer* - obtener una respuesta

† **eligible** /ˈel.ɪ.dʒə.bl̩/ *adj* **1** ⇒elegible ■ CONSTR. 1.eligible for sth 2. eligible + to do sth **2** *to be eligible for sth* - cumplir los requisitos para algo **3** ⇒cotizado,da: *an eligible bachelor* - un soltero cotizado

† **eliminate** /ɪˈlɪm.ɪ.neɪt/ [eliminated, eliminating] *v* [T] **1** ⇒eliminar ⇒suprimir ⇒erradicar **2** ⇒descartar **3** *(en deportes)* ⇒eliminar ■ CONSTR. Se usa más en pasiva

† **elite** /ɪˈliːt/ *n* [C] ⇒elite ■ Por ser un nombre colectivo se puede usar con el verbo en singular o en plural

elm (tree) *n* ⇒olmo

elope UK: /ɪˈləʊp/ US: /-ˈloʊp/ [eloped, eloping] *v* [I] ⇒fugarse para casarse

eloquent /ˈel.ə.kwᵊnt/ *adj* ⇒elocuente

El Salvador UK: /ˌelˈsæl.və.dɔːʳ/ US: /-dɔːr/ *n* [U] ⇒El Salvador

† **else** /els/ *adv* **1** ⇒más: *«Anything else?» «Nothing else, thanks»* - «¿Algo más?» «Nada más, gracias»; *Who else is going?* - ¿Quién más va? **2** ⇒otra cosa ■ Se sitúa detrás de las palabras compuestas formadas con *any-*, *no-*, *some-* y *every-*, y detrás de los interrogativos *how, what, why, where, who* y *when*: *If you don't like it, you can have something else - Si no te gusta, puedes tomar otra cosa* **3** (*tb* **elsewhere**) ⇒en otra parte **4 or ~** ⇒si no: *Help me now, or else I'll never speak to you again* - Ayúdame; si no, no volveré a dirigirte la palabra

† **elsewhere** UK: /elsˈweəʳ/ US: /-ˈwer/ UK: /ˈ--/ (*tb* **else**) *adv* ⇒en otro sitio ⇒a otra parte

elude /ɪˈluːd/ [eluded, eluding] *v* [T] **1** ⇒escapar(se) **2** *(una responsabilidad)* ⇒eludir **3** *(un dato)* ⇒no recordar

elusive /ɪˈluː.sɪv/ *adj* **1** *(una persona)* ⇒escurridizo,za ⇒difícil de encontrar ⇒esquivo,va **2** *(un objetivo)* ⇒difícil de alcanzar **3** ⇒fugaz: *an elusive memory* - un recuerdo fugaz

elves /elvz/ *n* [PL] See **elf**

'em /əm/ *(inform, spoken) (them)* See **them**

emaciated UK: /ɪˈmeɪ.si.eɪ.tɪd/ US: /-ˤt̬ɪd/ *adj (form)* ⇒demacrado,da ⇒escuálido,da

↑**email** /ˈiː.meɪl/ (*tb* **e-mail**) *n* [C, U] ⇒e-mail: *to send an email* - mandar un e-mail ■ Procede de *electronic mail* (correo electrónico)

emanate /ˈem.ə.neɪt/ [emanated, emanating] *v* [I] *(form) (un sonido, un olor, una expresión)* ⇒emanar ⇒provenir

embankment /ɪmˈbæŋk.mənt/ *n* **1** *(de una carretera, de un ferrocarril)* ⇒terraplén **2** ⇒ribazo **3** *US* (*UK* **verge**) ⇒arcén

embargo UK: /ɪmˈbɑː.gəʊ/ US: /-goʊ/ [*pl* embargoes] *n* [C] ⇒embargo: *a trade embargo* - un embargo comercial

embark UK: /ɪmˈbɑːk/ US: /-bɑːrk/ *v* [I] *(en un barco, en un avión)* ⇒embarcarse

PHRASAL VERBS

- **to embark on *sth*** ⇒embarcarse en algo ⇒emprender algo

↑**embarrass** UK: /ɪmˈbær.əs/ US: /-ˈber-/ [embarrasses] *v* [T] ⇒avergonzar ⇒hacer pasar vergüenza

embarrassing UK: /ɪmˈbær.ə.sɪŋ/ US: /-ˈber-/ *adj* **1** ⇒embarazoso,sa ⇒violento,ta **2** *How embarrassing!* - ¡Qué corte!

embarrassment UK: /ɪmˈbær.ə.smənt/ US: /-ˈber-/ *n* [C, U] ⇒bochorno ⇒vergüenza ■ Distinto de *pregnancy* (embarazo)

↑**embassy** /ˈem.bə.si/ [*pl* embassies] *n* [C] ⇒embajada

embedded /ɪmˈbed.ɪd/ *adj* **1** ⇒incrustado,da **2** ⇒arraigado,da

embittered UK: /ɪmˈbɪt.əd/ US: /-ˈbɪˤt̬.əd/ *adj* ⇒amargado,da

emblem /ˈem.bləm/ *n* [C] ⇒emblema: *a national emblem* - una emblema nacional

embodiment UK: /ɪmˈbɒd.ɪ.mənt/ US: /-ˈbɑː.dɪ-/ *n* [C] *(form)* ⇒encarnación ⇒personificación

embody UK: /ɪmˈbɒd.i/ US: /-ˈbɑː.di/ [embodies, embodied] *v* [T] **1** *(form)* ⇒encarnar: *She embodies elegance* - Ella encarna la elegancia **2** *(form)* ⇒incorporar

embrace¹ /ɪmˈbreɪs/ [embraced, embracing] *v* [T, I] **1** ⇒abrazar: *The pair embraced* - Los dos se abrazaron **2** ⇒adoptar: *to embrace a religion* - adoptar una religión **3** ⇒atrapar: *to embrace an opportunity* - atrapar una oportunidad

embrace² /ɪmˈbreɪs/ *n* [C, U] ⇒abrazo

embroider UK: /ɪmˈbrɔɪ.dəʳ/ US: /-dɚ/ *v* [T] **1** ⇒bordar **2** ⇒adornar: *He embroidered the truth* - Adornó la verdad

embroidery UK: /ɪmˈbrɔɪ.dᵊr.i/ US: /-dɚ-/ ▮ *n* [C, U] **1** ⇒bordado ■ El plural es *embroideries* ▮ *n* [U] **2** ⇒arte de bordar

embryo UK: /ˈem.bri.əʊ/ US: /-oʊ/ *n* [C] **1** ⇒embrión **2** ⇒germen: *We have the embryo of a great project* - Tenemos el germen de un gran proyecto

emerald /ˈem.ə.rəld/ *n* [C, U] ⇒esmeralda

↑**emerge** UK: /ɪˈmɜːdʒ/ US: /-ˈmɝːdʒ/ [emerged, emerging] *v* [I] **1** ⇒surgir ⇒salir **2** ⇒descubrirse ⇒salir a la luz

↑**emergency** UK: /ɪˈmɜː.dʒᵊnt.si/ US: /-ˈmɝː-/ [*pl* emergencies] *n* [C, U] **1** ⇒urgencia ⇒emergencia **2** *an emergency landing* - un aterrizaje forzoso **3** *emergency powers* - poderes extraordinarios

emigrant /ˈem.ɪ.grənt/ *n* [C] ⇒emigrante

emigrate /ˈem.ɪ.greɪt/ [emigrated, emigrating] *v* [I] ⇒emigrar: *When the war broke out, many people emigrated* - Cuando estalló la guerra mucha gente emigró

eminent /ˈem.ɪ.nənt/ *adj* ⇒eminente ⇒ilustre

emission /ɪˈmɪʃ.ᵊn/ *n* [C, U] ⇒emisión: *gas emissions* - emisiones de gas

emit /ɪˈmɪt/ [emitted, emitting] *v* [T] **1** *(calor o un sonido)* ⇒producir ⇒emitir **2** *(un gas o un olor)* ⇒desprender

emoticon UK: /ɪˈməʊ.tɪ.kɒn/ US: /ɪˈmoʊ.ˤt̬ɪ.kɑːn/ *n* [C] *(en informática)* ⇒emoticono

↑**emotion** UK: /ɪˈməʊ.ʃᵊn/ US: /-ˈmoʊ-/ *n* [C, U] **1** ⇒emoción **2** ⇒sentimiento: *You should express your emotions* - Deberías expresar tus sentimientos

EMOTIONS

HAPPY

SAD

NERVOUS

ANGRY

emotional UK: /ɪˈməʊ.ʃən.əl/ US: /-ˈmoʊ-/ *adj* **1** ⇒emocional: *emotional blackmail* - chantaje emocional **2** ⇒emotivo,va ⇒conmovedor,-a **3 to get ~** ⇒emocionarse

emotionless UK: /ɪˈməʊ.ʃən.ləs/ US: /-ˈmoʊ-/ *adj* ⇒impasible

emotive UK: /ɪˈməʊ.tɪv/ US: /-ˈmoʊ.ˤt̬ɪv/ *adj* ⇒emotivo,va ⇒conmovedor,-a

empathy /ˈem.pə.θi/ *n* [U] ⇒empatía

† **emperor** UK: /ˈem.pər.əʳ/ US: /-pɚ.ɚ/ *n* [C] ⇒emperador

emphasis /ˈem*p*.fə.sɪs/ [*pl* emphases] *n* [C, U] **1** ⇒énfasis ⇒hincapié **2** ⇒acento: *The emphasis is on the second syllable* - El acento se pone en la segunda sílaba

emphasise [emphasised, emphasising] *UK v* [T] See **emphasize**

† **emphasize** /ˈem*p*.fə.saɪz/ [emphasized, emphasizing] (*UK tb* **emphasise**) *v* [T] ⇒enfatizar ⇒recalcar ■ CONSTR. to emphasize + that

emphatic UK: /em*p*ˈfæt.ɪk/ US: /-ˈfæˤt̬-/ *adj* **1** ⇒enfático,ca **2** ⇒categórico,ca: *an emphatic refusal* - una negación categórica **3** ⇒aplastante: *an emphatic victory* - una victoria aplastante

† **empire** UK: /ˈem.paɪəʳ/ US: /-paɪr/ *n* [C] ⇒imperio: *the rise of an empire* - la emergencia de un imperio

† **employ** /ɪmˈplɔɪ/ *v* [T] **1** ⇒emplear ⇒contratar **2** *(form)* ⇒emplear ⇒utilizar ■ CONSTR. to employ + to do sth

employable /ɪmˈplɔɪ.ə.bl̩/ *adj* ⇒capacitado,da [para un trabajo]

employee /ɪmˈplɔɪ.iː, ˌ--ˈ-/ *n* [C] ⇒empleado,da

employer UK: /ɪmˈplɔɪ.əʳ/ US: /-ɚ/ *n* [C] **1** ⇒empresario,ria ⇒patrón,-a **2** *a big employer* - una empresa que emplea mucha gente

employment /ɪmˈplɔɪ.mənt/ *n* [U] ⇒empleo

† **empress** /ˈem.prəs/ [*pl* empresses] *n* [C] ⇒emperatriz ■ Distinto de *company* y *enterprise* (empresa)

emptiness /ˈem*p*.tɪ.nəs/ *n* [U] ⇒vacío

† **empty**[1] /ˈem*p*.ti/ *adj* [*comp* emptier, *superl* emptiest] **1** ⇒vacío,a ⇒hueco,ca **2** *(un piso, una silla)* ⇒libre ⇒desocupado,da

empty[2] /ˈem*p*.ti/ [empties, emptied] *v* [T] **1** ⇒vaciar: *Empty the bin; it's overflowing* - Vacía el cubo de la basura; está a rebosar **2** *(un lugar)* ⇒desalojar

empty-handed /ˌem*p*.tiˈhæn.dɪd/ *adj* ⇒con las manos vacías: *He arrived empty-handed* - Llegó con las manos vacías ■ CONSTR. Se usa detrás de un verbo

empty-headed /ˌem*p*.tiˈhed.ɪd/ *adj* ⇒tonto,ta *desp.*; ⇒simple *col. desp.* ■ CONSTR. Se usa detrás de un verbo

† **enable** /ɪˈneɪ.bl̩/ [enabled, enabling] *v* [T] ⇒permitir ⇒hacer posible ■ CONSTR. to enable + to do sth ■ PRON. Rima con *table*

enact /ɪˈnækt/ *v* [T] **1** *(una ley)* ⇒promulgar ■ CONSTR. Se usa más en pasiva **2** *(form) (una obra de teatro, una escena)* ⇒representar ■ CONSTR. Se usa más en pasiva **3 to be enacted** *(form)* ⇒llevar a cabo ⇒tener lugar

enamel /ɪˈnæm.əl/ ▮ *n* [C, U] **1** *(de una superficie)* ⇒esmalte ▮ *n* [U] **2** *(de los dientes)* ⇒esmalte

encephalitis *n* [U] ⇒encefalitis

enchanted UK: /ɪnˈtʃɑːn.tɪd/ US: /-ˈtʃæn.ˤt̬ɪd/ *adj* **1** *(un castillo, un bosque)* ⇒encantado,da **2** *(una persona)* ⇒encantado,da

enchanting UK: /ɪnˈtʃɑːn.tɪŋ/ US: /-ˈtʃæn.ˤt̬ɪŋ/ *adj* ⇒encantador,-a

encircle UK: /ɪnˈsɜː.kl̩/ US: /-ˈsɝː-/ [encircled, encircling] *v* [T] **1** *(form)* ⇒rodear: *The enemy forces encircled the castle* - El enemigo rodeó el castillo ■ CONSTR. Se usa más en pasiva **2** ⇒ceñir

† **enclose** UK: /ɪnˈkləʊz/ US: /-ˈkloʊz/ [enclosed, enclosing] *v* [T] **1** ⇒encerrar **2** ⇒adjuntar: *They enclosed some leaflets with their letter* - Adjuntaron algunos folletos en su carta **3** ⇒cercar: *The house is enclosed with railings* - La casa está cercada con verjas ■ CONSTR. Se usa más en pasiva

enclosure UK: /ɪnˈkləʊ.ʒəʳ/ US: /-ˈkloʊ.ʒɚ/ ▮ *n* [C] **1** ⇒recinto ⇒reservado **2** *(form)* ⇒carta adjunta ⇒anexo ▮ *n* [C, U] **3** ⇒cercado

encore UK: /ˈɒŋ.kɔːʳ/ US: /ˈɑːŋ.kɔːr/ *n* [C] *(en un concierto)* ⇒bis ⇒repetición

encounter[1] UK: /ɪnˈkaʊn.təʳ/ US: /-ˤt̬ɚ/ *v* [T] **1** ⇒encontrar **2** *(form, lit)* ⇒topar(se): *to encounter sb* - toparse con alguien

encounter[2] UK: /ɪnˈkaʊn.təʳ/ US: /-ˤt̬ɚ/ *n* [C] ⇒encuentro

† **encourage** UK: /ɪnˈkʌr.ɪdʒ/ US: /-ˈkɝː-/ [encouraged, encouraging] *v* [T] ⇒fomentar ⇒animar ■ CONSTR. to encourage + to do sth ■ PRON. La *a* se pronuncia como la *i* en *did*

encouraging UK: /ɪnˈkʌr.ɪ.dʒɪŋ/ US: /-ˈkɝː-/ *adj* ⇒alentador,-a ⇒de aliento

encyclopaedia *UK n* [C] See **encyclopedia**

encyclopedia /ɪnˌsaɪ.kləˈpiː.di.ə/ (*UK tb* **encyclopaedia**) *n* [C] ⇒enciclopedia

† **end**[1] /end/ *n* [C] **1** ⇒final ⇒fin **2** ⇒extremo ⇒punta **3 at the ~ of** ***sth*** ⇒al final de algo: *at the end of the chapter* - al final del capítulo **4 ~ to ~** ⇒uno tras otro **5 for {hours/days/weeks...} on ~** ⇒durante mucho tiempo ⇒sin fin ⇒indefinidamente **6 in the ~** ⇒finalmente ⇒al final ⇒por fin **7 to be at the ~ of** ***one's*** **tether** ⇒no aguantar más

† **end**[2] /end/ *v* [T, I] ⇒terminar: *The film ended at five* - La película terminó a las cinco

PHRASAL VERBS
- **to end {in/with} *sth*** ⇒acabar {en/con} algo: *The evening ended in a party* - La tarde acabó en una fiesta
- **to end up** ⇒terminar ⇒acabar

endanger UK: /ɪn'deɪn.dʒəʳ/ US: /-dʒɚ/ *v* [T] ⇒poner en peligro: *to endanger the welfare state* - poner en peligro el estado de bienestar

endangered UK: /ɪn'deɪn.dʒəd/ US: /-dʒɚd/ *adj* **1** ⇒en peligro **2** ⇒en peligro de extinción: *an endangered species* - una especie en peligro de extinción ■ PRON. La última *e* no se pronuncia

endear UK: /ɪn'dɪəʳ/ US: /-dɪr/

PHRASAL VERBS
- **to endear *sb* to *sb*** ⇒granjearse [las simpatías de alguien] ⇒ganarse a alguien ⇒hacerse querer por alguien

endearing UK: /ɪn'dɪə.rɪŋ/ US: /-'dɪr.ɪŋ/ *adj* ⇒entrañable ⇒encantador,-a

endeavour UK: /en'dev.əʳ/ US: /-ɚ/ *UK v* [I] ⇒afanarse ⇒esforzarse

ending /'en.dɪŋ/ *n* [C] ⇒terminación ⇒desenlace ⇒final [de una obra narrativa]

endive /'en.daɪv/ *n* [C, U] **1** *UK* ⇒escarola ⇒achicoria **2** *US* ⇒endibia

endless /'end.ləs/ *adj* ⇒sin fin ⇒interminable

↑**endorse** UK: /ɪn'dɔːs/ US: /-'dɔːrs/ [endorsed, endorsing] *v* [T] **1** *(form) (un plan)* ⇒aprobar ⇒apoyar ■ CONSTR. Se usa más en pasiva **2** ⇒promocionar: *to endorse a product* - promocionar un producto **3** *(un cheque)* ⇒endosar

endow /ɪn'daʊ/ *v* [T] **1** *(form)* ⇒sufragar los gastos ⇒financiar **2 to be endowed with *sth*** *(form)* ⇒estar dotado,da de algo

endurance UK: /ɪn'djʊə.rᵊnts/ US: /-'dʊr.[ə]nts/ *n* [U] ⇒resistencia ⇒aguante

↑**endure** UK: /ɪn'djʊəʳ/ US: /-'dʊr/ [endured, enduring] ▌*v* [T] **1** *(form)* ⇒soportar ⇒atravesar ⇒resistir ▌*v* [I] **2** *(form)* ⇒perdurar: *The bad weather will endure this week* - Durante esta semana perdurará el mal tiempo

enduring UK: /ɪn'djʊə.rɪŋ/ US: /-'dʊr.ɪŋ/ *adj* ⇒duradero,ra ⇒perdurable

↑**enemy** /'en.ə.mi/ [*pl* enemies] *n* [C] ⇒enemigo,ga: *to make enemies* - hacer enemigos

energetic UK: /ˌen.ə'dʒet.ɪk/ US: /-ɚ'dʒeˤt̬-/ *adj* ⇒enérgico,ca ⇒activo,va

↑**energy** UK: /'en.ə.dʒi/ US: /-ɚ-/ [*pl* energies] *n* [C, U] ⇒energía ⇒vigor

↑**enforce** UK: /ɪn'fɔːs/ US: /-'fɔːrs/ [enforced, enforcing] *v* [T] **1** *(una ley)* ⇒hacer cumplir **2** ⇒forzar ⇒obligar

↑**engage** /ɪn'geɪdʒ/ [engaged, engaging] ▌*v* [T] **1** ⇒requerir los servicios ▌*v* [I] **2** *(form) (la atención, el interés)* ⇒atraer ⇒captar **3** *(form)* ⇒contratar ■ CONSTR. to engage + to do sth ▌*v* [T, I] **4** *(una máquina)* ⇒engranar con **5** *(una pieza)* ⇒acoplar

PHRASAL VERBS
- **to engage in *sth*** ⇒tomar parte en algo ⇒participar en algo
- **to engage *sb* in conversation** ⇒entablar una conversación con alguien

↑**engaged** /ɪn'geɪdʒd/ *adj* **1** *(una persona)* ⇒prometido,da **2** *UK* (*US* **busy**) *(el teléfono)* ⇒comunicando **3** *UK* (*US* **occupied**) *(el cuarto de baño)* ⇒ocupado,da **4 to get ~** ⇒prometerse: *Sam and Jenny got engaged last week* - Sam y Jenny se prometieron la semana pasada ■ PRON. La última *e* no se pronuncia

engagement /ɪn'geɪdʒ.mənt/ *n* [C, U] **1** ⇒compromiso ⇒noviazgo **2** *(form)* ⇒cita ⇒compromiso

engagement ring *n* [C] ⇒anillo de compromiso

engaging /ɪn'geɪ.dʒɪŋ/ *adj* ⇒atractivo,va ⇒entretenido,da ⇒interesante

↑**engine** /'en.dʒɪn/ *n* [C] **1** ⇒motor ■ Normalmente se usa para vehículos. Comparar con *motor* **2** ⇒locomotora

engine driver *UK* (*US* **engineer**) *n* [C] ⇒maquinista [de tren]

engineer¹ UK: /ˌen.dʒɪ'nɪəʳ/ US: /-'nɪr/ *n* [C] **1** ⇒ingeniero,ra: *a civil engineer* - ingeniero de caminos, canales y puentes **2** ⇒técnico [de mantenimiento] **3** *US* (*UK* **engine driver**) ⇒maquinista [de tren]

engineer² UK: /ˌen.dʒɪ'nɪəʳ/ US: /-'nɪr/ *v* [T] ⇒maquinar ⇒planear ■ CONSTR. Se usa más en pasiva

engineering UK: /ˌen.dʒɪ'nɪə.rɪŋ/ US: /-'nɪr.ɪŋ/ *n* [U] ⇒ingeniería

English¹ /'ɪŋ.glɪʃ/ *n* [U] **1** *(idioma)* ⇒inglés **2 the ~** *(gentilicio)* ⇒los ingleses, las inglesas ■ El singular es *an Englishman, an Englishwoman* ■ No hace referencia a la gente de Gales, Escocia ni Irlanda del Norte

English² /'ɪŋ.glɪʃ/ *adj* ⇒inglés,-a

English breakfast *UK n* [C, U] ⇒desayuno inglés

Englishman /'ɪŋ.glɪʃ.mən/ [*pl* Englishmen] *n* [C] ⇒inglés

English muffin *US* (*UK* **muffin**) *n* [C] ⇒bollo de pan que se suele tomar caliente y con mantequilla

engrave /ɪn'greɪv/ [engraved, engraving] *v* [T] *(una inscripción)* ⇒grabar

engraving /ɪn'greɪ.vɪŋ/ *n* [C] ⇒grabado ⇒estampa

engrossed UK: /ɪn'grəʊst/ US: /-'groʊst/ **to be ~ {in/with} *sth*** ⇒estar enfrascado,da en algo ⇒estar absorto,ta en algo

↑**enhance** UK: /ɪn'hɑːnts/ US: /-'hænts/ [enhanced, enhancing] *v* [T] **1** *(form)* ⇒mejorar **2** *(form) (un valor)* ⇒aumentar **3** *(form) (un color, la belleza)* ⇒realzar

enhanced *adj* ⇒mejorado,da ■ PRON. La última *e* no se pronuncia

enigma /ɪˈnɪg.mə/ *n* [C] ⇒enigma: *It remains an enigma* - Sigue siendo un enigma

enigmatic UK: /ˌen.ɪgˈmæt.ɪk/ US: /-ˈmæˤt̬-/ *adj* ⇒enigmático,ca

↑**enjoy** /ɪnˈdʒɔɪ/ *v* [T] **1** ⇒disfrutar ⇒gustar ■ CONSTR. to enjoy + doing sth **2 ~ your meal!** ⇒¡que aproveche! **3 to ~ oneself** ⇒divertirse ⇒pasárselo bien

enjoyable /ɪnˈdʒɔɪ.ə.bl̩/ *adj* **1** ⇒agradable: *We spent an enjoyable evening* - Pasamos una agradable velada **2** ⇒divertido,da

enjoyment /ɪnˈdʒɔɪ.mənt/ *n* [U] ⇒disfrute ⇒satisfacción ⇒placer

enlarge UK: /ɪnˈlɑːdʒ/ US: /-ˈlɑːrdʒ/ [enlarged, enlarging] *v* [T] **1** *(una imagen)* ⇒ampliar ⇒agrandar ■ CONSTR. Se usa más en pasiva **2** *(una casa, un campo de acción, un círculo de amigos)* ⇒ampliar ⇒extender

PHRASAL VERBS

· **to enlarge {on/upon}** ***sth*** *(en una explicación)* ⇒extenderse

enlargement UK: /ɪnˈlɑːdʒ.mənt/ US: /-ˈlɑːrdʒ-/ *n* [C, U] ⇒ampliación ⇒extensión ⇒aumento

enlighten UK: /ɪnˈlaɪ.tᵊn/ US: /-ˤt̬[ə]n/ *v* [T] *(form)* ⇒explicar ⇒informar ⇒aclarar

enlist /ɪnˈlɪst/ ▌*v* [I] **1** *(en el ejército)* ⇒alistar(se) ▌*v* [T] **2** *(form) (apoyo o ayuda)* ⇒conseguir

enmity UK: /ˈen.mɪ.ti/ US: /-ˤt̬i/ [*pl* enmities] *n* [C, U] *(form)* ⇒enemistad

↑**enormous** UK: /ɪˈnɔː.məs/ US: /-ˈnɔːr-/ *adj* ⇒enorme

enormously UK: /ɪˈnɔː.mə.sli/ US: /-ˈnɔːr-/ *adv* ⇒enormemente

↑**enough[1]** /ɪˈnʌf/ *adj* **1** ⇒suficiente ⇒bastante ■ Normalmente se sitúa delante de un nombre o detrás de un adjetivo: *He has enough money - Tiene suficiente dinero; He's not old enough to go to discos - No es lo bastante mayor para ir de discotecas* ■ Ver cuadro demasiado / suficiente **2 that's enough!** ⇒¡ya basta! **3 to have had ~** ⇒cansarse de ⇒estar harto,ta

↑**enough[2]** /ɪˈnʌf/ *adv* **1** ⇒suficientemente: *Put another jumper on if you aren't warm enough* - Ponte otro jersey si no estás suficientemente abrigado **2 oddly ~** ⇒curiosamente

↑**enough[3]** /ɪˈnʌf/ *excl* ⇒¡vale ya! ⇒¡basta ya!

enquire UK: /ɪnˈkwaɪəʳ/ US: /-ˈkwaɪr/ [enquired, enquiring] (*tb* **inquire**) *UK v* [T, I] *(form)* ⇒preguntar ⇒informarse ■ CONSTR. 1. to enquire about sth 2. to enquire + interrogativa directa

enquiring *UK* (*UK/US tb* **inquiring**) *adj* ⇒curioso,sa ⇒inquieto,ta ⇒inquisitivo,va

enquiry UK: /ɪnˈkwaɪə.ri/ US: /ˈɪn.kwə.ri/ [*pl* enquiries] *UK* (*UK/US tb* **inquiry**) *n* [C, U] **1** *(form)* ⇒pregunta **2** ⇒investigación

enrage /ɪnˈreɪdʒ/ [enraged, enraging] *v* [T] ⇒enfurecer ■ CONSTR. Se usa más en pasiva

enrich /ɪnˈrɪtʃ/ [enriches] *v* [T] ⇒enriquecer: *This milk is enriched with calcium* - Esta leche está enriquecida con calcio ■ CONSTR. Se usa más en pasiva

enriching *adj* ⇒enriquecedor,-a: *an enriching experience* - una experiencia enriquecedora

enrol UK: /ɪnˈrəʊl/ US: /-ˈroʊl/ [enrolled, enrolling] *UK v* [T, I] ⇒matricularse ⇒inscribirse

↑**ensure** UK: /ɪnˈʃɔːʳ/ US: /-ˈʃʊr/ [ensured, ensuring] (*US tb* **insure**) *v* [T] **1** *(form)* ⇒asegurar(se) ■ CONSTR. to ensure + (that) **2** ⇒garantizar ■ CONSTR. 1. to ensure + (that) 2. to ensure + dos objetos

entail /ɪnˈteɪl/ *v* [T] *(form)* ⇒conllevar: *It will entail a risk* - Va a conllevar un riesgo ■ CONSTR. to entail + doing sth

↑**enter** UK: /ˈen.təʳ/ US: /-ˤt̬ɚ/ *v* [T] **1** ⇒entrar: *He entered my room without permission* - Entró en mi habitación sin permiso ■ Incorrecto: *to enter in a building* **2** ⇒introducir **3** *(en informática)* ⇒introducir **4** *(en un concurso)* ⇒presentarse ⇒participar

↑**enterprise** UK: /ˈen.tə.praɪz/ US: /-ˤt̬ɚ-/ ▌*n* [C, U] **1** *(un negocio)* ⇒empresa ⇒entidad **2** ⇒proyecto ⇒iniciativa ⇒empresa ▌*n* [U] **3** ⇒iniciativa [empresarial]

enterprising UK: /ˈen.tə.praɪ.zɪŋ/ US: /-ˤt̬ɚ-/ *adj* ⇒emprendedor,-a ⇒con iniciativa

↑**entertain** UK: /ˌen.təˈteɪn/ US: /-ˤt̬ɚ-/ *v* [T] **1** ⇒divertir ⇒entretener **2** *(un invitado)* ⇒recibir ⇒invitar [en casa]

entertainer UK: /en.təˈteɪ.nəʳ/ US: /-ˤt̬ɚˈteɪ.nɚ/ *n* [C] **1** ⇒animador,-a **2** *(de un espectáculo)* ⇒artista

entertaining UK: /en.təˈteɪ.nɪŋ/ US: /-ˤt̬ɚ-/ *adj* ⇒divertido,da ⇒entretenido,da

entertainment UK: /en.təˈteɪn.mənt/ US: /-ˤt̬ɚ-/ *n* [C, U] ⇒diversión ⇒entretenimiento

↑**enthusiasm** UK: /ɪnˈθjuː.zi.æz.ᵊm/ US: /-ˈθuː-/ *n* [C, U] ⇒entusiasmo

enthusiast UK: /ɪnˈθjuː.zi.æst/ US: /-ˈθuː-/ *n* [C] ⇒entusiasta

enthusiastic UK: /ɪnˌθjuː.ziˈæs.tɪk/ US: /-ˌθuː-/ *adj* **1** ⇒entusiasmado,da: *to be enthusiastic about sth* - estar entusiasmado con algo **2** *not very enthusiastic* - con pocas ganas

entice /ɪnˈtaɪs/ [enticed, enticing] *v* [T] ⇒atraer ⇒tentar ⇒inducir ■ CONSTR. to entice + to do sth

↑**entire** UK: /ɪnˈtaɪəʳ/ US: /-ˈtaɪr/ *adj* ⇒todo,da ⇒entero,ra

entirely UK: /ɪnˈtaɪə.li/ US: /-ˈtaɪr-/ *adv* ⇒por completo ⇒totalmente

entirety UK: /ɪnˈtaɪə.rɪ.ti/ US: /-ˈtaɪr.ə.ˤt̬i/ *n* [U] *(form)* ⇒totalidad: *in its entirety* - en su totalidad

† **entitle** UK: /ɪnˈtaɪ.tl̩/ US: /-ˁtl̩/ [entitled, entitling] *v* [T] **1** ⇒titularse **2 to be entitled to (do) *sth*** ⇒tener derecho a algo: *You're entitled to a subsidy* - Tienes derecho a recibir una subvención **3 to ~ *sb* to (do) *sth*** ⇒dar a alguien derecho a algo ⇒permitir

entitlement UK: /ɪnˈtaɪ.tl̩.mənt/ US: /-ˁtl̩-/ *n* [C, U] ⇒derecho: *to have an entitlement to sth* - tener derecho a algo

entity UK: /ˈen.tɪ.ti/ US: /-ˁtə.ˁti/ [*pl* entities] *n* [C] *(form)* ⇒ente ⇒entidad

† **entrance** /ˈen.trənts/ *n* [C] **1** ⇒entrada **2** ⇒admisión: *We reserve the right to refuse entrance* - Se reserva el derecho de admisión

entrance hall *n* [U] *(en un edificio público)* ⇒vestíbulo ⇒recibidor

entrant /ˈen.trənt/ *n* [C] **1** ⇒persona que acaba de ingresar en una institución **2** *(en una competición)* ⇒participante **3** *(en una prueba)* ⇒candidato,ta ⇒aspirante

entrepreneur UK: /ˌɒn.trə.prəˈnɜːʳ/ US: /ˌɑːn.trə.prəˈnɝː/ *n* [C] **1** ⇒empresario,ria **2** *(en economía)* ⇒capitalista

entrust /ɪnˈtrʌst/ *v* [T] ⇒encomendar

† **entry** /ˈen.tri/ [*pl* entries] ▮ *n* [C, U] **1** *(a un lugar)* ⇒entrada ▮ *n* [C] **2** *(en un diccionario o en una enciclopedia)* ⇒entrada **3** *(a una organización)* ⇒ingreso

envelop /ɪnˈvel.əp/ *v* [T] *(form)* ⇒envolver ■ CONSTR. Se usa más en pasiva

† **envelope** UK: /ˈen.və.ləʊp/ US: /ˈɑːn.və.loʊp/ *n* [C] ⇒sobre: *to seal an envelope* - cerrar un sobre; *a padded envelope* - un sobre acolchado

enviable /ˈen.vi.ə.bl̩/ *adj* ⇒envidiable ■ PRON. La *a* se pronuncia como la *a* en el adverbio inglés *ago*

envious /ˈen.vi.əs/ *adj* **1** ⇒envidioso,sa **2 to be ~ of *sth/sb*** ⇒tener envidia de

† **environment** UK: /ɪnˈvaɪə.rən.mənt/ US: /-ˈvaɪr.ən-/ *n* [C] **1** ⇒medio ambiente: *to save the whales* - salvar a las ballenas **2** ⇒ambiente ⇒entorno

environmental UK: /ɪnˌvaɪə.rən.ˈmen.tᵊl/ US: /-ˌvaɪr.ənˈmen.ˁt[ə]l/ *adj* ⇒medioambiental

environmentalist UK: /ɪnˌvaɪə.rənˈmen.tᵊl.ɪst/ US: /-ˌvaɪr.ənˈmen.ˁt[ə]l-/ *n* [C] ⇒ecologista

envisage /ɪnˈvɪz.ɪdʒ/ [envisaged, envisaging] *UK v* [T] **1** ⇒prever **2** ⇒imaginar(se): *It's difficult to envisage such a situation* - Es difícil imaginar una situación así

envoy /ˈen.vɔɪ/ *n* [C] ⇒enviado,da

envy¹ /ˈen.vi/ *n* [U] ⇒envidia ■ PRON. La última sílaba, *vy*, rima como *we*

envy² /ˈen.vi/ [envies, envied] *v* [T] ⇒envidiar: *I don't envy other people* - No envidio a nadie ■ CONSTR. to envy + dos objetos

enzyme /ˈen.zaɪm/ *n* [C] ⇒enzima

ephemeral UK: /ɪˈfem.ᵊr.ᵊl/ US: /-ɚ-/ *adj* ⇒efímero,ra

epic¹ /ˈep.ɪk/ *n* [C] **1** ⇒épica **2** ⇒epopeya

epic² /ˈep.ɪk/ *adj* ⇒épico,ca: *an epic journey* - un viaje épico

epidemic /ˌep.ɪˈdem.ɪk/ *n* [C] ⇒epidemia

epilepsy /ˈep.ɪ.lep.si/ *n* [U] ⇒epilepsia

epileptic /ˌep.ɪˈlep.tɪk/ *adj, n* [C] ⇒epiléptico,ca: *to have an epileptic fit* - tener un ataque epiléptico

† **episode** UK: /ˈep.ɪ.səʊd/ US: /-soʊd/ *n* [C] **1** *(en televisión y en radio)* ⇒episodio ⇒capítulo **2** ⇒acontecimiento **3** *(en medicina)* ⇒ataque

epitaph UK: /ˈep.ɪ.tɑːf/ US: /-tæf/ *n* [C] ⇒epitafio

epitome UK: /ɪˈpɪt.ə.mi/ US: /-ˈpɪˁt-/ **to be the ~ of *sth*** ⇒ser la máxima expresión de algo

epoch UK: /ˈiː.pɒk/ US: /-pɑːk/ [*pl* epochs] *n* [C] *(form)* ⇒época ■ PRON. La *ch* se pronuncia como *k*

† **equal¹** /ˈiː.kwəl/ *adj, n* [C] **1** ⇒igual **2 ~ opportunities** ⇒igualdad de oportunidades

equal² /ˈiː.kwəl/ [equalled, equalling; *US tb* equaled, equaling] *v* [T] **1** *(en matemáticas)* ⇒ser igual **2** ⇒igualar: *Nobody can equal her as a pianist* - Nadie puede igualarla como pianista

equality UK: /ɪˈkwɒl.ɪ.ti/ US: /-ˈkwɑː.lə.ˁti/ *n* [U] ⇒igualdad

equalize /ˈiː.kwə.laɪz/ [equalized, equalizing] ▮ *v* [I] **1** *(en deportes)* ⇒igualar el marcador ⇒empatar ▮ *v* [T] **2** ⇒igualar ⇒nivelar

equally /ˈiː.kwə.li/ *adv* **1** ⇒equitativamente **2** ⇒igualmente

equate /ɪˈkweɪt/ [equated, equating] *v* [T] ⇒equiparar ⇒comparar

equation /ɪˈkweɪ.ʒᵊn/ *n* [U] ⇒ecuación: *to solve an equation* - resolver una ecuación

equator UK: /ɪˈkweɪ.təʳ/ US: /-ˁtɚ/ *n* [NO PL] *(en geografía)* ⇒ecuador

Equatorial Guinea *n* [U] ⇒Guinea Ecuatorial

Equatorial Guinean *adj, n* [C] ⇒guineano,na ⇒ecuatoguineano,na

† **equip** /ɪˈkwɪp/ [equipped, equipping] *v* [T] **1** ⇒equipar ■ CONSTR. to equip with sth **2** ⇒capacitar: *She's well equipped to deal with it* - Está bien capacitada para tratar el asunto ■ CONSTR. to equip + to do sth

equipment /ɪˈkwɪp.mənt/ *n* [U] **1** ⇒equipo ⇒equipamiento **2** ⇒material ■ Se dice *the equipment, some equipment* o *a piece of equipment*. Incorrecto: *an equipment*

equitable UK: /ˈek.wɪ.tə.bl̩/ US: /-ˁtə-/ *adj (form)* ⇒equitativo,va: *an equitable distribution* - una distribución equitativa

† **equivalent** /ɪˈkwɪv.ᵊl.ᵊnt/ *adj, n* [C] ⇒equivalente

ER UK: /ˌiːˈɑːʳ/ US: /-ˈɑːr/ **1** ➾forma abreviada de **Elizabeth Regina** ■ Es el sello real de la reina Isabel II de Inglaterra que se puede ver, por ejemplo, en los buzones de correos ❚ *n* [C] **2** *US* ➾forma abreviada de **emergency room** (sala de urgencias)

↑**era** UK: /ˈɪə.rə/ US: /ˈɪr.ə/ *n* [C] *(período de tiempo)* ➾era ➾época

eradicate /ɪˈræd.ɪ.keɪt/ [eradicated, eradicating] *v* [T] *(form)* ➾erradicar: *to eradicate a disease* - erradicar una enfermedad

erase UK: /ɪˈreɪz/ US: /-ˈreɪs/ [erased, erasing] *v* [T] ➾borrar

eraser UK: /ɪˈreɪ.zəʳ/ US: /-ˈreɪ.sə/ *n* [C] **1** *US* ➾borrador [de pizarra] **2** (*UK tb* **rubber**) ➾goma de borrar

erect[1] /ɪˈrekt/ *adj (form)* ➾erguido,da: *Keep your head erect* - Mantén la cabeza erguida

erect[2] /ɪˈrekt/ *v* [T] *(form)* ➾levantar ➾erigir

erection /ɪˈrek.ʃən/ *n* [U] **1** *(form)* ➾construcción [de un edificio] **2** ➾erección

ERM *n* [C] ➾forma abreviada de **Exchange Rate Mechanism** (mecanismo de cambio)

erode UK: /ɪˈrəʊd/ US: /-ˈroʊd/ [eroded, eroding] *v* [T] **1** ➾erosionar: *The waves erode the rocks* - Las olas erosionan las rocas ■ CONSTR. Se usa más en pasiva **2** *(form)* ➾afectar a ➾deteriorar

erotic UK: /ɪˈrɒt.ɪk/ US: /-ˈrɑː.ˤt̬ɪk/ *adj* ➾erótico,ca

errand /ˈer.ənd/ *n* [C] ➾recado: *to run an errand for sb* - hacer un recado a alguien

erratic UK: /ɪˈræt.ɪk/ US: /-ˈræˤt̬-/ *adj* **1** ➾irregular: *an erratic performance* - una actuación irregular **2** ➾impredecible

↑**error** UK: /ˈer.əʳ/ US: /-ə/ *n* [C, U] ➾error ➾equivocación ➾falla *AMÉR.*

↑**erupt** /ɪˈrʌpt/ *v* [I] **1** *(un volcán)* ➾entrar en erupción **2** *(una emoción o un suceso)* ➾estallar

eruption /ɪˈrʌp.ʃən/ *n* [C, U] **1** ➾erupción [de un volcán] **2** ➾brote [de ira]

escalate /ˈes.kə.leɪt/ [escalated, escalating] *v* [T, I] **1** ➾aumentar ➾intensificarse **2** ➾degenerar

↑**escalator** UK: /ˈes.kə.leɪ.təʳ/ US: /-ˤt̬ə/ *n* [C] ➾escalera mecánica ■ Distinto de *climber* (escalador)

escapade /ˈes.kə.peɪd/ *n* [C] ➾aventura ➾travesura

↑**escape**[1] /ɪˈskeɪp/ [escaped, escaping] ❚ *v* [I] **1** ➾huir ➾escapar **2** *(un gas o un líquido)* ➾fugarse ➾escaparse ❚ *v* [T, I] **3** *(una situación difícil)* ➾evitar ❚ *v* [T] **4** *(una información)* ➾escapar ➾olvidar **5 to ~ sb's {attention/notice}** ➾pasar inadvertido,da **6 to ~ {unharmed/unhurt}** ➾salir ileso,sa

↑**escape**[2] /ɪˈskeɪp/ *n* [C, U] *(de un sitio o de un peligro)* ➾escapada ➾fuga

escort[1] UK: /ˈes.kɔːt/ US: /-kɔːrt/ *n* [C, U] **1** ➾escolta: *under police escort* - bajo escolta policial **2** *(form)* ➾acompañante

escort[2] UK: /ɪˈskɔːt/ US: /-kɔːrt/ *v* [T] **1** ➾escoltar: *They escorted the President to his car* - Escoltaron al presidente hasta su coche **2** *(form)* ➾acompañar

Eskimo UK: /ˈes.kɪ.məʊ/ US: /-kə.moʊ/ [*pl* Eskimo, Eskimos] *n* [C] ➾esquimal ■ La palabra *Inuit* se considera más apropiada

especial /ɪˈspeʃ.əl/ *adj (form)* ➾especial ➾excepcional ■ Se usa más *special*

↑**especially** /ɪˈspeʃ.əl.i/ *adv* **1** ➾especialmente ➾sobre todo **2** ➾muy ➾sumamente ■ La forma abreviada es *esp.*

espionage /ˈes.pi.ə.nɑːʒ/ *n* [U] ➾espionaje

espresso UK: /esˈpres.əʊ/ US: /-oʊ/ ❚ *n* [U] **1** ➾café exprés ❚ *n* [C] **2** ➾taza de café exprés

↑**essay** /ˈes.eɪ/ *n* [C] **1** *(en una publicación)* ➾ensayo **2** *(en el colegio o en la universidad)* ➾redacción ➾composición

↑**essence** /ˈes.ənts/ ❚ *n* [U] **1** ➾esencia ➾característica ❚ *n* [C, U] **2** *(de una sustancia)* ➾esencia

↑**essential** /ɪˈsen.tʃəl/ *adj* ➾esencial ➾imprescindible

essentially /ɪˈsen.tʃəl.i/ *adv* ➾esencialmente ➾básicamente

essential oil *n* [C] ➾aceite esencial

↑**establish** /ɪˈstæb.lɪʃ/ [establishes] *v* [T] ➾establecer ➾fundar ■ CONSTR. Se usa más en pasiva

established /ɪˈstæb.lɪʃt/ *adj* **1** ➾establecido,da ➾asentado,da **2** *(un hecho)* ➾comprobado,da **3** *(una religión)* ➾oficial ■ La forma abreviada es *Est*

↑**establishment** /ɪˈstæb.lɪʃ.mənt/ *n* [C] **1** ➾establecimiento **2** ➾fundación **3 the Establishment** ➾las instituciones y personas que llevan y sustentan el poder

↑**estate** /ɪˈsteɪt/ *n* [C] **1** ➾finca: *a private estate* - una finca privada **2** ➾propiedad **3** ➾legado ➾herencia

estate agent *UK* (*US* **realtor/real estate agent**) *n* [C] ➾agente inmobiliario

estate car *UK* (*US* **station wagon**) *n* [C] ➾ranchera

esteem /ɪˈstiːm/ *n* [U] *(form)* ➾estima: *to hold sb in high esteem* - tener a alguien en alta estima

esthetic UK: /esˈθet.ɪk/ US: /-ˈθeˤt̬-/ *US* (*UK/US tb* **aesthetic**) *adj* ➾estético,ca

↑**estimate**[1] /ˈes.tɪ.mət/ *n* [C] **1** ➾cálculo aproximado **2** ➾estimación ➾presupuesto

↑**estimate**[2] /ˈes.tɪ.meɪt/ [estimated, estimating] *v* [T] ➾calcular [aproximadamente] ➾estimar ■ CONSTR. to estimate + that

estimation /ˌes.tɪˈmeɪ.ʃən/ *n* [U] **1** ➾juicio ➾opinión **2 to go {up/down} in sb's ~** ➾{ganar/perder} el aprecio que alguien tiene a algo o a alguien ■ Distinto de *assessment* (estimación)

Estonia UK: /es'təʊ.ni.ə/ US: /-'toʊ-/ *n* [U] ⇒Estonia

Estonian[1] UK:/es'təʊ.ni.ən/US:/-'toʊ-/ ▌*n* [U] **1** *(idioma)* ⇒estonio ▌*n* [C] **2** *(gentilicio)* ⇒estonio,nia

Estonian[2] UK: /es'təʊ.ni.ən/ US: /-'toʊ-/ *adj* ⇒estonio,nia

E

estranged /ɪ'streɪndʒd/ *adj* **1** *(form)* ⇒separado,da **2** *(form) (emocionalmente)* ⇒distanciado,da ⇒alejado,da **3 to be ~ from *sb*** **1** ⇒vivir separado,da de alguien **2** ⇒estar distanciado,da de alguien [emocionalmente]

estuary UK: /'es.tjʊə.ri/ US: /-tu.er.i/ [*pl* estuaries] *n* [C] ⇒estuario

ETA /ˌiː.tiː'eɪ/ *n* [NO PL] ⇒forma abreviada de **Estimated Time of Arrival** (hora prevista de llegada)

↑ **etc.** ⇒forma abreviada de **et cetera** (etcétera)

eternal UK: /ɪ'tɜː.nəl/ US: /-'tɝː-/ *adj* ⇒eterno,na: *eternal rival* - rival eterno

eternity UK: /ɪ'tɜː.nɪ.ti/ US: /-'tɝː.nə.ˁţi/ *n* [U] ⇒eternidad

ethereal UK: /ɪ'θɪə.ri.əl/ US: /-'θɪr.i-/ *adj* ⇒etéreo,a

ethic /'eθ.ɪk/ *n* [C] ⇒ética ⇒moral

ethical /'eθ.ɪ.kᵊl/ *adj* ⇒ético,ca: *It's not ethical* - No es ético

ethics /'eθ.ɪks/ *n* [U] *(estudio)* ⇒ética

Ethiopia UK: /ˌiː.θiː'əʊ.pi.ə/ US: /-'oʊ-/ *n* [U] ⇒Etiopía

Ethiopian UK: /ˌiː.θiː'əʊ.pi.ən/ US: /-'oʊ-/ *adj, n* [C] ⇒etíope

↑ **ethnic** /'eθ.nɪk/ *adj* ⇒étnico,ca

ethos UK: /'iː.θɒs/ US: /-θɑːs/ *n* [NO PL] *(conjunto de ideas y creencias)* ⇒espíritu ⇒escala de valores

etiquette UK: /'et.ɪ.ket/ US: /'eˁţ.ɪ.kət/ *n* [U] ⇒etiqueta ⇒protocolo

EU /ðiˌiː'juː/ *n* [NO PL] ⇒UE ■ Procede de *European Union* (Unión Europea)

euphoria UK: /juː'fɔː.ri.ə/ US: /-'fɔːr.i-/ *n* [U] ⇒euforia

Euro [*pl* Euro, Euros] *n* [C] *(moneda)* ⇒euro ■ PRON. La primera parte *eu* se pronuncia como la *you*

Europe UK: /'jʊə.rəp/ US: /'jʊ-/ *n* [U] **1** ⇒Europa **2** *UK* ⇒Europa [excluyendo el Reino Unido]

European UK: /ˌjʊə.rə'piː.ən/ US: /ˌjʊr.ə-/ *adj, n* [C] ⇒europeo,a: *the European Union* - la Unión Europea

euthanasia /ˌjuː.θə'neɪ.ʒə/ *n* [U] ⇒eutanasia

evacuate /ɪ'væk.ju.eɪt/ [evacuated, evacuating] *v* [T] ⇒evacuar ⇒desalojar

evacuee /ɪˌvæk.ju'iː/ *n* [C] *(persona)* ⇒evacuado,da

evade /ɪ'veɪd/ [evaded, evading] *v* [T] **1** ⇒evadir: *to evade paying taxes* - evadir impuestos **2** ⇒eludir: *He evaded the issue* - Eludió la cuestión

evaluate /ɪ'væl.ju.eɪt/ [evaluated, evaluating] *v* [T] *(form)* ⇒evaluar

evaluation /ɪˌvæl.ju'eɪ.ʃᵊn/ *n* [C, U] *(form)* ⇒evaluación

evaporate UK: /ɪ'væp.ᵊr.eɪt/ US: /-ə-/ [evaporated, evaporating] ▌*v* [T, I] **1** ⇒evaporar(se) ▌*v* [I] **2** ⇒esfumar(se)

evasion /ɪ'veɪ.ʒᵊn/ *n* [C, U] ⇒evasión: *tax evasion* - evasión de impuestos

evasive /ɪ'veɪ.sɪv/ *adj* ⇒evasivo,va

eve /iːv/ *n* [NO PL] ⇒víspera: *on the eve of the match* - en las vísperas del partido

even[1] /'iː.vᵊn/ *adj* **1** *(un terreno)* ⇒llano,na ⇒liso,sa **2** *(en una competición)* ⇒empatado,da ⇒igual **3** *(un número, una cifra)* ⇒par **4** *(un color)* ⇒uniforme **5** *(una temperatura)* ⇒constante **6** *(inform) Invite me to dinner and we'll be even* - Invítame a cenar y quedamos en paz

↑ **even**[2] /'iː.vᵊn/ *adv* **1** ⇒incluso ⇒hasta **2** ⇒aún: *This film is even worse* - Esta película es aún peor **3 ~ if** ⇒aunque: *Even if you left immediately, you wouldn't arrive in time* - Aunque salieras ahora mismo, no llegarías a tiempo **4 ~ so** ⇒aun así: *He wasn't feeling OK but even so he wanted to go out* - No se sentía bien, y aun así, quiso salir **5 ~ though** ⇒aunque: *Even though he says he isn't in love, I'm sure he is* - Aunque diga que no está enamorado, yo estoy seguro de que lo está

↑ **even**[3] /'iː.vᵊn/

PHRASAL VERBS

· **to even (*sth*) out [M]** ⇒igualar

↑ **evening** /'iːv.nɪŋ/ *n* [C] ⇒tarde ⇒noche ■ Se usa desde las seis de la tarde hasta la hora de acostarse. Comparar con *afternoon* ■ Ver cuadro partes del día

evening class [*pl* evening classes] *n* [C] ⇒clase nocturna

evenly /'iː.vᵊn.li/ *adv* **1** ⇒por igual ⇒equitativamente **2** ⇒uniformemente

↑ **event** /ɪ'vent/ *n* [C] **1** ⇒acontecimiento ⇒suceso **2** ⇒acto **3** ⇒prueba deportiva ⇒competición deportiva **4 in the ~** *UK* ⇒finalmente ⇒al final **5 in the ~ of *sth*** *(form)* ⇒en caso de

eventful /ɪ'vent.fᵊl/ *adj* ⇒memorable ⇒muy movido,da ⇒con muchos incidentes

↑ **eventual** /ɪ'ven.tju.ᵊl/ *adj* ⇒definitivo,va ⇒final ■ Distinto de *temporary* (eventual)

eventually /ɪ'ven.tju.ᵊl.i/ *adv* **1** ⇒al fin **2** ⇒a la larga ■ Distinto de *on a temporary basis* (eventualmente)

↑ **ever** UK: /'ev.əʳ/ US: /-ə/ *adv* **1** ⇒alguna vez ■ Se usa en oraciones interrogativas **2** ⇒nunca ■ Se usa en oraciones cuyo sujeto o verbo va en forma negativa. Comparar con *never* **3 as ~** ⇒como siempre **4 ~ after** ⇒para siempre **5 ~ since** **1** ⇒desde que **2**

⇒desde entonces **6 for ~** (*tb* **forever**) *UK* ⇒siempre ⇒para siempre

evergreen UK: /ˈev.ə.griːn/ US: /-ɚ-/ *adj* **1** *(una planta o un árbol)* ⇒perenne ⇒perennifolio,lia **2** ⇒mítico,ca: *an evergreen song* - una canción mítica

†**every** /ˈev.ri/ *adj* **1** ⇒todos,das: *I go to the club every Sunday* - Voy al club todos los domingos ■ El nombre debe estar siempre en singular: *I speak to her every day - Hablo con ella todos los días* **2** ⇒cada **3 ~ so often** ⇒de vez en cuando ⇒alguna que otra vez

everybody UK: /ˈev.riˌbɒd.i/ US: /-ˌbɑː.di/ *pron* See **everyone**

everyday /ˈev.ri.deɪ/ *adj* ⇒cotidiano,na ⇒diario,ria ■ Distinto de *every day* (todos los días)

†**everyone** /ˈev.ri.wʌn/ (*tb* **everybody**) *pron* ⇒todos ⇒todo el mundo

everyplace /ˈev.ri.pleɪs/ *adv* See **everywhere**

†**everything** /ˈev.ri.θɪŋ/ *pron* ⇒todo: *Everything depends on you* - Todo depende de ti; *Thank you for everything* - Gracias por todo

†**everywhere** UK: /ˈev.ri.weəʳ/ US: /-wer/ (*tb* **everyplace**) *adv* ⇒por todas partes

evict /ɪˈvɪkt/ *v* [T] ⇒desahuciar ■ CONSTR. to evict sb from sth

†**evidence** /ˈev.ɪ.dənts/ *n* [U] **1** ⇒pruebas ⇒indicios **2** *(en un tribunal)* ⇒testimonio

†**evident** /ˈev.ɪ.dənt/ *adj (form)* ⇒evidente: *It was evident to Mike* - Para Mike era evidente

evidently /ˈev.ɪ.dənt.li/ *adv* ⇒evidentemente

evil[1] /ˈiː.vəl/ *adj* **1** ⇒maligno,na ⇒malvado,da **2** *the evil eye* - el mal de ojo **3** *(el clima)* ⇒malo,la

evil[2] *n* [C, U] ⇒mal ⇒daño

evocative UK: /ɪˈvɒk.ə.tɪv/ US: /-ˈvɑː.kə.ˤt̬ɪv/ *adj* ⇒evocador,-a: *evocative beauty* - belleza evocadora

evoke UK: /ɪˈvəʊk/ US: /-ˈvoʊk/ [evoked, evoking] *v* [T] ⇒evocar

evolution /ˌiː.vəˈluː.ʃən, ˌev.ə-/ *n* [U] ⇒evolución

evolve [evolved, evolving] ▌*v* [I] **1** *(la especie)* ⇒evolucionar ▌*v* [T, I] **2** *(un proyecto)* ⇒evolucionar

ewe /juː/ *n* [C] ⇒oveja hembra

ex /eks/ [*pl* exes] *n* [C] **1** *(inform)* ⇒ex novio,via **2** *(inform)* ⇒ex marido, ex mujer

†**exact** /ɪgˈzækt/ *adj* ⇒exacto,ta ⇒preciso,sa

exacting /ɪgˈzæk.tɪŋ/ *adj* **1** ⇒exigente **2** ⇒arduo,dua

exactly[1] /ɪgˈzækt.li/ *adv* ⇒exactamente ⇒precisamente

exactly[2] /ɪgˈzækt.li/ *excl* ⇒¡exacto! ⇒¡en efecto!

†**exaggerate** UK: /ɪgˈzædʒ.ə.reɪt/ US: /-ɚ.eɪt/ [exaggerated, exaggerating] *v* [T, I] ⇒exagerar: *Don't exaggerate* - No exageres

†**exam** /ɪgˈzæm/ *n* [C] ⇒forma abreviada de **examination** (examen)

examination /ɪgˌzæm.ɪˈneɪ.ʃən/ *n* [C, U] **1** *(form)* ⇒examen ■ La forma abreviada es *exam* **2** ⇒reconocimiento ⇒revisión

†**examine** /ɪgˈzæm.ɪn/ [examined, examining] *v* [T] **1** *(form)* ⇒examinar ⇒poner un examen **2** ⇒examinar ⇒contemplar **3** ⇒registrar ⇒revisar

†**example** UK: /ɪgˈzɑːm.pl̩/ US: /-ˈzæm-/ *n* [C] **1** ⇒ejemplo ⇒modelo **2** *(de un documento)* ⇒ejemplar **3 for ~** ⇒por ejemplo ■ La forma abreviada es *e.g.* **4 to set a {good/bad} ~ to sb** ⇒dar {buen/mal} ejemplo a alguien

exasperate UK: /ɪgˈzɑː.spə.reɪt/ US: /-ˈzæs.pɚ.eɪt/ [exasperated, exasperating] *v* [T] ⇒exasperar: *Your attitude exasperates me* - Tu actitud me exaspera

exasperated UK: /ɪgˈzɑː.spə.reɪ.tɪd/ US: /-ˈzæs.pɚ.eɪ.ˤt̬ɪd/ *adj* ⇒exasperado,da

exasperation UK: /ɪgˌzɑː.spəˈreɪ.ʃən/ US: /-ˈzæs.pə-/ *n* [U] ⇒exasperación

excavate /ˈek.skə.veɪt/ [excavated, excavating] *v* [T] ⇒excavar: *to excavate an area* - excavar una zona

†**exceed** /ɪkˈsiːd/ *v* [T] ⇒sobrepasar ⇒exceder ⇒superar

exceedingly /ɪkˈsiː.dɪŋ.li/ *adv (form)* ⇒sumamente: *I am exceedingly grateful to you* - Le estoy sumamente agradecido

excel /ɪkˈsel/ [excelled, excelling] *v* [I] *(form)* ⇒destacar

†**excellent** /ˈek.səl.ənt/ *adj* ⇒excelente

†**except** /ɪkˈsept/ *prep* **1** ⇒excepto ⇒salvo ⇒menos **~ that 2** ⇒si no fuera porque

exception /ɪkˈsep.ʃən/ *n* [C, U] ⇒excepción: *to make an exception* - hacer una excepción; *the exception that proves the rule* - la excepción que confirma la regla

exceptional /ɪkˈsep.ʃən.əl/ *adj* **1** ⇒extraordinario,ria ⇒excepcional **2** *(fuera de lo común)* ⇒excepcional ⇒singular

excerpt UK: /ˈek.sɜːpt/ US: /-sɝːpt/ *n* [C] ⇒extracto [de un texto] ⇒fragmento

excess *n* [U, NO PL] **1** ⇒exceso: *an excess of sth* - un exceso de algo **2** *excess baggage* - exceso de equipaje **3 ~ weight** ⇒exceso de peso ⇒sobrepeso **4 in ~ of** ⇒por encima de **5 to do sth to ~** ⇒hacer algo en exceso

excessive /ekˈses.ɪv/ *adj* ⇒excesivo,va ⇒exagerado,da

exchange[1] /ɪksˈtʃeɪndʒ/ ▌*n* [C, U] **1** ⇒intercambio: *an exchange of ideas* - un intercambio de ideas ▌*n* [C] **2** *(entre varios colegios)* ⇒intercambio **3** ⇒pelea ⇒riña **4** ⇒cambio de divisas **5 in ~ for** ⇒a cambio de

† **exchange²** /ɪks'tʃeɪndʒ/ [exchanged, exchanging] *v* [T] **1** ⇒intercambiar: *We exchanged phone numbers* - Intercambiamos los teléfonos **2** *(en una tienda)* ⇒cambiar

excitable UK: /ɪk'saɪ.tə.bļ/ US: /-ˤţə-/ *adj* ⇒excitable ⇒nervioso,sa

† **excite** /ɪk'saɪt/ [excited, exciting] *v* [T] **1** *(form)* ⇒excitar ⇒alterar **2** ⇒despertar ⇒avivar

E

excited UK: /ɪk'saɪ.tɪd/ US: /-ˤţɪd/ *adj* **1** ⇒emocionado,da ⇒ilusionado,da **2** ⇒nervioso,sa ■ PRON. La última *e* se pronuncia como la *i* en *did* ■ Ver cuadro

adjetivos terminados en "-ed" / "-ing": excited / exciting

- No hay que confundir los adjetivos terminados en "**-ed**" con los terminados en "**-ing**", porque tienen distinto significado.
- Los adjetivos terminados en "**-ed**" describen cómo se siente una persona. Los adjetivos que terminan en "**-ing**" describen la cosa, la situación, el lugar o la persona que provoca ese sentimiento o esa sensación:

· *Bungee jumping was a very **exciting** experience. Tom was really **excited**.*
(Hacer puenting fue una experiencia muy emocionante. Tom estaba realmente emocionado.)

↳ "Exciting" ('emocionante') describe cómo es la experiencia de hacer puenting. "Excited" ('emocionado') describe cómo se siente Tom.

· *The film was very **boring**. I was so **bored** that I fell asleep*
(La película era muy aburrida. Estaba tan aburrido que me dormí.)

↳ "Boring" ('aburrida') describe cómo es la película. "Bored" ('aburrido') describe cómo me siento.

Otros ejemplos:

amazed (alucinado, da)	*amazing* (alucinante)
amused (entretenido, da)	*amusing* (que entretiene)
bored (aburrido, da)	*boring* (que aburre)
excited (emocionado, da)	*exciting* (emocionante)
interested (interesado, da)	*interesting* (interesante
tired (cansado, da)	*tiring* (que cansa)

(Ver también cuadro **aburrido**.)

excitedly UK: /ɪk'saɪ.tɪd.li/ US: /-ˤţɪd-/ *adv* ⇒entusiasmadamente

excitement /ɪk'saɪt.mənt/ *n* [C, U] **1** ⇒emoción **2** ⇒nervios

exciting UK: /ɪk'saɪ.tɪŋ/ US: /-ˤţɪŋ/ *adj* ⇒emocionante: *an exciting match* - un partido emocionante ■ Ver cuadro adjetivos terminados en "-ed" / "-ing": excited / exciting

† **exclaim** /ɪk'skleɪm/ *v* [I] ⇒exclamar

exclamation /ˌek.sklə'meɪ.ʃən/ *n* [C] ⇒exclamación

† **exclamation mark** *n* [C] *(en ortografía)* ⇒signo de admiración ■ Ver cuadro signos de puntuación

† **exclude** /ɪk'sklu:d/ [excluded, excluding] *v* [T] ⇒excluir: *James was excluded from the game* - James fue excluido del juego ■ CONSTR. 1. to exclude sth/sb from sth 2. Se usa más en pasiva

excluding /ɪk'sklu:.dɪŋ/ *prep* ⇒exceptuando ⇒excepto

exclusion /ɪk'sklu:.ʒən/ *n* [C, U] **1** ⇒exclusión **2 to the ~ of sth** *He is focused on his studies, to the exclusion of everything else* - Está concentrado exclusivamente en sus estudios

† **exclusive** /ɪk'sklu:.sɪv/ *adj* ⇒exclusivo,va ⇒selecto,ta

excursion UK: /ɪk'skɜ:.ʃən/ US: /-'skɝ:-/ *n* [C] ⇒excursión: *to go on an excursion* - ir de excursión

† **excuse¹** /ɪk'skju:z/ [excused, excusing] *v* [T] **1** ⇒perdonar ⇒disculpar ■ CONSTR. to excuse sb for + doing sth **2** ⇒dispensar ⇒disculpar ■ CONSTR. to excuse sb from sth **3 ~ me** ⇒perdón ⇒disculpe ■ Normalmente se dice antes de interrumpir o molestar a alguien. Comparar con *sorry*

† **excuse²** /ɪk'skju:s/ *n* [C] ⇒excusa: *That's no excuse* - Eso no es ninguna excusa

† **execute** /'ek.sɪ.kju:t/ [executed, executing] *v* [T] **1** *(form) (a una persona)* ⇒ejecutar **2** *(una orden)* ⇒cumplir

execution /ˌek.sɪ'kju:.ʃən/ *n* [U] **1** *(de una acción)* ⇒ejecución **2** *(de una persona condenada)* ⇒ejecución

executioner UK: /ˌek.sɪ'kju:.ʃən.ər/ US: /-ɚ/ *n* [C] ⇒verdugo

executive¹ UK: /ɪg'zek.jʊ.tɪv/ US: /-jə.ˤţɪv/ *adj* ⇒ejecutivo,va ⇒de ejecutivo,va

executive² UK: /ɪg'zek.jʊ.tɪv/ US: /-jə.ˤţɪv/ *n* [C] **1** ⇒ejecutivo,va: *executive director* - director ejecutivo *UK* **2** ⇒junta directiva

exempt¹ /ɪg'zempt/ *adj* ⇒exento,ta: *to be exempt from paying* - estar exento de pagar ■ CONSTR. Se usa detrás de un verbo

exempt² /ɪg'zempt/ *v* [T] *(form)* ⇒eximir: *to exempt sb from all responsibility* - eximir a alguien de toda responsabilidad ■ CONSTR. Se usa más en pasiva

↑ **exercise**[1] UK: /'ek.sə.saɪz/ US: /-sɚ-/ ▮ *n* [C, U] **1** *(físico)* ⇒ejercicio **2** *(por escrito)* ⇒ejercicio **3** *military exercises* - maniobras militares ▮ *n* [U] **4** ⇒ejercicio [de poder]

exercise[2] UK: /'ek.sə.saɪz/ US: /-sɚ-/ [exercised, exercising] ▮ *v* [I] **1** ⇒hacer ejercicio ▮ *v* [T] **2** *(a un perro)* ⇒sacar **3** *(form) (un derecho)* ⇒ejercer

exert UK: /ɪg'zɜːt/ US: /-'zɝːt/ *v* [T] **1** ⇒ejercer: *He exerts a great influence on Peter* - Ejerce una gran influencia en Peter **2** **to ~ *oneself*** ⇒esforzarse

exertion UK: /ɪg'zɜː.ʃ^ən/ US: /-'zɝː-/ *n* [U] ⇒esfuerzo

exhaust[1] UK: /ɪg'zɔːst/ US: /-'zɑːst/ *v* [T] ⇒agotar: *The walk exhausted the children* - El paseo agotó a los niños

exhaust[2] *n* [U] **1** ⇒gases [del tubo de escape] **2** *UK (en un vehículo)* ⇒tubo de escape ⇒exosto *AMÉR.*

exhausted UK: /ɪg'zɔː.stɪd/ US: /-'zɑː-/ *adj* ⇒exhausto,ta ⇒agotado,da

exhausting UK: /ɪg'zɔː.stɪŋ/ US: /-'zɑː-/ *adj* ⇒agotador,-a: *an exhausting journey* - un viaje agotador

exhaustion UK: /ɪg'zɔːs.tʃ^ən/ US: /-'zɑː-/ *n* [U] ⇒agotamiento

exhaustive UK: /ɪg'zɔː.stɪv/ US: /-'zɑː-/ *adj* ⇒exhaustivo,va

exhibit[1] /ɪg'zɪb.ɪt/ ▮ *v* [T, I] **1** ⇒exhibir ⇒exponer ▮ *v* [T] **2** *(form) (un sentimiento)* ⇒mostrar

exhibit[2] *n* [C] *(en una exposición)* ⇒pieza expuesta

exhibition /ˌek.sɪ'bɪʃ.^ən/ *n* [C, U] ⇒exposición: *to see an exhibition* - ver una exposición

EXHIBITION

exhilarating UK: /ɪg'zɪl.ə.reɪ.tɪŋ/ US: /-ˤt̬ɪŋ/ *adj* ⇒emocionante: *an exhilarating roller-coaster ride* - una vuelta emocionante en la montaña rusa

exhilaration /ɪgˌzɪl.ə'reɪ.ʃ^ən/ *n* [U] ⇒euforia ⇒emoción

ex-husband /ˌeks'hʌz.bənd/ *n* [C] ⇒ex marido: *Her ex-husband works in a bank* - Su ex marido trabaja en un banco

exile[1] /'ek.saɪl, 'eg.zaɪl/ ▮ *n* [U] **1** ⇒exilio: *to live in exile* - vivir en el exilio ▮ *n* [C] **2** ⇒exiliado,da

exile[2] /'ek.saɪl, 'eg.zaɪl/ [exiled, exiling] *v* [T] ⇒exiliar

↑ **exist** /ɪg'zɪst/ *v* [I] **1** ⇒existir **2** ⇒sobrevivir: *You can't exist without food* - No puedes sobrevivir sin comer nada

existence /ɪg'zɪs.t^ənts/ *n* [U] ⇒existencia

existing /ɪg'zɪs.tɪŋ/ *adj* ⇒existente ⇒actual

↑ **exit** /'ek.sɪt, 'eg.zɪt/ *n* [C] **1** ⇒salida: *No exit* - Prohibida la salida **2** *to make a quick exit* - escapar pronto o rápidamente ▪ Distinto de *success* (éxito)

↑ **exotic** UK: /ɪg'zɒt.ɪk/ US: /-'zɑː.ˤt̬ɪk/ *adj* ⇒exótico,ca: *an exotic island* - una isla exótica

↑ **expand** /ɪk'spænd/ *v* [T, I] **1** ⇒expandir(se): *The company has expanded* - La empresa se ha expandido **2** ⇒dilatar(se): *The pupil expands when there is little light* - La pupila se dilata cuando hay poca luz

PHRASAL VERBS

· **to expand on *sth*** ⇒extenderse sobre algo ⇒desarrollar algo

expanse /ɪk'spænts/ *n* [C] **1** ⇒extensión [de mar, de tierra] **2** ⇒amplitud **3** *(de un ave, de un avión)* ⇒envergadura

expansion /ɪk'spæn.tʃ^ən/ *n* [C, U] ⇒expansión

expansive /ɪk'spænt.sɪv/ *adj (form)* ⇒expansivo,va ⇒comunicativo,va ⇒sociable

expatriate UK: /ek'spæt.ri.ət/ US: /-'speɪ.tri-/ *adj, n* [C] ⇒expatriado,da

↑ **expect** /ɪk'spekt/ ▮ *v* [T] **1** ⇒esperar: *I expect him to arrive any minute now* - Lo espero de un momento a otro; *She's expecting a baby* - Está esperando un bebé ▪ CONSTR. to expect + to do sth ▪ Se usa cuando existen razones para creer que algo sucederá. Comparar con *hope* (desear que algo suceda) ▮ *v* [I] **2** ⇒suponer ⇒creer ▪ CONSTR. to expect + (that) **3** ⇒confiar ⇒esperar

expectancy /ɪk'spek.t^ənt.si/ *n* [U] ⇒expectación: *an air of expectancy* - un ambiente de expectación

expectant /ɪk'spek.t^ənt/ *adj* **1** ⇒expectante ⇒ilusionado,da **2** ⇒encinta ⇒embarazada

expectation /ˌek.spek'teɪ.ʃ^ən/ ▮ *n* [C] **1** ⇒esperanza ▮ *n* [C, U] **2** ⇒expectativa: *What are your expectations?* - ¿Cuáles son tus expectativas? ▪ Se usa más en plural **3** **{against/contrary} to (all) expectations** ⇒contra todo pronóstico ▪ Distinto de *expectancy* (expectación)

expected /ɪk'spek.tɪd/ *adj* ⇒esperado,da

expedition /ˌek.spə'dɪʃ.^ən/ *n* [U] **1** ⇒expedición **2** *(form) with the greatest possible expedition* - lo antes posible

expel /ɪk'spel/ [expelled, expelling] *v* [T] ⇒expulsar ▪ CONSTR. Se usa más en pasiva

expend /ɪk'spend/ *v* [T] *(form)* ⇒dedicar ⇒gastar ⇒usar ■ CONSTR. 1. to expend + doing sth 2. to expend sth on sth

expendable /ɪk'spen.də.bl̩/ *adj (form)* ⇒prescindible

expenditure UK: /ɪk'spen.dɪ.tʃəʳ/ US: /-tʃɚ/ *n* [U] **1** *(form)* ⇒gasto [de dinero o de energía] **2** ⇒gastos

expense /ɪk'spents/ *n* [C, U] ⇒gasto ⇒coste

E

expensive /ɪk'spent.sɪv/ *adj* ⇒caro,ra: *an expensive car* - un coche caro

experience[1] UK: /ɪk'spɪə.ri.ənts/ US: /-'spɪr.i-/ ▮ *n* [C] **1** ⇒experiencia ▮ *n* [U] **2** ⇒experiencia ⇒práctica

experience[2] UK: /ɪk'spɪə.ri.ənts/ US: /-'spɪr.i-/ [experienced, experiencing] *v* [T] **1** ⇒experimentar: *I experienced a feeling of great joy* - Experimenté una gran alegría **2** ⇒pasar: *He experienced hunger during the war* - Pasó hambre durante la guerra **3** ⇒atravesar: *She's experiencing a serious crisis* - Atraviesa una gran crisis

experienced UK: /ɪk'spɪə.ri.əntst/ US: /-'spɪr.i-/ *adj* ⇒experimentado,da ⇒con experiencia ■ PRON. La última *e* no se pronuncia

experiment[1] /ɪk'sper.ɪ.mənt/ *n* [C, U] ⇒experimento

experiment[2] /ɪk'sper.ɪ.ment/ *v* [I] ⇒experimentar ■ CONSTR. 1. to experiment with sth 2. to experiment on sth/sb

expert UK: /'ek.spɜːt/ US: /-spɝːt/ *adj, n* [C] ⇒experto,ta [en una materia] ⇒especialista

expertise UK: /ˌek.spɜː'tiːz/ US: /-spɝː-/ *n* [U] ⇒pericia ⇒habilidad

explain /ɪk'spleɪn/ *v* [T, I] ⇒explicar: *Explain it to me* - Explícamelo ■ CONSTR. 1.to explain + (that) 2. to explain sth to sb 3. to explain + interrogativa indirecta

explanation /ˌek.splə'neɪ.ʃən/ *n* [C, U] ⇒explicación: *You owe me an explanation* - Me debes una explicación

explanatory UK: /ɪk'splæn.ə.tri/ US: /-tɔːr.i/ *adj* ⇒explicativo,va ⇒esclarecedor,-a

explicit /ɪk'splɪs.ɪt/ *adj* ⇒explícito,ta

explode UK: /ɪk'spləʊd/ US: /-'sploʊd/ [exploded, exploding] ▮ *v* [T, I] **1** ⇒explotar: *The bomb exploded at 22.00* - La bomba explotó a las 22.00 ▮ *v* [I] **2** *(una persona)* ⇒estallar ⇒explotar

exploit[1] /ɪk'splɔɪt/ *v* [T] ⇒explotar ⇒aprovecharse ■ CONSTR. Se usa más en pasiva

exploit[2] /'ek.splɔɪt/ *n* [C] ⇒hazaña ⇒proeza ■ Se usa más en plural

exploitation /ˌek.splɔɪ'teɪ.ʃən/ *n* [U] **1** *(de una persona)* ⇒explotación ⇒abuso **2** *(de tierra)* ⇒explotación

explore UK: /ɪk'splɔːʳ/ US: /-'splɔːr/ [explored, exploring] *v* [T] ⇒explorar: *to explore an area* - explorar una zona

explorer UK: /ɪk'splɔː.rəʳ/ US: /-rɚ/ *n* [C] ⇒explorador,-a

explosion UK: /ɪk'spləʊ.ʒən/ US: /-'sploʊ-/ *n* [C, U] ⇒explosión

explosive[1] UK: /ɪk'spləʊ.sɪv/ US: /-'sploʊ-/ *adj* ⇒explosivo,va

explosive[2] UK: /ɪk'spləʊ.sɪv/ US: /-'sploʊ-/ *n* [C, U] ⇒explosivo

export[1] UK: /'ek.spɔːt/ US: /-spɔːrt/ *n* [C, U] ⇒exportación

export[2] UK: /ɪk'spɔːt/ US: /'ek.spɔːrt/ ▮ *v* [T, I] **1** ⇒exportar: *to export goods* - exportar mercancías ▮ *v* [T] **2** *(un archivo informático)* ⇒exportar

expose UK: /ɪk'spəʊz/ US: /-'spoʊz/ [exposed, exposing] *v* [T] **1** ⇒destapar ⇒sacar a la luz ⇒desenmascarar **2** ⇒revelar ⇒descubrir **3** *(en fotografía)* ⇒exponer

PHRASAL VERBS
- **to expose *oneself*** ⇒hacer exhibicionismo
- **to expose *sb* to *sth*** ⇒exponer(se) a algo

exposed UK: /ɪk'spəʊzd/ US: /-'spoʊzd/ *adj* **1** *(un lugar)* ⇒expuesto,ta ⇒desprotegido,da **2** ⇒al descubierto **3** *(en fotografía)* ⇒expuesto,ta ⇒revelado,da

exposure UK: /ɪk'spəʊ.ʒəʳ/ US: /-'spoʊ.ʒɚ/ *n* [U] **1** *(a un peligro)* ⇒exposición **2** *(condición física)* ⇒congelación **3** *(de un secreto)* ⇒revelación **4** ⇒publicidad: *The event received a lot of exposure* - El evento recibió mucha publicidad **5** *(en fotografía)* ⇒abertura ⇒exposición

express[1] /ɪk'spres/ *v* [T] ⇒expresar: *to express an idea* - expresar una idea

express[2] /ɪk'spres/ *adj* **1** ⇒exprés ⇒rápido,da **2** ⇒expreso,sa ⇒explícito,ta

express[3] /ɪk'spres/ *n* [C] ⇒tren expreso

expression /ɪk'spreʃ.ən/ ▮ *n* [C] **1** *(de la cara)* ⇒expresión ⇒gesto **2** ⇒expresión ⇒frase ▮ *n* [C, U] **3** ⇒manifestación ⇒expresión

expressive /ɪk'spres.ɪv/ *adj* ⇒expresivo,va

expressively /ɪk'spres.ɪv.li/ *adv* ⇒expresivamente

expressly /ɪk'spres.li/ *adv* **1** *(form)* ⇒expresamente ⇒explícitamente **2** ⇒rotundamente

expressway /ɪk'spres.weɪ/ *US* (*UK* **motorway**) *n* [C] ⇒autopista: *on the expressway* - en la autopista

expulsion /ɪk'spʌl.ʃən/ *n* [C, U] ⇒expulsión

exquisite /ɪk'skwɪz.ɪt/ *adj* ⇒exquisito,ta

extend /ɪk'stend/ ▮ *v* [T] **1** ⇒prolongar ⇒alargar ⇒ampliar ▮ *v* [I] **2** ⇒extenderse **3 to ~ *sth* to *sb*** *(form)* ⇒dar algo a alguien ■ CONSTR. Se usa generalmente seguido de una preposición o un adverbio

extended /ɪk'sten.dɪd/ *adj* ⇒prolongado,da: *an extended period of time* - un período prolongado de tiempo

extension /ɪk'sten.tʃᵊn/ *n* [C, U] **1** ⇒ampliación ⇒prolongación **2** *Can I have an extension for the essay, please?* - ¿Puedo tener más tiempo para hacer la redacción, por favor? **3** *(de un teléfono)* ⇒extensión

† **extensive** /ɪk'sten*t*.sɪv/ *adj* ⇒grande ⇒extenso,sa

† **extent** /ɪk'stent/ *n* [U, NO PL] **1** ⇒extensión **2** ⇒alcance ⇒importancia **3 to what extent...?** ⇒¿hasta qué punto...?

exterior[1] UK: /ɪk'stɪə.ri.əʳ/ US: /-'stɪr.i.ɚ/ *adj* ⇒exterior

exterior[2] UK: /ɪk'stɪə.ri.əʳ/ US: /-'stɪr.i.ɚ/ *n* [C] **1** ⇒exterior **2** ⇒apariencia: *the exterior of a car* - la apariencia de un coche

exterminate UK: /ɪk'stɜː.mɪ.neɪt/ US: /-'stɝː-/ [exterminated, exterminating] *v* [T] ⇒exterminar

† **external** UK: /ɪk'stɜː.nəl/ US: /-'stɝː-/ *adj* **1** ⇒externo,na ⇒exterior **2** *for external use* - de uso tópico

extinct /ɪk'stɪŋkt/ *adj* **1** *(una especie)* ⇒extinguido,da **2** *(de una especie): to become extinct* - extinguirse

extinction /ɪk'stɪŋk.ʃᵊn/ *n* [U] ⇒extinción: *a species in danger of extinction* - una especie en peligro de extinción

extinguish /ɪk'stɪŋ.gwɪʃ/ [extinguishes] *v* [T] *(formal)* ⇒extinguir ⇒apagar ■ Se usa más *to put out*

extort UK: /ɪk'stɔːt/ US: /-'stɔːrt/ *v* [T] ⇒extorsionar [dinero]

extortionate UK: /ɪk'stɔː.ʃᵊn.ət/ US: /-'stɔːr-/ *adj* *(un precio)* ⇒abusivo,va ⇒exorbitante

† **extra**[1] /'ek.strə/ *adj* ⇒extra ⇒adicional

extra[2] /'ek.strə/ *adv* ⇒extra ⇒más

extra[3] /'ek.strə/ *n* [C] **1** ⇒extra [no incluido en el precio base] **2** *(en cine)* ⇒extra **3** *US* ⇒repuesto **4** ⇒número extraordinario [de un periódico]

extract[1] /ɪk'strækt/ *v* [T] **1** ⇒extraer **2** *(form)* ⇒extraer ⇒sacar

extract[2] /'ek.strækt/ *n* [C] **1** *(de un texto)* ⇒resumen ⇒extracto **2** *(sustancia)* ⇒extracto ⇒esencia

extradite /'ek.strə.daɪt/ [extradited, extraditing] *v* [T] ⇒extraditar: *He has been extradited* - Fue extraditado ■ CONSTR. Se usa más en pasiva

† **extraordinary** UK: /ɪk'strɔː.dɪn.ᵊr.i/ US: /-'strɔːr.d[ə]n.er-/ *adj* ⇒extraordinario,ria

extravagant /ɪk'stræv.ə.gᵊnt/ *adj* **1** ⇒derrochador,-a ⇒excesivo,va **2** *She's very extravagant with her gifts* - Es demasiado generosa con sus regalos **3** *(estilo)* ⇒peculiar ⇒extravagante

† **extreme** /ɪk'striːm/ *adj* **1** ⇒extremo,ma: *extreme temperatures* - temperaturas extremas **2** *extreme sports* - deportes de riesgo

extremely /ɪk'striːm.li/ *adv* ⇒extremadamente

extremist /ɪk'striː.mɪst/ *n* [C] *(en política)* ⇒extremista

extremity UK: /ɪk'strem.ɪ.ti/ US: /-ə.ˤt̬i/ [*pl* extremities] *n* [C] **1** *(form)* ⇒extremidad ⇒punta **2** *(form) (del cuerpo)* ⇒extremidad **3** *(form)* ⇒apuro ⇒necesidad

extricate /'ek.strɪ.keɪt/ [extricated, extricating] **1 to ~ *sb* from *sth*** *(form)* ⇒sacar a alguien [de una situación desagradable]: *to extricate sb from a difficult situation* - sacar a alguien de una situación difícil **2 to ~ *oneself* from *sth*** *(form)* ⇒escaparse [de una situación desagradable] ⇒lograr salir [de una situación desagradable]

extrovert UK: /'ek.strə.vɜːt/ US: /-vɝːt/ *adj, n* [C] ⇒extrovertido,da

exuberant UK: /ɪg'zjuː.bᵊr.ᵊnt/ US: /-'zuː.bɚ-/ *adj* **1** *(una planta)* ⇒exuberante **2** ⇒enérgico,ca y entusiasta ⇒vivaz

exude UK: /ɪg'zjuːd/ US: /-'zuːd/ [exuded, exuding] ▌*v* [T] **1** ⇒emanar ⇒irradiar ▌*v* [T, I] **2** ⇒exudar ⇒rezumar

ex-wife /ˌeks'waɪf/ *n* [C] ⇒ex mujer: *His ex-wife is an actress* - Su ex mujer es actriz

† **eye**[1] /aɪ/ *n* [C] **1** *(en anatomía)* ⇒ojo **2** *(en una aguja)* ⇒ojo **3 can't {keep/take} *one's* eyes off *sth*/*sb*** ⇒no poder quitarle el ojo a algo o a alguien **4 in *sb's* eyes** ⇒en opinión de alguien ⇒desde el punto de vista de alguien **5 to be up to *one's* eyes in *sth*** *(una persona)* ⇒estar desbordado, da de algo ⇒estar agobiado,da **6 to catch *one's* ~** ⇒llamar la atención a alguien **7 to keep {an/one's} ~ on *sth*/*sb*** ⇒echar un ojo *col.;* ⇒vigilar **8 to keep *one's* eyes {open/peeled}** ⇒estar atento,ta **9 to see ~ to ~ (with *sb*)** ⇒estar de acuerdo (con alguien)

eye[2] /aɪ/ [eyed, eyeing; *US tb* eying] *v* [T] ⇒mirar [con atención]

eyeball UK: /'aɪ.bɔːl/ US: /-bɑːl/ *n* [C] ⇒globo ocular

† **eyebrow** /'aɪ.braʊ/ *n* [C] ⇒ceja

eye-catching /'aɪˌkætʃ.ɪŋ/ *adj* ⇒vistoso,sa ⇒llamativo,va

† **eyelash** /'aɪ.læʃ/ [*pl* eyelashes] *n* [C] ⇒pestaña: *to curl your eyelashes* - rizar las pestañas

eyelid /'aɪ.lɪd/ *n* [C] ⇒párpado

eyesight /'aɪ.saɪt/ *n* [U] **1** *(de los ojos)* ⇒vista **2** *to have very bad eyesight* - ver muy mal

eyesore UK: /'aɪ.sɔːʳ/ US: /-sɔːr/ *n* [C] ⇒monstruosidad ⇒horror

eyewitness /'aɪˌwɪt.nəs/ [*pl* eyewitnesses] *n* [C] ⇒testigo ocular ⇒testigo presencial

F

f /ef/ [*pl* f's] *n* [C] *(letra del alfabeto)* ⇒f

F[1] /ef/ [*pl* F's] *n* [C, U] *(nota musical)* ⇒fa

F[2] /ef/ *adj, n* [U] ⇒forma abreviada de **Fahrenheit** (escala de Fahrenheit)

fa (*tb* **fah**) *n* [U, NO PL] *(nota musical)* ⇒fa

fable /ˈfeɪ.bl̩/ *n* [C] ⇒fábula ■ PRON. Rima con *table*

↑**fabric** /ˈfæb.rɪk/ *n* [C, U] **1** *(en sastrería y tapicería)* ⇒tejido **2 the ~ (of *sth*)** ⇒el tejido [de algo] ⇒la estructura [de algo] ■ Distinto de *factory* (fábrica)

fabulous /ˈfæb.jʊ.ləs/ *adj* ⇒fabuloso,sa ⇒de fábula

facade /fəˈsɑːd/ *n* [C] **1** ⇒fachada [de un edificio] **2** ⇒apariencia ⇒fachada

↑**face**[1] /feɪs/ *n* [C] **1** ⇒cara ⇒rostro **2** ⇒ladera [de una montaña] **3** ⇒corte [de un acantilado] **4** ⇒faz [de la tierra] **5 ~ {down/up}** ⇒boca {abajo/arriba} **6 ~ to ~** ⇒cara a cara **7 in the ~ of *sth*** ⇒ante algo **8 on the ~ of it** ⇒a primera vista ⇒aparentemente **9 to make a ~** (*UK tb* **to pull a face**) ⇒hacer una mueca [por disgusto] **10 to make faces 1** ⇒hacer muecas **2** ⇒hacer burla **11 to save ~** ⇒guardar las apariencias ⇒quedar bien **12 to *sb's* ~** ⇒a la cara: *Say it to my face* - Dímelo a la cara

↑**face**[2] /feɪs/ [faced, facing] *v* [T] **1** ⇒estar orientado,da a ⇒dar a **2** ⇒enfrentar(se) ⇒afrontar **3** ⇒asumir ⇒aceptar **4 let's ~ it** ⇒seamos realistas

PHRASAL VERBS
- **to face up to *sth*** ⇒enfrentarse a algo ⇒afrontar algo

facelift /ˈfeɪs.lɪft/ *n* [C] **1** *(cirugía estética)* ⇒lifting **2** ⇒cambio de imagen ⇒lavado de cara

facet /ˈfæs.ɪt/ *n* [C] **1** ⇒faceta [de una piedra preciosa] ⇒lado **2** ⇒faceta ⇒aspecto

facetious /fəˈsiː.ʃəs/ *adj* ⇒burlón,-a ⇒jocoso,sa ⇒guasón,-a

face-to-face /ˌfeɪs.təˈfeɪs/ *adj, adv* ⇒cara a cara

face value *n* [C] **1** *(en economía)* ⇒valor nominal **2** *to take sth at face value* - creer algo a pies juntillas

facial[1] /ˈfeɪ.ʃəl/ *adj* ⇒facial

facial[2] /ˈfeɪ.ʃəl/ *n* [C] ⇒tratamiento facial

facile /ˈfæs.aɪl/ *adj (form)* ⇒superficial ⇒simplista ■ Distinto de *easy* (fácil)

facilitate /fəˈsɪl.ɪ.teɪt/ [facilitated, facilitating] *v* [T] *(form)* ⇒facilitar: *to facilitate things* - facilitar las cosas

facilities UK: /fəˈsɪl.ɪ.tiz/ US: /-ə.ˤţiz/ *n* [PL] ⇒instalaciones: *a building with very modern facilities* - un edificio con instalaciones muy modernas; *sports facilities* - instalaciones deportivas; ⇒medios ⇒servicios

↑**facility** UK: /fəˈsɪl.ɪ.ti/ US: /-ə.ˤţi/ [*pl* facilities] *n* [C] ⇒facilidad

facing /ˈfeɪ.sɪŋ/ *n* [C] **1** *(en una pared)* ⇒revestimiento **2** ⇒entretela

↑**fact** /fækt/ *n* [C] **1** ⇒hecho: *It's a fact* - Es un hecho **2** ⇒realidad **3 in (actual) ~** (*tb* **as a matter of fact**) **1** ⇒de hecho: *I like it, in fact I'm going to buy it* - Me gusta; de hecho, me lo voy a comprar **2** ⇒en realidad **3** ⇒a decir verdad

faction /ˈfæk.ʃən/ *n* [C] ⇒facción ⇒bando [de personas]

↑**factor** UK: /ˈfæk.təʳ/ US: /-tɚ/ *n* [C] **1** ⇒elemento ⇒factor **2** *(en matemáticas)* ⇒factor

↑**factory** UK: /ˈfæk.tər.i/ US: /-tɚ.i/ [*pl* factories] *n* [C] ⇒fábrica ⇒maquila AMÉR. ■ Distinto de *fabric* (tejido)

factual /ˈfæk.tjʊəl/ *adj* ⇒factual ⇒basado,da en hechos

↑**faculty** UK: /ˈfæk.əl.ti/ US: /-ˤţi/ [*pl* faculties] *n* [C] **1** ⇒facultad ⇒habilidad ■ Se usa más en plural **2** *US* ⇒facultad [universitaria] ⇒profesorado

fad /fæd/ *n* [C] ⇒moda ⇒manía

↑**fade** /feɪd/ [faded, fading] ▌*v* [T, I] **1** ⇒decolorar(se) ⇒perder color **2** *(un sonido)* ⇒desvanecer(se) ⇒apagar(se) **3** *(una imagen de cine o televisión)* ⇒fundir(se) ▌*v* [I] **4** (*tb* **fade away**) *(un sentimiento)* ⇒desvanecerse **5** *(la belleza)* ⇒marchitarse

fah /fɑː/ (*tb* **fa**) *n* [U, NO PL] *(nota musical)* ⇒fa

↑**Fahrenheit** /ˈfær.ən.haɪt/ *adj, n* [U] ⇒escala de Fahrenheit: *fifty degrees Fahrenheit* - cincuenta grados Fahrenheit ■ La forma abreviada es F ■ Con números normalmente se escribe el signo °F en vez de *Fahrenheit*: 50°F

↑**fail**[1] /feɪl/ ▌*v* [I] **1** ⇒fallar ⇒fracasar ⇒no conseguir ■ CONSTR. to fail + to do sth **2** *(un negocio)* ⇒quebrar ▌*v* [T, I] **3** ⇒fallar ⇒faltar **4** *(un examen)* ⇒suspender: *Sonia failed her maths exam* - Sonia suspendió el examen de matemáticas; ⇒reprobar AMÉR. ▌*v* [T] **5** *(a alguien)* ⇒fallar ⇒defraudar

fail[2] /feɪl/ *n* [C] **1** *(en un examen)* ⇒suspenso **2 without ~** ⇒sin falta: *I have to go to the bank tomorrow without fail* - Mañana tengo que ir al banco sin falta

failing[1] /ˈfeɪ.lɪŋ/ *n* [C] **1** ⇒defecto **2** *(de una persona)* ⇒debilidad ⇒defecto

failing[2] /ˈfeɪ.lɪŋ/ *prep* ⇒en su defecto ⇒a falta de

failure UK: /ˈfeɪ.ljəʳ/ US: /-ljɚ/ ▌*n* [U] **1** ⇒fracaso ▌*n* [C] **2** *(una persona)* ⇒fracasado,da ▌*n* [C, U] **3** *(de un motor)* ⇒avería ⇒fallo ⇒pana AMÉR.; ⇒varada AMÉR. **4** *(en medicina)* ⇒crisis ⇒ataque **5 ~ to do sth** *failure to follow the instructions* - el incumplimiento de las instrucciones

faint[1] /feɪnt/ *adj* **1** ⇒tenue ⇒débil **2** *(una posibilidad, una esperanza o una idea)* ⇒ligero,ra ⇒poco,ca **3 to feel ~** ⇒sentirse mareado,da: *The sight of blood makes me feel faint* - Ver sangre me hace sentir mareado

faint[2] /feɪnt/ *v* [I] ⇒desmayarse: *He almost fainted with the heat* - Casi se desmaya del calor

faintly /ˈfeɪnt.li/ *adv* **1** ⇒algo: *I felt faintly disturbed* - Me sentí algo revuelto **2** ⇒ligeramente

↑**fair**[1] UK: /feəʳ/ US: /fer/ *adj* **1** ⇒justo,ta: *It's not fair!* - ¡No es justo! **2** *(el cabello)* ⇒rubio,bia ⇒huero,ra AMÉR.; ⇒güero,ra AMÉR. **3** *(la tez)* ⇒blanco,ca **4** *(el clima)* ⇒agradable ⇒bueno,na

fair[2] UK: /feəʳ/ US: /fer/ *n* [C] **1** ⇒feria ⇒exhibición **2** ⇒fiesta ⇒feria **3** ⇒parque de atracciones

fair-haired *adj* ⇒rubio,bia

fair-haired boy UK: /ˌfeə.heəd'bɔɪ/ US: /ˌfer.herd-/ *US* (*UK* **blue-eyed boy**) *n* [C] ⇒niño mimado ■ PRON. La *e* no se pronuncia

fairly UK: /ˈfeə.li/ US: /ˈfer-/ *adv* **1** ⇒bastante: *He is a fairly intelligent child* - Es un chico bastante inteligente **2** ⇒justamente ⇒limpiamente

fair trade *n* [U] ⇒comercio justo

↑**fairy** UK: /ˈfeə.ri/ US: /ˈfer.i/ [*pl* fairies] *n* [C] ⇒hada

↑**faith** /feɪθ/ *n* [U] **1** ⇒fe ⇒confianza **2** ⇒fe [religiosa] **3 in {good/bad} ~** ⇒de {buena/mala} fe: *to act in good faith* - actuar de buena fe **4 to put *sb's* ~ in *sth/sb*** ⇒confiar en algo o en alguien

faithful /ˈfeɪθ.fᵊl/ *adj* ⇒fiel ⇒leal

faithfully /ˈfeɪθ.fᵊl.i/ *adv* **1** ⇒fielmente ⇒con devoción **2 Yours ~** ⇒atentamente ■ Se usa cuando en una carta no se nombra al destinatario. Comparar con *yours sincerely*

fake[1] /feɪk/ *adj* ⇒falso,sa ⇒no genuino,na

fake[2] /feɪk/ *n* [C] **1** *(objeto)* ⇒falsificación ⇒imitación **2** *(persona)* ⇒farsante *col.*; ⇒impostor,-a

fake[3] /feɪk/ [faked, faking] *v* [T] **1** ⇒fingir: *He faked an injury* - Fingió estar herido **2** ⇒falsificar

falcon UK: /ˈfɒl.kᵊn/ US: /ˈfɑːl-/ *n* [C] *(ave)* ⇒halcón

↑**fall**[1], **fell, fallen** UK: /fɔːl/ US: /fɑːl/ *v* [I] **1** ⇒caer(se) **2** ⇒descender ⇒bajar **3 to ~ asleep** ⇒dormirse ⇒quedarse dormido,da **4 to ~ in love with *sth/sb*** ⇒enamorarse ⇒encamotarse AMÉR. *col.*

PHRASAL VERBS

- **to fall apart** ⇒hacerse pedazos ⇒desvencijar(se)
- **to fall back** 1 *(tropas)* ⇒retroceder ⇒replegarse **2** *(un precio)* ⇒caer
- **to fall back on *sth/sb*** ⇒recurrir a algo o a alguien
- **to fall behind** ⇒quedarse atrás ⇒retrasarse
- **to fall down** 1 *(una persona o una cosa que está en vertical)* ⇒caerse **2** *(un plan)* ⇒fracasar
- **to fall for *sth*** *(inform)* ⇒picar *col.*; ⇒caer en la trampa
- **to fall for *sb*** *(inform)* ⇒colarse por alguien *col.*
- **to fall in** *(un techo)* ⇒derrumbarse ⇒desplomarse
- **to fall off** *(una cantidad o una calidad)* ⇒disminuir
- **to fall out** 1 ⇒caer **2** *(dos o más personas)* ⇒pelearse ⇒estar enfadado,da
- **to fall out with *sb*** *UK* ⇒pelearse con alguien ⇒discutir con alguien
- **to fall over** ⇒caer(se)
- **to fall over *sth/sb*** ⇒tropezar(se) con
- **to fall through** ⇒fracasar

↑**fall**[2] UK: /fɔːl/ US: /fɑːl/ ▌*n* [C] **1** ⇒caída **2** ⇒descenso ⇒bajada ▌*n* [C, U] **3** *US* (*UK/US tb* **autumn**) ⇒otoño **4 falls** ⇒cataratas

fallen UK: /ˈfɔː.lən/ US: /ˈfɑː-/ past participle of **fall**

falling UK: /ˈfɔː.lɪŋ/ US: /fɑː-/ *adj the falling birth rate* - un índice de natalidad decreciente

↑**false** UK: /fɒls/ US: /fɑːls/ *adj* **1** ⇒falso,sa: *a false identity* - una identidad falsa; *a false alarm* - una falsa alarma **2** ⇒artificial ⇒postizo,za ⇒falso,sa **3 a ~ move** ⇒un paso en falso

false friend *n* [C] *(en idiomas)* ⇒falso amigo ■ Ver cuadro en página siguiente

falsify UK: /ˈfɒl.sɪ.faɪ/ US: /ˈfɑːl-/ [falsifies, falsified] *v* [T] ⇒falsificar: *to falsify a document* - falsificar un documento

falter UK: /ˈfɒl.təʳ/ US: /ˈfɑːl.ˤt̬ɚ/ *v* [I] **1** ⇒tambalearse: *Their relationship was faltering* - Su

F

false friends

Los **falsos amigos** son palabras que son parecidas en dos lenguas, pero con significados diferentes:

– La palabra inglesa **library** significa '**biblioteca**', (no 'librería').

– La palabra inglesa **embarrassed** significa '**avergonzado**', (no 'embarazada').

• Al traducir del inglés al español y del español al inglés hay que tener cuidado para no cometer errores con los falsos amigos. Algunos ejemplos:

inglés → español	**español → inglés**
assist → 'ayudar'	*asistir* → 'to attend'
constipated → 'estreñido'	*constipado* → 'a cold'
deception → 'engaño'	*decepción* → 'disappointment'
embarrassed → 'avergonzado'	*embarazada* → 'pregnant'
exciting → 'emocionante'	*excitante* → 'stimulating'
exit → 'salida'	*éxito* → 'success'
large → 'grande'	*largo* → 'long'
lecture → 'conferencia'	*lectura* → 'reading'
library → 'biblioteca'	*librería* → 'bookshop'
realise → 'darse cuenta'	*realizar* → 'to do'
sensible → 'sensato'	*sensible* → 'sensitive'
sensitive → 'sensible'	*sensitivo* → 'related to the senses'
succeed → 'tener éxito'	*suceder* → 'to happen'
support → 'apoyar'	*soportar* → 'to stand'
terrific → 'genial'	*terrorífico* → 'terrifying'

Además, existen algunas palabras en español que vienen del inglés, pero no se corresponden exactamente a su forma original. Algunas de las más frecuentes son:

español → inglés
camping → *camping site*
esmoquin → *tuxedo*
parking → *car park*
footing → *jogging*

relación se tambaleaba **2** ⇒vacilar ⇒titubear **3** ⇒entrecortar(se) **4** *(en economía)* ⇒decaer ⇒no sostenerse

† **fame** /feɪm/ *n* [U] ⇒fama: *to get fame* - conseguir la fama

† **familiar** UK: /fəˈmɪl.i.əʳ/ US: /-jə/ *adj* **1** ⇒conocido,da ⇒familiar **2** ⇒demasiado cariñoso,sa o cercano,na **3 to be ~ with *sth*** ⇒conocer algo ⇒estar familiarizado,da con algo **4 to be on ~ terms (with *sb*)** ⇒tutearse (con alguien)

familiarity UK: /fəˌmɪl.iˈær.ə.ti/ US: /-ˈer.ə.ˁt̬i/ *n* [U] **1** ⇒familiaridad **2 ~ with *sth*** ⇒conocimientos de algo: *familiarity with technology* - conocimientos de tecnología

† **family** /ˈfæm.əl.i/ [*pl* families] *n* [C] **1** ⇒familia: *My family lives in London* - Mi familia vive en Londres ■ Por ser un nombre colectivo se puede usar con el verbo en singular o en plural **2 to run in the ~** ⇒ser cosa de familia

family name *n* [C] ⇒apellido

famine /ˈfæm.ɪn/ *n* [C, U] **1** ⇒hambre ⇒hambruna **2 ~ relief** ⇒ayuda contra el hambre

† **famous** /ˈfeɪ.məs/ *adj* ⇒famoso,sa ⇒afamado,da ■ PRON. La primera parte, *fam*, rima con el término inglés *game* ■ Tiene un matiz positivo. Comparar con *notorious*

† **fan** /fæn/ *n* [C] **1** ⇒seguidor,-a ⇒fan ⇒forofo,fa **2** *(en fútbol)* ⇒hincha **3** ⇒abanico **4** ⇒ventilador: *a ceiling fan* - un ventilador de techo **5 ~ club** ⇒club de fans

fanatic UK: /fəˈnæt.ɪk/ US: /-ˈnæˁt̬-/ *adj, n* [C] ⇒fanático,ca

fanatical UK: /fəˈnæt.ɪ.kəl/ US: /-ˈnæˁt̬-/ *adj* ⇒fanático,ca: *Peter is a fanatical about ballroom dancing* - Peter es un fanático del baile de salón

fanciful /ˈfænt.sɪ.fəl/ *adj* **1** *(una idea)* ⇒fantástico,ca ⇒descabellado,da **2** *(una apariencia)* ⇒extravagante **3** *(una persona)* ⇒fantasioso,sa

fancy[1] /ˈfænt.si/ [fancies, fancied] *v* [T] **1** *UK (inform)* ⇒gustar ■ CONSTR. to fancy + doing sth **2** *UK (inform)* ⇒apetecer ⇒tener ganas ■ CONSTR. to fancy + doing sth **3** *(form)* ⇒creer ■ CONSTR. to fancy + (that) **4** *(form)* ⇒creerse **5** ⇒querer llegar a ser **6 ~ (that)!** *UK (old-fash)* ⇒¡fíjate!

fancy[2] /ˈfænt.si/ *n* [U] **1** *(lit)* ⇒quimera ⇒fantasía **2** ⇒capricho **3 to {catch/take} *one's* ~** ⇒cautivar a alguien **4 to take a ~ to *sth/sb*** ⇒encapricharse: *I took a fancy to that motorbike* - Me encapriché de esa moto

fancy[3] /ˈfænt.si/ *adj* [*comp* fancier, *superl* fanciest] **1** ⇒elaborado,da ⇒sofisticado,da **2** *(inform) (una idea)* ⇒estrambótico,ca *col.* **3** ⇒de lujo ⇒lujoso,sa ⇒elegante

fancy dress *UK n* [U] *(para diversión)* ⇒disfraz

fanny pack *US* (*UK* **bumbag**) *n* [C] *(bolsa)* ⇒riñonera

† **fantastic** /fænˈtæs.tɪk/ *adj* **1** ⇒fantástico,ca **2** *(inform)* ⇒estupendo,da ⇒magnífico,ca ⇒fantástico,ca ⇒extraordinario,ria

† **fantasy** /ˈfæn.tə.si/ [*pl* fantasies] *n* [C, U] ⇒fantasía

FAQ /ˌefˌeɪˈkjuː/ *n* [C] ⇒forma abreviada de **frequently asked question** (pregunta frecuente)

† **far**[1] UK: /fɑːʳ/ US: /fɑːr/ *adv* [*comp* farther or further, *superl* farthest or furthest] **1** ⇒lejos ■ Se usa en oraciones interrogativas y negativas. En las oraciones afirmativas se suele usar *a long way* **2** ⇒mucho **3 as ~ as** ⇒hasta **4 as ~ as I know** ⇒que yo sepa ■ Se utiliza para dar una opinión o hacer un comentario **5 as ~ as *sth/sb* is concerned** ⇒en cuanto a algo o alguien ⇒en lo que respecta a algo o alguien **6 by ~** ⇒con diferencia ⇒de lejos **7 ~ and wide** ⇒por todas partes **8 ~ away** ⇒lejos **9 ~ from it** *(inform)* ⇒ni mucho menos **10 ~ too** ⇒demasiado ■ Va seguido de un adjetivo **11 how ~** ⇒hasta qué punto **12 in {as/so} ~ as *sth*** ⇒en la medida en que **13 so ~** ⇒hasta ahora ⇒de momento **14 to go too ~** ⇒pasarse

† **far**[2] UK: /fɑːʳ/ US: /fɑːr/ *adj* [*comp* farther or further, *superl* farthest or furthest] **1** ⇒lejano,na: *the Far West* - el Lejano Oeste **2** *(un lado, un extremo)* ⇒opuesto,ta

faraway UK: /ˌfɑː.rəˈweɪ/ UK: /ˈ---/ US: /ˌfɑːr.ə-/ *adj (lit)* ⇒lejano,na ⇒remoto,ta

† **fare** UK: /feəʳ/ US: /fer/ *n* [C] ⇒tarifa ⇒precio [de un viaje]

farewell[1] UK: /ˌfeəˈwel/ US: /ˌfer-/ *excl (old-fash)* ⇒¡adiós!

farewell[2] UK: /ˌfeəˈwel/ US: /ˌfer-/ *n* [C] **1** *(form)* ⇒despedida: *a farewell party* - una fiesta de despedida **2 to {bid/say} ~ to *sth/sb*** *(form)* ⇒despedirse de algo o de alguien

† **farm**[1] UK: /fɑːm/ US: /fɑːrm/ *n* [C] **1** ⇒granja ⇒chácara *AMÉR.*; ⇒chacra *AMÉR.* **2 fish ~** ⇒piscifactoría

farm[2] UK: /fɑːm/ US: /fɑːrm/ *v* [T, I] **1** ⇒cultivar: *to farm the land* - cultivar la tierra **2** ⇒labrar

farmer UK: /ˈfɑː.məʳ/ US: /ˈfɑːr.mə/ *n* [C] ⇒granjero,ra ⇒agricultor,-a ⇒ganadero,-a

farmhouse UK: /ˈfɑːm.haʊs/ US: /ˈfɑːrm-/ *n* [C] *(en una granja)* ⇒vivienda ⇒casa de labranza

farming UK: /ˈfɑː.mɪŋ/ US: /ˈfɑːr-/ *n* [U] **1** ⇒agricultura **2** ⇒ganadería

farmland UK: /ˈfɑːm.lænd/ US: /ˈfɑːrm-/ *n* [U] ⇒tierras de labranza ⇒tierras de cultivo

farmyard UK: /ˈfɑːm.jɑːd/ US: /ˈfɑːrm.jɑːrd/ *n* [C] *(en una granja)* ⇒patio ⇒corral

fart[1] UK: /fɑːt/ US: /fɑːrt/ *v* [I] *(very inform)* ⇒tirarse un pedo *col.*

fart[2] UK: /fɑːt/ US: /fɑːrt/ *n* [C] *(very inform)* ⇒pedo *col.*

F

farther UK: /ˈfɑː.ðəʳ/ US: /ˈfɑːr.ðɚ/ (*tb* **further**) *adj, adv* the comparative form of **far**

farthest UK: /ˈfɑː.ðɪst/ US: /ˈfɑːr-/ *adj, adv* the superlative form of **far**

farthing UK: /ˈfɑː.ðɪŋ/ US: /ˈfɑːr-/ *n* [C] *(moneda antigua)* ⇒cuarto de penique

† **fascinate** /ˈfæs.ɪ.neɪt/ [fascinated, fascinating] *v* [T] ⇒fascinar: *India fascinates me* - La India me fascina

fascinated UK: /ˈfæs.ɪ.neɪ.tɪd/ US: /-ˤt̬ɪd/ *adj* ⇒fascinado,da ■ PRON. La *c* no se pronuncia y la *e* se pronuncia como la *i* en *did*

fascinating UK: /ˈfæs.ɪ.neɪ.tɪŋ/ US: /-ˤt̬ɪŋ/ *adj* ⇒fascinante: *How fascinating!* - ¡Qué fascinante!

† **fascism** *n* [U] ⇒fascismo

fascist /ˈfæʃ.ɪst/ *adj, n* [C] ⇒fascista

† **fashion** /ˈfæʃ.ᵊn/ *n* [C, U] **1** ⇒moda: *He is a fashion victim* - Es un esclavo de la moda; *the latest fashion* - lo último en moda **2 out of ~** ⇒pasado,da de moda **3 to {be in/come into} ~** ⇒{estar/ponerse} de moda

fashionable /ˈfæʃ.ᵊn.ə.bl̩/ *adj* ⇒moderno,na ⇒de moda

fashion-conscious UK: /ˈfæʃ.ᵊnˌkɒn.tʃəs/ US: /-ˌkɑːn-/ *adj* ⇒interesado,da en la última moda ⇒que lleva ropa de moda

fashion designer *n* [C] ⇒diseñador,-a de moda ■ PRON. *sign* rima con el término inglés *mine*

† **fast¹** UK: /fɑːst/ US: /fæst/ *adj* **1** ⇒rápido,da: *a very fast car* - un coche muy rápido ■ Normalmente se usa en referencia a la velocidad. Comparar con *quick* **2** ⇒adelantado,da: *This clock is fast* - Este reloj va adelantado ■ CONSTR. Se usa detrás de un verbo **3 to make sth ~** ⇒sujetar bien algo ⇒amarrar bien algo

† **fast²** UK: /fɑːst/ US: /fæst/ *adv* **1** ⇒rápido: *Don't walk so fast* - No vayas tan rápido **2 ~ asleep** ⇒profundamente dormido,da: *He is fast asleep* - Está profundamente dormido

fast³ UK: /fɑːst/ US: /fæst/ *v* [I] ⇒ayunar: *We are going to fast tomorrow* - Mañana vamos a ayunar

† **fast⁴** UK: /fɑːst/ US: /fæst/ *n* [C] ⇒ayuno

† **fasten** UK: /ˈfɑː.sᵊn/ US: /ˈfæs.[ə]n/ *v* [T, I] **1** ⇒abrocharse **2** ⇒sujetar: *Fasten it with a safety pin* - Sujétalo con un imperdible **3 to ~ sth {on/to/together}** ⇒unir algo ⇒atar algo ■ PRON. La *t* no se pronuncia

fastener UK: /ˈfɑːs.ᵊn.əʳ/ US: /ˈfæs.[ə]n.ɚ/ *n* [C] ⇒cierre ⇒broche ■ PRON. La *t* no se pronuncia

fast food *n* [U] ⇒comida rápida

fast-forward UK: /ˌfɑːstˈfɔː.wəd/ US: /ˌfæstˈfɔːr.wɚd/ *v* [T, I] **1** *(una cinta, un video, un CD o un DVD)* ⇒pasar hacia adelante **2** *Fast-forward to the next song* - Salta a la siguiente canción ■ La forma abreviada es *ff*

fastidious /fæsˈtɪd.i.əs/ *adj* **1** ⇒meticuloso,sa **2** ⇒escrupuloso,sa **3** ⇒puntilloso,sa ■ Distinto de *tiresome* (fastidioso)

† **fat¹** /fæt/ *adj* [*comp* fatter, *superl* fattest] ⇒gordo,da: *He's a bit fat* - Está un poco gordo; *to get fat* - engordar

fat² /fæt/ *n* [C, U] **1** ⇒grasa **2** ⇒manteca

† **fatal** UK: /ˈfeɪ.tᵊl/ US: /-ˤt̬[ə]l/ *adj* **1** ⇒mortal: *a fatal accident* - un accidente mortal **2** ⇒fatídico,ca ⇒fatal **3** ⇒desastroso,sa ⇒muy grave

fatality UK: /fəˈtæl.ə.ti/ US: /-ˤt̬i/ ▮ *n* [C] **1** ⇒deceso *form.* ■ El plural es *fatalities* **2** ⇒víctima mortal ■ El plural es *fatalities* ▮ *n* [U] **3** ⇒fatalidad

† **fate** /feɪt/ *n* [C, U] **1** ⇒destino: *One never knows what fate may bring* - Nunca se sabe lo que nos deparará el destino **2** ⇒suerte

fated UK: /ˈfeɪ.tɪd/ US: /-ˤt̬ɪd/ *adj* ⇒predestinado,da: *She was fated to become a lawyer* - Estaba predestinada a ser abogada ■ CONSTR. 1. to be fated + to do sth 2. Se usa detrás de un verbo

fateful /ˈfeɪt.fᵊl/ *adj* ⇒fatídico,ca: *the fateful day* - el día fatídico

† **father** UK: /ˈfɑː.ðəʳ/ US: /-ðɚ/ *n* [C] **1** ⇒padre ⇒taita AMÉR. **2 the ~ of sth** ⇒el padre de algo: *the father of genetics* - el padre de la genética

fatherhood UK: /ˈfɑː.ðə.hʊd/ US: /-ðɚ-/ *n* [U] ⇒paternidad

father-in-law UK: /ˈfɑː.ðəʳ.ɪn.lɔː/ US: /-ðɚ.ɪn.lɑː/ [*pl* fathers-in-law] *n* [C] ⇒suegro

fatigue /fəˈtiːg/ *n* [U] ⇒fatiga ⇒cansancio

fatten UK: /ˈfæt.ᵊn/ US: /ˈfæˤt̬-/ *v* [T] *(una cuenta)* ⇒engordar

fattening UK: /ˈfæt.ᵊn.ɪŋ/ US: /ˈfæˤt̬-/ *adj (comida)* ⇒que engorda

fatty UK: /ˈfæt.i/ US: /ˈfæˤt̬-/ *adj* [*comp* fattier, *superl* fattiest] **1** *(una comida)* ⇒grasiento,ta ⇒graso,sa **2** *(en medicina)* ⇒adiposo,sa

faucet UK: /ˈfɔː.sɪt/ US: /ˈfɑː-/ *US* (*UK/US tb* **tap**) *n* [C] ⇒grifo ⇒canilla AMÉR.

† **fault¹** UK: /fɒlt/ US: /fɑːlt/ ▮ *n* [C] **1** *(en una máquina, en un sistema)* ⇒falla ⇒defecto **2** *(en el carácter de una persona)* ⇒defecto ▮ *n* [U] **3** ⇒culpa: *It's my fault, I'm sorry* - Es culpa mía, lo siento **4** *(en tenis)* ⇒falta **5** *(en geología)* ⇒falla **6 to be at ~ for sth** ⇒tener la culpa de algo

fault² UK: /fɒlt/ US: /fɑːlt/ *v* [T] ⇒encontrar defectos: *You can't fault him* - No le encontrarás ningún defecto

faultless UK: /ˈfɒlt.ləs/ US: /ˈfɑːlt-/ *adj* **1** ⇒impecable **2** ⇒perfecto,ta: *to say sth in faultless English* - decir algo en perfecto inglés

faulty UK: /ˈfɒl.ti/ US: /ˈfɑːl.ˤt̬i/ *adj* [*comp* faultier, *superl* faultiest] ⇒defectuoso,sa: *This television set is faulty* - Este televisor está defectuoso

fauna UK: /ˈfɔː.nə/ US: /ˈfɑː-/ *n* [U] ⇨fauna
favor *US n* [C], *v* [T] See **favour**
favorite *US adj* See **favourite**
favour[1] UK: /ˈfeɪ.vəʳ/ US: /-vɚ/ *UK* (*US* **favor**) *n* [C] **1** ⇨favor: *Could you do me a favour, please?* - ¿Puedes hacerme un favor? ■ Se dice *do a favour* (hacer un favor). Incorrecto: *to make sb a favour* **2 in *sb's* ~** ⇨a favor de alguien: *The final score was 5-7 in Spain's favour* - El marcador quedó 5 a 7 a favor de España **3 to be in ~ of *sth/sb*** ⇨estar a favor de algo o de alguien: *I'm in favour of universal suffrage* - Estoy a favor del sufragio universal
favour[2] UK: /ˈfeɪ.vəʳ/ US: /-vɚ/ *UK* (*US* **favor**) *v* [T] **1** *(form)* ⇨ser partidario,ria de ⇨estar a favor **2** ⇨favorecer ■ CONSTR. Se usa más en pasiva
favourable UK: /ˈfeɪ.vᵊr.ə.bl̩/ US: /-vɚ-/ *UK adj* ⇨favorable ⇨propicio,cia
†**favourite** /ˈfeɪ.vᵊr.ɪt/ *UK* (*US* **favorite**) *adj, n* [C] ⇨favorito,ta ⇨preferido,da ■ PRON. La primera sílaba, *fa*, rima con *pay* ■ La forma abreviada es *fave*
favouritism /ˈfeɪ.vᵊr.ɪ.tɪ.zᵊm/ *UK n* [U] ⇨favoritismo
fawn[1] UK: /fɔːn/ US: /fɑːn/ ▮ *n* [C] **1** *(animal)* ⇨cervato ▮ *n* [U] **2** *(color)* ⇨beige ⇨beis
fawn[2] UK: /fɔːn/ US: /fɑːn/ *adj* ⇨beige ⇨beis
fawn[3] UK: /fɔːn/ US: /fɑːn/
PHRASAL VERBS
· **to fawn {on/over} *sb*** ⇨adular a alguien ⇨lisonjear a alguien
fax[1] /fæks/ [*pl* faxes] *n* [C] ⇨fax
fax[2] /fæks/ *v* [T] ⇨mandar por fax ⇨poner un fax ■ CONSTR. to fax + dos objetos
FBI /ðiˌef.biːˈaɪ/ *n* [NO PL] ⇨FBI ■ Procede de *Federal Bureau of Investigation* (oficina federal de investigación del gobierno de EE.UU.)
FE *n* [U] ⇨forma abreviada de **Further Education** (enseñanza superior no universitaria)
†**fear**[1] UK: /fɪəʳ/ US: /fɪr/ *n* [C, U] **1** ⇨temor ⇨miedo **2 for ~ of {*sth*/doing *sth*}** ⇨por temor a algo o a hacer algo
fear[2] UK: /fɪəʳ/ US: /fɪr/ *v* [T] ⇨temer ⇨tener miedo ■ CONSTR. to fear + (that)
fearful UK: /ˈfɪə.fᵊl/ US: /ˈfɪr-/ *adj* **1** *(form)* ⇨temeroso,sa **2** *to be fearful of sth* - temer algo **3** *(form)* ⇨terrible **4 to be ~ for *sb*** ⇨temer por alguien
fearless UK: /ˈfɪə.ləs/ US: /ˈfɪr-/ *adj* ⇨intrépido,da
fearsome UK: /ˈfɪə.səm/ US: /ˈfɪr-/ *adj* ⇨temible
feasible /ˈfiː.zə.bl̩/ *adj* ⇨viable ⇨factible
feast[1] /fiːst/ *n* [C] ⇨banquete ⇨festín
feast[2] /fiːst/ *v* [I] ⇨festejar ⇨darse un banquete
PHRASAL VERBS
· **to feast on *sth*** ⇨hartarse de algo: *We feasted on cookies* - Nos hartamos de galletas

feat /fiːt/ *n* [C] ⇨hazaña ⇨proeza
†**feather** UK: /ˈfeð.əʳ/ US: /-ɚ/ *n* [C] ⇨pluma [de un ave]
†**feature** UK: /ˈfiː.tʃəʳ/ US: /-tʃɚ/ *n* [C] **1** ⇨rasgo [de la cara] ■ Se usa más en plural **2** ⇨rasgo distintivo ⇨característica
feature (film) *n* [C] ⇨largometraje
†**February** UK: /ˈfeb.ru.ᵊr.i/ US: /-ruː.er-/ [*pl* Februaries] *n* [C, U] ⇨febrero: *in February* - en febrero; *on February 20th* - el 20 de febrero ■ La forma abreviada es *Feb*
fed /fed/ past tense and past participle forms of **feed**
federal UK: /ˈfed.ᵊr.ᵊl/ US: /-ɚ.[ə]l/ *adj* ⇨federal: *a federal state* - un estado federal
†**federation** UK: /ˌfed.ᵊrˈeɪ.ʃᵊn/ US: /-əˈreɪ-/ *n* [C] ⇨federación
†**fed up** *adj (inform)* ⇨harto,ta: *to be fed up with sth* - estar harto de algo ■ CONSTR. Se usa detrás de un verbo
†**fee** /fiː/ *n* [C] **1** ⇨remuneración ⇨honorarios **2** ⇨matrícula [escolar] **3** ⇨precio ⇨cuota
feeble /ˈfiː.bl̩/ *adj* **1** ⇨débil: *a feeble child* - un niño débil **2** ⇨endeble ⇨poco convincente
†**feed, fed, fed** /fiːd/ *v* [T] **1** ⇨alimentar ⇨dar de comer **2** *(en informática)* ⇨meter ⇨introducir **3** ⇨suministrar
PHRASAL VERBS
· **to feed on *sth*** ⇨alimentarse de algo ⇨nutrirse de algo
†**feedback** /ˈfiːd.bæk/ *n* [U] **1** ⇨reacción **2** *(en un sistema o una máquina)* ⇨retroalimentación
†**feel, felt, felt** /fiːl/ *v* [T, I] **1** ⇨sentir **2** ⇨creer ■ CONSTR. to feel + (that) **3** ⇨palpar ⇨tocar **4 to ~ for *sth*** ⇨buscar algo a tientas **5 to ~ good** ⇨sentirse bien **6 to ~ like {*sth*/doing *sth*}** ⇨apetecer ⇨tener ganas **7 to ~ *one's* way** ⇨ir a tientas
PHRASAL VERBS
· **to feel for *sb*** ⇨sentirlo por alguien
feeling /ˈfiː.lɪŋ/ ▮ *n* [C] **1** ⇨sensación: *a strange feeling* - una sensación rara; ⇨sentimiento: *She hurt my feelings* - Hirió mis sentimientos ▮ *n* [C, U] **2** ⇨sensibilidad ⇨tacto ▮ *n* [NO PL] **3** ⇨presentimiento **4 {bad/ill} ~** ⇨resentimiento ⇨rencor
feet /fiːt/ *n* [PL] See **foot**
fell /fel/ ▮ **1** past tense of **fall** ▮ *v* [T] **2** *(un árbol)* ⇨talar **3** *(form) (a una persona)* ⇨derribar
fella /ˈfel.ə/ (*tb* **fellow**) *n* [C] *(inform, old-fash)* ⇨tío *col.* ■ Se emplea únicamente con hombres
†**fellow** /ˈfel.əʊ, -oʊ/ (*tb* **fella**) *n* [C] **1** *(inform, old-fash)* ⇨tío *col.*: *Jamie is a nice fellow* - Jamie es un buen tío **2** ⇨compañero,ra: *She is a fellow passenger* - Es mi compañera de viaje
fellowship UK: /ˈfel.əʊ.ʃɪp/ US: /-oʊ-/ *n* [C] **1** *(form)* ⇨asociación: *a veterans fellowship* - una

F

asociación de veteranos **2** ⇒puesto de becario de investigación [en la universidad]

felt[1] /felt/ *n* [U] ⇒fieltro

felt[2] /felt/ past tense and past participle forms of **feel**

felt-tip pen *n* [C] ⇒rotulador

† **female**[1] /ˈfiː.meɪl/ *adj* **1** *(un animal, una planta)* ⇒hembra **2** ⇒de mujer ⇒femenino,na

female[2] /ˈfiː.meɪl/ *n* [C] **1** ⇒hembra: *Often male birds are more colourful than the females* - A menudo, los pájaros machos tienen más colores que las hembras **2** ⇒mujer

F

† **feminine** /ˈfem.ɪ.nɪn/ *adj (cualidades)* ⇒femenino,na

feminism /ˈfem.ɪ.nɪ.zᵊm/ *n* [U] ⇒feminismo

fence[1] /fen*t*s/ *n* [C] **1** ⇒valla ⇒cerca **2** ⇒alambrada

fence[2] /fen*t*s/ [fenced, fencing] *v* [I] **1** ⇒hacer esgrima ⇒practicar esgrima **2** *(pregunta, argumento)* ⇒evadir ⇒desviar ⇒esquivar

fencing /ˈfen*t*.sɪŋ/ *n* [U] **1** ⇒vallas **2** ⇒material para construir vallas **3** ⇒construcción de vallas **4** *(deporte)* ⇒esgrima

fend /fend/

PHRASAL VERBS

- **to fend for *oneself*** ⇒cuidar de sí mismo,ma ⇒valerse por sí mismo,ma
- **to fend *sth/sb* off [M]** ⇒repeler ⇒rechazar

fender UK: /ˈfen.dəʳ/ US: /-dɚ/ *n* [C] **1** *UK* ⇒rejilla protectora [de la chimenea] **2** *US* (*UK* **wing/ mudguard**) *(en un vehículo)* ⇒guardabarros ⇒salpicadera AMÉR.

ferment[1] UK: /fəˈment/ US: /fɚ-/ *v* [T, I] ⇒fermentar

ferment[2] UK: /ˈfɜː.ment/ US: /ˈfɝː-/ *n* [U] *(form)* ⇒conmoción ⇒agitación

fern UK: /fɜːn/ US: /fɝːn/ *n* [C] *(planta)* ⇒helecho

ferocious UK: /fəˈrəʊ.ʃəs/ US: /-ˈroʊ-/ *adj* ⇒feroz

ferocity UK: /fəˈrɒs.ə.ti/ US: /-ˈrɑː.sə.ˁt̬i/ *n* [U] ⇒ferocidad

ferry /ˈfer.i/ [*pl* ferries] *n* [C] ⇒transbordador ⇒ferry: *car ferry* - ferry de coches

† **fertile** UK: /ˈfɜː.taɪl/ US: /ˈfɝː.ˁt̬[ə]l/ *adj* **1** ⇒fértil: *a fertile piece of land* - un terreno fértil **2** ⇒fecundo,da

fertilize UK: /ˈfɜː.tɪ.laɪz/ US: /ˈfɝː.ˁt̬[ə]l.aɪz/ [fertilized, fertilizing] *v* [T] **1** *(un terreno)* ⇒fertilizar **2** ⇒fecundar ⇒abonar

fertilizer UK: /ˈfɜː.tɪ.laɪ.zəʳ/ US: /ˈfɝː.ˁt̬[ə]l.aɪ-/ (*UK tb* **fertiliser**) *n* [C] ⇒fertilizante ⇒abono

fervent UK: /ˈfɜː.vᵊnt/ US: /ˈfɝː-/ *adj (form)* ⇒ferviente: *a fervent admirer* - un ferviente admirador

fester UK: /ˈfes.təʳ/ US: /-tɚ/ *v* [I] **1** ⇒viciar(se) **2** ⇒infectar(se): *The wound festered because of the dirt* - La herida se infectó por la suciedad **3** *There was an evil smell of festering remains* - Había olor a restos en putrefacción

† **festival** /ˈfes.tɪ.vᵊl/ *n* [C] **1** ⇒festival: *a dance festival* - un festival de danza **2** *(en religión)* ⇒fiesta

festive /ˈfes.tɪv/ *adj* ⇒festivo,va

festivities UK: /fesˈtɪv.ɪ.tiz/ US: /-ə.ˁt̬iz/ *n* [PL] ⇒fiestas ⇒festejos

† **fetch** /fetʃ/ [fetches] *v* [T] **1** ⇒ir por ⇒recoger ⇒ir a buscar **2** *(un precio)* ⇒alcanzar

fête /feɪt/ *UK* (*US* **carnival**) *n* [C] **1** ⇒fiesta **2** ⇒feria [benéfica]

fetus UK: /ˈfiː.təs/ US: /-ˁt̬əs/ [*pl* fetuses] *US n* [C] See **foetus**

feud[1] /fjuːd/ *n* [C] ⇒rencilla ⇒enemistad crónica entre dos personas o bandas

feud[2] /fjuːd/ *v* [I] *(a largo plazo)* ⇒pelearse ⇒tener una reyerta con alguien

feudal /ˈfjuː.dᵊl/ *adj* ⇒feudal

† **fever** UK: /ˈfiː.vəʳ/ US: /-vɚ/ *n* [C, U] ⇒fiebre: *to have a slight fever* - tener algo de fiebre

feverish /ˈfiː.vᵊr.ɪʃ/ *adj* ⇒febril

† **few** /fjuː/ *adj* **1** ⇒poco,ca: *I knew very few people at the party* - Conocía a muy poca gente en la fiesta **2 a ~** ⇒unos,nas ⇒algunos,nas **3 a good ~** ⇒un buen número ⇒bastantes ⇒unos cuantos, unas cuantas **4 ~ and far between** ⇒escasos,sas ⇒pocos,cas **5 quite a ~** ⇒un buen número ⇒bastantes ■ Se usa con nombres contables. Comparar con *little* ■ Ver cuadro en página siguiente

fiancé UK: /fiˈɑʕːɹ̩n.seɪ/ US: /ˌfiː.ɑːnˈseɪ/ *n* [C] ⇒novio ⇒prometido

fiancée UK: /fiˈɑʕːɹ̩n.seɪ/ US: /ˌfiː.ɑːnˈseɪ/ *n* [C] ⇒novia ⇒prometida

fiasco UK: /fiˈæs.kəʊ/ US: /-koʊ/ [*pl* USA fiascoes; fiascos] *n* [C] ⇒fracaso ⇒fiasco

fib /fɪb/ *n* [C] *(inform)* ⇒mentirijilla *col.*: *to tell fibs* - decir mentirijillas

† **fibre** UK: /ˈfaɪ.bəʳ/ US: /-bɚ/ *UK* ▌ *n* [U] **1** *(en un alimento)* ⇒fibra ▌ *n* [C, U] **2** *(en una tela)* ⇒fibra ⇒hilo ▌ *n* [C] **3** *(en anatomía)* ⇒fibra

fickle /ˈfɪk.l̩/ *adj (una persona)* ⇒voluble ⇒imprevisible ⇒inconstante

† **fiction** /ˈfɪk.ʃᵊn/ *n* [U] **1** ⇒ficción **2** ⇒literatura [de ficción]: *I write fiction for children* - Escribo literatura de ficción para niños

fictional /ˈfɪk.ʃᵊn.ᵊl/ *adj* ⇒de ficción: *a fictional character* - un personaje de ficción

fiddle[1] /ˈfɪd.l̩/ [fiddled, fiddling] ▌ *v* [T] **1** *UK (inform)* ⇒amañar: *They accused him of fiddling the data* - Le acusaron de amañar los datos ▌ *v* [I] **2** *(inform)* ⇒tocar el violín

PHRASAL VERBS

- **to fiddle {about/around}** ⇒perder el tiempo
- **to fiddle ({about/around}) with *sth*** 1 ⇒juguetear: *She was fiddling around with her earring* - Estaba jugueteando con su pendiente

2 ⇒manipular: *Somebody fiddled with the machine* - Alguien manipuló la máquina

fiddle[2] /ˈfɪd.l̩/ *n* [C] **1** *(inform)* ⇒violín **2** *UK (inform)* ⇒chanchullo *col.;* ⇒timo *col.* **3 to play second ~ to *sb*** *(inform)* ⇒estar a la sombra de alguien

fiddler UK: /ˈfɪd.ləʳ/ US: /-lɚ/ *n* [C] *(inform)* ⇒violinista

fiddly /ˈfɪd.li/ *UK adj* [*comp* fiddlier, *superl* fiddliest] *(inform)* ⇒complicado,da [por tratarse de objetos muy pequeños]: *I find sewing too fiddly for me* - Coser es muy complicado para mí

fidelity UK: /fɪˈdel.ə.ti/ US: /-ˀt̬i/ *n* [U] ⇒fidelidad ■ Se usa más *faithfulness*

↑**field**[1] /fiːld/ *n* [C] **1** ⇒prado ⇒campo **2** *US* (*UK* **pitch**) *(en deportes)* ⇒campo ⇒terreno [de juego] **3** *(en deportes)* ⇒participantes ⇒concursantes **4** *(en una actividad, en un negocio)* ⇒participantes ⇒candidatos **5** ⇒campo [de actividad o de interés] **6** *(en informática)* ⇒campo

↑**field**[2] /fiːld/ ▌*v* [T, I] **1** *(en cricket o en béisbol)* ⇒parar [una bola] ▌*v* [T] **2** *(en deportes)* ⇒alinear

field hockey *US n* [U] ⇒hockey sobre hierba

fiend /fiːnd/ *n* [C] **1** ⇒desalmado,da **2** ⇒fanático,ca: *a chocolate fiend* - un fanático del chocolate

↑**fierce** UK: /fɪəs/ US: /fɪrs/ *adj* ⇒fiero,ra ⇒feroz

↑**fifteen** /ˌfɪfˈtiːn, ˈ--/ ⇒quince

fifteenth /ˌfɪfˈtiːnθ, ˈ--/ **1** ⇒decimoquinto,ta **2** *(para las fechas)* ⇒quince: *the fifteenth century* - el siglo quince ■ Se puede escribir también *15th*

fifth[1] /fɪfθ/ **1** ⇒quinto,ta **2** *(para las fechas)* ⇒cinco **3** *It is his fifth birthday today* - Hoy cumple cinco años ■ Se puede escribir también *5th*

fifth[2] /fɪfθ/ *n* [C] ⇒quinto ⇒quinta parte

fifth (gear) *n* [U] *(en un vehículo)* ⇒quinta [marcha]

↑**fifty** /ˈfɪf.ti/ ⇒cincuenta

fifty-fifty[1] /ˌfɪf.tiˈfɪf.ti/ *adv (inform)* ⇒a medias: *They went fifty-fifty* - Pagaron a medias

fifty-fifty[2] /ˌfɪf.tiˈfɪf.ti/ *adj to have a fifty-fifty chance* - tener un cincuenta por ciento de posibilidades

fig /fɪg/ *n* [C] **1** ⇒higo **2 ~ tree** ⇒higuera

↑**fight**[1], **fought, fought** /faɪt/ *v* [T, I] **1** ⇒luchar **2** ⇒pelearse ⇒trompear *AMÉR. col.* **3 to ~ for *sth*** ⇒luchar por algo

PHRASAL VERBS

· **to fight back** ⇒defenderse ⇒contraatacar

↑**fight**[2] /faɪt/ *n* [C] **1** ⇒lucha ⇒pelea **2** ⇒lucha ⇒batalla

fighter UK: /ˈfaɪ.təʳ/ US: /-ˀt̬ɚ/ *n* [C] **1** *(avión)* ⇒caza **2** ⇒luchador,-a

fighting UK: /ˈfaɪ.tɪŋ/ US: /-ˀt̬ɪŋ/ *n* [U] ⇒lucha ⇒combate ⇒enfrentamiento

↑**figure**[1] UK: /ˈfɪg.əʳ/ US: /-jʊr/ *n* [C] **1** ⇒cifra ⇒número **2** ⇒estadística ⇒cifra ⇒dato **3** ⇒tipo ⇒figura ⇒silueta **4** *(gráfico)* ⇒tabla ⇒cuadro ⇒figura **5** ⇒figura ⇒personaje

↑**figure**[2] ▌*v* [I] **1** ⇒figurar ⇒aparecer ▌*v* [T] **2** *US* ⇒suponer ⇒figurarse **3 that figures** *(inform) «We won the game» «That figures»* - «Ganamos el partido» «Estaba cantado»

PHRASAL VERBS

· **to figure *sth* out 1** *(inform)* ⇒averiguar cómo hacer algo ⇒entender algo ⇒descifrar algo **2** *(un problema)* ⇒resolver

· **to figure *sb* out** ⇒entender a alguien [su forma de pensar o actuar]: *I just can't figure him out* - Es que no consigo entenderlo

↑**file**[1] /faɪl/ *n* [C] **1** ⇒archivo ⇒carpeta **2** ⇒expediente **3** *(en informática)* ⇒archivo **4** ⇒lima **5 in single ~** ⇒en fila india **6 on ~** ⇒archivado,da

few / a few / little / a little

- **Few** y **a few** se utilizan con nombres contables en plural:
  - *I have very **few** CDs, can you lend me some?* (Tengo muy pocos CD, ¿puedes prestarme algunos?)
  - *We've bought **a few** snacks to have with the dinner.* (Hemos comprado algunos aperitivos para tomar con la cena.)
- **Little** y **a little** se utilizan con nombres incontables:
  - *She has **little** time for games.* (Tiene poco tiempo para juegos.)
  - *I've saved **a little** money for my holidays.* (He ahorrado algo de dinero para mis vacaciones.)
- **Few** y **little** se utilizan en oraciones con un matiz negativo. Expresan la idea de escasez:
  - ***Few** people came to the première.* (Vino poca gente al estreno.)
  - *Paul has **little** hope of passing his exam.* (Paul tiene pocas esperanzas de pasar el examen.)
- **A few** y **a little** se utilizan en oraciones con un matiz más positivo. Equivalen a "some":
  - *I went to the cinema with **a few** friends.* (Fui al cine con algunos amigos.)
  - *Paul has **a little** French.* (Paul habla un poco de francés.)

F

file[2] /faɪl/ [filed, filing] *v* [T] **1** ⇒archivar **2** *(un documento oficial)* ⇒presentar **3** ⇒limar ■ CONSTR. Se usa generalmente seguido del adverbio down **4** ⇒ir en fila: *The pupils filed along the corridor* - Los alumnos fueron en fila por el pasillo ■ CONSTR. Se usa generalmente seguido de una preposición o un adverbio

filet UK: /ˈfɪl.eɪ/ US: /fɪˈleɪ/ *US n* [C, U], *v* [T] See **fillet**

Filipino UK: /ˌfɪl.ɪˈpiː.nəʊ/ US: /-noʊ/ *n* [C] ⇒filipino,na

F

† **fill** /fɪl/ ▮ *v* [T, I] **1** ⇒llenar: *Fill the bottle with water* - Llena la botella de agua ▮ *v* [T] **2** ⇒llenarse **3** *(un diente)* ⇒empastar ⇒emplomar *AMÉR.*

PHRASAL VERBS
- **to fill *sb* in [M]** ⇒poner a alguien al día
- **to fill *sth* {in/out} [M]** ⇒rellenar [un formulario]
- **to fill (*sth*) up [M]** ⇒llenar: *Fill up the tank, please* - Llene el depósito, por favor

filler UK: /ˈfɪl.əʳ/ US: /-ɚ/ ▮ *n* [C, U] **1** ⇒masilla ▮ *n* [C] **2** *(en periodismo)* ⇒cuña

fillet /ˈfɪl.ɪt/ *UK* (*US* **filet**) *n* [C, U] ⇒filete [de carne, de pescado]

filling /ˈfɪl.ɪŋ/ ▮ *n* [C, U] **1** *(de una comida o de cojines y almohadas)* ⇒relleno ▮ *n* [C] **2** ⇒empaste

filling station (*UK tb* **petrol station**) (*US tb* **gas station**) *n* [C] ⇒gasolinera

† **film**[1] /fɪlm/ ▮ *n* [C, U] **1** (*US tb* **movie**) ⇒película **2** ⇒carrete ▮ *n* [C] **3** ⇒película ⇒lámina

film[2] /fɪlm/ *v* [T, I] ⇒filmar ⇒grabar ⇒rodar

film director *n* [C] ⇒director,-a de cine

filming /ˈfɪl.mɪŋ/ *n* [C] ⇒rodaje

film-maker *UK n* [C] ⇒director de cine ⇒cineasta

film star *n* [C] ⇒estrella de cine

filter[1] UK: /ˈfɪl.təʳ/ US: /-ˁt̬ɚ/ *v* [T] ⇒filtrar

filter[2] UK: /ˈfɪl.təʳ/ US: /-ˁt̬ɚ/ *n* [C] ⇒filtro: *a coffee filter* - un filtro de café

† **filth** /fɪlθ/ *n* [U] **1** ⇒suciedad **2** ⇒obscenidad

filthy /ˈfɪl.θi/ *adj* [*comp* filthier, *superl* filthiest] **1** ⇒muy sucio,cia ⇒mugriento,ta **2** ⇒obsceno,na **3** ⇒ofensivo,va **4** *a filthy temper* - un humor de perros

fin /fɪn/ *n* [C] **1** *(de un pez)* ⇒aleta **2** ⇒aleta dorsal

† **final**[1] /ˈfaɪ.nᵊl/ *adj* **1** ⇒final ⇒último,ma **2** ⇒definitivo,va: *a final decision* - una decisión definitiva ■ PRON. La primera sílaba, *fi*, rima con *why*

final[2] /ˈfaɪ.nᵊl/ *n* [C] **1** *(en deportes)* ⇒final **2** **finals** *(en la universidad)* ⇒exámenes finales ■ PRON. La primera sílaba, *fi*, rima con *why*

finalist /ˈfaɪ.nə.lɪst/ *n* [C] ⇒finalista

† **finally** /ˈfaɪ.nə.li/ *adv* **1** ⇒por fin **2** ⇒finalmente **3** ⇒por último: *And finally, I want to talk about our goals* - Por último, quisiera hablar de nuestros objetivos

finance[1] /ˈfaɪ.nænts/ *n* [U] **1** ⇒economía ⇒finanzas **2** *a finance director* - un director financiero **3** ⇒fondos ⇒financiación

finance[2] /ˈfaɪ.nænts/ [financed, financing] *v* [T] ⇒financiar ⇒costear

financial /faɪˈnæn.tʃᵊl, fɪ-/ *adj* **1** ⇒financiero,ra **2** ⇒económico,ca: *financial difficulties* - problemas económicos

financially /faɪˈnæn.t.ʃᵊl.i, fɪ-/ *adv* ⇒financieramente ⇒económicamente

† **find, found, found** /faɪnd/ *v* [T] **1** ⇒encontrar ⇒localizar **2** ⇒resultar ⇒encontrar **3** *(ante un juez)* ⇒declarar ■ CONSTR. Se usa más en pasiva **4** **to ~ it {difficult/easy} to do *sth*** ⇒resultarle {difícil/fácil} a alguien hacer algo ⇒{costarle/no costarle} a alguien hacer algo

PHRASAL VERBS
- **to find (*sth*) out [M]** ⇒averiguar ⇒enterarse de algo ⇒anoticiar *AMÉR.*
- **to find *sb* out [M]** ⇒pillar a alguien ⇒descubrir a alguien ■ CONSTR. Se usa más en pasiva

finder UK: /ˈfaɪn.dəʳ/ US: /-dɚ/ *n* [C] ⇒descubridor,-a ■ PRON. *fin* se pronuncia como el término inglés *fine*

finding /ˈfaɪn.dɪŋ/ *n* [C] **1** *(en una investigación)* ⇒descubrimiento ⇒conclusión ■ Se usa más en plural **2** ⇒fallo [de un tribunal] ■ Se usa más en singular

† **fine**[1] /faɪn/ *adj* **1** ⇒bien: *I'm fine, thank you* - Estoy bien, gracias **2** ⇒extraordinario,ria ⇒excelente **3** ⇒bien ⇒vale **4** ⇒fino,na: *fine sand* - arena fina **5** ⇒sutil: *a fine distinction* - una distinción sutil **6** **to have (doing) *sth* down to a ~ art** ⇒ser un experto en algo: *He has making cakes down to a fine art* - Es un experto en hacer pasteles

fine[2] /faɪn/ [fined, fining] *v* [T] ⇒multar: *to fine sb for speeding* - multar a alguien por exceso de velocidad ■ CONSTR. Se usa más en pasiva

fine[3] /faɪn/ *n* [C] ⇒multa

† **finger** UK: /ˈfɪŋ.gəʳ/ US: /-gɚ/ *n* [C] **1** ⇒dedo **2** **to cross *one's* fingers** ⇒cruzar los dedos **3** **to put *one's* ~ on *sth*** ⇒dar con algo ⇒dar en el clavo *col.*

† **fingernail** UK: /ˈfɪŋ.gə.neɪl/ US: /-gɚ-/ (*tb* **nail**) *n* [C] ⇒uña [de la mano]: *to paint your fingernails* - pintarse las uñas

fingerprint UK: /ˈfɪŋ.gə.prɪnt/ US: /-gɚ-/ *n* [C] ⇒huella dactilar

fingertip UK: /ˈfɪŋ.gə.tɪp/ US: /-gɚ-/ *n* [C] **1** ⇒punta del dedo ⇒yema del dedo **2** **at *one's* fingertips** ⇒a mano

† **finish** /ˈfɪn.ɪʃ/ [finishes] *v* [T, I] ⇒terminar ⇒acabar ■ CONSTR. to finish + doing sth

PHRASAL VERBS
- **to finish *sth* off [M]** ⇒acabar (con) algo
- **to finish *sth/sb* off [M]** *(inform)* ⇒acabar con algo o alguien ⇒matar a algo o alguien

· **to finish up** *UK* ⇒acabar haciendo algo ■ CONSTR. to finish up + doing sth
· **to finish with sb** *UK* ⇒romper con alguien

finished /ˈfɪn.ɪʃt/ *adj* **1** ⇒terminado,da **2** ⇒acabado,da *col.: a finished man* - un hombre acabado **3 to be ~ with sth** ⇒terminar con algo: *I'll soon be finished with it* - Pronto terminaré con ello

Finn /fɪn/ *n* [C] ⇒finlandés,-a

Finnish¹ /ˈfɪn.ɪʃ/ *n* [U] *(idioma)* ⇒finés

Finnish² /ˈfɪn.ɪʃ/ *adj* ⇒finlandés,-a

fir UK: /ˈfɜːʳ/ US: /ˈfɝːr/ *n* [C] ⇒abeto

↑**fire¹** UK: /faɪəʳ/ US: /faɪr/ ▮ *n* [C, U] **1** ⇒fuego ▮ *n* [C] **2** ⇒incendio **3** ⇒estufa **4 to be on ~** ⇒estar en llamas ⇒arder **5 to be under ~ 1** ⇒estar en la línea de fuego **2** ⇒ser el blanco de todas las críticas **6 to catch ~** ⇒prenderse **7 to set ~ to sth** *US* (*UK* **to set light to sth**) ⇒prender fuego

↑**fire²** UK: /faɪəʳ/ US: /faɪr/ [fired, firing] ▮ *v* [T, I] **1** ⇒disparar ▮ *v* [T] **2** *(inform)* ⇒despedir: *They fired her* - La han despedido ■ CONSTR. Se usa más en pasiva

firearm UK: /ˈfaɪə.rɑːm/ US: /ˈfaɪr.ɑːrm/ *n* [C] *(form)* ⇒arma de fuego

↑**fire brigade** *UK n* [C] ⇒cuerpo de bomberos

fire engine *n* [C] ⇒coche de bomberos

↑**fire escape** *n* [C] ⇒escalera de incendios: *to go down the fire escape* - bajar por la escalera de incendios

↑**firefighter** /ˈfaɪəˌfaɪ.təʳ/ *n* [C] ⇒bombero,ra

fireman UK: /ˈfaɪə.mən/ US: /ˈfaɪr-/ [*pl* firemen] *n* [C] *(hombre)* ⇒bombero

fireplace UK: /ˈfaɪə.pleɪs/ US: /ˈfaɪr-/ *n* [C] ⇒hogar ⇒chimenea ■ Comparar con *chimney*

fire station *n* [C] ⇒parque de bomberos

firewall /ˈfaɪə.wɔːl/ *n* [C] *(en informática)* ⇒firewall ⇒cortafuego

firewood UK: /ˈfaɪə.wʊd/ US: /ˈfaɪr-/ *n* [U] ⇒leña: *to chop firewood* - cortar leña

fireworks UK: /ˈfaɪə.wɜːks/ US: /ˈfaɪr.wɝːks/ *n* [PL] ⇒fuego artificial

↑**firm¹** UK: /fɜːm/ US: /fɝːm/ *adj* **1** ⇒firme ⇒sólido,da **2 a ~ hand** ⇒la mano dura ■ PRON. La primera parte, *fir*, rima con el término inglés *her*

firm² UK: /fɜːm/ US: /fɝːm/ *n* [C] ⇒empresa: *an established firm* - una empresa consolidada ■ Distinto de *signature* (firma) ■ Pron. La primera parte, *fir*, rima con el término inglés *her*

↑**first¹** UK: /ˈfɜːst/ US: /ˈfɝːst/ *adv* **1** ⇒primero ⇒antes **2** ⇒por primera vez **3** ⇒primero ⇒en primer lugar **4 at ~** ⇒al principio **5 ~ of all** ⇒en primer lugar ⇒ante todo ■ PRON. La primera parte, *fir*, rima con el término inglés *her*

↑**first²** UK: /ˈfɜːst/ US: /ˈfɝːst/ **1** ⇒primero,ra ⇒primer **2** *(para las fechas)* ⇒uno **3** *It is his first birthday today* - Hoy cumple un año ■ Se puede escribir también *1st* ■ Pron. La primera parte, *fir*, rima con el término inglés *her*

first³ UK: /ˈfɜːst/ US: /ˈfɝːst/ ▮ *n* [U] **1** *(en un vehículo)* ⇒primera [marcha] ▮ *n* [C] **2** ⇒en una universidad británica, calificación más alta ■ PRON. La primera parte, *fir*, rima con el término inglés *her*

first aid *n* [U] **1** ⇒primeros auxilios **2 ~ kit** ⇒maletín de primeros auxilios

↑**first class¹** *n* [U] **1** ⇒primera clase ⇒primera **2** ⇒servicio rápido de correos

↑**first class²** *adv* ⇒en primera clase ⇒en primera

first-class *adj* ⇒de primera clase ⇒de primera

first floor *n* [C] **1** *UK* ⇒primer piso **2** *US* (*UK* **ground floor**) ⇒planta baja

firstly UK: /ˈfɜːst.li/ US: /ˈfɝːst-/ *adv* *(en una enumeración)* ⇒en primer lugar ⇒primero ⇒antes que nada

↑**first name** *UK n* [C] ⇒nombre de pila

first-rate UK: /ˌfɜːstˈreɪt/ US: /ˌfɝːst-/ *adj* ⇒de primera clase ⇒excelente

first-time buyer UK: /ˌfɜːst.taɪmˈbaɪ.əʳ/ US: /ˌfɝːst.taɪmˈbaɪ.ɚ/ *n* [C] ⇒persona que compra su primera vivienda

↑**fish¹** /fɪʃ/ ▮ *n* [C] **1** ⇒pez ■ El plural es *fish* o *fishes* ▮ *n* [U] **2** ⇒pescado: *Would you like some fish and chips?* - ¿Quieres pescado y patatas fritas? ■ Se dice *some fish* o *a piece of fish*. Incorrecto: *a fish*

fish² /fɪʃ/ *v* [I] ⇒pescar: *I like fishing* - Me gusta pescar

fisherman UK: /ˈfɪʃ.ə.mən/ US: /-ɚ-/ [*pl* fishermen] *n* [C] ⇒pescador,-a

fishermen *n* [PL] See **fisherman**

↑**fishing** /ˈfɪʃ.ɪŋ/ *n* [U] ⇒pesca

fishy /ˈfɪʃ.i/ *adj* [*comp* fishier, *superl* fishiest] **1** *fishy smell* - olor a pescado **2** *(inform)* ⇒sospechoso,sa ⇒raro,ra **3 to smell ~** *(inform)* ⇒oler a chamusquina *col.: It smells fishy to me* - Me huele a chamusquina

fist /fɪst/ *n* [C] **1** ⇒puño **2 to bring *one's* ~ down on the table** ⇒dar un puñetazo en la mesa

↑**fit¹** /fɪt/ [fitted, fitting] ▮ *v* [T, I] **1** ⇒ser de la talla de alguien: *Those shoes fit you perfectly* - Esos zapatos son de tu talla ▮ *v* [T] **2** ⇒encajar: *This key doesn't fit the lock* - La llave no encaja en la cerradura **3** ⇒caber: *We won't all fit in the car* - No cabremos todos en el coche **4** ⇒instalar: *They fitted a smoke detector in their house* - Han instalado un detector de humo en su casa

PHRASAL VERBS
· **to fit in** ⇒encajar *col.: She thinks her son fits in well with her friends' children* - Cree que su hijo encaja con los hijos de sus amigas
· **to fit *sth/sb* in** ⇒encontrar un hueco [para una actividad]

fit² /fɪt/ *adj* [*comp* fitter, *superl* fittest] **1** ⇒en forma: *I play tennis to keep fit* - Juego al tenis para mantenerme en forma **2** ⇒en condiciones: *He isn't fit to drive* - No está en condiciones de conducir **3** ⇒conveniente: *Do as you think fit* - Haz lo que creas conveniente **4 to be ~ for *sth*** ⇒servir para algo

fit³ /fɪt/ *n* [c] **1** *(de risa, de tos)* ⇒ataque ⇒golpe **2** ⇒ataque [epiléptico]

fitness /ˈfɪt.nəs/ *n* [u] **1** ⇒buen estado físico ⇒buena salud **2** ⇒idoneidad: *I have doubts about his fitness for the job* - Dudo de su idoneidad para el cargo

F

fitting¹ UK: /ˈfɪt.ɪŋ/ US: /ˈfɪˁt̬-/ *adj* **1** *(form)* ⇒apropiado,da **2** ⇒digno,na ⇒como es debido

fitting² UK: /ˈfɪt.ɪŋ/ US: /ˈfɪˁt̬-/ *n* [c] **1** ⇒aparato ⇒accesorio ■ Se usa más en plural **2** ⇒repuesto **3** ⇒prueba [de un traje] **4** ⇒muebles y accesorios de una vivienda ■ Se usa más en plural

fitting room *n* [c] ⇒probador

↑**five** /faɪv/ **1** ⇒cinco: *There are five of them* - Son cinco; *She is five years old* - Tiene cinco años **2 to take ~** *US (inform)* ⇒hacer un descanso

fiver UK: /ˈfaɪ.vəʳ/ US: /-vɚ/ *UK n* [c] *(inform)* ⇒billete de cinco libras

five-star UK: /ˌfaɪvˈstɑːʳ/ US: /-ˌstɑːr/ *adj (un hotel o un servicio)* ⇒de cinco estrellas

↑**fix¹** /fɪks/ *v* [T] **1** ⇒arreglar ⇒reparar ⇒refaccionar *AMÉR.* **2** ⇒fijar **3** ⇒amañar

PHRASAL VERBS
- **to fix *sth* up [M] 1** *UK* ⇒fijar **2** *(una máquina)* ⇒mejorar
- **to fix *sb* up [M]** *(inform)* ⇒conseguir algo para alguien

fix² /fɪks/ [*pl* fixes] *n* [c] **1** ⇒aprieto ⇒apuro **2** *(inform)* ⇒dosis: *He needs his fix of coffee every morning* - Necesita su dosis de café todas las mañanas

fixed /fɪkst/ *adj* **1** ⇒establecido,da ⇒fijado,da **2** ⇒fijo,ja: *fixed ideas* - ideas fijas **3** *of no fixed address* - sin domicilio fijo

fixture UK: /ˈfɪks.tʃəʳ/ US: /-tʃɚ/ *n* [c] **1** ⇒accesorio fijo de una vivienda ■ Se usa más en plural **2** *UK (en deportes)* ⇒encuentro ⇒partido

fizz¹ /fɪz/ *n* [u] **1** ⇒efervescencia **2** ⇒entusiasmo ⇒alegría

fizz² /fɪz/ *v* [I] ⇒burbujear: *After one hour the soda was still fizzing* - Después de una hora el soda todavía burbujeaba

fizzy /ˈfɪz.i/ *adj* [*comp* fizzier, *superl* fizziest] ⇒gaseoso,sa: *a fizzy drink* - una bebida gaseosa

flabby /ˈflæb.i/ *adj* [*comp* flabbier, *superl* flabbiest] *(inform) (una parte del cuerpo)* ⇒fofo,fa *col.*

flag¹ /flæg/ *n* [c] **1** ⇒bandera **2** ⇒banderín **3** *(en el suelo)* ⇒losa

flag² /flæg/ [flagged, flagging] *v* [I] **1** ⇒flaquear **2** ⇒desanimarse **3** ⇒marcar ⇒señalar

flagrant /ˈfleɪ.grᵊnt/ *adj* ⇒flagrante: *a flagrant lie* - una mentira flagrante

flair UK: /fleəʳ/ US: /fler/ ▮ *n* [NO PL] **1** ⇒talento ⇒facilidad ▮ *n* [u] **2** ⇒elegancia ⇒estilo

flake¹ /fleɪk/ *n* [c] **1** ⇒copo: *flakes of snow* - copos de nieve **2** *(en la piel)* ⇒escama **3** *(en la madera)* ⇒astilla

flake² /fleɪk/ [flaked, flaking] *v* [I] ⇒desconchar(se) ⇒descascarillar(se)

flamboyant /flæmˈbɔɪ.ənt/ *adj* **1** ⇒extravagante ⇒excéntrico,ca **2** *(una prenda de vestir)* ⇒llamativo,va ⇒vistoso,sa

↑**flame** /fleɪm/ *n* [c] ⇒llama: *in flames* - en llamas

flamingo UK: /fləˈmɪŋ.gəʊ/ US: /-goʊ/ [*pl* flamingoes, flamingos] *n* [c] *(ave)* ⇒flamenco

flammable /ˈflæm.ə.bl̩/ (*tb* **inflammable**) *adj* ⇒inflamable

flan /flæn/ *n* [c, u] ⇒tarta [salada o dulce]: *a cheese flan* - una tarta de queso ■ Distinto de *crème caramel* (flan)

flank¹ /flæŋk/ *v* [T] ⇒flanquear

flank² /flæŋk/ *n* [c] **1** *(de una persona)* ⇒costado **2** *(de un animal)* ⇒ijada **3** *(en el ejército)* ⇒flanco

flannel /ˈflæn.ᵊl/ ▮ *n* [u] **1** *(tela)* ⇒franela ▮ *n* [c] **2** *UK* (*US* **washcloth**) ⇒toalla pequeña [de baño]

flap¹ /flæp/ ▮ *n* [c] **1** ⇒tapa **2** *(en un avión)* ⇒alerón **3** *(en una prenda de vestir)* ⇒solapa **4** *(en una mesa)* ⇒hoja ▮ *n* [c, u] **5** *US* ⇒lío ⇒revuelo

flap² /flæp/ [flapped, flapping] ▮ *v* [T] **1** ⇒batir [alas]: *The bird flapped its wings* - El ave batió las alas ▮ *v* [T, I] **2** ⇒agitar(se) ⇒sacudir ▮ *v* [I] **3** *UK (inform)* ⇒ponerse nervioso,sa

flare UK: /fleəʳ/ US: /fler/ *n* [c] **1** ⇒bengala **2** ⇒llamarada ⇒destello **3 flares** ⇒pantalones de campana

flash¹ /flæʃ/ *v* [T, I] **1** ⇒despedir destellos **2** *(inform)* ⇒hacer exhibicionismo

flash² /flæʃ/ [*pl* flashes] ▮ *n* [c] **1** ⇒destello ⇒resplandor ▮ *n* [c, u] **2** ⇒flash [de una cámara] **3** ⇒ataque [repentino] ⇒arrebato **4** *a flash of inspiration* - un momento de inspiración **5** *a flash fire* - un incendio repentino **6 in a ~** *(inform)* ⇒en un pispás *col.*; ⇒rápidamente

flash card *n* [c] *(en la enseñanza)* ⇒ficha [para aprender vocabulario]

flashlight /ˈflæʃ.laɪt/ *US* (*UK* **torch**) *n* [c] ⇒linterna

flashy /ˈflæʃ.i/ *adj* [*comp* flashier, *superl* flashiest] **1** *(inform)* ⇒ostentoso,sa **2** *(una prenda de vestir)* ⇒llamativo,va

flask UK: /flɑːsk/ US: /flæsk/ *UK* (*UK/US tb* **Thermos® (flask)**) *n* [c] ⇒termo®

↑**flat**[1] /flæt/ *n* [C] **1** *UK* (*US* **apartment**) ➾piso ➾apartamento ➾departamento *AMÉR.* **2** *US* (*UK* **flat tyre**) *(inform) (en una rueda)* ➾pinchazo

↑**flat**[2] /flæt/ *adj* [*comp* flatter, *superl* flattest] **1** ➾llano,na ➾liso,sa ➾plano,na **2** ➾sin gas: *This drink is already flat* - Esta bebida ya no tiene gas **3** *(en música)* ➾desafinado,da **4** *(en música)* ➾bemol **5** *UK* ➾sin batería **6** *(una rueda)* ➾desinflado,da ➾pinchado,da

flatly /ˈflæt.li/ *adv* ➾rotundamente

flatmate /ˈflæt.meɪt/ *UK n* [C] ➾compañero,ra de piso

flatten UK: /ˈflæt.ᵊn/ US: /ˈflæˁt̬-/ *v* [T, I] ➾aplastar: *Be careful, don't flatten that box* - Ten cuidado, no vayas a aplastar esa caja

flatter UK: /ˈflæt.əʳ/ US: /ˈflæˁt̬.ɚ/ *v* [T] **1** ➾halagar ➾lisonjear **2** ➾favorecer [el aspecto]: *Those earrings really flatter you* - Esos pendientes te favorecen **3 to ~ *oneself*** ➾autoengañarse ➾hacerse ilusiones

flattering UK: /ˈflæt.ᵊr.ɪŋ/ US: /ˈflæˁt̬.ɚ-/ *adj* ➾halagador,-a ➾favorecedor,-a

flat tyre *UK* (*US* **flat**) *n* [C] *(en una rueda)* ➾pinchazo

flaunt UK: /flɔːnt/ US: /flɑːnt/ *v* [T] ➾ostentar ➾hacer ostentación ➾hacer alarde de

↑**flavour** UK: /ˈfleɪ.vəʳ/ US: /-vɚ/ *UK n* [C] ➾sabor: *chocolate flavour* - sabor a chocolate

flaw UK: /flɔː/ US: /flɑː/ *n* [C] **1** ➾defecto ➾fallo ➾tara **2** *(de una persona)* ➾defecto

flawless UK: /ˈflɔː.ləs/ US: /ˈflɑː-/ *adj* ➾impecable: *a flawless job* - un trabajo impecable

flea /fliː/ *n* [C] ➾pulga

fleck /flek/ *n* [C] ➾mota

fled /fled/ past tense and past participle forms of **flee**

↑**flee, fled, fled** /fliː/ [fleeing] *v* [T, I] ➾huir ➾escapar

fleece /fliːs/ ▮ *n* [C] **1** ➾forro polar ▮ *n* [C, U] **2** ➾vellón [de oveja]

↑**fleet** /fliːt/ *n* [C] **1** ➾flota ➾armada **2** ➾flotilla

↑**flesh** /fleʃ/ *n* [U] **1** *(de una persona, de un animal)* ➾carne **2** *(de una fruta)* ➾pulpa **3 in the ~** ➾en persona

flew /fluː/ past tense of **fly**

flex[1] /fleks/ [*pl* flexes] *UK* (*US* **cord**) *n* [C, U] ➾cable [eléctrico]

flex[2] /fleks/ *v* [T] ➾flexionar: *to flex one's knees* - flexionar las rodillas

flexibility UK: /ˌflek.sɪˈbɪl.ɪ.ti/ US: /-ə.ˁt̬i/ *n* [U] ➾flexibilidad

↑**flexible** /ˈflek.sɪ.bl̩/ *adj* ➾flexible

flick[1] /flɪk/ *v* [T, I] ➾hacer un movimiento corto y rápido ■ CONSTR. Se usa generalmente seguido de una preposición o un adverbio

PHRASAL VERBS

· **to flick *sth* off [M]** ➾apagar algo [con un interruptor]: *to flick the light off* - apagar la luz

· **to flick through *sth*** ➾hojear algo: *to flick through a book* - hojear un libro

flick[2] /flɪk/ *n* [C] ➾movimiento rápido: *with a flick of the wrist* - con un movimiento rápido de la muñeca

flicker[1] UK: /ˈflɪk.əʳ/ US: /-ɚ/ *v* [I] *(una luz)* ➾parpadear

flicker[2] UK: /ˈflɪk.əʳ/ US: /-ɚ/ *n* [C] ➾parpadeo ➾centelleo

flies /flaɪz/ *UK* (*UK/US tb* **fly**) *n* [PL] ➾bragueta: *Your flies are undone* - Tienes la bragueta bajada

↑**flight** /flaɪt/ ▮ *n* [C] **1** ➾vuelo: *a charter flight* - un vuelo chárter; *a return flight* - un vuelo de ida y vuelta **2** ➾tramo [de escaleras] ▮ *n* [U] **3** ➾huida ➾fuga

flight attendant *n* [C] ➾azafato,ta ➾auxiliar de vuelo

flimsy /ˈflɪm.zi/ *adj* [*comp* flimsier, *superl* flimsiest] **1** ➾endeble ➾débil ➾tonto,ta **2** *(una prenda de vestir)* ➾fino,na ➾ligero,ra

flinch /flɪntʃ/ [flinches] *v* [I] **1** ➾retroceder **2** ➾inmutarse **3** ➾encogerse: *He flinched on hearing the noise* - Se encogió al oír aquel ruido **4** ➾echarse atrás: *I flinched from doing it* - Me eché atrás a la hora de hacerlo ■ *to flinch from sth*

fling[1], **flung, flung** /flɪŋ/ *v* [T] **1** ➾arrojar ➾tirar [con fuerza] **2** ➾arrojarse ➾tirarse **3** ➾echar: *He flung his arms around my neck* - Me echó los brazos al cuello ■ CONSTR. Se usa generalmente seguido de una preposición o un adverbio

fling[2] /flɪŋ/ *n* [C] **1** *(inform)* ➾lío *col.;* ➾aventura **2** *(inform)* ➾juerga *col.: a final fling* - una última juerga

flint /flɪnt/ *n* [C, U] ➾pedernal

flip /flɪp/ [flipped, flipping] *v* [T, I] **1** ➾voltear **2** *(una moneda)* ➾lanzar al aire ➾echar a cara o cruz

flippant /ˈflɪp.ᵊnt/ *adj* ➾frívolo,la ➾irónico,ca ➾jocoso,sa

flipper UK: /ˈflɪp.əʳ/ US: /-ɚ/ *n* [C] ➾aleta

flirt[1] UK: /flɜːt/ US: /flɝːt/ *v* [I] ➾flirtear ➾coquetear

flirt[2] UK: /flɜːt/ US: /flɝːt/ *n* [C] ➾ligón,-a *col.*

flit /flɪt/ [flitted, flitting] *v* [I] **1** *(un animal)* ➾revolotear **2** ➾estar a caballo **3** ➾pasar ■ CONSTR. Se usa generalmente seguido de una preposición o un adverbio

↑**float**[1] UK: /fləʊt/ US: /floʊt/ *v* [T, I] **1** ➾flotar: *Cork floats on water* - El corcho flota en el agua **2** *(en la bolsa)* ➾lanzar al mercado **3** *(una idea)* ➾presentar ➾plantear ➾sugerir

float[2] UK: /fləʊt/ US: /floʊt/ *n* [C] **1** *(en una procesión)* ⇒carroza **2** ⇒boya **3** ⇒flotador

flock[1] UK: /flɒk/ US: /flɑːk/ *n* [C] **1** ⇒bandada ⇒rebaño **2** ⇒multitud ■ Por ser un nombre colectivo se puede usar con el verbo en singular o en plural

flock[2] UK: /flɒk/ US: /flɑːk/ *v* [I] ⇒moverse en masa ⇒acudir en masa ■ CONSTR. to flock + to do sth

flog UK: /flɒg/ US: /flɑːg/ [flogged, flogging] *v* [T] ⇒azotar

flood[1] /flʌd/ *v* [T, I] ⇒inundar: *These fields were flooded this winter* - Estos campos se inundaron este invierno ■ PRON. La *oo* se pronuncia como la *u* en el término inglés *sun*

flood[2] /flʌd/ ▮ *n* [C, U] **1** ⇒inundación ▮ *n* [C] **2** ⇒avalancha: *a flood of questions* - una avalancha de preguntas ■ PRON. La *oo* se pronuncia como la *u* en el término inglés *sun*

flooding /ˈflʌd.ɪŋ/ *n* [U] ⇒inundación ■ PRON. La *oo* se pronuncia como la *u* en el término inglés *sun*

↑ **floor**[1] UK: /flɔːʳ/ US: /flɔːr/ *n* [C] **1** ⇒suelo **2** ⇒piso ⇒planta **3** ⇒pista

↑ **floor**[2] UK: /flɔːʳ/ US: /flɔːr/ *v* [T] **1** ⇒tirar a alguien al suelo **2** *to be floored by sth* - quedarse pasmado por algo

floorboard UK: /ˈflɔː.bɔːd/ US: /ˈflɔːr.bɔːrd/ *n* [C] *(parte del suelo)* ⇒tabla ■ Se usa más en plural

flop[1] UK: /flɒp/ US: /flɑːp/ *n* [C] *(inform)* ⇒fracaso

flop[2] UK: /flɒp/ US: /flɑːp/ [flopped, flopping] *v* [I] **1** *(inform) (una obra o un negocio)* ⇒fracasar [estrepitosamente] ⇒estrellarse *col.* **2** ⇒desplomarse ⇒dejarse caer ■ CONSTR. Se usa generalmente seguido de una preposición o un adverbio

floppy[1] UK: /ˈflɒp.i/ US: /ˈflɑː.pi/ *adj* [*comp* floppier, *superl* floppiest] **1** ⇒flojo,ja **2** ⇒flexible

floppy[2] UK: /ˈflɒp.i/ US: /ˈflɑː.pi/ [*pl* floppies] *n* [C] See **floppy disk**

floppy disk (*tb* **floppy**) *n* [C] ⇒disquete

flora UK: /ˈflɔː.rə/ US: /ˈflɔːr.ə/ *n* [U] ⇒flora

floral UK: /ˈflɔː.rəl/ US: /ˈflɔːr.[ə]l/ *adj* ⇒floral ⇒floreado,da

florist UK: /ˈflɒr.ɪst/ US: /ˈflɔːr-/ *n* [C] ⇒florista

flounder UK: /ˈflaʊn.dəʳ/ US: /-dɚ/ *v* [I] **1** ⇒tambalearse: *Their relationship is floundering* - Su relación se está tambaleando **2** ⇒vacilar ⇒dudar **3** *(un barco)* ⇒hundirse **4** ⇒debatirse en el agua para no ahogarse

↑ **flour** UK: /flaʊəʳ/ US: /flaʊɚ/ *n* [U] ⇒harina: *wholemeal flour* - harina integral

flourish[1] UK: /ˈflʌr.ɪʃ/ US: /ˈflɜː-/ ▮ *v* [I] **1** ⇒florecer ⇒prosperar ▮ *v* [T] **2** ⇒agitar ⇒menear

flourish[2] UK: /ˈflʌr.ɪʃ/ US: /ˈflɜː-/ *n* [C] ⇒floreo

flow[1] UK: /fləʊ/ US: /floʊ/ *v* [I] **1** ⇒fluir: *Blood flows through the veins and arteries* - La sangre fluye por las venas y las arterias **2** *(una lágrima)* ⇒correr

flow[2] UK: /fləʊ/ US: /floʊ/ *n* [C] ⇒flujo: *blood flow* - flujo sanguíneo; *a continuous flow of people* - un flujo continuo de gente

↑ **flower**[1] UK: /ˈflaʊ.əʳ/ US: /ˈflaʊ.ɚ/ *n* [C] ⇒flor: *in flower* - en flor

flower[2] UK: /ˈflaʊ.əʳ/ US: /ˈflaʊ.ɚ/ *v* [I] ⇒florecer: *Most trees flower in spring* - La mayoría de los árboles florece en primavera

flowering *n* [U] ⇒florecimiento

flown UK: /fləʊn/ US: /floʊn/ past participle of **fly**

↑ **flu** /fluː/ *n* [U] ⇒forma abreviada de **influenza** (gripe): *to catch the flu* - coger la gripe

fluctuate /ˈflʌk.tju.eɪt/ [fluctuated, fluctuating] *v* [I] ⇒fluctuar ⇒variar

fluency /ˈfluː.ənt.si/ *n* [U] *(en el lenguaje)* ⇒fluidez

↑ **fluent** /ˈfluː.ənt/ *adj* ⇒fluido,da: *Rachel speaks fluent French* - Rachel habla un francés fluido

fluff /flʌf/ *n* [U] ⇒pelusa: *a piece of fluff* - una pelusa

fluffy /ˈflʌf.i/ *adj* [*comp* fluffier, *superl* fluffiest] **1** ⇒mullido,da ⇒esponjoso,sa **2** *(una superficie)* ⇒cubierto,ta de pelusa **3** *a fluffy toy* - un peluche

fluid[1] /ˈfluː.ɪd/ *n* [C] ⇒líquido ⇒fluido

fluid[2] /ˈfluː.ɪd/ *adj* **1** *(form)* ⇒fluido,da: *a fluid movement* - un movimiento fluido **2** *(form) (una situación)* ⇒variable ⇒inestable **3** *(form) (un plan)* ⇒flexible

fluke /fluːk/ *n* [C] **1** *(inform)* ⇒golpe de suerte **2** *It was just a fluke* - Tuve suerte, nada más

flung /flʌŋ/ past tense and past participle forms of **fling**

fluorescent UK: /flʊəˈres.ᵊnt/ US: /flʊ-/ *adj* ⇒fluorescente

fluoride UK: /ˈflʊə.raɪd/ US: /ˈflʊ-/ *n* [U] *(en química)* ⇒flúor

flurry UK: /ˈflʌr.i/ US: /ˈflɜː-/ [*pl* flurries] *n* [C] **1** *(de nieve o lluvia)* ⇒ventisca ⇒ráfaga **2** *(de un sentimiento)* ⇒brote ⇒oleada ⇒aluvión

flush[1] /flʌʃ/ *v* [I] **1** ⇒sonrojarse ⇒ruborizarse **2** ⇒limpiar ⇒desatascar **3** ⇒enjuagar: *to flush sth with water* - enjuagar algo con agua **4 to ~ the toilet** ⇒tirar de la cadena del váter

flush[2] /flʌʃ/ [*pl* flushes] *n* [C] **1** ⇒rubor **2** ⇒arrebato [de emoción]: *a flush of excitement* - un arrebato de emoción **3 hot flushes** *(en medicina)* ⇒sofoco

flute /fluːt/ *n* [C] ⇒flauta: *to play the flute* - tocar la flauta

flutter[1] UK: /ˈflʌt.əʳ/ US: /ˈflʌˁt̬.ɚ/ *v* [T, I] **1** ⇒revolotear **2** ⇒ondear **3** *(las alas, una bandera)* ⇒batir ⇒agitar [delicadamente]

flutter[2] UK: /ˈflʌt.əʳ/ US: /ˈflʌˁt̬.ɚ/ *n* [NO PL] **1** ⇒revoloteo **2** ⇒aleteo **3 to be {all of a/in a} ~** ⇒estar alterado,da ⇒estar nervioso,sa

↑**fly**[1], **flew, flown** /flaɪ/ [flies] ▮ *v* [I] **1** *(un insecto, un ave)* ⇒volar **2** ⇒ir en avión ⇒viajar en avión ⇒volar **3** ⇒irse volando ⇒irse pitando *col.* **4** ⇒volar ⇒pasar volando ▮ *v* [T] **5** *(un avión)* ⇒pilotar **6** ⇒transportar [en avión] ■ CONSTR. Se usa más en pasiva **7** *(una bandera o un estandarte)* ⇒enarbolar **8 to ~ {away/off}** *(un insecto, un ave)* ⇒irse volando **9 to ~ open** ⇒abrirse de repente

fly[2] /flaɪ/ [*pl* flies] *n* [C] **1** ⇒mosca **2** (*UK tb* **flies**) ⇒bragueta

flying /ˈflaɪ.ɪŋ/ *adj* ⇒volador,-a

FO *n* [U] ⇒forma abreviada de **Foreign Office** (ministerio británico de Asuntos Exteriores)

foam[1] UK: /fəʊm/ US: /foʊm/ *n* [U] ⇒espuma

foam[2] UK: /fəʊm/ US: /foʊm/ *v* [I] ⇒echar espuma: *The dog was foaming at the mouth* - El perro echaba espuma por la boca

focus[1] UK: /ˈfəʊ.kəs/ US: /ˈfoʊ-/ [focuses] *v* [T] ⇒enfocar: *to focus a camera* - enfocar una cámara

focus[2] UK: /ˈfəʊ.kəs/ US: /ˈfoʊ-/ [*pl* foci, focuses] *n* [C] **1** ⇒foco **2** ⇒centro ⇒foco ⇒núcleo **3 to be in ~** *(una imagen)* ⇒estar enfocado,da **4 to be out of ~** *(una imagen)* ⇒estar desenfocado,da

fodder UK: /ˈfɒd.əʳ/ US: /ˈfɑː.dɚ/ *n* [U] **1** ⇒pienso **2** ⇒forraje

foe UK: /fəʊ/ US: /foʊ/ *n* [C] *(lit)* ⇒enemigo,ga

foetus UK: /ˈfiː.təs/ US: /-ˤt̬əs/ [*pl* foetuses] *UK* (*US* **fetus**) *n* [C] ⇒feto

↑**fog** UK: /fɒg/ US: /fɑːg/ *n* [C, U] ⇒niebla

foggy UK: /ˈfɒg.i/ US: /ˈfɑː.gi/ *adj* [*comp* foggier, *superl* foggiest] **1** ⇒con niebla ⇒de niebla **2** *It's foggy* - Hay niebla

foil[1] /fɔɪl/ ▮ *n* [U] **1** ⇒lámina de metal ▮ *n* [C] **2** *(en esgrima)* ⇒florete **3 aluminium ~** *UK* ⇒papel de aluminio

foil[2] /fɔɪl/ *v* [T] *(un intento)* ⇒frustrar ■ CONSTR. Se usa más en pasiva

↑**fold**[1] UK: /fəʊld/ US: /foʊld/ ▮ *v* [T] **1** ⇒plegar ⇒doblar ▮ *v* [I] **2** *(una empresa)* ⇒quebrar

fold[2] UK: /fəʊld/ US: /foʊld/ *n* [C] **1** ⇒pliegue ⇒doblez ■ Se usa más en plural **2** *(para animales)* ⇒redil ⇒aprisco

folder UK: /ˈfəʊl.dəʳ/ US: /ˈfoʊl.dɚ/ *n* [C] ⇒archivador ⇒carpeta ⇒fólder AMÉR. ■ Distinto de *carpet* (alfombra)

foliage UK: /ˈfəʊ.li.ɪdʒ/ US: /ˈfoʊ-/ *n* [U] ⇒follaje

↑**folk** UK: /fəʊk/ US: /foʊk/ *UK n* [PL] ⇒gente: *country folk* - gente de campo

folklore UK: /ˈfəʊk.lɔːʳ/ US: /ˈfoʊk.lɔːr/ *n* [U] ⇒folclore

↑**follow** UK: /ˈfɒl.əʊ/ US: /ˈfɑː.loʊ/ *v* [T, I] **1** ⇒seguir ⇒ir detrás **2** *(en el tiempo)* ⇒suceder ⇒seguir ⇒comprender **3** ⇒seguir **4 as follows** ⇒como sigue **5 to ~ from *sth*** ⇒ser la consecuencia lógica de algo ⇒poder deducirse de algo **6 to ~ the crowd** ⇒hacer lo que hacen los demás

PHRASAL VERBS

- **to follow on** *UK* ⇒venir después
- **to follow *sth* through [M] 1** ⇒seguir con algo ⇒continuar ⇒rematar **2** ⇒cumplir
- **to follow *sth* up 1** ⇒investigar ⇒examinar con detalle **2** ⇒desarrollar ■ CONSTR. to follow up on sth

follower UK: /ˈfɒl.əʊ.əʳ/ US: /ˈfɑː.loʊ.ɚ/ *n* [C] **1** ⇒seguidor,-a ⇒partidario,ria **2** ⇒discípulo,la

following UK: /ˈfɒl.əʊ.ɪŋ/ US: /ˈfɑː.loʊ-/ *adj* ⇒siguiente: *I met her the following morning* - La vi a la mañana siguiente

follow-up UK: /ˈfɒl.əʊ.ʌp/ US: /ˈfɑː.loʊ-/ *n* [C] ⇒continuación

↑**fond** UK: /fɒnd/ US: /fɑːnd/ *adj* **1** *(un recuerdo)* ⇒agradable ⇒bueno,na **2 to be ~ of *sth/sb*** **1** ⇒tener mucho cariño: *I'm very fond of my cat* - Le tengo mucho cariño a mi gato **2** ⇒ser aficionado,da a: *I'm fond of classical music* - Soy aficionada a la música clásica

fondle UK: /ˈfɒn.dl̩/ US: /ˈfɑːn-/ [fondled, fondling] *v* [T] ⇒acariciar [sexual o cariñosamente]

font UK: /fɒnt/ US: /fɑːnt/ *n* [C] **1** ⇒pila bautismal **2** *(tipo de letra)* ⇒fuente

↑**food** /fuːd/ *n* [C, U] **1** ⇒alimento ⇒comida **2 ~ for thought** ⇒motivo de reflexión

food processor *n* [C] ⇒robot de cocina

foodstuff /ˈfuːd.stʌf/ *n* [C] *(form)* ⇒producto alimenticio ⇒alimento ■ Se usa más en plural

fool[1] /fuːl/ *n* [C] **1** ⇒tonto,ta *col. desp.;* ⇒boludo,da AMÉR. *vulg. desp.;* ⇒güey AMÉR. *col. desp.* **2** ⇒loco,ca *col.* **3** *(en el pasado)* ⇒bufón,-a **4 to {act/play} the ~** ⇒hacer(se) el tonto, hacer(se) la tonta **5 to be {no/nobody's} ~** ⇒no dejarse engañar por nadie **6 to make a ~ of *sb*** ⇒poner en ridículo a alguien **7 to make a ~ of *oneself*** ⇒hacer el ridículo

fool[2] /fuːl/ *v* [T] ⇒engañar ■ CONSTR. to fool into + doing sth

PHRASAL VERBS

- **to fool {about/around}** ⇒hacer el tonto ⇒huevear AMÉR. *vulg.;* ⇒cojudear AMÉR. *vulg.*

foolish /ˈfuː.lɪʃ/ *adj* **1** ⇒tonto,ta *col. desp.;* ⇒boludo,da AMÉR. *vulg. desp.* **2** ⇒ridículo,la

foolproof /ˈfuːl.pruːf/ *adj* ⇒infalible: *a foolproof plan* - un plan infalible

↑**foot**[1] /fʊt/ [*pl* feet] *n* [C] **1** *(de una persona)* ⇒pie **2** *(de un animal)* ⇒pezuña **3** *(unidad de medida)* ⇒pie ■ La forma abreviada es *ft* **4 on ~** ⇒a pie ⇒andando **5 to put *one's* feet up** ⇒descansar **6 to put *one's* ~ down** ⇒ponerse firme **7 to put *one's* ~ in it** ⇒meter la pata *col.* **8 to set ~ {in/on} *sth*** ⇒pisar ⇒entrar

F

† **foot**[2] /fʊt/ **to ~ the bill** *(inform)* ⇨pagar los gastos: *She had to foot the bill for the whole trip* - Tuvo que pagar todos los gastos del viaje

† **football** UK: /ˈfʊt.bɔːl/ US: /-bɑːl/ *n* [U] **1** *UK* (*US* **soccer**) ⇨fútbol ⇨futbol *AMÉR.* **2** ⇨balón de fútbol americano **3** *US* ⇨fútbol americano **4 Football Club** ⇨club de fútbol ■ La forma abreviada es *FC*

footballer UK: /ˈfʊt.bɔː.lə^{r}/ US: /-bɑː.lɚ/ *UK n* [C] ⇨futbolista ⇨jugador,-a de fútbol

footing UK: /ˈfʊt.ɪŋ/ US: /ˈfʊ^{ʕ}ţ-/ ▮ *n* [U] **1** ⇨base ⇨condición ▮ *n* [NO PL] **2** ⇨equilibrio: *to lose one's footing* - perder el equilibrio **3** *to put a company on a sound footing* - reflotar una empresa que va mal **4 to be on an equal ~** ⇨estar en igualdad de condiciones

footnote UK: /ˈfʊt.nəʊt/ US: /-noʊt/ *n* [C] **1** ⇨nota a pie de página **2** ⇨información adicional

footpath UK: /ˈfʊt.pɑːθ/ US: /-pæθ/ *UK n* [C] ⇨sendero ⇨senda

footprint /ˈfʊt.prɪnt/ *n* [C] ⇨pisada ⇨huella ■ Se usa más en plural

footstep /ˈfʊt.step/ *n* [C] ⇨paso ⇨pisada ■ Se usa más en plural

footwear UK: /ˈfʊt.weə^{r}/ US: /-wer/ *n* [U] ⇨calzado

† **for** UK: /fɔː^{r}/ US: /fɔːr/ UK: /fə^{r}/ US: /fɚ/ *prep* **1** *(finalidad)* ⇨para ■ CONSTR. El verbo que le sigue siempre va en gerundio **2** *(destinatario)* ⇨para **3** ⇨durante: *We talked for hours* - Hablamos durante horas **4** ⇨desde hace: *I haven't seen Walter for six months* - No veo a Walter desde hace seis meses ■ Se usa con períodos de tiempo y con verbos en pretérito perfecto o pasado simple. Comparar con *since* **5** ⇨en: *We haven't seen a house for kilometres* - No hemos visto una casa en kilómetros **6** *(dirección)* ⇨para ⇨que va a **7** ⇨a favor de: *Who is for this idea?* - ¿Quién está a favor de esta propuesta? ■ CONSTR. El verbo que le sigue siempre va en gerundio **8** *(precio)* ⇨por **9** *(causa)* ⇨por ■ CONSTR. El verbo que le sigue siempre va en gerundio **10 ~ all** ⇨a pesar de: *For all her help, they couldn't solve the problem* - A pesar de su ayuda, no pudieron solucionar el problema ■ Ver cuadro en esta página y ver cuadro para (for / to)

forbade past tense of **forbid**

† **forbid, forbade, forbidden** UK: /fəˈbɪd/ US: /fɚ-/ *v* [T] ⇨prohibir: *She forbade me to mention it again* - Me prohibió que volviera a sacar el tema ■ CONSTR. 1. to forbid + to do sth 2. to forbid from + doing sth 3. Se usa más en pasiva

forbidden UK: /fəˈbɪd.ᵊn/ US: /fɚ-/ past participle of **forbid**

forbidding UK: /fəˈbɪd.ɪŋ/ US: /fɚ-/ *adj* **1** ⇨imponente ⇨amenazante **2** ⇨arduo,dua: *a forbidding task* - una ardua tarea

† **force**[1] UK: /fɔːs/ US: /fɔːrs/ ▮ *n* [U] **1** ⇨fuerza: *to throw sb out by force* - sacar a alguien por la fuerza ▮ *n* [C] **2** ⇨fuerza ⇨poder **3** *(conjunto de*

for / since

Se usa **for** y **since** con verbos en presente perfecto o en presente perfecto continuo para hablar de acciones que han comenzado en el pasado y que continúan en el presente.

- Se usa **for** cuando se especifica el período de tiempo durante el cual se desarrolla la acción: "hours" ('horas'), "one week" ('una semana'), "two months" ('dos meses'), "three years" ('tres años').

- *Carmen has been studying English* ***for*** *six years.*
  (Carmen lleva seis años estudiando inglés.)
- *She has been working in the library* ***for*** *hours.*
  (Lleva horas trabajando en la biblioteca.)

- Se usa **since** cuando se especifica el momento en el que comenzó la acción: "yesterday" ('ayer'), "last week" ('la semana pasada'), "two months ago" ('hace dos meses '), "september" ('septiembre'), "1975", "their wedding day" ('el día de su boda'), "the last time that we saw them" ('la última vez que los vimos').

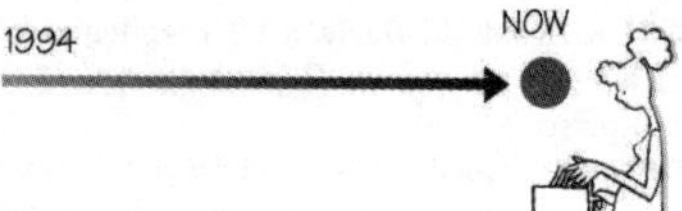

- *Sally has been working in this bank* ***since*** *1994.*
  (Sally lleva trabajando en este banco desde 1994.)
- *I haven't seen Sally and Jim* ***since*** *their wedding day.*
  (No he visto a Sally y a Jim desde el día de su boda.)

personas) ➾cuerpo **4 in ~** *(una ley o un sistema)* ➾vigente ➾en vigor

↑**force²** UK: /fɔːs/ US: /fɔːrs/ [forced, forcing] *v* [T] **1** ➾forzar ➾obligar ■ CONSTR. 1. to force + to do sth 2. Se usa más en pasiva **2** ➾forzar

PHRASAL VERBS

· **to force *sth* {on/upon} *sb*** ➾imponer

forceful UK: /ˈfɔːs.fᵊl/ US: /ˈfɔːrs-/ *adj* **1** *(un argumento)* ➾convincente ➾contundente **2** *(una persona)* ➾fuerte ➾con carácter

forcible UK: /ˈfɔː.sɪ.bl̩/ US: /ˈfɔːr-/ *adj* ➾forzoso,sa ➾violento,ta

forcibly UK: /ˈfɔː.sɪ.bli/ US: /ˈfɔːr-/ *adv* ➾por la fuerza

ford¹ UK: /fɔːd/ US: /fɔːrd/ *n* [C] ➾vado [de un río]

ford² UK: /fɔːd/ US: /fɔːrd/ *v* [T] ➾vadear: *Mildred forded the river to reach my house* - Mildred vadeó el río para llegar a mi casa

fore¹ UK: /fɔːʳ/ US: /fɔːr/ *adj (en una embarcación)* ➾de proa ➾delantero,ra

fore² UK: /fɔːʳ/ US: /fɔːr/ **to come to the ~** ➾destacar ➾hacerse famoso,sa

forearm UK: /ˈfɔː.rɑːm/ US: /ˈfɔːr.ɑːrm/ *n* [C] ➾antebrazo

forecast¹ UK: /ˈfɔː.kɑːst/ US: /ˈfɔːr.kæst/ *n* [C] ➾previsión ➾pronóstico

forecast², forecast, forecast (*tb* **forecasted, forecasted**) UK: /ˈfɔː.kɑːst/ US: /ˈfɔːr.kæst/ *v* [T] ➾predecir ➾pronosticar

forefinger UK: /ˈfɔːˌfɪŋ.gəʳ/ US: /ˈfɔːrˌfɪŋ.gɚ/ *n* [C] *(dedo)* ➾índice

forefront UK: /ˈfɔː.frʌnt/ US: /-ˈfɔːr-/ **to be at the ~ of *sth*** ➾estar al frente de algo ➾estar en la vanguardia de algo

foreground UK: /ˈfɔː.graʊnd/ US: /ˈfɔːr-/ *n* [NO PL] ➾primer plano: *in the foreground* - en primer plano

↑**forehead** UK: /ˈfɒr.ɪd/ UK: /ˈfɔː.hed/ US: /ˈfɑː.rɪd/ *n* [C] *(en anatomía)* ➾frente

↑**foreign** UK: /ˈfɒr.ən/ US: /ˈfɔːr-/ *adj* **1** ➾extranjero,ra **2** ➾exterior: *foreign policy* - política exterior **3** ➾extraño,ña: *foreign body* - cuerpo extraño **4 to be ~ to *sth/sb*** *(form)* ➾ser ajeno,na a ■ PRON. La *g* no se pronuncia

foreigner UK: /ˈfɒr.ə.nəʳ/ US: /ˈfɔːr.ə.nɚ/ *n* [C] ➾extranjero,ra ➾fuereño,ña *AMÉR.* ■ PRON. La *g* no se pronuncia

foreman UK: /ˈfɔː.mən/ US: /ˈfɔːr-/ [*pl* foremen] *n* [C] **1** ➾capataz **2** ➾presidente [de un jurado]

foremost¹ UK: /ˈfɔː.məʊst/ US: /ˈfɔːr.moʊst/ *adj (form)* ➾más destacado,da: *our foremost expert* - nuestra experta más destacada

foremost² UK: /ˈfɔː.məʊst/ US: /ˈfɔːr.moʊst/ *adv (form)* ➾principalmente ➾destacadamente

forerunner UK: /ˈfɔːˌrʌn.əʳ/ US: /ˈfɔːrˌrʌn.ɚ/ *n* [C] ➾precursor,-a ➾pionero,ra

foresaw past tense of **foresee**

foresee, foresaw, foreseen UK: /fəˈsiː/ US: /fɚ-/ [foreseeing] *v* [T] ➾prever: *He had not foreseen the traffic jam* - No había previsto el atasco

foreseeable UK: /fɔːˈsiː.ə.bl̩/ US: /fɔːr-/ *adj* ➾previsible: *in a foreseeable future* - en un futuro previsible

foreseen past participle of **foresee**

foresight UK: /ˈfɔː.saɪt/ US: /ˈfɔːr-/ *n* [U] ➾previsión ➾visión de futuro

↑**forest** UK: /ˈfɒr.ɪst/ US: /ˈfɔːr-/ *n* [C] **1** ➾bosque **2** *a forest ranger* - un guarda forestal **3** *forest fire* - incendio forestal

foretell, foretold, foretold UK: /fɔːˈtel/ US: /fɔːr-/ *v* [T] *(form)* ➾predecir: *to foretell future events* - predecir futuros acontecimientos

foretold past tense and past participle forms of **foretell**

↑**forever** UK: /fəˈre.vəʳ/ US: /fɔːˈrev.ɚ/ (*UK tb* **for ever**) *adv* **1** ➾siempre ➾para siempre **2** *(inform) This is going to take forever* - Esto va a durar una eternidad

foreword UK: /ˈfɔː.wɜːd/ US: /ˈfɔːr.wɝːd/ *n* [C] ➾prefacio ➾prólogo

forgave UK: /fəˈgeɪv/ US: /fɚ-/ past tense of **forgive**

forge¹ UK: /fɔːdʒ/ US: /fɔːrdʒ/ [forged, forging] *v* [T] **1** ➾forjar: *to forge an agreement* - forjar un acuerdo **2** ➾falsificar: *to forge a document* - falsificar un documento

PHRASAL VERBS

· **to forge ahead 1** ➾adelantarse ➾escalar posiciones **2** ➾seguir adelante

forge² UK: /fɔːdʒ/ US: /fɔːrdʒ/ *n* [C] ➾herrería ➾forja ➾fragua

forgery UK: /ˈfɔː.dʒᵊr.i/ US: /ˈfɔːr.dʒɚ.i/ ▌*n* [U] **1** *(delito)* ➾falsificación ▌*n* [C] **2** *(objeto)* ➾falsificación ■ El plural es *forgeries*

↑**forget, forgot, forgotten** UK: /fəˈget/ US: /fɚ-/ [forgetting] *v* [T, I] ➾olvidar: *Don't forget to lock the door* - No olvides cerrar la puerta con llave ■ CONSTR. 1.to forget + (that) 2. to forget + to do sth 3. to forget + interrogativa indirecta

forgetful UK: /fəˈget.fᵊl/ US: /fɚ-/ *adj* ➾olvidadizo,za: *My boyfriend is very forgetful* - Mi novio es muy olvidadizo

↑**forgive, forgave, forgiven** UK: /fəˈgɪv/ US: /fɚ-/ [forgiving] *v* [T, I] ➾perdonar: *Please forgive me for being late* - Por favor, perdóname por llegar tarde ■ CONSTR. to forgive for + doing sth

forgiven past participle of **forgive**

forgiveness UK: /fəˈgɪv.nəs/ US: /fɚ-/ *n* [U] ➾perdón: *to ask forgiveness for sth* - pedir perdón por algo

forgiving UK: /fəˈgɪv.ɪŋ/ US: /fə-/ *adj* ⇒indulgente ⇒benévolo,la

forgot past tense of **forget**

forgotten past participle of **forget**

† **fork**[1] UK: /fɔːk/ US: /fɔːrk/ *n* [C] **1** ⇒tenedor **2** *(herramienta)* ⇒horca **3** *(en una carretera o un río)* ⇒bifurcación

fork[2] UK: /fɔːk/ US: /fɔːrk/ ▌*v* [T] **1** *(la tierra)* ⇒remover con una horca ▌*v* [I] **2** *(un camino o un río)* ⇒bifurcarse **3** *(a la derecha o a la izquierda)* ⇒girar

PHRASAL VERBS

· **to fork (*sth*) out [M]** *(inform) (dinero)* ⇒desembolsar ⇒apoquinar *col.*

F

† **form**[1] UK: /fɔːm/ US: /fɔːrm/ ▌*v* [T, I] **1** ⇒formar: *A small cloud formed in the blue sky* - Se formó una nube pequeña en el cielo azul ▌*v* [T] **2** ⇒adquirir: *to form habits* - adquirir unos hábitos

† **form**[2] UK: /fɔːm/ US: /fɔːrm/ *n* [C] **1** ⇒forma ⇒manera ⇒tipo **2** ⇒forma ⇒silueta **3** ⇒forma [física] **4** ⇒impreso ⇒formulario **5** *UK* (*US* **grade**) *(en un colegio)* ⇒clase

† **formal** UK: /ˈfɔː.məl/ US: /ˈfɔːr-/ *adj* **1** ⇒formal ⇒de etiqueta **2** ⇒oficial: *formal permission* - permiso oficial **3** ⇒serio,ria ⇒ceremonioso,sa

formality UK: /fɔːˈmæl.ə.ti/ US: /-ˤt̬i/ [*pl* formalities] *n* [C] **1** ⇒formalidad **2** ⇒trámite: *legal formalities* - trámites legales

formally UK: /ˈfɔː.mə.li/ US: /ˈfɔːr-/ *adv* **1** ⇒formalmente **2** ⇒oficialmente: *to announce sth formally* - anunciar algo oficialmente

format[1] UK: /ˈfɔː.mæt/ US: /ˈfɔːr-/ *n* [C, U] ⇒formato: *a different format* - un formato distinto

format[2] UK: /ˈfɔː.mæt/ US: /ˈfɔːr-/ [formatted, formatting] *v* [T] *(en informática)* ⇒formatear

formation UK: /fɔːˈmeɪ.ʃən/ US: /fɔːr-/ *n* [U] ⇒formación ⇒creación

former[1] UK: /ˈfɔː.məʳ/ US: /ˈfɔːr.mə/ *adj* ⇒anterior ⇒ex ⇒pasado,da

† **former**[2] UK: /ˈfɔː.məʳ/ US: /ˈfɔːr.mə/ *pron* ⇒primero,ra ⇒aquel, aquella

formerly UK: /ˈfɔː.mə.li/ US: /ˈfɔːr.mə-/ *adv* ⇒anteriormente ⇒antiguamente

† **formidable** UK: /fɔːˈmɪ.də.bl̩/ US: /fɔːr-/ *adj* **1** *(una persona)* ⇒extraordinario,ria ⇒formidable ⇒imponente **2** ⇒tremendo,da ⇒ingente

† **formula** UK: /ˈfɔː.mjʊ.lə/ US: /ˈfɔːr-/ [*pl* formulae, formulas] *n* [C] ⇒fórmula: *a chemical formula* - una fórmula química

forsake, forsook, forsaken UK: /fɔːˈseɪk/ US: /fɔːr-/ [forsaking] *v* [T] **1** *(form, lit)* ⇒abandonar: *to forsake sb* - abandonar a alguien **2** *(form)* ⇒renunciar: *to forsake sth* - renunciar a algo

forsaken past participle of **forsake**

forsook past tense of **forsake**

fort UK: /fɔːt/ US: /fɔːrt/ *n* [C] ⇒fuerte ⇒fortificación

forte UK: /ˈfɔː.teɪ/ US: /ˈfɔːr-/ *n* [C] ⇒fuerte: *Mathematics is his forte* - las matemáticas son su fuerte

† **forth** UK: /fɔːθ/ US: /fɔːrθ/ *adv* **1** *(lit)* ⇒hacia delante: *They marched forth into battle* - Marcharon a la batalla ■ Se usa frecuentemente con verbos de movimiento. Al traducirlo en español su significado suele estar implícito en el verbo **2 and so ~** ⇒y así sucesivamente **3 from this {day/time} ~** *(form)* ⇒de ahora en adelante

† **forthcoming** UK: /ˌfɔːθˈkʌm.ɪŋ/ US: /ˌfɔːrθ-/ *adj* **1** *(form)* ⇒próximo,ma ⇒venidero,ra **2** ⇒comunicativo,va ⇒abierto,ta **3** ⇒disponible ■ CONSTR. Se usa detrás de un verbo

forthright UK: /ˈfɔː.θ.raɪt/ US: /ˈfɔːrθ-/ *adj* ⇒franco,ca ⇒directo,ta

fortify UK: /ˈfɔː.tɪ.faɪ/ US: /ˈfɔːr.ˤt̬ə-/ [fortifies, fortified] *v* [T] **1** ⇒fortificar: *to fortify a castle* - fortificar un castillo **2** *(una persona)* ⇒fortalecerse **3** ⇒consolidar **4** *(un vino)* ⇒encabezar

† **fortnight** UK: /ˈfɔːt.naɪt/ US: /ˈfɔːrt-/ *UK n* [C] **1** ⇒quincena ⇒quince días **2 a ~ today** ⇒de hoy en quince días ■ *Fortnight* es la contracción de *fourteen nights*

fortress UK: /ˈfɔː.trəs/ US: /ˈfɔːr-/ [*pl* fortresses] *n* [C] ⇒fortaleza ⇒fortificación

† **fortunate** UK: /ˈfɔː.tʃən.ət/ US: /ˈfɔːr-/ *adj* ⇒afortunado,da

† **fortunately** UK: /ˈfɔː.tʃən.ət.li/ US: /ˈfɔːr-/ *adv* ⇒afortunadamente

† **fortune** UK: /ˈfɔː.tʃuːn/ US: /ˈfɔːr-/ ▌*n* [C] **1** ⇒fortuna [de dinero]: *to make a fortune* - amasar una fortuna **2** ⇒fortuna ⇒suerte ▌*n* [U] **3** ⇒destino ⇒sino

fortune-teller *n* [C] ⇒adivino,na

† **forty** UK: /ˈfɔː.ti/ US: /ˈfɔːr.ˤt̬i/ ⇒cuarenta

forum UK: /ˈfɔː.rəm/ US: /ˈfɔːr.əm/ *n* [C] ⇒foro

† **forward**[1] UK: /ˈfɔː.wəd/ US: /ˈfɔːr.wəd/ (*tb* **forwards**) *adv* ⇒hacia delante ⇒adelante ■ La forma abreviada es *fwd*

forward[2] UK: /ˈfɔː.wəd/ US: /ˈfɔːr.wəd/ *adj* **1** ⇒hacia delante **2** ⇒avanzado,da **3** ⇒atrevido,da ⇒descarado,da

forward[3] UK: /ˈfɔː.wəd/ US: /ˈfɔːr.wəd/ *v* [T] *(form)* ⇒enviar [por correo]

forward[4] UK: /ˈfɔː.wəd/ US: /ˈfɔːr.wəd/ *n* [C] *(en fútbol)* ⇒delantero,ra

forwards UK: /ˈfɔː.wədz/ US: /ˈfɔːr.wədz/ *adv* See **forward**

fossil UK: /ˈfɒs.əl/ US: /ˈfɑː.s[ə]l/ *n* [C] ⇒fósil

foster UK: /ˈfɒs.təʳ/ US: /ˈfɑː.stə/ *v* [T] **1** *(form)* ⇒fomentar ⇒promover **2** *(un niño)* ⇒acoger en una familia [por un tiempo limitado]

fought UK: /fɔːt/ US: /fɑːt/ past tense and past participle forms of **fight**

foul[1] /faʊl/ *adj* **1** ⇒sucio,cia ⇒asqueroso,sa ⇒fétido,da **2** ⇒terrible ⇒malo,la **3** *He's in a foul temper* - Está de un humor de perros

foul[2] /faʊl/ *n* [c] *(en deportes)* ⇒falta

foul play *n* [U] **1** ⇒maniobra criminal **2** *(en deportes)* ⇒juego sucio

↑**found** /faʊnd/ ▮ **1** past tense and past participle forms of **find** ▮ *v* [T] **2** ⇒fundar: *This company was founded in 1980* - Esta empresa se fundó en 1980 **3** ⇒fundamentar ⇒basar ▪ CONSTR. Se usa más en pasiva

foundation /faʊnˈdeɪ.ʃᵊn/ ▮ *n* [U] **1** ⇒fundación: *the foundation of a hospital* - la fundación de un hospital **2** ⇒maquillaje [de base] ▮ *n* [C] **3** ⇒organización ⇒fundación **4** ⇒base ⇒fundamento **5 foundations** *UK* (*US* **foundation**) ⇒cimientos: *the foundations of a building* - los cimientos de un edificio

founder UK: /ˈfaʊn.dəʳ/ US: /-dɚ/ *n* [C] ⇒fundador,-a [de una organización]

↑**fountain** /ˈfaʊn.tɪn/ *n* [C] ⇒manantial ⇒fuente

↑**four** UK: /fɔːʳ/ US: /fɔːr/ ⇒cuatro: *There are four of them* - Son cuatro; *He is four years old* - Tiene cuatro años

↑**fourteen** /ˌfɔːˈtiːn/ ⇒catorce

fourteenth /ˌfɔːˈtiːnθ/ **1** ⇒decimocuarto,ta **2** *(para las fechas)* ⇒catorce ▪ Se puede escribir también *14th*

fourth[1] UK: /fɔːθ/ US: /fɔːrθ/ **1** ⇒cuarto,ta **2** *(para las fechas)* ⇒cuatro **3** *It is her fourth birthday today* - Hoy cumple cuatro años ▪ Se puede escribir también *4th*

fourth[2] UK: /fɔːθ/ US: /fɔːrθ/ ▮ *n* [C] **1** *US* ⇒cuarto ⇒cuarta parte ▪ Cuando se habla de proporciones y períodos de tiempo, normalmente se dice *a quarter*, no *a fourth*: *I'll be finished in a quarter of an hour - Estaré lista en un cuarto de hora* ▮ *n* [U] **2** *(en un vehículo)* ⇒cuarta [marcha]

fowl /faʊl/ [*pl* fowl, fowls] *n* [C, U] **1** ⇒ave **2** ⇒ave de corral

↑**fox** UK: /fɒks/ US: /fɑːks/ [*pl* foxes] *n* [C] ⇒zorro,rra: *You're as sly as a fox* - Eres tan astuto como un zorro

foyer /ˈfɔɪ.eɪ/ *n* [C] ⇒vestíbulo

Fr *n* [C] ⇒forma abreviada de **Father** (Padre)

↑**fraction** /ˈfræk.ʃᵊn/ *n* [C] **1** *(en matemáticas)* ⇒fracción **2** *(de tiempo)* ⇒instante ⇒fracción **3** ⇒parte ⇒porción

fracture[1] UK: /ˈfræk.tʃəʳ/ US: /-tʃɚ/ [fractured, fracturing] *v* [T, I] **1** ⇒fracturar(se): *George fractured his fibula* - George se fracturó el peroné **2** *(form)* ⇒fracturar ⇒dividir

fracture[2] UK: /ˈfræk.tʃəʳ/ US: /-tʃɚ/ *n* [C] ⇒fractura: *a skull fracture* - una fractura craneal

fragile UK: /ˈfrædʒ.aɪl/ US: /ˈfrædʒ.[ə]l/ *adj* ⇒frágil ⇒delicado,da

fragment[1] /ˈfræg.mənt/ *n* [C] **1** ⇒fragmento ⇒trozo **2** *There are still fragments of glass on the floor* - Aún hay cristales en el suelo

fragment[2] /frægˈment/ *v* [T, I] ⇒fragmentar(se): *The party fragmented into several factions* - El partido se fragmentó en varias facciones

fragrance /ˈfreɪ.grᵊnts/ *n* [C, U] **1** ⇒fragancia ⇒aroma **2** ⇒perfume ▪ PRON. La primera sílaba, *fra*, rima con *day*

fragrant /ˈfreɪ.grᵊnt/ *adj* ⇒fragante ⇒aromático,ca

frail /freɪl/ *adj* ⇒achacoso,sa ⇒endeble ⇒débil

frame[1] /freɪm/ *n* [C] **1** ⇒marco ⇒montura **2** ⇒armazón ⇒estructura **3** *(en una película)* ⇒toma ⇒imagen ⇒fotograma **4** ⇒cuadro [de la bicicleta] **5 ~ of mind** ⇒estado de ánimo

frame[2] /freɪm/ [framed, framing] *v* [T] **1** ⇒enmarcar **2** *(inform)* ⇒inculpar: *to be framed for sth* - ser inculpado por algo ▪ CONSTR. Se usa más en pasiva **3** ⇒formular ⇒elaborar ⇒expresar

↑**framework** UK: /ˈfreɪm.wɜːk/ US: /-wɝːk/ *n* [C] **1** ⇒soporte: *shelves on a steel framework* - estantes con soporte de hierro **2** *(en construcción)* ⇒armazón **3** ⇒ámbito ⇒marco

France UK: /frɑːnts/ US: /frænts/ *n* [U] ⇒Francia: *He lives in France* - Vive en Francia

↑**franchise** /ˈfræn.tʃaɪz/ *n* [C] **1** ⇒franquicia **2 the ~** *(en política)* ⇒derecho a voto

↑**frank** /fræŋk/ *adj* ⇒franco,ca ⇒sincero,ra

frantic UK: /ˈfræn.tɪk/ US: /-ˁţɪk/ *adj* **1** ⇒frenético,ca: *a frantic life* - una vida frenética **2** ⇒desesperado,da

fraternal UK: /frəˈtɜː.nəl/ US: /-ˈtɝː-/ *adj* ⇒fraternal

fraternity UK: /frəˈtɜː.nə.ti/ US: /-ˈtɝː.nə.ˁţi/ ▮ *n* [U] **1** ⇒fraternidad ▮ *n* [C] **2** ⇒cofradía ⇒hermandad ▪ El plural es *fraternities* ▪ Por ser un nombre colectivo se puede usar con el verbo en singular o en plural **3** *US* ⇒hermandad universitaria [para hombres] ▪ El plural es *fraternities* ▪ Por ser un nombre colectivo se puede usar con el verbo en singular o en plural

↑**fraud** UK: /frɔːd/ US: /frɑːd/ ▮ *n* [C, U] **1** ⇒fraude ⇒engaño ⇒estafa ▮ *n* [C] **2** ⇒impostor,-a

fraught UK: /frɔːt/ US: /frɑːt/ *UK adj* **1** ⇒lleno,na: *The journey was fraught with danger* - Fue un viaje lleno de peligros **2** ⇒preocupante ⇒tenso,sa

fray /freɪ/ *v* [T, I] *(una tela)* ⇒deshilachar(se)

freak[1] /friːk/ *n* [C] **1** *(inform)* ⇒bicho raro *col.* **2** *(inform)* ⇒fanático,ca *col.*: *He's a computer freak* - Es un fanático de la informática **3** *(inform)* ⇒monstruo *col.* **4** ⇒rareza

F

freak[2] /friːk/ *adj* ⇒inusitado,da ⇒anormal ⇒extraño,ña

freckle /ˈfrek.l̩/ *n* [C] ⇒peca ■ Se usa más en plural

† **free**[1] /friː/ *adj* **1** ⇒libre **2** ⇒libre ⇒disponible **3** ⇒gratis ⇒gratuito,ta **4** ~ **and easy** ⇒relajado,da ⇒informal **5** ~ **{from/of} *sth*** ⇒sin algo ⇒libre de algo **6** ~ **time** (*tb* **spare time**) ⇒tiempo libre **7** **to set *sth/sb* ~** ⇒poner en libertad ⇒soltar

† **free**[2] /friː/ [freed] *v* [T] ⇒liberar ⇒soltar

freebie /ˈfriː.bi/ *n* [C] *(inform)* ⇒regalo comercial

† **freedom** /ˈfriː.dəm/ *n* [U] **1** ⇒libertad **2** ~ **from *sth*** ⇒inmunidad contra algo **3** ~ **of *sth*** ⇒libertad de algo: *freedom of speech* - libertad de expresión

freelance UK: /ˈfriː.lɑːnts/ US: /-lænts/ *adj, adv* **1** *(un trabajador)* ⇒independiente ⇒autónomo,ma **2** ⇒por cuenta propia ⇒por libre

freely /ˈfriː.li/ *adv* **1** ⇒libremente ⇒con libertad **2** ⇒francamente ⇒abiertamente **3** ⇒en repetidas ocasiones **4** ⇒generosamente ⇒sin restricciones **5** ⇒de buen grado

free-range /ˌfriːˈreɪndʒ/ *adj* ⇒de corral: *free-range eggs* - huevos de corral

freeway /ˈfriː.weɪ/ *US* (*UK* **motorway**) *n* [C] ⇒autopista: *on the freeway* - en la autopista

† **freeze, froze, frozen** /friːz/ [freezing] ▮ *v* [T, I] **1** ⇒helar(se) ⇒congelar(se) ▮ *v* [I] **2** ⇒quedarse de piedra **3** *Freeze!* - ¡No se muevan! ▮ *v* [T] **4** ⇒congelar

† **freezer** UK: /ˈfriː.zəʳ/ US: /-zɚ/ *n* [C] ⇒congelador ⇒heladera AMÉR.; ⇒freezer AMÉR.

freezing /ˈfriː.zɪŋ/ *adj* **1** *(inform)* ⇒helado,da ⇒congelado,da **2** ⇒gélido,da **3** ⇒bajo cero

freight /freɪt/ *n* [U] ⇒carga ⇒cargamento ⇒flete

† **French**[1] /frentʃ/ *n* [U] **1** *(idioma)* ⇒francés **2** **the** ~ *(gentilicio)* ⇒los franceses, las francesas ■ El singular es *a Frenchman, a Frenchwoman, a French person*

† **French**[2] /frentʃ/ *adj* ⇒francés,-a: *Do you know any French restaurants?* - ¿Conoces algún restaurante francés?

Frenchman /ˈfrentʃ.mən/ [*pl* Frenchmen] *n* [C] *(gentilicio)* ⇒francés

Frenchmen *n* [PL] See **Frenchman**

French windows *n* [PL] ⇒puerta acristalada

Frenchwoman /ˈfrentʃˌwʊm.ən/ [*pl* Frenchwomen] *n* [C] *(gentilicio)* ⇒francesa

Frenchwomen *n* [PL] See **Frenchwoman**

frenzied /ˈfren.ziːd/ *adj* ⇒frenético,ca ⇒enloquecido,da

frenzy /ˈfren.zi/ [*pl* frenzies] *n* [C, U] ⇒frenesí ⇒delirio

frequency /ˈfriː.kwənt.si/ *n* [U] ⇒frecuencia

† **frequent**[1] /ˈfriː.kwᵊnt/ *adj* **1** ⇒frecuente **2** *He's a frequent visitor* - Viene por aquí con frecuencia

frequent[2] *v* [T] *(form)* ⇒frecuentar

frequently /ˈfriː.kwᵊnt.li/ *adv (form)* ⇒con frecuencia

fresco UK: /ˈfres.kəʊ/ US: /-koʊ/ [*pl* frescoes, frescos] *n* [C, U] *(en pintura)* ⇒fresco

† **fresh** /freʃ/ *adj* **1** ⇒reciente ⇒fresco,ca ⇒del día **2** ⇒nuevo: *to make a fresh start* - comenzar de nuevo **3** ⇒fresco,ca: *fresh air* - aire fresco **4** *(agua)* ⇒dulce

freshen /ˈfreʃ.ᵊn/ ▮ *v* [I] **1** *(el tiempo)* ⇒refrescar ▮ *v* [T] **2** *(una persona)* ⇒refrescar(se)

PHRASAL VERBS

- **to freshen *sth* up** [M] ⇒dar un aire nuevo a algo: *They freshened up the building* - Dieron un aire nuevo al edificio
- **to freshen *(sth/sb)* up** [M] ⇒lavar(se) ⇒arreglar(se) ⇒asear(se)

freshly /ˈfreʃ.li/ *adv* ⇒recién: *a freshly painted room* - una habitación recién pintada

freshwater UK: /ˈfreʃˌwɔː.təʳ/ US: /-ˌwɑː.ˀt̬ɚ/ *adj* ⇒de agua dulce: *a freshwater fish* - un pez de agua dulce

fret /fret/ [fretted, fretting] *v* [I] ⇒inquietarse ⇒preocuparse ⇒apurarse ■ CONSTR. Se usa generalmente seguido de las preposiciones about y over

friction /ˈfrɪk.ʃᵊn/ *n* [U] **1** ⇒fricción **2** ⇒desavenencia [entre varias personas] ⇒roce

† **Friday** /ˈfraɪ.deɪ/ *n* [C, U] **1** ⇒viernes **2** *every Friday* - todos los viernes **3** *Friday morning* - el viernes por la mañana **4** *next Friday* - el viernes que viene **5** *on Friday* - el viernes; *on Fridays* - los viernes ■ La forma abreviada es *Fri*

† **fridge** /frɪdʒ/ *n* [C] ⇒frigorífico ⇒nevera

fried /fraɪd/ *adj* ⇒frito,ta: *a fried egg* - un huevo frito

† **friend** /frend/ *n* [C] **1** ⇒amigo,ga ⇒ñaño,ña AMÉR. **2** **to be friends (with *sb*)** ⇒ser amigo,ga de alguien **3** **to have friends in high places** ⇒tener enchufe [en algún lugar] *col.* **4** **to make friends (with *sb*)** ⇒hacer amistad (con alguien) ■ Ver cuadro false friends

friendly /ˈfrend.li/ *adj* [*comp* friendlier, *superl* friendliest] ⇒amigable ⇒amable

friendship /ˈfrend.ʃɪp/ *n* [C, U] ⇒amistad

fries /fraɪz/ *n* [PL] ⇒patatas fritas [naturales] ■ PRON. *frie* rima con *cry*

† **fright** /fraɪt/ *n* [U, NO PL] **1** ⇒susto: *You gave me a real fright* - Me has dado un susto de muerte **2** *You look a fright!* - ¡Tienes un aspecto horrible!

frighten /ˈfraɪ.tᵊn/ *v* [T] ⇒asustar: *I didn't mean to frighten you* - No quise asustarte

PHRASAL VERBS

- **to frighten *sth/sb* {away/off}** ⇒ahuyentar ⇒espantar

frightened /ˈfraɪ.tᵊnd/ *adj* **1** ⇒asustado,da: *Are you frightened?* - ¿Estás asustado? **2 to be ~ of sth/sb** ⇒tener miedo {a/de}: *Don't be frightened of the dark* - No tengas miedo a la oscuridad ■ PRON. La última *e* no se pronuncia

frightening /ˈfraɪ.tᵊn.ɪŋ/ *adj* ⇒aterrador,-a ⇒espantoso,sa ■ PRON. La *e* no se pronuncia

frightful /ˈfraɪt.fᵊl/ *UK adj (inform, old-fash)* ⇒terrible ⇒horroroso,sa

frightfully /ˈfraɪt.fᵊl.i/ *UK adv* **1** *(old-fash)* ⇒terriblemente **2 ~ sorry!** *(old-fash)* ⇒¡mil disculpas! *col.*

frigid /ˈfrɪdʒ.ɪd/ *adj* **1** *(lit)* ⇒gélido,da **2** ⇒frígido,da

frill /frɪl/ *n* [C] **1** *(adorno)* ⇒volante **2** ⇒extra: *It's a very basic hotel with no frills* - Es un hotel muy simple y sin extras

frilly /ˈfrɪl.i/ *adj* [*comp* frillier, *superl* frilliest] ⇒con volantes: *a frilly skirt* - una falda con volantes

frisbee *n* [C] ⇒disco volador ⇒frisbee

frisk /frɪsk/ *v* [T] **1** ⇒cachear: *The police frisked the suspicious man* - La policía cacheó al sospechoso **2 to ~ {about/around}** ⇒retozar ⇒juguetear

frisky /ˈfrɪs.ki/ *adj* [*comp* friskier, *superl* friskiest] ⇒juguetón,-a

fritter UK: /ˈfrɪt.əʳ/ US: /ˈfrɪˤt̬.ɚ/ *n* [C] ⇒buñuelo ⇒fritura

frivolity UK: /frɪˈvɒl.ə.ti/ US: /-ˈvɑː.lə.ˤt̬i/ [*pl* frivolities] *n* [C, U] ⇒frivolidad

frivolous /ˈfrɪv.ᵊl.əs/ *adj* **1** *(una persona)* ⇒frívolo,la **2** *(un objeto o un tema)* ⇒trivial

↑**frog** UK: /frɒg/ US: /frɑːg/ *n* [C] ⇒rana

frogman UK: /ˈfrɒg.mən/ US: /ˈfrɑːg-/ [*pl* frogmen] *n* [C] ⇒hombre rana ⇒buzo

↑**from** UK: /frɒm/ US: /frɑːm/ UK: /frəm/ *prep* **1** *(procedencia)* ⇒de **2** *(tiempo)* ⇒de ⇒desde ⇒a partir de **3** *(posición)* ⇒desde **4** *(distancia)* ⇒de ⇒desde **5** *(razón)* ⇒por **6** *(en matemáticas)* ⇒menos **7** ⇒con: *She makes necklaces from coloured beads* - Hace collares con cuentas de colores **8** ⇒entre **9 ~ now on** ⇒a partir de ahora: *From now on I'll go to the club on my own* - A partir de ahora iré al club sola **10 ~ then on** ⇒de ahí en adelante ⇒desde entonces

↑**front** /frʌnt/ *n* [C] **1** ⇒frente ⇒parte delantera **2** ⇒fachada ⇒tapadera **3** ⇒frente [de guerra] **4** ⇒terreno **5** *(en meteorología)* ⇒frente **6 ~ row** ⇒primera fila **7 in ~ of sth** ⇒delante de algo **8 up ~** ⇒por adelantado

front door *n* [C] ⇒puerta principal ⇒puerta de entrada

↑**frontier** UK: /frʌnˈtɪəʳ/ UK: /ˈ--/ US: /-ˈtɪr/ *n* [C] **1** ⇒frontera **2** *a frontier dispute* - un conflicto fronterizo

front-page /ˌfrʌntˈpeɪdʒ/ *adj (en un periódico o en una revista)* ⇒de primera plana ⇒de portada

frost[1] UK: /frɒst/ US: /frɑːst/ *n* [C, U] ⇒escarcha

frost[2] *v* [T, I] ⇒helar(se)

PHRASAL VERBS

- **to frost {over/up}** ⇒cubrir(se) de escarcha

frostbite UK: /ˈfrɒst.baɪt/ US: /ˈfrɑːst-/ *n* [U] ⇒congelación [de los dedos]

frosty UK: /ˈfrɒs.ti/ US: /ˈfrɑː.sti/ *adj* [*comp* frostier, *superl* frostiest] **1** ⇒cubierto,ta de escarcha ⇒helado,da **2** *(una actitud)* ⇒frío,a

froth[1] UK: /frɒθ/ US: /frɑːθ/ *n* [U] ⇒espuma [de un líquido]

froth[2] UK: /frɒθ/ US: /frɑːθ/ *v* [I] ⇒hacer espuma

↑**frown** /fraʊn/ *v* [I] ⇒fruncir el ceño: *Why are you frowning?* - ¿Por qué frunces el ceño ahora?

PHRASAL VERBS

- **to frown {on/upon} *sth/sb*** ⇒desaprobar ⇒no gustar

froze UK: /frəʊz/ US: /froʊz/ past tense of **freeze**

↑**frozen** UK: /ˈfrəʊ.zᵊn/ US: /ˈfroʊ-/ past participle of **freeze**

↑**fruit** /fruːt/ *n* [C, U] **1** ⇒fruta: *ripe fruit* - fruta madura ■ Normalmente se usa como nombre incontable. Se dice *the fruit*, *some fruit* o *a piece of fruit*. Incorrecto: *a fruit* **2** ⇒fruto: *That tree only bears fruit in winter* - Ese árbol solo da fruto en invierno; *the fruits of their labour* - los frutos de su trabajo ■ PRON. Rima con *root*

fruitcake /ˈfruːt.keɪk/ *n* [C, U] ⇒plumcake

fruitful /ˈfruːt.fᵊl/ *adj* ⇒fructífero,ra ⇒provechoso,sa

fruition /fruːˈɪʃ.ᵊn/ *n* [U] *(form) Our plans came to fruition* - Nuestros planes se hicieron realidad

fruitless /ˈfruːt.ləs/ *adj* ⇒infructuoso,sa ⇒infructífero,ra

↑**frustrate** /frʌsˈtreɪt/ [frustrated, frustrating] *v* [T] **1** ⇒frustrar(se) **2** ⇒desbaratar(se): *Our plans were frustrated* - Se desbarataron nuestros planes

frustrating UK: /frʌsˈtreɪ.tɪŋ/ US: /-ˤt̬ɪŋ/ *adj* ⇒frustrante: *a frustrating experience* - una experiencia frustrante

frustration /frʌsˈtreɪ.ʃᵊn/ *n* [C, U] ⇒frustración

fry[1] /fraɪ/ [fries, fried] *v* [T, I] ⇒freír ⇒fritar *AMÉR.* ■ En los países anglosajones significa cocinar algo en una pequeña cantidad de aceite o mantequilla

↑**fry**[2] /fraɪ/ *n* [PL] *(pez)* ⇒alevines

↑**frying pan** (*US tb* **skillet**) *n* [C] **1** ⇒sartén ⇒paila *AMÉR.* **2 out of the ~ into the fire** *(inform)* ⇒de mal en peor *col.*

ft *n* [C] ⇒forma abreviada de **foot** (pie)

fudge /fʌdʒ/ *n* [U] ⇒dulce elaborado con azúcar, mantequilla y leche

↑**fuel** /fjʊəl/ *n* [C, U] ⇒combustible ⇒carburante

fugitive UK: /ˈfjuː.dʒɪ.tɪv/ US: /-ˤţɪv/ *n* [c] ⇒fugitivo,va ⇒prófugo,ga

fulfil /fʊlˈfɪl/ [fulfilled, fulfilling] *UK v* [T] **1** *(un deber, un plan)* ⇒cumplir **2** *(un deseo)* ⇒realizar ⇒cumplir ⇒alcanzar **3** ⇒satisfacer: *to fulfil one's needs* - satisfacer las propias necesidades **4** *(una tarea)* ⇒llevar a cabo **5** *(una función o un papel)* ⇒realizar

fulfilment /fʊlˈfɪl.mənt/ *UK n* [U] **1** ⇒satisfacción **2** *(un sueño o una ambición)* ⇒realización ■ Distinto de *realization* (comprensión)

† **full**[1] /fʊl/ *adj* **1** ⇒lleno,na **2 at ~ speed** ⇒a toda velocidad **3** *UK* **~ up 1** ⇒lleno,na [de comida] **2** *(un lugar)* ⇒al completo **4 in ~** ⇒completo,ta ⇒detalladamente **5 in ~ swing** ⇒en pleno desarrollo **6 to be ~ of oneself** *(inform)* ⇒ser creído,da **7 to the ~** ⇒al máximo

† **full**[2] /fʊl/ *adv* **1** ⇒justo: *The ball hit me full in the face* - El balón me dio justo en la cara **2** ⇒del todo

full-blown UK: /ˌfʊlˈbləʊn/ US: /-ˈbloʊn/ *adj* ⇒hecho y derecho, hecha y derecha ⇒todo,da

full-length /ˌfʊlˈleŋkθ/ *adj* **1** ⇒largo,ga: *a full-length dress* - un vestido largo **2** *a full-length photograph* - una fotografía de cuerpo entero **3** *a full-length film* - un largometraje

full moon *n* [NO PL] ⇒luna llena

† **full stop** *UK* (*US* **period**) *n* [c] **1** *(en ortografía)* ⇒punto **2** ⇒punto y aparte **3** ⇒y punto: *I'm not going, full stop* - No voy y punto ■ Ver cuadro signos de puntuación

full-time[1] /ˌfʊlˈtaɪm/ *adj* ⇒de jornada completa: *a full-time job* - un trabajo de jornada completa

† **full-time**[2] /ˌfʊlˈtaɪm/ *adv* ⇒a tiempo completo ⇒las veinticuatro horas del día

fully /ˈfʊl.i/ *adv* ⇒del todo ⇒perfectamente ⇒plenamente

fumble /ˈfʌm.bḷ/ [fumbled, fumbling] ▌*v* [I] **1** *(con las manos)* ⇒hurgar ⇒revolver **2** ⇒tartamudear **3** ⇒buscar a tientas **4** ⇒manosear [torpemente] ▌*v* [T] **5** *(en deportes)* ⇒dejar caer ■ CONSTR. Se usa generalmente seguido de una preposición o un adverbio

fume /fjuːm/ [fumed, fuming] *v* [I] ⇒echar chispas *col.*

fumes /fjuːmz/ *n* [PL] ⇒humos ⇒gases

† **fun** /fʌn/ *n* [U] **1** ⇒diversión **2** ⇒alegría **3 to have ~** ⇒pasarlo bien ⇒divertirse **4 to make ~ of *sb*** ⇒reírse de alguien ⇒burlarse de alguien ⇒cojudear a alguien AMÉR. *vulg.* **5 to take the ~ out of *sth*** ⇒quitar la gracia a algo

† **function**[1] /ˈfʌŋk.ʃᵊn/ *v* [I] *(form)* ⇒funcionar: *This computer doesn't function properly* - Este ordenador no funciona bien ■ Se usa más *work*

PHRASAL VERBS
- **to function as *sth/sb*** ⇒servir de ⇒hacer las veces de ⇒cumplir la función de

function[2] /ˈfʌŋk.ʃᵊn/ *n* [c] **1** ⇒función ⇒utilidad **2** ⇒función ⇒evento ⇒acto **3** *(en matemáticas)* ⇒función

functional /ˈfʌŋk.ʃᵊn.ᵊl/ *adj* **1** ⇒funcional **2** *(una máquina)* ⇒operativo,va

† **fund**[1] /fʌnd/ *n* [c] ⇒fondo [monetario]: *a pension fund* - un fondo de pensiones; *to raise funds for sth* - recaudar fondos para algo

fund[2] /fʌnd/ *v* [T] ⇒financiar

† **fundamental** UK: /ˌfʌn.dəˈmen.tᵊl/ US: /-ˤţ[ə]l/ *adj* ⇒fundamental

fundamentalism UK: /ˌfʌn.dəˈmen.tᵊl.ɪ.zᵊm/ US: /-ˤţ[ə]l-/ *n* [U] ⇒fundamentalismo

fundamentalist UK: /ˌfʌn.dəˈmen.tᵊl.ɪst/ US: /-ˤţ[ə]l-/ *adj, n* [c] ⇒fundamentalista

funding /ˈfʌn.dɪŋ/ *n* [U] **1** ⇒financiación **2** ⇒fondos: *to get funding for sth* - obtener fondos para algo

fundraising /ˈfʌndˌreɪ.zɪŋ/ *n* [U] ⇒recaudación de fondos

† **funeral** UK: /ˈfjuː.nᵊr.ᵊl/ US: /-nɚ.əl/ *n* [c] **1** ⇒funeral ⇒entierro **2** *funeral procession* - cortejo fúnebre

fungus /ˈfʌŋ.gəs/ [*pl* fungi, funguses] *n* [c, U] ⇒hongo

funnel[1] /ˈfʌn.ᵊl/ *n* [c] **1** ⇒embudo **2** *(en una embarcación)* ⇒chimenea

funnel[2] /ˈfʌn.ᵊl/ [funnelled, funnelling; *US* funneled, funneling] *v* [T] **1** *(ayuda, dinero)* ⇒suministrar ⇒proporcionar **2** ⇒canalizar ⇒encauzar ■ CONSTR. Se usa generalmente seguido de una preposición o un adverbio

† **funny** /ˈfʌn.i/ *adj* [*comp* funnier, *superl* funniest] **1** ⇒gracioso,sa ⇒cómico,ca **2** ⇒extraño,ña ⇒raro,ra

† **fur** UK: /fɜːʳ/ US: /fɝː/ *n* [c, U] **1** ⇒piel [de animal] ⇒pelaje **2 ~ coat** ⇒abrigo de piel

† **furious** UK: /ˈfjʊə.ri.əs/ US: /ˈfjɝː.i-/ *adj* **1** ⇒furioso,sa: *I'm furious* - Estoy furiosa **2** ⇒fuerte: *a furious storm* - una fuerte tormenta **3** ⇒acalorado,da: *a furious debate* - un debate acalorado **4 to be ~ {at/with} *sth/sb*** ⇒estar furioso,sa con

furnace UK: /ˈfɜː.nɪs/ US: /ˈfɝː-/ *n* [c] ⇒caldera ⇒horno

furnish UK: /ˈfɜː.nɪʃ/ US: /ˈfɝː-/ [furnishes] *v* [T] ⇒amueblar: *He furnished the living room with antiques* - Amuebló el salón con antigüedades

PHRASAL VERBS
- **to furnish *sb* with *sth*** *(form)* ⇒facilitar: *They furnished me with all the data* - Me facilitaron todos los datos

furnished UK: /ˈfɜː.nɪʃt/ US: /ˈfɝː-/ *adj* ⇒amueblado,da: *«Furnished flat to let»* - «Se alquila piso amueblado»

furnishings UK: /ˈfɜː.nɪ.ʃɪŋz/ US: /ˈfɝː-/ *n* [PL] ⇒mobiliario

↑ **furniture** UK: /ˈfɜː.nɪ.tʃəʳ/ US: /ˈfɝː.nɪ.tʃɚ/ *n* [U] ⇒muebles ■ Se dice *the furniture, some furniture* o *a piece of furniture*. Incorrecto: *a furniture* ■ PRON. La última parte, *ture*, se pronuncia como *cher* en *butcher*

furrow[1] UK: /ˈfʌr.əʊ/ US: /ˈfɝː.oʊ/ *n* [C] **1** *(en la tierra)* ⇒surco **2** *(en la cara)* ⇒arruga

furrow[2] UK: /ˈfʌr.əʊ/ US: /ˈfɝː.oʊ/ *v* [T] **1** ⇒surcar **2** *to furrow one's brow* - fruncir el ceño

furry UK: /ˈfɜː.ri/ US: /ˈfɝː.i/ *adj* [*comp* furrier, *superl* furriest] **1** ⇒peludo,da **2** ⇒de peluche: *a furry toy* - un juguete de peluche

further[1] UK: /ˈfɜː.ðəʳ/ US: /ˈfɝː.ðɚ/ (*tb* **farther**) *adj* **1** the comparative form of **far** **2** ⇒más ⇒nuevo,va

further[2] UK: /ˈfɜː.ðəʳ/ US: /ˈfɝː.ðɚ/ *adv* **1** the comparative form of **far** **2** ⇒más lejos: *I would go further* - Yo iría más lejos **3** *Is it much further?* - ¿Falta mucho? **4** ~ **to** ***sth*** *(form)* ⇒con relación a algo: *Further to our telephone conversation, I don't see any other option* - Con relación a nuestra conversación telefónica, no veo ninguna otra opción **5** **nothing** ~ ⇒nada más

further education *UK, Aus n* [U] ⇒enseñanza superior no universitaria ■ La forma abreviada es *FE*

furthermore UK: /ˌfɜː.ðəˈmɔːʳ/ UK: /ˈ---/ US: /ˈfɝː.ðɚ.mɔːr/ *adv (form)* ⇒además ⇒asimismo *form.*

↑ **furthest** UK: /ˈfɜː.ðɪst/ US: /ˈfɝː-/ *adj, adv* **1** the superlative form of **far** **2** ⇒más lejano,na

↑ **fury** UK: /ˈfjʊə.ri/ US: /ˈfjɝː.i/ *n* [U, NO PL] ⇒furia ⇒cólera

fuse[1] /fjuːz/ *n* [C] **1** ⇒fusible: *to blow a fuse* - fundirse un fusible **2** ⇒mecha

fuse[2] /fjuːz/ [fused, fusing] *v* [T, I] **1** *UK (un fusible)* ⇒saltar **2** ⇒fusionar(se) ⇒aunar **3** ⇒fundir

fusion /ˈfjuː.ʒᵊn/ *n* [U] ⇒fusión: *a fusion of styles* - una fusión de estilos

fuss[1] /fʌs/ *n* [U, NO PL] **1** ⇒alboroto ⇒jaleo **2** **to make a** ~ ⇒armar un escándalo ⇒armar jaleo **3** **to make a** ~ **{of/over}** ***sb*** ⇒deshacerse en atenciones con alguien

fuss[2] /fʌs/ *v* [I] **1** ⇒preocuparse: *Stop fussing about unimportant things* - No te preocupes por cosas insignificantes **2** ⇒deshacerse en atenciones

fussy /ˈfʌs.i/ *adj* [*comp* fussier, *superl* fussiest] **1** ⇒quisquilloso,sa ⇒tiquismiquis **2** *Whichever, I'm not fussy* - Cualquiera de los dos, a mí no me importa **3** ⇒rebuscado,da

futile UK: /ˈfjuː.taɪl/ US: /-ˤt̬əl/ *adj* **1** ⇒inútil ⇒fútil **2** *His efforts were futile* - Sus esfuerzos fueron en vano

futon UK: /ˈfuː.tɒn/ US: /-tɑːn/ *n* [C] ⇒futón

future[1] UK: /ˈfjuː.tʃəʳ/ US: /-tʃɚ/ *n* [C, U] **1** ⇒futuro: *in the near future* - en un futuro cercano **2** **in** ~ ⇒de ahora en adelante

future[2] UK: /ˈfjuː.tʃəʳ/ US: /-tʃɚ/ *adj* **1** ⇒futuro,ra ⇒venidero,ra **2** ~ **tense** *(en gramática)* ⇒futuro ■ Ver cuadro en página siguiente y ver cuadro verb tenses

fuzzy /ˈfʌz.i/ *adj* [*comp* fuzzier, *superl* fuzziest] **1** ⇒confuso,sa ⇒vago,ga **2** ⇒borroso,sa **3** ⇒encrespado,da: *He's got fuzzy hair* - Tiene el pelo encrespado

F

future tense: will / be going to

• **Will** se usa:

– Para hablar de decisiones que se toman o se barajan en el momento de hablar:

· *I don't know what to do tomorrow. I think I **will** go to the club.*
(No sé qué hacer mañana. Creo que iré al club.)

· *Maybe **I'll** go to the gym later.*
(A lo mejor voy al gimnasio más tarde.)

– Para hablar de predicciones basadas en algo que se sabe o que se piensa:

· *In the end we **will** arrive late; **you'll** see.*
(Al final llegaremos tarde, ya verás.)

· *Who do you think **will** win the league?*
(¿Quién crees que ganará la liga?)

– Para hacer promesas, ofertas o peticiones:

· *I **will** help you; don't worry.*
(Yo te ayudaré; no te preocupes.)

· ***Will** you do me a favour?*
(¿Me haces un favor?)

La forma negativa de "will" es "will not" o "won't":

· *We **won't** be long.*
(No tardaremos mucho.)

• **Be going to** se usa:

– Para hablar de intenciones o de decisiones ya tomadas:

· *I**'m going to** the theatre tomorrow, do you want to come?*
(Voy al teatro mañana, ¿quieres venir?)

· *We **are going** to the gym this afternoon.*
(Vamos al gimnasio esta tarde.)

– Para hablar de situaciones futuras predecibles a partir de la situación actual:

· *Look at those clouds! It**'s going to** rain.*
(¡Mira esas nubes! Va a llover.)

Atención: a veces **will** y **be going to** pueden usarse en los mismos contextos:

· *She **will / is going to** pass her exam; she has worked hard.*
(Aprobará el examen; ha estudiado mucho.)

(Ver también cuadro **verb tenses**.)

F

g /dʒiː/ [*pl* g's] *n* [C] **1** *(letra del alfabeto)* ⇒g **2** ⇒forma abreviada de **gram** (gramo)
G /dʒiː/ [*pl* G's] *n* [C, U] *(nota musical)* ⇒sol
gable /ˈgeɪ.bl̩/ *n* [C] *(de un edificio)* ⇒hastial ⇒frontón
gadget /ˈgædʒ.ɪt/ *n* [C] ⇒aparato ⇒artilugio ⇒chisme *col.*
Gaelic¹ /ˈgeɪ.lɪk, ˈgæl.ɪk/ *n* [U] *(idioma)* ⇒gaélico
Gaelic² /ˈgeɪ.lɪk, ˈgæl.ɪk/ *adj* ⇒gaélico,ca
gag¹ /gæg/ [gagged, gagging] ▮ *v* [T] **1** ⇒amordazar: *He was gagged with a handkerchief* - Lo amordazaron con un pañuelo **2** ⇒silenciar ⇒hacer callar ▮ *v* [I] **3** ⇒dar arcadas
gag² /gæg/ *n* [C] **1** ⇒mordaza **2** *(inform)* ⇒gag ⇒chiste
gaiety UK: /ˈgeɪ.ə.ti/ US: /-ˤt̬i/ *n* [U] *(old-fash)* ⇒alegría
↑**gain¹** /geɪn/ ▮ *v* [T] **1** *(algo de valor)* ⇒ganar ⇒obtener ⇒adquirir **2** *(una ventaja)* ⇒ganar **3** *(peso)* ⇒coger ⇒ganar ⇒aumentar ▮ *v* [I] **4** *(un reloj)* ⇒adelantarse
PHRASAL VERBS
· **to gain on *sth/sb*** ⇒acercarse ⇒ir alcanzando
gain² /geɪn/ *n* [C, U] ⇒ganancia ⇒aumento
gait /geɪt/ *n* [C] **1** *(form)* ⇒paso ⇒manera de andar **2** *to walk with a rolling gait* - andar bamboleándose
galactic /gəˈlæk.tɪk/ *adj* ⇒galáctico,ca
galaxy /ˈgæl.ək.si/ [*pl* galaxies] *n* [C] ⇒galaxia
gale /geɪl/ *n* [C] ⇒vendaval ⇒galerna ⇒temporal
gallant UK: /ˈgæl.ənt/ US: /gəˈlænt/ *adj* **1** *(lit)* ⇒valeroso,sa **2** *(lit)* ⇒galante
↑**gallery** UK: /ˈgæl.ᵊr.i/ US: /-ɚ-/ [*pl* galleries] *n* [C] **1** ⇒galería de arte **2** ⇒museo de arte **3** *(en un edificio)* ⇒galería ⇒corredor
galley /ˈgæl.i/ *n* [C] **1** *(embarcación)* ⇒galera **2** *(en una embarcación o en un avión)* ⇒cocina
↑**gallon** /ˈgæl.ən/ *n* [C] *(unidad de medida)* ⇒galón ■ En el Reino Unido, un galón equivale a 4,56 litros. En EE. UU., equivale a 3,79 litros
gallop¹ /ˈgæl.əp/ *v* [I] ⇒galopar
gallop² /ˈgæl.əp/ *n* [NO PL] ⇒galope: *at a gallop* - a galope
Gambia /ˈgæm.bi.ə/ *n* [U] ⇒Gambia
Gambian /ˈgæm.bi.ən/ *adj, n* [C] ⇒gambiano,na
gamble¹ /ˈgæm.bl̩/ [gambled, gambling] *v* [T, I] **1** ⇒jugar ⇒apostar ■ CONSTR. Se usa generalmente seguido de las preposiciones y adverbios at, away y on **2** *to gamble away all your money* - perder todo tu dinero en el juego ■ CONSTR. Se usa generalmente seguido de las preposiciones y adverbios at, away y on **3 to be a ~** ⇒ser arriesgado,da **4 to take a ~ (on *sth*)** ⇒arriesgarse [a algo]
PHRASAL VERBS
· **to gamble on *sth*** ⇒arriesgar en algo
gamble² /ˈgæm.bl̩/ *n* [C] ⇒riesgo
gambling /ˈgæm.blɪŋ/ *n* [U] ⇒juego [de apuestas]
↑**game¹** /geɪm/ ▮ *n* [C] **1** ⇒juego: *games of chance* - juegos de azar; *a video game* - un videojuego **2** *(en algunos deportes)* ⇒partido **3** *(de naipes)* ⇒partida ▮ *n* [U] **4** ⇒animales de caza ⇒caza **5 card games** ⇒juego de cartas
game² /geɪm/ *adj Is Kathy game?* - ¿Se anima Kathy?
gammon /ˈgæm.ən/ *UK n* [U] ⇒jamón ahumado
gang¹ /gæŋ/ *n* [C] **1** ⇒banda ⇒pandilla **2** ⇒cuadrilla [de trabajo] ■ Por ser un nombre colectivo se puede usar con el verbo en singular o en plural
↑**gang²** /gæŋ/
PHRASAL VERBS
· **to gang up {against/on} *sb*** ⇒compincharse contra alguien *col.*
gangster UK: /ˈgæŋ*k*.stəʳ/ US: /-stɚ/ *n* [C] ⇒gángster
gangway /ˈgæŋ.weɪ/ *n* [C] **1** *UK* ⇒pasillo [que se forma entre dos asientos] **2** *(de una embarcación)* ⇒pasarela
gaol¹ /dʒeɪl/ *UK* (*UK tb* **jail**) *n* [C, U] *(old-fash)* ⇒cárcel ⇒prisión
gaol² /dʒeɪl/ *UK* (*UK tb* **jail**) *v* [T] *(old-fash)* ⇒encarcelar ■ CONSTR. Se usa más en pasiva
↑**gap** /gæp/ *n* [C] **1** ⇒abertura ⇒hueco **2** ⇒espacio en blanco **3** *(en el tiempo)* ⇒diferencia ⇒intervalo ■ Se usa más en singular

gape /geɪp/ [gaped, gaping] *v* [I] **1** ⇒mirar boquiabierto,ta **2** *(una puerta, una boca o un agujero)* ⇒estar muy abierto,ta

gaping /ˈgeɪ.pɪŋ/ *adj* **1** *(un agujero, una herida)* ⇒muy profundo,da **2** *(una boca, un agujero)* ⇒muy abierto,ta

gap year *UK n* [C] ⇒año sabático [entre el colegio y la universidad]

↑**garage** UK: /ˈgær.ɑːʒ/ UK: /-ɪdʒ/ US: /gəˈrɑːʒ/ *n* [C] **1** ⇒garaje **2** *(de coches)* ⇒taller **3** *(de autobuses)* ⇒cochera

garbage UK: /ˈgɑː.bɪdʒ/ US: /ˈgɑːr-/ *n* [U] *US* (*UK* **rubbish**) ⇒basura ■ PRON. La última *a* se pronuncia como la *i* en *did*

garbage can *US* (*UK* **dustbin**) *n* [C] ⇒cubo de basura ⇒caneca *AMÉR.* ■ PRON. La última *a* de *garbage* se pronuncia como la *i* en *did*

garbled UK: /ˈgɑː.bl̩d/ US: /ˈgɑːr-/ *adj (un mensaje)* ⇒confuso,sa

↑**garden**[1] UK: /ˈgɑː.dᵊn/ US: /ˈgɑːr-/ *n* [C] **1** *UK* (*US* **yard**) *(en una casa)* ⇒jardín **2** ⇒huerto

garden[2] UK: /ˈgɑː.dᵊn/ US: /ˈgɑːr-/ *v* [I] ⇒trabajar en el jardín

garden centre *UK n* [C] ⇒centro de jardinería ⇒vivero

gardener UK: /ˈgɑː.dᵊn.əʳ/ US: /ˈgɑːr.d[ə]n.ɚ/ *n* [C] ⇒jardinero,ra

gardening UK: /ˈgɑː.dᵊn.ɪŋ/ US: /ˈgɑːr-/ *n* [U] ⇒jardinería: *gardening gloves* - guantes de jardinería

gargle UK: /ˈgɑː.gl̩/ US: /ˈgɑːr-/ [gargled, gargling] *v* [I] ⇒hacer gárgaras: *The doctor told him to gargle* - La doctora le dijo que hiciera gárgaras

garish UK: /ˈgeə.rɪʃ/ US: /ˈger.ɪʃ/ *adj (un color, una prenda de ropa)* ⇒chillón,-a

garland UK: /ˈgɑː.lənd/ US: /ˈgɑːr-/ *n* [C] ⇒guirnalda

↑**garlic** UK: /ˈgɑː.lɪk/ US: /ˈgɑːr-/ *n* [U] **1** ⇒ajo **2 clove of ~** ⇒diente de ajo

garment UK: /ˈgɑː.mənt/ US: /ˈgɑːr-/ *n* [C] *(form)* ⇒prenda [de vestir]

garnish[1] UK: /ˈgɑː.nɪʃ/ US: /ˈgɑːr-/ *v* [T] *(una comida)* ⇒aderezar ⇒adornar

garnish[2] UK: /ˈgɑː.nɪʃ/ US: /ˈgɑːr-/ [*pl* garnishes] *n* [C] *(en una comida)* ⇒aderezo ⇒guarnición

garrison UK: /ˈgær.ɪ.sᵊn/ US: /ˈger-/ *n* [C] ⇒guarnición [militar]

garter UK: /ˈgɑː.təʳ/ US: /ˈgɑːr.ˤt̬ɚ/ *US* (*UK* **suspender**) *n* [C] ⇒tira elástica ⇒liga

↑**gas**[1] /gæs/ *n* [U] **1** ⇒gas: *Oxygen is a gas* - El oxígeno es un gas **2** *US* (*UK* **petrol**) ⇒forma abreviada de **gasoline** (gasolina) **3** *US* (*UK* **wind**) *(en el estómago)* ⇒gases ⇒flatulencias

gas[2] /gæs/ [gassed, gassing] *v* [T] ⇒asfixiar con gas

gash /gæʃ/ *n* [C] ⇒corte profundo: *She has a nasty gash on her leg* - Tiene un corte muy profundo en la pierna

gas mask *n* [C] ⇒máscara antigás

↑**gasoline** /ˈgæs.ᵊl.iːn/ *US* (*UK* **petrol**) *n* [U] ⇒gasolina ⇒nafta *AMÉR.;* ⇒bencina *AMÉR.*

gasp[1] UK: /gɑːsp/ US: /gæsp/ *v* [I] ⇒dar un grito ahogado ⇒jadear

gasp[2] UK: /gɑːsp/ US: /gæsp/ *n* [C] ⇒grito ahogado

gas pedal *US n* [C] *(en un vehículo)* ⇒acelerador

gas station *US* (*UK* **petrol station**) *n* [C] ⇒gasolinera

gastronomic UK: /ˌgæs.trəˈnɒm.ɪk/ US: /-ˈnɑː.mɪk/ (*tb* **gastronomical**) *adj* ⇒gastronómico,ca

gastronomical *adj* See **gastronomic**

↑**gate** /geɪt/ *n* [C] **1** *(en una valla)* ⇒puerta **2** *(en un aeropuerto)* ⇒puerta de embarque

gateau UK: /ˈgæt.əʊ/ US: /gæˤt̬ˈoʊ/ [*pl* gateaux; USA gateaus] *n* [C, U] ⇒tarta [con nata o fruta]

gatecrash /ˈgeɪt.kræʃ/ [gatecrashes] *v* [T, I] *(inform) (en una fiesta)* ⇒colarse *col.*

gateway /ˈgeɪt.weɪ/ *n* [C] **1** ⇒entrada ⇒puerta **2 ~ to sth** ⇒pasaporte hacia algo ⇒puerta a algo

↑**gather** UK: /ˈgæð.əʳ/ US: /-ɚ/ ▌*v* [T, I] **1** ⇒reunirse ⇒agruparse ▌*v* [T] **2** ⇒reunir ⇒recoger **3** *(datos)* ⇒recopilar ⇒recoger **4** ⇒tener entendido: *so I gather* - así lo tengo entendido **5** ⇒ganar: *to gather speed* - ganar velocidad

gathering UK: /ˈgæð.ᵊr.ɪŋ/ US: /-ɚ-/ *n* [C] ⇒reunión: *a family gathering* - una reunión familiar

gaudy UK: /ˈgɔː.di/ US: /ˈgɑː-/ *adj* [*comp* gaudier, *superl* gaudiest] *(un color o adorno)* ⇒estridente ⇒chillón,-a

gauge[1] /geɪdʒ/ [gauged, gauging] *v* [T] ⇒calcular ⇒calibrar ⇒medir ■ CONSTR. to gauge + interrogativa indirecta

gauge[2] /geɪdʒ/ *n* [C] **1** ⇒calibre **2** ⇒indicador **3** ⇒ancho de vía

gaunt UK: /gɔːnt/ US: /gɑːnt/ *adj* ⇒demacrado,da

gauze UK: /gɔːz/ US: /gɑːz/ *n* [U] ⇒gasa

gave /geɪv/ past tense of **give**

gay[1] /geɪ/ *adj* ⇒homosexual

gay[2] /geɪ/ *n* [C] ⇒homosexual ⇒gay

gaze[1] /geɪz/ [gazed, gazing] *v* [I] ⇒contemplar ⇒mirar fijamente ■ CONSTR. Se usa generalmente seguido de una preposición o un adverbio

gaze[2] /geɪz/ *n* [U] ⇒mirada: *I couldn't return her gaze* - No pude devolverle la mirada

gazette /gəˈzet/ *n* [C] *(old-fash)* ⇒gaceta

GCSE /ˌdʒiː.siː.esˈiː/ *UK n* [C] ⇒Certificado de Enseñanza Secundaria

gear[1] UK: /gɪəʳ/ US: /gɪr/ *n* [C, U] **1** *(en un coche o en una bicicleta)* ⇒marcha **2** ⇒material ⇒equipo **3** ⇒bártulos

† **gear**[2] UK: /gɪəʳ/ US: /gɪr/
PHRASAL VERBS
· **to gear *sth* {to/towards} *sth/sb*** ⇒destinar a ⇒orientar a
· **to gear *(sth/sb)* up [M]** ⇒mentalizar(se) ⇒preparar(se)

gearbox UK: /ˈgɪə.bɒks/ US: /ˈgɪr.bɑːks/ [*pl* gearboxes] *n* [C] *(en un vehículo)* ⇒caja de cambios

gear lever *UK n* [C] ⇒palanca de cambios

gearstick *n* [C] *(en un vehículo)* ⇒palanca de cambios

gee /dʒiː/ *US excl (inform)* ⇒¡vaya!

geek /giːk/ *n* [C] **1** *(inform)* ⇒mojigato,ta ⇒simple ⇒muermo,ma ■ Se emplea más con hombres **2** ⇒fanático,ca [de la informática o de la tecnología] ⇒friki *col.*

geese /giːs/ *n* [PL] See **goose**

gel /dʒel/ *n* [U] **1** ⇒gel **2** ⇒gomina

gem /dʒem/ *n* [C] **1** ⇒gema **2** *(inform)* ⇒joya: *This picture is the gem of the exhibition* - Este cuadro es la joya de la exposición **3** *(persona)* ⇒joya ⇒tesoro

Gemini /ˈdʒem.ɪ.naɪ/ *n* [C, U] *(signo del zodíaco)* ⇒géminis

† **gender** UK: /ˈdʒen.dəʳ/ US: /-dɚ/ ▮ *n* [C, U] **1** *(en biología)* ⇒sexo ▮ *n* [C] **2** *(en gramática)* ⇒género

† **gene** /dʒiːn/ *n* [C] ⇒gen: *the gene pool* - la reserva de genes

† **general**[1] UK: /ˈdʒen.ᵊr.ᵊl/ US: /-ɚ-/ *adj* **1** ⇒común ⇒general **2** ⇒general ⇒no detallado,da **3 in ~ 1** ⇒en general **2** ⇒normalmente

general[2] UK: /ˈdʒen.ᵊr.ᵊl/ US: /-ɚ-/ *n* [C] *(en las fuerzas armadas)* ⇒general

general election *n* [C] ⇒elecciones generales

generalise [generalised, generalising] *UK v* [I] See **generalize**

generalization UK: /ˌdʒen.ᵊr.ᵊl.aɪˈzeɪ.ʃᵊn/ US: /-ɚ-/ *n* [C, U] ⇒generalización

generalize UK: /ˈdʒen.ᵊr.ə.laɪz/ US: /-ɚ-/ [generalized, generalizing] *v* [I] ⇒generalizar

† **generally** UK: /ˈdʒen.ᵊr.ᵊl.i/ US: /-ɚ-/ *adv* **1** ⇒por lo general ⇒generalmente **2 ~ speaking** ⇒en términos generales

† **generate** UK: /ˈdʒen.ᵊr.eɪt/ US: /-ɚ-/ [generated, generating] *v* [T] ⇒generar: *to generate profits* - generar beneficios

† **generation** /ˌdʒen.əˈreɪ.ʃᵊn/ *n* [U] **1** *(de personas nacidas en fechas próximas)* ⇒generación **2** *(en una familia)* ⇒generación ■ Por ser un nombre colectivo se puede usar con el verbo en singular o en plural

generator UK: /ˈdʒen.ə.reɪ.təʳ/ US: /-ɚ.eɪ.ˤt̬ɚ/ *n* [C] **1** *(máquina)* ⇒generador **2** *(persona, empresa o actividad)* ⇒generador,-a

generosity UK: /ˌdʒen.əˈrɒs.ɪ.ti/ US: /-ˈrɑː.sə.ˤt̬i/ *n* [U] ⇒generosidad

† **generous** UK: /ˈdʒen.ᵊr.əs/ US: /-ɚ-/ *adj* **1** *(una persona)* ⇒generoso,sa **2** ⇒abundante ⇒generoso,sa

generously UK: /ˈdʒen.ᵊr.ə.sli/ US: /-ɚ-/ *adv* ⇒generosamente

genetic UK: /dʒəˈnet.ɪk/ US: /-ˈneˤt̬-/ *adj* ⇒genético,ca

genetically UK: /dʒəˈnet.ɪ.kli/ US: /-ˈneˤt̬-/ *adv* ⇒genéticamente

genetically modified *adj (un producto)* ⇒transgénico,ca ⇒modificado,da genéticamente ■ La forma abreviada es *GM*

† **genetics** UK: /dʒəˈnet.ɪks/ US: /-ˈneˤt̬-/ *n* [U] ⇒genética

genial /ˈdʒiː.ni.ᵊl/ *adj* ⇒afable ⇒cordial ■ Distinto de *great* (genial)

genie /ˈdʒiː.ni/ [*pl* genii, genies] *n* [C] *(personaje fantástico)* ⇒genio

genitals UK: /ˈdʒen.ɪ.tᵊlz/ US: /-ˤt̬[ə]lz/ *n* [PL] ⇒genitales

† **genius** /ˈdʒiː.ni.əs/ ▮ *n* [C] **1** *(persona)* ⇒genio **2** *He's a genius!* - ¡Es un hacha! ▮ *n* [U] **3** ⇒genio ⇒don ⇒talento ■ El plural es *geniuses*

genocide /ˈdʒen.ə.saɪd/ *n* [U] ⇒genocidio

genre /ˈʒɑːˤr̩.rə, ˈʒɒn-/ *n* [C] *(form) (en arte y literatura)* ⇒género

gent /dʒent/ *n* [C] *(inform, old-fash)* ⇒caballero

genteel UK: /dʒenˈtɪəl/ US: /-ˈtiːl/ *adj* ⇒refinado,da ⇒elegante

† **gentle** UK: /ˈdʒen.tl̩/ US: /-ˤt̬l̩/ *adj* **1** *(una persona)* ⇒amable ⇒apacible ⇒gentil **2** ⇒agradable ⇒suave **3** *(un animal)* ⇒manso,sa

† **gentleman** UK: /ˈdʒen.tl̩.mən/ US: /-ˤt̬l̩-/ [*pl* gentlemen] *n* [C] **1** ⇒señor **2** ⇒hombre educado ⇒caballero

gentlemen *n* [PL] See **gentleman**

gentleness UK: /ˈdʒen.tl̩.nəs/ US: /-ˤt̬l̩-/ *n* [U] **1** ⇒delicadeza ⇒suavidad **2** ⇒amabilidad ⇒dulzura

gently /ˈdʒent.li/ *adv* **1** ⇒suavemente **2** ⇒con delicadeza

Gents *UK n* [NO PL] *(inform)* ⇒forma abreviada de **Gentlemen's** (servicio de caballeros)

† **genuine** /ˈdʒen.ju.ɪn/ *adj* **1** ⇒genuino,na ⇒auténtico,ca **2** *(una persona)* ⇒sincero,ra

geographer UK: /dʒiˈɒg.rə.fəʳ/ US: /dʒiˈɑː.grə.fɚ/ *n* [C] ⇒geógrafo,fa

geographical /ˌdʒi.əˈgræf.ɪ.kᵊl/ *adj* ⇒geográfico,ca: *geographical features* - elementos geográficos

geographically /ˌdʒi.əˈgræf.ɪ.kli/ *adv* ⇒geográficamente ■ PRON. La última *a* no se pronuncia

† **geography** UK: /dʒiˈɒg.rə.fi/ US: /dʒiˈɑː.grə-/ *n* [U] ⇒geografía

↑ **geology** UK: /dʒi'ɒl.ə.dʒi/ US: /-'ɑː.lə-/ *n* [U] ⇒geología

geometric /ˌdʒiː.ə'met.rɪk/ *adj* ⇒geométrico,ca: *a geometric shape* - una forma geométrica

geometry UK: /dʒi'ɒm.ə.tri/ US: /dʒi'ɑː.mə-/ *n* [U] ⇒geometría

geriatric /ˌdʒer.i'æt.rɪk/ *adj* **1** ⇒geriátrico,ca **2** *the geriatric ward* - la sala de geriatría

↑ **germ** UK: /dʒɜːm/ US: /dʒɝːm/ *n* [C] **1** ⇒germen ⇒microbio: *Wash your hands well before eating to eliminate germs* - Lávate bien las manos antes de comer para evitar los microbios **2** ⇒inicio ⇒germen ■ Se usa más en plural

German¹ UK: /'dʒɜː.mən/ US: /'dʒɝː-/ ❙ *n* [U] **1** *(idioma)* ⇒alemán ❙ *n* [C] **2** ⇒alemán,-a: *three Germans* - tres alemanes

German² UK: /'dʒɜː.mən/ US: /'dʒɝː-/ *adj* ⇒alemán,-a: *a German car* - un coche alemán

German measles *n* [U] ⇒rubeola

↑ **gerund** /'dʒer.ᵊnd/ *n* [C] ⇒gerundio ■ Ver cuadro

gesture¹ UK: /'dʒes.tʃəʳ/ US: /-tʃɚ/ *n* [C] **1** ⇒gesto **2** **nice ~** ⇒detalle: *That was a really nice gesture* - Eso fue un verdadero detalle

gesture² UK: /'dʒes.tʃəʳ/ US: /-tʃɚ/ [gestured, gesturing] *v* [I] ⇒hacer gestos ⇒señalar ■ Se usa generalmente seguido de las preposiciones at, to y towards

↑ **get, got, got** (*US* **got, gotten**) /get/ [getting] *v* [T] **1** ⇒comprar ■ CONSTR. to get + dos objetos **2** ⇒conseguir ⇒obtener ■ CONSTR. to get + dos objetos **3** ⇒recibir **4** ⇒tener ■ Solo tiene dos formas verbales: *has got* y *have got* **5** ⇒coger ⇒traer **6** ⇒hacerse ■ CONSTR. Se usa seguido de un adjetivo **7** ⇒llegar ■ CONSTR. Se usa generalmente seguido de la preposición to **8** ⇒hacer que ⇒conseguir que ■ CONSTR. 1. to get + doing sth 2. to get + to do sth **9** ⇒llevar **10** ⇒ser ■ CONSTR. Se usa seguido de un verbo en participio **11** ⇒coger [un medio de transporte] **12** ⇒coger [una enfermedad] **13** ⇒entender **14 to be getting on 1** *(inform) (una persona)* ⇒hacerse viejo,ja **2** ⇒hacerse tarde

PHRASAL VERBS

- **to get about 1** *UK* (*US* **to get around**) *(una persona, un animal)* ⇒moverse ⇒tener capacidad de movimiento **2** *(un rumor, una noticia)* ⇒correr ⇒circular **3** ⇒viajar mucho
- **to get at *sb*** ⇒meterse con alguien ⇒criticar a alguien
- **to get away** ⇒escaparse
- **to get away with *sth*** **1** ⇒librarse de algo **2** ⇒llevarse algo robado
- **to get back 1** ⇒volver **2** ⇒ponerse en contacto de nuevo
- **to get *sth* back [M]** ⇒recuperar algo
- **to get back at *sb*** *(inform)* ⇒vengarse de alguien [por algo] ⇒hacer que alguien pague por una ofensa
- **to get behind with *sth*** ⇒quedarse atrás en algo
- **to get by 1** ⇒arreglárselas **2** ⇒sobrevivir
- **to get by {in/on/with} *sth*** **1** ⇒defenderse {en/con} algo **2** ⇒sobrevivir con algo ⇒arreglárselas con algo
- **to get *sb* down** *(inform)* ⇒deprimir a alguien ⇒hundir a alguien *col.*
- **to get *sth* down [M]** ⇒anotar algo ⇒apuntar algo
- **to get down to {sth/doing *sth*}** ⇒ponerse a algo
- **to get in 1** ⇒llegar **2** *(en un coche o taxi)* ⇒subir ⇒montar ⇒abordar *AMÉR.* **3** *(en un colegio o una universidad)* ⇒ser admitido,da
- **to get *sth* in [M] 1** *UK (inform)* ⇒comprar algo [por previsión] **2** ⇒entregar algo [a tiempo]
- **to get into *sth*** **1** *(en un colegio o una universidad)* ⇒ser admitido,da **2** *(una profesión, un problema)* ⇒meterse en algo **3** *(ropa): I can't into these jeans* - No me caben estos vaqueros **4** *(un hábito)* ⇒coger ⇒adquirir **5** *(inform)* ⇒cogerle el gustillo a algo *col.;* ⇒aficionarse a algo
- **to get off 1** *(de un vehículo)* ⇒apearse ⇒bajarse **2** ⇒salir del trabajo [al final de la jornada]
- **to get *sth* off (*sth*)** *(inform)* ⇒quitar algo de algún lugar
- **to get off with *sb*** *UK (inform)* ⇒enrollarse con alguien *col.;* ⇒ligar(se) a alguien *col.*
- **to get on 1** *UK* (*US* **to get along**) ⇒progresar ⇒ir **2** ⇒tener éxito **3** ⇒montar(se) [en un caballo] **4** ⇒subir(se) [a un vehículo] ⇒abordar [un vehículo] *AMÉR.* **5** ⇒arreglárselas
- **to get on to *sth*** ⇒ponerse a hablar de algo ⇒pasar a considerar algo
- **to get on with *sth*** ⇒seguir haciendo algo
- **to get on with *sb*** (*US tb* **to get along with sb**) ⇒llevarse bien con alguien
- **to get out** *(de un coche o taxi)* ⇒apearse ⇒salir
- **to get *sth* out of *sb*** ⇒sonsacar algo a alguien
- **to get over *sth*** **1** *(de una enfermedad, una mala noticia o una crisis)* ⇒reponerse ⇒superar ⇒recuperarse **2** *I can't get over it!* - ¡No me lo puedo creer!
- **to get round *sth*** *UK* (*US* **to get around sth**) *(un problema)* ⇒sortear ⇒esquivar
- **to get round *sb*** *UK* ⇒convencer a alguien ■ CONSTR. to get round sb + to do sth
- **to get through *sth*** **1** *UK* ⇒acabar algo ⇒terminar algo **2** ⇒aprobar algo
- **to get through to *sb*** **1** ⇒comunicarse [por teléfono] con alguien **2** ⇒hacer entender a alguien

gerund

- El gerundio es la forma en **"-ing"** de los verbos. Se usa:
  - Como sujeto de una oración:
    - ***Crossing*** *the road can be dangerous.*
      (Cruzar la carretera puede ser peligroso.)
    - ***Skiing*** *is her passion.*
      (Esquiar es su pasión.)
  - Después de una preposición:
    - *He is against* ***smoking*** *in public places.*
      (Está en contra de fumar en lugares públicos.)
    - *I'm thinking about* ***buying*** *a motorbike.*
      (Estoy pensando en comprar una moto.)
  - Después de algunos verbos:
    - *I* ***fancy seeing*** *a film this evening.*
      (Me apetece ver una película esta noche.)

- Algunos verbos van seguidos por gerundio, otros por infinitivo y otros pueden ir seguidos por ambas formas:
  - Algunos verbos que van seguidos del **gerundio** son:

    · *avoid* · *can't help* · *can't stand* · *consider* · *enjoy* · *fancy* · *finish* · *give up* · *imagine*
    · *keep* · *(don't) mind* · *miss* · *practise* · *regret* · *suggest*

    - *I* ***can't help getting*** *wound up each time I see him.*
      (No puedo evitar ponerme nervioso cada vez que lo veo.)
  - Algunos verbos que van seguidos del **infinitivo** son:

    · *afford* · *agree* · *arrange* · *ask* · *choose* · *dare* · *decide* · *expect* · *hope*
    · *learn (how)* · *manage* · *need* · *offer* · *plan* · *pretend* · *promise* · *refuse* · *seem*
    · *tell* · *want* · *would* · *like* · *would prefer*

    - *We* ***have decided to move*** *to New York.*
      (Hemos decidido trasladarnos a Nueva York.)
    - ***Don't pretend to be*** *asleep!*
      (¡No te hagas el dormido!)

- Algunos verbos que pueden ir seguidos por **gerundio** o por **infinitivo** son:

  · *begin* · *can't bear* · *continue* · *hate* · *intend* · *like* · *love* · *prefer* · *propose* · *start*

  - *It* ***started raining/to rain.***
    (Empezó a llover.)
  - *I* ***hate ironing/to iron.***
    (Odio planchar.)

  Atención: hay verbos que cambian su significado según vayan seguidos de un gerundio o de un infinitivo:
  - **Remember**:
    - *I* ***remember*** *calling my grandfather on his birthday.*
      (Recuerdo haber llamado a mi abuelo el día de su cumpleaños.)
    - *I always* ***remember to call*** *my grandfather on his birthday.*
      (Siempre me acuerdo de llamar a mi abuelo el día de su cumpleaños.)
  - **Stop**
  - **Try**

G

· **to get *sth/sb* together** ⇒reunir ⇒juntar
· **to get together with *sb*** ⇒reunirse con alguien
· **to get up** ⇒levantarse [de la cama]
· **to get up to *sth*** *UK* ⇒tramar algo

getaway UK: /ˈget.əˌweɪ/ US: /ˈgeˤt̬-/ *n* [C] ⇒huida ⇒fuga

geyser UK: /ˈgiː.zəʳ/ US: /ˈgaɪ.zɚ/ *n* [C] **1** ⇒géiser **2** *UK* ⇒calentador de agua

ghastly UK: /ˈgɑːst.li/ US: /ˈgæst-/ *adj* [*comp* ghastlier, *superl* ghastliest] **1** ⇒horrible ⇒espantoso,sa ⇒horroroso,sa **2** ⇒pálido,da **3** *ghastly mistake* - craso error

ghetto UK: /ˈget.əʊ/ US: /ˈgeˤt̬.oʊ/ [*pl* ghettoes, ghettos] *n* [C] ⇒gueto

↑**ghost** UK: /gəʊst/ US: /goʊst/ *n* [C] **1** ⇒fantasma: *to see a ghost* - ver un fantasma **2 ~ writer** *(escritor)* ⇒negro *col.* **3 to give up the ~** *UK (hum)* ⇒entregar el alma

ghostly UK: /ˈgəʊst.li/ US: /ˈgoʊst-/ *adj* [*comp* ghostlier, *superl* ghostliest] ⇒fantasmal

↑**giant** /ˈdʒaɪ.ənt/ *n* [C] ⇒gigante

gibberish UK: /ˈdʒɪb.ər.ɪʃ/ US: /-ɚ-/ *n* [U] *to talk gibberish* - decir tonterías

gibe /dʒaɪb/ (*tb* **jibe**) *n* [C] ⇒burla

Gibraltar UK: /dʒɪˈbrɔːl.təʳ/ US: /-ˈbrɑːl.tɚ/ *n* [U] ⇒Gibraltar

Gibraltarian UK: /ˌdʒɪb.rɔːlˈteə.ri.ən/ US: /-rɑːlˈter.i-/ *adj, n* [C] ⇒gibraltareño,ña

giddy /ˈgɪd.i/ *adj* [*comp* giddier, *superl* giddiest] **1** *(por inestabilidad)* ⇒mareado,da **2** *to feel giddy with happiness* - sentirse ebrio de felicidad

↑**gift** /gɪft/ *n* [C] **1** ⇒regalo **2** ⇒don **3** ⇒dote **4 to have the ~ of the gab** ⇒tener mucha labia *col.*

gift certificate *US* (*UK* **token**) *n* [C] ⇒cheque regalo

gifted /ˈgɪf.tɪd/ *adj* **1** ⇒dotado,da ⇒con talento **2** ⇒superdotado,da: *a gifted girl* - una niña superdotada

gig /gɪg/ *n* [C] **1** *(inform)* ⇒concierto ⇒actuación ⇒bolo **2** ⇒calesa

gigantic UK: /ˌdʒaɪˈgæn.tɪk/ US: /-ˤt̬ɪk/ *adj* ⇒gigantesco,ca

giggle[1] /ˈgɪg.l̩/ [giggled, giggling] *v* [I] ⇒reír tontamente ⇒entrarle la risa tonta (a alguien)

giggle[2] /ˈgɪg.l̩/ ▮ *n* [C] **1** ⇒risa tonta ▮ *n* [NO PL] **2** ⇒broma ⇒gracia **3 to get the giggles** ⇒entrarle a alguien la risa

gilded /ˈgɪl.dɪd/ *adj* ⇒dorado,da

gill /gɪl/ *n* [C] ⇒branquia ■ Se usa más en plural

gilt /gɪlt/ *adj* ⇒dorado,da

gimmick /ˈgɪm.ɪk/ *n* [C] **1** ⇒truco publicitario **2** ⇒truco para atraer la atención

gin /dʒɪn/ *n* [C, U] ⇒ginebra

ginger[1] UK: /ˈdʒɪn.dʒəʳ/ US: /-dʒɚ/ *n* [U] *(planta)* ⇒jengibre

ginger[2] UK: /ˈgɪŋ.əʳ/ US: /-ɚ/ *UK adj* ⇒pelirrojo,ja

gingerly UK: /ˈdʒɪn.dʒə.li/ US: /-dʒɚ-/ *adv* ⇒cautelosamente ⇒cuidadosamente

gipsy /ˈdʒɪp.si/ [*pl* gypsies] *UK n* [C] ⇒gitano,na

↑**giraffe** UK: /dʒɪˈrɑːf/ US: /-ˈræf/ *n* [C] ⇒jirafa

↑**girl** UK: /gɜːl/ US: /gɝːl/ *n* [C] ⇒niña ⇒chica ⇒huerca *AMÉR.*; ⇒chamaca *AMÉR.*

↑**girlfriend** UK: /ˈgɜːl.frend/ US: /ˈgɝːl-/ *n* [C] **1** ⇒novia ⇒enamorada *AMÉR.* **2** *US* ⇒amiga

gist /dʒɪst/ *n* [NO PL] ⇒esencia ⇒quid

↑**give, gave, given** /gɪv/ [giving] ▮ *v* [T] **1** ⇒dar ■ CONSTR. to give + dos objetos **2** ⇒dar ⇒pegar **3** ⇒dar ⇒causar ■ CONSTR. to give + dos objetos ▮ *v* [I] **4** ⇒dar de sí ⇒ceder **5** *(una enfermedad)* ⇒contagiar **6** *(una respuesta): Don't give me that!* - ¿Te crees que soy tonto? **7 ~ and take 1** ⇒toma y daca *col.* **2** *It's a question of give and take* - Hay que hacer concesiones por ambas partes **8 to ~ way** *UK* (*US* **to yield**) ⇒ceder el paso

PHRASAL VERBS

· **to give *sth* away [M] 1** ⇒regalar algo **2** ⇒revelar algo
· **to give *sth/sb* away [M]** ⇒delatar
· **to give *sth* back [M]** ⇒devolver algo ⇒regresar algo *AMÉR.*
· **to give *sth* in [M]** *UK (un documento)* ⇒entregar [para que sea valorado]
· **to give *sth* out [M]** ⇒repartir algo
· **to give up** ⇒rendirse
· **to give up (*sth*)** ⇒desistir [de una actividad difícil] ■ CONSTR. to give up + doing sth
· **to give *sth* up [M]** *(una actividad habitual)* ⇒dejar ⇒dejar de ■ CONSTR. to give up + doing sth
· **to give (*sth*) up [M]** *(un hábito)* ⇒dejar ■ CONSTR. to give up + doing sth

given /ˈgɪv.ən/ past participle of **give**

glacier UK: /ˈglæs.i.əʳ/ US: /ˈgleɪ.si.ɚ/ *n* [C] ⇒glaciar

↑**glad** /glæd/ *adj* [*comp* gladder, *superl* gladdest] **1** ⇒alegre ⇒contento,ta ■ CONSTR. Nunca se usa delante de un nombre **2 to be ~ of *sth*** *(form)* ⇒agradecer algo: *We would be glad of your help* - Agradeceríamos tu ayuda **3 to be ~ to do *sth*** ⇒tener mucho gusto en hacer algo

gladly /ˈglæd.li/ *adv* ⇒gustosamente ⇒con mucho gusto

glamorous UK: /ˈglæm.ər.əs/ US: /-ə-/ *adj* ⇒glamouroso,sa ⇒con mucho glamour ⇒sofisticado,da

↑**glamour** UK: /ˈglæm.əʳ/ US: /-ɚ/ *UK n* [U] ⇒glamour

glance[1] UK: /glɑːnts/ US: /glænts/ [glanced, glancing] *v* [I] ⇒echar un vistazo ⇒echar una mirada ■ CONSTR. Se usa generalmente seguido de una preposición o un adverbio

glance² UK: /glɑːnts/ US: /glænts/ *n* [C] **1** ⇒ojeada ⇒mirada rápida ⇒vistazo **2 at a ~** ⇒a primera vista **3 without a backward ~** ⇒sin volver la vista atrás

gland /glænd/ *n* [C] ⇒glándula: *thyroid gland* - glándula tiroides

glare¹ UK: /gleəʳ/ US: /gler/ *n* [C] **1** ⇒mirada [airada] **2** ⇒luz deslumbrante **3** ⇒resol

glare² UK: /gleəʳ/ US: /gler/ [glared, glaring] *v* [I] ⇒fulminar con la mirada ⇒mirar airadamente

glaring UK: /ˈgleə.rɪŋ/ US: /ˈgler.ɪŋ/ *adj* **1** ⇒manifiesto,ta ⇒claro,ra ⇒evidente **2** *(una luz)* ⇒deslumbrante ⇒resplandeciente

↑**glass** UK: /glɑːs/ US: /glæs/ ▮ *n* [U] **1** ⇒vidrio ⇒cristal ▮ *n* [C] **2** ⇒copa ⇒vaso ■ El plural es *glasses*

↑**glasses** UK: /ˈglɑː.sɪz/ US: /ˈglæs.ɪz/ *n* [PL] ⇒gafas ⇒espejuelos *AMÉR.*

glaze¹ /gleɪz/ [glazed, glazing] ▮ *v* [T] **1** *(en alfarería)* ⇒vidriar **2** *(una puerta o una ventana)* ⇒acristalar ⇒poner cristal **3** *(en pastelería)* ⇒glasear ▮ *v* [I] **4** (*tb* **glaze over**) *(los ojos)* ⇒vidriarse

glaze² /gleɪz/ *n* [C] **1** *(en alfarería)* ⇒barniz **2** *(en pastelería)* ⇒glaseado

gleam¹ /gliːm/ *v* [I] **1** *(los ojos)* ⇒brillar ⇒hacer chiribitas *col.* **2** ⇒relucir **3** *The moon is gleaming through the clouds* - La luna brilla tenuemente entre las nubes

gleam² /gliːm/ *n* [C] **1** ⇒brillo **2** ⇒atisbo ⇒destello **3** *She has a gleam in her eye today* - Hoy tiene los ojos chispeantes

glean /gliːn/ *v* [T] **1** ⇒recopilar: *to glean information* - recopilar información ■ CONSTR. Se usa más en pasiva **2** ⇒averiguar: *What have you gleaned from your visit?* - ¿Qué has averiguado en tu visita?

glee /gliː/ *n* [U] **1** ⇒júbilo ⇒alegría **2** ⇒regodeo *col.*

glide /glaɪd/ [glided, gliding] *v* [I] **1** ⇒planear: *The eagle glided above the cliffs* - El águila planeó sobre los acantilados **2** ⇒deslizarse ■ CONSTR. Se usa generalmente seguido de una preposición o un adverbio

glider UK: /ˈglaɪ.dəʳ/ US: /-dɚ/ *n* [C] *(avión)* ⇒planeador

gliding /glaɪ.dɪŋ/ *n* [U] ⇒vuelo sin motor ⇒planeo

glimmer UK: /ˈglɪm.əʳ/ US: /-ɚ/ *n* [C] **1** ⇒luz tenue **2** ⇒atisbo ⇒rayo

glimpse¹ /glɪmps/ [glimpsed, glimpsing] *v* [T] ⇒entrever ⇒vislumbrar

glimpse² /glɪmps/ *n* [C] **1** ⇒vistazo **2 to catch a ~ of *sth*** ⇒alcanzar a ver algo [rápidamente] ⇒vislumbrar algo

glint¹ /glɪnt/ *n* [U] **1** ⇒destello **2** *(en los ojos)* ⇒chispa

glint² /glɪnt/ *v* [I] **1** ⇒destellar ⇒reflejar [luz] **2** *(los ojos)* ⇒chispear ⇒centellear

glisten /ˈglɪs.ᵊn/ *v* [I] *(una superficie mojada)* ⇒relucir

glitter¹ UK: /ˈglɪt.əʳ/ US: /ˈglɪˤt̬.ɚ/ *v* [I] ⇒brillar ⇒relucir

glitter² UK: /ˈglɪt.əʳ/ US: /ˈglɪˤt̬.ɚ/ *n* [U] **1** ⇒brillo ⇒destello **2** ⇒purpurina

gloat UK: /gləʊt/ US: /gloʊt/ *v* [I] ⇒regodearse *col.*

↑**global** UK: /ˈgləʊ.bᵊl/ US: /ˈgloʊ-/ *adj* ⇒mundial ⇒global

globalization UK: /ˌgləʊ.bᵊl.aɪˈzeɪ.ʃᵊn/ US: /ˌgloʊ-/ *n* [U] ⇒globalización

globe UK: /gləʊb/ US: /gloʊb/ *n* [C] **1** ⇒globo terráqueo **2** ⇒globo **3 the ~** ⇒la tierra ⇒el mundo

gloom /gluːm/ *n* [U] **1** *(form)* ⇒penumbra ⇒oscuridad **2** ⇒aflicción ⇒tristeza

gloomy /ˈgluː.mi/ *adj* [*comp* gloomier, *superl* gloomiest] **1** *(falta de luz)* ⇒oscuro,ra ⇒tenebroso,sa ⇒gris **2** *(el futuro)* ⇒desalentador,-a ⇒pesimista ⇒nada prometedor,-a **3** ⇒lúgubre ⇒melancólico,ca

glorious UK: /ˈglɔː.ri.əs/ US: /ˈglɔːr.i-/ *adj* **1** ⇒maravilloso,sa ⇒radiante ⇒magnífico,ca **2** ⇒glorioso,sa: *a glorious victory* - una victoria gloriosa

glory¹ UK: /ˈglɔː.ri/ US: /ˈglɔːr.i/ ▮ *n* [U] **1** ⇒esplendor ▮ *n* [C, U] **2** ⇒gloria ■ El plural es *glories*

↑**glory²** UK: /ˈglɔː.ri/ US: /ˈglɔːr.i/ [glories, gloried]

PHRASAL VERBS

· **to glory in *sth*** **1** ⇒disfrutar de algo: *He gloried in his success* - Disfrutaba de su éxito **2** ⇒vanagloriarse de algo

gloss¹ UK: /glɒs/ US: /glɑːs/ ▮ *n* [C] **1** ⇒glosa ■ El plural es *glosses* ▮ *n* [U, NO PL] **2** ⇒brillo **3** ⇒pintura de esmalte

gloss² UK: /glɒs/ US: /glɑːs/ *v* [T] ⇒glosar ⇒comentar

PHRASAL VERBS

· **to gloss over *sth*** ⇒pasar algo por alto ⇒quitar importancia a algo

glossary UK: /ˈglɒs.ᵊr.i/ US: /ˈglɑː.sɚ-/ [*pl* glossaries] *n* [C] ⇒glosario

glossy UK: /ˈglɒs.i/ US: /ˈglɑː.si/ *adj* [*comp* glossier, *superl* glossiest] **1** ⇒reluciente ⇒satinado,da **2** ⇒de moda: *a glossy magazine* - una revista de moda

↑**glove** /glʌv/ *n* [C] ⇒guante: *leather gloves* - guantes de cuero

glow¹ UK: /gləʊ/ US: /gloʊ/ *n* [NO PL] **1** ⇒luz suave ⇒luminiscencia **2** ⇒lustre [de la cara]

glow² UK: /gləʊ/ US: /gloʊ/ *v* [I] **1** ⇒resplandecer ⇒brillar ⇒relucir **2 to ~ with {happiness/pride}** ⇒estar radiante de {felicidad/orgullo}: *Her face glows with happiness* - Su rostro está radiante de felicidad

glucose UK: /ˈgluː.kəʊs/ US: /-koʊs/ *n* [U] ⇒glucosa

glue[1] /glu:/ *n* [U] ⇒pegamento ⇒cola

glue[2] /glu:/ [glued, gluing, glueing] *v* [T] ⇒pegar: *We glued the pieces of the vase together* - Pegamos los pedazos del jarrón

glutton UK: /ˈglʌt.ən/ US: /ˈglʌţ-/ *n* [C] **1** ⇒glotón,-a **2 to be a ~ for punishment** ⇒ser masoquista

GM /ˌdʒi:ˈem/ *adj* ⇒forma abreviada de **genetically modified** (transgénico,ca)

GMT /ˌdʒi:.emˈti:/ *n* [U] ⇒forma abreviada de **Greenwich Mean Time** (hora del meridiano de Greenwich)

gnarled UK: /nɑ:ld/ US: /nɑ:rld/ *adj* ⇒lleno,na de nudos ⇒retorcido,da ⇒nudoso,sa

G

gnaw UK: /nɔ:/ US: /nɑ:/ *v* [T, I] **1** ⇒roer ⇒mordisquear **2** ⇒reconcomer: *I was gnawed by remorse* - El remordimiento me reconcomía ■ CONSTR. Se usa generalmente seguido de las preposiciones by, through y on

PHRASAL VERBS

- **to gnaw at *sb*** ⇒atormentar a alguien

†**go**[1], **went, gone** UK: /gəʊ/ US: /goʊ/ *v* [I] **1** *(de viaje)* ⇒ir ■ CONSTR. Se usa generalmente seguido de una preposición o un adverbio **2** *(de un sitio)* ⇒irse ⇒marcharse **3** ⇒funcionar **4** ⇒ir ⇒resultar ⇒salir ■ CONSTR. Se usa generalmente seguido de un adverbio **5** ⇒desaparecer **6** *(una actividad)* ⇒hacer ■ CONSTR. to go + doing sth **7** *(tiempo)* ⇒pasar **8** *(un sonido)* ⇒hacer **9** ⇒volverse ⇒quedarse **10 to be going to do *sth*** **1** (*tb* **gonna**) *(relativo a un plan)* ⇒ir a **2** *(relativo a una probabilidad)* ⇒ir a ■ Ver cuadro future tense: will / be going to **11 to ~ for a *sth*** ⇒ir

PHRASAL VERBS

- **to go about *sth*** ⇒comenzar ⇒empezar
- **to go ahead** ⇒seguir adelante
- **to go along** 1 *UK* ⇒ir 2 ⇒continuar 3 *I'll explain it to you as we go along* - Te lo explicaré de camino
- **to go along with *sth/sb*** ⇒estar conforme con ⇒apoyar una idea
- **to go away** ⇒marcharse ⇒irse
- **to go back** 1 ⇒regresar ⇒volver 2 ⇒remontarse
- **to go back on *sth*** *(una promesa)* ⇒incumplir ⇒volverse atrás
- **to go by** ⇒pasar
- **to go down** 1 ⇒caer 2 *(precios, cifras)* ⇒bajar 3 *(el sol)* ⇒ponerse 4 *(un ordenador)* ⇒bloquearse ⇒colapsarse 5 ⇒ser considerado,da ⇒ser recordado,da ⇒pasar a la historia
- **to go for *sth*** 1 ⇒escoger algo 2 *(inform)* ⇒intentar conseguir algo 3 ⇒costar algo 4 *(inform) Go for it!* - ¡A por ello!
- **to go for *sb*** ⇒atacar a alguien ⇒ir a por alguien
- **to go in** ⇒entrar
- **to go in for *sth*** 1 ⇒gustar algo 2 *(un hobby)* ⇒practicar 3 *(en una competición)* ⇒participar
- **to go into** 1 *(profesión)* ⇒meterse en algo 2 ⇒entrar en detalles ⇒detallar 3 *(tiempo, dinero o esfuerzo)* ⇒emplear ⇒poner 4 *(en un hospital)* ⇒ingresar
- **to go off** 1 ⇒estallar ⇒explotar 2 *UK (inform)* ⇒pudrirse ⇒estropearse 3 ⇒apagarse 4 *(una alarma)* ⇒sonar 5 ⇒resultar ⇒salir 6 ⇒irse ⇒marcharse
- **to go off *sth/sb*** 1 *UK (inform)* ⇒perder el interés en ⇒dejar de querer o apreciar 2 *I've gone off that restaurant* - Ya no me gusta ese restaurante
- **to go on** 1 ⇒continuar ⇒seguir ■ CONSTR. to go on + doing sth 2 ⇒suceder ⇒pasar 3 *(inform)* ⇒¡venga! 4 ⇒encenderse 5 ⇒durar 6 *Go on with you!* - ¡Anda ya!
- **to go on about *sth*** *UK* ⇒no parar de hablar de algo ⇒dar la tabarra con algo
- **to go out** 1 ⇒salir 2 ⇒apagarse 3 ⇒tener una relación ⇒salir 4 *(la marea)* ⇒bajar
- **to go over *sth*** ⇒repasar algo ⇒revisar algo
- **to go round** 1 *UK* (*US* **to go around**) ⇒para todos 2 ⇒hacer una visita 3 ⇒girar ⇒dar vueltas
- **to go through *sth*** 1 ⇒vivir ⇒pasar por algo 2 ⇒examinar algo ⇒revisar algo 3 ⇒llevar algo a cabo ⇒realizar algo
- **to go together** 1 *(colores)* ⇒combinar ⇒ir con 2 ⇒ir de la mano
- **to go up** 1 ⇒subir 2 ⇒estallar ⇒explotar
- **to go with** ⇒ir con ⇒hacer juego
- **to go without *sth*** ⇒pasar sin algo ⇒prescindir de algo

go[2] UK: /gəʊ/ US: /goʊ/ [*pl* goes] *n* [C] **1** *UK* ⇒intento **2** *UK* ⇒turno: *It's my go* - Es mi turno **3 to be on the ~** *(inform)* ⇒no parar **4 to have a ~** *UK* ⇒intentar: *My brother has had several goes at passing his driving test* - Mi hermano ha intentado sacarse el carné varias veces **5 to have a ~ at *sb*** *UK (inform)* ⇒tomarla con alguien *col.*

goad UK: /gəʊd/ US: /goʊd/ *v* [T] ⇒provocar ⇒incitar ■ CONSTR. to goad sb into + doing sth

†**goal** UK: /gəʊl/ US: /goʊl/ *n* [C] **1** ⇒gol: *to score a goal* - marcar un gol; *an own goal* - un gol en propia puerta **2** ⇒portería ⇒arco *AMÉR.* **3** ⇒meta ⇒objetivo

goalie *n* [C] *(inform) (en deportes)* ⇒portero,ra ⇒arquero,ra *AMÉR.*

†**goalkeeper** UK: /ˈgəʊlˌki:.pəʳ/ US: /ˈgoʊlˌki:.pɚ/ (*tb* **keeper**) *n* [C] *(en deportes)* ⇒portero,ra ⇒arquero,ra *AMÉR.*

goalpost UK: /ˈgəʊl.pəʊst/ US: /ˈgoʊl.poʊst/ *n* [C] *(en deportes)* ⇒poste

↑**goat** UK: /gəʊt/ US: /goʊt/ *n* [C] **1** ⇒cabra **2** ⇒macho cabrío

gobble UK: /ˈgɒb.l̩/ US: /ˈgɑː.bl̩/ [gobbled, gobbling] *v* [T] *(inform)* ⇒engullir: *He gobbled down his sandwich in a few minutes* - Engulló su bocadillo en unos minutos

go-cart UK: /ˈgəʊ.kɑːt/ US: /ˈgoʊ.kɑːrt/ (*UK tb* **go-kart**) *n* [C] ⇒kart

GO-CART / GO-KART (UK)

go-carting UK: /ˈgəʊˌkɑː.tɪŋ/ US: /ˈgoʊˌkɑːr.t̬ɪŋ/ (*UK tb* **go-karting**) *n* [C] ⇒carrera de karts

↑**god** ▮ *n* [C] **1** ⇒dios ⇒ser supremo ▮ *n* [NO PL] **2** *(en religión)* ⇒Dios ■ Se escribe con *g* mayúscula

godchild UK: /ˈgɒd.tʃaɪld/ US: /ˈgɑːd-/ [*pl* godchildren] *n* [C] ⇒ahijado,da

goddess UK: /ˈgɒd.es/ US: /ˈgɑː.des/ [*pl* goddesses] *n* [C] ⇒diosa

godfather UK: /ˈgɒdˌfɑː.ðəʳ/ US: /ˈgɑːdˌfɑː.ðɚ/ *n* [C] ⇒padrino

godmother UK: /ˈgɒdˌmʌð.əʳ/ US: /ˈgɑːdˌmʌð.ɚ/ *n* [C] ⇒madrina

godparent UK: /ˈgɒdˌpeə.rənt/ US: /ˈgɑːdˌper.[ə]nt/ *n* [C] ⇒padrino, madrina: *her godparents* - sus padrinos

godsend UK: /ˈgɒd.send/ US: /ˈgɑːd-/ *n* [NO PL] ⇒regalo caído del cielo ⇒bendición

goggles UK: /ˈgɒg.l̩z/ US: /ˈgɑː.gl̩z/ *n* [PL] ⇒gafas [protectoras]: *swimming goggles* - gafas de natación

going[1] UK: /ˈgəʊ.ɪŋ/ US: /ˈgoʊ-/ ▮ *n* [U] **1** ⇒estado del terreno ⇒estado de la pista [de carreras de caballos] ▮ *n* [C] **2** ⇒ida: *the comings and goings* - las idas y venidas ▮ *n* [NO PL] **3** ⇒marcha ⇒partida **4 to be ~ on** ⇒rondar: *He's going on thirty* - Ronda los treinta **5 to be ~ on with** ⇒de momento: *That money is enough to be going on with* - Ese dinero me alcanza de momento **6 to be {hard/heavy} ~ 1** *UK* ⇒ser difícil: *It's heavy going talking to her* - Hablar con ella es muy difícil **2** ⇒ser pesado,da: *This work is hard going* - Este trabajo es muy pesado **7 to be not bad ~** *(inform)* ⇒no estar mal para empezar **8 to do *sth* while the ~ is good** ⇒aprovechar el momento **9 to get ~** ⇒irse: *We have to get going* - Debemos irnos **10 to have a lot ~ for *sth/sb*** ⇒tener mucho a favor

going[2] UK: /ˈgəʊ.ɪŋ/ US: /ˈgoʊ-/ *adj* **1** ⇒vigente ⇒actual **2** ⇒del momento: *He's the best cooker going* - Es el mejor cocinero del momento **3** *a going concern* - un negocio que marcha

go-kart *UK n* [C] See **go-cart**

go-karting *UK n* [C] See **go-carting**

↑**gold** UK: /gəʊld/ US: /goʊld/ *n* [U] ⇒oro: *solid gold* - oro macizo

↑**golden** UK: /ˈgəʊl.dən/ US: /ˈgoʊl-/ *adj* **1** *(lit)* ⇒de oro **2** ⇒dorado,da

goldfish UK: /ˈgəʊld.fɪʃ/ US: /ˈgoʊld-/ [*pl* goldfish, goldfishes] *n* [C] ⇒pez de colores

↑**golf** UK: /gɒlf/ US: /gɑːlf/ *n* [U] ⇒golf: *a round of golf* - una partida de golf

golf club *n* [C] **1** ⇒club de golf **2** ⇒palo de golf

golf course *n* [C] ⇒campo de golf

gone UK: /gɒn/ US: /gɑːn/ past participle of **go**

gonna UK: /ˈgə.nə/ US: /ˈgɑː.nə/ *US (inform) (going to)* See **go**

↑**good**[1] /gʊd/ *adj* [*comp* better, *superl* best] **1** ⇒bueno,na **2** ⇒bueno,na ⇒agradable ⇒lindo,da AMÉR. **3** ⇒bueno,na ⇒obediente **4** ⇒bueno,na ⇒sano,na **5** ⇒apropiado,da ⇒bueno,na **6 for ~** ⇒para siempre **7 ~ for you** ⇒me alegro por ti **8 to be ~ at *sth*** ⇒ser bueno,na en algo ■ Ver cuadro en página siguiente

good[2] /gʊd/ *n* [U] ⇒bien: *She did it for the good of her family* - Lo hizo por el bien de su familia

↑**good afternoon** *excl* ⇒buenas tardes ■ Se usa desde las 12 del mediodía hasta aproximadamente las 6 de la tarde. Comparar con *good evening*

↑**goodbye** /ˈgʊd.baɪ, ˈgʊb-, ˌ-ˈ-/ *excl* ⇒¡adiós!

↑**good evening** *excl* **1** ⇒buenas tardes **2** ⇒buenas noches ■ Se usa desde aproximadamente las 6 de la tarde hasta antes de acostarse. Comparar con *goodnight* y con *good afternoon*

good-looking /ˌgʊdˈlʊk.ɪŋ/ *adj* ⇒guapo ⇒apuesto ■ Se emplea únicamente con hombres

↑**good morning** *excl* ⇒buenos días ■ Se usa desde el momento de levantarse hasta las 12 del mediodía

good-natured UK: /ˌgʊdˈneɪ.tʃəd/ US: /-tʃɚd/ *adj* ⇒amable ⇒afable ■ PRON. La *e* no se pronuncia

goodness /ˈgʊd.nəs/ *n* [U] **1** ⇒bondad **2** ⇒valor nutritivo

goodness (gracious) *excl* ⇒¡madre mía!

↑**good night** (*tb* **goodnight**) *excl* ⇒buenas noches ■ Se usa solo antes de acostarse. Comparar con *good evening*

G

↑**goods** /gʊdz/ *n* [PL] ⇒artículos ⇒mercancías ⇒bienes
goodwill /gʊdˈwɪl/ *n* [U] ⇒buena voluntad: *as a sign of goodwill* - en señal de buena voluntad
goose /guːs/ [*pl* geese] *n* [C, U] **1** ⇒ganso **2** ⇒oca
gooseberry /ˈgʊz.bᵊr.i/ [*pl* gooseberries] *n* [C] *(fruta)* ⇒grosella
goose pimples *n* [PL] ⇒piel de gallina: *to get goose pimples* - tener la piel de gallina
gorge UK: /gɔːdʒ/ US: /gɔːrdʒ/ *n* [C] ⇒garganta ⇒desfiladero
↑**gorgeous** UK: /ˈgɔː.dʒəs/ US: /ˈgɔːr-/ *adj* **1** ⇒precioso,sa ⇒divino,na ⇒magnífico,ca **2** *(una persona)* ⇒guapísimo,ma
gorilla /gəˈrɪl.ə/ *n* [C] *(animal)* ⇒gorila
gory UK: /ˈgɔː.ri/ US: /ˈgɔːr.i/ *adj* [*comp* gorier, *superl* goriest] **1** ⇒sangriento,ta ⇒gore **2** *(inform)* ⇒morboso,sa
gosh UK: /gɒʃ/ US: /gɑːʃ/ *excl (inform, old-fash)* ⇒¡caray! *col.*
gospel UK: /ˈgɒs.pᵊl/ US: /ˈgɑː.sp[ə]l/ ▮ *n* [C] **1** ⇒evangelio ▮ *n* [U] **2** ⇒gospel ⇒música gospel
gossip¹ UK: /ˈgɒs.ɪp/ US: /ˈgɑː.səp/ ▮ *n* [U] **1** ⇒cotilleo *col.* ▮ *n* [C] **2** ⇒cotilla: *He's a terrible gossip* - Es un cotilla empedernido
gossip² UK: /ˈgɒs.ɪp/ US: /ˈgɑː.səp/ *v* [I] ⇒cotillear
got UK: /gɒt/ US: /gɑːt/ past tense and past participle forms of **get**
gotta UK: /ˈgɒt.ə/ US: /ˈgɑː.t̬ə/ *(inform) (have got to)* See **have**
gotten UK: /ˈgɒt.ᵊn/ US: /ˈgɑː.t̬[ə]n/ *US* past participle of **get**
gouge /gaʊdʒ/ [gouged, gouging] *v* [T] **1** ⇒hacer un boquete **2** ⇒sacar [con los dedos o con un objeto puntiagudo] **3** *US (inform)* ⇒extorsionar: *This business gouges its customers* - Esta empresa extorsiona a sus clientes
PHRASAL VERBS
· **to gouge *sth* out [M]** ⇒sacar algo ⇒arrancar algo
↑**govern** UK: /ˈgʌv.ᵊn/ US: /-ən/ *v* [T, I] **1** ⇒gobernar: *to govern a country* - gobernar un país **2** ⇒controlar ⇒regular
governess UK: /ˈgʌv.ᵊn.əs/ US: /-ɚ.nəs/ [*pl* governesses] *n* [C] ⇒institutriz
↑**government** UK: /ˈgʌv.ᵊn.mənt/ UK: /-ᵊm-/ US: /-ən-/ *n* [C] ⇒gobierno: *to be in government* - estar en el Gobierno ■ Por ser un nombre colectivo se puede usar con el verbo en singular o en plural ■ La forma abreviada es *govt*
governmental UK: /ˌgʌv.ᵊmˈmen.tᵊl/ US: /-ənˈmen.t̬[ə]l/ *adj* ⇒gubernamental
↑**governor** UK: /ˈgʌv.ᵊn.ər/ US: /-ɚ.nɚ/ *n* [C] **1** ⇒gobernador,-a estatal ⇒intendente AMÉR. **2** ⇒director,-a; *UK* **3** *(en la cárcel)* ⇒alcaide **4** *(en una institución)* ⇒miembro del consejo ■ Distinto de *government* (gobierno)
gown /gaʊn/ *n* [C] **1** ⇒vestido largo **2** *(en educación o en derecho)* ⇒toga **3** *(en medicina)* ⇒bata
GP /ˌdʒiːˈpiː/ *n* [C] ⇒forma abreviada de **general practitioner** (médico,ca de familia)
grab¹ /græb/ [grabbed, grabbing] *v* [T] **1** ⇒agarrar ⇒coger [con fuerza] **2** ⇒quitar

good / well

- **Good** es un adjetivo que complementa a un nombre o pronombre:
  - *It's a very **good** book.* (Es un libro muy bueno.)
  - *I wish you **good** luck!* (¡Te deseo buena suerte!)
  - *Joyce is really **good** at chess; she's a very good player.* (A Joyce se le da muy bien el ajedrez; juega muy bien.)

  Atención: con los verbos "look", "smell", "sound", "taste", **good** se usa para indicar que algo tiene buen aspecto, olor, sabor o que suena bien:
  - *That coffee smells **good**!* (¡Ese café huele bien!)
  - *Your invitation sounds really **good**!* (¡Tu invitación suena muy bien!)

- **Well** puede ser:
  – Un adverbio que complementa a un verbo:
  - *Joyce plays tennis very **well**.* (Joyce juega muy bien al tenis.)
  - *He explained very **well**.* (Lo explicó muy bien.)
  - *I know you **well**.* (Te conozco bien.)
  - ***Well** done!* (¡Bien hecho!)

  – Un adjetivo, cuando se habla de la salud:
  - *How are you? I'm very **well**, thank you.* (¿Cómo estás? Estoy muy bien, gracias.)

Atención: las exclamaciones "¡Bien!" y "¡Muy bien!" cuando van sin verbo, se traducen en inglés como "Good!" y "Very good!".

grab² /græb/ **1 to be up for grabs** *(inform)* ⇒estar disponible **2 to make a ~ for sth/sb** ⇒intentar hacerse con: *She made a grab for the keys* - Intentó hacerse con las llaves

grabby /ˈgræb.i/ *adj (inform) Don't be so grabby, Tom!* - ¡No seas tan egoísta, Tom!

grace¹ /greɪs/ *n* [U] **1** ⇒gracia ⇒elegancia **2** *(en religión)* ⇒gracia

grace² /greɪs/ [graced, gracing] *v* [T] **1** *(form)* ⇒adornar ⇒decorar **2** *(form)* ⇒honrar

† **graceful** /ˈgreɪs.fᵊl/ *adj* **1** ⇒grácil ⇒elegante **2** *(un comportamiento)* ⇒digno,na

gracious /ˈgreɪ.ʃəs/ *adj* **1** ⇒considerado,da ⇒cortés ⇒afable **2** *(un lugar)* ⇒elegante ⇒lujoso,sa

gradable /ˈgreɪ.də.bl̩/ *adj (un adjetivo)* ⇒que se puede usar con las formas comparativas o superlativas

grade¹ /greɪd/ *n* [C] **1** ⇒clase ⇒nivel ⇒categoría **2** *US* (*UK* **form**) ⇒clase ⇒curso **3** *US* (*UK* **mark**) ⇒nota ⇒calificación **4 to make the ~** *(inform)* ⇒tener éxito ■ Distinto de *degree* (grado)

grade² /greɪd/ [graded, grading] *v* [T] **1** ⇒clasificar: *They graded the fruit by size* - Clasificaron la fruta según su tamaño **2** *US* (*UK* **mark**) *(un trabajo escolar)* ⇒corregir ⇒puntuar ⇒calificar ■ Distinto de *to adjust* (graduar)

gradient /ˈgreɪ.di.ᵊnt/ *n* [C] *(de una carretera o de una vía férrea)* ⇒pendiente ⇒cuesta

† **gradual** /ˈgræd.ju.əl, ˈgrædʒ.u.əl/ *adj* **1** ⇒gradual **2** *(una pendiente)* ⇒suave

† **gradually** /ˈgræd.ju.li, ˈgrædʒ.u.li/ *adv* ⇒paulatinamente ⇒poco a poco

graduate¹ /ˈgrædʒ.u.ət/ *n* [C] ⇒licenciado,da ⇒egresado,da AMÉR.

graduate² /ˈgrædʒ.u.eɪt/ [graduated, graduating] *v* [I] **1** ⇒licenciarse ⇒egresar AMÉR. **2 to ~ to sth** ⇒pasar a algo [más importante] ■ Distinto de *to adjust* (graduar)

graduation /ˌgrædʒ.uˈeɪ.ʃᵊn/ ▌*n* [U] **1** *(obtención del título)* ⇒graduación ⇒titulación ▌*n* [C] **2** *(ceremonia)* ⇒graduación

graffiti UK: /grəˈfiː.ti/ US: /-t̬i/ *n* [PL] ⇒pintada ⇒grafiti

graft¹ UK: /grɑːft/ US: /græft/ ▌*n* [C] **1** ⇒injerto **2** ⇒chanchullo *col.* ▌*n* [U] **3** *UK (inform)* ⇒trabajo: *hard graft* - trabajo duro **4** *US* ⇒soborno

graft² UK: /grɑːft/ US: /græft/ ▌*v* [T] **1** ⇒injertar: *They grafted skin onto his arm* - Le injertaron piel en el brazo **2** ⇒unir ⇒añadir ▌*v* [I] **3** *UK (inform)* ⇒currar *col.*

† **grain** /greɪn/ ▌*n* [C, U] **1** *(de cereal)* ⇒grano **2** *(partícula)* ⇒grano ⇒gránulo **3** ⇒pizca ⇒ápice ▌*n* [U] **4** *US* (*UK* **corn**) ⇒cereal ⇒grano **5** *(en fotografía)* ⇒grano

† **gram** /græm/ (*UK tb* **gramme**) *n* [C] ⇒gramo ■ La forma abreviada es *g*

† **grammar** UK: /ˈgræm.əʳ/ US: /-ɚ/ *n* [U] **1** ⇒gramática **2** *That's bad grammar* - Eso es gramaticalmente incorrecto

grammar school *n* [C] **1** *UK* (*UK/US tb* **secondary school**) ⇒instituto de enseñanza secundaria **2** *US* (*UK* **primary school**) ⇒escuela de enseñanza primaria

† **grammatical** UK: /grəˈmæt.ɪ.kᵊl/ US: /-ˈmæt̬-/ *adj* ⇒gramatical

grammatically UK: /grəˈmæt.ɪ.kli/ US: /-mæt̬-/ *adv* ⇒gramaticalmente: *This sentence is grammatically correct* - Esta oración es gramaticalmente correcta

gramme /græm/ *UK n* [C] See **gram**

gran /græn/ *UK n* [C] *(inform)* See **granny**

† **grand** /grænd/ *adj* **1** ⇒grande ⇒importante **2** ⇒grandioso,sa ⇒espléndido,da ⇒imponente

grandad *n* [C] *(inform)* See **grandpa**

† **grandchild** /ˈgrænd.tʃaɪld/ [*pl* grandchildren] *n* [C] ⇒nieto,ta

grandchildren *n* [PL] See **grandchild**

† **granddaughter** UK: /ˈgrænd.dɔː.təʳ/ US: /-dɑː.t̬ɚ/ *n* [C] ⇒nieta

grandeur UK: /ˈgræn.djəʳ/ US: /-dʒɚ/ *n* [U] ⇒grandiosidad ⇒grandeza ⇒esplendor

† **grandfather** UK: /ˈgrænd.fɑː.ðəʳ/ US: /-ðɚ/ *n* [C] ⇒abuelo

grandma /ˈgrænd.mɑː, ˈgræm-/ *n* [C] *(inform)* See **granny**

† **grandmother** UK: /ˈgrænd.mʌð.əʳ/ UK: /ˈgræm-/ US: /-ɚ/ *n* [C] ⇒abuela

grandpa /ˈgrænd.pɑː, ˈgræm-/ (*tb* **grandad**) *n* [C] *(inform)* ⇒yayo *col.*; ⇒abuelo

† **grandparents** UK: /ˈgrænd.peə.rənt/ US: /-per.[ə]nt/ *n* [PL] ⇒abuelos

grand piano *n* [C] ⇒piano de cola

† **grandson** /ˈgrænd.sʌn/ *n* [C] ⇒nieto

grandstand /ˈgrænd.stænd/ *n* [C] *(en deportes)* ⇒tribuna

granite /ˈgræn.ɪt/ *n* [U] ⇒granito: *blocks of granite* - bloques de granito

granny /ˈgræn.i/ [*pl* grannies] (*tb* **gran/grandma**) *n* [C] *(inform)* ⇒yaya *col.*; ⇒abuela

grant¹ UK: /grɑːnt/ US: /grænt/ *v* [T] **1** *(form)* ⇒otorgar ⇒conceder **2** *(form) It's difficult, I grant you, but not impossible* - De acuerdo, es difícil, pero no es imposible ■ CONSTR. to grant + dos objetos **3 to take sth/sb for granted** *He takes me for granted* - No me valora

grant² UK: /grɑːnt/ US: /grænt/ *n* [C] **1** ⇒beca ⇒subvención **2** ⇒concesión ⇒donación

granted UK: /ˈgrɑːn.tɪd/ US: /ˈgræn.t̬ɪd/ *adv (form)* ⇒lo reconozco ⇒lo admito

G

↑ **grape** /greɪp/ *n* [C] ⇨uva: *a bunch of grapes* - un racimo de uvas

grapefruit /ˈgreɪp.fruːt/ [*pl* grapefruit, grapefruits] *n* [C] ⇨pomelo: *This grapefruit is very sharp* - Este pomelo es muy ácido

grapevine /ˈgreɪp.vaɪn/ *n* [C] **1** ⇨vid ⇨parra **2 to hear *sth* {on/through} the ~** ⇨enterarse de algo por un pajarito *col.*

↑ **graph** /grɑːf, græf/ *n* [C] ⇨gráfico,ca

graphic /ˈgræf.ɪk/ *adj* ⇨gráfico,ca: *a very graphic description* - una descripción muy gráfica

↑ **graphics** /ˈgræf.ɪks/ *n* [PL] ⇨gráficos

grapple /ˈgræp.l/

PHRASAL VERBS

· **to grapple with *sth*** *(un problema)* ⇨lidiar con ⇨enfrentarse a

· **to grapple with *sb*** ⇨luchar con alguien ⇨forcejear con alguien

grasp¹ UK: /grɑːsp/ US: /græsp/ *v* [T] **1** ⇨coger ⇨agarrar ⇨sujetar ⇨asir **2** ⇨entender **3** *(una oportunidad)* ⇨aprovechar

grasp² UK: /grɑːsp/ US: /græsp/ *n* [NO PL] **1** ⇨conocimiento ⇨comprensión **2** ⇨agarrón ⇨apretón **3** ⇨alcance

grasping UK: /ˈgrɑː.spɪŋ/ US: /ˈgræs.pɪŋ/ *adj* ⇨codicioso,sa

↑ **grass** UK: /grɑːs/ US: /græs/ [*pl* grasses] *n* [C, U] **1** ⇨hierba **2** ⇨césped ⇨pasto *AMÉR.*

grasshopper UK: /ˈgrɑːsˌhɒp.əʳ/ US: /ˈgræsˌhɑː.pɚ/ *n* [C] ⇨saltamontes

grass roots *n* [PL] ⇨ciudadanos,nas de a pie

grassy UK: /ˈgrɑː.si/ US: /ˈgræs.i/ *adj* [*comp* grassier, *superl* grassiest] ⇨de hierba ⇨de césped

grate¹ /greɪt/ [grated, grating] ▮ *v* [T] **1** ⇨rallar: *Grate some carrot for the salad* - Ralla un poco de zanahoria para la ensalada ▮ *v* [I] **2** ⇨chirriar

PHRASAL VERBS

· **to grate on *sth/sb*** *(un comportamiento o un ruido)* ⇨irritar ⇨rallar *col.*

grate² /greɪt/ *n* [C] ⇨rejilla ⇨parrilla

↑ **grateful** /ˈgreɪt.fᵊl/ *adj* ⇨agradecido,da: *I'm very grateful to you for this favour* - Te estoy muy agradecido por este favor

grater UK: /ˈgreɪ.təʳ/ US: /-t̬ɚ/ *n* [C] ⇨rallador

gratitude UK: /ˈgræt.ɪ.tjuːd/ US: /ˈgræt̬.ə.tuːd/ *n* [U] ⇨gratitud

↑ **grave¹** /greɪv/ *n* [C] **1** ⇨tumba ⇨sepultura **2** *common grave* - fosa común **3 to turn in *one's* ~** ⇨dar un síncope

grave² /greɪv/ *adj* **1** ⇨grave ⇨serio,ria ▪ Se usa más *serious* **2** ⇨solemne ⇨grave

gravestone UK: /ˈgreɪv.stəʊn/ US: /-stoʊn/ *n* [C] *(en una tumba)* ⇨lápida

graveyard UK: /ˈgreɪv.jɑːd/ US: /-jɑːrd/ *n* [C] ⇨cementerio

gravity UK: /ˈgræv.ɪ.ti/ US: /-ə.t̬i/ *n* [U] **1** ⇨gravedad: *the laws of gravity* - la ley de la gravedad **2** *(form)* ⇨seriedad ⇨gravedad ▪ Se usa más *seriousness*

gravy /ˈgreɪ.vi/ *n* [U] ⇨salsa de carne [hecha en su jugo]

↑ **gray** /greɪ/ *US* (*UK* **grey**) *adj, n* [C, U] ⇨gris

graze¹ /greɪz/ [grazed, grazing] ▮ *v* [I] **1** ⇨pastar ⇨pacer ▮ *v* [T] **2** *(la piel)* ⇨arañarse **3** ⇨rozar

graze² /greɪz/ *UK n* [C] ⇨rasguño

grease¹ /griːs/ *n* [U] **1** ⇨grasa [lubricante] ⇨aceite **2** ⇨grasa [animal]

grease² /griːs/ [greased, greasing] *v* [T] **1** ⇨engrasar **2 to ~ *sb's* palm** ⇨untar la mano a alguien *col.*

greasy /ˈgriː.si/ *adj* [*comp* greasier, *superl* greasiest] ⇨grasiento,ta

↑ **great** /greɪt/ *adj* **1** ⇨grande [en tamaño] ▪ Ver cuadro grande (big / great) **2** ⇨grande ⇨importante ⇨famoso,sa **3** ⇨bueno,na ⇨grande **4** ⇨estupendo,da ⇨magnífico,ca ⇨fantástico,ca ⇨chévere *AMÉR. col.* **5 ~ big** *(inform)* ⇨muy grande ⇨enorme **6 to be ~ at *sth*** ⇨ser muy bueno,na en algo ▪ PRON. La última parte, *eat*, rima con *eight*

Great Britain (*tb* **Britain**) *n* [U] ⇨Gran Bretaña

great-grandfather *n* [C] ⇨bisabuelo

greatly /ˈgreɪt.li/ *adv* ⇨en gran medida ⇨mucho

Greece *n* ⇨Grecia

greed /griːd/ *n* [U] **1** ⇨avaricia **2** ⇨gula

↑ **greedy** /ˈgriː.di/ *adj* [*comp* greedier, *superl* greediest] **1** ⇨avaro,ra **2** ⇨glotón,-a: *Don't be so greedy!* - ¡No seas tan glotón!

Greek¹ /griːk/ ▮ *n* [U] **1** *(idioma)* ⇨griego ▮ *n* [C] **2** ⇨griego,ga **3 it's all ~ to me!** ⇨¡no entiendo nada!

Greek² /griːk/ *adj* ⇨griego,ga

↑ **green¹** /griːn/ *adj* **1** ⇨verde **2** *(un fruto)* ⇨verde ⇨biche *AMÉR.* **3** ⇨inexperimentado,da ⇨novato,ta

↑ **green²** /griːn/ *n* [C, U] **1** ⇨verde **2** ⇨zona verde ⇨verde ⇨césped **3** *(en golf)* ⇨green

greenery /ˈgriː.nᵊr.i/ *n* [U] ⇨follaje ⇨vegetación

↑ **greengrocer** UK: /ˈgriːŋ.grəʊ.səʳ/ US: /-groʊ.sɚ/ *UK n* [C] **1** ⇨verdulero,ra **2** ⇨frutero,ra

greenhouse /ˈgriːn.haʊs/ *n* [C] ⇨invernadero

greens /griːnz/ *n* [PL] ⇨verduras ⇨hortalizas

↑ **greet** /griːt/ *v* [T] ⇨saludar ⇨recibir ⇨acoger

greeting UK: /ˈgriː.tɪŋ/ US: /-t̬ɪŋ/ *n* [C, U] **1** ⇨saludo **2** ⇨felicitación: *a greetings card* - una tarjeta de felicitación

grenade /grəˈneɪd/ *n* [C] *(explosivo)* ⇨granada [de mano]

grew /gruː/ past tense of **grow**

† **grey** /greɪ/ *UK* (*US* **gray**) *adj, n* [C, U] ➾gris

greyhound /ˈgreɪ.haʊnd/ *n* [C] ➾galgo

greying /ˈgreɪ.ɪŋ/ *UK adj* ➾canoso,sa

grid /grɪd/ *n* [C] **1** ➾rejilla **2** ➾red [eléctrica] **3** ➾cuadrícula **4** *(en automovilismo)* ➾parrilla de salida

gridlock UK: /ˈgrɪd.lɒk/ US: /-lɑːk/ *n* [U] **1** *(de tráfico)* ➾atasco ➾embotellamiento **2** *(de una situación)* ➾bloqueo

† **grief** /griːf/ *n* [C, U] **1** ➾pena ➾dolor ➾pesar **2 to come to ~** *(inform)* ➾fracasar ➾sufrir un infortunio

grievance /ˈgriː.vᵊnts/ *n* [C, U] **1** *(form)* ➾queja: *I have a grievance* - Tengo una queja **2** ➾reivindicación

grieve /griːv/ [grieved, grieving] ▌*v* [I] **1** ➾llorar ➾lamentarse ▌*v* [T] **2** *(form)* ➾afligir ➾dar pena

grill¹ /grɪl/ *n* [C, U] **1** (*US tb* **broiler**) ➾parrilla ➾grill **2** ➾parrillada: *a mixed grill* - una parrillada mixta

grill² /grɪl/ *v* [T] **1** ➾asar a la parrilla **2** *(inform)* ➾interrogar ➾acribillar a preguntas *col.*

grille /grɪl/ *n* [C] **1** ➾rejilla **2** *(en una ventana)* ➾reja

† **grim** /grɪm/ *adj* [*comp* grimmer, *superl* grimmest] **1** *(una persona)* ➾severo,ra ➾áspero,ra **2** ➾macabro,bra: *a grim sense of humour* - un macabro sentido del humor **3** *(una situación, una imagen)* ➾duro,ra ➾crudo,da **4** *(un clima)* ➾desagradable ➾desapacible **5** *(un lugar)* ➾lúgubre ➾triste **6** *(una expresión, un gesto)* ➾serio,ria

grimace¹ /ˈgrɪ.məs/ [grimaced, grimacing] *v* [I] ➾hacer muecas: *to grimace with pain* - hacer muecas de dolor

grimace² /ˈgrɪ.məs/ *n* [C] ➾mueca

grime /graɪm/ *n* [U] ➾roña ➾mugre

grin¹ /grɪn/ [grinned, grinning] *v* [I] **1** ➾sonreír: *What are you grinning about?* - ¿Por qué estás sonriendo? **2 to ~ and bear *sth*** ➾aguantar algo [sin quejarse]

grin² /grɪn/ *n* [C] ➾sonrisa: *He greeted us with a grin* - Nos saludó con una sonrisa

grind¹, ground, ground /graɪnd/ *v* [T] **1** ➾moler: *He ground some coffee to have for breakfast* - Molió café para el desayuno **2** *(un cuchillo)* ➾afilar **3 to ~ to a halt** ➾estancarse: *The economy has ground to a halt* - La economía se ha estancado

grind² /graɪnd/ **the daily ~** *(inform)* ➾el trajín diario

grip¹ /grɪp/ *n* [NO PL] **1** ➾apretón **2** ➾adherencia: *road grip* - adherencia a la calzada **3** ➾control ➾dominio **4 to come to grips with *sth*** ➾enfrentarse a algo

grip² /grɪp/ [gripped, gripping] *v* [T] **1** ➾sujetar con fuerza ➾apretar **2** ➾llamar la atención ➾captar la atención

gripping /ˈgrɪp.ɪŋ/ *adj (una historia, una novela)* ➾emocionante ➾fascinante ➾absorbente

grit¹ /grɪt/ *n* [U] **1** ➾arena ➾gravilla ➾mota **2** ➾valor ➾agallas

grit² /grɪt/ [gritted, gritting] *v* [T] *(en una calzada)* ➾echar arenilla

groan¹ UK: /grəʊn/ US: /groʊn/ *v* [I] **1** ➾gemir ➾gruñir **2** ➾crujir: *The door groaned open* - Crujió la puerta al abrirse

groan² UK: /grəʊn/ US: /groʊn/ *n* [C] **1** ➾gemido ➾gruñido ➾quejido **2** ➾crujido

grocer UK: /ˈgrəʊ.səʳ/ US: /ˈgroʊ.sɚ/ *n* [C] ➾tendero,ra de ultramarinos

groceries UK: /ˈgrəʊ.sᵊr.iːz/ US: /ˈgroʊ.sɚ-/ *n* [PL] ➾comestibles ➾abarrotes *AMÉR.*

groggy UK: /ˈgrɒg.i/ US: /ˈgrɑː.gi/ *adj* [*comp* groggier, *superl* groggiest] **1** *(inform)* ➾grogui *col.* **2** ➾mareado,da

groin /grɔɪn/ *n* [C] ➾ingle

groom¹ /gruːm/ *v* [T] **1** *(a un caballo)* ➾almohazar ➾cepillar **2** *(una persona)* ➾preparar(se)

groom² /gruːm/ *n* [C] **1** ➾forma abreviada de **bridegroom** (novio) **2** ➾mozo de cuadra

groove /gruːv/ *n* [C] **1** ➾ranura ➾surco **2** *(en un disco de vinilo)* ➾surco

grope UK: /grəʊp/ US: /groʊp/ [groped, groping] *v* [T, I] **1** ➾buscar a tientas: *to grope for sth in the dark* - buscar algo a tientas en la oscuridad **2** *(inform) (sexualmente)* ➾toquetear ➾sobar

PHRASAL VERBS

· **to grope for *sth*** ➾buscar las palabras adecuadas

gross¹ UK: /grəʊs/ US: /groʊs/ *adj* **1** ➾craso,sa: *gross ignorance* - crasa ignorancia **2** *(total)* ➾bruto,ta **3** *(form)* ➾grosero,ra ➾inaceptable **4** ➾flagrante **5** *(inform)* ➾asqueroso,sa

gross² UK: /grəʊs/ US: /groʊs/ *v* [T] *(en economía)* ➾generar beneficios brutos

† **gross³** UK: /grəʊs/ US: /groʊs/ [*pl* gross,grosses] *n* [C] *(old-fash)* ➾doce docenas

grossly UK: /ˈgrəʊ.sli/ US: /ˈgroʊ-/ *adv* ➾muy ➾extremadamente

grotesque UK: /grəʊˈtesk/ US: /groʊ-/ *adj* ➾grotesco,ca

grotto UK: /ˈgrɒt.əʊ/ US: /ˈgrɑː.t̬oʊ/ [*pl* grottoes, grottos] *n* [C] ➾gruta

† **ground¹** /graʊnd/ ▌*n* [U] **1** ➾tierra ➾suelo **2** ➾bagaje ➾conocimientos ▌*n* [C] **3** *(en deportes)* ➾campo ➾terreno **4 to get (*sth*) off the ~** *(un negocio, un proyecto)* ➾poner en marcha ➾despegar ➾arrancar **5 to lose ~** ➾perder terreno ➾perder popularidad

† **ground²** /graʊnd/ past tense and past participle forms of **grind**

ground beef *US* (*UK* **mince**) *n* [U] ⇒carne picada

ground floor[1] *UK* (*US* **first floor**) *n* [NO PL] ⇒planta baja

ground floor[2] *adj* **1** ⇒de la planta baja **2** *a ground floor flat* - un bajo

grounding /ˈgraʊn.dɪŋ/ *n* [U] **1** ⇒conocimiento básico **2 to have a ~ in** ***sth*** ⇒saber los conceptos fundamentales de algo

groundless /ˈgraʊnd.ləs/ *adj (una sospecha, un miedo)* ⇒sin fundamento

grounds /graʊndz/ *n* [PL] **1** ⇒jardines **2** ⇒motivo: *grounds for divorce* - motivo de divorcio **3** *(en un café)* ⇒posos

G

↑ **group**[1] /gruːp/ *n* [C] **1** ⇒grupo: *a group of people* - un grupo de gente **2** *(en música)* ⇒conjunto ⇒grupo ⇒agrupación ■ Por ser un nombre colectivo se puede usar con el verbo en singular o en plural

group[2] /gruːp/ *v* [T, I] ⇒agrupar: *to group together* - agruparse ■ CONSTR. Se usa generalmente seguido del adverbio together

grouping /ˈgruː.pɪŋ/ *n* [C] ⇒agrupación ⇒agrupamiento

grouse /graʊs/ *n* [C] **1** ⇒protesta ⇒queja **2** *(ave)* ⇒urogallo

grove UK: /grəʊv/ US: /groʊv/ *n* [C] ⇒arboleda

grovel UK: /ˈgrɒv.əl/ US: /ˈgrɑː.v[ə]l/ [grovelled, grovelling; *US* groveled, groveling] *v* [I] **1** ⇒humillarse **2** ⇒prosternarse: *She grovelled and asked for forgiveness* - Se prosternó y pidió perdón

↑ **grow, grew, grown** UK: /grəʊ/ US: /groʊ/ *v* [T, I] **1** ⇒crecer: *These plants grow very quickly* - Estas plantas crecen muy deprisa **2** ⇒cultivar: *My uncle grows vegetables* - Mi tío cultiva hortalizas **3** ⇒dejarse: *He's growing a beard* - Se está dejando barba **4** ⇒hacerse: *Let's go before it grows dark* - Vámonos antes de que se haga de noche

PHRASAL VERBS

- **to grow apart from** ***sb*** ⇒distanciarse de alguien [con el tiempo]
- **to grow into** ***sth/sb*** ⇒convertirse en algo: *Caterpillars grow into butterflies* - Las orugas se convierten en mariposas
- **to grow on** ***sb*** ⇒llegar a gustar a alguien
- **to grow up** ⇒crecer ⇒hacerse mayor

growing UK: /ˈgrəʊ.ɪŋ/ US: /ˈgroʊ-/ *adj* ⇒creciente: *a growing concern about sth* - una creciente preocupación acerca de algo

growl[1] /graʊl/ *v* [I] ⇒gruñir: *My dog growls at strangers* - Mi perro gruñe a los extraños

growl[2] /graʊl/ *n* [C] ⇒gruñido

grown UK: /grəʊn/ US: /groʊn/ past participle of **grow**

↑ **grown-up** UK: /ˈgrəʊn.ʌp/ US: /ˈgroʊn-/ *n* [C] ⇒adulto,ta

growth UK: /grəʊθ/ US: /groʊθ/ ▌*n* [U] **1** ⇒crecimiento: *economic growth* - crecimiento económico; *plant growth* - crecimiento de una planta **2** ⇒brote **3** ⇒aumento: *a growth in sales* - un aumento de ventas **4** ⇒desarrollo: *spiritual growth* - desarrollo espiritual ▌*n* [C] **5** *(en medicina)* ⇒tumor

grub /grʌb/ ▌*n* [C] **1** ⇒larva ▌*n* [U] **2** *(inform)* ⇒manduca *col.*; ⇒papeo *col.* **3** *Time for some grub* - Es hora de comer algo

grubby /ˈgrʌb.i/ *adj* [*comp* grubbier, *superl* grubbiest] *(inform)* **1** ⇒sucio,cia **2** *(una actividad)* ⇒turbio,bia

grudge[1] /grʌdʒ/ *n* [C] ⇒resentimiento ⇒rencor

grudge[2] /grʌdʒ/ [grudged, grudging] *v* [T] **1** ⇒envidiar ⇒mirar con malos ojos **2** ⇒resentirse de **3** ⇒dar de mala gana **4** ⇒negar **5** ⇒no gustar ⇒sentar mal [tener que hacer algo]

gruelling /ˈgruː.ə.lɪŋ/ *UK* (*US* **grueling**) *adj* ⇒arduo,dua ⇒agotador,-a

gruesome /ˈgruː.səm/ *adj* ⇒espeluznante ⇒atroz ⇒espantoso,sa

gruff /grʌf/ *adj* **1** *(una voz)* ⇒áspero,ra ⇒ronco,ca **2** *(un comportamiento)* ⇒rudo,da ⇒brusco,ca

grumble[1] /ˈgrʌm.bl̩/ [grumbled, grumbling] *v* [I] ⇒quejarse ⇒refunfuñar ■ CONSTR. to grumble about sth

grumble[2] /ˈgrʌm.bl̩/ *n* [C] ⇒queja

grumpily /ˈgrʌm.pɪ.li/ *adv (informal)* ⇒malhumoradamente

grumpy /ˈgrʌm.pi/ *adj* [*comp* grumpier, *superl* grumpiest] ⇒gruñón,-a ⇒de mal humor

grunt[1] /grʌnt/ *v* [T, I] *(un animal, una persona)* ⇒gruñir

grunt[2] /grʌnt/ *n* [C] ⇒gruñido: *He gave a grunt of approval* - Mostró su aprobación con un gruñido

guarantee[1] /ˌgær.ənˈtiː/ [guaranteed, guaranteeing] *v* [T] ⇒garantizar ⇒avalar ■ CONSTR. 1. to guarantee + (that) 2. to guarantee + to do sth 3. to guarantee + dos objetos

guarantee[2] /ˌgær.ənˈtiː/ *n* [C, U] ⇒garantía: *This television has a one year guarantee* - Este televisor tiene garantía de un año; *a guarantee of success* - una garantía de éxito

guard[1] UK: /gɑːd/ US: /gɑːrd/ *n* [C] **1** ⇒guarda ⇒guardia ⇒guachimán *AMÉR.* **2** ⇒cubierta [protectora] **3** *(en deporte)* ⇒defensa **4 ~ dog** ⇒perro guardián **5 on ~** ⇒en guardia **6 to be on** ***one's*** **~** ⇒estar en alerta

guard[2] UK: /gɑːd/ US: /gɑːrd/ *v* [T] **1** ⇒proteger **2** ⇒vigilar

PHRASAL VERBS
· **to guard against *sth*** ⇒prevenir algo ⇒evitar algo

guarded UK: /ˈgɑː.dɪd/ US: /ˈgɑːr-/ *adj* ⇒cauteloso,sa ⇒precavido,da

guardian UK: /ˈgɑː.di.ən/ US: /ˈgɑːr-/ *n* [c] **1** ⇒tutor,-a **2** *(form)* ⇒protector,-a ⇒guardián,-a

Guatemala UK: /ˌgwɑː.teˈmɑː.lə/ US: /-t̬ə-/ *n* [u] ⇒Guatemala

Guatemalan UK: /ˌgwɑː.teˈmɑː.lən/ US: /-t̬ə-/ *adj, n* [c] ⇒guatemalteco,ca

↑**guerrilla** /gəˈrɪl.ə/ *n* [c] ⇒guerrillero,ra

guess¹ /ges/ *v* [T, I] **1** ⇒adivinar ⇒imaginar ■ CONSTR. to guess + interrogativa indirecta **2** ⇒calcular ■ CONSTR. to guess + (that) **3** ⇒creer ⇒suponer ■ CONSTR. to guess + (that)

guess² /ges/ [*pl* guesses] *n* [c] **1** ⇒suposición ⇒conjetura **2** ⇒cálculo aproximado ⇒estimación **3 to be *anyone's* ~** *(inform) That's anyone's guess!* - ¡Quién sabe! **4 to have a ~ at *sth*** ⇒intentar adivinar algo

guesswork UK: /ˈges.wɜːk/ US: /-wɝːk/ *n* [u] ⇒conjeturas

↑**guest** /gest/ *n* [c] **1** ⇒invitado,da **2** ⇒huésped,-a

guidance /ˈgaɪ.dᵊnts/ *n* [u] **1** ⇒orientación ⇒supervisión ⇒asesoramiento **2** *Can you give me some guidance?* - ¿Puedes orientarme?

guide¹ /gaɪd/ *n* [c] **1** *(persona)* ⇒guía **2** (*tb* **guidebook**) *(libro)* ⇒guía

guide² /gaɪd/ [guided, guiding] *v* [T] **1** ⇒guiar: *Keith will guide us through the forest* - Keith nos guiará por el bosque ■ CONSTR. Se usa generalmente seguido del adverbio through **2** ⇒guiar ⇒aconsejar

guidebook /ˈgaɪd.bʊk/ *n* [c] See **guide**

guided *adj* ⇒con guía: *a guided tour* - una excursión con guía

↑**guideline** /ˈgaɪd.laɪn/ *n* [c] ⇒directriz ⇒pauta ■ Se usa más en plural

↑**guilt** /gɪlt/ *n* [u] **1** ⇒sentimiento de culpabilidad ⇒sentimiento de culpa **2** ⇒culpabilidad: *guilt complex* - complejo de culpabilidad

guilty UK: /ˈgɪl.ti/ US: /-t̬i/ *adj* [*comp* guiltier, *superl* guiltiest] ⇒culpable: *to feel guilty about sth* - sentirse culpable de algo; *to declare sb guilty* - declarar a alguien culpable

guinea *n* [c] *(antigua moneda inglesa)* ⇒guinea

Guinea /ˈgɪn.i/ *n* [u] ⇒Guinea

Guinea-Bissau /ˌgɪn.i.bɪˈsaʊ/ *n* [u] ⇒Guinea-Bissau

Guinea-Bissauan /ˌgɪn.i.bɪˈsaʊ.ən/ *adj, n* [c] ⇒guineano,na

Guinean /ˈgɪn.i.ən/ *adj, n* [c] ⇒guineano,na ⇒guineo,nea

guinea pig *n* [c] **1** *(animal)* ⇒cobaya **2** *(inform) (persona)* ⇒conejillo de indias ⇒cobaya ⇒curí *AMÉR.*

guise /gaɪz/ *n* [u] *(form)* ⇒disfraz ⇒apariencia

↑**guitar** UK: /gɪˈtɑːʳ/ US: /-ˈtɑːr/ *n* [c] ⇒guitarra: *to play the electric guitar* - tocar la guitarra eléctrica

guitarist UK: /gɪˈtɑː.rɪst/ US: /-ˈtɑːr.ɪst/ *n* [c] ⇒guitarrista

↑**gulf** /gʌlf/ *n* [c] **1** ⇒abismo ⇒desigualdad **2** *(en geografía)* ⇒golfo ■ Al dar el nombre de un golfo, se escribe con mayúscula inicial: *the Gulf of Mexico - el golfo de México*

gull /gʌl/ *n* [c] ⇒forma abreviada de **seagull** (gaviota)

gullible /ˈgʌl.ə.bl̩/ *adj* ⇒crédulo,la: *He's very gullible* - Es muy crédulo

gulp¹ /gʌlp/ *v* [T, I] **1** ⇒beber dando tragos grandes **2** ⇒tragar saliva

gulp² /gʌlp/ *n* [c] *(de bebida)* ⇒trago

gum /gʌm/ *n* [c] **1** ⇒pegamento **2** ⇒encía: *sore gums* - encías doloridas ■ Se usa más en plural **3** (*tb* **bubble gum**) ⇒chicle

↑**gun¹** /gʌn/ *n* [c] **1** ⇒arma de fuego **2** ⇒pistola **3** ⇒escopeta **4** *(inform)* ⇒pistolero,ra

↑**gun²** /gʌn/

PHRASAL VERBS
· **to gun *sb* down [M]** ⇒abatir a tiros a alguien

gunfire UK: /ˈgʌn.faɪəʳ/ US: /-faɪr/ *n* [u] ⇒disparos [de un arma] ⇒cañonazos

gunman /ˈgʌn.mən/ [*pl* gunmen] *n* [c] ⇒pistolero

gunpoint /ˈgʌn.pɔɪnt/ **at ~** ⇒a punta de pistola

gunpowder UK: /ˈgʌnˌpaʊ.dəʳ/ US: /-dɚ/ *n* [u] ⇒pólvora

gunshot UK: /ˈgʌn.ʃɒt/ US: /-ʃɑːt/ *n* [c] ⇒disparo: *I heard a gunshot* - He oído un disparo

gurgle UK: /ˈgɜː.gl̩/ US: /ˈgɝː-/ [gurgled, gurgling] *v* [I] **1** ⇒gorgotear: *The water gurgled down the pipe* - El agua gorgoteaba en la tubería **2** *(un bebé)* ⇒gorjear

gush /gʌʃ/ [gushes] *v* [T, I] **1** ⇒salir a borbotones ⇒manar **2** ⇒hablar con excesiva efusividad ⇒exagerar ■ Se usa generalmente seguido de las preposiciones from y out of

PHRASAL VERBS
· **to gush over *sth/sb*** ⇒hablar con demasiado entusiasmo

gust /gʌst/ *n* [c] ⇒ráfaga: *a gust of wind* - una ráfaga de aire

gusto UK: /ˈgʌs.təʊ/ US: /-toʊ/ *n* [u] ⇒entusiasmo ⇒emoción ■ Distinto de *taste* (gusto)

gut¹ /gʌt/ *n* [u] **1** ⇒intestino **2** *(inform)* ⇒barriga *col.*: *beer gut* - barriga cervecera

gut² /gʌt/ [gutted, gutting] *v* [T] **1** *(un animal)* ⇒destripar **2** *(un pez)* ⇒limpiar **3** ⇒destruir completamente [por dentro]: *The factory was gutted*

- La fábrica quedó completamente destruida **4** *(inform)* ⇒destrozar [anímicamente]

gutted UK: /ˈgʌt.ɪd/ US: /ˈgʌt̬-/ *UK adj (inform)* ⇒destrozado,da [anímicamente] *col.;* ⇒hecho,cha polvo

gutter UK: /ˈgʌt.əʳ/ US: /ˈgʌt̬.ɚ/ *n* [C] **1** ⇒canalón **2** ⇒cuneta **3 the ~** ⇒los barrios bajos

↑**guy** /gaɪ/ *n* [C] *(inform)* ⇒tío *col.;* ⇒tipo ⇒güey *AMÉR. col.* ■ Se emplea únicamente con hombres

↑**gym** /dʒɪm/ *n* [C, U] ⇒forma abreviada de **gymnasium** (gimnasio) y **gymnastics** (gimnasia)

gymnasium /dʒɪmˈneɪ.zi.əm/ [*pl* gymnasia, gymnasiums] *n* [C] ⇒gimnasio ■ La forma abreviada es *gym*

gymnast /ˈdʒɪm.næst/ *n* [C] ⇒gimnasta

↑**gymnastics** /dʒɪmˈnæs.tɪks/ *n* [U] ⇒gimnasia ■ La forma abreviada es *gym*

gynaecologist UK: /ˌgaɪ.nəˈkɒl.ə.dʒɪst/ US: /-ˈkɑː.lə-/ *UK* (*US* **gynecologist**) *n* [C] ⇒ginecólogo,ga

gypsy /ˈdʒɪp.si/ [*pl* gypsies] (*UK tb* **gipsy**) *n* [C] ⇒gitano,na

G

H

h

h /eɪtʃ/ [*pl* h's] *n* [C] *(letra del alfabeto)* ⇒h

ha /hɑː, hæ/ *excl* ⇒¡ah! ■ Se usa para expresar satisfacción, que alguien ha recibido su merecido o por una victoria

↑**habit** /ˈhæb.ɪt/ *n* [C, U] **1** ⇒costumbre ⇒hábito **2** *(prenda de vestir)* ⇒hábito

habitat /ˈhæb.ɪ.tæt/ *n* [C, U] ⇒hábitat ⇒entorno

habitation /ˌhæb.ɪˈteɪ.ʃᵊn/ **to be fit for human ~** ⇒ser habitable ■ Distinto de *room* (habitación)

habitual /həˈbɪtʃ.u.əl/ *adj* **1** ⇒habitual **2** ⇒empedernido,da: *a habitual lier* - un mentiroso empedernido

hack /hæk/ *v* [T] ⇒cortar a tajos

PHRASAL VERBS
- **to hack (at) *sth*** ⇒golpear con algo cortante
- **to hack into *sth*** *(en informática)* ⇒piratear algo ⇒conseguir entrar en algo

hacker UK: /ˈhæk.əʳ/ US: /-ɚ/ *n* [C] ⇒pirata informático,ca

hacking *n* [U] ⇒piratería informática

had /hæd, həd, əd/ past tense and past participle forms of **have**

haddock /ˈhæd.ək/ [*pl* haddock] *n* [C, U] *(pez)* ⇒abadejo

↑**hadn't** /ˈhæd.ᵊnt/ *(had not)* See **have**

haemorrhage UK: /ˈhem.ᵊr.ɪdʒ/ US: /-ɚ-/ *UK* (*US* **hemorrhage**) *n* [C] ⇒hemorragia: *a brain haemorrhage* - una hemorragia cerebral

haggard UK: /ˈhæg.əd/ US: /-ɚd/ *adj (del cansancio o de una enfermedad)* ⇒demacrado,da ⇒ojeroso,sa

haggis /ˈhæg.ɪs/ [*pl* haggises] *n* [C, U] ⇒plato escocés a base de vísceras de cordero

haggle /ˈhæg.l̩/ [haggled, haggling] *v* [I] ⇒regatear: *We haggled over the price of the souvenir* - Regateamos el precio del souvenir

hail[1] /heɪl/ *n* [U] ⇒granizo

hail[2] /heɪl/ ▌*v* [T] **1** ⇒aclamar: *He has been hailed as a genius* - Lo han aclamado como a un genio **2** ⇒parar: *to hail a taxi* - parar un taxi ▌*v* [I] **3** ⇒granizar

↑**hair** UK: /heəʳ/ US: /her/ *n* [C, U] **1** *(de un animal)* ⇒pelo **2** *(de una persona)* ⇒cabello ⇒pelo **3** *(del cuerpo de una persona)* ⇒vello

hairbrush UK: /ˈheə.brʌʃ/ US: /ˈher-/ [*pl* hairbrushes] *n* [C] ⇒cepillo [para el pelo]

haircut UK: /ˈheə.kʌt/ US: /ˈher-/ *n* [C] **1** ⇒corte de pelo **2 to {get/have} a ~** ⇒cortarse el pelo

hairdo UK: /ˈheə.duː/ US: /ˈher-/ [*pl* hairdoes] *n* [C] *(inform)* ⇒peinado

↑**hairdresser** UK: /ˈheəˌdres.əʳ/ US: /ˈherˌdres.ɚ/ *n* [C] ⇒peluquero,ra

hairdresser's [*pl* hairdressers'] *n* [C] *(sitio)* ⇒peluquería

hairdryer UK: /ˈheəˌdraɪ.əʳ/ US: /ˈherˌdraɪ.ɚ/ *n* [C] ⇒secador [para el pelo]

hairpin UK: /ˈheə.pɪn/ US: /ˈher-/ *n* [C] ⇒horquilla

hairpin bend *UK n* [C] ⇒curva muy cerrada ⇒curva muy pronunciada

hairstyle UK: /ˈheə.staɪl/ US: /ˈher-/ *n* [C] ⇒peinado: *a new hairstyle* - un peinado nuevo

hairy UK: /ˈheə.ri/ US: /ˈher.i/ *adj* [*comp* hairier, *superl* hairiest] **1** ⇒peludo,da **2** *(inform) (una experiencia)* ⇒peligroso,sa ⇒espeluznante

Haiti /ˈheɪ.ti/ *n* [U] ⇒Haití

Haitian /ˈheɪ.ʃən/ *adj, n* [C] ⇒haitiano,na

halal /hæˈlæl/ *adj (carne)* ⇒apto,ta para el consumo según la ley islámica

↑**half**[1] UK: /hɑːf/ US: /hæf/ [*pl* halves] *n* [C] **1** ⇒mitad **2** *half a dozen* - media docena **3 ~ past** *(para las horas)* ⇒y media **4 second ~** *(en deportes)* ⇒segundo tiempo

↑**half**[2] UK: /hɑːf/ US: /hæf/ *adj* ⇒medio,dia: *a half pint* - una media pinta

half-brother UK: /ˈhɑːfˌbrʌð.əʳ/ US: /ˈhæfˌbrʌð.ɚ/ *n* [C] ⇒hermanastro

half-hearted UK: /ˌhɑːfˈhɑː.tɪd/ US: /ˌhæfˈhɑːr.t̬ɪd/ *adj* ⇒poco entusiasta ⇒tibio,bia ⇒sin mucha convicción

half-sister UK: /ˈhɑːfˌsɪs.təʳ/ US: /ˈhæfˌsɪs.tɚ/ *n* [C] ⇒hermanastra

half-term *UK n* [C] ⇒vacaciones de mitad de curso

↑**half-time** UK: /ˌhɑːfˈtaɪm/ US: /ˈhæf.taɪm/ *n* [U] *(en deportes)* ⇒descanso

halfway UK: /ˌhɑːfˈweɪ/ US: /ˌhæf-/ *adv* **1** ⇒a mitad de camino **2** *I'm halfway through my book* - Voy por la mitad del libro

↑**hall** UK: /hɔːl/ US: /hɑːl/ *n* [C] **1** ⇒sala: *concert hall* - sala de conciertos **2** *UK* ⇒vestíbulo ⇒entrada **3** *US* ⇒pasillo

hallmark UK: /ˈhɔːl.mɑːk/ US: /ˈhɑːl.mɑːrk/ *n* [C] **1** ⇒firma ⇒sello **2** *(en oro, en plata)* ⇒sello ⇒contraste

↑**hallo** UK: /hælˈəʊ/ US: /-ˈoʊ/ *UK* (*UK/US tb* **hello**) *excl* ⇒¡hola!

hall of residence [*pl* halls of residence] *UK* (*US* **dormitory**) *n* [C] ⇒colegio mayor

H

Halloween UK: /ˌhæl.əʊˈiːn/ US: /-oʊ-/ (*tb* **Hallowe'en**) *n* [C, U] ⇒víspera de Todos los Santos, el 31 de octubre

Hallowe'en *n* [C, U] See **Halloween**

hallucination /həˌluː.sɪˈneɪ.ʃən/ *n* [C, U] ⇒alucinación

halo UK: /ˈheɪ.ləʊ/ US: /-loʊ/ [*pl* haloes, halos] *n* [C] ⇒halo ⇒aureola ■ PRON. La primera sílaba, *ha*, rima con *day*

↑**halt** UK: /hɒlt/ US: /hɑːlt/ *v* [T, I] *(form)* ⇒parar(se) ⇒detener(se)

halting UK: /ˈhɒl.tɪŋ/ US: /ˈhɑːl.t̬ɪŋ/ *adj (una voz)* ⇒titubeante ⇒entrecortado,da

halve UK: /hɑːv/ US: /hæv/ [halved, halving] ▌*v* [T] **1** ⇒dividir por la mitad ⇒partir por la mitad ▌*v* [T, I] **2** ⇒rebajar a la mitad: *They have halved the price of this shirt* - Han rebajado a la mitad el precio de esta camisa

halves UK: /hɑːvz/ US: /hævz/ *n* [PL] See **half**

↑**ham** /hæm/ ▌*n* [C, U] **1** ⇒jamón: *cured ham* - jamón curado ▌*n* [C] **2** ⇒actor histriónico, actriz histriónica

↑**hamburger** UK: /ˈhæmˌbɜː.gəʳ/ US: /-ˌbɝː.gɚ/ ▌*n* [C] **1** (*UK tb* **beefburger**) ⇒hamburguesa ■ La forma abreviada es *burger* ▌*n* [U] **2** *US* (*UK* **mince**) ⇒carne picada

hamlet /ˈhæm.lət/ *n* [C] ⇒aldea

hammer¹ UK: /ˈhæm.əʳ/ US: /-ɚ/ *n* [C] ⇒martillo

hammer² UK: /ˈhæm.əʳ/ US: /-ɚ/ *v* [T, I] **1** ⇒martillear ⇒clavar **2** *(inform)* ⇒dar una paliza

PHRASAL VERBS

· **to hammer {at/on} *sth*** ⇒dar golpes en algo

hammock /ˈhæm.ək/ *n* [C] ⇒hamaca ⇒chinchorro *AMÉR.*

hamper¹ UK: /ˈhæm.pəʳ/ US: /-pɚ/ *v* [T] ⇒obstaculizar ⇒dificultar

hamper² UK: /ˈhæm.pəʳ/ US: /-pɚ/ *n* [C] **1** *UK* ⇒canasta [para la comida] ⇒cesta [de comida] **2** *US* ⇒cesto de la ropa sucia

hamster UK: /ˈhæmp.stəʳ/ US: /-stɚ/ *n* [C] ⇒hámster

↑**hand¹** /hænd/ ▌*n* [C] **1** ⇒mano **2** *(en un reloj)* ⇒manecilla ⇒aguja **3** *(en un juego de cartas)* ⇒mano **4** *(en un barco)* ⇒tripulante ▌*n* [U] **5** ⇒aplauso: *A big hand for...* - Un gran aplauso para... **6 a ~** ⇒ayuda ⇒una mano **7 by ~** ⇒a mano **8 ~ in ~** ⇒de la mano: *We walked hand in hand along the beach* - Paseamos de la mano por la playa **9 hands up!** ⇒¡arriba las manos! **10 in ~** *(trabajo)* ⇒entre manos **11 on ~** ⇒disponible **12 on the one hand... on the other hand** ⇒por una parte... por otra parte ⇒por un lado... por otro lado **13 to get out of ~** ⇒estar fuera de control ■ Se pueden construir adjetivos que designan habilidades manuales utilizando *hand* seguido del participio de un verbo: *hand-painted* (pintado a mano), *hand-built* (construido a mano), etc.

↑**hand²** /hænd/ *v* [T] ⇒entregar ⇒pasar ■ CONSTR. to hand + dos objetos

PHRASAL VERBS

· **to hand *sth* back (to *sb*) [M]** ⇒devolver algo (a alguien): *The teacher handed the exam papers back to us* - El profesor nos devolvió los exámenes

· **to hand *sth* in (to *sb*) [M]** ⇒entregar algo (a alguien con autoridad): *He handed the report in to his boss* - Entregó el informe a su jefe

· **to hand *sth* out (to *sb*) [M]** ⇒repartir algo (entre alguien): *to hand out leaflets* - repartir folletos

· **to hand *sth* over (to *sb*) [M] 1** ⇒entregar algo (a alguien): *They handed over the keys to the new owners* - Entregaron las llaves a los nuevos dueños **2** *(una responsabilidad)* ⇒pasar (a alguien) ⇒traspasar (a alguien)

↑**handbag** /ˈhænd.bæg/ *UK* (*US* **purse**) *n* [C] ⇒bolso ⇒cartera *AMÉR.*

handball UK: /ˈhænd.bɔːl/ US: /-bɑːl/ *n* [U] ⇒balonmano

handbook /ˈhænd.bʊk/ *n* [C] ⇒manual [de instrucciones]

handbrake /ˈhænd.breɪk/ *UK n* [C] *(en un vehículo)* ⇒freno de mano

handcuffs /ˈhænd.kʌfs/ *n* [PL] ⇒esposas

↑**handful** /ˈhænd.fʊl/ *n* [C] **1** ⇒puñado: *a handful of people* - un puñado de gente **2 to be a (real) ~** *(inform)* ⇒ser travieso,sa y lleno,na de energía ⇒ser difícil de controlar

handgun /ˈhænd.gʌn/ *n* [C] *(arma)* ⇒pistola ⇒revólver

handicap /ˈhæn.dɪ.kæp/ *n* [C] **1** ⇒impedimento [físico o mental] ⇒discapacidad **2** *(en una competición)* ⇒hándicap ⇒desventaja **3** ⇒obstáculo

handicapped /ˈhæn.dɪ.kæpt/ *adj* ⇒discapacitado,da ⇒minusválido,da ■ La palabra *disabled* se considera más apropiada ■ PRON. La *e* no se pronuncia

hand-in-hand *adj, adv* **1** *(dos personas)* ⇨de la mano ⇨cogidos,das de la mano **2** ⇨de la mano ⇨unido,da

handkerchief UK: /ˈhæŋ.kə.tʃiːf/ US: /-kɚ-/ [*pl* UK handkerchieves] *n* [C] ⇨pañuelo [de bolsillo] ■ La forma abreviada es *hankie* o *hanky*

↑**handle**[1] /ˈhæn.dl̩/ [handled, handling] *v* [T] **1** ⇨tratar ⇨manipular **2** ⇨manejar **3** ⇨llevar ⇨ocuparse de **4** *Can you handle it?* - ¿Puede con ello?

handle[2] /ˈhæn.dl̩/ *n* [C] **1** ⇨mango **2** ⇨asa ⇨manija *AMÉR.* **3** ⇨picaporte **4** *(de un cajón)* ⇨tirador

handlebars UK: /ˈhæn.dl̩.bɑːz/ US: /-bɑːrz/ *n* [PL] *(en una bicicleta o en un vehículo de dos ruedas)* ⇨manillar

handmade /ˌhændˈmeɪd/ *adj* ⇨hecho,cha a mano: *a handmade bag* - un bolso hecho a mano

↑**handout** /ˈhænd.aʊt/ *n* [C] **1** ⇨donativo ⇨limosna ■ Normalmente es despectivo **2** ⇨copia ⇨fotocopia entregada a los asistentes de un curso o congreso **3** ⇨folleto ⇨panfleto

handshake /ˈhænd.ʃeɪk/ *n* [C] ⇨apretón de manos: *to give sb a handshake* - dar un apretón de manos a alguien

↑**handsome** /ˈhæn.səm/ *adj* **1** ⇨guapo ■ Se emplea únicamente con hombres **2** *(una cantidad)* ⇨generoso,sa ⇨considerable **3** *(un regalo o un cumplido)* ⇨generoso,sa

hands-on UK: /ˈhænd.zɒn/ US: /-zɑːn/ *adj* ⇨participativo,va ⇨práctico,ca

↑**handwriting** UK: /ˈhændˌraɪ.tɪŋ/ US: /-t̬ɪŋ/ (*tb* **writing**) *n* [U] ⇨caligrafía ⇨letra

handwritten UK: /ˌhændˈrɪt.ᵊn/ US: /-ˈrɪt̬-/ *adj* ⇨escrito,ta a mano ⇨manuscrito,ta

handy /ˈhæn.di/ *adj* [*comp* handier, *superl* handiest] **1** ⇨práctico,ca ⇨útil **2** *UK (inform)* ⇨a mano

handyman /ˈhæn.di.mæn/ [*pl* handymen] *n* [C] **1** ⇨hombre que hace pequeños trabajos de reparación **2** ⇨manitas *col.*: *Philip is such a handyman* - Philip está hecho un manitas

↑**hang, hung, hung** (*tb* **hanged, hanged**) /hæŋ/ ▌*v* [T, I] **1** ⇨colgar: *Let me hang your coat up* - ¿Te cuelgo el abrigo? ■ CONSTR. Se usa generalmente seguido de un adverbio o una preposición **2** ⇨ahorcar(se) **3** *(un objeto)* ⇨caer(se) ▌*v* [I] **4** ⇨planear ⇨flotar

PHRASAL VERBS

- **to hang {about/around}** *(inform)* ⇨holgazanear ⇨vaguear
- **to hang on 1** *(inform)* ⇨esperar ⇨aguardar **2** ⇨agarrarse ⇨sujetarse
- **to hang out** *(inform)* ⇨juntarse [en algún lugar]
- **to hang up** (*UK tb* **ring off**) ⇨colgar [el teléfono]: *He hung up on me* - Me ha colgado

hangar UK: /ˈhæŋ.əʳ/ US: /-ɚ/ *n* [C] *(para los aviones)* ⇨hangar

hanger UK: /ˈhæŋ.əʳ/ US: /-ɚ/ (*tb* **clothes hanger**) *n* [C] ⇨percha

hang glider *n* [C] ⇨ala delta

hang gliding *n* [U] *(actividad)* ⇨ala delta

hangman /ˈhæŋ.mən, -mæn/ ▌*n* [C] **1** ⇨verdugo [de la horca] ■ El plural es *hangmen* ▌*n* [U] **2** ⇨juego del ahorcado

hangover UK: /ˈhæŋˌəʊ.vəʳ/ US: /-ˌoʊ.vɚ/ *n* [C] **1** ⇨resaca *col.;* ⇨guayabo *AMÉR. col.;* ⇨cruda *AMÉR. col.* **2** ⇨vestigio ⇨legado

hankie *n* [C] *(inform)* ⇨forma abreviada de **handkerchief** (pañuelo)

hanky /ˈhæŋ.ki/ [*pl* hankies] *n* [C] *(inform)* See **hankie**

haphazard UK: /ˌhæpˈhæz.əd/ US: /-ɚd/ *adj* **1** ⇨poco sistemático,ca ⇨desorganizado,da **2** ⇨al azar: *The selection seemed completely haphazard* - La selección pareció totalmente al azar

↑**happen** /ˈhæp.ᵊn/ *v* [I] **1** ⇨suceder ⇨ocurrir ⇨pasar **2 whatever happens** ⇨pase lo que pase

happening /ˈhæp.ᵊn.ɪŋ/ *n* [C] **1** ⇨suceso ⇨acontecimiento **2** ⇨actuación improvisada ⇨evento improvisado ■ Se usa más en plural

happily /ˈhæp.ɪ.li/ *adv* **1** ⇨afortunadamente **2** ⇨tranquilamente **3** ⇨felizmente ⇨alegremente

happiness /ˈhæp.ɪ.nəs/ *n* [U] ⇨felicidad: *the pursuit of happiness* - la búsqueda de la felicidad

↑**happy** /ˈhæp.i/ *adj* [*comp* happier, *superl* happiest] **1** *(estado de ánimo)* ⇨feliz **2** ⇨contento,ta ⇨alegre **3 to be ~ to do *sth*** ⇨hacer algo encantado,da: *I'd be happy to help you* - Te ayudaré encantado

↑**harass** /ˈhær.əs/ [harasses] *v* [T] ⇨hostigar ⇨acosar

harassment /ˈhær.ə.smənt/ *n* [U] ⇨acoso: *sexual harassment* - acoso sexual

harbour[1] UK: /ˈhɑː.bəʳ/ US: /ˈhɑːr.bɚ/ *UK n* [C] ⇨puerto

H

harbour[2] UK: /ˈhɑː.bəʳ/ US: /ˈhɑːr.bɚ/ *UK v* [T] **1** *(form)* ⇒albergar [un sentimiento]: *to harbour suspicions* - albergar sospechas **2** *(a un fugitivo o delincuente)* ⇒proteger ⇒esconder

↑**hard**[1] UK: /hɑːd/ US: /hɑːrd/ *adj* **1** *(un material, una superficie)* ⇒duro,ra **2** ⇒difícil ⇒duro,ra **3 to be ~ on *sb*** ⇒ser duro,ra con alguien: *She is very hard on herself* - Es muy dura consigo misma **4 to give *sb* a ~ time** ⇒hacer pasar un mal trago a alguien *col.* **5 to have a ~ time** ⇒pasar una mala racha ⇒pasarlo mal **6 to take a ~ line {on/over} *sth*** ⇒adoptar una postura tajante respecto a algo

↑**hard**[2] UK: /hɑːd/ US: /hɑːrd/ *adv* **1** ⇒mucho: *It's raining hard* - Está lloviendo mucho **2** ⇒fuerte: *Press hard* - Aprieta fuerte **3 to be ~ up** *(inform)* ⇒andar mal de pelas *col.;* ⇒andar pelado,da [de dinero] *col.*

hardback UK: /ˈhɑːd.bæk/ US: /ˈhɑːrd-/ *n* [C, U] **1** ⇒libro de tapa dura **2** ⇒cartoné

hard cash *n* [U] *(dinero)* ⇒efectivo

harden UK: /ˈhɑː.dᵊn/ US: /ˈhɑːr-/ *v* [T, I] **1** ⇒endurecer(se): *Life has hardened her* - La vida la ha endurecido **2** *a hardened criminal* - un delincuente habitual

hard-faced *adj* ⇒severo,ra

↑**hardly** UK: /ˈhɑːd.li/ US: /ˈhɑːrd-/ *adv* **1** ⇒apenas: *I hardly know Chris* - Apenas conozco a Chris ■ No es la forma adverbial de *hard* **2** ⇒casi: *Hardly anyone went to the dinner* - Casi nadie fue a la cena **3 it's ~ surprising** ⇒no es de extrañar

hardship UK: /ˈhɑːd.ʃɪp/ US: /ˈhɑːrd-/ *n* [C, U] **1** ⇒privación **2** *financial hardship* - apuro económico

hard shoulder *UK* (*US* **shoulder**) *n* [C] *(de una autopista o carretera principal)* ⇒arcén

hard up *adj (inform)* ⇒pelado,da [de dinero] *col.*

↑**hardware** UK: /ˈhɑːd.weəʳ/ US: /ˈhɑːrd.wer/ *n* [U] **1** *(en informática)* ⇒hardware **2** *(del ejército)* ⇒armamento **3** ⇒utensilios ⇒equipo

hard-working UK: /ˌhɑːdˈwɜː.kɪŋ/ US: /ˌhɑːrdˈwɝː-/ *adj* ⇒muy trabajador,-a: *He has always been very hardworking* - Siempre ha sido una persona muy trabajadora

hardy UK: /ˈhɑː.di/ US: /ˈhɑːr-/ *adj* [*comp* hardier, *superl* hardiest] **1** *(una planta)* ⇒resistente **2** *(una persona)* ⇒robusto,ta

hare UK: /heəʳ/ US: /her/ [*pl* hare, hares] *n* [C] ⇒liebre

↑**harm**[1] UK: /hɑːm/ US: /hɑːrm/ *n* [U] **1** ⇒mal ⇒daño **2 there's no ~ in doing *sth*** ⇒no se pierde nada con hacer algo: *There is no harm in trying* - No se pierde nada con intentarlo **3 to be out of harm's way** ⇒estar fuera de peligro **4 to come to ~** ⇒hacerse daño: *You'll come to harm if you don't look out* - Te vas a hacer daño si no tienes cuidado **5 to keep out of harm's way** ⇒mantenerse a salvo ⇒apartarse para evitar problemas

↑**harm**[2] UK: /hɑːm/ US: /hɑːrm/ *v* [T] ⇒dañar: *to harm sb's reputation* - dañar la reputación de alguien

↑**harmful** UK: /ˈhɑːm.fᵊl/ US: /ˈhɑːrm-/ *adj* **1** ⇒perjudicial ⇒dañino,na **2 to be ~ to *sth/sb*** ⇒ser perjudicial para

↑**harmless** UK: /ˈhɑːm.ləs/ US: /ˈhɑːrm-/ *adj* **1** ⇒inofensivo,va **2** ⇒inocuo,cua

harmonica UK: /hɑːˈmɒn.ɪ.kə/ US: /hɑːrˈmɑː.nɪ-/ *n* [C] ⇒armónica

harmonious UK: /hɑːˈməʊ.ni.əs/ US: /hɑːrˈmoʊ-/ *adj* ⇒armonioso,sa

↑**harmony** UK: /ˈhɑː.mə.ni/ US: /ˈhɑːr-/ ▮ *n* [U] **1** ⇒armonía: *to be in harmony* - estar en armonía ▮ *n* [C, U] **2** *(en música)* ⇒armonía ■ El plural es *harmonies*

harness[1] UK: /ˈhɑː.nəs/ US: /ˈhɑːr-/ [*pl* harnesses] *n* [C] **1** *(de un caballo)* ⇒arneses ⇒arreos **2** *(de seguridad)* ⇒arnés

harness[2] UK: /ˈhɑː.nəs/ US: /ˈhɑːr-/ *v* [T] **1** *(un caballo)* ⇒enganchar **2** *(un recurso)* ⇒canalizar ⇒explotar

harp UK: /hɑːp/ US: /hɑːrp/ *n* [C] ⇒arpa

harpoon UK: /hɑːˈpuːn/ US: /hɑːr-/ *n* [C] ⇒arpón

↑**harsh** UK: /hɑːʃ/ US: /hɑːrʃ/ *adj* **1** ⇒áspero,ra: *a harsh voice* - una voz áspera **2** ⇒duro,ra **3** ⇒severo,ra

harvest[1] UK: /ˈhɑː.vɪst/ US: /ˈhɑːr-/ *n* [C, U] **1** ⇒recolección ⇒cosecha **2** *grape harvest* - vendimia ■ Distinto de *recollection* (recuerdo)

harvest[2] UK: /ˈhɑː.vɪst/ US: /ˈhɑːr-/ *v* [T] ⇒cosechar ⇒recolectar ■ Distinto de *to recollect* (recordar)

has /hæz, həz, əz/ ⇒tercera persona singular del presente del verbo *to have*

hash /hæʃ/ *n* [U] **1** ⇒picadillo **2** *UK (en tipografía)* ⇒almohadilla **3** *(inform)* ⇒forma abreviada de **hashish** (hachís)

hashish /hæʃˈiːʃ/ *n* [U] ⇒hachís ■ La forma abreviada es *hash*

↑**hasn't** /ˈhæz.ᵊnt/ *(has not)* See **have**

hassle[1] /ˈhæs.l̩/ *n* [C, U] **1** *(inform)* ⇒fastidio ⇒lío **2** ⇒lata *col.* **3** *It's not worth the hassle* - No merece la pena

hassle[2] /ˈhæs.l̩/ [hassled, hassling] *v* [T] **1** *(inform)* ⇒presionar: *Stop hassling me; I'll do it in my own time* - Deja de presionarme; lo haré a mi ritmo **2** *(inform)* ⇒dar la brasa *col.;* ⇒molestar

haste /heɪst/ *n* [U] **1** ⇒prisa ⇒afán *AMÉR.;* ⇒apuro *AMÉR.* **2 in ~** ⇒deprisa

hasten /ˈheɪ.sᵊn/ ▌ *v* [T] **1** ⇒precipitar ⇒acelerar ▌ *v* [I] **2** ⇒apresurarse: *He hastened to add that he was sorry* - Se apresuró a decir que lo sentía ■ CONSTR. to hasten + to do sth

hasty /ˈheɪ.sti/ *adj* [*comp* hastier, *superl* hastiest] ⇒precipitado,da: *a hasty decision* - una decisión precipitada

† **hat** /hæt/ *n* [C] ⇒sombrero ⇒gorro

hatch /hætʃ/ [hatches] *v* [T, I] **1** ⇒romper el cascarón **2 to ~ *sth* (up)** ⇒tramar algo

hatchback /ˈhætʃ.bæk/ *n* [C] *(vehículo)* ⇒ranchera *col.*

hatchet /ˈhætʃ.ɪt/ *n* [C] **1** ⇒hacha **2 to bury the ~** ⇒enterrar el hacha de guerra

† **hate**[1] /heɪt/ [hated, hating] *v* [T] **1** ⇒odiar ⇒detestar **2** ⇒lamentar ⇒sentir ■ CONSTR. 1. to hate + doing sth 2. to hate + to do sth

hate[2] /heɪt/ *n* [U] ⇒odio

hated UK: /ˈheɪ.tɪd/ US: /-t̬ɪd/ *adj* ⇒odiado,da ■ PRON. La *e* se pronuncia como la *i* en *did*

hateful /ˈheɪt.fᵊl/ *adj* ⇒odioso,sa

† **hatred** /ˈheɪ.trɪd/ *n* [U] ⇒odio

haul[1] UK: /hɔːl/ US: /hɑːl/ *v* [T] **1** ⇒arrastrar [un objeto pesado] **2** ⇒llevar [a un infractor]: *John was hauled before the director* - Llevaron a John ante el director **3** *(en navegación)* ⇒halar **4** ⇒transportar

haul[2] UK: /hɔːl/ US: /hɑːl/ *n* [C] **1** ⇒botín ⇒alijo **2** *(de pescado)* ⇒redada **3** ⇒recorrido ⇒trayecto

† **haunt** UK: /hɔːnt/ US: /hɑːnt/ *v* [T] **1** ⇒atormentar ⇒perseguir **2** *(un fantasma)* ⇒rondar ⇒aparecerse

haunted UK: /ˈhɔːn.tɪd/ US: /ˈhɑːn.t̬ɪd/ *adj* ⇒embrujado,da ⇒encantado,da

† **have, had, had** /hæv, həv, əv/ [having] ▌ *v* [AUX] **1** ⇒haber: *They have already seen that film* - Ya han visto esa película ▌ *v* [T] **2** *(una posesión)* ⇒tener **3** *(una sensación)* ⇒tener **4** *(un alimento)* ⇒tomar **5** ⇒recibir: *to have a call* - recibir una llamada **6** ⇒hacer [que alguien haga algo]: *She had him do the washing-up* - Le hizo fregar los platos **7 ~ got 1** *(una posesión)* ⇒tener **2** *(una sensación)* ⇒tener ■ Siempre se utiliza en presente **8 to ~ *sth* done** *I've had my hair cut* - Me he cortado el pelo ■ En español, esta construcción está implícita en el verbo: *We'll have the kitchen painted - Nos van a pintar la cocina* **9 to ~ had it** *(inform) (una máquina, una herramienta)* ⇒romper(se) ⇒cascar(se) *col.* **10 to ~ it in for *sb*** *(inform)* ⇒tener manía a alguien *col.*; ⇒tenérsela jurada a alguien *col.* **11 to ~ to** ⇒tener que ■ Se usa generalmente cuando la obligación es externa o impuesta, como leyes u órdenes. ■ Se usa como verbo modal. Comparar con **must** ■ Ver cuadro must / have to **12 to ~ to do with *sth/sb*** ⇒tener que ver con: *That has nothing to do with me* - Eso no tiene nada que ver conmigo ■ Ver cuadro en esta página y ver cuadro auxiliary verbs

PHRASAL VERBS

- **to have *sth* back** ⇒recuperar algo: *I need to have my book back* - Necesito recuperar mi libro
- **to have (got) *sth* on [M] 1** *(ropa)* ⇒llevar puesto,ta algo **2** *(un aparato)* ⇒estar enchufado,da
- **to have *sb* on** *UK (inform)* ⇒tomar el pelo a alguien [contando algo falso] *col.*: *Are you having me on?* - ¿Me estás tomando el pelo?

haven /ˈheɪ.vᵊn/ *n* [C] **1** ⇒refugio: *a safe haven* - un refugio seguro **2 to be a ~ of peace** ⇒ser un remanso de paz

† **haven't** /ˈhæv.ᵊnt/ *(have not)* See **have**

H

have (tener / haber)

present simple			
affirmative	contractions	negative	questions
I **have** you **have** he/she/it **has** we **have** you **have** they **have**	I**'ve** you**'ve** he**'s**/she**'s** /it**'s** we**'ve** you**'ve** they**'ve**	I **haven't** you **haven't** he/she/it **hasn't** we **haven't** you **haven't** they **haven't**	**have** I? **have** you? **has** he/she/it? **have** we **have** you? **have** they?
past tense			
had	'd	didn't have	**Did** I/you/he... **have**?
past participle			
had			

havoc /ˈhæv.ək/ *n* [U] **1** ⇒estrago **2 to {cause/play/wreak} ~ {on/with}** ***sth*** **1** ⇒causar estragos en algo **2** ⇒armar un lío ⇒crear una confusión

hawk UK: /hɔːk/ US: /hɑːk/ *n* [C] *(ave)* ⇒halcón

hay /heɪ/ *n* [U] ⇒heno

hay fever *n* [U] ⇒fiebre del heno ⇒alergia al polen

hazard[1] UK: /ˈhæz.əd/ US: /-ɚd/ *n* [C] ⇒peligro ⇒riesgo

hazard[2] UK: /ˈhæz.əd/ US: /-ɚd/ *v* [T] **1** ⇒poner en peligro **2 to ~ a guess** ⇒aventurar una hipótesis

hazardous UK: /ˈhæz.ə.dəs/ US: /-ɚ-/ *adj* ⇒peligroso,sa ⇒arriesgado,da

haze /heɪz/ *n* [C, U] ⇒calima ⇒bruma

hazel /ˈheɪ.zəl/ *n* [C] *(árbol)* ⇒avellano

hazelnut /ˈheɪ.zəl.nʌt/ *n* [C] ⇒avellana

hazy /ˈheɪ.zi/ *adj* [*comp* hazier, *superl* haziest] **1** ⇒de calima ⇒brumoso,sa **2** ⇒confuso,sa ⇒no muy claro,ra

↑**he** /hiː, hi, i/ *pron* ⇒él: *He did it* - Fue él quien lo hizo ■ Las frases en inglés siempre llevan sujeto, menos los imperativos ■ Ver cuadro personal pronouns

↑**head[1]** /hed/ *n* [C] **1** *(parte del cuerpo)* ⇒cabeza **2** *(cerebro)* ⇒cabeza **3** ⇒cabecera: *the head of the bed* - la cabecera de la cama **4** ⇒jefe,fa **5** *UK* (*US* **principal**) ⇒forma abreviada de **head teacher** (director,-a de colegio) **6 {a/per} ~** ⇒por cabeza: *It costs ten dollars a head* - Cuesta diez dólares por cabeza **7 ~ first** ⇒de cabeza **8 heads or tails** ⇒cara o cruz **9 to go over** ***sb's*** **~ 1** ⇒ser imposible de entender **2** ⇒pasar por encima de alguien [en la jerarquía] **10 to have a ~ for** ***sth*** ⇒tener talento para algo **11 not to make ~ {nor/or} tail of** ***sth*** ⇒no encontrar a algo ni pies ni cabeza *col.*

head[2] /hed/ *v* [T, I] **1** *(en fútbol)* ⇒cabecear **2** ⇒encabezar

PHRASAL VERBS
- **to be heading for** ***sth*** ⇒ir camino de algo [negativo] ⇒estar buscando algo [negativo]

↑**headache** /ˈhed.eɪk/ *n* [C] **1** ⇒dolor de cabeza: *I've got a headache* - Tengo dolor de cabeza **2** ⇒quebradero de cabeza: *This crossword is a real headache* - Este crucigrama es un auténtico quebradero de cabeza

headband /ˈhed.bænd/ *n* [C] ⇒cinta para el pelo

headhunter UK: /ˈhedˌhʌn.təʳ/ US: /-t̬ɚ/ *n* [C] *(inform)* ⇒cazatalentos

↑**heading** /ˈhed.ɪŋ/ *n* [C] *(en un texto)* ⇒encabezamiento

headlight /ˈhed.laɪt/ *n* [C] **1** *(en un coche)* ⇒faro ⇒farol *AMÉR.* ■ Se usa más en plural **2** *to dip your headlights* - poner las luces cortas

↑**headline** /ˈhed.laɪn/ *n* [C] *(en un periódico)* ⇒titular

headmaster UK: /ˌhedˈmɑː.stəʳ/ US: /ˈhedˌmæs.t̬ɚ/ *UK* (*US* **principal**) *n* [C] ⇒director [de un colegio]

headmistress UK: /ˌhedˈmɪs.trəs/ US: /ˈ-ˌ--/ [*pl* headmistresses] *UK* (*US* **principal**) *n* [C] ⇒directora [de un colegio]

headphones UK: /ˈhed.fəʊnz/ US: /-foʊnz/ *n* [PL] ⇒cascos ⇒auriculares

↑**headquarters** UK: /ˌhedˈkwɔː.təz/ US: /-ˌkwɔːr.t̬ɚz/ [*pl* headquarters] *n* [C] ⇒oficina central ⇒cuartel general ■ La forma abreviada es *HQ* ■ Se puede usar con un verbo en singular o en plural: *The headquarters is/are in London - La oficina central está en Londres*

headscarf UK: /ˈhed.skɑːf/ US: /-skɑːrf/ [*pl* headscarves] *n* [C] ⇒pañuelo para la cabeza: *to wear a headscarf* - llevar un pañuelo para la cabeza

head teacher *UK* (*US* **principal**) *n* [C] ⇒director,-a de colegio ■ La forma abreviada es *head*

headway /ˈhed.weɪ/ *n* [U] **1** ⇒avance ⇒progreso **2 to make ~** ⇒avanzar ⇒hacer progresos

↑**heal** /hɪəl/ *v* [T, I] **1** *(una herida)* ⇒cicatrizar(se) ⇒curar(se) **2** *(una persona)* ⇒sanar(se) ⇒curar(se) **3** *(una situación o una dificultad)* ⇒salvar ⇒superar

healer UK: /ˈhɪə.ləʳ/ US: /-lɚ/ *n* [C] ⇒curandero,ra ⇒sanador,-a

healing /ˈhɪə.lɪŋ/ *n* [U] ⇒curación

↑**health** /helθ/ *n* [U] ⇒salud: *good for your health* - bueno para la salud; *your health!* - ¡a tu salud!

healthily /ˈhel.θɪ.li/ *adv* ⇒de forma sana

↑**healthy** /ˈhel.θi/ *adj* [*comp* healthier, *superl* healthiest] **1** ⇒sano,na: *healthy food* - comida sana; *a healthy person* - una persona sana **2** ⇒saludable: *Sport is healthy for you* - El deporte es saludable para ti **3** *(un negocio)* ⇒próspero,ra **4** *(una cuenta bancaria o un beneficio)* ⇒cuantioso,sa ⇒copioso,sa **5** *(una actitud)* ⇒razonable

heap[1] /hiːp/ *n* [C] ⇒montón ⇒pila

heap[2] /hiːp/ *v* [T] *(inform)* ⇒amontonar ■ CONSTR. Se usa generalmente seguido de las preposiciones on y onto

PHRASAL VERBS
- **to heap** ***sth*** **up** ⇒amontonar algo ⇒apilar algo

↑**hear, heard, heard** UK: /hɪəʳ/ US: /hɪr/ *v* [T, I] **1** ⇒oír ■ Se usa para hacer referencia a la capacidad de percibir o de captar las palabras que alguien dice, pero no influye necesariamente la necesidad de poner atención. Comparar con *to listen* **2** *(en derecho)* ⇒ver [un caso] **3** *Let's hear it for our next guest* - Demos un aplauso a nuestra siguiente invitada **4 to ~ about** ***sth/sb*** ⇒enterarse de

PHRASAL VERBS
- **to hear from sb** ⇒saber de alguien ⇒tener noticias de alguien
- **to hear of sth/sb** ⇒oír hablar de

heard past tense and past participle forms of **hear**

↑**hearing** UK: /ˈhɪə.rɪŋ/ US: /ˈhɪr.ɪŋ/ *n* [U] **1** *(sentido)* ⇒oído ⇒capacidad auditiva **2** *(en derecho)* ⇒vista [de un caso]

hearse UK: /hɜːs/ US: /hɝːs/ *n* [C] ⇒coche fúnebre

↑**heart** UK: /hɑːt/ US: /hɑːrt/ ▌*n* [C] **1** *(órgano)* ⇒corazón ▌*n* [C, U] **2** *(sentimiento)* ⇒corazón ▌*n* [NO PL] **3** ⇒corazón ⇒centro **4** ⇒meollo: *the heart of the matter* - el meollo del asunto **5 at ~** ⇒en el fondo **6 by ~** ⇒de memoria: *to learn sth by heart* - aprenderse algo de memoria **7 hearts** *(naipe)* ⇒corazones **8 to lose ~** ⇒desanimarse **9 to take ~ (from sth)** ⇒animarse [por algo] ■ PRON. Rima con *art*

heartache UK: /ˈhɑːt.eɪk/ US: /ˈhɑːrt-/ *n* [C, U] ⇒pena ⇒desazón

↑**heart attack** *n* [C] ⇒ataque al corazón ⇒infarto

heartbeat UK: /ˈhɑːt.biːt/ US: /ˈhɑːrt-/ (*tb* **beat**) *n* [C, U] ⇒latido [del corazón]

heartbreaking UK: /ˈhɑːtˌbreɪ.kɪŋ/ US: /ˈhɑːrt-/ *adj* ⇒desgarrador,-a ⇒desolador,-a

heartbroken UK: /ˈhɑːtˌbrəʊ.kən/ US: /ˈhɑːrtˌbroʊ-/ *adj* ⇒desconsolado,da ⇒acongojado,da

heartening UK: /ˈhɑː.tən.ɪŋ/ US: /ˈhɑːr.ţ[ə]n-/ *adj* ⇒alentador,-a ⇒estimulante

heartfelt UK: /ˈhɑːt.felt/ US: /ˈhɑːrt-/ *adj* ⇒sincero,ra ⇒sentido,da

hearth UK: /hɑːθ/ US: /hɑːrθ/ *n* [C] **1** *(lit)* ⇒hogar ⇒lar **2** *(cerca de la chimenea)* ⇒hogar

heartless UK: /ˈhɑːt.ləs/ US: /ˈhɑːrt-/ *adj* ⇒inhumano,na ⇒desalmado,da ⇒cruel

hearty UK: /ˈhɑː.ti/ US: /ˈhɑːr.ţi/ *adj* [*comp* heartier, *superl* heartiest] **1** *(una persona)* ⇒jovial **2** ⇒cordial ⇒caluroso,sa **3** ⇒abundante ⇒copioso,sa

↑**heat**[1] /hiːt/ ▌*n* [U] **1** ⇒calor: *This heat exhausts me* - Este calor me agota **2** *US* (*UK/US tb* **heating**) ⇒calefacción ▌*n* [C] **3** *(en una competición)* ⇒eliminatoria **4 to be on ~** *(un animal hembra)* ⇒estar en celo

heat[2] /hiːt/ *v* [T, I] **1** ⇒calentar: *to heat the meal* - calentar la comida **2 to ~ (sth) (up)** ⇒calentar(se) algo

heated UK: /ˈhiː.tɪd/ US: /-ţɪd/ *adj* **1** ⇒acalorado,da: *a heated row* - una discusión acalorada **2** ⇒climatizado,da: *a heated swimming pool* - una piscina climatizada

↑**heater** UK: /ˈhiː.təʳ/ US: /-ţɚ/ *n* [C] ⇒calentador ⇒calefactor ⇒estufa

heath /hiːθ/ *n* [C] **1** ⇒campo de brezos ⇒brezal **2** ⇒páramo

heather UK: /ˈheð.əʳ/ US: /-ɚ/ *n* [C, U] *(planta)* ⇒brezo

↑**heating** UK: /ˈhiː.tɪŋ/ US: /-ţɪŋ/ *n* [U] (*US tb* **heat**) ⇒calefacción

heat wave *n* [C] ⇒ola de calor

heave, hove, hove (*tb* **heaved, heaved**) /hiːv/ [heaving] *v* [T, I] **1** ⇒tirar ⇒arrastrar **2 to ~ {at/on} sth** ⇒tirar con fuerza [de algo] ■ CONSTR. Se usa generalmente seguido de una preposición o un adverbio

↑**heaven** /ˈhev.ən/ *n* [U] **1** *(en religión)* ⇒cielo **2** *(inform)* ⇒paraíso ⇒gozada *col.*

heavenly /ˈhev.ən.li/ *adj* **1** ⇒celestial **2** *(inform)* ⇒divino,na **3** ⇒celeste: *heavenly bodies* - cuerpos celestes

heavily /ˈhev.ɪ.li/ *adv* **1** ⇒mucho: *It snowed heavily all day long* - Nevó mucho durante todo el día **2** ⇒muy: *He's heavily influenced by his wife* - Está muy influenciado por su mujer **3** ⇒profundamente **4** ⇒pesadamente

↑**heavy** /ˈhev.i/ *adj* [*comp* heavier, *superl* heaviest] **1** ⇒pesado,da **2** ⇒denso,sa: *heavy traffic* - tráfico denso **3** ⇒fuerte: *heavy rain* - lluvia fuerte **4** *(inform)* ⇒grave ⇒serio,ria **5 ~ going** *UK* ⇒complicado,da ⇒pesado,da **6 with a ~ hand** ⇒con mano dura

heavyweight /ˈhev.ɪ.weɪt/ *n* [C] **1** *(en boxeo)* ⇒peso pesado **2** ⇒persona influyente ⇒peso pesado

Hebrew /ˈhiː.bruː/ ▌*n* [U] **1** *(idioma)* ⇒hebreo ▌*n* [C] **2** ⇒hebreo,a

hectare UK: /ˈhek.teəʳ/ US: /-ter/ *n* [C] ⇒hectárea

hectic /ˈhek.tɪk/ *adj* ⇒ajetreado,da ⇒frenético,ca

↑**he'd** /hiːd/ **1** *(he had)* See **have 2** *(he would)* See **would**

hedge[1] /hedʒ/ *n* [C] **1** ⇒seto [vivo] **2** ⇒protección: *a hedge against inflation* - una protección contra la inflación

hedge[2] /hedʒ/ [hedged, hedging] *v* [T, I] **1** ⇒salir por la tangente *col.;* ⇒contestar con evasivas **2** ⇒cercar [con un seto]

hedgehog UK: /ˈhedʒ.hɒg/ US: /-hɑːg/ *n* [C] *(animal)* ⇒erizo

heed[1] /hiːd/ *v* [T] *(form)* *(una norma o un consejo)* ⇒observar ⇒hacer caso de

heed[2] /hiːd/ **to take ~ of sth** *(form)* ⇒prestar atención a algo: *Take no heed of their insults* - No prestes atención a sus insultos

↑**heel** /hɪəl/ *n* [C] **1** *(parte del cuerpo)* ⇒talón **2** ⇒tacón ⇒taco *AMÉR.*

hefty /ˈhef.ti/ *adj* **1** ⇒alto,ta ⇒elevado,da **2** ⇒grande ⇒corpulento,ta **3** *(un golpe)* ⇒fuerte

↑**height** /haɪt/ *n* [C, U] **1** ⇒altura **2 the ~ of sth** ⇒el culmen de algo ⇒lo más alto de algo ■ PRON. Se pronuncia como la palabra *high* seguida del sonido *t*

heighten UK: /ˈhaɪ.tᵊn/ US: /-t̬[ə]n/ *v* [T, I] **1** ⇒intensificar(se) ⇒acrecentar(se) **2** *(el sabor)* ⇒realzar

heights /haɪts/ *n* [PL] **1** *(en una montaña)* ⇒cerros **2** *to have a fear of heights* - tener miedo a las alturas

heir UK: /eəʳ/ US: /er/ *n* [C] ⇒heredero: *the heir to the throne* - el heredero al trono

heiress UK: /ˈeə.res/ US: /ˈer.es/ [*pl* heiresses] *n* [C] ⇒heredera: *the heiress to the throne* - la heredera al trono

held /held/ past tense and past participle forms of **hold**

†**helicopter** UK: /ˈhel.ɪˌkɒp.təʳ/ US: /-ˌkɑːp.tə/ *n* [C] ⇒helicóptero

helium /ˈhiː.li.əm/ *n* [U] ⇒helio

†**hell** /hel/ ▮ *n* [NO PL] **1** *(en religión)* ⇒infierno ▮ *n* [U, NO PL] **2** *(inform)* ⇒infierno: *This city is hell* - Esta ciudad es un infierno **3** *The roadworks cause a hell of a noise* - Las obras de la calle ocasionan un ruido infernal

†**he'll** /hiːl/ *(he will)* See **will**

hellish /ˈhel.ɪʃ/ *adj* ⇒infernal ⇒endemoniado,da

†**hello** UK: /helˈəʊ/ US: /-ˈoʊ/ *excl* **1** (*UK tb* **hallo/hullo**) ⇒¡hola! **2** *(por teléfono)* ⇒¡diga!

helm /helm/ *n* [C] *(de un barco)* ⇒timón

†**helmet** /ˈhel.mət/ *n* [C] **1** ⇒casco **2** *(en una armadura antigua)* ⇒yelmo

†**help¹** /help/ *v* [T, I] **1** ⇒ayudar: *Can you help me take the books upstairs?* - ¿Puedes ayudarme a llevar los libros arriba? ■ CONSTR. to help sb (to) do sth **2 cannot ~** ⇒no poder evitar: *He can't help it* - No puede evitarlo; *I couldn't help laughing* - No pude evitar reírme **3 to ~ *oneself* (to *sth*)** ⇒servirse: *Help yourself to more cookies* - Sírvete más galletas

PHRASAL VERBS

- **to help (*sb*) out [M]** ⇒ayudar ⇒echar una mano *col.*

†**help²** /help/ *n* [U] ⇒ayuda: *Do you need some help?* - ¿Necesitas ayuda?

helper UK: /ˈhel.pəʳ/ US: /-pə/ *n* [C] ⇒ayudante

†**helpful** /ˈhelp.fᵊl/ *adj* **1** ⇒útil **2** ⇒servicial ⇒dispuesto,ta a ayudar

helping /ˈhel.pɪŋ/ *n* [C] ⇒porción [de comida] ⇒ración [de comida] ■ Distinto de *help* (ayuda)

helpless /ˈhel.pləs/ *adj* **1** ⇒indefenso,sa ⇒desamparado,da **2** ⇒impotente

hem¹ /hem/ *n* [C] ⇒dobladillo

hem² /hem/ [hemmed, hemming] *v* [T] ⇒coser el dobladillo: *I must hem my skirt* - Me tengo que coser el dobladillo de la falda

PHRASAL VERBS

- **to hem *sb* in [M]** ⇒acorralar ⇒cercar

hemisphere UK: /ˈhem.ɪ.sfɪəʳ/ US: /-sfɪr/ *n* [C] ⇒hemisferio: *the northern hemisphere* - el hemisferio norte

hemorrhage UK: /ˈhem.ᵊr.ɪdʒ/ US: /-ə-/ [hemorrhaged, hemorrhaging] *US n* [C], *v* [I] See **haemorrhage**

hemp /hemp/ *n* [U] **1** *(planta)* ⇒cáñamo **2** ⇒marihuana

hen /hen/ *n* [C] **1** ⇒gallina **2** *hen-house* - gallinero **3** *(animal)* ⇒hembra **4** *Scot (inform)* ⇒amor ⇒cariño ■ Se usa como vocativo

†**hence** /hen*t*s/ *adv* **1** *(form)* ⇒por consiguiente ⇒de ahí que **2** *(form)* ⇒de aquí a: *I'm getting married one year hence* - Me caso de aquí a un año

henceforth UK: /ˌhen*t*sˈfɔːθ/ US: /-ˈfɔːrθ/ *adv (form)* ⇒de ahora en adelante ⇒en lo sucesivo

hepatitis UK: /ˌhep.əˈtaɪ.tɪs/ US: /-t̬ɪs/ *n* [U] *(en medicina)* ⇒hepatitis ■ PRON. La tercera sílaba, *ti*, rima con *my*

†**her¹** /hɜːʳ/, /həʳ/, /əʳ/ *pron* **1** ⇒la ⇒le ⇒ella **2** *(después del verbo «to be»): See that woman there? It's her* - ¿Ves a esa mujer de ahí? Es ella ■ Ver cuadros personal pronouns y possessive adjectives and pronouns

†**her²** /hɜːʳ/, /həʳ/, /əʳ/ *adj* ⇒su: *Are these her glasses?* - ¿Son estas sus gafas? ■ Ver cuadro possessive adjectives and pronouns

herald¹ /ˈher.ᵊld/ *v* [T] **1** *(form)* ⇒presagiar **2** ⇒anunciar

herald² /ˈher.ᵊld/ *n* [C] **1** *(form)* ⇒signo ⇒heraldo **2** *(en la época medieval)* ⇒heraldo ⇒mensajero,ra

†**herb** UK: /hɜːb/ US: /ɝːb/ *n* [C] ⇒hierba [utilizada en medicina o en las comidas] ⇒especia

herd¹ UK: /hɜːd/ US: /hɝːd/ *n* [C] ⇒rebaño ⇒manada

herd² UK: /hɜːd/ US: /hɝːd/ *v* [T, I] ⇒llevar en manada: *We were herded through the museum* - Nos llevaron en manada por el museo ■ CONSTR. Se usa generalmente seguido de una preposición o un adverbio

†**here** UK: /hɪəʳ/ US: /hɪr/ *adv* **1** ⇒aquí ⇒acá *AMÉR.* ■ En las oraciones que comienzan con *here*, se sitúa el verbo detrás del sujeto si el sujeto es un pronombre: *Here we are, we finally made it - Ya llegamos; al final lo conseguimos.* Sin embargo, si el sujeto es un sustantivo, detrás de *here* se sitúa el verbo: *Here comes Mary - Aquí viene Mary* **2 ~ and there** ⇒aquí y allá **3 ~ you are** ⇒toma ⇒aquí tiene

hereditary /həˈred.ɪ.tri/ *adj* ⇒hereditario,ria

heresy /ˈher.ə.si/ [*pl* heresies] *n* [C, U] ⇒herejía: *That amounts to heresy for some people* - Eso equivale a herejía para algunos

†**heritage** UK: /ˈher.ɪ.tɪdʒ/ US: /-t̬ɪdʒ/ *n* [U] *(de un país)* ⇒patrimonio ⇒herencia ■ PRON. La *a* se pronuncia como la *i* en *did*

hermit UK: /ˈhɜː.mɪt/ US: /ˈhɝː-/ *n* [C] ⇒ermitaño,ña

†**hero** UK: /ˈhɪə.rəʊ/ US: /ˈhɪr.oʊ/ [*pl* heroes] *n* [C] **1** ⇒héroe: *a national hero* - un héroe nacional **2** ⇒héroe ⇒protagonista

heroic UK: /hɪˈrəʊ.ɪk/ US: /-ˈroʊ-/ *adj* ⇒heroico,ca

† **heroin** UK: /ˈher.əʊ.ɪn/ US: /-oʊ-/ *n* [U] *(droga)* ⇒heroína ■ Distinto de *heroine* (una mujer heroica)

heroine UK: /ˈher.əʊ.ɪn/ US: /-oʊ-/ *n* [C] **1** ⇒heroína **2** ⇒heroína ⇒protagonista ■ Distinto de *heroin* (droga)

heroism UK: /ˈher.əʊ.ɪ.zᵊm/ US: /-oʊ-/ *n* [U] ⇒heroísmo

herring /ˈher.ɪŋ/ [*pl* herring, herrings] *n* [C, U] *(pez)* ⇒arenque

† **hers** UK: /hɜːz/ US: /hɝːz/ *pron* **1** ⇒suyo,ya: *I'm a friend of hers* - Soy una amiga suya; *Are these glasses hers?* - ¿Son suyas estas gafas? **2** ⇒el suyo, la suya: *Don't take my hat; it's much better to take hers* - No cojas mi sombrero; coge mejor el suyo ■ Ver cuadro possessive adjectives and pronouns

herself UK: /hɜːˈself/ US: /hɝː-/ *pron* **1** ⇒se: *She cut herself with the knife* - Se cortó con el cuchillo **2** ⇒ella misma: *She'll drive the van herself* - Conducirá la furgoneta ella misma **3** ⇒en persona: *Have you talked to Mrs Edwards herself?* - ¿Has hablado con la señora Edwards en persona? **4** ⇒mismísima **5 (all) by ~ 1** ⇒sola [sin compañía]: *She lives by herself* - Vive sola **2** ⇒ella sola [sin ayuda]: *She painted the kitchen by herself* - Pintó la cocina ella sola ■ Ver cuadro reflexive pronouns

† **he's** /hiːz/ **1** *(he is)* See **be 2** *(he has)* See **have**

hesitant /ˈhez.ɪ.tᵊnt/ *adj* ⇒indeciso,sa ⇒vacilante

† **hesitate** /ˈhez.ɪ.teɪt/ [hesitated, hesitating] *v* [I] ⇒dudar: *He hesitated about calling her* - Dudó entre llamarla o no; ⇒vacilar

hesitation /ˌhez.ɪˈteɪ.ʃᵊn/ *n* [C, U] ⇒duda ⇒vacilación

heterogeneous UK: /ˌhet.ᵊr.əˈdʒiː.ni.əs/ US: /ˌheţ.ə.roʊ-/ *adj (form)* ⇒heterogéneo,a

heterosexual UK: /ˌhet.ᵊr.əʊˈsek.sjʊ.ᵊl/ US: /ˌheţ.ə.roʊ-/ *adj, n* [C] ⇒heterosexual

hexagon UK: /ˈhek.sə.gən/ US: /-gɑːn/ *n* [C] ⇒hexágono

† **hey** /heɪ/ *excl (spoken)* ⇒¡oye! ⇒¡hala!

heyday /ˈheɪ.deɪ/ *n* [C] ⇒apogeo: *in her heyday* - en su apogeo ■ Se usa más en singular

† **hi** /haɪ/ *excl (inform)* ⇒¡hola!

hibernate UK: /ˈhaɪ.bə.neɪt/ US: /-bɚ-/ [hibernated, hibernating] *v* [I] ⇒hibernar

hibernation UK: /ˌhaɪ.bəˈneɪ.ʃᵊn/ US: /-bɚ-/ *n* [U] ⇒hibernación

hiccup /ˈhɪk.ʌp/ **the hiccups** ⇒hipo: *I've got the hiccups* - Tengo hipo

hid past tense of **hide**

hidden past participle of **hide**

† **hide¹, hid, hidden** /haɪd/ [hiding] ▮ *v* [T, I] **1** ⇒esconder(se) ▮ *v* [T] **2** ⇒ocultar ⇒encubrir

hide² /haɪd/ ▮ *n* [C, U] **1** *(de un animal)* ⇒piel ⇒pellejo ▮ *n* [C] **2** *UK* (*US* **blind**) ⇒observatorio [de animales]

hide-and-seek /ˌhaɪd.ənˈsiːk/ *n* [U] ⇒escondite: *Let's play hide-and-seek* - ¿Jugamos al escondite?

hideous /ˈhɪd.i.əs/ *adj* ⇒espantoso,sa ⇒repugnante

hiding /ˈhaɪ.dɪŋ/ *n* [C] **1** *(old-fash) (vapuleo)* ⇒paliza ■ Se usa más en singular **2** *UK (inform)* ⇒paliza *col.;* ⇒derrota **3 to be in ~** ⇒estar escondido,da **4 to go into ~** ⇒esconderse

hierarchy UK: /ˈhaɪə.rɑː.ki/ US: /ˈhaɪr.ɑːr-/ [*pl* hierarchies] *n* [C] ⇒jerarquía

hieroglyphics UK: /ˌhaɪə.rəˈglɪf.ɪks/ US: /-roʊ-/ *n* [PL] ⇒jeroglífico

hi-fi /ˈhaɪ.faɪ/ *n* [C] *a hi-fi system* - un equipo de alta fidelidad

† **high¹** /haɪ/ *adj* **1** ⇒alto,ta: *a high mountain* - una montaña alta ■ Normalmente se usa con objetos altos y anchos; no se usa con personas o animales. Comparar con *tall* **2** *(posición)* ⇒alto,ta **3** *(velocidad)* ⇒alto,ta ⇒fuerte **4** *(un sonido)* ⇒alto,ta ⇒agudo,da **5** *«How high is it?» «It's 30 metres high»* - «¿Qué altura tiene?» «Tiene 30 de altura» **6 ~ in** *(un alimento)* ⇒alto,ta en ■ Ver cuadro alto (tall / high)

† **high²** /haɪ/ *adv* **1** ⇒alto: *She aims very high* - Quiere llegar muy alto **2** *How high can you jump?* - ¿Hasta que altura puedes saltar?

highbrow /ˈhaɪ.braʊ/ *adj* ⇒para intelectuales: *a highbrow film* - una película para intelectuales

high-class UK: /ˌhaɪˈklɑːs/ US: /-ˈklæs/ *adj* ⇒de clase alta ⇒de categoría

High Court *n* [C] ⇒Tribunal Supremo

higher education *n* [U] ⇒enseñanza superior

high-heeled /ˌhaɪˈhɪəld/ *adj* ⇒de tacón: *high-heeled shoes* - zapatos de tacón

high jump the ~ ⇒salto de altura

high jumper *n* [C] ⇒atleta de salto de altura

high-level /ˌhaɪˈlev.ᵊl/ *adj* ⇒de alto nivel: *high-level negotiations* - negociaciones de alto nivel

highlight¹ /ˈhaɪ.laɪt/ *v* [T] **1** ⇒destacar ⇒poner de relieve **2** *(un texto)* ⇒subrayar ⇒marcar [con un rotulador]

highlight² /ˈhaɪ.laɪt/ *n* [C] **1** ⇒punto culminante ⇒lo más destacado **2** *(en arte)* ⇒toque de luz

highlighter (pen) *n* [C] ⇒rotulador fluorescente

highlights *n* [PL] **1** *(en el pelo)* ⇒reflejos **2** *(de un evento)* ⇒mejores momentos

highly /ˈhaɪ.li/ *adv* **1** ⇒muy: *highly enjoyable* - muy divertido **2** ⇒sumamente ⇒altamente **3 to {speak/think} ~ of sth/sb** ⇒tener en gran estima

Highness /ˈhaɪ.nəs/ **{Her/His/Your} ~** *(tratamiento honorífico)* ⇒Su Alteza

high-powered UK: /ˌhaɪˈpauəd/ US: /-ˈpauəd/ *adj* **1** ⇒de gran potencia: *a high-powered car* - un coche de gran potencia **2** *(un cargo o una persona)* ⇒de altos vuelos *col.*

high-rise /ˈhaɪ.raɪz/ *adj* ⇒de muchos pisos: *a high-rise building* - un edificio de muchos pisos

high-risk /ˌhaɪˈrɪsk/ *adj* ⇒de alto riesgo: *high-risk sports* - deportes de alto riesgo

high school *US* (*UK* **secondary school**) *n* [c] ⇒instituto de enseñanza secundaria

high street *UK n* [c] ⇒calle mayor

↑ **high-tech** /ˌhaɪˈtek/ (*UK tb* **hi-tech**) *adj* ⇒de alta tecnología: *a high-tech computer* - un ordenador de alta tecnología

↑ **highway** /ˈhaɪ.weɪ/ *US* (*UK* **motorway**) *n* [c] ⇒autopista: *on the highway* - en la utopista

H

hijack¹ /ˈhaɪ.dʒæk/ *v* [T] ⇒secuestrar [un medio de transporte]: *The plane was hijacked by the guerrillas* - Los guerrilleros secuestraron el avión ■ CONSTR. Se usa más en pasiva ■ Comparar con *kidnap* (secuestrar a una persona)

hijack² /ˈhaɪ.dʒæk/ *n* [c] ⇒secuestro [de un medio de transporte] ■ Comparar con *kidnapping* (secuestro de una persona)

hike /haɪk/ *n* [c] ⇒marcha ⇒excursión [a pie]

hilarious UK: /hɪˈleə.ri.əs/ US: /-ˈler.i-/ *adj* ⇒hilarante: *a hilarious joke* - un chiste hilarante

↑ **hill** /hɪl/ *n* [c] ⇒colina ⇒cerro

hillside /ˈhɪl.saɪd/ *n* [c] ⇒ladera

hilly /ˈhɪl.i/ *adj* [*comp* hillier, *superl* hilliest] ⇒montañoso,sa ⇒accidentado,da

hilt /hɪlt/ *n* [c] **1** ⇒empuñadura **2 (up) to the ~** ⇒totalmente ⇒completamente ⇒incondicionalmente

↑ **him** /hɪm, ɪm/ *pron* **1** ⇒le ⇒lo ⇒él **2** *(después del verbo «to be»)* ⇒él ■ Ver cuadro personal pronouns

himself /hɪmˈself/ *pron* **1** ⇒se: *He cut himself on a piece of glass* - Se cortó con un cristal **2** ⇒él mismo: *He'll do it himself* - Lo hará él mismo **3** ⇒en persona **4** ⇒mismísimo: *I spoke to the rector himself* - Hablé con el mismísimo rector **5 (all) by ~ 1** ⇒solo [sin compañía]: *He lives by himself* - Vive solo **2** ⇒él solo [sin ayuda]: *He mended the bicycle by himself* - Arregló la bicicleta él solo ■ Ver cuadro reflexive pronouns

hinder UK: /ˈhɪn.dəʳ/ US: /-dɚ/ *v* [T] ⇒entorpecer: *to hinder technological development* - entorpecer el desarrollo tecnológico; ⇒estorbar ■ CONSTR. Se usa más en pasiva

hindrance /ˈhɪn.drənts/ *n* [c, u] ⇒impedimento ⇒obstáculo ⇒estorbo

hindsight /ˈhaɪnd.saɪt/ **{in/with} ~** ⇒pensándolo mejor

↑ **Hindu** /ˈhɪn.duː/ *adj, n* [c] ⇒hindú

↑ **Hinduism** /ˈhɪn.duː.ɪ.zᵊm/ *n* [u] ⇒hinduismo

hinge¹ /hɪndʒ/ *n* [c] **1** ⇒bisagra **2** ⇒gozne

hinge² /hɪndʒ/ [hinged, hinging]

PHRASAL VERBS

· **to hinge {on/upon} *sth*** **1** ⇒depender **2** *(una historia o una situación)* ⇒depender de algo ⇒girar en torno a algo

hint¹ /hɪnt/ *n* [c] **1** ⇒indirecta: *to drop a hint* - lanzar una indirecta **2** ⇒sugerencia **3 a ~ of *sth*** ⇒un atisbo de algo ⇒un indicio de algo

hint² /hɪnt/ *v* [T, I] ⇒insinuar ⇒dar a entender ■ CONSTR. 1. to hint + that 2. to hint + at sth

hip¹ /hɪp/ *n* [c] **1** ⇒cadera: *hip replacement* - trasplante de cadera **2** *UK (fruto)* ⇒escaramujo

hip² /hɪp/ *adj* [*comp* hipper, *superl* hippest] *(inform)* ⇒de moda ⇒al día

hip-hop UK: /ˈhɪp.hɒp/ US: /-hɑːp/ *n* [u] ⇒hip-hop: *a hip-hop singer* - un cantante de hip-hop

hippie /ˈhɪp.i/ *n* [c] ⇒hippy

hippo *n* [c] *(inform)* ⇒forma abreviada de **hippopotamus** (hipopótamo)

hippocampus *n* **1** *(pez)* ⇒hipocampo ⇒caballito de mar **2** *(en anatomía)* ⇒hipocampo

hippopotamus UK: /ˌhɪp.əˈpɒt.ə.məs/ US: /-ˈpɑː.t̬ə-/ [*pl* hippopotami, hippopotamuses] *n* [c] ⇒hipopótamo ■ La forma abreviada es *hippo*

↑ **hire¹** UK: /haɪəʳ/ US: /haɪr/ [hired, hiring] *v* [T] **1** *UK* (*US* **rent**) ⇒alquilar [para un plazo breve de tiempo] ⇒rentar *AMÉR.*; ⇒arrendar *AMÉR.* **2** ⇒contratar ⇒emplear

hire² UK: /haɪəʳ/ US: /haɪr/ *UK* (*UK/US tb* **rental**) *n* [u] ⇒alquiler: *car hire* - alquiler de coches

↑ **his¹** /hɪz/ *adj* ⇒su: *I gave him his pencil* - Le di su lápiz ■ Ver cuadro possessive adjectives and pronouns

↑ **his²** /hɪz/ *pron* **1** ⇒suyo,ya: *Give this book to Peter; it's his* - Dale este libro a Peter: es suyo **2** ⇒el suyo, la suya ■ Ver cuadro possessive adjectives and pronouns

Hispanic¹ /hɪˈspæn.ɪk/ *adj* ⇒hispánico,ca

Hispanic² /hɪˈspæn.ɪk/ *n* [c] ⇒hispano,na

hiss¹ /hɪs/ *v* [I] ⇒sisear ⇒silbar

hiss² /hɪs/ [*pl* hisses] *n* [c, u] ⇒siseo ⇒silbido

hissy (fit) *n* [c] *(inform)* ⇒rabieta *col.*; ⇒perra *col.*

historian UK: /hɪˈstɔː.ri.ən/ US: /-ˈstɔːr.i-/ *n* [c] ⇒historiador,-a

historic UK: /hɪˈstɒr.ɪk/ US: /-ˈstɔːr-/ *adj* ⇒relevante ⇒histórico,ca

historical UK: /hɪˈstɒr.ɪ.kᵊl/ US: /-ˈstɔːr-/ *adj* ⇒histórico,ca: *a historical fact* - un hecho histórico

historically UK: /hɪˈstɒr.ɪ.kli/ US: /-ˈstɔːr-/ *adv* ⇒históricamente ■ PRON. La *a* no se pronuncia

↑ **history** UK: /ˈhɪs.tᵊr.i/ US: /-t̬ɚ-/ *n* [u] **1** *(asignatura)* ⇒historia **2** ⇒historia ⇒pasado

↑**hit**[1], **hit, hit** /hɪt/ [hitting] *v* [T] **1** ⇒pegar ⇒golpear ⇒fajar AMÉR. **2** ⇒dar: *The arrow hit the target* - La flecha dio en el blanco

PHRASAL VERBS
· **to hit back** ⇒contestar [a un ataque físico o verbal]

hit[2] /hɪt/ *n* [C] **1** ⇒golpe **2** ⇒éxito: *His first single was a real hit* - Su primer single fue todo un éxito **3** ⇒acierto **4** *(en internet)* ⇒visita

hit-and-run /ˌhɪt.ənˈrʌn/ *adj* **1** ⇒con omisión de socorro: *a hit-and-run car accident* - un accidente de coche con omisión de socorro **2** *a hit-and-run driver* - un conductor que, tras un accidente, se da a la fuga

hitch[1] /hɪtʃ/ [*pl* hitches] *n* [C] ⇒inconveniente ⇒dificultad ⇒contratiempo

hitch[2] /hɪtʃ/ *v* [T] ⇒enganchar ■ CONSTR. Se usa generalmente seguido de la preposición to

PHRASAL VERBS
· **to hitch *sth* up [M]** ⇒subir(se) algo ⇒remangar(se) algo

hitchhike /ˈhɪtʃ.haɪk/ [hitchhiked, hitchhiking] *v* [I] ⇒hacer autoestop

hi-tech *UK adj* See **high-tech**

hive /haɪv/ *n* [C] ⇒colmena

hoard[1] UK:/hɔːd/ US:/hɔːrd/ *v* [T] ⇒almacenar ⇒acopiar ⇒atesorar

hoard[2] UK: /hɔːd/ US: /hɔːrd/ *n* [C] **1** ⇒provisión **2** ⇒tesoro

hoarding UK: /ˈhɔː.dɪŋ/ US: /ˈhɔːr-/ *UK* (*UK/US tb* **billboard**) *n* [C] ⇒valla publicitaria

hoarse UK: /hɔːs/ US: /hɔːrs/ *adj (voz)* ⇒ronco,ca

hoax UK: /həʊks/ US: /hoʊks/ [*pl* hoaxes] *n* [C] ⇒engaño ⇒aviso falso ⇒falsa alarma

hob UK: /hɒb/ US: /hɑːb/ *UK n* [C] *(en la cocina)* ⇒placa

↑**hobby** UK: /ˈhɒb.i/ US: /ˈhɑː.bi/ [*pl* hobbies] *n* [C] ⇒afición ⇒pasatiempo

↑**hockey** UK: /ˈhɒk.i/ US: /ˈhɑː.ki/ *n* [U] ⇒hockey: *a hockey stick* - un palo de hockey

hoe UK: /həʊ/ US: /hoʊ/ *n* [C] *(herramienta)* ⇒azada

hog[1] UK: /hɒg/ US: /hɑːg/ *US n* [C] *(animal)* ⇒cerdo

hog[2] UK: /hɒg/ US: /hɑːg/ [hogged, hogging] *v* [T] *(inform)* ⇒acaparar

Hogmanay UK: /ˈhɒg.mə.neɪ/ US: /ˈhɑːg.mə.neɪ/ *UK n* [C, U] *(en Escocia)* ⇒nochevieja

hoist /hɔɪst/ *v* [T] **1** ⇒izar **2** (*tb* **hoist up**) ⇒subir: *They hoisted up the piano with a rope* - Subieron el piano con una cuerda

↑**hold**[1], **held, held** UK: /həʊld/ US: /hoʊld/ *v* [T] **1** ⇒tener ⇒sujetar **2** ⇒mantener: *Hold your head up* - Mantén la cabeza erguida **3** ⇒contener ⇒tener capacidad para ⇒entrar **4** ⇒celebrar: *They're holding a party upstairs* - Están celebrando una fiesta en el piso de arriba **5** *(un título)* ⇒ostentar **6** ⇒retener [a un prisionero] ⇒tener preso,sa **7** **Don't ~ your breath!** *(hum)* ⇒espera sentado,da *col.* **8 to get ~ of *sth/sb*** ⇒localizar: *I need to get hold of Helen* - Tengo que localizar a Helen **9 to ~ *one's* breath** ⇒contener la respiración **10 to ~ (down) the fort** ⇒hacerse cargo de una situación

PHRASAL VERBS
· **to hold *sth* against *sb*** ⇒tener algo en cuenta a alguien
· **to hold *sth* back** **1** *(una emoción)* ⇒contener ⇒reprimir **2** *(una información)* ⇒ocultar ⇒callarse
· **to hold *sth/sb* back [M]** **1** ⇒contener: *The police couldn't hold the crowd back* - La policía no logró contener a la multitud **2** ⇒frenar [el progreso] ⇒impedir [el desarrollo]
· **to hold *sth/sb* down [M]** **1** ⇒retener ⇒detener **2** *(coste, sueldo)* ⇒mantener a la baja
· **to hold on** *(inform)* ⇒esperar: *Hold on a second while I take my coat off* - Espera un segundo que me quite el abrigo; *Hold on a moment, please* - Espere un momento, por favor ■ Normalmente se usa en conversaciones telefónicas
· **to hold onto *sth*** ⇒sujetar algo ⇒agarrarse a algo
· **to hold out** ⇒aguantar ⇒soportar ⇒resistir
· **to hold *sth* out [M]** **1** ⇒extender ⇒acercar ⇒tender **2** *(una posibilidad, una esperanza)* ⇒ofrecer
· **to hold *sth* up [M]** ⇒apoyar algo ⇒sostener algo
· **to hold *sth/sb* up [M]** **1** ⇒atracar **2** ⇒retrasar ⇒detener

hold[2] UK: /həʊld/ US: /hoʊld/ ▌*n* [U, NO PL] **1** ⇒asimiento ⇒agarre **2** ⇒dominio ⇒control ▌*n* [C] **3** *(de un barco o avión)* ⇒bodega **4 ~ {on/over} *sth/sb*** ⇒poder ⇒influencia **5 to get ~ of *sth/sb*** ⇒conseguir algo ⇒conseguir contactar con alguien

holdall UK: /ˈhəʊld.ɔːl/ US: /ˈhoʊld.ɑːl/ *UK n* [C] ⇒bolsa de viaje

holder UK: /ˈhəʊl.dəʳ/ US: /ˈhoʊl.dɚ/ *n* [C] **1** ⇒propietario,ria: *the passport holder* - el propietario del pasaporte **2** *(de un título)* ⇒poseedor,-a **3** *(de una cuenta bancaria)* ⇒titular

holding UK: /ˈhəʊl.dɪŋ/ US: /ˈhoʊl-/ *n* [C] **1** *(en una empresa)* ⇒participación **2** ⇒terreno arrendado

hold-up UK: /ˈhəʊld.ʌp/ US: /ˈhoʊld-/ *UK n* [C] **1** ⇒atasco **2** ⇒atraco

↑**hole** UK: /həʊl/ US: /hoʊl/ *n* [C] **1** ⇒agujero ⇒bache ⇒brecha **2** *(en golf)* ⇒hoyo **3** ⇒madriguera: *a rabbit hole* - una madriguera de conejos **4** ⇒aprieto ⇒apuro

H

↑**holiday**[1] UK: /ˈhɒl.ɪ.deɪ/ US: /ˈhɑː.lɪ-/ *n* [C, U] **1** *UK* (*US* **vacation**) ⇒vacaciones ■ Cuando se hace referencia a un período largo se utiliza *holidays* ■ La forma abreviada es *hols* **2** ⇒fiesta ⇒día festivo **3 on ~** *UK* (*US* **on vacation**) ⇒de vacaciones

holiday[2] UK: /ˈhɒl.ɪ.deɪ/ US: /ˈhɑː.lɪ-/ *UK* (*US* **vacation**) *v* [I] **1** ⇒pasar las vacaciones **2** *(en verano)* ⇒veranear ■ Se usa más *to spend one's holidays* y *to go on holiday*

holidaymaker UK: /ˈhɒl.ə.diˌmeɪ.kəʳ/ US: /ˈhɑː.lə.deɪˌmeɪ.kɚ/ *UK n* [C] **1** ⇒turista **2** *(en verano)* ⇒veraneante

holiness UK: /ˈhəʊ.lɪ.nəs/ US: /ˈhoʊ-/ *n* [U] ⇒santidad

holistic UK: /həʊˈlɪs.tɪk/ US: /hoʊlˈɪs-/ *adj* ⇒holístico,ca: *holistic medicine* - medicina holística

hollow[1] UK: /ˈhɒl.əʊ/ US: /ˈhɑː.loʊ/ *adj* **1** ⇒hueco,ca: *a hollow tube* - un tubo hueco **2** *(una cara o unos ojos)* ⇒hundido,da **3** *(una amenaza o una promesa)* ⇒hueco,ca ⇒vacío,a ⇒vano,na

hollow[2] UK: /ˈhɒl.əʊ/ US: /ˈhɑː.loʊ/ *n* [C] **1** ⇒hueco ⇒hoyo **2** ⇒hondonada **3** *US* ⇒valle

↑**hollow**[3] UK: /ˈhɒl.əʊ/ US: /ˈhɑː.loʊ/

PHRASAL VERBS

· **to hollow *sth* out [M]** ⇒vaciar ⇒hacer un hueco [en algo]

holly UK: /ˈhɒl.i/ US: /ˈhɑː.li/ [*pl* hollies] *n* [C, U] *(árbol)* ⇒acebo

holocaust UK: /ˈhɒl.ə.kɔːst/ US: /ˈhɑː.lə.kɑːst/ *n* [C] ⇒holocausto

hologram UK: /ˈhɒl.ə.græm/ US: /ˈhɑː.lə-/ *n* [C] ⇒holograma

↑**holy** UK: /ˈhəʊ.li/ US: /ˈhoʊ-/ *adj* [*comp* holier, *superl* holiest] **1** ⇒sagrado,da ⇒santo,ta **2 Holy Week** ⇒Semana Santa

↑**home**[1] UK: /həʊm/ US: /hoʊm/ *n* [C, U] **1** ⇒casa: *This is my home* - Esta es mi casa ■ Se dice *to go home - ir a casa*. Incorrecto: *to go to home*. Lo mismo sucede con *to come home* y *to arrive home* **2** ⇒orfanato ⇒asilo **3** ⇒tierra ⇒patria **4 at ~** ⇒en casa **5 the ~ of *sth/sb*** **1** ⇒la cuna: *India, the home of silk* - India, la cuna de la seda **2** *(para animales)* ⇒el hábitat

home[2] UK: /həʊm/ US: /hoʊm/ *adj* ⇒de casa ⇒local

↑**home**[3] UK: /həʊm/ US: /hoʊm/ *adv* ⇒a casa ⇒en casa

homeland UK: /ˈhəʊm.lænd/ US: /ˈhoʊm-/ *n* [C] ⇒tierra natal ⇒patria

homeless UK: /ˈhəʊm.ləs/ US: /ˈhoʊm-/ *adj* **1** ⇒sin hogar **2 the ~** ⇒las personas sin hogar ⇒los sin techo

homely UK: /ˈhəʊm.li/ US: /ˈhoʊm-/ *UK adj* [*comp* homelier, *superl* homeliest] **1** ⇒confortable **2** *UK* ⇒hogareño,ña **3** *US* ⇒poco atractivo,va

home-made *UK adj* See **homemade**

homemade UK: /ˌhəʊmˈmeɪd/ US: /ˌhoʊm-/ (*UK tb* **home-made**) *adj* ⇒casero,ra: *homemade jam* - mermelada casera

homeopathy UK: /ˌhəʊ.miˈɒp.ə.θi/ US: /ˌhoʊ.miˈɑː.pə-/ *n* [U] ⇒homeopatía

home page *n* [C] *(en informática)* ⇒página de inicio

homesick UK: /ˈhəʊm.sɪk/ US: /ˈhoʊm-/ *adj* **1** ⇒nostálgico,ca **2 to {be/feel} ~** ⇒tener morriña *col.*

↑**homework** UK: /ˈhəʊm.wɜːk/ US: /ˈhoʊm.wɝːk/ *n* [U] ⇒deberes: *to do one's homework* - hacer los deberes ■ Se dice *some homework* o *a piece of homework*. Incorrecto: *a homework*

homicide UK: /ˈhɒm.ɪ.saɪd/ US: /ˈhɑː.mə-/ *US n* [C, U] *(form)* *(en derecho)* ⇒homicidio

homogeneous UK: /ˌhɒm.əˈdʒiː.ni.əs/ UK: /ˌhəʊ.mə-/ US: /ˌhoʊ.moʊˈdʒiː-/ *adj (form)* ⇒homogéneo,a

homosexual UK: /ˌhəʊ.məʊˈsek.sju.əl/ UK: /ˌhɒm.əʊˈ-/ US: /ˌhoʊ.moʊˈsek.ʃu.[ə]l/ *adj, n* [C] ⇒homosexual

Honduran UK: /hɒnˈdjʊə.rən/ US: /hɑːnˈdʊr.ən/ *adj, n* [C] ⇒hondureño,ña

Honduras UK: /hɒnˈdjʊə.rəs/ US: /hɑːnˈdʊr.əs/ *n* [U] ⇒Honduras

↑**honest** UK: /ˈɒn.ɪst/ US: /ˈɑː.nɪst/ *adj* **1** ⇒honrado,da ⇒honesto,ta **2** ⇒sincero,ra

honestly UK: /ˈɒn.ɪst.li/ US: /ˈɑː.nɪst-/ *adv* **1** ⇒con sinceridad ⇒sinceramente ⇒francamente **2** ⇒de verdad ⇒en serio **3** ⇒honradamente

honesty UK: /ˈɒn.ə.sti/ US: /ˈɑː.nə-/ *n* [U] **1** ⇒honradez ⇒honestidad **2** ⇒sinceridad

↑**honey** /ˈhʌn.i/ ▮ *n* [U] **1** ⇒miel ▮ *n* [C] **2** *US* ⇒cariño ■ Se usa como vocativo **3** ⇒encanto: *She's a honey* - Es un encanto

honeymoon /ˈhʌn.i.muːn/ *n* [C] ⇒luna de miel: *to go on honeymoon* - irse de luna de miel

Hong Kong[1] UK: /ˌhɒŋˈkɒŋ/ US: /ˈhɑːŋˌkɑːŋ/ *n* [U] ⇒Hong Kong

Hong Kong[2] UK: /ˌhɒŋˈkɒŋ/ US: /ˈhɑːŋˌkɑːŋ/ *adj* ⇒hongkonés,-a

honk UK: /hɒŋk/ US: /hɑːŋk/ *v* [T, I] **1** *(en un coche)* ⇒tocar la bocina **2** *(un ganso)* ⇒graznar

honor UK: /ˈɒn.əʳ/ US: /ˈɑː.nɚ/ *US n* [C] See **honour**

honorable UK: /ˈɒn.ər.ə.bl̩/ US: /ˈɑː.nɚ-/ *US adj* See **honourable**

honorary UK: /ˈɒn.ər.ə.ri/ US: /ˈɑː.nə.rer.i/ *adj* ⇒honorario,ria ⇒honorífico,ca

↑**honour** UK: /ˈɒn.əʳ/ US: /ˈɑː.nɚ/ *UK* (*US* **honor**) *n* [C] **1** ⇒honor: *a dinner in honour of John* - una cena en honor de John **2 honours** ⇒licenciatura con matrícula de honor ■ PRON. La *h* no se pronuncia

honourable UK: /ˈɒn.ᵊr.ə.bl̩/ US: /ˈɑː.nɚ-/ *UK* (*US* **honorable**) *adj* ⇒honorable

↑**hood** /hʊd/ *n* [C] **1** ⇒capucha **2** *US* (*UK* **bonnet**) *(en un coche)* ⇒capó **3** *(en una cocina)* ⇒campana

hoof /huːf/ [*pl* hooves, hoofs] *n* [C] ⇒pezuña

hook[1] /hʊk/ *n* [C] **1** ⇒gancho **2** ⇒percha **3** ⇒anzuelo **4 off the ~** *(el teléfono)* ⇒descolgado,da **5 to get *sb* off the ~** *(inform)* ⇒sacar a alguien de un apuro **6 to let *sb* off the ~** *(inform)* ⇒dejar que alguien se escape

hook[2] /hʊk/ *v* [T] **1** ⇒enganchar **2** ⇒pescar

hooked /hʊkt/ *adj* **1** ⇒ganchudo,da: *hooked nose* - nariz ganchuda **2** *(inform)* ⇒enganchado,da *col.: I'm hooked on that TV series* - Estoy enganchado a esa serie televisiva

hooligan /ˈhuː.lɪ.gᵊn/ *n* [C] **1** ⇒gamberro,rra **2** ⇒hooligan

hoop /huːp/ *n* [C] ⇒aro

hooray /hʊˈreɪ, hə-/ *excl* See **hurrah**

hoot[1] /huːt/ ▮ *n* [C] **1** *UK* ⇒pitido [de un coche] ⇒silbato [de un tren] ▮ *n* [NO PL] **2** *(inform)* ⇒risa *col.: That play is a hoot* - Esa obra de teatro es una risa **3** *(inform)* ⇒chistoso,sa

hoot[2] /huːt/ ▮ *v* [T, I] **1** *UK (en un coche)* ⇒tocar la bocina ▮ *v* [T] **2** *(un búho)* ⇒ulular **3** ⇒reír(se) a carcajadas: *We hooted with laughter* - Nos reímos a carcajadas

hoover *UK v* [T, I] ⇒pasar la aspiradora

Hoover® UK: /ˈhuː.vəʳ/ US: /-vɚ/ *UK n* [C] ⇒aspiradora

hooves /huːvz/ *n* [PL] See **hoof**

hop[1] UK: /hɒp/ US: /hɑːp/ [hopped, hopping] *v* [I] **1** ⇒andar a la pata coja **2** ⇒andar a saltitos

hop[2] UK: /hɒp/ US: /hɑːp/ *n* [C] **1** ⇒saltito **2** *(planta)* ⇒lúpulo

↑**hope**[1] UK: /həʊp/ US: /hoʊp/ [hoped, hoping] *v* [T, I] **1** ⇒esperar: *I hope that you get better soon* - Espero que te recuperes pronto ▪ CONSTR. 1. to hope + (that) 2. to hope + to do sth **2 I should ~ not!** ⇒¡faltaría más! ▪ Se usa para expresar el deseo de que algo suceda. Comparar con *expect*

↑**hope**[2] UK: /həʊp/ US: /hoʊp/ *n* [C, U] ⇒esperanza: *You have to hold on to that hope* - Tienes que tener esperanza; *You're my only hope* - Eres mi única esperanza

hopeful UK: /ˈhəʊp.fᵊl/ US: /ˈhoʊp-/ *adj* **1** ⇒esperanzado,da **2** *I was hopeful that he would arrive on time* - Tenía la esperanza de que pudiese llegar a tiempo **3** *(un signo)* ⇒esperanzador,-a

hopefully UK: /ˈhəʊp.fᵊl.i/ US: /ˈhoʊp-/ *adv* **1** ⇒con esperanza: *She talked to me hopefully about the future* - Me habló del futuro con esperanza **2** *Hopefully, they'll come* - Tenemos esperanzas de que vengan **3** ⇒espero que sí: *«Are you coming too?» «Hopefully»* - «¿Tú también vienes?» «Espero que sí»

hopeless UK: /ˈhəʊ.pləs/ US: /ˈhoʊ-/ *adj* **1** ⇒pésimo,ma ⇒desastroso,sa **2** ⇒desesperanzador,-a **3** ⇒inútil: *It's hopeless to ask him for money* - Es inútil que le pidas dinero

hopelessly UK: /ˈhəʊ.plə.sli/ US: /ˈhoʊ-/ *adv* **1** ⇒totalmente: *He was hopelessly in love* - Estaba totalmente enamorado **2** ⇒sin esperanza

hopscotch UK: /ˈhɒp.skɒtʃ/ US: /ˈhɑːp.skɑːtʃ/ *n* [U] *(juego)* ⇒rayuela

horde UK: /hɔːd/ US: /hɔːrd/ *n* [C] **1** ⇒horda ⇒aglomeración ⇒multitud **2** *(en historia)* ⇒horda

horizon /həˈraɪ.zᵊn/ *n* [NO PL] ⇒horizonte: *on the horizon* - en el horizonte

↑**horizontal** UK: /ˌhɒr.ɪˈzɒn.tᵊl/ US: /ˌhɔːr.ɪˈzɑːn.ˁt̬[ə]l/ *adj, n* [C] ⇒horizontal

horizontally UK: /ˌhɒr.ɪˈzɒn.tᵊl.i/ US: /ˌhɔːr.ɪˈzɑːn.ˁt̬[ə]l-/ *adv* ⇒horizontalmente

hormone UK: /ˈhɔː.məʊn/ US: /ˈhɔːr.moʊn/ *n* [C] ⇒hormona: *hormone treatment* - tratamiento con hormonas

↑**horn** UK: /hɔːn/ US: /hɔːrn/ ▮ *n* [C, U] **1** *(en algunos animales)* ⇒cuerno ⇒asta ▮ *n* [C] **2** ⇒bocina **3** *(instrumento musical)* ⇒cuerno ⇒trompa

horoscope UK: /ˈhɒr.ə.skəʊp/ US: /ˈhɔːr.ə.skoʊp/ *n* [C] ⇒horóscopo

horrendous /həˈren.dəs/ *adj* **1** ⇒horrendo,da ⇒horroroso,sa ⇒espantoso,sa **2** ⇒tremendo,da ⇒inmenso,sa

↑**horrible** UK: /ˈhɒr.ɪ.bl̩/ US: /ˈhɔːr-/ *adj* ⇒horrible

horrid UK: /ˈhɒr.ɪd/ US: /ˈhɔːr-/ *adj (inform)* ⇒horrible

horrific /həˈrɪf.ɪk/ *adj* ⇒horrendo,da ⇒espantoso,sa

horrify UK: /ˈhɒr.ɪ.faɪ/ US: /ˈhɔːr-/ [horrifies, horrified] *v* [T] ⇒horrorizar ▪ CONSTR. Se usa más en pasiva

horrifying UK: /ˈhɒr.ɪ.faɪ.ɪŋ/ US: /ˈhɔːr-/ *adj* ⇒horroroso,sa ⇒horripilante

↑**horror** UK: /ˈhɒr.əʳ/ US: /ˈhɔːr.ɚ/ ▮ *n* [U] **1** ⇒terror ⇒horror ▮ *n* [C] **2** *(persona)* ⇒demonio ⇒diablo

horror story [*pl* horror stories] *n* [C] ⇒historia de terror

↑**horse** UK: /hɔːs/ US: /hɔːrs/ *n* [C] **1** ⇒caballo: *to ride a horse* - montar a caballo **2** *(en un gimnasio)* ⇒potro

horsepower UK: /ˈhɔːs.paʊəʳ/ US: /ˈhɔːrs.paʊr/ *n* [C, U] *(en un motor)* ⇒caballos ▪ La forma abreviada es *hp*

horse riding *UK n* [U] ⇒equitación

horseshoe UK: /ˈhɔːs.ʃuː/ US: /ˈhɔːrs-/ *n* [C] ⇒herradura

horticulture UK: /ˈhɔː.tɪ.kʌl.tʃəʳ/ US: /ˈhɔːr.ˁt̬ə.kʌl.tʃɚ/ *n* [U] ⇒horticultura

hose UK: /həʊz/ US: /hoʊz/ ▮ *n* [C] **1** ⇒manguera ▮ *n* [U] **2** ⇒medias

hospice UK: /ˈhɒs.pɪs/ US: /ˈhɑː.spɪs/ *n* [C] ⇒hospital para enfermos terminales ■ Distinto de *omen* (auspicio)

↑**hospitable** UK: /hɒsˈpɪt.ə.bl̩/ US: /hɑːˈspɪˤt̬-/ *adj* ⇒hospitalario,ria ⇒acogedor,-a

↑**hospital** UK: /ˈhɒs.pɪ.tᵊl/ US: /ˈhɑː.spɪ.ˤt̬[ə]l/ *n* [C, U] ⇒hospital

hospitality UK: /ˌhɒs.pɪˈtæl.ə.ti/ US: /ˌhɑː.spɪˈtæl.ə.ˤt̬i/ *n* [U] ⇒hospitalidad

host[1] UK: /həʊst/ US: /hoʊst/ ▮ *n* [C] **1** ⇒anfitrión,-a ▮ *n* [NO PL] **2** *(en la misa)* ⇒hostia **3** *US* (*UK* **presenter**) *(en radio o en televisión)* ⇒presentador,-a ⇒conductor,-a *AMÉR.*

H

host[2] UK: /həʊst/ US: /hoʊst/ *v* [T] **1** *(un evento)* ⇒albergar ⇒ser la sede **2** *(un programa de radio o televisión)* ⇒presentar **3** *(en informática)* ⇒proporcionar los elementos necesarios para crear o alojar una página web

hostage UK: /ˈhɒs.tɪdʒ/ US: /ˈhɑː.stɪdʒ/ *n* [C] ⇒rehén: *to take sb hostage* - tomar a alguien como rehén ■ PRON. La *a* se pronuncia como la *i* en *did*

hostel UK: /ˈhɒs.tᵊl/ US: /ˈhɑː.st[ə]l/ *n* [C] ⇒albergue ⇒hogar ⇒residencia [de estudiantes]

hostess UK: /ˈhəʊ.stes/ US: /ˈhoʊ.stɪs/ [*pl* hostesses] *n* [C] **1** ⇒anfitriona **2** ⇒presentadora [de televisión] ■ Se emplea únicamente con mujeres

↑**hostile** UK: /ˈhɒs.taɪl/ US: /ˈhɑː.st[ə]l/ *adj* **1** ⇒hostil ⇒adverso,sa **2** *(un territorio)* ⇒enemigo,ga

hostility UK: /hɒsˈtɪl.ɪ.ti/ US: /hɑːˈstɪl.ə.ˤt̬i/ *n* [U] ⇒hostilidad: *to show hostility to sb* - mostrar hostilidad hacia alguien

↑**hot** UK: /hɒt/ US: /hɑːt/ *adj* [*comp* hotter, *superl* hottest] **1** ⇒caliente: *Don't touch the pot; it's hot* - No toques la olla; está caliente ■ Hace referencia a una temperatura muy alta y desagradable. Comparar con *warm* **2** *(una comida)* ⇒picante **3** *(inform)* ⇒atractivo,va ⇒cañón *col.* **4 to be ~ 1** ⇒tener calor: *Aren't you hot?* - ¿No tienes calor? **2** ⇒hacer calor: *It's very hot in here* - Hace mucho calor aquí

hot chocolate *n* [C, U] *(bebida)* ⇒chocolate caliente ■ PRON. La segunda *o* de *chocolate* no se pronuncia

hot dog *n* [C] ⇒perrito caliente ⇒pancho *AMÉR.*

↑**hotel** UK: /həʊˈtel/ US: /hoʊ-/ *n* [C] ⇒hotel: *a three star hotel* - un hotel de tres estrellas

hotly UK: /ˈhɒt.li/ US: /ˈhɑːt.li/ *adv* **1** ⇒enérgicamente ⇒con pasión **2** ⇒con indignación ⇒con enfado **3** *hotly pursued by the police* - con la policía pisándole los talones

hound[1] /haʊnd/ *n* [C] ⇒perro de caza

hound[2] /haʊnd/ *v* [T] ⇒acosar: *They hounded him with questions* - Lo acosaron con preguntas

↑**hour** UK: /aʊəʳ/ US: /aʊr/ *n* [C] **1** *(unidad de tiempo)* ⇒hora **2** *(momento determinado)* ⇒hora **3 after hours** ⇒después del trabajo **4 hours** ⇒horario: *What hours do you work?* - ¿Qué horario tienes? ■ Se dice *At what time?* - *¿A qué hora?* y *What time is it?* - *¿Qué hora es?*. Incorrecto: *At what hour?* o *What hour is it?* ■ La forma abreviada es *Hr*

hourly UK: /ˈaʊə.li/ US: /ˈaʊr-/ *adj* ⇒cada hora ⇒por hora

↑**house**[1] /haʊs, ˈhaʊzɪz/ *n* [C] **1** ⇒casa: *detached house* - casa independiente; *semi-detached house* - casa pareada **2 full ~** *(en un teatro)* ⇒lleno **3 on the ~** ⇒cortesía de la casa

house[2] /haʊz/ [housed, housing] *v* [T] *(form)* ⇒alojar ⇒albergar

houseboat UK: /ˈhaʊs.bəʊt/ US: /-boʊt/ *n* [C] *(en un río o en un canal)* ⇒embarcación que se utiliza de vivienda

↑**household** UK: /ˈhaʊs.həʊld/ US: /-hoʊld/ *n* [C] ⇒hogar ⇒familia

householder UK: /ˈhaʊsˌhəʊl.dəʳ/ US: /-ˌhoʊl.dɚ/ *UK n* [C] **1** ⇒propietario,ria de una casa **2** ⇒inquilino,na

housekeeper UK: /ˈhaʊsˌkiː.pəʳ/ US: /-pɚ/ *n* [C] *(en una casa)* ⇒ama de llaves

housekeeping /ˌhaʊsˈkiː.pɪŋˌmʌn.i/ *n* [U] **1** ⇒tareas domésticas **2** ⇒gastos domésticos ⇒gastos de la casa

House of Commons *n* [NO PL] *(en Reino Unido y en Canadá)* ⇒Cámara de los Comunes

House of Lords *n* [NO PL] *(en Reino Unido)* ⇒Cámara de los Lores

Houses of Parliament *n* [PL] ⇒Parlamento británico

↑**housewife** /ˈhaʊs.waɪf/ [*pl* housewives] *n* [C] ⇒ama de casa

↑**housework** UK: /ˈhaʊs.wɜːk/ US: /-wɝːk/ *n* [U] ⇒faenas del hogar ⇒tareas domésticas ■ Se dice *some housework*. Incorrecto: *a housework*

housing /ˈhaʊ.zɪŋ/ *n* [U] ⇒vivienda ⇒alojamiento

housing estate *UK n* [C] ⇒urbanización

hove past tense and past participle forms of **heave**

hover UK: /ˈhɒv.əʳ/ US: /ˈhɑː.vɚ/ *v* [I] **1** *(un ave)* ⇒cernerse **2** *(un helicóptero)* ⇒sobrevolar ⇒mantenerse en el aire **3** *(una persona)* ⇒rondar **4** ⇒tener dudas **5** ⇒debatirse: *After the accident, she hovered between life and death for several hours* - Tras el accidente, se debatió entre la vida y la muerte durante horas ■ CONSTR. Se usa generalmente seguido de una preposición o un adverbio

↑**hovercraft** UK: /ˈhɒv.ə.krɑːft/ US: /ˈhɑː.vɚ.kræft/ [*pl* hovercrafts, hovercraft] *n* [C] ⇒aerodeslizador

↑how /haʊ/ *adv* **1** *(modo)* ⇒cómo **2** *(edad)* ⇒qué ⇒cuánto,ta **3** *(cantidad)* ⇒cuánto **4** *(tamaño)* ⇒qué ⇒cómo **5** *(estado de salud, ánimo)* ⇒qué tal **6** *(frecuencia): How often do you go to the dentist?* - ¿Cada cuánto vas al dentista? **7** *(en oraciones exclamativas)* ⇒qué ■ Se usa seguido de adjetivos o de adverbios: *How interesting!* ¡*Qué interesante!* Comparar con *what* **8 ~ about...?** ⇒¿y si?: *How about going to Venice?* - ¿Y si vamos a Venecia? **9 ~ come...?** *(inform)* ⇒¿cómo es que...? *col.: How come you arrived so late?* - ¿Cómo es que llegaste tan tarde? **10 ~ do you do?** *(form)* ⇒¿cómo está usted? ■ La respuesta a esta pregunta es también *How do you do?* Normalmente este saludo va acompañado de un apretón de manos ■ Ver cuadros interrogative pronouns and adverbs y ¿cómo está...? / ¿cómo es...?

↑however UK: /ˌhaʊˈev.əʳ/ US: /-ə/ *adv* **1** ⇒sin embargo **2** ⇒por muy ⇒por mucho **3** ⇒como **4** *However you look at it, it's a mistake* - Lo mires como lo mires, es un error **5** *(en preguntas)* ⇒cómo ⇒cómo rayos

howl¹ /haʊl/ *v* [I] **1** *(un perro o un lobo)* ⇒aullar **2** ⇒dar alaridos: *to howl in pain* - dar alaridos de dolor **3** *(el viento)* ⇒rugir ⇒silbar

howl² /haʊl/ *n* [C] **1** ⇒aullido **2** ⇒grito [de dolor]

HQ /ˌeɪtʃˈkjuː/ *n* [C] ⇒forma abreviada de **headquarters** (cuartel general)

hr [*pl* hrs] *n* [C] ⇒h ⇒forma abreviada de **hour** (hora)

hub /hʌb/ *n* [C] **1** *(en un vehículo)* ⇒llanta **2** ⇒alma ⇒núcleo ⇒eje **3** *(en una rueda)* ⇒cubo

huddle¹ /ˈhʌd.l̩/ [huddled, huddling] *v* [I] **1** ⇒acurrucarse: *I huddled close to the chimney* - Me acurruqué junto a la chimenea **2** ⇒apiñarse ⇒arrimarse ⇒amontonarse ■ CONSTR. Se usa generalmente seguido de los adverbios around, round, together y up

huddle² /ˈhʌd.l̩/ *n* [C] ⇒corrillo

huff /hʌf/ *v* [I] **1** *(inform)* ⇒resoplar **2 to be in a ~** *(inform)* ⇒estar cabreado,da *vulg.;* ⇒estar indignado,da

hug¹ /hʌg/ [hugged, hugging] *v* [T] ⇒abrazar: *Give me a hug* - Abrázame

hug² /hʌg/ *n* [C] ⇒abrazo

↑huge /hjuːdʒ/ *adj* ⇒enorme: *a huge wave* - una ola enorme

huh /hə/ *excl (inform)* ⇒eh: *It's cold, huh?* - Hace frío, ¿eh?

hull /hʌl/ *n* [C] *(de un barco)* ⇒casco

hullo UK: /həˈləʊ/ US: /-ˈloʊ/ *UK* (*UK/US tb* **hello**) *excl* ⇒¡hola!

hum¹ /hʌm/ [hummed, humming] ▌*v* [I] **1** ⇒zumbar ⇒sonar **2** *(inform)* ⇒bullir [de actividad] ▌*v* [T, I] **3** ⇒tararear: *to hum a song* - tararear una canción

hum² /hʌm/ (*tb* **humming**) *n* [C] ⇒zumbido ⇒susurro ⇒murmullo

↑human /ˈhjuː.mən/ *adj* ⇒humano,na: *human rights* - derechos humanos

humane /hjuːˈmeɪn/ *adj* ⇒humano,na ⇒humanitario,ria

humanitarian UK: /hjuːˌmæn.ɪˈteə.ri.ən/ US: /-ˈter.i-/ *adj* ⇒humanitario,ria: *for humanitarian reasons* - por razones humanitarias

humanity UK: /hjuːˈmæn.ə.ti/ US: /-ˁt̬i/ *n* [U] ⇒humanidad

human nature *n* [U] ⇒naturaleza humana

humble¹ /ˈhʌm.bl̩/ *adj* [*comp* humbler, *superl* humblest] **1** *(un carácter)* ⇒humilde **2** ⇒humilde ⇒sencillo,lla **3** ⇒modesto,ta ⇒humilde

humble² /ˈhʌm.bl̩/ [humbled, humbling] *v* [T] ⇒dar una lección de humildad

humid /ˈhjuː.mɪd/ *adj (el aire)* ⇒húmedo,da ■ Tiene una connotación positiva

humidity UK: /hjuːˈmɪd.ɪ.ti/ US: /-ə.ˁt̬i/ *n* [U] ⇒humedad [atmosférica]

humiliate /hjuːˈmɪl.i.eɪt/ [humiliated, humiliating] *v* [T] ⇒humillar: *Don't humiliate people* - No humilles a los demás

humiliating UK: /hjuːˈmɪl.i.eɪ.tɪŋ/ US: /-ˁt̬ɪŋ/ *adj* ⇒humillante ⇒vergonzoso,sa

humility UK: /hjuːˈmɪl.ɪ.ti/ US: /-ə.ˁt̬i/ *n* [U] ⇒humildad

humming *n* [C] See **hum**

humor *US n* [U], *v* [T] See **humour**

humorous /ˈhjuː.mə.rəs/ *adj* ⇒cómico,ca ⇒divertido,da

humour¹ UK: /ˈhjuː.məʳ/ US: /-mə/ *UK* (*US* **humor**) *n* [U] ⇒humor: *to have a fine sense of humour* - tener sentido de humor

humour² UK: /ˈhjuː.məʳ/ US: /-mə/ *UK* (*US* **humor**) *v* [T] ⇒seguir la corriente a alguien *col.: It's better to humour him* - Es mejor seguirle la corriente

hump /hʌmp/ *n* [C] **1** *(en la espalda)* ⇒joroba **2** *(en el suelo o en la carretera)* ⇒montículo

hunch¹ /hʌntʃ/ [*pl* hunches] *n* [C] **1** ⇒corazonada **2 to have a ~ (that)** ⇒tener la corazonada (de que)

hunch² /hʌntʃ/ *v* [T, I] ⇒encorvarse ⇒encogerse

↑hundred /ˈhʌn.drəd/ ⇒cien ⇒ciento ■ Se dice *two hundred pounds*. Incorrecto: *two hundreds pounds*

hundredth¹ /ˈhʌn.drətθ/ ⇒centésimo,ma ■ Se puede escribir también *100th*

hundredth² /ˈhʌn.drətθ/ *n* [C] ⇒centésima parte: *a hundredth of sth* - la centésima parte de algo

hung /hʌŋ/ past tense and past participle forms of **hang**

Hungarian[1] UK: /hʌŋˈgeə.ri.ən/ US: /-ˈger.i-/ ▌*n* [U] **1** *(idioma)* ⇒húngaro ▌*n* [C] **2** *(gentilicio)* ⇒húngaro,ra

Hungary /ˈhʌŋ.gə.ri/ *n* [U] ⇒Hungría

hunger[1] UK: /ˈhʌŋ.gəʳ/ US: /-gɚ/ *n* [U] **1** ⇒hambre **2 to die of ~** ⇒morir(se) de hambre

↑**hunger**[2] UK: /ˈhʌŋ.gəʳ/ US: /-gɚ/

PHRASAL VERBS

· **to hunger {after/for} *sth*** ⇒ansiar algo ⇒desear algo ⇒tener sed de algo

hungrily /ˈhʌŋ.grɪ.li/ *adv* ⇒ávidamente

hungry /ˈhʌŋ.gri/ *adj* [*comp* hungrier, *superl* hungriest] **1** ⇒hambriento,ta **2 to be ~** ⇒tener hambre: *Mum, I'm hungry!* - Mamá, ¡tengo hambre!

hunk /hʌŋk/ *n* [C] **1** ⇒buen trozo **2** *(inform)* ⇒cachas *col.;* ⇒macizo,za ■ Se emplea únicamente con hombres

hunt[1] /hʌnt/ *v* [T, I] **1** ⇒cazar **2** ⇒buscar: *to hunt for a special present* - buscar un regalo especial

hunt[2] /hʌnt/ *n* [C] **1** ⇒cacería ⇒caza **2** ⇒búsqueda: *to be on the hunt for sth* - emprender la búsqueda de algo

hunter UK: /ˈhʌn.təʳ/ US: /-ˤt̬ɚ/ *n* [C] ⇒cazador,-a

hunting UK: /ˈhʌn.tɪŋ/ US: /-ˤt̬ɪŋ/ *n* [U] **1** *(actividad)* ⇒caza **2** *job hunting* - búsqueda de empleo

hurdle UK: /ˈhɜː.dl̩/ US: /ˈhɝː-/ *n* [C] **1** *(en deportes)* ⇒valla **2** ⇒obstáculo ⇒dificultad

hurl UK: /hɜːl/ US: /hɝːl/ *v* [T] **1** ⇒arrojar ⇒lanzar **2** ⇒proferir: *The hooligans hurled insults at him* - Los hooligans proferían insultos contra él

hurrah (*tb* **hooray**) *excl* ⇒¡hurra!

hurricane UK: /ˈhʌr.ɪ.kən/ UK: /-keɪn/ US: /ˈhɝː-/ *n* [C] ⇒huracán

hurried UK: /ˈhʌr.id/ US: /ˈhɝː-/ *adj* ⇒apresurado,da ⇒precipitado,da

↑**hurry**[1] UK: /ˈhʌr.i/ US: /ˈhɝː-/ [hurries, hurried] *v* [T, I] **1** ⇒darse prisa ⇒ir deprisa ⇒apurarse *AMÉR.* **2** ⇒meter prisa

PHRASAL VERBS

· **to hurry up** ⇒darse prisa

· **to hurry *sb* up [M]** ⇒meter prisa a alguien

hurry[2] UK: /ˈhʌr.i/ US: /ˈhɝː-/ *n* [NO PL] **1** ⇒prisa **2 in a ~** ⇒rápido ⇒deprisa y corriendo **3 to be in a ~** ⇒tener prisa: *I'm in a real hurry* - Tengo mucha prisa

↑**hurt**[1], **hurt, hurt** UK: /hɜːt/ US: /hɝːt/ *v* [T, I] **1** ⇒lastimar(se) ⇒hacer(se) daño **2** ⇒doler: *Does it hurt?* - ¿Duele? **3** ⇒ofender ⇒herir **4** ⇒perjudicar ⇒dañar

hurt[2] UK: /hɜːt/ US: /hɝːt/ *adj* **1** ⇒herido,da ⇒lesionado,da ⇒lastimado,da **2** ⇒ofendido,da ⇒dolido,da **3 to get ~** ⇒hacerse daño

hurtful UK: /ˈhɜːt.fᵊl/ US: /ˈhɝːt-/ *adj* ⇒hiriente: *a hurtful remark* - un comentario hiriente

hurtle UK: /ˈhɜː.tl̩/ US: /ˈhɝː.ˤt̬l̩/ [hurtled, hurtling] *v* [I] ⇒lanzarse ⇒precipitarse ■ CONSTR. Se usa generalmente seguido de las preposiciones y adverbios down, towards y through

↑**husband** /ˈhʌz.bənd/ *n* [C] ⇒marido ⇒esposo

hush[1] /hʌʃ/ *excl Hush!* - ¡calla!

hush[2] /hʌʃ/ *n* [U, NO PL] ⇒silencio: *a deathly hush* - un silencio sepulcral

hush[3] /hʌʃ/ *v* [I] ⇒hacer callar

PHRASAL VERBS

· **to hush *sth* up [M]** *(un asunto)* ⇒acallar

husky[1] /ˈhʌs.ki/ *adj* [*comp* huskier, *superl* huskiest] **1** *(voz)* ⇒ronco,ca ⇒grave **2** *US (persona)* ⇒fuerte ⇒fornido ■ Se emplea únicamente con hombres

husky[2] /ˈhʌs.ki/ [*pl* huskies] *n* [C] *(perro)* ⇒husky siberiano

hustle[1] /ˈhʌs.l̩/ [hustled, hustling] ▌*v* [T] **1** ⇒empujar: *She hustled me out of the room* - Me empujó fuera de la habitación ■ CONSTR. Se usa generalmente seguido de la preposición out of ▌*v* [T, I] **2** *US (inform)* ⇒sacar dinero a alguien **3 to ~ *sb* (into *sth*)** ⇒meter prisa a alguien [con algo] ⇒empujar a alguien [a algo]

hustle[2] /ˈhʌs.l̩/ **~ and bustle** ⇒ajetreo: *the hustle and bustle of modern life* - el ajetreo de la vida moderna

↑**hut** /hʌt/ *n* [C] **1** ⇒cabaña **2** ⇒choza ⇒jacal *AMÉR.*

hybrid /ˈhaɪ.brɪd/ *adj, n* [C] ⇒híbrido,da ■ PRON. La primera sílaba, *hy*, se pronuncia como *high*

hydrant /ˈhaɪ.drənt/ *n* [C] ⇒boca de incendios ⇒hidrante ■ Distinto de *moisturizing* (hidratante)

hydraulic UK: /haɪˈdrɒl.ɪk/ US: /-ˈdrɑː.lɪk/ *adj* ⇒hidráulico,ca: *a hydraulic jack* - un gato hidráulico

hydroelectric UK: /ˌhaɪ.drəʊ.ɪˈlek.trɪk/ US: /-droʊ-/ *adj* ⇒hidroeléctrico,ca: *a hydroelectric power station* - una central hidroeléctrica

hydrogen /ˈhaɪ.drɪ.dʒən/ *n* [U] ⇒hidrógeno

↑**hygiene** /ˈhaɪ.dʒiːn/ *n* [U] ⇒higiene: *personal hygiene* - higiene personal ■ PRON. La primera sílaba, *hy*, se pronuncia como *high*

hymn /hɪm/ *n* [C] ⇒himno [religioso] ■ PRON. La *n* no se pronuncia

hype[1] /haɪp/ *n* [U] ⇒despliegue publicitario ⇒propaganda

hype[2] /haɪp/ [hyped, hyping] (*tb* **hype up**) *v* [T] ⇒anunciar [con mucha propaganda] ■ PRON. La primera sílaba, *hy*, se pronuncia como *high*

hyperactive UK: /ˌhaɪ.pəˈræk.tɪv/ US: /-pɚˈæk.ˤt̬ɪv/ *adj* ⇒hiperactivo,va: *What a hyperactive child!* - ¡Vaya niño más hiperactivo!

hyperlink UK: /ˈhaɪ.pə.lɪŋk/ US: /ˈhaɪ.pər.lɪŋk/ *n* [C] *(en internet)* ⇒hipervínculo

† **hyphen** /ˈhaɪ.fən/ *n* [C] *(signo de puntuación)* ⇒guión ■ PRON. La primera sílaba, *hy*, se pronuncia como *high* ■ Ver cuadro signos de puntuación

hypnosis UK: /hɪpˈnəʊ.sɪs/ US: /-ˈnoʊ-/ *n* [U] ⇒**hipnosis**

hypnotic UK: /hɪpˈnɒt.ɪk/ US: /-ˈnɑː.ˤt̬ɪk/ *adj* ⇒**hipnótico,ca**: *a hypnotic rhythm* - un ritmo hipnótico

hypnotise [hypnotised, hypnotising] *UK v* [T] See **hypnotize**

hypnotist UK: /ˈhɪp.nə.tɪst/ US: /-ˤt̬ɪst/ *n* [C] ⇒**hipnotizador,-a**

hypnotize /ˈhɪp.nə.taɪz/ [hypnotized, hypnotizing] (*UK tb* **hypnotise**) *v* [T] ⇒**hipnotizar**

hypochondriac UK: /ˌhaɪ.pəʊˈkɒn.dri.æk/ US: /-poʊˈkɑːn-/ *adj, n* [C] ⇒**hipocondríaco,ca**

† **hypocrisy** UK: /hɪˈpɒk.rɪ.si/ US: /-ˈpɑː.krə-/ *n* [U] ⇒**hipocresía**

hypocrite /ˈhɪp.ə.krɪt/ *n* [C] **1** ⇒**hipócrita**: *Don't be such a hypocrite* - ¡No seas tan hipócrita! **2** ⇒**cínico,ca** ■ PRON. Se acentúa la primera sílaba

hypothermia UK: /ˌhaɪ.pəʊˈθɜː.mi.ə/ US: /-poʊˈθɝː-/ *n* [U] *(en medicina)* ⇒**hipotermia**

hypothesis UK: /haɪˈpɒθ.ə.sɪs/ US: /-ˈpɑː.θə-/ [*pl* hypotheses] *n* [C] ⇒**hipótesis**

hypothetical UK: /ˌhaɪ.pəˈθet.ɪ.kəl/ US: /-ˈθeˤt̬-/ *adj* ⇒**hipotético,ca** ■ PRON. La primera sílaba, *hy*, se pronuncia como *high*

† **hysteria** UK: /hɪˈstɪə.ri.ə/ US: /-ˈstɪr.i-/ *n* [U] **1** ⇒**histeria** **2** *(en medicina)* ⇒**histeria**

hysterical /hɪˈster.ɪ.kəl/ *adj* **1** ⇒**histérico,ca** **2** *(inform)* ⇒**tronchante** *col.*: *The film was hysterical* - La película fue tronchante

hysterics /hɪˈster.ɪks/ *n* [PL] ⇒**ataque de histeria**: *to go into hysterics* - sufrir un ataque de histeria

↑ **i** /aɪ/ [*pl* i's] *n* [C] **1** *(letra del alfabeto)* ⇒i **2 *to dot the i's and cross the t's*** - poner los puntos sobre las íes

↑ **I** /aɪ/ *pron* ⇒yo: *I didn't say that; he did* - Yo no he dicho eso; ha sido él ■ Siempre se escribe con mayúscula. Las frases en inglés siempre llevan sujeto, menos los imperativos ■ Ver cuadro personal pronouns

↑ **ice¹** /aɪs/ *n* [U] **1** ⇒hielo: *ice cap* - casquete de hielo ■ Se dice *some ice, a piece of ice* o *an ice cube*. Incorrecto: *an ice* **2 to break the ~** *(en una situación tensa)* ⇒romper el hielo *col.*

ice² /aɪs/ [iced, icing] *v* [T] ⇒glasear: *to ice a cake* - glasear una tarta

iceberg UK: /ˈaɪs.bɜːg/ US: /-bɝːg/ *n* [C] ⇒iceberg

ice cap *n* [C] *(en geología)* ⇒casquete glaciar ⇒casquete de hielo

ice-cold UK: /ˌaɪsˈkəʊld/ US: /-ˈkoʊld/ *adj* ⇒gélido,da ⇒congelado,da

↑ **ice cream** *n* [C, U] ⇒helado ⇒nieve *AMÉR.*

ice cube *n* [C] ⇒cubito de hielo

iced /aɪst/ *adj* ⇒helado,da ⇒con hielo ■ PRON. La *e* no se pronuncia

ice hockey *n* [U] ⇒hockey sobre hielo

ice rink *n* [C] ⇒pista de patinaje de hielo

ice skate (*tb* **skate**) *n* [C] ⇒patín [de hielo]

icicle /ˈaɪ.sɪ.kl̩/ *n* [C] ⇒carámbano

icing /ˈaɪ.sɪŋ/ *n* [U] *(en una tarta)* ⇒glaseado

icon UK: /ˈaɪ.kɒn/ US: /-kɑːn/ *n* [C] **1** ⇒icono ⇒símbolo **2** ⇒icono [religioso] **3** *(en informática)* ⇒icono

ICT /aɪ.siːˈtiː/ *n* [U] ⇒forma abreviada de **information and communication technology** (tecnología de la información y de las comunicaciones)

icy /ˈaɪ.si/ *adj* [*comp* icier, *superl* iciest] **1** ⇒helado,da **2** ⇒cubierto,ta de hielo **3** ⇒frío,a ⇒glacial

↑ **I'd** /aɪd/ **1** *(I had)* See **have 2** *(I would)* See **would**

ID /ˌaɪˈdiː/ *n* [U] **1** ⇒forma abreviada de **identification** (identificación) **2 ~ card** ⇒carné de identidad: *to renew your ID card* - renovar el carné de identidad

↑ **idea** /aɪˈdɪə/ *n* [C] **1** ⇒idea: *I have an idea* - Tengo una idea; *What a great idea!* - ¡Muy buena idea! **2** ⇒ocurrencia ■ PRON. La *i* se pronuncia como el pronombre de primera persona *I*

↑ **ideal** /aɪˈdɪəl/ *adj, n* [C, NO PL] ⇒ideal

idealism /aɪˈdɪə.lɪ.zᵊm/ *n* [U] ⇒idealismo

ideally /aɪˈdɪə.li/ *adv* **1** *Ideally, we should always be happy* - Lo ideal sería que fuésemos siempre felices **2** ⇒de una forma ideal

↑ **identical** UK: /aɪˈden.tɪ.kᵊl/ US: /-ˤt̬ə-/ *adj* ⇒idéntico,ca: *You and your sister are identical* - Eres idéntica a tu hermana

identification UK: /aɪˌden.tɪ.fɪˈkeɪ.ʃᵊn/ US: /-ˤt̬ə-/ *n* [U] **1** ⇒identificación ⇒documentación ■ La forma abreviada es *ID* **2 ~ parade** ⇒rueda de reconocimiento

↑ **identify** UK: /aɪˈden.tɪ.faɪ/ US: /-ˤt̬ə-/ [identifies, identified] *v* [T] ⇒identificar

PHRASAL VERBS

· **to identify with *sth/sb*** ⇒identificarse con

↑ **identity** UK: /aɪˈden.tɪ.ti/ US: /-ˤt̬ə.ˤt̬i/ [*pl* identities] *n* [C, U] **1** ⇒identidad: *an identity crisis* - una crisis de identidad **2 mistaken ~** ⇒identificación errónea

ideology UK: /ˌaɪ.diˈɒl.ə.dʒi/ US: /-ˈɑː.lə-/ [*pl* ideologies] *n* [C, U] ⇒ideología

↑ **idiom** /ˈɪd.i.əm/ ■ *n* [C] **1** ⇒modismo ⇒expresión idiomática ■ *n* [C, U] **2** *(form)* ⇒estilo [de escribir] ⇒lenguaje ■ Distinto de *language* (idioma)

↑ **idiot** /ˈɪd.i.ət/ *adj, n* [C] *(offens)* ⇒idiota: *Don't be an idiot* - No seas idiota *desp.*

idle /ˈaɪ.dl̩/ *adj* **1** ⇒holgazán,-a ⇒vago,ga **2** ⇒parado,da ⇒desempleado,da **3** ⇒ocioso,sa ⇒frívolo,la **4** *(una máquina)* ⇒parado,da

idol /ˈaɪ.dᵊl/ *n* [C] ⇒ídolo: *He's my idol* - Es mi ídolo

idyllic /ɪˈdɪl.ɪk/ *adj* ⇒idílico,ca: *an idyllic spot* - un lugar idílico

↑ **i.e.** /ˌaɪˈiː/ ⇒forma abreviada de **id est** (es decir)

↑ **if** /ɪf/ *conj* **1** *(condición)* ⇒si **2** *(elección)* ⇒si **3 ~ in doubt** ⇒en caso de duda **4 ~ I were you** ⇒yo que tú ⇒si yo fuera tú **5 ~ only** ⇒ojalá

iffy /ˈɪf.i/ *adj* **1** *(inform)* ⇒dudoso,sa ⇒incierto,ta **2** *(inform)* ⇒pocho,cha: *This yoghurt is a bit iffy* - Este yogur está un poco pocho
igloo /ˈɪg.luː/ *n* [c] ⇒iglú
ignite /ɪgˈnaɪt/ [ignited, igniting] ▮ *v* [T, I] **1** *(form)* ⇒incendiar ⇒prender fuego ▮ *v* [T] **2** *(form)* ⇒provocar ⇒encender
ignition /ɪgˈnɪʃ.ᵊn/ ▮ *n* [U] **1** *(form)* ⇒ignición ▮ *n* [c] **2** ⇒encendido [de un coche]
ignominious /ˌɪg.nəˈmɪn.i.əs/ *adj (form)* ⇒ignominioso,sa ⇒vergonzoso,sa
ignorance UK: /ˈɪg.nᵊr.ᵊnts/ US: /-nɚ-/ *n* [U] ⇒ignorancia ⇒desconocimiento
ignorant UK: /ˈɪg.nᵊr.ᵊnt/ US: /-nɚ-/ *adj* **1** ⇒ignorante **2** *to be ignorant of sth* - ignorar algo
↑**ignore** UK: /ɪgˈnɔːʳ/ US: /-ˈnɔːr/ [ignored, ignoring] *v* [T] **1** ⇒no hacer caso ⇒hacer caso omiso **2** *(una persona)* ⇒pasar de ⇒ignorar
↑**ill**[1] /ɪl/ *adj* **1** ⇒enfermo,ma: *She is seriously ill* - Está gravemente enferma ■ CONSTR. Se usa detrás de un verbo ■ Se dice *a sick person*. Incorrecto: *an ill person* **2** *(form)* ⇒malo,la: *an ill influence* - una mala influencia **3 to be ~ at ease** ⇒estar incómodo,da ⇒estar a disgusto
ill[2] /ɪl/ *n* [c] *(form)* ⇒mal: *the ills of society* - los males de la sociedad ■ Se usa más en plural
ill[3] /ɪl/ *adv* ⇒mal: *ill-equipped* - mal equipado
I'll **1** *(I will)* See **will** **2** *(I shall)* See **shall**
↑**illegal** /ɪˈliː.gᵊl/ *adj* ⇒ilegal: *illegal substances* - sustancias ilegales
illegible /ɪˈledʒ.ə.bl̩/ *adj* ⇒ilegible: *Her handwriting is practically illegible* - Su letra es casi ilegible
illegitimate UK: /ˌɪl.ɪˈdʒɪt.ə.mət/ US: /-ˈdʒɪˤt̬-/ *adj* ⇒ilegítimo,ma
illicit /ɪˈlɪs.ɪt/ *adj* ⇒ilícito,ta
illiterate UK: /ɪˈlɪt.ᵊr.ət/ US: /-ˈlɪˤt̬.ɚ-/ *adj* **1** ⇒analfabeto,ta **2** ⇒ignorante: *I'm computer illiterate* - Soy un ignorante en informática
illness /ˈɪl.nəs/ [*pl* illnesses] *n* [C, U] ⇒enfermedad: *a long illness* - una enfermedad larga
illogical UK: /ɪˈlɒdʒ.ɪ.kᵊl/ US: /-ˈlɑː.dʒɪ-/ *adj* ⇒ilógico,ca
illuminate /ɪˈluː.mɪ.neɪt/ [illuminated, illuminating] *v* [T] **1** *(form)* ⇒iluminar: *The garden was illuminated by the moonlight* - La luz de la luna iluminaba el jardín **2** *(un asunto)* ⇒aclarar ⇒arrojar luz sobre
illuminating UK: /ɪˈluː.mɪ.neɪ.tɪŋ/ US: /-ˤt̬ɪŋ/ *adj* **1** *(form)* ⇒esclarecedor,-a **2** *(form)* ⇒instructivo,va
illusion /ɪˈluː.ʒᵊn/ *n* [C, U] **1** ⇒ilusión **2** *To be under the illusion that...* - Creer erróneamente que...
↑**illustrate** /ˈɪl.ə.streɪt/ [illustrated, illustrating] *v* [T] **1** *(un texto, un impreso)* ⇒ilustrar **2** *(un tema)* ⇒ilustrar ⇒ejemplificar ■ CONSTR. to illustrate + interrogativa indirecta
illustration /ˌɪl.əˈstreɪ.ʃᵊn/ *n* [C, U] **1** ⇒ilustración **2** ⇒lámina [de un libro] **3** ⇒ejemplo: *See the illustration on page seven* - Véase el ejemplo en la página siete
illustrious /ɪˈlʌs.tri.əs/ *adj (form)* ⇒ilustre
↑**I'm** /aɪm/ *(I am)* See **be**
↑**image** /ˈɪm.ɪdʒ/ ▮ *n* [C, U] **1** ⇒imagen ▮ *n* [c] **2** ⇒retrato **3** ⇒imagen ⇒ilustración ■ PRON. La *a* se pronuncia como la *i* en *did*
imagery UK: /ˈɪm.ɪ.dʒᵊr.i/ US: /-dʒɚ-/ *n* [U] *(recurso poético)* ⇒imágenes
imaginary UK: /ɪˈmædʒ.ɪ.nᵊr.i/ US: /-ə.ner-/ *adj* ⇒imaginario,ria
↑**imagination** /ɪˌmædʒ.ɪˈneɪ.ʃᵊn/ *n* [C, U] ⇒imaginación
imaginative UK: /ɪˈmædʒ.ɪ.nə.tɪv/ US: /-ˤt̬ɪv/ *adj* ⇒imaginativo,va
↑**imagine** /ɪˈmædʒ.ɪn/ [imagined, imagining] *v* [T] **1** ⇒imaginar ■ CONSTR. 1. to imagine + (that) 2. to imagine + doing sth 3. to imagine + interrogativa indirecta **2** ⇒imaginar ⇒suponer ■ CONSTR. to imagine + (that)
imbalance /ˌɪmˈbæl.ᵊnts/ *n* [c] *(en una situación)* ⇒desequilibrio ⇒desajuste
imitate /ˈɪm.ɪ.teɪt/ [imitated, imitating] *v* [T] ⇒imitar: *Stop imitating me!* - ¡Deja de imitarme!; ⇒copiar
imitation /ˌɪm.ɪˈteɪ.ʃᵊn/ *n* [C, U] ⇒imitación ⇒copia
immaculate /ɪˈmæk.jʊ.lət/ *adj* **1** ⇒inmaculado,da ⇒impoluto,ta **2** *(una apariencia o un comportamiento)* ⇒impecable ⇒intachable
immaterial UK: /ˌɪm.əˈtɪə.ri.əl/ US: /-ˈtɪr.i-/ *adj* ⇒irrelevante ⇒insignificante
immature UK: /ˌɪm.əˈtʃʊəʳ/ US: /-ˈtʊr/ *adj* ⇒inmaduro,ra
immeasurable UK: /ɪˈmeʒ.ᵊr.ə.bl̩/ US: /-ɚ-/ *adj* ⇒inconmesurable ⇒incalculable
↑**immediate** /ɪˈmiː.di.ət/ *adj* **1** ⇒inmediato,ta ⇒urgente **2** *(familia)* ⇒más cercano,na **3** *(un lugar)* ⇒cercano,na ⇒próximo,ma **4** *in the immediate vicinity of* - en las inmediaciones de
immediately /ɪˈmiː.di.ət.li/ *adv* **1** *(en el tiempo)* ⇒inmediatamente ⇒enseguida ⇒ahora mismo **2** ⇒directamente ⇒justamente ⇒al tiro *AMÉR.*
immense /ɪˈments/ *adj* ⇒inmenso,sa
immerse UK: /ɪˈmɜːs/ US: /-ˈmɝːs/ [immersed, immersing] *v* [T, I] ⇒sumergir(se) ⇒meterse de lleno
↑**immigrant** /ˈɪm.ɪ.grənt/ *n* [c] ⇒inmigrante
immigration /ˌɪm.ɪˈgreɪ.ʃᵊn/ *n* [U] ⇒inmigración
↑**imminent** /ˈɪm.ɪ.nᵊnt/ *adj* ⇒inminente: *the imminent publication of his new book* - la inminente publicación de su nuevo libro
immobile UK: /ɪˈməʊ.baɪl/ US: /-ˈmoʊ.b[ə]l/ *adj* ⇒inmóvil

immoral UK: /ɪ'mɒr.əl/ US: /-'mɑːr-/ *adj* ⇒inmoral: *an immoral act* - una acción inmoral

immortal UK: /ɪ'mɔː.təl/ US: /-'mɔːr.ˁt̬[ə]l/ *adj, n* [C] **1** ⇒inmortal **2** *(una fama)* ⇒imperecedero,ra

↑**immune** /ɪ'mjuːn/ *adj* **1** ⇒inmune ■ CONSTR. Se usa detrás de un verbo **2 ~ system** *(en medicina)* ⇒sistema inmunológico

immunity UK: /ɪ'mjuː.nɪ.ti/ US: /-ə.ˁt̬i/ *n* [U] **1** ⇒inmunidad: *diplomatic immunity* - inmunidad diplomática **2** ⇒exención [de impuestos]

immunize /'ɪm.jʊ.naɪz/ [immunized, immunizing] *v* [T] ⇒inmunizar: *to immunize against measles* - inmunizar contra el sarampión

↑**impact** /'ɪm.pækt/ *n* [C, U] **1** ⇒impacto **2** *(de un objeto)* ⇒choque

impair UK: /ɪm'peəʳ/ US: /-'per/ *v* [T] *(form)* ⇒perjudicar ⇒afectar ■ CONSTR. Se usa más en pasiva

impart UK: /ɪm'pɑːt/ US: /-'pɑːrt/ *v* [T] **1** *(form)* ⇒transmitir ⇒impartir **2** *(sabor, cualidad)* ⇒dar

impartial UK: /ɪm'pɑː.ʃəl/ US: /-'pɑːr-/ *adj* ⇒imparcial

impasse UK: /æm'pæs/ US: /'ɪm.pæs/ *n* [U] ⇒punto muerto ⇒situación sin salida

impassioned /ɪm'pæʃ.ənd/ *adj* ⇒apasionado,da: *an impassioned speech* - un discurso apasionado

impassive /ɪm'pæs.ɪv/ *adj* ⇒impasible

impatience /ɪm'peɪ.ʃənts/ *n* [U] ⇒impaciencia ■ PRON. La segunda sílaba, *pa*, se pronuncia como *pay*

↑**impatient** /ɪm'peɪ.ʃənt/ *adj* **1** ⇒impaciente **2** *I'm impatient to see it* - Tengo muchas ganas de verlo ■ CONSTR. impatient + to do sth ■ PRON. La segunda sílaba, *pa*, se pronuncia como *pay*

impatiently /ɪm'peɪ.ʃənt.li/ *adv* ⇒impacientemente ⇒con impaciencia ■ PRON. La segunda sílaba, *pa*, se pronuncia como *pay*

impeccable /ɪm'pek.ə.bl̩/ *adj* **1** ⇒impecable **2** *Your timing is impeccable* - Has venido justo en el momento oportuno

impede /ɪm'piːd/ [impeded, impeding] *v* [T] *(form)* ⇒impedir ⇒entorpecer ⇒obstaculizar

impediment /ɪm'ped.ɪ.mənt/ *n* [C] **1** *(form)* ⇒impedimento **2** *(form)* ⇒defecto: *a speech impediment* - un defecto del habla

impel /ɪm'pel/ [impelled, impelling] *v* [T] *(form)* ⇒estimular ⇒impeler ■ CONSTR. to impel + to do sth

impending /ɪm'pen.dɪŋ/ *adj* ⇒inminente: *an impending event* - un acontecimiento inminente

impenetrable /ɪm'pen.ɪ.trə.bl̩/ *adj* **1** ⇒impenetrable **2** ⇒incomprensible ⇒imposible de comprender

imperative¹ UK: /ɪm'per.ə.tɪv/ US: /-ˁt̬ɪv/ ▌*n* [NO PL] **1** *(en gramática)* ⇒imperativo ■ Ver cuadro ▌*n* [C] **2** ⇒imperativo ⇒mandato

imperative² UK: /ɪm'per.ə.tɪv/ US: /-ˁt̬ɪv/ *adj* **1** *(form)* ⇒imprescindible ⇒fundamental **2** ⇒imperioso,sa: *an imperative tone* - un tono imperioso

imperceptible UK: /ˌɪm.pə'sep.tɪ.bl̩/ US: /-pɚ'sep.tə-/ *adj* ⇒imperceptible: *an imperceptible difference* - una diferencia imperceptible

imperfect UK: /ɪm'pɜː.fekt/ US: /-'pɝː-/ *adj* ⇒imperfecto,ta

↑**imperial** UK: /ɪm'pɪə.ri.əl/ US: /-'pɪr.i-/ *adj* ⇒imperial

imperialism UK: /ɪm'pɪə.ri.ə.lɪ.zəm/ US: /-'pɪr.i-/ *n* [U] ⇒imperialismo

impermeable UK: /ɪm'pɜː.mi.ə.bl̩/ US: /-'pɝː-/ *adj* ⇒impermeable

impersonal UK: /ɪm'pɜː.sən.əl/ US: /-'pɝː-/ *adj* ⇒impersonal: *a very impersonal manner* - un trato muy impersonal

impersonate UK: /ɪm'pɜː.sən.eɪt/ US: /-'pɝː-/ [impersonated, impersonating] *v* [T] **1** ⇒imitar [a

imperative

- El imperativo tiene la misma forma que el infinitivo sin "to". Nunca va acompañado del sujeto:
  - ***Come** here.* (Ven aquí.)
  - ***Look** at this.* (Mira esto.)
  - ***Go** home.* (Vete a casa.)

- En la forma negativa, se usa "**do not / don't**":
  - ***Don't cross** without looking.* (No cruces sin mirar.)
  - ***Don't eat** a lot of sweets.* (No comas muchos caramelos.)

- Se usa el imperativo para dar instrucciones, consejos u órdenes:
  - ***Come** in!* (¡Entra!)
  - ***Look** both ways before crossing the road!* (Mira a ambos lados antes de cruzar la calle.)

- El imperativo también se usa para dar instrucciones sobre cómo llegar a un lugar:
  - ***Go down** the street and **turn** left at the end.* (Baje esta calle y gire a la izquierda al final.)

una persona] ⇨hacer imitaciones **2** ⇨hacerse pasar por: *He impersonated a police officer* - Se hizo pasar por un agente de policía

impertinent UK:/ɪmˈpɜː.tɪ.nənt/US:/-ˈpɝː.ˤt̬[ə]n.[ə]nt/ *adj (form)* ⇨impertinente: *Don't be impertinent* - No seas impertinente

impetus UK: /ˈɪm.pɪ.təs/ US: /-pə.ˤt̬əs/ *n* [U] ⇨ímpetu ⇨impulso

implant[1] UK: /ˈɪm.plɑːnt/ US: /-plænt/ *n* [C] *(en medicina)* ⇨implante

implant[2] UK: /ɪmˈplɑːnt/ US: /-ˈplænt/ *v* [T] **1** *(en medicina)* ⇨implantar **2** *(una idea)* ⇨implantar(se) ⇨inculcar

implausible UK: /ɪmˈplɔː.zɪ.bl̩/ US: /-ˈplɑː.zə-/ *adj* ⇨inverosímil: *a rather implausible story* - una historia más bien inverosímil

implement[1] /ˈɪm.plɪ.ment/ *v* [T] **1** *(form)* ⇨ejecutar ⇨llevar a cabo **2** ⇨poner en práctica: *His proposal was implemented* - Pusieron en práctica su propuesta **3** *(en derecho)* ⇨aplicar

implement[2] /ˈɪm.plɪ.mənt/ *n* [C] ⇨utensilio ⇨herramienta

implicate /ˈɪm.plɪ.keɪt/ [implicated, implicating] *v* [T] *(en una situación delicada)* ⇨implicar ■ CONSTR. Se usa más en pasiva

implication /ˌɪm.plɪˈkeɪ.ʃən/ ▮ *n* [U] **1** ⇨implicación [en un delito] ▮ *n* [C, U] **2** ⇨consecuencia ⇨implicación ■ Se usa más en plural

implicit /ɪmˈplɪs.ɪt/ *adj* **1** ⇨implícito,ta **2** ⇨absoluto,ta: *implicit trust* - confianza absoluta

implore UK: /ɪmˈplɔːʳ/ US: /-ˈplɔːr/ [implored, imploring] *v* [T] *(lit)* ⇨implorar ⇨suplicar ■ CONSTR. to implore sb + to do sth

↑**imply** /ɪmˈplaɪ/ [implies, implied] *v* [T] **1** ⇨dar a entender ⇨insinuar ■ CONSTR. to imply + (that) **2** ⇨suponer ⇨conllevar ⇨implicar

impolite /ˌɪm.pəlˈaɪt/ *adj (form)* ⇨descortés ⇨grosero,ra

import[1] UK: /ɪmˈpɔːt/ US: /ˈɪm.pɔːrt/ *v* [T] ⇨importar: *to import data* - importar datos

import[2] UK: /ˈɪm.pɔːt/ US: /-pɔːrt/ ▮ *n* [C] **1** ⇨producto importado ■ Se usa más en plural ▮ *n* [U] **2** ⇨importación ⇨artículo de importación **3** ⇨importancia ⇨transcendencia **4** ⇨significado

importance UK: /ɪmˈpɔː.tənts/ US: /-ˈpɔːr.ˤt̬[ə]nts/ *n* [U] ⇨importancia

↑**important** UK: /ɪmˈpɔː.tənt/ US: /-ˈpɔːr.ˤt̬[ə]nt/ *adj* ⇨importante: *The important thing is...* - Lo importante es...

importantly UK: /ɪmˈpɔː.tənt.li/ US: /-ˈpɔːr.ˤt̬[ə]nt-/ *adv* **1** ⇨en tono rimbombante ⇨con aires de importancia **2 more ~** ⇨lo que es más importante

↑**impose** UK: /ɪmˈpəʊz/ US: /-ˈpoʊz/ [imposed, imposing] *v* [T] **1** ⇨imponer: *to impose one's beliefs* - imponer sus creencias ■ CONSTR. to impose sth on sth **2** ⇨abusar de: *They imposed on their friends' hospitality* - Abusaron de la hospitalidad de sus amigos

imposing UK: /ɪmˈpəʊ.zɪŋ/ US: /-ˈpoʊ-/ *adj* ⇨imponente ⇨impresionante ⇨que impone

imposition /ˌɪm.pəˈzɪʃ.ən/ *n* [U] **1** ⇨imposición **2** ⇨abuso [de hospitalidad]

↑**impossible** UK: /ɪmˈpɒs.ɪ.bl̩/ US: /-ˈpɑː.sə-/ *adj* **1** ⇨imposible **2** ⇨insufrible ⇨intolerable **3** *(una persona): She's impossible!* - ¡Ella me supera!

impotent UK: /ˈɪm.pə.tənt/ US: /-ˤt̬[ə]nt/ *adj* **1** ⇨impotente ⇨completamente frustrado,da **2** ⇨impotente [sexualmente]

impoverished UK: /ɪmˈpɒv.ər.ɪʃt/ US: /-ˈpɑː.vɚ-/ *adj* **1** *(form)* ⇨empobrecido,da **2** *(tierra)* ⇨agotado,da

impractical /ɪmˈpræk.tɪ.kəl/ *adj* **1** ⇨poco práctico,ca **2** *(una persona)* ⇨poco hábil **3** *an impractical plan* - un plan muy difícil de llevar a la práctica

↑**impress** /ɪmˈpres/ [impresses] *v* [T, I] ⇨impresionar: *He impressed me with his singing* - Me impresionó con su canto

PHRASAL VERBS

- **to impress *sth* {on/upon} *sb*** ⇨recalcar algo a alguien

↑**impression** /ɪmˈpreʃ.ən/ *n* [C, NO PL] **1** ⇨impresión: *What was your impression?* - ¿Cuál fue tu impresión? **2** ⇨huella ⇨marca **3** *(de una persona)* ⇨imitación **4 to be under the ~ (that)** ⇨tener la impresión de que **5 to make a {good/bad} ~ on *sb*** ⇨causar {buena/mala} impresión a alguien

impressionism *n* [U] *(en arte)* ⇨impresionismo

impressionist /ɪmˈpreʃ.ən.ɪst/ *adj (en arte)* ⇨impresionista

impressive /ɪmˈpres.ɪv/ *adj* ⇨impresionante ⇨imponente ⇨excelente

imprison /ɪmˈprɪz.ən/ *v* [T] ⇨encarcelar: *He was imprisoned for theft* - Lo encarcelaron por robo ■ CONSTR. 1. to imprison sb for sth 2. Se usa más en pasiva

improbable UK: /ɪmˈprɒb.ə.bl̩/ US: /-ˈprɑː.bə-/ *adj* ⇨improbable

impromptu UK: /ɪmˈprɒmp.tʃuː/ US: /-tuː/ *adj* ⇨improvisado,da: *an impromptu party* - una fiesta improvisada

improper UK: /ɪmˈprɒp.əʳ/ US: /-ˈprɑː.pɚ/ *adj* **1** *(form)* ⇨irregular ⇨indebido,da **2** *(form)* ⇨inadecuado,da ⇨inexacto,ta **3** *(form)* ⇨indecoroso,sa

↑**improve** /ɪmˈpruːv/ [improved, improving] *v* [T, I] ⇨mejorar: *How can I improve my English?* - ¿Cómo puedo mejorar mi inglés?

PHRASAL VERBS

- **to improve {on/upon} *sth*** ⇨mejorar algo

improvement /ɪm'pru:v.mənt/ *n* [C, U] **1** ⇒mejora: *It's an improvement on the last one* - Supone una mejora sobre el anterior **2** ⇒mejoría **3** ⇒aumento **4 home improvements** ⇒reformas en casa

improvisation UK: /ˌɪm.prə.vaɪ'zeɪ.ʃᵊn/ US: /ɪmˌprɑ:.vɪ'-/ *n* [C, U] ⇒improvisación

improvise /'ɪm.prə.vaɪz/ [improvised, improvising] *v* [T, I] ⇒improvisar: *Musicians sometimes improvise songs* - A veces, los músicos improvisan canciones

impulse /'ɪm.pʌls/ *n* [C] **1** ⇒impulso [eléctrico] **2** ⇒impulso ⇒arrebato

impulsive /ɪm'pʌl.sɪv/ *adj* ⇒impulsivo,va ⇒irreflexivo,va

↑**in¹** /ɪn/ *prep* **1** *(lugar)* ⇒en **2** *(posición)* ⇒en **3** *(en una dirección)* ⇒en ■ Se usa cuando no se especifica el número de la calle. Comparar con *at* **4** *(tiempo)* ⇒en ⇒de **5** *(descripción)* ⇒en ⇒de **6** *(modo)* ⇒en **7** *(actividad o profesión)* ⇒en **8** *(prendas de vestir)* ⇒de ⇒en **9** *(plazo de tiempo)* ⇒dentro de ⇒en **10 ~ that** *(form)* ⇒en tanto que ■ Ver cuadro on / in / at (preposiciones de tiempo)

↑**in²** /ɪn/ *adv* **1** ⇒adentro: *Come in here with me* - Vente para adentro; *You can't go in* - No puedes entrar **2** ⇒en casa: *He isn't in* - No está en casa **3** ⇒en el trabajo **4 to be ~ for sth** *(inform) You're in for a surprise!* - ¡Vaya sorpresa que te vas a llevar!

inability UK: /ˌɪn.ə'bɪl.ɪ.ti/ US: /-ˀţi/ *n* [U] ⇒incapacidad

inaccessible /ˌɪn.ək'ses.ɪ.bļ/ *adj* **1** *(un lugar)* ⇒inaccesible ⇒inalcanzable **2** ⇒incomprensible

inaccurate UK: /ɪ'næk.jʊ.rət/ US: /-jɚ.ət/ *adj* ⇒inexacto,ta ⇒incorrecto,ta ⇒impreciso,sa

inaction /ɪn'æk.ʃᵊn/ *n* [U] ⇒inactividad

inactivity UK: /ˌɪn.æk'tɪv.ɪ.ti/ US: /-ə.ˀţi/ *n* [U] ⇒inactividad

inadequate /ɪ'næd.ɪ.kwət/ *adj* **1** ⇒inadecuado,da ⇒insuficiente **2** ⇒inepto,ta: *to feel inadequate* - sentirse un inepto

inappropriate UK: /ˌɪn.ə'prəʊ.pri.ət/ US: /-'proʊ-/ *adj* ⇒inapropiado,da ⇒poco apropiado,da ⇒inoportuno,na

inaugural UK: /ɪ'nɔ:.gjʊ.rəl/ US: /-'nɑ:.gjɚ-/ *adj* ⇒inaugural ⇒de apertura

inaugurate UK: /ɪ'nɔ:.gjʊ.reɪt/ US: /-'nɑ:-/ [inaugurated, inaugurating] *v* [T] **1** *(form)* ⇒inaugurar **2** ⇒investir: *He was inaugurated President* - Lo invistieron presidente

Inc. /ɪŋk/ *US adj* ⇒forma abreviada de **incorporated company** (sociedad anónima)

incapable /ɪn'keɪ.pə.bļ/ *adj* **1** ⇒incapaz: *He is incapable of hurting anyone* - Es incapaz de hacer daño a nadie **2** ⇒incompetente

incense /'ɪn.sents/ *n* [U] ⇒incienso

incensed /ɪn'sentst/ *adj* ⇒enfurecido,da

↑**incentive** UK: /ɪn'sen.tɪv/ US: /-ˀţɪv/ *n* [C, U] ⇒aliciente ⇒incentivo

incessant /ɪn'ses.ᵊnt/ *adj* ⇒incesante: *her incessant criticism* - sus críticas incesantes

incest /'ɪn.sest/ *n* [U] ⇒incesto

↑**inch** /ɪntʃ/ [*pl* inches] *n* [C] **1** *(unidad de longitud)* ⇒pulgada ■ La forma abreviada es *in.* **2 not to {budge/give} an ~** ⇒no ceder ni un ápice

incidence /'ɪnt.sɪ.dᵊnts/ *n* [C] *(en estadística)* ⇒incidencia

↑**incident** /'ɪnt.sɪ.dᵊnt/ *n* [C] *(form)* ⇒incidente ⇒episodio

incidental UK: /ˌɪnt.sɪ'den.tᵊl/ US: /-ˀţ[ə]l/ *adj* ⇒incidental ⇒secundario,ria ⇒fortuito,ta

incidentally UK: /ˌɪnt.sɪ'den.tᵊl.i/ US: /-ˀţ[ə]l-/ *adv* ⇒por cierto ⇒a propósito

incisive /ɪn'saɪ.sɪv/ *adj* ⇒incisivo,va ⇒penetrante

incite /ɪn'saɪt/ [incited, inciting] *v* [T] ⇒provocar ⇒incitar [a hacer algo violento o negativo] ■ CONSTR. to incite sb + to do sth

inclination /ˌɪn.klɪ'neɪ.ʃᵊn/ *n* [C] ⇒inclinación ⇒propensión ⇒tendencia

incline¹ /ɪn'klaɪn/ [inclined, inclining] *v* [T] *(form)* ⇒inclinar: *to incline one's head* - inclinar la cabeza

incline² /'ɪn.klaɪn/ *n* [C] *(form)* ⇒pendiente: *a steep incline* - una pendiente empinada

inclined /ɪn'klaɪnd/ *adj* **1** ⇒propenso,sa ⇒dispuesto,ta ⇒con ganas ■ CONSTR. 1. to be inclined + to do sth 2. Se usa detrás de un verbo **2 to be ~ to {agree/believe/think...}** ⇒inclinarse a ■ PRON. La e no se pronuncia

↑**include** /ɪn'klu:d/ [included, including] *v* [T] **1** ⇒incluir ⇒contener ■ CONSTR. to include + doing sth **2** ⇒incluir ⇒incorporar ⇒figurar ■ CONSTR. Se usa más en pasiva

including /ɪn'klu:.dɪŋ/ *prep* ⇒incluyendo ⇒incluido,da ■ La forma abreviada es *incl.*

inclusion /ɪn'klu:.ʒᵊn/ *n* [C, U] ⇒inclusión: *his inclusion in the team* - su inclusión en el equipo

inclusive /ɪn'klu:.sɪv/ *adj* **1** *(un precio)* ⇒todo incluido ⇒incluido,da **2** ⇒inclusive: *From Monday to Thursday inclusive* - De lunes a jueves, ambos inclusive

incoherent UK: /ˌɪn.kəʊ'hɪə.rənt/ US: /-koʊ'hɪr.[ə]nt/ *adj* ⇒incoherente

↑**income** /'ɪn.kʌm/ *n* [C, U] **1** ⇒ingresos **2** ⇒renta: *private income* - rentas

incoming /'ɪnˌkʌm.ɪŋ/ *adj* ⇒entrante

incompetent UK: /ɪn'kɒm.pɪ.tᵊnt/ US: /-'kɑ:m.pə.ˀţənt/ *adj* ⇒incompetente

incomplete /ˌɪn.kəm'pli:t/ *adj* ⇒incompleto,ta ⇒inacabado,da

incomprehensible UK: /ɪnˌkɒm.prɪˈhent.sɪ.bl̩/ US: /-kɑːm-/ *adj* ⇒incomprensible

inconceivable /ˌɪn.kənˈsiː.və.bl̩/ *adj* ⇒inconcebible

inconclusive /ˌɪn.kəŋˈkluː.sɪv/ *adj* ⇒no concluyente: *an inconclusive result* - un resultado no concluyente

incongruous UK: /ɪnˈkɒŋ.gru.əs/ US: /-ˈkɑːŋ-/ *adj (form)* ⇒incongruente ⇒que destaca por ser o parecer distinto,ta

inconsiderate UK: /ˌɪn.kənˈsɪd.ᵊr.ət/ US: /-ɚ-/ *adj* **1** ⇒desconsiderado,da ⇒poco considerado,da **2** *That was very inconsiderate of you* - Fue un gran falta de consideración de tu parte

inconsistent /ˌɪn.kənˈsɪs.tᵊnt/ *adj* ⇒inconsecuente ⇒contradictorio,ria ⇒irregular

inconspicuous /ˌɪn.kənˈspɪk.ju.əs/ *adj* **1** ⇒discreto,ta ⇒que no llama la atención ⇒poco llamativo,va **2** *try and be inconspicuous* - intentar no llamar la atención

inconvenience[1] /ˌɪn.kənˈviː.ni.ᵊnts/ *n* [C, U] ⇒inconveniente ⇒molestia ⇒inconveniencia

inconvenience[2] /ˌɪn.kənˈviː.ni.ᵊnts/ [inconvenienced, inconveniencing] *v* [T] ⇒incomodar ⇒molestar

inconvenient /ˌɪn.kənˈviː.ni.ᵊnt/ *adj* ⇒inoportuno,na ⇒inconveniente

↑**incorporate** UK: /ɪnˈkɔː.pᵊr.eɪt/ US: /-ˈkɔːr.pɚ-/ [incorporated, incorporating] *v* [T] ⇒incorporar ⇒agregar ⇒incluir

incorrect UK: /ˌɪn.kᵊrˈekt/ US: /-kəˈrekt/ *adj* ⇒incorrecto,ta: *That is an incorrect answer* - Esa respuesta es incorrecta

↑**increase**[1] /ɪnˈkriːs/ [increased, increasing] *v* [T, I] ⇒aumentar ⇒incrementarse

↑**increase**[2] /ˈɪn.kriːs/ *n* [C, U] ⇒aumento ⇒incremento

increasing *adj* ⇒creciente ⇒cada vez mayor

increasingly /ɪnˈkriː.sɪŋ.li/ *adv* ⇒cada vez más: *an increasingly global approach* - un enfoque cada vez más global

↑**incredible** /ɪnˈkred.ɪ.bl̩/ *adj* **1** *(inform)* ⇒alucinante ⇒increíble **2** ⇒increíble ⇒inverosímil

incredibly /ɪnˈkred.ɪ.bli/ *adv* **1** *(inform)* ⇒increíblemente **2** ⇒por increíble que parezca

incurable UK: /ɪnˈkjʊə.rə.bl̩/ US: /-ˈkjʊr.ə-/ *adj* ⇒incurable

indecisive /ˌɪn.dɪˈsaɪ.sɪv/ *adj* **1** *(una persona)* ⇒indeciso,sa **2** *(un resultado)* ⇒dudoso,sa ⇒no concluyente

↑**indeed** /ɪnˈdiːd/ *adv* **1** *(form)* ⇒indudablemente **2** *(form)* ⇒realmente ⇒verdaderamente ■ Tiene valor enfático **3** *That is praise indeed* - Eso sí que es un elogio **4** ⇒así es ⇒en efecto **5** ⇒de hecho

indefensible /ˌɪn.dɪˈfent.sɪ.bl̩/ *adj* **1** ⇒indefendible ⇒inaceptable ⇒inexcusable **2** *(una teoría)* ⇒insostenible

indefinite /ɪnˈdef.ɪ.nət/ *adj* ⇒indefinido,da ⇒impreciso,sa

indefinitely /ɪnˈdef.ɪ.nət.li/ *adv* ⇒indefinidamente ⇒por un período indefinido

indelible /ɪnˈdel.ɪ.bl̩/ *adj* **1** *(una mancha)* ⇒imborrable ⇒indeleble **2** *(un recuerdo)* ⇒inolvidable ⇒indeleble

indemnity UK: /ɪnˈdem.nə.ti/ US: /-ˁt̬i/ [*pl* indemnities] *n* [C, U] **1** *(en seguros)* ⇒indemnización **2** ⇒indemnización [monetaria]

independence /ˌɪn.dɪˈpen.dᵊnts/ *n* [U] ⇒independencia: *to gain independence* - conseguir la independencia

Independence Day *n* [C] ⇒día de la independencia ■ En EE. UU. se celebra el 4 de julio

↑**independent** /ˌɪn.dɪˈpen.dᵊnt/ *adj* **1** ⇒independiente ⇒autónomo,ma **2** *(un país)* ⇒independiente

in-depth /ˈɪn.depθ/ *adj* ⇒en profundidad ⇒a fondo

indescribable /ˌɪn.dɪˈskraɪ.bə.bl̩/ *adj* ⇒indescriptible: *an indescribable sensation* - una sensación indescriptible

↑**index** /ˈɪn.deks/ [*pl* indices, indexes] *n* [C] ⇒índice ⇒fichero

India /ˈɪn.di.ə/ *n* [U] ⇒India

Indian /ˈɪn.di.ən/ *adj, n* [C] **1** (*tb* **American Indian**) *(de América del norte)* ⇒indio,dia ⇒amerindio,dia **2** *(de la India)* ⇒indio,dia ⇒hindú

Indian summer *n* [C] **1** ⇒veranillo [de San Miguel] **2** ⇒segunda juventud: *My grandmother is enjoying an Indian summer* - Mi abuela está viviendo una segunda juventud

↑**indicate** /ˈɪn.dɪ.keɪt/ [indicated, indicating] ▌*v* [T] **1** ⇒indicar ⇒señalar **2** ⇒marcar ■ CONSTR. 1. to indicate + (that) 2. to indicate + interrogativa indirecta ▌*v* [T, I] **3** *UK (en un coche)* ⇒poner el intermitente ⇒señalizar

indication /ˌɪn.dɪˈkeɪ.ʃᵊn/ *n* [C, U] **1** ⇒indicación **2** ⇒indicio **3** ⇒señal

indicative[1] UK: /ɪnˈdɪk.ə.tɪv/ US: /-ˁt̬ɪv/ *adj* **1** ⇒revelador,-a ⇒indicativo,va **2** *(en gramática)* ⇒en tiempo indicativo

indicative[2] UK: /ɪnˈdɪk.ə.tɪv/ US: /-ˁt̬ɪv/ *n* [NO PL] *(en gramática)* ⇒indicativo

indicator UK: /ˈɪn.dɪ.keɪ.təʳ/ US: /ˈɪn.dɪ.keɪ.t̬ɚ/ *n* [C] **1** *UK (en un coche)* ⇒intermitente **2** ⇒indicador **3** ⇒panel de información

indictment /ɪnˈdaɪt.mənt/ *n* [C] **1** ⇒acusación ⇒procesamiento **2** ⇒condena **3** ⇒crítica severa

indifference UK: /ɪnˈdɪf.ᵊr.ᵊnts/ UK: /-rənts/ US: /-ɚ-/ *n* [U] ⇒indiferencia

indifferent UK: /ɪn'dɪf.ᵊr.ᵊnt/ UK: /-rənt/ US: /-ɚ-/ *adj* **1** ⇒indiferente **2** ⇒mediocre ⇒no muy bueno,na ⇒regular
indigenous /ɪn'dɪdʒ.ɪ.nəs/ *adj* ⇒indígena ⇒autóctono,na
indigestion /ˌɪn.dɪ.dʒes.tʃᵊn/ *n* [U] ⇒indigestión
indignant /ɪn'dɪg.nənt/ *adj* ⇒indignado,da: *to be indignant about sth* - estar indignado por algo ■ Distinto de *outrageous* (indignante)
indignation /ˌɪn.dɪg'neɪ.ʃᵊn/ *n* [U] ⇒indignación
indignity UK: /ɪn'dɪg.nɪ.ti/ US: /-nə.ˤt̬i/ [*pl* indignities] *n* [C, U] ⇒indignidad ⇒vileza ⇒humillación
indirect /ˌɪn.daɪ'rekt/ *adj* ⇒indirecto,ta: *indirect taxation* - impuestos indirectos; *indirect object* - complemento indirecto
indiscreet /ˌɪn.dɪ'skriːt/ *adj* ⇒indiscreto,ta: *an indiscreet question* - una pregunta indiscreta
indiscriminate /ˌɪn.dɪ'skrɪm.ɪ.nət/ *adj* ⇒indiscriminado,da
indispensable /ˌɪn.dɪ'spent.sə.bl̩/ *adj* ⇒imprescindible ⇒indispensable
indisputable UK: /ˌɪn.dɪ'spjuː.tə.bl̩/ US: /-ˤt̬ə-/ *adj* ⇒indisputable ⇒indiscutible ⇒irrefutable
indistinct /ˌɪn.dɪ'stɪŋkt/ *adj* ⇒indistinto,ta ⇒poco claro,ra
individual[1] /ˌɪn.dɪ'vɪd.ju.əl/ *n* [C] **1** ⇒individuo **2** *(inform)* ⇒individuo *desp.;* ⇒tipo *desp.*
individual[2] /ˌɪn.dɪ'vɪd.ju.əl/ *adj* **1** ⇒individual: *an individual portion* - una ración individual **2** ⇒particular ⇒personal
individualism /ˌɪn.dɪ'vɪd.ju.ə.lɪ.zᵊm/ *n* [U] ⇒individualismo
individuality UK: /ˌɪn.dɪ.vɪd.ju'æl.ə.ti/ US: /-ˤt̬i/ *n* [U] ⇒individualidad: *to lack individuality* - carecer de individualidad
individually /ˌɪn.dɪ'vɪd.ju.ə.li/ *adv* ⇒individualmente ⇒por separado
Indonesia /ˌɪn.də'niː.ʒə/ *n* [U] ⇒Indonesia
↑**indoor** UK: /ˌɪn'dɔːʳ/ US: /-'dɔːr/ *adj* **1** ⇒de interior: *indoor plants* - plantas de interior **2** *an indoor swimming pool* - una piscina cubierta
indoors UK: /ˌɪn'dɔːz/ US: /-'dɔːrz/ *adv* ⇒en casa ⇒dentro
induce UK: /ɪn'djuːs/ US: /-'duːs/ [induced, inducing] *v* [T] **1** *(form)* ⇒inducir ⇒convencer **2** *(form)* ⇒causar **3** *(un parto)* ⇒provocar ⇒inducir ■ CONSTR. to induce + to do sth
induction /ɪn'dʌk.ʃᵊn/ *n* [U] **1** ⇒inducción **2** ⇒iniciación **3** ~ **course** ⇒cursillo preparatorio
indulge /ɪn'dʌldʒ/ [indulged, indulging] ▌*v* [T, I] **1** ⇒dar rienda suelta ⇒darse el gusto *col.;* ⇒permitirse ■ CONSTR. to indulge in sth ▌*v* [T] **2** ⇒consentir ⇒mimar
indulgence /ɪn'dʌl.dʒənts/ *n* [C, U] **1** ⇒indulgencia ⇒tolerancia **2** ⇒capricho ⇒lujo **3** ⇒satisfacción **4** *(en religión)* ⇒indulgencia
indulgent /ɪn'dʌl.dʒənt/ *adj* ⇒indulgente
industrial /ɪn'dʌs.tri.əl/ *adj* ⇒industrial: *an industrial estate* - un polígono industrial
industrialist /ɪn'dʌs.tri.ə.lɪst/ *n* [C] ⇒industrial ⇒empresario,ria
industrialization /ɪnˌdʌs.tri.ə.laɪ'zeɪ.ʃᵊn/ (*UK tb* **industrialisation**) *n* [U] ⇒industrialización
industrious /ɪn'dʌs.tri.əs/ *adj (form)* ⇒muy trabajador,-a ⇒diligente
↑**industry** /'ɪn.də.stri/ [*pl* industries] *n* [C, U] ⇒industria ⇒sector
inedible /ɪ'ned.ɪ.bl̩/ *adj* ⇒incomestible ⇒incomible
ineffective /ˌɪn.ɪ'fek.tɪv/ *adj* ⇒ineficaz ⇒ineficiente
inefficient /ˌɪn.ɪ'fɪʃ.ᵊnt/ *adj* **1** *(una persona)* ⇒ineficiente ⇒incompetente **2** *(una cosa)* ⇒ineficaz
ineligible /ɪ'nel.ɪ.dʒə.bl̩/ *adj* **1** ⇒sin derecho: *ineligible to vote* - sin derecho a voto **2** ⇒que no reúne las condiciones necesarias: *an ineligible candidate* - un candidato que no reúne las condiciones necesarias
inept /ɪ'nept/ *adj* ⇒inepto,ta
inequality UK: /ˌɪn.ɪ'kwɒl.ə.ti/ US: /-'kwɑː.lə.ˤt̬i/ [*pl* inequalities] *n* [C, U] ⇒desigualdad
inert UK: /ɪ'nɜːt/ US: /-'nɝːt/ *adj (form)* ⇒inerte
inertia UK: /ɪ'nɜː.ʃə/ US: /-'nɝː-/ *n* [U] ⇒inercia
inescapable /ˌɪn.ɪ'skeɪ.pə.bl̩/ *adj* ⇒ineludible
inexcusable /ˌɪn.ɪk'skjuː.zə.bl̩/ *adj* ⇒inexcusable ⇒imperdonable
inexhaustible UK: /ˌɪn.ɪg'zɔː.stɪ.bl̩/ US: /-'zɑː-/ *adj* ⇒inagotable: *an inexhaustible source of money* - una fuente inagotable de dinero
inexpensive /ˌɪn.ɪk'spent.sɪv/ *adj* ⇒económico,ca ⇒barato,ta
inexperience UK: /ˌɪn.ɪk'spɪə.ri.ənts/ US: /-'spɪr.i-/ *n* [U] ⇒inexperiencia ⇒falta de experiencia
inexperienced UK: /ˌɪn.ɪk'spɪə.ri.ənst/ US: /-'spɪr.i-/ *adj* ⇒inexperto,ta: *to be inexperienced in sth* - ser inexperto en algo ■ PRON. La última e no se pronuncia
inexplicable /ˌɪn.ɪk'splɪk.ə.bl̩/ *adj* ⇒inexplicable
infallible /ɪn'fæl.ɪ.bl̩/ *adj* ⇒infalible
infamous /'ɪn.fə.məs/ *adj* ⇒infame
infancy /'ɪn.fənt.si/ *n* [U] **1** ⇒primera infancia **2** ⇒inicios: *the infancy of a company* - los inicios de una empresa **3 to be in its ~** ⇒estar en pañales *col.: This project is still in its infancy* - Este proyecto está todavía en pañales
↑**infant** /'ɪn.fənt/ *n* [C] ⇒niño,ña [pequeño]
infantile UK: /'ɪn.fən.taɪl/ US: /-t[ə]l/ *adj* ⇒infantil

infantry /ˈɪn.fən.tri/ *n* [U] ⇒**infantería** ■ Por ser un nombre colectivo se puede usar con el verbo en singular o en plural

infatuated UK: /ɪnˈfæt.ju.eɪ.tɪd/ US: /-ˤt̬ɪd/ *adj* ⇒prendado,da ⇒chiflado,da *col.;* ⇒encaprichado,da

infect /ɪnˈfekt/ *v* [T] ⇒infectar ⇒contagiar ■ CONSTR. 1. to infect with sth 2. Se usa más en pasiva

↑**infection** /ɪnˈfek.ʃᵊn/ *n* [C, U] ⇒infección

infectious /ɪnˈfek.ʃəs/ *adj* **1** *(una enfermedad)* ⇒infeccioso,sa ⇒contagioso,sa **2** *(un sentimiento o una emoción)* ⇒contagioso,sa

infer UK: /ɪnˈfɜːʳ/ US: /-ˈfɝː/ [inferred, inferring] *v* [T] **1** *(form)* ⇒inferir ⇒deducir **2** ⇒dar a entender ⇒insinuar ■ CONSTR. to infer + (that)

inference UK: /ˈɪn.fᵊr.ᵊnts/ US: /-fɚ-/ ▌*n* [C, U] **1** *(form)* ⇒inferencia ⇒deducción ▌*n* [U] **2** *(form)* ⇒conclusión

inferior UK: /ɪnˈfɪə.ri.əʳ/ US: /-ˈfɪr.i.ɚ/ *adj* ⇒inferior: *You shouldn't feel inferior to them* - No debes sentirte inferior a ellos

infertile UK: /ɪnˈfɜː.taɪl/ US: /-ˈfɝː.ˤt̬[ə]l/ *adj* **1** *(un terreno)* ⇒infértil **2** *(una persona)* ⇒estéril

infest /ɪnˈfest/ *v* [T] ⇒infestar: *The locusts infested the crops* - Las langostas infestaron los cultivos ■ CONSTR. Se usa más en pasiva

infidelity UK: /ˌɪn.fɪˈdel.ə.ti/ US: /-fəˈdel.ə.ˤt̬i/ [*pl* infidelities] *n* [C, U] ⇒infidelidad

infiltrate /ˈɪn.fɪl.treɪt/ [infiltrated, infiltrating] *v* [T, I] ⇒infiltrar(se)

infinite /ˈɪn.fɪ.nət/ *adj* ⇒infinito,ta

infinitely /ˈɪn.fɪ.nət.li/ *adv* ⇒infinitamente: *That's infinitely better* - Eso es infinitamente mejor

↑**infinitive** UK: /ɪnˈfɪn.ɪ.tɪv/ US: /-ə.ˤt̬ɪv/ *n* [C] *(en gramática)* ⇒infinitivo

infinity UK: /ɪnˈfɪn.ɪ.ti/ US: /-ə.ˤt̬i/ *n* [U] **1** ⇒infinito **2** ⇒infinidad

infirm UK: /ɪnˈfɜːm/ US: /-ˈfɝːm/ *adj* **1** *(form)* ⇒enfermizo,za ⇒achacoso,sa **2** *(form)* ⇒débil

infirmary UK: /ɪnˈfɜː.mə.ri/ US: /-ˈfɝː.mɚ-/ [*pl* infirmaries] *n* [C] **1** *UK (form)* ⇒hospital **2** *US* ⇒enfermería

infirmity UK: /ɪnˈfɜː.mə.ti/ US: /-ˈfɝː.mə.ˤt̬i/ [*pl* infirmities] *n* [C, U] **1** *(form)* ⇒enfermedad ⇒achaque **2** *(form)* ⇒debilidad

inflamed /ɪnˈfleɪmd/ *adj* **1** *(una parte del cuerpo)* ⇒inflamado,da **2** *(un sentimiento o una pasión)* ⇒inflamado,da ⇒encendido,da

inflammable /ɪnˈflæm.ə.bl̩/ (*tb* **flammable**) *adj* ⇒inflamable

inflammation /ˌɪn.fləˈmeɪ.ʃᵊn/ *n* [C, U] ⇒inflamación

inflatable UK: /ɪnˈfleɪ.tə.bl̩/ US: /-ˤt̬ə-/ *adj* ⇒hinchable

inflate /ɪnˈfleɪt/ [inflated, inflating] *v* [T, I] ⇒hinchar(se) ⇒inflar(se)

↑**inflation** /ɪnˈfleɪ.ʃᵊn/ *n* [U] ⇒inflación: *the rise in inflation* - la subida de la inflación

inflexible /ɪnˈflek.sɪ.bl̩/ *adj* **1** ⇒inflexible ⇒intransigente **2** *(un material)* ⇒inflexible ⇒rígido,da

inflict /ɪnˈflɪkt/ *v* [T] **1** ⇒ocasionar ⇒afectar **2** ⇒infligir ⇒imponer ■ CONSTR. to inflict sth/sb on sth/sb

↑**influence¹** /ˈɪn.flu.ənts/ *n* [U] **1** ⇒influencia **2 to be a {good/bad} ~ on *sb*** ⇒ejercer una influencia {buena/mala} sobre alguien ■ Distinto de *influenza* (gripe)

influence² /ˈɪn.flu.ənts/ [influenced, influencing] *v* [T] ⇒influir ⇒influenciar ■ CONSTR. Se usa más en pasiva

influential /ˌɪn.fluˈen.tʃᵊl/ *adj* ⇒influyente

influenza /ˌɪn.fluˈen.zə/ *n* [U] *(form)* ⇒gripe ⇒gripa *AMÉR.* ■ Se usa más la forma abreviada *flu* ■ Distinto de *influence* (influencia)

influx /ˈɪn.flʌks/ [*pl* influxes] *n* [C] ⇒flujo [de personas, de objetos] ⇒entrada [de personas, de objetos] ■ Se usa más en singular

↑**inform** UK: /ɪnˈfɔːm/ US: /-ˈfɔːrm/ *v* [T] **1** ⇒poner al corriente ⇒informar ⇒anoticiar *AMÉR.* ■ CONSTR. to inform + (that) **2** ⇒informar ⇒avisar ■ CONSTR. 1. Se usa más en pasiva 2. Se usa generalmente seguido de las preposiciones about y of

PHRASAL VERBS

· **to inform {against/on} *sb*** ⇒delatar a alguien: *He was afraid to inform on the thieves* - Tenía miedo de delatar a los ladrones

↑**informal** UK: /ɪnˈfɔː.məl/ US: /-ˈfɔːr-/ *adj* **1** ⇒informal ⇒sin etiqueta **2** ⇒coloquial: *informal language* - lenguaje coloquial

informant UK: /ɪnˈfɔː.mənt/ US: /-ˈfɔːr-/ *n* [C] **1** ⇒confidente ⇒espía **2** ⇒informante

information UK: /ˌɪn.fəˈmeɪ.ʃᵊn/ US: /-fɚ-/ *n* [U] ⇒información: *I'm looking for some information on train times* - Estoy buscando información sobre el horario de los trenes ■ Se dice *some information* o *a piece of information*. Incorrecto: *an information* ■ La forma abreviada es *info*

information technology *n* [U] ⇒informática ⇒tecnología de la información ■ La forma abreviada es *IT*

informative UK: /ɪnˈfɔː.mə.tɪv/ US: /-ˈfɔːr.mə.ˤt̬ɪv/ *adj* ⇒informativo,va

informed UK: /ɪnˈfɔːmd/ US: /-ˈfɔːrmd/ *adj* **1** ⇒informado,da: *Keep me informed* - Mantenme informado **2** ⇒fundamentado,da: *an informed analysis* - un análisis fundamentado

informer UK: /ɪnˈfɔː.məʳ/ US: /-ˈfɔːr.mɚ/ *n* [C] ⇒confidente

↑**infrastructure** UK: /ˈɪn.frəˌstrʌk.tʃəʳ/ US: /-tʃɚ/ *n* [C] ⇒infraestructura

infrequent /ɪnˈfriː.kwənt/ *adj* ⇒infrecuente

infuriate UK: /ɪnˈfjʊə.ri.eɪt/ US: /-ˈfjʊr.i-/ [infuriated, infuriating] *v* [T] ⇒enfurecer: *He infuriated his talking to him in that tone* - Le enfureció cuando le habló en ese tono

ingenious /ɪnˈdʒiː.ni.əs/ *adj* ⇒ingenioso,sa

ingenuity UK: /ˌɪn.dʒəˈnjuː.ɪ.ti/ US: /-ə.ˤt̬i/ *n* [U] ⇒ingenio ⇒inventiva

ingrained /ɪnˈgreɪnd/ *adj* **1** ⇒arraigado,da: *an ingrained belief* - una creencia arraigada **2** *(la suciedad)* ⇒incrustado,da

↑**ingredient** /ɪnˈgriː.di.ənt/ *n* [C] ⇒ingrediente: *What ingredients do you need?* - ¿Qué ingredientes necesitas?

↑**inhabit** /ɪnˈhæb.ɪt/ *v* [T] *(form)* ⇒habitar: *Dinosaurs inhabited the Earth* - Los dinosaurios habitaron la Tierra ■ CONSTR. Se usa más en pasiva

inhabitant /ɪnˈhæb.ɪ.tᵊnt/ *n* [C] ⇒habitante

inhale /ɪnˈheɪl/ [inhaled, inhaling] *v* [T, I] ⇒inhalar ⇒aspirar

inherent UK: /ɪnˈher.ᵊnt/ UK: /-ˈhɪə.rənt/ US: /-ˈhɪr.[ə]nt/ *adj* ⇒inherente: *to be inherent in sth* - ser inherente a algo

↑**inherit** /ɪnˈher.ɪt/ *v* [T, I] ⇒heredar: *I inherited my grandfather's gold watch* - Heredé el reloj de oro de mi abuelo

inheritance /ɪnˈher.ɪ.tᵊnts/ *n* [C, U] **1** ⇒herencia **2** ⇒patrimonio: *cultural inheritance* - patrimonio cultural

inhibit /ɪnˈhɪb.ɪt/ *v* [T] **1** ⇒inhibir ⇒frenar **2** ⇒impedir

inhibited UK: /ɪnˈhɪb.ɪ.tɪd/ US: /-ˤt̬ɪd/ *adj* ⇒inhibido,da ⇒cohibido,da

inhibition /ˌɪn.hɪˈbɪʃ.ᵊn/ *n* [C, U] **1** ⇒inhibición **2** ⇒reparo ⇒apuro ⇒vergüenza

inhospitable /ˌɪn.hɒsˈpɪt.ə.bl̩, ˌɪn.hɑːˈspɪˤt̬-/ *adj* **1** *(un lugar)* ⇒inhóspito,ta **2** *(una persona)* ⇒inhospitalario,ria

inhuman /ɪnˈhjuː.mən/ *adj* ⇒inhumano,na ⇒atroz ⇒despiadado,da

initial[1] /ɪˈnɪʃ.ᵊl/ *adj* ⇒inicial ⇒primero,ra

initial[2] /ɪˈnɪʃ.ᵊl/ *n* [C] **1** ⇒inicial: *His initials are BCM* - Sus iniciales son BCM **2** ⇒sigla ■ Se usa más en plural

initially /ɪˈnɪʃ.ᵊl.i/ *adv* ⇒en un principio ⇒inicialmente

↑**initiate** /ɪˈnɪʃ.i.eɪt/ [initiated, initiating] *v* [T] **1** *(form)* ⇒iniciar ⇒emprender ■ CONSTR. Se usa más en pasiva **2** ⇒iniciar: *He was initiated into reading by his mother* - Su madre lo inició en la lectura ■ CONSTR. 1. to initiate sb into sth 2. Se usa más en pasiva

↑**initiative** UK: /ɪˈnɪʃ.ə.tɪv/ US: /-ˤt̬ɪv/ *n* [C] ⇒iniciativa: *to use one's initiative* - obrar por iniciativa propia

↑**inject** /ɪnˈdʒekt/ *v* [T] ⇒poner una inyección ⇒inyectar ■ CONSTR. to inject sb with sth

injection /ɪnˈdʒek.ʃᵊn/ *n* [C, U] ⇒inyección

↑**injure** UK: /ˈɪn.dʒəʳ/ US: /-dʒɚ/ [injured, injuring] *v* [T] **1** ⇒hacer daño ⇒herir ⇒lesionar(se) **2** ⇒herir ⇒dañar

injured UK: /ˈɪn.dʒəd/ US: /-dʒɚd/ *adj* ⇒herido,da ⇒lesionado,da

injury UK: /ˈɪn.dʒᵊr.i/ US: /-dʒɚ-/ [*pl* injuries] *n* [C, U] ⇒herida [por accidente] ⇒lesión ■ Comparar con *wound* (herida de arma)

injustice /ɪnˈdʒʌs.tɪs/ *n* [C, U] ⇒injusticia

↑**ink** /ɪŋk/ *n* [C, U] ⇒tinta

inkling /ˈɪŋ.klɪŋ/ *n* [C, U] ⇒ligera idea ⇒presentimiento

inland /ˈɪn.lənd, -lænd, ˌ-ˈ-/ *adj, adv* **1** ⇒del interior ⇒interior **2** ⇒en el interior ⇒hacia el interior

in-laws UK: /ˈɪn.lɔːz/ US: /-lɑːz/ *n* [PL] *(inform)* ⇒familia política

inlet /ˈɪn.let/ *n* [C] **1** ⇒ensenada **2** ⇒brazo de mar **3** *(en una máquina)* ⇒entrada [de un líquido o una sustancia gaseosa]

inmate /ˈɪn.meɪt/ *n* [C] **1** ⇒recluso,sa **2** ⇒enfermo,ma [de un hospital psiquiátrico]

inn /ɪn/ *n* [C] **1** ⇒posada ⇒hostal **2** ⇒taberna ⇒mesón

innate /ɪˈneɪt/ *adj* ⇒innato,ta: *an innate talent* - un talento innato

↑**inner** UK: /ˈɪn.əʳ/ US: /-ɚ/ *adj* ⇒interior ⇒interno,na

inner city [*pl* inner cities] *n* [C] ⇒zona superpoblada y pobre en torno al centro de una ciudad

innermost UK: /ˈɪn.ə.məʊst/ US: /-ɚ.moʊst/ *adj* **1** *(form)* ⇒más íntimo,ma: *He'll never reveal his innermost secrets* - Nunca revelará sus secretos más íntimos **2** *(un lugar)* ⇒más recóndito,ta

innocence /ˈɪn.ə.sᵊnts/ *n* [U] ⇒inocencia

↑**innocent** /ˈɪn.ə.sᵊnt/ *adj* ⇒inocente: *to be found innocent of sth* - ser declarado inocente de algo

innocuous UK: /ɪˈnɒk.ju.əs/ US: /-ˈnɑː.kju-/ *adj* **1** *(una sustancia)* ⇒inocuo,cua **2** ⇒inofensivo,va

innovation /ˌɪn.əʊˈveɪ.ʃᵊn/ ▌ *n* [C, U] **1** ⇒innovación ⇒novedad ▌ *n* [U] **2** *(proceso)* ⇒innovación

innovative UK: /ˈɪn.ə.və.tɪv/ US: /-veɪ.ˤt̬ɪv/ *adj* ⇒innovador,-a

innuendo UK: /ˌɪn.juˈen.dəʊ/ US: /-doʊ/ [*pl* innuendoes, innuendos] *n* [C, U] ⇒indirecta ⇒insinuación

innumerable UK: /ɪˈnjuː.mər.ə.bl/ US: /ɪˈnuː.mɚ-/ *adj* ⇒innumerable

input /ˈɪn.pʊt/ ▌ *n* [C, U] **1** ⇒contribución ⇒aportación ▌ *n* [U] **2** *(en informática)* ⇒entrada

inquest /ˈɪŋ.kwest/ *n* [C] **1** ⇒investigación judicial **2** ⇒investigación post mortem

† **inquire** UK: /ɪnˈkwaɪəʳ/ US: /-ˈkwaɪr/ [inquired, inquiring] (*UK tb* **enquire**) *v* [T, I] *(form)* ⇒preguntar ⇒informarse ⇒pedir información ■ CONSTR. 1. to inquire about sth 2. to inquire + interrogativa indirecta

inquiring UK: /ɪnˈkwaɪə.rɪŋ/ US: /-ˈkwaɪr.ɪŋ/ (*UK tb* **enquiring**) *adj* ⇒curioso,sa ⇒inquieto,ta

† **inquiry** UK: /ɪnˈkwaɪə.ri/ US: /ˈɪŋ.kwɚ.i/ [*pl* inquiries] (*UK tb* **enquiry**) *n* [C, U] **1** *(form)* ⇒pregunta ⇒petición de información **2** ⇒investigación

inquisitive UK: /ɪnˈkwɪz.ɪ.tɪv/ US: /-ˤt̬ɪv/ *adj* **1** ⇒curioso,sa ⇒preguntón,-a **2** ⇒inquisitivo,va: *an inquisitive gaze* - una mirada inquisitiva

insane /ɪnˈseɪn/ *adj* **1** ⇒loco,ca: *You're insane* - Estás loco **2** *an insane idea* - una locura ■ Distinto de *unhealthy* (insano)

insanity UK: /ɪnˈsæn.ə.ti/ US: /-ˤt̬i/ *n* [U] ⇒demencia ⇒locura

insatiable /ɪnˈseɪ.ʃə.bl̩/ *adj* ⇒insaciable

inscribe /ɪnˈskraɪb/ [inscribed, inscribing] *v* [T] *(form)* ⇒inscribir ⇒grabar ■ CONSTR. Se usa más en pasiva

inscription /ɪnˈskrɪp.ʃᵊn/ *n* [C] ⇒inscripción: *an inscription on a tombstone* - una inscripción en una lápida

† **insect** /ˈɪn.sekt/ *n* [C] ⇒insecto

insecticide /ɪnˈsek.tɪ.saɪd/ *n* [C, U] ⇒insecticida

insecure UK: /ˌɪn.sɪˈkjʊəʳ/ US: /-ˈkjʊr/ *adj* ⇒inseguro,ra: *to feel insecure* - sentirse inseguro

insecurity UK: /ˌɪn.sɪˈkjʊə.rɪ.ti/ US: /-ˈkjʊr.ə.ˤt̬i/ *n* [U] ⇒inseguridad

insensitive UK: /ɪnˈsent.sɪ.tɪv/ US: /-sə.ˤt̬ɪv/ *adj* **1** ⇒insensible **2** ⇒que no tiene tacto ⇒que no tiene consideración

inseparable /ɪnˈsep.rə.bl̩/ *adj* ⇒inseparable

insert UK: /ɪnˈsɜːt/ US: /-ˈsɝːt/ *v* [T] ⇒introducir ⇒insertar ⇒meter

† **inside**[1] /ɪnˈsaɪd/ *n* [C] **1** ⇒interior ⇒parte de dentro **2** ~ **out** ⇒del revés: *You're wearing your jumper inside out* - Llevas el jersey del revés

inside[2] /ɪnˈsaɪd/ *adj* ⇒interior: *an inside wall* - una pared interior

† **inside**[3] /ˌɪnˈsaɪd/, /ˈɪn.saɪd, ˌ-ˈ-/, /ɪnˈsaɪd/ *adv* ⇒dentro ⇒adentro

† **insight** /ˈɪn.saɪt/ ▌*n* [C, U] **1** ⇒idea ⇒conocimiento ⇒percepción nueva ▌*n* [U] **2** ⇒perspicacia ⇒visión **3** **to get insights into *sth*** ⇒conseguir comprender algunos aspectos de algo

insignificant /ˌɪn.sɪgˈnɪf.ɪ.kᵊnt/ *adj* ⇒insignificante ⇒sin importancia

insincere UK: /ˌɪn.sɪnˈsɪəʳ/ US: /-ˈsɪr/ *adj* ⇒insincero,ra ⇒falso,sa

insinuate /ɪnˈsɪn.ju.eɪt/ [insinuated, insinuating] *v* [T] ⇒insinuar: *He insinuated that he wanted the book* - Insinuó que quería el libro ■ CONSTR. to insinuate + (that)

† **insist** /ɪnˈsɪst/ *v* [T, I] **1** ⇒insistir ⇒empeñarse **2** ⇒exigir **3** ⇒hacer hincapié ■ CONSTR. 1. to insist + (that) 2. to insist on/upon + sth/doing sth

insistence /ɪnˈsɪs.tᵊnts/ *n* [U] ⇒insistencia ⇒empeño

insistent /ɪnˈsɪs.tᵊnt/ *adj* ⇒insistente

insolent /ˈɪnt.sᵊl.ənt/ *adj (form)* ⇒insolente: *an insolent manner* - una actitud insolente

insomnia UK: /ɪnˈsɒm.ni.ə/ US: /-ˈsɑːm-/ *n* [U] ⇒insomnio: *to suffer from insomnia* - padecer insomnio

† **inspect** /ɪnˈspekt/ *v* [T] ⇒inspeccionar ⇒registrar ⇒revisar

inspection /ɪnˈspek.ʃᵊn/ *n* [C, U] ⇒inspección ⇒revisión

inspector /ɪnˈspek.təʳ/ *n* [C] **1** ⇒inspector,-a **2** ⇒revisor,-a: *the bus inspector* - el revisor del autobús **3** ⇒inspector,-a [de policía]

inspiration /ˌɪn.spɪˈreɪ.ʃᵊn/ ▌*n* [C, U] **1** ⇒inspiración ⇒musa ▌*n* [C] **2** ⇒inspiración ⇒idea genial

† **inspire** UK: /ɪnˈspaɪəʳ/ US: /-ˈspaɪr/ [inspired, inspiring] *v* [T] **1** ⇒inspirar ⇒mover [a hacer algo] ■ CONSTR. 1. to inspire + to do sth 2. Se usa más en pasiva **2** *(un sentimiento)* ⇒infundir ■ CONSTR. 1. to inspire sb with sth 2. to inspire sth in sb

instability UK: /ˌɪn.stəˈbɪl.ɪ.ti/ US: /-ə.ˤt̬i/ *n* [U] ⇒inestabilidad

† **install** UK: /ɪnˈstɔːl/ US: /-ˈstɑːl/ *v* [T] ⇒instalar

instalment UK: /ɪnˈstɔːl.mənt/ US: /-ˈstɑːl-/ *UK n* [C] **1** ⇒plazo: *to pay in instalments* - pagar a plazos **2** ⇒fascículo ⇒entrega **3** ⇒episodio [de una serie de televisión]

† **instance** /ˈɪn.stənts/ *n* [C] ⇒caso ⇒ejemplo

† **instant**[1] /ˈɪn.stənt/ *n* [NO PL] ⇒instante: *in an instant* - en un instante

instant[2] /ˈɪn.stənt/ **1** *adj* ⇒inmediato,ta ⇒inminente **2** ⇒instantáneo,a: *instant coffee* - café instantáneo

instantaneous /ˌɪn.stənˈteɪ.ni.əs/ *adj* ⇒instantáneo,a: *Her reply was instantaneous* - Su respuesta fue instantánea

instantly /ˈɪn.stənt.li/ *adv* ⇒instantáneamente ⇒en el acto ⇒inmediatamente ⇒al tiro *AMÉR.*

instant messaging *n* [U] *(en internet)* ⇒mensajería instantánea

† **instead** /ɪnˈsted/ *adv* ⇒en su lugar

instigate /ˈɪn.stɪ.geɪt/ [instigated, instigating] *v* [T] *(form)* ⇒instigar: *to instigate a rebellion* - instigar una rebelión

instinct /ˈɪn.stɪŋkt/ *n* [C, U] ⇒instinto: *the survival instinct* - el instinto de supervivencia

instinctive /ɪnˈstɪŋk.tɪv/ *adj* ⇒instintivo,va: *an instinctive reaction* - una reacción instintiva

institute[1] UK: /ˈɪnt.stɪ.tjuːt/ US: /-tuːt/ *n* [C] **1** *(centro de investigación)* ⇒instituto **2** *(organización* *profesional)* ⇒colegio ⇒asociación **3** *(de idiomas)* ⇒instituto

institute[2] UK: /ˈɪnt.stɪ.tjuːt/ US: /-tuːt/ [instituted, instituting] *v* [T] *(form) (una ley, un sistema o un plan)* ⇒fundar ⇒instituir ⇒constituir

↑**institution** UK: /ˌɪnt.stɪˈtjuː.ʃᵊn/ US: /-ˈtuː-/ *n* [C] **1** ⇒organización ⇒fundación ⇒institución **2** ⇒asilo ⇒hospital **3** *(costumbre)* ⇒institución

↑**instruct** /ɪnˈstrʌkt/ *v* [T] **1** ⇒enseñar ■ CONSTR. to instruct in sth **2** ⇒mandar ⇒ordenar ■ CONSTR. to instruct + to do sth

instruction /ɪnˈstrʌk.ʃᵊn/ ▮ *n* [U] **1** ⇒enseñanza ⇒formación ⇒instrucción ▮ *n* [C] **2** ⇒órdenes ⇒instrucción ■ Se usa más en plural

instructions /ɪnˈstrʌk.ʃᵊnz/ *n* [PL] ⇒instrucciones

instructive /ɪnˈstrʌk.tɪv/ *adj* ⇒instructivo,va

instructor UK: /ɪnˈstrʌk.təʳ/ US: /-tɚ/ *n* [C] ⇒instructor,-a ⇒monitor,-a ⇒profesor,-a

↑**instrument** /ˈɪn.strə.mənt/ *n* [C] **1** ⇒instrumento ⇒herramienta **2** *(en música)* ⇒instrumento

instrumental UK: /ˌɪn.strəˈmen.tᵊl/ US: /-ˁt̬[ə]l/ *adj* **1** ⇒determinante **2** ⇒instrumental: *instrumental music* - música instrumental

insufficient /ˌɪn.səˈfɪʃ.ᵊnt/ *adj* ⇒insuficiente

insular UK: /ˈɪn.sjʊ.ləʳ/ US: /-lɚ/ *adj* **1** ⇒estrecho,cha de miras **2** ⇒insular

insulate /ˈɪn.sjʊ.leɪt/ [insulated, insulating] *v* [T] **1** ⇒aislar [cubrir con un material]: *to insulate an electrical wire* - aislar un cable eléctrico **2** ⇒aislar ⇒proteger ⇒mantener apartado,da

insulation /ˌɪn.sjʊˈleɪ.ʃᵊn/ *n* [U] *(protección)* ⇒aislamiento

insult[1] /ɪnˈsʌlt/ *v* [T] ⇒insultar: *Don't insult me!* - ¡No me insultes!

insult[2] /ˈɪn.sʌlt/ *n* [C] ⇒insulto

insurance UK: /ɪnˈʃɔː.rənts/ US: /-ˈʃɔːr.[ə]nts/ *n* [U] ⇒seguro: *an insurance policy* - una póliza de seguros; *car insurance* - seguro del coche

↑**insure** UK: /ɪnˈʃɔːʳ/ US: /-ˈʃɔːr/ [insured, insuring] *v* [T] **1** ⇒asegurar: *I'm going to fully insure the car* - Voy a asegurar el coche a todo riesgo **2** (*tb* **ensure**) *US (form)* ⇒asegurar(se): *Insure that it is well written* - Asegúrese de que está bien escrito ■ CONSTR. to insure + (that) **3** (*tb* **ensure**) *US (form)* ⇒garantizar ■ CONSTR. 1. to insure + (that) 2. to insure + to do sth

intact /ɪnˈtækt/ *adj* ⇒intacto,ta: *to remain intact* - seguir intacto,ta

intake /ˈɪn.teɪk/ *n* [C] **1** ⇒ingestión ⇒consumo **2** *UK* ⇒entrada [de personas]

integral UK: /ˈɪn.tɪ.grəl/ US: /-ˁt̬ə-/ *adj (una parte)* ⇒integral ⇒esencial ⇒fundamental

↑**integrate** UK: /ˈɪn.tɪ.greɪt/ US: /-ˁt̬ə-/ [integrated, integrating] ▮ *v* [T, I] **1** ⇒integrar(se): *to integrate into a group* - integrarse en un grupo ▮ *v* [T] **2** *(una empresa)* ⇒fusionar(se) ■ CONSTR. to integrate into/with sth

↑**integrity** UK: /ɪnˈteg.rə.ti/ US: /-ˁt̬i/ *n* [U] **1** ⇒integridad **2** *a person of integrity* - una persona íntegra

intellectual UK: /ˌɪn.tᵊlˈek.tju.əl/ US: /-ˁt̬[ə]lˈek.tʃu-/ *adj, n* [C] ⇒intelectual

↑**intelligence** /ɪnˈtel.ɪ.dʒᵊnts/ *n* [U] ⇒inteligencia

intelligent /ɪnˈtel.ɪ.dʒᵊnt/ *adj* ⇒inteligente

↑**intend** /ɪnˈtend/ *v* [T] ⇒tener la intención ⇒pensar ■ CONSTR. to intend + to do sth

intended /ɪnˈten.dɪd/ *n* [C] **1** *(old-fash, hum)* ⇒prometido,da **2 to be ~ for *sb*** **1** ⇒estar hecho,cha para ⇒ser para **2** ⇒destinarse ■ PRON. La última e se pronuncia como la *i* en *did*

↑**intense** /ɪnˈtents/ *adj* **1** ⇒intenso,sa **2** ⇒muy serio,ria

intensify /ɪnˈtent.sɪ.faɪ/ [intensifies, intensified] *v* [T, I] ⇒intensificar

↑**intensive** /ɪnˈtent.sɪv/ *adj* ⇒intenso,sa ⇒intensivo,va

intent[1] /ɪnˈtent/ *n* [U] **1** *(form)* ⇒propósito ⇒intención **2 {for/to} all intents (and purposes)** ⇒a todos los efectos

intent[2] /ɪnˈtent/ *adj* **1** ⇒resuelto,ta ⇒decidido,da **2** ⇒concentrado,da ⇒absorto,ta **3 to be ~ {on/upon} {*sth*/doing *sth*}** ⇒estar decidido,da a algo ⇒estar resuelto,ta a algo

intention /ɪnˈten.ʃᵊn/ *n* [C, U] ⇒intención: *It wasn't my intention* - No fue mi intención

intentional /ɪnˈten.ʃᵊn.əl/ *adj* ⇒intencionado,da ⇒deliberado,da

↑**interact** UK: /ˌɪn.təˈrækt/ US: /-ˁt̬ɚˈækt/ *v* [I] **1** *(personas)* ⇒relacionarse **2** *(cosas)* ⇒reaccionar ⇒interactuar

interaction UK: /ˌɪn.təˈræk.ʃᵊn/ US: /-ˁt̬ɚ-/ *n* [C, U] **1** *(entre personas)* ⇒relación **2** *(entre cosas)* ⇒interacción

interactive UK: /ˌɪn.təˈræk.tɪv/ US: /-ˁt̬ɚ-/ *adj* ⇒interactivo,va

intercept UK: /ˌɪn.təˈsept/ US: /-tɚ-/ *v* [T] ⇒interceptar: *to intercept the ball* - interceptar la pelota

interchangeable UK: /ˌɪn.təˈtʃeɪn.dʒə.bl̩/ US: /-ˁt̬ɚ-/ *adj* ⇒intercambiable: *interchangeable parts* - piezas intercambiables

intercourse UK: /ˈɪn.tə.kɔːs/ US: /-ˁt̬ɚ.kɔːrs/ *n* [U] **1** *(form, old-fash)* ⇒trato social **2** *(form)* ⇒coito

↑**interest[1]** UK: /ˈɪn.tᵊr.est/ US: /-ˁt̬ɚ-/ ▮ *n* [U, NO PL] **1** ⇒interés **2** *to show an interest in sth* - mostrarse interesado en algo ▮ *n* [U] **3** *(en economía)* ⇒interés **4** ⇒interés ⇒curiosidad **5** ⇒valor ⇒interés ▮ *n* [C] **6** ⇒hobby ⇒interés ⇒afición ▮ *n* [C, U] **7** ⇒interés ⇒beneficio

interest[2] UK: /ˈɪn.tᵊr.est/ US: /-ˤt̬ɚ-/ *v* [T] ⇒interesar: *History interests me a lot* - La historia me interesa mucho; *That book was what first interested me in Buddhism* - Ese libro fue lo que hizo que me interesara por el budismo

interested UK: /ˈɪn.tᵊr.es.tɪd/ US: /-ˤt̬ɚ-/ *adj* **1** ⇒interesado,da ■ CONSTR. 1. interested in + doing sth 2. interested + to do sth 3. Se usa detrás de un verbo **2** *I would be interested to hear more about your trip* - Me gustaría saber más de tu viaje ■ PRON. La *e* se pronuncia como la *i* en *did* ■ Ver cuadro adjetivos terminados en "-ed" / "-ing": excited / exciting

interesting UK: /ˈɪn.tᵊr.es.tɪŋ/ US: /-ˤt̬ɚ-/ *adj* ⇒interesante ⇒curioso,sa ■ Ver cuadro adjetivos terminados en "-ed" / "-ing": excited / exciting

interface UK: /ˈɪn.tə.feɪs/ US: /-ˤt̬ɚ-/ *n* [C] *(en informática)* ⇒interfaz

↑**interfere** UK: /ˌɪn.təˈfɪəʳ/ US: /-ˤt̬ɚˈfɪr/ [interfered, interfering] *v* [I] ⇒entrometerse ⇒inmiscuirse

PHRASAL VERBS

- **to interfere with *sth*** **1** ⇒interferir en algo **2** *(en una señal de radio o televisión)* ⇒interferir

interference UK: /ˌɪn.təˈfɪə.rᵊnts/ US: /-ˤt̬ɚˈfɪr.[ə]nts/ *n* [U] **1** ⇒intromisión **2** ⇒interferencia [radiofónica]

interfering UK: /ˌɪn.təˈfɪə.rɪŋ/ US: /-ˤt̬ɚˈfɪr.ɪŋ/ *adj* ⇒entrometido,da

interim[1] UK: /ˈɪn.tᵊr.ɪm/ US: /-ˤt̬ɚ-/ *adj* ⇒provisional ⇒interino,na

interim[2] UK: /ˈɪn.tᵊr.ɪm/ US: /-ˤt̬ɚ-/ **in the ~** ⇒mientras tanto ⇒en el ínterin

↑**interior** UK: /ɪnˈtɪə.ri.əʳ/ US: /-ˈtɪr.i.ɚ/ *adj, n* [C, NO PL] ⇒interior: *an interior courtyard* - un patio interior

interior decorator *n* [C] ⇒interiorista

interjection UK: /ˌɪn.təˈdʒek.ʃᵊn/ US: /-ˤt̬ɚ-/ ▌*n* [C, U] **1** *(form) (en una conversación)* ⇒interrupción ▌*n* [C] **2** *(form) (en gramática)* ⇒interjección ⇒exclamación

interlude UK: /ˈɪn.tə.luːd/ US: /-ˤt̬ɚ-/ *n* [C] **1** ⇒intervalo **2** ⇒interludio

↑**intermediate** UK: /ˌɪn.təˈmiː.di.ət/ US: /-ˤt̬ɚ-/ *adj* ⇒intermedio,dia: *an intermediate level* - un nivel intermedio

intermission UK: /ˌɪn.təˈmɪʃ.ᵊn/ US: /-ˤt̬ɚ-/ *n* [C, U] **1** *US* (*UK* **interval**) *(en televisión, en una obra de teatro)* ⇒intermedio **2** ⇒interrupción ⇒intervalo

intern UK: /ˈɪn.tɜːn/ US: /-tɝːn/ *US n* [C] **1** *(un médico)* ⇒interno,na **2** ⇒becario,ria

↑**internal** UK: /ɪnˈtɜː.nəl/ US: /-ˈtɝː-/ *adj* ⇒interior ⇒interno,na

↑**international**[1] UK: /ˌɪn.təˈnæʃ.ᵊn.ᵊl/ US: /-ˤt̬ɚ-/ *adj* ⇒internacional

international[2] UK: /ˌɪn.təˈnæʃ.ᵊn.ᵊl/ US: /-ˤt̬ɚ-/ *UK n* [C] **1** ⇒evento deportivo internacional **2** *(jugador)* ⇒internacional

internationally UK: /ˌɪn.təˈnæʃ.ᵊn.ᵊl.i/ US: /-ˤt̬ɚ-/ *adv* ⇒internacionalmente ⇒en el mundo entero

internet *n* [NO PL] ⇒internet: *to look sth up on the internet* - consultar algo en internet

↑**interpret** UK: /ɪnˈtɜː.prɪt/ US: /-ˈtɝː-/ ▌*v* [T] **1** ⇒interpretar ⇒explicar ⇒entender **2** ⇒actuar ⇒interpretar ▌*v* [T, I] **3** ⇒traducir [oralmente] ⇒interpretar

interpretation UK: /ɪnˌtɜː.prɪˈteɪ.ʃᵊn/ US: /-ˌtɝː-/ ▌*n* [C, U] **1** *(una idea, un texto)* ⇒interpretación ⇒explicación ▌*n* [C] **2** ⇒interpretación ⇒actuación

interpreter UK: /ɪnˈtɜː.prɪ.təʳ/ US: /-ˈtɝː.prɪ.ˤt̬ɚ/ *n* [C] ⇒intérprete: *Can you act as interpreter?* - ¿Puedes hacer de intérprete?

interrogate /ɪnˈter.ə.geɪt/ [interrogated, interrogating] *v* [T] ⇒interrogar: *The inspector interrogated the witnesses* - El inspector interrogó a los testigos

interrogative UK: /ˌɪn.təˈrɒg.ə.tɪv/ US: /-ˤt̬əˈrɑː.gə.ˤt̬ɪv/ *adj* ⇒interrogativo,va ⇒de interrogación ■ Ver cuadro en página siguiente y ver cuadro interrogative pronouns and adverbs

↑**interrupt** UK: /ˌɪn.təˈrʌpt/ US: /-ˤt̬ə-/ *v* [T, I] ⇒interrumpir

interruption UK: /ˌɪn.təˈrʌp.ʃᵊn/ US: /-ˤt̬ə-/ *n* [C, U] ⇒interrupción: *I apologise for the interruption* - Pido disculpas por la interrupción

intersect UK: /ˌɪn.təˈsekt/ US: /-ˤt̬ɚ-/ *v* [T, I] ⇒cortar(se) ⇒cruzar(se)

intersection UK: /ˌɪn.təˈsek.ʃᵊn/ US: /-ˤt̬ɚ-/ *US* (*UK* **junction**) *n* [C, U] ⇒intersección ⇒cruce

interstate UK: /ˈɪn.tə.steɪt/ US: /ˈɪn.ˤt̬ɚ.steɪt/ *n* [C] ⇒autovía [entre estados de EE. UU.]

interval UK: /ˈɪn.tə.vᵊl/ US: /-ˤt̬ɚ-/ ▌*n* [C] **1** ⇒intervalo *n* [C, U] *UK* (*US* **intermission**) **2** ⇒intermedio [de televisión, de una obra de teatro]

↑**intervene** UK: /ˌɪn.təˈviːn/ US: /-ˤt̬ɚ-/ [intervened, intervening] *v* [I] **1** ⇒intervenir: *He intervened to stop the fighting* - Intervino para parar la pelea ■ CONSTR. to intervene + to do sth **2** ⇒interrumpir ⇒interponerse ■ PRON. La última sílaba rima con *bean*

intervening UK: /ˌɪn.təˈviː.nɪŋ/ US: /-ˤt̬ɚ-/ *adj* **1** ⇒intermedio,dia **2** *in the intervening period* - en el interior

intervention UK: /ˌɪn.təˈven.ʃᵊn/ US: /-ˤt̬ɚ-/ *n* [C, U] ⇒intervención: *military intervention* - intervención militar

↑**interview**[1] UK: /ˈɪn.tə.vjuː/ US: /-ˤt̬ɚ-/ *n* [C] ⇒entrevista: *a job interview* - una entrevista de trabajo

interview[2] UK: /ˈɪn.tə.vjuː/ US: /-ˤt̬ɚ-/ *v* [T] ⇒entrevistar ⇒reportear *AMÉR.*

interviewee UK: /ˌɪn.tə.vjuˈiː/ US: /-ˤt̬ɚ-/ *n* [c] ⇒entrevistado,da

interviewer UK: /ˈɪn.tə.vjuː.əʳ/ US: /-ˤt̬ɚ.vjuː.ɚ/ *n* [c] ⇒entrevistador,-a

intestine /ɪnˈtes.tɪn/ *n* [c] *(en anatomía)* ⇒intestino

intimacy UK: /ˈɪn.tɪ.mə.si/ US: /-ˤt̬ə-/ ▌*n* [u] **1** ⇒intimidad ⇒privacidad ▌*n* [c] **2** ⇒relación íntima ■ El plural es *intimacies*

intimate[1] UK: /ˈɪn.tɪ.mət/ US: /-ˤt̬ə-/ *adj* **1** ⇒íntimo,ma **2** ⇒estrecho,cha: *an intimate relationship between two people* - una estrecha relación entre dos personas **3** ⇒profundo,da: *to have an intimate knowledge of a subject* - tener un conocimiento profundo de un tema

intimate[2] UK: /ˈɪn.tɪ.meɪt/ US: /-ˤt̬ə-/ [intimated, intimating] *v* [T] *(form)* ⇒insinuar ■ CONSTR. to intimate + (that)

intimidate /ɪnˈtɪm.ɪ.deɪt/ [intimidated, intimidating] *v* [T] ⇒intimidar ■ CONSTR. to intimidate sb into + doing sth

↑**into** /ˈɪn.tuː/ *prep* **1** *(dirección)* ⇒en ⇒a ⇒dentro de **2** *(cambio de estado)* ⇒en **3** *(en matemáticas): Five into ten goes two* - Diez dividido por cinco son dos **4 to be ~ *sth*** *(inform)* ⇒ser aficionado,da a algo: *He's really into comic books* - Es un gran aficionado a los tebeos

intolerable UK: /ɪnˈtɒl.ᵊr.ə.bl̩/ US: /-ˈtɑː.lɚ-/ *adj* ⇒intolerable: *intolerable behaviour* - un comportamiento intolerable

intolerance UK: /ɪnˈtɒl.ᵊr.ᵊnts/ US: /-ˈtɑː.lɚ-/ *n* [u] ⇒intolerancia ⇒intransigencia

intolerant UK: /ɪnˈtɒl.ᵊr.ᵊnt/ US: /-ˈtɑː.lɚ-/ *adj* ⇒intransigente ⇒intolerante

intonation /ˌɪn.təˈneɪ.ʃᵊn/ *n* [c, u] ⇒entonación

intoxicated UK: /ɪnˈtɒk.sɪ.keɪ.tɪd/ US: /-ˈtɑːk.sɪ.keɪ.ˤt̬ɪd/ *adj* **1** *(form) (del alcohol)* ⇒embriagado,da ⇒ebrio,bria **2** *(de un sentimiento)* ⇒extasiado,da ⇒embriagado,da

intranet /ˈɪn.trə.net/ *n* [c] *(en informática)* ⇒intranet

intrepid /ɪnˈtrep.ɪd/ *adj* ⇒intrépido,da: *an intrepid explorer* - una exploradora intrépida

intricate /ˈɪn.trɪ.kət/ *adj* ⇒complejo,ja ⇒intrincado,da

intrigue[1] /ɪnˈtriːg/ [intrigued, intriguing] *v* [T] **1** ⇒fascinar ⇒intrigar **2** ⇒intrigar ⇒conspirar

intrigue[2] /ˈɪn.triːg/ *n* [c, u] ⇒intriga: *political intrigue* - intriga política

intriguing /ɪnˈtriː.gɪŋ/ *adj* ⇒intrigante: *an intriguing book* - un libro intrigante

intrinsic /ɪnˈtrɪn.zɪk/ *adj* ⇒intrínseco,ca: *an intrinsic part of sth* - una parte intrínseca de algo

↑**introduce** UK: /ˌɪn.trəˈdjuːs/ US: /-ˈduːs/ [introduced, introducing] *v* [T] **1** *(a una persona)* ⇒presentar ■ CONSTR. to introduce sb to sb **2** ⇒introducir ⇒establecer

PHRASAL VERBS

- **to introduce *sb* to *sth*** ⇒iniciar a alguien en algo

introduction /ˌɪn.trəˈdʌk.ʃᵊn/ ▌*n* [c, u] **1** ⇒presentación ⇒introducción **2** *(en un libro)* ⇒introducción ⇒prólogo ▌*n* [NO PL] **3** ⇒iniciación ■ La forma abreviada es *intro*

introductory /ˌɪn.trəˈdʌk.tᵊr.i/ *adj* **1** ⇒preliminar ⇒introductorio,ria **2** *an introductory course* - un curso de iniciación

interrogative structures

- En frases con verbo auxiliar o con el verbo **"be"**, se invierte el orden del sujeto y del verbo: **verbo + sujeto**:
  - *Craig is your friend.* → ***Is Craig** your friend?*
    (Craig es tu amigo. → ¿Es Craig tu amigo?)
  - *You can swim.* → ***Can you** swim?*
    (Sabes nadar. → ¿Sabes nadar?)
  - *He will come.* → ***Will he** come?*
    (Vendrá. → ¿Vendrá?)
- Con el resto de los verbos se utiliza la construcción auxiliar **"do"** (presente) / **"did"** (pasado) **+ sujeto + verbo principal en infinitivo**:
  - ***Do** you **live** in Bristol?*
    (¿Vives en Bristol?)
  - *Where **does she work**?*
    (¿Dónde trabaja?)
  - *How long **did** you **take** to get here?*
    (¿Cuánto has tardado en llegar aquí?)
- Cuando las partículas interrogativas **"who"**, **"which"**, **"what"** o **"how many"** se refieren al sujeto, la posición del verbo no cambia y no se usa "do"/"did":
  - ***Who** is playing in the garden?*
    (¿Quién está jugando en el jardín?)
  - ***Which** of your sisters lives in New York?*
    (¿Cuál de tus hermanas vive en Nueva York?)
  - ***What** happened yesterday?*
    (¿Qué pasó ayer?)
  - ***How many** people are coming to the party?*
    (¿Cuántas personas van a venir a la fiesta?)

(Ver también cuadros **negative structures** y **verb tenses**.)

introvert UK: /ˈɪn.trə.vɜːt/ US: /-vɝːt/ *n* [C] ⇒introvertido,da

intrude /ɪnˈtruːd/ [intruded, intruding] *v* [I] **1** ⇒importunar ⇒molestar **2** ⇒entrometerse ■ CONSTR. to intrude into/on/upon sth/sb

intruder UK: /ɪnˈtruː.dəʳ/ US: /-dɚ/ *n* [C] ⇒intruso,sa: *There's an intruder in the house* - Hay un intruso en la casa

intrusion /ɪnˈtruː.ʒᵊn/ *n* [C, U] **1** ⇒intrusión **2** ⇒intromisión: *Forgive the intrusion* - Perdone la intromisión

intrusive /ɪnˈtruː.sɪv/ *adj* **1** ⇒inoportuno,na: *intrusive questions* - preguntas inoportunas **2** *(en fonética)* ⇒epentético,ca

intuition UK: /ˌɪn.tjuːˈɪʃ.ᵊn/ US: /-tuː-/ *n* [U] ⇒intuición: *to trust your intuition* - confiar en tu intuición

intuitive UK: /ɪnˈtjuː.ɪ.tɪv/ US: /-ˈtuː.ɪ.ˤt̬ɪv/ *adj* ⇒intuitivo,va

Inuit /ˈɪn.ju.ɪt/ [*pl* Inuit, Inuits] *n* [C] ⇒esquimal

inundate /ˈɪn.ʌn.deɪt/ [inundated, inundating] *v* [T] **1** ⇒inundar(se) **2** ⇒desbordar(se): *I'm inundated with work* - Estoy desbordado de trabajo ■ CONSTR. to be inundated by/with sth

†**invade** /ɪnˈveɪd/ [invaded, invading] *v* [T, I] ⇒invadir: *The enemy troops invaded the country* - Las tropas enemigas invadieron el país; *Don't invade my space!* - ¡No invadas mi espacio!

invader UK: /ɪnˈveɪ.dəʳ/ US: /-dɚ/ *n* [C] ⇒invasor,-a

invalid¹ /ˈɪn.və.lɪd/ *n* [C] *(old-fash) (persona)* ⇒inválido,da *desp.*

invalid² /ɪnˈvæl.ɪd/ *adj* ⇒nulo,la ⇒invalidado,da ⇒no válido,da

invaluable /ɪnˈvæl.jʊ.bl̩/ *adj* ⇒inestimable: *Your help has been invaluable* - Tu ayuda ha sido inestimable

invariably /ɪnˈveə.ri.ə.bli/ *adv* ⇒invariablemente ⇒siempre

invasion /ɪnˈveɪ.ʒᵊn/ *n* [C, U] ⇒invasión: *an invasion of privacy* - una invasión de la intimidad

†**invent** /ɪnˈvent/ *v* [T] ⇒inventar: *Who invented the electric light bulb?* - ¿Quién inventó la bombilla?; *to invent a story* - inventar una historia

invention /ɪnˈvent.ʃᵊn/ ▮ *n* [U] **1** ⇒invención ⇒invento ▮ *n* [C] **2** ⇒invento ⇒creación

inventive UK: /ɪnˈven.tɪv/ US: /-ˤt̬ɪv/ *adj* ⇒imaginativo,va ⇒creativo,va

inventor UK: /ɪnˈven.təʳ/ US: /-ˤt̬ɚ/ *n* [C] ⇒inventor,-a

inventory UK: /ˈɪn.vᵊn.tri/ US: /-tɔːr.i/ [*pl* inventories] *n* [C] ⇒inventario

inversion UK: /ɪnˈvɜː.ʒᵊn/ US: /-ˈvɝː-/ *n* [U] *(form) (del orden, de los hechos, de la posición)* ⇒inversión

invert UK: /ɪnˈvɜːt/ US: /-ˈvɝːt/ *v* [T] *(form) (el orden, la posición)* ⇒invertir

†**inverted commas** *UK n* [PL] **1** *(en ortografía)* ⇒comillas **2** *(en un discurso hablado)*

†**invest** /ɪnˈvest/ *v* [T, I] ⇒invertir: *to invest money in sth* - invertir dinero en algo; *to invest a lot of time* - invertir mucho tiempo ■ CONSTR. to invest in sth

†**investigate** /ɪnˈves.tɪ.geɪt/ [investigated, investigating] *v* [T, I] ⇒investigar ⇒indagar ■ CONSTR. to investigate + interrogativa indirecta

investigation /ɪnˌves.tɪˈgeɪ.ʃᵊn/ *n* [C, U] **1** ⇒pesquisa ⇒investigación **2** *(en medicina)* ⇒exploración ■ Comparar con *research* (investigación académica o científica)

investigative UK: /ɪnˈves.tɪ.gə.tɪv/ US: /-ˤt̬ɪv/ *adj* ⇒inquisitivo,va ⇒de investigación

investigator UK: /ʊʃ/ UK: /ɪnˈves.tɪ.geɪ.ˤt̬ə/ US: /-ˤt̬ɚ/ *n* [C] ⇒investigador,-a

investment /ɪnˈvest.mənt/ *n* [C, U] ⇒inversión: *a good investment* - una buena inversión

investor UK: /ɪnˈves.təʳ/ US: /-ˤt̬ɚ/ *n* [C] ⇒inversor,-a

invigorating UK: /ɪnˈvɪg.ə.reɪ.tɪŋ/ US: /-ˤt̬ɪŋ/ *adj* ⇒tonificante: *an invigorating swim* - un baño tonificante

invincible /ɪnˈvɪn.sɪ.bl̩/ *adj* ⇒invencible

†**invisible** /ɪnˈvɪz.ɪ.bl̩/ *adj* ⇒invisible

invitation /ˌɪn.vɪˈteɪ.ʃᵊn/ *n* [C, U] ⇒invitación: *Thanks for the invitation* - Gracias por la invitación

†**invite** /ɪnˈvaɪt/ [invited, inviting] *v* [T] **1** ⇒invitar: *I would like to invite him to lunch* - Me gustaría invitarlo a comer **2** ⇒solicitar [oficialmente] ■ CONSTR. to invite + to do sth ■ No se suele usar en estilo directo. Incorrecto: *I'll invite you to a drink*

PHRASAL VERBS

- **to invite *sb* back 1** ⇒invitar a alguien a casa [después de haber pasado tiempo juntos] **2** ⇒invitar a alguien [para devolver la invitación]
- **to invite *sb* {in/up}** ⇒invitar a alguien a entrar en su casa
- **to invite *sb* out** ⇒invitar a alguien a salir

inviting UK: /ɪnˈvaɪ.tɪŋ/ US: /-ˤt̬ɪŋ/ *adj* ⇒atractivo,va ⇒tentador,-a

invoice¹ /ˈɪn.vɔɪs/ *n* [C] ⇒factura: *to send an invoice for sth* - presentar una factura de algo

invoice² /ˈɪn.vɔɪs/ [invoiced, invoicing] *v* [T] ⇒emitir [una factura]

involuntary UK: /ɪnˈvɒl.ən.tri/ US: /-ˈvɑː.lən.ter.i/ *adj* ⇒involuntario,ria

†**involve** UK: /ɪnˈvɒlv/ US: /-ˈvɑːlv/ [involved, involving] *v* [T] **1** ⇒implicar(se) ⇒involucrar(se) ⇒embarrar *AMÉR. col.* **2** ⇒traer consigo ⇒suponer ■ CONSTR. to involve + doing sth **3** ⇒hacer participar ⇒implicar

involved UK: /ɪn'vɒlvd/ US: /-'vɑːlvd/ *adj* **1** ⇒implicado,da **2** ⇒entregado,da: *She's very involved in the project* - Está muy entregada al proyecto **3** ⇒complicado,da: *an involved situation* - una situación complicada **4 to {be/get} ~ {in/with} *sth*** **1** ⇒involucrarse en algo ⇒estar metido en algo **2** ⇒participar en algo **5 to {be/get} ~ with *sb*** ⇒tener una relación con alguien

involvement UK: /ɪn'vɒlv.mənt/ US: /-'vɑːlv-/ ▌ *n* [U] **1** ⇒implicación ⇒participación ▌ *n* [C, U] **2** ⇒relación sentimental ⇒lío *col.*

inward¹ UK: /'ɪn.wəd/ US: /-wəd/ *adj* **1** ⇒hacia dentro **2** ⇒interior ⇒íntimo,ma

inward² UK: /'ɪn.wəd/ US: /-wəd/ *adv* ⇒hacia dentro: *This window opens inward* - Esta ventana se abre hacia dentro

inwardly UK: /'ɪn.wəd.li/ US: /-wəd-/ *adv* ⇒internamente ⇒por dentro ⇒para sus adentros

iodine /'aɪ.ə.diːn, -daɪn/ *n* [U] ⇒yodo

iPod® /'aɪ.pɒd/ *n* [C] ⇒iPod® ⇒MP3 ■ PRON. La *i* se pronuncia como el pronombre de primera persona *I*

IQ /aɪ'kjuː/ *n* [C, U] ⇒forma abreviada de **intelligence quotient** (cociente intelectual)

Iran UK: /ɪ'rɑːn/ US: /-'ræn/ *n* [U] ⇒Irán

Iranian /ɪ'reɪ.ni.ən/ *adj, n* [C] ⇒iraní

Iraq UK: /ɪ'rɑːk/ US: /-'ræk/ *n* [U] ⇒Irak

Iraqi UK: /ɪ'rɑː.ki/ US: /-'ræ.ki/ *adj, n* [C] ⇒iraquí

iris /'aɪ.rɪs/ [*pl* irises] *n* [C] **1** ⇒iris [del ojo] **2** ⇒lirio

Irish¹ /'aɪə.rɪʃ/ *adj* ⇒irlandés,-a

Irish² /'aɪə.rɪʃ/ *n* [U] **1** *(idioma)* ⇒irlandés **2 the ~** *(gentilicio)* ⇒los irlandeses, las irlandesas ■ El singular es *an Irishman* o *an Irishwoman*

Irishman /'aɪə.rɪʃ.mən/ [*pl* Irishmen] *n* [C] *(gentilicio)* ⇒irlandés

Irishmen *n* [PL] See **Irishman**

Irishwoman /'aɪə.rɪʃˌwʊm.ən/ [*pl* Irishwomen] *n* [C] *(gentilicio)* ⇒irlandesa

Irishwomen *n* [PL] See **Irishwoman**

† **iron¹** UK: /aɪən/ US: /aɪrn/ ▌ *n* [U] **1** ⇒hierro ⇒fierro AMÉR. **2** *corrugated iron* - chapa ondulada ▌ *n* [C] **3** ⇒plancha

iron² UK: /aɪən/ US: /aɪrn/ *v* [T, I] ⇒planchar: *He's ironing a shirt* - Está planchando una camisa

PHRASAL VERBS

· **to iron *sth* out [M]** ⇒resolver

ironic UK: /aɪə'rɒn.ɪk/ US: /aɪ'rɑː.nɪk/ *adj* ⇒irónico,ca

ironing UK: /'aɪə.nɪŋ/ US: /'aɪr-/ *n* [U] **1** *(actividad)* ⇒plancha ⇒planchado **2 to do the ~** ⇒planchar

ironing board *n* [C] ⇒tabla de planchar

† **irony** UK: /'aɪə.rə.ni/ US: /'aɪ-/ [*pl* ironies] *n* [C, U] ⇒ironía: *They spoke about the ironies of life* - Hablaban sobre las ironías de la vida

irrational /ɪ'ræʃ.ᵊn.ᵊl/ *adj* ⇒irracional: *irrational behaviour* - comportamiento irracional

irrationality UK: /ɪˌræʃ.ᵊn'æl.ə.ti/ US: /-ˁt̬i/ *n* [U] ⇒irracionalidad

† **irregular** UK: /ɪ'reg.jə.ləʳ/ US: /-lər/ *adj* **1** ⇒irregular: *an irregular surface* - una superficie irregular **2** *(una práctica)* ⇒poco ortodoxo,xa ■ Ver cuadro

irrelevant /ɪ'rel.ɪ.vᵊnt/ *adj* **1** ⇒que no viene al caso **2** ⇒irrelevante

irreparable /ɪ'rep.rə.bl̩/ *adj (una pérdida)* ⇒irreparable ⇒irremediable

irresistible /ˌɪr.ɪ'zɪs.tə.bl̩/ *adj* ⇒irresistible

irresponsible UK: /ˌɪr.ɪ'spɒnt.sɪ.bl̩/ US: /-'spɑːnt-/ *adj* **1** ⇒irresponsable **2** *It was irresponsible of you* - Fue una irresponsabilidad por tu parte

irreversible UK: /ˌɪr.ɪ'vɜː.sɪ.bl̩/ US: /-'vɝː-/ *adj* ⇒irreversible: *irreversible damage* - daños irreversibles

irrigate /'ɪr.ɪ.geɪt/ [irrigated, irrigating] *v* [T] ⇒regar ⇒irrigar

irrigation /ˌɪr.ɪ'geɪ.ʃᵊn/ *n* [U] ⇒riego: *a precise irrigation system* - un sistema de riego preciso

irritable UK: /'ɪr.ɪ.tə.bl̩/ US: /-ˁt̬ə-/ *adj* ⇒irritable: *Why are you so irritable?* - ¿Por qué estás tan irritable?

irritate /'ɪr.ɪ.teɪt/ [irritated, irritating] *v* [T] **1** ⇒irritar ⇒fastidiar **2** ⇒escocer ⇒irritar

irritating UK: /'ɪr.ɪ.teɪ.tɪŋ/ US: /-ˁt̬ɪŋ/ *adj* **1** ⇒irritante ⇒insufrible **2** *I find her very irritating* - No puedo con ella

is /ɪz, z, s/ ⇒tercera persona singular del presente del verbo *to be*

ISBN /ˌaɪ.es.biː'en/ *n* [C] ⇒ISBN ■ Procede de *International Standard Book Number* (número internacional normalizado de libros)

† **Islam** /'ɪz.lɑːm, -læm/ *n* [U] ⇒islamismo ⇒islam

Islamic /ɪz'læm.ɪk, -'lɑː.mɪk/ *adj* ⇒islámico,ca: *Islamic law* - la ley islámica

† **island** /'aɪ.lənd/ *n* [C] ⇒isla: *They lived on an island for five years* - Vivieron en una isla durante cinco años ■ PRON. La *s* no se pronuncia

isle /aɪl/ *n* [C] ⇒isla: *the Isle of Skye* - la isla de Skye ■ Se usa especialmente con un nombre propio ■ PRON. La *s* no se pronuncia

† **isn't** /'ɪz.ᵊnt/ *(is not)* See **be**

isolate /'aɪ.sə.leɪt/ [isolated, isolating] *v* [T] ⇒aislar: *He isolated himself from people* - Se aisló de la gente ■ CONSTR. to isolate from sth/sb

isolated UK: /'aɪ.sə.leɪ.tɪd/ US: /-ˁt̬ɪd/ *adj* ⇒aislado,da: *an isolated village* - un pueblo aislado ■ PRON. La *e* se pronuncia como la *i* en *did*

isolation /ˌaɪ.sᵊl.eɪ.ʃᵊn/ *n* [U] **1** ⇒aislamiento **2 in ~** ⇒aislado,da ⇒de forma separada

ISP /ˌaɪ.es'piː/ *n* [C] ⇒forma abreviada de **internet service provider** (proveedor de servicios de internet)

irregular verbs		
Infinitive	**Past Simple**	**Past Participle**
arise	arose	arisen
awake	awoke (*US tb* awaked)	awoken
be	was/were	been
bear	bore	borne (*US tb* born)
beat	beat	beaten (*US tb* beat)
become	became	become
begin	began	begun
bend	bent	bent
bet	bet, betted	bet, betted
bid	bid, bade	bid, bidden
bind	bound	bound
bite	bit	bitten
bleed	bled	bled
bless	blessed	blest
blow	blew	blown
break	broke	broken
breed	bred	bred
bring	brought	brought
broadcast	broadcast (*US tb* broadcasted)	broadcast (*US tb* broadcasted)
build	built	built
burn	burnt, burned	burnt, burned
burst	burst	burst
bust	bust (*US* busted)	bust (*US* busted)
buy	bought	bought
cast	cast	cast
catch	caught	caught
choose	chose	chosen
cling	clung	clung
come	came	come
cost	cost, costed	cost, costed
creep	crept	crept
cut	cut	cut
deal	dealt	dealt
dig	dug	dug
dive	dived (*US tb* dove)	dived
do	did	done
draw	drew	drawn
dream	dreamed, dreamt	dreamed, dreamt
drink	drank	drunk
drive	drove	driven
dwell	dwelt, dwelled	dwelt, dwelled
eat	ate	eaten
fall	fell	fallen
feed	fed	fed
feel	felt	felt
fight	fought	fought
find	found	found
flee	fled	fled
fling	flung	flung
fly	flew	flown
forbid	forbade, forbad	forbidden
forecast	forecasted, forecast	forecasted, forecast
foresse	foresaw	foreseen
forget	forgot	forgotten
forgive	forgave	forgiven

irregular verbs

forsake	forsook	forsaken
freeze	froze	frozen
get	got	got (US tb gotten)
give	gave	given
go	went	gone
grind	ground	ground
grow	grew	grown
hang	hung, hanged	hung, hanged
have	had	had
hear	heard	heard
hide	hid	hidden
hit	hit	hit
hold	held	held
hurt	hurt	hurt
input	inputted, input	inputted, input
keep	kept	kept
kneel	knelt, kneeled	knelt, kneeled
knit	knitted, knit	knitted (*US tb* knit)
know	knew	known
lead	led	led
lean	leaned (*UK tb* leant)	leaned (*UK tb* leant)
leap	leapt, leaped	leapt, leaped
learn	learned (*UK tb* learnt)	learned (*UK tb* learnt)
leave	left	left
lend	lent	lent
let	let	let
lie	lay, lied	lain, lied
light	lit, lighted	lit, lighted
lip-read	lip-read	lip-read
lose	lost	lost
make	made	made
mean	mean	meant
meet	met	met
mimic	mimicked	mimicked
mislead	misled	misled
mistake	mistook	misstaken
misunderstand	misunderstood	misunderstood
mow	mowed	mown, mowed
offset	offset	offset
outdo	outdid	outdone
outgrow	outgrew	outgrown
overcome	overcame	overcome
overdo	overdid	overdone
overhang	overhung	overhung
overhear	overheard	overhead
override	overrode	overridden
overrun	overran	overrun
oversee	oversaw	overseen
oversleep	overslept	overslept
overtake	overtook	overtaken
overthrow	overthrew	overthrown
pay	paid	paid
plead	pleaded (*US tb* pled)	pleaded (*US tb* pled)
prove	proved	proved, proven
put	put	put
quit	quit, quitted	quit, quitted

irregular verbs		
read	read	read
rebuild	rebuilt	rebuilt
repay	repaid	repaid
rethink	rethought	rethought
rewrite	rewrote	rewritten
rid	rid	rid
ride	rode	ridden
ring	rang	rung
rise	rose	risen
run	ran	run
saw	sawed	sawn (*US tb* sawed)
say	said	said
see	saw	seen
seek	sought	sought
sell	sold	sold
send	sent	sent
set	set	set
sew	sewed	sewn, sewed
shake	shook	shaken
shear	sheared	sheared, shorn
shed	shed	shed
shine	shone	shone
shoot	shot	shot
show	showed	shown
shrink	shrank	shrunk
shut	shut	shut
sing	sang	sung
sink	sank	sunk
sit	sat	sat
slay	slew, slayed	slain
sleep	slept	slept
slide	slid	slid
sling	slung	slung
slink	slunk	slunk
slit	slit	slit
smell	smelled (*UK tb* smelt)	smelled (*UK tb* smelt)
sneak	sneaked (*US tb* snuck)	sneaked (*US tb* snuck)
sow	sowed	sown, sowed
speak	spoke	spoken
speed	sped, speeded	sped, speeded
spell	spelled (*UK tb* spelt)	spelled (*UK tb* spelt)
spend	spent	spent
spill	spilled (*UK tb* spilt)	spilled (*UK tb* spilt)
spin	spun	spun
spit	spat (*US tb* spit)	spat (*US tb* spit)
split	split	split
spoil	spoiled, spoilt	spoiled, spoilt
spread	spread	spread
spring	sprang	sprung
stand	stood	stood
steal	stole	stolen
stick	stuck	stuck
sting	stung	stung
stink	stank (*US tb* stunk)	stunk
stride	strode	strode
strike	struck	struck (*US tb* stricken)

irregular verbs

string	strung	strung
strive	strove, strived	striven, strived
swear	swore	sworn
sweep	swept	swept
swell	swelled	swollen, swelled
swim	swam	swum
swing	swung	swung
take	took	taken
teach	taught	taught
tear	tore	torn
tell	told	told
think	thought	thought
thrive	thrived (*US tb* throve)	thrived (*US tb* thriven)
throw	threw	thrown
thrust	thrust	thrust
tread	trod (*US tb* treaded)	trodden (*US tb* trod)
undergo	underwent	undergone
underlie	underlay	underlain
understand	understood	understood
undertake	undertook	undertaken
undo	undid	undone
unwind	unwound	unwound
uphold	upheld	upheld
upset	upset	upset
wake	woke	woken
wear	wore	worn
weave	wove, weaved	woven, weaved
weep	wept	wept
wet	wet, wetted	wet, wetted
win	won	won
wind	wound	wound
withdraw	withdrew	withdrawn
withhold	withheld	withheld
withstand	withstood	withstood
wreak	wrought, wreaked	wrought, wreaked
wring	wrung	wrung
write	wrote	written

Israel /ɪzˈreɪl/ *n* [U] ⇒Israel

Israeli /ɪzˈreɪ.li/ *adj, n* [C] ⇒israelí

†**issue**[1] /ˈɪʃ.uː, ˈɪs.juː/ *n* [C] **1** ⇒cuestión ⇒asunto ⇒vaina *AMÉR.* **2** ⇒problema: *to avoid an issue* - esquivar un problema **3** ⇒ejemplar [de una publicación] ⇒número [de una publicación] **4** *(de un documento oficial)* ⇒emisión ⇒expedición

issue[2] /ˈɪʃ.uː, ˈɪs.juː/ [issued, issuing] *v* [T] **1** ⇒publicar ⇒emitir **2** ⇒suministrar ⇒repartir: *They issued toys to all the children* - Repartieron juguetes entre todos los niños **3** ⇒salir [de algo]

†**it** /ɪt/ *pron* **1** ⇒él, ella, ello: *I don't want to talk about it* - No quiero hablar de ello **2** ⇒lo, la: *Give it to me, please* - Dámelo, por favor; *I need it* - Lo necesito **3** *(en oraciones impersonales): It's snowing* - Está lloviendo; *It's four o'clock* - Son las cuatro; *It's three miles to the forest* - Hay tres millas hasta el bosque ■ Las frases en inglés siempre llevan sujeto (exceptuando los imperativos). Se dice *It is raining* (Está lloviendo). Incorrecto: *Is raining* ■ Ver cuadro personal pronouns

†**IT** /ˌaɪˈtiː/ *n* [U] ⇒forma abreviada de **information technology** (tecnología de la información)

Italian[1] /ɪˈtæl.jən, -i.ən/ ▌*n* [U] **1** *(idioma)* ⇒italiano ▌*n* [C] **2** *(gentilicio)* ⇒italiano,na ⇒tano,na *AMÉR. col.*

Italian[2] /ɪˈtæl.jən, -i.ən/ *adj* ⇒italiano,na ⇒tano,na *AMÉR. col.*

italics /ɪˈtæl.ɪks/ *n* [PL] ⇒cursiva: *Write the examples in italics* - Escribe los ejemplos en cursiva

Italy UK: /ˈɪt.ə.li/ US: /ˈɪˁt̬-/ *n* [U] ⇒Italia

itch[1] /ɪtʃ/ *v* [I] **1** ⇒picar: *Try not to scratch it even though it itches* - Trata de no rascarte aunque te pique **2** ⇒escocer

PHRASAL VERBS

· **to be itching to do *sth*** *(inform)* ⇒morirse de ganas de hacer algo *col.: I'm itching to see him* - Me muero de ganas de verlo

itch[2] /ɪtʃ/ [*pl* itches] *n* [C] **1** ⇒picor: *I've got an itch* - Tengo picor **2** ⇒escozor

itchy /ˈɪtʃ.i/ *adj* [*comp* itchier, *superl* itchiest] **1** ⇒irritado,da **2** *It's itchy* - Me pica

↑ **it'd** UK: /ˈɪt.əd/ US: /ˈɪˤt̬-/ **1** *(it had)* See **have** **2** *(it would)* See **would**

↑ **item** UK: /ˈaɪ.təm/ US: /-ˤt̬əm/ *n* [C] **1** ⇒punto **2** *(en una lista, en una gama)* ⇒artículo ⇒objeto **3** *(en un periódico, en televisión)* ⇒noticia ⇒información

itinerary UK: /aɪˈtɪn.ᵊr.ᵊr.i/ US: /-ə.rer-/ [*pl* itineraries] *n* [C] ⇒itinerario: *a holiday itinerary* - un itinerario de vacaciones

↑ **it'll** UK: /ˈɪt.ᵊl/ US: /ˈɪˤt̬-/ *(it will)* See **will**

its /ɪts/ *adj* **1** ⇒su: *everything in its place* - todo en su sitio **2** ⇒suyo,ya ■ Ver cuadro possessive adjectives and pronouns

↑ **it's** /ɪts/ **1** *(it is)* See **be** **2** *(it has)* See **have**

itself /ɪtˈself/ *pron* **1** ⇒se **2** ⇒él mismo, ella misma: *more than life itself* - más que la vida misma **3 by ~** ⇒solo,la ■ Ver cuadro reflexive pronouns

↑ **I've** /aɪv/ *(I have)* See **have**

ivory UK: /ˈaɪ.vᵊr.i/ US: /-vɚ-/ *n* [U] ⇒marfil: *ivory tower* - torre de marfil

ivy /ˈaɪ.vi/ [*pl* ivies] *n* [C, U] ⇒hiedra: *covered with ivy* - cubierto de hiedra

j [*pl* j's] *n* [C] *(letra del alfabeto)* ⇒j

jab[1] /dʒæb/ [jabbed, jabbing] *v* [T, I] **1** ⇒pinchar [con un objeto punzante] **2** *You almost jabbed me in the eye with your pen!* - ¡Casi me sacas un ojo con el boli! **3** *(en boxeo)* ⇒dar un golpe rápido

jab[2] /dʒæb/ *n* [C] **1** ⇒golpe ⇒pinchazo ⇒codazo **2** *(en boxeo)* ⇒golpe rápido **3** *(con una aguja)* ⇒pinchazo *col.* **4** *UK (inform)* ⇒inyección **5 flu ~** *(inform)* ⇒vacuna contra la gripe

jack /dʒæk/ *n* [C] **1** ⇒gato [hidráulico] **2** *(naipe)* ⇒jota

jackal /ˈdʒæk.əl/ *n* [C] ⇒chacal

↑**jacket** /ˈdʒæk.ɪt/ *n* [C] ⇒chaqueta ⇒americana ⇒saco AMÉR.

jacket potato [*pl* jacket potatoes] *UK n* [C] ⇒patata asada [con piel]

jackpot UK: /ˈdʒæk.pɒt/ US: /-pɑːt/ *n* [C] ⇒premio gordo ⇒bote

jade /dʒeɪd/ *n* [U] *(mineral)* ⇒jade

jaded /ˈdʒeɪ.dɪd/ *adj* ⇒hastiado,da ⇒agotado,da

jagged /ˈdʒæg.ɪd/ *adj* **1** ⇒dentado [con picos irregulares] **2** ⇒mellado,da: *a jagged knife* - un cuchillo mellado

jaguar UK: /ˈdʒæg.jʊ.əʳ/ US: /-juː.ɑːr/ *n* [C] ⇒jaguar ⇒tigre AMÉR.

jail[1] /dʒeɪl/ (*UK tb* **gaol**) *n* [C, U] ⇒cárcel ⇒prisión

jail[2] /dʒeɪl/ (*UK tb* **gaol**) *v* [T] ⇒encarcelar ■ CONSTR. Se usa más en pasiva

jam[1] /dʒæm/ *n* [C, U] **1** *UK* (*US* **jelly**) ⇒mermelada: *raspberry jam* - mermelada de frambuesa **2** (*tb* **traffic jam**) *(de tráfico)* ⇒atasco ⇒embotellamiento ⇒tapón *col.* **3** ⇒aglomeración [de gente] **4** ⇒apuro ⇒lío

jam[2] /dʒæm/ [jammed, jamming] *v* [T, I] **1** ⇒atascar(se) ⇒bloquear(se) **2** *(las señales de radio)* ⇒interferir **3** *(en música)* ⇒improvisar **4 to ~ *sth* {in/into/on} *sth*** ⇒meter algo a presión ⇒apretujar algo en algo

Jamaica /dʒəˈmeɪ.kə/ *n* [U] ⇒Jamaica

Jamaican /dʒəˈmeɪ.kən/ *adj, n* [C] ⇒jamaicano,na

Jan *n* [C, U] ⇒forma abreviada de **January** (enero)

jangle /ˈdʒæŋ.gl/ [jangled, jangling] *v* [T, I] ⇒sonar de forma desagradable y metálica

janitor UK: /ˈdʒæn.ɪ.təʳ/ US: /-ˀt̬ə/ *US, Scot* (*UK* **caretaker**) *n* [C] ⇒bedel,-a ⇒conserje ⇒portero,ra

↑**January** UK: /ˈdʒæn.jʊə.ri/ US: /-juː.er.i/ [*pl* Januaries] *n* [C, U] ⇒enero: *in January* - en enero; *on January 3rd* - el 3 de enero ■ La forma abreviada es *Jan*

Japan /dʒəˈpæn/ *n* [U] ⇒Japón: *She is moving to Japan next month* - Se traslada a Japón el mes que viene

Japanese[1] /ˌdzæp.əˈniːz/ *adj* ⇒japonés,-a

Japanese[2] /ˌdzæp.əˈniːz/ *n* [U] **1** *(idioma)* ⇒japonés **2 the ~** *(gentilicio)* ⇒los japoneses, las japonesas ■ El singular es *a Japanese man, a Japanese woman*

jar[1] UK: /dʒɑːʳ/ US: /dʒɑːr/ *n* [C] **1** ⇒tarro ⇒bote ■ Distinto de *jug* (jarra) **2** *(inform)* ⇒caña [de cerveza] *col.*: *to have a few jars* - tomar unas cañas

jar[2] UK: /dʒɑːʳ/ US: /dʒɑːr/ [jarred, jarring] ▌*v* [T, I] **1** ⇒golpear ⇒sacudir ▌*v* [T] **2** ⇒enervar ⇒crispar **3** ⇒conmocionar **4** ⇒desentonar

PHRASAL VERBS

· **to jar on *sb*** ⇒irritar: *His passive attitude jars on me* - Su actitud pasiva me irrita

jargon UK: /ˈdʒɑː.gən/ US: /ˈdʒɑːr-/ *n* [U] ⇒jerga: *I don't understand this technical jargon* - No entiendo esta jerga técnica

jaundice UK: /ˈdʒɔːn.dɪs/ US: /ˈdʒɑːn-/ *n* [U] *(en medicina)* ⇒ictericia

jaundiced UK: /ˈdʒɔːn.dɪst/ US: /ˈdʒɑːn-/ *adj (form) (una persona)* ⇒negativo,va ⇒pesimista ⇒amargado,da

javelin /ˈdʒæv.lɪn/ *n* [C] *(en deportes)* ⇒jabalina: *a javelin throw* - un lanzamiento de jabalina

↑**jaw** UK: /dʒɔː/ US: /dʒɑː/ ▌*n* [C] **1** ⇒mandíbula **2** *My jaw dropped when I heard the news* - Me quedé boquiabierto cuando oí las noticias ▌*n* [NO PL] **3** ⇒charla *col.*; ⇒conversación

jaws UK: /dʒɔːz/ US: /dʒɑːz/ *n* [PL] ⇒fauces

jay /dʒeɪ/ *n* [C] *(ave)* ⇒arrendajo

jazz[1] /dʒæz/ *n* [U] ⇒jazz

↑**jazz**[2] /dʒæz/

PHRASAL VERBS

· **to jazz *sth* up [M]** *(inform)* ⇒alegrar algo ⇒dar vida a algo *col.*

† **jealous** /ˈdʒel.əs/ *adj* **1** ⇒celoso,sa: *to be jealous of sb* - estar celoso de alguien; *to make sb jealous* - dar celos a alguien **2** ⇒envidioso,sa

jealousy /ˈdʒel.ə.si/ [*pl* jealousies] *n* [C, U] **1** ⇒celos **2** ⇒envidia

† **jeans** /dʒiːnz/ *n* [PL] *(prenda de vestir)* ⇒vaqueros

Jeep® /dʒiːp/ *n* [C] ⇒jeep® ⇒todoterreno

jeer[1] UK: /dʒɪəʳ/ US: /dʒɪr/ *v* [T, I] **1** ⇒abuchear: *to jeer at sb* - abuchear a alguien **2** ⇒mofarse

jeer[2] UK: /dʒɪəʳ/ US: /dʒɪr/ *n* [C] ⇒abucheo ⇒burla

Jell-O® UK: /ˈdʒel.əʊ/ US: /-oʊ/ *US n* [U] See **jelly**

† **jelly** /ˈdʒel.i/ [*pl* jellies] *n* [C, U] **1** *UK* (*US* **Jell-O®**) ⇒gelatina **2** *US* (*UK* **jam**) ⇒mermelada

jellyfish /ˈdʒel.i.fɪʃ/ [*pl* jellyfish] *n* [C] ⇒medusa

jeopardize UK: /ˈdʒep.ə.daɪz/ US: /-ɚ-/ [jeopardized, jeopardizing] *v* [T] ⇒poner en peligro

jeopardy UK: /ˈdʒep.ə.di/ US: /-ɚ-/ **to be in ~** ⇒estar en peligro

jerk[1] UK: /dʒɜːk/ US: /dʒɝːk/ *v* [T, I] **1** ⇒sacudir ⇒mover(se) a sacudidas **2** ⇒dar un tirón: *He jerked my arm to get my attention* - Me dio un tirón en el brazo para captar mi atención

jerk[2] UK: /dʒɜːk/ US: /dʒɝːk/ *n* [C] **1** ⇒sacudida ⇒movimiento brusco **2** ⇒tirón

jersey UK: /ˈdʒɜː.zi/ US: /ˈdʒɝː-/ *n* [C] **1** ⇒jersey **2** *(de un uniforme deportivo)* ⇒camiseta

Jesus Christ (*tb* **Christ**) *n* [U] ⇒Jesucristo

† **jet** /dʒet/ ▮ *n* [C] **1** ⇒chorro: *a jet of cold water* - un chorro de agua fría **2** *(avión)* ⇒reactor ▮ *n* [U] **3** ⇒azabache

jet lag *n* [U] ⇒jet lag ⇒desfase horario

jetty UK: /ˈdʒet.i/ US: /ˈdʒeˤt̬-/ [*pl* jetties] *n* [C] **1** ⇒embarcadero **2** ⇒rompeolas

† **Jew** /dʒuː/ *n* [C] ⇒judío,a

† **jewel** /ˈdʒuː.əl/ *n* [C] **1** ⇒joya ⇒piedra preciosa **2** *(persona)* ⇒joya ⇒tesoro

jeweller UK: /ˈdʒuː.ə.ləʳ/ US: /-lɚ/ *UK n* [C] ⇒joyero,ra

† **jewellery** /ˈdʒuː.əl.ri/ *UK n* [U] *(adorno)* ⇒joyas ▪ Se dice *some jewellery* o *a piece of jewellery*. Incorrecto: *a jewellery*

JEWELLERY (*UK*) / JEWELRY (*US*)

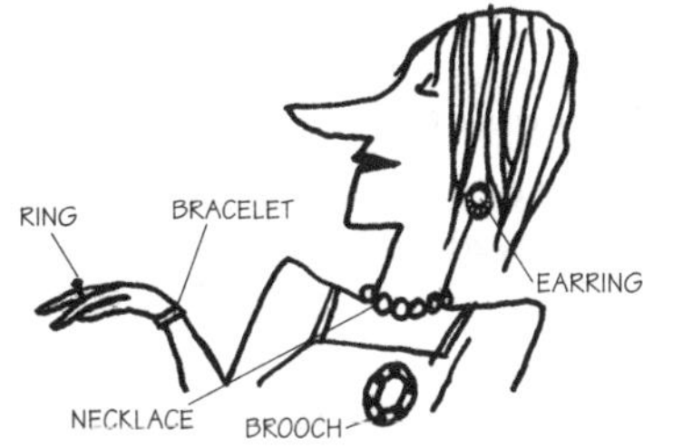

Jewish /ˈdʒuː.ɪʃ/ *adj* ⇒judío,a

jibe /dʒaɪb/ (*tb* **gibe**) *n* [C] **1** ⇒burla ⇒mofa **2** *cheap jibes* - chistes fáciles

jigsaw UK: /ˈdʒɪg.sɔː/ US: /-sɑː/ *n* [C] ⇒rompecabezas ⇒puzle

JIGSAW

jingle[1] /ˈdʒɪŋ.gl/ [jingled, jingling] *v* [T, I] ⇒tintinear ⇒hacer tintinear

jingle[2] /ˈdʒɪŋ.gl/ *n* [C] **1** ⇒tintineo **2** *(en publicidad)* ⇒jingle

jinx[1] /dʒɪŋks/ [*pl* jinxes] *n* [C] **1** ⇒gafe *col.* **2** *There's a jinx on it* - Está gafado

jinx[2] /dʒɪŋks/ *v* [T] **1** *(inform)* ⇒gafar *col.* **2 to be jinxed** *(inform)* ⇒estar gafado,da *col.*

† **job** UK: /dʒɒb/ US: /dʒɑːb/ *n* [C] **1** ⇒tarea ⇒trabajo **2** ⇒empleo ⇒puesto de trabajo ⇒laburo *AMÉR. col.* **3** *It's my job* - Es mi responsabilidad **4 ~ vacancy** ⇒puesto vacante **5 out of a ~** ⇒en paro **6 to be a good ~** *UK (inform) It's a good job I brought my umbrella* - Menos mal que traje el paraguas *col.* **7 to do the ~** *(inform)* ⇒servir: *It'll do the job* - Servirá **8 to have a ~ {doing/to do} *sth*** ⇒costar hacer algo: *I'll have a job saving* - Me costará ahorrar

jobless UK: /ˈdʒɒb.ləs/ US: /ˈdʒɑː.bləs/ *adj* ⇒parado,da ⇒desempleado,da

jockey UK: /ˈdʒɒk.i/ US: /ˈdʒɑː.ki/ *n* [C] ⇒yóquey

jog[1] UK: /dʒɒg/ US: /dʒɑːg/ [jogged, jogging] ▮ *v* [I] **1** ⇒hacer footing: *to jog in the park* - hacer footing en el parque ▮ *v* [T] **2** ⇒dar un ligero golpe [normalmente con el codo] **3 to go jogging** ⇒hacer footing **4 to ~ *sb's* memory** ⇒refrescar la memoria a alguien

jog[2] UK: /dʒɒg/ US: /dʒɑːg/ *n* [NO PL] **1** ⇒codazo [ligero] **2** *to go for a jog* - hacer footing

jogger UK: /ˈdʒɒg.əʳ/ US: /ˈdʒɑː.gɚ/ *n* [C] ⇒persona que hace footing

jogging UK: /ˈdʒɒg.ɪŋ/ US: /ˈdʒɑː.gɪŋ/ *n* [U] ⇒footing ⇒aerobismo *AMÉR.*

john UK: /ˈdʒɒn/ US: /ˈdʒɑːn/ *US* (*UK* **loo**) *n* [C] *(inform)* ⇒retrete ⇒aseo

↑**join**[1] /dʒɔɪn/ *v* [T, I] **1** ⇒unir(se) ⇒juntar(se) **2** ⇒ingresar en ⇒hacerse socio,cia **3** *(una empresa, una organización)* ⇒incorporarse a **4** ⇒alistarse **5** ⇒apuntar(se)
PHRASAL VERBS
· **to join in (*sth*)** ⇒participar
join[2] /dʒɔɪn/ *UK n* [C] ⇒juntura ⇒junta
joined-up /ˌdʒɔɪnd'ʌp/ *UK* ~ **writing** ⇒letra redondilla
joint[1] /dʒɔɪnt/ *adj* **1** ⇒conjunto,ta: *a joint piece of work* - un trabajo conjunto **2** *a joint author* - un coautor
joint[2] /dʒɔɪnt/ *n* [C] **1** *(del cuerpo)* ⇒articulación **2** ⇒juntura: *The water is leaking through the joint* - El agua se sale por la juntura **3** *UK (carne)* ⇒asado **4** *(inform) (lugar)* ⇒antro *desp.;* ⇒garito *col. desp.* **5** *(very inform)* ⇒canuto *col.;* ⇒porro
↑**joke**[1] UK: /dʒəʊk/ US: /dʒoʊk/ *n* [C] **1** ⇒chiste: *to tell a joke* - contar un chiste **2** ⇒broma: *to play a joke on sb* - gastar una broma a alguien; *It was just a joke* - Solo era una broma
joke[2] UK: /dʒəʊk/ US: /dʒoʊk/ [joked, joking] *v* [I] **1** ⇒bromear: *I'm joking* - Estoy bromeando ■ CONSTR. to joke about sth **2 joking {apart/aside}** ⇒bromas aparte
joker UK: /'dʒəʊ.kəʳ/ US: /'dʒoʊ.kɚ/ *n* [C] **1** ⇒guasón,-a ⇒bromista **2** *(en naipes)* ⇒comodín
jolly[1] UK: /'dʒɒl.i/ US: /'dʒɑː.li/ *adj* [*comp* jollier, *superl* jolliest] ⇒jovial ⇒alegre
jolly[2] UK: /'dʒɒl.i/ US: /'dʒɑː.li/ *UK adv (old-fash)* ⇒muy: *This film is jolly good* - Esta película es muy buena
jolt[1] UK: /dʒəʊlt/ US: /dʒoʊlt/ *n* [C] ⇒sacudida
jolt[2] UK: /dʒəʊlt/ US: /dʒoʊlt/ ▌*v* [T, I] **1** ⇒dar una sacudida: *The car jolted as it braked* - El coche dio una sacudida al frenar ▌*v* [T] **2** ⇒conmocionar: *The whole world was jolted by the news of her death* - El mundo entero se conmocionó con la noticia de su muerte
Jordanian UK: /dʒɔː'deɪ.ni.ən/ US: /dʒɔːr-/ *adj, n* [C] ⇒jordano,na
jostle UK: /'dʒɒs.l̩/ US: /'dʒɑː.sl̩/ [jostled, jostling] *v* [T, I] ⇒dar empujones ⇒empujar
jot UK: /dʒɒt/ US: /dʒɑːt/ [jotted, jotting]
PHRASAL VERBS
· **to jot *sth* down [M]** ⇒apuntar algo
↑**journal** UK: /'dʒɜː.nəl/ US: /'dʒɝː-/ *n* [C] **1** ⇒revista o periódico [especializados]: *a medical journal* - una revista de medicina **2** ⇒diario [personal]
↑**journalism** UK: /'dʒɜː.nə.lɪ.zᵊm/ US: /'dʒɝː-/ *n* [U] ⇒periodismo ⇒diarismo AMÉR.
journalist UK: /'dʒɜː.nə.lɪst/ US: /'dʒɝː-/ *n* [C] ⇒periodista
↑**journey** UK: /'dʒɜː.ni/ US: /'dʒɝː-/ *n* [C] ⇒viaje ⇒trayecto

↑**joy** /dʒɔɪ/ ▌*n* [U] **1** ⇒júbilo ⇒alegría ▌*n* [C] **2** ⇒encanto ⇒gusto ⇒placer
joyful /'dʒɔɪ.fᵊl/ *adj* ⇒gozoso,sa ⇒alegre
joyous /'dʒɔɪ.əs/ *adj (lit)* ⇒gozoso,sa ⇒de júbilo ⇒alegre
joyriding /'dʒɔɪˌraɪ.dɪŋ/ *n* [U] ⇒robo de un coche por diversión
joystick /'dʒɔɪ.stɪk/ *n* [C] ⇒palanca de control ⇒joystick
jubilant /'dʒuː.bɪ.lənt/ *adj* ⇒jubiloso,sa ⇒exultante
↑**Judaism** /'dʒuː.deɪ.ɪ.zᵊm/ *n* [U] ⇒judaísmo
judge[1] /dʒʌdʒ/ *n* [C] **1** *(en un tribunal)* ⇒juez **2** *(en una competición)* ⇒árbitro,tra ⇒juez **3** ⇒conocedor,-a: *a judge of good food* - un gran conocedor de la buena comida
↑**judge**[2] /dʒʌdʒ/ [judged, judging] *v* [T, I] **1** ⇒juzgar: *Don't judge anyone by their appearance* - No juzgues a nadie por su aspecto **2** ⇒decidir **3** ⇒considerar ⇒calcular **4 judging {by/from}** ⇒a juzgar por
judgement *n* [C, U] See **judgment**
judgment /'dʒʌdʒ.mənt/ (*tb* **judgement**) ▌*n* [C] **1** ⇒juicio ⇒opinión ▌*n* [U] **2** ⇒juicio ⇒discernimiento **3** *(en un tribunal)* ⇒sentencia
judicious /dʒuː'dɪʃ.əs/ *adj* ⇒sensato,ta ⇒juicioso,sa
judo UK: /'dʒuː.dəʊ/ US: /-doʊ/ *n* [U] ⇒judo: *to be a black belt in judo* - ser cinturón negro en judo
↑**jug** /dʒʌg/ (*US tb* **pitcher**) *n* [C] **1** ⇒jarra: *a jug of water* - una jarra de agua **2** *(para compartir)* ⇒jarra
juggle /'dʒʌg.l̩/ [juggled, juggling] ▌*v* [T, I] **1** ⇒hacer juegos malabares ▌*v* [T] **2** ⇒arreglárselas ⇒compaginar
juggler UK: /'dʒʌg.ləʳ/ US: /-lɚ/ *n* [C] ⇒malabarista
juggling /'dʒʌg.lɪŋ, 'dʒʌg.lɪŋ/ *n* [U] ⇒malabarismo
↑**juice** /dʒuːs/ *n* [U] **1** ⇒zumo: *fruit juice* - zumo de frutas; ⇒jugo AMÉR. **2** ⇒jugo
juicy /'dʒuː.si/ *adj* [*comp* juicier, *superl* juiciest] **1** ⇒jugoso,sa **2** *(inform)* ⇒sabroso,sa: *a juicy story* - un cuento sabroso
jukebox UK: /'dʒuːk.bɒks/ US: /-bɑːks/ [*pl* jukeboxes] *n* [C] *(en una cafetería, en un bar)* ⇒máquina de discos ⇒tocadiscos
↑**July** /dʒʊ'laɪ/ [*pl* Julies] *n* [C, U] ⇒julio: *in July* - en julio; *on July 3rd* - el 3 de julio ■ La forma abreviada es *Jul*
jumble[1] /'dʒʌm.bl̩/ ▌*n* [NO PL] **1** ⇒revoltijo ⇒desorden ⇒mejunje ▌*n* [U] **2** *UK* ⇒cosas viejas o usadas
jumble[2] /'dʒʌm.bl̩/ [jumbled, jumbling] *v* [T] ⇒revolver ⇒mezclar ■ CONSTR. 1. Se usa generalmente seguido de las preposiciones together y up 2. Se usa más en pasiva
jumble sale *UK n* [C] ⇒rastrillo benéfico en el que se venden objetos usados y ropa usada

J

jumbo UK: /ˈdʒʌm.bəʊ/ US: /-boʊ/ *adj* **1** ⇒enorme **2** *(en una tienda)* ⇒de tamaño extra grande

↑**jump**[1] /dʒʌmp/ *v* [I] **1** ⇒saltar: *Stop jumping about!* - ¡Deja de saltar! **2** ⇒sobresaltar(se): *The telephone ringing made us jump* - El sonido del teléfono nos sobresaltó **3 to ~ {a/the} queue** *UK* ⇒colarse **4 to ~ to conclusions** ⇒llegar a una conclusión precipitada **5 to ~ up and down** ⇒dar saltos

PHRASAL VERBS
- **to jump at *sth*** ⇒aprovechar algo ⇒atrapar algo sin dudar

jump[2] /dʒʌmp/ *n* [C] **1** ⇒salto ⇒brinco **2** ⇒aumento: *a jump in price* - un aumento de precio **3 to make *sb* ~** ⇒dar un susto a alguien

↑**jumper** UK: /ˈdʒʌm.pəʳ/ US: /-pɚ/ *n* [C] **1** *UK* (*UK/US tb* **sweater**) ⇒jersey: *a roll neck jumper* - un jersey de cuello cisne **2** *US* ⇒mandil ⇒mono de trabajo ⇒pichi **3** *(persona)* ⇒saltador,-a

Jun *n* [C, U] ⇒forma abreviada de **June** (junio)

junction /ˈdʒʌŋk.ʃᵊn/ *UK* (*US* **intersection**) *n* [C] **1** ⇒cruce **2** *(en una autopista)* ⇒salida

↑**June** /dʒuːn/ *n* [C, U] ⇒junio: *in June* - en junio; *on 2nd June* - el 2 de junio ■ La forma abreviada es *Jun*

↑**jungle** /ˈdʒʌŋ.gl̩/ *n* [C, U] ⇒selva: *the law of the jungle* - la ley de la selva

↑**junior** UK: /ˈdʒuː.ni.əʳ/ US: /-njɚ/ *adj* **1** ⇒joven **2** ⇒subalterno,na **3** *(en deportes)* ⇒juvenil **4** *(después del nombre)* ⇒hijo ■ Se emplea únicamente con hombres ■ La forma abreviada es *Jr* o *Jnr* **5** *(en relación con otros)* ⇒más joven ⇒más nuevo,va

junior school *UK n* [C] ⇒escuela de enseñanza primaria

junk /dʒʌŋk/ *n* [U] **1** *(inform)* ⇒trastos viejos ⇒basura **2** *(inform)* ⇒baratijas: *a junk shop* - una tienda de baratijas **3** *(barco)* ⇒junco

junk food *n* [C, U] ⇒comida basura

junk mail *n* [U] ⇒publicidad que se envía por correo

Jupiter UK: /ˈdʒuː.pɪ.təʳ/ US: /-ˁt̬ɚ/ *n* [NO PL] *(planeta)* ⇒Júpiter

juror UK: /ˈdʒʊə.rəʳ/ US: /ˈdʒʊr.ɚ/ *n* [C] ⇒miembro de un jurado

↑**jury** UK: /ˈdʒʊə.ri/ US: /ˈdʒʊr.i/ [*pl* juries] *n* [C] ⇒jurado: *trial by jury* - juicio con jurado ■ Por ser un nombre colectivo se puede usar con el verbo en singular o en plural

↑**just**[1] /dʒʌst/ *adv* **1** ⇒acabar de ⇒recién *AMÉR.;* ⇒nomás *AMÉR.* ■ Se usa normalmente con el verbo en presente perfecto **2** ⇒ya **3** ⇒precisamente ⇒justo **4** ⇒justo cuando **5** ⇒solo **6** ⇒por poco **7** *Just as I thought!* - ¡Lo que me parecía! **8 it's ~ as well...** ⇒menos mal que... **9 ~ about** ⇒casi **10 ~ a {moment/second}** ⇒un momento **11 ~ in case** ⇒por si acaso **12 ~ like** ⇒igual que ⇒típico,ca de **13 ~ now 1** ⇒ahora mismo **2** ⇒hace un momento **14 (only) ~** ⇒a duras penas ⇒con dificultad **15 to be ~ about to do *sth*** ⇒estar a punto de hacer algo

just[2] /dʒʌst/ *adj* **1** ⇒justo,ta: *a just decision* - una decisión justa **2** ⇒merecido,da

↑**justice** /ˈdʒʌs.tɪs/ *n* [U] **1** ⇒justicia **2 ~ department** ⇒departamento de justicia **3 to bring *sb* to ~** *(un delincuente)* ⇒llevar ante los juzgados **4 to do *sth/sb* ~** ⇒hacer justicia: *The photo doesn't do you justice* - Esta foto no te hace justicia

justifiable /ˈdʒʌs.tɪ.faɪ.ə.bl̩, ˌ--ˈ---/ *adj* ⇒justificable

↑**justify** /ˈdʒʌs.tɪ.faɪ/ [justifies, justified] *v* [T] ⇒justificar: *You have to justify your absence* - Tienes que justificar tu ausencia

jut /dʒʌt/ **to ~ {into/out}** ⇒sobresalir: *The rock juts out from the sea* - La roca sobresale del mar

juvenile[1] UK: /ˈdʒuː.vᵊn.aɪl/ US: /-n[ə]l/ *adj* **1** ⇒juvenil: *a juvenile offender* - un delincuente juvenil **2** ⇒pueril

juvenile[2] UK: /ˈdʒuː.vᵊn.aɪl/ US: /-n[ə]l/ *n* [C] *(form)* ⇒menor

J

k /keɪ/ [*pl* k's] *n* [C] *(letra del alfabeto)* ⇒k

K /keɪ/ [*pl* K] *n* [C] *(inform)* ⇒forma abreviada de **thousand pounds** (mil libras) o **thousand dollars** (mil dólares): *She earns 30K* - Gana treinta mil libras

kaleidoscope UK: /kəˈlaɪ.də.skəʊp/ US: /-skoʊp/ *n* [C] ⇒caleidoscopio

kangaroo UK: /ˌkæŋ.gᵊrˈuː/ US: /-gəˈruː/ *n* [C] ⇒canguro

karaoke UK: /ˌkær.iˈəʊ.ki/ US: /ˌker.iˈoʊ.ki/ *n* [U] ⇒karaoke

karat UK: /ˈkær.ət/ US: /ˈker-/ *US* (*UK* **carat**) *n* [C] ⇒quilate: *4 carat gold* - oro de cuatro quilates

karate UK: /kəˈrɑː.ti/ US: /-ˤţi/ *n* [U] ⇒kárate

kayak /ˈkaɪ.æk/ *n* [C] *(embarcación)* ⇒kayak

keel[1] /kiːl/ *n* [C] *(en una embarcación)* ⇒quilla

keel[2] /kiːl/

PHRASAL VERBS

- **to keel over 1** ⇒volcarse: *The ship keeled over* - El barco se volcó **2** ⇒desplomarse

↑**keen** /kiːn/ *adj* **1** ⇒aficionado,da ⇒entusiasta ■ CONSTR. keen on sth **2** ⇒deseoso,sa ■ CONSTR. keen + to do sth **3** ⇒agudo,da **4** *a keen interest* - gran interés

↑**keep**[1], **kept, kept** /kiːp/ *v* [T] **1** ⇒guardar ⇒conservar ⇒quedarse con **2** ⇒continuar ⇒seguir ⇒persistir ■ CONSTR. to keep + doing sth **3** *(animales)* ⇒tener ⇒criar **4** ⇒mantener ⇒sustentar **5** ⇒llevar **6** ⇒tener ⇒mantener **7** ⇒entretener ⇒retener **8** ⇒retener **9** ⇒quedarse **10** *Keep quiet!* - ¡Cállate! **11** ⇒perseverar ⇒seguir **12** *(una ley, una promesa, un acuerdo)* ⇒mantener ⇒observar ⇒cumplir **13** *(una comida o una bebida)* ⇒conservarse bien **14 to ~ a secret** ⇒guardar un secreto **15 to ~ *one's* {promise/word}** ⇒mantener la palabra ⇒cumplir la palabra

PHRASAL VERBS

- **to keep *(sth/sb)* away** ⇒mantener(se) alejado,da
- **to keep *sth* back** ⇒guardar algo ⇒ocultar algo
- **to keep *sth* down 1** ⇒mantener algo [bajo] **2** ⇒no vomitar algo
- **to keep *sth/sb* from doing *sth*** ⇒evitar ⇒impedir
- **to keep off *sth*** *UK (un tema)* ⇒evitar
- **to keep *(sth/sb)* off** ⇒no tocar ⇒no entrar ⇒no pisar
- **to keep on** *UK (inform)* ⇒dar la chapa *col.*
- **to keep on doing *sth*** ⇒continuar ⇒seguir
- **to keep out (of *sth*)** *(inform)* ⇒no entrar [en algo] *col.*
- **to keep *sth/sb* out (of *sth*)** ⇒no dejar que entre
- **to keep to *sth*** ⇒ceñirse a algo ⇒seguir algo
- **to keep (*sth*) up** [M] **1** ⇒continuar ⇒seguir **2** ⇒sujetar ⇒sostener
- **to keep up with *sth/sb*** ⇒mantener el ritmo ⇒seguir el paso

keep[2] /kiːp/ ❚ *n* [U] **1** ⇒sustento ⇒manutención ❚ *n* [C] **2** ⇒torreón

keeper UK: /ˈkiː.pəʳ/ US: /-pə/ *n* [C] **1** ⇒guarda ⇒vigilante **2** (*tb* **goalkeeper**) *(inform) (en deportes)* ⇒portero,ra

keeping /ˈkiː.pɪŋ/ *n* [U] **1** ⇒cuidado: *to be in sb's keeping* - estar al cuidado de alguien **2 in ~ with *sth*** ⇒de acuerdo con algo ⇒conforme a algo

ken /ken/ *n* [U] **1** ⇒saber ⇒conocimiento **2 to be beyond *one's* ~** ⇒ser algo que alguien no sabe

kennel /ˈken.ᵊl/ *UK n* [C] **1** ⇒caseta [de perro] **2** ⇒residencia canina

Kenya /ˈken.jə/ *n* [U] ⇒Kenia

Kenyan /ˈken.jən/ *adj, n* [C] ⇒keniata ⇒keniano,na

kept /kept/ past tense and past participle forms of **keep**

kerb UK: /kɜːb/ US: /kɝːb/ *UK* (*US* **curb**) *n* [C] ⇒bordillo

kerosene /ˈker.ə.siːn/ *US* (*UK* **paraffin**) *n* [U] ⇒parafina

ketchup /ˈketʃ.ʌp/ *n* [U] ⇒ketchup

↑**kettle** UK: /'ket.l̩/ US: /'keˤt̬-/ *n* [C] ⇒hervidor [de agua]

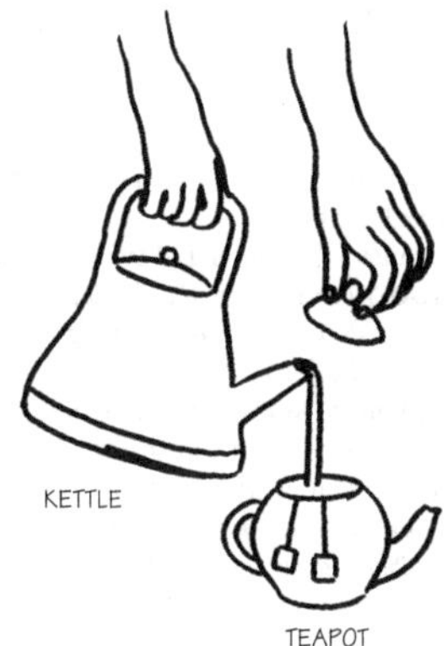

↑**key**[1] /kiː/ *n* [C] **1** ⇒llave: *I have lost my keys* - He perdido mis llaves **2** ⇒tecla **3** ⇒solución ⇒clave ■ CONSTR. the key to sth

key[2] /kiː/ *adj* ⇒clave ⇒decisivo,va

↑**key**[3] /kiː/ *v* [T, I] ⇒teclear

PHRASAL VERBS
- **to key *sth* in [M]** ⇒introducir [datos]: *Key in your password* - Introduce tu contraseña

keyboard UK: /'kiː.bɔːd/ US: /-bɔːrd/ *n* [C] **1** ⇒teclado **2** *(instrumento musical)* ⇒teclado electrónico **3 ~ player** ⇒teclista

keyhole UK: /'kiː.həʊl/ US: /-hoʊl/ *n* [C] ⇒ojo de la cerradura: *to peep through the keyhole* - mirar por el ojo de la cerradura

key ring *n* [C] ⇒llavero

kg *n* [C] ⇒forma abreviada de **kilogram** (kilogramo)

khaki /'kɑː.ki/ *adj, n* [U] *(color)* ⇒caqui

↑**kick**[1] /kɪk/ *v* [T, I] **1** ⇒dar una patada: *to kick sb* - dar una patada a alguien **2** *(un animal)* ⇒cocear **3 to ~ *oneself*** *(inform)* ⇒darse de tortas *col.;* ⇒tirarse de los pelos *col.* **4 to ~ the bucket** *(inform)* ⇒estirar la pata *col.*

PHRASAL VERBS
- **to kick off [M]** *(una actividad)* ⇒empezar
- **to kick *sb* out [M]** *(inform)* ⇒echar [a la fuerza] *col.*

kick[2] /kɪk/ *n* [C] **1** ⇒patada ⇒tiro ⇒coz **2** ⇒emoción fuerte

kick-off UK: /'kɪk.ɒf/ US: /-ɑːf/ *n* [C, U] ⇒saque de inicio ⇒comienzo de un partido

↑**kid**[1] /kɪd/ *n* [C] **1** *(inform)* ⇒crío,a ⇒chaval,-a ⇒pelado,da AMÉR. *col.* **2** *(animal)* ⇒cabrito

kid[2] /kɪd/ [kidded, kidding] *v* [T, I] *(inform)* ⇒bromear: *I was just kidding* - Solo bromeaba

PHRASAL VERBS
- **to kid *oneself*** ⇒engañarse a sí mismo,ma: *Don't kid yourself* - No te engañes a ti mismo

kidnap /'kɪd.næp/ [kidnapped, kidnapping] *v* [T] ⇒secuestrar [a una persona]: *He was kidnapped by the Mafia* - Lo secuestró la mafia ■ Comparar con *hijack* (secuestrar un medio de transporte)

kidnapping /'kɪd.næp.ɪŋ/ *n* [C, U] ⇒secuestro [de una persona] ■ Comparar con *hijack* (secuestro un medio de transporte)

↑**kidney** /'kɪd.ni/ *n* [C, U] **1** ⇒riñón **2 ~ failure** ⇒insuficiencia renal **3 ~ stone** ⇒cálculo renal

↑**kill**[1] /kɪl/ *v* [T, I] **1** ⇒matar ⇒ultimar AMÉR.; ⇒chingar AMÉR. *col.* **2** ⇒hacer mucha gracia: *He kills me* - Me parto de la risa con él **3 to ~ two birds with one stone** ⇒matar dos pájaros de un tiro *col.*

PHRASAL VERBS
- **to kill *sth/sb* off [M]** ⇒eliminar ⇒exterminar

↑**kill**[2] /kɪl/ **to go in for the ~** ⇒entrar a matar *col.*

killer UK: /'kɪl.əʳ/ US: /-ɚ/ *n* [C] **1** ⇒asesino,na **2** *US, Aus (inform)* ⇒divertido,da ⇒persona hábil

killing /'kɪl.ɪŋ/ *n* [C] **1** ⇒matanza ⇒asesinato **2 to make a ~** *(inform)* ⇒ganar una pasta *col.;* ⇒hacer el agosto *col.*

kiln /kɪln/ *n* [C] ⇒horno para cerámica

↑**kilo** UK: /'kiː.ləʊ/ US: /-loʊ/ *n* [C] ⇒forma abreviada de **kilogram** (kilogramo)

↑**kilogram** /'kɪl.ə.græm/ *n* [C] ⇒kilogramo ■ La forma abreviada es *kilo* o *kg*

↑**kilometre** UK: /'kɪl.əˌmiː.təʳ/ US: /kɪ'lɑː.mə.ˤt̬ɚ/ *UK n* [C] ⇒kilómetro ■ La forma abreviada es *km*

kilt /kɪlt/ *n* [C] ⇒falda escocesa

kin /kɪn/ *n* [PL] *(form)* ⇒parientes ⇒familiares

↑**kind**[1] /kaɪnd/ *n* [C] **1** ⇒clase ⇒tipo **2 in ~** ⇒en especie: *to pay in kind* - pagar en especie **3 ~ of 1** *(inform)* ⇒en cierto modo: *«Are you angry?» «Well, kind of»* - «¿Estás enfadado?» «Pues, en cierto modo sí» **2** *(inform)* ⇒una especie de: *It's kind of yellow-orange* - Es una especie de amarillo anaranjado

↑**kind**[2] /kaɪnd/ *adj* **1** ⇒amable: *It was very kind of you* - Fue muy amable de tu parte **2** ⇒bondadoso,sa **3 ~ gesture** ⇒detalle

kindly[1] /'kaɪnd.li/ *adv* **1** ⇒amablemente **2** *(form) As you are not helping me with my bags, could you kindly open the door?* - Ya que no me ayudas con las bolsas, ¿tendrías la amabilidad de abrirme la puerta? ■ Denota disgusto o enfado por parte del hablante **3 not to take ~ to *sth*** ⇒no gustar algo

kindly[2] /'kaɪnd.li/ *adj* [*comp* kindlier, *superl* kindliest] *(old-fash)* ⇒bondadoso,sa ■ Se usa más *kind*

kindness /ˈkaɪnd.nəs/ *n* [U] **1** ⇒amabilidad **2** ⇒bondad

† **king** /kɪŋ/ *n* [C] **1** ⇒rey **2** *(en ajedrez)* ⇒rey **3** *the Three Kings* - los Reyes Magos

† **kingdom** /ˈkɪŋ.dəm/ *n* [C] ⇒reino: *the plant kingdom* - el reino vegetal

kingfisher UK: /ˈkɪŋˌfɪʃ.əʳ/ US: /-ə/ *n* [C] *(ave)* ⇒martín pescador

kiosk UK: /ˈkiː.ɒsk/ US: /-ɑːsk/ *n* [C] **1** ⇒quiosco **2** ⇒cabina telefónica

kip /kɪp/ *UK* **to have a ~** *(inform)* ⇒echarse un rato ⇒dar una cabezada *col.*

kipper UK: /ˈkɪp.əʳ/ US: /-ə/ *UK n* [C] ⇒arenque ahumado

† **kiss**[1] /kɪs/ *v* [T, I] ⇒besar: *He said goodnight and kissed me* - Me dio las buenas noches y me besó

† **kiss**[2] /kɪs/ [*pl* kisses] *n* [C] **1** ⇒beso: *to blow sb a kiss* - tirar un beso a alguien **2 to give the ~ of life** ⇒hacer el boca a boca

† **kit** /kɪt/ ▮ *n* [C] **1** ⇒kit ⇒equipo **2** ⇒equipo de montaje ▮ *n* [U] **3** *UK (en deportes)* ⇒equipación **4** *(en el ejército)* ⇒uniforme **5** ⇒bártulos **6 first aid ~** ⇒botiquín [de primeros auxilios] **7 tool ~** ⇒juego de herramientas

K

† **kitchen** /ˈkɪtʃ.ən/ *n* [C] *(lugar)* ⇒cocina

kite /kaɪt/ *n* [C] **1** ⇒cometa ⇒papalote *AMÉR.;* ⇒barrilete *AMÉR.* **2** *(ave)* ⇒milano

kitten UK: /ˈkɪt.ən/ US: /ˈkɪˤt̬-/ *n* [C] ⇒gatito,ta

kitty UK: /ˈkɪ.ti/ US: /-ˤt̬i/ [*pl* kitties] *n* [C] **1** ⇒fondo común ⇒bote **2** *(inform)* ⇒gatito,ta *col.*

kiwi /ˈkiː.wiː/ *n* [C] **1** *(fruta)* ⇒kiwi **2** *(ave)* ⇒kiwi

Kiwi *adj, n* [C] *(inform)* ⇒neozelandés,-a

km *n* [C] ⇒forma abreviada de **kilometre** (kilómetro)

knack /næk/ *n* [NO PL] **1** ⇒truco ⇒maña **2** ⇒tranquillo: *He's got the knack* - Ya le ha cogido el tranquillo

knackered UK: /ˈnæk.əd/ US: /-əd/ *UK adj* **1** *(very inform)* ⇒hecho,cha polvo *col.;* ⇒agotado,da **2** *(inform)* ⇒escacharrado,da *col.*

knead /niːd/ *v* [T] **1** ⇒amasar: *The baker kneaded the mixture* - El panadero amasó la mezcla **2** ⇒dar un masaje ⇒masajear *col.*

† **knee** /niː/ *n* [C] **1** ⇒rodilla **2 on *one's* knees** ⇒en las rodillas: *He sat the child on his knees* - Sentó al niño en las rodillas

kneecap /ˈniː.kæp/ *n* [C] ⇒rótula

† **kneel, knelt, knelt** (*US tb* **kneeled, kneeled**) /niːl/ (*tb* **kneel down**) *v* [I] ⇒arrodillarse: *The knight knelt down when he saw the queen* - El caballero se arrodilló al ver a la reina

knelt past tense and past participle forms of **kneel**

knew UK: /njuː/ US: /nuː/ past tense of **know**

knickers UK: /ˈnɪk.əz/ US: /-əz/ *UK* (*US* **panties**) *n* [PL] ⇒bragas ⇒calzonarias *AMÉR.;* ⇒bloomer *AMÉR.;* ⇒blúmer *AMÉR.*

† **knife**[1] /naɪf/ [*pl* knives] *n* [C] ⇒cuchillo ⇒fierro *AMÉR.*

knife[2] /naɪf/ [knifed, knifing] *v* [T] ⇒acuchillar ⇒apuñalar

knight[1] /naɪt/ *n* [C] **1** *(en el medievo)* ⇒caballero **2** *(en ajedrez)* ⇒caballo

knight[2] /naɪt/ *v* [T] ⇒conferir el título de caballero

knighthood /ˈnaɪt.hʊd/ *n* [C, U] ⇒título de caballero: *to give sb a knighthood* - otorgar a alguien el título de caballero

† **knit, knit, knit** (*tb* **knitted, knitted**) /nɪt/ [knitting] *v* [T, I] ⇒tricotar ⇒hacer punto ⇒tejer

knitting UK: /ˈnɪt.ɪŋ/ US: /ˈniˤt̬-/ *n* [U] ⇒labor de punto ⇒tejido *AMÉR.* ■ Se dice *some knitting* o *a piece of knitting*. Incorrecto: *a knitting*

knitwear UK: /ˈnɪt.weəʳ/ US: /-wer/ *n* [U] ⇒artículo de punto

knives *n* [PL] See **knife**

† **knob** UK: /nɒb/ US: /nɑːb/ *n* [C] **1** ⇒pomo ⇒tirador **2** *(de un televisor o de una radio)* ⇒mando [que gira]

† **knock**[1] UK: /nɒk/ US: /nɑːk/ ▮ *v* [T] **1** ⇒golpear ■ CONSTR. Se usa generalmente seguido de las preposiciones y adverbios *against, into, off* y *over* **2** *(inform)* ⇒criticar **3** *Don't knock it* - No lo desprecies ▮ *v* [I] **4** ⇒llamar [a la puerta] ■ CONSTR. to knock at/on sth **5 to ~ on wood** *US* (*UK/US tb* **to touch wood**) *(inform)* ⇒tocar madera [por superstición]

PHRASAL VERBS

- **to knock *sth* down [M]** *(un edificio)* ⇒derribar ⇒demoler
- **to knock *sth/sb* down [M]** *UK* ⇒atropellar
- **to knock off (*sth*)** *(inform)* ⇒terminar rápido ⇒terminar temprano
- **to knock *sth* off [M]** **1** *(inform)* ⇒robar algo **2** *(inform) (un precio)* ⇒rebajar ⇒hacer un descuento
- **to knock *sb* out [M]** **1** ⇒noquear a alguien ⇒dejar a alguien sin sentido **2** ⇒perder alguien el conocimiento **3** *(inform)* ⇒alucinar ⇒dejar pasmado,da **4** ⇒eliminar a alguien: *He was knocked out of the competition* - Lo eliminaron del concurso ■ CONSTR. Se usa más en pasiva

knock[2] UK: /nɒk/ US: /nɑːk/ *n* [C] **1** ⇒golpe: *to receive a knock* - recibir un golpe **2** ⇒llamada a la puerta

knockout[1] UK: /ˈnɒk.aʊt/ US: /ˈnɑːk-/ *n* [C] **1** *(en boxeo)* ⇒KO **2** *(inform)* ⇒tío,-a bueno,na *col.*

knockout[2] UK: /ˈnɒk.aʊt/ US: /ˈnɑːk-/ *adj a knockout competition* - una eliminatoria

knot[1] UK: /nɒt/ US: /nɑːt/ *n* [C] **1** ⇒nudo: *a slip knot* - un nudo corredizo **2 to tie the ~** *(inform)* ⇒casarse

knot[2] UK: /nɒt/ US: /nɑːt/ [knotted, knotting] *v* [T] ⇒anudar

↑ **know, knew, known** UK: /nəʊ/ US: /noʊ/ ▮ *v* [T, I] **1** ⇒saber: *I know where you live* - Sé dónde vives; *Do you know how to use this program?* - ¿Sabes usar este programa?; *God knows!* - ¡Sabe Dios!; *You never know* - Nunca se sabe; *as far as I know* - que yo sepa ■ CONSTR. 1. to know + (that) 2. to know + to do sth 3. to know + interrogativa indirecta ▮ *v* [T] **2** ⇒conocer: *Do you know him?* - ¿Lo conoces?; *That is also known as...* - Eso también se conoce como... **3** ⇒reconocer **4 to get to ~** ⇒llegar a conocer **5 to let *sb* ~ (*sth*)** ⇒informar a alguien [de algo] ⇒avisar a alguien [de algo]

knowing UK: /ˈnəʊ.ɪŋ/ US: /ˈnoʊ-/ *adj* **1** ⇒de complicidad: *a knowing glance* - una mirada de complicidad **2** *There's no knowing* - No hay manera de saberlo

knowingly UK: /ˈnəʊ.ɪŋ.li/ US: /ˈnoʊ-/ *adv* ⇒deliberadamente ⇒con complicidad

↑ **knowledge** UK: /ˈnɒl.ɪdʒ/ US: /ˈnɑː.lɪdʒ/ *n* [U] **1** ⇒conocimientos **2** *to my knowledge* - que yo sepa

knowledgeable UK: /ˈnɒl.ɪ.dʒə.bl̩/ US: /ˈnɑː.lɪ-/ *adj* ⇒informado,da ⇒instruido,da

known UK: /nəʊn/ US: /noʊn/ past participle of **know**

knuckle[1] /ˈnʌk.l̩/ *n* [C] ⇒nudillo

knuckle[2] /ˈnʌk.l̩/ **to ~ down (to *sth*)** *(inform)* ⇒poner(se) manos a la obra [con algo] *col.;* ⇒poner(se) a trabajar en serio

koala (bear) UK: /kəʊˈɑː.lə/ US: /koʊ-/ *n* [C] ⇒koala

Koran UK: /ðə.kɒrˈɑːn/ US: /-kəˈrɑːn/ *n* [NO PL] ⇒Corán

Kurd UK: /kɜːd/ US: /kɝːd/ *n* [C] ⇒kurdo,da

Kuwait UK: /kjuːˈweɪt/ US: /kuː-/ *n* [U] ⇒Kuwait

Kuwaiti UK: /kjuːˈweɪ.ti/ US: /kuːˈweɪ.ˁt̬i/ *adj, n* [C] ⇒kuwaití

l /el/ [*pl* l's] *n* [C] **1** *(letra del alfabeto)* ⇒l **2** ⇒forma abreviada de **litre** (litro)

L /el/ *n* [NO PL] ⇒forma abreviada de **learner driver** (aprendiz,-a de conductor,-a)

la /lɑː/ (*tb* **lah**) *n* [U, NO PL] *(nota musical)* ⇒la

↑ **lab** /læb/ *n* [C] *(inform)* ⇒forma abreviada de **laboratory** (laboratorio)

label¹ /ˈleɪ.bəl/ *n* [C] ⇒etiqueta: *What does it say in the label?* - ¿Qué pone en la etiqueta?

label² /ˈleɪ.bəl/ [labelled, labelling; *US* labeled, labeling] *v* [T] **1** *(a un objeto)* ⇒poner una etiqueta ⇒etiquetar **2** *(a una persona)* ⇒etiquetar ■ CONSTR. Se usa más en pasiva

↑ **laboratory** UK: /ləˈbɒr.ə.tri/ US: /ˈlæb.rə.tɔːr.i/ [*pl* laboratories] *n* [C] ⇒laboratorio: *laboratory tests* - pruebas de laboratorio ■ La forma abreviada es *lab*

laborer UK: /ˈleɪ.bər.ər/ US: /-bɚ.ɚ/ *US n* [C] See **labourer**

labor union *US n* [C] ⇒sindicato

labour¹ UK: /ˈleɪ.bər/ US: /-bɚ/ *UK n* [U] **1** ⇒trabajo **2** ⇒mano de obra **3** ⇒parto: *to go into labour* - ponerse de parto

labour² UK: /ˈleɪ.bər/ US: /-bɚ/ *UK v* [I] **1** *(form)* ⇒trabajar **2** ⇒luchar ⇒esforzarse ■ CONSTR. to labour + to do sth

labourer UK: /ˈleɪ.bər.ər/ US: /-bɚ.ɚ/ *UK* (*US* **laborer**) *n* [C] **1** ⇒obrero,ra ⇒peón **2 day ~** ⇒jornalero,ra

Labour Party *n* [NO PL] *(en Reino Unido)* ⇒Partido Laborista

labyrinth /ˈlæb.ə.rɪnθ/ *n* [C] ⇒laberinto

lace¹ /leɪs/ ▌*n* [U] **1** ⇒encaje ▌*n* [C] **2** ⇒cordón: *Tie your laces* - Átate los cordones ■ Se usa más en plural

lace² /leɪs/ [laced, lacing] *v* [T] **1** (*tb* **lace up**) ⇒atar [los cordones] **2** *(a una bebida o comida)* ⇒añadir alcohol

↑ **lack¹** /læk/ *n* [U] ⇒carencia ⇒falta

↑ **lack²** /læk/ *v* [T] **1** ⇒carecer ⇒faltar **2 to be lacking** ⇒faltar **3 to be lacking in *sth*** ⇒carecer de [una cualidad]

lacquer UK: /ˈlæk.ər/ US: /-ɚ/ *n* [U] ⇒laca [para metal y madera]

↑ **lad** /læd/ *UK n* [C] ⇒chaval *col.;* ⇒huerco *AMÉR.* ■ Se emplea únicamente con hombres

↑ **ladder** UK: /ˈlæd.ər/ US: /-ɚ/ *n* [C] **1** ⇒escalera de mano **2** *UK* (*US* **run**) *(en unas medias)* ⇒carrera

laden /ˈleɪ.dən/ *adj* ⇒cargado,da [de peso]: *He arrived home laden with gifts* - Llegó a casa cargado de regalos

Ladies *UK n* [NO PL] *(euphem)* ⇒servicio de señoras

ladle /ˈleɪ.dl/ *n* [C] ⇒cucharón ⇒cazo [de servir]

↑ **lady** /ˈleɪ.di/ [*pl* ladies] *n* [C] **1** ⇒señora ⇒dama **2** *little old lady* - viejecita **3** *(título)* ⇒Lady **4 ladies and gentlemen** ⇒señoras y señores **5 the First Lady** ⇒la primera dama

ladybird UK: /ˈleɪ.di.bɜːd/ US: /-bɝːd/ *UK n* [C] *(insecto)* ⇒mariquita

lag¹ /læg/ (*tb* **time lag**) *n* [C] ⇒lapso ⇒intervalo ⇒desfase

lag² /læg/ [lagged, lagging] *v* [T] **1** ⇒revestir **2** *Aus (inform) (una persona)* ⇒detener ⇒condenar

PHRASAL VERBS

· **to lag behind *sth/sb*** ⇒rezagar(se) ⇒ir por detrás ⇒estar a la zaga

lager UK: /ˈlɑː.gər/ US: /-gɚ/ *n* [C, U] ⇒lager ⇒cerveza rubia

lagoon /ləˈguːn/ *n* [C] ⇒albufera

lah (*tb* **la**) *n* [U, NO PL] *(nota musical)* ⇒la

laid /leɪd/ past tense and past participle forms of **lay**

lain /leɪn/ past participle of **lie**

↑ **lake** /leɪk/ *n* [C] ⇒lago

lakeside /ˈleɪk.saɪd/ **by the ~** ⇒a orillas del lago

↑ **lamb** /læm/ *n* [C] ⇒cordero,ra: *roast lamb* - cordero asado ■ PRON. La *b* no se pronuncia

lame /leɪm/ *adj* **1** *(una excusa)* ⇒pobre ⇒poco convincente **2** ⇒cojo,ja ⇒rengo,ga *AMÉR.*

lament /ləˈment/ *v* [T, I] *(form)* ⇒lamentar(se) ⇒llorar

↑ **lamp** /læmp/ *n* [C] ⇒lámpara: *bedside lamp* - lámpara de mesilla de noche

lamppost UK: /ˈlæmp.pəʊst/ US: /-poʊst/ *n* [c] ⇒farola ⇒foco AMÉR.
lampshade /ˈlæmp.ʃeɪd/ *n* [c] *(en una lámpara)* ⇒pantalla
↑**land¹** /lænd/ *n* [u] **1** ⇒tierra: *dry land* - tierra firme **2** ⇒terreno ⇒tierra **3** *(lit)* ⇒patria ⇒tierra
↑**land²** /lænd/ ▮ *v* [T, I] **1** ⇒aterrizar ⇒amerizar ⇒alunizar ▮ *v* [T] **2** ⇒pescar *col.;* ⇒conseguir
PHRASAL VERBS
· **to land *sb* with *sth*** ⇒endilgar a alguien algo *col.;* ⇒endosar a alguien algo *col.*
landed /ˈlæn.dɪd/ *adj the landed gentry* - los terratenientes
landfill /ˈlænd.fɪl/ ▮ *n* [u] **1** ⇒entierro de residuos ▮ *n* [c] **2** ⇒vertedero
↑**landing** /ˈlæn.dɪŋ/ *n* [c] **1** ⇒aterrizaje: *crash landing* - aterrizaje forzoso **2** *(en un edificio)* ⇒descansillo ⇒rellano
landlady /ˈlændˌleɪ.di/ [*pl* landladies] *n* [c] **1** ⇒casera **2** ⇒encargada [de un bar o pub]
landline /ˈlænd.laɪn/ *n* [c] **1** ⇒cable telefónico [subterráneo] **2** ⇒teléfono fijo: *use the landline* - utiliza el teléfono fijo
landlord UK: /ˈlænd.lɔːd/ US: /-lɔːrd/ *n* [c] **1** ⇒casero **2** ⇒encargado [de un bar o pub]
landmark UK: /ˈlænd.mɑːk/ US: /-mɑːrk/ *n* [c] **1** ⇒punto destacado ⇒punto de referencia [que ayuda a la orientación] **2** ⇒monumento representativo ⇒monumento emblemático **3** ⇒hito **4** ⇒mojón ⇒marca de tierra
landowner UK: /ˈlændˌəʊ.nəʳ/ US: /-ˌoʊ.nɚ/ *n* [c] ⇒terrateniente ⇒hacendado,da AMÉR.
↑**landscape** /ˈlænd.skeɪp/ *n* [c, u] ⇒paisaje ⇒panorama
landslide /ˈlænd.slaɪd/ *n* [c] **1** ⇒desprendimiento de tierra **2** *(en unas elecciones)* ⇒victoria aplastante
↑**lane** /leɪn/ *n* [c] **1** *(en una vía)* ⇒carril **2** ⇒camino rural **3** *(en una ciudad)* ⇒calle **4** *(en navegación y en aviación)* ⇒ruta **5** *(en atletismo)* ⇒calle
↑**language** /ˈlæŋ.gwɪdʒ/ ▮ *n* [u] **1** ⇒lenguaje ▮ *n* [c] **2** ⇒idioma ⇒lengua **3 bad ~** ⇒palabrotas ■ PRON. La última parte, *guage*, rima con *fridge*
lantern UK: /ˈlæn.tən/ US: /-tɚn/ *n* [c] ⇒farol ■ Distinto de *torch* (linterna)
lap¹ /læp/ *n* [c] **1** ⇒regazo **2** *(en deportes)* ⇒vuelta
lap² /læp/ [lapped, lapping] ▮ *v* [T] **1** *(un animal)* ⇒beber a lengüetazos ▮ *v* [T, I] **2** *(las olas)* ⇒lamer
PHRASAL VERBS
· **to lap *sth* up** [M] **1** *(inform)* ⇒absorber algo con avidez **2** ⇒estar en la gloria con algo ⇒disfrutar de algo
lapel /ləˈpel/ *n* [c] *(en una prenda de vestir)* ⇒solapa
lapse¹ /læps/ *n* [c] **1** ⇒fallo ⇒lapsus **2** ⇒lapso [de tiempo]
lapse² /læps/ [lapsed, lapsing] *v* [I] **1** *(un contrato, una situación legal)* ⇒extinguir(se) ⇒caducar(se) **2** ⇒perder(se) ⇒decaer **3** *(el tiempo)* ⇒transcurrir
PHRASAL VERBS
· **to lapse into *sth*** ⇒caer [en un estado]: *Brian lapsed into apathy* - Brian cayó en la apatía
laptop UK: /ˌlæp.tɒp.kəmˈpjuː.təʳ/ US: /-tɑːp.kəmˈpjuː.ˁt̬ɚ/ *n* [c] ⇒ordenador portátil
↑**large** UK: /lɑːdʒ/ US: /lɑːrdʒ/ *adj* **1** ⇒grande: *a large box* - una caja grande; *a large amount* - una gran cantidad **2 by and ~** ⇒en general ⇒en conjunto **3 to be at ~** *(una persona o un animal peligroso)* ⇒estar en libertad ■ Distinto de *long* (largo)
↑**largely** UK: /ˈlɑːdʒ.li/ US: /ˈlɑːrdʒ-/ *adv* ⇒mayormente *col.;* ⇒en su mayor parte ⇒en gran parte
large-scale *adj* ⇒a gran escala ⇒de gran magnitud
lark UK: /lɑːk/ US: /lɑːrk/ *n* [c] **1** *(ave)* ⇒alondra **2** ⇒broma ⇒diversión ⇒travesura
lasagne UK: /ləˈzæn.jə/ US: /-ˈzɑː.njə/ *UK n* [u] ⇒lasaña
↑**laser** UK: /ˈleɪ.zəʳ/ US: /-zɚ/ *n* [c] ⇒láser: *laser surgery* - cirugía láser ■ PRON. La *a* se pronuncia como la *a* de *lake*
lash¹ /læʃ/ ▮ *v* [T, I] **1** *(el viento, la lluvia)* ⇒azotar ▮ *v* [T] **2** ⇒atar ⇒amarrar ■ CONSTR. Se usa generalmente seguido de una preposición o un adverbio
PHRASAL VERBS
· **to lash out at *sth/sb*** **1** ⇒atacar ⇒arremeter **2** ⇒azotar ⇒golpear
lash² /læʃ/ [*pl* lashes] *n* [c] **1** ⇒latigazo **2** ⇒látigo **3** ⇒pestaña
lass /læs/ [*pl* lasses] *Scot, North Eng n* [c] ⇒chavala *col.;* ⇒huerca AMÉR. ■ Se emplea únicamente con mujeres
last¹ UK: /lɑːst/ US: /læst/ *adj* **1** ⇒último,ma: *the last days of summer* - los últimos días de verano ■ CONSTR. the last + to do sth **2** ⇒pasado,da: *I went to the cinema last Saturday* - Fui al cine el sábado pasado ■ Se dice *Last year they went to Greece - El año pasado fueron a Grecia*. Incorrecto: *The last year they went to Greece* ■ Solo se usa *the* con *last* cuando forma parte de una cláusula con *that* o cuando se alude a un período de tiempo que continúa en el presente: *I haven't been to school for the last few days - No he ido al cole en estos últimos días* **3 to have the ~ laugh** ⇒reírse el último, reírse la última
↑**last²** UK: /lɑːst/ US: /læst/ *adv* **1** ⇒último: *to arrive last* - llegar el último **2** *When did they last visit you?* - ¿Cuándo os visitaron la última vez? **3 at (long) ~** ⇒al fin ⇒por fin **4 ~ but not least** ⇒el

L

último pero no menos importante, la última pero no menos importante

† **last**[3] UK: /lɑːst/ US: /læst/ **1 the day before ~** ⇒anteayer **2 the ~** ⇒el último, la última: *She was the last to leave home* - Fue la última en marcharse de casa ■ CONSTR. the last + to do sth

† **last**[4] UK: /lɑːst/ US: /læst/ *v* [T, I] **1** *(tiempo)* ⇒durar ⇒perdurar ■ Se usa para hacer referencia a la duración de algo *The film lasts nearly two hours - La película dura casi dos horas; This battery should last at least a year - Esta pila debería durar un año por lo menos.* Comparar con *to take* **2** ⇒alcanzar ⇒durar

lasting UK: /ˈlɑː.stɪŋ/ US: /ˈlæs.tɪŋ/ *adj* ⇒duradero,ra: *a lasting relationship* - una relación duradera

lastly UK: /ˈlɑːst.li/ US: /ˈlæst-/ *adv* ⇒finalmente ⇒por último

last-minute UK: /ˌlɑːstˈmɪn.ɪt/ US: /ˌlæst-/ *adj* ⇒de última hora: *a last-minute rush* - las prisas de última hora

latch[1] /lætʃ/ [*pl* latches] *n* [C] *(en una puerta)* ⇒pasador ⇒pestillo

latch[2] /lætʃ/ *v* [T, I] ⇒cerrar con pestillo

PHRASAL VERBS
· **to latch on** *UK (inform)* ⇒entender ⇒pillar *col.*

L

† **late** /leɪt/ *adj, adv* **1** ⇒tarde: *I arrived late* - Llegué tarde ■ La forma comparativa del adjetivo es *later* y la forma superlativa es *latest* **2** *The report will be published in late June* - El informe se publicará a finales de junio; *She's in her late seventies* - Roza los ochenta **3** ⇒difunto,ta

lately /ˈleɪt.li/ *adv* ⇒últimamente

† **latest** UK: /ˈleɪ.tɪst/ US: /-ˤţɪst/ *adj* **1** the superlative form of **late 2** ⇒último,ma ⇒más reciente ■ Distinto de *last* (el último, final) **3 at the ~** ⇒como muy tarde

lather[1] UK: /ˈlɑː.ðəʳ/ US: /ˈlæð.ə/ ▌*n* [NO PL] **1** ⇒espuma [de jabón] ▌*n* [U] **2** *(en un caballo)* ⇒sudor

lather[2] UK: /ˈlɑː.ðəʳ/ US: /ˈlæð.ə/ *v* [T, I] **1** ⇒hacer espuma **2** ⇒enjabonar(se): *to lather one's hair* - enjabonarse el pelo

Latin UK: /ˈlæt.ɪn/ US: /ˈlæˤţ-/ *n* [U] ⇒latín

Latino UK: /ˌlætˈiː.nəʊ/ US: /-noʊ/ *US n* [C] ⇒latinoamericano,na [residente en EE. UU.]

latitude UK: /ˈlæt.ɪ.tjuːd/ US: /ˈlæˤţ.ɪ.tuːd/ ▌*n* [C, U] **1** ⇒latitud ▌*n* [U] **2** *(form)* ⇒libertad [de acción]

† **latter** UK: /ˈlæt.əʳ/ US: /ˈlæˤţ.ə/ *pron* **1** *(form)* ⇒el último, la última: *the latter half of the year* - la última mitad del año **2 the ~** ⇒este último, esta última: *I'm studying German and Italian, but I find the latter easier* - Estudio alemán e italiano, pero este último me resulta más sencillo

Latvia /ˈlæt.vi.ə/ *n* [U] ⇒Letonia

Latvian /ˈlæt.vi.ən/ *adj, n* [C] ⇒latvio,via ⇒letón,-a

† **laugh**[1] UK: /lɑːf/ US: /læf/ *v* [I] ⇒reír(se): *She couldn't stop laughing* - No podía parar de reírse

PHRASAL VERBS
· **to laugh at *sth/sb*** ⇒reírse de

laugh[2] UK: /lɑːf/ US: /læf/ *n* [C] **1** ⇒risa ⇒carcajada **2 to be a (good) ~** *UK (inform)* ⇒ser divertido,da

laughing *n* [U] **1** ⇒risa **2** *He says laughing is good for you* - Dice que reírse es saludable **3** *It's no laughing* - No es para reírse

† **laughter** UK: /ˈlɑːf.təʳ/ US: /ˈlæf.tə/ *n* [U] ⇒risas

launch[1] UK: /lɔːntʃ/ US: /lɑːntʃ/ *v* [T] **1** *(una embarcación)* ⇒botar **2** *(un producto)* ⇒lanzar **3** *(un cohete)* ⇒lanzar ■ PRON. La primera parte, *lau*, se pronuncia como *lor* en *lord*

PHRASAL VERBS
· **to launch into *sth*** ⇒empezar a {decir/criticar} algo

† **launch**[2] UK: /lɔːntʃ/ US: /lɑːntʃ/ [*pl* launches] *n* [C] **1** ⇒lancha **2** ⇒lanzamiento **3** *(de una embarcación)* ⇒botadura ■ PRON. La primera parte, *lau*, se pronuncia como *lor* en *lord*

launder UK: /ˈlɔːn.dəʳ/ US: /ˈlɑːn.də/ *v* [T] **1** *(una prenda de vestir)* ⇒lavar y planchar **2** *(dinero)* ⇒blanquear

launderette® UK: /ˌlɔːnˈdret/ US: /ˌlɑːn-/ *UK n* [C] ⇒lavandería automática

laundry UK: /ˈlɔːn.dri/ US: /ˈlɑːn-/ ▌*n* [U] **1** ⇒ropa sucia **2** ⇒colada: *to do the laundry* - hacer la colada ▌*n* [C] **3** ⇒lavandería ■ El plural es *laundries*

lava /ˈlɑː.və/ *n* [U] ⇒lava

lavatory /ˈlæv.ə.tri/ [*pl* lavatories] *UK n* [C] *(form)* ⇒aseo ⇒retrete

lavender UK: /ˈlæv.ɪn.dəʳ/ US: /-də/ *n* [U] **1** *(planta)* ⇒lavanda **2** ⇒azul lavanda

lavish /ˈlæv.ɪʃ/ *adj* **1** ⇒suntuoso,sa ⇒lujoso,sa ⇒desmesurado,da **2** ⇒abundante ⇒profuso,sa ⇒generoso,sa

† **law** UK: /lɔː/ US: /lɑː/ *n* [C, U] **1** ⇒ley: *The law says that everyone is equal* - La ley dice que todos somos iguales; *a law to ban smoking in public areas* - una ley que prohíbe fumar en zonas públicas ■ CONSTR. 1. a law + doing sth 2. a law + to do sth **2** ⇒derecho: *I studied law* - He estudiado derecho **3 against the ~** ⇒en contra de la ley: *That is against the law* - Eso va en contra de la ley **4 court of ~** ⇒tribunal de justicia

lawful UK: /ˈlɔː.fəl/ US: /ˈlɑː-/ *adj (form)* ⇒legal

† **lawn** UK: /lɔːn/ US: /lɑːn/ *n* [C, U] ⇒césped ⇒pasto *AMÉR.*

lawnmower UK: /ˈlɔːnˌməʊ.əʳ/ US: /ˈlɑːnˌmoʊ.ə/ *n* [C] ⇒cortacésped

† **lawsuit** UK: /ˈlɔː.sjuːt/ US: /ˈlɑː.suːt/ *n* [C] **1** ⇒pleito **2** ⇒demanda judicial: *to file a lawsuit against sb* - interponer una demanda judicial contra alguien

† **lawyer** UK: /ˈlɔɪ.əʳ/ US: /ˈlɑː.jɚ/ *(US tb* **attorney**) *n* [C] ⇒abogado,da

† **lay**[1], **laid, laid** /leɪ/ ▮ **1** past tense of **lie** (echarse, estar situado) ▮ *v* [T] **2** ⇒colocar ⇒poner **3** *(en posición horizontal)* ⇒echar ⇒poner ■ CONSTR. Se usa generalmente seguido de una preposición o un adverbio **4 to ~ the table** (*tb* **to set the table**) ⇒poner la mesa

PHRASAL VERBS

- **to lay *sth* down [M] 1** *(una regla o una norma)* ⇒establecer **2** *(un arma)* ⇒deponer ⇒abandonar
- **to lay into *sb*** *(inform)* ⇒despotricar contra alguien *col.;* ⇒criticar a alguien ⇒atacar a alguien
- **to lay *sb* off [M]** ⇒despedir a alguien ⇒cesantear a alguien *AMÉR.;* ⇒botar a alguien *AMÉR.*
- **to lay *sth* on [M]** *UK* ⇒proporcionar algo ⇒ofrecer algo
- **to lay *sth* out [M] 1** ⇒extender algo ⇒esparcir algo **2** ⇒explicar algo ⇒exponer algo

lay[3] /leɪ/ *adj* **1** ⇒laico,ca ⇒secular **2** ⇒lego,ga ⇒profano,na

lay-by /ˈleɪ.baɪ/ [*pl* lay-bys] *UK n* [C] *(en una carretera)* ⇒área de descanso

† **layer** UK: /ˈleɪ.əʳ/ US: /-ɚ/ *n* [C] **1** ⇒capa [plana, superpuesta a otra]: *a layer of jam* - una capa de mermelada **2** ⇒estrato

layout /ˈleɪ.aʊt/ *n* [C] **1** ⇒distribución ⇒disposición ⇒trazado **2** *(de una página)* ⇒composición

lazily /ˈleɪ.zɪ.li/ *adv* ⇒perezosamente ⇒relajadamente

† **lazy** /ˈleɪ.zi/ *adj* [*comp* lazier, *superl* laziest] **1** ⇒vago,ga ⇒perezoso,sa **2** ⇒lento,ta ⇒relajado,da ■ Distinto de *vague* (impreciso)

lb [*pl* lbs] *n* [C] *(unidad de peso)* ⇒forma abreviada de **pound** (libra)

† **lead**[1], **led, led** /liːd/ *v* [T, I] **1** *(form)* ⇒ir delante ⇒guiar **2** ⇒llevar ⇒conducir **3** ⇒llevar la delantera ⇒encabezar ⇒puntear *AMÉR.* **4** ⇒dirigir ⇒liderar ■ PRON. Rima con *red*

PHRASAL VERBS

- **to lead to *sth*** ⇒dar lugar a algo ⇒causar
- **to lead up to *sth*** ⇒preceder a algo

† **lead**[2] /led/ ▮ *n* [U] **1** *(metal)* ⇒plomo ▮ *n* [C, U] **2** ⇒mina [de un lápiz] ■ PRON. Rima con *red*

lead[3] /liːd/ ▮ *n* [NO PL] **1** *(en deportes)* ⇒ventaja **2** *Sally is in the lead, I think she is going to win* - Sally va en cabeza, creo que va a ganar ▮ *n* [C] **3** *(en cine o en teatro)* ⇒papel principal ⇒protagonista **4** *UK* (*UK/US tb* **leash**) ⇒correa [para un animal] **5** *UK* (*US* **cord**) ⇒cable [eléctrico] **6** ⇒pista ⇒indicio

† **leader** UK: /ˈliː.dəʳ/ US: /-dɚ/ *n* [C] **1** ⇒líder ⇒jefe,fa **2** ⇒editorial [de un periódico]

† **leadership** UK: /ˈliː.də.ʃɪp/ US: /-dɚ-/ *n* [U] ⇒liderazgo

† **leading** /ˈliː.dɪŋ/ *adj* ⇒principal

lead singer *n* [C] ⇒solista

† **leaf** /liːf/ [*pl* leaves] *n* [C] **1** ⇒hoja [de una planta o árbol]: *the fallen leaves* - las hojas caídas **2** ⇒página **3 to take a ~ out of *sb's* book** *UK* ⇒tomar ejemplo de alguien

leaflet /ˈliː.flət/ *n* [C] ⇒folleto: *a leaflet with the exhibition details* - un folleto con los detalles de la exposición

† **league** /liːg/ *n* [C] **1** *(en deportes)* ⇒liga **2** *(de personas o países)* ⇒liga ⇒sociedad **3 not to be in the same ~ as *sth/sb*** *(inform)* ⇒no estar a la altura de **4 to be in ~ with *sb*** ⇒estar compinchado,da con alguien *col.*

† **leak**[1] /liːk/ ▮ *v* [T, I] **1** ⇒gotear ⇒perder ⇒tener un escape **2** ⇒salirse [por un agujero]: *The vinegar has leaked all over the bag* - El vinagre se ha salido por toda la bolsa ▮ *v* [T] **3** *(información)* ⇒filtrar

leak[2] /liːk/ *n* [C] **1** ⇒escape ⇒fuga **2** ⇒filtración [de información]

† **lean**[1], **leant, leant** (*tb* **leaned, leaned**) /liːn/ *v* [T, I] ⇒inclinar(se): *That tower leans to one side* - Esa torre se inclina hacia un lado ■ CONSTR. Se usa generalmente seguido de una preposición o un adverbio

PHRASAL VERBS

- **to lean (*sth*) {against/on} *sth*** ⇒apoyar(se) en algo: *Don't lean against the wall* - No te apoyes en la pared; *She has always leaned on her mother for support* - Siempre se ha apoyado en su madre

lean[2] /liːn/ *adj* **1** ⇒delgado,da ⇒enjuto,ta **2** *(la carne)* ⇒magro,gra

leant past tense and past participle forms of **lean**

leap[1], **leapt, leapt** (*tb* **leaped leaped**) /liːp/ *v* [I] ⇒brincar ⇒saltar ■ CONSTR. Se usa generalmente seguido de las preposiciones y adverbios out of, over y up

leap[2] /liːp/ *n* [C] ⇒brinco ⇒salto: *a leap in the dark* - un salto al vacío

leapt past tense and past participle forms of **leap**

† **learn, learnt, learnt** (*US tb* **learned, learned**) UK: /lɜːn/ US: /lɝːn/ ▮ *v* [T, I] **1** ⇒aprender ■ CONSTR. 1. to learn + to do sth 2. to learn + interrogativa indirecta ▮ *v* [T] **2** ⇒aprender(se) algo ⇒estudiar(se) algo

PHRASAL VERBS

- **to learn {about/of} *sth*** ⇒enterarse de algo

learned UK: /ˈlɜː.nɪd/ US: /ˈlɝː-/ *adj (form)* ⇒culto,ta ⇒erudito,ta ⇒docto,ta

learner UK: /ˈlɜː.nəʳ/ US: /ˈlɝː.nɚ/ *n* [C] **1** ⇒estudiante ⇒principiante **2** *to be a slow learner* - tener dificultades de aprendizaje

learning UK: /ˈlɜː.nɪŋ/ US: /ˈlɝː-/ *n* [U] **1** ⇒aprendizaje: *learning curve* - proceso de aprendizaje **2** ⇒erudición **3** ⇒cultura
learnt past tense and past participle forms of **learn**
lease[1] /liːs/ *n* [C] ⇒alquiler ⇒arrendamiento
lease[2] /liːs/ [leased, leasing] *v* [T] ⇒alquilar ⇒arrendar *AMÉR.* ■ CONSTR. to lease + dos objetos
leash /liːʃ/ [*pl* leashes] (*UK tb* **lead**) *n* [C] ⇒correa [para un animal]: *to keep a dog on the leash* - llevar a un perro con la correa
† **least**[1] /liːst/ *adj, n* [U] **1** the superlative form of **little 2** ⇒menor ⇒mínimo,ma
† **least**[2] /liːst/ *adv* **1** ⇒menos: *I like that shirt least* - Esa es la camisa que menos me gusta **2 at ~** ⇒al menos ⇒por lo menos **3 at the ~** ⇒como mínimo **4 not in the ~** ⇒en absoluto: *I'm not in the least worried* - No estoy preocupada en absoluto **5 not ~** *(form)* ⇒especialmente
† **leather** UK: /ˈleð.əʳ/ US: /-ɚ/ *n* [U] ⇒cuero
† **leave**[1], **left, left** /liːv/ [leaving] ▌*v* [T, I] **1** ⇒salir [de un lugar]: *I leave home at seven every morning* - Salgo de casa a las siete todos los días ▌*v* [T] **2** ⇒dejar [en un lugar] **3** ⇒dejar olvidado,da ⇒dejar **4** ⇒dejar [como herencia]

PHRASAL VERBS
· **to be left over** ⇒sobrar: *There was a lot of food left over* - Sobraba mucha comida
· **to leave** ***sth/sb*** **behind [M]** ⇒olvidar(se)
· **to leave** ***sth/sb*** **out [M]** ⇒dejar fuera ⇒excluir ⇒omitir

leave[2] /liːv/ *n* [U] **1** ⇒permiso **2** ⇒baja: *maternity leave* - baja por maternidad
leaves /liːvz/ *n* [PL] See **leaf**
Lebanese /ˌleb.əˈniːz/ [*pl* Lebanese] *adj, n* [C] ⇒libanés,-a
Lebanon /ˈleb.ə.nən/ *n* [U] ⇒Líbano
lecture[1] UK: /ˈlek.tʃəʳ/ US: /-tʃɚ/ *n* [C] **1** ⇒conferencia ⇒clase [en la universidad] **2** ⇒sermón ⇒reprimenda ■ Distinto de *reading* (lectura)
lecture[2] UK: /ˈlek.tʃəʳ/ US: /-tʃɚ/ [lectured, lecturing] ▌*v* [I] **1** ⇒dar una conferencia ■ CONSTR. to lecture in/on sth ▌*v* [T] **2** ⇒sermonear ■ CONSTR. to lecture sb on sth
lecturer UK: /ˈlek.tʃᵊr.əʳ/ US: /-tʃɚ.ɚ/ *n* [C] **1** ⇒conferenciante **2** *UK* ⇒profesor,-a de universidad ■ Distinto de *reader* (lector)
led /led/ past tense and past participle forms of **lead**
ledge /ledʒ/ *n* [C] **1** ⇒saliente ⇒repisa **2 the window ~** ⇒el alféizar
leek /liːk/ *n* [C] ⇒puerro
† **left**[1] /left/ *adj, adv* **1** *(un lado)* ⇒izquierdo,da **2** *(una orientación)* ⇒a la izquierda
† **left**[2] /left/ *n* [NO PL] ⇒izquierda: *In Britain people drive on the left* - En Gran Bretaña se conduce por la izquierda
† **left**[3] /left/ past tense and past participle forms of **leave**
† **left-hand** /ˈleft.hænd/ *adj* ⇒a la izquierda ⇒a mano izquierda
left-handed /ˌleftˈhæn.dɪd/ *adj* ⇒zurdo,da
leftover UK: /ˈleftˌəʊ.vəʳ/ US: /ˈlefˌt̬oʊ.vɚ/ *adj* ⇒sobrante: *Give me a bag for the leftover food* - Dame una bolsa para la comida sobrante
left-wing /ˌleftˈwɪŋ/ *adj* ⇒de izquierdas: *a left-wing politician* - un político de izquierdas
† **leg** /leg/ *n* [C] **1** *(de una persona)* ⇒pierna **2** *(de un animal)* ⇒pata **3** *(de un mueble)* ⇒pata **4** *(de un pantalón)* ⇒pernera **5** *(de un viaje, una carrera o una eliminatoria)* ⇒etapa ⇒tramo ⇒vuelta
† **legacy** /ˈleg.ə.si/ [*pl* legacies] *n* [C] ⇒legado ⇒herencia
† **legal** /ˈliː.gᵊl/ *adj* ⇒legal: *legal action* - acciones legales
† **legend** /ˈledʒ.ᵊnd/ *n* [C, U] ⇒leyenda
leggings /ˈleg.ɪŋz/ *n* [PL] ⇒mallas ⇒leggings
legible /ˈledʒ.ɪ.bl̩/ *adj* ⇒legible
legion /ˈliː.dʒᵊn/ *n* [C] ⇒legión
† **leisure** UK: /ˈleʒ.əʳ/ US: /ˈliː.ʒɚ/ *n* [U] **1** ⇒ocio: *leisure time* - tiempo de ocio **2 at (one's) ~** ⇒cuando le venga bien a alguien
leisure centre *UK n* [C] ⇒centro recreativo ⇒polideportivo
leisurely[1] UK: /ˈleʒ.ə.li/ US: /-ɚ-/ *adj* ⇒a un ritmo pausado ⇒sin prisa ⇒tranquilo,la
leisurely[2] UK: /ˈleʒ.ə.li/ US: /-ɚ-/ *adv* ⇒pausadamente
lemming /ˈlem.ɪŋ/ *n* [C] **1** *(animal)* ⇒lemming **2 like lemmings** ⇒como borregos *col.*
† **lemon** /ˈlem.ən/ *n* [C, U] **1** ⇒limón **2** *lemon tree* - limonero
† **lemonade** /ˌlem.əˈneɪd/ *n* [U] **1** *UK* ⇒refresco de limón [con gas] **2** *US* ⇒limonada
† **lend, lent, lent** /lend/ *v* [T, I] **1** ⇒prestar: *Can you lend me your pencil?* - ¿Me prestas el lápiz? ■ CONSTR. to lend + dos objetos **2 to ~** ***sth to sth/sb*** *(form)* ⇒prestar ⇒ofrecer ⇒dar
lending *n* [U] *(en economía)* ⇒préstamo
† **length** /leŋkθ/ ▌*n* [C, U] **1** ⇒longitud: *It's 20 metres in length* - Tiene 20 metros de longitud ▌*n* [C] **2** ⇒tira ⇒trozo **3** *(en natación)* ⇒largo **4 to go to great lengths to do** ***sth*** ⇒hacer todo lo posible por hacer algo
lengthen /ˈleŋk.θən/ *v* [T, I] ⇒alargar: *I have to lengthen this skirt* - Tengo que alargar esta falda

L

† **lengthy** /ˈleŋk.θi/ *adj* [*comp* lengthier, *superl* lengthiest] *(en el tiempo)* ⇨prolongado,da ⇨largo,ga ⇨eterno,na

lenient /ˈliː.ni.ənt/ *adj* ⇨indulgente ⇨poco severo,ra

lens /lenz/ [*pl* lenses] *n* [C] **1** ⇨lente ⇨objetivo **2** ⇨lentilla ⇨lente de contacto **3** *(en el ojo)* ⇨cristalino

lent /lent/ past tense and past participle forms of **lend**

Lent *n* [U] *(en la religión cristiana)* ⇨Cuaresma

lentil UK: /ˈlen.tᵊl/ US: /-ˤt̬[ə]l/ *n* [C] ⇨lenteja

Leo UK: /ˈliː.əʊ/ US: /-oʊ/ *n* [C, U] *(signo del zodíaco)* ⇨leo

† **leopard** UK: /ˈlep.əd/ US: /-əd/ *n* [C] ⇨leopardo

lesbian /ˈlez.bi.ən/ *adj, n* [C] ⇨lesbiana

† **less**[1] /les/ *adj* **1** the comparative form of **little**: *I know you have less time than me to do the shopping* - Ya sé que tienes menos tiempo que yo para hacer la compra **2** *(cantidad o tamaño)* ⇨menos

† **less**[2] /les/ *adv* **1** ⇨menos: *It seems to snow less now than before* - Parece que ahora nieva menos que antes **2** ~ **and** ~ ⇨cada vez menos: *I understand this subject less and less* - Cada vez entiendo menos esta asignatura

lessen /ˈles.ᵊn/ *v* [T, I] ⇨disminuir ⇨aliviar: *This aspirin will lessen the pain* - Esta aspirina te aliviará el dolor

lesser UK: /ˈles.əʳ/ US: /-ə/ *adj* ⇨menor: *to a lesser degree* - en menor grado

† **lesson** /ˈles.ᵊn/ *n* [C] **1** ⇨clase: *private lessons* - clases particulares **2** ⇨lección [de un libro de texto] **3 to learn** ***one's*** ~ ⇨aprender(se) la lección: *I have learnt my lesson* - Ya he aprendido la lección

† **let, let, let** /let/ [letting] *v* [T] **1** ⇨permitir ⇨dejar ■ CONSTR. to let + do sth **2** *UK* (*UK/US tb* **rent**) *(una vivienda o terreno)* ⇨alquilar ■ CONSTR. to let + dos objetos **3** ~ **alone** ⇨mucho menos **4 let's** *Let's go to the beach* - Vamos a la playa; *Let's eat* - Comamos ■ CONSTR. to let + do sth ■ *Let's* es la contracción de *let us* **5 let's face it** ⇨reconozcámoslo **6 to** ~ **(*sth*) go** ⇨soltar

PHRASAL VERBS

- **to let *sb* down [M]** ⇨fallar a alguien ⇨defraudar a alguien
- **to let *sb* {in/out} [M]** ⇨dejar {entrar/salir} a alguien
- **to let *sb* off [M]** ⇨perdonar a alguien ⇨dejar a alguien sin castigo

lethal /ˈliː.θᵊl/ *adj* ⇨letal: *a lethal weapon* - un arma letal

lethargic UK: /ləˈθɑː.dʒɪk/ US: /-ˈθɑːr-/ *adj* **1** ⇨letárgico,ca **2** ⇨aletargado,da ⇨somnoliento,ta

let's *(let us)* See **let**

† **letter** UK: /ˈlet.əʳ/ US: /ˈleˤt̬.ə/ *n* [C] **1** *(papel escrito)* ⇨carta **2** ⇨letra **3 to the** ~ ⇨al pie de la letra

letterbox UK: /ˈlet.ə.bɒks/ US: /ˈleˤt̬.ə.bɑːks/ [*pl* letterboxes] *UK n* [C] **1** (*US* **mailbox**) *(en la calle)* ⇨buzón **2** *(en una puerta o en una pared)* ⇨ranura [para el correo]

letting UK: /ˈlet.ɪŋ/ US: /ˈleˤt̬-/ *UK n* [C] **1** ⇨alquiler ⇨arrendamiento **2** ⇨traspaso [de un terreno]

† **lettuce** UK: /ˈlet.ɪs/ US: /ˈleˤt̬-/ *n* [C, U] **1** ⇨lechuga: *to wash the lettuce* - lavar la lechuga **2 rocket** ~ (*tb* **rocket**) *(en botánica)* ⇨rúcula ■ PRON. La segunda sílaba, *ttuce*, rima con *kiss*

leukaemia /luːˈkiː.mi.ə/ *UK n* [U] *(en medicina)* ⇨leucemia ■ PRON. La segunda sílaba, *kae*, se pronuncia como *key*

† **level**[1] /ˈlev.ᵊl/ *n* [C] **1** ⇨nivel: *All the rooms in the house are on the same level* - Todas las habitaciones de la casa están al mismo nivel; *an intermediate level* - un nivel intermedio **2** *(en un edificio)* ⇨piso ⇨planta

level[2] /ˈlev.ᵊl/ *adj* **1** ⇨nivelado,da ⇨llano,na **2** ⇨raso,sa: *a level spoonful* - una cucharada rasa ■ CONSTR. Se usa detrás de un verbo

level[3] /ˈlev.ᵊl/ [levelled, levelling; *US* leveled, leveling] *v* [T] **1** *(un terreno)* ⇨nivelar ⇨allanar **2** *(una ciudad o un edificio)* ⇨arrasar ⇨devastar

PHRASAL VERBS

- **to level *sth* {against/at} *sb*** ⇨dirigir críticas hacia alguien ⇨hacer acusaciones contra alguien

level crossing *UK n* [C] ⇨paso a nivel

lever UK: /ˈliː.vəʳ/ US: /ˈlev.ə/ *US n* [C] ⇨palanca

levy[1] /ˈlev.i/ [*pl* levies] *n* [C] ⇨impuesto ⇨tasa

levy[2] /ˈlev.i/ [levies, levied] *v* [T] ⇨recaudar [un impuesto]

lexical /ˈlek.sɪ.kᵊl/ *adj* ⇨léxico,ca

lexis /ˈlek.sɪs/ *n* [U] ⇨léxico

liability UK: /ˌlaɪ.əˈbɪl.ɪ.ti/ US: /-ə.ˤt̬i/ ▌*n* [U] **1** ⇨responsabilidad ▌*n* [NO PL] **2** ⇨estorbo ⇨carga

† **liable** /ˈlaɪ.ə.bl/ *adj* **1** ⇨responsable: *to be liable for a debt* - ser responsable de una deuda ■ CONSTR. 1. liable for sth 2. Se usa detrás de un verbo **2** ⇨propenso,sa ⇨con muchas posibilidades ■ CONSTR. liable + to do sth **3** ⇨sujeto,ta ⇨expuesto,ta

liaison UK: /liˈeɪ.zɒn/ US: /-zɑːn/ ▌*n* [U, NO PL] **1** ⇨coordinación **2** *US* ⇨coordinador,-a ⇨intermediario,ria ▌*n* [C] **3** *(form)* ⇨relación [amorosa]

† **liar** UK: /ˈlaɪ.əʳ/ US: /-ə/ *n* [C] ⇨mentiroso,sa

libel /ˈlaɪ.bᵊl/ *n* [C, U] ⇨libelo ⇨difamación

† **liberal** UK: /ˈlɪb.ᵊr.ᵊl/ UK: /-rəl/ US: /-ə-/ *adj, n* [C] **1** ⇨liberal: *a liberal attitude* - una actitud liberal **2** ⇨generoso,sa ⇨abundante

† **liberate** UK: /ˈlɪb.ᵊr.eɪt/ US: /-ə.eɪt/ [liberated, liberating] *v* [T] **1** ⇨liberar: *The soldiers liberated*

L

the prisoners - Los soldados liberaron a los prisioneros **2** *(hum, euphem)* ⇒mangar *col.*

Liberia UK: /laɪˈbɪə.ri.ə/ US: /-ˈbɪr.i-/ *n* [U] ⇒Liberia

Liberian UK: /laɪˈbɪə.ri.ən/ US: /-ˈbɪr.i-/ *adj, n* [C] ⇒liberiano,na

↑**liberty** UK: /ˈlɪb.ə.ti/ US: /-ɚ.ˀţi/ ▌*n* [U] **1** *(form)* ⇒libertad ⇒voluntad ▌*n* [C] **2** *(form)* ⇒libertad ⇒permiso ■ El plural es *liberties* **3 to take the ~ of doing *sth*** *(form)* ⇒tomarse la libertad de hacer algo ⇒permitirse algo

Libra /ˈliː.brə/ *n* [C, U] *(signo del zodíaco)* ⇒libra

librarian UK: /laɪˈbreə.ri.ən/ US: /-ˈbrer.i-/ *n* [C] ⇒bibliotecario,ria ■ Distinto de *bookseller* (librero)

↑**library** /ˈlaɪ.brər.i, -bri/ [*pl* libraries] *n* [C] ⇒biblioteca: *to take some books out of the library* - sacar unos libros de la biblioteca ■ Distinto de *bookshop* (librería)

Libya /ˈlɪb.i.ə/ *n* [U] ⇒Libia

Libyan /ˈlɪb.i.ən/ *adj, n* [C] ⇒libio,bia

lice /laɪs/ *n* [PL] See **louse**

↑**licence** /ˈlaɪ.sᵊnts/ *UK* (*US* **license**) *n* [C, U] ⇒permiso ⇒licencia

license[1] /ˈlaɪ.sᵊnts/ *US n* [C, U] See **licence**

license[2] /ˈlaɪ.sᵊnts/ [licensed, licensing] *v* [T] ⇒autorizar ■ CONSTR. 1. to license + to do sth 2. Se usa más en pasiva

license plate *US* (*UK* **number plate**) *n* [C] *(de un vehículo)* ⇒matrícula ⇒chapa *AMÉR.*; ⇒patente *AMÉR.*; ⇒placa *AMÉR.*

lick[1] /lɪk/ *v* [T] ⇒lamer: *The dog licked its master* - El perro lamía a su dueño

lick[2] /lɪk/ *n* [C] ⇒lamedura ⇒lametón

↑**lid** /lɪd/ *n* [C] **1** ⇒tapa **2** *(en anatomía)* ⇒párpado

↑**lie**[1], **lay, lain** /laɪ/ [lying] *v* [I] **1** ⇒echarse [en posición horizontal] ⇒estar tumbado,da **2** ⇒estar situado,da ⇒quedar ■ CONSTR. Se usa generalmente seguido de una preposición o un adverbio **3 to ~ low** *(inform)* ⇒mantenerse a escondidas

PHRASAL VERBS
- **to lie back** ⇒recostarse
- **to lie down** ⇒tumbarse ⇒echarse

↑**lie**[2] /laɪ/ [lied, lying] *v* [I] ⇒mentir: *Don't lie to me* - No me mientas

↑**lie**[3] /laɪ/ *n* [C] **1** ⇒mentira **2** *a white lie* - una mentirijilla

Liechtenstein[1] *n* [U] ⇒Liechtenstein

Liechtenstein[2] *adj* ⇒liechtensteiniano,na

Liechtensteiner UK: /ˈlɪk.tən,staɪ.nəʳ/ US: /-ɚ/ *n* [C] ⇒liechtensteiniano,na

lieutenant UK: /lefˈten.ᵊnt/ US: /luː-/ *n* [C] *(oficial)* ⇒teniente ■ La forma abreviada es *Lieut.* o *Lt.*

↑**life** /laɪf/ ▌*n* [U] **1** ⇒vida: *He lived his life the way he wanted to* - Vivió su vida como quiso ▌*n* [C] **2** ⇒vida: *way of life* - modo de vida ■ El plural es *lives* **3 Get a life!** *(inform)* ⇒¡espabila! ⇒¡anímate!

lifeboat UK: /ˈlaɪf.bəʊt/ US: /-boʊt/ *n* [C] ⇒bote salvavidas

life expectancy [*pl* life expectancies] *n* [C] ⇒esperanza de vida

lifeguard UK: /ˈlaɪf.gɑːd/ US: /-gɑːrd/ *n* [C] ⇒socorrista

life jacket *n* [C] ⇒chaleco salvavidas

lifelike /ˈlaɪf.laɪk/ *adj (un retrato)* ⇒real ⇒realista

lifelong UK: /ˈlaɪf.lɒŋ/ US: /-lɑːŋ/ *adj* ⇒de toda la vida

↑**lifestyle** /ˈlaɪf.staɪl/ *n* [C] ⇒estilo de vida

↑**lifetime** /ˈlaɪf.taɪm/ *n* [C] ⇒vida

↑**lift**[1] /lɪft/ *v* [T, I] ⇒levantar: *to lift a heavy box* - levantar una caja pesada

↑**lift**[2] /lɪft/ ▌*n* [C] **1** *UK* (*US* **elevator**) ⇒ascensor ⇒elevador *AMÉR.* ▌*n* [NO PL] **2** ⇒ánimo **3 to give *sb* a ~** *UK* (*US* **to give sb a ride**) ⇒llevar a alguien en coche

lifting *n* [U] **1** *(de objetos)* ⇒levantamiento **2** *(de un embargo)* ⇒levantamiento ■ Distinto de *facelift* (lifting)

ligament /ˈlɪg.ə.mənt/ *n* [C] ⇒ligamento

↑**light**[1] /laɪt/ ▌*n* [U] **1** ⇒luz: *the light at the end of the tunnel* - la luz al final del túnel ▌*n* [C] **2** ⇒luz: *Turn on the lights* - Enciende las luces **3 to set ~ to *sth*** *UK* (*US* **to set fire to sth**) ⇒prender fuego a algo

↑**light**[2] /laɪt/ *adj* **1** *(un color)* ⇒claro,ra **2** ⇒ligero,ra: *light luggage* - equipaje ligero; *as light as a feather* - ligero como una pluma **3** ⇒bajo,ja en calorías ⇒ligero,ra ⇒frugal

light[3], **lit, lit** /laɪt/ ▌*v* [T, I] **1** ⇒encender: *to light a candle* - encender una vela ▌*v* [T] **2** ⇒iluminar ■ CONSTR. Se usa más en pasiva

PHRASAL VERBS
- **to light up** *(un rostro)* ⇒iluminarse
- **to light (*sth*) up** [M] *(un cigarillo, un puro o una pipa)* ⇒encender

light bulb (*tb* **bulb**) *n* [C] ⇒bombilla ⇒foco *AMÉR.*

light-coloured *adj* ⇒de color claro

lighted UK: /ˈlaɪ.tɪd/ US: /-ˀţɪd/ *adj* **1** *(una cerilla, una vela)* ⇒encendido,da **2** ⇒prendido,da [con fuego]

lighten UK: /ˈlaɪ.tᵊn/ US: /-ˀţ[ə]n/ *v* [T, I] **1** ⇒aligerar: *to lighten the load* - aligerar el peso **2** *(un color)* ⇒aclarar **3** ⇒alegrar ⇒contentar

lighter UK: /ˈlaɪ.təʳ/ US: /-ˀţɚ/ *n* [C] ⇒mechero ⇒encendedor ⇒yesquero *AMÉR.*; ⇒briqué *AMÉR.*

light-hearted UK: /ˌlaɪtˈhɑː.tɪd/ US: /-ˈhɑːr.ˀţɪd/ *adj* **1** ⇒despreocupado,da **2** ⇒con humor ⇒desenfadado,da ■ PRON. La primera *e* no se pronuncia y la última *e* se pronuncia como la *i* en *did*

lighthouse /ˈlaɪt.haʊs/ *n* [C] *(para los barcos)* ➾faro

lighting UK: /ˈlaɪ.tɪŋ/ US: /-ˤt̬ɪŋ/ *n* [U] ➾alumbrado ➾iluminación

lightly /ˈlaɪt.li/ *adv* **1** ➾ligeramente **2** ➾a la ligera: *to take sth lightly* - tomarse algo a la ligera **3** ➾suavemente

↑**lightning** /ˈlaɪt.nɪŋ/ *n* [U] **1** ➾relámpago ➾rayo **2** *a lightning visit* - una visita relámpago

lightweight¹ /ˈlaɪt.weɪt/ *adj* **1** ➾ligero,ra **2** ➾de poca influencia ➾de poca importancia

lightweight² /ˈlaɪt.weɪt/ *n* [C] **1** *(en deportes)* ➾peso ligero **2** ➾persona de poca influencia

↑**like¹** /laɪk/ *prep* **1** *(comparación)* ➾como **2** *(ejemplo)* ➾como ■ Se usa para comparar sintagmas nominales (*a house like yours - una casa como la tuya*) y para ejemplificar (*singers like Whitney Houston - cantantes como Whitney Houston*). Comparar con *as* **3** ➾propio,pia de ➾típico,ca de **4 to look ~** ➾parecer(se) a ■ Ver cuadro ¿cómo está...? / ¿cómo es?

↑**like²** /laɪk/ [liked, liking] *v* [T] **1** ➾gustar: *I like reading* - Me gusta leer; *I like to go swimming when I can* - Me gusta ir a nadar cuando puedo ■ CONSTR. 1. to like + doing sth 2. to like + to do sth. **2** ➾querer: *Would you like some tea?* - ¿Quiere un poco de té? ■ CONSTR. would like + to do sth **3** ➾preferir: *Her father likes her to be at home early* - Su padre prefiere que llegue temprano a casa ■ CONSTR. like + to do sth

↑**like³** /laɪk/ *conj* **1** *(inform)* ➾como si: *I feel like I'm in paradise* - Me siento como si estuviera en el paraíso **2** *(inform)* ➾como: *He speaks exactly like his mother* - Habla exactamente como su madre

likeable /ˈlaɪ.kə.bl̩/ *adj* ➾agradable ➾simpático,ca

↑**likely¹** /ˈlaɪ.kli/ *adj* [*comp* likelier, *superl* likeliest] **1** ➾probable: *It's likely to rain* - Es probable que llueva ■ CONSTR. 1. to be likely + to do sth 2. to be likely + that **2 not likely!** *UK (inform)* ➾¡ni hablar!

likely² /ˈlaɪ.kli/ *adv* ➾probablemente

liken /ˈlaɪ.kᵊn/

PHRASAL VERBS

· **to liken *sth/sb* to *sth/sb*** ➾equiparar ➾comparar ■ CONSTR. Se usa más en pasiva

likeness /ˈlaɪk.nəs/ [*pl* likenesses] *n* [C, U] **1** ➾similitud ➾parecido **2** ➾retrato

likewise /ˈlaɪk.waɪz/ *adv* **1** ➾del mismo modo ➾de la misma manera ➾asimismo **2** *You should do likewise* - Tú deberías hacer lo mismo

liking /ˈlaɪ.kɪŋ/ *n* [NO PL] **1** ➾gusto: *Is the room to your liking?* - ¿La habitación está a su gusto? **2 to be to *one's* ~** *(form)* ➾ser del agrado de alguien

lilac¹ /ˈlaɪ.lək/ *adj (color)* ➾lila

lilac² /ˈlaɪ.lək/ ▮ *n* [U] **1** *(color)* ➾lila ▮ *n* [C, U] **2** *(árbol)* ➾lilo **3** *(flor)* ➾lila

lily /ˈlɪl.i/ [*pl* lilies] *n* [C] **1** *(planta)* ➾lirio **2** *(planta)* ➾azucena

limb /lɪm/ *n* [C] **1** *(en anatomía)* ➾miembro ➾extremidad **2** ➾rama [de un árbol]

lime /laɪm/ ▮ *n* [C, U] **1** *(fruta)* ➾lima ▮ *n* [U] **2** ➾cal

limelight /ˈlaɪm.laɪt/ *n* [NO PL] *to be in the limelight* - estar en el candelero

↑**limit¹** /ˈlɪm.ɪt/ ▮ *n* [C] **1** ➾límite ▮ *n* [NO PL] **2** ➾colmo: *That is the limit!* - ¡Es el colmo! **3 within limits** ➾dentro de unos límites

↑**limit²** /ˈlɪm.ɪt/ *v* [T] ➾limitar: *The Parliament decided to limit the powers of the king* - El Parlamento decidió limitar los poderes del rey

↑**limited** UK: /ˈlɪm.ɪ.tɪd/ US: /-ˤt̬ɪd/ *adj* ➾limitado,da: *limited space* - espacio limitado

limousine /ˌlɪm.əˈziːn/ *n* [C] ➾limusina ■ La forma abreviada es *limo*

limp¹ /lɪmp/ *v* [I] ➾cojear: *He limped a bit after the operation* - Cojeaba un poco tras la operación

limp² /lɪmp/ *n* [NO PL] ➾cojera ➾renguera *AMÉR.*

limp³ /lɪmp/ *adj* ➾débil ➾flojo,ja

↑**line¹** /laɪn/ *n* [C] **1** ➾línea ➾raya **2** *US* (*UK* **queue**) ➾fila ➾cola **3** ➾cuerda ➾cable **4** *(del tren)* ➾vía **5** ➾línea [telefónica o eléctrica] **6** *I'm sorry, the line is busy* - Lo siento, está comunicando **7** *(de un texto)* ➾línea ■ La forma abreviada es *l* **8** *US* ➾frontera **9 {along/on} the lines of *sth*** ➾del estilo de algo

line² /laɪn/ [lined, lining] *v* [T] **1** ➾alinear(se) ➾poner(se) en fila **2** ➾forrar ➾revestir

PHRASAL VERBS

· **to line *(sth/sb)* up [M] 1** (*UK tb* **queue**) ➾poner(se) en fila ➾hacer cola ➾alinear(se) **2** ➾planear

lined /laɪnd/ *adj* **1** *(un rostro)* ➾arrugado,da **2** *(un papel)* ➾rayado,da **3** *(una prenda de vestir)* ➾con forro

linen /ˈlɪn.ɪn/ *n* [U] **1** ➾lino **2** ➾ropa blanca

liner UK: /ˈlaɪ.nəʳ/ US: /-nɚ/ *n* [C] ➾transatlántico: *a liner bound for New York* - un transatlántico con rumbo a Nueva York

linger UK: /ˈlɪŋ.gəʳ/ US: /-gɚ/ *v* [I] **1** ➾persistir ➾perdurar **2** ➾quedarse: *He lingered there for hours* - Se quedó allí durante horas

linguist /ˈlɪŋ.gwɪst/ *n* [C] **1** ➾políglota **2** ➾lingüista

linguistically /lɪŋˈgwɪs.tɪ.kli/ *adv* ➾lingüísticamente

linguistics /lɪŋˈgwɪs.tɪks/ *n* [U] ➾lingüística

lining /ˈlaɪ.nɪŋ/ *n* [C, U] ⇨forro: *my coat lining* - el forro de mi abrigo

↑**link**[1] /lɪŋk/ *n* [C] **1** ⇨vínculo ⇨lazo **2** ⇨conexión ⇨relación **3** *(en un transporte)* ⇨enlace **4** ⇨eslabón [de una cadena] **5** *(en un ordenador)* ⇨enlace ⇨vínculo

↑**link**[2] /lɪŋk/ *v* [T] ⇨conectar ⇨relacionar ■ CONSTR. Se usa más en pasiva

PHRASAL VERBS
· **to link *(sth/sb)* up** [M] ⇨unir(se)

links /lɪŋks/ [*pl* links] *n* [C] **1** ⇨colinas utilizadas para jugar al golf **2** *US* ⇨campo de golf

↑**lion** /ˈlaɪ.ən/ *n* [C] ⇨león: *a pride of lions* - una manada de leones

↑**lip** /lɪp/ ▮ *n* [C] **1** ⇨labio **2** ⇨borde [de una taza] ▮ *n* [U] **3** *(inform)* ⇨impertinencias: *That's enough of your lip!* - ¡Basta de impertinencias!

lip-read, lip-read, lip-read /ˈlɪp.riːd/ *v* [T, I] ⇨leer los labios: *My friend can lip-read* - Mi amiga puede leer los labios

lipstick /ˈlɪp.stɪk/ *n* [C, U] **1** ⇨barra de labios ⇨pintalabios **2** *to put one's lipstick on* - pintarse los labios

↑**liquid** /ˈlɪk.wɪd/ *adj* ⇨líquido,da

liquor UK: /ˈlɪk.əʳ/ US: /-ə/ *US* (*UK* **spirit**) *n* [U] ⇨bebida alcohólica

lisp[1] /lɪsp/ *n* [C] ⇨ceceo

lisp[2] /lɪsp/ *v* [I] ⇨cecear

↑**list**[1] /lɪst/ *n* [C] ⇨lista ⇨listado

list[2] /lɪst/ ▮ *v* [T] **1** ⇨hacer una lista **2** ⇨catalogar **3** ⇨enumerar ⇨leer una lista ▮ *v* [I] **4** *(un barco)* ⇨escorar

↑**listen** /ˈlɪs.ᵊn/ *v* [I] **1** ⇨escuchar: *Listen to this song* - Escucha esta canción ■ CONSTR. to listen to sth/sb ■ Se usa para hacer referencia a la acción de escuchar prestando atención: *Listen to the instructions - Escuchad las instrucciones.* Comparar con *to hear* **2** ⇨hacer caso ■ CONSTR. to listen to sth/sb ■ PRON. La *t* no se pronuncia

PHRASAL VERBS
· **to listen (out) for *sth*** ⇨permanecer a la escucha de algo

listener UK: /ˈlɪs.ᵊn.əʳ/ UK: /-nəʳ/ US: /ˈlɪs.[ə]n.ə/ *n* [C] **1** ⇨oyente: *listener's requests* - peticiones del oyente **2 good ~** ⇨persona que sabe escuchar

listings /ˈlɪs.tɪŋz/ *n* [PL] ⇨guía de ocio ⇨cartelera

lit /lɪt/ past tense and past participle forms of **light**

liter UK: /ˈliː.təʳ/ US: /-ˤt̬ə/ *US n* [C] See **litre**

literacy UK: /ˈlɪt.ᵊr.ə.si/ US: /ˈlɪˤt̬.ə-/ *n* [U] **1** ⇨alfabetización ⇨capacidad de leer y escribir **2** ⇨nociones básicas de algo

literal UK: /ˈlɪt.ᵊr.ᵊl/ US: /ˈlɪˤt̬.ə-/ *adj* ⇨literal: *a literal translation* - una traducción literal

↑**literally** UK: /ˈlɪt.ᵊr.ᵊl.i/ UK: /-rə.li/ US: /ˈlɪˤt̬.ə-/ *adv* ⇨literalmente

↑**literary** UK: /ˈlɪt.ᵊr.ᵊr.i/ US: /ˈlɪˤt̬.ə.rer-/ *adj* ⇨literario,ria

literate UK: /ˈlɪt.ᵊr.ət/ US: /ˈlɪˤt̬.ə-/ *adj* **1** ⇨alfabetizado,da **2** ⇨culto,ta

↑**literature** UK: /ˈlɪt.ᵊr.ɪ.tʃəʳ/ US: /ˈlɪˤt̬.ə.ɪ.tʃə/ *n* [U] **1** ⇨literatura **2 ~ {about/on} *sth*** ⇨información sobre algo ■ PRON. La última sílaba, *ture*, se pronuncia como *cher* en *butcher*

Lithuania /ˌlɪθ.juˈeɪ.ni.ə/ *n* [U] ⇨Lituania

Lithuanian[1] /ˌlɪθ.juˈeɪ.ni.ən/ ▮ *n* [U] **1** *(idioma)* ⇨lituano ▮ *n* [C] **2** *(gentilicio)* ⇨lituano,na

Lithuanian[2] /ˌlɪθ.juˈeɪ.ni.ən/ *adj* ⇨lituano,na

↑**litre** UK: /ˈliː.təʳ/ US: /-ˤt̬ə/ *UK* (*US* **liter**) *n* [C] ⇨litro: *a litre of milk* - un litro de leche ■ La forma abreviada es *l*

litter[1] UK: /ˈlɪt.əʳ/ US: /ˈlɪˤt̬.ə/ ▮ *n* [U] **1** *(en un sitio público)* ⇨basura ⇨papeles ▮ *n* [C] **2** ⇨camada: *a litter of kittens* - una camada de gatitos

litter[2] UK: /ˈlɪt.əʳ/ US: /ˈlɪˤt̬.ə/ *v* [T] ⇨ensuciar

↑**little**[1] UK: /ˈlɪt.l̩/ US: /ˈlɪˤt̬-/ *adv* [*comp* less, *superl* least] **1** ⇨poco: *He goes out very little because he has to study* - Sale muy poco porque tiene que estudiar **2 a ~** ⇨un poco: *Richard knows a little Japanese* - Richard sabe un poco de japonés ■ *Little* tiene un matiz negativo y *a little* tiene un matiz positivo

↑**little**[2] UK: /ˈlɪt.l̩/ US: /ˈlɪˤt̬-/ *adj* [*comp* smaller, *superl* smallest] **1** ⇨pequeño,ña: *My little brother is very naughty sometimes* - Mi hermano pequeño es muy travieso a veces ■ Ver cuadro pequeño (small / little) **2** [*comp* less, *superl* least] ⇨poco,ca ⇨algo de ■ Se usa con nombres incontables. Comparar con *few* ■ Ver cuadro few / a few / little / a little

↑**live**[1] /lɪv/ [lived, living] *v* [I] **1** ⇨vivir ■ CONSTR. to live to sth **2** ⇨vivir **3** ⇨llevar **4 to ~ it up** *(inform)* ⇨pegarse la gran vida *col.*

PHRASAL VERBS
· **to live for *sth/sb*** ⇨vivir para
· **to live on** ⇨seguir viviendo ⇨perdurar
· **to live on *sth*** ⇨vivir a base de algo ⇨vivir con algo
· **to live up to *sth*** ⇨estar a la altura de algo ⇨no defraudar
· **to live with *sth*** ⇨vivir con algo ⇨aceptar algo

↑**live**[2] /laɪv/ *adj* **1** ⇨vivo,va **2** ⇨en directo: *a live concert* - un concierto en directo

live[3] /laɪv/ *adv* ⇨en directo ⇨en vivo

livelihood /ˈlaɪv.li.hʊd/ *n* [C, U] ⇨medio de subsistencia ⇨sustento

↑**lively** /ˈlaɪv.li/ *adj* [*comp* livelier, *superl* liveliest] **1** ⇨vivo,va ⇨animado,da **2** ⇨marchoso,sa

† **liver** UK: /ˈlɪv.əʳ/ US: /-ə/ *n* [C, U] ⇒hígado
lives /laɪvz/ *n* [PL] See **life**
livestock UK: /ˈlaɪv.stɒk/ US: /-stɑːk/ *n* [U] ⇒ganado
living[1] /ˈlɪv.ɪŋ/ *n* [U] ⇒vida: *to earn one's living* - ganarse la vida
living[2] /ˈlɪv.ɪŋ/ *adj* **1** ⇒vivo,va ⇒con vida **2 {in/within} ~ memory** ⇒en el recuerdo ⇒en la memoria
† **living room** (*UK tb* **sitting room**) *n* [C] ⇒cuarto de estar ⇒salón ⇒living *AMÉR.*
lizard UK: /ˈlɪz.əd/ US: /-əd/ *n* [C] ⇒lagarto ⇒lagartija
llama /ˈlɑː.mə/ *n* [C] *(animal)* ⇒llama ■ PRON. Solo se pronuncia una *l*
load[1] UK: /ləʊd/ US: /loʊd/ *n* [C] **1** ⇒carga **2** *(inform)* ⇒montón *col.*; ⇒ruma *AMÉR.* **3 a ~ of {nonsense/rubbish}** *UK (inform)* ⇒basura ⇒tonterías
load[2] UK: /ləʊd/ US: /loʊd/ ▮ *v* [T, I] **1** *(un vehículo)* ⇒cargar ▮ *v* [T] **2** *(un arma)* ⇒cargar **3** *(una cámara de fotos)* ⇒poner el carrete
loaf UK: /ləʊf/ US: /loʊf/ [*pl* loaves] *n* [C] ⇒barra [de pan] ⇒hogaza ■ Suele tener la forma del pan de molde
† **loan** UK: /ləʊn/ US: /loʊn/ *n* [C] ⇒préstamo: *to ask for a loan* - pedir un préstamo
loathe UK: /ləʊð/ US: /loʊð/ [loathed, loathing] *v* [T] ⇒detestar: *She loathes being left alone* - Detesta que la dejen sola ■ CONSTR. to loathe + doing sth
loaves UK: /ləʊvz/ US: /loʊvz/ *n* [PL] See **loaf**
lobby[1] UK: /ˈlɒb.i/ US: /ˈlɑː.bi/ [*pl* lobbies] *n* [C] **1** *(en política)* ⇒grupo de presión **2** ⇒vestíbulo ⇒hall
lobby[2] UK: /ˈlɒb.i/ US: /ˈlɑː.bi/ [lobbies, lobbied] *v* [T, I] ⇒presionar ⇒hacer presión ■ CONSTR. 1. to lobby + to do sth 2. to lobby for/against sth
lobster UK: /ˈlɒb.stəʳ/ US: /ˈlɑːb.stə/ *n* [C] *(crustáceo)* ⇒langosta ⇒bogavante
† **local** UK: /ˈləʊ.kəl/ US: /ˈloʊ-/ *adj* **1** ⇒local: *a local newspaper* - un periódico local **2** ⇒del barrio
locally UK: /ˈləʊ.kəl.i/ US: /ˈloʊ-/ *adv* **1** ⇒en la zona ⇒en la región **2** ⇒a nivel local: *to invest locally* - invertir a nivel local
† **locate** UK: /ləʊˈkeɪt/ US: /loʊ-/ [located, locating] *v* [T] *(form)* ⇒situar ⇒localizar
† **location** UK: /ləʊˈkeɪ.ʃən/ US: /loʊ-/ ▮ *n* [C] **1** ⇒sitio ⇒lugar ⇒ubicación **2** ⇒paradero [de una persona] ▮ *n* [C, U] **3** *(en cine)* ⇒exteriores
loch UK: /lɒk/ US: /lɑːk/ [*pl* lochs] *Scot n* [C] ⇒lago ⇒ría
† **lock**[1] UK: /lɒk/ US: /lɑːk/ *v* [T, I] **1** ⇒cerrar con llave: *Lock the door* - Cierra la puerta con llave **2** *(un mecanismo)* ⇒bloquear(se) ■ CONSTR. Se usa generalmente seguido de una preposición o un adverbio

PHRASAL VERBS

- **to lock *sth* away [M]** ⇒guardar algo bajo llave
- **to lock (*sth*) up [M]** *(un edificio)* ⇒cerrar
- **to lock *sb* {up/away} [M]** ⇒encarcelar a alguien ⇒encerrar a alguien

† **lock**[2] UK: /lɒk/ US: /lɑːk/ *n* [C] **1** ⇒cerradura ⇒chapa *AMÉR.* **2** ⇒mechón [de cabello] ⇒guedeja *poético* **3** *(en un río)* ⇒esclusa **4** *(en lucha)* ⇒llave
locked *adj* ⇒enfrascado,da [en un conflicto]
locker UK: /ˈlɒk.əʳ/ US: /ˈlɑː.kə/ *n* [C] *(en un lugar público)* ⇒taquilla
loco UK: /ˈləʊ.kəʊ/ US: /ˈloʊ.koʊ/ *UK n* [C] *(inform)* ⇒forma abreviada de **locomotive** (locomotora)
locomotive UK: /ˌləʊ.kəˈməʊ.tɪv/ US: /ˌloʊ.kəˈmoʊ.ˤt̬ɪv/ *n* [C] ⇒locomotora ■ La forma abreviada es *loco*
lodge[1] UK: /lɒdʒ/ US: /lɑːdʒ/ *n* [C] **1** ⇒caseta de un guarda **2** ⇒portería **3** ⇒grupo local [de personas]
lodge[2] UK: /lɒdʒ/ US: /lɑːdʒ/ [lodged, lodging] ▮ *v* [I] **1** ⇒alojarse ⇒hospedarse ▮ *v* [T] **2** *(form)* ⇒presentar: *to lodge a complaint* - presentar una queja
lodger UK: /ˈlɒdʒ.əʳ/ US: /ˈlɑː.dʒə/ *UK* (*US* **boarder**) *n* [C] **1** ⇒huésped,-a **2** ⇒inquilino,na
† **loft** UK: /lɒft/ US: /lɑːft/ *n* [C] **1** ⇒desván ⇒ático ⇒entretecho *AMÉR.* **2** *US* ⇒loft
log[1] UK: /lɒg/ US: /lɑːg/ *n* [C] **1** ⇒tronco ⇒leño **2** *to sleep like a log* - dormir como un tronco **3** ⇒diario de a bordo
log[2] UK: /lɒg/ US: /lɑːg/ *v* [T] *(un registro)* ⇒anotar

PHRASAL VERBS

- **to log {in/on}** *(en informática)* ⇒entrar [al introducir una contraseña]
- **to log {out/off}** *(en informática)* ⇒cerrar [las aplicaciones]

† **logic** UK: /ˈlɒdʒ.ɪk/ US: /ˈlɑː.dʒɪk/ *n* [U] ⇒lógica
logical UK: /ˈlɒdʒ.ɪ.kəl/ US: /ˈlɑː.dʒɪ-/ *adj* ⇒lógico,ca: *It's not logical* - No es lógico
logically UK: /ˈlɒdʒ.ɪ.kli/ US: /ˈlɑː.dʒɪ-/ *adv* ⇒lógicamente ■ PRON. La *g* se pronuncia como en gentleman y la *a* no se pronuncia
logo UK: /ˈləʊ.gəʊ/ US: /ˈloʊ.goʊ/ *n* [C] ⇒logotipo
lollipop UK: /ˈlɒl.i.pɒp/ US: /ˈlɑː.li.pɑːp/ *n* [C] ⇒piruleta® ■ La forma abreviada es *lolly*
† **lonely** UK: /ˈləʊn.li/ US: /ˈloʊn-/ *adj* [*comp* lonelier, *superl* loneliest] ⇒solitario,ria ⇒solo,la ⇒íngrimo,ma *AMÉR.* ■ Hace referencia al sentimiento de soledad. Comparar con *alone*
† **long**[1] UK: /lɒŋ/ US: /lɑːŋ/ *adj* **1** ⇒largo,ga: *She has got long hair* - Tiene el pelo largo **2** *(tiempo)* ⇒mucho,cha **3 a ~ way (away)** ⇒muy lejos (de aquí) ■ Se suele usar en oraciones afirmativas: *The coast*

L

is a long way away - La costa está muy lejos de aquí. En oraciones interrogativas y negativas se suele usar *far* **4 in the ~ run** ⇨a la larga **5 in the ~ term** ⇨a largo plazo

↑**long**[2] UK: /lɒŋ/ US: /lɑːŋ/ *adv* **1** ⇨mucho tiempo ⇨mucho **2 as ~ as** ⇨con tal de que **3 for ~** ⇨durante mucho tiempo **4 how long...?** ⇨¿cuánto tiempo...? **5 ~ ago** ⇨hace tiempo **6 Long time no see!** ⇨¡Cuánto tiempo! [hace que no nos vemos] **7 no longer** (*tb* **not any longer**) ⇨ya no

↑**long**[3] UK: /lɒŋ/ US: /lɑːŋ/ **1 to ~ for** ***sth*** *(form)* ⇨anhelar algo **2 to ~ to do** ***sth*** *(form)* ⇨anhelar algo: *He was longing for his wedding day to arrive* - Anhelaba que llegara el día de su boda

↑**long-distance** UK: /ˌlɒŋˈdɪs.tᵊnʦ/ US: /ˌlɑːŋ-/ *adj* **1** ⇨de larga distancia **2 ~ phone call** ⇨conferencia [telefónica] **3 ~ runner** ⇨corredor de fondo

longevity UK: /lɒnˈdʒev.ə.ti/ US: /lɑːnˈdʒev.ə.ˁt̬i/ *n* [U] *(form)* ⇨longevidad

longing UK: /ˈlɒŋ.ɪŋ/ US: /ˈlɑːŋ-/ *n* [U, NO PL] ⇨anhelo ⇨deseo ⇨antojo

longitude UK: /ˈlɒn.dʒɪ.tjuːd/ UK: /ˈlɒŋ.gɪ-/ US: /ˈlɑːn.dʒə.tuːd/ *n* [U] *(en geografía)* ⇨longitud

long jump *n* [NO PL] *(en atletismo)* ⇨salto de longitud

long-life UK: /ˈlɒŋ.laɪf/ US: /ˈlɑːŋ-/ *UK adj* ⇨de larga duración: *long-life batteries* - pilas de larga duración

long-range UK: /ˈlɒŋ.reɪndʒ/ US: /ˈlɑːŋ-/ *adj* **1** *(un misil)* ⇨de largo alcance **2** *(un plan)* ⇨a largo plazo

long-sighted UK: /ˌlɒŋˈsaɪ.tɪd/ US: /ˌlɑːŋˈsaɪ.ˁt̬ɪd/ *UK adj* ⇨hipermétrope

long-standing UK: /ˌlɒŋˈstæn.dɪŋ/ US: /ˌlɑːŋ-/ *adj* *(un conflicto, una amistad o una relación)* ⇨largo,ga ⇨duradero,ra ⇨antiguo,gua

long-suffering UK: /ˌlɒŋˈsʌf.ᵊr.ɪŋ/ US: /ˌlɑːŋˈsʌf.ɚ-/ *adj (una persona)* ⇨sufrido,da ⇨resignado,da

↑**long-term** UK: /ˌlɒŋˈtɜːm/ US: /ˌlɑːŋˈtɝːm/ *adj* ⇨a largo plazo

loo /luː/ *UK* (*US* **john**) *n* [C] *(inform)* ⇨retrete ⇨aseo

↑**look**[1] /lʊk/ *v* [I] **1** ⇨mirar: *Don't look at me like that* - No me mires así ■ Ver cuadro see / look at / watch **2** ⇨parecer **3** ⇨buscar: *I'm still looking* - Sigo buscando ■ CONSTR. Se usa generalmente seguido de una preposición o un adverbio **4 to ~ on the bright side** ⇨encontrar el lado positivo

PHRASAL VERBS

- **look out!** ⇨¡cuidado!
- **to look after** ***sth/sb*** ⇨cuidar de: *I have to look after my brother* - Tengo que cuidar de mi hermano
- **to look around** **1** ⇨echar una mirada: *I'm going to look around* - Voy a echar una mirada **2** ⇨buscar
- **to look at** ***sth*** **1** ⇨examinar algo **2** ⇨considerar algo
- **to look back** ⇨mirar algo en retrospectiva
- **to look down on** ***sb*** ⇨menospreciar a alguien
- **to look for** ***sth/sb*** ⇨buscar: *I'm looking for my glasses* - Estoy buscando mis gafas
- **to look forward to {sth/doing** ***sth*}** **1** *(algo venidero, algo planeado)* ⇨desear ⇨esperar con ilusión ⇨tener ganas de algo **2** *(al final de una carta o de un e-mail): I look forward to hearing from you* - Espero noticias tuyas
- **to look into** ***sth*** ⇨investigar algo
- **to look on** ⇨mirar [sin implicarse]
- **to look out for** ***sth/sb*** ⇨estar pendiente de ⇨estar atento,ta a
- **to look** ***sth*** **over [M]** ⇨examinar algo [rápidamente] ⇨revisar algo
- **to look through** ***sth*** ⇨hojear algo ⇨leer algo [rápidamente]
- **to look** ***sth*** **up [M]** ⇨consultar algo ⇨buscar algo
- **to look up to** ***sb*** ⇨respetar a alguien ⇨estimar a alguien

↑**look**[2] /lʊk/ *n* [C] ⇨mirada: *to take a look at sth* - echar una mirada a algo

lookout /ˈlʊk.aʊt/ *n* [C] **1** ⇨vigía **2** *That is my lookout* - Eso es problema mío **3 to be on the ~ for** ***sth*** ⇨estar al acecho de algo ⇨estar atento,ta a algo

looks /lʊks/ *n* [PL] *(de una persona)* ⇨cara ⇨aspecto

loom[1] /luːm/ *v* [I] **1** *(una amenaza o un peligro)* ⇨estar al caer ⇨vislumbrar(se) **2** ⇨surgir ⇨aparecer

loom[2] /luːm/ *n* [C] *(máquina)* ⇨telar

loony /ˈluː.ni/ *adj* [*comp* loonier, *superl* looniest] *(inform)* ⇨tocado,da *col.*; ⇨chiflado,da *col.*

loop[1] /luːp/ *n* [C] **1** ⇨lazo ⇨bucle **2** *(en informática y en música)* ⇨bucle **3** ⇨vuelta ⇨curva

loop[2] /luːp/ *v* [T, I] **1** ⇨hacer un lazo **2 to ~** ***sth*** **{around/over}** ***sth*** ⇨pasar algo {alrededor de/por} algo: *Loop the rope around your waist* - Pasa la cuerda alrededor de tu cintura **3 to ~ the ~** *(en aviación)* ⇨rizar el rizo *col.*

loophole UK: /ˈluːp.həʊl/ US: /-hoʊl/ *n* [C] *(en derecho)* ⇨vacío legal

↑**loose** /luːs/ *adj* **1** ⇨suelto,ta: *loose change* - dinero suelto **2** ⇨flojo,ja **3** ⇨holgado,da: *a loose shirt* - una camisa holgada **4 to be at a ~ end** *(inform)* ⇨no tener nada que hacer ⇨no estar ocupado,da

loosen /ˈluː.sᵊn/ *v* [T, I] ⇒aflojar(se) ⇒soltar(se)
PHRASAL VERBS
· **to loosen up** ⇒relajarse [entre otras personas]

loot[1] /luːt/ *v* [T, I] ⇒saquear: *to loot a shop* - saquear una tienda

loot[2] /luːt/ *n* [U] **1** ⇒botín ⇒dinero robado **2** *(inform)* ⇒pasta *col.;* ⇒guita *col.*

lop UK: /lɒp/ US: /lɑːp/ [lopped, lopping]
PHRASAL VERBS
· **to lop *sth* off [M] 1** ⇒cortar algo ⇒podar algo **2** *(inform)* ⇒rebajar algo

lopsided UK: /ˌlɒpˈsaɪd.ɪd/ US: /ˌlɑːp-/ *adj* **1** ⇒torcido,da ⇒ladeado,da **2** ⇒desequilibrado,da

↑**lord** *n* [U] **1** *(título nobiliario)* ⇒lord **2 the Lord** *(en religión)* ⇒el Señor **3 the Lords** *(en Reino Unido)* ⇒la Cámara de los Lores

↑**lorry** UK: /ˈlɒr.i/ US: /ˈlɔːr-/ [*pl* lorries] *UK n* [C] **1** (*UK/US tb* **truck**) ⇒camión **2 ~ driver** ⇒camionero,ra

↑**lose, lost, lost** /luːz/ [losing] ▌*v* [T] **1** ⇒perder ⇒extraviar ⇒botar *AMÉR.* ▌*v* [T, I] **2** *(un partido, un concurso, una batalla)* ⇒perder **3 to ~ weight** ⇒perder peso ⇒adelgazar
PHRASAL VERBS
· **to lose out** ⇒perder ⇒salir perdiendo

loser UK: /ˈluː.zəʳ/ US: /-zə/ *n* [C] **1** ⇒perdedor,-a **2** *(inform)* ⇒fracasado,da

↑**loss** UK: /lɒs/ US: /lɑːs/ [*pl* losses] *n* [C, U] **1** ⇒pérdida **2** *(de dinero)* ⇒pérdida **3** *(de un ser querido)* ⇒muerte ⇒pérdida

↑**lost**[1] UK: /lɒst/ US: /lɑːst/ *adj* **1** ⇒perdido,da: *a lost cause* - una causa perdida **2 to get ~ 1** ⇒perderse: *We got lost on the way back* - Nos perdimos a la vuelta **2** *(inform)* ⇒largarse *col.: Get lost!* - ¡Lárgate!

↑**lost**[2] UK: /lɒst/ US: /lɑːst/ past tense and past participle forms of **lose**

lost property *UK n* [U] ⇒objetos perdidos: *lost property office* - oficina de objetos perdidos

↑**lot** UK: /lɒt/ US: /lɑːt/ *n* [C] **1** *UK* ⇒grupo ⇒montón **2** *US* ⇒terreno ⇒parcela **3** ⇒lote **4 a ~** (*tb* **lots**) ⇒mucho: *It's a lot nicer here* - Es mucho más agradable aquí **5 a ~ of** ⇒mucho,cha: *There are a lot of apples* - Hay muchas manzanas

lotion UK: /ˈləʊ.ʃᵊn/ US: /ˈloʊ-/ *n* [C, U] ⇒loción: *body lotion* - loción corporal

↑**lottery** UK: /ˈlɒt.ᵊr.i/ US: /ˈlɑː.ˤt̬ɚ-/ [*pl* lotteries] *n* [C] **1** ⇒lotería **2** *It's a lottery* - Es cuestión de suerte

↑**loud** /laʊd/ *adj* **1** *(un sonido)* ⇒alto,ta ⇒fuerte **2** *(una persona)* ⇒escandaloso,sa ⇒ruidoso,sa

loudly /ˈlaʊd.li/ *adv* ⇒alto: *Don't speak so loudly!* - ¡No hables tan alto!

loudspeaker UK: /ˌlaʊdˈspiː.kəʳ/ US: /ˈlaʊdˌspiː.kə/ *n* [C] ⇒altavoz ⇒parlante *AMÉR.*

lounge[1] /laʊndʒ/ *n* [C] **1** *UK (en una casa)* ⇒salón **2** *US (en un lugar público)* ⇒salón

lounge[2] /laʊndʒ/
PHRASAL VERBS
· **to lounge {about/around}** ⇒no hacer nada ⇒holgazanear

louse /laʊs/ [*pl* lice] *n* [C] ⇒piojo

lousy /ˈlaʊ.zi/ *adj* [*comp* lousier, *superl* lousiest] *(inform)* ⇒pésimo,ma ⇒despreciable ⇒vil

lout /laʊt/ *n* [C] *(inform, offens)* ⇒patán *col. desp.;* ⇒gamberro *desp.* ■ Se emplea únicamente con hombres

lovable /ˈlʌv.ə.bl̩/ *adj* ⇒encantador,-a ⇒amable ⇒adorable

↑**love**[1] /lʌv/ [losed, losing] *v* [T] **1** ⇒querer ⇒amar **2** ⇒encantar ■ CONSTR. 1. to love + doing sth 2. to love + to do sth ■ En la forma condicional, *love* va seguido de un infinitivo con *to*: *I would love to go to the cinema with you - Me encantaría ir al cine contigo*

↑**love**[2] /lʌv/ ▌*n* [U] **1** ⇒amor **2** ⇒recuerdos: *Give my love to your parents* - Dale recuerdos a tus padres de mi parte **3** *(en una carta)* ⇒un abrazo **4** *(en tenis)* ⇒cero ▌*n* [C] **5** ⇒amado,da **6** *UK* ⇒amor ⇒cariño ■ Se usa como vocativo **7 to be in ~ with *sb*** ⇒estar enamorado,da de alguien: *I'm in love with him* - Estoy enamorada de él **8 to make ~** ⇒hacer el amor

love affair *n* [C] ⇒aventura amorosa

loveless /ˈlʌv.ləs/ *adj (una relación)* ⇒sin amor

↑**lovely** /ˈlʌv.li/ *adj* [*comp* lovelier, *superl* loveliest] ⇒bonito,ta ⇒precioso,sa ⇒encantador,-a ⇒muy agradable

↑**lover** UK: /ˈlʌv.əʳ/ US: /-ə/ *n* [C] **1** ⇒amante **2** ⇒amado,da **3** ⇒aficionado,da [a algo]

loving /ˈlʌv.ɪŋ/ *adj* ⇒cariñoso,sa ⇒querendón,-a *AMÉR. col.*

↑**low**[1] UK: /ləʊ/ US: /loʊ/ *adj* **1** ⇒bajo,ja: *a low chair* - una silla baja **2** *(la voz, el tono)* ⇒grave **3** *(el volumen)* ⇒bajo,ja **4** ⇒abatido,da ⇒deprimido,da **5** *on low heat* - a fuego lento **6** *(una persona)* ⇒sucio,cia ⇒bajo,ja ⇒vil

low[2] UK: /ləʊ/ US: /loʊ/ *adv* ⇒bajo: *to fly low* - volar bajo

↑**low**[3] UK: /ləʊ/ US: /loʊ/ **{an all time/a new/a record...} ~** ⇒un {histórico/nuevo/récord...} mínimo

↑**lower** UK: /ˈləʊ.əʳ/ US: /ˈloʊ.ə/ *v* [T] ⇒bajar: *Lower your voices, please!* - ¡Bajad la voz, por favor!; *Shall we lower the blinds?* - ¿Bajamos las persianas?

low-fat /ˌləʊˈfæt/ *adj* ⇒desnatado,da ⇒descremado,da

low-key /ˌləʊˈkiː/ *adj* ⇒discreto,ta ⇒de tono moderado

↑**loyal** /ˈlɔɪ.əl/ *adj* ⇒leal: *a loyal friend* - un amigo leal

loyalty UK: /ˈlɔɪ.əl.ti/ US: /-ˁt̬i/ *n* [U] ⇒lealtad

↑**luck** /lʌk/ *n* [U] **1** ⇒suerte: *I had a piece of luck* - Tuve suerte ■ Se dice *some luck, a stroke of luck* o *a piece of luck*. Incorrecto: *a luck* **2 to be {in/out of} ~** *(inform)* ⇒{estar/no estar} de suerte

luckily /ˈlʌk.əl.i/ *adv* ⇒afortunadamente ⇒por suerte

↑**lucky** /ˈlʌk.i/ *adj* [*comp* luckier, *superl* luckiest] **1** ⇒afortunado,da ⇒con suerte **2 to be ~** ⇒tener suerte: *You're so lucky!* - ¡Qué suerte tienes!

ludicrous /ˈluː.dɪ.krəs/ *adj* ⇒ridículo,la ⇒absurdo,da

↑**luggage** /ˈlʌg.ɪdʒ/ *n* [U] ⇒equipaje: *excess luggage* - exceso de equipaje ■ PRON. La *a* se pronuncia como la *i* en *did*

lukewarm UK: /ˌluːkˈwɔːm/ UK: /ˈ--/ US: /ˈluːk.wɔːrm/ *adj* **1** *(un líquido)* ⇒tibio,bia **2** *It's only lukewarm, I'm afraid* - Lo siento, no está muy caliente **3** ⇒poco entusiasta

lull¹ /lʌl/ *v* [T] ⇒calmar ⇒aquietar ⇒adormecer

lull² /lʌl/ *n* [C] **1** ⇒período de calma ⇒intervalo ⇒pausa **2** ⇒tregua

L

lullaby /ˈlʌl.ə.baɪ/ [*pl* lullabies] *n* [C] ⇒nana ⇒canción de cuna

lumber UK: /ˈlʌm.bəʳ/ US: /-bɚ/ *v* [I] ⇒moverse pesada y lentamente: *He lumbered across to the door* - Se movió pesada y lentamente hacia la puerta ■ CONSTR. Se usa generalmente seguido de una preposición o un adverbio

PHRASAL VERBS

- **to lumber *sb* with *sth*** *UK (inform)* ⇒cargar a alguien con algo

lump¹ /lʌmp/ *n* [C] **1** ⇒terrón: *a sugar lump* - un terrón de azúcar **2** ⇒grumo **3** ⇒bulto ⇒chichón

↑**lump²** /lʌmp/

PHRASAL VERBS

- **to lump *sth/sb* together** ⇒juntar ⇒agrupar

lump sum *n* [C] **1** ⇒pago único **2** ⇒suma global

lumpy /ˈlʌm.pi/ *adj* [*comp* lumpier, *superl* lumpiest] **1** *(una salsa)* ⇒con grumos **2** *(un objeto blando)* ⇒lleno,na de bultos

lunacy /ˈluː.nə.si/ *n* [U] ⇒locura

lunar UK: /ˈluː.nəʳ/ US: /-nɚ/ *adj* ⇒lunar: *a lunar eclipse* - un eclipse lunar

lunatic UK: /ˈluː.nə.tɪk/ US: /-ˁt̬ɪk/ *n* [C] ⇒lunático,ca

↑**lunch** /lʌntʃ/ [*pl* lunches] *n* [C, U] **1** ⇒almuerzo ⇒comida **2 to have ~** *(a mediodía)* ⇒comer

lunchbox UK: /ˈlʌntʃ.bɒks/ US: /-bɑːks/ [*pl* lunchboxes] *n* [C] *(para llevar al trabajo o al colegio)* ⇒fiambrera ⇒lonchera *AMÉR.* ■ PRON. La *u* se pronuncia como en el término inglés *sun*

lunchtime /ˈlʌntʃ.taɪm/ *n* [C, U] ⇒hora de comer

↑**lung** /lʌŋ/ *n* [C] **1** ⇒pulmón **2** *lung capacity* - capacidad pulmonar

lurch¹ UK: /lɜːtʃ/ US: /lɝːtʃ/ *v* [I] **1** ⇒tambalearse: *Paul suddenly lurched forward* - De pronto, Paul se tambaleó **2** *(un coche)* ⇒dar tirones

lurch² UK: /lɜːtʃ/ US: /lɝːtʃ/ [*pl* lurches] *n* [C] **1** ⇒tambaleo **2 to leave *sb* in the ~** ⇒dejar a alguien en la estacada *col.*

lure¹ UK: /ljʊəʳ/ US: /lʊr/ [lured, luring] *v* [T] ⇒seducir [para obtener algo]

lure² UK: /ljʊəʳ/ US: /lʊr/ *n* [C] ⇒encanto ⇒atracción

lurid UK: /ˈljʊə.rɪd/ US: /lʊr.ɪd/ *adj* **1** *(un color)* ⇒chillón,-a **2** ⇒espeluznante: *a lurid tale* - una historia espeluznante

lurk UK: /lɜːk/ US: /lɝːk/ *v* [I] **1** ⇒estar al acecho: *The gangster was lurking in the shadows* - El gánster estaba al acecho entre las sombras **2** *(una duda o una sospecha)* ⇒perdurar

lush /lʌʃ/ *adj* **1** *(la vegetación)* ⇒exuberante ⇒rico,ca **2** ⇒lujoso,sa ⇒suntuoso,sa

lust¹ /lʌst/ *n* [U] **1** ⇒codicia **2** ⇒lujuria ⇒lascivia **3** ⇒ansia [de poder]

lust² /lʌst/

PHRASAL VERBS

- **to lust after *sb*** ⇒desear a alguien [sexualmente]
- **to lust {after/for} *sth*** ⇒desear algo ⇒codiciar algo

Luxembourg¹ *n* [U] ⇒Luxemburgo

Luxembourg² *adj* ⇒luxemburgués,-a

Luxemburger UK: /ˈlʌk.səm.bɜː.gəʳ/ US: /-bɝː.gɚ/ *n* [C] ⇒luxemburgués,-a

luxurious UK: /lʌgˈʒʊə.ri.əs/ US: /-ˈʒʊr.i-/ *adj* ⇒lujoso,sa ■ Distinto de *lascivious* y *lecherous* (lujurioso)

↑**luxury** UK: /ˈlʌk.ʃər.i/ US: /-ʃɚ-/ [*pl* luxuries] *n* [C, U] ⇒lujo: *a luxury hotel* - un hotel de lujo

lyrical /ˈlɪr.ɪ.kl/ *adj* **1** ⇒lírico,ca **2** ⇒elocuente

lyrics /ˈlɪr.ɪks/ *n* [PL] ⇒letra [de una canción]: *Do you know the lyrics?* - ¿Te sabes la letra?

m[1] /em/ [*pl* m's] *n* [c] *(letra del alfabeto)* ⇒m ■ PRON. Se pronuncia como *em* en *them*

m[2] *n* [c] **1** ⇒forma abreviada de **metre** (metro) **2** ⇒forma abreviada de **mile** (milla)

ma /mɑː/ *n* [c] *(inform)* ⇒mamá *col.*

MA /ˌem'eɪ/ *n* [c] ⇒forma abreviada de **Master of Arts** (máster en una materia de Humanidades o de Ciencias Sociales)

ma'am /mɑːm/ *US n (madam)* ⇒señora ■ Se usa como vocativo

mac /mæk/ *n* [c] **1** *UK* ⇒gabardina ⇒impermeable **2** *US (inform)* ⇒amigo,ga ⇒hermano,na ■ Se usa como vocativo con un hombre al que no conoces

macabre /mə'kɑː.brə/ *adj* ⇒macabro,bra: *a macabre tale* - un relato macabro

macaroni UK: /ˌmæk.ᵊr'əʊ.ni/ US: /-ə'roʊ-/ *n* [u] ⇒macarrones

Macedonia UK: /ˌmæs.ə'dəʊ.ni.ə/ US: /-'doʊ-/ *n* [u] ⇒Macedonia

Macedonian[1] UK: /ˌmæ.sə'dəʊ.ni.ən/ US: /-'doʊ-/ ▌*n* [u] **1** *(idioma)* ⇒macedonio ▌*n* [c] **2** *(gentilicio)* ⇒macedonio,nia

Macedonian[2] UK: /ˌmæ.sə'dəʊ.ni.ən/ US: /-'doʊ-/ *adj* ⇒macedonio,nia

↑**machine** /mə'ʃiːn/ *n* [c] ⇒máquina: *sewing machine* - máquina de coser; *The machine doesn't work* - La máquina no funciona

machine gun *n* [c] ⇒ametralladora

machinery UK: /mə'ʃiː.nə.ri/ US: /-nɚ.i/ *n* [u] ⇒maquinaria

mackintosh UK: /'mæk.ɪn.tɒʃ/ US: /-tɑːʃ/ [*pl* mackintoshes] *UK n* [c] *(old-fash)* ⇒impermeable ■ La forma abreviada es *mac*

↑**mad** /mæd/ *adj* **1** *(inform)* ⇒loco,ca **2** *(inform)* ⇒enfadado,da ⇒furioso,sa **3 to be ~ about sth/sb** *(inform)* ⇒estar loco,ca por **4 to get ~** *(inform)* ⇒enfadarse ⇒enojarse *AMÉR.*

↑**madam** /'mæd.əm/ *n* [c, u] *(form)* ⇒señora ■ Hoy en día, se usa principalmente en cartas

made /meɪd/ past tense and past participle forms of **make**

made-up /ˌmeɪd'ʌp/ *adj* **1** *(una persona)* ⇒maquillado,da ■ CONSTR. Se usa detrás de un verbo **2** *(una historia)* ⇒inventado,da

madhouse /'mæd.haʊs/ *n* [NO PL] *(inform)* ⇒casa de locos

madman /'mæd.mən, -mæn/ [*pl* madmen] *n* [c] *(hombre)* ⇒loco

madmen *n* [PL] See **madman**

madness /'mæd.nəs/ *n* [u] ⇒locura

mag *n* [c] *(inform)* ⇒forma abreviada de **magazine** (revista)

↑**magazine** /ˌmæg.ə'ziːn/ *n* [c] ⇒revista ■ La forma abreviada es *mag*

maggot /'mæg.ət/ *n* [c] ⇒gusano

↑**magic**[1] /'mædʒ.ɪk/ *n* [u] **1** ⇒magia **2 as if by ~** ⇒como por arte de magia

magic[2] /'mædʒ.ɪk/ *adj* **1** ⇒mágico,ca ⇒de magia **2** *a magic spell* - un hechizo **3** *UK (inform)* ⇒mágico,ca ⇒genial ■ CONSTR. Se usa detrás de un verbo

magical /'mædʒ.ɪ.kᵊl/ *adj* ⇒mágico,ca: *magical powers* - poderes mágicos

magician /mə'dʒɪʃ.ᵊn/ *n* [c] ⇒mago,ga ■ PRON. La *ci* se pronuncia como *sh*

magnet /'mæg.nət/ *n* [c] ⇒imán

magnetic UK: /mæg'net.ɪk/ US: /-'neˤt̬-/ *adj* **1** *(una personalidad, un carácter)* ⇒magnético,ca ⇒encantador,-a **2** *(un cuerpo, un campo)* ⇒magnético,ca

↑**magnificent** /mæg'nɪf.ɪ.sᵊnt/ *adj* ⇒magnífico,ca ⇒espléndido,da

magnify /'mæg.nɪ.faɪ/ [magnifies, magnified] *v* [T] ⇒aumentar ■ Distinto de *to extol* (ensalzar) o *to praise* (elogiar)

magnifying glass [*pl* magnifying glasses] *n* [c] ⇒lupa

magnitude UK: /'mæg.nɪ.tjuːd/ US: /-tuːd/ *n* [u] ⇒alcance ⇒magnitud

mahogany UK: /mə'hɒg.ᵊn.i/ US: /-'hɑː.g[ə]n-/ *n* [u] ⇒caoba

maid /meɪd/ *n* [c] **1** ⇒criada **2** ⇒doncella

maiden /'meɪ.dᵊn/ *n* [c] *(lit, old-fash)* ⇒chica o mujer soltera ⇒doncella

maiden name *n* [C] ⇒apellido de soltera ■ En los países anglosajones, muchas mujeres adoptan el apellido del marido cuando se casan

↑**mail**[1] /meɪl/ (*UK tb* **post**) *n* [U] **1** ⇒cartas y paquetes **2** ⇒correo: *by mail* - por correo

mail[2] /meɪl/ *US v* [T] ⇒mandar por correo

mailbox UK: /ˈmeɪl.bɒks/ US: /-bɑːks/ [*pl* mailboxes] *US* (*UK* **letterbox**) *n* [C] ⇒buzón

mailing list *n* [C] ⇒lista de envío ⇒lista de direcciones

mailman /ˈmeɪl.mæn/ [*pl* mailmen] *US n* [C] *(hombre)* ⇒cartero

mail order *n* [U] ⇒venta por correo

maim /meɪm/ *v* [T] ⇒mutilar ⇒lisiar

↑**main**[1] /meɪn/ *adj* ⇒principal ⇒mayor

main[2] /meɪn/ *n* [C] ⇒conducto principal [de agua, de gas o de electricidad]

main course *n* [C] *(en una comida)* ⇒plato fuerte ⇒plato principal ■ PRON. *course* rima con *horse*

mainland /ˈmeɪn.lænd/ **the ~** ⇒el territorio de un país o continente que no incluye sus islas

↑**mainly** /ˈmeɪn.li/ *adv* ⇒principalmente ⇒fundamentalmente

mains /meɪnz/ *UK n* [PL] ⇒red [eléctrica, de gas o de agua]

mainstream[1] /ˈmeɪn.striːm/ **the ~** ⇒la corriente principal

mainstream[2] /ˈmeɪn.striːm/ *adj* ⇒convencional ⇒mayoritario,ria

↑**maintain** /meɪnˈteɪn/ *v* [T] **1** ⇒mantener ⇒conservar **2** *(form) (una afirmación, una opinión)* ⇒mantener ⇒defender ■ CONSTR. to maintain + (that)

maintenance /ˈmeɪn.tɪ.nənts/ *n* [U] **1** ⇒mantenimiento **2** *UK* ⇒pensión de manutención ⇒pensión compensatoria

↑**maize** /meɪz/ *UK* (*US* **corn**) *n* [U] ⇒maíz

↑**major**[1] UK: /ˈmeɪ.dʒəʳ/ US: /-dʒɚ/ *adj* **1** ⇒principal ⇒importante ⇒serio,ria **2** *(en música)* ⇒mayor

major[2] UK: /ˈmeɪ.dʒəʳ/ US: /-dʒɚ/ *n* [C] **1** *(en el ejército)* ⇒comandante **2** *US (en estudios superiores)* ⇒asignatura principal ■ Distinto de *older* y *grown-up* (mayor)

↑**majority** UK: /məˈdʒɒr.ə.ti/ US: /-ˈdʒɑːr.ə.ˤt̬i/ [*pl* majorities] *n* [C, NO PL] **1** ⇒mayoría: *The majority of my friends agree with me* - La mayoría de mis amigos opina como yo; *to achieve a majority* - conseguir mayoría **2 to be in {a/the} ~** ⇒ser mayoría

↑**make**[1], **made, made** /meɪk/ [making] *v* [T] **1** ⇒hacer ⇒elaborar ⇒fabricar **2** *(comida, bebida)* ⇒hacer ⇒preparar **3** *(dinero)* ⇒hacer ⇒ganar **4** *to make a profit* - obtener beneficios **5** ⇒asistir ⇒ir a **6** *(con cifras)* ⇒hacer **7** ⇒llegar a ser ⇒tener cualidades para ser **8** ⇒hacer ⇒ascender [en el trabajo] ■ CONSTR. to make + dos objetos **9 to be made for {each other/*sb*}** ⇒estar hechos el uno para el otro **10 to ~ *sb* angry** ⇒enfadar a alguien **11 to ~ a {promise/remark}** ⇒hacer una {promesa/comentario} **12 to ~ *sb* do *sth*** ⇒forzar ⇒obligar ■ CONSTR. En activa, va seguido de otro verbo en infinitivo sin *to*: *She made him make his bed* - *Lo obligó a hacerse la cama.* Por el contrario, en pasiva el verbo que le sigue aparece precedido de la partícula *to*: *He was made to pay a fine* - *Lo obligaron a pagar una multa* **13 to ~ do (with)** ⇒arreglarse con lo que hay **14 to ~ it 1** *(inform)* ⇒llegar a tiempo **2** ⇒tener éxito ⇒triunfar **15 to ~ the most of *sth*** ⇒sacar el mayor provecho de algo **16 to ~ time** ⇒sacar tiempo ■ CONSTR. to make time + to do sth ■ Ver cuadro hacer (to do / to make)

PHRASAL VERBS

- **to make for *sth/sb*** ⇒dirigirse ⇒ir con rumbo a
- **to make of *sth/sb*** ⇒pensar ⇒opinar
- **to make off with *sth*** *(inform)* ⇒escapar(se) con algo
- **to make {*oneself/sb*} up** [M] ⇒maquillar(se)
- **to make out 1** *US (inform)* ⇒manejar [una situación con éxito] **2** *US (inform)* ⇒magrearse *col.*; ⇒enrollarse *col.*
- **to make *sth* out 1** *(un documento)* ⇒escribir ⇒rellenar **2** ⇒entender [las razones de algo] ⇒comprender [las razones de algo] ■ Se usa en frases interrogativas y negativas
- **to make *sth/sb* out** [M] **1** ⇒distinguir ⇒entender **2** ⇒distinguir ⇒divisar
- **to make up *sth*** ⇒formar ⇒conformar ⇒constituir
- **to make *sth* up** [M] *(historias, excusas, mentiras)* ⇒inventar(se)
- **to make up for *sth*** ⇒compensar algo
- **to make up with *sb*** ⇒hacer las paces con alguien

make[2] /meɪk/ *n* [C] *(de vehículos o de aparatos)* ⇒marca ■ Cuando no se trata de un vehículo o un aparato se usa *brand*

makeover UK: /ˈmeɪkˌəʊ.vəʳ/ US: /-ˌoʊ.vɚ/ *n* [C] **1** *She went to a salon to have a makeover* - Fue a un salón de belleza para que la maquillaran **2** *(de un lugar)* ⇒mejora ⇒reforma

maker UK: /ˈmeɪ.kəʳ/ US: /-kɚ/ *n* [C] ⇒fabricante: *the bigger maker of cars of the world* - el mayor fabricante de coches en el mundo

makeshift /ˈmeɪk.ʃɪft/ *adj* ⇒provisional ⇒improvisado,da

making /ˈmeɪ.kɪŋ/ *n* [U] **1** ⇒fabricación ⇒creación **2** ⇒confección ⇒preparación **3 to be the ~ of *sb*** ⇒ser la clave del éxito de alguien

malaria UK: /məˈleə.ri.ə/ US: /-ˈler.i-/ *n* [U] ⇒malaria: *to get malaria* - contraer la malaria

Malawi /mə'lɑː.wi/ *n* [U] ⇒Malawi
Malawian /mə'lɑː.wi.ən/ *adj, n* [C] ⇒malawiano,na
Malaysia UK: /mə'leɪ.zi.ə/ US: /-ʒə/ *n* [U] ⇒Malasia
Malaysian UK: /mə'leɪ.zi.ən/ US: /-ʒə/ *adj, n* [C] ⇒malasio,sia ⇒malayo,ya
↑ **male**[1] /meɪl/ *adj* **1** *(características físicas)* ⇒masculino,na ⇒varonil **2** *(género)* ⇒macho
male[2] /meɪl/ *n* [C] **1** *(un animal)* ⇒macho **2** ⇒varón
malice /'mæl.ɪs/ *n* [U] ⇒maldad ⇒malicia
↑ **mall** UK: /mɔːl/ US: /mɑːl/ (*US tb* **shopping mall**) *n* [C] ⇒centro comercial
mallet /'mæl.ɪt/ *n* [C] ⇒mazo
malt UK: /mɒlt/ US: /mɑːlt/ *n* [U] ⇒malta: *malt whisky* - whisky de malta
Malta UK: /mɔːl.tə/ US: /mɑːl-/ *n* [U] ⇒Malta
mammal /'mæm.əl/ *n* [C] ⇒mamífero
mammoth[1] /'mæm.əθ/ *n* [C] ⇒mamut
mammoth[2] /'mæm.əθ/ *adj* ⇒colosal ⇒gigantesco,ca
↑ **man**[1] /mæn/ [*pl* men] *n* [C] **1** ⇒hombre: *a strange man* - un hombre raro **2 the ~ in the street** ⇒el ciudadano de a pie
man[2] /mæn/ [manned, manning] *v* [T] **1** ⇒hacer funcionar **2** ⇒funcionar ⇒estar disponible
↑ **manage** /'mæn.ɪdʒ/ [managed, managing] ▌*v* [T] **1** ⇒dirigir **2** ⇒administrar: *Your should manage your free time better* - Deberías administrarte mejor tu tiempo libre ▌*v* [T, I] **3** ⇒conseguir: *I managed to convince him in the end* - Al final conseguí convencerlo ■ CONSTR. to manage + to do sth ▌*v* [I] **4** ⇒arreglarse: *Can you manage with a screwdriver?* - ¿Puedes arreglarte con un destornillador? ■ CONSTR. Se usa generalmente seguido de las preposiciones with y without ■ PRON. La última *a* se pronuncia como la *i* en *did*
manageable /'mæn.ɪ.dʒə.bl̩/ *adj* **1** ⇒manejable **2** ⇒accesible ⇒tratable
management /'mæn.ɪdʒ.mənt/ *n* [U] **1** *(actividad)* ⇒dirección [de una empresa] ■ Por ser un nombre colectivo se puede usar con el verbo en singular o en plural **2** ⇒gestión ⇒administración **3** *(persona)* ⇒dirección
manager UK: /'mæn.ɪ.dʒəʳ/ US: /-dʒɚ/ *n* [C] **1** ⇒director,-a ⇒jefe,fa **2** ⇒entrenador,-a **3** ⇒encargado,da [de una tienda]
mandate /'mæn.deɪt/ *n* [C] ⇒mandato ■ CONSTR. mandate + to do sth
mane /meɪn/ *n* [C] **1** ⇒crin **2** ⇒melena
maneuver UK: /mə'nuː.vəʳ/ US: /-vɚ/ *US* (*UK* **manoeuvre**) ▌*v* [T, I] **1** ⇒maniobrar ▌*v* [T] **2** ⇒manipular
mango UK: /'mæŋ.gəʊ/ US: /-goʊ/ [*pl* mangoes, mangos] *n* [C, U] ⇒mango: *Are the mangoes ripe?* - ¿Están maduros los mangos?
manhood /'mæn.hʊd/ *n* [U] **1** ⇒edad viril **2** ⇒virilidad
mania /'meɪ.ni.ə/ *n* [C, U] ⇒manía ⇒obsesión
maniac /'meɪ.ni.æk/ *n* [C] *(inform)* ⇒maníaco,ca
manic /'mæn.ɪk/ *adj* ⇒frenético,ca
manifest /'mæn.ɪ.fest/ *v* [T] *(form)* ⇒mostrar ⇒manifestar
manifesto UK: /ˌmæn.ɪ'fes.təʊ/ US: /-toʊ/ [*pl* manifestoes, manifestos] *n* [C] *(documento)* ⇒manifiesto ⇒declaración
manipulate /mə'nɪp.jʊ.leɪt/ [manipulated, manipulating] *v* [T] ⇒manipular ⇒manejar
mankind /mæn'kaɪnd/ *n* [U] ⇒humanidad ⇒ser humano
manly /'mæn.li/ *adj* [*comp* manlier, *superl* manliest] ⇒viril ⇒varonil
man-made /ˌmæn'meɪd/ *adj* ⇒artificial: *a man-made lake* - un lago artificial
manned *adj* **1** *(un barco)* ⇒tripulado,da **2** *The phones are manned during office hours* - Las líneas telefónicas están operativas durante el horario laboral
↑ **manner** UK: /'mæn.əʳ/ US: /-ɚ/ *n* [U, NO PL] **1** ⇒manera ⇒forma **2** ⇒modo de comportarse ⇒actitud
mannerism UK: /'mæn.ər.ɪ.zəm/ US: /-ɚ-/ ▌*n* [C] **1** ⇒gesto [característico de una persona] ▌*n* [U] **2** *(estilo de arquitectura)* ⇒manierismo
↑ **manners** UK: /'mæn.əz/ US: /-ɚz/ *n* [PL] **1** ⇒modales: *to have good manners* - tener buenos modales **2** *That's bad manners* - Eso es una falta de educación
manoeuvre[1] UK: /mə'nuː.vəʳ/ US: /-vɚ/ *UK* (*US* **maneuver**) *n* [C] ⇒maniobra: *on manoeuvres* - de maniobras ■ Se usa más en plural
manoeuvre[2] UK: /mə'nuː.vəʳ/ US: /-vɚ/ *UK* (*US* **maneuver**) ▌*v* [T, I] **1** ⇒maniobrar ▌*v* [T] **2** ⇒manipular **3** *to manoeuvre sb into doing sth* - conseguir que alguien haga algo
manor UK: /'mæn.əʳ/ US: /-ɚ/ *UK n* [C] *(inform) (en el trabajo)* ⇒área [de una persona] ⇒territorio
manpower UK: /'mæn.paʊəʳ/ US: /-paʊr/ *n* [U] **1** ⇒mano de obra ⇒personal **2** ⇒recursos humanos
↑ **mansion** /'mæn.tʃən/ *n* [C] ⇒mansión ⇒casa solariega
mantelpiece UK: /'mæn.təl.piːs/ US: /-ˤt̬[ə]l-/ *UK n* [C] ⇒repisa de la chimenea
manual[1] /'mæn.ju.əl/ *adj* ⇒manual
manual[2] /'mæn.ju.əl/ *n* [C] *(libro)* ⇒manual
manufacture[1] UK: /ˌmæn.ju'fæk.tʃəʳ/ US: /-tʃɚ/ [manufactured, manfacturing] *v* [T] **1** ⇒fabricar ⇒producir **2** *(una excusa, una historia)* ⇒inventar
manufacture[2] UK: /ˌmæn.ju'fæk.tʃəʳ/ US: /-tʃɚ/ *n* [U] ⇒fabricación ⇒elaboración

M

manure UK: /mə'njʊəʳ/ US: /-'nʊr/ *n* [U] ⇒estiércol
manuscript /'mæn.jʊ.skrɪpt/ *n* [C] **1** ⇒manuscrito **2** *(un texto)* ⇒original
↑**many** /'men.i/ *adj, pron* [*comp* more, *superl* most] **1** ⇒mucho,cha: *There weren't many people at the concert* - No había mucha gente en el concierto **2** ⇒muchos,chas: *«Were there many tourists in the town?» «No, there weren't many»* - «¿Había muchos turistas en la ciudad?» «No, no muchos» **3 as ~ as** ⇒tantos como **4 how many...?** ⇒¿cuántos...?: *How many children have you got?* - ¿Cuántos hijos tienes? ■ Ver cuadro interrogative structures **5 ~ a sth (form)** ⇒mucho,cha ■ Se usa con nombres contables. Comparar con *much* ■ Normalmente se usa en oraciones interrogativas o negativas. En oraciones afirmativas se usa *a lot of*
map[1] /mæp/ *n* [C] **1** ⇒mapa **2** ⇒plano: *a street map* - un plano callejero **3 to put sth/sb on the ~** ⇒dar a conocer ⇒lanzar a la fama
↑**map**[2] /mæp/ [mapped, mapping] *v* [T] ⇒hacer un mapa: *to map an area* - hacer un mapa de una zona

PHRASAL VERBS
- **to map sth out [M]** *(un proyecto)* ⇒trazar algo ⇒planear algo

M

maple /'meɪ.pl/ *n* [C, U] *(árbol)* ⇒arce
mar UK: /mɑːʳ/ US: /mɑːr/ [marred, marring] *v* [T] *(form)* ⇒estropear ■ CONSTR. Se usa más en pasiva
Mar *n* [C, U] ⇒forma abreviada de **March** (marzo)
↑**marathon** UK: /'mær.ə.θᵊn/ US: /-θɑːn/ *n* [C] **1** *(en atletismo)* ⇒maratón **2** *(actividad larga e intensa)* ⇒maratón
marble UK: /'mɑː.bl/ US: /'mɑːr-/ ▌*n* [U] **1** ⇒mármol ▌*n* [C] **2** ⇒canica
march[1] *v* [I] **1** *(en el ejército)* ⇒marchar ⇒desfilar **2** ⇒manifestarse

PHRASAL VERBS
- **to march in** ⇒entrar resueltamente
- **to march {over/up} to sb** ⇒abordar a alguien con resolución
- **to march past sb** ⇒desfilar ante alguien

march[2] [*pl* marches] *n* [C, U] **1** *(militar, en música)* ⇒marcha **2** ⇒manifestación **3 on the ~** *(un grupo de soldados)* ⇒en marcha
↑**March** UK: /mɑːtʃ/ US: /mɑːrtʃ/ [*pl* Marches] *n* [C, U] ⇒marzo: *in March* - en marzo; *on March 6th* - el 6 de marzo ■ La forma abreviada es *Mar*
mare UK: /meəʳ/ US: /mer/ *n* [C] ⇒yegua
margarine UK: /ˌmɑː.dʒə'riːn/ US: /'mɑːr.dʒɚ-/ (*UK tb* **marge**) *n* [U] ⇒margarina
marge *UK n* [U] *(inform)* See **margarine**
↑**margin** UK: /'mɑː.dʒɪn/ US: /'mɑːr-/ *n* [C] **1** ⇒margen [de una página]: *to write sth in the margin* - escribir algo al margen **2** ⇒margen [de tiempo o de dinero]: *He allowed us a margin of an hour* - Nos dejó un margen de una hora; *profit margin* - margen de beneficios
marginal UK: /'mɑː.dʒɪ.nəl/ US: /'mɑːr-/ *adj* **1** ⇒marginal ⇒mínimo,ma **2** ⇒marginado,da **3** *(en economía)* ⇒marginal
↑**marijuana** /ˌmær.ə'wɑː.nə/ (*UK* **cannabis**) *n* [U] *(droga)* ⇒marihuana
marina /mə'riː.nə/ *n* [C] ⇒puerto deportivo
marine[1] /mə'riːn/ *adj* ⇒marino,na ⇒marítimo,ma
marine[2] /mə'riːn/ *n* [C] **1** *(militar)* ⇒marine **2 the Marines** ⇒infantería de marina
mariner UK: /'mær.ɪ.nəʳ/ US: /-nɚ/ *n* [C] ⇒marinero ⇒navegante
marital UK: /'mær.ɪ.tᵊl/ US: /-ˤt̬[ə]l/ *adj (form)* ⇒marital ⇒conyugal
maritime /'mær.ɪ.taɪm/ *adj* **1** *(form)* ⇒marítimo,ma: *a maritime port* - un puerto marítimo **2** *(form)* ⇒costero,ra
↑**mark**[1] UK: /mɑːk/ US: /mɑːrk/ *n* [C] **1** *UK* (*US* **grade**) ⇒nota ⇒calificación **2** ⇒mancha ⇒marca ⇒señal **3** *(moneda antigua)* ⇒marco **4 On your marks, get set, go!** ⇒¡Preparados, listos, ya! **5 to {leave/make} one's ~** ⇒dejar la propia marca personal ⇒dejar huella
↑**mark**[2] UK: /mɑːk/ US: /mɑːrk/ *v* [T] **1** *UK* (*US* **grade**) ⇒corregir ⇒puntuar ⇒calificar **2** ⇒marcar ⇒señalar **3 to ~ time 1** ⇒hacer tiempo **2** *(un soldado)* ⇒marcar el paso

PHRASAL VERBS
- **to mark sth down [M]** *(un precio o una calificación)* ⇒bajar
- **to mark sth up [M]** *(un precio)* ⇒subir

marked UK: /mɑːkt/ US: /mɑːrkt/ *adj* **1** ⇒acusado,da ⇒pronunciado,da **2** ⇒marcado,da ⇒señalado,da
marker UK: /'mɑː.kəʳ/ US: /'mɑːr.kɚ/ *n* [C] **1** *(en deportes)* ⇒marcador **2** ⇒indicador **3** ⇒rotulador ⇒plumón *AMÉR.* **4** ⇒señal
↑**market**[1] UK: /'mɑː.kɪt/ US: /'mɑːr-/ *n* [C] **1** ⇒mercado **2** *street market* - mercadillo **3** *(en economía)* ⇒mercado ⇒demanda **4** *US* ⇒supermercado **5 on the ~** ⇒en venta: *That house is on the market* - Esa casa está en venta **6 to be in the ~ for sth** ⇒estar interesado,da en comprar algo
market[2] UK: /'mɑː.kɪt/ US: /'mɑːr-/ *v* [T] ⇒comercializar ⇒promocionar
marketing UK: /'mɑː.kɪ.tɪŋ/ US: /'mɑːr.kɪ.ˤt̬ɪŋ/ *n* [U] ⇒marketing ⇒mercadotecnia
marketplace UK: /'mɑː.kɪt.pleɪs/ US: /'mɑːr-/ *n* [C] **1** ⇒plaza del mercado ⇒lugar del mercado **2 the ~** ⇒el mercado ⇒el comercio
market research *n* [U] ⇒estudio de mercado

marking UK: /ˈmɑː.kɪŋ/ US: /ˈmɑːr-/ *n* [C] **1** ⇒marca **2** ⇒mancha [de un animal] ■ Se usa más en plural **3** ⇒corrección [de trabajos escolares] ⇒calificación [de trabajos escolares]

marmalade UK: /ˈmɑː.mə.leɪd/ US: /ˈmɑːr-/ *n* [U] ⇒mermelada [de cítricos]: *orange marmalade* - mermelada de naranja

maroon[1] /məˈruːn/ *adj, n* [C, U] ⇒granate

maroon[2] /məˈruːn/ *v* [T] ⇒dejar aislado,da ⇒quedar aislado,da ■ CONSTR. Se usa más en pasiva

marquee UK: /mɑːˈkiː/ US: /mɑːr-/ *n* [C] **1** *UK* ⇒carpa ⇒toldo **2** *US* ⇒marquesina

↑**marriage** UK: /ˈmær.ɪdʒ/ US: /ˈmer-/ *n* [C, U] **1** ⇒matrimonio: *marriage of convenience* - matrimonio de conveniencia **2** ⇒boda **3 proposal of ~** (*tb* **proposal**) ⇒propuesta de matrimonio ■ PRON. La última *a* no se pronuncia

married UK: /ˈmær.id/ US: /ˈmer-/ *adj* **1** ⇒casado,da: *a married couple* - un matrimonio; *just married* - recién casados **2 to get ~** ⇒casarse: *They are getting married on Sunday* - Se casan este domingo

marrow UK: /ˈmær.əʊ/ US: /-oʊ/ ▮ *n* [C, U] **1** *UK* (*US* **squash**) ⇒calabaza alargada **2** ⇒calabacín ▮ *n* [U] **3** ⇒médula ⇒tuétano

↑**marry** UK: /ˈmær.i/ US: /ˈmer-/ [marries, married] *v* [T, I] **1** ⇒casar(se): *I'm going to marry him* - Voy a casarme con él **2** ⇒aunar

↑**Mars** UK: /mɑːz/ US: /mɑːrz/ *n* [NO PL] *(planeta)* ⇒Marte

marsh UK: /mɑːʃ/ US: /mɑːrʃ/ [*pl* marshes] *n* [C, U] ⇒ciénaga ⇒pantano

marshal[1] UK: /ˈmɑː.ʃəl/ US: /ˈmɑːr-/ [marshalled, marshalling; marshaled, marshaling] *v* [T] **1** *(un grupo)* ⇒organizar ⇒ordenar **2** *(pruebas, ideas)* ⇒ordenar ⇒presentar

marshal[2] UK: /ˈmɑː.ʃəl/ US: /ˈmɑːr-/ *n* [C] **1** *(en un acto público)* ⇒miembro del servicio de seguridad **2** ⇒en EE. UU., jefe,fa de policía **3** ⇒en EE. UU., jefe,fa de bomberos **4** ⇒mariscal [del ejército]

martial UK: /ˈmɑː.ʃəl/ US: /ˈmɑːr-/ *adj (form)* ⇒marcial ⇒militar

Martian *n* [C] ⇒marciano,na

martyr UK: /ˈmɑː.təʳ/ US: /ˈmɑːr.ˤt̬ə/ *n* [C] ⇒mártir

marvel[1] UK: /ˈmɑː.vəl/ US: /ˈmɑːr-/ *n* [C] ⇒maravilla ⇒prodigio

marvel[2] UK: /ˈmɑː.vəl/ US: /ˈmɑːr-/ [marvelled, marvelling; *US* marveled, marveling] *v* [I] ⇒maravillarse ■ CONSTR. 1. to marvel + that 2. Se usa frecuentemente seguido de **at** o **about**

↑**marvellous** UK: /ˈmɑː.vəl.əs/ US: /ˈmɑːr-/ *UK adj* ⇒maravilloso,sa ⇒estupendo,da

mascara UK: /mæsˈkɑː.rə/ US: /-ˈkær.ə/ *n* [C, U] ⇒rímel® ■ Distinto de *mask* (máscara)

mascot UK: /ˈmæs.kɒt/ US: /-kɑːt/ *n* [C] **1** ⇒amuleto ⇒talismán **2** *(animal)* ⇒mascota

↑**masculine** /ˈmæs.kjʊ.lɪn/ *adj (una cualidad)* ⇒masculino,na

mash /mæʃ/ [mashes] *v* [T] **1** ⇒hacer puré: *Can you mash the potatoes, please?* - ¿Puedes hacer puré las patatas? **2** ⇒machacar ⇒triturar

mask[1] UK: /mɑːsk/ US: /mæsk/ *n* [C] **1** ⇒máscara ⇒careta **2** ⇒antifaz **3** *(en medicina)* ⇒mascarilla

mask[2] UK: /mɑːsk/ US: /mæsk/ *v* [T] ⇒enmascarar ⇒encubrir

masochism /ˈmæs.ə.kɪ.zəm/ *n* [U] ⇒masoquismo

mason *n* [C] **1** ⇒cantero **2** *US* ⇒albañil,-a

masonry *n* [U] **1** ⇒mampostería **2** ⇒masonería

masquerade[1] UK: /ˌmæs.kəˈreɪd/ US: /-kəˈreɪd/ *n* [C, U] **1** ⇒mascarada ⇒farsa **2** ⇒baile de máscaras

masquerade[2] UK: /ˌmæs.kəˈreɪd/ US: /-kəˈreɪd/

PHRASAL VERBS

· **to masquerade as *sth/sb*** ⇒disfrazarse ⇒hacerse pasar por

mass[1] /mæs/ ▮ *n* [C] **1** *(sólido)* ⇒masa ⇒mezcla ■ El plural es *masses* ▮ *n* [U] **2** *(en física)* ⇒masa **3 a ~ of *sth*** ⇒un montón de algo *col.*: *a mass of flowers* - un montón de flores **4 masses of *sth*** *(inform)* ⇒una pila de algo *col.*; ⇒una montaña de algo *col.*; ⇒gran cantidad de algo **5 the great ~ of** ⇒la inmensa mayoría de **6 the masses** ⇒las masas ⇒la gente **7 to be a ~ of *sth*** ⇒estar cubierto,ta de algo ⇒estar lleno,na de algo

mass[2] /mæs/ *adj* ⇒masivo,va ⇒de masas

mass[3] /mæs/ *v* [T, I] *(form)* ⇒juntar(se) ⇒reunir(se)

↑**Mass** *n* [U] *(en el cristianismo)* ⇒misa

massacre[1] UK: /ˈmæs.ə.kəʳ/ US: /-kə/ *n* [C] ⇒masacre ⇒matanza

massacre[2] UK: /ˈmæs.ə.kəʳ/ US: /-kə/ [massacred, massacring] *v* [T] ⇒masacrar

massage[1] UK: /ˈmæs.ɑːdʒ/ US: /məˈsɑːdʒ/ *n* [C, U] ⇒masaje: *to give sb a massage* - dar un masaje a alguien

massage[2] UK: /ˈmæs.ɑːdʒ/ US: /məˈsɑːdʒ/ [massaged, massaging] *v* [T] **1** ⇒dar un masaje **2** *(cifras, datos)* ⇒maquillar

↑**massive** /ˈmæs.ɪv/ *adj* **1** ⇒monumental ⇒enorme **2** ⇒multitudinario,ria **3** ⇒sólido,da

mass-produce UK: /ˌmæs.prəˈdjuːs/ US: /-ˈduːs/ [mass-produced, mass-producing] *v* [T] ⇒producir en serie

mast UK: /mɑːst/ US: /mæst/ *n* [C] **1** *(en una embarcación)* ⇒mástil **2** ⇒torre [de televisión o de radio] **3** *(de una bandera)* ⇒palo ⇒asta

master[1] UK: /ˈmɑː.stəʳ/ US: /ˈmæs.tə/ *n* [C] **1** *(old-fash)* ⇒maestro ⇒profesor **2** ⇒dueño ⇒propietario **3**

M

⇒maestro,tra ⇒experto,ta **4** ⇒amo ⇒señor **5** ⇒original [de una grabación o de un texto] **6** **Master's (degree)** ⇒máster: *to study a Master's degree* - estudiar un máster

master² UK: /ˈmɑː.stəʳ/ US: /ˈmæs.tɚ/ *v* [T] ⇒dominar ⇒controlar

master³ UK: /ˈmɑː.stəʳ/ US: /ˈmæs.tɚ/ *adj* ⇒altamente cualificado,da [en un oficio]

masterful UK: /ˈmɑː.stə.fᵊl/ US: /ˈmæs.tɚ-/ *adj* **1** ⇒con capacidad de mando ■ Se emplea únicamente con hombres **2** ⇒imperioso,sa **3** ⇒con maestría ⇒magistral

mastermind¹ UK: /ˈmɑː.stə.maɪnd/ US: /ˈmæs.tɚ-/ *n* [C] ⇒cerebro: *He was the mastermind of the robbery* - Él fue el cerebro del robo

mastermind² UK: /ˈmɑː.stə.maɪnd/ US: /ˈmæs.tɚ-/ *v* [T] ⇒planear ⇒dirigir

masterpiece UK: /ˈmɑː.stə.piːs/ US: /ˈmæs.tɚ-/ *n* [C] ⇒obra maestra: *It's his masterpiece* - Es su obra maestra

mastery UK: /ˈmɑː.stᵊr.i/ US: /ˈmæs.tɚ-/ *n* [U] **1** ⇒dominio ⇒perfecto conocimiento **2** ⇒superioridad: *mastery over sth* - superioridad sobre algo **3** ⇒maestría

masturbate UK: /ˈmæs.tə.beɪt/ US: /-tɚ-/ [masturbated, masturbating] *v* [I] ⇒masturbar(se)

M

↑**mat** /mæt/ *n* [C] **1** ⇒felpudo ⇒estera ⇒tapete AMÉR. **2** ⇒mantel individual ⇒salvamanteles **3** ⇒colchoneta

↑**match¹** /mætʃ/ [*pl* matches] ▌*n* [C] **1** ⇒partido ⇒encuentro [deportivo] ■ El plural es *matches* **2** ⇒forma abreviada de **matchstick** (cerilla) ■ El plural es *matches* ▌*n* [NO PL] **3** ⇒complemento **4** **to be no ~ for *sth/sb*** ⇒no estar a la altura de **5** **to {find/meet} *one's* ~** ⇒encontrar la horma del zapato *col.*

↑**match²** /mætʃ/ ▌*v* [T, I] **1** ⇒combinar [con algo] ⇒pegar [con algo] ▌*v* [T] **2** ⇒igualar: *to match an offer* - igualar una oferta **3** ⇒coincidir

PHRASAL VERBS

- **to match up** *(unos datos)* ⇒equipararse ⇒coincidir
- **to match *sth/sb* up [M]** ⇒hacer coincidir
- **to match up {to/with} *sth*** *UK* ⇒estar a la altura de algo

matchbox UK: /ˈmætʃ.bɒks/ US: /-bɑːks/ [*pl* matchboxes] *n* [C] ⇒caja de cerillas

matching /ˈmætʃ.ɪŋ/ *adj* ⇒a juego: *a blue suit with matching blue tie* - un traje azul con una corbata a juego

mate¹ /meɪt/ *n* [C] **1** *UK (inform)* ⇒amigo,ga ⇒compañero,ra ⇒colega *col.;* ⇒cuate,ta AMÉR. *col.* **2** *(un animal)* ⇒pareja **3** ⇒ayudante **4** *(en navegación)* ⇒segundo,da de a bordo

mate² /meɪt/ [mated, mating] ▌*v* [T] **1** ⇒dar jaque mate ▌*v* [I] **2** ⇒aparear(se)

↑**material** UK: /məˈtɪə.ri.əl/ US: /-ˈtɪr.i-/ ▌*n* [C, U] **1** ⇒material: *What materials do you need?* - ¿Qué materiales necesitas? **2** ⇒materia: *raw materials* - materias primas **3** *(en sastrería y tapicería)* ⇒tela ▌*n* [U] **4** ⇒información

materialize UK: /məˈtɪə.ri.ə.laɪz/ US: /-ˈtɪr.i-/ [materialized, materializing] *v* [I] **1** ⇒materializar **2** ⇒hacer(se) realidad

maternal UK: /məˈtɜː.nᵊl/ US: /-ˈtɝː-/ *adj* **1** ⇒maternal: *maternal instinct* - instinto maternal **2** ⇒materno,na ⇒de madre

maternity UK: /məˈtɜː.nə.ti/ US: /-ˈtɝː.nə.ˤt̬i/ *n* [U] *(estado o situación)* ⇒maternidad

math *US* (*UK* **maths**) *n* [U] ⇒forma abreviada de **mathematics** (matemáticas)

mathematical UK: /ˌmæθˈmæt.ɪ.kᵊl/ US: /-ˈmæˤt̬-/ *adj* ⇒matemático,ca: *a mathematical formula* - una fórmula matemática

↑**mathematics** UK: /ˌmæθˈmæt.ɪks/ US: /-ˈmæˤt̬-/ *n* [U] *(form)* ⇒matemáticas ■ La forma abreviada es *maths*

maths *UK* (*US* **math**) *n* [U] *(inform)* ⇒forma abreviada de **mathematics** (matemáticas)

matrimony /ˈmæt.rɪ.mə.ni/ *n* [U] *(form) (estado)* ⇒matrimonio

matrix /ˈmeɪ.trɪks/ [*pl* matrices, matrixes] *n* [C] **1** ⇒matriz ⇒modelo **2** *(en matemáticas)* ⇒matriz **3** *(en geología)* ⇒matriz

matt /mæt/ *UK adj (una superficie, una pintura)* ⇒mate

↑**matter¹** UK: /ˈmæt.əʳ/ US: /ˈmæˤt̬.ɚ/ ▌*n* [C] **1** ⇒tema ⇒asunto ⇒cuestión ▌*n* [U] **2** *(en física)* ⇒materia **3** ⇒sustancia **4** **a ~ of {hours/minutes/time}** ⇒cuestión de {horas/minutos/tiempo} **5** **a ~ of life and death** ⇒una cuestión de vida o muerte **6** **as a ~ of fact** *(inform)* ⇒en realidad ⇒de hecho **7** **no ~** ⇒no importa **8** **what's the matter?** ⇒¿qué pasa? ⇒¿cuál es el problema?

↑**matter²** UK: /ˈmæt.əʳ/ US: /ˈmæˤt̬.ɚ/ *v* [I] ⇒importar: *It doesn't matter that they're not here* - No importa que no estén aquí ■ CONSTR. 1. to matter + that 2. to matter + interrogativa indirecta

matter-of-fact UK: /ˌmæt.ə.rəvˈfækt/ US: /ˌmæˤt̬.ɚ.əv-/ *adj* **1** ⇒impasible ⇒impertérrito,ta **2** *(un estilo)* ⇒prosaico

mattress /ˈmæt.rəs/ [*pl* mattresses] *n* [C] ⇒colchón

↑**mature** UK: /məˈtjʊəʳ/ US: /-tjʊr/ *adj* **1** *(mentalmente, emocionalmente)* ⇒maduro,ra **2** *(físicamente)* ⇒adulto,ta **3** *(una comida, una bebida)* ⇒añejo,ja ⇒curado,da

maturity UK: /məˈtjʊə.rɪ.ti/ US: /-ˈtʊr.ə.ˤt̬i/ *n* [U] ⇒madurez

maul UK: /mɔːl/ US: /mɑːl/ *v* [T] **1** ⇨atacar salvajemente: *He was mauled by a lion* - Fue atacado salvajemente por un león **2** ⇨criticar duramente ■ CONSTR. Se usa más en pasiva

Mauritania UK: /ˌmɒr.ɪˈteɪ.ni.ə/ US: /ˌmɔːr.ɪ-/ *n* [C] ⇨Mauritania

Mauritanian UK: /ˌmɒr.ɪˈteɪ.ni.ən/ US: /ˌmɔːr.ɪ-/ *adj, n* [C] ⇨mauritano,na

maverick UK: /ˈmæv.ər.ɪk/ US: /-ɚ-/ *adj* **1** ⇨inconformista **2** *(en política)* ⇨disidente

maxim /ˈmæk.sɪm/ *n* [C] ⇨máxima ⇨aforismo

maximize /ˈmæk.sɪ.maɪz/ [maximized, maximizing] *v* [T] ⇨maximizar ⇨aumentar

† **maximum** /ˈmæk.sɪ.məm/ *n* [C] ⇨máximo,ma: *at the maximum* - como máximo

† **may** /meɪ/ *v* [MODAL] **1** *(incertidumbre)* ⇨poder que ⇨ser posible que **2** *(form) (permiso)* ⇨poder ■ Se usa también la forma *can*, pero es menos cortés **3** *(form) (deseo, esperanza)* ⇨ojalá que **4 be that as it ~** ⇨sea como fuere ■ CONSTR. may + do sth ■ Ver cuadro modal verbs

† **May** *n* [C, U] ⇨mayo: *in May* - en mayo; *on May 5th* - el 5 de mayo

† **maybe** /ˈmeɪ.bi, ˌ-ˈ-/ *adv* ⇨quizá ⇨a lo mejor ⇨tal vez

mayhem /ˈmeɪ.hem/ *n* [U] ⇨caos ⇨descontrol ⇨alboroto

mayonnaise /ˌmeɪ.əˈneɪz, ˈ---/ *n* [U] ⇨mayonesa

† **mayor** UK: /meəʳ/ US: /mer/ *n* [C] ⇨alcalde ⇨intendente *AMÉR.* ■ Distinto de *older* y *grown-up* (mayor)

maypole UK: /ˈmeɪ.pəʊl/ US: /-poʊl/ *n* [C] ⇨palo que se lleva en las fiestas de mayo

maze /meɪz/ *n* [C] ⇨laberinto: *to find your way out of the maze* - conseguir salir del laberinto

MAZE

MBA /ˌem.biːˈeɪ/ *n* [C] ⇨forma abreviada de **Master of Business Administration** (máster en Dirección de Empresas)

† **me**[1] /miː, mɪ/ *pron* **1** ⇨me ⇨a mí **2** ⇨yo ■ Se usa detrás del verbo *to be* ■ Ver cuadro personal pronouns

† **me**[2] /miː/ (*tb* **mi**) *n* [U, NO PL] *(nota musical)* ⇨mi

meadow UK: /ˈmed.əʊ/ US: /-oʊ/ *n* [C] ⇨prado ⇨pradera

meagre UK: /ˈmiː.gəʳ/ US: /-gɚ/ *UK adj* ⇨escaso,sa ⇨pobre

† **meal** /mɪəl/ *n* [C] **1** *(en horas fijas)* ⇨comida **2 to make a ~ of sth** *UK (inform)* ⇨hacer un mundo de algo *col.*

† **mean**[1], **meant, meant** /miːn/ *v* [T] **1** ⇨significar ⇨querer decir ■ CONSTR. to mean + that **2** ⇨decir en serio **3** ⇨suponer(se) ■ CONSTR. Se usa más en pasiva **4** ⇨tener intención ■ CONSTR. to mean + to do sth **5 I ~** *(inform)* ⇨quiero decir ■ Se usa mucho como coletilla **6 to be meant for each other** ⇨estar hechos el uno para el otro **7 to ~ business** ⇨ir en serio **8 to ~ well** ⇨tener buenas intenciones

mean[2] /miːn/ *UK adj* **1** ⇨tacaño,ña ⇨mezquino,na **2** *(en matemáticas)* ⇨media

meander UK: /miˈæn.dəʳ/ US: /-dɚ/ *v* [I] **1** *(un río, un camino)* ⇨serpentear **2** *(una persona)* ⇨deambular

meaning /ˈmiː.nɪŋ/ **I** *n* [C, U] **1** ⇨significado **I** *n* [U] **2** *(de una actividad o de una acción)* ⇨sentido

meaningful /ˈmiː.nɪŋ.fᵊl/ *adj* ⇨significativo,va ⇨importante

† **means** /miːnz/ *n* [PL] **1** ⇨medio ⇨manera ⇨forma **2** ⇨medios [económicos] **3** *private means* - rentas **4 a ~ to an end** ⇨un medio para conseguir un fin **5 by all ~** *(inform)* ⇨por supuesto

meant past tense and past participle forms of **mean**

† **meantime** /ˈmiːn.taɪm/ **in the ~** ⇨entretanto ⇨mientras tanto

† **meanwhile** /ˈmiːn.waɪl/ *adv* ⇨entretanto ⇨mientras tanto

measles /ˈmiː.zl̩z/ *n* [U] ⇨sarampión: *to get the measles* - contraer el sarampión

measurable UK: /ˈmeʒ.ər.ə.bl̩/ US: /-ɚ-/ *adj* ⇨mensurable

† **measure**[1] UK: /ˈmeʒ.əʳ/ US: /-ɚ/ [measured, measuring] *v* [T] **1** ⇨medir: *We'll have to measure that table* - Tendremos que medir esta mesa **2** *(la calidad, el efecto, el valor)* ⇨evaluar

PHRASAL VERBS

- **to measure up (to *sth/sb*)** ⇨estar a la altura de alguien

measure[2] UK: /ˈmeʒ.əʳ/ US: /-ɚ/ *n* [C, U] **1** ⇨medida ⇨tamaño **2** *a suit made to measure* - un traje hecho a medida **3** ⇨medida [de actuación] ■ CONSTR. measures + to do sth ■ Se usa más en plural **4** *US (en música)* ⇨compás **5 a ~ of *sth*** ⇨un signo de algo

M

measured UK: /ˈmeʒ.əd/ US: /-ɚd/ *adj* **1** ⇒comedido,da **2** ⇒deliberado,da
measurement UK: /ˈmeʒ.ə.mənt/ US: /-ɚ-/ ▮ *n* [C, U] **1** ⇒medida: *to take sb's measurements* - tomarle las medidas a alguien ▮ *n* [U] **2** ⇒medición
↑**meat** /miːt/ *n* [U] ⇒carne: *raw meat* - carne cruda
↑**mechanic** /məˈkæn.ɪk/ *n* [C] *(de vehículos)* ⇒mecánico,ca
↑**mechanical** /məˈkæn.ɪ.kəl/ *adj* ⇒mecánico,ca: *a mechanical failure* - un fallo mecánico
mechanics /məˈkæn.ɪks/ *n* [U] ⇒mecánica
mechanism /ˈmek.ə.nɪ.zəm/ *n* [C] ⇒mecanismo
↑**medal** /ˈmed.əl/ *n* [C] ⇒medalla: *a gold medal* - una medalla de oro
meddle /ˈmed.l̩/ [meddled, meddling] *v* [I] **1** ⇒entrometerse: *He's always meddling in my business* - Siempre se entromete en mis asuntos ▪ CONSTR. to meddle in/with sth **2 to ~ with *sth*** **1** ⇒juguetear con algo ⇒manosear algo **2**
media /ˈmiː.di.ə/ *n* [U] ⇒medios de comunicación ▪ Por ser un nombre colectivo se puede usar con el verbo en singular o en plural: *The media is/are often criticised - Los medios de comunicación son frecuentemente criticados*
medic /ˈmed.ɪk/ *n* [C] **1** *(inform)* ⇒médico,ca **2** *(inform)* ⇒estudiante de medicina
↑**medical**[1] /ˈmed.ɪ.kəl/ *adj* ⇒médico,ca: *He has to receive medical treatment* - Tiene que recibir tratamiento médico
medical[2] /ˈmed.ɪ.kəl/ *UK* (*US* **physical**) *n* [C] ⇒revisión médica: *to have a medical* - someterse a una revisión médica
medication /ˌmed.ɪˈkeɪ.ʃən/ *n* [C, U] ⇒medicación ⇒tratamiento
medicinal /məˈdɪs.ɪ.nəl/ *adj* ⇒medicinal
↑**medicine** /ˈmed.ɪ.sən/ ▮ *n* [U] **1** *(ciencia)* ⇒medicina ▮ *n* [C, U] **2** ⇒medicina ⇒medicamento
↑**medieval** /ˌmed.iˈiː.vəl/ *adj* ⇒medieval: *a medieval castle* - un castillo medieval
mediocre UK: /ˌmiː.diˈəʊ.kəʳ/ US: /-ˈoʊ.kɚ/ *adj* ⇒mediocre: *a mediocre performance* - una actuación mediocre
meditate /ˈmed.ɪ.teɪt/ [meditated, meditating] *v* [I] *(form)* ⇒meditar
Mediterranean /ˌmed.ɪ.təˈreɪ.ni.ən/ *adj* ⇒mediterráneo,a: *a Mediterranean climate* - un clima mediterráneo
↑**medium** /ˈmiː.di.əm/ *adj* **1** *(una talla, un grado, una altura)* ⇒medio,dia **2** *Do you have this T-shirt in medium?* - ¿Tiene esta camiseta en la talla mediana? **3** *(la carne)* ⇒no muy hecho,cha ⇒en su punto
medley /ˈmed.li/ *n* [C] *(en música)* ⇒popurrí
meek /miːk/ *adj* ⇒manso,sa ⇒dócil
↑**meet, met, met** /miːt/ *v* [T, I] **1** ⇒reunirse ⇒quedar **2** *Let's meet on Friday* - Nos vemos el viernes **3** ⇒conocer [por primera vez] ⇒relacionarse con **4** ⇒encontrar(se) [por casualidad] **5** ⇒juntarse **6 to ~ *sb's* eye** ⇒mirar a alguien a los ojos
PHRASAL VERBS
· **to meet up (with *sb*)** ⇒verse ⇒quedar con alguien
meeting UK: /ˈmiː.tɪŋ/ US: /-ˀt̬ɪŋ/ *n* [C] **1** ⇒reunión ⇒encuentro **2** *UK (en deportes)* ⇒encuentro ⇒competición ⇒evento ▪ Se usa para encuentros o citas deportivas o de trabajo. Comparar con *appointment* y *date*
megaphone UK: /ˈmeg.ə.fəʊn/ US: /-foʊn/ *n* [C] ⇒megáfono
melancholic UK: /ˌmel.əŋˈkɒl.ɪk/ US: /-ˈkɑː.lɪk/ *adj (form)* ⇒melancólico,ca
melancholy UK: /ˈmel.əŋ.kɒl.i/ US: /-kɑː.li/ *n* [U] *(form)* ⇒melancolía
melee /ˈmel.eɪ/ *n* [C] *(lit)* ⇒bullicio ⇒tumulto
mellow[1] UK: /ˈmel.əʊ/ US: /-oʊ/ *adj* **1** ⇒suave **2** *(una luz)* ⇒suave ⇒tenue **3** *(un sonido)* ⇒dulce ⇒cálido **4** *(una fruta)* ⇒maduro,ra **5** *(un vino)* ⇒añejo
mellow[2] UK: /ˈmel.əʊ/ US: /-oʊ/ *v* [T, I] ⇒dulcificar(se) ⇒ablandar(se) ⇒humanizar(se)
melodic UK: /məˈlɒd.ɪk/ US: /-ˈlɑː.dɪk/ *adj* ⇒melódico,ca
melodious UK: /məˈləʊ.di.əs/ US: /-ˈloʊ-/ *adj (form)* ⇒melodioso,sa
melodrama UK: /ˈmel.əˌdrɑː.mə/ US: /-ˌdræm.ə/ *n* [C, U] ⇒melodrama
melody /ˈmel.ə.di/ [*pl* melodies] *n* [C] ⇒melodía: *to hum a melody* - tararear una melodía
melon /ˈmel.ən/ *n* [C, U] ⇒melón: *a slice of melon* - una rodaja de melón
↑**melt** /melt/ *v* [T, I] ⇒fundir(se) ⇒derretir(se) ⇒deshacer(se)
PHRASAL VERBS
· **to melt away** ⇒desaparecer ⇒dispersar(se)
· **to melt *sth* down [M]** ⇒fundir algo
melting pot *n* [C] ⇒crisol: *That country is a melting pot of cultures* - Ese país es un crisol de culturas
↑**member** UK: /ˈmem.bəʳ/ US: /-bɚ/ *n* [C] **1** ⇒miembro ⇒socio,cia **2** *(en anatomía)* ⇒miembro
membership UK: /ˈmem.bə.ʃɪp/ US: /-bɚ-/ *n* [C, U] **1** ⇒afiliación ⇒pertenencia ▪ Se puede usar con el verbo en singular o en plural **2** ⇒socios ⇒miembros
membrane /ˈmem.breɪn/ *n* [C, U] **1** *(lámina)* ⇒membrana **2** *(en biología)* ⇒membrana
memento UK: /məˈmen.təʊ/ US: /-toʊ/ [*pl* mementoes, mementos] *n* [C] ⇒recuerdo ⇒souvenir

M

† **memo** UK: /ˈmem.əʊ/ US: /-oʊ/ *n* [C] ⇨forma abreviada de **memorandum** (memorándum)

memorabilia /ˌmem.ᵊr.əˈbɪl.i.ə/ *n* [PL] ⇨recuerdos [de personajes famosos] ⇨objetos de coleccionista

† **memorable** /ˈmem.ᵊr.ə.bl̩/ *adj* ⇨inolvidable ⇨memorable

memorandum /ˌmem.əˈræn.dəm/ [*pl* memoranda, memorandums] *n* [C] *(form)* ⇨memorando ⇨memorándum ■ La forma abreviada es *memo*

† **memorial** UK: /məˈmɔː.ri.əl/ US: /-ˈmɔːr.i-/ *n* [C] ⇨monumento conmemorativo ■ Distinto de *memory* (memoria)

memorise [memorised, memorising] *UK v* [T] See **memorize**

memorize /ˈmem.ə.raɪz/ [memorized, memorizing] (*UK tb* **memorise**) *v* [T] ⇨memorizar

† **memory** UK: /ˈmem.ᵊr.i/ US: /-ɚ-/ [*pl* memories] ▌*n* [C, U] **1** ⇨memoria ▌*n* [C] **2** ⇨recuerdo **3 in ~ of *sb*** ⇨en memoria de alguien

men /men/ *n* [PL] See **man**

menace /ˈmen.ɪs/ ▌*n* [U] **1** *(form)* ⇨amenaza ▌*n* [C] **2** *(form)* ⇨peligro **3** *(un niño)* ⇨bestia ⇨diablo

† **mend** /mend/ ▌*v* [T] **1** ⇨reparar ⇨arreglar ▌*v* [I] **2** ⇨mejorar

mending /ˈmen.dɪŋ/ *n* [U] ⇨ropa para arreglar

meningitis UK: /ˌmen.ɪnˈdʒaɪ.tɪs/ US: /-ˁt̬ɪs/ *n* [U] *(en medicina)* ⇨meningitis

menopause UK: /ˈmen.ə.pɔːz/ US: /-pɑːz/ *n* [U] ⇨menopausia: *to go through the menopause* - tener la menopausia

menstrual /ˈmen.strəl/ *adj* ⇨menstrual

† **mental** UK: /ˈmen.tᵊl/ US: /-ˁt̬[ə]l/ *adj* **1** ⇨mental: *mental arithmetic* - cálculos mentales **2** *UK (inform)* ⇨majareta *col.*

mentality UK: /menˈtæl.ə.ti/ US: /-ˁt̬i/ [*pl* mentalities] *n* [C] ⇨mentalidad ⇨pensamiento ⇨ideología

† **mention¹** /ˈmen.tʃᵊn/ *v* [T] **1** ⇨mencionar ■ CONSTR. 1. to mention + (that) 2. to mention + doing sth 3. to mention + interrogativa indirecta **2 don't ~ it** ⇨no hay de qué: *«Thanks for your help.» «Don't mention it»* - «Gracias por tu ayuda.» «No hay de qué» **3 not to ~ *sth*** ⇨por no hablar de algo

mention² /ˈmen.tʃᵊn/ *n* [C, NO PL] ⇨mención ⇨elogio

mentor UK: /ˈmen.tɔːʳ/ US: /-tɔːr/ *n* [C] *(form)* ⇨mentor,-a

† **menu** /ˈmen.juː/ *n* [C] **1** *(en un restaurante)* ⇨carta **2** *What's on the menu?* - ¿Qué hay de menú? **3** *(en informática)* ⇨menú

mercenary UK: /ˈmɜː.sᵊn.ri/ US: /ˈmɝː-/ [*pl* mercenaries] *adj, n* [C] ⇨mercenario,ria

merchandise UK: /ˈmɜː.tʃᵊn.daɪs/ US: /ˈmɝː-/ *n* [U] *(form)* ⇨mercancía

merchant UK: /ˈmɜː.tʃᵊnt/ US: /ˈmɝː-/ *n* [C] *(form)* ⇨comerciante

merciless UK: /ˈmɜː.sɪ.ləs/ US: /ˈmɝː-/ *adj* ⇨despiadado,da ⇨cruel

mercury UK: /ˈmɜː.kjʊ.ri/ US: /ˈmɝː-/ *n* [U] **1** *(en química)* ⇨mercurio **2 the ~** *(inform, old-fash)* ⇨temperatura

Mercury *n* [NO PL] *(planeta)* ⇨Mercurio

† **mercy** UK: /ˈmɜː.si/ US: /ˈmɝː-/ *n* [U] **1** ⇨piedad ⇨misericordia ⇨clemencia **2 to be at the ~ of *sth/sb*** ⇨estar a merced de

† **mere** UK: /mɪəʳ/ US: /mɪr/ *adj* ⇨mero,ra ⇨simple

merely UK: /ˈmɪə.li/ US: /ˈmɪr-/ *adv* ⇨solamente ⇨simplemente

† **merge** UK: /mɜːdʒ/ US: /mɝːdʒ/ [merged, merging] *v* [T, I] ⇨fusionar(se): *The two companies will eventually merge* - Las dos empresas se fusionarán finalmente

meringue /məˈræŋ/ *n* [C, U] ⇨merengue

merit¹ /ˈmer.ɪt/ *n* [C, U] *(form)* ⇨mérito: *to judge sth on its merits* - juzgar algo por sus méritos

merit² /ˈmer.ɪt/ *v* [T] *(form)* ⇨merecer ⇨ser digno,na de

mermaid UK: /ˈmɜː.meɪd/ US: /ˈmɝː-/ *n* [C] *(en la mitología)* ⇨sirena

merry /ˈmer.i/ *adj* [*comp* merrier, *superl* merriest] **1** *(old-fash)* ⇨alegre **2** *(inform)* ⇨alegre ⇨piripi *col.* **3 Merry Christmas!** ⇨¡Feliz Navidad!

mesh /meʃ/ [*pl* meshes] *n* [C, U] ⇨malla ⇨red

mesozoic *adj* ⇨mesozoico,ca

† **mess¹** /mes/ [*pl* messes] *n* [C, U] **1** *(en un lugar)* ⇨desorden ⇨caos ⇨entrevero AMÉR. *col.* **2** *(en una situación)* ⇨enredo ⇨lío **3** ⇨desastre: *His life is a mess* - Su vida es un desastre **4** ⇨porquería **5 to make a ~ of *sth* 1** ⇨arruinar algo ⇨echar a perder algo **2** ⇨desordenar algo

† **mess²** /mes/

PHRASAL VERBS

- **to mess {about/around} 1** *(inform)* ⇨hacer el tonto *col.* **2** ⇨perder el tiempo ⇨pasar el rato
- **to mess *sb* {about/around}** *UK (inform)* ⇨machacar a alguien *col.*
- **to mess {about/around} with *sth* 1** *(inform)* ⇨enredar con algo **2** ⇨entretenerse con algo
- **to mess *sb* up** *(inform)* ⇨traumatizar a alguien
- **to mess *sth* up [M] 1** ⇨desordenar algo ⇨desacomodar algo AMÉR. **2** ⇨estropear algo **3** ⇨echar algo a perder ⇨meter la pata *col.*
- **to mess with *sth/sb*** *(inform)* ⇨meterse con algo o alguien [peligroso]

† **message** /ˈmes.ɪdʒ/ *n* [C] **1** ⇨mensaje ⇨recado **2 to get the ~** *(inform)* ⇨captar el mensaje ⇨enterarse ■ PRON. La *a* se pronuncia como la *i* en *did*

messenger UK: /ˈmes.ɪn.dʒəʳ/ US: /-dʒɚ/ *n* [C] ⇒mensajero,ra

Messiah the ~ **1** *(en la religión cristiana)* ⇒Jesucristo **2** *(en el judaísmo)* ⇒Mesías

Messrs UK: /ˈmes.əz/ US: /-ɚz/ *n* [PL] *(form)* See **Mister**

messy /ˈmes.i/ *adj* [*comp* messier, *superl* messiest] **1** ⇒sucio,cia ⇒desordenado,da **2** *(una situación)* ⇒complicado,da ⇒enrevesado,da ⇒descontrolado,da

met /met/ past tense and past participle forms of **meet**

metabolic UK: /ˌmet.əˈbɒl.ɪk/ US: /ˌmeˁt̬.əˈbɑː.lɪk/ *adj* ⇒metabólico,ca: *metabolic disorder* - desorden metabólico; *metabolic rate* - ciclo metabólico

metabolism /məˈtæb.əl.ɪ.zəm/ *n* [C] ⇒metabolismo

↑**metal** UK: /ˈmet.əl/ US: /ˈmeˁt̬-/ *n* [C, U] ⇒metal: *precious metals* - metales preciosos

metaphor UK: /ˈmet.ə.fɔːʳ/ US: /ˈmeˁt̬.ə.fɔːr/ *n* [C, U] ⇒metáfora

meteor UK: /ˈmiː.ti.ɔːʳ/ US: /-ˁt̬i.ɔːr/ *n* [C] ⇒meteorito [en la atmósfera]

meteorite UK: /ˈmiː.ti.ər.aɪt/ US: /-ˁt̬i.ə.raɪt/ *n* [C] ⇒meteorito [en la superficie de la Tierra]

meter UK: /ˈmiː.təʳ/ US: /-ˁt̬ɚ/ *n* [C] **1** *US* See **metre** **2** ⇒contador: *gas meter* - contador del gas

methane /ˈmiː.θeɪn/ *n* [U] *(en química)* ⇒metano

↑**method** /ˈmeθ.əd/ *n* [C] **1** ⇒método **2** *method of payment* - forma de pago

Methodist /ˈmeθ.ə.dɪst/ *adj, n* [C] *(en religión)* ⇒metodista

↑**metre** UK: /ˈmiː.təʳ/ US: /-ˁt̬ɚ/ *UK* (*US* **meter**) *n* [C] *(medida)* ⇒metro ■ La forma abreviada es *m*

↑**metric** /ˈmet.rɪk/ *adj* ⇒métrico,ca: *metric measurements* - medidas métricas

metro UK: /ˈmet.rəʊ/ US: /-roʊ/ *n* [U] *(medio de transporte)* ⇒metro ⇒subterráneo AMÉR.

metropolis UK: /məˈtrɒp.əl.ɪs/ US: /-ˈtrɑː.p[ə]l-/ [*pl* metropolises] *n* [C] *(form)* ⇒metrópoli

Mexican /ˈmek.sɪ.kən/ *adj, n* [C] ⇒mexicano,na ⇒mejicano,na

Mexico UK: /ˈmek.sɪ.kəʊ/ US: /-koʊ/ *n* [U] ⇒México

mi /miː/ (*tb* **me**) *n* [U, NO PL] *(nota musical)* ⇒mi

mice /maɪs/ *n* [PL] See **mouse**

mickey /ˈmɪk.i/ *UK* **to take the ~ (out of *sb*)** *(inform)* ⇒tomar el pelo (a alguien) *col.;* ⇒burlarse (de alguien)

microbe UK: /ˈmaɪ.krəʊb/ US: /-kroʊb/ *n* [C] ⇒microbio

microchip UK: /ˈmaɪ.krəʊ.tʃɪp/ US: /-kroʊ-/ *n* [C] ⇒microchip

microcomputer UK: /ˈmaɪ.krəʊ.kəmˌpjuː.təʳ/ US: /-kroʊ.kəmˌpjuː.ˁt̬ɚ/ *n* [C] ⇒microordenador ■ La forma abreviada es *micro* ■ PRON. *mi* se pronuncia como *my* y la *u* se pronuncia como *you*

microcosm UK: /ˈmaɪ.krəʊˌkɒz.əm/ US: /-kroʊˌkɑː.z[ə]m/ *n* [C, U] ⇒microcosmos

microcredit *n* [C] ⇒microcrédito

↑**microphone** UK: /ˈmaɪ.krə.fəʊn/ US: /-foʊn/ (*tb* **mike**) *n* [C] ⇒micrófono

microscope UK: /ˈmaɪ.krə.skəʊp/ US: /-skoʊp/ *n* [C] ⇒microscopio: *to look at sth under the microscope* - mirar algo por el microscopio

microwave UK: /ˈmaɪ.krəʊ.weɪv/ US: /-kroʊ-/ (*tb* **microwave oven**) *n* [C] ⇒microondas: *to heat sth up in the microwave* - calentar algo en el microondas

mid-air UK: /ˌmɪdˈeəʳ/ US: /ˌmɪdˈer/ *n* [U] **1** ⇒en vuelo **2** *in mid-air* - en el aire **3 to leave *sth* in ~** ⇒dejar algo sin resolver

↑**midday** /ˌmɪdˈdeɪ/ *n* [U] ⇒mediodía: *at midday* - a mediodía ■ Ver cuadro partes del día

↑**middle¹** /ˈmɪd.l̩/ ▮ *n* [C, NO PL] **1** ⇒medio ⇒centro **2** *(de un período)* ⇒mitad ▮ *n* [C] **3** *(inform)* ⇒cintura **4 to be in the ~ of doing *sth*** ⇒estar ocupado,da en algo **5 to be in the ~ of nowhere** ⇒estar en el quinto pino *col.*

↑**middle²** /ˈmɪd.l̩/ *adj* **1** ⇒mediano,na: *the middle son* - el hijo mediano **2** ⇒central ⇒medio,dia **3 the ~ ground** ⇒terreno neutral

↑**middle age** *n* [U] ⇒madurez ⇒mediana edad

middle-aged /ˌmɪd.l̩ˈeɪdʒd/ *adj* ⇒de mediana edad: *a middle-aged woman* - una mujer de mediana edad

↑**middle class** [*pl* middle classes] *n* [NO PL] ⇒clase media ■ Por ser un nombre colectivo se puede usar con el verbo en singular o en plural

middleman /ˈmɪd.l̩.mæn/ [*pl* middlemen] *n* [C] *(en comercio y en política)* ⇒intermediario,ria

middle name *n* [C] ⇒segundo nombre, que va entre el nombre de pila y el apellido

midget /ˈmɪdʒ.ɪt/ *n* [C] **1** *(offens)* ⇒enano,na **2** *(offens)* ⇒canijo,ja *col. desp.*

↑**midnight** /ˈmɪd.naɪt/ *n* [U] ⇒medianoche: *I heard a noise at midnight* - Escuché un ruido a medianoche

midst /mɪdst, mɪtst/ *n* [U] **1** *(form)* ⇒medio ⇒centro **2** *in our midst* - entre nosotros

midsummer UK: /ˌmɪdˈsʌm.əʳ/ US: /-ɚ/ *n* [U] **1** ⇒pleno verano **2** ⇒solsticio de verano **3 Midsummer's Day** ⇒día de San Juan

midtown *n* [U] *(en una ciudad o un pueblo)* ⇒centro

midway /ˌmɪdˈweɪ/ *adv* ⇒a medio camino: *It's midway between Chicago and Detroit* - Está a medio camino entre Chicago y Detroit

M

midweek /ˌmɪdˈwiːk/ *n* [U] ⇒mitad de semana: *By midweek, I'll phone him* - Le llamaré a mitad de semana

midwife /ˈmɪd.waɪf/ [*pl* midwives] *n* [C] ⇒comadrona

† **might¹** /maɪt/ *v* [MODAL] **1** *(incertidumbre)* ⇒poder (que) ⇒ser posible que **2** *(form) (permiso)* ⇒poder **3** *(form)* ⇒deber ⇒poder **4** *(sugerencia): I thought we might go to the cinema tonight* - Pensé que podríamos ir al cine esta noche ■ CONSTR. might + do sth ■ Ver cuadro modal verbs

might² /maɪt/ *n* [U] **1** *(form)* ⇒poder ⇒fuerza **2** *might is right* - quien tiene el poder, tiene la razón

mighty UK: /ˈmaɪ.ti/ US: /-ˁt̬i/ *adj* [*comp* mightier, *superl* mightiest] *(lit)* ⇒poderoso,sa ⇒enorme ⇒tremendo,da

migraine UK: /ˈmiː.greɪn/ UK: /ˈmaɪ-/ US: /ˈmaɪ-/ *n* [C, U] *(en medicina)* ⇒migraña ■ PRON. La primera sílaba, *mi*, se pronuncia como *my*

migrant /ˈmaɪ.grənt/ *n* [C] **1** ⇒ave migratoria **2** ⇒trabajador migratorio, trabajadora migratoria

migrate /maɪˈgreɪt/ [migrated, migrating] *v* [I] ⇒migrar

mike /maɪk/ (*tb* **microphone**) *n* [C] *(inform)* ⇒micro *col.*: *Put the mike closer to your mouth* - Acércate más al micro

† **mild** /maɪld/ *adj* **1** *(el clima)* ⇒templado,da **2** ⇒suave ⇒dulce **3** *(una comida)* ⇒suave ⇒no muy picante **4** *(una enfermedad o un castigo)* ⇒leve **5** *(una crítica)* ⇒leve ⇒moderado,da

† **mile** /maɪl/ *n* [C] **1** ⇒milla: *It's five miles from here* - Está a cinco millas ■ La forma abreviada es *m* **2** **(by) miles** *(inform)* ⇒por mucho **3** **to be miles away** **1** *(inform)* ⇒estar en la inopia *col.* **2** ⇒estar lejos **4** **to be miles from {anywhere/nowhere}** *(inform)* ⇒estar en el quinto pino *col.* **5** **to {stand/stick} out a ~** ⇒notarse a la legua *col.*

milestone UK: /ˈmaɪl.stəʊn/ US: /-stoʊn/ *n* [C] **1** *(un acontecimiento)* ⇒hito ⇒jalón **2** *(en una carretera)* ⇒mojón ⇒hito

militant /ˈmɪl.ɪ.tᵊnt/ *adj, n* [C] ⇒militante: *a militant group* - un grupo militante

† **military** UK: /ˈmɪl.ɪ.tri/ US: /-ter.i/ *adj* ⇒militar: *military service* - servicio militar

militia /mɪˈlɪʃ.ə/ *n* [C] ⇒milicia

† **milk¹** /mɪlk/ *n* [U] ⇒leche: *a glass of cold milk* - un vaso de leche fría; *some hot milk* - un poco de leche caliente

milk² /mɪlk/ *v* [T, I] **1** ⇒ordeñar **2** *(a una persona)* ⇒sangrar *col.*

milkman /ˈmɪlk.mən/ [*pl* milkmen] *n* [C] ⇒lechero [que entrega la leche a domicilio]

milkshake /ˈmɪlk.ʃeɪk/ (*tb* **shake**) *n* [C, U] ⇒batido ⇒licuado *AMÉR.*

milky /ˈmɪl.ki/ *adj* [*comp* milkier, *superl* milkiest] **1** ⇒lechoso,sa **2** ⇒con bastante leche: *milky tea* - té con bastante leche

† **mill** /mɪl/ *n* [C] **1** ⇒molino **2** ⇒fábrica [de tejidos] **3** ⇒molinillo: *a coffee mill* - un molinillo de café

† **millennium** /mɪˈlen.i.əm/ [*pl* millennia, millenniums] *n* [C] ⇒milenio: *the second millennium* - el segundo milenio

milligram /ˈmɪl.ɪ.græm/ *n* [C] ⇒miligramo ■ La forma abreviada es *mg*

† **millimetre** UK: /ˈmɪl.ɪˌmiː.təʳ/ US: /-ˁt̬ə/ *UK n* [C] ⇒milímetro ■ La forma abreviada es *mm*

† **million** /ˈmɪl.jən/ **1** ⇒millón: *Three million people live there* - Tres millones de personas viven allí ■ Se dice *seven million*. Incorrecto: *seven millions* **2** **millions** *(inform)* ⇒mogollón *col.*: *I've read that book millions of times* - He leído ese libro mogollón de veces **3** **one in a ~** ⇒excepcional ⇒uno,na entre un millón

millionaire UK: /ˌmɪl.jəˈneəʳ/ US: /-ˈner/ *n* [C] ⇒millonario,ria: *to be a millionaire* - ser millonario

millionth¹ /ˈmɪl.jəntθ/ *adj* ⇒millonésimo,ma

millionth² /ˈmɪl.jəntθ/ *n* [C] ⇒millonésimo,na ⇒millonésima parte

mime¹ /maɪm/ [mimed, miming] *v* [T, I] **1** ⇒representar mímicamente: *They mimed a story at school* - Representaron mímicamente una historia en el colegio **2** ⇒hacer mímica

mime² /maɪm/ ▮ *n* [C] **1** *(una persona)* ⇒mimo **2** ⇒pantomima ▮ *n* [U] **3** ⇒mímica

mimic¹ /ˈmɪm.ɪk/ [mimicked, mimicking] *v* [T] ⇒imitar

mimic² /ˈmɪm.ɪk/ *n* [C] ⇒imitador,-a

mince¹ /mɪnts/ *UK* (*US* **ground beef/hamburger**) *n* [U] ⇒carne picada

mince² /mɪnts/ [minced, mincing] *v* [T] **1** ⇒picar [la comida en trozos] **2** **not to ~ (one's) words** ⇒no andarse con rodeos: *She doesn't mince her words* - No se anda con rodeos

mincemeat /ˈmɪnts.miːt/ *n* [U] **1** ⇒relleno para pasteles hecho con frutas y especias **2** **to make ~ of sb** *(inform)* ⇒hacer picadillo a alguien *col.*

mince pie *n* [C] ⇒pastel con un relleno dulce y especiado que se come en Navidad

† **mind¹** /maɪnd/ *n* [C] **1** ⇒mente ⇒cabeza **2** *UK* **to be in two minds** ⇒estar indeciso,sa **3** **to be out of one's ~** *(inform)* ⇒estar loco,ca **4** **to make up one's ~** ⇒decidirse: *Come on, make up your mind* - Venga, decídete de una vez

† **mind²** /maɪnd/ ▮ *v* [T] **1** ⇒cuidar: *Would you mind the children for me?* - ¿Podrías cuidar de los niños por mí? ▮ *v* [T, I] **2** ⇒importar:

M

Doesn't he mind being alone? - ¿No le importa estar solo?; *If you don't mind, I would rather stay* - Si no te importa, lo prefiero ■ CONSTR. 1. to mind + doing sth 2. to mind + interrogativa indirecta **3** ⇒tener cuidado: *Mind the step!* - ¡Ten cuidado con el escalón! **4 {do/would} you mind...?** ⇒¿le importaría...?: *Would you mind waiting outside?* - ¿Le importaría esperar fuera? ■ CONSTR. would mind + doing sth **5 ~ you** ⇒a decir verdad **6 never ~ 1** ⇒no importa **2** ⇒no te preocupes

PHRASAL VERBS
· **to mind out** *UK* ⇒tener cuidado

mind-boggling UK: /ˈmaɪndˌbɒg.l̩.ɪŋ/ US: /-ˌbɑː.gl̩.ɪŋ/ *adj (inform)* ⇒alucinante *col.*; ⇒increíble

minded to be ~ to do *sth* *(form)* ⇒estar dispuesto,ta a hacer algo ⇒estar pensando hacer algo [en el momento]

minder UK: /ˈmaɪn.dəʳ/ US: /-də/ *n* [C] **1** ⇒guardaespaldas **2** *(en relaciones públicas)* ⇒consejero,ra **3** ⇒niñero,ra

mindless /ˈmaɪnd.ləs/ *adj* **1** ⇒infundado,da ⇒gratuito,ta **2** ⇒mecánico,ca ⇒automático,ca

↑**mine¹** /maɪn/ *pron* **1** ⇒mío, mía: *He's a friend of mine* - Es amigo mío; *Is this yours? Yes, it's mine* - ¿Es tuyo? Sí, es mío **2** ⇒el mío, la mía: *I won't take your car, I'll take mine* - No cogeré tu coche, cogeré el mío ■ Ver cuadro possessive adjectives and pronouns

mine² /maɪn/ *n* [C] **1** ⇒mina [de minerales] **2** ⇒mina [explosiva]

mine³ /maɪn/ [mined, mining] **I** *v* [T, I] **1** *(un mineral)* ⇒extraer **I** *v* [T] **2** *(una región)* ⇒explotar ■ CONSTR. Se usa más en pasiva

minefield /ˈmaɪn.fiːld/ *n* [C] **1** ⇒campo de minas **2** ⇒polvorín *col.*

miner UK: /ˈmaɪ.nəʳ/ US: /-nə/ *n* [C] ⇒minero,ra

mineral /ˈmɪn.ᵊr.ᵊl/ *n* [C] ⇒mineral

↑**mineral water** *n* [U] ⇒agua mineral: *sparkling mineral water* - agua mineral con gas

mingle /ˈmɪŋ.gl̩/ [mingled, mingling] **I** *v* [T, I] **1** ⇒mezclar(se) **I** *v* [I] **2** *(en un evento social)* ⇒relacionar(se) ■ CONSTR. to mingle with sb

mini /ˈmɪn.i/ *(tb* **miniskirt***)* *n* [C] ⇒minifalda

miniature¹ UK: /ˈmɪn.ɪ.tʃəʳ/ US: /-tʃə/ *adj* ⇒en miniatura

miniature² UK: /ˈmɪn.ɪ.tʃəʳ/ US: /-tʃə/ *n* [C] ⇒miniatura

minibus /ˈmɪn.ɪ.bʌs/ [*pl* minibuses] *n* [C] ⇒microbús ⇒buseta *AMÉR.*; ⇒liebre *AMÉR. col.*

minimal /ˈmɪn.ɪ.məl/ *adj* ⇒mínimo,ma: *The damages were minimal* - Los daños fueron mínimos

minimise [minimised, minimising] *UK v* [T] See **minimize**

minimize /ˈmɪn.ɪ.maɪz/ [minimized, minimizing] *(UK tb* **minimise***)* *v* [T] ⇒minimizar

↑**minimum¹** /ˈmɪn.ɪ.məm/ *adj* ⇒mínimo,ma: *minimum wage* - salario mínimo

↑**minimum²** /ˈmɪn.ɪ.məm/ *n* [C] ⇒mínimo: *We need a minimum of six people* - Necesitamos un mínimo de seis personas

mining /ˈmaɪ.nɪŋ/ *n* [U] ⇒minería

miniskirt UK: /ˈmɪn.ɪˌskɜːt/ US: /-skɝːt/ *(tb* **mini***)* *n* [C] ⇒minifalda: *to wear a miniskirt* - llevar una minifalda

↑**minister** UK: /ˈmɪn.ɪ.stəʳ/ US: /-stə/ *n* [C] **1** *UK (US* **secretary***)* ⇒ministro,tra **2** ⇒pastor protestante

ministry /ˈmɪn.ɪ.stri/ [*pl* ministries] *n* [C] **1** ⇒ministerio **2 the ~ 1** ⇒la clerecía **2** *to enter the ministry* - hacerse sacerdote

minor¹ UK: /ˈmaɪ.nəʳ/ US: /-nə/ *adj* **1** ⇒secundario,ria ⇒de poca importancia **2** *(en música)* ⇒menor

minor² UK: /ˈmaɪ.nəʳ/ US: /-nə/ *n* [C] *(form)* ⇒menor de edad

↑**minority** UK: /maɪˈnɒr.ɪ.ti/ US: /-ˈnɑːr.ə.ˁt̬i/ [*pl* minorities] *n* [C, NO PL] **1** *(parte de un grupo)* ⇒minoría **2** ⇒minoría [social]: *ethnic minority* - minoría étnica

↑**mint** /mɪnt/ **I** *n* [U] **1** ⇒menta ⇒hierbabuena **I** *n* [C] **2** ⇒caramelo de menta **3 the Royal Mint** ⇒la casa de la moneda

minus¹ /ˈmaɪ.nəs/ *prep* **1** *(en matemáticas)* ⇒menos **2** *(inform)* ⇒sin ■ PRON. La primera sílaba rima con *my*

minus² /ˈmaɪ.nəs/ *adj (temperatura): minus two* - dos bajo cero ■ PRON. La primera sílaba rima con *my*

minus³ /ˈmaɪ.nəs/ [*pl* minusses, minuses] *n* [C] **1** *(en matemáticas)* ⇒menos ⇒signo menos **2** ⇒desventaja ⇒dificultad ■ PRON. La primera sílaba rima con *my*

↑**minute¹** /ˈmɪn.ɪt/ *n* [C] **1** ⇒minuto **2 (at) any ~** ⇒en cualquier momento

minute² UK: /maɪˈnjuːt/ US: /-ˈnuːt/ *adj* **1** ⇒diminuto,ta **2** ⇒minucioso,sa ■ PRON. La *u* se pronuncia como *you*

minutes to take the ~ *(en una reunión)* ⇒levantar acta

↑**miracle** /ˈmɪr.ɪ.kl̩/ *n* [C] ⇒milagro: *It's a miracle* - Es un milagro

miraculous /mɪˈræk.jʊ.ləs/ *adj* ⇒milagroso,sa

mirage /mɪˈrɑːʒ/ *n* [C] ⇒espejismo

↑**mirror¹** UK: /ˈmɪr.əʳ/ US: /-ə/ *n* [C] ⇒espejo: *to look at oneself in the mirror* - mirarse en el espejo

mirror² UK: /ˈmɪr.əʳ/ US: /-ə/ *v* [T] ⇒retratar ⇒reflejar

mirth UK: /mɜːθ/ US: /mɝːθ/ *n* [U] *(form)* ⇒dicha ⇒risas

misbehave /ˌmɪs.bɪˈheɪv/ [misbehaved, misbehaving] *v* [I] ⇨comportarse mal

miscarriage UK: /ˈmɪsˌkær.ɪdʒ/ US: /-ˌker-/ *n* [C, U] ⇨aborto [accidental]: *to have a miscarriage* - sufrir un aborto ■ PRON. La última *a* no se pronuncia

miscellaneous /ˌmɪs.ᵊlˈeɪ.ni.əs/ *adj* ⇨variado,da ⇨misceláneo,a

mischief /ˈmɪs.tʃɪf/ *n* [U] ⇨travesuras: *to get up to mischief* - hacer travesuras

mischievous /ˈmɪs.tʃɪ.vəs/ *adj* ⇨travieso,sa ⇨pícaro,ra

misconception /ˌmɪs.kənˈsep.ʃᵊn/ *n* [C] ⇨idea equivocada

misconduct UK: /ˌmɪsˈkɒn.dʌkt/ US: /-ˈkɑːn-/ *n* [U] *(form)* ⇨mala conducta ⇨mal comportamiento

↑ **miserable** UK: /ˈmɪz.ᵊr.ə.bl̩/ US: /-ɚ-/ *adj* **1** ⇨triste ⇨abatido,da **2** ⇨muy desagradable **3** *(inform)* ⇨insignificante ⇨mísero,ra ■ Distinto de *wretched* (miserable)

misery UK: /ˈmɪz.ᵊr.i/ US: /-ɚ-/ ▮ *n* [C] **1** ⇨pena ⇨miseria ⇨aflicción ■ El plural es *miseries* ▮ *n* [U] **2** ⇨miseria ⇨pobreza **3** **to put *sb* out of their ~** *(inform)* ⇨sacar a alguien de la duda

misfortune UK: /ˌmɪsˈfɔː.tʃuːn/ US: /-ˈfɔːr.tʃən/ ▮ *n* [U] **1** ⇨mala suerte ⇨yeta AMÉR. *col.* ▮ *n* [C] **2** ⇨desgracia

misgiving /ˌmɪsˈgɪv.ɪŋ/ *n* [C, U] ⇨duda ⇨recelo

misguided /ˌmɪsˈgaɪ.dɪd/ *adj* **1** *(un plan, un proyecto)* ⇨descaminado,da ⇨mal orientado,da **2** *(una creencia, una actitud)* ⇨desacertado,da ⇨equivocado,da

mishap /ˈmɪs.hæp/ *n* [C, U] ⇨percance ⇨contratiempo

misinform UK: /ˌmɪs.ɪnˈfɔːm/ US: /-ˈfɔːrm/ *v* [T] ⇨informar mal: *We were misinformed* - Nos informaron mal ■ CONSTR. Se usa más en pasiva

misinterpret UK: /ˌmɪs.ɪnˈtɜː.prɪt/ US: /-ˈtɝː-/ *v* [T] ⇨malinterpretar

misjudge /ˌmɪsˈdʒʌdʒ/ [misjudged, misjudging] *v* [T] **1** ⇨juzgar erróneamente **2** ⇨calcular mal

mislaid past tense and past participle forms of **mislay**

mislead, misled, misled /ˌmɪsˈliːd/ *v* [T] **1** ⇨engañar: *Don't be misled by his good manners* - No te dejes engañar por sus buenos modales **2** ⇨llevar a conclusiones erróneas ■ CONSTR. Se usa más en pasiva

misled past tense and past participle forms of **mislead**

misname [misnamed, misnaming] *v* [T] ⇨denominar inapropiada e incorrectamente

misogynist UK: /mɪˈsɒdʒ.ɪ.nɪst/ US: /-ˈsɑː.dʒɪ-/ *adj, n* [C] ⇨misógino,na

misplaced /ˌmɪsˈpleɪst/ *adj (un sentimiento o una creencia)* ⇨equivocado,da ⇨fuera de lugar

misprint /ˈmɪs.prɪnt/ *n* [C] ⇨error de imprenta ⇨errata

misread, misread, misread /ˌmɪsˈriːd/ *v* [T] **1** ⇨leer mal: *I think I have misread it* - Creo que lo he leído mal **2** ⇨malinterpretar

misrepresent /ˌmɪs.rep.rɪˈzent/ *v* [T] ⇨tergiversar ⇨falsear

↑ **miss[1]** [misses] ▮ *v* [T] **1** ⇨echar de menos: *I miss you* - Te echo de menos; *I didn't miss my wallet until we asked for the bill* - No eché de menos mi cartera hasta que pedimos la cuenta ■ CONSTR. to miss + doing sth **2** *(a una clase, a una reunión)* ⇨faltar **3** ⇨no ver ⇨perder **4** ⇨perder ⇨no oír **5** ⇨perder: *I missed the train* - He perdido el tren; *You've just missed her* - Se acaba de marchar ▮ *v* [T, I] **6** ⇨errar ⇨fallar **7** **to ~ the point** ⇨no entender algo

PHRASAL VERBS

- **to miss out** **1** ⇨perder(se): *You really missed out on a great opportunity* - Te perdiste una gran oportunidad **2** ⇨saltarse
- **to miss *sth/sb* out [M]** *UK* ⇨excluir ⇨olvidar

miss[2] [*pl* misses] *n* [C] **1** *(en deportes)* ⇨fallo ⇨tiro errado **2** **to give *sth* a ~** *UK (inform)* ⇨pasar de hacer algo *col.;* ⇨no hacer algo

↑ **Miss** /mɪs/ *n* ⇨señorita ■ Se usa con un apellido y designa a una mujer soltera o a una niña

↑ **missile** UK: /ˈmɪs.aɪl/ US: /-[ə]l/ *n* [C] ⇨misil

↑ **missing** /ˈmɪs.ɪŋ/ *adj* **1** ⇨perdido,da ⇨desaparecido,da ⇨extraviado,da **2** *There are a few students missing* - Faltan algunos alumnos

↑ **mission** /ˈmɪʃ.ᵊn/ *n* [C] ⇨misión: *to be on a secret mission* - estar en una misión secreta

missionary UK: /ˈmɪʃ.ᵊn.ri/ US: /-er.i/ [*pl* missionaries] *n* [C] ⇨misionero,ra: *to be a missionary in Africa* - ser misionero en África

mist[1] /mɪst/ *n* [C, U] **1** ⇨neblina **2** ⇨bruma **3** **in the mists of time** ⇨en la noche de los tiempos

↑ **mist[2]** /mɪst/

PHRASAL VERBS

- **to mist {over/up}** **1** *(un cristal)* ⇨empañar(se) **2** *(los ojos)* ⇨empañar(se) ⇨llenarse de lágrimas

↑ **mistake[1]** /mɪˈsteɪk/ *n* [C] **1** ⇨error ⇨equivocación ⇨falla AMÉR. ■ CONSTR. to make a mistake **2** **by ~** ⇨por error

mistake[2], mistook, mistaken /mɪˈsteɪk/ [mistaking] *v* [T] ⇨malinterpretar

PHRASAL VERBS

- **to mistake *sth/sb* for *sth/sb*** ⇨confundir: *I mistook you for your brother* - Te confundí con tu hermano

mistaken[1] /mɪˈsteɪ.kᵊn/ past participle of **mistake**

M

mistaken² /mɪˈsteɪ.kᵊn/ *adj* ⇨confundido,da ⇨equivocado,da
Mister UK: /ˈmɪs.təʳ/ US: /-tə/ [*pl* Messrs] *n* ⇨señor ■ La forma abreviada es *Mr*
mistletoe UK: /ˈmɪs.l̩.təʊ/ US: /-toʊ/ *n* [U] *(planta)* ⇨muérdago
mistook past tense of **mistake**
mistreat /ˌmɪsˈtriːt/ *v* [T] ⇨maltratar
mistress /ˈmɪs.trəs/ [*pl* mistresses] *n* [C] **1** ⇨amante [de un hombre] ⇨querida [de un hombre] **2** *(old-fash)* ⇨dueña [de un animal]
mistrust¹ /ˌmɪsˈtrʌst/ *n* [U] ⇨recelo ⇨desconfianza
mistrust² /ˌmɪsˈtrʌst/ *v* [T] ⇨recelar ⇨desconfiar
misty /ˈmɪs.ti/ *adj* [*comp* mistier, *superl* mistiest] **1** *(un día)* ⇨neblinoso,sa ⇨con neblina **2** *(un cristal)* ⇨empañado,da **3** *(un ojo)* ⇨lloroso,sa
misunderstand, misunderstood, misunderstood UK: /ˌmɪs.ʌn.dəˈstænd/ US: /-dɚ-/ *v* [T, I] ⇨entender mal ⇨malinterpretar
misunderstood past tense and past participle forms of **misunderstand**
misuse /ˌmɪsˈjuːs/ *n* [C, U] **1** ⇨abuso **2** ⇨mal empleo ⇨despilfarro
mitigate UK: /ˈmɪt.ɪ.geɪt/ US: /ˈmɪˁt̬-/ [mitigated, mitigating] *v* [T] *(form)* ⇨mitigar ⇨paliar
↑**mix¹** /mɪks/ [mixes] *v* [T, I] ⇨mezclar
PHRASAL VERBS
· **to mix *sth/sb* up** [M] ⇨confundir: *I always mix you up with your sister* - Siempre te confundo con tu hermana
mix² /mɪks/ [*pl* mixes] ▌*n* [C] **1** ⇨mezcla ⇨combinación ▌*n* [C, U] **2** *(en cocina)* ⇨preparado
mixed /mɪkst/ *adj* **1** ⇨mezclado,da ⇨variado,da **2** *(en educación)* ⇨mixto,ta **3** *(en tenis)* ⇨mixto,ta **4 ~ salad** ⇨ensalada mixta
mixed-ability UK: /ˌmɪkst.əˈbɪl.ɪ.ti/ US: /-ə.ˁt̬i/ *adj* *mixed-ability classes* - clases con alumnos de diferentes niveles
mixer UK: /ˈmɪk.səʳ/ US: /-sɚ/ *n* [C] **1** ⇨batidora **2** ⇨refresco [para mezclar con una bebida alcohólica] **3 a bad ~** ⇨una persona poco sociable **4 a good ~** ⇨una persona muy sociable
↑**mixture** UK: /ˈmɪks.tʃəʳ/ US: /-tʃɚ/ *n* [C] ⇨mezcla ⇨combinación
mix-up /ˈmɪks.ʌp/ *n* [C] *(inform)* ⇨confusión ⇨lío
mm *n* [C] ⇨forma abreviada de **milimetre** (milímetro)
moan¹ UK: /məʊn/ US: /moʊn/ *v* [I] **1** ⇨gemir **2** ⇨quejarse: *He is always moaning about his marks* - Siempre se está quejando de sus notas ■ CONSTR. 1. to moan + (that) 2. to moan about sth
moan² UK: /məʊn/ US: /moʊn/ *n* [C] **1** ⇨gemido **2** ⇨queja
mob¹ UK: /mɒb/ US: /mɑːb/ ▌*n* [C] **1** ⇨muchedumbre ⇨masa [de gente] ■ Por ser un nombre colectivo se puede usar con el verbo en singular o en plural ▌*n* [NO PL] **2** *(inform)* ⇨mafia
mob² UK: /mɒb/ US: /mɑːb/ [mobbed, mobbing] *v* [T] ⇨acosar ⇨abalanzarse ■ CONSTR. Se usa más en pasiva
↑**mobile** UK: /ˈməʊ.baɪl/ US: /ˈmoʊ.b[ə]l/ *adj* **1** ⇨móvil **2** ⇨portátil **3** ⇨ambulante: *mobile library* - biblioteca ambulante
mobile home *n* [C] ⇨caravana ⇨remolque
↑**mobile (phone)** *UK n* [C] ⇨teléfono móvil ⇨celular *AMÉR.* ■ PRON. La *o* en *mobile* es larga, como en el término inglés *no* y *bi* rima con *my* ■ Ver cuadro teléfono móvil
mobilize UK: /ˈməʊ.bɪ.laɪz/ US: /ˈmoʊ-/ [mobilized, mobilizing] ▌*v* [T] **1** ⇨movilizar ▌*v* [T, I] **2** *(tropas militares)* ⇨reclutar ⇨llamar a filas
mock¹ UK: /mɒk/ US: /mɑːk/ *v* [T] ⇨burlarse
mock² UK: /mɒk/ US: /mɑːk/ *adj* **1** ⇨de imitación ⇨falso,sa **2** ⇨de prueba: *a mock exam* - un examen de prueba
mockery UK: /ˈmɒk.ᵊr.i/ US: /ˈmɑː.kɚ-/ *n* [U] **1** ⇨burla **2 to make a ~ of *sth*** ⇨ridiculizar algo
modal (verb) UK: /ˌməʊ.dᵊlˈvɜːb/ US: /ˌmoʊ.d[ə]lˈvɝːb/ *n* [C] *(en gramática)* ⇨verbo modal ■ Ver cuadro
↑**mode** UK: /məʊd/ US: /moʊd/ *n* [C] **1** *(form)* ⇨modo ⇨forma ⇨medio **2** ⇨moda
↑**model¹** UK: /ˈmɒd.ᵊl/ US: /ˈmɑː.d[ə]l/ *n* [C] **1** ⇨modelo ⇨maqueta ⇨miniatura **2** *(oficio)* ⇨modelo ⇨maniquí **3** ⇨modelo ⇨ejemplo ⇨guía **4** ⇨modelo ⇨diseño
model² UK: /ˈmɒd.ᵊl/ US: /ˈmɑː.d[ə]l/ [modelled, modelling; *US* modeled, modeling] ▌*v* [T] **1** ⇨modelar ▌*v* [T, I] **2** ⇨ser modelo (de): *She's modelled for several designers* - Ha sido modelo para varios diseñadores **3 to be modelled on *sth*** ⇨estar basado,da en algo ⇨inspirarse en algo **4 to ~ *oneself* on *sb*** ⇨imitar a alguien ⇨inspirarse en alguien
modem UK: /ˈməʊ.dem/ US: /ˈmoʊ.dəm/ *n* [C] *(en informática)* ⇨módem
moderate¹ UK: /ˈmɒd.ᵊr.ət/ US: /ˈmɑː.dɚ-/ *adj* ⇨moderado,da
moderate² UK: /ˈmɒd.ᵊr.eɪt/ US: /ˈmɑː.də.reɪt/ [moderated, moderating] *v* [T, I] ⇨moderar(se)
↑**modern** UK: /ˈmɒd.ᵊn/ US: /ˈmɑː.dɚn/ *adj* ⇨moderno,na: *modern architecture* - arquitectura moderna
↑**modest** UK: /ˈmɒd.ɪst/ US: /ˈmɑː.dɪst/ *adj* **1** ⇨modesto,ta ⇨sencillo,lla **2** *(una persona)* ⇨modesto,ta ⇨humilde
modesty UK: /ˈmɒd.ɪ.sti/ US: /ˈmɑː.dɪ-/ *n* [U] ⇨modestia: *in all modesty* - con toda modestia
modify UK: /ˈmɒd.ɪ.faɪ/ US: /ˈmɑː.dɪ-/ [modifies, modified] *v* [T] ⇨modificar

module UK: /ˈmɒd.juːl/ US: /ˈmɑː.dʒuːl/ *n* [C] ⇨módulo: *The course consists of eight modules* - El curso está formado por ocho módulos

mogul UK: /ˈməʊ.gəl/ US: /ˈmoʊ-/ *n* [C] ⇨magnate: *an oil mogul* - un magnate del petróleo

moist /mɔɪst/ *adj* **1** ⇨húmedo,da **2** ⇨esponjoso,sa: *a moist cake* - un bizcocho esponjoso ■ Tiene un matiz positivo. Comparar con *damp*

mold UK: /məʊld/ US: /moʊld/ *US n* [C, U], *v* [T] See **mould**

mole UK: /məʊl/ US: /moʊl/ *n* [C] **1** *(animal)* ⇨topo **2** *(en la piel)* ⇨lunar **3** *(inform)* ⇨topo *col.*; ⇨infiltrado,da

molecule UK: /ˈmɒl.ɪ.kjuːl/ US: /ˈmɑː.lɪ-/ *n* [C] ⇨molécula

molest /məˈlest/ *v* [T] **1** ⇨agredir sexualmente **2** ⇨meterse con ⇨atacar ⇨importunar ■ Distinto de *to annoy* (molestar)

† **mom** UK: /mɒm/ US: /mɑːm/ *US* (*UK* **mum**) *n* [C] *(inform)* ⇨mamá

† **moment** UK: /ˈməʊ.mənt/ US: /ˈmoʊ-/ *n* [C] **1** ⇨momento ⇨instante **2 at the ~** ⇨en este momento ⇨actualmente **3 for the ~** ⇨de momento **4 the ~ of truth** ⇨la hora de la verdad **5 the ~ (that)** ⇨en cuanto ■ La forma abreviada es *mo*

momentarily UK: /ˌməʊ.mənˈter.ɪ.li/ US: /ˌmoʊ-/ *adv* ⇨momentáneamente

momentary UK: /ˈməʊ.mən.tri/ US: /ˈmoʊ-/ *adj* ⇨momentáneo,a: *She suffered from momentary amnesia* - Tenía amnesia momentánea

momentous UK: /məˈmen.təs/ US: /-ˤt̬əs/ *adj* ⇨crucial ⇨trascendental

† **momentum** UK: /məˈmen.təm/ US: /-ˤt̬əm/ *n* [U] **1** ⇨impulso **2** ⇨ímpetu **3 to {gain/gather} ~ 1** ⇨coger velocidad **2** ⇨ganar fuerza

† **mommy** UK: /ˈmɒm.i/ US: /ˈmɑː.mi/ [*pl* mommies] *US* (*UK* **mummy**) *n* [C] *(inform)* ⇨mamá ■ Pertenece al lenguaje infantil

monarch UK: /ˈmɒn.ək/ US: /ˈmɑː.nək/ [*pl* monarches] *n* [C] ⇨monarca

monarchy UK: /ˈmɒn.ə.ki/ US: /ˈmɑː.nɚ-/ [*pl* monarchies] *n* [C, U] ⇨monarquía

monastery UK: /ˈmɒn.ə.stri/ US: /ˈmɑː.nə.ster.i/ [*pl* monasteries] *n* [C] ⇨monasterio

monastic /məˈnæs.tɪk/ *adj* **1** ⇨monástico,ca ⇨monacal **2** *(un modo de vida)* ⇨monacal ⇨austero,ra

† **Monday** /ˈmʌn.deɪ/ *n* [C, U] ⇨lunes: *See you on Monday* - Te veo el lunes; *The meeting is next Monday* - La reunión es el lunes que viene ■ La forma abreviada es *Mon*

† **monetary** /ˈmʌn.ɪ.tri/ *adj* ⇨monetario,ria: *monetary policy* - política monetaria

modal verbs

Los verbos modales en inglés son:

can, could
may, might
must
will, would
shall
should, ought

Y a veces "**dare**" y "**need**".

Estas son algunas de las características de los verbos modales:

- No tienen infinitivo con "to" (no existe: "to can").
- Solo tienen una forma. No añaden "-s" a la 3.ª persona singular del presente:
  - *Catherine* ***can*** *ski.* (Catherine sabe esquiar.)
  - *Christopher must be home at 11.* (Christopher tiene que estar en casa a las 11.)
- Siempre van seguidos de un verbo principal en infinitivo sin "to" (excepto en el caso de "ought"):
  - *It* ***might*** *snow today.* (Podría nevar hoy.)
  - *He* ***can*** *do it.* (Puede hacerlo.)

  Pero:
  - *You* ***ought*** *to work a bit harder.* (Deberías trabajar más.)
- En oraciones negativas, se añade "not" detrás del verbo modal:
  - *I* ***couldn't*** *speak until I was three.* (No empecé a hablar hasta los tres años.)
  - *You* ***shouldn't*** *go out without a coat. It's freezing.* (No deberías salir sin abrigo. Hace mucho frío.)
- En oraciones interrogativas, el verbo modal va delante del sujeto:
  - *When* ***will*** *you phone me?* (¿Cuándo me llamarás?)
  - *How* ***dare*** *you call me a coward?* (¿Cómo te atreves a llamarme cobarde?)

† **money** /ˈmʌn.i/ *n* [U] **1** ⇒dinero ⇒lana *AMÉR. col.* **2 to make ~** ⇒ganar dinero ⇒hacer fortuna **3 to save ~** ⇒ahorrar dinero

Mongol *n* [C] See **Mongolian**

Mongolia UK: /mɒŋˈgəʊ.li.ə/ US: /mɑːŋˈgoʊ-/ *n* [U] ⇒Mongolia

Mongolian UK: /mɒŋˈgəʊ.li.ən/ US: /mɑːŋˈgoʊ-/ (*tb* **Mongol**) *adj, n* [C] ⇒mongol,-a

mongrel /ˈmʌŋ.grəl/ *n* [C] ⇒chucho,cha *col.;* ⇒perro,rra

monitor[1] UK: /ˈmɒn.ɪ.təʳ/ US: /ˈmɑː.nɪ.ˤt̬ə/ *n* [C] **1** ⇒monitor [de un ordenador] **2** ⇒monitor [para medir] **3** ⇒supervisor,-a ⇒monitor,-a

monitor[2] UK: /ˈmɒn.ɪ.təʳ/ US: /ˈmɑː.nɪ.ˤt̬ə/ *v* [T] ⇒controlar ⇒observar

monk /mʌŋk/ *n* [C] ⇒monje

† **monkey** /ˈmʌŋ.ki/ *n* [C] **1** ⇒mono,na ⇒simio,mia **2** *(inform) (niño)* ⇒mocoso,sa *col.* **3** *I don't give a mokey's* - Me importa un pepino

monogamy UK: /məˈnɒg.ə.mi/ US: /məˈnɑː.gə-/ *n* [U] ⇒monogamia

monologue UK: /ˈmɒn.əl.ɒg/ US: /ˈmɑː.nə.lɑːg/ *n* [C] ⇒monólogo

† **monopoly** UK: /məˈnɒp.əl.i/ US: /-ˈnɑː.p[ə]l-/ [*pl* monopolies] *n* [C] ⇒monopolio

monotonous UK: /məˈnɒt.ən.əs/ US: /-ˈnɑː.ˤt̬[ə]n-/ *adj* ⇒monótono,na: *a monotonous speech* - un discurso monótono

monsoon UK: /mɒnˈsuːn/ US: /mɑːn-/ *n* [C] ⇒monzón

† **monster** UK: /ˈmɒnt.stəʳ/ US: /ˈmɑːnt.stə/ *n* [C] **1** ⇒monstruo **2** ⇒gigante

monstrous UK: /ˈmɒnt.strəs/ US: /ˈmɑːnt-/ *adj* ⇒monstruoso,sa

† **month** /mʌntθ/ *n* [C] ⇒mes: *a whole month* - un mes entero; *twice a month* - dos veces al mes

monthly[1] /ˈmʌnt.θli/ *adj* ⇒mensual: *a monthly magazine* - una revista mensual

monthly[2] /ˈmʌnt.θli/ *adv* ⇒mensualmente: *This magazine comes out monthly* - Esta revista sale mensualmente

† **monument** UK: /ˈmɒn.jʊ.mənt/ US: /ˈmɑːn-/ *n* [C] ⇒monumento: *the city's historic monuments* - los monumentos de la ciudad

moo /muː/ *v* [I] ⇒mugir

† **mood** /muːd/ *n* [C] **1** ⇒humor: *He is in a bad mood today* - Hoy está de mal humor **2** ⇒ánimo **3** *(en gramática)* ⇒modo **4 to be in the ~ to do sth** (*tb* **to be in the mood for sth**) ⇒tener ganas de ⇒estar de humor para

moody /ˈmuː.di/ *adj* [*comp* moodier, *superl* moodiest] **1** ⇒malhumorado,da **2** ⇒taciturno,na

moon /muːn/ *n* [C] **1** ⇒luna **2 to be over the ~** *(inform)* ⇒estar como unas pascuas *col.*: *He was over the moon about his grades* - Estaba como unas pascuas con sus notas

moonlight /ˈmuːn.laɪt/ *n* [U] ⇒luz de luna

moonlit /ˈmuːn.lɪt/ *adj* ⇒iluminado,da [por la luna]

moonstone *n* [C] *(mineral)* ⇒feldespato

moor[1] UK: /mɔːʳ/ UK: /mʊəʳ/ US: /mʊr/ *n* [C] ⇒páramo

moor[2] UK: /mɔːʳ/ UK: /mʊəʳ/ US: /mʊr/ *v* [T, I] ⇒amarrar: *to moor a boat* - amarrar un barco

Moor *adj, n* [C] ⇒moro,ra

moorland UK: /ˈmɔː.lənd/ UK: /ˈmʊə-/ US: /ˈmʊr-/ *n* [C, U] ⇒páramo

moose /muːs/ [*pl* moose] *n* [C] ⇒alce

mop[1] UK: /mɒp/ US: /mɑːp/ *n* [C] ⇒fregona ⇒trapeador *AMÉR.*

mop[2] UK: /mɒp/ US: /mɑːp/ [mopped, mopped] *v* [T] ⇒fregar ⇒trapear *AMÉR.*

PHRASAL VERBS

- **to mop *sth* up [M] 1** *(una superficie)* ⇒limpiar [con una fregona o un trapo] **2** ⇒acabar con algo

† **moral**[1] UK: /ˈmɒr.əl/ US: /ˈmɔːr-/ *adj* ⇒moral: *moral support* - apoyo moral

moral[2] UK: /ˈmɒr.əl/ US: /ˈmɔːr-/ *n* [C] ⇒moraleja: *And the moral of the story is...* - Y la moraleja de la historia es...

morale /məˈrɑːl/ *n* [U] ⇒moral ⇒ánimo

morals UK: /ˈmɒr.əlz/ US: /ˈmɔːr-/ *n* [PL] ⇒moralidad ⇒moral [conjunto de valores y normas de conducta]

morbid UK: /ˈmɔː.bɪd/ US: /ˈmɔːr-/ *adj* **1** ⇒morboso,sa **2** *(en medicina)* ⇒mórbido,da

† **more**[1] UK: /mɔːʳ/ US: /mɔːr/ *adj* **1** the comparative form of **many**, **much** and **a lot of**: *You've read more books than I have* - Has leído más libros que yo **2 ~ and ~** ⇒más y más ⇒cada vez más **3 ~ or less 1** ⇒casi: *We've more or less finished* - Casi hemos acabado **2** ⇒más o menos: *It's more or less five kilometres away* - Está más o menos a cinco kilómetros

† **more**[2] UK: /mɔːʳ/ US: /mɔːr/ *adv* **1** the comparative form of **very** **2 ~ and ~** ⇒cada vez más **3 ~ or less** ⇒más o menos **4 once ~** ⇒una vez más ⇒otra vez

† **moreover** UK: /ˌmɔːˈrəʊ.vəʳ/ US: /ˌmɔːrˈoʊ.və/ *adv* *(form)* ⇒además ⇒asimismo

morgue UK: /mɔːg/ US: /mɔːrg/ *n* [C] ⇒depósito de cadáveres

† **morning** UK: /ˈmɔː.nɪŋ/ US: /ˈmɔːr-/ *n* [C, U] **1** *(parte del día)* ⇒mañana **2** ⇒madrugada ■ La forma abreviada es *morn* ■ Ver cuadro partes del día

Moroccan UK: /məˈrɒk.ən/ US: /-ˈrɑː-/ *adj, n* [C] ⇒marroquí

Morocco UK: /məˈrɒk.əʊ/ US: /-ˈrɑː.koʊ/ *n* [U] ⇒Marruecos

M

moron UK: /ˈmɔː.rɒn/ US: /ˈmɔːr.ɑːn/ *n* [C] *(inform, offens)* ⇒imbécil *desp.;* ⇒zoquete *col. desp.*

morose UK: /məˈrəʊs/ US: /-ˈroʊs/ *adj* ⇒malhumorado,da ■ Distinto de *in arrears* (moroso)

morphine UK: /ˈmɔː.fiːn/ US: /ˈmɔːr-/ *n* [U] ⇒morfina: *a morphine injection* - una inyección de morfina

morsel UK: /ˈmɔː.sᵊl/ US: /ˈmɔːr-/ *n* [C] ⇒pizca [de comida] ⇒bocado [de comida]

mortal[1] UK: /ˈmɔː.tᵊl/ US: /ˈmɔːr.ˁt̬[ə]l/ *adj* ⇒mortal: *his mortal remains* - sus restos mortales

mortal[2] UK: /ˈmɔː.tᵊl/ US: /ˈmɔːr.ˁt̬[ə]l/ *n* [C] *(lit)* ⇒mortal: *mere mortals* - simples mortales

mortar UK: /ˈmɔː.təʳ/ US: /ˈmɔːr.tɚ/ ▌*n* [C] **1** *(arma)* ⇒mortero **2** *(en cocina)* ⇒mortero ▌*n* [U] **3** ⇒argamasa

mortgage[1] UK: /ˈmɔː.gɪdʒ/ US: /ˈmɔːr-/ *n* [C] ⇒hipoteca ■ PRON. La última *a* se pronuncia la *i* en *did*

↑**mortgage[2]** UK: /ˈmɔː.gɪdʒ/ US: /ˈmɔːr-/ [mortgaged, mortgaging] *v* [T] ⇒hipotecar

mortify UK: /ˈmɔː.tɪ.faɪ/ US: /ˈmɔːr.ˁt̬ə-/ [mortifies, mortified] *v* [T] ⇒avergonzar

mortuary UK: /ˈmɔː.tjʊ.ri/ US: /ˈmɔːr.tʃu.er.i/ [*pl* mortuaries] *n* [C] ⇒depósito de cadáveres

mosaic UK: /məʊˈzeɪ.ɪk/ US: /moʊ-/ *n* [C] ⇒mosaico

Moslem UK: /ˈmʊz.lɪm/ US: /ˈmɑːz.lem/ (*tb* **Muslim**) *adj, n* [C] ⇒musulmán,-a

↑**mosque** UK: /mɒsk/ US: /mɑːsk/ *n* [C] ⇒mezquita: *to visit a mosque* - visitar una mezquita

mosquito UK: /məˈskiː.təʊ/ US: /-ˁt̬oʊ/ [*pl* mosquitoes] *n* [C] ⇒mosquito ⇒zancudo AMÉR.

moss UK: /mɒs/ US: /mɑːs/ [*pl* mosses] *n* [C, U] ⇒musgo: *a tree covered in moss* - un árbol cubierto de musgo

↑**most[1]** UK: /məʊst/ US: /moʊst/ *adj, n* [U] **1** the superlative form of **many**, **much** and **a lot of**: *I have more books than John, but Sally has the most of all* - Yo tengo más libros que John, pero Sally es la que más libros tiene ■ CONSTR. Se usa con el artículo definido *the* **2** ⇒la mayoría ⇒la mayor parte ■ Se usa normalmente con un verbo en plural

↑**most[2]** UK: /məʊst/ US: /moʊst/ *adv* **1** the superlative form of **very**: *the most interesting* - lo más interesante ■ CONSTR. Se usa con el artículo definido *the* **2** ⇒muy: *most likely* - muy probablemente **3** *US (inform)* ⇒casi: *most every evenings* - casi todas las tardes **4 at (the)** ~ ⇒como mucho **5 the** ~ *He ate the most* - Él fue el que más comió

mostly UK: /ˈməʊst.li/ US: /ˈmoʊst-/ *adv* **1** ⇒principalmente ⇒generalmente **2** *My friends are mostly of my age* - La mayoría de mis amigos son de mi edad

moth UK: /mɒθ/ US: /mɑːθ/ *n* [C] ⇒polilla

↑**mother** UK: /ˈmʌð.əʳ/ US: /-ɚ/ *n* [C] ⇒madre: *to be like a mother to sb* - ser como una madre para alguien

mother-in-law UK: /ˈmʌð.ə.rɪn.ˌlɔː/ US: /-ɚ.ɪn.ˌlɑː/ [*pl* mothers-in-law] *n* [C] ⇒suegra

Mother's Day UK: /ˈmʌð.əz.ˌdeɪ/ US: /-ɚz-/ *n* [U] ⇒día de la madre

motif UK: /məʊˈtiːf/ US: /moʊ-/ *n* [C] **1** ⇒motivo [decorativo] ⇒adorno **2** *(en una obra musical o literaria)* ⇒motivo ⇒tema

motion[1] UK: /ˈməʊ.ʃᵊn/ US: /ˈmoʊ-/ *n* [C, U] **1** ⇒movimiento: *to be in motion* - estar en movimiento **2** ⇒gesto ⇒ademán **3** *(en una reunión)* ⇒moción **4 to go through the motions 1** ⇒cumplir con las formalidades **2** ⇒hacer algo sin interés **5 to {put/set} *sth* in ~** ⇒poner algo en marcha

motion[2] UK: /ˈməʊ.ʃᵊn/ US: /ˈmoʊ-/ **to ~ {for/to} *sb* (to do *sth*)** ⇒hacer señas a alguien para que haga algo

motionless UK: /ˈməʊ.ʃᵊn.ləs/ US: /ˈmoʊ-/ *adj* ⇒inmóvil: *to remain motionless* - quedarse inmóvil

motivate UK: /ˈməʊ.tɪ.veɪt/ US: /ˈmoʊ.ˁt̬ɪ-/ [motivated, motivating] *v* [T] ⇒motivar ■ CONSTR. to motivate sb + to do sth

motivation UK: /ˌməʊ.tɪˈveɪ.ʃᵊn/ US: /ˌmoʊ.ˁt̬ɪ-/ ▌*n* [U] **1** ⇒motivación ▌*n* [C] **2** ⇒motivo ⇒móvil

↑**motive** UK: /ˈməʊ.tɪv/ US: /ˈmoʊ.ˁt̬ɪv/ *n* [C] ⇒motivo: *What were the motives for her refusal?* - ¿Cuáles fueron los motivos para su negación?; ⇒razón

↑**motor** UK: /ˈməʊ.təʳ/ US: /ˈmoʊ.ˁt̬ɚ/ *n* [C] **1** ⇒motor ■ Normalmente se usa para aparatos eléctricos. Comparar con *engine* **2** *UK (inform)* ⇒coche

↑**motorbike** UK: /ˈməʊ.tə.baɪk/ US: /ˈmoʊ.ˁt̬ɚ-/ *n* [C] ⇒motocicleta ⇒moto

motorcycle UK: /ˈməʊ.tə.ˌsaɪ.kl̩/ US: /ˈmoʊ.ˁt̬ɚ-/ *n* [C] ⇒motocicleta

motorist UK: /ˈməʊ.tᵊr.ɪst/ US: /ˈmoʊ.ˁt̬ɚ-/ *n* [C] ⇒conductor,-a [de coche] ■ Distinto de *motorcyclist* (motorista)

↑**motorway** UK: /ˈməʊ.tə.weɪ/ US: /ˈmoʊ.ˁt̬ɚ-/ *UK* (*US* **expressway/freeway/highway**) *n* [C] ⇒autopista: *Let's take the motorway* - Vamos por la autopista

mottled UK: /ˈmɒt.l̩d/ US: /ˈmɑː.ˁt̬l̩d/ *adj* **1** ⇒con manchas en la piel **2** *(una tela)* ⇒moteado,da ⇒jaspeado,da

motto UK: /ˈmɒt.əʊ/ US: /ˈmɑː.ˁt̬oʊ/ [*pl* mottoes, mottos] *n* [C] ⇒lema ⇒máxima

mould[1] UK: /məʊld/ US: /moʊld/ *UK* (*US* **mold**) ▌*n* [C] **1** ⇒molde [de repostería] ▌*n* [U] **2** ⇒moho

mould[2] UK: /məʊld/ US: /moʊld/ *UK* (*US* **mold**) *v* [T] **1** ⇒moldear: *to mould clay* - moldear la arcilla **2** ⇒formar

mound /maʊnd/ *n* [C] **1** ⇒cerro ⇒montículo **2** ⇒montón ⇒pila *col.*

M

mount[1] /maʊnt/ *n* [C] **1** ⇨monte ■ La forma abreviada es *Mt* ■ Al dar el nombre de una montaña, se escribe con mayúscula inicial: *Mount Everest* **2** *(de caballo)* ⇨montura **3** ⇨soporte ⇨engaste ⇨montura

mount[2] /maʊnt/ ▮ *v* [T, I] **1** ⇨subir(se) ⇨montar ▮ *v* [T] **2** ⇨organizar ⇨montar **3** *(la emoción, la tensión)* ⇨aumentar **4** ⇨colocar

PHRASAL VERBS
· **to mount up** ⇨subir ⇨aumentar

↑ **mountain** UK: /ˈmaʊn.tɪn/ US: /-t[ə]n/ *n* [C] **1** ⇨montaña: *to climb a mountain* - escalar una montaña **2 a ~ of sth** *a mountain of paperwork* - una montaña de papeleo **3 ~ pass** ⇨puerto de montaña **4 ~ range** ⇨sierra ⇨cordillera

mountain biking *n* [U] ⇨ciclismo de montaña

mourn UK: /mɔːn/ US: /mɔːrn/ *v* [T, I] **1** ⇨estar de luto ⇨llorar la muerte **2** ⇨lamentar

mourning UK: /ˈmɔː.nɪŋ/ US: /ˈmɔːr-/ *n* [U] ⇨luto ⇨duelo

↑ **mouse** /maʊs/ [*pl* mice] *n* [C] **1** ⇨ratón **2** *(en informática)* ⇨ratón **3 ~ mat** *UK* (*US* **mouse pad**) *(en informática)* ⇨alfombrilla

mouse mat *UK* (*US* **mouse pad**) *n* [C] ⇨alfombrilla para el ratón [del ordenador]

mouse pad *US* (*UK* **mouse mat**) *n* [C] ⇨alfombrilla para el ratón [del ordenador]

mousse /muːs/ *n* [U] **1** ⇨mousse: *a chocolate mousse* - un mousse de chocolate **2** ⇨espuma [para el cabello]

↑ **moustache** UK: /mʊˈstɑːʃ/ US: /ˈmʌs.tæʃ/ (*US tb* **mustache**) *n* [C] ⇨bigote

↑ **mouth** /maʊθ/ *n* [C] **1** ⇨boca **2** ⇨desembocadura [de un río] **3** ⇨entrada [de una cueva] **4** *(offens) Shut your mouth!* - ¡Cierra el pico! *col.*

mouthful /ˈmaʊθ.fʊl/ *n* [C] **1** ⇨bocado **2** ⇨trago: *He drank the glass of milk in one mouthful* - Se bebió el vaso de leche de un trago **3** *(de aire, de humo)* ⇨bocanada

mouthpiece /ˈmaʊθ.piːs/ *n* [C] **1** *(del teléfono)* ⇨micrófono **2** *(de un instrumento musical)* ⇨boquilla **3** *(de una organización)* ⇨portavoz

movable /ˈmuː.və.bl/ *adj* ⇨movible

↑ **move**[1] /muːv/ [moved, moving] ▮ *v* [T, I] **1** ⇨mover(se): *Don't move* - No te muevas **2** ⇨cambiar [de sitio] ▮ *v* [T] **3** ⇨conmover: *I was very moved by the story* - La historia me conmovió mucho **4 to get sth/sb moving** ⇨poner(se) en marcha **5 to ~ {about/around} 1** ⇨moverse ⇨andar **2** ⇨mudarse: *He's moved around a lot in the past few years* - Se ha mudado mucho en los últimos años **6 to ~ {ahead/along}** ⇨avanzar **7 to ~ forward 1** ⇨avanzar **2** ⇨adelantar [en el tiempo] **8 to ~ sb (to do sth)** ⇨inducir a alguien [a hacer algo]

PHRASAL VERBS
· **to move (sth) away** ⇨alejar(se)
· **to move {in/into sth}** ⇨mudarse ⇨trasladarse
· **to move on (to sth)** ⇨seguir ⇨pasar a algo
· **to move out 1** ⇨mudarse [de casa]: *We're moving out at the end of the month* - Nos mudamos a finales de mes **2** *(las tropas)* ⇨retirar(se)

move[2] /muːv/ *n* [C, NO PL] **1** *(en un juego)* ⇨jugada **2** ⇨mudanza ⇨traslado **3** ⇨acción ⇨medida **4 to get a ~ on** *(informal)* ⇨darse prisa **5 to make a ~** ⇨irse: *It's time to make a move* - Es hora de irnos **6 to make the first ~** ⇨dar el primer paso

movement /ˈmuːv.mənt/ *n* [C, U] ⇨movimiento

↑ **movie** /ˈmuː.vi/ *n* [C] **1** *US* (*UK* **film**) ⇨película **2 the movies** *US* ⇨cine

movie theater *US* (*UK* **cinema**) *n* [C] ⇨cine: *What is playing at the local movie theater?* - ¿Qué ponen en el cine local?

moving /ˈmuː.vɪŋ/ *adj* **1** ⇨conmovedor,-a **2** ⇨móvil: *a moving part* - una pieza móvil

mow, mowed, mown UK: /məʊ/ US: /moʊ/ *v* [T, I] ⇨cortar [el césped]

PHRASAL VERBS
· **to mow sb down [M]** ⇨matar a alguien ⇨segar la vida de alguien

mown past participle of **mow**

Mozambican UK: /ˌməʊ.zæmˈbiː.kən/ US: /ˌmoʊ-/ *adj, n* [C] ⇨mozambiqueño,ña

Mozambique UK: /ˌməʊ.zæmˈbiːk/ US: /ˌmoʊ-/ *n* [U] ⇨Mozambique

↑ **MP** /ˌemˈpiː/ *n* [C] **1** ⇨forma abreviada de **Member of Parliament** (parlamentario,ria) **2** ⇨forma abreviada de **Military Police** (policía militar)

MP3 /ˌem.piːˈθriː/ *n* [C, U] ⇨MP3: *MP3 player* - reproductor MP3

↑ **Mr** UK: /ˈmɪs.təʳ/ US: /-tə/ *n* ⇨Sr.: *Mr Smith* - el Sr. Smith ■ Se usa con un apellido

↑ **Mrs** /ˈmɪs.ɪz/ *n* ⇨Sra.: *Mrs Reynolds* - la Sra. Reynolds ■ Se usa con un apellido y designa a una mujer casada

↑ **Ms** /məz, mɪz/ *n* ⇨Sra.: *Ms Robinson* - la Sra. Robinson ■ Se usa con un apellido, y no especifica el estado civil de la mujer

↑ **MS** /ˌemˈes/ *US n* [C] See **MSc**

MSc /ˌem.esˈsiː/ *UK* (*US* **MS**) *n* [C] ⇨forma abreviada de **Master of Science** (máster en una materia de Ciencias)

Mt *n* [C] ⇨forma abreviada de **mount** (monte)

↑ **much**[1] /mʌtʃ/ *adj, pron* [*comp* more, *superl* most] **1** *(en oraciones negativas)* ⇨mucho,cha **2** *(en oraciones interrogativas)* ⇨mucho,cha **3 as ~ as** ⇨tanto como: *I don't know as much English as she does* - No sé tanto inglés como ella **4 how**

much...? ⇒¿cuánto,ta...?: *How much butter is there in the fridge?* - ¿Cuánta mantequilla hay en la nevera?; *How much is it?* - ¿Cuánto es? ■ Se usa con nombres incontables. Comparar con *many* ■ Normalmente se usa en oraciones interrogativas o negativas. En oraciones afirmativas se usa *a lot of* **5 so ~** ⇒tanto,ta: *so much noise* - tanto ruido **6 too ~** ⇒demasiado,da: *It's too much for me* - Es demasiado para mí

↑ **much²** /mʌtʃ/ *adv* **1** ⇒mucho: *They don't go out much* - No salen mucho **2** *much to his surprise* - para gran sorpresa suya **3** ⇒muy: *a much-deserved rest* - un descanso muy merecido **4 as ~ as** ⇒a pesar de ⇒aunque ⇒por mucho que ⇒por más que

muck¹ /mʌk/ *n* [U] **1** *(inform)* ⇒porquería **2** ⇒estiércol

muck² /mʌk/

PHRASAL VERBS

· **to muck {about/around}** *UK (inform)* ⇒hacer el tonto *col.*

· **to muck *sth* up [M]** **1** *(inform)* ⇒echar a perder *col.;* ⇒meter la pata **2** ⇒ensuciar

mucus /ˈmjuː.kəs/ *n* [U] ⇒mucosidad ⇒moco

↑ **mud** /mʌd/ *n* [U] ⇒barro ⇒fango

muddle¹ /ˈmʌd.l̩/ *n* [U, NO PL] **1** ⇒desorden **2** ⇒lío: *He got himself into a muddle* - Se armó un lío

muddle² /ˈmʌd.l̩/

PHRASAL VERBS

· **to muddle *sth* up [M]** ⇒mezclar algo ⇒desordenar algo ⇒revolver algo

· **to muddle *sth/sb* up [M]** ⇒confundir ⇒hacerse un lío con

muddy /ˈmʌd.i/ *adj* [*comp* muddier, *superl* muddiest] **1** *(el agua)* ⇒turbio,bia **2** ⇒con barro ⇒embarrado,da **3** *(un color)* ⇒sucio,cia ⇒apagado,da

mudguard UK: /ˈmʌd.gɑːd/ US: /-gɑːrd/ *UK* (*US* **fender**) *n* [C] *(en un vehículo)* ⇒guardabarros ⇒salpicadera *AMÉR.*

muffin /ˈmʌf.ɪn/ *n* [C] **1** *US* ⇒bollo con forma de magdalena que puede llevar chocolate o frutos **2** *UK* (*US* **English muffin**) ⇒bollo de pan que se suele tomar caliente y con mantequilla

mug¹ /mʌg/ *n* [C] **1** ⇒taza ⇒jarrillo ⇒pocillo **2** *(inform)* ⇒careto *col.* **3** *(inform)* ⇒tontorrón,-a *col.;* ⇒primo,ma *col.;* ⇒ingenuo,nua

mug² /mʌg/ [mugged, mugging] *v* [T] *(en la calle)* ⇒asaltar ⇒atracar

mugger UK: /ˈmʌg.əʳ/ US: /-ɚ/ *n* [C] ⇒atracador,-a [que actúa en la calle]

mugging /ˈmʌg.ɪŋ/ *n* [C, U] ⇒atraco [en la calle]

muggy /ˈmʌg.i/ *adj* [*comp* muggier, *superl* muggiest] **1** ⇒bochornoso,sa **2** *Last night it was muggy* - Anoche hizo bochorno

mule /mjuːl/ *n* [C] ⇒mulo,la: *as stubborn as a mule* - terco como una mula

mull /mʌl/ *v* [T] ⇒calentar cerveza o vino con azúcar y especias

PHRASAL VERBS

· **to mull *sth* over [M]** ⇒meditar algo ⇒reflexionar sobre algo

multicultural UK: /ˌmʌl.tiˈkʌl.tʃᵊr.ᵊl/ US: /-ˁt̬iˈkʌl.tʃɚ-/ *adj* ⇒multicultural

multiculturalism UK: /ˌmʌl.tiˈkʌl.tʃᵊr.ᵊl.ɪ.zᵊm/ US: /-ˁt̬iˈkʌl.tʃɚ-/ *n* [U] ⇒multiculturalismo

multi-disciplinary UK: /ˌmʌl.ti.dɪs.əˈplɪn.ᵊr.i/ US: /-ˁt̬i.dɪs.əˈplɪ.ner-/ *adj* ⇒multidisciplinar: *a multi-disciplinary approach* - un enfoque multidisciplinar

multilingual UK: /ˌmʌl.tiˈlɪŋ.gwəl/ US: /-ˁt̬i-/ *adj* ⇒plurilingüe

multimedia UK: /ˌmʌl.tiˈmiː.di.ə/ US: /-ˁt̬i-/ *n* [U] ⇒multimedia

multinational UK: /ˌmʌl.tiˈnæʃ.ᵊn.ᵊl/ US: /-ˁt̬i-/ *adj, n* [C] ⇒multinacional: *He works for a multinational pharmaceutical* - Trabaja en una multinacional farmacéutica

multiple¹ UK: /ˈmʌl.tɪ.pl̩/ US: /-ˁt̬ɪ-/ *adj* ⇒múltiple: *multiple birth* - parto múltiple

multiple² UK: /ˈmʌl.tɪ.pl̩/ US: /-ˁt̬ɪ-/ *n* [C] *(en matemáticas)* ⇒múltiplo

multiple sclerosis *n* [U] *(en medicina)* ⇒esclerosis múltiple

multiplex UK: /ˈmʌl.tɪ.pleks/ US: /-ˁt̬ɪ-/ [*pl* multiplexes] *n* [C] ⇒multicine

multiplication UK: /ˌmʌl.tɪ.plɪˈkeɪ.ʃᵊn/ US: /-ˁt̬ɪ-/ *n* [U] ⇒multiplicación: *multiplication table* - tabla de multiplicar; *multiplication sign* - signo de multiplicar

multiply UK: /ˈmʌl.tɪ.plaɪ/ US: /-ˁt̬ɪ-/ [multiplies, multiplied] *v* [T, I] **1** *(en matemáticas)* ⇒multiplicar **2** ⇒multiplicarse ⇒aumentar

multiracial UK: /ˌmʌl.tɪˈreɪ.ʃᵊl/ US: /-ˁt̬ɪ-/ *adj* ⇒multirracial

multitude UK: /ˈmʌl.tɪ.tjuːd/ US: /-ˁt̬ə.tuːd/ *n* [C, NO PL] **1** *(form)* ⇒multitud **2 the multitudes** *(form) (conjunto de personas)* ⇒las masas

† **mum** /mʌm/ *UK* (*US* **mom**) *n* [c] *(inform)* ⇒mamá ■ PRON. La *u* se pronuncia como la *u* en el término inglés *sun*

mumble /ˈmʌm.bl̩/ [mumbled, mumbling] *v* [T, I] ⇒hablar entre dientes ⇒musitar

† **mummy** /ˈmʌm.i/ [*pl* mummies] *n* [c] **1** *UK* (*US* **mommy**) *(inform)* ⇒mamá ■ Pertenece al lenguaje infantil **2** ⇒momia ■ PRON. La *u* se pronuncia como la *u* en el término inglés *sun*

mumps /mʌmps/ *n* [U] ⇒paperas: *My brother's got the mumps* - Mi hermano tiene paperas

mundane /mʌnˈdeɪn/ *adj* **1** ⇒cotidiano,na ⇒rutinario,ria **2** ⇒intrascendente ⇒prosaico

† **municipal** /mjuːˈnɪs.ɪ.pəl/ *adj* ⇒municipal: *municipal elections* - elecciones municipales

munitions /mjuːˈnɪʃ.ənz/ *n* [PL] ⇒municiones

mural UK: /ˈmjʊə.rəl/ US: /ˈmjʊr.[ə]l/ *n* [c] *(pintura)* ⇒mural

† **murder**[1] UK: /ˈmɜː.dər/ US: /ˈmɝː.dɚ/ *n* [C, U] **1** ⇒asesinato: *charged with murder* - acusado de asesinato ■ Comparar con *assassination* (asesinato de alguien importante) **2 to be ~** *(inform)* ⇒ser muy difícil ⇒ser horrible

† **murder**[2] UK: /ˈmɜː.dər/ US: /ˈmɝː.dɚ/ *v* [T] ⇒asesinar ⇒ultimar *AMÉR.*

murderer UK: /ˈmɜː.dər.ər/ US: /ˈmɝː.dɚ.ɚ/ *n* [c] ⇒asesino,na ■ Comparar con *assassin* (asesino de alguien importante)

murky UK: /ˈmɜː.ki/ US: /ˈmɝː-/ *adj* [*comp* murkier, *superl* murkiest] **1** ⇒lóbrego,ga ⇒sombrío,a ⇒turbio,bia **2** *(un asunto, una situación)* ⇒poco claro,ra ⇒turbio,bia

murmur[1] UK: /ˈmɜː.mər/ US: /ˈmɝː.mɚ/ *v* [T, I] ⇒murmurar: *She murmured sth into my ear* - Me murmuró algo al oído

murmur[2] UK: /ˈmɜː.mər/ US: /ˈmɝː.mɚ/ *n* [C, NO PL] ⇒murmullo: *There was a murmur of approval* - Se oyó un murmullo de aprobación

† **muscle** /ˈmʌs.l̩/ *n* [C, U] ⇒músculo

muscular UK: /ˈmʌs.kjʊ.lər/ US: /-lɚ/ *adj* ⇒muscular ⇒musculoso,sa

muse[1] /mjuːz/ [mused, musing] *v* [I] **1** *(form)* ⇒reflexionar ⇒meditar ■ CONSTR. to muse about/on sth **2** ⇒decir pensativo,va

muse[2] /mjuːz/ *n* [c] ⇒musa

† **museum** /mjuːˈziː.əm/ *n* [c] ⇒museo: *the modern art museum* - el museo de arte moderno

† **mushroom** /ˈmʌʃ.ruːm, -rʊm/ *n* [c] **1** ⇒champiñón **2** ⇒seta **3** ⇒hongo

† **music** /ˈmjuː.zɪk/ *n* [U] **1** ⇒música: *to listen to music* - escuchar música **2** ⇒partitura

musical[1] /ˈmjuː.zɪ.kəl/ *adj* **1** ⇒musical: *a musical instrument* - un instrumento musical **2** ⇒con aptitudes musicales

musical[2] /ˈmjuː.zɪ.kəl/ *n* [c] *(obra de teatro, película)* ⇒musical

† **musician** /mjuːˈzɪʃ.ən/ *n* [c] ⇒músico,ca: *He's a musician* - Es músico

† **Muslim** UK: /ˈmʊz.lɪm/ US: /ˈmɑː.zlem/ (*tb* **Moslem**) *adj, n* [c] ⇒musulmán,-a

mussel /ˈmʌs.əl/ *n* [c] ⇒mejillón: *mussel bed* - criadero de mejillones

† **must** /mʌst, məst, məs/ *v* [MODAL] **1** *(obligación)* ⇒deber ⇒tener que ■ Se utiliza generalmente cuando la obligación es de carácter personal. Comparar con *have to* **2** *(probabilidad)* ⇒deber de ■ CONSTR. 1. must + do sth 2. must + have + participio de pasado ■ No se utiliza con tiempos pasados, para ello se emplea *had to* ■ Ver cuadro en página siguiente y ver cuadro modal verbs

mustache UK: /mʊˈstɑːʃ/ US: /ˈmʌs.tæʃ/ *US* (*UK* **moustache**) *n* [c] ⇒bigote

mustard UK: /ˈmʌs.təd/ US: /-tɚd/ *n* [U] **1** ⇒mostaza **2** *(color)* ⇒mostaza

muster UK: /ˈmʌs.tər/ US: /-tɚ/ *v* [T, I] ⇒reunir(se)

PHRASAL VERBS

· **to muster *sth* (up)** ⇒reunir algo ⇒contar con algo

† **mustn't** /ˈmʌs.ənt/ *(must not)* See **must**

musty /ˈmʌs.ti/ *adj* [*comp* mustier, *superl* mustiest] **1** ⇒rancio,cia: *It smells musty here* - Huele a rancio **2** ⇒mohoso,sa

mutant UK: /ˈmjuː.tənt/ US: /-ˤt̬[ə]nt/ *n* [c] ⇒mutante

mute[1] /mjuːt/ *adj* **1** ⇒callado,da **2** ⇒mudo,da

mute[2] /mjuːt/ [muted, muting] *v* [T] **1** *(el sonido de algo)* ⇒bajar ⇒amortiguar **2** *(un sentimiento, una actividad)* ⇒acallar

mute[3] /mjuːt/ *n* [c] **1** *(en música)* ⇒sordina **2** ⇒letra muda

muted UK: /ˈmjuː.tɪd/ US: /-ˤt̬ɪd/ *adj* **1** *(el sonido de algo)* ⇒bajo,ja ⇒apagado,da **2** ⇒acallado,da ⇒velado,da **3** *(una respuesta, un aplauso)* ⇒tibio,bia **4** *(un color)* ⇒apagado,da

mutilate UK: /ˈmjuː.tɪ.leɪt/ US: /-ˤt̬[ə]l.eɪt/ [mutilated, mutilating] *v* [T] ⇒mutilar

mutiny UK: /ˈmjuː.tɪ.ni/ US: /-ˤt̬ɪ-/ [*pl* mutinies] *n* [C, U] ⇒motín

† **mutter** UK: /ˈmʌt.ər/ US: /ˈmʌˤt̬.ɚ/ *v* [T, I] **1** ⇒decir entre dientes ⇒murmurar **2** ⇒refunfuñar *col.*

mutton UK: /ˈmʌt.ən/ US: /ˈmʌˤt̬-/ *n* [U] ⇒carne de cordero

† **mutual** /ˈmjuː.tʃu.əl/ *adj* **1** ⇒mutuo,tua **2** ⇒común: *a mutual friend* - un amigo común

muzzle[1] /ˈmʌz.l̩/ *n* [c] **1** *(para un perro)* ⇒bozal **2** *(de un animal)* ⇒hocico **3** *(de un arma)* ⇒boca

muzzle[2] /ˈmʌz.l̩/ [muzzled, muzzling] *v* [T] **1** ⇒poner un bozal **2** ⇒amordazar ⇒coaccionar

must / have to

Must y **have to** se usan para expresar una obligación o para expresar que algo es necesario:

· *You **must / have to** pay to go in!*
(Debes / tienes que pagar para entrar).

Sin embargo, no siempre se usan en los mismos contextos:

- **Must** es un verbo modal que tiene una sola forma para todas las personas. Siempre va seguido de un infinitivo sin "to" y se usa con tiempos del presente o del futuro indistintamente, sin cambiar de forma. Normalmente se usa para expresar una obligación por parte del hablante, o una fuerte convicción o sugerencia:

  · *I **must** go home now.*
  (Tengo que irme a casa ya.)

  · *You **must** see that film, it's fantastic!*
  (Tienes que ver esa película, ¡es fantástica!)

- **Have to** se usa en cualquier tiempo verbal. Generalmente se emplea para expresar una obligación impuesta por una norma o un acuerdo:

  · *When I was 14, I **had to** be home at 10.*
  (Cuando tenía 14 años, tenía que estar en casa a las 10.)

  · *You **have to** wear a cap in the pool.*
  (Tienes que llevar gorro en la piscina.)

Las formas negativas **must not** (**mustn't**) y **don't have to** tienen significados diferentes:

– Se usa **must not** (**musn't**) para expresar una prohibición o una obligación negativa y sin posibilidad de elección:

· *You **mustn't** use your mobile phone in the hospital.*
(No debes usar el móvil en el hospital.)

– Se usa **don't have to** para expresar que algo no es obligatorio, que deja abierta la posibilidad de hacerlo o no:

· *You **don't have to** use your mobile. You can call from our phone.*
(No tienes que usar tu móvil. Puedes llamar desde nuestro teléfono.)

↑**my** /maɪ/ *adj* **1** ⇨mi: *This is my sister Natalie* - Esta es mi hermana Natalie **2** *My arm hurts* - Me duele el brazo ■ Ver cuadro possessive adjectives and pronouns

myself /maɪˈself/ *pron* **1** ⇨me: *I cut myself with the knife* - Me corté con el cuchillo **2** ⇨personalmente ⇨yo mismo,ma **3 (all) by ~ 1** ⇨solo,la [sin compañía]: *I go to school by myself* - Voy solo al colegio **2** ⇨solo,la [sin ayuda]: *I made this all by myself* - Lo hice yo sola ■ Ver cuadro reflexive pronouns

mysterious UK: /mɪˈstɪə.ri.əs/ US: /-ˈstɪr.i-/ *adj* ⇨misterioso,sa: *a mysterious phone call* - una llamada misteriosa

↑**mystery** UK: /ˈmɪs.tᵊr.i/ US: /-tɚ-/ [*pl* mysteries] *n* [C, U] **1** ⇨misterio **2** *It was a mystery to him* - No lograba entenderlo **3** *a mystery tour* - un viaje sorpresa

mystify /ˈmɪs.tɪ.faɪ/ [mystifies, mystified] *v* [T] ⇨dejar perplejo,ja ■ CONSTR. Se usa más en pasiva

mystique /mɪˈstiːk/ *n* [U] ⇨aura de misterio y glamour

↑**myth** /mɪθ/ *n* [C, U] ⇨mito

mythical /ˈmɪθ.ɪ.kᵊl, ˈmɪθ.ɪ.k/ *adj* **1** ⇨mítico,ca **2** ⇨imaginario,ria ⇨irreal

mythology UK: /mɪˈθɒl.ə.dʒi/ US: /-ˈθɑː.lə-/ *n* [U] ⇨mitología: *classical mythology* - mitología clásica

N n

n /en/ [*pl* n's] *n* [C] *(letra del alfabeto)* ⇒n ■ PRON. Se pronuncia como *en* en *men.*

N /en/ *adj, n* [U] ⇒forma abreviada de **north** (norte) y de **northern** (del norte)

naff /næf/ *UK adj (inform)* ⇒hortera ⇒de mal gusto

nag[1] /næg/ [nagged, nagging] *v* [T, I] *(inform)* **1** ⇒dar la lata *col.: Stop nagging me to cut my hair* - Deja de darme la lata para que me corte el pelo **2** ⇒regañar

nag[2] /næg/ *n* [C] ⇒jamelgo *col.;* ⇒penco

↑**nail**[1] /neɪl/ *n* [C] **1** (*tb* **fingernail**) ⇒uña: *Don't bite your nails!* - ¡No te muerdas las uñas! **2** ⇒clavo

nail[2] /neɪl/ *v* [T] **1** ⇒clavar ■ CONSTR. Se usa generalmente seguido de una preposición o un adverbio **2** *US (inform)* ⇒pillar *col.;* ⇒coger ⇒capturar

PHRASAL VERBS

- **to nail *sb* down** ⇒hacer que alguien se comprometa ⇒obligar a alguien a concretar algo
- **to nail *sth* down [M]** **1** *US (inform)* ⇒determinar algo ⇒concretar algo ⇒descubrir algo con certeza **2** ⇒describir algo con exactitud

↑**naked** /ˈneɪ.kɪd/ *adj* **1** ⇒desnudo,da ⇒biringo,ga *AMÉR. col.;* ⇒pilucho,cha *AMÉR. col.* ■ Comparar con *nude* (para contextos artísticos) **2 the ~ truth** ⇒la pura verdad ■ PRON. La *e* se pronuncia como la *i* en *did* **3 to the ~ eye** ⇒a simple vista

↑**name**[1] /neɪm/ *n* [C] **1** ⇒nombre: *first name* - nombre de pila **2** *My name is Joe* - Me llamo Joe **3 by ~** ⇒de nombre **4 by the ~ of** *(form)* ⇒llamado,da **5 in the ~ of *sth*** ⇒en nombre de algo **6 the ~ of the game** ⇒el objetivo fundamental ⇒la parte más importante

↑**name**[2] /neɪm/ [named, naming] *v* [T] **1** ⇒llamar: *She's going to be named Laura* - La van a llamar Laura ■ CONSTR. to name + dos objetos **2** ⇒nombrar: *Julie has been named as director* - Han nombrado a Julie directora ■ CONSTR. 1. to name + dos objetos 2. Se usa más en pasiva **3** ⇒fijar: *Let's name a date for going to the theatre* - Fijemos una fecha para ir al teatro

PHRASAL VERBS

- **to name *sb* after *sb*** ⇒poner un nombre por alguien: *They named him Peter after his father* - Le pusieron el nombre de Peter por su padre

nameless /ˈneɪm.ləs/ *adj* **1** ⇒anónimo,ma **2** *A friend who shall be nameless warned me about you* - Un amigo, cuyo nombre no voy a revelar, me advirtió sobre ti

namely /ˈneɪm.li/ *adv (form)* ⇒en concreto ⇒a saber ⇒es decir

namesake /ˈneɪm.seɪk/ *n* [C] ⇒tocayo,ya

nanny /ˈnæn.i/ [*pl* nannies] *n* [C] **1** ⇒niñera ⇒tata *col.;* ⇒nana *AMÉR.* **2** *UK (inform)* ⇒abuela ⇒yaya *col.*

nap /næp/ *n* [C] ⇒cabezada ⇒siesta

nape /neɪp/ *n* [C] ⇒nuca

napkin /ˈnæp.kɪn/ (*UK tb* **serviette**) *n* [C] ⇒servilleta [de tela]

nappy /ˈnæp.i/ [*pl* nappies] *UK* (*US* **diaper**) *n* [C] ⇒pañal: *to change a nappy* - cambiar un pañal

narcotic[1] UK: /nɑːˈkɒt.ɪk/ US: /nɑːrˈkɑːˤt̬-/ *n* [C] ⇒narcótico

narcotic[2] UK: /nɑːˈkɒt.ɪk/ US: /nɑːrˈkɑːˤt̬-/ *adj* ⇒narcótico,ca: *a narcotic effect* - un efecto narcótico

narrate /nəˈreɪt, ˈnær.eɪt/ [narrated, narrating] *v* [T] *(form)* ⇒narrar ⇒contar ⇒relatar

narration UK: /nəˈreɪ.ʃən/ US: /nærˈeɪ-/ *n* [U] *(form)* ⇒narración ⇒relato

narrative UK: /ˈnær.ə.tɪv/ US: /-ˤt̬ɪv/ ▌*n* [U] **1** *(form)* ⇒narrativa ▌*n* [C, U] **2** *(form)* ⇒relato ⇒historia

narrator UK: /nəˈreɪ.təʳ/ US: /ˈnær.eɪ.ˤt̬ɚ/ *n* [C] ⇒narrador,-a

↑**narrow**[1] UK: /ˈnær.əʊ/ US: /-oʊ/ *adj* **1** ⇒estrecho,cha **2** ⇒escaso,sa ⇒limitado,da **3 to have a ~ escape** ⇒escaparse por los pelos *col.*

narrow[2] UK: /ˈnær.əʊ/ US: /-oʊ/ *v* [T, I] **1** ⇒estrechar(se): *The road narrows at this point* - Aquí la calle se estrecha **2** ⇒disminuir ⇒restringir

N

PHRASAL VERBS
· **to narrow *sth* down [M]** ⇒reducir

narrow-minded UK: /ˌnær.əʊˈmaɪn.dɪd/ US: /-oʊ-/ *adj* ⇒estrecho,cha de miras ⇒intolerante

NASA /ˈnæs.ə/ *n* [U] ⇒NASA ■ Procede de *National Aeronautics and Space Administration* (Administración Nacional de Aeronáutica y del Espacio)

nasal /ˈneɪ.zəl/ *adj* **1** *(relativo a la nariz)* ⇒nasal **2** ⇒gangoso,sa ⇒nasal

↑**nasty** UK: /ˈnɑː.sti/ US: /ˈnæs.ti/ *adj* [*comp* nastier, *superl* nastiest] **1** ⇒desagradable ⇒asqueroso,sa ⇒malo,la **2** ⇒malintencionado,da ⇒antipático,ca **3** ⇒cruel ⇒violento,ta **4** ⇒ofensivo,va ⇒despectivo,va **5** *(situación)* ⇒complicado,da ⇒peligroso,sa

↑**nation** /ˈneɪ.ʃən/ *n* [C] ⇒nación

national[1] /ˈnæʃ.ən.əl, ˈnæʃ.nəl/ *adj* ⇒nacional: *national holiday* - fiesta nacional

national[2] /ˈnæʃ.ən.əl, ˈnæʃ.nəl/ *n* [C] *a British national* - persona de nacionalidad británica

National Health Service *n* [NO PL] ⇒en el Reino Unido, servicio de asistencia sanitaria de la Seguridad Social ■ La forma abreviada es *NHS*

National Insurance *n* [U] ⇒en el Reino Unido, seguridad social

nationalism /ˈnæʃ.ən.əl.ɪ.zəm, ˈnæʃ.nə.lɪ-/ *n* [U] ⇒nacionalismo

nationality UK: /ˌnæʃ.ənˈæl.ə.ti/ UK: /ˌnæʃˈnæl-/ US: /-ˤţi/ [*pl* nationalities] *n* [C, U] ⇒nacionalidad: *He has taken Italian nationality* - Ha adoptado la nacionalidad italiana

nationalize /ˈnæʃ.ən.əl.aɪz, ˈnæʃ.nə.laɪz/ [nationalized, nationalizing] *v* [T] ⇒nacionalizar: *to nationalize public transport* - nacionalizar el transporte público

↑**nationwide** /ˌneɪ.ʃənˈwaɪd/ *adj, adv* **1** ⇒de toda la nación: *a nationwide problem* - un problema de toda la nación **2** ⇒a escala nacional ⇒por todo el país

native[1] UK: /ˈneɪ.tɪv/ US: /-ˤţɪv/ *adj* **1** ⇒natal **2** ⇒indígena ⇒nativo,va **3** *(una lengua)* ⇒materno,na **4** *(una planta o un animal)* ⇒autóctono,na **5** *(una habilidad)* ⇒innato,ta

native[2] UK: /ˈneɪ.tɪv/ US: /-ˤţɪv/ *n* [C] **1** ⇒nativo,va ⇒natural **2** ⇒indígena

Native American *adj, n* [C] ⇒indígena americano,na ⇒nativo americano, nativa americana

nativity *n* [NO PL] **1** ⇒natividad **2 Nativity scene** ⇒belén

nativity play UK: /nəˈtɪv.ɪ.tiˌpleɪ/ US: /-ə.ˤţi-/ *n* [C] *(en un colegio)* ⇒función de Navidad

↑**natural** UK: /ˈnætʃ.ər.əl/ US: /-ɚ-/ *adj* **1** ⇒natural: *natural resources* - recursos naturales **2** ⇒normal ⇒lógico,ca **3** ⇒innato,ta: *He has a natural aptitude for the piano* - Tiene una aptitud innata para tocar el piano **4** *(un padre, una madre)* ⇒biológico,ca

natural history *n* [U] ⇒historia natural

naturalist UK: /ˈnætʃ.ər.əl.ɪst/ US: /-ɚ-/ *n* [C] ⇒naturalista

naturally UK: /ˈnætʃ.ər.əl.i/ US: /-ɚ-/ *adv* **1** ⇒con naturalidad: *to behave naturally* - comportarse con naturalidad **2** ⇒naturalmente ⇒desde luego **3** ⇒naturalmente ⇒de forma natural

↑**nature** UK: /ˈneɪ.tʃəʳ/ US: /-tʃɚ/ ▮ *n* [U] **1** ⇒naturaleza ⇒medio ambiente ▮ *n* [NO PL] **2** ⇒carácter ⇒personalidad **3** ⇒índole ⇒carácter **4 in the ~ of *sth*** ⇒como algo: *Her comments were in the nature of an apology* - Sus comentarios fueron como una disculpa

↑**naughty** UK: /ˈnɔː.ti/ US: /ˈnɑː.ˤţi/ *adj* [*comp* naughtier, *superl* naughtiest] **1** ⇒travieso,sa ■ Generalmente referido a un niño **2** *(inform, hum)* ⇒verde ⇒picante

nausea UK: /ˈnɔː.zi.ə/ UK: /-ʒə/ US: /ˈnɑː-/ *n* [U] ⇒náusea: *I was overcome by nausea* - Me dieron náuseas

nautical UK: /ˈnɔː.tɪ.kəl/ US: /ˈnɑː.ˤţi-/ *adj* ⇒náutico,ca

naval /ˈneɪ.vəl/ *adj* ⇒naval ⇒marítimo,ma

nave /neɪv/ *n* [C] *(en una iglesia)* ⇒nave

navel /ˈneɪ.vəl/ *n* [C] ⇒ombligo

navigate /ˈnæv.ɪ.geɪt/ [navigated, navigating] *v* [T, I] **1** *(un barco)* ⇒navegar ⇒gobernar **2** *(un avión)* ⇒pilotar **3** *(un vehículo o una actividad)* ⇒guiar ⇒dirigir

↑**navy** /ˈneɪ.vi/ [*pl* navies] *n* [C] *(fuerzas navales)* ⇒marina ⇒armada ■ Por ser un nombre colectivo se puede usar con el verbo en singular o en plural

↑**Nazi** /ˈnɑːt.si/ *adj, n* [C] ⇒nazi

NE *adj, n* [U] ⇒forma abreviada de **northeast** (noreste)

↑**near**[1] UK: /nɪəʳ/ US: /nɪr/ *adv, prep* **1** ⇒cerca de ■ Se dice *near my house*. Incorrecto: *near of my house* **2** ⇒cerca **3** ⇒casi: *near perfect* - casi perfecto **4 ~ enough 1** ⇒casi **2** ⇒suficientemente preciso **5 nowhere ~ 1** ⇒de ninguna manera ⇒para nada *col.* **2** ⇒lejos

↑**near**[2] UK: /nɪəʳ/ US: /nɪr/ *adj* ⇒cercano,na ⇒próximo,ma ■ Aparte de la frase *the near future* y las formas comparativa y superlativa, no se se suele situar directamente delante de un nombre. Comparar con *nearby*

near[3] UK: /nɪəʳ/ US: /nɪr/ *v* [T, I] ⇒acercarse ⇒aproximarse

↑**nearby** UK: /ˌnɪəˈbaɪ/ US: /ˌnɪr-/ *adj, adv* **1** ⇒cercano,na ■ Normalmente se sitúa delante de un nombre **2** ⇒cerca: *I've parked nearby* - He aparcado cerca

↑**nearly** UK: /ˈnɪə.li/ US: /ˈnɪr-/ *adv* **1** ⇒casi **2 not ~ (as/so)** ⇒mucho menos ⇒ni con mucho

nearsighted UK: /ˌnɪəˈsaɪ.tɪd/ US: /ˌnɪrˈsaɪ.ˤt̬ɪd/ *US* (*UK* **short-sighted**) *adj* ⇒miope

↑**neat** /niːt/ *adj* **1** ⇒ordenado,da ⇒pulcro,cra **2** ⇒claro,ra: *neat writing* - letra clara **3** *US (inform)* ⇒estupendo,da **4** *(una bebida alcohólica)* ⇒solo,la **5** ~ **and tidy** ⇒bien arreglado,da ⇒bien ordenado,da

necessarily /ˈnes.ə.ser.ɪl.i/ *adv* ⇒necesariamente ⇒indefectiblemente ⇒forzosamente

↑**necessary** /ˈnes.ə.ser.i/ *adj* **1** ⇒necesario,ria: *Is it really necessary?* - ¿Realmente es necesario? **2** *(form)* ⇒inevitable: *a necessary evil* - un mal inevitable ■ PRON. La c se pronuncia como una s

necessitate /nəˈses.ɪ.teɪt/ [necessitated, necessitating] *v* [T] *(form)* ⇒requerir ⇒exigir

necessity UK: /nəˈses.ɪ.ti/ US: /-ə.ˤt̬i/ ▌*n* [C] **1** ⇒necesidad ⇒artículo de primera necesidad ■ El plural es *necessities* ▌*n* [U] **2** ⇒necesidad

↑**neck** /nek/ *n* [C] **1** *(de una persona)* ⇒cuello **2** ⇒pescuezo **3** *(de una prenda de vestir)* ⇒cuello **4** ~ **and** ~ ⇒a la par: *The two boats are neck and neck* - Los dos barcos van a la par **5 to be up to** ***one's*** ~ **in** ***sth*** ⇒estar metido,da en algo hasta el cuello *col.*

↑**necklace** /ˈnek.ləs/ *n* [C] ⇒collar: *a pearl necklace* - un collar de perlas

nectarine UK: /ˈnek.tᵊr.iːn/ US: /ˌnek.təˈriːn/ *n* [C] *(fruta)* ⇒nectarina

↑**need¹** /niːd/ *v* [T] **1** ⇒necesitar ■ CONSTR. to need + to do sth **2** ⇒hay que ■ CONSTR. to need + doing sth **3** ⇒tener que ⇒hacer falta ■ CONSTR. to need + to do sth **4 needn't do** ***sth*** ⇒no tener por qué ⇒no tener que ⇒no hace falta que ■ CONSTR. needn't + do sth ■ Se puede usar como verbo modal **5 there needs to be** ***sth*** ⇒hace falta

↑**need²** /niːd/ *n* [U, NO PL] **1** ⇒necesidad: *There is no need to argue* - No hay necesidad de discutir **2 if** ~ **be 1** ⇒si fuera necesario: *I'll come back, if need be* - Si fuera necesario, volvería **2** ⇒si no queda más remedio: *I'll call him, if need be* - Lo llamaré yo, si no queda más remedio **3 to be in** ~ **of** ***sth*** ⇒estar falto,ta de algo

↑**needle** /ˈniː.dḷ/ *n* [C] **1** ⇒aguja: *the eye of a needle* - el ojo de una aguja **2** ⇒alfiler

needless /ˈniːd.ləs/ *adj* **1** ⇒inútil ⇒innecesario **2** ~ **to say** ⇒ni que decir tiene

↑**needn't** /ˈniː.dᵊnt/ *(need not)* See **need**

needy /ˈniː.di/ *adj* [*comp* needier, *superl* neediest] ⇒necesitado,da: *needy people* - gente necesitada

↑**negative¹** UK: /ˈneg.ə.tɪv/ US: /-ˤt̬ɪv/ *adj* ⇒negativo,va: *a negative attitude* - una actitud negativa ■ Ver cuadro

negative² UK: /ˈneg.ə.tɪv/ US: /-ˤt̬ɪv/ *n* [C, U] **1** ⇒negativa **2** *(en fotografía)* ⇒negativo **3** *(en electricidad)* ⇒polo negativo

neglect¹ /nɪˈglekt/ *v* [T] **1** ⇒dejar ⇒descuidar **2** ⇒desatender ⇒desamparar **3 to** ~ **to do** ***sth*** ⇒descuidar algo ⇒olvidar hacer algo

neglect² /nɪˈglekt/ *n* [U] ⇒abandono ⇒negligencia

negligent /ˈneg.lɪ.dʒᵊnt/ *adj* **1** ⇒negligente: *to be negligent in doing sth* - ser negligente al hacer algo **2** ⇒dejado,da ⇒descuidado,da

negligible /ˈneg.lɪ.dʒə.bḷ/ *adj* ⇒insignificante ⇒desdeñable

↑**negotiate** UK: /nəˈgəʊ.ʃi.eɪt/ US: /-ˈgoʊ-/ [negotiated, negotiating] ▌*v* [T, I] **1** ⇒negociar ▌*v* [T] **2** ⇒salvar: *to negotiate an obstacle* - salvar un obstáculo

neigh¹ /neɪ/ *v* [I] ⇒relinchar

neigh² /neɪ/ *n* [C] ⇒relincho

neighbor *US n* [C] See **neighbour**

↑**neighbour** UK: /ˈneɪ.bəʳ/ US: /-bə/ *UK* (*US* **neighbor**) *n* [C] **1** ⇒vecino,na: *my next-door neighbour*

negative structures

- Con verbos auxiliares y con el verbo "**be**" se usa "**not**".
  - *I* ***am not*** *English, I'm Welsh.* (No soy inglés; soy galés.)
  - *Charles* ***can't*** *swim.* (Charles no sabe nadar.)
  - *I* ***haven't*** *finished yet.* (Aún no hemos terminado.)
- Con verbos principales se usa "**do" + "not**":
  - *I* ***do not*** *want fish.* (No quiero pescado.)
  - *John's father* ***does not*** *work in the morning.* (El padre de John no trabaja por la mañana.)
  - *Susan* ***did not*** *go to school last week.* (Susan no fue al colegio la semana pasada.)
- En un registro informal (una conversación, una carta a un amigo…) se suelen usar contracciones:
  - *I* ***don't like*** *fish.* (No me gusta el pescado.)
  - *There* ***wasn't*** *a swimming pool at the hotel.* (No había piscinas en el hotel.)
  - *You* ***mustn't eat*** *in class.* (No debes comer en clase.)

(Ver también cuadros **interrogative structures** y **verb tenses**.)

N

- mi vecino de al lado; *our upstairs neighbours* - nuestros vecinos de arriba **2** *(form)* ⇒prójimo

neighbourhood UK: /ˈneɪ.bə.hʊd/ US: /-bɚ-/ *UK* (*US* **neighborhood**) *n* [C] ⇒vecindario ⇒barrio

neighbouring UK: /ˈneɪ.bᵊr.ɪŋ/ US: /-bɚ-/ *UK adj* ⇒vecino,na ⇒contiguo,gua

† **neither**[1] UK: /ˈnaɪ.ðəʳ/ UK: /ˈniː-/ US: /-ðɚ/ *conj* **neither... nor...** *(en oraciones afirmativas)* ⇒ni... ni...

† **neither**[2] UK: /ˈnaɪ.ðəʳ/ UK: /ˈniː-/ US: /-ðɚ/ *adj* ⇒ninguno de los dos, ninguna de las dos: *Neither proposal was accepted* - No se aceptó ninguna de las dos propuestas

neither[3] UK: /ˈnaɪ.ðəʳ/ UK: /ˈniː-/ US: /-ðɚ/ *adv* ⇒tampoco: *Susan didn't stay, neither did Bob* - Susan no se quedó y Bob tampoco; *«I don't want it». «Neither do I!»* - «No lo quiero». «¡Yo tampoco!»

† **neither**[4] UK: /ˈnaɪ.ðəʳ/ UK: /ˈniː-/ US: /-ðɚ/ *pron (en oraciones afirmativas)* ⇒ninguno,na ⇒ni el uno ni el otro

neon UK: /ˈniː.ɒn/ US: /-ɑːn/ *n* [U] ⇒neón: *a neon sign* - un letrero de neón

Nepal /nəˈpɔːl/ *n* [U] ⇒Nepal

Nepalese /ˌnep.əˈliːz/ [*pl* Nepalese] *adj, n* [C] ⇒nepalés,-a ⇒nepalí

† **nephew** /ˈnef.juː, ˈnev-/ *n* [C] ⇒sobrino: *My nephew Sam is twelve* - Mi sobrino Sam tiene doce años ■ Se refiere solo a los sobrinos de sexo masculino. Para hacer referencia a los sobrinos en general hay que usar la locución *nephews and nieces*: *How many nephews and nieces do you have?* - *¿Cuántos sobrinos tienes?*

Neptune UK: /ˈnep.tjuːn/ US: /-tuːn/ *n* [NO PL] *(planeta)* ⇒Neptuno

nerd UK: /nɜːd/ US: /nɝːd/ *n* [C] **1** *(inform) (una persona)* ⇒pavo,va *col.*; ⇒petardo,da *col. desp.*; ⇒pendejo,ja *AMÉR. col. desp.* **2** *(inform)* ⇒obseso,sa de la informática

† **nerve** UK: /nɜːv/ US: /nɝːv/ ▮ *n* [C] **1** ⇒nervio ▮ *n* [U, NO PL] **2** ⇒sangre fría ⇒valor ⇒ñeque *AMÉR.* ■ CONSTR. nerve + to do sth **3** ⇒descaro ⇒morro *col.* ■ CONSTR. nerve + to do sth

nerve-racking UK: /ˈnɜːvˌræk.ɪŋ/ US: /ˈnɝːv-/ *adj* ⇒angustioso,sa: *a nerve-racking situation* - una situación angustiosa

nerves UK: /nɜːvz/ US: /nɝːvz/ *n* [PL] **1** ⇒nervios **2** **{steady/strong}** ~ ⇒nervios de acero **3** **to calm one's** ~ ⇒tranquilizar(se): *This will calm your nerves* - Esto te tranquilizará **4** **to get on sb's** ~ *(inform)* ⇒poner a alguien de los nervios *col.*: *Traffic jams really get on my nerves* - Los atascos me ponen de los nervios

† **nervous** UK: /ˈnɜː.vəs/ US: /ˈnɝː-/ *adj* **1** ⇒nervioso,sa ⇒preocupado,da **2** *to get nervous* - ponerse nervioso **3** *(en medicina)* ⇒nervioso,sa

nervously UK: /ˈnɜː.və.sli/ US: /ˈnɝː-/ *adv* ⇒de forma nerviosa

nervousness UK: /ˈnɜː.və.snəs/ US: /ˈnɝː-/ *n* [U] ⇒nerviosismo

† **nest** /nest/ *n* [C] ⇒nido: *an eagle's nest* - un nido de águila

nestle /ˈnes.l̩/ [nestled, nestling] *v* [T, I] **1** ⇒acurrucar(se) **2** ⇒recostar(se) **3** ⇒coger con ternura **4** ⇒colocar ⇒apoyar **5** *(un pueblo o un edificio)* ⇒estar enclavado,da ■ CONSTR. Se usa generalmente seguido de una preposición o un adverbio

net[1] /net/ *n* [C, U] **1** ⇒red: *a fishing net* - una red de pesca; *a tennis court net* - la red de un campo de tenis **2** *(en informática)* ⇒red **3** *(tela)* ⇒malla ⇒tul

net[2] /net/ *adj* **1** ⇒neto,ta: *net weight* - peso neto; *net income* - ingresos netos **2** *(un resultado)* ⇒final

netball UK: /ˈnet.bɔːl/ US: /-bɑːl/ *n* [U] ⇒deporte femenino parecido al baloncesto

netting UK: /ˈnet.ɪŋ/ US: /ˈneˁt̬-/ *n* [U] ⇒red ⇒malla

nettle UK: /ˈnet.l̩/ US: /ˈneˁt̬-/ *n* [C] ⇒ortiga

network[1] UK: /ˈnet.wɜːk/ US: /-wɝːk/ *n* [C] **1** ⇒red ⇒cadena **2** *(en informática)* ⇒red **3** ⇒red de cadenas de televisión y radio

network[2] UK: /ˈnet.wɜːk/ US: /-wɝːk/ ▮ *v* [T] **1** *(en informática)* ⇒conectar a la red **2** *(en radio y televisión)* ⇒retransmitir ▮ *v* [I] **3** ⇒establecer contactos [de negocios o de política]

neural UK: /ˈnjʊə.rəl/ US: /ˈnʊr.əl/ *adj (en medicina)* ⇒neural

neuroscientist *n* [C] ⇒neurólogo,ga

neurotic UK: /njʊəˈrɒt.ɪk/ US: /nʊrˈɑː.ˁt̬ɪk/ *adj, n* [C] ⇒neurótico,ca

neutral[1] UK: /ˈnjuː.trᵊl/ US: /ˈnuː-/ *adj* **1** ⇒neutral **2** *(un color)* ⇒neutro **3** *(una voz, una expresión)* ⇒neutro,tra **4** *neutral shoe cream* - betún incoloro

neutral[2] UK: /ˈnjuː.trᵊl/ US: /ˈnuː-/ *n* [C] **1** ⇒país neutral **2** ⇒persona neutral **3** *(de un coche)* ⇒punto muerto

† **never** UK: /ˈnev.əʳ/ US: /-ɚ/ *adv* ⇒nunca: *Never again!* - ¡Nunca más! ■ Se sitúa detrás de los verbos auxiliares y modales y delante de los demás verbos: *I've never been to China - Nunca he estado en China*; *I never eat meat - Nunca como carne* ■ No se usa con oraciones negativas. Comparar con *ever*

† **nevertheless** UK: /ˌnev.ə.ðəˈles/ US: /-ɚ-/ (*tb* **nonetheless**) *adv* ⇒no obstante ⇒sin embargo ⇒a pesar de ello ⇒aun así

† **new** UK: /njuː/ US: /nuː/ *adj* **1** ⇒nuevo,va ⇒recién adquirido,da ⇒recién comprado,da **2** ⇒nuevo,va ⇒otro,tra **3** **to be good as** ~ ⇒estar como nuevo

newcomer UK: /ˈnjuːˌkʌm.əʳ/ US: /ˈnuːˌkʌm.ɚ/ *n* [C] ⇒recién llegado,da

N

newly UK: /ˈnjuː.li/ US: /ˈnuː.li/ *adv* ⇨recién: *newly painted* - recién pintado

↑**news** UK: /njuːz/ US: /nuːz/ *n* [U] **1** ⇨noticia ⇨novedad ■ Se dice *the news, some news* o *a piece of news.* Incorrecto: *a news* **2** ⇨telediario®: *the six o'clock news* - el telediario de las seis; ⇨noticiario ⇨noticiero AMÉR.

newsagent UK: /ˈnjuːzˌeɪ.dʒᵊnt/ US: /ˈnuːz-/ *UK n* [C] ⇨encargado,da de una tienda de prensa

newsagent's [*pl* newsagents'] *UK n* [C] ⇨tienda de prensa

newsgroup UK: /ˈnjuːz.gruːp/ US: /ˈnuːz.gruːp/ *n* [C] *(en internet)* ⇨grupo de discusión ⇨grupo de noticias

newsletter UK: /ˈnjuːzˌlet.əʳ/ US: /ˈnuːzˌleˤţ.ɚ/ *n* [C] *(de una organización)* ⇨boletín ⇨hoja informativa

↑**newspaper** UK: /ˈnjuːzˌpeɪ.pəʳ/ US: /ˈnuːzˌpeɪ.pɚ/ ▮ *n* [C] **1** ⇨periódico **2** *daily newspaper* - diario ▮ *n* [U] **3** ⇨papel de periódico: *to wrap sth in newspaper* - envolver algo en papel de periódico

newsreader UK: /ˈnjuːzˌriː.dəʳ/ US: /ˈnuːzˌriː.dɚ/ *UK n* [C] ⇨presentador,-a de noticias

newsroom UK: /ˈnjuːz.rʊm/ UK: /-ruːm/ US: /ˈnuːz-/ *n* [C] ⇨sala de redacción

newsstand UK: /ˈnjuːz.stænd/ US: /ˈnuːz-/ *US n* [C] ⇨quiosco de periódicos

↑**New Year** *n* [U] **1** ⇨año nuevo: *Happy New Year!* - ¡Feliz año nuevo! **2** *She is expecting her baby in the New Year* - Tendrá al niño a primeros de año

New Zealand[1] *n* [U] ⇨Nueva Zelanda

New Zealand[2] *adj* ⇨neozelandés,-a

New Zealander UK: /ˌnjuːˈziː.lən.dəʳ/ US: /-dɚ/ *n* [C] ⇨neozelandés,-a

next[1] /nekst/ *adj* ⇨próximo,ma ⇨que viene ⇨siguiente ■ Cuando forma parte de complementos temporales, no se usa el artículo. Se dice *I'd like to go to Italy next year.* Incorrecto: *I'd like to go to Italy the next year*

next[2] /nekst/ *adv* **1** ⇨después ⇨luego **2** ⇨la próxima vez

↑**next**[3] /nekst/ ~ **to sth/sb** ⇨junto a ⇨al lado de ⇨al costado de ■ Se usa con objetos inmóviles. Comparar con *alongside*

next[4] /nekst/ *pron* ⇨el próximo, la próxima ⇨el,la siguiente

↑**next door** *adv* ⇨al lado: *They live next door* - Viven al lado

next of kin [*pl* next of kin] *n* [C] *(form)* ⇨pariente más cercano ⇨familiar más cercano

NGO *n* [C] ⇨ONG ■ Procede de *Non-Governmental Organization* (organización no gubernamental)

nib /nɪb/ *n* [C] *(en una pluma estilográfica)* ⇨plumín

nibble /ˈnɪb.l̩/ [nibbled, nibbling] *v* [T, I] ⇨mordisquear ⇨roer

Nicaragua UK: /ˌnɪk.əˈræg.ju.ə/ US: /-ˈrɑː.g.wɚ/ *n* [U] ⇨Nicaragua

Nicaraguan UK: /ˌnɪk.əˈræg.ju.ən/ US: /-ˈrɑː.g.wən/ *adj, n* [C] ⇨nicaragüense

↑**nice** /naɪs/ *adj* **1** ⇨bueno,na ⇨agradable ⇨lindo,da AMÉR. **2** ⇨amable ⇨agradable ⇨majo,ja *col.* **3** ⇨bonito,ta ⇨lindo,da AMÉR. **4** ⇨fino,na ⇨sutil **5** ~ **and sth** *(inform)* ⇨bien ⇨bastante ■ Se usa seguido de un adjetivo

nicely /ˈnaɪ.sli/ *adv* **1** ⇨satisfactoriamente **2** ⇨bien: *This tie will do nicely* - Esta corbata estará bien

niche UK: /niːʃ/ US: /nɪtʃ/ *n* [C] **1** *(en arquitectura)* ⇨nicho ⇨hornacina **2** *(en economía)* ⇨nicho de mercado

nick[1] /nɪk/ *v* [T] **1** *UK (inform)* ⇨mangar *col.;* ⇨birlar *col.;* ⇨chingar AMÉR. *col.* **2** *UK (inform)* ⇨pillar *col.;* ⇨cazar *col.;* ⇨trincar *col.* **3** ⇨desportillar **4** ⇨rayar levemente **5** ⇨hacerse un corte ⇨cortarse

nick[2] /nɪk/ *n* [C] **1** ⇨mella ⇨muesca **2** *UK (inform)* ⇨trullo *col.;* ⇨cárcel **3 in the ~ of time** *(inform)* ⇨justo a tiempo

nickel /ˈnɪk.l̩/ ▮ *n* [U] **1** ⇨níquel ▮ *n* [C] **2** ⇨en EE. UU. y en Canadá, moneda de cinco centavos

nickname[1] /ˈnɪk.neɪm/ *n* [C] ⇨apodo ⇨mote

nickname[2] /ˈnɪk.neɪm/ [nicknamed, nicknaming] *v* [T] ⇨apodar ■ CONSTR. to nickname + dos objetos

nicotine UK: /ˈnɪk.ə.tiːn/ US: /-ˤţiːn/ *n* [U] ⇨nicotina: *nicotine patch* - parche de nicotina

↑**niece** /niːs/ *n* [C] ⇨sobrina: *I have two nieces, aged six and three* - Tengo dos sobrinas, de seis y tres años

Nigeria UK: /naɪˈdʒɪə.ri.ə/ US: /-ˈdʒɪr.i-/ *n* [U] ⇨Nigeria

Nigerian UK: /naɪˈdʒɪə.ri.ən/ US: /-ˈdʒɪr.i-/ *adj, n* [C] ⇨nigeriano,na

↑**night** /naɪt/ *n* [C, U] ⇨noche: *on Saturday night* - el sábado por la noche; *at night* - por la noche ■ Ver cuadro partes del día

↑**nightclub** /ˈnaɪt.klʌb/ *n* [C] ⇨club nocturno ⇨club ⇨sala de fiestas

nightdress /ˈnaɪt.dres/ [*pl* nightdresses] *UK n* [C] ⇨camisón

nightfall UK: /ˈnaɪt.fɔːl/ US: /-fɑːl/ *n* [U] ⇨anochecer

nightie UK: /ˈnaɪ.ti/ US: /-ˤţi/ *n* [C] *(inform)* ⇨camisón

nightingale UK: /ˈnaɪ.tɪŋ.geɪl/ US: /-ˤţɪŋ-/ *n* [C] ⇨ruiseñor: *the nightingale's song* - el canto del ruiseñor

nightlife /ˈnaɪt.laɪf/ *n* [U] ⇨vida nocturna

nightly /ˈnaɪt.li/ *adv* ⇨cada noche ⇨por noche

† **nightmare** UK: /ˈnaɪt.meəʳ/ US: /-mer/ *n* [C] ⇒pesadilla: *to have a nightmare* - tener una pesadilla

night-time /ˈnaɪt.taɪm/ *n* [U] ⇒noche: *in the night-time* - por la noche

nil /nɪl/ *n* [U] **1** *UK (en deporte)* ⇒cero **2** ⇒nada

nimble /ˈnɪm.bl̩/ *adj* **1** ⇒ágil ⇒habilidoso,sa ⇒rápido,da [en movimiento] **2** *(una persona)* ⇒despierto,ta ⇒espabilado,da ⇒ágil [mentalmente]

† **nine** /naɪn/ ⇒nueve: *There are nine of them* - Son nueve; *She is nine years old* - Tiene nueve años

† **nineteen** /ˌnaɪnˈtiːn/ ⇒diecinueve

nineteenth /ˌnaɪnˈtiːntθ, ˈ--/ **1** ⇒decimonoveno,na **2** *(para las fechas)* ⇒diecinueve ■ Se puede escribir también *19th*

† **ninety** UK: /ˈnaɪn.ti/ US: /-ˀt̬i/ ⇒noventa: *in the nineties* - en los noventa

ninth¹ /naɪntθ/ **1** ⇒noveno,na **2** *(para las fechas)* ⇒nueve **3** *It is his ninth birthday today* - Hoy cumple nueve años ■ Se puede escribir también *9th*

ninth² /naɪntθ/ *n* [C] ⇒noveno ⇒novena parte

nip /nɪp/ [nipped, nipping] ▌*v* [T, I] **1** ⇒pellizcar ⇒mordisquear ▌*v* [I] **2** *UK (inform) He nipped out and bought some food* - Salió un momento para comprar algo de comida ■ CONSTR. Se usa generalmente seguido de una preposición o un adverbio

nipple /ˈnɪp.l̩/ *n* [C] **1** ⇒pezón **2** *US (en un biberón)* ⇒tetina

nit /nɪt/ *n* [C] ⇒liendre ■ Se usa más en plural

nitrogen /ˈnaɪ.trə.dʒən/ *n* [U] *(en química)* ⇒nitrógeno

† **no¹** UK: /nəʊ/ US: /noʊ/ *adv* ⇒no: *«Do you speak German?» «No, I don't»* - «¿Hablas alemán?» «No»

† **no²** UK: /nəʊ/ US: /noʊ/ *adj* **1** *(en oraciones afirmativas)* ⇒ningún,-a **2** ⇒prohibido,da ⇒no

No. *n* [C] ⇒Es la forma abreviada de **number** (número)

nobility UK: /nəʊˈbɪl.ɪ.ti/ US: /noʊˈbɪl.ə.ˀt̬i/ *n* [U] ⇒nobleza

noble¹ UK: /ˈnəʊ.bl̩/ US: /ˈnoʊ-/ *adj* **1** *(cualidad loable)* ⇒noble ⇒honesto,ta **2** ⇒noble ⇒aristocrático,ca

noble² UK: /ˈnəʊ.bl̩/ US: /ˈnoʊ-/ *n* [C] ⇒noble ⇒aristócrata

† **nobody¹** UK: /ˈnəʊ.bə.di/ UK: /-bɒd.i/ US: /ˈnoʊ.bɑː.di/ *pron (en oraciones afirmativas)* ⇒nadie

† **nobody²** UK: /ˈnəʊ.bə.di/ UK: /-bɒd.i/ US: /ˈnoʊ.bɑː.di/ [*pl* nobodies] *n* [C] ⇒don nadie

nocturnal UK: /nɒkˈtɜː.nəl/ US: /nɑːkˈtɝː-/ *adj (form)* ⇒nocturno,na

nod¹ UK: /nɒd/ US: /nɑːd/ [nodded, nodding] *v* [T, I] **1** ⇒asentir ⇒decir que sí con la cabeza **2** *(en fútbol)* ⇒cabecear

PHRASAL VERBS
· **to nod off** *(inform)* ⇒quedarse traspuesto,ta ⇒dar cabezadas

nod² UK: /nɒd/ US: /nɑːd/ *n* [C] ⇒consentimiento: *to give sb the nod to do sth* - dar a alguien el consentimiento para hacer algo

Noel UK: /nəʊˈel/ US: /noʊ-/ *n* [U] ⇒Navidad

† **noise** /nɔɪz/ *n* [C, U] **1** ⇒ruido: *to make noise* - hacer ruido **2** *noise pollution* - contaminación acústica

noisily /ˈnɔɪ.zɪ.li/ *adv* ⇒ruidosamente

noisy /ˈnɔɪ.zi/ *adj* [*comp* noisier, *superl* noisiest] ⇒ruidoso,sa ⇒con mucho ruido ⇒escandaloso,sa

nomad UK: /ˈnəʊ.mæd/ US: /ˈnoʊ-/ *n* [C] ⇒nómada

nominal UK: /ˈnɒm.ɪ.nəl/ US: /ˈnɑː.mə-/ *adj* ⇒simbólico,ca ⇒nominal

† **nominate** UK: /ˈnɒm.ɪ.neɪt/ US: /ˈnɑː.mə-/ [nominated, nominating] *v* [T] **1** ⇒nombrar ⇒designar **2** ⇒nominar **3** ⇒elegir ⇒seleccionar ■ CONSTR. to nominate + to do sth

nominee UK: /ˌnɒm.ɪˈniː/ US: /ˌnɑː.mə-/ *n* [C] ⇒candidato,ta

† **none** /nʌn/ *pron* **1** ⇒ninguno,na ⇒nada **2** ~ **other than** ⇒el mismísimo, la mismísima **3** ~ **the** *I'm still none the wiser* - Sigo sin enterarme de nada ■ CONSTR. Se usa seguido de un adjetivo comparativo **4** ~ **too** ⇒nada ⇒para nada *col.* ■ CONSTR. Se usa seguido de un adjetivo o un adverbio

† **nonetheless** /ˌnʌn.ðəˈles/ *adv* ⇒no obstante ⇒sin embargo ⇒a pesar de ello ⇒aun así

non-existent UK: /ˌnɒn.ɪgˈzɪs.tᵊnt/ US: /ˌnɑːn-/ *adj* ⇒inexistente

nonfiction *n* [U] ⇒literatura que no pertenece al género de la ficción

non-flammable UK: /ˌnɒnˈflæm.ə.bl̩/ US: /ˌnɑːn-/ *adj* ⇒no inflamable

† **nonsense** UK: /ˈnɒn.sᵊnts/ US: /ˈnɑːn.sents/ *n* [U] ⇒tontería ⇒huevada AMÉR. *vulg.*

non-stop UK: /ˌnɒnˈstɒp/ US: /ˌnɑːnˈstɑːp/ *adj, adv* **1** ⇒directo,ta ⇒sin paradas **2** ⇒sin hacer escala **3** ⇒sin parar

non-verbal UK: /ˌnɒnˈvɜː.bᵊl/ US: /ˌnɑːnˈvɝː-/ *adj* ⇒no verbal ⇒sin palabras

† **noon** /nuːn/ *n* [U] ⇒mediodía: *at noon* - al mediodía

† **no one** *pron (en oraciones afirmativas)* ⇒nadie

noose /nuːs/ *n* [C] **1** ⇒soga **2** ⇒lazo [para atrapar animales]

† **nor** UK: /nɔːʳ/ US: /nɔːr/ *conj* **1** *UK* ⇒tampoco: *You aren't going, and nor am I* - Tú no vas, ni yo tampoco ■ Se usa en frases después de *not* **2** **neither... nor...** ⇒ni: *Neither Sam nor Lee have a car* - Ni Sam ni Lee tienen coche

N

norm UK: /nɔːm/ US: /nɔːrm/ *n* [C] ⇒norma ■ Se usa más en plural

↑**normal** UK: /ˈnɔː.məl/ US: /ˈnɔːr-/ *adj* ⇒normal: *above normal* - por encima de lo normal; *below normal* - por debajo de lo normal

↑**normally** UK: /ˈnɔː.mə.li/ US: /ˈnɔːr-/ *adv* **1** ⇒normalmente ⇒por lo general **2** *(actuar)* ⇒con normalidad

↑**north**[1] UK: /nɔːθ/ US: /nɔːrθ/ *n* [U] ⇒norte: *the north of Spain* - el norte de España ■ La forma abreviada es *N*

north[2] UK: /nɔːθ/ US: /nɔːrθ/ *adj* ⇒norte ⇒del norte

↑**north**[3] UK: /nɔːθ/ US: /nɔːrθ/ *adv* ⇒en dirección norte: *to travel north* - viajar en dirección norte

northbound UK: /ˈnɔːθ.baʊnd/ US: /ˈnɔːrθ-/ *adj a northbound road* - una carretera que va hacia el norte

↑**northeast**[1] UK: /ˌnɔːθˈiːst/ US: /ˌnɔːrθ-/ *n* [U] ⇒nordeste: *in the northeast of South America* - al nordeste de Suramérica ■ La forma abreviada es *NE*

northeast[2] UK: /ˈnɔːθˌiːst/ US: /ˈnɔːrθ-/ *adj* ⇒nordeste ⇒del nordeste

↑**northeast**[3] UK: /ˌnɔːθˈiːst/ US: /ˌnɔːrθ-/ *adv* ⇒en dirección nordeste: *to go northeast* - ir en dirección nordeste

northern UK: /ˈnɔː.ðᵊn/ US: /ˈnɔːr.ðən/ *adj* ⇒del norte ⇒septentrional ■ La forma abreviada es *N*

northwards *adv* ⇒hacia el norte: *to travel northwards* - viajar hacia el norte

northwest[1] UK: /ˌnɔːθˈwest/ US: /ˌnɔːrθ-/ *n* [U] ⇒noroeste: *in the northwest of Europe* - al noroeste de Europa ■ La forma abreviada es *NW*

↑**northwest**[2] UK: /ˈnɔːθˌwest/ US: /ˈnɔːrθ-/ *adj* ⇒noroeste ⇒del noroeste

↑**northwest**[3] UK: /ˌnɔːθˈwest/ US: /ˌnɔːrθ-/ *adv* ⇒en dirección noroeste: *to go northwest* - ir en dirección noroeste

↑**nose**[1] UK: /nəʊz/ US: /noʊz/ *n* [C] **1** ⇒nariz **2 to have a ~ for *sth*** *UK (inform)* ⇒tener olfato para algo

nose[2] UK: /nəʊz/ US: /noʊz/ [nosed, nosing] *v* [T, I] *(un vehículo)* ⇒asomar el morro ⇒deslizarse lentamente

PHRASAL VERBS

· **to nose {about/around} (*sth*)** *(inform)* ⇒fisgar ⇒curiosear

nosebleed UK: /ˈnəʊz.bliːd/ US: /ˈnoʊz-/ *n* [C] **1** ⇒hemorragia nasal **2 to have a ~** ⇒sufrir una hemorragia nasal

nosey *adj* See **nosy**

nostalgia UK: /nɒsˈtæl.dʒə/ US: /nɑːˈstæl-/ *n* [U] ⇒nostalgia: *to feel nostalgia for sth* - sentir nostalgia de algo

nostril UK: /ˈnɒs.trᵊl/ US: /ˈnɑː.str[ə]l/ *n* [C] ⇒fosa nasal

nosy UK: /ˈnəʊ.zi/ US: /ˈnoʊ-/ *(tb* **nosey)** *adj [comp* nosier, *superl* nosiest] *(inform)* ⇒metomentodo *col.;* ⇒meticón,-a *col.;* ⇒entrometido,da

↑**not** UK: /nɒt/ US: /nɑːt/ *adv* **1** ⇒no **2 ~ as... as all that** *He's not as cute as all that* - No es tan guapo **3 ~ at all 1** ⇒en absoluto ⇒para nada **2** ⇒de nada ■ Ver cuadro negative structures

↑**notable** UK: /ˈnəʊ.tə.bl̩/ US: /ˈnoʊ.ˤt̬ə-/ *adj* ⇒notable

notch[1] UK: /nɒtʃ/ US: /nɑːtʃ/ [*pl* notches] *n* [C] **1** ⇒muesca **2** ⇒nivel

notch[2] UK: /nɒtʃ/ US: /nɑːtʃ/

PHRASAL VERBS

· **to notch up *sth* [M]** *(inform)* ⇒apuntarse: *He notched up another victory* - Se apuntó un nuevo triunfo

↑**note**[1] UK: /nəʊt/ US: /noʊt/ *n* [C] **1** ⇒nota ⇒apunte **2** ⇒nota ⇒mensaje **3** ⇒nota [musical] **4** *UK* (*US* **bill**) *(dinero)* ⇒billete

note[2] UK: /nəʊt/ US: /noʊt/ [noted, noting] *v* [T] ⇒notar ⇒percibir ■ CONSTR. 1. to note + (that) 2. to note + interrogativa indirecta

PHRASAL VERBS

· **to note *sth* down** ⇒anotar algo ⇒apuntar algo

↑**notebook** UK: /ˈnəʊt.bʊk/ US: /ˈnoʊt-/ *n* [C] ⇒cuaderno ⇒libreta

noted UK: /ˈnəʊ.tɪd/ US: /ˈnoʊ.ˤt̬ɪd/ *adj* ⇒célebre: *That place is noted for its landscape* - Ese sitio es célebre por su paisaje ■ CONSTR. Se usa generalmente seguido de la preposición for

notepaper UK: /ˈnəʊtˌpeɪ.pəʳ/ US: /ˈnoʊtˌpeɪ.pə/ *n* [U] ⇒papel de cartas: *Do you have any notepaper?* - ¿Tienes papel de cartas?

noteworthy UK: /ˈnəʊtˌwɜː.ði/ US: /ˈnoʊtˌwɝː-/ *adj (form)* ⇒digno,na de mención

↑**nothing** /ˈnʌθ.ɪŋ/ *pron* **1** *(en oraciones afirmativas)* ⇒nada **2 for ~ 1** ⇒gratis: *I got into the theatre for nothing* - Entré gratis al teatro **2** ⇒en vano ⇒para nada **3 to have ~ to do with *sth/sb*** ⇒no tener nada que ver: *It has nothing to do with us* - No tiene nada que ver con nosotros

↑**notice**[1] UK: /ˈnəʊ.tɪs/ US: /ˈnoʊ.ˤt̬ɪs/ [noticed, noticing] *v* [T, I] ⇒fijarse ⇒darse cuenta de ■ CONSTR. 1. to notice + (that) 2. to notice + interrogativa indirecta

notice[2] UK: /ˈnəʊ.tɪs/ US: /ˈnoʊ.ˤt̬ɪs/ ▌*n* [C] **1** ⇒cartel ⇒nota ⇒letrero ⇒anuncio [informativo] **2** *It escaped my notice* - No me di cuenta ▌*n* [U] **3** ⇒aviso **4** *They gave me a month's notice* - Me avisaron con un mes de antelación ■ Distinto de *a piece of news* (noticia) **5 to {give/hand} in *one's* ~**

(en el trabajo) ⇒presentar la dimisión **6 to take ~ of *sth/sb*** ⇒prestar atención ⇒hacer caso

noticeable UK: /ˈnəʊ.tɪ.sə.bl̩/ US: /ˈnoʊ.ˤt̬ɪ-/ *adj* ⇒sensible ⇒evidente ⇒notorio,ria ⇒perceptible

noticeboard UK: /ˈnəʊ.tɪs.bɔːd/ US: /ˈnoʊ.ˤt̬ɪs.bɔːrd/ *UK* (*US* **bulletin board**) *n* [c] ⇒tablón de anuncios: *to put sth up on the noticeboard* - poner algo en el tablón de anuncios

notify UK: /ˈnəʊ.tɪ.faɪ/ US: /ˈnoʊ.ˤt̬ə-/ [notifies, notified] *v* [T] *(form)* ⇒notificar ⇒avisar ■ CONSTR. to notify sb + (that)

↑**notion** UK: /ˈnəʊ.ʃᵊn/ US: /ˈnoʊ-/ *n* [c, u] ⇒idea ■ CONSTR. 1. notion of sth 2. notion that ■ Distinto de *basic knowledge* (nociones)

↑**notorious** UK: /nəʊˈtɔː.ri.əs/ US: /noʊˈtɔːr.i-/ *adj* ⇒conocido,da ⇒famoso,sa ⇒de mala reputación ■ Tiene un matiz negativo. Comparar con *famous*

notwithstanding UK: /ˌnɒt.wɪðˈstæn.dɪŋ/ US: /ˌnɑːt-/ *adv, prep (form)* ⇒a pesar de ⇒pese a ⇒no obstante

nought UK: /nɔːt/ US: /nɑːt/ *n* [u] **1** *UK* ⇒cero ■ Normalmente se refiere al *0* como parte de una cifra: *The figure '1,000' has three noughts* - *La cifra '1.000' tiene tres ceros* **2** *(old-fash)* ⇒nada: *There was nought I could do* - No había nada que pudiera hacer

↑**noun** /naʊn/ *n* [c] *(en gramática)* ⇒nombre ⇒sustantivo

nourish UK: /ˈnʌr.ɪʃ/ US: /ˈnɜː-/ [nourishes] *v* [T] **1** *(form)* ⇒nutrir ⇒alimentar **2** *(lit)* ⇒avivar ⇒alimentar

novel¹ UK: /ˈnɒv.ᵊl/ US: /ˈnɑː.v[ə]l/ *n* [c] ⇒novela: *a gripping novel* - una novela que engancha

novel² UK: /ˈnɒv.ᵊl/ US: /ˈnɑː.v[ə]l/ *adj* ⇒innovador,-a ⇒novedoso,sa

novelty UK: /ˈnɒv.ᵊl.ti/ US: /ˈnɑː.v[ə]l.ˤt̬i/ ▌*n* [u] **1** ⇒novedad ⇒cambio ▌*n* [c] **2** ⇒novedad ⇒innovación ■ El plural es *novelties* **3** ⇒bagatela ⇒chuchería ■ El plural es *novelties*

↑**November** UK: /nəʊˈvem.bəʳ/ US: /noʊˈvem.bɚ/ *n* [c, u] ⇒noviembre: *in November* - en noviembre; *on November 5th* - el 5 de noviembre ■ La forma abreviada es *Nov*

novice UK: /ˈnɒv.ɪs/ US: /ˈnɑː.vɪs/ *n* [c] **1** ⇒principiante **2** *(en religión)* ⇒novicio,cia

↑**now¹** /naʊ/ *adv* **1** ⇒ahora: *Where are you now?* - ¿Dónde estás ahora? **2** ⇒ya: *He won't be long now* - Ya no tardará mucho en llegar **3 (every) ~ and {again/then}** ⇒a veces ⇒de vez en cuando **4 right ~** ⇒ahora mismo ⇒ya

↑**now²** /naʊ/ (*tb* **now that**) *conj* ⇒ahora que

↑**nowadays** /ˈnaʊ.ə.deɪz/ *adv* ⇒hoy en día ⇒actualmente ⇒hoy por hoy

↑**nowhere** UK: /ˈnəʊ.weəʳ/ US: /ˈnoʊ.wer/ *adv* **1** *(en oraciones afirmativas)* ⇒a ninguna parte ⇒en ninguna parte **2 to {get/go} ~** ⇒no conseguir nada ⇒no llegar a nada

now that *conj* See **now**

nozzle UK: /ˈnɒz.l̩/ US: /ˈnɑː.zl̩/ *n* [c] *(de una manguera)* ⇒boquilla

nuance UK: /ˈnjuː.ɑːnts/ US: /ˈnuː-/ *n* [c] ⇒matiz

↑**nuclear** UK: /ˈnjuː.klɪəʳ/ US: /ˈnuː.kliː.ɚ/ *adj* ⇒nuclear: *nuclear waste* - residuos nucleares; *nuclear energy* - energía nuclear

nucleus UK: /ˈnjuː.kli.əs/ US: /ˈnuː-/ [*pl* nuclei, nucleuses] *n* [c] **1** *(en química, en biología)* ⇒núcleo **2** *(de un grupo)* ⇒núcleo

nude¹ UK: /njuːd/ US: /nuːd/ *adj (en arte)* ⇒desnudo,da ■ Comparar con *naked*

nude² UK: /njuːd/ US: /nuːd/ *n* [c] *(en arte)* ⇒desnudo

nudge /nʌdʒ/ [nudged, nudging] ▌*v* [T] **1** ⇒dar un codazo **2** ⇒empujar [suavemente] ■ CONSTR. Se usa generalmente seguido de una preposición o un adverbio ▌*v* [T, I] **3** ⇒rozar ⇒alcanzar

nugget /ˈnʌg.ɪt/ *n* [c] **1** ⇒pepita: *a gold nugget* - una pepita de oro **2** ⇒trozo de pescado o carne rebozado **3** *a nugget of information* - un dato interesante

↑**nuisance** UK: /ˈnjuː.sᵊnts/ US: /ˈnuː-/ *n* [c, u] **1** ⇒pesado,da ⇒pelmazo,za *col.* **2** ⇒lata *col.;* ⇒fastidio **3 to make a ~ of *oneself*** ⇒molestar ⇒incordiar *col.*

nuke¹ UK: /njuːk/ US: /nuːk/ *v* [T] **1** *(inform) (un lugar)* ⇒bombardear [con armas nucleares] **2** *US (inform) (un alimento)* ⇒calentar o cocinar en el microondas

nuke² UK: /njuːk/ US: /nuːk/ *n* [c] *(inform)* ⇒arma nuclear

numb¹ /nʌm/ *adj* **1** ⇒entumecido,da ⇒dormido,da **2** ⇒petrificado,da ⇒conmocionado,da

numb² /nʌm/ *v* [T] **1** ⇒entumecer **2** ⇒paralizar ⇒petrificar ⇒conmocionar

↑**number¹** UK: /ˈnʌm.bəʳ/ US: /-bɚ/ *n* [c] **1** ⇒número ⇒cifra ■ La forma abreviada es *No.* **2** ⇒número ⇒cantidad **3** *(publicación)* ⇒número

number² UK: /ˈnʌm.bəʳ/ US: /-bɚ/ *v* [T] **1** ⇒numerar **2** ⇒contar **3** ⇒figurar ⇒incluir(se) ■ CONSTR. Se usa más en pasiva **4** ⇒ascender: *Our staff numbers over 500 employees* - Nuestro personal asciende a más de 500 empleados

numbered *adj* **1** ⇒numerado,da: *numbered tickets* - entradas numeradas **2** ⇒contado,da: *The days of the video recorder are numbered* - Los días del vídeo están contados ■ PRON. La última *e* no se pronuncia

number plate *UK* (*US* **license plate**) *n* [c] *(de un vehículo)* ⇒matrícula ⇒chapa *AMÉR.;* ⇒placa *AMÉR.*

numerical UK: /njuːˈmer.ɪ.kl̩/ US: /nuː-/ *adj* ⇒numérico,ca: *in numerical order* - en orden numérico; *numerical superiority* - superioridad numérica

† **numerous** UK: /ˈnjuː.mə.rəs/ US: /ˈnuː-/ *adj (form)* ⇒numeroso,sa: *on numerous occasions* - en numerosas ocasiones

† **nun** /nʌn/ *n* [C] ⇒monja

† **nurse**[1] UK: /nɜːs/ US: /nɝːs/ *n* [C] ⇒enfermero,ra

nurse[2] UK: /nɜːs/ US: /nɝːs/ [nursed, nursing] *v* [T] **1** ⇒cuidar ⇒atender **2** *(un sentimiento)* ⇒albergar **3** ⇒dar el pecho ⇒amamantar

† **nursery** UK: /ˈnɜː.sᵊr.i/ US: /ˈnɝː.sɚ-/ [*pl* nurseries] *n* [C] **1** ⇒guardería **2** ⇒cuarto de los niños **3** ⇒vivero [de plantas]

nursery rhyme *n* [C] ⇒canción popular infantil ⇒poema popular infantil

nursery school *n* [C] ⇒jardín de infancia

nurture UK: /ˈnɜː.tʃəʳ/ US: /ˈnɝː.tʃɚ/ [nurtured, nurturing] *v* [T] **1** *(form)* ⇒criar ⇒educar **2** *(form) (una planta)* ⇒cuidar **3** *(una idea, un deseo)* ⇒abrigar ⇒albergar

† **nut** /nʌt/ *n* [C] **1** ⇒fruto seco [de cáscara dura] **2** ⇒nuez **3** ⇒tuerca **4** *(inform)* ⇒chiflado,da *col.;* ⇒pirado,da *col.* **5** *(inform)* ⇒forofo,fa ⇒incondicional **6** *(inform)* ⇒mollera *col.;* ⇒chaveta *col.;* ⇒chola *col.*

nutrient UK: /ˈnjuː.tri.ᵊnt/ US: /ˈnuː-/ *n* [C] *(form)* ⇒nutriente

nutrition UK: /njuːˈtrɪʃ.ᵊn/ US: /nuː-/ *n* [U] ⇒nutrición

nutritionist UK: /njuːˈtrɪʃ.ᵊn.ɪst/ US: /nuː-/ *n* [C] ⇒nutricionista

nuts /nʌts/ *adj* **1** *(inform)* ⇒pirado,da *col.;* ⇒chiflado,da *col.* **2 to go ~** *(inform)* ⇒volver(se) loco,ca: *I'll go nuts if I don't get out for a bit* - Me volveré loco si no salgo un poco

nutshell /ˈnʌt.ʃel/ **in a ~** ⇒en pocas palabras ⇒en resumen

nutty UK: /ˈnʌt.i/ US: /ˈnʌˁt̬-/ *adj* [*comp* nuttier, *superl* nuttiest] **1** ⇒con sabor a frutos secos **2** ⇒con frutos secos **3** *(inform)* ⇒chiflado,da *col.*

nylon® UK: /ˈnaɪ.lɒn/ US: /-lɑːn/ *n* [U] ⇒nailon®

nymph /nɪmpf/ *n* [C] ⇒ninfa

o UK: /əʊ/ US: /oʊ/ [*pl* o's] *n* [C] **1** *(letra del alfabeto)* ⇒o **2** *(cifra)* ⇒cero

↑**oak** UK: /əʊk/ US: /oʊk/ ▌*n* [C, U] **1** *(árbol)* ⇒roble ▌*n* [C] **2** *(madera)* ⇒roble

OAP UK: /ˌəʊ.eɪˈpiː/ US: /ˌoʊ-/ *UK n* [C] ⇒forma abreviada de **old age pensioner** (pensionista)

oar UK: /ɔːʳ/ US: /ɔːr/ *n* [C] ⇒remo

oasis UK: /əʊˈeɪ.sɪs/ US: /oʊ-/ [*pl* oases] *n* [C] ⇒oasis

oath UK: /əʊθ/ US: /oʊθ/ *n* [C] **1** ⇒juramento: *to be under oath* - estar bajo juramento; *to take an oath* - hacer un juramento **2** *(old-fash)* ⇒palabrota

oats UK: /əʊts/ US: /oʊts/ *n* [PL] **1** ⇒avena **2** ⇒copos de avena

obedience UK: /əʊˈbiː.di.ənts/ US: /oʊ-/ *n* [U] **1** ⇒obediencia **2** *John showed obedience to his teacher* - John obedeció a su profesora

obese UK: /əʊˈbiːs/ US: /oʊ-/ *adj* ⇒obeso,sa

↑**obey** UK: /əʊˈbeɪ/ US: /oʊ-/ *v* [T, I] ⇒obedecer ⇒cumplir ⇒acatar

obituary UK: /əʊˈbɪtʃ.ʊə.ri/ US: /oʊˈbɪtʃ.u.er.i/ [*pl* obituaries] *n* [C] ⇒esquela ⇒necrológica

↑**object**[1] UK: /ˈɒb.dʒɪkt/ US: /ˈɑːb-/ *n* [C] **1** ⇒objeto **2** ⇒objetivo ⇒propósito **3** *(una persona)* ⇒objeto **4** *(en gramática)* ⇒objeto ⇒complemento ■ Ver cuadro verbos con dos objetos

object[2] /əbˈdʒekt/ *v* [I] ⇒oponerse ⇒poner reparos ■ CONSTR. to object to sth

objection /əbˈdʒek.ʃən/ *n* [C] **1** ⇒objeción ⇒reparo **2** ⇒inconveniente

objective[1] /əbˈdʒek.tɪv/ *n* [C] ⇒propósito ⇒objetivo

objective[2] /əbˈdʒek.tɪv/ *adj* ⇒objetivo,va: *It's impossible to be objective* - Es imposible ser objetivo

obligation UK: /ˌɒb.lɪˈgeɪ.ʃən/ US: /ˌɑː.blə-/ *n* [C, U] ⇒obligación ⇒compromiso

obligatory UK: /əˈblɪg.ə.tər.i/ US: /-tɔːr-/ *adj* **1** ⇒obligatorio,ria **2** *(form)* ⇒consabido,da

↑**oblige** /əˈblaɪdʒ/ [obliged, obliging] ▌*v* [T] **1** ⇒obligar: *Rachel felt obliged to attend* - Rachel se sintió obligada a asistir; ⇒forzar ▌*v* [T, I] **2** ⇒complacer ■ CONSTR. to oblige + to do sth

obliged /əˈblaɪdʒd/ *adj (form)* ⇒agradecido,da: *to be obliged to sb for sth* - estar agradecido a alguien por algo

obliterate UK: /əˈblɪt.ər.eɪt/ US: /-ˈblɪˤt̬.ə.reɪt/ [obliterated, obliterating] *v* [T] **1** ⇒aniquilar ⇒destruir ■ CONSTR. Se usa más en pasiva **2** ⇒borrar: *to obliterate a memory from one's mind* - borrar un recuerdo de la mente

oblivion /əˈblɪv.i.ən/ *n* [U] ⇒olvido: *to sink into oblivion* - caer en el olvido

oblivious /əˈblɪv.i.əs/ *adj* ⇒ajeno,na: *She was oblivious to their suffering* - Permanecía ajena a su sufrimiento

↑**obscene** /əbˈsiːn/ *adj* ⇒obsceno,na

obscure[1] UK: /əbˈskjʊəʳ/ US: /-ˈskjʊr/ *adj* **1** ⇒oscuro,ra ⇒poco claro,ra **2** ⇒poco conocido,da: *an obscure writer* - un autor poco conocido

obscure[2] UK: /əbˈskjʊəʳ/ US: /-ˈskjʊr/ [obscured, obscuring] *v* [T] **1** ⇒tapar ⇒ocultar **2** ⇒oscurecer

observant UK: /əbˈzɜː.vənt/ US: /-ˈzɝː-/ *adj* ⇒observador,-a: *She's very observant* - Es muy observadora

observation UK: /ˌɒb.zəˈveɪ.ʃən/ US: /ˌɑːb.zɚ-/ ▌*n* [U] **1** ⇒observación ⇒contemplación **2** *to be under observation* - estar vigilado ▌*n* [C] **3** ⇒observación ⇒comentario

observatory UK: /əbˈzɜː.və.tri/ US: /-ˈzɝː.və.tɔːr.i/ [*pl* observatories] *n* [C] ⇒observatorio

↑**observe** UK: /əbˈzɜːv/ US: /-ˈzɝːv/ [observed, observing] *v* [T] **1** ⇒observar ⇒mirar ■ CONSTR. to observe + interrogativa indirecta **2** *(form)* ⇒comentar ■ CONSTR. to observe + that **3** ⇒observar ⇒obedecer **4** *(form)* ⇒notar ■ CONSTR. 1. to observe + that 2. to observe + interrogativa indirecta

observer UK: /əbˈzɜː.vəʳ/ US: /-ˈzɝː.vɚ/ *n* [C] **1** ⇒testigo presencial **2** ⇒observador,-a

obsess /əbˈses/ [obsesses] *v* [T, I] ⇒obsesionar(se): *The idea obsessed me for years* - Durante años me obsesionó la idea ■ CONSTR. to obsess about sth

obsessed /əb'sest/ *adj* ⇨obsesionado,da: *obsessed with money* - obsesionado con el dinero ■ PRON. La última *e* no se pronuncia

obsession /əb'seʃ.ən/ *n* [C, U] ⇨obsesión

obsessive /əb'ses.ɪv/ *adj* ⇨obsesivo,va

obsolete UK:/ˌɒb.səl'iːt/ US:/ˌɑːb-/ *adj* **1** ⇨obsoleto,ta **2** *to become obsolete* - caer en desuso

obstacle UK: /'ɒb.stɪ.kl/ US: /'ɑːb-/ *n* [C] ⇨obstáculo: *to overcome an obstacle* - superar un obstáculo

obstetrician UK: /ˌɒb.stə'trɪʃ.ən/ US: /ˌɑːb-/ *n* [C] *(en medicina)* ⇨tocólogo,ga

obstinate UK: /'ɒb.stɪ.nət/ US: /'ɑːb.stə-/ *adj* ⇨terco,ca ⇨obstinado,da

obstruct /əb'strʌkt/ *v* [T] ⇨obstruir ⇨tapar

† **obtain** /əb'teɪn/ *v* [T] *(form)* ⇨conseguir ⇨obtener

† **obvious** UK: /'ɒb.vi.əs/ US: /'ɑːb-/ *adj* ⇨evidente ⇨obvio,via

obviously UK: /'ɒb.vi.ə.sli/ US: /'ɑːb-/ *adv* ⇨obviamente ⇨evidentemente ⇨por supuesto

† **occasion** /ə'keɪ.ʒən/ *n* [C] **1** ⇨ocasión **2** ⇨acontecimiento: *His wedding will be quite an occasion* - Su boda será todo un acontecimiento

† **occasional** /ə'keɪ.ʒən.əl, -'keɪʒ.nəl/ *adj* ⇨ocasional ⇨esporádico,ca

occasionally /ə'keɪ.ʒən.əl.i, -'keɪʒ.nəl-/ *adv* ⇨ocasionalmente

occupant UK: /'ɒk.jʊ.pənt/ US: /'ɑː.kjə-/ *n* [C] *(form) (de un edificio o un medio de transporte)* ⇨ocupante ⇨inquilino,na

occupation UK: /ˌɒk.jʊ'peɪ.ʃən/ US: /ˌɑː.kjə-/ ▌*n* [C] **1** *(form)* ⇨profesión ▌*n* [U] **2** ⇨invasión ⇨ocupación

occupational UK: /ˌɒk.jʊ'peɪ.ʃən.əl/ US: /ˌɑː.kjə-/ *adj* ⇨ocupacional: *occupational therapy* - terapia ocupacional

occupied UK: /'ɒk.jʊ.paɪd/ US: /'ɑː.kjʊ-/ *adj* **1** ⇨invadido,da ⇨ocupado,da **2** *(con una actividad)* ⇨ocupado,da **3** *US* (*UK* **engaged**) *(el cuarto de baño)* ⇨ocupado,da

occupier UK: /'ɒk.jʊ.paɪ.əʳ/ US: /'ɑː.kjə.paɪ.ɚ/ *UK n* [C] **1** ⇨ocupante ⇨inquilino,na **2** ⇨ocupante ⇨invasor,-a ■ Se usa más en plural

† **occupy** UK: /'ɒk.jʊ.paɪ/ US: /'ɑː.kjʊ-/ [occupies, occupied] *v* [T] **1** ⇨invadir ⇨ocupar **2** *(un espacio)* ⇨ocupar **3** *(con una actividad)* ⇨ocupar ⇨entretener

† **occur** UK: /ə'kɜːʳ/ US: /-'kɝː/ [occurred, occurring] *v* [I] *(form)* ⇨ocurrir: *Something strange has occurred* - Ha ocurrido algo extraño

PHRASAL VERBS

· **to occur to *sb*** ⇨ocurrirse a alguien: *It didn't occur to me to call you* - No se me ocurrió llamarte

occurrence UK: /ə'kʌr.ənts/ US: /-'kɝː-/ ▌*n* [C] **1** ⇨hecho: *a common occurrence* - un hecho frecuente ▌*n* [U] **2** ⇨incidencia ⇨tasa

† **ocean** UK: /'əʊ.ʃən/ US: /'oʊ-/ *n* [C, NO PL] ⇨océano: *at the bottom of the ocean* - al fondo del océano ■ Al dar el nombre de un océano, se escribe con mayúscula inicial: *the Atlantic Ocean*

† **o'clock** UK: /ə'klɒk/ US: /-'klɑːk/ *adv (para las horas exactas): at two o'clock* - a las dos; *by five o'clock* - antes de las cinco

octagon UK: /'ɒk.tə.gən/ US: /'ɑː.k.tə.gɑːn/ *n* [C] ⇨octógono

† **October** UK: /ɒk'təʊ.bəʳ/ US: /ɑːk'toʊ.bɚ/ *n* [C, U] ⇨octubre: *in October* - en octubre; *on October 10th* - el diez de octubre ■ La forma abreviada es *Oct*

octopus UK: /'ɒk.tə.pəs/ US: /'ɑː.k.tə.pəs/ [*pl* octopuses] *n* [C] ⇨pulpo

† **odd** UK: /ɒd/ US: /ɑːd/ *adj* **1** ⇨extraño,ña ⇨raro,ra **2** ⇨desparejado,da: *an odd sock* - un calcetín desparejado **3** *(un número, una cifra)* ⇨impar **4 ~ jobs** ⇨trabajos esporádicos y de baja categoría **5 the ~** ⇨alguno que otro, alguna que otra: *I heard the odd criticism* - Oí alguna que otra crítica

oddity UK: /'ɒd.ɪ.ti/ US: /'ɑː.də.ˤt̬i/ [*pl* oddities] *n* [C] **1** ⇨rareza ⇨singularidad **2** ⇨bicho raro *col.*

oddly UK: /'ɒd.li/ US: /'ɑːd-/ *adv* ⇨extrañamente ⇨de manera rara

† **odds** UK: /ɒdz/ US: /ɑːdz/ *n* [PL] **1** ⇨probabilidades: *What are the odds?* - ¿Cuáles son las probabilidades? **2** *(en apuestas)* ⇨puntos a favor ⇨puntos de ventaja **3 ~ and ends** ⇨retazos ⇨retales **4 to be at ~ with *sth/sb*** ⇨discrepar: *I'm at odds with him over a debt* - Discrepo con él sobre una deuda **5 to make no ~** *(inform)* ⇨dar igual *col.*

odour UK: /'əʊ.dəʳ/ US: /'oʊ.dɚ/ *UK n* [C, U] ⇨olor: *body odour* - olor corporal

† **of** UK: /əv/ UK: /ɒv/ US: /ɑːv/ *prep* **1** *(relación o pertenencia)* ⇨de **2** *(contenido)* ⇨de **3** *(con cantidades)* ⇨de **4** *(material)* ⇨de **5** *(para las fechas)* ⇨de ■ Cuando se escribe la fecha con un número se omite la preposición *of*: *October 2nd* **6** *(causa o cualidad)* ⇨de **7** *(tema)* ⇨de ⇨respecto a **8** *That's very kind of you* - Es muy amable de tu parte

† **off**[1] UK: /ɒf/ US: /ɑːf/ *adv* **1** ⇨de distancia ⇨fuera de **2** *(un aparato)* ⇨apagado,da **3** *(tiempo)* ⇨libre **4** *I must be off* - Tengo que irme **5** *(una cita)* ⇨cancelado,da **6** *He's off his food* - Está desganado

off[2] UK: /ɒf/ US: /ɑːf/ *prep* **1** ⇨de: *to take one's feet off the table* - quitar los pies de encima de la mesa **2 to be ~ *sth*** ⇨haber dejado de gustar: *She's off coffee* - Le ha dejado de gustar el café

† **off**[3] UK: /ɒf/ US: /ɑːf/ *adj* **1** *(comida)* ⇨estropeado,da ⇨malo,la **2** *(inform) (conducta)* ⇨incorrecto,ta

⇒malo,la ■ CONSTR. Se usa detrás de un verbo **3** *a day off* - un día libre

↑**offence** /ə'fents/ *UK* (*US* **offense**) *n* [C] **1** ⇒delito ⇒infracción **2 to take ~ at *sth*** ⇒ofenderse por algo: *She never takes offence at anything* - Nunca se ofende por nada ■ Distinto de *insult* (ofensa)

offend /ə'fend/ *v* [T] ⇒ofender: *I didn't mean to offend you* - No pretendía ofenderte ■ CONSTR. to be offended + that

offender UK: /ə'fen.dər/ US: /-dɚ/ *n* [C] ⇒infractor,-a ⇒delincuente

offense /ə'fents/ *US n* [C] See **offence**

offensive[1] /ə'fent.sɪv/ *adj* **1** ⇒ofensivo,va **2** *(form)* ⇒repugnante: *an offensive odour* - un olor repugnante

offensive[2] /ə'fent.sɪv/ *n* [C] ⇒ofensiva [militar]

↑**offer**[1] UK: /'ɒf.ər/ US: /'ɑː.fɚ/ *v* [T, I] **1** ⇒ofrecer: *Can I offer you sth?* - ¿Puedo ofrecerte algo? ■ CONSTR. to offer + dos objetos **2** ⇒ofrecerse: *Mary offered to teach them driving* - Mary se ofreció para enseñarles a conducir ■ CONSTR. to offer + to do sth **3** ⇒dar ⇒proporcionar

↑**offer**[2] UK: /'ɒf.ər/ US: /'ɑː.fɚ/ *n* [C] ⇒oferta ⇒ofrecimiento

offering UK: /'ɒf.ər.ɪŋ/ US: /'ɑː.fɚ-/ *n* [C] ⇒ofrenda

offhand[1] UK: /ˌɒf'hænd/ US: /ˌɑːf-/ *adj* ⇒brusco,ca ⇒displicente

offhand[2] UK: /ˌɒf'hænd/ US: /ˌɑːf-/ *adv* ⇒sin pensarlo

↑**office** UK: /'ɒf.ɪs/ US: /'ɑː.fɪs/ *n* [C] **1** ⇒oficina **2** ⇒despacho **3 to be in ~** ⇒estar en el poder **4 to take ~** ⇒asumir el cargo

officer UK: /'ɒf.ɪ.sər/ US: /'ɑː.fɪ.sɚ/ *n* [C] **1** *(en las fuerzas armadas o la policía)* ⇒oficial ⇒agente **2** ⇒funcionario,ria: *prison officers* - funcionarios de prisiones

official[1] /ə'fɪʃ.əl/ *adj* ⇒oficial: *an official statement* - una declaración oficial

official[2] /ə'fɪʃ.əl/ *n* [C] ⇒funcionario,ria ■ Distinto de *officer* (oficial)

off-licence UK: /'ɒf.laɪ.sənts/ US: /'ɑːf-/ *UK n* [C] ⇒tienda de bebidas alcohólicas

off-peak UK: /ˌɒf'piːk/ US: /ˌɑːf-/ *adj* **1** ⇒en temporada baja: *off-peak holidays* - vacaciones en temporada baja **2** ⇒de bajo coste

offset, offset, offset UK: /ˌɒf'set/ US: /ˌɑːf-/ [offsetting] *v* [T] ⇒compensar ■ CONSTR. Se usa más en pasiva

offshore UK: /ˌɒf'ʃɔːr/ US: /ˌɑːf'ʃɔːr/ *adj* **1** *(un viento)* ⇒que sopla desde la tierra **2** *(pesca)* ⇒de bajura **3** ⇒cercano,na a la costa **4** *(una empresa)* ⇒en un paraíso fiscal

offside UK: /'ɒf.saɪd/ US: /'ɑːf-/ *UK adj (en conducción)* ⇒derecho,cha

offspring UK: /'ɒf.sprɪŋ/ US: /'ɑːf-/ [*pl* offspring] *n* [C] **1** *(form) (de un animal)* ⇒cría **2** *(de una persona)* ⇒prole

↑**often** UK: /'ɒf.tən/ US: /'ɑːf-/ *adv* **1** ⇒a menudo ⇒con frecuencia ■ Se sitúa detrás del verbo *to be* y de los verbos auxiliares y modales y delante de los demás verbos: *He's often late for school* - *Llega tarde al colegio con frecuencia*; *I often go to the theatre* - *Voy al teatro a menudo* **2 how often...?** ⇒¿cada cuánto...?

↑**oh** UK: /əʊ/ US: /oʊ/ *excl* ⇒¡oh! ⇒¡ah!

↑**oil**[1] /ɔɪl/ ▮ *n* [C, U] **1** ⇒aceite: *olive oil* - aceite de oliva; *sunflower oil* - aceite de girasol ▮ *n* [U] **2** ⇒petróleo **3** *an oil company* - una empresa petrolera

↑**oil**[2] /ɔɪl/ *v* [T] ⇒engrasar ⇒lubricar

oily /'ɔɪ.li/ *adj* [*comp* oilier, *superl* oiliest] **1** ⇒grasiento,ta **2** *oily skin* - piel grasa **3** ⇒aceitoso,sa: *an oily sauce* - una salsa aceitosa **4 ~ fish** ⇒pescado azul

ointment /'ɔɪnt.mənt/ *n* [U] **1** ⇒pomada **2** ⇒ungüento

OK *adj, adv (inform)* ⇒forma abreviada de **okay** (bien)

↑**okay**[1] UK: /ˌəʊ'keɪ/ US: /ˌoʊ-/ UK: /'--/ *adj, adv* **1** *(inform)* ⇒bien **2** *(inform)* ⇒bien **3** *(inform)* ⇒vale ⇒de acuerdo ■ Se usa más la forma abreviada *OK*

↑**okay**[2] UK: /ˌəʊ'keɪ/ US: /ˌoʊ-/ UK: /'--/ *v* [T] *(inform)* ⇒dar el visto bueno

↑**old** UK: /əʊld/ US: /oʊld/ *adj* [*comp* older, *superl* oldest] **1** *(una persona, un animal)* ⇒mayor ⇒viejo,ja ⇒anciano,na ■ Cuando se comparan las edades de personas, sobre todo las edades de los miembros de una familia, se pueden usar *elder* y *eldest*: *John is the elder of the two* - *John es el mayor de los dos*; *Ann is my eldest sister* - *Ann es mi hermana mayor* **2** *(un objeto)* ⇒viejo,ja ⇒antiguo,gua **3** *(desde hace mucho tiempo)* ⇒viejo,ja **4** ⇒de edad: *He's twenty-six years old* - Tiene veintiséis años de edad; *a nine-year-old girl* - una niña de nueve años; *How old is he?* - ¿Cuántos años tiene?

old-age pension *UK n* [C] ⇒pensión de jubilación

old-age pensioner *UK n* [C] ⇒pensionista ⇒pensionado,da AMÉR. ■ La forma abreviada es *OAP*

older *adj* the comparative form of **old**: *Anne is older than me* - Anne es mayor que yo

oldest *adj* the superlative form of **old**: *Will is the oldest boy in the class* - Will es el chico mayor de la clase

↑**old-fashioned** UK: /ˌəʊld'fæʃ.ənd/ US: /ˌoʊld-/ *adj* **1** ⇒pasado,da de moda ⇒anticuado,da ⇒chapado,da a la antigua **2** ⇒antiguo,gua **3** ⇒tradicional: *an old-fashioned pub* - un pub tradicional ■ PRON. La *e* no se pronuncia

↑**olive** UK: /ˈɒl.ɪv/ US: /ˈɑː.lɪv/ *n* [C] **1** *(fruto)* ⇒aceituna ⇒oliva **2** *(árbol)* ⇒olivo

Olympic UK: /əʊˈlɪm.pɪk/ US: /oʊ-/ *adj* ⇒olímpico,ca

Olympic Games *(tb* **Olympics)** *n* [PL] ⇒juegos olímpicos ⇒olimpiadas

Olympics UK: /ði.əʊˈlɪm.pɪks/ US: /-oʊ-/ *n* [PL] See **Olympic Games**

Oman UK: /əʊˈmɑːn/ US: /oʊ-/ *n* [U] ⇒Omán

↑**omelette** UK: /ˈɒm.lət/ US: /ˈɑː.mə.lət/ *n* [C] ⇒tortilla ⇒tortilla francesa ⇒torta *AMÉR.*

omen UK: /ˈəʊ.mən/ US: /ˈoʊ-/ *n* [C] ⇒presagio ⇒agüero

ominous UK: /ˈɒm.ɪ.nəs/ US: /ˈɑː.mə-/ *adj* ⇒de mal agüero ⇒amenazador,-a

omission UK: /əʊˈmɪʃ.ən/ US: /oʊ-/ *n* [C, U] ⇒omisión ⇒descuido

↑**omit** UK: /əʊˈmɪt/ US: /oʊ-/ [omitted, omitting] *v* [T] **1** ⇒omitir ⇒pasar por alto **2** ⇒olvidarse ■ CONSTR. 1. to omit + to do sth 2. Se usa más en pasiva

↑**on¹** UK: /ɒn/ US: /ɑːn/ *prep* **1** ⇒en ⇒sobre ⇒encima de **2** *(lugar)* ⇒en **3** *(sentido)* ⇒a **4** *(fechas y días de la semana)* ⇒el ■ Se usa *on* cuando se especifica una fecha o un día de la semana; sin embargo, se usa *in* con los meses cuando no se detalla una fecha: *in May* - *en mayo* **5** *(tema)* ⇒sobre ⇒de **6** *(instrumento)* ⇒con **7** *(en un texto)* ⇒en **8** *(en un medio de transporte)* ⇒en ⇒a **9** ⇒al ⇒mientras **10** ⇒encima ⇒con **11** *(afiliación)* ⇒en **12** *(comida)* ⇒de **13** *(consumo)* ⇒en ■ Ver cuadro

↑**on²** UK: /ɒn/ US: /ɑːn/ *adv* **1** ⇒encendido,da ⇒en marcha **2** ⇒puesto,ta **3** *The band played on* - El grupo siguió tocando; *I danced on until late* - Me quedé bailando hasta tarde ■ Se usa frecuentemente con verbos de acción o movimiento. Al traducirlo en español añade al verbo sentido de continuidad: *We walked on in silence* - *Caminamos en silencio* **4** *(con «early», «late», «far» y «further»)* ⇒más **5 ~ and ~** ⇒sin parar **6 to be ~** *(en el cine, la televisión, la radio)* ⇒poner

↑**once¹** /wʌnts/ *adv* **1** *(frecuencia)* ⇒una vez **2** ⇒hace tiempo ⇒en el pasado **3 at ~ 1** ⇒enseguida ⇒inmediatamente **2** ⇒a la vez: *doing two things at once* - haciendo dos cosas a la vez **4 ~ {again/more}** ⇒una vez más **5 ~ and for all** ⇒de una vez por todas **6 ~ in a while** ⇒de vez en cuando **7 ~ or twice** ⇒un par de veces **8 ~ upon a time...** ⇒érase una vez...

↑**once²** /wʌnts/ *conj* ⇒una vez que: *Once seen, never forgotten* - Una vez que se ha visto, ya no se olvida

oncoming UK: /ˈɒnˌkʌm.ɪŋ/ US: /ˈɑːn-/ *adj* **1** ⇒que va en dirección contraria **2** ⇒venidero,ra ⇒que se aproxima

one¹ /wʌn/ *pron* **1** *(form) (persona)* ⇒uno,na **2** *«Which one do you want?» «I want this one»* -

preposiciones de tiempo: on / in / at

- **On** se emplea con:
  - Los días de la semana:
    - *The course starts* ***on*** *Tuesday, not Monday.* (El curso empieza el martes, no el lunes.)
  - Las fechas:
    - *I was born* ***on*** *August 11th.* (Nací el 11 de agosto.)
  - Los días específicos:
    - *Will you go home* ***on*** *Thanksgiving Day?* (¿Iréis a casa el día de acción de gracias?)
  - Una parte de un día concreto:
    - *You have an appointment* ***on*** *Tuesday morning.* (Tienes una cita el martes por la mañana.)
- **In** se emplea con:
  - Una parte del día (excepto "night"), cuando no se menciona qué día:
    - *I'll phone you* ***in*** *the morning.* (Te llamaré por la mañana.)
  - Períodos largos, como un mes, un año o las estaciones del año:
    - *The leaves fall from the trees* ***in*** *autumn.* (Las hojas se caen de los árboles en otoño.)
- **At** se emplea con:
  - Una hora o un momento preciso del día:
    - *We'll meet* ***at*** *dinner,* ***at*** *6 o'clock.* (Nos veremos en la cena, a las 6.)
  - La palabra "night":
    - *When I can't sleep* ***at*** *night I do sudokus.* (Cuando no puedo dormir por la noche, hago sudokus.)
  - Con períodos de fiestas, como "Christmas" o "Easter":
    - ***At*** *Christmas all my family get together.* (En navidades toda mi familia se reúne.)

«¿Cuál quieres?» «Quiero este» ■ No se traduce en español **3 all in ~** ⇒todo en uno **4 ~ or two** ⇒unos cuantos, unas cuantas

† **one²** /wʌn/ **1** *(una cifra)* ⇒uno **2** *(cantidad)* ⇒uno,na **3** *(en un momento indeterminado)* ⇒un,-a ⇒algún **4** ⇒único,ca: *He is the only one who knows* - Él es el único que lo sabe **5 the ~ and only** ⇒el mismísimo, la mismísima

one-off UK: /ˌwʌn'ɒf/ US: /-'ɑːf/ *UK n* [NO PL] ⇒algo que se hace solo una vez ⇒ocasión única

† **oneself** /ˌwʌn'self/ *pron* **1** *(form)* ⇒uno mismo, una misma: *One needs time for oneself* - Uno necesita tiempo para uno mismo **2** *(form)* ⇒solo,la: *Some things one must do oneself* - Algunas cosas ha de hacerlas uno solo **3** *(form) (con uso reflexivo)* ⇒se

one-way /ˌwʌn'weɪ/ *adj* **1** *(una calle o una carretera)* ⇒de sentido único **2** *(una relación)* ⇒no correspondido,da

one-way ticket *US* (*UK* **single**) *n* [C] ⇒billete de ida

† **ongoing** UK: /'ɒŋˌgəʊ.ɪŋ/ UK: /ˌ-'--/ US: /'ɑːnˌgoʊ-/ *adj* ⇒en desarrollo ⇒en curso

† **onion** /'ʌn.jən/ *n* [C, U] ⇒cebolla: *onion rings* - aros de cebolla

† **online** UK: /ˌɒn'laɪn/ US: /ˌɑːn'laɪn/ *adj, adv (en informática)* ⇒conectado,da ⇒en línea

onlooker UK: /'ɒnˌlʊk.əʳ/ US: /'ɑːnˌlʊk.ɚ/ *n* [C] *(de un incidente)* ⇒espectador,-a

† **only¹** UK: /'əʊn.li/ US: /'oʊn-/ *adv* **1** ⇒solo ⇒solamente ⇒únicamente ⇒nomás *AMÉR.* **2 not only... but also...** ⇒no solo... sino también...

† **only²** UK: /'əʊn.li/ US: /'oʊn-/ *adj* ⇒único,ca: *I'm an only child* - Soy hija única; *I was the only person there* - Yo era la única persona allí

only³ UK: /'əʊn.li/ US: /'oʊn-/ *conj* **1** ⇒pero ⇒solo que **2 if ~** ⇒si ⇒ojalá

only child *n* [C] ⇒hijo único, hija única: *She's an only child* - Es hija única

onset UK: /'ɒn.set/ US: /'ɑːn-/ **the ~ of *sth*** ⇒la llegada de algo ⇒el comienzo de algo

onslaught UK: /'ɒn.slɔːt/ US: /'ɑːn.slɑːt/ *n* [C] ⇒arremetida ⇒ataque violento

† **onto** UK: /'ɒn.tu/ US: /'ɑːn.tu/ *prep* ⇒a ⇒sobre ⇒en

onward UK: /'ɒn.wəd/ US: /'ɑːn.wəd/ *adj* ⇒hacia delante

oops /uːps, ʊps/ (*tb* **whoops**) *excl* ⇒¡huy!: *Oops! I've made a mistake* - ¡Huy! Me he equivocado

ooze /uːz/ [oozed, oozing] *v* [T, I] **1** ⇒rezumar: *After it rains the wall oozes dampness* - Después de llover la pared rezuma humedad **2** ⇒salir ⇒gotear ■ CONSTR. Se usa generalmente seguido de una preposición o un adverbio

opal UK: /'əʊ.pəl/ US: /'oʊ-/ *n* [C, U] *(mineral)* ⇒ópalo

opaque UK: /əʊ'peɪk/ US: /oʊ-/ *adj* ⇒opaco,ca: *opaque glass* - cristal opaco

† **open¹** UK: /'əʊ.pən/ US: /'oʊ-/ *adj* **1** ⇒abierto,ta: *an open mind* - una mente abierta; *The supermarket isn't open yet* - El supermercado aún no está abierto **2** *(una actitud, un carácter)* ⇒abierto,ta ⇒dispuesto,ta a escuchar ⇒franco,ca **3 in the ~ air** ⇒al aire libre: *I like reading in the open air* - Me gusta leer al aire libre **4 out in the ~** ⇒al descubierto: *Her secret is out in the open* - Su secreto ha quedado al descubierto

† **open²** UK: /'əʊ.pən/ US: /'oʊ-/ *v* [T, I] **1** ⇒abrir(se): *She opened the door for me* - Me abrió la puerta; *The windows opened with the wind* - Las ventanas se abrieron con el viento **2** *(un establecimiento)* ⇒inaugurar ⇒abrir

PHRASAL VERBS

- **to open up 1** ⇒abrirse [a alguien] ⇒sincerarse [con alguien] **2** *(una flor)* ⇒abrirse **3** *(una empresa, una tienda)* ⇒abrir ⇒inaugurar
- **to open (*sth*) up [M]** ⇒abrir (algo): *May opens up the gym at eight* - May abre el gimnasio a las ocho

open-air UK: /ˌəʊ.pən'eəʳ/ US: /ˌoʊ.p[ə]n'er/ *adj* ⇒al aire libre: *an open-air party* - una fiesta al aire libre

open-ended UK: /ˌəʊ.pən'en.dɪd/ US: /ˌoʊ-/ *adj* **1** ⇒de duración indefinida ⇒sin plazo establecido **2** *(un debate o una pregunta)* ⇒abierto,ta

opener UK: /'əʊ.pən.əʳ/ US: /'oʊ.p[ə]n.ɚ/ *n* [C] ⇒abridor

opening UK: /'əʊ.pən.ɪŋ/ US: /'oʊp.nɪŋ/ *n* [C] **1** ⇒abertura **2** ⇒inauguración ⇒apertura ⇒comienzo **3** *(en teatro)* ⇒estreno **4** ⇒abertura [de una flor] **5** *(para una persona)* ⇒oportunidad ⇒hueco

openly UK: /'əʊ.pən.li/ US: /'oʊ-/ *adv* ⇒francamente ⇒abiertamente

open-minded UK: /ˌəʊ.pən'maɪn.dɪd/ US: /ˌoʊ-/ *adj* ⇒abierto,ta ⇒sin prejuicios

openness UK: /'əʊ.pən.nəs/ US: /'oʊ-/ *n* [U] ⇒franqueza: *I appreciate your openness* - Agradezco tu franqueza

† **opera** UK: /'ɒp.ər.ə/ UK: /'ɒp.rə/ US: /'ɑː.pɚ.ə/ *n* [C, U] ⇒ópera: *to go to the opera* - ir a la ópera; *an opera singer* - un cantante de ópera

† **operate** UK: /'ɒp.ər.eɪt/ US: /'ɑː.pə.reɪt/ [operated, operating] ▮ *v* [T, I] **1** *(un aparato)* ⇒funcionar **2** ⇒manejar: *Do you know how to operate this camera?* - ¿Sabes cómo manejar esta cámara? ▮ *v* [I] **3** *(en medicina)* ⇒operar ■ CONSTR. 1. to operate on sth/sb 2. to be operated on

operating room *US n* [C] See **operating theatre**

O

operating theatre *UK* (*US* **operating room**) *n* [c] ⇒quirófano

operation UK: /ˌɒp.ərˈeɪ.ʃən/ US: /ˌɑː.pəˈreɪ-/ *n* [c] **1** ⇒operación: *to have an operation* - someterse a una operación; *a rescue operation* - una operación de rescate **2** ⇒funcionamiento: *The program is currently in operation* - El programa está en funcionamiento **3 to {be/come into} ~ 1** ⇒{estar/entrar} en funcionamiento **2** *(en derecho)* ⇒{estar/entrar} en vigor

operational UK: /ˌɒp.ərˈeɪ.ʃən.əl/ US: /ˌɑː.pəˈreɪ-/ *adj* ⇒en funcionamiento ⇒operativo,va

operative[1] UK: /ˈɒp.ər.ə.tɪv/ US: /ˈɑː.pɚ.ə.ˤt̬ɪv/ *adj* **1** *(form)* ⇒en funcionamiento ⇒operativo,va **2** *(form) (en derecho)* ⇒en vigor **3** *(form) (en medicina)* ⇒operatorio,ria

operative[2] UK: /ˈɒp.ər.ə.tɪv/ US: /ˈɑː.pɚ.ə.ˤt̬ɪv/ *n* [c] **1** ⇒operario,ria ⇒obrero,ra **2** *US* ⇒agente secreto

operator UK: /ˈɒp.ər.eɪ.təʳ/ US: /ˈɑː.pə.reɪ.ˤt̬ɚ/ *n* [c] **1** ⇒operario,ria **2** ⇒telefonista ⇒operador,-a

† **opinion** /əˈpɪn.jən/ *n* [c, u] **1** ⇒opinión: *to seek a second opinion* - pedir una segunda opinión **2** *What is your opinion of the film?* - ¿Qué opinas sobre la película? **3 public ~** ⇒opinión pública

opinion poll *n* [c] ⇒encuesta [de opinión] ⇒sondeo [de opinión]

† **opponent** UK: /əˈpəʊ.nənt/ US: /-ˈpoʊ-/ *n* [c] **1** *(en una competición)* ⇒adversario,ria ⇒contrincante **2** ⇒contrario,ria

O

† **opportunity** UK: /ˌɒp.əˈtjuː.nə.ti/ US: /ˌɑː.pɚˈtuː.nə.ˤt̬i/ [*pl* opportunities] *n* [c, u] **1** ⇒ocasión ⇒oportunidad **2 to take the ~ to do *sth*** ⇒aprovechar la ocasión para hacer algo

† **oppose** UK: /əˈpəʊz/ US: /-ˈpoʊz/ [opposed, opposing] *v* [T] ⇒oponerse ⇒estar en contra

opposed UK: /əˈpəʊzd/ US: /-ˈpoʊzd/ *adj* **1** ⇒opuesto,ta ⇒en contra de **2 as ~ to** *(form)* ⇒a diferencia de ⇒en vez de ■ Constr. Se usa detrás de un verbo

opposing UK: /əˈpəʊ.zɪŋ/ US: /-ˈpoʊ-/ *adj* **1** ⇒contrario,ria: *the opposing team* - el equipo contrario **2** ⇒enemigo,ga: *the opposing army* - el ejército enemigo

† **opposite**[1] UK: /ˈɒp.ə.zɪt/ US: /ˈɑː.pə-/ *adv, prep* **1** ⇒enfrente **2** ⇒enfrente de ⇒frente a

opposite[2] UK: /ˈɒp.ə.zɪt/ US: /ˈɑː.pə-/ *adj* **1** ⇒contrario,ria ⇒opuesto,ta **2** *(ubicación)* ⇒de enfrente

opposite[3] UK: /ˈɒp.ə.zɪt/ US: /ˈɑː.pə-/ *n* [c] ⇒opuesto ⇒contrario

opposition UK: /ˌɒp.əˈzɪʃ.ən/ US: /ˌɑː.pə-/ *n* [u] ⇒oposición: *the opposition to the plan* - la oposición al plan

oppress /əˈpres/ [oppresses] *v* [T] **1** ⇒oprimir ■ Constr. Se usa más en pasiva **2** ⇒agobiar

oppressed /əˈprest/ *adj* **1** ⇒oprimido,da: *oppressed minorities* - minorías oprimidas **2** ⇒agobiado,da

oppression /əˈpreʃ.ən/ *n* [u] ⇒opresión

oppressive /əˈpres.ɪv/ *adj* **1** ⇒opresivo,va: *an oppresive regime* - un régimen opresivo **2** ⇒agobiante **3** *(una temperatura)* ⇒sofocante

† **opt** UK: /ɒpt/ US: /ɑːpt/ *v* [I] ⇒optar: *I opted not to go out with them* - Opté por no salir con ellos ■ Constr. 1. to opt + to do sth 2. to opt for sth

PHRASAL VERBS

· **to opt out (of *sth*)** ⇒optar por no participar (en algo)

optical UK: /ˈɒp.tɪ.kəl/ US: /ˈɑːp-/ *adj* ⇒óptico,ca: *an optical illusion* - una ilusión óptica; *optical fibre* - fibra óptica

† **optician** UK: /ɒpˈtɪʃ.ən/ US: /ɑːp-/ *n* [c] **1** *(persona)* ⇒óptico,ca **2** *UK (establecimiento)* ⇒óptica

† **optimism** UK: /ˈɒp.tɪ.mɪ.zəm/ US: /ˈɑːp.tə-/ *n* [u] **1** ⇒optimismo **2** *to have grounds for optimism* - tener motivos para ser optimista

optimist UK: /ˈɒp.tɪ.mɪst/ US: /ˈɑːp.tə-/ *n* [c] ⇒optimista

optimistic UK: /ˌɒp.tɪˈmɪs.tɪk/ US: /ˌɑːp.tə-/ *adj* ⇒optimista: *I think you are too optimistic* - Creo que eres demasiado optimista

optimum UK: /ˈɒp.tɪ.məm/ US: /ˈɑːp-/ *adj (form)* ⇒óptimo,ma

† **option** UK: /ˈɒp.ʃən/ US: /ˈɑːp-/ *n* [c, u] ⇒elección ⇒opción ⇒posibilidad

optional UK: /ˈɒp.ʃən.əl/ US: /ˈɑːp-/ *adj* ⇒optativo,va ⇒opcional

† **or** /ɔːʳ/, /əʳ/ *conj* **1** ⇒o: *Are you coming by train or by coach?* - ¿Vienes en tren o en autocar? **2 ~ so** *(con cifras)* ⇒aproximadamente

† **oral** UK: /ˈɔː.rəl/ US: /ˈɔːr.əl/ *adj* **1** ⇒oral ⇒bucal **2** ⇒oral ⇒verbal

orally UK: /ˈɔː.rə.li/ US: /ˈɔːr.ə-/ *adv* ⇒oralmente ⇒por vía oral

† **orange**[1] UK: /ˈɒr.ɪndʒ/ US: /ˈɔːr-/ *adj (color)* ⇒naranja ■ Pron. La *a* se pronuncia como la *i* en *did*

orange[2] UK: /ˈɒr.ɪndʒ/ US: /ˈɔːr-/ *n* [c, u] **1** *(fruta)* ⇒naranja **2** *orange tree* - naranjo **3** *orange juice* - zumo de naranja **4** *(color)* ⇒naranja ■ Pron. La *a* se pronuncia como la *i* en *did*

orbit UK: /ˈɔː.bɪt/ US: /ˈɔːr-/ *n* [c, u] ⇒órbita

orchard UK: /ˈɔː.tʃəd/ US: /ˈɔːr.tʃɚd/ *n* [c] ⇒huerto [de frutales]

† **orchestra** UK: /ˈɔː.kɪ.strə/ US: /ˈɔːr-/ *n* [c] **1** ⇒orquesta: *a symphony orchestra* - una orquesta sinfónica ■ Por ser un nombre colectivo se puede usar con el verbo en singular o en plural **2** *US (en un teatro)* ⇒platea

orchid UK: /ˈɔː.kɪd/ US: /ˈɔːr-/ *n* [C] ⇒orquídea

↑**ordeal** UK: /ɔːˈdɪəl/ US: /ɔːr-/ *n* [C] ⇒suplicio ⇒martirio

↑**order**[1] UK: /ˈɔː.dəʳ/ US: /ˈɔːr.dɚ/ ▮ *v* [T] **1** ⇒ordenar ⇒poner en orden **2** ⇒mandar ⇒ordenar ■ CONSTR. to order + to do sth ▮ *v* [T, I] **3** *(en un restaurante)* ⇒pedir **4** *(de una catálogo, de una tienda)* ⇒encargar ⇒pedir

PHRASAL VERBS

· **to order *sb* {about/around}** ⇒mangonear a alguien *col.*

↑**order**[2] UK: /ˈɔː.dəʳ/ US: /ˈɔːr.dɚ/ ▮ *n* [U] **1** ⇒orden: *in alphabetical order* - por orden alfabético; *public order* - el orden público ▮ *n* [C] **2** ⇒orden: *to give orders* - dar órdenes **3** ⇒encargo ⇒pedido **4** *(en derecho)* ⇒orden ⇒fallo ⇒sentencia **5** *(en religión)* ⇒orden **6 in ~** ⇒en regla ⇒en orden **7 out of ~ 1** *(un aparato)* ⇒estropeado,da ⇒fuera de servicio **2** ⇒fuera de lugar

ordered UK: /ˈɔː.dəd/ US: /ˈɔːr.dɚd/ *adj* ⇒ordenado,da: *«First» and «second» are ordinal numbers* - «Primero» y «segundo» son números ordinales

orderly UK: /ˈɔː.dᵊl.i/ US: /ˈɔːr.dɚ.li/ *adj* **1** ⇒ordenado,da **2** ⇒disciplinado,da

ordinal (number) *n* [C] ⇒número ordinal

↑**ordinary** UK: /ˈɔː.dɪ.nə.ri/ US: /ˈɔːr.d[ə]n.er-/ *adj* **1** ⇒normal ⇒corriente **2 out of the ~** ⇒fuera de lo corriente ⇒extraordinario,ria

ore UK: /ɔːʳ/ US: /ɔːr/ *n* [C, U] **1** *(en un filón o en un yacimiento)* ⇒mena **2** ⇒mineral

↑**organ** UK: /ˈɔː.gən/ US: /ˈɔːr-/ *n* [C] **1** *(en anatomía)* ⇒órgano **2** *(instrumento musical)* ⇒órgano

↑**organic** UK: /ɔːˈgæn.ɪk/ US: /ɔːr-/ *adj* **1** ⇒ecológico,ca ⇒orgánico,ca **2** ⇒biológico,ca: *organic farming* - agricultura biológica

organisation *UK n* [C, U] See **organization**

organise [organised, organising] *UK v* [T] See **organize**

organised *UK adj* See **organized**

organism UK: /ˈɔː.gᵊn.ɪ.zᵊm/ US: /ˈɔːr-/ *n* [C] ⇒organismo

↑**organization** UK: /ˌɔː.gᵊn.aɪˈzeɪ.ʃᵊn/ US: /ˌɔːr-/ (*UK tb* **organisation**) ▮ *n* [C] **1** *(entidad)* ⇒organización ▮ *n* [U] **2** *(de un sistema, de un evento)* ⇒organización

↑**organize** UK: /ˈɔː.gᵊn.aɪz/ US: /ˈɔːr-/ [organized, organizing] (*UK tb* **organise**) *v* [T] **1** ⇒organizar ⇒planear ■ CONSTR. to organize + to do sth **2** ⇒ordenar ⇒organizar

organized UK: /ˈɔː.gᵊn.aɪzd/ US: /ˈɔːr-/ (*UK tb* **organised**) *adj* **1** ⇒organizado,da **2** *(una persona)* ⇒organizado,da ⇒ordenado,da ■ PRON. La *e* no se pronuncia

organizer UK: /ˈɔː.gᵊn.aɪ.zəʳ/ US: /ˈɔːr.g[ə]n.aɪ.zɚ/ *n* [C] ⇒organizador,-a

orgy UK: /ˈɔː.dʒi/ US: /ˈɔːr-/ [*pl* orgies] *n* [C] **1** ⇒orgía **2** ⇒exceso [de actividad]

orient *US v* [T] See **orientate**

oriental UK: /ˌɔː.riˈen.tᵊl/ US: /ˌɔːr.iˈen.ˁt̬[ə]l/ *adj* ⇒oriental ⇒de Oriente

orientate UK: /ˈɔː.ri.ən.teɪt/ US: /ˈɔːr.i-/ [orientated, orientating] *UK* (*US* **orient**) *v* [T] **1** ⇒orientar(se) **2** ⇒enfocar ⇒encaminar

orientation UK: /ˌɔː.ri.enˈteɪ.ʃᵊn/ US: /ˌɔːr.i-/ *n* [C, U] **1** *(form) (ideológica)* ⇒orientación ⇒tendencia **2** *(form) (sexual)* ⇒orientación ⇒inclinación **3** *an orientation session* - una sesión de orientación

↑**origin** UK: /ˈɒr.ɪ.dʒɪn/ US: /ˈɔːr.ə-/ *n* [C, U] ⇒origen ⇒ascendencia

original[1] /əˈrɪdʒ.ɪ.nəl/ *adj* **1** ⇒original ⇒primero,ra **2** ⇒innovador,-a ⇒original **3** ⇒originario,ria

original[2] /əˈrɪdʒ.ɪ.nəl/ *n* [C] **1** ⇒original **2 in the ~** ⇒en el idioma original ⇒en versión original

originality UK: /əˌrɪdʒ.ɪˈnæl.ə.ti/ US: /-ˁt̬i/ *n* [U] ⇒originalidad

originally /əˈrɪdʒ.ɪ.nə.li/ *adv* ⇒en un principio ⇒en sus orígenes

originate /əˈrɪdʒ.ɪ.neɪt/ [originated, originating] ▮ *v* [T] **1** ⇒originar ▮ *v* [I] **2** ⇒dimanar ⇒nacer ⇒surgir **3 to ~ from *sth*** ⇒provenir de algo

ornament UK: /ˈɔː.nə.mənt/ US: /ˈɔːr-/ *n* [C] ⇒adorno ⇒ornamento

ornamental UK: /ˌɔː.nəˈmen.tᵊl/ US: /ˌɔːr.nəˈmen.ˁt̬[ə]l/ *adj* ⇒ornamental ⇒decorativo,va

ornate UK: /ɔːˈneɪt/ US: /ɔːr-/ *adj* **1** *(un edificio o un objeto)* ⇒recargado,da **2** *(lenguaje)* ⇒florido,da ⇒recargado,da

orphan UK: /ˈɔː.fᵊn/ US: /ˈɔːr-/ *n* [C] ⇒huérfano,na: *to become an orphan* - quedarse huérfano

orphanage UK: /ˈɔː.fᵊn.ɪdʒ/ US: /ˈɔːr-/ *n* [C] ⇒orfanato ⇒orfelinato ■ PRON. La última *a* se pronuncia la *i* en *did*

orthodox UK: /ˈɔː.θə.dɒks/ US: /ˈɔːr.θə.dɑːks/ *adj* ⇒ortodoxo,xa: *an orthodox approach* - un enfoque ortodoxo

osteoporosis UK: /ˌɒs.ti.əʊ.pəˈrəʊ.sɪs/ US: /ˌɑː.sti.oʊ.pəˈroʊ-/ *n* [U] *(en medicina)* ⇒osteoporosis

ostrich UK: /ˈɒs.trɪtʃ/ US: /ˈɑː.strɪtʃ/ [*pl* ostriches] *n* [C] ⇒avestruz

↑**other**[1] UK: /ˈʌð.əʳ/ US: /-ɚ/ *adj* **1** ⇒otro,tra: *Is there no other possibility?* - ¿No hay otra posibilidad?; *The other girls came late* - Las otras chicas llegaron tarde ■ Se usa con sustantivos en plural y con sustantivos en singular determinados. Con sustantivos determinados se usa con artículo delante (*the other day - el otro día; the other cars - los otros coches*) u otros determinantes (*any other idea - cualquier otra idea; her other friends - sus otros amigos*). Con sustantivos plurales indeterminados se usa sin artículo (*other people - otra gente*). Comparar con *another* **2 every ~** ⇒uno sí, uno no: *every other week* - una semana sí, otra no **3 ~ than** ⇒excepto ⇒salvo

↑**other²** UK: /ˈʌð.əʳ/ US: /-ə/ *pron* ⇒otro,tra ■ Se usa con artículo delante u otros determinantes (*I don't like this jacket; I prefer the other - No me gusta esta chaqueta; prefiero la otra*), excepto cuando sustituye a un sustantivo en plural (*Others might think the opposite - Otros podrían pensar lo contrario*). Comparar con *another*

↑**otherwise** UK: /ˈʌð.ə.waɪz/ US: /-ə-/ *adv* **1** ⇒si no ⇒en caso contrario **2** ⇒por lo demás ⇒aparte de eso **3** ⇒de otra manera

otter UK: /ˈɒt.əʳ/ US: /ˈɑː.ˤt̬ə/ *n* [C] ⇒nutria

OU *n* [NO PL] ⇒forma abreviada de **Open University** (universidad de educación a distancia)

ouch /aʊtʃ/ *excl* ⇒¡ay!: *Ouch! It hurts!* - ¡Ay! ¡Me duele!

↑**ought** UK: /ɔːt/ US: /ɑːt/ *v* [MODAL] **1** *(obligación)* ⇒deber **2** *(probabilidad)* ⇒deber de ■ CONSTR. ought + to do sth ■ Ver cuadro modal verbs

↑**ounce** /aʊnts/ ▌*n* [C] **1** *(medida de peso)* ⇒onza ■ La forma abreviada es *oz* ▌*n* [NO PL] **2** ⇒pizca: *He didn't show an ounce of common sense* - No demostró tener ni pizca de sentido común

↑**our** UK: /aʊəʳ/ UK: /ɑːʳ/ US: /aʊə/ *adj* ⇒nuestro,tra: *I'll show you our house* - Te enseñaré nuestra casa ■ Ver cuadro possessive adjectives and pronouns

ours UK: /aʊəz/ UK: /ɑːz/ US: /aʊəz/ *pron* **1** ⇒nuestro,tra: *That one is ours* - Eso es nuestro **2** ⇒el nuestro, la nuestra: *Their flat is newer than ours* - Su piso es más nuevo que el nuestro ■ Ver cuadro possessive adjectives and pronouns

ourselves UK: /ˌaʊəˈselvz/ UK: /ˌɑː-/ US: /ˌaʊə-/ *pron* **1** ⇒nos: *If we fall we'll hurt ourselves* - Si nos caemos, nos haremos daño **2** ⇒nosotros mismos, nosotras mismas: *We're going to repair the bike ourselves* - Arreglaremos la bicicleta nosotros mismos **3 (all) by ~ 1** ⇒solos,las [sin compañía]: *We stayed at home by ourselves* - Nos quedamos solos en casa **2** ⇒nosotros solos, nosotras solas [sin ayuda]: *We'll paint the gate by ourselves* - Pintaremos la verja nosotros solos ■ Ver cuadro reflexive pronouns

↑**out¹** /aʊt/ *adv* **1** ⇒fuera **2** ⇒ausente [del trabajo o de casa] **3** ⇒en alto **4** ⇒incorrecto,ta **5** ⇒bajo,ja ■ CONSTR. Se usa detrás de un verbo **6 to be ~ of *sth*** ⇒acabarse ⇒estar sin algo

↑**out²** /aʊt/ **to ~ *sb*** ⇒revelar la homosexualidad de alguien

outback /ðiˈaʊt.bæk/ **the ~** ⇒zona poco poblada de Australia, caracterizada por ser desértica

outbreak /ˈaʊt.breɪk/ *n* [C] *(de una enfermedad, de descontento)* ⇒ola ⇒brote

outburst UK: /ˈaʊt.bɜːst/ US: /-bɝːst/ *n* [C] **1** *(de una emoción)* ⇒arrebato **2** *(de una actividad violenta)* ⇒estallido

outcast UK: /ˈaʊt.kɑːst/ US: /-kæst/ *n* [C] ⇒marginado,da ⇒paria

↑**outcome** /ˈaʊt.kʌm/ *n* [C] ⇒resultado ⇒consecuencia

outcry /ˈaʊt.kraɪ/ [*pl* outcries] *n* [C] ⇒protesta ruidosa ⇒desaprobación

outdated UK: /ˌaʊtˈdeɪ.tɪd/ US: /-ˤt̬ɪd/ *adj* ⇒pasado,da de moda ⇒anticuado,da

outdid past tense of **outdo**

outdo, outdid, outdone /ˌaʊtˈduː/ [outdoes] *v* [T] ⇒ser mejor ⇒sobrepasar ⇒superar

outdone past participle of **outdo**

↑**outdoor** UK: /ˈaʊtˌdɔːʳ/ US: /-ˌdɔːr/ *adj* ⇒exterior ⇒al aire libre

outdoors UK: /ˌaʊtˈdɔːz/ US: /-ˈdɔːrz/ *adv* ⇒al aire libre ⇒fuera

↑**outer** UK: /ˈaʊ.təʳ/ US: /-ˤt̬ə/ *adj* ⇒externo,na ⇒exterior

outfit /ˈaʊt.fɪt/ *n* [C] **1** *(prendas de vestir)* ⇒traje ⇒uniforme ⇒conjunto **2** *(inform)* ⇒empresa ⇒organización ■ Por ser un nombre colectivo se puede usar con el verbo en singular o en plural

outgoing UK: /ˌaʊtˈgəʊ.ɪŋ/ US: /ˈaʊt.goʊ-/ *adj* **1** ⇒sociable **2** *(de un puesto)* ⇒que sale ⇒saliente

outgrew past tense of **outgrow**

outgrow, outgrew, outgrown UK: /ˌaʊtˈgrəʊ/ US: /-ˈgroʊ/ *v* [T] **1** ⇒hacerse demasiado mayor [para algo] **2** *Jackie has outgrown her old trousers* - A Jackie se le han quedado pequeños los pantalones **3** ⇒perder el interés [porque uno ha madurado o ha cambiado]

outgrown past participle of **outgrow**

outing UK: /ˈaʊ.tɪŋ/ US: /-ˤt̬ɪŋ/ *n* [C] ⇒excursión: *Let's go on an outing to the beach* - ¿Vamos de excursión a la playa?

outlandish /ˌaʊtˈlæn.dɪʃ/ *adj* ⇒extravagante ⇒estrafalario,ria

outlaw¹ UK: /ˈaʊt.lɔː/ US: /-lɑː/ *v* [T] ⇒ilegalizar ⇒prohibir ■ CONSTR. Se usa más en pasiva

outlaw² UK: /ˈaʊt.lɔː/ US: /-lɑː/ *n* [C] *(old-fash)* ⇒proscrito,ta ⇒forajido,da

outlet /ˈaʊt.let/ *n* [C] **1** ⇒punto de venta **2** ⇒desahogo: *Painting is her artistic outlet* - La pintura es su desahogo artístico **3** ⇒escape ⇒salida **4** *US* (*UK/US tb* **socket**) ⇒enchufe ⇒toma de corriente

outline¹ /ˈaʊt.laɪn/ [outlined, outlining] *v* [T] **1** ⇒describir en líneas generales ⇒esbozar **2** ⇒perfilar(se)

outline[2] /ˈaʊt.laɪn/ *n* [C] **1** ⇒idea general ⇒resumen **2** ⇒silueta ⇒contorno

outlive /ˌaʊtˈlɪv/ [outlived, outliving] *v* [T] ⇒sobrevivir: *to outlive sb* - sobrevivir a alguien

↑ **outlook** /ˈaʊt.lʊk/ *n* [C] **1** ⇒punto de vista **2** ⇒pronóstico **3** ⇒futuro

outnumber UK: /ˌaʊtˈnʌm.bəʳ/ US: /-bɚ/ *v* [T] ⇒sobrepasar [en número]

↑ **out of** *prep* **1** ⇒de ⇒procedente de **2** ⇒fuera de ⇒alejado,da de **3** ⇒con ⇒de ⇒utilizando **4** *(causa)* ⇒por **5** *(en un grupo)* ⇒de un total de **6** ⇒sin ⇒carente de **7** ~ **the blue** ⇒de la nada

out-of-date *adj* **1** ⇒anticuado,da ⇒pasado,da de moda **2** *(un alimento)* ⇒caducado,da **3** *(un documento)* ⇒caducado,da

outpatient /ˈaʊt.peɪ.ʃᵊnt/ *n* [C] *(en medicina)* ⇒paciente externo,na [de un hospital]

outpost UK: /ˈaʊt.pəʊst/ US: /-poʊst/ *n* [C] *(en el ejército)* ⇒puesto de avanzada

↑ **output** /ˈaʊt.pʊt/ *n* [U] **1** ⇒producción **2** ⇒rendimiento **3** *(en informática)* ⇒salida **4** *(en física)* ⇒potencia

outrage[1] /ˈaʊt.reɪdʒ/ ▌*n* [U] **1** ⇒indignación ⇒cólera ▌*n* [C] **2** ⇒escándalo ⇒atentado **3** ⇒atrocidad

outrage[2] /ˈaʊt.reɪdʒ/ [outraged, outraging] *v* [T] **1** ⇒ultrajar **2** *to be outraged* - estar totalmente indignado ■ CONSTR. Se usa más en pasiva

outrageous /ˌaʊtˈreɪ.dʒəs/ *adj* **1** ⇒escandaloso,sa ⇒indignante **2** ⇒extravagante: *outrageous clothes* - ropa extravagante

outright[1] /ˈaʊt.raɪt/ *adj* **1** *(una conducta)* ⇒abierto,ta ⇒directo,ta **2** ⇒rotundo,da ⇒completo,ta ⇒absoluto,ta **3** *(una mentira)* ⇒descarado,da

outright[2] /ˌaʊtˈraɪt/ *adv* **1** ⇒abiertamente **2** ⇒rotundamente **3** ⇒en el acto: *to be killed outright* - morir en el acto

outset /ðiˈaʊt.set/ *n* [NO PL] **1** ⇒principio ⇒comienzo **2** **at the ~** ⇒al comienzo **3** **from the ~** ⇒desde el principio

↑ **outside**[1] /ˌaʊtˈsaɪd, ˈ--/ *prep* ⇒fuera de: *We waited for him outside the museum* - Lo esperamos fuera del museo

↑ **outside**[2] /ˌaʊtˈsaɪd, ˈ--/ *adv* ⇒afuera ⇒fuera

↑ **outside**[3] /ˌaʊtˈsaɪd, ˈ--/ *adj* ⇒exterior: *the outside layer of sth* - la capa exterior de algo

↑ **outside**[4] /ˌaʊtˈsaɪd, ˈ--/ **the ~** ⇒el exterior: *the outside of a building* - el exterior de un edificio

outsider UK: /ˌaʊtˈsaɪ.dəʳ/ US: /-dɚ/ *n* [C] **1** ⇒forastero,ra **2** ⇒intruso,sa **3** *(en una competición)* ⇒participante con pocas probabilidades de ganar

outskirts UK: /ðiˈaʊt.skɜːts/ US: /-skɜːrts/ **the ~** ⇒afueras: *on the outskirts of Sheffield* - a las afueras de Sheffield

outspoken UK: /ˌaʊtˈspəʊ.kᵊn/ US: /-ˈspoʊ-/ *adj (un comentario)* ⇒directo,ta ⇒franco,ca

↑ **outstanding** /ˌaʊtˈstæn.dɪŋ/ *adj* **1** ⇒destacado,da ⇒notable ⇒excepcional **2** ⇒pendiente

outstretched /ˌaʊtˈstretʃt/ *adj (una extremidad)* ⇒extendido,da ⇒estirado,da

outward[1] UK: /ˈaʊt.wəd/ US: /-wɚd/ *adj* **1** *(un viaje)* ⇒de ida **2** *(un rasgo, una característica)* ⇒externo,na **3** ⇒hacia fuera

outward[2] UK: /ˈaʊt.wəd/ US: /-wɚd/ *adv* ⇒hacia fuera: *to open a door outwards* - abrir una puerta hacia fuera

outwardly UK: /ˈaʊt.wəd.li/ US: /-wɚd-/ *adv* ⇒aparentemente ⇒por fuera

outweigh /ˌaʊtˈweɪ/ *v* [T] ⇒tener mayor importancia ⇒pesar más

↑ **oval** UK: /ˈəʊ.vᵊl/ US: /ˈoʊ-/ *adj* ⇒ovalado,da

ovary UK: /ˈəʊ.vᵊr.i/ US: /ˈoʊ-/ [*pl* ovaries] *n* [C] ⇒ovario

↑ **oven** /ˈʌv.ᵊn/ *n* [C] ⇒horno: *to put sth in the oven* - meter algo en el horno

↑ **over** UK: /ˈəʊ.vəʳ/ US: /ˈoʊ.vɚ/ *adv, prep* **1** ⇒sobre **2** ⇒al otro lado ⇒a la otra parte ⇒al otro lado de **3** ⇒por encima de **4** *(cantidad)* ⇒más de **5** ⇒encima de **6** ⇒durante **7** *The milk is boiling over* - La leche se está saliendo **8** *(por motivo de)* ⇒sobre ⇒por **9** ⇒de más ⇒de sobra **10** ⇒por [teléfono o radio] **11** *(en radio)* ⇒corto y cambio **12** **~ and above** ⇒por encima de ⇒además de **13** **~ and ~ (again)** ⇒una y otra vez **14** **~ {here/there}** ⇒aquí/allí **15** **to run ~ *sth*** ⇒repasar algo [con rapidez] ■ Se usa frecuentemente con verbos de movimiento. Al traducirlo en español su significado suele estar implícito en el verbo: *to fall over - caerse; to talk sth over - hablar de algo* ■ Ver cuadro en página siguiente

overall[1] UK: /ˌəʊ.vəˈrɔːl/ US: /ˌoʊ.vɚˈɑːl/ *adj* ⇒de conjunto ⇒global

overall[2] UK: /ˌəʊ.vəˈrɔːl/ US: /ˌoʊ.vɚˈɑːl/ *adv* ⇒en conjunto ⇒en resumen

↑ **overall**[3] UK: /ˌəʊ.vəˈrɔːl/ US: /ˌoʊ.vɚˈɑːl/ *UK n* [C] ⇒bata

overalls UK: /ˈəʊ.vᵊr.ɔːlz/ US: /ˈoʊ.vɚ.ɑːlz/ *n* [PL] **1** *UK* (*US* **coveralls**) *(de un trabajador)* ⇒mono ⇒mameluco *AMÉR.*; ⇒overol *AMÉR.* **2** *US* (*UK* **dungarees**) ⇒peto ⇒mameluco *AMÉR.*

overbearing UK: /ˌəʊ.vəˈbeə.rɪŋ/ US: /ˌoʊ.vɚˈber.ɪŋ/ *adj* ⇒autoritario,ria ⇒dominante

overboard UK: /ˈəʊ.və.bɔːd/ UK: /ˌ--ˈ-/ US: /ˈoʊ.vɚ.bɔːrd/ *adv* ⇒por la borda: *to jump overboard* - saltar por la borda

overcame past tense of **overcome**

overcast UK: /ˈəʊ.və.kɑːst/ UK: /ˌ--ˈ-/ US: /ˈoʊ.vɚ.kæst/ *adj (el cielo)* ⇒nublado,da ⇒encapotado,da

overcharge UK: /ˌəʊ.vəˈtʃɑːdʒ/ US: /ˌoʊ.vɚˈtʃɑːrdʒ/ [overcharged, overcharging] *v* [T, I] ⇒cobrar de

O

más: *We were overcharged £2* - Nos cobraron dos libras de más ■ CONSTR. to overcharge + dos objetos

overcoat UK: /ˈəʊ.və.kəʊt/ US: /ˈoʊ.vɚ.koʊt/ *n* [C] ⇒abrigo ⇒sobretodo *AMÉR.*

↑ **overcome, overcame, overcome** UK: /ˌəʊ.vəˈkʌm/ US: /ˌoʊ.vɚ-/ [overcoming] *v* [T, I] *(un problema o una dificultad)* ⇒superar

overcompensate UK: /ˌəʊ.vəˈkɒm.pən.seɪt/ US: /ˌoʊ.vəˈkɑːm-/ [overcompensated, overcompensating] *v* [I] ⇒sobrecompensar

overcrowded UK: /ˌəʊ.vəˈkraʊ.dɪd/ US: /ˌoʊ.vɚ-/ *adj* ⇒atestado,da [con personas u objetos]

overdid past tense of **overdo**

overdo, overdid, overdone UK: /ˌəʊ.vəˈduː/ US: /ˌoʊ.vɚ-/ [overdoes] *v* [T] ⇒exceder(se) ⇒exagerar ⇒pasar(se)

overdone UK: /ˌəʊ.vəˈdʌn/ US: /ˌoʊ.vɚ-/ past participle of **overdo**

overdose UK: /ˈəʊ.və.dəʊs/ US: /ˈoʊ.vɚ.doʊs/ *n* [C] ⇒sobredosis ■ La forma abreviada es *OD*

overdraft UK: /ˈəʊ.və.drɑːft/ US: /ˈoʊ.vɚ.dræft/ *n* [C] *(en economía)* ⇒descubierto

over / above

A veces, **over** y **above** tienen el mismo significado:

*Look at that lamp **over / above** your head.*
(Mira esa lámpara que hay encima de ti.)

• Cuando una cosa no está directamente encima de otra, usamos **above** para expresar 'más alto que':

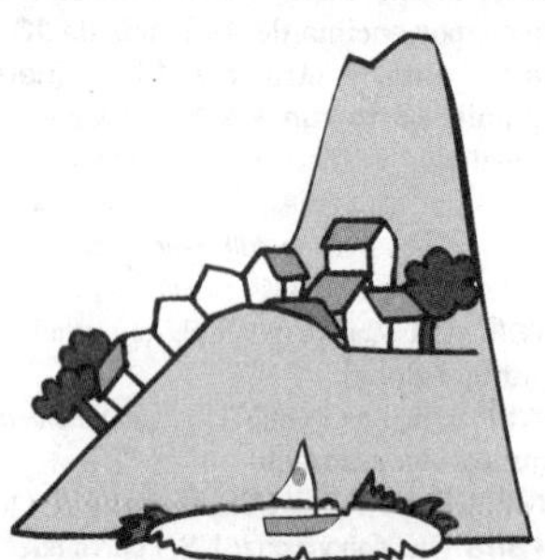

*The village is **above** the lake.*
(El pueblo está encima del lago.)

• Cuando el verbo de la oración expresa movimiento, normalmente se usa **over**:

*The aeroplane flew **over** the houses.*
(El avión voló por encima de las casas.)

• **Over** también puede tener el significado de 'sobre' o 'cubriendo':

The child had a blanket over his head.
(El chico tenía una toalla sobre su cabeza.)

overdrawn UK: /ˌəʊ.vəˈdrɔːn/ US: /ˌoʊ.vɚˈdrɑːn/ *adj* ⇒en números rojos: *to be overdrawn* - estar en números rojos

overdue UK: /ˌəʊ.vəˈdjuː/ US: /ˌoʊ.vɚˈduː/ *adj* **1** ⇒retrasado,da **2** *(un pago, un período)* ⇒atrasado,da

overestimate UK: /ˌəʊ.vəˈres.tɪ.meɪt/ US: /ˌoʊ.vɚˈes-/ [overestimated, overestimating] *v* [T, I] ⇒sobrestimar

overflow[1] UK: /ˌəʊ.vəˈfləʊ/ US: /ˌoʊ.vɚˈfloʊ/ *v* [T, I] **1** *(un río)* ⇒desbordar(se) **2** ⇒rebosar: *She's overflowing with joy* - Rebosa alegría en estos momentos

overflow[2] UK: /ˈəʊ.və.fləʊ/ US: /ˈoʊ.vɚ.floʊ/ *n* [U, NO PL] **1** ⇒desbordamiento **2** ⇒exceso [de gente]

overgrown UK: /ˌəʊ.vəˈgrəʊn/ US: /ˌoʊ.vɚˈgroʊn/ *adj* **1** *(un jardín, una senda)* ⇒lleno,na de la maleza o de plantas descuidadas **2** ⇒demasiado grande **3** *He's like an overgrown schoolboy* - Parece un niño grande

overhang, overhung, overhung UK: /ˌəʊ.vəˈhæŋ/ US: /ˌoʊ.vɚ-/ *v* [T] ⇒sobresalir

overhaul[1] UK: /ˈəʊ.və.hɔːl/ US: /ˈoʊ.vɚ.hɑːl/ *v* [T] ⇒revisar a fondo ⇒poner a punto ⇒reparar

overhaul[2] UK: /ˈəʊ.və.hɔːl/ US: /ˈoʊ.vɚ.hɑːl/ *n* [C] ⇒revisión a fondo ⇒puesta a punto ⇒reparación

overhead[1] UK: /ˈəʊ.və.hed/ US: /ˈoʊ.vɚ-/ *adj, adv* **1** ⇒elevado,da **2** ⇒en lo alto ⇒por encima de la cabeza **3** ⇒en el techo ⇒de techo

overhead[2] UK: /ˈəʊ.və.hed/ US: /ˈoʊ.vɚ-/ *US n* [U] See **overheads**

overheads UK: /ˈəʊ.və.hedz/ US: /ˈoʊ.vɚ-/ *UK* (*US* **overhead**) *n* [PL] *(de una empresa)* ⇒gastos generales

overhear, overheard, overheard UK: /ˌəʊ.vəˈhɪəʳ/ US: /ˌoʊ.vɚˈhɪr/ *v* [T, I] ⇒oír [de forma no intencionada]: *She overheard us talking about her* - Nos oyó hablar de ella; *Did I overhear you say that you're leaving us?* - ¿Te he oído decir que nos dejas? ■ CONSTR. 1. to overhear + doing sth 2. to overhear sb + do sth

overheard past tense and past participle forms of **overhear**

overheat UK: /ˌəʊ.vəˈhiːt/ US: /ˌoʊ.vɚ-/ *v* [T, I] *(una máquina)* ⇒recalentar(se)

overhung UK: /ˌəʊ.vəˈhʌŋ/ US: /ˌoʊ.vɚ-/ past tense and past participle forms of **overhang**

overjoyed UK: /ˌəʊ.vəˈdʒɔɪd/ US: /ˌoʊ.vɚ-/ *adj* ⇒eufórico,ca ⇒loco,ca de contento,ta *col.*

overlap UK: /ˌəʊ.vəˈlæp/ US: /ˌoʊ.vɚ-/ [overlapped, overlapping] *v* [T, I] **1** ⇒superponer(se) **2** ⇒coincidir

overload UK: /ˌəʊ.vəˈləʊd/ US: /ˌoʊ.vɚˈloʊd/ *v* [T] **1** ⇒sobrecargar **2** *I'm overloaded at work* - Tengo demasiado trabajo ■ CONSTR. Se usa más en pasiva

overlook UK: /ˌəʊ.vəˈlʊk/ US: /ˌoʊ.vɚ-/ *v* [T] **1** ⇒dar a **2** ⇒pasar por alto ⇒no darse cuenta **3** ⇒perdonar ⇒pasar por alto

overnight[1] UK: /ˌəʊ.vəˈnaɪt/ US: /ˌoʊ.vɚ-/ *adv* **1** ⇒durante la noche **2** *to stay somewhere overnight* - pasar la noche en algún sitio **3** ⇒repentinamente ⇒de la noche a la mañana

overnight[2] UK: /ˌəʊ.vəˈnaɪt/ US: /ˌoʊ.vɚ-/ *adj* **1** ⇒de noche: *an overnight journey* - viaje de noche **2** ⇒por la noche **3** ⇒repentino,na

overpass UK: /ˈəʊ.və.pɑːs/ US: /ˈoʊ.vɚ.pæs/ [*pl* overpasses] *US n* [C] ⇒paso elevado

overpower UK: /ˌəʊ.vəˈpaʊəʳ/ US: /ˌoʊ.vɚˈpaʊɚ/ *v* [T] **1** *(en un forcejeo)* ⇒dominar **2** ⇒vencer **3** ⇒abrumar

overpowering UK: /ˌəʊ.vəˈpaʊə.rɪŋ/ US: /ˌoʊ.vɚˈpaʊɚ.ɪŋ/ *adj* ⇒abrumador,-a ⇒opresor,-a ⇒opresivo,va ⇒sofocante

overran UK: /ˌəʊ.vəˈræn/ US: /ˌoʊ.vɚ-/ past tense of **overrun**

overreact UK: /ˌəʊ.və.riˈækt/ US: /ˌoʊ.vɚ-/ *v* [I] ⇒reaccionar de forma exagerada ■ CONSTR. to overreact to sth

overridden past participle of **override**

override, overrode, overridden UK: /ˌəʊ.vəˈraɪd/ US: /ˌoʊ.vɚ-/ [overriding] *v* [T] **1** *(una decisión)* ⇒anular ⇒rechazar ⇒invalidar **2** ⇒prevalecer **3** ⇒ignorar

overriding UK: /ˌəʊ.vəˈraɪ.dɪŋ/ US: /ˌoʊ.vɚ-/ *adj* ⇒primordial ⇒fundamental

overrode past tense of **override**

overrun, overran, overrun UK: /ˌəʊ.vəˈrʌn/ US: /ˌoʊ.vɚ-/ ▮ *v* [T] **1** *(militarmente)* ⇒invadir ■ CONSTR. Se usa más en pasiva **2** *(un lugar)* ⇒llenar(se) [de algo desagradable] ⇒invadir ■ CONSTR. Se usa más en pasiva ▮ *v* [T, I] **3** *UK (en el tiempo)* ⇒exceder(se)

oversaw past tense of **oversee**

overseas[1] /ˌəʊ.vəˈsiːz/ *adj* ⇒del extranjero: *overseas students* - estudiantes del extranjero

overseas[2] /ˌəʊ.vəˈsiːz/ *adv* ⇒al extranjero ⇒en el extranjero

oversee, oversaw, overseen UK: /ˌəʊ.vəˈsiː/ US: /ˌoʊ.vɚ-/ [overseeing] *v* [T] *(una actividad)* ⇒supervisar

overseen past participle of **oversee**

overshadow UK: /ˌəʊ.vəˈʃæd.əʊ/ US: /ˌoʊ.vɚˈʃæd.oʊ/ *v* [T] **1** *(una persona)* ⇒eclipsar **2** ⇒ensombrecer ■ CONSTR. Se usa más en pasiva

oversight UK: /ˈəʊ.və.saɪt/ US: /ˈoʊ.vɚ-/ *n* [C, U] ⇒descuido ⇒olvido

oversleep, overslept, overslept UK: /ˌəʊ.vəˈsliːp/ US: /ˌoʊ.vɚ-/ *v* [I] ⇒quedarse dormido,da ⇒no despertarse a tiempo

overslept past tense and past participle forms of **oversleep**

overstate UK: /ˌəʊ.vəˈsteɪt/ US: /ˌoʊ.vɚ-/ [overstated, overstating] *v* [T] ⇒exagerar ⇒sobredimensionar

overstep UK: /ˌəʊ.vəˈstep/ US: /ˌoʊ.vɚ-/ [overstepped, overstepping] *v* [T] **1** ⇒sobrepasar: *to overstep the limits* - sobrepasar los límites **2 to ~ the mark** ⇒pasarse de la raya *col.*

overt UK: /əʊˈvɜːt/ UK: /ˈ--/ US: /oʊˈvɝːt/ *adj* ⇒abierto,ta ⇒manifiesto,ta ⇒patente

↑**overtake, overtook, overtaken** UK: /ˌəʊ.vəˈteɪk/ US: /ˌoʊ.vɚ-/ [overtaking] ▮ *v* [T] **1** ⇒desbancar ⇒superar **2** *to be overtaken by an event* - ser sorprendido por un acontecimiento ▮ *v* [T, I] **3** ⇒adelantar(se): *to overtake a car* - adelantar a un coche

overtaken past participle of **overtake**

overthrow[1]**, overthrew, overthrown** UK: /ˌəʊ.vəˈθrəʊ/ US: /ˌoʊ.vɚˈθroʊ/ *v* [T] ⇒derrocar ⇒derribar

overthrow[2] UK: /ˈəʊ.və.θrəʊ/ US: /ˈoʊ.vɚ.θroʊ/ *n* [C] ⇒derrocamiento

overtime UK: /ˈəʊ.və.taɪm/ US: /ˈoʊ.vɚ-/ *n* [U] **1** ⇒horas extras: *to work overtime* - hacer horas extras **2** *US (en deportes)* ⇒prórroga

overtook UK: /ˌəʊ.vəˈtʊk/ US: /ˌoʊ.vɚ-/ past tense of **overtake**

overture UK: /ˈəʊ.və.tjʊəʳ/ US: /ˈoʊ.vɚ.tʃɚ/ *n* [C] **1** *(en música)* ⇒obertura **2** ⇒intento de acercamiento ⇒propuesta ▪ Se usa más en plural **3** *(inform)* ⇒proposición sexual ⇒insinuación *col.* ▪ Se usa más en plural

O

↑**overturn** UK: /ˌəʊ.vəˈtɜːn/ US: /ˌoʊ.vɚˈtɝːn/ ▮ *v* [T, I] **1** ⇒volcar(se) ⇒dar(se) la vuelta ▮ *v* [T] **2** *(una decisión)* ⇒anular **3** ⇒derrocar

overview UK: /ˈəʊ.və.vjuː/ US: /ˈoʊ.vɚ-/ *n* [C] ⇒visión general ⇒perspectiva

overweight UK: /ˌəʊ.vəˈweɪt/ UK: /ˈ---/ US: /ˌoʊ.vɚ-/ *adj* **1** ⇒con sobrepeso **2** *He was a bit overweight* - Tenía unos kilos de más

↑**overwhelm** UK: /ˌəʊ.vəˈwelm/ US: /ˌoʊ.vɚ-/ *v* [T] **1** ⇒abrumar ⇒apabullar *col.* **2** *(a un adversario)* ⇒machacar *col.;* ⇒aplastar *col.* **3** *(un sentimiento o una sensación)* ⇒vencer ▪ CONSTR. Se usa más en pasiva **4** ⇒agobiar

overwhelming UK: /ˌəʊ.vəˈwel.mɪŋ/ US: /ˌoʊ.vɚ-/ *adj* **1** *(una victoria)* ⇒abrumador,-a **2** *(una experiencia)* ⇒sobrecogedor,-a **3** *(un impulso)* ⇒irresistible

ow /aʊ/ *excl* ⇒¡ay!: *Ow! That hurts!* - ¡Ay! ¡Que duele!

↑**owe** UK: /əʊ/ US: /oʊ/ [owed, owing] *v* [T] **1** *(dinero)* ⇒deber ▪ CONSTR. to owe + dos objetos **2** *(expresión de gratitud o reconocimiento)* ⇒deber ▪ CONSTR. 1. to owe sth to sth/sb 2. to owe + dos objetos

owing to *prep* ⇒debido a

↑**owl** /aʊl/ *n* [C] ⇒búho

↑**own**[1] UK: /əʊn/ US: /oʊn/ *adj, pron* ⇒propio,pia: *Sean has his own computer* - Sean tiene su propio ordenador

↑**own**[2] UK: /əʊn/ US: /oʊn/ *v* [T] ⇒tener ⇒ser dueño,ña de ⇒poseer

PHRASAL VERBS
· **to own up to {sth/doing *sth*}** ⇒confesar algo

owner UK: /ˈəʊ.nəʳ/ US: /ˈoʊ.nɚ/ *n* [C] ⇒propietario,ria ⇒dueño,ña

ox UK: /ɒks/ US: /ɑːks/ [*pl* oxen] *n* [C] ⇒buey

↑**oxygen** UK: /ˈɒk.sɪ.dʒən/ US: /ˈɑːk-/ *n* [U] ⇒oxígeno: *an oxygen mask* - una máscara de oxígeno

oyster UK: /ˈɔɪ.stəʳ/ US: /-stɚ/ *n* [C] ⇒ostra

oz *n* [C] ⇒forma abreviada de **ounce** (onza)

ozone UK: /ˈəʊ.zəʊn/ US: /ˈoʊ.zoʊn/ *n* [U] ⇒ozono

↑**p** [*pl* p's] *n* [C] *(letra del alfabeto)* ⇒p ■ PRON. Se pronuncia como *pea* en el sustantivo inglés *peace*

PA *n* [C] **1** ⇒forma abreviada de **public address system** (sistema de megafonía) **2** ⇒forma abreviada de **personal assistant** (asistente personal)

pace¹ /peɪs/ ▮ *n* [C] **1** ⇒paso: *to set the pace* - marcar el paso ▮ *n* [U] **2** ⇒ritmo **3 to keep ~ with *sth/sb*** ⇒seguir el ritmo de

pace² /peɪs/ [paced, pacing] *v* [T, I] **1** ⇒pasear(se) [con inquietud]: *They paced up and down the corridor* - Se paseaban por el pasillo arriba y abajo ■ CONSTR. Se usa generalmente seguido de una preposición o un adverbio **2** ⇒marcar el ritmo

pacemaker UK: /ˈpeɪsˌmeɪ.kəʳ/ US: /-kə/ *n* [C] **1** ⇒marcapasos **2** ⇒liebre ⇒persona o animal que marca el paso en una carrera

pacific /pəˈsɪf.ɪk/ *adj* ⇒pacífico,ca ■ PRON. La primera *c* se pronuncia como una *s*

pacifier UK: /ˈpæs.ɪ.faɪ.əʳ/ US: /-ə/ *US* (*UK* **dummy**) *n* [C] ⇒chupete ⇒chupón *AMÉR.*

pacifism /ˈpæs.ɪ.fɪ.zᵊm/ *n* [U] ⇒pacifismo

pacify /ˈpæs.ɪ.faɪ/ [pacifies, pacified] *v* [T] **1** *(a una persona)* ⇒tranquilizar ⇒apaciguar **2** *(un sitio)* ⇒pacificar

↑**pack¹** /pæk/ *v* [T, I] **1** ⇒empaquetar **2** ⇒hacer la maleta ⇒empacar *AMÉR.* **3** *(un lugar)* ⇒llenar

PHRASAL VERBS
- **to pack *sth* in [M] 1** *(inform)* ⇒parar **2** *(un hábito o una actividad)* ⇒dejar
- **to pack up** *UK (inform) (una máquina)* ⇒estropear(se)

pack² /pæk/ *n* [C] **1** *US* ⇒caja [pequeña]: *a pack of crayons* - una caja de pinturas **2** *US* (*UK* **packet**) ⇒paquete **3** *US* ⇒mochila **4** ⇒jauría ⇒manada **5** *UK* (*US* **deck**) ⇒baraja [de cartas]

package¹ /ˈpæk.ɪdʒ/ *n* [C] **1** ⇒paquete ⇒bulto ⇒encomienda *AMÉR.* **2** *US* (*UK* **packet**) ⇒paquete **3** ⇒paquete: *a package of measures* - un paquete de medidas; ⇒conjunto ■ PRON. La última *a* se pronuncia como la *i* en *did*

package² /ˈpæk.ɪdʒ/ [packaged, packaging] *v* [T] **1** ⇒envasar ⇒empaquetar **2** ⇒mostrar ⇒presentar ■ PRON. La última *a* se pronuncia como la *i* en *did*

packaging /ˈpæk.ɪ.dʒɪŋ/ *n* [U] **1** ⇒envoltorio **2** ⇒envase ⇒embalaje

packed /pækt/ *adj* **1** *(de gente)* ⇒abarrotado,da ⇒lleno,na **2** *(de cosas)* ⇒repleto,ta ⇒lleno,na

packed lunch [*pl* packed lunches] *UK n* [C] ⇒comida que se lleva para comer fuera de casa [metida en un recipiente]

↑**packet** /ˈpæk.ɪt/ *UK* (*US* **pack/package**) *n* [C] ⇒paquete [enviado]: *There is a packet for you* - Hay un paquete para ti

packing /ˈpæk.ɪŋ/ *n* [U] **1** ⇒embalaje ⇒papel de embalaje **2** ⇒empaquetado **3** *(de cigarrillos)* ⇒cajetilla **4** ⇒bolsa **5** ⇒preparación del equipaje ⇒preparación del traslado

↑**pact** /pækt/ *n* [C] ⇒acuerdo ⇒pacto ■ CONSTR. to pact + to do sth

pad¹ /pæd/ *n* [C] **1** *(material)* ⇒almohadilla ⇒cojinete **2** (*US tb* **tablet**) ⇒bloc [de notas] **3** *shoulder pad* - hombrera; *shin pad* - espinillera

pad² /pæd/ [padded, padding] ▮ *v* [I] **1** ⇒andar sin hacer ruido **2** *I padded along the hallway trying not to wake my parents* - Atravesé el vestíbulo sin hacer ruido para no despertar a mis padres ■ CONSTR. Se usa siempre seguido de una preposición o un adverbio ▮ *v* [T] **3** ⇒acolchar

PHRASAL VERBS
- **to pad *sth* out [M]** ⇒meter paja [en un texto] *col.*

padding /ˈpæd.ɪŋ/ *n* [U] **1** ⇒relleno ⇒guata ⇒acolchado **2** *(en un texto)* ⇒relleno ⇒paja *col.*

paddle¹ /ˈpæd.l̩/ ▮ *n* [C] **1** ⇒pala ⇒remo ▮ *n* [NO PL] **2** *UK* ⇒paseo por la orilla de un río o de un mar, con los pies dentro del agua

paddle² /ˈpæd.l̩/ [paddled, paddling] ▮ *v* [T, I] **1** ⇒remar [con pala]: *The children paddled along the river* - Los niños remaron a lo largo del río ▮ *v* [I] **2** *UK* (*US* **wade**) ⇒mojarse los pies: *We paddled in the lake* - Nos mojamos los pies en el lago **3** *US* ⇒chapotear ■ CONSTR. Se usa generalmente seguido de una preposición o un adverbio

paddock /ˈpæd.ək/ *n* [C] **1** ⇒cercado [para caballos o para ganado] **2** *Aus* ⇒campo agrícola

padlock UK: /ˈpæd.lɒk/ US: /-lɑːk/ *n* [C] ⇒candado: *to lock sth with a padlock* - cerrar algo con un candado

paediatrician /ˌpiː.di.əˈtrɪʃ.ən/ *UK* (*US* **pediatrician**) *n* [C] ⇒pediatra ■ PRON. La primera sílaba, *pae*, se pronuncia como *pee*

pagan /ˈpeɪ.gən/ *adj, n* [C] ⇒pagano,na

† **page**[1] /peɪdʒ/ *n* [C] **1** ⇒página: *It's on page 76* - Está en la página 76 ■ La forma abreviada es *p.* **2** (*tb* **web page**) *(en informática)* ⇒página web

page[2] /peɪdʒ/ [paged, paging] *v* [T] **1** ⇒llamar por altavoz **2** ⇒llamar por el busca

pager UK: /ˈpeɪ.dʒəʳ/ US: /-dʒɚ/ *n* [C] *(aparato)* ⇒busca *col.*

† **paid**[1] /peɪd/ past tense and past participle forms of **pay**

† **paid**[2] /peɪd/ *adj* **1** ⇒remunerado,da **2** *a well-paid job* - un trabajo bien pagado

† **pain** /peɪn/ ❙ *n* [C, U] **1** ⇒dolor: *I have a pain in my arm* - Tengo un dolor en el brazo ❙ *n* [U] **2** ⇒dolor [emocional] ⇒sufrimiento [emocional] **3 to be a ~ in the neck** *(inform)* ⇒ser un pesado, una pesada *col.*; ⇒ser un peñazo *col.*

pained /peɪnd/ *adj* **1** ⇒disgustado,da **2** ⇒ofendido,da ⇒dolido,da

painful /ˈpeɪn.fəl/ *adj* ⇒doloroso,sa ⇒desagradable

P

painfully /ˈpeɪn.fəl.i/ *adv* ⇒terriblemente: *a painfully boring film* - una película terriblemente aburrida

painkiller UK: /ˈpeɪnˌkɪl.əʳ/ US: /-ɚ/ *n* [C] ⇒calmante ⇒analgésico

painless /ˈpeɪn.ləs/ *adj* **1** ⇒sin dolor ⇒indoloro,ra **2** *(un método)* ⇒sencillo,lla ⇒fácil ⇒sin complicaciones

painstaking /ˈpeɪnzˌteɪ.kɪŋ/ *adj* ⇒meticuloso,sa ⇒pormenorizado,da ⇒laborioso,sa

† **paint**[1] /peɪnt/ *n* [C, U] ⇒pintura: *oil paint* - pintura al óleo; *a coat paint* - una mano de pintura

† **paint**[2] /peɪnt/ ❙ *v* [T, I] **1** ⇒pintar: *We've painted the walls* - Hemos pintado las paredes; *Wet paint!* - ¡Recién pintado! **2** *(en arte)* ⇒pintar ❙ *v* [I] **3** ⇒pintarse: *She always paints her lips red* - Siempre se pinta los labios de rojo

paintbrush /ˈpeɪnt.brʌʃ/ [*pl* paintbrushes] *n* [C] **1** ⇒brocha **2** ⇒pincel

painter UK: /ˈpeɪn.təʳ/ US: /-ˤt̬ɚ/ *n* [C] **1** *(de cuadros)* ⇒pintor,-a **2** *(de edificios)* ⇒pintor,-a

painting UK: /ˈpeɪn.tɪŋ/ US: /-ˤt̬ɪŋ/ *n* [C] ⇒pintura ⇒cuadro

† **pair**[1] UK: /peəʳ/ US: /per/ *n* [C] **1** ⇒par: *a pair of shoes* - un par de zapatos; *a pair of trousers* - un par de pantalones **2** *a pair of scissors* - unas tijeras **3** ⇒pareja

† **pair**[2] UK: /peəʳ/ US: /per/

PHRASAL VERBS

- **to pair off** ⇒emparejar(se) [para empezar una relación romántica o sexual]
- **to pair (sb) off [M]** *(en el colegio)* ⇒ponerse por parejas
- **to pair *sb* off (with *sb*) [M]** ⇒emparejar a alguien (con alguien)
- **to pair up** ⇒formar pareja [temporalmente, para una actividad]

pajamas UK: /pɪˈdʒɑː.məz/ US: /-ˈdʒæm.əz/ *US* (*UK* **pyjamas**) *n* [PL] ⇒pijama

Pakistan /ˌpɑː.kɪˈstɑːn/ *n* [U] ⇒Paquistán

Pakistani /ˌpɑː.kɪˈstɑː.ni/ *adj, n* [C] ⇒paquistaní

pal /pæl/ *n* [C] *(inform)* ⇒amigo,ga ⇒colega *col.*; ⇒cuate,ta *AMÉR. col.*

† **palace** /ˈpæl.ɪs/ *n* [C] *(de monarca o jefe de estado)* ⇒palacio ■ PRON. La última parte rima con *kiss*

palate /ˈpæl.ət/ *n* [C] **1** ⇒paladar ⇒cielo de la boca **2** ⇒paladar ⇒gusto

† **pale** /peɪl/ *adj* [*comp* paler, *superl* palest] **1** *(un color)* ⇒claro,ra **2** *(una luz)* ⇒tenue **3** ⇒pálido,da ⇒lívido,da **4** *to turn pale* - palidecer **5 beyond the ~** *(una conducta)* ⇒inaceptable

Palestine /ˈpæl.ə.staɪn/ *n* [U] ⇒Palestina

Palestinian /ˌpæ.ləˈstɪn.i.ən/ *adj, n* [C] ⇒palestino,na

palm[1] /pɑːm/ *n* [C] **1** (*tb* **palm tree**) *(árbol)* ⇒palma ⇒palmera **2** *(de la mano)* ⇒palma **3** *to read sb's palm* - leerle la mano a alguien **4 to have *sb* in the ~ of *one's* hand** ⇒tener a alguien en la palma de la mano *col.*

† **palm**[2] /pɑːm/

PHRASAL VERBS

- **to palm *sb* off (with *sth*)** ⇒quitar(se) a alguien de encima con algo [falso o sin valor]

palm tree *n* [C] See **palm**

paltry UK: /ˈpɔːl.tri/ US: /ˈpɑːl-/ *adj* [*comp* paltrier, *superl* paltriest] **1** *(una cantidad de dinero)* ⇒irrisorio,ria ⇒insignificante **2** ⇒baladí ⇒insignificante

pamper UK: /ˈpæm.pəʳ/ US: /-pɚ/ *v* [T] ⇒mimar mucho

pamphlet /ˈpæm.flət/ *n* [C] **1** ⇒folleto **2** ⇒panfleto [político]

↑**pan** /pæn/ *n* [C] **1** ➾sartén ➾paila *AMÉR.* **2** ➾cacerola ➾cazuela **3** *US* (*UK* **tin**) ➾molde [para el horno] ■ Distinto de *bread* (pan)

Panama /ˈpæn.ə.mɑː/ *n* [U] ➾Panamá

Panamanian /ˌpæn.əˈmeɪ.ni.ən/ *adj, n* [C] ➾panameño,ña

pancake /ˈpæn.keɪk/ *n* [C] ➾tortita ➾crep

panda /ˈpæn.də/ *n* [C] ➾oso panda

pander UK: /ˈpæn.dəʳ/ US: /-dɚ/

PHRASAL VERBS

· **to pander to *sth/sb*** ➾contentar ➾complacer ➾condescender con ■ Tiene un matiz negativo

pane /peɪn/ *n* [C] *(en una ventana o una puerta)* ➾cristal

↑**panel** /ˈpæn.ᵊl/ *n* [C] **1** ➾panel **2** ➾jurado: *A new panel will assess his candidature* - Un nuevo jurado valorará su candidatura **3** *(en un avión u otra máquina)* ➾panel de control ➾tablero de mandos

panelling /ˈpæn.ᵊl.ɪŋ/ *UK n* [U] **1** ➾revestimiento **2** ➾paneles

pang /pæŋ/ *n* [C] ➾punzada ➾dolor

panic¹ /ˈpæn.ɪk/ *n* [C, U] ➾pánico: *to be in a panic* - ser preso del pánico

panic² /ˈpæn.ɪk/ [panicked, panicking] *v* [T, I] ➾asustarse ➾dejarse llevar por el pánico

pansy /ˈpæn.zi/ [*pl* pansies] *n* [C] *(flor)* ➾pensamiento

pant /pænt/ *v* [I] ➾jadear: *The dog came in panting* - El perro entró jadeando

panther UK: /ˈpænt.θəʳ/ US: /-θɚ/ [*pl* panther, panthers] *n* [C] ➾pantera

panties UK: /ˈpæn.tiz/ US: /-ˤt̬iz/ *US* (*UK* **knickers**) *n* [PL] ➾bragas ➾calzonarias *AMÉR.;* ➾bloomer *AMÉR.;* ➾blúmer *AMÉR.* ■ Distinto de *tights* (pantis)

pantomime UK: /ˈpæn.tə.maɪm/ US: /-ˤt̬ə-/ ▌*n* [C, U] **1** ➾comedia musical que se representa en Navidad ▌*n* [U] **2** ➾pantomima ■ La forma abreviada es *panto*

pantry /ˈpæn.tri/ [*pl* pantries] *n* [C] ➾despensa

↑**pants** /pænts/ *n* [PL] **1** *UK* (*UK/US tb* **underpants**) ➾calzoncillos **2** *UK* (*US* **panties**) ➾bragas ➾calzonarias *AMÉR.;* ➾blúmer *AMÉR.* **3** *US* (*UK/US tb* **trousers**) ➾pantalón

pantyhose UK: /ˈpæn.ti.həʊz/ US: /-ˤt̬i.hoʊz/ *US* (*UK* **tights**) *n* [PL] ➾medias ➾pantys

↑**paper** UK: /ˈpeɪ.pəʳ/ US: /-pɚ/ ▌*n* [U] **1** *(para escribir o pintar)* ➾papel ■ Se dice *some paper, a piece of paper* o *a sheet of paper*. Incorrecto: *a paper* ▌*n* [C] **2** ➾periódico: *to read the paper* - leer el periódico **3** *UK* ➾examen **4** ➾artículo ➾ponencia ➾comunicación **5 on ~ 1** ➾por escrito **2** ➾en teoría: *It looks good on paper* - En teoría debería funcionar

paperback UK: /ˈpeɪ.pə.bæk/ US: /-pɚ-/ *n* [C] ➾libro [en rústica]

paper clip *n* [C] ➾clip [para papeles]

papers UK: /ˈpeɪ.pəz/ US: /-pɚz/ *n* [PL] ➾documentación ➾papeles

paper thin *adj* ➾muy fino,na

paperwork UK: /ˈpeɪ.pə.wɜːk/ US: /-pɚ.wɝːk/ *n* [U] ➾papeleo ➾trabajo administrativo

par UK: /pɑːʳ/ US: /pɑːr/ *n* [U] **1** *(en golf)* ➾par **2 to be below ~** ➾estar pachucho,cha *col.* **3 to be on a ~ with *sth/sb*** ➾estar a la altura de ➾estar a la par de

parable UK: /ˈpær.ə.bl̩/ US: /ˈper-/ *n* [C] *(narración)* ➾parábola

↑**parachute** UK: /ˈpær.ə.ʃuːt/ US: /ˈper-/ (*tb* **chute**) *n* [C] ➾paracaídas ■ PRON. La *ch* se pronuncia como *sh* en *shop*

parade¹ /pəˈreɪd/ *n* [C] **1** ➾desfile: *a military parade* - un desfile militar; *a fashion parade* - un desfile de moda **2** ➾exhibición

P

PAN

parade² /pə'reɪd/ [paraded, parading] ▌ *v* [T, I] **1** ⇒desfilar **2** ⇒exhibir ⇒pasear ▌ *v* [T] **3** ⇒hacer alarde de ▌ *v* [I] **4** *(en el ejército)* ⇒pasar revista ■ CONSTR. Se usa generalmente seguido de una preposición o un adverbio

paradise UK: /'pær.ə.daɪs/ US: /'per-/ *n* [C, U] ⇒paraíso: *This is paradise!* - ¡Esto es el paraíso!

paradox UK: /'pær.ə.dɒks/ US: /'per.ə.dɑːks/ [*pl* paradoxes] *n* [C, U] ⇒paradoja

paraffin UK: /'pær.ə.fɪn/ US: /'per-/ *UK* (*US* **kerosene**) *n* [U] ⇒parafina

↑**paragraph** UK: /'pær.ə.grɑːf/ US: /'per.ə.græf/ *n* [C] ⇒párrafo

Paraguay /'pær.ə.gwaɪ/ *n* [U] ⇒Paraguay

Paraguayan /ˌpær.ə'gwaɪ.ən/ *adj, n* [C] ⇒paraguayo,ya

parallel¹ UK: /'pær.ə.lel/ US: /'per-/ *adj* ⇒paralelo,la: *parallel line* - línea paralela

parallel² UK: /'pær.ə.lel/ US: /'per-/ *n* [C] *(en geografía)* ⇒paralelo

paralyse UK: /'pær.ᵊl.aɪz/ US: /'per-/ [paralysed, paralysing] *UK* (*US* **paralyze**) *v* [T] ⇒paralizar: *The country was paralysed by the strike* - El país quedó paralizado por la huelga ■ CONSTR. Se usa más en pasiva

paralysed UK: /'pær.ᵊl.aɪzd/ US: /'per-/ *UK adj* **1** ⇒paralizado,da: *He was paralysed with fear* - Se quedó paralizado del miedo **2** ⇒paralítico,ca

paralysis /pə'ræl.ə.sɪs/ [*pl* paralyses] *n* [C, U] **1** ⇒inmovilidad ⇒parálisis **2** ⇒paralización

paralyze [paralyzed, paralyzing] *US v* [T] See **paralyse**

paramedic UK: /ˌpær.ə'med.ɪk/ US: /ˌper.ə'med-/ *n* [C] ⇒profesional sanitario a las órdenes de médicos y enfermeros

paramount UK: /'pær.ə.maʊnt/ US: /'per-/ *adj* *(form)* ⇒primordial ⇒sumo,ma

paranoia UK: /ˌpær.ə'nɔɪ.ə/ US: /ˌper-/ *n* [U] ⇒paranoia ⇒neura *col.*

paranoid UK: /'pær.ᵊn.ɔɪd/ US: /'per.ə.nɔɪd/ *adj* ⇒paranoico,ca

paraphrase UK: /'pær.ə.freɪz/ US: /'per-/ [paraphrased, paraphrasing] *v* [T, I] ⇒parafrasear

parasite UK: /'pær.ə.saɪt/ US: /'per-/ *n* [C] ⇒parásito

↑**parcel** UK: /'pɑː.sᵊl/ US: /'pɑːr-/ *n* [C] ⇒paquete ⇒encomienda *AMÉR.* ■ Distinto de *plot* (parcela)

parched UK: /pɑːtʃt/ US: /pɑːrtʃt/ *adj* **1** ⇒muy árido,da ⇒reseco,ca **2** *(inform)* ⇒seco,ca *col.*

pardon¹ UK: /'pɑː.dᵊn/ US: /'pɑːr-/ (*US tb* **pardon me**) *n* [C] *(cuando no se oye bien algo)* ⇒¿cómo? ■ Distinto de *excuse me* y *sorry* (perdón)

pardon² UK: /'pɑː.dᵊn/ US: /'pɑːr-/ *v* [T] ⇒indultar ⇒perdonar

pardon³ UK: /'pɑː.dᵊn/ US: /'pɑːr-/ *n* [C] *(en derecho)* ⇒indulto

pare UK: /peəʳ/ US: /per/ [pared, paring] *v* [T] **1** ⇒mondar ⇒pelar **2** (*tb* **pare down**) ⇒reducir: *to pare expenses down* - reducir gastos

↑**parent** UK: /'peə.rənt/ US: /'per.[ə]nt/ *n* [C] ⇒padre, madre: *My parents are away* - Mis padres están de viaje ■ Distinto de *relative* (pariente)

parental UK: /pə'ren.tᵊl/ US: /-ˤt̬[ə]l/ *adj* ⇒de los padres: *parental support* - apoyo de los padres

parenthood UK: /'peə.rənt.hʊd/ US: /'per.[ə]nt-/ *n* [U] ⇒paternidad ⇒maternidad

parish UK: /'pær.ɪʃ/ US: /'per-/ [*pl* parishes] *n* [C] ⇒parroquia ⇒feligresía

↑**park¹** UK: /pɑːk/ US: /pɑːrk/ *n* [C] **1** ⇒parque: *a walk in the park* - un paseo por el parque **2** *UK* ⇒jardín [de una mansión] **3** *US* ⇒campo deportivo

↑**park²** UK: /pɑːk/ US: /pɑːrk/ *v* [T, I] ⇒aparcar ⇒parquear *AMÉR.*

parking UK: /'pɑː.kɪŋ/ US: /'pɑːr-/ *n* [U] *(acción)* ⇒aparcamiento ⇒estacionamiento ⇒parqueo *AMÉR.*

parking lot *US* (*UK* **car park**) *n* [C] ⇒aparcamiento ⇒playa de estacionamiento *AMÉR.;* ⇒parqueo *AMÉR.*

↑**parliament** UK: /'pɑː.lɪ.mənt/ US: /'pɑːr.lə-/ *n* [C, U] **1** ⇒parlamento **2** *to enter parliament* - ser elegido diputado **3** *(período)* ⇒legislatura

parliamentary UK: /ˌpɑː.lɪ'men.tᵊr.i/ US: /ˌpɑːr.lə'men.ˤt̬ɚ-/ *adj* ⇒parlamentario,ria

parlour UK: /'pɑː.ləʳ/ US: /'pɑːr.lɚ/ *UK n* [C] **1** *(old-fash) (en una casa)* ⇒salón ⇒sala **2** *beauty parlour* - salón de belleza

parody UK: /'pær.ə.di/ US: /'per-/ [*pl* parodies] *n* [C, U] ⇒parodia

parole UK: /pə'rəʊl/ US: /-'roʊl/ *n* [U] ⇒libertad condicional: *to be released on parole* - ser puesto en libertad condicional

↑**parrot** UK: /'pær.ət/ US: /'per-/ *n* [C] ⇒loro

parsley UK: /'pɑː.sli/ US: /'pɑːr-/ *n* [U] ⇒perejil: *a sprig of parsley* - una rama de perejil

parsnip UK: /'pɑː.snɪp/ US: /'pɑːr-/ *n* [C] *(planta)* ⇒chirivía

↑**part¹** UK: /pɑːt/ US: /pɑːrt/ ▌ *n* [C, U] **1** ⇒parte: *I liked the first part of the programme* - Me gustó la primera parte del programa ▌ *n* [C] **2** *(en una máquina)* ⇒pieza **3** *(en una serie)* ⇒episodio **4** *(en un espectáculo, en una película)* ⇒papel **5** *US* See **parting 6 for the most ~** ⇒por lo general **7 in ~** ⇒en parte **8 on *sb's* ~** ⇒de parte de alguien: *It was an error on his part* - Fue un error de su parte **9 the best ~ of *sth* 1** ⇒la mayor parte de algo **2** *the best part of an hour* - casi una hora **10 to take ~ (in *sth*)** ⇒tomar parte ⇒participar **11 to take *sb's* ~** ⇒ponerse de parte de alguien: *You always take Jimmy's part!* - ¡Siempre te pones de parte de Jimmy!

part[2] UK: /pɑːt/ US: /pɑːrt/ ▌ *v* [T, I] **1** *(form)* ⇒separar **2** *(cortinas)* ⇒abrir ⇒correr ▌ *v* [T] **3** ⇒peinar con raya **4 to ~ company {from/with}** *(una pareja, unos socios)* ⇒separarse

PHRASAL VERBS

· **to part with *sth*** ⇒desprenderse de algo

† **partial** UK: /ˈpɑː.ʃəl/ US: /ˈpɑːr-/ *adj* **1** *(incompleto)* ⇒parcial **2** *(influenciado)* ⇒parcial **3 to be ~ to *sth*** ⇒tener debilidad por algo ⇒gustarle a alguien algo

partially UK: /ˈpɑː.ʃəl.i/ US: /ˈpɑːr-/ *adv* ⇒parcialmente

participant UK: /pɑːˈtɪs.ɪ.pənt/ US: /pɑːrˈtɪs.ə-/ *n* [C] ⇒participante

† **participate** UK: /pɑːˈtɪs.ɪ.peɪt/ US: /pɑːrˈtɪs.ə-/ [participated, participating] *v* [I] ⇒participar ■ CONSTR. to participate in sth

participation UK: /pɑːˌtɪs.ɪˈpeɪ.ʃən/ US: /pɑːrˌtɪs.ə-/ *n* [U] ⇒participación

† **participle** UK: /pɑːˈtɪs.ɪ.pl̩/ US: /ˈpɑːr.tɪ.sɪ-/ *n* [C] *(en gramática)* ⇒participio

† **particle** UK: /ˈpɑː.tɪ.kl̩/ US: /ˈpɑːr.ˤt̬ə-/ *n* [C] **1** *(materia)* ⇒partícula **2** *(en gramática)* ⇒partícula **3** ⇒pizca ⇒ápice

† **particular** UK: /pəˈtɪk.jʊ.ləʳ/ US: /pɚˈtɪk.jə.lɚ/ *adj* **1** ⇒especial ⇒gran **2** ⇒particular ⇒concreto,ta ⇒específico,ca **3** ⇒especial ⇒exigente

particularly UK: /pəˈtɪk.jʊ.lə.li/ US: /pɚˈtɪk.jə.lɚ.li/ *adv* ⇒especialmente ⇒en particular

parting UK: /ˈpɑː.tɪŋ/ US: /ˈpɑːr.ˤt̬ɪŋ/ ▌ *n* [C, U] **1** ⇒despedida **2** *(form)* ⇒separación ⇒división ▌ *n* [C] **3** *UK* (*US* **part**) ⇒raya [del pelo]

partisan[1] UK: /ˌpɑː.tɪˈzæn/ UK: /ˈ---/ US: /ˈpɑːr.ˤt̬ɪ.zən/ *adj* ⇒partidista ⇒parcial ⇒sesgado,da

partisan[2] UK: /ˌpɑː.tɪˈzæn/ UK: /ˈ---/ US: /ˈpɑːr.ˤt̬ɪ.zən/ *n* [C] **1** ⇒partisano,na **2** ⇒partidario,ria

partition UK: /pɑːˈtɪʃ.ən/ US: /pɑːr-/ *n* [C] **1** *(de un país)* ⇒división ⇒separación **2** ⇒tabique

partly UK: /ˈpɑːt.li/ US: /ˈpɑːrt-/ *adv* ⇒en parte

† **partner** UK: /ˈpɑːt.nəʳ/ US: /ˈpɑːrt.nɚ/ *n* [C] **1** *(en una actividad)* ⇒pareja ⇒compañero,ra ⇒acompañante **2** *(compañero sentimental)* ⇒pareja ⇒esposo,sa ⇒novio,via **3** ⇒socio,cia

partnership UK: /ˈpɑːt.nə.ʃɪp/ US: /ˈpɑːrt.nɚ-/ *n* [C, U] **1** ⇒asociación **2** ⇒sociedad

† **part of speech** [*pl* parts of speech] *n* [C] **1** *(en gramática)* ⇒parte de la oración **2** ⇒clase de palabra ⇒categoría gramatical

parts UK: /pɑːts/ US: /pɑːrts/ *n* [PL] **1** ⇒región [de un país] **2** *(inform) Are you from these parts* - ¿Eres de por aquí?

† **part-time** UK: /ˌpɑːtˈtaɪm/ US: /ˌpɑːrt-/ *adj, adv* ⇒a tiempo parcial ⇒de media jornada

† **party** UK: /ˈpɑː.ti/ US: /ˈpɑːr.ˤt̬i/ [*pl* parties] *n* [C] **1** ⇒fiesta: *to have a party* - dar una fiesta **2** *(en política)* ⇒partido ■ Por ser un nombre colectivo se puede usar con el verbo en singular o en plural **3** ⇒grupo ■ Por ser un nombre colectivo se puede usar con el verbo en singular o en plural **4** *(en derecho)* ⇒parte **5 to be a ~ to *sth*** ⇒estar involucrado,da en algo ⇒ser cómplice en algo

† **pass**[1] UK: /pɑːs/ US: /pæs/ ▌ *v* [T, I] **1** *(en el espacio)* ⇒pasar ⇒dejar atrás **2** *(un examen, una ley)* ⇒aprobar **3** *(un período de tiempo)* ⇒pasar ⇒transcurrir ■ Se usa cuando el período de tiempo es sujeto. Comparar con *to spend* **4** *(en deportes)* ⇒pasar ⇒hacer un pase ▌ *v* [T] **5** *(un objeto)* ⇒pasar ⇒dar **6** ⇒superar **7** *(en medicina)* ⇒echar ⇒expulsar

PHRASAL VERBS

· **to pass *sth* {around/round} *sth* [M]** ⇒hacer circular algo ⇒pasar
· **to pass {as/for} *sth/sb*** ⇒pasar por ⇒ser tomado,da por
· **to pass away** *(euphem)* ⇒pasar a mejor vida
· **to pass *sb* by** ⇒dejar a alguien de lado [para algo] ⇒pasar sin ser aprovechado
· **to pass *sth* down** *(un objeto, una enseñanza)* ⇒heredar ■ CONSTR. Se usa frecuentemente en pasiva
· **to pass *sth/sb* off as *sth/sb* [M]** ⇒hacer pasar por
· **to pass out 1** ⇒desmayarse **2** *(en el ejército)* ⇒graduarse
· **to pass *sth* up [M]** *(inform)* ⇒desaprovechar algo ⇒dejar pasar algo ⇒desperdiciar algo

pass[2] UK: /pɑːs/ US: /pæs/ [*pl* passes] *n* [C] **1** *(en un examen)* ⇒aprobado **2** *(en deportes)* ⇒pase **3** ⇒pase ⇒entrada **4** ⇒puerto [de montaña]: *The pass is unpassable because of the snow* - El puerto está cerrado debido a la nieve **5 bus ~** ⇒billete de autobús

† **passage** /ˈpæs.ɪdʒ/ ▌ *n* [C] **1** ⇒pasadizo **2** ⇒pasillo **3** *(en un libro o pieza musical)* ⇒pasaje ⇒fragmento ▌ *n* [NO PL] **4** ⇒travesía ⇒viaje **5** ⇒progreso ⇒paso **6** *the nasal passage* - el conducto nasal ■ PRON. La última *a* se pronuncia como la *i* en *did*

† **passenger** UK: /ˈpæs.ən.dʒəʳ/ US: /-dʒɚ/ *n* [C] ⇒pasajero,ra

passer-by UK: /ˌpɑː.səˈbaɪ/ US: /ˌpæs.ɚ-/ [*pl* passers-by] *n* [C] ⇒transeúnte

passing[1] UK: /ˈpɑː.sɪŋ/ US: /ˈpæs.ɪŋ/ *adj* **1** ⇒pasajero,ra **2** ⇒de pasada

passing[2] UK: /ˈpɑː.sɪŋ/ US: /ˈpæs.ɪŋ/ ▌ *n* [U] **1** ⇒paso ⇒transcurso ▌ *n* [NO PL] **2** *(euphem)* ⇒muerte ⇒desaparición **3 in ~** ⇒de pasada

↑**passion** /ˈpæʃ.ᵊn/ *n* [U] ⇒pasión

passionate UK: /ˈpæʃ.ᵊn.ət/ US: /-ə.nɪt/ *adj* **1** ⇒apasionado,da **2** ⇒entusiasta: *a passionate fan* - un fan entusiasta

passive[1] /ˈpæs.ɪv/ *n* [NO PL] *(en gramática)* ⇒voz pasiva ⇒pasiva ■ Ver cuadro

passive[2] /ˈpæs.ɪv/ *adj (una persona)* ⇒pasivo,va

↑**passport** UK: /ˈpɑːs.pɔːt/ US: /ˈpæs.pɔːrt/ *n* [C] ⇒pasaporte

password UK: /ˈpɑːs.wɜːd/ US: /ˈpæs.wɜːd/ *n* [C] ⇒contraseña ⇒clave

↑**past**[1] UK: /pɑːst/ US: /pæst/ *adj* **1** ⇒pasado,da: *her past life* - su vida pasada **2** ⇒último,ma: *in the past month* - durante el último mes **3** ⇒antiguo,gua **4 ~ tense** *(en gramática)* ⇒pasado ■ Ver cuadros past tense y verb tenses

↑**past**[2] UK: /pɑːst/ US: /pæst/ *adv, prep* **1** ⇒delante de ⇒por delante de **2** *I ran past them without stopping* - Les pasé corriendo sin detenerme ■ Se usa frecuentemente con verbos de movimiento. Al traducirlo en español su significado suele estar implícito en el verbo **3** *(para las horas)* ⇒y ■ Se dice *twenty-five past four - las cuatro y veinticinco*. Incorrecto: *four past twenty-five* **4 not to put it ~ *sb* to do *sth*** *(inform)* ⇒no extrañar que alguien sea capaz de hacer algo ⇒creer que alguien es capaz de hacer algo **5 to be ~ it** *UK (inform, hum)* ⇒ser muy viejo,ja [para hacer algo]

↑**past**[3] UK: /pɑːst/ US: /pæst/ *n* [NO PL] ⇒pasado: *in the past* - en el pasado

↑**pasta** UK: /ˈpæs.tə/ US: /ˈpɑː.stə/ *n* [U] *(comida)* ⇒pasta

paste /peɪst/ *n* [C, U] **1** *(mezcla)* ⇒pasta **2** ⇒pegamento **3** ⇒paté: *anchovy paste* - paté de anchoa

pastel UK: /ˈpæs.tᵊl/ US: /pæsˈtel/ *adj US (color)* ⇒pastel

pastime UK: /ˈpɑːs.taɪm/ US: /ˈpæs-/ *n* [C] ⇒pasatiempo

pastor UK: /ˈpɑː.stəʳ/ US: /ˈpæs.tə/ *n* [C] ⇒pastor de la iglesia protestante

pastoral UK: /ˈpɑː.stᵊr.ᵊl/ US: /ˈpæs.tə-/ *adj* **1** ⇒pastoril ⇒bucólico,ca **2** ⇒pastoral: *pastoral duties* - obligaciones pastorales

↑**pastry** /ˈpeɪ.stri/ *n* [U] **1** ⇒masa **2** ⇒hojaldre **3** ⇒pastel pequeño

pasture UK: /ˈpɑːs.tʃəʳ/ US: /ˈpæs.tʃə/ *n* [C] ⇒pasto ⇒prado

pat[1] /pæt/ [patted, patting] *v* [T] ⇒dar palmaditas [como gesto de cariño o aprobación]: *to pat sb on*

the passive

• La voz pasiva se construye con el verbo "to be" y el participio pasado del verbo principal:

Voz activa	Voz pasiva
· *They built a house in the woods.* (Construyeron una casa en el bosque.)	· *The Eiffel Tower **was built** in 1898.* (La torre Eiffel se construyó en 1898.)

• La voz pasiva se encuentra con mucha frecuencia en el registro formal. Se usa:

– Cuando la persona que realiza la acción es desconocida o no es importante:

· *Most televisions **are manufactured** in Asia.*
(La mayoría de las televisiones se fabrican en Asia.)

– Acompañada de "by" + objeto para indicar quién ha realizado la acción, pero con mayor énfasis en el sujeto:

· *The church **was built** by an Italian architect.*
(La iglesia fue construida por un arquitecto italiano.)

– Para evitar señalar al responsable de algo:

· *Some mistakes **were made**.*
(Se cometieron algunos errores.)

– En algunos estilos objetivos de escritura:

· *The demonstrators were **compelled** to leave.*
(Los manifestantes se vieron obligados a marcharse.)

past tense

• **Past simple**

El pasado simple se usa:

– Para expresar acciones o estados acabados en el pasado:

· *I* ***sang*** *my favourite song.* / (Canté mi canción favorita.)

– Para expresar una sucesión ordenada de hechos o acontecimientos:

· *The striker* ***stopped*** *the ball,* ***shot*** *and* ***scored*** *a goal.* / (El delantero paró el balón, chutó y metió un gol.)

• **Past continuous**

El pasado continuo se usa:

– Para expresar acciones o estados que habían empezado pero que aún no habían terminado en un momento del pasado:

· *What* ***were you doing*** *two hours ago?* / (¿Qué estabas haciendo hace dos horas?)

– Para expresar una acción larga durante la cual sucede una acción más corta. La acción larga se expresa en "past continuous"; la acción más corta, en "past simple":

· *The phone rang while* ***I was having*** *a shower .*
(El teléfono sonó mientras me estaba duchando.)

• **Present perfect**

El presente perfecto se usa:

– Para referirse a acciones o experiencias con un período de tiempo que continúa hasta ahora:

· *I* ***haven't been*** *to Australia.* / (No he estado en Australia.)

– Para expresar una acción del pasado relacionada con el presente o que tiene un efecto en el presente:

· *We* ***have spent*** *all our money; we can't buy anything else.*
(Hemos gastado todo nuestro dinero; no podemos comprar nada más.)

• **Present perfect continuous**

El presente perfecto continuo se usa:

- Para referirse a una acción que se ha repetido durante un período de tiempo que continúa hasta el presente:

· *We* ***have been studying*** *Chinese since we were five.* / (Llevamos estudiando chino desde los cinco años.)

- Para referirse a una actividad que ha cesado recientemente y que tienen conexión con el presente:

· *She****'s been working out*** *and now she's tired.* / (Ha estado entrenando y ahora está cansada.)

• **Past perfect**

El pasado perfecto se usa:

- Para referirse a una acción o a un estado acabados en el pasado antes de otra acción o estado en el pasado:

· *He returned to the place were* ***he had met*** *her.* / (Regresó al lugar donde la había conocido.)

- Con las expresiones "the {first / second / third} time that":

· *That was the first time that* ***I had ridden*** *a bike.* / (Esa era la primera vez que había montado en bicicleta.)

his back - dar unas palmaditas en la espalda a alguien

pat[2] /pæt/ *n* [c] **1** ⇒palmadita: *He gave the dog a pat on its head* - Le dio al perro una palmadita en la cabeza **2 to give *sb* a ~ on the back** ⇒felicitar a alguien

patch[1] /pætʃ/ [*pl* patches] *n* [c] **1** ⇒parche ⇒remiendo **2** ⇒mancha **3** ⇒parcela [de tierra] **4** *vegetable patch* - huerto **5** *(en informática)* ⇒parche **6** ⇒parche [de nicotina] **7** *UK* ⇒zona [de trabajo] **8 not to be a ~ on *sth/sb*** *UK (inform)* ⇒no llegar a la suela de los zapatos *col.;* ⇒no tener comparación con

patch[2] /pætʃ/ *v* [T] **1** ⇒coser un parche ⇒remendar **2** *(en electrónica)* ⇒conectar

PHRASAL VERBS

· **to patch *sth* up [M]** **1** *(una relación)* ⇒intentar arreglar ⇒intentar salvar **2** ⇒hacer un apaño [temporal]

patchwork UK: /ˈpætʃ.wɜːk/ US: /-wɝːk/ ▮ *n* [U] **1** *(tela)* ⇒patchwork ▮ *n* [NO PL] **2** ⇒mosaico: *a patchwork of cultures* - un mosaico de culturas

patchy /ˈpætʃ.i/ *adj* [*comp* patchier, *superl* patchiest] **1** *(niebla)* ⇒intermitente ⇒irregular **2** *(un conocimiento)* ⇒con lagunas ⇒incompleto,ta **3** ⇒irregular ⇒poco uniforme ⇒desigual

pâté UK: /ˈpæ.teɪ/ US: /-ˈ-/ *n* [U] ⇒paté

patent[1] UK: /ˈpeɪ.tᵊnt/ US: /ˈpæt.[ə]nt/ *adj, n* [c] *(form)* ⇒patente

patent[2] UK: /ˈpeɪ.tᵊnt/ US: /ˈpæt.[ə]nt/ *v* [T] ⇒patentar

paternal UK: /pəˈtɜː.nəl/ US: /-ˈtɝː-/ *adj* **1** ⇒paternal **2** ⇒paterno,na

paternity UK: /pəˈtɜː.nɪ.ti/ US: /-ˈtɝː.nə.ˤt̬i/ *n* [U] ⇒paternidad: *paternity leave* - permiso de paternidad

↑ **path** UK: /pɑːθ/ US: /pæθ/ (*tb* **pathway**) *n* [c] ⇒sendero ⇒camino ⇒trayectoria

pathetic UK: /pəˈθet.ɪk/ US: /-ˈθeˤt̬-/ *adj* **1** *(inform)* ⇒pésimo,ma ⇒patético,ca **2** ⇒conmovedor,-a ⇒lastimero,ra ⇒patético,ca

pathological UK: /ˌpæθ.əˈlɒdʒ.ɪ.kᵊl/ US: /-ˈlɑː.dʒɪ-/ *adj (en medicina)* ⇒patológico,ca

pathologist UK: /pəˈθɒl.ə.dʒɪst/ US: /-ˈθɑː.lə-/ *n* [c] *(en medicina)* ⇒patólogo,ga

pathology UK: /pəˈθɒl.ə.dʒi/ US: /-ˈθɑː.lə-/ *n* [U] ⇒patología

pathos UK: /ˈpeɪ.θɒs/ US: /-θɑːs/ *n* [U] ⇒patetismo

↑ **patience** /ˈpeɪ.ʃᵊnts/ *n* [U] **1** ⇒paciencia: *I'm running out of patience* - Se me está acabando la paciencia **2** *UK (juego de cartas)* ⇒solitario

↑ **patient**[1] /ˈpeɪ.ʃᵊnt/ *adj* ⇒paciente ⇒tranquilo,la ■ PRON. La primera sílaba, *pa*, se pronuncia como *pay*

↑ **patient**[2] /ˈpeɪ.ʃᵊnt/ *n* [c] ⇒paciente

patiently /ˈpeɪ.ʃᵊnt.li/ *adv* ⇒pacientemente: *to wait patiently* - esperar pacientemente ■ PRON. *pa* se pronuncia como *pay*

patio UK: /ˈpæt.i.əʊ/ US: /ˈpæˤt̬.i.oʊ/ *n* [c] **1** ⇒patio **2** ⇒terraza

patriot UK: /ˈpæt.ri.ət/ UK: /ˈpeɪ.tri-/ US: /ˈpeɪ.tri.ɑːt/ *n* [c] ⇒patriota ■ PRON. La primera sílaba se pronuncia como *pay*

patriotic UK: /ˌpæt.riˈɒt.ɪk/ UK: /ˌpeɪ.tri-/ US: /ˌpeɪ.triˈɑː.ˤt̬ɪk/ *adj* ⇒patriótico,ca: *a patriotic speech* - un discurso patriótico

patrol[1] UK: /pəˈtrəʊl/ US: /-ˈtroʊl/ [patrolling, patrolled] *v* [T, I] ⇒patrullar: *The police patrolled the area* - La policía patrulló la zona

patrol[2] UK: /pəˈtrəʊl/ US: /-ˈtroʊl/ *n* [C, U] ⇒patrulla

patrolman UK: /pəˈtrəʊl.mən/ US: /-ˈtroʊl-/ [*pl* patrolmen] *n* [c] *US* See **patrol officer**

patrol officer *US* (*UK/US tb* **patrolman/patrolwoman**) *n* [c] ⇒policía que patrulla

patrolwoman [*pl* patrolwomen] *US n* [c] See **patrol officer**

patron /ˈpeɪ.trən/ *n* [c] **1** ⇒patrocinador,-a **2** ⇒mecenas **3** ⇒cliente habitual ⇒parroquiano,na

patronize UK: /ˈpæt.rᵊn.aɪz/ US: /ˈpeɪ.tr[ə]n-/ UK: /ˈpæt.rᵊn-/ [patronized, patronizing] *v* [T] **1** ⇒patrocinar **2** ⇒tratar a alguien como si fuera tonto,ta **3** *(form) (una tienda, un negocio)* ⇒frecuentar ⇒ser cliente de

↑ **pattern** UK: /ˈpæt.ᵊn/ US: /ˈpæˤt̬.ən/ *n* [c] **1** ⇒dibujo ⇒diseño **2** ⇒patrón ⇒modelo **3** ⇒pauta

pause[1] UK: /pɔːz/ US: /pɑːz/ *n* [c] ⇒pausa ⇒descanso

↑ **pause**[2] UK: /pɔːz/ US: /pɑːz/ [paused, pausing] *v* [I] ⇒hacer una pausa: *The speaker paused to talk to her advisers* - La conferenciante hizo una pausa para hablar con sus asesores

pave /peɪv/ [paved, paving] *v* [T] **1** ⇒pavimentar **2 to ~ the way** ⇒allanar el camino ⇒preparar el terreno

↑ **pavement** /ˈpeɪv.mənt/ *n* [c] **1** *UK* (*US* **sidewalk**) ⇒acera ⇒vereda *AMÉR.;* ⇒andén *AMÉR.* **2** ⇒pavimento

pavilion /pəˈvɪl.jən/ *n* [c] **1** ⇒pabellón **2** *UK (en deportes)* ⇒vestuario

paw[1] UK: /pɔː/ US: /pɑː/ *n* [c] **1** *(de un animal)* ⇒pata ⇒garra **2** *(inform)* ⇒mano ⇒manaza

paw[2] UK: /pɔː/ US: /pɑː/ *v* [T, I] **1** ⇒arañar **2** ⇒manosear **3** ⇒sobar [a alguien]

pawn[1] UK: /pɔːn/ US: /pɑːn/ *n* [c] **1** *(en ajedrez)* ⇒peón **2** *(persona)* ⇒peón ⇒títere

pawn[2] UK: /pɔːn/ US: /pɑːn/ *v* [T] ⇒empeñar: *She was forced to pawn her jewels* - Tuvo que empeñar las joyas

pawnbroker UK: /ˈpɔːnˌbrəʊ.kəʳ/ US: /ˈpɑːnˌbroʊ.kɚ/ *n* [C] ⇒prestamista

↑**pay[1], paid, paid** /peɪ/ *v* [T, I] **1** ⇒pagar ■ CONSTR. to pay for sth **2** *How much did you pay for it?* - ¿Cuánto te costó? **3** ⇒ser rentable **4** ⇒compensar **5 to ~ attention** ⇒prestar atención ⇒hacer caso

PHRASAL VERBS

- **to pay *sb* back** ⇒hacer pagar a alguien [por una ofensa]
- **to pay *sth/sb* back [M]** ⇒devolver [dinero] ⇒pagar
- **to pay *sth* {in/into *sth*} [M]** *(dinero)* ⇒ingresar [en el banco]
- **to pay off** *(inform)* ⇒dar fruto ⇒merecer la pena
- **to pay *sth* off [M]** *(una deuda o un préstamo)* ⇒pagar
- **to pay *sb* off [M] 1** ⇒despedir a alguien [con indemnización] **2** ⇒sobornar a alguien
- **to pay up** *(inform)* ⇒pagar [a la fuerza] ⇒soltar la pasta *col.*

pay[2] /peɪ/ *n* [U] ⇒sueldo ⇒paga

payment /ˈpeɪ.mənt/ ▌*n* [U] **1** ⇒pago ▌*n* [C] **2** ⇒plazo: *monthly payments* - plazos mensuales

↑**PC** /ˌpiːˈsiː/ *n* [C] **1** ⇒PC ■ Procede de *personal computer* (ordenador personal) **2** ⇒forma abreviada de **politically correct** (políticamente correcto,ta)

PE /ˌpiːˈiː/ *n* [U] ⇒forma abreviada de **physical education** (educación física)

↑**pea** /piː/ *n* [C] ⇒guisante ⇒chícharo *AMÉR.*; ⇒alverja *AMÉR.*; ⇒arveja *AMÉR.*

↑**peace** /piːs/ *n* [U] **1** ⇒paz: *disturbance of the peace* - perturbación de la paz y el orden **2** ⇒paz ⇒tranquilidad **3 to {be/feel} at ~ (with *sth/sb*)** ⇒estar en armonía con **4 to make (one's) ~ with *sb*** ⇒hacer las paces con alguien

peaceful /ˈpiːs.fᵊl/ *adj* **1** ⇒tranquilo,la **2** ⇒pacífico,ca: *Costa Rica is quite a peaceful country* - Costa Rica es un país bastante pacífico

peacefully /ˈpiːs.fᵊl.i/ *adv* ⇒tranquilamente ⇒pacíficamente

↑**peach** /piːtʃ/ [*pl* peaches] *n* [C] **1** ⇒melocotón ⇒durazno *AMÉR.* **2** *peach tree* - melocotonero **3** *(inform)* ⇒monada

peacock UK: /ˈpiː.kɒk/ US: /-kɑːk/ *n* [C] ⇒pavo real

peak[1] /piːk/ *n* [C] **1** ⇒pico ⇒cumbre **2** ⇒auge ⇒nivel máximo **3** *UK* (*US* **visor**) ⇒visera

peak[2] /piːk/ *v* [I] ⇒alcanzar el punto máximo

↑**peak[3]** /piːk/ **in ~ condition** ⇒en condiciones óptimas

↑**peanut** /ˈpiː.nʌt/ *n* [C] ⇒cacahuete

↑**pear** UK: /peəʳ/ US: /per/ *n* [C] **1** ⇒pera **2** *pear tree* - peral

pearl UK: /pɜːl/ US: /pɝːl/ *n* [C] **1** ⇒perla **2** ⇒joya: *an absolute pearl* - una verdadera joya

pear-shaped UK: /ˈpeə.ʃeɪpt/ US: /ˈper-/ *adj* **1** ⇒con forma de pera **2** ⇒ancho,cha de caderas **3 to go ~** *(inform)* ⇒irse al garete *col.*

peasant /ˈpez.ᵊnt/ *n* [C] ⇒campesino,na ■ Hace referencia a personas del pasado o de un país pobre

peat /piːt/ *n* [U] *(combustible)* ⇒turba

pebble /ˈpeb.l̩/ *n* [C] ⇒guijarro

peck[1] /pek/ ▌*v* [T, I] **1** *(un pájaro)* ⇒picotear ▌*v* [T] **2** ⇒dar un beso [corto y rápido]

peck[2] /pek/ *n* [C] **1** ⇒picotazo **2** ⇒beso [corto y rápido]: *to give sb a peck on the cheek* - dar a alguien un beso en la mejilla

peckish /ˈpek.ɪʃ/ *UK adj* ⇒con un poco de hambre

↑**peculiar** UK: /pɪˈkjuː.li.əʳ/ US: /-kjuːl.jɚ/ *adj* ⇒peculiar ⇒extraño,ña: *How peculiar!* - ¡Qué extraño!

peculiarity UK: /pɪˌkjuː.liˈær.ə.ti/ US: /-ˈer.ə.ˤt̬i/ ▌*n* [C] **1** ⇒peculiaridad ■ El plural es *peculiarity* ▌*n* [U] **2** ⇒rareza

peculiarly UK: /pɪˈkjuː.li.ə.li/ US: /-ˈkjuːl.jɚ-/ *adv* **1** ⇒especialmente **2** ⇒característicamente **3** ⇒extrañamente ⇒de forma rara

pedal[1] /ˈped.ᵊl/ *n* [C] ⇒pedal: *brake pedal* - pedal de freno

↑**pedal[2]** /ˈped.ᵊl/ [pedalled, pedalling; *US* pedaled, pedaling] *v* [T, I] ⇒pedalear: *Those cyclists pedal very quickly* - Esos ciclistas pedalean muy deprisa

pedestrian[1] /pəˈdes.tri.ən/ *n* [C] ⇒peatón,-a: *Watch out for pedestrians* - Ten cuidado con los peatones

pedestrian[2] /pəˈdes.tri.ən/ *adj (form)* ⇒prosaico,ca ⇒pedestre

pediatrician /ˌpiː.di.əˈtrɪʃ.ᵊn/ *US n* [C] See **paediatrician**

pedigree[1] /ˈped.ɪ.griː/ *n* [C] **1** ⇒pedigrí **2** ⇒casta **3** ⇒genealogía: *a humble pedigree* - una genealogía humilde

pedigree[2] /ˈped.ɪ.griː/ *adj* ⇒de pedigrí: *pedigree poodle* - caniche de pedigrí

pee[1] /piː/ [peed, peeing] *v* [I] *(inform)* ⇒hacer pis *col.*

pee[2] /piː/ *n* [NO PL] *(inform)* ⇒pis *col.*: *to go for a pee* - ir a hacer pis

peek /piːk/ *v* [I] **1** ⇒echar una mirada furtiva **2** ⇒asomarse: *He peeked over the balcony* - Se asomó por la terraza

peel[1] /piːl/ ▌*v* [T] **1** ⇒pelar ▌*v* [T, I] **2** ⇒despegarse ⇒desconcharse ■ CONSTR. Se usa generalmente

P

seguido de los adverbios away, back y off ▮ *v* [I] **3** ⇒pelarse: *My skin is peeling* - Se me está pelando la piel

peel² /piːl/ *n* [U] ⇒piel ⇒monda ⇒cáscara

peep¹ /piːp/ *v* [I] ⇒echar una ojeada ⇒mirar a hurtadillas ⇒espiar ▪ CONSTR. Se usa generalmente seguido de las preposiciones into, over y through

peep² /piːp/ *n* [NO PL] ⇒ojeada ⇒vistazo ▪ CONSTR. to have/take a peep at sth

peer¹ UK: /pɪəʳ/ US: /pɪr/ *v* [I] **1** ⇒mirar detenidamente **2** ⇒forzar la vista ▪ CONSTR. Se usa generalmente seguido de una preposición o un adverbio

peer² UK: /pɪəʳ/ US: /pɪr/ *n* [C] **1** ⇒igual ⇒homólogo,ga **2** *UK* ⇒noble ⇒lord ⇒par

peer group *n* [C] ⇒grupo paritario

peg¹ /peg/ *n* [C] **1** ⇒colgador ⇒perchero **2** *UK* ⇒pinza de la ropa **3** ⇒clavija **4** ⇒estaca: *a tent peg* - una estaca de tienda de campaña **5 to {bring/take} *sb* down a ~ (or two)** *(inform)* ⇒bajarle a alguien los humos *col.*

peg² /peg/ [pegged, pegging] *v* [T] **1** ⇒establecer ⇒fijar **2 to ~ *sth* (out) 1** ⇒tender [ropa]: *She pegged her clothes out* - Tendió su ropa **2** ⇒sujetar con estacas

pelican /ˈpel.ɪ.kᵊn/ *n* [C] ⇒pelícano

pellet /ˈpel.ət/ *n* [C] **1** ⇒bola [de papel u otro material] **2** ⇒perdigón [de metal] **3** ⇒gránulo

pelvic /ˈpel.vɪk/ *adj (en anatomía)* ⇒pelviano,na

pelvis /ˈpel.vɪs/ [*pl* pelvises] *n* [C] ⇒pelvis

↑ **pen** /pen/ *n* [C] **1** ⇒pluma ⇒bolígrafo **2** ⇒redil ⇒corral

penalize /ˈpiː.nə.laɪz/ [penalized, penalizing] *v* [T] **1** ⇒penalizar: *to be penalized for sth* - ser penalizado por algo **2** ⇒perjudicar ▪ CONSTR. Se usa más en pasiva

penalty UK: /ˈpen.ᵊl.ti/ US: /-ˁţi/ [*pl* penalties] *n* [C] **1** ⇒multa **2** ⇒castigo **3** ⇒desventaja **4** ⇒penalización **5** *(en deportes)* ⇒penalti ⇒penal *AMÉR.*

pence /pents/ *n* [PL] See **penny** ▪ La forma abreviada es *p.*

↑ **pencil** /ˈpent.sᵊl/ *n* [C, U] **1** ⇒lápiz **2** *a pencil drawing* - un dibujo a lápiz

pencil case *n* [C] ⇒estuche [para lápices]

pencil sharpener *n* [C] ⇒sacapuntas ⇒afilador *AMÉR.*

pendant /ˈpen.dᵊnt/ *n* [C] ⇒colgante

pending¹ /ˈpen.dɪŋ/ *prep (form)* ⇒a la espera de ⇒pendiente de ⇒en trámite

pending² /ˈpen.dɪŋ/ *adj* **1** *(form)* ⇒pendiente **2** *(form)* ⇒próximo,ma

pendulum UK: /ˈpen.djʊ.ləm/ US: /-dʒə.ləm/ *n* [C] ⇒péndulo: *the swing of a pendulum* - el balanceo de un péndulo

penetrate /ˈpen.ɪ.treɪt/ [penetrated, penetrating] *v* [T, I] **1** ⇒penetrar: *to penetrate into enemy territory* - penetrar en territorio enemigo **2** *(en una organización)* ⇒infiltrar(se)

penetrating UK: /ˈpen.ɪ.treɪ.tɪŋ/ US: /-ˁţɪŋ/ *adj* **1** *(una mirada, un sonido)* ⇒penetrante **2** ⇒perspicaz ⇒avispado,da

penguin /ˈpeŋ.gwɪn/ *n* [C] ⇒pingüino

penicillin /ˌpen.əˈsɪl.ɪn/ *n* [U] ⇒penicilina: *She is allergic to penicillin* - Es alérgica a la penicilina

peninsula UK: /pəˈnɪnt.sjʊ.lə/ US: /-sə-/ *n* [C] ⇒península: *the Iberian Peninsula* - la península Ibérica

penis /ˈpiː.nɪs/ [*pl* penises] *n* [C] ⇒pene

penniless /ˈpen.i.ləs/ *adj* ⇒sin dinero

↑ **penny** /ˈpen.i/ [*pl* pennies, pence] *n* [C] ⇒penique: *Can you lend me fifty pence?* - ¿Puedes prestarme cincuenta peniques? ▪ Se usa *pennies* cuando se alude a las monedas de un penique ▪ La forma abreviada es *p*

pension¹ /ˈpent.ʃᵊn/ *n* [C] ⇒pensión: *to draw a pension* - estar cobrando una pensión

↑ **pension²** /ˈpent.ʃᵊn/ *UK*

PHRASAL VERBS

· **to pension *sb* off [M]** ⇒jubilar a alguien

penthouse /ˈpent.haʊs/ *n* [C] ⇒ático lujoso

pent-up /ˌpentˈʌp/ *adj (un sentimiento, una emoción)* ⇒contenido,da ⇒reprimido,da

penultimate UK: /pəˈnʌl.tɪ.mət/ US: /pɪˈnʌl.ˁţə.mət/ *adj (form)* ⇒penúltimo,ma

↑ **people** /ˈpiː.pl/ ▮ *n* [PL] **1** ⇒gente ⇒personas ▪ Es un nombre contable. Se dice: *There are many people here - Hay mucha gente aquí.* Incorrecto: *There is many people here.* ▮ *n* [C] **2** ⇒pueblo ⇒población

↑ **pepper** UK: /ˈpep.əʳ/ US: /-ɚ/ ▮ *n* [U] **1** ⇒pimienta: *black pepper* - pimienta negra ▮ *n* [C] **2** ⇒pimiento: *green pepper* - pimiento verde; *red pepper* - pimiento rojo

peppermint UK: /ˈpep.ə.mɪnt/ US: /-ɚ-/ ▮ *n* [U] **1** ⇒menta **2** *a peppermint tea* - una infusión de poleo menta ▮ *n* [C] **3** ⇒caramelo de menta

↑ **per** UK: /pɜːʳ/ US: /pɝː/ UK: /pəʳ/ US: /pɚ/ *prep* ⇒por: *miles per hour* - millas por hora; *fifty pounds per head* - cincuenta libras por cabeza

↑ **perceive** UK: /pəˈsiːv/ US: /pɚ-/ [perceived, perceiving] *v* [T] **1** ⇒percibir ⇒observar ⇒notar ⇒detectar **2 to ~ *sth* (as *sth*)** ⇒interpretar algo [como algo] ⇒considerar algo [como algo]

↑ **percent** UK: /pəˈsent/ US: /pɚ-/ (*tb* **per cent**) *adj, n* [C], *adv* ⇒por cien ⇒por ciento ▪ Se puede escribir también %

percentage UK: /pəˈsen.tɪdʒ/ US: /pɚˈsen.ˁţɪdʒ/ ▮ *n* [C] **1** ⇒porcentaje: *What percentage of people* *own a car?* - ¿Qué porcentaje de gente tiene un coche? ▮ *n* [U] **2** *US* ⇒tajada *col.;* ⇒provecho ▪ PRON. La *a* se pronuncia como la *i* en *did*

perceptible UK: /pəˈsep.tə.bl̩/ US: /pɚ-/ *adj* **1** *(form)* ⇒perceptible ⇒sensible **2** ⇒notable

↑**perception** UK: /pəˈsep.ʃən/ US: /pɚ-/ ▮ *n* [C] **1** ⇒percepción: *What is your perception?* - ¿Cuál es tu percepción? **2** *(de una persona)* ⇒imagen ⇒impresión ▮ *n* [U] **3** ⇒perspicacia ⇒agudeza

perceptive UK: /pəˈsep.tɪv/ US: /pɚ-/ *adj* ⇒perspicaz ⇒agudo,da

perch[1] UK: /pɜːtʃ/ US: /pɝːtʃ/ *v* [I] ⇒posarse ⇒encaramar(se) ▪ CONSTR. Se usa generalmente seguido de una preposición o un adverbio

perch[2] UK: /pɜːtʃ/ US: /pɝːtʃ/ [*pl* perches] *n* [C] **1** *(para las aves)* ⇒percha **2** ⇒posición [elevada] **3** *(pez)* ⇒perca

percussion UK: /pəˈkʌʃ.ən/ US: /pɚ-/ *n* [U] ⇒percusión: *percussion instruments* - instrumentos de percusión

perennial /pəˈren.i.əl/ *adj* ⇒perenne: *a perennial problem* - un problema perenne

↑**perfect**[1] UK: /ˈpɜː.fekt/ US: /ˈpɝː-/ *adj* **1** ⇒perfecto,ta ⇒ideal **2** ⇒completo,ta

perfect[2] UK: /pəˈfekt/ US: /pɝː-/ *v* [T] ⇒perfeccionar

perfection UK: /pəˈfek.ʃən/ US: /pɚ-/ *n* [U] **1** ⇒perfección **2 to ~** ⇒a la perfección

perfectionist UK: /pəˈfek.ʃən.ɪst/ US: /pɚ-/ *adj* ⇒perfeccionista: *She is such a perfectionist* - Es tan perfeccionista

perfectly UK: /ˈpɜː.fekt.li/ US: /ˈpɝː-/ *adv* **1** ⇒perfectamente **2** ⇒completamente

↑**perform** UK: /pəˈfɔːm/ US: /pɚˈfɔːrm/ ▮ *v* [T, I] **1** *(una obra teatral)* ⇒representar **2** *(en una obra teatral)* ⇒actuar ⇒interpretar **3** *(en música)* ⇒interpretar ⇒tocar ▮ *v* [T] **4** *(form)* ⇒hacer un trabajo ⇒funcionar **5** *(form) (en una competición, en un trabajo)* ⇒rendir ⇒responder **6** *(form) (una función)* ⇒desempeñar ⇒cumplir **7** *(form)* ⇒realizar

performance UK: /pəˈfɔː.mənts/ US: /pɚˈfɔːr-/ ▮ *n* [C] **1** ⇒actuación ⇒interpretación ⇒representación **2** *(en cine)* ⇒sesión ▮ *n* [U] **3** ⇒rendimiento **4** ⇒resultados [de una empresa] **5** *(en economía): performance indicator* - indicador de resultados **6** ⇒cumplimiento [de deberes]

performer UK: /pəˈfɔː.məʳ/ US: /pɚˈfɔːr.mɚ/ *n* [C] ⇒artista ⇒actor ⇒actriz ⇒intérprete

performing arts *n* [PL] ⇒artes interpretativas

↑**perfume** UK: /ˈpɜː.fjuːm/ US: /pɝˈfjuːm/ *n* [C, U] **1** ⇒perfume **2** *a perfume shop* - una perfumería **3** ⇒aroma ⇒perfume ▪ PRON. La *u* se pronuncia como *you*

↑**perhaps** UK: /pəˈhæps/ UK: /præps/ US: /pɚˈhæps/ *adv* ⇒quizá ⇒quizás

peril /ˈper.əl/ *n* [C, U] **1** *(form)* ⇒peligro: *to be in peril* - correr peligro **2** ⇒riesgo

perimeter UK: /pəˈrɪm.ɪ.təʳ/ US: /-ˈrɪm.ə.ˤt̬ɚ/ *n* [C] ⇒perímetro

↑**period** UK: /ˈpɪə.ri.əd/ US: /ˈpɪr.i-/ *n* [C] **1** *(de tiempo)* ⇒período **2** ⇒época ⇒período **3** ⇒menstruación ⇒período **4** *period pains* - dolores menstruales **5** *US* (*UK* **full stop**) *(en gramática)* ⇒punto **6** *(en educación)* ⇒clase

periodic UK: /ˌpɪə.riˈɒd.ɪk/ US: /ˌpɪr.iˈɑː.dɪk/ *adj* ⇒periódico,ca: *a periodic revision* - una revisión periódica

periodical UK: /ˌpɪə.riˈɒd.ɪ.kəl/ US: /ˌpɪr.iˈɑː.dɪ-/ *n* [C] ⇒revista especializada

periodically UK: /ˌpɪə.riˈɒd.ɪ.kli/ US: /ˌpɪr.iˈɑː.dɪ-/ *adv* ⇒periódicamente

perish /ˈper.ɪʃ/ [perishes] *v* [I] **1** *(form)* ⇒deteriorarse **2** *(lit)* ⇒perecer ⇒fallecer

perishable /ˈper.ɪ.ʃə.bl̩/ *adj* ⇒perecedero,ra: *perishable goods* - bienes perecederos

perjury UK: /ˈpɜː.dʒər.i/ US: /ˈpɝː.dʒɚ-/ *n* [U] *(form)* ⇒perjurio: *to commit perjury* - cometer perjurio

perk[1] UK: /pɜːk/ US: /pɝːk/ *n* [C] **1** ⇒ventaja adicional **2** *(en un trabajo)* ⇒beneficio adicional

perk[2] UK: /pɜːk/ US: /pɝːk/

PHRASAL VERBS

· **to perk up** *(inform) (una situación)* ⇒mejorar ⇒repuntar

perm[1] UK: /pɜːm/ US: /pɝːm/ *n* [C] *(en peluquería)* ⇒permanente *col.*

perm[2] UK: /pɜːm/ US: /pɝːm/ *v* [T] *(en peluquería)* ⇒hacer una permanente *col.*

↑**permanent** UK: /ˈpɜː.mə.nənt/ US: /ˈpɝː-/ *adj* **1** ⇒permanente ⇒fijo,ja **2** ⇒irreparable: *permanent damage* - daños irreparables

permissible UK: /pəˈmɪs.ə.bl̩/ US: /pɚ-/ *adj (form)* ⇒permisible: *Is it permissible to do it?* - ¿Es permisible hacerlo?

permission UK: /pəˈmɪʃ.ən/ US: /pɚ-/ *n* [U] ⇒permiso: *to ask permission to do sth* - pedir permiso para hacer algo

permissive UK: /pəˈmɪs.ɪv/ US: /pɚ-/ *adj* ⇒permisivo,va ⇒tolerante

permit[1] UK: /pəˈmɪt/ US: /pɚ-/ [permitted, permitting] *v* [T] *(form)* ⇒permitir: *They didn't permit him to take photographs* - No le permitieron hacer fotografías ▪ CONSTR. 1. to permit + doing 2. to permit + to do

permit[2] UK: /ˈpɜː.mɪt/ US: /ˈpɝː-/ *n* [C] **1** ⇒permiso ⇒licencia **2** ⇒pase [de entrada]

perpendicular UK: /ˌpɜː.pənˈdɪk.jʊ.ləʳ/ US: /ˌpɝː.pənˈdɪk.juː.lɚ/ *adj* **1** ⇒perpendicular: *perpendicular to the main road* - perpendicular a la carretera **2** ⇒vertical

P

perpetrate UK: /ˈpɜː.pə.treɪt/ US: /ˈpɝː-/ [perpetrated, perpetrating] *v* [T] *(form)* ⇨perpetrar: *to perpetrate a crime* - perpetrar un delito

perpetual UK: /pəˈpetʃ.u.əl/ US: /pɚˈpetʃ-/ *adj* **1** ⇨perpetuo,tua **2** ⇨constante ⇨continuo,nua

perpetuate UK: /pəˈpetʃ.u.eɪt/ US: /pɚˈpetʃ-/ [perpetuated, perpetuating] *v* [T] *(form)* ⇨perpetuar

perplexed UK: /pəˈplekst/ US: /pɚ-/ *adj* ⇨desconcertado,da ⇨perplejo,ja

persecute UK: /ˈpɜː.sɪ.kjuːt/ US: /ˈpɝː-/ [persecuted, persecuting] *v* [T] **1** ⇨perseguir [especialmente por motivos políticos, de raza o de religión] **2** ⇨acosar

persevere UK: /ˌpɜː.sɪˈvɪəʳ/ US: /ˌpɝː.səˈvɪr/ [persevered, persevering] *v* [I] ⇨perseverar ⇨seguir insistiendo

Persia UK: /ˈpɜː.ʒə/ US: /ˈpɝː-/ *n* [U] ⇨Persia

Persian[1] UK: /ˈpɜː.ʒən/ US: /ˈpɝː-/ ▌*n* [U] **1** *(idioma)* ⇨persa ▌*n* [C] **2** *(gentilicio)* ⇨persa

Persian[2] UK: /ˈpɜː.ʒən/ US: /ˈpɝː-/ *adj* ⇨persa

↑**persist** UK: /pəˈsɪst/ US: /pɚ-/ *v* [I] **1** ⇨persistir **2** ⇨empeñarse ⇨insistir **3** ⇨continuar

persistent UK: /pəˈsɪs.tᵊnt/ US: /pɚ-/ *adj* **1** ⇨persistente **2** ⇨insistente **3** ⇨continuo,nua

↑**person** UK: /ˈpɜː.sᵊn/ US: /ˈpɝː-/ [*pl* people] *n* [C] **1** ⇨persona: *You have to go in person* - Tienes que ir en persona; *a nice person* - una persona agradable ■ Su plural es *people* **2** *(en gramática)* ⇨persona ■ Su plural es *persons*

personal UK: /ˈpɜː.sᵊn.ᵊl/ US: /ˈpɝː.s[ə]n.[ə]l/ *adj* **1** ⇨personal ■ Ver cuadro **2** ⇨personal ⇨privado,da **3 to get ~** ⇨hacer críticas personales ⇨hacer comentarios muy personales

personal assistant *n* [C] ⇨secretario,ria personal ⇨ayudante personal

personality UK: /ˌpɜː.sᵊnˈæl.ə.ti/ US: /ˌpɝː.s[ə]nˈæl.ə.ˤţi/ [*pl* personalities] *n* [C] **1** ⇨personalidad ⇨carácter **2** ⇨personalidad ⇨celebridad

personally UK: /ˈpɜː.sᵊn.ᵊl.i/ US: /ˈpɜːr.s[ə]n.[ə]l.i/ *adv* **1** ⇨personalmente: *Personally, I think that...* - Personalmente, creo que... **2 to take *sth* ~** ⇨tomar algo a mal

personify UK: /pəˈsɒn.ɪ.faɪ/ US: /pɚˈsɑː.nɪ-/ [personifies, personified] *v* [T] ⇨personificar

↑**personnel** UK: /ˌpɜː.sᵊnˈel/ US: /ˌpɝː-/ ▌*n* [PL] **1** ⇨personal ⇨conjunto de empleados ▌*n* [U] **2** ⇨departamento de personal ⇨departamento de recursos humanos ■ Se puede usar con el verbo en singular o en plural

↑**perspective** UK: /pəˈspek.tɪv/ US: /pɚˈspek-/ ▌*n* [C] **1** ⇨punto de vista ⇨perspectiva ▌*n* [U] **2** *(en arte)* ⇨perspectiva **3 to {get/keep/put} *sth* {in/into} ~** ⇨poner algo en perspectiva

perspiration UK: /ˌpɜː.spᵊrˈeɪ.ʃᵊn/ US: /ˌpɝː.spəˈreɪ-/ *n* [U] *(form)* ⇨sudor ⇨transpiración

perspire UK: /pəˈspaɪəʳ/ US: /pɚˈspaɪɚ/ [perspired, perspiring] *v* [I] *(form)* ⇨sudar ⇨transpirar

↑**persuade** UK: /pəˈsweɪd/ US: /pɚ-/ [persuaded, persuading] *v* [T] ⇨persuadir ⇨convencer ■ CONSTR. 1. to persuade sb + (that) 2. to persuade sb + to do sth

persuasion UK: /pəˈsweɪ.ʒᵊn/ US: /pɚ-/ *n* [U] **1** ⇨persuasión **2** ⇨creencia ⇨opinión

persuasive UK: /pəˈsweɪ.sɪv/ US: /pɚ-/ *adj* **1** ⇨persuasivo,va: *a very persuasive man* - un hombre muy persuasivo **2** ⇨convincente

pertinent UK: /ˈpɜː.tɪ.nənt/ US: /ˈpɝː.t[ə]n.[ə]nt/ *adj* *(form)* ⇨pertinente: *pertinent to the discussion* - pertinente a lo que se está hablando

Peru /pəˈruː/ *n* [U] ⇨Perú

personal pronouns

sujeto	objeto
I	me
you	you
he	him
she	her
it	it
we	us
you	you
they	them
· ***I*** *want a dog.* (Quiero un perro.) · ***She*** *is a writer.* (Es escritora.) · ***We*** *can't come tonight.* (No podemos venir esta noche.) · *Where are* ***they*** *going?* (¿Adónde van?)	· *Jack gave* ***me*** *his racket.* (Jack me dio su raqueta.) · *I know* ***her***. (La conozco.) · *He told* ***us*** *to go.* (Nos dijo que nos fuéramos.) · *Don't tell* ***them*** *off.* (No les regañes.)

Los pronombres objeto se usan también inmediatamente después del verbo "to be" en oraciones afirmativas y negativas:

- *It's* ***me***. *Open the door.* (Soy yo. Abre la puerta.)
- Is that Tom and Paul? No, it's not **them**. (¿Son Tom y Paul? No, no son ellos.)

P

Peruvian /pəˈruː.vi.ən/ *adj, n* [C] ⇨peruano,na
pervade UK: /pəˈveɪd/ US: /pɚ-/ [pervaded, pervading] *v* [T] **1** *(form)* ⇨invadir ⇨difundirse ⇨extenderse **2** *(form)* ⇨impregnar
pervasive UK: /pəˈveɪ.sɪv/ US: /pɚ-/ *adj* **1** *(form) (una creencia, una idea)* ⇨generalizado,da **2** *(form) (un sentimiento, una infuencia)* ⇨dominante **3** *(form) (un olor)* ⇨penetrante
perverse UK: /pəˈvɜːs/ US: /pɚˈvɝːs/ *adj* **1** *(una persona)* ⇨retorcido,da **2** ⇨perverso,sa: *a perverse delight* - un placer perverso **3** ⇨terco,ca
perversion UK: /pəˈvɜː.ʒən/ US: /pɚˈvɝː-/ *n* [C] **1** ⇨perversión [sexual] **2** ⇨corrupción [moral] **3** ⇨tergiversación: *a perversion of the facts* - una tergiversación de los hechos
pervert[1] UK: /ˈpɜː.vɜːt/ US: /ˈpɝː.vɜːrt/ *n* [C] ⇨pervertido,da
pervert[2] UK: /pəˈvɜːt/ US: /pɚˈvɝːt/ *v* [T] **1** ⇨pervertir **2** ⇨adulterar ⇨corromper **3** ⇨tergiversar ⇨distorsionar
† **pessimism** /ˈpes.ɪ.mɪ.zəm/ *n* [U] ⇨pesimismo
pessimist /ˈpes.ɪ.mɪst/ *n* [C] ⇨pesimista
pessimistic /ˌpes.ɪˈmɪs.tɪk/ *adj* ⇨pesimista: *Why are you so pessimistic?* - ¿Por qué estás tan pesimista?
pest /pest/ *n* [C] **1** ⇨plaga [de insectos, de animales] **2** *(inform)* ⇨plasta *col.*; ⇨pelmazo,za *col.*; ⇨pelma *col.*
pester UK: /ˈpes.təʳ/ US: /-tɚ/ *v* [T] ⇨molestar ⇨atosigar ■ CONSTR. to pester + to do sth
pesticide UK: /ˈpes.tɪ.saɪd/ US: /-ˤt̬ə-/ *n* [C, U] ⇨pesticida
pet[1] /pet/ *n* [C] **1** *(animal doméstico)* ⇨mascota **2** ~ **shop** ⇨tienda de animales
pet[2] /pet/ [petted, petting] *v* [T] **1** ⇨manosear ⇨sobar **2** *(un animal)* ⇨acariciar
† **pet**[3] /pet/ *adj* **1** ⇨predilecto,ta **2** *(un animal)* ⇨domesticado,da
petal UK: /ˈpet.əl/ US: /ˈpeˤt̬-/ *n* [C] ⇨pétalo
peter UK: /ˈpiː.tə/ US: /-ˤt̬ɚ/
PHRASAL VERBS
· **to peter out 1** ⇨terminar ⇨llegar a su fin **2** *(un fuego)* ⇨extinguirse **3** ⇨agotarse [poco a poco]
petite /pəˈtiːt/ *adj* ⇨menudita *col.*; ⇨pequeñita *col.* ■ Se emplea únicamente con mujeres
petition /pəˈtɪʃ.ən/ *n* [C] ⇨petición
† **petrol** /ˈpet.rəl/ *UK* (*US* **gas/gasoline**) *n* [U] ⇨gasolina ⇨nafta *AMÉR.*; ⇨bencina *AMÉR.* ■ Distinto de *oil* (petróleo)
† **petroleum** UK: /pəˈtrəʊ.li.əm/ US: /-ˈtroʊ-/ *n* [U] ⇨petróleo
petrol station *UK* (*US* **gas station**) *n* [C] ⇨gasolinera: *Where is the nearest petrol station?* - ¿Dónde está la gasolinera más cercana?
petticoat UK: /ˈpet.ɪ.kəʊt/ US: /ˈpeˤt̬.ɪ.koʊt/ *n* [C] ⇨enagua
petty UK: /ˈpet.i/ US: /ˈpeˤt̬-/ *adj* [*comp* pettier, *superl* pettiest] **1** ⇨insignificante ⇨trivial ⇨nimio,mia **2** ⇨mezquino,na: *Don't be so petty and let her borrow your bike* - No seas mezquino y déjale tu bicicleta ■ CONSTR. Se usa detrás de un verbo **3** ~ **cash** ⇨dinero para gastos menores
pew /pjuː/ *n* [C] *(en una iglesia)* ⇨banco de madera
phantom[1] UK: /ˈfæn.təm/ US: /-ˤt̬[ə]m/ *n* [C] ⇨fantasma
phantom[2] UK: /ˈfæn.təm/ US: /-ˤt̬[ə]m/ *adj* ⇨ilusorio,ria
pharmaceutical UK: /ˌfɑː.məˈsuː.tɪ.kəl/ US: /ˌfɑːr.məˈsuː.ˤt̬ɪ-/ *adj* ⇨farmacéutico,ca: *the pharmaceutical industry* - el sector farmacéutico
pharmacist UK: /ˈfɑː.mə.sɪst/ US: /ˈfɑːr-/ (*UK tb* **chemist**) *n* [C] ⇨farmacéutico,ca
pharmacy UK: /ˈfɑː.mə.si/ US: /ˈfɑːr-/ ▌*n* [C] **1** *(establecimiento)* ⇨farmacia ■ El plural es *pharmacies* ▌*n* [U] **2** *(disciplina)* ⇨farmacia
phase[1] /feɪz/ *n* [C] ⇨fase ⇨etapa
† **phase**[2] /feɪz/
PHRASAL VERBS
· **to phase *sth* in [M]** ⇨introducir algo paulatinamente
· **to phase *sth* out [M]** ⇨retirar algo paulatinamente
PhD /ˌpiː.eɪtʃˈdiː/ *n* [C] ⇨forma abreviada de **Doctor of Philosophy** (Doctor,-a titulado,da)
pheasant /ˈfez.ənt/ [*pl* pheasant, pheasants] *n* [C] ⇨faisán
phenomenal UK: /fəˈnɒm.ɪ.nəl/ US: /-ˈnɑː.mə-/ *adj* ⇨fenomenal ⇨formidable ⇨extraordinario,ria
† **phenomenon** UK: /fəˈnɒm.ɪ.nən/ US: /-ˈnɑː.mə.nɑːn/ [*pl* phenomena] *n* [C] ⇨fenómeno
phew *excl* ⇨¡uf!
philanthropist /fɪˈlænt.θrə.pɪst/ *n* [C] ⇨filántropo,pa
Philippine /ˈfɪl.ɪ.piːn/ *adj* ⇨filipino,na
Philippines /ˈfɪl.ɪ.piːnz/ **the ~** ⇨Filipinas
philosopher UK: /fɪˈlɒs.ə.fəʳ/ US: /-ˈlɑː.sə.fɚ/ *n* [C] ⇨filósofo,fa: *a German philosopher* - un filósofo alemán
philosophical UK: /ˌfɪl.əˈsɒf.ɪ.kəl/ US: /-ˈsɑː.fɪ-/ *adj* **1** ⇨filosófico,ca **2** *to be philosophical about sth* - tomarse algo con filosofía
philosophically UK: /ˌfɪl.əˈsɒf.ɪ.kli/ US: /-ˈsɑː.fɪ-/ *adv* ⇨filosóficamente ■ PRON. *phil* se pronuncia como *fill* y la *a* no se pronuncia
† **philosophy** UK: /fɪˈlɒs.ə.fi/ US: /-ˈlɑː.sə-/ ▌*n* [U] **1** *(disciplina)* ⇨filosofía ▌*n* [C] **2** ⇨filosofía ⇨ideología ■ El plural es *philosophies* ■ PRON. *phil* se pronuncia como *fill*
phlegmatic UK: /flegˈmæt.ɪk/ US: /-ˈmæˤt̬-/ *adj* *(form)* ⇨flemático,ca

P

† **phobia** UK: /ˈfəʊ.bi.ə/ US: /ˈfoʊ.bjə/ *n* [c] ⇒fobia: *My cousin has got a phobia about cockroaches* - Mi primo tiene fobia a las cucarachas

phoenix /ˈfiː.nɪks/ [*pl* phoenixes] *n* [c] *(ave mitológica)* ⇒fénix

† **phone**[1] UK: /fəʊn/ US: /foʊn/ *n* [c] **1** ⇒forma abreviada de **telephone** (teléfono): *phone bill* - factura de teléfono **2 on the ~** ⇒al teléfono

† **phone**[2] UK: /fəʊn/ US: /foʊn/ [phoned, phoning] (*tb* **phone up**) *v* [T, I] ⇒forma abreviada de **telephone** (llamar por teléfono): *Phone me later* - Llámame luego

† **phone box** [*pl* phone boxes] *UK n* [c] ⇒cabina telefónica: *to call from a phone box* - llamar desde una cabina telefónica

† **phone call** *n* [c] ⇒llamada telefónica: *She has gone to make a phone call* - Ha ido a hacer una llamada telefónica

phone-in UK: /ˈfəʊn.ɪn/ US: /ˈfoʊn-/ *UK n* [c] ⇒programa de radio o televisión abierto al público

phoneme *n* [c] *(en lingüística)* ⇒fonema

† **phonetic** UK: /fəʊˈnet.ɪk/ US: /foʊˈneˤt̬-/ *adj* ⇒fonético,ca

phonetics UK: /fəʊˈnet.ɪks/ US: /foʊˈneˤt̬-/ *n* [U] ⇒fonética

phoney UK: /ˈfəʊ.ni/ US: /ˈfoʊ-/ *UK adj* [*comp* phonier, *superl* phoniest] **1** *(inform)* ⇒falso,sa: *a phoney address* - una dirección falsa **2** *(inform)* ⇒fingido,da

† **photo** UK: /ˈfəʊ.təʊ/ US: /ˈfoʊ.ˤt̬oʊ/ *n* [c] ⇒forma abreviada de **photograph** (fotografía): *to take photos* - hacer fotos

photo album *n* [c] ⇒álbum de fotos

P

photocopiable UK: /ˌfəʊ.təʊˈkɒ.pɪ.ə.bəl/ US: /ˌfoʊ.ˤt̬oʊˈkɑː.pɪ.ə.b[ə]l/ *adj* ⇒fotocopiable

photocopier UK: /ˈfəʊ.təʊˌkɒp.i.əʳ/ US: /ˈfoʊ.ˤt̬oʊˌkɑː.pi.ə/ *n* [c] ⇒fotocopiadora

photocopy[1] UK: /ˈfəʊ.təʊˌkɒp.i/ US: /ˈfoʊ.ˤt̬oʊˌkɑː.pi/ [*pl* photocopies] *n* [c] ⇒fotocopia

photocopy[2] UK: /ˈfəʊ.təʊˌkɒp.i/ US: /ˈfoʊ.ˤt̬oʊˌkɑː.pi/ [photocopies, photocopied] *v* [T] ⇒fotocopiar

photogenic UK: /ˌfəʊ.təʊˈdʒen.ɪk/ US: /ˌfoʊ.ˤt̬oʊ-/ *adj* ⇒fotogénico,ca

† **photograph** UK: /ˈfəʊ.tə.grɑːf/ US: /ˈfoʊ.ˤt̬oʊ.græf/ *n* [c] ⇒fotografía ■ La forma abreviada es *photo*

photographer UK: /fəˈtɒg.rə.fəʳ/ US: /-ˈtɑː.grə.fə/ *n* [c] **1** ⇒fotógrafo,fa **2** *to be a keen photographer* - ser un aficionado a la fotografía

photographic UK: /ˌfəʊ.təˈgræf.ɪk/ US: /ˌfoʊ.ˤt̬ə-/ *adj* ⇒fotográfico,ca

photography UK: /fəˈtɒg.rə.fi/ US: /-ˈtɑː.grə-/ *n* [U] *(técnica)* ⇒fotografía

† **phrasal verb** UK: /ˌfreɪ.zəlˈvɜːb/ US: /-ˈvɝːb/ *n* [c] *(en gramática)* ⇒verbo con partícula ■ Ver cuadro en página siguiente

† **phrase** /freɪz/ *n* [c] *(en gramática)* ⇒locución ⇒frase

phrase book *n* [c] ⇒guía de conversación: *an English phrase book* - una guía de conversación de inglés

† **physical**[1] /ˈfɪz.ɪ.kəl/ *adj* ⇒físico,ca: *physical exercise* - ejercicio físico

physical[2] /ˈfɪz.ɪ.kəl/ *US* (*UK* **medical**) *n* [c] ⇒revisión médica

physically /ˈfɪz.ɪ.kli/ *adj* **1** ⇒físicamente **2** *Amy is physically fit* - Amy está en buena forma física

physician /fɪˈzɪʃ.ən/ *US n* [c] *(form)* ⇒médico,ca ■ Distinto de *physicist* (físico)

physicist /ˈfɪz.ɪ.sɪst/ *n* [c] ⇒físico,ca: *My uncle is a physicist* - Mi tío es físico

† **physics** /ˈfɪz.ɪks/ *n* [U] ⇒física: *nuclear physics* - física nuclear

physiological UK: /ˌfɪz.i.əˈlɒdʒ.ɪ.kəl/ US: /-ˈlɑː.dʒɪ-/ *adj* ⇒fisiológico,ca

physiologically *adv* ⇒fisiológicamente

physiology UK: /ˌfɪz.iˈɒl.ə.dʒi/ US: /-ˈɑː.lə-/ *n* [U] ⇒fisiología

physiotherapist UK: /ˌfɪz.i.əʊˈθer.ə.pɪst/ US: /-oʊ-/ *n* [c] ⇒fisioterapeuta

physiotherapy UK: /ˌfɪz.i.əʊˈθer.ə.pi/ US: /-oʊ-/ *n* [U] ⇒fisioterapia

physique /fɪˈziːk/ *n* [c] **1** ⇒constitución física ⇒físico **2** *a muscular physique* - un cuerpo musculoso

pianist /ˈpiː.ən.ɪst/ *n* [c] ⇒pianista: *to be a professional pianist* - ser pianista profesional

† **piano** UK: /piˈæn.əʊ/ US: /-oʊ/ *n* [c] ⇒piano: *My sister plays the piano* - Mi hermana toca el piano

† **pick**[1] /pɪk/ *v* [T] **1** ⇒escoger ⇒elegir ■ CONSTR. to pick sb + to do sth **2** ⇒coger ⇒recoger **3 to ~ *sb's* pocket** ⇒robar algo del bolsillo de alguien

PHRASAL VERBS

- **to pick at *sth*** **1** ⇒comer algo con desgana **2** ⇒toquetear algo
- **to pick on *sb*** ⇒meterse con alguien
- **to pick *sth/sb* out [M]** **1** ⇒distinguir ⇒identificar ⇒reconocer **2** ⇒escoger
- **to pick up** **1** ⇒mejorar ⇒incrementar(se) **2** ⇒recuperar(se) **3** *(el viento)* ⇒soplar más fuerte
- **to pick *sth* up [M]** **1** ⇒aprender algo **2** ⇒coger algo ⇒recoger algo **3** *(una señal)* ⇒recibir **4** ⇒detectar
- **to pick *sth/sb* up [M]** **1** ⇒recoger ⇒levantar **2** ⇒recoger ⇒ir a buscar

pick[2] /pɪk/ *n* [c] **1** ⇒elección ⇒selección **2** *(herramienta)* ⇒pico ⇒piqueta **3 the ~ of *sth*** ⇒lo mejor de algo: *We only sell the pick of the crop* - Solo vendemos lo mejor de la cosecha

pickle /ˈpɪk.l̩/ *n* [c, u] **1** ⇒encurtido **2** *US* ⇒pepinillo en vinagre **3 to be in a ~** *(old-fash)* ⇒estar metido,da en un lío *col.*

pickpocket UK: /ˈpɪkˌpɒk.ɪt/ US: /-ˌpɑː.kɪt/ *n* [c] ⇒carterista: *Warning! There are pickpockets operating in the area* - ¡Aviso! Hay carteristas en la zona

↑**picnic** /ˈpɪk.nɪk/ *n* [c] ⇒picnic ⇒comida al aire libre

phrasal verbs

• Un **phrasal verb** es una expresión formada por:

– **verbo + adverbio**:

· ***Slow down****! You're driving over the speed limit!*
(¡Reduce la velocidad! ¡Estás circulando por encima del límite de velocidad!)

– **verbo + preposición**:

· ***Look after*** *your sister while I'm away.*
(Cuida de tu hermana mientras estoy fuera.)

– **verbo + adverbio + preposición**:

· *What* ***are*** *you* ***up to****?*
(¿Qué estáis tramando?)

• Cuando los **phrasal verbs** van seguidos por un verbo, este va siempre en gerundio:

· *Let's* ***carry on*** *playing a little longer.*
(Sigamos jugando un rato más.)

· *I'm* ***looking forward to*** *seeing you this weekend.*
(Estoy deseando verte este fin de semana.)

• Los **phrasal verbs** son de dos tipos:

– **Intransitivos**, cuando no pueden tener un objeto:

· *Susan usually* ***gets up*** *at 7.30.*
(Susan se levanta habitualmente a las 7.30.)

– **Transitivos**, siempre tienen un objeto:

· *I have decided to* ***give up*** *smoking.*
(He decidido dejar de fumar.)

Los **phrasal verbs** transitivos pueden ser, a su vez, de dos tipos:

- **Separables**, cuando el objeto puede introducirse entre los elementos que forman el **phrasal verb**:

· *Don't* ***throw away*** *those papers! / Don't* ***throw*** *those papers* ***away****!*
(¡No tires esos papeles!)

En el diccionario la marca **[M]** que acompaña a algunos **phrasal verbs** indica que la partícula *sth* o el objeto que sustituye a esta partícula puede moverse y es, por tanto, separable: por ejemplo, **give *sth* up [M]**

Atención: si el objeto se sustituye por un pronombre, siempre se sitúa entre los elementos que forman el **phrasal verb**:

· *Don't* ***throw*** *them* ***away****!* (No: *Don't throw away them.*)
(¡No los tires!)

- **Inseparables**, cuando no puede introducirse ninguna palabra entre los elementos que forman el **phrasal verb**:

· *I can't* ***put up*** *with your behaviour!*
(¡No aguanto tu comportamiento!)

Atención: algunos **phrasal verbs** pueden tener más de un significado. Por ejemplo, "*give up*" puede significar 'dejar de hacer algo' o 'rendirse'.

pictorial UK: /pɪk'tɔː.ri.əl/ US: /-'tɔːr.i-/ *adj (en arte)* ⇒pictórico,ca

↑**picture¹** UK: /'pɪk.tʃəʳ/ US: /-tʃɚ/ *n* [c] **1** ⇒cuadro **2** ⇒dibujo **3** ⇒fotografía **4** ⇒imagen ⇒ilustración **5** ⇒película **6 ~ window** ⇒ventana grande [con vistas] **7 to be a ~** *UK* ⇒ser una preciosidad **8 to {keep/put}** ***sb*** **in the ~** *(inform)* ⇒{mantener/poner} a alguien al corriente *col.*

picture² UK: /'pɪk.tʃəʳ/ US: /-tʃɚ/ [pictured, picturing] *v* [T] **1** ⇒imaginar: *I can't picture you serving in the army* - No te imagino en el ejército ■ CONSTR. 1. to picture + doing sth 2. to picture + interrogativa indirecta **2** ⇒fotografiar ⇒retratar ■ CONSTR. Se usa más en pasiva

↑**picturesque** UK: /ˌpɪk.tʃəʳ'esk/ US: /-tʃə'resk/ *adj* ⇒pintoresco,ca

↑**pie** /paɪ/ *n* [c, U] **1** ⇒pastel [salado]: *meat pie* - pastel de carne **2** *(dulce)* ⇒tarta ■ Distinto de *foot* (pie)

↑**piece¹** /piːs/ *n* [c] **1** ⇒trozo ⇒pedazo **2** ⇒pieza ⇒unidad **3** *a piece of paper* - una hoja de papel; *a piece of furniture* - un mueble; *a piece of advice* - un consejo ■ Se usa con sustantivos incontables para hablar de unidades **4 in one ~** ⇒sano y salvo, sana y salva **5 to be a ~ of cake** *(inform)* ⇒estar chupado,da *col.;* ⇒ser pan comido *col.*

↑**piece²** /piːs/ [pieced, piecing]

PHRASAL VERBS

· **to piece** ***sth*** **together** [M] **1** ⇒encajar las piezas ⇒recomponer algo **2** ⇒reconstruir algo

piecemeal /'piːs.miːl/ *adv* ⇒poco a poco

pier UK: /pɪəʳ/ US: /pɪr/ *n* [c] **1** ⇒embarcadero ⇒muelle **2** ⇒paseo marítimo [sobre un muelle o un malecón]

pierce UK: /pɪəs/ US: /pɪrs/ [pierced, piercing] *v* [T] **1** ⇒atravesar ⇒perforar **2** *(lit) (una luz o un sonido)* ⇒penetrar

piercing UK: /'pɪə.sɪŋ/ US: /'pɪr-/ *adj* **1** *(un sonido)* ⇒agudo,da **2** *(una mirada)* ⇒penetrante **3** *(un viento)* ⇒cortante

piety UK: /'paɪ.ə.ti/ US: /'paɪə.ˤt̬i/ *n* [U] *(form)* ⇒piedad

↑**pig** /pɪg/ *n* [c] **1** ⇒cerdo,da ⇒chancho,cha *AMÉR.* **2** *(inform)* ⇒glotón,-a **3** *(inform, offens) (una persona)* ⇒cerdo,da *desp.*

pigeon /'pɪdʒ.ən/ *n* [c] **1** ⇒palomo,ma **2** ⇒pichón

piglet /'pɪg.lət/ *n* [c] ⇒cochinillo

pigment /'pɪg.mənt/ *n* [c, U] ⇒pigmento

pigsty /'pɪg.staɪ/ [*pl* pigsties] *n* [c] **1** ⇒pocilga **2** *(una habitación, un lugar)* ⇒pocilga ⇒leonera

pigtail /'pɪg.teɪl/ *n* [c] **1** *(peinado)* ⇒coleta **2** *(peinado)* ⇒trenza

pike /paɪk/ [*pl* pike] *n* [c, U] **1** *(arma)* ⇒pica ⇒lanza **2** *North Eng (montaña)* ⇒pico **3** *(pez)* ⇒lucio

↑**pile¹** /paɪl/ *n* [c] **1** ⇒montón ⇒pila *col.;* ⇒ruma *AMÉR.* **2** *to put things in a pile* - amontonar cosas **3** ⇒montón *col.;* ⇒gran cantidad **4** ⇒pila [eléctrica]

↑**pile²** /paɪl/ [piled, piling]

PHRASAL VERBS

· **to pile {in/out}** *(inform)* ⇒{entrar/salir} en tropel

· **to pile** ***sth*** **up** [M] ⇒amontonar algo ⇒apilar algo

piles /paɪlz/ *n* [PL] *(inform)* ⇒almorranas: *to have piles* - tener almorranas

pile-up /'paɪl.ʌp/ *n* [c] ⇒choque en cadena [de vehículos] ⇒accidente múltiple

pilgrim /'pɪl.grɪm/ *n* [c] ⇒peregrino,na

pilgrimage /'pɪl.grɪ.mɪdʒ/ *n* [c, U] ⇒peregrinación ■ PRON. La *a* se pronuncia como la *i* en *did*

↑**pill** /pɪl/ *n* [c] **1** ⇒pastilla ⇒píldora **2 the ~** ⇒la píldora [anticonceptiva] **3 to sugar the ~** ⇒dorar la píldora

pillar UK: /'pɪl.əʳ/ US: /-ɚ/ *n* [c] ⇒pilar: *a marble pillar* - un pilar de mármol

↑**pillow** UK: /'pɪl.əʊ/ US: /-oʊ/ *n* [c] ⇒almohada

pillowcase UK: /'pɪl.əʊ.keɪs/ US: /-oʊ-/ *n* [c] ⇒funda [de almohada]

pilot¹ /'paɪ.lət/ *n* [c] ⇒piloto: *His ambition is to be a pilot* - Su ambición es ser piloto

pilot² /'paɪ.lət/ *v* [T] ⇒pilotar: *to pilot a plane* - pilotar un avión ■ PRON. La primera sílaba se pronuncia como *pi* en el sustantivo inglés *pipe*

pimple /'pɪm.pl̩/ *n* [c] *(en la piel)* ⇒grano ⇒espinilla

↑**PIN** *n* [c] ⇒PIN ■ Procede de *Personal Identification Number* (número de identificación personal)

pin¹ /pɪn/ *n* [c] **1** ⇒alfiler **2** *US* ⇒broche **3** ⇒clavija

pin² /pɪn/ [pinned, pinning] *v* [T] **1** ⇒prender [con alfileres]: *She pinned up the hem of her dress* - Prendió el bajo del vestido con alfileres **2** ⇒inmovilizar ⇒atrapar ■ CONSTR. Se usa generalmente seguido de una preposición o un adverbio

PHRASAL VERBS

· **to pin** ***sb*** **down** [M] **1** ⇒conseguir que alguien dé detalles sobre algo **2** ⇒inmovilizar a alguien [en el suelo]

pinball UK: /'pɪn.bɔːl/ US: /-bɑːl/ *n* [U] *(juego)* ⇒flipper ⇒pinball

pincer UK: /'pɪnt.səʳ/ US: /-sɚ/ *n* [c] **1** ⇒tenaza ■ Se usa más en plural **2** *(de animales)* ⇒pinza

pinch¹ /pɪntʃ/ *v* [T] **1** ⇒pellizcar **2** *UK (inform)* ⇒mangar *col.: She has pinched my pencil* - Me ha mangado el lápiz

pinch² /pɪntʃ/ [*pl* pinches] *n* [c] **1** ⇒pellizco **2** *(cantidad)* ⇒pellizco ⇒pizca **3 at a ~** *UK* (*US* **in a pinch**) *(inform)* ⇒si es necesario ⇒si no queda otra opción

pine[1] /paɪn/ *n* [C, U] **1** *(madera)* ⇒pino **2** *a pine wood* - un pinar

pine[2] /paɪn/ [pined, pining]

PHRASAL VERBS

· **to pine for *sth/sb*** ⇒añorar ⇒echar de menos

pineapple /ˈpaɪnˌæp.l̩/ *n* [C, U] ⇒piña: *tinned pineapple* - piña en lata

ping[1] *v* [I] *(al golpear)* ⇒producir un sonido metálico

ping[2] /pɪŋ/ *n* [C] *(al golpear)* ⇒sonido metálico

↑ **pink** /pɪŋk/ *adj, n* [C, U] *(color)* ⇒rosa

pinnacle /ˈpɪn.ə.kl̩/ *n* [C] **1** *(en un edificio)* ⇒pináculo **2** *(lit) (en una montaña)* ⇒pico ⇒cima **3** ⇒cúspide ⇒cenit

pinpoint UK: /ˈpɪn.pɔɪnt/ US: /ˈpɪn-/ *v* [T] ⇒precisar ⇒localizar

↑ **pint** /paɪnt/ *n* [C] **1** *(unidad de medida)* ⇒pinta **2** *UK (inform)* ⇒cerveza

pin-up /ˈpɪn.ʌp/ *n* [C] ⇒foto [de alguien famoso] ⇒póster [de alguien famoso]

pioneer UK: /ˌpaɪəˈnɪəʳ/ US: /-ˈnɪr/ *n* [C] ⇒pionero,ra: *to be a pioneer in sth* - ser pionero en algo

pioneering UK: /ˌpaɪəˈnɪə.rɪŋ/ US: /-ˈnɪr.ɪŋ/ *adj* ⇒pionero,ra: *pioneering techniques* - técnicas pioneras

pious /ˈpaɪ.əs/ *adj* ⇒pío,a

pip /pɪp/ *n* [C] **1** *UK* (*US* **seed**) ⇒pepita ⇒pepa *AMÉR.* **2** ⇒pitido

↑ **pipe** /paɪp/ *n* [C] **1** ⇒tubería: *a leaking pipe* - una tubería con goteras **2** ⇒pipa ⇒cachimba

pipeline /ˈpaɪp.laɪn/ *n* [C] **1** ⇒gasoducto **2** ⇒oleoducto **3 to be in the ~** *(un proyecto)* ⇒estar en marcha

piping hot *adj, adv (una comida o una bebida)* ⇒hirviendo ⇒muy caliente

piracy UK: /ˈpaɪ.rə.si/ US: /ˈpaɪr.ə-/ *n* [U] ⇒piratería

pirate[1] UK: /ˈpaɪ.rət/ US: /ˈpaɪr.ət/ *n* [C] ⇒pirata

pirate[2] UK: /ˈpaɪ.rət/ US: /ˈpaɪr.ət/ [pirated, pirating] *v* [T] ⇒piratear: *to pirate a program* - piratear un programa informático

Pisces /ˈpaɪ.siːz/ [*pl* Pisceses] *n* [C, U] *(signo del zodíaco)* ⇒piscis

pistol /ˈpɪs.tᵊl/ *n* [C] ⇒pistola

piston /ˈpɪs.tᵊn/ *n* [C] ⇒pistón ⇒émbolo

↑ **pit** /pɪt/ *n* [C] **1** ⇒foso **2** ⇒mina ⇒yacimiento **3** *US* (*UK* **stone**) *(en algunos frutos)* ⇒hueso ⇒carozo *AMÉR.* **4 the pits** *UK* (*US* **the pit**) *(en una carrera de coches)* ⇒boxes **5 to be the pits** *(inform)* ⇒ser una birria *col. desp.*

pitch[1] /pɪtʃ/ ▮ *v* [T, I] **1** *(una pelota, una piedra)* ⇒lanzar **2** *(una persona)* ⇒caer(se) ■ CONSTR. Se usa generalmente seguido de una preposición o un adverbio ▮ *v* [T] **3** *(una tienda de campaña)* ⇒montar **4** *(una nota musical)* ⇒dar **5** *(un instrumento)* ⇒ajustar **6** *(una clase, un discurso)* ⇒ajustar [a un nivel] **7** *(un barco)* ⇒cabecear

PHRASAL VERBS

· **to pitch in** *(inform)* ⇒arrimar el hombro: *Everybody pitched in* - Todo el mundo arrimó el hombro

pitch[2] /pɪtʃ/ [*pl* pitches] ▮ *n* [C] **1** *UK* (*US* **field**) *(en deportes)* ⇒campo ⇒cancha *AMÉR.* **2** *(en béisbol)* ⇒lanzamiento **3** *(en un mercado)* ⇒puesto ▮ *n* [U] **4** *(en música)* ⇒tono ■ Al ser incontable, no tiene plural ▮ *n* [C, U] **5** ⇒discurso [para vender]

pitcher UK: /ˈpɪtʃ.əʳ/ US: /-ɚ/ *n* [C] **1** *US (en béisbol)* ⇒lanzador,-a **2** *US* (*UK/US tb* **jug**) ⇒cántaro ⇒jarra

pitfall UK: /ˈpɪt.fɔːl/ US: /-fɑːl/ *n* [C] ⇒escollo ⇒dificultad ■ Se usa más en plural

pitiful UK: /ˈpɪt.i.fᵊl/ US: /ˈpɪˁt̬-/ *adj* **1** ⇒lastimero,ra **2** ⇒penoso,sa: *He gave me a pitiful excuse* - Me dio una excusa penosa

↑ **pity**[1] UK: /ˈpɪt.i/ US: /ˈpɪˁt̬-/ ▮ *n* [U] **1** ⇒compasión ⇒lástima ⇒pena ▮ *n* [NO PL] **2** ⇒pena ⇒lástima **3 to take ~ on *sb*** ⇒apiadarse de alguien ⇒compadecerse de alguien

pity[2] UK: /ˈpɪt.i/ US: /ˈpɪˁt̬-/ [pities, pitied] *v* [T] ⇒compadecer(se): *I pity those affected by the flood* - Compadezco a los afectados por la riada

pivot /ˈpɪv.ət/ *n* [C] **1** ⇒pivote **2** ⇒eje

↑ **pizza** /ˈpiːt.sə/ *n* [C, U] ⇒pizza: *to order a pizza* - encargar una pizza

placard UK: /ˈplæk.ɑːd/ US: /-ɑːrd/ *n* [C] ⇒pancarta

placate UK: /pləˈkeɪt/ US: /ˈpleɪ.keɪt/ [placated, placating] *v* [T] *(form)* ⇒apaciguar: *to placate sb* - apaciguar a alguien

↑ **place**[1] /pleɪs/ ▮ *n* [C] **1** ⇒sitio ⇒ubicación **2** ⇒lugar ⇒paraje ⇒población **3** ⇒espacio ⇒sitio ▮ *n* [NO PL] **4** ⇒lugar ⇒puesto **5** *(inform)* ⇒casa **6** ⇒puesto ⇒plaza **7 all over the ~** ⇒por todos lados **8 in ~** ⇒en su sitio **9 out of ~ 1** ⇒descolocado,da **2** ⇒fuera de lugar **10 to take ~** ⇒tener lugar

place[2] /pleɪs/ [placed, placing] ▮ *v* [T, I] **1** ⇒colocar ⇒poner ▮ *v* [T] **2** *I can't place where I know you from* - No sé de dónde, pero te conozco

placing *n* [C] *(en una carrera o una competición)* ⇒puesto [de clasificación]

plague[1] /pleɪg/ *n* [C, U] **1** ⇒peste: *bubonic plague* - peste bubónica **2 a ~ of *sth*** ⇒una plaga de algo ⇒una epidemia de algo

plague[2] /pleɪg/ [plagued, plaguing] *v* [T] ⇒atormentar ⇒mortificar ■ CONSTR. Se usa más en pasiva

plaice /pleɪs/ [*pl* plaice] *n* [C, U] *(pez)* ⇒platija

↑ **plain**[1] /pleɪn/ *adj* **1** ⇒liso,sa ⇒sin dibujo **2** ⇒discreto,ta ⇒sencillo,lla **3** ⇒claro,ra ⇒obvio,via **4** *(una*

P

persona) ⇒poco agraciado,da **5** ⇒simple ⇒normal **6 to make *sth* ~** ⇒dejar algo claro

plain² /pleɪn/ *n* [C] ⇒llanura

plainly /ˈpleɪn.li/ *adv* **1** ⇒claramente ⇒con franqueza **2** ⇒evidentemente **3** *It was plainly not a good time* - Estaba claro que no era un buen momento **4** ⇒con ropa sencilla ⇒con sencillez

plaintiff UK: /ˈpleɪn.tɪf/ US: /-ˤt̬ɪf/ *n* [C] *(en derecho)* ⇒demandante

plait /plæt/ *UK* (*US* **braid**) *n* [C] ⇒trenza: *to wear your hair in plaits* - llevar el pelo con trenzas

↑**plan¹** /plæn/ *n* [C] **1** ⇒plan **2** ⇒plano ⇒mapa **3** ⇒esquema ⇒esbozo

↑**plan²** /plæn/ [planned, planning] ▌*v* [T, I] **1** ⇒planificar ⇒planear ■ CONSTR. 1. to plan + to do sth 2. to plan + interrogativa indirecta ▌*v* [T] **2** ⇒proyectar ⇒diseñar

PHRASAL VERBS

· **to plan *sth* out [M]** ⇒planificar algo ⇒programar algo

↑**plane** /pleɪn/ *n* [C] **1** ⇒forma abreviada de **aeroplane** y de **airplane** (avión) **2** ⇒nivel ⇒categoría ⇒grado **3** *(en matemáticas)* ⇒plano ⇒superficie **4** *(herramienta)* ⇒cepillo [de carpintero]

↑**planet** /ˈplæn.ɪt/ *n* [C] ⇒planeta: *the planet Earth* - el planeta Tierra

plank /plæŋk/ *n* [C] **1** ⇒tabla ⇒tablón **2** *(lit)* ⇒fundamento: *the main planks of the programme* - los fundamentos del programa

planner UK: /ˈplæn.əʳ/ US: /-ɚ/ *n* [C] **1** *(persona)* ⇒planificador,-a **2** ⇒aparejador,-a

planning /ˈplæn.ɪŋ/ *n* [U] **1** ⇒planificación **2** *planning permission* - permiso de obra

↑**plant¹** UK: /plɑːnt/ US: /plænt/ *n* [C] **1** *(en biología)* ⇒planta **2** ⇒fábrica ⇒planta

plant² UK: /plɑːnt/ US: /plænt/ *v* [T] **1** ⇒plantar: *I've planted a rose bush in the garden* - He plantado un rosal en el jardín **2** ⇒sembrar **3** ⇒inculpar

plantation UK: /plænˈteɪ.ʃᵊn/ UK: /plɑːn-/ US: /plæn-/ *n* [C] ⇒plantación: *a tea plantation* - una plantación de té

plaque UK: /plɑːk/ UK: /plæk/ US: /plæk/ ▌*n* [C] **1** ⇒placa conmemorativa ▌*n* [U] **2** ⇒sarro

plaster¹ UK: /ˈplɑː.stəʳ/ US: /ˈplæs.tɚ/ *n* [U] **1** ⇒escayola ⇒yeso **2** *UK* (*US* **Band-Aid®**) ⇒tirita® ⇒curita® *AMÉR.*

plaster² UK: /ˈplɑː.stəʳ/ US: /ˈplæs.tɚ/ *v* [T] **1** ⇒embadurnar(se) **2** ⇒enyesar: *They plastered the walls before painting them* - Enyesaron las paredes antes de pintarlas

↑**plastic** /ˈplæs.tɪk/ *n* [C, U] ⇒plástico: *a plastic bag* - una bolsa de plástico

plastic surgery *n* [U] ⇒cirugía plástica

↑**plate** /pleɪt/ *n* [C] **1** *(recipiente)* ⇒plato **2** ⇒lámina [en un libro] **3** ⇒placa [de metal]

plateau UK: /ˈplæt.əʊ/ US: /plætˈoʊ/ [*pl* plateaux, plateaus] *n* [C] ⇒meseta

↑**platform** UK: /ˈplæt.fɔːm/ US: /-fɔːrm/ *n* [C] **1** ⇒andén: *Which platform does the train leave from?* - ¿De qué andén sale el tren? **2** ⇒tribuna **3** *(en política)* ⇒programa electoral

platinum UK: /ˈplæt.ɪ.nəm/ US: /ˈplæt.nəm/ *n* [U] ⇒platino: *a platinum ring* - un anillo de platino

platoon /pləˈtuːn/ *n* [C] ⇒pelotón [militar]

plausible UK: /ˈplɔː.zə.bl/ US: /ˈplɑː-/ *adj* **1** ⇒verosímil ⇒creíble **2** *(una persona)* ⇒convincente

↑**play¹** /pleɪ/ *v* [T, I] **1** ⇒jugar **2** *(en deportes)* ⇒jugar **3** *(en música)* ⇒tocar ⇒interpretar **4** *(una grabación)* ⇒poner **5** *(música)* ⇒sonar **6** *(en cine o teatro)* ⇒representar ⇒interpretar

PHRASAL VERBS

· **to play along with *sb*** ⇒seguir el juego a alguien

· **to play *sth* down [M]** ⇒quitar importancia a algo

· **to play *sth/sb* off against *sth/sb* [M]** ⇒enfrentar a alguien contra alguien

play² /pleɪ/ ▌*n* [U] **1** ⇒juego ⇒diversión ■ Se dice *Chess is a difficult game*. Incorrecto: *Chess is a difficult play* **2** ⇒interacción: *the play of light on the water* - la interacción de la luz sobre el agua **3** ⇒holgura ▌*n* [C] **4** *US* ⇒jugada **5** ⇒obra de teatro: *to put on a play* - representar una obra de teatro

player UK: /ˈpleɪ.əʳ/ US: /-ɚ/ *n* [C] **1** ⇒jugador,-a **2** ⇒músico,ca **3** *(form)* ⇒actor, actriz

playful /ˈpleɪ.fᵊl/ *adj* **1** ⇒juguetón,-a **2** *(un comentario o una acción)* ⇒en broma ⇒de broma

playfully /ˈpleɪ.fᵊl.i/ *adv* ⇒juguetonamente ⇒de manera juguetona

↑**playground** /ˈpleɪ.graʊnd/ *n* [C] ⇒patio de recreo

playgroup /ˈpleɪ.gruːp/ *n* [C] ⇒guardería ⇒jardín de infancia

playing card *n* [C] ⇒carta ⇒naipe ■ Se usa más *card*

playing field *n* [C] *(en deportes)* ⇒campo de juego

playpen /ˈpleɪ.pen/ *n* [C] *(para niños)* ⇒corralito ⇒parque

playtime /ˈpleɪ.taɪm/ *n* [U] *(en el colegio o en el instituto)* ⇒recreo

playwright /ˈpleɪ.raɪt/ *n* [C] ⇒dramaturgo,ga

↑**plea** /pliː/ *n* [C] **1** *(form)* ⇒súplica ⇒petición **2** *to make a plea for mercy* - pedir clemencia **3** *(en derecho)* ⇒alegato ⇒alegación ⇒declaración: *a plea of not guilty* - una declaración de inocencia **4** *(form)* ⇒pretexto ⇒excusa

↑**plead, pleaded, pleaded** (*US* **pled, pled**) /pliːd/ ▌*v* [I] **1** ⇒rogar ⇒suplicar ■ CONSTR. to plead with sb ▌*v* [T, I] **2** ⇒declararse: *The defendant pleaded guilty* - El acusado se declaró culpable ▌*v* [T] **3** ⇒alegar ⇒aducir

↑ **pleasant** /ˈplez.ᵊnt/ *adj* ⇒agradable ⇒grato,ta
pleasantly /ˈplez.ᵊnt.li/ *adv* ⇒agradablemente ⇒gratamente
↑ **please**[1] /pliːz/ *excl* **1** ⇒por favor: *Can I borrow your pencil, please?* - ¿Me prestas el lápiz, por favor? **2** *Please accept this small gift* - Le ruego que acepte este pequeño obsequio **3 ~ do!** ⇒¡por supuesto!
please[2] /pliːz/ [pleased, pleasing] *v* [T, I] **1** ⇒agradar ⇒complacer ⇒contentar **2 to ~ *oneself*** *(inform)* ⇒hacer lo que uno quiera
pleased /pliːzd/ *adj* **1** ⇒contento,ta ⇒satisfecho,cha **2** *I am pleased to hear it* - Me alegra saberlo **3 to be ~ to do *sth*** ⇒alegrarse de hacer algo ⇒tener el placer de hacer algo ■ PRON. La última *e* no se pronuncia
pleasing /ˈpliː.zɪŋ/ *adj* **1** ⇒agradable: *to be pleasing to the eye* - ser agradable a la vista **2** ⇒grato,ta
pleasurable UK: /ˈpleʒ.ᵊr.ə.bl̩/ US: /-ɚ.ə-/ *adj* ⇒placentero,ra ⇒agradable
↑ **pleasure** UK: /ˈpleʒ.əʳ/ US: /-ɚ/ *n* [U] **1** ⇒placer ⇒satisfacción **2 to take ~ in *sth*** ⇒disfrutar con algo **3 with ~** *(form)* ⇒con mucho gusto
pled /pled/ *US* past tense and past participle forms of **plead**
pledge[1] /pledʒ/ *n* [C] ⇒promesa ⇒compromiso
pledge[2] /pledʒ/ [pledged, pledging] *v* [T] **1** ⇒prometer: *I pledge to come back soon* - Prometo que volveré pronto ■ CONSTR. to pledge + to do sth **2** ⇒comprometerse: *She pledged not to raise taxes* - Se comprometió a no subir los impuestos
plentiful UK: /ˈplen.tɪ.fᵊl/ US: /-ˀt̬ɪ-/ *adj* ⇒abundante: *a plentiful supply of water* - un suministro abundante de agua
↑ **plenty**[1] UK: /ˈplen.ti/ US: /-ˀt̬i/ *pron* ⇒mucho,cha: *We still have plenty* - Aún tenemos muchos
↑ **plenty**[2] UK: /ˈplen.ti/ US: /-ˀt̬i/ **1** *adv* ⇒de sobra: *We have plenty of time* - Tenemos tiempo de sobra **2 ~ {big/long} enough** *(inform)* ⇒lo bastante {grande/largo}
pliers UK: /ˈplaɪ.əz/ US: /-ɚz/ *n* [PL] ⇒alicate: *two pairs of pliers* - dos alicates
plight /plaɪt/ *n* [NO PL] ⇒situación grave ⇒crisis
plonk UK: /plɒŋk/ US: /plɑːŋk/ *UK v* [T, I] *(inform)* ⇒plantificar *col.* ■ CONSTR. Se usa generalmente seguido de una preposición o un adverbio

PHRASAL VERBS
- **to plonk *oneself* down** *(inform)* ⇒dejarse caer ⇒tumbarse

plot[1] UK: /plɒt/ US: /plɑːt/ *n* [C] **1** *(de un libro o de una película)* ⇒trama ⇒argumento **2** ⇒complot **3** *(de un terreno)* ⇒parcela ⇒solar ⇒lote *AMÉR.*
plot[2] UK: /plɒt/ US: /plɑːt/ [plotted, plotting] ▮ *v* [T, I] **1** ⇒tramar ⇒conspirar ■ CONSTR. to plot + to do sth ▮ *v* [T] **2** ⇒trazar
plough[1] /plaʊ/ *UK* (*US* **plow**) *n* [C] ⇒arado
plough[2] /plaʊ/ *UK* (*US* **plow**) *v* [T, I] ⇒arar: *to plough the land* - arar la tierra

PHRASAL VERBS
- **to plough *sth* back [M]** ⇒reinvertir algo
- **to plough into *sth*** ⇒chocar fuertemente contra algo
- **to plough through *sth*** **1** ⇒abrirse paso **2** ⇒acabar algo [con dificultad]

plover UK: /ˈplʌv.əʳ/ US: /-ɚ/ [*pl* plover, plovers] *n* [C] *(ave)* ⇒chorlito
plow *US n* [C], *v* [T, I] See **plough**
ploy /plɔɪ/ *n* [C] ⇒estratagema ⇒táctica ⇒truco
pluck /plʌk/ ▮ *v* [T] **1** ⇒desplumar: *We plucked the turkey before cooking it* - Desplumamos el pavo antes de cocinarlo **2** ⇒arrebatar: *I plucked it out of her hand* - Se lo arrebaté de las manos **3** *(lit) (una hoja, una fruta, una flor)* ⇒arrancar ⇒coger ▮ *v* [T, I] **4** *(un instrumento de cuerda)* ⇒puntear **5 to ~ up the courage to do *sth*** *(inform)* ⇒armarse de valor para hacer algo
plug[1] /plʌg/ *n* [C] **1** ⇒enchufe [de un aparato] **2** ⇒tapón [de la bañera o del lavabo] **3** *(inform)* ⇒anuncio

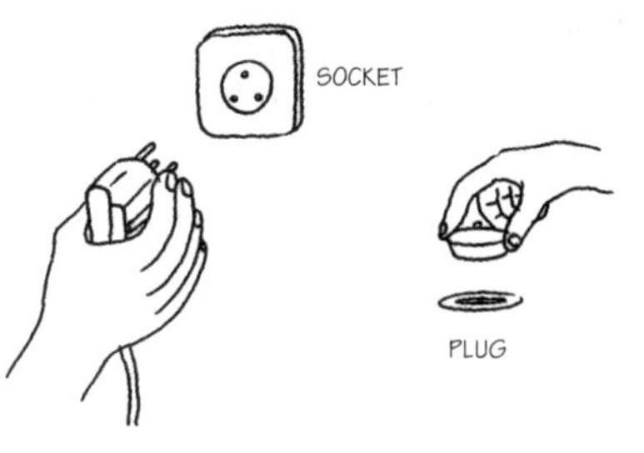

plug[2] /plʌg/ [plugged, plugging] *v* [T] **1** ⇒tapar ⇒sellar ⇒rellenar **2** ⇒promocionar **3** *(los oídos)* ⇒taponar(se) **4** ⇒pegar [a alguien] **5** ⇒pegar un tiro [a alguien]

PHRASAL VERBS
- **to plug *sth* in** ⇒enchufar algo ⇒conectar algo ⇒prender algo *AMÉR.*
- **to plug *sth* into *sth*** ⇒conectar algo a algo ⇒enchufar

↑ **plum** /plʌm/ *n* [C] **1** ⇒ciruela **2** ⇒ciruelo
plumage /ˈpluː.mɪdʒ/ *n* [U] ⇒plumaje ■ PRON. La sílaba *age* se pronuncia como *ich* en *sandwich*
plumber UK: /ˈplʌm.əʳ/ US: /-ɚ/ *n* [C] ⇒fontanero,ra ⇒plomero,ra *AMÉR.*; ⇒gásfiter *AMÉR.*

P

plumbing /ˈplʌm.ɪŋ/ *n* [U] **1** ⇒tuberías ⇒cañerías **2** ⇒fontanería ⇒plomería *AMÉR.*

plummet /ˈplʌm.ɪt/ *v* [I] ⇒desplomar(se) ⇒caer en picado

plump[1] /plʌmp/ *adj* ⇒rollizo,za ⇒gordito,ta *col.*

plump[2] /plʌmp/ *UK v* [T] *(una almohada, un cojín)* ⇒mullir

PHRASAL VERBS
- **to plump *(sth/sb)* down [M]** *(inform)* ⇒dejarse caer ⇒caer pesadamente

plunder UK: /ˈplʌn.dəʳ/ US: /-dɚ/ *n* [U] **1** ⇒saqueo **2** ⇒botín

plunder UK: /ˈplʌn.dəʳ/ US: /-dɚ/ *v* [T, I] ⇒saquear

plunge[1] /plʌndʒ/ [plunged, plunging] *v* [T, I] **1** ⇒zambullirse: *to plunge into the water* - zambullirse en el agua **2** ⇒hundir ⇒meter **3** *(en economía)* ⇒experimentar un gran descenso ⇒caer en picado

PHRASAL VERBS
- **to plunge *sth* into *sth*** **1** ⇒hundir algo en algo **2** *(en un líquido)* ⇒sumergir algo

plunge[2] /plʌndʒ/ *n* [C] **1** ⇒zambullida **2** ⇒caída **3** **to take the ~** *(inform)* ⇒dar un paso decisivo ⇒lanzarse a la piscina *col.*

↑**plural** UK: /ˈplʊə.rəl/ US: /ˈplʊr.[ə]l/ *adj, n* [C, U] ⇒plural ■ Ver cuadro

↑**plus**[1] /plʌs/ *prep* **1** ⇒más: *Two plus three is five* - Dos más tres son cinco **2** ⇒además de: *I have his latest CD plus his DVD* - Tengo su último CD además de su DVD

plus[2] /plʌs/ *adj* **1** ⇒como mínimo **2** *(en matemáticas)* ⇒positivo,va **3** *(inform)* ⇒favorable: *a plus point* - un punto favorable

plus[3] /plʌs/ *conj (inform)* ⇒además

plus[4] /plʌs/ [*pl* plusses, pluses] *n* [C] **1** *(en matemáticas)* ⇒más ⇒signo más **2** ⇒ventaja ⇒punto a favor

plush /plʌʃ/ *adj (inform)* ⇒lujoso,sa ⇒magnífico,ca

Pluto UK: /ˈpluː.təʊ/ US: /-t̬oʊ/ *n* [NO PL] *(planeta enano)* ⇒Plutón

plutonium UK: /pluːˈtəʊ.ni.əm/ US: /-ˈtoʊ-/ *n* [U] *(en química)* ⇒plutonio

ply /plaɪ/ [plies, plied] *v* [T, I] **1** *(old-fash)* ⇒hacer un trayecto ■ CONSTR. Se usa generalmente seguido de las preposiciones between y across **2** **to ~ *one's* trade** *(form)* ⇒desempeñar su trabajo ⇒ejercer su profesión

PHRASAL VERBS
- **to ply *sb* with *sth*** **1** ⇒cebar a alguien [con comida o bebida] *col.*: *Greg plied us with food all evening* - Greg nos cebó con comida toda la tarde **2** ⇒acosar a alguien [con preguntas]

plywood /ˈplaɪ.wʊd/ *n* [U] ⇒contrachapado

PM /ˌpiːˈem/ *n* [U] ⇒forma abreviada de **Prime Minister** (primer,-a ministro,tra)

↑**p.m.** /ˌpiːˈem/ *adv* ⇒de la tarde: *The train leaves at 4 p.m.* - El tren sale a las 4 de la tarde ■ Cuando se dice *p.m.* no se dice *o'clock* ■ Procede de *post meridiem* (después del mediodía)

pneumatic UK: /njuːˈmæt.ɪk/ US: /nuːˈmæt̬-/ *adj* ⇒neumático,ca: *a pneumatic drill* - un taladro neumático

pneumonia UK: /njuːˈməʊ.ni.ə/ US: /nuːˈmoʊ.njə/ *n* [U] ⇒neumonía ⇒pulmonía

poach UK: /pəʊtʃ/ US: /poʊtʃ/ [poaches] ▌*v* [T, I] **1** ⇒cazar furtivamente **2** ⇒pescar furtivamente **3** *(a una persona)* ⇒persuadir [para que trabaje por alguien] ▌*v* [T] **4** *(un huevo)* ⇒escalfar **5** *(un alimento)* ⇒hervir ⇒cocer **6** ⇒robar ⇒apropiarse ⇒quitar

poacher UK: /ˈpəʊ.tʃəʳ/ US: /ˈpoʊ.tʃɚ/ *n* [C] **1** ⇒cazador furtivo, cazadora furtiva **2** ⇒pescador furtivo, pescadora furtiva

↑**pocket**[1] UK: /ˈpɒk.ɪt/ US: /ˈpɑː.kɪt/ *n* [C] **1** ⇒bolsillo: *to take sth out of your pocket* - sacar algo del bolsillo **2** ⇒foco ⇒núcleo **3** **to be out of ~** ⇒terminar perdiendo [dinero] ⇒salir perdiendo [dinero]

pocket[2] UK: /ˈpɒk.ɪt/ US: /ˈpɑː.kɪt/ *v* [T] **1** ⇒guardar(se) en el bolsillo ⇒meter(se) en el bolsillo **2** ⇒robar

pocketful UK: /ˈpɒk.ɪt.fʊl/ US: /ˈpɑː.kɪt-/ *n* [C] ⇒puñado: *a pocketful of change* - un puñado de monedas

pocketknife UK: /ˈpɒk.ɪt.naɪf/ US: /ˈpɑː.kɪt-/ [*pl* pocketknives] *n* [C] ⇒navaja

pod UK: /pɒd/ US: /pɑːd/ *n* [C] **1** *(en una planta)* ⇒vaina **2** *(en aviación)* ⇒tanque

podium UK: /ˈpəʊ.di.əm/ US: /ˈpoʊ-/ [*pl* podiums, podia] *n* [C] ⇒podio

↑**poem** UK: /ˈpəʊ.ɪm/ US: /ˈpoʊ.əm/ *n* [C] ⇒poema ⇒poesía

poet UK: /ˈpəʊ.ɪt/ US: /ˈpoʊ.ət/ *n* [C] ⇒poeta ⇒poetisa

poetic UK: /pəʊˈet.ɪk/ US: /poʊˈet̬-/ *adj* ⇒poético,ca: *a poetic licence* - una licencia poética

poetry UK: /ˈpəʊ.ɪ.tri/ US: /ˈpoʊ.ə-/ *n* [U] ⇒poesía

poignant /ˈpɔɪ.njənt/ *adj* ⇒conmovedor,-a: *It was a poignant moment* - Fue un momento conmovedor

↑**point**[1] /pɔɪnt/ ▌*n* [C] **1** ⇒punta: *Be careful with the point of the pin* - Ten cuidado con la punta del alfiler **2** *(en deportes)* ⇒punto ⇒tanto **3** ⇒momento: *Just at that point, Peter sneezed* - Justo en ese momento, Peter estornudó ■ Se dice *at that point*. Incorrecto: *in that point* **4** *(en geometría)* ⇒punto **5** *(en matemáticas)* ⇒con ⇒coma **6** *(medida)* ⇒punto **7** ⇒lugar ⇒punto **8** *(calidad)*

plural forms of nouns

- El plural de los nombres se forma normalmente añadiendo una "-s":

· *a car* → *two cars* (un coche → dos coches) · *a boy* → *some boy**s*** (un niño → varios niños)

- Cuando el nombre termina en "-ch", "-sh", "-s", "-x" o "-z", se añade "-es":

· *a watch* → *two watches* (*un reloj* → *dos relojes)*

· *the ash* → *the ash**es*** (la ceniza → las cenizas)

· *a bus* → *three bus**es*** (un autobús → tres autobuses)

· *my boss* → *my boss**es*** (mi jefe → mis jefes)

· *a box* → *four box**es*** (una caja → cuatro cajas)

- Cuando el nombre termina en consonante + "y", la "y" se convierte en "i" y se añade "-es":

· *a baby* → *two bab**ies*** (un bebé → dos bebés) · *a city* → *two cit**ies*** (una ciudad → dos ciudades)

- Cuando el nombre termina en "-f" o en "-fe", la "f" se convierte en "v" y se añade "-es" o "-s", respectivamente:

· *a thief* → *two thie**ves*** (un ladrón → dos ladrones) · *a knife* → *two kni**ves*** (un cuchillo → dos cuchillos)

Atención: el plural de "roof" es "roofs".

- Algunos nombres que terminan en "-o" forman su plural añadiendo "-es":

· *a potato* → *two potato**es*** (una patata → dos patatas) · *a tomato* → *two tomato**es*** (un tomate → dos tomates)

Algunos nombres tienen **plurales irregulares:**

child (niño) →	*children* (niños)	*foot* (pie) →	*feet* (pies)
man (hombre →	*men* (hombres)	*tooth* (diente) →	*teeth* (dientes)
woman (mujer) →	*women* (mujeres)	*goose* (ganso) →	*geese* (gansos)
person (persona) →	*people* (personas)	*mouse* (ratón) →	*mice* (ratones)

Atención: los plurales irregulares nunca llevan "-s" al final.

Las palabras, como "people" y "children", que son sustantivos contables, en plural, hacen la concordancia en plural:

· *There are many people in the waiting room.*
(Hay muchas personas en la sala de espera.)

Hay otros plurales irregulares que tienen la misma forma que su correspondiente singular:

· *deer* (ciervo/ciervos)

· *sheep* (oveja/ovejas)

P

⇒punto **9** *(en geografía)* ⇒promontorio **10** ⇒cuestión ⇒punto ▌ *n* [NO PL] **11** ⇒razón ⇒motivo **12** ⇒sentido: *There is no point in waiting any longer* - No tiene sentido seguir esperando **13 to be beside the ~** ⇒no tener nada que ver ⇒ser irrelevante **14 to the ~ 1** ⇒conciso,sa: *Her article is short and to the point* - Su artículo es breve y conciso **2** ⇒al grano *col.*: *to get to the point* - ir al grano

↑**point**[2] /pɔɪnt/ *v* [T, I] **1** ⇒señalar [con el dedo] **2** ⇒apuntar **3** ⇒mirar [hacia una dirección] **4** *(en una pared, en un muro)* ⇒repasar las juntas ⇒rejuntar

PHRASAL VERBS
- **to point *sth/sb* out [M] 1** ⇒señalar ⇒indicar **2** ⇒señalar ⇒apuntar

point-blank[1] /ˌpɔɪnt'blæŋk, '--/ *adj* **1** ⇒categórico,ca ⇒rotundo,da ⇒tajante **2 a ~ range** ⇒a quemarropa ⇒a bocajarro

point-blank[2] /ˌpɔɪnt'blæŋk, '--/ *adv* **1** ⇒categóricamente ⇒rotundamente ⇒tajantemente **2** ⇒a quemarropa ⇒a bocajarro

pointed UK: /'pɔɪn.tɪd/ US: /-t̬ɪd/ *adj* **1** ⇒puntiagudo,da ⇒afilado,da **2** ⇒malintencionado,da: *a pointed comment* - un comentario malintencionado ■ PRON. La *e* se pronuncia como la *i* en *did*

pointer UK: /'pɔɪn.təʳ/ US: /-t̬ɚ/ *n* [C] **1** ⇒sugerencia: *¿Can you give me a pointer?* - ¿Tienes alguna sugerencia? **2** ⇒pista ⇒indicador **3** *(instrumento)* ⇒aguja ⇒indicador **4** ⇒puntero [para señalar] **5** ⇒perro de muestra

pointing *n* [U] *(en construcción)* ⇒junta

pointless /'pɔɪnt.ləs/ *adj* **1** ⇒sin sentido **2** ⇒inútil: *It would be pointless to call her again* - Sería inútil llamarla de nuevo

poise /pɔɪz/ *n* [U] **1** ⇒aplomo **2** ⇒elegancia ⇒garbo

poised /pɔɪzd/ *adj* **1** ⇒con aplomo ⇒sereno,na **2** ⇒preparado,da: *poised to leave* - preparado para partir **3** ⇒suspendido,da: *poised in the air* - suspendido en el aire

poison[1] /'pɔɪ.zᵊn/ *n* [C, U] ⇒veneno

poison[2] /'pɔɪ.zᵊn/ *v* [T] ⇒envenenar

poisoning /'pɔɪ.zᵊn.ɪŋ/ *n* [U] ⇒envenenamiento

poisonous /'pɔɪ.zᵊn.əs/ *adj* **1** ⇒venenoso,sa ⇒tóxico,ca **2** ⇒pernicioso,sa ⇒malicioso,sa

poke UK: /pəʊk/ US: /poʊk/ [poked, poking] *v* [T] **1** ⇒meter **2** ⇒dar [golpes] **3** *(el fuego)* ⇒atizar **4 to ~ {out/round/through}** ⇒asomar

PHRASAL VERBS
- **to poke {about/around}** *(inform)* ⇒fisgonear ⇒fisgar

poker UK: /'pəʊ.kəʳ/ US: /'poʊ.kɚ/ ▌ *n* [U] **1** ⇒póquer: *to play poker* - jugar al poker ▌ *n* [C] **2** ⇒atizador [de fuego]

poker-faced UK: /'pəʊ.kə.feɪst/ US: /'poʊ.kɚ-/ *adj* ⇒de rostro imperturbable ⇒de rostro impávido

poky UK: /'pəʊ.ki/ US: /'poʊ-/ *adj* [*comp* pokier, *superl* pokiest] **1** *UK (inform) (un sitio)* ⇒diminuto,ta **2** *US (inform)* ⇒muy lento,ta

Poland UK: /'pəʊ.lənd/ US: /'poʊ-/ *n* [U] ⇒Polonia

polar UK: /'pəʊ.ləʳ/ US: /'poʊ.lɚ/ *adj* **1** ⇒polar: *the polar ice caps* - los casquetes polares **2** *polar opposites* - polos opuestos

polar bear *n* [C] ⇒oso,sa polar

↑**Pole** *n* [C] ⇒polaco,ca

↑**pole** UK: /pəʊl/ US: /poʊl/ *n* [C] **1** *(en geografía)* ⇒polo **2** ⇒palo ⇒vara **3** ⇒poste **4 to be poles apart** ⇒ser polos opuestos ⇒ser completamente diferentes

pole vault (*tb* **vault**) *n* [NO PL] ⇒salto con pértiga

↑**police**[1] /pə'liːs/ *n* [PL] ⇒policía

police[2] /pə'liːs/ [policed, policing] *v* [T] *(la policía)* ⇒vigilar ⇒controlar

↑**policeman** /pə'liːs.mən/ [*pl* policemen] *n* [C] ⇒policía

policemen *n* [PL] See **policeman**

↑**police officer** *n* [C] ⇒agente de policía

police station *n* [C] ⇒comisaría [de policía]: *Where is the nearest police station?* - ¿Dónde está la comisaría más cercana?

policewoman /pə'liːsˌwʊm.ən/ [*pl* policewomen] *n* [C] ⇒policía ⇒mota *AMÉR.*

↑**policy** UK: /'pɒl.ə.si/ US: /'pɑː.lə-/ [*pl* policies] ▌ *n* [C, U] **1** ⇒política: *the government's foreign policy* - la política exterior del gobierno ▌ *n* [C] **2** ⇒póliza [de seguros] ■ Distinto de *police* (policía)

polio UK: /'pəʊ.li.əʊ/ US: /'poʊ.li.oʊ/ *n* [U] *(en medicina)* ⇒polio

Polish[1] UK: /'pəʊ.lɪʃ/ US: /'poʊ-/ *n* [U] **1** *(idioma)* ⇒polaco **2 the ~** *(gentilicio)* ⇒los polacos, las polacas ■ El singular es *a Pole*

Polish[2] UK: /'pəʊ.lɪʃ/ US: /'poʊ-/ *adj* ⇒polaco,ca

polish[1] UK: /'pɒl.ɪʃ/ US: /'pɑː.lɪʃ/ *v* [T] **1** ⇒sacar brillo: *He polished his shoes before going out* - Sacó brillo a los zapatos antes de salir **2** *(una superficie)* ⇒pulir **3** ⇒encerar **4** *(una habilidad, una técnica)* ⇒pulir ⇒perfeccionar **5** *(los modales)* ⇒refinar

PHRASAL VERBS
- **to polish *sth* off [M] 1** *(inform)* ⇒zampar(se) algo *col.*: *He polished off the cake* - Se zampó toda la tarta **2** *(inform) (el trabajo)* ⇒cepillarse *col.*; ⇒despachar ⇒terminar [rápidamente]
- **to polish *sb* off [M]** *(inform)* ⇒cargarse a alguien *col.*; ⇒cepillarse *col.*

polish[2] UK: /'pɒl.ɪʃ/ US: /'pɑː.lɪʃ/ ▌ *n* [C, U] **1** ⇒betún [de los zapatos] **2** ⇒cera **3** ⇒esmalte [de uñas] ▌ *n* [NO PL] **4** ⇒brillo ⇒lustre **5** ⇒elegancia ⇒refinamiento

polished UK: /'pɒl.ɪʃt/ US: /'pɑː.lɪʃt/ *adj* **1** ⇒brillante ⇒pulido,da **2** ⇒distinguido,da ⇒refinado,da **3** ⇒impecable: *a polished performance* - una actuación impecable

† **polite** /pə'laɪt/ *adj* **1** ⇨educado,da ⇨cortés **2** *(un comportamiento)* ⇨correcto,ta ⇨amable

politely /pə'laɪt.li/ *adv* ⇨cortésmente ⇨educadamente

politeness /pə'laɪt.nəs/ *n* [U] ⇨educación ⇨cortesía

political UK: /pə'lɪt.ɪ.kəl/ US: /-'lɪṭ.ə-/ *adj* **1** ⇨político,ca **2** *He is a political animal* - Lleva la política en la sangre

politically correct *adj* ⇨políticamente correcto,ta ■ La forma abreviada es *PC*

politician UK: /ˌpɒl.ɪ'tɪʃ.ən/ US: /ˌpɑː.lə-/ *n* [C] ⇨político,ca: *an astute politician* - un político astuto

† **politics** UK: /'pɒl.ɪ.tɪks/ US: /'pɑː.lə-/ ▌*n* [U] **1** *(actividad)* ⇨política **2** ⇨relaciones de poder ■ Se puede usar con el verbo en singular o en plural ▌*n* [U] **3** *(disciplina)* ⇨ciencias políticas

† **poll** UK: /pəʊl/ US: /poʊl/ *n* [C] **1** ⇨encuesta ⇨sondeo **2** ⇨votación **3** ⇨elección

pollen UK: /'pɒl.ən/ US: /'pɑː.lən/ *n* [U] ⇨polen

† **pollute** /pə'luːt/ [polluted, polluting] *v* [T] **1** ⇨contaminar **2** ⇨corromper

pollution /pə'luː.ʃən/ *n* [U] ⇨contaminación: *pollution levels* - niveles de contaminación

polo UK: /'pəʊ.ləʊ/ US: /'poʊ.loʊ/ *n* [U] *(deporte)* ⇨polo

polo neck *UK* (*US* **turtleneck**) *n* [C] ⇨cuello vuelto: *a polo neck sweater* - un jersey de cuello vuelto

polyester UK: /ˌpɒl.i'es.təʳ/ US: /ˌpɑː.li'es.tɚ/ *n* [U] ⇨poliéster

Polynesia UK: /ˌpɒ.lɪ'niː.ʒə/ US: /ˌpɑː.lə-/ *n* [U] ⇨Polinesia

Polynesian UK: /ˌpɒ.lɪ'niː.ʒən/ US: /ˌpɑː.lə-/ *adj, n* [C] ⇨polinesio,sia

polythene UK: /'pɒl.ɪ.θiːn/ US: /'pɑː.lɪ-/ *UK n* [U] *(sustancia sintética)* ⇨polietileno

pomp UK: /pɒmp/ US: /pɑːmp/ *n* [U] ⇨pompa ⇨ostentación

pompous UK: /'pɒm.pəs/ US: /'pɑːm-/ *adj* **1** ⇨ampuloso,sa ⇨grandilocuente **2** *(una persona)* ⇨ostentoso,sa ⇨presumido,da

† **pond** UK: /pɒnd/ US: /pɑːnd/ *n* [C] ⇨estanque ⇨charca

ponder UK: /'pɒn.dəʳ/ US: /'pɑːn.dɚ/ *v* [T, I] *(lit)* ⇨cavilar ⇨reflexionar ■ CONSTR. to ponder + interrogativa indirecta

pony UK: /'pəʊ.ni/ US: /'poʊ-/ [*pl* ponies] *n* [C] ⇨poni: *to ride a pony* - montar en poni

ponytail UK: /'pəʊ.ni.teɪl/ US: /'poʊ.ni.teɪl/ *n* [C] ⇨cola de caballo ⇨coleta

poo /puː/ *n* [C, U] ⇨caca *col.* ■ Pertenece al lenguaje infantil

poodle /'puː.dl̩/ *n* [C] ⇨caniche

pool[1] /puːl/ ▌*n* [C] **1** ⇨charca ⇨estanque **2** (*tb* **swimming pool**) ⇨piscina ⇨alberca *AMÉR.*; ⇨pileta *AMÉR.* **3** ⇨charco **4** ⇨grupo ⇨colección **5** ⇨reserva ▌*n* [U] **6** ⇨billar americano

pool[2] /puːl/ *v* [T] ⇨aunar ⇨juntar ⇨poner en común

pools *n* [PL] ⇨quiniela: *to do the pools* - jugar a la quiniela

† **poor** UK: /pɔːʳ/ US: /pʊr/ *adj* **1** ⇨pobre ⇨indigente **2** ⇨pobre ⇨que da lástima **3** ⇨malo,la ⇨pobre ⇨insuficiente

poorly[1] UK: /'pɔː.li/ US: /'pʊr-/ *adv* **1** ⇨pobremente **2** ⇨mal: *poorly paid* - mal pagado

poorly[2] UK: /'pɔː.li/ US: /'pʊr-/ *UK adj (inform)* ⇨enfermo,ma ⇨pachucho,cha *col.*

pop[1] UK: /pɒp/ US: /pɑːp/ ▌*n* [U] **1** *(género musical)* ⇨pop **2** *(estilo)* ⇨pop **3** *(inform)* ⇨refresco [con gas] ▌*n* [C] **4** *(sonido)* ⇨taponazo ⇨pequeño estallido ▌*n* [NO PL] **5** *US (inform)* ⇨papá *col.*

pop[2] UK: /pɒp/ US: /pɑːp/ [popped, popping] ▌*v* [T, I] **1** ⇨reventar ⇨estallar ▌*v* [T] **2** *(inform)* ⇨poner ⇨meter ■ CONSTR. Se usa generalmente seguido de una preposición o un adverbio **3 to ~ {in/over}** *(inform)* ⇨pasar(se) **4 to ~ out** *(inform)* ⇨salir un momento

PHRASAL VERBS

· **to pop up** *(inform)* ⇨aparecer de repente

popcorn UK: /'pɒp.kɔːn/ US: /'pɑːp.kɔːrn/ *n* [U] ⇨palomitas [de maíz] ⇨cabritas *AMÉR.*

† **pope** UK: /pəʊp/ US: /poʊp/ *n* [C] ⇨papa

poplar UK: /'pɒp.ləʳ/ US: /'pɑː.plɚ/ *n* [C] *(árbol)* ⇨chopo

poppy UK: /'pɒp.i/ US: /'pɑː.pi/ [*pl* poppies] *n* [C] ⇨amapola: *poppy seeds* - semillas de amapola

pop star *n* [C] ⇨estrella del pop

† **popular** UK: /'pɒp.jʊ.ləʳ/ US: /'pɑː.pjə.lɚ/ *adj* **1** ⇨popular ⇨estimado,da [por otras personas] **2** ⇨popular ⇨del pueblo **3** ⇨popular ⇨generalizado,da

popularity UK: /ˌpɒp.jʊ'lær.ə.ti/ US: /ˌpɑː.pjə'ler.ə.ṭi/ *n* [U] ⇨popularidad: *Her popularity waned after this* - Su popularidad decayó después de esto

popularize UK: /'pɒp.jʊ.lə.raɪz/ US: /'pɑː.pjə-/ [popularized, popularizing] *v* [T] ⇨popularizar

† **population** UK: /ˌpɒp.jʊ'leɪ.ʃən/ US: /ˌpɑː.pjə-/ *n* [C] ⇨población ■ Por ser un nombre colectivo se puede usar con el verbo en singular o en plural

porcelain UK: /'pɔː.səl.ɪn/ US: /'pɔːr-/ *n* [U] **1** ⇨porcelana: *fine porcelain* - porcelana fina **2** ⇨objeto de porcelana

porch UK: /pɔːtʃ/ US: /pɔːrtʃ/ [*pl* porches] *n* [C] **1** ⇨porche **2** *US* (*UK/US tb* **veranda**) ⇨terraza [de una casa]

pore[1] UK: /pɔːʳ/ US: /pɔːr/ *n* [C] ⇨poro

pore² UK: /pɔːʳ/ US: /pɔːr/
PHRASAL VERBS
· **to pore over** *(un documento, un dato)* ⇒estudiar minuciosamente

↑**pork** UK: /pɔːk/ US: /pɔːrk/ *n* [U] ⇒carne de cerdo: *pork chops* - chuletas de cerdo

pornography UK: /pɔːˈnɒg.rə.fi/ US: /pɔːrˈnɑː.grə-/ *n* [U] ⇒pornografía ■ La forma abreviada es *porn*

porous UK: /ˈpɔː.rəs/ US: /ˈpɔːr.əs/ *adj* ⇒poroso,sa: *a porous rock* - una roca porosa

porridge UK: /ˈpɒr.ɪdʒ/ US: /ˈpɔːr-/ *n* [U] ⇒copos de avena ⇒gachas de avena

↑**port** UK: /pɔːt/ US: /pɔːrt/ ▌*n* [C, U] **1** ⇒puerto ⇒embarcadero **2** ⇒puerto ⇒localidad portuaria ▌*n* [C] **3** *Aus* ⇒maleta ⇒bolsa ▌*n* [U] **4** *(vino)* ⇒Oporto **5** *(en una embarcación)* ⇒babor

portable UK: /ˈpɔː.tə.bl̩/ US: /ˈpɔːr.t̬ə-/ *adj* ⇒portátil: *a portable radio* - una radio portátil

porter UK: /ˈpɔː.təʳ/ US: /ˈpɔːr.t̬ə/ *n* [C] **1** *(en una estación, en un aeropuerto)* ⇒mozo de equipajes ⇒maletero,ra AMÉR. **2** *(en un hotel)* ⇒botones ⇒maletero,ra AMÉR. **3** *(en un hospital)* ⇒celador,-a **4** *(en la montaña, en la jungla)* ⇒porteador,-a

portfolio UK: /ˌpɔːtˈfəʊ.li.əʊ/ US: /ˌpɔːrtˈfoʊ.li.oʊ/ *n* [C] **1** ⇒muestra de fotos o dibujos **2** ⇒cartera [ministerial] **3** *(en economía)* ⇒cartera [de acciones] **4** *(en una empresa)* ⇒cartera [de productos]

porthole UK: /ˈpɔːt.həʊl/ US: /ˈpɔːrt.hoʊl/ *n* [C] *(en un barco)* ⇒portilla

↑**portion** UK: /ˈpɔː.ʃən/ US: /ˈpɔːr-/ *n* [C] **1** ⇒porción ⇒parte **2** *(en un restaurante)* ⇒ración **3** *(de tarta, de queso)* ⇒trozo

↑**portrait** UK: /ˈpɔː.trət/ UK: /-treɪt/ US: /ˈpɔːr.trɪt/ *n* [C] ⇒retrato: *to sit for a portrait* - hacerse un retrato

↑**portray** UK: /pɔːˈtreɪ/ US: /pɔːr-/ *v* [T] **1** ⇒retratar **2** ⇒representar ⇒describir **3** *(un papel)* ⇒interpretar ⇒representar

Portugal UK: /ˈpɔː.tʃə.gəl/ US: /ˈpɔːr-/ *n* [U] ⇒Portugal: *I've only been to Portugal once* - Solo he estado una vez en Portugal

Portuguese¹ UK: /ˌpɔː.tʃəˈgiːz/ US: /ˌpɔːr-/ ▌*n* [U] **1** *(idioma)* ⇒portugués ▌*n* [C] **2** *(gentilicio)* ⇒portugués,-a

Portuguese² UK: /ˌpɔː.tʃəˈgiːz/ US: /ˌpɔːr-/ *adj* ⇒portugués,-a

↑**pose¹** UK: /pəʊz/ US: /poʊz/ [posed, posing] *v* [I] **1** *(para un cuadro, para una foto)* ⇒posar **2** *UK* ⇒llamar la atención
PHRASAL VERBS
· **to pose as *sb*** ⇒hacerse pasar por alguien

pose² UK: /pəʊz/ US: /poʊz/ ▌*n* [C] **1** ⇒pose ⇒postura ⇒posición ▌*n* [NO PL] **2** ⇒pose ⇒fingimiento ⇒afectación

↑**posh** UK: /pɒʃ/ US: /pɑːʃ/ *adj* **1** *(inform)* ⇒de lujo ⇒de clase **2** *UK (inform)* ⇒pijo,ja *col. desp.*

↑**position¹** /pəˈzɪʃ.ən/ ▌*n* [C] **1** ⇒ubicación ⇒situación **2** *(form)* ⇒opinión ⇒postura **3** ⇒situación ⇒posición **4** ⇒colocación ⇒puesto ⇒empleo **5** ⇒puesto ⇒posición ▌*n* [C, U] **6** ⇒posición ⇒postura **7 to be in a ~ to do *sth*** ⇒estar en posición de hacer algo

position² /pəˈzɪʃ.ən/ *v* [T] ⇒colocar(se) ⇒posicionar(se) ■ CONSTR. Se usa más como reflexivo

↑**positive** UK: /ˈpɒz.ə.tɪv/ US: /ˈpɑː.zə.t̬ɪv/ *adj* **1** ⇒positivo,va **2** ⇒convencido,da ⇒seguro,ra ■ CONSTR. 1. positive + (that) 2. Se usa detrás de un verbo **3** *(en medicina)* ⇒positivo,va

positively UK: /ˈpɒz.ə.tɪv.li/ US: /ˈpɑː.zə.t̬ɪv-/ *adv* **1** ⇒positivamente ⇒favorablemente **2** ⇒rotundamente **3** ⇒con seguridad ⇒decididamente

↑**possess** /pəˈzes/ [possesses] *v* [T] **1** *(form)* ⇒poseer **2** *What possessed you to say that?* - ¿Qué te ha dado para decir eso?

possession /pəˈzeʃ.ən/ *n* [C, U] *(form)* ⇒posesión ■ Se usa más en plural

possessive /pəˈzes.ɪv/ *adj* ⇒posesivo,va ■ Ver cuadro

possessive adjectives and pronouns	
Se usan los adjetivos y pronombres posesivos para indicar a quién pertenece algo.	
Adjetivos posesivos	**Pronombres posesivos**
my	**mine**
your	**yours**
his	**his**
her	**hers**
its	**its**
our	**ours**
your	**yours**
their	**theirs**
Se usan los **adjetivos posesivos** con un nombre:	Se usan los **pronombres posesivos** sin nombre:
· *Jeremy is **my** brother.* (Jeremy es mi hermano.) · ***Our** parents live in France.* (Nuestros padres viven en Francia.) · ***Her** boots are blue.* (Sus botas son azules.)	· *Sheila's bike is red. **Mine** (= my bike) is black.* (La bici de Sheila es roja. La mía es negra.) · *Their house is new. **Ours** (=our house) is old.* (Su casa es nueva. La nuestra es antigua.)

↑**possibility** UK: /ˌpɒs.əˈbɪl.ɪ.ti/ US: /ˌpɑː.səˈbɪl.ə.ţi/ [*pl* possibilities] *n* [C, U] **1** ⇒posibilidad **2** *It's a distinct possibility* - Es bastante posible

↑**possible** UK: /ˈpɒs.ə.bl̩/ US: /ˈpɑː.sə-/ *adj* **1** ⇒posible **2 if ~** ⇒si es posible **3 to make *sth* ~** ⇒posibilitar algo

possibly UK: /ˈpɒs.ə.bli/ US: /ˈpɑː.sə-/ *adv* ⇒posiblemente

↑**post[1]** UK: /pəʊst/ US: /poʊst/ *n* [U] **1** *UK* (*UK/US tb* **mail**) ⇒correo: *by post* - por correo **2** ⇒poste: *telephone post* - poste de teléfono **3** *(form)* ⇒puesto ⇒empleo

↑**post[2]** UK: /pəʊst/ US: /poʊst/ *v* [T] **1** *UK* (*US* **mail**) ⇒mandar por correo: *to post a card* - mandar una tarjeta por correo **2** *(un anuncio)* ⇒poner ⇒fijar **3** *(en internet)* ⇒colgar [una anuncio, un mensaje] **4** *(en el ejército)* ⇒destinar ⇒enviar ■ CONSTR. Se usa más en pasiva **5 to keep *sb* posted** ⇒mantener informado,da a alguien: *I will keep you posted* - Te mantendré informado

postage UK: /ˈpəʊ.stɪdʒ/ US: /ˈpoʊ-/ *n* [U] ⇒franqueo ■ PRON. La *a* se pronuncia como la *i* en *did*

postal UK: /ˈpəʊ.stəl/ US: /ˈpoʊ-/ *adj* ⇒postal ⇒de correos

↑**postcard** UK: /ˈpəʊst.kɑːd/ US: /ˈpoʊst.kɑːrd/ *n* [C] ⇒postal: *Send me a postcard* - Mándame una postal

postcode UK: /ˈpəʊst.kəʊd/ US: /ˈpoʊst.koʊd/ *UK* (*US* **zip code**) *n* [C] ⇒código postal

↑**poster** UK: /ˈpəʊ.stər/ US: /ˈpoʊ.stɚ/ *n* [C] ⇒póster ⇒cartel ⇒afiche *AMÉR.*

posterity UK: /pɒsˈter.ə.ti/ US: /pɑːˈster.ə.ţi/ *n* [U] *(form)* ⇒posteridad

postgraduate UK: /ˌpəʊstˈgræd.ʒu.ət/ US: /ˌpoʊstˈgræd.ʒu-/ *adj, n* [C] ⇒posgraduado,da

posthumous UK: /ˈpɒs.tjʊ.məs/ US: /ˈpɑːs.tʃə-/ *adj (form)* ⇒póstumo,ma

↑**postman** UK: /ˈpəʊst.mən/ US: /ˈpoʊst-/ [*pl* postmen] *UK n* [C] ⇒cartero: *What time does the postman usually arrive?* - ¿A qué hora suele venir el cartero?

postmark UK: /ˈpəʊst.mɑːk/ US: /ˈpoʊst.mɑːrk/ *n* [C] ⇒matasellos

post-mortem (examination) *n* [C] **1** ⇒autopsia: *to carry out a post-mortem* - realizar una autopsia **2** *(inform) (de una situación)* ⇒análisis [a posteriori]

↑**post office** *n* [C] **1** ⇒oficina de correos **2 ~ Box** ⇒apartado de correos ■ La forma abreviada es *PO*

↑**postpone** UK: /pəʊstˈpəʊn/ UK: /pəst-/ US: /poʊstˈpoʊn/ [postponed, postponing] *v* [T] ⇒posponer ⇒aplazar ■ CONSTR. to postpone + doing sth

postscript UK: /ˈpəʊst.skrɪpt/ US: /ˈpoʊst-/ *n* [C] **1** ⇒posdata ■ La forma abreviada es *PS* **2** ⇒epílogo

posture UK: /ˈpɒs.tʃər/ US: /ˈpɑːs.tʃɚ/ ▌*n* [C, U] **1** ⇒postura ⇒pose ▌*n* [C] **2** ⇒postura ⇒opinión ■ Se usa más en singular

postwar *adj* ⇒de la posguerra: *the postwar period* - el período de la posguerra

↑**pot** UK: /pɒt/ US: /pɑːt/ *n* [C] **1** ⇒olla ⇒cazuela **2** ⇒tarro ⇒bote **3** ⇒cacharro [de arcilla] **4** ⇒maceta **5** ⇒tetera **6** ⇒cafetera **7** *(inform)* ⇒maría *col.;* ⇒marihuana **8 to go to ~** ⇒irse al traste *col.;* ⇒echarse a perder

potassium /pəˈtæs.i.əm/ *n* [U] *(en química)* ⇒potasio

↑**potato** UK: /pəˈteɪ.təʊ/ US: /-ţoʊ/ [*pl* potatoes] *n* [C, U] ⇒patata ⇒papa *AMÉR.*

potato chip *US* (*UK* **crisp**) *n* [C] ⇒patata frita [de bolsa]

potent UK: /ˈpəʊ.tənt/ US: /ˈpoʊ.ţ[ə]nt/ *adj* ⇒potente ⇒fuerte

↑**potential[1]** UK: /pəʊˈten.tʃəl/ US: /poʊ-/ *n* [U] **1** ⇒potencial **2 ~ for {*sth*/doing *sth*}** ⇒posibilidad de algo

potential[2] UK: /pəʊˈten.tʃəl/ US: /poʊ-/ *adj* ⇒potencial ⇒en ciernes

potentially UK: /pəʊˈten.tʃəl.i/ US: /poʊ-/ *adv* ⇒potencialmente

pothole UK: /ˈpɒt.həʊl/ US: /ˈpɑːt.hoʊl/ *n* [C] **1** *(en una carretera)* ⇒bache ⇒socavón **2** *(en geología)* ⇒cueva subterránea

potion UK: /ˈpəʊ.ʃən/ US: /ˈpoʊ-/ *n* [C] ⇒poción ⇒pócima *col.*

POT

POT OF PAINT FLOWERPOT

TEAPOT COFFEE POT

potted UK: /ˈpɒt.ɪd/ US: /ˈpɑː.t̬ɪd/ *UK adj* **1** *(una planta)* ⇒en maceta **2** *(una comida)* ⇒en conserva **3** *UK (un texto)* ⇒resumido,da ⇒abreviado,da

potter[1] UK: /ˈpɒt.əʳ/ US: /ˈpɑː.t̬ɚ/ *n* [C] **1** ⇒ceramista **2** ⇒alfarero,ra: *the potter's wheel* - el torno del alfarero

potter[2] UK: /ˈpɒt.əʳ/ US: /ˈpɑː.t̬ɚ/ *UK*

PHRASAL VERBS
- **to potter {about/around}** ⇒entretenerse ⇒holgazanear

pottery UK: /ˈpɒt.ᵊr.i/ US: /ˈpɑː.t̬ɚ-/ *n* [U] **1** *(material)* ⇒cerámica **2** *(actividad)* ⇒alfarería ⇒cerámica **3** *(establecimiento)* ⇒alfarería

potty[1] UK: /ˈpɒt.i/ US: /ˈpɑː.t̬i/ [*pl* potties] *n* [C] ⇒orinal [para niños]

potty[2] UK: /ˈpɒt.i/ US: /ˈpɑː.t̬i/ *UK adj* [*comp* pottier, *superl* pottiest] **1** *(inform)* ⇒chalado,da *col.*; ⇒chiflado,da *col.* **2** *(inform)* ⇒tonto,ta **3 to be ~ about *sth/sb*** ⇒estar loco,ca por

pouch /pautʃ/ [*pl* pouches] *n* [C] **1** ⇒bolsa **2** ⇒marsupio: *The kangaroo carried her baby in her pouch* - El canguro llevaba a su cría en el marsupio

poultry UK: /ˈpəʊl.tri/ US: /ˈpoʊl-/ ▮ *n* [PL] **1** ⇒aves de corral ▮ *n* [U] **2** ⇒carne de ave de corral

pounce /paʊnts/ [pounced, pouncing] *v* [I] ⇒abalanzarse: *The lion pounced on its prey* - El león se abalanzó sobre su presa ■ CONSTR. to pounce on sth/sb
- **to pounce on *sth*** *(un error, un fallo)* ⇒criticar [inmediatamente]

↑**pound[1]** /paʊnd/ *n* [C] **1** *(moneda)* ⇒libra ■ Se puede escribir también £. El símbolo se sitúa delante del número: *£150* **2** *(unidad de medida)* ⇒libra ■ La forma abreviada es *lb*

pound[2] /paʊnd/ *v* [T, I] **1** ⇒aporrear **2** *My heart pounds every time I see him* - Se me sale el corazón del pecho cada vez que lo veo

↑**pour** UK: /pɔːʳ/ US: /pɔːr/ *v* [T, I] **1** ⇒servir ⇒echar ⇒verter ■ *to pour + dos objetos* **2** ⇒llover a cántaros **3 to ~ {in/into *sth*/out}** *(un líquido)* ⇒{entrar/salir} a raudales

PHRASAL VERBS
- **to pour *sth* out [M]** ⇒expresar algo ⇒exteriorizar ⇒soltar

pout[1] /paʊt/ *v* [T, I] *(gesto)* ⇒hacer pucheros *col.*; ⇒poner morros *col.*

pout[2] /paʊt/ *n* [C] *(gesto)* ⇒puchero *col.*

↑**poverty** UK: /ˈpɒv.ə.ti/ US: /ˈpɑː.vɚ.t̬i/ *n* [U] **1** ⇒pobreza **2** *to live in abject poverty* - vivir en la miseria absoluta **3 a ~ of *sth*** *(form)* ⇒una carencia de algo

powder[1] UK: /ˈpaʊ.dəʳ/ US: /-dɚ/ *n* [C, U] ⇒polvo

↑**powder[2]** UK: /ˈpaʊ.dəʳ/ US: /-dɚ/ *v* [T] **1** ⇒empolvar(se): *to powder one's face* - empolvarse la cara **2** *(en cocina)* ⇒espolvorear

↑**power** UK: /paʊəʳ/ US: /paʊɚ/ *n* [U] **1** ⇒poder ⇒fuerza **2** ⇒poder ⇒influencia **3** ⇒energía: *solar energy* - energía solar **4** *(en matemáticas)* ⇒potencia **5 the powers that be** ⇒los que mandan

powerboat UK: /ˈpaʊə.bəʊt/ US: /ˈpaʊɚ.boʊt/ *n* [C] ⇒lancha motora

powerful UK: /ˈpaʊə.fᵊl/ US: /ˈpaʊɚ-/ *adj* **1** ⇒poderoso,sa **2** ⇒potente: *a powerful engine* - un motor potente **3** *(físicamente)* ⇒fuerte **4** *(una actuación)* ⇒potente ⇒importante

powerless UK: /ˈpaʊə.ləs/ US: /ˈpaʊɚ-/ *adj* ⇒impotente

powerlessness UK: /ˈpaʊə.lə.snəs/ US: /ˈpaʊɚ-/ *n* [U] ⇒impotencia

powers UK: /paʊəz/ US: /paʊɚz/ *n* [PL] **1** ⇒autoridad **2** ⇒capacidad ⇒facultad

practicable /ˈpræk.tɪ.kə.bl̩/ *adj (form)* ⇒viable ⇒factible

↑**practical** /ˈpræk.tɪ.kᵊl/ *adj* ⇒práctico,ca

↑**practically** /ˈpræk.tɪ.kli/ *adv* **1** ⇒casi ⇒prácticamente **2** ⇒de manera práctica **3** ⇒en la práctica

↑**practice[1]** /ˈpræk.tɪs/ *n* [C, U] **1** ⇒práctica: *a common practice* - una práctica muy extendida **2** *(en deportes)* ⇒entrenamiento **3** ⇒ensayo **4** *(en medicina)* ⇒consulta **5 to be out of ~** ⇒estar falto,ta de práctica

↑**practice[2]** /ˈpræk.tɪs/ [practiced, practicing] *US v* [T, I] See **practise**

↑**practise** /ˈpræk.tɪs/ [practised, practising] *UK* (*US* **practice**) *v* [T, I] **1** ⇒practicar: *Practise reading aloud* - Practica leyendo en alto ■ CONSTR. to practise + doing sth **2** *(una profesión)* ⇒ejercer **3** ⇒entrenar **4** ⇒ensayar

practised /ˈpræk.tɪst/ *UK adj* ⇒experto,ta: *to be practised in the art of doing sth* - ser un experto en el arte de hacer algo

practitioner UK: /prækˈtɪʃ.ᵊn.əʳ/ US: /-ɚ/ *n* [C] **1** *(form)* ⇒profesional **2** ⇒médico,ca: *general practitioner* - médico de cabecera

pragmatic UK: /prægˈmæt.ɪk/ US: /-ˈmæt̬-/ *adj* ⇒pragmático,ca ⇒práctico,ca

prairie UK: /ˈpreə.ri/ US: /ˈprer.i/ *n* [C, U] *(en el norte de EE. UU. y en Canadá)* ⇒pradera ⇒llanura

↑**praise[1]** /preɪz/ [praised, praising] *v* [T] ⇒elogiar ⇒alabar

praise[2] /preɪz/ *n* [U] ⇒alabanza ⇒elogio

praiseworthy UK: /ˈpreɪzˌwɜː.ði/ US: /-ˌwɝː-/ *adj (form)* ⇒encomiable ⇒digno,na de alabanza

pram /præm/ *UK* (*US* **baby carriage**) *n* [C] ⇒cochecito [de niño]

prank /præŋk/ *n* [C] **1** ⇒travesura ⇒trastada *col.* **2** *to play a pram on sb* - gastar una broma a alguien

prawn UK: /prɔːn/ US: /prɑːn/ *UK* (*US* **shrimp**) *n* [C] **1** ⇒gamba **2** *king prawn* - langostino

↑ **pray** /preɪ/ *v* [T, I] ⇒rezar ⇒orar ■ CONSTR. 1. to pray + that 2. to pray for sth/sb

prayer UK: /preəʳ/ US: /prer/ *n* [C, U] ⇒oración ⇒plegaria

preach /priːtʃ/ [preaches] ▌*v* [T, I] **1** ⇒predicar ▌*v* [I] **2** ⇒persuadir

preacher UK: /ˈpriː.tʃəʳ/ US: /-tʃɚ/ *n* [C] ⇒predicador,-a

precarious UK: /prɪˈkeə.ri.əs/ US: /-ˈker.i-/ *adj* ⇒precario,ria ⇒inestable

↑ **precaution** UK: /prɪˈkɔː.ʃən/ US: /-ˈkɑː-/ *n* [C] ⇒precaución: *to take precautions* - tomar precauciones

↑ **precede** UK: /prɪˈsiːd/ US: /priː-/ [preceded, preceding] *v* [T] *(form)* ⇒preceder: *The storm was preceded by showers* - Los chubascos precedieron a la tormenta

precedence UK: /ˈpres.ɪ.dənts/ US: /-ə.dents/ *n* [U] ⇒precedencia ⇒preferencia ⇒prioridad

↑ **precedent** UK: /ˈpres.ɪ.dənt/ US: /-ə.dent/ *n* [C, U] ⇒precedente ⇒antecedente

preceding UK: /prɪˈsiː.dɪŋ/ US: /priː-/ *adj* ⇒precedente ⇒anterior

precinct /ˈpriː.sɪŋkt/ *n* [C] **1** *US (en política)* ⇒circunscripción **2** *(de policía)* ⇒distrito **3** *within the precinct* - dentro del recinto **4** See **precincts** **5 a pedestrian ~** *UK* ⇒zona peatonal

precincts /ˈpriː.sɪŋkts/ (*tb* **precinct**) *UK n* [PL] *(form)* ⇒recinto ⇒límites ■ Distinto de *seal* (precinto)

precious[1] /ˈpreʃ.əs/ *adj* **1** ⇒precioso,sa ⇒muy valioso,sa **2** ⇒querido,da ⇒adorado,da ⇒preciado,da **3** *(una persona)* ⇒afectado,da ⇒exquisito,ta **4** *My friends are very precious to me* - Tengo en gran estima a mis amigos **5** ⇒tesoro ⇒cielo ■ Se usa como vocativo

precious[2] /ˈpreʃ.əs/ **~ {few/little}** ⇒muy poco,ca: *We have precious little time* - Tenemos muy poco tiempo

precipice /ˈpres.ɪ.pɪs/ *n* [C] ⇒precipicio ⇒barranco

↑ **precise** UK: /prɪˈsaɪs/ US: /prə-/ *adj* ⇒preciso,sa ⇒exacto,ta

precisely UK: /prɪˈsaɪ.sli/ US: /prə-/ *adv* **1** ⇒exactamente: *It's precisely four o'clock* - Son exactamente las cuatro en punto **2** ⇒precisamente ⇒justamente **3** ⇒con precisión **4** ⇒meticulosamente ⇒con minuciosidad

precision UK: /prɪˈsɪʒ.ən/ US: /prə-/ *n* [U] ⇒precisión ⇒exactitud

precocious UK: /prɪˈkəʊ.ʃəs/ US: /prə-/ *adj* ⇒precoz ■ Normalmente se usa para niños

preconceived /ˌpriː.kənˈsiːvd/ *adj (una idea o una opinión)* ⇒preconcebido,da

preconception /ˌpriː.kənˈsep.ʃən/ *n* [C] ⇒idea preconcebida: *Try to put to one side any preconception* - Intenta olvidar cualquier idea preconcebida

precondition /ˌpriː.kənˈdɪʃ.ən/ *n* [C] *(form)* ⇒condición previa

↑ **predator** UK: /ˈpred.ə.təʳ/ US: /-t̬ɚ/ *n* [C] ⇒depredador,-a

predatory UK: /ˈpred.ə.tər.i/ US: /-tɔːr-/ *adj* **1** *(un animal)* ⇒depredador,-a ⇒predador,-a **2** *(una persona)* ⇒rapaz

↑ **predecessor** UK: /ˈpriː.dɪˌses.əʳ/ US: /ˈpred.ə.ses.ɚ/ *n* [C] ⇒antecesor,-a ⇒predecesor,-a

predicament UK: /prɪˈdɪk.ə.mənt/ US: /prə-/ *n* [C] **1** ⇒apuro ⇒aprieto **2** ⇒dilema

↑ **predict** /prɪˈdɪkt/ *v* [T] ⇒predecir ⇒pronosticar ■ CONSTR. to predict + (that)

predictable /prɪˈdɪk.tə.bl̩/ *adj* ⇒previsible ⇒predecible

↑ **prediction** /prɪˈdɪk.ʃən/ *n* [C, U] ⇒predicción

predominant UK: /prɪˈdɒm.ɪ.nənt/ US: /-ˈdɑː.mə-/ *adj* ⇒predominante

predominantly UK: /prɪˈdɒm.ɪ.nənt.li/ US: /-ˈdɑː.mə-/ *adv* ⇒predominantemente ⇒en su mayoría

pre-empt /ˌpriːˈempt/ *v* [T] ⇒adelantarse ⇒anticiparse

prefabricated UK: /ˌpriːˈfæb.rɪ.keɪ.tɪd/ US: /-t̬ɪd/ *adj* **1** ⇒prefabricado,da **2 ~ house** ⇒casa prefabricada ■ La forma abreviada es *prefab*

preface /ˈpref.ɪs/ *n* [C] *(en un libro)* ⇒prefacio ⇒prólogo

prefect /ˈpriː.fekt/ *n* [C] **1** ⇒prefecto **2** *UK, Aus* ⇒monitor,-a

↑ **prefer** UK: /prɪˈfɜːʳ/ US: /-ˈfɝː/ [preferred, preferring] *v* [T] ⇒preferir: *I prefer going to the cinema to going dancing* - Prefiero ir al cine que ir a bailar; *I prefer to watch TV right now* - Ahora mismo prefiero ver la tele ■ CONSTR. 1. to prefer + doing sth 2. to prefer + to do sth 3. would prefer + to do sth 4. to prefer sth to sth else

preferable UK: /ˈpref.ər.ə.bl̩/ US: /-ɚ.ə-/ *adj* ⇒preferible: *preferable to that* - preferible a eso

preferably *adv* ⇒preferentemente ⇒preferiblemente

↑ **preference** UK: /ˈpref.ər.ənts/ US: /ˈ-ɚ-/ *n* [C, U] **1** ⇒preferencia **2 in ~ to *sth/sb*** ⇒en lugar de ⇒antes que

preferential UK: /ˌpref.əˈren.tʃəl/ US: /-əˈren-/ *adj* ⇒preferente

P

† **prefix** /ˈpriː.fɪks/ [*pl* prefixes] *n* [c] *(en gramática)* ⇒prefijo

pregnancy /ˈpreg.nənt.si/ [*pl* pregnancies] *n* [c, u] ⇒embarazo: *pregnancy test* - prueba de embarazo

† **pregnant** /ˈpreg.nənt/ *adj* **1** ⇒embarazada: *to become pregnant* - quedarse embarazada **2** *(un animal)* ⇒preñada

prehistoric UK: /ˌpriː.hɪˈstɒr.ɪk/ US: /-hɪˈstɔːr-/ *adj* ⇒prehistórico,ca: *prehistoric cave paintings* - pinturas rupestres prehistóricas

prejudice¹ /ˈpredʒ.ʊ.dɪs/ *n* [u] ⇒prejuicio

prejudice² /ˈpredʒ.ʊ.dɪs/ [prejudiced, prejudicing] *v* [T] **1** ⇒predisponer ⇒prevenir **2** ⇒perjudicar

prejudiced /ˈpredʒ.ʊ.dɪst/ *adj* **1** ⇒parcial ⇒intolerante **2** ⇒predispuesto,ta

preliminary¹ UK: /prɪˈlɪm.ɪ.nᵊr.i/ US: /-ə.ner-/ *adj* ⇒preliminar: *the preliminary stage* - la fase preliminar

preliminary² UK: /prɪˈlɪm.ɪ.nᵊr.i/ US: /-ə.ner-/ [*pl* preliminaries] *n* [c] ⇒prolegómeno ⇒preámbulo ■ Se usa más en plural

prelude /ˈprel.juːd/ *n* [c] **1** *(en música)* ⇒preludio **2 a ~ to sth** ⇒el preludio de algo

premature UK: /ˈprem.ə.tʃəʳ/ UK: /-tjʊəʳ/ UK: /ˌ--ˈ-/ US: /ˌpriː.məˈtʊr/ *adj* ⇒prematuro,ra

premier¹ UK: /ˈprem.i.əʳ/ US: /prɪˈmɪr/ *n* [c] ⇒primer ministro, primera ministra

premier² UK: /ˈprem.i.əʳ/ US: /prɪˈmɪr/ *adj* ⇒principal ⇒primordial

† **premises** /ˈprem.ɪ.sɪz/ *n* [PL] **1** ⇒recinto ⇒instalación **2** ⇒establecimiento ⇒local

† **premium** /ˈpriː.mi.əm/ *n* [c] **1** ⇒prima de seguro **2** ⇒recargo **3 to be at a ~ 1** ⇒escasear **2** ⇒ser muy solicitado,da ⇒ser muy valorado,da

preoccupation UK: /priːˌɒk.jʊˈpeɪ.ʃᵊn/ US: /-ˌɑː.kjuː-/ *n* [c, u] ⇒preocupación: *a preoccupation with sth* - una preocupación por algo

preoccupied UK: /ˌpriːˈɒk.jʊ.paɪd/ US: /-ˈɑː.kjuː-/ *adj* **1** ⇒absorto,ta ⇒ensimismado,da **2** ⇒preocupado,da ■ CONSTR. to be preocuped about/with sth

† **preparation** UK: /ˌprep.ᵊrˈeɪ.ʃᵊn/ US: /-əˈreɪ-/ ▌*n* [u] **1** ⇒preparación **2** *Did you do much preparation for the exams?* - ¿Te preparaste mucho los exámenes? ▌*n* [c] **3** *(de sustancias)* ⇒preparado

preparations UK: /ˌprep.ᵊrˈeɪ.ʃᵊnz/ US: /-əˈreɪ-/ *n* [PL] ⇒preparativos: *to make preparations for sth* - hacer los preparativos para algo

preparatory UK: /prɪˈpær.ə.tᵊr.i/ US: /-ˈper.ə.tɔːr-/ *adj* **1** ⇒preparatorio,ria ⇒preliminar **2 ~ school** (*tb* **prep school**) **1** *(form)* ⇒en el Reino Unido, colegio privado para niños entre 7 y 13 años **2** *(form)* ⇒en EE. UU., colegio privado para niños mayores de 11 años

† **prepare** UK: /prɪˈpeəʳ/ US: /-ˈper/ [prepared, preparing] *v* [T, I] ⇒preparar: *Carl is preparing to leave* - Carl se está preparando para marcharse ■ CONSTR. to prepare + to do sth

prepared UK: /prɪˈpeəd/ US: /-ˈperd/ *adj* **1** ⇒dispuesto,ta ⇒preparado,da **2** ⇒preparado,da [de antemano] ⇒elaborado,da [previamente] ■ PRON. La última *e* no se pronuncia

† **preposition** /ˌprep.əˈzɪʃ.ᵊn/ *n* [c] *(en gramática)* ⇒preposición

prepositional *adj* ⇒preposicional

preposterous UK: /prɪˈpɒs.tᵊr.əs/ US: /-ˈpɑː.stɚ-/ *adj (form) (una idea, una sugerencia, una indumentaria)* ⇒ridículo,la ⇒absurdo,da

prerequisite /ˌpriːˈrek.wɪ.zɪt/ *n* [c] *(form)* ⇒condición indispensable ⇒condición sine qua non

prerogative UK: /prɪˈrɒg.ə.tɪv/ US: /-ˈrɑː.gə.t̬ɪv/ *n* [c] *(form)* ⇒prerrogativa

pre-school¹ *adj* ⇒preescolar: *preschool education* - educación preescolar

pre-school² *US n* [c] ⇒escuela infantil

† **prescribe** /prɪˈskraɪb/ [prescribed, prescribing] *v* [T] **1** *(medicinas)* ⇒recetar ⇒prescribir **2** *(una ley, una norma)* ⇒ordenar ⇒prescribir ■ CONSTR. 1. to prescribe + dos objetos 2. Se usa a menudo en pasiva

prescription /prɪˈskrɪp.ʃᵊn/ *n* [c] *(en medicina)* ⇒receta

presence /ˈprez.ᵊnts/ *n* [NO PL] **1** ⇒presencia ⇒asistencia **2** ⇒presencia ⇒existencia **3 in the ~ of** ⇒en presencia de

† **present¹** /ˈprez.ᵊnt/ *adj* **1** ⇒presente **2** ⇒actual ⇒existente **3 ~ tense** *(en gramática)* ⇒presente ■ Ver cuadro en página siguiente y ver cuadro verb tenses

† **present²** /ˈprez.ᵊnt/ *n* [c] **1** ⇒regalo: *to give sb a present* - dar a alguien un regalo **2 at ~** ⇒actualmente **3 for the ~** ⇒por ahora ⇒de momento

present³ /prɪˈzent/ *v* [T] **1** *(form)* ⇒regalar ⇒obsequiar **2** ⇒presentar ⇒entregar **3** *UK* (*US* **host**) *(en radio o en televisión)* ⇒presentar **4 to ~ oneself** ⇒presentarse

presentable UK: /prɪˈzen.tə.bl̩/ US: /-t̬ə-/ *adj* **1** *(aspecto)* ⇒presentable **2** ⇒aceptable

presentation /ˌprez.ᵊnˈteɪ.ʃᵊn/ *n* [c] **1** ⇒presentación: *to do a presentation* - hacer una presentación **2** ⇒entrega [de un premio]: *presentation ceremony* - ceremonia de entrega

present continuous (tense) the ~ *(en gramática)* ⇒el presente continuo ■ Ver cuadros verb tenses y present simple and present continuous

present-day /ˌprez.ᵊntˈdeɪ/ *adj* ⇒de hoy en día ⇒actual

presenter UK: /prɪˈzen.təʳ/ US: /-t̬ɚ/ *UK* (*US* **host**) *n* [c] **1** *(en radio o en televisión)* ⇒presentador,-a ⇒conductor,-a AMÉR. **2** *(en radio)* ⇒locutor,-a

present simple and present continuous

- El **presente simple** se usa:

  – Para hablar de acciones habituales o de hábitos:

  · *I **play** sport every day.*
  (Hago deporte todos los días.)

  · *She usually **has** breakfast at home.*
  (Normalmente desayuna en casa.)

  – Para expresar hechos o cosas ciertos, o verdades generales:

  · *London **is** the capital of Great Britain.*
  (Londres es la capital de Gran Bretaña.)

  · *Water **turns** into steam when you boil it.*
  (Cuando la hierves, el agua se convierte en vapor.)

  – Para hablar de horarios o de acontecimientos futuros que no son planes personales:

  · *The bank **opens** at 8.30.*
  (El banco abre a las 8.30.)

  Atención: el presente simple se usa a veces para narrar historias.

- El **presente continuo** se usa:

  – Para hablar de acciones que suceden en el momento en el que se habla:

  · *I **am eating** right now; I'll call you back later, OK?*
  (Ahora estoy comiendo; te llamo más tarde, ¿vale?)

  · *What **are** you **doing**?*
  (¿Qué estás haciendo?)

  – Para hablar de situaciones temporales que suceden durante un período de tiempo:

  · *I **am learning** English, did you know?*
  (Estoy aprendiendo inglés, ¿lo sabías?)

  – Para hablar de planes futuros:

  · *They **are leaving** next Sunday.*
  (Se van el domingo que viene.)

  · *I'**m going** to the cinema tomorrow with Jane.*
  (Voy al cine con Jane mañana.)

  – Con "always" para hablar de hábitos molestos:

  · *He **is always baiting** his brother.*
  (Siempre está haciendo rabiar a su hermano.)

  Atención: algunos verbos no suelen usarse en los tiempos continuos, sino que suelen ir en tiempos simples:

  · *I think she **doesn't understand** me.* (No: *I think she ~~isn't understanding~~ me.)*
  (Creo que no me está entendiendo.)

(Ver también cuadro **verb tenses**.)

presently /ˈprez.ᵊnt.li/ *adv (form)* ⇒actualmente ⇒por ahora ⇒por el momento
present simple (tense) **the ~** *(en gramática)* ⇒el presente ■ Ver cuadros verb tenses y present simple and present continuous
preservation UK: /ˌprez.əˈveɪ.ʃᵊn/ US: /-ɚ-/ *n* [U] ⇒conservación ⇒preservación
preservative UK: /prɪˈzɜː.və.tɪv/ US: /-ˈzɝː.və.ţɪv/ *n* [C, U] ⇒conservante: *with no artificial preservatives* - sin conservantes artificiales ■ Distinto de *condom* (preservativo)
preserve¹ UK: /prɪˈzɜːv/ US: /-ˈzɝːv/ [preserved, preserving] *v* [T] ⇒conservar ⇒preservar
preserve² UK: /prɪˈzɜːv/ US: /-ˈzɝːv/ ▌*n* [C, U] **1** *UK* ⇒conserva ▌*n* [C] **2** *US* ⇒reserva natural ⇒área protegida ⇒coto
preside /prɪˈzaɪd/ [presided, presiding] *v* [I] ⇒presidir: *to preside over a meeting* - presidir una reunión ■ CONSTR. to preside at/over sth
presidency /ˈprez.ɪ.dᵊnt.si/ [*pl* presidencies] *n* [C] ⇒presidencia
↑**president** /ˈprez.ɪ.dᵊnt/ *n* [C] ⇒presidente,ta: *the president of a government* - el presidente de un gobierno
presidential /ˌprez.ɪˈden.tʃᵊl/ *adj* ⇒presidencial
↑**press¹** /pres/ ▌*v* [T, I] **1** ⇒presionar ⇒apretar ⇒pulsar ■ CONSTR. Se usa a menudo seguido de las preposiciones y adverbios down, against y on ▌*v* [T] **2** *(a una persona)* ⇒presionar ■ CONSTR. to press sb + to do sth **3** ⇒planchar **4** ⇒aplastar ⇒prensar

PHRASAL VERBS
- **to press {ahead/forward/on} with** ***sth*** ⇒seguir adelante con algo

press² /pres/ ▌*n* [U] **1** ⇒prensa ■ Se puede usar con el verbo en singular o en plural ▌*n* [C] **2** *(aparato)* ⇒prensa ⇒imprenta ■ El plural es *presses* **3** ⇒planchado: *These trousers need a press* - Estos pantalones necesitan un planchado **4 the Press** ⇒la prensa
pressing /ˈpres.ɪŋ/ *adj* ⇒acuciante ⇒apremiante
press-up /ˈpres.ʌp/ *UK* (*US* **push-up**) *n* [C] *(en gimnasia)* ⇒flexión
pressure UK: /ˈpreʃ.əʳ/ US: /-ɚ/ *n* [U] **1** ⇒presión: *to apply pressure to sth* - aplicar presión a algo **2** *to feel under pressure* - sentirse presionado **3 to put ~ on** ***sb*** ⇒presionar a alguien [para que haga algo]
pressure cooker *n* [C] ⇒olla a presión ⇒olla exprés
pressurize UK: /ˈpreʃ.ᵊr.aɪz/ US: /-ɚ-/ [pressurize, pressurizing] *UK v* [T] **1** ⇒presionar [a una persona] ⇒coaccionar ■ CONSTR. 1. to pressurize + into + doing sth 2. Se usa más en pasiva **2** *(en física)* ⇒presurizar

P

prestige /presˈtiːdʒ/ *n* [U] ⇒prestigio: *international prestige* - prestigio internacional
presumably UK: /prɪˈzjuː.mə.bli/ US: /-ˈzuː-/ *adv* ⇒supuestamente ⇒presumiblemente
↑**presume** UK: /prɪˈzjuːm/ US: /-ˈzuːm/ [presumed, presuming] *v* [T] ⇒presumir ⇒suponer ■ CONSTR. 1. to presume + (that) 2. to presume + to do sth ■ Distinto de *to boast* (presumir)
presumption /prɪˈzʌmp.ʃᵊn/ *n* [C] ⇒presunción ⇒suposición
presumptuous UK: /prɪˈzʌmp.tʃəs/ US: /-ˈzʌmp.tʃuː.əs/ *adj* ⇒atrevido,da ⇒osado,da ■ Distinto de *conceited* (presuntuoso)
presuppose UK: /ˌpriː.səˈpəuz/ US: /-ˈpouz/ [presupposed, presupposing] *v* [T] **1** ⇒presuponer **2** *(form)* ⇒implicar ⇒conllevar
↑**pretend** /prɪˈtend/ *v* [I] ⇒fingir ⇒hacer como si ■ CONSTR. 1. to pretend + (that) 2. to pretend + to do sth ■ Distinto de *to try* (pretender)
pretentious /prɪˈtent.ʃəs/ *adj* ⇒pretencioso,sa: *a pretentious article* - un artículo pretencioso
pretext /ˈpriː.tekst/ *n* [C] ⇒pretexto: *on the pretext of sth* - bajo el pretexto de algo
↑**pretty¹** UK: /ˈprɪt.i/ US: /ˈprɪţ-/ *adv* **1** *(inform)* ⇒bastante: *It's pretty hot today* - Hace bastante calor hoy **2** *(inform)* ⇒casi: *I'm pretty sure about that* - Estoy casi segura de ello **3** ~ **{much/well}** *(inform)* ⇒más o menos: *She is pretty much your age* - Más o menos tiene tu edad
↑**pretty²** UK: /ˈprɪt.i/ US: /ˈprɪţ-/ *adj* [*comp* prettier, *superl* prettiest] **1** *(una persona)* ⇒guapa ⇒bonita ⇒linda *AMÉR.* ■ Se emplea únicamente con mujeres **2** *(una vista, un objeto)* ⇒bonito,ta
↑**prevail** /prɪˈveɪl/ *v* [I] **1** *(form)* ⇒prevalecer: *I hope common sense prevails* - Espero que prevalezca el sentido común **2** ⇒preponderar ⇒ser común

PHRASAL VERBS
- **to prevail {on/upon}** ***sb*** **to do** ***sth*** *(form)* ⇒persuadir a alguien para que haga algo

prevailing /prɪˈveɪ.lɪŋ/ *adj* ⇒predominante ⇒imperante
prevalent /ˈprev.ᵊl.ənt/ *adj* ⇒extendido,da ⇒difundido,da
↑**prevent** /prɪˈvent/ *v* [T] ⇒impedir ⇒evitar ■ CONSTR. to prevent sth/sb (from) + doing sth
prevention /prɪˈvent.ʃᵊn/ *n* [U] ⇒prevención: *cancer prevention* - prevención del cáncer
preventive UK: /prɪˈven.tɪv/ US: /-ţɪv/ *adj (una medida, una medicina)* ⇒preventivo,va
preview /ˈpriː.vjuː/ *n* [C] **1** ⇒preestreno **2** *(en cine y en televisión)* ⇒tráiler
↑**previous** /ˈpriː.vi.əs/ *adj* ⇒previo,via ⇒anterior
previously /ˈpriː.vi.ə.sli/ *adv* ⇒previamente ⇒anteriormente

prey[1] /preɪ/ *n* [U] **1** *(animal)* ⇒presa **2** **bird of ~** ⇒ave rapaz

prey[2] /preɪ/ **to ~ on one's mind** *(un problema, un incidente, una duda)* ⇒tener preocupado,da ⇒no poder quitar de la cabeza *col.*

PHRASAL VERBS
· **to prey on sth** ⇒acosar y cazar algo: *Eagles prey on rodents* - Las águilas acosan y cazan roedores
· **to prey {on/upon} sb** ⇒atacar a alguien ⇒elegir como presa a alguien

↑**price**[1] /praɪs/ *n* [C] **1** ⇒precio: *a low price* - un precio bajo **2** **at any ~** ⇒a toda costa **3** **not at any ~** ⇒de ninguna manera ⇒por nada del mundo *col.*

price[2] /praɪs/ [priced, pricing] *v* [T] **1** ⇒poner precio ⇒valorar ■ CONSTR. Se usa más en pasiva **2** ⇒averiguar el precio

priceless /ˈpraɪ.sləs/ *adj* **1** ⇒de un valor incalculable ⇒que no tiene precio **2** *(una ayuda, una aportación)* ⇒de gran valor ⇒impagable

pricey /ˈpraɪ.si/ *adj* [*comp* pricier, *superl* priciest] *(inform)* ⇒caro,ra

prick[1] /prɪk/ *v* [T] **1** *(con una aguja)* ⇒pinchar **2** *(un insecto)* ⇒picar **3** *to prick a hole in sth* - hacer un agujerillo en algo

prick[2] /prɪk/ *n* [C] **1** *(de aguja)* ⇒pinchazo **2** *(inform)* ⇒idiota *desp*

prickly /ˈprɪk.l̩.i, -li/ *adj* [*comp* pricklier, *superl* prickliest] **1** *(un tema, un asunto)* ⇒espinoso,sa **2** *(una prenda de vestir)* ⇒que pica **3** *(inform)* ⇒malhumorado,da ⇒arisco,ca

↑**pride**[1] /praɪd/ *n* [U] **1** ⇒orgullo: *to hurt sb's pride* - herir el orgullo a alguien; *gay pride* - orgullo gay **2** **to be one's ~ and joy** ⇒ser la niña de {mis/sus/tus...} ojos **3** **to take ~ in sth/sb** ⇒estar orgulloso,sa de ⇒preocuparse de

↑**pride**[2] /praɪd/ **to ~ oneself on {sth/doing} sth** ⇒enorgullecerse de algo

↑**priest** /priːst/ *n* [C] *(en la religión católica)* ⇒sacerdote ⇒cura

priesthood /ðəˈpriːst.hʊd/ *n* [U] ⇒sacerdocio: *to enter the priesthood* - ordenarse sacerdote

prim /prɪm/ *adj* ⇒remilgado,da ⇒mojigato,ta

primarily /praɪˈmer.ɪ.li/ *adv* ⇒principalmente ⇒primordialmente

↑**primary** UK: /ˈpraɪ.mə.ri/ US: /-mɚ.i/ *adj* **1** ⇒principal ⇒primordial **2** ⇒primario,ria

primary school *UK* (*US* **grammar school**) *n* [C] ⇒escuela de enseñanza primaria

prime[1] /praɪm/ *adj* **1** ⇒principal ⇒primordial **2** ⇒excelente ⇒de primera

prime[2] /praɪm/ *n* [NO PL] *to be in one's prime* - estar en la flor de la vida

prime[3] /praɪm/ [primed, priming] *v* [T] **1** *(un arma, una bomba)* ⇒cargar **2** ⇒poner sobre aviso ⇒preparar

↑**Prime Minister** *n* [C] ⇒primer ministro, primera ministra: *the Prime Minister's speech* - el discurso de la primera ministra ■ La forma abreviada es *PM*

primer UK: /ˈpraɪ.məʳ/ US: /-mɚ/ *n* [C, U] **1** ⇒imprimación ⇒pintura base **2** ⇒manual básico **3** *(en un bomba)* ⇒iniciador

primeval /praɪˈmiː.vəl/ *adj (de los primeros tiempos)* ⇒primitivo,va ⇒primigenio,nia

↑**primitive** UK: /ˈprɪm.ɪ.tɪv/ US: /-t̬ɪv/ *adj* **1** *(una sociedad)* ⇒primitivo,va **2** ⇒rudimentario,ria ⇒primitivo,va

primrose UK: /ˈprɪm.rəʊz/ US: /-roʊz/ *n* [C] *(planta)* ⇒prímula ⇒primavera

↑**prince** /prɪnts/ *n* [C] ⇒príncipe

↑**princess** /prɪnˈses, ˈ--/ [*pl* princesses] *n* [C] ⇒princesa: *like a princess* - como una princesa

principal[1] /ˈprɪnt.sɪ.pəl/ *adj* ⇒principal: *the principal reason* - la razón principal

principal[2] /ˈprɪnt.sɪ.pəl/ *US* (*UK* **headmaster/headmistress/head teacher**) *n* [C] ⇒director,-a de colegio ■ Al dar el nombre de una persona, se escribe con mayúscula inicial: *Principal McKenzie*

↑**principle** /ˈprɪnt.sɪ.pl̩/ *n* [C, U] **1** ⇒principio ⇒norma **2** **in ~** ⇒en principio **3** **on ~** ⇒por principios

↑**print**[1] /prɪnt/ ▌*v* [T] **1** ⇒imprimir: *to print a document* - imprimir un documento **2** ⇒publicar: *This book was first printed in 1960* - Este libro se publicó por primera vez en 1960 ▌*v* [T, I] **3** ⇒escribir con letras de imprenta

PHRASAL VERBS
· **to print sth out [M]** ⇒imprimir algo

print[2] /prɪnt/ ▌*n* [U] **1** ⇒letra impresa ▌*n* [C] **2** *(en arte)* ⇒copia ⇒reproducción **3** *(en fotografía)* ⇒copia **4** ⇒estampado **5** ⇒huella ⇒marca **6** **in ~** ⇒publicado **7** **out of ~** *(un libro)* ⇒descatalogado,da

printer UK: /ˈprɪn.təʳ/ US: /-t̬ɚ/ *n* [C] **1** *(máquina)* ⇒impresora **2** *(oficio)* ⇒impresor,-a **3** *(empresa)* ⇒imprenta

printing UK: /ˈprɪn.tɪŋ/ US: /-t̬ɪŋ/ *n* [U] **1** ⇒edición ⇒impresión **2** *(en arte)* ⇒imprenta

printing press [*pl* printing presses] *n* [C] **1** ⇒prensa ⇒imprenta **2** *(empresa)* ⇒imprenta

printout /ˈprɪnt.aʊt/ *n* [C] ⇒copia impresa ⇒impresión

prior[1] UK: /praɪəʳ/ US: /praɪr/ *adj* **1** *(form)* ⇒previo,via **2** **~ to** ⇒antes de: *Prior to his arrival...* - Antes de su llegada...

↑**prior**[2] UK: /praɪəʳ/ US: /praɪr/ *n* [C] *(un monje)* ⇒prior

† **priority** UK: /praɪ'ɒr.ɪ.ti/ US: /-'ɔːr.ə.ţi/ [*pl* priorities] *n* [c, u] ⇒prioridad: *What are the priorities?* - ¿Cuáles son las prioridades?

prise /praɪz/ [prised, prising] *UK v* [T] See **prize**

† **prison** /'prɪz.ᵊn/ *n* [c] **1** ⇒prisión ⇒cárcel **2** *to be released from the prison* - ser puesto en libertad

prisoner UK: /'prɪz.ᵊn.əʳ/ US: /-ɚ/ *n* [c] **1** ⇒prisionero,ra **2** ⇒preso,sa **3 to {hold/keep}** ***sb*** **~** ⇒tener preso,sa a alguien **4 to take** ***sb*** **~** ⇒apresar a alguien

privacy UK: /'prɪv.ə.si/ US: /'praɪ.və-/ *n* [u] ⇒privacidad ⇒intimidad

† **private¹** /'praɪ.vət/ *adj* **1** ⇒privado,da ⇒particular **2** ⇒privado,da ⇒de pago **3** ⇒íntimo,ma ⇒privado,da **4 in ~** ⇒en privado

private² /'praɪ.vət/ *n* [c] ⇒soldado raso

private investigator *n* [c] ⇒investigador privado

privatize /'praɪ.və.taɪz/ [privatized, privatizing] *v* [T] ⇒privatizar

† **privilege** /'prɪv.ᵊl.ɪdʒ/ *n* [c] **1** ⇒privilegio **2** *parliamentary privilege* - inmunidad parlamentaria

privileged /'prɪv.ᵊl.ɪdʒd/ *adj* **1** ⇒privilegiado,da **2** *(información)* ⇒confidencial

privy /'prɪv.i/ **to be ~ to** ***sth*** *(form)* ⇒tener conocimiento de algo [confidencial] ⇒estar al tanto de información restringida

† **prize¹** /praɪz/ *n* [c] ⇒premio: *first prize* - primer premio; *to award a prize* - otorgar un premio

prize² /praɪz/ *adj* **1** ⇒premiado,da **2** ⇒de primera calidad

P

prize³ /praɪz/ [prized, prizing] *v* [T] **1** ⇒valorar ■ CONSTR. Se usa más en pasiva **2** *to prize two things apart* - separar dos cosas haciendo palanca

† **pro** UK: /prəʊ/ US: /proʊ/ *n* [c] **1** *(inform)* ⇒profesional: *He's a pro* - Es un profesional **2** ⇒ventaja ⇒pro

probability UK: /ˌprɒb.ə'bɪl.ɪ.ti/ US: /ˌprɑː.bə'bɪl.ə.ţi/ [*pl* probabilities] *n* [c, u] **1** ⇒probabilidad **2 in all ~** ⇒con toda probabilidad

† **probable** UK: /'prɒb.ə.bl/ US: /'prɑː.bə-/ *adj* ⇒probable: *It's very probable* - Es muy probable

† **probably** UK: /'prɒb.ə.bli/ US: /'prɑː.bə-/ *adj* ⇒probablemente: *I'll probably see him today* - Probablemente lo vea hoy

probation UK: /prəʊ'beɪ.ʃᵊn/ US: /proʊ-/ *n* [u] **1** ⇒libertad condicional **2** *a probation period* - un período de prueba

probe¹ UK: /prəʊb/ US: /proʊb/ [probed, probing] *v* [T, I] **1** ⇒sondear ⇒investigar ■ CONSTR. to probe for/in/into sth **2** *(físicamente)* ⇒palpar ⇒explorar

probe² UK: /prəʊb/ US: /proʊb/ *n* [c] *(en medicina)* ⇒sonda

† **problem** UK: /'prɒb.ləm/ US: /'prɑː.bləm/ *n* [c] **1** ⇒problema: *to take a problem* - enfrentar un problema **2** *(en matemáticas)* ⇒problema **3 no ~ 1** *(inform)* ⇒no hay problema **2** *(inform)* ⇒no hay de que

problematic UK: /ˌprɒb.lə'mæt.ɪ.kᵊl/ US: /ˌprɑː.blə'mæţ-/ *adj* ⇒problemático,ca ⇒difícil

† **procedure** UK: /prə'siː.dʒəʳ/ US: /-dʒɚ/ *n* [c] **1** ⇒procedimiento: *What's the correct procedure?* - ¿Cuál es el procedimiento correcto? **2** ⇒trámite

† **proceed** UK: /prəʊ'siːd/ US: /proʊ-/ *v* [I] **1** *(form)* ⇒seguir ⇒continuar ■ CONSTR. to proceed with sth **2** ⇒proceder: *He proceeded to read him his rights* - Procedió a leerle sus derechos ■ CONSTR. to proceed + to do sth

† **proceedings** UK: /prəʊ'siː.dɪŋz/ US: /proʊ-/ *n* [PL] **1** *(form) (en derecho)* ⇒proceso [jurídico] ⇒juicio **2** *(form)* ⇒reunión ⇒acto

proceeds UK: /'prəʊ.siːdz/ US: /'proʊ-/ *n* [PL] ⇒recaudación: *the proceeds of the event* - la recaudación del evento

† **process¹** UK: /'prəʊ.ses/ US: /'prɑː-/ [*pl* processes] *n* [c] **1** ⇒proceso: *the selection process* - el proceso de selección **2 to be in the ~ of doing** ***sth*** ⇒estar haciendo algo ■ PRON. La *c* se pronuncia como una *s*

process² UK: /'prəʊ.ses/ US: /'prɑː-/ *v* [T] **1** *(un alimento o una materia prima)* ⇒tratar ⇒manipular **2** *(una solicitud)* ⇒procesar **3** ⇒tramitar **4** *(un carrete)* ⇒revelar **5** *(ordenador)* ⇒procesar

processing UK: /'prəʊ.ses.ɪŋ/ US: /'prɑː-/ *n* [u] **1** ⇒tratamiento ⇒procesamiento **2** *(en informática)* ⇒procesamiento **3** *(en fotografía)* ⇒revelado **4** ⇒tramitación ⇒gestión

† **procession** /prə'seʃ.ᵊn/ *n* [c] ⇒desfile ⇒procesión

processor UK: /'prəʊ.ses.əʳ/ US: /'prɑː.ses.ɚ/ *n* [c] *(en informática)* ⇒procesador

† **proclaim** UK: /prəʊ'kleɪm/ US: /proʊ-/ *v* [T] *(form)* ⇒proclamar

prod UK: /prɒd/ US: /prɑːd/ [prodded, prodding] ▌ *v* [T, I] **1** *(con el dedo)* ⇒pinchar **2** ⇒empujar [con el dedo o con un objeto punzante] ▌ *v* [T] **3** ⇒persuadir ⇒dar un empujón *col.*

prodigious /prə'dɪdʒ.əs/ *adj* **1** *(form)* ⇒prodigioso,sa ⇒enorme ⇒excepcional **2** *(una cantidad)* ⇒ingente

prodigy UK: /'prɒd.ɪ.dʒi/ US: /'prɑː.də-/ [*pl* prodigies] *n* [c] ⇒prodigio: *a child prodigy* - una niña prodigio

produce¹ UK: /prə'djuːs/ US: /-'duːs/ [produced, producing] *v* [T] **1** ⇒obtener ⇒producir **2** ⇒causar ⇒provocar ⇒producir ⇒reportar **3** ⇒sacar: *She produced a strange object from her bag* -

Sacó un objeto extraño de su bolso **4** *(un espectáculo o una película)* ⇒producir

produce² UK: /ˈprɒd.juːs/ US: /ˈprɑː.djuːs/ *n* [U] ⇒productos [del campo]: *farm produce* - productos de granja

producer UK: /prəˈdjuː.səʳ/ US: /-ˈduː.sɚ/ *n* [C] **1** ⇒productor,-a ⇒fabricante **2** *(de un espectáculo, de una película)* ⇒productor,-a

product UK: /ˈprɒd.ʌkt/ US: /ˈprɑː.dʌkt/ *n* [C, U] **1** ⇒producto [industrial]: *a range of products* - una gama de productos **2** *(en matemáticas)* ⇒producto ⇒resultado ■ PRON. La *u* se pronuncia como en el término inglés *sun*

production /prəˈdʌk.ʃᵊn/ *n* [U] **1** ⇒producción **2** *to go into production* - empezar a fabricar **3 ~ line** ⇒cadena de producción ■ PRON. La *u* se pronuncia como en el término inglés *sun*

productive /prəˈdʌk.tɪv/ *adj* **1** ⇒productivo,va ⇒provechoso,sa ⇒útil **2** ⇒fructífero,ra ⇒productivo,va ⇒fecundo,da

productivity UK: /ˌprɒd.ʌkˈtɪv.ɪ.ti/ US: /ˌproʊ.dəkˈtɪv.ə.t̬i/ *n* [U] **1** ⇒productividad ⇒rendimiento **2** *productivity bonus* - prima de rendimiento

profess /prəˈfes/ [professes] *v* [T] **1** *(form)* ⇒profesar **2** *He professes to be shy but he's always got a date for Friday night* - Profesa ser tímido pero siempre tiene una cita para los viernes por la noche ■ CONSTR. to profess + to do sth

↑**profession** /prəˈfeʃ.ᵊn/ *n* [C] ⇒profesión ⇒oficio

professional /prəˈfeʃ.ᵊn.ᵊl/ *adj* ⇒profesional: *She's very professional* - Es muy profesional

↑**professor** UK: /prəˈfes.əʳ/ US: /-ɚ/ *n* [C] **1** *UK* ⇒catedrático,ca [de universidad] **2** *US* ⇒profesor,-a [de universidad]

proficiency /prəˈfɪʃ.ᵊnt.si/ *n* [U] **1** ⇒competencia ⇒aptitud **2** *language proficiency* - dominio de un idioma

proficient /prəˈfɪʃ.ᵊnt/ *adj* **1** ⇒competente: *to be proficient at sth* - ser competente en algo **2** *(en un idioma)* ⇒con un nivel avanzado

↑**profile** UK: /ˈprəʊ.faɪl/ US: /ˈproʊ-/ *n* [C] **1** ⇒perfil ⇒reseña **2** *(de una cabeza o una cara)* ⇒perfil ⇒silueta **3** ⇒estatus ⇒posición **4 to keep a low ~** *(una persona)* ⇒pasar desapercibido,da [por elección propia]

↑**profit¹** UK: /ˈprɒf.ɪt/ US: /ˈprɑː.fɪt/ *n* [C, U] ⇒beneficio ⇒ganancia

↑**profit²** UK: /ˈprɒf.ɪt/ US: /ˈprɑː.fɪt/

PHRASAL VERBS

· **to profit from *sth*** ⇒beneficiarse de algo ⇒sacar provecho de algo

profitable UK: /ˈprɒf.ɪ.tə.bl̩/ US: /ˈprɑː.fɪ.t̬ə-/ *adj* ⇒rentable ⇒beneficioso,sa

profound /prəˈfaʊnd/ *adj* ⇒profundo,da

profusely /prəˈfjuː.sli/ *adv* ⇒profusamente ⇒encarecidamente

profusion /prəˈfjuː.ʒᵊn/ *n* [U, NO PL] *(form)* ⇒profusión ⇒abundancia

↑**program¹** UK: /ˈprəʊ.græm/ US: /ˈproʊ-/ *n* [C] **1** ⇒programa [informático] **2** *US* See **programme**

program² UK: /ˈprəʊ.græm/ US: /ˈproʊ-/ [programmed, programming; *US* programed, programing] *v* [T] ⇒programar ■ CONSTR. to program sth + to do sth

↑**programme** UK: /ˈprəʊ.græm/ US: /ˈproʊ-/ *UK* (*US* **program**) *n* [C] **1** ⇒programa: *Let's go over the programme for today* - Repasemos el programa para hoy **2** *(de radio, de televisión)* ⇒emisión ⇒programa **3** *(de un espectáculo)* ⇒programación ⇒programa

programmer UK: /ˈprəʊ.græm.əʳ/ US: /ˈproʊ.græm.ɚ/ *UK* (*US* **programer**) *n* [C] *(en informática)* ⇒programador,-a

↑**progress¹** UK: /ˈprəʊ.gres/ US: /ˈprɑː-/ *n* [U] **1** ⇒progreso: *to make progress* - hacer progresos **2 in ~** *(form)* ⇒en curso

progress² /prəˈgres/ *v* [I] **1** ⇒avanzar ⇒continuar **2** ⇒progresar ⇒mejorar

progression /prəˈgreʃ.ᵊn/ *n* [C, U] ⇒progresión: *a steady progression* - una progresión sostenida

progressive /prəˈgres.ɪv/ *adj* **1** ⇒progresista **2** ⇒progresivo,va ⇒paulatino,na ⇒gradual

↑**prohibit** /prəˈhɪb.ɪt/ *v* [T] *(form)* ⇒prohibir ■ CONSTR. 1. to prohibit sb from doing sth 2. Se usa más en pasiva

prohibition UK: /ˌprəʊ.hɪˈbɪʃ.ᵊn/ US: /ˌproʊ-/ *n* [C, U] *(form)* ⇒prohibición: *the prohibition on smoking* - la prohibición de fumar

↑**project¹** UK: /ˈprɒdʒ.ekt/ US: /ˈprɑː.dʒekt/ *n* [C] **1** ⇒proyecto **2** *(para el colegio)* ⇒proyecto ⇒trabajo

project² /prəˈdʒekt/ *v* [T] **1** ⇒proyectar ⇒calcular **2** *(una imagen o una película)* ⇒proyectar **3** *(una calidad)* ⇒presentar ⇒proyectar ⇒transmitir **4** *(parte de una estructura)* ⇒sobresalir ■ CONSTR. Se usa generalmente seguido de una preposición o un adverbio **5** *(un objeto)* ⇒lanzar

projection /prəˈdʒek.ʃᵊn/ ▌*n* [C] **1** ⇒estimación ⇒pronóstico ▌*n* [U] **2** *(de una película)* ⇒proyección ⇒exhibición

projector UK: /prəˈdʒek.təʳ/ US: /-tɚ/ *n* [C] **1** ⇒proyector **2 overhead ~** ⇒retroproyector

prolific /prəˈlɪf.ɪk/ *adj* ⇒prolífico,ca: *a prolific writer* - un escritor prolífico

prologue UK: /ˈprəʊ.lɒg/ US: /ˈproʊ.lɑːg/ *n* [C] ⇒prólogo

prolong UK: /prəˈlɒŋ/ US: /-ˈlɑːŋ/ *v* [T] ⇒prolongar ⇒alargar

prom UK: /prɒm/ US: /prɑːm/ *n* [C] **1** *US* ⇒baile de fin de curso **2** ⇒forma abreviada de **promenade** (paseo marítimo)

promenade UK: /ˌprɒm.əˈnɑːd/ US: /ˌprɑː.məˈneɪd/ *n* [C] ⇒paseo marítimo ⇒avenida ⇒paseo ■ La forma abreviada es *prom*

† **prominent** UK: /ˈprɒm.ɪ.nənt/ US: /ˈprɑː.mə-/ *adj* **1** *(una persona)* ⇒destacado,da ⇒prominente **2** *(físicamente)* ⇒prominente ⇒saliente ⇒llamativo,va

promiscuous /prəˈmɪs.kju.əs/ *adj* ⇒promiscuo,cua

† **promise**[1] UK: /ˈprɒm.ɪs/ US: /ˈprɑː.mɪs/ [promised, promising] *v* [T, I] ⇒prometer: *Do you promise to keep it secret?* - ¿Prometes guardarlo en secreto? ■ CONSTR. 1. to promise + (that) 2. to promise + to do sth 3. to promise + dos objetos

† **promise**[2] UK: /ˈprɒm.ɪs/ US: /ˈprɑː.mɪs/ *n* [C, U] **1** ⇒promesa **2 to {break/keep} a ~** ⇒{romper/mantener} una promesa **3 to show ~** ⇒ser prometedor ⇒prometer

promising UK: /ˈprɒm.ɪ.sɪŋ/ US: /ˈprɑː.mɪ-/ *adj* ⇒prometedor,-a: *a promising start* - un comienzo prometedor

† **promote** UK: /prəˈməʊt/ US: /-ˈmoʊt/ [promoted, promoting] *v* [T] **1** ⇒fomentar ⇒promover **2** ⇒promocionar ⇒comercializar **3** *(en el trabajo)* ⇒promocionar ⇒ascender ■ CONSTR. Se usa más en pasiva **4** *(en una liga deportiva)* ⇒ascender ■ CONSTR. Se usa más en pasiva

promoter UK: /prəˈməʊ.tə^r/ US: /-ˈmoʊ.t̬ɚ/ *n* [C] ⇒promotor,-a

promotion UK: /prəˈməʊ.ʃ^ən/ US: /-ˈmoʊ-/ *n* [C, U] **1** ⇒promoción ⇒publicidad **2** *(en el trabajo)* ⇒promoción ⇒ascenso **3** ⇒promoción ⇒fomento **4** *(en una liga deportiva)* ⇒promoción ⇒ascenso

prompt[1] UK: /prɒmpt/ US: /prɑːmpt/ *v* [T] **1** ⇒producir ⇒provocar **2** *(en teatro)* ⇒apuntar **3 to ~ *sb* to do *sth*** ⇒impulsar a alguien a hacer algo

prompt[2] UK: /prɒmpt/ US: /prɑːmpt/ *adj* **1** ⇒rápido,da: *I need a prompt answer* - Quiero una respuesta rápida **2** ⇒puntual: *Please be prompt* - Sé puntual por favor

† **prone** UK: /prəʊn/ US: /proʊn/ *adj* **1** ⇒propenso,sa: *to be prone to sth* - ser propenso a algo **2** *(form)* *(postura)* ⇒de cúbito prono

† **pronoun** UK: /ˈprəʊ.naʊn/ US: /ˈproʊ-/ *n* [C] *(en gramática)* ⇒pronombre

† **pronounce** /prəˈnaʊnts/ [pronounced, pronouncing] *v* [T] **1** ⇒pronunciar ⇒articular **2** *(form)* ⇒declarar ⇒pronunciar

pronounced /prəˈnaʊntst/ *adj* ⇒pronunciado,da ⇒notable ⇒marcado,da

pronunciation /prəˌnʌnt.siˈeɪ.ʃ^ən/ *n* [C, U] ⇒pronunciación

† **proof** /pruːf/ *n* [U] **1** *(para demostrar algo)* ⇒prueba **2** *(graduación alcohólica): It is 70 degrees proof* - Tiene un 40% de alcohol **3 proofs** *(en edición)* ⇒pruebas

proofreading /ˈpruːfˌriː.dɪŋ/ *n* [U] ⇒corrección [de pruebas]

prop[1] UK: /prɒp/ US: /prɑːp/ [propped, propping] *v* [T] **1** ⇒apoyar: *He propped the mirror against the wall* - Apoyó el espejo contra la pared **2** *to prop open a window* - mantener abierta una ventana con algo ■ CONSTR. Se usa generalmente seguido de las preposiciones against, on y open

PHRASAL VERBS

· **to prop *sth* up [M]** ⇒sostener algo ⇒apuntalar

prop[2] UK: /prɒp/ US: /prɑːp/ *n* [C] *(en cine, en teatro)* ⇒objeto de utilería

† **propaganda** UK: /ˌprɒp.əˈgæn.də/ US: /ˌprɑː.pə-/ *n* [U] ⇒propaganda [política]

propel /prəˈpel/ [propelled, propelling] *v* [T] ⇒impulsar ⇒propulsar ⇒lanzar

propeller UK: /prəˈpel.ə^r/ US: /-ɚ/ *n* [C] ⇒hélice

propensity UK: /prəˈpen.sɪ.ti/ US: /-sə.t̬i/ *n* [NO PL] *(form)* ⇒proclividad ⇒propensión

† **proper** UK: /ˈprɒp.ə^r/ US: /ˈprɑː.pɚ/ *adj* **1** ⇒correcto,ta ⇒apropiado,da **2** *UK* ⇒verdadero,ra ⇒real **3** *(una conducta)* ⇒correcto,ta ⇒adecuado,da **4** ⇒propiamente dicho,cha **5** *to live in the city proper* - vivir en el mismo casco urbano

properly UK: /ˈprɒp.^əl.i/ US: /ˈprɑː.pɚ.li/ *adv* **1** ⇒correctamente ⇒con propiedad **2** ⇒correctamente ⇒bien **3** ⇒adecuadamente ⇒debidamente

† **property** UK: /ˈprɒp.ə.ti/ US: /ˈprɑː.pɚ.t̬i/ ▌*n* [U] **1** ⇒bien ⇒propiedad ▌*n* [C, U] **2** ⇒propiedad ⇒terreno ■ El plural es *properties* ▌*n* [C] **3** ⇒cualidad ⇒propiedad ■ El plural es *properties*

prophecy UK: /ˈprɒf.ə.si/ US: /ˈprɑː.fə-/ [*pl* prophecies] *n* [C] ⇒profecía

prophet UK: /ˈprɒf.ɪt/ US: /ˈprɑː.fɪt/ *n* [C] ⇒profeta,tisa

† **proportion** UK: /prəˈpɔː.ʃ^ən/ US: /-ˈpɔːr-/ *n* [C, U] **1** ⇒proporción **2** *to keep a sense of proportion* - saber no exagerar la importancia de algo **3 out of ~** ⇒desmesurado,da ⇒desproporcionado,da **4 to {blow/get} *sth* out of ~** ⇒exagerar algo: *He's blowing this out of all proportion!* - ¡Lo está exagerando completamente!

proportional UK: /prəˈpɔː.ʃ^ən.^əl/ US: /-ˈpɔːr-/ *adj* ⇒proporcional

proposal UK: /prəˈpəʊ.z^əl/ US: /-ˈpoʊ-/ *n* [C] **1** ⇒propuesta: *to make a proposal* - hacer una propuesta **2** (*tb* **proposal of marriage**) ⇒propuesta de matrimonio

† **propose** UK: /prəˈpəʊz/ US: /-ˈpoʊz/ [proposed, proposing] *v* [T] **1** ⇒proponer ■ CONSTR. 1. to propose +

P

that 2. to propose + doing sth **2** ⇒pedir matrimonio ■ CONSTR. to propose to sb **3 to ~ to do *sth*** ⇒proponerse hacer algo

proposition UK: /ˌprɒp.əˈzɪʃ.ən/ US: /ˌprɑː.pə-/ *n* [C] ⇒propuesta ⇒proposición

proprietor UK: /prəˈpraɪə.tər/ US: /-ţə/ *n* [C] ⇒propietario,ria ⇒dueño,ña

pros the ~ and cons ⇒los pros y los contras

prose UK: /prəuz/ US: /prouz/ *n* [U] ⇒prosa

†**prosecute** UK: /ˈprɒs.ɪ.kjuːt/ US: /ˈprɑː.sɪ-/ [prosecuted, prosecuting] *v* [T, I] **1** *(en derecho)* ⇒procesar ⇒llevar a los tribunales **2** *(form)* ⇒proseguir

prosecution UK: /ˌprɒs.ɪˈkjuː.ʃən/ US: /ˌprɑː.sɪ-/ *n* [C, U] **1** *(en derecho)* ⇒procesamiento **2** ⇒juicio ⇒proceso **3 the ~** ⇒los fiscales ⇒la parte acusadora

prosecutor UK: /ˈprɒs.ɪ.kjuː.tər/ US: /ˈprɑː.sɪ.kjuː.ţə/ *n* [C] ⇒fiscal

†**prospect** UK: /ˈprɒs.pekt/ US: /ˈprɑː.spekt/ ▌ *n* [C, U] **1** ⇒posibilidad ⇒expectativa ▌ *n* [C] **2** *(form)* ⇒vista ⇒perspectiva **3** ⇒perspectiva ⇒porvenir

prospective /prəˈspek.tɪv/ *adj* **1** ⇒probable ⇒posible **2** ⇒futuro,ra

prospectus /prəˈspek.təs/ [*pl* prospectuses] *n* [C] *(de un negocio o una institución educativa)* ⇒prospecto ⇒folleto informativo

prosper UK: /ˈprɒs.pər/ US: /ˈprɑː.spə/ *v* [I] ⇒prosperar: *He prospered and became rich* - Prosperó y se hizo rico

prosperity UK: /prɒsˈper.ɪ.ti/ US: /prɑːˈsper.ə.ţi/ *n* [U] ⇒prosperidad: *peace and prosperity* - paz y prosperidad

prosperous UK: /ˈprɒs.pər.əs/ US: /ˈprɑː.spɚ-/ *adj* ⇒próspero,ra ⇒rico,ca

†**prostitute** UK: /ˈprɒs.tɪ.tjuːt/ US: /ˈprɑː.stɪ.tuːt/ *n* [C] **1** ⇒prostituta **2 male ~** ⇒prostituto

prostrate UK: /ˈprɒs.treɪt/ US: /ˈprɑː.streɪt/ *adj* ⇒postrado,da ⇒abatido,da

protagonist /prəˈtæg.ən.ɪst/ *n* [C] **1** *(form) (en una obra o una historia)* ⇒protagonista ⇒personaje principal **2** ⇒protagonista ⇒defensor,-a ⇒figura

†**protect** /prəˈtekt/ *v* [T, I] ⇒proteger: *This coat will protect you from the cold* - Este abrigo te protegerá del frío ■ CONSTR. to protect against/from sth

protection /prəˈtek.ʃən/ *n* [U] ⇒protección: *under sb's protection* - bajo la protección de alguien

protective /prəˈtek.tɪv/ *adj* ⇒protector,-a: *protective clothing* - ropa protectora; *to be protective towards sb* - tener una actitud protectora hacia alguien

†**protein** UK: /ˈprəu.tiːn/ US: /ˈprou-/ *n* [C, U] ⇒proteína

protest[1] UK: /ˈprəu.test/ US: /prouˈtest/ *n* [C, U] **1** ⇒protesta **2** *formal protest* - queja formal **3** *protest march* - manifestación

protest[2] UK: /prəˈtest/ US: /ˈprou.test/ *v* [T, I] **1** ⇒protestar ⇒quejarse: *Ashley protested that she had been excluded* - Ashley se quejó de que había sido excluida ■ CONSTR. to protest + that **2** ⇒manifestar ■ CONSTR. to protest about/against/at sth

†**Protestant** UK: /ˈprɒt.ɪ.stənt/ US: /ˈprɑː.ţɪ-/ *n* [C] ⇒protestante

protester UK: /prəˈtes.tər/ US: /-tə/ *n* [C] **1** ⇒manifestante **2** ⇒protestante

prototype UK: /ˈprəu.tə.taɪp/ US: /ˈprou.ţə-/ *n* [C] ⇒prototipo

protrude /prəˈtruːd/ [protruded, protruding] *v* [I] *(form)* ⇒sobresalir ⇒salir

†**proud** /praud/ *adj* **1** ⇒orgulloso,sa: *He is proud of his children* - Está orgulloso de sus hijos **2** ⇒arrogante ⇒orgulloso,sa ⇒soberbio,bia

proudly /ˈpraud.li/ *adv* ⇒con orgullo

†**prove, proved, proven** /pruːv/ [proving] *v* [T] **1** *(un hecho, la verdad)* ⇒probar ⇒demostrar ■ CONSTR. to prove + that **2** ⇒resultar: *The injury proved fatal* - Resultó ser una herida mortal **3** *(en cocina)* ⇒leudar

proven[1] /ˈpruː.vən, ˈprəu-/ past participle of **prove**

proven[2] /ˈpruː.vən, ˈprəu-/ *adj* **1** ⇒comprobado,da **2** *a proven fact* - un hecho de demostrada eficacia

proverb UK: /ˈprɒv.ɜːb/ US: /ˈprɑː.vɝːb/ *n* [C] ⇒proverbio ⇒refrán

†**provide** /prəˈvaɪd/ [provided, providing] *v* [T] ⇒proporcionar ⇒suministrar ⇒facilitar ■ CONSTR. to provide with sth

PHRASAL VERBS

· **to provide for *sb*** ⇒mantener a alguien: *She has five children to provide for* - Tiene que mantener a cinco hijos

†**provided (that)** *conj* ⇒a condición de ⇒con tal de ⇒siempre que ⇒siempre y cuando ■ PRON. La e se pronuncia como la *i* en *did*

†**province** UK: /ˈprɒv.ɪnts/ US: /ˈprɑː.vɪnts/ *n* [C] **1** ⇒provincia **2** *(de una actividad, de una disciplina)* ⇒competencia ⇒campo **3 the provinces** ⇒las provincias

provincial /prəˈvɪn.tʃəl/ *adj* **1** ⇒provincial **2** ⇒provinciano,na *desp.*

provision /prəˈvɪʒ.ən/ *n* [U] **1** ⇒abastecimiento ⇒provisión **2** *(en derecho)* ⇒disposición **3** ⇒servicio ⇒ofertas **4 to make ~ for *sth*** **1** ⇒atender algo: *to make provision for all needs* - atender todas las necesidades **2** ⇒prever algo

provisional /prəˈvɪʒ.ən.əl/ *adj* ⇒provisional ⇒provisorio,ria

provisions /prəˈvɪʒ.ənz/ *n* [PL] ⇒provisiones ⇒víveres

proviso UK: /prəˈvaɪ.zəʊ/ US: /-zoʊ/ *n* [C] *(form) (en derecho)* ⇒condición
provocation UK: /ˌprɒv.əˈkeɪ.ʃən/ US: /ˌprɑː.və-/ *n* [C, U] ⇒provocación: *an act of provocation* - una provocación
provocattive UK: /prəˈvɒk.ə.tɪv/ US: /-ˈvɑː.kə.t̬ɪv/ *adj* **1** ⇒provocativo,va **2** ⇒provocador,-a
↑**provoke** UK: /prəˈvəʊk/ US: /-ˈvoʊk/ [provoked, provoking] *v* [T] **1** ⇒provocar: *He provoked her* - La provocó **2** ⇒causar **3** ⇒incitar
prowess /ˈpraʊ.es/ *n* [U] *(form)* ⇒destreza ⇒habilidad
prowl /praʊl/ *v* [T, I] ⇒rondar ⇒merodear
proximity UK: /prɒkˈsɪm.ɪ.ti/ US: /prɑːkˈsɪm.ə.t̬i/ *n* [U] *(form)* ⇒proximidad
proxy UK: /ˈprɒk.si/ US: /ˈprɑːk-/ [*pl* proxies] *n* [C] **1** ⇒poder [cedido a otro] **2** ⇒apoderado,da **3** *proxy vote* - voto por poderes **4 by ~** ⇒por poderes: *Samantha votes by proxy* - Samantha vota por poderes
prude /pruːd/ *n* [C] *(offens)* ⇒mojigato,ta *desp. (offens)* ⇒reprimido,da *desp.*
prudent /ˈpruː.dənt/ *adj (form)* ⇒prudente: *a prudent decision* - una decisión prudente
prune¹ /pruːn/ [pruned, pruning] *v* [T] **1** ⇒podar: *to prune a tree* - podar un árbol **2** ⇒recortar
prune² /pruːn/ *n* [C] ⇒ciruela pasa
pry /praɪ/ [pries, pried] *v* [I] ⇒inmiscuirse ⇒fisgar
↑**PS** /ˌpiːˈes/ *n* [C] ⇒PD: *PS: Don't forget to write back soon!* - PD: Contesta pronto ■ Procede de *postscript* (posdata)
psalm /sɑːm/ *n* [C] ⇒salmo
pseudonym /ˈsuː.də.nɪm/ *n* [C] ⇒seudónimo: *to write under pseudonym* - escribir bajo seudónimo
psyche /ˈsaɪ.ki/ *n* [C] ⇒psique ⇒mente humana
psychiatrist /saɪˈkaɪə.trɪst, sɪ-/ *n* [C] ⇒psiquiatra: *to see a psychiatrist* - consultar a un psiquiatra ■ PRON. La primera sílaba, *psy*, y la segunda, *chi*, riman con *my*
↑**psychiatry** /saɪˈkaɪə.tri/ *n* [U] ⇒psiquiatría ■ PRON. La primera sílaba, *psy*, y la segunda, *chi*, riman con *my*
psychic¹ /ˈsaɪ.kɪk/ *adj* **1** ⇒psíquico,ca **2** ⇒sobrenatural ⇒paranormal **3** *You must be psychic!* - ¿Cómo lo sabías?
psychic² /ˈsaɪ.kɪk/ *n* [C] **1** ⇒persona con poderes paranormales **2** ⇒vidente
psychological UK: /ˌsaɪ.kəlˈɒdʒ.ɪ.kəl/ US: /-kəˈlɑː.dʒɪ-/ *adj* ⇒psicológico,ca: *the psychological effects* - los efectos psicológicos
psychologist UK: /saɪˈkɒl.ə.dʒɪst/ US: /-ˈkɑː.lə-/ *n* [C] **1** ⇒psicólogo,ga **2** *a educational psychologist* - una psicopedagoga
↑**psychology** UK: /saɪˈkɒl.ə.dʒi/ US: /-ˈkɑː.lə-/ *n* [U] ⇒psicología
psychopath /ˈsaɪ.kə.pæθ/ *n* [C] ⇒psicópata
PTO UK: /ˌpiː.tiːˈəʊ/ US: /-ˈoʊ/ ⇒forma abreviada de **please turn over** (sigue por detrás)
↑**pub** /pʌb/ *n* [C] ⇒pub ⇒bar ■ Procede de *public house* (taberna)
puberty UK: /ˈpjuː.bə.ti/ US: /-bɚ.t̬i/ *n* [U] ⇒pubertad: *to reach puberty* - llegar a la pubertad
↑**public¹** /ˈpʌb.lɪk/ *adj* ⇒público,ca: *a public library* - una biblioteca pública
↑**public²** /ˈpʌb.lɪk/ *n* [U] ⇒público: *open to the public* - abierto al público ■ Por ser un nombre colectivo se puede usar con el verbo en singular o en plural
↑**publication** /ˌpʌb.lɪˈkeɪ.ʃən/ ▌*n* [U] **1** *(actividad)* ⇒publicación ▌*n* [C] **2** ⇒publicación
↑**publicity** UK: /pʌbˈlɪs.ɪ.ti/ US: /-ə.t̬i/ *n* [U] ⇒publicidad: *publicity campaign* - campaña publicitaria ■ Se dice *some publicity* o *a piece of publicity*. Incorrecto: *a publicity*
publicize /ˈpʌb.lɪ.saɪz/ [publicized, publicizing] *v* [T] *(un evento, un resultado)* ⇒anunciar ⇒promocionar ⇒divulgar
publicly /ˈpʌb.lɪ.kli/ *adv* **1** ⇒públicamente ⇒en público **2** *publicly owned* - propiedad del Estado
public school *n* [C] **1** ⇒colegio privado ■ Distinto de *state school* (colegio público). A pesar de su nombre, un *public school* en Gran Bretaña es un tipo de colegio privado **2** *US* (*UK* **state school**) ⇒colegio público
↑**publish** /ˈpʌb.lɪʃ/ [publishes] *v* [T] ⇒publicar: *to publish a book* - publicar un libro
publisher UK: /ˈpʌb.lɪ.ʃəʳ/ US: /-ʃɚ/ *n* [C] **1** ⇒editor,-a **2** *(empresa)* ⇒editorial
publishing /ˈpʌb.lɪ.ʃɪŋ/ *n* [U] **1** ⇒mundo editorial **2** *to be in publishing* - trabajar en el mundo editorial
↑**pudding** /ˈpʊd.ɪŋ/ ▌*n* [U] **1** *UK* (*UK/US tb* **dessert**) ⇒postre: *What is for pudding?* - ¿Qué hay de postre? ▌*n* [C, U] **2** ⇒empanada [de carne] **3 The proof of the ~ is in the eating** *(spoken)* ⇒para saber si algo es bueno hay que probarlo
puddle /ˈpʌd.l/ *n* [C] ⇒charco: *to step in a puddle* - meter el pie en un charco
Puerto Rican UK: /ˌpwɜː.təʊˈriː.kən/ US: /ˌpwer.t̬ə-/ *adj, n* [C] ⇒puertorriqueño,ña
Puerto Rico UK: /ˌpwɜː.təʊˈriː.kəʊ/ US: /ˌpwer.t̬əˈriː.koʊ/ *n* [U] ⇒Puerto Rico
puff¹ /pʌf/ ▌*v* [I] **1** ⇒jadear **2** ⇒fumar ⇒pitar *AMÉR.* ▌*v* [T] **3** *(humo)* ⇒echar a bocanadas **4** *(un tren)* ⇒echar humo

PHRASAL VERBS
- **to puff** ***sth*** **out [M]** ⇒inflar [los carrillos]: *The child puffed out his cheeks* - El niño infló los carrillos
- **to puff up** *(una parte del cuerpo)* ⇒hincharse

puff² /pʌf/ *n* [C] **1** ⇒soplo: *a puff of wind* - un soplo de viento **2** ⇒calada *col.*; ⇒pitada *AMÉR.*

puffy /ˈpʌf.i/ *adj* [*comp* puffier, *superl* puffiest] *(la cara)* ⇒hinchado,da ⇒inflamado,da

puke[1] /pjuːk/ [puked, puking] *v* [T, I] *(very inform)* ⇒potar *col.*; ⇒vomitar ■ CONSTR. Se usa generalmente seguido de la preposición up

puke[2] /pjuːk/ *n* [U] *(very inform)* ⇒pota *col.*; ⇒vomitona

↑ **pull**[1] /pʊl/ ▌*v* [T, I] **1** ⇒tirar ⇒halar *AMÉR.*; ⇒jalar *AMÉR. col.* **2** ⇒arrastrar ⇒tirar ▌*v* [T] **3** ⇒sacar [con esfuerzo] ⇒quitar [con esfuerzo] ■ CONSTR. Se usa generalmente seguido de off, out y up **4** *(un músculo)* ⇒dar un tirón **5** *(una muela)* ⇒sacar **6** ⇒atraer **7** *(inform)* ⇒ligar *col.* **8 to ~ one's socks up** *(inform)* ⇒ponerse las pilas *col.* **9 to ~ strings (for *sb*)** *(inform) (en una empresa)* ⇒enchufar a alguien *col.*

PHRASAL VERBS

- **to pull *sth* apart [M]** ⇒hacer pedazos algo ⇒desmontar algo
- **to pull *sth* down [M]** ⇒tirar ⇒derribar ⇒tumbar
- **to pull in 1** *(un vehículo)* ⇒parar ⇒detener **2** *(un coche, un tren)* ⇒llegar **3** *(la gente)* ⇒atraer
- **to pull *sth* off [M]** *(inform) (algo difícil, arriesgado)* ⇒conseguir
- **to pull *(sth/sb)* out (of *sth*) [M] 1** ⇒sacar ⇒retirar **2** *(un vehículo)* ⇒salir ⇒arrancar
- **to pull over** *(en un vehículo)* ⇒pararse a un lado de la vía
- **to pull *oneself* together** ⇒calmarse
- **to pull up** *(un coche)* ⇒pararse ⇒detenerse

pull[2] /pʊl/ ▌*n* [C] **1** ⇒tirón ⇒jalón *AMÉR.* ▌*n* [U] **2** ⇒fuerza magnética **3** ⇒atracción **4** ⇒influencia

pulley /ˈpʊl.i/ *n* [C] ⇒polea: *We can use a pulley to lift it* - Podemos levantarlo con una polea

pullover UK: /ˈpʊlˌəʊ.vəʳ/ US: /-ˌoʊ.vɚ/ *n* [C] ⇒jersey ⇒pulóver *AMÉR.*

pulp /pʌlp/ ▌*n* [U] **1** ⇒pulpa: *to mash sth to a pulp* - reducir algo a pulpa ▌*n* [U, NO PL] **2** ⇒pasta de papel ⇒masa de papel

pulpit /ˈpʊl.pɪt/ *n* [C] *(en una iglesia)* ⇒púlpito

pulsate UK: /pʌlˈseɪt/ US: /ˈ--/ [pulsated, pulsating] *v* [I] ⇒palpitar ⇒vibrar ■ CONSTR. to pulsate with sth

pulse /pʌls/ *n* [C] ⇒pulso: *to take sb's pulse* - tomar el pulso a alguien

pump[1] /pʌmp/ *n* [C] **1** *(máquina)* ⇒bomba **2** *petrol pump* - surtidor de gasolina

pump[2] /pʌmp/ *v* [T] **1** ⇒bombear ■ CONSTR. Se usa generalmente seguido de una preposición o de un adverbio **2 ~ iron** *(inform)* ⇒hacer pesas

PHRASAL VERBS

- **to pump *sth* into *sth*** *(dinero)* ⇒invertir
- **to pump *sth* out [M] 1** ⇒extraer [con bomba] **2** *(inform) (propanganda o música)* ⇒bombardear *col.*
- **to pump *sth* up [M]** ⇒inflar: *You should pump the tyres up* - Deberías inflar un poco los neumáticos

pumpkin /ˈpʌmp.kɪn/ *n* [C, U] ⇒calabaza ⇒zapallo *AMÉR.*

pun /pʌn/ *n* [C] ⇒juego de palabras: *to make a pun* - hacer un juego de palabras

punch[1] /pʌntʃ/ *v* [T] **1** ⇒dar un puñetazo **2** ⇒perforar ⇒picar

punch[2] /pʌntʃ/ [*pl* punches] *n* [C] **1** ⇒puñetazo **2** ⇒garra ⇒fuerza ⇒atractivo **3** ⇒perforadora [de papel] **4** *(bebida)* ⇒ponche

punchline *n* [C] ⇒la gracia de un chiste ⇒el toque final de un chiste

punctual /ˈpʌŋk.tju.əl/ *adj* ⇒puntual: *Be punctual, please!* - Sé puntual, ¡por favor!

punctuate /ˈpʌŋk.tju.eɪt/ [punctuated, punctuating] *v* [T] **1** *(en ortografía)* ⇒puntuar **2** ⇒interrumpir [repetidamente] ■ CONSTR. to punctutate by/with sth/sb

↑ **punctuation** /ˌpʌŋk.tjuˈeɪ.ʃən/ *n* [U] *(en ortografía)* ⇒puntuación

puncture[1] UK: /ˈpʌŋk.tʃəʳ/ US: /-tʃɚ/ *n* [C] **1** ⇒pinchazo **2** *to have a puncture* - pincharse una rueda

puncture[2] UK: /ˈpʌŋk.tʃəʳ/ US: /-tʃɚ/ [punctured, puncturing] ▌*v* [T, I] **1** ⇒pinchar(se): *My tyre has punctured* - Se me ha pinchado una rueda ▌*v* [T] **2** *(un ambiente positivo)* ⇒estropear ⇒amargar **3** *(a la confianza)* ⇒afectar negativamente

pundit /ˈpʌn.dɪt/ *n* [C] ⇒entendido,da ⇒experto,ta

pungent /ˈpʌn.dʒənt/ *adj* **1** *(un olor, un sabor)* ⇒acre ⇒fuerte **2** ⇒satírico,ca ⇒mordaz

↑ **punish** /ˈpʌn.ɪʃ/ [punishes] *v* [T] ⇒castigar: *to punish sb* - castigar a alguien; *to be punished for sth* - ser castigado por algo ■ CONSTR. Se usa más en pasiva

punishment /ˈpʌn.ɪʃ.mənt/ *n* [U] ⇒castigo

punitive UK: /ˈpjuː.nɪ.tɪv/ US: /-t̬ɪv/ *adj* **1** *(form)* ⇒punitivo,va **2** ⇒leonino,na: *punitive taxes* - impuestos leoninos

punk[1] /pʌŋk/ *n* [C] **1** *(inform)* ⇒punk ⇒punki **2** *US (inform)* ⇒gamberro,rra

punk[2] /pʌŋk/ *adj* ⇒punk: *a punk hairstyle* - un peinado punk

punt /pʌnt/ *n* [C] *(barco)* ⇒batea

punter UK: /ˈpʌn.təʳ/ US: /-t̬ɚ/ *UK n* [C] **1** *(inform)* ⇒apostante **2** *(inform)* ⇒cliente

pup /pʌp/ *n* [C] **1** ⇒cachorro,rra **2** ⇒cría: *a seal pup* - una cría de foca

↑ **pupil** /ˈpjuː.pəl/ *n* [C] **1** *(de un artista)* ⇒alumno,na ⇒discípulo,la **2** *(en el ojo)* ⇒pupila

puppet /ˈpʌp.ɪt/ *n* [C] **1** ⇒marioneta **2** *(persona)* ⇒juguete ⇒títere ⇒marioneta

puppy /ˈpʌp.i/ [*pl* puppies] *n* [c] ⇒cachorro,rra ⇒perrito,ta

purchase[1] UK: /ˈpɜː.tʃəs/ US: /ˈpɝː-/ [purchased, purchasing] *v* [T] *(form)* ⇒comprar ⇒adquirir

purchase[2] UK: /ˈpɜː.tʃəs/ US: /ˈpɝː-/ *n* [c] *(form)* ⇒compra ⇒adquisición

↑ **pure** UK: /pjʊəʳ/ US: /pjʊr/ *adj* [*comp* purer, *superl* purest] **1** ⇒puro,ra: *by pure luck* - de pura suerte **2** ⇒natural: *pure orange juice* - zumo de naranja natural

purely UK: /pjʊə.li/ US: /pjʊr-/ *adv* ⇒puramente ⇒sencillamente

purge[1] UK: /pɜːdʒ/ US: /pɝːdʒ/ [purged, purging] *v* [T] **1** *(una organización)* ⇒purgar ⇒expulsar **2** ⇒purificar ⇒purgar

purge[2] UK: /pɜːdʒ/ US: /pɝːdʒ/ *n* [c] ⇒purga

purify UK: /ˈpjʊə.rɪ.faɪ/ US: /ˈpjʊr-/ [purifies, purified] *v* [T] **1** ⇒purificar **2** ⇒depurar ⇒purificar

puritanical UK: /ˌpjʊə.rɪˈtæn.ɪ.kəl/ US: /ˌpjʊr.ɪ-/ *adj* ⇒puritano,na

purity UK: /ˈpjʊə.rɪ.ti/ US: /ˈpjʊr.ə.t̬i/ *n* [U] ⇒pureza: *the air purity* - la pureza del aire

↑ **purple** UK: /ˈpɜː.pl̩/ US: /ˈpɝː-/ *adj, n* [c, U] ⇒morado,da ⇒violeta

↑ **purpose** UK: /ˈpɜː.pəs/ US: /ˈpɝː-/ *n* [c, U] **1** ⇒razón ⇒motivo ⇒propósito ⇒fin **2** ⇒resolución **3** *to no good purpose* - en vano **4 on ~** ⇒aposta ⇒adrede **5 to have a sense of ~** ⇒tener una razón para hacer las cosas ⇒tener una meta

purposeful UK: /ˈpɜː.pəs.fəl/ US: /ˈpɝː-/ *adj* ⇒resuelto,ta ⇒decidido,da

purposely UK: /ˈpɜː.pə.sli/ US: /ˈpɝː-/ *adv* ⇒intencionadamente ⇒adrede

P

purr UK: /pɜː/ US: /pɝː/ *v* [I] **1** *(un gato)* ⇒ronronear **2** ⇒susurrar

purse[1] UK: /pɜːs/ US: /pɝːs/ *n* [c] **1** *UK* ⇒monedero **2** *US* (*UK* **handbag**) ⇒bolso ⇒cartera AMÉR.

purse[2] UK: /pɜːs/ US: /pɝːs/ [pursed, pursing] **to ~ one's lips** ⇒apretar los labios ⇒fruncir los labios

↑ **pursue** UK: /pəˈsjuː/ US: /pɚˈsuː/ [pursued, pursuing] *v* [T] **1** ⇒perseguir: *to pursue sb* - perseguir a alguien **2** *(un plan, una carrera)* ⇒seguir con **3** *(a una actividad)* ⇒dedicarse **4 to ~ a matter 1** ⇒abordar un asunto **2** ⇒seguir intentando cerrar un asunto

pursuit UK: /pəˈsjuːt/ US: /pɚˈsuːt/ *n* [U] **1** ⇒persecución **2** ⇒búsqueda ⇒busca

pus /pʌs/ *n* [U] ⇒pus ■ PRON. Rima con el pronombre inglés *us*

↑ **push**[1] /pʊʃ/ ▌*v* [T, I] **1** ⇒empujar ⇒aventar AMÉR. *col.* ■ CONSTR. Se usa generalmente seguido de una preposición o un adverbio **2** ⇒apretar ▌*v* [T] **3** ⇒traficar: *to push drugs* - traficar con drogas **4** ⇒presionar ■ CONSTR. to push sb into + doing sth

PHRASAL VERBS

- **to push sb {about/around}** *(inform)* ⇒mangonear a alguien *col.;* ⇒manejar a alguien
- **to push ahead** ⇒seguir adelante con algo ⇒avanzar
- **to push in** *(en una fila)* ⇒colarse
- **to push off 1** *UK (inform)* ⇒largarse *col.: Push off!* - ¡Lárgate! **2** *(una embarcación)* ⇒desatracar

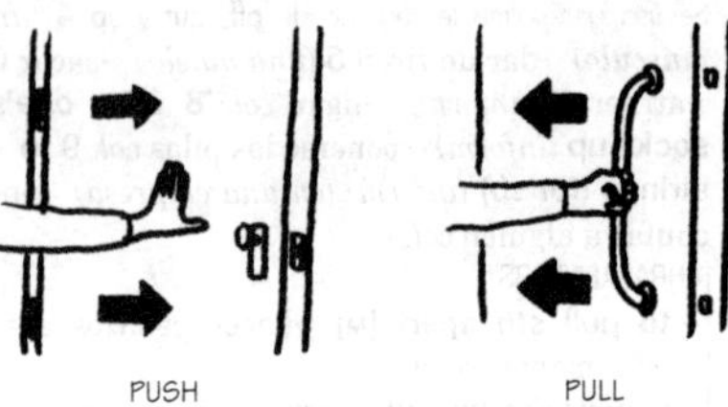

push[2] /pʊʃ/ [*pl* pushes] *n* [c] ⇒empujón: *to give sb a push* - dar un empujón a algo

pushchair UK: /ˈpʊʃ.tʃeəʳ/ US: /-tʃer/ *UK* (*UK/US tb* **buggy**) *n* [c] *(para pasear)* ⇒carricoche [de bebé] ⇒silla [de niños]

pusher UK: /ˈpʊʃ.əʳ/ US: /-ɚ/ *n* [c] ⇒camello *col.*

push-up /ˈpʊʃ.ʌp/ *US* (*UK* **press-up**) *n* [c] *(en gimnasia)* ⇒flexión

pushy /ˈpʊʃ.i/ *adj* [*comp* pushier, *superl* pushiest] ⇒avasallador,-a ⇒dominante

↑ **put, put, put** /pʊt/ [putting] *v* [T] **1** ⇒poner ⇒meter ⇒colocar ⇒dejar **2** ⇒poner ⇒expresar ⇒decir **3** *Put your request in writing, please* - Dame tu petición por escrito, por favor **4** ⇒poner ⇒situar **5** ⇒invertir **6** ⇒calcular ⇒estimar **7** *to put to sea* - hacerse a la mar

PHRASAL VERBS

- **to put *sth* {across/over}** ⇒expresar algo de forma clara
- **to put *oneself* {across/over}** ⇒expresarse de forma clara
- **to put *sth* aside [M] 1** ⇒dejar a un lado **2** ⇒ahorrar [dinero] ⇒guardar ⇒apartar
- **to put *sth* away** ⇒recoger algo ⇒guardar algo
- **to put *sth* back [M] 1** ⇒guardar algo ⇒volver a colocar algo en su sitio **2** *UK* ⇒retrasar algo ⇒aplazar algo **3** *(un reloj)* ⇒ajustar ⇒poner en hora **4** ⇒reinvertir
- **to put *sth* by [M]** ⇒ahorrar [dinero] ⇒guardar
- **to put *sth/sb* down** *(en una lista)* ⇒apuntar
- **to put *sb* down [M]** *(inform)* ⇒humillar a alguien ⇒despreciar a alguien

- **to put *sth/sb* down [M]** ⇒poner [en el suelo]
- **to put *sth* down to *sth*** (*UK tb* **to bring sth down**) *(algo a algo)* ⇒atribuir
- **to put *sth* forward [M]** 1 *(una propuesta)* ⇒presentar 2 *(una sugerencia)* ⇒hacer 3 *(un reloj)* ⇒ajustar ⇒adelantar
- **to put *sb* forward [M]** ⇒proponer a alguien [para un cargo]
- **to put *sth* {in/sth into *sth*} [M]** ⇒dedicar tiempo a algo
- **to put *sb* off (*sth*)** *(una cita)* ⇒cancelar ■ CONSTR. to put off + doing sth
- **to put *sb* off *(sth/sb)*** 1 ⇒desanimar a alguien ⇒disuadir a alguien ⇒quitar las ganas a alguien 2 ⇒dar largas a alguien *col.* 3 ⇒distraer a alguien
- **to put *sth* off [M]** ⇒aplazar algo ⇒posponer algo ■ CONSTR. to put off + doing sth
- **to put *sth* on [M]** 1 *(una prenda de vestir)* ⇒ponerse 2 *UK* ⇒poner ⇒encender 3 ⇒fingir ⇒hacerse 4 *to put on weight* - engordar
- **to put *sth* out [M]** 1 *UK (una luz o un fuego)* ⇒apagar 2 ⇒sacar algo 3 ⇒extender algo
- **to put *sb* out [M]** 1 ⇒causar molestias a alguien 2 ⇒desconcertar a alguien
- **to put *oneself* out (for *sb*)** *(inform)* ⇒molestarse [por ayudar a alguien] ⇒ayudar a alguien
- **to put *sb* through** ⇒pasar [una llamada] ⇒poner con alguien
- **to put *sth* through [M]** *(un plan, una reforma)* ⇒llevar a cabo
- **to put *sth* to *sb*** 1 ⇒proponer algo a alguien 2 ⇒preguntar algo a alguien
- **to put *sth* together [M]** 1 ⇒armar algo ⇒montar algo 2 ⇒formular ⇒preparar
- **to put *sth* up [M]** 1 *UK* ⇒aumentar algo 2 ⇒levantar algo 3 *(el pelo)* ⇒recoger 4 *(la tienda de campaña)* ⇒montar
- **to put *sb* up [M]** ⇒alojar a alguien
- **to put up with *sth/sb*** ⇒aguantar ⇒tolerar

putrid /ˈpjuː.trɪd/ *adj* ⇒putrefacto,ta ⇒pútrido,da

putty UK: /ˈpʌt.i/ US: /ˈpʌt̬-/ *n* [U] ⇒masilla

puzzle[1] /ˈpʌz.l̩/ ▮ *n* [C] **1** ⇒acertijo **2** *(juego)* ⇒rompecabezas ⇒puzle ▮ *n* [NO PL] **3** ⇒misterio: *He's a real puzzle* - Es un verdadero misterio

puzzle[2] /ˈpʌz.l̩/ [puzzled, puzzling] *v* [T, I] ⇒dejar perplejo,ja ⇒pasmar

PHRASAL VERBS
- **to puzzle *sth* out [M]** ⇒explicarse algo ⇒descifrar algo
- **to puzzle over *sth*** ⇒darle vueltas a algo

puzzled /ˈpʌz.l̩d/ *adj* ⇒perplejo, ja

↑ **pyjamas** /pɪˈdʒɑː.məz/ *UK* (*US* **pajamas**) *n* [PL] ⇒pijama: *a pair of pyjamas* - un pijama

pylon UK: /ˈpaɪ.lɒn/ US: /-lɑːn/ *n* [C] ⇒torre [de electricidad]

↑ **pyramid** /ˈpɪr.ə.mɪd/ *n* [C] ⇒pirámide: *to stand in awe in front of a pyramid* - quedarse impresionado delante de una pirámide ■ PRON. Se acentúa la primera sílaba, que se pronuncia como *pi* en *pin*

python UK: /ˈpaɪ.θən/ US: /-θɑːn/ *n* [C] ⇒serpiente pitón

P

q [*pl* q's, qs] *n* [C] *(letra del alfabeto)* ⇒q ■ PRON. Se pronuncia como *you* con una *k* delante

quack[1] /kwæk/ *v* [I] *(un pato)* ⇒graznar

quack[2] /kwæk/ *n* [C] **1** *(de un pato)* ⇒graznido **2** ⇒charlatán,-a **3** *(inform, offens)* ⇒matasanos *desp.*

quadruple[1] UK: /kwɒd'ruː.pl̩/ US: /kwɑː'druː-/ [quadrupled, quadrupling] *v* [T, I] ⇒cuadruplicarse

quadruple[2] UK: /'kwɒd.rʊp.l̩/ US: /kwɑː'druː.pl̩/ *adj* ⇒cuádruple ⇒cuádruplo,pla

quagmire UK: /'kwɒg.maɪəʳ/ US: /'kwæg.maɪr/ *n* [C] **1** ⇒lodazal **2** ⇒atolladero ⇒embrollo

quail /kweɪl/ [*pl* quail, quails] *n* [C] ⇒codorniz: *quail's eggs* - huevos de codorniz

quaint /kweɪnt/ *adj* ⇒pintoresco,ca ⇒peculiar

quake[1] /kweɪk/ *US n* [C] ⇒forma abreviada de **earthquake** (temblor, seísmo)

quake[2] /kweɪk/ [quaked, quaking] *v* [I] ⇒temblar: *to quake with fear* - temblar de miedo

qualification UK: /ˌkwɒl.ɪ.fɪ'keɪ.ʃᵊn/ US: /ˌkwɑː.lɪ-/ ▌*n* [C] **1** ⇒título ⇒diploma **2** *(para un trabajo)* ⇒requisito ■ Se usa más en plural ▌*n* [U] **3** *(en una competición)* ⇒clasificación ■ Distinto de *mark* (calificación)

qualified UK: /'kwɒl.ɪ.faɪd/ US: /'kwɑː.lɪ-/ *adj* **1** ⇒cualificado,da: *a qualified nurse* - una enfermera cualificada **2** ⇒con reservas ⇒restringido,da **3 to be ~ to do *sth*** ⇒estar cualificado,da para hacer algo ⇒ser la persona indicada para hacer algo

↑**qualify** UK: /'kwɒl.ɪ.faɪ/ US: /'kwɑː.lɪ-/ [qualifies, qualified] ▌*v* [T, I] **1** ⇒tener derecho ■ CONSTR. to qualify for sth ▌*v* [I] **2** *UK* ⇒obtener el título ⇒licenciarse **3** *(en deportes)* ⇒clasificar(se) **4** *(una declaración, un comentario)* ⇒modificar

qualifying *adj (una competición)* ⇒eliminatorio,ria

↑**quality** UK: /'kwɒl.ɪ.ti/ US: /'kwɑː.lə.ˁt̬i/ ▌*n* [U] **1** ⇒calidad: *top quality* - primera calidad ▌*n* [C] **2** ⇒cualidad ⇒característica ■ El plural es *qualities*

qualm /kwɑːm/ *n* [C] ⇒escrúpulo ⇒recelo ⇒reparo

quandary UK: /'kwɒn.dri/ US: /'kwɑːn-/ [*pl* quandaries] *n* [C] ⇒dilema: *to be in a quandary* - estar en un dilema

quantify UK: /'kwɒn.tɪ.faɪ/ US: /'kwɑːn.ˁt̬ə-/ [quantifies, quantified] *v* [T] *(en números)* ⇒cuantificar ⇒evaluar

↑**quantity** UK: /'kwɒn.tɪ.ti/ US: /'kwɑːn.ˁt̬ə.ˁt̬i/ *n* [U] ⇒cantidad: *a quantity of sth* - una cantidad de algo

quarantine UK: /'kwɒr.ᵊn.tiːn/ US: /'kwɔːr-/ *n* [U] ⇒cuarentena: *to spend time in quarantine* - pasar tiempo en cuarentena

quarrel[1] UK: /'kwɒr.ᵊl/ US: /'kwɔːr-/ *n* [C] ⇒discusión ⇒pelea ⇒riña

quarrel[2] UK: /'kwɒr.ᵊl/ US: /'kwɔːr-/ [quarrelled, quarrelling; *US* quarreled, quarreling] *v* [I] ⇒discutir ⇒pelearse

quarry UK: /'kwɒr.i/ US: /'kwɔːr-/ [*pl* quarries] *n* [C] **1** *(animal)* ⇒presa **2** ⇒cantera [de piedra]

quart UK: /kwɔːt/ US: /kwɔːrt/ *n* [C] *(unidad de medida)* ⇒unidad equivalente a dos pintas ■ La forma abreviada es *qt*

↑**quarter** UK: /'kwɔː.təʳ/ US: /'kwɑː.ˁt̬ɚ/ *n* [C] **1** ⇒cuarto ⇒cuarta parte **2** ⇒barrio **3** *(en economía)* ⇒trimestre **4** *US* ⇒veinticinco centavos **5 a ~ of an hour** ⇒un cuarto de hora ⇒quince minutos **6 ~ past** *(para las horas)* ⇒y cuarto **7 ~ to** *(para las horas)* ⇒menos cuarto

quarter-final *n* [C] *(en una competición)* ⇒cuartos de final

quarterly[1] UK: /'kwɔː.tᵊl.i/ US: /'kwɑː.ˁt̬ɚ.li/ *adv* ⇒trimestralmente: *to pay a bill quarterly* - pagar una factura trimestralmente

quarterly[2] UK: /'kwɔː.tᵊl.i/ US: /'kwɑː.ˁt̬ɚ.li/ *adj* ⇒trimestral: *a quarterly magazine* - una revista trimestral

quarters UK: /'kwɔː.təz/ US: /'kwɑː.ˁt̬ɚz/ *n* [PL] **1** *(en una casa)* ⇒habitaciones ⇒dependencias **2** *(en el ejército)* ⇒viviendas **3 from all ~** ⇒de todas partes **4 in {certain/some} ~** ⇒en {ciertas/algunas} partes

Q

quartet UK: /kwɔːˈtet/ US: /kwɔːr-/ *n* [c] ⇒cuarteto [musical]: *a jazz quartet* - un cuarteto de jazz

quartz UK: /ˈkwɔːts/ US: /ˈkwɔːrts/ *n* [u] *(mineral)* ⇒cuarzo

quash UK: /kwɒʃ/ US: /kwɑːʃ/ [quashes] *v* [T] **1** *(form) (en derecho)* ⇒anular ⇒invalidar ■ CONSTR. Se usa más en pasiva **2** *(una rebelión)* ⇒sofocar ⇒reprimir **3** *(un rumor)* ⇒desmentir

quaternary *adj* ⇒cuaternario,ria

quay /kiː/ *n* [c] ⇒muelle ⇒embarcadero ■ PRON. Se pronuncia igual que *key*

queasy /ˈkwiː.zi/ *adj* [*comp* queasier, *superl* queasiest] ⇒mareado,da ⇒con náuseas

↑**queen** /kwiːn/ *n* [c] **1** ⇒reina **2** *(en ajedrez)* ⇒dama ⇒reina **3** *(en naipes)* ⇒dama **4** *queen bee* - abeja reina

queer UK: /kwɪəʳ/ US: /kwɪr/ *adj* **1** *(old-fash)* ⇒curioso,sa ⇒raro,ra **2** *(offens)* ⇒marica *vulg. desp.*

quell /kwel/ *v* [T] **1** *(form) (una revuelta)* ⇒sofocar **2** *(una duda)* ⇒disipar

quench /kwentʃ/ [quenches] *v* [T] **1** *(la sed)* ⇒apagar **2** *(lit) (las llamas)* ⇒apagar ⇒extinguir

query[1] UK: /ˈkwɪə.ri/ US: /ˈkwɪr.i/ [*pl* queries] *n* [c] ⇒duda ⇒pregunta ⇒consulta

query[2] UK: /ˈkwɪə.ri/ US: /ˈkwɪr.i/ [queries, queried] *v* [T, I] **1** ⇒poner en duda ⇒cuestionar **2** ⇒preguntar ■ CONSTR. to query + interrogativa indirecta

↑**quest** /kwest/ *n* [c] *(form)* ⇒búsqueda

↑**question**[1] /ˈkwes.tʃən/ *n* [c] **1** ⇒pregunta ■ Se dice *to ask a question - hacer una pregunta*. Incorrecto: *to make a question* **2** ⇒cuestión: *to discuss a question* - discutir una cuestión **3 out of the ~** ⇒impensable ⇒imposible **4 to bring *sth* into ~** ⇒poner algo en duda

↑**question**[2] /ˈkwes.tʃən/ *v* [T] **1** ⇒interrogar: *to question a suspect* - interrogar a un sospechoso ■ CONSTR. Se usa más en pasiva **2** ⇒cuestionar ⇒poner en duda

questionable /ˈkwes.tʃə.nə.bl̩/ *adj* ⇒cuestionable ⇒dudoso,sa

questioner UK: /ˈkwes.tʃə.nəʳ/ US: /-nə/ *n* [c] ⇒interrogador,-a ⇒encuestador,-a

questioning[1] /ˈkwes.tʃə.nɪŋ/ *n* [u] ⇒interrogatorio: *to hold sb for questioning* - detener a alguien para someterle a un interrogatorio

questioning[2] /ˈkwes.tʃə.nɪŋ/ *adj* ⇒inquisitivo,va: *a questioning look* - una mirada inquisitiva

questioningly *adv* ⇒inquisitivamente ⇒de manera inquisitiva: *She was looking at me questioningly* - Me miraba de manera inquisitiva

↑**question mark** *n* [c] *(en ortografía)* ⇒signo de interrogación ■ Ver cuadro Signos de puntuación

questionnaire UK: /ˌkwes.tʃəˈneəʳ/ US: /-ˈner/ *n* [c] **1** ⇒encuesta **2** ⇒cuestionario: *to fill in a questionnaire* - rellenar un cuestionario

question tag *n* [c] *(en gramática)* ⇒coletilla interrogativa

↑**queue**[1] /kjuː/ *UK* (*US* **line**) *n* [c] **1** ⇒cola ⇒fila **2 to jump the ~** *(en una fila)* ⇒colarse

↑**queue**[2] /kjuː/ [queued, queuing] *UK* (*US* **line up**) *v* [I] ⇒hacer cola ■ CONSTR. to queue + to do sth

↑**quick**[1] /kwɪk/ *adj* ⇒rápido,da: *a quick answer* - una respuesta rápida ■ Normalmente se usa en referencia al tiempo. Comparar con *fast*

↑**quick**[2] /kwɪk/ *adv (inform)* ⇒rápidamente ⇒deprisa ■ En este uso, *quick* y *fast* significan lo mismo

quicken /ˈkwɪk.ᵊn/ *v* [T, I] **1** ⇒acelerar(se) **2** *(el interés)* ⇒reavivar

quickly /ˈkwɪk.li/ *adv* ⇒rápidamente

quid /kwɪd/ [*pl* quid] *UK n* [c] *(inform) (moneda)* ⇒libra [esterlina]

↑**quiet**[1] /kwaɪət/ *adj* **1** ⇒sin ruido ⇒tranquilo,la **2** ⇒callado,da: *You should be quiet in class* - Deberías permanecer callado durante la clase **3** ⇒discreto,ta ⇒íntimo,ma ■ Distinto de *still* (quieto)

quiet[2] /kwaɪət/ *n* [u] **1** ⇒tranquilidad: *peace and quiet* - paz y tranquilidad **2 on the ~** *(inform)* ⇒a escondidas

↑**quiet**[3] /kwaɪət/ *US v* [T] See **quieten**

quieten /ˈkwaɪə.tᵊn/ *UK* (*US* **quiet**) *v* [T] **1** ⇒calmar ⇒tranquilizar **2** ⇒callar(se)

quietly /ˈkwaɪət.li/ *adv* **1** ⇒sin hacer ruido ⇒en silencio **2** ⇒tranquilamente ⇒sin ofrecer resistencia **3** ⇒en voz baja

quietness /ˈkwaɪət.nəs/ *n* [u] **1** ⇒silencio **2** ⇒tranquilidad

quill /kwɪl/ *n* [c] **1** *(de un ave)* ⇒pluma **2** *(para escribir en la antigüedad)* ⇒pluma **3** *(de un erizo)* ⇒púa

quilt /kwɪlt/ *n* [c] **1** ⇒colcha **2** *UK* ⇒edredón: *continental quilt* - edredón nórdico

quirk UK: /kwɜːk/ US: /kwɝːk/ *n* [c] **1** ⇒rareza: *We all have our quirks* - Todos tenemos rarezas **2 ~ of fate** ⇒capricho del destino

↑**quit, quit, quit** (*tb* **quitted, quitted**) /kwɪt/ [quitting] *v* [T, I] **1** ⇒dejar de: *You should try to quit smoking* - Deberías intentar dejar de fumar ■ CONSTR. to quit + doing sth **2** ⇒dejar ⇒dimitir **3** ⇒desocupar ⇒desalojar

↑**quite** /kwaɪt/ *adv* **1** *UK* ⇒bastante **2** ⇒completamente ⇒totalmente **3** ⇒exactamente **4 quite!** ⇒¡exactamente! ⇒¡precisamente! **5 ~ {a bit/a lot}** ⇒bastante cantidad ⇒mucho,cha

quiver[1] UK: /ˈkwɪv.əʳ/ US: /-ə/ *v* [I] ⇒temblar [de emoción]

quiver[2] UK: /ˈkwɪv.əʳ/ US: /-ə/ *n* [c] **1** ⇒temblor **2** *(de un arquero)* ⇒aljaba

quiz[1] /kwɪz/ [*pl* quizzes] *n* [C] **1** *(juego)* ⇒test de preguntas **2** ⇒concurso

quiz[2] /kwɪz/ [quizzed, quizzing] *v* [T] ⇒someter a un interrogatorio ⇒hacer preguntas ■ CONSTR. to quiz sb about/on sth

quizzical /ˈkwɪz.ɪ.kəl/ *adj* **1** *(una mirada)* ⇒interrogante **2** *(una mirada, una sonrisa)* ⇒burlón,-a

quota UK: /ˈkwəʊ.tə/ US: /ˈkwoʊ.ˤt̬ə/ *n* [C] **1** ⇒cupo: *a fixed quota* - un cupo fijo **2** *(cantidad)* ⇒cuota ⇒parte

quotation UK: /kwəʊˈteɪ.ʃən/ US: /kwoʊ-/ *n* [C] **1** ⇒cita ⇒mención **2** ⇒presupuesto [aproximado] **3** *(en finanzas)* ⇒cotización

quotation marks *n* [PL] *(en ortografía)* ⇒comillas ■ Ver cuadro signos de puntuación

quote[1] UK: /kwəʊt/ US: /kwoʊt/ [quoted, quoting] *v* [T, I] **1** ⇒citar ⇒mencionar **2** ⇒dar un presupuesto **3** ⇒cotizar ■ CONSTR. Se usa más en pasiva

quote[2] UK: /kwəʊt/ US: /kwoʊt/ *n* [C] **1** ⇒cita **2** ⇒presupuesto [aproximado]

Q

R

r

r UK: /ɑːʳ/ US: /ɑːr/ [*pl* r's] *n* [C] *(letra del alfabeto)* ⇒r ■ PRON. Se pronuncia como *ar* en *art*

rabbi /ˈræb.aɪ/ *n* [C] ⇒rabino

↑**rabbit** /ˈræb.ɪt/ *n* [C] **1** ⇒conejo,ja **2** ⇒conejo macho

rabies /ˈreɪ.biːz/ *n* [U] *(en medicina)* ⇒rabia

↑**race**[1] /reɪs/ ▌*n* [C] **1** ⇒carrera: *horse race* - carrera de caballos ▌*n* [C, U] **2** ⇒raza

race[2] /reɪs/ [raced, racing] *v* [T, I] **1** ⇒correr **2** ⇒competir **3** *(un motor)* ⇒acelerar **4 to ~ against (sb)** ⇒competir con (alguien) [en una carrera]

racecourse UK: /ˈreɪs.kɔːs/ US: /-kɔːrs/ *UK* (*US* **racetrack**) *n* [C] ⇒hipódromo

racehorse UK: /ˈreɪs.hɔːs/ US: /-hɔːrs/ *n* [C] ⇒caballo de carreras

racetrack /ˈreɪs.træk/ *n* [C] **1** ⇒circuito de carreras **2** ⇒pista [de atletismo] **3** *US* ⇒hipódromo

racial /ˈreɪ.ʃəl/ *adj* ⇒racial: *racial discrimination* - discriminación racial

racially /ˈreɪ.ʃəl.i/ *adv* ⇒racialmente

racing /ˈreɪ.sɪŋ/ *n* [U] ⇒carreras: *motor racing* - carreras de coches

racing car *n* [C] ⇒coche de carreras

↑**racism** /ˈreɪ.sɪ.zəm/ *n* [U] ⇒racismo

racist /ˈreɪ.sɪst/ *n* [C] ⇒racista: *a racist attack* - un ataque racista

rack[1] /ræk/ *n* [C] **1** ⇒rejilla **2** ⇒soporte

rack[2] /ræk/ *v* [T] *(inform)* ⇒devanar(se): *to rack one's brains* - devanarse los sesos

↑**racket** /ˈræk.ɪt/ *n* [C] **1** (*tb* **racquet**) ⇒raqueta: *tennis racket* - raqueta de tenis **2** *(inform)* ⇒jaleo *col.* **3** *(inform)* ⇒timo ⇒tinglado **4** *They infiltrated a drugs racket* - Se infiltraron en una banda de tráfico de drogas

racquet *n* [C] See **racket**

radar UK: /ˈreɪ.dɑːʳ/ US: /-dɑːr/ *n* [U] ⇒radar ■ PRON. La primera sílaba rima con *day*

radiant /ˈreɪ.di.ənt/ *adj* ⇒radiante: *radiant with joy* - radiante de alegría

radiate /ˈreɪ.di.eɪt/ [radiated, radiating] *v* [T] ⇒irradiar

↑**radiation** /ˌreɪ.diˈeɪ.ʃən/ *n* [U] ⇒radiación: *nuclear radiation* - radiación nuclear

radiator UK: /ˈreɪ.di.eɪ.təʳ/ US: /-ˤt̬ɚ/ *n* [C] ⇒radiador

↑**radical** /ˈræd.ɪ.kəl/ *adj* ⇒radical: *She has very radical views* - Tiene ideas muy radicales

↑**radio** UK: /ˈreɪ.di.əʊ/ US: /-oʊ/ *n* [C] ⇒radio: *to listen to the radio* - escuchar la radio ■ PRON. La primera sílaba, *ra*, rima con *day*

radioactive UK: /ˌreɪ.di.əʊˈæk.tɪv/ US: /-oʊ-/ *adj* ⇒radiactivo,va

radioactivity UK: /ˌreɪ.di.əʊ.ækˈtɪv.ɪ.ti/ US: /-oʊ.ækˈtɪv.ə.ˤt̬i/ *n* [U] ⇒radiactividad

radish /ˈræd.ɪʃ/ [*pl* radishes] *n* [C] ⇒rábano

radius /ˈreɪ.di.əs/ [*pl* radii] *n* [C] *(en geometría)* ⇒radio

raffle /ˈræf.l̩/ *n* [C] ⇒rifa ⇒sorteo

raft UK: /rɑːft/ US: /ræft/ *n* [C] **1** ⇒balsa **2** ⇒montón: *a raft of data* - un montón de datos

rafter UK: /ˈrɑːf.təʳ/ US: /ˈræf.tɚ/ *n* [C] ⇒viga [de un techo]

rafting *n* [U] *(deporte)* ⇒rafting

rag /ræg/ *n* [C] **1** ⇒trapo ⇒harapo **2** *(inform)* ⇒periódico

rage[1] /reɪdʒ/ *n* [C, U] **1** ⇒furia ⇒rabia **2 to be all the ~** *(old-fash)* ⇒hacer furor ⇒estar de moda

rage[2] /reɪdʒ/ [raged, raging] *v* [I] **1** ⇒azotar ⇒soplar con fuerza **2** ⇒arder con intensidad **3** *(una discusión)* ⇒estar candente

ragged /ˈræg.ɪd/ *adj* **1** *(una prenda de vestir)* ⇒haraposo,sa **2** ⇒harapiento,ta ⇒desarrapado,da **3** *(la respiración)* ⇒entrecortado,da ⇒irregular **4** *(un filo, una hoja)* ⇒mellado,da ⇒irregular

raid[1] /reɪd/ *n* [C] **1** ⇒asalto ⇒incursión **2** ⇒ataque **3** *a bombing raid* - un bombardeo **4** ⇒redada: *to make a raid on sth* - hacer una redada

raid[2] /reɪd/ *v* [T] **1** ⇒asaltar ⇒atacar **2** *(la policía)* ⇒registrar

↑**rail** /reɪl/ *n* [C, U] **1** ⇒barandilla ⇒riel **2** ⇒raíl **3 by ~** ⇒en tren: *to travel by rail* - viajar en tren

railing /ˈreɪ.lɪŋ/ *n* [C] **1** ⇒reja **2** ⇒barandilla [de un balcón] ■ Se usa más en plural

↑**railroad**[1] UK: /ˈreɪl.rəʊd/ US: /-roʊd/ *US n* [c] See **railway**

↑**railroad**[2] UK: /ˈreɪl.rəʊd/ US: /-roʊd/ *v* [T] ⇒forzar ⇒presionar ⇒coaccionar ■ CONSTR. Se usa generalmente seguido de la preposición into

↑**railway** /ˈreɪl.weɪ/ (*US tb* **railroad**) *n* [c] **1** ⇒ferrocarril **2** ~ **{line/track}** ⇒vía del tren **3** ~ **station** ⇒estación de tren

↑**rain**[1] /reɪn/ *n* [U] **1** ⇒lluvia **2** *heavy rain* - chaparrón **3** *fine rain* - llovizna **4 to pour with** ~ ⇒llover a cántaros

↑**rain**[2] /reɪn/ *v* [I] ⇒llover: *It's raining cats and dogs* - Está lloviendo a cántaros

↑**rainbow** UK: /ˈreɪn.bəʊ/ US: /-boʊ/ *n* [c] ⇒arco iris: *at the end of the rainbow* - al final del arco iris

raincoat UK: /ˈreɪŋ.kəʊt/ US: /-koʊt/ *n* [c] ⇒gabardina [para la lluvia]

rainfall UK: /ˈreɪn.fɔːl/ US: /-fɑːl/ *n* [U] ⇒lluvias ⇒precipitaciones

↑**rainforest** UK: /ˈreɪn.fɒr.ɪst/ US: /-fɔːr-/ *n* [c] ⇒selva tropical

rainwater *n* [U] ⇒agua de lluvia: *to collect rainwater* - recoger agua de lluvia

rainy /ˈreɪ.ni/ *adj* [*comp* rainier, *superl* rainiest] ⇒lluvioso,sa: *a rainy day* - un día lluvioso

↑**raise**[1] /reɪz/ [raised, raising] *v* [T] **1** ⇒levantar **2** ⇒subir ⇒aumentar ■ Se usa con complemento *They have reaised their prices again - Han subido sus precios de nuevo.* Comparar con *to rise* **3** ⇒reunir ⇒recaudar **4** ⇒criar **5 to** ~ ***one's* glass (to *sth*)** ⇒brindar (por algo) ■ PRON. Rima con *days*

raise[2] /reɪz/ *US* (*UK* **rise**) *n* [c] ⇒aumento ⇒subida

raised *adj* ⇒elevado,da ⇒exaltado,da ■ PRON. *rais* rima con *days* y la **e** no se pronuncia

raisin /ˈreɪ.zᵊn/ *n* [c] *(fruto seco)* ⇒pasa

rake[1] /reɪk/ *n* [c] *(herramienta)* ⇒rastrillo

rake[2] /reɪk/ [raked, raking] *v* [T, I] **1** ⇒rastrillar **2** *(con armas de fuego, con luces)* ⇒barrer

PHRASAL VERBS

- **to rake *sth* in [M]** *(inform)* ⇒forrarse *col.*: *He's raking it in!* - ¡Se está forrando!
- **to rake *sth* up [M]** ⇒sacar a relucir algo *col.*

rally[1] /ˈræl.i/ [*pl* rallies] *n* [c] **1** ⇒concentración ⇒reunión multitudinaria **2** *(de coches)* ⇒rally **3** *(en deportes de raqueta)* ⇒peloteo

rally[2] /ˈræl.i/ [rallies, rallied] *v* [T, I] **1** ⇒reunirse en torno a algo **2** *(en economía, en medicina)* ⇒recuperarse **3** ⇒reorganizar **4** ⇒levantar el ánimo

PHRASAL VERBS

- **rally round (*sb*)** ⇒apoyar ⇒ayudar

ram[1] /ræm/ [rammed, ramming] *v* [T] **1** ⇒chocar de frente ⇒colisionar **2** ⇒encajar(se) [con fuerza]: *She rammed her hat onto her head* - Se encajó el sombrero en la cabeza

ram[2] /ræm/ *n* [c] ⇒carnero

RAM *n* [U] *(en informática)* ⇒memoria RAM ■ Procede de *Random Access Memory* (memoria de acceso aleatorio)

Ramadan UK: /ˈræm.ə.dæn/ US: /ˌræm.əˈdɑːn/ *n* [U] *(en la religión musulmana)* ⇒ramadán

ramble /ˈræm.bl̩/ [rambled, rambling] *v* [I] **1** ⇒pasear por el campo ⇒hacer excursionismo ■ CONSTR. Se usa generalmente seguido de las preposiciones in y through **2** *(al hablar)* ⇒divagar

rambler UK: /ˈræm.bləʳ/ US: /-blɚ/ *n* [c] ⇒excursionista ⇒senderista

rambling /ˈræm.blɪŋ/ *adj* **1** *(un edificio)* ⇒extenso,sa y de estructura irregular **2** *(un discurso)* ⇒vago,ga y disperso,sa ⇒lleno,na de divagaciones

ramp /ræmp/ *n* [c] **1** *US (en una autopista)* ⇒carril de incorporación o de salida **2** ⇒rampa **3** *(en una carretera)* ⇒desnivel

rampage[1] /ræmˈpeɪdʒ/ [rampaged, rampaging] *v* [I] ⇒desmandarse

rampage[2] /ˈræm.peɪdʒ/ **to go on {a/the}** ~ ⇒desmandarse

rampant /ˈræm.pᵊnt/ *adj* **1** ⇒desenfrenado,da **2** *(vegetación)* ⇒exuberante **3** *(en heráldica)* ⇒rampante **4 to be** ~ ⇒ser muy común ⇒estar muy extendido,da

ramshackle /ˈræmˌʃæk.l̩/ *adj* **1** ⇒destartalado,da: *a ramshackle old house* - una casa vieja y destartalada **2** *(un sistema o una actuación)* ⇒desorganizado,da

ran /ræn/ past tense of **run**

ranch UK: /rɑːntʃ/ US: /ræntʃ/ [*pl* ranches] *n* [c] ⇒rancho ⇒hacienda *AMÉR.*

rancid /ˈrænt.sɪd/ *adj* ⇒rancio,cia: *rancid butter* - mantequilla rancia

↑**random** /ˈræn.dəm/ *adj* **1** ⇒aleatorio,ria ⇒elegido,da al azar **2 at** ~ ⇒al azar

rang /ræŋ/ past tense of **ring**

range[1] /reɪndʒ/ ▌*n* [c] **1** ⇒gama ⇒variedad **2** ⇒escala **3** ⇒cordillera ⇒sierra ▌*n* [U] **4** ⇒alcance

range[2] /reɪndʒ/ [ranged, ranging] ▌*v* [I] **1** ⇒oscilar: *Prices range from £30 to £60* - Los precios oscilan entre 30 y 60 libras **2** ⇒extenderse ▌*v* [T] **3** ⇒alinear

ranger UK: /ˈreɪn.dʒəʳ/ US: /-dʒɚ/ *n* [c] ⇒guardabosques

rank[1] /ræŋk/ ▌*n* [c, U] **1** ⇒rango ⇒categoría ▌*n* [c] **2** ⇒parada

rank[2] /ræŋk/ *v* [T, I] ⇒clasificar(se) ⇒figurar ■ CONSTR. Se usa generalmente seguido de una preposición o un adverbio

ransom /ˈræn*t*.sᵊm/ *n* [c, u] *(dinero)* ⇒rescate

rap[1] /ræp/ ▌ *n* [u] **1** ⇒golpe seco [contra una superficie dura] ⇒golpe ▌ *n* [c] **2** *(música)* ⇒rap

rap[2] /ræp/ [rapped, rapping] ▌ *v* [i] **1** ⇒rapear ▌ *v* [t, i] **2** *(contra una superficie dura)* ⇒dar golpes ⇒golpear

rape[1] /reɪp/ [raped, raping] *v* [t] *(a una persona)* ⇒violar ■ Distinto de *to violate* (transgredir, invadir, profanar)

rape[2] /reɪp/ ▌ *n* [c, u] **1** *(de una persona)* ⇒violación ■ Distinto de *violation* (transgresión, profanación) ▌ *n* [u] **2** *(planta)* ⇒colza

↑**rapid** /ˈræp.ɪd/ *adj* ⇒rápido,da

rapidly /ˈræp.ɪd.li/ *adv* ⇒deprisa

rapids /ˈræp.ɪdz/ *n* [pl] *(en un río)* ⇒rápidos

rapist /ˈreɪ.pɪst/ *n* [c] ⇒violador,-a

rapport UK: /ræˈpɔːʳ/ US: /-ˈpɔːr/ *n* [u, no pl] **1** ⇒compenetración **2** *Lennie and I have a good rapport* - Lennie y yo nos entendemos bien

rapture UK: /ˈræp.tʃəʳ/ US: /-tʃə/ *n* [u] ⇒éxtasis

↑**rare** UK: /reəʳ/ US: /rer/ *adj* **1** ⇒poco frecuente ⇒poco común ⇒raro,ra **2** *(carne)* ⇒poco hecho,cha

rarely UK: /ˈreə.li/ US: /ˈrer-/ *adv* ⇒rara vez ⇒casi nunca ■ Se sitúa después de los verbos auxiliares y delante del resto de los verbos

rarity UK: /ˈreə.rə.ti/ US: /ˈrer.ə.ˤt̬i/ [*pl* rarities] *n* [c, u] ⇒rareza

rash[1] /ræʃ/ [*pl* rashes] *n* [c] *(en medicina)* ⇒sarpullido ⇒erupción cutánea

rash[2] /ræʃ/ *adj* **1** ⇒irreflexivo,va ⇒precipitado,da **2** ⇒casquivano, na **3** *It was a rash move* - Fue una imprudencia

raspberry UK: /ˈrɑːz.bᵊr.i/ US: /ˈræz.ber-/ [*pl* raspberries] *n* [c] ⇒frambuesa: *raspberry jam* - mermelada de frambuesa

↑**rat** /ræt/ *n* [c] ⇒rata: *a plague of rats* - una plaga de ratas

↑**rate**[1] /reɪt/ *n* [c] **1** ⇒ritmo ⇒velocidad **2** ⇒tarifa ⇒precio **3** ⇒tasa ⇒índice **4** *exchange rate* - cambio **5 at any ~** ⇒en todo caso ⇒de todos modos **6 at a ~ of** ⇒a razón de **7 at this rate...** ⇒a este paso ⇒como sigamos así...

rate[2] /reɪt/ [rated, rating] *v* [t, i] **1** ⇒estimar **2** ⇒considerar: *I would rate it as essential* - Lo considero esencial

↑**rather** UK: /ˈrɑː.ðəʳ/ US: /ˈræð.ə/ *adv* **1** ⇒bastante: *This film is rather good, don't you think?* - Esta película es bastante buena, ¿no crees? **2** ⇒un tanto ⇒más bien ■ Cuando se usa con un adjetivo positivo, implica sorpresa o satisfacción por parte del hablante. Si el adjetivo es negativo, implica disgusto o insatisfacción **3** *or rather* - mejor dicho **4 ~ than** ⇒en lugar de: *She makes her own dresses rather than buying them* - Se hace los vestidos ella misma, en lugar de comprárselos **5 would ~** ⇒preferir: *I would rather you didn't come* - Preferiría que no vinieses ■ Constr. would rather + do sth. En este caso siempre se usa en forma condicional

rating UK: /ˈreɪ.tɪŋ/ US: /-ˤt̬ɪŋ/ *n* [c] **1** ⇒clasificación ⇒puntuación **2 a {high/low} ~** ⇒un índice {alto/bajo} **3 the ratings** *(en televisión)* ⇒la cuota [de audiencia] ⇒el índice [de audiencia]

↑**ratio** UK: /ˈreɪ.ʃi.əʊ/ US: /-oʊ/ *n* [c] ⇒ratio ⇒proporción

ration[1] /ˈræʃ.ᵊn/ *n* [c] ⇒ración ⇒porción

ration[2] /ˈræʃ.ᵊn/ *v* [t] ⇒racionar

rationalize /ˈræʃ.ᵊn.ᵊl.aɪz/ [rationalized, rationalizing] ▌ *v* [t, i] **1** ⇒racionalizar ▌ *v* [t] **2** *(una empresa)* ⇒reconvertir ⇒reorganizar

rattle[1] UK: /ˈræt.l̩/ US: /ˈræˤt̬-/ [rattled, rattling] ▌ *v* [t, i] **1** ⇒hacer sonar ⇒sacudir ⇒hacer vibrar **2** ⇒traquetear ▌ *v* [t] **3** ⇒poner nervioso,sa ■ Constr. Se usa más en pasiva

PHRASAL VERBS

· **to rattle *sth* off [M]** ⇒decir algo de carrerilla

rattle[2] UK: /ˈræt.l̩/ US: /ˈræˤt̬-/ *n* [c] **1** ⇒traqueteo ⇒ruido **2** ⇒sonajero

ravage /ˈræv.ɪdʒ/ [ravaged, ravaging] *v* [t] ⇒devastar ⇒asolar ■ Constr. Se usa más en pasiva

rave[1] /reɪv/ [raved, raving] *v* [i] **1** ⇒delirar ⇒desvariar **2** ⇒despotricar *col.: to rave at sb* - despotricar contra alguien

PHRASAL VERBS

· **to rave about *sth/sb*** ⇒poner(se) por las nubes

rave[2] /reɪv/ *n* [c] ⇒fiesta multitudinaria

raven /ˈreɪ.vᵊn/ *n* [c] ⇒cuervo

ravenous /ˈræv.ᵊn.əs/ *adj* ⇒muy hambriento,ta

↑**raw** UK: /rɔː/ US: /rɑː/ *adj* **1** *(un alimento)* ⇒crudo,da **2** ⇒en bruto ⇒sin refinar **3** *(una herida)* ⇒en carne viva **4** *(el odio, la energía)* ⇒puro,ra **5** *(inexperto)* ⇒novato,ta **6 ~ materials** ⇒materia prima

↑**ray** /reɪ/ ▌ *n* [c] **1** ⇒rayo: *ultraviolet rays* - rayos ultravioleta; *a ray of hope* - un rayo de esperanza ▌ *n* [u, no pl] **2** (*tb* **re**) *(nota musical)* ⇒re

razor UK: /ˈreɪ.zəʳ/ US: /-zə/ *n* [c] **1** ⇒maquinilla de afeitar ⇒rastrillo *AMÉR.* **2** ⇒cuchilla de afeitar

razor blade *n* [c] ⇒cuchilla de afeitar ⇒hoja de afeitar

Rd *n* [c] ⇒forma abreviada de **road** (calle)

re /reɪ/ (*tb* **ray**) *n* [u, no pl] *(nota musical)* ⇒re

↑**reach**[1] /riːtʃ/ *v* [t] **1** *(físicamente)* ⇒alcanzar ⇒llegar **2** *(una cifra, un objetivo)* ⇒alcanzar ⇒llegar ⇒lograr **3** *(a un destino)* ⇒llegar **4** ⇒llegar hasta ⇒extender(se) **5** ⇒ponerse en contacto

R

PHRASAL VERBS
· **to reach out (for *sth*)** ⇒alargar la mano [para coger algo]

reach² /ri:tʃ/ *n* [U] **1** ⇒alcance ⇒extensión **2 {beyond/out of} ~** ⇒fuera del alcance **3 to be within (sb's) ~** ⇒estar al alcance

↑**react** /ri'ækt/ *v* [I] **1** ⇒reaccionar: *How did he react when you told him that?* - ¿Cómo reaccionó cuando le dijiste eso? **2** *(en química)* ⇒reaccionar

PHRASAL VERBS
· **to react against *sth/sb*** ⇒reaccionar contra algo/alguien

reaction /ri'æk.ʃən/ *n* [C, U] ⇒reacción: *a predictable reaction* - una reacción predecible

reactionary UK: /ri'æk.ʃən.ər.i/ US: /-er-/ *adj* ⇒reaccionario,ria: *reactionary forces* - fuerzas reaccionarias

reactor UK: /ri'æk.təʳ/ US: /-tə/ *n* [C] ⇒reactor nuclear

↑**read, read, read** /ri:d, red, red/ *v* [T, I] **1** ⇒leer ■ CONSTR. 1. to read + (that) 2. to read + dos objetos **2** ⇒poner ⇒decir **3** ⇒interpretar ⇒ver **4** *(la mano)* ⇒leer **5** *(un anuncio, una señal)* ⇒indicar ⇒decir

PHRASAL VERBS
· **to read *sth* into *sth*** **1** ⇒atribuir algo a algo **2** ⇒ver algo [que no existe] en algo ⇒interpretar de forma equivocada
· **to read on** ⇒seguir leyendo
· **to read *sth* out [M]** ⇒leer en voz alta
· **to read *sth* {over/through} [M]** ⇒leer algo rápidamente

readable /'ri:.də.bl̩/ *adj* **1** ⇒legible **2** ⇒ameno,na [de leer]

reader UK: /'ri:.dəʳ/ US: /-də/ *n* [C] **1** ⇒lector,-a: *an avid reader* - un ávido lector **2** *a great reader* - un gran aficionado a lectura **3** ⇒libro de lectura ⇒antología **4** *(máquina)* ⇒lector

R

readership UK: /'ri:.də.ʃɪp/ US: /-dɚ-/ *n* [NO PL] *(cantidad)* ⇒lectores

readily /'red.ɪ.li/ *adv* **1** ⇒fácilmente **2** ⇒de buena gana

readiness /'red.ɪ.nəs/ *n* [U] **1** ⇒disposición [buena] **2** ⇒preparación: *in readiness for her arrival* - en preparación de su llegada

reading /'ri:.dɪŋ/ *n* [U] **1** ⇒lectura **2** *I haven't brought my reading glasses* - No he traído mis gafas de leer **3** ⇒interpretación: *What's your reading?* - ¿Cuál es tu interpretación?

↑**ready** /'red.i/ *adj* [*comp* readier, *superl* readiest] **1** ⇒listo,ta ⇒preparado,da ■ CONSTR. Se usa detrás de un verbo **2 to be ~ to do *sth*** ⇒estar dispuesto,ta: *He's ready to defend his country* - Está dispuesto a defender su país **3 to get ~ to do *sth*** ⇒prepararse para algo: *He's getting ready to the party* - Se está preparando para la fiesta

ready-made /ˌred.i'meɪd/ *adj* **1** ⇒ya hecho,cha **2** *(una comida)* ⇒precocinado,da

↑**real¹** UK: /rɪəl/ US: /ri:.əl/ *adj* **1** ⇒verdadero,ra ⇒real **2** ⇒auténtico,ca ⇒genuino,na **3** ⇒real

real² UK: /rɪəl/ US: /ri:.əl/ *adv US (inform)* ⇒muy ⇒realmente

real estate *US n* [U] ⇒bienes inmuebles

real estate agent *US* (*UK* **estate agent**) *n* [C] ⇒agente inmobiliario,ria

realia *n* [U] *(en el colegio)* ⇒material [para aprender]

realise [realised, realising] *UK v* [T] See **realize**

realism UK: /'rɪə.lɪ.zəm/ US: /'ri:.ə-/ *n* [U] ⇒realismo: *gritty realism* - realismo crudo

realist UK: /'rɪə.lɪst/ US: /'ri:.ə-/ *n* [C] *(una persona)* ⇒realista

realistic UK: /ˌrɪə'lɪs.tɪk/ US: /ˌri:.ə-/ *adj* ⇒realista

reality UK: /ri'æl.ɪ.ti/ US: /-ə.ˀt̬i/ *n* [U] ⇒realidad: *to face up the reality* - afrontar la realidad

realization UK: /ˌrɪə.laɪ'zeɪ.ʃən/ US: /ˌri:.ə-/ *n* [NO PL] **1** ⇒comprensión ⇒entendimiento **2** *(form)* *(de un sueño, de algo ambicionado)* ⇒cumplimiento ⇒realización

↑**realize** UK: /'rɪə.laɪz/ US: /'ri:.ə-/ [realized, realizing] (*UK tb* **realise**) *v* [T] **1** ⇒darse cuenta ⇒caer en la cuenta ■ CONSTR. 1. to realize + (that) 2. to realize + interrogativa indirecta **2** ⇒hacer(se) realidad ⇒desarrollar(se) ■ Distinto de *to do* y *to make* (realizar)

really UK: /'rɪə.li/ US: /ri:.ə-/ *adv* **1** ⇒verdaderamente ⇒de verdad ■ Se sitúa delante del verbo **2** ⇒realmente ⇒muy ■ Se sitúa delante del adjetivo **3** ⇒¿de veras? ⇒¿en serio? ⇒¿Ah sí?

realm /relm/ *n* [C] **1** *(lit)* ⇒reino **2** *(form)* ⇒ámbito ⇒terreno **3** *within the realms of possibility* - dentro de lo posible

realtor UK: /'rɪəl.təʳ/ US: /'ri:.əl.tɔ:r/ *US* (*UK* **estate agent**) *n* [C] ⇒agente inmobiliario,ria

reap /ri:p/ *v* [T, I] ⇒recoger ⇒cosechar

reappear UK: /ˌri:.ə'pɪəʳ/ US: /-'pɪr/ *v* [I] ⇒reaparecer

rear¹ UK: /rɪəʳ/ US: /rɪr/ *n* [C] **1** ⇒parte de atrás ⇒parte trasera **2** *(en un grupo)* ⇒cola **3** ⇒retaguardia **4** *(euphem)* ⇒trasero *col.* **5 to bring up the ~** **1** ⇒estar el último en la fila **2** *(en una competición)* ⇒ir en el último puesto

↑**rear²** UK: /rɪəʳ/ US: /rɪr/ *adj* ⇒trasero,ra ⇒de atrás

rear³ UK: /rɪəʳ/ US: /rɪr/ ▌*v* [T] **1** ⇒criar: *They rear horses* - Crían caballos ▌*v* [I] **2** *(un caballo)* ⇒encabritarse ⇒ponerse sobre dos patas **3** ⇒alzar(se) ⇒levantar(se)

↑**rearrange** /ˌri:.ə'reɪndʒ/ [rearranged, rearranging] *v* [T] **1** ⇒arreglar ⇒cambiar ⇒reorganizar **2** *(una cita, una reunión)* ⇒cambiar

↑**reason**[1] /ˈriː.zᵊn/ ▌*n* [C] **1** ⇒razón ⇒motivo ▌*n* [U] **2** ⇒entendimiento ⇒razón **3 by ~ of sth** *(form)* ⇒en virtud de algo **4 to make sb see ~** ⇒hacer entrar en razón a alguien **5 within ~** ⇒dentro de lo razonable
reason[2] /ˈriː.zᵊn/ *v* [T] ⇒razonar ■ CONSTR. to reason + (that)
reasonable /ˈriː.zᵊn.ə.bl̩/ *adj* **1** ⇒justo ⇒razonable **2** ⇒sensato,ta ⇒razonable **3** ⇒tolerable
reasonably /ˈriː.zᵊn.ə.bli/ *adv* **1** ⇒bastante: *This skirt was reasonably cheap* - Esta falda me costó bastante barata **2** ⇒sensatamente ⇒razonablemente
reasoning /ˈriː.zᵊn.ɪŋ/ *n* [U] **1** ⇒razonamiento: *Explain your reasoning* - Explica tu razonamiento **2** ⇒argumento
↑**reassure** UK: /ˌriː.əˈʃɔːʳ/ US: /-ˈʃʊr/ [reassured, reassuring] *v* [T] ⇒tranquilizar ⇒consolar ■ CONSTR. 1. to reassure + (that) 2. to reassure + to do sth
reassuring UK: /ˌriː.əˈʃɔː.rɪŋ/ US: /-ˈʃʊr.ɪŋ/ *adj* ⇒tranquilizador,-a ⇒alentador,-a
rebate /ˈriː.beɪt/ *n* [C] **1** ⇒bonificación **2** ⇒descuento **3** *(fiscal)* ⇒devolución
rebel[1] /ˈreb.ᵊl/ *n* [C] ⇒rebelde: *to be a bit of a revel* - ser un poco rebelde
rebel[2] /rɪˈbel/ [rebelled, rebelling] *v* [I] ⇒rebelarse
rebellion /rɪˈbel.i.ən/ *n* [C, U] ⇒rebelión
rebellious /rɪˈbel.i.əs/ *adj* ⇒rebelde
rebirth UK: /ˌriːˈbɜːθ/ US: /-ˈbɝːθ/ *n* [U] ⇒renacimiento ⇒resurgimiento
rebound[1] /ˌriːˈbaʊnd/ *v* [I] **1** ⇒rebotar: *The ball rebounded off the wall* - La pelota rebotó en la pared **2** ⇒repercutir negativamente
rebound[2] /ˈriː.baʊnd/ *n* [C, U] ⇒rebote
rebuff[1] /rɪˈbʌf/ *v* [T] *(form)* ⇒rechazar ⇒desairar
rebuff[2] /rɪˈbʌf/ *n* [C] ⇒rechazo ⇒desaire
↑**rebuild, rebuilt, rebuilt** /ˌriːˈbɪld/ *v* [T] ⇒reconstruir
rebuilt past tense and past participle forms of **rebuild**
rebuke[1] /rɪˈbjuːk/ [rebuked, rebuking] *v* [T] *(form)* ⇒reprender: *They rebuked him for his lack of punctuality* - Lo reprendieron por su impuntualidad
rebuke[2] /rɪˈbjuːk/ *n* [C] *(form)* ⇒reprimenda
↑**recall** UK: /rɪˈkɔːl/ US: /ˈriː.kɑːl/ *v* [T] **1** ⇒recordar: *I recall the day I met him* - Recuerdo el día en que lo conocí ■ CONSTR. 1. to recall + (that) 2. to recall + doing sth 3. to recall + interrogativa indirecta **2** ⇒convocar: *Parliament was recalled yesterday* - El parlamento fue convocado ayer ■ CONSTR. Se usa más en pasiva **3** *(del mercado, de la venta)* ⇒retirar **4** *(por similitud)* ⇒recordar a

recapture UK: /ˌriːˈkæp.tʃəʳ/ US: /-tʃɚ/ [recaptured, recapturing] *v* [T] **1** ⇒volver a tomar ⇒recobrar [por la fuerza] **2** *(un sentimiento, una cualidad)* ⇒recuperar
recede /rɪˈsiːd/ [receded, receding] *v* [I] **1** ⇒retroceder ⇒alejarse **2** ⇒perderse de vista **3** *(una enfermedad)* ⇒remitir **4** *(la marea)* ⇒bajar
↑**receipt** /rɪˈsiːt/ *n* [C] **1** ⇒recibo ⇒factura ⇒tique **2** *(form) (de mercancía)* ⇒recepción **3** *(de dinero)* ⇒cobro ■ Distinto de *recipe* y *prescription* (receta)
↑**receive** /rɪˈsiːv/ [received, receiving] *v* [T] **1** ⇒recibir: *I received two letters yesterday* - Ayer recibí dos cartas **2** ⇒recibir ⇒acoger ■ CONSTR. Se usa más en pasiva
receiver UK: /rɪˈsiː.vəʳ/ US: /-vɚ/ *n* [C] **1** *(en un teléfono)* ⇒auricular **2** *(en una radio o un televisor)* ⇒receptor **3** *(en derecho)* ⇒síndico **4** ⇒destinatario,ria **5** *(de un mensaje)* ⇒receptor,-a ■ Distinto de *hall* (recibidor)
↑**recent** /ˈriː.sᵊnt/ *adj* **1** ⇒reciente: *recent developments* - acontecimientos recientes **2** *in recent years* - en los últimos años
recently /ˈriː.sᵊnt.li/ *adv* ⇒recientemente ⇒hace poco ⇒recién
↑**reception** /rɪˈsep.ʃᵊn/ ▌*n* [NO PL] **1** *(en un hotel o en una oficina)* ⇒recepción **2** *(acción)* ⇒recepción ⇒acogida ▌*n* [C] **3** ⇒banquete ⇒celebración ▌*n* [U] **4** *(en la radio o en la televisión)* ⇒recepción ⇒señal
receptionist /rɪˈsep.ʃᵊn.ɪst/ *n* [C] ⇒recepcionista
receptive /rɪˈsep.tɪv/ *adj* ⇒receptivo,va
recess /rɪˈses, ˈriː-/ [*pl* recesses] *n* [C, U] **1** *(en un parlamento, en un tribunal)* ⇒suspensión ⇒receso ⇒clausura **2** ⇒período de vacaciones **3** *US* (*UK* **break**) *(en la escuela)* ⇒recreo **4** *(en una pared)* ⇒hueco ⇒nicho
↑**recession** /rɪˈseʃ.ᵊn/ *n* [C, U] **1** ⇒recesión: *economic recession* - recesión económica **2** ⇒retroceso
recharge UK: /ˌriːˈtʃɑːdʒ/ US: /-ˈtʃɑːrdʒ/ [recharged, recharging] *v* [T] *(un aparato)* ⇒recargar
↑**recipe** /ˈres.ɪ.pi/ *n* [C] ⇒receta [de cocina]: *Can you give me your recipe for meatballs?* - ¿Me puedes dar tu receta de las albóndigas?
recipient /rɪˈsɪp.i.ənt/ *n* [C] **1** *(form)* ⇒destinatario,ria **2** *(form) (en lingüística)* ⇒receptor ■ Distinto de *container* (recipiente)
reciprocal /rɪˈsɪp.rə.kᵊl/ *adj* ⇒recíproco,ca
reciprocate /rɪˈsɪp.rə.keɪt/ [reciprocated, reciprocating] *v* [T, I] ⇒corresponder: *Her affection was not always reciprocated* - Su cariño no siempre era correspondido
recital UK: /rɪˈsaɪ.tᵊl/ US: /-ˤt̬[ə]l/ *n* [C] ⇒recital: *a poetry recital* - un recital de poesía

R

reckless /'rek.ləs/ *adj* **1** ⇒temerario,ria ⇒imprudente **2** *a reckless act* - una imprudencia

† **reckon** /'rek.ᵊn/ *v* [T] **1** ⇒creer: *I reckon it's going to rain* - Creo que va a llover **2** ⇒calcular: *I reckon we'll be there in half an hour* - Calculo que llegaremos dentro de media hora ■ CONSTR. to reckon + (that)

PHRASAL VERBS

· **to reckon on {sth/doing *sth*}** ⇒contar con algo: *We hadn't reckoned on actually winning!* - ¡No habíamos contado con ganar de verdad!

· **to reckon with *sth/sb*** **1** ⇒tener en cuenta **2** ⇒vérselas con *col.*

reclaim /rɪ'kleɪm/ *v* [T] **1** ⇒recoger ⇒recuperar **2** ⇒reciclar **3** *(un terreno salvaje)* ⇒retomar ⇒recuperar ■ Distinto de *to assert* y *to claim* (reclamar)

recline /rɪ'klaɪn/ [reclined, reclining] ▌*v* [I] **1** ⇒reclinar(se) ⇒recostar(se) ⇒apoyar(se) ▌*v* [T, I] **2** *(un asiento)* ⇒abatir ⇒inclinar

recognise [recognised, recognising] *UK v* [T] See **recognize**

recognition /ˌrek.əg'nɪʃ.ᵊn/ *n* [U] **1** ⇒reconocimiento **2** *(aprobación oficial)* ⇒reconocimiento

recognizable /'rek.əg.naɪ.zə.bl̩/ *adj* ⇒reconocible

† **recognize** /'rek.əg.naɪz/ [recognized, recognizing] (*UK tb* **recognise**) *v* [T] **1** ⇒reconocer ⇒identificar **2** ⇒reconocer ⇒admitir ■ CONSTR. to recognize + (that)

recoil /rɪ'kɔɪl/ *v* [I] ⇒retroceder [por asco o miedo]

recollect /ˌrek.ə'lekt/ *v* [T] *(form)* ⇒recordar ⇒acordar(se): *I don't recollect* - No me acuerdo ■ CONSTR. 1. to recollect + (that) 2. to recollect + doing sth 3. to recollect + interrogativa indirecta ■ Distinto de *to harvest* (recolectar)

recollection /ˌrek.ə'lek.ʃᵊn/ *n* [C, U] ⇒recuerdo ■ Distinto de *harvest* (recolección)

R

† **recommend** /ˌrek.ə'mend/ *v* [T] **1** ⇒recomendar: *I recommend her for the job* - La recomiendo para el puesto **2** ⇒aconsejar ⇒recomendar ■ CONSTR. 1.to recommend + (that) 2. to recommend + doing sth 3. to recommend sb + to do sth

recommendable *adj* ⇒recomendable

recommendation /ˌrek.ə.men'deɪ.ʃᵊn/ *n* [C] ⇒recomendación: *What are your recommendations?* - ¿Cuáles son tus recomendaciones?

recompense[1] /'rek.əm.pents/ *n* [U] *(form)* ⇒recompensa ⇒compensación

recompense[2] /'rek.ᵊm.pents/ [recompensed, recompensing] *v* [T] *(form)* ⇒recompensar ⇒compensar

reconcile /'rek.ᵊn.saɪl/ [reconciled, reconciling] *v* [T] **1** ⇒reconciliar(se) **2** *to reconcile your differences* - resolver vuestras diferencias **3 to be reconciled (with *sb*)** ⇒reconciliarse (con alguien)

PHRASAL VERBS

· **to reconcile *oneself* to *sth*** ⇒resignarse a algo

reconciliation /ˌrek.ᵊnˌsɪl.i'eɪ.ʃᵊn/ ▌*n* [C, U] **1** *(entre personas)* ⇒reconciliación ▌*n* [U, NO PL] **2** *(entre ideas, creencias o situaciones)* ⇒conciliación

reconnaissance UK: /rɪ'kɒn.ɪ.sᵊnts/ US: /-'kɑː.nə-/ *n* [U] *(en el ejército)* ⇒reconocimiento del terreno

reconsider UK: /ˌriː.kᵊn'sɪd.əʳ/ US: /-kɑːn'sɪd.ɚ/ *v* [T, I] **1** ⇒reconsiderar ⇒replantear **2** ⇒recapacitar ⇒reflexionar

reconstruct /ˌriː.kᵊn'strʌkt/ *v* [T] **1** *(un evento)* ⇒reconstruir **2** *(una construcción)* ⇒reconstruir ⇒restaurar

† **record[1]** UK: /'rek.ɔːd/ US: /-ɚd/ *n* [C] **1** ⇒registro ⇒archivo **2** ⇒anotación ⇒constancia ⇒documento **3** ⇒historial: *the patients' records* - los historiales de los pacientes **4** ⇒récord: *to break the record* - batir el récord **5** ⇒disco [de música] **6 to {put/set} the ~ straight** ⇒dejar las cosas claras

† **record[2]** UK: /rɪ'kɔːd/ US: /-'kɔːrd/ ▌*v* [T] **1** ⇒anotar ⇒registrar ■ CONSTR. to record + that ▌*v* [T, I] **2** ⇒grabar: *She's going to record a new CD* - Va a grabar un nuevo CD ■ Distinto de *to remember* y *to remind* (recordar)

record-breaking UK: /'rek.ɔːdˌbreɪ.kɪŋ/ US: /-ɔːrd-/ *adj* **1** ⇒excepcional ⇒sin precedentes **2** ⇒récord: *in record-breaking time* - en un tiempo récord

recorder UK: /rɪ'kɔː.dəʳ/ US: /-'kɔːr.dɚ/ *n* [C] **1** ⇒grabadora **2** ⇒vídeo **3** ⇒flauta dulce: *to play the recorder* - tocar la flauta dulce

recording UK: /rɪ'kɔː.dɪŋ/ US: /-'kɔːr-/ *n* [C, U] ⇒grabación

recount /rɪ'kaʊnt/ *v* [T] **1** *(form)* ⇒relatar ⇒narrar ■ CONSTR. to recount + interrogativa indirecta **2** *(una cantidad)* ⇒volver a contar

recourse UK: /rɪ'kɔːs/ US: /'riː.kɔːrs/ *n* [U] *(form)* ⇒recurso

† **recover** UK: /rɪ'kʌv.əʳ/ US: /-ɚ/ ▌*v* [I] **1** *(la salud)* ⇒recuperarse **2** ⇒reactivar(se) ⇒recuperar(se) ▌*v* [T] **3** ⇒recuperar: *Have you recovered your wallet?* - ¿Has recuperado tu cartera?

recovery UK: /rɪ'kʌv.ᵊr.i/ US: /-ɚ-/ [*pl* recoveries] *n* [U, NO PL] **1** ⇒recuperación [de la salud] **2** ⇒reactivación ⇒recuperación **3** ⇒recuperación ⇒rescate ⇒recobro

† **recreation** /ˌrek.ri'eɪ.ʃᵊn/ *n* [C, U] **1** *(form)* ⇒pasatiempo ⇒esparcimiento **2** ⇒representación ⇒reconstrucción

recruit[1] /rɪˈkruːt/ *v* [T, I] ⇒reclutar
recruit[2] /rɪˈkruːt/ *n* [C] ⇒recluta
†**rectangle** /ˈrek.tæŋ.gl̩/ *n* [C] ⇒rectángulo
rector UK: /ˈrek.təʳ/ US: /-tɚ/ *n* [C] **1** ⇒párroco anglicano **2** *(en una universidad)* ⇒rector,-a
recuperate UK: /rɪˈkjuː.pᵊr.eɪt/ US: /-ˈkuː.pə.reɪt/ [recuperated, recuperating] *v* [I] *(form)* ⇒recuperarse: *to recuperate from an illness* - recuperarse de una enfermedad
recuperation UK: /rɪˌkjuː.pᵊrˈeɪ.ʃᵊn/ US: /-ˌkuː.pəˈreɪ-/ *n* [C] *(form)* ⇒recuperación
†**recur** UK: /rɪˈkɜːʳ/ US: /-ˈkɝː/ [recurred, recurring] *v* [I] ⇒repetirse ⇒volver a manifestarse
†**recycle** /ˌriːˈsaɪ.kl̩/ [recycled, recycling] *v* [T, I] ⇒reciclar: *All those magazines can be recycled* - Todas esas revistas pueden reciclarse
recycled /ˌriːˈsaɪ.kl̩d/ *adj* ⇒reciclado,da: *recycled paper* - papel reciclado
recycling /ˌriːˈsaɪ.klɪŋ/ *n* [U] ⇒reciclaje
†**red**[1] /red/ *adj* **1** ⇒rojo,ja: *to show sb the red card* - sacar a alguien tarjeta roja **2 to go ~ 1** *UK* (*US* **to turn red**) ⇒ruborizarse ⇒sonrojarse **2** *(un semáforo)* ⇒ponerse en rojo
†**red**[2] /red/ *n* [C, U] **1** ⇒rojo **2 to be in the ~** *(en economía)* ⇒estar en números rojos
redeem /rɪˈdiːm/ *v* [T] **1** ⇒redimir ⇒salvar **2** ⇒amortizar **3** ⇒canjear ⇒desempeñar **4** *(en religión)* ⇒redimir ⇒liberar
redemption /rɪˈdemp.ʃᵊn/ *n* [U] **1** ⇒redención **2** ⇒amortización
red-haired *adj* ⇒pelirrojo,ja
red-handed /ˌredˈhæn.dɪd/ **to catch *sb* ~** *(inform)* ⇒pillar a alguien con las manos en la masa *col.*
redhead /ˈred.hed/ *n* [C] ⇒pelirrojo,ja
redid past tense of **redo**
redo, redid, redone /riːˈduː/ [redoes] *v* [T] ⇒rehacer ⇒hacer de nuevo
redone past participle of **redo**
red tape *n* [U] ⇒papeleo *col.;* ⇒burocracia
†**reduce** UK: /rɪˈdjuːs/ US: /-ˈduːs/ [reduced, reducing] *v* [T] ⇒rebajar ⇒reducir ⇒disminuir

PHRASAL VERBS
- **to reduce *sth* to *sth*** ⇒reducir algo a algo
- **to reduce *sb* to {*sth*/doing *sth*} 1** *to reduce sb to tears* - hacer llorar a alguien **2** *to be reduced to poverty* - quedar sumido en la pobreza

reduced *adj (un precio)* ⇒rebajado,da
reduction /rɪˈdʌk.ʃᵊn/ *n* [C] **1** ⇒rebaja ⇒descuento **2** ⇒reducción [en tamaño, cantidad o intensidad] ⇒disminución
redundancy /rɪˈdʌn.dᵊnt.si/ ▮ *n* [C, U] **1** *UK* ⇒despido [por reducción de plantilla] ■ El plural es *redundancies* ▮ *n* [U] **2** ⇒redundancia ⇒superfluidad
†**redundant** /rɪˈdʌn.dᵊnt/ *adj* **1** *UK (un trabajador)* ⇒despedido,da **2** ⇒superfluo,flua **3** *UK* **to make *sb* ~** ⇒despedir a alguien [por reducción de plantilla]
reed /riːd/ *n* [C] **1** ⇒junco **2** *(en un instrumento musical)* ⇒lengüeta
reef /riːf/ *n* [C] **1** ⇒arrecife: *a coral reef* - un arrecife de coral **2** *(en la vela de un barco)* ⇒rizo
reek /riːk/ *v* [I] ⇒apestar
reel[1] /rɪəl/ *v* [T] **1** *My mind is still reeling from the shock* - Aún estoy aturdido por la impresión **2** ⇒tambalear(se) **3** ⇒enrollar: *Reel in the line, quick!* - ¡Rápido, enrolla el sedal!

PHRASAL VERBS
- **to reel *sth* off [M]** ⇒recitar algo de un tirón

reel[2] /rɪəl/ *n* [C] ⇒carrete ⇒bobina
refer UK: /rɪˈfɜːʳ/ US: /-ˈfɝː/ [referred, referring]

PHRASAL VERBS
- **to refer to *sth/sb* 1** ⇒nombrar ⇒referirse **2** ⇒significar ⇒referirse

referee[1] /ˌref.əˈriː/ *n* [C] **1** *(en deportes)* ⇒árbitro,tra ■ La forma abreviada es *ref* **2** ⇒persona que avala [al candidato para un puesto]
referee[2] /ˌref.əˈriː/ [refereed] *v* [T, I] ⇒arbitrar: *to referee a match* - arbitrar un partido
†**reference** UK: /ˈref.ᵊr.ənts/ US: /-ɚ-/ *n* [C, U] **1** ⇒referencia: *to have good references* - tener buenas referencias **2** ⇒consulta **3 with ~ to *sth*** *(form)* ⇒con referencia a algo
†**referendum** /ˌref.əˈren.dəm/ [*pl* referenda] *n* [C] ⇒referéndum: *to hold a referendum* - celebrar un referéndum
refill[1] /ˌriːˈfɪl/ *v* [T] *(un recipiente)* ⇒rellenar
refill[2] /ˈriː.fɪl/ *n* [C] **1** ⇒recambio ⇒repuesto **2** *Could I have a refill of coffee, please?* - ¿Me sirves más café, por favor?
refine /rɪˈfaɪn/ [refined, refining] *v* [T] **1** ⇒refinar: *Sugar is refined before being sold* - Refinan el azúcar antes de venderla **2** ⇒pulir ⇒perfeccionar
refinement /rɪˈfaɪn.mənt/ ▮ *n* [C, U] **1** ⇒mejora ⇒reforma ▮ *n* [U] **2** ⇒refinamiento ⇒elegancia **3** ⇒refinado ⇒refinación
refinery UK: /rɪˈfaɪ.nᵊr.i/ US: /-nɚ-/ [*pl* refineries] *n* [C] ⇒refinería: *an oil refinery* - una refinería de petróleo
†**reflect** /rɪˈflekt/ ▮ *v* [T, I] **1** ⇒reflejar(se): *The water reflected the street lamps* - El agua reflejaba las luces de las farolas; *The moon was reflected in the water* - La luna se reflejaba en el agua ▮ *v* [I] **2** *(form)* ⇒reflexionar ⇒meditar ■ CONSTR. 1. to reflect + that 2. to reflect on sth ▮ *v* [T] **3** ⇒reflectar ⇒reflejar

PHRASAL VERBS
- **to reflect (badly) on *sth/sb*** ⇒dar una mala imagen ⇒decir poco a favor de ⇒desacreditar

R

reflection /rɪˈflek.ʃᵊn/ ▮ *n* [C] **1** ⇒reflejo ▮ *n* [C, U] **2** *(form)* ⇒reflexión ⇒meditación **3 to be a ~ on sth/sb** *This is no reflection on your work* - Esto no es una crítica de tu trabajo

reflex /ˈriː.fleks/ [*pl* reflexes] *n* [C] ⇒reflejo: *a reflex action* - un acto reflejo; *good reflexes* - reflejos rápidos

reflexive /rɪˈflek.sɪv/ *adj (en gramática)* ⇒reflexivo,va ■ Ver cuadro

reflexive pronouns

singular	plural
myself (I)	**ourselves** (we)
yourself (you)	**yourselves** (you)
himself (he)	**themselves** (they)
herself (she)	
itself (it)	

reform¹ UK: /rɪˈfɔːm/ US: /-ˈfɔːrm/ *n* [C, U] ⇒reforma

reform² UK: /rɪˈfɔːm/ US: /-ˈfɔːrm/ ▮ *v* [T] **1** ⇒reformar ⇒corregir ▮ *v* [T, I] **2** *(una persona)* ⇒reformar(se) ⇒enmendar

reformation UK: /ˌref.əˈmeɪ.ʃᵊn/ US: /-ɚ-/ *n* [NO PL] ⇒reforma

Reformation the ~ *(en historia)* ⇒la Reforma

refrain¹ /rɪˈfreɪn/ *v* [I] **1** *(form)* ⇒abstener(se) **2** *Please refrain from smoking* - Se ruega no fumar ■ CONSTR. to refrain from + doing sth

refrain² /rɪˈfreɪn/ *n* [C] **1** ⇒estribillo **2** *(form)* ⇒refrán **3** *It's always the same refrain* - Siempre es la misma canción

R

refresh /rɪˈfreʃ/ [refreshes] *v* [T] **1** ⇒refrescar: *Here, drink this, it will refresh you* - Bebe esto, te refrescará **2** *(una página web)* ⇒actualizar **3 to ~ sb's memory** ⇒refrescar la memoria a alguien: *Let me refresh your memory* - Déjame refrescarte la memoria

refreshing /rɪˈfreʃ.ɪŋ/ *adj* **1** ⇒refrescante: *a refreshing drink* - una bebida refrescante **2** ⇒alentador,-a ⇒agradable

refreshments *n* [PL] ⇒refrigerio ⇒tentempié *col.* ■ Distinto de *soft drinks* (refrescos)

refrigerate UK: /rɪˈfrɪdʒ.ᵊr.eɪt/ US: /-ɚ.eɪt/ [refrigerated, refrigerating] *v* [T] ⇒refrigerar

refrigerator UK: /rɪˈfrɪdʒ.ᵊr.eɪ.təʳ/ US: /-ɚ.eɪ.ˤt̬ɚ/ *n* [C] ⇒frigorífico ⇒nevera ■ Normalmente se usa *fridge*

refuel /ˌriːˈfjʊəl/ [refuelled, refuelling; *US* refueled, refueling] *v* [T, I] ⇒repostar

↑ **refuge** /ˈref.juːdʒ/ *n* [C, U] **1** ⇒refugio ⇒amparo **2** ⇒refugio ⇒asilo ⇒albergue **3 to take ~** ⇒refugiarse

refugee /ˌref.jʊˈdʒiː/ *n* [C] ⇒refugiado,da: *refugee camp* - campamento de refugiados

refund¹ /ˈriː.fʌnd/ *n* [C] **1** ⇒reembolso **2** *to get a refund* - conseguir que te devuelvan el dinero

refund² /ˌrɪˈfʌnd/ *v* [T] ⇒reembolsar

refusal /rɪˈfjuː.zᵊl/ *n* [C, U] ⇒negativa ⇒denegación

↑ **refuse¹** /rɪˈfjuːz/ [refused, refusing] *v* [T, I] ⇒negarse ⇒rechazar ■ CONSTR. to refuse + to do sth

refuse² /ˈref.juːs/ *n* [U] *(form)* ⇒basura

↑ **regain** /rɪˈgeɪn/ *v* [T] **1** ⇒recobrar **2** ⇒recuperar ⇒retomar

regal /ˈriː.gᵊl/ *adj* ⇒regio,gia ⇒digno,na de rey

regard¹ UK: /rɪˈgɑːd/ US: /-ˈgɑːrd/ *v* [T] **1** ⇒considerar **2** *(form)* ⇒contemplar ⇒mirar **3 as regards** *(form)* ⇒en lo que respecta a ⇒en cuanto a ■ CONSTR. Se usa generalmente seguido de las preposiciones as y with

regard² UK: /rɪˈgɑːd/ US: /-ˈgɑːrd/ *n* [U] **1** *(form)* ⇒estima ⇒afecto **2** *(form)* ⇒consideración ⇒respeto **3 {in/with} ~ to sth** *(form)* ⇒con respecto a algo

regarding UK: /rɪˈgɑː.dɪŋ/ US: /-ˈgɑːr-/ *prep (form)* ⇒referente a ⇒en lo que respecta a ⇒en relación con

regardless UK: /rɪˈgɑːd.ləs/ US: /-ˈgɑːrd-/ *adv* **1** ⇒pase lo que pase ⇒a pesar de todo **2 ~ of** ⇒a pesar de ⇒independientemente de ⇒sin pensar en

regards UK: /rɪˈgɑːdz/ US: /-ˈgɑːrdz/ *n* [PL] **1** ⇒saludos ⇒recuerdos **2 best ~** *(en cartas o mensajes)* ⇒saludos

regatta UK: /rɪˈgæt.ə/ US: /-ˈgɑː.ˤt̬ə/ *n* [C] ⇒regata

reggae /ˈreg.eɪ/ *n* [U] *(estilo musical)* ⇒reggae

↑ **regime** /reɪˈʒiːm/ *n* [C] *(en política)* ⇒régimen

regiment /ˈredʒ.ɪ.mənt/ *n* [C] **1** *(en el ejército)* ⇒regimiento **2** ⇒multitud ⇒batallón *col.* ■ Por ser un nombre colectivo se puede usar con el verbo en singular o en plural

regimented UK: /ˈredʒ.ɪ.men.tɪd/ US: /-ə.men.ˤt̬ɪd/ *adj* ⇒reglamentado,da

↑ **region** /ˈriː.dʒᵊn/ *n* [C] **1** ⇒región **2 in the ~ of** ⇒aproximadamente

regional /ˈriː.dʒᵊn.ᵊl/ *adj* ⇒regional ⇒autóctono,na

register¹ UK: /ˈredʒ.ɪ.stəʳ/ US: /-stɚ/ *n* [C] **1** ⇒registro ⇒lista **2** *(en lingüística, en música)* ⇒registro

register² UK: /ˈredʒ.ɪ.stəʳ/ US: /-stɚ/ *v* [T, I] **1** *(en un hotel, en una lista oficial)* ⇒inscribirse ⇒registrarse **2** ⇒registrar ⇒indicar **3** ⇒marcar ⇒registrar **4** ⇒caer en la cuenta ⇒percatarse

register office *n* [C] See **registry office**

registrar UK: /ˌredʒ.ɪˈstrɑːʳ/ US: /ˈredʒ.ɪ.strɑːr/ *n* [C] **1** *(en una universidad)* ⇒secretario,ria [general] **2** ⇒secretario,ria del Registro Civil **3** *UK (en un hospital)* ⇒médico,ca interno,na

registration /ˌredʒ.ɪˈstreɪ.ʃᵊn/ *n* [U] ⇒inscripción ⇒matriculación

registry office *UK* (*UK/US tb* **register office**) *n* [C] **1** ⇒registro [civil] **2** *registry office wedding* - boda civil

↑**regret**[1] /rɪˈgret/ [regretted, regretting] *v* [T] **1** ⇒arrepentirse: *I regret saying that* - Me arrepiento de haber dicho eso ■ CONSTR. 1. to regret + (that) 2. to regret + doing sth **2** *(form)* ⇒sentir ⇒lamentar ■ CONSTR. 1. to regret + (that) 2. to regret + to do sth

regret[2] /rɪˈgret/ *n* [C, U] **1** ⇒arrepentimiento ⇒pena ⇒pesar **2** ⇒remordimiento **3** *I have no regrets* - No me arrepiento **4** *to send one's regrets* - mandar disculpas

regrettable UK: /rɪˈgret.ə.bl̩/ US: /-ˈgreˁt̬-/ *adj (form)* ⇒lamentable: *a regrettable incident* - un incidente lamentable

↑**regular**[1] UK: /ˈreg.jʊ.ləʳ/ US: /-lɚ/ *adj* **1** ⇒habitual ⇒normal **2** ⇒fijo,ja ⇒regular **3** *(inform) (un tamaño)* ⇒mediano,na **4** *US* ⇒de siempre **5** *(en gramática)* ⇒regular

regular[2] UK: /ˈreg.jʊ.ləʳ/ US: /-lɚ/ *n* [C] ⇒cliente habitual

regularly UK: /ˈreg.jʊ.lə.li/ US: /-lɚ-/ *adv* ⇒regularmente ⇒con regularidad

↑**regulate** /ˈreg.jʊ.leɪt/ [regulated, regulating] *v* [T] ⇒regular ⇒controlar

regulation /ˌreg.jʊˈleɪ.ʃᵊn/ ▮ *n* [C] **1** ⇒regla ⇒norma ■ Se usa más en plural ▮ *n* [U] **2** ⇒regulación

rehabilitate /ˌriː.həˈbɪl.ɪ.teɪt/ [rehabilitated, rehabilitating] *v* [T] *(una persona)* ⇒rehabilitar

rehearsal UK: /rɪˈhɜː.sᵊl/ US: /-ˈhɝː-/ *n* [C, U] *(de un concierto, de una obra teatral)* ⇒ensayo ■ PRON. La segunda parte, *hear*, se pronuncia como el término inglés *her*

↑**rehearse** UK: /rɪˈhɜːs/ US: /-ˈhɝːs/ [rehearsed, rehearsing] *v* [T, I] ⇒ensayar ■ PRON. La segunda parte, *hear*, se pronuncia como el término inglés *her*

reign[1] /reɪn/ *n* [C] **1** ⇒reinado **2** ⇒régimen ■ PRON. La *g* no se pronuncia

reign[2] /reɪn/ *v* [I] ⇒reinar: *Charles I reigned over Spain from 1519 to 1556* - Carlos I reinó en España de 1519 a 1556 ■ CONSTR. to reign over sth/sb

reimburse UK: /ˌriː.ɪmˈbɜːs/ US: /-ˈbɝːs/ [reimbursed, reimbursing] *v* [T] *(form)* ⇒reembolsar

rein /reɪn/ *n* [C] ⇒rienda ■ Se usa más en plural

reincarnation UK: /ˌriː.ɪn.kɑːˈneɪ.ʃᵊn/ US: /-kɑːr-/ *n* [U] ⇒reencarnación: *Do you believe in reincarnation?* - ¿Crees en la reencarnación?

reindeer UK: /ˈreɪn.dɪəʳ/ US: /-dɪr/ [*pl* reindeer] *n* [C] *(animal)* ⇒reno

↑**reinforce** UK: /ˌriː.ɪnˈfɔːs/ US: /-ˈfɔːrs/ [reinforced, reinforcing] *v* [T] **1** ⇒reforzar: *to reinforce sb's power* - reforzar el poder de alguien **2** *(una conclusión, una idea)* ⇒apoyar

reinforcement UK: /ˌriː.ɪnˈfɔː.smənt/ US: /-ˈfɔːr-/ *n* [C, U] ⇒refuerzo ⇒fortalecimiento

reinstate /ˌriː.ɪnˈsteɪt/ [reinstated, reinstating] *v* [T] **1** ⇒restituir en el cargo ⇒rehabilitar en el cargo **2** ⇒volver a incluir [en un texto] **3** ⇒readmitir

↑**reject**[1] /rɪˈdʒekt/ *v* [T] ⇒rechazar ⇒denegar

reject[2] /ˈriː.dʒekt/ *n* [C] ⇒desecho ⇒producto defectuoso

rejection /rɪˈdʒek.ʃᵊn/ *n* [C, U] **1** ⇒rechazo **2** ⇒denegación

rejoice /rɪˈdʒɔɪs/ [rejoiced, rejoicing] *v* [I] *(form)* ⇒regocijarse ⇒alegrarse ■ CONSTR. to rejoice + to do sth

rejoin /rɪˈdʒɔɪn/ ▮ *v* [T] **1** ⇒reunirse de nuevo [con alguien o con algo] ▮ *v* [I] **2** *(form)* ⇒replicar: *«You'd know», she rejoined* - «Tú sabrás», replicó ella

relapse[1] /ˈriː.læps/ *n* [C, U] **1** ⇒recaída: *to suffer a relapse* - sufrir una recaída **2** ⇒reincidencia

relapse[2] /rɪˈlæps/ [relapsed, relapsing] *v* [I] **1** *(después de una enfermedad)* ⇒recaer **2** ⇒reincidir: *to relapse into his usual lies* - reincidir en las mentiras de antes **3** ⇒volver a sumirse: *to relapse into silence* - volver a sumirse en el silencio

↑**relate** /rɪˈleɪt/ [related, relating] ▮ *v* [T, I] **1** ⇒relacionar: *Can you relate the two ideas?* - ¿Puedes relacionar las dos ideas? ▮ *v* [T] **2** *(form)* ⇒relatar: *We related what had happened to the police* - Relatamos lo ocurrido a la policía ■ CONSTR. to relate + interrogativa indirecta **3** *(inform)* ⇒identificar(se)

PHRASAL VERBS
- **to relate to *sb*** ⇒relacionarse con alguien
- **to relate *sth* to *sth*** ⇒relacionar algo con algo

related UK: /rɪˈleɪ.tɪd/ US: /-ˁt̬ɪd/ *adj* **1** ⇒emparentado,da: *He is related to the football coach* - Está emparentado con el entrenador de fútbol **2** ⇒relacionado,da ■ CONSTR. related to sth/sb ■ PRON. La última *e* se pronuncia como la *i* en *did*

relation /rɪˈleɪ.ʃᵊn/ ▮ *n* [C] **1** ⇒familiar ⇒pariente ▮ *n* [C, U] **2** ⇒relación ⇒conexión **3 in ~ to *sth*** **1** ⇒comparado,da con algo ⇒en relación a algo **2** ⇒sobre algo ⇒con respecto a algo

relationship /rɪˈleɪ.ʃᵊn.ʃɪp/ ▮ *n* [C] **1** *(entre personas)* ⇒relación ▮ *n* [C, U] **2** *(entre cosas)* ⇒relación ⇒conexión **3** ⇒parentesco

R

↑ **relative**[1] UK: /ˈrel.ə.tɪv/ US: /-ˤt̬ɪv/ *n* [C] ⇒familiar ⇒pariente

relative[2] UK: /ˈrel.ə.tɪv/ US: /-ˤt̬ɪv/ *adj* **1** ⇒relativo,va: *relative pronoun* - pronombre relativo; *a topic of relative importance* - un tema de importancia relativa **2** ⇒respectivo,va: *the relative merits of the candidates* - los respectivos méritos de los candidatos

relatively UK: /ˈrel.ə.tɪv.li/ US: /-ˤt̬ɪv-/ *adv* **1** ⇒relativamente **2** ~ **{good/bad/little...}** ⇒relativamente {bueno/malo/pequeño...}

↑ **relax** /rɪˈlæks/ [relaxes] *v* [T, I] **1** ⇒relajarse ⇒tranquilizarse **2** ⇒descansar ⇒relajarse **3** ⇒aflojar ⇒atenuar

relaxation /ˌriː.lækˈseɪ.ʃᵊn/ *n* [U] ⇒relajación: *relaxation techniques* - técnicas de relajación

relaxed /rɪˈlækst/ *adj* ⇒relajado,da ⇒tranquilo,la ■ PRON. La última **e** no se pronuncia

relaxing /rɪˈlæk.sɪŋ/ *adj* ⇒relajante: *a relaxing swim in the pool* - un baño relajante en la piscina

relay[1] /ˌrɪˈleɪ, ˈriː.leɪ/ *v* [T] **1** *(una información)* ⇒transmitir **2** *(en televisión o en radio)* ⇒retransmitir

relay[2] /ˈriː.leɪ/ *n* [C] **1** *(en deportes)* ⇒relevos **2** *(en un trabajo, en una actividad)* ⇒relevo

↑ **release**[1] /rɪˈliːs/ [released, releasing] *v* [T] **1** ⇒liberar ⇒soltar **2** *(una persona o un objeto)* ⇒soltar ⇒desasir **3** *(una información)* ⇒hacer público,ca **4** *(un libro, un disco)* ⇒publicar ⇒sacar [a la venta] **5** *(una película)* ⇒estrenar **6** *(una sustancia)* ⇒expulsar ⇒soltar ⇒despedir **7** *(la tensión, el estrés)* ⇒liberar

release[2] /rɪˈliːs/ *n* [C] **1** ⇒liberación [del encarcelamiento] **2** *(un libro, un disco)* ⇒novedad **3** *(de un espectáculo, de una película)* ⇒estreno **4** *(de una sustancia)* ⇒escape ⇒emisión **5** *(de la tensión)* ⇒relajación ⇒aflojamiento

relegate /ˈrel.ɪ.geɪt/ [relegated, relegating] *v* [T] **1** ⇒relegar **2** *(en deportes)* ⇒descender

relent /rɪˈlent/ *v* [I] **1** ⇒ceder ⇒ablandarse **2** *(el tiempo)* ⇒mejorar

relentless /rɪˈlent.ləs/ *adj* **1** ⇒incesante ⇒perseverante **2** ⇒despiadado,da ⇒implacable

relevance /ˈrel.ə.vᵊnts/ *n* [U] **1** ⇒pertinencia ⇒relevancia ⇒importancia ⇒aplicabilidad **2** *I don't see the relevance of that here* - No veo qué tiene que ver esto aquí

↑ **relevant** /ˈrel.ə.vᵊnt/ *adj* ⇒pertinente ⇒relevante ⇒apropiado,da ⇒aplicable

↑ **reliable** /rɪˈlaɪə.bl̩/ *adj* **1** *(una persona)* ⇒fiable ⇒serio,ria ⇒de fiar **2** *(un aparato)* ⇒fiable ⇒seguro,ra **3** *(una fuente)* ⇒fiable ⇒fidedigno,na

reliance /rɪˈlaɪ.ənts/ *n* [U] ⇒dependencia ⇒confianza

relic /ˈrel.ɪk/ *n* [C] **1** ⇒reliquia: *the relics of a 13th century saint* - las reliquias de un santo del siglo trece **2** ⇒vestigio

↑ **relief** /rɪˈliːf/ *n* [U] **1** ⇒alivio: *to feel relief* - sentir alivio **2** ⇒socorro ⇒ayuda

relieve /rɪˈliːv/ [relieved, relieving] *v* [T] **1** ⇒aliviar **2** ⇒relevar

PHRASAL VERBS

· **to relieve *sb* of *sth*** **1** *(form)* ⇒quitar algo a alguien **2** *(de un cargo)* ⇒destituir a alguien

relieved /rɪˈliːvd/ *adj (una persona)* ⇒satisfecho,cha ⇒aliviado,da ⇒tranquilizado,da

↑ **religion** /rɪˈlɪdʒ.ᵊn/ *n* [C, U] ⇒religión

religious /rɪˈlɪdʒ.əs/ *adj* ⇒religioso,sa: *deeply religious* - profundamente religioso,sa

relinquish /rɪˈlɪŋ.kwɪʃ/ [relinquishes] *v* [T] *(form)* ⇒renunciar ⇒abandonar

relish /ˈrel.ɪʃ/ [relishes] *v* [T] **1** ⇒deleitarse ⇒disfrutar ■ CONSTR. to relish + doing sth **2** ⇒estar entusiasmado,da [con una idea]

↑ **reluctant** /rɪˈlʌk.tᵊnt/ *adj* ⇒reacio,cia ■ PRON. La **u** se pronuncia como en el término inglés ***sun***

↑ **rely** /rɪˈlaɪ/ [relies, relied]

PHRASAL VERBS

· **to rely {on/upon} *sth/sb*** ⇒depender ⇒confiar ⇒fiarse ⇒contar con

↑ **remain** /rɪˈmeɪn/ *v* [I] **1** ⇒quedar **2** *(form)* ⇒permanecer ⇒quedarse **3** *It remains to be seen* - Queda por ver

remainder UK: /rɪˈmeɪn.dəʳ/ US: /-dɚ/ *n* [NO PL] ⇒resto ⇒lo que queda

remains /rɪˈmeɪnz/ *n* [PL] **1** ⇒restos ⇒sobras ⇒lo que queda **2** ⇒ruinas **3** *(form)* ⇒restos mortales

remand[1] UK: /rɪˈmɑːnd/ US: /-ˈmænd/ *n* [U] ⇒prisión preventiva: *to be on remand* - estar en prisión preventiva

remand[2] UK: /rɪˈmɑːnd/ US: /-ˈmænd/ *v* [T] **1** *to be remanded on bail* - ser puesto en libertad bajo fianza **2** *to be remanded in custody* - ser puesto en prisión preventiva ■ CONSTR. Se usa más en pasiva

↑ **remark**[1] UK: /rɪˈmɑːk/ US: /-ˈmɑːrk/ *n* [C] ⇒comentario ⇒observación

remark[2] UK: /rɪˈmɑːk/ US: /-ˈmɑːrk/ *v* [T] ⇒observar ⇒decir ⇒comentar ■ CONSTR. to remark + (that) ■ Comparar con ***to emphasize*** y ***point out*** (remarcar)

PHRASAL VERBS

· **to remark on *sth*** ⇒hacer un comentario sobre algo ⇒comentar algo

remarkable UK: /rɪˈmɑː.kə.bl̩/ US: /-ˈmɑːr-/ *adj* **1** ⇒extraordinario,ria: *a remarkable play* - una obra de teatro extraordinaria **2** ⇒notable: *remarkable for its cultural heritage* - notable por su patrimonio cultural **3** ⇒sorprendente

remedial /rɪˈmiː.di.əl/ *adj* **1** *(referido a una enseñanza)* ⇒para niños con dificultades de aprendizaje **2** ⇒reparador,-a ⇒corrector, -a

remedy[1] /ˈrem.ə.di/ [*pl* remedies] *n* [C] **1** ⇒remedio ⇒cura **2** ⇒remedio ⇒solución

remedy[2] /ˈrem.ə.di/ [remedies, remedied] *v* [T] ⇒remediar

↑**remember** UK: /rɪˈmem.bəʳ/ US: /-bɚ/ *v* [T, I] **1** *(una acción ya terminada)* ⇒recordar ⇒acordarse ⇒rememorar ■ CONSTR. 1. to remember + (that) 2. to remember + doing sth 3.to remember + interrogativa indirecta **2** *(una acción que aún no se ha realizado)* ⇒recordar ⇒acordarse ⇒tener en cuenta ■ CONSTR. 1. to remember + that 2. to remember + to do sth

remembrance /rɪˈmem.brᵊnts/ ▌*n* [U] **1** *(form)* ⇒memoria ▌*n* [C] **2** *(form)* ⇒recuerdo ■ Se usa más en plural **3** *(form)* ⇒conmemoración: *in remembrance of...* - en conmemoración de...

↑**remind** /rɪˈmaɪnd/ *v* [T] **1** ⇒recordar ⇒avisar ■ CONSTR. 1. to remind + (that) 2.to remind + to do sth **2** *Which reminds me...* - A propósito...

PHRASAL VERBS

· **to remind *sb* of *sth/sb*** ⇒recordar a

reminder UK: /rɪˈmaɪn.dəʳ/ US: /-dɚ/ *n* [C] **1** ⇒señal para acordarse de algo **2** ⇒recuerdo ⇒recordatorio

reminisce /ˌrem.ɪˈnɪs/ [reminisced, reminiscing] *v* [I] ⇒recordar [viejos tiempos] ⇒evocar [tiempos pasados]

reminiscent /ˌrem.ɪˈnɪs.ᵊnt/ *adj* **1** ⇒evocador,-a **2** *to be in a reminiscent mood* - ponerse nostálgico **3 to be ~ of *sth/sb*** ⇒evocar ⇒recordar a

remnant /ˈrem.nənt/ *n* [C] **1** ⇒resto **2** ⇒vestigio **3** *(tela)* ⇒retal ■ Se usa más en plural

remorse UK: /rɪˈmɔːs/ US: /-ˈmɔːrs/ *n* [U] **1** ⇒remordimiento **2** *to feel remorse for sth* - arrepentirse de algo

remorseless UK: /rɪˈmɔː.sləs/ US: /-ˈmɔːr-/ *adj (form)* ⇒implacable ⇒despiadado,da

remote[1] UK: /rɪˈməʊt/ US: /-ˈmoʊt/ *adj* **1** ⇒apartado,da ⇒lejano,na ⇒remoto,ta **2** *(una persona)* ⇒distante **3** *(un control)* ⇒a distancia

↑**remote**[2] UK: /rɪˈməʊt/ US: /-ˈmoʊt/ *n* [C] *(inform)* See **remote control**

↑**remote control** *n* [C] **1** ⇒control remoto **2** (*tb* **remote**) ⇒mando a distancia

remotely UK: /rɪˈməʊt.li/ US: /-ˈmoʊt-/ *adv* **1** ⇒remotamente **2** *We are not remotely interested* - No tenemos ni pizca de interés **3** *remotely situated* - en un lugar apartado

removal /rɪˈmuː.vᵊl/ *n* [U] **1** ⇒eliminación ⇒supresión **2** *UK* ⇒mudanza: *removal van* - camión de mudanzas

↑**remove** /rɪˈmuːv/ [removed, removing] *v* [T] **1** ⇒eliminar: *We removed the weeds from the garden* - Eliminamos las malas hierbas del jardín **2** ⇒quitar ■ Distinto de *to stir* (remover)

renaissance UK: /rəˈneɪ.sᵊnts/ US: /ˈren.ə.sɑːnts/ *n* [C] **1** ⇒renacimiento ⇒resurgimiento **2 the Renaissance** *(en historia)* ⇒Renacimiento

render UK: /ˈren.dəʳ/ US: /-dɚ/ *v* [T] **1** *(form)* ⇒dejar ⇒quedarse **2** *(form) (un servicio, una opinión)* ⇒ofrecer ⇒prestar **3** *(form) (un homenaje)* ⇒rendir ⇒dar **4** *(form) (una pieza musical, una obra, un papel)* ⇒interpretar ⇒representar **5** ⇒traducir **6** (*tb* **render down**) *(en cocina)* ⇒derretir

rendezvous UK: /ˈrɒn.deɪ.vuː/ US: /ˈrɑːn-/ [*pl* rendezvous] *n* [C] **1** ⇒cita ⇒reunión **2** ⇒lugar de reunión

↑**renew** UK: /rɪˈnjuː/ US: /-ˈnuː/ *v* [T] **1** ⇒reanudar **2** ⇒renovar: *I must renew my driving licence* - Tengo que renovar el carné de conducir **3** ⇒reafirmar

renewable UK: /rɪˈnjuː.ə.bl̩/ US: /-ˈnuː-/ *adj* **1** *(un carné, un contrato)* ⇒renovable **2** *(una energía)* ⇒renovable

renounce /rɪˈnaʊnts/ [renounced, renouncing] *v* [T] ⇒renunciar: *to renounce power* - renunciar al poder

renovate /ˈren.ə.veɪt/ [renovated, renovating] *v* [T] ⇒renovar ⇒restaurar

renowned /rɪˈnaʊnd/ *adj* ⇒célebre ⇒afamado,da ⇒famoso,sa

↑**rent**[1] /rent/ ▌*v* [T, I] **1** (*UK tb* **let**) ⇒alquilar [una vivienda o terreno]: *He rented his house out to some students* - Alquiló su casa a un grupo de estudiantes ▌*v* [T] **2** *US* (*UK* **hire**) *(para un plazo breve de tiempo)* ⇒alquilar ⇒rentar AMÉR.; ⇒arrendar AMÉR.

rent[2] /rent/ *n* [C, U] **1** ⇒alquiler: *How much rent do you pay for your flat?* - ¿Cuánto pagas de alquiler por el piso? **2 for ~** ⇒de alquiler

rental UK: /ˈren.tᵊl/ US: /-ˤt̬[ə]l/ (*UK tb* **hire**) *n* [U] ⇒alquiler ⇒arriendo AMÉR.

reorder *v* [T] **1** *(en una tienda)* ⇒volver a pedir ⇒volver a encargar **2** ⇒volver a encargar

reorganize UK: /riːˈɔː.gᵊn.aɪz/ US: /-ˈɔːr-/ [reorganized, reorganizing] *v* [T, I] ⇒reorganizar(se)

rep /rep/ *n* [C] *(inform)* ⇒forma abreviada de **representative** (comercial, delegación de ventas)

repaid /rɪˈpeɪd/ past tense and past participle forms of **repay**

↑**repair**[1] UK: /rɪˈpeəʳ/ US: /-ˈper/ *v* [T] **1** ⇒reparar ⇒arreglar ⇒refaccionar AMÉR. **2** ⇒remediar

repair[2] UK: /rɪˈpeəʳ/ US: /-ˈper/ *n* [C, U] **1** ⇒reparación ⇒arreglo ■ Se usa más en plural **2 in {good/**

bad} ~ ⇒en {buen/mal} estado **3 to be beyond ~** ⇒no tener arreglo ⇒no tener remedio

↑**repay, repaid, repaid** /rɪˈpeɪ/ *v* [T] **1** ⇒devolver [dinero] **2** ⇒pagar: *She has finally repaid the loan* - Por fin ha terminado de pagar el préstamo **3** ⇒reembolsar **4** ⇒devolver ⇒recompensar ■ CONSTR. to repay + dos objetos

repayment /rɪˈpeɪ.mənt/ *n* [U] **1** ⇒reembolso **2** ⇒pago [de una cantidad]: *mortgage repayments* - pagos de la hipoteca

↑**repeat**[1] /rɪˈpiːt/ ▌ *v* [T] **1** ⇒repetir ■ CONSTR. to repeat + that **2** *(una confidencia)* ⇒contar ▌ *v* [I] **3** *(un hecho, un suceso)* ⇒repetirse ⇒volver a ocurrir **4** *(un alimento)* ⇒repetir

repeat[2] /rɪˈpiːt/ ▌ *n* [NO PL] **1** ⇒repetición ▌ *n* [C] **2** *UK (programa)* ⇒reposición ⇒reemisión

repeated UK: /rɪˈpiː.tɪd/ US: /-ˤt̬ɪd/ *adj* **1** ⇒repetido,da **2** ⇒reiterado,da

repel /rɪˈpel/ [repelled, repelling] *v* [T, I] **1** ⇒repeler: *to repel the enemy attack* - repeler el ataque del enemigo **2** ⇒repugnar

repellent[1] /rɪˈpel.ənt/ *adj* ⇒repelente ⇒repugnante

repellent[2] /rɪˈpel.ənt/ *n* [C, U] ⇒repelente: *an insect repellent* - un repelente de insectos

repent /rɪˈpent/ *v* [T, I] *(form)* ⇒arrepentirse: *He didn't repent for what he had done* - No se arrepintió de lo que hizo

repertoire UK: /ˈrep.ə.twɑːr/ US: /-ɚ.twɑːr/ *n* [C] *(de un artista)* ⇒repertorio

repetition /ˌrep.əˈtɪʃ.ən/ *n* [C, U] ⇒repetición

repetitive UK: /rɪˈpet.ə.tɪv/ US: /-ˈpeˤt̬.ə.ˤt̬ɪv/ *adj* ⇒repetitivo,va: *It's a bit repetitive* - Es un poco repetitivo

↑**replace** /rɪˈpleɪs/ [replaced, replacing] *v* [T] **1** ⇒sustituir: *She replaced acting with music* - Sustituyó la actuación por la música **2** ⇒colocar ⇒volver a poner **3** ⇒reponer ⇒cambiar

replacement /rɪˈpleɪs.mənt/ ▌ *n* [U] **1** ⇒sustitución ▌ *n* [C] **2** ⇒repuesto ⇒recambio **3** *(persona)* ⇒sustituto,ta

replay[1] /ˌriːˈpleɪ/ *v* [T] **1** *(en deportes)* ⇒volver a jugar **2** *(en música)* ⇒volver a poner una canción **3** *(en televisión)* ⇒repetir una jugada

replay[2] /ˈriː.pleɪ/ *n* [C] **1** ⇒partido de desempate ⇒repetición de un partido **2** *(en televisión)* ⇒repetición [de una jugada]

replenish /rɪˈplen.ɪʃ/ [replenishes] *v* [T] **1** *(form)* ⇒volver a llenar **2** ⇒reponer

replication /ˌrep.lɪˈkeɪ.ʃən/ *n* [C, U] ⇒reproducción

↑**reply**[1] /rɪˈplaɪ/ [replies, replied] *v* [T, I] ⇒responder ⇒contestar ■ CONSTR. to reply + that ■ PRON. La última parte, *ply*, rima con *fly*

↑**reply**[2] /rɪˈplaɪ/ [*pl* replies] *n* [C, U] ⇒respuesta ⇒contestación ■ PRON. La última parte, *ply*, rima con *fly*

↑**report**[1] UK: /rɪˈpɔːt/ US: /-ˈpɔːrt/ *n* [C] **1** ⇒informe ⇒relato **2** ⇒noticia ⇒rumor **3** ⇒reportaje **4** ⇒informe escolar

↑**report**[2] UK: /rɪˈpɔːt/ US: /-ˈpɔːrt/ *v* [T] **1** ⇒informar ⇒reportar *AMÉR.;* ⇒anoticiar *AMÉR.* ■ CONSTR. 1. to report + that 2. to report + doing sth **2** ⇒denunciar **3** ⇒hacer un informe **4 to ~ (to *sth/sb*) (for *sth*)** ⇒presentarse [en algo/a alguien] [para algo]

reportedly UK: /rɪˈpɔː.tɪd.li/ US: /-ˈpɔːr.ˤt̬ɪd-/ *adv* ⇒según se informa ⇒según se dice

reported speech (*UK/US tb* **indirect speech**) *n* [U] *(en gramática)* ⇒estilo indirecto ■ Ver cuadro

reporter UK: /rɪˈpɔː.təʳ/ US: /-ˈpɔːr.ˤt̬ɚ/ *n* [C] ⇒reportero,ra ⇒periodista

↑**represent** /ˌrep.rɪˈzent/ *v* [T] **1** ⇒representar: *She represented him in the meeting* - Lo representó en la reunión **2** ⇒describir **3** ⇒representar ⇒simbolizar

representation /ˌrep.rɪ.zenˈteɪ.ʃən/ *n* [U] **1** *(de otra persona)* ⇒representación **2** *(en arte, en una gráfica)* ⇒representación

representative[1] UK: /ˌrep.rɪˈzen.tə.tɪv/ US: /-ˤt̬ə.ˤt̬ɪv/ *n* [C] **1** ⇒representante **2** ⇒comercial ⇒delegado,da ■ La forma abreviada es *rep* **3** *US* ⇒diputado,da **4** *US He appeared before the House of Representatives* - Compareció ante la Cámara de los Representantes

representative[2] UK: /ˌrep.rɪˈzen.tə.tɪv/ US: /-ˤt̬ə.ˤt̬ɪv/ *adj* ⇒representativo,va: *a representative sample* - una muestra representativa

repress /rɪˈpres/ [represses] *v* [T] **1** ⇒contener **2** ⇒reprimir: *You shouldn't repress your feelings* - No deberías reprimir tus sentimientos

repressive /rɪˈpres.ɪv/ *adj* ⇒represivo,va

reprieve[1] /rɪˈpriːv/ *n* [C] **1** ⇒indulto: *to grant a reprieve* - otorgar un indulto **2** ⇒aplazamiento **3** ⇒alivio ⇒respiro **4** *(de una situación difícil)* ⇒escape

reprieve[2] /rɪˈpriːv/ [reprieved, reprieving] *v* [T] **1** ⇒indultar **2** ⇒salvar

reprimand[1] UK: /ˈrep.rɪ.mɑːnd/ US: /-rə.mænd/ *v* [T] *(form)* ⇒reprender: *He was reprimanded for misconduct* - Lo reprendieron por su conducta ■ CONSTR. to reprimand sb for sth/doing sth

reprimand[2] UK: /ˈrep.rɪ.mɑːnd/ US: /-rə.mænd/ *n* [C] ⇒reprimenda

reprisal /rɪˈpraɪ.zəl/ *n* [C, U] ⇒represalia: *to take reprisals* - tomar represalias; *in reprisal for sth* - como represalia por algo

reproach[1] UK: /rɪˈprəʊtʃ/ US: /-ˈproʊtʃ/ [reproaches] *v* [T] ⇒reprochar(se): *She reproached me for lying* - Me reprochó que mintiera

reproach[2] UK: /rɪˈprəʊtʃ/ US: /-ˈproʊtʃ/ *n* [C, U] **1** *(form)* ⇒reproche **2 {above/beyond} ~** ⇒al margen de cualquier crítica ⇒intachable

↑**reproduce** UK: /ˌriː.prəˈdjuːs/ US: /-ˈduːs/ [reproduced, reproducing] ▌*v* [T] **1** ⇒reproducir ⇒copiar ▌*v* [I] **2** *(form)* ⇒reproducirse: *Rabbits reproduce very quickly* - Los conejos se reproducen con rapidez

reproduction /ˌriː.prəˈdʌk.ʃᵊn/ *n* [C, U] **1** *(en biología)* ⇒reproducción **2** ⇒copia ⇒reproducción

reproductive /ˌriː.prəˈdʌk.tɪv/ *adj* ⇒reproductor,-a: *the reproductive cycle* - el ciclo reproductor

↑**reptile** /ˈrep.taɪl/ *n* [C] ⇒reptil

republic /rɪˈpʌb.lɪk/ *n* [C] ⇒república: *the Irish Republic* - la República de Irlanda

republican /rɪˈpʌb.lɪ.kən/ *adj, n* [C] ⇒republicano,na

repugnant /rɪˈpʌg.nənt/ *adj (form)* ⇒repugnante

repulsive /rɪˈpʌl.sɪv/ *adj* ⇒repulsivo,va ⇒asqueroso,sa

reputable UK: /ˈrep.jʊ.tə.bl̩/ US: /-ˤt̬ə-/ *adj* **1** ⇒formal ⇒honroso,sa ⇒legal **2** ⇒de confianza: *a reputable dealer* - un comerciante de confianza

↑**reputation** /ˌrep.jʊˈteɪ.ʃᵊn/ *n* [C] ⇒reputación ⇒fama

reputed UK: /rɪˈpjuː.tɪd/ US: /-ˤt̬ɪd/ *adj* **1** ⇒supuesto,ta **2** *He is reputed to be one of the best writers of his generation* - Dicen que es uno de los mejores escritores de su generación

request[1] /rɪˈkwest/ *n* [C] ⇒petición: *to make a request for sth* - hacer una petición para algo

request[2] /rɪˈkwest/ *v* [T] *(form)* ⇒solicitar ⇒pedir
■ CONSTR. 1.to request + that 2. to request + to do sth

reported speech

El estilo indirecto se utiliza para explicar a alguien lo que otra persona ha dicho o pensado:

Phil said: 'I'm very tired'. → *Phil said (that)* ***he was very tired****.*
(Phil dijo: 'Estoy muy cansado'. → Phil dijo que estaba muy cansado.)

El estilo indirecto exige algunos cambios con respecto a la oración en estilo directo:

• Cambios en el **tiempo verbal**:

estilo directo	→	estilo indirecto
presente simple	→	pasado simple
presente continuo	→	pasado continuo
pasado simple	→	pasado perfecto
presente perfecto	→	pasado perfecto
presente perfecto continuo	→	pasado perfecto continuo
futuro	→	condicional

· *My parents said to me: "We* ***are*** *going to the cinema".* → *My parents told me (that) they* ***were*** *going to the cinema.*
(Mis padres me dijeron: "Vamos al cine". → Mis padres me dijeron que iban al cine.)

· *Julie complained: "****I've been waiting*** *for hours".* → *Julie complained (that) she* ***had been waiting*** *for hours.*
(Julie se quejó: "Llevo horas esperando". → Julie se quejó de que llevaba horas esperando.)

• Cambios en **palabras que se refieren a la posición o al tiempo**:

estilo directo	→	estilo indirecto
this/these	→	that/those
here	→	there
next week/month/year	→	the following week/month/year
last week/month/year	→	the week/month/year before
today	→	that day
tonight	→	that night
tomorrow	→	the next day
yesterday	→	the day before
now	→	then

· *He asked me: "How long have you lived* ***here****?"* → *He asked me how long I had lived* ***there****.*
(Me preguntó: "¿Cuánto llevas viviendo aquí?". → Me preguntó cuánto llevaba viviendo allí.)

↑**require** UK: /rɪˈkwaɪəʳ/ US: /-ˈkwaɪr/ [required, requiring] *v* [T] ⇨exigir ⇨necesitar ⇨requerir

requirement UK: /rɪˈkwaɪə.mənt/ US: /-ˈkwaɪr-/ *n* [C] ⇨requisito ⇨necesidad

↑**rescue[1]** /ˈres.kjuː/ [rescued, rescuing] *v* [T] ⇨rescatar ⇨salvar

rescue[2] /ˈres.kjuː/ *n* [C, U] **1** ⇨rescate ⇨salvamento **2 to {come/go} to *sb's* ~** ⇨{venir/ir} en ayuda de alguien

↑**research[1]** UK: /rɪˈsɜːtʃ/ UK: /ˈriː.sɜːtʃ/ US: /ˈriː.sɝːtʃ/ *n* [U] ⇨investigación [académica o científica]: *to do some research on an issue* - hacer una investigación de un tema ■ Comparar con *investigation*

research[2] UK: /rɪˈsɜːtʃ/ US: /-ˈsɝːtʃ/ *v* [T, I] *(un tema académico, científico o periodístico)* ⇨investigar ■ Comparar con *investigate*

researcher UK: /rɪˈsɜː.tʃəʳ/ US: /-ˈsɝː.tʃɚ/ *n* [C] ⇨investigador,-a

resemblance /rɪˈzem.blənts/ *n* [C, U] ⇨parecido: *There is an uncanny resemblance between you* - Tenéis un parecido asombroso

↑**resemble** /rɪˈzem.bl̩/ [resembled, resembling] *v* [T] *(form)* ⇨parecerse: *My brother resembles me* - Mi hermano se parece a mí

↑**resent** /rɪˈzent/ *v* [T] ⇨tomar a mal ⇨ofender(se) ■ CONSTR. to resent + doing sth

resentful /rɪˈzent.fᵊl/ *adj* **1** ⇨resentido,da **2** ⇨de resentimiento

resentment /rɪˈzent.mənt/ *n* [U] ⇨resentimiento ⇨rencor

reservation UK: /ˌrez.əˈveɪ.ʃᵊn/ US: /-ɚ-/ *n* [C, U] **1** *(de una habitación, de una entrada)* ⇨reserva **2** ⇨reserva [natural] **3** ⇨duda ⇨reserva ■ Se usa más en plural **4** *(en una carretera)* ⇨franja central

reserve[1] UK: /rɪˈzɜːv/ US: /-ˈzɝːv/ [reserved, reserving] *v* [T] ⇨reservar

reserve[2] UK: /rɪˈzɜːv/ US: /-ˈzɝːv/ *n* [C] **1** ⇨reserva: *water reserves* - reservas de agua ■ Se usa más en plural **2** *(tierra, área)* ⇨reserva **3** *(persona)* ⇨reserva ⇨suplente **4** *(en el ejército)* ⇨reservista **5 in ~** ⇨de reserva: *I have several bottles of water in reserve* - Tengo varias botellas de agua de reserva

reserved UK: /rɪˈzɜːvd/ US: /-ˈzɝːvd/ *adj* **1** *(un carácter, una personalidad)* ⇨reservado,da **2** *(una mesa, una habitación)* ⇨reservado,da

reservoir UK: /ˈrez.ə.vwɑːʳ/ US: /-ɚ.vwɑːr/ *n* [C] ⇨embalse ⇨pantano

reshuffle /ˈriːˌʃʌf.l̩/ *n* [C] *(en política)* ⇨reorganización

↑**reside** /rɪˈzaɪd/ [resided, residing] *v* [I] *(form)* ⇨residir

residence /ˈrez.ɪ.dᵊnts/ ▮ *n* [C] **1** *(form)* ⇨residencia ⇨domicilio ▮ *n* [U] **2** ⇨estancia ⇨período de residencia

↑**resident** /ˈrez.ɪ.dᵊnt/ *adj, n* [C] **1** ⇨residente **2** *residents' association* - asociación de vecinos

residential /ˌrez.ɪˈden.tʃᵊl/ *adj* **1** ⇨residencial: *a residential area* - una zona residencial **2** ⇨con alojamiento incluido

residue UK: /ˈrez.ɪ.djuː/ US: /-ə.duː/ *n* [C] ⇨residuo

↑**resign** /rɪˈzaɪn/ *v* [T, I] ⇨dimitir: *The President has resigned from his post* - El presidente ha dimitido de su cargo ■ PRON. La segunda parte, *sign*, rima con el término inglés *mine*

PHRASAL VERBS
· **to resign *oneself* to *sth*** ⇨resignarse a algo: *He resigned himself to working harder than ever* - Se resignó a trabajar más duro que nunca

resignation /ˌrez.ɪgˈneɪ.ʃᵊn/ ▮ *n* [C, U] **1** ⇨dimisión: *to hand in one's resignation* - presentar la dimisión ▮ *n* [U] **2** *(estado)* ⇨resignación

resilient /rɪˈzɪl.i.ənt/ *adj* **1** *(una persona)* ⇨con capacidad de adaptación ⇨fuerte **2** *(un material)* ⇨elástico,ca

↑**resist** /rɪˈzɪst/ *v* [T, I] **1** ⇨oponerse a **2** ⇨resistir ⇨aguantar **3** ⇨resistir(se) [a la tentación] ⇨reprimir ■ CONSTR. to resist + doing sth

resistance /rɪˈzɪs.tᵊnts/ *n* [U] **1** ⇨oposición: *They put up no resistance* - No presentaron oposición **2** ⇨resistencia

resistant /rɪˈzɪs.tᵊnt/ *adj* ⇨resistente: *a water-resistant watch* - un reloj resistente al agua

resolute /ˈrez.ə.luːt/ *adj (form)* ⇨resuelto,ta ⇨desenvuelto,ta

resolution /ˌrez.əˈluː.ʃᵊn/ *n* [C] **1** *(form)* ⇨resolución ⇨propósito **2** *I've made a resolution to read more in English* - Me he propuesto leer más en inglés **3** ⇨moción ⇨acuerdo

↑**resolve** UK: /rɪˈzɒlv/ US: /-ˈzɑːlv/ [resolved, resolving] ▮ *v* [T] **1** ⇨resolver: *to resolve a problem* - resolver un problema ▮ *v* [T, I] **2** *(form)* ⇨decidir **3** *(en derecho)* ⇨acordar ■ CONSTR. 1. to resolve + that 2. to resolve + to do sth **4** *(form)* ⇨proponerse: *I've resolved to practise more* - Me he propuesto practicar más ■ CONSTR. 1. to resolve + that 2. to resolve + to do sth

resort[1] UK: /rɪˈzɔːt/ US: /-ˈzɔːrt/ *n* [C] **1** ⇨lugar turístico **2** ⇨estación [de ocio]: *a ski resort* - una estación de esquí **3** ⇨recurso: *as a last resort* - como último recurso

↑**resort[2]** UK: /rɪˈzɔːt/ US: /-ˈzɔːrt/

PHRASAL VERBS
· **to resort to {sth/doing *sth*}** ⇨recurrir a algo: *They resorted to violence* - Recurrieron a la violencia

resounding /rɪˈzaʊn.dɪŋ/ *adj* ⇨rotundo,da ⇨sonoro,ra

† **resource** UK: /rɪ'zɔːs/ UK: /'riː.sɔːs/ US: /'riː.sɔːrs/ *n* [C] ⇒recurso: *natural resources* - recursos naturales ■ Se usa más en plural

resourceful UK: /rɪ'zɔː.sfᵊl/ US: /-'sɔːr-/ *adj* ⇒con recursos ⇒desenvuelto,ta ⇒ingenioso,sa

resources *n* [PL] ⇒recursos: *mineral resources* - recursos minerales

respect[1] /rɪ'spekt/ ▌*n* [U] **1** ⇒respeto **2** *to command respect* - hacerse respetar ▌*n* [C] **3** ⇒aspecto: *in some respects* - en algunos aspectos **4 with ~ to *sth*** *(form)* ⇒por lo que respecta a algo

† **respect[2]** /rɪ'spekt/ *v* [T] ⇒respetar: *He has always respected his aunt* - Siempre ha respetado a su tía

† **respectable** /rɪ'spek.tə.bl̩/ *adj* **1** ⇒respetable ⇒decente **2** ⇒respetable: *a respectable grade* - una nota respetable

respectful /rɪ'spekt.fᵊl/ *adj* ⇒respetuoso,sa

† **respective** /rɪ'spek.tɪv/ *adj* ⇒respectivo,va: *and their respective partners* - y sus parejas respectivas

respite /'res.paɪt/ *n* [U, NO PL] *(form)* ⇒respiro ⇒tregua

† **respond** UK: /rɪ'spɒnd/ US: /-'spɑːnd/ *v* [I] **1** ⇒responder ⇒reaccionar ■ CONSTR. to respond to sth **2** ⇒contestar ⇒responder ■ CONSTR. 1. to respond + that 2. to respond **by** + doing sth 3. to respond **to** sth

response UK: /rɪ'spɒnts/ US: /-'spɑːnts/ ▌*n* [C, U] **1** ⇒reacción ▌*n* [C] **2** ⇒respuesta ⇒contestación

responsibility UK: /rɪˌspɒnt.sɪ'bɪl.ɪ.ti/ US: /-ˌspɑːnt.sə'bɪl.ə.ˤt̬i/ ▌*n* [U] **1** ⇒responsabilidad ⇒seriedad ▌*n* [C] **2** ⇒obligación ⇒responsabilidad ■ El plural es *responsibilities* **3 to {accept/take} ~ for *sth*** ⇒responsabilizar(se) de algo ⇒hacerse cargo de algo **4 to claim ~ for *sth*** ⇒asumir la responsabilidad de algo ⇒asumir la autoría de algo

† **responsible** UK: /rɪ'spɒnt.sɪ.bl̩/ US: /-'spɑːnt-/ *adj* **1** ⇒responsable ■ Se usa solo como adjetivo: se dice *the person responsible*. Incorrecto: *the responsible* **2 to be ~ for *sth/sb*** **1** ⇒ser la causa de: *A cigarette was responsible for the fire* - Un cigarrillo fue la causa del incendio **2** ⇒ser responsable de

responsive UK: /rɪ'spɒnt.sɪv/ US: /-'spɑːnt-/ *adj* **1** ⇒sensible: *responsive to our needs* - sensible a nuestras necesidades **2** ⇒receptivo,va ⇒interesado,da

† **rest[1]** /rest/ ▌*n* [C, U] **1** ⇒descanso: *to take a rest* - tomarse un descanso ▌*n* [U] **2** ⇒resto: *I threw away the rest of the magazines* - Tiré el resto de las revistas **3** ⇒los demás: *Where are the rest?* - ¿Dónde están los demás? **4 at ~** *(euphem)* ⇒en reposo ⇒en paz **5 to come to ~** ⇒pararse ⇒detenerse

† **rest[2]** /rest/ *v* [I] **1** ⇒descansar ⇒reposar **2** ⇒apoyar ■ CONSTR. Se usa generalmente seguido de las preposiciones **against** y **on** ■ Distinto de *to subtract* (restar)

† **restaurant** UK: /'res.trɒnt/ US: /-tə.rɑːnt/ *n* [C] **1** ⇒restaurante **2** *a seafood restaurant* - una marisquería

rested /'res.tɪd/ *adj* ⇒descansado,da: *I'm feeling rested* - Me encuentro descansado ■ PRON. La *e* final se pronuncia como la *i* en *did*

restless /'rest.ləs/ *adj* **1** ⇒agitado,da ⇒intranquilo,la **2** *to have a restless night* - pasar una mala noche

† **restore** UK: /rɪ'stɔːʳ/ US: /-'stɔːr/ [restored, restoring] *v* [T] **1** *(form)* ⇒restaurar ⇒refaccionar AMÉR. **2** ⇒restablecer **3** *(form) (unos bienes)* ⇒restituir ⇒devolver

restrain /rɪ'streɪn/ *v* [T] **1** ⇒refrenar(se) ⇒contener(se) **2** ⇒impedir ■ CONSTR. 1. to restrain **from** + doing sth 2. Se usa más como reflexivo

restrained /rɪ'streɪnd/ *adj* ⇒comedido,da ⇒moderado,da

restraint /rɪ'streɪnt/ ▌*n* [C] **1** ⇒restricción ⇒comedimiento ▌*n* [U] **2** ⇒moderación ⇒compostura

† **restrict** /rɪ'strɪkt/ *v* [T] **1** ⇒restringir: *to restrict free speech* - restringir la libertad de expresión **2** ⇒limitar

restricted /rɪ'strɪk.tɪd/ *adj* **1** ⇒limitado,da **2 to be ~ to *sth*** ⇒estar restringido,da a algo

restriction /rɪ'strɪk.ʃᵊn/ *n* [C, U] ⇒restricción

restrictive /rɪ'strɪk.tɪv/ *adj* ⇒restrictivo,va

restroom /'rest.rʊm, -ruːm/ *US n* [C] ⇒cuarto de baño [público]

† **result[1]** /rɪ'zʌlt/ *n* [C] **1** ⇒resultado: *the election results* - los resultados electorales **2 as a ~** ⇒por consiguiente ⇒como consecuencia

result[2] /rɪ'zʌlt/ *v* [I] ⇒terminar ⇒tener como resultado ⇒resultar

PHRASAL VERBS

· **to result (from *sth*)** ⇒ser el resultado [de algo]

· **to result in *sth*** ⇒ocasionar ⇒causar

† **resume** UK: /rɪ'zjuːm/ US: /-'zuːm/ [resumed, resuming] *v* [T, I] *(form)* ⇒reanudar(se) ⇒continuar ■ CONSTR. to resume + doing sth ■ Distinto de *to summarize* (resumir)

resurgence UK: /rɪ'sɜː.dʒᵊnts/ US: /-'sɝː-/ *n* [C, U] *(form)* ⇒resurgimiento ⇒renacimiento

resurrect UK: /ˌrez.ᵊr'ekt/ US: /-ə'rekt/ *v* [T] ⇒resucitar

resurrection UK: /ˌrez.ᵊr'ek.ʃᵊn/ US: /-ə'rek-/ *n* [U] **1** ⇒resurrección **2 the ~** ⇒la Resurrección

resuscitate /rɪ'sʌs.ɪ.teɪt/ [resuscitated, resuscitating] *v* [T] ⇒reanimar

retail[1] /'ri:.teɪl/ *n* [U] **1** ⇒venta al por menor **2** *retail outlet* - punto de venta **3** *retail price* - precio de venta al público

retail[2] /'ri:.teɪl/ *v* [T] ⇒vender al por menor

retailer UK: /'ri:.teɪ.ləʳ/ US: /-lə/ *n* [C] ⇒minorista

↑**retain** /rɪ'teɪn/ *v* [T] **1** *(form)* ⇒conservar ⇒retener ⇒mantener ⇒guardar **2** *(form) (en derecho)* ⇒contratar

retaliate /rɪ'tæl.i.eɪt/ [retaliated, retaliating] *v* [I] ⇒tomar represalias ⇒responder [a una agresión]

retention /rɪ'ten.tʃᵊn/ *n* [U] *(form)* ⇒conservación ⇒retención

rethink /ˌri:'θɪŋk/ *v* [T, I] ⇒reconsiderar: *You should rethink how you're going to do it* - Deberías reconsiderar cómo vas a hacerlo ■ CONSTR. to rethink + interrogativa indirecta

rethought past tense and past participle forms of **rethink**

reticent UK: /'ret.ɪ.sᵊnt/ US: /'reˁt̬.ə-/ *adj* ⇒reservado,da ⇒reticente

↑**retire** UK: /rɪ'taɪəʳ/ US: /-'taɪr/ [retired, retiring] *v* [I] ⇒retirarse ⇒jubilarse

retired UK: /rɪ'taɪəd/ US: /-'taɪrd/ *adj* ⇒retirado,da ⇒jubilado,da ■ PRON. La última *e* no se pronuncia

retirement UK: /rɪ'taɪə.mənt/ US: /-'taɪr-/ *n* [U] ⇒retiro ⇒jubilación

retiring UK: /rɪ'taɪə.rɪŋ/ US: /-'taɪr.ɪŋ/ *adj* **1** ⇒retraído,da **2** *(de un cargo o un puesto)* ⇒saliente

retort[1] UK: /rɪ'tɔ:t/ US: /-'tɔ:rt/ *v* [T] *(form)* ⇒replicar [con enfado o ingenio] ⇒contestar

retort[2] UK: /rɪ'tɔ:t/ US: /-'tɔ:rt/ *n* [C] *(form)* ⇒réplica ⇒contestación [con enfado o ingenio]

retrace /rɪ'treɪs/ [retraced, retracing] *v* [T] **1** ⇒desandar **2 to ~ *one's* steps** ⇒desandar lo andado

retract /rɪ'trækt/ *v* [T, I] **1** *(form)* ⇒retractarse de **2** ⇒retraer(se) **3** ⇒replegar(se)

retreat[1] /rɪ'tri:t/ *v* [I] ⇒retirarse ⇒retroceder ■ CONSTR. Se usa generalmente seguido de las preposiciones to, into y from

retreat[2] /rɪ'tri:t/ *n* [C] **1** ⇒retirada ⇒marcha atrás **2** ⇒retiro: *a spiritual retreat* - un retiro espiritual **3** ⇒refugio

retrial /'ri:.traɪəl/ *n* [C] ⇒nuevo juicio

retribution /ˌret.rɪ'bju:.ʃᵊn/ *n* [U] **1** *(form)* ⇒justo castigo **2** *divine retribution* - castigo de Dios **3** ⇒venganza

↑**retrieve** /rɪ'tri:v/ [retrieved, retrieving] *v* [T] **1** ⇒recuperar ⇒recoger **2** *(en informática)* ⇒recuperar **3** *(en caza)* ⇒cobrar **4** *(a una persona)* ⇒rescatar ⇒salvar

retriever UK: /rɪ'tri:.vəʳ/ US: /-və/ *n* [C] *(perro)* ⇒labrador

retrospect UK: /'ret.rəʊ.spekt/ US: /-rə-/ **in ~** ⇒en retrospectiva ⇒mirando hacia atrás

retrospective UK: /ˌret.rə|ʊ|'spek.tɪv/ US: /-rə-/ *adj* **1** *(form)* ⇒retrospectivo,va: *a retrospective exhibition of a local artist* - una exposición retrospectiva de una artista local **2** ⇒retroactivo,va

↑**return**[1] UK: /rɪ'tɜ:n/ US: /-'tɜ:n/ ▌*v* [I] **1** ⇒regresar ⇒volver **2** *(un dolor)* ⇒reaparecer ▌*v* [T] **3** ⇒entregar ⇒devolver **4** *They returned a verdict of guilty* - Lo declararon culpable

return[2] UK: /rɪ'tɜ:n/ US: /-'tɜ:n/ *n* [C] **1** ⇒regreso ⇒vuelta **2** ⇒devolución **3** ⇒reaparición **4** ⇒rendimiento [de algo]: *return on investment* - rendimiento de la inversión **5** *UK* (*US* **round-trip ticket**) ⇒billete de ida y vuelta **6 in ~** ⇒a cambio **7 tax ~** ⇒declaración de la renta: *to fill in a tax return* - hacer la declaración de la renta

returnable UK: /rɪ'tɜ:.nə.bl̩/ US: /-'tɜ:-/ *adj* **1** *(un envase)* ⇒retornable **2** *(una cantidad de dinero)* ⇒reembolsable

reunion UK: /ˌri:'ju:.ni.ən/ US: /'-njən/ *n* [C] **1** *(generalmente de familiares)* ⇒reunión ⇒reencuentro **2** ⇒reunión [de antiguos alumnos]

reunite /ˌri:.ju:'naɪt/ [reunited, reuniting] *v* [T, I] **1** ⇒reunir(se): *After a long time apart they were reunited* - Después de mucho tiempo, se reunieron **2** ⇒reconciliar(se): *I tried to reunite them* - Intenté reconciliarlos ■ CONSTR. Se usa más en pasiva

reuse /ˌri:'ju:z/ [reused, reusing] *v* [T] ⇒reutilizar

rev[1] /rev/ *n* [C] *(inform) (en mecánica)* ⇒revolución ■ Se usa más en plural

rev[2] /rev/ [revved, revving] *v* [T, I] *(un motor)* ⇒revolucionar ⇒acelerar ■ CONSTR. Se usa generalmente seguido de la preposición up

revamp[1] /ˌri:'væmp/ *v* [T] ⇒renovar ⇒modernizar

revamp[2] /'ri:.væmp/ *n* [C] ⇒renovación ⇒modernización

↑**reveal** /rɪ'vi:l/ *v* [T] **1** ⇒revelar: *to reveal a secret* - revelar un secreto **2** ⇒mostrar ⇒descubrir ■ CONSTR. 1. to reveal + that 2. to reveal + interrogativa indirecta

revealing /rɪ'vi:.lɪŋ/ *adj* **1** ⇒revelador,-a: *a revealing slip* - un desliz revelador **2** *(una prenda de vestir)* ⇒atrevido,da

revel /'rev.ᵊl/ [revelled, revelling] *v* [I] ⇒estar de jarana *col.;* ⇒estar de juerga

PHRASAL VERBS

- **to revel in *sth*** *(lit)* ⇒regodearse en algo ⇒gozar de algo

revelation /ˌrev.ə'leɪ.ʃᵊn/ *n* [C, U] *(de un secreto)* ⇒revelación

↑**revenge** /rɪ'vendʒ/ *n* [U] **1** ⇒venganza ⇒revancha **2 to take (one's) ~ on *sb* for *sth*** ⇒vengarse de alguien por algo

† **revenue** UK: /ˈrev.ən.juː/ US: /-ə.nuː/ *n* [U] **1** ⇒ingresos: *a source of revenue* - una fuente de ingresos **2** ⇒renta

reverberate UK: /rɪˈvɜː.bər.eɪt/ US: /-ˈvɝː.bɚ.eɪt/ [reverberated, reverberating] *v* [I] **1** ⇒resonar ⇒retumbar **2** *(form)* ⇒tener repercusiones

revere UK: /rɪˈvɪəʳ/ US: /-ˈvɪr/ [revered, revering] *v* [T] *(form)* ⇒venerar: *to revere sb* - venerar a alguien

reverence UK: /ˈrev.ər.ənts/ US: /-ɚ.[ə]nts/ *n* [U] **1** *(form)* ⇒veneración **2** *to feel reverence for sb* - venerar a alguien

Reverend UK: /ˈrev.ər.ənd/ UK: /-rənd/ US: /-ɚ.[ə]nd/ *n* [C] *(en la iglesia cristiana)* ⇒reverendo,da ⇒pastor,-a

reversal UK: /rɪˈvɜː.səl/ US: /-ˈvɝː-/ *n* [C] **1** ⇒revés: *to suffer a reversal* - sufrir un revés **2** ⇒cambio total **3** ⇒inversión [de papeles]: *It was a reversal of roles* - Fue una inversión de papeles

reverse[1] UK: /rɪˈvɜːs/ US: /-ˈvɝːs/ [reversed, reversing] *v* [T, I] **1** ⇒invertir: *to reverse the tendency* - invertir la tendencia **2** ⇒dar marcha atrás **3** *(una decisión)* ⇒revocar **4 to ~ the charges** ⇒llamar a cobro revertido

reverse[2] UK: /rɪˈvɜːs/ US: /-ˈvɝːs/ *n* [U] **1** *(en un vehículo)* ⇒marcha atrás ⇒reversa AMÉR. **2** ⇒opuesto ⇒contrario

reversible UK: /rɪˈvɜː.sə.bl̩/ US: /-ˈvɝː-/ *adj* ⇒reversible

revert UK: /rɪˈvɜːt/ US: /-ˈvɝːt/

PHRASAL VERBS
- **to revert to *sth*** ⇒volver a algo
- **to revert to *sb*** *(en derecho)* ⇒revertir en alguien

review[1] /rɪˈvjuː/ *n* [C, U] **1** ⇒examen ⇒revisión ⇒evaluación **2** ⇒informe **3** ⇒crítica ⇒reseña **4** ⇒revista [académica o literaria]

review[2] /rɪˈvjuː/ ▮ *v* [T] **1** ⇒criticar ⇒reseñar **2** ⇒revisar ⇒examinar ⇒evaluar ▮ *v* [T, I] **3** ⇒estudiar: *Procedures will have to be reviewed* - Tendremos que estudiar los procedimientos **4** *US* (*UK* **revise**) ⇒repasar ⇒estudiar

reviewer UK: /rɪˈvjuː.əʳ/ US: /-ɚ/ *n* [C] ⇒crítico,ca [de obras de ficción]

† **revise** /rɪˈvaɪz/ [revised, revising] ▮ *v* [T, I] **1** *UK* (*US* **review**) ⇒repasar ⇒estudiar ▮ *v* [T] **2** ⇒revisar **3** ⇒corregir

revision /rɪˈvɪʒ.ən/ ▮ *n* [U] **1** *UK* ⇒repaso ▮ *n* [C, U] **2** ⇒revisión **3** ⇒corrección

revival /rɪˈvaɪ.vəl/ *n* [C, U] **1** ⇒resurgimiento **2** ⇒restablecimiento **3** *(en teatro)* ⇒reposición

† **revive** /rɪˈvaɪv/ [revived, reviving] *v* [T, I] **1** ⇒reanimar(se) ⇒despertar(se) **2** *(una planta)* ⇒revivir **3** *(en economía)* ⇒reactivar(se) **4** *(la esperanza, la confianza)* ⇒reavivar **5** *(en teatro)* ⇒reponer

revoke UK: /rɪˈvəʊk/ US: /-ˈvoʊk/ [revoked, revoking] *v* [T] *(form)* ⇒revocar

revolt[1] UK: /rɪˈvəʊlt/ UK: /-ˈvɒlt/ US: /-ˈvoʊlt/ *n* [C, U] ⇒rebelión ⇒levantamiento

revolt[2] UK: /rɪˈvəʊlt/ UK: /-ˈvɒlt/ US: /-ˈvoʊlt/ ▮ *v* [I] **1** ⇒sublevarse ⇒rebelarse ▮ *v* [T] **2** ⇒repugnar ⇒dar asco ■ CONSTR. Se usa más en pasiva

revolting UK: /rɪˈvəʊl.tɪŋ/ UK: /-ˈvɒl-/ US: /-ˈvoʊl.ˤt̬ɪŋ/ *adj* ⇒repugnante ⇒asqueroso,sa

† **revolution** /ˌrev.əˈluː.ʃən/ *n* [C, U] ⇒revolución: *the Russian revolution* - la Revolución Rusa

revolutionary UK: /ˌrev.əˈluː.ʃən.ər.i/ US: /-er-/ [*pl* revolutionaries] *adj, n* [C] ⇒revolucionario,ria: *a revolutionary change* - un cambio revolucionario

revolutionize /ˌrev.əˈluː.ʃən.aɪz/ [revolutionized, revolutionizing] *v* [T] ⇒revolucionar ⇒cambiar radicalmente

revolve UK: /rɪˈvɒlv/ US: /-ˈvɑːlv/ [revolved, revolving] *v* [I] ⇒girar: *The moon revolves around the Earth* - La Luna gira alrededor de la Tierra ■ Distinto de *to jumble* (revolver)

PHRASAL VERBS
- **revolve around *sth/sb*** ⇒girar en torno a algo o a alguien: *Natalie's life revolves around her son* - La vida de Natalie gira en torno a su hijo

revolver UK: /rɪˈvɒl.vəʳ/ US: /-ˈvɑːl.vɚ/ *n* [C] ⇒revólver: *He was holding a revolver in his hand* - Tenía un revólver en la mano

revulsion /rɪˈvʌl.ʃən/ *n* [U] ⇒repugnancia: *to feel revulsion* - sentir repugnancia

† **reward**[1] UK: /rɪˈwɔːd/ US: /-ˈwɔːrd/ *n* [C, U] ⇒recompensa ⇒premio

reward[2] UK: /rɪˈwɔːd/ US: /-ˈwɔːrd/ *v* [T] ⇒recompensar ⇒premiar

rewarding UK: /rɪˈwɔː.dɪŋ/ US: /-ˈwɔːr-/ *adj* **1** ⇒gratificante **2** ⇒provechoso,sa

rewind, rewound, rewound /ˌriːˈwaɪnd/ *v* [T, I] ⇒rebobinar ■ La forma abreviada es *rew* ■ PRON. La última parte, *wind*, rima con *find*

rewound /ˌriːˈwaʊnd/ past tense and past participle forms of **rewind**

rewrite, rewrote, rewritten /ˌriːˈraɪt/ [rewriting] *v* [T] ⇒reescribir ⇒volver a redactar

rewritten past participle of **rewrite**

rewrote past tense of **rewrite**

† **rhetoric** UK: /ˈret.ər.ɪk/ US: /ˈreˤt̬.ɚ-/ *n* [U] **1** ⇒retórica **2** *empty rhetoric* - palabrería

rheumatism /ˈruː.mə.tɪ.zəm/ *n* [U] *(en medicina)* ⇒reumatismo

rhino UK: /ˈraɪ.nəʊ/ US: /-noʊ/ *n* [C] *(inform)* ⇒forma abreviada de **rhinoceros** (rinoceronte): *a rhino charge* - una embestida de un rinoceronte

rhinoceros UK: /raɪ'nɒs.ᵊr.əs/ US: /-'nɑː.sɚ-/ [*pl* rhinoceroses, rhinoceros] *n* [C] ⇒rinoceronte ■ La forma abreviada es *rhino*

rhubarb UK: /'ruː.bɑːb/ US: /-bɑːrb/ *n* [U] *(planta)* ⇒ruibarbo

rhyme¹ /raɪm/ [rhymed, rhyming] *v* [I] ⇒rimar: *«Cat» rhymes with «hat»* - «Cat» rima con «hat»

rhyme² /raɪm/ *n* [C, U] **1** ⇒rima **2** *(en un poema)* ⇒verso

† **rhythm** /'rɪð.ᵊm/ *n* [C, U] ⇒ritmo: *sense of rhythm* - sentido del ritmo

rhythmic /'rɪð.mɪk/ *adj* ⇒rítmico,ca

† **rib** /rɪb/ *n* [C] **1** ⇒costilla: *a fractured rib* - una costilla rota; *ribs with barbecue sauce* - costillas con salsa de barbacoa **2** *(de hoja)* ⇒nervio

† **ribbon** /'rɪb.ᵊn/ *n* [C] **1** ⇒cinta ⇒lazo **2** *US* (*UK* **rosette**) ⇒escarapela **3 to {cut/tear} *sth* to ribbons** ⇒hacer algo trizas

† **rice** /raɪs/ *n* [U] ⇒arroz: *brown rice* - arroz integral

† **rich** /rɪtʃ/ *adj* **1** ⇒rico,ca ⇒adinerado,da **2** ⇒rico,ca ⇒abundante **3** ⇒suntuoso,sa **4** *(un color)* ⇒brillante ⇒intenso,sa ⇒vivo,va **5** *(un sonido)* ⇒profundo,-a ⇒sonoro,ra **6** *(una comida)* ⇒pesado,da ⇒empalagoso,sa

riches /'rɪtʃ.ɪz/ *n* [PL] *(lit)* ⇒riqueza

richly /'rɪtʃ.li/ *adv* **1** ⇒profusamente ⇒abundantemente **2** *(de lujo)* ⇒suntuosamente ⇒lujosamente **3** ⇒intensamente

richness /'rɪtʃ.nəs/ *n* [U] **1** ⇒riqueza **2** ⇒fertilidad **3** ⇒suntuosidad

rickety UK: /'rɪk.ɪ.ti/ US: /-ə.ˁt̬i/ *adj* **1** ⇒desvencijado,da **2** *(un mueble)* ⇒cojo,ja **3** *(una situación)* ⇒tambaleante **4** ⇒enclenque ⇒raquítico,ca *col.*

ricochet /'rɪk.ə.ʃeɪ/ *v* [I] ⇒rebotar: *The bullet ricocheted off the wall* - La bala rebotó contra la pared

R

† **rid¹** /rɪd/ *adj* **to get ~ of *sth/sb*** ⇒deshacerse de: *He wants to get rid of his old comics* - Quiere deshacerse de sus tebeos viejos

† **rid², rid, rid** /rɪd/

PHRASAL VERBS

· **to rid *sth* of *sth*** ⇒librar a algo de algo: *He rid the town of Hamelin of the rats* - Libró a la ciudad de Hamelin de las ratas

ridden /'rɪd.ᵊn/ **1** past participle of **ride 2 to be ~ with *sth*** ⇒estar lleno,na de algo [negativo]

riddle¹ /'rɪd.l̩/ *n* [C] **1** ⇒acertijo ⇒adivinanza **2** ⇒enigma **3** *to speak in riddles* - hablar en clave

riddle² /'rɪd.l̩/ [riddled, riddling] *v* [T] **1** ⇒acribillar [a balazos] **2 to be riddled with *sth*** ⇒estar plagado,da de algo ⇒estar lleno,na de algo

† **ride¹, rode, ridden** /raɪd/ [riding] *v* [T, I] **1** *(en bicicleta, en moto, a caballo)* ⇒montar **2** ⇒viajar [en un medio de transporte] **3 to ~ at anchor** *(una embarcación)* ⇒estar fondeado,da

ride² /raɪd/ *n* [C] **1** *(en bicicleta, en moto, a caballo)* ⇒paseo ⇒vuelta **2** ⇒viaje [en un medio de transporte]: *a short bus ride* - un viaje corto en autobús **3** ⇒atracción [de feria] **4 to give *sb* a ~** *US* (*UK* **to give sb a lift**) ⇒llevar a alguien en coche **5 to take *sb* for a ~ 1** *(inform)* ⇒timar a alguien **2** ⇒tomar el pelo a alguien

rider UK: /'raɪ.dəʳ/ US: /-dɚ/ *n* [C] **1** ⇒jinete **2** ⇒ciclista **3** ⇒motociclista **4** *(form) (en derecho)* ⇒cláusula adicional ⇒anexo

ridge /rɪdʒ/ *n* [C] **1** *(de un monte o una montaña)* ⇒cresta **2** ⇒caballete [de un tejado] **3** *(en meteorología)* ⇒línea

ridicule¹ /'rɪd.ɪ.kjuːl/ [ridiculed, ridiculing] *v* [T] ⇒ridiculizar ⇒poner en ridículo

ridicule² /'rɪd.ɪ.kjuːl/ *n* [U] ⇒ridículo ⇒burla ⇒mofa

ridiculous /rɪ'dɪk.jʊ.ləs/ *adj* ⇒ridículo,la ⇒absurdo,da

riding /'raɪ.dɪŋ/ *n* [U] ⇒equitación

rife /raɪf/ *adj* **1** ⇒abundante ■ CONSTR. Se usa detrás de un verbo **2 to be ~** ⇒abundar ⇒ser común ⇒proliferar ⇒estar muy extendido,da

rifle /'raɪ.fl̩/ *n* [C] ⇒rifle: *rifle range* - campo de tiro

rift /rɪft/ *n* [C] **1** *(en la tierra o en la roca)* ⇒grieta ⇒fisura **2** *(entre personas o países)* ⇒ruptura ⇒cisma

rig¹ /rɪg/ [rigged, rigging] *v* [T] **1** ⇒amañar **2** *(una embarcación)* ⇒aparejar

PHRASAL VERBS

· **to rig *sth* up [M]** ⇒improvisar algo: *He was very good at rigging up* - Era muy bueno improvisando

rig² /rɪg/ *n* [C] ⇒plataforma petrolífera: *to work on the rigs* - trabajar en plataformas petrolíferas

rigging /'rɪg.ɪŋ/ *n* [U] **1** *(en unas elecciones)* ⇒pucherazo **2** *(en una embarcación)* ⇒jarcia

† **right¹** /raɪt/ *adj* **1** ⇒correcto,ta ⇒acertado,da **2** ⇒correcto,ta ⇒adecuado,da **3** ⇒justo,ta ⇒preciso,sa **4** ⇒justo,ta **5** ⇒derecho,cha **6** *(inform)* ⇒de remate *col.* **7 to be ~** ⇒tener razón

† **right²** /raɪt/ *adv* **1** ⇒justo ⇒justamente **2** ⇒bien **3** ⇒vale **4 ~ {away/now}** ⇒ahora mismo ⇒inmediatamente

† **right³** /raɪt/ *n* [C] **1** ⇒derecho: *the right to vote* - el derecho al voto **2** ⇒derecha: *Take the second street on the right* - Coge la segunda calle a la derecha **3** *(en boxeo)* ⇒derechazo

right angle *n* [C] ⇒ángulo recto: *at a right angle* - en ángulo recto

righteous /'raɪ.tʃəs/ *adj (form)* ⇒honrado,da

rightful /ˈraɪt.fəl/ *adj* ⇒legítimo,ma: *the rightful owner* - el dueño legítimo

right-hand /ˈraɪt.hænd/ *adj* **1** ⇒a mano derecha: *The railway station is on the right-hand side* - La estación de trenes está a mano derecha **2 ~ man** *(persona)* ⇒mano derecha

right-handed /ˌraɪtˈhæn.dɪd/ *adj* ⇒diestro,tra

rightly /ˈraɪt.li/ *adv* ⇒correctamente

rights /raɪts/ *n* [PL] ⇒derechos: *Fight for your rights!* - ¡Lucha por tus derechos!

↑ **right-wing** /ˌraɪtˈwɪŋ/ *adj* ⇒derechista ⇒de derechas

rigid /ˈrɪdʒ.ɪd/ *adj* **1** ⇒rígido,da ⇒tieso,sa **2** ⇒severo,ra ⇒estricto,ta

rigorous UK: /ˈrɪg.ər.əs/ US: /-ɚ-/ *adj* ⇒riguroso,sa ⇒severo,ra

rigour UK: /ˈrɪg.əʳ/ US: /-ɚ/ *UK n* [U] ⇒rigor

rim /rɪm/ *n* [C] **1** ⇒borde: *the rim of a cup* - el borde de una taza **2** *(de unas gafas)* ⇒montura **3** *(de una rueda)* ⇒llanta **4** *the Pacific Rim* - los países de la costa del Pacífico

rind /raɪnd/ *n* [C, U] **1** *(de un cítrico)* ⇒cáscara ⇒piel **2** *(de un queso, del beicon)* ⇒corteza

↑ **ring**[1] /rɪŋ/ *n* [C] **1** ⇒aro ⇒círculo **2** ⇒anillo: *a silver ring* - un anillo de plata **3** ⇒llamada ⇒telefonazo *col.* **4** ⇒sonido [de una campana] **5 a boxing ~** ⇒cuadrilátero **6 a circus ~** ⇒pista de circo **7 a {crime/drug/spy} ~** ⇒red de {corrupción/narcotráfico/espionaje}

↑ **ring**[2], **rang, rung** /rɪŋ/ ▮ *v* [T, I] **1** ⇒sonar **2** *UK (UK/US tb* **call**) *(inform)* ⇒llamar [por teléfono] ⇒telefonear **3** *(el timbre o la puerta)* ⇒tocar ⇒llamar ▮ *v* [I] **4** ⇒resonar **5** *(los oídos)* ⇒zumbar **6 to ~ a bell** ⇒resultar familiar ⇒sonar *col.*

PHRASAL VERBS

- **to ring (sb) back 1** *UK (UK/US tb* **to call (sb) back**) ⇒devolver la llamada (a alguien) **2** ⇒volver a llamar (a alguien)
- **to ring off** *UK (UK/US tb* **hang up**) ⇒colgar [el teléfono]

ring[3] /rɪŋ/ *v* [T] **1** ⇒rodear ⇒cercar **2** *(un pájaro)* ⇒anillar ■ En estas dos acepciones el pasado y el participio tienen formas regulares

ringleader UK: /ˈrɪŋˌliː.dəʳ/ US: /-dɚ/ *n* [C] *(de una actividad o grupo delictivo)* ⇒cabecilla ⇒líder

ring road *UK n* [C] ⇒carretera de circunvalación

ringtone UK: /ˈrɪŋ.təʊn/ US: /-toʊn/ *n* [C] *(en un teléfono)* ⇒tono de llamada ⇒melodía de llamada

rink /rɪŋk/ *n* [C] ⇒pista de patinaje

rinse[1] /rɪnts/ [rinsed, rinsing] *v* [T] **1** ⇒enjuagar ⇒aclarar **2** *(el pelo)* ⇒teñir

PHRASAL VERBS

- **to rinse *sth* out [M] 1** ⇒enjuagar algo [con agua limpia] ⇒dar un agua a algo *col.* **2** *(la boca)* ⇒enjuagar

rinse[2] /rɪnts/ *n* [C] **1** ⇒enjuague ⇒aclarado **2** *(para el pelo)* ⇒tinte

riot[1] /ˈraɪ.ət/ *n* [C] **1** ⇒disturbio **2** ⇒motín **3 ~ police** ⇒policía antidisturbios

riot[2] /ˈraɪ.ət/ *v* [I] **1** ⇒provocar disturbios **2** ⇒amotinarse

rioting UK: /ˈraɪ.ə.tɪŋ/ US: /-ˁt̬ɪŋ/ *n* [U] ⇒disturbios

riotous UK: /ˈraɪ.ə.təs/ US: /-ˁt̬əs/ *adj* **1** ⇒desenfrenado,da ⇒descontrolado,da **2** *(form)* ⇒bullicioso,sa ⇒alborotador,-a

rip[1] /rɪp/ [ripped, ripping] *v* [T, I] **1** ⇒rasgar ⇒rajar **2 to ~ *sth* {from/off/out}** ⇒arrancar algo

PHRASAL VERBS

- **to rip *sth* off [M] 1** ⇒quitar rápidamente ⇒arrancar algo **2** *(inform)* ⇒mangar algo *col.;* ⇒robar algo ⇒plagiar algo
- **to rip *sb* off [M]** *(inform)* ⇒timar a alguien
- **to rip through *sth*** *(un edificio o un lugar)* ⇒destrozar rápidamente ⇒atravesar en un instante
- **to rip *sth* up [M]** ⇒hacer algo pedazos

rip[2] /rɪp/ *n* [C] **1** ⇒desgarro ⇒rasgón ⇒raja **2 to let ~ at *sb*** ⇒arremeter contra alguien

↑ **ripe** /raɪp/ *adj* **1** *(una fruta)* ⇒maduro,ra **2** *The time is ripe* - Ha llegado la hora **3 ~ for *sth*** ⇒listo,ta para algo

ripen /ˈraɪ.pən/ *v* [T, I] *(una fruta)* ⇒madurar

rip-off UK: /ˈrɪp.ɒf/ US: /-ɑːf/ *n* [C] **1** *(inform)* ⇒timo **2** *(inform)* ⇒robo ⇒plagio

ripple[1] /ˈrɪp.l̩/ *n* [C] **1** *(en el agua)* ⇒onda ⇒rizo **2** ⇒helado con vetas **3 a ~ of *sth*** ⇒un murmullo de algo ⇒un susurro de algo **4 ~ effect** ⇒reacción en cadena

ripple[2] /ˈrɪp.l̩/ [rippled, rippling] *v* [T, I] **1** ⇒ondular(se) **2** ⇒rizar(se)

↑ **rise**[1], **rose, risen** /raɪz/ [rising] *v* [I] **1** ⇒subir ⇒ascender ⇒aumentar ■ Se usa sin complemento *Prices continue to rise - Los precios siguen subiendo.* Comparar con *to raise* **2** ⇒levantarse **3** *(el Sol y la Luna)* ⇒salir

PHRASAL VERBS

- **to rise up** ⇒sublevarse

↑ **rise**[2] /raɪz/ *n* [C] **1** *UK (US* **raise**) ⇒aumento: *a pay rise* - un aumento salarial **2** ⇒subida ⇒elevación **3 to give ~ to *sth*** ⇒ocasionar algo

risen past participle of **rise**

rising /ˈraɪ.zɪŋ/ *n* [C] ⇒sublevación ⇒levantamiento

↑ **risk**[1] /rɪsk/ *n* [C, U] **1** ⇒riesgo: *It's a health risk* - Es un riesgo para la salud **2 to run the ~ of *sth*** ⇒correr el riesgo de algo **3 to take {a risk/risks}** ⇒arriesgarse

R

↑**risk²** /rɪsk/ *v* [T] **1** ⇒arriesgar(se) ⇒correr el riesgo ■ CONSTR. to risk + doing sth **2 to ~ {life and limb/ one's neck}** ⇒jugarse el pellejo *col.*
risk-taking *n* [U] ⇒práctica de acciones que implican riesgo
risky /ˈrɪs.ki/ *adj* [*comp* riskier, *superl* riskiest] **1** ⇒arriesgado,da ⇒riesgoso,sa *AMÉR.* **2** *It's a risky business* - Es un negocio que supone muchos riesgos
rite /raɪt/ *n* [C] ⇒rito: *initiation rite* - rito de iniciación ■ Se usa más en plural
ritual¹ UK: /ˈrɪt.ju.əl/ US: /ˈrɪtʃ.u-/ *n* [C] ⇒ritual ⇒rito
ritual² UK: /ˈrɪt.ju.əl/ US: /ˈrɪtʃ.u-/ *adj* ⇒ritual
↑**rival¹** /ˈraɪ.vəl/ *adj, n* [C] ⇒rival ⇒competidor,-a
rival² /ˈraɪ.vəl/ [rivalled, rivalling; *US* rivaled, rivaling] *v* [T] ⇒rivalizar
↑**river** UK: /ˈrɪv.əʳ/ US: /-ɚ/ *n* [C] ⇒río: *river mouth* - desembocadura de un río ■ Al dar el nombre de un río, se escribe con mayúscula inicial: *the River Thames*
riverside UK: /ˈrɪv.ə.saɪd/ US: /-ɚ-/ *n* [C] ⇒orilla ⇒ribera
rivet¹ /ˈrɪv.ɪt/ *n* [C] ⇒remache
rivet² /ˈrɪv.ɪt/ *v* [T] **1** ⇒remachar **2** ⇒captar [la atención] ⇒cautivar
riveting UK: /ˈrɪv.ɪ.tɪŋ/ US: /-ˤt̬ɪŋ/ *adj* ⇒cautivador,-a ⇒fascinante
↑**road** UK: /rəʊd/ US: /roʊd/ *n* [C, U] **1** ⇒carretera ⇒ruta *AMÉR.* **2** *road accident* - accidente de tráfico **3** ⇒calle: *the high road* - la calle principal ■ La forma abreviada es *Rd* ■ Al dar el nombre de una calle, se escribe con mayúscula inicial: *Abbey Road* **4 by ~** ⇒por carretera **5 on the ~ 1** ⇒en carretera ⇒de viaje **2** *(un grupo de música o de teatro)* ⇒de gira **3** ⇒puesto,ta a punto ⇒preparado,da ■ PRON. Se pronuncia como el término inglés *rode*
R **roadblock** UK: /ˈrəʊd.blɒk/ US: /ˈroʊd.blɑːk/ *n* [C] ⇒control policial
road rage *n* [U] ⇒violencia al conducir
roadside UK: /ˈrəʊd.saɪd/ US: /ˈroʊd-/ *n* [C] **1** ⇒borde de la carretera **2** ⇒arcén
roadway UK: /ˈrəʊd.weɪ/ US: /ˈroʊd-/ *n* [C] ⇒calzada
roadworks UK: /ˈrəʊd.wɜːks/ US: /ˈroʊd.wɝːks/ *UK n* [PL] *(en la carretera)* ⇒obras
roam UK: /rəʊm/ US: /roʊm/ *v* [T, I] **1** ⇒vagar ⇒recorrer ⇒andar sin rumbo fijo **2** ⇒divagar **3** *(en informática, en telefonía)* ⇒rastrear ■ CONSTR. Se usa generalmente seguido de *about*, *around* o *through*
roar¹ UK: /rɔːʳ/ US: /rɔːr/ ▌*v* [I] **1** ⇒rugir ▌*v* [T, I] **2** ⇒gritar **3** *(el mar, el viento)* ⇒bramar **4** *to roar with laughter* - soltar una carcajada
roar² UK: /rɔːʳ/ US: /rɔːr/ *n* [C] **1** ⇒rugido **2** ⇒grito ⇒estruendo **3** *(del mar, del viento)* ⇒bramido **4 ~ of laughter** ⇒carcajada
roaring UK: /ˈrɔː.rɪŋ/ US: /ˈrɔːr.ɪŋ/ *adj* **1** *(el viento, una tormenta)* ⇒muy intenso,sa ⇒muy virulento,ta **2** *a roaring fire* - un fuego vivo **3** *(inform)* ⇒rotundo,da **4 to do a ~ trade in sth** *(inform)* ⇒hacer el agosto con algo *col.*; ⇒hacer un negocio redondo con algo
roast¹ UK: /rəʊst/ US: /roʊst/ *v* [T, I] **1** ⇒asar **2** *I'm roasting!* - ¡Me aso! **3** *(el café)* ⇒tostar(se)
roast² UK: /rəʊst/ US: /roʊst/ *n* [C] ⇒carne asada
↑**roast³** UK: /rəʊst/ US: /roʊst/ *adj* ⇒asado,da: *roast chicken* - pollo asado
↑**rob** UK: /rɒb/ US: /rɑːb/ [robbed, robbing] *v* [T] ⇒robar: *A gang tried to rob the bank* - Una banda intentó robar el banco ■ Se usa cuando se menciona a la víctima o el lugar que se roba. Comparar con *to steal* ■ Ver cuadro robar (steal / rob / burgle)
robber UK: /ˈrɒb.əʳ/ US: /ˈrɑː.bɚ/ *n* [C] ⇒ladrón,-a ⇒atracador,-a
robbery UK: /ˈrɒb.ər.i/ US: /ˈrɑː.bɚ-/ [*pl* robberies] *n* [C] ⇒robo [con amenazas] ⇒atraco [violento]
robe UK: /rəʊb/ US: /roʊb/ *n* [C] **1** ⇒toga **2** *US* (*UK* **dressing gown**) ⇒bata **3** *US* (*UK* **dressing gown**) ⇒albornoz **4** ⇒hábito [de monje]
robin UK: /ˈrɒb.ɪn/ US: /ˈrɑː.bɪn/ *n* [C] *(ave)* ⇒petirrojo
robot UK: /ˈrəʊ.bɒt/ US: /ˈroʊ.bɑːt/ *n* [C] ⇒robot
robust UK: /rəʊˈbʌst/ US: /roʊ-/ *adj* **1** ⇒robusto,ta ⇒sólido,da ⇒fuerte **2** *(una opinión)* ⇒firme
↑**rock¹** UK: /rɒk/ US: /rɑːk/ ▌*n* [C] **1** ⇒roca ⇒peñasco ⇒piedra ▌*n* [U] **2** *(material)* ⇒roca **3** *(música)* ⇒rock **4 on the rocks 1** *(una relación)* ⇒en crisis **2** *(una bebida)* ⇒con hielo
rock² UK: /rɒk/ US: /rɑːk/ ▌*v* [T, I] **1** ⇒balancear ⇒mecer ▌*v* [T] **2** ⇒sacudir ⇒estremecer ■ CONSTR. Se usa más en pasiva
rocket¹ UK: /ˈrɒk.ɪt/ US: /ˈrɑː.kɪt/ *n* [C] **1** ⇒cohete ⇒nave espacial **2** ⇒cohete ⇒fuego artificial **3** (*tb* **rocket lettuce**) *(en botánica)* ⇒rúcula
rocket² UK: /ˈrɒk.ɪt/ US: /ˈrɑː.kɪt/ *v* [I] ⇒aumentar rápidamente ⇒hacer grandes progresos
rockfall UK: /ˈrɒk.fɔːl/ US: /ˈrɑːk.fɑːl/ *n* [C] ⇒avalancha [de rocas]
rocking chair *n* [C] ⇒mecedora: *to sit in a rocking chair* - sentarse en una mecedora
rocky UK: /ˈrɒk.i/ US: /ˈrɑː.ki/ *adj* [*comp* rockier, *superl* rockiest] **1** ⇒rocoso,sa **2** ⇒inestable **3** ⇒inseguro,ra
rod UK: /rɒd/ US: /rɑːd/ *n* [C] **1** ⇒vara [de madera o de metal] ⇒barra [de madera o de metal] **2 fishing ~** ⇒caña de pescar
rode UK: /rəʊd/ US: /roʊd/ past tense of **ride**
rodent UK: /ˈrəʊ.dənt/ US: /ˈroʊ-/ *n* [C] ⇒roedor,-a
roe UK: /rəʊ/ US: /roʊ/ *n* [U] ⇒hueva
rogue UK: /rəʊg/ US: /roʊg/ *n* [C] *(old-fash)* ⇒granuja ⇒golfo ■ Se emplea únicamente con hombres

↑**role** UK: /rəʊl/ US: /roʊl/ *n* [C] **1** *(en un espectáculo o en una película)* ⇨papel **2** *(en la vida)* ⇨papel ⇨función

role-play *n* [U] **1** ⇨teatro improvisado ⇨dramatización **2** ⇨juego de rol

↑**roll**[1] UK: /rəʊl/ US: /roʊl/ ▌*v* [T, I] **1** ⇨rodar: *The rock rolled down the hill* - La roca rodó colina abajo **2** ⇨dar vueltas **3** ⇨enrollar(se) **4** *(un barco, un avión)* ⇨balancear(se) ■ CONSTR. Se usa generalmente seguido de una preposición o un adverbio ▌*v* [T] **5** ⇨liar ⇨enrollar **6 to be rolling in it** *(inform)* ⇨ser muy rico,ca

PHRASAL VERBS

- **to roll in 1** *(inform)* ⇨llegar a grandes cantidades ⇨llover **2** *(la niebla, las olas)* ⇨venir ⇨llegar
- **to roll *sth* out** ⇨extender algo ⇨sacar algo ⇨desplegar algo
- **to roll over** ⇨darse la vuelta
- **to roll up 1** *(inform)* ⇨presentarse en un sitio ⇨llegar a un sitio **2** *(en forma de rollo)* ⇨enrollar(se)

↑**roll**[2] UK: /rəʊl/ US: /roʊl/ *n* [C] **1** ⇨rollo **2** ⇨carrete [de fotos] **3** ⇨panecillo **4** ⇨registro ⇨lista **5** ⇨ruido ⇨retumbo **6** ⇨balanceo ⇨bamboleo

roller UK: /ˈrəʊ.ləʳ/ US: /ˈroʊ.lɚ/ *n* [C] **1** *(de un aparato)* ⇨rodillo **2** *(para rizar el pelo)* ⇨rulo **3** *(en el mar)* ⇨ola grande

rollerblading /ˈrəʊ.lə,bleɪ.dɪŋ/ *n* [U] ⇨patinaje [con patines en línea]

roller coaster *n* [C] ⇨montaña rusa

roller skate (*tb* **skate**) *n* [C] **1** ⇨patín **2** *roller skating* - patinaje sobre ruedas

rolling UK: /ˈrəʊ.lɪŋ/ US: /ˈroʊ-/ *adj* **1** *(inform)* ⇨forrado,da *col.*: *to be rolling in money* - estar forrado de dinero **2** ⇨ondulado,da: *rolling countryside* - campo ondulado **3** *(un barco)* ⇨que se balancea **4** *a rolling programme* - un programa escalonado

rolling pin *n* [C] ⇨rodillo [de cocina]

Roman UK: /ˈrəʊ.mən/ US: /ˈroʊ-/ *adj, n* [C] **1** ⇨romano,na: *the Roman Empire* - el Imperio romano **2 the ~** *(gentilicio)* ⇨los romanos, las romanas

↑**romance** UK: /rəʊˈmænts/ UK: /ˈrəʊ.mænts/ US: /roʊˈmænts/ ▌*n* [C, U] **1** ⇨romance ⇨aventura sentimental ▌*n* [C] **2** ⇨novela rosa ▌*n* [U] **3** ⇨romanticismo **4** ⇨lo romántico ⇨encanto **5** *(idioma)* ⇨romance

Romania UK: /ruˈmeɪ.ni.ə/ US: /roʊ-/ *n* [U] ⇨Rumanía

Romanian[1] UK: /ruˈmeɪ.ni.ən/ US: /roʊ-/ ▌*n* [U] **1** *(idioma)* ⇨rumano ▌*n* [C] **2** *(gentilicio)* ⇨rumano,na

Romanian[2] UK: /ruˈmeɪ.ni.ən/ US: /roʊ-/ *adj* ⇨rumano,na

romantic UK: /rəʊˈmæn.tɪk/ US: /roʊˈmæn.ˁt̬ɪk/ *adj* ⇨romántico,ca: *a romantic boat ride* - un romántico paseo en barco

romp UK: /rɒmp/ US: /rɑːmp/ *v* [I] **1** ⇨corretear: *The children were romping about in the park* - Los niños correteaban en el parque ■ CONSTR. Se usa generalmente seguido de las preposiciones around y about **2** ⇨retozar

↑**roof** /ruːf/ *n* [C] **1** ⇨tejado **2** *(de un vehículo)* ⇨techo **3** *flat roof* - azotea

roofing /ˈruː.fɪŋ/ *n* [U] **1** ⇨material usado para techar algo **2** ⇨techumbre

roof rack *n* [C] ⇨baca ⇨portaequipajes ⇨parrilla *AMÉR.*

rooftop UK: /ˈruːf.tɒp/ US: /-tɑːp/ *n* [C] **1** ⇨tejado **2** ⇨azotea **3** *to proclaim sth from the rooftops* - proclamar algo a los cuatro vientos

rook /rʊk/ *n* [C] **1** *(ave)* ⇨grajo **2** *(en ajedrez)* ⇨torre

↑**room** /ruːm, rʊm/ ▌*n* [C] **1** ⇨cuarto ⇨habitación ⇨sala ⇨ambiente *AMÉR.* ▌*n* [U] **2** ⇨espacio ⇨sitio **3** *Standing room only* - No quedan asientos libres **4 there is ~ for improvement** ⇨se puede mejorar

roomy /ˈruː.mi/ *adj* [*comp* roomier, *superl* roomiest] ⇨espacioso,sa ⇨amplio,plia

roost[1] /ruːst/ *n* [C] ⇨gallinero

roost[2] /ruːst/ *v* [I] *(las aves)* ⇨posarse para dormir

rooster UK: /ˈruː.stəʳ/ US: /-stɚ/ *US* (*UK* **cock**) *n* [C] ⇨gallo

↑**root**[1] /ruːt/ *n* [C] **1** ⇨raíz **2 square ~** *(en matemáticas)* ⇨raíz cuadrada

↑**root**[2] /ruːt/ *v* [I] **1** ⇨echar raíces **2** ⇨hacer arraigar **3** *to be rooted in sth* - tener su raíz en algo

PHRASAL VERBS

- **to root {about/around} (somewhere) 1** ⇨rebuscar (en algún sitio) ⇨andar buscando **2** *(un animal)* ⇨buscar [con el hocico]
- **to root for *sb*** *(inform)* ⇨animar a alguien ⇨apoyar
- **to root *sth* out [M] 1** ⇨encontrar [tras una búsqueda] **2** ⇨librarse de

rope[1] UK: /rəʊp/ US: /roʊp/ *n* [C, U] **1** ⇨cuerda ⇨soga ⇨mecate *AMÉR.* ■ Distinto de *clothing* (ropa) **2 to be on the ropes** *US* ⇨estar contra las cuerdas **3 to {know/learn} the ropes** ⇨aprender un oficio

rope[2] UK: /rəʊp/ US: /roʊp/ [roped, roping] *v* [T] ⇨atar [con una cuerda]

PHRASAL VERBS

- **to rope *sb* in [M]** *(inform)* ⇨enganchar a alguien [para que haga lo que uno quiera]
- **to rope *sth* off [M]** ⇨acordonar algo

rosary UK: /ˈrəʊ.zᵊr.i/ US: /ˈroʊ.zɚ-/ [*pl* rosaries] *n* [C] ⇨rosario: *to say the rosary* - rezar el rosario

rose[1] UK: /rəʊz/ US: /roʊz/ *n* [C] **1** *(flor)* ⇒rosa **2** *a rose garden* - una rosaleda **3** *(color)* ⇒rosa ■ Se usa más *pink*

† **rose**[2] UK: /rəʊz/ US: /roʊz/ past tense of **rise**

rosé UK: /ˈrəʊ.zeɪ/ US: /roʊˈzeɪ/ *n* [U] ⇒vino rosado

rosemary UK: /ˈrəʊz.mə.ri/ US: /ˈroʊz.mer.i/ *n* [U] ⇒romero

rosette UK: /rəʊˈzet/ US: /roʊ-/ *n* [C] **1** *UK* (*US* **ribbon**) ⇒escarapela **2** *(ventana)* ⇒rosetón

rosewood UK: /ˈrəʊz.wʊd/ US: /ˈroʊz-/ *n* [U] *(madera)* ⇒palisandro

rosy UK: /ˈrəʊ.zi/ US: /ˈroʊ-/ *adj* [*comp* rosier, *superl* rosiest] **1** ⇒sonrosado,da: *rosy cheeks* - mejillas sonrosadas **2** *(una situación)* ⇒halagüeño,ña ⇒prometedor,-a

† **rot** UK: /rɒt/ US: /rɑːt/ [rotted, rotting] *v* [T, I] ⇒pudrirse: *The apples have rotted* - Las manzanas se han podrido

rota UK: /ˈrəʊ.tə/ US: /ˈroʊ.ˤt̬ə/ *UK n* [C] ⇒lista de turnos: *a rota for cleaning the house* - lista de turnos para limpiar la casa

rotary UK: /ˈrəʊ.tᵊr.i/ US: /ˈroʊ.ˤt̬ɚ-/ [*pl* rotaries] *US* (*UK* **roundabout**) *n* [C] ⇒glorieta ⇒rotonda

rotate UK: /rəʊˈteɪt/ US: /ˈroʊ.teɪt/ [rotated, rotating] *v* [T, I] **1** ⇒rotar ⇒turnarse **2** ⇒girar(se) ⇒hacer girar

rotation UK: /rəʊˈteɪ.ʃᵊn/ US: /roʊ-/ *n* [C, U] **1** ⇒rotación **2 in ~** ⇒por rotación ⇒por turnos

rotten UK: /ˈrɒt.ᵊn/ US: /ˈrɑː.t[ə]n/ *adj* **1** *(una comida)* ⇒podrido,da **2** ⇒muy malo,la ⇒pésimo,ma **3** *(inform)* ⇒malo,la ⇒malvado,da

rouge /ruːʒ/ *n* [U] ⇒colorete

† **rough**[1] /rʌf/ *adj* **1** ⇒áspero,ra: *My skin feels very rough* - Mi piel es muy áspera **2** *(una persona)* ⇒bruto,ta ⇒rudo,da **3** *(un cálculo)* ⇒aproximado,da **4** *(el tiempo o el mar)* ⇒revuelto,ta **5** *(un terreno, una carretera)* ⇒accidentado,da ⇒irregular **6** *(un trabajo)* ⇒preliminar **7 in ~** ⇒en sucio: *to do sth in rough* - escribir algo en sucio

rough[2] /rʌf/ **to ~ it** *(inform)* ⇒vivir sin comodidades

rough[3] /rʌf/ *adv* ⇒duro,ra

roughly /ˈrʌf.li/ *adv* **1** ⇒aproximadamente ⇒unos,nas **2** ⇒rudamente ⇒con brusquedad

roulette /ruːˈlet/ *n* [U] *(juego de azar)* ⇒ruleta

† **round**[1] /raʊnd/ *adj* ⇒redondo,da

† **round**[2] /raʊnd/ *UK* (*UK/US tb* **around**) *adv, prep* **1** ⇒en torno a ⇒alrededor de **2** ⇒rodeando ⇒alrededor de **3** ⇒por: *We travelled round Europe last summer* - Nadie por aquí es tan rico **4** ⇒alrededor: *He looked round and observed the people* - Miró a su alrededor y observó a la gente **5** ⇒cerca: *Do you work round here?* - ¿Trabajas cerca de aquí? **6** ⇒a la vuelta de: *It's round the corner* - Está a la vuelta de la esquina **7 ~ about** ⇒aproximadamente: *There were round about 100 seats* - Había aproximadamente cien asientos

round[3] /raʊnd/ *n* [C] **1** *(en una competición)* ⇒asalto ⇒vuelta **2** *(de bebidas)* ⇒ronda **3** *UK* ⇒recorrido **4** ⇒bala [de un arma de fuego] **5** *(de disparos)* ⇒descarga ⇒ráfaga

round[4] /raʊnd/

PHRASAL VERBS

- **to round *sth* down** [M] ⇒redondear a la baja
- **to round *sth* off** [M] **1** ⇒terminar algo [de forma agradable o satisfactoria] **2** ⇒redondear algo ⇒dar forma redonda a algo
- **to round *sth* up** [M] ⇒redondear al alza
- **to round *sth/sb* up** [M] ⇒juntar ⇒reunir

roundabout[1] /ˈraʊnd.ə.baʊt/ *n* [C] **1** *UK* (*US* **traffic circle/rotary**) ⇒glorieta ⇒rotonda **2** *UK* (*UK tb* **carousel**) ⇒tiovivo

roundabout[2] /ˈraʊnd.ə.baʊt/ *adj* ⇒indirecto,ta: *in a roundabout way* - de manera indirecta

round trip *n* [C] ⇒viaje de ida y vuelta

round-trip ticket *US* (*UK* **return**) *n* [C] ⇒billete de ida y vuelta

rouse /raʊz/ [roused, rousing] *v* [T] **1** ⇒despertar: *She roused her friend and they went to the cinema* - Despertó a su amiga y fueron al cine **2** *(un sentimiento o una emoción)* ⇒provocar ⇒enardecer

rousing /ˈraʊ.zɪŋ/ *adj* **1** *(un discurso)* ⇒vehemente ⇒enardecedor,-a **2** *(un himno, una canción)* ⇒emotivo,va **3** *(una bienvenida, un recibimiento)* ⇒caluroso,sa

rout[1] /raʊt/ *v* [T] *(form)* ⇒derrotar ⇒aplastar

rout[2] /raʊt/ *n* [C] *(form)* ⇒derrota aplastante

† **route** /ruːt/ US: /raʊt/ *n* [C] **1** ⇒camino ⇒ruta **2 en ~** ⇒de camino

routine[1] /ruːˈtiːn/ *n* [C] ⇒rutina

routine[2] /ruːˈtiːn/ *adj* ⇒habitual ⇒de costumbre ⇒rutinario,ria

routinely /ruːˈtiːn.li/ *adv* ⇒rutinariamente ⇒de forma rutinaria

rover *n* [C] ⇒trotamundos ⇒andariego,ga

† **row**[1] UK: /rəʊ/ US: /roʊ/ *n* [C] **1** ⇒fila ⇒hilera **2 in a ~** ⇒en sucesión ⇒consecutivo,va

row[2] UK: /rəʊ/ US: /roʊ/ *v* [T, I] ⇒remar

rowdy /ˈraʊ.di/ *adj* [*comp* rowdier, *superl* rowdiest] **1** ⇒ruidoso,sa ⇒escandaloso,sa ⇒bullicioso,sa **2** *(una reunión, una manifestación)* ⇒alborotado,da

rowing UK: /ˈrəʊ.ɪŋ/ US: /ˈroʊ-/ *n* [U] *(actividad)* ⇒remo

rowing boat *UK n* [C] ⇒barca de remos

† **royal** /ˈrɔɪ.əl/ *adj (de la realeza)* ⇒real

royalty UK: /ˈrɔɪ.əl.ti/ US: /-ˤt̬i/ ▌*n* [U] **1** ⇒realeza ▌*n* [C] **2** ⇒derechos de autor ■ El plural es *royalties*. Se usa más en plural

RSVP ⇨S.R.C. ■ Procede de *répondez s'il vous plait* (se ruega contestación)

† **rub** /rʌb/ [rubbed, rubbing] ▌ *v* [T] **1** ⇨frotar: *The sleepy little girl rubbed her eyes* - La niña somnolienta se frotó los ojos ▌ *v* [T, I] **2** ⇨rozar
PHRASAL VERBS
· **to rub off {on/onto}** ***sb*** *(una cualidad o un comportamiento)* ⇨pegársele a alguien
· **to rub** ***sth*** **out [M]** *UK* ⇨borrar algo: *The teacher rubbed out all the writing on the board* - La profesora borró todo lo que estaba escrito en la pizarra

† **rubber** UK: /ˈrʌb.əʳ/ US: /-ɚ/ ▌ *n* [U] **1** ⇨goma ⇨caucho ▌ *n* [C] **2** *UK* (*UK/US tb* **eraser**) ⇨goma [de borrar]: *Pass me the rubber, please* - Pásame la goma, por favor **3** *US* (*UK* **condom**) ⇨condón **4** *(en cartas)* ⇨partida

rubber band (*UK tb* **elastic band**) *n* [C] ⇨goma elástica

† **rubbish** /ˈrʌb.ɪʃ/ *UK* (*US* **garbage/trash**) *n* [U] **1** ⇨basura **2** *(inform)* ⇨tonterías: *Don't talk rubbish* - No digas tonterías **3** *(inform)* ⇨porquería *col.;* ⇨baratija **4** ~ **dump** ⇨vertedero ⇨basural *AMÉR.*

rubble /ˈrʌb.l̩/ *n* [U] ⇨escombros

rubric /ˈruː.brɪk/ *n* [C] *(form) (en un examen)* ⇨instrucciones impresas

ruby /ˈruː.bi/ [*pl* rubies] *n* [C] ⇨rubí

rucksack /ˈrʌk.sæk/ (*US tb* **backpack**) *n* [C] ⇨mochila: *a heavy rucksack* - una mochila pesada

rudder UK: /ˈrʌd.əʳ/ US: /-ɚ/ *n* [C] ⇨timón: *to take the rudder* - coger el timón

† **rude** /ruːd/ *adj* **1** ⇨maleducado,da ⇨grosero,ra ⇨borde *col.* **2** *(un chiste)* ⇨verde **3** *(lit)* ⇨tosco,ca ⇨rudimentario,ria ⇨primitivo,va

ruffle /ˈrʌf.l̩/ [ruffled, ruffling] *v* [T] **1** *(el pelo)* ⇨despeinar ⇨alborotar **2** *(el plumaje)* ⇨encrespar(se) **3** *(el agua)* ⇨rizar **4** ⇨alterar(se) ⇨aturullar(se) *col.*

† **rug** /rʌg/ *n* [C] ⇨alfombra ⇨alfombrilla

† **rugby** /ˈrʌg.bi/ *n* [U] ⇨rugby: *a game of rugby* - un partido de rugby

rugged /ˈrʌg.ɪd/ *adj* **1** *(un terreno)* ⇨accidentado,da ⇨escabroso,sa **2** *(los rasgos de una persona)* ⇨acentuado,da **3** ⇨resistente ⇨fuerte ⇨duro,ra

† **ruin**[1] /ˈruː.ɪn/ *v* [T] ⇨estropear(se) ⇨arruinar(se) ⇨salar(se) *AMÉR.* ■ CONSTR. Se usa más en pasiva

ruin[2] /ˈruː.ɪn/ ▌ *n* [U] **1** ⇨ruina **2** ⇨ruina ⇨quiebra ▌ *n* [C] **3** ⇨ruina

† **rule**[1] /ruːl/ ▌ *n* [C] **1** ⇨norma ⇨regla ■ Se usa más en plural ▌ *n* [U] **2** ⇨dominio ⇨mandato ▌ *n* [NO PL] **3** ⇨norma general ⇨costumbre

rule[2] /ruːl/ [ruled, ruling] *v* [T, I] **1** ⇨gobernar ⇨regir ■ CONSTR. Se usa más en pasiva **2** *(en derecho)* ⇨decidir ⇨fallar ■ CONSTR. to rule + (that)
PHRASAL VERBS
· **to rule** ***sth/sb*** **out [M]** *(una opción, una posibilidad)* ⇨descartar

ruler UK: /ˈruː.ləʳ/ US: /-lɚ/ *n* [C] **1** ⇨gobernante **2** *(para medir)* ⇨regla

ruling[1] /ˈruː.lɪŋ/ *adj* **1** ⇨en el poder ⇨dirigente **2** *(una emoción)* ⇨dominante

ruling[2] /ˈruː.lɪŋ/ *n* [C] *(en derecho)* ⇨sentencia

rum /rʌm/ *n* [C, U] ⇨ron

rumble[1] /ˈrʌm.bl̩/ [rumbled, rumbling] *v* [I] **1** ⇨retumbar **2** ⇨sonar: *Your stomach is rumbling* - Te suenan las tripas **3** *(inform)* ⇨destapar [una estafa, una trampa]

rumble[2] /ˈrʌm.bl̩/ *n* [NO PL] ⇨estruendo

rummage /ˈrʌm.ɪdʒ/ [rummaged, rummaging] *v* [I] ⇨hurgar ⇨rebuscar ■ CONSTR. Se usa generalmente seguido de una preposición o un adverbio

† **rumour** UK: /ˈruː.məʳ/ US: /-mɚ/ *UK n* [C] ⇨rumor: *Have you heard the rumour about...?* - ¿Has oído el rumor sobre...?

rump /rʌmp/ ▌ *n* [C] **1** *(de un animal)* ⇨ancas **2** *(hum)* ⇨trasero *col.* ▌ *n* [U] **3** ⇨carne de cuarto trasero

† **run**[1], **ran, run** /rʌn/ [running] ▌ *v* [T, I] **1** ⇨correr ■ CONSTR. to run + to do sth **2** ⇨funcionar ▌ *v* [I] **3** ⇨ir corriendo ⇨darse prisa **4** ⇨pasar ⇨salir **5** ⇨pasar ⇨discurrir ⇨atravesar **6** ⇨extenderse ⇨llevar **7** *(una prenda)* ⇨desteñir(se) [al lavar] ▌ *v* [T] **8** ⇨administrar ⇨dirigir ⇨llevar **9** ⇨ejecutar [un programa informático] **10 to ~ rings around** ***sb*** ⇨dar mil vueltas a alguien
PHRASAL VERBS
· **to run across** ***sb*** ⇨encontrar(se) con alguien ⇨tropezar con alguien *col.*
· **to run after** ***sth/sb*** ⇨perseguir a
· **to run around** ⇨corretear de arriba abajo *col.*
· **to run away 1** ⇨salir corriendo ⇨huir ⇨salir jalando *AMÉR. col.* **2** ⇨escapar(se)

- **to run *sth/sb* down [M] 1** *(inform)* ⇒poner verde a *col.* **2** ⇒atropellar a ⇒pillar a *col.* **3** ⇒localizar
- **to run into *sb*** ⇒encontrarse con alguien ⇒toparse con alguien *col.*
- **to run off** *(inform)* ⇒escaparse ⇒fugarse ⇒irse
- **to run out of *sth*** ⇒acabarse algo ⇒quedarse sin algo
- **to run over *sth/sb*** ⇒atropellar

↑**run²** /rʌn/ *n* [C] **1** ⇒carrera **2** ⇒racha: *a run of bad luck* - una mala racha **3** *(en el cine, en el teatro)* ⇒tiempo en cartelera **4** *US* (*UK* **ladder**) *(en unas medias)* ⇒carrera **5** ⇒viaje ⇒trayecto **6** ⇒tendencia ⇒corriente **7** *(en cricket y en béisbol)* ⇒carrera **8 in the {long/short} ~** ⇒a {largo/corto} plazo **9 to be on the ~** ⇒huir {de la justicia} **10 to make a ~ for it** *(inform)* ⇒correr para escaparse

runaway¹ /ˈrʌn.ə.weɪ/ *adj* **1** *(una persona)* ⇒a la fuga **2** *(un caballo)* ⇒desbocado,da **3** *(un tren)* ⇒descontrolado,da **4** *(un éxito)* ⇒arrollador,-a

runaway² /ˈrʌn.ə.weɪ/ *n* [C] ⇒fugitivo,va

run-down /ˌrʌnˈdaʊn/ *adj* **1** ⇒pachucho,cha *col.;* ⇒débil **2** ⇒ruinoso,sa ⇒destartalado,da **3** ⇒en decadencia: *a run-down part of the city* - un barrio en decadencia

rung¹ /rʌŋ/ *n* [C] ⇒peldaño [de una escalera de mano]

rung² /rʌŋ/ past participle of **ring**

runner UK: /ˈrʌn.əʳ/ US: /-ɚ/ *n* [C] **1** *(en deportes)* ⇒corredor,-a **2** *(en botánica)* ⇒tallo rastrero

runner-up UK: /ˌrʌn.əˈrʌp/ US: /-ɚˈʌp/ [*pl* runners-up] *n* [C] ⇒subcampeón,-a

running¹ /ˈrʌn.ɪŋ/ *n* [U] **1** ⇒footing **2** *(de una empresa)* ⇒gestión **3 to be {in the/out of the} ~ (for *sth*)** ⇒{tener/no tener} posibilidades (de conseguir algo): *He's out of the running for the post* - No tiene posibilidades de conseguir el puesto

running² /ˈrʌn.ɪŋ/ *adj* **1** ⇒consecutivo,va ⇒seguido,da **2** ⇒continuo,nua

runny /ˈrʌn.i/ *adj* [*comp* runnier, *superl* runniest] **1** ⇒líquido,da: *The sauce is a bit runny* - La salsa está demasiado líquida **2** *I've got a runny nose* - Tengo mocos

run-up /ˈrʌn.ʌp/ *n* [C] **1** *UK* ⇒período previo [a un evento]: *in the run-up to the election* - en el período previo a las elecciones **2** *(en algunos deportes)* ⇒carrerilla [para tomar impulso]

runway /ˈrʌn.weɪ/ *n* [C] ⇒pista [de aterrizaje o de despegue]

rupture¹ UK: /ˈrʌp.tʃəʳ/ US: /-tʃɚ/ [ruptured, rupturing] *v* [T, I] ⇒romper ⇒reventar

rupture² UK: /ˈrʌp.tʃəʳ/ US: /-tʃɚ/ *n* [C] **1** ⇒ruptura **2** *(en medicina)* ⇒hernia

↑**rural** UK: /ˈrʊə.rəl/ US: /ˈrʊr.[ə]l/ *adj* ⇒rural

↑**rush¹** /rʌʃ/ ▮ *v* [T, I] **1** ⇒correr ⇒ir muy deprisa ⇒jalar *AMÉR. col.* ■ CONSTR. 1. to rush + to do sth 2. Se usa generalmente seguido de una preposición o un adverbio ▮ *v* [T] **2** ⇒meter prisa ■ CONSTR. to rush sb into doing sth

↑**rush²** /rʌʃ/ *n* [NO PL] **1** ⇒prisa ⇒afán *AMÉR.;* ⇒apuro *AMÉR.* **2** ⇒tumulto

Russia /ˈrʌ.ʃə/ *n* [U] ⇒Rusia

Russian¹ /ˈrʌʃ.ən/ *adj* ⇒ruso,sa

Russian² /ˈrʌʃ.ən/ ▮ *n* [U] **1** *(idioma)* ⇒ruso ▮ *n* [C] **2** *(gentilicio)* ⇒ruso,sa

rust¹ /rʌst/ *n* [U] ⇒óxido

rust² /rʌst/ *v* [T, I] *(un metal)* ⇒oxidar(se)

rustic /ˈrʌs.tɪk/ *adj* ⇒rústico,ca: *a rustic table* - una mesa rústica

rustle¹ /ˈrʌsl̩/ [rustled, rustling] ▮ *v* [T, I] **1** ⇒crujir **2** ⇒susurrar ▮ *v* [T] **3** *US* ⇒robar ganado

PHRASAL VERBS

- **to rustle up *sth* [M]** ⇒improvisar algo

rustle² /ˈrʌsl̩/ *n* [NO PL] **1** ⇒crujido **2** ⇒susurro

↑**rusty** /ˈrʌs.ti/ *adj* [*comp* rustier, *superl* rustiest] **1** ⇒oxidado,da: *a rusty handrail* - una barandilla oxidada **2** ⇒falto,ta de práctica ⇒oxidado,da *col.*

rut /rʌt/ ▮ *n* [C] **1** *(en un camino)* ⇒rodada ⇒surco ▮ *n* [U] **2** *(de los animales)* ⇒celo **3 to be (stuck) in a ~ 1** ⇒estar estancado,da **2** ⇒ser esclavo,va de la rutina

ruthless /ˈruːθ.ləs/ *adj* ⇒despiadado,da ⇒desalmado,da

Rwanda UK: /ruˈæn.də/ US: /-ɑːn-/ *n* [U] ⇒Ruanda

Rwandan UK: /ruˈæn.dən/ US: /-ɑːn-/ *adj, n* [C] ⇒ruandés,-a

rye /raɪ/ *n* [U] ⇒centeno: *rye bread* - pan de centeno

S

s /es/ [*pl* s's] *n* [C, U] *(letra del alfabeto)* ⇒s

S /es/ *n* [U] **1** ⇒forma abreviada de **south** (sur) y de **southern** (del sur) **2** ⇒forma abreviada de **second** (segundo)

Sabbath /ˈsæb.əθ/ **the ~ 1** *(en el judaísmo)* ⇒sabbat **2** *(en el cristianismo)* ⇒domingo

sabotage /ˈsæb.ə.tɑːʒ/ [sabotaged, sabotaging] *v* [T] **1** ⇒destruir ⇒sabotear **2** ⇒boicotear ⇒sabotear

saccharin UK: /ˈsæk.ᵊr.ɪn/ US: /-ɚ-/ *n* [U] ⇒sacarina

sack[1] /sæk/ *n* [C] **1** ⇒saco **2** *UK* **to {be given/get} the ~** *(inform)* ⇒ser despedido,da: *Hundreds of workers got the sack* - Cientos de trabajadores fueron despedidos

sack[2] /sæk/ *UK v* [T] *(inform)* ⇒despedir ⇒cesantear *AMÉR.*

sacrament /ˈsæk.rə.mənt/ *n* [C] ⇒sacramento

↑**sacred** /ˈseɪ.krɪd/ *adj* ⇒sagrado,da

sacrifice[1] /ˈsæk.rɪ.faɪs/ *n* [C, U] ⇒sacrificio

sacrifice[2] /ˈsæk.rɪ.faɪs/ [sacrificed, sacrificing] *v* [T] **1** *(un animal)* ⇒sacrificar ⇒carnear *AMÉR.* **2** ⇒sacrificar **3** ⇒sacrificarse ⇒hacer el sacrificio de ⇒renunciar

↑**sad** /sæd/ *adj* [*comp* sadder, *superl* saddest] ⇒triste: *to feel sad* - estar triste

↑**SAD** /ˌes.eɪˈdiː/ *n* [U] ⇒forma abreviada de **seasonal affective disorder** (trastorno afectivo estacional)

sadden /ˈsæd.ᵊn/ *v* [T] *(form)* ⇒entristecer: *I was saddened by the news* - La noticia me entristeció ■ CONSTR. Se usa más en pasiva

saddle[1] /ˈsæd.l̩/ *n* [C] **1** ⇒sillín [de bicicleta] **2** ⇒silla [de montar]

saddle[2] /ˈsæd.l̩/ [saddled, saddling] *v* [T] *(un caballo)* ⇒ensillar ■ CONSTR. Se usa generalmente seguido de la preposición up

PHRASAL VERBS

· **to saddle *sb* with *sth*** ⇒cargar a alguien con algo ⇒enmarronar a alguien con algo *col.*

sadly /ˈsæd.li/ *adv* **1** ⇒desgraciadamente ⇒lamentablemente **2** ⇒tristemente

sadness /ˈsæd.nəs/ *n* [U] ⇒tristeza

safari UK: /səˈfɑː.ri/ US: /-ˈfɑːr.i/ *n* [C, U] ⇒safari

↑**safe[1]** /seɪf/ *adj* **1** ⇒seguro,ra: *a safe place* - un lugar seguro **2** ⇒seguro,ra ⇒a salvo **3** *(un conductor)* ⇒prudente **4 ~ and sound** ⇒sano,na y salvo,va **5 to be on the ~ side** ⇒para no correr riesgos ⇒para mayor seguridad

safe[2] /seɪf/ *n* [C] ⇒caja fuerte

safeguard[1] UK: /ˈseɪf.gɑːd/ US: /-gɑːrd/ *v* [T] ⇒salvaguardar: *to safeguard honour* - salvaguardar el honor

PHRASAL VERBS

· **to safeguard against *sth*** ⇒proteger contra algo

safeguard[2] UK: /ˈseɪf.gɑːd/ US: /-gɑːrd/ *n* [C] ⇒protección ⇒salvaguardia

safely /ˈseɪ.fli/ *adv* **1** ⇒sin riesgos **2** ⇒en un lugar seguro **3** ⇒sano,na y salvo,va: *I got to New York safely* - Llegué a New York sano y salvo **4** ⇒a salvo: *She is already safely home* - Ya está en casa a salvo **5** ⇒con toda seguridad: *I can safely say this is wrong* - Puedo decir con toda seguridad que esto está mal

safety /ˈseɪf.ti/ *n* [U] **1** ⇒seguridad **2** *to reach safety* - ponerse a salvo

safety belt *n* [C] ⇒cinturón de seguridad

safety net *n* [C] ⇒red de seguridad [para minimizar las caídas a gran altura]

safety pin *n* [C] ⇒imperdible

saffron /ˈsæf.rən/ *n* [U] ⇒azafrán

sag /sæg/ [sagged, sagging] *v* [I] **1** ⇒combarse ⇒arquearse **2** ⇒hundirse: *This couch sags in the middle* - Este sofá se hunde en el medio

Sagittarius UK: /ˌsædʒ.ɪˈteə.ri.əs/ US: /-ˈter.i-/ [*pl* Sagittariuses] *n* [C, U] *(signo del zodíaco)* ⇒sagitario

said /sed/ past tense and past participle forms of **say**

sail[1] /seɪl/ *v* [T, I] **1** ⇒navegar **2** ⇒zarpar: *The boat sails at 7 o'clock in the evening* - El barco zarpará a las siete de la tarde ■ CONSTR. Se usa generalmente seguido de una preposición o un adverbio

PHRASAL VERBS

· **to sail through (*sth*)** ⇒hacer algo sin problemas

sail² /seɪl/ *n* [C] **1** *(de un barco)* ⇒vela **2 to set ~** ⇒hacerse a la mar ⇒zarpar
sailboat *US n* [C] See **sailing boat**
sailing /ˈseɪ.lɪŋ/ *n* [U] **1** ⇒navegación **2** *(deporte)* ⇒vela
sailing boat *UK* (*US* **sailboat**) *n* [C] ⇒velero
sailor UK: /ˈseɪ.ləʳ/ US: /-lɚ/ *n* [C] ⇒marinero,ra
↑**saint** /seɪnt, sᵊnt/ *n* [C] ⇒santo,ta ⇒san ■ La forma abreviada es *St*
↑**sake** /seɪk/ **1 for {God's/goodness/heaven's} ~** ⇒por Dios ⇒por el amor de Dios **2 for *sth's/sb's* ~** ⇒por el bien de algo o alguien: *for the children's sake* - por el bien de los niños **3 for the ~ of *sth*** ⇒por ⇒a causa de
↑**salad** /ˈsæl.əd/ *n* [C, U] ⇒ensalada
↑**salary** UK: /ˈsæl.ᵊr.i/ US: /-ɚ-/ [*pl* salaries] *n* [C, U] **1** ⇒salario [mensual, anual] ⇒sueldo **2** *salary bracket* - categoría salarial
↑**sale** /seɪl/ ▮ *n* [C, U] **1** ⇒venta **2** *n* [C] ⇒subasta **3 for ~** ⇒en venta ⇒se vende **4 on ~ 1** *UK* ⇒a la venta **2** ⇒en rebajas
sales /seɪlz/ *n* [PL] **1** ⇒rebajas: *the January sales* - las rebajas de enero **2** *(en una empresa)* ⇒departamento de ventas **3** ⇒ventas: *sales forecast* - previsión de ventas
sales assistant *UK* (*UK tb* **clerk**; *US* **shop assistant**) *n* [C] *(en un establecimiento)* ⇒dependiente,ta
salesman /ˈseɪlz.mən/ [*pl* salesmen] *n* [C] ⇒vendedor
salesmen *n* [PL] See **salesman**
salesperson /ˈseɪlzˌwɒm.ən/ *n* [C] ⇒vendedor,-a ⇒dependiente,ta
saliva /səˈlaɪ.və/ *n* [U] ⇒saliva
sally /ˈsæl.i/ [*pl* sallies] *n* [C] **1** ⇒ocurrencia ⇒salida *col.* **2** ⇒ataque repentino
↑**salmon** /ˈsæm.ən/ [*pl* salmon] *n* [C, U] ⇒salmón
salon UK: /ˈsæl.ɒn/ US: /səˈlɑːn/ *n* [C] **1** ⇒salón de belleza **2** *(lit) lit salon* - tertulia literaria
salsa UK: /ˈsæl.sə/ US: /ˈsɑːl-/ ▮ *n* [C, U] **1** ⇒salsa picante hecha a base de tomate, cebolla y chile ▮ *n* [U, NO PL] **2** *(baile)* ⇒salsa
↑**salt** UK: /sɒlt/ US: /sɑːlt/ *n* [U] ⇒sal: *mineral salts* - sales minerales
salt cellar *n* [C] ⇒salero
salty UK: /ˈsɒl.ti/ US: /ˈsɑːl.ˤt̬i/ *adj* [*comp* saltier, *superl* saltiest] ⇒salado,da
salute¹ /səˈluːt/ *n* [C] **1** *(de un soldado)* ⇒saludo **2** ⇒salva [de disparos]
salute² /səˈluːt/ [saluted, saluting] *v* [T, I] *(un soldado)* ⇒saludar
Salvadoran /ˌsæl.vəˈdɔː.rən/ *adj, n* [C] ⇒salvadoreño,ña
salvage /ˈsæl.vɪdʒ/ *n* [U] ⇒salvamento

S

salvation /sælˈveɪ.ʃᵊn/ *n* [U] ⇒salvación
salvo UK: /ˈsæl.vəʊ/ US: /-voʊ/ [*pl* salvoes, salvos] *n* [C] ⇒salva
↑**same** /seɪm/ *adj, adv, pron* **1** ⇒mismo,ma: *We go to the same school* - Vamos a la misma escuela **2 all/just the ~** ⇒de todos modos **3 the ~** ⇒igual ■ Esta locución se puede usar como pronombre *My shoes are the same as yours - Mis zapatos son iguales a los tuyos* o como adverbio *They behave the same - Se comportan igual*
sample¹ UK: /ˈsɑːm.pl̩/ US: /ˈsæm-/ *n* [C] **1** ⇒muestra **2** ⇒muestreo
sample² UK: /ˈsɑːm.pl̩/ US: /ˈsæm-/ [sampled, sampling] *v* [T] **1** *(una comida o una bebida)* ⇒probar ⇒catar **2** *(una experiencia)* ⇒probar
sanatorium UK: /ˌsæn.əˈtɔː.ri.əm/ US: /-ˈtɔːr.i-/ [*pl* sanatoria, sanatoriums] (*US tb* **sanitarium**) *n* [C] ⇒sanatorio
sanction¹ /ˈsæŋk.ʃᵊn/ ▮ *n* [C] **1** ⇒sanción ⇒penalización ■ Se usa más en plural ▮ *n* [U] **2** ⇒aprobación
sanction² /ˈsæŋk.ʃᵊn/ *v* [T] **1** ⇒aprobar: *He didn't sanction my proposal* - No aprobó mi propuesta **2** ⇒conceder permiso
sanctuary UK: /ˈsæŋk.tʃʊə.ri/ US: /-tʃu.er.i/ [*pl* sanctuaries] ▮ *n* [C, U] **1** ⇒santuario **2** ⇒refugio ⇒asilo **3** *n* [C] ⇒reserva natural
↑**sand¹** /sænd/ *n* [U] ⇒arena
sand² /sænd/ (*tb* **sand down**) *v* [T] ⇒lijar: *Sand down the table* - Lija la mesa
sandal /ˈsæn.dᵊl/ *n* [C] ⇒sandalia
sandcastle UK: /ˈsændˌkɑː.sl̩/ US: /-ˌkæs.l̩/ *n* [C] ⇒castillo de arena
sand dune *n* [C] ⇒duna
sandpaper UK: /ˈsændˌpeɪ.pəʳ/ US: /-pɚ/ *n* [U] ⇒papel de lija
↑**sandwich** UK: /ˈsænd.wɪdʒ/ US: /-wɪtʃ/ [*pl* sandwiches] *n* [C] ⇒sándwich ⇒bocadillo ⇒torta AMÉR.
sandy /ˈsæn.di/ *adj* [*comp* sandier, *superl* sandiest] ⇒arenoso,sa
sane /seɪn/ *adj* **1** ⇒cuerdo,da **2** ⇒sensato,ta ■ Distinto de *healthy* (sano)
sang /sæŋ/ past tense of **sing**
sanitarium UK: /ˌsæn.ɪˈteə.ri.əm/ US: /-ˈter.i-/ [*pl* sanitaria, sanitariums] *US n* [C] See **sanatorium**
sanitary UK: /ˈsæn.ɪ.tri/ US: /-ter.i/ *adj* **1** ⇒sanitario,ria **2** ⇒higiénico,ca
sanitary towel *UK n* [C] ⇒compresa
sanitation /ˌsæn.ɪˈteɪ.ʃᵊn/ *n* [U] ⇒saneamiento
sanity UK: /ˈsæn.ɪ.ti/ US: /-ə.ˤt̬i/ *n* [U] **1** ⇒cordura **2** ⇒sensatez
sank /sæŋk/ past tense of **sink**

Sanmarinese /ˌsæn.mæ.rɪnˈiːz/ [*pl* Sanmarinese] *adj, n* [C] ⇒sanmarinense
San Marino *n* [U] ⇒San Marino
sap¹ /sæp/ [sapped, sapping] *v* [T] ⇒minar ⇒debilitar
sap² /sæp/ *n* [U] *(en algunas plantas)* ⇒savia
sarcasm UK: /ˈsɑː.kæz.ᵊm/ US: /ˈsɑːr-/ *n* [U] ⇒sarcasmo
sarcastic UK: /sɑːˈkæs.tɪk/ US: /sɑːr-/ *adj* ⇒sarcástico,ca
sardine UK: /sɑːˈdiːn/ US: /sɑːr-/ *n* [C] ⇒sardina
saree *n* [C] See **sari**
sari UK: /ˈsɑː.ri/ US: /ˈsɑːr.i/ (*tb* **saree**) *n* [C] *(prenda de vestir)* ⇒sari
SAS /ðiˌes.eɪˈes/ *n* [NO PL] ⇒forma abreviada de **Special Air Service** (comando especial de las Fuerzas Aéreas británicas)
sash /sæʃ/ [*pl* sashes] *n* [C] **1** ⇒fajín **2** ⇒marco [de una ventana]
sat /sæt/ past tense and past participle forms of **sit**
Sat *n* [U] ⇒forma abreviada de **Saturday** (sábado)
satchel /ˈsætʃ.ᵊl/ *n* [C] ⇒cartera [del colegio]
↑**satellite** UK: /ˈsæt.ᵊl.aɪt/ US: /ˈsæˁt̬-/ *n* [C] ⇒satélite: *a telecommunications satellite* - un satélite de telecomunicaciones
satellite dish [*pl* satellite dishes] *n* [C] ⇒antena parabólica
satin UK: /ˈsæt.ɪn/ US: /ˈsæˁt̬.[ə]n/ *n* [U] *(tela)* ⇒satén
satire UK: /ˈsæt.aɪəʳ/ US: /-aɪr/ *n* [C, U] ⇒sátira
satirical /səˈtɪr.ɪ.kᵊl/ *adj* ⇒satírico,ca: *a satirical book* - un libro satírico
↑**satisfaction** UK: /ˌsæt.ɪsˈfæk.ʃᵊn/ US: /ˌsæˁt̬-/ *n* [U] ⇒satisfacción
satisfactorily UK:/ˌsæt.ɪsˈfæk.tᵊr.ᵊl.i/ US:/ˌsæˁt̬.ɪˈsfæk.tɚ-/ *adv* ⇒satisfactoriamente: *He sorted things out satisfactorily* - Resolvió las cosas satisfactoriamente
↑**satisfactory** UK:/ˌsæt.ɪsˈfæk.tᵊr.i/ US:/ˌsæˁt̬.ɪˈsfæk.tɚ-/ *adj* ⇒satisfactorio,ria
satisfied UK: /ˈsæt.ɪs.faɪd/ US: /ˈsæˁt̬-/ *adj* ⇒satisfecho,cha ⇒complacido,da
↑**satisfy** UK: /ˈsæt.ɪs.faɪ/ US: /ˈsæˁt̬-/ [satisfies, satisfied] *v* [T] **1** ⇒satisfacer: *His job doesn't really satisfy him* - Su trabajo no le satisface del todo ■ Se usa generalmente seguido de la preposición with **2 to ~ *sb* that *sth*** ⇒convencer a alguien de algo
satisfying UK: /ˈsæt.ɪs.faɪ.ɪŋ/ US: /ˈsæˁt̬-/ *adj* ⇒satisfactorio,ria
saturate UK: /ˈsæt.jʊ.reɪt/ US: /-jʊr.eɪt/ [saturated, saturating] *v* [T] **1** ⇒saturar **2** ⇒empapar(se): *I left the clothes out and they got saturated* - Dejé la ropa fuera y se empapó **3 to be saturated with *sth*** ⇒estar saturado,da con algo ⇒estar abarrotado,da de algo
↑**Saturday** UK: /ˈsæt.ə.deɪ/ US: /ˈsæˁt̬.ɚ-/ *n* [C, U] ⇒sábado: *See you on Saturday* - Te veo el sábado; *The concert was last Saturday* - El concierto fue el sábado pasado ■ La forma abreviada es *Sat*
Saturn UK: /ˈsæt.ən/ US: /ˈsæˁt̬.ɚn/ *n* [NO PL] *(planeta)* ⇒Saturno
Saturnalia UK: /ˌsæt.əˈneɪ.li.ə/ US: /ˌsæˁt̬.ɚ-/ [*pl* Saturnalia, Saturnalias] *n* [C] **1** *(en la antigua Roma)* ⇒saturnal **2** *(lit)* ⇒saturnal ⇒orgía
↑**sauce** UK: /sɔːs/ US: /sɑːs/ *n* [C, U] ⇒salsa: *tomato sauce* - salsa de tomate ■ Distinto de *willow* (sauce)
↑**saucepan** UK: /ˈsɔː.spən/ US: /ˈsɑː-/ *n* [C] ⇒cacerola ⇒cazo
↑**saucer** UK: /ˈsɔː.səʳ/ US: /ˈsɑː.sɚ/ *n* [C] ⇒platillo: *a cup and saucer* - una taza con platillo
Saudi *adj, n* [C] ⇒saudí ⇒saudita
Saudi Arabia /ˌsaʊ.di.əˈreɪ.bi.ə/ *n* [U] ⇒Arabia Saudí
sauna UK: /ˈsɔː.nə/ US: /ˈsaʊ-/ *n* [C] ⇒sauna
saunter UK: /ˈsɔːn.təʳ/ US: /ˈsɑːn.ˁt̬ɚ/ *v* [I] ⇒pasear(se) [tranquilamente] ⇒dar una vuelta ■ CONSTR. Se usa generalmente seguido de una preposición o un adverbio
↑**sausage** UK: /ˈsɒs.ɪdʒ/ US: /ˈsɑː.sɪdʒ/ *n* [C, U] ⇒salchicha ■ PRON. La última *a* se pronuncia como la *i* de *did*
savage¹ /ˈsæv.ɪdʒ/ *adj* **1** ⇒salvaje ⇒fiero,ra **2** ⇒brutal: *savage criticism* - una crítica brutal
savage² /ˈsæv.ɪdʒ/ [savaged, savaging] *v* [T] **1** ⇒atacar [salvajemente]: *The zebra was savaged by a lion* - La cebra fue atacada por un león ■ CONSTR. Se usa más en pasiva **2** ⇒criticar [con dureza] ■ PRON. La última *a* se pronuncia como la *i* de *did*
savannah /səˈvæn.ə/ *n* [C, U] ⇒sabana
↑**save¹** /seɪv/ [saved, saving] ▌*v* [T, I] **1** ⇒ahorrar ⇒guardar ▌*v* [T] **2** ⇒salvar ⇒rescatar **3** ⇒guardar **4 to ~ *sb's* {bacon/neck}** *(inform)* ⇒salvar el pellejo a alguien *col.*
↑**save²** /seɪv/ *prep (form, old-fash)* ⇒salvo: *Nobody saw anything, save that man over there* - Nadie vio nada, salvo aquel hombre de ahí
saver UK: /ˈseɪ.vəʳ/ US: /-vɚ/ *n* [C] ⇒ahorrador,-a
saving /ˈseɪ.vɪŋ/ *UK* (*US* **savings**) *n* [C] ⇒ahorro
savings /ˈseɪ.vɪŋz/ *n* [PL] **1** *US* See **saving 2** ⇒ahorros: *She spent half her savings in a car* - Gastó la mitad de sus ahorros en un coche
saviour UK: /ˈseɪ.vjəʳ/ US: /-vjɚ/ *UK n* [C] ⇒salvador,-a
savour UK: /ˈseɪ.vəʳ/ US: /-vɚ/ *UK v* [T] ⇒saborear: *to savour a victory* - saborear una victoria
savoury UK: /ˈseɪ.vᵊr.i/ US: /-vɚ-/ *UK adj* **1** ⇒salado,da

⇒sabroso,sa **2** *This pub doesn't have a savoury reputation* - Este pub no tiene muy buena reputación

saw[1] UK: /sɔː/ US: /sɑː/ *n* [C] *(herramienta)* ⇒sierra

saw[2], **saw, sawed/sawn** UK: /sɔː/ US: /sɑː/ *v* [T, I] ⇒serrar

PHRASAL VERBS

- **to saw *sth* down [M]** ⇒talar algo [con una sierra]
- **to saw *sth* off (*sth*) [M]** ⇒cortar algo con una sierra
- **to saw *sth* up (into *sth*) [M]** ⇒serrar algo en trozos

saw[3] UK: /sɔː/ US: /sɑː/ past tense of **see**

sawdust UK: /ˈsɔː.dʌst/ US: /ˈsɑː-/ *n* [U] ⇒serrín

sawn past participle of **saw**

saxophone UK: /ˈsæk.sə.fəʊn/ US: /-foʊn/ *n* [C] ⇒saxofón ■ La forma abreviada es *sax*

↑ **say**[1], **said, said** /seɪ/ *v* [T] **1** ⇒decir ■ CONSTR. to say to sb: *She said to me he would be late - Me dijo que llegaría tarde.* Incorrecto: *She said me he would be late* **2** *Let's take a painter, say Picasso* - Pongamos por caso cualquier pintor, digamos Picasso **3** ⇒marcar ⇒decir **4 it goes without saying** ⇒ni que decir tiene **5 that is to ~** ⇒es decir ■ Ver cuadro decir (say / tell)

say[2] /seɪ/ *n* [C] **1** ⇒voz y voto: *I don't have any say in this issue* - Yo no tengo ni voz ni voto en este asunto **2 to have *one's* ~** ⇒dar su opinión **3 to have the final ~** ⇒tener la última palabra

↑ **saying** /ˈseɪ.ɪŋ/ *n* [C] ⇒dicho ⇒refrán

scab /skæb/ *n* [C] **1** ⇒costra **2** *(offens)* ⇒esquirol *desp.*

scaffolding /ˈskæf.əl.dɪŋ/ *n* [U] ⇒andamiaje

scald[1] UK: /skɔːld/ US: /skɑːld/ *v* [T] **1** ⇒quemarse: *I scalded my hand while I was making tea* - Me quemé la mano cuando preparaba el té **2** ⇒escaldar

scald[2] UK: /skɔːld/ US: /skɑːld/ *n* [C] ⇒quemadura [por agua hirviendo]

scale[1] /skeɪl/ ▮ *n* [C, U] **1** *(en un mapa)* ⇒escala ▮ *n* [C] **2** ⇒escala: *metric scale* - escala métrica **3** *(en un pez)* ⇒escama ■ Se usa más en plural **4** *(en música)* ⇒escala musical **5** *US* (*UK* **scales**) ⇒báscula ⇒peso **6** *n* [NO PL] ⇒magnitud ⇒tamaño **7 to ~** ⇒a escala

scale[2] /skeɪl/ [scaled, scaling] *v* [T] ⇒escalar: *to scale a mountain* - escalar una montaña

↑ **scales** /skeɪlz/ *UK* (*US* **scale**) *n* [PL] ⇒báscula ⇒peso

scallop UK: /ˈskɒl.əp/ US: /ˈskɑː.ləp/ *n* [C] *(molusco)* ⇒vieira

scalp /skælp/ *n* [C] ⇒cuero cabelludo

scalpel /ˈskæl.pəl/ *n* [C] *(instrumento quirúrgico)* ⇒escalpelo ⇒bisturí

scam /skæm/ *n* [C] *(inform)* ⇒timo *col.*; ⇒estafa

scamper UK: /ˈskæm.pər/ US: /-pɚ/ *v* [I] ⇒corretear: *Children scampered off the park* - Los niños correteaban por el parque ■ CONSTR. Se usa generalmente seguido de adverbio

scampi /ˈskæm.pi/ *n* [U] ⇒gamba rebozada ■ Se puede usar con el verbo en singular o en plural

scan /skæn/ [scanned, scanning] *v* [T] **1** ⇒examinar ⇒inspeccionar **2** *(un texto)* ⇒echar un vistazo ⇒leer rápidamente ■ CONSTR. to scan through sth **3** ⇒escanear

↑ **scandal** /ˈskæn.dəl/ ▮ *n* [C, U] **1** ⇒escándalo ▮ *n* [U] **2** ⇒chismorreo

scandalous /ˈskæn.dəl.əs/ *adj* ⇒escandaloso,sa

Scandinavia /ˌskæn.dɪˈneɪ.vi.ə/ *n* [U] ⇒Escandinavia

Scandinavian[1] /ˌskæn.dɪˈneɪ.vi.ən/ *adj* ⇒escandinavo,va

Scandinavian[2] /ˌskæn.dɪˈneɪ.vi.ən/ *n* ⇒escandinavo,va

scanner UK: /ˈskæn.ər/ US: /-ɚ/ *n* [C] ⇒escáner

scant /skænt/ *adj* **1** ⇒escaso,sa ⇒poco,ca **2** ⇒escaso,sa: *It lasts two scant minutes* - Dura dos minutos escasos

scantily UK: /ˈskæn.tɪ.li/ US: /-ˤtɪ-/ *adv* **1** ⇒escasamente ⇒insuficientemente **2** *scantily dressed* - ligero de ropa

scanty UK: /ˈskæn.ti/ US: /-ˤti/ *adj* [*comp* scantier, *superl* scantiest] ⇒escaso,sa ⇒insuficiente

scapegoat UK: /ˈskeɪp.gəʊt/ US: /-goʊt/ *n* [C] ⇒chivo expiatorio

scar[1] UK: /skɑːr/ US: /skɑːr/ *n* [C] **1** ⇒cicatriz **2** ⇒secuela **3** ⇒daño [psicológico]

scar[2] UK: /skɑːr/ US: /skɑːr/ [scarred, scarring] *v* [T] ⇒dejar una cicatriz ⇒dejar una marca ■ CONSTR. Se usa más en pasiva

↑ **scarce** UK: /skeəs/ US: /skers/ *adj* **1** ⇒escaso,sa **2** *Food started to get scarce* - La comida empezaba a escasear

↑ **scarcely** UK: /ˈskeə.sli/ US: /ˈsker-/ *adv* **1** ⇒apenas ■ Se sitúa detrás de los verbos auxiliares y modales y delante de los demás verbos: *He can scarcely speak two words of German - Apenas sabe hablar dos palabras de alemán; I scarcely know her - Apenas la conozco* **2 can ~ do *sth*** *You can scarcely believe him* - No le puedes creer

scarcity UK: /ˈskeə.sɪ.ti/ US: /ˈsker.sə.ˤti/ [*pl* scarcities] *n* [C, U] ⇒escasez: *a scarcity of food* - escasez de alimentos

scare[1] UK: /skeər/ US: /sker/ [scared, scaring] *v* [T] ⇒dar miedo ⇒asustar

PHRASAL VERBS

- **to scare *sth/sb* {away/off} [M]** ⇒espantar ⇒ahuyentar

S

scare[2] UK: /skeəʳ/ US: /sker/ ▌*n* [C, NO PL] **1** ⇒susto: *She gave me a terrible scare* - Me dio un susto de muerte **2** *n* [C] ⇒amenaza

scarecrow UK: /ˈskeə.krəʊ/ US: /ˈsker.kroʊ/ *n* [C] ⇒espantapájaros

scared UK: /skeəd/ US: /skerd/ *adj* **1** ⇒asustado,da: *I was so scared that I didn't react* - Estaba tan asustado que no reaccioné **2 to be ~ of sth** ⇒tener miedo (de algo): *I'm not scared of spiders* - No tengo miedo a las arañas ▪ PRON. La *e* no se pronuncia

scarf[1] UK: /skɑːf/ US: /skɑːrf/ [*pl* scarves] *n* [C] ⇒bufanda ⇒pañuelo

scarf[2] UK: /skɑːf/ US: /skɑːrf/ (*tb* **scarf down**) *v* [T] *(inform)* See **scoff**

scarlet UK: /ˈskɑː.lət/ US: /ˈskɑːr-/ *adj, n* [U] ⇒escarlata

scarves *n* [PL] See **scarf**

scary UK: /ˈskeə.ri/ US: /ˈsker.i/ *adj* [*comp* scarier, *superl* scariest] *(inform)* ⇒espeluznante ⇒aterrador,-a

scathing /ˈskeɪ.ðɪŋ/ *adj* ⇒mordaz: *a scathing remark* - un comentario mordaz

↑**scatter** UK: /ˈskæt.əʳ/ US: /ˈskæˁt̬.ɚ/ ▌*v* [I] **1** ⇒dispersarse: *The crowd scattered when they saw the lion* - La multitud se dispersó al ver al león ▌*v* [T] **2** ⇒esparcir ▪ CONSTR. Se usa generalmente seguido de una preposición o un adverbio

↑**scattered** UK: /ˈskæt.əd/ US: /ˈskæˁt̬.ɚd/ *adj* ⇒esparcido,da

↑**scenario** UK: /sɪˈnɑː.ri.əʊ/ US: /səˈner.i.oʊ/ *n* [C] ⇒caso ⇒perspectiva

↑**scene** /siːn/ *n* [C] **1** ⇒escena ⇒imagen **2** ⇒lugar ⇒escena **3** *(en una película o en una obra de teatro)* ⇒escena **4 to set the ~ (for sth)** ⇒situar la escena ⇒preparar el terreno ⇒propiciar

↑**scenery** UK: /ˈsiː.nᵊr.i/ US: /-nɚ-/ *n* [U] **1** ⇒paisaje ▪ Normalmente tiene un sentido positivo, al describir algo hermoso e impresionante **2** ⇒decorado ⇒escenografía ▪ Distinto de *stage* (escenario)

scenic /ˈsiː.nɪk/ *adj* **1** ⇒pintoresco,ca **2** ⇒escénico,ca ⇒teatral

scent[1] /sent/ ▌*n* [C] **1** ⇒aroma ⇒olor **2** ⇒rastro ⇒pista ▌*n* [C, U] **3** ⇒perfume

scent[2] /sent/ *v* [T] **1** ⇒olfatear: *The dogs scented the fox* - Los perros olfatearon al zorro **2** ⇒intuir ⇒presentir

scented UK: /ˈsen.tɪd/ US: /-ˁt̬ɪd/ *adj* ⇒perfumado,da

↑**sceptic** /ˈskep.tɪk/ *UK* (*US* **skeptic**) *n* [C] ⇒escéptico,ca

sceptical /ˈskep.tɪ.kᵊl/ *UK* (*US* **skeptical**) *adj* ⇒escéptico,ca: *to be sceptical about sth* - ser escéptico por algo

scepticism /ˈskep.tɪ.sɪ.zᵊm/ *UK* (*US* **skepticism**) *n* [U] ⇒escepticismo: *to regard sth with scepticism* - mirar algo con escepticismo

schedule[1] UK: /ˈʃed.juːl/ US: /ˈsked-/ *n* [C] **1** ⇒programa **2** *US* (*UK/US tb* **timetable**) ⇒horario: *train schedule* - horario de trenes

schedule[2] UK: /ˈʃed.juːl/ US: /ˈsked-/ [scheduled, scheduling] *v* [T] ⇒programar ⇒planificar ▪ CONSTR. to schedule + to do sth. Más usado en pasiva

↑**scheme**[1] /skiːm/ *n* [C] **1** ⇒plan ⇒proyecto **2** ⇒conspiración ⇒confabulación ▪ Distinto de *diagram* (esquema)

scheme[2] /skiːm/ [schemed, scheming] *v* [T, I] ⇒tramar ⇒conspirar

schizophrenia /ˌskɪt.səˈfriː.ni.ə/ *n* [U] *(en psiquiatría)* ⇒esquizofrenia

schizophrenic /ˌskɪt.səˈfren.ɪk/ *n* [C] ⇒esquizofrénico,ca

↑**scholar** UK: /ˈskɒl.əʳ/ US: /ˈskɑː.lɚ/ *n* [C] **1** ⇒erudito,ta ⇒estudioso,sa **2** ⇒becario,ria ▪ Distinto de *schoolboy* y *schoolgirl* (escolar)

scholarship UK: /ˈskɒl.ə.ʃɪp/ US: /ˈskɑː.lɚ-/ ▌*n* [C] **1** *(ayuda económica)* ⇒beca ▌*n* [U] **2** ⇒erudición

↑**school** /skuːl/ *n* [C, U] **1** ⇒colegio ⇒escuela **2** *US (inform)* ⇒universidad **3** *a dance school* - una academia de baile **4** *school of thoughts* - corrientes de pensamiento **5** *(de peces)* ⇒banco ⇒manada ⇒una manada de ballenas

schoolbag *n* [C] ⇒mochila [del colegio] ⇒bolso [para el colegio]

schoolboy /ˈskuːl.bɔɪ/ *n* [C] ⇒colegial ⇒estudiante

schoolchild /ˈskuːl.tʃaɪld/ [*pl* schoolchildren] *n* [C] ⇒colegial,-a

schoolchildren *n* [PL] See **schoolchild**

schoolgirl UK: /ˈskuːl.gɜːl/ US: /-gɝːl/ *n* [C] ⇒colegiala ⇒estudiante

schooling /ˈskuː.lɪŋ/ *n* [U] ⇒formación escolar ⇒educación

schoolteacher UK: /ˈskuːlˌtiː.tʃəʳ/ US: /-tʃɚ/ *n* [C] ⇒maestro,tra ⇒profesor,-a

↑**science** /saɪənts/ ▌*n* [U] **1** ⇒ciencias ▌*n* [C, U] **2** ⇒ciencia

science fiction *n* [U] ⇒ciencia ficción ▪ La forma abreviada es *sci-fi* o *SF*

scientific /ˌsaɪənˈtɪf.ɪk/ *adj* ⇒científico,ca

scientifically /ˌsaɪənˈtɪf.ɪ.kli/ *adv* ⇒científicamente

scientist /ˈsaɪən.tɪst/ *n* [C] ⇒científico,ca

sci-fi /ˈsaɪ.faɪ/ *n* [U] *(inform)* ⇒forma abreviada de **science fiction** (ciencia ficción)

↑**scissors** UK: /ˈsɪz.əz/ US: /-ɚz/ *n* [PL] ⇒tijera: *Pass me that pair of scissors, please* - Pásame esas tijeras, por favor

scoff UK: /skɒf/ US: /skɑːf/ ▮ *v* [I] **1** ⇒mofarse: *Don't scoff at me!* - ¡No te mofes de mí! ■ CONSTR. to scoff at sth/sb ▮ *v* [T] **2** *UK* (*US* **scarf**) *(inform)* ⇒zampar(se) *col.*: *He scoffed eight hamburgers* - Se zampó ocho hamburguesas

scold UK: /skəʊld/ US: /skoʊld/ *v* [T] *(old-fash)* ⇒regañar: *Don't scold the kids* - No regañes a los niños

scooter® UK: /ˈskuː.təʳ/ US: /-ˤt̬ə/ *n* [C] **1** ⇒motocicleta ⇒escúter ⇒motoneta *AMÉR.* **2** ⇒patinete

↑ **scope** UK: /skəʊp/ US: /skoʊp/ *n* [U] **1** ⇒potencial ⇒capacidad **2** ⇒ámbito ⇒alcance

scorch UK: /skɔːtʃ/ US: /skɔːrtʃ/ [scorches] *v* [T] ⇒abrasar ⇒quemar(se)

scorching UK: /ˈskɔː.tʃɪŋ/ US: /ˈskɔːr-/ *adj* ⇒abrasador,-a: *a scorching hot day* - un día de calor abrasador

↑ **score¹** UK: /skɔːʳ/ US: /skɔːr/ *n* [C] **1** ⇒tanteo ⇒resultado **2** *(en música)* ⇒partitura **3 on {that/this}** ~ ⇒en {ese/este} aspecto: *On that score you shouldn't worry* - En ese aspecto no te deberías preocupar **4 scores of *sth*** ⇒montón de algo: *Scores of people went to the concert* - Montones de personas fueron al concierto

↑ **score²** UK: /skɔːʳ/ US: /skɔːr/ [scored, scoring] ▮ *v* [T, I] **1** ⇒meter un gol **2** *(en un juego)* ⇒ganar un punto **3** *(en un examen)* ⇒sacar [una nota] **4** *(inform)* ⇒pillar [comprar droga] ▮ *v* [T] **5** *(en música)* ⇒instrumentar

scorn¹ UK: /skɔːn/ US: /skɔːrn/ *n* [U] *(form)* ⇒desprecio

scorn² UK: /skɔːn/ US: /skɔːrn/ *v* [T] *(form)* ⇒despreciar: *Don't scorn other people* - No desprecies a los demás

scornful UK: /ˈskɔːn.fəl/ US: /ˈskɔːrn-/ *adj (form)* ⇒desdeñoso,sa ⇒despreciativo,va

Scorpio UK: /ˈskɔː.pi.əʊ/ US: /ˈskɔːr.pi.oʊ/ *n* [C, U] *(signo del zodíaco)* ⇒escorpio

scorpion UK: /ˈskɔː.pi.ən/ US: /ˈskɔːr-/ *n* [C] ⇒escorpión

Scotch¹ UK: /skɒtʃ/ US: /skɑːtʃ/ ▮ *n* [U] **1** ⇒whisky escocés ▮ *n* [C] **2** ⇒vaso de whisky escocés ■ El plural es *Scotches*

Scotch² UK: /skɒtʃ/ US: /skɑːtʃ/ *adj (un producto)* ⇒escocés,-a ■ La palabra *Scottish* se considera más apropiada

Scotch tape® *US* (*UK* **Sellotape®**) *n* [U] ⇒celo®

Scotland UK: /ˈskɒt.lənd/ US: /ˈskɑːt-/ *n* [U] ⇒Escocia

Scots UK: /skɒts/ US: /skɑːts/ (*tb* **Scottish**) *adj (persona)* ⇒escocés,-a

Scotsman UK: /ˈskɒt.smən/ US: /ˈskɑːt-/ [*pl* Scotsmen] *n* [C] ⇒escocés

Scotsmen *n* [PL] See **Scotsman**

Scotswoman UK: /ˈskɒtˌswʊm.ən/ US: /ˈskɑːt-/ [*pl* Scotswomen] *n* [C] ⇒escocesa

Scotswomen *n* [PL] See **Scotswoman**

Scottish UK: /ˈskɒt.ɪʃ/ US: /ˈskɑː.ˤt̬ɪʃ/ *adj* ⇒escocés,-a

scour UK: /skaʊəʳ/ US: /skaʊr/ *v* [T] **1** ⇒fregar ⇒restregar **2** *(un lugar)* ⇒registrar ⇒peinar

scourge UK: /skɜːdʒ/ US: /skɝːdʒ/ *n* [C] *(form)* ⇒azote ⇒lacra

scout *n* [C] **1** ⇒explorador **2** ⇒cazatalentos

scowl¹ /skaʊl/ *v* [I] ⇒mirar frunciendo el ceño

scowl² /skaʊl/ *n* [C] ⇒ceño fruncido ⇒mirada de enfado

scrabble /ˈskræb.l̩/ [scrabbled, scrabbling] *v* [I] ⇒rebuscar [nerviosamente]: *He scrabbled through the pockets of his overcoat* - Rebuscó en los bolsillos de su abrigo ■ CONSTR. Se usa generalmente seguido de una preposición o un adverbio

scramble¹ /ˈskræm.bl̩/ [scrambled, scrambling] ▮ *v* [I] **1** ⇒encaramar(se) ⇒trepar ■ CONSTR. Se usa generalmente seguido de una preposición o un adverbio **2** ⇒pelearse ⇒disputarse ■ CONSTR. to scramble + to do sth ▮ *v* [T] **3** *(ideas, palabras)* ⇒mezclar **4** *(un huevo)* ⇒revolver

scramble² /ˈskræm.bl̩/ *n* [NO PL] **1** ⇒subida difícil **2** ⇒pelea ⇒lucha de poca importancia

scrambled eggs *n* [PL] ⇒huevos revueltos

scrap /skræp/ ▮ *n* [C] **1** *(inform)* ⇒trozo ⇒pedazo **2** ⇒retal **3** ⇒fragmento [de información] **4** ⇒ápice ⇒pizca **5** *(inform)* ⇒pelea ⇒riña ▮ *n* [U] **6** ⇒chatarra

scrapbook /ˈskræp.bʊk/ *n* [C] ⇒álbum de recortes

scrape¹ /skreɪp/ [scraped, scraping] *v* [T] **1** ⇒raspar: *I scraped the paint stain off the table* - Raspé la mancha de pintura de la mesa **2** ⇒rasparse: *I fell off my bike and scraped my knee* - Me caí de la bici y me raspé la rodilla **3** ⇒conseguir algo [por los pelos]: *He scraped into the team* - Entró en el equipo por los pelos ■ CONSTR. Se usa generalmente seguido de una preposición o un adverbio

PHRASAL VERBS

- **to scrape through (*sth*)** *(un examen)* ⇒aprobar por los pelos
- **to scrape *sth* {together/up} [M]** *(inform)* ⇒reunir algo [a duras penas] *col.*

scrape² /skreɪp/ *n* [C] **1** ⇒raspadura ⇒arañazo **2** *(inform)* ⇒lío: *to get into scrapes* - meterse en líos

scratch¹ /skrætʃ/ ▮ *v* [T, I] **1** ⇒arañar: *The cat scratched her* - El gato la arañó **2** ⇒rascarse: *He scratched his head* - Se rascó la cabeza **3** *(una superficie dura)* ⇒rayar ▮ *v* [T] **4** ⇒arañar ⇒hacer un arañazo

scratch[2] /skrætʃ/ [*pl* scratches] *n* [C] **1** ⇒arañazo **2** *Could I have a scratch on my back?* - ¿Podrías rascarme la espalda? **3 to come up to ~** ⇒dar la talla **4 to do *sth* from ~** ⇒empezar algo desde cero

scrawl[1] UK: /skrɔːl/ US: /skrɑːl/ *v* [T] ⇒garabatear

scrawl[2] UK: /skrɔːl/ US: /skrɑːl/ *n* [C, U] ⇒garabato

↑**scream**[1] /skriːm/ *v* [T, I] ⇒gritar ⇒chillar

scream[2] /skriːm/ *n* [C] ⇒grito ⇒chillido

screech[1] /skriːtʃ/ [screeches] *v* [T, I] ⇒chirriar

screech[2] /skriːtʃ/ *n* [C] ⇒chirrido ⇒rechinamiento

↑**screen** /skriːn/ *n* [C] **1** ⇒pantalla **2** ⇒mosquitero **3** ⇒biombo

screw[1] /skruː/ *n* [C] **1** ⇒tornillo **2** *(de un barco, de un avión o de un helicóptero)* ⇒hélice **3** *(inform)* ⇒carcelero,ra

screw[2] /skruː/ *v* [T, I] **1** ⇒atornillar: *I screwed the hinges onto the door* - Atornillé las bisagras de la puerta **2** ⇒enroscar ■ CONSTR. Se usa generalmente seguido de una preposición o un adverbio

PHRASAL VERBS

· **to screw *sth* up [M]** *(un papel)* ⇒engurruñar ⇒arrugar

· **to screw (*sth*) up [M]** *(very inform)*

screwdriver UK: /ˈskruːˌdraɪ.vəʳ/ US: /-vɚ/ *n* [C] ⇒destornillador ⇒desarmador *AMÉR.*

scribble[1] /ˈskrɪb.l̩/ [scribbled, scribbling] *v* [T, I] ⇒garabatear ⇒hacer garabatos

scribble[2] /ˈskrɪb.l̩/ *n* [C, U] ⇒garabato

script[1] /skrɪpt/ ▮ *n* [C] **1** ⇒guión ▮ *n* [C, U] **2** ⇒escritura ⇒caligrafía

↑**script**[2] /skrɪpt/ *v* [T] ⇒escribir un guión

scripture UK: /ˈskrɪp.tʃəʳ/ US: /-tʃɚ/ *n* [U] **1** *(en religión)* ⇒escrituras **2 the ~** ⇒las Sagradas Escrituras

scriptwriter UK: /ˈskrɪptˌraɪ.təʳ/ US: /-ˤt̬ɚ/ *n* [C] ⇒guionista: *The film scriptwriters are on strike* - Los guionistas de cine están de huelga

scroll[1] UK: /skrəʊl/ US: /skroʊl/ *n* [C] ⇒pergamino

scroll[2] UK: /skrəʊl/ US: /skroʊl/ **1 to ~ down** *(en informática)* ⇒retroceder página **2 to ~ up** *(en informática)* ⇒avanzar página

scrooge /skruːdʒ/ *n* [C] *(inform)* ⇒agarrado,da *col.;* ⇒tacaño,ña

scrounge /skraʊndʒ/ [scrounged, scrounging] *v* [T, I] *(inform)* ⇒gorronear: *to scrounge sth off sb* - gorronearle algo a alguien

scrub[1] /skrʌb/ [scrubbed, scrubbing] *v* [T] ⇒restregar: *Scrub the floor with that cloth* - Restriega el suelo con ese trapo

scrub[2] /skrʌb/ ▮ *n* [U] **1** ⇒maleza ▮ *n* [NO PL] **2** ⇒lavado ⇒fregado

scruff /skrʌf/ *n* [NO PL] **1** ⇒pescuezo **2 by the ~ of the neck** ⇒por el cogote: *He took the cat by the scruff of the neck* - Cogió al gato por el cogote

scruffy /ˈskrʌf.i/ *adj* [*comp* scruffier, *superl* scruffiest] ⇒desaliñado,da

scrunch /skrʌntʃ/ [scrunches] ▮ *v* [T] **1** *(un trozo de papel)* ⇒engurruñar ■ CONSTR. to scrunch sth up ▮ *v* [T, I] **2** ⇒hacer crujir **3** ⇒apretujar(se) ■ CONSTR. Se usa generalmente seguido de una preposición o un adverbio

scrupulous /ˈskruː.pjʊ.ləs/ *adj* **1** ⇒escrupuloso,sa ⇒meticuloso,sa **2** ⇒honesto,ta ⇒honrado,da

scrutinize UK: /ˈskruː.tɪ.naɪz/ US: /-ˤt̬[ə]n.aɪz/ [scrutinized, scrutinizing] *v* [T] ⇒escudriñar ⇒examinar

scrutiny UK: /ˈskruː.tɪ.ni/ US: /-ˤt̬[ə]n.i/ *n* [U] **1** ⇒escrutinio ⇒examen **2** *(en una votación)* ⇒recuento ⇒escrutinio

scuba diving /ˈskuː.bəˌdaɪ.vɪŋ/ *n* [U] ⇒buceo con equipamiento especial ⇒submarinismo

scuff /skʌf/ *v* [T] **1** ⇒rayar: *to scuff a surface* - rayar una superficie **2** *to scuff one's feet* - andar arrastrando los pies

scuffle /ˈskʌf.l̩/ *n* [C] ⇒forcejeo

sculptor UK: /ˈskʌlp.təʳ/ US: /-tɚ/ *n* [C] ⇒escultor,-a

↑**sculpture** UK: /ˈskʌlp.tʃəʳ/ US: /-tʃɚ/ ▮ *n* [C] **1** ⇒escultura ⇒figura ▮ *n* [U] **2** *(actividad)* ⇒escultura: *She teaches sculpture in an art school* - Da clases de escultura en una escuela de arte

scum /skʌm/ *n* [U] **1** *(inform) (persona)* ⇒escoria *desp.* **2** ⇒escoria ⇒suciedad

scurry UK: /ˈskʌr.i/ US: /ˈskɜː-/ [scurries, scurried] *v* [I] ⇒apresurarse ⇒correr ■ CONSTR. Se usa generalmente seguido de una preposición o un adverbio

scuttle UK: /ˈskʌt.l̩/ US: /ˈskʌˤt̬-/ [scuttled, scuttling] ▮ *v* [I] **1** ⇒correr dando pasos cortos ■ CONSTR. Se usa generalmente seguido de una preposición o un adverbio ▮ *v* [T] **2** *(un barco)* ⇒hundir [intencionadamente] **3** *(un plan)* ⇒estropear

scythe /saɪð/ *n* [C] ⇒guadaña

SE *adj, n* [U] ⇒forma abreviada de **southeast** (sudeste)

↑**sea** /siː/ *n* [C, U] **1** ⇒mar: *I like spending the summer at the sea* - Me gusta pasar el verano en el mar ■ Al dar el nombre de un mar, se escribe con mayúscula inicial: *the Mediterranean Sea* **2 a ~ of** ⇒un mar de **3 {heavy/rough} seas** ⇒mar gruesa **4 ~ life** ⇒mundo marino **5 to be (all) at ~ with *sth*** ⇒quedarse a cuadros con algo *col.*

seabed /ˈsiː.bed/ *n* [NO PL] ⇒lecho marino

seafood /ˈsiː.fuːd/ *n* [U] ⇒marisco

seagull /ˈsiː.gʌl/ *n* [C] ⇒gaviota ■ La forma abreviada es *gull*

seal[1] /siːl/ *n* [c] **1** ⇒foca **2** ⇒precinto **3** ⇒sello [oficial]

seal[2] /siːl/ *v* [T] **1** ⇒lacrar: *to seal a letter* - lacrar una carta **2** (*tb* **seal up**) ⇒precintar ⇒sellar

PHRASAL VERBS

· **to seal sth off** [M] *(una zona)* ⇒acordonar

sea level *n* [U] ⇒nivel del mar

seam /siːm/ *n* [c] **1** *(de una prenda de vestir)* ⇒costura **2** *(en geología)* ⇒veta ⇒filón

↑**search**[1] UK: /sɜːtʃ/ US: /sɜ˞ːtʃ/ *v* [T, I] ⇒buscar ⇒registrar t

↑**search**[2] UK: /sɜːtʃ/ US: /sɜ˞ːtʃ/ [*pl* searches] *n* [c] **1** ⇒búsqueda: *to make a search* - hacer una búsqueda **2** *(en internet)* ⇒búsqueda **3** ⇒registro

search engine *n* [c] *(en internet)* ⇒buscador

searching UK: /ˈsɜː.tʃɪŋ/ US: /ˈsɜ˞ː-/ *adj* **1** ⇒inquisitivo,va ⇒penetrante **2** ⇒perspicaz

seashore UK: /ˈsiː.ʃɔːʳ/ US: /-ʃɔːr/ **the ~** ⇒la orilla del mar ⇒la playa

seasick /ˈsiː.sɪk/ *adj (en un barco)* ⇒mareado,da

seaside /ˈsiː.saɪd/ **the ~** ⇒la playa ⇒la costa

↑**season**[1] /ˈsiː.zᵊn/ *n* [c] **1** ⇒estación del año **2** ⇒temporada: *the hunting season* - la temporada de caza **3 in ~ 1** *(un animal)* ⇒en celo **2** *(una fruta, una verdura)* ⇒de temporada **3** *(en turismo)* ⇒en temporada alta

season[2] /ˈsiː.zᵊn/ *v* [T] ⇒sazonar ⇒condimentar

seasonal /ˈsiː.zᵊn.ᵊl/ *adj* **1** *(fruta, verdura)* ⇒de temporada **2** ⇒estacional **3** *(un trabajador)* ⇒temporal

seasoned /ˈsiː.zᵊnd/ *adj* **1** *(una comida)* ⇒sazonado,da **2** ⇒con mucha experiencia: *a seasoned person* - una persona con mucha experiencia

seasoning /ˈsiː.zᵊn.ɪŋ/ *n* [c, U] ⇒condimento ⇒sazón

↑**seat**[1] /siːt/ *n* [c] **1** ⇒asiento: *to offer one's seat to sb* - cederle el asiento a alguien **2** ⇒escaño ⇒banca AMÉR. **3** *(en una bicicleta)* ⇒sillín **4** *(en un teatro)* ⇒butaca **5** ⇒distrito electoral

S

seat[2] /siːt/ *v* [T] **1** ⇒sentarse **2** ⇒albergar ⇒tener cabida para

seat belt *n* [c] ⇒cinturón de seguridad: *Fasten your seat belts* - Abróchense los cinturones de seguridad

seaweed /ˈsiː.wiːd/ *n* [U] ⇒alga

sec *n* [c] **1** *(inform)* ⇒momento: *I'll be back in a sec* - Vuelvo en un momento **2** *(inform)* ⇒forma abreviada de **second** (segundo)

secluded /sɪˈkluː.dɪd/ *adj (un lugar)* ⇒retirado,da ⇒apartado,da

seclusion /sɪˈkluː.ʒᵊn/ *n* [U] ⇒aislamiento ⇒soledad

↑**second**[1] /ˈsek.ᵊnd/ *n* [c] **1** ⇒segundo ■ La forma abreviada es *sec* **2** *(inform)* ⇒momento: *Wait a second* - Espera un momento **3** *(en un vehículo)* ⇒segunda [marcha]

↑**second**[2] /ˈsek.ᵊnd/ **1** ⇒segundo,da: *He lives on the second floor* - Vive en el segundo piso **2** *(para las fechas)* ⇒dos **3** *It is her second birthday today* - Hoy cumple dos años ■ Se puede escribir también *2nd*

second[3] UK: /sɪˈkɒnd/ US: /-ˈkɑːnd/ *v* [T] **1** ⇒apoyar ⇒secundar **2** *UK (un trabajador)* ⇒trasladar [temporalmente]

↑**secondary** UK: /ˈsek.ᵊn.dri/ US: /-der.i/ *adj* ⇒secundario,ria

secondary school *UK* (*US* **high school**) *n* [c] ⇒instituto de enseñanza secundaria

second best *adj, n* [U] ⇒segundo,da mejor

second-class *adj* **1** ⇒de segunda clase: *a second-class ticket* - un billete de segunda clase **2** *(un envío)* ⇒de franqueo normal

second-generation *adj* ⇒de segunda generación

↑**second-hand** /ˌsek.ᵊndˈhænd/ *adj, adv* ⇒de segunda mano: *a second-hand car* - un coche de segunda mano

secondly /ˈsek.ᵊnd.li/ *adv* ⇒en segundo lugar

second-rate /ˌsek.ᵊndˈreɪt/ *adj* ⇒de segunda categoría

secrecy /ˈsiː.krə.si/ *n* [U] **1** ⇒secreto ⇒misterio **2** ⇒confidencialidad

↑**secret** /ˈsiː.krət/ *n* [c] ⇒secreto: *the secret service* - el servicio secreto

secretarial UK: /ˌsek.rəˈteə.ri.əl/ US: /-ˈter.i-/ *adj* ⇒de secretariado

↑**secretary** UK: /ˈsek.rə.tri/ US: /-ter.i/ [*pl* secretaries] *n* [c] **1** ⇒secretario,ria **2** *US* ⇒ministro,tra **3** *UK* ⇒ministro,tra

secrete /sɪˈkriːt/ [secreted, secreting] *v* [T] **1** *(una sustancia)* ⇒segregar **2** *(form)* ⇒ocultar ⇒esconder

secretive UK: /ˈsiː.krə.tɪv/ US: /-ˤt̬ɪv/ *adj (una persona)* ⇒reservado,da ⇒sigiloso,sa

secretly /ˈsiː.krət.li/ *adv* ⇒de forma oculta ⇒en secreto

sect /sekt/ *n* [c] ⇒secta

sectarian UK: /sekˈteə.ri.ən/ US: /-ˈter.i-/ *adj* ⇒sectario,ria

↑**section** /ˈsek.ʃᵊn/ ■ *n* [c] **1** ⇒sección **2** *(en una ley)* ⇒artículo **3** *(en una carretera)* ⇒tramo **4** *n* [c] ⇒sección, corte

↑**sector** UK: /ˈsek.təʳ/ US: /-tə/ *n* [c] ⇒sector

secular UK: /ˈsek.jʊ.ləʳ/ US: /-jə.lə/ *adj* ⇒secular ⇒seglar

secure[1] UK: /sɪˈkjʊəʳ/ US: /-ˈkjʊr/ *adj* **1** ⇒seguro,ra ⇒firme **2** ⇒fijo,ja: *a secure job* - un trabajo fijo **3** *(una prisión)* ⇒de alta seguridad

secure[2] UK: /sɪˈkjʊəʳ/ US: /-ˈkjʊr/ [secured, securing] *v* [T] **1** *(form)* ⇒conseguir: *I secured a loan from the bank* - Conseguí el préstamo bancario **2** ⇒garantizar **3** ⇒fijar ⇒sujetar

securely UK: /sɪˈkjʊə.li/ US: /-ˈkjʊr-/ *adv* **1 2** ⇒firmemente

security UK: /sɪˈkjʊə.rɪ.ti/ US: /-ˈkjʊr.ə.ˁţi/ ▮ *n* [U] **1** ⇒seguridad ▮ *n* [C, U] **2** ⇒fianza ⇒aval ■ El plural es *securities*

sedate[1] /sɪˈdeɪt/ *adj* **1** ⇒tranquilo,la **2** ⇒sobrio,bria **3** ⇒serio,ria

sedate[2] /sɪˈdeɪt/ [sedated, sedating] *v* [T] ⇒sedar

sedative UK: /ˈsed.ə.tɪv/ US: /-ˁţɪv/ *adj, n* [C] ⇒sedante

sedentary UK: /ˈsed.ᵊn.tri/ US: /-ter.i/ *adj* ⇒sedentario,ria

sediment /ˈsed.ɪ.mənt/ *n* [C, U] ⇒sedimento

seduce UK: /sɪˈdjuːs/ US: /-ˈduːs/ [seduced, seducing] *v* [T] ⇒seducir

seductive /sɪˈdʌk.tɪv/ *adj* ⇒seductor,-a

↑ **see, saw, seen** /siː/ [seeing] ▮ *v* [T, I] **1** ⇒ver **2** *(una película, un programa de televisión)* ⇒ver ■ Se dice *to watch television - ver la televisión*. Incorrecto: *to see television*. **3** ⇒entender ⇒ver ▮ *v* [T] **4** ⇒ver ⇒visitar ⇒ir **5** ⇒imaginarse ⇒considerar(se) **6** ⇒salir [con alguien] **7** **Let's ~** ⇒vamos a ver ⇒veamos **8** **seeing that...** ⇒en vista de que... **9** **~ you** *(inform)* ⇒hasta luego **10** **you ~** *(inform)* ⇒¿ves? ■ Ver cuadro

PHRASAL VERBS
- **to see about {sth/doing *sth*}** **1** ⇒encargarse de algo **2** ⇒pensar en algo
- **to see *sb* off [M]** **1** ⇒despedir(se) de alguien **2** ⇒deshacerse de alguien **3** ⇒derrotar a alguien
- **to see *sb* out** ⇒acompañar a alguien a la puerta
- **to see through *sth/sb*** ⇒calar *col.*
- **to see to *sth*** ⇒encargarse de algo ⇒ocuparse de algo

seed[1] /siːd/ ▮ *n* [C, U] **1** ⇒semilla: *to sow seeds* - sembrar semillas ▮ *n* [C] **2** *US* (*UK* **pip**) ⇒pepita ⇒pepa *AMÉR.* ■ Se usa más en plural

seed[2] /siːd/ *v* [T] ⇒sembrar ⇒plantar

seedy /ˈsiː.di/ *adj* [*comp* seedier, *superl* seediest] *(inform)* ⇒sórdido,da

seeing *conj* ⇒en vista de que: *Seeing that she's not coming, we can leave* - En vista de que no viene, nos vamos

↑ **seek, sought, sought** /siːk/ *v* [T] **1** *(form)* ⇒buscar: *to seek the truth* - buscar la verdad **2** *(form)* ⇒intentar: *to seek to do sth* - intentar hacer algo

PHRASAL VERBS
- **to seek *sth/sb* out [M]** *(form)* ⇒buscar [durante mucho tiempo]

↑ **seem** /siːm/ *v* [I] **1** ⇒parecer: *He seems nice* - Parece simpático; *It seems that it's going to rain* - Parece que va a llover **2** *What seems to be the problem?* - ¿Cuál es el problema? ■ CONSTR. to seem + (that)

seemingly /ˈsiː.mɪŋ.li/ *adv* ⇒aparentemente: *Seemingly, there is no problem* - Aparentemente, no hay ningún problema

seen /siːn/ past participle of **see**

seep /siːp/ *v* [I] ⇒filtrar(se): *The sunlight was seeping through the blinds* - La luz del sol se filtraba por la persiana ■ CONSTR. Se usa generalmente seguido de una preposición o un adverbio

seesaw UK: /ˈsiː.sɔː/ US: /-sɑː/ (*US tb* **teeter-totter**) *n* [C] ⇒subeibaja ⇒balancín

segment /ˈseg.mənt/ *n* [C] **1** ⇒segmento ⇒sección **2** ⇒gajo: *the segments of an orange* - los gajos de una naranja

segregate /ˈseg.rɪ.geɪt/ [segregated, segregating] *v* [T] **1** ⇒segregar ⇒apartar **2** *(un grupo de personas)* ⇒disgregar

↑ **seize** /siːz/ [seized, seizing] *v* [T] **1** ⇒atrapar ⇒coger **2** ⇒agarrar **3** ⇒hacerse con: *to seize control* - hacerse con el control **4** *(drogas o armas)* ⇒incautar **5** *(uan oportunidad)* ⇒aprovechar **6** *(bienes)* ⇒embargar

see / look at / watch

- **See** se utiliza cuando se recibe información a través de los ojos, sin implicar atención:
  - *I can't* ***see*** *without my glasses!* (¡No veo sin mis gafas!)

  Atención: **see** también se usa para expresar entendimiento:
  - *Do you understand it now? Yes, I* ***see***. (¿Lo entiendes ahora? Sí, ya veo.)

- **Look at** se utiliza cuando se mira con atención:
  - ***Look at*** *the painting carefully.* (Mira el cuadro con atención.)

- **Watch** se utiliza cuando se mira con atención a algo que se mueve o que se puede mover, y para expresar la idea de vigilar:
  - *She sits here and* ***watches*** *the people go by.* (Se sienta aquí y mira a la gente pasar.)

Atención: se dice "watch TV", pero "see a film".

PHRASAL VERBS
· **to seize {on/upon}** ***sth*** ⇒aprovechar algo [que te puede beneficiar]
· **to seize up 1** *(una máquina)* ⇒atascarse **2** *(una parte del cuerpo)* ⇒agarrotarse

seizure UK: /ˈsiː.ʒəʳ/ US: /-ʒə/ ▮ *n* [C] **1** *(en medicina)* ⇒ataque **2** *(de bienes ilegales)* ⇒confiscación ⇒incautación **3** *(de una propiedad)* ⇒embargo ▮ *n* [U] **4** *(de poder)* ⇒toma

seldom /ˈsel.dəm/ *adv* ⇒rara vez ⇒casi nunca ■ Se sitúa detrás del verbo *to be* y de los verbos auxiliares y modales, y delante de los demás verbos: *I can seldom go out at weekends - Rara vez puedo salir los fines de semana; I seldom walk to school - Casi nunca voy andando al colegio*

select¹ /sɪˈlekt/ *v* [T] ⇒seleccionar ⇒elegir

select² /sɪˈlekt/ *adj* ⇒selecto,ta ⇒escogido,da

selection /sɪˈlek.ʃᵊn/ ▮ *n* [C, U] **1** ⇒selección ⇒elección ▮ *n* [C] **2** ⇒surtido: *a selection of cookies* - un surtido de galletas

selective /sɪˈlek.tɪv/ *adj* **1** *(un proceso)* ⇒de selección **2** ⇒selectivo,va **3** *selective memory* - memoria selectiva

† **self** /self/ [*pl* selves] *n* [C, U] **1** ⇒forma de ser **2** ⇒yo: *my inner self* - mi yo interior

self-assured UK: /ˌself.əˈʃɔːd/ US: /-ˈʃɝːd/ *adj* ⇒seguro de sí mismo, segura de sí misma

self-centred UK: /ˌselfˈsen.təd/ US: /-ˤt̬əd/ *UK adj* ⇒egocéntrico,ca

self-confident UK: /ˌselfˈkɒn.fɪ.dᵊnt/ US: /-ˈkɑːn-/ *adj* ⇒seguro de sí mismo, segura de sí misma

† **self-conscious** UK: /ˌselfˈkɒn.ʃəs/ US: /-ˈkɑːn-/ *adj* **1** ⇒acomplejado,da: *She is too self-conscious to wear a bikini* - Está demasiado acomplejada para llevar bikini **2** ⇒tímido,da ⇒vergonzoso,sa

self-contained /ˌself.kənˈteɪnd/ *adj* **1** ⇒autosuficiente **2** *(una persona)* ⇒independiente **3** *UK* ⇒con todos los servicios: *self-contained accommodation* - alojamiento con todos los servicios

self-control UK: /ˌself.kənˈtrəʊl/ US: /-ˈtroʊl/ *n* [U] ⇒autocontrol

self-defence /ˌself.dɪˈfents/ *UK n* [U] **1** ⇒defensa propia **2** ⇒defensa personal

self-employed /ˌself.ɪmˈplɔɪd/ *adj (un trabajador)* ⇒autónomo,ma

† **self-esteem** /ˌself.ɪˈstiːm/ *n* [U] ⇒autoestima

self-interest UK: /ˌselfˈɪn.tᵊr.est/ US: /-ˤt̬ə-/ *n* [U] ⇒interés personal ⇒interés propio

selfish /ˈsel.fɪʃ/ *adj* ⇒egoísta

selfishness /ˈsel.fɪʃ.nəs/ *n* [U] ⇒egoísmo

self-pity UK: /ˌselfˈpɪt.i/ US: /-ˈpɪˤt̬-/ *n* [U] ⇒autocompasión: *Self-pity won't help you feel better* - La autocompasión no te ayudará a mejorar

self-portrait UK: /ˌselfˈpɔː.treɪt/ US: /-ˈpɔːr.trɪt/ *n* [C] ⇒autorretrato

self-respect /ˌself.rɪˈspekt/ *n* [U] ⇒amor propio ⇒dignidad

self-righteous /ˌselfˈraɪ.tʃəs/ *adj* ⇒santurrón,-a *desp.*

self-satisfied UK: /ˌselfˈsæt.ɪs.faɪd/ US: /-ˈsæˤt̬-/ *adj* ⇒satisfecho de sí mismo, satisfecha de sí misma

self-service UK: /ˌselfˈsɜː.vɪs/ US: /-ˈsɝː-/ *adj (un establecimiento)* ⇒con autoservicio

self-sufficient /ˌself.səˈfɪʃ.ᵊnt/ *adj* **1** ⇒autosuficiente **2** ⇒independiente

† **sell, sold, sold** /sel/ *v* [T, I] **1** ⇒vender: *She sold me her bike for £50* - Me vendió su bici por cincuenta libras ■ CONSTR. to sell + dos objetos **2** *to sell sb an idea* - vender a alguien una idea

PHRASAL VERBS
· **to sell** ***sth*** **off** [M] **1** ⇒vender algo a bajo precio **2** *(un negocio)* ⇒vender [todo o parte]
· **to sell out** ⇒agotar ⇒acabarse *(un negocio)* ⇒vender
· **to sell (*sb*) out** [M] *(inform)* ⇒traicionar [a alguien] ⇒vender [a alguien]

sell-by date /ˈsel.baɪˌdeɪt/ *UK n* [C] **1** ⇒fecha de caducidad: *It is past the sell-by date* - Se ha pasado la fecha de caducidad **2** ⇒fecha límite de venta

seller UK: /ˈsel.əʳ/ US: /-ə/ *n* [C] ⇒vendedor,-a

selling *n* [U] ⇒ventas

Sellotape®¹ /ˈsel.ə.teɪp/ *UK* (*US* **Scotch tape®**) *n* [U] ⇒celo®

Sellotape®² /ˈsel.ə.teɪp/ *UK v* [T] ⇒pegar con celo®

selves /selvz/ *n* [PL] See **self**

semester UK: /sɪˈmes.təʳ/ US: /səˈmes.tə/ *US n* [C] *(en educación)* ⇒semestre

semicircle UK: /ˈsem.iˌsɜː.kl̩/ US: /-ˌsɝː-/ *n* [C] ⇒semicírculo

† **semicolon** UK: /ˌsem.iˈkəʊ.lɒn/ US: /ˈsem.iˌkoʊ.lən/ *n* [C] ⇒punto y coma ■ Ver cuadro signos de puntuación

semi-detached /ˌsem.i.dɪˈtætʃt/ *UK adj (un chalé)* ⇒pareado ⇒adosado ■ PRON. La última *e* no se pronuncia

† **semi-final** /ˌsem.iˈfaɪ.nᵊl/ *n* [C] ⇒semifinal ■ Se usa más en plural

† **seminar** UK: /ˈsem.ɪ.nɑːʳ/ US: /-nɑːr/ *n* [C] *(sobre un tema)* ⇒seminario

semi-precious /ˌsem.iˈpreʃ.əs/ *adj (una piedra)* ⇒semiprecioso,sa

Senate /ˈsen.ət/ *n* [NO PL] **1** ⇒senado: *the Senate House* - el edificio del senado **2** *(en la universidad)* ⇒junta de gobierno ■ Por ser un nombre colectivo se puede usar con el verbo en singular o en plural

senator *n* [C] ⇒senador,-a ■ Cuando va seguido de un nombre propio, la *s* se escribe en mayúscula: *Senator Johnson*

† **send, sent, sent** /send/ *v* [T] **1** ⇒enviar ⇒mandar **2** ⇒enviar ⇒mandar **3** ⇒provocar ⇒causar **4 to ~ *sb* to sleep** ⇒dormir a alguien ⇒provocar sueño

PHRASAL VERBS

- **to send (away/off) for *sth*** ⇒pedir algo [por correo] ⇒encargar algo [por correo]
- **to send for *sb*** ⇒llamar a alguien [para que venga a verte]
- **to send *sth* in [M]** ⇒enviar algo [por correo]
- **to send *sb* in [M]** ⇒enviar [las tropas a una zona de conflicto]
- **to send *sth* off [M]** 1 ⇒enviar algo [por correo] 2 ⇒despachar algo
- **to send *sb* off [M]** *UK (en deportes)* ⇒expulsar a alguien ⇒mandar a alguien a hacer algo
- **to send *sth* out [M]** 1 ⇒enviar algo [a mucha gente diferente] 2 *(luz o sonido)* ⇒emitir
- **to send *sth/sb* up [M]** *UK (inform)* ⇒parodiar

Senegal /ˌsen.ɪˈgɔːl/ *n* [U] ⇒Senegal

Senegalese /ˌsen.ɪ.gəˈliːz/ [*pl* Senegalese] *adj, n* [C] ⇒senegalés,-a

senile UK: /ˈsiː.naɪl/ US: /ˈsen.aɪl/ *adj* ⇒senil

senior[1] UK: /ˈsiː.ni.əʳ/ US: /-njɚ/ *adj* **1** ⇒mayor **2** ⇒superior **3** *US He's John Smith senior* - Es John Smith padre

senior[2] UK: /ˈsiː.ni.əʳ/ US: /-njɚ/ *n* [C] **1** *US* ⇒estudiante de último curso **2 to be... years *one's* ~** ⇒ser... años mayor: *Peter is two years my senior* - Peter es dos años mayor que yo

senior citizen *n* [C] ⇒anciano,na ⇒jubilado,da

seniority UK: /ˌsiː.niˈɒr.ɪ.ti/ US: /siːˈnjɔːr.ə.ˤt̬i/ *n* [U] *(en una institución o en una organización)* ⇒antigüedad

† **sensation** /senˈseɪ.ʃən/ ▌*n* [C, U] **1** ⇒sensación ⇒presentimiento ▌*n* [NO PL] **2** ⇒sensación ⇒furor

sensational /senˈseɪ.ʃən.əl/ *adj* **1** ⇒sensacional **2** ⇒sensacionalista: *sensational press* - la prensa sensacionalista

† **sense[1]** /sents/ ▌*n* [C] **1** ⇒sentido **2** ⇒sentido ⇒significado ▌*n* [U] **3** ⇒sentido **4** ⇒juicio ⇒sentido común ▌*n* [NO PL] **5** ⇒sentido ⇒impresión **6 a ~ of humour** *UK* (*US* **a sense of humor**) ⇒sentido del humor **7 in {a sense/some senses}** ⇒en cierto sentido **8 to come to *one's* senses** ⇒entrar en razón **9 to make ~ 1** *(un texto)* ⇒entenderse **2** *(una acción, un enfoque)* ⇒tener sentido **10 to make ~ of *sth*** ⇒entender algo **11 to see ~** ⇒entrar en razón ⇒ser razonable

sense[2] /sents/ [sensed, sensing] *v* [T, I] **1** ⇒notar ⇒percibir ■ CONSTR. 1. to sense + (that) 2. to sense + interrogativa indirecta **2** ⇒intuir ⇒presentir

senseless /ˈsent.sləs/ *adj* **1** ⇒sin sentido **2** ⇒inconsciente: *to knock sb senseless* - dejar a alguien inconsciente

sensibility UK: /ˌsent.sɪˈbɪl.ɪ.ti/ US: /-səˈbɪl.ə.ˤt̬i/ *n* [U] ⇒sensibilidad

sensible /ˈsent.sɪ.bl̩/ *adj* **1** ⇒sensato,ta **2** *(una decisión)* ⇒acertado,da **3** *(una prenda o un calzado)* ⇒práctico,ca ■ Distinto de *sensitive* (sensible)

† **sensitive** UK: /ˈsent.sɪ.tɪv/ US: /-sə.ˤt̬ɪv/ *adj* **1** ⇒sensible: *He is a very sensitive man* - Es un hombre muy sensible **2** ⇒delicado,da: *That wasn't very sensitive of him, was it?* - Estuvo muy poco delicado, ¿no crees? ■ Distinto de *sensible* (sensato)

sensitivity UK: /ˌsent.sɪˈtɪv.ɪ.ti/ US: /-səˈtɪv.ə.ˤt̬i/ *n* [U] **1** ⇒sensibilidad **2** ⇒susceptibilidad **3** ⇒delicadeza

sensual /ˈsent.sjʊəl/ *adj* ⇒sensual

sensuous /ˈsent.sjʊəs/ *adj* ⇒sensual

sent /sent/ past tense and past participle forms of **send**

† **sentence[1]** /ˈsen.tənts/ *n* [C] **1** *(en gramática)* ⇒oración ⇒frase **2** *(en derecho)* ⇒sentencia ⇒veredicto

sentence[2] /ˈsen.tənts/ [sentenced, sentencing] *v* [T] *(en derecho)* ⇒sentenciar ⇒condenar ■ CONSTR. 1. to sentence sb to sth 2. Se usa más en pasiva

† **sentiment** UK: /ˈsen.tɪ.mənt/ US: /-ˤt̬ə-/ ▌*n* [U] **1** *(form)* ⇒sentimiento ▌*n* [C, U] **2** *(form)* ⇒pensamiento ⇒opinión

sentimental UK: /ˌsen.tɪˈmen.təl/ US: /-ˤt̬əˈmen.ˤt̬[ə]l/ *adj* ⇒sentimental ⇒sensiblero *desp.*

sentry /ˈsen.tri/ [*pl* sentries] *n* [C] ⇒centinela

separable UK: /ˈsep.ər.ə.bl̩/ US: /-ɚ-/ *adj* ⇒separable ⇒disociable

† **separate[1]** UK: /ˈsep.ər.ət/ US: /-ɚ-/ *adj* **1** ⇒separado,da **2** *in a separate sheet of paper* - en una hoja aparte

† **separate[2]** UK: /ˈsep.ər.eɪt/ US: /-ə.reɪt/ [separated, separating] ▌*v* [T, I] **1** ⇒separar: *Then separate the white from the yolk* - Luego separa la clara de la yema ■ CONSTR. to separate sth/sb from sth/sb **2** ⇒separar ⇒dividir: *Oliver separated the cake into six pieces* - Oliver dividió la tarta en seis trozos ■ CONSTR. to separate into sth ▌*v* [I] **3** ⇒separarse: *They separated two years ago* - Se separaron hace dos años

separated *adj* **1** ⇒separado,da **2** ⇒distinto,ta

separately UK: /ˈsep.ər.ət.li/ US: /-ɚ-/ *adv* ⇒por separado: *to do sth separately* - hacer algo por separado

separation UK: /ˌsep.ərˈeɪ.ʃən/ US: /-əˈreɪ-/ *n* [C, U] ⇒separación

† **September** UK: /sepˈtem.bəʳ/ US: /-bɚ/ *n* [C, U] ⇒septiembre: *in September* - en septiembre; *on*

September 14th - el 14 de septiembre ■ La forma abreviada es *Sept*

sequel /ˈsiː.kwəl/ *n* [c] **1** *(de un libro o de una película)* ⇒continuación **2** ⇒secuela ⇒resultado

↑**sequence** /ˈsiː.kwənts/ ▮ *n* [c, u] **1** *(de hechos)* ⇒sucesión **2** ⇒secuencia ⇒serie ▮ *n* [c] **3** *(en una película)* ⇒secuencia

serene /səˈriːn/ *adj* ⇒tranquilo,la: *a lovely, serene beach* - una playa bonita y tranquila

↑**sergeant** UK: /ˈsɑː.dʒənt/ US: /ˈsɑːr-/ *n* [c] ⇒sargento

↑**serial** UK: /ˈsɪə.ri.əl/ US: /ˈsɪr.i-/ *n* [c] **1** ⇒serial **2** ⇒serie [de televisión o radio]

↑**series** UK: /ˈsɪə.riːz/ US: /ˈsɪr.iːz/ [*pl* series] *n* [c] **1** ⇒serie ⇒sucesión **2** ⇒serie [de televisión o radio]: *Are you watching the new Nature series?* - ¿Ves la nueva serie sobre la naturaleza? **3** ⇒serial

↑**serious** UK: /ˈsɪə.ri.əs/ US: /ˈsɪr.i-/ *adj* **1** ⇒serio,ria **2** ⇒grave ⇒preocupante

seriously UK: /ˈsɪə.ri.ə.sli/ US: /ˈsɪr.i-/ *adv* **1** ⇒seriamente **2** ⇒gravemente: *He is seriously injured* - Está gravemente herido **3** ⇒en serio

sermon UK: /ˈsɜː.mən/ US: /ˈsɝː-/ *n* [c] ⇒sermón

↑**servant** UK: /ˈsɜː.vənt/ US: /ˈsɝː-/ *n* [c] ⇒sirviente,ta ⇒criado,da

↑**serve**[1] UK: /sɜːv/ US: /sɝːv/ [served, serving] *v* [T, I] **1** *(una comida o una bebida)* ⇒servir **2** *(a un cliente)* ⇒atender **3** ⇒servir ⇒colaborar **4** ⇒ser útil ⇒servir **5** *(en algunos deportes)* ⇒sacar **6** **it serves you right** ⇒te está bien empleado ⇒te lo mereces

PHRASAL VERBS
- **to serve (*sth*) {out/up} [M]** *(una comida)* ⇒servir

serve[2] UK: /sɜːv/ US: /sɝːv/ *n* [c] (*tb* **service**) *(en algunos deportes)* ⇒saque

↑**server** UK: /ˈsɜː.vəʳ/ US: /ˈsɝː.vɚ/ *n* [c] **1** *(en informática)* ⇒servidor **2** *(en tenis)* ⇒jugador,-a que tiene el servicio

↑**service**[1] UK: /ˈsɜː.vɪs/ US: /ˈsɝː-/ ▮ *n* [U] **1** ⇒servicio: *She retired after fifty years' service* - Se jubiló después de cincuenta años de servicio ▮ *n* [c] **2** ⇒servicio religioso **3** ⇒servicio público: *the bus service* - el servicio público de autobuses **4** *(de un coche o una máquina)* ⇒revisión **5** (*tb* **serve**) *(en algunos deportes)* ⇒saque ⇒servicio ■ Distinto de *toilet* (servicio)

service[2] UK: /ˈsɜː.vɪs/ US: /ˈsɝː-/ [serviced, servicing] *v* [T] *(un coche o una máquina)* ⇒hacer la revisión

service charge *n* [c] **1** ⇒gastos de comunidad **2** ⇒servicio ⇒cubierto

serviceman UK: /ˈsɜː.vɪs.mən/ US: /ˈsɝː-/ [*pl* servicemen] *n* [c] ⇒militar

services UK: /ˈsɜː.vɪs.ɪz/ US: /ˈsɝː-/ *n* [PL] See **service station**

service station *n* [c] **1** (*tb* **services**) ⇒estación de servicio **2** *US* (*UK* **petrol station**) ⇒gasolinera

serviette UK: /ˌsɜː.viˈet/ US: /ˌsɝː-/ *UK* (*UK/US tb* **napkin**) *n* [c] ⇒servilleta

↑**session** /ˈseʃ.ən/ *n* [c, u] **1** ⇒sesión **2** *US, Scot (en educación)* ⇒año académico ⇒curso **3** *US, Scot (en educación)* ⇒trimestre ⇒semestre **4** *US, Scot (en educación): School is still in session at 5pm* - Todavía hay clases a las 5 de la tarde

↑**set**[1], **set, set** /set/ [setting] ▮ *v* [T] **1** ⇒poner ⇒colocar ■ CONSTR. Se usa generalmente seguido de una preposición o un adverbio **2** ⇒fijar ⇒establecer **3** *(un aparato)* ⇒programar ⇒poner **4** *UK (una tarea)* ⇒dar ⇒poner ⇒mandar **5** *(un libro, una obra de teatro o una película)* ⇒tener lugar ⇒ambientar ■ CONSTR. Se usa más en pasiva **6** *(una piedra preciosa)* ⇒engastar ▮ *v* [I] **7** ⇒ponerse ■ CONSTR. Se usa generalmente seguido de una preposición o un adverbio **8** ⇒cuajar **9** *(el cemento)* ⇒solidificar **10 to ~ the table** (*tb* **to lay the table**) ⇒poner la mesa

PHRASAL VERBS
- **to set about {sth/doing *sth*}** ⇒ponerse a
- **to set *sth* aside [M] 1** *(dinero o tiempo)* ⇒apartar ⇒reservar **2** *(una acusación, una sentencia)* ⇒desestimar ⇒anular
- **to set *sb* back (*sth*)** *(inform)* ⇒salir ⇒costar
- **to set *sth/sb* back [M] 1** ⇒atrasar ⇒retrasar **2** ⇒reducir [posibilidades]
- **to set off** ⇒partir ⇒marchar
- **to set *sth* off [M] 1** *(una alarma)* ⇒hacer sonar **2** *(una bomba)* ⇒hacer estallar **3** *(una actividad o un evento)* ⇒causar ⇒provocar **4** *(el atractivo)* ⇒resaltar ⇒realzar
- **to set *sth/sb* {on/upon} *sb*** ⇒azuzar
- **to set out 1** ⇒proponerse **2** ⇒partir
- **to set *sth* up [M] 1** ⇒montar algo ⇒establecer algo **2** ⇒organizar algo **3** *He has set up a doctor's appointment* - Ha pedido cita con el médico

↑**set**[2] /set/ *n* [c] **1** ⇒juego ⇒conjunto ⇒colección **2** *(en un cine o en un teatro)* ⇒platea **3** *(en el escenario)* ⇒decorado **4** *(en tenis)* ⇒set **5** ⇒aparato **6** *a television set* - un televisor

set[3] /set/ *adj* **1** ⇒fijo,ja ⇒señalado,da **2** *(un libro, una asignatura)* ⇒obligatorio,ria **3** *(una costumbre)* ⇒establecido,da

setback /ˈset.bæk/ *n* [c] ⇒revés ⇒contratiempo

settee /setˈiː/ *UK* (*UK/US tb* **sofa**) *n* [c] ⇒sofá

setting UK: /ˈset.ɪŋ/ US: /ˈseˤţ-/ *n* [c] **1** ⇒entorno ⇒marco **2** ⇒configuración ⇒posición

† **settle** UK: /'set.l̩/ US: /'seˤt̬-/ [settled, settling] ❚ *v* [T] **1** *(un asunto)* ⇒resolver **2** ⇒acordar ⇒decidir ■ CONSTR. Se usa más en pasiva **3** *(una factura o una deuda)* ⇒pagar ❚ *v* [I] **4** ⇒establecerse **5** ⇒posarse **6** *(unas partículas)* ⇒asentarse ⇒depositarse ❚ *v* [T, I] **7** ⇒relajar(se) ⇒poner(se) cómodo,da ⇒arrellanar(se) ■ CONSTR. Se usa más como reflexivo

PHRASAL VERBS
- **to settle down** 1 ⇒acomodarse 2 ⇒afincarse ⇒establecerse ⇒instalarse 3 ⇒asentar la cabeza *col.* 4 ⇒calmar(se)
- **to settle for *sth*** ⇒conformarse con algo
- **to settle in** ⇒adaptar(se)
- **to settle {on/upon} *sth*** ⇒decidirse por algo ⇒acordar algo

settled UK: /'set.l̩d/ US: /'seˤt̬-/ *adj* **1** ⇒establecido,da ⇒asentado,da **2** ⇒estable ⇒invariable

settlement UK: /'set.l̩.mənt/ US: /'seˤt̬-/ *n* [C, U] **1** ⇒acuerdo: *to reach a settlement* - llegar a un acuerdo **2** ⇒asentamiento ⇒colonia

settler UK: /'set.ləʳ/ US: /'seˤt̬-/ *n* [C] ⇒colonizador,-a ⇒poblador,-a

† **seven** /'sev.ᵊn/ ⇒siete: *There are seven of them* - Son siete; *She is seven years old* - Tiene siete años

† **seventeen** /ˌsev.ᵊn'ti:n, '---/ ⇒diecisiete

seventeenth /ˌsev.ᵊn'ti:ntθ, '---/ **1** ⇒decimoséptimo,ma **2** *(para las fechas)* ⇒diecisiete ■ Se puede escribir también *17th*

seventh[1] /'sev.ᵊntθ/ **1** ⇒séptimo,ma **2** *(para las fechas)* ⇒siete **3** *It is her seventh birthday today* - Hoy cumple siete años ■ Se puede escribir también *7th*

seventh[2] /'sev.ᵊntθ/ *n* [C] ⇒séptimo ⇒séptima parte

† **seventy** UK: /'sev.ᵊn.ti/ US: /-ˤt̬i/ ⇒setenta

sever UK: /'sev.əʳ/ US: /-ɚ/ *v* [T] **1** ⇒cortar ⇒cercenar ■ CONSTR. Se usa más en pasiva **2** *(una relación)* ⇒romper

† **several** UK: /'sev.ᵊr.ᵊl/ US: /-ɚ-/ *adj, pron* ⇒varios,rias: *She has been to England several times* - Ha estado varias veces en Inglaterra

† **severe** UK: /sɪ'vɪəʳ/ US: /-'vɪr/ *adj* **1** ⇒serio,ria ⇒grave **2** ⇒intransigente ⇒riguroso,sa ⇒severo,ra **3** ⇒austero,ra ⇒severo,ra

† **sew, sewed, sewn** UK: /səʊ/ US: /soʊ/ *v* [T, I] ⇒coser: *to sew on a button* - coser un botón

PHRASAL VERBS
- **to sew *sth* up [M]** 1 ⇒zurcir algo ⇒coser algo 2 *(inform)* ⇒amañar algo ⇒tener algo en el bolsillo *col.* ■ CONSTR. Se usa más en pasiva

sewage /'su:.ɪdʒ/ *n* [U] ⇒aguas residuales

sewer UK: /sʊəʳ/ US: /'su:.ɚ/ *n* [C] ⇒cloaca ⇒alcantarilla

sewing UK: /'səʊ.ɪŋ/ US: /'soʊ-/ *n* [U] ⇒costura

sewn past participle of **sew**

† **sex** /seks/ ❚ *n* [C, U] **1** ⇒género ⇒sexo ■ El plural es *sexes* ❚ *n* [U] **2** ⇒sexo ⇒relaciones sexuales

sexism /'sek.sɪ.zᵊm/ *n* [U] ⇒sexismo

sexist /'sek.sɪst/ *adj, n* [C] ⇒sexista ⇒machista

sexual /'sek.sjʊəl/ *adj* ⇒sexual

sexuality UK: /ˌsek.sju'æl.ɪ.ti/ US: /-ə.ˤt̬i/ *n* [U] ⇒sexualidad

sexy /'sek.si/ *adj* [*comp* sexier, *superl* sexiest] ⇒sexy ⇒atractivo,va

sh /ʃ:/ *excl* ⇒chist

shabby /'ʃæb.i/ *adj* [*comp* shabbier, *superl* shabbiest] **1** ⇒desaliñado,da ⇒en mal estado **2** *(un comportamiento)* ⇒improcedente ⇒mezquino,na

shack /ʃæk/ *n* [C] ⇒choza ⇒jacal *AMÉR.*

shade[1] /ʃeɪd/ ❚ *n* [U] **1** ⇒sombra: *Let's get in the shade* - ¿Nos ponemos a la sombra? ❚ *n* [C] **2** ⇒tono: *the shade of a colour* - el tono de un color **3** *(en una lámpara)* ⇒pantalla **4** ⇒matiz **5 a ~** ⇒un poco: *a shade cheaper* - un poco más barato

shade[2] /ʃeɪd/ [shaded, shading] *v* [T] ⇒proteger(se): *to shade one's eyes from the sun* - protegerse los ojos del sol

† **shadow[1]** UK: /'ʃæd.əʊ/ US: /-oʊ/ *n* [C] **1** ⇒sombra: *My own shadow scared me* - Me asusté de mi propia sombra **2 shadows** ⇒tinieblas

shadow[2] UK: /'ʃæd.əʊ/ US: /-oʊ/ *v* [T] ⇒seguir de cerca

shadowy UK: /'ʃæd.əʊ.i/ US: /-oʊ-/ *adj* **1** ⇒sombrío,-a ⇒oscuro,ra **2** ⇒enigmático,ca

shady /'ʃeɪ.di/ *adj* [*comp* shadier, *superl* shadiest] **1** ⇒con sombra: *We stayed in the shady part of the beach* - Nos quedamos en la parte de la playa con sombra **2** *(un árbol)* ⇒que da sombra **3** *(inform)* *(una actividad)* ⇒turbio,bia ⇒deshonesto,ta

shaft UK: /ʃɑ:ft/ US: /ʃæft/ *n* [C] **1** ⇒pozo ⇒hueco ⇒agujero **2** *(en un arma o en una herramienta)* ⇒astil ⇒mango **3** *(de una máquina)* ⇒eje **4** *(de una columna)* ⇒fuste **5 a ~ of light** ⇒un rayo de luz

† **shake[1], shook, shaken** /ʃeɪk/ [shaking] ❚ *v* [T] **1** ⇒agitar ⇒sacudir **2** ⇒conmocionar ■ CONSTR. Se usa más en pasiva ❚ *v* [I] **3** ⇒temblar **4 to ~ hands** ⇒darse la mano **5 to ~ *one's* head** ⇒negar con la cabeza

PHRASAL VERBS
- **to shake *sth* off [M]** ⇒sacudir(se) algo ⇒deshacer(se) de algo
- **to shake *sb* off [M]** ⇒deshacerse de alguien
- **to shake *sb* up** 1 ⇒asustar a alguien 2 ⇒conmocionar a alguien
- **to shake *sth* up [M]** *(una organización, un equipo)* ⇒reorganizar por completo

shake[2] /ʃeɪk/ ❚ *n* [C] **1** ⇒sacudida ❚ *n* [C, U] **2** (*tb* **milkshake**) ⇒batido ⇒licuado *AMÉR.*

S

shaken past participle of **shake**
shaking *n* [U, NO PL] ⇒sacudida
shaky /ˈʃeɪ.ki/ *adj* [*comp* shakier, *superl* shakiest] **1** ⇒tembloroso,sa **2** ⇒inestable ⇒flojo,ja ⇒débil
† **shall** /ʃæl, ʃəl/ *v* [MODAL] **1** *(para hacer sugerencias)* ⇒¿qué tal si...? **2** *(para pedir consejos): What shall we do tonight?* - ¿Qué hacemos esta noche? **3** *(form) (para formar el futuro): I shall tell you later* - Te lo contaré más tarde ■ Solo se usa en la primera persona *I* y *we* ■ CONSTR. shall + do sth ■ Ver cuadro modal verbs
† **shallow** UK: /ˈʃæl.əʊ/ US: /-oʊ/ *adj* **1** ⇒poco profundo,da **2** *(una persona)* ⇒superficial
shamanism /ˈʃeɪ.mən.ɪ.zəm/ *n* [U] ⇒chamanismo ■ PRON. *sha* rima con *day*
shambles /ˈʃæm.bl̩z/ **to be in ~ 1** *(inform)* ⇒estar en ruinas **2** ⇒ser un desastre
shame¹ /ʃeɪm/ ▌*n* [U] **1** ⇒vergüenza ▌*n* [NO PL] **2** ⇒pena: *It's a shame that you can't come with us* - Es una pena que no puedas venir con nosotros ■ CONSTR. 1. a shame + (that) 2. a shame + to do sth **3 to put *sth/sb* to ~** ⇒dejar en evidencia
shame² /ʃeɪm/ [shamed, shaming] *v* [T] **1** ⇒deshonrar **2** ⇒avergonzar
shamefaced /ˌʃeɪmˈfeɪst, ˈ--/ *adj* ⇒abochornado,da
shameful /ˈʃeɪm.fəl/ *adj* ⇒vergonzoso,sa
shameless /ˈʃeɪm.ləs/ *adj* ⇒sinvergüenza ⇒desvergonzado,da
† **shampoo** /ʃæmˈpuː/ *n* [C, U] ⇒champú
† **shan't** UK: /ʃɑːnt/ US: /ʃænt/ *(shall not)* See **shall**
shanty town *n* [C] ⇒barrio de chabolas ⇒población callampa *AMÉR.*; ⇒ciudad perdida *AMÉR.*
† **shape¹** /ʃeɪp/ *n* [C, U] **1** ⇒forma: *a triangular shape* - una forma triangular **2 out of ~ 1** *(una persona)* ⇒en baja forma **2** *(un objeto)* ⇒deformado,da
shape² /ʃeɪp/ [shaped, shaping] *v* [T] **1** ⇒influir ⇒determinar ⇒formar **2** ⇒dar forma ⇒modelar
shapeless /ˈʃeɪp.ləs/ *adj* **1** ⇒informe ⇒sin forma **2** *(una prenda de vestir)* ⇒sin gracia
† **share¹** UK: /ʃeəʳ/ US: /ʃer/ [shared, sharing] *v* [T, I] **1** ⇒dividir **2** ⇒distribuir ⇒repartir **3** ⇒compartir: *I share my room with a friend* - Comparto la habitación con un amigo
share² UK: /ʃeəʳ/ US: /ʃer/ ▌*n* [C] **1** *(en economía)* ⇒acción ▌*n* [C, U] **2** ⇒parte: *I took my share of the money and left* - Cogí mi parte del dinero y me fui
† **shareholder** UK: /ˈʃeəˌhəʊl.dəʳ/ US: /ˈʃerˌhoʊl.dɚ/ *n* [C] ⇒accionista
† **shark** UK: /ʃɑːk/ US: /ʃɑːrk/ *n* [C] *(pez)* ⇒tiburón
† **sharp¹** UK: /ʃɑːp/ US: /ʃɑːrp/ *adj* **1** ⇒afilado,da **2** ⇒agudo,da ⇒astuto,ta ⇒listo,ta **3** ⇒agudo,da ⇒intenso,sa **4** ⇒afilado,da ⇒fuerte **5** *(una curva)* ⇒cerrada **6** ⇒ácido,da **7** *(una imagen)* ⇒nítido,da **8** *(una persona)* ⇒elegante **9** *(en música)* ⇒sostenido,da **10** *(en música)* ⇒desafinado,da **11** ⇒pronunciado,da
sharp² UK: /ʃɑːp/ US: /ʃɑːrp/ *adv* ⇒en punto: *I will see you at 8 o'clock sharp* - Te veré a las ocho en punto
sharpen UK: /ˈʃɑː.pən/ US: /ˈʃɑːr-/ *v* [T] ⇒afilar ⇒sacar punta
sharply UK: /ˈʃɑː.pli/ US: /ˈʃɑːr-/ *adv* **1** ⇒de manera brusca ⇒bruscamente **2** ⇒claramente **3** *(la forma de vestir)* ⇒con mucha elegancia
shatter UK: /ˈʃæt.əʳ/ US: /ˈʃæˁt̬.ɚ/ ▌*v* [T, I] **1** ⇒hacer(se) añicos: *The mirror shattered* - El espejo se hizo añicos ▌*v* [T] **2** ⇒destruir(se) ⇒desvanecer(se)
shattered UK: /ˈʃæt.əd/ US: /ˈʃæˁt̬.ɚd/ *adj* **1** ⇒hecho,cha añicos **2** *UK (inform) (una persona)* ⇒destrozado,da ⇒conmocionado,da **3** *UK (inform) (una persona)* ⇒agotado,da ⇒baldado,da *col.*
shave¹ /ʃeɪv/ [shaved, shaving] *v* [T, I] ⇒afeitar(se): *I shave every morning* - Me afeito todas las mañanas
shave² /ʃeɪv/ ▌*n* [C] **1** ⇒afeitado ▌*n* [NO PL] **2** *That was a close shave!* - ¡Nos escapamos por los pelos!
shaver UK: /ˈʃeɪ.vəʳ/ US: /-vɚ/ *n* [C] ⇒máquina de afeitar ⇒rasuradora *AMÉR.*
shawl UK: /ʃɔːl/ US: /ʃɑːl/ *n* [C] ⇒chal ⇒mantilla ⇒toquilla
† **she** /ʃiː, ʃi/ *pron* ⇒ella: *She did it herself* - Lo hizo ella misma ■ Las frases en inglés siempre llevan sujeto, menos los imperativos ■ Ver cuadro personal pronouns
shear, sheared, shorn (*tb* **sheared, sheared**) UK: /ʃɪəʳ/ US: /ʃɪr/ *v* [T] ⇒esquilar: *to shear a sheep* - esquilar una oveja
shears UK: /ʃɪəz/ US: /ʃɪrz/ *n* [PL] *(herramienta)* ⇒podadera
sheath /ʃiːθ/ *n* [C] **1** *(de un cuchillo)* ⇒vaina ⇒funda **2** *UK* ⇒preservativo
† **she'd** /ʃid, ʃiːd/ **1** *(she had)* See **have 2** *(she would)* See **would**
shed¹ /ʃed/ *n* [C] ⇒cabaña ⇒cobertizo: *garden shed* - cobertizo en el jardín
shed², shed, shed /ʃed/ [shedding] *v* [T] **1** *(el pelo o las hojas de los árboles)* ⇒perder **2** *(la piel)* ⇒mudar **3** *(lágrimas o sangre)* ⇒derramar **4** *(de una responsabilidad)* ⇒liberarse
† **sheep** /ʃiːp/ [*pl* sheep] *n* [C] ⇒oveja
† **sheer** UK: /ʃɪəʳ/ US: /ʃɪr/ *adj* **1** ⇒mero,ra ⇒puro,ra **2** ⇒absoluto,ta: *a feeling of sheer happiness* - un sentimiento de absoluta felicidad **3** *(un terreno)*

S

⇨escarpado,da **4** *(un material)* ⇨fino,na ⇨transparente

↑**sheet** /ʃiːt/ *n* [C] **1** ⇨sábana **2** ⇨hoja ⇨lámina

sheikh /ʃeɪk, ʃiːk/ *n* [C] ⇨jeque

↑**shelf** /ʃelf/ [*pl* shelves] *n* [C] ⇨estante ⇨balda

↑**she'll** /ʃil, ʃiːl/ *(she will)* See **will**

shell[1] /ʃel/ ▌*n* [C, U] **1** *(de un molusco)* ⇨concha **2** *(de huevo, de marisco)* ⇨cáscara **3** *(de una tortuga)* ⇨caparazón ▌*n* [C] **4** ⇨obús ⇨proyectil ⇨cartucho **5** ⇨armazón ⇨estructura

shell[2] /ʃel/ *v* [T] ⇨bombardear

shellfish /ˈʃel.fɪʃ/ [*pl* shellfish] *n* [C, U] **1** ⇨marisco **2** ⇨crustáceo

shelter[1] UK: /ˈʃel.təʳ/ US: /-ˁt̬ɚ/ ▌*n* [C] **1** ⇨refugio ▌*n* [U] **2** ⇨abrigo ⇨resguardo

shelter[2] UK: /ˈʃel.təʳ/ US: /-ˁt̬ɚ/ ▌*v* [T, I] **1** ⇨refugiarse **2** ⇨resguardar: *to shelter sth from the wind* - resguardar algo del viento ▌*v* [T] **3** ⇨dar cobijo: *We sheltered a homeless person* - Dimos cobijo a un sin techo

sheltered UK: /ˈʃel.təd/ US: /-ˁt̬ɚd/ *adj* ⇨resguardado,da ⇨cubierto,ta ⇨protegido,da

shelve /ʃelv/ [shelved, shelving] ▌*v* [T] **1** ⇨posponer ⇨aplazar ■ CONSTR. Se usa más en pasiva ▌*v* [I] **2** ⇨descender

shelves /ʃelvz/ *n* [PL] See **shelf**

shepherd UK: /ˈʃep.əd/ US: /-ɚd/ *n* [C] ⇨pastor,-a

sheriff /ˈʃer.ɪf/ *n* [C] ⇨sheriff

sherry /ˈʃer.i/ ▌*n* [U] **1** ⇨jerez ▌*n* [C] **2** ⇨vaso de jerez ■ El plural es *sherries*

↑**she's** /ʃiːz, ʃiz/ **1** *(she is)* See **be 2** *(she has)* See **have**

shield[1] /ʃiːld/ *n* [C] ⇨escudo

shield[2] /ʃiːld/ *v* [T] ⇨proteger(se)

shift[1] /ʃɪft/ *n* [C] **1** ⇨cambio **2** *(período de tiempo)* ⇨turno

shift[2] /ʃɪft/ ▌*v* [T, I] **1** ⇨mover(se): *The baby wouldn't stop shifting in its cot* - El bebé no dejaba de moverse en la cuna **2** *v* [T] ⇨correr: *Shift those chairs into the living room* - Corre esas sillas al salón **3** ⇨cambiar **4** *to shift the blame onto sb* - echar la culpa a alguien **5** *US* (*UK* **change**) *(en un coche)* ⇨cambiar

shifty /ˈʃɪf.ti/ *adj* [*comp* shiftier, *superl* shiftiest] *(inform)* ⇨falso,sa ⇨sospechoso,sa

shilling /ˈʃɪl.ɪŋ/ *n* [C] *(antigua unidad monetaria)* ⇨chelín

shimmer UK: /ˈʃɪm.əʳ/ US: /-ɚ/ *v* [I] ⇨brillar ⇨titilar ⇨rielar *poético*

shin /ʃɪn/ ▌*n* [C] **1** *(en la pierna)* ⇨espinilla ▌*n* [C, U] **2** *(en un animal)* ⇨jarrete

↑**shine**[1], **shone, shone** /ʃaɪn/ [shining] *v* [I] **1** ⇨brillar ⇨resplandecer **2** ⇨brillar: *Her eyes shone in the darkness* - Sus ojos brillaban en la oscuridad **3** *He polished his boots until they shone* - Se limpió las botas hasta dejarlas relucientes **4** ⇨relucir ⇨sobresalir

shine[2] /ʃaɪn/ *n* [NO PL] ⇨brillo ⇨resplandor

shingle /ˈʃɪŋ.gl̩/ *n* [U] ⇨guijarro

shining /ˈʃaɪ.nɪŋ/ *adj* ⇨brillante ⇨luminoso,sa

shiny /ˈʃaɪ.ni/ *adj* [*comp* shinier, *superl* shiniest] ⇨brillante ⇨reluciente

↑**ship**[1] /ʃɪp/ *n* [C] ⇨barco ⇨buque ■ Se usa con embarcaciones grandes. Comparar con *boat*

ship[2] /ʃɪp/ [shipped, shipping] *v* [T] **1** ⇨transportar en barco **2** ⇨enviar ⇨despachar ■ CONSTR. 1. Se usa generalmente seguido de una preposición o un adverbio 2. Se usa más en pasiva

shipment /ˈʃɪp.mənt/ ▌*n* [C] **1** ⇨cargamento ▌*n* [U] **2** *(de una mercancía)* ⇨transporte

shipwreck /ˈʃɪp.rek/ *n* [C, U] ⇨naufragio

shipyard UK: /ˈʃɪp.jɑːd/ US: /-jɑːrd/ *n* [C] ⇨astillero

↑**shirt** UK: /ʃɜːt/ US: /ʃɝːt/ *n* [C] ⇨camisa

shiver[1] UK: /ˈʃɪv.əʳ/ US: /-ɚ/ *v* [I] ⇨tiritar ⇨temblar

shiver[2] UK: /ˈʃɪv.əʳ/ US: /-ɚ/ *n* [C] ⇨temblor ⇨escalofrío

shoal UK: /ʃəʊl/ US: /ʃoʊl/ *n* [C] ⇨banco [de peces]

↑**shock**[1] UK: /ʃɒk/ US: /ʃɑːk/ ▌*n* [U] **1** ⇨conmoción ▌*n* [C] **2** See **electric shock** ▌*n* [C, U] **3** ⇨impresión ⇨susto

↑**shock**[2] UK: /ʃɒk/ US: /ʃɑːk/ *v* [T, I] ⇨conmocionar: *We all were shocked by the news* - La noticia nos conmocionó a todos ■ CONSTR. Se usa más en pasiva

shocked UK: /ʃɒkt/ US: /ʃɑːkt/ *adj* ⇨impactado,da ⇨impresionado,da⇨estupefacto,ta⇨escandalizado,da ■ CONSTR. shocked + {at/by} sth

shocking UK: /ˈʃɒk.ɪŋ/ US: /ˈʃɑː.kɪŋ/ *adj* **1** ⇨terrible ⇨escandaloso,sa **2** *UK* ⇨muy malo,la ⇨horrible

shoddy UK: /ˈʃɒd.i/ US: /ˈʃɑː.di/ *adj* [*comp* shoddier, *superl* shoddiest] ⇨de mala calidad

↑**shoe** /ʃuː/ *n* [C] ⇨zapato

shoelace /ˈʃuː.leɪs/ (*US tb* **shoestring**) *n* [C] *(en un zapato)* ⇨cordón ■ Se usa más en plural

shoestring /ˈʃuː.strɪŋ/ *n* [C] **1** *US* See **shoelace 2 on a ~** *(inform)* ⇨con recursos limitados

shone UK: /ʃɒn/ US: /ʃɑːn/ past tense and past participle forms of **shine**

shoo /ʃuː/ *v* [T] *(inform)* ⇨espantar: *to shoo away a bird* - espantar un pájaro ■ CONSTR. Se usa generalmente seguido de una preposición o un adverbio

shook /ʃʊk/ past tense of **shake**

↑**shoot**[1], **shot, shot** /ʃuːt/ ▌*v* [T, I] **1** ⇨disparar ⇨abalear *AMÉR.* ▌*v* [I] **2** ⇨pasar volando ⇨salir disparado,da ■ CONSTR. Se usa generalmente seguido de una preposición o un adverbio ▌*v* [T] **3** ⇨filmar ⇨rodar **4** *(en fútbol)* ⇨chutar

S

PHRASAL VERBS
· **to shoot *sth/sb* down [M]** ⇒derribar
· **to shoot up** *(un precio)* ⇒disparar(se)

shoot² /ʃuːt/ *n* [C] **1** *(de una planta)* ⇒brote **2** *(de una película)* ⇒rodaje **3** ⇒sesión fotográfica

shooting UK: /ˈʃuː.tɪŋ/ US: /-ˤt̬ɪŋ/ ▮ *n* [C, U] **1** ⇒tiroteo ⇒balacera *AMÉR.* ▮ *n* [U] **2** *(de una película)* ⇒rodaje ⇒filmación **3** ⇒cacería

↑**shop¹** UK: /ʃɒp/ US: /ʃɑːp/ (*US tb* **store**) *n* [C] ⇒tienda

shop² UK: /ʃɒp/ US: /ʃɑːp/ [shopped, shopping] ▮ *v* [I] **1** ⇒hacer compras ⇒comprar ▮ *v* [T] **2** *UK (inform)* ⇒vender *col.*: *His accomplice shopped him to the police* - Su cómplice lo vendió a la policía

PHRASAL VERBS
· **to shop around** ⇒comparar precios

shopaholic *n* [C] *(inform)* ⇒adicto,ta a las compras

↑**shop assistant** *UK* (*US* **clerk/sales assistant**) *n* [C] ⇒dependiente,ta

shopkeeper UK: /ˈʃɒpˌkiː.pəʳ/ US: /ˈʃɑːpˌkiː.pɚ/ *UK n* [C] ⇒tendero,ra

shoplift UK: /ˈʃɒp.lɪft/ US: /ˈʃɑːp-/ *v* [T] ⇒robar [en las tiendas]

shoplifter UK: /ˈʃɒpˌlɪf.təʳ/ US: /ˈʃɑːp-/ *n* [C] ⇒ladrón,-a [que roba en tiendas]

shoplifting UK: /ˈʃɒpˌlɪf.tɪŋ/ US: /ˈʃɑːp-/ *n* [U] ⇒robo [en una tienda]

shopper UK: /ˈʃɒp.əʳ/ US: /ˈʃɑː.pɚ/ *n* [C] ⇒comprador,-a

shopping UK: /ˈʃɒp.ɪŋ/ US: /ˈʃɑː.pɪŋ/ *n* [U] **1** ⇒compra **2** ⇒compra: *Could you help me put the shopping away?* - ¿Me ayudas a colocar la compra? **3 to go ~** ⇒ir de compras ⇒ir de tiendas

shopping centre *UK n* [C] ⇒centro comercial

shopping mall *US* (*UK/US tb* **mall**) *n* [C] See **shopping centre**

↑**shore** UK: /ʃɔːʳ/ US: /ʃɔːr/ *n* [C, U] **1** ⇒costa **2** *(de un lago o del mar)* ⇒orilla

shorn UK: /ʃɔːn/ US: /ʃɔːrn/ past participle of **shear**

↑**short¹** UK: /ʃɔːt/ US: /ʃɔːrt/ *adj* **1** ⇒corto,ta **2** ⇒bajo,ja ⇒petiso,sa *AMÉR.* **3** *The film was very short* - La película duró muy poco **4** *I'm going on holidays for a short time* - Me voy unos días de vacaciones **5 to be ~ for something 6 to be ~ of *sth*** ⇒andar escaso,sa de algo

↑**short²** UK: /ʃɔːt/ US: /ʃɔːrt/ *n* [C] **1** *UK (bebida alcohólica)* ⇒copa **2** *(película)* ⇒cortometraje ⇒corto **3 in ~** ⇒en resumen ⇒en una palabra

shortage UK: /ˈʃɔː.tɪdʒ/ US: /ˈʃɔːr.ˤt̬ɪdʒ/ *n* [C] ⇒escasez: *a shortage of food* - un escasez de alimentos ▪ PRON. La *a* se pronuncia como la *i* de *did*

shortcoming /ˈʃɔːtˌkʌm.ɪŋ/ *n* [C] ⇒fallo ⇒defecto ▪ Se usa más en plural

shortcut UK: /ˈʃɔːt.kʌt/ US: /ˈʃɔːrt-/ *n* [C] ⇒atajo: *to take a shortcut* - tomar un atajo

shorten UK: /ˈʃɔː.tᵊn/ US: /ˈʃɔːr-/ ▮ *v* [T] **1** ⇒acortar ⇒meter **2** ⇒acortar ⇒abreviar ▮ *v* [I] **3** ⇒reducir(se) ⇒acortar(se)

shorthand UK: /ˈʃɔːt.hænd/ US: /ˈʃɔːrt-/ *n* [U] ⇒taquigrafía

shortlist UK: /ˈʃɔːt.lɪst/ US: /ˈʃɔːrt-/ *UK n* [C] ⇒lista de seleccionados

short-lived /ˌʃɔːtˈlɪvd/ *adj* ⇒efímero,ra

shortly UK: /ˈʃɔːt.li/ US: /ʃɔːrt-/ *adv* ⇒dentro de poco ⇒en breve

↑**shorts** UK: /ʃɔːts/ US: /ʃɔːrts/ *n* [PL] **1** ⇒pantalón corto: *two pairs of shorts* - dos pantalones cortos **2** *US* ⇒calzoncillos

short-sighted UK: /ˌʃɔːtˈsaɪ.tɪd/ US: /ˌʃɔːrtˈsaɪ.ˤt̬ɪd/ *adj* **1** *UK* (*US* **nearsighted**) ⇒miope **2** ⇒corto,ta de miras *desp.*

↑**short-term** UK: /ˌʃɔːtˈtɜːm/ US: /ˈʃɔːrt.tɝːm/ *adj* ⇒a corto plazo

↑**shot¹** UK: /ʃɒt/ US: /ʃɑːt/ *n* [C] **1** ⇒disparo **2** ⇒foto **3** *(en deportes)* ⇒tiro ⇒disparo ⇒chut **4** ⇒chupito [de bebida] **5** *(en medicina)* ⇒dosis ⇒inyección

↑**shot²** UK: /ʃɒt/ US: /ʃɑːt/ past tense and past participle forms of **shoot**

shotgun UK: /ˈʃɒt.gʌn/ US: /ˈʃɑːt-/ *n* [C] ⇒escopeta

↑**should** /ʃʊd, ʃəd/ *v* [MODAL] **1** *(sugerencias o consejos)* ⇒deber **2** *(probabilidad)* ⇒deber de **3** *(form) (condición)* ⇒si ▪ CONSTR. should + do sth ▪ Ver cuadro modal verbs

↑**shoulder¹** UK: /ˈʃəʊl.dəʳ/ US: /ˈʃoʊl.dɚ/ *n* [C] **1** ⇒hombro **2** *US* (*UK* **hard shoulder**) ⇒arcén

shoulder² UK: /ˈʃəʊl.dəʳ/ US: /ˈʃoʊl.dɚ/ *v* [T] ⇒hacerse cargo ⇒cargar

shoulder blade *n* [C] *(en anatomía)* ⇒omóplato

shoulder-length UK: /ˈʃəʊl.dəˌleŋkθ/ US: /ˈʃoʊl.dɚ-/ *adj (una melena)* ⇒por los hombros

↑**shouldn't** /ˈʃʊd.ᵊnt/ *(should not)* See **should**

↑**should've** /ˈʃʊd.ᵊv/ *(should have)* See **should**

↑**shout¹** /ʃaʊt/ *v* [T, I] **1** ⇒gritar: *Don't shout at me, I can hear you perfectly well* - No me grites, te oigo perfectamente; *She shouted to me to move away* - Me gritó para que me apartara ▪ CONSTR. 1. to shout at sb cuando la persona que grita está enfadada o está advirtiendo de algo 2. to shout to sb para los demás casos **2** *Aus, UK* ⇒invitar [una bebida o una ronda de bebidas]: *I'll shout you a beer* - Te invito una cerveza ▪ PRON. Rima con el término inglés *out*

PHRASAL VERBS
· **to shout *sb* down [M]** ⇒hacer callar a alguien a gritos

shout[2] /ʃaʊt/ *n* [c] **1** ⇒grito **2** *Aus* ⇒ronda [de bebidas]: *It's my shout* - Invito una ronda ■ PRON. Rima con el término inglés *out*

shove[1] /ʃʌv/ [shoved, shoving] *v* [T, I] **1** ⇒empujar ⇒apartar de un empujón **2** *(inform)* ⇒arrebujar: *We shoved all the clothes into the drawer* - Arrebujamos toda la ropa en el cajón ■ CONSTR. Se usa generalmente seguido de una preposición o un adverbio

shove[2] /ʃʌv/ *n* [c] ⇒empujón: *to give a shove* - dar un empujón

shovel[1] /ˈʃʌv.ᵊl/ *n* [c] ⇒pala

shovel[2] /ˈʃʌv.ᵊl/ [shovelled, shovelling; *US* shoveled, shoveling] *v* [T, I] ⇒cavar [con pala]

↑ **show**[1], **showed, shown** UK: /ʃəʊ/ US: /ʃoʊ/ ▌ *v* [T] **1** ⇒enseñar ⇒mostrar ■ CONSTR. 1. to show + dos objetos **2** ⇒demostrar ⇒probar ■ CONSTR. to show + (that) **3** ⇒enseñar ⇒mostrar ■ CONSTR. to show + interrogativa indirecta **4** *(una película)* ⇒proyectar **5** *(un cuadro, una foto)* ⇒exhibir **6** *(un instrumento, un indicador)* ⇒marcar ⇒indicar ▌ *v* [I] **7** ⇒notarse ⇒percibirse

PHRASAL VERBS
- **to show off** ⇒fanfarronear ⇒presumir
- **to show *sth/sb* off [M]** ⇒presumir de
- **to show up** *(inform)* ⇒presentarse ⇒venir ⇒aparecer
- **to show *sb* up [M]** ⇒dejar en ridículo a alguien ⇒poner en evidencia a alguien

show[2] UK: /ʃəʊ/ US: /ʃoʊ/ *n* [c] **1** ⇒espectáculo ⇒función **2** ⇒exposición ⇒feria **3** *(en la televisión o en la radio)* ⇒programa **4 a ~ of *sth*** **1** ⇒una muestra de algo ⇒una demostración de algo **2** *(falso, insincero)* ⇒un alarde de **5 for ~** ⇒de exposición ⇒de adorno **6 on ~** ⇒en exposición

show business *n* [U] ⇒mundo del espectáculo

showdown UK: /ˈʃəʊ.daʊn/ US: /ˈʃoʊ-/ *n* [c] ⇒altercado ⇒enfrentamiento

shower[1] UK: /ʃaʊəʳ/ US: /ʃaʊr/ *n* [c] **1** *(aparato)* ⇒ducha ⇒regadera AMÉR. **2** ⇒ducha: *to have a shower* - darse una ducha **3** ⇒chubasco ⇒chaparrón **4 a ~ of *sth*** ⇒una lluvia de algo: *a shower of sweets* - una lluvia de caramelos

shower[2] UK: /ʃaʊəʳ/ US: /ʃaʊr/ *v* [I] ⇒ducharse

PHRASAL VERBS
- **to shower *sb* with *sth*** ⇒inundar a alguien de algo ⇒llenar de

showing UK: /ˈʃəʊ.ɪŋ/ US: /ˈʃoʊ-/ *n* [c] **1** ⇒proyección **2** ⇒actuación

shown UK: /ʃəʊn/ US: /ʃoʊn/ past participle of **show**

show-off UK: /ˈʃəʊ.ɒf/ US: /ˈʃoʊ.ɑːf/ *n* [c] *(inform)* ⇒chulo,la *col.;* ⇒presumido,da

showroom UK: /ˈʃəʊ.rʊm/ UK: /-ruːm/ US: /ˈʃoʊ-/ *n* [c] ⇒sala de exposiciones

shrank /ʃræŋk/ past tense of **shrink**

shrapnel /ˈʃræp.nᵊl/ *n* [U] ⇒metralla

shred[1] /ʃred/ *n* [c] **1** ⇒jirón ■ Se usa más en plural **2 not a ~ of *sth*** ⇒ni una pizca de algo: *There isn't a shred of hope* - No hay ni una pizca de esperanza

shred[2] /ʃred/ [shredded, shredding] *v* [T] ⇒hacer jirones

shrewd /ʃruːd/ *adj* **1** ⇒perspicaz ⇒agudo,da ⇒sagaz **2** *(una decisión)* ⇒acertado,da

shriek[1] /ʃriːk/ *v* [T, I] ⇒chillar: *He shrieked when he saw the mouse* - Chilló al ver al ratón

shriek[2] /ʃriːk/ *n* [c] ⇒chillido

shrill /ʃrɪl/ *adj* ⇒agudo,da ⇒chillón,-a

shrimp /ʃrɪmp/ [*pl* shrimp, shrimps] *n* [C, U] **1** *(crustáceo)* ⇒camarón **2** *US* (*UK* **prawn**) ⇒gamba

shrine /ʃraɪn/ *n* [c] **1** ⇒santuario **2** ⇒lugar sagrado

shrink[1], **shrank, shrunk** /ʃrɪŋk/ *v* [T, I] ⇒encoger: *My jumper has shrunk in the wash* - Mi jersey ha encogido al lavarlo

PHRASAL VERBS
- **to shrink from {sth/doing *sth*}** ⇒evitar algo ⇒acobardarse ante algo

shrink[2] /ʃrɪŋk/ *n* [c] *(inform)* ⇒loquero,ra *col.*

shrivel /ˈʃrɪv.ᵊl/ [shrivelled, shrivelling; *US* shriveled, shriveling] *v* [T, I] **1** ⇒secar(se) ⇒marchitar(se) **2** ⇒arrugar(se)

shroud[1] /ʃraʊd/ *n* [c] **1** ⇒mortaja **2** ⇒sudario

shroud[2] /ʃraʊd/ *v* [T] ⇒rodear: *The case is shrouded in mystery* - El caso está rodeado de un halo de misterio ■ CONSTR. Se usa más en pasiva

shrub /ʃrʌb/ *n* [c] ⇒arbusto

↑ **shrug** /ʃrʌg/ [shrugged, shrugging] *v* [T, I] ⇒encogerse de hombros

PHRASAL VERBS
- **to shrug *sth* off [M]** ⇒olvidarse de algo ⇒no hacer caso a algo

shrunk /ʃrʌŋk/ past participle of **shrink**

shudder[1] UK: /ˈʃʌd.əʳ/ US: /-ɚ/ *v* [I] **1** ⇒estremecerse ⇒temblar **2** *The vehicle shuddered to a halt* - El vehículo se paró de repente

shudder[2] UK: /ˈʃʌd.əʳ/ US: /-ɚ/ *n* [c] **1** ⇒estremecimiento **2** ⇒sacudida

shuffle /ˈʃʌf.l̩/ [shuffled, shuffling] ▌ *v* [T, I] **1** ⇒barajar: *to shuffle the cards* - barajar las cartas ▌ *v* [I] **2** ⇒caminar arrastrando los pies ■ CONSTR. Se usa generalmente seguido de una preposición o un adverbio

shun /ʃʌn/ [shunned, shunning] *v* [T] **1** ⇒dar la espalda ⇒rechazar **2** ⇒evitar ⇒rehuir

S

↑**shut¹, shut, shut** /ʃʌt/ [shutting] ▌*v* [T] **1** (*UK tb* **close**) ⇒cerrar ▌*v* [I] **2** ⇒cerrarse **3** ⇒cerrar
PHRASAL VERBS
· **to shut *sth/sb* away** [M] ⇒encerrar
· **to shut (*sth*) down** [M] ⇒cerrar ⇒apagar
· **to shut *sth* off** [M] **1** (*un motor o una máquina*) ⇒apagar **2** (*suministro*) ⇒cortar
· **to shut *sth/sb* out** [M] **1** ⇒no dejar pasar **2** ⇒excluir
· **to shut (*sb*) up** [M] (*inform*) ⇒callar(se) ⇒cerrar(se) el pico *col.*

shut² /ʃʌt/ *adj* ⇒cerrado,da: *The shop was shut, so we went away* - La tienda estaba cerrada, así que nos fuimos ■ CONSTR. Se usa detrás de un verbo

shutter UK: /ˈʃʌt.əʳ/ US: /ˈʃʌˤt̬.ɚ/ *n* [C] **1** ⇒contraventana **2** (*en una cámara de fotos*) ⇒obturador

shuttle UK: /ˈʃʌt.l̩/ US: /ˈʃʌˤt̬-/ *n* [C] **1** (*en un telar*) ⇒lanzadera **2** ⇒puente aéreo **3** ⇒servicio de autobuses: *airport shuttle* - autobús que lleva al aeropuerto **4** ⇒autobús lanzadera ⇒tren lanzadera **5** (*tb* **space shuttle**) ⇒transbordador espacial

↑**shy¹** /ʃaɪ/ *adj* [*comp* shyer, *superl* shyest] ⇒tímido,da ⇒reservado,da

shy² /ʃaɪ/ [shies, shied] *v* [I] (*un caballo*) ⇒desbocarse
PHRASAL VERBS
· **to shy away from *sth*** ⇒evitar hacer algo: *He shied away from calling her* - Evitó llamarla

shyly /ˈʃaɪ.li/ *adv* ⇒tímidamente

Siberia UK: /saɪˈbɪə.ri.ə/ US: /-bɪ.ri.ə/ *n* [U] ⇒Siberia ■ PRON. *si* rima con *my*

Siberian UK: /saɪˈbɪə.ri.ən/ US: /-bɪ.ri.ən/ *adj, n* [C] ⇒siberiano,na

sibling /ˈsɪb.lɪŋ/ *n* [C] (*form*) ⇒hermano,na ■ Se usa más *brother* y *sister*

↑**sick¹** /sɪk/ *adj* **1** ⇒enfermo,ma **2** ⇒de mal gusto: *a sick joke* - un chiste de mal gusto **3 to be ~** ⇒vomitar **4 to be ~ of *sth/sb*** (*inform*) ⇒estar harto,ta **5 to feel ~** ⇒tener ganas de vomitar ⇒estar mareado,da

S

sick² /sɪk/ *UK n* [U] ⇒vómito ⇒pota *col.*

sicken /ˈsɪk.ᵊn/ ▌*v* [T] **1** ⇒poner enfermo,ma ⇒dar asco ▌*v* [I] **2** ⇒enfermar(se)

sickening /ˈsɪk.ᵊn.ɪŋ/ *adj* ⇒nauseabundo,da ⇒repugnante

sickly /ˈsɪk.li/ *adj* [*comp* sicklier, *superl* sickliest] **1** ⇒enfermizo,za **2** ⇒empalagoso,sa

sickness /ˈsɪk.nəs/ *n* [U] **1** ⇒enfermedad **2** ⇒náusea

↑**side¹** /saɪd/ *n* [C] **1** ⇒borde: *at the side of the road* - al borde de la carretera **2** ⇒lado ⇒costado **3** ⇒cara **4** ⇒aspecto ⇒parte **5** *UK* ⇒equipo: *Our side got a goal* - Nuestro equipo metió un gol **6 from ~ to ~** ⇒de lado a lado ⇒de un lado a otro **7 side-by-side** ⇒uno al lado del otro ⇒una al lado de la otra **8 to take sides** ⇒tomar partido

↑**side²** /saɪd/
PHRASAL VERBS
· **to side with *sb*** ⇒ponerse del lado de alguien: *I sided with him in that* - Me puse de su lado

sideboard UK: /ˈsaɪd.bɔːd/ US: /-bɔːrd/ *n* [C] (*mueble*) ⇒aparador ■ PRON. La segunda sílaba, *board*, rima con *cord*

sideburns UK: /ˈsaɪd.bɜːnz/ US: /-bɝːnz/ *n* [PL] (*en la cara*) ⇒patillas

↑**side effect** *n* [C] ⇒efecto secundario: *What are the side effects?* - ¿Cuáles son los efectos secundarios?

sidewalk UK: /ˈsaɪd.wɔːk/ US: /-wɑːk/ *US* (*UK* **pavement**) *n* [C] ⇒acera ⇒vereda *AMÉR.;* ⇒andén *AMÉR.*

sideways /ˈsaɪd.weɪz/ *adv* **1** ⇒hacia un lado: *to step sideways* - ponerse hacia un lado **2** ⇒de lado: *The table only fits sideways* - La mesa solo cabe de lado **3** ⇒de reojo: *to look sideways* - mirar de reojo

siege /siːdʒ/ *n* [C, U] **1** ⇒cerco policial **2** ⇒sitio: *state of siege* - estado de sitio **3 to lay ~ to *sth*** ⇒cercar algo: *to lay siege to a castle* - cercar un castillo ■ PRON. La primera parte, *sie*, rima con el pronombre inglés *he*

Sierra Leone UK: /siˌer.ə.liˈəʊn/ US: /-ˈoʊn/ *n* [U] ⇒Sierra Leona

Sierra Leonean UK: /siˌer.ə.liˈəʊ.ni.ən/ US: /-ˈoʊ-/ *adj, n* [C] ⇒sierraleonés,-a

sieve¹ /sɪv/ *n* [C] ⇒tamiz ⇒cedazo

sieve² /sɪv/ [sieved, sieving] *v* [T] ⇒tamizar

sift /sɪft/ *v* [T] **1** ⇒tamizar **2** ⇒examinar: *to sift through evidence* - examinar las pruebas

sigh¹ /saɪ/ *v* [T, I] ⇒suspirar: *He sighed with relief* - Suspiró aliviado ■ PRON. Rima con *my*

sigh² /saɪ/ *n* [C] ⇒suspiro ■ PRON. Rima con *my*

↑**sight** /saɪt/ ▌*n* [C, U, NO PL] **1** ⇒vista ⇒paisaje ▌*n* [U] **2** (*sentido*) ⇒vista **3 out of ~, out of mind** ⇒ojos que no ven, corazón que no siente **4 the sights** ⇒lugares de interés turístico **5 to catch ~** ⇒vislumbrar ⇒ver por casualidad

sighting UK: /ˈsaɪ.tɪŋ/ US: /-ˤt̬ɪŋ/ *n* [C] ⇒avistamiento: *a UFO sighting* - el avistamiento de un ovni

sightseeing /ˈsaɪtˌsiː.ɪŋ/ *n* [U] ⇒turismo ⇒visitas turísticas

↑**sign¹** /saɪn/ *n* [C] **1** ⇒signo ⇒seña ⇒gesto **2** ⇒señal ⇒letrero **3** ⇒indicio ⇒señal

↑**sign²** /saɪn/ *v* [T, I] ⇒firmar: *to sign a cheque* - firmar un cheque ■ PRON. Rima con el término inglés *mine*

PHRASAL VERBS
- **to sign {on/up}** ⇒firmar un contrato de trabajo
- **to sign up** ⇒matricularse: *Sarah has signed up for a German course* - Sarah se ha matriculado en un curso de alemán

† **signal**[1] /ˈsɪg.nəl/ *n* [C] ⇒señal

signal[2] /ˈsɪg.nəl/ [signalled, signalling; *US* signaled, signaling] *v* [T, I] **1** ⇒hacer señas ■ CONSTR. to signal + to do sth **2** ⇒dar señales (de): *He signalled that he was ready to talk* - Dio señales de estar preparado para hablar ■ CONSTR. to signal + (that)

† **signature** UK: /ˈsɪg.nɪ.tʃəʳ/ US: /-tʃɚ/ *n* [C] ⇒firma ■ Distinto de *subject* (asignatura)

significance /sɪgˈnɪf.ɪ.kənts/ *n* [U] ⇒importancia ⇒significación ⇒significado ■ Distinto de *meaning* significado

† **significant** /sɪgˈnɪf.ɪ.kənt/ *adj* **1** ⇒significativo,va ⇒importante **2** ⇒significativo,va ⇒revelador,-a

signify /ˈsɪg.nɪ.faɪ/ [signifies, signified] *v* [T] ⇒significar: *What does this symbol signify?* - ¿Qué significa este símbolo?

signing /ˈsaɪ.nɪŋ/ *n* [C] **1** *UK (en deportes)* ⇒fichaje **2** ⇒firma: *the signing of the peace treaty* - la firma del tratado de paz ■ PRON. Rima con el término inglés *mine*

sign language *n* [C] ⇒lenguaje de signos

signpost UK: /ˈsaɪn.pəʊst/ US: /-poʊst/ *n* [C] **1** ⇒señal de carretera **2** ⇒augurio

† **silence**[1] /ˈsaɪ.lənts/ *n* [C, U] ⇒silencio

silence[2] /ˈsaɪ.lənts/ [silenced, silencing] *v* [T] **1** ⇒silenciar ⇒acallar **2** *(euphem)* ⇒eliminar

silent /ˈsaɪ.lənt/ *adj* **1** ⇒silencioso,sa ⇒callado,da **2** ⇒mudo,da: *a silent letter* - una letra muda

silently /ˈsaɪ.lənt.li/ *adv* ⇒silenciosamente

silhouette /ˌsɪl.uˈet/ *n* [C] ⇒silueta

† **silk** /sɪlk/ *n* [U] ⇒seda: *as smooth as silk* - tan suave como la seda

silky /ˈsɪl.ki/ *adj* [*comp* silkier, *superl* silkiest] ⇒sedoso,sa

† **silly** /ˈsɪl.i/ *adj* [*comp* sillier, *superl* silliest] **1** ⇒ridículo,la ⇒tonto,ta **2** ⇒tonto,ta *col. desp.;* ⇒bobo,ba *desp.*

† **silver** UK: /ˈsɪl.vəʳ/ US: /-vɚ/ *n* [U] ⇒plata

silvery UK: /ˈsɪl.vᵊr.i/ US: /-vɚ-/ *adj (lit)* ⇒plateado,da

† **similar** UK: /ˈsɪm.ɪ.ləʳ/ US: /-ə.lɚ/ *adj* ⇒similar ⇒parecido,da

similarity UK: /ˌsɪm.ɪˈlær.ɪ.ti/ US: /-əˈler.ə.ˤt̬i/ [*pl* similarities] *n* [C, U] ⇒similitud ⇒semejanza

similarly UK: /ˈsɪm.ɪ.lə.li/ US: /-ə.lɚ-/ *adv* ⇒de manera similar ⇒de la misma manera

simmer UK: /ˈsɪm.əʳ/ US: /-ɚ/ ▌*v* [T, I] **1** ⇒hervir a fuego lento ▌*v* [I] **2** *(un conflicto)* ⇒fraguarse

† **simple** /ˈsɪm.pl̩/ *adj* **1** ⇒sencillo,lla ⇒fácil **2** ⇒ingenuo,nua ⇒tonto,ta

simplicity UK: /sɪmˈplɪs.ɪ.ti/ US: /-ə.ˤt̬i/ *n* [U] ⇒simplicidad ⇒sencillez

simplify UK: /ˈsɪm.plɪ.faɪ/ US: /-plə-/ [simplifies, simplified] *v* [T] ⇒simplificar: *to simplify things* - simplificar las cosas

simplistic /sɪmˈplɪs.tɪk/ *adj* ⇒simplista

simply /ˈsɪm.pli/ *adv* **1** ⇒simplemente: *I simply said I don't like your dress* - Simplemente he dicho que no me gusta tu vestido **2** ⇒sencillamente

simulate /ˈsɪm.jʊ.leɪt/ [simulated, simulating] *v* [T] ⇒simular

simulator UK: /ˈsɪm.jʊ.leɪ.təʳ/ US: /-ˤt̬ɚ/ *n* [C] ⇒simulador: *flight simulator* - simulador de vuelo

† **simultaneous** UK: /ˌsɪm.ᵊlˈteɪ.ni.əs/ US: /ˌsaɪ.m[ə]l-/ *adj* ⇒simultáneo,a

sin[1] /sɪn/ *n* [C, U] ⇒pecado

sin[2] /sɪn/ [sinned, sinning] *v* [I] ⇒pecar

† **since**[1] /sɪnts/ *adv, prep* **1** ⇒desde: *I haven't seen Walter since last Friday* - No veo a Walter desde el viernes pasado; *We've been walking since one o'clock* - Llevamos caminando desde la una ■ Se usa con momentos o fechas concretas y con el verbo en pretérito perfecto. Comparar con *for* y *ago*. Con verbos en futuro se usa *from*: *I will be there from Wednesday - Estaré allí desde el miércoles* **2** ⇒desde entonces: *She wrote to me two years ago and I haven't heard from her since* - Me escribió hace dos años y desde entonces no sé nada de ella ■ Ver cuadro for / since

† **since**[2] /sɪnts/ *conj* **1** ⇒desde (que) **2** ⇒ya que ⇒puesto que

sincere UK: /sɪnˈsɪəʳ/ US: /-ˈsɪr/ *adj* ⇒sincero,ra

sincerely UK: /sɪnˈsɪə.li/ US: /-ˈsɪr-/ *adv* **1** ⇒sinceramente **2 Yours ~** *(form)* ⇒atentamente ■ Se usa cuando en una carta se nombra al destinatario. Comparar con *yours faithfully*

sinful /ˈsɪn.fᵊl/ *adj* ⇒pecaminoso,sa ⇒pecador,-a

† **sing, sang, sung** /sɪŋ/ *v* [T, I] **1** ⇒cantar: *to sing in a choir* - cantar en un coro **2** *(un pájaro)* ⇒cantar

Singapore UK: /ˌsɪŋ.əˈpɔːʳ/ US: /ˈsɪŋ.ə.pɔːr/ *n* [U] ⇒Singapur

Singaporean /ˌsɪŋ.əˈpɔː.ri.ən/ *adj, n* [C] ⇒singapurense

singer UK: /ˈsɪŋ.əʳ/ US: /-ɚ/ *n* [C] ⇒cantante

singing /ˈsɪŋ.ɪŋ/ *n* [U] ⇒canto

† **single**[1] /ˈsɪŋ.gl̩/ *adj* **1** ⇒solo,la: *There was a single car in the garage* - Había un solo coche en el garaje **2** ⇒soltero,ra **3** *(una cama)* ⇒individual

single[2] /ˈsɪŋ.gl̩/ *n* [C] **1** *UK* (*US* **one-way ticket**) ⇒billete de ida **2** *(en música)* ⇒single ⇒disco sencillo

† **single**[3] /ˈsɪŋ.gl̩/ [singled, singling]
PHRASAL VERBS
· **to single *sth/sb* out [M]** **1** ➾escoger: *They singled me out to give an explanation for what had happened* - Me escogieron para que explicara lo sucedido **2** ➾distinguir

single-handed /ˌsɪŋ.gl̩ˈhæn.dɪd/ (*tb* **single-handedly**) *adv* ➾sin ayuda de nadie: *She sailed to Australia single-handed* - Navegó hasta Australia sin ayuda de nadie

single-handedly /ˌsɪŋ.gl̩ˈhæn.dɪd.li/ *adv* See **single-handed**

single-minded /ˌsɪŋ.gl̩ˈmaɪn.dɪd/ *adj* ➾resuelto,ta ➾decidido,da

† **singular**[1] UK: /ˈsɪŋ.gjʊ.ləʳ/ US: /-lɚ/ *adj* **1** *(en gramática)* ➾singular **2** *(form)* ➾singular ➾excepcional

† **singular**[2] UK: /ˈsɪŋ.gjʊ.ləʳ/ US: /-lɚ/ *n* [NO PL] *(en gramática)* ➾singular

sinister UK: /ˈsɪn.ɪ.stəʳ/ US: /-stɚ/ *adj* ➾siniestro,tra

† **sink**[1]**, sank, sunk** (*US tb* **sunk, sunk**) /sɪŋk/ ▌*v* [T, I] **1** ➾hundir(se): *The enemy bombs sank three ships* - Las bombas de los enemigos hundieron tres barcos; *The boat sank in the water* - El barco se hundió en el agua ▌*v* [I] **2** ➾ocultarse: *The sun sank over the horizon* - El sol se ocultó en el horizonte
PHRASAL VERBS
· **to sink in** *(inform)* ➾asimilar ➾asumir
· **to sink *sth* into *sth*** **1** *(dinero)* ➾invertir en algo **2** ➾hundirse en algo ➾meterse en algo

† **sink**[2] /sɪŋk/ *n* [C] **1** *(en la cocina)* ➾fregadero ➾lavaplatos *AMÉR.*; ➾pila **2** *(en el cuarto de baño)* ➾lavabo

sinus /ˈsaɪ.nəs/ [*pl* sinuses] *n* [C] ➾seno nasal

sip[1] /sɪp/ [sipped, sipping] *v* [T, I] ➾beber a sorbos: *She sipped her tea* - Bebió el té a sorbos

sip[2] /sɪp/ *n* [C] ➾sorbo: *to take a sip of water* - beber un sorbo de agua

† **Sir** /sɜːʳ/ *n* **1** *(form) (en una carta)* ➾señor **2** *(form) (tratamiento de cortesía)* ➾señor **3** *UK (título)* ➾sir

† **siren** UK: /ˈsaɪə.rən/ US: /ˈsaɪr.ən/ *n* [C] ➾sirena ➾alarma

† **sister** UK: /ˈsɪs.təʳ/ US: /-tɚ/ *n* [C] **1** ➾hermana **2** *(en religión)* ➾monja ➾hermana

sister-in-law UK: /ˈsɪs.tə.rɪn.lɔː/ US: /-tɚ.ɪn.lɑː/ [*pl* sisters-in-law] *n* [C] ➾cuñada

† **sit, sat, sat** /sɪt/ [sitting] ▌*v* [T, I] **1** ➾sentar(se): *I sat on the sofa* - Me senté en el sofá **2** ➾estar sentado,da: *He was sitting on the front row* - Estaba sentado en la primera fila ▌*v* [I] **3** *(un comité)* ➾reunirse ■ CONSTR. Se usa generalmente seguido de una preposición o un adverbio **4 to ~ down** ➾tomar asiento ➾sentarse
PHRASAL VERBS
· **to sit {about/around}** ➾no hacer nada
· **to sit back** **1** ➾relajarse (sentado) **2** *We can't sit back and wait for him to show up* - No podemos quedarnos de brazos cruzados mientras esperamos a que aparezca
· **to sit through *sth*** ➾aguantar algo: *We sat through two hours of speeches* - Aguantamos dos horas de discursos
· **to sit up** **1** ➾ponerse derecho,cha **2** ➾incorporarse: *Sit up and have some soup* - Incorpórate y toma algo de sopa **3** *to make sb sit up and take notice* - lograr que alguien preste mucha atención **4** ➾quedarse despierto [por la noche]

† **site** /saɪt/ *n* [C] **1** ➾lugar ➾emplazamiento **2** *(en arqueología)* ➾yacimiento **3** ➾forma abreviada de **website** (sitio web) **4** ➾solar ➾terreno

sitting UK: /ˈsɪt.ɪŋ/ US: /ˈsɪˁt̬-/ *n* [C] **1** *(de comida)* ➾turno ➾tanda **2** ➾sesión [parlamentaria]

† **sitting room** *UK* (*UK/US tb* **living room**) *n* [C] ➾cuarto de estar ➾salón

situated UK: /ˈsɪt.ju.eɪ.tɪd/ US: /-ˁt̬ɪd/ *adj (form)* ➾situado,da ➾ubicado,da ■ PRON. La *e* se pronuncia como la *i* de *did*

situation /ˌsɪt.juˈeɪ.ʃᵊn/ *n* [C] **1** ➾situación **2** *(form)* ➾ubicación

† **six** /sɪks/ ➾seis: *There are six of them* - Son seis; *He is six years old* - Tiene seis años

† **sixteen** /ˌsɪkˈstiːn, ˈ--/ ➾dieciséis

sixteenth /ˌsɪkˈstiːnθ, ˈ--/ **1** ➾decimosexto,ta **2** *(para las fechas)* ➾dieciséis ■ Se puede escribir también *16th*

sixth[1] /sɪksθ/ **1** ➾sexto,ta **2** *(para las fechas)* ➾seis **3** *It is his sixth birthday today* - Hoy cumple seis años ■ Se puede escribir también *6th*

sixth[2] /sɪksθ/ *n* [C] ➾sexto ➾sexta parte

sixth form *n* [C] ➾en el Reino Unido, últimos dos años de la enseñanza secundaria

† **sixty** /ˈsɪk.sti/ ➾sesenta

† **size**[1] /saɪz/ ▌*n* [C, U] **1** ➾tamaño ▌*n* [C] **2** *(de una prenda de vestir)* ➾talla ➾número

† **size**[2] /saɪz/
· **to size *sth/sb* up [M]** ➾examinar ➾evaluar ➾calar *col.*

sizeable /ˈsaɪ.zə.bl̩/ *adj* ➾importante ➾considerable

skate[1] /skeɪt/ *n* [C] **1** (*tb* **roller skate**) ➾patín **2** (*tb* **ice skate**) ➾patín de hielo **3** *(pez)* ➾raya

skate[2] /skeɪt/ [skated, skating] *v* [I] **1** ➾patinar **2** ➾patinar sobre hielo ■ CONSTR. Se usa generalmente seguido de las preposiciones y adverbios across, on y over

skateboard UK: /ˈskeɪt.bɔːd/ US: /-bɔːrd/ *n* [C] ➾monopatín

skateboarding UK: /ˈskeɪtˌbɔː.dɪŋ/ US: /-ˌbɔːr-/ *n* [U] ⇨patinaje con monopatín

↑**skeleton** UK: /ˈskel.ɪ.tᵊn/ US: /-ˤt̬ən/ *n* [C] **1** ⇨esqueleto **2 a ~ {crew/service/staff}** ⇨personal mínimo ⇨servicios mínimos

skeptic /ˈskep.tɪk/ *US* (*UK* **sceptic**) *n* [C] ⇨escéptico,ca

skeptical *US* (*UK* **sceptical**) *adj* ⇨escéptico,ca

skepticism *US* (*UK* **scepticism**) *n* [U] ⇨escepticismo

sketch¹ /sketʃ/ [*pl* sketches] *n* [C] **1** ⇨bosquejo ⇨esbozo **2** *(actuación)* ⇨sketch

sketch² /sketʃ/ *v* [T] ⇨bosquejar ⇨esbozar ⇨abocetar

sketchy /ˈsketʃ.i/ *adj* [*comp* sketchier, *superl* sketchiest] ⇨superficial ⇨poco preciso,sa

ski¹ /skiː/ [*pl* skis] *n* [C] ⇨esquí: *a pair of skis* - unos esquís

ski² /skiː/ [skied, skiing] *v* [I] ⇨esquiar: *Where did you learn to ski?* - ¿Dónde aprendiste a esquiar?

skid /skɪd/ [skidded, skidding] *v* [I] **1** *(un vehículo)* ⇨derrapar **2** ⇨resbalar: *He skidded on the ice rink* - Resbaló en la pista de hielo

skiing /ˈskiː.ɪŋ/ *n* [U] ⇨esquí: *to go skiing* - hacer esquí

ski jump *n* [U, NO PL] ⇨salto de esquí

↑**skilful** /ˈskɪl.fᵊl/ *UK* (*US* **skillful**) *adj* ⇨habilidoso,sa ⇨diestro,tra

↑**skill** /skɪl/ ▌*n* [U] **1** ⇨habilidad ⇨destreza ▌*n* [C] **2** ⇨destreza ⇨habilidad

skilled /skɪld/ *adj* **1** ⇨hábil: *to be skilled in sth* - ser hábil en algo **2** ⇨cualificado,da **3** ⇨especializado,da

skillet /ˈskɪl.ɪt/ *US* (*UK/US tb* **frying pan**) *n* [C] ⇨sartén

skillful *US adj* See **skilful**

skim /skɪm/ [skimmed, skimming] ▌*v* [T] **1** ⇨espumar **2** ⇨desnatar **3** ⇨leer por encima ▌*v* [T, I] **4** ⇨pasar rozando: *The plane skimmed the roofs* - El avión pasó rozando los tejados

↑**skin¹** /skɪn/ *n* [C, U] **1** ⇨piel **2** *(de fruta)* ⇨piel ⇨cáscara **3** *(en la leche)* ⇨nata **4 to do *sth* by the ~ of *one's* teeth** *(inform)* ⇨conseguir algo por los pelos *col.*

skin² /skɪn/ [skinned, skinning] *v* [T] ⇨despellejar(se)

skinhead /ˈskɪn.hed/ *n* [C] ⇨cabeza rapada

skinny /ˈskɪn.i/ *adj* [*comp* skinnier, *superl* skinniest] ⇨flaco,ca

skip¹ /skɪp/ [skipped, skipping] ▌*v* [I] **1** ⇨saltar a la comba **2** ⇨dar saltos: *She skipped for joy* - Daba saltos de alegría ■ CONSTR. Se usa generalmente seguido de una preposición o un adverbio ▌*v* [T] **3** ⇨saltarse: *He skipped a class* - Se saltó una clase **4** ⇨evitar (algo)

skip² /skɪp/ *n* [C] **1** ⇨salto **2** *UK* ⇨contenedor [de basura]

skipper UK: /ˈskɪp.əʳ/ US: /-ɚ/ *n* [C] *(inform)* ⇨capitán,-a ⇨patrón,-a

skirmish UK: /ˈskɜː.mɪʃ/ US: /ˈskɝː-/ [*pl* skirmishes] *n* [C] ⇨escaramuza

↑**skirt** UK: /skɜːt/ US: /skɝːt/ *n* [C] ⇨falda ⇨pollera AMÉR.

skive /skaɪv/ [skived, skiving] (*tb* **skive off**) *UK v* [I] **1** *(inform)* ⇨escaquearse [del trabajo] *col.* **2** *UK (inform)* ⇨hacer novillos *col.* **3 to ~ off a class** *UK (inform)* ⇨fumarse una clase *col.*

↑**skull** /skʌl/ *n* [C] ⇨calavera ⇨cráneo

↑**sky** /skaɪ/ *n* [U, NO PL] ⇨cielo: *The sky is so blue today!* - ¡El cielo está hoy tan azul!

skydiving /ˈskaɪˌdaɪ.vɪŋ/ *n* [U] ⇨paracaidismo [deportivo]

skylight /ˈskaɪ.laɪt/ *n* [C] ⇨claraboya

skyline /ˈskaɪ.laɪn/ *n* [C] **1** ⇨línea del horizonte **2** ⇨perfil: *the skyline of the city* - el perfil de la ciudad

skyscraper UK: /ˈskaɪˌskreɪ.pəʳ/ US: /-pɚ/ *n* [C] ⇨rascacielos: *This city is full of skyscrapers* - Esta ciudad está repleta de rascacielos

slab /slæb/ *n* [C] **1** ⇨bloque: *a concrete slab* - un bloque de hormigón **2** *(de chocolate)* ⇨tableta

slack /slæk/ *adj* **1** ⇨flojo,ja: *This rope is too slack* - Esta cuerda está demasiado floja **2** ⇨descuidado,da: *a slack person* - una persona descuidada

slacken /ˈslæk.ᵊn/ *v* [T, I] **1** ⇨aflojar(se) **2** ⇨reducir [el ritmo] ⇨disminuir

slain /sleɪn/ past participle of **slay**

slalom /ˈslɑː.ləm/ *n* [C] ⇨eslalon

↑**slam** /slæm/ [slammed, slamming] ▌*v* [T, I] **1** ⇨cerrar de golpe: *He slammed the door* - Cerró la puerta de golpe **2** ⇨arrojar ⇨tirar ■ CONSTR. Se usa seguido de preposición o adverbio ▌*v* [T] **3** *(inform)* ⇨criticar ⇨censurar

slander¹ UK: /ˈslɑːn.dəʳ/ US: /ˈslæn.dɚ/ *n* [C, U] **1** ⇨injuria **2** *(en derecho)* ⇨calumnia

slander² UK: /ˈslɑːn.dəʳ/ US: /ˈslæn.dɚ/ *v* [T] **1** ⇨injuriar **2** *(en derecho)* ⇨calumniar

↑**slang** /slæŋ/ *n* [U] ⇨argot

slant¹ UK: /slɑːnt/ US: /slænt/ *v* [T, I] ⇨ladear(se)

slant² UK: /slɑːnt/ US: /slænt/ ▌*n* [C] **1** ⇨giro ▌*n* [U] **2** ⇨pendiente: *That twist is on a slant* - Esa curva está en una pendiente

slap¹ /slæp/ [slapped, slapping] *v* [T] **1** ⇨abofetear: *She slapped him in front of us* - Lo abofeteó delante de nosotros **2** *(en la espalda)* ⇨dar palmadas

slap² /slæp/ *n* [C] **1** ⇨bofetada ⇨cachete **2** ⇨palmada

slapdash /ˈslæp.dæʃ/ *adj (inform)* ⇨descuidado,da ⇨chapucero,ra

† **slash** /slæʃ/ [slashes] *v* [T] **1** ⇒cortar ⇒rebanar **2** ⇒dar un navajazo

slate /sleɪt/ ▮ *n* [U] **1** *(roca)* ⇒pizarra ▮ *n* [C] **2** ⇒pizarrín **3** *US* ⇒lista de candidatos en unas elecciones

slaughter[1] UK: /ˈslɔː.təʳ/ US: /ˈslɑː.ˤt̬ɚ/ *v* [T] **1** ⇒masacrar: *How many people were slaughtered in the war?* - ¿A cuántas personas masacraron en la guerra? **2** *(a un animal)* ⇒sacrificar ⇒carnear *AMÉR.* **3** *(inform)* ⇒dar una paliza ⇒vencer con facilidad

slaughter[2] UK: /ˈslɔː.təʳ/ US: /ˈslɑː.ˤt̬ɚ/ *n* [U, NO PL] ⇒matanza ⇒masacre

Slav /slɑːv/ *adj, n* [C] ⇒eslavo,va

† **slave** /sleɪv/ *n* [C] **1** ⇒esclavo,va **2 to be a ~ {of/ to} *sth*** ⇒ser un esclavo de algo: *He is a slave to fashion* - Es un esclavo de la moda

slavery UK: /ˈsleɪ.vᵊr.i/ US: /-ɚ-/ *n* [U] ⇒esclavitud

slay, slew, slain /sleɪ/ *v* [T] *(lit)* ⇒asesinar ⇒matar de forma violenta

sleazy /ˈsliː.zi/ *adj* [*comp* sleazier, *superl* sleaziest] ⇒sórdido,da

sledge /sledʒ/ *UK n* [C] ⇒trineo [tirado por animales]

sleek /sliːk/ *adj* **1** ⇒lustroso,sa ⇒brillante **2** *(una persona)* ⇒impecable ⇒elegante

† **sleep**[1], **slept, slept** /sliːp/ *v* [I] **1** ⇒dormir **2** *The tent sleeps four comfortably* - En la tienda de campaña entran cuatro personas cómodamente

PHRASAL VERBS

- **to sleep in** ⇒dormir: *Today I slept in until 2 pm* - Hoy he dormido hasta las dos de la tarde
- **to sleep *sth* off [M]** ⇒dormir para recuperarse de algo
- **to sleep on *sth*** *(inform)* ⇒consultar algo con la almohada *col.*
- **to sleep through *sth*** ⇒no oír nada [mientras uno duerme]: *I slept through the alarm and was late* - No oí el despertador y llegué tarde
- **to sleep with *sb*** *(inform, euphem)* ⇒acostarse con alguien

† **sleep**[2] /sliːp/ ▮ *n* [C, U] **1** ⇒sueño: *What a lovely sleep I had!* - ¡Menudo sueñecito me he echado! ■ Distinto de *dream* (sueño - representación) ▮ *n* [U] **2** *(inform)* ⇒legaña **3 to go to ~ 1** ⇒dormirse **2** *(inform) (una parte del cuerpo)* ⇒dormirse ⇒entumecer(se)

sleeper UK: /ˈsliː.pəʳ/ US: /-pɚ/ *n* [C] **1** *to be a heavy sleeper* - tener el sueño pesado **2** *(en un tren)* ⇒litera **3** *(en un tren)* ⇒coche cama **4** *UK (de una vía férrea)* ⇒traviesa **5** ⇒espía [in situ]

sleepily /ˈsliː.pɪ.li/ *adv* ⇒con sueño

sleeping bag *n* [C] ⇒saco de dormir

sleepless /ˈsliː.pləs/ *adj* ⇒en vela: *to spend a sleepless night* - pasar la noche en vela

sleepy /ˈsliː.pi/ *adj* [*comp* sleepier, *superl* sleepiest] **1** ⇒cansado,da [con sueño] **2** *(un lugar)* ⇒tranquilo,la **3** *to look sleepy* - tener cara de sueño **4 to be ~** ⇒tener sueño

sleet /sliːt/ *n* [U] ⇒aguanieve

† **sleeve** /sliːv/ *n* [C] **1** ⇒manga **2** (*US tb* **jacket**) ⇒funda **3 to have *sth* up *one's* ~** *(inform)* ⇒tener algo en la manga *col.*

sleigh /sleɪ/ *n* [C] ⇒trineo [tirado por caballos]

slender UK: /ˈslen.dəʳ/ US: /-dɚ/ *adj* **1** ⇒delgado,da ⇒esbelto,ta **2** ⇒escaso,sa

slept /slept/ past tense and past participle forms of **sleep**

slew /sluː/ ▮ **1** past tense of **slay** ▮ *v* [T, I] **2** ⇒girar ⇒virar ■ CONSTR. Se usa generalmente seguido de una preposición o un adverbio

† **slice**[1] /slaɪs/ *n* [C] **1** ⇒porción **2** ⇒rebanada ⇒feta *AMÉR.* **3** ⇒rodaja [de fruta] **4** ⇒loncha **5** ⇒tajada [de carne] **6** *(inform)* ⇒parte

slice[2] /slaɪs/ [sliced, slicing] *v* [T] ⇒trinchar ⇒cortar [en lonchas]

PHRASAL VERBS

- **to slice {into/through} *sth*** ⇒cortar algo limpiamente
- **to slice *sth* (up)** ⇒cortar algo en rebanadas

slick[1] /slɪk/ *adj* **1** ⇒conseguido,da ⇒bien hecho,cha **2** ⇒granuja ⇒con mucha labia

slick[2] /slɪk/ *n* [C] ⇒mancha de petróleo (en el mar)

slid past tense and past participle forms of **slide**

† **slide**[1], **slid, slid** /slaɪd/ [sliding] ▮ *v* [I] **1** ⇒deslizarse ⇒resbalar ▮ *v* [T] **2** ⇒deslizar ⇒correr

slide[2] /slaɪd/ *n* [C] **1** ⇒tobogán **2** ⇒diapositiva **3** *(de un microscopio)* ⇒portaobjetos

† **slight** /slaɪt/ *adj* **1** ⇒ligero,ra ⇒pequeño,ña **2** *(una persona)* ⇒delgado,da ⇒frágil **3 not in the slightest** ⇒en absoluto ⇒para nada

slightly /ˈslaɪt.li/ *adv* ⇒ligeramente

† **slim**[1] /slɪm/ *adj* [*comp* slimmer, *superl* slimmest] **1** ⇒delgado,da ⇒esbelto,ta **2** ⇒escaso,sa **3** ⇒ligero,ra

slim[2] /slɪm/ [slimmed, slimming] *v* [I] ⇒adelgazar

slime /slaɪm/ *n* [U] ⇒baba

slimy /ˈslaɪ.mi/ *adj* [*comp* slimier, *superl* slimiest] **1** ⇒baboso,sa ⇒viscoso,sa **2** *(inform)* ⇒despreciable ⇒rastrero,ra

sling[1] /slɪŋ/ *n* [C] **1** ⇒cabestrillo **2** ⇒honda

sling[2], **slung, slung** /slɪŋ/ *v* [T] **1** ⇒soltar de cualquier manera: *She slung her overcoat over the sofa* - Soltó el abrigo de cualquier manera en el sofá **2** ⇒colgar(se): *They slung their bags over their shoulder* - Se colgaron los bolsos al hombro **3** ⇒arrojar: *I slung the bag into the back of the car* - Arrojé el bolso a la parte trasera del coche ■ CONSTR. Se usa generalmente seguido de una preposición o un adverbio

slink, slunk, slunk /slɪŋk/ *v* [I] ⇒deslizar(se): *He slunk into the house at night* - Se deslizó en la casa por la noche ■ CONSTR. Se usa generalmente seguido de una preposición o un adverbio

↑ **slip**[1] /slɪp/ [slipped, slipping] ▌*v* [I] **1** ⇒resbalarse ■ CONSTR. Se usa generalmente seguido de una preposición o un adverbio ▌*v* [T] **2** *(inform)* ⇒dar a escondidas ⇒deslizar **3 to ~ *one's* mind** *Her name slipped my mind for a moment* - Su nombre se me fue de la cabeza por un momento

PHRASAL VERBS
- **to slip away** ⇒escabullirse ⇒escapársele a alguien
- **to slip *sth* off** ⇒quitarse algo [rápidamente]
- **to slip *sth* on** ⇒ponerse algo [rápidamente]
- **to slip out** *(un comentario)* ⇒escaparse
- **to slip up** ⇒meter la pata *col.*

slip[2] /slɪp/ *n* [C] **1** ⇒desliz ⇒descuido ⇒error **2** ⇒resguardo **3** *(prenda de vestir)* ⇒combinación ⇒enagua **4** ⇒resbalón **5 to give *sb* the ~** *(inform)* ⇒dar esquinazo a alguien *col.*

slipper UK: /ˈslɪp.əʳ/ US: /-ɚ/ *n* [C] ⇒zapatilla ⇒pantufla

slippery UK: /ˈslɪp.ᵊr.i/ US: /-ɚ-/ *adj* **1** ⇒resbaladizo,za **2** *(una persona)* ⇒escurridizo,za

slit[1] /slɪt/ *n* [C] **1** ⇒corte **2** ⇒abertura

slit[2]**, slit, slit** /slɪt/ [slitting] *v* [T] **1** *(con cuchillo)* ⇒abrir ⇒rajar **2 to ~ *sth's* throat** ⇒degollar a alguien

slither UK: /ˈslɪð.əʳ/ US: /-ɚ/ *v* [I] ⇒deslizarse ⇒resbalar ■ CONSTR. Se usa generalmente seguido de una preposición o un adverbio

sliver UK: /ˈslɪv.əʳ/ US: /-ɚ/ *n* [C] ⇒esquirla ⇒astilla

slob UK: /slɒb/ US: /slɑːb/ *n* [C] *(inform)* ⇒cerdo,da *col. desp.;* ⇒guarro,rra *col.*

slog UK: /slɒg/ US: /slɑːg/ [slogged, slogging] *UK v* [I] **1** *(inform)* ⇒sudar tinta *col.: He slogged all day at work* - Sudaba tinta todo el día en el trabajo **2** *(inform)* ⇒ir renqueando: *They slogged up the hill to the refuge* - Fueron renqueando colina arriba hasta el refugio ■ CONSTR. Se usa generalmente seguido de una preposición o un adverbio

slogan UK: /ˈsləʊ.gən/ US: /ˈsloʊ-/ *n* [C] ⇒eslogan

slop UK: /slɒp/ US: /slɑːp/ [slopped, slopping] ▌*v* [T, I] **1** *(un líquido)* ⇒desbordar(se) ▌*v* [T] **2** *(comida o bebida)* ⇒echar

slope[1] UK: /sləʊp/ US: /sloʊp/ *n* [C] **1** ⇒cuesta ⇒pendiente **2** ⇒pista [de esquí]

slope[2] UK: /sləʊp/ US: /sloʊp/ [sloped, sloping] *v* [I] ⇒inclinarse: *The path slopes down a little here* - Aquí el camino está un poco inclinado ■ CONSTR. to slope up/down

sloppy UK: /ˈslɒp.i/ US: /ˈslɑː.pi/ *adj* [*comp* sloppier, *superl* sloppiest] **1** ⇒descuidado,da ⇒chapucero,ra **2** *(inform)* ⇒sensiblero,ra

slot UK: /slɒt/ US: /slɑːt/ *n* [C] **1** ⇒ranura **2** ⇒puesto ⇒espacio

slot machine *n* [C] **1** ⇒máquina tragaperras **2** *UK* ⇒máquina expendedora

Slovak UK: /ˈsləʊ.væk/ US: /ˈsloʊ-/ *adj, n* [C] ⇒eslovaco,ca

Slovakia UK: /sləˈvæk.i.ə/ US: /sloʊ-/ *n* [U] ⇒Eslovaquia

Slovene UK: /ˈsləʊ.viːn/ US: /ˈsloʊ-/ *n* [C] ⇒esloveno,na

Slovenia UK: /sləˈviː.ni.ə/ US: /sloʊ-/ *n* [U] ⇒Eslovenia

Slovenian UK: /sləˈviː.ni.ən/ US: /sloʊˈ-/ *adj* ⇒esloveno,na

↑ **slow**[1] UK: /sləʊ/ US: /sloʊ/ *adj* **1** ⇒lento,ta **2** *(un reloj)* ⇒atrasado,da **3** *(una persona)* ⇒torpe ⇒con problemas de aprendizaje **4** *(un negocio)* ⇒flojo,ja **5 ~ motion** ⇒a cámara lenta **6 to be ~ {in doing *sth*/to do *sth*}** ⇒tardar en hacer algo

slow[2] UK: /sləʊ/ US: /sloʊ/ *v* [T] ⇒reducir la velocidad

PHRASAL VERBS
- **to slow *(sth/sb)* {down/up} [M] 1** ⇒reducir la velocidad ⇒ralentizar **2** *(un progreso)* ⇒aflojar el ritmo [una persona]

↑ **slow**[3] UK: /sləʊ/ US: /sloʊ/ *adv* See **slowly**

slowly UK: /ˈsləʊ.li/ US: /ˈsloʊ-/ (*tb* **slow**) *adv* ⇒lentamente ⇒despacio

slowtime

sludge /slʌdʒ/ *n* [U] **1** ⇒fango **2** ⇒residuos

slug /slʌg/ *n* [C] **1** *(animal)* ⇒babosa **2** *(inform) (de una bebida alcohólica)* ⇒trago **3** *(inform)* ⇒bala

sluggish /ˈslʌg.ɪʃ/ *adj* **1** ⇒lento,ta **2** ⇒aletargado,da **3** *(una economía)* ⇒flojo,ja

slum /slʌm/ *n* [C] **1** ⇒barrio bajo ⇒barriada AMÉR. **2** ⇒pocilga *col.: The house is a slum* - La casa está hecha una pocilga

slump[1] /slʌmp/ *v* [I] **1** *(en economía)* ⇒caer **2** ⇒dejarse caer ⇒tirarse ■ CONSTR. Se usa generalmente seguido de una preposición o un adverbio

slump[2] /slʌmp/ *n* [C] **1** *(en economía)* ⇒caída **2** *(en economía)* ⇒depresión ⇒crisis

slung /slʌŋ/ past tense and past participle forms of **sling**

slunk /slʌŋk/ past tense and past participle forms of **slink**

slur[1] UK: /slɜːʳ/ US: /slɝː/ [slurred, slurring] *v* [T, I] ⇒articular mal ⇒balbucear

slur[2] UK: /slɜːʳ/ US: /slɝː/ ▌*n* [NO PL] **1** ⇒pronunciación incomprensible ▌*n* [C] **2** ⇒calumnia

slush /slʌʃ/ *n* [U] **1** ⇒nieve medio derretida **2** *(en el lenguaje)* ⇒sensiblería *desp.*

sly /slaɪ/ *adj* [*comp* slyer, *superl* slyest] **1** ⇒astuto,ta **2** *(una mirada)* ⇒furtivo,va

smack¹ /smæk/ *v* [T] ⇒dar un cachete: *He smacked me* - Me dio un cachete

PHRASAL VERBS
· **to smack of *sth*** ⇒oler a algo: *The meeting smacks of conspiracy* - La reunión huele a conspiración

smack² /smæk/ *n* [C] ⇒cachete ⇒azote

↑**small** UK: /smɔːl/ US: /smɑːl/ *adj* **1** ⇒pequeño,ña ⇒chico,ca **2 a ~ world** *It's a small world* - El mundo es un pañuelo **3 in the ~ hours** ⇒de madrugada ■ Ver cuadro pequeño (small / little)

small-scale *adj* ⇒de pequeña escala ⇒a pequeña escala

small-time UK: /ˈsmɔːl.taɪm/ US: /ˈsmɑːl-/ *adj (inform)* ⇒poco importante

↑**smart** UK: /smɑːt/ US: /smɑːrt/ *adj* **1** ⇒elegante **2** ⇒listo,ta ⇒astuto,ta **3** *(tecnología)* ⇒inteligente **4** *(un lugar)* ⇒moderno ⇒de moda

smarten UK: /ˈsmɑː.tᵊn/ US: /ˈsmɑːr-/

PHRASAL VERBS
· **to smarten *(sth/sb)* up [M]** ⇒arreglar(se)

smartly UK: /ˈsmɑːt.li/ US: /ˈsmɑːrt-/ *adv* **1** ⇒elegantemente: *She is always smartly dressed* - Siempre va elegantemente vestida **2** ⇒rápidamente

↑**smash¹** /smæʃ/ *v* [T, I] ⇒hacer(se) pedazos ⇒hacer(se) añicos ■ CONSTR. Se usa generalmente seguido de una preposición o un adverbio

PHRASAL VERBS
· **to smash *sth* up [M]** ⇒destrozar algo

↑**smash²** /smæʃ/ ▌*n* [U] **1** ⇒estrépito **2** ⇒accidente de tráfico ▌*n* [C] **3** ⇒éxito de ventas: *That song is a smash* - Esa canción es un éxito de ventas ■ El plural es *smashes*

S

smashing /ˈsmæʃ.ɪŋ/ *UK adj (old-fash)* ⇒estupendo,da ⇒genial

smear¹ UK: /smɪəʳ/ US: /smɪr/ *v* [T] **1** ⇒untar ■ CONSTR. Se usa generalmente seguido de la preposición with **2** ⇒calumniar

smear² UK: /smɪəʳ/ US: /smɪr/ *n* [C] **1** ⇒churrete ⇒marca de suciedad **2** ⇒calumnia

↑**smell¹**, **smelt, smelt** (*tb* **smelled, smelled**) /smel/ ▌*v* [T] **1** ⇒oler ■ En la mayoría de los casos se dice *can smell* o *could smell* ▌*v* [I] **2** ⇒oler: *All the house smelt of freshly made coffee* - Toda la casa olía a café recién hecho; *Mmm, that bread smells good!* - Mmm, ¡qué bien huele el pan! ■ 1. Se dice *to smell like/of sth*. Incorrecto: *to smell to sth* 2. Se dice *it smells good*. Incorrecto: *it smells well*

↑**smell²** /smel/ ▌*n* [C] **1** ⇒olor: *I love the smell of lemons* - Me encanta el olor a limón ▌*n* [U] **2** ⇒olfato

smelly /ˈsmel.i/ *adj* [*comp* smellier, *superl* smelliest] ⇒maloliente

smelt /smelt/ *UK* past tense and past participle forms of **smell**

↑**smile¹** /smaɪl/ [smiled, smiling] *v* [I] ⇒sonreír: *He saw his daughter and smiled* - Sonrió al ver a su hija ■ CONSTR.. Se dice *to smile at somebody*

↑**smile²** /smaɪl/ *n* [C] **1** ⇒sonrisa: *a big smile* - una gran sonrisa **2 to bring a ~ to *one's* face** ⇒hacer sonreír a alguien

smiley /ˈsmaɪ.li/ *n* [C] ⇒emoticono

smirk¹ UK: /smɜːk/ US: /smɝːk/ *v* [I] ⇒sonreír con satisfacción ⇒sonreír pícaramente

smirk² UK: /smɜːk/ US: /smɝːk/ *n* [C] ⇒sonrisa de satisfacción ⇒sonrisa pícara

smith /smɪθ/ *n* [C] ⇒herrero,ra

smog UK: /smɒg/ US: /smɑːg/ *n* [U] *(de una ciudad industrial)* ⇒nube de contaminación

↑**smoke¹** UK: /sməʊk/ US: /smoʊk/ *n* [U] **1** ⇒humo **2 to have a ~** *(inform)* ⇒fumarse un pitillo *col.*

↑**smoke²** UK: /sməʊk/ US: /smoʊk/ [smoked, smoking] ▌*v* [T] **1** ⇒fumar **2** ⇒ahumar: *to smoke fish* - ahumar pescado ▌*v* [I] **3** ⇒echar humo: *The fireplace is smoking* - La chimenea está echando humo

smoked UK: /sməʊkt/ US: /smoʊkt/ *adj* ⇒ahumado,da: *smoked glass* - cristales ahumados; *smoked salmon* - salmón ahumado

smoker UK: /ˈsməʊ.kəʳ/ US: /ˈsmoʊ.kə/ *n* [C] ⇒fumador,-a

smoking UK: /ˈsməʊ.kɪŋ/ US: /ˈsmoʊ-/ *n* [U] *Smoking is bad for your health* - Fumar es perjudicial para tu salud

smoky UK: /ˈsməʊ.ki/ US: /ˈsmoʊ-/ *adj* **1** [*comp* smokier, *superl* smokiest] *(un lugar)* ⇒cargado,da de humo **2** ⇒humeante **3** ⇒ahumado,da: *It has a smoky taste* - Sabe a ahumado

↑**smooth¹** /smuːð/ *adj* **1** ⇒liso,sa ⇒suave **2** ⇒sin problemas ⇒tranquilo,la **3** *(una carretera)* ⇒llano,na **4** ⇒sin grumos: *a smooth sauce* - una salsa sin grumos **5** *(una persona)* ⇒zalamero,ra

smooth² /smuːð/ *v* [T] ⇒alisar ■ CONSTR. Se usa generalmente seguido de una preposición o un adverbio

PHRASAL VERBS
· **to smooth *sth* over [M]** ⇒resolver algo ⇒allanar algo

smoothie /ˈsmuː.ði/ *n* [C] **1** ⇒persona zalamera **2** *(bebida)* ⇒batido [de frutas]

smoothly /ˈsmuːð.li/ *adv* **1** ⇒sin problemas **2** ⇒bien: *Everything went smoothly* - Todo fue bien

smother UK: /ˈsmʌð.əʳ/ US: /-ə/ *v* [T] **1** *(un fuego)* ⇒sofocar **2** *(a una persona)* ⇒asfixiar **3** ⇒cubrir

4 *(un sentimiento)* ⇒controlar ⇒reprimir **5** *(una actividad)* ⇒detener

smudge[1] /smʌdʒ/ *n* [C] ⇒mancha

smudge[2] /smʌdʒ/ [smudged, smudging] *v* [T] ⇒manchar(se) ⇒emborronar(se)

smug /smʌg/ *adj* [*comp* smugger, *superl* smuggest] ⇒petulante ⇒creído,da

↑ **smuggle** /ˈsmʌg.l̩/ [smuggled, smuggling] *v* [T] ⇒pasar de contrabando ■ CONSTR. Se usa generalmente seguido de las preposiciones into y out of

smuggler UK: /ˈsmʌg.ləʳ/ US: /-lə/ *n* [C] ⇒contrabandista ⇒coyote *AMÉR.*

smuggling /ˈsmʌg.lɪŋ/ *n* [U] ⇒contrabando

snack[1] /snæk/ *n* [C] **1** ⇒tentempié *col.;* ⇒aperitivo ⇒copetín *AMÉR.;* ⇒antojitos *AMÉR.;* ⇒botanas *AMÉR.* **2 to have a ~** ⇒picar algo

snack[2] /snæk/ **to ~ (on *sth*)** ⇒picar [algo]

snag /snæg/ *n* [C] *(inform)* ⇒pega *col.;* ⇒inconveniente

snail /sneɪl/ *n* [C] ⇒caracol

snake[1] /sneɪk/ *n* [C] ⇒serpiente ⇒culebra

snake[2] /sneɪk/ [snaked, snaking] *v* [I] ⇒serpentear: *The path snakes through the forest* - El sendero serpentea por el bosque ■ CONSTR. Se usa generalmente seguido de una preposición o un adverbio

snap[1] /snæp/ [snapped, snapping] ▌*v* [T, I] **1** ⇒romper ⇒partir **2** ⇒hablar con brusquedad ■ CONSTR. to snap at sb ▌*v* [I] **3** ⇒mordisquear **4** ⇒enfadarse ⇒perder el control **5 to ~ *one's* fingers** ⇒chasquear los dedos **6 to ~ {open/closed}** ⇒{abrir/cerrar} con un clic

snap[2] /snæp/ *n* [C] **1** *UK (inform)* ⇒foto **2** ⇒ruido seco **3** *US (en una prenda de vestir)* ⇒automático

snap[3] /snæp/ **a ~ decision** ⇒una decisión repentina y poco meditada

snapper UK: /ˈsnæp.əʳ/ US: /-ə/ *n* [C] *(pez)* ⇒pargo

snapshot UK: /ˈsnæp.ʃɒt/ US: /-ʃɑːt/ *n* [C] **1** ⇒foto **2** ⇒instantánea ⇒breve descripción

snare[1] UK: /sneəʳ/ US: /sner/ *n* [C] ⇒trampa ⇒cepo

snare[2] UK: /sneəʳ/ US: /sner/ [snared, snaring] *v* [T] **1** ⇒atrapar **2** ⇒cazar [con una trampa]

snarl[1] UK: /snɑːl/ US: /snɑːrl/ *v* [T, I] ⇒gruñir ■ CONSTR. to snarl at sb

snarl[2] UK: /snɑːl/ US: /snɑːrl/ *n* [C] ⇒gruñido

snatch[1] /snætʃ/ [snatches] *v* [T] **1** ⇒agarrar [rápidamente] **2** ⇒arrebatar ⇒robar **3** ⇒raptar **4** *(una oportunidad)* ⇒aprovechar

PHRASAL VERBS

· **to snatch at *sth*** **1** ⇒intentar agarrar algo **2** *(una oportunidad)* ⇒aprovechar

snatch[2] /snætʃ/ *n* [C] **1** ⇒fragmento: *a snatch of a conversation* - un fragmento de una conversación **2** ⇒robo

sneak[1], **sneaked, sneaked** (*US tb* **snuck, snuck**) /sniːk/ *v* [I] **1** ⇒hacer algo a hurtadillas ■ CONSTR. Se usa generalmente seguido de una preposición o un adverbio **2 to ~ a look** ⇒mirar a hurtadillas **3 to ~ in (to)** ⇒entrar a hurtadillas **4 to ~ out (of)** ⇒escabullirse ⇒salir a hurtadillas

sneak[2] /sniːk/ *UK n* [C] *(inform)* ⇒chivato,ta ⇒acusetas *AMÉR.*

sneer[1] UK: /snɪəʳ/ US: /snɪr/ *v* [I] **1** ⇒mirar con desprecio: *to sneer at sb* - mirar a alguien con desprecio **2** ⇒reírse con desprecio ■ CONSTR. to sneer at sth/sb

sneer[2] UK: /snɪəʳ/ US: /snɪr/ *n* [C] **1** ⇒mirada de desprecio **2** ⇒sonrisa sarcástica **3** ⇒comentario desdeñoso

sneeze[1] /sniːz/ [sneezed, sneezing] *v* [I] ⇒estornudar: *You've been sneezing all morning* - Llevas toda la mañana estornudando

sneeze[2] /sniːz/ *n* [C] ⇒estornudo

snicker[1] UK: /ˈsnɪk.əʳ/ US: /-ə/ *US* (*UK/US tb* **snigger**) *v* [I] **1** ⇒reír(se) con disimulo ⇒reír(se) por lo bajini *col.* **2** ⇒reír(se) con sarcasmo

snicker[2] UK: /ˈsnɪk.əʳ/ US: /-ə/ *US* (*UK/US tb* **snigger**) *n* [C] ⇒risa disimulada

sniff[1] /snɪf/ *v* [T, I] **1** ⇒sorber [los mocos] **2** ⇒husmear ⇒olfatear ⇒oler

sniff[2] /snɪf/ *n* [C] ⇒inhalación

snigger[1] UK: /ˈsnɪg.əʳ/ US: /-ə/ (*US tb* **snicker**) *v* [I] **1** ⇒reír(se) con disimulo: *They sniggered at his comment* - Se rieron con disimulo de su comentario **2** ⇒reír(se) con sarcasmo

snigger[2] UK: /ˈsnɪg.əʳ/ US: /-ə/ (*US tb* **snicker**) *n* [C] **1** ⇒risa disimulada **2** ⇒risa sarcástica

snip /snɪp/ [snipped, snipping] *v* [T, I] ⇒cortar [con tijeras] ⇒recortar [con tijeras]

sniper UK: /ˈsnaɪ.pəʳ/ US: /-pə/ *n* [C] ⇒francotirador,-a

snob UK: /snɒb/ US: /snɑːb/ *n* [C] ⇒esnob *desp.*

snobbish UK: /ˈsnɒb.ɪʃ/ US: /ˈsnɑː.bɪʃ/ *adj* ⇒esnob *desp.*

snog[1] UK: /snɒg/ US: /snɑːg/ [snogged, snogging] *UK v* [T, I] *(inform) (una pareja)* ⇒besuquear(se) *col.;* ⇒besar(se)

snog[2] UK: /snɒg/ US: /snɑːg/ *UK n* [C] *(inform)* ⇒besuqueo *col.;* ⇒beso

snooker UK: /ˈsnuː.kəʳ/ US: /-kə/ *n* [U] ⇒billar [de veintidós bolas]

snoop[1] /snuːp/ *v* [I] **1** ⇒merodear: *He was snooping around her house* - Merodeaba por su casa **2** ⇒espiar ■ CONSTR. Se usa generalmente seguido de las preposiciones about, around y on

snoop[2] /snuːp/ *n* [C] **1** ⇒fisgón,-a *desp.* **2** ⇒mirón,-a **3 to have a ~ around (*sth*)** ⇒reconocer el terreno ⇒fisgonear (algo)

snooty UK: /ˈsnuː.ti/ US: /-t̬i/ *adj* [*comp* snootier, *superl* snootiest] *(inform)* ⇒creído,da *col.*; ⇒engreído,da

snore¹ UK: /snɔːʳ/ US: /snɔːr/ [snored, snoring] *v* [I] ⇒roncar: *You've been snoring the whole night* - Has estado roncando toda la noche

snore² UK: /snɔːʳ/ US: /snɔːr/ *n* [C] ⇒ronquido

snorkel UK: /ˈsnɔː.kᵊl/ US: /ˈsnɔːr-/ *n* [C] ⇒tubo de bucear

snort¹ UK: /snɔːt/ US: /snɔːrt/ ▮ *v* [I] **1** *(un animal)* ⇒bufar **2** ⇒bufar *col.*: *He left the room snorting* - Salió bufando de la habitación **3** *to snort with laughter* - soltar una carcajada ▮ *v* [T] **4** ⇒esnifar

snort² UK: /snɔːt/ US: /snɔːrt/ *n* [C] **1** *(de un animal)* ⇒bufido **2** ⇒bufido *col.*; ⇒gruñido

snout /snaʊt/ *n* [C] **1** *(de un animal)* ⇒hocico **2** *(de una persona)* ⇒napia *col.*

↑**snow¹** UK: /snəʊ/ US: /snoʊ/ *n* [U] ⇒nieve

snow² UK: /snəʊ/ US: /snoʊ/ *v* [I] **1** ⇒nevar **2 to be snowed in** ⇒estar aislado,da por la nieve **3 to be snowed under** ⇒estar invadido,da ⇒estar ahogado con

snowball¹ UK: /ˈsnəʊ.bɔːl/ US: /ˈsnoʊ.bɑːl/ *n* [C] ⇒bola de nieve

snowball² UK: /ˈsnəʊ.bɔːl/ US: /ˈsnoʊ.bɑːl/ *v* [I] *(un problema, una idea o una situación)* ⇒multiplicarse ⇒crecer

snowboarding UK: /ˈsnəʊ.bɔː.dɪŋ/ US: /ˈsnoʊ.bɔːr-/ *n* [U] *(deporte)* ⇒snowboard

snowdrift UK: /ˈsnəʊ.drɪft/ US: /ˈsnoʊ-/ *n* [C] *(en una montaña)* ⇒ventisquero

snowdrop UK: /ˈsnəʊ.drɒp/ US: /ˈsnoʊ.drɑːp/ *n* [C] *(flor)* ⇒campanilla de invierno

snowfall UK: /ˈsnəʊ.fɔːl/ US: /ˈsnoʊ.fɑːl/ *n* [U] ⇒nevada

snowflake UK: /ˈsnəʊ.fleɪk/ US: /ˈsnoʊ-/ *n* [C] ⇒copo de nieve

snowman UK: /ˈsnəʊ.mæn/ US: /ˈsnoʊ-/ [*pl* snowmen] *n* [C] ⇒muñeco de nieve

snowmobile UK: /ˈsnəʊ.məˌbiːl/ US: /ˈsnoʊ-/ *n* [C] ⇒moto de nieve

snowplough UK: /ˈsnəʊ.plaʊ/ US: /ˈsnoʊ-/ *UK n* [C] ⇒quitanieves

snowy UK: /ˈsnəʊ.i/ US: /ˈsnoʊ-/ *adj* [*comp* snowier, *superl* snowiest] **1** ⇒nevado,da ⇒con nieve **2** ⇒como la nieve

snub¹ /snʌb/ [snubbed, snubbing] *v* [T] ⇒desairar ⇒hacer un desplante

snub² /snʌb/ *n* [C] ⇒desaire ⇒desplante

snuck /snʌk/ *US* past tense and past participle forms of **sneak**

snug /snʌg/ *adj* **1** *(un lugar)* ⇒abrigado,da ⇒acogedor,-a **2** *(una persona)* ⇒arrebujado,da **3** *(una prenda de vestir)* ⇒ajustado,da

snuggle /ˈsnʌg.l/ [snuggled, snuggling] *v* [I] ⇒acurrucar(se): *He snuggled up against his father* - Se acurrucó junto a su padre ■ CONSTR. Se usa generalmente seguido de una preposición o un adverbio

↑**so¹** UK: /səʊ/ US: /soʊ/ *adv* **1** ⇒tan: *Why are you so nasty to me?* - ¿Por qué eres tan desagradable conmigo?; *He is so funny* - Es tan gracioso ■ Se usa delante de un adjetivo, sin sustantivo, o de un adverbio: *I'm so happy!* - *¡Estoy tan feliz!* Comparar con *such* **2** *I hope so* - Espero que sí **3** *I don't think so* - Creo que no **4** ⇒también: *He is Welsh and so is his mother* - Es galés y su madre también; *«I can play the piano a little» «So can I»* - «Sé tocar algo el piano» «Yo también» ■ Se usa con los verbos *to be, to have* y con verbos modales **5** ⇒así: *She told me to wash my hands and I did so* - Me dijo que me lavara las manos y así lo hice **6** *So that's the reason!* - ¡Ah, es por eso! **7 and ~ {forth/on}** ⇒y así sucesivamente **8 and ~ on** ⇒etcétera ⇒y todo lo demás **9 or ~** ⇒más o menos **10 So (what)?** ⇒¿y qué?: *«I have a lot of computer games» «So what?»* - «Tengo muchos juegos de ordenador» «¿Y qué?»

↑**so²** UK: /səʊ/ US: /soʊ/ *conj* **1** ⇒por tanto ⇒así que **2** ⇒para ⇒para que **3** ⇒así que ⇒entonces **4 ~ that** ⇒de modo que

soak UK: /səʊk/ US: /soʊk/ *v* [T, I] **1** ⇒dejar en remojo **2** ⇒empapar: *The milk had soaked through the rug* - La leche había empapado la alfombra ■ CONSTR. Se usa generalmente seguido de una preposición o un adverbio

PHRASAL VERBS

· **to soak *sth* up [M] 1** ⇒absorber algo [líquido] **2** *(el ambiente, una experiencia)* ⇒empaparse de algo

soaked UK: /səʊkt/ US: /soʊkt/ *adj* **1** ⇒empapado,da: *He's soaked to the skin* - Está empapado hasta los huesos **2 to get ~** ⇒empaparse ⇒mojarse ⇒ensoparse *AMÉR. col.*

soaking UK: /ˈsəʊ.kɪŋ/ US: /ˈsoʊ-/ (*tb* **soaking wet**) *adj* ⇒empapado,da

so-and-so UK: /ˈsəʊ.ənd.səʊ/ US: /ˈsoʊ.ənd.soʊ/ *n* [C] **1** *(inform)* ⇒fulano,na *col.* **2** *(inform)* ⇒idiota *desp.*

S

†**soap** UK: /səʊp/ US: /soʊp/ *n* [C, U] **1** ⇒jabón **2** ~ **powder** ⇒detergente en polvo

†**soap opera** *n* [C] ⇒telenovela ⇒culebrón *col.*

soapy UK: /ˈsəʊ.pi/ US: /ˈsoʊ-/ *adj* ⇒jabonoso,sa

†**soar** UK: /sɔːʳ/ US: /sɔːr/ *v* [I] **1** ⇒dispararse ■ CONSTR. Se usa generalmente seguido de una preposición o un adverbio **2** ⇒planear ⇒volar

sob[1] UK: /sɒb/ US: /sɑːb/ [sobbed, sobbing] *v* [I] ⇒sollozar: *Stop sobbing and calm down* - Deja de sollozar y cálmate

sob[2] UK: /sɒb/ US: /sɑːb/ *n* [C] ⇒sollozo

†**sober** UK: /ˈsəʊ.bəʳ/ US: /ˈsoʊ.bɚ/ *adj* **1** ⇒sobrio,bria: *He's not drunk, he's sober!* - ¡No está borracho, sino sobrio! **2** *(una persona)* ⇒serio,ria **3** *(una prenda de vestir o un color)* ⇒sobrio,bria

†**so-called** UK: /ˌsəʊˈkɔːld/ US: /ˌsoʊˈkɑːld/ *adj* **1** ⇒supuesto,ta: *And this is your so-called friend* - Y ese es tu supuesto amigo **2** ⇒llamado,da

†**soccer** UK: /ˈsɒk.əʳ/ US: /ˈsɑː.kɚ/ *(UK tb* **football**) *n* [U] ⇒fútbol

sociability *n* [U] ⇒sociabilidad ⇒extroversión

sociable UK: /ˈsəʊ.ʃə.bl̩/ US: /ˈsoʊ-/ *adj* ⇒sociable ⇒extrovertido,da

†**social** UK: /ˈsəʊ.ʃəl/ US: /ˈsoʊ-/ *adj* ⇒social

†**socialism** UK: /ˈsəʊ.ʃəl.ɪ.zəm/ US: /ˈsoʊ-/ *n* [U] ⇒socialismo

socialist UK: /ˈsəʊ.ʃəl.ɪst/ US: /ˈsoʊ-/ *adj, n* [C] ⇒socialista

socialize UK: /ˈsəʊ.ʃəl.aɪz/ US: /ˈsoʊ.ʃə.laɪz/ [socialized, socializing] *v* [I] **1** ⇒alternar ⇒relacionarse **2** ⇒adaptarse a la sociedad

social security *UK* (*US* **welfare**) *n* [U] ⇒seguridad social

social worker *n* [C] ⇒trabajador,-a social ⇒asistente,ta social

†**society** UK: /səˈsaɪ.ə.ti/ US: /-t̬i/ [*pl* societies] ▮ *n* [C, U] **1** ⇒sociedad ■ La forma abreviada es *Soc.* ▮ *n* [C] **2** ⇒asociación

sociocultural *adj* ⇒sociocultural

sociology UK: /ˌsəʊ.siˈɒl.ə.dʒi/ US: /ˌsoʊ.siˈɑː.lə-/ *n* [U] ⇒sociología

†**sock** UK: /sɒk/ US: /sɑːk/ [*pl* socks; US sox] *n* [C] ⇒calcetín ■ Se usa más en plural

socket UK: /ˈsɒk.ɪt/ US: /ˈsɑː.kɪt/ (*US tb* **outlet**) *n* [C] **1** ⇒enchufe ⇒toma de corriente **2** ⇒portalámparas **3** *(en anatomía)* ⇒hueco ⇒cuenca ⇒cavidad ■ PRON. Rima con *it*

soda *n* [U] **1** ⇒soda **2** *US* ⇒refresco [con gas] **3** ⇒sosa cáustica

soda (water) *n* [C, U] *(bebida)* ⇒soda

sodden UK: /ˈsɒd.ən/ US: /ˈsɑː.d[ə]n/ *adj* ⇒empapado,da

sodium UK: /ˈsəʊ.di.əm/ US: /ˈsoʊ-/ *n* [U] *(en química)* ⇒sodio

†**sofa** UK: /ˈsəʊ.fə/ US: /ˈsoʊ-/ (*UK tb* **settee**) *n* [C] ⇒sofá

†**soft** UK: /sɒft/ US: /sɑːft/ *adj* **1** ⇒blando,da **2** ⇒suave **3** ⇒dulce ⇒suave **4** ⇒tenue ⇒suave **5** ⇒blando,da ⇒benévolo,la

soft drink *n* [C] ⇒refresco

soften UK: /ˈsɒf.ən/ US: /ˈsɑː.f[ə]n/ *v* [T, I] **1** ⇒ablandar(se) **2** ⇒suavizar(se): *to soften one's position* - suavizar la postura **3** ⇒atenuar ⇒amortiguar(se) **4** ⇒moderar el tono de voz

softly UK: /ˈsɒft.li/ US: /ˈsɑːft-/ *adv* **1** ⇒en voz baja **2** ⇒delicadamente **3** ⇒ligeramente: *a softly lit room* - una habitación ligeramente iluminada

soft-spoken UK: /ˌsɒftˈspəʊ.kən/ US: /ˌsɑːftˈspoʊ-/ *adj* ⇒de voz suave

†**software** UK: /ˈsɒft.weəʳ/ US: /ˈsɑːft.wer/ *n* [U] *(en informática)* ⇒software

soggy UK: /ˈsɒg.i/ US: /ˈsɑː.gi/ *adj* [*comp* soggier, *superl* soggiest] **1** ⇒empapado,da **2** *(un alimento)* ⇒correoso,sa

soh UK: /səʊ/ US: /soʊ/ *n* [U, NO PL] *(nota musical)* ⇒sol

soil[1] /sɔɪl/ *n* [C, U] ⇒tierra ⇒suelo

soil[2] /sɔɪl/ *v* [T] *(form)* ⇒ensuciar ⇒manchar

solace UK: /ˈsɒl.ɪs/ US: /ˈsɑː.lɪs/ *n* [U] *(form)* ⇒solaz ⇒consuelo

†**solar** UK: /ˈsəʊ.ləʳ/ US: /ˈsoʊ.lɚ/ *adj* ⇒solar: *the solar system* - el sistema solar

solar system **the ~** ⇒el sistema solar

sold UK: /səʊld/ US: /soʊld/ past tense and past participle forms of **sell**

†**soldier** UK: /ˈsəʊl.dʒəʳ/ US: /ˈsoʊl.dʒɚ/ *n* [C] ⇒soldado

sole[1] UK: /səʊl/ US: /soʊl/ *adj* **1** ⇒único,ca: *He is the sole owner of the house* - Es el único dueño de la casa **2** ⇒exclusivo,va

sole[2] UK: /səʊl/ US: /soʊl/ ▮ *n* [C] **1** *(en un calzado)* ⇒suela **2** ⇒planta [del pie] ▮ *n* [C, U] **3** *(pez)* ⇒lenguado

solely UK: /ˈsəʊl.li/ US: /ˈsoʊl-/ *adv* ⇒solamente: *He is solely responsible for what happened* - Solamente él es responsable de lo que pasó

solemn UK: /ˈsɒl.əm/ US: /ˈsɑː.ləm/ *adj* **1** ⇒serio,ria y triste **2** *(form)* ⇒solemne: *a solemn promise* - una promesa solemne

†**solicitor** UK: /səˈlɪs.ɪ.təʳ/ US: /-t̬ɚ/ *n* [C] **1** *(en los tribunales inferiores)* ⇒abogado,da que se dedica principalmente a preparar todos los documentos legales del caso, y de asesorar al cliente ■ Comparar con *barrister* **2** ⇒notario,ria

†**solid**[1] UK: /ˈsɒl.ɪd/ US: /ˈsɑː.lɪd/ *adj* **1** ⇒sólido,da **2** ⇒macizo,za ⇒compacto,ta **3** ⇒continuo,nua ⇒seguido,da **4** *(una persona)* ⇒fiable y sincero,ra

solid² UK: /ˈsɒl.ɪd/ US: /ˈsɑː.lɪd/ *n* [C] ⇒sólido

solidarity UK: /ˌsɒl.ɪˈdær.ɪ.ti/ US: /ˌsɑː.lɪˈder.ə.t̬i/ *n* [U] ⇒solidaridad

solidify /səˈlɪd.ɪ.faɪ/ [solidifies, solidified] *v* [T, I] ⇒solidificar

solitary UK: /ˈsɒl.ɪ.tri/ US: /ˈsɑː.lə.ter.i/ *adj* ⇒solitario,ria ⇒solo,la

solitude UK: /ˈsɒl.ɪ.tjuːd/ US: /ˈsɑː.lə.tuːd/ *n* [U] ⇒soledad

solo¹ UK: /ˈsəʊ.ləʊ/ US: /ˈsoʊ.loʊ/ *adj, adv* ⇒solo,la ⇒solitario,ria

solo² UK: /ˈsəʊ.ləʊ/ US: /ˈsoʊ.loʊ/ *n* [C] *(en música)* ⇒solo

soloist UK: /ˈsəʊ.ləʊ.ɪst/ US: /ˈsoʊ.loʊ-/ *n* [C] ⇒solista

solstice UK: /ˈsɒl.stɪs/ US: /ˈsɑːl-/ *n* [C] ⇒solsticio: *the summer solstice* - el solsticio de verano

soluble UK: /ˈsɒl.jʊ.bl̩/ US: /ˈsɑːl-/ *adj* ⇒soluble

solution /səˈluː.ʃən/ ▌*n* [C] **1** ⇒solución ⇒resolución ⇒respuesta ▌*n* [C, U] **2** ⇒solución ⇒disolución

† **solve** UK: /sɒlv/ US: /sɑːlv/ [solved, solving] *v* [T] ⇒resolver ⇒solucionar

solvent¹ UK: /ˈsɒl.vənt/ US: /ˈsɑːl-/ *adj (en economía)* ⇒solvente

solvent² UK: /ˈsɒl.vənt/ US: /ˈsɑːl-/ *n* [C] *(líquido)* ⇒disolvente

Somali /səˈmɑː.li/ *adj, n* [C] ⇒somalí

Somalia /səˈmɑː.li.ə/ *n* [U] ⇒Somalia

sombre UK: /ˈsɒm.bəʳ/ US: /ˈsɑːm.bə/ *UK adj* ⇒sombrío,a: *a sombre voice* - una voz sombría

† **some** /sʌm, səm/ *adj, pron* **1** *(con nombres contables en oraciones afirmativas)* ⇒algunos,nas **2** *(con nombres incontables en oraciones afirmativas)* ⇒un poco de ⇒un poco **3** *(en preguntas, cuando se espera una respuesta afirmativa)* ⇒un poco de ⇒alguno,na **4** ⇒algún,-a ⇒un,-a **5** ⇒cierto,ta: *in some ways* - de cierto modo; *unlike some people* - no como ciertas personas **6** ⇒bastante: *It is of some importance* - Es bastante importante; *I haven't seen her for some time* - Hace bastante tiempo que no la veo **7** *(uso enfático): That was some party!* - ¡Vaya una fiesta! **8** *(uso irónico): That's some friend you've got!* - ¡Menudo amigo! ■ Normalmente se usa en oraciones afirmativas. Comparar con *any* ■ Ver cuadro

† **somebody** UK: /ˈsʌm.bə.di/ UK: /-ˌbɒd.i/ US: /-ˌbɑː.di/ *pron* See **someone**

someday /ˈsʌm.deɪ/ *adv* ⇒algún día

† **somehow** /ˈsʌm.haʊ/ *adv* ⇒de alguna manera: *I'll get there somehow* - De alguna manera llegaré

† **someone** /ˈsʌm.wʌn/ (*tb* **somebody**) *pron* **1** *(en oraciones afirmativas)* ⇒alguien **2** *(en preguntas, cuando se espera una respuesta afirmativa)* ⇒alguien **3 ~ else** ⇒otra persona ■ Normalmente se usa en oraciones afirmativas. Comparar con *anyone* ■ La forma abreviada es *sb*

someplace /ˈsʌm.pleɪs/ *US adv* See **somewhere**

somersault UK: /ˈsʌm.ə.sɔːlt/ US: /-ɚ.sɑːlt/ *n* [C] **1** ⇒voltereta: *to turn somersaults* - dar volteretas **2** *(en un coche)* ⇒vuelta de campana

† **something** /ˈsʌm.θɪŋ/ *pron* **1** *(en oraciones afirmativas)* ⇒algo **2** *(en preguntas, cuando se espera una respuesta afirmativa)* ⇒algo ■ Normalmente

some / any

- **Some** se usa:
  - En oraciones afirmativas:
    - *There's* ***some*** *milk in the fridge.* (Hay algo de leche en la nevera.)
  - En preguntas (ofrecimientos o peticiones), cuando se espera que la respuesta sea afirmativa:
    - *Would you like* ***some*** *tea?* (¿Te apetece un poco de té?)
- **Any** se usa:
  - En oraciones negativas:
    - *There isn't* ***any*** *butter in the fridge.* (No hay mantequilla en la nevera.)
  - En preguntas:
    - *Have you got* ***any*** *money?* (¿Tienes dinero?)
  - En oraciones afirmativas con un nombre singular y contable, con el sentido de 'cualquiera':
    - *You can post the letter in* ***any*** *postbox.* (Puedes echar la carta en cualquier buzón.)
  - Con palabras que tiene un significado negativo o con expresiones de duda:
    - *I hardly have* ***any*** *spare time.* (Apenas tengo tiempo libre.)

Las palabras compuestas con **some** ("**somebody**", "**someone**", "**something**", "**somewhere**") y con **any** ("**anybody**", "**anyone**", "**anything**", "**anywhere**") siguen estas mismas reglas de uso.

(Ver también cuadro **any / a**.)

S

se usa en oraciones afirmativas. Comparar con *anything* ■ La forma abreviada es *sth*

sometime /ˈsʌm.taɪm/ *adv* **1** ⇒algún día: *Give me a ring sometime and we'll meet* - Llámame algún día y nos veremos **2** ⇒en algún momento: *sometime before tomorrow* - en algún momento antes de mañana

↑**sometimes** /ˈsʌm.taɪmz/ *adv* ⇒a veces: *I sometimes go to the cinema on Wednesdays* - A veces voy al cine los miércoles

↑**somewhat** UK: /ˈsʌm.wɒt/ US: /-wɑːt/ *adv (form)* ⇒en cierto modo ⇒algo

↑**somewhere** UK: /ˈsʌm.weəʳ/ US: /-wer/ (*US tb* **someplace**) *adv* ⇒en algún sitio: *Your books must be somewhere in the house* - Tus libros deben de estar en algún sitio de la casa

↑**son** /sʌn/ *n* [c] ⇒hijo

↑**song** UK: /sɒŋ/ US: /sɑːŋ/ ▌*n* [c] **1** ⇒canción ▌*n* [c, u] **2** ⇒canto: *I love waking up to the birds' song* - Me encanta despertarme con el canto de los pájaros

songwriter UK: /ˈsɒŋˌraɪ.təʳ/ US: /ˈsɑːŋˌraɪ.ə/ *n* [c] ⇒compositor,-a

son-in-law UK: /ˈsʌn.ɪn.lɔː/ US: /-lɑː/ [*pl* sons-in-law] *n* [c] ⇒yerno

↑**soon** /suːn/ *adv* **1** ⇒pronto: *I'll be home soon* - Llegaré pronto a casa **2 as ~ as** ⇒tan pronto como ⇒nada más ⇒nomás *AMÉR.* ■ Nunca se usa seguido de un verbo en futuro **3 as ~ as possible** ⇒lo antes posible ■ La forma abreviada es *asap* **4 no sooner... than...** ⇒nada más...: *No sooner had she graduated than she was offered a job* - Nada más licenciarse le ofrecieron un puesto de trabajo **5 sooner or later** ⇒tarde o temprano ■ Hace referencia a un acontecimiento futuro. Comparar con *early*

soot /sʊt/ *n* [u] ⇒hollín

soothe /suːð/ [soothed, soothing] *v* [T] **1** ⇒aliviar: *to soothe pain* - aliviar el dolor **2** ⇒calmar ⇒tranquilizar

↑**sophisticated** UK: /səˈfɪs.tɪ.keɪ.tɪd/ US: /-ɪd/ *adj* **1** ⇒sofisticado,da **2** ⇒sutil ⇒ingenioso,sa **3** *(una máquina)* ⇒perfeccionado,da ⇒avanzado,da

sordid UK: /ˈsɔː.dɪd/ US: /ˈsɔːr-/ *adj* ⇒sórdido,da

sore[1] UK: /sɔːʳ/ US: /sɔːr/ *adj* **1** ⇒dolorido,da ⇒irritado,da **2 a ~ {point/spot/subject}** ⇒un asunto delicado

sore[2] UK: /sɔːʳ/ US: /sɔːr/ *n* [c] **1** ⇒llaga **2** *a sore cold* - herpes labial

sorely UK: /ˈsɔː.li/ US: /ˈsɔːr-/ *adv (form)* ⇒profundamente ⇒enormemente

sorrow UK: /ˈsɒr.əʊ/ US: /ˈsɔːr.oʊ/ *n* [c, u] *(form)* ⇒pesar ⇒pena

↑**sorry**[1] UK: /ˈsɒr.i/ US: /ˈsɔːr-/ *adj* [*comp* sorrier, *superl* sorriest] **1** ⇒apenado,da ⇒triste **2** ⇒lamentable: *in a sorry state* - en un estado lamentable **3** ⇒arrepentido,da **4 (I'm) ~** ⇒lo siento **5 to feel ~ for sb** ⇒sentir pena por alguien

↑**sorry**[2] UK: /ˈsɒr.i/ US: /ˈsɔːr-/ *excl* **1** ⇒perdón: *Sorry, I didn't want to disturb you* - Perdón, no quería molestarte ■ Normalmente se dice después de haber hecho algo. Comparar con *excuse me* **2** *UK* **sorry?** ⇒¿cómo?: *Sorry? Could you repeat that?* - ¿Cómo? ¿Podría repetir eso?

↑**sort**[1] UK: /sɔːt/ US: /sɔːrt/ *n* [c] **1** ⇒tipo: *What sort of music do you like?* - ¿Qué tipo de música te gusta? **2 ~ of 1** *(inform)* ⇒en cierto modo: *«Are you angry?» «Well, sort of»* - «¿Estás enfadado?» «Pues, en cierto modo» **2** ⇒una especie de: *It's sort of yellow-orange* - Es una especie de amarillo anaranjado **3 to ~ through sth** ⇒clasificar algo ⇒ordenar algo

↑**sort**[2] UK: /sɔːt/ US: /sɔːrt/ *v* [T] ⇒clasificar ⇒ordenar

PHRASAL VERBS

- **to sort *sth* out [M]** 1 *(inform)* ⇒arreglar algo ⇒organizar algo **2** ⇒solucionar algo: *We have to sort out this problem* - Tenemos que solucionar este problema
- **to sort through *sth*** ⇒organizar algo [para encontrar algo]

so-so UK: /ˌsəʊˈsəʊ/ US: /ˌsoʊˈsoʊ/ *adj, adv* ⇒así así *col.*: *I'm feeling so-so today* - Hoy estoy así así

sought UK: /sɔːt/ US: /sɑːt/ past tense and past participle forms of **seek**

sought-after UK: /ˈsɔːtˌɑːf.təʳ/ US: /ˈsɑːtˌæf.tə/ *adj* ⇒codiciado,da ⇒solicitado,da

↑**soul** UK: /səʊl/ US: /soʊl/ *n* [c, u] **1** ⇒alma **2** *poor soul* - pobrecito

↑**sound**[1] /saʊnd/ ▌*n* [c] **1** ⇒sonido **2** ⇒estrecho ⇒brazo de mar ▌*n* [u] **3** ⇒ruido: *The new car doesn't make a sound* - El coche nuevo no hace ni un ruido

↑**sound**[2] /saʊnd/ ▌*v* [I] **1** ⇒sonar **2** ⇒parecer [por lo que se ha oído]: *Your family sounds interesting* - Tu familia me parece interesante; *He sounded rude to me* - Me pareció maleducado ▌*v* [T, I] **3** ⇒sonar: *When the alarm sounds...* - Cuando suene la alarma...

sound[3] /saʊnd/ *adj* **1** ⇒sano,na: *a sound body* - un organismo sano **2** ⇒seguro,ra ⇒sólido,da **3** ⇒bueno,na: *a sound piece of advice* - un buen consejo **4 ~ asleep** ⇒profundamente dormido,da

sound[4] /saʊnd/ *adv To be sound sleep* - Estar completamente dormido,da

sounding *n* [c] **1** ⇒sondeo **2 ~ board** ⇒caja de resonancia

soundtrack /ˈsaʊnd.træk/ *n* [c] ⇒banda sonora

† **soup** /suːp/ *n* [C, U] ⇒sopa
† **sour** UK: /saʊəʳ/ US: /saʊr/ *adj* **1** ⇒agrio,gria ⇒ácido,da **2** ⇒cortado,da: *sour milk* - leche cortada **3** ⇒desagradable ⇒avinagrado,da
† **source** UK: /sɔːs/ US: /sɔːrs/ *n* [C] **1** ⇒fuente ⇒procedencia **2** *(en un río)* ⇒nacimiento
† **south**[1] /saʊθ/ *n* [U] ⇒sur: *the south of England* - el sur de Inglaterra; *the South Pole* - el Polo Sur ■ La forma abreviada es *S*
† **south**[2] /saʊθ/ *adj* ⇒sur ⇒del sur
† **south**[3] /saʊθ/ *adv* ⇒en dirección sur: *to travel south* - viajar en dirección sur
South Africa *n* [U] ⇒Sudáfrica
South African *adj, n* [C] ⇒sudafricano,na
southbound /ˈsaʊθ.baʊnd/ *adj* ⇒en dirección sur
† **southeast**[1] /ˌsaʊθˈiːst/ *n* [U] ⇒sudeste: *in the southeast of Italy* - al sudeste de Italia ■ La forma abreviada es *SE*
† **southeast**[2] /ˌsaʊθˈiːst/ *adj* ⇒del sudeste: *southeast wind* - viento del sudeste
† **southeast**[3] /ˌsaʊθˈiːst/ *adv* ⇒en dirección sudeste: *to go southeast* - ir en dirección sudeste
southern UK: /ˈsʌð.ən/ US: /-ən/ *adj* ⇒del sur ⇒meridional ■ La forma abreviada es *S*
South Korea /ˌsaʊθ.kəˈriː.ə/ *n* [U] ⇒Corea del Sur
South Korean /ˌsaʊθ.kəˈriː.ən/ *adj, n* [C] ⇒surcoreano,na
† **southwest**[1] /ˌsaʊθˈwest/ *n* [U] ⇒sudoeste: *in the southwest of England* - al sudoeste de Inglaterra ■ La forma abreviada es *SW*
† **southwest**[2] /ˌsaʊθˈwest/ *adj* ⇒del sudoeste: *southwest wind* - viento del sudoeste
† **southwest**[3] /ˌsaʊθˈwest/ *adv* ⇒en dirección sudoeste: *to go southwest* - ir en dirección sudoeste
souvenir UK: /ˌsuː.vənˈɪəʳ/ US: /-vəˈnɪr/ *n* [C] ⇒recuerdo ⇒souvenir
sovereign UK: /ˈsɒv.ᵊr.ɪn/ US: /ˈsɑːv.rən/ (*tb* **Sovereign**) *n* [C] *(form)* ⇒soberano,na
Soviet UK: /ˈsəʊ.vi.ət/ US: /ˈsoʊ-/ *adj* ⇒soviético,ca
† **sow, sowed, sown** (*tb* **sowed, sowed**) UK: /səʊ/ US: /soʊ/ *v* [T] ⇒sembrar: *to sow the fields with wheat* - sembrar los campos de trigo
sown past participle of **sow**
spa /spɑː/ *n* [C] **1** ⇒balneario **2** ⇒ciudad o pueblo con un manantial
† **space**[1] /speɪs/ ▌*n* [C, U] **1** ⇒espacio ⇒sitio ▌*n* [U] **2** ⇒espacio exterior **3 a ~ time** ⇒un período de tiempo
space[2] /speɪs/ [spaced, spacing] *v* [T] ⇒espaciar: *Both beds were spaced* - Las camas estaban espaciadas ■ CONSTR. Se usa más en pasiva
spacecraft UK: /ˈspeɪs.krɑːft/ US: /-kræft/ [*pl* spacecraft] *n* [C] ⇒nave espacial
spaceship /ˈspeɪs.ʃɪp/ *n* [C] ⇒nave espacial [con tripulación]
space shuttle (*tb* **shuttle**) *n* [C] ⇒transbordador espacial
space station *n* [C] ⇒estación espacial
spacesuit UK: /ˈspeɪs.sjuːt/ US: /-suːt/ *n* [C] ⇒traje espacial
spacious /ˈspeɪ.ʃəs/ *adj* ⇒espacioso,sa: *a spacious bedroom* - un dormitorio espacioso
spade /speɪd/ *n* [C] ⇒pala: *We used a spade to dig the hole* - Usamos una pala para hacer el agujero ■ Distinto de *sword* (espada)
spaghetti UK: /spəˈget.i/ US: /-ˈge-/ *n* [U] ⇒espagueti
Spain /speɪn/ *n* [U] ⇒España
spam /spæm/ *n* [U] *(inform) (en informática)* ⇒spam
span[1] /spæn/ *n* [C] **1** ⇒duración ⇒período **2** ⇒capacidad **3** ⇒envergadura
span[2] /spæn/ [spanned, spanning] *v* [T] **1** ⇒durar ⇒extenderse ⇒abarcar **2** ⇒cruzar
Spaniard UK: /ˈspæn.jəd/ US: /-jəd/ *n* [C] *(gentilicio)* ⇒español,-a ⇒gallego,ga AMÉR.; ■ Ver *Spanish*
spaniel /ˈspæn.jəl/ *n* [C] ⇒perro de aguas
Spanish[1] /ˈspæn.ɪʃ/ *adj* ⇒español,-a ⇒gallego,ga AMÉR.
Spanish[2] /ˈspæn.ɪʃ/ *n* [U] **1** *(idioma)* ⇒español ⇒castellano **2 the ~** *(gentilicio)* ⇒los españoles, las españolas ■ El singular es *a Spaniard*
spank /spæŋk/ *v* [T] ⇒dar azotes
spanner UK: /ˈspæn.əʳ/ US: /-ə/ *UK* (*US* **wrench**) *n* [C] ⇒llave inglesa
† **spare**[1] UK: /speəʳ/ US: /sper/ *adj* **1** ⇒extra ⇒de repuesto ⇒de más **2** *(lit) (una persona)* ⇒enjuto,ta **3 ~ time** (*tb* **free time**) ⇒tiempo libre **4 to go ~** *UK (inform)* ⇒subirse por las paredes *col.*
spare[2] UK: /speəʳ/ US: /sper/ *n* [C] ⇒repuesto ⇒recambio
spare[3] UK: /speəʳ/ US: /sper/ [spared, sparing] *v* [T] **1** ⇒poder dar ⇒tener **2** *I can only spare you five minutes* - Solo te puedo dedicar cinco minutos **3** ⇒ahorrar ■ CONSTR. to spare + dos objetos **4** ⇒perdonar **5 to ~** ⇒de sobra **6 to ~ no effort** ⇒no escatimar esfuerzos **7 to ~ *sb's* life** ⇒perdonar la vida a alguien
spark[1] UK: /spɑːk/ US: /spɑːrk/ *n* [C] ⇒chispa
spark[2] UK: /spɑːk/ US: /spɑːrk/ ▌*v* [I] **1** ⇒chispear [fuego o electricidad] ▌*v* [T] **2** (*tb* **spark off**) ⇒empezar ⇒provocar
sparkle[1] UK: /ˈspɑː.kl̩/ US: /ˈspɑːr-/ [sparkled, sparkling] *v* [I] ⇒centellear ⇒brillar

sparkle² UK: /ˈspɑː.kl̩/ US: /ˈspɑːr-/ *n* [C, U] **1** ⇒centelleo ⇒brillo **2** ⇒chispa ⇒ingenio

sparkler UK: /ˈspɑː.kləʳ/ US: /ˈspɑːr.klɚ/ *n* [C] ⇒bengala

sparkling UK: /ˈspɑː.klɪŋ/ US: /ˈspɑːr-/ *adj* **1** ⇒brillante ⇒centelleante **2** ⇒maravilloso,sa ⇒emocionante **3** ⇒con gas **4** ⇒espumoso,sa: *sparkling wine* - vino espumoso

spark plug *n* [C] **1** *(en un motor de explosión)* ⇒bujía **2** *US (una persona)* ⇒eje

sparrow UK: /ˈspær.əʊ/ US: /ˈsper.oʊ/ *n* [C] *(ave)* ⇒gorrión

sparse UK: /spɑːs/ US: /spɑːrs/ *adj* ⇒escaso,sa ⇒reducido,da

spartan UK: /ˈspɑː.tən/ US: /ˈspɑːr-/ *adj* ⇒espartano,na: *spartan conditions* - condiciones espartanas

spasm /ˈspæz.ᵊm/ *n* [C, U] ⇒espasmo

spat /spæt/ past tense and past participle forms of **spit**

spate /speɪt/ *n* [C] ⇒oleada [de eventos] ⇒racha [de eventos] ■ Tiene una connotación negativa

spatial /ˈspeɪ.ʃᵊl/ *adj* ⇒espacial: *spatial awareness* - conciencia espacial

spatter UK: /ˈspæt.əʳ/ US: /ˈspæ.ɚ/ *v* [T, I] **1** ⇒salpicar ⇒manchar ■ CONSTR. Se usa más en pasiva **2** *(la lluvia)* ⇒golpear

↑**speak, spoke, spoken** /spiːk/ ▌*v* [I] **1** ⇒hablar: *Speak to me, please* - Háblame, por favor ▌*v* [T] **2** ⇒hablar ⇒saber **3 so to ~** ⇒por así decirlo **4 to ~ *one's* mind** ⇒decir lo que uno,na piensa ⇒hablar claro

PHRASAL VERBS

- **to speak out** ⇒pronunciarse
- **to speak up 1** ⇒hablar más alto: *Can you speak up, please?* - ¿Puedes hablar más alto, por favor? **2** ⇒expresarse

speaker UK: /ˈspiː.kəʳ/ US: /-kɚ/ *n* [C] **1** ⇒altavoz ⇒bafle **2** ⇒hablante: *an English speaker* - un hablante de inglés **3** ⇒conferenciante ⇒ponente **4** *(en lingüística)* ⇒emisor

spear UK: /spɪəʳ/ US: /spɪr/ *n* [C] ⇒lanza

↑**special¹** /ˈspeʃ.ᵊl/ *adj* ⇒especial: *We're having a special dinner today* - Hoy tenemos una cena especial

special² /ˈspeʃ.ᵊl/ *n* [C] **1** *(en televisión)* ⇒programa especial **2** *(en un restaurante)* ⇒plato especial ⇒especialidad del día

specialised *UK adj* See **specialized**

specialist /ˈspeʃ.ᵊl.ɪst/ *n* [C] ⇒especialista: *She is a specialist in genetic engineering* - Es especialista en ingeniería genética

speciality UK: /ˌspeʃ.iˈæl.ɪ.ti/ US: /-ə.t̬i/ [*pl* specialities] *UK n* [C] ⇒especialidad

specialize UK: /ˈspeʃ.ᵊl.aɪz/ US: /-ə.laɪz/ [specialized, specializing] *v* [I] ⇒especializarse: *She specializes in paediatrics* - Está especializada en pediatría

specialized UK: /ˈspeʃ.ᵊl.aɪzd/ US: /-ə.laɪzd/ (*UK tb* **specialised**) *adj* ⇒especializado,da

specially /ˈspeʃ.ᵊl.i/ *adv* ⇒especialmente: *I've bought this specially for you* - He comprado esto especialmente para ti

↑**species** /ˈspiː.ʃiːz/ [*pl* species] *n* [C] *(en biología)* ⇒especie

↑**specific** /spəˈsɪf.ɪk/ *adj* **1** ⇒específico,ca ⇒determinado,da **2** ⇒concreto,ta ⇒preciso,sa

specifically /spəˈsɪf.ɪ.kli/ *adv* **1** ⇒específicamente **2** ⇒concretamente

specification /ˌspes.ɪ.fɪˈkeɪ.ʃᵊn/ *n* [C, U] **1** ⇒especificación ⇒determinación **2** ⇒precisión

↑**specify** /ˈspes.ɪ.faɪ/ [specifies, specified] *v* [T] **1** ⇒especificar ⇒determinar **2** ⇒precisar

specimen /ˈspes.ə.mɪn/ *n* [C] **1** ⇒muestra: *a blood specimen* - una muestra de sangre **2** ⇒espécimen ⇒ejemplar

speck /spek/ *n* [C] **1** *(de pintura)* ⇒gota **2** *(de polvo)* ⇒mota **3** ⇒pizca

specs *n* [PL] *(inform)* ⇒forma abreviada de **spectacles** (gafas) ⇒anteojos

spectacle /ˈspek.tɪ.kl̩/ *n* [C, U] ⇒espectáculo

spectacles /ˈspek.tɪ.kl̩z/ *n* [PL] *(old-fash)* ⇒gafas ⇒anteojos ■ La forma abreviada es *specs*

↑**spectacular** UK: /spekˈtæk.jʊ.ləʳ/ US: /-lɚ/ *adj* ⇒espectacular ⇒impresionante

↑**spectator** UK: /spekˈteɪ.təʳ/ US: /-t̬ɚ/ *n* [C] ⇒espectador,-a

spectre UK: /ˈspek.təʳ/ US: /-tɚ/ *UK n* [C] **1** *(lit)* ⇒espectro ⇒fantasma **2 the ~ of *sth*** ⇒el fantasma de algo: *The spectre of famine looms over the country* - El fantasma del hambre acecha al país

↑**spectrum** /ˈspek.trəm/ [*pl* spectra, spectrums] *n* [C] **1** ⇒gama ⇒espectro **2** ⇒espectro luminoso

↑**speculate** /ˈspek.jʊ.leɪt/ [speculated, speculating] *v* [I] ⇒especular

speculation /ˌspek.jʊˈleɪ.ʃᵊn/ *n* [C, U] ⇒especulación

speculative UK: /ˈspek.jʊ.lə.tɪv/ US: /-ɪv/ *adj* ⇒especulativo,va

sped past tense and past participle forms of **speed**

↑**speech** /spiːtʃ/ ▌*n* [C] **1** ⇒discurso: *to deliver a speech* - pronunciar un discurso **2** *(en el teatro)* ⇒parlamento ⇒monólogo ■ El plural es *speeches* ▌*n* [U] **3** ⇒habla: *His illness has affected his speech* - La enfermedad le ha afectado al habla **4** ⇒lenguaje **5 direct ~** ⇒estilo directo **6 {free/**

freedom of} ~ ⇒libertad de expresión **7 indirect** ~ (*UK tb* **reported speech**) ⇒estilo indirecto ■ Ver cuadro reported speech

speechless /ˈspiːtʃ.ləs/ *adj* ⇒sin habla

↑**speed**[1] /spiːd/ *n* [C, U] **1** ⇒velocidad **2 at** ~ ⇒a gran velocidad

speed[2], **sped, sped** (*tb* **speeded, speeded**) /spiːd/ *v* [T, I] **1** ⇒ir a gran velocidad: *The motorbike sped down the hill* - La motocicleta iba a gran velocidad por la colina ■ CONSTR. Se usa generalmente seguido de una preposición o un adverbio **2** ⇒exceder el límite de velocidad ⇒sobrepasar la velocidad ■ Solamente se puede utilizar en tiempos continuos

PHRASAL VERBS
- **to speed (*sth*) up [M]** ⇒acelerar ⇒agilizar

speedboat UK: /ˈspiːd.bəʊt/ US: /-boʊt/ *n* [C] ⇒lancha rápida ⇒lancha motora

speed limit *n* [C] ⇒límite de velocidad

speedometer UK: /spiːˈdɒm.ɪ.təʳ/ US: /spɪˈdɑː.mə.t̬ɚ/ *n* [C] ⇒velocímetro

speedy /ˈspiː.di/ *adj* [*comp* speedier, *superl* speediest] ⇒rápido,da

↑**spell**[1], **spelt, spelt** (*tb* **spelled, spelled**) /spel/ *v* [T, I] **1** ⇒deletrear **2** ⇒escribir: *How do you spell your surname?* - ¿Cómo se escribe tu apellido? **3** ⇒significar ⇒representar

PHRASAL VERBS
- **to spell *sth* out [M]** ⇒explicar con detalle

spell[2] /spel/ *n* [C] **1** ⇒hechizo **2** *to cast a spell on sb* - hechizar a alguien **3** ⇒temporada: *I lived in Lisbon for a spell* - Viví una temporada en Lisboa

spelling /ˈspel.ɪŋ/ *n* [U] ⇒ortografía: *a spelling mistake* - una falta de ortografía

spelt *UK* past tense and past participle forms of **spell**

↑**spend, spent, spent** /spend/ *v* [T] **1** ⇒gastar: *to spend money on sth* - gastar dinero en algo **2** ⇒pasar [tiempo]: *I spent the summer in Germany* - Pasé el verano en Alemania ■ Se usa cuando el período de tiempo es complemento directo. Comparar con *to pass*.

spending /ˈspen.dɪŋ/ *n* [U] ⇒gastos: *spending cuts* - recorte de gastos

spent /spent/ past tense and past participle forms of **spend**

sperm UK: /spɜːm/ US: /spɝːm/ ▌*n* [C] **1** ⇒espermatozoide ■ El plural es *sperm* o *sperms* ▌*n* [U] **2** *(inform)* ⇒esperma ⇒semen

sphere UK: /sfɪəʳ/ US: /sfɪr/ *n* [C] ⇒esfera

spice[1] /spaɪs/ ▌*n* [C] **1** ⇒especia: *Which spices do you need for that dish?* - ¿Qué especias necesitas para preparar ese plato? ▌*n* [U] **2** ⇒interés: *to add spice to sth* - añadir interés a algo

spice[2] /spaɪs/ [spiced, spicing] *v* [T] ⇒sazonar ■ CONSTR. Se usa más en pasiva

PHRASAL VERBS
- **to spice *sth* up [M]** ⇒darle sabor a algo

spicy /ˈspaɪ.si/ *adj* [*comp* spicier, *superl* spiciest] ⇒picante

↑**spider** UK: /ˈspaɪ.dəʳ/ US: /-dɚ/ *n* [C] ⇒araña

spike /spaɪk/ *n* [C] **1** ⇒pincho ⇒púa **2** ⇒punta

↑**spill, spilt, spilt** (*tb* **spilled, spilled**) /spɪl/ *v* [T] **1** *(un líquido)* ⇒derramar ⇒verter ■ CONSTR. Se usa generalmente seguido de una preposición o un adverbio **2 to ~ the beans** *(inform)* ⇒contarlo todo

PHRASAL VERBS
- **to spill over 1** *(una situación negativa)* ⇒extenderse **2** *(un líquido)* ⇒rebosar ⇒desbordarse

spilt past tense and past participle forms of **spill**

↑**spin**[1], **spun, spun** /spɪn/ [spinning] *v* [T, I] **1** ⇒girar ⇒dar vueltas **2** ⇒hacer dar vueltas ⇒hacer girar **3** ⇒hilar: *She worked in a factory spinning cloth* - Trabajaba en una fábrica hilando tejidos **4** *(un balón)* ⇒tirar con efecto

PHRASAL VERBS
- **to spin around** ⇒darse la vuelta
- **to spin *sth* out [M]** *(una historia, una actividad)* ⇒alargar

spin[2] /spɪn/ ▌*n* [C, U] **1** ⇒vuelta ⇒giro ▌*n* [NO PL] **2** ⇒interpretación [positiva]: *to put a positive spin on sth* - dar una interpretación positiva de algo **3** *(inform)* ⇒paseo [en coche] ⇒vuelta [en coche] **4** ⇒efecto [del balón]

↑**spinach** /ˈspɪn.ɪtʃ/ *n* [U] ⇒espinacas

spinal /ˈspaɪ.nəl/ *adj* ⇒espinal

spin doctor *n* [C] ⇒asesor político, asesora política

↑**spine** /spaɪn/ *n* [C] **1** ⇒columna vertebral **2** *(en una planta)* ⇒espina **3** *(en un erizo)* ⇒púa **4** *(en un libro)* ⇒lomo

spinner UK: /ˈspɪn.əʳ/ US: /-ɚ/ *n* [C] **1** *(en cricket)* ⇒jugador,-a [que lanza con efecto la pelota] **2** ⇒hilandero,ra

spinning /ˈspɪn.ɪŋ/ *n* [U] *(gimnasia)* ⇒spinning

spinster UK: /ˈspɪn.stəʳ/ US: /-stɚ/ *n* [C] *(old-fash)* ⇒solterona ⇒soltera

↑**spiral** UK: /ˈspaɪə.rəl/ US: /ˈspaɪr.əl/ *adj, n* [C] ⇒espiral

spire UK: /spaɪəʳ/ US: /spaɪr/ *n* [C] *(en una torre)* ⇒aguja ⇒chapitel

↑**spirit** /ˈspɪr.ɪt/ ▌*n* [C, U] **1** ⇒espíritu ⇒alma **2** ⇒fantasma **3** *UK* (*US* **liquor**) ⇒bebida alcohólica: *Spirits are sold in this pub* - En este bar se venden bebidas alcohólicas ■ Se usa más en plural ▌*n* [U] **4** ⇒ímpetu ⇒energía ⇒brío **5** {community/team} ~ ⇒espíritu de equipo **6 to be in {bad/low} spirits** ⇒estar desanimado,da ⇒estar decaído,da **7 to be in {good/ high} spirits** ⇒estar animado,da ⇒tener la moral alta

spirited UK: /ˈspɪr.ɪ.tɪd/ US: /-t̬ɪd/ *adj* **1** ⇒enérgico,ca ⇒vigoroso,sa **2** ⇒resuelto,ta ⇒decidido,da

spiritual /ˈspɪr.ɪ.tju.əl/ *adj* ⇒espiritual

spirituality UK: /ˌspɪr.ɪ.tjuˈæl.ɪ.ti/ US: /-ə.t̬i/ *n* [U] ⇒espiritualidad

↑**spit, spat, spat** (*US tb* **spit, spit**) /spɪt/ [spitting] ▮ *v* [T, I] **1** ⇒escupir **2** *(lit) (insultos)* ⇒soltar ⇒gritar ▮ *v* [I] **3** *(fuego)* ⇒chisporrotear *col.* **4 ~ it out!** *(inform)* ⇒¡escúpelo! *vulg.*: *Come on, spit it out! Tell us everything* - ¡Vamos, escúpelo! Cuéntanoslo todo

PHRASAL VERBS

· **to spit *sth* out [M]** *(unas palabras)* ⇒soltar

spite[1] /spaɪt/ *n* [U] **1** ⇒despecho: *to do sth out of spite* - hacer algo por despecho **2** ⇒ojeriza ⇒manía *col.* **3 in ~ of *sth*** ⇒a pesar de algo: *They went out in spite of the cold and rain* - Salieron, a pesar del frío y de la lluvia

spite[2] /spaɪt/ [spited, spiting] *v* [T] ⇒fastidiar ⇒molestar

spiteful /ˈspaɪt.fᵊl/ *adj* **1** ⇒despreciable **2** ⇒malévolo,la

splash[1] /splæʃ/ ▮ *v* [T, I] **1** ⇒salpicar: *The car splashed us* - El coche nos salpicó ▮ *v* [I] **2** ⇒chapotear: *The children splashed around the water* - Los niños chapoteaban en el agua ▪ CONSTR. Se usa generalmente seguido de una preposición o un adverbio

PHRASAL VERBS

· **to splash out (*sth*)** *UK* ⇒derrochar ⇒despilfarrar

splash[2] /splæʃ/ *n* [C] **1** ⇒salpicadura **2** ⇒chapoteo

splatter UK: /ˈsplæt.əʳ/ US: /ˈsplæ.ə/ *v* [T, I] ⇒salpicar

splendid /ˈsplen.dɪd/ *adj* ⇒espléndido,da ⇒precioso,sa ⇒magnífico,ca

splendour UK: /ˈsplen.dəʳ/ US: /-də/ *UK n* [U] ⇒esplendor

splinter[1] UK: /ˈsplɪn.təʳ/ US: /-ə/ *n* [C] **1** ⇒astilla: *I've got a splinter in my finger* - Me he clavado una astilla en el dedo **2** ⇒esquirla

splinter[2] UK: /ˈsplɪn.təʳ/ US: /-ə/ *v* [I] **1** ⇒astillar(se) **2** ⇒dividir(se)

↑**split**[1], **split, split** /splɪt/ [splitting] ▮ *v* [T, I] **1** ⇒romper(se) [en dos] ⇒rajar(se) **2** ⇒dividir(se) ⇒separar(se) ▮ *v* [T] **3** ⇒repartir ⇒compartir

PHRASAL VERBS

· **to split up** *(una pareja)* ⇒separar(se) ⇒romper

split[2] /splɪt/ *n* [C] **1** ⇒hendidura ⇒abertura ⇒raja **2** ⇒división ⇒ruptura

↑**spoil, spoilt, spoilt** (*US* **spoiled, spoiled**) /spɔɪl/ ▮ *v* [T] **1** ⇒estropear ⇒salar *AMÉR.* **2** ⇒mimar demasiado ⇒malcriar ▮ *v* [I] **3** *(una comida)* ⇒echarse a perder

spoilt *UK* past tense and past participle forms of **spoil**

spoke[1] UK: /spəʊk/ US: /spoʊk/ *n* [C] *(de una rueda)* ⇒radio

spoke[2] UK: /spəʊk/ US: /spoʊk/ past tense of **speak**

spoken UK: /ˈspəʊ.kᵊn/ US: /ˈspoʊ-/ past participle of **speak**

↑**spokesman** UK: /ˈspəʊks.mən/ US: /ˈspoʊks-/ [*pl* spokesmen] *n* [C] ⇒portavoz ⇒vocero *AMÉR.*

spokesperson [*pl* spokespeople, spokespersons] *n* [C] ⇒portavoz ⇒vocero,ra *AMÉR.*

↑**spokeswoman** UK: /ˈspəʊksˌwʊm.ən/ US: /ˈspoʊks-/ [*pl* spokeswomen] *n* [C] ⇒portavoz ⇒vocera *AMÉR.*

sponge[1] /spʌndʒ/ *n* [C, U] ⇒esponja

sponge[2] /spʌndʒ/ [sponged, sponging] ▮ *v* [T] **1** ⇒lavar [con esponja] ▮ *v* [T, I] **2** *(inform)* ⇒gorronear: *to sponge on sb* - gorronear a alguien

sponge (cake) *n* [C, U] ⇒bizcocho

sponsor[1] UK: /ˈspɒn.səʳ/ US: /ˈspɑːn.sə/ *v* [T] ⇒patrocinar: *Some companies sponsor sports teams* - Algunas empresas patrocinan a equipos deportivos

sponsor[2] UK: /ˈspɒn.səʳ/ US: /ˈspɑːn.sə/ *n* [C] ⇒patrocinador,-a ⇒sponsor

spontaneous UK: /spɒnˈteɪ.ni.əs/ US: /spɑːn-/ *adj* ⇒espontáneo,-a

spooky /ˈspuː.ki/ *adj* [*comp* spookier, *superl* spookiest] **1** *(inform)* ⇒encantado,da ⇒embrujado,da **2** ⇒misterioso,sa: *There is sth spooky on his behaviour* - Hay algo misterioso en su comportamiento

↑**spoon**[1] /spuːn/ *n* [C] **1** ⇒cuchara **2** See **spoonful**

spoon[2] /spuːn/ *v* [T] **1** *(la comida)* ⇒remover con una cuchara **2** ⇒dar de comer [con cuchara] ▪ CONSTR. Se usa generalmente seguido de una preposición o un adverbio

spoonful /ˈspuːn.fʊl/ (*tb* **spoon**) *n* [C] ⇒cucharada

sporadic /spəˈræd.ɪk/ *adj* ⇒esporádico,ca

↑**sport** UK: /spɔːt/ US: /spɔːrt/ *n* [C, U] ⇒deporte

sporting UK: /ˈspɔː.tɪŋ/ US: /ˈspɔːr.ɪŋ/ *adj* ⇒deportivo,va: *a sporting event* - un acontecimiento deportivo

sports car *n* [C] ⇒coche deportivo

sports centre *UK n* [C] ⇒polideportivo

sportsman UK: /ˈspɔːts.mən/ US: /ˈspɔːrts-/ [*pl* sportsmen] *n* [C] **1** ⇒deportista [de élite] **2** ⇒caballero ⇒defensor del espíritu deportivo

S

sportsmanship UK: /ˈspɔːts.mən.ʃɪp/ US: /ˈspɔːrts-/ *n* [U] ⇒deportividad

sporty UK: /ˈspɔː.ti/ US: /ˈspɔːr.i/ *adj* [*comp* sportier, *superl* sportiest] **1** ⇒deportista: *She is very sporty* - Es muy deportista **2** ⇒deportivo,va: *a sporty car* - un coche deportivo; *sporty clothes* - ropa deportiva

↑ **spot**[1] UK: /spɒt/ US: /spɑːt/ *n* [C] **1** *UK* (*UK/US tb* **pimple**) ⇒grano **2** ⇒lunar ⇒mancha **3** ⇒lugar ⇒sitio **4 a ~ of** ***sth*** *UK (old-fash)* ⇒una pizca de algo ⇒una gota de algo **5 to have a soft ~ for** ***sb*** ⇒tener debilidad por alguien

spot[2] UK: /spɒt/ US: /spɑːt/ [spotted, spotting] *v* [T] **1** ⇒notar ⇒descubrir **2** ⇒ver ⇒localizar [con la mirada]

spotless UK: /ˈspɒt.ləs/ US: /ˈspɑːt-/ *adj* ⇒impoluto,ta: *He keeps his room spotless* - Tiene su habitación impoluta

spotlight UK: /ˈspɒt.laɪt/ US: /ˈspɑːt-/ *n* [C] **1** ⇒foco **2 to be in the ~** ⇒ser el centro de atención **3 to be under the ~** ⇒ser sometido,da a examen

spotty UK: /ˈspɒt.i/ US: /ˈspɑː.i/ *UK adj* [*comp* spottier, *superl* spottiest] **1** ⇒con granos: *spotty skin* - piel con granos **2** *(un vestido)* ⇒de lunares **3** *(un perro)* ⇒con manchas

spouse /spaʊs/ *n* [C] *(form)* ⇒esposo,sa ⇒cónyuge

spout[1] /spaʊt/ *n* [C] **1** ⇒pitorro ⇒pico **2** *(en un canalón)* ⇒caño ⇒tubo

spout[2] /spaʊt/ *v* [T, I] **1** ⇒salir a chorros ⇒brotar **2** *(inform)* ⇒hablar sin parar ⇒rajar *col.* ■ CONSTR. Se usa generalmente seguido de una preposición o un adverbio

sprain[1] /spreɪn/ *v* [T] ⇒torcerse ⇒hacerse un esquince

sprain[2] /spreɪn/ *n* [C] ⇒torcedura ⇒esguince

sprang /spræŋ/ past tense of **spring**

sprawl UK: /sprɔːl/ US: /sprɑːl/ *v* [I] **1** (*tb* **sprawl out**) ⇒repanchingarse *col.;* ⇒apalancarse *col.* **2** ⇒extenderse [desordenadamente]

spray[1] /spreɪ/ ▌*n* [C] **1** ⇒aerosol **2** ⇒tallo [de una flor] ▌*n* [U] **3** ⇒rocío

spray[2] /spreɪ/ ▌*v* [T] **1** *(un líquido)* ⇒pulverizar ⇒rociar ▌*v* [T, I] **2** ⇒diseminar(se) ⇒regar ■ CONSTR. Se usa generalmente seguido de la preposición with

↑ **spread**[1]**, spread, spread** /spred/ ▌*v* [T] **1** ⇒untar **2** ⇒abrir ⇒extender ■ CONSTR.. Se usa generalmente seguido de preposición ▌*v* [T, I] **3** ⇒difundir: *They spread the news the following day* - Difundieron la noticia al día siguiente **4** ⇒prolongar [en el tiempo] ▌*v* [I] **5** ⇒extenderse ■ PRON. Rima con *red*

PHRASAL VERBS

· **to spread out 1** *(gente)* ⇒extenderse ⇒dispersarse **2** *(tropas)* ⇒desplegarse

spread[2] /spred/ ▌*n* [NO PL] **1** ⇒proliferación ⇒aumento **2** ⇒área ⇒extensión ▌*n* [C] **3** ⇒extensión [de un texto]: *a double-page spread* - una extensión de dos páginas **4** ⇒festín ⇒banquete **5** ⇒variedad ⇒diversidad ■ Se usa más en singular ▌*n* [C, U] **6** *cheese spread* - queso de untar ■ PRON. Rima con *red*

spreadsheet /ˈspred.ʃiːt/ *n* [C] ⇒hoja de cálculo

spree /spriː/ **to go on a {shopping/spending...} ~** ⇒hacer algo desenfrenadamente

↑ **spring**[1] /sprɪŋ/ ▌*n* [C, U] **1** ⇒primavera: *in the spring* - en primavera ▌*n* [C] **2** ⇒manantial ⇒fuente **3** *(en un colchón)* ⇒muelle **4** ⇒brinco ⇒salto

spring[2]**, sprang, sprung** (*US* **sprung, sprung**) /sprɪŋ/ *v* [I] **1** ⇒saltar ⇒pegar un salto **2** ⇒brotar ⇒surgir ■ CONSTR. Se usa generalmente seguido de una preposición o un adverbio **3 to ~ to {action/life}** ⇒ponerse en acción ⇒cobrar vida

PHRASAL VERBS

· **to spring from** ***sth*** ⇒ser producto de algo

spring onion *UK n* [C] ⇒cebolleta

↑ **sprinkle** /ˈsprɪŋ.kl̩/ [sprinkled, sprinkling] *v* [T] **1** ⇒espolvorear ⇒echar **2** ⇒rociar

sprint[1] /sprɪnt/ *v* [I] **1** ⇒correr a toda velocidad: *He sprinted and caught the bus* - Corrió a toda velocidad para coger el autobús **2** *(en deportes)* ⇒esprintar

sprint[2] /sprɪnt/ ▌*n* [C] **1** *(en deportes)* ⇒carrera de velocidad ▌*n* [NO PL] **2** ⇒sprint

sprout[1] /spraʊt/ ▌*v* [T, I] **1** *(una planta)* ⇒brotar ▌*v* [I] **2** *(inform)* ⇒surgir [de repente]: *New problems have sprouted up* - Han surgido nuevos problemas

sprout[2] /spraʊt/ *n* [C] **1** ⇒brote ⇒retoño **2** *UK* ⇒col de Bruselas

sprung /sprʌŋ/ past participle of **spring**

spun /spʌn/ past tense and past participle forms of **spin**

spur[1] UK: /spɜːr/ US: /spɝː/ [spurred, spurring] *v* [T] ⇒alentar ⇒animar

spur[2] UK: /spɜːr/ US: /spɝː/ *n* [C] **1** ⇒acicate ⇒incentivo **2** ⇒espuela **3** *(en una montaña)* ⇒estribación **4 on the ~ of the moment** ⇒de manera impulsiva

spurn UK: /spɜːn/ US: /spɝːn/ *v* [T] *(form)* ⇒rechazar ⇒desdeñar

spurt[1] UK: /spɜːt/ US: /spɝːt/ *v* [T, I] **1** (*tb* **spurt out**) ⇒salir a chorros: *Water spurted out from the hole* - El agua salía a chorros del agujero **2** ⇒acelerar

spurt[2] UK: /spɜːt/ US: /spɝːt/ *n* [C] **1** ⇒chorro **2** ⇒arranque

sputter UK: /ˈspʌt.ər/ US: /ˈspʌ.ɚ/ *v* [I] **1** *(un motor)* ⇒ahogar(se) **2** ⇒chisporrotear *col.*

spy[1] /spaɪ/ [*pl* spies] *n* [C] ⇒espía

spy[2] /spaɪ/ [spies, spied] *v* [I] ⇒espiar: *to spy on sb* - espiar a alguien

squabble[1] UK: /ˈskwɒb.l̩/ US: /ˈskwɑː.bl̩/ [squabbled, squabbling] *v* [I] ⇒reñir ⇒disputar

squabble[2] UK: /ˈskwɒb.l̩/ US: /ˈskwɑː.bl̩/ *n* [C] ⇒riña ⇒disputa

squad UK: /skwɒd/ US: /skwɑːd/ *n* [C] **1** ⇒brigada: *rescue squad* - brigada de salvamento **2** *(en el ejército)* ⇒brigada **3** ⇒cuadrilla **4** *(en deportes)* ⇒plantilla **5 drug ~** ⇒brigada antidroga ■ Por ser un nombre colectivo se puede usar con verbo en singular o en plural

squadron UK: /ˈskwɒd.rᵊn/ US: /ˈskwɑː.drən/ *n* [C] ⇒escuadrón ■ Por ser un nombre colectivo se puede usar con el verbo en singular o en plural

squalid UK: /ˈskwɒl.ɪd/ US: /ˈskwɑː.lɪd/ *adj* **1** ⇒miserable **2** ⇒sórdido,da

squalor UK: /ˈskwɒl.əʳ/ US: /ˈskwɑː.lɚ/ *n* [U] ⇒miseria

squander UK: /ˈskwɒn.dəʳ/ US: /ˈskwɑːn.dɚ/ *v* [T] ⇒malgastar ⇒derrochar ■ CONSTR. to squander sth on sth

↑**square**[1] UK: /skweəʳ/ US: /skwer/ *n* [C] **1** *(forma geométrica)* ⇒cuadrado **2** *(en matemáticas)* ⇒cuadrado **3** ⇒plaza ■ Al dar el nombre de una plaza, se escribe con mayúscula inicial: *Trafalgar Square* **4 back to ~ one** ⇒vuelta al principio

↑**square**[2] UK: /skweəʳ/ US: /skwer/ *adj* **1** ⇒cuadrado,da **2 a ~ meal** ⇒una comida en condiciones

square[3] UK: /skweəʳ/ US: /skwer/ [squared, squaring] *v* [T] ⇒elevar al cuadrado

PHRASAL VERBS

- **to square up** 1 *UK* (*US* **to square off**) ⇒prepararse [para competir] 2 *(inform)* ⇒arreglar cuentas
- **to square with *sth*** ⇒encajar con algo

squarely UK: /ˈskweə.li/ US: /ˈskwer/ *adv* **1** ⇒en el centro **2** ⇒directamente **3** ⇒firmemente

square root *n* [C] *(en matemáticas)* ⇒raíz cuadrada

squash[1] UK: /skwɒʃ/ US: /skwɑːʃ/ ▌*n* [U] **1** *UK* ⇒refresco de frutas **2** *(deporte)* ⇒squash ▌*n* [C, U] **3** *US* (*UK* **marrow**) ⇒calabaza alargada

squash[2] UK: /skwɒʃ/ US: /skwɑːʃ/ *v* [T] ⇒aplastar: *Don't push! You're squashing me!* - ¡No empujes, me estás aplastando!

squat[1] UK: /skwɒt/ US: /skwɑːt/ [squatted, squatting] *v* [I] **1** (*tb* **squat down**) ⇒ponerse en cuclillas ⇒agachar(se) **2** ⇒ocupar un lugar sin permiso

squat[2] UK: /skwɒt/ US: /skwɑːt/ *adj* [*comp* squatter, *superl* squattest] ⇒rechoncho,ca *col.;* ⇒retaco,ca *col.;* ⇒bajo,ja

squat[3] UK: /skwɒt/ US: /skwɑːt/ *n* [C] ⇒lugar ocupado sin permiso

squatter UK: /ˈskwɒt.əʳ/ US: /ˈskwɑː.ɚ/ *n* [C] ⇒okupa ⇒ocupante ilegal de un terreno

squawk[1] UK: /skwɔːk/ US: /skwɑːk/ *v* [I] ⇒graznar

squawk[2] UK: /skwɔːk/ US: /skwɑːk/ *n* [C] ⇒graznido

squeak[1] /skwiːk/ *v* [I] **1** ⇒chirriar **2** ⇒chillar: *Don't squeak!* - ¡No chilles!

squeak[2] /skwiːk/ *n* [C] **1** ⇒chirrido **2** ⇒chillido

squeaky /ˈskwiː.ki/ *adj* **1** [*comp* squeakier, *superl* squeakiest] ⇒chirriante **2** *(un sonido)* ⇒chillón,-a

squeal[1] /skwiːl/ *v* [I] ⇒chillar

squeal[2] /skwiːl/ *n* [C] ⇒chillido ⇒alarido

squeamish /ˈskwiː.mɪʃ/ *adj* ⇒remilgado,da ⇒escrupuloso,sa

↑**squeeze**[1] /skwiːz/ [squeezed, squeezing] *v* [T] **1** ⇒apretar ⇒extrujar **2** ⇒exprimir: *to squeeze an orange* - exprimir una naranja **3** ⇒cerrar con fuerza

PHRASAL VERBS

- **to squeeze *(sth/sb)* {in/into *sth*} [M]** ⇒meter

squeeze[2] /skwiːz/ *n* [C] **1** *(inform)* ⇒apretujón **2** ⇒apretón: *a squeeze on the arm* - un apretón en el brazo

squid /skwɪd/ [*pl* squid] *n* [C] ⇒calamar: *We had squid for dinner* - Cenamos calamares

squint[1] /skwɪnt/ *v* [I] **1** ⇒mirar con los ojos entreabiertos ■ CONSTR. Se usa generalmente seguido de la preposición *at* **2** ⇒bizquear

squint[2] /skwɪnt/ *n* [C] **1** *(en medicina)* ⇒estrabismo **2** ⇒vistazo: *to have/take a squint at sth* - echar un vistazo a algo

squirm UK: /skwɜːm/ US: /skwɝːm/ *v* [I] **1** ⇒retorcer(se): *He squirmed with pain* - Se retorcía de dolor **2** ⇒avergonzarse ⇒abochornarse

squirrel UK: /ˈskwɪr.ᵊl/ US: /ˈskwɝː-/ *n* [C] ⇒ardilla

squirt[1] UK: /skwɜːt/ US: /skwɝːt/ *v* [T, I] **1** ⇒salir a chorros **2** ⇒echar [un líquido a chorros]: *to squirt water onto the flames* - echar agua sobre las llamas ■ CONSTR. Se usa seguido de una preposición o un adverbio **3 to ~ *sb* with *sth*** ⇒lanzar un chorro de algo a alguien

squirt[2] UK: /skwɜːt/ US: /skwɝːt/ *n* [C] ⇒chorro

Sri Lanka /ˌsriːˈlæŋ.kə/ *n* [U] ⇒Sri Lanka

Sri Lankan /ˌsriːˈlæŋ.kən/ *adj, n* [C] ⇒ceilandés,-a

St *n* [C] **1** ⇒forma abreviada de **saint** (santo,ta) **2** ⇒forma abreviada de **street** (calle)

stab[1] /stæb/ [stabbed, stabbing] *v* [T] ⇒apuñalar: *to stab sb* - apuñalar a alguien

stab[2] /stæb/ *n* [C] **1** *(inform)* ⇒puñalada **2 to have a ~ of {*sth*/doing *sth*}** ⇒hacer un intento de algo

stabbing[1] /ˈstæb.ɪŋ/ *n* [C] ⇒apuñalamiento

stabbing[2] /ˈstæb.ɪŋ/ *adj* ⇨punzante: *a stabbing pain* - un dolor punzante

stability UK: /stəˈbɪl.ɪ.ti/ US: /-ə.i/ *n* [U] ⇨estabilidad

stabilize /ˈsteɪ.bɪ.laɪz/ [stabilized, stabilizing] *v* [T, I] ⇨estabilizar(se)

stable[1] /ˈsteɪ.bl̩/ *adj* **1** ⇨estable: *The ladder isn't very stable* - La escalera no es muy estable **2** *(una persona)* ⇨equilibrado,da

stable[2] /ˈsteɪ.bl̩/ *n* [C] ⇨establo ⇨cuadra

stack[1] /stæk/ *n* [C] **1** ⇨pila [de algo]: *a stack of papers* - una pila de papeles **2 stacks of** ***sth*** *(inform)* ⇨montones de

stack[2] /stæk/ (*tb* **stack up**) *v* [T] ⇨apilar ⇨amontonar

↑**stadium** /ˈsteɪ.di.əm/ [*pl* stadia, stadiums] *n* [C] ⇨estadio ■ PRON. La primera sílaba, *sta*, se pronuncia como *stay*

↑**staff**[1] UK: /stɑːf/ US: /stæf/ ▮ *n* [PL] **1** ⇨personal ⇨plantilla ■ Por ser un nombre colectivo se puede usar con el verbo en singular o en plural ▮ *n* [C] **2** *US* (*UK* **stave**) *(en música)* ⇨pentagrama

staff[2] UK: /stɑːf/ US: /stæf/ *v* [T] *(una empresa)* ⇨equipar [de personal] ■ CONSTR. Se usa más en pasiva

stag /stæg/ *n* [C] ⇨ciervo macho

↑**stage**[1] /steɪdʒ/ *n* [C] **1** ⇨escenario: *to walk on stage* - salir al escenario **2** ⇨etapa ⇨fase **3 the ~** ⇨el teatro

stage[2] /steɪdʒ/ [staged, staging] *v* [T] **1** ⇨organizar: *They staged a protest outside the building* - Organizaron una protesta frente al edificio **2** ⇨hacer un montaje ⇨poner en escena

stagger UK: /ˈstæg.əʳ/ US: /-ɚ/ ▮ *v* [I] **1** ⇨tambalearse ■ CONSTR. Se usa generalmente seguido de una preposición o un adverbio **2** *v* [T] ⇨asombrar: *I was staggered by your speed* - Me asombró tu velocidad **3** ⇨escalonar: *We stagger our holidays at work* - En el trabajo escalonamos las vacaciones

staggering UK: /ˈstæg.ᵊr.ɪŋ/ US: /-ɚ-/ *adj* ⇨sorprendente ⇨asombroso,sa

stagnant /ˈstæg.nənt/ *adj* ⇨estancado,da: *a stagnant stream* - un riachuelo estancado

stagnate UK: /stægˈneɪt/ US: /ˈstæg.neɪt/ [stagnated, stagnating] *v* [I] ⇨estancarse

stag night *UK* (*US* **bachelor party**) *n* [C] ⇨despedida de soltero

stain[1] /steɪn/ ▮ *n* [C] **1** ⇨mancha ▮ *n* [C, U] **2** ⇨barniz oscurecedor [para madera]

stain[2] /steɪn/ ▮ *v* [T, I] **1** ⇨manchar: *That stains the wood* - Eso mancha la madera ▮ *v* [T] **2** ⇨teñir [madera]

stained glass *n* [U] **1** ⇨cristal de colores **2** *a stained glass window* - una vidriera ■ PRON. La *e* no se pronuncia

stainless steel /ˌsteɪn.ləsˈstiːl/ *n* [U] ⇨acero inoxidable

↑**stair** UK: /steəʳ/ US: /ster/ ▮ *n* [C] **1** *(en una escalera)* ⇨escalón ⇨peldaño ▮ *n* [NO PL] **2** *(lit, old-fash)* ⇨escalera

staircase UK: /ˈsteə.keɪs/ US: /ˈster-/ *n* [C] *(en un edificio)* ⇨escalera

stairs UK: /steəz/ US: /sterz/ *n* [PL] *(en un edificio)* ⇨escalera

stairway UK: /ˈsteə.weɪ/ US: /ˈster-/ *n* [C] *(en un lugar público)* ⇨escaleras [entre planta y planta]

↑**stake** /steɪk/ *n* [C] **1** ⇨estaca ⇨palo **2** *(en una empresa)* ⇨participación **3 to be at ~** ⇨estar en juego ⇨estar en peligro

↑**stale** /steɪl/ *adj* **1** ⇨duro,ra ⇨pasado,da **2** ⇨rutinario,ria

stalemate /ˈsteɪl.meɪt/ *n* [C, U] **1** *(situación)* ⇨punto muerto **2** *(en ajedrez)* ⇨tablas

stalk UK: /stɔːk/ US: /stɑːk/ *n* [C] **1** *(en una planta)* ⇨tallo **2** *(en una fruta)* ⇨rabo

stall[1] UK: /stɔːl/ US: /stɑːl/ *UK n* [C] *(en un mercado)* ⇨puesto

stall[2] UK: /stɔːl/ US: /stɑːl/ ▮ *v* [T, I] **1** *(un motor)* ⇨calarse ▮ *v* [I] **2** *(un proceso)* ⇨paralizar(se) ⇨estacionar(se) ▮ *v* [T] **3** ⇨entretener(se) ⇨evitar hacer algo

stallion /ˈstæl.jən/ *n* [C] *(caballo)* ⇨semental

stalwart[1] UK: /ˈstɔːl.wət/ US: /ˈstɑːl.wət/ *adj* **1** *(una persona)* ⇨fiel ⇨leal **2** *(form)* ⇨fornido,da

stalwart[2] UK: /ˈstɔːl.wət/ US: /ˈstɑːl.wət/ *n* [C] *(una persona)* ⇨incondicional

stamina /ˈstæm.ɪ.nə/ *n* [U] ⇨resistencia [física o mental]

stammer[1] UK: /ˈstæm.əʳ/ US: /-ɚ/ *v* [I] ⇨tartamudear

stammer[2] UK: /ˈstæm.əʳ/ US: /-ɚ/ *n* [C] **1** ⇨tartamudeo **2** *He has a stammer* - Tartamudea

↑**stamp**[1] /stæmp/ *n* [C] **1** ⇨sello ⇨estampilla *AMÉR.* **2** *(en documentos oficiales)* ⇨timbre

stamp[2] /stæmp/ ▮ *v* [T] **1** ⇨sellar ⇨franquear ▮ *v* [T, I] **2** ⇨golpear con los pies ⇨dar patadas

PHRASAL VERBS

- **to stamp** ***sth*** **out [M]** ⇨erradicar algo: *a campaign to stamp out poverty* - una campaña para erradicar la pobreza

stampede[1] /stæmˈpiːd/ *n* [C] ⇨estampida

stampede[2] /stæmˈpiːd/ [stampeded, stampeding] *v* [I] ⇨salir en estampida ⇨desbandarse

↑**stance** UK: /stɑːnts/ US: /stænts/ *n* [C] **1** *(form)* ⇨actitud **2** ⇨postura: *a comfortable stance* - una postura cómoda

↑**stand**[1], **stood, stood** /stænd/, /stʊd/ ▮ *v* [T, I] **1** ⇨estar de pie **2** (*tb* **stand up**) ⇨ponerse de pie

⇒pararse *AMÉR.* **3** ⇒estar situado,da ⇒estar ■ CONSTR. Se usa generalmente seguido de una preposición o un adverbio **4** ⇒ponerse **5** *(una oferta)* ⇒seguir en pie **6** ⇒invitar ▌*v* [I] **7** *(en política)* ⇒presentarse como candidato,ta ▌*v* [T] **8** ⇒aguantar ⇒soportar ■ CONSTR. can't stand + doing sth **9 as it stands** ⇒tal (y) como está **10 to ~ a chance** ⇒tener posibilidades

PHRASAL VERBS

- **to stand {about/around}** ⇒estar sin hacer nada
- **to stand by *sb*** ⇒respaldar a alguien ⇒apoyar a alguien
- **to stand down** *UK* (*US* **to step down**) ⇒dimitir [de un cargo] ⇒renunciar
- **to stand for *sth*** **1** ⇒significar algo **2** *(un símbolo, una figura)* ⇒representar algo **3** *(ideas, valores)* ⇒ser defensor de
- **to stand in (for *sb*)** ⇒sustituir (a alguien) ⇒reemplazar (a alguien)
- **to stand out** ⇒destacar ⇒sobresalir
- **to stand *sb* up** *(inform)* ⇒dar plantón a alguien *col.*
- **to stand up for *sth/sb*** ⇒defender ⇒luchar por
- **to stand up to *sth/sb*** ⇒hacer frente a ⇒resistir

stand[2] /stænd/ *n* [C] **1** ⇒puesto: *a Red Cross stand* - un puesto de la Cruz Roja **2** ⇒atril ⇒soporte **3** *UK (en un campo deportivo)* ⇒grada **4** ⇒actitud ⇒postura **5 to take a ~ (on *sth*)** ⇒adoptar una postura ⇒tomar partido

↑**standard**[1] UK: /ˈstæn.dəd/ US: /-dəd/ ▌*n* [C, U] **1** ⇒nivel **2** *n* [C] ⇒estandarte **3** ⇒estándar: *high moral standards* - estándares morales muy elevados

standard[2] UK: /ˈstæn.dəd/ US: /-dəd/ *adj* ⇒estándar ⇒normal

standardize UK: /ˈstæn.də.daɪz/ US: /-dɚ-/ [standardized, standardizing] *v* [T] ⇒estandarizar

standard of living [*pl* standards of living] *n* [C] ⇒nivel de vida

standby /ˈstænd.baɪ/ [*pl* standbys] *n* [C] **1** ⇒suplente **2** ⇒reserva ⇒repuesto *col.* **3 to be on ~** ⇒estar de guardia ⇒estar en alerta

stand-in /ˈstænd.ɪn/ *n* [C] ⇒sustituto,ta ⇒suplente

standing[1] /ˈstæn.dɪŋ/ *n* [U] ⇒prestigio ⇒popularidad

standing[2] /ˈstæn.dɪŋ/ *adj* **1** ⇒permanente **2** ⇒de pie

standing order *UK n* [C] ⇒orden permanente de pago

standpoint /ˈstænd.pɔɪnt/ *n* [C] ⇒punto de vista ⇒perspectiva

standstill /ˈstænd.stɪl/ *n* [NO PL] **1** ⇒parada ⇒bloqueo **2 to come to a ~ 1** ⇒estancarse: *Negotiations came to a standstill* - Las negociaciones se estancaron **2** ⇒congestionarse: *Traffic has come to a standstill* - El tráfico se ha congestionado

stank /stæŋk/ past tense of **stink**

staple[1] /ˈsteɪ.pl̩/ *adj* ⇒de primera necesidad

staple[2] /ˈsteɪ.pl̩/ *n* [C] **1** ⇒grapa ⇒gancho *AMÉR.* **2** ⇒producto de primera necesidad

staple[3] /ˈsteɪ.pl̩/ [stapled, stapling] *v* [T] ⇒grapar

stapler UK: /ˈsteɪ.pləʳ/ US: /-plɚ/ *n* [C] ⇒grapadora ⇒corchetera *AMÉR.*

↑**star**[1] UK: /stɑːʳ/ US: /stɑːr/ *n* [C] **1** ⇒estrella ⇒astro **2** ⇒estrella: *a movie star* - una estrella de cine **3** *(forma, símbolo)* ⇒estrella ⇒asterisco **4 the stars** *UK* ⇒el horóscopo

star[2] UK: /stɑːʳ/ US: /stɑːr/ [starred, starring] *v* [T, I] ⇒protagonizar: *to star in a film* - protagonizar una película ■ CONSTR. Se usa generalmente seguido de la preposición in

starboard UK: /ˈstɑː.bəd/ US: /ˈstɑːr.bɚd/ *n* [U] *(en una embarcación)* ⇒estribor

starch UK: /stɑːtʃ/ US: /stɑːrtʃ/ ▌*n* [U] **1** ⇒almidón ▌*n* [C, U] **2** ⇒fécula: *rice starch* - fécula de arroz

stardom UK: /ˈstɑː.dᵊm/ US: /ˈstɑːr-/ *n* [U] ⇒estrellato

↑**stare** UK: /steəʳ/ US: /ster/ [stared, staring] *v* [I] ⇒mirar fijamente ⇒observar

starfish UK: /ˈstɑː.fɪʃ/ US: /ˈstɑːr-/ [*pl* starfish, starfishes] *n* [C] ⇒estrella de mar

stark UK: /stɑːk/ US: /stɑːrk/ *adj* **1** ⇒duro,ra: *stark criticism* - duras críticas **2** ⇒crudo,da: *the stark reality* - la cruda realidad **3** ⇒acusado,da ⇒acentuado,da

starry UK: /ˈstɑː.ri/ US: /ˈstɑːr.i/ *adj* [*comp* starrier, *superl* starriest] ⇒estrellado,da: *a starry sky* - un cielo estrellado

↑**start**[1] UK: /stɑːt/ US: /stɑːrt/ ▌*v* [T, I] **1** ⇒comenzar ⇒empezar ■ CONSTR. 1. to start + doing sth 2. to start + to do sth **2** ⇒arrancar ⇒poner(se) en marcha ▌*v* [I] **3** ⇒asustarse ⇒sobresaltarse **4** *(un proyecto, un negocio)* ⇒montar ⇒emprender ⇒poner en marcha **5 to ~ with 1** ⇒al principio **2** ⇒para empezar

PHRASAL VERBS

- **to start (*sth*) off** ⇒comenzar (algo) ⇒iniciar (algo)
- **to start out** ⇒empezar [a trabajar]

↑**start**[2] UK: /stɑːt/ US: /stɑːrt/ ▌*n* [C] **1** ⇒comienzo ⇒principio **2** ⇒ventaja ▌*n* [NO PL] **3** ⇒susto ⇒sobresalto **4 for a ~** *UK* ⇒para empezar **5 the ~** *(en una carrera)* ⇒la salida

starter UK: /ˈstɑː.təʳ/ US: /ˈstɑːr.t̬ɚ/ *n* [C] **1** *UK* (*US* **appetizer**) ⇒primer plato **2** *US (en una competición deportiva)* ⇒participante

starting-point *n* [C] ⇒punto de partida

startle UK: /ˈstɑː.tl̩/ US: /ˈstɑːr.l̩/ [startled, startling] *v* [T] ⇒sobresaltar(se)
startling UK: /ˈstɑː.tl̩ɪŋ/ US: /ˈstɑːr.l̩ɪŋ/ *adj* **1** ⇒asombroso,sa ⇒sorprendente **2** ⇒alarmante
↑ **starve** UK: /stɑːv/ US: /stɑːrv/ [starved, starving] *v* [T, I] **1** ⇒morir(se) de hambre **2** *They were starved to death* - Murieron de hambre
starving UK: /ˈstɑː.vɪŋ/ US: /ˈstɑːr-/ *adj* **1** ⇒hambriento,ta **2 to be ~** *(inform)* ⇒tener mucha hambre
↑ **state¹** /steɪt/ ▌*n* [C] **1** ⇒estado ⇒situación **2** *(parte de un país)* ⇒estado ▌*n* [C, U] **3** ⇒estado ⇒gobierno **4 ~ of affairs** ⇒situación ■ Distinto de *estate* (finca, propiedad)
state² /steɪt/ [stated, stating] *v* [I] *(form)* ⇒declarar ⇒afirmar ■ CONSTR. 1. to state + (that) 2. to state + interrogativa indirecta
stated *adj (una fecha, un dato)* ⇒indicado,da ⇒señalado,da
stately /ˈsteɪt.li/ *adj* [*comp* statelier, *superl* stateliest] ⇒majestuoso,sa
statement /ˈsteɪt.mənt/ *n* [C] **1** ⇒declaración **2** ⇒extracto de cuenta
state school *UK* (*US* **public school**) *n* [C] ⇒colegio público
statesman /ˈsteɪt.smən/ [*pl* statesmen] *n* [C] ⇒estadista
static¹ UK: /ˈstæt.ɪk/ US: /ˈstæˤt̬-/ *adj* ⇒estático,ca
static² UK: /ˈstæt.ɪk/ US: /ˈstæˤt̬-/ *n* [U] **1** *(en una señal de televisión o de radio)* ⇒interferencia **2** (*tb* **static electricity**) ⇒electricidad estática
↑ **station¹** /ˈsteɪ.ʃən/ *n* [C] **1** ⇒estación **2** ⇒emisora ⇒cadena **3 petrol ~** (*US tb* **gas station**) ⇒estación de servicio ⇒gasolinera
station² /ˈsteɪ.ʃən/ *v* [T] *(a un soldado)* ⇒destinar ■ CONSTR. Se usa generalmente seguido de las preposiciones around, in y at
stationary UK: /ˈsteɪ.ʃən.ər.i/ US: /-ʃə.ner-/ *adj* ⇒parado,da ⇒estacionado,da
stationery UK: /ˈsteɪ.ʃən.ər.i/ US: /-ʃə.ner-/ *n* [U] ⇒material de papelería
station wagon *US* (*UK* **estate car**) *n* [C] *(vehículo)* ⇒ranchera *col.*
statistic /stəˈtɪs.tɪk/ *n* [U] *(dato)* ⇒estadística ■ Se usa más en plural
↑ **statistics** /stəˈtɪs.tɪks/ *n* [U] *(ciencia)* ⇒estadística
↑ **statue** /ˈstætʃ.uː/ *n* [C] ⇒estatua ■ PRON. La última parte, *ue*, se pronuncia como *you*
stature UK: /ˈstætʃ.əʳ/ US: /-ə/ ▌*n* [C] **1** *(form)* ⇒estatura ▌*n* [U] **2** *(form)* ⇒reputación ⇒importancia ⇒estatus
↑ **status** UK: /ˈsteɪ.təs/ US: /-əs/ *n* [U] **1** ⇒estatus ⇒categoría **2** ⇒posición ⇒estado ■ PRON. La primera parte *sta* se pronuncia como *stay*

statute /ˈstætʃ.uːt/ *n* [C, U] *(form)* ⇒estatuto
statutory UK: /ˈstæt.jʊ.tər.i/ US: /-tɔːr-/ *adj* **1** ⇒estatutario,ria **2** ⇒legal
staunch UK: /stɔːntʃ/ US: /stɑːntʃ/ *adj* ⇒a ultranza ⇒incondicional
stave¹ /steɪv/ *UK* (*US* **staff**) *n* [C] *(en música)* ⇒pentagrama
stave², stove, stove /steɪv/
PHRASAL VERBS
· **to stave *sth/sb* off** **1** ⇒aplazar **2** ⇒evitar
↑ **stay¹** /steɪ/ *v* [I] **1** ⇒quedarse ⇒permanecer **2** ⇒estar ⇒alojarse ■ CONSTR. Se usa generalmente seguido de una preposición o un adverbio
PHRASAL VERBS
· **to stay behind** ⇒quedarse [cuando otros se van]
· **to stay in** ⇒quedarse en casa
· **to stay on** ⇒quedarse [después de terminar el tiempo acordado]
· **to stay out** ⇒quedarse hasta tarde [fuera de casa]
· **to stay up** ⇒quedarse despierto,ta ⇒quedarse levantado,da
stay² /steɪ/ *n* [C] ⇒estancia ⇒estadía *AMÉR.*
↑ **steady** /ˈsted.i/ *adj* [*comp* steadier, *superl* steadiest] **1** ⇒estable ⇒firme **2** ⇒regular ⇒constante ⇒continuo,nua **3** *(los nervios, la mirada, el pulso)* ⇒firme ⇒controlado,da **4** *(una persona)* ⇒de fiar ⇒formal **5** *(un novio, una novia)* ⇒formal **6 a ~ {job/work}** ⇒un trabajo estable
steak /steɪk/ *n* [C, U] **1** ⇒filete ⇒bife *AMÉR.* ■ PRON. Rima con *make* **2** *(para guisar)* ⇒carne [de ternera]
↑ **steal, stole, stolen** /stiːl/ *v* [T, I] **1** ⇒robar: *My purse has been stolen* - Me han robado el monedero ■ Se usa cuando se menciona el objeto robado. Comparar con *to rob* **2 to ~ {away/in/out}** ⇒moverse sigilosamente ■ Ver cuadro robar (steal / rob / burgle)
stealth /stelθ/ *n* [U] ⇒sigilo
↑ **steam¹** /stiːm/ *n* [U] **1** ⇒vapor **2 to run out of ~** *(inform)* ⇒quedarse sin fuerzas
steam² /stiːm/ ▌*v* [I] **1** ⇒echar vapor ▌*v* [T] **2** ⇒cocinar al vapor
PHRASAL VERBS
· **to steam (*sth*) up [M]** ⇒empañar(se) algo
steamer UK: /ˈstiː.məʳ/ US: /-mə/ *n* [C] **1** ⇒barco de vapor **2** ⇒olla de vapor
↑ **steel** /stiːl/ *n* [U] ⇒acero
↑ **steep** /stiːp/ *adj* ⇒empinado,da ⇒pronunciado,da ⇒abrupto,ta
steeple /ˈstiː.pl̩/ *n* [C] *(en una iglesia)* ⇒torre con aguja
↑ **steer** UK: /stɪəʳ/ US: /stɪr/ ▌*v* [T, I] **1** ⇒conducir ⇒gobernar ⇒guiar ▌*v* [T] **2** *(una situación)* ⇒encauzar

⇨dirigir ■ CONSTR. Se usa generalmente seguido de una preposición o un adverbio

steering *n* [U] *(en un vehículo)* ⇨dirección

steering wheel *n* [C] *(en un vehículo)* ⇨volante ⇨manubrio *AMÉR.;* ⇨timón *AMÉR.*

stem¹ /stem/ [stemmed, stemming] *v* [T] ⇨frenar ⇨contener

PHRASAL VERBS

- **to stem from *sth*** ⇨deberse a algo ⇨ser producto de algo

stem² /stem/ *n* [C] *(en una planta)* ⇨tallo

stench /stentʃ/ [*pl* stenches] *n* [C] ⇨hedor

↑**step¹** /step/ *n* [C] **1** ⇨paso **2** ⇨paso: *Follow the steps carefully* - Siga los pasos con atención **3** ⇨peldaño ⇨escalón **4 step-by-step** ⇨paso a paso **5 to be {in/out of} ~ (with *sth/sb*)** ⇨estar {de acuerdo/en desacuerdo} (con)

step² /step/ [stepped, stepping] *v* [I] ⇨dar un paso: *to step forward* - dar un paso hacia adelante ■ CONSTR. Se usa generalmente seguido de una preposición o un adverbio

PHRASAL VERBS

- **to step down** *US* (*UK* **to stand down**) ⇨dimitir [de un cargo] ⇨renunciar
- **to step in 1** ⇨aparecer: *He always steps in when we most need him* - Siempre aparece cuando más lo necesitamos **2** ⇨intervenir
- **to step {in/on} *sth*** ⇨pisar algo ⇨meter el pie en algo
- **to step *sth* up [M]** ⇨incrementar ⇨aumentar

stepbrother UK: /ˈstepˌbrʌ.ðəʳ/ US: /-ðɚ/ *n* [C] ⇨hermanastro

stepchild /ˈstep.tʃaɪld/ [*pl* stepchildren] *n* [C] ⇨hijastro,tra

stepdaughter UK: /ˈstepˌdɔː.təʳ/ US: /-ˌdɑː.ɚ/ *n* [C] ⇨hijastra

stepfather UK: /ˈstepˌfɑː.ðəʳ/ US: /-ðɚ/ *n* [C] ⇨padrastro

stepmother UK: /ˈstepˌmʌð.əʳ/ US: /-ɚ/ *n* [C] ⇨madrastra

stepsister UK: /ˈstepˌsɪs.təʳ/ US: /-tɚ/ *n* [C] ⇨hermanastra

stepson /ˈstep.sʌn/ *n* [C] ⇨hijastro

stereo UK: /ˈster.i.əʊ/ US: /-oʊ/ *n* [C, U] ⇨estéreo *col.*

↑**stereotype** /ˈster.i.ə.taɪp/ *n* [C] ⇨estereotipo

stereotypical /ˌster.i.əˈtɪp.ɪ.kəl/ *adj* ⇨estereotípico,ca

stereotypically /ˌster.i.əˈtɪp.ɪ.kli/ *adv* ⇨estereotípicamente

sterile UK: /ˈster.aɪl/ US: /-[ə]l/ *adj* ⇨estéril

sterilize /ˈster.ɪ.laɪz/ [sterilized, sterilizing] *v* [T] ⇨esterilizar: *to sterilize a needle* - esterilizar una aguja

sterling UK: /ˈstɜː.lɪŋ/ US: /ˈstɝː-/ *n* [U] ⇨libra esterlina ⇨libra

stern¹ UK: /stɜːn/ US: /stɝːn/ *adj* ⇨severo,ra ⇨estricto,ta

stern² UK: /stɜːn/ US: /stɝːn/ *n* [C] *(en una embarcación)* ⇨popa

steroid UK: /ˈstɪə.rɔɪd/ UK: /ˈster.ɔɪd/ US: /ˈstɪr.ɔɪd/ *n* [C] *(en química)* ⇨esteroide

stethoscope UK: /ˈsteθ.ə.skəʊp/ US: /-skoʊp/ *n* [C] *(instrumento médico)* ⇨estetoscopio

Stetson® /ˈstet.sən/ *n* [C] ⇨sombrero de vaquero

stew¹ UK: /stjuː/ US: /stuː/ *n* [C, U] ⇨guiso ⇨estofado

stew² UK: /stjuː/ US: /stuː/ *v* [T] ⇨guisar: *Patrick is very good at stewing meat* - A Patrick se le da muy bien guisar la carne

steward UK: /ˈstjuː.əd/ US: /ˈstuː.ɚd/ *n* [C] *(en un transporte)* ⇨auxiliar ■ Se emplea únicamente con hombres

stewardess [*pl* stewardesses] *n* [C] *(en un transporte)* ⇨azafata ⇨auxiliar ■ Se emplea únicamente con mujeres

↑**stick¹** /stɪk/ *n* [C] **1** ⇨trozo de madera ⇨palo ⇨bastón **2** ⇨barra: *a stick of candy* - una barra de caramelo **3** *a stick of chalk* - una tiza

↑**stick², stuck, stuck** /stɪk/ ▌*v* [T, I] **1** ⇨pegar **2** ⇨clavar ⇨pinchar ■ CONSTR. Se usa generalmente seguido de una preposición o un adverbio ▌*v* [T] **3** *(inform)* ⇨poner ⇨dejar ■ CONSTR. Se usa generalmente seguido de una preposición o un adverbio ▌*v* [I] **4** ⇨atascarse ⇨quedarse atascado,da ⇨quedarse atrapado,da

PHRASAL VERBS

- **to stick around** *(inform)* ⇨quedarse un rato
- **to stick at *sth*** ⇨perseverar en algo
- **to stick by *sb*** ⇨respaldar a alguien ⇨seguir apoyando a alguien
- **to stick it out** *(inform)* ⇨aguantar hasta el final
- **to stick out** ⇨sobresalir ⇨destacar
- **to stick *sth* out [M]** *(una parte del cuerpo)* ⇨sacar
- **to stick to *sth* 1** ⇨atenerse a algo ⇨ceñirse a algo **2** *(una norma, una promesa)* ⇨seguir ⇨mantener
- **to stick together** ⇨mantenerse unidos,das ⇨no separarse *(inform)* ⇨mantenerse unidos,das ⇨cerrar filas
- **to stick up for *sth/sb*** *(inform)* ⇨apoyar ⇨defender

sticker UK: /ˈstɪk.əʳ/ US: /-ɚ/ *n* [C] ⇨pegatina

sticky /ˈstɪk.i/ *adj* [*comp* stickier, *superl* stickiest] **1** ⇨pegajoso,sa **2** *(una temperatura)* ⇨bochornoso,sa **3** *(inform)* *(una situación)* ⇨embarazoso,sa ⇨bochornoso,sa

↑ **stiff** /stɪf/ *adj* **1** ⇒rígido,da ⇒tieso,sa **2** *(un músculo)* ⇒agarrotado,da **3** *(una bebida)* ⇒fuerte **4** *(el viento)* ⇒fuerte **5** *(una persona)* ⇒estirado,da ⇒almidonado,da *col.* **6** *(un objeto)* ⇒encajado

stiffen /ˈstɪf.ᵊn/ ▮ *v* [T, I] **1** ⇒poner(se) rígido,da ▮ *v* [I] **2** *(una persona)* ⇒paralizarse [por miedo, por ira]

stifle /ˈstaɪ.fl̩/ [stifled, stifling] *v* [T] **1** ⇒reprimir **2** ⇒contener **3** ⇒sofocar(se) ⇒ahogar(se)

stifling /ˈstaɪ.fl.ɪŋ/ *adj* **1** *(calor)* ⇒asfixiante ⇒sofocante **2** ⇒preventivo,va

stigma /ˈstɪg.mə/ *n* [C, U] ⇒estigma

↑ **still¹** /stɪl/ *adv* **1** ⇒todavía ⇒aún ▪ Ver cuadro todavía (still / yet) **2** ⇒de todas formas ⇒aún así

↑ **still²** /stɪl/ *adj* **1** ⇒quieto,ta ⇒inmóvil **2** *(un lugar)* ⇒tranquilo,la **3** *UK (una bebida)* ⇒sin gas

stillness /ˈstɪl.nəs/ *n* [U] **1** ⇒quietud ⇒calma ⇒tranquilidad **2** ⇒inmovilidad

stilt /stɪlts/ *n* [C] **1** ⇒pilote [de un edificio] **2** ⇒zanco ▪ Se usa más en plural

stilted UK: /ˈstɪl.tɪd/ US: /-t̬ɪd/ *adj* ⇒forzado,da ⇒poco natural

stimulant /ˈstɪm.jʊ.lənt/ *n* [C] ⇒estimulante

↑ **stimulate** /ˈstɪm.jʊ.leɪt/ [stimulated, stimulating] *v* [T] ⇒estimular: *to stimulate production* - estimular la producción

stimulating UK: /ˈstɪm.jʊ.leɪ.tɪŋ/ US: /-ɪŋ/ *adj* ⇒estimulante ⇒interesante

stimulation /ˌstɪm.jʊˈleɪ.ʃᵊn/ *n* [U] ⇒estímulo ⇒estimulación

stimulus /ˈstɪm.jʊ.ləs/ [*pl* stimuli] *n* [C] ⇒estímulo ⇒incentivo

sting¹, stung, stung /stɪŋ/ ▮ *v* [T] **1** *(un animal)* ⇒picar **2** ⇒disgustar ▮ *v* [T, I] **3** ⇒picar ⇒escocer

sting² /stɪŋ/ ▮ *n* [C] **1** ⇒picadura: *bee sting* - picadura de abeja **2** *UK* ⇒aguijón ▮ *n* [NO PL] **3** ⇒picor ⇒escozor

stingy /ˈstɪn.dʒi/ *adj* [*comp* stingier, *superl* stingiest] *(inform)* ⇒tacaño,ña *desp.;* ⇒rácano,na *col. desp.*

stink¹, stank, stunk (*US* **stunk, stunk**) /stɪŋk/ *v* [I] ⇒apestar: *Your socks stink!* - ¡Tus calcetines apestan!

stink² /stɪŋk/ *n* [NO PL] ⇒peste ⇒hedor

stint /stɪnt/ *n* [C] ⇒temporada: *We had a stint as reporters* - Trabajamos una temporada de reporteros

stipulate /ˈstɪp.jʊ.leɪt/ [stipulated, stipulating] *v* [T] *(form)* ⇒estipular: *It was stipulated that we would pay in instalments* - Se estipuló que pagaríamos a plazos ▪ CONSTR. 1. to stipulate + (that) 2. to stipulate + interrogativa indirecta

↑ **stir** UK: /stɜːʳ/ US: /stɝː/ [stirred, stirring] ▮ *v* [T] **1** ⇒revolver ⇒mover ⇒remover ▮ *v* [T, I] **2** ⇒moverse [ligeramente]: *The wind stirred the leaves* - El viento movió ligeramente las hojas

PHRASAL VERBS

· **to stir sth up** [M] **1** *(un recuerdo)* ⇒despertar algo **2** ⇒generar polémica ⇒provocar

stir-fry UK: /ˈstɜː.fraɪ/ US: /ˈstɝː-/ [stir-fries, stir-fried] *v* [T] *(un alimento)* ⇒saltear

stirring UK: /ˈstɜː.rɪŋ/ US: /ˈstɝː.ɪŋ/ *adj* **1** ⇒emocionante **2** ⇒inspirador,-a

stirrup /ˈstɪr.əp/ *n* [C] *(en una silla de montar)* ⇒estribo

stitch¹ /stɪtʃ/ *v* [T, I] ⇒coser: *to stitch on a button* - coser un botón

stitch² /stɪtʃ/ [*pl* stitches] ▮ *n* [C] **1** ⇒puntada ⇒costura ⇒punto [de lana] **2** *(en medicina)* ⇒punto ▮ *n* [NO PL] **3** ⇒flato **4 to be in stitches** ⇒troncharse de risa *col.*

stock¹ UK: /stɒk/ US: /stɑːk/ ▮ *n* [C, U] **1** ⇒existencias **2** *(en economía)* ⇒acción ▮ *n* [U] **3** ⇒caldo: *fish stock* - caldo de pescado **4** *(form)* ⇒prestigio ⇒apoyo [del público] **5** ⇒ganado **6** ⇒ascendencia ⇒orígenes ▮ *n* [C] **7** ⇒alhelí **8 to be in ~** ⇒tener en existencias **9 to be out of ~** ⇒estar agotado,a: *I'm sorry but that book is out of stock* - Lo siento, pero ese libro está agotado

stock² UK: /stɒk/ US: /stɑːk/ *v* [T] **1** ⇒tener existencias de **2** *(una estantería, una nevera)* ⇒reponer **3** ⇒abastecer ⇒surtir

· **to stock up** ⇒comprar en grandes cantidades ⇒aprovisionarse

stockbroker UK: /ˈstɒkˌbrəʊ.kəʳ/ US: /ˈstɑːkˌbroʊ.kɚ/ *n* [C] ⇒corredor,-a de bolsa ▪ La forma abreviada es *broker*

↑ **stock exchange** (*tb* **stock market**) *n* [C] *(en economía)* ⇒bolsa

↑ **stocking** UK: /ˈstɒk.ɪŋ/ US: /ˈstɑː.kɪŋ/ *n* [C] *(prenda de vestir de mujer)* ⇒media

↑ **stock market** *n* [C] See **stock exchange**

stocky UK: /ˈstɒk.i/ US: /ˈstɑː.ki/ *adj* [*comp* stockier, *superl* stockiest] ⇒retaco,ca *col.;* ⇒tapón *col.*

stole UK: /stəʊl/ US: /stoʊl/ past tense of **steal**

stolen UK: /ˈstəʊ.lᵊn/ US: /ˈstoʊ-/ past participle of **steal**

stolid UK: /ˈstɒl.ɪd/ US: /ˈstɑː.lɪd/ *adj* ⇒impasible ⇒imperturbable

stomach¹ /ˈstʌm.ək/ [*pl* stomachs] *n* [C] **1** ⇒estómago ⇒vientre **2 to have no ~ for sth** ⇒no tener ganas de algo

stomach² /ˈstʌm.ək/ *v* [T] *(inform)* ⇒aguantar: *I couldn't stomach her attitude any longer* - Ya no pude aguantar su actitud

stomach ache *n* [C, U] ⇒dolor de tripa ⇒dolor de estómago ▪ PRON. La última sílaba, *ache,* rima con *make*

† **stone**[1] UK: /stəun/ US: /stoun/ ▌ *n* [C, U] **1** ⇒piedra ▌ *n* [C] **2** *UK* (*US* **pit**) *(en algunas frutas)* ⇒hueso ⇒carozo *AMÉR.* **3** *UK* ⇒unidad de peso equivalente a 6,3 kilogramos ■ Su plural es *stone* o *stones*

stone[2] UK: /stəun/ US: /stoun/ [stoned, stoning] *v* [T] **1** *(un fruto)* ⇒deshuesar ⇒descarozar *AMÉR.* **2** ⇒apedrear ⇒matar a pedradas

Stone Age the ~ *(en la Prehistoria)* ⇒la Edad de Piedra

stoned UK: /stəund/ US: /stound/ *adj* **1** *(inform)* ⇒colocado,da *col.* **2** ⇒tajado,da *col.*; ⇒piripi *col.*

stonefish UK: /ˈstəun.fɪʃ/ US: /ˈstoun-/ [*pl* stonefish, stonefishes] *n* [C] ⇒pez piedra

stony UK: /ˈstəu.ni/ US: /ˈstou-/ *adj* [*comp* stonier, *superl* stoniest] **1** ⇒pedregoso,sa: *a stony path* - un camino pedregoso **2** *(una reacción)* ⇒frío,a ⇒distante **3** *(un silencio)* ⇒sepulcral

stood /stud/ past tense and past participle forms of **stand**

† **stool** /stu:l/ *n* [C] **1** ⇒taburete: *a bar stool* - un taburete alto **2** *(en medicina)* ⇒deposición

stoop[1] /stu:p/ *v* [I] **1** ⇒encorvarse ⇒inclinarse **2** ⇒andar encorvado,da: *Try not to stoop* - Intenta no andar encorvado

stoop[2] /stu:p/ *n* [NO PL] *to walk with a stoop* - caminar encorvado

† **stop**[1] UK: /stɒp/ US: /stɑ:p/ [stopped, stopping] *v* [T, I] **1** ⇒parar ⇒cesar ⇒dejar ■ CONSTR. 1. to stop + doing sth 2. to stop + to do sth **2** *Why don't you stop for supper?* - ¿Por qué no te quedas a cenar? **3** ⇒parar **4** *(una máquina)* ⇒parar(se) **5** ⇒parar ⇒detener **6** ⇒impedir ⇒prevenir ■ CONSTR. to stop sb from doing sth **7** ⇒tapar [un agujero]

PHRASAL VERBS

· **to stop off** ⇒parar un rato

stop[2] UK: /stɒp/ US: /stɑ:p/ *n* [C] **1** ⇒parada ⇒paradero *AMÉR.* **2** ⇒descanso **3 to come to a** ~ ⇒pararse ⇒detenerse

stopover UK: /ˈstɒpˌəu.vəʳ/ US: /ˈstɑ:pˌou.vɚ/ *UK n* [C] *(en un viaje)* ⇒escala

stoppage UK: /ˈstɒp.ɪdʒ/ US: /ˈstɑ:.pɪdʒ/ *n* [C] **1** ⇒huelga **2** *(en fútbol)*: *stoppage time* - tiempo de descuento **3** *UK* ⇒retención fiscal

stopwatch UK: /ˈstɒp.wɒtʃ/ US: /ˈstɑ:p.wɑ:tʃ/ [*pl* stopwatches] *n* [C] ⇒cronómetro

storage UK: /ˈstɔ:.rɪdʒ/ US: /ˈstɔ:r.ɪdʒ/ *n* [U] ⇒almacenamiento

† **store**[1] UK: /stɔ:ʳ/ US: /stɔ:r/ *n* [C] **1** ⇒grandes almacenes **2** ⇒provisión: *store of food* - provisión de alimentos **3** *US* (*UK/US tb* **shop**) ⇒tienda **4 to be in** ~ **(for sb) 1** *What does the future have in store for us?* - ¿Qué nos deparará el futuro?; *There is a shock in store for her* - Le espera un gran susto **2** *(una sorpresa)* ⇒tener reservado para alguien

† **store**[2] UK: /stɔ:ʳ/ US: /stɔ:r/ [stored, storing] *v* [T] ⇒almacenar: *to store data on a hard disk* - almacenar datos en un disco duro ■ CONSTR. Se usa generalmente seguido de una preposición

storeroom UK: /ˈstɔ:.rum/ UK: /-ru:m/ US: /ˈstɔ:r-/ *n* [C] **1** ⇒almacén **2** ⇒despensa

† **storey** UK: /ˈstɔ:.ri/ US: /ˈstɔ:r.i/ *UK* (*US* **story**) *n* [C] ⇒piso ⇒planta

† **storm**[1] UK: /stɔ:m/ US: /stɔ:rm/ *n* [C] ⇒tormenta

storm[2] UK: /stɔ:m/ US: /stɔ:rm/ *v* [T] **1** *(un edificio)* ⇒asaltar ⇒atacar **2 to** ~ **{into/out of}** ⇒{entrar/salir} hecho,cha una furia: *He stormed out of the room* - Salió de la habitación hecho una furia

stormy UK: /ˈstɔ:.mi/ US: /ˈstɔ:r-/ *adj* [*comp* stormier, *superl* stormiest] **1** *(el tiempo)* ⇒tormentoso,sa **2** *(una relación)* ⇒problemático,ca ⇒tempestuoso,sa **3** *(un debate)* ⇒acalorado,da

† **story** UK: /ˈstɔ:.ri/ US: /ˈstɔ:r.i/ [*pl* stories] *n* [C] **1** ⇒historia ⇒cuento **2** *(en un periódico)* ⇒noticia **3** *It's a long story* - Es largo de contar **4** *US* See **storey**

stout /staut/ *adj* **1** ⇒fornido,da ⇒robusto,ta **2** ⇒fuerte: *stout shoes* - zapatos fuertes

stove[1] UK: /stəuv/ US: /stouv/ *n* [C] **1** *US* (*UK* **cooker**) *(aparato)* ⇒cocina **2** ⇒estufa

stove[2] UK: /stəuv/ US: /stouv/ past tense and past participle forms of **stave**

stow UK: /stəu/ US: /stou/ *v* [T] ⇒guardar

straddle /ˈstræd.l̩/ [straddled, straddling] *v* [T] **1** ⇒sentarse a horcajadas **2** *(un lugar)* ⇒estar a ambos lados ⇒abarcar ambos lados

straggle /ˈstræg.l̩/ [straggled, straggling] *v* [I] ⇒rezagarse ⇒desparramarse ■ CONSTR. Se usa generalmente seguido de una preposición o un adverbio

straggly /ˈstræg.li/ *adj* [*comp* stragglier, *superl* straggliest] ⇒desaliñado,da ⇒descuidado,da

† **straight**[1] /streɪt/ *adj* **1** ⇒recto,ta: *a straight line* - una línea recta **2** ⇒derecho,cha: *Is the picture straight?* - ¿Está derecho el cuadro?; *Stand up straight!* - ¡Ponte derecho! **3** *(el pelo)* ⇒liso,sa **4** *(una respuesta, una explicación)* ⇒franco,ca ⇒claro,ra **5** *(una persona)* ⇒convencional ⇒tradicional **6** *(victorias)* ⇒consecutivo,va **7 to get** *sth* ~ ⇒dejar algo claro ⇒comprender algo totalmente

† **straight**[2] /streɪt/ *adv* **1** ⇒derecho ⇒recto **2** ⇒directamente ⇒directo,ta **3** ⇒francamente **4** ~ **on** ⇒derecho ⇒recto

straighten UK: /ˈstreɪ.tᵊn/ US: /-[ə]n/ *v* [T, I] ⇒enderezar: *to straighten one's tie* - enderezar la corbata

PHRASAL VERBS

· **to straighten** ***sth*** **out [M]** ⇒aclarar algo: *to straighten things out* - aclarar las cosas

S

· **to straighten up** ⇒enderezar: *Straighten up, don't walk with a stoop* - Endérezate y no vayas encorvado
· **to straighten *sth* up** [M] ⇒ordenar algo ⇒arreglar algo

↑**straightforward** UK: /ˌstreɪtˈfɔː.wəd/ US: /-ˈfɔːr.wəd/ *adj* **1** *(una cosa, una actividad)* ⇒sencillo,lla **2** *(una persona)* ⇒sincero,ra ⇒franco,ca

strain¹ /streɪn/ ▮ *n* [C, U] **1** ⇒tensión: *The strain of work made him ill* - Enfermó a causa de la tensión del trabajo **2** ⇒torcedura ▮ *n* [C] **3** ⇒estilo ⇒tipo

strain² /streɪn/ ▮ *v* [T, I] **1** ⇒forzar ⇒aguzar ■ CONSTR. to strain + to do sth ▮ *v* [T] **2** ⇒forzar ⇒hacerse daño **3** ⇒complicar **4** *(un recurso)* ⇒gastar **5** ⇒escurrir: *Strain the rice, please* - Escurre el arroz, por favor

strained /streɪnd/ *adj* **1** ⇒preocupado,da ⇒nervioso,sa **2** *(una relación)* ⇒tirante

strait /streɪt/ *n* [C] *(en el mar)* ⇒estrecho

strand /strænd/ *n* [C] **1** ⇒hebra: *a strand of cotton* - una hebra de algodón **2** *(de una historia)* ⇒línea argumental **3** *(lit)* ⇒orilla del mar ⇒costa

stranded /ˈstræn.dɪd/ *adj* **1** ⇒abandonado,da ⇒tirado,da *col.* **2** ⇒aislado,da **3 to be left ~** ⇒quedarse colgado,da *col.*

↑**strange** /streɪndʒ/ *adj* **1** ⇒raro,ra ⇒extraño,ña **2** ⇒desconocido,da ⇒extraño,ña ■ Distinto de *extraneous* (ajeno, innecesario)

strangely /ˈstreɪndʒ.li/ *adv* **1** ⇒extrañamente **2 ~ enough** ⇒por muy extraño que parezca: *Strangely enough, I'm not tired* - Por muy extraño que parezca no estoy cansada

stranger UK: /ˈstreɪn.dʒəʳ/ US: /-dʒə/ *n* [C] ⇒desconocido,da ⇒extraño,ña ■ Distinto de *foreigner* (extranjero)

strangle /ˈstræŋ.gl/ [strangled, strangling] *v* [T] **1** ⇒estrangular ⇒ahogar **2** *(un proyecto)* ⇒estrangular ⇒frustrar

strap¹ /stræp/ *n* [C] **1** ⇒correa: *watch strap* - correa del reloj **2** ⇒tirante: *a bra strap* - un tirante del sujetador

strap² /stræp/ [strapped, strapping] *v* [T] ⇒sujetar con correas ⇒amarrar ■ CONSTR. Se usa generalmente seguido de las preposiciones into y to

strategic /strəˈtiː.dʒɪk/ *adj* ⇒estratégico,ca

↑**strategy** UK: /ˈstræt.ə.dʒi/ US: /ˈstræ-/ [*pl* strategies] *n* [C, U] ⇒estrategia

↑**straw** UK: /strɔː/ US: /strɑː/ ▮ *n* [U] **1** ⇒paja ▮ *n* [C] **2** ⇒paja ⇒pajita ⇒pitillo AMÉR. **3 the {final/last} ~** ⇒la gota que colma el vaso

↑**strawberry** UK: /ˈstrɔː.bᵊr.i/ US: /ˈstrɑːˌber.i/ [*pl* strawberries] *n* [C] ⇒fresa ⇒frutilla AMÉR.

stray¹ /streɪ/ *v* [I] **1** ⇒extraviar(se) ⇒desviar(se) [del camino] **2** ⇒desviar(se) [del tema que se está tratando]

stray² /streɪ/ *adj* ⇒perdido,da ⇒extraviado,da

streak¹ /striːk/ *n* [C] **1** ⇒veta **2** ⇒raya [de color] **3** *(de pelo)* ⇒mechón **4** ⇒racha [de suerte]: *winning streak* - buena racha **5** ⇒vena: *He is now on his selfish streak* - Ahora tiene una vena egoísta

streak² /striːk/ **to be streaked with *sth*** *Her hair is streaked with blond* - Tiene mechas rubias

stream¹ /striːm/ *n* [C] **1** ⇒arroyo ⇒riachuelo ⇒quebrada AMÉR. **2** ⇒corriente: *the Gulf Stream* - la corriente del Golfo **3** ⇒oleada [de gente]: *a stream of tourists* - una oleada de turistas **4** ⇒caravana [de coches] **5** *(de palabras)* ⇒torrente ⇒aluvión

stream² /striːm/ *v* [I] **1** ⇒fluir ⇒correr **2** ⇒entrar a raudales: *Sunlight streams through these big windows* - Por estos ventanales entra luz a raudales ■ CONSTR. Se usa generalmente seguido de una preposición o un adverbio

streamer UK: /ˈstriː.məʳ/ US: /-mə/ *n* [C] ⇒serpentina

streamline /ˈstriːm.laɪn/ [streamlined, streamlining] *v* [T] **1** ⇒racionalizar: *to streamline work* - racionalizar el trabajo **2** *(un mecanismo)* ⇒dar un diseño aerodinámico

↑**street** /striːt/ *n* [C] **1** ⇒calle ■ La forma abreviada es *St* ■ Al dar el nombre de una calle, se escribe con mayúscula inicial: *Oxford Street* **2 to be (right) up your ~** *(inform)* ⇒ir que ni pintado,da *col.*: *This shirt is up your street* - Esta camisa te va que ni pintada **3 to be streets ahead of (*sth/sb*)** UK *(inform)* ⇒llevar mucha ventaja

streetcar UK: /ˈstriːt.kɑːʳ/ US: /-kɑːr/ *US* (*UK* **tram**) *n* [C] ⇒tranvía

↑**strength** /streŋθ/ ▮ *n* [U] **1** ⇒fuerza **2** ⇒fortaleza: *inner strength* - fortaleza interior **3** ⇒poder **4** *the strength of the pound* - el valor de la libra ▮ *n* [C] **5** ⇒punto fuerte: *Sincerity is one of his strengths* - La sinceridad es uno de sus puntos fuertes **6 on the ~ of *sth*** ⇒en virtud de algo

strengthen /ˈstreŋ.θᵊn/ *v* [T, I] ⇒fortalecer(se) ⇒consolidar(se)

strenuous /ˈstren.ju.əs/ *adj (una actividad)* ⇒agotador,-a ⇒arduo,dua

↑**stress¹** /stres/ *n* [U] **1** ⇒estrés: *He can't stand the stress of big cities* - No soporta el estrés de las grandes ciudades **2** ⇒carga **3** *(en lingüística o en música)* ⇒acento **4 to lay ~ on *sth*** ⇒poner énfasis en algo

stress² /stres/ *v* [T] **1** ⇒recalcar ⇒subrayar ■ CONSTR. to stress + (that) **2** *(en gramática)* ⇒acentuar

S

stressed *adj* ⇒estresado,da

stressful /ˈstres.fᵊl/ *adj* ⇒estresante

↑**stretch**[1] /stretʃ/ *v* [T, I] **1** ⇒dar(se) de sí: *This jumper has stretched* - Este jersey se ha dado de sí **2** ⇒estirarse: *The cat stretched in the sun* - El gato se estiró al sol **3** *(un terreno)* ⇒extenderse ■ Se usa generalmente seguido de las preposiciones away e into **4** ⇒prolongar ⇒alargar ■ Se usa generalmente seguido de una preposición o un adverbio

PHRASAL VERBS
- **to stretch *oneself* out** *(una persona)* ⇒estirarse

stretch[2] /stretʃ/ [*pl* stretches] *n* [C] **1** ⇒extensión ⇒trecho **2** ⇒estiramiento **3 at a ~** ⇒sin interrupción ⇒seguido,da

stretcher UK: /ˈstretʃ.əʳ/ US: /-ɚ/ *n* [C] ⇒camilla

stricken /ˈstrɪk.ᵊn/ *adj (lit)* ⇒acongojado,da

↑**strict** /strɪkt/ *adj* **1** ⇒estricto,ta ⇒severo,ra **2** ⇒preciso,sa ⇒exacto,ta

strictly /ˈstrɪkt.li/ *adv* **1** ⇒estrictamente **2 ~ speaking** ⇒estrictamente hablando ⇒de modo riguroso

stridden past participle of **stride**

stride[1], **strode, strode/stridden** /straɪd/ [striding] *v* [I] ⇒dar zancadas: *Paul strode across the street* - Paul cruzó la calle dando grandes zancadas ■ CONSTR. Se usa generalmente seguido de una preposición o un adverbio

stride[2] /straɪd/ *n* [C] **1** ⇒zancada **2 to get into *one's* ~** *UK* (*US* **to hit one's stride**) ⇒familiarizar(se) ⇒coger el ritmo **3 to take *sth* in *one's* ~** *UK* (*US* **to take sth in stride**) ⇒tomarse algo con calma

strident /ˈstraɪ.dᵊnt/ *adj* ⇒estridente

strife /straɪf/ *n* [U] *(form)* ⇒lucha ⇒conflicto

↑**strike**[1] /straɪk/ *n* [C] **1** ⇒huelga ■ Se dice *to go on strike - declararse en huelga* **2** ⇒ataque militar

strike[2], **struck, struck** /straɪk/ [striking] ▌*v* [T, I] **1** *(un reloj)* ⇒dar la hora ▌*v* [T] **2** ⇒golpear ⇒fajar AMÉR. **3** ⇒tocar ⇒sonar ⇒dar **4** *It strikes me that I haven't phoned Jack* - Me acabo de acordar de que se me ha olvidado llamar a Jack **5** ⇒fulminar **6** ⇒descubrir [oro o petróleo] **7** ⇒ponerse en huelga ▌*v* [I] **8** ⇒atacar

PHRASAL VERBS
- **to strike back** ⇒devolver el golpe
- **to strike up *sth* (with *sb*)** *(una relación o una conversación)* ⇒entablar

striker UK: /ˈstraɪ.kəʳ/ US: /-kɚ/ *n* [C] **1** ⇒huelguista **2** *(en fútbol)* ⇒delantero,ra

↑**striking** /ˈstraɪ.kɪŋ/ *adj* ⇒llamativo,va ⇒sorprendente

string[1] /strɪŋ/ ▌*n* [C, U] **1** ⇒cuerda ⇒cordel ⇒piolín AMÉR.; ⇒mecate AMÉR. ▌*n* [C] **2** *(en un instrumento musical)* ⇒cuerda **3 a ~ of *sth*** ⇒una sarta de algo **4 no strings (attached)** ⇒sin condiciones ⇒sin compromisos

string[2], **strung, strung** /strɪŋ/ *v* [T] **1** ⇒ensartar ⇒engarzar **2** *(un instrumento o una raqueta)* ⇒encordar

stringent /ˈstrɪn.dʒənt/ *adj* ⇒riguroso,sa

strip[1] /strɪp/ *n* [C] **1** ⇒tira **2** ⇒franja [de terreno] **3** *to do a strip* - hacer un striptease ■ PRON. La *i* se pronuncia como en *trip*

strip[2] /strɪp/ [stripped, stripping] *v* [T, I] **1** ⇒quitar: *We stripped the wallpaper off the walls* - Quitamos el papel de las paredes **2 to ~ (off)** ⇒desnudar(se)

PHRASAL VERBS
- **to strip down** ⇒desmontar
- **to strip *sb* of *sth*** ⇒despojar(se) de algo ⇒quitar(se) de algo

↑**stripe** /straɪp/ *n* [C] ⇒raya ■ PRON. La *i* se pronuncia como en *write*

striped /straɪpt/ *adj* ⇒de rayas: *a striped shirt* - una camisa de rayas ■ PRON. La *e* no se pronuncia

↑**strive, strove, striven** /straɪv/ [striving] *v* [I] **1** ⇒esforzarse: *to strive for sth* - esforzarse por algo **2** ⇒luchar: *strive to defend a right* - luchar para defender un derecho ■ CONSTR. 1.to strive + to do sth 2. to strive for/against sth

striven past participle of **strive**

strode UK: /strəʊd/ US: /stroʊd/ past tense of **stride**

stroke[1] UK: /strəʊk/ US: /stroʊk/ *n* [C] **1** *(en natación)* ⇒brazada **2** ⇒campanada **3** *(en medicina)* ⇒apoplejía ⇒derrame cerebral **4** ⇒caricia **5** ⇒trazo [de un lápiz] **6** ⇒brochazo **7 a ~ of luck** ⇒un golpe de suerte **8 at a ~** ⇒de un golpe **9 not to do a ~ of work** *(inform)* ⇒no pegar ni chapa *col.*

stroke[2] UK: /strəʊk/ US: /stroʊk/ [stroked, stroking] *v* [T] ⇒acariciar: *acariciar a un animal* - to stroke an animal

stroll[1] UK: /strəʊl/ US: /stroʊl/ *v* [I] ⇒pasear: *We strolled along the river bank* - Paseamos por la orilla del río ■ CONSTR. Se usa generalmente seguido de una preposición o un adverbio

stroll[2] UK: /strəʊl/ US: /stroʊl/ *n* [C] ⇒paseo: *Let's go for a stroll* - Vamos a dar un paseo

stroller UK: /ˈstrəʊ.ləʳ/ US: /ˈstroʊ.lɚ/ *US* (*UK/US tb* **buggy**) *n* [C] ⇒silla [de niños]

↑**strong** UK: /strɒŋ/ US: /strɑːŋ/ *adj* **1** ⇒fuerte ⇒ñeque AMÉR. **2** *(un material)* ⇒fuerte ⇒resistente **3** *(una creencia)* ⇒firme **4** *(un contrincante)* ⇒fuerte **5** *(una relación)* ⇒sólido,da **6 to be going ~** *(inform)* ⇒estar sano,na **7 to be ~ at *sth*** ⇒ser bueno,na en algo: *He's very strong at Maths* - Es muy bueno en matemáticas **8 to be *one's* ~**

S

point ⇒ser el punto fuerte de alguien: *Science isn't my strong point* - Las ciencias no son mi punto fuerte

strongly UK: /ˈstrɒŋ.li/ US: /ˈstrɑːŋ-/ *adv* **1** ⇒muy ⇒fuertemente **2** ⇒mucho **3** ⇒muy bien **4** ⇒firmemente

stroppy UK: /ˈstrɒp.i/ US: /ˈstrɑː.pi/ *UK adj* [*comp* stroppier, *superl* stroppiest] *(inform) (una persona)* ⇒borde *col.*

strove UK: /strəʊv/ US: /stroʊv/ past tense of **strive**

struck /strʌk/ past tense and past participle forms of **strike**

†**structure** UK: /ˈstrʌk.tʃəʳ/ US: /-tʃɚ/ ▮ *n* [c] **1** *(en un edificio)* ⇒estructura ▮ *n* [c, u] **2** ⇒estructura ⇒composición ■ PRON. La primera *u* se pronuncia como en el término inglés *run*

†**struggle**[1] /ˈstrʌg.l̩/ [struggled, struggling] *v* [ɪ] **1** ⇒luchar ⇒pelear **2** ⇒forcejear ■ CONSTR. Se usa generalmente seguido de la preposición with **3** ⇒pasar apuros: *His family struggles to make ends meet* - Su familia pasa apuros para llegar a fin de mes ■ CONSTR. 1. to struggle + to do sth 2. Se usa generalmente seguido de una preposición o un adverbio ■ PRON. La primera *u* se pronuncia como en el término inglés *run*

†**struggle**[2] /ˈstrʌg.l̩/ *n* [c] **1** ⇒lucha ⇒pelea **2** ⇒esfuerzo ■ PRON. La primera *u* se pronuncia como en el término inglés *run*

strung /strʌŋ/ past tense and past participle forms of **string**

strut[1] /strʌt/ [strutted, strutting] *v* [ɪ] **1** ⇒andar de manera altiva **2** ⇒pavonearse ■ CONSTR. Se usa generalmente seguido de una preposición o un adverbio

strut[2] /strʌt/ *n* [c] *(en una estructura)* ⇒puntal

stub /stʌb/ *n* [c] **1** *(de un lápiz)* ⇒punta **2** *US (de un talonario)* ⇒matriz **3** *(de un cigarro)* ⇒colilla ⇒pucho *AMÉR.*

stubble /ˈstʌb.l̩/ *n* [u] **1** ⇒rastrojo **2** ⇒barba incipiente

S

†**stubborn** UK: /ˈstʌb.ən/ US: /-ɚn/ *adj* **1** ⇒terco,ca ⇒testarudo,da **2** *(una mancha)* ⇒rebelde ⇒resistente **3** *(resistencia)* ⇒firme

stuck[1] /stʌk/ past tense and past participle forms of **stick**

†**stuck**[2] /stʌk/ *adj* **1** ⇒atrapado,da ⇒atascado,da **2 to be ~ with *sth/sb*** ⇒tener que cargar con

stud /stʌd/ *n* [c] **1** ⇒tachuela **2** *(en forma de bolita)* ⇒pendiente ■ Se usa más en plural **3** *UK* ⇒taco [de un zapato deportivo] **4** ⇒semental ■ Se emplea únicamente con los animales macho **5** ⇒criadero de caballos

†**student** UK: /ˈstjuː.dᵊnt/ US: /ˈstuː-/ *n* [c] **1** ⇒estudiante [de universidad] **2** ⇒estudioso,sa [de una materia]

studied /ˈstʌd.id/ *adj* ⇒premeditado,da ⇒deliberado,da ⇒intencional

†**studio** UK: /ˈstjuː.di.əʊ/ US: /ˈstuː.di.oʊ/ *n* [c] **1** ⇒estudio [de pintura] **2** ⇒estudio [de grabación]: *TV studio* - estudio de televisión **3** ⇒estudio ⇒apartamento

studious UK: /ˈstjuː.di.əs/ US: /ˈstuː-/ *adj* ⇒estudioso,sa

†**study**[1] /ˈstʌd.i/ [studies, studied] ▮ *v* [T, ɪ] **1** ⇒estudiar: *He is studying pharmacy* - Está estudiando farmacia ▮ *v* [T] **2** ⇒estudiar ⇒examinar ■ PRON. La *u* se pronuncia como en el término inglés *sun*

†**study**[2] /ˈstʌd.i/ [*pl* studies] *n* [c] **1** ⇒estudio **2** ⇒despacho ■ PRON. La *u* se pronuncia como en el término inglés *sun*

†**stuff**[1] /stʌf/ *n* [u] **1** *(inform)* ⇒cosas ⇒bártulos **2 to strut *one's* ~** *(inform)* ⇒mover el esqueleto *col.* ■ PRON. La *u* se pronuncia como en el término inglés *sun*

stuff[2] /stʌf/ *v* [T] **1** ⇒llenar: *My school bag is stuffed with books* - Mi mochila del colegio está llena de libros ■ CONSTR. to be stuffed with sth **2** *(inform)* ⇒meter rápidamente **3** ⇒meter algo a la fuerza **4** *(en cocina)* ⇒rellenar **5** *(un animal)* ⇒disecar **6** *(inform)* ⇒atiborrarse ■ CONSTR. to stuff oneself with sth **7 to get stuffed!** *UK (very inform)* ⇒irse a hacer puñetas *col.* ■ PRON. La *u* se pronuncia como en el término inglés *sun*

stuffing /ˈstʌf.ɪŋ/ *n* [u] **1** *(en un cojín)* ⇒relleno **2** *(en un plato)* ⇒relleno

stuffy /ˈstʌf.i/ *adj* [*comp* stuffier, *superl* stuffiest] **1** *(form, old-fash)* ⇒retrógrado,da **2** *(la atmósfera)* ⇒cargado,da **3** ⇒taponado,da: *to have a stuffy nose* - tener la nariz taponada

stumble /ˈstʌm.bl̩/ [stumbled, stumbling] *v* [ɪ] **1** ⇒tropezar: *He stumbled over the stool* - Tropezó con la banqueta **2** ⇒atascarse en algo ■ Se usa generalmente seguido de las preposiciones over y through

PHRASAL VERBS

· **to stumble {across/on/upon} *sth/sb*** ⇒tropezar con ⇒encontrarse por casualidad con

stumbling block *n* [c] ⇒impedimento ⇒obstáculo

stump /stʌmp/ *n* [c] **1** *(en un árbol)* ⇒tocón **2** ⇒muñón **3** *(en cricket)* ⇒palo

stun /stʌn/ [stunned, stunning] *v* [T] **1** ⇒aturdir ⇒atontar **2** ⇒quedar(se) atónito,ta ⇒anonadar ■ CONSTR. Se usa más en pasiva

stung /stʌŋ/ past tense and past participle forms of **sting**

stunk /stʌŋk/ past participle of **stink**

†**stunning** /ˈstʌn.ɪŋ/ *adj* ⇒impresionante ⇒estupendo,da

to push
to catch
to throw
to swing
to bend down
to sit
to skip
to stretch
to punch
to hop
to pick up
to stand up
to pull
to walk
to lift

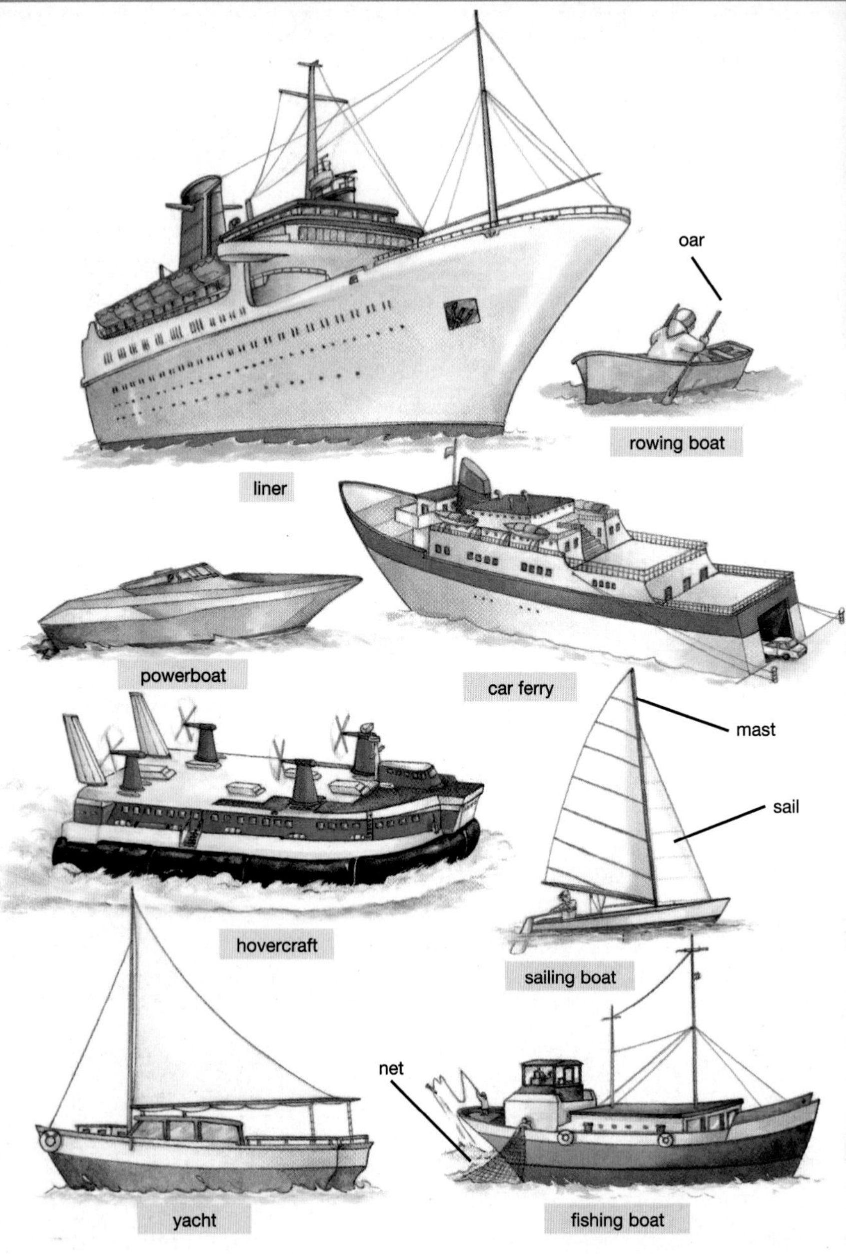
oar
rowing boat
liner
powerboat
car ferry
mast
sail
hovercraft
sailing boat
net
yacht
fishing boat

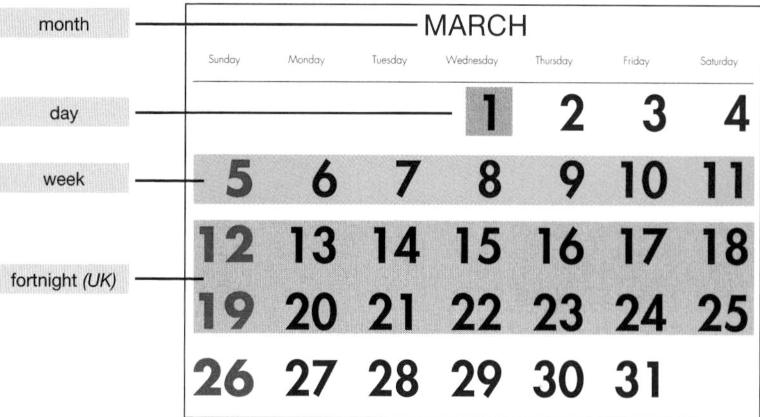

THE DAYS OF THE WEEK

- Sunday
- Monday
- Tuesday
- Wednesday
- Thursday
- Friday
- Saturday

THE MONTHS OF THE YEAR

- January
- February
- March
- April
- May
- June
- July
- August
- September
- October
- November
- December

THE SEASONS

- spring
- summer
- autumn ***(UK)*** / fall ***(US)***
- winter

Festivals

HALLOWE'EN
(October 31st)

CHRISTMAS
(December 25th)

EASTER
(April)

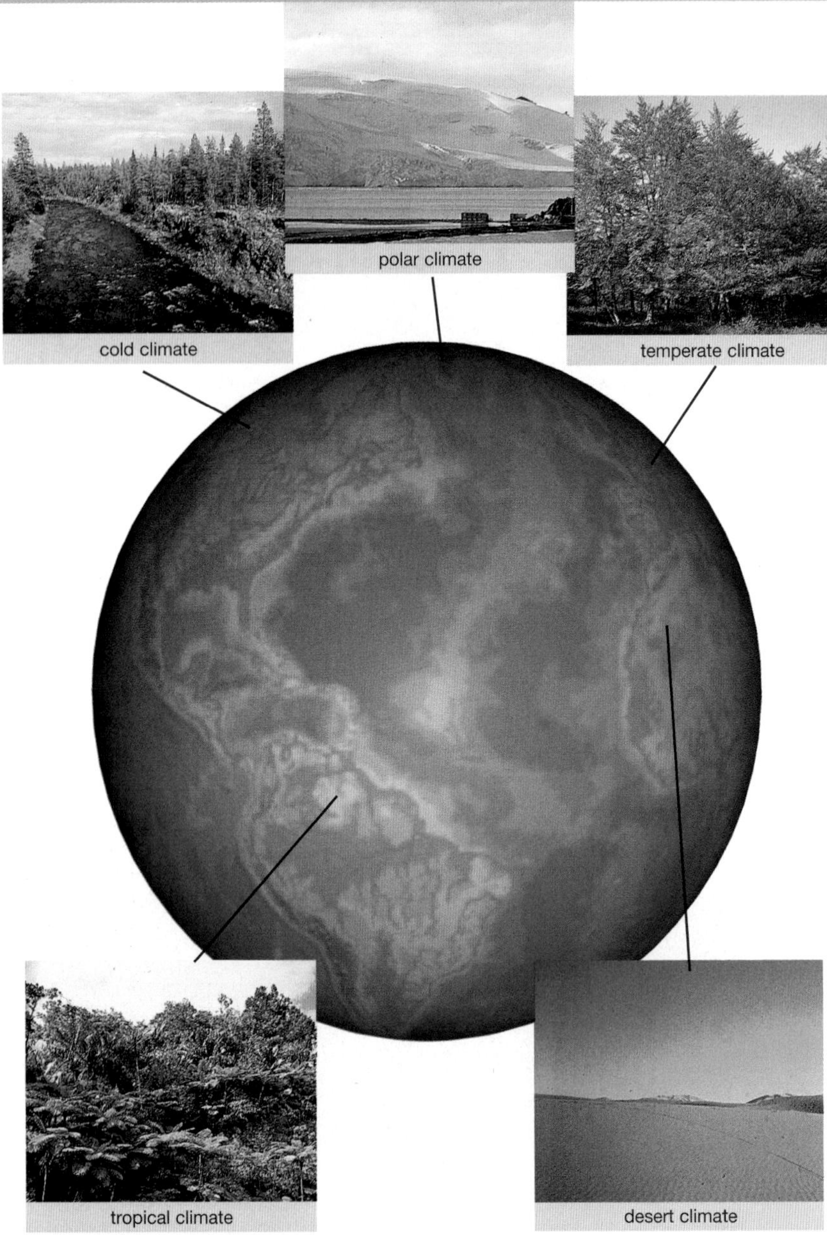

polar climate

cold climate

temperate climate

tropical climate

desert climate

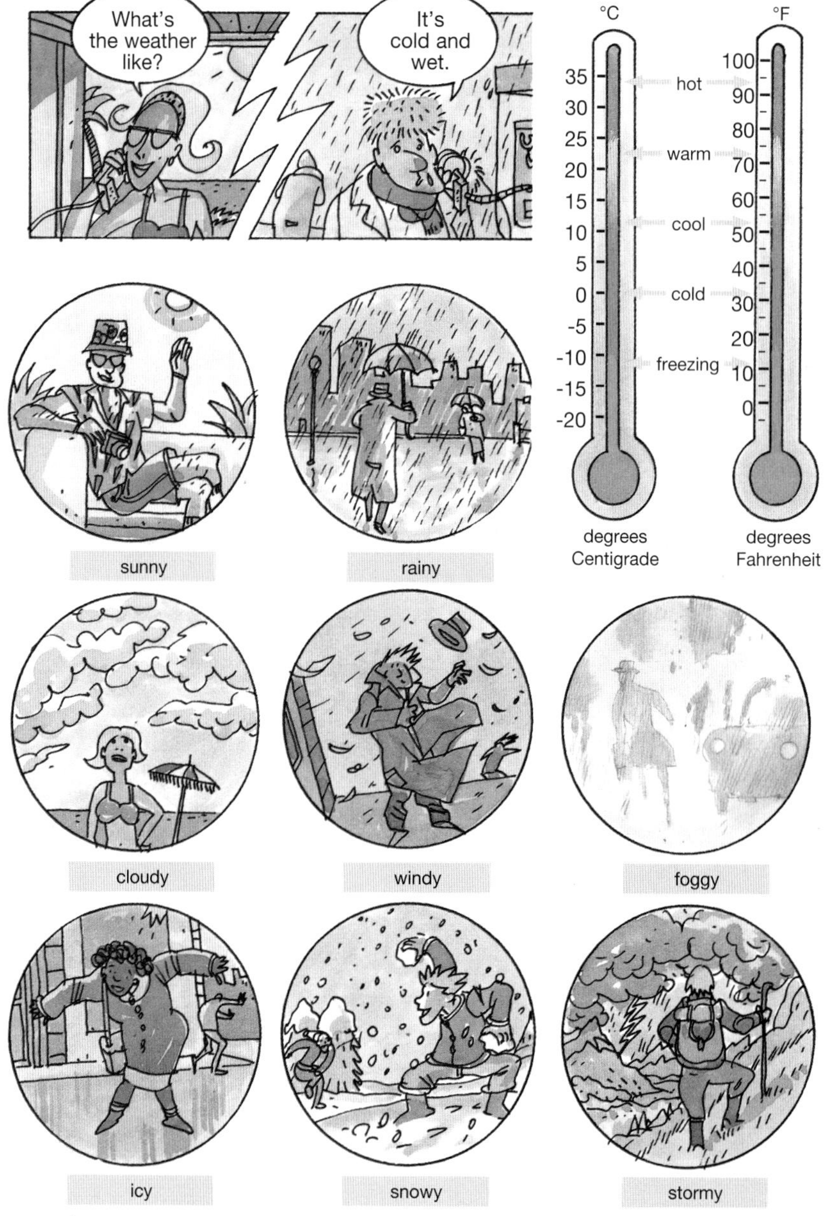
What's the weather like?
It's cold and wet.
°C
°F
35
30
25
20
15
10
5
0
-5
-10
-15
-20
100
90
80
70
60
50
40
30
20
10
0
hot
warm
cool
cold
freezing
degrees Centigrade
degrees Fahrenheit
sunny
rainy
cloudy
windy
foggy
icy
snowy
stormy

CLOTHES
vest (UK) / undershirt (US)
knickers (U
underwear
b
dressing gown (UK) robe / bath robe (US)
coat
jacket
sc
tights (UK) / stockings (US)
anorak (UK) down jacket (US)
raincoat
baseball cap
underpan
slippers
T-shirt
jumper
jeans
trainers (UK) / sneakers (US)

CLOTHES
CAROL
glove
blouse
skirt
cap
pyjamas
scarf
dungarees (UK) / overalls (US)
shirt
belt
trousers (UK) / pants (US)
sandals
boots
umbrella
shoes
leggings

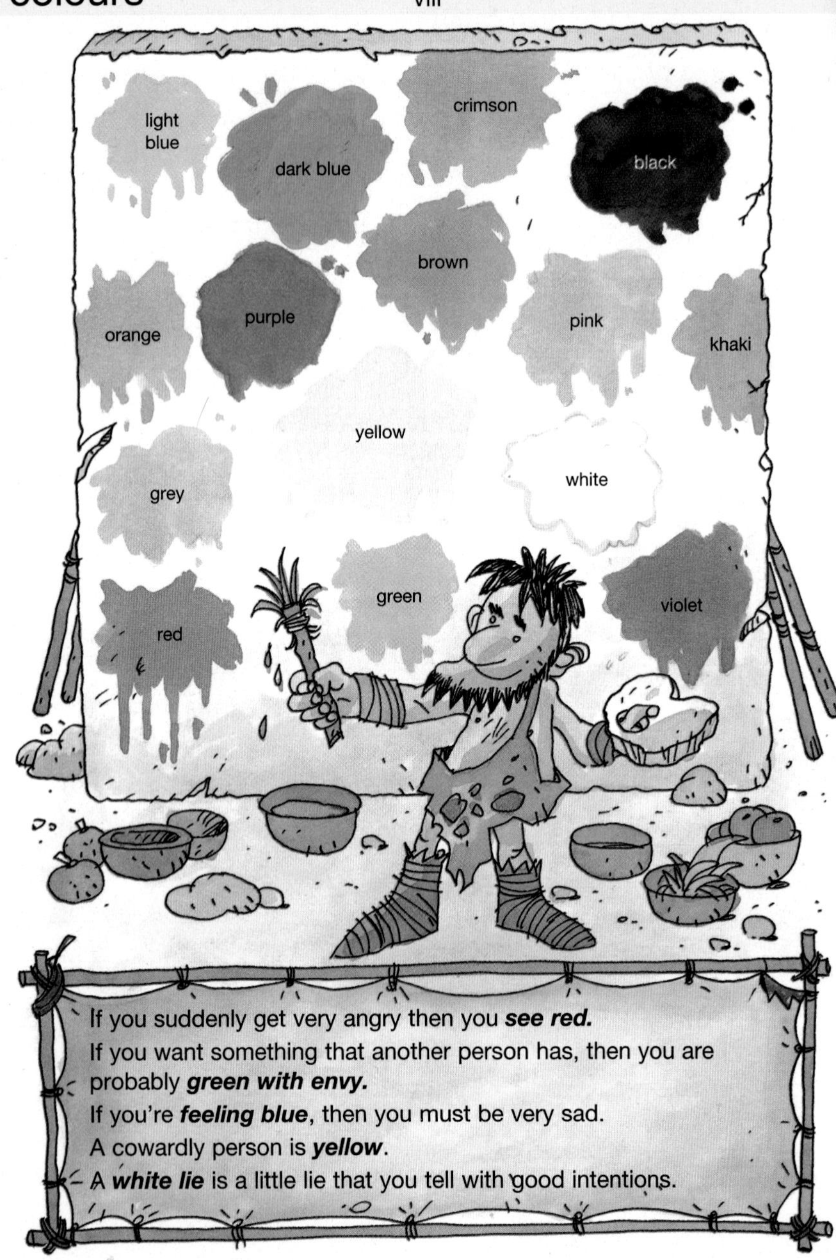

If you suddenly get very angry then you ***see red.***

If you want something that another person has, then you are probably ***green with envy.***

If you're ***feeling blue***, then you must be very sad.

A cowardly person is ***yellow***.

A ***white lie*** is a little lie that you tell with good intentions.

natural disasters

earthquake

flood

hurricane

drought

eruption (of volcano)

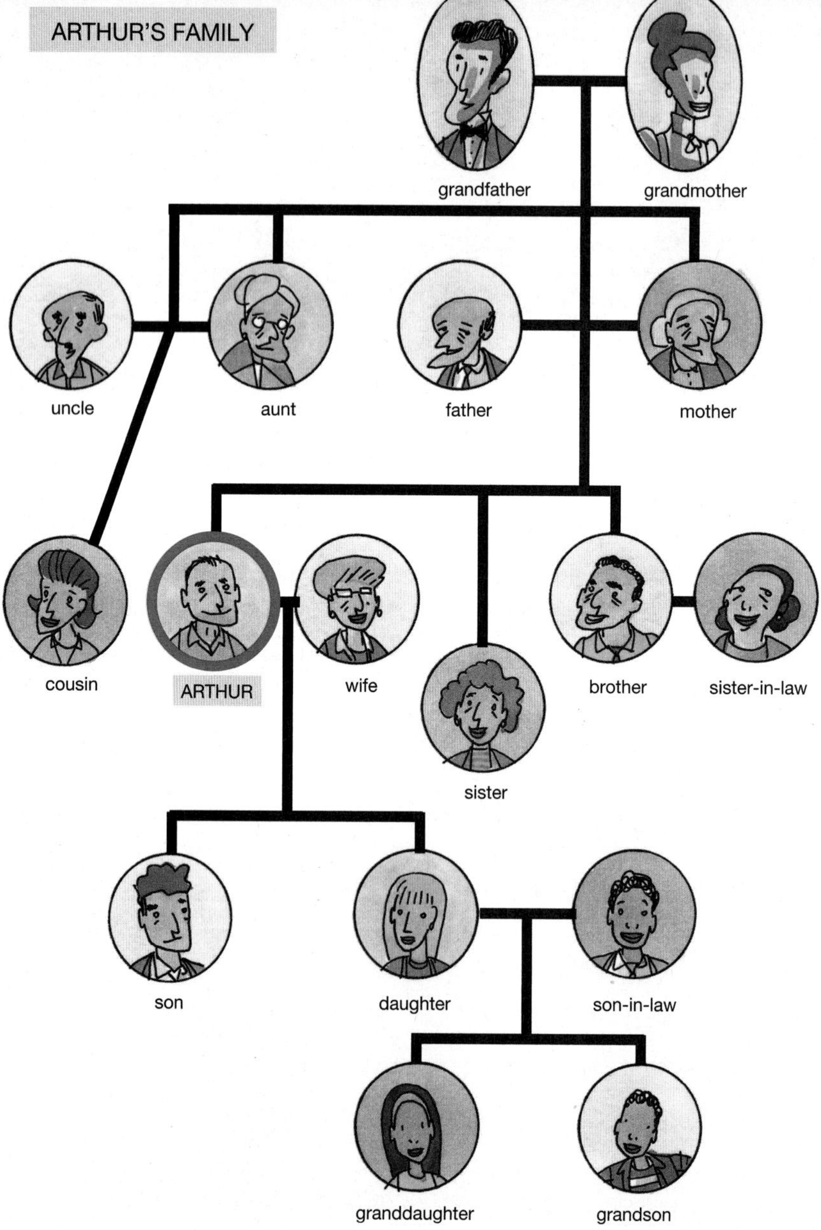

ARTHUR'S FAMILY

grandfather
grandmother

uncle
aunt
father
mother

cousin
ARTHUR
wife
brother
sister-in-law
sister

son
daughter
son-in-law

granddaughter
grandson

the farm

fence
field
barn
hay
farmhouse
stable
horses
farmyard
sheep
farmer
hen-house
cowshed
hens
cows
pigsty
tractor
pigs

chicken
hamburger
steak
vegetables
pizza
spaghetti
fish and chips *(UK)*
MAIN COURSE
cake
ice cream
DESSERTS
cheese
fruit
LUNCH
AND
DINNER

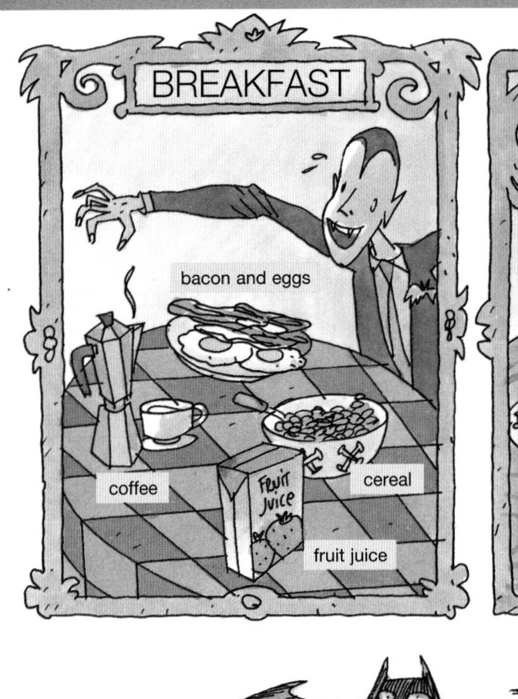
BREAKFAST
bacon and eggs
coffee
cereal
Fruit Juice
fruit juice

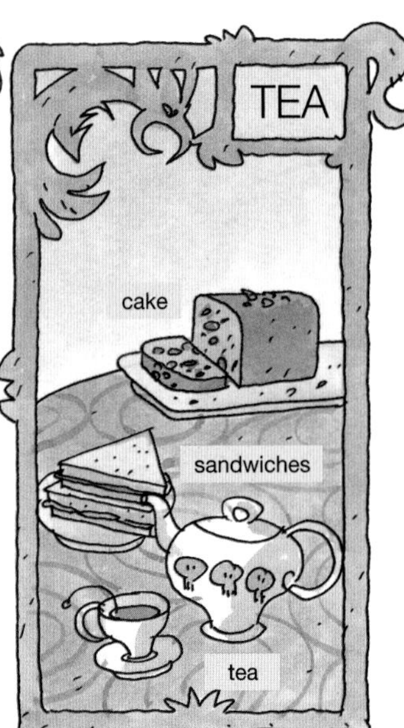
TEA
cake
sandwiches
tea

HOW WE FEEL
Yummy!
h u n g r y
h i r s t y

u l l

s l e e p y

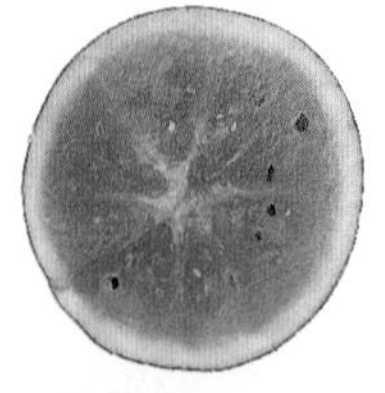

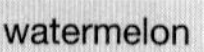

watermelon

melon

pineapple

coconut

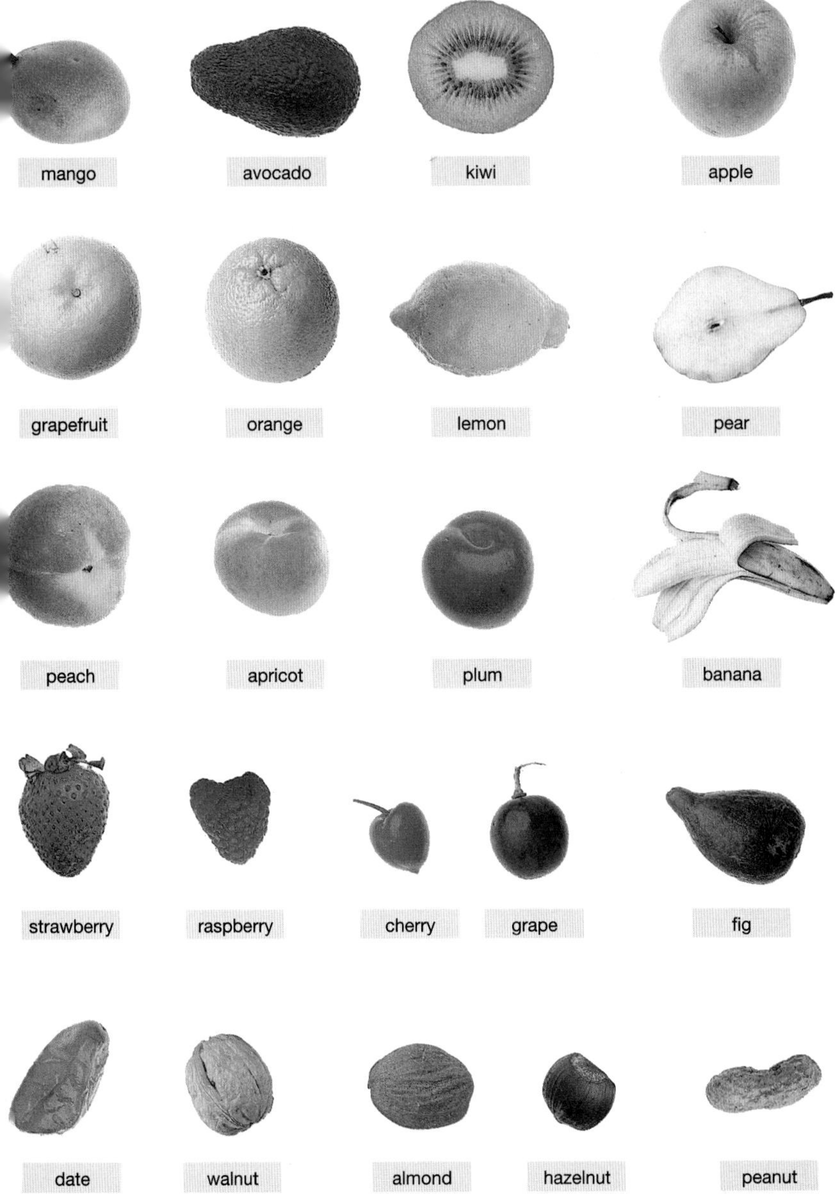
mango
avocado
kiwi
apple
grapefruit
orange
lemon
pear
peach
apricot
plum
banana
strawberry
raspberry
cherry
grape
fig
date
walnut
almond
hazelnut
peanut

gardening

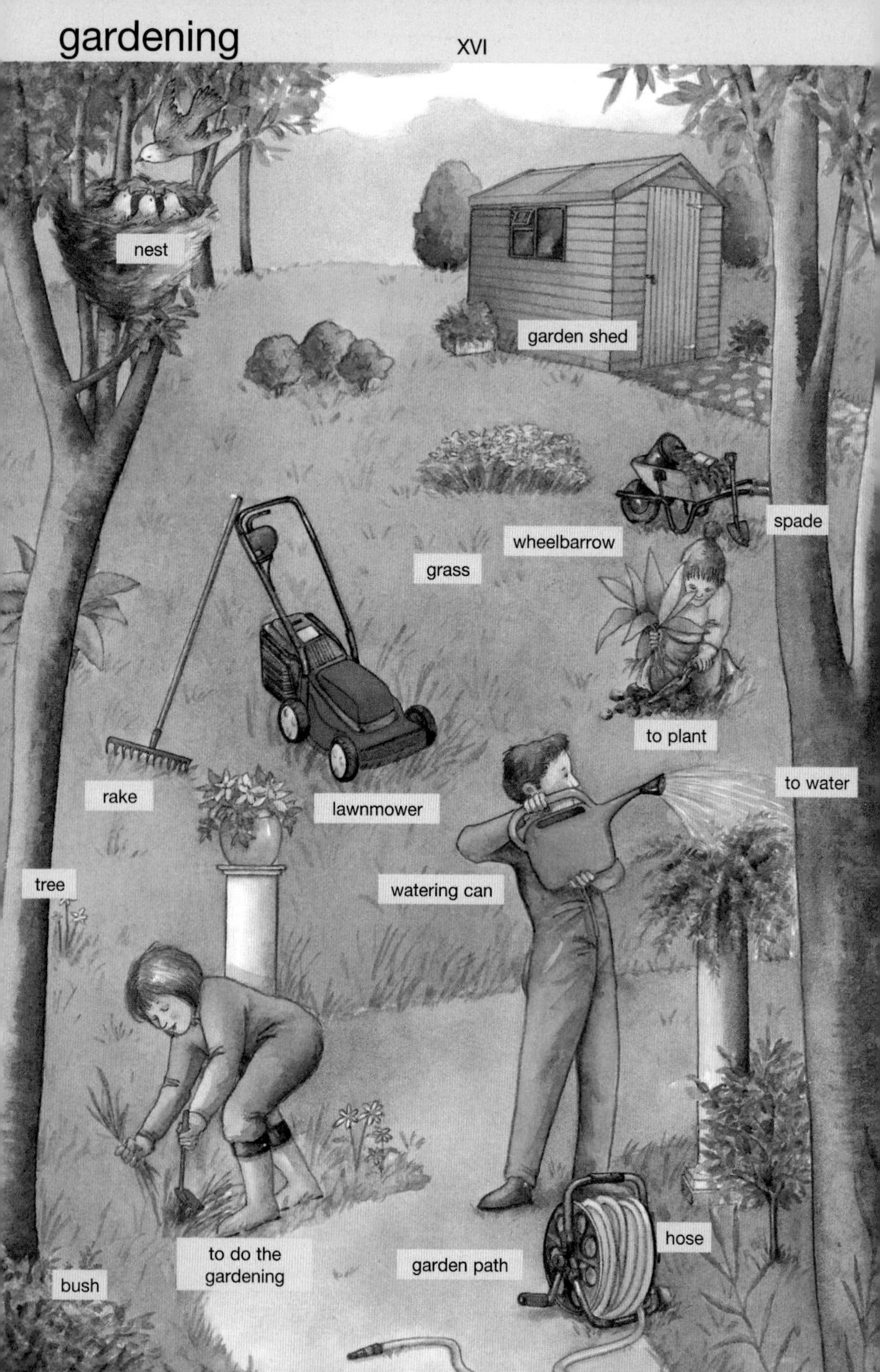
nest
garden shed
spade
wheelbarrow
grass
to plant
to water
rake
lawnmower
tree
watering can
hose
to do the gardening
garden path
bush

chimney
roof
loft
aerial (UK) / antenna (US)
bedroom
toilet (UK) / bathroom (US)
kitchen
living room
front door
garage
basement (UK) / cellar (US)
fence
gate
ached house (UK)
terraced houses (UK)
blocks of flats (UK) apartments (US)
american house

forehead
hair
eyes
head
face
chin
neck
elbow
shou
arm
back
chest
bottom
wrist
hand
stomach
fingers
leg
knee
ankle
foot
feet

DOCTOR'S OFFICE
My legs are hurting.
I've got a cold.
You should be more careful.
cut
cough
bruise
broken arm
backache
I feel really ill.
I've got a headache.
stomach ache
WAITING ROOM

actor

architect

carpenter

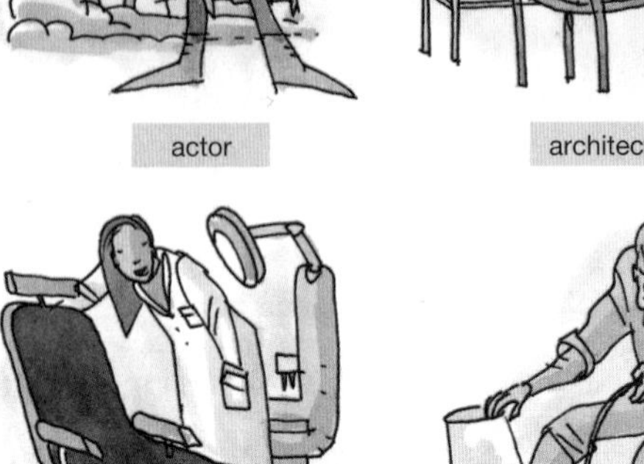

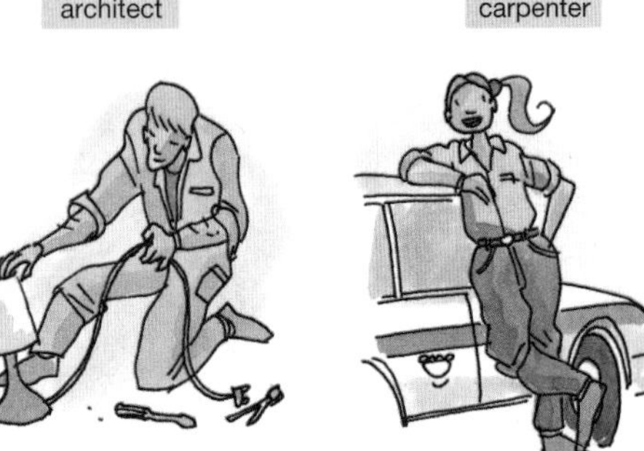

dentist

electrician

taxi driver

businessman

farmer

waiter

cook

shop assistant

police officer

mechanic

journalist

secretary

firefighter

fisherman

doctor

nurse

travel agent

teacher

factory worker

photographer

hairdresser

the kitchen

cookery books (UK)
cookbooks (US)
fridge
spices
knives
vinegar
freezer
bread board
teapot
cupboard
bottles
saucepan
oven
drawer

high
low
light
heavy
loose
tight
soft
hard
open
closed
hot
cold
big/large
little/small
full
empty
cheap
expensive
old
new
wet
dry
neat/tidy
messy/untidy

Mr Gunn has got a beard.

Judy's got freckles.

Clive has got dark, curly hair.

Mrs Ricketts is thin. She's got grey hair.

Judy's mum is plump. She's got fair hair.

Rick is wearing sunglasses.

Penelope's got long, blond hair.

Kevin has got ginger *(UK)* / red *(US)* hair

Murasaki has got short, straight hair.

Sir Nicolas is bald. He has a moustache.

surface

tail

shoal *(UK)* / school *(US)* of fish

coral

fin

seabed

deep water

SHOAL *(UK)* / SCHOOL *(US)* OF TROPICAL FISH

octopus

starfish

jellyfish

whale

rugby

tennis

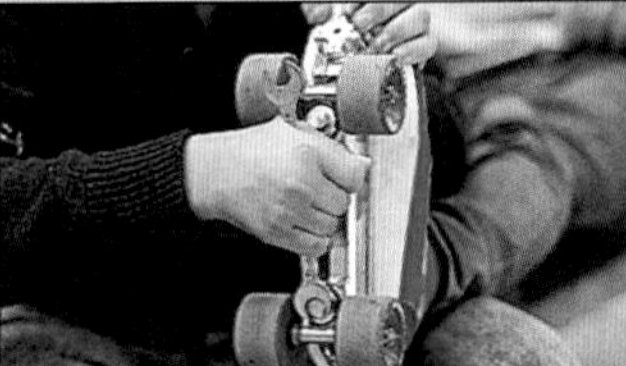
roller skating

football

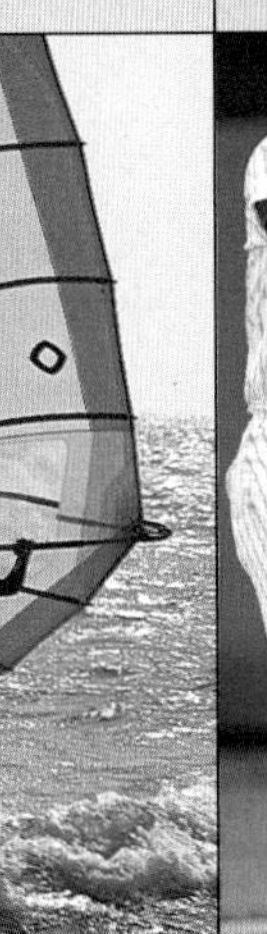
windsurfing

baseball

cricket

basketball

hand gliding

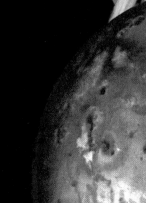

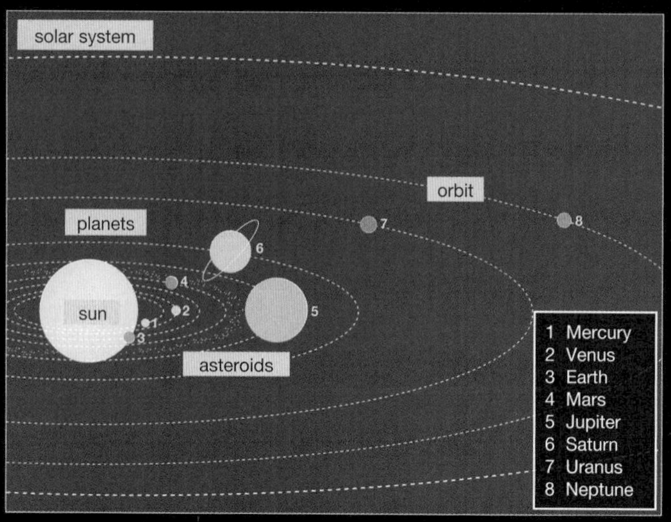

Saturn

Neptune

Uranus

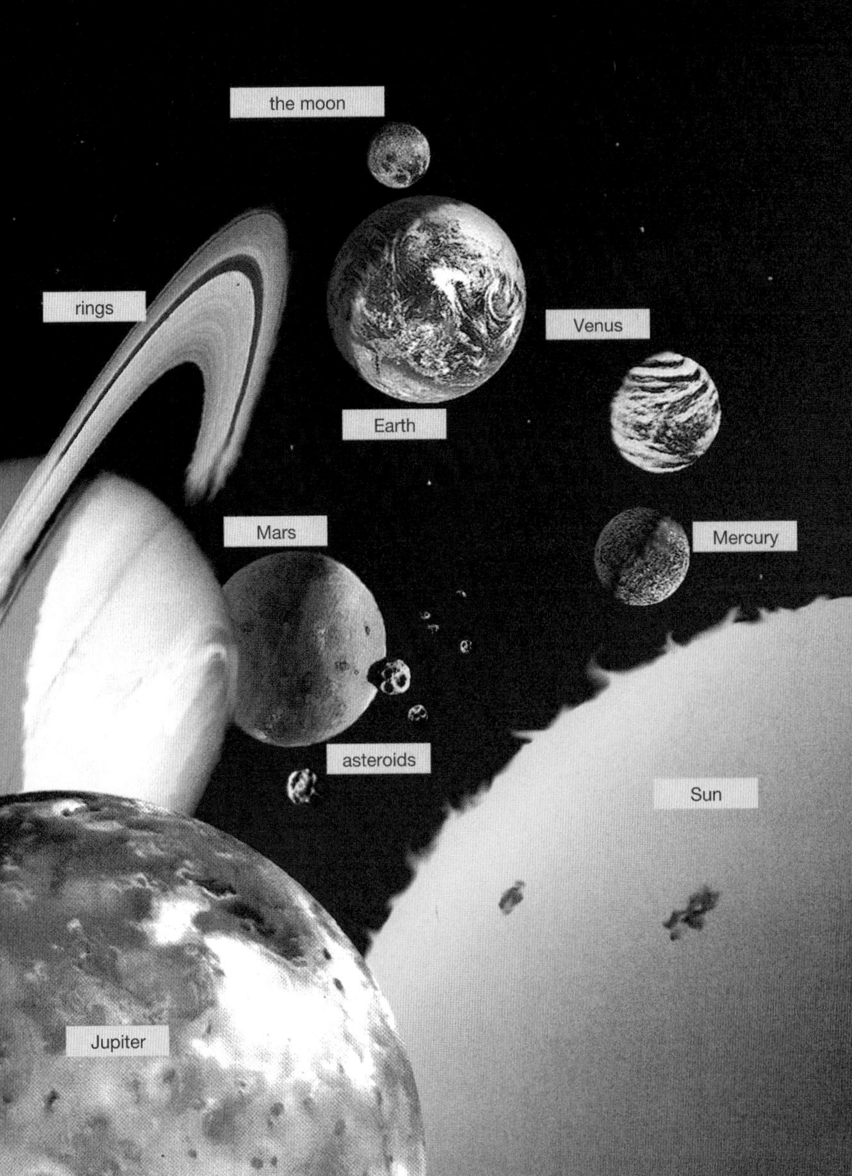
the moon
rings
Venus
Earth
Mars
Mercury
asteroids
Sun
Jupiter

red cabbage

broccoli

cauliflower

cabbage

asparagus

leek

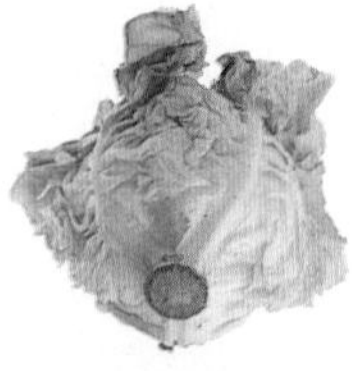

lettuce

radish

beetroot

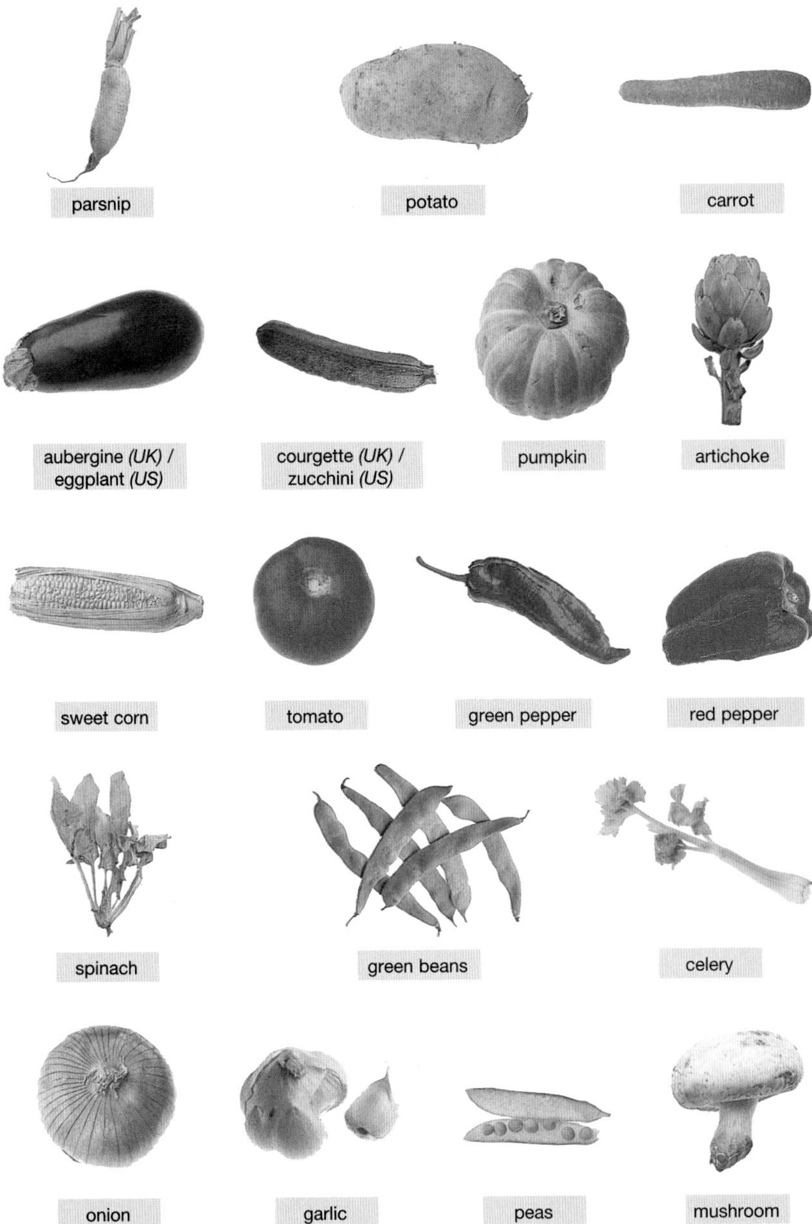
parsnip
potato
carrot
aubergine *(UK)* / eggplant *(US)*
courgette *(UK)* / zucchini *(US)*
pumpkin
artichoke
sweet corn
tomato
green pepper
red pepper
spinach
green beans
celery
onion
garlic
peas
mushroom

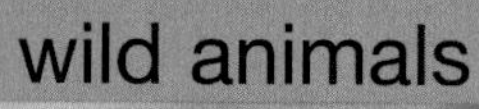

wild animals

gazelle

elephants

lion

chimpanzees

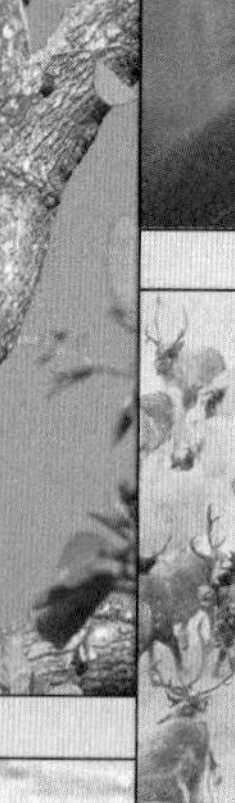

herd of reindeer

polar bear with cubs

seal

stunt[1] /stʌnt/ *n* [C] **1** ⇒truco: *publicity stunts* - trucos publicitarios **2** *(en una película)* ⇒escena peligrosa

stunt[2] /stʌnt/ *v* [T] ⇒detener ⇒estancar

stupendous UK: /stjuːˈpen.dəs/ US: /stuː-/ *adj* **1** ⇒formidable **2** ⇒tremendo,da

† **stupid** UK: /ˈstjuː.pɪd/ US: /ˈstuː-/ *adj* **1** *(offens)* ⇒estúpido,da *desp.* **2** ⇒maldito,ta: *I can't turn this stupid TV on* - No consigo encender esta maldita televisión

stupidly UK: /ˈstjuː.pɪd.li/ US: /ˈstuː-/ *adv* ⇒tontamente

stupor UK: /ˈstjuː.pəʳ/ US: /ˈstuː.pɚ/ *n* [C] ⇒sopor [por el efecto de las drogas] ■ Distinto de *astonishment* (estupor)

sturdy UK: /ˈstɜː.di/ US: /ˈstɝː-/ *adj* [*comp* sturdier, *superl* sturdiest] **1** ⇒fuerte ⇒robusto,ta **2** *(una defensa)* ⇒férreo,-a ⇒firme

stutter[1] UK: /ˈstʌt.əʳ/ US: /ˈstʌ.ɚ/ *v* [T, I] ⇒tartamudear

stutter[2] UK: /ˈstʌt.əʳ/ US: /ˈstʌ.ɚ/ *n* [C] ⇒tartamudeo

† **style** /staɪl/ ▌ *n* [C, U] **1** ⇒estilo: *He had a very special style of painting* - Tenía un estilo de pintar muy especial ▌ *n* [U] **2** ⇒estilo ⇒clase ⇒distinción **3** *the latest style* - la última moda

stylish /ˈstaɪ.lɪʃ/ *adj* ⇒con estilo ⇒elegante: *a stylish woman* - una mujer elegante

suave /swɑːv/ *adj (una persona)* ⇒fino,na ⇒gentil ⇒lisonjero,ra ■ Distinto de *soft* (suave)

sub /sʌb/ *n* [C] **1** *(inform) (en deportes)* ⇒suplente **2** *UK* (*tb* **subscription**) *(inform) (dinero)* ⇒suscripción ⇒cuota **3** *(inform)* ⇒forma abreviada de **submarine** (submarino) **4** ⇒forma abreviada de **substitute** (suplente)

subconscious[1] UK: /ˌsʌbˈkɒn.ʃəs/ US: /-ˈkɑːn-/ *adj* ⇒subconsciente

subconscious[2] UK: /ˌsʌbˈkɒn.ʃəs/ US: /-ˈkɑːn-/ *n* [NO PL] ⇒subconsciente

subdivide /ˌsʌb.dɪˈvaɪd/ [subdivided, subdividing] *v* [T] ⇒subdividir ■ CONSTR. Se usa más en pasiva

subdue UK: /səbˈdjuː/ US: /-ˈduː/ [subdued, subduing] *v* [T] **1** ⇒someter ⇒dominar **2** ⇒controlar ⇒dominar

subdued UK: /səbˈdjuːd/ US: /-ˈduːd/ *adj* **1** ⇒abatido,da ⇒desanimado,da **2** *(un sonido)* ⇒bajo,ja **3** *(una luz, un color)* ⇒tenue

† **subject**[1] /ˈsʌb.dʒekt/ *n* [C] **1** ⇒asignatura ⇒materia **2** ⇒tema [de conversación] **3** *(en gramática)* ⇒sujeto **4** ⇒súbdito,ta [de un país]

subject[2] /səbˈdʒekt/

PHRASAL VERBS

· **to subject *sth/sb* to *sth*** ⇒someter: *We were subjected to many tests* - Fuimos sometidos a varias pruebas

† **subjective** /səbˈdʒek.tɪv/ *adj* ⇒subjetivo,va

subject matter *n* [U] ⇒tema ⇒asunto

subjunctive /səbˈdʒʌŋk.tɪv/ *n* [NO PL] *(en gramática)* ⇒subjuntivo

sublime /səˈblaɪm/ *adj* **1** ⇒sublime ⇒extraordinario,ria **2** ⇒supino,na: *sublime ignorance* - ignorancia supina

† **submarine** /ˌsʌb.məˈriːn, ˈ---/ *n* [C] ⇒submarino ■ La forma abreviada es *sub*

submerge UK: /səbˈmɜːdʒ/ US: /-ˈmɝːdʒ/ [submerged, submerging] *v* [T, I] ⇒sumergir(se)

submission /səbˈmɪʃ.ᵊn/ ▌ *n* [U] **1** ⇒sumisión ▌ *n* [C, U] **2** ⇒presentación [de una propuesta]

submissive /səbˈmɪs.ɪv/ *adj* ⇒sumiso,sa

† **submit** /səbˈmɪt/ [submitted, submitting] ▌ *v* [I] **1** ⇒someter(se) ⇒rendir(se) ▌ *v* [T] **2** *(una propuesta)* ⇒presentar

subordinate[1] UK: /səˈbɔː.dɪ.nət/ US: /-ˈbɔːr-/ *adj, n* [C] ⇒subordinado,da

subordinate[2] UK: /səˈbɔː.dɪ.neɪt/ US: /-ˈbɔːr-/ [subordinated, subordinating] *v* [T] *(form)* ⇒subordinar

subordination UK: /səˌbɔː.dɪˈneɪ.ʃᵊn/ US: /-ˌbɔːr-/ *n* [U] *(form)* ⇒subordinación

subscribe /səbˈskraɪb/ [subscribed, subscribing] *v* [I] *(a una revista)* ⇒suscribirse ■ CONSTR. to subscribe to sth

PHRASAL VERBS

· **to subscribe to *sth*** ⇒suscribir algo ⇒compartir algo

subscription /səbˈskrɪp.ʃᵊn/ (*tb* **sub**) *n* [C] **1** ⇒suscripción ⇒cuota **2** *to take out a subscription for sth* - abonarse a algo

† **subsequent** /ˈsʌb.sɪ.kwənt/ *adj* ⇒subsecuente ⇒subsiguiente

subside /səbˈsaɪd/ [subsided, subsiding] **1** *v* [I] ⇒hundir(se) ⇒derrumbar(se) **2** ⇒bajar el nivel del agua **3** *(la lluvia)* ⇒amainar

subsidence /səbˈsaɪ.dᵊnts, ˈsʌb.sɪ-/ *n* [U] ⇒hundimiento ⇒derrumbamiento

subsidiary[1] UK: /səbˈsɪd.i.ᵊr.i/ US: /-er-/ [*pl* subsidiaries] *n* [C] ⇒filial

subsidiary[2] UK: /səbˈsɪd.i.ᵊr.i/ US: /-er-/ *adj* ⇒subsidiario,ria ⇒secundario,ria ⇒complementario,ria

subsidize /ˈsʌb.sɪ.daɪz/ [subsidized, subsidizing] *v* [T] ⇒subvencionar

† **subsidy** /ˈsʌb.sɪ.di/ [*pl* subsidies] *n* [C] ⇒subsidio

subsist /səbˈsɪst/ *v* [I] ⇒subsistir: *to subsist on sth* - subsistir a base de algo

† **substance** /ˈsʌb.stᵊnts/ ▌ *n* [C] **1** ⇒sustancia: *toxic substances* - sustancias tóxicas ▌ *n* [U] **2** ⇒fundamento

† **substantial** /səbˈstæn.ʃᵊl/ *adj* **1** ⇒sustancial ⇒considerable **2** *(un edificio)* ⇒sólido,da

substantially /səbˈstæn.ʃᵊl.i/ *adv* ⇒sustancialmente
substitute¹ UK: /ˈsʌb.stɪ.tjuːt/ US: /-tuːt/ *n* [C] **1** ⇒sustituto,ta ⇒suplente ⇒sucedáneo **2** *(en deporte)* ⇒suplente
substitute² UK: /ˈsʌb.stɪ.tjuːt/ US: /-tuːt/ [substituted, substituting] *v* [T] ⇒sustituir: *I had to substitute for her today* - Hoy he tenido que sustituirla
† **subtle** UK: /ˈsʌt.l̩/ US: /ˈsʌt̬-/ *adj* **1** ⇒delicado,da: *You should be more subtle* - Deberías ser más delicado **2** ⇒sutil: *a subtle difference* - una diferencia sutil **3** *(una persona)* ⇒agudo,da ⇒perspicaz ■ PRON. La *b* no se pronuncia
subtlety UK: /ˈsʌt.l̩.ti/ US: /ˈsʌt̬.l̩.t̬i/ [*pl* subtleties] *n* [C, U] ⇒delicadeza ⇒sutileza
subtract /səbˈtrækt/ *v* [T] ⇒restar ⇒sustraer ■ CONSTR. to subtract sth from sth
† **suburb** UK: /ˈsʌb.ɜːb/ US: /-ɝːb/ *n* [C] **1** ⇒barrio periférico **2** ⇒barrio residencial [de las afueras] ■ Distinto de *working class area* (suburbio)
subversive UK: /səbˈvɜː.sɪv/ US: /-ˈvɝː-/ *adj* ⇒subversivo,va
† **subway** /ˈsʌb.weɪ/ *n* [C] **1** *UK* (*UK/US tb* **underpass**) ⇒paso subterráneo **2** *US* (*UK* **underground**) ⇒metro ⇒subterráneo *AMÉR.*
sub-zero *adj (temperatura)* ⇒bajo cero
† **succeed** /səkˈsiːd/ ▮ *v* [I] **1** ⇒tener éxito ⇒conseguir ■ CONSTR. to succeed in + doing sth ▮ *v* [T, I] **2** ⇒suceder ⇒heredar ⇒subir ■ PRON. La primera *c* se pronuncia como una *k* y la segunda como una *s*
success /səkˈses/ *n* [C, U] ⇒éxito ■ Distinto de *exit* (salida) ■ PRON. La primera *c* se pronuncia como una *k* y la segunda como una *s*
successful /səkˈses.fᵊl/ *adj* **1** ⇒exitoso,sa **2 to be ~** ⇒tener éxito ⇒triunfar ■ PRON. La primera *c* se pronuncia como una *k* y la segunda como una *s*
successfully /səkˈses.fᵊl.i/ *adv* ⇒con éxito
succession /səkˈseʃ.ᵊn/ ▮ *n* [U] **1** ⇒sucesión: *the succession to the throne* - la sucesión al trono **2** *n* [NO PL] ⇒serie
successor UK: /səkˈses.əʳ/ US: /-ɚ/ *n* [C] ⇒sucesor,-a
succulent /ˈsʌk.jʊ.lənt/ *adj* ⇒suculento,ta
succumb /səˈkʌm/ *v* [I] **1** *(form)* ⇒rendirse ⇒sucumbir **2** ⇒sucumbir ⇒morir
† **such** /sʌtʃ/ *adj* **1** ⇒tan ⇒tanto,ta ⇒tal ⇒muy ■ Se usa delante de un sustantivo, acompañado o no de adjetivo. Comparar con *so* **2 as ~** ⇒como tal ⇒propiamente dicho **3 in ~ a way that** ⇒de tal manera que **4 ~ as** ⇒por ejemplo ⇒como
† **suck** /sʌk/ *v* [T, I] **1** ⇒chupar(se): *Stop sucking your thumb!* - ¡Deja de chuparte el dedo! **2** ⇒mamar: *The puppies were sucking milk at their mother's breasts* - Los cachorros estaban mamando
sucker UK: /ˈsʌk.əʳ/ US: /-ɚ/ *n* [C] **1** ⇒ventonsa **2 to be a ~ for sth** *(inform)* ⇒no poder resistirse a algo
Sudan UK: /ðə.suːˈdɑːn/ US: /-ˈdɑːn/ **the ~** ⇒Sudán
Sudanese /ˌsuː.dəˈniːz/ [*pl* Sudanese] *adj, n* [C] ⇒sudanés,-a
† **sudden** /ˈsʌd.ᵊn/ *adj* **1** ⇒repentino,na **2 all of a ~** ⇒de repente
suddenly /ˈsʌd.ᵊn.li/ *adv* ⇒de repente
suds /sʌdz/ *n* [PL] ⇒espuma [de jabón] ⇒pompas [de jabón]
† **sue** /suː/ [sued, suing] *v* [T, I] ⇒demandar ■ CONSTR. to sue sb for sth
suede /sweɪd/ *n* [U] ⇒ante: *These boots are made of suede* - Estas botas son de ante
† **suffer** UK: /ˈsʌf.əʳ/ US: /-ɚ/ ▮ *v* [T, I] **1** ⇒sufrir ⇒padecer ■ CONSTR. 1. to suffer sth 2. to suffer from sth ▮ *v* [I] **2** ⇒verse perjudicado,da
suffering UK: /ˈsʌf.ᵊr.ɪŋ/ US: /-ɚ-/ *n* [U] ⇒sufrimiento
† **sufficient** /sʲəˈfɪʃ.ᵊnt/ *adj* ⇒suficiente
† **suffix** /ˈsʌf.ɪks/ [*pl* suffixes] *n* [C] *(en gramática)* ⇒sufijo
suffocate /ˈsʌf.ə.keɪt/ [suffocated, suffocating] ▮ *v* [I] **1** ⇒asfixiarse ▮ *v* [T] **2** ⇒sofocar
† **sugar** UK: /ˈʃʊg.əʳ/ US: /-ɚ/ ▮ *n* [U] **1** ⇒azúcar **2** *n* [C] ⇒cucharada de azúcar
† **suggest** /səˈdʒest/ *v* [T] **1** ⇒sugerir ⇒proponer ⇒aconsejar ■ CONSTR. 1. to suggest + doing sth 2. to suggest + interrogativa indirecta **2** ⇒recomendar **3** ⇒indicar **4** ⇒insinuar ■ CONSTR. to suggest + (that)
suggestion /səˈdʒes.tʃᵊn/ *n* [C, U] ⇒sugerencia ⇒propuesta
suggestive /səˈdʒes.tɪv/ *adj* **1** ⇒sugestivo,va **2** ⇒insinuante
suicidal /ˌsuː.ɪˈsaɪ.dᵊl/ *adj* **1** ⇒con pensamientos suicidas **2** ⇒suicida
† **suicide** /ˈsuː.ɪ.saɪd/ *n* [C, U] ⇒suicidio: *to commit suicide* - cometer suicidio
† **suit¹** UK: /sjuːt/ US: /suːt/ *n* [C] **1** ⇒traje **2** *(en una baraja de naipes)* ⇒palo
† **suit²** UK: /s[j]uːt/ US: /suːt/ *v* [T] **1** ⇒quedar bien: *This skirt really suits you* - Esta falda te queda muy bien **2** ⇒convenir ⇒venir bien: *We can meet tomorrow if it suits you* - Quedaremos mañana si te viene bien
suitable UK: /ˈsjuː.tə.bl̩/ US: /ˈsuː.ə-/ *adj* ⇒conveniente ⇒adecuado,da
† **suitcase** UK: /ˈsjuːt.keɪs/ US: /ˈsuːt-/ (*UK tb* **case**) *n* [C] ⇒maleta ⇒valija *AMÉR.*
suite /swiːt/ *n* [C] **1** *(en un hotel)* ⇒suite **2** ⇒conjunto [de muebles] **3** *They have a new three-piece*

S

suite - Tienen un tresillo nuevo ■ PRON. Se pronuncia como *sweet*

sulfur UK: /ˈsʌl.fəʳ/ US: /-fɚ/ *US n* [U] See **sulphur**

sulk /sʌlk/ *v* [I] ⇒enfurruñarse *col.;* ⇒poner la cara larga

sullen /ˈsʌl.ən/ *adj* ⇒arisco,ca

sulphur UK: /ˈsʌl.fəʳ/ US: /-fɚ/ *UK* (*US* **sulfur**) *n* [U] *(en química)* ⇒sulfuro ⇒azufre

sultan /ˈsʌl.tᵊn/ *n* [C] *(en algunos países musulmanes)* ⇒sultán

sultana /sʌlˈtɑː.nə/ *n* [C] ⇒pasa sultana

sultry /ˈsʌl.tri/ *adj* [*comp* sultrier, *superl* sultriest] **1** *(el tiempo)* ⇒bochornoso,sa **2** ⇒sensual ⇒seductor,-a

sum[1] /sʌm/ *n* [C] **1** *UK* ⇒cuenta ⇒cálculo matemático ⇒conteo *AMÉR.* **2** ⇒suma ⇒adición **3** *(de dinero)* ⇒suma ⇒cantidad ■ PRON. La *u* se pronuncia como en el término inglés *sun*

† **sum**[2] /sʌm/ [summed, summing]

PHRASAL VERBS

- **to sum *(sth/sb)* up [M]** ⇒resumir: *He summed up the situation in a single phrase* - Resumió la situación en una sola frase
- **to sum *sth/sb* up [M]** ⇒definir ⇒representar ■ PRON. La *u* se pronuncia como en el término inglés *sun*

† **summarize** UK: /ˈsʌm.ᵊr.aɪz/ US: /-ə.raɪz/ [summarized, summarizing] *v* [T, I] ⇒resumir: *to summarize a text* - resumir un texto

† **summary** UK: /ˈsʌm.ᵊr.i/ US: /-ɚ-/ [*pl* summaries] *n* [C] ⇒resumen

† **summer** UK: /ˈsʌm.əʳ/ US: /-ɚ/ *n* [C, U] ⇒verano: *in the summer* - en verano

summertime UK: /ˈsʌm.ə.taɪm/ US: /-ɚ-/ *n* [U] ⇒verano ⇒estío

† **summit** /ˈsʌm.ɪt/ *n* [C] **1** ⇒cumbre ⇒cima **2** ⇒cumbre

† **summon** /ˈsʌm.ən/ *v* [T] *(form)* ⇒convocar: *The boss summoned all his employees* - El jefe convocó a todos sus empleados

summons /ˈsʌm.ənz/ [*pl* summonses] *n* [C] **1** ⇒llamamiento **2** *(en derecho)* ⇒citación

sumo wrestling UK: /ˌsuː.məʊˈres.lɪŋ/ US: /-moʊ-/ *n* [U] *(lucha japonesa)* ⇒sumo ■ PRON. La *w* no se pronuncia

† **sun**[1] /sʌn/ ▮ *n* [U, NO PL] **1** *(estrella)* ⇒Sol ▮ *n* [U] **2** ⇒sol: *Today the sun is shining* - Hoy brilla el sol

sun[2] /sʌn/ **to ~ *oneself*** ⇒tomar el sol

† **Sun** *n* [U] ⇒forma abreviada de **Sunday** (domingo)

† **sunbathe** /ˈsʌn.beɪð/ [sunbathed, sunbathing] *v* [I] ⇒tomar el sol: *She loves sunbathing on the beach* - Le encanta tomar el sol en la playa

sunbathing /ˈsʌnˌbeɪ.ðɪŋ/ *n* [U] ⇒baños de sol

sunburn UK: /ˈsʌn.bɜːn/ US: /-bɝːn/ *n* [U] ⇒quemadura solar

sundae /ˈsʌn.deɪ/ *n* [C] ⇒helado con trocitos de fruta o frutos secos por encima

† **Sunday** /ˈsʌn.deɪ/ *n* [C, U] ⇒domingo: *They play football on Sundays* - Juegan al fútbol los domingos; *The party was last Sunday* - La fiesta fue el domingo pasado ■ La forma abreviada es *Sun*

sundry /ˈsʌn.dri/ *adj (form)* ⇒diverso,sa

sunflower UK: /ˈsʌnˌflaʊəʳ/ US: /-ˌflaʊr/ *n* [C] ⇒girasol: *sunflower oil* - aceite de girasol

sung /sʌŋ/ past participle of **sing**

sunglasses UK: /ˈsʌŋˌglɑː.sɪz/ US: /ˈsʌnˌglæs.ɪz/ *n* [PL] ⇒gafas de sol: *a pair of sunglasses* - unas gafas de sol

sunk /sʌŋk/ past participle of **sink**

sunken /ˈsʌŋ.kən/ *adj* ⇒hundido,da

sunlight /ˈsʌn.laɪt/ *n* [U] ⇒luz solar

sunlit /ˈsʌn.lɪt/ *adj* ⇒soleado,da: *a sunlit room* - una habitación soleada

sunny /ˈsʌn.i/ *adj* [*comp* sunnier, *superl* sunniest] **1** ⇒soleado,da **2** ⇒alegre: *a sunny disposition* - un temperamento alegre

sunrise /ˈsʌn.raɪz/ *n* [U] ⇒salida del sol ⇒amanecer ⇒alborada

sunset /ˈsʌn.set/ *n* [U] ⇒puesta de sol ⇒ocaso ⇒crepúsculo

† **sunshine** /ˈsʌn.ʃaɪn/ *n* [U] ⇒luz del sol

sunstroke UK: /ˈsʌn.strəʊk/ US: /-stroʊk/ *n* [U] ⇒insolación

suntan /ˈsʌn.tæn/ *n* [C] ⇒bronceado ⇒moreno ■ La forma abreviada es *tan*

super UK: /ˈsuː.pəʳ/ US: /-pɚ/ *adj (inform)* ⇒estupendo,da ⇒súper *col.* ■ PRON. La *u* se pronuncia como *oo* en *soon*

† **superb** UK: /suːˈpɜːb/ US: /-ˈpɝːb/ *adj* ⇒magnífico,ca ⇒soberbio,bia

superficial UK: /ˌsuː.pəˈfɪʃ.ᵊl/ US: /-pɚ-/ *adj* **1** *(una persona)* ⇒superficial ⇒frívolo **2** ⇒superficial ⇒por encima **3** *(de la superficie)* ⇒superficial

superfluous UK: /suːˈpɜː.flu.əs/ US: /-ˈpɝː-/ *adj* ⇒superfluo,flua: *superfluous ideas* - ideas superfluas

superhuman UK: /ˌsuː.pəˈhjuː.mən/ US: /-pɚ-/ *adj* ⇒sobrehumano,na: *a superhuman effort* - un esfuerzo sobrehumano

superimpose UK: /ˌsuː.pə.rɪmˈpəʊz/ US: /-pɚ.ɪmˈpoʊz/ [superimposed, superimposing] *v* [T] ⇒superponer

superintendent UK: /ˌsuː.pə.rɪnˈten.dənt/ US: /-pɚ.ɪn-/ *n* [C] **1** ⇒superintendente **2** ⇒comisario,ria [de policía]

S

† **superior** UK: /suːˈpɪə.ri.əʳ/ US: /-ˈpɪr.i.ɚ/ *adj* **1** ⇒superior **2** ⇒soberbio,bia: *He has a superior attitude* - Tiene una actitud soberbia

superiority UK: /suːˌpɪə.riˈɒr.ɪ.ti/ US: /-ˌpɪr.iˈɔːr.ə.i/ *n* [U] ⇒superioridad

superlative[1] UK: /suːˈpɜː.lə.tɪv/ US: /-ˈpɝː.lə.ɪv/ *n* [C] *(en gramática)* ⇒superlativo,va ■ Ver cuadro comparative and superlative forms of adjectives

† **superlative**[2] UK: /suːˈpɜː.lə.tɪv/ US: /-ˈpɝː.lə.ɪv/ *adj* ⇒superlativo,va

superman UK: /ˈsuː.pə.mæn/ US: /-pɚ-/ [*pl* supermen] *n* [C] ⇒superhombre

† **supermarket** UK: /ˈsuː.pəˌmɑː.kɪt/ US: /-pɚˌmɑːr-/ *n* [C] ⇒supermercado: *I need to go to the supermarket* - Tengo que ir al supermercado ■ PRON. La *u* se pronuncia como *oo* en *soon*

supermodel UK: /ˈsuː.pəˌmɒd.əl/ US: /-pɚˌmɑː.d[ə]l/ *n* [C] ⇒supermodelo

supernatural UK: /ˌsuː.pəˈnætʃ.ər.əl/ US: /-pɚˈnætʃ.ɚ-/ *adj* ⇒sobrenatural

superpower UK: /ˈsuː.pəˌpaʊəʳ/ US: /-pɚˌpaʊr/ *n* [C] ⇒superpotencia

supersede UK: /ˌsuː.pəˈsiːd/ US: /-pɚ-/ [superseded, superseding] *v* [T] ⇒sustituir: *Vinyl has been superseded by CDs* - El CD ha sustituido al vinilo ■ CONSTR. Se usa más en pasiva

supersonic UK: /ˌsuː.pəˈsɒn.ɪk/ US: /-pɚˈsɑː.nɪk/ *adj* ⇒supersónico,ca

superstar UK: /ˈsuː.pə.stɑːʳ/ US: /-pɚ.stɑːr/ *n* [C] ⇒estrella [del espectáculo]

superstition UK: /ˌsuː.pəˈstɪʃ.ən/ US: /-pɚ-/ *n* [C, U] ⇒superstición

superstitious UK: /ˌsuː.pəˈstɪʃ.əs/ US: /-pɚ-/ *adj* ⇒supersticioso,sa

superstore UK: /ˈsuː.pə.stɔːʳ/ US: /-pɚ.stɔːr/ *n* [C] ⇒supermercado ⇒hipermercado

† **supervise** UK: /ˈsuː.pə.vaɪz/ US: /-pɚ-/ [supervised, supervising] *v* [T, I] ⇒supervisar

supervision UK: /ˌsuː.pəˈvɪʒ.ən/ US: /-pɚ-/ *n* [U] ⇒supervisión ⇒vigilancia

superwoman UK: /ˈsuː.pəˌwʊm.ən/ US: /-pɚ-/ [*pl* superwomen] *n* [C] ⇒supermujer

† **supper** UK: /ˈsʌp.əʳ/ US: /-ɚ/ *n* [C, U] **1** ⇒cena ⇒comida AMÉR. **2 to have ~** ⇒cenar ■ PRON. La *u* se pronuncia como en el término inglés *sun*

supple /ˈsʌp.l̩/ *adj* ⇒flexible ⇒ágil

supplement /ˈsʌp.lɪ.mənt/ *n* [C] **1** ⇒suplemento ⇒complemento **2** ⇒apéndice [de un libro]

supplementary UK: /ˌsʌp.lɪˈmen.tər.i/ US: /-ţɚ-/ *adj* ⇒suplementario,ria

supplier UK: /səˈplaɪ.əʳ/ US: /-ɚ/ *n* [C] ⇒proveedor,-a

supplies /səˈplaɪz/ *n* [PL] **1** ⇒provisiones **2** ⇒existencias

† **supply**[1] /səˈplaɪ/ [supplies, supplied] *v* [T] ⇒proveer ⇒abastecer ■ CONSTR. Se construye seguido de la preposición *with*. ■ PRON. La última parte rima con *fly*

† **supply**[2] /səˈplaɪ/ ▌*n* [C, U] **1** ⇒provisión ⇒suministro ■ El plural es *supplies* ▌*n* [U] **2** *(en economía)* ⇒oferta **3 to be in plentiful ~** ⇒abundar **4 to be in short ~** ⇒escasear

† **support**[1] UK: /səˈpɔːt/ US: /-ˈpɔːrt/ *v* [T] **1** ⇒sostener **2** ⇒mantener: *She's got five children to support* - Tiene cinco niños que mantener **3** ⇒apoyar: *We'll support you whatever you decide* - Decidas lo que decidas, nosotros te apoyaremos **4** *UK* ⇒ser seguidor,-a: *I support this team* - Soy seguidora de este equipo ■ Distinto de *to bear* (soportar)

† **support**[2] UK: /səˈpɔːt/ US: /-ˈpɔːrt/ ▌*n* [C, U] **1** ⇒soporte ▌*n* [U] **2** ⇒ayuda: *financial support* - ayuda económica **3** ⇒respaldo ⇒apoyo

supporter UK: /səˈpɔː.təʳ/ US: /-ˈpɔːr.ɚ/ *UK n* [C] **1** ⇒partidario,ria ⇒adepto,ta **2** ⇒hincha ⇒seguidor,-a

supporting UK: /səˈpɔː.tɪŋ/ US: /-ˈpɔːr.ɪŋ/ *adj (un actor, un papel)* ⇒secundario,ria

supportive UK: /səˈpɔː.tɪv/ US: /-ˈpɔːr.ɪv/ *adj* ⇒solidario,ria

† **suppose** UK: /səˈpəʊz/ US: /-ˈpoʊz/ [supposed, supposing] *v* [T] **1** ⇒suponer **2** ⇒deber ⇒tener que

† **supposed** UK: /səˈpəʊzd/ US: /-ˈpoʊzd/ *adj* ⇒supuesto,ta ■ PRON. La *e* no se pronuncia

supposition /ˌsʌp.əˈzɪʃ.ən/ *n* [C, U] ⇒suposición

suppress /səˈpres/ [suppresses] *v* [T] **1** ⇒reprimir ⇒contener **2** *(información)* ⇒ocultar **3** ⇒reprimir ⇒sofocar ■ CONSTR. Se usa más en pasiva

supremacy /suːˈprem.ə.si/ *n* [U] ⇒supremacía

† **supreme** /suːˈpriːm/ *adj* ⇒supremo,ma

surcharge UK: /ˈsɜː.tʃɑːdʒ/ US: /ˈsɝː.tʃɑːrdʒ/ *n* [C] ⇒recargo

† **sure**[1] UK: /ʃɔːʳ/ US: /ʃʊr/ *adj* **1** ⇒seguro,ra: *Are you sure of your answers?* - ¿Estás seguro de tus respuestas? ■ CONSTR. Se usa detrás de un verbo **2 for ~** ⇒sin duda alguna ⇒seguro,ra **3 to be ~ to do *sth*** **1** *If you wait there, you'll be sure to see her come out* - Si esperas ahí, seguramente la verás salir **2** ⇒no olvidar hacer algo **4 to make ~ (that)** ⇒asegurarse

† **sure**[2] UK: /ʃɔːʳ/ US: /ʃʊr/ *US adv* **1** *(inform)* ⇒claro: *«Can I sit here?» «Sure you can!»* - «¿Puedo sentarme aquí?» «¡Claro que sí!» **2** See **surely**

surely UK: /ˈʃɔː.li/ US: /ˈʃʊr-/ *adv* **1** ⇒seguramente ⇒sin duda **2** (*US tb* **sure**) ⇒seguro que: *He'll surely come with us* - Seguro que viene con nosotros

† **surf**[1] UK: /sɜːf/ US: /sɝːf/ *v* [I] **1** ⇒hacer surf **2** ⇒navegar por Internet

S

surf[2] UK: /sɜːf/ US: /sɝːf/ *n* [U] ⇒espuma ⇒oleaje
↑**surface**[1] UK: /ˈsɜː.fɪs/ US: /ˈsɝː-/ *n* [C] **1** ⇒superficie **2** ⇒cara [de un objeto] ■ PRON. La *a* se pronuncia como la *i* en *did*
↑**surface**[2] UK: /ˈsɜː.fɪs/ US: /ˈsɝː-/ *adj* ⇒superficial ■ PRON. La *a* se pronuncia como la *i* en *did*
surface[3] UK: /ˈsɜː.fɪs/ US: /ˈsɝː-/ [surfaced, surfacing] ▮ *v* [I] **1** ⇒salir a la superficie **2** ⇒aparecer ⇒surgir **3** *(inform)* ⇒levantarse [de la cama] ▮ *v* [T] **4** *(en construcción)* ⇒recubrir ■ PRON. La *a* se pronuncia como la *i* en *did*
surfboard UK: /ˈsɜːf.bɔːd/ US: /ˈsɝːf.bɔːrd/ *n* [C] ⇒tabla de surf
surfer UK: /ˈsɜː.fəʳ/ US: /ˈsɝː.fɚ/ *n* [C] ⇒surfista
surfing UK: /ˈsɜː.fɪŋ/ US: /ˈsɝː-/ *n* [U] *(en deporte)* ⇒surfing ⇒surf
surge[1] UK: /sɜːdʒ/ US: /sɝːdʒ/ [surged, surging] *v* [I] **1** ⇒aumentar [vertiginosamente] **2** ⇒moverse impetuosa e inesperadamente
surge[2] UK: /sɜːdʒ/ US: /sɝːdʒ/ *n* [C] **1** ⇒aumento [vertiginoso] **2** ⇒oleada
↑**surgeon** UK: /ˈsɜː.dʒəⁿn/ US: /ˈsɝː-/ *n* [C] ⇒cirujano,na
↑**surgery** UK: /ˈsɜː.dʒəʳr.i/ US: /ˈsɝː.dʒɚ-/ ▮ *n* [U] **1** ⇒cirugía ▮ *n* [C, U] **2** *UK* ⇒consulta [médica] ■ El plural es *surgeries*
surgical UK: /ˈsɜː.dʒɪ.kəl/ US: /ˈsɝː-/ *adj* ⇒quirúrgico,ca
Suriname UK: /ˌsʊə.rɪˈnæm/ US: /ˌsʊr.ɪˈnɑːm/ *n* [U] ⇒Surinam
Surinamese UK: /ˌsʊə.rɪ.næmˈiːz/ US: /ˌsʊr.ɪ.nɑːmˈiːz/ [*pl* Surinamese] *adj, n* [C] ⇒surinamés,-a
surly UK: /ˈsɜː.li/ US: /ˈsɝː-/ *adj* [*comp* surlier, *superl* surliest] ⇒arisco,ca
surmount UK: /səˈmaʊnt/ US: /sɚ-/ *v* [T] ⇒sobreponerse: *to surmount a difficulty* - sobreponerse a una dificultad
↑**surname** UK: /ˈsɜː.neɪm/ US: /ˈsɝː-/ *n* [C] ⇒apellido
surpass UK: /səˈpɑːs/ US: /sɚˈpæs/ [surpasses] *v* [T] **1** *(form)* ⇒superar ⇒sobrepasar **2** **to ~ *oneself*** ⇒superarse
surplus[1] UK: /ˈsɜː.pləs/ US: /ˈsɝː-/ [*pl* surpluses] *n* [C, U] ⇒excedente ⇒superávit ■ PRON. La parte final, *us*, se pronuncia como el pronombre inglés *us*
surplus[2] UK: /ˈsɜː.pləs/ US: /ˈsɝː-/ *adj* ⇒sobrante ■ PRON. La parte final, *us*, se pronuncia como el pronombre inglés *us*
↑**surprise**[1] UK: /səˈpraɪz/ US: /sɚ-/ *n* [C, U] **1** ⇒sorpresa **2** **to take *sth/sb* by ~** ⇒coger por sorpresa
surprise[2] UK: /səˈpraɪz/ US: /sɚ-/ [surprised, surprising] *v* [T] ⇒sorprender: *You surprised me* - Me has sorprendido
surprised UK: /səˈpraɪzd/ US: /sɚ-/ *adj* ⇒sorprendido,da ■ CONSTR. 1. to be surprised to do sth 2. to be surprised at sth
surprising UK: /səˈpraɪ.zɪŋ/ US: /sɚ-/ *adj* ⇒sorprendente ⇒asombroso,sa
surprisingly UK: /səˈpraɪ.zɪŋ.li/ US: /sɚ-/ *adv* ⇒sorprendentemente ⇒asombrosamente
surrender[1] UK: /səˈren.dəʳ/ US: /-dɚ/ ▮ *v* [I] **1** ⇒entregarse ⇒rendirse ■ CONSTR. to surrender to sth/sb ▮ *v* [T] **2** *(form)* ⇒entregar: *He surrendered all the stolen goods* - Entregó toda la mercancía robada
surrender[2] UK: /sᵊrˈen.dəʳ/ US: /səˈren.dɚ/ *n* [C, U] **1** ⇒rendición **2** ⇒entrega
surreptitious UK: /ˌsʌr.əpˈtɪʃ.əs/ US: /ˌsɝː-/ *adj* ⇒subrepticio,cia ⇒furtivo,va
surrogate UK: /ˈsʌr.ə.gət/ US: /ˈsɝː-/ *adj* ⇒sustituto,ta
↑**surround** /səˈraʊnd/ *v* [T] ⇒rodear: *Our house is surrounded by trees* - Nuestra casa está rodeada de árboles
surrounding /səˈraʊn.dɪŋ/ *adj* ⇒circundante
surroundings /səˈraʊn.dɪŋz/ *n* [PL] ⇒alrededores ⇒entorno
surveillance UK: /səˈveɪ.lənts/ US: /sɚ-/ *n* [U] ⇒vigilancia
survey[1] UK: /ˈsɜː.veɪ/ US: /ˈsɝː-/ *n* [C] **1** ⇒encuesta **2** ⇒inspección **3** ⇒estudio [de una superficie] **4** ⇒tasación [de un edificio] ■ PRON. La última sílaba rima con *day*
survey[2] UK: /səˈveɪ/ US: /ˈsɝː.veɪ/ *v* [T] **1** *(form)* ⇒examinar **2** ⇒hacer una encuesta **3** ⇒inspeccionar [un edificio] ■ PRON. La última sílaba rima con *day*
surveyor UK: /səˈveɪ.əʳ/ US: /sɚˈveɪ.ɚ/ *n* [C] **1** *UK* ⇒agrimensor,-a **2** ⇒topógrafo,fa
survival UK: /səˈvaɪ.vəl/ US: /sɚ-/ *n* [U] ⇒supervivencia
↑**survive** UK: /səˈvaɪv/ US: /sɚ-/ [survived, surviving] *v* [T, I] **1** ⇒sobrevivir **2** ⇒subsistir: *He survives on a meagre pension* - Subsiste gracias a una pequeña pensión
survivor UK: /səˈvaɪ.vəʳ/ US: /sɚˈvaɪ.vɚ/ *n* [C] ⇒superviviente
susceptible /səˈsep.tɪ.bl̩/ *adj* **1** ⇒influenciable **2** *(una persona)* ⇒susceptible **3** *(form) (una idea o una declaración)* ⇒variable ⇒susceptible **4** *(en medicina)* ⇒propenso,sa ■ CONSTR. Se usa detrás de un verbo
suspect[1] /ˈsʌs.pekt/ *n* [C] ⇒sospechoso,sa
↑**suspect**[2] /səˈspekt/ *v* [T] **1** ⇒creer ⇒sospechar ■ CONSTR. to suspect + (that) **2** ⇒sospechar: *Who do you suspect?* - ¿De quién sospechas? **3** ⇒recelar
↑**suspend** /səˈspend/ *v* [T] **1** ⇒colgar ⇒suspender ■ CONSTR. 1. Se usa generalmente seguido de la preposición

S

from 2. Se usa más en pasiva **2** ⇒suspender **3** ⇒expulsar ■ CONSTR. Se usa más en pasiva

suspender UK: /sə'spen.dəʳ/ US: /-dɚ/ *UK* (*US* **garter**) *n* [C] ⇒liga [elástica]

suspenders UK: /sə'spen.dəz/ US: /-dɚz/ *n* [PL] **1** *US* (*UK* **braces**) ⇒tirantes ⇒suspensores *AMÉR.* **2** *UK* ⇒ligas ⇒tiras elásticas

suspense /sə'spen*t*s/ *n* [U] ⇒suspense ⇒suspenso *AMÉR.*

suspension /sə'spen.ʃᵊn/ *n* [C, U] **1** *(de un evento o una actividad)* ⇒suspensión **2** *(en un coche)* ⇒suspensión

suspicion /sə'spɪʃ.ᵊn/ *n* [C] ⇒sospecha: *I have a suspicion that he is in trouble* - Tengo la sospecha de que está metido en un lío; *to be under suspicion* - estar bajo sospecha

suspicious /sə'spɪʃ.əs/ *adj* **1** ⇒sospechoso,sa: *a suspicious fact* - un hecho sospechoso; *to be suspicious of sb* - sospechar de alguien **2** ⇒receloso,sa

suspiciously /sə'spɪʃ.ə.sli/ *adv* ⇒sospechosamente

† **sustain** /sə'steɪn/ *v* [T] **1** *(form) (una opinión)* ⇒apoyar **2** *(form) (un peso)* ⇒soportar **3** ⇒mantener [económicamente] **4** *(form) (una derrota, un daño)* ⇒sufrir

sustainable /sə'steɪ.nə.bl̩/ *adj* ⇒sostenible: *sustainable development* - desarrollo sostenible

swagger UK: /'swæg.əʳ/ US: /-ɚ/ *v* [I] ⇒andar con aire arrogante

† **swallow¹** UK: /'swɒl.əʊ/ US: /'swɑː.loʊ/ *v* [T, I] ⇒tragar(se)

swallow² UK: /'swɒl.əʊ/ US: /'swɑː.loʊ/ *n* [C] ⇒golondrina

swam /swæm/ past tense of **swim**

swamp¹ UK: /swɒmp/ US: /swɑːmp/ *n* [C, U] ⇒pantano ⇒ciénaga

swamp² UK: /swɒmp/ US: /swɑːmp/ *v* [T] **1** *(un lugar o una cosa)* ⇒anegar ⇒inundar **2** *(a una persona, un sistema o un lugar)* ⇒inundar ■ CONSTR. Se usa más en pasiva **3** *(inform) (la ropa)* ⇒bailar

† **swan** UK: /swɒn/ US: /swɑːn/ *n* [C] ⇒cisne

† **swap** UK: /swɒp/ US: /swɑːp/ [swapped, swapping] (*UK tb* **swop**) *v* [T, I] ⇒intercambiar ⇒cambiar ■ CONSTR. to swap + dos objetos

swarm¹ UK: /swɔːm/ US: /swɔːrm/ *n* [C] **1** ⇒enjambre **2** ⇒nube: *a swarm of flies* - una nube de moscas **3** ⇒multitud

swarm² UK: /swɔːm/ US: /swɔːrm/ *v* [I] **1** ⇒revolotear **2** ⇒pulular

PHRASAL VERBS

- **to swarm {in/out}** ⇒entrar/salir en manadas
- **to swarm with *sth/sb*** ⇒estar plagado,da de

swat UK: /swɒt/ US: /swɑːt/ [swatted, swatting] *v* [T] *(un insecto)* ⇒aplastar

sway¹ /sweɪ/ ▮ *v* [I] **1** ⇒balancearse: *The trees swayed in the wind* - Los árboles se balanceaban con el viento ▮ *v* [T] **2** *(una persona)* ⇒influir

sway² /sweɪ/ *n* [U] **1** ⇒balanceo **2** *(form)* ⇒dominio ⇒influencia

Swazi /'swɑː.zi/ *adj, n* [C] ⇒suazi ⇒suazilandés,-a

Swaziland /'swɑː.zi.lænd/ *n* [U] ⇒Suazilandia

† **swear, swore, sworn** UK: /sweəʳ/ US: /swer/ ▮ *v* [I] **1** ⇒decir palabrotas **2** *v* [T, I] ⇒jurar: *I swear that I didn't do it* - Te juro que no lo hice ■ CONSTR. 1. to swear + (that) 2. to swear + to do sth 3. to swear + at sb

PHRASAL VERBS

- **to swear by *sth/sb*** *(inform)* ⇒creer firmemente en: *She swears by the new diet* - Cree firmemente en la nueva dieta
- **to swear *sb* in [M]** ⇒tomar juramento a alguien ■ CONSTR. Se usa más en pasiva

swear word *n* [C] ⇒palabrota ⇒taco *col.*

† **sweat¹** /swet/ *n* [U] ⇒sudor ■ PRON. Rima con el término inglés *net*

sweat² /swet/ *v* [I] ⇒sudar: *I'm sweating* - Estoy sudando ■ PRON. Rima con el término inglés *net*

† **sweater** UK: /'swet.əʳ/ US: /'swet̬.ɚ/ (*UK tb* **jumper**) *n* [C] ⇒jersey

sweats /swets/ *US* (*UK* **tracksuit**) *n* [PL] ⇒chándal

† **sweatshirt** UK: /'swet.ʃɜːt/ US: /-ʃɝːt/ *n* [C] ⇒sudadera

sweaty UK: /'swet.i/ US: /'swe-/ *adj* [*comp* sweatier, *superl* sweatiest] ⇒sudoroso,sa

swede /swiːd/ *UK n* [C, U] *(planta)* ⇒colinabo

Swede *n* [C] *(gentilicio)* ⇒sueco,ca

Sweden /'swiː.dən/ *n* [U] ⇒Suecia

Swedish¹ /'swiː.dɪʃ/ *adj* ⇒sueco,ca ■ PRON. La *e* se pronuncia como en *we*

Swedish² /'swiː.dɪʃ/ *n* [U] *(idioma)* ⇒sueco ■ PRON. La *e* se pronuncia como en *we*

sweep¹, swept, swept /swiːp/ *v* [T, I] **1** ⇒barrer **2** ⇒desplazarse ⇒extenderse ■ CONSTR. Se usa generalmente seguido de las preposiciones into y through **3** ⇒arrastrar: *The waves swept away the sailors* - Las olas arrastraron a los marineros ■ CONSTR. Se usa generalmente seguido de una preposición o un adverbio **4 to ~ *sb* off *one's* feet** ⇒arrebatarle el corazón a alguien

sweep² /swiːp/ *n* [C] **1** ⇒barrido **2** ⇒extensión [de tierra]

sweeping /'swiː.pɪŋ/ *adj* **1** *(una reforma)* ⇒general ⇒radical **2** *(un comentario)* ⇒tajante

† **sweet¹** /swiːt/ *adj* **1** ⇒dulce **2** *(un olor)* ⇒agradable **3** *(un sonido)* ⇒melodioso,sa **4** ⇒mono,na *col.;* ⇒lindo,da **5** ⇒amable

sweet² /swiːt/ *UK n* [C, U] **1** *UK* (*US* **candy**) ⇒caramelo **2** *UK* (*UK/US tb* **dessert**) ⇒postre **3** ⇒cariño ■ Se usa como vocativo

S

sweetcorn UK: /ˈswiːt.kɔːn/ US: /-kɔːrn/ (*US tb* **corn**) *n* [U] ⇒maíz tierno

sweeten /ˈswiː.tᵊn/ *v* [T] ⇒azucarar

sweetener UK: /ˈswiːt.nəʳ/ US: /-nɚ/ *n* [C, U] **1** ⇒edulcorante **2** ⇒soborno

sweetheart UK: /ˈswiːt.hɑːt/ US: /-hɑːrt/ *n* [C] **1** ⇒novio,via **2** ⇒cariño: *How are you, sweetheart?* - ¿Cómo estás, cariño? ■ Se usa como vocativo

sweetly /ˈswiːt.li/ *adv* ⇒dulcemente

sweet potato [*pl* sweet potatoes] *n* [C] *(tubérculo)* ⇒batata

† **swell, swelled, swollen** /swel/ (*tb* **swell up**) ▌*v* [I] **1** ⇒hincharse: *My arm swelled up after the blow* - Después del golpe, se me hinchó el brazo **2** *v* [T, I] ⇒incrementar

swelled past tense of **swell** ■ PRON. La última **e** no se pronuncia

swelling /ˈswel.ɪŋ/ *n* [C, U] ⇒hinchazón

swept /swept/ past tense and past participle forms of **sweep**

swerve UK: /swɜːv/ US: /swɝːv/ [swerved, swerving] *v* [I] ⇒virar [bruscamente] ⇒dar un volantazo

swift /swɪft/ *adj* ⇒veloz ⇒rápido,da

swill /swɪl/ *v* [T] **1** (*tb* **swill out**) ⇒enjuagar: *I swilled my mouth out with water* - Me enjuagué la boca con agua ■ CONSTR. Se usa generalmente seguido de una preposición o un adverbio **2** *(inform)* ⇒beber(se) [de golpe]: *She swilled a glass of beer* - Se bebió un vaso de cerveza de golpe

† **swim**[1], **swam, swum** /swɪm/ [swimming] *v* [I] **1** ⇒nadar: *I like swimming* - Me gusta nadar; *I swam across the lake* - Crucé el lago a nado **2** ⇒dar vueltas: *So many lights make my head swim* - Tantas luces hacen que me dé vueltas la cabeza

swim[2] /swɪm/ *n* [NO PL] ⇒baño: *Shall we go for a swim?* - ¿Nos damos un baño?

swimmer UK: /ˈswɪm.əʳ/ US: /-ɚ/ *n* [C] ⇒nadador,-a

swimming /ˈswɪm.ɪŋ/ *n* [U] ⇒natación

swimming costume *UK* (*US* **bathing suit**) *n* [C] ⇒bañador [de mujer] ⇒malla *AMÉR.* ■ PRON. La **u** se pronuncia como **you**

† **swimming pool** (*tb* **pool**) *n* [C] ⇒piscina ⇒alberca *AMÉR.;* ⇒pileta *AMÉR.*

swimming trunks *UK n* [PL] ⇒bañador [de hombre]: *two pairs of swimming trunks* - dos bañadores ■ PRON. La **u** se pronuncia como en el término inglés **sun**

swimsuit UK: /ˈswɪm.sjuːt/ US: /-suːt/ *n* [C] ⇒bañador [de mujer] ⇒malla *AMÉR.*

swindle[1] /ˈswɪn.dl̩/ [swindled, swindling] *v* [T, I] ⇒estafar: *He was swindled out of ten million pounds* - Le estafaron diez millones de libras ■ CONSTR. 1. to swindle sb **out of** sth 2. Se usa más en pasiva

swindle[2] /ˈswɪn.dl̩/ *n* [C] ⇒estafa

swing[1], **swung, swung** /swɪŋ/ ▌*v* [T, I] **1** ⇒columpiar(se) ⇒balancear(se) **2** *v* [I] *(una opinión o un sentimiento)* ⇒oscilar

PHRASAL VERBS

· **to swing at** ***sb*** *(inform)* ⇒intentar golpear a alguien

swing[2] /swɪŋ/ *n* [C] **1** ⇒columpio **2** ⇒cambio [repentino]: *She had strange mood swings* - Tenía unos cambios de humor muy raros **3 to be in full ~** ⇒estar en plena actividad

swipe /swaɪp/ [swiped, swiping] (*tb* **swipe at**) *v* [T] **1** ⇒pegar [a alguien] ■ CONSTR. Se usa generalmente seguido de una preposición o un adverbio **2** *(inform)* ⇒birlar *col.;* ⇒mangar *col.*

swirl UK: /swɜːl/ US: /swɝːl/ *v* [T, I] ⇒arremolinar(se) ⇒girar

Swiss[1] /swɪs/ *adj* ⇒suizo,za

Swiss[2] /swɪs/ [*pl* Swiss] **the ~** *(gentilicio)* ⇒los suizos, las suizas

† **switch**[1] /swɪtʃ/ [*pl* switches] *n* [C] **1** ⇒cambio **2** *(en electrónica)* ⇒interruptor ⇒conmutador

† **switch**[2] /swɪtʃ/ *v* [T, I] ⇒cambiar ■ CONSTR. Se usa generalmente seguido de la preposición **to**

PHRASAL VERBS

· **to switch off** *UK* ⇒desconectar

· **to switch** ***sth*** **off** ⇒apagar algo

· **to switch (*sth*) on** ⇒encender algo ⇒prender *AMÉR.*

switchboard UK: /ˈswɪtʃ.bɔːd/ US: /-bɔːrd/ *n* [C] ⇒centralita ⇒conmutador *AMÉR.*

Switzerland UK: /ˈswɪt.sə.lənd/ US: /-sɚ-/ *n* [U] ⇒Suiza

swivel /ˈswɪv.ᵊl/ [swivelled, swivelling; *US* swiveled, swiveling] *UK v* [T, I] ⇒girar(se): *She swivelled around and looked at him* - Se giró para mirarlo ■ CONSTR. Se usa generalmente seguido de una preposición o un adverbio

swollen UK: /ˈswəʊ.lən/ US: /ˈswoʊ-/ past participle of **swell**

swoop[1] /swuːp/ *v* [I] **1** ⇒descender en picado ■ CONSTR. to swoop **down** **2** ⇒abalanzarse ■ CONSTR. to swoop **on** sth

swoop[2] /swuːp/ *n* [C] ⇒descenso en picado

swop UK: /swɒp/ US: /swɑːp/ [swopped, swopping] (*tb* **swap**) *UK v* [T, I] ⇒intercambiar ⇒cambiar ■ CONSTR. to swop + dos objetos

† **sword** UK: /sɔːd/ US: /sɔːrd/ *n* [C] ⇒espada ■ Distinto de **spade** (pala) ■ PRON. La **w** no se pronuncia

swore UK: /swɔːʳ/ US: /swɔːr/ past tense of **swear**

sworn UK: /swɔːn/ US: /swɔːrn/ past participle of **swear**

S

swot[1] UK: /swɒt/ US: /swɑːt/ [swotted, swotting] *UK* (*US* **cram**) *v* [I] *(inform)* ⇨empollar *col.*; ⇨chapar *col.* ■ Pertenece al lenguaje infantil
swot[2] UK: /swɒt/ US: /swɑːt/ *UK n* [C] *(inform)* ⇨empollón,-a *col.*
swum /swʌm/ past participle of **swim**
swung /swʌŋ/ past tense and past participle forms of **swing**
† **syllable** /ˈsɪl.ə.bl̩/ *n* [C] *(en gramática)* ⇨sílaba
† **syllabus** /ˈsɪl.ə.bəs/ [*pl* syllabi, syllabuses] *n* [C] ⇨temario
† **symbol** /ˈsɪm.bəl/ *n* [C] ⇨símbolo
symbolic UK: /sɪmˈbɒl.ɪk/ US: /-ˈbɑː.lɪk/ *adj* ⇨simbólico,ca
symbolise [symbolised, symbolising] *UK v* [T] See **symbolize**
symbolism /ˈsɪm.bəl.ɪ.zəm/ *n* [U] ⇨simbolismo: *religious symbolism* - simbolismo religioso
symbolize UK: /ˈsɪm.bəl.aɪz/ US: /-bə.laɪz/ [symbolized, symbolizing] (*UK tb* **symbolise**) *v* [T] ⇨simbolizar
symmetrical /sɪˈmet.rɪ.kəl/ *adj* ⇨simétrico,ca: *symmetrical structure* - estructura simétrica
symmetry /ˈsɪm.ə.tri/ *n* [U] ⇨simetría
sympathetic UK: /ˌsɪm.pəˈθet.ɪk/ US: /-ˈθe-/ *adj* ⇨comprensivo,va: *to be sympathetic about sth* - ser compresivo con algo ■ Distinto de *nice* (simpático)
sympathize /ˈsɪm.pə.θaɪz/ [sympathized, sympathizing] *v* [I] **1** ⇨compadecerse: *to sympathize with sb* - compadecerse de alguien **2** ⇨simpatizar ⇨estar de acuerdo
† **sympathy** /ˈsɪm.pə.θi/ *n* [U] ⇨compasión: *to feel sympathy for sb* - sentir compasión por alguien ■ Distinto de *affection* y *liking* (simpatía)
symphony /ˈsɪmp.fə.ni/ [*pl* symphonies] *n* [C] *(en música)* ⇨sinfonía
† **symptom** /ˈsɪmp.təm/ *n* [C] ⇨síntoma: *She has the typical symptoms of a cold* - Tiene los típicos síntomas del resfriado
synagogue UK: /ˈsɪn.ə.gɒg/ US: /-gɑːg/ *n* [C] ⇨sinagoga
synchronize /ˈsɪŋ.krə.naɪz/ [synchronized, synchronizing] *v* [T] ⇨sincronizar
syndicate /ˈsɪn.dɪ.kət/ *n* [C] ⇨agrupación: *a financial syndicate* - una agrupación financiera ■ Distinto de *trade union* (sindicato)
syndrome UK: /ˈsɪn.drəʊm/ US: /-droʊm/ *n* [C, U] ⇨síndrome
† **synonym** /ˈsɪn.ə.nɪm/ *n* [C] *(en gramática)* ⇨sinónimo ■ PRON. Se acentúa la primera sílaba
synonymous UK: /sɪˈnɒn.ɪ.məs/ US: /-ˈnɑː.nə-/ *adj* ⇨sinónimo,ma: *to be synonymous with sth* - ser sinónimo de algo
syntax /ˈsɪn.tæks/ *n* [U] *(en gramática)* ⇨sintaxis
synthesizer UK: /ˈsɪn.θə.saɪ.zər/ US: /-zə/ *n* [C] ⇨sintetizador: *a voice synthesizer* - un sintetizador de voz
synthetic UK: /sɪnˈθet.ɪk/ US: /-ˈθe-/ *adj* **1** ⇨sintético,ca **2** ⇨artificial
Syria /ˈsɪr.i.ə/ *n* [U] ⇨Siria
Syrian /ˈsɪr.i.ən/ *adj, n* [C] ⇨sirio,ria
syringe /sɪˈrɪndʒ/ *n* [C] ⇨jeringa ⇨jeringuilla
syrup /ˈsɪr.əp/ *n* [U] **1** ⇨sirope ⇨almíbar **2** ⇨jarabe
† **system** /ˈsɪs.təm/ *n* [C] **1** ⇨sistema **2** ⇨método **3 the ~** *(en una sociedad)* ⇨el sistema ⇨las leyes **4 to get *sth* out of *one's* ~** ⇨quitarse algo de encima
systematic UK: /ˌsɪs.təˈmæt.ɪk/ US: /-ˈmæ-/ *adj* ⇨sistemático,ca ⇨metódico,ca
systematically UK: /ˌsɪs.təˈmæt.ɪ.kli/ US: /-ˈmæ-/ *adv* ⇨de forma sistemática ⇨sistemáticamente

t /tiː/ [*pl* t's] *n* [C] *(letra del alfabeto)* ⇒t ■ PRON. Se pronuncia como el sustantivo inglés *tea*

ta /tɑː/ *UK excl (inform)* ⇒¡gracias!

tab /tæb/ *n* [C] **1** ⇒etiqueta **2** *US (de una lata)* ⇒anilla **3** *US (inform) (en un bar o restaurante)* ⇒cuenta

↑**table** /ˈteɪ.bl̩/ *n* [C] **1** ⇒mesa **2** ⇒mesilla: *bedside table* - mesilla de noche **3** ⇒tabla: *a table of data* - una tabla de datos **4 to clear the ~** ⇒quitar la mesa **5 to {lay/set} the ~** ⇒poner la mesa

tablecloth UK: /ˈteɪ.bl̩.klɒθ/ US: /-klɑːθ/ *n* [C] ⇒mantel

tablespoon /ˈteɪ.bl̩.spuːn/ *n* [C] **1** ⇒cucharón **2** *(cantidad)* ⇒cucharada ■ La forma abreviada es *tbsp*

↑**tablet** /ˈtæb.lət/ *n* [C] **1** *(medicamento)* ⇒pastilla ⇒comprimido **2** ⇒lápida **3** *US* (*UK/US tb* **pad**) ⇒bloc [de notas]

table tennis *n* [U] ⇒tenis de mesa ⇒ping-pong

↑**tabloid** /ˈtæb.lɔɪd/ *n* [C] *(prensa)* ⇒tabloide

taboo /təˈbuː/ *n* [C] ⇒tabú

tacit /ˈtæs.ɪt/ *adj (form)* ⇒tácito,ta

tack¹ /tæk/ *US* **1** *n* [C] ⇒chincheta ⇒tachuela **2** ⇒rumbo: *to change tack* - cambiar de rumbo **3 to try a different ~** ⇒cambiar de estrategia

tack² /tæk/ ▌*v* [T] **1** ⇒clavar con tachuelas ▌*v* [T, I] **2** ⇒hilvanar

PHRASAL VERBS

· **to tack *sth* on** [M] *(inform)* ⇒añadir en el último momento

tackle¹ /ˈtæk.l̩/ [tackled, tackling] *v* [T] **1** *(un problema)* ⇒hacer frente ⇒afrontar **2** *(en fútbol)* ⇒hacer una entrada **3** *UK* ⇒encarar(se)

tackle² /ˈtæk.l̩/ ▌*n* [U] **1** ⇒bártulos ⇒avíos *col.* **2** *(en pesca)* ⇒aparejos ▌*n* [C] **3** *(en fútbol)* ⇒entrada

tacky /ˈtæk.i/ *adj* [*comp* tackier, *superl* tackiest] **1** *(inform)* ⇒de mal gusto ⇒hortera *desp.* **2** ⇒pegajoso,sa

tact /tækt/ *n* [U] ⇒tacto

tactful /ˈtækt.fəl/ *adj* ⇒diplomático,ca ⇒discreto,ta ⇒con mucho tacto

↑**tactic** /ˈtæk.tɪk/ *n* [C] ⇒táctica ■ Se usa más en plural

tactical /ˈtæk.tɪ.kəl/ *adj* **1** ⇒táctico,ca **2** ⇒estratégico,ca

tactless /ˈtækt.ləs/ *adj* ⇒falto,ta de tacto ⇒poco diplomático,ca

tadpole UK: /ˈtæd.pəʊl/ US: /-poʊl/ *n* [C] *(animal)* ⇒renacuajo

tag¹ /tæg/ *n* [C] ⇒etiqueta: *ID tag* - etiqueta de identificación

tag² /tæg/ [tagged, tagging] *v* [T] ⇒etiquetar

PHRASAL VERBS

· **to tag along** *(inform)* ⇒acoplarse *col.*

· **to tag *sth* on** *(a un texto)* ⇒añadir

Tahiti UK: /təˈhiː.ti/ US: /təˈhiː.i/ *n* [U] ⇒Tahití

Tahitian /təˈhiː.ʃən/ *adj, n* [C] ⇒tahitiano,na

tail¹ /teɪl/ *n* [C] ⇒cola ⇒rabo

tail² /teɪl/ *v* [T] ⇒perseguir ⇒seguir a alguien [a hurtadillas]

PHRASAL VERBS

· **to tail off** ⇒disminuir ⇒mermar

tailback /ˈteɪl.bæk/ *UK n* [C] *(de tráfico)* ⇒caravana

tailor UK: /ˈteɪ.ləʳ/ US: /-lɚ/ *n* [C] ⇒sastre,tra

tailor-made UK: /ˌteɪ.ləˈmeɪd/ US: /-lɚ-/ *adj (una prenda de vestir)* ⇒a medida

taint /teɪnt/ *v* [T] **1** ⇒contaminar **2** *(reputación)* ⇒manchar ⇒mancillar ■ CONSTR. Se usa más en pasiva

Taiwan /taɪˈwɑːn/ *n* [U] ⇒Taiwán

Taiwanese /ˌtaɪ.wəˈniːz/ [*pl* Taiwanese] *adj, n* [C] ⇒taiwanés,-a

↑**take, took, taken** /teɪk/ [taking] *v* [T] **1** ⇒sujetar ⇒coger **2** ⇒llevar **3** ⇒llevar(se) **4** *(un medio de transporte)* ⇒coger ■ CONSTR. to take sth + to do sth **5** *(una plaza)* ⇒ocupar **6** *(un medicamento)* ⇒tomar(se) ■ Se usa *to have* para la comida y la bebida. Incorrecto: *to take dinner, to take coffee* **7** *(tiempo)* ⇒tardar ⇒llevar ■ CONSTR. to take sb/sth + to do sth ■ Se usa para hacer referencia al tiempo que se necesita para hacer algo o para que algo ocurra: *I normally take a long time to get ready to go out* - *Normalmente tardo mucho en prepararme para salir.* Comparar con *to last*

8 ⇒admitir ⇒aceptar **9** ⇒tomar [militarmente] **10** ⇒requerir **11** ⇒darse ⇒tomar **12** ⇒aguantar **13** **I ~ it (that)** ⇒supongo que

PHRASAL VERBS

- **to take after *sb*** ⇒parecerse a alguien
- **to take *sth* apart [M]** ⇒desmontar algo ⇒desarmar algo
- **to take *sth* away [M]** 1 ⇒quitar ⇒retirar 2 *(en matemáticas)* ⇒restar
- **to take *sth* back [M]** 1 ⇒devolver algo 2 *(una opinión)* ⇒retirar
- **to take *sth* down [M]** 1 ⇒anotar algo ⇒tomar apuntes 2 ⇒descolgar algo [de la pared]
- **to take *sth* in [M]** 1 ⇒comprender algo ⇒asimilar 2 *(una prenda de vestir)* ⇒meter ⇒estrechar
- **to take *sb* in [M]** 1 ⇒embaucar a alguien ■ CONSTR. Se usa más en pasiva 2 ⇒acoger a alguien [en casa]
- **to take off** 1 ⇒despegar ⇒decolar AMÉR. 2 ⇒empezar a tener éxito
- **to take *sth* off [M]** 1 ⇒quitar(se) algo 2 *(en un trabajo)* ⇒tomarse tiempo libre
- **to take *sth* on [M]** ⇒aceptar algo ⇒asumir algo
- **to take *sb* on [M]** 1 ⇒contratar a alguien 2 ⇒retar a alguien ⇒desafiar a alguien
- **to take *sb* out** ⇒invitar a alguien [a algo]
- **to take *sth* out [M]** ⇒sacar algo ⇒extraer algo
- **to take *sth* out on *sb*** ⇒pagar algo con alguien *col.*
- **to take (*sth*) over** ⇒hacerse cargo de algo ⇒tomar el control de algo
- **to take to *sth*** 1 ⇒aficionar(se) a algo 2 *to take to drinking* - darse a la bebida
- **to take to *sb*** ⇒congeniar con alguien ⇒tomar cariño a alguien
- **to take up [M]** 1 ⇒ocupar 2 *(una afición o un deporte)* ⇒empezar
- **to take *sth* up [M]** 1 ⇒discutir algo (con alguien) 2 ⇒empezar a dedicarse (a algo)

T

† **takeaway** /ˈteɪk.ə.weɪ/ *UK* (*US* **takeout**) *n* [C] **1** ⇒restaurante de comida para llevar ⇒rosticería AMÉR. **2** ⇒comida para llevar

taken /ˈteɪ.kᵊn/ past participle of **take**

take-off UK: /ˈteɪk.ɒf/ US: /-ɑːf/ ■ *n* [C, U] **1** ⇒despegue ⇒decolaje AMÉR. ■ *n* [C] **2** ⇒parodia ⇒caricatura

takeout /ˈteɪk.aʊt/ *US n* [C] See **takeaway**

takeover UK: /ˈteɪkˌəʊ.vəʳ/ US: /-ˌoʊ.vɚ/ *n* [C] **1** ⇒adquisición [de una empresa] **2** ⇒toma del poder

takings /ˈteɪ.kɪŋz/ *UK n* [PL] ⇒recaudación ⇒taquilla

talcum powder UK: /ˈtæl.kəmˌpaʊ.dəʳ/ US: /-dɚ/ *n* [U] ⇒polvos de talco

† **tale** /teɪl/ *n* [C] **1** ⇒historia ⇒cuento ⇒batalla **2** *to tell tales* - decir mentiras contar historias

† **talent** /ˈtæl.ᵊnt/ *n* [C, U] ⇒talento

† **talk¹** UK: /tɔːk/ US: /tɑːk/ *v* [I] ⇒hablar: *She was talking to me when the telephone rang* - Me estaba hablando cuando el teléfono sonó ■ CONSTR. to talk (to/with sb) about sth

PHRASAL VERBS

- **to talk down to *sb*** ⇒hablar a alguien como si fuera tonto,ta
- **to talk *sb* into (doing) *sth*** ⇒convencer a alguien (para que haga algo): *They talked us into going with them* - Nos convencieron para que los acompañáramos
- **to talk *sb* out (doing) *sth*** ⇒disuadir a alguien (de algo)
- **to talk *sth* over [M]** ⇒examinar algo ⇒hablar de algo

† **talk²** UK: /tɔːk/ US: /tɑːk/ ■ *n* [U] **1** ⇒conversación ■ *n* [C] **2** ⇒charla

talkative UK: /ˈtɔː.kə.tɪv/ US: /ˈtɑː.kə.ɪv/ *adj* ⇒hablador,-a

† **tall** UK: /tɔːl/ US: /tɑːl/ *adj* ⇒alto,ta ■ Normalmente se usa con objetos altos y estrechos; se puede usar también con personas y animales. Comparar con *high* ■ Ver cuadro alto (tall / high)

tambourine /ˌtæm.bəˈriːn/ *n* [C] *(instrumento)* ⇒pandereta

tame¹ /teɪm/ *adj* **1** ⇒domesticado,da ⇒manso,sa **2** ⇒soso,sa ⇒aburrido,da

tame² /teɪm/ [tamed, taming] *v* [T] ⇒domar ⇒domesticar

tamper UK: /ˈtæm.pəʳ/ US: /-pɚ/

PHRASAL VERBS

- **to tamper with *sth*** ⇒manipular algo ⇒forzar algo

tampon UK: /ˈtæm.pɒn/ US: /-pɑːn/ *n* [C] ⇒tampón

† **tan¹** /tæn/ *n* [C] ⇒forma abreviada de **suntan** (bronceado)

† **tan²** /tæn/ [tanned, tanning] ■ *v* [T] **1** *(cuero)* ⇒curtir ■ *v* [T, I] **2** ⇒broncear(se) ⇒ponerse moreno,na

† **tan³** /tæn/ *adj* **1** *US* (*UK/US tb* **tanned**) ⇒moreno,na ⇒bronceado,da **2** ⇒de color canela

tangerine UK: /ˌtæn.dʒəˈriːn/ US: /ˈ---/ *n* [C, U] ⇒mandarina

tangle¹ /ˈtæŋ.gl/ *n* [C] ⇒enredo ⇒lío ⇒maraña

tangle² /ˈtæŋ.gl/ [tangled, tangling] *v* [T, I] ⇒enredar(se)

tangled /ˈtæŋ.gld/ *adj* **1** ⇒enredado,da **2** **to be ~ up in *sth*** ⇒enredarse en algo

† **tank** /tæŋk/ *n* [C] **1** ⇒depósito ⇒tanque **2** *(vehículo)* ⇒tanque

tankard UK: /ˈtæŋ.kəd/ US: /-kəd/ *n* [C] ⇒jarra [para cerveza]

tanker UK: /ˈtæŋ.kəʳ/ US: /-kə/ *n* [C] **1** *(barco)* ⇒petrolero **2** *(vehículo)* ⇒camión cisterna ■ Distinto de *tank* (tanque)

tanned (*US tb* **tan**) *adj* ⇒moreno,na ⇒bronceado,da

tantalizing UK: /ˈtæn.tə.laɪ.zɪŋ/ US: /-ə-/ *adj* ⇒tentador,-a

tantrum /ˈtæn.trəm/ *n* [C] ⇒berrinche *col.*; ⇒rabieta *col.*

Tanzania /ˌtæn.zəˈniː.ə/ *n* [U] ⇒Tanzania

Tanzanian /ˌtæn.zəˈniː.ən/ *adj, n* [C] ⇒tanzano,na

tap[1] /tæp/ *n* [C] **1** ⇒golpecito **2** *UK* (*US* **faucet**) ⇒grifo ⇒canilla *AMÉR.* **3 on ~** ⇒a mano ⇒disponible

tap[2] /tæp/ [tapped, tapping] ▮ *v* [T, I] **1** ⇒golpear suavemente ▮ *v* [T] **2** *(recursos naturales)* ⇒explotar **3** *(el teléfono)* ⇒intervenir ⇒pinchar *col.* ■ CONSTR. Se usa más en pasiva

PHRASAL VERBS

- **to tap into *sth*** ⇒aprovecharse de algo ⇒explotar algo

tape[1] /teɪp/ ▮ *n* [U] **1** ⇒cinta: *insulating tape* - cinta aislante **2** ⇒papel celo ▮ *n* [C, U] **3** *(para grabar sonidos o imágenes)* ⇒cinta ⇒casete **4** ⇒esparadrapo

tape[2] /teɪp/ [taped, taping] *v* [T] **1** ⇒pegar con cinta adhesiva **2** ⇒grabar: *to tape a song* - grabar una canción

tape measure *n* [C] ⇒cinta métrica

tape recorder *n* [C] **1** ⇒casete **2** ⇒grabadora

tapestry /ˈtæp.ɪ.stri/ [*pl* tapestries] *n* [C] ⇒tapiz

tar UK: /tɑːʳ/ US: /tɑːr/ *n* [U] ⇒alquitrán ⇒brea ⇒chapapote *AMÉR.*

↑**target**[1] UK: /ˈtɑː.gɪt/ US: /ˈtɑːr-/ *n* [C] **1** ⇒blanco ⇒objetivo ⇒diana **2 to be on ~ to do *sth*** ⇒estar preparado,da para hacer algo

target[2] UK: /ˈtɑː.gɪt/ US: /ˈtɑːr-/ *v* [T] **1** ⇒fijar como objetivo **2** ⇒dirigirse a: *These books are targeted at children* - Estos libros están dirigidos a niños ■ CONSTR. Se usa más en pasiva

tariff /ˈtær.ɪf/ *n* [C] ⇒arancel ⇒tarifa

tarmac UK: /ˈtɑː.mæk/ US: /ˈtɑːr-/ [tarmacked, tarmacking] *UK v* [T] ⇒asfaltar

Tarmac® *UK* (*US* **asphalt**) *n* [U] **1** ⇒asfalto **2 the tarmac** *(en un aeropuerto)* ⇒la pista

tarnish UK: /ˈtɑː.nɪʃ/ US: /ˈtɑːr-/ [tarnishes] ▮ *v* [T] **1** ⇒manchar ⇒empañar ▮ *v* [T, I] **2** *(un objeto)* ⇒deslustrar

tart UK: /tɑːt/ US: /tɑːrt/ *n* [C, U] ⇒tarta [con base de hojaldre]

tartan UK: /ˈtɑː.tᵊn/ US: /ˈtɑːr.[ə]n/ *n* [C, U] ⇒tela escocesa de cuadros

↑**task** UK: /tɑːsk/ US: /tæsk/ *n* [C] ⇒tarea: *a daunting task* - una tarea que impone

↑**taste**[1] /teɪst/ ▮ *n* [U] **1** *(sentido)* ⇒gusto ▮ *n* [C, U] **2** ⇒sabor ⇒gusto **3** ⇒gusto ⇒estilo **4 a ~** *Have a taste of this stew* - Prueba un poco de este estofado **5 a ~ for *sth*** ⇒gusto {a/por} algo **6 ~ of *sth*** ⇒primer contacto con algo ⇒primera experiencia de algo **7 to be in {good/bad} ~** ⇒ser de {buen/mal} gusto

↑**taste**[2] /teɪst/ [tasted, tasting] *v* [T, I] **1** ⇒probar: *Can I taste a bit of cheese* - ¿Puedo probar un poco de queso? ■ En la mayoría de los casos se dice *can taste* o *could taste* **2** ⇒saber: *I think the soup tastes too much of garlic* - Creo que la sopa sabe mucho a ajo

tasteful /ˈteɪst.fᵊl/ *adj* ⇒de buen gusto

tasteless /ˈteɪst.ləs/ *adj* **1** ⇒insípido,da ⇒soso,sa **2** ⇒de mal gusto **3** ⇒feo,a ⇒sin gusto

tasty /ˈteɪ.sti/ *adj* [*comp* tastier, *superl* tastiest] ⇒sabroso,sa ⇒rico,ca: *Very tasty!* - ¡Muy rico! ■ PRON. *ta* rima con *day*

tattered UK: /ˈtæt.əd/ US: /ˈtæ.əd/ *adj* **1** *(un libro)* ⇒ajado,da **2** *(una prenda de vestir)* ⇒hecho,cha jirones

tatters UK: /ˈtæt.əz/ US: /ˈtæ.əz/ *n* [PL] **1** ⇒harapos **2 in ~** ⇒hecho,cha jirones

tattoo[1] /təˈtuː, tætˈuː/ *n* [C] ⇒tatuaje: *to have a tattoo done* - ir a que te hagan un tatuaje

tattoo[2] /təˈtuː, tætˈuː/ *v* [T] ⇒tatuar

tatty UK: /ˈtæt.i/ US: /ˈtæ-/ *UK adj* [*comp* tattier, *superl* tattiest] *(inform)* ⇒en mal estado ⇒descuidado,da

taught UK: /tɔːt/ US: /tɑːt/ past tense and past participle forms of **teach** ■ PRON. Rima con *fort*

taunt[1] UK: /tɔːnt/ US: /tɑːnt/ *v* [T] ⇒burlarse de alguien [con mala intención]

taunt[2] UK: /tɔːnt/ US: /tɑːnt/ *n* [C] ⇒ofensa ⇒insulto

Taurus UK: /ˈtɔː.rəs/ US: /ˈtɔːr.əs/ [*pl* Tauruses] *n* [C, U] *(signo del zodíaco)* ⇒tauro

taut UK: /tɔːt/ US: /tɑːt/ *adj* **1** ⇒tenso,sa **2** *(la piel)* ⇒tirante

tavern UK: /ˈtæv.ᵊn/ US: /-ən/ *US n* [C] ⇒taberna

↑**tax**[1] /tæks/ [*pl* taxes] *n* [C, U] ⇒impuesto: *to pay taxes* - pagar impuestos; *for tax purposes* - a efectos legales

tax[2] /tæks/ *v* [T] **1** *(un artículo)* ⇒gravar **2** ⇒cobrar impuestos **3** ⇒exigir: *This report will tax me a lot effort* - Este informe me va a exigir mucho esfuerzo

taxable /ˈtæk.sə.bl/ *adj (en economía)* ⇒imponible

taxation /tækˈseɪ.ʃᵊn/ *n* [U] **1** ⇒recaudación de impuestos **2** ⇒impuestos: *to reduce taxation* - reducir los impuestos

tax-free /ˌtæksˈfriː/ *adj* ⇒libre de impuestos
† **taxi**[1] /ˈtæk.si/ *n* [C] ⇒taxi
† **taxi**[2] /ˈtæk.si/ *v* [I] *(un avión)* ⇒rodar lentamente [por la pista]
taxing /ˈtæk.sɪŋ/ *adj* ⇒agotador,-a ⇒extenuante
† **taxpayer** UK: /ˈtæksˌpeɪ.əʳ/ US: /-ə/ *n* [C] **1** ⇒contribuyente **2 the ~** ⇒los contribuyentes
TB /ˌtiːˈbiː/ *n* [U] ⇒forma abreviada de **tuberculosis** (tuberculosis)
† **tea** /tiː/ *n* [C, U] **1** ⇒té: *Would you like some tea?* - ¿Te apetece una taza de té? **2** *UK* ⇒merienda **3** *UK* ⇒meriendacena *col.*
† **teach, taught, taught** /tiːtʃ/ [teaches] *v* [T, I] **1** ⇒enseñar ⇒dar clase **2** ⇒enseñar: *He is going to teach me how to make apple pie* - Va a enseñarme a hacer tarta de manzana ■ CONSTR. to teach sb + to do sth
† **teacher** UK: /ˈtiː.tʃəʳ/ US: /-tʃə/ *n* [C] ⇒profesor,-a ⇒maestro,tra
teaching /ˈtiː.tʃɪŋ/ *n* [U] ⇒enseñanza ⇒docencia
teacup /ˈtiː.kʌp/ *n* [C] ⇒taza [para el té]
† **team**[1] /tiːm/ *n* [C] ⇒equipo: *football team* - equipo de fútbol ■ Por ser un nombre colectivo se puede usar con el verbo en singular o en plural
† **team**[2] /tiːm/
PHRASAL VERBS
· **to team up** ⇒formar equipo
teammate *n* [C] ⇒compañero,ra [de equipo]
teamwork UK: /ˈtiːm.wɜːk/ US: /-wɝːk/ *n* [U] ⇒trabajo en equipo
teapot UK: /ˈtiː.pɒt/ US: /-pɑːt/ *n* [C] ⇒tetera
† **tear**[1], **tore, torn** UK: /teəʳ/ US: /ter/ ▌*v* [T, I] **1** ⇒rasgar(se) ⇒romper(se) **2** ⇒arrancar ▌*v* [I] **3** ⇒ir a toda velocidad ■ CONSTR. Se usa generalmente seguido de una preposición o un adverbio **4 to be torn** ⇒no poder decidirse
PHRASAL VERBS
· **to tear *sb* away (from *sth*)** *I can't tear myself away from this book, it's so good!* - No puedo dejar este libro, ¡es buenísimo!
· **to tear *sth* down [M]** *(un edificio o una estructura)* ⇒derribar ⇒arrancar
· **to tear *sth* off [M]** *(la ropa)* ⇒quitar [rápidamente y sin cuidado] ⇒arrancar
· **to tear *sth* up [M]** ⇒hacer trizas algo
† **tear**[2] UK: /teəʳ/ US: /ter/ *n* [C] ⇒roto ⇒desgarrón
† **tear**[3] UK: /tɪəʳ/ US: /tɪr/ *n* [C] ⇒lágrima
† **tease** /tiːz/ [teased, teasing] *v* [T, I] ⇒tomar el pelo *col.*; ⇒pinchar
teaspoon /ˈtiː.spuːn/ *n* [C] ⇒cucharilla ■ La forma abreviada es *tsp*
teatime /ˈtiː.taɪm/ *UK n* [C] ⇒hora del té
tea towel *UK n* [C] ⇒paño de cocina ⇒repasador *AMÉR.*

† **technical** /ˈtek.nɪ.kəl/ *adj* ⇒técnico,ca: *technical support* - asistencia técnica
technicality UK: /ˌtek.nɪˈkæl.ə.ti/ US: /-nəˈkæl.ə.i/ [*pl* technicalities] *n* [C] **1** ⇒tecnicismo **2** ⇒formalismo
technically /ˈtek.nɪ.kli/ *adv* **1** ⇒estrictamente: *technically speaking* - estrictamente hablando **2** ⇒técnicamente
technician /tekˈnɪʃ.ən/ *n* [C] ⇒técnico,ca ⇒operario,ria
† **technique** /tekˈniːk/ *n* [C, U] ⇒técnica
technological UK: /ˌtek.nəˈlɒdʒ.ɪ.kəl/ US: /-ˈlɑː.dʒɪ-/ *adj* ⇒tecnológico,ca: *technological advances* - avances tecnológicos
technologically UK: /ˈtek.nəˈlɒdʒ.ɪ.kli/ US: /-ˈlɑː.dʒɪ-/ *adv* ⇒tecnológicamente ■ PRON. No se pronuncia la *a* al final
† **technology** UK: /tekˈnɒl.ə.dʒi/ US: /-ˈnɑː.lə-/ [*pl* technologies] *n* [C, U] ⇒tecnología: *cutting edge technology* - tecnología punta
teddy bear *n* [C] ⇒osito de peluche

TEDDY BEAR

tedious /ˈtiː.di.əs/ *adj* ⇒tedioso,sa ⇒pesado,da
teem /tiːm/
PHRASAL VERBS
· **to teem with** ⇒rebosar ⇒abundar
teen *n* [C] *(inform)* ⇒adolescente [entre los 13 y los 19 años]
teenage /ˈtiːn.eɪdʒ/ *adj* ⇒adolescente ⇒de adolescente
† **teenager** UK: /ˈtiːnˌeɪ.dʒəʳ/ US: /-dʒə/ *n* [C] ⇒adolescente ⇒joven
teens /tiːnz/ *n* [PL] **1** ⇒adolescencia **2** *to be in one's teens* - ser un adolescente
teeter-totter UK: /ˌtiː.təˈtɒt.əʳ/ US: /-əˈtɑː.ə/ *US* (*UK/US tb* **seesaw**) *n* [C] ⇒subeibaja ⇒balancín
teeth /tiːθ/ *n* [PL] See **tooth**
teethe /tiːð/ [teethed, teething] *v* [I] *(un bebé)* ⇒echar los dientes
† **telecommunications** UK: /ˌtel.ɪ.kəˌmjuː.nɪˈkeɪ.ʃənz/ US: /-ə-/ *n* [PL] ⇒telecomunicaciones: *the*

T

telecommunications sector - el sector de las telecomunicaciones

telegram /ˈtel.ɪ.græm/ (*US tb* **wire**) *n* [C] ⇨telegrama

telegraph UK: /ˈtel.ɪ.grɑːf/ UK: /-græf/ US: /-ə-/ *n* [U] ⇨telégrafo

telemarketing UK: /ˈtel.ɪˌmɑː.kɪ.tɪŋ/ US: /-əˌmɑːr.kə.ɪŋ/ *US* (*UK* **telesales**) *n* [U] ⇨venta por teléfono

telepathic UK: /ˌtel.ɪˈpæθ.ɪk/ US: /-ə-/ *adj* ⇨telepático,ca

telepathy /təˈlep.ə.θi/ *n* [U] ⇨telepatía

†**telephone**[1] UK: /ˈtel.ɪ.fəʊn/ US: /-ə.foʊn/ *n* [C, U] **1** ⇨teléfono **2 to be on the ~ 1** ⇨hablar por teléfono **2** *UK* ⇨tener teléfono [en casa] ■ La forma abreviada es *phone*

telephone[2] UK: /ˈtel.ɪ.fəʊn/ US: /-ə.foʊn/ [telephoned, telephoning] *v* [T, I] *(form)* ⇨telefonear ⇨llamar por teléfono ⇨llamar ■ Se usa más la forma abreviada *phone*

telesales /ˈtel.ɪ.seɪlz/ *UK n* [U] See **telemarketing**

†**telescope** UK: /ˈtel.ɪ.skəʊp/ US: /-ə.skoʊp/ *n* [C] ⇨telescopio

televise UK: /ˈtel.ɪ.vaɪz/ US: /-ə-/ [televised, televising] *v* [T] ⇨televisar

†**television** UK: /ˈtel.ɪ.vɪʒ.ᵊn/ UK: /ˌ--ˈ--/ US: /-ə-/ ▮ *n* [U] **1** *(sistema)* ⇨televisión ▮ *n* [C, U] **2** *(aparato)* ⇨televisión ⇨televisor ■ La forma abreviada es *TV*

teleworking UK: /ˈtel.ɪˌwɜː.kɪŋ/ US: /-əˌwɝː-/ *n* [U] ⇨teletrabajo [en casa]

†**tell, told, told** /tel/ *v* [T, I] **1** ⇨contar ⇨decir ⇨platicar *AMÉR.* ■ CONSTR. 1. to tell sb + (that) 2.to tell sb + to do sth 3. to tell + dos objetos **2** *(una orden)* ⇨decir ■ CONSTR. 1. to tell sb + (that) 2. to tell + to do sth 3. to tell + dos objetos **3** ⇨distinguir **4** ⇨notar ⇨saber ■ CONSTR. to tell + (that) **5** *What will happen in the future? - Who can tell!* - ¿Qué pasará en el futuro? - ¿Quién sabe? **6 (I) told you so** *(inform)* ⇨ya te lo dije ■ Ver cuadro decir (say / tell)

PHRASAL VERBS

- **to tell *sb* off [M]** ⇨reñir a alguien ⇨regañar a alguien
- **to tell on *sb*** ⇨delatar a alguien ⇨afectar a alguien negativamente

teller UK: /ˈtel.əʳ/ US: /-ɚ/ *n* [C] **1** ⇨narrador,-a **2** *US (en un banco)* ⇨cajero,ra **3** ⇨escrutador,-a [de votos]

telling /ˈtel.ɪŋ/ *adj* **1** ⇨revelador,-a ⇨significativo,va **2** *(un argumento, una crítica)* ⇨convincente ⇨contundente

†**telly** /ˈtel.i/ [*pl* tellies] *UK n* [C, U] *(inform)* ⇨tele *col.*

temp[1] /temp/ *n* [C] ⇨empleado,da eventual

temp[2] /temp/ *v* [I] ⇨realizar trabajos eventuales

†**temper** UK: /ˈtem.pəʳ/ US: /-pɚ/ *n* [C] **1** ⇨humor: *to be in good temper* - estar de buen humor **2 to have a {quick/short} ~** ⇨tener mucho genio

temperament UK: /ˈtem.pᵊr.ə.mənt/ UK: /-prə.mənt/ US: /-pɚ.ə-/ ▮ *n* [C, U] **1** ⇨temperamento ▮ *n* [U] **2** ⇨mal genio

temperamental UK: /ˌtem.pᵊr.əˈmen.tᵊl/ UK: /-prə-/ US: /-pɚ.əˈmen.[ə]l/ *adj* **1** ⇨temperamental ⇨caprichoso,sa **2** *This machine is a bit temperamental* - Esta máquina no funciona muy bien

temperate UK: /ˈtem.pᵊr.ət/ UK: /-prət/ US: /-pɚ.ət/ *adj* **1** *(un clima)* ⇨templado,da **2** *(un comportamiento)* ⇨comedido,da

†**temperature** UK: /ˈtem.prə.tʃəʳ/ US: /-pɚ.ə.tʃɚ/ ▮ *n* [C, U] **1** ⇨temperatura ▮ *n* [U] **2** ⇨fiebre: *to take sb's temperature* - tomarle la temperatura a alguien **3 to {have/run} a ~** (*tb* **to have a fever**) ⇨tener fiebre

template /ˈtem.pleɪt/ *n* [C] ⇨plantilla ⇨modelo

†**temple** /ˈtem.pl̩/ *n* [C] **1** ⇨templo **2** ⇨sien

tempo UK: /ˈtem.pəʊ/ US: /-poʊ/ [*pl* tempi, tempos] ▮ *n* [C] **1** *(form)* ⇨ritmo ▮ *n* [C, U] **2** *(en música)* ⇨tempo

†**temporary** UK: /ˈtem.pᵊr.ᵊr.i/ UK: /-prᵊr-/ US: /-pə.rer.i/ *adj* ⇨temporal ⇨provisional

†**tempt** /tempt/ *v* [T] ⇨tentar: *Don't tempt me* - No me tientes ■ CONSTR. to tempt + to do sth

†**temptation** /tempˈteɪ.ʃᵊn/ *n* [C, U] ⇨tentación: *to resist temptation* - resistir a la tentación

tempting /ˈtemp.tɪŋ/ *adj* ⇨tentador,-a

†**ten** /ten/ ⇨diez: *There are ten of them* - Son diez; *She is ten years old* - Tiene diez años

tenacious /təˈneɪ.ʃəs/ *adj* ⇨tenaz

tenancy /ˈten.ᵊnt.si/ [*pl* tenancies] *n* [C] ⇨arrendamiento

†**tenant** /ˈten.ənt/ *adj* ⇨inquilino,na ⇨arrendatario,ria

†**tend** /tend/ *v* [I] **1** ⇨tender: *He tends to follow the avant-garde trends* - Tiende a seguir las tendencias vanguardistas ■ CONSTR. to tend + to do sth **2** ⇨soler: *I tend to agree with you* - Suelo estar de acuerdo contigo **3** ⇨cuidar ⇨ocuparse

†**tendency** /ˈten.dənt.si/ [*pl* tendencies] *n* [C] ⇨tendencia

tender UK: /ˈten.dəʳ/ US: /-dɚ/ *adj* **1** *(un alimento)* ⇨tierno,na **2** *(una persona)* ⇨cariñoso,sa ⇨tierno,na ⇨querendón,-a *AMÉR. col.* **3** ⇨dolorido,da ⇨dañado,da

tenderly UK: /ˈten.dᵊl.i/ US: /-dɚ.li/ *adv* ⇨tiernamente ⇨con ternura

tendon /ˈten.dən/ *n* [C] ⇨tendón: *Achilles tendon* - tendón de Aquiles

tenement /ˈten.ə.mənt/ *n* [C] **1** ⇨bloque de apartamentos **2** ⇨apartamento

tenner UK: /'ten.əʳ/ US: /-ə/ *UK n* [C] *(inform)* ⇒(billete de) diez libras

†**tennis** /'ten.ɪs/ *n* [U] ⇒tenis

tenor UK: /'ten.əʳ/ US: /-ə/ ▌*n* [C] **1** *(en música)* ⇒tenor ▌*n* [U] **2** *(form) (de un texto)* ⇒tenor ⇒sentido general

tense[1] /tents/ *adj* **1** ⇒tenso,sa: *You're always tense before doing an exam* - Siempre estás tenso antes de hacer un examen **2** ⇒tenso,sa: *a tense muscle* - un músculo tenso

tense[2] /tents/ *n* [C] *(en gramática)* ⇒tiempo verbal ■ Ver cuadro **verb tenses**

†**tension** /'tent.ʃən/ *n* [U] ⇒tensión

†**tent** /tent/ *n* [C] ⇒tienda de campaña ⇒carpa *AMÉR.*

tentacle UK: /'ten.tə.kl̩/ US: /-ə-/ *n* [C] ⇒tentáculo

tentative UK: /'ten.tə.tɪv/ US: /-ə.ɪv/ *adj* **1** ⇒provisional **2** ⇒cauteloso,sa **3** ⇒indeciso,sa

tenth[1] /tentθ/ **1** ⇒décimo,ma **2** *(para las fechas)* ⇒diez **3** *It is her tenth birthday today* - Hoy cumple diez años ■ Se puede escribir también *10th*

tenth[2] /tentθ/ *n* [C] ⇒décimo ⇒décima parte

tenuous /'ten.ju.əs/ *adj* ⇒tenue

tenure /'ten.jəʳ/ *n* [U] **1** *(form) (de un terreno o edificio)* ⇒tenencia **2** *(de un empleo)* ⇒ocupación **3** *(en una universidad)* ⇒titularidad

tepid /'tep.ɪd/ *adj* **1** *(un líquido)* ⇒tibio,bia ⇒templado,da **2** *(una recepción)* ⇒tibio,bia ⇒poco entusiasta

term[1] UK: /tɜːm/ US: /tɝːm/ *n* [C] **1** ⇒trimestre **2** *(de tiempo)* ⇒período **3** *(una palabra)* ⇒término **4** *(en economía)* ⇒plazo **5 in the long ~** ⇒a largo plazo **6 in the short ~** ⇒en un futuro inmediato ⇒a corto plazo

term[2] UK: /tɜːm/ US: /tɝːm/ *v* [T] *(form)* ⇒calificar: *He termed it an insult* - Lo calificó de insulto

terminal[1] UK: /'tɜː.mɪ.nəl/ US: /'tɝː-/ *adj* ⇒terminal

terminal[2] UK: /'tɜː.mɪ.nəl/ US: /'tɝː-/ *n* [C] **1** *(en un aeropuerto)* ⇒terminal **2** *(de tren o autobús)* ⇒terminal ⇒estación **3** *(en informática)* ⇒terminal

T

terminate UK: /'tɜː.mɪ.neɪt/ US: /'tɝː-/ [terminated, terminating] *v* [T, I] **1** *(form) (un contrato)* ⇒rescindir **2** ⇒terminar(se) ⇒poner fin **3** ⇒finalizar el recorrido: *The train terminates at the next stop* - El tren finaliza su recorrido en la próxima parada

terminology UK: /ˌtɜː.mɪ'nɒl.ə.dʒi/ US: /ˌtɝː.mɪ'nɑː.lə-/ [*pl* terminologies] *n* [C, U] ⇒terminología

terminus UK: /'tɜː.mɪ.nəs/ US: /'tɝː-/ [*pl* termini] *n* [C] *(de un transporte público)* ⇒final de trayecto ⇒final de recorrido

†**terms** UK: /tɜːmz/ US: /tɝːmz/ *n* [PL] **1** ⇒condiciones ⇒términos **2** ⇒relaciones **3 to be on {good/bad} ~** ⇒llevarse {bien/mal} **4 to come to ~ with *sth*** ⇒aceptar algo ⇒conformarse con algo

terrace /'ter.əs/ *n* [C] **1** ⇒hilera [de chalés adosados] **2** *(en un estadio)* ⇒grada **3** ⇒terraza ⇒bancal

terraced house *UK n* [C] ⇒chalé adosado

terrain /tə'reɪn/ *n* [U] *(form)* ⇒terreno

terrestrial /tə'res.tri.əl/ *adj (form)* ⇒terrestre

†**terrible** /'ter.ə.bl̩/ *adj* ⇒fatal ⇒terrible

terribly /'ter.ə.bli/ *adv* **1** ⇒terriblemente **2** ⇒muchísimo: *I am terribly sorry* - Lo siento muchísimo

†**terrific** /tə'rɪf.ɪk/ *adj* **1** ⇒magnífico,ca ⇒estupendo,da **2** ⇒enorme ⇒gran ■ Distinto de *terrifying* (terrorífico,ca)

†**terrified** /'ter.ə.faɪd/ *adj* ⇒aterrorizado,da

†**terrify** /'ter.ə.faɪ/ [terrifies, terrified] *v* [T] ⇒aterrorizar ⇒aterrar

territorial *adj* ⇒territorial

†**territory** UK: /'ter.ɪ.tər.i/ UK: /-tri/ US: /-tɔːr.i/ [*pl* territories] *n* [C, U] ⇒territorio

†**terror** UK: /'ter.əʳ/ US: /-ə/ *n* [U] ⇒terror

†**terrorism** UK: /'ter.ə.rɪ.zəm/ US: /-ə.ɪ-/ *n* [U] ⇒terrorismo

terrorist UK: /'ter.ə.rɪst/ US: /-ə.ɪst/ *adj, n* [C] ⇒terrorista: *a terrorist attack* - un atentado terrorista

terrorize /'ter.ə.raɪz/ [terrorized, terrorizing] *v* [T] ⇒aterrorizar

terse UK: /tɜːs/ US: /tɝːs/ *adj* **1** ⇒lacónico,ca **2** ⇒escueto,ta

†**test**[1] /test/ *n* [C] **1** ⇒prueba ⇒examen **2** ⇒análisis

†**test**[2] /test/ *v* [T] **1** ⇒probar **2** ⇒examinar: *The teacher tested us on geography today* - La profesora nos ha examinado de geografía hoy **3 to ~ *sth* (for *sth*)** ⇒someter algo a una prueba **4 to ~ *sb* (for *sth*)** ⇒hacer una prueba a alguien

testament /'tes.tə.mənt/ *n* [C, U] **1** *(form)* ⇒testimonio **2** ⇒testamento

testicle /'tes.tɪ.kl̩/ *n* [C] ⇒testículo

†**testify** /'tes.tɪ.faɪ/ [testifies, testified] *v* [T, I] ⇒testificar ⇒declarar ■ CONSTR. to testify + that

testimony UK: /'tes.tɪ.mən.i/ US: /-moʊ.ni/ [*pl* testimonies] *n* [C, U] ⇒testimonio

test tube *n* [C] ⇒tubo de ensayo

tether[1] UK: /'teð.əʳ/ US: /-ə/ *v* [T] ⇒atar [con una cuerda] ⇒atar [con una correa]

tether[2] UK: /'teð.əʳ/ US: /-ə/ *n* [C] ⇒cuerda ⇒correa

†**text**[1] /tekst/ *n* [C] ⇒texto

text[2] /tekst/ *v* [T, I] ⇒enviar un mensaje [con el móvil]

textbook /'tekst.bʊk/ *n* [C] ⇒libro de texto

†**textile** /'tek.staɪl/ *n* [C] ⇒textil

†**text message** *n* [C] *(en un teléfono móvil)* ⇨mensaje de texto

textual UK: /ˈteks.tju.əl/ US: /-tʃu-/ *adj* ⇨textual

†**texture** UK: /ˈteks.tʃəʳ/ US: /-tʃɚ/ *n* [C, U] ⇨textura

†**than** /ðæn, ðən/ *conj, prep* **1** ⇨que: *He could have helped me more than he did* - Podría haberme ayudado más de lo que lo hizo **2** ⇨que: *My house is smaller than yours* - Mi casa es más pequeña que la tuya **3** ⇨de: *He walked more than ten kilometres* - Caminó más de diez kilómetros ■ Se dice *taller than me*. Incorrecto: *taller that me*

†**thank** /θæŋk/ *v* [T] ⇨dar las gracias ⇨agradecer ■ CONSTR. to thank sb for doing sth/for sth

thankful /ˈθæŋk.fᵊl/ *adj* ⇨agradecido,da

thankfully /ˈθæŋk.fᵊl.i/ *adv* **1** ⇨afortunadamente **2** *She answered thankfully* - Respondió agradecida

thanks¹ /θæŋks/ *excl (inform)* ⇨gracias: *Thanks for all your help* - Gracias por toda tu ayuda

thanks² /θæŋks/ *n* [PL] ⇨agradecimiento

thanksgiving /ˌθæŋksˈgɪv.ɪŋ/ *n* [U] *(en religión)* ⇨acción de gracias

†**thank you** *excl* ⇨gracias

†**that¹** /ðæt, ðət/ [*pl* those] *adj* ⇨ese, esa ⇨aquel, aquella ■ Ver cuadro demonstratives

†**that²** /ðæt, ðət/ *pron* ⇨que: *The pen that is red is mine* - El bolígrafo que es rojo es el mío.

†**that³** /ðæt, ðət/ *conj* ⇨que: *He said that he was sorry* - Dijo que lo sentía; *We were worried that he might be feeling lonely* - Nos preocupaba que se sintiera solo ■ Se dice *older than me*. Incorrecto: *older that me*

†**that⁴** /ðæt/ *adv* ⇨tan: *It's not that funny* - No es tan gracioso

thatched /θætʃt/ *adj* ⇨con tejado de paja

thaw¹ UK: /θɔː/ US: /θɑː/ *v* [T, I] ⇨deshelar(se) ⇨derretir(se) ⇨descongelar(se)

thaw² UK: /θɔː/ US: /θɑː/ *n* [C, NO PL] ⇨deshielo

†**the** /ðiː, ðə/ *art* **1** ⇨el, la ⇨lo **2** ⇨los, las **3** ⇨el, la **4** *(para las fechas)* ⇨el, la ■ No se usa *the* con las partes del cuerpo: *My leg hurts - Me duele la pierna* ■ Ver cuadro en página siguiente

†**theatre** UK: /ˈθɪə.təʳ/ UK: /θiˈet.əʳ/ US: /ˈθiː.ə.ɚ/ *UK n* [C] ⇨teatro: *to go to the theatre* - ir al teatro

theatrical /θiˈæt.rɪ.kᵊl/ *adj* **1** ⇨teatral **2** ⇨de teatro

†**theft** /θeft/ *n* [C, U] ⇨robo

†**their** UK: /ðeəʳ/ US: /ðer/ *adj* ⇨su: *Where is their mother?* - ¿Dónde está su madre?; *Those are their books* - Esos son sus libros ■ Ver cuadro possessive adjectives and pronouns

†**theirs** UK: /ðeəz/ US: /ðerz/ *pron* **1** ⇨suyo,ya: *Those photographs are theirs* - Esas fotos son suyas **2** ⇨el suyo, la suya ⇨de ellos, de ellas ■ Ver cuadro possessive adjectives and pronouns

†**them** /ðem, ðəm/ *pron* **1** *(persona o cosa)* ⇨los, las **2** *(persona)* ⇨les **3** *(persona, sin especificar masculino o femenino): If there is sb at the door, let them in* - Si hay alguien en la puerta, hazlo pasar **4** *(después del verbo «to be»)* ⇨ellos, ellas ■ Ver cuadro personal pronouns

†**theme** /θiːm/ *n* [C] ⇨tema

theme park *n* [C] ⇨parque temático

†**themselves** /ðəmˈselvz/ *pron* **1** ⇨se: *They hurt themselves when playing rugby* - Se hicieron daño jugando al rugby **2** ⇨ellos mismos, ellas mismas: *They did it themselves* - Lo hicieron ellas mismas **3 (all) by ~ 1** *(sin compañía)* ⇨solos,las **2** *(sin ayuda)* ⇨ellos solos, ellas solas ■ Ver cuadro reflexive pronouns

†**then** /ðen/ *adv* **1** ⇨entonces ⇨en aquel momento **2** ⇨luego ⇨después **3** ⇨entonces ⇨en ese caso **4 and ~** ⇨y además

theology UK: /θiˈɒl.ə.dʒi/ US: /-ˈɑː.lə-/ [*pl* theologies] *n* [C, U] ⇨teología

theoretical UK: /θɪəˈret.ɪ.kᵊl/ US: /ˌθiː.əˈre-/ *adj* ⇨teórico,ca

†**theory** UK: /ˈθɪə.ri/ US: /ˈθɪr.i/ [*pl* theories] *n* [C, U] **1** ⇨teoría **2 in ~** ⇨en teoría

therapeutic UK: /ˌθer.əˈpjuː.tɪk/ US: /-ɪk/ *adj* ⇨terapéutico,ca: *a therapeutic massage* - un masaje terapéutico

therapist /ˈθer.ə.pɪst/ *n* [C] **1** ⇨terapeuta **2** *speech therapist* - logopeda

†**therapy** /ˈθer.ə.pi/ [*pl* therapies] *n* [C, U] ⇨terapia

there¹ UK: /ðeəʳ/ US: /ðer/ *pron (con el verbo «to be»)* ⇨hay ■ Se puede usar también con verbos modales, con *to seem* o con *to appear*: *There seems to be a problem - Parece que hay un problema* ■ Ver cuadro haber (there is / there are)

†**there²** UK: /ðeəʳ/ US: /ðer/ *adv* **1** ⇨allí ⇨ahí **2 ~ and then** ⇨en el acto ⇨allí mismo

thereafter UK: /ˌðeəˈrɑːf.təʳ/ US: /ˌðerˈæf.tɚ/ *adv (form)* ⇨desde entonces ⇨de allí en adelante

thereby UK: /ˌðeəˈbaɪ/ US: /ˌðer-/ *adv* **1** *(form)* ⇨de este modo **2** *(form)* ⇨por eso

†**therefore** UK: /ˈðeə.fɔːʳ/ US: /ˈðer.fɔːr/ *adv* ⇨por lo tanto

thermal UK: /ˈθɜː.məl/ US: /ˈθɝː-/ *adj* **1** ⇨térmico,ca **2** ⇨termal

thermometer UK: /θəˈmɒm.ɪ.təʳ/ US: /θɚˈmɑː.mə.ɚ/ *n* [C] ⇨termómetro

Thermos® (flask) [*pl* Thermoses (flask)] (*UK tb* **flask**) *n* [C] ⇨termo®

thermostat UK: /ˈθɜː.mə.stæt/ US: /ˈθɝː-/ *n* [C] ⇨termostato

these /ðiːz/ *adj, pron* See **this** ■ Ver cuadro demonstratives

a / an / the

• A/AN

Los **artículos indefinidos** se usan:

– Para referirse a una persona o a un objeto indeterminados:

· *There's **a** cat on that roof.* (Hay un gato en ese tejado.)

· *Have you ever piloted **an** aeroplane?* (¿Has pilotado alguna vez un avión?)

– Con los nombres de profesiones y oficios:

· *My mother is **a** doctor.* (Mi madre es médico.)

· *I'd love to be **an** actor.* (Me encantaría ser actor.)

–En exclamaciones con "what":

· *What **a** lovely dress!* (¡Qué vestido tan bonito!)

· *What **an** old film!* (¡Qué película tan antigua!)

Los artículos indefinidos no tienen forma para el plural:

· *There are cats on that roof.* (Hay gatos en ese tejado.)

· *My parents are doctors.* (Mis padres son médicos.)

• THE

El **artículo definido** se usa:

– Para hablar de una persona o de un objeto determinado:

· ***The** cat on that roof lives in our garden.* (El gato que está en ese tejado vive en nuestro jardín.)

· *I get on well with all **the** girls in my class.* (Me llevo bien con todas las chicas de mi clase.)

– Con los nombres de instrumentos musicales:

· *My brother plays **the** piano.* (Mi hermano toca el piano.)

· *I like the sound of **the** kettledrums.* (Me gusta el sonido de los timbales.)

– Con nombres que se refieren a algo único:

· ***The** earth is one of the planets of our solar system.* (La Tierra es uno de los planetas del sistema solar.)

· *This is **the** tallest building in the city.* (Este es el edificio más alto de la ciudad.)

– Con países cuyos nombres están compuestos de más de un elemento:

· ***the** United States* (los Estados Unidos) · ***the** United Kingdom* (el Reino Unido)

· ***the** Republic of Ireland* (la República de Irlanda)

– Con los nombres de ríos, mares y regiones:

· ***the** Mississipi* (el Misisipi) · ***the** Atlantic Ocean* (el Océano Atlántico)

· ***the** South Pole* (el Polo Sur)

• No se usa artículo:

– Cuando se habla de algo de manera general:

· *I don't often watch TV.* (No veo la tele a menudo.)

· *I like classical music.* (Me gusta la música clásica.)

· *Coffee is a stimulant.* (El café es un estimulante.)

Atención: con "radio" sí se usa el artículo definido **the**.

– Con las comidas habituales:

· *I always have lunch at two o'clock.* (Siempre como a las dos.)

· *At what time do you have dinner?* (¿A qué hora cenas?)

– Con los nombres de deportes:

· *She likes playing football.* (Le gusta jugar al fútbol.)

· *I play chess with my father.* (Juego al ajedrez con mi padre.)

– Con algunos lugares ("college", "church", "prison", "school", "temple", "university", "work"):

· *I have to study after school.* (Tengo que estudiar después del colegio.)

· *Tom is at work.* (Tom está en el trabajo.)

Atención: cuando se habla del lugar con un propósito diferente a aquel para el que está destinado, se usa el artículo definido:

· *She goes to church every Sunday.* (Va a la iglesia todos los domingos.)

Pero:

· *I visited **the** church to see the stained glass windows.* (Visité la iglesia para ver las vidrieras.)

† **thesis** /ˈθiː.sɪs/ [*pl* theses] *n* [C] **1** ⇒tesis: *She finished her thesis last year* - Acabó su tesis el año pasado **2** *(form)* ⇒teoría ⇒hipótesis ⇒tesis

† **they** /ðeɪ/ *pron* **1** ⇒ellos, ellas: *They are the ones who did it* - Fueron ellos los que lo hicieron **2** *(persona, sin especificar masculino o femenino): If there is a doctor on board, would they please come forward?* - Si hay un médico a bordo, que se acerque, por favor ■ Las frases en inglés siempre llevan sujeto, menos los imperativos ■ Ver cuadro personal pronouns

† **they'd** /ðeɪd/ **1** *(they had)* See **have** **2** *(they would)* See **would**

† **they'll** /ðeɪl/ *(they will)* See **will**

† **they're** UK: /ðeəʳ/ US: /ðer/ *(they are)* See **be**

† **they've** /ðeɪv/ *(they have)* See **have**

† **thick** /θɪk/ *adj* **1** ⇒denso,sa ⇒espeso,sa **2** ⇒grueso,sa ⇒gordo,da **3** *(forma de hablar)* ⇒marcado,da **4 to be ~ with *sth*** ⇒estar cargado,da de algo

thicken /ˈθɪk.ᵊn/ *v* [T, I] **1** *(un líquido)* ⇒espesar(se) **2** *(oscuridad)* ⇒aumentar

thickly /ˈθɪk.li/ *adv* ⇒de forma gruesa: *Cut the potatoes thickly* - Corta las patatas de forma gruesa

thickness /ˈθɪk.nəs/ *n* [U] ⇒espesor ⇒grosor

† **thief** /θiːf/ [*pl* thieves] *n* [C] ⇒ladrón,-a [de guante blanco]

thieves *n* [PL] See **thief**

† **thigh** /θaɪ/ *n* [C] *(en anatomía)* ⇒muslo ■ Rima con *high*

thimble /ˈθɪm.bl̩/ *n* [C] ⇒dedal

† **thin** /θɪn/ *adj* [*comp* thinner, *superl* thinnest] **1** ⇒delgado,da **2** ⇒fino,na **3** ⇒aguado,da ⇒claro,ra **4 out of ~ air** ⇒de la nada

† **thing** /θɪŋ/ *n* [C] **1** ⇒cosa: *Don't say such things* - No digas esas cosas **2 for one ~** ⇒para empezar **3 the ~ is** *(inform)* ⇒el caso es: *I want to go with you, but the thing is I've got homework to do* - Me gustaría acompañarte, pero el caso es que tengo deberes **4 to be a good ~** *(inform)* ⇒menos mal (que) ⇒ser una suerte

thingy /ˈθɪŋ.i/ *n* [NO PL] *(inform)* ⇒fulano,na

† **think, thought, thought** /θɪŋk/ ▮ *v* [I] **1** ⇒pensar ▮ *v* [T, I] **2** ⇒creer ⇒pensar ■ CONSTR. 1. to think + (that) 2. to think about/of sth 3. to think about/of + doing sth **3 I ~ so** ⇒eso creo **4 not to ~ much of *sth/sb*** ⇒no tener buena opinión de **5 to ~ about *sb*** ⇒pensar en alguien

PHRASAL VERBS
- **to think back** ⇒recordar
- **to think of *sth/sb* 1** ⇒pensar en **2** ⇒parecer
- **to think *sth* out [M]** ⇒elaborar ⇒planear
- **to think *sth* over [M]** ⇒reflexionar sobre algo
- **to think *sth* through [M]** ⇒reflexionar ⇒pensar detenidamente
- **to think *sth* up [M]** ⇒inventar algo

thinker UK: /ˈθɪŋ.kəʳ/ US: /-kɚ/ *n* [C] ⇒pensador,-a

thinking /ˈθɪŋ.kɪŋ/ *n* [U] **1** ⇒forma de pensar ⇒pensamiento ⇒ideas **2** ⇒reflexión

thinly /ˈθɪn.li/ *adv* **1** ⇒poco,ca ⇒ligeramente ⇒escasamente **2** *thinly cut* - en rodajas finas

third[1] UK: /θɜːd/ US: /θɝːd/ **1** ⇒tercero,ra ⇒tercer **2** *(para las fechas)* ⇒tres **3** *It is his third birthday today* - Hoy cumple tres años

third[2] UK: /θɜːd/ US: /θɝːd/ ▮ *n* [C] **1** ⇒tercio ⇒tercera parte ▮ *n* [U] **2** *(en un vehículo)* ⇒tercera marcha

thirdly UK: /ˈθɜːd.li/ US: /ˈθɝːd-/ *adv* ⇒en tercer lugar

third party [*pl* third parties] *n* [C] ⇒tercera persona ⇒tercero,ra

Third World the ~ ⇒el Tercer Mundo

thirst[1] UK: /θɜːst/ US: /θɝːst/ *n* [U, NO PL] ⇒sed

† **thirst**[2] UK: /θɜːst/ US: /θɝːst/

PHRASAL VERBS
- **to thirst {after/for} *sth*** *(lit)* ⇒estar sediento,ta de algo

thirsty UK: /ˈθɜː.sti/ US: /ˈθɝː-/ *adj* [*comp* thirstier, *superl* thirstiest] **1** ⇒sediento,ta **2 to be ~** ⇒tener sed

† **thirteen** UK: /θɜːˈtiːn/ US: /θɝː-/ ⇒trece

thirteenth UK: /θɜːˈtiːntθ/ US: /θɝː-/ **1** ⇒decimotercero,ra **2** *(para las fechas)* ⇒trece ■ Se puede escribir también *13th*

thirtieth UK: /ˈθɜː.ti.əθ/ US: /ˈθɝː.ˁt̬i-/ **1** ⇒trigésimo,ma **2** *(para las fechas)* ⇒treinta ■ Se puede escribir también *30th*

† **thirty** UK: /ˈθɜː.ti/ US: /ˈθɝː.ˁt̬i/ ⇒treinta

† **this**[1] /ðɪs/ [*pl* these] *adj* ⇒este,ta: *This book is mine* - Este libro es mío; *He is coming this week* - Va a venir esta semana ■ Ver cuadro en página siguiente

this[2] /ðɪs/ [*pl* these] *pron* ⇒este,ta ⇒esto ■ Ver cuadro demonstratives

thistle /ˈθɪs.l̩/ *n* [C] *(planta)* ⇒cardo

thorn UK: /θɔːn/ US: /θɔːrn/ *n* [C] ⇒espina

thorny UK: /ˈθɔː.ni/ US: /ˈθɔːr-/ *adj* [*comp* thornier, *superl* thorniest] **1** *(un objeto, un arbusto)* ⇒espinoso,sa ⇒con espinas **2** *(un asunto)* ⇒espinoso,sa ⇒peliagudo,da

† **thorough** UK: /ˈθʌr.ə/ US: /ˈθɝː-/ *adj* **1** ⇒a fondo ⇒meticuloso,sa **2** ⇒total

thoroughly /ˈθʌr.ə.li/ *adv* ⇒rigurosamente ⇒a conciencia ⇒a fondo

† **those** UK: /ðəʊz/ US: /ðoʊz/ *pron* See **that** ■ Ver cuadro demonstratives

† **though**[1] UK: /ðəʊ/ US: /ðoʊ/ *conj* **1** ⇒aunque: *Though he is rich, he isn't selfish* - Aunque es rico, no es egoísta **2** ⇒pero

† **though**[2] UK: /ðəʊ/ US: /ðoʊ/ *adv* **1** ⇒sin embargo **2 even ~** ⇒aunque

↑**thought[1]** UK: /θɔːt/ US: /θɑːt/ past tense and past participle forms of **think**

↑**thought[2]** UK: /θɔːt/ US: /θɑːt/ ▮ *n* [C, U] **1** ⇒pensamiento ⇒reflexión ⇒idea **2** ⇒intención: *He has no thought of quitting now* - No tiene intención de abandonar ahora ▮ *n* [NO PL] **3** ⇒consideración: *He behaves without a thought for others* - No muestra consideración por los demás

↑**thoughtful** UK: /ˈθɔːt.fᵊl/ US: /ˈθɑːt-/ *adj* **1** ⇒pensativo,va **2** *(una persona)* ⇒cabal **3** *(una conducta)* ⇒meditado,da **4** ⇒considerado,da ⇒amable

thoughtfulness UK: /ˈθɔːt.fᵊl.nəs/ US: /ˈθɑːt-/ *n* [U] ⇒amabilidad ⇒consideración

thoughtless UK: /ˈθɔːt.ləs/ US: /ˈθɑːt-/ *adj* **1** ⇒inconsciente **2** ⇒desconsiderado,da

↑**thousand** /ˈθaʊ.zᵊnd/ ⇒mil: *a thousand and one* - mil y uno

thousandth[1] /ˈθaʊ.zᵊn*d*θ/ ⇒milésimo,ma

thousandth[2] /ˈθaʊ.zᵊn*d*θ/ *n* [C] ⇒milésimo ⇒milésima parte

thrash /θræʃ/ [thrashes] *v* [T] **1** ⇒azotar **2** *(inform) (en una competición)* ⇒dar una paliza *col.*

thrashing *n* [C] **1** ⇒paliza **2** *(en una competición)* ⇒paliza *col.*

> **demonstratives**
>
> **This, that, these, those** son adjetivos o pronombres demostrativos. Pueden acompañar a un nombre o aparecer solos:
>
> - **This** se traduce como 'este, esta, esto'. Su plural es **these** ('estos, estas'):
>   - ***This*** *book is very good.* (Este libro es muy bueno.)
>   - *Are **these** your books?* (¿Son tuyos estos libros?)
> - **That** se traduce como 'ese, esa, eso' o 'aquel, aquella, aquello'. Su plural es **those** ('esos, esas'; 'aquellos, aquellas'):
>   - ***That*** *is a swallow.* (Eso es una golondrina.)
>   - ***Those*** *birds are swallows.* (Aquellos pájaros son golondrinas.)

singular	plural
this	these
that	those

thread[1] /θred/ *n* [C, U] **1** ⇒hilo **2 to lose the ~** ⇒perder el hilo

thread[2] /θred/ *v* [T] **1** ⇒enhebrar **2** ⇒ensartar: *to thread beads onto a necklace* - ensartar cuentas para hacer un collar **3 to ~** ***one's*** **way {through/between}** ⇒abrirse paso {a través de/entre}

↑**threat** /θret/ *n* [C] ⇒amenaza

↑**threaten** /ˈθret.ᵊn/ *v* [T] ⇒amenazar: *He threatened to call the police* - Amenazó con llamar a la policía ▪ CONSTR. to threaten + to do sth

↑**three** /θriː/ ⇒tres: *There are three of them* - Son tres; *She is three years old* - Tiene tres años

three-dimensional /ˌθriː.daɪˈmen*t*.ʃᵊn.ᵊl/ (*tb* **3-D**) *adj* ⇒en tres dimensiones ⇒tridimensional

threshold UK: /ˈθreʃ.*h*əʊld/ US: /-hoʊld/ *n* [C] ⇒umbral

threw /θruː/ past tense of **throw**

thrill[1] /θrɪl/ *n* [C] ⇒emoción ⇒estremecimiento

thrill[2] /θrɪl/ *v* [T] ⇒emocionar(se) ⇒entusiamar(se)

thrilled /θrɪld/ *adj* ⇒entusiasmado,da ⇒emocionado,da

thriller UK: /ˈθrɪl.əʳ/ US: /-ɚ/ *n* [C] **1** ⇒novela de suspense **2** ⇒película de suspense

thrilling /ˈθrɪl.ɪŋ/ *adj* ⇒emocionante

thrive, throve, thriven (*tb* **thrived, thrived**) /θraɪv/ [thriving] *v* [I] **1** ⇒crecer ⇒prosperar **2** ⇒crecerse: *She thrives on adversity* - Se crece con la adversidad ▪ CONSTR. to thrive on sth

thriven past participle of **thrive**

↑**throat** UK: /θrəʊt/ US: /θroʊt/ *n* [C] **1** ⇒cuello **2** ⇒garganta: *to have a sore throat* - tener dolor de garganta

throb UK: /θrɒb/ US: /θrɑːb/ [throbbed, throbbing] *v* [I] ⇒vibrar ⇒palpitar

thrombosis UK: /θrɒmˈbəʊ.sɪs/ US: /θrɑːmˈboʊ-/ [*pl* thromboses] *n* [C] *(en medicina)* ⇒trombosis

↑**throne** UK: /θrəʊn/ US: /θroʊn/ *n* [C] ⇒trono

↑**through** /θruː/ *prep* **1** (*US tb* **thru**) ⇒a través de ▪ Se usa frecuentemente con verbos de movimiento. Al traducirlo en español su significado suele estar implícito en el verbo: *It has to go through a tunnel - Tiene que atravesar un túnel* ▪ Ver cuadro across / through **2** ⇒de principio a fin ⇒todo,da **3** ⇒por medio de ⇒a través de **4** *US* (*UK* **to**) *(horario)* ⇒hasta

↑**throughout** /θruːˈaʊt/ *adv, prep* **1** ⇒por todas partes ⇒por todo,da **2** ⇒durante todo,da: *They talked throughout the film* - Hablaron durante toda la película

throve past tense of **thrive**

↑**throw[1], threw, thrown** UK: /θrəʊ/ US: /θroʊ/ *v* [T] **1** ⇒tirar ⇒lanzar ⇒botar AMÉR. **2** ⇒desconcertar **3** *(una figura o una sombra)* ⇒proyectar

PHRASAL VERBS
· **to throw *sth* away** [M] 1 tirar algo 2 desaprovechar algo
· **to throw *sth* out** [M] 1 tirar algo 2 rechazar algo
· **to throw *sb* out** [M] echar a alguien correr a alguien *AMÉR.*
· **to throw (*sth*) up** [M] *(inform)* vomitar

throw² UK: /θrəʊ/ US: /θroʊ/ *n* [C] tiro lanzamiento

thrown past participle of **throw**

thru /θruː/ *US prep* See **through**

thrust, thrust, thrust /θrʌst/ *v* [T, I] **1** meter [con fuerza] introducir **2** empujar **3** abrirse paso

PHRASAL VERBS
· **to thrust *sth* {on/onto} *sb*** imponer algo a alguien

thud /θʌd/ *n* [C] ruido sordo

thug /θʌg/ *n* [C] gamberro,rra matón *col.*

thumb¹ /θʌm/ *n* [C] **1** *(en la mano)* pulgar **2 thumbs down** *(inform)* desaprobación **3 thumbs up** *(inform)* aprobación **4 to be all (fingers and) thumbs** *(inform)* ser un manazas *col.* **5 to be under *sb's* ~** estar bajo el dominio de alguien ■ PRON. La *b* no se pronuncia

↑**thumb²** /θʌm/ **to ~ a lift** hacer autoestop ■ PRON. La *b* no se pronuncia

PHRASAL VERBS
· **to thumb through *sth*** ojear algo

thumbtack /ˈθʌm.tæk/ *US* (*UK* **drawing pin**) *n* [C] chincheta tachuela chinche *AMÉR.*

thump /θʌmp/ ▌*v* [T] **1** dar un puñetazo golpear ▌*v* [I] **2** latir [con fuerza]

thunder¹ UK: /ˈθʌn.dəʳ/ US: /-dɚ/ *n* [U] trueno: *a clap of thunder* - un trueno

thunder² UK: /ˈθʌn.dəʳ/ US: /-dɚ/ *v* [I] **1** tronar **2** retumbar

thunderstorm UK: /ˈθʌn.də.stɔːm/ US: /-dɚ.stɔːrm/ *n* [C] tormenta

↑**Thursday** UK: /ˈθɜːz.deɪ/ US: /ˈθɝːz-/ *n* [C, U] jueves: *See you on Thursday* - Te veo el jueves; *The meeting is next Thursday* - La reunión es el jueves que viene ■ La forma abreviada es *Thur*

↑**thus** /ðʌs/ *adv* **1** *(form)* así: *It is done thus* - Esto se hace así **2** *(form)* así que por lo tanto

thwart UK: /θwɔːt/ US: /θwɔːrt/ *v* [T] *(un plan)* frustrar

ti /tiː/ *n* [U, NO PL] *(nota musical)* si

Tibet /tɪˈbet/ *n* [U] Tíbet

Tibetan /tɪˈbet.ən/ *adj, n* [C] tibetano,na

tick¹ /tɪk/ *n* [C] **1** *UK* (*US* **check**) visto bueno marca **2** tictac **3** garrapata **4** *UK (inform)* segundo: *Wait a tick!* - ¡Espera un segundo!

tick² /tɪk/ ▌*v* [T] **1** *UK* señalar marcar ▌*v* [I] **2** hacer tictac

PHRASAL VERBS
· **to tick {away/by}** pasar [los segundos o los minutos]
· **to tick *sb* off** [M] **1** *UK (inform)* regañar a alguien **2** *US (inform)* fastidiar a alguien
· **to tick over** *UK* ir tirando

↑**ticket** /ˈtɪk.ɪt/ *n* [C] **1** entrada billete [de transporte] boleto *AMÉR.* **2** multa de tráfico

tickle /ˈtɪk.l̩/ [tickled, tickling] ▌*v* [T] **1** hacer cosquillas ▌*v* [T, I] **2** picar: *My nose tickles just before I sneeze* - Me pica la nariz antes de estornudar

tidal /ˈtaɪ.dəl/ *adj* de la marea

tidal wave *n* [C] **1** maremoto **2** oleada [de algo]: *a tidal wave of complaints* - una oleada de quejas

↑**tide** /taɪd/ *n* [C] marea

tidy¹ /ˈtaɪ.di/ *adj* [*comp* tidier, *superl* tidiest] ordenado,da

tidy² /ˈtaɪ.di/ [tidies, tidied] (*tb* **tidy up**) *UK v* [T, I] ordenar: *He never tidies his room* - Nunca ordena su habitación

PHRASAL VERBS
· **to tidy *sth* away** [M] *UK* volver a poner algo en su sitio

↑**tie¹** /taɪ/ [tied, tying] ▌*v* [T] **1** atar **2** anudar hacer un nudo **3** reclamar ▌*v* [I] **4** empatar

PHRASAL VERBS
· **to tie *sb* down** [M] atar a alguien
· **to tie *sth/sb* up** [M] atar amarrar

tie² /taɪ/ *n* [C] **1** corbata **2** empate: *The game ended in a tie* - El juego acabó en empate **3** vínculo lazo **4** atadura

tied *adj* **1** *(en deportes)* empatado,da **2** *(una casa)* que un propietario deja o alquila a un empleado **3** *(una nota musical)* ligado,da

tier UK: /tɪəʳ/ US: /tɪr/ *n* [C] **1** *(de asientos)* fila **2** *(en un estadio)* grada **3** *(de una tarta)* piso

↑**tiger** UK: /ˈtaɪ.gəʳ/ US: /-gɚ/ *n* [C] tigre

↑**tight** /taɪt/ *adj* **1** apretado,da **2** ajustado,da estrecho,cha **3** *(un control)* riguroso,sa firme **4** *(una reunión, un partido)* reñido,da

tighten /ˈtaɪ.tən/ *v* [T, I] apretar: *to tighten a screw* - apretar un tornillo

tightly /ˈtaɪt.li/ *adv* **1** herméticamente **2** fuertemente firmemente

tightrope UK: /ˈtaɪt.rəʊp/ US: /-roʊp/ *n* [C] **1** *(en un circo)* cuerda floja **2 to {tread/walk} a ~** estar en la cuerda floja

tights /taɪts/ *n* [PL] **1** *UK* (*US* **pantyhose**) medias panty **2** mallas **3** leotardo

tile /taɪl/ *n* [C] **1** azulejo **2** baldosa **3** teja

† **till** /tɪl/ *conj, prep* **1** ⇨hasta **2** ⇨hasta que ⇨a que ■ Nunca se usa seguido de un verbo en futuro

tilt /tɪlt/ *v* [T, I] ⇨inclinar(se) ⇨ladear(se)

† **timber** UK: /ˈtɪm.bəʳ/ US: /-bɚ/ ▌*n* [U] **1** *UK (en construcción)* ⇨madera **2** *US* ⇨árboles madereros ▌*n* [C] **3** *(en carpintería)* ⇨madero

† **time¹** /taɪm/ ▌*n* [U] **1** ⇨tiempo **2** ⇨tiempo ⇨época ■ Se dice *The weather is good today, it's sunny - Hoy hace buen tiempo, está soleado*. Incorrecto: *The time's good today* ▌*n* [C, U] **3** ⇨hora ▌*n* [C] **4** ⇨ocasión ⇨vez **5** ⇨tiempo ⇨experiencia **6 at a ~** ⇨a la vez **7 at times** ⇨a veces **8 for the ~ being** ⇨por el momento **9 from ~ to ~** ⇨de vez en cuando **10 in ~ 1** ⇨a tiempo **2** ⇨con el tiempo **11 on ~** ⇨puntual **12 ~ after ~** ⇨una y otra vez **13 to have a great ~** ⇨pasárselo genial **14 to spend ~** ⇨pasar el tiempo **15 to tell (the) ~** ⇨decir la hora

time² /taɪm/ [timed, timing] *v* [T] **1** ⇨cronometrar **2** ⇨programar

time-consuming UK: /ˈtaɪm.kənˌsjuː.mɪŋ/ US: /-ˌsuː-/ *adj* ⇨que requiere mucho tiempo: *a time-consuming task* - una tarea que requiere mucho tiempo

time lag (*tb* **lag**) *n* [C] **1** ⇨lapso ⇨intervalo **2** ⇨desfase

timeless /ˈtaɪm.ləs/ *adj* ⇨eterno,na: *That is a timeless song* - Esa es una canción eterna

timely /ˈtaɪm.li/ *adj* [*comp* timelier, *superl* timeliest] ⇨oportuno,na

timer UK: /ˈtaɪ.məʳ/ US: /-mɚ/ *n* [C] **1** ⇨temporizador **2** ⇨cronómetro

times /taɪmz/ *prep (en matemáticas)* ⇨por ⇨veces

† **timetable** /ˈtaɪmˌteɪ.bl̩/ *n* [C] **1** (*US tb* **schedule**) ⇨horario: *train timetable* - horario de trenes **2** ⇨agenda

time zone *n* [C] ⇨franja horaria ⇨huso horario

timid /ˈtɪm.ɪd/ *adj* **1** ⇨tímido,da **2** ⇨miedoso,sa

timing /ˈtaɪ.mɪŋ/ *n* [U] **1** ⇨coordinación **2** ⇨cronometraje **3** ⇨momento escogido: *the timing of the ceremony* - el momento escogido para la ceremonia

T

† **tin** /tɪn/ ▌*n* [U] **1** ⇨estaño ▌*n* [C] **2** *UK* (*UK/US tb* **can**) *(de un alimento)* ⇨lata **3** *UK* (*US* **pan**) ⇨molde [para el horno]

tinge¹ /tɪndʒ/ *n* [C] **1** ⇨tinte **2** ⇨matiz ⇨toque

tinge² /tɪndʒd/ [tinged, tinging] *v* [T] **1** ⇨teñir: *Her hair was tinged with red* - Su pelo estaba teñido de rojo **2** ⇨matizar

tingle /ˈtɪŋ.gl̩/ [tingled, tingling] *v* [I] **1** ⇨cosquillear **2** ⇨estremecerse **3** ⇨temblar: *to tingle with excitement* - temblar de la emoción

tinker UK: /ˈtɪŋ.kəʳ/ US: /-kɚ/ *v* [I] ⇨tratar de hacer un arreglo ⇨tratar de hacer una reparación ■ CONSTR. Se usa generalmente seguido de la preposición with

tinned /tɪnd/ *UK* (*UK/US tb* **canned**) *adj (una comida o una bebida)* ⇨enlatado,da ■ PRON. La *e* no se pronuncia

tinsel /ˈtɪnt.sᵊl/ *n* [U] **1** ⇨espumillón **2** ⇨ostentación ⇨relumbrón

tint /tɪnt/ *n* [C] ⇨tinte ⇨matiz ⇨tono

tinted UK: /ˈtɪn.tɪd/ US: /-ɪd/ *adj* **1** ⇨teñido,da **2** *(un cristal)* ⇨ahumado,da

† **tiny** /ˈtaɪ.ni/ *adj* [*comp* tinier, *superl* tiniest] ⇨diminuto,ta ⇨minúsculo,la

tip¹ /tɪp/ *n* [C] **1** ⇨punta: *The tip of your nose is red* - Tienes la punta de la nariz roja; *It is on the tip of my tongue* - Lo tengo en la punta de la lengua **2** ⇨consejo: *Let me give you a tip* - Te daré un consejo **3** ⇨propina: *We left a tip for the waiter* - Le dejamos propina al camarero **4** *UK* (*UK/US tb* **dump**) ⇨vertedero

tip² /tɪp/ [tipped, tipping] *v* [T, I] **1** ⇨inclinar(se) ⇨ladear(se) **2** ⇨dar propina **3 to be tipped {as/for/to do} *sth*** ⇨pronosticar algo

PHRASAL VERBS

- **to tip *sb* off [M]** ⇨avisar a alguien ⇨advertir a alguien
- **to tip *(sth/sb)* over [M]** ⇨volcar algo ⇨tirar algo

tiptoe¹ UK: /ˈtɪp.təʊ/ US: /-toʊ/ [tiptoed, tiptoing] *v* [I] ⇨andar de puntillas ■ CONSTR. Se usa generalmente seguido de una preposición o un adverbio

tiptoe² UK: /ˈtɪp.təʊ/ US: /-toʊ/ **on tiptoe(s)** ⇨de puntillas: *to walk on tiptoes* - caminar de puntillas

tire¹ UK: /taɪəʳ/ US: /taɪɚ/ *US n* [C] See **tyre**

tire² UK: /taɪəʳ/ US: /taɪr/ [tired, tiring] *v* [T, I] ⇨cansar(se): *Working on the computer tires my eyes* - Trabajar con el ordenador me cansa la vista

PHRASAL VERBS

- **to tire of {sth/doing *sth*}** ⇨cansarse de algo ⇨aburrirse de algo
- **to tire *sb* out** ⇨agotar a alguien

tired UK: /taɪəd/ US: /taɪrd/ *adj* **1** ⇨cansado,da **2 to be ~ of *sth*** ⇨estar harto,ta de algo ⇨aburrirse **3 to be ~ out** ⇨estar agotado,da **4 to get ~** ⇨cansarse ■ Ver cuadro adjetivos terminados en "-ed" / "-ing": excited / exciting"

tiredness UK: /ˈtaɪəd.nəs/ US: /taɪrd-/ *n* [U] ⇨cansancio

tireless UK: /ˈtaɪə.ləs/ US: /ˈtaɪr-/ *adj* ⇨incansable ⇨infatigable

tiresome UK: /ˈtaɪə.səm/ US: /ˈtaɪr-/ *adj (form)* ⇨irritante ⇨pesado,da

tiring UK: /ˈtaɪə.rɪŋ/ US: /ˈtaɪ-/ *adj* ⇨cansado,da ⇨agotador,-a ■ Ver cuadro adjetivos terminados en "-ed" / "-ing": excited / exciting

↑**tissue** /ˈtɪʃ.uː, ˈtɪs.juː/ ▮ *n* [C, U] **1** *(en biología)* ⇒tejido ▮ *n* [C] **2** ⇒pañuelo [de papel] ▮ *n* [U] **3** ⇒papel de seda

tit /tɪt/ *n* [C] **1** *(ave)* ⇒herrerillo **2** *(very inform)* ⇒teta *col.* **3** ~ **for tat** *(inform)* ⇒ojo por ojo, diente por diente

↑**title** UK: /ˈtaɪ.tl̩/ US: /-tl̩/ ▮ *n* [C] **1** ⇒título ⇒nombre **2** *(en deportes)* ⇒título **3** *(de nobleza)* ⇒título ⇒tratamiento ▮ *n* [U] **4** *(en derecho)* ⇒titularidad ⇒derecho ■ PRON. La primera sílaba, *ti*, se pronuncia como en *time*

titter[1] UK: /ˈtɪt.əʳ/ US: /ˈtɪ.ɚ/ *v* [I] ⇒soltar una risita nerviosa

titter[2] UK: /ˈtɪt.əʳ/ US: /ˈtɪ.ɚ/ *n* [C] ⇒risita

titular UK: /ˈtɪt.jʊ.ləʳ/ US: /ˈtɪtʃ.ə.lɚ/ *adj* ⇒nominal

↑**to** UK: /tuː, tʊ, tu, tə/ US: /tə, ˤtə, tu/ *prep* **1** ⇒a: *Scotland is to the north of England* - Escocia está al norte de Inglaterra; *I go to work by car* - Voy en coche al trabajo **2** *(propósito)* ⇒a ⇒para **3** *(finalidad)* ⇒para **4** *(dirección)* ⇒hacia **5** *(en afirmaciones): I disagree with you, to be honest* - Para ser sincero, no estoy de acuerdo contigo **6** ⇒a: *Explain it to her* - Explícaselo a ella **7** *(opinión)* ⇒para **8** *(comparación)* ⇒a **9** *(distancia)* ⇒hasta **10** *UK* (*US* **through**) *(horario)* ⇒hasta **11** *(para las horas)* ⇒menos **12 from...** ~ ⇒de... a ⇒desde... hasta ■ Se usa también para formar el infinitivo: *to go - ir*; *not to arrive - no llegar*. A veces en español no hay que traducirlo ■ Ver cuadro **para** (for / to)

toad UK: /təʊd/ US: /toʊd/ *n* [C] ⇒sapo

toadstool UK: /ˈtəʊd.stuːl/ US: /ˈtoʊd-/ *n* [C] ⇒seta venenosa

toast[1] UK: /təʊst/ US: /toʊst/ ▮ *n* [U] **1** ⇒tostada ▮ *n* [C] **2** ⇒brindis: *I propose a toast: To Jim* - Propongo un brindis: Por Jim

toast[2] UK: /təʊst/ US: /toʊst/ *v* [T] **1** *(el pan)* ⇒tostar **2** ⇒brindar: *They toasted the newly married couple* - Brindaron por los recién casados

toaster UK: /ˈtəʊ.stəʳ/ US: /ˈtoʊ.stɚ/ *n* [C] ⇒tostador

↑**tobacco** UK: /təˈbæk.əʊ/ US: /-oʊ/ *n* [U] ⇒tabaco

toboggan UK: /təˈbɒg.ən/ US: /-ˈbɑː.g[ə]n/ *n* [C] ⇒trineo ■ Distinto de *slide* (tobogán)

↑**today** /təˈdeɪ/ *adv* **1** ⇒hoy: *I got up early today* - Hoy me he levantado temprano **2** ⇒hoy en día ⇒actualmente

toddler UK: /ˈtɒd.ləʳ/ US: /ˈtɑːd.lɚ/ *n* [C] ⇒niño,ña que empieza a caminar

toe[1] UK: /təʊ/ US: /toʊ/ *n* [C] **1** ⇒dedo del pie **2** *(en un calcetín)* ⇒punta **3** *(en el calzado)* ⇒puntera **4 to keep** ***sb*** **on their toes** ⇒mantener a alguien en alerta

↑**toe**[2] UK: /təʊ/ US: /toʊ/ **to ~ the line** ⇒acatar las normas

toenail UK: /ˈtəʊ.neɪl/ US: /ˈtoʊ-/ *n* [C] ⇒uña del pie

toffee UK: /ˈtɒf.i/ US: /ˈtɑː.fi/ *n* [C, U] ⇒toffee ⇒dulce de leche

↑**together** UK: /təˈgeð.əʳ/ US: /-ɚ/ *adv* **1** ⇒juntos,tas **2** ⇒a la vez ⇒al mismo tiempo **3** ⇒en el mismo sitio **4** *Mix the eggs and flour together and then add the milk* - Mezcla los huevos y la harina y luego añade la leche **5** ~ **with** ***sth*** ⇒junto con algo ⇒además de algo

togetherness UK: /təˈgeð.ə.nəs/ US: /-ɚ-/ *n* [U] ⇒compañerismo ⇒fraternidad

toil[1] /tɔɪl/ *v* [I] **1** *(lit)* ⇒trabajar duro: *They toiled for hours* - Trabajaron durante horas **2** ⇒caminar con gran esfuerzo

toil[2] /tɔɪl/ *n* [U] *(lit)* ⇒trabajo duro

↑**toilet** /ˈtɔɪ.lət/ *n* [C] **1** ⇒retrete ⇒taza ⇒sanitario *AMÉR.* **2** *UK* (*US* **bathroom**) ⇒cuarto de baño ⇒aseo ⇒lavatorio *AMÉR.*

toilet paper *n* [U] ⇒papel higiénico

token[1] UK: /ˈtəʊ.kən/ US: /ˈtoʊ-/ *n* [C] **1** ⇒muestra ⇒prueba **2** *(para una máquina)* ⇒ficha **3** *UK* (*US* **gift certificate**) ⇒vale: *a token for twenty-five pounds* - un vale por valor de 25 libras **4** ⇒cheque regalo

token[2] UK: /ˈtəʊ.kən/ US: /ˈtoʊ-/ *adj* ⇒simbólico,ca: *a token payment* - una cantidad simbólica

told UK: /təʊld/ US: /toʊld/ past tense and past participle forms of **tell**

↑**tolerance** UK: /ˈtɒl.ər.ənts/ US: /ˈtɑː.lɚ-/ *n* [U] ⇒tolerancia

tolerant UK: /ˈtɒl.ər.ənt/ US: /ˈtɑː.lɚ-/ *adj* ⇒tolerante: *to be tolerant of sb* - ser tolerante con alguien

tolerate UK: /ˈtɒl.ər.eɪt/ US: /ˈtɑː.lə.reɪt/ [tolerated, tolerating] *v* [T] ⇒tolerar ⇒aguantar ■ CONSTR. to tolerate + doing sth

↑**toll** UK: /təʊl/ US: /toʊl/ ▮ *n* [C] **1** ⇒peaje ▮ *n* [NO PL] **2** ⇒número de víctimas: *the death toll on the roads* - el número de víctimas de accidentes por carretera **3 to take {a heavy/its}** ~ ⇒tener un efecto pernicioso

tom *n* [C] See **tomcat**

↑**tomato** UK: /təˈmɑː.təʊ/ US: /-ˈmeɪ.oʊ/ [*pl* tomatoes] *n* [C, U] ⇒tomate

tomato ketchup *n* [U] ⇒ketchup

↑**tomb** /tuːm/ *n* [C] ⇒tumba ■ PRON. No se pronuncia la *b*

tombstone UK: /ˈtuːm.stəʊn/ US: /-stoʊn/ *n* [C] ⇒lápida

tomcat UK: /ˈtɒm.kæt/ US: /ˈtɑːm-/ (*tb* **tom**) *n* [C] ⇒gato [macho]

↑**tomorrow** UK: /təˈmɒr.əʊ/ US: /-ˈmɔːr.oʊ/ *adv, n* [U] **1** ⇒mañana: *Tomorrow is Sunday* - Mañana

T

es domingo **2** ⇒mañana: *tomorrow's technology* - la tecnología del mañana

↑**ton** /tʌn/ [*pl* ton, tons] *n* [C] **1** ⇒tonelada **2 tons of** ***sth*** *(inform)* ⇒un montón de algo *col.*

tone[1] UK: /təʊn/ US: /toʊn/ ▌*n* [C, U] **1** *(de un sonido)* ⇒tono ▌*n* [C] **2** *(en el teléfono)* ⇒tono ⇒señal **3** *(de un color)* ⇒tono ⇒tonalidad ▌*n* [U, NO PL] **4** ⇒tono ⇒tónica ⇒cariz

tone[2] UK: /təʊn/ US: /toʊn/ [toned, toning] *v* [T] ⇒tonificar: *to tone up one's muscles* - tonificar los músculos

PHRASAL VERBS

· **to tone** ***sth*** **down [M]** ⇒suavizar algo

tongs UK: /tɒŋz/ US: /tɑːŋz/ *n* [PL] ⇒tenazas: *a pair of tongs* - unas tenazas

↑**tongue** /tʌŋ/ ▌*n* [C, U] **1** ⇒lengua: *I burnt my tongue tasting the meal* - Me he quemado la lengua al probar al comida ▌*n* [C] **2** *(form)* ⇒idioma ⇒lengua

tongue twister *n* [C] ⇒trabalenguas

tonic UK: /ˈtɒn.ɪk/ US: /ˈtɑː.nɪk/ ▌*n* [C] **1** *(medicamento)* ⇒tónico ⇒reconstituyente ▌*n* [NO PL] **2** *(inform)* ⇒estimulante

tonic (water) *n* [C, U] *(agua)* ⇒tónica

↑**tonight** /təˈnaɪt/ *adv, n* [U] ⇒esta noche: *The party is tonight* - La fiesta es esta noche

tonne /tʌn/ [*pl* tonne, tonnes] *UK n* [C] ⇒tonelada métrica

tonsil UK: /ˈtɒn*t*.sᵊlz/ US: /ˈtɑːn*t*-/ *n* [C] ⇒amígdala ■ Se usa más en plural

tonsillitis UK: /ˌtɒn*t*.sɪˈlaɪ.təs/ US: /ˌtɑːn*t*.sɪˈlaɪ.əs/ *n* [U] ⇒amigdalitis ⇒anginas

↑**too** /tuː/ *adv* **1** ⇒también: *I would like to study German, but I would like to study Russian, too* - Me gustaría estudiar alemán, pero también ruso ■ *Too* y *as well* siempre se sitúan al final de la oración. Normalmente *also* se sitúa delante del verbo principal y después del verbo auxiliar. **2** *(con adjetivos)* ⇒demasiado,da **3 not ~** *(con adjetivos)* ⇒no mucho,cha ⇒no demasiado,da **4 ~ many** *(con nombres contables)* ⇒demasiado,da **5 ~ much 1** *(con nombres incontables)* ⇒demasiado,da **2** ⇒demasiado: *He loves you too much* - Te quiere demasiado ■ Ver cuadro demasiado / suficiente

took /tʊk/ past tense of **take**

↑**tool** /tuːl/ *n* [C] ⇒herramienta ⇒instrumento

↑**tooth** /tuːθ/ [*pl* teeth] *n* [C] **1** ⇒diente: *to brush one's teeth* - cepillarse los dientes **2 ~ decay** ⇒caries

toothache /ˈtuːθ.eɪk/ *n* [U] ⇒dolor de muelas: *I've got a terrible toothache* - Tengo un terrible dolor de muelas ■ PRON. La última sílaba, *ache*, rima con *make*

toothbrush /ˈtuːθ.brʌʃ/ [*pl* toothbrushes] *n* [C] ⇒cepillo de dientes

toothpaste /ˈtuːθ.peɪst/ *n* [U] ⇒pasta de dientes ⇒dentífrico

toothpick /ˈtuːθ.pɪk/ *n* [C] ⇒palillo [de dientes] ⇒mondadientes

↑**top**[1] UK: /tɒp/ US: /tɑːp/ *n* [C] **1** ⇒lo más alto ⇒la parte de arriba **2** ⇒cumbre ⇒cima **3** ⇒tapa ⇒tapón **4** ⇒capota **5** *(prenda de vestir)* ⇒top **6** *(de una lista)* ⇒cabeza **7** ⇒peonza ⇒trompo **8 at the ~ of** ***one's*** **voice** *UK* (*US* **at the top of one's lungs**) ⇒a grito pelado **9 off the ~ of** ***one's*** **head** *(inform)* ⇒a voleo *col.;* ⇒sin pensar **10 on ~** ⇒encima ⇒por encima **11 on ~ of** ***sth*** **1** ⇒encima de algo ⇒por encima de algo **2** ⇒además de algo **12 over the ~** *UK (inform)* ⇒exagerado,da ⇒demasiado llamativo **13 to be on ~ of** ***sth*** ⇒dominar algo ⇒controlar algo

↑**top**[2] UK: /tɒp/ US: /tɑːp/ *adj* **1** ⇒más alto,ta ⇒de más arriba **2** ⇒mejor ⇒más importante **3** ⇒máximo,ma

top[3] UK: /tɒp/ US: /tɑːp/ [topped, topping] *v* [T] **1** ⇒superar ⇒sobrepasar **2** ⇒ser el primero, ser la primera ⇒ser el mejor, ser la mejor

PHRASAL VERBS

· **to top** ***sth*** **up [M]** *UK* (*US* **to top sth off**) ⇒rellenar algo [con un líquido]

top hat *n* [C] ⇒sombrero de copa ⇒chistera *col.*

↑**topic** UK: /ˈtɒp.ɪk/ US: /ˈtɑː.pɪk/ *n* [C] ⇒tema ■ Distinto de *cliché* (tópico)

topical UK: /ˈtɒp.ɪ.kᵊl/ US: /ˈtɑː.pɪ-/ *adj* **1** ⇒de actualidad ⇒actual **2** ⇒tópico,ca: *for topical application only* - de uso tópico

topple UK: /ˈtɒp.l̩/ US: /ˈtɑː.pl̩/ [toppled, toppling] ▌*v* [T] **1** ⇒volcar ⇒derribar **2** ⇒derrocar [del poder] ▌*v* [I] **3** ⇒venirse abajo ⇒caer(se)

tops UK: /tɒps/ US: /tɑːps/ *n* [PL] *(inform)* ⇒lo mejor

↑**torch** UK: /tɔːtʃ/ US: /tɔːrtʃ/ [*pl* torches] *n* [C] **1** *UK* (*US* **flashlight**) ⇒linterna **2** ⇒antorcha

tore UK: /tɔːʳ/ US: /tɔːr/ past tense of **tear**

torment[1] UK: /tɔːˈment/ US: /tɔːr-/ *v* [T] ⇒atormentar

torment[2] UK: /ˈtɔː.ment/ US: /ˈtɔːr-/ *n* [C, U] ⇒tormento

torn UK: /tɔːn/ US: /tɔːrn/ past participle of **tear**

tornado UK: /tɔːˈneɪ.dəʊ/ US: /tɔːrˈneɪ.doʊ/ [*pl* tornadoes, tornados] *n* [C] ⇒tornado

torpedo[1] UK: /tɔːˈpiː.dəʊ/ US: /tɔːrˈpiː.doʊ/ [*pl* torpedoes] *n* [C, U] ⇒torpedo

torpedo[2] UK: /tɔːˈpiː.dəʊ/ US: /tɔːrˈpiː.doʊ/ [*pl* torpedoes] *v* [T] **1** ⇒torpedear: *The ship was torpedoed* - Torpedearon el barco **2** *(un plan, un proyecto)* ⇒torpedear

tortoise UK: /ˈtɔː.təs/ US: /ˈtɔːr.əs/ *n* [C] ⇒tortuga [de tierra]

torture[1] UK: /ˈtɔː.tʃəʳ/ US: /ˈtɔːr.tʃɚ/ [tortured, torturing] *v* [T] ⇒torturar ⇒atormentar

torture[2] UK: /ˈtɔː.tʃəʳ/ US: /ˈtɔːr.tʃɚ/ *n* [C, U] **1** ⇒tortura **2** ⇒tortura ⇒suplicio

†**Tory** UK: /ˈtɔː.ri/ US: /ˈtɔːr.i/ [*pl* Tories] *adj, n* [C] *(miembro del Partido Conservador Británico)* ⇒conservador,-a

toss[1] UK: /tɒs/ US: /tɑːs/ [tosses] *v* [T] **1** ⇒tirar ⇒echar ■ CONSTR. Se usa generalmente seguido de una preposición o un adverbio **2** ⇒mezclar **3** ⇒sacudir

toss[2] UK: /tɒs/ US: /tɑːs/ **1 a ~ of a coin** *to decide sth by a toss of a coin* - decidir algo a cara o cruz **2 a ~ of *one's* {hair/head}** ⇒una sacudida de cabeza

†**total**[1] UK: /ˈtəʊ.tᵊl/ US: /ˈtoʊ.[ə]l/ *adj* ⇒total ⇒absoluto,ta: *There was total silence* - Había un silencio absoluto

†**total**[2] UK: /ˈtəʊ.tᵊl/ US: /ˈtoʊ.ˤt̬[ə]l/ *n* [C] ⇒total: *850 pounds in total* - 850 libras en total

total[3] UK: /ˈtəʊ.tᵊl/ US: /ˈtoʊ.ˤt̬[ə]l/ [totalled, totalling] *v* [T] ⇒sumar ⇒ascender a un total

totally UK: /ˈtəʊ.tᵊl.i/ US: /ˈtoʊ.[ə]l-/ *adv* ⇒totalmente: *I totally agree* - Estoy totalmente de acuerdo

totter UK: /ˈtɒt.əʳ/ US: /ˈtɑː.ɚ/ [tottered, tottering] *v* [I] ⇒tambalearse ⇒estar a punto de caerse

†**touch**[1] /tʌtʃ/ ▮ *v* [T, I] **1** ⇒tocar ⇒rozar **2** ⇒tocar: *The notice said «DON'T TOUCH»* - El letrero decía «NO TOCAR» ▮ *v* [T] **3** ⇒conmover **4 to ~ wood** (*US tb* **to knock on wood**) ⇒tocar madera [por superstición]

PHRASAL VERBS

- **to touch down** ⇒aterrizar
- **to touch {on/upon} *sth*** ⇒hablar de pasada de algo

touch[2] /tʌtʃ/ ▮ *n* [C, U] **1** ⇒toque ⇒roce ■ El plural es *touches* **2** ⇒toque: *a personal touch* - un toque personal ■ El plural es *touches* ▮ *n* [U] **3** *(sentido)* ⇒tacto **4** *UK (en deportes)* ⇒línea de banda **5 to {be/get/keep} in ~** ⇒{estar/ponerse/mantener} en contacto: *Don't forget to get in touch with me when you arrive* - No olvides ponerte en contacto conmigo cuando llegues **6 to be {in/out} of ~ (with *sth*)** ⇒{estar/no estar} al corriente [de algo]

touched /tʌtʃt/ *adj* ⇒conmovido,da

touching /ˈtʌtʃ.ɪŋ/ *adj* ⇒conmovedor,-a: *a touching story* - una historia conmovedora

touchy /ˈtʌtʃ.i/ *adj* [*comp* touchier, *superl* touchiest] **1** ⇒picajoso,sa *col.;* ⇒susceptible **2** *(un tema)* ⇒delicado,da

†**tough** /tʌf/ *adj* **1** ⇒duro,ra ⇒fuerte **2** ⇒duro,ra ⇒difícil **3** *(carne)* ⇒duro,ra **4** *(una norma)* ⇒severo,ra **5 to be as ~ as {nails/old boots}** ⇒ser fuerte como un roble **6 ~ luck** *(inform)* ⇒mala suerte ⇒yeta *AMÉR. col.*

toughen /ˈtʌf.ᵊn/ (*tb* **toughen up**) *v* [T, I] ⇒endurecer(se): *to toughen up a punishment* - endurecer un castigo

tour[1] UK: /tʊəʳ/ UK: /tɔːʳ/ US: /tʊr/ *n* [C] **1** ⇒gira ⇒viaje **2** ⇒visita ⇒excursión

tour[2] UK: /tʊəʳ/ UK: /tɔːʳ/ US: /tʊr/ *v* [T, I] ⇒viajar ⇒recorrer ■ CONSTR. Se usa generalmente seguido de las preposiciones around, in y round

†**tourism** UK: /ˈtʊə.rɪ.zᵊm/ UK: /ˈtɔː-/ US: /ˈtʊr.ɪ-/ *n* [U] ⇒turismo

tourist UK: /ˈtʊə.rɪst/ UK: /ˈtɔː-/ US: /ˈtʊr.ɪst/ *n* [C] ⇒turista

touristy UK: /ˈtʊə.rɪ.sti/ UK: /ˈtɔː-/ US: /ˈtʊr.ɪ-/ *adj* *(inform)* ⇒demasiado turístico,ca

†**tournament** UK: /ˈtʊə.nə.mənt/ UK: /ˈtɔː-/ US: /ˈtɝː-/ *n* [C] ⇒torneo: *tennis tournament* - torneo de tenis

tow[1] UK: /təʊ/ US: /toʊ/ *v* [T] ⇒remolcar

PHRASAL VERBS

- **to tow *sth* away** *(un vehículo)* ⇒llevarse (algo) la grúa ⇒remolcar

tow[2] UK: /təʊ/ US: /toʊ/ *n* [C] **1** ⇒remolque **2 in ~** ⇒a remolque

toward *US prep* See **towards**

†**towards** UK: /təˈwɔːdz/ US: /tʊˈwɔːrdz/ (*US tb* **toward**) *prep* **1** *(dirección)* ⇒hacia ⇒a **2** *(tiempo)* ⇒hacia **3** ⇒respecto a ⇒hacia **4** *(finalidad)* ⇒para

†**towel** /taʊəl/ *n* [C] ⇒toalla: *bath towel* - toalla de baño

tower[1] UK: /taʊəʳ/ US: /taʊɚ/ *n* [C] ⇒torre

tower[2] UK: /taʊəʳ/ US: /taʊɚ/ *v* [I] **1** ⇒elevarse: *The mountains tower above the village* - Las montañas se elevan sobre el pueblo **2** ⇒destacar ■ CONSTR. Se usa generalmente seguido de las preposiciones above y over

tower block *UK n* [C] ⇒bloque de pisos ⇒torre [de pisos]

†**town** /taʊn/ ▮ *n* [C, U] **1** ⇒ciudad **2** ⇒pueblo ▮ *n* [U] **3** ⇒centro [de la ciudad] **4 out on the ~** *(inform)* ⇒de juerga *col.* **5 to go to ~ (on *sth*)** ⇒tirar la casa por la ventana (con algo)

town hall *n* [C] *(el edificio)* ⇒ayuntamiento

toxic UK: /ˈtɒk.sɪk/ US: /ˈtɑːk-/ *adj* ⇒tóxico,ca: *toxic substances* - sustancias tóxicas

toxin UK: /ˈtɒk.sɪn/ US: /ˈtɑːk-/ *n* [C] *(form)* ⇒toxina

†**toy**[1] /tɔɪ/ *n* [C] ⇒juguete

†**toy**[2] /tɔɪ/

PHRASAL VERBS

- **to toy with *sth* 1** ⇒dar vueltas a algo ⇒contemplar la posibilidad de algo **2** ⇒juguetear con algo

T

trace[1] /treɪs/ [traced, tracing] *v* [T] **1** ⇒hallar ⇒localizar **2** ⇒averiguar el origen ⇒rastrear **3** ⇒seguir la pista **4** ⇒copiar ⇒calcar

trace[2] /treɪs/ ▌*n* [C, U] **1** ⇒huella ⇒rastro ▌*n* [C] **2** ⇒indicio [de algo] ⇒restos [de algo]

tracing /ˈtreɪ.sɪŋ/ *n* [U] **1** ⇒trazado **2** *tracing paper* - papel de calco

track[1] /træk/ ▌*n* [C, U] **1** ⇒camino ⇒sendero **2** *(en deporte)* ⇒pista ⇒circuito **3** ⇒vía [de tren] **4** ⇒huella [en el suelo] ■ Se usa más en plural **5** *(en un disco)* ⇒canción ⇒pista ▌*n* [U] **6** *US* ⇒atletismo **7 on the {right/wrong} ~** ⇒por {buen/mal} camino **8 to cover *one's* tracks** ⇒borrar las huellas **9 to keep ~ of *sth/sb*** ⇒estar al tanto **10 to lose ~** ⇒perder la pista

track[2] /træk/ *v* [T] ⇒seguir el rastro ⇒seguir las huellas

PHRASAL VERBS
· **to track *sth/sb* down [M]** ⇒localizar

tracksuit UK: /ˈtræk.sju:t/ US: /-su:t/ *UK* (*US* **sweats**) *n* [C] ⇒chándal

↑**tractor** UK: /ˈtræk.təʳ/ US: /-tɚ/ *n* [C] ⇒tractor

↑**trade**[1] /treɪd/ *n* [U] **1** ⇒comercio: *international trade* - comercio internacional **2** ⇒negocio ⇒industria **3** ⇒oficio ⇒profesión

trade[2] /treɪd/ [traded, trading] [trading] ▌*v* [T, I] **1** ⇒comerciar: *to trade in sth* - comerciar con algo ■ CONSTR. Se usa generalmente seguido de las preposiciones for, in y with ▌*v* [T] **2** ⇒intercambiar: *to trade stickers* - intercambiar cromos

PHRASAL VERBS
· **to trade *sth* in (for *sth*) [M]** ⇒entregar algo como parte del pago [de algo]

trademark UK: /ˈtreɪd.mɑ:k/ US: /-mɑ:rk/ *n* [C] **1** ⇒marca registrada **2** ⇒marca personal ⇒huella de identidad

tradesman /ˈtreɪdz.mən/ [*pl* tradesmen] *UK n* [C] **1** ⇒proveedor,-a **2** ⇒comerciante [que dirige su propio negocio]

↑**tradition** /trəˈdɪʃ.ən/ *n* [C, U] ⇒tradición: *according to tradition* - de acuerdo con la tradición

traditional /trəˈdɪʃ.ən.əl, -ˈdɪʃ.nəl/ *adj* ⇒tradicional: *traditional values* - valores tradicionales

traditionally /trəˈdɪʃ.ən.əl.i, -ˈdɪʃ.nəl-/ *adv* ⇒tradicionalmente

↑**traffic**[1] /ˈtræf.ɪk/ *n* [U] ⇒tráfico

↑**traffic**[2] /ˈtræf.ɪk/ [trafficked, trafficking] *v* [I] ⇒traficar: *to traffic in drugs* - traficar con drogas

traffic calming *UK n* [U] ⇒reducción de velocidad [del tráfico]

traffic circle *US* (*UK* **roundabout**) *n* [C] ⇒glorieta ⇒rotonda

traffic jam (*tb* **jam**) *n* [C] ⇒atasco ⇒embotellamiento ⇒taco *AMÉR.*

traffic lights *n* [PL] ⇒semáforo: *The traffic lights are red* - El semáforo está en rojo

traffic warden *UK n* [C] ⇒guardia de tráfico

↑**tragedy** /ˈtrædʒ.ə.di/ [*pl* tragedies] *n* [C, U] **1** *(un evento)* ⇒tragedia **2** *(obra)* ⇒tragedia

tragic /ˈtrædʒ.ɪk/ *adj* ⇒trágico,ca

trail[1] /treɪl/ *n* [C] **1** ⇒senda **2** ⇒rastro **3** ⇒reguero [de líquido derramado] **4** ⇒estela: *The old car left a trail of smoke* - El viejo coche dejaba una estela de humo **5** *(de un cometa)* ⇒cola

trail[2] /treɪl/ *v* [T, I] **1** ⇒arrastrar **2** ⇒seguir la pista de algo **3** ⇒caminar despacio **4** *(en deportes)* ⇒perder ■ CONSTR. Se usa generalmente seguido de una preposición o un adverbio

trailer UK: /ˈtreɪ.ləʳ/ US: /-lɚ/ *n* [C] **1** *(de una película)* ⇒tráiler **2** ⇒remolque ⇒tráiler **3** *US* (*UK* **caravan**) *(remolque grande)* ⇒caravana

↑**train**[1] /treɪn/ *n* [C] **1** ⇒tren **2** *(de un vestido de boda)* ⇒cola **3 bullet ~** *(inform)* ⇒tren japonés de alta velocidad **4 ~ of thought** ⇒hilo [del pensamiento]

↑**train**[2] /treɪn/ *v* [T, I] **1** ⇒formar(se) ⇒preparar(se) ⇒estudiar **2** *to be trained* - tener formación **3** ⇒entrenar(se): *I trained very hard to win the competition* - Me entrené mucho para ganar la competición ■ CONSTR. to train + to do sth

trainee /ˌtreɪˈni:/ *n* [C] **1** ⇒aprendiz,-a **2** ⇒persona en prácticas

↑**trainer** UK: /ˈtreɪ.nəʳ/ US: /-nɚ/ *n* [C] **1** *(para una persona)* ⇒entrenador,-a ⇒preparador,-a **2** *(para un animal)* ⇒preparador,-a ⇒adiestrador,-a

trainers *UK n* [PL] ⇒zapatillas de deporte

training /ˈtreɪ.nɪŋ/ *n* [U] **1** ⇒entrenamiento **2** ⇒formación ⇒preparación **3** *(en el ejército)* ⇒instrucción

trait /treɪt/ *n* [C] ⇒rasgo

traitor UK: /ˈtreɪ.təʳ/ US: /-ˀt̬ɚ/ *n* [C] ⇒traidor,-a ⇒batidor,-a *AMÉR. col.*

tram /træm/ *UK* (*US* **streetcar/trolley**) *n* [C] ⇒tranvía

tramp[1] /træmp/ *n* [C] ⇒vagabundo,da

tramp[2] /træmp/ *v* [T, I] **1** ⇒caminar [agotadoramente] **2** *(un lugar)* ⇒patear *col.*

trample /ˈtræm.pl/ [trampled, trampling] *v* [T, I] ⇒pisotear: *to trample the grass* - pisotear la hierba ■ CONSTR. Se usa generalmente seguido de una preposición o un adverbio

trampoline UK: /ˈtræm.pəl.i:n/ UK: /ˌ--ˈ-/ US: /ˈ---/ *n* [C] ⇒trampolín ⇒cama elástica

trance UK: /trɑ:nts/ US: /trænts/ *n* [C] ⇒trance: *to be in a trance* - estar en trance

tranquil UK: /ˈtræŋ.kwɪl/ US: /ˈtræn-/ *adj* ⇒tranquilo,la: *a tranquil spot* - un lugar tranquilo

transaction /trænˈzæk.ʃən/ *n* [C] **1** ⇒transacción **2** ⇒negociación

transcribe /træn'skraɪb/ *v* [T] ⇒transcribir

transcript /'træn.skrɪpt/ *n* [C] *(representación escrita)* ⇒transcripción

transcription /træn'skrɪp.ʃᵊn/ *n* [U] *(proceso)* ⇒transcripción

transfer[1] UK: /træns'fɜːʳ/ US: /'træns.fɝː/ [transferred, transferring] ▮ *v* [T] **1** ⇒trasladar(se) ■ CONSTR. Se usa generalmente seguido de las preposiciones from y to **2** ⇒transferir ⇒traspasar ▮ *v* [T, I] **3** *(en deportes)* ⇒traspasar(se) **4** *(en un medio de transporte)* ⇒hacer transbordo

transfer[2] UK: /'træns.fɜːʳ/ US: /-fɜːr/ *n* [C] **1** *(de una persona, de documentos)* ⇒traslado ⇒traspaso **2** *(de dinero)* ⇒transferencia **3** *(en un medio de transporte)* ⇒transbordo **4** ⇒calcomanía

↑**transform** UK: /træns'fɔːm/ US: /-'fɔːrm/ *v* [T] ⇒transformar(se) ⇒convertir(se)

transformer UK: /træns'fɔː.məʳ/ US: /-'fɔːr.mɚ/ *n* [C] ⇒transformador

transfusion /træns'fjuː.ʒᵊn/ *n* [C, U] ⇒transfusión: *blood transfusion* - transfusión de sangre

↑**translate** /træns'leɪt, trænz-/ [translated, translating] *v* [T, I] ⇒traducir

translation /træns'leɪ.ʃᵊn, trænz-/ *n* [C, U] ⇒traducción: *a literal translation* - una traducción literal

translator UK: /træns'leɪ.təʳ/ UK: /trænz-/ US: /-ɚ/ *n* [C] ⇒traductor,-a

↑**transmit** UK: /trænz'mɪt/ US: /træns-/ [transmitted, transmitting] *v* [T, I] *(form)* ⇒transmitir

↑**transparent** UK: /træn'spær.ᵊnt/ US: /træn'sper-/ *adj* ⇒transparente

transplant[1] UK: /træn'splɑːnt/ US: /-'splænt/ *n* [C, U] ⇒trasplante

transplant[2] UK: /træn'splɑːnt/ US: /-'splænt/ *v* [T, I] ⇒trasplantar: *to transplant an organ* - trasplantar un órgano ■ CONSTR. Se usa generalmente seguido de la preposición into

↑**transport**[1] UK: /'træn.spɔːt/ US: /-spɔːrt/ *n* [U] **1** ⇒transporte: *the transport of exports* - el transporte de productos de exportación **2** *UK* (*US* **transportation**) ⇒transporte [en vehículo]: *Bicycles are a clean form of transport* - La bicicleta es un medio de transporte muy limpio

transport[2] UK: /træn'spɔːt/ US: /-spɔːrt/ *v* [T] ⇒transportar: *The mules were transporting the baggage* - Las mulas transportaban el equipaje

transportation UK: /ˌtræn.spɔː'teɪ.ʃᵊn/ US: /-spɚ-/ *US* (*UK* **transport**) *n* [U] ⇒transporte

transvestite UK: /trænz'ves.taɪt/ US: /træns-/ *n* [C] ⇒travesti ■ Distinto de *travesty* (parodia)

trap[1] /træp/ *n* [C, NO PL] **1** ⇒trampa: *It is a trap!* - ¡ Es una trampa! **2** *(un plan)* ⇒trampa **3** ⇒pico *col.*: *Shut your trap!* - ¡Cierra el pico!

trap[2] /træp/ [trapped, trapping] *v* [T] ⇒coger en una trampa ⇒atrapar

trapeze /trə'piːz/ *n* [C] ⇒trapecio

trapper UK: /'træp.əʳ/ US: /-ɚ/ *n* [C] *(persona)* ⇒trampero,ra ⇒cazador,-a

↑**trash** /træʃ/ *n* [U] **1** *US* (*UK* **rubbish**) ⇒basura **2** *(inform)* ⇒bodrio *desp.* **3** *US (inform)* ⇒gentuza *desp.* **4** *(inform)* ⇒tonterías

trash can *US* (*UK* **bin**) *n* [C] **1** ⇒cubo de basura ⇒caneca *AMÉR.* **2** ⇒papelera

trashy /'træʃ.i/ *adj* [*comp* trashier, *superl* trashiest] ⇒malo,la: *trashy TV programmes* - programas malos de televisión

↑**trauma** UK: /'trɔː.mə/ UK: /'traʊ-/ US: /'trɑː-/ *n* [C, U] ⇒trauma

traumatic UK: /trɔː'mæt.ɪk/ UK: /traʊ-/ US: /trɑː'mæ-/ *adj* **1** ⇒traumático,ca **2** *(inform)* ⇒agobiante

↑**travel**[1] /'træv.ᵊl/ [travelled, travelling; *US* traveled, traveling] ▮ *v* [T, I] **1** ⇒viajar: *He has travelled all around the world* - Ha viajado por todo el mundo ▮ *v* [T] **2** ⇒recorrer

travel[2] /'træv.ᵊl/ *n* [U] **1** ⇒viajes **2** *Sport and travel are his principal hobbies* - El deporte y viajar son sus principales hobbys ■ Es incorrecto decir *a long travel*. Lo correcto es *a long trip* o *a long journey*

travel agency [*pl* travel agencies] *n* [C] ⇒agencia de viajes

travel agent *n* [C] ⇒agente de viajes

traveller UK: /'træv.ᵊl.əʳ/ UK: /-ləʳ/ US: /-[ə]l.ɚ/ *UK* *n* [C] **1** ⇒viajero,ra **2** (*tb* **commercial traveller**) ⇒viajante

traveller's cheque UK: /'træv.ᵊl.əzˌtʃek/ US: /-ɚz-/ *UK* (*US* **traveler's check**) *n* [C] ⇒cheque de viaje

↑**tray** /treɪ/ *n* [C] ⇒bandeja ⇒charola *AMÉR.*

treacherous UK: /'tretʃ.ᵊr.əs/ US: /-ɚ-/ *adj (form)* ⇒traicionero,ra

treachery UK: /'tretʃ.ᵊr.i/ US: /-ɚ-/ *n* [U] **1** ⇒traición **2** ⇒falsedad

tread[1], **trod, trodden** /tred/ *v* [T, I] **1** *UK* ⇒pisar: *I didn't mean to tread on her foot* - La pisé sin querer ■ CONSTR. Se usa generalmente seguido de las preposiciones in, into y on **2** ⇒andar **3 to ~ carefully** ⇒andar con pies de plomo

tread[2] /tred/ *n* [C] ⇒paso

treason /'triː.zᵊn/ *n* [U] ⇒alta traición [a la patria]

treasure[1] UK: /'treʒ.əʳ/ US: /-ɚ/ *n* [C, U] ⇒tesoro

treasure[2] UK: /'treʒ.əʳ/ US: /-ɚ/ [treasured, treasuring] *v* [T] ⇒guardar como un tesoro: *I'll treasure this gift all my life* - Guardaré este regalo como un tesoro toda mi vida

treasurer UK: /'treʒ.ᵊr.əʳ/ US: /-ɚ.ɚ/ *n* [c] ⇒tesorero,ra
treasury [*pl* treasuries] *n* [c] ⇒tesoro
Treasury UK: /'treʒ.ᵊr.i/ US: /-ɚ-/ **the ~** ⇒ministerio británico de economía y finanzas
† **treat**[1] /triːt/ *v* [T] **1** ⇒tratar: *Don't treat your pets badly* - No trates mal a tus mascotas ■ CONSTR. Se usa generalmente seguido de la preposición with **2** *(una enfermedad)* ⇒tratar **3** ⇒invitar: *I'll treat you to dinner* - Te invito a cenar
treat[2] /triːt/ *n* [c] **1** ⇒invitación ⇒recompensa **2 to give *oneself* a ~** ⇒darse un gusto
treatment /'triːt.mənt/ *n* [U] **1** ⇒trato **2** *(en medicina)* ⇒tratamiento
† **treaty** UK: /'triː.ti/ US: /-i/ [*pl* treaties] *n* [c] ⇒tratado ⇒acuerdo
treble[1] /'treb.l̩/ [trebled, trebling] *v* [T, I] ⇒triplicar: *The company has trebled its value* - La compañía ha triplicado su valor
treble[2] /'treb.l̩/ *adj* **1** ⇒triple **2** ⇒atiplado,da
treble[3] /'treb.l̩/ ▮ *n* [U] **1** *(en música)* ⇒agudo ▮ *n* [c] **2** *(en música)* ⇒tiple **3** ⇒triple
† **tree** /triː/ *n* [c] ⇒árbol: *family tree* - árbol genealógico
tree-lined /'triː.laɪnd/ *adj (un camino)* ⇒flanqueado,da por árboles
trek[1] /trek/ *n* [c] ⇒caminata
trek[2] /trek/ [trekked, trekking] *v* [I] **1** ⇒caminar con dificultad **2** *(inform)* ⇒hacer un viaje largo a pie ■ CONSTR. Se usa generalmente seguido de una preposición o un adverbio
† **tremble** /'trem.bl̩/ [trembled, trembling] *v* [I] ⇒temblar: *to tremble with fear* - temblar de miedo
† **tremendous** /trɪ'men.dəs/ *adj* **1** *(importancia)* ⇒enorme **2** ⇒estupendo,da ⇒magnífico,ca
tremor UK: /'trem.əʳ/ US: /-ɚ/ *n* [c] **1** ⇒escalofrío ⇒estremecimiento **2** ⇒temblor [sísmico]
trench /trentʃ/ [*pl* trenches] *n* [c] **1** ⇒zanja **2** ⇒trinchera ■ Se usa más en plural
† **trend** /trend/ *n* [c] **1** ⇒tendencia: *an upward trend* - una tendencia en alza **2 to set a ~** ⇒establecer una tendencia
trendy /'tren.di/ *adj* [*comp* trendier, *superl* trendiest] **1** ⇒moderno,na **2** ⇒muy de moda
trespass UK: /'tres.pəs/ US: /-pæs/ [trespasses] *v* [I] **1** ⇒entrar sin autorización: *You can't trespass on this property* - No puedes entrar a esta propiedad sin autorización **2 no trespassing** ⇒prohibido el paso
† **trial** /traɪəl/ *n* [c, U] **1** ⇒juicio **2** ⇒prueba **3** ⇒ensayo: *clinical trials* - ensayos clínicos **4** ⇒reto: *That was a real trial* - Eso fue un verdadero reto **5** *(en deportes)* ⇒preselección **6 to {be/go} on ~** ⇒ser procesado,da: *He's on trial for fraud* - Lo están procesando por fraude **7 ~ and error** ⇒ensayo y error ■ Distinto de *trio* (trío)
† **triangle** /'traɪ.æŋ.gl̩/ *n* [c] **1** *(forma geométrica)* ⇒triángulo **2** ⇒escuadra ⇒cartabón
† **tribe** /traɪb/ *n* [c] ⇒tribu
tribesman /'traɪbz.mən/ [*pl* tribesmen] *n* [c] ⇒miembro de una tribu
tribespeople /'traɪbzˌpiː.pl̩/ *n* [PL] ⇒miembros de una tribu
tribesperson *n* [c] ⇒miembro de una tribu
tribeswoman /'traɪbzˌwʊm.ən/ [*pl* tribeswomen] *n* [c] ⇒miembro de una tribu
tributary UK: /'trɪb.jʊ.tᵊr.i/ UK: /-tri/ US: /-ter.i/ [*pl* tributaries] *n* [c] ⇒afluente
† **tribute** /'trɪb.juːt/ *n* [c] ⇒tributo ⇒homenaje
† **trick**[1] /trɪk/ *n* [c] **1** ⇒engaño ⇒broma **2** ⇒truco: *magic trick* - truco de magia **3 to do the ~** *(inform)* ⇒servir: *This tool should do the trick* - Esta herramienta nos puede servir **4 tricks of the trade** ⇒trucos del oficio
trick[2] /trɪk/ *v* [T] ⇒engañar ⇒estafar
trickery UK: /'trɪk.ᵊr.i/ US: /'-ɚ-/ *n* [U] ⇒artimaña *col.;* ⇒engaño
trickle[1] /'trɪk.l̩/ [trickled, trickling] *v* [I] ⇒gotear: *The water was trickling down the windows* - El agua goteaba por las ventanas ■ CONSTR. Se usa generalmente seguido de una preposición
trickle[2] /'trɪk.l̩/ *n* [c] **1** *(de un líquido)* ⇒reguero ⇒chorro ⇒hilo **2** *(de personas, de cartas)* ⇒goteo
† **tricky** /'trɪk.i/ *adj* [*comp* trickier, *superl* trickiest] **1** *(un problema)* ⇒complicado,da ⇒peliagudo,da *col.* **2** *(una persona)* ⇒astuto,ta ⇒difícil
tricycle /'traɪ.sɪ.kl̩/ *n* [c] ⇒triciclo
trifle[1] /'traɪ.fl̩/ ▮ *n* [c] **1** ⇒trivialidad ⇒pequeñez ▮ *n* [c, U] **2** ⇒postre de gelatina, fruta y crema **3** ⇒un poco: *It was a trifle disappointing* - Fue algo decepcionante
trifle[2] /'traɪ.fl̩/

PHRASAL VERBS
· **to trifle with *sth/sb*** *(form, old-fash)* ⇒burlarse de ⇒jugar con

trigger[1] UK: /'trɪg.əʳ/ US: /-ɚ/ *n* [c] *(de un arma)* ⇒gatillo ⇒disparador
trigger[2] UK: /'trɪg.əʳ/ US: /-ɚ/ (*tb* **trigger off**) *v* [T] **1** ⇒desencadenar ⇒provocar **2** ⇒activar: *The alarm system was triggered* - Algo activó el sistema de alarma **3** *(una bomba)* ⇒hacer estallar
trillion /'trɪl.jən/ *n* [c] ⇒billón ■ Distinto de *million million million* (trillón)
trim[1] /trɪm/ [trimmed, trimming] *v* [T] **1** *(pelo, ramas)* ⇒cortar ⇒recortar **2** ⇒ornamentar ⇒adornar
trim[2] /trɪm/ *n* [NO PL] ⇒corte de pelo: *to have a trim* - cortarse el pelo (un poco)

trim[3] /trɪm/ *adj* **1** ⇒esbelto,ta **2** ⇒aseado,da **3** ⇒elegante

trimming /ˈtrɪm.ɪŋ/ *n* [C, U] ⇒adorno [al borde de algo]

↑**trio** UK: /ˈtriː.əʊ/ US: /-oʊ/ *n* [C] ⇒trío

↑**trip**[1] /trɪp/ *n* [C] ⇒excursión ⇒viaje

trip[2] /trɪp/ [tripped, tripping] *v* [T, I] ⇒tropezar: *He tripped on the kerb* - Se tropezó con el bordillo

PHRASAL VERBS
- **to trip {over/up}** ⇒tropezarse
- **to trip *sb* {over/up} [M]** ⇒tropezar ⇒poner la zancadilla a alguien

triple[1] /ˈtrɪp.l̩/ *adj* **1** ⇒triple: *triple jump* - triple salto **2 ~ *sth*** ⇒el triple de

triple[2] /ˈtrɪp.l̩/ [tripled, tripling] *v* [T, I] ⇒triplicar(se)

triplet /ˈtrɪp.lət/ *n* [C] ⇒trillizo,za

triumph[1] /ˈtraɪ.əmpf/ *n* [C, U] ⇒triunfo ⇒éxito

triumph[2] /ˈtraɪ.əmpf/ *v* [I] ⇒triunfar: *She triumphed over the opposition* - Triunfó sobre la oposición

triumphant /traɪˈʌmp.fənt/ *adj* **1** ⇒alegre ⇒jubiloso,sa **2** ⇒triunfante

trivial /ˈtrɪv.i.əl/ *adj* ⇒trivial ⇒insignificante

trod UK: /trɒd/ US: /trɑːd/ past tense of **tread**

trodden UK: /ˈtrɒd.ən/ US: /ˈtrɑː.d[ə]n/ past participle of **tread**

↑**trolley** UK: /ˈtrɒl.i/ US: /ˈtrɑː.li/ *n* [C] **1** *UK* (*US* **cart**) *(en un supermercado, en un aeropuerto)* ⇒carrito **2** *US* (*UK* **tram**) ⇒tranvía

trombone UK: /trɒmˈbəʊn/ US: /trɑːmˈboʊn/ *n* [C] *(instrumento musical)* ⇒trombón

troop /truːp/ *n* [C] **1** *(en el ejército)* ⇒tropa **2** ⇒grupo ■ Por ser un nombre colectivo se puede usar con el verbo en singular o en plural

↑**trophy** UK: /ˈtrəʊ.fi/ US: /troʊ-/ [*pl* trophies] *n* [C] ⇒trofeo

↑**tropic** UK: /ˈtrɒp.ɪk/ US: /ˈtrɑː.pɪk/ *n* [C] **1** *(en geografía)* ⇒trópico **2 the tropics** ⇒los trópicos

tropical UK: /ˈtrɒp.ɪ.kəl/ US: /ˈtrɑː.pɪ-/ *adj* ⇒tropical

trot[1] UK: /trɒt/ US: /trɑːt/ [trotted, trotting] *v* [I] ⇒trotar: *The horse trotted towards the stable* - El caballo trotó hasta el establo ■ CONSTR. Se usa generalmente seguido de una preposición o un adverbio

trot[2] UK: /trɒt/ US: /trɑːt/ *n* [NO PL] ⇒trote

↑**trouble**[1] /ˈtrʌb.l̩/ *n* [U] **1** ⇒molestia: *It's no trouble* - No es ninguna molestia **2** ⇒problema: *to be in trouble* - tener problemas **3** ⇒conflicto **4** ⇒dolencia ⇒enfermedad **5 to get into ~** ⇒meterse en un lío ⇒meterse en problemas

trouble[2] /ˈtrʌb.l̩/ [troubled, troubling] *v* [T] **1** ⇒preocupar: *His problems were troubling him* - Le preocupaban sus problemas **2** *(form)* ⇒molestar: *I'm sorry to trouble you* - Siento molestarlo ■ CONSTR. 1. to trouble + that 2. to trouble + to do sth

troubled /ˈtrʌb.l̩d/ *adj* **1** ⇒preocupado,da ⇒intranquilo,la **2** ⇒turbulento,ta ⇒conflictivo,va **3** ⇒accidentado,da

troublemaker UK: /ˈtrʌb.l̩ˌmeɪ.kəʳ/ US: /-kə/ *n* [C] ⇒agitador,-a ⇒alborotador,-a

troublesome /ˈtrʌb.l̩.səm/ *adj* ⇒molesto,ta ⇒latoso,sa

trough UK: /trɒf/ US: /trɑːf/ *n* [C] **1** ⇒comedero ⇒abrevadero [para animales] **2** *(form)* ⇒punto más bajo en un ciclo económico ⇒depresión **3** ⇒depresión [en un terreno] **4** *(en meteorología)* ⇒zona de baja presión

trouser UK: /ˈtraʊ.zəʳ/ US: /-zə/ *adj* ⇒del pantalón: *a trouser pocket* - un bolsillo del pantalón

↑**trousers** UK: /ˈtraʊ.zəz/ US: /-zəz/ (*US tb* **pants**) *n* [PL] ⇒pantalón: *three pairs of trousers* - tres pantalones

trout /traʊt/ [*pl* trout] *n* [C, U] ⇒trucha

truant /ˈtruː.ənt/ *n* [C] **1** ⇒alumno,na que falta a clase sin autorización **2 to play ~** ⇒hacer novillos *col.*

truce /truːs/ *n* [C] ⇒tregua: *to declare a truce* - declarar una tregua

↑**truck** /trʌk/ *n* [C] **1** (*UK tb* **lorry**) ⇒camión **2** *UK* ⇒vagón

↑**true** /truː/ *adj* **1** ⇒cierto,ta ⇒verdad **2** ⇒verdadero,ra ⇒verídico,ca **3** ⇒fiel: *He is true to his principles* - Es fiel a sus principios **4 to come ~** ⇒hacerse realidad: *It is a dream come true* - Es un sueño hecho realidad

truly /ˈtruː.li/ *adv* ⇒verdaderamente ⇒de veras

trump[1] /trʌmp/ *n* [C] *(en los naipes)* ⇒triunfo

trump[2] /trʌmp/ *v* [T] *(en los naipes)* ⇒triunfar

↑**trumpet** /ˈtrʌm.pɪt/ *n* [C] **1** ⇒trompeta **2 to blow *one's* own ~** ⇒darse bombo

trundle /ˈtrʌn.dl̩/ [trundled, trundling] *v* [T, I] **1** *(un medio de transporte)* ⇒rodar lentamente **2** *(una persona)* ⇒arrastrarse ■ CONSTR. Se usa generalmente seguido de las preposiciones across, down y on **3** ⇒empujar: *I was trundling the trolley when I tripped* - Estaba empujando el carrito cuando tropecé

↑**trunk** /trʌŋk/ *n* [C] **1** ⇒tronco **2** ⇒baúl **3** *(de un elefante)* ⇒trompa **4** *US* (*UK* **boot**) ⇒maletero ⇒baúl *AMÉR.*; ⇒cajuela *AMÉR.*

trunks /trʌŋks/ (*tb* **swimming trunks**) *n* [PL] ⇒bañador [de hombre]: *two pairs of trunks* - dos bañadores

↑**trust**[1] /trʌst/ *v* [T, I] **1** ⇒confiar **2** ⇒fiarse: *I trust you to pick up my children* - Me fío de ti para que recojas a los niños ■ CONSTR. to trust sb + to do sth

†**trust**² /trʌst/ *n* [U] ⇨confianza: *A good relationship is based on trust* - Toda buena relación se basa en la confianza

trusted *adj* ⇨leal ⇨de confianza

trustee /ˌtrʌsˈtiː/ *n* [C] **1** *(de un testamento)* ⇨fideicomisario,ria **2** ⇨administrador,-a

trustful *adj* See **trusting**

trusting /ˈtrʌs.tɪŋ/ (*tb* **trustful**) *adj* ⇨confiado,da

trustworthy UK: /ˈtrʌstˌwɜː.ði/ US: /-ˌwɝː-/ *adj* [*comp* trustworthier, *superl* trustworthiest] ⇨digno,na de confianza

†**truth** /truːθ/ ▌*n* [U] **1** ⇨verdad: *I just want to know the truth* - Solo quiero saber la verdad ▌*n* [C] **2** ⇨realidad ⇨verdad **3 to tell the ~** ⇨decir la verdad: *Tell me the truth* - Dime la verdad

truthful /ˈtruːθ.fᵊl/ *adj* **1** ⇨verdadero,ra ⇨veraz **2** ⇨sincero,ra: *a truthful person* - una persona sincera

truthfully /ˈtruːθ.fᵊl.i/ *adv* ⇨sinceramente ⇨con sinceridad ⇨de veras

†**try**¹ /traɪ/ [tries, tried] ▌*v* [T, I] **1** ⇨intentar ⇨tratar de ■ CONSTR. to try + to do sth **2** ⇨intentar ⇨probar ■ CONSTR. to try + doing sth **3** ⇨probar ▌*v* [T] **4** *(en derecho)* ⇨procesar ■ CONSTR. Se usa más en pasiva

PHRASAL VERBS
- **to try *sth* on [M]** ⇨probarse algo [ropa]

try² /traɪ/ [*pl* tries] *n* [C] **1** ⇨intento **2** *to have a try at sth* - intentar de hacer algo

trying /ˈtraɪ.ɪŋ/ *adj* ⇨difícil

†**T-shirt** UK: /ˈtiː.ʃɜːt/ US: /-ʃɝːt/ *n* [C] ⇨camiseta ⇨polera *AMÉR.*

tsunami /tsuːˈnɑː.mi/ *US n* [C] ⇨tsunami ⇨maremoto

tub /tʌb/ *n* [C] **1** ⇨tarrina **2** ⇨barreño **3** *US* ⇨bañera ■ Distinto de *tube* (tubo)

†**tube** UK: /tjuːb/ US: /tuːb/ *n* [C] **1** *(de metal, de plástico)* ⇨tubo **2** *(recipiente)* ⇨tubo **3** *(inform) (en Londres)* ⇨metro ⇨subte *AMÉR. col.* **4** *US* ⇨tele

tuberculosis UK: /tjuːˌbɜː.kjʊˈləʊ.sɪs/ US: /tuːˌbɝː.kjəˈloʊ-/ *n* [U] ⇨tuberculosis ■ La forma abreviada es *TB*

T

tuck /tʌk/ *v* [T] **1** *(une prenda de vestir)* ⇨remeter **2** ⇨guardar ⇨colocar ■ CONSTR. Se usa generalmente seguido de una preposición o de un adverbio

PHRASAL VERBS
- **to tuck *sth* away [M]** ⇨esconder
- **to tuck *sb* in [M]** (*UK tb* **to tuck sb up**) *(a una persona)* ⇨acostar (y arropar)
- **to tuck {in/into *sth*}** ⇨lanzarse [sobre la comida]

†**Tuesday** UK: /ˈtjuːz.deɪ/ US: /ˈtuːz-/ *n* [C, U] ⇨martes: *See you on Tuesday* - Te veo el martes; *The concert is next Tuesday* - El concierto es el martes que viene ■ Las formas abreviadas son *Tue* y *Tues*

tuft /tʌft/ *n* [C] *(pelo)* ⇨pelusa

tug¹ /tʌg/ [tugged, tugging] *v* [T, I] ⇨tirar ■ CONSTR. to tug at sth

tug² /tʌg/ *n* [C] **1** ⇨tirón ⇨jalón *AMÉR.* **2** ⇨remolcador

tuition UK: /tjuːˈɪʃ.ᵊn/ US: /tuː-/ *n* [U] **1** ⇨instrucción **2** *US* ⇨matrícula

tulip UK: /ˈtjuː.lɪp/ US: /ˈtuː-/ *n* [C] ⇨tulipán

tumble¹ /ˈtʌm.bl̩/ [tumbled, tumbling] *v* [I] **1** ⇨caerse: *I tumbled down the stairs* - Me caí rodando por las escaleras **2** *(precios)* ⇨caer en picado

tumble² /ˈtʌm.bl̩/ *n* [C] ⇨caída

tumble dryer *UK* (*US* **dryer**) *n* [C] ⇨secadora [de ropa]

tumbler UK: /ˈtʌm.bləʳ/ US: /-blɚ/ *n* [C] ⇨vaso

tummy /ˈtʌm.i/ [*pl* tummies] *n* [C] *(inform)* ⇨barriga *col.;* ⇨tripa *col.* ■ Pertenece al lenguaje infantil

tumour UK: /ˈtjuː.məʳ/ US: /ˈtuː.mɚ/ *UK n* [C] ⇨tumor

tuna UK: /ˈtjuː.nə/ US: /ˈtuː-/ [*pl* tuna, tunas] *n* [U] **1** ⇨atún **2** ⇨bonito

tune¹ UK: /tjuːn/ US: /tuːn/ *n* [C] **1** ⇨melodía **2 in ~** ⇨afinado,da **3 out of ~** ⇨desafinado,da **4 to change *one's* ~** ⇨cambiar de idea

tune² UK: /tjuːn/ US: /tuːn/ [tuned, tuning] *v* [T] ⇨afinar: *to tune a musical instrument* - afinar un instrumento musical

PHRASAL VERBS
- **to tune in to** ⇨sintonizar
- **to tune up 1** *(un instrumento musical)* ⇨afinar **2** *(una máquina)* ⇨ajustar ⇨poner a punto

tunic /ˈtjuː.nɪk/ *n* [C] **1** *(chaqueta)* ⇨guerrera **2** *(en la antigua Roma)* ⇨túnica

Tunisia UK: /ˈtjuː.nɪz.i.ə/ US: /tuːˈni.ʒə/ *n* [U] ⇨Túnez

Tunisian UK: /ˈtjuː.nɪz.i.ən/ US: /tuːˈniː.ʒən/ *adj, n* [C] ⇨tunecino,na

†**tunnel**¹ /ˈtʌn.ᵊl/ *n* [C] ⇨túnel: *to go through a tunnel* - pasar por un túnel

tunnel² /ˈtʌn.ᵊl/ [tunnelled, tunnelling; *US* tunneled, tunneling] *v* [T, I] ⇨excavar [un túnel]

turban UK: /ˈtɜː.bən/ US: /ˈtɝː-/ *n* [C] ⇨turbante

turbine UK: /ˈtɜː.baɪn/ US: /ˈtɝː-/ *n* [C] *(máquina)* ⇨turbina

turbulent UK: /ˈtɜː.bjʊ.lənt/ US: /ˈtɝː.bjə-/ *adj* ⇨turbulento,ta

turf¹ UK: /tɜːf/ US: /tɝːf/ ▌*n* [C, U] **1** ⇨césped ■ El plural es *turfs* o *turves* ▌*n* [U] **2** ⇨terreno: *This is my turf* - Este es mi terreno

turf² UK: /tɜːf/ US: /tɝːf/

PHRASAL VERBS
- **to turf *sb* out [M]** *UK (inform)* ⇨echar a alguien [de un lugar o de una organización]

Turk UK: /tɜːk/ US: /tɝːk/ *n* [C] ⇨turco,ca

turkey *n* [C, U] ⇒pavo,va ⇒guajolote *AMÉR.;* ⇒guajalote *AMÉR.*

Turkey UK: /ˈtɜː.ki/ US: /ˈtɝː-/ *n* [U] ⇒Turquía: *When are you going to Turkey?* - ¿Cuándo te vas a Turquía?

Turkish UK: /ˈtɜː.kɪʃ/ US: /ˈtɝː-/ *adj* ⇒turco,ca

turmoil UK: /ˈtɜː.mɔɪl/ US: /ˈtɝː-/ *n* [U, NO PL] ⇒confusión ⇒caos

↑**turn¹** UK: /tɜːn/ US: /tɝːn/ *v* [T, I] **1** ⇒girar ⇒dar vueltas **2** ⇒torcer ⇒girar ⇒enchuecar *AMÉR. col.;* ⇒voltear *AMÉR.* **3** ⇒volverse ⇒darse la vuelta ■ CONSTR. Se usa generalmente seguido de la preposición round **4** ⇒cumplir [años] **5** *to turn the page* - pasar la página **6 to ~ {black/blue/red...}** ⇒ponerse {negro,gra/azul/rojo,ja...}

PHRASAL VERBS

- **to turn around 1** ⇒darse la vuelta ⇒girarse ⇒voltearse *AMÉR.* **2** *(un negocio)* ⇒recuperarse
- **to turn *sb* away [M]** ⇒no dejar entrar a alguien
- **to turn (*sb*) back** ⇒volver ⇒darse la vuelta [y volver] ⇒hacer regresar
- **to turn *sth* down [M]** *(el volumen)* ⇒bajar
- **to turn *sth/sb* down [M]** ⇒rechazar
- **to turn *sb* off** ⇒repugnar
- **to turn *sth* {off/on} [M]** ⇒{apagar/encender} algo
- **to turn out 1** ⇒resultar **2** ⇒asistir
- **to turn *sth* over [M] 1** ⇒dar la vuelta a algo ⇒voltear algo **2** ⇒darle vueltas a algo
- **to turn round** ⇒darse la vuelta ⇒girarse ⇒voltearse *AMÉR.*
- **to turn to *sb*** ⇒recurrir a alguien
- **to turn up** *(inform)* ⇒llegar ⇒aparecer ⇒venir
- **to turn *sth* up [M]** *(el volumen)* ⇒subir

↑**turn²** UK: /tɜːn/ US: /tɝːn/ *n* [C] **1** ⇒turno: *It's your turn* - Es tu turno **2** ⇒giro: *to take a turn to the right* - hacer un giro a la derecha **3** ⇒vuelta **4 in ~** ⇒uno tras otro, una tras otra **5 to do *sb* a good ~** ⇒hacer una buena acción a alguien **6 to do *sb* a good ~** ⇒hacer un favor a alguien **7 to take turns** ⇒turnarse ■ CONSTR. 1. to take turns + doing sth 2. to take turns + to do sth

turning UK: /ˈtɜː.nɪŋ/ US: /ˈtɝː-/ *UK n* [C] *(de una calle)* ⇒bocacalle

turning point *n* [C] ⇒momento crítico ⇒punto de inflexión

turnip UK: /ˈtɜː.nɪp/ US: /ˈtɝː-/ *n* [C] ⇒nabo

turnout UK: /ˈtɜːn.aʊt/ US: /ˈtɝːn-/ *n* [C] **1** *(a un espectáculo, a un evento)* ⇒asistencia **2** *(en una elección)* ⇒participación

turnover UK: /ˈtɜːnˌəʊ.vəʳ/ US: /ˈtɝːnˌoʊ.vɚ/ ▌*n* [C, U] **1** ⇒facturación: *annual turnover* - facturación anual ▌*n* [U, NO PL] **2** *(de empleados)* ⇒renovación ⇒movimiento

turpentine UK: /ˈtɜː.pᵊn.taɪn/ US: /ˈtɝː-/ *n* [U] ⇒aguarrás

turquoise¹ UK: /ˈtɜː.kwɔɪz/ US: /ˈtɝː.kɔɪz/ *n* [C, U] **1** *(mineral)* ⇒turquesa **2** *(color)* ⇒turquesa

turquoise² UK: /ˈtɜː.kwɔɪz/ US: /ˈtɝː-/ *adj (color)* ⇒turquesa

turret /ˈtʌr.ət/ *n* [C] ⇒torre pequeña [en un edificio]

turtle UK: /ˈtɜː.tl̩/ US: /ˈtɝː.l̩/ *n* [C] ⇒tortuga [marina]

turtleneck UK: /ˈtɜː.tl̩.nek/ US: /ˈtɝː.l̩-/ *US* (*UK* **polo neck**) *n* [C] **1** ⇒jersey de cuello alto **2** ⇒camiseta de cuello alto **3** *(en una prenda de vestir)* ⇒cuello alto

tusk /tʌsk/ *n* [C] *(en los elefantes, morsas y otros animales)* ⇒colmillo

↑**tutor** UK: /ˈtjuː.təʳ/ US: /ˈtuː.tɚ/ *n* [C] **1** ⇒profesor,-a particular **2** *UK (en un centro de enseñanza)* ⇒tutor,-a

tutorial UK: /tjuːˈtɔː.ri.əl/ US: /tuːˈtɔːr.i-/ *n* [C] **1** *(período de estudio)* ⇒tutoría **2** *(en informática)* ⇒manual de instrucciones ⇒tutorial

tux *US n* [C] *(inform)* ⇒esmoquin

tuxedo UK: /tʌkˈsiː.dəʊ/ US: /-doʊ/ *US* (*UK* **dinner jacket**) *n* [C] ⇒esmoquin

↑**TV** /ˌtiːˈviː/ *n* [C, U] ⇒forma abreviada de **television** (televisión)

twang /twæŋ/ *n* [C] **1** ⇒voz gangosa **2** ⇒acento nasal **3** *(en un instrumento de cuerda)* ⇒tañido

tweezers UK: /ˈtwiː.zəz/ US: /-zɚz/ *n* [PL] *(de cosmética)* ⇒pinzas: *a pair of tweezers* - unas pinzas de depilar

twelfth¹ /twelfθ/ **1** ⇒duodécimo,ma **2** *(para las fechas)* ⇒doce **3** *It is his twelfth birthday today* - Hoy cumple doce años ■ Se puede escribir también *12th*

twelfth² /twelfθ/ *n* [C] ⇒doceavo ⇒doceava parte ⇒duodécimo ⇒duodécima parte

↑**twelve** /twelv/ ⇒doce: *There are twelve of them* - Son doce; *He is twelve years old* - Tiene doce años

twentieth UK: /ˈtwen.ti.əθ/ US: /-ˤt̬i-/ **1** ⇒vigésimo,ma **2** *(para las fechas)* ⇒veinte ■ Se puede escribir también *20th*

↑**twenty** UK: /ˈtwen.ti/ US: /-ˤt̬i/ ⇒veinte

↑**twice** /twaɪs/ *adv* ⇒dos veces: *I don't like saying things twice* - No me gusta decir las cosas dos veces

twig /twɪg/ *n* [C] ⇒ramita

twilight /ˈtwaɪ.laɪt/ *n* [U] **1** ⇒crepúsculo **2** ⇒ocaso ⇒decadencia

↑**twin** /twɪn/ *n* [C] **1** ⇒gemelo,la ⇒cuate,ta *AMÉR.* **2** ⇒mellizo,za

twinge /twɪndʒ/ *n* [C] ⇒punzada [de dolor]

T

twinkle /ˈtwɪŋ.kl̩/ [twinkled, twinkling] *v* [I] ⇒brillar ⇒centellear

twirl UK: /twɜːl/ US: /twɝːl/ ▌*v* [T] **1** ⇒girar ⇒dar vueltas ▌*v* [I] **2** ⇒darse vueltas ⇒girar ■ CONSTR. Se usa generalmente seguido de una preposición o un adverbio

† **twist¹** /twɪst/ ▌*v* [T] **1** ⇒girar ⇒enroscar **2** ⇒torcer(se): *to twist one's ankle* - torcerse el tobillo **3** ⇒tergiversar ▌*v* [T, I] **4** *(una parte del cuerpo)* ⇒retorcer(se) ⇒girar(se) **5** ⇒serpentear: *The path twisted up the hill* - El camino serpenteaba colina arriba

twist² /twɪst/ *n* [C] **1** ⇒giro inesperado **2** ⇒torcedura **3** ⇒recodo ⇒curva **4** *(baile)* ⇒twist **5** *a twist of lemon* - una rodajita torcida de limón

twit /twɪt/ *n* [C] *(inform)* ⇒lelo,la *desp.*

twitch¹ /twɪtʃ/ *v* [T, I] ⇒mover(se) [nerviosamente]: *The rabbit twitched its ears* - El conejo movió las orejas

twitch² /twɪtʃ/ [*pl* twitches] *n* [C] ⇒tirón

twitter UK: /ˈtwɪt.əʳ/ US: /ˈtwɪ.ə/ *v* [I] **1** *(un pájaro)* ⇒piar **2** *(una persona)* ⇒parlotear *col.;* ⇒hablar nerviosamente

† **two** /tuː/ **1** ⇒dos: *There are two of them* - Son dos; *He is two years old* - Tiene dos años **2 to put ~ and ~ together** ⇒atar cabos

two-way /ˈtuː.weɪ/ *adj* ⇒de doble dirección: *a two-way street* - una calle de doble dirección

tycoon /taɪˈkuːn/ *n* [C] ⇒magnate: *a property tycoon* - un magnate inmobiliario

† **type¹** /taɪp/ *n* [C] ⇒tipo: *What type of clothes do you like?* - ¿Qué tipo de ropa te gusta?

type² /taɪp/ [typed, typing] *v* [T, I] ⇒escribir a máquina ⇒tipear *AMÉR.*

typeface *n* [C, U] *(de un documento)* ⇒tipo de letra

typewriter UK: /ˈtaɪpˌraɪ.təʳ/ US: /-tə/ *n* [C] ⇒máquina de escribir

typhoon /taɪˈfuːn/ *n* [C] ⇒tifón

typical /ˈtɪp.ɪ.kəl/ *adj* ⇒típico,ca: *a typical tourist* - un turista típico

typically /ˈtɪp.ɪ.kli/ *adv* **1** ⇒típicamente: *typically English* - típicamente inglés **2** ⇒por regla general

typify /ˈtɪp.ɪ.faɪ/ [typifies, typified] *v* [T] ⇒caracterizar ⇒particularizar

typing /ˈtaɪ.pɪŋ/ *n* [U] ⇒mecanografía: *typing error* - errata (al escribir a máquina)

typist /ˈtaɪ.pɪst/ *n* [C] ⇒mecanógrafo,fa

tyranny /ˈtɪr.ən.i/ [*pl* tyrannies] *n* [C, U] **1** *(conducta)* ⇒tiranía **2** *(gobierno)* ⇒tiranía

tyrant UK: /ˈtaɪə.rənt/ US: /ˈtaɪ-/ *n* [C] ⇒tirano,na

† **tyre** UK: /taɪəʳ/ US: /taɪr/ *UK* (*US* **tire**) *n* [C] ⇒neumático ⇒llanta *AMÉR.;* ⇒rueda

u /juː/ [*pl* u's] *n* [C] *(letra del alfabeto)* ⇒u ■ PRON. Se pronuncia como *you*

ubiquitous UK: /juːˈbɪk.wɪ.təs/ US: /-wə.ˤt̬əs/ *adj (form)* ⇒ubicuo,cua

UFO UK: /ˌjuː.efˈəʊ/ US: /-ˈoʊ/ *n* [C] ⇒ovni ■ Procede de *Unidentified Flying Object* (objeto volador no identificado)

Uganda /juːˈgæn.də/ *n* [U] ⇒Uganda

Ugandan /juːˈgæn.dən/ *adj, n* [C] ⇒ugandés,-a

ugh /ʊx, ɜː/ *excl* ⇒¡puaj!: *Ugh, that's disgusting!* - ¡Puaj, es asqueroso!

† **ugly** /ˈʌg.li/ *adj* [*comp* uglier, *superl* ugliest] **1** ⇒feo,a **2** *(una situación)* ⇒feo,a ⇒alarmante

Ukraine /juːˈkreɪn/ *n* [U] ⇒Ucrania

Ukrainian /juːˈkreɪ.ni.ən/ *adj, n* [C] ⇒ucraniano,na ⇒ucranio,na

ulcer UK: /ˈʌl.səʳ/ US: /-sə/ *n* [C] *(en medicina)* ⇒úlcera

† **ultimate** UK: /ˈʌl.tɪ.mət/ US: /-ə-/ *adj* **1** ⇒último,ma **2** ⇒definitivo,va **3** ⇒supremo,ma ⇒máximo,ma

ultimatum UK: /ˌʌl.tɪˈmeɪ.təm/ US: /-əˈmeɪ.əm/ *n* [C] ⇒ultimátum

† **umbrella** /ʌmˈbrel.ə/ *n* [C] **1** ⇒paraguas **2** *US* ⇒sombrilla grande

umpire UK: /ˈʌm.paɪəʳ/ US: /-paɪr/ *n* [C] *(en tenis, en cricket, en béisbol)* ⇒árbitro,tra

UN /ˌjuːˈen/ *n* [NO PL] ⇒ONU ■ Procede de *United Nations* (Naciones Unidas)

† **unable** /ʌnˈeɪ.bl̩/ *adj* **1** ⇒incapaz: *I looked at him, unable to say a word* - Lo miré, incapaz de decir una palabra **2** *I'm sorry, I'm unable to help you at the moment* - Lo siento, me es imposible ayudarte en este momento **3** *He was unable to come* - No ha podido venir ■ PRON. Rima con *table*

† **unacceptable** /ˌʌn.əkˈsep.tə.bl̩/ *adj* ⇒inaceptable

unadventurous *adj* ⇒cauto,ta ⇒cauteloso,sa ⇒poco atrevido,da

unaffected /ˌʌn.əˈfek.tɪd/ *adj* **1** ⇒no afectado,da ⇒impasible **2** *(una persona o su comportamiento)* ⇒sincero,ra ⇒natural

unanimous /juːˈnæn.ɪ.məs/ *adj* ⇒unánime: *a unanimous decision* - una decisión unánime

unarmed UK: /ʌnˈɑːmd/ US: /-ˈɑːrmd/ *adj* ⇒desarmado,da ⇒sin armas ■ PRON. La *e* no se pronuncia

unattractive /ˌʌn.əˈtræk.tɪv/ *adj* ⇒poco atractivo,va

unavailable /ˌʌn.əˈveɪ.lə.bl̩/ *adj* ⇒no disponible

unavoidable /ˌʌn.əˈvɔɪ.də.bl̩/ *adj* ⇒inevitable: *I'm afraid that it is unavoidable* - Me temo que no podemos evitarlo

† **unaware** UK: /ˌʌn.əˈweəʳ/ US: /-ˈwer/ *adj* **1** *(sin saber)* ⇒inconsciente **2** *to be unaware of a problem* - ignorar un problema ■ CONSTR. Se usa detrás de un verbo

unbearable UK: /ʌnˈbeə.rə.bl̩/ US: /-ˈber.ə-/ *adj* ⇒insoportable: *That smell is unbearable!* - ¡Ese olor es insoportable!

unbeatable UK: /ʌnˈbiː.tə.bl̩/ US: /-ˤt̬ə-/ *adj* **1** ⇒insuperable ⇒inmejorable **2** ⇒invencible

unbeaten /ʌnˈbiː.tᵊn/ *adj (un competidor)* ⇒invicto,ta

† **unbelievable** /ˌʌn.bɪˈliː.və.bl̩/ *adj* ⇒increíble

unbroken UK: /ʌnˈbrəʊ.kᵊn/ US: /-ˈbroʊ-/ *adj* **1** ⇒continuado,da ⇒ininterrumpido,da **2** ⇒intacto,ta **3** *(espíritu)* ⇒sin quebrantar

uncanny /ʌnˈkæn.i/ *adj* [*comp* uncannier, *superl* uncanniest] **1** ⇒sorprendente ⇒asombroso,sa **2** ⇒misterioso,sa ⇒raro,ra

† **uncertain** UK: /ʌnˈsɜː.tᵊn/ US: /-ˈsɝː-/ *adj* **1** *(una persona)* ⇒indeciso,sa ⇒titubeante **2** *(una situación)* ⇒dudoso,sa ⇒inseguro,ra

uncertainly UK: /ʌnˈsɜː.tᵊn.li/ US: /-ˈsɝː-/ *adv* ⇒con vacilación ⇒de manera insegura

† **unchanged** /ʌnˈtʃeɪndʒd/ *adj* ⇒igual ⇒sin cambiar ⇒inalterado

† **uncle** /ˈʌŋ.kl̩/ *n* [C] *(pariente)* ⇒tío

† **unclear** UK: /ʌnˈklɪəʳ/ US: /-ˈklɪr/ *adj* ⇒poco claro,ra: *These instructions are unclear* - Estas instrucciones son poco claras; *I'm still unclear about it* - Todavía no lo tengo claro

† **uncomfortable** UK: tUS: /-ˈkʌmp.fə.ə-/ *adj* ⇒incómodo,da: *an uncomfortable situation* - una situación incómoda

uncomfortably UK: /ʌnˈkʌmpf.tə.bli/ US: /-ˈkʌmp.fɚ.ə-/ *adv* ⇒de forma incómoda

uncommon UK: /ʌnˈkɒm.ən/ US: /-ˈkɑː.mən/ *adj* ⇒poco corriente ⇒poco común ⇒insólito,ta

uncompromising UK: /ʌnˈkɒm.prə.maɪ.zɪŋ/ US: /-ˈkɑːm-/ *adj* ⇒intransigente ⇒inflexible

unconcerned UK: /ˌʌn.kənˈsɜːnd/ US: /-ˈsɝːnd/ *adj* ⇒despreocupado,da ⇒indiferente

unconditional /ˌʌn.kənˈdɪʃ.ən.əl/ *adj* ⇒sin condiciones ⇒incondicional

†**unconscious** UK: /ʌnˈkɒn.tʃəs/ US: /-ˈkɑːn-/ *adj* ⇒inconsciente: *He was unconscious for several minutes* - Se quedó inconsciente durante unos minutos

uncontrollable UK: /ˌʌn.kənˈtrəʊ.lə.bl̩/ US: /-ˈtroʊ-/ *adj* ⇒incontrolable ⇒incontenible

unconventional /ˌʌn.kənˈven.tʃən.əl/ *adj* ⇒inusual ⇒poco convencional

unconvincing /ˌʌn.kənˈvɪnt.sɪŋ/ *adj* ⇒poco convincente: *Your arguments are quite unconvincing* - Tus argumentos son muy poco convincentes

uncountable UK: /ʌnˈkaʊn.tə.bl̩/ US: /-ˁt̬ə-/ *adj* *(en gramática)* ⇒incontable ■ Ver cuadro countable / uncountable nouns

uncouth /ʌnˈkuːθ/ *adj* ⇒grosero,ra ⇒rudo,da

†**uncover** UK: /ʌnˈkʌv.əʳ/ US: /-ɚ/ *v* [T] **1** ⇒destapar: *He uncovered the pot and tasted the food* - Destapó la olla y probó la comida **2** ⇒descubrir ⇒destapar

undated UK: /ʌnˈdeɪ.tɪd/ US: /-ɪd/ *adj (un documento)* ⇒sin fechar ⇒sin datar

undecided /ˌʌn.dɪˈsaɪ.dɪd/ *adj* **1** *(una persona): He is undecided* - No ha decidido todavía **2** *(una situación)* ⇒pendiente ⇒no resuelto,ta

undeniable /ˌʌn.dɪˈnaɪ.ə.bl̩/ *adj* ⇒innegable ⇒indudable

†**under** UK: /ˈʌn.dəʳ/ US: /-dɚ/ *prep* **1** ⇒debajo de ⇒bajo **2** ⇒bajo **3** *(edad)* ⇒menor de **4** ⇒menos de **5** ⇒con **6** ⇒en el apartado

undercook UK: /ˌʌn.dəˈkʊk/ US: /-dɚ-/ *v* [T] *(un alimento)* ⇒cocinar menos de lo debido ■ CONSTR. Se usa más en pasiva

undercooked UK: /ˌʌn.dəˈkʊkt/ US: /-dɚ-/ *adj* *(un alimento)* ⇒poco hecho,cha

undercover UK: /ˌʌn.dəˈkʌv.əʳ/ US: /-dɚˈkʌv.ɚ/ *adj, adv* **1** ⇒secreto,ta ⇒clandestino,na **2** ⇒en secreto

underdog UK: /ˈʌn.də.dɒg/ US: /-dɚ.dɑːg/ **the ~** ⇒el que tiene menos posibilidades de ganar en un juego ⇒el más débil, la más débil

†**underestimate** UK: /ˌʌn.dəˈres.tɪ.meɪt/ US: /-dɚˈes-/ [underestimated, underestimating] *v* [T, I] ⇒infravalorar ⇒subestimar

†**undergo, underwent, undergone** UK: /ˌʌn.dəˈgəʊ/ US: /-dɚˈgoʊ/ [undergoes] *v* [T] ⇒sufrir ⇒someter(se)

undergone past participle of **undergo**

undergraduate UK: /ˌʌn.dəˈgræd.ju.ət/ US: /-dɚ-/ *n* [C] ⇒estudiante universitario,ria

underground[1] UK: /ˌʌn.dəˈgraʊnd/ US: /-dɚ-/ *adj, adv* **1** ⇒subterráneo,a ⇒bajo tierra **2** ⇒clandestino,na **3** *(cultura)* ⇒alternativo,va ⇒underground

underground[2] UK: /ˈʌn.də.graʊnd/ US: /-dɚ-/ *UK* (*US* **subway**) *n* [NO PL] *(medio de transporte)* ⇒metro ⇒subterráneo AMÉR.

undergrowth UK: /ˈʌn.də.grəʊθ/ US: /-dɚ.groʊθ/ *n* [U] ⇒maleza ⇒matorrales

underlain past participle of **underlie**

underlay UK: /ˈʌn.də.leɪ/ US: /-dɚ.leɪ/ past tense of **underlie**

†**underlie, underlay, underlain** UK: /ˌʌn.dəˈlaɪ/ US: /-dɚ-/ [underlying] *v* [T] ⇒subyacer

†**underline** UK: /ˌʌn.dəˈlaɪn/ US: /-dɚ-/ [underlined, underlining] *v* [T] ⇒subrayar: *Underline the words that begin with «b»* - Subraye las palabras que empiezan por «b»

underlying UK: /ˌʌn.dəˈlaɪ.ɪŋ/ US: /-dɚ-/ *adj* ⇒subyacente

†**undermine** UK: /ˌʌn.dəˈmaɪn/ US: /-dɚ-/ [undermined, undermining] *v* [T] ⇒socavar ⇒minar

†**underneath** UK: /ˌʌn.dəˈniːθ/ US: /-dɚ-/ *adv, prep* **1** ⇒debajo de ⇒por debajo de **2** ⇒debajo

underpants UK: /ˈʌn.də.pænts/ US: /-dɚ-/ *n* [PL] ⇒calzoncillos: *a pair of underpants* - unos calzoncillos

underpass UK: /ˈʌn.də.pɑːs/ US: /-dɚ.pæs/ [*pl* underpasses] (*UK tb* **subway**) *n* [C] ⇒paso subterráneo

underprivileged UK: /ˌʌn.dəˈprɪv.ɪ.lɪdʒd/ US: /-dɚ-/ *adj* ⇒marginado,da

undershirt UK: /ˈʌn.də.ʃɜːt/ US: /-dɚ.ʃɝːt/ *US* (*UK* **vest**) *n* [C] ⇒camiseta [interior] ⇒franela AMÉR.

underside UK: /ˈʌn.də.saɪd/ US: /-dɚ-/ *n* [C] **1** ⇒parte de abajo **2** *(de un coche)* ⇒bajos

†**understand, understood, understood** UK: /ˌʌn.dəˈstænd/ US: /-dɚ-/ *v* [T, I] **1** ⇒comprender ⇒entender ■ CONSTR. 1. to understand + (that) 2. to understand + interrogativa indirecta **2** ⇒explicarse ■ CONSTR. to understand + interrogativa indirecta

understandable UK: /ˌʌn.dəˈstæn.də.bl̩/ US: /-dɚ-/ *adj* ⇒comprensible

understanding[1] UK: /ˌʌn.dəˈstæn.dɪŋ/ US: /-dɚ-/ ▌ *n* [U] **1** ⇒comprensión ▌ *n* [C] **2** ⇒entendimiento ⇒acuerdo

†**understanding**[2] UK: /ˌʌn.dəˈstæn.dɪŋ/ US: /-dɚ-/ *adj* **1** ⇒comprensivo,va **2** ⇒condescendiente

understatement UK: /ˌʌn.dəˈsteɪt.mənt/ US: /-dɚ-/ *n* [U, NO PL] ⇨eufemismo

understood past tense and past participle forms of **understand**

↑**undertake, undertook, undertaken** UK: /ˌʌn.dəˈteɪk/ US: /-dɚ-/ [undertaking] *v* [T] **1** *(form)* ⇨emprender ⇨abordar **2 to ~ to do *sth*** *(form)* ⇨comprometerse a hacer algo

undertaken past participle of **undertake**

undertaker UK: /ˈʌn.dəˌteɪ.kəʳ/ US: /-dɚˌteɪ.kɚ/ *n* [C] ⇨director,-a de pompas fúnebres

undertaking UK: /ˌʌn.dəˈteɪ.kɪŋ/ US: /ˈʌn.dɚˌteɪ.kɪŋ/ *n* [C] ⇨empresa ⇨tarea

undertook past tense of **undertake**

underwater UK: /ˌʌn.dəˈwɔː.təʳ/ US: /-dɚˈwɑː.ɚ/ *adj, adv* **1** ⇨bajo el agua **2** ⇨submarino,na

↑**underwear** UK: /ˈʌn.də.weəʳ/ US: /-dɚ.wer/ *n* [U] ⇨ropa interior

underwent UK: /ˌʌn.dəˈwent/ US: /-dɚ-/ past tense of **undergo**

underworld UK: /ˈʌn.də.wɜːld/ US: /-dɚ.wɝːld/ *n* [NO PL] **1** ⇨hampa **2 the ~** *(en la mitología)* ⇨el infierno ⇨el averno

undesirable UK: /ˌʌn.dɪˈzaɪə.rə.bl̩/ US: /-ˈzaɪr.ə-/ *adj (form)* ⇨indeseable

undid /ʌnˈdɪd/ past tense of **undo**

undisputed UK: /ˌʌn.dɪˈspjuː.tɪd/ US: /-ɪd/ *adj* ⇨indiscutible ⇨incuestionable ⇨innegable

↑**undo, undid, undone** /ʌnˈduː/ [undoes] *v* [T] **1** ⇨desatar(se): *to undo one's shoelaces* - desatarse los cordones de los zapatos **2** ⇨deshacer(se) **3** ⇨desabrochar(se) **4** ⇨anular ⇨deshacer

undone /ʌnˈdʌn/ past participle of **undo**

undoubtedly UK: /ʌnˈdaʊ.tɪd.li/ US: /-ɪd-/ *adv* ⇨indudablemente ⇨sin duda ■ PRON. La *b* no se pronuncia y la *e* se pronuncia como la *i* en *did*

↑**undress** /ʌnˈdres/ [undresses] *v* [T, I] ⇨desnudar(se) ⇨quitar(se) la ropa

undressed /ʌnˈdrest/ *adj* ⇨desnudo,da ⇨biringo,ga *AMÉR. col.;* ⇨pilucho,cha *AMÉR. col.*

undue UK: /ʌnˈdjuː/ US: /-ˈduː/ *adj (form)* ⇨excesivo,va ⇨demasiado,da

unearth UK: /ʌnˈɜːθ/ US: /-ˈɝːθ/ *v* [T] **1** ⇨desvelar ⇨sacar a la luz **2** ⇨desenterrar

unease *n* [U] **1** ⇨inquietud ⇨malestar ⇨desasosiego **2** ⇨insatisfacción

↑**uneasy** /ʌnˈiː.zi/ *adj* [*comp* uneasier, *superl* uneasiest] **1** ⇨inquieto,ta ⇨preocupado,da **2** *(una situación)* ⇨incómodo,da

↑**unemployed** /ˌʌn.ɪmˈplɔɪd/ *adj (una persona)* ⇨parado,da ⇨en paro ⇨sin trabajo ■ PRON. La última *e* no se pronuncia

unemployment /ˌʌn.ɪmˈplɔɪ.mənt/ *n* [U] ⇨desempleo ⇨paro

unequal /ʌnˈiː.kwəl/ *adj* **1** *(form)* ⇨desigual **2** ⇨injusto,ta **3** *to be unequal to sth* - no dar la talla para hacer algo

unethical /ˌʌnˈeθ.ɪ.kəl/ *adj* ⇨poco ético,ca ⇨inmoral

↑**uneven** /ʌnˈiː.vən/ *adj* ⇨irregular ⇨desigual

uneventful /ˌʌn.ɪˈvent.fəl/ *adj* **1** ⇨apacible ⇨tranquilo,la **2** ⇨sin incidentes

↑**unexpected** /ˌʌn.ɪkˈspek.tɪd/ *adj* ⇨inesperado,da ⇨imprevisto,ta ■ PRON. La última *e* se pronuncia como la *i* en *did*

↑**unfair** UK: /ʌnˈfeəʳ/ US: /-ˈfer/ *adj* ⇨injusto,ta

unfairness UK: /ʌnˈfeə.nəs/ US: /-ˈfer-/ *n* [U] ⇨injusticia

unfaithful /ʌnˈfeɪθ.fəl/ *adj* ⇨infiel

↑**unfamiliar** UK: /ʌn.fəˈmɪl.i.əʳ/ US: /-jɚ/ *adj* **1** ⇨desconocido,da ⇨extraño **2 to be ~ with *sth*** ⇨no estar familiarizado,da con algo

unfashionable /ʌnˈfæʃ.ən.ə.bl̩/ *adj* ⇨pasado,da de moda

unfasten UK: /ʌnˈfɑː.sən/ US: /-ˈfæs-/ *v* [T, I] **1** ⇨desatar: *to unfasten a knot* - desatar un nudo **2** ⇨desabrochar ⇨soltar

unfavourable UK: /ʌnˈfeɪ.vər.ə.bl̩/ US: /-vɚ-/ *UK adj* **1** ⇨desfavorable **2** ⇨adverso,sa ⇨hostil

unfinished /ʌnˈfɪn.ɪʃt/ *adj* ⇨inconcluso,sa ⇨incompleto,ta

↑**unfit** /ʌnˈfɪt/ *adj* **1** *UK (una persona)* ⇨en baja forma **2** ⇨inadecuado,da **3** ⇨no apto: *unfit for human consumption* - no apto para el consumo humano

unfold UK: /ʌnˈfəʊld/ US: /-ˈfoʊld/ ▮ *v* [I] **1** ⇨revelar(se) ⇨desplegar(se) ▮ *v* [T] **2** ⇨relatar ▮ *v* [T, I] **3** ⇨desplegar **4** ⇨abrir

unforeseen UK: /ˌʌn.fəˈsiːn/ US: /-fɚ-/ *adj* ⇨imprevisto: *unforeseen circumstances* - circunstancias imprevistas

unforgettable UK: /ˌʌn.fəˈget.ə.bl̩/ US: /-fɚˈge-/ *adj* ⇨inolvidable

↑**unfortunate** UK: /ʌnˈfɔː.tʃən.ət/ US: /-ˈfɔːr-/ *adj* **1** ⇨desafortunado,da ⇨desgraciado,da **2** *(un comentario)* ⇨desacertado,da ⇨inoportuno,na **3** *(un accidente)* ⇨desgraciado,da **4** *How unfortunate!* - ¡Qué mala suerte!

unfortunately UK: /ʌnˈfɔː.tʃən.ət.li/ US: /-ˈfɔːr-/ *adv* ⇨desafortunadamente ⇨desgraciadamente

↑**unfriendly** /ʌnˈfrend.li/ *adj* [*comp* unfriendlier, *superl* unfriendliest] **1** ⇨antipático,ca **2** ⇨poco amistoso,sa **3** ⇨hostil

ungrateful /ʌnˈgreɪt.fəl/ *adj* ⇨desagradecido,da ⇨ingrato,ta

unhappily /ʌnˈhæp.ɪ.li/ *adv* **1** ⇨tristemente **2** ⇨desgraciadamente

unhappiness /ʌnˈhæp.ɪ.nəs/ *n* [U] ⇨infelicidad ⇨tristeza

† **unhappy** /ʌn'hæp.i/ *adj* [*comp* unhappier, *superl* unhappiest] **1** ⇒infeliz ⇒desgraciado,da **2 to be ~ {about/at/with} *sth*** ⇒estar descontento,ta por algo

unharmed UK: /ʌn'hɑːmd/ US: /-'hɑːrmd/ *adj* ⇒ileso,sa: *She escaped unharmed from the accident* - Salió ilesa del accidente ■ CONSTR. Se usa detrás de un verbo

unhealthy /ʌn'hel.θi/ *adj* [*comp* unhealthier, *superl* unhealthiest] **1** ⇒enfermizo,za **2** ⇒perjudicial ⇒insalubre **3** *(un interés)* ⇒morboso,sa ⇒malsano,na

unhelpful /ʌn'help.fᵊl/ *adj* **1** ⇒de poca ayuda **2** ⇒poco servicial

unhurt UK: /ʌn'hɜːt/ US: /-'hɝːt/ *adj* ⇒ileso,sa: *They walked away from the car accident unhurt* - Salieron ilesos del accidente de coche

unicycle /'juː.nɪˌsaɪ.kl̩/ *n* [C] *(vehículo)* ⇒monociclo

unidentified UK: /ˌʌn.aɪ'den.tɪ.faɪd/ US: /-ə-/ *adj* ⇒sin identificar ⇒no identificado,da

uniform[1] UK: /'juː.nɪ.fɔːm/ US: /-fɔːrm/ *n* [C, U] **1** ⇒uniforme: *a police uniform* - un uniforme de policía **2 in ~** ⇒de uniforme

uniform[2] UK: /'juː.nɪ.fɔːm/ US: /-fɔːrm/ *adj* ⇒uniforme: *uniform treatment* - trato uniforme

unify /'juː.nɪ.faɪ/ [unifies, unified] *v* [T] ⇒unificar: *to unify a team* - unificar a un equipo

† **unimportant** UK: /ˌʌn.ɪm'pɔː.tᵊnt/ US: /-'pɔːr-/ *adj* **1** ⇒poco importante **2** ⇒sin importancia ⇒irrelevante

uninhabited UK: /ˌʌn.ɪn'hæb.ɪ.tɪd/ US: /-ɪd/ *adj* ⇒deshabitado,da ⇒desierto,ta ■ PRON. La *e* se pronuncia como la *i* en *did*

uninhibited UK: /ˌʌn.ɪn'hɪb.ɪ.tɪd/ US: /-ˤt̬ɪd/ *adj* ⇒desinhibido,da

uninterested UK: /ʌn'ɪn.tᵊr.es.tɪd/ US: /-tə-/ *adj* ⇒indiferente ⇒no interesado,da

† **union** /'juː.ni.ən/ ■ *n* [C] **1** ⇒sindicato ■ *n* [U, NO PL] **2** *(de personas)* ⇒unión ⇒asociación **3** ⇒unión

† **unique** /jʊ'niːk/ *adj* **1** ⇒único,ca **2 to be ~ to *sth/sb*** ⇒ser exclusivo,va de ⇒darse únicamente en

unison /'juː.nɪ.sᵊn/ **in ~** ⇒al unísono

† **unit** /'juː.nɪt/ *n* [C] **1** *(en una organización)* ⇒unidad **2** *(medida)* ⇒unidad **3** ⇒módulo [de un mueble]: *kitchen units* - módulos de cocina

† **unite** /jʊ'naɪt, juː-/ [united, uniting] *v* [T, I] ⇒unir(se): *They united in marriage six years ago* - Se unieron en matrimonio hace seis años

united /jʊ'naɪ.tɪd, juː-/ US: /-ˤt̬ɪd/ *adj* ⇒unido,da

unity UK: /'juː.nɪ.ti/ UK: /juː-/ US: /-nə.i/ *n* [U] ⇒unidad ⇒armonía

† **universal** UK: /ˌjuː.nɪ'vɜː.sᵊl/ US: /-'vɝː-/ *adj* ⇒universal

† **universe** UK: /'juː.nɪ.vɜːs/ US: /-vɝːs/ *n* [C, NO PL] ⇒universo

† **university** UK: /ˌjuː.nɪ'vɜː.sɪ.ti/ US: /-'vɝː.sə.i/ [*pl* universities] *n* [C] ⇒universidad: *to be at university* - estar en la universidad

unjust /ʌn'dʒʌst/ *adj* ⇒injusto,ta: *an unjust system* - un sistema injusto ■ Es algo más formal que *unfair*

unkempt /ʌn'kempt/ *adj* **1** *(un aspecto)* ⇒desaliñado,da ⇒descuidado,da **2** *(el pelo)* ⇒despeinado,da

† **unkind** /ʌn'kaɪnd/ *adj* ⇒poco amable ⇒antipático,ca ⇒cruel

† **unknown** UK: /ʌn'nəʊn/ US: /-'noʊn/ *adj* ⇒desconocido,da

unlawful UK: /ʌn'lɔː.fᵊl/ US: /-'lɑː-/ *adj (form)* ⇒ilegal

unleaded /ʌn'led.ɪd/ *adj* ⇒sin plomo: *unleaded petrol* - gasolina sin plomo

unleash /ʌn'liːʃ/ [unleashes] *v* [T] **1** ⇒desencadenar ⇒desatar **2** *(un perro)* ⇒soltar

† **unless** /ən'les/ *conj* ⇒si no ⇒a no ser que ⇒a menos que

unlike[1] /ʌn'laɪk/ *prep* **1** ⇒a diferencia de: *Unlike me, my sister likes sports* - A diferencia de mí, a mi hermana le gusta el deporte **2** ⇒raro en ⇒impropio de

† **unlike**[2] /ʌn'laɪk/ *adj* ⇒distinto,ta [de algo] ■ CONSTR. Se usa detrás de un verbo

† **unlikely** /ʌn'laɪ.kli/ *adj* [*comp* unlikelier, *superl* unlikeliest] **1** ⇒improbable ⇒poco probable **2** ⇒inverosímil: *an unlikely excuse* - una excusa inverosímil

unlimited UK: /ʌn'lɪm.ɪ.tɪd/ US: /-ɪd/ *adj* ⇒ilimitado,da

unload UK: /ʌn'ləʊd/ US: /-'loʊd/ *v* [T, I] ⇒descargar: *to unload a lorry* - descargar un camión

† **unlock** UK: /ʌn'lɒk/ US: /-'lɑːk/ *v* [T] ⇒abrir [con llave]: *Can you unlock the door, please?* - ¿Puedes abrir la puerta?

unluckily /ʌn'lʌk.ɪ.li/ *adv* ⇒desgraciadamente

† **unlucky** /ʌn'lʌk.i/ *adj* [*comp* unluckier, *superl* unluckiest] ⇒desafortunado,da ⇒salado,da *AMÉR.*

unmanned /ʌn'mænd/ *adj* **1** *(una nave)* ⇒sin tripulación **2** *(una instalación militar)* ⇒desguarnecido,da ■ PRON. La *e* no se pronuncia

unmarried UK: /ʌn'mær.ɪd/ US: /-'mer-/ *adj* ⇒soltero,ra

unmistakable /ˌʌn.mɪ'steɪ.kə.bl̩/ *adj* ⇒inconfundible: *That singer's voice is unmistakable* - La voz de ese cantante es inconfundible

unmoved /ʌn'muːvd/ *adj* ⇒impasible: *to remain unmoved by sth* - permanecer impasible ante algo

† **unnatural** UK: /ʌnˈnætʃ.ᵊr.ᵊl/ US: /-ɚ-/ *adj* **1** ⇒extraño,ña ⇒anormal **2** *(un comportamiento)* ⇒forzado,da ⇒afectado,da

† **unnecessary** /ʌnˈnes.ə.ser.i/ *adj* **1** ⇒prescindible ⇒innecesario,ria **2** *(un comentario o una acción)* ⇒innecesario,ria ⇒gratuito,ta

unnoticed UK: /ʌnˈnəʊ.tɪst/ US: /-ˈnoʊ.ɪst/ *adj* ⇒desapercibido,da: *The mistake went unnoticed* - El error pasó desapercibido

unobtrusive /ˌʌn.əbˈtruː.sɪv/ *adj* ⇒discreto,ta

unofficial /ˌʌn.əˈfɪʃ.ᵊl/ *adj* ⇒no oficial ⇒extraoficial

unopened *adj* ⇒sin abrir ■ PRON. La *e* no se pronuncia

unorthodox UK: /ʌnˈɔː.θə.dɒks/ US: /-ˈɔːr.θə.dɑːks/ *adj* ⇒no ortodoxo,xa ⇒poco ortodoxo,xa

† **unpack** /ʌnˈpæk/ *v* [T, I] **1** ⇒deshacer las maletas ⇒desempacar *AMÉR.* **2** ⇒desempaquetar

unpaid /ʌnˈpeɪd/ *adj* **1** ⇒impagado,da ⇒no pagado,da **2** ⇒no remunerado,da

† **unpleasant** /ʌnˈplez.ᵊnt/ *adj* **1** ⇒desagradable: *an unpleasant odour* - un olor desagradable **2** *(una persona)* ⇒desagradable ⇒antipático,ca ■ CONSTR. Se usa detrás de un verbo

unpleasantly /ʌnˈplez.ᵊnt.li/ *adv* ⇒de forma desagradable

unplug [unplugged, unplugging] *v* [T] ⇒desenchufar: *to unplug the radio* - desenchufar la radio

† **unpopular** UK: /ʌnˈpɒp.jʊ.ləʳ/ US: /-ˈpɑː.pjə.lɚ/ *adj* ⇒impopular ⇒poco popular

† **unprecedented** UK: /ʌnˈpres.ɪ.den.tɪd/ US: /-ɪd/ *adj* ⇒sin precedentes: *on an unprecedented scale* - a un nivel sin precedentes

† **unpredictable** /ˌʌn.prɪˈdɪk.tə.bl̩/ *adj* ⇒impredecible ⇒imprevisible

unqualified UK: /ʌnˈkwɒl.ɪ.faɪd/ US: /-ˈkwɑː.lɪ-/ *adj* **1** ⇒no cualificado,da: *He's unqualified to give medical advice* - No está cualificado para dar consejos médicos **2** *(form)* ⇒rotundo,da ⇒total

unravel /ʌnˈræv.ᵊl/ [unravelled, unravelling; *US* unraveled, unraveled] *v* [T, I] **1** *(un misterio)* ⇒desentrañar(se) ⇒desenmarañar(se) **2** *(una cuerda)* ⇒desenredar(se) **3** *(algo echo con esfuerzo)* ⇒derrumbar(se) ⇒deshacer(se)

unreal UK: /ʌnˈrɪəl/ US: /-ˈriːl/ *adj* **1** ⇒irreal **2** ⇒alucinante ⇒increíble

† **unrealistic** UK: /ˌʌn.rɪəˈlɪs.tɪk/ US: /-riː.ə-/ *adj* ⇒poco realista

† **unreasonable** /ʌnˈriː.zᵊn.ə.bl̩/ *adj* **1** ⇒poco razonable **2** ⇒injusto,ta ⇒excesivo,va

† **unreliable** /ˌʌn.rɪˈlaɪə.bl̩/ *adj* **1** *(una persona)* ⇒informal ⇒irresponsable **2** *(un aparato)* ⇒inseguro,ra ⇒poco fiable **3** *(una fuente)* ⇒poco fiable ⇒dudoso,sa

unrest /ʌnˈrest/ *n* [U] **1** ⇒malestar ⇒descontento **2** ⇒disturbios

unroll UK: /ʌnˈrəʊl/ US: /-ˈroʊl/ *v* [T, I] ⇒desenrollar(se): *to unroll a wire* - desenrollar un cable

unruly /ʌnˈruː.li/ *adj* [*comp* unrulier, *superl* unruliest] **1** ⇒revoltoso,sa: *an unruly child* - un niño revoltoso **2** *(el pelo)* ⇒rebelde

unsafe /ʌnˈseɪf/ *adj* ⇒peligroso,sa

unsatisfactory UK: /ʌnˌsæt.ɪsˈfæk.tᵊr.i/ US: /-ˌsæ.ɪsˈfæk.tɚ-/ *adj* ⇒insatisfactorio,ria ⇒decepcionante

unsavoury UK: /ʌnˈseɪ.vᵊr.i/ US: /-vɚ-/ *UK adj* **1** *(una película, un comentario)* ⇒desagradable ⇒ofensivo,va **2** *(una persona)* ⇒desagradable ⇒repugnante

unscathed /ʌnˈskeɪðd/ *adj* ⇒ileso,sa: *She escaped unscathed from the accident* - Salió ilesa del accidente ■ CONSTR. Se usa detrás de un verbo

unscramble /ʌnˈskræm.bl̩/ [unscrambled, unscrambling] *v* [T] ⇒descifrar ⇒decodificar

unscrew /ʌnˈskruː/ *v* [T] ⇒desatornillar ⇒desenroscar

unscrupulous /ʌnˈskruː.pjʊ.ləs/ *adj* ⇒sin escrúpulos

unseen /ʌnˈsiːn/ *adj* ⇒sin ser visto,ta

unsightly /ʌnˈsaɪt.li/ *adj* [*comp* unsightlier, *superl* unsightliest] *(form)* ⇒antiestético,ca ⇒feo,a

unskilled /ʌnˈskɪld/ *adj* **1** *(una persona)* ⇒no especializado,da ⇒no cualificado,da **2** *(un trabajo)* ⇒no especializado,da ■ PRON. La *e* no se pronuncia

unsmiling /ʌnˈsmaɪ.lɪŋ/ *adj* ⇒sin sonreír

unsolved UK: /ˌʌnˈzɒlvd/ US: /-ˈzɑːlvd/ *adj* ⇒sin resolver

unspoken UK: /ʌnˈspəʊ.kᵊn/ US: /-ˈspoʊ-/ *adj* ⇒tácito,ta

unstable /ʌnˈsteɪ.bl̩/ *adj* ⇒inestable

unsteady /ʌnˈsted.i/ *adj* [*comp* unsteadier, *superl* unsteadiest] **1** ⇒inestable ⇒inseguro,ra **2** *(una mano o una voz)* ⇒tembloroso,sa

unstuck /ʌnˈstʌk/ **to come ~ 1** ⇒despegarse **2** *UK (inform)* ⇒irse al traste *col.;* ⇒fallar

† **unsuccessful** /ˌʌn.səkˈses.fᵊl/ *adj* **1** ⇒infructuoso,sa **2** ⇒fallido,da ■ PRON. La primera *c* se pronuncia como una *k* y la segunda como una *s*

† **unsuitable** UK: /ʌnˈsjuː.tə.bl̩/ US: /-ˈsuː.ə-/ *adj* ⇒inadecuado,da ⇒inapropiado,da ⇒no apto,ta

unsure UK: /ʌnˈʃɔːʳ/ US: /-ˈʃʊr/ *adj* **1** *(una persona)* ⇒inseguro,ra **2** *(una persona)* ⇒no seguro,ra [de algo]

unsuspecting /ˌʌn.səˈspek.tɪŋ/ *adj* **1** ⇒desprevenido,da **2** ⇒confiado,da

unsympathetic UK: /ˌʌn.sɪm.pəˈθet.ɪk/ US: /-ˈθe-/ *adj* **1** ⇒poco comprensivo,va **2** ⇒adverso,sa ■ Distinto de *unfriendly* (antipático)

untangle /ʌnˈtæŋ.gl̩/ [untangled, untangling] *v* [T] **1** *(un nudo)* ⇒desenredar ⇒desenmarañar **2** *(una situación o un problema)* ⇒descifrar ⇒desentrañar

unthinkable /ʌnˈθɪŋ.kə.bl̩/ *adj* ⇒inconcebible ⇒impensable

↑**untidy** /ʌnˈtaɪ.di/ *adj* [*comp* untidier, *superl* untidiest] ⇒desordenado,da

↑**untie** /ʌnˈtaɪ/ [untied, untying] *v* [T] ⇒desatar(se): *to untie one's shoelaces* - desatarse los cordones de los zapatos

↑**until** /ᵊnˈtɪl, ˈʌn-/ *conj, prep* **1** ⇒hasta **2** ⇒hasta que ■ Nunca se usa seguido de un verbo en futuro

untouched /ʌnˈtʌtʃt/ *adj* **1** ⇒intacto,ta **2** *(un lugar)* ⇒salvaje ⇒virgen **3** ⇒no afectado,da [por algo] **4** *(comida o bebida)* ⇒sin probar

untrue /ʌnˈtruː/ *adj* ⇒falso,sa: *That is completely untrue* - Eso es completamente falso

unused[1] /ʌnˈjuːzd/ *adj* ⇒que no se usa ⇒sin usar

unused[2] /ʌnˈjuːst/ **to be ~ to *sth*/doing *sth*** ⇒no estar acostumbrado,da a algo ■ PRON. La *e* no se pronuncia

↑**unusual** /ʌnˈjuː.ʒu.əl/ *adj* **1** ⇒inusual ⇒poco corriente **2** ⇒raro,ra ⇒extraño,ña

unusually /ʌnˈjuː.ʒu.ə.li/ *adv* ⇒inusitadamente ⇒excepcionalmente

unveil /ʌnˈveɪl/ *v* [T] **1** ⇒inaugurar ⇒presentar **2** ⇒descubrir [algo en un acto público]: *to unveil a plaque* - descubrir una placa

unwanted UK: /ʌnˈwɒn.tɪd/ US: /-ˈwɑːn.ɪd/ *adj* ⇒no deseado,da ⇒que está de más

unwarranted UK: /ʌnˈwɒr.ᵊn.tɪd/ US: /-ˈwɔːr.[ə]n.ˁţɪd/ *adj* **1** *(form)* ⇒injustificado,da **2** ⇒innecesario,ria

unwashed UK: /ʌnˈwɒʃt/ US: /-ˈwɑːʃt/ *adj* ⇒sucio,cia ⇒sin lavar

unwelcome /ʌnˈwel.kəm/ *adj* ⇒molesto,ta ⇒inoportuno,na ⇒poco grato,ta

unwell /ʌnˈwel/ *adj* **1** *(form)* ⇒indispuesto,ta **2** *to feel unwell* - encontrarse mal ■ CONSTR. Se usa detrás de un verbo

U

unwilling /ʌnˈwɪl.ɪŋ/ *adj* ⇒no dispuesto,ta ⇒reacio,cia

unwind, unwound, unwound /ʌnˈwaɪnd/ ▌*v* [I] **1** *(inform)* ⇒relajarse ▌*v* [T, I] **2** ⇒desenrollar(se): *He unwound a ball of wool* - Desenrolló un ovillo de lana

unwise /ʌnˈwaɪz/ *adj* ⇒imprudente ⇒desaconsejable

unwittingly UK: /ʌnˈwɪt.ɪŋ.li/ US: /-ˈwɪˁţ-/ *adv* *(form)* ⇒inconscientemente

unwound past tense and past participle forms of **unwind**

unzip /ʌnˈzɪp/ [unzipped, unzipping] *v* [T] **1** ⇒bajar la cremallera **2** *(en informática)* ⇒descomprimir

↑**up**[1] /ʌp/ *adv, prep* **1** ⇒hacia arriba: *to look up* - mirar hacia arriba **2** ⇒arriba: *He put the vase up on the shelf* - Puso el florero arriba en el estante **3** ⇒por: *Walk up the street with me to the corner* - Ven por la calle conmigo hasta la esquina ■ Se usa frecuentemente con verbos de movimiento. Al traducirlo en español su significado suele estar implícito en el verbo: *Go up the street until you get to the garage* - *Sube la calle hasta que llegues a la gasolinera* **4 to be ~ to (*sth*)** *(inform)* ⇒tramar: *I'm sure those kids are up to sth* - Estoy seguro de que esos niños están tramando algo **5 to be ~ to *sb*** ⇒depender de alguien: *It's up to Jenny whether or not we go* - Depende de Jenny si vamos o no **6 to be ~ to {*sth*/doing *sth*}** ⇒ser capaz de ⇒estar a la altura de **7 ~ and down** ⇒de un lado para otro: *Stop walking up and down* - Deja de ir de un lado para otro **8 ~ to** ⇒hasta: *We've got up to the end of the month to finish the project* - Tenemos hasta finales de mes para acabar el proyecto; *up to midnight* - hasta medianoche ■ CONSTR. Se usa detrás de un verbo

up[2] /ʌp/ *adj* **1** ⇒levantado,da [de la cama]: *Are you still up?* - ¿Sigues levantado? **2** *When the two months were up, he left his job* - Al término de los dos meses, dejó el trabajo **3** *Oil prices are up again* - El precio del petróleo ha subido otra vez **4** ⇒en funcionamiento **5** *The internet is up, finally* - Por fin, internet está funcionando **6** *UK (una carretera)* ⇒en obras ■ CONSTR. Se usa detrás de un verbo **7 What's ~?** ⇒¿Qué pasa?

up-and-coming /ˌʌp.ənd̍ˈkʌm.ɪŋ/ *adj (inform) (una persona)* ⇒prometedor,-a

↑**upbringing** /ˈʌpˌbrɪŋ.ɪŋ/ *n* [U] ⇒educación [impartida por los padres]

update[1] /ʌpˈdeɪt/ [updated, updating] *v* [T] ⇒actualizar ⇒poner al día

update[2] /ˈʌp.deɪt/ *n* [C] **1** ⇒información actualizada **2** ⇒actualización

upgrade[1] /ʌpˈgreɪd/ [upgraded, upgrading] *v* [T] **1** ⇒renovar **2** ⇒ascender [profesionalmente]: *She was upgraded and she earns more money now* - La ascendieron y ahora gana más dinero **3** *I was upgraded to first class on my flight to Moscow* - Me cambiaron a primera clase en el vuelo a Moscú

upgrade[2] /ˈʌp.greɪd/ *n* [C] **1** ⇒renovación ⇒actualización **2** ⇒ascenso

upheaval /ʌpˈhiː.vᵊl/ ▌*n* [U] **1** ⇒agitación: *political upheaval* - agitación política ▌*n* [C] **2**

⇨cataclismo ⇨levantamiento **3** *(en la vida)* ⇨trastorno
upheld past tense and past participle forms of **uphold**
uphill[1] /ˌʌpˈhɪl/ *adj* ⇨arduo,dua ⇨difícil
uphill[2] /ˌʌpˈhɪl/ *adv* ⇨cuesta arriba
† **uphold, upheld, upheld** UK: /ʌpˈhəʊld/ US: /-ˈhoʊld/ *v* [T] **1** *(una decisión legal)* ⇨sostener ⇨mantener ⇨confirmar **2** *(una ley, una decisión)* ⇨defender ⇨hacer cumplir
upkeep /ˈʌp.kiːp/ *n* [U] ⇨mantenimiento
uplifting /ʌpˈlɪf.tɪŋ/ *adj* **1** ⇨que levanta el ánimo **2** ⇨inspirador,-a
upmarket UK: /ˌʌpˈmɑː.kɪt/ US: /ˈʌp.mɑːr-/ *UK* (*US* **upscale**) *adj* ⇨de primera calidad
† **upon** UK: /əˈpɒn/ US: /-ˈpɑːn/ *prep* **1** *(form)* ⇨sobre **2** ⇨al: *Upon hearing the news, he broke down in tears* - Al oír la noticia, rompió a llorar
† **upper** UK: /ˈʌp.əʳ/ US: /-ɚ/ *adj* **1** ⇨superior: *the upper floors* - las plantas de arriba **2** ⇨alto,ta: *the upper class* - la clase alta
uppermost UK: /ˈʌp.ə.məʊst/ US: /-ɚ.moʊst/ *adj* **1** *(una parte de algo)* ⇨superior **2** ⇨más alto,ta **3** *to be the uppermost* - ser lo más importante **4 to be ~ in *one's* mind** ⇨ser lo que más importa a alguien ⇨ser lo que más preocupa a alguien
upright[1] /ˈʌp.raɪt/ *adv* ⇨derecho ⇨recto,ta
upright[2] /ˈʌp.raɪt/ *adj* **1** ⇨derecho,cha ⇨en posición vertical **2** ⇨honrado,da
uprising /ˈʌpˌraɪ.zɪŋ/ *n* [C] ⇨rebelión ⇨alzamiento
uproar UK: /ˈʌp.rɔːʳ/ US: /-rɔːr/ *n* [U] **1** ⇨alboroto ⇨mitote *AMÉR.* **2** ⇨revuelo
uproot /ʌpˈruːt/ *v* [T] **1** *(una planta, un árbol)* ⇨desarraigar ⇨arrancar **2** ⇨desarraigar: *They uprooted her from her country* - La desarraigaron de su país
upscale /ˈʌp.skeɪl/ *US adj* See **upmarket**
† **upset**[1] /ʌpˈset/ *adj* **1** ⇨disgustado,da ⇨alterado,da ⇨molesto,ta **2** *to have an upset stomach* - tener el estómago revuelto
upset[2], **upset, upset** /ʌpˈset/ [upsetting] *v* [T] **1** ⇨disgustar(se) ⇨molestar **2** ⇨entristecer **3** ⇨estropear ⇨salar *AMÉR.* **4** ⇨volcar ⇨derramar
upset[3] /ˈʌp.set/ ▮ *n* [U] **1** ⇨problema ⇨trastorno ⇨confusión ⇨disgusto ▮ *n* [C] **2** *(en deportes)* ⇨derrota [inesperada] **3 a {stomach/tummy} ~** *UK* ⇨dolor de estómago ⇨malestar de estómago
upshot UK: /ðiˈʌp.ʃɒt/ US: /-ʃɑːt/ **the ~** ⇨resultado final [de un debate]
upside /ˈʌp.saɪd/ *n* [NO PL] ⇨lado positivo ⇨ventaja
† **upside down** *adj, adv* **1** ⇨al revés ⇨boca abajo **2 to turn *sth* ~ 1** *(un lugar)* ⇨poner patas arriba ⇨desordenar **2** *(una vida, un sistema)* ⇨poner patas arriba ⇨cambiar por completo

UPSIDE DOWN

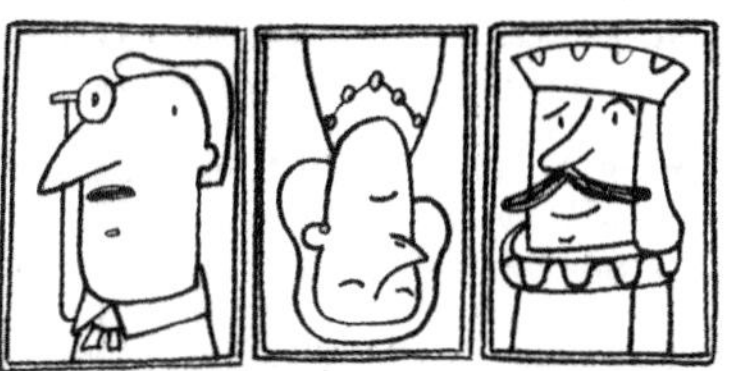

† **upstairs** UK: /ʌpˈsteəz/ US: /-ˈsterz/ *adj, adv* **1** ⇨de arriba: *She is my upstairs neighbour* - Es mi vecina de arriba **2** ⇨arriba: *Go upstairs* - Ve arriba
upstate /ˈʌp.steɪt/ *US adj, adv* ⇨del norte ⇨al norte
upstream /ˌʌpˈstriːm/ *adv* ⇨río arriba: *to go upstream* - ir río arriba
upsurge UK: /ˈʌp.sɜːdʒ/ US: /-sɝːdʒ/ *n* [C] **1** ⇨aumento **2** ⇨resurgimiento **3** ⇨recrudecimiento
† **up-to-date** /ˌʌp.təˈdeɪt/ *adj* ⇨a la moda ⇨al día ⇨actual
up-to-the-minute /ˌʌp.tə.ðəˈmɪn.ɪt/ *adj* ⇨de última hora: *up-to-the-minute information* - información de última hora
upturn UK: /ˈʌp.tɜːn/ US: /-tɝːn/ *n* [C] ⇨mejora: *an upturn in the economy* - una mejora en la economía
upturned UK: /ˌʌpˈtɜːnd/ US: /-ˈtɝːnd/ *adj* **1** ⇨dado,da la vuelta ⇨boca abajo **2** *(una nariz)* ⇨respingón,-a *col.*
upward[1] UK: /ˈʌp.wəd/ US: /-wɚd/ *US adj* ⇨al alza ⇨hacia arriba
† **upward**[2] UK: /ˈʌp.wəd/ US: /-wɚd/ *US adv* See **upwards**
upwards UK: /ˈʌp.wədz/ US: /-wɚdz/ *UK* (*US* **upward**) *adv* ⇨hacia arriba: *to look upwards* - mirar hacia arriba
uranium /jʊˈreɪ.ni.əm/ *n* [U] *(en química)* ⇨uranio
Uranus /ˈjʊə.rᵊn.əs/ *n* [NO PL] *(planeta)* ⇨Urano
† **urban** UK: /ˈɜː.bᵊn/ US: /ˈɝː-/ *adj* ⇨urbano,na: *urban myth* - leyenda urbana
urge[1] UK: /ɜːdʒ/ US: /ɝːdʒ/ [urged, urging] *v* [T, I] ⇨animar ⇨instar ■ CONSTR. 1. to urge + that 2. to urge + to do sth ■ Distinto de *to be urgent* (urgir)
urge[2] UK: /ɜːdʒ/ US: /ɝːdʒ/ *n* [C] ⇨impulso: *to have an urge to do sth* - sentir el impulso de hacer algo
urgency UK: /ˈɜː.dʒᵊnt.si/ US: /ˈɝː-/ *n* [U] ⇨urgencia
† **urgent** UK: /ˈɜː.dʒᵊnt/ US: /ˈɝː-/ *adj* ⇨urgente: *to be in urgent need of sth* - necesitar algo de forma urgente

urgently UK: /'ɜː.dʒᵊnt.li/ US: /'ɝː-/ *adv* **1** ⇒urgentemente **2** ⇒rápidamente

urinate UK: /'jʊə.rɪ.neɪt/ US: /'jʊr.ɪ-/ [urinated, urinating] *v* [I] ⇒orinar

URL /juː.ɑːr'el/ *n* [C] *(en informática)* ⇒URL ■ Procede de *uniform resource locator* (localizador uniforme de recursos)

urn UK: /ɜːn/ US: /ɝːn/ *n* [C] **1** ⇒urna funeraria **2** ⇒recipiente grande para hacer infusiones o café

Uruguay UK: /'jʊə.rə.gwaɪ/ US: /'jʊr.ə-/ *n* [U] ⇒Uruguay

Uruguayan UK: /ˌjʊə.rə'gwaɪ.ən/ US: /ˌjʊr.ə-/ *adj, n* [C] ⇒uruguayo,ya

↑**us** /ʌs, əs/ *pron* **1** ⇒nos ⇒nosotros,tras **2** *(después del verbo «to be»)* ⇒nosotros,tras ■ Ver cuadro personal pronouns

usage /'juː.sɪdʒ/ *n* [U] ⇒uso ⇒utilización

↑**use**[1] /juːz/ [used, using] *v* [T] **1** ⇒usar ⇒utilizar ■ CONSTR. to use + to do sth **2** ⇒consumir ⇒gastar **3** *(una persona)* ⇒aprovecharse

PHRASAL VERBS

- **to use *sth* up [M]** ⇒agotar ⇒acabar

↑**use**[2] /juːs/ *n* [U] **1** ⇒uso ⇒utilización **2 to be no ~** ⇒no tener sentido ⇒no merecer la pena ⇒no servir de nada **3 to have the ~ of *sth*** ⇒poder usar algo **4 to make ~ of *sth*** ⇒hacer uso de algo ⇒utilizar ⇒aprovechar algo

↑**used**[1] /juːst/ **~ to** ⇒solía: *He used to go to the seaside every summer* - Solía ir a la costa todos los veranos ■ CONSTR. used to + do sth ■ En la forma negativa: *didn't use to* ■ En la forma interrogativa: *did sb use to?* ■ PRON. La *e* no se pronuncia

used[2] /juːzd/ *adj* **1** ⇒usado,da ⇒utilizado,da **2** ⇒de segunda mano ⇒de ocasión **3 to be ~ to** ⇒estar acostumbrado,da: *I'm used to studying at night* - Estoy acostumbrada a estudiar por la noche ■ CONSTR. to be used to + doing sth **4 to get ~ to** ⇒acostumbrar(se): *My father got me used to getting up early* - Mi padre me acostumbró a levantarme pronto ■ CONSTR. to get used to + doing sth ■ PRON. La *e* no se pronuncia

useful /'juːs.fᵊl/ *adj* ⇒útil ■ PRON. La primera *u* se pronuncia como *you*

useless /'juː.sləs/ *adj* **1** ⇒inútil ⇒inservible **2** *(una persona)* ⇒inepto,ta ⇒nulo,la ■ PRON. La primera *u* se pronuncia como *you*

user UK: /'juː.zəʳ/ US: /-zɚ/ *n* [C] ⇒usuario,ria

user-friendly UK: /ˌjuː.zə'frend.li/ US: /-zɚ-/ *adj* ⇒de fácil manejo ⇒fácil para el usuario

usher UK: /'ʌʃ.əʳ/ US: /-ɚ/ *n* [C] **1** ⇒acomodador **2** ⇒ujier ■ Se emplea únicamente con hombres

↑**usual** /'juː.ʒu.əl/ *adj* **1** ⇒normal ⇒usual **2 as ~** ⇒como siempre ⇒como de costumbre

usually /'juː.ʒu.ə.li/ *adv* ⇒normalmente ■ Se sitúa detrás del verbo *to be* y de los verbos auxiliares y modales, y delante de los demás verbos: *I'm usually on time for school - Normalmente llego al colegio puntual; We usually eat dinner at six - Normalmente cenamos a las seis*

utensil /juː'ten.sɪl/ *n* [C] ⇒utensilio

↑**utility** UK: /juː'tɪl.ɪ.ti/ US: /-ə.i/ *n* [U] **1** *(form)* ⇒utilidad **2 public ~** *(de agua, gas o electricidad)* ⇒empresa que provee un servicio público

utmost[1] UK: /'ʌt.məʊst/ US: /-moʊst/ *adj (form)* ⇒máximo,ma ⇒sumo,ma

utmost[2] UK: /'ʌt.məʊst/ US: /-moʊst/ *n* [NO PL] *(form)* ⇒lo máximo posible: *She did her utmost to help them* - Se esforzó al máximo por ayudarles

utter[1] UK: /'ʌt.əʳ/ US: /'ʌ.ɚ/ *adj* ⇒total ⇒completo,ta

utter[2] UK: /'ʌt.əʳ/ US: /'ʌˁṭ.ɚ/ *v* [T] *(form)* ⇒proferir ⇒pronunciar

U-turn UK: /'juː.tɜːn/ US: /-tɝːn/ *n* [C] **1** *(en una vía)* ⇒cambio de sentido **2** *(en la vida de una persona)* ⇒giro de 180 grados

v[1] /viː/ [*pl* v's] *n* [C] *(letra del alfabeto)* ⇒v

v[2] /viː/ *UK* (*UK/US tb* **vs**) *prep* ⇒forma abreviada de **versus** (contra)

V /viː/ *n* [C, U] **1** ⇒forma abreviada de **victory** (victoria): *to make a V-sign* - hacer el signo de la victoria **2** ⇒forma abreviada de **volt** (voltio)

vacancy /ˈveɪ.kᵊnt.si/ [*pl* vacancies] *n* [C] **1** ⇒habitación libre **2** *(puesto)* ⇒vacante

vacant /ˈveɪ.kᵊnt/ *adj* **1** ⇒libre ⇒disponible **2** ⇒vacante: *We have a vacant post* - Tenemos un puesto vacante

vacate /vəˈkeɪt, veɪ-/ [vacated, vacating] *v* [T] **1** *(form) (un asiento)* ⇒dejar vacío,a **2** *(form) (un empleo)* ⇒dejar **3** *(una habitación de hotel)* ⇒dejar libre

↑ **vacation**[1] /veɪˈkeɪ.ʃᵊn/ *n* [C, U] **1** *US* (*UK* **holiday**) ⇒vacaciones **2** ⇒vacaciones universitarias ■ La forma abreviada es *vac* **3 on ~** *US* (*UK* **on holiday**) ⇒de vacaciones

vacation[2] /veɪˈkeɪ.ʃᵊn/ *US* (*UK* **holiday**) *v* [I] **1** ⇒pasar las vacaciones **2** *(en verano)* ⇒veranear

vaccine /ˈvæk.siːn/ *n* [C, U] ⇒vacuna: *the flu vaccine* - la vacuna contra la gripe

vacuum[1] /ˈvæk.juːm/ *n* [C, U] ⇒el vacío

vacuum[2] /ˈvæk.juːm/ (*UK tb* **hoover**) *v* [T, I] ⇒pasar la aspiradora

vacuum cleaner (*UK tb* **Hoover®**) *n* [C] ⇒aspiradora ■ La forma abreviada es *vac*

vagina /vəˈdʒaɪ.nə/ *n* [C] ⇒vagina

↑ **vague** /veɪg/ *adj* **1** ⇒vago,ga ⇒impreciso,sa ⇒borroso,sa **2** *(una persona)* ⇒indeciso,sa **3** ⇒distraído,da

vain /veɪn/ *adj* **1** ⇒presumido,da ⇒vanidoso,sa **2** ⇒vano,na ⇒inútil **3 in ~** ⇒en vano

Valentine's Day /ˈvæl.ən.taɪnzˌdeɪ/ *n* [C, U] ⇒día de San Valentín

valiant /ˈvæl.i.ənt/ *adj (form)* ⇒valeroso,sa

↑ **valid** /ˈvæl.ɪd/ *adj* ⇒válido,da

↑ **valley** /ˈvæl.i/ *n* [C] ⇒valle: *the Thames valley* - el valle del Támesis

valuable /ˈvæl.jʊ.bl̩/ *adj* **1** ⇒valioso,sa ⇒costoso,sa **2** ⇒valioso,sa ⇒importante

valuation /ˌvæl.juˈeɪ.ʃᵊn/ *n* [C, U] ⇒tasación ⇒valoración

↑ **value**[1] /ˈvæl.juː/ ▮ *n* [U] **1** ⇒valor ⇒importancia ▮ *n* [C] **2** ⇒valor: *old-fashioned values* - valores tradicionales ■ Se usa más en plural **3 to be good ~ (for money)** ⇒estar bien de precio: *That dress was really good value* - Ese vestido está muy bien de precio

value[2] /ˈvæl.juː/ [valued, valuing] *v* [T] **1** ⇒apreciar ⇒valorar **2** ⇒calcular ⇒valorar

valve /vælv/ *n* [C] ⇒válvula: *safety valve* - válvula de seguridad

vampire UK: /ˈvæm.paɪəʳ/ US: /-paɪr/ *n* [C] ⇒vampiro

↑ **van** /væn/ *n* [C] ⇒furgoneta ⇒camioneta

vandal /ˈvæn.dᵊl/ *n* [C] ⇒vándalo,la

vandalism /ˈvæn.dᵊl.ɪ.zᵊm/ *n* [U] ⇒vandalismo

vanilla /vəˈnɪl.ə/ *n* [U] ⇒vainilla

↑ **vanish** /ˈvæn.ɪʃ/ [vanishes] *v* [I] ⇒desaparecer ⇒esfumarse

vanity UK: /ˈvæn.ɪ.ti/ US: /-ə.i/ *n* [U] ⇒vanidad: *to do sth out of a vanity* - hacer algo por vanidad

vantage point UK: /ˈvɑːn.tɪdʒˌpɔɪnt/ US: /ˈvæn.ɪdʒ-/ *n* [C] ⇒posición estratégica

vapour UK: /ˈveɪ.pəʳ/ US: /-pə/ *UK* (*US* **vapor**) *n* [C, U] ⇒vapor

variable[1] UK: /ˈveə.ri.ə.bl̩/ US: /ˈver.i-/ *adj* ⇒variable

variable[2] UK: /ˈveə.ri.ə.bl̩/ US: /ˈver.i-/ *n* [C] *(en matemáticas)* ⇒variable

variance UK: /ˈveə.ri.ənts/ US: /ˈver.i-/ *n* [C, U] *(form)* ⇒desacuerdo: *to be at variance with sb* - estar en desacuerdo con alguien

variant UK: /ˈveə.ri.ənt/ US: /ˈver.i-/ *adj, n* [C] ⇒variante

variation UK: /ˌveə.riˈeɪ.ʃᵊn/ US: /ˌver.i-/ *n* [C] ⇒variación: *a variation in colour* - una variación en color

↑ **varied** UK: /ˈveə.rɪd/ US: /ˈver.ɪd/ *adj* ⇒variado,da

↑ **variety** UK: /vəˈraɪə.ti/ US: /-i/ ▮ *n* [U] **1** ⇒variedad ▮ *n* [C, NO PL] **2** ⇒variedad ■ El plural es *varieties* **3** ⇒tipo ■ El plural es *varieties*

†**various** UK: /ˈveə.ri.əs/ US: /ˈver.i-/ *adj* ⇒diversos,sas ⇒distintos,tas
varnish[1] UK: /ˈvɑː.nɪʃ/ US: /ˈvɑːr-/ *n* [C, U] ⇒barniz
varnish[2] UK: /ˈvɑː.nɪʃ/ US: /ˈvɑːr-/ *v* [T] ⇒barnizar
†**vary** UK: /ˈveə.ri/ US: /ˈver.i/ [varies, varied] *v* [I] **1** ⇒variar ⇒cambiar **2** ⇒oscilar
varying *adj* ⇒distinto,ta ⇒diverso,sa
†**vase** UK: /vɑːz/ US: /veɪs/ *n* [C] ⇒jarrón ■ Distinto de *glass* (vaso)
†**vast** UK: /vɑːst/ US: /væst/ *adj* ⇒vasto,ta ⇒enorme
†**vat** /væt/ *n* [C] ⇒tinaja
†**VAT** /ˌviː.eɪˈtiː, væt/ *n* [U] ⇒IVA ■ Procede de *Value Added Tax* (impuesto sobre el valor añadido)
Vatican[1] UK: /ˈvæt.ɪ.kən/ US: /ˈvæ-/ **the ~** *(el Papa y la corte pontificia)* ⇒el Vaticano
Vatican[2] UK: /ˈvæt.ɪ.kən/ US: /ˈvæ-/ *adj, n* [C] ⇒vaticano,na
Vatican City *n* [U] ⇒Vaticano
vault[1] UK: /vɒlt/ US: /vɑːlt/ *v* [T, I] ⇒saltar con una pértiga o apoyándose en algo
vault[2] UK: /vɒlt/ US: /vɑːlt/ *n* [C] **1** *(de una iglesia)* ⇒cripta **2** *(en un cementerio)* ⇒panteón **3** *(en arquitectura)* ⇒bóveda **4** *(en un banco)* ⇒cámara acorazada **5** (*tb* **pole vault**) ⇒salto con pértiga
†**VCR** UK: /ˌviː.siːˈɑːʳ/ US: /-ˈɑːr/ *US* (*UK* **video**) *n* [C] ⇒forma abreviada de **video cassette recorder** (vídeo)
VDU /ˌviː.diːˈjuː/ *n* [C] ⇒forma abreviada de **visual display unit** (pantalla de ordenador)
've /-v, -əv/ *(have)* See **have**
veal /viːl/ *n* [U] ⇒carne de ternera
veer UK: /vɪəʳ/ US: /vɪr/ *v* [I] **1** *(un vehículo)* ⇒virar ⇒desviarse **2** *(un país, la política)* ⇒cambiar de rumbo **3** *(el viento)* ⇒cambiar de dirección ■ CONSTR. Se usa generalmente seguido de una preposición o un adverbio
veg[1] /vedʒ/ [*pl* veg] *UK n* [C, U] *(inform)* ⇒forma abreviada de **vegetable** (verdura)
veg[2] /vedʒ/ [vegged, vegging]
PHRASAL VERBS
· **to veg out** *(inform)* ⇒vaguear
vegan /ˈviː.gən/ *adj, n* [C] ⇒vegetariano estricto,ta ■ No consume carne ni ningún producto derivado de animales ■ Distinto de *vegetarian* (vegetariano,na)
†**vegetable** /ˈvedʒ.tə.bl̩/ *n* [C] **1** ⇒verdura **2** ⇒hortaliza ■ La forma abreviada es *veg* ■ PRON. La segunda *e* no se pronuncia y la parte central, *ta*, se pronuncia como la última parte de *butter*
†**vegetarian** UK: /ˌvedʒ.ɪˈteə.ri.ən/ US: /-ˈter.i-/ *n* [C] ⇒vegetariano,na ■ No come carne ni pescado pero sí admite algunos productos animales como el queso o el yogúr ■ Distinto de *vegan* (vegetariano,na estricto,ta)
vegetation /ˌvedʒ.ɪˈteɪ.ʃən/ *n* [U] ⇒vegetación
veggieburger UK: /ˈvedʒ.iˌbɜː.gəʳ/ US: /-ˌbɝː.gə/ *n* [C] ⇒hamburguesa vegetariana

vehement /ˈviː.ə.mənt/ *adj* **1** ⇒vehemente ⇒apasionado,da **2** ⇒categórico,ca
†**vehicle** /ˈviː.ɪ.kl̩/ *n* [C] **1** *(form)* ⇒vehículo **2** ⇒medio ⇒vehículo
†**veil** /veɪl/ *n* [C] **1** ⇒velo: *The bride wore a lovely hand made veil* - La novia llevaba un precioso velo hecho a mano **2** ⇒toca
†**vein** /veɪn/ *n* [C] **1** ⇒vena **2** *(en geología)* ⇒veta ⇒filón **3** ⇒tono: *in the same vein* - del mismo tono
velocity UK: /vəˈlɒs.ɪ.ti/ US: /-ˈlɑː.sə.ˤt̬i/ [*pl* velocities] *n* [C, U] *(form)* ⇒velocidad
velvet /ˈvel.vɪt/ *n* [U] ⇒terciopelo
vending machine *n* [C] ⇒máquina expendedora
vendor UK: /ˈven.dəʳ/ US: /-də/ *n* [C] **1** *(de una propiedad)* ⇒vendedor,-a **2** ⇒vendedor,-a de un puesto ambulante
veneer UK: /vəˈnɪəʳ/ US: /-ˈnɪr/ *n* [C, U] **1** *(de madera o de plástico)* ⇒lámina ⇒chapa **2** *(form)* ⇒comportamiento o actitud fingida bajo la cual se esconde otra distinta y negativa
Venezuela /ˌven.ɪˈzweɪ.lə/ *n* [U] ⇒Venezuela
Venezuelan /ven.ɪˈzweɪ.lən/ *adj, n* [C] ⇒venezolano,na
vengeance /ˈven.dʒənts/ *n* [U] **1** ⇒venganza **2** *to take vengeance on sb* - vengarse de alguien **3** **with a ~** *(inform)* ⇒de verdad ⇒en serio
venison /ˈven.ɪ.sən/ *n* [U] ⇒carne de venado
venom /ˈven.əm/ ▌*n* [U] **1** *(de un animal)* ⇒veneno ▌*n* [U] **2** ⇒malevolencia ⇒veneno ⇒ponzoña
vent[1] /vent/ *n* [C] **1** ⇒conducto de ventilación **2** *(en una chaqueta)* ⇒abertura **3** **to give ~ to** ***sth*** ⇒dar rienda suelta a algo
vent[2] /vent/ *v* [T] ⇒descargar: *to vent one's rage* - descargar la ira
ventilate UK: /ˈven.tɪ.leɪt/ US: /-[ə]l.eɪt/ [ventilated, ventilating] *v* [T] ⇒ventilar: *to ventilate a room* - ventilar una habitación
venture[1] UK: /ˈven.tʃəʳ/ US: /-tʃə/ *n* [C] ⇒aventura ⇒empresa
venture[2] UK: /ˈven.tʃəʳ/ US: /-tʃə/ [ventured, venturing] ▌*v* [I] **1** *(form)* ⇒arriesgar(se) **2** *(form)* ⇒atreverse ▌*v* [T] **3** *(form)* ⇒emprender ⇒lanzarse ■ CONSTR. Se usa generalmente seguido de una preposición o un adverbio
†**venue** /ˈven.juː/ *n* [C] **1** ⇒lugar en el que se va a celebrar algo **2** ⇒local [de conciertos] **3** ⇒campo [de deportes]
Venus /ˈviː.nəs/ *n* [NO PL] *(planeta)* ⇒Venus
veranda /vəˈræn.də/ (*US tb* **porch**) *n* [C] **1** ⇒terraza **2** ⇒veranda
†**verb** UK: /vɜːb/ US: /vɝːb/ *n* [C] *(en gramática)* ⇒verbo ■ Ver cuadro en página siguiente

V

verb tenses

• **Tiempos simples**

	formación	ejemplos
present simple (presente simple)	– afirmativo: **verbo** – negativo: **"do/does" + "not" + verbo** – interrogativo: **"do/does" + verbo**	· *I usually **drink** tea.* (Normalmente bebo té.) · *She **doesn't know** it.* (Ella no lo sabe.) · ***Do** you **get up** early?* (¿Te levantas temprano?)
past simple (pasado simple)	– afirmativo: **verbo** – negativo: **"did" + "not" + verbo** – interrogativo: **"did" + verbo**	· *I **saw** Peter yesterday.* (Vi a Peter ayer.) · *She **didn't come**.* (Ella no vino.) · ***Did** you **do** it?* (¿Lo hiciste?)
future tense (futuro)	– **"will" + verbo**	· *I **will go**.* (Iré.)
conditional tense (condicional)	– **"would" + verbo**	· *I **would like** a coffee.* (Me gustaría un café.)

• **Tiempos compuestos**

	formación	ejemplos
present perfect (presente perfecto)	– **"has / have" + participio pasado**	· *I **have finished** it.* (Lo he terminado.) · ***Has** she **seen** that film?* (¿Ella ha visto esa película?)
past perfect (pasado perfecto)	– **"had" + participio pasado**	· *If I **hadn't taken a taxi**, I would have missed the plane.* (Si no hubiera cogido un taxi, habría perdido el avión.)
future perfect (futuro perfecto)	– **"will" + "have" + verbo**	· *I **will have left** by this time tomorrow.* (Mañana a estas horas ya me habré ido.)
conditional perfect (condicional perfecto)	– **"would" + "have" + verbo**	· *If you had asked me, I **would have done** it.* (Si me lo hubieras pedido, lo habría hecho.)

• **Tiempos continuos**

	formación	ejemplos
present continuous (presente continuo)	– **"am/is/are" (be) + forma en "-ing"**	· *She **is studying**.* / (Está estudiando.) · ***Are** you **talking** to me?* (¿Estás hablando conmigo?)
past continuous (pasado continuo)	– **"was / were (be)" + forma en "-ing"**	· *What **was** Richard **doing?*** (¿Qué estaba haciendo Richard?)
future continuous (futuro continuo)	– **"will" + "be" + forma en "-ing"**	· ***Will** Helen **be working** tomorrow at six?* (¿Estará Helen trabajando mañana a las seis?)
present perfect continuous (presente perfecto continuo)	– **"has / have" + "been" + forma en "-ing"**	· *Gonzalo **has been learning** English for five years.* (Gonzalo lleva cinco años estudiando inglés.)
past perfect continuous (pasado perfecto continuo)	– **"had" + "been" + forma en "-ing"**	· *She **had been waiting** for it.* (Había estado esperando esto.)

(Ver también cuadros **interrogative structures**, **negative structures**, **future tense**, **past tense** y **present simple and present continuous**.)

V

† **verbal** UK: /ˈvɜː.bᵊl/ US: /ˈvɝː-/ *adj (en gramática)* ⇒verbal

† **verdict** UK: /ˈvɜː.dɪkt/ US: /ˈvɝː-/ *n* [C] **1** ⇒veredicto **2** ⇒juicio ⇒opinión

verge[1] UK: /vɜːdʒ/ US: /vɝːdʒ/ *n* [C] **1** *UK* (*US* **embankment**) ⇒arcén **2 to be on the ~ of {*sth*/doing *sth*}** ⇒estar al borde de (hacer) algo: *He was on the verge of a nervous breakdown* - Estuvo al borde de un ataque de nervios

verge[2] UK: /vɜːdʒ/ US: /vɝːdʒ/

PHRASAL VERBS

· **to verge on *sth*** ⇒rayar en algo: *to verge on madness* - rayar en la locura

verify /ˈver.ɪ.faɪ/ [verifies, verified] *v* [T] **1** ⇒verificar ⇒comprobar **2** ⇒confirmar: *The letter verified my suspicions* - La carta me confirmó mis sospechas ■ CONSTR. to verify + (that)

veritable UK: /ˈver.ɪ.tə.bḷ/ US: /-ə.ə-/ *adj (form)* ⇒auténtico,ca ⇒verdadero,ra

† **versatile** UK: /ˈvɜː.sə.taɪl/ US: /ˈvɝː.sə.ˁţ[ə]l/ *adj* ⇒versátil ⇒polifacético,ca

† **verse** UK: /vɜːs/ US: /vɝːs/ *n* [C, U] **1** ⇒verso: *in verse* - en verso **2** ⇒estrofa

† **version** UK: /ˈvɜː.ʃᵊn/ UK: /-ʒᵊn/ US: /ˈvɝː-/ *n* [C] ⇒versión

† **versus** UK: /ˈvɜː.səs/ US: /ˈvɝː-/ *prep* ⇒contra ■ La forma abreviada es *v.* o *vs.*

vertical UK: /ˈvɜː.tɪ.kᵊl/ US: /ˈvɝː.ˁţə-/ *adj, n* [C] ⇒vertical

vertically UK: /ˈvɜː.tɪ.kli/ US: /ˈvɝː.ˁţə-/ *adv* ⇒verticalmente ■ PRON. La *a* no se pronuncia

vertigo UK: /ˈvɜː.tɪ.gəʊ/ US: /ˈvɝː.ə.goʊ/ *n* [U] ⇒vértigo: *to suffer from vertigo* - padecer vértigo

verve UK: /vɜːv/ US: /vɝːv/ *n* [U] *(form)* ⇒brío ⇒entusiasmo

† **very**[1] /ˈver.i/ *adv* ⇒muy: *She is very tall* - Es muy alta

very[2] /ˈver.i/ *adj* **1** ⇒mismo,ma ⇒exacto,ta **2** ⇒simple: *I shiver at the very thought of going to the dentist* - La simple idea de ir al dentista me produce escalofríos **3** ⇒mero,ra

† **vessel** /ˈves.ᵊl/ *n* [C] **1** *(form)* ⇒buque **2** ⇒vaso [sanguíneo]

† **vest** /vest/ *n* [C] **1** *UK* (*US* **undershirt**) ⇒camiseta [interior] ⇒franela *AMÉR.* **2** *US* (*UK* **waistcoat**) ⇒chaleco

vested interest UK: /ˌves.tɪdˈɪn.tᵊr.est/ US: /-ɚ-/ *n* [C] ⇒interés [personal o económico]

vestige /ˈves.tɪdʒ/ *n* [C] *(form)* ⇒vestigio

vet /vet/ *n* [C] **1** (*tb* **veterinarian**) ⇒veterinario,ria **2** *US* (*tb* **veteran**) *(inform)* ⇒ex combatiente ⇒veterano,na

† **veteran** UK: /ˈvet.ᵊr.ᵊn/ US: /ˈve.ɚ-/ (*tb* **vet**) *n* [C] **1** ⇒ex combatiente **2** ⇒veterano,na

veterinarian UK: /ˌvet.ᵊr.ɪˈneə.ri.ən/ US: /-ˈner.i-/ *n* [C] See **vet**

veterinary UK: /ˈvet.ᵊr.ɪ.nᵊr.i/ US: /-ner-/ *adj (form)* ⇒veterinario,ria

veterinary surgeon *UK n* [C] *(form)* ⇒veterinario,ria

veto[1] UK: /ˈviː.təʊ/ US: /-oʊ/ [vetoes, vetoed] *v* [T] ⇒vetar ■ CONSTR. to veto + doing sth

veto[2] UK: /ˈviː.təʊ/ US: /-oʊ/ [*pl* vetoes] *n* [C, U] ⇒veto

† **via** /vaɪə, ˈviː.ə/ *prep* ⇒por ⇒vía

† **viable** /ˈvaɪ.ə.bḷ/ *adj* ⇒viable: *a viable alternative* - una alternativa viable

† **vibrate** /vaɪˈbreɪt/ [vibrated, vibrating] *v* [T, I] ⇒vibrar ⇒hacer vibrar

vibration /vaɪˈbreɪ.ʃᵊn/ *n* [C, U] ⇒vibración

vicar UK: /ˈvɪk.əʳ/ US: /-ɚ/ *n* [C] **1** *(en la iglesia anglicana)* ⇒párroco anglicano **2** ⇒vicario

vice /vaɪs/ ▮ *n* [C, U] **1** ⇒vicio ▮ *n* [C] **2** *UK* (*US* vise) *(herramienta)* ⇒tornillo de banco

† **vice versa** UK: /ˌvaɪsˈvɜː.sə/ US: /ˌvaɪ.səˈvɝː-/ *adv* ⇒viceversa ■ PRON. *vice* rima con el término inglés *ice*

vicinity UK: /vɪˈsɪn.ɪ.ti/ US: /vəˈsɪn.ə.ˁţi/ **in the ~ (of *sth*)** **1** *(form)* ⇒en los alrededores [de algo] ⇒en las inmediaciones [de algo] **2** *Her salary is in the vicinity of £1,000* - Su sueldo ronda las mil libras

vicious /ˈvɪʃ.əs/ *adj* **1** ⇒fiero,ra ⇒cruel **2** ⇒dañino,na: *a vicious rumour* - un rumor dañino ■ Distinto de *depraved* (vicioso)

† **victim** /ˈvɪk.tɪm/ *n* [C] ⇒víctima

victor UK: /ˈvɪk.təʳ/ US: /-tɚ/ *n* [C] *(form)* ⇒invicto,ta ⇒vencedor,-a

victorious UK: /vɪkˈtɔː.ri.əs/ US: /-ˈtɔːr.i-/ *adj* ⇒victorioso,sa

† **victory** UK: /ˈvɪk.tᵊr.i/ US: /-tɚ-/ [*pl* victories] *n* [C, U] ⇒victoria

† **video**[1] UK: /ˈvɪd.i.əʊ/ US: /-oʊ/ *n* [C] **1** ⇒cinta de vídeo **2** *UK* (*US* **VCR**) ⇒vídeo ⇒magnetoscopio **3 ~ camera** ⇒cámara de vídeo

video[2] UK: /ˈvɪd.i.əʊ/ US: /-oʊ/ *v* [T] ⇒grabar

† **video game** *n* [C] ⇒videojuego

† **video recorder** *n* [C] ⇒vídeo ⇒magnetoscopio

videotape[1] UK: /ˈvɪd.i.əʊ.teɪp/ US: /-oʊ-/ [videotaped, videotaping] *v* [T] ⇒grabar

videotape[2] UK: /ˈvɪd.i.əʊ.teɪp/ US: /-oʊ-/ *n* [C, U] ⇒cinta de vídeo

Vietnam /ˌvjetˈnæm/ *n* [U] ⇒Vietnam

Vietnamese /ˌvjet.nəˈmiːz/ [*pl* Vietnamese] *adj, n* [C] ⇒vietnamita

† **view**[1] /vjuː/ *n* [C] **1** ⇒vista **2** ⇒opinión: *In my view, his house is too luxurious* - En mi opinión, su casa es demasiado lujosa **3 in ~ of *sth* *(form)*** ⇒en vista de algo ⇒debido a algo ⇒como

view² /vjuː/ *v* [T] **1** *(form)* ⇒ver: *They went to view the apartment a third time* - Fueron a ver el apartamento por tercera vez **2** ⇒ver ⇒considerar ⇒opinar

viewer UK: /ˈvjuː.əʳ/ US: /-ɚ/ *n* [C] ⇒telespectador,-a ⇒espectador,-a

viewpoint /ˈvjuː.pɔɪnt/ *n* [C] **1** ⇒punto de vista ⇒opinión **2** *UK* ⇒mirador [para contemplar un paisaje]

vigil /ˈvɪdʒ.ɪl/ *n* [C, U] ⇒vigilia

vigilant /ˈvɪdʒ.ɪ.lənt/ *adj* ⇒vigilante ⇒alerta

vigorous UK: /ˈvɪg.ᵊr.əs/ US: /-ɚ-/ *adj* ⇒vigoroso,sa ⇒enérgico,ca

vile /vaɪl/ *adj* **1** ⇒vil ⇒repugnante **2** *(inform)* ⇒asqueroso,sa

villa /ˈvɪl.ə/ *n* [C] ⇒casa de veraneo [en el campo] ⇒villa

↑**village** /ˈvɪl.ɪdʒ/ *n* [C] ⇒pueblo ⇒aldea ■ PRON. La última *a* se pronuncia como la *i* de *did*

villager UK: /ˈvɪl.ɪ.dʒəʳ/ US: /-dʒɚ/ *n* [C] ⇒habitante de un pueblo ⇒aldeano,na

villain /ˈvɪl.ən/ *n* [C] **1** *(personaje de ficción)* ⇒malo,la **2** *UK (inform)* ⇒delincuente ⇒criminal **3** ⇒villano,na ⇒malvado,da

vindicate /ˈvɪn.dɪ.keɪt/ [vindicated, vindicating] *v* [T] **1** *(form)* ⇒vindicar ⇒defender **2** *(form)* ⇒justificar

vindictive /vɪnˈdɪk.tɪv/ *adj* ⇒vengativo,va ⇒rencoroso,sa

↑**vine** /vaɪn/ *n* [C] **1** *(planta)* ⇒vid ⇒parra **2** ⇒enredadera ■ Distinto de *wine* (vino)

vinegar UK: /ˈvɪn.ɪ.gəʳ/ US: /-gɚ/ *n* [U] ⇒vinagre

vineyard UK: /ˈvɪn.jɑːd/ US: /-jɚd/ *n* [C] ⇒viña ⇒viñedo

vintage¹ UK: /ˈvɪn.tɪdʒ/ US: /-ɪdʒ/ *adj* **1** *(un vino)* ⇒añejo,ja **2** ⇒excelente **3** *(referido a un objeto)* ⇒antiguo,gua ⇒de época

vintage² UK: /ˈvɪn.tɪdʒ/ US: /-ɪdʒ/ *n* [C, U] *(de vino)* ⇒cosecha ⇒añada

vinyl /ˈvaɪ.nᵊl/ *n* [U] ⇒vinilo: *The band released their first disc on vinyl* - El grupo lanzó su primer disco en vinilo

↑**violate** /ˈvaɪə.leɪt/ [violated, violating] *v* [T] **1** *(form) (una norma)* ⇒transgredir ⇒infringir **2** *(form) (la intimidad)* ⇒quebrantar ⇒invadir **3** *(un lugar sagrado)* ⇒profanar ■ Distinto de *to rape* (violar)

violation /ˌvaɪəˈleɪ.ʃᵊn/ ▌*n* [C, U] **1** *(form) (de una norma)* ⇒transgresión ⇒infracción ▌*n* [U] **2** *(de un lugar sagrado)* ⇒profanación ■ Distinto de *rape* (violación)

↑**violence** /ˈvaɪə.lᵊnts/ *n* [U] ⇒violencia

violent /ˈvaɪə.lᵊnt/ *adj* **1** ⇒violento,ta: *a violent film* - una película violenta **2** *(una emoción)* ⇒intenso,sa ⇒violento,ta

violently /ˈvaɪə.lᵊnt.li/ *adv* ⇒violentamente ⇒bruscamente

violet /ˈvaɪə.lət/ *n* [C] **1** *(flor)* ⇒violeta **2** *(color)* ⇒violeta

↑**violin** /ˌvaɪəˈlɪn/ *n* [C] *(instrumento musical)* ⇒violín

VIP /ˌviː.aɪˈpiː/ *n* [C] ⇒personalidad ⇒vip ■ Procede de *very important person* (persona muy importante). Se pronuncia cada letra por separado

↑**virgin** UK: /ˈvɜː.dʒɪn/ US: /ˈvɝː-/ *adj, n* [C] ⇒virgen

Virgo UK: /ˈvɜː.gəʊ/ US: /ˈvɝː.goʊ/ *n* [C, U] *(signo del zodíaco)* ⇒virgo

virile UK: /ˈvɪr.aɪl/ US: /-[ə]l/ *adj* ⇒viril: *a virile young man* - un hombre joven y viril

↑**virtual** UK: /ˈvɜː.tju.əl/ US: /ˈvɝː-/ *adj* ⇒virtual

↑**virtue** UK: /ˈvɜː.tjuː/ US: /ˈvɝː-/ *n* [C, U] **1** ⇒virtud **2** ⇒ventaja **3 by ~ of *sth*** *(form)* ⇒gracias a algo ⇒en virtud de algo

virtuous UK: /ˈvɜː.tju.əs/ US: /ˈvɝː-/ *adj* ⇒virtuoso,sa

↑**virus** UK: /ˈvaɪə.rəs/ US: /ˈvaɪ-/ [*pl* viruses] *n* [C] ⇒virus

↑**visa** /ˈviː.zə/ *n* [C] ⇒visado ⇒visa *AMÉR.*

vis-à-vis *prep* **1** ⇒en relación con ⇒con respecto a **2** *(form)* ⇒en comparación con

vise /vaɪs/ *US* (*UK* **vice**) *n* [C] *(herramienta)* ⇒tornillo de banco

visibility UK: /ˌvɪz.ɪˈbɪl.ɪ.ti/ US: /-ə.i/ *n* [U] ⇒visibilidad

↑**visible** /ˈvɪz.ɪ.bl̩/ *adj* **1** ⇒visible **2** ⇒evidente ⇒obvio,via

↑**vision** /ˈvɪʒ.ᵊn/ ▌*n* [U] **1** ⇒vista ⇒visión ▌*n* [C] **2** ⇒visión ⇒sueño

↑**visit¹** /ˈvɪz.ɪt/ *v* [T, I] ⇒visitar

↑**visit²** /ˈvɪz.ɪt/ *n* [C] ⇒visita: *to pay sb a visit* - visitar a alguien

visiting *adj* ⇒de visita: *visiting hours* - horas de visita

visitor UK: /ˈvɪz.ɪ.təʳ/ US: /-ɚ/ *n* [C] ⇒visitante ⇒visita

visor UK: /ˈvaɪ.zəʳ/ US: /-zɚ/ *n* [C] **1** *US* (*UK* **peak**) ⇒visera **2** *(en un coche)* ⇒visera

vista /ˈvɪs.tə/ *n* [C] **1** *(lit)* ⇒vista panorámica **2** ⇒visión

↑**visual** /ˈvɪʒ.u.əl/ *adj* ⇒visual

visually /ˈvɪʒ.u.ə.li/ *adv* ⇒visualmente: *visually pleasing* - visualmente agradable

↑**vital** UK: /ˈvaɪ.tᵊl/ US: /-[ə]l/ *adj* **1** *(form)* ⇒enérgico,ca ⇒vital **2** ⇒vital ⇒trascendente

vitality UK: /vaɪˈtæl.ɪ.ti/ US: /-ə.ˤt̬i/ *n* [U] ⇒vitalidad

↑**vitamin** UK: /ˈvɪt.ə.mɪn/ US: /ˈvaɪ.ə-/ *n* [C] ⇒vitamina: *vitamin supplement* - suplemento vitamínico

vivacious /vɪˈveɪ.ʃəs/ *adj* ⇒vivaz ■ Se emplea más con mujeres

↑ **vivid** /ˈvɪv.ɪd/ *adj* **1** ⇨vívido,da ⇨intenso,sa **2** *(un color)* ⇨vivo,va **3** *(imaginación)* ⇨vivo,va ⇨desarrollado,da

↑ **vocabulary** UK:/vəˈkæb.jʊ.lᵊr.i/ US:/voʊˈkæb.jə.ler-/ [*pl* vocabularies] *n* [C, U] ⇨vocabulario

vocal[1] UK: /ˈvəʊ.kᵊl/ US: /ˈvoʊ-/ *adj* **1** *(de la voz)* ⇨vocal **2** *She has been vocal regarding this matter* - Se ha hecho oír con respecto a esta cuestión

↑ **vocal**[2] UK: /ˈvəʊ.kᵊl/ US: /ˈvoʊ-/ **to be on vocals** *(en un grupo de música)* ⇨ser el,la cantante ⇨cantar

vocalist UK: /ˈvəʊ.kᵊl.ɪst/ US: /ˈvoʊ-/ *n* [C] *(en música)* ⇨vocalista

vocation UK: /vəʊˈkeɪ.ʃᵊn/ US: /voʊ-/ *n* [C, U] ⇨vocación

vociferous UK: /vəˈsɪf.ᵊr.əs/ US: /-ɚ-/ *adj (form)* ⇨vociferante

vogue UK: /vəʊg/ US: /voʊg/ *n* [U, NO PL] **1** ⇨moda **2 to be in ~** ⇨estar en boga ⇨estar de moda

↑ **voice**[1] /vɔɪs/ *n* [C] **1** ⇨voz: *passive voice* - voz pasiva **2 to make *one's* ~ heard** ⇨expresar una opinión: *I want to make my voice heard too* - Yo también quiero expresar mi opinión

voice[2] /vɔɪs/ [voiced, voicing] *v* [T] ⇨expresar: *I decided to voice my opinion* - Decidí expresar mi opinión

voiced *adj (en fonética)* ⇨sonoro,ra

voice mail *n* [U] *(un teléfono)* ⇨buzón de voz

void[1] /vɔɪd/ *adj* **1** ⇨nulo,la ⇨inválido,da ■ CONSTR. Se usa detrás de un verbo **2 to be ~ of *sth*** *(form)* ⇨carecer de algo: *His voice was void of any emotion* - Su voz carecía de emoción

void[2] /vɔɪd/ *n* [C, NO PL] ⇨vacío: *Her death left a void in his life* - Su muerte dejó un vacío en su vida

volatile UK: /ˈvɒl.ə.taɪl/ US: /ˈvɑː.lə.[ə]l/ *adj* **1** ⇨imprevisible **2** *(una sustancia)* ⇨volátil **3** *(una persona)* ⇨voluble ⇨inconstante ⇨inestable ■ Distinto de *voluble* (locuaz)

↑ **volcano** UK: /vɒlˈkeɪ.nəʊ/ US: /vɑːlˈkeɪ.noʊ/ [*pl* volcanoes] *n* [C] ⇨volcán: *an extinct volcano* - un volcán inactivo

volition /vəˈlɪʃ.ᵊn/ *n* [U] **1** *(form)* ⇨voluntad propia **2 of *one's* own ~** ⇨por voluntad propia ⇨por propia iniciativa

volley UK: /ˈvɒl.i/ US: /ˈvɑː.li/ *n* [C] *(en deportes)* ⇨volea

volleyball UK: /ˈvɒl.i.bɔːl/ US: /ˈvɑː.li.bɑːl/ *n* [U] ⇨voleibol

volt UK: /vɒlt/ US: /voʊlt/ *n* [C] ⇨voltio ■ La forma abreviada es *V*

↑ **volume** UK: /ˈvɒl.juːm/ US: /ˈvɑːl-/ ▌*n* [U] **1** ⇨volumen ▌*n* [C] **2** *(libro)* ⇨volumen ⇨tomo **3** *(sonido)* ⇨volumen

voluminous /vəˈluː.mɪ.nəs/ *adj (form)* ⇨voluminoso,sa ⇨amplio,plia

↑ **voluntary** UK: /ˈvɒl.ən.tri/ US: /ˈvɑː.l[ə]n.ter.i/ *adj* ⇨voluntario,ria: *voluntary work* - trabajo voluntario

volunteer[1] UK: /ˌvɒl.ənˈtɪəʳ/ US: /ˌvɑː.lənˈtɪr/ *n* [C] ⇨voluntario,ria

volunteer[2] UK: /ˌvɒl.ənˈtɪəʳ/ US: /ˌvɑː.lənˈtɪr/ ▌*v* [T, I] **1** ⇨ofrecerse: *Mandy volunteered to go with him* - Mandy se ofreció a acompañarle ■ CONSTR. to volunteer + to do sth ▌*v* [I] **2** *(en el ejército)* ⇨alistarse como voluntario,ria ▌*v* [T] **3** *(información)* ⇨dar ⇨ofrecer

vomit[1] UK: /ˈvɒm.ɪt/ US: /ˈvɑː.mɪt/ *v* [T, I] ⇨vomitar

vomit[2] UK: /ˈvɒm.ɪt/ US: /ˈvɑː.mɪt/ *n* [U] ⇨vómito

voracious /vəˈreɪ.ʃəs/ *adj* ⇨insaciable ⇨voraz

↑ **vote**[1] UK: /vəʊt/ US: /voʊt/ [voted, voting] *v* [T, I] ⇨votar ⇨elegir [por votación] ■ CONSTR. 1. to vote + (that) 2. to vote + to do sth

↑ **vote**[2] UK: /vəʊt/ US: /voʊt/ *n* [C] **1** ⇨votación **2** ⇨voto **3 the ~** ⇨el derecho a voto **4 ~ of thanks** ⇨palabras de agradecimiento

voting UK: /ˈvəʊ.tɪŋ/ US: /-ɪŋ/ *n* [U] **1** ⇨votación **2** *a voting paper or a voting slip* - una papeleta

vouch /vaʊtʃ/

PHRASAL VERBS

· **to vouch for *sth/sb*** ⇨confirmar ⇨dar fe ⇨responder por: *I can vouch for her work* - Respondería por su trabajo

voucher UK: /ˈvaʊ.tʃəʳ/ US: /-tʃɚ/ *n* [C] ⇨vale: *a discount voucher* - un vale de descuento

vow[1] /vaʊ/ *v* [T] ⇨prometer ⇨jurar ■ CONSTR. 1. to vow + (that) 2. to vow + to do sth

vow[2] /vaʊ/ *n* [C] **1** ⇨voto **2** ⇨promesa ⇨juramento

↑ **vowel** /vaʊəl/ *n* [C] ⇨vocal: *vowel sound* - sonido vocálico

voyage /ˈvɔɪ.ɪdʒ/ *n* [C] *(por mar o por el espacio)* ⇨viaje ⇨travesía ■ PRON. La *a* se pronuncia como la *i* de *did*

vs *(UK tb* **v***) prep* ⇨forma abreviada de **versus** (contra)

vulgar UK: /ˈvʌl.gəʳ/ US: /-gɚ/ *adj (offens)* ⇨vulgar ⇨grosero,ra ⇨ordinario,ria

↑ **vulnerable** UK: /ˈvʌl.nᵊr.ə.bl̩/ UK: /ˈvʌn.rə-/ US: /ˈvʌl.nɚ.ə-/ *adj* ⇨vulnerable

vulture UK: /ˈvʌl.tʃəʳ/ US: /-tʃɚ/ *n* [C] *(ave)* ⇨buitre

V

w /ˈdʌb.l̩.juː/ [*pl* w's] *n* [C] *(letra del alfabeto)* ⇨w

W /ˈdʌb.l̩.juː/ *n* [U] **1** ⇨forma abreviada de **west** (oeste) y de **western** (occidental) **2** ⇨forma abreviada de **watt** (vatio)

wacky /ˈwæk.i/ *adj* [*comp* wackier, *superl* wackiest] **1** *(inform)* ⇨chalado,da *col.;* ⇨chiflado,da *col.* **2** ⇨estrambótico,ca *col.* **3** ⇨loco,ca

wade /weɪd/ [waded, wading] ▮ *v* [T, I] **1** ⇨vadear ▮ *v* [I] **2** *US* (*UK* **paddle**) ⇨chapotear ⇨mojarse los pies ■ CONSTR. Se usa generalmente seguido de una preposición o un adverbio

wafer UK: /ˈweɪ.fəʳ/ US: /-fə/ *n* [C] **1** ⇨barquillo **2** *(en religión)* ⇨hostia

waffle¹ UK: /ˈwɒf.l̩/ US: /ˈwɑː.fl̩/ ▮ *n* [U] **1** *(inform)* ⇨palabrería ⇨charlatanería ▮ *n* [C] **2** ⇨gofre ⇨waffle *AMÉR.*

waffle² UK: /ˈwɒf.l̩/ US: /ˈwɑː.fl̩/ [waffled, waffling] (*tb* **waffle on**) *v* [I] *(inform)* ⇨parlotear *col.*

wag /wæg/ [wagged, wagging] *v* [T, I] **1** *(la cola)* ⇨menear **2** *(el dedo)* ⇨mover [para indicar negación]

↑**wage** /weɪdʒ/ *n* [C] ⇨sueldo

waggle /ˈwæg.l̩/ [waggled, waggling] *v* [T, I] ⇨mover(se): *I can waggle my tooth* - Se me mueve un diente

wagon /ˈwæg.ən/ *n* [C] **1** ⇨carreta ⇨carro **2** *UK (de un tren)* ⇨vagón ⇨furgón

wail¹ /weɪl/ *v* [T, I] ⇨llorar ⇨berrear

wail² /weɪl/ *n* [C] **1** ⇨lamento ⇨gemido **2** *a wail of protest* - un gran grito de protesta

↑**waist** /weɪst/ *n* [C] ⇨cintura

waistcoat /ˈweɪst.kəʊt/ *UK* (*US* **vest**) *n* [C] ⇨chaleco

waistline /ˈweɪst.laɪn/ *n* [C] **1** ⇨cintura **2** ⇨talle

↑**wait¹** /weɪt/ *v* [T] **1** ⇨esperar ⇨aguardar ■ CONSTR. 1. to wait + to do sth 2. to wait for sth/sb **2 to keep *sb* waiting** ⇨hacer esperar a alguien

PHRASAL VERBS

- **to wait behind** ⇨quedarse [un rato]
- **to wait on *sb*** ⇨servir (a alguien)
- **to wait up (for *sb*)** ⇨esperar levantado,da (a alguien)

wait² /weɪt/ *n* [NO PL] ⇨espera: *a long wait* - una larga espera

↑**waiter** UK: /ˈweɪ.təʳ/ US: /-tə/ *n* [C] *(en un restaurante)* ⇨camarero ⇨mesero *AMÉR.;* ⇨mozo *AMÉR.*

waiting room *n* [C] ⇨sala de espera

↑**waitress** /ˈweɪ.trəs/ [*pl* waitresses] *n* [C] *(en un restaurante)* ⇨camarera ⇨mesera *AMÉR.;* ⇨moza *AMÉR.*

waive /weɪv/ [waived, waiving] *v* [T] ⇨renunciar: *to waive a right* - renunciar a un derecho

↑**wake¹**, **woke, woken** (*US tb* **waked, waked**) /weɪk/ [waking] *v* [T, I] **1** ⇨despertar(se): *Please wake me up at seven* - Por favor, despiértame a las siete **2** ⇨espabilar ■ CONSTR. Se usa generalmente seguido de la preposición up. El imperativo es *wake up!*

PHRASAL VERBS

- **to wake up to *sth*** ⇨darse cuenta de algo

wake² /weɪk/ *n* [C] **1** ⇨velatorio **2** *(en el mar)* ⇨estela **3 in the ~ of *sth*** ⇨a la luz de algo: *in the wake of the last results* - a la luz de los últimos resultados

Wales /weɪlz/ *n* [U] ⇨Gales

↑**walk¹** UK: /wɔːk/ US: /wɑːk/ *v* [T, I] **1** ⇨andar ⇨caminar **2** ⇨pasear: *Would you walk the dog, please?* - ¿Podrías pasear al perro, por favor?

PHRASAL VERBS

- **to walk {away/off}** ⇨irse ⇨marcharse
- **to walk into 1** ⇨tropezarse con **2** *(un trabajo)* ⇨conseguir fácilmente
- **to walk out 1** ⇨declararse en huelga **2** *(de un lugar)* ⇨salir ⇨abandonar
- **to walk out on *sb*** ⇨abandonar a alguien

↑**walk²** UK: /wɔːk/ US: /wɑːk/ *n* [C] **1** ⇨paseo ⇨marcha **2** ⇨sendero ⇨vereda **3 ~ of life** ⇨profesión ⇨nivel social

walker UK: /ˈwɔː.kəʳ/ US: /ˈwɑː.kə/ *n* [C] **1** ⇨caminante ⇨excursionista **2** *US (aparato)* ⇨andador

walkie talkie *n* [C] ⇨walkie-talkie

walking¹ UK: /ˈwɔː.kɪŋ/ US: /ˈwɑː-/ *n* [U] **1** *to go walking* - ir a dar un paseo **2** *(en atletismo)* ⇨marcha

walking² UK: /ˈwɔː.kɪŋ/ US: /ˈwɑː-/ *adj (inform)* ⇒andante: *She's a walking dictionary* - Es un diccionario andante

†**wall** UK: /wɔːl/ US: /wɑːl/ *n* [C] **1** ⇒muro ⇒pared **2** ⇒muro ⇒muralla

wallaby UK: /ˈwɒl.ə.bi/ US: /ˈwɑː.lə-/ [*pl* wallabies] *n* [C] *(animal)* ⇒wallaby

†**wallet** UK: /ˈwɒl.ɪt/ US: /ˈwɑː.lɪt/ *n* [C] **1** ⇒cartera [para el dinero y los documentos] ⇒billetero **2** ⇒carpeta

wallpaper UK: /ˈwɔːlˌpeɪ.pəʳ/ US: /ˈwɑːlˌpeɪ.pɚ/ *n* [U] ⇒papel pintado

walnut UK: /ˈwɔːl.nʌt/ US: /ˈwɑːl-/ ▮ *n* [C] **1** ⇒nuez ▮ *n* [U] **2** ⇒nogal

waltz UK: /wɒlts/ US: /wɑːlts/ [*pl* waltzes] *n* [C] ⇒vals

wan UK: /wɒn/ US: /wɑːn/ *adj* [*comp* wanner, *superl* wannest] **1** *(una persona)* ⇒pálido,da **2** ⇒débil ⇒tenue

wand UK: /wɒnd/ US: /wɑːnd/ *n* [C] ⇒varita mágica

†**wander** UK: /ˈwɒn.dəʳ/ US: /ˈwɑːn.dɚ/ *v* [T, I] ⇒vagar

wane /weɪn/ [waned, waning] *v* [I] **1** ⇒debilitar(se) ⇒disminuir **2** *(form)* ⇒menguar [la Luna]

†**want** UK: /wɒnt/ US: /wɑːnt/ *v* [T] **1** ⇒querer ⇒desear ▪ CONSTR. to want + to do sth **2** ⇒necesitar ⇒hacer falta ▪ CONSTR. to want + doing sth

wanted UK: /ˈwɒn.tɪd/ US: /ˈwɑːn.ɪd/ *adj* **1** *(un delincuente)* ⇒buscado,da **2** *(en un anuncio)* ⇒se busca ▪ PRON. La *e* se pronuncia como la *i* en *did*

wanting UK: /ˈwɒn.tɪŋ/ US: /ˈwɑːn.ˤt̬ɪŋ/ *adj (form)* ⇒deficiente

†**war** UK: /wɔːʳ/ US: /wɔːr/ ▮ *n* [C, U] **1** ⇒guerra: *to declare war* - declarar la guerra ▮ *n* [NO PL] **2** ⇒lucha: *the war against crime* - la lucha contra el crimen **3 at ~** ⇒en guerra

†**ward¹** UK: /wɔːd/ US: /wɔːrd/ *n* [C] **1** ⇒sala [de hospital]: *the psychiatric ward* - la sala de psiquiatría **2** ⇒distrito electoral

†**ward²** UK: /wɔːd/ US: /wɔːrd/

PHRASAL VERBS

- **to ward *sth* off [M]** ⇒resguardar(se) de algo ⇒proteger(se) {contra/de} algo ⇒repeler

warden UK: /ˈwɔː.dᵊn/ US: /ˈwɔːr-/ *n* [C] **1** *UK* ⇒bedel,-a ⇒cuidador,-a **2** *US (en una prisión)* ⇒alcaide **3** *traffic warden* - agente de estacionamiento

W

†**wardrobe** UK: /ˈwɔː.drəʊb/ US: /ˈwɔːr.droʊb/ *n* [C] **1** (*US tb* **closet**) ⇒armario ropero **2** ⇒vestuario

†**warehouse** UK: /ˈweə.haʊs/ US: /ˈwer-/ *UK n* [C] ⇒almacén

warfare UK: /ˈwɔː.feəʳ/ US: /ˈwɔːr.fer/ *n* [U] **1** ⇒guerra **2** ⇒métodos de combate

warhead UK: /ˈwɔː.hed/ US: /ˈwɔːr-/ *n* [C] *(de una bomba o de un misil)* ⇒cabeza

†**warm¹** UK: /wɔːm/ US: /wɔːrm/ *adj* **1** ⇒templado,da ⇒cálido,da ▪ Hace referencia a una temperatura agradable. Comparar con *hot* **2** ⇒acogedor,-a ⇒caluroso,sa **3** *(una prenda)* ⇒abrigado,da

†**warm²** UK: /wɔːm/ US: /wɔːrm/ *v* [T, I] **1** ⇒templar ⇒calentar **2** ⇒cogerle cariño a alguien

PHRASAL VERBS

- **to warm up 1** *(en deporte)* ⇒calentar **2** *(un motor)* ⇒calentarse
- **to warm *(sth/sb)* up** ⇒calentar(se)

warmly UK: /ˈwɔːm.li/ US: /ˈwɔːrm-/ *adv* ⇒calurosamente ⇒afectuosamente

warmth UK: /wɔːmpθ/ US: /wɔːrmpθ/ *n* [U] **1** ⇒calor **2** ⇒calidez ⇒afecto

warm-up UK: /ˈwɔːm.ʌp/ US: /ˈwɔːrm-/ *n* [C] *(antes de realizar una actividad)* ⇒calentamiento

†**warn** UK: /wɔːn/ US: /wɔːrn/ *v* [T, I] ⇒avisar ⇒advertir ▪ CONSTR. 1. to warn + (that) 2. to warn sb + to do sth

warning UK: /ˈwɔː.nɪŋ/ US: /ˈwɔːr-/ *n* [C, U] **1** ⇒aviso ⇒advertencia **2** *with very little warning* - sin avisar

warp¹ UK: /wɔːp/ US: /wɔːrp/ ▮ *v* [T, I] **1** ⇒abombar(se) ⇒enchuecar *AMÉR. col.* ▮ *v* [T] **2** ⇒pervertir ⇒corromper

warp² UK: /wɔːp/ US: /wɔːrp/ *n* [C] **1** ⇒alabeo **2** *(de una tela)* ⇒urdimbre

warrant¹ UK: /ˈwɒr.ᵊnt/ US: /ˈwɔːr-/ *n* [C] ⇒orden: *a warrant for arrest* - una orden de arresto

warrant² UK: /ˈwɒr.ᵊnt/ US: /ˈwɔːr-/ *v* [T] ⇒justificar: *Nothing can warrant this action* - Nada puede justificar esta acción

warranty UK: /ˈwɒr.ᵊn.ti/ US: /ˈwɔːr.[ə]n.i/ [*pl* warranties] *n* [C, U] ⇒garantía [de un producto]

warren UK: /ˈwɒr.ᵊn/ US: /ˈwɔːr-/ *n* [C] **1** ⇒madriguera **2** ⇒hervidero ⇒hormiguero

warrior UK: /ˈwɒr.i.əʳ/ US: /ˈwɔːr.i.ɚ/ *n* [C] ⇒guerrero,ra

warship UK: /ˈwɔː.ʃɪp/ US: /ˈwɔːr-/ *n* [C] ⇒buque de guerra

wart UK: /wɔːt/ US: /wɔːrt/ *n* [C] ⇒verruga

†**wartime** UK: /ˈwɔː.taɪm/ US: /ˈwɔːr-/ *n* [U] ⇒guerra ⇒tiempo de guerra

†**wary** UK: /ˈweə.ri/ US: /ˈwer.i/ *adj* [*comp* warier, *superl* wariest] ⇒cauteloso,sa ⇒precavido,da

was UK: /wɒz/ US: /wɑːz, wəz/ US: /wɑːz/ /wəz/ past tense of **be**

†**wash¹** UK: /wɒʃ/ US: /wɑːʃ/ ▮ *v* [T] **1** ⇒lavar: *I will wash the dishes* - Yo lavaré los platos ▮ *v* [T, I] **2** ⇒lavar(se): *Wash your hands before we have lunch* - Lávate las manos antes de comer

PHRASAL VERBS
· **to wash *sth* away [M]** ⇒llevarse ⇒arrastrar
· **to wash (*sth*) out [M]** *(una mancha)* ⇒disolver ⇒desaparecer
· **to wash up** *US* ⇒lavarse [las manos]
· **to wash (*sth*) up [M]** *UK* ⇒fregar [los platos]

wash² UK: /wɒʃ/ US: /wɑːʃ/ [*pl* washes] *n* [C, U] **1** ⇒lavado **2** ⇒colada

washbasin UK: /ˈwɒʃˌbeɪ.sᵊn/ US: /ˈwɑːʃ-/ *UK n* [C] ⇒lavabo ⇒lavatorio *AMÉR.*; ⇒pileta *AMÉR.*

washcloth UK: /ˈwɒʃ.klɒθ/ US: /ˈwɑːʃ.klɑːθ/ *US* (*UK* **flannel**) *n* [C] ⇒toalla pequeña [de baño]

washing UK: /ˈwɒʃ.ɪŋ/ US: /ˈwɑː.ʃɪŋ/ *n* [U] **1** ⇒colada **2** ⇒ropa sucia

†**washing machine** *n* [C] ⇒lavadora

washing-up UK: /ˌwɒʃ.ɪŋˈʌp/ US: /ˌwɑːʃ-/ *UK n* [U] **1** ⇒fregado de platos **2** *to do the washing-up* - fregar los platos

washroom UK: /ˈwɒʃ.rʊm/ UK: /-ruːm/ US: /ˈwɑːʃ-/ *US n* [C] *(old-fash)* ⇒aseos ⇒baños *AMÉR.*

†**wasn't** UK: /ˈwɒz.ᵊnt/ US: /ˈwɑː.z[ə]nt/ *(was not)* See **be**

†**wasp** UK: /wɒsp/ US: /wɑːsp/ *n* [C] ⇒avispa

†**WASP** *n* [C] *US* ⇒forma abreviada de **White Anglo-Saxon Protestant** (estadounidense de raza blanca y protestante cuyo estatus social suele ser alto o medio-alto)

†**waste¹** /weɪst/ *n* [U] **1** ⇒desperdicio ⇒derroche ⇒pérdida **2** ⇒desperdicios ⇒residuos **3 to go to ~** ⇒echarse a perder

†**waste²** /weɪst/ [wasted, wasting] *v* [T] **1** ⇒desperdiciar **2** ⇒malgastar **3** *(el tiempo)* ⇒perder **4 to ~ *one's* breath** ⇒gastar saliva *col.*

PHRASAL VERBS
· **to waste away** *(una persona)* ⇒consumirse

wasteland /ˈweɪst.lænd/ *n* [C, U] ⇒terreno baldío

wastepaper basket *UK n* [C] ⇒papelera

†**watch¹** UK: /wɒtʃ/ US: /wɑːtʃ/ ▌*v* [T, I] **1** ⇒observar ⇒mirar ■ CONSTR. 1. to watch + doing sth 2. to watch + do sth 3. to watch + interrogativa indirecta ■ Ver cuadro see / look at / watch ▌*v* [T] **2** ⇒tener cuidado ⇒fijarse ■ CONSTR. 1. to watch + (that) 2. to watch + interrogativa indirecta **3** *(la televisión)* ⇒ver **4 to ~ *one's* step** ⇒ser precavido,da ⇒ir con cuidado

PHRASAL VERBS
· **to watch out** ⇒tener cuidado: *Watch out! There is ice on the road* - ¡Ten cuidado! ¡Hay hielo en la carretera!
· **to watch out for *sth/sb*** ⇒estar atento,ta a [mientras se espera]

†**watch²** UK: /wɒtʃ/ US: /wɑːtʃ/ [*pl* watches] *n* [C, U, NO PL] **1** ⇒reloj de pulsera: *a gold watch* - un reloj de oro **2** ⇒vigilancia **3** *(turno)* ⇒guardia

watchdog UK: /ˈwɒtʃ.dɒg/ US: /ˈwɑːtʃ.dɑːg/ *n* [C] **1** ⇒perro guardián **2** ⇒comité de vigilancia

watchful UK: /ˈwɒtʃ.fᵊl/ US: /ˈwɑːtʃ-/ *adj* ⇒atento,ta ⇒alerta ⇒vigilante

†**water¹** UK: /ˈwɔː.təʳ/ US: /ˈwɑː.ɚ/ *n* [U] **1** ⇒agua: *fresh water* - agua dulce **2 under ~ 1** ⇒bajo el agua **2** ⇒inundado,da

water² UK: /ˈwɔː.təʳ/ US: /ˈwɑː.ɚ/ ▌*v* [T] **1** ⇒regar ▌*v* [I] **2** ⇒llenar(se) de lágrimas **3** *(la boca)* ⇒hacerse agua ⇒salivar

PHRASAL VERBS
· **to water *sth* down [M] 1** *(una bebida)* ⇒diluir con agua **2** *(una opinión, un plan)* ⇒suavizar

watercolour UK: /ˈwɔː.təˌkʌl.əʳ/ US: /ˈwɑː.ˤt̬ɚˌkʌl.ɚ/ *UK n* [C] ⇒acuarela

†**waterfall** UK: /ˈwɔː.tə.fɔːl/ US: /ˈwɑː.ɚ.fɑːl/ *n* [C] ⇒catarata ⇒cascada

waterfront UK: /ˈwɔː.tə.frʌnt/ US: /ˈwɑː.ɚ-/ *n* [C] ⇒zona urbana a las orillas del mar o de un río

watering can *n* [C] ⇒regadera

watermelon UK: /ˈwɔː.təˌmel.ən/ US: /ˈwɑː.ɚ-/ *n* [C] ⇒sandía ⇒patilla *AMÉR.*

†**waterproof** UK: /ˈwɔː.tə.pruːf/ US: /ˈwɑː.ɚ-/ *adj* **1** ⇒impermeable **2** ⇒sumergible: *a waterproof watch* - un reloj sumergible

watershed UK: /ˈwɔː.tə.ʃed/ US: /ˈwɑː.ɚ-/ *n* [NO PL] **1** *(entre dos períodos)* ⇒punto de inflexión **2** ⇒línea divisoria de aguas

water-skiing *n* [U] ⇒esquí acuático

watertight UK: /ˈwɔː.tə.taɪt/ US: /ˈwɑː.ɚ-/ *adj* **1** *(un objeto)* ⇒hermético,ca ⇒estanco,ca **2** *(teoría, argumento)* ⇒irrebatible

waterway UK: /ˈwɔː.tə.weɪ/ US: /ˈwɑː.ɚ-/ *n* [C] ⇒canal ⇒vía navegable

watery UK: /ˈwɔː.tᵊr.i/ US: /ˈwɑː.ɚ.i/ *adj* **1** ⇒aguado,da **2** *(los ojos)* ⇒lloroso,sa ⇒húmedo,da **3** *(color)* ⇒desvaído,da ⇒pálido,da **4** ⇒tenue

watt UK: /wɒt/ US: /wɑːt/ *n* [C] *(unidad de potencia)* ⇒vatio ■ La forma abreviada es *W*

†**wave¹** /weɪv/ [waved, waving] ▌*v* [I] **1** ⇒saludar con la mano ▌*v* [T, I] **2** ⇒agitar **3** ⇒ondear: *The flags waved in the wind* - Las banderas ondeaban al viento

PHRASAL VERBS
· **to wave *sth* aside [M]** ⇒rechazar algo: *He waved aside my remarks* - Rechazó mis comentarios

†**wave²** /weɪv/ *n* [C] **1** ⇒saludo **2** ⇒ola: *on the crest of the wave* - en la cresta de la ola **3** ⇒onda: *radio waves* - ondas de radio

waver UK: /ˈweɪ.vəʳ/ US: /-vɚ/ *v* [I] **1** ⇒dudar ⇒vacilar **2** ⇒temblar

wavy /ˈweɪ.vi/ *adj* [*comp* wavier, *superl* waviest] ⇒ondulado,da

wax /wæks/ *n* [U] **1** ⇒cera **2** ⇒cera [de los oídos] ⇒cerumen

↑**way** /weɪ/ *n* [C] **1** ⇒dirección **2** ⇒camino **3** ⇒forma ⇒manera **4** *a long way* - lejos **5** **{a/sb's} ~ of life** ⇒el estilo de vida (de alguien) **6** **by the ~ 1** ⇒cambiando de tema **2** ⇒a propósito: *By the way, did you do the shopping?* - A propósito, ¿has hecho la compra? **7** **in the ~** ⇒en medio: *Why are you in the way all the time?* - ¿Por qué estás siempre en medio? **8** **no way!** *(inform)* ⇒¡ni hablar! *col.* **9** **to {get/have} one's (own) ~** ⇒salirse alguien con la suya **10** **to get out of the ~** ⇒quitar de en medio **11** **to give ~ to sth** ⇒convertirse en algo ⇒transformarse en algo **12** **to give ~ (to sth/sb)** **1** ⇒ceder a **2** ⇒ceder el paso a: *You have to give way to other vehicles at this crossroads* - En este cruce tienes que ceder el paso a los demás vehículos **13** **to go out of one's ~ to do sth** ⇒tomarse la molestia de hacer algo **14** **to lose one's ~** ⇒perderse: *I lost my way going to the museum* - Me perdí yendo al museo **15** **to make ~** ⇒dejar paso: *Make way!* - ¡Abran paso!

WC /ˌdʌb.l̩.juˈsiː/ *UK n* [C] ⇒WC ■ Procede de *water closet* (cuarto de baño)

↑**we** /wiː, wi/ *pron* ⇒nosotros,tras: *We all went to the concert* - Todos nosotros fuimos al concierto ■ Las frases en inglés siempre llevan sujeto, menos los imperativos ■ Ver cuadro personal pronouns

↑**weak** /wiːk/ *adj* **1** ⇒débil ⇒pachaco,ca *AMÉR.* **2** *(estructura)* ⇒frágil **3** *(una bebida)* ⇒suave ⇒flojo,ja

weaken /ˈwiː.kᵊn/ *v* [T, I] ⇒debilitar: *Flu can weaken you a lot* - Una gripe puede debilitarte mucho

weakly /ˈwiː.kli/ *adv* ⇒débilmente ⇒sin fuerzas

weakness /ˈwiːk.nəs/ ▮ *n* [U] **1** ⇒debilidad ⇒endeblez ▮ *n* [C] **2** ⇒punto débil ■ El plural es *weaknesses*

↑**wealth** /welθ/ *n* [U] **1** ⇒riqueza **2** **a ~ of sth** ⇒abundancia de algo

wealthy /ˈwel.θi/ *adj* [*comp* wealthier, *superl* wealthiest] ⇒rico,ca ⇒adinerado,da ⇒platudo,da *AMÉR. col.*

W ↑**weapon** /ˈwep.ən/ *n* [C] ⇒arma: *a lethal weapon* - un arma letal

↑**wear, wore, worn** UK: /weəʳ/ US: /wer/ ▮ *v* [T] **1** ⇒llevar puesto,ta: *He is wearing a white shirt* - Lleva puesta una camisa blanca **2** *(una expresión o un gesto)* ⇒mostrar ⇒tener **3** *(un peinado)* ⇒llevar ▮ *v* [T, I] **4** ⇒desgastar(se)

PHRASAL VERBS
- **to wear (sth) away [M]** ⇒desgastar(se) algo
- **to wear *sb* down [M]** ⇒agotar a alguien ⇒debilitar a alguien
- **to wear off** ⇒desaparecer: *The effects have worn off* - Han desaparecido los efectos
- **to wear (sth) out** ⇒gastar algo: *He wears out his shoes so quickly that he needs a new pair every month* - Gasta sus zapatos tan deprisa que necesita un par nuevo todos los meses

wearing UK: /ˈweə.rɪŋ/ US: /ˈwer.ɪŋ/ *adj* ⇒agotador,-a: *She can be very wearing at times* - A veces es agotadora

weary UK: /ˈwɪə.ri/ US: /ˈwɪr.i/ *adj* [*comp* wearier, *superl* weariest] ⇒agotado,da ⇒cansado,da

↑**weather** UK: /ˈweð.əʳ/ US: /-ɚ/ *n* [U] **1** ⇒tiempo [atmosférico] ⇒clima **2** **to {be/feel} under the ~** *(inform)* ⇒estar pachucho,cha *col.*

↑**weather forecast** *n* [C] ⇒previsión meteorológica

weave, wove, woven (*US tb* **weaved, weaved**) /wiːv/ [weaving] *v* [T, I] **1** ⇒tejer: *She taught us how to weave wool* - Nos enseñó a tejer la lana **2** ⇒zigzaguear

weaver UK: /ˈwiː.vəʳ/ US: /-vɚ/ *n* [C] ⇒tejedor,-a

web /web/ *n* [C] **1** ⇒tela de araña **2** **the Web** ⇒web ⇒World Wide Web

web browser (*tb* **browser**) *n* [C] *(en informática)* ⇒navegador

webcast UK: /ˈweb.kɑːst/ US: /-kæst/ *n* [C] *(en informática)* ⇒retransmisión [por internet]

webmaster UK: /ˈwebˌmɑː.stəʳ/ US: /-ˌmæs.tɚ/ *n* [C] *(en informática)* ⇒webmaster

web page (*tb* **page**) *n* [C] *(en informática)* ⇒página web

↑**website** /ˈweb.saɪt/ *n* [C] *(en informática)* ⇒website ⇒sitio web ■ La forma abreviada es *site*

↑**we'd** /wiːd, wid/ **1** *(we had)* See **have** **2** *(we would)* See **would**

↑**wedding** /ˈwed.ɪŋ/ *n* [C] ⇒boda: *wedding anniversary* - aniversario de boda

wedge /wedʒ/ *n* [C] **1** ⇒cuña **2** ⇒gajo [de limón, naranja, etc.]

↑**Wednesday** /ˈwenz.deɪ/ *n* [C, U] ⇒miércoles: *See you on Wednesday* - Te veo el miércoles ■ La forma abreviada es *Wed*

wee /wiː/ *adj (inform) (en Escocia)* ⇒pequeño,ña

weed[1] /wiːd/ *n* [C] ⇒mala hierba ⇒cizaña

weed[2] /wiːd/ *v* [T, I] ⇒escardar ⇒quitar las malas hierbas

PHRASAL VERBS
- **to weed *sth/sb* out [M]** ⇒eliminar ⇒descartar

↑**week** /wiːk/ *n* [C] ⇒semana: *next week* - la semana que viene

weekday /ˈwiːk.deɪ/ *n* [C] ⇨día laborable

↑**weekend** /ˌwiːkˈend, ˈ--/ *n* [C] ⇨fin de semana: *at the weekend* - en el fin de semana

weekly[1] /ˈwiː.kli/ *adj* ⇨semanal

weekly[2] /ˈwiː.kli/ *adv* ⇨semanalmente

↑**weep, wept, wept** /wiːp/ *v* [T, I] *(lit)* ⇨llorar: *to weep with joy* - llorar de alegría

wee-wee *n* [C] See **wee**

↑**weigh** /weɪ/ ▌*v* [T] **1** ⇨pesar: *to weigh a parcel* - pesar un paquete ▌*v* [I] **2** ⇨pesar: *How much do you weigh?* - ¿Cuánto pesas?

PHRASAL VERBS

· **to be weighed down {by/with} *sth*** **1** *(un peso)* ⇨ir cargado,da de algo **2** ⇨estar preocupado,da por algo

· **to weigh *sth* up [M]** ⇨considerar algo

weight /weɪt/ ▌*n* [U] **1** ⇨peso ▌*n* [C] **2** ⇨pesa **3 to carry ~** ⇨contar mucho ⇨influir mucho **4 to {gain/put on} ~** ⇨engordar **5 to lose ~** ⇨perder peso: *He has lost a lot of weight on his new diet* - Ha perdido mucho peso con su nueva dieta

weightless /ˈweɪt.ləs/ *adj* ⇨ingrávido,da

weighty UK: /ˈweɪ.ti/ US: /-i/ *adj* [*comp* weightier, *superl* weightiest] **1** *(un objeto)* ⇨pesado,da **2** *(un asunto, un argumento)* ⇨de peso ⇨importante

weir UK: /wɪəʳ/ US: /wɪr/ *UK n* [C] *(en un río)* ⇨presa

↑**weird** UK: /wɪəd/ US: /wɪrd/ *adj* ⇨raro,ra ⇨extraño,ña

welcome[1] /ˈwel.kəm/ *excl* ⇨bienvenido,da

↑**welcome**[2] /ˈwel.kəm/ [welcomed, welcoming] *v* [T] **1** ⇨dar la bienvenida **2** ⇨agradecer(se): *After a week of rain, we welcome the sunshine* - Se agradece un poco de sol después de una semana de lluvia

welcome[3] /ˈwel.kəm/ *adj* **1** ⇨bienvenido,da ⇨grato,ta **2 to be ~ to *sth*** ⇨poder quedarse con algo: *You're welcome to any book in that box* - Puedes quedarte con cualquier libro de la caja **3 you're ~** ⇨de nada

welcome[4] /ˈwel.kəm/ *n* [NO PL] ⇨bienvenida: *to give sb a welcome* - dar la bienvenida a alguien

welcoming /ˈwel.kəm.ɪŋ/ *adj* ⇨acogedor,-a

weld /weld/ *v* [T] ⇨soldar: *to weld pipes* - soldar tubos

↑**welfare** UK: /ˈwel.feəʳ/ US: /-fer/ *n* [U] **1** ⇨bienestar **2** *US* (*UK* **social security**) ⇨seguridad social **3** *US* (*UK* **dole**) ⇨subsidio de desempleo

↑**we'll** /wiːl, wil/ **1** *(we will)* See **will 2** *(we shall)* See **shall**

↑**well**[1] /wel/ *adj* [*comp* better, *superl* best] ⇨bien: *«How are you?» «I'm very well, thank you»* - «¿Qué tal estás?» «Muy bien, gracias» ■ CONSTR. Se usa detrás de un verbo ■ Ver cuadro good / well

↑**well**[2] /wel/ *adv* [*comp* better, *superl* best] **1** ⇨bien: *She plays piano very well* - Toca muy bien el piano **2** ⇨mucho ⇨bien **3** ⇨muy: *He was well ahead of the other runner* - Iba muy adelantado al otro corredor **4** *They could well be on their way* - Probablemente ya están de camino **5 as ~** ⇨también: *He plays the guitar and sings as well* - Toca la guitarra y también canta ■ *Too* y *as well* siempre se sitúan al final de la oración **6 as ~ as 1** ⇨además de: *She speaks Chinese as well as German* - Habla chino además de alemán **2** ⇨tan bien como **7 to do ~** ⇨ir bien [a alguien] ■ Ver cuadro good / well

↑**well**[3] /wel/ *excl* **1** *(para una pausa)* ⇨bueno **2** *(tb* **well, well)** *(para expresar sorpresa)* ⇨¡vaya! **3 oh ~** *(para expresar resignación)* ⇨bueno

well[4] /wel/ *n* [C] ⇨pozo

well-behaved /ˌwel.bɪˈheɪvd/ *adj* ⇨bien educado,da ⇨que se porta bien ■ PRON. La última *e* no se pronuncia

well-being /ˌwelˈbiː.ɪŋ/ *n* [U] ⇨bienestar

well-built /ˌwelˈbɪlt/ *adj* ⇨fornido,da

well-done /ˌwelˈdʌn/ *adj* *(carne)* ⇨muy hecho,cha

well-dressed /ˌwelˈdrest/ *adj* ⇨bien vestido,da

well-earned /ˌwelˈɜːnd/ *adj* ⇨merecido,da: *a well-earned break* - un descanso merecido

well-established *adj* *(una empresa)* ⇨consolidado,da

well-kept /ˌwelˈkept/ *adj* **1** ⇨bien cuidado,da ⇨bien arreglado,da **2** *(un secreto)* ⇨bien guardado,da

well-known *adj* ⇨muy conocido,da ⇨famoso,sa ■ Se dice: *She's a well-known actress* - *Es una actriz muy conocida*. Incorrecto: *She's a known actress*

well-meaning /ˌwelˈmiː.nɪŋ/ *adj* ⇨bienintencionado,da

well-off UK: /ˌwelˈɒf/ US: /-ˈɑːf/ *adj* **1** ⇨adinerado,da ⇨acomodado,da **2** *Her parents are very well-off* - Sus padres tienen mucho dinero

well-to-do /ˌwel.təˈduː/ *adj* *(old-fash)* ⇨acomodado,da ⇨adinerado,da

Welsh[1] /welʃ/ *adj* ⇨galés,-a

Welsh[2] /welʃ/ *n* [U] **1** *(idioma)* ⇨galés **2 the ~** *(gentilicio)* ⇨los galeses, las galesas ■ El singular es *a Welshman* o *a Welshwoman*

Welshman /ˈwelʃ.mən/ [*pl* Welshmen] *n* [C] *(gentilicio)* ⇨galés

Welshmen *n* [PL] See **Welshman**

Welshwoman /ˈwelʃ.wʊ.mən/ [*pl* Welshwomen] *n* [C] *(gentilicio)* ⇨galesa

went /went/ past tense of **go**

wept /wept/ past tense and past participle forms of **weep**

↑**we're** UK: /wɪəʳ/ US: /wɪr/ *(we are)* See **be**

were /wəʳ/ See **be**

† **weren't** UK: /wɜːnt/ US: /wɝːnt/ *(were not)* See **be**

werewolf /ˈwɪə.wʊlf/ [*pl* werewolves] *n* [C] ⇨hombre lobo

werewolves *n* [PL] See **werewolf**

† **west**[1] /west/ *n* [C] **1** ⇨oeste: *the west of Ireland* - el oeste de Irlanda ■ La forma abreviada es *W* **2 the West** ⇨Occidente

† **west**[2] /west/ *adj* ⇨oeste ⇨del oeste

† **west**[3] /west/ *adv* ⇨en dirección oeste: *to travel west* - viajar en dirección oeste

western[1] UK: /ˈwes.tən/ US: /-tən/ (*tb* **Western**) *adj* ⇨occidental: *in Western Scotland* - en la parte occidental de Escocia ■ La forma abreviada es *W*

western[2] UK: /ˈwes.tən/ US: /-tən/ *n* [C] ⇨película del oeste ⇨película de vaqueros

† **wet**[1] /wet/ *adj* [*comp* wetter, *superl* wettest] **1** ⇨húmedo,da ⇨mojado,da **2** ⇨lluvioso,sa **3** *UK (inform)* ⇨blandengue *desp.*

wet[2], **wet, wet** (*tb* **wetted, wetted**) /wet/ [wetting] *v* [T] **1** ⇨humedecer ⇨mojar **2 to ~ *oneself*** ⇨orinarse **3 to ~ the bed** ⇨mojar la cama

wet suit *n* [C] *(para bucear o hacer surf)* ⇨traje de neopreno ⇨traje isotérmico

wetsuit *n* [C] ⇨traje de neopreno

we've /ˈwiːv, wiv/ *(we have)* See **have**

whack[1] /wæk/ *v* [T] *(inform)* ⇨golpear ⇨aporrear ■ CONSTR. Se usa generalmente seguido de una preposición o un adverbio

whack[2] /wæk/ *n* [C] **1** *(inform)* ⇨golpe ⇨porrazo **2** *(inform)* ⇨parte: *They want their whack of the loot* - Quieren su parte del botín **3** *(inform)* ⇨intento ⇨tentativa

† **whale** /weɪl/ *n* [C] ⇨ballena

wharf UK: /wɔːf/ US: /wɔːrf/ [*pl* wharves] *n* [C] ⇨muelle [de puerto]

† **what** UK: /wɒt/ US: /wɑːt/ *pron* **1** *(en oraciones interrogativas directas)* ⇨qué **2** *(en oraciones interrogativas directas)* ⇨cuál ⇨qué ■ Se usa cuando se puede elegir entre un amplio grupo de elementos o entre distintas opciones no definidas. Comparar con *which* **3** *(en oraciones interrogativas indirectas)* ⇨qué ⇨lo que **4** *(inform)* ⇨¿cómo? ⇨¿qué? **5** *(en oraciones exclamativas)* ⇨qué ■ Se usa seguido de sustantivos *What a sad story!* - *¡Qué historia más triste!*. Comparar con *how* **6 ~ if...?** ⇨¿y si...?: *What if Tim can't go?* - ¿Y si no puede ir Tom? ■ Ver cuadro en esta página y ver cuadro **interrogative structures**

W

† **whatever** UK: /wɒtˈev.əʳ/ US: /wɑːˈev.ə/ *pron* **1** ⇨todo lo que ⇨lo que **2** *Whatever happens, we' re going to go* - Pase lo que pase, iremos; *Whatever you do, I'm sure it'll be fine* - Hagas lo que hagas, seguro que te saldrá bien **3 or ~** ⇨o algo así

whatsoever UK: /ˌwɒt.səʊˈev.əʳ/ US: /ˌwɑːt.soʊˈev.ə/ *adv* ⇨en absoluto

† **wheat** /wiːt/ *n* [U] ⇨trigo

† **wheel**[1] /wiːl/ *n* [C] ⇨rueda

wheel[2] /wiːl/ *v* [T] **1** ⇨empujar [algo con ruedas] **2** ⇨llevar [a una persona en una silla de ruedas]

PHRASAL VERBS

- **to wheel {around/round}** ⇨darse la vuelta [rápidamente]

interrogative pronouns and adverbs

- **Which, what** y **who** son pronombres interrogativos:
  - **Which** se usa para preguntar por algo específico, cuando existe una posibilidad limitada para elegir:
    - ***Which*** *is the correct answer: A or B?* (¿Cuál es la respuesta correcta: A o B?)
    - ***Which*** *hand do you use to write with?* (¿Con qué mano escribes?
  - **What** se usa para preguntar por algo cuando la posibilidad de elegir no está limitada:
    - ***What*** *is your favourite colour?* (¿Cuál es tu color favorito?)
    - ***What*** *is the difference?* (¿Cuál es la diferencia?)
  - **Who** se usa para preguntar por una persona:
    - ***Who*** *is the lady with the hat?* (¿Quién es la señora del sombrero?)
- **Where, when** y **how** son adverbios interrogativos:
  - **Where** se usa para preguntar por el lugar donde sucede algo:
    - ***Where*** *are you?* (¿Dónde estás?)
  - **When** se usa para preguntar por el momento en que sucede algo:
    - ***When*** *is your birthday?* (¿Cuándo es tu cumpleaños?)
  - **How** se usa para preguntar por el modo en que se realiza una acción:
    - ***How*** *did you get here?* (¿Cómo has llegado hasta aquí?)

wheelbarrow UK: /ˈwiːlˌbær.əʊ/ US: /-ˌber.oʊ/ (*UK tb* **barrow**) *n* [C] ⇒carretilla

wheelchair UK: /ˈwiːl.tʃeəʳ/ US: /-tʃer/ *n* [C] ⇒silla de ruedas

wheeze /wiːz/ [wheezed, wheezing] *v* [I] ⇒resollar ⇒respirar con dificultad

† **when**[1] /wen/ *adv* ⇒cuándo: *She asked me when I was leaving* - Me preguntó cuándo me iba ■ Ver cuadro interrogative pronouns and adverbs

† **when**[2] /wen/ *conj* **1** ⇒cuando: *I'll tell him when I see him* - Se lo diré cuando lo vea **2** ⇒cuando ⇒aunque ■ Nunca se usa seguido de un verbo en futuro

† **whenever** UK: /wenˈev.əʳ/ US: /-ə/ *conj* **1** ⇒cuando ⇒siempre que **2** ⇒cuando sea

† **where** UK: /weəʳ/ US: /wer/ *adv, conj* **1** ⇒dónde **2** ⇒adónde **3** ⇒por dónde **4** ⇒donde ⇒adonde **5** ⇒en el que, en la que **6** ⇒mientras que ■ Ver cuadro interrogative pronouns and adverbs

whereabouts[1] UK: /ˌweə.rəˈbaʊts/ US: /ˌwer.ə-/ *adv* ⇒en qué parte ⇒por dónde ■ Normalmente se usa en oraciones interrogativas

whereabouts[2] UK: /ˈweə.rə.baʊts/ US: /ˈwer.ə-/ *n* [PL] ⇒paradero ■ Se puede usar con el verbo en singular o en plural

† **whereas** UK: /weəˈræz/ US: /werˈæz/ *conj* ⇒mientras que: *I only speak English whereas she speaks seven languages* - Yo solo sé inglés, mientras que ella sabe siete idiomas

whereby UK: /weəˈbaɪ/ US: /wer-/ *pron (form)* ⇒por el que, por la que: *They signed an agreement whereby both parties got part of the land* - Firmaron un acuerdo por el que cada una de las partes se quedó con parte del terreno

whereupon UK: /ˌweə.rəˈpɒn/ US: /ˌwer.əˈpɑːn/ *conj (form)* ⇒después de lo cual: *I answered him, whereupon he left* - Le respondí, después de lo cual se marchó

wherever[1] UK: /weəˈrev.əʳ/ US: /werˈev.ə/ *conj* ⇒dondequiera que: *I'll think about you wherever I am* - Dondequiera que esté, pensaré siempre en ti

wherever[2] UK: /weəˈrev.əʳ/ US: /werˈev.ə/ *adv* ⇒dónde: *Wherever did you get that idea from?* - ¿De dónde has sacado esa idea? ■ Tiene valor enfático

whet /wet/ [whetted, whetting] *v* [T] **1** ⇒estimular ⇒despertar **2** *(un cuchillo)* ⇒afilar

† **whether** UK: /ˈweð.əʳ/ US: /-ə/ *conj* **1** ⇒si: *We don't know whether or not they'll come* - No sabemos si vendrán **2** *Whether you like it or not, y*

† **while**[3] /waɪl/ [whiled, whiling]

PHRASAL VERBS

- **to while *sth* away [M]** *(el tiempo)* ⇒pasar [relajadamente porque uno está esperando o porque no tiene nada que hacer]

whilst *conj (form)* See **while**

whim /wɪm/ *n* [C] ⇒capricho ⇒antojo

whimper[1] UK: /ˈwɪm.pəʳ/ US: /-pə/ *v* [I] ⇒lloriquear

whimper[2] UK: /ˈwɪm.pəʳ/ US: /-pə/ *n* [C] ⇒lloriqueo

whine[1] /waɪn/ [whined, whining] *v* [I] **1** *(un perro)* ⇒gañir **2** ⇒gemir ⇒gimotear

whine[2] /waɪn/ *n* [C] **1** *(de un perro)* ⇒gañido **2** ⇒gemido ⇒gimoteo

whinge[1] /wɪndʒ/ [whinged, whinging] *UK v* [I] *(inform)* ⇒quejarse: *to whinge about sth* - quejarse por algo

whinge[2] /wɪndʒ/ *UK n* [C] *(inform)* ⇒queja

whip[1] /wɪp/ *n* [C] ⇒látigo ⇒rebenque *AMÉR.;* ⇒chicote *AMÉR.;* ⇒fusta ⇒fuete *AMÉR.*

whip[2] /wɪp/ [whipped, whipping] *v* [T] **1** ⇒dar latigazos ⇒azotar **2** *(una sustancia líquida)* ⇒batir

PHRASAL VERBS

- **to whip *sth* up [M]** **1** *(inform)* ⇒avivar algo ⇒estimular algo **2** *(una comida)* ⇒preparar algo rápido

whir *US n* [NO PL], *v* [I] See **whirr**

whirl[1] UK: /wɜːl/ US: /wɝːl/ ▮ *v* [T] **1** ⇒hacer girar rápidamente ▮ *v* [I] **2** ⇒girar rápidamente

whirl[2] UK: /wɜːl/ US: /wɝːl/ *n* [NO PL] **1** ⇒torbellino [de actividad o de ideas] **2** ⇒giro

whirlpool UK: /ˈwɜːl.puːl/ US: /ˈwɝːl-/ *n* [C] **1** ⇒remolino [de agua] **2** ⇒vorágine

whirlwind[1] UK: /ˈwɜːl.wɪnd/ US: /ˈwɝːl-/ *adj a whirlwind tour* - un viaje relámpago

whirlwind[2] UK: /ˈwɜːl.wɪnd/ US: /ˈwɝːl-/ *n* [C] **1** ⇒remolino [de aire] ⇒torbellino **2** ⇒torbellino [de algo]: *a whirlwind of activity* - un torbellino de actividad

whirr[1] UK: /wɜːʳ/ US: /wɝː/ *UK* (*US* **whir**) *n* [NO PL] *(de una máquina)* ⇒zumbido

whirr[2] UK: /wɜːʳ/ US: /wɝː/ *UK* (*US* **whir**) *v* [I] *(una máquina)* ⇒zumbar levemente

whisk[1] /wɪsk/ *v* [T] **1** *(inform)* ⇒llevar rápidamente: *I was whisked to hospital* - Me llevaron rápidamente al hospital ■ CONSTR. Se usa generalmente seguido de un adverbio o una preposición **2** *(en cocina)* ⇒batir

whisk[2] /wɪsk/ *n* [C] ⇒batidor [de alambre]

whisker UK: /ˈwɪs.kəʳ/ US: /-kə/ *n* [C] *(de un animal)* ⇒pelo del bigote

whiskers UK: /ˈwɪs.kəz/ US: /-kəz/ *n* [PL] **1** *(old-fash) (pelo)* ⇒patilla **2** *(animal)* ⇒bigote

whiskey *US, Irl n* [C, U] See **whisky**

† **whisky** /ˈwɪs.ki/ [*pl* whiskies] (*US*, Irl *tb* **whiskey**) *n* [C, U] ⇒whisky

† **whisper**[1] UK: /ˈwɪs.pəʳ/ US: /-pə/ *v* [T, I] ⇒cuchichear ⇒susurrar

W

whisper[2] UK: /ˈwɪs.pəʳ/ US: /-pɚ/ *n* [c] ⇨cuchicheo ⇨susurro

whispering campaign *n* [c] ⇨campaña de difamaciones [para dañar la reputación de una persona]

whistle[1] /ˈwɪs.l̩/ [whistled, whistling] *v* [T, I] ⇨silbar ■ La *t* no se pronuncia

whistle[2] /ˈwɪs.l̩/ *n* [c] **1** ⇨silbato **2** ⇨silbido ■ PRON. La *t* no se pronuncia

↑**white**[1] /waɪt/ *adj* **1** *(color)* ⇨blanco,ca **2** *(la piel)* ⇨blanco,ca **3** *(un rostro)* ⇨pálido,da **4** *UK* ⇨con leche: *a white coffee* - un café con leche

↑**white**[2] /waɪt/ ■ *n* [c, u] **1** *(color)* ⇨blanco ■ *n* [c] **2** ⇨blanco,ca [de piel] **3** *(del ojo)* ⇨blanco

whiteboard UK: /ˈwaɪt.bɔːd/ US: /-bɔːrd/ *n* [c] **1** ⇨pizarra blanca ⇨pizarra vileda® **2** *(en informática)* ⇨pizarra electrónica

white-collar UK: /ˌwaɪtˈkɒl.əʳ/ US: /-ˈkɑː.lɚ/ *adj* **1** ⇨que trabaja en una oficina **2** ⇨de oficina: *a white-collar job* - un trabajo de oficina **3** *(delito)* ⇨de guante blanco

White Paper *UK n* [c] ⇨proposición de ley ⇨libro blanco

whitewash UK: /ˈwaɪt.wɒʃ/ US: /-wɑːʃ/ *n* [u] ⇨lechada ⇨cal

whizzkid /ˈwɪz.kɪd/ *n* [c] *(inform)* ⇨genio ⇨prodigio

↑**who** /huː/ *pron* **1** *(en oraciones interrogativas directas)* ⇨quién,-es **2** *(en oraciones interrogativas indirectas)* ⇨quién,-es ⇨a quién,-es **3** *(en oraciones de relativo)* ⇨que ■ Ver cuadros interrogative pronouns and adverbs e interrogative structures

↑**WHO** *n* [u] ⇨OMS ■ Procede de *World Health Organization* (Organización Mundial de la Salud)

↑**who'd** /huːd/ **1** *(who had)* See **have** **2** *(who would)* See **would**

↑**whoever** UK: /huːˈev.əʳ/ US: /-ɚ/ *pron* ⇨quienquiera que, quienesquiera que: *Whoever says that is wrong* - Quienquiera que diga eso se equivoca; *Whoever you are, please identify yourselves* - Quienesquiera que sean, que se identifiquen

↑**whole**[1] UK: /həʊl/ US: /hoʊl/ *adj* **1** ⇨todo,da ⇨entero,ra **2** ⇨entero,ra: *Cook the potatoes whole and then mash them* - Cocina las patatas enteras y luego machácalas

W ↑**whole**[2] UK: /həʊl/ US: /hoʊl/ **(on the ~)** ⇨en general ⇨en líneas generales

wholefood UK: /ˈhəʊl.fuːd/ US: /ˈhoʊl-/ *UK n* [u] ⇨alimentos integrales

wholehearted *adj* ⇨incondicional: *You've got my wholehearted support* - Tienes mi apoyo incondicional

wholemeal UK: /ˈhəʊl.miːl/ US: /ˈhoʊl-/ *UK* (*UK/US tb* **whole wheat**) *adj* ⇨integral: *a wholemeal biscuit* - una galleta integral

wholesale[1] UK: /ˈhəʊl.seɪl/ US: /ˈhoʊl-/ *adv* ⇨al por mayor

wholesale[2] UK: /ˈhəʊl.seɪl/ US: /ˈhoʊl-/ *adj* **1** *(una venta)* ⇨al por mayor **2** ⇨total: *a wholesale change* - un cambio total

wholesome UK: /ˈhəʊl.səm/ US: /ˈhoʊl-/ *adj* ⇨sano,na ⇨saludable

whole wheat (*UK tb* **wholemeal**) *adj (de trigo)* ⇨integral

↑**who'll** /huːl/ *(who will)* See **will**

wholly UK: /ˈhəʊl.li/ US: /ˈhoʊl-/ *adv* ⇨totalmente

↑**whom** /huːm/ *pron* **1** *(form)* ⇨a quién ⇨quien **2** *(form)* ⇨que

whoops /wʊps/ (*tb* **oops**) *excl* ⇨¡huy!: *Whoops! I've made a mistake* - ¡Huy! Me he equivocado

whoosh /wʊʃ/ *excl* ⇨el sonido suave producido por un objeto en movimiento ⇨soplido

↑**who's** /huːz/ **1** *(who is)* See **be** **2** *(who has)* See **have**

↑**whose** /huːz/ *adj, pron* **1** ⇨de quién: *Whose coat is this?* - ¿De quién es este abrigo? **2** ⇨cuyo,ya

↑**why** /waɪ/ *adv* **1** ⇨por qué: *Why are you so angry?* - ¿Por qué estás tan enfadado?; *He asked me why I hadn't told him* - Me preguntó por qué no se lo había contado **2** ~ **not?** *(inform)* ⇨¿por qué no?

↑**wicked** /ˈwɪk.ɪd/ *adj* **1** ⇨malvado,da **2** ⇨malicioso,sa **3** *(very inform)* ⇨genial ⇨macanudo,da *col.* ■ PRON. La *e* se pronuncia como la *i* en *did*

wicker UK: /ˈwɪk.əʳ/ US: /-ɚ/ *n* [u] ⇨mimbre

wicket /ˈwɪk.ɪt/ *n* [c] **1** *(en cricket)* ⇨palo **2** *(en cricket)* ⇨área central del terreno de juego **3** *(en cricket)* ⇨turno del bateador

↑**wide**[1] /waɪd/ *adj* **1** ⇨ancho,cha **2** ⇨amplio,plia ⇨extenso,sa **3** **{inches/metres/miles}** ~ ⇨{pulgadas/metros/millas} de ancho **4** ~ **open** *(una puerta, una ventana)* ⇨abierto,ta de par en par

↑**wide**[2] /waɪd/ *adv* **1** ⇨de ancho: *This room is 5 metres wide* - Esta habitación tiene cinco metros de ancho **2** ⇨del todo **3** ~ **{apart/open}** ⇨{separado,da/abierto,ta} de par en par

widely /ˈwaɪd.li/ *adv* **1** ⇨generalmente **2** ⇨sin dificultad **3** ⇨mucho: *They've travelled widely* - Han viajado mucho

widen /ˈwaɪ.dᵊn/ *v* [T, I] **1** ⇨ensanchar: *to widen the road* - ensanchar la carretera **2** ⇨ampliar(se)

wide-ranging /ˌwaɪdˈreɪn.dʒɪŋ/ *adj* **1** ⇨muy variado,da ⇨amplio,plia **2** *(análisis, informe)* ⇨de gran alcance

↑**widespread** /ˌwaɪdˈspred/ *adj* ⇨extendido,da ⇨generalizado,da

† **widow** UK: /ˈwɪd.əʊ/ US: /-oʊ/ *n* [C] ⇒viuda: *widow's pension* - pensión de viudedad

widower UK: /ˈwɪd.əʊ.əʳ/ US: /-oʊ.ə/ *n* [C] ⇒viudo

† **width** /wɪtθ, wɪdθ/ ▌ *n* [C, U] **1** ⇒anchura ⇒ancho ▌ *n* [C] **2** *(en natación)* ⇒ancho

wield /wiːld/ *v* [T] **1** ⇒empuñar **2** *(hacha, espada)* ⇒manejar **3** ⇒ejercer: *to wield power* - ejercer el poder

† **wife** /waɪf/ [*pl* wives] *n* [C] ⇒esposa ⇒mujer

wig /wɪg/ *n* [C] ⇒peluca: *to wear a wig* - llevar una peluca

wiggle /ˈwɪg.l̩/ [wiggled, wiggling] *v* [T, I] *(inform)* ⇒contonear(se) ⇒menear(se)

† **wild** /waɪld/ *adj* **1** ⇒salvaje: *a wild animal* - un animal salvaje **2** ⇒silvestre: *a wild flower* - una flor silvestre **3** ⇒salvaje ⇒violento,ta **4** ⇒desenfrenado,da ⇒loco,ca **5** *(tiempo atmosférico)* ⇒tempestuoso,sa ⇒borrascoso,sa **6 to be ~ about** ***sth/sb*** **1** *(inform)* ⇒volverse loco,ca por *col.* **2** ⇒estar furioso,sa por algo

wilderness UK: /ˈwɪl.də.nəs/ US: /-dɚ-/ [*pl* wildernesses] *n* [C] **1** ⇒naturaleza virgen **2 in the ~** ⇒apartado,da de la actividad política

† **wildlife** /ˈwaɪld.laɪf/ *n* [U] ⇒flora y fauna

wildly /ˈwaɪld.li/ *adv* **1** ⇒muy ⇒sumamente **2** ⇒fervorosamente

wilful /ˈwɪl.fəl/ *UK adj* **1** ⇒intencionado,da ⇒premeditado,da **2** *(una persona)* ⇒testarudo,da

† **will¹** /wɪl/ ▌ *v* [MODAL] **1** *I'll do it* - Lo haré; *We will not say anything* - No vamos diremos nada **2** *(para peticiones u ofrecimientos): Will you tell her to come here?* - ¿Le dices que venga?; *Will you stay for dinner?* - ¿Te quedas a cenar? ■ Normalmente se usa el condicional *would*; se considera más educado **3** *(en oraciones condicionales): If he calls me, I'll go to the cinema with him* - Si me llama, iré al cine con él ■ CONSTR. will + do sth ■ *Would* es el pasado y el condicional de *will* cuando se usa en su forma auxiliar ■ Ver cuadros modal verbs y future tense: will / be going to ▌ *v* [T] **4** ⇒desear con fuerza: *She's willing for Christmas to come* - Está deseando que lleguen las navidades ■ CONSTR. to will + to do sth **5** *(en un testamento)* ⇒dejar **6** *(old-fash)* ⇒insistir: *If you will be so rude, it's not surprising you've no friends* - Si insistes en ser tan brusco, que no te sorprenda no tener amigos

will² /wɪl/ ▌ *n* [NO PL] **1** ⇒voluntad ⇒deseo ▌ *n* [C, U] **2** ⇒fuerza de voluntad ▌ *n* [C] **3** ⇒última voluntad **4** ⇒testamento **5 at ~** ⇒como te plazca ⇒a voluntad *form.*

† **willing** /ˈwɪl.ɪŋ/ *adj* **1** ⇒aplicado,da ⇒afanoso,sa ⇒hacendoso,sa **2 to be ~ to do** ***sth*** ⇒estar dispuesto,ta a hacer algo: *Are you willing to help?* - ¿Estás dispuesto a ayudar?

willingness /ˈwɪl.ɪŋ.nəs/ *n* [U] ⇒buena voluntad ⇒buena disposición

willow (tree) *n* [C] ⇒sauce

willpower UK: /ˈwɪl.paʊəʳ/ US: /-paʊr/ *n* [U] ⇒fuerza de voluntad

wilt /wɪlt/ *v* [I] **1** *(una planta)* ⇒marchitarse **2** ⇒decaer ⇒desanimarse

wimp /wɪmp/ *n* [C] *(inform)* ⇒pelele *desp.;* ⇒panoli *col. desp.*

† **win¹, won, won** /wɪn/ [winning] *v* [T, I] **1** ⇒ganar: *He won the lottery* - Ganó la lotería **2** ⇒conseguir ⇒granjearse **3 sb can't ~** *(inform)* ⇒no hay manera: *You can't win, he always has to be right* - No hay manera, él siempre tiene que tener razón

PHRASAL VERBS

- **to win** ***sb*** **{around/over/round} [M]** ⇒convencer a alguien
- **to win** ***sth/sb*** **back [M]** ⇒reconquistar ⇒recuperar

win² /wɪn/ *n* [C] ⇒victoria: *two wins and a draw* - dos victorias y un empate

wince /wɪnts/ [winced, wincing] *v* [I] ⇒hacer una mueca de dolor

† **wind¹** /wɪnd/ ▌ *n* [C, U] **1** ⇒viento ▌ *n* [U] **2** *UK* (*US* **gas**) *(en el estómago)* ⇒gases ⇒flatulencias **3** *UK* ⇒aliento **4 like the ~** ⇒como un rayo **5 to get** ***one's*** **~ (back)** ⇒recuperar el aliento **6 to get ~ of** ***sth*** ⇒enterarse de algo

wind², wound, wound /waɪnd/ ▌ *v* [I] **1** ⇒serpentear ■ CONSTR. Se usa generalmente seguido de una preposición o un adverbio ▌ *v* [T] **2** ⇒dar cuerda: *to wind a clock* - dar cuerda a un reloj ▌ *v* [T] **3** ⇒poner alrededor ■ CONSTR. Se usa generalmente seguido de una preposición o un adverbio

PHRASAL VERBS

- **to wind down** ⇒relajarse [gradualmente]
- **to wind (*****sth*****) down [M]** ⇒terminar algo [gradualmente]
- **to wind (*****sth*****) up [M]** ⇒terminar algo ⇒concluir algo
- **to wind** ***sb*** **up [M]** **1** *UK (inform)* ⇒poner nervioso,sa a alguien ⇒perturbar a alguien **2** *UK (inform)* ⇒tomar el pelo a alguien *col.: He's just winding you up* - Te está tomando el pelo
- **to wind up (doing** ***sth*****)** ⇒acabar (haciendo algo)

† **wind³** /wɪnd/ *v* [T] ⇒dejar sin aliento ■ En esta acepción, el pasado y el participio tienen formas regulares

windfall UK: /ˈwɪnd.fɔːl/ US: /-fɑːl/ *n* [C] **1** ⇒dinero caído del cielo **2** ⇒fruta caída del árbol

windmill /ˈwɪnd.mɪl/ *n* [C] ⇒molino de viento

↑**window** UK: /ˈwɪn.dəʊ/ US: /-doʊ/ *n* [C] **1** ⇒ventana **2** ⇒ventanilla **3** ⇒escaparate ⇒vitrina
windowless *adj* ⇒sin ventana: *a windowless room* - una habitación sin ventanas
window shopping *n* [U] *to go window shopping* - ir de escaparates
windowsill UK: /ˈwɪn.dəʊ.sɪl/ US: /-doʊ-/ *n* [C] ⇒alféizar
windscreen /ˈwɪn*d*.skriːn/ *UK n* [C] ⇒parabrisas: *I can't see clearly through the windscreen* - No veo bien por el parabrisas
windscreen wiper UK: /ˈwɪn*d*.skriːnˌwaɪp.əʳ/ US: /-ə/ *UK n* [C] *(en un vehículo)* ⇒limpiaparabrisas
windsurfing UK: /ˈwɪn*d*ˌsɜː.fɪŋ/ US: /-ˌsɜː-/ *n* [U] ⇒windsurf ⇒windsurfing
windy /ˈwɪn.di/ *adj* [*comp* windier, *superl* windiest] **1** ⇒ventoso,sa **2** *It's very windy today* - Hoy hace mucho aire
↑**wine** /waɪn/ *n* [C, U] ⇒vino
↑**wing** /wɪŋ/ *n* [C] **1** ⇒ala **2** *UK* (*US* **fender**) ⇒guardabarros ⇒aleta ⇒salpicadera *AMÉR.* **3** *(en deportes)* ⇒banda **4** *(en política): the left wing* - la izquierda **5 to take *sb* under *one's* ~** ⇒estar bajo la protección de alguien
wings 1 the ~ *(en teatro)* ⇒bastidores **2 to be waiting in the ~** ⇒estar preparado,da para actuar
wink[1] /wɪŋk/ *v* [I] ⇒guiñar el ojo: *Are you winking at me?* - ¿Me estás guiñando el ojo?
wink[2] /wɪŋk/ *n* [C] **1** ⇒guiño **2 forty winks** *(inform)* ⇒cabezada ⇒siestecilla *col.* **3 not to sleep a ~** ⇒no dormir nada
winner UK: /ˈwɪn.əʳ/ US: /-ə/ *n* [C] ⇒ganador,-a
winning /ˈwɪn.ɪŋ/ *adj* **1** ⇒ganador,-a **2** ⇒cautivador,-a: *a winning smile* - una sonrisa cautivadora
↑**winter**[1] UK: /ˈwɪn.təʳ/ US: /-ə/ *n* [C, U] ⇒invierno: *in winter* - en invierno; *winter sports* - deportes de invierno
↑**winter**[2] UK: /ˈwɪn.təʳ/ US: /-ə/ *v* [I] *(las aves)* ⇒invernar
↑**wipe** /waɪp/ [wiped, wiping] *v* [T] **1** *(con un paño)* ⇒limpiar **2** ⇒limpiarse: *Wipe your shoes* - Límpiate los zapatos **3** ⇒secar **4 to ~ *sth* {away/ from/off}** ⇒borrar algo

PHRASAL VERBS
- **to wipe *sth* out [M] 1** ⇒eliminar algo ⇒erradicar algo **2** *(una especie)* ⇒extinguir(se) **3** ⇒destruir algo completamente
- **to wipe *sth* up [M]** ⇒secar algo [con un trapo]

wiper *n* [C] *(en un vehículo)* ⇒limpiaparabrisas
↑**wire**[1] UK: /waɪəʳ/ US: /waɪr/ *n* [C, U] **1** ⇒cable ⇒alambre **2** *US* (*US tb* **telegram**) ⇒telegrama **3 the ~** ⇒la alambrada **4 to get your wire's crossed** ⇒tener un malentendido **5 ~ tapping** ⇒intervención de un teléfono
wire[2] UK: /waɪəʳ/ US: /waɪr/ [wired, wiring] *v* [T] **1** (*tb* **wire up**) ⇒instalar [un aparato electrónico]: *Have you wired the alarm by yourself?* - ¿Has instalado la alarma tú solo? **2** ⇒unir ⇒conectar
wisdom /ˈwɪz.dəm/ *n* [U] **1** ⇒sabiduría **2** ⇒prudencia
↑**wise** /waɪz/ *adj* **1** ⇒sabio,bia: *a wise decision* - una decisión sabia **2** ⇒prudente **3 to be none the wiser** *(inform)* ⇒seguir sin entender nada
↑**wish**[1] /wɪʃ/ [*pl* wishes] *n* [C] **1** ⇒deseo: *to make a wish* - pedir un deseo **2 best wishes** ⇒mis mejores deseos
↑**wish**[2] /wɪʃ/ *v* [T, I] **1** ⇒desear: *She wished me good luck* - Me deseó buena suerte ■ CONSTR. 1. to wish + (that) 2. to wish + dos objetos **2 I wish...** ⇒ojalá...: *I wish I were on the beach* - Ojalá estuviera en la playa ■ Se considera más correcto usar *were* con todos los pronombres. Expresa un deseo irrealista en relación al presente **3 to ~ to do *sth*** *(form)* ⇒querer hacer algo ⇒gustar
wistful /ˈwɪs*t*.fᵊl/ *adj* ⇒triste ⇒melancólico,ca
↑**wit** /wɪt/ ▮ *n* [U] **1** ⇒ingenio ▮ *n* [C] **2** ⇒persona ingeniosa
↑**witch** /wɪtʃ/ [*pl* witches] *n* [C] ⇒bruja ⇒hechicera
witchcraft UK: /ˈwɪtʃ.krɑːft/ US: /-kræft/ *n* [U] ⇒brujería
witch-hunt /ˈwɪtʃ.hʌnt/ *n* [C] ⇒caza de brujas
↑**with** /wɪð/ *prep* **1** *(compañía)* ⇒con **2** *(instrumento)* ⇒con **3** *(descripción)* ⇒con ⇒de **4** *(unión de varias cosas)* ⇒con **5** *(causa)* ⇒de **6 to be ~ *sb*** *(inform)* ⇒seguir [lo que dice alguien] *col.;* ⇒entender
↑**withdraw, withdrew, withdrawn** UK: /wɪðˈdrɔː/ US: /-ˈdrɑː/ *v* [T, I] **1** ⇒retirar(se): *to withdraw from a competition* - retirarse de una competición **2** *(dinero)* ⇒sacar ⇒retirar
withdrawal UK: /wɪðˈdrɔː.ᵊl/ US: /-ˈdrɑː-/ ▮ *n* [C] **1** ⇒retirada [de dinero] ▮ *n* [C, U] **2** ⇒retirada **3** ⇒abandono ▮ *n* [U] **4** ⇒síndrome de abstinencia **5** *(en psicología)* ⇒retraimiento
withdrawn[1] UK: /wɪðˈdrɔːn/ US: /-ˈdrɑːn/ past participle of **withdraw**
withdrawn[2] UK: /wɪðˈdrɔːn/ US: /-ˈdrɑːn/ *adj* ⇒introvertido,da ⇒retraído,da
withdrew past tense of **withdraw**
wither UK: /ˈwɪð.əʳ/ US: /-ə/ ▮ *v* [T, I] **1** ⇒marchitar(se) ⇒secar(se) ▮ *v* [I] **2** ⇒debilitarse **3** *(esperanzas)* ⇒ir desapareciendo
withheld past tense and past participle forms of **withhold**

W

withhold, withheld, withheld UK: /wɪð'həʊld/ US: /-'hoʊld/ *v* [T] **1** ⇒ocultar: *to withhold information* - ocultar información **2** ⇒retener

↑**within¹** /wɪ'ðɪn/ *prep* **1** *(tiempo)* ⇒dentro de ⇒en **2** *(espacio)* ⇒dentro de **3** *(distancia)* ⇒a menos de

within² /wɪ'ðɪn/ *adv* ⇒dentro ⇒de dentro

↑**without** /wɪ'ðaʊt/ *prep* ⇒sin: *She managed to get there without help* - Consiguió llegar al sitio sin ayuda; *They went away without paying the bill* - Se fueron sin pagar ■ CONSTR. without + doing sth

withstand, withstood, withstood /wɪð'stænd/ *v* [T] ⇒resistir(se): *to withstand temptation* - resistirse a una tentación

withstood past tense and past participle forms of **withstand**

↑**witness¹** /'wɪt.nəs/ [*pl* witnesses] *n* [C] ⇒testigo

witness² /'wɪt.nəs/ *v* [T] **1** ⇒presenciar [un accidente o un crimen] ■ CONSTR. to witness + doing sth **2** ⇒firmar como testigo

witness box [*pl* witness boxes] *UK n* [C] ⇒tribuna donde se sientan los testigos para dar su testimonio

witty UK: /'wɪt.i/ US: /'wɪ-/ *adj* [*comp* wittier, *superl* wittiest] **1** ⇒ocurrente ⇒ingenioso,sa **2** ⇒gracioso,sa

wives /waɪvz/ *n* [PL] See **wife**

wizard UK: /'wɪz.əd/ US: /-əd/ *n* [C] **1** ⇒mago ⇒brujo ⇒hechicero **2** *(inform)* ⇒genio ⇒lumbrera *col.*

wobble¹ UK: /'wɒb.l̩/ US: /'wɑː.bl̩/ [wobbled, wobbling] *v* [T, I] **1** ⇒tambalearse **2** *(un mueble)* ⇒cojear **3** *(la voz)* ⇒temblar

wobble² UK: /'wɒb.l̩/ US: /'wɑː.bl̩/ *n* [C] ⇒tambaleo

woe UK: /wəʊ/ US: /woʊ/ *n* [U] **1** *(lit)* ⇒infortunio ⇒desgracia **2** *(lit)* ⇒desconsuelo ⇒aflicción **3 ~ betide *sb*** ⇒¡ay del que…!

wok UK: /wɒk/ US: /wɑːk/ *n* [C] ⇒wok

woke UK: /wəʊk/ US: /woʊk/ past tense of **wake**

wolf¹ /wʊlf/ [*pl* wolves] *n* [C] ⇒lobo,ba

wolf² /wʊlf/ (*tb* **wolf down**) *v* [T] *(inform)* ⇒zampar(se) *col.*

wolves *n* [PL] See **wolf**

↑**woman** /'wʊm.ən, 'wɪmɪn/ [*pl* women] *n* [C] ⇒mujer

womb /wuːm/ *n* [C] ⇒matriz ⇒útero ■ PRON. La *o* se pronuncia como una *u* y la *b* no se pronuncia

women *n* [PL] See **woman**

won /wʌn/ past tense and past participle forms of **win**

↑**wonder¹** UK: /'wʌn.dəʳ/ US: /-dɚ/ *v* [T, I] **1** ⇒preguntarse: *I wonder why they're not here yet* - Me pregunto por qué no han llegado aún ■ CONSTR. to wonder + interrogativa indirecta **2** ⇒sorprenderse ⇒maravillarse ■ CONSTR. to wonder + (that)

wonder² UK: /'wʌn.dəʳ/ US: /-dɚ/ ▌*n* [U] **1** ⇒admiración y asombro ▌*n* [C] **2** ⇒maravilla: *One of the seven wonders of the world* - Una de las siete maravillas del mundo ■ Se usa más en plural **3 it's a ~ (that)...** ⇒es un milagro (que)... **4 no ~** ⇒no me sorprende ⇒no me extraña

↑**wonderful** UK: /'wʌn.də.fəl/ US: /-dɚ-/ *adj* **1** ⇒maravilloso,sa **2** *We had a wonderful time* - Lo pasamos muy bien

↑**won't** UK: /wəʊnt/ US: /woʊnt/ *(will not)* See **will**

woo /wuː/ *v* [T] **1** ⇒captar **2** ⇒cortejar

↑**wood** /wʊd/ ▌*n* [U] **1** ⇒madera ▌*n* [C] **2** ⇒bosque

↑**wooden** /'wʊd.ən/ *adj* ⇒de madera

woodland /'wʊd.lənd/ *n* [C, U] ⇒bosque ⇒monte

woodwind /'wʊd.wɪnd/ *n* [C, U] ⇒instrumento de viento de madera

woodwork UK: /'wʊd.wɜːk/ US: /-wɝːk/ *n* [U] **1** ⇒carpintería **2** ⇒maderaje

woof /wʊf/ *n* [C] *(de un perro)* ⇒guau

↑**wool** /wʊl/ *n* [U] ⇒lana

woollen /'wʊl.ən/ *UK adj* ⇒de lana: *a woollen jacket* - una chaqueta de lana

woolly /'wʊl.i/ *UK adj* [*comp* woollier, *superl* woolliest] ⇒de lana: *a pair of woolly gloves* - unos guantes de lana

↑**word** UK: /wɜːd/ US: /wɝːd/ *n* [C] **1** ⇒palabra **2** *Do you know the words to the song?* - ¿Sabes la letra de la canción? **3 in other words** ⇒en otras palabras: *In other words, I'm not going* - En otras palabras, no voy a ir **4 to give *sb one's* ~** ⇒dar alguien su palabra **5 to have a ~ with *sb*** ⇒tener unas palabras con alguien ⇒hablar con alguien **6 to put a (good) ~ in for *sb*** ⇒recomendar a alguien **7 to take *sb's* ~ for it** ⇒creer a alguien: *This time I'll take your word for it* - Por esta vez te creo

word processor *n* [C] ⇒procesador de textos

wore UK: /wɔːʳ/ US: /wɔːr/ past tense of **wear**

↑**work¹** UK: /wɜːk/ US: /wɝːk/ *v* [T, I] **1** ⇒trabajar ⇒laburar *AMÉR. col.* **2** ⇒funcionar **3** ⇒manejar **4** ⇒surtir efecto **5 to ~ {free/loose}** ⇒soltar(se) ⇒aflojar(se)

PHRASAL VERBS

- **to work for *sth*** ⇒esforzarse por algo
- **to work out 1** ⇒hacer gimnasia **2** ⇒resultar ⇒funcionar
- **to work *sth* out** [M] **1** ⇒solucionar algo ⇒resolver algo **2** ⇒abrir [el apetito]
- **to work up** ⇒poner(se) nervioso,sa

↑**work²** UK: /wɜːk/ US: /wɝːk/ ▌*n* [U] **1** ⇒trabajo ⇒laburo *AMÉR. col.* ■ Se dice *some work*, *a piece of work* o *a job*. Incorrecto: *a work* ▌*n* [C] **2** ⇒obra **3 at ~ 1** ⇒trabajando **2** ⇒en el trabajo

workable UK: /ˈwɜː.kə.bl̩/ US: /ˈwɝː-/ *adj* ⇒factible ⇒viable

workaholic UK: /ˌwɜː.kəˈhɒl.ɪk/ US: /ˌwɝː.kəˈhɑː.lɪk/ *n* [C] *(inform)* ⇒adicto,ta al trabajo: *He is a workaholic* - Es un adicto al trabajo

workbook UK: /ˈwɜːk.bʊk/ US: /ˈwɝːk-/ *n* [C] ⇒libro de ejercicios

worker UK: /ˈwɜː.kəʳ/ US: /ˈwɝː.kɚ/ *n* [C] **1** ⇒trabajador,-a ⇒empleado,da **2** ⇒obrero,ra **3** ⇒trabajador,-a ⇒hacendoso,sa

workforce UK: /ˈwɜːk.fɔːs/ US: /ˈwɝːk.fɔːrs/ *n* [U] **1** *(de un país)* ⇒población activa **2** *(de una fábrica)* ⇒obreros ⇒trabajadores ■ Por ser un nombre colectivo se puede usar con el verbo en singular o en plural

working UK: /ˈwɜː.kɪŋ/ US: /ˈwɝː-/ *adj* **1** ⇒activo,va **2** ⇒laboral ⇒de trabajo **3** ⇒en funcionamiento

working class [*pl* working classes] *n* [C] ⇒clase obrera ■ Por ser un nombre colectivo se puede usar con el verbo en singular o en plural

workload UK: /ˈwɜːk.ləʊd/ US: /ˈwɝːk.loʊd/ *n* [C] ⇒volumen de trabajo

workman UK: /ˈwɜːk.mən/ US: /ˈwɝːk-/ [*pl* workmen] *n* [C] ⇒obrero

workmen *n* [PL] See **workman**

workout UK: /ˈwɜː.kaʊt/ US: /ˈwɝː-/ *n* [C] ⇒ejercicio físico

workplace UK: /ˈwɜːk.pleɪs/ US: /ˈwɝːk-/ *n* [C] ⇒lugar de trabajo

worksheet UK: /ˈwɜːk.ʃiːt/ US: /ˈwɝːk-/ *n* [C] ⇒ficha [de deberes]: *We have to do this worksheet for homework* - Tenemos que hacer esta ficha de deberes

workshop UK: /ˈwɜːk.ʃɒp/ US: /ˈwɝːk.ʃɑːp/ *n* [C] **1** ⇒taller **2** ⇒taller ⇒seminario

workstation UK: /ˈwɜːkˌsteɪ.ʃᵊn/ US: /ˈwɝːk-/ *n* [C] *(en informática)* ⇒estación de trabajo

↑**world** UK: /wɜːld/ US: /wɝːld/ *n* [C] **1** ⇒mundo **2** ⇒mundo ⇒mundillo **3 It is a small ~** ⇒El mundo es un pañuelo

world-famous UK: /ˌwɜːldˈfeɪ.məs/ US: /ˌwɝːld-/ *adj* ⇒conocido,da mundialmente

↑**worldwide** /ˈwɜːldˌwaɪd/ *adj, adv* ⇒mundial ⇒en todo el mundo

World Wide Web the ~ ⇒la web

↑**worm** UK: /wɜːm/ US: /wɝːm/ *n* [C] ⇒gusano

worn[1] UK: /wɔːn/ US: /wɔːrn/ *adj* ⇒desgastado,da: *a worn pair of trousers* - unos pantalones desgastados

worn[2] UK: /wɔːn/ US: /wɔːrn/ past participle of **wear**

worried UK: /ˈwʌr.id/ US: /ˈwɝː-/ *adj* **1** ⇒preocupado,da: *They don't seem too worried* - No parecen muy preocupados **2 to be ~** ⇒preocuparse

worriedly UK: /ˈwʌr.id.li/ US: /ˈwɝː-/ *adv* ⇒con preocupación

↑**worry**[1] UK: /ˈwʌr.i/ US: /ˈwɝː-/ [worries, worried] *v* [I] ⇒preocupar(se) ⇒inquietar(se): *She worries about too many things* - Se inquieta por demasiadas cosas ■ CONSTR. to worry + (that)

worry[2] UK: /ˈwʌr.i/ US: /ˈwɝː-/ [*pl* worries] *n* [C, U] ⇒preocupación

worrying UK: /ˈwʌr.i.ɪŋ/ US: /ˈwɝː-/ *adj* ⇒preocupante ⇒inquietante

worse[1] UK: /wɜːs/ US: /wɝːs/ *adj* the comparative form of **bad**

worse[2] UK: /wɜːs/ US: /wɝːs/ *adv* the comparative form of **badly**

worship[1] UK: /ˈwɜː.ʃɪp/ US: /ˈwɝː-/ [worshipped, worshipping] ▌*v* [T, I] **1** ⇒venerar ⇒adorar ▌*v* [I] **2** ⇒asistir [a una ceremonia religiosa] ▌*v* [T] **3** ⇒adorar ⇒admirar

worship[2] UK: /ˈwɜː.ʃɪp/ US: /ˈwɝː-/ *n* [U] *(a un dios)* ⇒veneración ⇒culto

worst[1] UK: /wɜːst/ US: /wɝːst/ *adj, n* [NO PL] the superlative form of **bad**

worst[2] UK: /wɜːst/ US: /wɝːst/ *adv* the superlative form of **badly**

↑**worth**[1] UK: /wɜːθ/ US: /wɝːθ/ *adj* **1** ⇒por valor de: *She bought a painting worth £10,000* - Compró un cuadro por valor de diez mil libras **2 to be ~ doing *sth*** ⇒valer la pena: *It's worth reading that book twice* - Vale la pena leer ese libro dos veces **3 to be ~ it** ⇒valer la pena ⇒merece la pena **4 to be ~ *sb's* while** ⇒ser de provecho ⇒una persona

↑**worth**[2] UK: /wɜːθ/ US: /wɝːθ/ *n* [U] **1** ⇒valor: *to value the worth of sth* - tasar el valor de una cosa **2** *(de una persona)* ⇒valía

worthless UK: /ˈwɜː.θ.ləs/ US: /ˈwɝː.θ-/ *adj* **1** ⇒sin valor **2** ⇒sin sentido ⇒inútil **3** *(una persona)* ⇒despreciable

↑**worthwhile** UK: /ˌwɜːθˈwaɪl/ US: /ˌwɝːθ-/ *adj* ⇒que merece la pena: *This is a worthwhile activity* - Esta es una actividad que merece la pena ■ CONSTR. worthwhile + doing sth

worthy[1] UK: /ˈwɜː.ði/ US: /ˈwɝː-/ *adj* [*comp* worthier, *superl* worthiest] **1** ⇒meritorio,ria ⇒digno,na **2** ⇒respetable **3** *(una causa)* ⇒noble

↑**worthy**[2] UK: /ˈwɜː.ði/ US: /ˈwɝː-/ [*pl* worthies] *n* [C] ⇒personaje importante ⇒personaje ilustre

would[1] /wʊd, wəd, əd/ *v* [MODAL] **1** *(indica que la realización de la acción depende de una condición presente improbable o no real): If I had money, I would buy a new house* - Si tuviese dinero, compraría otra casa **2** *(para peticiones)* ⇒poder ■ CONSTR. would + do sth **3** *(usado como forma de pasado de «will» para expresar lo que alguien dijo o* *pensó): She said she would come* - Dijo que vendría **4** *(usado como forma de pasado de «will» para indicar lo que una persona quería o podía hacer): I asked him to phone her but he wouldn't* - Le dije que la llamara pero no lo hizo **5** *(usado para expresar un deseo o algo que se desea que suceda): I would love to go with you* - Me encantaría ir contigo **6** *(usado para hablar de acciones que tenían lugar en el pasado): She would always phone me on my birthday* - Siempre me llamaba por mi cumpleaños ■ Ver cuadro modal verbs

↑ **would²** /wʊd, wəd, əd/ See **will**

↑ **wouldn't** /ˈwʊd.ᵊnt/ *(would not)* See **would**

wound¹ /wuːnd/ *n* [C] ⇒herida [de arma] ■ Comparar con *injury* (herida por accidente)

wound² /wuːnd/ ▌**1** past tense and past participle forms of **wind** ▌*v* [T] **2** ⇒herir: *The bomb didn't wound anyone* - En la explosión, nadie resultó herido ■ PRON. Rima con *soon*

wove UK: /wəʊv/ US: /woʊv/ past tense of **weave**

woven UK: /ˈwəʊ.vᵊn/ US: /ˈwoʊ-/ past participle of **weave**

↑ **wow** /waʊ/ *excl* ⇒¡genial! ⇒¡estupendo!

wrangle¹ /ˈræŋ.gl̩/ *n* [C] ⇒discusión ⇒disputa

wrangle² /ˈræŋ.gl̩/ [wrangled, wrangling] *v* [I] ⇒discutir

↑ **wrap** /ræp/ [wrapped, wrapping] (*tb* **wrap up**) *v* [T] ⇒envolver: *to wrap a present* - envolver un regalo

PHRASAL VERBS
- **to wrap *sth* up [C]** *(inform)* ⇒finiquitar algo *col.*
- **to wrap (*sb*) up [M]** ⇒arropar(se): *Wrap up warm!* - ¡Arrópate bien!

wrapping paper *n* [U] ⇒papel de envolver

wrath UK: /rɒθ/ US: /rɑːθ/ *n* [U] *(lit)* ⇒ira

wreak, wreaked, wreaked (*tb* **wrought, wrought**) /riːk/ *v* [T] **1** *(form) (destrucción)* ⇒sembrar **2** *(venganza)* ⇒cobrar **3 to ~ havoc** ⇒causar estragos: *The earthquake wreaked havoc in that area* - El terremoto causó estragos en esa zona

↑ **wreck¹** /rek/ *v* [T] **1** ⇒destrozar ⇒destruir **2 to be wrecked** *(un barco)* ;⇒naufragado *(una persona)* ⇒como una cuba

wreck² /rek/ *n* [C] **1** *(de un avión, de un edificio)* ⇒restos **2** ⇒buque hundido ⇒naufragio **3** ⇒vehículo viejo y deteriorado ⇒carcacha *AMÉR.;* ⇒catramina *AMÉR. col.* **4** *(inform)* ⇒ruina *col.: I feel like a wreck* - Estoy hecha una ruina **5** *US (UK/US tb* **crash**) ⇒choque ⇒accidente **6** *(inform) (una persona)* ⇒pingajo *col.;* ⇒guiñapo *col.*

wrench¹ /rentʃ/ [wrenches] *v* [T] **1** ⇒arrancar [violentamente] ■ CONSTR. Se usa generalmente seguido de una preposición o un adverbio **2** ⇒liberarse con dificultad ⇒separar(se) ■ CONSTR. Se usa generalmente seguido de la preposición from **3** ⇒torcerse: *She has wrenched her ankle* - Se ha torcido el tobillo

wrench² /rentʃ/ [*pl* wrenches] *n* [C] **1** ⇒tirón fuerte o violento **2** *Leaving his country was a terrible wrench* - Dejar su país fue muy doloroso **3** *US* (*UK* **spanner**) ⇒llave inglesa

wrestle /ˈres.l̩/ [wrestled, wrestling] *v* [T, I] ⇒luchar

wrestling /ˈres.lɪŋ/ *n* [U] *(deporte)* ⇒lucha libre

wretched /ˈretʃ.ɪd/ *adj* **1** ⇒desgraciado,da **2** ⇒infeliz **3** *(inform)* ⇒maldito,ta *col.*

wriggle /ˈrɪg.l̩/ [wriggled, wriggling] *v* [T, I] ⇒retorcer(se)

wring, wrung, wrung /rɪŋ/ *v* [T] ⇒escurrir ⇒retorcer

wrinkle¹ /ˈrɪŋ.kl̩/ *n* [C] *(en la piel)* ⇒arruga

wrinkle² /ˈrɪŋ.kl̩/ [wrinkled, wrinkling] ▌*v* [T, I] **1** *(la piel, una prenda de vestir)* ⇒arrugar(se) ▌*v* [T] **2** *(el ceño)* ⇒fruncir

↑ **wrist** /rɪst/ *n* [C] *(parte del cuerpo)* ⇒muñeca

writ /rɪt/ *n* [C] ⇒mandamiento judicial ⇒mandato judicial

↑ **write, wrote, written** /raɪt/ [writing] *v* [T, I] **1** ⇒escribir: *«Oliver Twist» was written by Charles Dickens* - Charles Dickens escribió «Oliver Twist» **2** *(una carta)* ⇒escribir ■ CONSTR. 1. to write to sb 2. to write + dos objetos

PHRASAL VERBS
- **to write back** *(una carta)* ⇒contestar
- **to write *sth* down [M]** ⇒anotar algo ⇒apuntar algo
- **to write *sth* off [M]** **1** *UK (un coche)* ⇒destrozar **2** ⇒anular [una deuda]
- **to write *sth/sb* off (as *sth*) [M]** ⇒descartar
- **to write off for *sth*** *(por carta)* ⇒pedir ⇒solicitar
- **to write *sth* out [M]** ⇒escribir algo [en limpio]
- **to write *sth* up [M]** ⇒redactar algo

write-off UK: /ˈraɪ.tɒf/ US: /-ˤt̬ɑːf/ *n* [C] **1** *UK (un coche)* ⇒siniestro total **2** *(de una deuda)* ⇒cancelación **3** *(de un plan)* ⇒fracaso

writer UK: /ˈraɪ.təʳ/ US: /-ˤt̬ɚ/ *n* [C] ⇒escritor,-a

writhe /raɪð/ [writhed, writhing] *v* [I] ⇒retorcerse ⇒estremecerse

writing UK: /ˈraɪ.tɪŋ/ US: /-ˤt̬ɪŋ/ *n* [U] **1** ⇒escritura: *She devoted her life to writing* - Dedicó su vida a la escritura **2** (*tb* **handwriting**) ⇒letra: *a neat writing* - una letra bonita y clara **3** ⇒producción literaria ⇒obra literaria **4 in ~** ⇒por escrito

writing paper *n* [U] ⇒papel de cartas

written UK: /ˈrɪt.ᵊn/ US: /ˈrɪ-/ past participle of **write**

† **wrong**[1] UK: /rɒŋ/ US: /rɑːŋ/ *adj* **1** ⇒malo,la ⇒incorrecto,ta **2** ⇒malo,la ⇒injusto,ta ■ CONSTR. 1. wrong + to do sth 2. Se usa detrás de un verbo **3** ⇒que va mal ■ Nunca se sitúa delante de un nombre **4 to be ~ 1** ⇒estar equivocado,da ⇒no tener razón **2** *What's wrong with him?* - ¿Qué le pasa? **5 to get** ***sth*** **~** ⇒equivocarse ⇒tener mal **6 to get** ***sb*** **~** ⇒malinterpretar a alguien **7 to go ~ 1** ⇒estropearse **2** ⇒equivocarse **3** ⇒salir mal

† **wrong**[2] UK: /rɒŋ/ US: /rɑːŋ/ *adv* **1** ⇒mal ⇒incorrectamente **2 to go ~** ⇒salir mal

wrong[3] UK: /rɒŋ/ US: /rɑːŋ/ ▌ *n* [U] **1** ⇒maldad ⇒daño **2** ⇒mal: *right and wrong* - el bien y el mal ▌ *n* [C] **3** ⇒cosa mala **4** ⇒injusticia **5 to be in the ~** ⇒cometer un error: *I realise I'm in the wrong* - Reconozco que he cometido un error

wrongly UK: /ˈrɒŋ.li/ US: /ˈrɑːŋ-/ *adv* ⇒mal ⇒equivocadamente ⇒injustamente

wrote UK: /rəʊt/ US: /roʊt/ past tense of **write**

wrought UK: /rɔːt/ US: /rɑːt/ past tense and past participle forms of **wreak**

wrought iron *n* [U] ⇒hierro forjado

wrung /rʌŋ/ past tense and past participle forms of **wring**

X /eks/ [*pl* x's] *n* [C] *(letra del alfabeto)* ⇒x

xenophobia UK: /ˌzen.əˈfəʊ.bi.ə/ US: /-ˈfoʊ-/ *n* [U] ⇒xenofobia

Xmas *n* [U] ⇒forma abreviada de **Christmas** (Navidad)

x-ray *v* [T] ⇒hacer una radiografía

X-ray /ˈeks.reɪ/ *n* [C] **1** ⇒rayos X **2** ⇒radiografía: *to have an x-ray taken* - hacerse una radiografía

xylophone UK: /ˈzaɪ.lə.fəʊn/ US: /-foʊn/ *n* [C] *(instrumento musical)* ⇒xilófono

y /waɪ/ [*pl* y's] *n* [C] *(letra del alfabeto)* ⇒y

↑**yacht** UK: /jɒt/ US: /jɑːt/ *n* [C] ⇒yate ■ PRON. Rima con *not*

yank /jæŋk/ *v* [T] *(inform)* ⇒dar un tirón ⇒tirar de ■ CONSTR. Se usa generalmente seguido de una preposición o un adverbio

↑**yard** UK: /jɑːd/ US: /jɑːrd/ *n* [C] **1** *(medida británica)* ⇒yarda ■ La forma abreviada es *yd* **2** ⇒patio: *the school yard* - el patio del colegio **3** ⇒corral **4** *US* (*UK* **garden**) ⇒jardín [de casa]

yardstick UK: /ˈjɑːd.stɪk/ US: /ˈjɑːrd-/ *n* [C] ⇒criterio

yarn UK: /jɑːn/ US: /jɑːrn/ ▮ *n* [C, U] **1** ⇒hilo ▮ *n* [C] **2** ⇒cuento

yawn[1] UK: /jɔːn/ US: /jɑːn/ *v* [I] ⇒bostezar: *The film was so boring that I couldn't stop yawning* - La película era tan aburrida que no pude parar de bostezar

yawn[2] UK: /jɔːn/ US: /jɑːn/ *n* [C] ⇒bostezo

yawning UK: /ˈjɔː.nɪŋ/ US: /ˈjɑː-/ *adj* ⇒enorme: *a yawning gap* - un abismo enorme

yd *n* [C] ⇒forma abreviada de **yard** (yarda)

↑**yeah** /jeə/ *adv (inform, spoken)* ⇒sí

↑**year** UK: /jɪəʳ/ US: /jɪr/ *n* [C] **1** ⇒año: *Kate is three years old* - Kate tiene tres años **2** *(en educación)* ⇒curso ■ La forma abreviada es *yr* **3** ⇒cosecha ⇒vendimia

yearly[1] UK: /ˈjɪə.li/ US: /ˈjɪr-/ *adj* ⇒anual: *a yearly payment* - un pago anual

yearly[2] UK: /ˈjɪə.li/ US: /ˈjɪr-/ *adv* ⇒anualmente ⇒al año

yearn UK: /jɜːn/ US: /jɝːn/ **to ~ {for/to do}** ***sth*** ⇒anhelar algo ⇒suspirar por algo

yeast /jiːst/ *n* [C, U] ⇒levadura

yell[1] /jel/ *v* [T, I] ⇒gritar: *Why are you yelling at me?* - ¿Por qué me gritas? ■ CONSTR. to yell at sb

yell[2] /jel/ *n* [C] ⇒grito ⇒alarido

↑**yellow**[1] UK: /ˈjel.əʊ/ US: /-oʊ/ *adj* ⇒amarillo,lla

yellow[2] UK: /ˈjel.əʊ/ US: /-oʊ/ *n* [C, U] ⇒amarillo

yelp /jelp/ *v* [I] **1** *(una persona)* ⇒gritar [de dolor] **2** *(un animal)* ⇒gemir

Yemen /ˈjem.ən/ *n* [U] ⇒Yemen

Yemeni /ˈjem.ə.ni/ *adj, n* [C] ⇒yemení

yen /jen/ [*pl* yen] *n* [C] *(moneda)* ⇒yen

↑**yes**[1] /jes/ *adv* ⇒sí: *«Do you live near here?» «Yes, I do»* - «¿Vives cerca de aquí?» «Sí»; *to say yes* - decir que sí

yes[2] /jes/ [*pl* yeses] *n* [C] ⇒sí: *I just hope the answer is yes* - Solo espero un sí como respuesta

↑**yesterday**[1] UK: /ˈjes.tə.deɪ/ US: /-tɚ-/ *n* [C, U] ⇒ayer: *He spends all his time dreaming of yesterday* - Se pasa horas enteras soñando con el ayer

↑**yesterday**[2] UK: /ˈjes.tə.deɪ/ US: /-tɚ-/ *adv* ⇒ayer: *I saw him yesterday* - Lo vi ayer

↑**yet**[1] /jet/ *adv* **1** ⇒aún ⇒todavía **2** *(en oraciones interrogativas)* ⇒aún ⇒ya ⇒todavía **3** ⇒hasta ahora: *the best yet* - lo mejor hasta ahora ■ Se sitúa al final de la oración ■ Ver cuadros **already / yet** y **todavía (still / yet)**

yet[2] /jet/ *conj* **1** ⇒sin embargo ⇒pero **2** **~ again** ⇒de nuevo ⇒una vez más

yeti UK: /ˈjet.i/ US: /ˈjeˁt̬-/ *n* [C] ⇒yeti ⇒Abominable Hombre de las Nieves

yew /juː/ ▮ *n* [C, U] **1** *(árbol)* ⇒tejo ▮ *n* [U] **2** *(madera)* ⇒tejo

yield[1] /jiːld/ ▮ *v* [T, I] **1** *(form)* ⇒ceder ⇒rendirse ▮ *v* [T] **2** ⇒producir ⇒aportar ⇒rentar **3** *US* (*UK* **to give way**) ⇒ceder el paso

yield[2] /jiːld/ *n* [C] **1** ⇒producción **2** *(en agricultura)* ⇒cosecha **3** *(en economía)* ⇒rendimiento ⇒beneficio

yoga UK: /ˈjəʊ.gə/ US: /ˈjoʊ-/ *n* [U] ⇒yoga

↑**yoghourt** UK: /ˈjɒg.ət/ US: /ˈjoʊ.gɚt/ *n* [C, U] See **yogurt**

↑**yoghurt** UK: /ˈjɒg.ət/ US: /ˈjoʊ.gɚt/ *n* [C, U] See **yogurt**

yogurt (*tb* **yoghourt/yoghurt**) *n* [C, U] ⇒yogur

yolk UK: /jəʊk/ US: /joʊk/ *n* [C, U] ⇒yema [de huevo]

↑**you** /juː, jə, jʊ/ *pron* **1** ⇒tú: *Did you phone me?* - ¿Me has llamado tú? **2** ⇒te: *Do you like it?* - ¿Te gusta? **3** ⇒ti: *This is for you* - Esto es para ti **4** ⇒usted: *Who are you?* - ¿Quién es usted? **5** ⇒le: *Are you interested in that?* - ¿Le interesa? **6**

⇨vosotros,tras: *Are you coming, too?* - ¿Venís también vosotros? **7** ⇨os: *Did they ask you too?* - ¿A vosotros también os preguntaron? **8** ⇨tú ⇨vosotros,tras ⇨usted **9** *(con oraciones impersonales): You never know* - Nunca se sabe ■ Las frases en inglés siempre llevan sujeto, menos los imperativos ■ Ver cuadro personal pronouns

↑**you'd** /juːd/ **1** *(you had)* See **have 2** *(you would)* See **would**

↑**you'll** /juːl/ *(you will)* See **will**

↑**young**[1] /jʌŋ/ *adj* **1** ⇨joven **2** ⇨pequeño: *my younger brother* - mi hermano pequeño

young[2] /jʌŋ/ *n* [PL] ⇨crías [de un animal]

youngster UK: /ˈjʌŋk.stəʳ/ US: /-stɚ/ *n* [C] ⇨joven

your /jɔːʳ/, /jəʳ/ *adj* **1** ⇨tu: *Can I borrow your pen?* - ¿Me dejas tu bolígrafo? **2** ⇨vuestro,tra: *That is your house, isn't it?* - Esa es vuestra casa, ¿no? **3** ⇨su: *Is this your coat?* - ¿Es este su abrigo? ■ Ver cuadro possessive adjectives and pronouns

↑**you're** /jɔːʳ/ *(you are)* See **be**

yours UK: /jɔːz/ US: /jʊrz/ *pron* **1** ⇨tuyo,ya **2** ⇨vuestro,tra **3** ⇨suyo,ya ⇨de usted ■ Ver cuadro possessive adjectives and pronouns

yourself /jɔːˈself/ *pron* **1** ⇨te **2** ⇨se **3** ⇨tú mismo,ma **4** ⇨usted mismo,ma **5 (all) by ~ 1** ⇨solo,la [sin compañía] **2** ⇨tú solo,la [sin ayuda] ⇨usted solo,la **6 (all) to ~ 1** ⇨para ti mismo,ma ⇨para ti solo,la **2** ⇨para usted mismo,ma ⇨para usted solo,la ■ Ver cuadro reflexive pronouns

yourselves *pron* **1** ⇨os: *Have you enjoyed yourselves?* - ¿Os lo habéis pasado bien? **2** ⇨se: *Have you introduced yourselves?* - ¿Se han presentado ustedes? **3** ⇨vosotros mismos ⇨vosotras mismas: *Do it yourselves* - Hacedlo vosotras mismas **4** ⇨ustedes mismos,mas **5 (all) to ~ 1** ⇨para vosotros mismos ⇨para vosotras mismas ⇨para vosotros solos ⇨para vosotras solas: *You've got the weekend all to yourselves* - Tenéis el fin de semana para vosotras solas **2** ⇨para ustedes mismos,mas ⇨para ustedes solos,las **6 by ~ 1** ⇨solos,las [sin compañía]: *You are old enough to stay by yourselves* - Sois lo suficientemente mayores como para quedaros solos **2** ⇨vosotros solos [sin ayuda] ⇨vosotras solas [sin ayuda]: *It's amazing that you did it by yourselves* - Es increíble que lo hicierais vosotras solas; ⇨ustedes solos,las ■ Ver cuadro reflexive pronouns

↑**youth** /juːθ/ ▌*n* [U] **1** *(form)* ⇨juventud ▌*n* [C] **2** *(form)* ⇨joven ■ Normalmente tiene un matiz negativo

youth hostel *n* [C] ⇨albergue juvenil

↑**you've** /juːv, jəv/ *(you have)* See **have**

yo-yo® *n* [C] ⇨yoyó®

Yugoslav UK: /ˈjuː.gəʊ.slɑːv/ US: /-goʊ-/ *adj, n* [C] ⇨yugoslavo,va

Yugoslavia UK: /ˌjuː.gəʊˈslɑː.vi.ə/ US: /-goʊ-/ *n* [U] ⇨Yugoslavia

yuk *excl (inform)* ⇨puf ⇨puaj

yum /ˌjʌmˈjʌm/ *excl (inform)* ⇨¡ñam ñam! ⇨¡qué rico,ca! ■ Pertenece al lenguaje infantil

yummy /ˈjʌm.i/ *adj (inform) (una comida o una bebida)* ⇨riquísimo,ma ⇨buenísimo,ma ■ Pertenece al lenguaje infantil

z UK: /zed/ US: /ziː/ [*pl* z's] *n* [C] *(letra del alfabeto)* ⇒z

Zaire UK: /zaɪˈɪəʳ/ US: /-ˈɪr/ *n* [U] ⇒Zaire

Zairean UK: /zaɪˈɪə.ri.ən/ US: /-ˈɪr.i-/ *adj, n* [C] ⇒zaireño,ña ⇒zairense

Zambia /ˈzæm.bi.ə/ *n* [U] ⇒Zambia

Zambian /ˈzæm.bi.ən/ *adj, n* [C] ⇒zambiano,na

zeal /ziːl/ *n* [U] ⇒fervor ⇒entusiasmo

zebra /ˈzeb.rə, ˈziː.brə/ [*pl* zebra, zebras] *n* [C] ⇒cebra

zebra crossing *UK* (*US* **crosswalk**) *n* [C] ⇒paso de cebra ⇒paso de peatones

zero[1] UK: /ˈzɪə.rəʊ/ US: /ˈzɪr.oʊ/ ⇒cero

↑ **zero**[2] UK: /ˈzɪə.rəʊ/ US: /ˈzɪr.oʊ/ *adj* ⇒nulo,la: *His interest in history is zero* - Su interés por la historia es nulo

zest /zest/ *n* [U] **1** ⇒entusiasmo **2** *her zest for life* - sus ganas de vivir **3** *(de naranja, lima o de limón)* ⇒piel ⇒cáscara

zigzag[1] /ˈzɪg.zæg/ *n* [C] ⇒zigzag

zigzag[2] /ˈzɪg.zæg/ [zigzagged, zigzagging] *v* [I] ⇒zigzaguear: *He zigzagged down the street* - Iba zigzagueando por la calle

zigzag[3] /ˈzɪg.zæg/ *adj* ⇒en zigzag: *a zigzag path* - un camino en zigzag

Zimbabwe /zɪmˈbɑːb.weɪ/ *n* [U] ⇒Zimbabue

Zimbabwean /zɪmˈbɑːb.wi.ən/ *adj, n* [C] ⇒zimbabuense

zinc /zɪŋk/ *n* [U] ⇒zinc

zip[1] /zɪp/ ▌*n* [C] **1** *UK* ⇒cremallera ⇒cíper *AMÉR.;* ⇒cierre-eclair *AMÉR.* ▌*n* [U] **2** *(inform)* ⇒vigor ⇒energía **3** *US (inform) I know zip about this subject* - No tengo ni idea del tema

zip[2] /zɪp/ [zipped, zipping] (*tb* **zip up**) *v* [I] **1** *(inform)* ⇒subir(se) la cremallera **2** *(en informática)* ⇒comprimir **3** *The train zipped past* - El tren pasó volando ■ CONSTR. Se usa generlamente seguido de una preposición o un adverbio

zip code *US* (*UK* **postcode**) *n* [C] ⇒código postal: *What's the zip code?* - ¿Cuál es el código postal?

zodiac UK: /ˈzəʊ.di.æk/ US: /ˈzoʊ-/ **the ~** ⇒el zodíaco: *the signs of the zodiac* - los signos del zodíaco

zombie UK: /ˈzɒm.bi/ US: /ˈzɑːm-/ *n* [C] ⇒zombi: *Johnny dressed up as a zombie for Halloween* - Johnny se disfrazó de zombi para Halloween

↑ **zone** UK: /zəʊn/ US: /zoʊn/ *n* [C] ⇒zona

↑ **zoo** /zuː/ *n* [C] ⇒zoo ■ Procede de *zoological gardens* (jardín zoológico)

zoologist UK: /zuːˈɒl.ə.dʒɪst/ UK: /zəʊ-/ US: /zoʊˈɑːlə-/ *n* [C] ⇒zoólogo,ga

zoology UK: /zuːˈɒl.ə.dʒi/ UK: /zəʊ-/ US: /zoʊˈɑː.lə-/ *n* [U] ⇒zoología

zoom /zuːm/ *v* [I] **1** *(un precio o unas ventas)* ⇒dispararse **2** *(inform)* ⇒ir zumbando *col.* ■ CONSTR. Se usa generalmente seguido de una preposición o un adverbio

PHRASAL VERBS

· **to zoom in** ⇒hacer un primer plano

zoom lens [*pl* zoom lenses] *n* [C] *(en una cámara)* ⇒zum

zorbing *n* [U] ⇒deporte que consiste en meterse en una pelota de plástico transparente y rodar

zucchini UK: /zʊˈkiː.ni/ US: /zuː-/ *US* (*UK* **courgette**) *n* [C] ⇒calabacín

guía de

CONVERSACIÓN

At the airport

Before your flight

The day before (on the phone)
El día antes (al teléfono)

I want to check the departure time of flight HK-235 to London.

Me gustaría comprobar la hora de salida del vuelo HK-235 con destino a Londres.

On the day
El día del vuelo

–Thank you for everything. I'll telephone/call you when I arrive.

–Muchas gracias por todo. Te llamaré cuando llegue.

–Have a good flight!

–¡Buen viaje!

To the taxi driver
Al taxista

Take me to the airport, please! I'm in a bit of a hurry.

Al aeropuerto, por favor. Tengo bastante prisa.

At the airport

Which check-in desk do I need for flight 235 to London, please?

Por favor, ¿me puede decir cuál es el mostrador de facturación para el vuelo 235 con destino a Londres?

Which company/airline are you flying with?

¿Con qué compañía vuela?

Excuse me, where are the trolleys, please?

Por favor, ¿dónde están los carritos?

Where is the information desk, please?

Por favor, ¿el mostrador de información?

At the check-in desk

Would you prefer a window seat or an aisle seat?
¿Prefiere ventana o pasillo?

There will be a delay of 30 minutes.
Se prevé un retraso de 30 minutos.

Boarding is at gate 15 at 12.50.
El embarque se realizará por la puerta 15 a las 12:50.

At the duty-free shop

Can I see your boarding card, please?
Su tarjeta de embarque, por favor.

Last call!

This is the last call for passengers on flight 235 to London. Please proceed to gate 15 immediately.
Última llamada para los pasajeros del vuelo 235 con destino a Londres. Diríjanse urgentemente a la puerta de embarque número 15.

continued →

On board

Please fasten your seat belts and switch off your mobile phones and all electronic devices.

Por favor, abróchense el cinturón de seguridad y apaguen sus teléfonos móviles y otros aparatos electrónicos.

There is a life jacket under your seat. The emergency exits are located...

El chaleco salvavidas se encuentra debajo de su asiento. Las salidas de emergencia se encuentran...

Please put your table/seat in an upright position, and fasten your seat belts for landing.

Por favor, abróchense el cinturón de seguridad y pongan {el respaldo del asiento en posición vertical / la mesita plegada} para el aterrizaje.

Please remain in your seats until the airplane comes to a halt.

Por favor, permanezcan sentados hasta que el avión se haya detenido por completo.

At the airport again

Do you have anything to declare?

¿Tiene algo que declarar?

Where will you be staying?

¿Dónde se alojará?

–What is the purpose of your visit?

–¿Cuál es el motivo de su visita?

–Tourism / To study / To visit relatives.

–Turismo / Estudios / Visita a la familia.

Leaving the airport

Excuse me, where is the meeting point?

Perdone, ¿dónde está el punto de encuentro?

How much is it to Trafalgar Square, please?

Por favor, ¿cuánto cuesta ir a Trafalgar Square?

–Where can I get a taxi / the train / a coach?

–¿Dónde puedo tomar un taxi / el tren / un autobús?

–The taxi rank / train station / bus stop is over there.

–La parada de taxis / estación de tren / parada de autobús está ahí.

BE CAREFUL!
Always ask the fare BEFORE you take a taxi.

¡CUIDADO!
No olvides preguntar la tarifa ANTES de subirte en un taxi.

glossary

aisle pasillo
arrival llegada
boarding embarque
boarding card tarjeta de embarque
check-in facturación
customs aduana
delay retraso
departure salida
fare tarifa
gate puerta
life jacket chaleco salvavidas
seat belt cinturón de seguridad
steward, stewardess auxiliar de vuelo, azafata
to fasten abrocharse
to land aterrizar
to take off despegar
trolley carrito

Hotel

We have a booking. / We booked a single/double room for tonight.
Tenemos una reserva. Hemos reservado una habitación {sencilla / doble} para esta noche.
What name, please?
¿A qué nombre, por favor?

Your room is room number 13. It's up the stairs, along the corridor and it's the second door on the left.

Su habitación es la número 13. Subiendo las escaleras, siga por el pasillo y es la segunda puerta a la izquierda.

Breakfast is between 8.00 and 9.30.

El desayuno se sirve entre las 08:00 y las 9:30.

The dining room is over there.

El comedor está por ahí.

Here is the key. When you go out please leave it in reception. At night the front door is locked at 11.30.

Aquí tiene la llave. Por favor, cuando salga, déjela en la recepción. La puerta de entrada se cierra todas las noches a las 23:30.

Some problems

Excuse me, could you tell me how the shower works, please?

Perdone, ¿me podría decir cómo funciona la ducha, por favor?

Excuse me, there is a problem with the tap / shower / central heating.

Perdone, hay un problema con {el grifo / la ducha / la calefacción}.

Complaints

I want to complain.

Quiero poner una queja.

Could I see the manager, please? I want / I would like a refund.

¿Puedo ver al encargado, por favor? Me gustaría que me devolvieran el dinero.

I insist on seeing the manager.

Insisto en ver al encargado.

Leaving

Would you like to settle the bill now?

¿Quiere pagar la cuenta ahora?

–Have a good journey! Hope you enjoyed your stay with us.

–¡Buen viaje! Esperamos que haya disfrutado de su estancia con nosotros.

–Thank you. I really enjoyed my stay.

–Muchas gracias. Lo he pasado muy bien.

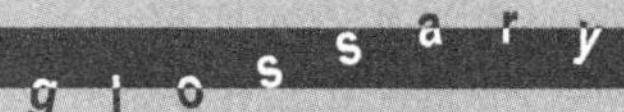

a booking reserva
a refund devolución, reembolso
double room habitación doble
single room habitación sencilla
stay estancia
to settle the bill pagar la cuenta

The weather

What's the weather like?

¿Qué tal tiempo hace?

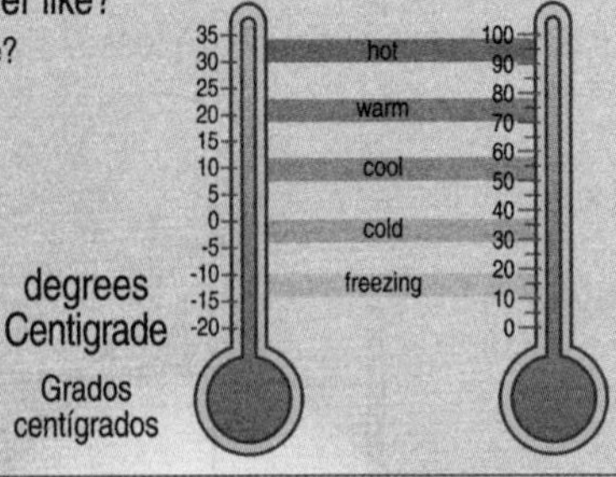

degrees Centigrade

Grados centígrados

degrees Fahrenheit

Grados Fahrenheit

Conversations

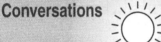

–Hot today, isn't it?

–Hace calor hoy, ¿verdad?

–Yes, it is. Do you think it will last?

–Sí. ¿Crees que va a durar?

–I hope not. I'm baking.

–Espero que no. Me estoy cociendo.

–What a lovely warm day! / Isn't it a lovely day?

–¡Qué día más bonito! / ¿Verdad que hace un día precioso?

–Yes, it is. We've been lucky with the weather this week.

–Sí, desde luego. Esta semana hemos tenido suerte con el tiempo.

–Yes, we have. Let's hope it lasts.

–Es verdad. Esperemos que dure.

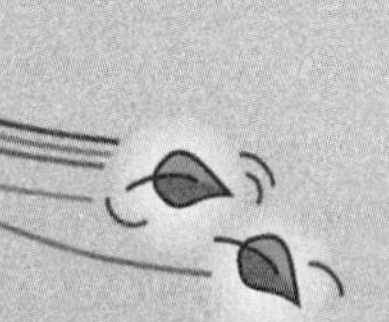

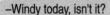

–Windy today, isn't it?

–Hace viento hoy, ¿verdad?

–It certainly is. Is the wind often this strong here?

–Desde luego. ¿Suele ser el viento tan fuerte aquí?

–No, it's blowing a real gale today.

–No, hoy es un verdadero huracán.

–It's very cloudy today. Do you think the sun will come out later?

–Hay muchas nubes hoy. ¿Crees que saldrá el sol más tarde?

–Maybe. The forecast says it will clear up in the afternoon, but they're usually wrong.

–Es posible. Las previsiones meteorológicas dicen que esta tarde debería despejarse, pero a menudo se equivocan.

–What a grey day! Do you think it is going to rain?

–¡Qué día más gris! ¿Crees que va a llover?

–I think so. / Probably. The forecast is heavy showers.

–Yo creo que sí. / Es posible. Se prevén fuertes lluvias.

–I've been here two weeks and I haven't seen the sun yet! The weather's been awful.

–Llevo aquí dos semanas y todavía no he visto el sol. Hemos tenido un tiempo horrible.

–Is it raining?

–¿Está lloviendo?

–No, just drizzling. It won't last long.

–No, solo chispea. No durará.

–I hope not! And it was so sunny this morning…

–¡Eso espero! Esta mañana hacía tan bueno…

–Pouring down!

–¡Está lloviendo a cántaros!

–Yes, I'm soaked. Does it usually rain so much?

–Ya, estoy empapado. ¿Suele llover tanto aquí?

–It rains quite a lot here, but we've had particularly bad weather this month.

–Suele llover bastante, pero este mes está siendo especialmente malo.

–It's cold today, isn't it?

–Hace frío hoy, ¿verdad?

–I'm frozen / It's freezing. I'm not used to this.

–Estoy helado. / Hace un frío horrible. No estoy acostumbrado.

–Yes, not very pleasant, is it? We get an easterly wind that brings in the cold from…

–Sí, no es muy agradable, ¿verdad? Sopla un viento del este que trae todo el frío…

In class

To the teacher

What does _______ mean?
¿Qué significa _______ ?

How do you say _______ in English?
¿Cómo se dice _______ en inglés?

How do you pronounce that word?
¿Cómo se pronuncia esta palabra?

I don't understand you. Could you repeat that sentence?
No le entiendo. ¿Podría repetir la frase?

Could you speak more slowly, please?
¿Podría hablar más despacio, por favor?

I'm sorry, I don't understand.
Lo siento, no entiendo.

Is this correct, please?
Por favor, ¿es esto correcto?

glossary

to mean significar

Introductions

Introducing yourself

Introducing someone

informal

formal

Greetings, congratulations

Happy birthday!
¡Feliz cumpleaños!

Bless you!
¡Jesús! / ¡Salud!

Have a nice weekend!
¡Feliz fin de semana!

The same to you.
Igualmente.

Have a nice weekend!
¡Que tengas buen fin de semana!

Thank you, the same to you.
Gracias, igualmente.

Congratulations!
¡Enhorabuena!

Sorry! Excuse me... Pardon?

Sorry! I didn't mean to bump into you.
Lo siento, no pretendía chocarme.

Sorry I'm late!
¡Siento llegar tarde!

Sorry to hear about your father's illness.
Siento la enfermedad de tu padre.

I'm sorry, I didn't do it on purpose.
Lo siento, no lo he hecho aposta.

Excuse me, can I come in?
Perdone, ¿puedo entrar?

Excuse me, could you tell me the way to...?
Perdone, ¿me puede decir cómo se va a...?

Pardon? Could you speak a little louder please?
Perdone, ¿podría hablar un poco más alto, por favor?

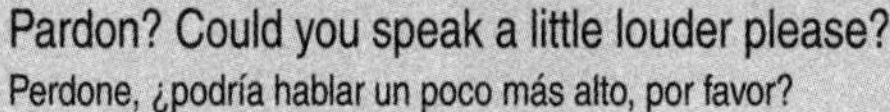

Pardon?
What did you say?
Perdona, ¿qué dices?

Directions

Asking

Excuse me, can you tell me where the ________ is?
Perdone, ¿me podría decir dónde está el ______?

Excuse me, can you tell me the way to ________, please?
Perdone, ¿me podría decir cómo se va a ________, por favor?

Giving

Sorry, I don't live here.
Lo siento, no soy de aquí.

It's up there, on the right.
Está ahí arriba, a la derecha.

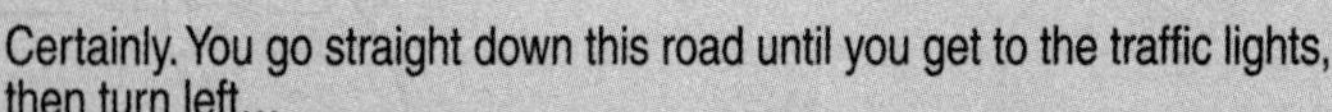

Certainly. You go straight down this road until you get to the traffic lights, then turn left…
Claro. Siga recto por esta calle hasta llegar al semáforo. Luego gire a la izquierda…

Carry on down this road and take the second turning on the right, then when you pass the next crossroads it's on your left.
Siga por esta calle y tome la segunda a la derecha. Luego es a la izquierda después de pasar el cruce.

How far...?

Is it far?
¿Está lejos?

How far is it?
¿Cómo está de lejos?

How long will it take to get there?
¿Cuánto se tarda en llegar?

It's about ten minutes walking.
Son unos diez minutos andando.

It's just round the corner.
Está justo a la vuelta de la esquina.

How are you going? On foot or by car?
¿Cómo va? ¿En coche o andando?

When you get to the crossroads, ask again.
Cuando llegue al cruce, vuelva a preguntar.

It's a long way. You need to take the bus.
Está lejos. Deberá coger el autobús.

Turn left
Gire a la izquierda

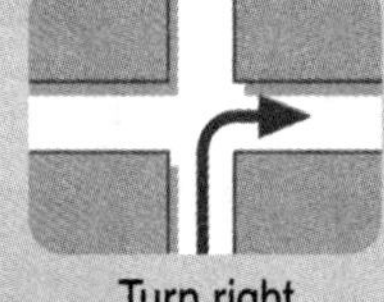

Turn right
Gire a la derecha

Go straight on
Siga recto

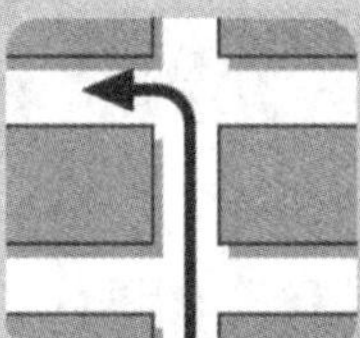

The second turning on the left
Es la segunda a la izquierda

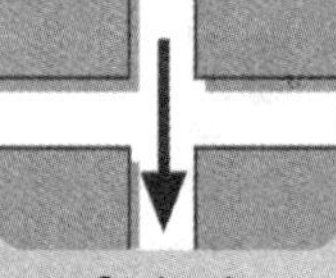

Go back
Vuelva hacia atrás

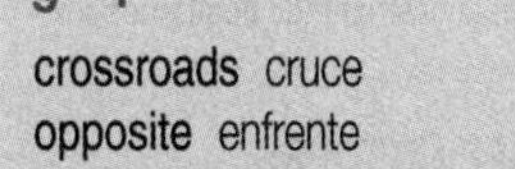

crossroads cruce
opposite enfrente
roundabout rotonda
straight on recto
to carry on continuar
traffic lights semáforo
turning cruce, bocacalle

Transport

Asking

What's the best way to go to ____? By bus or by tube?
¿Cuál es la mejor manera de ir a ____? ¿En autobús o en metro?

–Is there a direct bus/train to ____?
–¿Hay algún autobús / tren directo a ____?

–No, you need to take a bus/train to ____ and then change.
–No, tiene que coger un autobús / tren hasta ____ y luego cambiar.

Where is the train station, please?
Por favor, ¿dónde está la estación?

Where can I get/catch a bus to ____?
¿Dónde puedo coger un autobús para ir a ____?

What number bus do I need to go to ____?
¿Qué autobús debo tomar para ir a ____?

On the bus

How much is it to ____?
¿Cuánto cuesta ir a ____?

Does this bus go to ____?
¿Este autobús va a ____?

Haven't you got any change?
¿No tiene usted cambio?

Can/could you tell me where/when to get off, please?
¿Me podría decir {dónde / cuándo} me tengo que bajar, por favor?

Could you tell me when we get to ____, please?
¿Me podría avisar cuando lleguemos a ____, por favor?

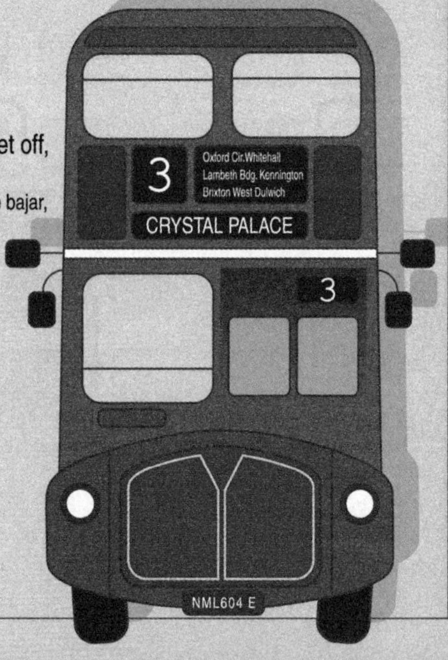

SIGHTSEEING TOURS

How long does the tour last?
¿Cuánto dura el tour?

Where does the tour end?
¿Dónde termina el tour?

Which sights are included in the tour?
¿Qué visitas se incluyen en el tour?

At the train/coach station

Where is the ticket office, please?

¿Dónde está la taquilla, por favor?

–Can I have a single/return ticket to ____, please?

–Quisiera un billete {sencillo / de ida y vuelta} a ____, por favor.

–1st class or 2nd class?

–¿En primera clase o en turista?

Returning when?

¿Cuándo vuelve?

The tube/underground

Where's the nearest tube station, please?

¿Dónde está la parada de metro más cercana, por favor?

What time is the last tube back, please?

¿A qué hora sale el último metro, por favor?

Where are the lifts/escalators?

¿Dónde están los {ascensores / las escaleras mecánicas}?

–What line is it on?

–¿En qué línea está?

–It's on the Piccadilly line.

–Está en Piccadilly line.

–Can I have a weekly pass, please?

–¿Me puede dar un bono de una semana, por favor?

–For what zones?

–¿Para qué zonas?

–What zone is Victoria in?

–¿En qué zona está Victoria?

On the tube trains

Mind the gap!

¡Tengan cuidado con el hueco al salir!

Mind the doors!

¡Cuidado con las puertas!

We apologise for the delay.

Sentimos el retraso.

Next stop ____. Change here for the Circle line.

Próxima parada ____. Conexión con Circle line.

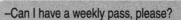

All change!

¡Fin de trayecto!

I have to change at the next station.

Tengo que hacer transbordo en la próxima parada.

Restaurant

Ordering

Could we see the menu, please?
¿Podríamos ver el menú, por favor?

Are you ready to order?
¿Quieren pedir ya?

Yes, for starters I'd like a salad.
And for my main course I'll have a steak.
Sí, de primero quisiera una ensalada.
Y de segundo tomaré un filete.

How would you like your steak:
rare, medium or well-done?
¿Cómo quiere el filete:
poco hecho, en su punto o muy hecho?

And for dessert, an ice cream.
Y de postre, un helado.

Paying

Could we have the bill, please?
¿Nos puede traer la cuenta, por favor?

Please pay at the cash desk.
Por favor, paguen en caja.

How are you going to pay, in cash or by credit card?
¿Cómo va a pagar, en efectivo o con tarjeta?

Here's your change.
Aquí tiene el cambio.

At a burger bar / take away

Ordering

–A large burger and chips, please.
–Una hamburguesa grande y unas patatas, por favor.

–Large chips or small? Any drinks?
–¿Una de patatas grande o pequeña? ¿Quiere beber algo?

–Yes, do you have mineral water? / What fizzy drinks do you have?
–Sí, ¿tienen agua mineral? / ¿Qué bebidas gaseosas tienen?

–To take away or to eat in?... That will be 2 pounds 35, please.
–¿Para tomar o para llevar?... Son 2 libras y 35 peniques, por favor.

At the table

Where shall we sit?
¿Dónde nos sentamos?
Put the tray over there.
Pon la bandeja ahí.

Can you pass me the mineral water?
¿Me puedes pasar el agua mineral?

Do you have any mayonnaise for the burger?
¿Tienes mayonesa para la hamburguesa?

Mmm! This is delicious.
¡Mmm! Está riquísimo.

I'm afraid I don't like this very much.
Me temo que esto no me gusta mucho.

Shopping for clothes

Can I help you?
¿Les puedo ayudar?

Yes, I'm looking for a red jumper.
Sí, estoy buscando un jersey rojo.

No, thanks.
I'm just looking.
No, gracias.
Solo estoy mirando.

–Yes, can you show me a red jumper?
–Sí, ¿me podría enseñar algún jersey rojo?

–We haven't got anything in red.
–No tenemos nada en rojo.

–Do you have one in blue?
–¿Tiene alguno azul?

–What size do you take?
–¿Qué talla usa?

This is too small.
Can you bring me one in a larger size?
Es demasiado pequeño.
¿Me puede traer una talla más?

This is too big.
Can you bring me one in a smaller size?
Es demasiado grande.
¿Me puede traer una talla menos?

Where can I try this on?
¿Dónde me puedo probar esto?
The changing rooms are over there.
Los probadores están ahí.

Is it machine washable?
¿Se puede lavar en la lavadora?

OK, I'll take it. Where do I pay?
Muy bien, me lo llevo. ¿Dónde lo pago?

Can I have a receipt, please?
¿Me puede dar el tique, por favor?
Here's the jumper and here is your receipt.
Aquí tiene el jersey y aquí el tique.

How much is this? / How much are these?
¿Cuánto cuesta esto? / ¿Cuánto cuestan éstos?

How much is it?
¿Cuánto es?

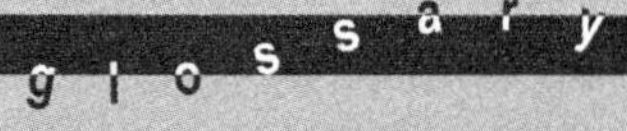

receipt tique de compra
size talla, tamaño

Telephoning

Making the call

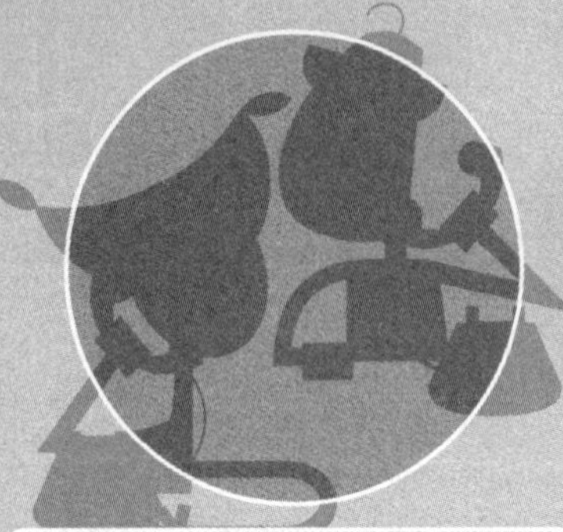

–Hello.
–¿Diga?

–Hello. This is Rosa. Is John there, please?
–Hola, soy Rosa. ¿Está Juan, por favor?

–I think you have the wrong number.
–Creo que se ha equivocado.

–Can I speak to John, please?
–¿Podría hablar con John, por favor?

–John's out, I'm afraid. Can I take a message?
–Lo siento, John ha salido. ¿Quiere dejar un mensaje?

–Can you tell him that Rosa called?
–¿Le puede decir que ha llamado Rosa?

More telephone language

This is an answerphone. Please leave your message after the beep.
Esto es un contestador automático. Por favor, deje un mensaje después de oír la señal.

Hold on, I'll put you through.
Un momento, ahora le paso.

Can you speak a bit louder? I can't hear you.
¿Podría hablar un poco más alto? No le oigo.

Can you repeat that slowly, please? It's a bad line.
¿Puede repetirlo más despacio, por favor? Hay problemas en la línea.

Can you call back later? The line is engaged / busy.
¿Puede volver a llamar más tarde? La línea está ocupada.

Talking about making a call

Did you speak to John this morning?
¿Has hablado con John esta mañana?

No, his number was engaged.
I'll try again tonight.
No, estaba comunicando.
Volveré a intentarlo esta noche.

Did you speak to Mary?
¿Has hablado con Mary?

No, I rang but nobody answered.
No, la he llamado,
pero no me han cogido el teléfono.

What's the cheapest time to ring abroad?
¿Cuál es la hora más barata para llamar al extranjero?

How can I make a reverse charge call?
¿Cómo puedo hacer una llamada a cobro revertido?

What is Sally's number?
¿Cuál es el número de Sally?

glossary

a call una llamada
answerphone contestador automático
beep pitido
Hold on! Espere un momento
louder más alto
reversed charge call llamada a cobro revertido
to be engaged estar comunicando
to be long tardar mucho
to call back volver a llamar
to dial marcar
to hang up colgar
to pick the phone up descolgar el teléfono
to put someone through pasar la llamada
to ring llamar por teléfono, sonar el teléfono

Telling the time

Asking the time

What time is it?
¿Qué hora es?

What's the time, please?
¿Qué hora es, por favor?

Could you tell me the time, please?
¿Me podría decir la hora, por favor?

It's 12 o'clock.
Son las 12.

I'm sorry. I haven't got a watch.
Lo siento, no tengo reloj.

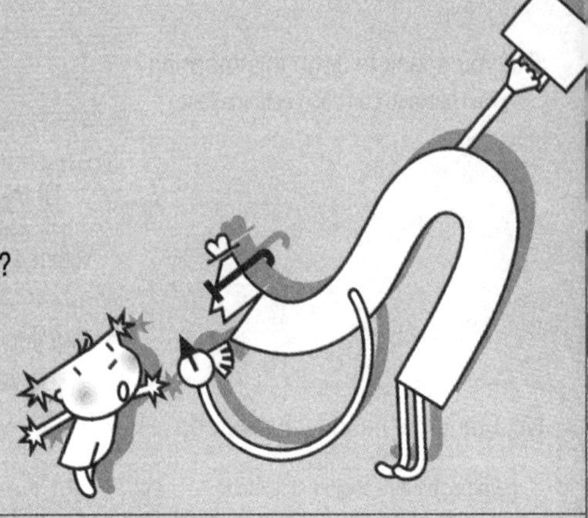

What time is it?

When it's exactly on the hour. we say:
It's ______ o'clock.
Cuando es la hora exacta, decimos:
son las ______ en punto.

It's two o'clock.

When it's 15 minutes past, we say:
It's quarter past ______ (or It's ______ fifteen).
Cuando pasan quince minutos de la hora, decimos:
son las ______ y cuarto.

It's quarter past two
(It's two fifteen).

When it's 30 minutes past, we say:
It's half past ______ (or It's ______ thirty).
Cuando pasan treinta minutos de la hora, decimos:
son las ______ y media.

It's half past two
(It's two thirty).

For any time between *o'clock* and *30 minutes past*, we say:
It's ____ minutes past ____.

Para cualquier hora entre en punto y y media, decimos:
Son las ______ y ______.

It's five past two.

When it's 45 minutes past, we say:
It's quarter to ____ [the next hour]
(or It's ____ forty-five).

Cuando han pasado cuarenta y cinco minutos de la hora, decimos: Son las ______ (la hora siguiente) menos cuarto.

It's quarter to two
(It's one forty-five).

For any time between *30 minutes* past and *o'clock*, we say the number of minutes remaining to the next hour.

Para cualquier hora, pasados los treinta minutos y la hora en punto siguiente, se calcula el número de minutos que quedan y se dice la hora siguiente menos los minutos que faltan.

It's twenty to two.

Morning or afternoon / evening

The 24-hour clock is not used in spoken English (it is mainly used in bus and train timetables). To distinguish between 08.00 and 20.00 hours, we say:

El horario de 24 horas no se utiliza en el inglés hablado (sirve sobre todo para los horarios de los autobuses y los trenes). Para distinguir entre las 08:00 y las 20:00, decimos:

Eight (o'clock) in the morning
Son las ocho (en punto) de la mañana

Eight (o'clock) in the evening
Son las ocho (en punto) de la tarde

Measurements

Length

1 mile = 1.609 kilometres
1 milla = 1,609 kilómetros

1 yard = 0.914 metres
1 yarda = 0,914 metros

1 foot = 30.48 centimetres (or 0.305 metres)
1 pie = 30,48 centímetros (o 0,305 metros)

1 inch = 25.4 millimetres (or 2.54 centimetres)
1 pulgada = 25,4 milímetros (o 2,54 centímetros)

12 inches = 1 foot
12 pulgadas = 1 pie

3 feet = 1 yard
3 pies = 1 yarda

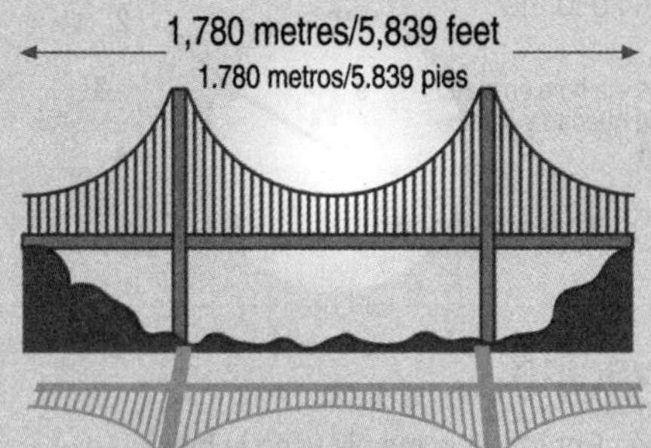

Akashi-Kaikyo bridge, Japan
El puente Akashi-Kaikyo, Japón.

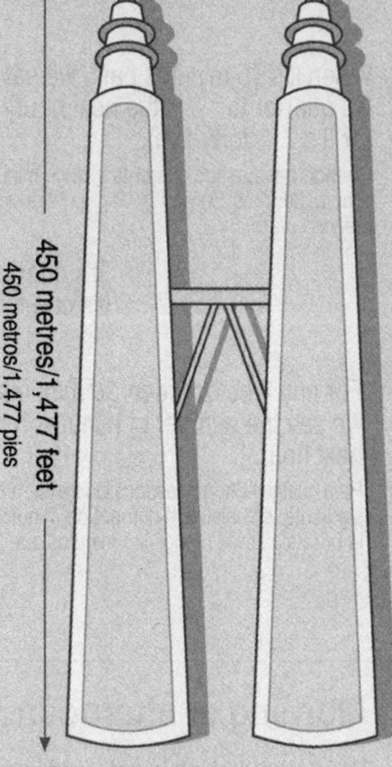

The Petrona towers, Kuala Lumpur, Malaysia.
Las torres Petrona, Kuala Lumpur, Malasia.

Capacity

1 pint = 0.568 litres
1 pinta = 0,568 litros

1 gallon = 8 pints = 4.546 litres
1 galón = 8 pintas = 4, 546 litros

a pint
una pinta

a pint of milk
una botella de leche

a gallon of petrol
una garrafa de gasolina

Weight

1 stone = 6.356 kilograms
1 stone = 6,356 kilogramos

1 pound = 0.454 kilograms
1 libra = 0,454 kilogramos

1 ounce = 28.35 grams
1 onza = 28,35 gramos

16 ounces = 1 pound
16 onzas = 1 libra

14 pounds = 1 stone
14 libras = 1 stone

20 stone = 127 kg
20 stone = 127 kg

7 stone = 44.5 kg
7 stone = 44,5 kg

Measuring instruments

Thermometer
Termómetro

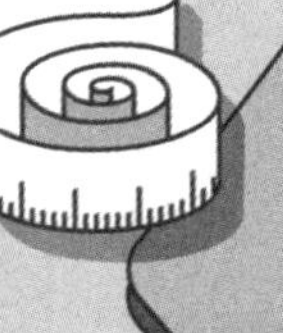

Tape measure
Metro

Ruler
Regla

Bathroom scales
Báscula

Formal letter

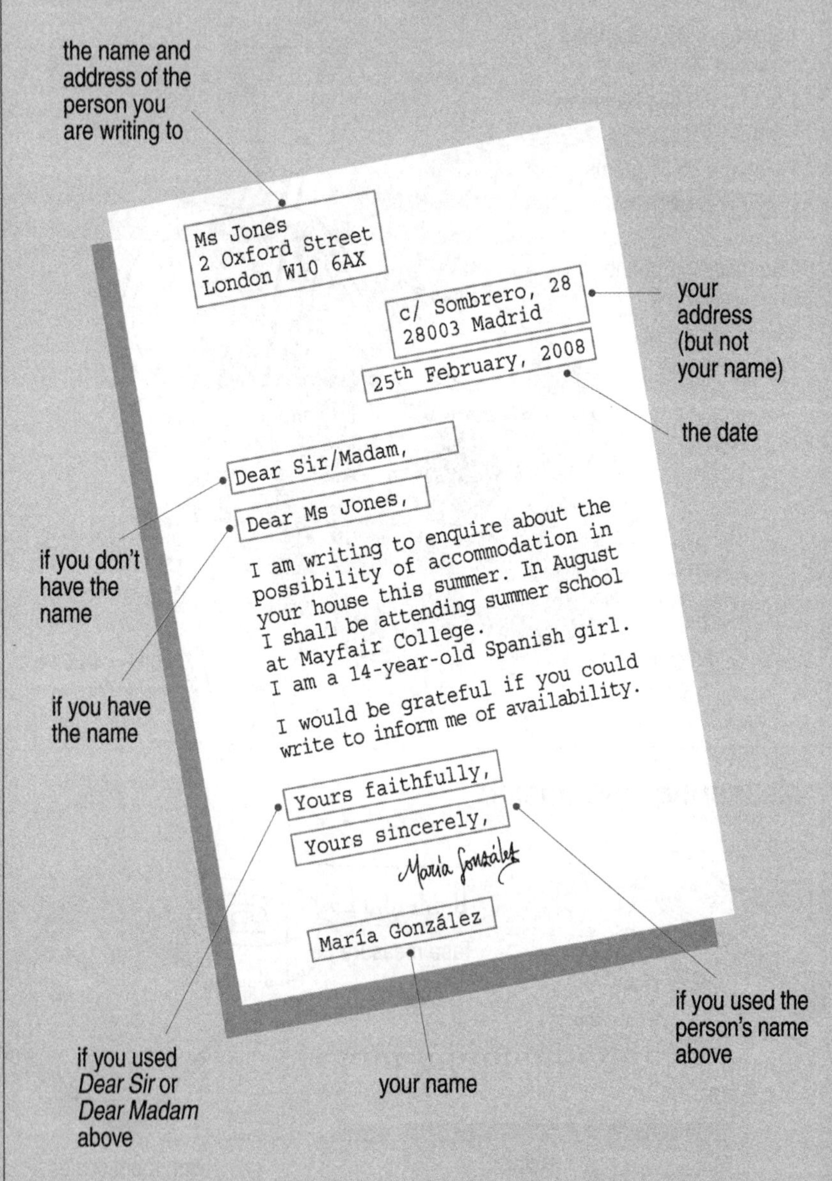
the name and address of the person you are writing to
Ms Jones
2 Oxford Street
London W10 6AX
c/ Sombrero, 28
28003 Madrid
your address (but not your name)
25th February, 2008
the date
Dear Sir/Madam,
if you don't have the name
Dear Ms Jones,
if you have the name
I am writing to enquire about the possibility of accommodation in your house this summer. In August I shall be attending summer school at Mayfair College.
I am a 14-year-old Spanish girl.
I would be grateful if you could write to inform me of availability.
Yours faithfully,
if you used Dear Sir or Dear Madam above
Yours sincerely,
if you used the person's name above
María González
María González
your name

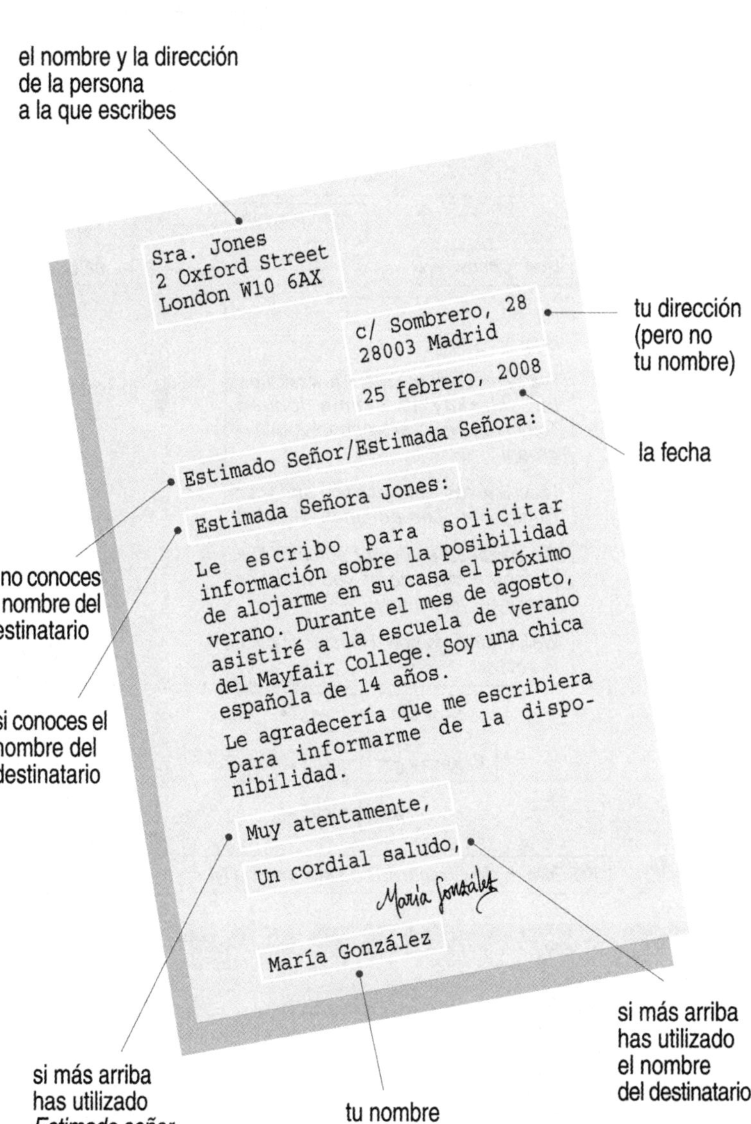
el nombre y la dirección
de la persona
a la que escribes
Sra. Jones
2 Oxford Street
London W10 6AX
c/ Sombrero, 28
28003 Madrid
tu dirección
(pero no
tu nombre)
25 febrero, 2008
la fecha
Estimado Señor/Estimada Señora:
Estimada Señora Jones:
si no conoces
el nombre del
destinatario
si conoces el
nombre del
destinatario
Le escribo para solicitar información sobre la posibilidad de alojarme en su casa el próximo verano. Durante el mes de agosto, asistiré a la escuela de verano del Mayfair College. Soy una chica española de 14 años.
Le agradecería que me escribiera para informarme de la disponibilidad.
Muy atentamente,
Un cordial saludo,
María González
María González
si más arriba
has utilizado
el nombre
del destinatario
si más arriba
has utilizado
Estimado señor
o *Estimada*
señora
tu nombre

Informal letter

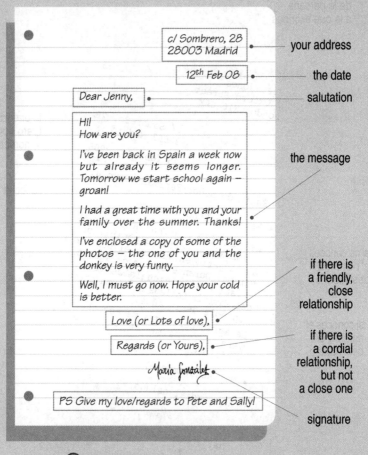

c/ Sombrero, 28
28003 Madrid — your address

12th Feb 08 — the date

Dear Jenny, — salutation

Hi!
How are you?

I've been back in Spain a week now but already it seems longer. Tomorrow we start school again – groan!

I had a great time with you and your family over the summer. Thanks!

I've enclosed a copy of some of the photos – the one of you and the donkey is very funny.

Well, I must go now. Hope your cold is better.

— the message

Love (or Lots of love), — if there is a friendly, close relationship

Regards (or Yours), — if there is a cordial relationship, but not a close one

María González — signature

PS Give my love/regards to Pete and Sally!

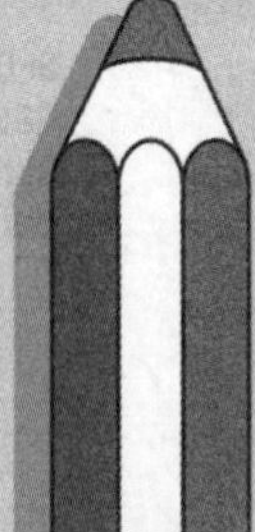

c/ Sombrero, 28
28003 Madrid — tu dirección

12 de febrero de 2008 — la fecha

Querida Jenny: — encabezamiento

¡Hola!
¿Qué tal estás?

Solo llevo una semana en España, pero se me hace más largo. Mañana empezamos el colegio (¡qué rollo!).

Me lo he pasado fenomenal contigo y tu familia este verano. ¡Muchas gracias!

Te mando unas copias de las fotos (la tuya con burro es muy divertida).

Bueno, te tengo que dejar. Espero que estés mejor de tu resfriado.

— el mensaje

Un beso (o Muchos besos), — cuando el trato es cordial y cercano

Un abrazo, — si el trato es cordial, pero más formal

María González — firma

P.D. ¡Dales recuerdos a Pete y Sally!

Diccionario

ESPAÑOL
INGLÉS

a

a ▮ *s.f.* **1** *(letra del alfabeto)* ⇒a ▮ *prep.* **2** *(dirección)* ⇒into: *Cynthia se subió al coche* - Cynthia got into the car; ⇒on: *Ross se subió al caballo* - Ross got on the horse; ⇒onto: *Nos subimos al tejado* - We climbed onto the roof; ⇒towards: *Miré a Steven* - I looked towards Steven; ⇒to: *Voy a Escocia en verano* - I'm going to Scotland in the summer; ⇒in: *Morgan llegó a París* - Morgan arrived in Paris; ⇒at: *Joseph llegó al hotel* - Joseph arrived at the hotel **3** *(posición)* ⇒on: *a tu izquierda* - on your left; ⇒in: *John la miró a los ojos* - John looked her in the eyes **4** *(tiempo)* ⇒at: *Hemos quedado a las diez en punto* - We are meeting at ten o'clock; ⇒in: *Llegué a tiempo* - I arrived in time **5** *(precio)* ⇒at **6** *(velocidad)* ⇒at: *El tren iba a cien millas por hora* - The train was going at one hundred miles an hour **7** *(frecuencia): Sam va a nadar una vez a la semana* - Sam goes swimming once a week; *Mejoras día a día* - You are improving day by day **8** *(comparación)* ⇒to: *Prefiero el café al té* - I prefer coffee to tea **9** *(finalidad)* ⇒to **10** *(modo)* ⇒on: *Richard va al colegio a pie* - Richard goes to school on foot; ⇒in: *La casa estaba a oscuras* - The house was in darkness; ⇒by: *Escribí el artículo a mano* - I wrote the article by hand **11** *(consecuencia)* ⇒on: *Anthony se derrumbó al verla* - Anthony broke down on seeing her **12** *(complemento directo de persona): Quiero a mis padres* - I love my parents **13** *(complemento indirecto)* ⇒to

abadía *s.f.* ⇒abbey: *la abadía de Westminster* - Westminster Abbey

abajo *adv.* **1** *(posición)* ⇒below: *Vivo tres pisos más abajo* - I live three floors below; ⇒down: *Está ahí abajo* - It is down there **2** *(dirección)* ⇒down: *Fuimos calle abajo hasta la plaza* - We went down the street to the square; ⇒downstairs **3** *(en un edificio)* ⇒downstairs **4** **echar ~** ⇒to break down: *Echaron la puerta abajo* - They broke down the door; ⇒to bring down **5** **venirse ~** ⇒to collapse: *El edificio se vivo abajo después del terremoto* - The building collapsed after the earthquake; ⇒to go to pieces: *Se vino abajo cuando se enteró* - He went to pieces when he heard about it

abalanzarse *v.prnl.* ⇒to pounce [CONSTR. to pounce on sth/sb]: *El león se abalanzó sobre el cordero* - The lion pounced on the lamb; ⇒to throw oneself

abandonar *v.* **1** *(un lugar)* ⇒to abandon ⇒to leave **2** *(en un deporte)* ⇒to abandon ⇒to withdraw **3** *(a una persona)* ⇒to abandon **4** *(una actividad)* ⇒to abandon ⇒to give up: *Sarah abandonó los estudios* - Sarah gave up her studies; ⇒to relinquish *form*

abandono *s.m.* **1** *(falta de atención)* ⇒neglect **2** *(renuncia)* ⇒withdrawal

abanicar *v.* ⇒to fan

abanico *s.m.* **1** ⇒fan **2** *(conjunto, serie)* ⇒range: *un amplio abanico de precios* - a wide range of prices

abarrotado, da *adj.* ⇒crowded ⇒packed: *Las tiendas estaban abarrotadas* - The shops were packed; ⇒overflowing [CONSTR. overflowing with sth/sb]

abarrotar *v.* ⇒to crowd: *Los huelguistas abarrotaban las calles* - The strikers crowded the streets; ⇒to cram

abastecer *v.* ⇒to supply ⇒to provide [CONSTR. to provide with sth]: *abastecer de gasolina* - to provide with petrol

abdicar *v.* ⇒to abdicate: *abdicar en alguien* - to abdicate in favour of sb; ⇒to give up

abdomen *s.m.* ⇒abdomen *form*

abdominal *adj.* **1** ⇒abdominal: *músculos abdominales* - abdominal muscles **2** **hacer abdominales** ⇒to do sit-ups

abecedario *s.m.* ⇒ABC ⇒alphabet

abedul *s.m.* ⇒silver birch (*pl* silver birches); ⇒birch (*pl* birches)

abeja *s.f.* ⇒bee: *abeja obrera* - worker bee; *abeja reina* - abeja reina

abejorro *s.m.* ⇒bumblebee

abertura *s.f.* **1** *(hueco)* ⇨gap ⇨opening **2** *(de una flor)* ⇨opening

abeto *s.m.* ⇨fir (tree)

abierto, ta *adj.* **1** *(una puerta, una ventana)* ⇨open ⇨ajar: *Deja la puerta abierta* - Please, leave the door ajar **2** *(un establecimiento)* ⇨open: *Abierto 24 horas* - 24 hours open **3** *(un grifo)* ⇨running **4** *(una persona)* ⇨sociable ⇨open: *estar abierto a cualquier sugerencia* - to be open to suggestion; ⇨open-minded: *Mi abuela es una mujer muy abierta* - My grandmother is a very open-minded woman

abismo *s.m.* **1** ⇨abyss *lit: al borde del abismo* - on the edge of the abyss; ⇨chasm **2** *(gran diferencia)* ⇨gulf **3** *(profundidad)* ⇨depth: *El barco se hundió lentamente en el abismo del océano* - The ship sank slowly to the depths of the ocean

ablandar ▮ *v.* **1** *(un material)* ⇨to soften ▮ **ablandarse** *prnl.* **2** *(un material)* ⇨to get softer: *El plástico se ablanda con el calor* - Plastic gets softer with heat **3** *(una persona)* ⇨to relent ⇨to give in

abochornar *v.* ⇨to embarrass

abofetear *v.* ⇨to slap: *Le abofeteó delante de todo el mundo* - She slapped him in front of everybody

abogado, da *s.* **1** ⇨lawyer ⇨attorney *US;* ⇨counsel: *Es un abogado de la defensa* - He is a counsel for the defence; ⇨counselor **2** *(defensor)* ⇨advocate *UK* **3** *(en los tribunales inferiores)* ⇨solicitor **4** *(en todos los tribunales)* ⇨barrister

abolir *v.* ⇨to abolish: *Creo que deberían abolir las corridas de toros* - I think bullfighting should be abolished

abolladura *s.f.* ⇨dent

abonar ▮ *v.* **1** *(la tierra)* ⇨to fertilize ⇨to fertilise *UK* **2** *(una suma de dinero)* ⇨to pay [CONSTR. to pay for sth] **3** ▮ **abonarse** *prnl.* *(a un espectáculo)* ⇨to buy a season ticket **4** *(a una publicación)* ⇨to subscribe [CONSTR. to subscribe to sth]

abono *s.m.* **1** *(fertilizante)* ⇨fertilizer ⇨fertiliser *UK* **2** *(entrada, pase)* ⇨season ticket

abordar *v.* **1** *(un barco)* ⇨to board **2** *(un asunto)* ⇨to tackle: *abordar un problema* - to tackle a problem **3** *(a una persona)* ⇨to approach: *Un policía me abordó por la calle* - A policeman approached me in the street **4** *AMÉR.* *(a un avión, a un tren, a un autobús)* ⇨to get on; *(a un coche, a un taxi)* ⇨to get in

aborigen ▮ *s.com.* **1** ⇨Aborigine: *los aborígenes australianos* - the Aborigines ▮ *adj.* **2** ⇨native: *la población aborigen de ese país* - the native population of that country; ⇨aboriginal

aborrecer *v.* ⇨to hate [CONSTR. 1. to hate + doing sth 2. to hate + to do sth]; ⇨**to detest** [CONSTR. to detest + doing sth]: *Aborrezco ir al dentista* - I detest going to the dentist; ⇨to loathe [CONSTR. to loathe + doing sth]; ⇨to abhor *form*

abortar *v.* **1** *(de forma natural)* ⇨to have a miscarriage ⇨to miscarry **2** *(de forma provocada)* ⇨to have an abortion ⇨to abort **3** *(un intento)* ⇨to abort

aborto *s.m.* **1** *(natural)* ⇨miscarriage **2** *(provocado)* ⇨abortion

abotonar *v.* ⇨to button ⇨to button up: *Me abotoné el abrigo* - I buttoned up my coat

abrasador, -a *adj.* ⇨burning: *Hace un calor abrasador* - It's a burning hot day

abrasar ▮ *v.* **1** ⇨to burn: *El fuego abrasó el bosque* - The fire burnt the wood ▮ **abrasarse** *prnl.* **2** ⇨to burn oneself ⇨to get burnt: *Me abrasé al probar la sopa* - I got burnt when I tried the soup

abrazar *v.* ⇨to hug: *Rachel abrazó a su madre* - Rachel hugged her mother; ⇨to embrace: *Se abrazaron* - They embraced

abrazo *s.m.* ⇨hug: *darle un abrazo a alguien* - to give sb a hug; ⇨embrace: *Se fundieron en un cálido abrazo* - They held each other in a warm embrace

abrebotellas *s.m.* ⇨opener ⇨bottle opener

abrecartas *s.m.* ⇨paper knife (*pl* paper knives); ⇨letter opener *US*

abrelatas *s.m.* ⇨opener: *Me corté el dedo con el abrelatas* - I cut my finger with the opener; ⇨can opener ⇨tin opener *UK*

abreviar *v.* **1** *(acortar)* ⇨to abbreviate ⇨to shorten **2** *col.* *(darse prisa)* ⇨to hurry: *Si no abrevias, me iré sin ti* - If you don't hurry, I'll go without you **3 para ~ 1** *(en resumen)* ⇨in short: *Para abreviar, tienes que rehacer este trabajo* - In short, you'll have to do this work again **2** *(como acortamiento)* ⇨for short: *Lo llamamos «Tom» para abreviar* - We call him «Tom» for short **4 sin ~** ⇨in full

abreviatura *s.f.* ⇨abbreviation: *ser la abreviatura de* - to be the abbreviation for

abridor *s.m.* **1** ⇨opener **2** *(abrelatas)* ⇨can opener ⇨tin opener *UK* **3** *(abrebotellas)* ⇨bottle opener

abrigar ▮ *v.* **1** *(una persona)* ⇨to wrap up ⇨to bundle up **2** *(una cosa)* ⇨to be warm: *Este jersey abriga mucho* - This is a very warm jumper ▮ **abrigarse** *prnl.* **3** ⇨to wrap up: *¡Abrígate bien!* - Wrap up well!

abrigo *s.m.* **1** *(prenda)* ⇨coat: *abrigo de piel* - fur coat; ⇨overcoat **2** *(refugio, resguardo)* ⇨shelter

3 de ~ ⇨warm: *prendas de abrigo* - warm clothes

abril *s.m.* **1** ⇨April **2** *Tiene 20 abriles* - She is 20 years old

abril ▮ *v.* **1** ⇨to open: *Abre la ventana, por favor* - Open the window, please; *La ventana se abrió con el viento* - The window opened with the wind **2** *(con llave)* ⇨to unlock **3** *(un grifo)* ⇨to turn on **4** *(inaugurar)* ⇨to open **5** *(extender)* ⇨to open out ⇨to spread out: *Abre el periódico encima de la mesa* - Spread the newspaper out on the table **6** *(escampar)* ⇨to clear up ▮ **abrirse** *prnl.* **7** *(sincerarse)* ⇨to open up **8** *(resquebrajarse)* ⇨to crack **9** *col. (irse)* ⇨to be off

abrochadora *s.f.* AMÉR. ⇨stapler

abrochar *v.* **1** *(una prenda)* ⇨to do up UK: *¿Podrías abrocharme el vestido?* - Could you please do my dress up? **2** *(con hebilla)* ⇨to buckle **3** *Llevas los botones sin abrochar* - Your buttons are undone **4** *(el cinturón de seguridad)* ⇨to fasten: *Por favor, abróchense los cinturones* - Please, fasten your seat belts **5** *(grapar)* AMÉR. ⇨to staple

abrupto, ta *adj.* **1** *(un terreno)* ⇨rough ⇨abrupt **2** *(un cambio)* ⇨abrupt ⇨sudden **3** *(un carácter)* ⇨abrupt ⇨brusque

absoluto, ta *adj.* **1** *(no relativo)* ⇨absolute: *poder absoluto* - absolute power **2** *(total)* ⇨utter: *Eso es una absoluta falta de responsabilidad* - That's utter lack of responsibility; ⇨complete: *un caos absoluto* - complete chaos

absolver *v.* **1** *(en derecho)* ⇨to acquit [CONSTR. to acquit sb of sth]: *absolver a alguien de un delito* - to acquit sb of an offence **2** *(en religión)* ⇨to absolve [CONSTR. to absolve sb of/from sth] *form*

absorbente *adj.* **1** *(un material)* ⇨absorbent **2** *(una persona)* ⇨possessive ⇨absorbing **3** *(una tarea)* ⇨demanding: *un trabajo muy absorbente* - a very demanding job

absorber *v.* **1** *(un líquido)* ⇨to absorb **2** *(a una persona)* ⇨to absorb ⇨to take up: *absorber las energías* - to take up energies

abstención *s.f.* ⇨abstention *form: Hubo una abstención muy elevada* - There were high levels of abstention; *La abstención de sal es muy buena para la salud* - Abstention form salt is very good for your health

abstenerse *v.prnl.* **1** *(en una votación)* ⇨to abstain *form* **2** *(de hacer algo)* ⇨to refrain [CONSTR. to refrain from + doing sth] *form;* ⇨to abstain [CONSTR. to abstain from + doing sth] *form*

abstinencia *s.f.* **1** ⇨abstinence *form;* ⇨temperance **2 síndrome de ~** ⇨withdrawal syndrome

abstracto, ta *adj.* **1** ⇨abstract: *Me gusta la pintura abstracta* - I like abstract painting **2 en ~** ⇨in the abstract: *discutir algo en abstracto* - to discuss sth in the abstract

absurdo, da *adj.* ⇨absurd: *Es un comentario absurdo* - That's an absurd remark

abuchear *v.* ⇨to boo: *Abuchearon al cantante para que se fuera del escenario* - They booed the singer off the stage

abuelo, la ▮ *s.* **1** *(hombre)* ⇨grandfather ⇨granddad UK *inform;* ⇨grandpa *inform* **2** *(mujer)* ⇨grandmother ⇨grandma *inform;* ⇨grannie *inform* ▮ **abuelos** *s.m.pl.* **3** *(abuelo y abuela)* ⇨grandparents

abultado, da *adj.* **1** ⇨bulky ⇨bulging **2** *(excesivo)* ⇨exaggerated: *un presupuesto abultado* - an exaggerated budget

abultar *v.* **1** *(ocupar espacio)* ⇨to be bulky: *Tu maleta abulta demasiado* - Your suitcase is too bulky; ⇨to take up room **2** *(aumentar la importancia)* ⇨to exaggerate ⇨to blow up

abundante *adj.* **1** ⇨abundant *form: una cantidad abundante* - an abundant quantity; ⇨plentiful *form* **2** ⇨a great many [CONSTR. Se utiliza con sustantivos en plural]: *Es una zona con abundantes pozos* - It's an area with a great many wells

aburrido, da *adj.* **1** *(que aburre)* ⇨boring: *una película muy aburrida* - a very boring film **2** *Es una aburrida* - She's a bore **3 estar ~** ⇨to be bored: *Estoy aburrido de sus bromas* - I'm bored of his jokes

aburridora *s.f.* AMÉR. ⇨telling-off ⇨scolding

aburrimiento *s.m.* **1** ⇨boredom: *hacer algo por puro aburrimiento* - to do sth out of sheer boredom **2** *¡Qué aburrimiento!* - What a bore!

aburrir ▮ *v.* **1** ⇨to bore: *Me aburres con tus historias* - You bore me with your stories **2** *(cansar)* ⇨to weary *form* ▮ **aburrirse** *prnl.* **3** ⇨to get bored: *Me aburrí con el discurso del presidente* - I got bored by the President's speech

abusar *v.* **1** *(usar de forma indebida)* ⇨to abuse ⇨to overuse: *abusar de ciertas expresiones* - to overuse certain expressions **2** *(de una persona)* ⇨to presume on ⇨to take advantage on

abuso *s.m.* ⇨abuse: *abuso de poder* - abuse of power

acá *adv.* ⇨here

acabar ▮ *v.* **1** *(llegar al fin)* ⇨to finish ⇨to end: *¿Cuándo acaban las clases?* - When does school end? **2** *(poner término)* ⇨to end ⇨to finish [CONSTR. to finish + doing sth] **3** *(completar)* ⇨to complete **4** *(agotar, terminar)* ⇨to use up: *Se ha acabado toda la leña* - We've used up all the firewood **5** *(terminar con una relación)* ⇨to finish **6** ⇨to end up [CONSTR. to end up + doing sth]: *Acabarás odiándolo* - You'll end up hating it ▮ **acabarse** *prnl.* **7** *(llegar al fin)* ⇒to end ⇒to be over: *¡Se acabó!* - That's it! **8** *(quedarse sin)* ⇒to run out of: *Se nos ha acabado el aceite* - We have run out of oil

academia *s.f. (escuela)* ⇒school: *academia de idiomas* - language school; ⇒academy (*pl* academies)

académico, ca ▮ *adj.* **1** ⇒academic: *año académico* - academic year ▮ *s.* **2** *(miembro de una academia)* ⇒academician

acampada *s.f.* ⇒camping: *ir de acampada* - to go camping

acampar *v.* ⇒to camp

acantilado *s.m.* ⇒cliff

acariciar *v.* **1** *(a una persona)* ⇒to caress **2** *(a un animal)* ⇒to stroke ⇒to pet **3** *(el pelo, la mejilla)* ⇒to stroke

acatar *v.* ⇒to obey: *acatar las leyes del derecho internacional* - to obey the rules of international law; ⇒to respect

acatarrarse *v.prnl.* ⇒to catch a cold

acceder *v.* **1** *(a una petición)* ⇒to agree [CONSTR. to agree + to do sth]; ⇒to accede *form* **2** *(a un lugar)* ⇒to enter ⇒to gain access to **3** *(al trono, al poder)* ⇒to accede *form: acceder al trono* - to accede to the throne; ⇒to succeed

accesible *adj.* **1** *(un lugar)* ⇒accessible **2** *(una persona)* ⇒approachable **3** *(de fácil comprensión)* ⇒accessible

acceso *s.m.* **1** *(penetración)* ⇒access [U]; ⇒entry **2** *(entrada)* ⇒entrance **3** *(de una enfermedad)* ⇒fit ⇒attack

accesorio, ria ▮ *adj.* **1** *(secundario)* ⇒incidental: *un detalle accesorio* - an incidental detail ▮ **accesorio** *s.m.* **2** ⇒accessory (*pl* accessories): *accesorios para el baño* - bathroom accessories

accidental *adj.* ⇒accidental

accidente *s.m.* **1** *(geográfico)* ⇒accident **2** *(suceso desgraciado)* ⇒accident: *No te preocupes, ha sido un accidente* - Don't worry, it has been an accident **3** *(de coche)* ⇒car accident ⇒crash (*pl* crashes): *Tuvo un accidente de camino al trabajo* - She had a crash on the way to work **4** **por ~** ⇒by accident

acción *s.f.* **1** ⇒action: *pasar a la acción* - to take action; ⇒act **2** *(hazaña, hecho)* ⇒deed *form* **3** *(de una empresa)* ⇒share **4** *(acto)* ⇒act: *una acción cruel* - a vile act

accionar *v.* **1** *(una máquina)* ⇒to start up ⇒to trigger **2** *(un mecanismo)* ⇒to activate

acechar *v.* ⇒to lie in wait [CONSTR. to lie in wait for sth]: *El zorro acechaba al cordero* - The fox lay in wait for the lamb; ⇒to watch

aceite *s.m.* **1** *(para cocinar)* ⇒oil: *aceite de oliva virgen* - pure olive oil **2** *(para engrasar)* ⇒grease

aceituna *s.f.* ⇒olive

acelerador *s.m.* ⇒accelerator: *Pisar el acelerador* - To step on the accelerator; ⇒gas pedal *US*

acelerar ▮ *v.* **1** *(un vehículo)* ⇒to accelerate ⇒to speed up **2** *(un proceso)* ⇒to hasten ⇒to speed up **3** *(una persona)* ⇒to hurry up ▮ **acelerarse** *prnl.* **4** *col. (ponerse nervioso)* ⇒to get agitated ⇒to upset oneself

acelga *s.f.* ⇒chard [U]: *acelgas rehogadas* - lightly fried chard

acento *s.m.* **1** *(signo ortográfico)* ⇒accent **2** *(pronunciación destacada de una sílaba)* ⇒stress ⇒emphasis **3** *(forma de pronunciar)* ⇒accent ⇒brogue: *acento escocés* - Scottish brogue

acentuar *v.* **1** *(recalcar, destacar)* ⇒to accentuate **2** *(destacar la pronunciación)* ⇒to stress: *Esta palabra se acentúa en la última sílaba* - This word is stressed on the last syllable **3** *(poner tilde)* ⇒to write an accent ⇒to have an accent

acepción *s.f.* ⇒meaning [U]; ⇒sense

aceptable *adj.* ⇒acceptable ⇒passable

aceptación *s.m.* **1** *(buena acogida)* ⇒acceptance **2** *(aprobación)* ⇒approval

aceptar *v.* **1** ⇒to accept: *No puedo aceptarlo* - I can't accept it **2** *(en un lugar)* ⇒to admit ⇒to allow

acequión *s.m.* *AMÉR.* ⇒stream ⇒brook

acera *s.f.* ⇒pavement *UK;* ⇒sidewalk *US*

acerca (~ de) *(sobre)* ⇒on ⇒about: *un libro acerca de la vida de Francis Drake* - a book about Francis Drake's life

acercamiento *s.m.* **1** *(entre objetos)* ⇒approach **2** *(entre grupos de personas)* ⇒move towards reconciliation ⇒rapprochement

acercar ▮ *v.* **1** *(aproximar)* ⇒to bring closer ⇒to hold out **2** *(alcanzar, pasar)* ⇒to pass: *Acércame el ketchup, por favor* - Pass me the ketchup, please ▮ **acercarse** *prnl.* **3** ⇒to come up: *Se acercó a mí* - He came up to me **4** *(un acontecimiento)* ⇒to draw near: *Se acercan las elecciones* - The elections are drawing near

acero *s.m.* **1** ⇒steel: *acero inoxidable* - stainless steel **2** *poét. (espada)* ⇒sword

acertado, da *adj.* ⇒correct ⇒sound: *un consejo acertado* - a sound piece of advice; ⇒well-chosen ⇒apposite *form: un comentario acertado* - an apposite remark

acertar *v.* **1** *(descifrar)* ⇒to guess [CONSTR. to guess + interrogativo]: *acertar una adivinanza* - to guess a riddle **2** *(adivinar)* ⇒to get right: *Acertamos la respuesta* - We got the answer right; ⇒to be right

acertijo *s.m.* ⇒puzzle ⇒riddle

achicar ▌*v.* **1** *(hacer más pequeño)* ⇒to make smaller **2** *(extraer el agua)* ⇒to bail (out) ▌**achicarse** *prnl.* **3** *(acobardarse)* ⇒to lose *one's* nerve ⇒to belittle

achicharrar ▌*v.* **1** *(un alimento)* ⇒to burn **2** *(la vegetación)* ⇒to scorch ▌**achicharrarse** *prnl.* **3** *col.* ⇒to roast: *Vente a la sombra o te achicharrarás* - Come to the shade or you'll roast

achuchar *v.* **1** *col. (con cariño)* ⇒to cuddle ⇒to hug **2** *col. (meter prisa)* ⇒to hurry ⇒to put pressure [CONSTR. to put pressure on sb]: *Siempre tengo que achucharte para que llegues a tiempo* - I always have to put pressure on you so that you arrive in time

acidez *s.f.* **1** *(sabor ácido)* ⇒acidity **2** *(aspereza en el trato)* ⇒acidity **3 ~ de estómago** ⇒heartburn

ácido, da ▌*adj.* **1** *(sabor)* ⇒acid: *Los limones son ácidos* - Lemons are acid; ⇒sharp ▌**ácido** *s.m.* **2** *(en química)* ⇒acid

acierto *s.m.* **1** *(respuesta correcta)* ⇒correct answer **2** *(buena idea)* ⇒good idea ⇒good move

aclamar *v.* ⇒to acclaim [CONSTR. Se usa más en pasiva]: *Los manifestantes aclamaron a sus líderes* - The leaders were acclaimed by the demonstrators

aclarar ▌*v.* **1** *(quitar el jabón)* ⇒to rinse (out): *aclarar la ropa* - to rinse clothes **2** *(explicar, resolver)* ⇒to clarify ⇒to clear up: *aclarar una duda* - to clear up a doubt; ⇒to make clear **3** *(el tiempo)* ⇒to brighten ⇒to clear up ▌**aclararse** *prnl.* **4** *col. (entender)* ⇒to understand **5** *(el pelo)* ⇒to bleach ⇒to lighten **6** *(el cielo)* ⇒to clear up

acobardar ▌*v.* **1** ⇒to scare: *Tus amenazas no lo acobardaron* - Your threats didn't scare him ▌**acobardarse** *prnl.* **2** ⇒to be put off ⇒to feel intimidated: *No te acobardes* - Don't feel intimidated; ⇒to lose *one's* nerve

acogedor, -a *adj.* **1** *(un lugar)* ⇒cosy UK: *Tu casa parece muy acogedora* - Your house looks rather cosy; ⇒cozy US; ⇒snug **2** *(un trato)* ⇒warm: *Son una familia muy acogedora* - They're a very warm family; ⇒hospitable ⇒welcoming

acoger *v.* **1** ⇒to welcome ⇒to receive ⇒to take in: *Me acogieron durante el verano* - They took me in for the summer **2** *(una información)* ⇒to receive **3** *(albergar)* ⇒to host: *acoger unos Juegos Olímpicos* - to host the Olympic Games

acomodado, da *adj.* ⇒well-off: *una familia acomodada* - a well-off family

acomodar ▌*v.* **1** *(en un lugar)* ⇒to put up ⇒to settle down ▌**acomodarse** *prnl.* **2** *(adaptarse)* ⇒to adjust: *acomodarse a una nueva situación* - to adjust to a new situation; ⇒to adapt

acompañante *s.com.* **1** ⇒companion ⇒partner **2** *(en música)* ⇒escort

acompañar *v.* **1** *(hacia un lugar)* ⇒to come with: *¿Te acompaño?* - Shall I come with you? **2** *(hacer compañía)* ⇒to keep company **3** *(en música)* ⇒to accompany [CONSTR. to accompany sb on sth]

aconsejable *adj.* **1** ⇒advisable **2** *No es aconsejable cenar demasiado* - It's not a good idea to eat too much for dinner

aconsejar *v.* ⇒to advise [CONSTR. 1. to advise + that 2. to advise + doing sth 3. to advise + to do sth 4. to advise + interrogativo]: *Me aconsejó que no fuera* - He advised me not to go; ⇒to suggest [CONSTR. 1. to suggest + (that) 2. to suggest + doing sth 3. to suggest + interrogativo]: *Te aconsejo que estudies* - I suggest that you study

acontecimiento *s.m.* ⇒event ⇒occasion: *Fue todo un acontecimiento* - It was quite an occasion

acordar ▌*v.* **1** ⇒to agree [CONSTR. 1. to agree + that 2. to agree + to do sth 3. to agree + interrogativo]: *El banco ha acordado darme el dinero* - The bank has agreed to lend me the money; ⇒to settle ▌**acordarse** *prnl.* **2** ⇒to remember [CONSTR. 1. to remember + that 2. to remember + to do sth 3. to remember + interrogativo]: *No pude acordarme de su número* - I couldn't remember his number

acorde ▌*adj.* **1** *(conforme): Todos se mostraron acordes con la decisión* - Everybody agreed with the decision **2** *(en consonancia)* ⇒consistent: *una medida acorde con los tiempos* - a measure consistent with the times; ⇒according **3** *(en proporción)* ⇒commensurate *form;* ⇒appropriate ▌*s.m.* **4** *(en música)* ⇒chord

acordeón *s.m.* ⇒accordion

acorralar *v.* **1** *(impedir la salida)* ⇒to corner ⇒to hem in **2** *(confundir)* ⇒to corner

acortar ▌*v.* **1** ⇒to shorten ⇒to reduce: *Tenemos que acortar los gastos* - We have to reduce the expenses **2** *(una diferencia)* ⇒to catch up ▌**acortarse** *prnl.* **3** ⇒to get shorter

acostar ▌*v.* **1** ⇒to put to bed: *acostar a un bebé* - to put a baby to bed ▌**acostarse** *prnl.* **2** ⇒to go to bed: *Siempre me acuesto temprano* - I always go to bed early; ⇒to lie down: *Acuéstate un ratito* - Lie down for a while **3** *col. (tener relaciones sexuales)* ⇒to sleep together ⇒to sleep with ⇒to have sex with

acostumbrado, da *adj.* ⇒accustomed [CONSTR. accustomed + to doing sth]: *No estoy acostumbrado a levantarme tan pronto* - I'm not accustomed to getting up so early; ⇨used [CONSTR. used + to doing sth]: *No estoy acostumbrado a que me critiquen* - I'm not used to being criticized

acostumbrar ▮ *v.* **1** ⇨to get *sb* used to: *Mi madre me acostumbró a madrugar* - My mother got me used to getting up early ▮ **acostumbrarse** *prnl.* **2** ⇨to get used to: *No me acostumbro a trabajar por las noches* - I can't get used to working at night

acreedor, -a *s.* **1** ⇨creditor **2 hacerse ~ a** ⇨to prove oneself worthy of: *Ese empleado se ha hecho acreedor a un ascenso* - That employee has proven himself worthy of promotion

acrobacia *s.f.* ⇨acrobatics *pl: hacer acrobacias* - to perform acrobatics; *acrobacias aéreas* - aerobatics

acróbata *s.com.* ⇨acrobat

acta *s.f.* **1** ⇨certificate **2** ⇨minutes *pl: el acta de una reunión* - the minutes of a meeting; *levantar acta* - to take the minutes

actitud *s.f.* ⇨attitude: *No me gusta esa actitud* - I don't like that attitude

activar *v.* **1** *(un mecanismo)* ⇨to activate ⇨to set off: *activar una alarma* - to set off an alarm **2** *(un proceso)* ⇨to speed up **3** ⇨to stimulate: *activar la circulación sanguínea* - to stimulate blood circulation

actividad *s.f.* ⇨activity (*pl* activities)

activo, va *adj.* **1** *(dinámico)* ⇨energetic ⇨active **2** *(con trabajo)* ⇨working **3** *(en política)* ⇨active

acto *s.m.* **1** *(hecho o acción)* ⇨act ⇨action **2** *(acontecimiento público)* ⇨ceremony (*pl* ceremonies): *acto de entrega de premios* - award ceremony; ⇨event

actor *s.m.* ⇨actor ⇨performer

actriz *s.f.* ⇨actress (*pl* actresses)

actuación *s.f.* **1** *(espectáculo)* ⇨performance ⇨showing **2** *(musical)* ⇨gig *inform*

actual *adj.* **1** *(del momento presente)* ⇨current ⇨existing ⇨present: *No tengo su dirección actual* - I don't have her present address **2** *(moderno)* ⇨present-day ⇨topical

actualidad *s.f.* **1** ⇨present situation: *la actualidad de nuestro país* - the present situation of our country **2** *la actualidad nacional* - domestic news **3 de ~** ⇨current: *asuntos de actualidad* - current affairs **4 en la ~** ⇨nowadays: *En la actualidad mucho niños tienen teléfonos móviles* - Nowadays lots of children have mobile phones; ⇨at present ⇨currently

actualizar *v.* ⇨to update: *actualizar una base de datos* - to update a database; ⇨to refresh

actuar *v.* **1** ⇨to act **2** *(interpretar)* ⇨to act ⇨to perform

acuarela *s.f.* ⇨watercolour *UK;* ⇨watercolor *US*

acuario ▮ *adj./s.com.* **1** *(signo del Zodíaco)* ⇨Aquarian ⇨Aquarius *n* ▮ *s.m.* **2** *(pecera)* ⇨aquarium (*pl* aquaria, aquariums)

acuático, ca *adj.* ⇨aquatic: *una planta acuática* - an aquatic plant

acudir *v.* **1** *(a un sitio)* ⇨to come [CONSTR. to come + to do sth]; ⇨to turn up **2** *(a una persona)* ⇨to turn

acueducto *s.m.* ⇨aqueduct

acuerdo *s.m.* **1** *(decisión común)* ⇨agreement: *llegar a un acuerdo* - to reach an agreement; ⇨arrangement ⇨settlement **2 de ~ 1** *(afirmación)* ⇨OK *inform;* ⇨okay *inform;* ⇨alright ⇨all right **2** *(en conformidad)* ⇨in agreement: *Todos estábamos de acuerdo* - We were all in agreement **3 estar de ~** ⇨to agree [Se dice *to agree* - *estar de acuerdo*. Incorrecto: *to be agree*]: *Estoy de acuerdo contigo* - I agree with you; ⇨to approve

acumular *v.* ⇨to accumulate: *Le gusta acumular todo tipo de cosas en su casa* - She likes to accumulate all kind of stuff in her house

acunar *v.* ⇨to cradle ⇨to rock

acurrucarse *v.prnl.* ⇨to curl up: *El gato se acurrucó en el sofá* - The cat curled up on the sofa

acusación *s.f.* **1** ⇨accusation **2** *(judicial)* ⇨charge ⇨indictment

acusado, da ▮ *adj.* **1** ⇨marked ⇨stark ▮ *s.* **2** ⇨accused **3** *(en derecho)* ⇨respondent

acusar *v.* ⇨to accuse [CONSTR. to accuse sb of + doing sth]; ⇨to charge [CONSTR. to charge sb with sth]: *La policía lo acusó de asesinato* - The police charged him with murder; ⇨to finger *inform;* ⇨to indict *form* [CONSTR. Se usa más en pasiva]: *Cinco personas fueron acusadas por falsificar moneda* - Five people were indicted for making counterfeit currency

acústica *s.f.* **1** *(ciencia de los sonidos)* ⇨acoustics [U] **2** *(sonoridad)* ⇨acoustics *pl*

acústico, ca *adj.* ⇨acoustic

adaptar ▮ *v.* **1** ⇨to adapt: *adaptar una novela al cine* - to adapt a novel for the cinema ▮ **adaptarse** *prnl.* **2** ⇨to adapt ⇨to adjust: *adaptarse a una nueva situación* - to adjust to a new situation

adecuado, da *adj.* *(apropiado)* ⇨appropriate ⇨right ⇨convenient: *Tus comentarios no fueron muy adecuados* - Your comments weren't quite convenient; ⇨suitable

adelantado, da *adj.* **1** *(innovador)* ⇨advanced ⇨enlightened **2** *(precoz)* ⇨ahead of *one's* time **3** *(un reloj)* ⇨fast: *Tu reloj va adelantado* - Your watch is fast **4 por adelantado** ⇨in advance

adelantar ▮ *v.* **1** *(a un coche)* ⇨to overtake **2** *(una fecha)* ⇨to bring forward **3** *(un reloj)* ⇨to put forward **4** *(un pago)* ⇒to advance ▮ **adelantarse** *prnl.* **5** *(un reloj)* ⇒to gain time: *Este reloj se adelanta* - This watch gains time **6** *(ir por delante)* ⇒to go ahead **7** *(anticiparse)* ⇒to get ahead ⇒to run ahead

adelante *adv.* **1** *(permiso para entrar)* ⇒come in! **2 de ahí en ~** ⇒from then onwards **3 de aquí en ~** ⇒from now on: *De aquí en adelante trataré de estudiar más* - From now on I'll try to study more **4 hacia ~** ⇒onwards ⇒forwards ⇒forward: *En rugby no puedes hacer pases hacia adelante* - In rugby, you can't make forward passes **5 más ~** ⇒later on **6 seguir ~** ⇒to go ahead: *¿Seguimos adelante con los planes?* - Shall we go ahead with the plans?

adelanto *s.m.* **1** *(progreso)* ⇒improvement ⇒progress [U] **2** *(de sueldo)* ⇒advance

adelgazar *v.* ⇒to slim ⇒to lose weight

además *adv.* **1** ⇒besides: *Fue culpa suya y además lo negó* - It was her fault and besides she denied it; ⇒moreover *form;* ⇒also **2 ~ de** ⇒besides ⇒in addition to ⇒as well as: *Habla francés, además de español* - She speaks French as well as Spanish; ⇒plus *inform*

adentro *adv.* ⇒inside: *Vamos adentro* - Let's go inside; ⇒in

adeudar *v.* ⇒to owe [CONSTR. to owe + dos objetos]: *Mis padres todavía adeudan al banco mucho dinero* - My parents still owe the bank a lot of money

adhesivo, va ▮ *adj.* **1** ⇒adhesive: *cinta adhesiva* - adhesive tape ▮ **adhesivo** *s.m.* **2** *(sustancia)* ⇒adhesive **3** *(pegatina)* ⇒sticker

adicto, ta ▮ *adj.* **1** ⇒addicted: *Soy adicto al café* - I'm addicted to coffee ▮ *s.* **2** ⇒addict: *un adicto a la droga* - a drug addict

adiestrar *v.* ⇒to train: *Los jóvenes caballeros eran adiestrados en el uso de la espada* - Young knights were trained in the use of the sword

adiós ▮ *s.m.* **1** ⇒goodbye ▮ *interj.* **2** ⇒goodbye! ⇒bye! *inform*

adivinanza *s.f.* ⇒riddle

adivinar *v.* ⇒to guess [CONSTR. to guess + interrogativo]

adjetivo *s.m.* ⇒adjective

adjuntar *v.* ⇒to attach ⇒to enclose: *Te adjunto una copia del documento* - I enclose a copy of the document; *Le adjunto mi currículo en la carta* - I enclose my curriculum with this letter

adjunto, ta ▮ *adj.* **1** *(unido a otra cosa)* ⇒attached ⇒adjunct *n form* **2** *(en el mismo sobre)* ⇒enclosed ▮ *adj./s.* **3** *(ayudante)* ⇒assistant *n* ▮ **adjunto** *adv.* **4** ⇒herewith *form*

administración *s.f.* **1** ⇒administration: *Está encargado de la administración de la empresa* - He is in charge of the administration of the company; ⇒management **2 ~ pública** ⇒civil service

administrador, -a *s.* ⇒administrator ⇒manager: *Es el administrador de las instalaciones* - He is the manager of the premises

administrar *v.* **1** ⇒to run: *El padre de Greg administra la tienda de la esquina* - Greg's father runs the corner shop; ⇒to manage **2** *(proporcionar, dar)* ⇒to administer *form*

admirable *adj.* ⇒admirable

admiración *s.f.* **1** ⇒admiration: *Mi admiración por esa mujer crece a diario* - My admiration for that woman grows daily **2 signo de ~** ⇒exclamation mark ⇒exclamation point *US*

admirador, -a *s.* ⇒admirer: *un ferviente admirador* - a fervent admirer

admirar *v.* **1** *(respetar, estimar)* ⇒to admire **2** *(contemplar con placer)* ⇒to admire **3** *(sorprender, asombrar)* ⇒to amaze

admisión *s.f.* ⇒admission

admitir *v.* **1** *(reconocer)* ⇒to admit [CONSTR. 1. to admit + (that) 2. to admit + doing sth 3. to admit + to do sth]; ⇒to recognize ⇒to recognise *UK* [CONSTR. to recognize/-ise + (that)]; ⇒to acknowledge [CONSTR. 1. to acknowledge + (that) 2. to acknowledge + doing sth 3. to acknowledge + to do sth]: *Harriet admitió haberse equivocado* - Harriet acknowledged having made a mistake; ⇒to accept [CONSTR. to accept + (that)] **2** *(permitir la entrada)* ⇒to admit **3** *(aceptar)* ⇒to take ⇒to accept ⇒to allow *form: No se admiten devoluciones* - Refunds are not allowed **4** *(conocer, darse cuenta)* ⇒to recognize ⇒to recognise *UK*

adolescencia *s.f.* ⇒adolescence

adolescente ▮ *adj.* **1** ⇒adolescent ⇒teenage ▮ *s.com.* **2** ⇒adolescent ⇒teenager

adonde *adv.relat.* ⇒where: *Aquel castillo es adonde vamos* - That castle is where we're heading

adónde *adv.* ⇒where: *¿Adónde vas?* - Where are you going to?

adoptar *v.* ⇒to adopt

adoptivo, va *adj.* **1** *(que es adoptado)* ⇒adopted: *hijo adoptivo* - adopted child **2** *(que adopta)* ⇒adoptive: *padres adoptivos* - adoptive parents

adorar *v.* **1** *(dar culto)* ⇒to worship: *adorar a Dios* - to worship God **2** *(amar mucho)* ⇒to adore: *Adora a su mujer* - He adores his wife

adormecer *v.* ⇒to make sleepy: *El calor me adormece* - The heat makes me sleepy; ⇒to send to sleep

A

adornar *v.* **1** ⇒to adorn *form;* ⇒to decorate **2** *(un plato)* ⇒to garnish
adorno *s.m.* **1** ⇒ornament: *Compraron algunos adornos para el jardín* - They bought some garden ornaments **2** *(decoración)* ⇒decorations *pl* **3** **~ de Navidad** ⇒Christmas decorations
adquirir *v.* **1** ⇒to gain: *adquirir un hábito* - to gain a habit **2** *(comprar)* ⇒to buy [CONSTR. to buy + dos objetos]; ⇒to acquire ⇒to purchase *form*
adquisición *s.m.* **1** *(compra)* ⇒purchase *form* **2** *(incorporación a una empresa)* ⇒addition
adrede *adv.* ⇒on purpose: *Me empujaste adrede, ¿verdad?* - You pushed me on purpose, didn't you?
aduana *s.f.* ⇒customs *pl*
adulterio *s.m.* ⇒adultery
adulto, ta ▌*adj.* **1** ⇒adult ⇒mature ▌*s.* **2** ⇒adult ⇒grown-up
adverbio *s.m.* ⇒adverb
adversario, ria *s.* ⇒opponent ⇒adversary *form* (*pl* adversaries)
advertencia *s.f.* ⇒warning: *sistema de advertencia* - warning system; ⇒caution
advertir *v.* **1** *(comunicar)* ⇒to warn [CONSTR. 1. to warn + (that) 2. to warn + to do sth]: *Les advertí que llegaría tarde* - I warned them that I would be late **2** *(prevenir)* ⇒to warn [CONSTR. to warn sb about/of sth]: *Les advertí del peligro* - I warned them about the danger **3** *(darse cuenta)* ⇒to notice [CONSTR. 1. to notice + (that) 2. to notice + interrogativo]: *¿No advertiste nada extraño?* - Didn't you notice sth strange?; ⇒to become aware
aéreo, a *adj.* **1** *(del aire): el espacio aéreo* - airspace **2** *(que se realiza desde el aire)* ⇒aerial **3** *(de la aviación)* ⇒aerial
aeronave *s.f.* **1** ⇒aircraft (*pl* aircraft) **2** *(espacial)* ⇒spacecraft
aeropuerto *s.m.* ⇒airport
aerosol *s.m.* ⇒aerosol ⇒spray
afectar *v.* **1** *(influir, perjudicar)* ⇒to affect **2** *(interesar, concernir)* ⇒to concern
afeitar *v.* **1** ⇒to shave: *El barbero afeitó la cabeza al actor* - The barber shaved the actor's head; *Mi padre se afeita todas las mañanas* - My father shaves every morning **2** *Se afeitó la barba* - He shaved off his beard **3** *Se afeitó el bigote* - He shaved off his moustache
afeminado, da *adj.* ⇒effeminate
Afganistán *s.m.* ⇒Afghanistan
afgano, na *adj./s.* ⇒Afghan
afiche *s.m.* AMÉR. ⇒poster
afición *s.f.* **1** *(interés)* ⇒interest **2** *(entretenimiento)* ⇒hobby (*pl* hobbies): *por afición* - as a hobby **3** *(conjunto de seguidores)* ⇒fans *pl*
aficionado, da ▌*adj.* **1** *(no profesional)* ⇒amateur **2** *(que siente afición)* ⇒keen [CONSTR. keen on sth]: *Wendy es aficionada a la jardinería* - Wendy is a keen gardener; ⇒fond [CONSTR. fond of sth] ▌*s.* **3** *(partidario)* ⇒fan ⇒supporter UK: *Soy un aficionado del Manchester United* - I'm a Manchester United supporter
afilado, da *adj.* ⇒sharp: *un cuchillo afilado* - a sharp knife; *una lengua afilada* - a sharp tongue
afilador, -a ▌*s.* **1** *(persona)* ⇒grinder ⇒sharpener ▌*s.m.* **2** AMÉR. ⇒pencil sharpener
afilar *v.* ⇒to sharpen
afinar *v.* **1** *(un instrumento)* ⇒to tune (up) **2** *(al cantar)* ⇒to sing in tune **3** *afinar la puntería* - to sharpen one's aim
afincar *v.* ⇒to settle: *Amy se afincó en Italia* - Amy settled in Italy
afirmación *s.f.* **1** *(declaración)* ⇒statement ⇒declaration: *A pesar de tus afirmaciones, no te creo* - Despite your declarations I don't believe you; ⇒avowal *form* **2** *(confirmación)* ⇒affirmation *form*
afirmar *v. (asegurar, confirmar)* ⇒to state *form* [CONSTR. 1. to state + (that) 2. to state + interrogativo]; ⇒to affirm *form;* ⇒to claim [CONSTR. to claim + (that)]
afirmativo, va *adj.* ⇒affirmative *form*
aflicción *s.f.* ⇒distress: *Mostraba gran aflicción* - She was showing a great distress; ⇒affliction *form*
aflojar ▌*v.* **1** ⇒to loosen: *aflojar el nudo de la corbata* - to loosen the knot of the tie **2** *(la tensión, la presión)* ⇒to relax **3** *(la velocidad, la intensidad)* ⇒to ease off **4** *(la fuerza, la entereza)* ⇒to weaken ▌**aflojarse** *prnl.* **5** ⇒to loosen **6** *(una tuerca, un nudo)* ⇒to come loose
afluente *s.m.* ⇒tributary (*pl* tributaries)
afónico, ca *adj.* **1** ⇒hoarse **2** *quedarse afónico* - to lose one's voice
aforo *s.m.* ⇒capacity
afortunado, da *adj.* ⇒fortunate ⇒lucky
África *s.f.* ⇒Africa
africano, na *adj./s.* ⇒African
afroamericano, na *adj./s.* ⇒Afroamerican ⇒African-American *n*
afrontar *v.* **1** ⇒to face: *afrontar los hechos* - to face facts; ⇒to tackle **2** *afrontar un problema* - to confront a problem
afuera ▌*adv.* **1** ⇒outside: *Vamos afuera* - Let's go outside ▌**afueras** *s.f.pl.* **2** ⇒outskirts: *Hay un gran centro comercial en las afueras de Sheffield* - There's a large shopping centre on the outskirts of Sheffield

agachar ▌*v.* **1** *(la cabeza)* ⇒to lower ▌**agacharse** *prnl.* **2** ⇒to bend down: *Me agaché para recoger el libro* - I bent down to pick up the book; ⇒to squat (down) ⇒to duck: *Me agaché a tiempo y no me vieron* - I ducked in time and they didn't see me

agarrado, da *adj. col. desp. (tacaño, mezquino)* ⇒stingy *inform;* ⇒mean *UK;* ⇒tight-fisted *inform*

agarrar ▌*v.* **1** *(tener, sujetar)* ⇒to hold ⇒to grip: *Agarra bien la raqueta* - You have to grip the racquet well **2** *(atrapar, capturar)* ⇒to clutch ⇒to grab **3** *(coger, pillar)* ⇒to catch: *He agarrado un buen resfriado* - I have caught a nasty cold **4** ⇒to hold on: *¡Agárrate fuerte!* - Hold on tight! **5** *(una planta)* ⇒to take root: *El geranio ha agarrado muy bien* - The geranium has taken root very well ▌**agarrarse** *prnl.* **6** *(sujetarse)* ⇒to hold onto

agencia *s.f.* **1** *(oficina)* ⇒agency (*pl* agencies): *agencia de viajes* - travel agency; *agencia inmobiliaria* - estate agency; ⇒office ⇒bureau (*pl* bureaux, bureaus) **2** *(sucursal)* ⇒branch (*pl* branches)

agenda *s.f.* **1** *(cuaderno)* ⇒diary (*pl* diaries); ⇒date-book *US* **2** *(de direcciones)* ⇒address book **3** *(orden del día)* ⇒agenda

agente *s.com.* **1** *(de policía)* ⇒officer **2** *(de viajes)* ⇒travel agent **3** *(de una empresa)* ⇒agent **4** *(inmobiliario)* ⇒estate agent *UK;* ⇒realtor *US*

ágil *adj.* **1** *(de movimiento)* ⇒agile: *El mono parecía muy ágil* - The monkey seemed very agile; ⇒nimble **2** *(de mente, de pensamiento)* ⇒agile ⇒quick

agilidad *s.f.* **1** *(de movimiento)* ⇒agility ⇒nimbleness **2** *(de mente, de pensamiento)* ⇒agility ⇒flexibility

agitado, da *adj.* **1** *(nervioso)* ⇒nervous ⇒excited: *Todo el mundo parecía muy agitado después de la noticia* - Everybody seemed excited after the news; ⇒restless **2** *(el agua)* ⇒rough ⇒choppy

agitar *v.* **1** *(un líquido, una sustancia)* ⇒to shake **2** *(una bandera, un trapo)* ⇒to flap ⇒to wave **3** *(provocar descontento)* ⇒to stir up **4** *(conmover)* ⇒to shake up

agobiar *v.* **1** *(sofocar)* ⇒to suffocate: *Este calor me agobia* - This heat suffocates me **2** *(disgustar)* ⇒to annoy: *Me agobia llegar tarde* - Being late annoys me; ⇒to get on *sb's* nerves *inform* **3** *(producir estrés)* ⇒to overwhelm ⇒to get on top [CONSTR. to get on top of sb]: *Este trabajo me agobia* - This job gets on top of me **4** *(meter prisa)* ⇒to put pressure [CONSTR. to put pressure on sb]: *No me agobies, que ya acabo* - Don't put pressure on me, I'm almost done

agobio *s.m.* **1** *(angustia)* ⇒distress ⇒worry **2** *(estrés)* ⇒pressures *pl: el agobio de la gran ciudad* - the pressures of living in big cities

agonizar *v.* **1** *(estar a punto de morir)* ⇒to be dying ⇒to be in *one's* death throes *lit: El paciente está agonizando* - The patient is in his death throes **2** *(estar a punto de terminarse)* ⇒to die **3** *(sufrir)* ⇒to be in anguish

agosto *s.m.* **1** ⇒August **2 hacer el ~** *col.* ⇒to make a fortune ⇒to make a killing *inform*

agotado, da *adj.* **1** *(cansado)* ⇒exhausted: *Llegaron a casa agotados* - They came home exhausted; ⇒worn out ⇒knackered *UK very inform* **2** *(un producto)* ⇒out of stock: *El libro está agotado* - This book is out of stock; ⇒sold out

agotador, -a *adj.* ⇒exhausting: *un ritmo de trabajo agotador* - an exhausting work rate; ⇒gruelling *UK*

agotar ▌*v.* **1** *(cansar, fatigar)* ⇒to exhaust: *Este trabajo me agota* - This work exhausts me **2** *(acabar, finalizar)* ⇒to use up: *Hemos agotado todas las bebidas* - We've used up all the drinks; ⇒to exhaust ▌**agotarse** *prnl.* **3** ⇒to run out: *Se nos ha agotado la leche* - We've run out of milk; ⇒to sell out

agraciado, da *adj.* **1** *(guapo)* ⇒attractive **2** *poco agraciado* - plain

agradable *adj.* **1** ⇒pleasant: *Nuestra estancia fue agradable* - We had a pleasant stay **2** *(una persona)* ⇒nice: *Parece muy agradable* - She seems rather nice

agradar *v.* ⇒to please

agradecer *v.* **1** *(dar las gracias)* ⇒to thank [CONSTR. to thank sb for + doing sth]: *Agradeció a Laura que viniera a la fiesta* - He thanked Laura for coming to his party **2** *(sentir gratitud)* ⇒to appreciate: *Te lo agradezco* - I appreciate it

agradecido, da *adj.* **1** ⇒grateful: *Te estoy muy agradecido* - I'm very grateful to you **2** *estar agradecido* - to be much obliged

agradecimiento *s.m.* ⇒gratitude [U]: *Mostró un gran agradecimiento por que hubiésemos encontrado su gato* - He showed deep gratitude for having found his cat

agrandar *v.* **1** ⇒to enlarge ⇒to make bigger **2** *(una prenda)* ⇒to make larger **3** *(una casa)* ⇒to extend ⇒to enlarge

agravar ▌*v.* **1** ⇒to aggravate: *agravar una situación* - to aggravate a situation; ⇒to worsen ▌**agravarse** *prnl.* **2** ⇒to worsen: *La enfermedad se agravó con el tiempo* - The illness worsened with time

agredir *v.* ⇒to assault ⇒to attack

A

agregar *v.* ⇒to add: *¿Ya has agregado la salsa?* - Have you already added the sauce?
agresión *s.f.* ⇒aggression [U]: *una agresión* - an act of aggression; ⇒attack ⇒assault: *agresión física* - physical assault
agresivo, va *adj.* ⇒aggressive: *Su comportamiento se ha vuelto agresivo* - His behaviour has turned aggressive; ⇒truculent
agresor, -a *s.* ⇒aggressor ⇒assailant *form;* ⇒attacker
agrícola *adj.* ⇒agricultural: *productos agrícolas* - agricultural produce; *labor agrícola* - farm work; *explotación agrícola* - farming
agricultor, -a *s.* ⇒farmer
agricultura *s.f.* ⇒agriculture: *Todavía viven de la agricultura* - They still live on agriculture; ⇒farming ⇒crop farming
agridulce *adj.* **1** *(agrio y dulce)* ⇒bitter-sweet: *sabor agridulce* - bitter-sweet flavour **2** *(triste y feliz)* ⇒bitter-sweet
agrietar *v.* **1** ⇒to crack: *Se está agrietando la pintura* - The paint is cracking **2** *(la piel)* ⇒chap
agrio, gria *adj.* ⇒sour ⇒acid
agrónomo, ma *adj./s.* ⇒agricultural ⇒agronomist *n: ingeniero agrónomo* - agronomist
agrupación *s.f.* **1** *(conjunto)* ⇒group **2** *(hecho de agrupar)* ⇒gathering
agrupar ▮ *v.* **1** ⇒to gather: *El festival agrupará películas de todo el mundo* - The festival will gather films from all over the world; ⇒to group ▮ **agruparse** *prnl.* **2** ⇒to gather: *Nos agruparemos al lado del camino a las 8 en punto* - We will gather by the path at 8 o'clock; ⇒to form a group
agua *s.f.* **1** ⇒water: *Deberías beber dos litros de agua a diario* - You should drink two litres of water daily **2 ~ con gas** ⇒sparkling water ⇒carbonated water **3 ~ dulce** ⇒freshwater **4 ~ mineral** ⇒mineral water **5 ~ potable** ⇒drinking water **6 ~ salada** ⇒salt water **7 bajo el ~** ⇒underwater
aguacate *s.m.* ⇒avocado ⇒avocado pear
aguacero *s.m.* ⇒heavy shower
aguafiestas *s.com.* ⇒killjoy ⇒wet blanket: *Deja de ser tan aguafiestas y cállate* - Stop being such a wet blanket and shut up; ⇒spoilsport *inform*
aguanieve *s.m.* ⇒sleet
aguantar *v.* **1** *(soportar un peso)* ⇒to take: *La estantería no aguantó el peso de los libros* - The shelf didn't take the weight of the books; ⇒to bear **2** *(sujetar)* ⇒to hold: *Aguanta esto un momento, por favor* - Hold this a second, please **3** *(tolerar, soportar)* ⇒to bear [CONSTR. 1. to bear + doing sth 2. to bear + to do sth]; ⇒to tolerate [CONSTR. to tolerate + doing sth]; ⇒to put up with **4** *(resistir)* ⇒to hold out **5** *(reprimir): aguantarse la risa* - to keep a straight face
aguante *s.m.* **1** *(resistencia física)* ⇒endurance ⇒stamina **2** *(paciencia)* ⇒patience
aguardar *v.* ⇒to await *form: Aguardaba con ansiedad para ver a sus hijos* - He was awaiting anxiously to see his children; ⇒to hang on *inform;* ⇒to hold on: *Aguarda un segundo, vuelvo enseguida* - Hold on a second, I'll be right back
aguardiente *s.m.* ⇒eau-de-vie
aguarrás *s.m.* ⇒turpentine
agudo, da *adj.* **1** *(con punta)* ⇒sharp **2** *(un dolor)* ⇒sharp ⇒acute **3** *(sentido)* ⇒keen: *Tiene un agudo sentido del olfato* - She has a keen sense of smell **4** *(voz, un sonido)* ⇒high ⇒shrill **5** *(una persona)* ⇒witty ⇒sharp **6** *(una pregunta)* ⇒probing **7** *(una palabra)* ⇒stressed on the last syllable
aguijón *s.m.* ⇒sting *UK*
águila *s.f.* ⇒eagle: *águila real* - golden eagle; *águila ratonera* - buzzard
aguja *s.f.* **1** *(para coser, tejer)* ⇒needle: *enhebrar una aguja* - to thread a needle **2** *(para hacer punto)* ⇒needle **3** *(hipodérmica)* ⇒hypodermic needle **4** *(en una torre, en una iglesia)* ⇒spire ⇒steeple **5** *(de un tocadiscos)* ⇒stylus (*pl* styluses) **6** *(de un reloj)* ⇒hand **7** *girar en el sentido de las agujas del reloj* - to turn clockwise
agujero *s.m.* **1** ⇒hole: *un agujero negro* - a black hole **2** *(financiero)* ⇒hole ⇒drain
agujetas *s.f.pl. tener agujetas* - to be stiff; *Tuve agujetas al día siguiente de la carrera* - I was stiff the day after the race
aguzar *v.* **1** ⇒to strain: *aguzar la vista* - to strain one's eyes **2** *(el ingenio)* ⇒to sharpen
ahí *adv.* **1** ⇒there: *ahí dentro* - in there **2 por ~** ⇒over there: *Tiene que estar por ahí* - It must be somewhere over there
ahijado, da *s.* **1** *(sin especificar sexo)* ⇒godchild (*pl* godchildren) **2** *(chico)* ⇒godson **3** *(chica)* ⇒goddaughter
ahogar ▮ *v.* **1** *(en el agua)* ⇒to drown **2** *(dejar sin aire)* ⇒to suffocate ▮ **ahogarse** *prnl.* **3** *(en el agua)* ⇒to drown **4** *(atragantarse)* ⇒to choke
ahora *adv.* **1** ⇒now **2 ~ mismo 1** *(al dar una orden)* ⇒right now: *Hazlo ahora mismo* - Do it right now; ⇒immediately **2** *(hace un momento)* ⇒just now: *Mi hermana me ha llamado ahora mismo* - My sister called me just now **3 a partir de ~** ⇒from now on **4 hasta ~** ⇒so far ⇒until now ⇒yet **5 por ~** ⇒for the time being ⇒for now
ahorcar *v.* ⇒to hang
ahorrador, -a ▮ *adj.* **1** ⇒thrifty: *una persona ahorradora* - a thrifty person; *ser poco ahorrador* - to be bad with money ▮ *s.* **2** ⇒saver

ahorrar *v.* **1** ⇒to save: *ahorrar una cantidad de dinero* - to save an amount of money; *ahorrar papel* - to save paper **2** *¡Ahórrate tus palabras!* - Save your breath!

ahorro *s.m.* ⇒savings *pl: cartilla de ahorros* - savings book

ahumado, da ▮ *adj.* **1** *(un alimento)* ⇒smoked: *salmón ahumado* - smoked salmon **2** *(un cristal)* ⇒tinted ▮ **ahumados** *s.m.pl.* **3** ⇒smoked fish

ahumar *v.* ⇒to smoke ⇒to fill with smoke: *Estás ahumando la habitación* - You are filling the room with smoke

ahuyentar *v.* **1** *(a una persona)* ⇒to frighten away **2** *(algo que aflige)* ⇒to dispel

aire *s.m.* **1** ⇒air **2** *(brisa, viento)* ⇒wind ⇒breeze **3** *(apariencia)* ⇒air: *Izzy tiene un aire oriental* - Izzy has an oriental air **4** *(parecido)* ⇒resemblance **5** ~ **acondicionado** ⇒air-conditioning **6** ~ **fresco** ⇒fresh air: *una bocanada de aire fresco* - a breath of fresh air **7** ~ **libre** ⇒outdoors ⇒open-air

airear ▮ *v.* **1** *(ventilar)* ⇒to air: *airear una habitación* - to air a room **2** *(divulgar)* ⇒to spread: *airear una noticia* - to spread some news ▮ **airearse** *prnl.* **3** *(tomar el aire)* ⇒to get some fresh air

aislado, da *adj.* **1** *(un lugar)* ⇒isolated: *Compraron una casa aislada en mitad de la montaña* - They bought a house isolated in the middle of the mountain **2** *(una persona)* ⇒isolated ⇒stranded

aislar *v.* ⇒to isolate [CONSTR. to isolate from sth/sb]: *Me sentí aislada de los demás en la fiesta* - I felt isolated from the rest at the party; ⇒to cut off: *El pueblo quedó aislado por la nieve* - The village was cut off by the snow

ajedrez *s.m.* **1** *(juego)* ⇒chess **2** *(piezas y tablero)* ⇒chess set

ajeno, na *adj.* **1** *(impropio de alguien)* ⇒alien ⇒strange **2** *(de otro)* ⇒extraneous ⇒oblivious **3** ~ **a** ⇒outside: *ajeno a la familia* - outside from the family

ajetreado, da *adj.* ⇒busy ⇒rushed

ajo *s.m.* ⇒garlic [U]: *un diente de ajo* - a clove of garlic

ajustado, da *adj.* **1** *(una prenda)* ⇒tight **2** *(un presupuesto)* ⇒tight **3** *(un precio)* ⇒reasonable ⇒good

ajustar *v.* **1** *(la televisión)* ⇒to adjust **2** *(un tornillo)* ⇒to tighten **3** ~ **cuentas** ⇒to settle: *Tú y yo tenemos que ajustar cuentas* - You and I have to settle sth

ajusticiar *v.* ⇒to execute

al **1** ⇒to the: *ir al cine* - to go to the cinema **2** *(seguida de infinitivo)* ⇒when [CONSTR. Nunca va seguido de un verbo en futuro]; ⇒**as** [CONSTR. Nunca va seguido de un verbo en futuro]: *Al salir de casa me encontré al vecino* - I met my neighbour as I was going out **3** ⇒on: *Me llevé un susto al abrir la puerta* - I got a shock on opening the door; ⇒upon **4** *(intervalo de tiempo)* ⇒a: *dos veces al año* - twice a year

ala *s.f.* **1** *(de un ave, de un insecto)* ⇒wing **2** *(de un avión)* ⇒wing **3** *(de un edificio)* ⇒wing: *Mi habitación está en el ala este* - My room is on the east wing **4** ~ **delta 1** *(aparato)* ⇒hang-glider **2** *(deporte)* ⇒hang-gliding: *hacer ala delta* - to go hang-gliding

alabanza *s.f.* **1** ⇒praise [U]: *decir una alabanza* - to express praise **2** *digno de alabanza* - praiseworthy

alabar *v.* ⇒to praise: *Me alabaron por mi constancia* - They praised me for my perseverance; ⇒to celebrate

alacrán *s.m.* ⇒scorpion

alambrada *s.f.* ⇒wire fence

alambre *s.m.* ⇒wire: *alambre de espino* - barbed wire

álamo *s.m.* ⇒poplar

alargado, da *adj.* ⇒extended ⇒long

alargador *s.m.* ⇒extension lead *UK*

alargar ▮ *v.* **1** ⇒to extend: *Alargamos la visita dos semanas* - We extended our visit by two weeks **2** *(una prenda)* ⇒to lengthen ▮ **alargarse** *prnl.* **3** *(los días)* ⇒to grow longer **4** *(una actividad, un acto)* ⇒to go on

alarma *s.f.* **1** *(dispositivo)* ⇒alarm **2** *(intranquilidad, inquietud)* ⇒alarm

alarmante *adj.* ⇒alarming

alba *s.f.* ⇒dawn

albanés, -a ▮ *adj./s.* **1** ⇒Albanian ▮ **albanés** *s.m.* **2** *(idioma)* ⇒Albanian

Albania *s.f.* ⇒Albania

albañil, -a *s.* ⇒bricklayer *UK;* ⇒brickie *UK inform;* ⇒mason *US*

albaricoque *s.m.* ⇒apricot

alberca *s.f.* **1** ⇒reservoir **2** *AMÉR.* ⇒swimming pool ⇒pool

albergar *v.* **1** ⇒to give shelter **2** *(a un conocido)* ⇒to put up **3** *(un sentimiento)* ⇒to harbour *UK;* ⇒to harbor *US*

albergue *s.m.* **1** ⇒hostel **2** ~ **juvenil** ⇒youth hostel

albóndiga *s.f.* ⇒meatball

albornoz *s.m.* ⇒bathrobe

alborotar ▮ *v.* **1** *(causar agitación)* ⇒to stir up: *alborotar a las masas* - to stir up the masses;

A

⇒to agitate **2** *(desordenar)* ⇒to mess up ▮ **alborotarse** *prnl.* **3** ⇒to get excited [CONSTR. to get excited about sth]

alboroto *s.m.* **1** *(agitación)* ⇒disturbance ⇒fuss: *No entiendo a qué viene tanto alboroto* - I don't see what the fuss is about **2** *(vocerío)* ⇒racket *inform;* ⇒rumpus *inform;* ⇒hubbub

álbum *s.m.* **1** *(de fotos, de sellos)* ⇒album **2** *(de recortes)* ⇒scrapbook **3** *(disco)* ⇒album

alcachofa *s.f.* ⇒artichoke

alcaide *s.m. (de una cárcel)* ⇒governor

alcalde *s.m.* ⇒mayor

alcaldesa *s.f.* ⇒mayoress (*pl* mayoresses)

alcance 1 *s.m.* ⇒reach **2** *(distancia)* ⇒range **3 estar al ~** ⇒to be within reach

alcantarilla *s.f.* ⇒drain

alcantarillado *s.m.* **1** *(conjunto de alcantarillas)* ⇒drains *pl* **2** *(acción de alcantarillar)* ⇒sewer laying

alcanzar *v.* **1** *(llegar a)* ⇒to reach: *No alcanzo al estante de arriba* - I can't reach the top shelf **2** *(cumplir, conseguir)* ⇒to fulfil *UK;* ⇒to fulfill *US* **3** *(a una persona)* ⇒to catch up with

alcohol *s.m.* ⇒alcohol

alcohólico, ca *adj. / s.* ⇒alcoholic

alcoholismo *s.m.* ⇒alcoholism

aldea *s.f.* ⇒hamlet ⇒village: *Los protagonistas de la historia viven en una pequeña aldea* - The main characters live in a small village

aldeano, na *s.* ⇒villager

alegar *v.* ⇒to allege [CONSTR. to allege + (that)]; ⇒to claim [CONSTR. to claim + (that)]: *La empresa alega que no es responsable por la contaminación* - The company claims that it is not responsible for the pollution

alegrar ▮ *v.* **1** ⇒to cheer up: *alegrar a alguien* - to cheer sb up **2** *(un lugar)* ⇒to brighten up ▮ **alegrarse** *prnl.* **3** ⇒to cheer up: *¡Alégrate!* - Cheer up!; ⇒to make happy: *Me alegra saber que estás bien* - It makes me happy to know you're OK **4** *Me alegro de verte* - I am glad to see you **5** *Me alegro por ti* - Good for you

alegre *adj.* **1** *(una persona)* ⇒cheerful: *Suele ser muy alegre* - He's usually fairly cheerful; ⇒happy **2** *(un estado)* ⇒jolly: *una sonrisa muy alegre* - a jolly smile; ⇒cheerful ⇒perky: *Tiene un aire alegre cada mañana* - He looks perky every morning; ⇒chirpy *UK inform* **3** *(color, tiempo)* ⇒bright ⇒brash

alegría *s.f.* **1** ⇒happiness ⇒joy: *un sentimiento de alegría* - a feeling of joy **2** *¡Qué alegría que hayas venido!* - I'm so glad you came!

alejar ▮ *v.* **1** *(apartar)* ⇒to move away **2** *(quitar)* ⇒to remove: *Alejé la ropa del fuego* - I removed the clothes from the fire ▮ **alejarse** *prnl.* **3** ⇒to go away: *Aléjate y no vuelvas* - Go away and never come back!; ⇒to move away

alemán, -a ▮ *adj. / s.* **1** ⇒German ▮ **alemán** *s.m.* **2** *(idioma)* ⇒German

Alemania *s.f.* ⇒Germany

alentador, -a *adj.* ⇒encouraging: *un discurso alentador* - an encouraging speech

alentar *v.* ⇒to encourage [CONSTR. to encourage + to do sth]: *Me alentó a que aceptara el puesto* - She encouraged me to take the post

alergia *s.f.* **1** ⇒allergy (*pl* allergies) **2** *tener alergia al polen* - to suffer from hay fever

alérgico, ca *adj.* ⇒allergic: *Es alérgico a los gatos* - He is allergic to cats

alerta ▮ *adj.* **1** *(atento)* ⇒vigilant: *estar alerta* - to be vigilant; ⇒watchful: *¡Estate alerta!* - Be watchful!; ⇒alert ▮ *s.f.* **2** ⇒alert: *alerta roja* - red alert

aleta *s.f.* **1** *(de un pez)* ⇒fin **2** *(de foca)* ⇒flipper **3** *(calzado para bucear)* ⇒flipper

alfabético, ca *adj.* ⇒alphabetical

alfabeto *s.m.* ⇒alphabet ⇒ABC

alfarería *s.f.* **1** ⇒pottery **2** *(tienda)* ⇒pottery shop

alfiler *s.m.* **1** ⇒pin **2** *(broche)* ⇒brooch (*pl* brooches): *Le compró un broche con perlas y diamantes* - He bought her a brooch with pearls and diamonds on it **3** *(de corbata)* ⇒tiepin

alfombra *s.f.* **1** *(grande)* ⇒carpet **2** *(pequeña)* ⇒rug: *Tengo una alfombra debajo de la mesilla de noche* - I have a rug under the bedside table

alfombrilla *s.f.* **1** ⇒mat: *la alfombrilla del baño* - the bath mat; ⇒rug **2** *(para el ratón)* ⇒mouse mat *UK;* ⇒mouse pad *US*

alga *s.f.* **1** *(de mar)* ⇒seaweed: *ensalada de algas* - seaweed salad **2** *(de agua dulce)* ⇒weed ⇒waterweed

álgebra *s.f.* ⇒algebra

algo ▮ *pron.indef.* **1** *(en oraciones afirmativas)* ⇒something: *Hay algo ahí* - There's sth over there **2** *(en oraciones interrogativas, negativas y condicionales)* ⇒anything: *¿Queda algo por planchar?* - Is there anything else to iron? **3 por ~ será** ⇒there must be a reason for it ▮ *adv.* **4** *(un poco)* ⇒rather [Se usa generalmente con un adjetivo negativo para implicar disgusto o insatisfacción]: *Este ejercicio es algo complejo* - This exercise is rather complicated; ⇒a little ⇒a bit **5 ~ así** ⇒something like that **6 ~ de 1** *(en oraciones afirmativas)* ⇒some: *Hay algo de fruta en la nevera* - There's some fruit in the fridge **2** *(en oraciones interrogativas)* ⇒any: *¿Te queda algo de leche?* - Have you got any milk left?

algodón *s.m.* **1** *(planta, material, tejido)* ⇒cotton **2** **algodón {dulce/de azúcar}** ⇒candyfloss UK; ⇒cotton candy US **3** ~ **hidrófilo** ⇒cotton wool UK; ⇒cotton US

alguien *pron.indef.* **1** *(en oraciones afirmativas)* ⇒somebody ⇒someone: *Alguien llama a la puerta* - Someone's knocking at the door **2** *(en oraciones interrogativas)* ⇒anybody: *¿Hay alguien en casa?* - Anybody home?; ⇒anyone [Sin embargo, con oraciones interrogativas si se espera una respuesta afirmativa, *alguien* se traduce por *somebody* o *someone*: *Will somebody come to the cinema with me today?* - *¿Alguien quiere venir conmigo al cine hoy?*]

algún *indef.* Véase **alguno, na**

alguno, na ▮ *indef.* **1** *(en oraciones afirmativas)* ⇒some: *Ya han crecido algunos árboles* - Some trees have already grown; *En la reunión surgió alguna que otra idea* - One or two ideas came up at the meeting **2** *(en oraciones interrogativas y negativas)* ⇒any [Sin embargo, con oraciones interrogativas si se espera una respuesta afirmativa, *alguno,na* se traduce por *some*: *Can I have some of those sweets?* - *¿Me das algún caramelo?*]: *¿Tenéis alguna pregunta?* - Do you have any questions? **3** *(seguido de un número)* ⇒several: *algunos miles de personas* - several thousand people **4** **alguna cosa** ⇒something **5** **algún día** ⇒some day [Se usa en oraciones afirmativas]; ⇒anything [Se usa en oraciones negativas e interrogativas] **6** **algunas veces** ⇒sometimes: *Paseo algunas veces por ese parque* - I sometimes go for a walk to that park **7** **alguna vez** ⇒ever: *¿Has estado alguna vez en Bath?* - Have you ever been to Bath? **8** **en alguna parte** ⇒somewhere ▮ *pron.* **9** *(algunas personas)* ⇒some people: *Algunos creen en la vida después de la muerte* - Some people believe in life after death

alianza *s.f.* **1** *(acuerdo)* ⇒alliance **2** *(anillo)* ⇒wedding ring

aliar *v.* ⇒to ally: *aliarse con el país vecino* - to ally oneself with the neighbouring country

alicate *s.m.* ⇒pliers *pl*: *Me he comprado unos alicates* - I've bought some pliers

aliciente *s.m.* ⇒inducement *form*; ⇒incentive

alienígena ▮ *adj.* **1** ⇒alien: *una nave espacial alienígena* - an alien spacecraft; ⇒extraterrestrial ▮ *s.com.* **2** ⇒alien

aliento *s.m.* **1** ⇒breath: *mal aliento* - bad breath; ⇒wind UK **2** *sin aliento* - breathless / out of breath

aligerar *v.* **1** *(hacer más ligero)* ⇒to lighten: *aligerar una salsa* - to lighten a sauce; *aligerar el equipaje* - to lighten the luggage **2** *(acelerar)* ⇒to quicken: *aligerar el paso* - to quicken one's pace

alijo *s.m.* **1** *(de drogas, de explosivos)* ⇒haul **2** *(de armas)* ⇒cache

alimaña *s.f.* ⇒vermin *pl*

alimentación *s.f.* **1** *(comida)* ⇒food **2** *(forma de alimentarse)* ⇒diet: *una mala alimentación* - a poor diet **3** *(acción)* ⇒feeding: *Dejo en tus manos la alimentación del bebé* - I leave the baby's feeding in your hands **4** *(de un mecanismo)* ⇒feed ⇒supply

alimentar ▮ *v.* **1** *(dar de comer)* ⇒to feed **2** *(un mecanismo)* ⇒to feed ▮ **alimentarse** *prnl.* **3** ⇒to live on: *Se alimentaban solo de pan y mantequilla* - They lived on bread and butter alone

alimenticio, cia *adj.* ⇒nutritional: *valor alimenticio* - nutritional value

alimento *s.m.* *(comida)* ⇒food [U]

alineación *s.f.* **1** *(colocación)* ⇒alignment: *la alineación de los soldados* - the alignment of the soldiers **2** *(en deporte)* ⇒line-up UK: *la alineación de un equipo* - the line-up of a team; ⇒lineup US **3** *(unión)* ⇒alignment: *la alineación de dos países* - the alignment of two countries

alinear *v.* **1** ⇒to line up **2** *(en deporte)* ⇒to select: *Estaba alineado para jugar el partido* - He had been selected to play the game

aliño *s.m.* *(de la ensalada)* ⇒dressing

alisar *v.* ⇒to smooth down: *alisar la madera* - to smooth wood down; *alisarse el pelo* - to smooth one's hair down

alistarse *v.prnl.* ⇒to enlist: *alistarse en el ejército* - to enlist in the army

aliviar ▮ *v.* **1** *(un dolor)* ⇒to relieve: *Esto te aliviará el dolor de cabeza* - This will relieve your headache; ⇒to ease: *Estas pastillas deberían aliviar el dolor* - These pills should ease the pain; ⇒to lessen ▮ **aliviarse** *prnl.* **2** ⇒to get better: *Se está aliviando de la gripe* - He is getting better from the flu

alivio *s.m.* ⇒relief

allá *adv.* **1** *(en el espacio)* ⇒there: *Vivo allá* - I live there **2** *(en el tiempo)* ⇒back: *allá en 1960* - back in 1960 **3** **el más ~** ⇒the beyond ⇒the after life **4** **más ~ de** ⇒beyond: *La panadería está más allá de la librería* - The baker's is beyond the bookshop

allanar *v.* **1** *(poner llano)* ⇒to level: *allanar un terreno* - to level a piece of land **2** *(dejar libre de obstáculos)* ⇒to smooth ⇒to smooth the way **3** *(entrar sin permiso)* ⇒to break into

allegado, da *adj.* ⇒close: *un amigo allegado* - a close friend

allí *adv.* **1** ⇒there: *allí abajo* - down there **2** **de ~** ⇒thence *form*: *Fuimos a casa de mis padres y de allí a la de mi hermana* - We travelled to my parents' home and thence to my sister's

A

alma *s.f.* ⇨soul: *No hay un alma en este lugar* - There isn't a soul in this place

almacén *s.m.* **1** *(edificio)* ⇨warehouse *UK: El botín estaba escondido en un antiguo almacén* - The booty was hidden on an old warehouse; ⇨depot **2** *AMÉR. (tienda de comestibles)* ⇨grocer's (*pl* grocers') **3 grandes almacenes** ⇨department store ⇨store

almacenar *v.* **1** ⇨to store **2** *(cosas inútiles)* ⇨to hoard

almanaque *s.m.* ⇨almanac ⇨almanack

almeja *s.f.* ⇨clam

almendra *s.f.* ⇨almond

almendro *s.m.* ⇨almond tree

almíbar *s.m.* ⇨syrup

almirante *s.m.* ⇨admiral

almohada *s.f.* ⇨pillow

almohadilla *s.f. (cojín)* ⇨pad

almohadón *s.m.* ⇨pillowcase

almorzar *v.* **1** *(a mediodía)* ⇨to have lunch ⇨to lunch: *Almorzamos en un restaurante italiano* - We lunched in an Italian restaurant **2** *(a media mañana)* ⇨to have a snack ⇨to have *sth* midmorning

almuerzo *s.m.* **1** ⇨lunch (*pl* lunches); ⇨dinner *UK* **2** *(a media mañana)* ⇨midmorning snack

alocado, da *adj.* ⇨impetuous ⇨rash

alojamiento *s.m.* **1** *(lugar)* ⇨accommodation: *Me ofrecí a darle alojamiento* - I offered to provide him with accomodation; ⇨lodgings *UK pl: Nos dieron alojamiento* - They gave us lodgings **2** *(acción)* ⇨housing: *Están buscando posibles soluciones para el alojamiento de los refugiados* - They are looking for possible solutions for the housing of refugees

alojar ▮ *v.* **1** *(hospedar)* ⇨to accommodate **2** *(a un conocido)* ⇨to put up: *¿Me puede alojar por unas cuantas noches, por favor?* - Could you put me up for a few nights, please? **3** *(a un refugiado)* ⇨to house *form* ▮ **alojarse** *prnl.* **4** ⇨to lodge: *Nos alojaremos en el hotel* - We will lodge at the hotel; ⇨to stay

alpinismo *s.m.* **1** *(no profesional)* ⇨climbing **2** *(profesional)* ⇨mountaineering: *hacer alpinismo* - to go mountaineering

alpino, na *adj.* **1** *(de los Alpes)* ⇨Alpine: *la cordillera alpina* - the Alpine mountain range **2** *(esquí)* ⇨downhill: *esquí alpino* - downhill skiing/alpine skiing **3** *deportes alpinos* - mountain sports

alpiste *s.m.* ⇨birdseed

alquilar *v.* **1** *(por poco tiempo)* ⇨to hire *UK: He alquilado un coche para el fin de semana* - I've hired a car for the weekend **2** *(por mucho tiempo)* ⇨to rent *US: Por fin hemos podido alquilar la casa* - We have managed to rent the house at the end; ⇨to let *UK* **3** *Se alquila* - To let

alquiler *s.m.* **1** *(dinero que se paga)* ⇨rent: *Todavía no he pagado el alquiler* - I haven't paid the rent yet **2** *(acción de alquilar)* ⇨hire *UK: bicicletas de alquiler* - bikes for hire; ⇨rental

alquitrán *s.m.* ⇨tar

alrededor ▮ *adv.* **1** ⇨around: *Miré alrededor, pero no vi a nadie* - I looked around, but I saw no one **2 ~ de** ⇨around ⇨round *UK: Llegué a casa alrededor de las tres* - I arrived home around three ▮ **alrededores** *s.m.pl.* **3** ⇨surroundings ⇨outskirts

alta *s.f.* **1** ⇨discharge **2 dar de ~ 1** *(en un hospital)* ⇨to discharge **2** *(en una asociación)* ⇨to enrol *UK;* ⇨to enroll *US*

altar *s.m.* ⇨altar

altavoz *s.m.* ⇨loudspeaker

alteración *s.f.* ⇨alteration ⇨change

alterado, da *adj.* ⇨upset ⇨agitated

alterar *v.* **1** *(cambiar)* ⇨to alter ⇨to change **2** *(perturbar)* ⇨to disturb: *No le alteres ahora que he conseguido calmarle* - Don't disturb him now that I've managed to calm him down; ⇨to get nervous: *Me estoy alterando* - I'm getting nervous **3** *alterar el orden público* - to cause a breach of the peace **4** *(enfadar)* ⇨to upset

altercado *s.m.* ⇨quarrel: *Tuvieron un altercado por el dinero* - They had a quarrel about the money; ⇨row *UK;* ⇨argument ⇨altercation *form: El altercado se inició en el restaurante* - The altercation between started inside the restaurant

alternar *v.* **1** ⇨to alternate: *Mi familia alterna estancias en Escocia con viajes a Italia* - My family alternates stays in Scotland with trips to Italy **2** *(relacionarse)* ⇨to socialize

alternativa *s.f.* ⇨alternative: *No tengo otra alternativa más que pediros que os vayáis* - I have no alternative but to ask you to leave

alterno, na *adj.* **1** ⇨alternate: *días alternos* - alternate days **2** *cada mes alterno* - every other month **3** *corriente alterna* - alternating current

altibajos *s.m.pl.* ⇨ups and downs

altillo *s.m.* ⇨loft

altitud *s.f.* ⇨altitude: *Estamos volando a 15 000 metros de altitud* - We are currently flying at an altitude of 15 000 metres

alto, ta ▮ *adj.* **1** *(una cosa)* ⇨high: *una montaña muy alta* - a very high mountain **2** *(una persona, un animal, un árbol)* ⇨tall **3** *(un edificio)* ⇨tall ⇨high **4** *(un sonido)* ⇨high: *No soy capaz de conseguir llegar a una nota alta* - I can't reach the high notes **5** *(un volumen)* ⇨loud: *La* *música está muy alta* - The music is very loud **6 altos cargos** ⇒people high up ⇒people on high ranking positions **7 en voz alta** ⇒out loud: *decir algo en voz alta* - to say sth out loud ▌**alto** *s.m.* **8** *(parada)* ⇒stop: *hacer un alto en el camino* - to make a stop on one's way **9 en lo alto** ⇒on the top **10 pasar por alto** ⇒to overlook ⇒to pass over ▌**alto** *adv.* **11** *(por arriba del suelo)* ⇒high **12** *(sonoro, ruidoso)* ⇒loudly ▌**¡alto!** *interj.* **13** ⇒stop! ⇒halt! ■ Ver cuadro

altoparlante *s.m.* AMÉR. ⇒loudspeaker ⇒speaker

altura *s.f.* **1** ⇒height **2** *(altitud)* ⇒altitude **3** *Este pico tiene 5000 metros de altura* - This peak is 5000 metres high **1 2 4 a estas alturas** ⇒at this stage: *A estas alturas, es un poco tarde* - It's a bit late at this stage; ⇒at this point ⇒at this juncture

alubia *s.f.* **1** ⇒bean **2** *alubias en salsa de tomate* - baked beans

alucinante *adj. col.* ⇒amazing: *Ha sido alucinante* - This was amazing!; ⇒incredible *inform;* ⇒great

alucinar *v.* **1** *col. (sorprender)* ⇒to amaze: *Siempre me alucinas* - You always amaze me **2** *(padecer alucinaciones)* ⇒to hallucinate

alucine *s.m. col. ¡Qué alucine de coche!* - What a mind-blowing car!; *una fiesta de alucine* - an amazing party

alud *s.m.* ⇒avalanche

alumbrado *s.m.* ⇒lighting: *Están cambiando el alumbrado de la calle* - They are changing the lighting of the street

alumbrar *v.* **1** *(despedir luz)* ⇒to give off light: *Esta lámpara no alumbra bien* - This lamp does not give off enough light **2** *(con una luz)* ⇒to light up: *alumbrar una habitación* - to light up a room **3** *(dar a luz)* ⇒to give birth [CONSTR. to give birth to sb]: *Alumbró una hermosa niña* - She gave birth to a beautiful baby girl

aluminio *s.m.* ⇒aluminium UK; ⇒aluminum US

alumno, na *s.* **1** ⇒student **2** *(de Primaria)* ⇒pupil

alza *s.f.* **1** ⇒rise: *alza en el precio del petróleo* - rise in the price of petrol **2 en ~** ⇒on air

alzar ▌*v.* **1** ⇒to raise: *alzar la mano* - to raise one's hand **2** *(una construcción)* ⇒to put up: *alzar un monumento* - to put up a monument ▌**alzarse** *prnl.* **3** *(una cosa)* ⇒to stand: *El castillo se alzaba en una colina* - The castle stood on a hill **4** *(sublevarse)* ⇒to rebel [CONSTR. to rebel against sth/sb]: *Se alzaron contra los dirigentes* - They rebelled against the leaders

amabilidad *s.f.* ⇒kindness: *Gracias por tu amabilidad* - Thank you for your kindness

amable *adj.* ⇒friendly ⇒kind: *Si es tan amable de darme un vaso de agua* - If you would be so kind as to give me a glass of water; ⇒amiable: *una persona amable* - an amiable person

amaestrar *v.* ⇒to tame: *amaestrar a un animal* - to tame an animal

amainar *v.* **1** *(furia)* ⇒to calm down ⇒to abate *form* **2** *(esfuerzo)* ⇒to slacken **3** *(lluvia, viento)* ⇒to die down ⇒to abate *form*

amamantar *v.* ⇒to breast-feed: *amamantar a un bebé* - to breast-feed a baby; ⇒to nurse

amanecer ▌*s.m.* **1** ⇒dawn: *Fuimos a ver el amanecer* - We went to see the dawn; ⇒daybreak [U] ▌*v.* **2** *(hacerse de día)* ⇒to dawn **3** *(una persona, una ciudad)* ⇒to wake up: *Amaneció resfriado* - She woke up with a cold

amanerado, da *adj.* **1** *(artificial)* ⇒mannered ⇒affected: *un estilo amanerado* - an affected style **2** *(afeminado)* ⇒effeminate

amante ▌*adj.* **1** *(cariñoso)* ⇒loving ▌*s.com.* **2** ⇒lover **3** *(de un hombre)* ⇒mistress (*pl* mistresses)

amapola *s.f.* ⇒poppy (*pl* poppies)

amar *v.* ⇒to love

amargar ▌*v.* **1** *(tener sabor amargo)* ⇒to be bitter: *Este pomelo amarga un poco* - This grapefruit is a little bit bitter **2** *(disgustar)* ⇒to pain ⇒to ruin ▌**amargarse** *prnl.* **3** ⇒to get upset: *amargarse por los problemas* - to get upset about problems

amargo, ga *adj.* ⇒bitter: *un sabor amargo* - a bitter taste

amarillento, ta *adj.* ⇒yellowish

amarillo, lla *adj.* **1** ⇒yellow **2** *prensa amarilla* - gutter press **3** *(un semáforo)* ⇒amber

amarrar *v.* **1** ⇒to strap: *amarrarse la mochila a la cintura* - to strap the rucksack to the waist;

---

alto (tall / high)

En inglés se usan dos palabras para expresar la característica de 'alto, ta':

- **Tall** se usa para los seres vivos y las estructuras verticales:
  - *a tall person* (una persona)
  - *a tall tree* (un árbol alto)
- **High** se utiliza para objetos y para nombres abstractos:
  - *a high mountain* (una montaña alta)
  - *a high honour* (un alto honor)

⇒to fasten ⇒to lash **2** *(un barco)* ⇒to moor ⇒to tie up **3** *(a una persona)* ⇒to tie up

amasar *v.* **1** *(una masa)* ⇒to knead: *amasar harina y agua* - to knead flour and water **2** *(dinero)* ⇒to amass *form: amasar una fortuna* - to amass a fortune; ⇒to accumulate

amazona *s.f.* ⇒horsewoman (*pl* horsewomen)

ámbar *adj./s.m.* ⇒amber

ambición *s.f.* ⇒ambition

ambicioso, sa *adj.* ⇒ambitious

ambientador *s.m.* ⇒air freshener

ambiental *adj.* **1** *(del medio ambiente)* ⇒environmental ⇒ambient *form: condiciones ambientales* - ambient conditions **2** *música ambiental* - ambient music

ambientar ▌*v.* **1** ⇒to set in: *ambientar una novela en el siglo XV* - to set a novel in the XVth century ▌**ambientarse** *prnl.* **2** *(adaptarse)* ⇒to settle into: *ambientarse a una ciudad nueva* - to settle into a new city

ambiente *s.m.* **1** *(aire, atmósfera)* ⇒atmosphere **2** *(de una situación)* ⇒atmosphere: *Había buen ambiente en el concierto* - There was a good atmosphere at the concert; ⇒climate **3** AMÉR. *(habitación)* ⇒room **4 medio ~** ⇒environment

ambiguo, gua *adj.* ⇒ambiguous: *La pregunta era bastante ambigua* - The question was rather ambiguous

ambos, bas *indef.pl.* **1** *(cuando funciona como adjetivo)* ⇒both [CONSTR. Se sitúa detrás de los verbos auxiliares y modales: *They can both cook - Los dos saben cocinar*; y delante de los demás verbos *They both like tennis - A los dos les gusta el tenis*]: *Ambos hermanos son muy deportistas* - Both brothers are very sporty; ⇒either: *a ambos lados del océano* - on either side of the ocean **2** *(cuando funciona como pronombre)* ⇒both of us (nosotros): *Ambos somos médicos* - Both of us are doctors; ⇒both of you (vosotros): *Ambas sois encantadoras* - Both of you are charming; ⇒both of them (ellos): *Ambos son amables* - Both of them are kind

ambulancia *s.f.* ⇒ambulance

ambulante *adj.* **1** ⇒travelling UK; ⇒traveling US **2 vendedor ~** ⇒hawker ⇒peddler

ambulatorio *s.m.* ⇒health centre UK; ⇒health center US

amén *interj.* **1** ⇒amen **2 ~ de** ⇒as well as ⇒in addition: *Mi profesora ha publicado una novela amén de tres libros de poesía* - My teacher has published a novel in addition to three books of poems

amenaza *s.f.* **1** ⇒threat: *amenaza de muerte* - death threat **2** *amenaza de bomba* - bomb scare

amenazador, -a *adj.* ⇒threatening: *una mirada amenazadora* - a threatening look; ⇒menacing

amenazar *v.* ⇒to threaten [CONSTR. 1. to threaten + to do sth 2. to threaten sb with sth]: *El vecino amenazó con llamar a la policía* - The neighbour threatened to call the police; *El ladrón me amenazó con emplear la violencia* - The thief threatened me with violence

ameno, na *adj.* **1** *(divertido)* ⇒entertaining **2** *(agradable)* ⇒pleasant **3** *un libro muy ameno* - a very readable book

América *s.f.* ⇒America

americana *s.f.* ⇒jacket

americano, na *adj./s.* **1** *(del continente americano)* ⇒of the American continent: *los países americanos* - the countries of the American continent **2** *(de Estados Unidos)* ⇒American: *Conocí a dos americanos de Chicago* - I met two Americans from Chicago

ametralladora *s.f.* ⇒machine gun

amigable *adj.* ⇒friendly: *una persona muy amigable* - a very friendly person

amígdala *s.f.* ⇒tonsil

amigo, ga *s.* **1** ⇒friend: *Son muy amigos* - They're good friends; ⇒mate UK: *Son amigos del colegio* - They are school mates *inform;* ⇒pal *inform* **2 falso amigo** *(en lingüística)* ⇒false friend

amistad ▌*s.f.* **1** ⇒friendship **2** *hacer amistad con alguien* - to make friends with sb ▌**amistades** *s.f.pl.* **3** ⇒friends

amistoso, sa *adj.* **1** ⇒friendly **2** *un partido amistoso* - a friendly

amnesia *s.f.* ⇒amnesia

amnistía *s.f.* ⇒amnesty

amo, ma *s.* **1** *(de una propiedad)* ⇒owner **2** *(de un animal)* ⇒master (hombre) ⇒mistress (mujer) (*pl* mistresses) **3 ~ de casa** ⇒house husband (hombre) ⇒housewife (mujer) (*pl* housewives)

amontonar *v.* ⇒to heap up *inform;* ⇒to pile up: *amontonar los periódicos viejos* - to pile up the old newspapers

amor *s.m.* **1** ⇒love **2 ~ propio** ⇒self-esteem ⇒self-respect **3 hacer el ~** ⇒to make love

amoratado, da *adj.* **1** ⇒purple **2** *(por el frío)* ⇒blue: *Cuando le rescataron estaba amoratado por las bajas temperaturas* - When they rescued him he was blue because of the low temperatures **3** *(con cardenales)* ⇒bruised ⇒black and blue **4** *(un ojo)* ⇒black

amordazar *v.* **1** *(a una persona)* ⇒to gag: *Los ladrones lo amordazaron* - The thieves gagged him **2** *(a un animal)* ⇒to muzzle

amorío *s.m.* ⇨affair
amoroso, sa *adj.* **1** *poesía amorosa* - love poetry **2** *(afectuoso)* ⇨loving: *una relación amorosa* - a loving relationship
amparar ▮ *v.* **1** ⇨to protect: *amparado por la ley* - protected by the law; ⇨to help: *¡Que Dios te ampare!* - God help you! ▮ **ampararse** *prnl.* **2** *(apoyarse)* ⇨to seek the protection [CONSTR. to seek the protection of sth/sb]: *Se amparó en sus amigos* - He sought the protection of his friends **3** *(protegerse)* ⇨to shelter [CONSTR. to shelter from sth]
amparo *s.m.* ⇨protection: *al amparo de la ley* - under the protection of the law
ampliación *s.f.* **1** *(de una fotografía)* ⇨enlargement **2** *(de un edificio)* ⇨enlargement: *Están trabajando en la ampliación de la antigua ala* - They are working on the enlargement of the old wing; ⇨extension **3** *(de un negocio)* ⇨expansion **4** *(de un plazo)* ⇨extension: *He conseguido una ampliación del plazo* - I've got an extension of the deadline **5** *(de una cantidad, de capital)* ⇨increase **6** *(de un territorio)* ⇨expansion
ampliar *v.* **1** *(en tamaño)* ⇨to extend: *Quieren ampliar el salón* - They want to extend the living room **2** *(en número)* ⇨to increase: *El consejo de administración decidió ampliar el capital de la empresa* - The Board decided to increase the capital of the company **3** *(una fotografía)* ⇨to enlarge: *He ampliado algunas fotos del viaje* - I've enlarged some pictures of the trip **4** *(un edificio)* ⇨to enlarge ⇨to extend **5** *(un negocio)* ⇨to expand: *Quieren ampliar la tienda* - They are trying to expand the shop **6** *(conocimientos)* ⇨to improve: *Deberías ampliar tu vocabulario* - You should improve your vocabulary; ⇨to broaden **7** *(un plazo)* ⇨to extend
amplificador *s.m.* ⇨amplifier
amplio, plia *adj.* **1** ⇨large ⇨wide: *Había una gran diferencia* - There was a wide difference **2** *(una casa, un coche)* ⇨spacious ⇨roomy **3** *(una prenda de vestir)* ⇨loose-fitting **4** *(un conocimiento, una experiencia)* ⇨extensive
ampolla *s.f.* **1** *(en la piel)* ⇨blister **2** *(medicina)* ⇨ampoule *UK;* ⇨ampule *US*
ampolleta *s.f.* AMÉR. ⇨bulb ⇨light bulb
amueblar *v.* **1** ⇨to furnish: *amueblar una habitación* - to furnish a room **2** *sin amueblar* - unfurnished
amuleto *s.m.* ⇨charm: *Este es mi amuleto de la suerte* - This is my good-luck charm; ⇨amulet
amurallado, da *adj.* ⇨walled
analfabeto, ta *adj./s.* ⇨illiterate *adj*
análisis *s.m.* **1** *(estudio de una cosa)* ⇨analysis (*pl* analyses): *Hicieron un análisis de la situación* - They made an analysis of the situation **2** *(examen clínico)* ⇨test: *análisis de sangre* - blood test
analizar *v.* ⇨to analyse *UK;* ⇨to analyze *US: analizar una situación* - to analyze a situation
anatomía *s.f.* ⇨anatomy
ancho, cha ▮ *adj.* **1** ⇨broad ⇨wide **2** *(ropa)* ⇨baggy ▮ **ancho** *s.m.* **3** ⇨breadth ⇨width: *Tiene dos metros de ancho* - It is two metres width **4 ancho de banda** *(en internet)* ⇨bandwidth **5 de ancho** ⇨wide: *La habitación tiene 5 metros de ancho* - The room is 5 metres wide
anchura *s.f.* ⇨breadth ⇨width
anciano, na ▮ *adj.* **1** ⇨elderly: *Cuidaron a los miembros ancianos de la familia* - They took care of the elderly members of the family; ⇨aged ▮ *s.* **2** *(sin especificar sexo)* ⇨senior citizen ⇨old person **3** *(hombre)* ⇨old man (*pl* old men) **4** *(mujer)* ⇨old woman (*pl* old women) **5** *(plural genérico): los ancianos* - the elderly
ancla *s.f.* ⇨anchor: *echar el ancla* - to drop anchor
anclar *v.* **1** ⇨to anchor **2** *estar anclado en el pasado* - to be rooted in the past
ándale *interj.* AMÉR. ⇨Come on!
andamio *s.m.* ⇨scaffold
andar ▮ *v.* **1** *(caminar)* ⇨to walk **2** *(estar, encontrarse)* ⇨to be: *¿Dónde andas?* - Where are you? **3** *(funcionar)* ⇨to work: *La nevera no anda muy bien* - The fridge doesn't work rather well **4 andarse por las ramas** *Dilo claro y no te andes por las ramas* - Explain it to me directly and stop beating around the bush ▮ **anda** *interj.* **5** *(sorpresa)* ⇨hey! *inform: ¡Anda, mira quién ha venido!* - Hey, look who has come! **6** *(insistencia)* ⇨come on! **7 ¡anda ya!** *col. (incredulidad)* ⇨come off it! *inform: ¡Anda ya! No me lo creo* - Oh, come off it! I don't believe it; ⇨get away! *inform*
andén *s.m.* **1** ⇨platform **2** AMÉR. ⇨pavement *UK;* ⇨sidewalk *US*
anécdota *s.f.* ⇨anecdote
anemia *s.f.* ⇨anaemia *UK;* ⇨anemia *US*
anestesia *s.f.* **1** *(insensibilización)* ⇨anaesthesia *UK;* ⇨anesthesia *US* **2** *(sustancia)* ⇨anaesthetic *UK;* ⇨anesthetic *US: Me pusieron anestesia local* - I had a local anaesthetic
anestesiar *v.* ⇨to anaesthetize ⇨to anaesthetise *UK: Me anestesiaron para que no sintiera ningún dolor* - I was anaesthetised so that I couldn't feel any pain; ⇨to give an anaesthetic
anexo ▮ *adj.* **1** ⇨attached: *archivos anexos* - attached files; ⇨enclosed ▮ *s.m.* **2** ⇨extension ⇨annexe *UK: Han construido un anexo para la*

biblioteca - They've built an annexe for the library; ⇒annex *US*

anfibio, bia ▮ *adj.* **1** *(un animal)* ⇒amphibious **2** *(un vehículo)* ⇒amphibious ▮ **anfibio** *s.m.* **3** ⇒amphibian

anfiteatro *s.m.* **1** ⇒amphitheatre *UK;* ⇒amphitheater *US* **2** *(en el cine, en el teatro)* ⇒circle

anfitrión, -a *s.* **1** *(sin especificar sexo)* ⇒host: *Has sido un perfecto anfitrión* - You've been a perfect host **2** *(mujer)* ⇒hostess (*pl* hostesses)

ángel *s.m.* **1** ⇒angel: *ángel de la guarda* - guardian angel **2 cabello de ~ 1** ⇒vermicelli **2** *(de calabaza)* ⇒sweet pumpkin filling

anguila *s.f.* ⇒eel

angula *s.f.* ⇒elver

ángulo *s.m.* **1** *(figura geométrica)* ⇒angle: *ángulo recto* - right angle **2** *(rincón)* ⇒corner **3** *(punto de vista)* ⇒angle

angustia *s.f.* ⇒anguish: *Sentía una gran angustia* - She was feeling a great anguish; ⇒distress ⇒angst

angustiado, da *adj.* **1** *(una mirada, un sentimiento)* ⇒anguished **2** *(una persona)* ⇒distressed ⇒distraught

angustiar *v.* ⇒to cause anguish ⇒to distress: *La tragedia los angustió* - The tragedy distressed them

anidar *v. (un ave)* ⇒to nest: *Las cigüeñas han anidado en la torre de la iglesia* - The storks have nested on the church tower

anilla *s.f.* ⇒ring ⇒tab

anillo *s.m.* ⇒ring

animado, da *adj.* **1** *(una persona)* ⇒cheerful: *Estaba animado después de la entrevista* - He was cheerful after the interview **2** *(un lugar, una situación)* ⇒lively **3** *(una conversación, una reunión)* ⇒animated ⇒buoyant

animador, -a ▮ *s.* **1** *(de una actividad)* ⇒entertainer ⇒entertainments leader ▮ **animadora** *s.f.* **2** ⇒cheerleader

animal ▮ *s.m.* **1** *(ser vivo)* ⇒animal ▮ *adj. / s.com.* **2** *desp. (poco inteligente)* ⇒stupid *offens adj: No seas tan animal* - Don't be so stupid **3** *desp. (maleducado, rudo)* ⇒brute *n;* ⇒animal *inform n: Te has comportado como un animal* - You have behaved like an animal ▪ Ver cuadro

animar ▮ *v.* **1** *(jalear)* ⇒to cheer ⇒to cheer on: *El público animó a su equipo* - The crowd cheered on its team **2** *(motivar, impulsar)* ⇒to urge [CONSTR. 1. to urge + that 2. to urge + to do sth]: *Mi profesor me animó a estudiar más* - My teacher urged me to study harder; ⇒to encourage [CONSTR. to encourage + to do sth] ▮ **animarse** *prnl.* **3** *(sentir alegría)* ⇒to cheer up: *Intenté animarla* - I tried to cheer her up; ⇒to take heart (from something) **4** *(tomar una decisión)* ⇒to decide [CONSTR. 1. to decide + (that) 2. to decide + to do sth 3. to decide + interrogativo]: *Me animé a comprar la casa* - I decided to buy the house

ánimo *s.m.* **1** *(estímulo, valor)* ⇒encouragement: *Solo necesitaba un poco de ánimo para tomar la decisión* - She just needed a bit of encouragement to take the decision; ⇒courage **2** *(aliento)* ⇒morale ⇒encouragement: *Estaba dando ánimo a los corredores* - She was giving encouragement to the runners **3 ¡ánimo!** ⇒cheer up!

aniversario *s.m.* **1** ⇒anniversary (*pl* anniversaries) **2** *(de muchos años)* ⇒jubilee

ano *s.m.* ⇒anus

anoche *adv.* ⇒last night: *Anoche vimos una buena película* - We saw a good film last night

anochecer ▮ *v.* **1** ⇒to get dark: *En invierno anochece antes que en verano* - In winter it gets dark earlier than in summer ▮ *s.m.* **2** ⇒dusk [U]; ⇒nightfall [U] **3** *Tiene que volver a casa antes del anochecer* - She has to go back home before dark **4** *Teme ir al bosque después del anochecer* - He fears to go into the forest after dark

anónimo, ma ▮ *adj.* **1** ⇒anonymous: *un escritor anónimo* - an anonymous writer ▮ **anónimo** *s.m.* **2** ⇒anonymous letter

anormal *adj.* ⇒abnormal

anotación *s.f.* **1** ⇒record **2** *(deporte)* ⇒score

anotar *v.* **1** ⇒to record: *Intentó anotar todo lo que decía* - He tried to record anything he said; ⇒to note down ⇒to write down **2** *(un texto)* ⇒to annotate **3** *(marcar un tanto)* ⇒to score

ansia *s.f.* ⇒longing: *ansia de aventuras* - longing for adventure; ⇒yearning ⇒itch (*pl* itches): *ansia de viajar* - itch to travel

ansiar *v.* ⇒to long for: *Ansía aventuras* - She longs for adventure; ⇒to yearn for

ansiedad *s.f.* **1** ⇒anxiety: *Me voy dentro de dos horas, de ahí mi ansiedad para acabar de hacer las maletas* - I am leaving in two hours, hence my anxiety to finish packing **2** *(problema médico)* ⇒anxiety

ansioso, sa *adj.* **1** *(con ansiedad)* ⇒anxious **2** *(con ganas)* ⇒keen [CONSTR. keen + to do sth]: *Está ansiosa por verte* - She's very keen to see you

ante ▮ *s.m.* **1** ⇒suede: *una cazadora de ante* - a suede jacket; ⇒buckskin ▮ *prep.* **2** ⇒before: *ante los tribunales* - before the court **3** *ante el peligro* - faced with danger

anteanoche *adv.* ⇒the night before last

anteayer *adv.* ⇒the day before yesterday

antebrazo *s.m.* ⇒forearm

voces de animales

A DOG BARKS
(Un perro ladra)

CAWS MOO IN THE FIELDS
(Las vacas mugen en los prados)

DUCKS QUACK IN THE LAKE
(Los patos graznan en el lago)

WOLFS HOWL AT THE MOON
(Los lobos aúllan a la luna)

A LION ROARS
(Un león ruge)

HORSES NEIGH IN THE STABLE
(Los caballos relinchan en el establo)

CATS PURR WHEN THEY ARE STROKED...
(Los gatos ronronean caundo se les acaricia...

AND MIAOW WHEN THEY WANT SOMETHING
... y maúllan cuando quieren algo)

A COCK CROWS AT DAWN
(Una gallina croa al amanacer)

SHEEPS BLEAT WHEN THEY'RE HUNGRY
(Las ovejas balan cuando tienen hambre)

antecedente *s.m.* **1** ⇒precedent: *los antecedentes de un caso* - the precedents for a case **2 antecedentes penales** ⇒criminal record *sing* **3 poner en antecedentes** ⇒to put in the picture

antecesor, -a *s.* **1** *(en una familia)* ⇒ancestor **2** *(en un trabajo)* ⇒predecessor

antelación *s.f. con antelación* - in advance

antemano (de ~) ⇒in advance ⇒beforehand

antena *s.f.* **1** *(de un aparato)* ⇒aerial UK; ⇒antenna US (*pl* antennas) **2** *(de un insecto)* ⇒antenna (*pl* antennae)

antepasado, da *s.* ⇒ancestor: *La casa pertenece a sus antepasados* - The house belongs to his ancestors

anterior *adj.* ⇒previous: *el día anterior* - the previous day; ⇒before ⇒former: *mi anterior trabajo* - my former job; ⇒preceding

antes *adv.* **1** ⇒before: *antes de la cena* - before dinner **2 ~ de** ⇒before [Nunca va seguido de un verbo en futuro]: *antes de las once* - before eleven **3 ~ que nada 1** *(lo primero en importancia)* ⇒above all **2** *(lo primero en una jerarquía)* ⇒first of all **3** *(lo más urgente)* ⇒as soon as possible **4** *(lo primero en una sucesión cronológica)* ⇒previous **5** *(lo primero en una enumeración)* ⇒first **4 lo ~ posible** ⇒as soon as possible

antibiótico *s.m.* ⇒antibiotic

anticipación *s.f.* **1** ⇒anticipation **2** *con anticipación* - in advance

anticipar ▮ *v.* **1** *(dinero)* ⇒to advance: *Les he anticipado 400 libras* - I've advanced them 400 pounds; ⇒to pay in advance: *Me anticiparon la paga* - They paid me in advance **2** *(una fecha, un acontecimiento)* ⇒to bring forward: *La profesora ha anticipado la fecha del examen* - The teacher has brought forward the date of the exam **3** *(una noticia)* ⇒to tell in advance: *Te anticipo que no voy a votar* - I'm telling you in advance that I won't vote **4** *(prever algo que no ha sucedido)* ⇒to foresee ▮ **anticiparse** *prnl.* **5** *(ocurrir antes)* ⇒to come early: *Este año el invierno se ha anticipado* - Winter has come early this year **6** *(a una persona)* ⇒to beat somebody to it: *Iba a responder yo, pero Lauren se anticipó* - I was going to answer, but Lauren beat me to it

anticipo *s.m.* **1** *(dinero)* ⇒advance **2** ⇒foretaste [CONSTR. 1. a foretaste of + interrogativo 2. a foretaste of sth]: *Esto es solo un anticipo de lo que oirás después* - This is just a foretaste of what you will hear afterwards

anticonceptivo, va ▮ *adj.* **1** ⇒contraceptive ▮ **anticonceptivo** *s.m.* **2** ⇒contraceptive

anticuado, da *adj.* **1** *(moda)* ⇒old-fashioned: *un traje anticuado* - an old-fashioned suit; ⇒out-of-date **2** *(técnica, tecnología)* ⇒antiquated ⇒outdated **3** *(inservibles en la actualidad)* ⇒outmoded: *técnicas de trabajo anticuadas* - outmoded working techniques

anticuario, ria ▮ *s.* **1** ⇒antique dealer ⇒antiquarian ▮ **anticuario** *s.m.* **2** *(tienda)* ⇒antique shop

antídoto *s.m.* **1** *(medicamento)* ⇒antidote **2** *(solución)* ⇒antidote [CONSTR. antidote to sth]: *La risa es un buen antídoto contra el estrés* - Laughing is a good antidote to stress

antifaz *s.m.* ⇒mask

antigüedad ▮ *s.f.* **1** *(tiempo pasado)* ⇒antiquity: *Esta planta se ha utilizado para fines médicos desde la antigüedad* - This plant has been used for medicinal purposes since antiquity **2** *(característica)* ⇒age: *tener una antigüedad de 200 años* - to have 200 years of age ▮ **antigüedades** *pl.* **3** *(objetos)* ⇒antiques

antiguo, gua *adj.* **1** *(de hace mucho tiempo)* ⇒ancient: *monumentos antiguos* - ancient monuments; ⇒antique: *un pendiente antiguo* - an antique earring; ⇒old **2** *(anterior)* ⇒former: *mis antiguos alumnos* - my former pupils **3** *(pasado de moda)* ⇒old-fashioned ⇒out of date

antipático, ca *adj.* ⇒unfriendly: *vecinos antipáticos* - unfriendly neighbours; ⇒nasty

antirrobo ▮ *adj.* **1** ⇒anti-theft: *un dispositivo antirrobo* - an anti-theft device ▮ *s.m.* **2** ⇒burglar alarm

antiséptico *s.m.* ⇒antiseptic

antojarse *v.prnl.* **1** *(desear)* ⇒to feel like [CONSTR. to feel like + doing sth]: *A las tres de la mañana se me antojó comer fresas* - At three in the morning I felt like eating strawberries; ⇒to fancy **2** *(creer posible)* ⇒to have a feeling: *Se me antoja que aquí hay gato encerrado* - I have a feeling there's sth fishy going on here

antojo *s.m.* **1** *(capricho)* ⇒whim **2** *(de embarazada)* ⇒craving: *Tengo antojo de chocolate* - I've got a craving for chocolate **3** *(mancha en la piel)* ⇒birthmark ⇒mole

antorcha *s.f.* ⇒torch (*pl* torches)

anual *adj.* ⇒annual: *un acontecimiento anual* - an annual event; ⇒yearly

anular ▮ *s.m.* **1** *(dedo)* ⇒ring finger ▮ *v.* **2** *(un compromiso, un evento)* ⇒to cancel: *Han anulado mi reserva* - They have cancelled my reservation; ⇒to call off **3** *(un gol, un punto)* ⇒to disallow **4** *(una ley)* ⇒to repeal ⇒to overturn **5** *(un matrimonio)* ⇒to annul *form*

anunciar ▮ *v.* **1** *(hacer público, proclamar)* ⇒to

announce [CONSTR. to announce + (that)]: *Anunciaron el resultado de la votación* - The announced the result of the voting; ⇨to herald **2** *(dar publicidad)* ⇨to advertise: *Van a empezar a anunciar nuestro nuevo producto* - They are beginning to advertise our new product; ⇨to publicize ⇨to publicise ▮ **anunciarse** *prnl.* **3** ⇨to advertise: *anunciarse en un periódico* - to advertise in a newspaper

anuncio *s.m.* **1** ⇨advertisement: *¿Has visto el nuevo anuncio de televisión de la empresa?* - Have you seen the television advertisement of the company?; ⇨advert *UK;* ⇨ad **2** *(declaración, proclamación)* ⇨announcement ⇨statement **3** *(en la televisión, en la radio)* ⇨commercial

anzuelo *s.m.* **1** ⇨fish hook **2 {picar/tragar} el ~** ⇨to swallow the bait

añadir *v.* ⇨to add [CONSTR. to add + that]

añicos *s.m.pl. hacerse añicos* - to shatter

año *s.m.* **1** ⇨year **2** *¿Cuántos años tienes?* - How old are you? **3** *Tengo ocho años* - I'm eight / I'm eight years old **4** *los años cincuenta* - the 50s **5 al ~** ⇨yearly **6 ~ bisiesto** ⇨leap year **7 ~ nuevo** ⇨New Year's Day **8 fin de ~** ⇨New Year's Eve **9 una vez al ~** ⇨once a year

añorar *v.* **1** ⇨to miss [CONSTR. to miss + doing sth]: *Añoro ir a la montaña en verano* - I miss going to the mountains on the summer time **2** *(el hogar)* ⇨to be homesick: *Añoro mi tierra cuando estoy fuera* - When I'm abroad I'm homesick

apaciguar *v.* ⇨to calm down: *apaciguar a la multitud* - to calm the crowd down; ⇨to placate *form: Traté de apaciguarlo* - I tried to placate him

apagado, da *adj.* **1** *(una luz, un fuego)* ⇨out **2** *(un aparato eléctrico)* ⇨off **3** *(una persona)* ⇨down ⇨sad ⇨listless: *Está un poco apagada desde la boda de su amiga* - She's been a little listless since her friend's wedding **4** *(la cara, los ojos)* ⇨lifeless: *una mirada apagada* - a lifeless gaze **5** *(un color)* ⇨dull

apagar ▮ *v.* **1** *(un fuego)* ⇨to extinguish ⇨to put out: *Apaga ese cigarro* - Put out that cigarette **2** *(una luz)* ⇨to turn off ⇨to put out *UK: Apaga las luces* - Put out the lights **3** *(una vela)* ⇨to blow out ⇨to snuff out **4** *(un aparato eléctrico)* ⇨to switch off ⇨to turn off: *Apaga la televisión* - Turn the television off ▮ **apagarse** *prnl.* **5** *(un fuego)* ⇨to go out **6** *(una luz, un aparato eléctrico)* ⇨to go off

apagón *s.m.* ⇨power cut *UK, AUS;* ⇨blackout

aparador *s.m.* ⇨sideboard

aparato *s.m.* **1** ⇨machine **2** *(de televisión, de radio)* ⇨a piece of equipment ⇨apparatus [U]; ⇨set: *Nuestro aparato de televisión se ha roto* - Our television set is broken **3** *(conjunto de órganos)* ⇨system: *el aparato digestivo* - the digestive system

aparcamiento *s.m.* **1** *(lugar)* ⇨car park *UK;* ⇨parking lot *US* **2** *(colocación de un vehículo)* ⇨parking

aparcar *v.* **1** *(un vehículo)* ⇨to park **2** *(un proyecto)* ⇨to shelve

aparecer ▮ *v.* **1** ⇨to appear ⇨to loom: *Negros nubarrones aparecieron en el horizonte* - Dark clouds loomed on the horizon **2** *(llegar, acudir)* ⇨to show up: *Apareció tarde* - He showed up late; ⇨to come in *inform* **3** *(de repente)* ⇨to pop up: *Un texto borroso apareció en la pantalla* - A blurred text popped up on the screen; ⇨to bob up **4** *(ser encontrado)* ⇨to turn up: *Los pendientes aparecieron en la cajita rosa* - The earrings turned up on the small pink box ▮ **aparecerse** *prnl.* **5** ⇨to haunt: *El fantasma solía aparecerse en esta habitación* - The ghost used to haunt on this room; ⇨to appear

aparejador, -a *s.* ⇨master builder *UK*

aparentar *v.* **1** *(dar a entender)* ⇨to pretend [CONSTR. 1. to pretend + to do sth 2. to pretend + (that)]: *Aparenta estar enfadado, pero no lo está* - He pretends to be cross, but he isn't **2** *(una edad)* ⇨to look: *Aparentas veinte años* - You look twenty **3** *(alardear)* ⇨to show off: *No me gusta aparentar delante de los demás* - I don't like showing off in front of other people

aparente *adj.* **1** *(que parece verdad)* ⇨apparent: *su aparente felicidad* - her apparent happiness **2** *(que está a la vista)* ⇨evident *form;* ⇨visible ⇨ostensible *form: un objetivo aparente* - an ostensible goal

aparición *s.f.* **1** ⇨appearance **2** *(de un fantasma)* ⇨apparition *lit*

apariencia *s.f.* **1** ⇨appearance ⇨look: *una apariencia rara* - a strange look **2 guardar las apariencias** ⇨to keep up appearances ⇨to save face

apartado, da ▮ *adj.* **1** *(lugar)* ⇨isolated: *un hotel apartado* - an isolated hotel ▮ **apartado** *s.m.* **2** ⇨section ⇨paragraph **3 apartado de correos** ⇨PO Box *UK* (*pl* PO Boxes); ⇨box number *US*

apartamento *s.m.* ⇨flat *UK: Me he comprado un apartamento en el centro de la ciudad* - I've bought a flat on the city centre; ⇨apartment *US*

apartar ▮ *v.* **1** *(colocar en otro sitio)* ⇨to separate [CONSTR. to separate from sth/sb]: *He apartado las fichas blancas de las negras* - I've separated the white counters from the black ones **2** *(reservar)*

⇒to put aside: *Apártame un trozo de tarta* - Put a piece of cake aside for me **3** *(retirar)* ⇒to move out of the way: *Aparté la silla* - I moved the chair out of the way; ⇒to take aside **4 ~ la vista** ⇒to look away ▌**apartarse** *prnl.* **5** ⇒to move aside: *Me aparté para dejarlo pasar* - I moved aside to let him through

aparte ▌*adj.* **1** ⇒separate: *Las habitaciones y los departamentos están en dos edificios aparte* - The rooms and the departments are in two separate buildings ▌*adv.* **2** ⇒apart **3 ~ de** ⇒apart from ⇒besides ⇒as well as

apasionante *adj.* ⇒exciting ⇒thrilling

apasionar ▌*v.* **1** ⇒to love [CONSTR. 1. to love + doing sth 2. to love + to do sth]: *La música me apasiona* - I love music ▌**apasionarse** *prnl.* **2** ⇒to get enthusiastic: *apasionarse con algo* - to get enthusiastic about sth; ⇒to be mad about

apear *v.* ⇒to get off: *Nos apeamos en la próxima parada* - We get off at the next stop

apedrear *v.* ⇒to throw stones

apego *s.m.* **1** ⇒affection: *sentir apego por algo* - to feel affection for sth **2** *tener mucho apego a algo* - to be very attached to sth

apelación *s.f.* **1** ⇒appeal: *una apelación al buen juicio de alguien* - an appeal to sb's better judgement **2** *(en derecho)* ⇒appeal

apelar *v.* **1** ⇒to appeal: *apelar a su sentido de la lealtad* - to appeal to his sense of loyalty **2** *(en derecho)* ⇒to appeal: *apelar contra la decisión de un tribunal* - to appeal against the decision of a court

apellido *s.m.* **1** ⇒family name: *Su apellido es Smith* - Her family name is Smith; ⇒surname ⇒last name **2 ~ de soltera** ⇒maiden name

apenar *v.* ⇒to make sad ⇒to upset: *apenarse por algo* - to be upset about sth

apenas *adv.* ⇒scarcely [CONSTR. Se sitúa detrás de los verbos auxiliares y modales: *He can scarcely speak two words of German - Apenas sabe hablar dos palabras de alemán*; y delante de los demás verbos *I scarcely know her - Apenas la conozco*]: *Apenas comes* - You scarcely eat; ⇒hardly: *Apenas tengo dinero* - I have hardly any money; ⇒barely: *Apenas te conozco* - I barely know you

apéndice *s.m.* **1** *(de un libro)* ⇒appendix (*pl* appendices, appendixes) **2** *(del cuerpo humano)* ⇒appendix (*pl* appendices, appendixes)

apendicitis *s.f.* ⇒appendicitis: *operar a alguien de apendicitis* - to operate on sb for appendicitis

aperitivo *s.m.* **1** *(comida)* ⇒snack: *Como sabíamos que íbamos a comer tarde, tomamos un aperitivo* - As we knew we were going to eat late we had a snack **2** *(bebida)* ⇒aperitif

apertura *s.f.* **1** *(acto o ceremonia)* ⇒opening **2** *(de una actividad)* ⇒beginning

apestar *v.* ⇒to stink [CONSTR. to stink of sth]: *Mi ropa apesta a tabaco* - My clothes stink of smoke

apetecer *v.* ⇒to appeal: *No me apetece* - It doesn't appeal to me; ⇒to fancy *UK inform* [CONSTR. to fancy + doing sth]: *¿Te apetece dar una vuelta?* - Do you fancy taking a stroll?; *Me apetece bailar esta noche* - I fancy dancing tonight; ⇒to feel like [CONSTR. to feel like + doing sth]: *¿Te apetece ir al cine?* - Do you feel like going to the cinema; ⇒to care for *UK form*: *¿Le apetece una taza de café?* - Would you care for a cup of coffee?

apetito *s.m.* ⇒appetite

apetitoso, sa *adj.* ⇒appetizing ⇒appetising *UK*

apiadarse *v.prnl.* ⇒to pity: *apiadarse de alguien* - to pity sb

apicultura *s.f.* ⇒beekeeping

apilar *v.* ⇒to pile up: *apilar los libros en un rincón* - to pile up books in a corner; ⇒to stack

apio *s.m.* ⇒celery [U]

apisonadora *s.f.* ⇒steamroller

aplastante *adj.* ⇒crushing: *una derrota aplastante* - a crushing defeat

aplastar *v.* **1** *(destrozar)* ⇒to crush **2** *(espachurrar)* ⇒to flatten ⇒to squash: *Se sentó por accidente en el sombrero y lo aplastó* - He accidentally sat on her hat and squashed it **3** *(ganar)* ⇒to overwhelm: *aplastar a los rebeldes* - to overwhelm the rebels; ⇒to rout *form*

aplaudir *v.* ⇒to applaud ⇒to clap

aplauso *s.m.* ⇒applause [U]: *un gran aplauso* - a big round of applause

aplazar *v.* ⇒to postpone [CONSTR. to postpone + doing sth]; ⇒to put back [CONSTR. to put back + doing sth]: *Me temo que tendré que aplazar las vacaciones una semana* - I'm afraid I will have to put back my holidays a week

aplicación *s.f.* **1** *(de una crema)* ⇒application: *la aplicación de una pomada* - the application of an ointment **2** *(de un conocimiento)* ⇒application: *la aplicación de la informática en la educación* - the application of computing in education **3** *(al hacer algo)* ⇒application: *estudiar con aplicación* - to study with application **4** *(de una ley)* ⇒enforcement ⇒implementation

aplicado, da *adj.* **1** *(trabajador)* ⇒hardworking **2** *(estudioso)* ⇒studious **3** *(una ciencia)* ⇒applied

aplicar ▌*v.* **1** *(una crema)* ⇒to apply ⇒to dab **2** *(un conocimiento)* ⇒to apply: *aplicar la tecnología a problemas prácticos* - to apply technology to practical problems **3** *(un castigo)* ⇒to administer *form* ▌**aplicarse** *prnl.* **4** ⇒to apply oneself: *Si quieres aprobar deberías aplicarte* - You should apply yourself if you want to pass the exam

apoderar ▌*v.* **1** ⇒to empower ⇒to authorize ▌**apoderarse** *prnl.* **2** ⇒to take possession: *Se apoderaron de mi coche* - They took possession of my car; ⇒to seize

apodo *s.m.* ⇒nickname

aporrear *v.* ⇒to bang [CONSTR. to bang on sth]: *No hay razón para aporrear la puerta* - There's no reason for banging on the door

aportación *s.f.* ⇒contribution: *Tuvimos que hacer una aportación para el regalo* - We had to make a contribution for the present

aportar *v.* **1** ⇒to contribute: *aportar dinero a una organización* - to contribute money to an organization; ⇒to bring **2** *(pruebas)* ⇒to provide *form*

aposta *adv.* ⇒deliberately ⇒on purpose: *Lo hizo aposta* - She did it on purpose

apostar *v.* **1** *(hacer apuestas)* ⇒to bet [CONSTR. 1. to bet on sth 2. to bet + dos objetos + (that)] **2** *(hacer suposiciones)* ⇒to bet *inform* [CONSTR. to bet + (that)]: *Apuesto a que te perderás si vas sin un mapa* - I bet you'll get lost if you go without a map

apóstol *s.m.* **1** *(de Jesucristo)* ⇒apostle **2** *(de una idea)* ⇒apostle: *apóstoles de la no violencia* - apostles of non-violence

apóstrofo *s.m.* ⇒apostrophe

apoyar *v.* **1** *(una cosa sobre otra)* ⇒to lean: *apoyar una bicicleta contra la pared* - to lean a bicycle against the wall; ⇒to rest **2** *(respaldar)* ⇒to stand by ⇒to support *UK: Apoyé a mi equipo* - I supported my team; ⇒to back up: *Te apoyaré* - I'll back you up

apoyo *s.m.* **1** ⇒support: *Gracias por tu apoyo* - Thank you for your support; ⇒backing **2** *(financiero)* ⇒help ⇒support

apreciar *v.* **1** *(valorar una cosa)* ⇒to appreciate: *Aprecio tu esfuerzo* - I appreciate your effort; ⇒to value **2** *(tener cariño)* ⇒to be fond of: *Creo que Cindy aprecia mucho a Rick* - I think Cindy is very fond of Rick **3** *(fijarse en algo)* ⇒to see ⇒to notice

aprecio *s.m.* **1** ⇒regard **2** *sentir aprecio por alguien* - to be fond of sb

aprender *v.* **1** *(un conocimiento)* ⇒to learn [CONSTR. 1. to learn + to do sth 2. to learn + interrogativo] **2** *(fijar en la memoria)* ⇒to memorize ⇒to memorise *UK: fácil de aprender* - easy to memorise

aprendiz, -a *s.* **1** *(de un oficio)* ⇒apprentice: *un aprendiz de electricista* - an apprentice electrician **2** *(en una actividad)* ⇒beginner ⇒learner: *aprendiz de conductor* - learner driver

aprendizaje *s.m.* **1** *(de un oficio)* ⇒apprenticeship **2** *(de una actividad)* ⇒learning [U]

apresar *v.* ⇒to capture ⇒to seize

apresurar ▌*v.* **1** ⇒to hurry: *Venga, apresúrate* - Come on, hurry!; ⇒to speed up ⇒to hasten ▌**apresurarse** *prnl.* **2** ⇒to hurry up ⇒to hasten: *apresurarse a hacer algo* - to hasten to do sth

apretado, da *adj.* **1** *(ceñido, ajustado)* ⇒tight **2** *(con mucha actividad)* ⇒busy: *un día apretado* - a busy day

apretar ▌*v.* **1** ⇒to tighten ⇒to squeeze **2** *(con fuerza)* ⇒to clutch: *Apretó la mano de su madre* - She clutched her mother's hand **3** *(un botón)* ⇒to press ⇒to push **4** *(el calor)* ⇒to get worse ▌**apretarse** *prnl.* **5** *(en un espacio reducido)* ⇒to squeeze up

apretón *s.m.* **1** *(presión sobre una cosa)* ⇒squeeze ⇒grip **2** **~ de manos** ⇒handshake

apretujar ▌*v.* **1** *col.* ⇒to crush ▌**apretujarse** *prnl.* **2** *col.* ⇒to squash together: *Nos apretujamos en el coche* - We squashed together in the car

aprieto *s.m.* ⇒jam: *estar en un aprieto* - to be in a jam; ⇒fix (*pl* fixes); ⇒difficulty

aprisa *adv.* ⇒quickly: *Vinieron aprisa, en cuanto se enteraron* - They came quickly, as soon as they heard; ⇒hurriedly

aprobación *s.f.* ⇒approval: *recibir la aprobación* - to receive approval; ⇒acceptance

aprobado, da ▌*adj.* **1** ⇒approved **2** *(en un examen)* ⇒passed ▌**aprobado** *s.m.* **3** ⇒pass (*pl* passes)

aprobar *v.* **1** *(un plan, un proyecto)* ⇒to approve ⇒to endorse *form* **2** *(dar por bueno)* ⇒to approve: *Aprobaron la venta de la propiedad* - They approved the sale of the property; ⇒to accept **3** *(un examen)* ⇒to pass ⇒to get through

apropiado, da *adj.* ⇒appropriate: *No fue un comentario muy apropiado* - That wasn't an appropriate comment; ⇒suitable: *Creo que este vestido será apropiado para la ceremonia* - I think this dress will be appropriate for the ceremony; ⇒adequate

apropiarse *v.prnl.* ⇒to appropriate *form: Se han apropiado del dinero* - They have appropriated the money; ⇒to poach

aprovechar ▌*v.* **1** *(emplear útilmente)* ⇒to make use of: *¿Quién puede aprovecharlas?* - Who can make use of them? **2** *(ser beneficioso)* ⇒to be of benefit [CONSTR. to be of benefit to sb] **3** *(sacar provecho)* ⇒to take advantage: *Se aprovecharon de la situación* - They took advantage of the situation **4** *(sacar el máximo rendimiento)* ⇒to make the most: *aprovechar el tiempo libre* - to make the most of one's free time **5** **¡que aproveche!**

⇨enjoy your meal! ▌**aprovecharse** *prnl.* **6** *(sacar provecho)* ⇨to take advantage: *No te aproveches de la situación* - Don't take advantage of the situation **7** *(de una persona)* ⇨to exploit ⇨to take advantage

aproximado, da *adj.* Véase **aproximativo, va**

aproximar ▌*v.* **1** ⇨to move closer: *Aproxima la silla a la mesa* - Move the chair closer to the table ▌**aproximarse** *prnl.* **2** ⇨to approach: *Los vi aproximarse* - I saw them approaching

aproximativo, va *adj.* ⇨approximate ⇨rough: *un cálculo aproximativo* - a rough estimate

aptitud *s.f.* ⇨aptitude ⇨gift: *Tiene aptitud para estar con niños* - She has a gift for kids

apto, ta *adj.* ⇨suitable ⇨apt

apuesta *s.f.* ⇨bet: *Hagamos una apuesta sobre el resultado de la final de la Copa* - Let's bet on the result of the Cup final; ⇨wager: *hacer una apuesta* - to lay a wager

apuntar ▌*v.* **1** *(con un arma)* ⇨to point ⇨to aim: *apuntar al blanco* - to aim at the target **2** *(tomar nota)* ⇨to write down ⇨to note down: *Apunté tu número de teléfono* - I noted your phone number down; ⇨to jot down **3** *(inscribir)* ⇨to put *one's* name down: *Apúntame en la lista* - Put me down on the list ▌**apuntarse** *prnl.* **4** *(inscribirse)* ⇨to enrol UK: *Me apunté a un curso de cocina* - I enrolled on a cooking course; ⇨to enroll US **5** *(un logro)* ⇨to chalk up: *La victoria de hoy es la quinta que se apunta el equipo este año* - Today's victory is the fifth that the team has chalked up this year; ⇨to score **6** **¡me apunto!** ⇨count me in!

apunte ▌*s.m.* **1** *(para recordar algo)* ⇨note ▌**apuntes** *pl.* **2** *(de clase)* ⇨notes: *tomar apuntes* - to take notes

apuñalar *v.* ⇨to stab

apurar ▌*v.* **1** *(acabar)* ⇨to finish off: *Apuró toda el agua* - She finished off all the water ▌**apurarse** *prnl.* **2** *(preocuparse)* ⇨to worry **3** AMÉR. *(darse prisa)* ⇨to hurry up ⇨to dash

apuro *s.m.* **1** *(problema)* ⇨fix (*pl* fixes); ⇨predicament **2** *(vergüenza, bochorno)* ⇨embarrassment: *Nunca he pasado un apuro así* - I've never gone through such an embarrassment **3** *dar apuro* - to feel embarrassed **4** *pasar apuros* - to struggle **5** *verse en apuros* - to be in trouble **6** AMÉR. *(prisa)* ⇨haste ⇨rush

aquel, aquella *demos.* ⇨that (*pl* those): *Aquel señor y aquella señora son mis padres* - That man and that woman are my parents; *Aquel es mi hermano y aquella, mi tía* - That is my brother and that is my aunt ■ Ver cuadro demonstratives

aquello *pron.demos.* ⇨that: *No me gustó aquello* - I didn't like that ■ Ver cuadro demonstratives

aquellos, llas *demos.pl.* ⇨those: *Aquellos vestidos y aquellas faldas eran muy elegantes* - Those dresses and those skirts were very elegant; *Aquellos son mis libros* - Those are my books ■ Ver cuadro demonstratives

aquí *adv.* **1** *(lugar)* ⇨here: *aquí dentro* - in here; *aquí arriba* - up here **2** *(en casa, en el trabajo)* ⇨in: *Mi madre no está aquí* - My mother is not in **3** **~ y allá** ⇨here and there **4** **de ~ en adelante** ⇨from now on

árabe ▌*adj.* **1** ⇨Arab ⇨Arabic ▌*s.com.* **2** ⇨Arab ▌*s.m.* **3** *(idioma)* ⇨Arabic

Arabia Saudí *s.f.* ⇨Saudi Arabia

Arabia Saudita *adj./s.* Véase **Arabia Saudí**

arado *s.m.* ⇨plough UK; ⇨plow US

arandela *s.f.* ⇨washer ⇨metal ring

araña *s.f.* **1** ⇨spider **2** *tela de araña* - spider's web

arañar *v.* **1** *(con una uña)* ⇨to scratch: *El gato me arañó* - The cat scratched me **2** *(con algo punzante)* ⇨to graze: *Me arañé la pierna con la valla* - I grazed my knee on the fence

arañazo *s.m.* ⇨scratch (*pl* scratches)

arar *v.* ⇨to plough UK; ⇨to plow US

árbitro, tra *s.* **1** *(de fútbol, de baloncesto, de boxeo)* ⇨referee **2** *(de tenis, de cricket, de béisbol)* ⇨umpire **3** *(mediador)* ⇨mediator ⇨arbitrator

árbol *s.m.* **1** ⇨tree: *árbol de Navidad* - Christmas tree **2** **~ genealógico** ⇨family tree

arboleda *s.f.* ⇨grove

arbusto *s.m.* ⇨bush (*pl* bushes); ⇨shrub: *Estaba escondido detrás del arbusto* - He was hiding behind the shrub

arcada *s.f.* **1** *(de un edificio)* ⇨arcade ⇨arches *pl: la vieja arcada de la iglesia* - the old arches of the church **2** *(en el estómago): Me están dando arcadas* - I'm retching

arcén *s.m.* **1** *(en una autopista)* ⇨hard shoulder UK; ⇨shoulder US **2** *(en una carretera)* ⇨roadside ⇨verge UK; ⇨shoulder US

archivador *s.m.* **1** *(mueble)* ⇨filing cabinet UK **2** *(carpeta)* ⇨file ⇨folder

archivar *v.* **1** ⇨to file **2** *(en informática)* ⇨to store

archivo *s.m.* **1** *(lugar)* ⇨archive **2** *(documento)* ⇨file

arcilla *s.f.* ⇨clay

arco *s.m.* **1** *(arma)* ⇨bow **2** *(de un instrumento musical)* ⇨arco **3** *(forma)* ⇨arc **4** *(en un edificio)*

⇒arch (*pl* arches) **5** *AMÉR.* *(en deportes)* ⇒goal **6 ~ iris** ⇒rainbow **7 tiro con ~** ⇒archery

arcón *s.m.* ⇒large chest

arder *v.* **1** *(quemarse)* ⇒to burn ⇒to be on fire ⇒to catch fire **2** *(desprender calor)* ⇒to be boiling hot: *El café está ardiendo* - The coffee is boiling hot **3** *Está que arde* - She's furious

ardiente *adj.* **1** *(que quema)* ⇒burning **2** *(muy vivo)* ⇒ardent: *un ardiente seguidor de un equipo* - an ardent supporter of a team

ardilla *s.f.* ⇒squirrel

ardor *s.m.* **1** *(energía)* ⇒ardour *UK;* ⇒ardor *US* **2** *hacer algo con ardor* - to do sth ardently **3** *(calor fuerte)* ⇒heat: *el ardor de agosto* - the heat of August **4** *(sensación de calor): ardor de estómago* - heartburn

área *s.f.* **1** *(zona)* ⇒area: *un área industrial* - an industrial area **2** *(medida de superficie)* ⇒area **3** *(en algunos deportes)* ⇒penalty area **4 ~ de servicio** ⇒service area

arena *s.f.* **1** ⇒sand: *un grano de arena* - a grain of sand; ⇒grit: *Me ha entrado arena en el ojo* - I have a bit of grit in my eye **2 arenas movedizas** ⇒quicksand

arenque *s.m.* **1** ⇒herring **2** *(ahumado)* ⇒kipper *UK*

Argelia *s.f.* ⇒Algeria

argelino, na *adj. / s.* ⇒Algerian

Argentina *s.f.* ⇒Argentina

argentino, na *adj. / s.* ⇒Argentinian

argolla *s.f.* *AMÉR.* ⇒ring ⇒wedding ring

argot *s.m.* **1** *(lenguaje informal)* ⇒slang **2** *(lenguaje profesional)* ⇒jargon: *el argot de la policía* - the jargon of the policemen

argumento *s.m.* **1** *(razonamiento)* ⇒argument ⇒reasoning **2** *(de un libro, una película)* ⇒plot

árido, da *adj.* **1** *(un terreno)* ⇒arid **2** *(una actividad)* ⇒arid: *Ese es un tema muy árido del que hablar* - That's a quite arid topic to discuss about; ⇒dry

aries *adj. / s.com.* ⇒Aries *n*

arisco, ca *adj.* ⇒unfriendly: *Me pregunto por qué está hoy tan arisco* - I wonder why he is so unfriendly today; ⇒surly ⇒prickly *inform*

arista *s.f.* ⇒edge

aristocracia *s.f.* ⇒aristocracy (*pl* aristocracies)

aristócrata *s.com.* ⇒aristocrat ⇒noble

aritmética *s.f.* ⇒arithmetic

arma *s.f.* **1** ⇒weapon: *el arma homicida* - the murder weapon **2 ~ blanca** ⇒knife (*pl* knives) **3 ~ de doble filo** ⇒doubled-edged weapon **4 ~ de fuego** ⇒gun ⇒firearm *form*

armada *s.f.* **1** ⇒armada **2** *La Armada* - The Navy

armado, da *adj.* **1** *(una persona)* ⇒armed **2** *(un mecanismo)* ⇒assembled: *Ya está armado el cortacésped* - The lawnmower is already assembled

armadura *s.f.* ⇒armour *UK;* ⇒armor *US*

armamento *s.m.* ⇒weaponry: *armamento nuclear* - nuclear weaponry; ⇒armaments *pl;* ⇒hardware

armar *v.* **1** *(montar)* ⇒to assemble: *armar un mueble* - to assemble a piece of furniture **2** *(dar armas)* ⇒to arm **3 armarse de paciencia** ⇒to be patient **4 armarse de valor** ⇒to gather (up) courage **5 armarse un lío** ⇒to get confused

armario *s.m.* **1** ⇒cupboard **2** *(para ropa)* ⇒wardrobe ⇒closet *US* **3** *(vitrina)* ⇒cabinet **4 ~ empotrado** ⇒built-in closet

Armenia *s.f.* ⇒Armenia

armenio, nia ▮ *adj. / s.* **1** ⇒Armenian ▮ **armenio** *s.m.* **2** *(idioma)* ⇒Armenian

armonía *s.f.* **1** *(proporción)* ⇒harmony **2** *(en música)* ⇒harmony **3 en ~** ⇒in armony with

armónica *s.f.* ⇒harmonica ⇒mouth organ

aro *s.m.* **1** ⇒ring **2** *(para jugar)* ⇒hoop **3** *AMÉR.* ⇒earring

aroma *s.m.* **1** ⇒smell **2** *(de un perfume)* ⇒scent **3** *(de una comida, de una bebida)* ⇒aroma: *el aroma del café* - the aroma of coffee

aromático, ca *adj.* ⇒aromatic

arpa *s.f.* ⇒harp

arqueología *s.f.* ⇒archaeology *UK;* ⇒archeology *US*

arqueólogo, ga *s.* ⇒archaeologist *UK;* ⇒archeologist *US*

arquero, ra *s.* **1** ⇒archer **2** *AMÉR.* ⇒goalkeeper ⇒goalie *inform*

arquitecto, ta *s.* ⇒architect

arquitectura *s.f.* ⇒architecture

arraigar *v.* **1** *(echar raíces)* ⇒to take root: *El peral ha arraigado muy bien* - The pear tree has taken root very well **2** *(consolidarse)* ⇒to take root: *Se necesitó tiempo para que la democracia arraigara* - Time was needed for democracy to take root

arrancar *v.* **1** *(una máquina, un vehículo)* ⇒to start **2** *(extraer, sacar)* ⇒to pull out ⇒to tear out: *Ha arrancado algunas páginas de este libro* - She has torn some pages out of this book **3** *(arrebatar)* ⇒to snatch: *Me lo arrancaron de las manos* - They snatched it from my hands; ⇒pull off **4** *(una planta)* ⇒to pull up

arrasar *v.* **1** *(destruir)* ⇒to destroy ⇒to devastate: *Un incendio arrasó el castillo* - A fire devastated the castle; ⇒to raze **2** *col.* *(en deporte)* ⇒to win hands down: *El equipo local arrasó en* *el partido* - The local team won the match hands down **3** *col. (copar todos los premios)* ⇒to sweep the board: *Los rusos arrasaron en los juegos olímpicos* - The Russians swept the board at the Olympics **4** *col. (una canción)* ⇒to be a big hit: *Esta canción arrasó en Europa* - This song was a big hit in Europe **5** *col. (un cantante)* ⇒to have great success: *Este chico está arrasando en España* - This boy is having great success in Spain

arrastrar ▌*v.* **1** *(por el suelo)* ⇒to drag: *No arrastres los pies* - Don't drag your feet!; ⇒to heave: *Arrastró la caja hacia la habitación* - She heaved the box into the room; ⇒to trail ⇒to drag along: *El niño arrastraba su osito de peluche* - The boy was dragging along his teddy ▌**arrastrarse** *prnl.* **2** *(por el suelo)* ⇒to creep ⇒to crawl ⇒to drag oneself: *Los soldados se arrastraron hasta las trincheras* - The soldiers dragged themselves to the trenches **3** *(humillarse)* ⇒to grovel

arrebatar ▌*v.* **1** *(quitar con violencia)* ⇒to snatch ⇒to grab ⇒to wrest ▌**arrebatarse** *prnl.* **2** *(enfurecerse)* ⇒to get worked up: *Cada vez que le hablas de eso, se arrebata* - Every time you talk about that, he gets worked up

arrecife *s.m.* ⇒reef

arreglado, da *adj.* **1** *(una persona)* ⇒smart ⇒dressed up: *Estaba muy arreglado para la boda* - He was all dressed up for the wedding **2** *(un lugar)* ⇒tidy **3** *(un problema)* ⇒sorted ⇒sorted out

arreglar ▌*v.* **1** *(algo estropeado)* ⇒to fix ⇒to mend ⇒to repair: *Me han arreglado la nevera* - I have had my fridge repaired **2** *(organizar, solucionar)* ⇒to sort out **3** *(reformar)* ⇒to do up **4** *(ordenar)* ⇒to tidy UK **5** *(una composición musical)* ⇒to arrange ▌**arreglarse** *prnl.* **6** *(asearse, acicalarse)* ⇒to get ready **7** *(mejorar)* ⇒to get better ⇒to improve **8 arreglárselas** ⇒to manage [CONSTR. to manage + to do sth]; ⇒to get by: *Nunca me las hubiera arreglado sin mis amigos* - I'd have never got by without my friends

arreglo *s.m.* **1** *(reparación)* ⇒repair **2** *(solución)* ⇒solution: *un arreglo temporal* - a temporary solution **3** *(acuerdo)* ⇒agreement ⇒arrangement: *Llegamos a un arreglo entre ambas partes* - We reached an arrangement between both parties **4** *(adaptación musical)* ⇒arrangement **5** *Esto no tiene arreglo* - There's nothing we can do about this **6** *Esta chica no tiene arreglo* - This girl is a hopeless case

arrendar *v.* **1** AMÉR. *(una casa, un local)* ⇒to rent US: *Arrendé un apartamento en el centro* - I rented out an apartment in the city centre; ⇒to hire UK **2** *(un terreno, una finca)* ⇒to lease [CONSTR. to lease + dos objetos]: *He arrendado la casa de campo a unos amigos* - I have leased my country estate to some friends

arrepentido, da *adj.* **1** ⇒sorry: *Estoy arrepentida* - I feel sorry; ⇒repentant **2** *un delincuente arrepentido* - a reformed criminal

arrepentimiento *s.m.* ⇒regret ⇒repentance *form: un sentimiento de arrepentimiento* - a feeling of repentance

arrepentirse *v.prnl.* **1** *(lamentar)* ⇒to regret [CONSTR. 1. to regret + (that) 2. to regret + doing sth]: *¿Te arrepientes de lo que has hecho?* - Do you regret doing that?; ⇒to be sorry ⇒to repent *form: arrepentirse de sus pecados* - to repent of one's sins **2** *(cambiar de opinión)* ⇒to change one's mind: *Si te arrepientes...* - If you change your mind...

arrestar *v.* ⇒to arrest

arriba *adv.* **1** ⇒up [Frecuentemente en español, su significado está implícito en el verbo: *Go up the street until you get to the garage - Sube la calle hasta que llegues a la gasolinera*]; ⇒above: *Los gritos vienen de arriba* - The shouts are coming from above **2** *(en un edificio)* ⇒upstairs **3** *la parte de arriba de algo* - the top of sth **4 ~ del todo** ⇒at the very top **5 de ~ abajo** ⇒from top to bottom ⇒up and down **6 hasta ~** *col. (lleno)* ⇒packed out *inform*

arriesgado, da *adj.* **1** ⇒risky ⇒dangerous: *un paso arriesgado* - a dangerous step **2** *(persona)* ⇒daring

arriesgar ▌*v.* **1** ⇒to hazard ⇒to risk: *Tendré que arriesgarme* - I'll just have to risk it ▌**arriesgarse** *prnl.* **2** ⇒to risk [CONSTR. to risk + doing sth]: *Te arriesgas a perderlo todo* - You risk losing everything; ⇒to take risks ⇒to take a chance

arrimar ▌*v.* **1** ⇒to move closer: *¿Podrías arrimar la pantalla?* - Could you please move the screen closer?; ⇒to bring closer ⇒to draw up: *arrimar una silla a la mesa* - to draw up to the table ▌**arrimarse** *prnl.* **2** ⇒to come near ⇒to go near: *No te arrimes al fuego* - Don't go near the fire

arrinconar *v.* **1** *(poner en un rincón)* ⇒to put in a corner: *arrinconar los trastos* - to put junk in a corner; ⇒to dump **2** *(dejar de lado)* ⇒to push into the background **3** *(acorralar)* ⇒to corner: *arrinconar a un ladrón* - to corner a thief

arrodillar *v.* ⇒to kneel ⇒to kneel down: *Me arrodillé para rezar* - I knelt down to pray

arrogante *adj.* ⇒arrogant

arrojar ▌*v.* **1** *(lanzar)* ⇒to throw **2** *(dejar caer)* ⇒to fling: *Arrojó su libro sobre la mesa* - He flung his book down on the table ▌ **arrojarse** *prnl.* **3** ⇨to throw oneself

arrollar *v.* **1** *(atropellar)* ⇨to run over: *arrollar a un ciclista* - to run a cyclist over **2** *(vencer)* ⇨to overwhelm: *arrollar al enemigo* - to overwhelm the enemy

arropar *v.* **1** *(con ropa)* ⇨to wrap up: *arropar a un niño* - to wrap a child up **2** *(proteger)* ⇨to protect: *Sus compañeros lo arroparon cuando tuvo problemas* - His friends protected him when he had problems

arroyo *s.m.* **1** *(riachuelo)* ⇨stream ⇨brook **2** *(situación humilde)* ⇨gutter: *salir del arroyo* - to climb out of the gutter

arroz *s.m.* **1** ⇨rice: *arroz blanco* - boiled rice; *arroz integral* - brown rice **2** ~ **con leche** ⇨rice pudding

arruga *s.f.* **1** *(en la piel)* ⇨wrinkle **2** *(en la frente)* ⇨line **3** *(en la ropa)* ⇨crease

arrugar ▌ *v.* **1** *(la piel, la ropa)* ⇨to wrinkle: *arrugar la frente* - to wrinkle one's forehead **2** *(la ropa, el papel)* ⇨to crease: *arrugar un vestido* - to crease a dress ▌ **arrugarse** *prnl.* **3** *(la piel)* ⇨to get wrinkled: *Después del baño se me arrugaron las manos* - After the bath, my hands got wrinkled **4** *(la ropa, el papel)* ⇨to crease ⇨to get creased: *Esta falda se arruga fácilmente* - This skirt gets creased very easily

arruinado, da *adj.* ⇨ruined: *Estoy arruinado después de haberme comprado el coche* - I'm ruined after buying the car

arruinar ▌ *v.* **1** *(económicamente)* ⇨to bankrupt **2** *(estropear)* ⇨to ruin ▌ **arruinarse** *prnl.* **3** *(económicamente)* ⇨to go into ruin ⇨to go bankrupt

arte *s.amb.* **1** *(disciplina)* ⇨art **2** *(habilidad)* ⇨skill: *Tiene arte para el baile* - She has skills for dancing **3** *(astucia)* ⇨trick **4** ~ **dramático** ⇨drama **5** **artes marciales** ⇨martial arts **6** **artes plásticas** ⇨virtual arts **7** **bellas artes** ⇨fine arts **8** **como por ~ de magia** ⇨as if by magic **9** **el séptimo ~** ⇨the cinema *UK;* ⇨the movies *US*

artefacto *s.m.* ⇨device: *¿Para qué es ese artefacto?* - What's that device for?; ⇨artefact *UK;* ⇨artifact *US*

artesanía *s.f.* **1** *(objetos)* ⇨handicrafts *pl;* ⇨craft **2** *(arte)* ⇨craftsmanship **3** **de ~** ⇨handmade

artesano, na *s.* **1** *(hombre)* ⇨craftsman (*pl* craftsmen) **2** *(mujer)* ⇨craftswoman (*pl* craftswomen) **3** *(en la Antigüedad)* ⇨artisan

ártico, ca *adj.* ⇨Arctic: *círculo polar ártico* - Arctic Circle

articulación *s.f.* **1** *(de los huesos)* ⇨joint **2** *(de un sonido)* ⇨articulation

artículo *s.m.* **1** *(en gramática)* ⇨article **2** *(en una publicación)* ⇨article: *un artículo sobre China* - an article on China; ⇨paper **3** *(en un diccionario)* ⇨entry ⇨article **4** *(producto, mercancía)* ⇨product ⇨item ⇨goods *pl* **5** ~ **determinado** *(en gramática)* ⇨definite article **6** ~ **indeterminado** *(en gramática)* ⇨indefinite article

artificial *adj.* ⇨artificial ⇨man-made: *fibras artificiales* - man-made fibres

artillería *s.f.* ⇨artillery

artista *s.com.* **1** *(del espectáculo)* ⇨performer ⇨artist: *un artista de jazz* - a jazz artist **2** *(del mundo del arte)* ⇨artist **3** ~ **de cine** **1** *(hombre)* ⇨film actor **2** *(mujer)* ⇨film actress (*pl* film actresses)

artístico, ca *adj.* ⇨artistic

arveja *s.f.* *AMÉR.* ⇨pea

arzobispo *s.m.* ⇨archbishop

as *s.m.* *(naipes, dados)* ⇨ace

asa *s.f.* ⇨handle

asado, da ▌ *adj.* **1** ⇨roast: *pollo asado* - roast chicken ▌ **asado** *s.m.* **2** ⇨roast ⇨joint *UK: un asado de ternera* - a joint of beef

asaltante *s.com.* **1** *(ladrón)* ⇨raider: *Los asaltantes escaparon con millones de libras* - The raiders escaped with millions of pounds; ⇨robber **2** *(agresor)* ⇨attacker ⇨assailant *form*

asaltar *v.* **1** *(a una persona)* ⇨to rob [CONSTR. to be robbed]: *Me asaltaron ayer* - I was robbed yesterday **2** *(una entidad)* ⇨to raid: *Asaltaron una oficina de correos por la noche* - The post office was raided late at night; ⇨to rob ⇨to hold up **3** *(atacar)* ⇨to attack ⇨to assault

asalto *s.m.* **1** *(a un lugar)* ⇨raid **2** *(a una persona)* ⇨attack [CONSTR. to attack on sb] **3** *(en boxeo)* ⇨round

asamblea *s.f.* **1** *(reunión)* ⇨meeting **2** *asamblea escolar* - assembly **3** *(cuerpo político)* ⇨assembly

asar ▌ *v.* **1** *(carne)* ⇨to roast **2** *(pan, patatas, pescado)* ⇨to bake **3** *(a la parrilla)* ⇨to grill ⇨to barbecue ▌ **asarse** *prnl.* **4** *(sentir mucho calor)* ⇨to roast

ascendente *adj.* **1** ⇨upwards ⇨upward *US* **2** *en orden ascendente* - in ascending order

ascender *v.* **1** *(subir)* ⇨to rise: *Las temperaturas han ascendido* - Temperatures have risen **2** *(escalar)* ⇨to climb ⇨to ascend *form* **3** *(lograr un ascenso)* ⇨to get promotion: *El Liverpool ascendió a primera división* - Liverpool got promotion to the first division; ⇨to promote [CONSTR. to be promoted to sth] **4** *(llegar a una cantidad)* ⇨to number

ascenso *s.m.* **1** *(de las temperaturas, de un precio)* ⇨rise **2** *(en un trabajo, en deportes)* ⇨pro-

A

motion: *El equipo logró el ascenso a la división de honor* - The team got the promotion to the top division **3** *(a una montaña)* ⇒ascent

ascensor *s.m.* ⇒lift *UK;* ⇒elevator *US*

asco *s.m.* **1** ⇒disgust: *Lo cogí con cara de asco y lo tiré* - I picked it up with an expression of disgust and threw it away **2 dar ~** ⇒to be revolting: *Me da asco* - It's revolting; ⇒to find disgusting ⇒to make *one's* sick **3 estar hecho un ~ 1** *col. (tener mal aspecto)* ⇒to be filthy ⇒to look awful **2** *col. (encontrarse mal)* ⇒to feel awful ⇒to feel low **4 ¡qué asco!** *col.* ⇒how revolting! ⇒what a pain! **5 ser un ~ 1** *(saber mal): Esta comida es un asco* - This meal is revolting **2**

aseado, da *adj.* **1** *(una persona)* ⇒clean **2** *(un lugar)* ⇒tidy ⇒neat

asegurar ▌*v.* **1** *(afirmar)* ⇒to assure **2** *(garantizar, prometer)* ⇒to assure [CONSTR. to assure + (that)]: *Le aseguró que estaría listo para mañana por la mañana* - He assured him that it would be ready for tomorrow morning; ⇒to guarantee [CONSTR. 1. to guarantee + (that) 2. to guarantee + to do sth 3. to guarantee + dos objetos] **3** *(hacer un seguro)* ⇒to insure [CONSTR. to insure sth against sth] ▌**asegurarse** *prnl.* **4** *(cerciorarse)* ⇒to make sure: *Asegúrate de que las luces están apagadas* - Make sure that the lights are off; ⇒to make certain ⇒to ensure [CONSTR. to ensure + (that)] **5** *(hacerse un seguro)* ⇒to insure oneself

asentamiento *s.m.* ⇒settlement: *un asentamiento romano* - a Roman settlement; ⇒site

asentimiento *s.m.* ⇒approval ⇒assent *form: Dio su asentimiento a la propuesta* - She gave her assent to the proposal; ⇒consent

asentir *v.* **1** ⇒to agree ⇒to assent *form* **2** *(con la cabeza)* ⇒to nod: *Cuando sugerí salir a dar un paseo, Helen asistió con entusiasmo* - When I suggested a walk, Helen nodded enthusiastically

aseo *s.m.* **1** *(habitación)* ⇒toilet *UK;* ⇒lavatory *UK form* (*pl* lavatories); ⇒loo *UK inform: Necesito ir al aseo* - I really need to go to the loo; ⇒john *US inform* **2** *(en un lugar público)* ⇒toilet *UK;* ⇒cloakroom *UK form, old-fash;* ⇒conveniences *form pl;* ⇒the gents' (para hombres) *UK;* ⇒the ladies' (para mujeres) *UK* **3** *(limpieza)* ⇒cleaning

asesinar *v.* **1** ⇒to murder: *El vicepresidente del club fue asesinado* - The vice-president of the club was murdered **2** *(a una persona importante)* ⇒to assassinate: *Asesinaron al Presidente* - The President was assassinated

asesinato *s.m.* **1** ⇒murder ⇒killing **2** *(de un personaje importante)* ⇒assassination **3** *un intento de asesinato* - an attempt on one's life

asesino, na ▌*adj.* **1** *col. una mirada asesina* - a killer look ▌*s.* **2** ⇒murderer ⇒killer **3** *(de un personaje famoso o importante)* ⇒assassin **1 2**

asesorar ▌*v.* **1** ⇒to advise *form* [CONSTR. 1. to advise + that 2. to advise + doing sth 3. to advise + to do sth 4. to advise + interrogativo] ▌**asesorarse** *prnl.* **2** ⇒to take advice ⇒to get advice

asfaltar *v.* ⇒to tarmac *UK: asfaltar una calle* - to tarmac a road; ⇒to asphalt *US*

asfalto *s.m.* ⇒Tarmac® *UK;* ⇒asphalt *US*

asfixia *s.f.* ⇒suffocation

asfixiar *v.* **1** *(agobiar)* ⇒to suffocate: *Este calor asfixia a cualquiera* - This heat suffocates anyone **2** *(ahogar)* ⇒to asphyxiate *form;* ⇒to smother: *Asfixiaron a la víctima* - The victim was smothered

así *adv.* **1** *(de esta manera, de esa manera)* ⇒like that ⇒like this: *Hazlo así* - Do it like this; ⇒in this way **2** *así de grande* - this big **3 así así** ⇒so-so **4 ~ que** ⇒so: *Así que mañana te vas de vacaciones* - So you are leaving on holidays tomorrow; ⇒thus *form;* ⇒therefore **5 ¡así se hace!** ⇒well done! **6 y ~ sucesivamente** ⇒and so {forth/on}

Asia *s.f.* ⇒Asia

asiático, ca *adj. / s.* ⇒Asian

asiduo, dua *adj.* ⇒regular: *Es un cliente asiduo* - He is a regular customer; ⇒frequent

asiento *s.m.* **1** ⇒seat **2** *tomar asiento* - to take a seat / to sit down

asignar *v.* ⇒to assign: *Mi jefe me asignó el nuevo proyecto* - My boss assigned the new project to me

asignatura *s.f.* **1** ⇒subject: *aprobar una asignatura* - to pass a subject **2 ~ pendiente 1** *(materia suspensa)* ⇒subject which one has to retake **2** *(asunto pendiente)* ⇒unresolved matter

asilo *s.m.* **1** *(lugar)* ⇒home **2** *(protección)* ⇒refuge ⇒shelter **3 ~ político** ⇒asylum ⇒political asylum

asimilar *v.* **1** *(comprender bien)* ⇒to assimilate: *asimilar una lección* - to assimilate a lesson **2** *(aprovechar un alimento)* ⇒to assimilate: *asimilar las vitaminas* - to assimilate vitamins **3** *(aceptar)* ⇒to assimilate: *asimilar una nueva situación* - to assimilate a new situation

asistencia *s.f.* **1** *(a un lugar)* ⇒attendance **2** *(ayuda, cooperación)* ⇒assistance *form*

asistenta *s.f.* ⇒cleaning lady

asistente ▌*adj.* **1** *(en un lugar)* ⇒present: *las personas asistentes a la conferencia* - the people present at the conference ▌*s.com.* **2** *(ayudante)* ⇒assistant **3 ~ social** ⇒social worker

asistir *v.* **1** *(ir a un lugar)* ⇒to attend [CONSTR. Se construye sin preposición]: *Asistió a la reunión* - She attended the meeting **2** *(ayudar)* ⇒to assist **3** *(atender, cuidar)* ⇒to attend: *Está siendo asistida por dos enfermeras* - She is being attended by two nurses

asno *s.m.* ⇒donkey ⇒ass *old-fash* (*pl* asses)

asociación *s.f.* **1** *(de personas)* ⇒association **2** *(de países)* ⇒union **3** *(de ideas)* ⇒association **4 ~ de consumidores** ⇒consumers' association **5 ~ de madres y padres de alumnos** ⇒parents' association **6 ~ de vecinos** ⇒residents' association

asociar ▌*v.* **1** *(relacionar)* ⇒to associate ▌**asociarse** *prnl.* **2** ⇒to form a partnership ⇒to become partners

asomar ▌*v.* **1** ⇒to put round: *Asomé la cabeza por la puerta* - I put my head round the door; ⇒to put out: *Asomé la cabeza por la ventana* - I put my head out of the window ▌**asomarse** *prnl.* **2** ⇒to lean out: *asomarse a la ventana* - to lean out of the window **3** *(salir)* ⇒to come out: *Se asomaron al balcón para echar un vistazo* - They came out onto the balcony for a look

asombrado, da *adj.* ⇒astonished: *Me quedé completamente asombrada cuando la vi* - I was utterly astonished when I saw her; ⇒surprised ⇒amazed

asombrar ▌*v.* **1** ⇒to astonish: *Asombró a todo el mundo* - He astonished everyone; ⇒to amaze ▌**asombrarse** *prnl.* **2** ⇒to be surprised

asombro *s.m.* ⇒astonishment: *Dio un grito de asombro* - She gasped in astonishment; ⇒amazement

asombroso, sa *adj.* ⇒astonishing: *Es asombroso lo que han estado haciendo* - It's astonishing what they've been up to; ⇒surprising ⇒amazing

aspa *s.f.* **1** *(de un ventilador)* ⇒blade **2** *(de un molino)* ⇒sail

aspecto *s.m.* **1** *(característica, rasgo)* ⇒aspect *form: Estos son aspectos que tenemos que considerar* - These are aspects that we must consider **2** *(físico)* ⇒looks *pl: Me gusta su aspecto* - I like her looks; ⇒appearance **3** *tener buen aspecto* - to look well **4** *¿Qué aspecto tiene tu profesor?* - What does your teacher look like? **5 en {algunos/ciertos} aspectos** ⇒in some ways: *En algunos aspectos tiene razón* - In some ways he's rights **6 en ese ~** ⇒in that respect

aspereza *s.f.* **1** *(en el tacto)* ⇒roughness **2** *(en el trato)* ⇒harshness

áspero, ra *adj.* **1** *(en el tacto)* ⇒rough: *Esta tela es demasiado áspera* - This cloth is too rough **2** *(en el trato)* ⇒harsh ⇒coarse

aspirador *s.m.* **1** ⇒hoover® *UK;* ⇒vacuum cleaner *US* **2** *pasar el aspirador* - to vacuum

aspiradora *s.f.* **1** ⇒hoover® *UK;* ⇒vacuum cleaner *US* **2** *pasar la aspiradora* - to vacuum

aspirante *s.com.* **1** *(a un título, a un empleo)* ⇒applicant: *aspirante a un puesto de trabajo* - applicant for a job **2** *(a un cargo político)* ⇒candidate: *aspirante al Gobierno de la provincia* - candidate for the provincial Government **3** *(en deportes)* ⇒challenger

aspirar *v.* **1** *(respirar)* ⇒to breathe in **2** *(una máquina)* ⇒to suck up **3** *(a algo)* ⇒to aspire

aspirina® *s.f.* ⇒aspirin® (*pl* aspirin, aspirins): *Tómate una aspirina* - Take an aspirin

asqueroso, sa *adj.* **1** ⇒disgusting ⇒foul: *¡Qué tiempo más asqueroso!* - What a foul weather! **2** *(sucio)* ⇒filthy: *Nos quedamos en un albergue asqueroso* - We stayed up in a filthy hostel

asta *s.f.* **1** *(en una bandera)* ⇒flagpole **2** *(en un animal)* ⇒horn **3 a media ~** ⇒at half mast

asterisco *s.m.* ⇒asterisk

asteroide *s.m.* ⇒asteroid

astilla *s.f.* **1** ⇒splinter: *Se clavó una astilla en el dedo* - He got a splinter in his finger **2** *una astilla de madera* - a chip **3 de tal palo tal ~** ⇒a chip off the old block

astillero *s.m.* ⇒shipyard

astro *s.m.* ⇒star

astrología *s.f.* ⇒astrology

astrólogo, ga *s.* ⇒astrologer

astronauta *s.com.* **1** *(sin especificar sexo)* ⇒astronaut **2** *(hombre)* ⇒spaceman (*pl* spacemen) **3** *(mujer)* ⇒spacewoman (*pl* spacewomen)

astronomía *s.f.* ⇒astronomy

astrónomo, ma *s.* ⇒astronomer

astucia *s.f.* ⇒astuteness: *la astucia de los políticos* - the astuteness of politicians; ⇒shrewdness ⇒cunning: *Tenemos que demostrar un poco de astucia si queremos conseguirlo* - We need to show a bit of cunning if we want to get it

astuto, ta *adj.* **1** *(listo, inteligente)* ⇒smart ⇒astute: *una mujer de negocios astuta* - an astute businesswoman **2** *(ingenioso)* ⇒cunning: *un complot muy astuto* - a cunning ploy; ⇒astute **3** *(con malicia)* ⇒sly

asunto *s.m.* **1** *(cuestión)* ⇒affair: *un asunto delicado* - a risky affair; ⇒matter ⇒issue **2** *Es asunto mío* - It's my business; *Métete en tus asuntos* - Mind your own business

asustado, da *adj.* ⇒scared: *Nos estaba esperando completamente asustada* - She was waiting for us really scared; ⇒frightened

asustar ▌*v.* **1** ⇒to scare ⇒to frighten: *Me asustan las arañas* - Spiders frighten me ▌**asustarse** *prnl.* **2** ⇒to panic: *¡No te asustes!* - Don't panic!; ⇒to be frightened ⇒to be scared: *Los ruidos* *raros me asustaron* - I was scared by the strange noises

atacar *v.* **1** ⇒to attack: *El ejército enemigo atacó de noche* - The opposing army attacked during the night **2** *(un lugar)* ⇒to raid: *Los soldados atacaron un puesto enemigo* - The soldiers raided an enemy post

atajar *v.* **1** *(tomar un atajo)* ⇒to take a short cut: *Atajemos por aquí* - Let's take this short cut **2** *(interrumpir)* ⇒to stop from spreading

ataque *s.m.* **1** *(acción violenta)* ⇒attack ⇒raid: *ataque aéreo* - air raid **2** *(verbal)* ⇒attack **3** *(de una enfermedad)* ⇒bout: *un ataque de tos* - a bout of coughing; ⇒fit: *un ataque epiléptico* - an epileptic fit; *ataque de risa* - laughing fit; ⇒attack: *ataque al corazón* - heart attack

atar ▮ *v.* **1** ⇒to bind: *Los niños me ataron con la cinta roja* - The kids bound me with the red tape; ⇒to tie: *atar un nudo* - to tie a knot **2** *(los cordones)* ⇒to lace **3** *(un paquete)* ⇒to tie up ⇒to tape up ▮ **atarse** *prnl.* **4** *(abrocharse)* ⇒to do up: *Átate los zapatos o te caerás* - Do your shoes up or you will fall down

atardecer ▮ *s.m.* **1** ⇒dusk [U]: *al atardecer* - at dusk ▮ *v.* **2** ⇒to get dark

atareado, da *adj.* ⇒busy ⇒rushed

atascar ▮ *v.* **1** ⇒to jam: *La cerradura se ha atascado* - The lock is jammed **2** *(bloquear)* ⇒to block ⇒to clog: *Las carreteras están atascadas por el tráfico* - The roads are clogged with traffic ▮ **atascarse** *prnl.* **3** ⇒to stick ⇒to get blocked: *El fregadero se atascó* - The sink got blocked

atasco *s.m.* **1** ⇒obstruction: *Había un atasco en las cañerías* - The pipes had an obstruction; ⇒blockage **2** *(de tráfico)* ⇒traffic jam

ataúd *s.m.* ⇒coffin

atención *s.f.* **1** *(interés)* ⇒attention: *¿Pueden prestarme atención, por favor?* - May I have your attention, please? **2** *(concentración)* ⇒concentration: *Tienes que hacer esta tarea con mucha atención* - This task has to be done with the greatest concentration **3** *(cuidado)* ⇒care: *atención médica* - medical care **4 ¡atención!** ⇒look out! ⇒careful!

atender *v.* **1** *(poner atención)* ⇒to pay attention **2** *(cuidar)* ⇒to attend ⇒to look after: *Está atendiendo a su madre enferma* - She is looking after her sick mother **3** *(a un cliente)* ⇒to serve **4** *(una solicitud)* ⇒to deal with: *atender una petición* - to deal with a request

atentado *s.m.* **1** *(agresión violenta)* ⇒attack **2** *un atentado terrorista* - an act of terrorism

atentar *v.* **1** *(contra algo)* ⇒to carry out a terrorist attack: *atentar contra la vida de alguien* - to make an attempt on sb's life; ⇒to attack **2** *(ir en contra de algo)* ⇒to undermine: *atentar contra el buen gusto* - to undermine good taste

atento, ta *adj.* **1** *(alerta)* ⇒attentive ⇒watchful: *¡Estate atento!* - Be watchful! **2** *(amable)* ⇒attentive: *Su madre es muy atenta* - Her mother is very attentive; ⇒amiable **3 estar ~** ⇒to keep *one's* mind on

ateo, a ▮ *adj.* **1** ⇒atheistic ▮ *s.* **2** ⇒atheist

aterrador, -a *adj.* ⇒terrifying ⇒frightening: *un lamento aterrador* - a frightening moan

aterrar *v.* ⇒to terrify ⇒to scare

aterrizaje *s.m.* **1** ⇒landing: *un buen aterrizaje* - a safe landing **2** *pista de aterrizaje* - runway **3** *un aterrizaje forzoso* - an emergency landing

aterrizar *v.* ⇒to land: *El avión aterrizó con retraso* - The plane landed with delay

aterrorizar *v.* ⇒to terrify ⇒to terrorize: *Pandillas callejeras han estado aterrorizando el barrio* - Street gangs have been terrorizing the neighbourhood; ⇒to terrorise *UK*

atiborrar *v.* ⇒to stuff [CONSTR. to stuff oneself with sth]

ático *s.m.* **1** *(última planta)* ⇒top floor **2** *(vivienda)* ⇒top floor flat **3** *(desván)* ⇒attic

atinar *v.* **1** *(dar en el blanco)* ⇒to hit the target **2** *(acertar)* ⇒to get right: *acertar una respuesta* - to get an answer right

atizar *v.* **1** *(el fuego)* ⇒to poke **2** *col. (golpear)* ⇒to slap

atlántico, ca *adj.* ⇒Atlantic

atlas *s.m.* ⇒atlas (*pl* atlases)

atleta *s.com.* ⇒athlete

atlético, ca *adj.* ⇒athletic: *un cuerpo atlético* - an athletic figure

atletismo *s.m.* ⇒athletics *UK* [Se usa más con el verbo en singular]: *Soy muy buena en atletismo* - I'm great at athletics; ⇒track and field *US: pruebas de atletismo* - track and field events

atmósfera *s.f.* ⇒atmosphere

atómico, ca *adj.* ⇒atomic

átomo *s.m.* ⇒atom

atónito, ta *adj.* ⇒astounded ⇒astonished: *Me quedé atónito ante las noticias* - I was astonished by the news

atontado, da *adj.* **1** *col. desp.* ⇒stupid *offens* **2** *(por un golpe)* ⇒stunned: *Estaba atontado por el golpe* - I was stunned by the impact **3** *(por una fuerte impresión)* ⇒in a daze: *La noticia me dejó atontado* - I've been in a daze since I heard the news

atontar ▮ *v.* **1** ⇒to stultify *form;* ⇒to bewilder: *Me atontó tanta información* - All that information bewildered me **2** *(por un golpe)* ⇒to stun ▮ **atontarse** *prnl.* **3** ⇒to get confused

atormentar *v.* **1** *(causar tormento)* ⇒to torment: *Las moscas atormentaban a los animales* - Flies tormented the animals **2** *(acosar)* ⇒to harass ⇒to haunt: *Todavía le atormentan aquellas imágenes* - He is still haunted by those images

atornillar *v.* ⇒to screw

atracador, -a *s.* **1** *(de un banco, de una tienda)* ⇒robber **2** *(de una persona)* ⇒mugger

atracar ▌ *v.* **1** *(un lugar)* ⇒to rob: *atracar una tienda* - to rob a shop; ⇒to hold up **2** *(a una persona)* ⇒to mug [CONSTR. to be mugged]: *Hace una semana atracaron a mi hermano* - My brother was mugged a week ago **3** *(un barco)* ⇒to dock ⇒to berth ▌ **atracarse** *prnl.* **4** *col.* ⇒to stuff oneself: *atracarse de chocolate* - to stuff oneself with chocolate

atracción *s.f.* **1** *(espectáculo, diversión)* ⇒attraction **2** *(turística)* ⇒attraction **3** *sentir atracción por alguien* - to feel attracted to sb **4 parque de atracciones** ⇒funfair

atraco *s.m.* **1** *(a un lugar)* ⇒robbery (*pl* robberies): *Ha habido muchos atracos en la zona* - There have been many robberies in the area; ⇒hold-up *UK;* ⇒holdup *US* **2** *(a una persona)* ⇒mugging **3 ~ a mano armada** ⇒armed robbery (*pl* armed robberies)

atracón *s.m.* *darse un atracón de pasteles* - to stuff oneself with cakes

atractivo, va ▌ *adj.* **1** *(una persona)* ⇒attractive **2** *(un proyecto, una idea, un plan)* ⇒inviting: *Tus planes parecen muy atractivos* - Your plans sound rather inviting; ⇒engaging ▌ **atractivo** *s.m.* **3** ⇒appeal: *July tiene un cierto atractivo* - July has a certain appeal

atraer *v.* **1** *(hacia sí)* ⇒to attract: *El imán atrae los metales* - Magnets attract metals **2** *(resultar interesante)* ⇒to attract: *Ese chico me atrae mucho* - That guy attracts me very much **3** *(apetecer)* ⇒to appeal: *Esa idea no me atrae mucho* - That idea doesn't really appeal to me **4** *(captar)* ⇒to grab: *atraer la atención de alguien* - to grab sb's attention

atragantarse *v.prnl.* *(una persona)* ⇒to choke [CONSTR. to choke on sth]: *Me atraganté con una espina* - I choked on a fish bone

atrapar *v.* **1** ⇒to catch: *Atrápalo* - Catch it!; ⇒to capture: *atrapar a un ladrón* - to capture the robber; ⇒to seize **2** *(una pelota)* ⇒to catch **3** *(con una trampa)* ⇒to trap

atrás *adv.* **1** ⇒behind: *No te quedes atrás* - Don't get behind **2** *(zona posterior)* ⇒rear ⇒back: *en la parte de atrás de la casa* - at the back of the house **3** *(hacia atrás)* ⇒back ⇒backwards *UK: Di un salto atrás* - I jumped backwards; ⇒backward *US;* ⇒astern **4 dejar ~** ⇒to leave behind **5 echarse ~** *(desdecirse)* ⇒to go back on *one's* word

atrasado, da *adj.* **1** *(en el desarrollo)* ⇒underdeveloped: *zonas rurales atrasadas* - underdeveloped rural areas; ⇒backward **2** *(en la entrega de algo)* ⇒behind **3** *tener trabajo atrasado* - to be behind with one's work **4** *(en el tiempo)* ⇒late: *Voy muy atrasado* - I'm very late **5** *(un reloj)* ⇒slow: *Tu reloj va atrasado* - Your watch is slow **6** *(una publicación)* ⇒back

atrasar ▌ *v.* **1** *(aplazar)* ⇒to postpone [CONSTR. to postpone + doing sth]: *Se ha atrasado la reunión* - The meeting has been postponed; ⇒to put off [CONSTR. to put off + doing sth] **2** *(un reloj)* ⇒to put back ▌ **atrasarse** *prnl.* **3** *(llegar tarde)* ⇒to be late ⇒to get delayed **4** *(un reloj)* ⇒to be slow: *Este reloj se atrasa* - This watch is slow

atraso ▌ *s.m.* **1** *(hecho de atrasar)* ⇒postponement **2** *(falta de desarrollo)* ⇒backwardness: *atraso tecnológico* - technological backwardness **3** *(tardanza)* ⇒delay ▌ **atrasos** *pl.* **4** *(dinero)* ⇒arrears

atravesar ▌ *v.* **1** *(recorrer)* ⇒to go through: *atravesar un bosque* - to go through a wood **2** *(cruzar)* ⇒to go across ⇒to cross **3** *(por una situación)* ⇒to go through: *atravesar un mal momento* - to go through a difficult time **4** *(perforar)* ⇒to pierce ⇒to go through ▌ **atravesarse** *prnl.* **5** *(impedir el paso)* ⇒to block *sb's* path

atreverse *v.prnl.* ⇒to dare [CONSTR. to dare + (to) do sth]: *No me atrevo a decirle lo que hice* - I daren't tell her what I did

atrevido, da *adj.* **1** *(arriesgado)* ⇒daring **2** *(decidido)* ⇒decisive: *Tienes que ser más atrevido* - You need to be more decisive **3** *(impertinente)* ⇒cheeky *UK: Los niños son muy atrevidos a veces* - Kids are really cheeky at times; ⇒sassy *US inform US;* ⇒bold: *preguntas atrevidas* - bold questions; ⇒presumptuous **4** *(una prenda de vestir)* ⇒revealing: *un vestido muy atrevido* - a revealing dress

atril *s.m.* **1** ⇒stand: *un atril de música* - a music stand **2** *(para libros o documentos)* ⇒lectern

atropellar *v.* ⇒to knock down ⇒to run over: *Su perro fue atropellado por un camión* - Her dog was run over by a lorry

atroz *adj.* **1** *(cruel)* ⇒atrocious ⇒terrible ⇒heinous *form: un crimen atroz* - a heinous crime **2** *(pésimo)* ⇒appalling: *un tiempo atroz* - an appalling weather

atufar *v.* **1** *col.* *(algo con mal olor)* ⇒to stink: *Tus zapatillas atufan* - Your trainers stink **2** *(un

A

lugar) ⇒to stink out: *El humo atufaba la casa* - The smoke was stinking the house out

atún *s.m.* ⇒tuna: *una ensalada de atún* - a tuna salad

aturdir *v.* **1** ⇒to bewilder: *Tanta gente me aturdió* - So many people bewildered me **2** *(por un golpe)* ⇒to stun: *Estaba aturdido después del golpe* - I was stunned after the crash **3** *(por una droga)* ⇒to stupefy

audaz *adj.* ⇒audacious ⇒daring: *una propuesta audaz* - a daring proposal; ⇒bold

audición *s.f.* **1** *(prueba)* ⇒audition **2** *(percepción de un sonido)* ⇒hearing

audiencia *s.f.* **1** *(conjunto de personas)* ⇒audience *form* **2** *(tribunal de justicia)* ⇒court

audífono *s.m.* ⇒hearing aid

audiovisual *adj.* ⇒audio-visual

auditorio *s.m.* **1** *(lugar)* ⇒auditorium (*pl* auditoria, auditoriums) **2** *(edificio)* ⇒concert hall ⇒auditorium *US* (*pl* auditoria, auditoriums) **3** *(conjunto de personas)* ⇒audience

auge *s.m.* ⇒peak: *el auge económico* - the economic peak

aula *s.f.* **1** *(de un colegio)* ⇒classroom **2** *(de una universidad)* ⇒lecture theatre *UK;* ⇒lecture theater *US*

aullar *v.* ⇒to howl

aullido *s.m.* **1** *(de un animal)* ⇒howl **2** *(del viento)* ⇒howling [U]

aumentar *v.* **1** *(incrementar)* ⇒to increase ⇒to build up: *Las diferencias están aumentando entre las dos familias* - Differences are building up between the two families **2** *(subir, ascender)* ⇒to rise ⇒to raise: *Aumentaron el precio del café* - They raised the price of coffee **3** *(magnificar)* ⇒to magnify

aumento *s.m.* **1** ⇒increase: *aumento de la temperatura* - increase in temperature; ⇒rise *UK* **2** *(de dinero)* ⇒rise *UK;* ⇒raise *US*

aun *adv.* **1** *(incluso)* ⇒even: *Aun los más listos se equivocan* - Even the cleverest people make mistakes **2** **~ así** ⇒even so: *Aun así, no fui* - Even so, I didn't go **3** **~ cuando** ⇒even though

aún *adv.* **1** *(en oraciones negativas e interrogativas)* ⇒yet [Se sitúa al final de la oración]: *Aún no* - Not yet; *¿No ha venido aún?* - Hasn't he come yet? ■ Ver cuadro already / yet **2** *(en comparaciones)* ⇒even: *Esta película es aún peor* - This film is even worse **3** *(en oraciones afirmativas e interrogativas)* ⇒still: *Mi padre aún disfruta jugando con nosotros* - My dad still enjoys playing with us; *¿Aún estás aquí?* - Are you still here? **4** **~ más** ⇒even more: *Ahora tengo aún más* - Now I have even more

aunque *conj.* **1** *(con valor concesivo)* ⇒although [*Although* suele ser más formal que *though*.]; ⇒even if: *Aunque salieras inmediatamente, no llegarías a tiempo* - Even if you left immediately you wouldn't arrive in time; ⇒even though [*Even if* o *even though* suelen tener un uso más enfático] **2** *(con valor adversativo)* ⇒although: *Estudia mucho, aunque no saca buenas notas* - She studies very hard, although she doesn't get good marks

auricular ▌ *s.m.* **1** *(de un teléfono)* ⇒receiver ⇒earpiece ▌ **auriculares** *pl.* **2** ⇒earphones: *Tiene los auriculares puestos* - He has his earphones on; ⇒headphones

aurora *s.f.* **1** ⇒dawn **2** **la ~ boreal** ⇒the northern lights *pl*

ausencia *s.f.* **1** *(de una persona)* ⇒absence: *Se ha nombrado un nuevo director durante su ausencia* - A new manager was appointed in her absence **2** *(privación de una cosa)* ⇒lack **3** *Los estudiantes brillaron por su ausencia durante las conferencias* - There was a distinct lack of students during the lectures

ausentarse *v.prnl.* **1** *(no estar)* ⇒to be away: *Me ausenté de casa por un par de semanas* - I was away from home for a couple of weeks **2** *ausentarse del trabajo* - to be off work **3** *(marcharse)* ⇒to absent oneself: *ausentarse de una reunión* - to absent oneself from a meeting

ausente *adj.* **1** *(despistado)* ⇒absent: *Parece ausente desde el accidente* - He seems absent since the accident **2** *(de casa, del trabajo)* ⇒out: *Me temo que estará ausente hasta la semana que viene* - I'm afraid he will be out until next week

austero, ra *adj.* ⇒austere

Australia *s.f.* ⇒Australia

Austria *s.f.* ⇒Austria

austriaco, ca o austríaco, ca *adj./s.* ⇒Austrian

auténtico, ca *adj.* ⇒authentic: *comida china auténtica* - authentic Chinese food; ⇒genuine: *cuero auténtico* - genuine leather; ⇒real

auto *s.m.* *AMÉR.* *(vehículo)* ⇒automobile *US;* ⇒car

autobiografía *s.f.* ⇒autobiography (*pl* autobiographies)

autobiográfico, ca *adj.* ⇒autobiographical

autobús *s.m.* ⇒bus (*pl* buses): *coger el autobús* - to take a bus / to get a bus; *autobús de dos pisos* - double-decker bus; *parada de autobús* - bus stop / bus shelter

autocar *s.m.* ⇒coach *UK* (*pl* coaches): *Subimos al autocar* - We got on the coach

autodidacta *adj.* ⇒self-taught

autoescuela *s.f.* ⇒driving school

autógrafo *s.m.* ⇒autograph

automático, ca ▮ *adj.* **1** ⇒automatic ⇒mindless: *Me temo que es un trabajo bastante automático* - I'm afraid it's fairly mindless work ▮ **automático** *s.m.* **2** *(cierre)* ⇒press stud

automercado *s.m.* AMÉR. ⇒supermarket ⇒superstore ⇒market US

automóvil *s.m.* ⇒car ⇒automobile US

automovilismo *s.m.* **1** ⇒motoring **2** *(deporte)* ⇒motor racing

automovilista *s.com.* ⇒driver ⇒motorist

autonomía *s.f.* **1** *(independencia al actuar)* ⇒autonomy **2** *(comunidad autónoma)* ⇒autonomous region

autonómico, ca *adj.* ⇒regional

autónomo, ma *adj.* **1** *(un colectivo)* ⇒autonomous: *comunidades autónomas* - autonomous regions **2** *(un trabajador)* ⇒self-employed ⇒freelance

autopista *s.f.* ⇒motorway UK: *ir por la autopista* - to go on the motorway; ⇒freeway US; ⇒highway US

autopsia *s.f.* ⇒autopsy (*pl* autopsies); ⇒post-mortem (examination)

autor, -a *s.* **1** *(de libros)* ⇒author **2** *(de composiciones musicales)* ⇒composer **3** *(de ideas)* ⇒creator **4** *autor de un delito* - person responsible for a crime

autoridad *s.f.* **1** *(poder)* ⇒authority **2** *(persona que sabe mucho)* ⇒authority (*pl* authorities): *ser una autoridad en una materia* - to be an authority on a subject

autorización *s.f.* **1** ⇒authorization ⇒authorisation UK: *Acabo de recibir la autorización para irme el viernes* - I have just received the authorisation to leave on Friday **2** *entrar sin autorización* - to trespass

autorizar *v.* **1** *(permitir)* ⇒to authorize ⇒to authorise UK: *El sindicato no autorizó la huelga* - The trade union didn't authorise the strike **2** *(facultar)* ⇒to give the right

autorretrato *s.m.* ⇒self-portrait

autoservicio *s.m.* **1** *(tienda)* ⇒self-service **2** *(supermercado)* ⇒supermarket **3** *(restaurante)* ⇒self-service restaurant

autostop *s.m.* **1** ⇒hitchhiking **2** *hacer autostop* - to hitchhike

autovía *s.f.* ⇒dual carriageway UK; ⇒divided highway US

auxiliar ▮ *adj.* **1** ⇒auxiliary **2** *(ayudante)* ⇒assistant: *auxiliar de enfermería* - nursing assistant **3** ~ **de vuelo 1** *(sin especificar sexo)* ⇒cabin assistant UK; ⇒flight attendant **2** *(hombre)* ⇒steward UK **3** *(mujer)* ⇒stewardess UK (*pl* stewardesses); ⇒air hostess UK (*pl* air hostesses) **4** ~ **técnico sanitario 1** *(mujer)* ⇒nurse **2** *(hombre)* ⇒male nurse ▮ *v.* **5** *(ayudar)* ⇒to help

auxilio *s.m.* **1** ⇒aid: *primeros auxilios* - first aid; *maletín de primeros auxilios* - first-aid kit **2** **¡auxilio!** ⇒help!

avalancha *s.f.* **1** *(de nieve)* ⇒avalanche **2** *(de tierra)* ⇒landslide **3** ⇒flood: *una avalancha de gente* - a flood of people

avance *s.m.* ⇒advance: *hacer un avance hacia el pleno empleo* - to make an advance towards total employment

avanzado, da *adj.* ⇒advanced

avanzar *v.* **1** *(en movimiento)* ⇒to advance ⇒to move {ahead/along/forward(s)}: *La tormenta está avanzando rápidamente* - The storm is moving ahead very quickly **2** *(en el tiempo)* ⇒to progress ⇒to pass ⇒to go by: *a medida que avanza el tiempo* - as time goes by **3** *(mejorar, progresar)* ⇒to progress: *Ha avanzado mucho en el último mes* - She has progressed a lot in the last month; ⇒to advance ⇒to make progress

avaricia *s.f.* ⇒greed ⇒avarice *form*

avaricioso, sa *adj./s.* ⇒greedy *adj: ser un avaricioso* - to be greedy; ⇒avaricious

avaro, ra *adj.* ⇒greedy: *Aunque es muy rico, es la persona más avara que conozco* - Even though he is very rich, he is the greediest person I've ever met; ⇒mean UK; ⇒avaricious

ave *s.f.* ⇒bird: *ave acuática* - water bird

avellana *s.f.* ⇒hazelnut

avemaría *s.m.* ⇒Hail Mary

avena *s.f.* **1** ⇒oats *pl: un campo de avena* - a field of oats **2** *pan de avena* - oat bread

avenida *s.f.* ⇒avenue [CONSTR. Se utiliza mucho su forma abreviada *Ave.*]; ⇒promenade

aventura *s.f.* **1** ⇒adventure **2** *(amorosa, sentimental)* ⇒romance **3** *(con infidelidad)* ⇒affair ⇒fling *inform*

aventurero, ra *adj.* ⇒adventurous: *una mujer aventurera* - an adventurous woman

avergonzado, da *adj.* **1** *(abochornado)* ⇒embarrassed ⇒sheepish: *Me sonrió avergonzada y se disculpó* - She gave me a sheepish smile and apologized **2** *(arrepentido)* ⇒ashamed

avergonzar ▮ *v.* **1** *(a otra persona)* ⇒to embarrass: *Prométeme que no me avergonzarás en la fiesta* - Promise me you will not embarrass me at the party ▮ **avergonzarse** *prnl.* **2** *(sentirse culpable)* ⇒to be ashamed **3** *(sentirse abochornado)* ⇒to be embarrassed

avería *s.f.* **1** *(de un vehículo, una máquina)* ⇒breakdown **2** ⇒fault

A

averiar *v.* ⇒to break down: *La lavadora se ha averiado* - The washing machine has broken down
averiguar *v.* ⇒to find out: *¿Averiguaste la hora del vuelo?* - Did you find out the time of the flight?
avestruz *s.m.* ⇒ostrich (*pl* ostriches)
aviación *s.f.* **1** *(sistema aéreo)* ⇒aviation: *la historia de la aviación* - the history of aviation **2** *(cuerpo militar)* ⇒air force
aviador, -a *s.* ⇒pilot ⇒aviator
avión *s.m.* ⇒aeroplane *UK;* ⇒plane: *avión a reacción* - jet plane; ⇒airplane *US*
avioneta *s.f.* ⇒light aircraft (*pl* light aircraft)
avisar *v.* **1** *(decir)* ⇒to let know ⇒to tell: *Avísales de que llegaré tarde* - Tell them that I'll be late **2** *(advertir de un peligro)* ⇒to warn [CONSTR. 1. to warn sb about/of sth 2. to warn + (that) 3. to warn + to do sth]: *Les avisé de la tormenta* - I warned them of the storm; ⇒to forewarn **3** *(llamar)* ⇒to send for ⇒to call: *avisar a la policía* - to call the police
aviso *s.m.* **1** *(público)* ⇒notice [U] **2** *(de un peligro)* ⇒warning: *dar un aviso* - to issue a warning **3** *hasta nuevo aviso* - until further notice **4** *sin previo aviso* - without prior notice
avispa *s.f.* ⇒wasp: *cintura de avispa* - wasp waist
axila *s.f.* ⇒armpit
ayer *s.m.* **1** ⇒yesterday **2** *Mi hermano llegó ayer por la noche* - My brother arrived last night
ayuda *s.f.* **1** ⇒help [U]: *Necesito ayuda* - I need some help; ⇒assistance *form;* ⇒aid: *ir a la ayuda de alguien* - to go to the aid of someone **2** *hacer algo sin ayuda de nadie* - to do sth on one's own **3** ~ **económica 1** *(a una persona, a un colectivo)* ⇒financial help **2** *(a un país)* ⇒financial aid **4** **con ~ de** ⇒by means of
ayudante *s.com.* ⇒helper ⇒assistant
ayudar ▌*v.* **1** ⇒to help [CONSTR. to help sb (to) do sth]: *Ayúdame a ordenar estos libros* - Help me put these books in order; *¿Te ayudo con las maletas?* - Shall I help you with the suitcases?; ⇒to help out ⇒to assist: *Te ayudarán en el trabajo* - They will assist you at work; ⇒to aid ⇒to give a hand: *¿Puedes ayudarme?* - Could you give me a hand? ▌**ayudarse** *prnl.* **2** ⇒to use: *Ayúdate con el cuchillo* - Use the knife **3** *(mutuamente)* ⇒to help each other
ayunar *v.* ⇒to fast: *Ayuno los miércoles de ceniza* - I fast on Ash Wednesdays
ayunas (en ~) ⇒without having eaten or drunk anything
ayuno *s.m.* ⇒fast
ayuntamiento *s.m.* **1** *(corporación)* ⇒council **2** *(edificio)* ⇒town hall ⇒city hall *US*
azabache *s.m.* ⇒jet
azafata *s.f.* **1** *(de un avión)* ⇒air hostess *UK* (*pl* air hostesses); ⇒stewardess (*pl* stewardesses) **2** *(de un programa televisivo)* ⇒assistant
azafate *s.m. AMÉR.* ⇒tray
azafrán *s.m.* **1** *(planta)* ⇒crocus **2** *(condimento)* ⇒saffron
azahar *s.m.* ⇒orange blossom
azar *s.m.* **1** *(destino)* ⇒fate **2** **al ~** ⇒at random ⇒haphazard **3** **por ~** ⇒by chance
azote *s.m.* ⇒smack ⇒slap
azotea *s.f.* **1** *(de un edificio)* ⇒flat roof **2** *col. (cabeza)* ⇒bonce *inform;* ⇒head
azúcar *s.amb.* **1** ⇒sugar: *un terrón de azúcar* - a sugar cube **2** **~ glas** ⇒icing sugar **3** **~ moreno** ⇒brown sugar
azucarero *s.m.* ⇒sugar bowl
azucena *s.f.* ⇒lily (*pl* lilies)
azufre *s.m.* ⇒sulphur *UK;* ⇒sulfur *US*
azul *adj./s.m.* **1** ⇒blue **2** *azul celeste* - sky blue **3** *azul claro* - pale blue **4** *azul marino* - navy blue
azulejo *s.m.* ⇒tile

b *s.f.* *(letra del alfabeto)* ⇨b

baba *s.f.* **1** *(de una persona)* ⇨spittle [U]; ⇨dribble [U] **2** *(de perro)* ⇨slobber [U] **3** *(de caracol)* ⇨slime [U] **4 caérsele la ~ a alguien** *col.* ⇨to dote [CONSTR. to dote on sth/sb]: *A Alex se le cae la baba por Sophie* - Alex dotes on Sophie; ⇨to drool over ⇨to slaver **5 mala ~** *col.* ⇨bad temper

babear *v.* **1** *(un animal, una persona)* ⇨to slobber: *Este perro babea mucho* - This dog slobbers a lot **2** *(un bebé)* ⇨to dribble

babero *s.m.* ⇨bib

babi *s.m.* ⇨smock ⇨overall

babor *s.m.* **1** ⇨port **2 a ~** ⇨to port ⇨on the port side

baca *s.f.* ⇨roof rack: *Coloca las maletas en la baca* - Put the suitcases on the roof rack; ⇨luggage rack

bacalao *s.m.* ⇨cod (*pl* cod)

bache *s.m.* **1** *(en la carretera)* ⇨pothole ⇨hole **2** *una carretera con baches* - a bumpy road **3** *(económico)* ⇨slump **4** *(mala racha)* ⇨bad patch *inform: El equipo está atravesando un bache* - The team is going through a bad patch

bachillerato *s.m.* **1** *(etapa)* ⇨high school *US;* ⇨secondary school *UK* **2** *(título académico)* ⇨high-school diploma *US;* ⇨certificate of secondary education *UK* **3** *(estudios)* ⇨high-school studies *US*

bacon *s.m.* Véase **beicon**

bacteria *s.f.* **1** ⇨bacteria *pl* **2** ⇨germ

bafle *s.m.* ⇨speaker ⇨louspeaker

bahía *s.f.* ⇨bay

bailar *v.* **1** ⇨to dance: *Está bailando con su padre* - She is dancing with her father **2** *(música pop)* ⇨to boogie *inform* **3** *(una peonza)* ⇨to spin **4** *(la ropa)* ⇨to swamp *inform: El vestido me baila* - This dress swamps me; ⇨to be too big **5** *Le baila un diente* - She has got a loose tooth **6 sacar a ~** ⇨to ask *sb* to dance

bailarín, -a *s.* **1** ⇨dancer **2** *(de ballet)* ⇨ballet dancer ⇨ballerina (mujer)

baile *s.m.* **1** *(danza)* ⇨dance **2** *(de etiqueta)* ⇨ball **3** *(de música pop)* ⇨bop *inform* **4** *(de fin de curso)* ⇨prom *US* **5** *(actividad)* ⇨dancing **6** *(popular)* ⇨folk dancing **7 ~ de disfraces** ⇨fancy dress ball **8 ~ de máscaras** ⇨masked ball **9 ~ de salón** ⇨ballroom dancing

baja *s.f.* **1** *(en combate)* ⇨casualty (*pl* casualties) **2** *(disminución)* ⇨decrease ⇨drop: *una baja en las ventas* - a drop in the sales **3** *Me di de baja en el club* - I cancelled my club membership **4** *(en un trabajo)* ⇨sick leave: *estar de baja* - to be on sick leave **5** *(de maternidad)* ⇨maternity leave **6** *(certificado médico)* ⇨medical certificate ⇨sick note *inform*

bajada *s.f.* **1** *(descendimiento)* ⇨descent **2** *(terreno)* ⇨slope ⇨way down **3** *(disminución)* ⇨fall ⇨drop: *una bajada de las temperaturas* - a drop in temperature **4 ~ de bandera** *(en un taxi)* ⇨minimum fare

bajar *v.* **1** *(llevar de arriba abajo)* ⇨to take down ⇨to bring down **2** *(disminuir)* ⇨to fall: *El precio del crudo ha bajado un poco* - The price of crude oil has fallen slightly **3** *(la hinchazón)* ⇨to go down **4** *(hacer descender)* ⇨to lower: *Bajad la voz, por favor* - Lower your voices, please **5** *(rápidamente)* ⇨to drop: *El último fin de semana las temperaturas bajaron considerablemente* - Last weekend the temperatures dropped **6** *(de categoría)* ⇨to go down ⇨to downgrade **7** *(de un vehículo)* ⇨to get off: *Nos bajaremos en la próxima parada* - We'll get off at the next stop **8** *(de un coche)* ⇨to get out: *Bajó del taxi* - He got out of the taxi **9** *(el volumen, el gas)* ⇨to turn down: *Baja la música* - Turn the music down **10** *(una cremallera)* ⇨to unzip **11** *(los precios)* ⇨to mark down ⇨to come down: *La gasolina ha vuelto a bajar* - Petrol has come down again **12** *(la cabeza, como señal de respeto)* ⇨to bow ⇨to lower **13** *(la marea)* ⇨to ebb ⇨to go out ⇨to recede **14** *(el nivel del agua)* ⇨to subside **15** *(cuando el que habla está debajo)* ⇨to come down: *Baja, que*

B

tenemos que hablar - Come down, we have to talk **16** *(cuando el que habla está arriba)* ➾to go down: *Baja por un vaso, por favor* - Go down and get me a glass, please **17** *(en informática)* ➾to download: *bajarse archivos de internet* - to download files from the Internet

bajo, ja ▌*adj.* **1** *(una persona)* ➾short: *Mi prima es muy baja* - My cousin is very short **2** *(una cosa)* ➾low: *Mi cama es muy baja* - My bed is very low **3** *(un valor)* ➾low: *un precio bajo* - a low price **4** *(un terreno)* ➾low-lying **5** *(un comportamiento)* ➾base ➾mean **6** *(un sonido grave)* ➾deep ➾low **7** *(un sonido apagado)* ➾muted ➾faint **8** *(calidad)* ➾poor ➾low **9** ~ **de forma** ➾out of shape ➾unfit ▌**bajo** *s.m.* **10** *(en un edificio)* ➾ground floor *UK;* ➾first floor *US* **11** *(en una prenda de vestir)* ➾hemline ➾hem **12** *(instrumento musical)* ➾bass player ➾bass **13** *(músico)* ➾bass guitarist ➾bassist ▌**bajos** *s.m.pl.* **14** *(en un coche)* ➾underside ▌**bajo** *adv.* **15** ➾low: *volar bajo* - to fly low **16** ➾softly: *hablar bajo* - to speak softly ▌**bajo** *prep.* **17** *(debajo de)* ➾under ➾underneath **18** *(por debajo de)* ➾below: *bajo cero* - below zero

bala *s.f.* **1** ➾bullet **2 a prueba de balas** ➾bullet-proof **3** ~ **de fogueo** ➾blank **4 como una** ~ ➾like a shot ➾like a flash

balacear *v. AMÉR.* ➾to shoot ➾to fire on

balacera *s.f. AMÉR.* ➾shooting ➾shoot-out

balance *s.m.* **1** *(económico)* ➾balance: *hoja de balance* - balance sheet **2** *(evaluación)* ➾assessment ➾evaluation **3** *el balance de víctimas* - the death toll

balancear ▌*v.* **1** *(mecer)* ➾to rock: *Balanceó suavemente la cuna* - She gently rocked the cradle ▌**balancearse** *prnl.* **2** ➾to swing **3** *(un barco)* ➾to roll **4** *(por un estado físico)* ➾to sway

balanza *s.f.* **1** ➾scales *UK pl: La balanza no funciona* - The scales are broken; ➾scale *US;* ➾balance *US* **2** ~ **de pagos** ➾balance of payments

balar *v.* ➾to bleat

balazo *s.m.* **1** *(disparo)* ➾shot **2** *(herida)* ➾bullet wound

balbucear *v.* **1** *(un bebé)* ➾to babble: *La pequeña balbuceó su primera palabra* - The baby babbled her first word **2** ➾to stammer: *balbucear una excusa* - to stammer an excuse; ➾to splutter

balcón *s.m.* ➾balcony (*pl* balconies)

balda *s.f.* ➾shelf (*pl* shelves)

balde *s.m.* **1** ➾bucket **2 de** ~ ➾for nothing ➾free **3 en** ~ ➾in vain

baldosa *s.f.* ➾floor tile

balear ▌*adj./s.com.* **1** ➾Balearic ▌*v.* **2** *AMÉR.* ➾to shoot ➾to fire on

baleo *s.m. AMÉR.* ➾shooting ➾firing ➾shoot-out

ballena *s.f.* **1** ➾whale: *una manada de ballenas* - a school of whales **2** *(de un corsé)* ➾bone ➾whalebone

ballet *s.m.* ➾ballet

balneario *s.m.* ➾spa ➾health resort *UK*

balón *s.m.* **1** ➾ball **2** *un balón de oxígeno* - an oxygen cylinder

baloncesto *s.m.* ➾basketball: *jugar al baloncesto* - to play basketball

balonmano *s.m.* ➾handball

balonvolea *s.m.* ➾volleyball

balsa *s.f.* **1** *(embarcación)* ➾raft **2** *(poza)* ➾pool ➾pond **3 como una** ~ **de aceite** *col.* ➾as calm as a millpond

bambú *s.m.* ➾bamboo: *brotes de bambú* - bamboo shoots

banana *s.f.* ➾banana

banca *s.f.* **1** *(actividad)* ➾banking **2** *AMÉR. (asiento)* ➾seat **3** *AMÉR. (en deportes)* ➾bench (*pl* benches) **4** *(en un juego)* ➾bank: *tener la banca* - to hold the bank

bancario, ria *adj. cuenta bancaria* - bank account; *cheque bancario* - bank cheque

bancarrota *s.f.* **1** ➾bankruptcy: *afrontar la bancarrota* - to face bankruptcy **2** *quedarse en bancarrota* - to go bankrupt

banco *s.m.* **1** *(de dinero)* ➾bank **2** *(de órganos)* ➾bank **3** *(de sangre)* ➾bloodbank **4** *(para sentarse)* ➾bench (*pl* benches); ➾seat **5** *(de madera, en una iglesia)* ➾pew **6** *(de peces)* ➾shoal **7** *(de arena)* ➾bank ➾sandbank **8** ~ **de datos** *(en informática)* ➾databank

banda *s.f.* **1** ➾gang: *una banda de gamberros* - a gang of louts **2** *(de música)* ➾band ➾group **3** *(en una tela)* ➾strip **4** *(en deportes)* ➾wing: *la banda izquierda* - the left wing **5** *(de frecuencia)* ➾band **6** ~ **ancha** *(en informática)* ➾broadband: *una conexión a internet de banda ancha* - a broadband Internet connection **7** ~ **sonora 1** *(en cine y televisión)* ➾soundtrack **2** *(en una carretera)* ➾rumble strip **8 coger por** ~ *col.* ➾to get hold of

bandada *s.f.* **1** *(de pájaros)* ➾flock **2** *(de gansos)* ➾gaggle **3** *(de peces)* ➾shoal

bandeja *s.f.* **1** ➾tray **2** *(del horno)* ➾oven tray **3** ~ **de salida** ➾out-tray **4 {poner/servir} en** ~ *col.* ➾to hand on a plate

bandera *s.f.* **1** ➾flag: *enarbolar una bandera* - to hoist a flag **2** ~ **blanca** ➾white flag **3** ~ **pirata** ➾Jolly Roger **4 jurar** ~ ➾to swear allegiance to the flag

banderín *s.m.* ➾flag ➾pennant: *El techo estaba cubierto de banderines de colores* - The ceiling was covered with fancy pennants

bandido, da *s.* ⇨bandit
bando *s.m.* **1** *(comunicado oficial)* ⇨edict **2** *(grupo de personas)* ⇨side ⇨faction: *cambiar de bando* - to change faction
banquero, ra *s.* ⇨banker
banqueta *s.f.* ⇨stool: *Me subí a una banqueta para cambiar la bombilla* - I took a stool so as to change the bulb
banquete *s.m.* ⇨banquet ⇨feast ⇨reception: *un banquete de bodas* - a wedding reception
banquillo *s.m.* **1** *(en deporte)* ⇨bench (*pl* benches) **2** *(en un juicio)* ⇨dock *UK;* ⇨stand
bañadera *s.f.* AMÉR. ⇨bath *UK;* ⇨bathtub *US*
bañador *s.m.* **1** ⇨swimming costume *UK;* ⇨bathing suit *US* **2** *(de mujer)* ⇨swimming costume *UK;* ⇨swimsuit: *El bañador de Kathryn es rojo* - Kathryn's swimsuit is red **3** *(de hombre)* ⇨swimming trunks *UK pl: Me compré tres bañadores en las rebajas* - I bought three pairs of swimming trunks in the sales; ⇨trunks *pl: El bañador de Mark es azul y verde* - Mark's trunks are blue and green
bañar ▮ *v.* **1** *(a una persona)* ⇨to bath *UK* **2** *(el mar)* ⇨to wash **3** *(un pastel)* ⇨to cover: *bañar un pastel con chocolate* - to cover a cake in chocolate; ⇨to coat **4** *(en metal)* ⇨to plate: *Este collar está bañado en oro* - This necklace is gold-plated ▮ **bañarse** *prnl.* **5** *(lavarse)* ⇨to have a bath *UK* **6** *(nadar)* ⇨to go for a swim ⇨to swim
bañera *s.f.* **1** ⇨bath *UK;* ⇨bathtub *US;* ⇨tub *US* **2** **~ de hidromasaje** ⇨whirlpool
bañista *s.com.* ⇨swimmer ⇨bather
baño ▮ *s.m.* **1** *(habitación)* ⇨bathroom *US;* ⇨toilet *UK: Disculpe, ¿dónde está el baño?* - Excuse me, where's the toilet?; ⇨loo *UK inform* **2** *(en una bañera)* ⇨bath: *darse un baño* - to have a bath **3** *(en una piscina, en el mar)* ⇨swim: *¡Vamos a darnos un baño!* - Let's go for a swim!; ⇨bathe *form* **4** *(actividad)* ⇨bathing: *Decidió tomar un baño en el mar* - He decided to go bathing in the sea **5** *(de pintura, de barniz)* ⇨coat: *un baño de pintura* - a coat of paint **6** *(de un metal)* ⇨plating: *un baño de plata* - a silver plating **7** **baño (de) María** ⇨bain-marie **8** **~ de multitudes** ⇨walkabout *UK inform: darse un baño de multitudes* - to go on a walkabout **9** **~ de sangre** ⇨bloodbath ▮ **baños** *s.m.pl.* **10** ⇨baths: *los baños romanos* - the Roman baths
bar *s.m.* **1** ⇨bar: *Han abierto un bar al lado de mi casa* - They've opened a new bar by my house; ⇨pub ⇨public house *UK form* **2** *(cafetería)* ⇨snack bar **3** *(en un tren o en una estación de tren)* ⇨buffet *UK*
baraja *s.f.* ⇨pack of cards *UK;* ⇨deck of cards *US*
barajar *v.* **1** *(cartas)* ⇨to shuffle **2** *(estudiar)* ⇨to consider ⇨to weigh up: *barajar las distintas posibilidades* - to weigh up the different possibilities
barandilla *s.f.* **1** ⇨handrail ⇨rail **2** *(de una escalera)* ⇨banister **3** *(de un balcón)* ⇨railing [Se usa más en plural]
barato, ta ▮ *adj.* **1** ⇨cheap ⇨inexpensive ▮ **barato** *adv.* **2** ⇨cheaply: *Aquí se come bien y barato* - You can eat cheaply and well here; ⇨cheap: *El regalo salió barato* - The present was cheap
barba *s.f.* **1** ⇨beard: *Me estoy dejando barba* - I'm growing a beard **2** **~ de ballena** ⇨bone ⇨whalebone **3** **~ de chivo** ⇨goatee **4** **~ incipiente** ⇨stubble **5** **por ~** *col.* ⇨each ⇨per head
barbacoa *s.f.* ⇨barbecue: *El sábado hicimos una barbacoa* - We had a barbecue on Saturday
barbaridad *s.f.* **1** *(disparate, tontería)* ⇨nonsense [U]: *¡No digas barbaridades!* - Don't talk nonsense! **2** *¡Qué barbaridad!* - That's terrible! **3** *(atrocidad)* ⇨barbarity (*pl* barbarities); ⇨atrocity (*pl* atrocities) **4** *¡Nos gustó una barbaridad!* - We really enjoyed it!
bárbaro, ra ▮ *adj.* **1** *(cruel)* ⇨brutal: *un dictador bárbaro* - a brutal dictator; ⇨violent ⇨barbarous *form* **2** *(mal educado)* ⇨uncouth ⇨rough **3** *col. (extraordinario)* ⇨fantastic ⇨terrific: *¡Qué bárbaro!* - Terrific! ▮ *s.* **4** *(en historia)* ⇨Barbarian **5** *(persona maleducada)* ⇨brute ▮ **bárbaro** *adv.* **6** *col. Lo pasamos bárbaro* - We had a terrific time
barbero *s.m.* ⇨barber
barbilla *s.f.* ⇨chin
barbudo, da *adj.* ⇨bushy-bearded ⇨bearded: *un hombre barbudo* - a bearded man
barca *s.f.* **1** ⇨boat: *una excursión en barca* - a boat trip **2** *(de remos)* ⇨rowing boat *UK;* ⇨rowboat *US* **3** **~ hinchable** ⇨inflatable boat
barco *s.m.* **1** ⇨ship ⇨vessel: *un barco velero* - a sailing vessel **2** *(pequeño)* ⇨boat: *viajar en barco* - to travel by boat **3** **~ de vapor** ⇨steamer ⇨steamship **4** **~ de vela** ⇨sailing boat *UK;* ⇨sailboat *US*
barniz *s.m.* **1** *(para la madera, para un óleo)* ⇨varnish **2** *(para la cerámica)* ⇨glaze **3** **~ de uñas** AMÉR. ⇨nail varnish *UK* (*pl* nail varnishes); ⇨nail polish (*pl* nail polishes)
barnizar *v.* **1** *(la madera, un óleo)* ⇨to varnish **2** *(la cerámica)* ⇨to glaze
barómetro *s.m.* ⇨barometer
barón *s.m.* ⇨baron
barquillo *s.m.* **1** ⇨wafer **2** *(de helado)* ⇨cone
barra *s.f.* **1** ⇨bar **2** *(de metal)* ⇨rail ⇨bar: *una*

barra de acero - a steel bar **3** *(de pan)* ⇒loaf (*pl* loaves); ⇒stick: *una barra de pan* - a French stick **4** *(en un bar)* ⇒bar: *Estaba sentado en la barra con sus amigos* - He was sitting at the bar with his friends **5** ~ **de desplazamiento** *(en informática)* ⇒scroll bar **6** ~ **de herramientas** *(en informática)* ⇒toolbar **7** ~ **de labios** ⇒lipstick **8** ~ **invertida** *(signo gráfico)* ⇒back slash (*pl* back slashes) **9** ~ **oblicua** *(signo gráfico)* ⇒forward slash (*pl* forward slashes); ⇒slash (*pl* slashes)

barranco *s.m.* ⇒ravine ⇒gully (*pl* gullies)

barrendero, ra *s.* ⇒street sweeper

barrer *v.* **1** *(limpiar)* ⇒to sweep: *barrer la suciedad* - to sweep (up) **2** *(derrotar)* ⇒to sweep aside: *barrer a un adversario* - to sweep an opponent aside

barrera *s.f.* **1** ⇒barrier **2** *(obstáculo)* ⇒barrier ⇒obstacle **3** *(en deportes)* ⇒wall

barriada *s.f.* **1** ⇒district ⇒area **2** AMÉR. *(zona desfavorecida)* ⇒slum ⇒shanty town

barricada *s.f.* ⇒barricade: *derribar una barricada* - to break down a barricade

barriga *s.f. col.* ⇒belly *inform* (*pl* bellies): *barriga cervecera* - beer belly; ⇒tummy *inform* (*pl* tummies)

barril *s.m.* ⇒barrel ⇒cask

barrio *s.m.* **1** ⇒area ⇒neighbourhood UK; ⇒neighborhood US: *Viven en el mismo barrio* - They live in the same neighbourhood; ⇒district ⇒quarter **2** *(en las afueras)* ⇒suburb ⇒suburbia **3** ~ **bajo** ⇒slum ⇒skid row US *inform;* ⇒shanty town **4** ~ **chino** ⇒red-light district **5 de** ~ ⇒local: *una tienda de barrio* - a local shop

barro *s.m.* **1** *(lodo)* ⇒mud: *Me manché de barro* - I got all covered in mud **2** *(arcilla)* ⇒clay: *una jarra de barro* - a clay jar **3 de** ~ ⇒earthenware: *platos de barro* - earthenware plates

barroco, ca ▌*adj.* **1** *(del Barroco)* ⇒baroque **2** *(adornado en exceso)* ⇒baroque ⇒elaborate ▌**Barroco** *s.m.* **3** ⇒the Baroque

barrote *s.m.* ⇒bar ⇒iron bar

barullo *s.m. col.* ⇒row UK; ⇒din ⇒hubbub: *Casi no podía oírme con todo el barullo que había en el bar* - I could hardly hear myself speak above all the hubbub in the bar; ⇒to-do *inform*

basar *v.* ⇒to base [CONSTR. to base sth on sth]: *Esta película está basada en hechos reales* - This film is based on actual events; ⇒to found [CONSTR. 1. to found sth on sth 2. to be founded on sth]

báscula *s.f.* ⇒scales UK *pl: báscula digital* - digital scales; ⇒scale US; ⇒balance US

base ▌*s.f.* **1** *(parte baja de una cosa)* ⇒base **2** *(fundamento)* ⇒basis (*pl* bases): *la base de su pensamiento* - the basis of her thinking **3** *(fondo)* ⇒foundation ⇒base: *una base de pintura* - a paint base **4** ~ **aérea** ⇒airbase **5** ~ **de datos** ⇒database **6** ~ **espacial** ⇒space station **7** ~ **militar** ⇒base ▌**bases** *pl.* **8** *(de un juego, de un concurso)* ⇒rules

básico, ca *adj.* ⇒basic ⇒elementary ⇒bare: *cubrir las necesidades básicas* - to cover the bare needs

basquetbol *s.m.* AMÉR. ⇒basketball

bastante ▌*indef.* **1** *(suficiente)* ⇒enough: *No tengo bastante dinero* - I don't have enough money **2** *(mucho)* ⇒many: *Había bastante gente en la calle* - There were many people in the street; ⇒a lot of: *Mi madre tiene bastante trabajo* - My mother has a lot of work; ⇒quite a few ⇒a good few *inform* ▌*adv.* **3** *(suficiente)* ⇒enough: *No ha nevado bastante para poder esquiar* - It hasn't snowed enough to go skiing; ⇒reasonably ⇒relatively: *El clima es bastante bueno para esta época del año* - The weather is relatively good for this time of year **4** *(mucho)* ⇒quite a lot: *He comido bastante* - I've eaten quite a lot; ⇒a fair amount of *inform* **5** *(muy)* ⇒rather [Cuando se usa con un adjetivo positivo, implica sorpresa o satisfacción por parte del hablante. Si el adjetivo es negativo, implica disgusto o insatisfacción]: *Este ejercicio es bastante complicado* - This exercise is rather difficult; ⇒quite UK: *La escuela queda bastante cerca* - The school is quite near; ⇒fairly: *Mi casa está bastante lejos* - My house is fairly far away; ⇒pretty *inform: Este vestido es bastante corriente* - This dress is pretty ordinary; ⇒nice and *sth inform* [CONSTR. Se usa seguido de un adjetivo]: *bastante limpio* - nice and clean

bastar ▌*v.* **1** *(ser suficiente)* ⇒to be enough: *Diez libras me bastarán* - Ten pounds will be enough for me; ⇒to suffice *form* ▌**bastarse** *prnl.* **2** *(ser capaz): Bastarse por sí mismo* - To be capable

basto, ta *adj.* **1** *(un tejido)* ⇒rough ⇒coarse **2** *(una persona)* ⇒uncouth ⇒rude

bastón *s.m.* **1** ⇒stick ⇒walking stick: *Debido a su problema de rodilla tiene que usar un bastón* - Due to her knee problem she has to use a walking stick; ⇒cane **2** *un bastón de esquí* - a ski stick **3** ~ **de mando** ⇒mace ⇒baton

basura *s.f.* **1** *(desechos)* ⇒rubbish UK [U]; ⇒garbage US [U]; ⇒dross UK; ⇒refuse *form;* ⇒trash US **2** *(suciedad)* ⇒litter: *La calle estaba llena de basura* - The street was covered in litter; ⇒junk **3** *(recipiente)* ⇒dustbin UK; ⇒garbage can US: *tirar algo a la basura* - to throw sth in the garbage can **4** **comida** ~ ⇒junk food **5** **correo** ~ ⇒junk mail

basurero, ra ▌*s.* **1** *(hombre)* ⇒dustman UK (*pl* dustmen); ⇒garbage man US (*pl* garbage men) **2**

(mujer) ⇒dustwoman UK (*pl* dustwomen); ⇒garbage woman US (*pl* garbage women) ▌**basurero** *s.m.* **3** *(lugar)* ⇒rubbish dump UK; ⇒garbage dump US; ⇒tip UK

bata *s.f.* **1** *(de estar en casa)* ⇒dressing gown UK; ⇒housecoat ⇒robe US; ⇒bathrobe US **2** *(de trabajo)* ⇒overall UK; ⇒smock **3** *(de médico)* ⇒white coat ⇒gown [Se refiere solo a la que visten las mujeres]; ⇒lab coat [Se refiere solo a la que visten las mujeres]

batalla *s.f.* **1** ⇒battle: *La guerra terminó con una violenta batalla* - The war ended with a ferocious battle; ⇒fight ⇒struggle **2** *(relato)* ⇒tale: *A su abuelo le gusta contarnos batallitas de sus tiempos de soldado* - His grandfather likes telling us tales of his time as soldier **3** **~ campal** **1** ⇒full-scale fight **2** *(de ejércitos o grupos de enemigos)* ⇒pitched battle **4** **de ~** *col.* ⇒everyday: *mis pantalones de batalla* - my everyday trousers

batallón *s.m.* **1** *(de soldados)* ⇒battalion **2** *col.* *(de personas)* ⇒gang *inform;* ⇒crowd *inform;* ⇒lot: *Tengo que dar de comer a todo este batallón* - I have to feed all this lot

bate *s.m.* ⇒bat: *un bate de béisbol* - a baseball bat

batería ▌*s.f.* **1** *(instrumento musical)* ⇒drums *pl*: *Toco la batería* - I play the drums; ⇒drum kit **2** *(de un vehículo)* ⇒battery (*pl* batteries): *Se ha agotado la batería* - The battery has gone flat **3** **batería (de cocina)** ⇒set of saucepans ⇒kitchenware ▌*s.com.* **4** *(músico)* ⇒drummer

batido *s.m.* ⇒milkshake: *un batido de fresa* - a strawberry milkshake; ⇒shake

batidora *s.f.* ⇒mixer ⇒hand blender

batín *s.m.* ⇒dressing gown

batir *v.* **1** ⇒to cream: *batir la mantequilla* - to cream the butter; ⇒to whisk **2** *(un huevo)* ⇒to beat **3** *(la nata)* ⇒to whip **4** *(agitar)* ⇒to flap: *El pájaro batió las alas* - The bird flapped its wings; ⇒to flutter **5** *(vencer)* ⇒to beat ⇒to defeat **6** *(un récord)* ⇒to break **7** *(buscar)* ⇒to comb **8** *(golpear)* ⇒to beat: *Las olas batían contra los acantilados* - The waves beated against the cliff

baúl *s.m.* **1** ⇒trunk US; ⇒chest **2** AMÉR. *(de un coche)* ⇒boot UK; ⇒trunk US

bautismo *s.m.* **1** *(sacramento)* ⇒baptism **2** *(ceremonia)* ⇒christening

bautizar *v.* **1** ⇒to baptize ⇒to baptise UK; ⇒to christen [CONSTR. Se usa más en pasiva]: *La bautizaron con el nombre de Sarah* - She was christened Sarah **2** *(poner un nombre)* ⇒to name

bautizo *s.m.* *(sacramento)* ⇒baptism ⇒christening

baya *s.f.* ⇒berry (*pl* berries)

bayeta *s.f.* ⇒cloth ⇒dishcloth

bebe, ba *s.* AMÉR. ⇒baby (*pl* babies)

bebé *s.m.* ⇒baby (*pl* babies)

bebedor, -a *s.* ⇒drinker ⇒heavy drinker

beber *v.* **1** ⇒to drink: *Me gusta beber zumo de naranja* - I like to drink orange juice; *beber a su salud* - to drink to his health **2** *(alcohol)* ⇒to drink: *Yo no bebo* - I don't drink; ⇒to booze *inform;* ⇒to imbibe *form, hum* **3** *(a sorbos)* ⇒to sip: *Bebió el té a sorbos* - She sipped her tea **4** *(a lengüetazos)* ⇒to lap **5** *(a tragos grandes)* ⇒to gulp *inform: Se bebió todo el agua que quedaba* - She gulped all the water left **6** *(de golpe)* ⇒to knock back **7** *beber a morro del cartón de leche* - to drink straight from the carton of milk **8** **~ como {una esponja/ un cosaco}** ⇒to drink like a fish *inform*

bebida *s.f.* **1** *(líquido)* ⇒drink ⇒beverage *form* **2** *(alcohólica)* ⇒alcoholic drink US [U]; ⇒spirit UK; ⇒booze *inform* [U] **3** *(sin alcohol)* ⇒non-alcoholic drink **4** *(consumo habitual)* ⇒drinking

bebido, da *adj. / s.* ⇒drunk: *estar bebido* - to be drunk; ⇒drunken

beca *s.f.* **1** *(de estudios)* ⇒scholarship: *Acabó sus estudios universitarios gracias a una beca* - She finished her university studies thanks to a scholarship; ⇒grant: *otorgar una beca* - to award a grant; ⇒bursary (*pl* bursaries) **2** *(subvención)* ⇒grant

bechamel *s.f.* Véase **besamel**

bedel, -a *s.* ⇒warden ⇒porter UK; ⇒caretaker UK; ⇒janitor US

beicon *s.m.* ⇒bacon

béisbol *s.m.* ⇒baseball: *jugar al béisbol* - to play baseball

belén *s.m.* ⇒Nativity scene ⇒crib US; ⇒creche US

belga *adj. / s.com.* ⇒Belgian

Bélgica *s.f.* ⇒Belgium

belleza *s.f.* **1** *(cualidad)* ⇒beauty: *un concurso de belleza* - a beauty contest; ⇒loveliness **2** *(persona)* ⇒belle: *Es una belleza* - She's a belle; ⇒beauty

bello, lla *adj.* ⇒beautiful ⇒lovely

bellota *s.f.* ⇒acorn

bencina *s.f.* AMÉR. ⇒petrol UK; ⇒gasoline US; ⇒gas US

bendecir *v.* **1** *(a una persona)* ⇒to bless: *¡Qué Dios te bendiga!* - May God bless you! **2** *(la mesa)* ⇒to say grace

bendición *s.f.* **1** *(invocación)* ⇒blessing: *la bendición de Dios* - the blessing of God; ⇒benediction *form* **2** *dar la bendición a alguien* - to bless sb **3** *(ayuda divina)* ⇒boon: *La lluvia fue una bendición para la cosecha* - The rain was a boon for the crop; ⇒godsend

bendito, ta ▌*adj.* **1** ⇒blessed ⇒holy: *agua bendita* - holy water ▌*s.* **2** ⇒angel: *Laura es una bendita* - Laura is an angel

B

beneficiar ▌ *v.* **1** ⇒to benefit: *Esas medidas solo beneficiarán a los ricos* - Those measures will only benefit the rich ▌ **beneficiarse** *prnl.* **2** ⇒to benefit [CONSTR. to benefit from sth]: *Me beneficio de mis conocimientos siempre que puedo* - I benefit from my knowledge in any occasion

beneficio *s.m.* **1** ⇒benefit ⇒perk: *Uno de los beneficios adicionales de este trabajo es el coche de empresa* - One of the perks that comes with the job is a company car **2** *(de dinero)* ⇒profit: *Obtuvimos un gran beneficio con la venta de la casa* - We made a huge profit on the sale of the house; ⇒dividend **3 a ~ de** ⇒in aid of **4 en ~ de** ⇒to the advantage of: *trabajar en beneficio de la empresa* - to work to the advantage of the company; ⇒in favour of

beneficioso, sa *adj.* ⇒beneficial: *beneficioso para la salud* - beneficial to your health; ⇒profitable: *un uso beneficioso del tiempo* - a profitable use of one's time; ⇒salutary *form*

benéfico, ca *adj.* **1** ⇒benevolent ⇒charitable **2** *un concierto benéfico* - a charity concert; *un mercadillo benéfico* - a charity street market

benigno, na *adj.* **1** ⇒benign **2** *(el clima)* ⇒mild **3** *(una persona)* ⇒kind

berberecho *s.m.* ⇒cockle

berenjena *s.f.* ⇒aubergine *UK;* ⇒eggplant *US*

bermudas *s.amb.pl.* ⇒Bermuda shorts ⇒Bermudas: *Me compré unas bermudas* - I bought a pair of Bermuda shorts

berrear *v.* **1** *(un animal o una persona)* ⇒to bellow **2** *(una persona)* ⇒to bawl *inform;* ⇒to howl ⇒to blubber *inform: ¡Deja ya de berrear!* - Stop blubbering!

berrinche *s.m.* **1** *col.* ⇒tantrum: *Tenía tal berrinche que le di unos caramelos* - He had such a tantrum that I gave him some candies **2** *llevarse un berrinche* - to have a fit of rage

besamel *s.f.* ⇒white sauce ⇒béchamel (sauce)

besar *v.* **1** ⇒to kiss: *Se estaban besando* - They were kissing each other **2** *(fogosamente)* ⇒to snog *UK inform*

beso *s.m.* **1** ⇒kiss (*pl* kisses): *Le tiró un beso* - She blew a kiss to him; *dar un beso a alguien* - to give sb a kiss **2** *(fogoso)* ⇒snog *UK inform* **3** *(corto y rápido)* ⇒peck **4** *muchos besos para tu familia* - lots of love to your family **5** *(choque) col.* ⇒bump **6 comer(se) a besos a alguien** ⇒to smother *sb* with kisses

bestia ▌ *adj.* **1** *desp. (poco inteligente)* ⇒stupid *offens* **2** *desp. (maleducado, rudo)* ⇒rude ⇒animal *inform* ▌ *s.f.* **3** *(animal)* ⇒beast *form* **4** *(una persona)* ⇒brute: *Es un bestia* - He is a brute **5 a lo ~** ⇒like crazy **6 ~ de carga** ⇒beast of burden **7 ~ negra** ⇒bête noire (*pl* bêtes noires); ⇒bugbear

bestial *adj.* **1** *(enorme)* ⇒huge **2** *(tremendo)* ⇒tremendous **3** *(fantástico)* ⇒fantastic ⇒great **4** *(cruel)* ⇒bestial

bestialidad *s.f.* **1** *(acto cruel)* ⇒act of cruelty ⇒brutality **2** *(hecho estúpido)* ⇒stupid thing *inform: ¡Deja de decir bestialidades!* - Stop saying stupid things! **3** *Tiene una bestialidad de libros* - She has got a load of books

besugo *s.m. (pez)* ⇒bream (*pl* bream, breams)

betún *s.m.* ⇒polish: *Dales betún a las botas* - Give some polish to your boots; ⇒shoe polish

biberón *s.m.* ⇒baby's bottle ⇒feeding bottle: *Le dieron al bebé el biberón* - They gave the baby its feeding bottle; ⇒bottle

biblia *s.f.* ⇒Bible

bíblico, ca *adj.* ⇒biblical ⇒scriptural

bibliografía *s.f.* ⇒bibliography (*pl* bibliographies)

biblioteca *s.f.* **1** *(edificio)* ⇒library (*pl* libraries): *Tengo que ir a la biblioteca a devolver estos libros* - I have to go to the library to return these books **2** *(mueble)* ⇒bookcase

bibliotecario, ria *s.* ⇒librarian

bicho *s.m.* **1** *desp.* ⇒animal **2** *desp. (insecto)* ⇒bug ⇒vermin *pl: Estaba lleno de bichos* - It was all covered in vermin; ⇒creepy-crawly *inform* (*pl* creepy-crawlies) **3** *col. (travieso)* ⇒naughty person **4** *(malintencionado)* ⇒nasty **5 ~ raro** *col. desp.* ⇒crank *inform: Es un bicho raro* - He's a crank; ⇒freak *inform;* ⇒oddball *inform;* ⇒weirdo *inform* **6 ¿qué bicho {te/le/os/les} ha picado?** ⇒what's up with {you/him/them...}?

bici *s.f.* **1** *col.* ⇒bike *inform;* ⇒cycle **2** *Va en bici a trabajar* - He cycles to work **3** *montar en bici* - to go cycling / to ride a bike

bicicleta *s.f.* **1** ⇒bicycle ⇒cycle **2** *ir en bicicleta* - to cycle **3 ~ de carretera** ⇒road bike ⇒racing bike **4 ~ de montaña** ⇒mountain bike **5 ~ estática** ⇒exercise bicycle

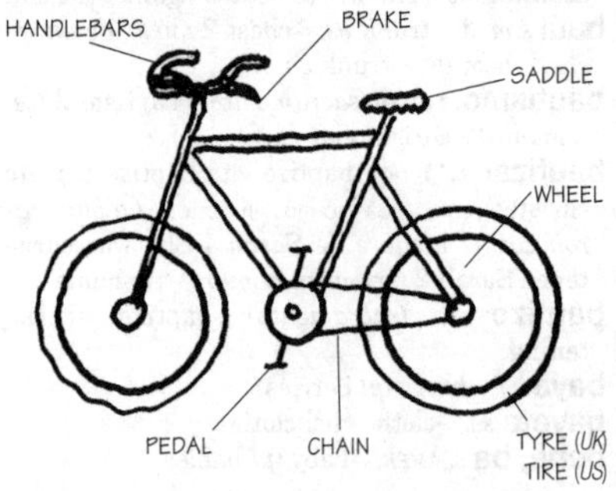

bidé *s.m.* ⇒bidet
bidón *s.m.* ⇒drum: *bidón de aceite* - oil drum
Bielorrusia *s.f.* ⇒Belarus
bielorruso, sa ▌*adj./s.* **1** ⇒Belarusian ▌**bielorruso** *s.m.* **2** *(idioma)* ⇒Belarusian
bien ▌*adj.* **1** ⇒well-to-do: *Viven en un barrio bien* - They live in a well-to-do neighborhood ▌*s.m.* **2** *(beneficio)* ⇒good: *Deberías ver al médico por tu propio bien* - You should see a doctor for your own good **3** *(bondad)* ⇒good: *hacer el bien* - to do good ▌**bienes** *s.m.pl.* **4** *(propiedades)* ⇒assets ⇒property **5 bienes de consumo** ⇒consumer goods **6 bienes gananciales** ⇒joint property **7 bienes inmuebles** ⇒real estate *US* **8 bienes muebles** ⇒personal property ▌*adv.* **9** ⇒well: *estar bien cuidado* - to be well looked after; ⇒alright ⇒all right ⇒fine: *No te preocupes, estará bien* - Don't worry, she will be fine **10** *(correcto)* ⇒right: *Tu respuesta está bien* - Your answer is right **11** *(de olor, de sabor)* ⇒good ⇒nice: *Esas flores huelen bien* - Those flowers smell nice **12** *(de salud)* ⇒well: *Ya me siento bien* - I already feel well **13** *(bastante)* ⇒nice and *sth* [CONSTR. Se usa seguido de un adjetivo]: *La clase estaba bien arreglada* - The classroom was nice and neat **14** *(correctamente)* ⇒properly: *El calentador no está funcionando bien* - The heater isn't working properly **15** *(firmemente)* ⇒securely: *Por favor, cierra bien la puerta cuando te vayas* - Please close the door securely when you leave **16** *un perro bien educado* - a well-behaved dog [CONSTR. Se construye con formas de participio pasado de un verbo para añadir un valor positivo a la acción: *well-fed - bien alimentado, well-dressed - bien vestido, well-kept - bien cuidado*] **17** *estar bien de precio* - to be good value **18** *Vamos bien de tiempo* - We have plenty of time **19** *estar bien económicamente* - to be well-off **20** *Todo irá bien* - Everything will be smoothly **21** *¡Bien pensado!* - That's a good thought! **22 ¡qué bien!** ⇒great! ▪ Ver cuadro good / well ▌**bien** *conj.* **23 bien... bien** ⇒either...or **24 si ~** ⇒although
bienestar *s.m.* **1** ⇒well-being ⇒comfort **2** *(económico)* ⇒welfare: *estado de bienestar* - welfare state
bienvenida *s.f.* **1** ⇒welcome: *Tuvimos una maravillosa bienvenida* - We had a wonderful welcome **2 dar la ~** ⇒to welcome: *Nos dieron una calurosa bienvenida* - They welcomed us warmly
bienvenido, da *adj.* ⇒welcome: *¡Bienvenido a casa!* - Welcome home!
bife *s.m.* *AMÉR.* ⇒steak
bigote *s.m.* **1** *(de una persona)* ⇒moustache *UK;* ⇒mustache *US* **2** *(de un animal)* ⇒whiskers *pl: los bigotes de un gato* - a cat's whiskers
bikini *s.m.* ⇒bikini
bilingüe *adj.* ⇒bilingual
billar *s.m.* **1** *(juego)* ⇒pool: *¿Te apetece que juguemos al billar?* - Do you fancy a game of pool?; ⇒billiards *pl* **2** *(con 22 bolas)* ⇒snooker **3** *(mesa)* ⇒pool table ⇒billiard table **4** *(lugar)* ⇒pool hall ⇒billiard hall
billete *s.m.* **1** *(de dinero)* ⇒note *UK;* ⇒banknote *UK;* ⇒bill *US: un billete de un dólar* - a one dollar bill **2** *(de cinco libras)* ⇒fiver *UK inform* **3** *(de diez libras)* ⇒tenner *UK inform* **4** *(entrada, transporte)* ⇒ticket **5** *(de lotería)* ⇒ticket **6 ~ de ida** ⇒single (ticket) *UK;* ⇒one-way ticket *US* **7 ~ de ida y vuelta** ⇒return *UK;* ⇒return ticket *UK;* ⇒round-trip ticket *US*
billetero *s.m.* ⇒wallet ⇒billfold *US*
billón ▌*pron.numer.* **1** *(número)* ⇒trillion: *un billón de personas* - a trillion people; *un billón de dólares* - a trillion dollars ▌*s.m.* **2** *(signo)* ⇒trillion
bingo *s.m.* ⇒bingo
biografía *s.f.* ⇒biography (*pl* biographies)
biología *s.f.* ⇒biology
biólogo, ga *s.* ⇒biologist
biquini *s.m.* ⇒bikini
birria ▌*s.f.* **1** *col. desp. (una cosa)* ⇒rubbish *UK inform* [U]; ⇒garbage *inform* [U] ▌*s.com.* **2** *(una persona)* ⇒drip *inform*
bisabuelo, la ▌*s.* **1** *(hombre)* ⇒great-grandfather **2** *(mujer)* ⇒great-grandmother ▌**bisabuelos** *s.m.pl.* **3** *(bisabuelo y bisabuela)* ⇒great-grandparents
bisagra *s.f.* ⇒hinge
bisiesto *adj./s.m. año bisiesto* - leap year
bisnieto, ta *s.* **1** *(sin especificar sexo)* ⇒great-grandchild (*pl* great-grandchildren) **2** *(chico)* ⇒great-grandson **3** *(chica)* ⇒great-granddaughter
bisonte *s.m.* **1** ⇒bison (*pl* bison) **2** *(americano)* ⇒buffalo (*pl* buffaloes, buffalo)
bisturí *s.m.* ⇒scalpel
bisutería *s.f.* **1** ⇒costume jewellery **2** *bisutería barata* - bauble
bizco, ca *adj./s.* ⇒cross-eyed *adj* squinting
bizcocho *s.m.* ⇒sponge ⇒sponge cake
biznieto, ta *s.* Véase **bisnieto, ta**
blanco, ca ▌*adj.* **1** *(color)* ⇒white: *una falda blanca* - a white skirt **2** *(la tez)* ⇒fair **3 ~ como la nieve** ⇒snow-white **4 blanco sucio** *(color)* ⇒off-white **5 en blanco** ⇒blank: *una página en*

blanco - a blank page ▮ *s.* **6** *(persona)* ⇒white person ▮ **blanco** *s.m.* **7** *(objetivo)* ⇒target: *dar en el blanco* - to hit the target; *El misil falló el blanco* - The missile missed the target; ⇒bull's-eye **8** *(objeto de burla)* ⇒butt: *ser el blanco de todos las risas* - to be the butt of all the mockering **9 blanco fácil** ⇒sitting duck ⇒sitting target

blando, da *adj.* **1** *(cosa)* ⇒soft: *Esos melocotones están demasiado blandos* - Those peaches are too soft; ⇒smooth ⇒tender **2** *(carácter)* ⇒soft: *El profesor es muy blando con sus alumnos* - The teacher is very soft on his students; ⇒softie *inform;* ⇒indulgent *form*

blanquear *v.* **1** *(la ropa)* ⇒to bleach **2** *(dinero)* ⇒to launder **3** *(los dientes, el pelo)* ⇒to whiten **4** *(una fachada)* ⇒to whitewash

blasfemia *s.f.* **1** ⇒blasphemy (*pl* blasphemies) **2** *(taco)* ⇒swearword

bloc *s.m.* **1** ⇒pad **2 ~ de notas** ⇒notepad ⇒pad: *Siempre llevaba un bloc de notas negro* - She was always carrying a black pad; ⇒writing pad

bloque *s.m.* **1** *(trozo de un material)* ⇒block: *bloque de piedra* - block of stone; ⇒slab **2** *(edificio)* ⇒block: *Mi casa está dos bloques más allá* - My house is two blocks further on **3** *(de apartamentos)* ⇒tenement ⇒tower block *UK* **4** *(de países)* ⇒bloc

bloquear ▮ *v.* **1** *(un lugar)* ⇒to block: *El camión bloqueó la carretera* - The lorry blocked the road; ⇒to bar ⇒to blockade ⇒to clog: *Las carreteras están bloqueadas por el tráfico* - The roads are clogged with traffic **2** *(la línea telefónica)* ⇒to jam: *Las constantes llamadas del público han bloqueado la centralita* - The constant calls from the listeners have jammed the switchboard **3** *(un mecanismo)* ⇒to lock **4** *(las inclemencias)* ⇒cut off [CONSTR. Se usa más en pasiva]: *La tormenta les bloqueó* - They were cut off by the storm **5** *(en economía)* ⇒to block ⇒to ban: *El Gobierno decidió bloquear las importaciones de petróleo* - The Government decided to ban oil imports ▮ **bloquearse** *prnl.* **6** *(un ordenador)* ⇒to go down **7** *(una persona)* ⇒to go blank: *Me bloqueé cuando le vi* - I went blank when I saw him

blue-jean *s.m.* *AMÉR.* ⇒jeans *pl*

blusa *s.f.* ⇒blouse

bluyín *s.m.* *AMÉR.* ⇒jeans *pl*

boa *s.f.* ⇒boa

bobada *s.f.* ⇒nonsense [U]: *¡No digas bobadas!* - Don't talk nonsense!; ⇒twaddle *inform*

bobina *s.f.* **1** *(de hilo)* ⇒bobbin **2** *(de una película)* ⇒reel **3** *(eléctrica)* ⇒coil

bobo, ba *adj./s. desp.* ⇒silly *adj: Venga, no seas tan bobo* - Come on, don't be so silly; ⇒fool *inform n*

boca *s.f.* **1** ⇒mouth **2** *(fauces)* ⇒jaws *pl* **3** *(de un río)* ⇒rivermouth **4** *(entrada)* ⇒entrance: *la boca del metro* - the tube entrance **5 ~ abajo** ⇒face down **6 ~ a ~** ⇒kiss of life **7 ~ arriba** ⇒face up **8 de ~ en ~** *La noticia va de boca en boca* - Everybody knows about the news

bocacalle *s.f.* ⇒turning *UK*

bocadillo *s.m.* ⇒sandwich (*pl* sandwiches): *un bocadillo de queso* - a cheese sandwich

bocado *s.m.* **1** ⇒taste ⇒bite: *Le dio un gran bocado a su bocadillo* - He gave a huge bite to her sandwich; ⇒nibble **2** *(algo de comer)* ⇒snack: *Tomaré un bocado antes de irme* - I will have a snack before leaving; ⇒mouthful **3** *(freno de un caballo)* ⇒bit **4 ~ de Adán** ⇒Adam's apple **5 dar un ~** ⇒to bite: *Un perro le dio un bocado en el tobillo* - A dog bit him on the ankle

bocata *s.m.* ⇒sandwich

bocazas *s.com. col.* ⇒big mouth *inform;* ⇒blabbermouth *inform;* ⇒loudmouth *inform: ¡Es un bocazas!* - He is a loudmouth!

boceto *s.m.* **1** *(dibujo)* ⇒sketch (*pl* sketches) **2** *(idea general)* ⇒outline **3** *hacer un boceto de algo* - to sketch sth

bochorno *s.m.* **1** *(una situación)* ⇒embarrassment **2** *¡Qué bochorno!* - How embarrassing! **3** *(calor)* ⇒stifling heat: *¡Menudo bochorno!* - What stifling heat!; ⇒sultry weather

bocina *s.f.* ⇒horn: *tocar la bocina* - to sound the horn

boda *s.f.* **1** *(sacramento)* ⇒marriage **2** *(ceremonia)* ⇒wedding: *Fui a la boda de mi primo* - I went to my cousin's wedding **3** *(celebración)* ⇒reception ⇒wedding reception **4 bodas de oro** ⇒golden wedding anniversary **5 bodas de plata** ⇒silver wedding anniversary

bodega *s.f.* **1** *(para el vino)* ⇒wine cellar **2** *(tienda)* ⇒wine shop ⇒off-licence *UK* **3** *(almacén)* ⇒cellar **4** *(en un barco o avión)* ⇒hold

bodegón *s.m.* ⇒still life

bofetada *s.f.* **1** ⇒slap **2** *dar una bofetada a alguien* - to slap sb's face

boicot *s.m.* ⇒boycott

boicotear *v.* **1** ⇒to boycott: *boicotear un producto* - to boycott a product **2** *(un plan)* ⇒to derail ⇒to sabotage

boina *s.f.* ⇒beret

bol *s.m.* ⇒bowl

bola *s.f.* **1** ⇒ball **2** *(de nieve)* ⇒snowball **3** *(de* *helado)* ⇨scoop **4** *(de naftalina)* ⇨mothball **5** *col. (mentira)* ⇨fib *inform;* ⇨whopper *inform* **6** *(cabeza) col.* ⇨nut *inform* **7** ~ **del mundo** ⇨globe **8 ir a su** ~ *col.* ⇨to go *one's* own way

boletín *s.m.* **1** *(publicación)* ⇨bulletin ⇨review **2** *(informativo)* ⇨bulletin ⇨newsletter **3** *(impreso)* ⇨form: *un boletín de suscripción* - a subscription form

boleto *s.m.* **1** *(de un sorteo)* ⇨ticket **2** *(de quiniela)* ⇨coupon **3** *AMÉR. (entrada, transporte)* ⇨ticket

boli *s.m. col.* ⇨biro® *UK;* ⇨pen

bolígrafo *s.m.* ⇨biro® *UK;* ⇨pen ⇨ballpoint: *Aprendió a escribir con bolígrafo en el colegio* - He learnt to write in ballpoint at school; ⇨ballpoint pen

Bolivia *s.f.* ⇨Bolivia

boliviano, na *adj./s.* ⇨Bolivian

bollo *s.m.* **1** *(dulce)* ⇨bun *UK;* ⇨cake **2** *(de pan)* ⇨roll **3** *(en el coche)* ⇨dent **4** *(chichón)* ⇨bump

bolsa *s.f.* **1** ⇨bag **2** *(de plástico o de papel)* ⇨carrier bag *UK;* ⇨shopping bag *US* **3** *(de aperitivos o de golosinas)* ⇨packet *UK* [Existen dos formas para decir *una bolsa de patatas*: *a packet of crisps* (si está llena) y *a crisp packet* (si está vacía)]; ⇨package *US* **4** *(de agua caliente)* ⇨hot-water bottle **5** *(de aseo)* ⇨sponge bag ⇨toilet bag **6** *(de hielo)* ⇨ice pack **7** *(de viaje)* ⇨duffle bag ⇨carryall *US;* ⇨holdall *UK* **8** *(de basura)* ⇨bin bag ⇨garbage bag **9** *(de tamaño pequeño)* ⇨pouch (*pl* pouches): *Llevaba todo su dinero en una bolsita unida al cinturón* - He carried all his money in a little pouch attached to his belt; ⇨sachet **10** *(de un canguro)* ⇨pouch (*pl* pouches) **11** *(debajo de los ojos)* ⇨bag **12** *(acumulación)* ⇨pocket: *una bolsa de gas* - a pocket of gas **13** *(en economía)* ⇨Stock Market ⇨Stock Exchange **14** ~ **de trabajo** ⇨job vacancies **15 bolsita de té** ⇨teabag

bolsillo *s.m.* **1** *(ropa)* ⇨pocket: *Lo tuve que pagar de mi bolsillo* - I had to pay for it out of my own pocket **2 de** ~ ⇨pocket: *Compré un libro de bolsillo* - I bought a pocket edition

bolso *s.m.* **1** ⇨bag **2** *(de mujer)* ⇨handbag *UK;* ⇨purse *US* **3** *(de bandolera)* ⇨shoulder bag **4** *(de viaje)* ⇨travel bag

bomba *s.f.* **1** *(explosivo)* ⇨bomb: *colocar una bomba* - to plant a bomb **2** *(con temporizador)* ⇨time bomb **3** *(incendiaria)* ⇨firebomb **4** *(gasolinera) AMÉR.* ⇨petrol station *UK;* ⇨gas station *US* **5** *(maquinaria)* ⇨pump **6** *(de aire)* ⇨air pump **7** *(de bicicleta)* ⇨bicycle pump **8** *col. (noticia)* ⇨bombshell *inform* **9** *Lo pasamos bomba* - We had a brilliant time **10** *Esta canción es la bomba* - This song is pure dynamite **11** ~ **atómica** ⇨atomic bomb **12** ~ **fétida** ⇨stink bomb **13** ~ **trampa** ⇨booby-trap **14 {carta/coche/paquete} bomba** ⇨{letter/car/parcel} bomb **15 {hombre/mujer} bomba** ⇨suicide bomber

bombardear *v.* **1** *(con bombas)* ⇨to bomb: *Los aviones bombardearon la ciudad desde el aire* - The planes bombed the city; ⇨to bombard ⇨to shell: *La ciudad fue bombardeada por los tanques* - The village was shelled **2** *(asediar)* ⇨to besiege ⇨to blitz **3** *(con cuestiones, con preguntas)* ⇨to bombard: *Los niños bombardearon a preguntas a la profesora* - The kids bombarded the teacher with questions

bombardeo *s.m.* **1** ⇨bombing ⇨bombardment **2** *(acoso, asedio)* ⇨bombarding

bombazo *s.m.* **1** *(explosión)* ⇨bomb blast **2** *col. (noticia)* ⇨bombshell *inform*

bombear *v.* ⇨to pump

bombero, ra *s.* **1** *(sin especificar sexo)* ⇨firefighter **2** *(hombre)* ⇨fireman (*pl* firemen) **3** *(mujer)* ⇨firewoman (*pl* firewomen) **4** *¡Llamen a los bomberos!* - Call the fire brigade! **5 cuerpo de bomberos** ⇨fire brigade **6 parque de bomberos** ⇨fire station

bombilla *s.f.* ⇨bulb: *cambiar una bombilla* - to change a bulb; ⇨light bulb

bombo *s.m.* **1** *(instrumento musical)* ⇨bass drum **2** *(músico)* ⇨bass drummer **3** *(en un sorteo)* ⇨drum **4 dar** ~ **a algo** *col.* ⇨to hype *sth* **5 hacer algo a** ~ **y platillo** *col.* ⇨to make a song and dance about *sth* **6 tener la cabeza como un** ~ *col.* ⇨to have *one's* head throbbing

bombón *s.m.* **1** ⇨chocolate: *una caja de bombones* - a box of chocolates; ⇨sweet *UK;* ⇨choc *UK inform* **2** ~ **helado** ⇨choc-ice *UK*

bombona *s.f.* ⇨cylinder: *bombona de butano* - gas cylinder; *bombona de oxígeno* - oxygen cylinder

bonachón, -a ▮ *adj.* **1** ⇨kind-hearted ⇨good-natured ▮ *s.* **2** ⇨angel

bondad *s.f.* **1** ⇨goodness ⇨kindness **2** *¿Tendría la bondad de ayudarme?* - Would you be so kind as to help me?

bondadoso, sa *adj.* ⇨kind ⇨kind-hearted

bonito, ta ▮ *adj.* **1** ⇨nice ⇨lovely **2** *(un edificio, una obra de arte)* ⇨aesthetic ⇨nice **3** *(niño, mujer)* ⇨pretty: *Sheila es muy bonita* - Sheila is very pretty; *(hombre)* ⇨handsome ▮ **bonito** *s.m.* **4** *(pez, pescado)* ⇨tuna (*pl* tuna, tunas)

bono ▮ *s.m.* **1** *(transporte)* ⇨pass: *bono de metro* - underground pass **2** *un bono de diez viajes* - a ten-journey ticket **3** *(en economía)*

⇒bond **4** *(vale)* ⇒voucher ❙ **bonos** *s.m.pl.* **5** *(del Estado)* ⇒gilts *pl*

bonobús *s.m.* ⇒bus pass ⇒multi-journey bus ticket

boquerón *s.m.* ⇒anchovy (*pl* anchovies)

boquiabierto, ta *adj.* ⇒speechless: *quedarse boquiabierto* - to be dumbstruck

boquilla *s.f.* **1** *(para colocar un cigarro)* ⇒cigarette holder **2** *(de un cigarro)* ⇒filter **3** *(de una pipa, de un instrumento musical)* ⇒mouthpiece **4** *(de una manguera)* ⇒nozzle **5 de ~** *col. decir algo de boquilla* - to say sth without meaning it

bordado, da ❙ *adj.* **1** ⇒embroidered: *bordado a mano* - hand-embroidered **2** *(muy bien, perfecto) col. La fiesta salió bordada* - The party went very well ❙ **bordado** *s.m.* **3** ⇒embroidery (*pl* embroideries); ⇒needlework

bordar *v.* **1** *(coser)* ⇒to embroider **2** *col. (hacer muy bien): La pianista bordó el concierto* - The pianist played brilliantly at the concert

borde ❙ *adj.* **1** *col. (una persona)* ⇒rude ⇒nasty ⇒stroppy UK *inform: No seas borde con ella* - Don't be stroppy to her; ⇒nasty ❙ *s.m.* **2** ⇒edge: *al borde del acantilado* - on the edge of the cliff; ⇒border ⇒side ⇒brink **3** *(de un vaso, de una copa)* ⇒rim ⇒lip ⇒brim: *El vaso está lleno de leche hasta el borde* - The glass is full to the brim with milk **4** *(de una tela)* ⇒edging **5** *(de la carretera)* ⇒roadside **6** *(de un camino)* ⇒wayside **7 al ~ de 1** *(en un lado de)* ⇒at the side of: *Había gente vendiendo melones al borde de la carretera* - There were people selling melons at the side of the road **2** *(en sentido figurado)* ⇒on the brink of: *estar al borde del desastre* - to be on the brink of disaster; ⇒on the verge of

bordillo *s.m.* ⇒curb UK; ⇒kerb US

bordo (a ~) ⇒aboard: *estar a bordo* - to be aboard; ⇒on board: *¡Bienvenido a bordo!* - Welcome on board!

borrachera *s.f.* **1** *col.* ⇒spree *very inform;* ⇒binge *inform* **2** *cogerse una borrachera de vino* - to get drunk on wine

borracho, cha *adj./s.* **1** ⇒drunken ⇒drunk *adj;* ⇒boozer *inform n;* ⇒pissed UK *very inform adj* **2** *(habitual)* ⇒boozer *inform n;* ⇒heavy drinker *n* **3 ~ como una cuba** ⇒blind drunk

borrador *s.m.* **1** *(escrito provisional)* ⇒draft **2** *(para la pizarra)* ⇒duster ⇒board rubber UK; ⇒eraser US

borrar ❙ *v.* **1** ⇒to erase ⇒to wipe off: *¿Puedes borrar la pizarra?* - Can you wipe the blackboard off ?; ⇒to efface *form;* ⇒to expunge *form* **2** *(en informática)* ⇒to delete ⇒to erase **3** *(un escrito, con goma)* ⇒to rub out UK: *borrar una palabra* - to rub out a word **4** *(un recuerdo, un pensamiento)* ⇒to blot out ⇒to block out **5** *(una señal, una marca)* ⇒to remove ⇒to clean ❙ **borrarse** *prnl.* **6** ⇒to wear off ⇒to withdraw **7** *(darse de baja)* ⇒to cancel ⇒to reisgn

borrasca *s.f.* **1** *(ciclón)* ⇒low pressure ⇒depression **2** *(tormenta)* ⇒storm

borrico, ca *s. (animal)* ⇒ass *old-fash* (*pl* asses); ⇒donkey

borrón *s.m.* **1** ⇒smudge **2** *(de tinta)* ⇒blot: *un borrón de tinta* - a blot of ink; ⇒stain **3 hacer ~ y cuenta nueva** *col.* ⇒to let bygones be bygones

borroso, sa *adj.* **1** *(desenfocado)* ⇒blurred: *La foto estaba borrosa* - The photo was blurred; *Veo borroso* - My vision's blurred; ⇒fuzzy **2** *(recuerdo)* ⇒vague ⇒dim **3** *(escritura)* ⇒illegible ⇒smudgy

Bosnia *s.f.* ⇒Bosnia

bosnio, nia *adj./s.* ⇒Bosnian

bosque *s.m.* **1** ⇒forest ⇒woodland **2** *(pequeño)* ⇒wood

bostezar *v.* ⇒to yawn: *Tenía tanta hambre que no podía parar de bostezar* - I was so hungry that I could not stop yawning

bostezo *s.m.* ⇒yawn

bota *s.f.* **1** ⇒boot **2 ~ de agua** ⇒wellington boot UK; ⇒wellington UK; ⇒welly UK *inform* (*pl* wellies); ⇒rubber boot US **3 ~ de fútbol** ⇒football boot **4 ~ de montar** ⇒riding boot **5 ~ de vino** ⇒wineskin bottle **6 ~ militar** ⇒jackboot **7 ponerse las botas** *col. (comer mucho)* ⇒to stuff oneself *inform: En tu cumpleaños nos pusimos las botas* - We stuffed ourselves on your birthday

botánica *s.f.* ⇒botany

botar *v.* **1** *(una pelota)* ⇒to bounce **2** *(un barco)* ⇒to launch **3** *(saltar)* ⇒to jump: *El equipo botaba de alegría* - The team was jumping for joy **4** AMÉR. *(de un trabajo)* ⇒to dismiss ⇒to sack **5** AMÉR. *(tirar, arrojar)* ⇒to throw **6** AMÉR. *(perder)* ⇒to lose

bote *s.m.* **1** *(barco pequeño)* ⇒boat ⇒dinghy (*pl* dinghies) **2** *(lata)* ⇒tin ⇒canister ⇒can [Hay dos formas de decir *un bote de limonada*: *a can of lemonade* (si está lleno) y *a lemonade can* (si está vacío)] **3** *(tarro)* ⇒jar: *un bote de azúcar* - a jar of sugar; ⇒pot **4** *(salto de una persona)* ⇒jump **5** *(de una pelota)* ⇒bounce **6** *(premio acumulado)* ⇒jackpot: *Ganó el bote de la lotería* - She won the jackpot in the lottery **7** *(fondo de dinero)* ⇒kitty (*pl* kitties) **8** *(de propinas)* ⇒tips box **9 a ~ pronto** *col.* ⇒off the top of *one's* head **10 ~ de humo** ⇒smoke bomb **11 ~ salvavidas** ⇒lifeboat **12 dar botes** ⇒to bounce **13 estar de ~ en ~** ⇒to be packed

botella *s.f.* **1** ⇒bottle [Hay dos formas de decir *una botella de vino*: *a bottle of wine* (si está llena) y *a wine bottle* (si está vacía)] **2 {de/en} botella** ⇒bottled

botín *s.m.* **1** *(calzado)* ⇒ankle boot **2** *(dinero o conjunto de objetos robados)* ⇒booty: *Los piratas escaparon con el botín* - The pirates went away with the booty; ⇒plunder ⇒loot: *El botín del ladrón incluía todas las joyas* - The loot included all the jewels

botiquín *s.m.* **1** *(maletín)* ⇒first-aid kit **2** *(lugar)* ⇒first-aid centre UK; ⇒first-aid center US; ⇒first-aid post **3** *(armario)* ⇒medicine cabinet ⇒medicine chest

botón *s.m.* **1** *(en una prenda)* ⇒button: *No puedo desabrocharme los botones del abrigo* - I can't undo these coat buttons **2** *(en un aparato)* ⇒button: *Apriete este botón* - Press this button; ⇒knob

botones *s.com. (de un hotel)* ⇒bellboy ⇒porter

bóveda *s.f.* ⇒vault

boxear *v.* ⇒to box

boxeo *s.m.* ⇒boxing

bozal *s.m.* ⇒muzzle

braga *s.f.* **1** ⇒knickers UK *pl: unas bragas* - a pair of knickers; ⇒panties US *pl: Tengo unas bragas amarillas* - I have a pair of yellow panties; ⇒pants UK *pl: Compré unas bragas demasiado pequeñas* - I bought a pair of pants that were too small **2 dejar a alguien en bragas** *col.* ⇒to leave *sb* penniless

bragueta *s.f.* ⇒fly (*pl* flies); ⇒flies UK *pl: Llevas la bragueta bajada* - Your flies are undone; ⇒zipper US

brasa ▌*s.f.* **1** ⇒live coal ⇒hot coal **2 a la ~** ⇒grilled ▌**brasas** *s.f.pl.* **3** *(de carbón)* ⇒coals

brasero *s.m.* **1** ⇒brazier **2** *(eléctrico)* ⇒electric heater

Brasil *s.m.* ⇒Brazil

brasileño, ña *adj./s.* ⇒Brazilian

bravo, va ▌*adj.* **1** *(una persona)* ⇒brave ⇒doughty *lit* **2** *(un animal)* ⇒fierce ▌**bravo** *interj.* **3** ⇒bravo!

braza *s.f.* **1** *(medida)* ⇒fathom **2** *(en natación)* ⇒breaststroke: *nadar a braza* - to swim breaststroke

brazada *s.f.* **1** *(al nadar)* ⇒stroke **2** *(cantidad)* ⇒armful

brazalete *s.m.* **1** ⇒bracelet ⇒bangle **2** *(distintivo de tela)* ⇒armband

brazo *s.m.* **1** ⇒arm **2** *(de mar)* ⇒inlet **3 ~ de gitano** ⇒Swiss roll **4 con los brazos abiertos** ⇒with open arms **5 con los brazos cruzados** ⇒with folded arms **6 dar el ~ a torcer** *col.* ⇒to give way **7 del ~** ⇒arm in arm **8 ser el ~ derecho de alguien** ⇒to be *sb's* right-hand person

brecha *s.f.* **1** ⇒breach: *Entraron por una brecha de la pared* - They entered through a breach on the wall; ⇒hole ⇒opening **2** *hacerse una brecha en la frente* - to gash one's forehead **3 estar en la ~** ⇒to be in the thick of things

brécol *s.m.* ⇒broccoli

breva *s.f.* **1** ⇒early fig **2 no caerá esa ~** *col.* ⇒no such luck! *inform*

breve *adj.* **1** ⇒brief: *ser breve* - to be brief; ⇒short **2 en ~** ⇒shortly ⇒very soon

bricolaje *s.m.* ⇒do-it-yourself ⇒DIY UK: *Han abierto una nueva tienda de bricolaje en la ciudad* - They've opened a new DIY shop in town

brigada ▌*s.com.* **1** *(persona)* ⇒sergeant major ▌*s.f.* **2** *(grupo)* ⇒squad: *¿Ha llegado ya la brigada antidroga?* - Has the drugs squad arrived yet?; ⇒brigade ⇒gang

brillante ▌*adj.* **1** *(que brilla)* ⇒shiny: *Después de darle cera el coche estaba brillante* - After being polished the car was shiny; ⇒bright: *colores brillantes* - bright colours; ⇒shining: *ojos brillantes* - shining eyes; ⇒glittering: *La hierba húmeda brillaba* - The grass was glittering with water; ⇒sparkling: *Llevaba una camiseta con dibujos brillantes* - He wore a T-shirt with sparkling designs **2** *(que destaca)* ⇒bright: *Mandy es una niña muy brillante* - Mandy's a very bright kid; ⇒brilliant: *una idea brillante* - a brilliant idea **3** *(un color)* ⇒rich ⇒vibrant **4** *(el pelo)* ⇒sleek ▌*s.m.* **5** *(diamante)* ⇒diamond

brillar *v.* **1** *(dar luz)* ⇒to shine: *El sol estaba brillando cuando llegamos a la playa* - The sun was shining when we arrived at the beach; ⇒to beam **2** *(dar luz tenue)* ⇒to glimmer: *Las velas brillaban en el pastel* - The candles glittered over the cake **3** *(despedir destellos)* ⇒to sparkle: *Has dejado tan limpia la plata que brilla* - You have left the silverware so clean that it sparkles; ⇒to twinkle **4** *(resplandecer)* ⇒to shimmer: *Las aguas del mar brillaban a la luz de la luna* - The waters of the sea shimmered in the moonlight **5** *(relucir, tener brillo)* ⇒to shine: *Limpió sus zapatos hasta que brillaron* - He polished his boots until they shone; ⇒to glitter: *Las estrellas brillaban* - The stars glittered; ⇒to sparkle **6** *(destacar)* ⇒to shine

B

⇒to stand out: *Tu inteligencia brilla allá donde vas* - Your intelligence stands out wherever you go

brillo *s.m.* **1** ⇒shine ⇒brightness: *el brillo del sol* - the brightness of the sun **2** *sacar brillo* - to make sth shine **3** *(esplendor)* ⇒brilliance ⇒splendour

brincar *v.* **1** ⇒to leap: *Brincó a una silla en cuanto vio el ratón* - She leaped into the chair when she saw the mouse; ⇒to jump: *brincar de alegría* - to jump for joy **2** *(un animal)* ⇒to hop: *Las ovejas brincaban* - Sheeps were hopping around

brinco *s.m.* ⇒leap: *El gato dio un gran brinco encima de la mesa* - The cat gave a big leap onto the table; ⇒jump

brindar ▌ *v.* **1** *(hacer un brindis)* ⇒to toast [CONSTR. to toast sth/sb]: *Todos brindaron por la pareja de recién casados* - They all toasted the newly married couple; ⇒to drink to [CONSTR. to drink to sth/sb]: *Brindemos por el futuro* - Let's drink to the future **2** *(proporcionar)* ⇒to provide [CONSTR. to provide with sth]; ⇒to give [CONSTR. to give + dos objetos]: *brindar una oportunidad a alguien* - to give sb a chance **3** *brindar un homenaje a alguien* - to pay tribute to sb ▌ **brindarse** *prnl.* **4** ⇒to offer: *Se brindó para llevarle las bolsas* - She offered to carry her bags

brindis *s.m.* ⇒toast: *hacer un brindis por algo* - to drink a toast to sth

brisa *s.f.* ⇒breeze

británico, ca ▌ *adj.* **1** ⇒British ▌ *s.* **2** ⇒Briton **3** *(hombre)* ⇒British man (*pl* British men) **4** *(mujer)* ⇒British woman (*pl* British women) **5** *(plural genérico): los británicos* - the British

brocha *s.f.* **1** ⇒paintbrush (*pl* paintbrushes) **2** *(de afeitar)* ⇒shaving brush

broche *s.m.* **1** *(joya)* ⇒brooch (*pl* brooches): *un broche de plata* - a silver brooch; ⇒pin *US* **2** *(cierre)* ⇒fastener: *Tengo un abrigo nuevo rojo con broches metálicos* - I've got a new red coat with metal fasteners; ⇒clasp **3 ~ de oro** ⇒crowning glory: *el broche de oro de la fiesta* - the crowning glory of the party

bróder *s.m.* *AMÉR.* ⇒brother

broma *s.f.* **1** ⇒joke: *una broma pesada* - a practical joke; ⇒jest *form;* ⇒trick: *gastar una broma a alguien* - to play a trick on sb **2** *bromas aparte* - joking apart **3 de ~** ⇒for a laugh *inform* **4 ¡ni en broma!** ⇒no way!

bromear *v.* ⇒to joke [CONSTR. to joke about sth]: *No bromees con esas cosas* - Don't joke about these things; ⇒to jest

bromista *s.com.* ⇒joker: *No le hagas caso, es un bromista* - Don't listen to him, he's just a joker

bronca *s.f.* **1** *col.* ⇒row *UK: Tuvieron una bronca terrible* - They had a horrible row; ⇒telling-off *inform: Mi jefa me echó la bronca* - My boss gave me a telling-off; ⇒bust-up *UK inform* **2 buscar ~** ⇒to be looking for a fight

bronce *s.m.* ⇒bronze: *medalla de bronce* - bronze medal

bronceador *s.m.* ⇒suntan lotion ⇒suncream

brotar *v.* **1** *(el agua)* ⇒to spring up ⇒to well up **2** *(una planta)* ⇒to sprout ⇒to come out **3** *(una enfermedad): Me brotó la varicela* - I got chickenpox **4** *(un líquido)* ⇒to flow **5** *(una planta)* ⇒to sprout

bruces (de ~) **1** *col. (de forma inesperada): darse de bruces con algo* - to bump into sth **2** *col. (con la cara contra el suelo): caerse de bruces* - to fall flat on one's face

brujería *s.f.* ⇒witchcraft

brujo, ja *s.* **1** *(hombre)* ⇒wizard **2** *(mujer)* ⇒witch (*pl* witches): *Hay brujas en muchos cuentos de hadas* - There are witches in many fairy tales

brújula *s.f.* ⇒compass (*pl* compasses)

bruma *s.f.* ⇒mist: *Los campos estaban cubiertos de bruma* - The fields were covered in mist; ⇒fog

brusco, ca *adj.* **1** *(repentino, inesperado)* ⇒sudden ⇒abrupt: *El viaje de Kevin tuvo un brusco final cuando su coche chocó* - Kevin's trip came to an abrupt end when his car crashed **2** *(directo, poco amable)* ⇒brusque ⇒abrupt ⇒blunt: *No le hagas preguntas tan bruscas* - Don't ask him such blunt questions; ⇒offhand: *No seas brusco con él* - Don't appear offhand with him

brutal *adj.* ⇒brutal ⇒brutish

bruto, ta *adj.* **1** *col. (poco inteligente)* ⇒dim *UK offens* **2** *col. (poco delicado)* ⇒brutish: *Es una persona tan bruta* - He is such a brutish person; ⇒rough **3** *(cantidad total)* ⇒gross: *salario bruto* - gross incomes

buceador, -a *s.* ⇒diver

bucear *v.* **1** *(en las profundidades)* ⇒to dive **2** *(cerca de la superficie)* ⇒to swim underwater **3** *(con escafandra)* ⇒to scuba dive **4** *(estudiar)* ⇒to explore ⇒to dive

buceo *s.m.* **1** ⇒diving: *practicar el buceo* - to go diving **2** *(con escafandra)* ⇒scuba diving

bucle *s.m.* **1** ⇒curl **2** *(en informática)* ⇒loop

budismo *s.m.* ⇒Buddhism

budista *adj./s.com.* ⇒Buddhist

buen *adj.* Véase **bueno, na**

bueno, na ▮ *adj.* **1** *(de gran calidad)* ⇒good: *un colegio muy bueno* - a very good school **2** *(obediente)* ⇒good: *Los niños han sido muy buenos* - The kids have been very good **3** *(adecuado, correcto)* ⇒good ⇒right: *en un buen momento* - at the right moment; ⇒sound **4** *(divertido, entretenido)* ⇒nice ⇒good: *¡Que tengáis un buen día!* - Have a good day! **5** *(capaz, apto)* ⇒good: *Mi padre es un buen cocinero* - My father's a good cook **6** *(con cualidades morales)* ⇒good ⇒kind: *Es tan buena persona que siempre está pensando en los demás* - She's such a kind person, always thinking of others **7** *(rico, apetitoso)* ⇒good: *El pastel estaba muy bueno* - The cake was very good **8** *(bastante, considerable)* ⇒considerable **9** *(con buena salud)* ⇒good: *La abuela todavía tiene una buena salud* - Grandma still has good health **10** *(agradable)* ⇒fond: *Tengo buenos recuerdos del tiempo que pasé en Pakistán* - I have fond memories of my time in Pakistan **11** *(despejado, agradable)* ⇒fair: *buen tiempo* - fair weather **12** *col. (guapo, atractivo)* ⇒handsome ⇒gorgeous ▮ *s.* **13** *(en un cuento o una película)* ⇒goody *inform* (*pl* goodies): *Y entonces llegaron los buenos...* - And then the goodies arrived and... ▮ **bueno** *adv.* **14** *(de acuerdo)* ⇒alright ⇒all right: *«¿Me puedes prestar algo de dinero?» «Bueno»* - «Can you lend me some money?» «All right» **15** *(al empezar una frase)* ⇒well: *Bueno, no sé* - Well, I don't know ■ Ver cuadro good / well

buey *s.m.* ⇒ox (*pl* oxen)

búfalo, la *s.* ⇒buffalo (*pl* buffalo, buffaloes)

bufanda *s.f.* ⇒scarf (*pl* scarves)

buhardilla *s.f.* **1** *(piso)* ⇒garret *lit* **2** *(desván)* ⇒loft

búho *s.m.* ⇒owl

buitre *s.m.* ⇒vulture

bujía *s.f.* ⇒spark plug

Bulgaria *s.f.* ⇒Bulgaria

búlgaro, ra ▮ *adj./s.* **1** ⇒Bulgarian ▮ **búlgaro** *s.m.* **2** *(idioma)* ⇒Bulgarian

bulla *s.f. col.* ⇒racket ⇒row *UK*: *meter bulla* - to make a row

bullicio *s.m.* **1** *(ruido)* ⇒din ⇒racket **2** *(agitación)* ⇒activity ⇒bustle: *el bullicio mañanero del mercado* - the early bustle of the city market **3** *(de gente)* ⇒melee *lit;* ⇒confusion

bulto *s.m.* **1** *(en el cuerpo)* ⇒lump **2** *(protuberancia)* ⇒bulge **3** *(maleta, paquete, bolsa)* ⇒luggage [U]: *solo un bulto de mano* - just one piece of hand luggage **4** *(objeto de forma imprecisa)* ⇒thing ⇒shape

buñuelo *s.m.* ⇒fritter

buque *s.m.* **1** ⇒ship ⇒vessel *form;* ⇒boat *inform: El tesoro estaba escondido en un bote* - The treasure was hidden on a boat **2** *(de guerra)* ⇒warship **3** *(insignia)* ⇒flagship **4** *(hundido)* ⇒wreck

burbuja *s.f.* **1** ⇒bubble: *baño de burbujas* - bubble bath **2** *una bebida con burbujas* - a fizzy drink

burgués, -a ▮ *adj.* **1** *(en historia)* ⇒bourgeois **2** *(de clase media)* ⇒middle-class ▮ *s.* **3** *(en historia)* ⇒bourgeois (*pl* bourgeois) **4** *(de clase media)* ⇒person belonging to the middle class

burguesía *s.f.* **1** *(en historia)* ⇒bourgeoisie **2** *(clase media)* ⇒middle class

burla *s.f.* ⇒tease ⇒jibe: *Harry le hizo burla a Alison* - Harry made a jibe at Alison; ⇒derision *form;* ⇒mockery: *hacer burla de algo* - to make a mockery of sth; ⇒ridicule

burlar ▮ *v.* **1** *(evadir)* ⇒to evade: *burlar a la policía* - to evade the police; ⇒to circumvent *form;* ⇒to defeat **2** *(engañar)* ⇒to outsmart: *Burla a sus adversarios cuando juega partidas rápidas de ajedrez* - He outsmarts his opponents when playing blitz chess; ⇒to outwit ▮ **burlarse** *prnl.* **3** ⇒to make fun: *No creo que debas burlarte de otras personas* - I don't think you should make fun of other people; ⇒to mock: *No te burles de él* - Don't mock him; ⇒to taunt

burocracia *s.f.* **1** *(actividad administrativa)* ⇒bureaucracy **2** *(papeleo)* ⇒red tape

burrada *s.f.* **1** *col. (tontería)* ⇒nonsense [U]: *una burrada* - a piece of nonsense **2** *col. (mucho)* ⇒a lot of ⇒loads of *inform: Tenemos una burrada de tiempo* - We've got loads of time **3** *col. (en exceso)* ⇒too much: *Comimos una burrada* - We ate too much

burro, rra ▮ *adj.* **1** *col. desp. (poco inteligente)* ⇒stupid *offens: ¡No seas burro!* - Don't be stupid!; ⇒dunce **2** *col. (poco delicado)* ⇒rough: *¿Por qué juegas con Chris, si es tan burro?* - Why do you play with Chris if he's so rough? **3** *col. (terco)* ⇒obstinate ⇒stubborn ▮ *s.* **4** *(animal)* ⇒donkey ⇒ass *old-fash* (*pl* asses)

busca ▮ *s.f.* **1** ⇒search: *ir en busca del Santo Grial* - to go in search of the Holy Grail; ⇒pursuit ⇒quest ▮ *s.m.* **2** *col. (aparato)* ⇒beeper *US;* ⇒bleeper *UK;* ⇒pager

buscar *v.* **1** ⇒to seek *form;* ⇒to look for: *Estoy buscando mi lápiz* - I'm looking for my pencil **2** *(registrar)* ⇒to search **3** *(consultar)* ⇒to look up: *Si no entiendes una palabra, búscala en tu diccionario* - If you don't understand a word, look it up in your dictionary **4** *(recoger)* ⇒to pick up: *Te buscaré a las once en punto* - I'll

B

pick you up at eleven o'clock **5 ~ a tientas** ⇒to feel for ⇒to grope for **6 buscarse problemas** ⇒to ask for trouble *inform*

búsqueda *s.f.* **1** ⇒search (*pl* searches) **2** *(de algo difícil de encontrar)* ⇒hunt ⇒quest *form* **3** *(inútil, baldía)* ⇒wild-goose chase

busto *s.m.* ⇒bust

butaca *s.f.* **1** *(mueble)* ⇒armchair **2** *(en un espectáculo)* ⇒seat

butano *s.m.* ⇒butane ⇒Calor gas® *UK*

buzo *s.m.* *(buceador)* ⇒diver ⇒frogman (*pl* frogmen)

buzón *s.m.* **1** ⇒letterbox *UK* (*pl* letterboxes): *Esta revista no entra en el buzón* - This magazine doesn't fit on the letterbox; ⇒postbox *UK* (*pl* postboxes); ⇒mailbox *US* (*pl* mailboxes) **2 ~ de sugerencias** ⇒suggestions box **3 ~ de voz** *(en teléfonos)* ⇒voice mail

C

c *s.f. (letra del alfabeto)* ⇒c
cabalgar *v.* ⇒to ride: *Cabalgas con un estilo peculiar* - You ride with a peculiar style
cabalgata *s.f.* ⇒parade
caballería *s.f.* **1** *(cuerpo del ejército)* ⇒cavalry **2** *(animal)* ⇒mount **3 ~ andante** ⇒knight-errantry
caballero *s.m.* **1** ⇒gentleman (*pl* gentlemen); ⇒gent *inform, old-fash* **2** *(medieval)* ⇒knight **3** *(de una caballería)* ⇒rider ⇒horseman (*pl* horsemen) **4** *servicio de caballeros* - Gents
caballete *s.m.* **1** *(para pintar)* ⇒easel **2** *(de un tejado)* ⇒ridge
caballitos *s.m.pl.* ⇒merry-go-round *sing: Pasé toda una tarde montando en los caballitos* - I spent a whole afternoon going round on a merry-go-round
caballo ▌*s.m.* **1** *(animal)* ⇒horse **2** *(de carreras)* ⇒racehorse **3** *(de ajedrez)* ⇒knight **4** *a caballo* - on horseback **5 ~ de tiro** ⇒carthorse ▌**caballos** *s.m.pl.* **6** *(en un motor)* ⇒horsepower: *un motor de 100 caballos* - a 100-horsepower engine
cabaña *s.f. (de madera)* ⇒cabin ⇒hut
cabecear *v.* **1** *(a causa del sueño)* ⇒to nod **2** *(en fútbol)* ⇒to head
cabecera *s.f.* **1** *(de una cama)* ⇒bedside **2** *(de una mesa)* ⇒head: *sentarse en la cabecera de la mesa* - to sit at the head of the table **3** *(de un escrito)* ⇒heading **4** *(punto de partida, inicio): La cabecera de esta línea de autobús está en la plaza* - This bus route starts from the square
cabecero *s.m.* ⇒headboard: *Tenían un cabecero de flores en su habitación* - They had a flowery headboard on their bedroom
cabecilla *s.com.* **1** *(de un grupo de personas)* ⇒ringleader **2** *(de una acción organizada o un ataque)* ⇒spearhead
cabello *s.m.* **1** ⇒hair **2 ~ de ángel 1** *(fideos)* ⇒vermicelli **2** *(dulce)* ⇒sweet pumpkin filling
caber *v.* **1** ⇒to fit: *No cabremos todos en el coche* - We won't all fit in the car; *Esta falda ya no me cabe* - This skirt doesn't fit me anymore **2** *no cabe duda* - there's no doubt **3** *No me cabe en la cabeza* - I can't understand this **4** *(en un vehículo o medio de transporte): En esta furgoneta caben 5 personas* - This van sits five people
cabeza *s.f.* **1** *(parte del cuerpo)* ⇒head **2** *(inteligencia)* ⇒head: *Estás mal de la cabeza* - You're soft in the head **3** *(parte más importante)* ⇒head **4** *(juicio, sensatez)* ⇒sense: *¿Has perdido la cabeza?* - Have you taken leave of your sense? **5** *una cabeza de ganado* - a head of cattle **6 asentir con la ~** ⇒to nod **7 ~ de ajo** ⇒bulb of garlic **8 ~ de familia** ⇒head of the family **9 ~ rapada** ⇒skinhead **10 caerse de ~** ⇒to fall headfirst **11 dolor de ~** ⇒headache **12 en ~** ⇒lead: *Maureen está en cabeza* - Maureen is in the lead **13 negar con la ~** ⇒to shake *one's* head **14 por ~** ⇒per head ⇒each: *Tenemos que pagar cinco libras por cabeza* - We have to pay five pounds each **15 tirarse de ~** ⇒to dive: *Los niños se tiraron de cabeza al mar* - The children dived into the sea
cabezada *s.f.* **1** *col. (sueño)* ⇒doze *UK;* ⇒snooze *inform* **2** *dar cabezadas* - to nod off
cabezota *adj./s.com. desp.* ⇒pigheaded *adj: ¡Menudo cabezota eres!* - You're so pigheaded!
cabina *s.f.* **1** *(de teléfono)* ⇒phone box *UK* (*pl* phone boxes); ⇒telephone box *UK* (*pl* telephone boxes); ⇒kiosk ⇒call box *UK* (*pl* call boxes); ⇒phone booth *US* **2** *(recinto aislado)* ⇒booth: *una cabina electoral* - a polling booth **3** *(de un avión, de un camión, de un barco)* ⇒cabin **4** *(de una avioneta)* ⇒cockpit
cable *s.m.* **1** *(de electricidad)* ⇒cable: *cable de alta tensión* - high-voltage cable **2 cruzársele a alguien los cables** *col.* ⇒to get *one's* wires crossed ⇒to get mixed up **3 echar un ~** *col. (ayudar)* ⇒to give a hand **4 televisión por ~** ⇒cable television
cabo *s.m.* **1** *(geográfico)* ⇒cape **2** *(en el ejército)* ⇒corporal **3 al ~ de** ⇒after **4 al fin y al ~** ⇒after all **5 de ~ a rabo** *col.* ⇒from beginning to end **6 llevar a ~** ⇒to do ⇒to carry out

cabra *s.f.* **1** *(genérico)* ⇒goat **2** *(macho)* ⇒billy goat **3** *(hembra)* ⇒nanny goat **4** *AMÉR. col. (muchacha)* ⇒girl **5 estar como una ~** *col.* ⇒to be crazy

cabrear ▮ *v.* **1** *vulg.* ⇒to make angry: *No la cabrees* - Don't make her angry ▮ **cabrearse** *prnl.* **2** *vulg.* ⇒to get narked *very inform, old-fash;* ⇒to get angry ⇒to get cross: *No me cabrees* - Don't make me get cross

cabreo *s.m. vulg. ¡Menudo cabreo tenían!* - They were in such a foul temper!

caca *s.f.* **1** *col. (excremento)* ⇒poo *very inform* **2** *col. (lo que tiene poco valor)* ⇒crap *very inform* [U]

cacao *s.m.* **1** *(bebida)* ⇒cocoa **2** *(polvos)* ⇒cocoa **3** *(para los labios)* ⇒lip salve

cacarear *v.* **1** *(un gallo)* ⇒to crow **2** *(una gallina)* ⇒to cackle ⇒to cluck **3** *col. (una persona)* ⇒to boast ⇒to crow [CONSTR. to crow about sth]: *Cacarearon la victoria de su equipo* - They crowed about the victory of their team

cacería *s.f.* ⇒hunt ⇒shooting

cacerola *s.f.* ⇒pan ⇒saucepan: *Se me olvidó apagar el fuego y quemé la cacerola* - I forgot to turn off the heat and burnt the saucepan

cacharro *s.m.* **1** *(de cocina)* ⇒pot **2** *(de arcilla)* ⇒pot **3** *(coche) col.* ⇒banger *UK inform: Deberías vender ese cacharro* - You should sell that banger

cachear *v.* ⇒to search: *Me cachearon antes de embarcar* - I was searched before boarding

cachete *s.m.* **1** *(bofetada)* ⇒smack **2** *dar un cachete a alguien* - to smack sb

cacho *s.m.* **1** *col.* ⇒piece: *un cacho de pastel* - a piece of cake; ⇒bit **2** *ser un cacho de pan* - to have a heart of gold

cachondearse *v.prnl. vulg.* ⇒to take the mickey out of *sth UK inform;* ⇒to make fun of *sth*

cachondeo *s.m.* **1** *vulg. (broma)* ⇒joking: *Ya basta de cachondeo* - Stop that joking! **2** *vulg. (falta de orden)* ⇒mess

cachondo, da ▮ *adj.* **1** *vulg.* ⇒funny ▮ *s.* **2** *vulg.* ⇒joker

cachorro, rra *s.* **1** ⇒cub **2** *(de perro)* ⇒puppy (*pl* puppies)

caco *s.m.* ⇒burglar ⇒thief (*pl* thieves)

cactus *s.m.* ⇒cactus (*pl* cacti, cactuses)

cada *indef.* **1** *(distribución)* ⇒each: *Dimos un regalo a cada niño* - We gave a present to each child **2** *(frecuencia)* ⇒every: *cada dos horas* - every two hours; *uno de cada cinco días* - every five days; *Cada semana leo un libro* - I read a book every week **3** *¡Tienes cada ocurrencia!* - What odd ideas you have! **4 ~ cierto tiempo** ⇒every so often: *Cada cierto tiempo viene a visitarnos* - Every so often he comes to visit us **5 ~ día** ⇒every day: *Cada día estás más guapa* - You look even more beautiful every day **6 ~ uno 1** ⇒everybody ⇒everyone: *Tuvimos que pagar cada uno de nosotros* - Everyone of us had to pay **2** ⇒each: *Las tazas costaron 4 libras cada una* - The cups cost 4 pounds each **7 ~ vez más** *Cada vez me gusta más tocar la guitarra* - I like playing the guitar more and more; *Los niños se ensuciaron cada vez más* - The children got dirtier and dirtier [CONSTR. Se construye con *more and more* o con un sintagma formado por dos adjetivos unidos por *and* en su forma comparativa (*dirtier and dirtier*)] **8 ~ vez menos** ⇒less and less: *Cada vez estudias menos* - You study less and less **9 ~ vez que** ⇒every time: *Cada vez que te veo llevas un vestido nuevo* - Every time I see you you're wearing a new dress **10 de ~** ⇒out of: *A tres de cada diez les gusta esta bebida* - Three out of ten like this drink

cadáver *s.m.* **1** ⇒body (*pl* bodies); ⇒corpse: *Encontraron el cadáver en el río* - They found the corpse in the river; ⇒cadaver *form* **2** *(de un animal)* ⇒carcass (*pl* carcasses)

cadena *s.f.* **1** *(para sujetar, cerrar)* ⇒chain **2** *(sucesión de hechos)* ⇒chain: *una reacción en cadena* - a chain reaction; ⇒series (*pl* series): *Está habiendo una cadena de ataques* - There has been a series of attacks **3** *(de establecimientos)* ⇒network ⇒chain: *una cadena de hoteles* - a chain of hotels **4** *(de televisión)* ⇒channel **5** *(de radio)* ⇒station **6 ~ de montaje** ⇒assembly line **7 ~ de música** ⇒music system **8 ~ de producción** ⇒production line **9 ~ montañosa** ⇒mountain range **10 ~ perpetua** ⇒life imprisonment

cadera *s.f.* **1** ⇒hip **2** *(de un animal)* ⇒haunch (*pl* haunches)

caducado, da *adj.* **1** *(un documento)* ⇒expired ⇒out-of-date **2** *(la comida)* ⇒use-by date *UK: Me temo que la mantequilla está caducada* - I'm afraid the butter has past the use-by date; ⇒past the pull date *US*

caducar *v.* **1** *(un plazo)* ⇒to expire: *El contrato caduca dentro de un mes* - The contract expires in a month; ⇒to lapse **2** *(un producto)* ⇒to be past the sell-by date: *La mermelada caducó hace un mes* - The jam is one month past its sell-by date

caducidad *s.f.* **1** ⇒expiry *UK;* ⇒expiration *US* **2** *fecha de caducidad* - use-by date

caduco, ca *adj.* **1** *(una hoja)* ⇒deciduous **2** *(una idea)* ⇒outdated

caer ▮ *v.* **1** ⇒to fall ⇒to go down **2** *(lánguidamente)* ⇒to droop: *Las flores se caían por el calor* - The flowers were drooping in the heat **3** *(las hojas de los árboles, la lluvia o la nieve)* ⇒to come down: *La lluvia ha empezado a caer* - Rain has started to come down **4** *(una fecha)* ⇒to fall: *Mi cumpleaños cae en lunes* - My birthday falls on a Monday **5** *(estar en un lugar)* ⇒to be: *¿Por dónde cae ese pueblo?* - Do you know where that village is? **6** *(en economía)* ⇒to slump **7** *(un precio)* ⇒to fall back **8** *(llegar a entender) col.* ⇒to get: *No caigo* - I don't get it; ⇒to click *inform* **9** *Tus amigos no me caen bien* - I don't like your friends **10** *(en una trampa, en un engaño)* ⇒to fall for *sth* **11** *(en un estado de ánimo)* ⇒to lapse into: *caer en el aburrimiento* - to lapse into boredom **12 ~ bien a alguien** ⇒to take a shine to *sb* **13 dejar ~** *(un objeto)* ⇒to drop ▮ **caerse** *prnl.* **14** ⇒to fall ⇒to tumble: *Estaba bailando en la mesa y se cayó* - She was dancing on the table and she tumbled down **15** *(al suelo)* ⇒to fall over **16** *(una persona o una cosa que está en vertical)* ⇒to fall down **17** *(de una bicicleta, de un caballo)* ⇒to fall off **18** *(una cosa)* ⇒to drop ⇒to fall **19** *(el pelo, un diente)* ⇒to lose ⇒to fall out **20 caérsele el pelo a alguien** *col. (recibir un escarmiento)* ⇒to be dead *inform*: *Como se entere mi padre, se me va a caer el pelo* - If my father finds out, I'm dead

café *s.m.* **1** *(fruto)* ⇒coffee **2** *(bebida)* ⇒coffee: *hacer un café* - to make a coffee **3** *(establecimiento)* ⇒café **4** *un café cargado* - a strong coffee **5** *un café flojo* - a weak coffee **6 ~ americano** ⇒filter coffee **7 ~ capuchino** ⇒cappuccino **8 ~ con leche** ⇒white coffee **9 ~ descafeinado** ⇒decaffeinated coffee **10 ~ exprés** ⇒espresso **11 café {instantáneo/soluble}** ⇒instant coffee **12 ~ irlandés** ⇒Irish coffee **13 ~ molido** ⇒ground coffee **14 ~ solo** ⇒black coffee

cafeína *s.f.* ⇒caffeine: *Esta bebida no tiene cafeína* - This drink is caffeine free

cafetera *s.f.* **1** ⇒coffee pot **2** *(eléctrica)* ⇒coffee maker ⇒coffee machine **3** *col. (vehículo viejo)* ⇒banger *inform*

cafetería *s.f.* **1** ⇒café ⇒snack bar **2** *(en un tren)* ⇒buffet UK **3** *(en una tienda, en un colegio)* ⇒cafeteria

cafetero, ra *adj.* **1** *producción cafetera* - coffee production **2** *(persona)* ⇒fond of coffee: *Es muy cafetera* - She is very fond of coffee

caído, da ▮ *adj.* **1** ⇒droopy *inform*: *un bigote caído* - a droopy mustache **2** *(una parte del cuerpo)*: *tener los hombros caídos* - to be round-shouldered ▮ *adj./s.* **3** *(plural genérico)*: *los caídos* - the fallen

caimán *s.m.* ⇒alligator

caja *s.f.* **1** *(contenedor)* ⇒box (*pl* boxes) [Hay dos formas de decir *una caja de bombones*: *a box of chocolates* (si está llena) y *a chocolate box* (si está vacía)] **2** *(en una tienda)* ⇒cash desk UK; ⇒till [CONSTR. Nunca va seguido de un verbo en futuro] **3** *(en un supermercado)* ⇒checkout: *Paga la carne en la caja* - Pay for the meat at the checkout **4** *(en un banco, en un organismo oficial)* ⇒cashier **5** *caja de pinturas* - paintbox **6 ~ de ahorros** ⇒savings bank **7 ~ de cambios** ⇒gearbox (*pl* gearboxes) **8 ~ de dientes** AMÉR. ⇒dentures **9 ~ fuerte** ⇒safe ⇒safety deposit box (*pl* safety deposit boxes) **10 ~ negra** *(en un avión)* ⇒black box (*pl* black boxes) **11 ~ registradora** ⇒cash register **12 ~ sorpresa** ⇒jack-in-the-box (*pl* jack-in-the-boxes) **13 ~ torácica** ⇒ribcage

cajero, ra *s.* **1** *(en un establecimiento)* ⇒cashier **2** *(en un banco)* ⇒cashier ⇒teller US **3 cajero automático** ⇒cashpoint UK: *sacar dinero del cajero automático* - to get some money out of the cashpoint; ⇒cash machine ⇒ATM US

cajetilla *s.f.* ⇒packet of cigarettes UK; ⇒pack of cigarettes US

cajón *s.m.* **1** *(en un mueble)* ⇒drawer **2** *(para transportar algo)* ⇒crate: *un cajón de fruta* - a crate of fruit **3** AMÉR. *(ataúd)* ⇒coffin

cal *s.f.* **1** ⇒lime **2 dar una de ~ y otra de arena** ⇒to blow hot and cold

cala *s.f. (en el mar)* ⇒cove

calabacín *s.m.* ⇒courgette UK; ⇒zucchini US

calabaza *s.f.* **1** ⇒pumpkin **2 dar calabazas a alguien** *col.* ⇒to give *sb* the brush-off *inform*

calabozo *s.m. (celda)* ⇒cell

calamar *s.m.* **1** *(sin cocinar)* ⇒squid (*pl* squid): *El equipo de investigación encontró un calamar gigante* - The research team found a giant squid **2** *(cocinados)* ⇒calamari: *Cenamos calamares* - We had calamari for dinner

calambre *s.m.* **1** *(descarga eléctrica)* ⇒shock **2** *(muscular)* ⇒cramp: *Me ha dado un calambre en la pierna* - I've got cramp in my leg

calamidad *s.f.* **1** ⇒calamity (*pl* calamities): *Una serie de calamidades los arruinó* - A series of calamities ruined them **2** *(una persona)* ⇒dead loss: *¡Eres una calamidad!* - You are a dead loss

calar ▮ *v.* **1** *(un líquido)* ⇒to permeate: *El agua caló las paredes* - Water permeated to the walls **2** *(una idea, una actitud)* ⇒to permeate **3** *Lo que dijo aquel hombre me caló hondo* - What that man said had a big impact on me **4** *(a una persona) col.* ⇒to see through: *Eran muy simpáticos* *pero enseguida los calé* - They were very friendly, but I quickly saw through them ▌**calarse** *prnl.* **5** *(empaparse)* ⇨to soak through: *Me he calado* - I'm soaked through **6** *(un coche)* ⇨to stall: *Se me caló el coche en la cuesta* - I stalled the car on the slope

calavera *s.f.* ⇨skull

calcar *v.* ⇨to trace: *¿Has hecho este dibujo tú solo o lo has calcado?* - Did you draw this picture yourself, or did you trace it?

calcetín *s.m.* ⇨sock: *unos calcetines* - a pair of socks

calcio *s.m.* ⇨calcium

calco *s.m.* **1** *(copia)* ⇨tracing **2** *(imitación)* ⇨imitation: *Estas piezas son un calco perfecto de las originales* - These items are a perfect imitation of the original ones **3** *(en lingüística)* ⇨calque ⇨loan translation **4** **ser un ~ de alguien** ⇨to be the spitting image of: *Es un calco de su madre* - He is the spitting image of his mother

calcomanía *s.f.* ⇨transfer

calculadora *s.f.* ⇨calculator

calcular *v.* **1** *(hacer un cálculo)* ⇨to calculate **2** *(estimar)* ⇨to estimate [CONSTR. to estimate + that]; ⇨to reckon: *Calcula media hora hasta llegar allí* - Reckon on half an hour to get there

cálculo *s.m.* **1** *(matemático)* ⇨arithmetic: *Hice algunos cálculos mentales* - I did some quick mental arithmetic; ⇨calculation **2** *(estimación)* ⇨estimate ⇨guess (*pl* guesses)

caldera *s.f.* **1** *(de calefacción)* ⇨boiler **2** *(para cocinar)* ⇨cauldron *lit*

calderilla *s.f.* ⇨loose change: *Tengo los bolsillos llenos de calderilla* - My pockets are full of loose change; ⇨coppers *UK inform pl*

caldero *s.m.* ⇨pot

caldo *s.m.* **1** *(sopa)* ⇨clear soup ⇨broth **2** **~ de cultivo** ⇨breeding ground

calefacción *s.f.* **1** ⇨heating **2** **~ central** ⇨central heating

calendario *s.m.* **1** ⇨calendar **2** **según el ~ previsto** ⇨on schedule

calentador *s.m.* *(de agua)* ⇨heater ⇨water heater: *¿Está el calentador encendido?* - Is the water heater on?

calentamiento *s.m.* **1** *(aumento de temperatura)* ⇨warming **2** *(en deporte)* ⇨warm-up **3** **~ global** ⇨global warming

calentar ▌*v.* **1** *(hacer aumentar la temperatura)* ⇨to heat ⇨to warm **2** *(algo cocinado)* ⇨to heat up: *Calienta la sopa en el microondas* - Heat up the soup in the microwave **3** *(en deporte)* ⇨to warm up ▌**calentarse** *prnl.* **4** ⇨to heat up **5** *(entrar en calor)* ⇨to get warm

calentura *s.f.* *(en la boca)* ⇨cold sore

calibre *s.m.* **1** *(de un arma)* ⇨calibre *UK;* ⇨caliber *US* **2** *(de una bala)* ⇨bore **3** *(de una persona o una situación)* ⇨calibre *UK;* ⇨caliber *US: Si la docencia estuviese mejor pagada, atraería a gente de mejor calibre* - If teaching paid more it might attract people of a higher calibre

calidad *s.f.* **1** ⇨quality: *mala calidad* - poor quality; ⇨excellence **2** *Habló en calidad de representante* - He spoke in his capacity as representative **3** **de ~ superior** ⇨premium **4** **de primera ~** ⇨prize ⇨upmarket *UK*

cálido, da *adj.* ⇨warm

caliente *adj.* ⇨hot ⇨warm: *La sopa no está suficientemente caliente* - The soup is not warm enough

calificación *s.f.* ⇨mark *UK: Siempre consigue una buena calificación en historia* - He always gets a good mark in history

calificar *v.* **1** *(evaluar)* ⇨to give a mark ⇨to grade *US: calificar a un alumno* - to grade a student **2** *(describir)* ⇨to describe: *Lo calificaron de persona inmadura* - They described him as an immature person

caligrafía *s.f.* **1** *(forma de escribir)* ⇨handwriting **2** *(técnica)* ⇨calligraphy

cáliz *s.m.* **1** *(copa)* ⇨chalice **2** *(de una flor)* ⇨calyx (*pl* calyxes, calyces)

callado, da *adj.* ⇨quiet: *¿Podrías estar callado?* - Could you please be quiet?; ⇨silent

callar ▌*v.* **1** ⇨to be quiet: *¡Calla! Hay alguien llamando a la puerta* - Be quiet! There is someone knocking on the door ▌**callarse** *prnl.* **2** *(no hablar)* ⇨to keep quiet **3** *(dejar de hablar)* ⇨to be quiet ⇨to shut up *inform: Cállate y escúchale* - Shut up and listen to him **4** *(ocultar algo)* ⇨to keep to oneself

calle *s.f.* **1** *(dentro de una ciudad o un pueblo)* ⇨street ⇨St: *Viven en el número 12 de la Calle Principal* - They live at 12 Main St; ⇨close *UK* **2** *(dentro o fuera de una ciudad o un pueblo)* ⇨road ⇨Rd **3** *Vamos a la calle* - Let's go out **4** *(en deportes)* ⇨lane **5** **~ mayor** ⇨high street *UK;* ⇨main street *US* **6** **quedarse en la ~** *col. (sin trabajo)* ⇨to be out of job *inform*

callejero, ra ▌*adj.* **1** *un puesto callejero* - a street stall; *un perro callejero* - a stray dog ▌**callejero** *s.m.* **2** ⇨street map

callejón *s.m.* **1** ⇨alley ⇨alleyway **2** **~ sin salida** **1** *(calle cortada)* ⇨dead end street ⇨cul-de-sac **2** *(asunto difícil de resolver)* ⇨blind alley: *meterse en un callejón sin salida* - to go down a blind alley

callo ▮ *s.m.* **1** *(dureza)* ⇒callus (*pl* calluses) **2 dar el ~** *col.* ⇒to slog *one's* guts out *UK inform* ▮ **callos** *pl.* **3** *(guiso)* ⇒tripe *sing*

calma *s.f.* *(de una actividad, de un lugar)* ⇒calm: *Debemos mantener la calma e intentar encontrar una solución* - We should keep calm and try to find a solution; ⇒calmness

calmante *s.m.* **1** *(para el dolor)* ⇒painkiller **2** *(para los nervios)* ⇒tranquilizer ⇒downer *inform*

calmar ▮ *v.* **1** *(tranquilizar)* ⇒to calm **2** *(un dolor)* ⇒to relieve ▮ **calmarse** *prnl.* **3** *(tranquilizarse)* ⇒to calm down: *¡Cálmate!* - Calm down!; ⇒to cool down **4** *(estar en silencio)* ⇒to settle down: *Calmaos ya, niños* - Settle down now, children

calor *s.m.* **1** ⇒heat [Hace referencia a una temperatura muy alta y desagradable]; ⇒warmth [Hace referencia a una temperatura agradable] **2** *Hace calor* - It's hot **3** *Hace mucho calor aquí* - It's boiling hot in here **4** *¿Tenéis calor?* - Are you hot?

caloría *s.f.* **1** ⇒calorie **2 bajo en calorías** ⇒low-calorie ⇒light

caluroso, sa *adj.* **1** ⇒warm ⇒hot: *Es un día caluroso* - It's a hot day **2** *(acogedor)* ⇒warm: *una calurosa bienvenida* - a warm welcome

calva *s.f.* ⇒bald patch

calvo, va ▮ *adj.* **1** ⇒bald ▮ *s.* **2** *(hombre)* ⇒bald man (*pl* bald men) **3** *(mujer)* ⇒bald woman (*pl* bald women)

calzada *s.f.* ⇒road: *Por favor, no anden por la calzada* - Please, do not walk on the road

calzado *s.m.* **1** ⇒footwear ⇒shoes *pl* **2** *fábrica de calzado* - shoe factory

calzar ▮ *v.* **1** *(una prenda de calzado)* ⇒to take: *Calzo un 43* - I take size 43 ▮ **calzarse** *prnl.* **2** ⇒to put *one's* shoes on

calzoncillo *s.m.* **1** ⇒pants *UK pl;* ⇒underpants *pl: Compré tres calzoncillos* - I bought three pairs of underpants; ⇒shorts *US;* ⇒briefs **2** *(largos)* ⇒long johns

cama *s.f.* **1** ⇒bed: *hacerse la cama* - to make one's bed; *meterse en la cama* - to get into bed **2** *(con dosel)* ⇒four-poster (bed) **3** *(para animales)* ⇒bedding **4** *camas separadas* - twin beds **5 caer en ~** ⇒to fall ill **6 ~ de matrimonio** ⇒double bed **7 ~ elástica** ⇒trampoline **8 ~ nido** ⇒truckle-bed *UK;* ⇒trundle bed *US* **9 ~ sencilla** ⇒single bed **10 ropa de ~** ⇒bedclothes *pl*

camaleón *s.m.* ⇒chameleon

cámara ▮ *s.com.* **1** *(hombre)* ⇒cameraman (*pl* cameramen) **2** *(mujer)* ⇒camerawoman (*pl* camerawomen) ▮ *s.f.* **3** ⇒camera: *una cámara digital* - a digital camera **4** *(de vídeo)* ⇒camcorder ⇒video camera **5** *(de televisión)* ⇒television camera **6** *(sala)* ⇒chamber *form: Guardan las joyas en una cámara especial* - They keep the jewels on a special chamber **7** *(de aire)* ⇒inner tube **8 Cámara de los Comunes** *(en Reino Unido y Canadá)* ⇒the Commons ⇒the House of Commons **9 Cámara de los Lores** *(en Reino Unido)* ⇒the Lords ⇒the House of Lords **10 ~ web** ⇒web cam

camarada *s.com.* ⇒comrade *lit*

camarero, ra *s.* **1** *(de comidas y de bebidas)* ⇒waiter (hombre) ⇒waitress (mujer) (*pl* waitresses) **2** *(de bebidas)* ⇒barman (hombre) *UK* (*pl* barmen); ⇒barmaid (mujer) *UK;* ⇒bartender *US* **3** *(en un hotel)* ⇒roomwaiter (hombre) ⇒roomwaitress (mujer) ⇒chambermaid (mujer)

camarón *s.m.* **1** *(sin cocinar)* ⇒shrimp (*pl* shrimp, shrimps) **2** *(cocinados)* ⇒scampi

camarote *s.m.* ⇒cabin

cambiar ▮ *v.* **1** ⇒to change: *cambiar de trabajo* - to change jobs; ⇒to alter ⇒to switch: *cambiar de canal* - to switch channels **2** *cambiar el rumbo* - to change course **3** *cambiar de opinión* - to change one's mind **4** *(intercambiar)* ⇒to exchange ⇒to swap [CONSTR. to swap + dos objetos]: *Cambiamos las direcciones con las personas que conocimos durante las vacaciones* - We swapped addresses with the people we met on holiday **5** *(reponer)* ⇒to replace **6** *(dinero)* ⇒to change: *cambiar libras a dólares* - to change pounds into dolars **7** *(de dirección)* ⇒to veer **8** *(de lugar)* ⇒to shift ⇒to move **9** *(las marchas de un vehículo)* ⇒to change *UK: cambiar de marcha* - to change gear; ⇒to shift *US* **10** *(de canal o de emisora)* ⇒to switch over *UK* **11** *(el tiempo)* ⇒to break **12 ¡cambio y corto!** ⇒over and out! ▮

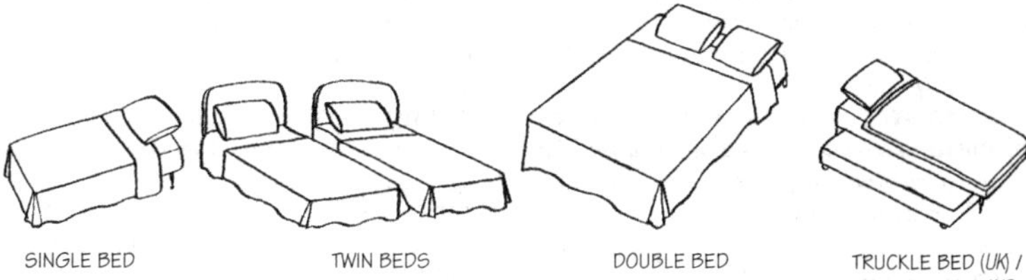

cambiarse *prnl.* **13** ⇒to change: *cambiarse de ropa* - to change clothes; ⇒to get changed

cambio *s.m.* **1** *(modificación, alteración)* ⇒change ⇒alteration: *Es posible que sean necesarios algunos cambios a nuestro planteamiento original* - Some alterations to our original plans might be necessary **2** *(vuelta de dinero)* ⇒change: *Me dieron 10 peniques de cambio* - I got 10p change **3** *(dinero en monedas)* ⇒change: *¿Tienes cambio de 50?* - Do you have change for 50? **4** *(moneda de un país en relación con otro)* ⇒rate of exchange **5** *(marcha de un vehículo)* ⇒gear **6 a ~** ⇒in return **7 a ~ de** ⇒in exchange for **8 ~ climático** ⇒climatic change **9 ~ de sentido** ⇒U-turn **10 en ~** ⇒on the other hand

camello, lla ▮ *s.* **1** ⇒camel ▮ **camello** *s.m.* **2** *(traficante de drogas) col.* ⇒pusher ⇒drug pusher

camerino *s.m.* ⇒dressing room

camilla *s.f.* **1** *(de ambulancia)* ⇒stretcher **2** *(de hospital)* ⇒table

caminar *v.* **1** ⇒to walk **2** *(arrastrando los pies)* ⇒to shuffle **3** *(despacio)* ⇒to amble: *Iba caminando por la playa* - He was ambling along the beach; ⇒to trail **4** *(lenta y pesadamente)* ⇒to plod: *El viejo caballo caminaba lentamente hacia la casa* - The old horse plodded home **5** *(con dificultad)* ⇒to trek: *Caminamos hasta el lago* - We trekked up to the lake

caminata *s.f.* **1** ⇒trek **2** *Nos dimos una caminata* - We did a lot of walking

camino *s.m.* **1** ⇒way **2** *(sendero)* ⇒path: *Subimos a lo alto de la colina por un camino muy estrecho* - We went up the hill through a narrow path; ⇒track ⇒lane **3** *(carretera sin asfaltar)* ⇒track **4** *(ruta)* ⇒route **5** *(el que conduce a una casa)* ⇒drive: *Aparcamos el coche en el camino y subimos a la casa* - We parked the car in the drive and went up to the house **6** *(viaje)* ⇒ride ⇒walk ⇒drive: *El pueblo de mi madre está a tres horas de camino* - My mother's town is a three hour drive from here **7 coger de ~** ⇒to be on the way **8 de ~** ⇒on the way to: *De camino al trabajo vi a unos amigos* - On the way to work I met some friends **9 ir por buen ~** ⇒to be on the right track ⇒to be on the right road **10 ir por mal ~** ⇒to be on the wrong track

camión *s.m.* **1** ⇒lorry UK *(pl* lorries); ⇒truck **2** AMÉR. ⇒bus *(pl* buses)

camionero, ra *s.* ⇒lorry driver UK; ⇒trucker US

camioneta *s.f.* ⇒van: *Vamos a viajar alrededor de Europa en una furgoneta* - We will travel around Europe in a van; ⇒pickup US

camisa *s.f.* **1** ⇒shirt: *una camisa de manga corta* - a short-sleeved shirt **2 ~ de fuerza** ⇒straitjacket

camiseta *s.f.* **1** ⇒T-shirt ⇒tee shirt **2** *(sin mangas)* ⇒sleeveless T-shirt **3** *(de cuello alto)* ⇒turtleneck US **4** *(de ropa interior)* ⇒vest UK; ⇒undershirt US **5** *(de un uniforme deportivo)* ⇒jersey: *Este equipo tiene una camiseta azul* - This team has a blue jersey

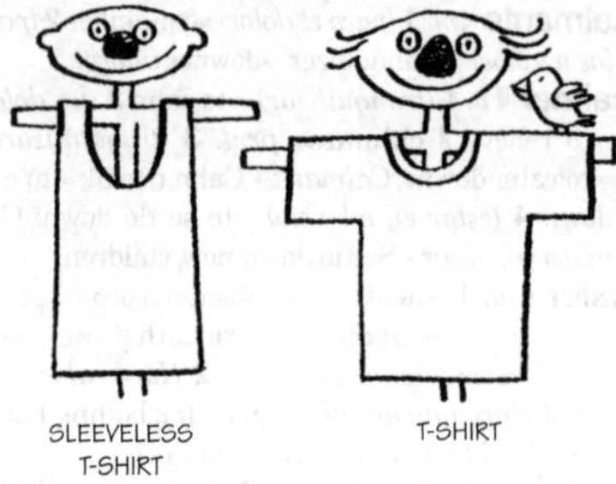

camisón *s.m.* ⇒nightgown ⇒nightdress UK *(pl* nightdresses); ⇒nightie *inform*

campamento *s.m.* **1** ⇒camp: *levantar el campamento* - to break the camp **2** *(de verano)* ⇒holiday camp UK; ⇒summer camp **3** *Nos fuimos diez días de campamento* - We went camping for ten days

campana *s.f.* **1** ⇒bell: *tocar la campana* - to ring the bell **2** *(extractora)* ⇒hood

campanada *s.f.* **1** *(de una campana)* ⇒chime **2** *(de un reloj)* ⇒stroke **3** *(novedad)* ⇒sensation

campanario *s.m.* ⇒bell tower

campanilla *s.f.* **1** *(campana pequeña)* ⇒small bell ⇒hand bell **2** *(planta)* ⇒snowdrop

campaña *s.f.* **1** ⇒campaign: *hacer campaña* - to campaign **2** *(electoral)* ⇒election campaign **3** *(publicitaria)* ⇒publicity campaign **4** AMÉR. *(campo)* ⇒country ⇒countryside

campeón, -a *s.* ⇒champion

campeonato *s.m.* ⇒championship: *campeonato de tenis* - tennis championship

campesino, na *s.* **1** *(hombre)* ⇒countryman *(pl* countrymen) **2** *(mujer)* ⇒countrywoman *(pl* countrywomen) **3** *(en historia)* ⇒peasant

campestre *adj.* **1** ⇒rural: *Echo de menos la paz campestre de aquel lugar* - I miss the rural calm of that place **2** *una merienda campestre* - a picnic

camping *s.m.* **1** *(actividad)* ⇒camping **2** *(lugar)* ⇒campsite ⇒campground US **3** *ir de camping* - to go camping **4** *hacer camping* - to go camping

campo *s.m.* **1** ⇒country ⇒countryside **2** *(para deportes)* ⇒course ⇒pitch UK *(pl* pitches): *campo de fútbol* - football pitch; ⇒playing field **3** *(trozo* *de tierra)* ⇒field US **4** *(ciencia, investigación)* ⇒field: *el campo de la genética* - the field of genetics; ⇒province **5** *campo de batalla* - battlefield **6 ~ de visión** ⇒field of vision

camuflar *v.* **1** *(en el ejército)* ⇒to camouflage: *Camuflaron las municiones con hojas y ramas* - They camouflaged the ammunition with leaves and branches; *Los soldados se camuflaron con barro* - The soldiers camouflaged themselves with mud **2** *(disimular)* ⇒to camouflage: *camuflar un sentimiento* - to camouflage a feeling

cana *s.f.* **1** ⇒grey hair **2** *Me están saliendo canas* - I'm going grey

Canadá *s.f.* ⇒Canada

canadiense *adj./s.* ⇒Canadian

canal ▌*s.amb.* **1** *(cauce artificial)* ⇒canal ⇒waterway ▌*s.m.* **2** *(en el mar)* ⇒channel: *el canal de la Mancha* - the English Channel **3** *(de radio, de televisión)* ⇒channel

canario, ria ▌*adj.* **1** ⇒from the Canary Islands ▌*s.* **2** ⇒person from the Canary Islands **3** *(pájaro)* ⇒canary (*pl* canaries)

canasta *s.f.* **1** *(cesto)* ⇒basket **2** *(para la comida)* ⇒hamper UK: *una canasta para ir de picnic* - a picnic camper **3** *(en baloncesto)* ⇒basket: *Metió canasta* - She scored a basket **4 ~ familiar** AMÉR. ⇒shopping basket

cancelar *v.* **1** ⇒to cancel ⇒to call off: *cancelar el partido* - to call off the match **2** *(una cita)* ⇒to put off **3** *(una deuda)* ⇒to settle

cáncer ▌*adj./s.com.* **1** *(signo del zodíaco)* ⇒Cancer *n* ▌*s.m.* **2** ⇒cancer: *cáncer de pulmón* - lung cancer

cancha *s.f.* **1** *(en deportes)* ⇒court: *cancha de tenis* - tennis court **2** *(maíz tostado)* AMÉR. ⇒pitch UK (*pl* pitches)

canción *s.f.* **1** ⇒song **2** *(en una manifestación)* ⇒chant: *La canción de la multitud era «¡No más muertes!»* - The crowd's chant was «No more deaths!» **3** *(popular)* ⇒folk song **4** *(popular infantil)* ⇒nursery rhyme **5** *(de cuna)* ⇒lullaby (*pl* lullabies)

candado *s.m.* ⇒padlock

candidato, ta *s.* ⇒candidate: *Hay tres candidatos en las elecciones* - There are three candidates for the election

candidatura *s.f.* **1** *(solicitud)* ⇒candidacy [U]; ⇒candidature [U] **2** *(grupo de personas)* ⇒candidates *pl*

canela *s.f.* ⇒cinnamon: *un palo de canela* - a cinnamon stick

canelón *s.m.* ⇒cannelloni *pl: Me encantan los canelones de mi madre* - I love the cannelloni my mother cooks

cangrejo *s.m.* **1** *(de mar)* ⇒crab **2** *(de río)* ⇒crayfish (*pl* crayfish, crayfishes)

canguro ▌*s.m.* **1** *(animal)* ⇒kangaroo ▌*s.com.* **2** *col. (persona)* ⇒babysitter

caníbal *s.com.* ⇒cannibal

canica *s.f.* ⇒marble: *Los niños jugaban a las canicas* - The children played marbles

canino, na ▌*adj.* **1** *(del perro)* ⇒canine ▌**canino** *s.m.* **2** *(diente)* ⇒canine ⇒canine tooth

canjear *v.* ⇒to exchange

canoa *s.f.* ⇒canoe

canoso, sa *adj.* **1** *(una persona)* ⇒grey-haired UK; ⇒gray-haired US **2** *(el pelo)* ⇒greying UK; ⇒graying US; ⇒grizzled *lit*

cansado, da *adj.* **1** *(físicamente)* ⇒tired ⇒drawn **2** *(aburrido, harto)* ⇒bored: *Estoy cansada de hacer todos los días lo mismo* - I'm bored of doing everyday the same thing **3** *(agotador)* ⇒tiring

cansancio *s.m.* **1** *(fatiga)* ⇒tiredness **2** *(aburrimiento)* ⇒boredom

cansar ▌*v.* **1** *(físicamente)* ⇒to tire **2** *(aburrir)* ⇒to weary *form: Los niños me cansan con sus constantes exigencias* - Children weary me with their constant demands ▌**cansarse** *prnl.* **3** ⇒to get tired: *Siempre me canso al subir las escaleras* - I always get tired when going up the stairs **4** *(hartarse)* ⇒to have enough: *Me he cansado de tu mal comportamiento* - I've had enough of your bad behaviour

cantante *s.com.* ⇒singer

cantar *v.* **1** *(una persona)* ⇒to sing **2** *(un ave, un insecto)* ⇒to sing ⇒to chirp **3** *(un gallo)* ⇒to crow **4** *col. (oler mal)* ⇒to pong UK *hum;* ⇒to stink **5** *(confesar)* ⇒to talk **6 cantarle a alguien las cuarenta** ⇒to give *sb* a piece of *one's* mind ⇒to tell *sb* a few home truths

cántaro *s.m.* ⇒jug ⇒pitcher US

cante *s.m.* **1** *(canción)* ⇒Andalusian traditional song **2** *col. (olor desagradable)* ⇒stink [U] **3 ~ jondo** ⇒style of flamenco singing **4 dar el ~** *col.* ⇒to stick out like a sore thumb

cantera *s.f.* **1** ⇒quarry (*pl* quarries) **2** *(en deporte)* ⇒youth squad

cantidad ▌*s.f.* **1** ⇒amount: *Gastamos una gran cantidad de leña* - We spent a great amount of wood; ⇒quantity ⇒number: *una gran cantidad de gente* - a huge number of people **2 ~ de** *col.* ⇒a lot of *inform* **3 en cantidades industriales** ⇒in huge amounts **4 gran ~ de** ⇒a great deal of **5 mucha ~** ⇒a lot *inform;* ⇒a large number ▌*adv.* **6** *col.* ⇒loads *inform: Sabes cantidad* - You know loads

cantimplora *s.f.* ⇒water bottle

C

canto *s.m.* **1** *(arte, técnica)* ⇒singing **2** *(sin acompañamiento musical)* ⇒chant **3** *(de un ave)* ⇒song **4** *(lado, borde)* ⇒edge: *Me hice daño con el canto de la mesa* - I hurt myself with the edge of the table

caña *s.f.* **1** *(tallo)* ⇒stem ⇒cane: *caña de azúcar* - sugar cane **2** *(de pescar)* ⇒fishing rod **3** *(de cerveza)* ⇒half of beer ⇒jar *inform* **4** *¡Dale caña!* - Give it some! **5 meter ~** *col. (a un coche)* ⇒to put *one's* foot down

cañería *s.f.* **1** *(conducto)* ⇒pipe: *una cañería de desagüe* - an overflow pipe **2** *(sistema)* ⇒piping

caño *s.m.* **1** *(de una fuente)* ⇒pipe ⇒spout **2** *col. (en fútbol)* ⇒nutmeg *inform*

cañón ▮ *adj.* **1** *col. (atractivo)* ⇒horny *inform;* ⇒hot *inform* ▮ *s.m.* **2** *(de una escopeta)* ⇒barrel **3** *(arma)* ⇒cannon **4** *(entre dos montañas)* ⇒canyon

caoba *s.f.* ⇒mahogany

caos *s.m.* ⇒chaos: *Fue un caos* - It was chaos

capa *s.f.* **1** *(prenda de vestir)* ⇒cape ⇒cloak **2** *(plano superpuesto a otro)* ⇒layer **3** *(grupo social)* ⇒echelon *form: las capas más altas de la sociedad* - the upper echelons of society **4** *(baño)* ⇒coating: *un pastel con una capa de chocolate* - a cake with a chocolate coating **5 ~ de ozono** ⇒ozone layer

capacidad *s.f.* **1** *(para contener algo)* ⇒capacity **2** *(para hacer algo)* ⇒capacity: *Tiene mucha capacidad para trabajar duro* - She has a great capacity for hard work; ⇒ability (*pl* abilities); ⇒capability (*pl* capabilities) **3** *capacidad de concentración* - attention span

capar *v.* ⇒to castrate: *capar a un animal* - to castrate an animal

caparazón *s.m.* ⇒shell

capataz, -a *s.* **1** ⇒overseer **2** *(hombre)* ⇒foreman (*pl* foremen) **3** *(mujer)* ⇒forewoman (*pl* forewomen)

capaz *adj.* ⇒able ⇒capable: *No soy capaz de mentir* - I'm not capable of lying

capellán *s.m.* ⇒chaplain

capicúa *adj.* ⇒palindromic: *un número capicúa* - a palindromic number

capilla *s.f.* **1** ⇒chapel **2 ~ ardiente** ⇒funeral chapel

capital ▮ *s.m.* **1** *(dinero)* ⇒capital ▮ *s.f.* **2** *(ciudad)* ⇒capital **3** *(de un condado)* ⇒county town

capitán, -a ▮ *s.* **1** *(de un equipo)* ⇒captain **2** *(de un grupo)* ⇒leader ⇒captain ▮ **capitán** *s.m.* **3** *(de un avión, un barco)* ⇒captain **4** *(del ejército)* ⇒captain

capítulo *s.m.* ⇒chapter

capó *s.m.* ⇒bonnet *UK;* ⇒hood *US*

capricho *s.m.* **1** ⇒whim: *hacer algo por capricho* - to do sth on a whim **2** *comprar algo por capricho* - to buy sth as a treat **3** *Fue un capricho del destino* - It was a quirk of fate

caprichoso, sa ▮ *adj.* **1** *(sin motivo)* ⇒taken on a whim: *una decisión caprichosa* - a decision taken on a whim **2** *(impredecible)* ⇒capricious: *El destino es caprichoso* - Fate is capricious ▮ *adj. / s.* **3** *(antojadizo)* ⇒whimsical *adj*

capricornio *adj. / s.com.* ⇒Capricorn *n*

cápsula *s.f.* ⇒capsule

captura *s.f.* ⇒capture

capturar *v.* ⇒to capture

capucha *s.f.* **1** *(para la cabeza)* ⇒hood **2** *(para un objeto)* ⇒top: *la capucha del bolígrafo* - the top of the pen

capullo *s.m.* **1** *(de una planta)* ⇒bud **2** *(de un gusano)* ⇒cocoon

caqui *adj. / s.* **1** *(color)* ⇒khaki **2** *(fruta)* ⇒sharon fruit

cara *s.f.* **1** ⇒face: *mirar a la cara* - to look sb in the face **2** *(superficie, lado)* ⇒side **3** *(caradura)* ⇒nerve [CONSTR. nerve + to do sth]: *No tengo la cara de decirle que no estoy de acuerdo con él* - I don't have the nerve to tell him that I don't agree with him **4 ~ a ~** ⇒face to face ⇒one-to-one *UK* **5 ~ o cruz** ⇒heads or tails **6 dar la ~** *col.* ⇒to stay to face the music **7 dar la ~ por alguien** *col.* ⇒to stand up for *sb* **8 decirle a alguien algo a la ~** *col.* ⇒to say *sth* to *sb's* face **9 poner ~ de asco** *col.* ⇒to make a face **10 poner la ~ larga** *col.* ⇒to sulk **11 tener buena ~** ⇒to look well **12 tener mala ~** ⇒to look ill **13 tener más ~ que espalda** *col.* ⇒to be a cheeky so-and-so

caracol *s.m.* **1** ⇒snail **2** *(de mar)* ⇒whelk ⇒winkle

caracola *s.f.* **1** *(concha)* ⇒conch (*pl* conches) **2** *(bollo dulce)* ⇒sweet bun in a spiral form

carácter *s.m.* **1** *(personalidad)* ⇒character: *un carácter muy fuerte* - a very strong character; ⇒nature **2** *(genio)* ⇒strong character: *Tu madre tiene carácter* - Your mother has a strong character **3** *(letra)* ⇒character

característica *s.f.* ⇒characteristic: *una de las principales características del proyecto* - one of the main characteristics of the project; ⇒feature ⇒quality (*pl* qualities)

característico, ca *adj.* ⇒characteristic

caracterizar ▮ *v.* **1** *(distinguir)* ⇒to characterize ⇒to characterise *UK*: *¿Qué rasgos caracterizan a los españoles?* - What features characterise the Spaniards? ▮ **caracterizarse** *prnl.* **2** *(distinguirse)* ⇒to be characterized ⇒to be characterised *UK*: *Mis compañeras de trabajo se caracterizan por su optimismo* - My workmates are characterised by their optimism **3** *(disfrazarse)* ⇒to dress up [CONSTR. to dress up as sth/sb]: *Me caractericé de payaso para la obra* - I dressed up as a clown for the play

caradura ▮ *adj.* **1** ⇒cheeky *UK* ▮ *s.com.* **2** ⇒chancer ⇒cheeky so-and-so *UK*

caramba *interj. col.* ⇒gosh!: *¡Caramba, qué cantidad de dinero!* - Gosh! That's a lot of money!

caramelo *s.m.* **1** ⇒sweet *UK*: *Si comes muchos caramelos se te van a caer los dientes* - If you eat too many sweet your teeth will fall off; ⇒candy *US* (*pl* candies) **2** *(fundido)* ⇒caramel

caravana *s.f.* **1** *(grupo de personas)* ⇒caravan *UK* **2** *(fila de vehículos)* ⇒tailback *UK* **3** *(vehículo)* ⇒motorhome: *Hemos alquilado una caravana para las vacaciones* - We have rented a motorhome for the holidays; ⇒camper van *UK;* ⇒camper *US* **4** *(remolque grande)* ⇒caravan *UK;* ⇒trailer *US*

carbón *s.m.* **1** ⇒coal **2** *(vegetal)* ⇒charcoal **3** ~ **de leña** ⇒charcoal

carbonizar ▮ *v.* **1** *(incendiar)* ⇒to reduce to ashes **2** *(la vegetación, un edificio)* ⇒to burn to the ground: *El incendio carbonizó la casa* - The fire burnt the house to the ground ▮ **carbonizarse** *prnl.* **3** *(incendiarse)* ⇒to be reduced to ashes: *Los muebles se carbonizaron por las llamas* - The furniture was reduced to ashes by the flames **4** *(la vegetación, un edificio)* ⇒to be burnt to the ground

carbono *s.m.* ⇒carbon

carburante *s.m.* ⇒fuel

carcajada *s.f.* **1** ⇒laugh ⇒belly laugh: *Fue una buena carcajada* - It was a real belly laugh **2** *reírse a carcajadas* - to roar with laughter **3** *soltar una carcajada* - to burst out laughing

cárcel *s.f.* ⇒jail ⇒gaol *UK old-fash;* ⇒prison: *ir a la cárcel* - to go to prison

cardenal *s.m.* **1** *(en la Iglesia católica)* ⇒cardinal **2** *(moratón)* ⇒bruise

cardinal *adj. (número)* ⇒cardinal

cardo *s.m.* ⇒thistle

carecer *v.* ⇒to lack: *Mucha gente carece de las cosas básicas* - Many people lack the basics

carencia *s.f.* ⇒lack [U]: *una carencia de vitaminas* - a lack of vitamins

careta *s.f.* ⇒mask

carga *s.f.* **1** ⇒load ⇒burden: *una carga muy pesada* - a very heavy burden **2** *(de un avión, de un barco)* ⇒cargo **3** *(presión sobre una estructura)* ⇒stress: *Los contrafuertes tienen que aguantar la carga del edificio* - The buttresses have to support the stress of the building **4** *(eléctrica)* ⇒charge **5** *(explosiva)* ⇒charge **6** *(responsabilidad)* ⇒liability: *un coche es una carga* - a car is just a liability

cargamento *s.m.* ⇒cargo (*pl* cargoes): *El cargamento del barco se cayó al mar* - The cargo of the boat fell to the sea

cargante *adj. col. ser una persona cargante* - to be a pain in the neck

cargar ▮ *v.* **1** *(en un vehículo)* ⇒to load: *Cargaron el maletero de equipaje* - They loaded the boot with luggage **2** *(una cámara de fotos)* ⇒to load **3** *(un arma)* ⇒to prime **4** *(una batería)* ⇒to charge: *cargar la batería de un teléfono* - to charge the battery of a phone **5** *(algo pesado)* ⇒to carry: *Iba cargando 10 botellas de agua* - I was carrying 10 bottles of water **6** *(de responsabilidades)* ⇒to burden ⇒to shoulder: *No deberías cargarte con tantas cosas* - You shouldn't shoulder with so many things **7** *(cobrar dinero)* ⇒to charge [CONSTR. to charge + dos objetos]: *Cárguelo a mi cuenta* - Charge it to my account; ⇒to debit ▮ **cargarse** *prnl.* **8** *col. (romper)* ⇒to bugger up *UK offens: Me he cargado el ordenador* - I've buggered the computer up; ⇒to break **9** *col. (matar)* ⇒to bump off *very inform;* ⇒to eliminate *inform*

cargo *s.m.* **1** *(en un trabajo)* ⇒post *form* **2 a ~ de** ⇒in charge of **3 dar ~ de conciencia** ⇒to feel guilty **4 hacerse ~ 1** *(cuidar, atender)* ⇒to see about ⇒to take care of: *¿Podrías hacerte cargo del bebé?* - Could you take care of the baby? **2** *(encargarse de algo)* ⇒to take over ⇒to take care of: *Yo me haré cargo de la comida* - I'll take care of the food **5 tener ~ de conciencia** ⇒to have a guilty conscience

caribeño, ña *adj.* ⇒Caribbean

caricatura *s.f.* ⇒caricature

caricia *s.f.* **1** ⇒caress (*pl* caresses) **2** *(en forma de golpecito)* ⇒pat **3** *(para animales)* ⇒stroke

caridad *s.f.* ⇒charity *form: A nadie le gusta vivir de la caridad* - Nobody likes living on charity

caries *s.f.* ⇒tooth decay

cariño *s.m.* **1** *(sentimiento)* ⇒affection ⇒love *UK* **2** *(apelativo)* ⇒dear: *¿Cómo te encuentras hoy, cariño?* - How are you today, dear?; ⇒honey *US;* ⇒darling **3 con ~** ⇒lovingly **4 sentir mucho ~ por** ⇒to be very fond of: *Creo que ella siente mucho cariño por Greg* - I think she is very fond of Greg **5 tomar ~** ⇒to become fond of ⇒to warm

cariñoso, sa *adj.* ⇒affectionate ⇒loving ⇒tender: *Es muy cariñoso con ella* - He's really tender with her

caritativo, va *adj.* ⇒charitable [CONSTR. charitable + to/towards sb]

carnaval *s.m.* **1** ⇒carnival **2** *vacaciones de carnaval* - february half-term

carne *s.f.* **1** *(de una persona)* ⇒flesh **2** *(de un animal)* ⇒meat **3** *(de cerdo)* ⇒pork **4** *(de cordero)* ⇒lamb **5** *(de vaca)* ⇒beef **6** *(de ternera)* ⇒veal **7** *(de pollo)* ⇒chicken **8** *(de venado)* ⇒venison **9** *(picada)* ⇒mince UK; ⇒ground beef US **10** *(asada)* ⇒roast **11 en ~ viva** ⇒raw **12 ser de ~ y hueso** *col.* ⇒to be only human **13 tener la ~ de gallina** ⇒to have goose gimples

C

carné *s.m.* **1** ⇒card **2** *(de conducir)* ⇒driving licence UK; ⇒driver's license US **3** *(de estudiante)* ⇒student card **4** *(de identidad)* ⇒identity card

carnero *s.m.* ⇒ram

carnicería *s.f.* **1** *(tienda)* ⇒butcher's UK (*pl* butchers'); ⇒butcher shop US **2** *(masacre)* ⇒slaughter

carnicero, ra *s.* ⇒butcher

carnívoro, ra ▌*adj.* **1** ⇒carnivorous ▌*s.* **2** ⇒carnivore

caro, ra *adj.* ⇒expensive ⇒dear UK: *La comida fue buena, pero muy cara* - The food was good but very dear; ⇒costly

carpa *s.f.* **1** *(pez)* ⇒carp **2** *(tejado)* ⇒marquee UK **3** *(de un circo)* ⇒big top **4** AMÉR. *(tienda de campaña)* ⇒tent

carpeta *s.f.* **1** ⇒folder: *Todas las facturas están en la carpeta* - All the bills are in the folder **2** *(de anillas)* ⇒ring binder **3** *(archivo)* ⇒file

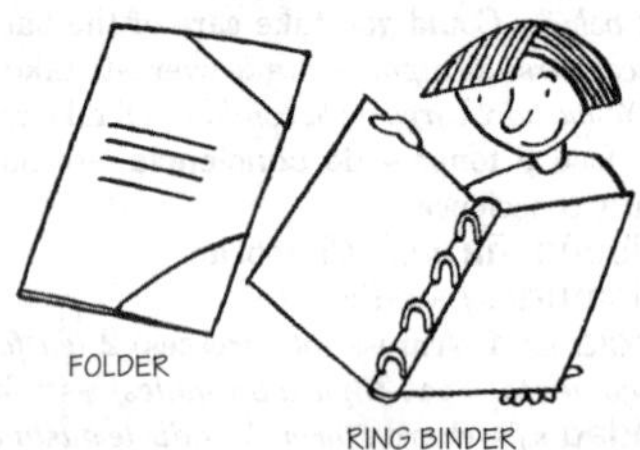

carpintería *s.f.* **1** *(actividad)* ⇒woodwork ⇒carpentry **2** *(lugar)* ⇒carpenter's workshop

carpintero, ra *s.* ⇒carpenter ⇒joiner

carrera *s.f.* **1** *(marcha rápida)* ⇒run US: *echar una carrera* - to go for a run / to have a run **2** *(de ritmo lento)* ⇒jog **3** *(competición)* ⇒racing: *carrera de coches* - motor racing; ⇒race **4** *(vida profesional)* ⇒career **5** *(licenciatura universitaria)* ⇒degree **6** *(en unas medias)* ⇒ladder UK

carrerilla *s.f.* **1** ⇒run-up **2 coger ~** ⇒to build up speed **3 de ~** ⇒by heart

carreta *s.f.* ⇒wagon ⇒cart

carrete *s.m.* **1** *(de una cámara)* ⇒film **2** *(bobina)* ⇒reel

carretera *s.f.* **1** ⇒road ⇒Rd **2** *(de circunvalación)* ⇒ring road UK; ⇒bypass (*pl* bypasses) **3** *(nacional)* ⇒national road **4** *(principal)* ⇒A-road ⇒highway US **5** *(comarcal)* ⇒B-road **6** *(autopista)* ⇒motorway UK; ⇒freeway US **7 en ~** ⇒on the road **8 por ~** ⇒by road

carretilla *s.f.* ⇒wheelbarrow

carril *s.m.* ⇒lane: *carril bus* - bus lane

carrillo *s.m.* ⇒cheek

carro *s.m.* **1** ⇒cart ⇒wagon **2** *(cuádriga)* ⇒chariot: *las carreras de carros de la antigua Roma* - ancient Roman chariot races **3** *(de un supermercado, de un aeropuerto)* ⇒trolley UK; ⇒cart US **4** AMÉR. *(coche)* ⇒car ⇒automobile US **5 ~ de la compra** ⇒shopping trolley

carrocería *s.f.* ⇒bodywork [U]

carromato *s.m.* ⇒animal-drawn cart

carroza *s.f.* **1** ⇒carriage **2** *(en una procesión, en un desfile)* ⇒float: *carrozas de carnaval* - carnival floats

carruaje *s.m.* ⇒carriage

carta *s.f.* **1** *(papel escrito)* ⇒letter: *Te mandé una carta la semana pasada* - I sent you a letter last week; *echar una carta* - to post a letter **2** *(de recomendación)* ⇒letter of recomendation **3** *(para jugar)* ⇒playing card ⇒card: *jugar a las cartas* - to play cards **4** *(en un restaurante)* ⇒menu **5 papel de cartas** ⇒notepaper

cartearse *v.prnl.* ⇒to write [CONSTR. to write (to) sb]

cartel *s.m.* **1** *(de publicidad)* ⇒poster **2** *(de información)* ⇒notice **3** *(indicador)* ⇒sign

cartelera *s.f.* **1** ⇒publicity board **2** *(en un periódico)* ⇒listings *pl* **3 estar en ~ 1** ⇒to be on **2** *las películas en cartelera* - films now showing

cartera *s.f.* **1** *(billetero)* ⇒wallet ⇒billfold US **2** *(billetero de mujer)* ⇒purse UK; ⇒wallet **3** *(maletín)* ⇒briefcase **4** *(del colegio)* ⇒satchel: *Mi madre solía llevar una cartera de cuero al colegio* - My mother used to carry a satchel to school; ⇒school bag **5** AMÉR. *(bolso de mujer)* ⇒handbag UK; ⇒purse US

carterista *s.com.* ⇒pickpocket

cartero, ra *s.* **1** *(sin especificar sexo)* ⇒letter carrier US; ⇒mail carrier US **2** *(hombre)* ⇒postman UK (*pl* postmen); ⇒mailman US (*pl* mailmen) **3** *(mujer)* ⇒postwoman UK (*pl* postwomen); ⇒mailwoman US (*pl* mailwomen)

cartilla *s.f.* **1** *(de ahorros)* ⇒savings book **2** *(de la seguridad social)* ⇒medical card **3** *(del paro)* ⇒unemployment card **4** *(para empezar a leer)* ⇒first read **5 leer la ~** *col.* ⇒to tell off

cartón *s.m.* **1** *(material)* ⇒cardboard **2** *(envase, recipiente)* ⇒carton: *un cartón de leche* - a carton of milk **3** *(envase de huevos)* ⇒box

cartucho *s.m.* **1** *(de tinta)* ⇒cartridge ⇒shell **2** *(de fogueo)* ⇒blank cartridge

cartulina *s.f.* ⇒cardboard [U]: *Compré cartulina de colores para las postales* - I bought coloured cardboard for the postcards

casa *s.f.* **1** *(edificio)* ⇒house **2** *(hogar)* ⇒home: *llegar a casa* - to arrive home **3** *(de campo)* ⇒cottage ⇒country house **4** *(de interés histórico)* ⇒stately home **5 ~ adosada** ⇒terraced house *UK;* ⇒row house *US* **6 ~ de la moneda** ⇒mint **7 ~ discográfica** ⇒record company (*pl* record companies) **8 de ~** ⇒home: *el equipo de casa* - the home team **9 en ~** ⇒at home: *Trabajo en casa* - I work at home; ⇒in: *Ella no está en casa en este momento* - She is not in at the moment **10 en ~ de** *(en una dirección de una carta)* ⇒c/o: *Envía el paquete a Mike Simpson, en casa de la familia Wilkins* - Send the parcel to Mike Simpson, c/o the Wilkins family **11 grande como una ~** *(enorme)* ⇒huge **12 pasar por ~ de alguien** ⇒to drop in

casado, da ▮ *adj.* **1** ⇒married ⇒wedded *lit* ▮ *s.* **2** *(hombre)* ⇒married man (*pl* married men) **3** *(mujer)* ⇒married woman (*pl* married women)

casar ▮ *v.* **1** ⇒to marry ▮ **casarse** *prnl.* **2** ⇒to get married: *Se casó con un joven apuesto* - She got married to a good-looking young man; ⇒to marry

cascabel *s.m.* **1** ⇒bell **2** *serpiente cascabel* - rattlesnake

cascada *s.f.* ⇒waterfall

cascado, da *adj.* **1** *col. (una cosa)* ⇒old **2** *col. (una persona)* ⇒knackered *UK very inform* **3** *(la voz)* ⇒cracked

cascanueces *s.m.* ⇒nutcracker [CONSTR. Se usa más en plural]

cascar *v.* **1** *(romper)* ⇒to crack: *cascar un huevo* - to crack an egg **2** *col. (pegar)* ⇒to hit: *cascar a alguien* - to hit sb **3** *col. (hablar)* ⇒to chatter: *Deja ya de cascar, ¿quieres?* - Stop chattering, will you? **4** *col. (morirse)* ⇒to kick the bucket *inform*

cáscara *s.f.* **1** *(de una fruta, de un vegetal)* ⇒peel [U]: *cáscaras de naranja* - orange peel **2** *(de una fruta)* ⇒skin: *la cáscara de un plátano* - a banana skin **3** *(de fruto seco)* ⇒shell ⇒husk **4** *(de huevo)* ⇒eggshell

cascarón *s.m.* **1** ⇒eggshell **2** *romper el cascarón* - to hatch

cascarrabias *adj./s.com. col.* ⇒grouchy *inform adj: un viejo cascarrabias* - a grouchy old man; ⇒grumpy *adj*

casco ▮ *s.m.* **1** *(para la cabeza)* ⇒helmet **2** *(para una moto, una bici)* ⇒crash helmet **3** *(botella)* ⇒empty bottle **4** *(pezuña)* ⇒hoof (*pl* hooves, hoofs) **5** *(de un barco)* ⇒hull **6 ~ antiguo** *(de una ciudad)* ⇒old town ▮ **cascos** *pl.* **7** *(auriculares)* ⇒earphones ⇒headphones **8** *(envases vacíos)* ⇒empties

caserío *s.m.* **1** ⇒farmhouse **2** *(en una aldea)* ⇒hamlet

casero, ra ▮ *adj.* **1** *(elaborado en casa)* ⇒home-made **2** *(hogareño)* ⇒home-loving: *un persona casera* - a home-loving person ▮ *s.* **3** *(hombre)* ⇒landlord **4** *(mujer)* ⇒landlady (*pl* landladies)

caseta *s.f.* **1** *(puesto, tenderete)* ⇒stand: *Visitamos la caseta de productos regionales* - We visited the stand of regional products **2** *(en una feria)* ⇒booth ⇒sideshow: *Carol ganó un peluche enorme en la caseta de la feria* - Carol won a large soft toy at a sideshow at the fair **3** *(vestuario para bañistas)* ⇒beach hut **4** *(de perro)* ⇒kennel *UK;* ⇒doghouse *US* **5** *(de un guarda, de un portero)* ⇒lodge

casete *s.m.* **1** *(cinta)* ⇒tape ⇒cassette **2** *(aparato)* ⇒cassette: *En unos años, los casetes desaparecerán* - In a few years, cassettes will disappear; ⇒cassette player ⇒tape recorder

casi *adv.* **1** ⇒almost: *Casi llego tarde* - I'm almost late; ⇒nearly: *Estamos casi allí* - We are nearly there; ⇒practically **2** *(en oraciones negativas)* ⇒hardly: *Casi nunca lo veo* - I hardly ever see him **3 ~ nunca** ⇒hardly ever ⇒rarely ⇒seldom: *Casi nunca como fuera* - I seldom eat out

casilla *s.f. (en un impreso)* ⇒box (*pl* boxes): *Marca la casilla adecuada* - Tick the appropriate box

casillero *s.m.* **1** *(mueble)* ⇒pigeonhole **2** *(marcador)* ⇒scoreboard

casino *s.m.* ⇒casino

caso *s.m.* **1** ⇒case ⇒instance: *Ha habido varios casos de violencia en el colegio* - There have been several instances of violence at the school **2** *Hazme caso* - Take it from me **3 en ~ de** ⇒in the event of **4 en cualquier ~** ⇒in any case **5 en el ~ de que** ⇒supposing **6 en el mejor de los casos** ⇒at best **7 en el peor de los casos** ⇒at worst **8 en todo ~** ⇒in any case ⇒in any event **9 hacer ~ de** ⇒to take notice of [CONSTR. to take notice of sth/sb] **10 ser un ~** *col.* ⇒to be a right one **11 ser un ~ aparte** ⇒to be something else

caspa *s.f.* ⇒dandruff

casta *s.f.* **1** *(de un animal)* ⇒breeding: *un toro de buena casta* - a bull of noble breeding; ⇒pedigree **2** *(de una persona)* ⇒caste

castaña *s.f.* ⇒chestnut

castañetear *v.* ⇒to chatter: *Tengo tanto frío que me castañetean los dientes* - I'm so cold that my teeth are chattering

castaño, ña ▮ *adj./s.* **1** *(color)* ⇒brown ⇒chestnut **2** *(pelo)* ⇒auburn ▮ **castaño** *s.m.* **3** *(árbol)* ⇒chestnut

castellano *s.m. (idioma)* ⇒Spanish ⇒Castilian

C

castidad *s.f.* ⇒chastity

castigar *v.* ⇒to punish [CONSTR. to punish sb for sth]

castigo *s.m.* **1** ⇒punishment [U]: *castigo físico* - corporal punishment **2** *(en el colegio)* ⇒detention

castillo *s.m.* **1** ⇒castle **2** *(de arena)* ⇒sandcastle **3** *(de naipes)* ⇒house of cards (*pl* houses of cards) **4 hacer castillos en el aire** ⇒to build castles in the air

casto, ta *adj.* ⇒chaste *form*

castor *s.m.* ⇒beaver

castrar *v.* ⇒to castrate

casual *adj.* ⇒accidental ⇒coincidental

casualidad *s.f.* **1** ⇒coincidence: *¡Qué casualidad!* - What a coincidence!; ⇒chance: *Lo averigüé de pura casualidad* - I found it out by pure chance **2 por ~** ⇒by accident ⇒by chance

catalán, -a ▮ *adj./s.* **1** ⇒Catalan ▮ **catalán** *s.m.* **2** *(idioma)* ⇒Catalan

catálogo *s.m.* ⇒catalogue *UK;* ⇒catalog *US*

catar *v.* ⇒to taste: *catar un vino* - to taste a wine

catarata *s.f.* **1** *(de agua)* ⇒waterfall: *las cataratas del Iguazú* - the Iguazu waterfalls **2** *(en medicina)* ⇒cataract

catarro *s.m.* ⇒cold: *He cogido un catarro* - I've caught a cold

catástrofe *s.f.* ⇒catastrophe

catear *v. col.* ⇒to fail: *Cateé el examen* - I failed the exam

catecismo *s.m.* ⇒catechism

catedral *s.f.* ⇒cathedral

catedrático, ca *s.* **1** *(de universidad)* ⇒professor **2** *(de instituto)* ⇒senior teacher

categoría *s.f.* **1** *(tipo, clase)* ⇒category (*pl* categories) **2** *(en deporte)* ⇒level **3 ~ gramatical** ⇒part of speech (*pl* parts of speech) **4 ~ laboral** ⇒work category **5 de primera ~** ⇒first-rate ⇒first-class **6 de segunda ~** ⇒second-rate

catolicismo *s.m.* ⇒Catholicism

católico, ca *adj./s.* ⇒Catholic: *Es católica* - She is a Catholic; ⇒Roman Catholic

catorce *numer.* **1** ⇒fourteen **2** *(fecha)* ⇒fourteenth

catorceavo *numer.* ⇒fourteenth

cauce *s.m.* **1** *(cuenca de un río)* ⇒bed **2** *(curso de un río)* ⇒course **3** *(camino, vía)* ⇒path

caucho *s.m.* ⇒rubber

caudal *s.m.* **1** *(de un río)* ⇒volume of water **2** *(de riquezas)* ⇒wealth

caudaloso, sa *adj.* ⇒large ⇒mighty *lit: un río caudaloso* - a mighty river

caudillo *s.m.* ⇒leader ⇒commander

causa *s.f.* **1** ⇒cause: *una causa perdida* - a lost cause **2 a ~ de** ⇒because of: *A causa de la lluvia no pudimos comer fuera* - Because of the rain we could eat outside; ⇒on account of

causante *adj. ser causante de algo* - to be responsible for

causar *v.* **1** ⇒to cause [CONSTR. 1. to cause + to do sth 2. to cause + dos objetos]: *¡No me causes problemas!* - Don't cause me trouble! **2** *(un efecto)* ⇒to create ⇒to provoke: *Ese chiste siempre causa risas* - That joke always provokes a laugh **3** *(un sentimiento)* ⇒to make: *causar buena impresión* - to make a good impression **4** *(un daño)* ⇒to do damage ⇒to do harm

cautela *s.f.* ⇒caution

cauteloso, sa *adj.* ⇒cautious: *Es un conductor cauteloso* - He's a cautious driver; ⇒careful

cautivar *v.* ⇒to captivate: *Tu voz me cautivó* - Your voice captivated me

cautiverio *s.m.* ⇒captivity: *Les soltaron de su cautiverio* - They were released from their captivity

cautividad *s.f.* ⇒captivity: *animales criados en cautividad* - animals bred in captivity

cautivo, va *adj./s.* ⇒captive

cava *s.f.* ⇒Spanish sparkling wine ⇒cava

cavar *v.* **1** *(una fosa, un hoyo)* ⇒to dig: *cavar un hoyo* - to dig a hole **2** *(un pozo)* ⇒to sink **3** *(con pala)* ⇒to shovel

caverna *s.f.* ⇒cave

caviar *s.m.* ⇒caviar

cavilar *v.* ⇒to deliberate *form* [CONSTR. to deliberate over sth]; ⇒to think over: *Cavílalo y luego hablamos* - Think it over and we'll talk later; ⇒to think through

cayuco *s.m. AMÉR.* ⇒canoe ⇒dugout (canoe)

caza ▮ *s.m.* **1** *(avión)* ⇒fighter ▮ *s.f.* **2** *(actividad)* ⇒hunting: *La caza me resulta cruel* - I find hunting cruel; ⇒hunt **3 animales de ~** ⇒game [U] **4 ~ de brujas** ⇒witch-hunt **5 ~ mayor** ⇒big game **6 ~ menor** ⇒small game ⇒shooting

cazador, -a *s.* **1** ⇒hunter **2** *(hombre)* ⇒huntsman (*pl* huntsmen)

cazadora *s.f.* **1** *(vaquera)* ⇒jean jacket **2** *(de piel)* ⇒leather jacket

cazar *v.* **1** *(ir de caza)* ⇒to hunt **2** *(coger, agarrar) col.* ⇒to catch [CONSTR. to catch + doing sth]; ⇒to hunt down: *La policía lo cazó al final* - The police finally hunted him down

cazo *s.m.* **1** *(para cocinar)* ⇒saucepan **2** *(para servir)* ⇒ladle

cazuela *s.f.* ⇒saucepan ⇒pot: *¿Puedo poner las cazuelas en el lavavajillas?* - Can I put the pots on the dishwaher?
cebada *s.f.* ⇒barley
cebar ▮ *v.* **1** *(a un animal)* ⇒to fatten up: *cebar a un cerdo* - to fatten a pig up **2** *col. (a una persona)* ⇒to fill up with food: *cebar a un niño* - to fill a child up with food ▮ **cebarse** *prnl.* **3** *(ensañarse)* ⇒to be cruel: *cebarse en alguien* - to be cruel to sb
cebo *s.m.* **1** *(comida)* ⇒bait **2** *(señuelo)* ⇒bait: *Ofrecen vacaciones gratis como cebo para atraer a nuevos clientes* - Free holidays were offered as a bait to customers; ⇒lure
cebolla *s.f.* ⇒onion
cebolleta *s.f.* **1** ⇒spring onion UK; ⇒scallion US **2** *(en vinagre)* ⇒pickled onion
cebra *s.f.* **1** ⇒zebra **2 paso de ~** ⇒zebra crossing UK; ⇒pedestrian crossing UK: *Cruza la calle por el paso de cebra* - Cross the road on the pedestrian crossing; ⇒crosswalk US
ceder *v.* **1** *(rendirse)* ⇒to give in: *No cedas ante él* - Don't give in to him **2** *(hacer concesiones)* ⇒to make concessions: *Tuve que ceder para llegar a un acuerdo con ella* - I had to make concessions in order to reach an agreement with her **3** *ceder el paso a alguien* - to give way to sb **4** *(perder fuerza, romperse)* ⇒to give: *La cuerda cedió ante el peso* - The rope gave under the weight of the load
cegar *v.* **1** *(deslumbrar)* ⇒to blind: *Los faros de ese coche me cegaron* - The headlights of that car blinded me **2** *(obcecar)* ⇒to blind: *La ira lo cegó* - Rage blinded him; *No te ciegues e intenta comprenderlo* - Don't be so blind, and try to understand it **3** *(obstruir)* ⇒to block up: *Cegaron la antigua entrada con ladrillos* - They blocked up the old entrance with bricks
ceguera *s.f.* ⇒blindness
ceja *s.f.* ⇒eyebrow: *depilarse las cejas* - to pluck one's eyebrows
celda *s.f.* ⇒cell
celebración *s.f.* ⇒celebration: *Esas noticias se merecen una celebración* - Such good news calls for a celebration
celebrar ▮ *v.* **1** *(un acontecimiento, una fecha)* ⇒to celebrate **2** *(una fiesta, un evento)* ⇒to hold ▮ **celebrarse** *prnl.* **3** ⇒to take place ⇒to be held: *La ceremonia se celebrará en esa iglesia* - The ceremony will be held on that church
célebre *adj.* ⇒famous: *un personaje célebre* - a famous character; ⇒well-known
celeste *adj.* **1** *(del cielo)* ⇒heavenly ⇒celestial *lit* **2** *(color)* ⇒pale blue ⇒sky blue
celo ▮ *s.m.* **1** *(cinta adhesiva)* ⇒Sellotape® UK; ⇒Scotch tape® US **2** *(en algunas especies animales)* ⇒heat (hembra): *to be on heat* - estar en celo; ⇒in rut (macho): *to be in rut* - estar en celo ▮ **celos** *pl.* **3** ⇒jealousy (*pl* jealousies) **4** *tener celos de alguien* - to be jealous of sb; *dar celos a alguien* - to make sb jealous
celoso, sa *adj.* ⇒jealous: *Ella se siente muy celosa cada vez que otra mujer mira a su novio* - She feels jealous every time another woman looks at her boyfriend; *Es muy celosa de su independencia* - She is very jealous of her independence
célula *s.f.* **1** ⇒cell **2 ~ madre** ⇒stem cell **3 ~ terrorista** ⇒terrorist cell
cementerio *s.m.* **1** ⇒cemetery (*pl* cemeteries) **2** *(de coches)* ⇒junkyard **3** *(de residuos nucleares)* ⇒nuclear waste dump
cemento *s.m.* ⇒cement
cena *s.f.* **1** ⇒supper: *¿Qué hay de cena?* - What's for supper?; ⇒dinner **2** *(en un restaurante)* ⇒dinner [U]
cenar *v.* ⇒to have dinner ⇒to have supper
cencerro *s.m.* **1** ⇒bell **2 estar como un ~** *col.* ⇒to be nuts *inform: No le escuches, está como un cencerro* - Don't listen to him, he's nuts; ⇒to be stark raving mad *inform*
cenicero *s.m.* ⇒ashtray
ceniza ▮ *s.f.* **1** ⇒ash (*pl* ashes) **2 reducir a cenizas** ⇒to reduce to ashes: *El árbol quedó reducido a cenizas tras el incendio* - The tree was reduced to ashes after the fire ▮ **cenizas** *s.f.pl.* **3** *(restos mortales)* ⇒ashes: *esparcir las cenizas* - to scatter the ashes
censo *s.m.* **1** ⇒census (*pl* censuses): *hacer un censo de la población de un lugar* - to take a census of the population in a given area **2 ~ electoral** ⇒electoral register ⇒electoral roll
censura *s.f.* **1** *(crítica)* ⇒condemnation ⇒censure *form* **2** *(prohibición)* ⇒censorship
censurar *v.* **1** *(criticar)* ⇒to censure *form: censurar el comportamiento de alguien* - to censure sb's behaviour **2** *(prohibir)* ⇒to censor: *censurar una escena de una película* - to censor a scene of a film
centavo ▮ *numer.* **1** *(centésimo)* ⇒hundredth ▮ *s.m.* **2** *(moneda)* ⇒cent
centellear *v.* **1** *(las joyas, el agua)* ⇒to sparkle ⇒to glitter: *Los diamantes del anillo centelleaban a la luz del sol* - The diamonds on the ring were glittering in the sun **2** *(una luz)* ⇒to glitter ⇒to twinkle: *Las estrellas centelleaban sin cesar* - The stars were twinkling incessantly **3** *(una llama)* ⇒to flicker: *Me relaja ver cómo*

centellea una vela - I feel relaxed watching a candle to flicker

centena *s.f.* ⇒hundred: *una centena de libros* - a hundred books

centenar *s.m.* ⇒hundred: *Había un centenar de personas* - There were a hundred people

centenario, ria ▮ *adj.* **1** ⇒hundred-year-old ▮ **centenario** *s.m.* **2** ⇒centenary UK (*pl* centenaries); ⇒centennial US

centeno *s.m.* ⇒rye

centésimo, ma *numer.* ⇒hundredth

centígrado, da *adj.* ⇒Celsius ⇒centigrade: *La abreviatura de centígrado es C* - The abbreviated form for centigrade is C

centímetro *s.m.* **1** ⇒centimetre UK; ⇒centimeter US **2** ~ **cuadrado** ⇒square centimetre UK; ⇒square centimeter **3** ~ **cúbico** ⇒cubic centimetre UK; ⇒cubic centimeter US

céntimo ▮ *numer.* **1** ⇒hundredth ▮ *s.m.* **2** ⇒cent **3 estar sin un** ~ *col.* ⇒to be broke

centinela ▮ *s.com.* **1** *(vigilante)* ⇒lookout ▮ *s.m.* **2** *(soldado)* ⇒sentry (*pl* sentries)

centollo *s.m.* ⇒spider crab

central ▮ *adj.* **1** ⇒central: *Vienen de Europa central* - They come from central Europe; *los aspectos centrales de un problema* - the central details of a problem ▮ *s.m.* **2** *(en fútbol)* ⇒centre half UK (*pl* centre halves); ⇒central defender ▮ *s.f.* **3** *(oficina)* ⇒head office **4** *(instalación energética)* ⇒plant ⇒station **5** ~ **eléctrica** ⇒power station ⇒power plant US **6** ~ **hidroeléctrica** ⇒hydroelectric power station **7** ~ **lechera** ⇒dairy **8** ~ **nuclear** ⇒nuclear power station **9** ~ **telefónica** ⇒telephone exchange

centralita *s.f.* ⇒switchboard

centrar ▮ *v.* **1** *(colocar en el centro)* ⇒to centre UK: *centrar un cuadro en la pared* - to centre a painting on the wall; ⇒to center US **2** *(dirigir hacia un punto)* ⇒to centre UK; ⇒to center US; ⇒to focus: *centrar las críticas en alguien* - to focus criticism on sb **3** *(en deporte)* ⇒to cross: *centrar el balón* - to cross the ball ▮ **centrarse** *prnl.* **4** *(dirigirse hacia un punto)* ⇒to centre UK; ⇒to center US; ⇒to focus: *Céntrate en los estudios* - You should focus on your studies **5** *(estabilizarse)* ⇒to settle down ⇒to get some direction

céntrico, ca *adj.* **1** ⇒central **2** *Vive en un piso céntrico* - She lives in an apartment in the town centre

centrifugar *v.* ⇒to spin

centro *s.m.* **1** ⇒middle: *Estaba en el centro de la plaza* - She was standing in the middle of the square; ⇒centre UK; ⇒center US; ⇒core: *el centro de la Tierra* - the core of the Earth **2** *(de una ciudad)* ⇒downtown US **3** ~ **cívico** ⇒community centre UK; ⇒community center US **4** ~ **comercial** ⇒shopping centre UK; ⇒shopping center US; ⇒shopping mall US; ⇒mall US **5** ~ **cultural** ⇒arts centre UK; ⇒arts center US **6** ~ **de día** ⇒daycare centre UK; ⇒daycare center US **7** ~ **de enseñanza** ⇒educational institution **8** ~ **de menores** ⇒young offenders' institution **9** ~ **de gravedad** ⇒centre of gravity **10** ~ **de mesa** ⇒centrepiece UK; ⇒centerpiece US **11** ~ **de salud** ⇒health centre UK; ⇒health center US **12** ~ **neurálgico** ⇒nerve centre UK; ⇒nerve center US **13** ~ **penitenciario** ⇒prison ⇒penitentiary US **14** ~ **recreativo** ⇒leisure centre UK; ⇒recreation center US **15** ~ **urbano** ⇒urban area ⇒town centre UK; ⇒town center US

centrocampista *s.com.* ⇒midfield player

ceñido, da *adj.* ⇒tight: *Esos pantalones son demasiado ceñidos* - Those trousers are too tight

ceño *s.m. Me miró con el ceño fruncido* - She looked up at me with a scowl; *fruncir el ceño* - to frown

cepa *s.f.* **1** *(planta de la vid)* ⇒vine **2 de pura** ~ ⇒through and through: *Eres italiana de pura cepa* - You're Italian through and through

cepillar ▮ *v.* **1** ⇒to brush: *cepillar la ropa* - to brush the clothing; *cepillarse los dientes* - to brush one's teeth ▮ **cepillarse** *prnl.* **2** *col. (matar a alguien)* ⇒to polish off *inform* **3** *col. (terminar algo)* ⇒to polish off *inform*

cepillo *s.m.* **1** ⇒brush (*pl* brushes) **2** *(para el pelo)* ⇒hairbrush (*pl* hairbrushes) **3** *(para los dientes)* ⇒toothbrush (*pl* toothbrushes) **4** *(para las uñas)* ⇒nail brush (*pl* nail brushes) **5** *(para limosnas)* ⇒offering plate **6** *(en carpintería)* ⇒plane

cepo *s.m.* **1** *(para animales)* ⇒trap **2** *(para vehículos)* ⇒clamp UK; ⇒wheel clamp UK

cera *s.f.* **1** ⇒wax: *cera depiladora* - hair-removing wax **2** *(para abrillantar)* ⇒polish **3** *(para dibujar)* ⇒wax crayon **4** *(de los oídos)* ⇒wax ⇒earwax **5 hacerse la** ~ ⇒to have *one's* legs waxed

cerámica *s.f.* **1** *(técnica)* ⇒pottery **2** *(objeto)* ⇒piece of pottery ⇒ceramic

cerca ▮ *s.f.* **1** *(de madera, de alambre)* ⇒fence **2** *(de piedra)* ⇒wall ▮ *adv.* **3** ⇒near [Se dice *near my house*. Incorrecto: *near of my house*]: *El banco está cerca de aquí* - The bank is near here; ⇒nearby ⇒close ⇒around: *Está por aquí cerca* - It's around here somewhere **4** ~ **de** *(una hora, una cifra, un lugar)* ⇒nearly: *Son cerca de las diez* - It's nearly ten; ⇒almost **5 de** ~ ⇒near ⇒close up:

De cerca parece más joven - On the close up he seems younger

cercado *s.m.* **1** *(terreno)* ⇒enclosure **2** *(valla)* ⇒fence

cercano, na *adj.* **1** ⇒close: *Te estaré esperando en un restaurante cercano* - I'll be waiting for you on a close restaurant; ⇒near ⇒nearby [CONSTR. Se sitúa delante de un nombre]: *¿Conoce alguna gasolinera cercana?* - Do you know a nearby petrol station? **2** *(un pariente)* ⇒close: *Solo viene a cenar la familia cercana* - Just the close family is coming for dinner

cercar *v.* **1** *(colocar una cerca)* ⇒to fence in: *cercar un jardín* - to fence a garden in **2** *(rodear)* ⇒to surround: *cercar al enemigo* - to surround the enemy

cerdo, da ▌*s.m.* **1** *(carne)* ⇒pork ▌*s.* **2** *(animal)* ⇒pig **3** *col. desp. (persona)* ⇒pig *inform, offens*

cereal ▌*s.m.* **1** *(planta)* ⇒cereal **2** *(grano)* ⇒cereal ▌**cereales** *pl.* **3** *(alimento)* ⇒cereal: *Siempre desayuno cereales* - I always have cereal for breakfast

cerebral *adj.* **1** *(del cerebro)* ⇒cerebral *form: hemorragia cerebral* - cerebral haemorrhage; *un tumor cerebral* - a brain tumour **2** *(una persona)* ⇒cerebral *form;* ⇒calculating

cerebro *s.m.* **1** *(parte del cuerpo)* ⇒brain **2** *(persona que organiza un plan)* ⇒mastermind ⇒brains *inform: Ella es el cerebro de la organización* - She's the brains of the organization **3** *Es un cerebrito* - She's a boffin

ceremonia *s.f.* **1** ⇒ceremony (*pl* ceremonies) **2** *(solemnidad)* ⇒pageantry

cereza *s.f.* ⇒cherry (*pl* cherries)

cerezo *s.m.* ⇒cherry tree

cerilla *s.f.* **1** ⇒match (*pl* matches): *encender una cerilla* - to strike a match; ⇒matchstick **2** *una caja de cerillas* - a matchbox

cerillo *s.m.* AMÉR. ⇒match (*pl* matches); ⇒matchstick

cero *numer.* **1** ⇒zero ⇒nought *UK;* ⇒cipher *US* **2** *(en una serie de números)* ⇒o: *Mi número de teléfono es: siete, seis, dos, cinco, cero, tres* - My telephone number is: seven six two five o three **3** *(en deportes)* ⇒nil *UK: un gol a cero* - one-nil; ⇒zero *US* **4** *(en tenis)* ⇒love: *Iba ganando el partido cuarenta a cero* - She was winning the match 40-love **5** *Empezaré desde cero* - I will start from scratch **6 bajo ~** ⇒sub-zero ⇒freezing: *Estamos a bajo cero* - We've reached the freezing point; ⇒below zero **7 ser un ~ a la izquierda** ⇒to be a nobody

cerrado, da *adj.* **1** ⇒closed: *Cuando quisimos llegar ya estaba cerrado* - By the time we arrived it was closed; ⇒shut **2** *(con llave)* ⇒locked **3** *(una persona)* ⇒reserved ⇒uncommunicative **4** *(una curva)* ⇒sharp **5** *(un acento)* ⇒broad: *un acento escocés cerrado* - a broad Scottish accent

cerradura *s.f.* **1** ⇒lock **2 ojo de la ~** ⇒keyhole

cerrajero, ra *s.* ⇒locksmith

cerrar *v.* **1** ⇒to close: *Mi hermana siempre cierra todas las ventanas de la casa* - My sister always closes all the windows in the house; ⇒to shut: *La puerta se cerró sola* - The door shut by itself **2** *(un negocio que va mal)* ⇒to close down ⇒to shut down: *La fábrica local tuvo que cerrar* - The local factory had to shut down **3** *(con llave)* ⇒to lock ⇒to lock up: *El vigilante cierra el colegio a las seis* - The caretaker locks up the school at six o'clock **4** *(con candado)* ⇒to padlock **5** *(con pestillo)* ⇒to latch **6** *(un grifo)* ⇒to turn off **7** *(un sobre)* ⇒to seal: *Cerré el sobre y le puse un sello* - I sealed and stamped the envelope **8** *(una cremallera)* ⇒to do up *UK* **9** *(un programa informático)* ⇒to log {off/out} **10** *(el paso)* ⇒to box in **11** *(de golpe)* ⇒to slam: *No cierres la puerta de golpe* - Don't slam the door **12** *(con éxito)* ⇒to clinch: *cerrar un trato con éxito* - to clinch a deal **13 ~ el pico** *col.* ⇒to shut up

cerro *s.m.* **1** ⇒hill ⇒knoll **2 irse por los cerros de Úbeda** ⇒to go off on a tangent

cerrojo *s.m.* **1** ⇒bolt: *Cerré la ventana y puse el cerrojo* - I closed the window and drew the bolt **2** *Echa el cerrojo cuando salgas* - Bolt the door when you go out

certamen *s.m.* ⇒contest ⇒competition

certificado *s.m.* **1** ⇒certificate **2** *(de Enseñanza Secundaria, en el Reino Unido)* ⇒GCSE [Procede de *General Certificate of Secondary Education*]

certificar *v.* **1** *(asegurar que es cierto)* ⇒to certify [CONSTR. to certify + (that)]: *Tu testimonio certificó mi inocencia* - Your testimony certified I was innocent **2** *(por correo)* ⇒to register: *certificar una carta* - to register a letter

cerveza *s.f.* **1** ⇒beer: *cerveza de barril* - draught beer; ⇒ale **2** *(una consumición)* ⇒beer ⇒pint *UK inform* **3** *(negra)* ⇒stout **4** *(rubia)* ⇒lager **5** *(tostada)* ⇒bitter *UK*

cesar *v.* **1** *(terminar)* ⇒to end: *La tormenta cesó hace diez minutos* - The storm ended ten minutes ago **2** *(dejar de)* ⇒to stop [CONSTR. 1. to stop + doing sth 2. to stop + to do sth] **3** *(dimitir)* ⇒to resign: *cesar en un cargo* - to resign from a post **4 sin ~** ⇒incessantly

césped *s.m.* **1** ⇒lawn ⇒grass: *No pisar el césped* - Keep off the grass **2** *cubierto de césped* - grassy

cesta *s.f.* **1** ⇒basket **2** *(para la comida)* ⇒hamper *UK* **3** *(para la compra)* ⇒shopping basket

cesto *s.m.* **1** ⇒basket **2** *(para la ropa sucia)* ⇒hamper *US*

C

chabacano, na ▮ *adj.* **1** *(una decoración)* ⇒tasteless **2** *(un lenguaje)* ⇒vulgar **3** *(una prenda)* ⇒flashy ▮ *adj. / s.* **4** *(una persona)* ⇒coarse *adj*

chabola *s.f.* ⇒shanty (*pl* shanties): *un barrio de chabolas* - a shanty town; ⇒shack

chachi *adj. col.* ⇒cool *inform: ¡Qué chachi!* - Cool!; ⇒great

chal *s.m.* ⇒shawl

chalado, da ▮ *adj.* **1** *col. (loco)* ⇒nuts *inform: Debes estar chalado para escalar en invierno* - You must be nuts to go climbing mountains in winter; ⇒barmy *UK inform;* ⇒dotty *UK inform* **2** *col. (muy entusiasmado)* ⇒nuts *inform* ▮ *s.* **3** *col. (loco)* ⇒nut *inform*

chalé *s.m.* **1** ⇒detached house *UK* **2** *(adosado)* ⇒terraced house *UK;* ⇒row house *US* **3** *(pareado)* ⇒semi-detached house *UK;* ⇒semi *UK inform*

chaleco *s.m.* **1** *(de un traje)* ⇒waistcoat *UK;* ⇒vest *US* **2** *chaleco salvavidas* - life jacket **3** *chaleco antibalas* - bullet-proof vest

chamo, ma *s.* **1** *AMÉR.* ⇒child (*pl* children); ⇒kid ⇒infant *form* **2** *AMÉR. (chico)* ⇒boy **3** *AMÉR. (chica)* ⇒girl

champán *s.m.* ⇒champagne

champiñón *s.m.* ⇒mushroom: *Cené una tortilla de champiñones* - I had a mushroom omelette for dinner

champú *s.m.* ⇒shampoo: *champú anticaspa* - anti-dandruff shampoo

chamuscar *v.* ⇒to scorch ⇒to singe: *chamuscarse el pelo* - to singe one's hair

chanchullo *s.m.* **1** *col.* ⇒fiddle *UK inform* **2** *hacer chanchullos* - to be on the fiddle

chándal *s.m.* ⇒tracksuit *UK: Se ha comprado un chándal nuevo para ir al gimnasio* - She has bought a new tracksuit to go to the gym; ⇒sweats *US*

chantaje *s.m.* **1** ⇒blackmail [U] **2** *hacer chantaje a alguien* - to blackmail sb

chantajear *v.* ⇒to blackmail: *Estaba chantajeando a su jefe* - He was blackmailing his boss

chantajista *s.com.* ⇒blackmailer

chapa *s.f.* **1** *(de metal)* ⇒sheet **2** *(tapón metálico)* ⇒bottle top **3** *(insignia, distintivo)* ⇒badge *UK* **4** *AMÉR. (cerradura)* ⇒lock **5** *AMÉR. (de un vehículo)* ⇒registration number ⇒number plate *UK;* ⇒license plate *US*

chapado, da *adj.* **1** ⇒plated: *chapado en oro* - gold-plated **2** **~ a la antigua** ⇒old-fashioned

chapapote *s.m.* ⇒tar

chaparrón *s.m.* ⇒shower ⇒downpour

chapotear *v.* ⇒to splash around: *Los niños estaban chapoteando en el río* - The kids were spalshing around in the river

chapucero, ra ▮ *adj.* **1** *(un trabajo)* ⇒shoddy **2** *(una persona)* ⇒slapdash ▮ *s.* **3** ⇒bungler ⇒cowboy *UK inform: una panda de chapuceros* - a bunch of cowboys

chapuza *s.f.* **1** *(trabajo ocasional)* ⇒odd job **2** *(trabajo mal hecho)* ⇒rush job ⇒botch (*pl* botches); ⇒botch-up **3** *hacer una chapuza* - to do a botched job

chapuzón *s.m.* ⇒dip *inform: darse un chapuzón* - to go for a dip

chaqueta *s.f.* **1** *(americana)* ⇒jacket: *una chaqueta de cuero* - a leather jacket **2** *(de punto)* ⇒cardigan

chaquetón *s.m.* ⇒coat

charca *s.f.* ⇒pond: *Antes había muchas ranas en esa charca* - There used to be a lot of frogs in that pond

charco *s.m.* ⇒puddle

charla *s.f.* **1** *col. (conversación)* ⇒chat ⇒talk **2** *(conferencia)* ⇒talk

charlar *v. col.* ⇒to chat: *charlar con alguien* - to chat to sb; ⇒to have a chat

charlatán, -a *adj.* **1** *(hablador)* ⇒talkative **2** *(embaucador)* ⇒charlatan *n;* ⇒garrulous

charol *s.m.* ⇒patent leather: *zapatos de charol* - patent leather shoes

chasco *s.m.* ⇒disappointment ⇒non-event *inform: El concierto fue un chasco pues el cantante solo cantó durante treinta minutos* - The concert turn out to be a non-event as the singer just sang for thirty minutes

chasquido *s.m.* ⇒crack: *Escuché un chasquido fuera de la tienda de campaña* - I heard a crack outside the tent; ⇒click ⇒snap

chatarra *s.f.* **1** ⇒scrap ⇒scrap metal **2** *col. (monedas)* ⇒small change

chatarrero, ra *s.* ⇒scrap merchant ⇒scrap dealer

chato, ta ▮ *adj.* **1** *(una nariz)* ⇒flattened **2** *(una persona)* ⇒short ▮ **chato** *s.m.* **3** ⇒glass of wine

chaval, -a *s.* **1** ⇒kid *inform* **2** *(chico)* ⇒boy ⇒young man (*pl* young men); ⇒lad *UK inform* **3** *(chica)* ⇒girl ⇒young woman (*pl* young women); ⇒lass *SCOT, NORTH ENG* (*pl* lasses)

checar *v.* **1** *AMÉR. (comprobar)* ⇒to check [CONSTR. 1. to check + (that) 2. to check + interrogativo] **2** *AMÉR. (un equipaje)* ⇒to check in **3** *AMÉR. (al llegar al trabajo)* ⇒to clock in; *(al salir del trabajo)* ⇒to clock off

checo, ca ▮ *adj. / s.* **1** ⇒Czech (*pl* Czech) ▮ **checo** *s.m.* **2** *(idioma)* ⇒Czech

chelo *s.m.* ⇒cello

chepa *s.f.* **1** *col.* ⇒hump **2 subírsele a alguien a la ~** *col.* ⇒to walk over *sb*
cheque *s.m.* **1** ⇒cheque *UK: un talonario de cheques* - a cheque book; *cheque de viaje* - traveller's cheque; *Me dieron un cheque sin fondos* - The cheque they gave me bounced; ⇒check *US* **2** *(regalo)* ⇒gift token *UK: Le regalaron un cheque regalo por su cumpleaños* - They gave her a gift token for her birthday; ⇒gift voucher *UK;* ⇒gift certificate *US*
chequeo *s.m. (médico)* ⇒check-up: *Fue al médico para hacerse un chequeo* - He went to the doctor for a check-up
chévere *adj.* *AMÉR. col.* ⇒cool *inform;* ⇒great ⇒brilliant *UK*
chicha *s.f.* **1** *col.* ⇒meat [U] **2 no ser ni ~ ni limonada** *col.* ⇒to be neither one thing nor the other
chícharo *s.m.* **1** *AMÉR. (guisante)* ⇒pea **2** *AMÉR. (de un oficio)* ⇒apprentice
chichón *s.m.* ⇒bump ⇒lump
chicle *s.m.* **1** ⇒gum ⇒chewing gum [U] **2** *(hinchable)* ⇒bubble gum [U]
chico, ca ▮ *adj.* **1** *(pequeño)* ⇒small ▮ *s.* **2** *(hombre)* ⇒boy ⇒young man (*pl* young men) **3** *(mujer)* ⇒girl ⇒young woman (*pl* young women)
chiflado, da *adj.* **1** *col. (loco)* ⇒nuts *inform;* ⇒barmy *UK inform* **2** *(muy entusiasmado)* ⇒mad *inform: Está chiflada por el fútbol* - She is mad about football; ⇒nuts *inform*
chiflar ▮ *v.* **1** *(silbar)* ⇒to whistle ⇒to wolf-whistle **2** *col. (gustar mucho)* ⇒to be mad about: *Esta peli me chifla* - I'm mad about this film ▮ **chiflarse** *prnl.* **3** *col. (enamorarse)* ⇒to go mad about
chicle *s.m.* **1** ⇒gum ⇒chewing gum [U]: *¿Me das un chicle?* - Can I have a piece of chewing gum? **2** *(hinchable)* ⇒bubble gum [U]
Chile *s.m.* ⇒Chile
chileno, na *adj. / s.* ⇒Chilean
chillar *v.* ⇒to scream: *No chilles* - Don't scream; ⇒to shriek ⇒to squeal: *Los niños chillaban de felicidad* - The kids squealed with happiness; ⇒to yell [CONSTR. to yell at sb]
chillido *s.m.* ⇒scream ⇒shriek: *Soltó un chillido que nos asustó a todos* - He suddenly let out a shriek that frightened us all; ⇒squeal
chillón, -a *adj.* **1** ⇒shrill ⇒high-pitched: *una voz chillona* - a high-pitched voice **2** *(un color)* ⇒brash ⇒garish ⇒lurid
chimenea *s.f.* **1** *(conducto)* ⇒chimney **2** *(en una habitación)* ⇒fireplace **3** *(en un barco)* ⇒funnel
chimpancé *s.m.* ⇒chimpanzee
china *s.f.* **1** ⇒pebble **2 tocarle la ~ a alguien** *col.* ⇒to draw the short straw: *Me ha tocado la china* - I've drawn the short straw
China *s.f.* ⇒China
chinchar ▮ *v.* **1** *col. (molestar)* ⇒to bait: *No chinches más a tu hermana* - Don't bait your sister anymore; ⇒to needle *inform* ▮ **chincharse** *prnl.* **2** *col. (enfadarse)* ⇒to get cross: *No te chinches, estaba de broma* - Don't get cross, I was just kidding **3** *col. (fastidiarse)* ⇒to grin and bear it: *Te chinchas, yo tengo caramelos y tú no* - I have sweets and you don't, grin and bear it
chinche *s.f.* **1** *(insecto)* ⇒bug ⇒bedbug **2** *AMÉR. (chincheta)* ⇒drawing pin *UK;* ⇒tack *US;* ⇒thumbtack *US*
chincheta *s.f.* ⇒drawing pin *UK: He comprado chinchetas para colgar el póster* - I have bought drawing pins to put up the poster; ⇒tack *US;* ⇒thumbtack *US*
chino, na ▮ *adj. / s.* **1** ⇒Chinese **2** *(plural genérico)* ⇒Chinese: *los chinos* - the Chinese ▮ **chino** *s.m.* **3** *(idioma)* ⇒Chinese
chipirón *s.m.* ⇒small squid
Chipre *s.m.* ⇒Cyprus
chipriota *adj. / s.com.* ⇒Cypriot
chiquillo, lla *s.* ⇒kid *inform;* ⇒child (*pl* children)
chirimoya *s.f.* ⇒custard apple ⇒cherimoya
chirriar *v.* ⇒to screech ⇒to squeak: *La puerta chirrió y me despertó* - The door squeaked and woke me up; ⇒to creak
chirrido *s.m.* ⇒screech ⇒squeak
chisme *s.m.* **1** *col. (comentario)* ⇒gossip [U] **2** *col. (cosa)* ⇒thing **3** *col. (aparato)* ⇒gadget: *No sé para qué sirven todos esos chismes* - I don't know what are those gadgets for
chismorrear *v. col.* ⇒to gossip: *Siempre estáis chismorreando* - You're always gossiping
chismoso, sa ▮ *adj.* **1** ⇒gossipy ▮ *s.* **2** ⇒gossip ⇒gossipmonger *UK*
chispa *s.f.* **1** *(de fuego)* ⇒spark **2** *(ingenio)* ⇒sparkle **3 echar chispas** *col. (estar enfadado)* ⇒to be hopping mad **4 tener ~** ⇒to be witty
chispazo *s.m.* ⇒spark: *Los cables estaban dando chispazos* - Sparks were flying out of the wires
chispear *v.* **1** *(lloviznar)* ⇒to spit *UK;* ⇒to drizzle **2** *(brillar mucho)* ⇒to sparkle
chiste *s.m.* **1** ⇒joke ⇒gag *inform* **2** *(viñeta)* ⇒cartoon
chistera *s.f.* ⇒top hat
chistoso, sa ▮ *adj.* **1** ⇒amusing: *Deja que te diga algo chistoso* - Let me tell you sth amusing; ⇒funny ⇒jokey *inform* ▮ *s.* **2** ⇒joker
chivato, ta *s.* **1** ⇒tell-tale **2** *(de la policía)* ⇒informer ⇒grass *very inform*
chivo, va *s.* **1** ⇒kid **2 chivo expiatorio** ⇒scapegoat **3 estar como una chiva** *col.* ⇒to be nuts *inform*

C

chocar ▌*v.* **1** *(colisionar)* ⇒to crash: *Los dos camiones chocaron* - The two lorries crashed into each other; ⇒to bump **2** *(estar en desacuerdo, enfrentarse)* ⇒to clash: *Tus opiniones chocan con las mías* - Your views clash with mine **3** *(causar extrañeza)* ⇒to surprise: *Me choca que haya hecho eso* - I'm surprised she has done that **4 ¡choca esos cinco!** *col.* ⇒put it there! ⇒give me five! *inform* ▌**chocarse** *prnl.* **5** *(una persona)* ⇒to barge ⇒to collide

chocolate *s.m.* **1** *(en tableta)* ⇒chocolate **2** *(en polvo)* ⇒cocoa **3** *(bebida)* ⇒chocolate ⇒cocoa **4** *col. (droga)* ⇒dope *inform* **5 ~ blanco** ⇒white chocolate **6 ~ con leche** ⇒milk chocolate **7 ~ negro** ⇒plain chocolate UK

chocolatina *s.f.* ⇒chocolate bar: *Compré algunas chocolatinas para el viaje* - I bought some chocolate bars for the trip

chofer *s.m.* **1** AMÉR. *(particular)* ⇒chauffeur **2** AMÉR. *(de un autocar)* ⇒driver

chófer *s.m.* **1** *(particular)* ⇒chauffeur **2** *(de un autocar)* ⇒driver

chollo *s.m. col. (ganga)* ⇒bargain

chopo *s.m. (árbol)* ⇒black poplar ⇒poplar

choque *s.m.* **1** *(colisión)* ⇒collision ⇒crash (*pl* crashes) **2** *(de coche o de tren)* ⇒smash-up **3** *(en una batalla, un conflicto)* ⇒clash (*pl* clashes): *un choque de intereses* - a clash of interests

chorizo, za *s.* **1** ⇒chorizo ⇒seasoned and smoked pork sausage **2** *col. (persona)* ⇒thief (*pl* thieves)

chorrada *s.f.* **1** *col. (cosa tonta)* ⇒drivel *inform* [U]; ⇒twaddle *inform* [U]: *decir chorradas* - to talk twaddle **2** *col. (objeto inútil)* ⇒junk *inform* [U]: *¿Para qué es esa chorrada?* - What's that junk for?; ⇒crap *vulg* [U]

chorrear *v.* **1** *(gotear)* ⇒to drip: *El grifo chorreaba* - The tap was dripping **2** *(salir a chorros)* ⇒to gush: *El agua chorrea de la cañería* - Water gushes from the pipe

chorro *s.m.* ⇒jet: *Por la puerta entraba un chorro de aire* - A jet of air came through the door; ⇒stream: *Había un chorro constante de visitantes* - There was a constant stream of visitors

choza *s.f.* ⇒hut

chubasco *s.m.* ⇒shower: *Se esperan chubascos para finales de semana* - Showers are expected at the end of the week

chubasquero *s.m.* ⇒raincoat

chuchería ▌*s.f.* **1** *(objeto de poco valor)* ⇒knick-knack (*pl* knick-knacks) ▌**chucherías** *pl.* **2** *(alimento dulce)* ⇒sweets

chufa *s.f.* **1** *(planta)* ⇒tiger nut **2** *col. (bofetón)* ⇒slap

chuleta *s.f.* **1** *(de carne)* ⇒chop: *chuletas de cerdo* - pork chops **2** *(para copiar en un examen)* ⇒crib sheet UK *inform*

chulo, la ▌*adj.* **1** *col. (bonito)* ⇒cool *inform: Esa chaqueta es muy chula* - That jacket is really cool **2** *col. (presuntuoso)* ⇒cocky *inform: Es demasiado chulo para mi gusto* - He is too cocky for my liking ▌*s.* **3** *col. (persona)* ⇒bragger ⇒show-off *inform* **4** *hacerse el chulo* - to act the tough guy ▌**chulo** *s.m.* **5** *(de prostitutas)* ⇒pimp

chungo, ga *adj.* **1** *col. (con mal aspecto)* ⇒dodgy: *Estoy chunga desde que cogí frío* - I'm a bit dodgy since I got cold **2** *col. (en mal estado)* ⇒rotten: *Estos pomelos están chungos* - These grapefruits are rotten **3** *col. (difícil)* ⇒dodgy UK *inform;* ⇒dicey *inform: una situación chunga* - a dicey situation

chupado, da *adj.* **1** *col. (delgado)* ⇒skinny **2** *col. (fácil)* ⇒dead easy ⇒cushy *inform: un trabajo chupado* - a cushy job **3** *Montar en bicicleta está chupado* - Riding a bike is a piece of cake

chupar *v.* ⇒to suck ⇒to lick: *El perro chupaba la cara de su dueño* - The dog was licking his master's face

chupete *s.m.* ⇒dummy UK (*pl* dummies); ⇒pacifier US

chutar ▌*v.* **1** *(un balón)* ⇒to shoot: *chutar a portería* - to shoot at goal **2 ir alguien que chuta** *col.* ⇒to do *sb*: *Con esta propina vas que chutas* - This tip should do you ▌**chutarse** *prnl.* **3** *col. (droga)* ⇒to shoot up

cicatriz *s.f.* **1** ⇒scar **2** *dejarle una cicatriz a alguien* - to scar sb **3** *marcar con una cicatriz* - to scar

cicatrizar *v.* ⇒to heal: *Se me ha cicatrizado la herida* - My wound has healed; *El tiempo cicatriza todas las heridas* - Time heals all wounds

ciclismo *s.m.* **1** ⇒cycling **2** *(de montaña)* ⇒mountain biking

ciclista *s.com.* ⇒cyclist ⇒rider

ciclo *s.m.* **1** ⇒cycle: *el ciclo del agua* - the water cycle **2** *(de películas)* ⇒season: *Mañana empieza el nuevo ciclo de películas de miedo* - The new season of horror film starts tomorrow **3** *(de conferencias)* ⇒series (*pl* series): *Estoy yendo a un ciclo de conferencias sobre Ezra Pound* - I'm attending a series of lectures on Ezra Pound **4 ~ vital** ⇒life cycle

ciclomotor *s.m.* ⇒moped

ciclón *s.m.* **1** *(viento)* ⇒cyclone **2** *col. (persona): Tu hija es un ciclón y lo deja todo patas arriba* - Your daughter is like a hurricane; she turns everything upside down

ciego, ga ▌*adj.* **1** ⇒blind ▌*s.* **2** ⇒blind person **3** *(plural genérico): los ciegos* - the blind **4** *col.*

(ebrio) →pissed UK *very inform;* →sloshed *inform*

cielo ▮ *s.m.* **1** *(firmamento)* →sky **2** *(en religión)* →heaven **3** *(persona)* →precious *adj* [Se usa como vocativo]: *Ven aquí, cielo* - Come here, precious **4 ~ de la boca** →palate →roof of the mouth **5 remover ~ y tierra** →to move heaven and earth **6 ser un ~** →to be an angel ▮ **¡cielos!** *interj.* **7** →good heavens!

ciempiés *s.m.* →centipede

cien *numer.* **1** →hundred: *cien años* - a hundred years **2 ~ mil veces** →hundreds of times **3 ~ por ~** →a hundred per cent **4 poner a ~** *col. (excitado, nervioso)* →to drive *sb* mad

ciénaga *s.f.* →marsh (*pl* marshes): *Se quedaron atascados en la ciénaga* - They got stuck in the marsh; →bog →swamp →mire *lit: Intentaron evitar las ciénagas* - They tried to avoid the mires

ciencia *s.f.* **1** →science: *los avances de la ciencia* - the advances of the science **2 ~ ficción** →science fiction →sci-fi *inform* **3 ciencias de la información** →media studies **4 ciencias empresariales** →business studies **5 ciencias naturales** →natural sciences **6 ciencias ocultas** →the occult **7 ciencias políticas** →politics [U]

científico, ca ▮ *adj.* **1** →scientific ▮ *s.* **2** →scientist

ciento ▮ *numer.* **1** →hundred **2 por ~** →per cent: *sesenta y cinco por ciento* - sixty-five per cent ▮ *s.m.* **3** →hundred: *cientos de* - hundreds of

cierre *s.m.* **1** *(de una prenda de vestir)* →fastener **2** *(cerradura)* →lock **3** *(de un negocio)* →closure **4** *(en una empresa): cierre del ejercicio* - year-end **5 ~ centralizado** →central locking

cierto, ta *adj.* **1** *(verdadero)* →true **2** *(indeterminado)* →certain **3 hasta cierto punto** →up to a point **4 por cierto** →incidentally →by the way

ciervo, va *s.* **1** *(genérico y macho)* →deer (*pl* deer) **2** *(hembra)* →doe →hind UK (*pl* hind, hinds) **3** *(macho)* →stag

cifra *s.f.* →figure: *Este número tiene tres cifras* - This number has three figures; →number

cigarra *s.f.* →cicada

cigarrillo *s.m.* →cigarette

cigarro *s.m.* **1** *(puro)* →cigar **2** *(pitillo)* →cigarette

cigüeña *s.f.* →stork

cilíndrico, ca *adj.* →cylindrical

cilindro *s.m.* →cylinder

cima *s.f.* **1** →top →summit: *la cima de una montaña* - a mountain summit **2** *alcanzar la cima* - to crest

cimiento *s.m. (de un edificio)* →foundations *pl*

cinc *s.m.* →zinc

cinco ▮ *numer.* **1** →five **2** *(fecha)* →fifth ▮ *s.m.* **3** →five **4 ¡choca esos cinco!** *col.* →put it there! →give me five! *inform*

cincuenta *numer.* **1** →fifty **2** *estar en los cincuenta* - to be in one's fifties

cine *s.m.* **1** *(local)* →cinema UK; →movie theater US **2** *(película)* →film →movie US **3** *(actividad, espectáculo)* →the cinema UK *pl: Voy al cine esta tarde* - I'm going to the cinema this evening; →the movies US

cinematográfico, ca *adj.* →film: *la industria cinematográfica* - the film industry; *un estudio cinematográfico* - a film studio

cínico, ca ▮ *adj.* **1** →hypocritical ▮ *s.* **2** →hypocrite

cinta *s.f.* **1** *(para sujetar algo)* →band →ribbon **2** *(para pegar o atar algo)* →tape **3** *(del pelo)* →bow **4** *(de música)* →tape →cassette **5** *(de vídeo)* →tape →videotape →videocassette **6** *(de una película en vídeo)* →video **7** *(para medir)* →tape measure **8 ~ aislante** →insulating tape **9 ~ virgen** *(para grabar)* →blank tape

cintura *s.f.* →waist

cinturón *s.m.* **1** →belt: *Apriétate el cinturón* - Tighten your belt **2 ~ de seguridad 1** →safety belt **2** *(en un coche)* →seat belt

ciprés *s.m.* →cypress (*pl* cypresses)

circo *s.m.* →circus (*pl* circuses)

circuito *s.m.* **1** *(de una carrera)* →circuit **2** *(viaje, recorrido)* →tour →route: *circuito turístico* - tourist route **3** *(eléctrico)* →circuit

circulación *s.f.* **1** *(de vehículos)* →traffic **2** *(de la sangre)* →circulation: *Tengo mala circulación* - I have bad circulation

circular ▮ *adj.* **1** →circular ▮ *v.* **2** →to circulate: *El agua caliente circula por el sistema de calefacción* - Hot water circulates through the heating system **3** *(un rumor, una noticia)* →to circulate **4** *(autobús, tren)* →to run **5** *(con un automóvil)* →to drive **6 ¡circulen!** →move along! ▮ *s.f.* **7** *(comunicado)* →circular →mass mailing US

círculo *s.m.* **1** →circle →ring **2** *marcar algo con un círculo* - to circle sth **3** *(sector)* →circle: *Se lo conté a mi círculo de amigos* - I told it to my circle of friends

circunferencia *s.f.* →circumference

circunstancia *s.f.* →circumstance: *No te acerques al lago bajo ninguna circunstancia* - Under no circumstances should you go by the lake; *Ocurrió en extrañas circunstancias* - This happened in suspicious circumstances

cirio *s.m.* **1** →candle **2** *col.* →fuss: *montar un cirio* - to kick up a fuss

ciruela *s.f.* **1** →plum **2** *ciruela pasa* - prune

ciruelo *s.m.* →plum tree

cirugía *s.f.* →surgery: *cirugía estética* - cosmetic surgery

cirujano, na *s.* ⇒surgeon
cisne *s.m.* ⇒swan
cisterna *s.f.* **1** *(del retrete)* ⇒cistern **2** *(recipiente)* ⇒tank **3** **camión ~** ⇒tanker
cita *s.f.* **1** *(con el médico, con el abogado)* ⇒appointment: *acudir a una cita* - to keep an appointment; *tener una cita* - to have an appointment **2** *(con una persona)* ⇒meeting: *Tengo una cita con ella la semana que viene* - I have a meeting with her next week **3** *(romántica)* ⇒date: *cita a ciegas* - blind date **4** *(en un libro, en un discurso)* ⇒quotation
citar ▌*v.* **1** ⇒to summon: *La abogada me citó a las cinco en su despacho* - The lawyer summoned me to her office at five o'clock **2** *(un texto)* ⇒to quote ▌**citarse** *prnl.* **3** *Nos citamos a las ocho* - We arranged to meet at eight o'clock
ciudad *s.f.* **1** *(grande e importante)* ⇒city (*pl* cities) **2** *(de menor tamaño)* ⇒town: *Esa es mi ciudad natal* - That is my home town **3** **~ perdida** AMÉR. ⇒shanty town
ciudadano, na *s.* ⇒citizen
civil ▌*adj.* **1** *(de los ciudadanos)* ⇒civil ▌*adj.* / *s.com.* **2** *(no militar)* ⇒civilian: *la población civil* - civilian population; *los civiles* - the civilians ▌*s.com.* **3** *(Guardia Civil)* ⇒Civil Guard
civilización *s.f.* ⇒civilization ⇒civilisation UK
civismo *s.m.* ⇒community spirit
clamar *v.* **1** *(requerir)* ⇒to cry out [CONSTR. to cry out for sth]: *Un crimen así clama justicia* - Such a crime cries out for justice; ⇒to demand **2** *(rogar)* ⇒to clamour UK: *clamar piedad* - to clamour for mercy; ⇒to clamor US
clandestino, na *adj.* ⇒clandestine *form;* ⇒underground: *un periódico clandestino* - an underground newspaper
clara *s.f.* **1** *(de un huevo)* ⇒white **2** *(bebida de cerveza y limón)* ⇒shandy [U]
clarear ▌*v.* **1** *(el día)* ⇒to get light: *Llegué a casa cuando clareaba* - I arrived home when it was getting light **2** *(el cielo)* ⇒to clear up: *Si clarea, podríamos ir al campo* - If it clears up, we could go to the country ▌**clarearse** *prnl.* **3** *(una tela)* ⇒to be see-through: *Esta blusa se clarea mucho* - This blouse is really see-through
claridad *s.f.* **1** *(luz)* ⇒light **2** *(comprensibilidad)* ⇒clarity: *la claridad de una explicación* - the clarity of an explanation **3** *(orden, precisión)* ⇒clarity: *claridad de ideas* - clarity of thoughts **4** *(transparencia)* ⇒clarity **5** *(de una imagen, de un sonido)* ⇒clarity ⇒definition **6** *ver algo con claridad* - to see sth clearly
clarinete *s.m.* **1** *(instrumento musical)* ⇒clarinet **2** *(músico)* ⇒clarinettist ⇒clarinetist
claro, ra ▌*adj.* **1** *(transparente)* ⇒clear **2** *(comprensible)* ⇒clear ⇒neat: *una descripción clara* - a neat description **3** *(fácil de distinguir)* ⇒distinct: *un claro acento americano* - a distinct American accent; ⇒glaring **4** *(evidente)* ⇒clear **5** *(seguro, definitivo)* ⇒definite: *una respuesta clara* - a definite answer **6** *(pálido)* ⇒pale ⇒light: *azul claro* - light blue **7** *(aguado)* ⇒thin: *Esta sopa está clara* - This soup is too thin **8** **dejar las cosas claras** ⇒to make things clear ▌**claro** *adv.* **9** ⇒clearly ▌**¡claro!** *interj.* **10** ⇒of course! ⇒sure US *inform* ▌**claro** *s.m.* **11** *(en un bosque)* ⇒clearing
clase *s.f.* **1** *(aula)* ⇒classroom **2** *(grupo de alumnos)* ⇒class *inform* (*pl* classes); ⇒form UK: *Mi clase de segundo es muy inteligente* - My second year class is very clever **3** *(lección)* ⇒lesson: *siete clases al día* - seven lessons a day; ⇒period **4** *(tipo)* ⇒type ⇒kind: *¿Qué clase de respuesta es esa?* - What kind of an answer is that?; ⇒class (*pl* classes) **5** *(estilo)* ⇒style **6** **~ alta** ⇒upper class (*pl* upper classes) **7** **~ media** ⇒middle class (*pl* middle classes) **8** **~ turista** ⇒economy class **9** **de primera ~** ⇒first-class **10** **de segunda ~** ⇒second-class **11** **primera ~** ⇒first class **12** **segunda ~** ⇒second class
clásico, ca ▌*adj.* **1** ⇒classical: *Me interesa mucho la música clásica* - I am very keen on classical music ▌**clásico** *s.m.* **2** ⇒classic: *un clásico de la literatura universal* - a classic of world literature
clasificación *s.f.* **1** *(hecho de clasificar)* ⇒classification ⇒grading **2** *(en una competición)* ⇒ranking **3** *(en fútbol)* ⇒league table
clasificar ▌*v.* **1** ⇒to classify ⇒to sort: *El papel, el plástico y las latas se clasifican para su reciclado* - Paper, plastic and cans are sorted for recycling ▌**clasificarse** *prnl.* **2** *(en una competición)* ⇒to qualify ⇒to rank
claustro *s.m.* **1** *(pasillo)* ⇒cloister **2** *(conjunto de profesores)* ⇒staff *pl*
clausura *s.f.* **1** *(de una actividad)* ⇒closing ceremony (*pl* closing ceremonies): *la clausura de los Juegos Olímpicos* - the closing ceremony of the Olympic Games **2** *(de un local, de un edificio)* ⇒closure **3** *(vida religiosa)* ⇒monastic life
clausurar *v.* **1** *(una actividad)* ⇒to end: *clausurar un año lectivo* - to end a school year **2** *(un local, un edificio)* ⇒to close down: *clausurar un restaurante* - to close a restaurant down
clavar *v.* **1** *(con clavos)* ⇒to nail **2** *(con un martillo)* ⇒to hammer **3** *(algo punzante)* ⇒to stick: *clavar una chincheta* - to stick a drawing pin **4** *col.* *(cobrar mucho)* ⇒to rip off: *Te han clavado por esa camiseta* - You've ripped off with that t-shirt
clave *s.f.* **1** *(código)* ⇒code: *en clave* - in code **2** *(solución, explicación)* ⇒key: *la clave del pro-*

blema - the key of the problem; ⇒solution **3** *(contraseña)* ⇒password **4** *(en música)* ⇒clef
clavel *s.m.* ⇒carnation
clavícula *s.f.* ⇒collarbone: *una fractura de clavícula* - a collarbone fracture; ⇒clavicle
clavo *s.m.* **1** ⇒nail **2** *(especia)* ⇒clove **3 dar en el ~** *col.* ⇒to hit the nail on the head
claxon® *s.m.* ⇒horn ⇒hooter
clero *s.m.* ⇒clergy *pl*
cliente, ta *s.* **1** *(comprador)* ⇒customer ⇒punter *UK inform*: *Muchos hoteles están ofreciendo descuentos en un intento de atraer clientes* - Many hotels are offering discounts in an attempt to attract punters **2** *(de una empresa, un profesional)* ⇒client
clientela *s.f.* ⇒customers *pl*
clima *s.m.* **1** *(de una región)* ⇒climate **2** *(ambiente)* ⇒atmosphere **3** *(tiempo atmosférico)* ⇒weather
clímax *s.m.* ⇒climax
clínica *s.f.* **1** ⇒clinic ⇒private hospital **2** *(dental)* ⇒surgery
clip *s.m.* ⇒paper clip ⇒clip
cloaca *s.f.* **1** *(alcantarilla)* ⇒sewer **2** *desp. (lugar sucio)* ⇒pigsty: *Este piso es una cloaca* - This flat is a pigsty
cloro *s.m.* ⇒chlorine
clóset *s.m. AMÉR.* ⇒built-in closet
club *s.m.* **1** ⇒club **2** *(juvenil)* ⇒youth club **3** *(de campo)* ⇒country club **4** *(de fans)* ⇒fan club **5** *(de fútbol)* ⇒Football Club **6** *(sala de fiestas)* ⇒nightclub
coala *s.m.* ⇒koala ⇒koala bear
coartada *s.f.* ⇒alibi
coba *s.f.* **1** ⇒flattery **2 dar ~** *col.* ⇒to soft-soap: *dar coba a alguien* - to soft-soap sb
cobarde ▮ *adj.* **1** ⇒cowardly ▮ *s.com.* **2** ⇒coward
cobardía *s.f.* ⇒cowardice
cobaya *s.f.* ⇒guinea pig *inform*
cobertizo *s.m.* ⇒shed
cobija *s.f. AMÉR.* ⇒blanket
cobijar ▮ *v.* **1** ⇒to shelter: *cobijar a alguien del frío* - to shelter sb from the cold ▮ **cobijarse** *prnl.* **2** *cobijarse de una tormenta* - to shelter from a storm
cobra *s.f.* ⇒cobra
cobrador, -a *s.* **1** ⇒collector **2** *(en un autobús)* ⇒bus conductor (hombre) ⇒bus conductress (mujer) (*pl* bus conductresses)
cobrar ▮ *v.* **1** *(como pago de algo)* ⇒to charge [CONSTR. to charge + dos objetos]: *Me han cobrado dos libras más por la salsa* - They've charged me an extra two pounds for the sauce **2** *Nos cobraron de menos* - We were undercharged; *¿Me cobras?* - How much do I owe? **3** *(recibir dinero)* ⇒to be paid: *¿Cuánto has cobrado este mes?* - How much have you been paid this month?; ⇒to get paid **4** *(un cheque)* ⇒to cash **5** *(recibir un golpe)* ⇒to get a smack: *Quédate quieto o vas a cobrar* - Stay quiet or you'll get a smack ▮ **cobrarse** *prnl.* **6** ⇒to claim: *El terremoto se ha cobrado dos vidas* - The earthquake claimed two lives
cobre *s.m.* ⇒copper
cobro *s.m.* **1** *(de una factura)* ⇒payment **2** *(de un cheque)* ⇒cashing **3** *el cobro del alquiler* - rent collection **4 llamar a ~ revertido** ⇒to reverse the charges *UK*; ⇒to call collect *US*
cocción *s.f.* **1** *(de un alimento)* ⇒cooking: *tiempo de cocción* - cooking time **2** *(del barro, de la arcilla)* ⇒firing
cocer ▮ *v.* **1** ⇒to cook: *Cuece la pasta durante 10 minutos* - Cook the pasta for 10 minutes **2** *(hervir)* ⇒to boil ⇒to poach **3** *(hornear)* ⇒to bake ▮ **cocerse** *prnl.* **4** *col. (sentir mucho calor)* ⇒to roast: *Me estoy cociendo sentada al lado del horno* - I'm roasting sitting here by the oven
coche *s.m.* **1** ⇒car: *coche de alquiler* - hire car **2** *(para llevar un bebé)* ⇒pram *UK*; ⇒buggy (*pl* buggies); ⇒baby carriage *US* **3 ~ cama** *(en un tren)* ⇒sleeping car **4 ~ de bomberos** ⇒fire engine
cochinillo *s.m.* ⇒piglet
cochino, na ▮ *adj.* **1** ⇒dirty ▮ *s.* **2** *(animal)* ⇒pig **3** *(persona)* ⇒pig *inform, offens*
cociente *s.m.* ⇒quotient: *cociente intelectual* - intelligence quotient (IQ)

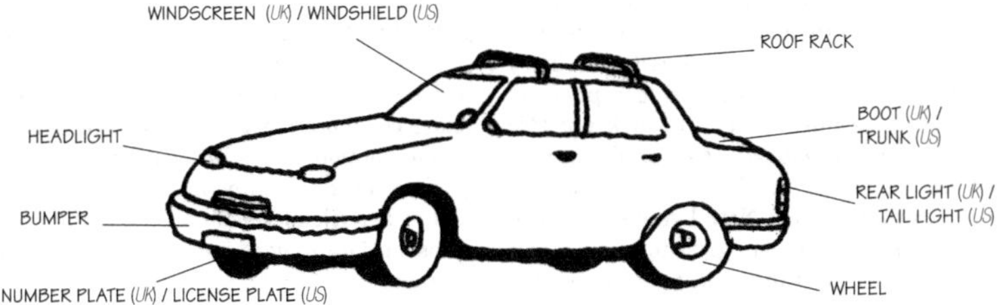

C

cocina *s.f.* **1** *(lugar)* ⇒kitchen: *muebles de cocina* - kitchen units **2** *(lugar dentro de un barco o un avión)* ⇒galley **3** *(electrodoméstico)* ⇒stove US; ⇒cooker UK: *una cocina de gas* - a gas cooker **4** *(actividad)* ⇒cookery UK: *libro de cocina* - cookery book; ⇒cooking ⇒cuisine

cocinar *v.* ⇒to cook: *cocinar a fuego lento* - to cook gently

cocinero, ra *s.* ⇒cook

coco *s.m.* **1** *(fruto)* ⇒coconut **2 comerse el ~** *col.* ⇒to worry about {sth/*sb*} **3 tener mucho ~** *col.* ⇒to be very brainy

cocodrilo *s.m.* ⇒crocodile

cocotero *s.m.* ⇒coconut palm

cóctel *s.m.* **1** *(bebida)* ⇒cocktail **2** *un cóctel de gambas* - a prawn cocktail **3** *(fiesta)* ⇒cocktail party (*pl* cocktail parties)

codazo *s.m.* **1** ⇒nudge **2** *dar un codazo a alguien* - to nudge sb with one's elbow

codera *s.f.* **1** *(parche)* ⇒elbow patch (*pl* elbow patches): *Mi chaqueta estaba tan gastada que tuve que ponerle coderas* - My jacket was so worn that I had to put elbow patches on it **2** *(banda elástica protectora)* ⇒elbow strap **3** *(en deporte)* ⇒elbow pad

codicia *s.f.* ⇒greed

codiciar *v.* **1** ⇒to covet *form*: *codiciar un tesoro* - to covet a treasure **2** *codiciar un empleo* - to lust after employment

código *s.m.* **1** ⇒code: *un código de conducta* - a code of behaviour **2 ~ de la circulación** ⇒highway code **3 ~ morse** ⇒Morse (code) **4 ~ postal** ⇒postcode UK; ⇒zip code US

codo *s.m.* **1** ⇒elbow **2 hablar por los codos** *col.* ⇒to talk non-stop **3 hincar los codos** *col.* ⇒to study hard

codorniz *s.f.* ⇒quail (*pl* quail, quails)

cofre *s.m.* **1** *(joyero)* ⇒jewel case **2** *(baúl)* ⇒chest

cogedor *s.m.* ⇒dustpan

coger *v.* **1** *(agarrar)* ⇒to catch: *¡Coge la pelota!* - Catch the ball!; ⇒to get ⇒to seize **2** *(quitar)* ⇒to take: *¿Has cogido mi mechero?* - Have you taken my lighter? **3** *(ganar peso)* ⇒to gain **4** *(sujetar)* ⇒to take: *La cogí de la mano* - I took her hand; ⇒to hold **5** *(contratar)* ⇒to take on: *Han cogido a treinta trabajadores* - They have taken on thirty workers **6** *(atrapar)* ⇒to catch **7** *(recoger del suelo)* ⇒to pick up: *¿Me puedes coger esas monedas?* - Could you pick up those coins for me? **8** *(entender)* ⇒to get: *¡Ahora lo he cogido!* - Now I've got it! **9** *(un medio de transporte)* ⇒to get ⇒to take [CONSTR. to take + to do sth]: *Cojo el autobús para ir a trabajar* - I take the bus to go to work **10** *col.* *(una enfermedad)* ⇒to catch ⇒to get ⇒to go down with UK *inform*: *Cogí la varicela* - I went down with chickenpox **11** *(un fruto, una flor)* ⇒to pick: *Deberíamos coger los higos antes de que bajen las temperaturas* - We should pick the figs before temperatures go down; ⇒to pluck *lit* **12** *(una costumbre)* ⇒to get into **13** *coger el teléfono* - to pick up the phone **14** *coger frío* - to get cold

cogote *s.m.* ⇒back of the neck ⇒nape of the neck

coherente *adj.* **1** ⇒coherent **2** *ser coherente con algo* - to be consistent with sth

cohete *s.m.* **1** *(nave espacial)* ⇒rocket **2** *(fuegos artificiales)* ⇒rocket

coincidencia *s.f.* **1** ⇒coincidence: *¡Qué coincidencia!* - What a coincidence! **2** *Se da la coincidencia de que llegaron a tiempo* - It so happens that they arrived in time

coincidir *v.* **1** *(en el tiempo)* ⇒to coincide: *Mi cumpleaños coincide con los exámenes* - My birthday coincides with my exams **2** *(en una afirmación)* ⇒to agree: *Los hechos coinciden con las declaraciones* - The facts agree with the statements **3** *(en un lugar)* ⇒to bump into *sb*

cojear *v.* **1** *(al caminar)* ⇒to limp: *Cojeaba por una lesión de rodilla* - He was limping due to a knee problem **2** *col.* *(estar flojo)* ⇒to be weak: *cojear en una asignatura* - to be weak at a subject

cojera *s.f.* ⇒limp

cojín *s.m.* ⇒cushion

cojo, ja ▮ *adj.* **1** *(una persona, un animal)* ⇒lame **2** *(un mueble)* ⇒rickety ⇒wobbly: *La mesa está coja* - The table is wobbly **3** *estar cojo* - to have a limp ▮ *s.* **4** ⇒lame person

col *s.f.* **1** ⇒cabbage **2 ~ de Bruselas** ⇒brussels sprout ⇒sprout UK

cola *s.f.* **1** *(de un animal)* ⇒tail **2** *(posición final)* ⇒end ⇒bottom **3** *(fila de gente)* ⇒queue UK; ⇒line US **4** *hacer cola* - to queue **5** *(de un vestido)* ⇒train **6** *(pegamento)* ⇒glue **7** *(bebida)* ⇒cola **8 ~ de caballo** *(peinado)* ⇒ponytail **9 en la ~** *(en un avión)* ⇒aft

colaboración *s.f.* **1** *(cooperación)* ⇒collaboration: *Los dos escritores trabajaron en estrecha colaboración* - The two playwrights worked in close collaboration **2** *(contribución monetaria)* ⇒contribution: *Todos sus compañeros de trabajo hicieron una colaboración para su regalo* - All of her friends made a contribution for the present **3** *(texto para una publicación)* ⇒contribution

colaborar *v.* **1** *(cooperar)* ➾to work together: *Colaboro con ella desde hace años* - She and I have worked together for years; ➾to collaborate [CONSTR. to collaborate with sb on sth] **2** *(con dinero)* ➾to contribute [CONSTR. to contribute to sth] **3** *(en una publicación)* ➾to contribute [CONSTR. to contribute to sth]: *Esta escritora colabora en nuestra revista* - That writer contributes to our magazine

colada *s.f.* ➾washing ➾wash (*pl* washes); ➾laundry: *hacer la colada* - to do the laundry

colador *s.m.* **1** *(pequeño)* ➾strainer **2** *(grande)* ➾colander

colar ▮ *v.* **1** *(filtrar)* ➾to strain ➾to drain **2** *col. (pasar por verdadero)* ➾to slip through: *¡A ver si cuela!* - Let's see if it slips through! ▮ **colarse** *prnl.* **3** *col. (saltarse una cola)* ➾to jump the queue *UK;* ➾to push in **4** *(entrar sin pagar)* ➾to sneak in ➾to gatecrash *inform* **5** *col. (estar muy enamorado)* ➾to fall for *inform* **6** *Estoy colado por ti* - I'm madly in love with you

colcha *s.f.* ➾cover ➾bedspread: *Aunque hace calor todavía duermo con la colcha* - Even though it's hot outside, I still sleep with the bedspread on

colchón *s.m.* **1** *(de una cama)* ➾mattress (*pl* mattresses) **2** *(hinchable)* ➾air bed

colchoneta *s.f.* **1** ➾mat **2** *(de playa, de piscina)* ➾air bed **3** *(hinchable)* ➾lilo *UK* (*pl* lilos); ➾air matress *US* (*pl* air mattresses)

colección *s.f.* ➾collection

coleccionar *v.* ➾to collect

coleccionista *s.com.* ➾collector: *un coleccionista de sellos* - a stamp collector

colecta *s.f.* ➾collection

colectivo, va ▮ *adj.* **1** ➾collective ▮ **colectivo** *s.m.* **2** *AMÉR.* ➾bus (*pl* buses)

colega *s.com.* **1** *(de una profesión)* ➾colleague **2** *col. (amigo)* ➾pal *inform;* ➾mate *UK inform: Somos colegas desde el año pasado* - We are mates since last year

colegial, -a ▮ *adj.* **1** *uniforme colegial* - school uniform ▮ *s.* **2** *(sin especificar sexo)* ➾schoolchild (*pl* schoolchildren) **3** *(chico)* ➾schoolboy **4** *(chica)* ➾schoolgirl

colegio *s.m.* **1** ➾school **2** ~ **electoral** ➾polling station **3** ~ **mayor** ➾hall of residence *UK* (*pl* halls of residence); ➾dormitory *US* (*pl* dormitories) **4** ~ **privado** ➾public school *UK* [En Gran Bretaña *a public school* es un tipo de colegio privado]; ➾private school *US* **5** ~ **público** ➾state school *UK;* ➾public school *US*

cólera ▮ *s.m.* **1** *(enfermedad)* ➾cholera ▮ *s.f.* **2** *(enfado, ira)* ➾anger ➾rage: *un ataque de cólera* - a fit of rage

colesterol *s.m.* ➾cholesterol

coleta ▮ *s.f.* **1** ➾ponytail ▮ **coletas** *pl.* **2** *(a los lados)* ➾bunches *UK pl: Aquella niña llevaba coletas* - That girl had her hair in bunches; ➾pigtails

colgante ▮ *adj.* **1** *(que cuelga)* ➾hanging **2** *puente colgante* - suspension bridge ▮ *s.m.* **3** *(adorno sin cadena)* ➾pendant **4** *(adorno fijo a una cadena)* ➾pendant ➾charm

colgar *v.* **1** ➾to hang ➾to hang up: *Cuelga el cuadro en la pared* - Hang up the picture on the wall; ➾to suspend **2** *(el teléfono)* ➾to hang up ➾to ring off *UK* **3** *(ahorcar)* ➾to hang **4** *(un archivo informático)* ➾to upload **5** *(un ordenador)* ➾to crash

cólico *s.m.* **1** ➾colic [U] **2** ~ **nefrítico** ➾renal colic

coliflor *s.f.* ➾cauliflower

colilla *s.f.* ➾cigarette butt ➾cigarette end

colina *s.f.* ➾hill ➾mound

colisión *s.f.* ➾collision: *sufrir una colisión frontal* - to suffer a head-on collision

collar *s.m.* **1** *(joya)* ➾necklace **2** *(de un perro)* ➾collar

colmar *v.* **1** *(llenar)* ➾to fill to the brim: *Colmé la copa de champán* - I filled the glass to the brim with champagne; ➾to fill to overflowing: *El agua colmó la bañera* - Water filled the bath to overflowing **2** *(dar)* ➾to shower: *colmar a alguien de besos* - to shower sb with kisses **3** *(satisfacer)* ➾to satisfy: *colmar unas necesidades* - to satisfy needs; ➾to fulfil *UK: Aquel ascenso colmó todas mis ambiciones* - That promotion fulfilled all my ambitions; *Se colmaron todos tus sueños* - All your dreams were fulfilled; ➾to fulfill *US*

colmena *s.f.* ➾beehive ➾hive

colmillo *s.m.* **1** *(de persona y ciertos animales)* ➾canine **2** *(de una cobra, de un lobo)* ➾fang **3** *(de elefante, de jabalí)* ➾tusk

colmo *s.m.* ➾limit: *¡Esto es el colmo de los colmos!* - This is the limit!

colocación *s.f.* **1** *(hecho de colocar)* ➾placing **2** *(puesto, empleo)* ➾position

colocar ▮ *v.* **1** *(situar)* ➾to lay: *Colocó la bandeja en la mesa* - She laid the tray on the table; ➾to place ➾to put **2** *(ordenar, organizar)* ➾to arrange ➾to put away: *Coloca tu ropa* - Put away your clothes **3** *(volver a poner en su sitio)* ➾to replace ▮ **colocarse** *prnl.* **4** *(situarse)* ➾to stand ➾to position **5** *(encontrar trabajo)* ➾to find a job

colon *s.m.* ➾colon

colonia *s.f.* **1** *(perfume)* ➾cologne **2** *(territorio)* ➾colony (*pl* colonies) **3** *(grupo de animales)*

C

⇒colony (*pl* colonies) **4** *(grupo de viviendas)* ⇒housing estate *UK;* ⇒housing development *US* **5** *(asentamiento de personas)* ⇒settlement **6** *(barrio)* ⇒suburb **7** *(campamento)* ⇒summer camp

C

colonial *adj.* ⇒colonial

colonización *s.f.* ⇒colonization ⇒colonisation *UK*

colonizar *v.* ⇒to colonize ⇒to colonise *UK: colonizar un país* - to colonise a country

coloquial *adj.* ⇒colloquial ⇒informal: *Esa expresión es demasiado coloquial* - That expression is too informal

coloquio *s.m.* ⇒discussion

color *s.m.* **1** ⇒colour *UK;* ⇒color *US* **2** *No hay color* - There's no comparison **3 de ~** *(una persona)* ⇒of colour ⇒black **4 de colores** ⇒coloured **5 lleno de ~** ⇒colourful **6 perder ~** ⇒to fade

colorado, da *adj.* **1** ⇒red **2 ponerse ~** ⇒to go red ⇒to flush: *Se pone colorada cada vez que le ve* - She flushes any time she sees him

colorear *v.* ⇒to colour *UK;* ⇒to color *US*

colorete *s.m.* ⇒blusher *UK: ponerse colorete en las mejillas* - to put blusher on one's cheeks; ⇒blush *US*

columna *s.f.* **1** ⇒column **2 ~ vertebral** ⇒spine

columpiar ▮ *v.* **1** ⇒to push on a swing: *Columpié a mi hermanita* - I pushed my little sister on a swing ▮ **columpiarse** *prnl.* **2** ⇒to go on the swings: *Me encanta columpiarme* - I love going on the swings

columpio *s.m.* ⇒swing

coma ▮ *s.m.* **1** *(en medicina)* ⇒coma ▮ *s.f.* **2** ⇒comma **3** *(en números decimales)* ⇒point: *cinco coma cinco* - five point five

comadre *s.f.* **1** *AMÉR. (madrina)* ⇒godmother **2** *(amiga)* ⇒friend **3** *col. (cotilla)* ⇒gossip

comadrona *s.f.* ⇒midwife (*pl* midwives)

comandante *s.m.* **1** *(militar)* ⇒commander **2** *(oficial)* ⇒major **3** *(de un avión)* ⇒captain

comando *s.m.* **1** ⇒commando (*pl* commandoes, commandos) **2** *(en informática)* ⇒command

comarca *s.f.* ⇒region: *La comarca en la que viven es muy rica* - The region they live in is very rich; ⇒area ⇒district

comarcal *adj.* **1** ⇒regional **2** *límite comarcal* - district boundary

comba *s.f.* **1** ⇒skipping rope *UK;* ⇒jump rope *US* **2 saltar a la ~** ⇒to skip

combate *s.m.* **1** ⇒fighting [U]: *Se han producido violentos combates en el día de hoy* - Fierce fightings have taken place today; ⇒fight ⇒combat **2** *estar fuera de combate* - to be out of action

combatir *v.* **1** *(batallar)* ⇒to fight: *combatir en una guerra* - to fight in a war **2** *(frenar)* ⇒to combat: *combatir el crimen* - to combat crime

combinación *s.f.* **1** *(de diferentes cosas)* ⇒combination: *una combinación de elementos* - a combination of elements **2** *(prenda)* ⇒slip

combinar *v.* **1** ⇒to combine: *Cuando viajo, me gusta combinar las vacaciones con los estudios* - When I travel, I like to combine holidays with studying **2 ~ con** ⇒to go with: *Esos sillones no combinan con las cortinas* - Those armchairs don't go with the curtains; ⇒to match

combustible *s.m.* ⇒fuel

comedia *s.f.* ⇒comedy (*pl* comedies)

comedor *s.m.* ⇒dining room

comentar *v.* ⇒to comment [CONSTR. to comment + that]: *Comentó que ya se había leído ese libro* - She commented that she had already read that book; ⇒to discuss

comentario *s.m.* ⇒comment: *un comentario estúpido* - a stupid comment; ⇒remark

comentarista *s.com.* ⇒commentator

comenzar *v.* ⇒to start [CONSTR. 1. to start + doing sth 2. to start + to do sth]: *Comenzó a aprender inglés cuando tenía seis años* - She started learning English when she was six years old; ⇒to begin [CONSTR. 1. to begin + doing sth 2. to begin + to do sth]; ⇒to go about

comer *v.* **1** ⇒to eat: *Me gusta comer* - I like eating **2** *(a mediodía)* ⇒to have lunch: *¿A qué hora comes?* - What time do you have lunch? **3** *(una ficha)* ⇒to take **4 {dar/echar} de ~** ⇒to feed

comercial ▮ *adj.* **1** ⇒commercial ⇒marketable: *un producto muy comercial* - a highly marketable product ▮ *s.* **2** ⇒representative ⇒sales rep

comercializar *v.* ⇒to market ⇒to commercialize

comerciante *s.com.* **1** ⇒trader ⇒dealer: *Trabaja como comerciante de calzado* - He works as a shoe dealer; ⇒merchant *form* **2** *(encargado)* ⇒shopkeeper

comerciar *v.* ⇒to trade

comercio *s.m.* **1** *(actividad)* ⇒commerce ⇒trade: *comercio justo* - fair trade **2** *(tienda)* ⇒shop ⇒store *US*

comestibles ▮ *adj.* **1** ⇒edible ▮ *s.m.pl.* **2** ⇒groceries ⇒edible goods **3 tienda de ~** ⇒grocery ⇒grocer's

cometa ▮ *s.m.* **1** *(estrella)* ⇒comet ▮ *s.f.* **2** *(juguete)* ⇒kite

cometer *v.* **1** ⇒to commit: *cometer un delito* - to commit a crime **2** *cometer errores* - to make mistakes

cometido *s.m.* ⇒task

cómic *s.m.* ⇒comic

comicios *s.m.pl.* ⇒election: *Se celebrarán comicios en marzo* - There will be an election in March

cómico, ca ▌ *adj.* **1** *(gracioso)* ⇒comic ⇒comical: *Con aquel vestido tenía un aspecto cómico* - She looked comical in that dress; ⇒funny ⇒humorous: *una mirada cómica sobre algo* - a humorous look at sth ▌ *s.* **2** *(artista)* ⇒comedian

comida *s.f.* **1** *(alimento)* ⇒food ⇒cooking **2** *(en horas fijas)* ⇒meal **3** *(la más importante del día)* ⇒dinner *UK* [U] **4** *(almuerzo)* ⇒lunch (*pl* lunches) **5** *AMÉR.* *(cena)* ⇒dinner ⇒supper **6** ~ **basura** *col.* ⇒junk food **7** ~ **para llevar** ⇒takeaway *UK;* ⇒takeout *US* **8** ~ **precocinada** ⇒ready meals **9** ~ **rápida** ⇒fast food

comienzo *s.m.* **1** ⇒beginning ⇒opening ⇒start: *tener un buen comienzo* - to get off to a good start **2** *(de un partido de fútbol)* ⇒kick-off

comillas *s.f.pl.* ⇒inverted commas *UK;* ⇒quotation marks ⇒quotes: *entre comillas* - in quotes

comilón, -a ▌ *adj.* **1** *col.* ⇒greedy ▌ *s.* **2** *col.* ⇒big-eater ⇒glutton

comisaría *s.f.* ⇒police station ⇒station

comisario, ria *s.* **1** *(de una actividad)* ⇒organizer ⇒organiser *UK* **2** *(de policía)* ⇒superintendent

comisión *s.f.* **1** *(grupo de personas)* ⇒commission: *formar una comisión* - to set up a commission; ⇒committee ⇒delegation **2** *(cantidad de dinero)* ⇒commission

comité *s.m.* ⇒committee

como ▌ *adv.* **1** *(para comparar sintagmas nominales)* ⇒like *inform: Su uniforme del colegio es como el nuestro* - Their school uniform is like ours; *(para comparar oraciones)* ⇒as: *Lo haré como me parezca* - I'll do it as I please; ⇒however: *como quieras* - however you want to **2** *(para indicar un oficio, una profesión)* ⇒as: *Trabajó como profesora* - She worked as a teacher ▌ *conj.* **3** *(para dar ejemplos o enumerar)* ⇒like ⇒such as **4** *(dado que)* ⇒since ⇒as: *Como llegué tarde, no me esperaron* - As I was late, they didn't wait for me **5** ~ **mucho** ⇒at most: *Como mucho tengo 20 libras* - At most I've got £20 **6** ~ **sea** ⇒at all costs: *Necesito conseguir esa bici como sea* - I must get that bike at all costs **7** ~ **si** ⇒as though ⇒as if: *Habla como si fuera el jefe* - He talks as if he were the boss; ⇒like *inform*

cómo *adv.* **1** ⇒how: *¿Cómo es de grande?* - How big is it? **2** *(cuando no se entiende algo)* ⇒pardon: *¿Cómo? ¿Ha dicho cinco en punto o nueve en punto?* - Pardon? Did you say 5 o'clock or 9 o'clock?; ⇒sorry ⇒what **3** **¿cómo es?** *(una persona, una cosa)* ⇒what is *sth/sb* like?: *¿Cómo es Tim?* - What is Tim like?; ⇒what does... look like? **4** **¿cómo está usted?** ⇒how do you do? *form* [La respuesta a esta pregunta es también *How do you do?*. Normalmente este saludo va acompañado de un apretón de manos] **5** **¿cómo estás?** ⇒how are you? **6** **¿cómo ha dicho?** ⇒pardon? **7** **¿cómo has dicho?** ⇒what did you say? **8** **¡cómo no!** ⇒of course! ⇒certainly! **9** **¿cómo que no?** ⇒what do you mean, no? ■ Ver cuadro

¿Cómo está...? / ¿Cómo es...?

How?	What... like?
• Para preguntar por la salud o el estado de una persona se usa **how + be**: · ***How is*** *Chris today? Is he better?* (¿Cómo está Chris hoy? ¿Está mejor?) · ***How are*** *you?* (¿Cómo estás?) • Para preguntar por una condición temporal, por una experiencia transitoria o por algo que requiere un juicio personal, se usa generalmente **how + be**: · ***How's*** *the cake?* (¿Cómo está la tarta?) · ***How*** *was the film?* (¿Qué tal la película?) · ***How was*** *your journey?* (¿Qué tal tu viaje?)	• Para preguntar por las características intrínsecas de algo se usa **what + be like**: · ***What is*** *your new teacher* ***like****? Is he kind?* (¿Cómo es tu nuevo profesor? ¿Es amable?) · ***What are*** *your neighbours* ***like****?* (¿Cómo son tus vecinos?) · ***What is*** *the trip to work* ***like****? Is it very long?* (¿Cómo es el viaje a tu trabajo? ¿Muy largo?) • Para preguntar por el tiempo se utiliza normalmente **what + be like**: · ***What's*** *the weather* ***like*** *in Jamaica?* (¿Cómo es el tiempo en Jamaica?) Sin embargo, en este caso es posible utilizar también **how + be**: · ***How's*** *the weather in Jamaica?* (¿Cómo es el tiempo en Jamaica?)

cómoda *s.f.* ⇒chest of drawers UK; ⇒bureau US (*pl* bureaus)

comodidad ▮ *s.f.* **1** *(estado o situación)* ⇒comfort **2** *(ausencia de dificultades)* ⇒convenience: *la comodidad de trabajar en casa* - the convenience of working at home ▮ **comodidades** *s.f.pl.* **3** ⇒amenities ⇒creature comforts ⇒mod cons *inform*

cómodo, da *adj.* **1** *(que proporciona descanso)* ⇒comfortable ⇒cosy UK: *Su casa era muy cómoda* - Their house was really cosy; ⇒cozy US; ⇒comfy *inform* **2** *(que facilita)* ⇒convenient: *horario comercial cómodo* - convenient opening hours **3** *Se puso cómodo* - He made himself comfortable

compadecer ▮ *v.* **1** ⇒to feel sorry: *Lo compadezco* - I feel sorry for him ▮ **compadecerse** *prnl.* **2** ⇒to pity: *Me compadezco de él* - I pity him; ⇒to feel sorry: *No te compadezcas de mí* - Don't feel sorry for me; ⇒to feel sympathy

compañerismo *s.m.* ⇒comradeship ⇒camaraderie

compañero, ra *s.* **1** ⇒companion: *un compañero de viaje* - a travelling companion; ⇒comrade *lit* **2** *(de clase)* ⇒colleague ⇒classmate **3** *(de trabajo)* ⇒colleague: *Salí con mis compañeros* - I went out with my colleagues; ⇒workmate **4** *(de piso)* ⇒flatmate UK; ⇒roommate US; ⇒housemate UK **5** *(de equipo)* ⇒teammate **6** *(sentimental)* ⇒partner

compañía *s.f.* **1** ⇒companionship **2** *(empresa)* ⇒company (*pl* companies) **3** *(de teatro)* ⇒company (*pl* companies) **4** *(aérea)* ⇒airline **5 hacer ~** ⇒to keep company: *Hice compañía a mi abuela* - I kept my grandma company

comparable *adj.* ⇒comparable [CONSTR. comparable to/with sb]: *Nuestros precios son comparables con los de otros establecimientos* - Our prices are comparable to those in other shops; *Las dos experiencias no son comparables* - The two experiences aren't comparable

comparación *s.f.* **1** ⇒comparison: *hacer una comparación* - to make a comparison **2** *Ella es mucho más inteligente en comparación con él* - Compared to him she's much more intelligent

comparar ▮ *v.* **1** ⇒to compare: *La profesora comparó la cultura inglesa con la española* - The teacher compared English and Spanish culture; ⇒to draw a comparison **2** *(precios)* ⇒to shop around ▮ **compararse** *prnl.* **3** ⇒to compare

comparativo *s.m.* ⇒comparative: *«Better» es el comparativo de «good» y de «well»* - «Better» is the comparative of «good» and of «well» ■ Ver cuadro comparative and superlative forms of adjectives

compartimento *s.m.* ⇒compartment

compartir *v.* ⇒to share: *Compartimos los caramelos con los niños* - We shared the sweets with the children

compás *s.m.* **1** *(instrumento)* ⇒compasses UK *pl;* ⇒compass US **2** *(ritmo musical)* ⇒time **3 al ~** *(al mismo ritmo)* ⇒in time

compasión *s.f.* **1** ⇒sympathy ⇒compassion: *mostrar compasión* - to show compassion **2** *sentir compasión por alguien* - to pity sb / to feel pity for sb

compasivo, va *adj.* ⇒compassionate: *Fue compasivo con sus trabajadores* - He was compassionate towards his workers

compatriota *s.com.* **1** *(hombre)* ⇒countryman (*pl* countrymen) **2** *(mujer)* ⇒countrywoman (*pl* countrywomen)

compenetrarse *v.prnl.* ⇒to have a good rapport: *La autora no se compenetró con el traductor* - The author didn't have a good rapport with the translator; ⇒to understand each other

compensar *v.* **1** *(equilibrar)* ⇒to make up: *compensar una cosa con otra* - to make up for one thing with another; ⇒to compensate **2** *(devolver el favor)* ⇒to make up: *Te lo compensaré* - I'll make it up to you **3** *(recompensar)* ⇒to pay compensation: *Me compensaron con 100 libras* - I was paid 100 pounds in compensation; ⇒to pay damages **4** *(merecer la pena)* ⇒to be worth: *No me compensa* - It´s not worth the effort

competencia *s.f.* **1** *(rivalidad)* ⇒competition ⇒rivalry **2** *(capacidad, habilidad)* ⇒proficiency ⇒competence

competente *adj.* ⇒competent ⇒able ⇒capable: *Es un profesor muy competente* - He is a very capable teacher

competición *s.f.* ⇒competition ⇒event

competidor, -a *s.* ⇒competitor ⇒rival

competir *v.* **1** ⇒to compete: *competir con otros estudiantes* - to compete with other students **2** *(en una competición)* ⇒to compete: *Seis personas competirán por el trofeo* - Six people will compete for the trophy **3** *(en una carrera)* ⇒to race

complacer ▮ *v.* **1** *(causar agrado)* ⇒to please: *Me complace que la gente sonría* - It pleases me when people smile; ⇒to gratify *form* **2** *(acceder a un deseo)* ⇒to oblige [CONSTR. to oblige + to do sth]: *Me encantaría complacerte* - I would like to oblige you ▮ **complacerse** *prnl.* **3** *(encontrar satisfacción)* ⇒to be pleased

complejo, ja ▮ *adj.* **1** ⇒complex ▮ **complejo** *s.m.* **2** *(lugar)* ⇒complex (*pl* complexes); ⇒resort: *un complejo turístico* - a tourist resort **3**

(en psicología) ⇒complex (*pl* complexes): *tener complejo de inferioridad* - to have an inferiority complex; ⇒hang-up *inform*

complemento ▌*s.m.* **1** ⇒complement: *Es un complemento perfecto para tu dieta* - It's a perfect complement for your diet **2** *(accesorio)* ⇒accessory (*pl* accessories); ⇒add-on **3** *(en gramática)* ⇒object: *el complemento directo* - the direct object **4** ▌**complementos** *s.m.pl.* ⇒accessories

completar *v.* ⇒to complete

completo, ta *adj.* **1** *(entero, con todas sus partes)* ⇒complete: *las obras completas de Dickens* - the complete works of Dickens **2** *(que abarca todo)* ⇒comprehensive: *un estudio completo de una materia* - a comprehensive study of a subject **3** *(acabado, finalizado)* ⇒finished ⇒complete: *Este álbum está completo* - This album is complete **4** *(total)* ⇒complete ⇒utter: *Había un completo silencio* - There was utter silence **5** *(sin abreviar)* ⇒in full: *Escriba su nombre completo* - Write your name in full **6 al completo** ⇒full up *UK;* ⇒filled to capacity **7 por completo** ⇒completely

complicación *s.f.* ⇒complication: *Si surgen complicaciones, dímelo y os ayudaré* - If any complications arise, let me know and I'll help

complicado, da *adj.* **1** ⇒complicated ⇒difficult ⇒heavy going *UK: un libro complicado* - a heavy going book **2** *(una situación)* ⇒tricky: *Su situación es bastante complicada* - Her situation is rather tricky

complicar ▌*v.* **1** *(dificultar)* ⇒to complicate **2** *(involucrar)* ⇒to involve: *Lo complicaron en una estafa* - He was involved in a swindle ▌**complicarse** *prnl.* **3** ⇒to become difficult: *Se complicó todo y la empresa quebró* - Everything became difficult and the company went bankrupt

cómplice *s.com.* ⇒accomplice

complot *s.m.* ⇒plot ⇒conspiracy (*pl* conspiracies)

componente *s.amb.* ⇒component

componer *v.* ⇒to compose [CONSTR. to be composed of sth]: *Esa historia se compone de varios capítulos* - That story is composed of various instalments

comportamiento *s.m.* ⇒behaviour *UK;* ⇒behavior *US;* ⇒conduct: *su comportamiento en mi fiesta* - his conduct at my party; ⇒demeanour *UK form*

comportarse *v.prnl.* **1** ⇒to behave: *comportarse correctamente* - to behave properly; ⇒to conduct oneself **2** *comportarse mal* - to misbehave

composición *s.f.* **1** *(de una cosa)* ⇒structure: *la composición del agua* - the structure of water; ⇒composition **2** *(redacción, pieza musical)* ⇒composition

compositor, -a *s.* ⇒composer

compota *s.f.* ⇒stewed fruit: *compota de manzana* - stewed apple

compra *s.f.* **1** *(acción de comprar)* ⇒shopping: *hacer la compra* - to do the shopping; ⇒purchase *form* **2** *(lo que se compra)* ⇒shopping ⇒buy ⇒purchase *form: una buena compra* - a good purchase

comprador, -a *s.* **1** *(persona)* ⇒buyer **2** *(entidad)* ⇒purchaser

comprar *v.* **1** *(adquirir)* ⇒to buy: *Me he comprado unos pantalones nuevos* - I've bought a new pair of trousers; ⇒to get ⇒to shop ⇒to purchase *form* **2** *(sobornar)* ⇒to buy off

comprender *v.* **1** *(entender)* ⇒to understand [CONSTR. 1. to understand + (that) 2. to understand + interrogativo] **2** *(incluir)* ⇒to be made up of: *La granja comprende dos edificios y tres establos* - The farm is made up of two buildings and three stables **3** *(ponerse en el lugar de alguien)* ⇒to sympathize: *Yo también tengo dolores de cabeza, así es que te comprendo* - I suffer from headaches too, and so I sympathize with you

comprensión *s.f.* ⇒comprehension: *problemas de comprensión* - a comprehension problems; ⇒understanding

comprensivo, va *adj.* **1** ⇒sympathetic ⇒understanding **2 poco ~** ⇒unsympathetic

compresa *s.f.* **1** *(para una herida)* ⇒compress (*pl* compresses) **2** *(para la menstruación)* ⇒sanitary towel *UK;* ⇒sanitary napkin *US*

comprobación *s.f.* ⇒check

comprobar *v.* ⇒to check [CONSTR. 1. to check + (that) 2. to check + interrogativo]

comprometerse *v.prnl.* *(prometer)* ⇒to promise [CONSTR. 1. to promise + (that) 2. to promise + to do sth 3. to promise + dos objetos]: *Me comprometí a hacerlo* - I promised to do it; ⇒to take on

comprometido, da *adj.* **1** *(difícil)* ⇒delicate ⇒awkward: *una situación comprometida* - an awkward situation **2** *(con una causa)* ⇒committed: *una persona comprometida con la causa* - a person committed to the cause **3** *(prometido)* ⇒engaged: *Llevan comprometidos tres meses* - They have been engaged for three months

compromiso *s.m.* **1** *(obligación)* ⇒commitment: *su compromiso con la empresa* - her commitment to the company **2** *(noviazgo)* ⇒engagement *form* **3 poner a alguien en un ~** ⇒to put *sb* on the spot **4 por ~** ⇒out of a sense of duty **5 sin ~** ⇒with no commitment

compuesto, ta ■ *adj.* **1** ⇒compound ⇒composite **2** *(un apellido)* ⇒double-barrelled *UK* ■ **compuesto** *s.m.* **3** *(en química)* ⇒compound

computadora *s.f. AMÉR.* ⇒computer

C

comulgar *v.* **1** *(en religión)* ⇒to receive communion **2** *(con una idea)* ⇒to share

común *adj.* **1** *(compartido)* ⇒common ⇒mutual: *un amigo común* - a mutual friend **2** *(frecuente, usual)* ⇒common ⇒average: *un resultado común* - an average outcome **3 poco ~** ⇒uncommon

comunicación *s.f.* **1** *(hecho de comunicar)* ⇒communication **2** *(un escrito)* ⇒bulletin: *Ha pasado una nueva comunicación* - They have issued a new bulletin; ⇒paper **3 medios de ~** ⇒media

comunicar ■ *v.* **1** *(información)* ⇒to pass on **2** *(un lugar)* ⇒to be connected: *El despacho comunica con otra sala* - The office is connected to another room **3** *(el teléfono): estar comunicando* - to be engaged ■ **comunicarse** *prnl.* **4** ⇒to communicate: *comunicarse con gente* - to communicate with people

comunidad *s.f.* **1** ⇒community (*pl* communities) **2 ~ de vecinos** ⇒residents' association

comunión *s.f.* **1** ⇒communion **2** *(ceremonia)* ⇒Holy Communion *form*

comunismo *s.m.* ⇒communism

comunista *adj./s.com.* ⇒communist

con *prep.* **1** ⇒with **2** *(indica compañía o colaboración)* ⇒with: *¡Vente con nosotros!* - Come with us! **3** *(separa números decimales)* ⇒point **4** *(seguido de infinitivo): Con quejarte no solucionarás el problema* - Complaining about it won't sort the problem out **5** *(con uno mismo)* ⇒along with **6** *(indica combinación)* ⇒and *conj*: *pescado con patatas fritas* - fish and chips **7** *(indica materia prima)* ⇒from: *Hace pendientes con semillas* - She makes earrings from seeds **8** ⇒under: *Escribe con el seudónimo de Wara* - She writes under the name of Wara **9 con (tal de) que** ⇒as long as

concebir *v.* **1** *(idear)* ⇒to conceive: *concebir un plan* - to conceive a plan **2** *(engendrar)* ⇒to conceive: *concebir mellizos* - to conceive twins **3** *(albergar)* ⇒to harbour *UK*: *concebir un deseo* - to harbour a desire; ⇒to harbor *US* **4** *(creer posible)* ⇒to conceive of: *No puedo concebir que me mientas* - I can't conceive of your lying to me

conceder *v.* **1** ⇒to give [CONSTR. to give + dos objetos]: *Te concedo permiso para ir a la fiesta* - I give you permission to go to the party; *¿Me concedes este baile?* - Would you dance with me?; ⇒to concede **2** *(una beca, un préstamo)* ⇒to grant *form* [CONSTR. to grant + dos objetos] **3** *(un premio)* ⇒to award [CONSTR. to award + dos objetos]

concejal, -a *s.* **1** *(sin especificar sexo)* ⇒councillor *UK*; ⇒councilor *US* **2** *(hombre)* ⇒alderman (*pl* aldermen) **3** *(mujer)* ⇒alderwoman (*pl* alderwomen)

concentración *s.f.* **1** *(atención)* ⇒concentration **2** *(en deporte)* ⇒team meeting **3** *(reunión multitudinaria)* ⇒rally (*pl* rallies) **4** *(acumulación)* ⇒build-up

concentrar ■ *v.* **1** *(a un grupo de personas)* ⇒to gather together **2** *(una sustancia)* ⇒to concentrate **3** *(la atención)* ⇒to focus ■ **concentrarse** *prnl.* **4** ⇒to concentrate [CONSTR. to concentrate on sth]: *Me cuesta concentrarme en mis tareas* - I find it hard to concentrate on my tasks

concepto *s.m.* **1** *(idea)* ⇒concept ⇒idea **2** *(opinión)* ⇒opinion: *tener un buen concepto de alguien* - to have a high opinion of sb **3 bajo ningún ~** ⇒under no circumstances

concernir *v.* ⇒to concern: *Esto no te concierne* - This doesn't concern you

concertar *v.* **1** ⇒to arrange [CONSTR. to arrange + to do sth]; ⇒to agree **2** *concertar una cita* - to make an appointment

concesionario *s.m.* **1** *(persona)* ⇒dealer ⇒concessionaire **2** *(empresa)* ⇒concessionaire ⇒dealer

concha *s.f.* **1** ⇒shell **2** *(de mar)* ⇒seashell **3** *AMÉR. vulg.* ⇒cunt *vulg*

conciencia *s.f.* **1** ⇒conscience: *tener la conciencia tranquila* - to have a clear conscience **2** *(conocimiento)* ⇒consciousness: *perder la conciencia* - to lose consciousness

concienciar ■ *v.* **1** ⇒to make aware ■ **concienciarse** *prnl.* **2** ⇒to become aware

concierto *s.m.* **1** *(evento)* ⇒concert ⇒gig *inform* **2** *(composición musical)* ⇒concerto (*pl* concerti, concertos)

concluir *v.* **1** *(deducir)* ⇒to conclude [CONSTR. to conclude + that] **2** *(terminar)* ⇒to conclude ⇒to finish ⇒to be over: *El espectáculo ha concluido* - The show is over

conclusión *s.f.* **1** *(deducción)* ⇒conclusion: *Sacó la conclusión de que no habíamos hecho trampas* - He reached the conclusion that we had not cheated **2** *(término)* ⇒completion **3 llegar a la ~** ⇒to conclude [CONSTR. to conclude + that]

concretar *v.* **1** *(hacer realidad)* ⇒to realize ⇒to realise *UK*: *concretar un sueño* - to realise a dream **2** *(fijar, especificar)* ⇒to arrange ⇒to specify **3** *(reducir)* ⇒to reduce: *Concreté mi exposición a los puntos principales* - I reduced my presentation to the basic points

concreto, ta ■ *adj.* **1** ⇒specific ⇒definite: *No llegaron a ninguna conclusión concreta* - They didn't reach any definite conclusions; ⇒concrete

2 en concreto ⇒namely ▮ **concreto** *s.m.* **3** *AMÉR.* *(hormigón)* ⇒concrete

concurrido, da *adj.* ⇒busy ⇒crowded

concursante *s.com.* ⇒contestant

concursar *v.* ⇒to take part: *concursar en un certamen* - to take part in a contest

concurso *s.m.* **1** ⇒competition ⇒contest **2** *(de preguntas y respuestas)* ⇒quiz (*pl* quizzes) **3** *(programa de televisión)* ⇒TV game show

condado *s.m.* ⇒county (*pl* counties)

conde *s.m.* ⇒count

condecoración *s.f.* ⇒medal

condecorar *v.* ⇒to award a medal

condena *s.f.* **1** *(pena o castigo)* ⇒sentence ⇒imprisonment [U] **2** *(desaprobación)* ⇒condemnation

condenado, da ▮ *adj.* **1** *(maldito)* ⇒damn *inform: Ese condenado frigorífico se ha vuelto a estropear* - That damn fridge is broken again; ⇒wretched ▮ *s.* **2** *(reo)* ⇒convicted person ⇒convict **3 ~ a muerte 1** *(hombre)* ⇒condemned man (*pl* condemned men) **2** *(mujer)* ⇒condemned woman (*pl* condemned women)

condenar ▮ *v.* **1** *(imponer una pena)* ⇒to convict [CONSTR. to be convicted of]: *Fue condenado por asesinato* - He was convicted of murder; ⇒to sentence **2** *(desaprobar)* ⇒to condemn **3** *(tapiar)* ⇒to wall up ▮ **condenarse** *prnl.* **4** *(en religión)* ⇒to be damned

condesa *s.f.* ⇒countess (*pl* countesses)

condición ▮ *s.f.* **1** ⇒condition **2 a ~ de** ⇒provided **3 ~ sine qua non** ⇒prerequisite *form* ▮ **condiciones** *pl.* **4** ⇒terms: *las condiciones de un contrato* - the terms of a contract

condicional *s.m.* *(en gramática)* ⇒conditional ■ Ver cuadro conditional

condimento *s.m.* **1** *(de un alimento)* ⇒seasoning **2** *(de una ensalada)* ⇒dressing

conducir *v.* **1** *(un vehículo)* ⇒to drive ⇒to steer **2** *(la electricidad, el calor, el sonido)* ⇒to conduct **3** *(una situación)* ⇒to lead ⇒to direct

conducta *s.f.* **1** ⇒behaviour *UK: No puedo entender su conducta* - I can't understand her behaviour; ⇒behavior *US;* ⇒conduct **2 mala ~** ⇒misconduct *form*

conducto *s.m.* **1** *(de una tubería)* ⇒pipe **2** *(del cuerpo humano)* ⇒duct **3** *(vía)* ⇒path ⇒way

conductor, -a ▮ *s.* **1** ⇒driver: *un conductor de autobús* - a bus driver; ⇒motorist **2** *AMÉR.* *(en la televisión)* ⇒presenter *UK;* ⇒host *US* **3** *AMÉR.* *(en la radio)* ⇒announcer ▮ **conductor** *s.m.* **4** *(de electricidad o de calor)* ⇒conductor

conectar ▮ *v.* **1** ⇒to connect: *Están conectados por teléfono* - They are connected by telephone **2** *(en electrónica)* ⇒to patch ⇒to wire **3** *(congeniar)* ⇒to click ▮ **conectarse** *prnl.* **4** ⇒to switch on

conejo, ja *s.* **1** *(genérico)* ⇒rabbit **2** *(macho)* ⇒buck **3** *(hembra)* ⇒doe **4 conejillo de Indias** ⇒guinea pig *inform*

conexión *s.f.* *(relación)* ⇒connection

confección *s.f.* **1** *(elaboración)* ⇒making **2** *(de ropa)* ⇒dressmaking

confeccionar *v.* **1** ⇒to make: *confeccionar un traje* - to make a suit **2** *(un plan)* ⇒to work out

conferencia *s.f.* **1** *(ponencia)* ⇒lecture **2** *(congreso)* ⇒conference: *una conferencia sobre los derechos humanos* - a conference on human rights **3** *(telefónica)* ⇒long-distance call **4 dar conferencias** ⇒to lecture [CONSTR. to lecture in/on sth]: *Da conferencias de matemáticas puras* - He lectures on pure mathematics

conferenciante *s.com.* ⇒lecturer

confesar *v.* ⇒to confess [CONSTR. to confess to + doing sth]: *Finalmente confesó haber robado el cuadro* - He finally confessed to stealing the painting

confesión *s.f.* ⇒confession

confeti *s.m.* ⇒confetti

confiado, da *adj.* ⇒trusting

confianza ▮ *s.f.* **1** *(fe en algo)* ⇒trust: *Una buena amistad está basada en la confianza* - A good friendship is based on trust; ⇒faith **2** *(fe en la capacidad de hacer algo)* ⇒confidence **3** *No tengo mucha confianza con ella* - I don't know her well enough **4 digno de ~** ⇒trustworthy **5 en ~** ⇒in confidence ▮ **confianzas** *pl.* **6** ⇒liberties: *tomarse confianzas* - to take liberties

confiar ▮ *v.* **1** *(encomendar)* ⇒to entrust [CONSTR. 1. to entrust sth to sb 2. to entrust sb with sth]: *Te confío el cuidado de los niños* - I entrust you with the care of my children **2** *(esperar)* ⇒to trust: *Confío en que vengas* - I trust you will come; ⇒to expect **3** *(tener confianza)* ⇒to trust: *Confía en mí* - Trust me; ⇒to rely ▮ **confiarse** *prnl.* **4** ⇒to relax ⇒to be too confident: *Me confié y casi suspendo el examen* - I was too confident and I almost failed my exam

confirmación *s.f.* ⇒confirmation: *confirmación de nuestras vacaciones* - confirmation of our holiday

confirmar *v.* **1** *(constatar)* ⇒to confirm ⇒to vouch for **2** *(en religión)* ⇒to confirm

confitería *s.f.* ⇒patisserie ⇒confectioner's (*pl* confectioners')

confitura *s.f.* ⇒jam

conflicto *s.m.* ⇒conflict ⇒dispute

conformar ▮ *v.* **1** ⇒to make up: *Once jugadores conforman el equipo* - Eleven players make up the team; ⇒to constitute ❙ **conformarse** *prnl.* **2** ⇒to be happy ⇒to be satisfied: *Deberías conformarte con los resultados* - You should be satisfied with the results; ⇒to settle for: *Tuvieron que conformarse con el segundo puesto* - They had to settle for second place

conforme *adj.* **1** *(satisfecho)* ⇒satisfied **2** *(de acuerdo)* ⇒agreeable *form: No estamos conformes con la decisión* - We are not agreeable to the decision **3** *no estar conforme* - to not agree **4** *conforme a la ley* - in accordance with the law

confort *s.m.* ⇒comfort

confortable *adj.* ⇒comfortable: *un coche confortable* - a comfortable sofa

confundir *v.* **1** *(mezclar unas cosas con otras)* ⇒to confuse **2** *(tomar por otro)* ⇒to mix up: *Siempre la confundo con su hermana* - I always mix her up with her sister

confusión *s.f.* **1** *(falta de claridad)* ⇒confusion ⇒turmoil: *Toda la región está en un estado de confusión* - The whole region is in turmoil **2** *(error)* ⇒mistake: *Fue una confusión tonta* - That was a stupid mistake; ⇒mix-up

confuso, sa *adj.* **1** *(difícil de entender)* ⇒confusing: *Las indicaciones que nos dio eran confusas* - The directions she gave us were confusing; ⇒confused **2** *(un mensaje)* ⇒garbled: *Dejó un mensaje bastante confuso en el contestador* - He left a rather garbled message on my answerphone **3** *(un persona)* ⇒confused ⇒muddled: *Se sentía confuso después del accidente* - He was feeling muddled after the accident **4** *(impreciso, borroso)* ⇒fuzzy: *Los detalles todavía son confusos* - The details are still fuzzy; ⇒hazy

congelado, da *adj.* **1** *(una cosa)* ⇒frozen: *comida congelada* - frozen food **2** *(una persona)* ⇒freezing *inform: Estoy congelado* - I'm freezing

congelador *s.m.* ⇒deep freeze ⇒freezer

congelar ❙ *v.* **1** ⇒to freeze ❙ **congelarse** *prnl.* **2** ⇒to freeze over

congénito, ta *adj.* ⇒congenital

congreso *s.m.* **1** *(conferencia, reunión)* ⇒conference: *Estoy asistiendo a una conferencia sobre el sida* - I'm attending a conference on AIDS; ⇒congress (*pl* congresses); ⇒convention **2** *(asamblea legislativa)* ⇒Congress *US*

conjugar *v.* **1** *(varias cosas)* ⇒to combine: *conjugar experiencia y capacidad* - to combine experience and ability **2** *(un verbo)* ⇒to conjugate: *Como tarea, conjuguen el verbo «comer» en pretérito indefinido* - For homework, conjugate the verb «to eat» in the past simple

conjunción *s.f. (en gramática)* ⇒conjunction

conjunto, ta ❙ *adj.* **1** ⇒joint ❙ **conjunto** *s.m.* **2** ⇒group ⇒ensemble *form: Se compró el conjunto completo* - She bought the the whole ensemble **3** *(musical)* ⇒group **4** *(de objetos)* ⇒collection ⇒set: *Un conjunto de vestidos antiguos* - I set of antique clothes **5** *(de prendas de vestir)* ⇒coordinates ⇒outfit

conmigo *pron.pers.* **1** ⇒with me: *¿Vienes conmigo?* - Are you coming with me? **2** ~ **mismo,ma** ⇒with myself: *Estoy muy satisfecha conmigo misma* - I'm very satisfied with myself

conmoción *s.f.* ⇒shock

conmocionar *v.* **1** ⇒to shock **2** *(en medicina)* ⇒to concuss

conmovedor, -a *adj.* ⇒moving: *un discurso conmovedor* - a moving speech; ⇒touching

conmover ❙ *v.* **1** ⇒to move: *conmovido por la historia* - moved by the story ❙ **conmoverse** *prnl.* **2** ⇒to be moved ⇒to be affected

cono *s.m.* ⇒cone

conocer *v.* **1** *(a una persona)* ⇒to know: *¿Conoces a Sharon?* - Do you know Sharon? **2** *(a una persona por primera vez)* ⇒to meet: *Me enamoré de ti cuando te conocí* - I fell in love with you the moment I met you; ⇒to get acquainted with *form* **3** *(a una persona con cierta profundidad)* ⇒to get to know: *La conocí mejor durante el viaje* - I got to know her better during the journey **4** *(un lugar)* ⇒to know **5** *(estar familiarizado con)* ⇒to be familiar with: *¿Conoces este procesador de textos?* - Are you familiar with this word processor? **6** ~ **como la palma de la mano** ⇒to know *sth* like the back of *one's* hand **7** ~ **de vista** ⇒to know by sight

conocido, da ❙ *adj.* **1** *(familiar)* ⇒familiar: *Ese chico me resulta conocido* - That boy looks familiar to me **2** *(famoso)* ⇒well-known ⇒notorious ❙ *s.* **3** ⇒acquaintance: *Son unos conocidos de mis padres* - They are acquaintances of my parents

conocimiento ❙ *s.m.* **1** ⇒consciousness: *recobrar el conocimiento* - to regain consciousness **2** **perder el** ~ ⇒to black out *inform* ❙ **conocimientos** *pl.* **3** ⇒knowledge [U]: *conocimientos de informática* - knowledge of computing; ⇒ground [U]

conquista *s.f.* **1** ⇒conquest: *la conquista romana de España* - the Roman conquest of Spain **2** *(en el amor)* ⇒conquest

conquistador, -a ❙ *adj.* **1** ⇒conquering ❙ *s.* **2** *(de un lugar)* ⇒conqueror **3** *(de América)* ⇒conquistador **4** *(de una persona)* ⇒heartbreaker **5** *(de mujeres)* ⇒womanizer ⇒womaniser *UK*

conquistar *v.* **1** *(un lugar)* ⇒to conquer **2** *(a una persona)* ⇒to win

consciencia *s.f.* ⇒consciousness
consciente *adj.* **1** *(de algo)* ⇒aware [CONSTR. to be aware of/that]: *¿Eres consciente del problema?* - Are you aware of the problem? **2** *(con pleno uso de sus sentidos)* ⇒conscious
consecuencia *s.f.* **1** ⇒consequence **2 en ~** ⇒consequently *form;* ⇒accordingly
conseguir *v.* **1** ⇒to achieve: *Consiguió el éxito que quería* - He achieved the success he wanted; ⇒to manage [CONSTR. to manage + to do sth]: *Consiguieron ganar el partido* - They managed to win the match; ⇒to obtain *form;* ⇒to succeed [CONSTR. to succeed in + doing sth]: *Conseguí el trabajo* - I succeeded in getting the job; ⇒to get [CONSTR. to get + dos objetos] **2** *¡Lo conseguí!* - I did it!
consejo *s.m.* **1** *(opinión, sugerencia)* ⇒advice [U] [Se dice *some advice* o *a piece of advice*. Incorrecto: *an advice*] **2** *(indicación, truco)* ⇒tip: *Voy a darte un consejo* - I'll give you a tip **3** *(de gobierno)* ⇒council **4** *(de una empresa)* ⇒board: *el consejo de dirección* - the board of directors
consentimiento *s.m.* ⇒consent: *dar el consentimiento para algo* - to give one's consent for sth
consentir *v.* **1** *(en una petición)* ⇒to consent [CONSTR. to consent + to do sth]: *Consentí dejarle mi coche* - I've consented to lend her my car; ⇒to agree **2** *(tolerar)* ⇒to tolerate [CONSTR. to tolerate + doing sth]: *No consentiré las mentiras* - I won't tolerate lying **3** *(mimar)* ⇒to spoil
conserje *s.com.* ⇒porter: *el conserje del edificio* - the porter of the building
conserjería *s.f.* ⇒porter's office
conserva *s.f.* **1** *(en lata)* ⇒tinned food *UK;* ⇒canned food *US* [U] **2** *(en tarro)* ⇒food preserved in a jar [U]
conservación *s.f.* ⇒conservation: *conservación de la flora y la fauna* - wildlife conservation; ⇒preservation
conservador, -a *adj./s.* **1** ⇒conservative **2** *(del partido conservador británico)* ⇒Conservative: *el partido conservador* - the Conservative Party; ⇒Tory *n* (*pl* Tories): *los conservadores* - The Tories **3** *(un estilo)* ⇒classic *adj*
conservante *s.m.* ⇒preservative
conservar *v.* **1** *(mantener)* ⇒to keep **2** *(alimentos)* ⇒to preserve **3** *(calor)* ⇒to retain *form*
conservatorio *s.m. (extranjero)* ⇒conservatory ⇒conservatoire *UK*
considerable *adj.* ⇒considerable
consideración *s.f.* **1** *(reflexión)* ⇒consideration [U]: *tener en consideración* - to take into consideration **2** *(respeto)* ⇒regard *form: La empresa la tiene en muy buena consideración* - The company holds her in high regard
considerado, da *adj.* ⇒considerate: *ser considerado con alguien* - to be considerate towards sb
considerar *v.* **1** *(pensar, meditar)* ⇒to consider [CONSTR. to consider + doing sth]: *¿Has considerado trabajar en el extranjero?* - Have you consider working abroad? **2** *(juzgar, estimar)* ⇒to regard ⇒to consider: *Lo considero peligroso* - I consider it dangerous
consigna *s.f.* **1** *(en una estación)* ⇒left-luggage office *UK;* ⇒baggage room *US* **2** *(orden)* ⇒order ⇒instruction **3** *(eslogan)* ⇒chant
consigo *pron.pers.* **1** *(con él)* ⇒with him: *Se llevó las fotos consigo* - He took the photos with him **2** *(con ella)* ⇒with her: *Traía los libros consigo* - She brought the books with her **3** *(con ellos, con ellas)* ⇒with them: *Llevaban los pasaportes consigo* - They took their passports with them **4** *(con usted, con ustedes)* ⇒with you: *Debe llevar siempre un mapa consigo cuando vaya de excursión* - You should always have a map with you when you go on a hike **5** *(con uno, con una)* ⇒with you: *Uno siempre debe llevar dinero consigo* - You should always have money with you **6 ~ misma** ⇒with herself: *¿Tu hermana está contenta consigo misma?* - Is your sister satisfied with herself? **7 ~ mismo** ⇒with himself: *No está satisfecho consigo mismo* - He's not satisfied with himself
consiguiente *adj.* **1** ⇒consequent *form* **2 por ~** ⇒consequently *form*
consistir *v.* ⇒to consist [CONSTR. to consist of sth]: *El premio consiste en un lote de libros* - The prize consists of a set of books
consola *s.f.* **1** *(conjunto de piezas)* ⇒console **2** *(mesa)* ⇒console table
consolar *v.* ⇒to console
consonante *s.f.* ⇒consonant
conspiración *s.f.* ⇒conspiracy (*pl* conspiracies); ⇒plot
conspirar *v.* ⇒to conspire [CONSTR. to conspire + to do sth]
constancia *s.f.* **1** *(perseverancia)* ⇒perseverance **2** *(certeza)* ⇒evidence: *Tengo constancia de que no estás diciendo la verdad* - I have evidence of the falseness of your words **3** *dejar constancia de algo* - to prove sth
constante ▌*adj.* **1** ⇒constant ⇒steady ▌*s.f.* **2** *(en matemáticas)* ⇒constant **3** *constantes vitales* - vital functions
constar *v.* **1** *(componerse)* ⇒to consist of: *Ese libro consta de una introducción y doce unidades* - That book consists of an introduction and twelve sections **2** *(ser sabido)* ⇒to know: *Nos consta que mintieron* - We know they lied

constelación *s.f.* ⇒constellation

constipado, da ▮ *adj.* **1** *estar constipado* - to have a cold ▮ **constipado** *s.m.* **2** ⇒cold

constiparse *v.prnl.* ⇒to catch a cold ⇒to get a cold

constitución *s.f.* **1** *(ley fundamental)* ⇒constitution **2** *(creación)* ⇒forming ⇒setting-up **3** *(física)* ⇒physique

constitucional *adj. (referido a la ley fundamental de un Estado)* ⇒constitutional

constituir *v.* **1** *(componer)* ⇒to form: *Aquellos tres cuadros constituyen la obra más destacada de este pintor* - Those three paintings form the main work of this painter **2** *(ser)* ⇒to be ⇒to constitute: *La sinceridad constituye tu mayor cualidad* - Your sincerity constitutes your best quality **3** *(fundar)* ⇒to set up: *constituir una empresa* - to set up a company

construcción *s.f.* **1** *(hecho de construir)* ⇒construction ⇒development **2** *(obra construida)* ⇒building ⇒construction

constructor, -a *s.* ⇒builder ⇒constructor

constructora *s.f. (empresa)* ⇒building firm ⇒construction company (*pl* construction companies)

construir *v.* ⇒to build ⇒to construct

consuelo *s.m.* ⇒consolation: *Busca consuelo en ella* - He seeks consolation with her

cónsul *s.com.* ⇒consul

consulado *s.m.* ⇒consulate

consulta *s.f.* **1** *(hecho de consultar)* ⇒consultation ⇒enquiry **2** *(del médico)* ⇒surgery *UK* (*pl* surgeries); ⇒general practice *UK;* ⇒doctor's office *US*

consultar *v.* **1** *(pedir opinión o consejo)* ⇒to consult: *consultar al doctor* - to consult the doctor **2** *(buscar o investigar)* ⇒to consult ⇒to look up: *Consúltalo en tu diccionario* - Look it up in your dictionary; ⇒to check

consultorio *s.m.* ⇒surgery *UK* (*pl* surgeries); ⇒doctor's office *US*

consumidor, -a ▮ *adj.* **1** ⇒consuming: *países consumidores* - consuming countries ▮ *s.* **2** ⇒consumer

consumir *v.* **1** *(un producto)* ⇒to consume *form: En mi casa consumimos poco café* - My family and I consume little coffee **2** *(energía)* ⇒to consume ⇒to use: *Este coche consume muy poca gasolina* - This car uses very little petrol **3** *Los celos te consumen* - You are consumed with jealousy

consumo *s.m.* ⇒consumption

contabilidad *s.f.* **1** *(actividad)* ⇒account: *llevar la contabilidad* - to do the accounts; ⇒accountancy *UK;* ⇒accounting *US* **2** *(conjunto de cuentas)* ⇒accounts *pl*

contable ▮ *adj.* **1** ⇒countable ▪ Ver cuadro countable / uncountable nouns ▮ *s.com.* **2** ⇒accountant

contactar *v.* ⇒to contact: *contactar con sus padres* - to contact his parents

contacto *s.m.* **1** ⇒contact: *estar en contacto con otros niños* - to be in contact with other children **2 entrar en ~** ⇒to come into contact **3 mantener el ~** ⇒to keep in touch **4 ponerse en ~** ⇒to contact ⇒to get in touch

contado (al ~) ⇒in cash

contagiar *v.* **1** *(una enfermedad)* ⇒to infect: *Sarah me contagió la gripe* - Sarah infected me with flu; ⇒to pass on **2** *(un estado de ánimo): Siempre nos contagias tu alegría* - Your happiness always rubs off on us

contagioso, sa *adj.* **1** *(una enfermedad)* ⇒contagious: *una enfermedad contagiosa* - a contagious disease; ⇒infectious **2** *(un estado de ánimo)* ⇒contagious: *Su alegría es contagiosa* - Her happiness is contagious

contaminación *s.f.* ⇒pollution

contaminar *v.* ⇒to pollute ⇒to contaminate

contar *v.* **1** *(enumerar)* ⇒to count **2** *(decir los números de forma ordenada)* ⇒to count **3** *(decir, relatar)* ⇒**to tell** [CONSTR. 1. to tell + (that) 2. to tell + to do sth 3. to tell + dos objetos] [CONSTR. Se construye sin preposición]: *Ha contado a todo el mundo que tiene un hámster* - She has told everyone that she's got a hamster **4 ~ con** ⇒to count on ⇒to depend on

contemplar *v.* **1** *(mirar)* ⇒to contemplate: *contemplar un cuadro* - to contemplate a painting **2** *(considerar)* ⇒to contemplate [CONSTR. to contemplate + doing sth]: *Estoy contemplando la posibilidad de adoptar un niño* - I'm contemplating adopting a child

contemporáneo, a *adj./s.* ⇒contemporary (*pl* contemporaries)

contenedor *s.m.* **1** ⇒container **2** *(de basura, de escombros)* ⇒skip *UK;* ⇒Dumpster® *US* **3** *(de botellas)* ⇒bottle bank

contener ▮ *v.* **1** *(tener dentro)* ⇒to contain: *¿Qué contiene esta caja?* - What does this box contain? **2** *(detener)* ⇒to hold back: *La policía no pudo contener a la multitud* - The police couldn't hold the crowd back **3** *(reprimir)* ⇒to contain: *No pude contener mi ira* - I couldn't contain my rage ▮ **contenerse** *prnl.* **4** *(reprimirse)* ⇒to contain oneself: *Me contuve para no herirla* - I contained myself so as not to hurt her

contenido *s.m.* ⇒content

contento, ta *adj.* **1** ⇒content ⇒glad: *Está contento de volver a casa otra vez* - He's glad to be back home again; ⇒happy ⇒pleased **2** *(borracho) col.* ⇒tipsy *inform*

contestación *s.f.* ⇨answer ⇨reply (*pl* replies): *Su contestación fue bastante grosera* - Her reply was rather rude; ⇨response

contestador *s.m. (automático)* ⇨answering machine *US;* ⇨answerphone *UK*

contestar *v.* ⇨to answer: *Deberías contestarles lo antes posible* - You should answer them as soon as possible; ⇨to reply [CONSTR. to reply + that]: *No has contestado mi pregunta* - You haven't replied to my question

contigo *pron.pers.* **1** ⇨with you: *¿Puedo jugar contigo?* - Can I play with you? **2 ~ mismo,ma** ⇨with yourself: *Has de estar contento contigo mismo* - You should be pleased with yourself

continental *adj.* ⇨continental

continente *s.m.* ⇨continent

continuación *s.f.* **1** ⇨continuation **2 a ~** ⇨next: *A continuación les ofreceremos más detalles de los hechos* - Next, we'll give you more details about the facts; ⇨subsequently

continuar *v.* **1** *(seguir)* ⇨to continue: *¿Tienes la intención de continuar con tus estudios?* - Do you intend to continue with your studies?; ⇨to go on [CONSTR. to go on + doing sth] **2** *(haciendo algo)* ⇨to continue [CONSTR. 1. to continue + doing sth 2. to continue + to do sth]; ⇨to keep on: *¡Continúa intentándolo!* - Keep on trying! **3 continuará** ⇨to be continued

continuo, nua *adj.* **1** *(sin interrupción)* ⇨constant: *Mantuvimos una velocidad continua* - We've kept up a fairly constant speed; ⇨continuous **2** *(frecuente)* ⇨constant: *No puedo aguantar sus continuas quejas* - I can't stand her constant complaints; ⇨continual

contorno *s.m.* ⇨outline: *el contorno de un barco* - the outline of a ship; ⇨contour

contra *prep.* **1** *(indica oposición o lucha)* ⇨against ⇨versus ⇨vs.: *el Manchester United contra el Arsenal* - Manchester United vs. Arsenal **2** *(indica contacto o apoyo)* ⇨against: *Estaba apoyado contra la ventana* - He was leaning against the wall **3 estar en ~ de** ⇨to oppose

contrabajo *s.m.* **1** *(instrumento)* ⇨double bass (*pl* double basses) **2** *(cantante)* ⇨basso profundo

contrabandista *s.com.* ⇨smuggler

contrabando *s.m.* **1** *(actividad)* ⇨smuggling **2** *(mercancía)* ⇨smuggled goods *pl;* ⇨contraband **3** *pasar de contrabando* - to smuggle

contracción *s.f.* ⇨contraction

contradecir ▮ *v.* **1** ⇨to contradict: *¡Cómo te atreves a contradecir mis palabras!* - How dare you contradict my words! ▮ **contradecirse** *prnl.* **2** ⇨to contradict oneself

contradicción *s.f.* ⇨contradiction

contraer ▮ *v.* **1** *(encoger)* ⇨to contract *form: contraer los músculos* - to contract one's muscles **2** *(empezar a tener)* ⇨to contract *form: contraer una enfermedad* - to contract an illness; ⇨to catch **3** *(aceptar)* ⇨to take on: *contraer una responsabilidad* - to take on a responsibility ▮ **contraerse** *prnl.* **4** ⇨to contract

contraportada *s.f.* ⇨back page ⇨back cover

contrariedad *s.f.* ⇨mishap ⇨setback: *¡Qué contrariedad!* - What a setback!

contrario, ria *adj./s.* **1** ⇨opposite: *Mi casa está en el lado contrario de la calle* - My house is on the opposite side of the street; ⇨opposing **2 llevar la contraria** ⇨to contradict *sb* **3 por el contrario** ⇨on the contrary

contrarreloj *s.f.* **1** *(en ciclismo)* ⇨time trial **2 a ~** ⇨against the clock: *hacer algo a contrarreloj* - to do sth against the clock

contraseña *s.f.* ⇨password

contrastar *v.* **1** *(comparar)* ⇨to contrast: *Contrasté la traducción de ese libro con el original* - I contrasted the translation of that book with the original **2** *(oponerse)* ⇨to contrast: *Tu alegría contrasta con mi tristeza* - Your happiness contrasts with my sadness

contraste *s.m. (diferencia)* ⇨contrast: *el contraste de las estaciones* - the contrast between the seasons

contratar *v.* ⇨to take on: *Han sido contratados treinta trabajadores en la nueva fábrica* - Thirty workers have been taken on at the new factory; ⇨to employ: *¿No podemos contratar a alguien como ayudante?* - Can't we employ someone as an assistant?

contratiempo *s.m.* ⇨mishap ⇨setback

contrato *s.m.* **1** ⇨contract: *incumplimiento de contrato* - breach of contract **2 ~ de alquiler** ⇨lease ⇨rental agreement

contraventana *s.f.* ⇨shutter

contribución *s.f.* ⇨contribution

contribuir *v.* **1** ⇨to contribute [CONSTR. to contribute to sth]: *¿Quieres contribuir con nuestra obra de caridad?* - Would you like to contribute to our charity? **2** *contribuir a hacer algo* - to help to do sth

contrincante *s.com.* ⇨opponent ⇨rival

control *s.m.* **1** ⇨control ⇨check ⇨test: *control antidopaje* - antidoping test **2** *(lugar)* ⇨checkpoint **3** *(dominio)* ⇨control: *No tiene ningún control sobre ese niño* - She's got no control over that child; ⇨grip [U]; ⇨hold [U] **4 bajo ~** ⇨under control

controlar ▮ *v.* **1** ⇨to control ⇨to monitor: *Debería controlar sus niveles de colesterol* - She should monitor her cholesterol levels **2** *(vigilar)* ⇒to keep an eye on **3** *(la policía)* ⇒to police **4** *(dominar un sentimiento)* ⇒to smother ▮ **controlarse** *prnl.* **5** ⇒to contain: *No pudo controlarse durante más tiempo y le gritó* - She could no longer contain herself and shouted at him

convalidar *v.* **1** *(un título)* ⇒to officially recognize ⇒to officially recognise *UK;* ⇒to accredit [CONSTR. to be accredited]: *No me convalidaron mi título de abogado en Alemania* - My lawyer's qualification wasn't accredited in Germany **2** *(una asignatura)* ⇒to recognize ⇒to recognise *UK;* ⇒to accept as valid: *Esta universidad me ha convalidado todas las asignaturas* - This university has accepted all my subjects as valid

convencer *v.* **1** ⇒to convince [CONSTR. 1. to convince + that 2. to convince + to do sth]; ⇒to persuade [CONSTR. 1. to persuade + (that) 2. to persuade + to do sth] **2** *convencerse de algo* - to get sth into one's head

convencido, da *adj.* ⇒convinced ⇒sure

conveniente *adj.* **1** *(oportuno)* ⇒convenient **2** *(aconsejable)* ⇒advisable

convenio *s.m.* ⇒agreement: *convenio colectivo* - collective agreement

convenir *v.* **1** ⇒to suit **2** *Nos conviene aceptar el trato* - It's in our interest to accept the deal

convento *s.m.* ⇒convent

conversación *s.f.* **1** ⇒conversation ⇒discussion ⇒talk: *Tuvimos una conversación sobre su comportamiento* - We had a talk over her behaviour **2** *(larga)* ⇒jaw

conversar *v.* ⇒to talk [CONSTR. to talk (to/with sb) about sth]; ⇒to have a conversation

convertir ▮ *v.* **1** ⇒to convert ⇒to transform ▮ **convertirse** *prnl.* **2** *(una persona, un animal)* ⇒to grow into ⇒to become: *Se convirtieron en budistas* - They became Buddhists **3** *(una cosa)* ⇒to develop into ⇒to turn into: *Podría convertirse en un problema* - It could turn into a problem

convidar *v.* **1** ⇒to invite [CONSTR. 1. to invite + to do sth. 2. to invite to sth]: *Nos han convidado a comer en ese restaurante* - We have been invited to eat in that restaurant **2** *AMÉR.* ⇒to offer

convivir *v.* ⇒to live with ⇒to live together

convocar *v.* **1** *(anunciar)* ⇒to call: *convocar elecciones* - to call an election **2** *(citar)* ⇒to summon *form;* ⇒to convene *form: convocar una reunión* - to convene a meeting

cooperación *s.f.* ⇒cooperation

cooperar *v.* ⇒to cooperate [CONSTR. to cooperate with sb on sth]

cooperativa *s.f.* ⇒cooperative

coordinar *v.* **1** *(sincronizar)* ⇒to coordinate: *Tengo que coordinar el trabajo de los tres equipos* - I have to coordinate the work of the three teams **2** *(acompasar)* ⇒to coordinate: *Para bailar este vals tienes que coordinar los movimientos de tu cuerpo* - To dance this waltz you have to coordinate the movements of your body

copa *s.f.* **1** *(vaso)* ⇒glass (*pl* glasses) [Hay dos formas de decir *una copa de brandy*: *a glass of brandy* (si está llena) y *a brandy glass* (si está vacía)] **2** *(bebida)* ⇒drink ⇒short *UK inform* **3** *(trofeo)* ⇒cup

copia *s.f.* **1** ⇒copy (*pl* copies) **2** *(en arte o en fotografía)* ⇒print ⇒reproduction **3** *(impresa)* ⇒hard copy (*pl* hard copies); ⇒printout

copiar *v.* **1** *(un modelo)* ⇒to copy **2** *(lo que se dice)* ⇒to write down **3** *(en un examen)* ⇒to cheat **4** *(un archivo informático)* ⇒to export ⇒to copy: *copiar y pegar* - copy and paste **5** *(a otra persona)* ⇒to imitate

copiloto *s.com.* **1** ⇒co-pilot ⇒copilot **2** *(en un coche)* ⇒co-driver

copión, -a *adj./s.* **1** *col.* ⇒copycat *inform n* **2** *col. (en un examen)* ⇒cheat *n*

copla *s.f.* ⇒popular Spanish song

copo *s.m.* **1** ⇒flake **2** *(de maíz)* ⇒cornflake **3** *(de nieve)* ⇒snowflake

coquetear *v.* **1** ⇒to flirt **2** *(algo pasajero)* ⇒to dabble: *Coqueteó con la política cuando estaba en la universidad* - He dabble with politics when he was at university

coqueto, ta *adj.* **1** ⇒coquettish *lit* **2** *(presumido)* ⇒vain **3** *(que coquetea)* ⇒flirtatious

coral *s.m.* **1** ⇒coral: *la gran barrera de coral* - the great coral reef **2** *(coro)* ⇒choral ⇒choir

Corán *s.m.* ⇒the Koran

corazón ▮ *s.m.* **1** *(órgano)* ⇒heart **2** *(dedo)* ⇒middle finger **3** *(centro)* ⇒core: *el corazón de una manzana* - the core of an apple; ⇒heart **4** *(buen sentimiento)* ⇒heart: *Tiene un gran corazón* - He has a big heart **5 de todo ~** ⇒from the bottom of *one's* heart **6 revistas del ~** ⇒gossip magazines ▮ **corazones** *pl.* **7** *(de una baraja)* ⇒hearts

corbata *s.f.* ⇒tie

corchete *s.m.* **1** *(broche)* ⇒fastener ⇒catch (*pl* catches) **2** *(paréntesis)* ⇒square bracket

corcho *s.m.* **1** *(material)* ⇒cork **2** *(tapón)* ⇒cork **3** *(para pescar)* ⇒float

cordel *s.m.* ⇒string

cordero, ra ▮ *s.* **1** *(animal)* ⇒lamb ▮ **cordero** *s.m.* **2** *(carne)* ⇒lamb

cordial *adj.* ⇒friendly ⇒cordial

cordillera *s.f.* ⇒mountain chain ⇒mountain range

cordón *s.m.* **1** ⇒cord **2** *(de los zapatos)* ⇒lace ⇒shoelace **3** *(umbilical)* ⇒umbilical cordon

corear *v.* **1** *(una consigna)* ⇒to chant **2** *(cantar)* ⇒to sing together

córner *s.m.* ⇒corner

coro *s.m.* **1** ⇒chorus (*pl* choruses) **2** *(en celebraciones religiosas)* ⇒choir

corona *s.f.* ⇒crown

coronación *s.f.* ⇒coronation

coronar *v.* **1** ⇒to crown [CONSTR. to be crowned]: *El Papa coronó al emperador* - The emperor was crowned by the Pope **2** *(llegar a la cima)* ⇒to reach the top: *coronar una montaña* - to reach the top of a mountain

coronel *s.m.* ⇒colonel

coronilla *s.f.* **1** ⇒crown **2 hasta la ~** *col.* ⇒fed up to the back teeth *UK inform: estar hasta la coronilla de algo* - to be fed up to the back teeth with sth

corporación *s.f.* ⇒corporation

corporal *adj.* **1** ⇒bodily ⇒corporal *form* **2** *leche corporal* - body milk

corpulento, ta *adj.* ⇒hefty ⇒corpulent *form: un caballero corpulento* - a corpulent gentleman

corral *s.m.* **1** ⇒pen ⇒corral *US* **2 de ~** ⇒free-range: *huevos de corral* - free-range eggs

correa *s.f.* **1** ⇒strap **2** *(del perro)* ⇒lead *UK;* ⇒leash (*pl* leashes)

corrección *s.f.* **1** ⇒correction **2** *(del comportamiento)* ⇒rightness ⇒correctness

correcto, ta ▌*adj.* **1** ⇒correct: *Creo que la solución es correcta* - I believe that the solution is correct; ⇒right ⇒accurate **2** *(educado)* ⇒polite: *Parece muy correcta* - She seems rather polite; ⇒proper ▌**¡correcto!** *interj.* **3** ⇒that's right!

corredor, -a ▌*s.* **1** ⇒runner ⇒racer **2** *(de apuestas)* ⇒bookmaker ▌**corredor** *s.m.* **3** *(pasillo)* ⇒corridor ⇒gallery (*pl* galleries)

corregir *v.* **1** ⇒to correct: *Corrígeme si me equivoco* - Correct me if I'm wrong **2** *(calificar)* ⇒to mark *UK: corregir un examen* - to mark an exam

correo *s.m.* **1** ⇒post *UK: Lo he enviado por correo* - I've sent it by post; ⇒mail **2 ~ electrónico** ⇒email ⇒electronic mail **3 mandar algo por ~** ⇒to post *sth UK;* ⇒to mail *sth US*

correr ▌*v.* **1** ⇒to run: *La policía corría detrás de aquel hombre* - The police ran after that man **2** *(en una carrera)* ⇒to race **3** *(darse prisa)* ⇒to rush [CONSTR. to rush + to do sth]; ⇒to hurry: *Corre o llegaremos tarde* - Hurry or we will be late **4** *(un líquido)* ⇒to stream: *Las lágrimas corrían por su rostro* - There were tears streaming down his face; ⇒to run **5** *(el tiempo)* ⇒to pass **6** *AMÉR. (de un trabajo)* ⇒to dismiss ⇒to lay off **7** *AMÉR. (de un lugar)* ⇒to throw out **8** *(un mueble)* ⇒to move ⇒to shift **9** *(las cortinas)* ⇒to draw ⇒to part **10 salir corriendo** ⇒to hightail *US;* ⇒to run away: *Salí corriendo de aquella habitación* - I ran out of that room ▌**correrse** *prnl.* **11** *(moverse)* ⇒to move **12** *(la tinta, el maquillaje)* ⇒to run **13** *AMÉR. (huir)* ⇒to scurry

correspondencia *s.f.* **1** *(entre varias cosas)* ⇒correspondence **2** *(de cartas)* ⇒mail

corresponder *v.* **1** *(tener relación)* ⇒to correspond: *Las declaraciones del testigo no se correspondían con los hechos* - The witness's statements didn't correspond with the facts **2** *(pertenecer): Esta es la parte que te corresponde* - This is your share **3** *(devolver)* ⇒to repay: *Quiero corresponderte el favor que me has hecho* - I want to repay you for the favour you've done for me **4** *(atañer)* ⇒to be *sb's* responsibility: *Esa tarea no me corresponde* - That task isn't my responsibility; ⇒to lie [CONSTR. to lie with sb]: *Esta responsabilidad les corresponde a los directores* - This responsibility lies with the managers

correspondiente *adj.* **1** *(oportuno)* ⇒relevant ⇒appropriate: *la información correspondiente* - the appropriate information **2** *(respectivo)* ⇒own ⇒respective: *sus tareas correspondientes* - their respective tasks

corresponsal *s.com.* ⇒correspondent: *corresponsal de guerra* - war correspondent

corrida *s.f.* ⇒bullfight

corriente ▌*adj.* **1** *(frecuente)* ⇒common **2** *(no especial, normal)* ⇒ordinary ▌*s.f.* **3** *(de agua)* ⇒current ⇒stream **4** *(de aire)* ⇒draught *UK;* ⇒draft *US* **5** *(eléctrica)* ⇒current **6** *(tendencia)* ⇒tendency **7 al ~** ⇒up-to-date ⇒up to speed **8 {llevar/seguir} la ~ a alguien** *col.* ⇒to play along with *sb*

corro *s.m.* **1** *(grupo de personas)* ⇒circle ⇒ring **2** *(juego infantil): jugar al corro* - to play a game holding hands and moving on circles

corrupción *s.f.* **1** *(perversión)* ⇒corruption **2** *(soborno)* ⇒bribery **3** *(deterioro)* ⇒corruption

cortacésped *s.m.* ⇒lawnmower

cortado, da ▌*adj.* **1** *(la leche)* ⇒sour **2** *(una persona)* ⇒shy ▌**cortado** *s.m.* **3** *(café)* ⇒coffee with a little milk

cortar ▌*v.* **1** *(con cuchillo, con tijera)* ⇒to cut: *Corta los tomates por la mitad* - Cut the tomatoes in half; *Me voy a cortar el pelo* - I'm going to have my hair cut **2** *(talar)* ⇒to cut down **3** *(en trozos)* ⇒to chop ⇒to chop up: *Corte las cebollas y fríalas* - Chop up the onions and fry them; ⇒to cut up **4** *(en lonchas)* ⇒to slice **5** *(el suministro de algo)* ⇒to cut off: *Han cortado el agua* - They've cut off the water **6** *(un paso, una entrada)* ⇒to block off ⇒to close **7** *(el tráfico)* ⇒to stop ▮ **cortarse** *prnl.* **8** *col.* ⇒to speak *one's* mind: *Esta chica no se corta* - This girl speaks her mind

cortaúñas *s.m.* ⇒nail clippers *pl: El cortaúñas está en la mesa* - The nail clippers are on the table; *un cortaúñas* - a pair of nail clippers

corte ▮ *s.m.* **1** *(con algo cortante)* ⇒cut **2** *(de pelo)* ⇒haircut **3** *(eléctrico)* ⇒power cut **4** *col. (vergüenza): Me dio corte* - It was embarrassing ▮ *s.f.* **5** *(de la realeza)* ⇒court ▮ **cortes** *s.f.pl.* **6** *(cámaras legislativas)* ⇒the Parliament

cortés *adj.* ⇒polite ⇒courteous

cortesía *s.f.* ⇒courtesy

corteza *s.f.* **1** *(de un árbol)* ⇒bark **2** *(del pan)* ⇒crust **3** *(de queso, de beicon)* ⇒rind **4** *(de fruta)* ⇒peel **5** *(terrestre)* ⇒crust

cortina *s.f.* ⇒curtain: *abrir las cortinas* - to draw the curtains open

corto, ta ▮ *adj.* **1** *(de poca longitud)* ⇒short: *Esa falda es bastante corta* - That skirt is rather short **2** *(de poca duración)* ⇒short: *Las vacaciones son siempre demasiado cortas* - Holidays are always too short **3** *col. (de poca inteligencia)* ⇒thick *UK offens* **4 ni corto ni perezoso** ⇒without thinking twice ▮ **corto** *s.m.* **5** Véase **cortometraje**

cortometraje *s.m.* ⇒short film ⇒short

cosa *s.f.* **1** ⇒thing **2** *Tengo otra cosa que deciros* - I have sth else to tell you **3** *¿Necesitas alguna cosa más?* - Do you need anything else? **4 ser poca ~** *col.* ⇒to be nothing much

cosecha *s.f.* **1** *(conjunto de frutos que se recogen)* ⇒crop ⇒harvest **2** *(tiempo)* ⇒harvest: *Ayudan durante la cosecha* - They help during the harvest **3** *(actividad)* ⇒harvesting **4** *(del vino)* ⇒vintage: *Es una botella de la cosecha de 1973* - This is a bottle of the 1973 vintage

cosechar *v.* **1** *(un fruto)* ⇒to harvest: *cosechar el trigo* - to harvest wheat **2** *(un resultado)* ⇒to reap: *cosechar triunfos* - to reap victories

coser *v.* **1** ⇒to sew ⇒to stitch **2** *(un parche)* ⇒to patch **3 ser ~ y cantar** ⇒to be a cinch

cosquillas *s.f.pl. hacer cosquillas* - to tickle; *tener cosquillas* - to be ticklish

costa *s.f.* **1** ⇒coast ⇒shore **2 a ~ de** ⇒at the expense of

costado *s.m.* **1** *(de una persona)* ⇒flank **2** *(lado)* ⇒side

costar *v.* **1** *(dinero)* ⇒to cost: *No costó mucho* - It didn't cost much **2** *¿Cuánto cuesta este libro?* - How much is this book? **3** *(esfuerzo)* ⇒to find difficult: *Me cuesta hablar inglés* - I find it difficult to speak English; *costar hacer algo* - to have trouble doing sth **4** *(tiempo)* ⇒to take: *Me costará un poco* - It will take me some time

coste *s.m.* ⇒cost ⇒expense

costilla *s.f.* ⇒rib

costoso, sa *adj.* **1** *(caro)* ⇒costly: *una compra costosa* - a costly purchase **2** *(difícil)* ⇒difficult

costra *s.f.* **1** *(postilla)* ⇒scab **2** *(capa externa)* ⇒coating

costumbre *s.f.* **1** *(hábito)* ⇒habit: *He perdido la costumbre de hacer deporte* - I'm out of the habit of doing sport **2** *(tradición)* ⇒custom

costura *s.f.* **1** *(labor)* ⇒sewing **2** *(en una prenda de vestir)* ⇒seam ⇒stitching

costurero *s.m.* ⇒sewing basket ⇒sewing box

cotidiano, na *adj.* ⇒everyday: *la vida cotidiana* - the everyday life; ⇒daily

cotilla *adj./s.com. col. desp.* ⇒gossip *n: ¡No seas tan cotilla!* - Don't be such a gossip!

cotillear *v.* ⇒to gossip: *Están cotilleando sobre la familia real otra vez* - They're gossiping about the Royal Family again

cotilleo *s.m. col.* ⇒gossip [U]: *No me gusta el cotilleo* - I don't like gossip

coto *s.m.* **1** ⇒preserve *US: coto de caza* - game preserve **2** *AMÉR. (en medicina)* ⇒goitre *UK;* ⇒goiter *US* **3 poner ~** ⇒to put a stop

cotorra *s.f.* **1** *(ave)* ⇒parrot **2** *col. (persona)* ⇒chatterbox *inform* (*pl* chatterboxes)

coyote *s.m.* **1** ⇒coyote **2** *AMÉR.* ⇒smuggler

coz *s.f.* ⇒kick

cráneo *s.m.* ⇒skull ⇒cranium

cráter *s.m.* ⇒crater

creación *s.f.* ⇒creation

creador, -a *adj./s.* **1** ⇒creator *n* **2** *(Dios)* ⇒Creator *n*

crear *v.* **1** *(hacer)* ⇒to create **2** *(establecer, fundar)* ⇒to establish ⇒to set up: *Han creado una nueva asociación* - They've set up a new association; ⇒to create **3** *(causar)* ⇒to cause ⇒to create: *Esa decisión puede crearnos problemas* - That decision can create us problems

creativo, va ▮ *adj.* **1** ⇒creative: *una mente creativa* - a creative mind ▮ *s.* **2** ⇒creative ⇒copywriter

crecer *v.* **1** *(un ser vivo)* ⇒to grow ⇒to thrive **2** *(aumentar)* ⇒to grow ⇒to increase **3** *(un río)* ⇒to rise **4** *(el pelo, las uñas)* ⇒to grow

creciente *adj.* **1** ⇒increasing **2 cuarto ~** ⇒first quarter ⇒waxing moon

crecimiento *s.m.* ⇒growth: *el crecimiento de los niños* - childrens' growth

crédito *s.m.* **1** *(cantidad de dinero)* ⇒credit ⇒loan: *a crédito* - on loan **2** *(reputación)* ⇒reputation ⇒standing: *un médico de un crédito*

considerable - a doctor of considerable standing **3 ~ hipotecario** ⇒mortgage loan **4 dar ~ a algo** ⇒to believe *sth* **5 tarjeta de ~** ⇒credit card
credo *s.m.* ⇒creed
creencia *s.f.* **1** ⇒belief **2** *(religión)* ⇒faith
creer *v.* **1** *(pensar que algo es verdad)* ⇒to believe: *Creo lo que dices* - I believe what you say **2** *(tener una sospecha)* ⇒to suspect [CONSTR. to suspect + (that)]: *Creo que Ian no viene en este vuelo* - I suspect that Ian is not coming on the flight **3** *(tener una opinión)* ⇒to believe [CONSTR. to believe + (that)]: *Creía que era un mago* - I used to believe that he was a magician; ⇒to think [CONSTR. 1. to think + (that) 2. to think about/of sth]: *Creo que sí* - I think so
crema *s.f.* **1** *(comida)* ⇒cream **2** *(producto cosmético)* ⇒cream **3** *(para el sol)* ⇒suncream **4 ~ pastelera** ⇒custard
cremallera *s.f.* **1** ⇒zip *UK: subir la cremallera* - to do the zip up; ⇒zipper *US* **2** *bajar la cremallera* - to unzip
crepúsculo *s.m.* ⇒twilight
cresta *s.f.* **1** *(de un ave)* ⇒crest **2** *(de un gallo)* ⇒comb **3** *(de una ola)* ⇒crest **4** *(de una montaña)* ⇒summit ⇒ridge
creyente *adj./s.com.* ⇒believer *n*
cría *s.f.* **1** *(animal)* ⇒baby (*pl* babies): *una cría de elefante* - a baby elephant; ⇒pup: *una cría de foca* - a seal pup **2** *(de pez)* ⇒fry *pl*
criado, da *s.* **1** *(sin especificar sexo)* ⇒servant **2** *(mujer)* ⇒maid
criar ▌*v.* **1** *(a un niño)* ⇒to raise ⇒to bring up: *Fue criada por sus abuelos* - She was brought up by her grandparents; ⇒to rear **2** *(a un animal)* ⇒to rear ⇒to breed ⇒to keep: *Criamos cerdos y pollos* - We keep pigs and chickens ▌**criarse** *prnl.* **3** *(crecer)* ⇒to breed: *Los canarios se crían en jaulas sin ningún problema* - Canaries breed in cages without any problem
criatura *s.f.* ⇒creature
crimen *s.m.* **1** *(asesinato)* ⇒murder **2** *(acción perjudicial)* ⇒crime
criminal ▌*adj.* **1** *(del crimen)* ⇒murderous: *una acción criminal* - a murderous action ▌*s.com.* **2** *(sin especificar sexo)* ⇒felon *form;* ⇒villain *UK inform* **3** *(hombre)* ⇒murderer **4** *(mujer)* ⇒murderess (*pl* murderesses)
crin *s.f.* *(de un animal)* ⇒mane
crío, a *s.* ⇒kid *inform*
crisis *s.f.* **1** ⇒crisis (*pl* crises) **2** *una crisis nerviosa* - a nervous breakdown **3** *(en economía)* ⇒slump
cristal *s.m.* **1** *(mineral)* ⇒crystal **2** *(material)* ⇒glass **3** *(de alta calidad)* ⇒crystal: *Ten cuidado con ese jarrón de cristal* - Be careful with that crystal vase **4** *(de una ventana)* ⇒pane ⇒windowpane **5** *(de unas gafas)* ⇒lens (*pl* lenses)
cristalería *s.f.* **1** *(fábrica)* ⇒glazier's (*pl* glaziers') **2** *(objetos de cristal)* ⇒glassware
cristalino, na ▌*adj.* **1** *(del cristal)* ⇒crystalline ▌**cristalino** *s.m.* **2** *(en el ojo)* ⇒lens (*pl* lenses)
cristianismo *s.m.* ⇒Christianity
cristiano, na *adj./s.* ⇒Christian
criterio *s.m.* **1** *(norma)* ⇒criterion (*pl* criteria): *Tienen criterios muy raros* - The've got very strange criteria **2** *(juicio)* ⇒judgement ⇒discretion: *Dejo la decisión en tu criterio* - I leave the decision to your discretion
crítica *s.f.* **1** *(censura)* ⇒criticism: *Ha recibido críticas muy severas* - He has received very strong criticism **2** *(reseña)* ⇒review: *recibir buenas críticas* - to get good reviews **3** *(argumento elaborado)* ⇒critique
criticar *v.* **1** *(juzgar de manera desfavorable)* ⇒to criticize ⇒to criticise *UK* [CONSTR. to criticize/-ise for + doing sth]: *Fue criticada por sus palabras* - She was criticised by her words **2** *(de forma injusta)* ⇒to find fault with ⇒to knock *inform* **3** *(reseñar)* ⇒to review
crítico, ca ▌*adj.* **1** ⇒critical ▌*s.* **2** ⇒critic
Croacia *s.f.* ⇒Croatia
croar *v.* ⇒to croak
croata ▌*adj.* **1** ⇒Croat ⇒Croatian ▌*s.com.* **2** ⇒Croat ▌**croata** *s.m.* **3** *(idioma)* ⇒Croatian
crol *s.m.* ⇒crawl
cromo *s.m.* **1** *(adhesivo)* ⇒sticker **2** *(elemento químico)* ⇒chromium ⇒chrome
crónica *s.f.* **1** ⇒commentary (*pl* commentaries): *La crónica de los Juegos Olímpicos era mejor en el otro canal* - The commentary on the Olympic games was much better on the other channel; ⇒report **2** *(histórica)* ⇒chronicle: *la crónica de la historia anglosajona* - the Anglo Saxon Chronicle
crónico, ca *adj.* ⇒chronic
cronometrar *v.* ⇒to time
cronómetro *s.m.* ⇒stopwatch (*pl* stopwatches); ⇒timer: *el cronómetro de la carrera* - the timer of the race
croqueta *s.f.* ⇒croquette
cross *s.m.* ⇒cross-country run
cruasán *s.m.* ⇒croissant
cruce *s.m.* **1** ⇒crossroads (*pl* crossroads); ⇒junction *UK;* ⇒intersection *US* **2** *(para peatones)* ⇒crossing
crucero *s.m.* **1** *(viaje)* ⇒cruise **2** *(barco)* ⇒cruiser
crucificar *v.* ⇒to crucify: *Los romanos crucificaban a los condenados* - Romans crucified convicted prisoners

crucifijo *s.m.* ⇒crucifix (*pl* crucifixes)
crucigrama *s.m.* ⇒crossword (puzzle)
crudo, da ▮ *adj.* **1** *(sin cocinar, poco hecho)* ⇒raw ⇒uncooked **2** *col. (difícil)* ⇒tough: *Lo tienes crudo* - It's tough **3** *(duro, brutal)* ⇒gritty: *un crudo documental sobre la pobreza de la ciudad* - a gritty portrayal of inner-city poverty ▮ **crudo** *s.m.* **4** *(petróleo)* ⇒crude (oil)
cruel *adj.* ⇒cruel ⇒brutal ⇒vicious: *una gran colección de crueles instrumentos de tortura medievales* - a large collection of vicious medieval torture instruments; ⇒barbarous *form*
crueldad *s.f.* ⇒cruelty
crujido *s.m.* **1** *(de las hojas)* ⇒rustle **2** *(de los nudillos)* ⇒crack **3** *(de la madera, de los huesos)* ⇒creak
crujiente *adj.* ⇒crispy
crujir *v.* **1** *(las hojas)* ⇒to rustle **2** *(una articulación)* ⇒to crack ⇒to creak **3** *(la madera)* ⇒to creak
crustáceo *s.m.* ⇒shellfish (*pl* shellfish)
cruz *s.f.* **1** ⇒cross (*pl* crosses) **2** *(pena, carga)* ⇒curse **3 Cruz Roja** ⇒Red Cross
cruzar ▮ *v.* **1** *(atravesar)* ⇒to cross ⇒to crunch ▪ Ver cuadro across / through **2** *(palabras)* ⇒to exchange ▮ **cruzarse** *prnl.* **3** *(con alguien)* ⇒to meet **4** *(interponerse)* ⇒to intersect
cuaco *s.m.* AMÉR. *col.* ⇒horse
cuaderno *s.m.* ⇒exercise book ⇒notebook
cuadra *s.f.* **1** ⇒stable **2** *(lugar sucio) desp.* ⇒dump *inform* **3** AMÉR. *(de casas)* ⇒block
cuadrado, da ▮ *adj.* **1** ⇒square **2** *col. (una persona)* ⇒square ⇒narrow-minded ▮ **cuadrado** *s.m.* **3** *(polígono)* ⇒square **4** *(de un número)* ⇒square: *El cuadrado de 4 es 16* - The square of 4 is 16 **5** *elevar un número al cuadrado* - to square a number
cuadragésimo, ma *numer.* ⇒fortieth
cuadrar ▮ *v.* **1** *(ajustar)* ⇒to tally: *Las cifras no cuadran* - The figures don't tally ▮ **cuadrarse** *prnl.* **2** ⇒to stand to attention: *Los soldados se cuadraron al oír la trompeta* - The soldiers stood to attention when they heard the trumpet
cuadriculado, da *adj.* **1** ⇒squared **2** *col. (una persona)* ⇒square ⇒narrow-minded
cuadrilla *s.f.* ⇒gang
cuadro *s.m.* **1** ⇒painting ⇒picture **2** *(al óleo)* ⇒oil painting **3** *(gráfico)* ⇒figure **4 a cuadros** ⇒checked
cuajar *v.* **1** ⇒to curdle **2** *(un proyecto, una relación)* ⇒to work
cual ▮ *pron.relat.* **1** *(persona)* ⇒who: *Vine con mi padre, el cual conduce muy bien* - I came with my father, who drives very well **2** *(cosa, animal)* ⇒which: *El procesador de texto con el cual trabajo es muy sencillo* - The word processor which I work with is very simple; *Ese es el jarrón del cual te hablé* - That's the vase I told you about **3** *(persona, precedido de una preposición)* ⇒whom *form: La persona a la cual acabo de llamar no estaba en casa* - The person whom I've just phoned wasn't at home; *El hombre del cual estoy enamorada es encantador* - The man I love is charming **4 cada ~** ⇒each one: *Cada cual que se ocupe de sus cosas* - Each one should mind their own business **5 lo ~** ⇒which: *No me saludaste, lo cual me pareció muy mal* - You didn't say hello, which wasn't very nice of you at all **6 sea ~ sea** ⇒whatever... may be: *Sea cual sea tu decisión, yo te apoyaré* - Whatever your decision may be, I'll back you up **7 tal ~** ⇒as it is: *Déjalo tal cual* - Leave it as it is ▮ **cuales** *pl.* **8** *(persona)* ⇒who: *Me encontré con unas personas, las cuales me indicaron el camino* - I met some people, who helped me find my way **9** *(cosa, animal)* ⇒which: *Los libros de los cuales has sacado esa información ya no se venden* - The books which you got that information from aren't sold any more; *Los lugares los cuales visitamos el verano pasado eran muy interesantes* - The places we visited last summer were very interesting **10** *(precedido por una preposición)* ⇒whom: *Los soldados, muchos de los cuales estaban heridos, regresaron a casa* - The soldiers, many of whom were injured, returned home; *Las mujeres a las cuales conocimos en la fiesta son muy simpáticas* - The women we met at the party are very friendly
cuál ▮ *interrog.* **1** ⇒what [Se usa cuando se puede elegir entre un amplio grupo de elementos]: *¿Cuál es tu opinión?* - What's your opinion?; *Me preguntaron cuál era mi postura* - They asked me what my position was **2** *(entre varios)* ⇒which [Se usa cuando se ha de elegir entre un grupo reducido de elementos]: *¿Cuál de esas es tu maleta?* - Which suitcase is yours?; *¿Cuál es tu coche?* - Which is your car? ▮ **cuáles** *pl.* **3** ⇒what: *¿Cuáles son tus propuestas?* - What proposals do you have for us? **4** *(entre varios)* ⇒which: *¿Cuáles son los pantalones que te gustan?* - Which trousers do you like?
cualidad *s.f.* ⇒quality (*pl* qualities)
cualificado, da *adj.* ⇒qualified
cualquier *indef.* **1** ⇒any: *Voy a comprarlo a cualquier precio* - I'll buy it at any price **2 ~ cosa** ⇒anything: *Mi hermano se conforma con cualquier cosa* - My brother is satisfied with

anything **3 en ~ caso** ⇨anyway **4 en ~ parte** ⇨anywhere: *Mis gafas pueden estar en cualquier parte* - My glasses could be anywhere

cualquiera *indef.* **1** *(cosa)* ⇨any: *Cualquiera de esas herramientas me vale* - Any of those tools will do; ⇨either **2** *(persona)* ⇨anybody ⇨anyone: *Cualquiera puede hacer eso* - Anyone can do that **3 ~ de los dos 1** *(de nosotros dos)* ⇨either of us **2** *(de vosotros dos)* ⇨either of you **3** *(de ellos dos)* ⇨either of them

cuando ▌*adv.relat.* **1** ⇨when [CONSTR. Nunca va seguido de un verbo en futuro]: *Cuando vaya a salir, te llamo* - When I'm about to leave home, I'll phone you ▌*conj.* **2** *(condicional)* ⇨if: *Cuando no te han dicho nada todavía, es que no piensan invitarte* - If they haven't told you anything yet, they're not going to invite you **3 de ~ en ~** ⇨from time to time ⇨every now and then

cuándo *adv.* ⇨when

cuanto, ta ▌*pron.relat.* **1** ⇨as many... as: *Puedes comer cuantas galletas desees* - You can eat as many cookies as you like **2 cuanto antes** ⇨as soon as possible ⇨asap [Solo se utiliza en lenguaje escrito]: *Escríbeme cuanto antes* - Write asap **3 cuanto más** ⇨the more: *Cuanto más duermo, mejor me siento* - The more I sleep, the better I feel **4 cuanto menos 1** ⇨the less: *Cuanto menos estudies, menos sabrás* - The less you study, the less you know **2** *(con nombres contables)* ⇨the fewer: *Cuantos menos coches haya, mejor* - The fewer cars there are, the better **5 en cuanto** ⇨as soon as **6 en cuanto a algo** ⇨as to: *En cuanto a lo que me dijiste ayer, estoy de acuerdo* - As to what you mentioned yesterday, I agree [CONSTR. Nunca va seguido de un verbo en futuro]: *En cuanto acabes de comer nos vamos de compras* - As soon as you finish eating we are going shopping **7 unos cuantos** ⇨a few ⇨quite a few: *Tengo unas cuantas cosas que contarte* - I've got quite a few things to tell you ▌**cuanto** *adv.relat.* **8** ⇨all: *Me has dicho cuanto necesitaba saber* - You've said all I needed to know ▌**cuanto** *s.m.* **9** *(en física)* ⇨quantum

cuánto, ta ▌*interrog.* **1** *(con nombres incontables)* ⇨how much: *¿Cuánto dinero te gastaste?* - How much money did you spend? **2** *(con nombres contables)* ⇨how many: *¿Cuántas habitaciones hay en esta casa?* - How many rooms are there in this house?; *¿Cuántos años tienes?* - How old are you? **3 ¿cuánto tiempo...?** ⇨how long...?: *¿Cuánto tiempo vas a quedarte?* - How long are you staying? ▌*excl.* **4** ⇨what a lot of: *¡Cuánta gente ha venido!* - What a lot of people have come! **5 ¡cuánto tiempo!** ⇨it's been a long time! ▌**cuánto** *adv.* **6** ⇨how much: *¿Cuánto dinero tienes?* - How much money do you have? **7** *¡Cuánto hablas!* - You can really talk!; *¡Cuánto está lloviendo!* - It's really raining hard! **8 ¿cada cuánto...?** ⇨How often...?: *¿Cada cuánto juegas al tenis?* - How often do you play tennis?

cuarenta *numer.* **1** ⇨forty **2** *estar en los cuarenta* - to be in one's forties

cuaresma *s.f.* ⇨Lent

cuarta *s.f.* **1** *(palmo)* ⇨span **2** *La niña ha crecido una cuarta* - The little girl has grown a few inches **3** *(marcha de un vehículo)* ⇨fourth: *cambiar a cuarta* - to change into fourth

cuartel *s.m.* **1** *(lugar)* ⇨barracks (*pl* barracks) **2** *guerra sin cuartel* - merciless war **3 ~ general** ⇨headquarters *pl;* ⇨HQ

cuartilla *s.f.* ⇨sheet of paper

cuarto, ta ▌*numer.* **1** *(en una serie)* ⇨fourth: *Estamos en la cuarta fila* - We're in the fourth row **2** ⇨quarter: *tres cuartas partes* - three quarters **3** *Son las ocho y cuarto* - It's quarter past eight; *Son las ocho menos cuarto* - It's quarter to eight **4 cuartos de final** ⇨quarter-finals: - ▌**cuarto** *s.m.* **5** *(habitación)* ⇨room **6** *(dormitorio)* ⇨bedroom **7 cuarto de baño** ⇨bathroom ⇨toilet **8 cuarto de estar** ⇨living room ⇨sitting-room *UK* **9 cuarto de los niños** ⇨children's room

cuatro *numer.* **1** ⇨four **2** *(fecha)* ⇨fourth

cuatrocientos, tas *numer.* ⇨four hundred

cuba *s.f.* **1** ⇨barrel **2 estar como una ~** *col.* ⇨to be plastered ⇨to be legless *UK inform*

Cuba *s.f.* ⇨Cuba

cubano, na *adj./s.* ⇨Cuban

cubertería *s.f.* ⇨cutlery *UK* [U]; ⇨silverware *US* [U]

cubierta *s.f.* **1** ⇨cover: *Sáquelo del paquete y agujeree la cubierta de plástico antes de meterlo en el microondas* - Remove the packaging and pierce the film cover before microwaving; ⇨covering **2** *(de un barco)* ⇨deck **3** *(de un libro)* ⇨front cover

cubierto, ta ▌*adj.* **1** ⇨covered: *Mi coche está cubierto de nieve* - My car is covered in snow **2** *(el cielo)* ⇨overcast **3** *(resguardado)* ⇨sheltered **4 ponerse a cubierto** ⇨to take shelter ▌**cubiertos** *s.m.pl.* **5** ⇨cutlery [U]; ⇨silverware *US* [U]

cubo *s.m.* **1** *(forma geométrica)* ⇨cube **2** *(recipiente)* ⇨bucket ⇨pail **3** *(cantidad)* ⇨bucketful: *Necesito un cubo de agua para hacer el cemento* - I need a backetful of water to make the concrete **4** *(de un número)* ⇨cube: *El cubo de tres es 27* - The cube of three is 27 **5** *elevar un número al cubo* - to cube a number **6 cubito de hielo**

⇒ice cube **7 ~ de basura** ⇒dustbin *UK;* ⇒trash can *US*

cubrir *v.* **1** ⇒to cover ⇒to coat: *Cuando las galletas estén frías puedes cubrirlas de chocolate* - When the biscuits are cool, you coat them in melted chocolate **2** *(el agua): Nunca se mete donde cubre* - She never goes out of his depth

cucaracha *s.f.* ⇒cockroach (*pl* cockroaches)

cuchara *s.f.* ⇒spoon: *cuchara de madera* - wooden spoon

cucharada *s.f.* ⇒spoonful: *dos cucharadas de azúcar* - two spoonfuls of sugar

cucharilla *s.f.* ⇒teaspoon

cucharón *s.m.* ⇒tablespoon

cuchichear *v.* ⇒to murmur

cuchilla *s.f.* ⇒blade: *cuchilla de afeitar* - razor blade

cuchillo *s.m.* ⇒knife (*pl* knives)

cuclillas (ponerse en ~) ⇒to squat [CONSTR. to squat down]: *Me puse en cuclillas para recoger los abalorios* - I squatted down to pick up the beads

cucurucho *s.m.* **1** ⇒cone **2** *(de helado)* ⇒ice cream cone ⇒cornet *UK* **3** *(gorro)* ⇒pointed hood

cuello *s.m.* **1** *(de una persona)* ⇒neck ⇒throat **2** *(de una prenda)* ⇒collar **3** *(vuelto)* ⇒polo neck *UK;* ⇒roll neck *UK;* ⇒turtleneck *US* **4** *(de pico)* ⇒v-neck **5** *(de caja)* ⇒crew neck **6 ~ uterino** ⇒cervix (*pl* cervices, cervixes)

cuenca *s.f.* **1** *(de un río)* ⇒basin **2** *(zona minera)* ⇒coal-mining area **3** *(terreno hundido)* ⇒basin **4** *(de los ojos)* ⇒socket

cuenco *s.m.* ⇒bowl

cuenta ▌*s.f.* **1** *(suma)* ⇒sum **2** *(factura)* ⇒bill *UK;* ⇒check *US;* ⇒tab *US inform* **3** *(en un banco)* ⇒bank account **4 caer en la ~** *col.* ⇒to realize ⇒to register **5 ~ atrás** ⇒countdown **6 ~ corriente** ⇒current account **7 tener en ~** ⇒to bear in mind ⇒to take into account ▌**cuentas** *pl.* **8** *Le ajustaré las cuentas* - I'm going to settle a score with him **9 en resumidas cuentas** ⇒in short

cuentakilómetros *s.m.* ⇒milometer *UK;* ⇒odometer *US*

cuentista *adj./s.com.* **1** *col. (mentiroso)* ⇒fibber *n* **2** *(escritor)* ⇒short-story writer *n*

cuento *s.m.* **1** *(historia)* ⇒story (*pl* stories): *contar un cuento* - to tell a story; ⇒tale **2** *(de hadas)* ⇒fairy tale ⇒tale **3** *(embuste)* ⇒fib **4 ~ chino** ⇒tall story (*pl* tall stories)

cuerda *s.f.* **1** ⇒cord ⇒string: *El regalo estaba atado con una cuerda azul* - The present was tied with a blue string **2** *(de saltar)* ⇒skipping rope *UK;* ⇒jump rope *US* **3** *(de algunos mecanismos)* ⇒clockwork **4** *(de un instrumento musical)* ⇒string **5** *(conjunto de instrumentos)* ⇒string ⇒string section: *la cuerda de una orquesta* - the string section of an orchestra **6 contra las cuerdas** ⇒against the ropes ⇒on the ropes *US* **7 cuerdas vocales** ⇒vocal chords **8 dar ~ 1** *(a un reloj)* ⇒to wind ⇒to wind up **2** *col. (a una persona)* ⇒to encourage **9 estar en la ~ floja** ⇒to walk the tightrope

cuerdo, da *adj.* ⇒sane

cuerno *s.m.* **1** ⇒horn **2 irse algo al ~** *col. (fracasar)* ⇒to fail ⇒to go down the drain *inform: Nuestros planes se fueron al cuerno* - Our plans have gone down the drain **3 poner los cuernos 1** *col. (ser infiel)* ⇒to cheat *inform: ponerle los cuernos a alguien* - to cheat on sb **2** *(una mujer casada)* ⇒to cuckold *old-fash* **4 saber a ~ quemado** *col. (sentar mal)* ⇒to really upset: *Me supo a cuerno quemado que me mintieras* - Your lies really upset me

cuero *s.m.* **1** ⇒leather **2 en cueros** ⇒stark naked

cuerpo *s.m.* **1** ⇒body (*pl* bodies) **2** *(conjunto de personas)* ⇒force ⇒corps (*pl* corps)

cuervo *s.m.* ⇒crow
cuesta *s.f.* **1** ⇒slope: *una cuesta muy inclinada* - a very steep slope **2** *cuesta abajo* - downhill **3** *cuesta arriba* - uphill
cuestión *s.f.* **1** *(pregunta)* ⇒question **2** *(asunto)* ⇒matter ⇒point: *Esa es la cuestión* - That's the point!; ⇒issue
cuestionar *v.* ⇒to question
cuestionario *s.m.* ⇒questionnaire
cueva *s.f.* ⇒cave
cuidado ▌ *s.m.* **1** *(precaución)* ⇒care: *¡conduce con cuidado!* - drive with care! **2** *(atención)* ⇒care: *cuidado de la piel* - skin care **3 al ~ de** ⇒in charge of **4 tener ~** ⇒to be careful ▌ *interj.* **5** ⇒look out: *¡Cuidado! Viene un coche* - Look out! There's a car coming!; ⇒watch: *¡Cuidado con la cabeza!* - Watch your head!; ⇒beware: *¡Cuidado con el perro!* - Beware of the dog!; ⇒take care: *Cuidado con el tráfico* - Take care in the traffic; ⇒careful: *¡Cuidado con ese cuchillo!* - Careful with that knife!
cuidador, -a *s.* **1** *(de una persona)* ⇒carer *UK;* ⇒caregiver *US;* ⇒caretaker *US* **2** *(de un animal)* ⇒trainer **3** *(de un lugar)* ⇒warden *UK*
cuidadoso, sa *adj.* ⇒careful
cuidar ▌ *v.* **1** *(prestar atención)* ⇒to look after: *He estado cuidando de los niños toda la tarde* - I have been looking after the kids the whole afternoon; ⇒to care for ⇒to take care of **2** *(tener cuidado)* ⇒to mind: *¡Cuidado con la cabeza!* - Mind your head! **3** *(una planta)* ⇒to nurture *form* **4** *(trabajar de canguro)* ⇒to babysit: *Jenny cuida niños los sábados* - Jenny babysits on Saturdays ▌ **cuidarse** *prnl.* **5** ⇒to look after oneself: *¡Cuídate!* - Look after yourself!
culata *s.f.* ⇒butt
culebra *s.f.* **1** *(reptil)* ⇒snake **2** *AMÉR. (deuda)* ⇒debt **3** *AMÉR. (acreedor)* ⇒creditor
culebrón *s.m.* ⇒soap opera
culo *s.m.* **1** *col. (de una persona)* ⇒bottom **2** *(de un vaso)* ⇒bottom
culpa *s.f.* **1** *(responsabilidad)* ⇒fault: *Es culpa tuya* - It's your fault **2** *(sentimiento)* ⇒guilt **3 echar la ~** ⇒to blame **4 tener la ~** ⇒to be guilty
culpabilidad *s.f.* ⇒guilt
culpable *adj.* ⇒guilty: *declararse culpable* - to plead guilty
culpar *v.* ⇒to blame [CONSTR. to blame sb for sth]: *No me culpes a mí de lo que sucedió* - Don't blame me for what happened
cultivar *v.* **1** *(la tierra)* ⇒to cultivate ⇒to farm **2** *(alimentos)* ⇒to grow
cultivo *s.m.* **1** *(hecho de cultivar)* ⇒cultivation **2** *(productos)* ⇒crop
culto, ta ▌ *adj.* **1** ⇒well-educated: *Parece muy culta* - She seems very well-educated; ⇒cultured ⇒learned *form* ▌ **culto** *s.m.* **2** *(religioso)* ⇒worship **3** *(admiración)* ⇒cult
cultura *s.f.* **1** ⇒culture **2** *(conocimientos)* ⇒culture ⇒knowledge: *cultura musical* - musical knowledge **3 ~ general** ⇒general knowledge
cultural *adj.* ⇒cultural
culturismo *s.m.* ⇒bodybuilding
cumbre *s.f.* **1** ⇒peak ⇒summit: *Llegamos a la cumbre al mediodía* - We reached the summit by noon; ⇒top **2** *(reunión)* ⇒summit
cumpleaños *s.m.* ⇒birthday: *¡Feliz cumpleaños!* - Happy Birthday!
cumplido *s.m.* ⇒compliment: *Tómalo como un cumplido* - Take it as a compliment
cumplir ▌ *v.* **1** *(una promesa)* ⇒to fulfil *UK;* ⇒to fulfill *US;* ⇒to keep: *Tienes que cumplir tu palabra* - You must keep your word **2** *(una obligación)* ⇒to comply ⇒to abide by **3** *(una pena)* ⇒to serve **4** *(años): Mañana cumplo 15 años* - I'll be 15 tomorrow; *¿Cuántos cumples?* - How old will you be? ▌ **cumplirse** *prnl.* **5** *(un deseo)* ⇒to be fulfilled
cuna *s.f.* **1** ⇒cot *UK;* ⇒crib *US* **2** *(que se puede mecer)* ⇒cradle
cundir *v.* **1** *(un sentimiento)* ⇒to spread: *El miedo cundió entre los pasajeros* - Fear spread among the passengers **2** *¡Que no cunda el pánico!* - Don't panic! **3** *(ser productivo)* ⇒to get a long way: *Hoy me ha cundido mucho el trabajo* - I've got a long way in my work today; *Hoy no me ha cundido mucho el trabajo* - I haven't got very far in my work today
cuneta *s.f.* ⇒ditch (*pl* ditches); ⇒gutter: *El coche cayó a la cuneta* - The car felt into the gutter
cuña *s.f.* **1** *(pieza)* ⇒wedge **2** *(orinal)* ⇒bedpan **3** *(publicitaria)* ⇒commercial break ⇒filler
cuñado, da *s.* **1** *(hombre)* ⇒brother-in-law (*pl* brothers-in-law) **2** *(mujer)* ⇒sister-in-law (*pl* sisters-in-law)
cuota *s.f.* **1** *(tarifa)* ⇒fee **2** *(cantidad)* ⇒quota ⇒share: *cuota de mercado* - market share
cupón *s.m.* ⇒coupon
cúpula *s.f.* **1** *(de un edificio)* ⇒dome **2** *(de una organización)* ⇒leadership
cura ▌ *s.m.* **1** *(sacerdote)* ⇒priest ▌ *s.f.* **2** *(remedio)* ⇒cure ⇒remedy (*pl* remedies) **3** *(de una herida)* ⇒dressing
curandero, ra *s.* ⇒healer ⇒folk doctor ⇒quack doctor *inform*
curar 1 ⇒to cure ⇒to dress: *Me curaron la herida* - I had the wound dressed **2** *(la carne, el pescado)* ⇒to cure ▌ **curarse** *prnl.* **3** *(una persona)* ⇒recover ⇒to get well **4** *(una herida)* ⇒heal

curiosidad *s.f.* **1** ⇒curiosity ⇒interest **2 por ~** ⇒out of curiosity

curioso, sa *adj.* **1** *(con afán de saber)* ⇒curious ⇒inquisitive: *una mirada curiosa* - an inquisitive look **2** *(raro)* ⇒curious ⇒queer *old-fash: un comportamiento curioso* - a queer way of behaving **3** *¡Qué curioso!* - How strange!

currar *v.* **1** *col.* ⇒to graft *UK inform: Me voy a la cama, que mañana tengo que currar* - I'm going to bed; I have to graft tomorrow; ⇒to work: *¿Tienes que currar mañana?* - Do you have to work tomorrow? **2** *col. (en un proyecto)* ⇒to beaver away *inform: Me pasé la noche currando en este informe* - I beavered away the whole night at this report

currículum vítae *s.m.* ⇒curriculum vitae *UK form* (*pl* curriculum vitaes, curricula vitae); ⇒CV *UK;* ⇒résumé *US*

cursi *adj. / s.com.* **1** *col. (de mal gusto)* ⇒tacky *inform adj* **2** *(demasiado sentimental)* ⇒twee *UK inform adj*

cursillo *s.m.* ⇒short course

cursiva ▌*adj.* **1** ⇒italic ▌*s.f.* **2** ⇒italics *pl: en cursiva* - in italics

curso *s.m.* **1** ⇒course ⇒session *US, SCOT;* ⇒year: *el segundo curso* - the second year **2** *(nivel)* ⇒grade *US* **3 en ~** ⇒ongoing ⇒in progress *form*

cursor *s.m.* ⇒cursor

curva *s.f.* **1** *(en una carretera)* ⇒bend: *una curva cerrada* - a tight bend **2** *(en un gráfico)* ⇒curve **3** *(en un objeto)* ⇒twist **4** *(de un río)* ⇒loop

curvo, va *adj.* ⇒curved

custodiar *v.* ⇒to guard: *custodiar a un testigo* - to guard a witness

cutis *s.m.* ⇒skin ⇒complexion: *un cutis oscuro* - a dark complexion

cuyo, ya *relat.* **1** *(de cosa)* ⇒of which: *Las sardinas, cuyo olor a mí me desagrada, es su comida favorita* - Sardines, the smell of which makes me ill, is his favourite food **2** *(de persona)* ⇒whose: *Mi tía, cuyo marido es médico, ha publicado un libro* - My aunt, whose husband is a doctor, has published a book

D

d *s.f. (letra del alfabeto)* ⇒d

dado ▮ *s.m.* **1** ⇒dice (*pl* dice): *jugar a los dados* - to play dice; *tirar los dados* - to roll the dice ▮ *adj.* **2 ~ que** ⇒given that

daga *s.f.* ⇒dagger

dama ▮ *s.f.* **1** ⇒lady (*pl* ladies) **2** *(en juegos de mesa)* ⇒queen **3 ~ de honor** ⇒bridesmaid ▮ **damas** *s.f.pl.* **4** *(juego)* ⇒draughts *UK sing*: *¿Quieres jugar a las damas?* - What about a game of draughts?; ⇒checkers *US sing*

damnificado, da ▮ *adj.* **1** ⇒affected ▮ *s.* **2** ⇒victim

danés, -a ▮ *adj.* **1** ⇒Danish ▮ *s.* **2** ⇒Dane ▮ **danés** *s.m.* **3** *(idioma)* ⇒Danish

danza *s.f.* ⇒dance

dañar *v.* **1** *(una cosa)* ⇒to damage: *Se dañaron las cosechas* - Crops were damaged; ⇒to corrupt **2** *(a una persona)* ⇒to harm: *Se dañaron tres personas* - Three people were harmed; ⇒to hurt ⇒to injure

dañino, na *adj.* ⇒damaging ⇒harmful

daño *s.m.* **1** *(a una cosa)* ⇒damage [U]: *Las llamas causaron daños irreparables* - The flames caused irreparable damages; ⇒harm **2** *(a una persona)* ⇒harm ⇒hurt **3** *(psicológico)* ⇒scar: *daños psicológicos profundos* - deep psychological scars **4** *¡Me haces daño!* - You're hurting me! **5 solicitar daños y perjuicios** ⇒to claim for damages

dar *v.* **1** ⇒to give [CONSTR. to give + dos objetos]: *¿Me das un caramelo?* - Could you give me a sweet, please? **2** *(la hora)* ⇒to chime **3** *(golpear)* ⇒hit: *¡Dale fuerte a la pelota!* - Hit the ball hard! **4** *(información)* ⇒to impart ⇒to volunteer **5** *(una nota musical)* ⇒to pitch **6** *(un homenaje)* ⇒to render *form* **7** *dar de comer a alguien* - to feed sb **8** *dar la mano* - to shake hands **9** *dar los buenos días a alguien* - to wish sb good morning **10** *Da igual* - It makes no difference **11 ~ algo por sentado** ⇒to take *sth* for granted **12 ~ a luz** ⇒to give birth **13 ~ de sí** ⇒to stretch **14 darle a alguien por algo** *col.* ⇒to take it into *one's* head to do *sth* **15 darse cuenta** ⇒to realize ⇒to realise *UK* **16 darse la vuelta 1** *(de pie)* ⇒to turn ({around/round}) **2** *(tumbado)* ⇒to roll over **17 darse por vencido** *col.* ⇒to give in ⇒to admit defeat

dardo *s.m.* ⇒dart: *jugar a los dardos* - to play darts

dátil *s.m.* **1** *(fruto)* ⇒date **2** *(dedo)* ⇒finger

dato ▮ *s.m.* **1** ⇒a piece of data ⇒information [U] ▮ **datos** *pl.* **2** *(personales)* ⇒particulars

de *prep.* **1** *(indica posesión o pertenencia)*: *el coche de Peter* - Peter's car **2** *(indica procedencia)* ⇒from: *Este vuelo viene de Nueva York* - This flight comes from New York **3** *(indica contenido)* ⇒of: *una botella de leche* - a bottle of milk **4** *(indica tema)* ⇒on: *un libro de filosofía budista* - a book on Buddhist philosophy **5** *(indica material)*: *un bolso de plástico* - a plastic bag **6** *(indica fecha)* ⇒of: *el primero de junio* - the first of June **7** *(indica hora)* ⇒in: *a las 7 de la mañana* - at 7 in the morning **8** *(indica causa)* ⇒with: *estar loco de alegría* - to be wild with joy; ⇒of: *Murió de cáncer* - He died of cancer **9** *(indica profesión)* ⇒as: *Trabaja de taxista* - He works as a taxi driver **10** *(indica movimiento)* ⇒off: *quitar los pies de encima de la mesa* - to take one's feet off the table **11** *(en superlativos)* ⇒in: *el mejor de la clase* - the best in the class **12** *(en atributos)*: *un coche de 5 puertas* - a 5-door car; *una clase de inglés* - an English class; *un hombre de 40 años* - a 40 year-old man **13** *(en expresiones de cantidad)* ⇒than: *Nadó más de tres kilómetros* - She swam more than three kilometres

debajo *adv.* **1** ⇒under **2 ~ de** ⇒beneath ⇒underneath **3 por ~ de** ⇒below ⇒underneath

debate *s.m.* ⇒debate: *hacer un debate* - to have a debate

deber ▮ *s.m.* **1** ⇒duty (*pl* duties) ▮ **deberes** *pl.* **2** ⇒homework [U] [Se dice *some homework* o *a piece of homework*. Incorrecto: *a homework*]: *hacer los* *deberes* - to do one's homework **I** *v.* **3** *(dinero)* ⇒to owe [CONSTR. 1. to owe + dos objetos 2. to owe sth to sth/sb]: *Me debes cinco libras* - You owe me five pounds; ⇒to be in arrears **4** *(una cualidad, un mérito)* ⇒to owe [CONSTR. 1. to owe + dos objetos 2. to owe sth to sth/sb]: *Debe su éxito a su familia* - He owes his success to his family **5** *(obligación)* ⇒to must [Se usa en presente o futuro]: *Debéis escucharme* - You must listen to me; ⇒to should [Se usa en pasado o condicional]: *Me lo tendrías que haber dicho* - You should have told me **6** ~ **de** *(suposición)* ⇒to must [Se usa en oraciones afirmativas. En oraciones negativas: *No debe de estar lejos - It can't be far*]; ⇒to ought to: *Debe de estar en el colegio* - He ought to be at school **I deberse** *prnl.* **7** ⇒to be due: *El retraso se debe al mal tiempo* - The delay is due to the bad weather

débil *adj.* **1** *(una persona)* ⇒weak: *Su salud era débil* - His health was weak; ⇒feeble **2** *(una parte del cuerpo)* ⇒weak ⇒dodgy *UK inform* **3** *(una luz o un sonido)* ⇒faint

debilidad *s.f.* **1** *(falta de fuerza)* ⇒weakness [U]; ⇒infirmity *form* (*pl* infirmities) **2** *(punto débil)* ⇒weakness (*pl* weaknesses)

debilitar *v.* ⇒to weaken ⇒to debilitate *form*

década *s.f.* **1** ⇒decade **2** *la década de los setenta* - the seventies

decaer *v.* **1** ⇒to decay ⇒to decline: *El imperio romano decayó lentamente* - The Roman Empire declined slowly **2** *(el ánimo)* ⇒to droop ⇒to wilt

decaído, da *adj.* ⇒in low spirits ⇒depressed

decapitar *v.* ⇒to decapitate ⇒to behead: *decapitar a alguien* - to behead sb

decena *s.f.* **1** ⇒ten: *una decena de participantes* - ten participants **2** ⇒tens: *Se venden por decenas* - They are sold in tens

decente *adj.* **1** *(decoroso, moral)* ⇒decent **2** *(de buena calidad)* ⇒decent: *una comida decente* - a decent meal

decepción *s.f.* ⇒disappointment ⇒letdown *inform*

decepcionado, da *adj.* ⇒disappointed: *Estoy decepcionado con los resultados* - I'm disappointed with the results

decepcionante *adj.* ⇒disappointing

decepcionar *v.* **1** ⇒to disappoint **2** *Esa película me decepcionó* - That film let me down

decidido, da *adj. (resuelto)* ⇒determined: *Está decidido a ganar este partido* - He is determined to win this match; ⇒decisive

decidir I *v.* **1** ⇒to decide [CONSTR. 1. to decide + (that) 2. to decide + to do sth 3. to decide + interrogativo]: *Hemos decidido que no nos vamos* - We've decided that we're not leaving; ⇒to resolve *form* [CONSTR. 1. to resolve + that 2. to resolve + to do sth] *form;* ⇒to choose [CONSTR. to choose + interrogativo] **I decidirse** *prnl.* **2** ⇒to make up *one's* mind ⇒to decide

decimal I *adj.* **1** ⇒decimal: *sistema decimal* - decimal system **I** *s.m.* **2** ⇒decimal

décimo, ma *numer.* ⇒tenth

decimoctavo, va *numer.* ⇒eighteenth

decimocuarto, ta *numer.* ⇒fourteenth

decimonoveno, na *numer.* ⇒nineteenth

decimoquinto, ta *numer.* ⇒fifteenth

decimoséptimo, ma *numer.* ⇒seventeenth

decimosexto, ta *numer.* ⇒sixteenth

decimotercer *numer.* ⇒thirteenth

decimotercero, ra *numer.* ⇒thirteenth

decir *v.* **1** ⇒to say [CONSTR. Se usa generalmente seguido de las preposiciones **to** y **about**. Se dice: *She said to me he would be late - Me dijo que él llegaría tarde*. Incorrecto: *She said me he would be late*]: *Lo que tú digas* - Whatever you say; ⇒to tell [CONSTR. 1. to tell + (that) 2. to tell + to do sth 3. to tell + dos objetos. Se construye sin preposición] **2** *(expresar)* ⇒to put: *No sé cómo decirlo* - I don't know how to put it; ⇒to read **3** *decir la hora* - to tell the time **4** *decir la verdad* - to tell the truth **5** *(dar una orden)* ⇒to tell **6** *(sí o no)* ⇒to say: *Dile que no a tu amigo* - Say no to your friend **7** *(rectificar)* ⇒to mean: *Carol, digo Caroline* - Carol, I mean Caroline **8** *(aludir): No lo digo por ti* - I'm not referring to you **9 ¡diga!** ⇒hello! **10 es ~** ⇒i.e. ⇒that is to say **11 ¡no me digas!** ⇒surely not! ⇒you don't say! **12 querer ~** ⇒to mean **13 ya te digo** ⇒tell me about it! ⇒you bet! **14 y que lo digas** ⇒you can say that again *inform* ■ Ver cuadro

decisión *s.f.* ⇒decision: *tomar una decisión* - to make a decision; ⇒resolution *form*

decisivo, va *adj.* ⇒key: *una etapa decisiva de mi vida* - a key stage of my life; ⇒decisive

declaración *s.f.* **1** *(en público)* ⇒affirmation *form;* ⇒announcement: *Hizo una declaración importante* - She made an important announcement **2** *(comunicado de un estado)* ⇒declaration: *Declaración de la Independencia* - Declaration of Independence **3** *(ante un juez u otra autoridad)* ⇒statement ⇒manifesto (*pl* manifestoes, manifestos)

declarar I *v.* **1** ⇒to declare [CONSTR. to declare + that]: *Declaró que la había visto* - He declared that he had seen her **2** *(ante un juez)* ⇒to testify [CONSTR. to testify + that] **I declararse** *prnl.* **3** *(un incendio)* ⇒to break out **4** *(confesarse)* ⇒to plead: *declararse inocente* - to plead innocent **5** *declararse a favor de algo* - to come out in favour of sth **6** *(manifestar amor)*: *Se le declaró* - He told her he loved her

decolorar ▌*v.* **1** ⇨to fade: *El sol me ha decolorado la camisa* - The sun has faded my shirt; *Esa sábana se ha decolorado al lavarla* - That sheet has faded with the wash ▌**decolorarse** *prnl.* **2** ⇨to fade

decoración *s.f.* **1** *(adornos)* ⇨decoration **2** *(estilo)* ⇨decor: *una decoración clásica* - a classic decor

decorado *s.m.* ⇨set ⇨scenery [U]

decorador, -a *s.* ⇨designer

decorar *v.* **1** ⇨to decorate **2** *(un escaparate)* ⇨to dress

decorativo, va *adj.* ⇨decorative

dedal *s.m.* ⇨thimble

dedicar ▌*v.* **1** ⇨to dedicate ⇨to devote: *Dedico mi vida a mi familia* - I devote my life to my family **2** *dedicar tiempo a hacer algo* - to spend one's time doing sth **3** *(un libro, un disco)* ⇨to autograph ▌**dedicarse** *prnl.* **4** ⇨to devote oneself: *Mi tío se dedicó a la beneficencia* - My uncle devoted himself to charity

decir (say / tell)

- **Say** se utiliza:
  - Cuando en la oración no se especifica la persona a la que nos dirigimos. Por tanto, no lleva objeto directo de persona:
    - *He **said** that he would be on time.* (Dijo que sería puntual.)
  - Cuando en la oración sí se especifica la persona a la que nos dirigimos. En este caso lleva un objeto indirecto precedido por la preposición "to":
    - *He **said** to me he would be on time.* (Me dijo que sería puntual.)
  - Generalmente en estilo directo:
    - *He **said**: "I'll be on time".* (Dijo: "Seré puntual".)
  - En algunas expresiones como "say a word" ('decir una palabra'), "say goodbye" ('decir adiós'), "say you're sorry" ('decir que lo sientes').

- **Tell** se utiliza:
  - Generalmente acompañado de un objeto directo de persona:
    - *He **told** me he would be on time.* (Me dijo que sería puntual.)
  - En algunas expresiones como "tell a lie" ('decir una mentira'), "tell the truth" ('decir la verdad'), "tell the time" ('decir la hora'), "tell a joke" ('contar un chiste'), "tell a story" ('contar una historia').

dedicatoria *s.f.* ⇨dedication

D

dedo *s.m.* **1** *(de la mano)* ⇨finger: *dedo meñique* - little finger; *dedo anular de la mano izquierda* - ring finger; *dedo anular de la mano derecha* - third finger; *dedo corazón* - middle finger; *dedo índice* - index finger; *dedo pulgar* - thumb; ⇨digit *form* **2** *(del pie)* ⇨toe: *dedo meñique* - little toe; *dedo pulgar* - big toe **3** *(unidad de medida)* ⇨half an inch **4 a ~** *Lo escogieron a dedo, sin ver los resultados de la prueba* - They selected him directly, without looking at the test results **5 hacer ~** *col.* ⇨to hitchhike ⇨to thumb a lift

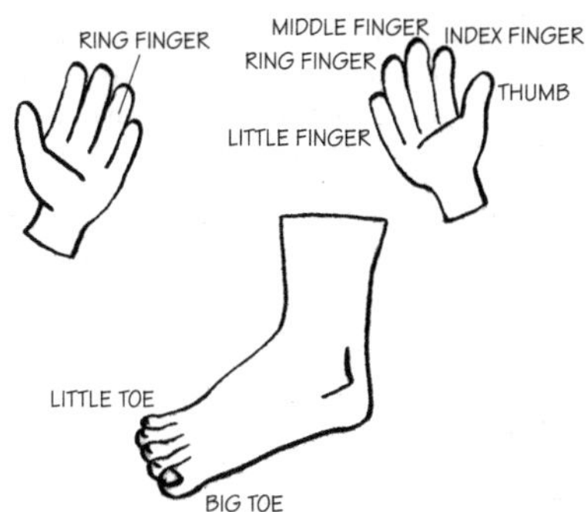

deducir *v.* **1** *(llegar a una conclusión)* ⇨to deduce [CONSTR. to deduce + (that)]: *Deduje que había llamado él* - I deduced that it was him who had phoned; ⇨to tell [CONSTR. to tell + (that)] **2** *(restar)* ⇨to deduct: *deducir una cantidad de dinero* - to deduct an amount of money

defecto *s.m.* ⇨defect ⇨fault

defectuoso, sa *adj.* **1** ⇨faulty ⇨defective: *El producto estaba defectuoso* - The product was defective; ⇨flawed **2** *(un plan, una idea)* ⇨half-baked

defender ▌*v.* **1** ⇨to defend: *Los leucocitos ayudan a defender el cuerpo de infecciones* - White blood cells help defend the body against infection **2** *(una opinión)* ⇨to maintain *form* **3** *defender la libertad* - to stand up for liberty ▌**defenderse** *prnl.* **4** *(manejarse)* ⇨to manage ⇨to get by: *Me defiendo en francés* - I get by in French **5** *(protegerse)* ⇨to defend oneself

D

defensa ▮ *s.com.* **1** *(en deporte)* ⇒defender ▮ *s.f.* **2** ⇒defence *UK;* ⇒defense *US*

defensivo, va *adj.* **1** ⇒defensive **2 a la defensiva** ⇒on the defensive

defensor, -a ▮ *adj.* **1** *una sociedad defensora de los derechos humanos* - an organization that defends human rights **2** *abogado defensor* - counsel for the defense ▮ *s.* **3** ⇒defender **4** *(de una teoría)* ⇒campaigner ⇒champion: *un defensor de los derechos humanos* - a champion of human rights **5 ~ del pueblo** ⇒ombudsman (*pl* ombudsmen)

deficiencia *s.f.* **1** ⇒deficiency (*pl* deficiencies) **2** *(física, mental)* ⇒impairment *form*

definición *s.f.* ⇒definition

definir *v.* ⇒to define

definitivo, va *adj.* ⇒final ⇒definitive: *versión definitiva* - definitive version

deformado, da *adj.* ⇒deformed ⇒out of shape ⇒shapeless

deformar ▮ *v.* **1** *(el cuerpo)* ⇒to deform: *La artritis puede deformar las piernas* - Arthritis can deform one's legs **2** *(un objeto)* ⇒to pull out of shape: *Siempre termino deformando los jerséis* - I always end up pulling my jumpers out of shape **3** *(una imagen)* ⇒to distort ▮ **deformarse** *prnl.* **4** *(el cuerpo)* ⇒to become deformed: *Se me ha deformado el pulgar* - My thumb has become deformed **5** *(un objeto)* ⇒to go out of shape: *Se me han deformado los zapatos* - My shoes have gone out of shape

defraudar *v.* **1** ⇒to disappoint **2** *(estafar)* ⇒to defraud

dejadez *s.f.* ⇒neglect: *Con el paso de los años la iglesia ha caído en un estado de profunda dejadez* - Over the years the church has fallen into a state of neglect; ⇒abandon ⇒slovenliness

dejar ▮ *v.* **1** *(permitir)* ⇒to let [CONSTR. to let + do sth]: *Me dejaron entrar* - They let me in; ⇒to allow [CONSTR. 1. to allow sb + to do sth 2. to allow + to do sth] **2** *(poner en un lugar)* ⇒to leave ⇒to stick *inform: Déjalo sobre la cama* - Stick it on the bed; ⇒to put **3** *(no mover)* ⇒to leave: *No lo muevas, déjalo ahí* - Don't move it, leave it there **4** *¡Déjame en paz!* - Leave me alone! **5** *(abandonar)* ⇒to leave: *Lo dejó después de tres años de relación* - She left him after three years of being together **6** *Me llevaron en coche y me dejaron en la estación* - They gave me a lift and dropped me off at the station **7** *dejar algo claro* - to make sth plain **8** *(prestar)* ⇒to lend: *Déjame el libro* - Lend me the book **9** *(legar en un testamento)* ⇒to will **10 ¡déjalo!** ⇒forget it! ⇒stop it! **11 ~ de** ⇒to cut out ⇒to give up ⇒to quit: *Mi padre ha dejado de fumar* - My dad has quit smoking ▮ **dejarse** *prnl.* **12** *(olvidar en un lugar)* ⇒to leave ⇒to leave off **13** *(crecer)* ⇒to grow: *Se está dejando barba* - He's growing a beard

del Véase **de**

delantal *s.m.* ⇒apron

delante *adv.* **1** ⇒ahead **2 ~ de** ⇒before ⇒in front of: *Hay solo tres chicas delante de nosotros* - There are just three girls in front of us; ⇒ahead of **3 hacia ~** ⇒forward: *Mira hacia delante* - Look forward!; ⇒onwards *UK;* ⇒onward *US* **4 por ~ 1** *(tiempo)* ⇒ahead: *Tienes todo el día por delante* - You have the whole day ahead of you **2** *(ropa)* ⇒at the front **3** *(lugar)* ⇒in front

delantero, ra ▮ *adj.* **1** ⇒front: *el asiento delantero* - the front seat ▮ *s.* **2** *(en algunos deportes)* ⇒striker ⇒forward

delatar *v.* ⇒to betray: *delatar a alguien a la policía* - to betray sb to the police; ⇒to finger *inform*

delegado, da *s.* ⇒representative ⇒delegate

deleitar ▮ *v.* **1** ⇒to delight ⇒to enchant ▮ **deleitarse** *prnl.* **2** ⇒to delight [CONSTR. to delight in + doing sth]: *Me deleito leyendo buenos libros* - I delight in reading good books

deletrear *v.* ⇒to spell

delfín *s.m.* ⇒dolphin

delgado, da *adj.* **1** *(una persona)* ⇒thin: *Está demasiado delgada* - She is too thin; ⇒slim **2** *(una cosa)* ⇒thin ⇒slight

delicadeza *s.f.* **1** *(tacto)* ⇒tact: *decir algo con mucha delicadeza* - to say sth with great tact **2** *(cuidado): hacer algo con delicadeza* - to do sth gently **3 tener la ~ de** ⇒to have the courtesy to

delicado, da *adj.* **1** *(frágil, quebradizo)* ⇒delicate ⇒fragile: *Su salud es muy delicada* - Her health is too fragile **2** *(sensible)* ⇒sensitive **3** *(sutil)* ⇒subtle **4** *(un tema)* ⇒touchy

delicioso, sa *adj.* ⇒delicious: *Este pastel está delicioso* - This cake is delicious; ⇒delectable *form*

delincuencia *s.f.* ⇒crime: *altos índices de delincuencia* - high crime rates; ⇒delinquency: *delincuencia juvenil* - juvenile delinquency

delincuente *s.com.* ⇒criminal ⇒delinquent: *delincuente juvenil* - juvenile delinquent; ⇒offender

delirar *v.* **1** *(tener visiones)* ⇒to be delirious: *Ese paciente lleva dos días delirando* - That patient has been delirious for two days now **2** *col. (decir disparates)* ⇒to talk nonsense

delito *s.m.* ⇒crime ⇒offence *UK;* ⇒offense *US*

demanda *s.f.* **1** ⇒request ⇒demand: *demanda de pago* - demand for payment **2** *(ante un tribunal)* ⇒lawsuit **3** *Hemos puesto una demanda a* *esta empresa* - We're taking legal action against this company

demandar *v.* **1** *(exigir, pedir)* ⇒to request [CONSTR. 1. to request + that 2. to request + to do sth]; ⇒to demand **2** *(ante un tribunal)* ⇒to sue [CONSTR. to sue sb for sth]: *La empresa demandó a la revista por aportar datos falsos* - The company sued the magazine for misleading statements

demás *indef.* **1** ⇒other: *los demás niños* - the other children **1 2 2 los ~** ⇒the others: *¿Dónde están los demás?* - Where are the others? **3 por lo ~** ⇒for the rest ⇒apart from that **4 todos los ~** ⇒everyone else **5 y todo lo ~** ⇒and so on

demasiado, da ▮ *indef.* **1** *(con nombres incontables)* ⇒too much: *Aquí hay demasiado ruido* - There's too much noise here **2** *(con nombres contables)* ⇒too many: *Tengo que hacer demasiadas cosas* - I have too many things to do **3** *(con un adjetivo, con un adverbio)* ⇒too: *Conduces demasiado rápido* - You drive too fast **4 eso es demasiado** ⇒that's too much ▮ **demasiado** *adv.* **5** ⇒too much: *Fumas demasiado* - You smoke too much ■ Ver cuadro

democracia *s.f.* ⇒democracy

demócrata ▮ *adj.* **1** ⇒democratic ▮ *s.com.* **2** ⇒democrat

democrático, ca *adj.* ⇒democratic

demoler *v.* **1** ⇒to demolish: *demoler un edificio* - to demolish a building **2** ⇒to knock down: *Demolió con facilidad cada uno de los argumentos* - She easily knocked down every single argument

demolición *s.f.* ⇒demolition

demonio *s.m.* **1** ⇒devil ⇒demon **2 saber a demonios** ⇒to taste foul: *¡Esta leche sabe a demonios!* - This milk tastes foul!

demora *s.f.* ⇒delay

demorar ▮ *v.* **1** *(atrasar)* ⇒to postpone [CONSTR. to postpone + doing sth]: *Demoramos la excursión para la semana siguiente* - We postponed the trip to the following week ▮ **demorarse** *prnl.* **2** *(entretenerse)* ⇒to get held up: *Los dos amigos se demoraron hablando de sus cosas* - The two friends got held up talking about their matters

demostración *s.f.* ⇒demonstration

demostrar *v.* ⇒to demonstrate [CONSTR. 1. to demonstrate + that 2. to demonstrate + interrogativo]; ⇒to prove [CONSTR. to prove + that]

denominar *v.* **1** ⇒to call: *¿Cómo se denomina esto en tu idioma?* - What do you call this in your language?; ⇒to name [CONSTR. to name + dos objetos] **2** *(con un nombre en clave)* ⇒to code name

densidad *s.f.* ⇒density: *densidad de población* - population density

demasiado / suficiente

- Para expresar que algo **es demasiado**, en inglés se utiliza:
  - **too** + adjetivo:
    - *Jane is **too** young to drive.* (Jane es demasiado joven para conducir.)
  - **too much** + nombres incontables:
    - *There's **too much** light here.* (Hay demasiada luz aquí.)
  - **too many** + nombres contables:
    - *Sorry, I can't come with you. I have **too many** things to do today.* (Lo siento, no puedo ir contigo. Tengo demasiadas cosas que hacer hoy.)

  Atención: **too** no se usa para enfatizar la cantidad. En ese caso, se utiliza "very", "really" o "so":
    - *Jane is **very** young.* (Jane es muy joven.)
    - *I'm **really** tired.* (Estoy muy cansado.)
    - *I have **so** many things to do today.* (Tengo tantas cosas que hacer hoy.)

- Para expresar que algo **es suficiente**, en inglés se utiliza:
  - **enough** + nombre:
    - *There's **enough** room for both of us.* (Hay sitio suficiente para los dos.)
  - adjetivo + **enough**:
    - *I'm not tall **enough** to become a firefighter.* (No soy lo suficientemente alto para ser bombero.)

- Para expresar que algo **no es suficiente**, en inglés se utiliza:
  - **not** + adjetivo + **enough**:
    - *I'm **not** tall **enough** to become a fireman.* (No soy lo suficientemente alto para ser bombero.)
  - **not** + verbo + **enough** + nombre:
    - *We **don't** have **enough** money to pay the rent.* (No tenemos dinero suficiente para pagar el alquiler.)

denso, sa *adj.* ⇒thick: *un humo denso* - a thick smoke; ⇒dense: *una densa multitud de niños* - a dense crowd of boys and girls; ⇒heavy: *un trabajo denso* - a heavy work

dentadura *s.f.* **1** ⇒teeth **2** *dentadura postiza* - dentures *pl*

D **dental** *adj.* ⇒dental: *hilo dental* - dental floss

dentífrico *s.m.* ⇒toothpaste

dentista *s.com.* ⇒dentist

dentro *adv.* **1** ⇒in: *Ponlo dentro* - Put it in; ⇒indoors ⇒inside: *desde dentro* - from inside **2** **~ de** ⇒in ⇒within **3** **~ de lo posible** ⇒as far as possible **4** **~ de poco** ⇒shortly **5** **~ de un momento** ⇒in a moment **6** **hacia ~** ⇒inwards UK; ⇒inward US

denuncia *s.f.* **1** *(de un delito)* ⇒report **2** *Puso una denuncia por el robo del coche* - He reported the theft of his car **3** *(de una injusticia)* ⇒denunciation **4** *(contra una persona)* ⇒complaint **5** *presentar una denuncia contra alguien* - to report sb to the police

denunciar *v.* **1** *(un delito)* ⇒to report: *Vengo a denunciar el robo de mi cartera* - I've come to report that my wallet has been stolen **2** *(a una persona)* ⇒to denounce: *denunciar a un delincuente* - to denounce a criminal **3** *(una injusticia)* ⇒to denounce: *Este libro denuncia las inhumanas condiciones de trabajo de los inmigrantes* - This book denounces the inhuman working conditions of immigrants

departamento *s.m.* **1** ⇒department **2** AMÉR. *(apartamento)* ⇒flat UK; ⇒apartment US

depender *v.* ⇒to depend [CONSTR. 1. to depend on sth/sb 2. to depend + interrogativo] [Se dice: *It depends on you - Depende de ti.* Incorrecto: *It depends of you*] **1** **2** **3**

dependiente, ta ▮ *adj.* **1** ⇒dependent ▮ *s.* **2** *(de una tienda)* ⇒shop assistant UK; ⇒clerk US; ⇒sales assistant UK; ⇒salesperson

depilar ▮ *v.* **1** ⇒to remove hair **2** *(con maquinilla)* ⇒to shave **3** *(con cera)* ⇒to wax ▮ **depilarse** *prnl.* **4** ⇒to remove *one's* hair **5** *(con maquinilla)* ⇒to shave **6** *(con cera)* ⇒to wax **7** *depilarse las cejas* - to pluck one's eyebrows

deporte *s.m.* ⇒sport: *hacer deporte* - to play sport; *deporte de riesgo* - adventure sport; *deportes acuáticos* - water sports

deportista ▮ *adj.* **1** ⇒sporty ▮ *s.com.* **2** *(hombre)* ⇒sportsman (*pl* sportsmen) **3** *(mujer)* ⇒sportswoman (*pl* sportswomen)

deportivo, va ▮ *adj.* **1** ⇒sporting **2** *(una prenda): zapatos deportivos* - sports shoes; *ropa deportiva* - sportswear **3** *(una persona)* ⇒sportsmanlike ▮ **deportivo** *s.m.* **4** ⇒sports car

depositar *v.* **1** ⇒to place ⇒to put: *Deposité las joyas en la caja fuerte* - I put the jewellery in the safe **2** *(un sentimiento)* ⇒to place: *Deposité toda mi confianza en ti* - I placed all my trust in you

depósito *s.m.* **1** ⇒storehouse ⇒depot **2** *(de líquido o de gas)* ⇒tank **3** *(de combustible)* ⇒bunker

depresión *s.f.* **1** *(del terreno)* ⇒hollow **2** *(del ánimo)* ⇒depression

deprimente *adj.* ⇒depressing

deprimido, da *adj.* ⇒depressed

deprimir ▮ *v.* **1** ⇒to depress ▮ **deprimirse** *prnl.* **2** ⇒to get depressed

deprisa *adv.* ⇒quickly ⇒in a hurry: *Vino deprisa* - He came in a hurry

derecha *s.f.* **1** ⇒right: *a la derecha* - on the right; *Gira a la derecha* - Turn right **2** *escribir con la derecha* - to be right-handed **3** **de derechas** ⇒right-wing: *un político de derechas* - a right-wing politician

derecho, cha ▮ *adj.* **1** ⇒right: *al lado derecho* - on the right side **2** *(recto)* ⇒straight **3** *(en posición vertical, de pie)* ⇒upright **4** *(en conducción)* ⇒offside UK: *el carril derecho* - the offside lane **5** **mano derecha** *(persona)* ⇒right-hand person **6** **ponerse ~** ⇒to sit up ▮ **derecho** *s.m.* **7** *(a hacer algo)* ⇒right: *derechos humanos* - human rights; *Quedan reservados los derechos* - All rights reserved **8** *(leyes, carrera)* ⇒law **9** *(de una prenda)* ⇒right side **10** **¡no hay derecho!** ⇒it's unjust! ⇒it's unfair! ▮ **derecho** *adv.* **11** ⇒straight ⇒straight ahead ⇒straight on

derivar *v.* ⇒to derive [CONSTR. to be derived from sth]: *Estas conclusiones se derivan de los últimos datos* - These conclusions are derived from the latest data; ⇒to come from: *Esta palabra deriva de un vocablo latín* - This word comes from a latin word

derramar *v.* **1** ⇒to spill: *El niño derramó la leche por el suelo* - The boy spilt the milk on the floor **2** *(lágrimas o sangre)* ⇒to shed

derrame *s.m.* **1** ⇒spillage *form* **2** *(en el cuerpo)* ⇒blood vessel ⇒haemorrhage **3** *(cerebral)* ⇒stroke

derretir *v.* ⇒to melt: *Tu helado se está derritiendo* - Your ice-cream is melting

derribar *v.* **1** *(un edificio)* ⇒to pull down **2** *(una puerta)* ⇒to batter down **3** *(echar abajo)* ⇒to break down: *Nadie abría la puerta, así que la policía la derribó* - Nobody answered the door, so the police broke it down; ⇒to topple **4** *(por el viento)* ⇒to blow down **5** *(a una persona)* ⇒to knock down

derrochador, -a ▌*adj.* **1** ⇒wasteful ▌*s.* **2** ⇒spendthrift

derrochar *v.* **1** *(despilfarrar)* ⇒to waste: *derrochar gasolina* - to waste petrol; ⇒to squander **2** *col.* *(rebosar)* ⇒to be bursting: *derrochar alegría* - to be bursting with joy

derroche *s.m.* **1** ⇒waste ⇒excess **2** *(de dinero)* ⇒dissipation

derrota *s.f.* **1** *(fracaso)* ⇒failure **2** *(en deporte, en política, en una guerra)* ⇒defeat

derrotar *v.* **1** *(en una competición)* ⇒to beat **2** *(en una guerra)* ⇒to defeat

derrumbamiento *s.m.* **1** *(destrucción)* ⇒demolition **2** *(caída)* ⇒collapse

derrumbar ▌*v.* **1** *(una construcción)* ⇒to knock down ⇒to demolish: *derrumbar un muro* - to demolish a wall ▌**derrumbarse** *prnl.* **2** *(una construcción)* ⇒to collapse: *El edificio se derrumbó* - The building collapsed **3** *(una persona)* ⇒to fall apart ⇒to go to pieces: *Me derrumbé cuando suspendí el examen* - I went to pieces when I failed the exam

desabrochar *v.* ⇒to undo: *Me desabroché la camisa* - I undid my shirt

desacuerdo *s.m.* **1** ⇒disagreement **2 estar en ~** ⇒to disagree ⇒to collide

desafiar *v.* **1** *(hacer frente)* ⇒to defy **2** *(incitar a una competición)* ⇒to challenge

desafinar *v.* **1** *(al cantar)* ⇒to sing out of tune: *Mi hermano desafina cuando canta en la ducha* - My brother sings out of tune when he's taking a shower **2** *(al tocar)* ⇒to play out of tune: *Desafinas al tocar la guitarra, debes practicar más* - You play the guitar out of tune, you should practise more **3** *(un instrumento)* ⇒to be out of tune: *Este piano desafina* - This piano is out of tune

desafío *s.m.* **1** *(al peligro, a la muerte)* ⇒defiance [U] **2** *(reto)* ⇒challenge

desafortunado, da *adj.* ⇒unfortunate ⇒unlucky

desagradable *adj.* **1** ⇒unpleasant: *Fue una situación desagradable* - It was an unpleasant situation; ⇒nasty **2** *(una experiencia, una situación)* ⇒painful **3** *(un sabor)* ⇒unpalatable *form*

desagradar *v.* ⇒to dislike [CONSTR. to dislike + doing sth]: *La idea me desagrada* - I dislike the idea

desagradecido, da *adj.* ⇒ungrateful

desagüe *s.m.* ⇒waste pipe: *El desagüe se ha atascado* - The waste pipe is blocked

desalentar ▌*v.* **1** ⇒to discourage: *Me desalienta ver que no progreso rápidamente* - Not making quick progress discourages me ▌**desalentarse** *prnl.* **2** ⇒to be discouraged ⇒to lose heart: *No te desalientes, todo tiene solución* - Don't lose heart, there's always a solution

desalojar *v.* **1** *(un lugar)* ⇒to evacuate **2** *(a un inquilino)* ⇒to evict

desamparado, da *adj.* ⇒abandoned: *un lugar desamparado* - an abandoned place; ⇒helpless

desanimado, da *adj.* ⇒discouraged: *La encontré desanimada después de oír las malas noticias* - I found her discouraged after hearing the bad news; ⇒low ⇒dispirited

desanimar ▌*v.* **1** ⇒to depress ⇒to discourage ▌**desanimarse** *prnl.* **2** ⇒to lose heart ⇒to get despondent: *Venga, no te desanimes* - Come on, don't get despondent

desapacible *adj.* ⇒inclement *form: tiempo desapacible* - inclement weather

desaparecer *v.* **1** *(de la vista)* ⇒to disappear ⇒to go ⇒to vanish: *Desaparecieron entre la multitud* - He vanished into the crowd **2** *(un efecto)* ⇒to wear off **3** *(una mancha)* ⇒to come out

desaparecido, da *adj.* **1** ⇒missing **2** *(una especie animal)* ⇒extinct **3** *(un grupo)* ⇒defunct

desaparición *s.f.* ⇒disappearance

desaprobar *v.* ⇒to disapprove [Se dice *to disapprove of sth/sb*. Incorrecto: *to disapprove sth/sb*]: *Desapruebo tu conducta* - I disapprove of your behaviour

desarmado, da *adj.* ⇒unarmed

desarmar ▌*v.* **1** *(desmontar)* ⇒to dismantle ⇒to take to pieces: *desarmar una radio* - to take a radio to pieces; ⇒to strip ⇒to strip down: *desarmar un motor* - to strip an engine down **2** *(quitar las armas)* ⇒to disarm: *desarmar a un delincuente* - to disarm a criminal ▌**desarmarse** *prnl.* **3** *(desmontarse)* ⇒to come apart: *La construcción se desarmó al caer de la mesa* - The construction fell from the table and came apart **4** *(dejar las armas)* ⇒to disarm: *Los países en conflicto se desarmaron* - The countries in conflict disarmed

desarme *s.m.* ⇒disarmament

desarrollar ▌*v.* **1** ⇒to develop: *desarrollar los músculos* - to develop one's muscles; ⇒to elaborate **2** *desarrollar un plan* - to draw up a plan ▌**desarrollarse** *prnl.* **3** ⇒to develop ⇒to take place: *La película se desarrolla en un pueblecito ruso* - The film takes place in a Russian village; ⇒to realize

desarrollo *s.m.* **1** ⇒development **2** *(transcurso)* ⇒course: *en el desarrollo de una guerra* - in the course of a war

desastre *s.m.* ⇒disaster ⇒calamity (*pl* calamities); ⇒mess (*pl* messes): *La cocina era un completo desastre* - The kitchen was in an utter mess

desastroso, sa *adj.* ⇒disastrous ⇒hopeless

desatar *v.* **1** *(algo atado)* ⇒to undo: *No puedo desatarme los cordones de los zapatos* - I cannot undo my shoelaces; ⇒to unfasten ⇒to untie **2** *(una fuerza)* ⇒to unleash: *El huracán desató su furia* - The hurricane unleashed its fury

D

desatascar *v.* ⇒to unblock

desatornillar *v.* ⇒to unscrew

desatrancar *v.* **1** *(algo obstruido)* ⇒to unblock: *desatrancar una tubería* - to unblock a pipe **2** *(una puerta, una ventana)* ⇒to unbolt: *Desatranca la puerta y déjame pasar* - Unbolt the door and let me in

desayunar *v.* ⇒to have breakfast

desayuno *s.m.* ⇒breakfast

desbarajuste *s.m.* ⇒mess (*pl* messes); ⇒chaos: *Todo el viaje fue un desbarajuste* - The whole trip was a complete chaos

desbaratar *v.* **1** ⇒to squander: *Desbarató todos sus ahorros* - He squandered all his savings **2** *(un plan)* ⇒to frustrate: *Se desbarataron nuestros planes* - Our plans were frustrated

descabellado, da *adj.* ⇒ridiculous: *Nunca he oído nada tan descabellado* - I've never heard anything so ridiculous!; ⇒preposterous

descalificar *v.* **1** *(desacreditar)* ⇒to discredit *form* **2** *(de una competición)* ⇒to disqualify

descalzo, za *adj.* ⇒barefoot

descampado *s.m.* ⇒a piece of open ground

descansar *v.* **1** ⇒to rest: *Intenta descansar un poco* - Try to rest a bit; ⇒to relax **2** *Descansemos un rato* - Let's take a break **3** *Que descanses* - Sleep well

descansillo *s.m.* ⇒landing

descanso *s.m.* **1** ⇒rest: *Necesito un descanso* - I need a rest; ⇒break ⇒pause **2** *(para comer)* ⇒lunch break **3** *(en un partido)* ⇒half-time **4** *(en un espectáculo)* ⇒interval UK; ⇒intermission US

descapotable *adj.* / *s.m.* ⇒convertible *n*: *un coche descapotable* - a convertible

descarado, da ▮ *adj.* **1** *(un niño)* ⇒cheeky UK **2** *(un adulto)* ⇒barefaced ▮ **descarado** *adv.* **3** *col.* *(claro)* ⇒blatantly: *Era descarado que estaba mintiendo* - It was blatantly obvious that she was telling a lie

descarga *s.f.* **1** ⇒download ⇒unloading **2** *(eléctrica)* ⇒electric shock

descargar *v.* ⇒to unload: *descargar un camión* - to unload a lorry; ⇒to download: *descargar un archivo* - to download a file

descaro *s.m.* ⇒nerve: *¡Qué descaro!* - What a nerve!

descarrilar *v.* ⇒to derail: *El tren en el que viajábamos descarriló* - The train on which we were travelling derailed

descendencia *s.f.* ⇒descendants *pl*

descender *v.* **1** *(una montaña)* ⇒to go down ⇒to descend *form* **2** *(la temperatura)* ⇒to fall **3** *(en una jerarquía)* ⇒to downgrade ⇒to go down: *Su disco descendió en la lista de éxitos* - His record went down the charts **4** *(proceder)* ⇒to descend ⇒to come from

descendiente ▮ *s.com.* **1** ⇒descendant ▮ *adj.* **2** *temperaturas descendientes* - falling temperatures

descenso *s.m.* **1** *(terreno)* ⇒slope ⇒descent **2** *(hecho de descender)* ⇒descent **3** *(disminución)* ⇒fall ⇒drop: *un descenso del índice de natalidad* - a drop in the birth rate

descifrar *v.* **1** *(un misterio)* ⇒to solve **2** *(un escrito)* ⇒to decipher: *No conseguí descifrar la letra de aquella carta* - I couldn't decipher the handwriting in that letter; ⇒to decode **3** *(un código)* ⇒to break

descolgar ▮ *v.* **1** *(algo colgado)* ⇒to take down **2** *descolgar el teléfono* - to pick up the phone ▮ **descolgarse** *prnl.* **3** *(quedarse atrás)* ⇒to lag behind: *Dos alumnos se descolgaron del grupo* - Two pupils lagged behind the group

descolorido, da *adj.* ⇒faded: *un tono descolorido* - a faded tone; ⇒discoloured UK; ⇒discolored US

descomponer ▮ *v.* **1** *(un todo)* ⇒to split: *Descompusimos esas palabras en sílabas* - We split those words into syllables; *El grupo se descompuso por desavenencias entre sus miembros* - The group split due to some disagreements among its members **2** *(una sustancia)* ⇒to break down: *Si descompones la sal, obtendrás cloro y sodio* - If you break down salt, you'll get chlorine and sodium **3** *(un alimento, un cuerpo)* ⇒to decompose ⇒to rot: *Algunas bacterias descomponen los alimentos* - Some bacteria rot food; *Los alimentos pueden descomponerse por el calor* - Food can rot with the heat ▮ **descomponerse** *prnl.* **4** *(el rostro): La cara se le descompuso al enterarse de lo ocurrido* - His face fell when he heard what had happened

descompuesto, ta *adj.* **1** *(nervioso)* ⇒very nervous **2** *estar descompuesto* - to have diarrhoea

descomunal *adj.* ⇒enormous: *la diferencia era descomunal* - the difference was enormous; ⇒huge: *Tus pies son descomunales* - Your feet are huge; ⇒tremendous

desconcentrar *v.* ⇒to put off: *El niño la desconcentró completamente* - The child put her off completely

desconcertar *v.* ⇒to bewilder ⇒to disconcert: *Tu actitud me desconcierta* - I am disconcerted by your attitude

desconchar *v.* ⇒to peel off: *La pintura de la pared está empezando a desconcharse* - The paint on the wall is beginning to peel off

desconectar ▮ *v.* **1** *(desenchufar)* ⇒to disconnect ⇒to cut off ⇒to unplug: *No olvides desconectar el ordenador* - Don't forget to unplug the computer **2** *(dejar de prestar atención)* ⇒to switch off UK: *¿Qué has dicho? Había desconectado un segundo* - What did you say? I switched off for a second ▮ **desconectarse** *prnl.* **3** ⇒to go off: *Se desconectaron todas las luces* - All the lights went off

desconfiado, da *adj. / s.* ⇒suspicious *adj*: *ser un desconfiado* - to be suspicious

desconfianza *s.f.* ⇒mistrust ⇒distrust

desconfiar *v.* ⇒to have no confidence ⇒to mistrust: *Desconfío de Joanne* - I mistrust Joanne; ⇒to distrust

descongelar *v.* ⇒to defrost: *descongelar el frigorífico* - to defrost the fridge

desconocer *v.* ⇒not to know: *Desconozco cuáles son tus intenciones* - I don't know what your intentions are

desconocido, da ▮ *adj.* **1** *(extraño)* ⇒unknown: *Han descubierto un virus desconocido* - They have discovered an unknown virus; ⇒strange **2** *(poco familiar)* ⇒unfamiliar ▮ *s.* **3** ⇒stranger

descontado **1 dar por ~** ⇒to take for granted **2 por ~** ⇒of course

descontar *v.* ⇒to give a discount: *Me descontaron un 10% del precio* - I was given a 10% discount off the price

descontento, ta ▮ *adj.* **1** ⇒dissatisfied: *Estaba descontento con los resultados* - He was dissatisfied with the results; ⇒discontented ▮ **descontento** *s.m.* **2** ⇒dissatisfaction ⇒discontent: *El plan generó gran descontento* - There was widespread discontent about the plan

descorchar *v.* ⇒to uncork: *Descorcha una botella de champán para celebrarlo* - Uncork a bottle of champagne to celebrate it

descortés *adj.* ⇒impolite *form;* ⇒discourteous *form*

descoser ▮ *v.* **1** ⇒to unpick ▮ **descoserse** *prnl.* **2** ⇒to come unstitched: *Se me ha descosido un botón de la blusa* - A button of my blouse has come unstitched

descremado, da *adj.* ⇒low-fat

describir *v.* ⇒to describe: *Describe la casa que más te gusta* - Describe the house you like most

descripción *s.f.* ⇒description: *Intenta hacer una descripción clara del ladrón* - Try to make a clear description of the thief

descuartizar *v.* **1** *(una cosa, un animal)* ⇒to cut into pieces **2** *(a una persona)* ⇒to chop *sb's* body up

descubierto, ta ▮ *adj.* **1** ⇒open **2** *(piscina, terraza)* ⇒open-air ▮ **descubierto** *s.m.* **3** *(en economía)* ⇒overdraft

descubridor, -a *s.* ⇒discoverer

descubrimiento *s.m.* ⇒discovery (*pl* discoveries): *el descubrimiento de la penicilina* - the discovery of penicillin

descubrir *v.* **1** *(un lugar, un hecho)* ⇒to discover [CONSTR. 1. to discover + (that) 2. to discover + interrogativo] **2** *(una vacuna, un remedio)* ⇒to discover **3** *(un delito)* ⇒to uncover **4** *(averiguar)* ⇒to find out: *Lo he descubierto* - I've found it out

descuento *s.m.* **1** ⇒discount: *un descuento en las tarifas* - a discount on fares; ⇒reduction **2** *(en deportes)* ⇒stoppage (time)

descuerar *v.* AMÉR. *col. (criticar)* ⇒to tell off ⇒to knock *inform;* ⇒to tear apart

descuidado, da *adj.* **1** ⇒careless ⇒inattentive **2** *(en apariencia)* ⇒untidy: *tener un aspecto descuidado* - to have an untidy apperance

descuidar *v.* ⇒to neglect

descuido *s.m.* **1** *(falta de cuidado)* ⇒carelessness **2** *(distracción)* ⇒slip **3 por ~** ⇒accidentally ⇒by accident

desde *prep.* **1** ⇒since [Se usa con momentos o fechas concretas y con el verbo en pretérito perfecto]: *desde 1840* - since 1840; *Llevamos caminando desde la una* - We've been walking since one o'clock; ⇒from **2 ~ ahora** ⇒from now on **3 ~ hace** ⇒for [Se usa con períodos de tiempo y con verbos en pretérito perfecto o pasado simple]: *No veo a Walter desde hace seis meses* - I haven't seen Walter for six months **4 desde... hasta** ⇒from... to **5 ~ luego** ⇒certainly ⇒naturally ⇒of course **6 ~ que** ⇒ever since ⇒since

desdichado, da *adj.* ⇒unlucky: *Se siente muy desdichado* - He feels really unlucky; ⇒unfortunate ⇒unhappy

desear *v.* **1** ⇒to long for *form*: *Estoy deseando que llegue mi cumpleaños* - I'm longing for my birthday to arrive; ⇒to look forward to: *Estoy deseando verla* - I'm looking forward to seeing her **2** ⇒to wish [CONSTR. 1. to wish + that 2. to wish + dos objetos]: *Me deseó buena suerte* - She wished me good luck

desechable *adj.* ⇒disposable

desecho *s.m.* ⇒waste [U]: *los desechos* - the waste

desembarcar *v.* **1** *(descargar)* ⇒to unload: *Desembarcaron la mercancía* - They unloaded the goods **2** *(bajar)* ⇒to disembark *form: Desembarcamos en Lisboa* - We disembarked in Lisbon

desembocadura *s.f.* **1** *(de un río)* ⇒mouth **2** *(de una calle)* ⇒end ⇒opening

D

desembocar *v.* **1** *(un río)* ⇒to flow into **2** *(una calle)* ⇒to lead ⇒to join **3** *(terminar)* ⇒to result ⇒to culminate *inform: La discusión desembocó en una pelea callejera* - The argument culminated in a street fight

desempacar *v.* AMÉR. ⇒to unpack

desempatar *v.* ⇒to break the deadlock: *Ese gol nos permitió desempatar a la mitad del partido* - That goal allowed us to break the deadlock halfway through the match

desempate *s.m.* ⇒breaking of the deadlock

desempeñar *v.* **1** *(un cargo)* ⇒to hold: *He desempeñado el cargo de directora durante tres años* - I've held the post of manager for three years **2** *(una función)* ⇒to perform *form*

desempleado, da ▮ *adj.* **1** ⇒unemployed: *Lleva dos meses desempleada* - She has been unemployed for two months ▮ *s.* **2** ⇒unemployed person

desempleo *s.m.* ⇒unemployment

desencadenar *v.* **1** *(quitar las cadenas)* ⇒to unchain **2** *(provocar)* ⇒to start ⇒to cause [CONSTR. 1. to cause + to do sth 2. to cause + dos objetos]; ⇒to set off

desenchufar *v.* ⇒to unplug: *Desenchufa la plancha, por favor* - Could you please unplug the iron?

desenfocado, da *adj.* ⇒out of focus ⇒blurred

desenfundar *v.* ⇒to draw

desenganchar ▮ *v.* **1** ⇒to unhook ⇒to unhitch: *Desenganché los caballos del carro* - I unhitched the horses from the cart ▮ **desengancharse** *prnl.* **2** ⇒to get unhooked ⇒to come unhitched: *Los vagones del tren se desengancharon* - The wagons of the train came unhitched **3** *col. (de las drogas)* ⇒to come off drugs

desengañar *v.* ⇒to open *sb's* eyes: *¡Desengáñate, no es una oferta tan buena!* - Open your eyes, it's not such a good offer!

desengaño *s.m.* ⇒disappointment

desenlace *s.m.* **1** *(resultado)* ⇒result **2** *(final)* ⇒ending ⇒outcome: *Es demasiado pronto para predecir el desenlace de la reunión* - It's too early to predict the outcome of the meeting

desenrollar *v.* **1** ⇒to roll down: *Desenrolla las persianas* - Roll down the blinds; ⇒to uncurl **2** *(un ovillo)* ⇒to unwind: *Ayúdame a desenrollar el cable* - Help me unwind the cable; ⇒to unroll

desenroscar *v.* ⇒to unscrew: *Desenrosca la tapa* - Unscrew the lid

desenterrar *v.* **1** *(algo enterrado)* ⇒to dig up **2** *(algo olvidado)* ⇒to drag up: *El reportaje desentierra un viejo asunto de estafas* - The report drags up an old case of fraud

desentonar *v.* ⇒to clash: *Ese color desentona con este otro* - That colour clashes with this one; ⇒to jar

desenvolver ▮ *v.* **1** ⇒to unwrap ▮ **desenvolverse** *prnl.* **2** ⇒to handle things: *¿Qué tal te desenvuelves en el trabajo?* - How are you handling things at work?; ⇒to get on

deseo *s.m.* **1** ⇒desire: *satisfacer los deseos de uno* - to satisfy one's desire; ⇒wish (*pl* wishes) **2** *(sexual)* ⇒desire **3 mis mejores deseos** ⇒best wishes

deseoso, sa *adj.* ⇒eager [CONSTR. eager + to do sth]: *Estaba deseoso de hablar con ella* - He was eager to talk to her; ⇒keen [CONSTR. keen + to do sth]

desértico, ca *adj.* **1** *(del desierto)* ⇒arid **2** *arena desértica* - desert sand **3** ⇒deserted: *un pueblo desértico* - a deserted village

desertor, -a *s.* **1** *(soldado)* ⇒deserter **2** *(político)* ⇒defector

desesperación *s.f.* **1** *(pérdida de la esperanza)* ⇒despair ⇒hopelessness **2** *(pérdida de la paciencia)* ⇒desperation

desesperar ▮ *v.* **1** ⇒to drive *sb* to despair: *Me desespera que llegues tarde* - You drive me to despair when you are late; ⇒to drive *sb* mad ▮ **desesperarse** *prnl.* **2** ⇒to despair

desfachatez *s.f. col.* ⇒nerve ⇒cheek UK: *Tuvo la desfachatez de pedirme dinero* - He had the cheek to ask me for money

desfasado, da *adj.* ⇒out of date ⇒out of step

desfavorable *adj.* ⇒unfavourable UK; ⇒unfavorable US

desfiladero *s.m.* ⇒gorge

desfilar *v.* **1** *(un soldado, un grupo de gente)* ⇒to march: *desfilar por las calles* - to march through the streets; ⇒to parade **2** *col.* ⇒to pass: *Muchos directores han desfilado por este despacho* - Many managers have passed through this office

desfile *s.m.* **1** ⇒parade: *Durante el carnaval hubo muchos desfiles* - There were many parades during the carnival; ⇒cavalcade **2** *(militar)* ⇒march-past **3** *(de moda)* ⇒fashion show ⇒fashion parade

desgarrar *v.* **1** *(romper)* ⇒to tear: *El tigre desgarraba la carne de su víctima* - The tiger was tearing the flesh of its victim; *Se me enganchó* *el vestido en una zarza y se desgarró la tela* - My dress got caught on a bramble and the cloth tore **2** *(apenar)* ⇒to break *sb's* heart: *La muerte del bebé desgarró a la familia* - The baby's death broke the family's heart; *Se me desgarra el corazón cuando lo veo tan abatido* - Seeing him so depressed breaks my heart

desgastar *v.* **1** *(un objeto)* ⇒to wear away: *La lluvia desgasta las rocas* - Rainfall wears the rocks away; ⇒to wear out **2** *(a una persona)* ⇒to wear down: *Tanto estrés me desgasta* - Being under so much stress wears me down

desgaste *s.m.* **1** *(de un objeto)* ⇒wear: *el desgaste de una prenda* - the wear on a piece of clothing **2** *(de una persona)* ⇒wearing down ⇒weakening

desgracia *s.f.* **1** ⇒misfortune: *Tuvo que pasar muchas desgracias* - She had to undergo many misfortunes **2 caer en ~** ⇒to fall from grace ⇒to fall into disgrace **3 por ~** ⇒unfortunately **4 ¡qué desgracia!** ⇒what a misfortune!

desgraciado, da ▌*adj.* **1** *(triste, infeliz)* ⇒unhappy ⇒wretched **2** *(sin suerte)* ⇒unlucky **3** *(un suceso)* ⇒unfortunate ▌*s.* **4** *(sin suerte)* ⇒unlucky person ⇒poor devil **5** *(infeliz)* ⇒wretch (*pl* wretches)

deshabitado, da *adj.* ⇒uninhabited ⇒unoccupied: *El edificio parece deshabitado* - The building seems unoccupied

deshacer *v.* **1** *(un nudo)* ⇒to undo ⇒to untie **2** *(un paquete)* ⇒to unwrap ⇒to undo **3** *(el equipaje)* ⇒to unpack **4** *(una costura)* ⇒to unpick **5** *(la cama)* ⇒to mess up **6** *(un acuerdo, un contrato)* ⇒to break ⇒to dissolve **7** *(derretir)* ⇒to melt **8** *(desmontar)* ⇒to take *sth* to pieces **9 deshacerse de** ⇒to get rid of: *Quiero deshacerme del viejo sofá* - I want to get rid of the old sofa **10 deshacerse en atenciones** ⇒to make a fuss of *sb*: *Siempre te deshaces en atenciones conmigo* - You always make a fuss of me

deshelar *v.* ⇒to melt ⇒to thaw

deshinchar ▌*v.* **1** *(algo hinchado)* ⇒to let down: *Deshinché la colchoneta* - I let the air bed down ▌**deshincharse** *prnl.* **2** *(algo hinchado)* ⇒to go flat ⇒to deflate: *El globo se deshinchó* - The balloon deflated **3** *(una parte del cuerpo)* ⇒to go down: *Mete el dedo en agua fría para que se te deshinche* - Put your finger in cold water so that the swelling goes down **4** *col. (una persona)* ⇒to feel deflated: *Al principio estaba entusiasmada, pero pronto me deshinché* - I was very enthusiastic in the beginning, but soon I felt deflated

deshonesto, ta *adj.* ⇒dishonest: *Nunca pudimos imaginar que fuera una persona deshonesta* - We never thought he could be a dishonest person; ⇒dodgy *UK inform*

deshonra *s.f.* ⇒dishonour *UK;* ⇒dishonor *US;* ⇒disgrace

desierto, ta ▌*adj.* **1** *(despoblado)* ⇒deserted ▌**desierto** *s.m.* **2** ⇒desert

designar *v.* **1** *(a una persona)* ⇒to select: *Los votantes designaron nuevos candidatos para los escaños del Senado* - The voters selected new candidates for the Senate seats; ⇒to appoint **2** *(una cosa)* ⇒to designate *form*: *La UE ha designado a Madrid capital cultural* - EU has designated Madrid as cultural capital

desigual *adj.* *(diferente)* ⇒different ⇒unequal *form* **1** *(un terreno)* ⇒uneven **2** *(una superficie)* ⇒bumpy **3** *(una competición)* ⇒one-sided

desilusión *s.f.* **1** *(decepción)* ⇒disappointment **2** *Se llevó una desilusión con la película* - He was disappointed with the movie **3** *(falta de ilusiones)* ⇒disillusionment

desilusionar *v.* **1** *(decepcionar)* ⇒to disappoint **2** *(hacer perder las ilusiones)* ⇒to disillusion

desinfectante *s.m.* ⇒disinfectant

desinfectar *v.* ⇒to disinfect: *El cloro se emplea para desinfectar el agua* - Chlorine is used to disinfect water

desinflar ▌*v.* **1** *(una cosa)* ⇒to let the air out: *desinflar un neumático* - to let the air out of a tyre ▌**desinflarse** *prnl.* **2** *(una cosa)* ⇒to go flat ⇒to deflate: *Se me ha desinflado el balón* - My ball has deflated **3** *(una persona)* ⇒to lose heart: *No te desinfles por semejante tontería* - Don't lose heart over such nonsense

desinterés *s.m.* **1** *(apatía)* ⇒lack of interest: *desinterés por algo* - lack of interest in sth **2** *(altruismo)* ⇒unselfishness

desinteresado, da *adj.* **1** *(una persona)* ⇒unselfish ⇒selfless **2** *(un acto)* ⇒disinterested

desistir *v.* ⇒to give up [CONSTR. to give up + doing sth]: *Hemos desistido de ese plan* - We've given up that plan; *Desistí de buscar piso* - I gave up looking for a flat; ⇒to desist *form* [CONSTR. to desist from + doing sth] *form*: *Gary desistió de aprender alemán por falta de tiempo* - Gary desisted from learning German due to the lack of time

desleal *adj.* ⇒disloyal

deslizar ▌*v.* **1** ⇒to slide: *Deslizaron el sofá hasta la esquina* - They slid the sofa into the corner; *Me deslizo sobre mis esquís* - I slide along on my skis ▌**deslizarse** *prnl.* **2** ⇒to slide ⇒to glide: *Ese camarero se deslizaba entre las mesas* - That waiter glided between the tables; *La canoa se deslizó por el agua* - The canoe glided through the water **3** *(sin control)* ⇒to slip

D

deslumbrante *adj.* **1** *(que da luz)* ⇒dazzling **2** *(que impresiona)* ⇒dazzling
deslumbrar *v.* **1** *(cegar)* ⇒to dazzle: *Los faros de tu coche me deslumbraron* - The headlights of your car dazzled me **2** *(impresionar)* ⇒to dazzle ⇒to stun [CONSTR. to be stunned]: *La belleza de ese chico me deslumbró* - I was stunned by the beauty of that boy
desmayar *v.* ⇒to faint: *Me desmayé y me caí* - I fainted and fell; *Casi me desmayo del hambre* - I almost fainted from hunger
desmayo *s.m.* **1** ⇒faint ⇒blackout **2** *sufrir un desmayo* - to have a fainting fit
desmejorado, da *adj.* ⇒worse
desmentir *v.* ⇒to deny
desmenuzar *v.* **1** *(deshacer)* ⇒to crumble **2** *(analizar)* ⇒to break down: *Vamos a desmenuzar la teoría en conceptos* - Let's break down the theory into concepts
desmesurado, da *adj.* ⇒disproportionate: *Su reacción fue desmesurada* - She had a disproportionate reaction; ⇒enormous
desmontar *v.* **1** *(de una bicicleta, de un caballo)* ⇒to dismount *form* **2** *(un mueble)* ⇒to take to pieces ⇒to take apart: *Me temo que tendremos que desmontar la cama* - I'm afraid we will have to take apart the bed; ⇒to dismantle **3** *(un arma, un equipamiento)* ⇒to decommission **4** *(una teoría, un argumento)* ⇒to demolish
desmoronar ▮ *v.* **1** *(una construcción)* ⇒to pull down: *Los obreros desmoronaron el muro* - The workers pulled the wall down ▮ **desmoronarse** *prnl.* **2** *(una construcción)* ⇒to collapse: *El edificio se desmoronó* - The building collapsed **3** *(una institución)* ⇒to fall apart ⇒to crumble: *El Imperio Romano se desmoronó* - The Roman Empire crumbled **4** *(una persona)* ⇒to go to pieces: *Amy se desmoronó con la noticia* - Amy went to pieces when she heard the news
desnatado, da *adj.* **1** ⇒low-fat **2** *leche desnatada* - skimmed milk
desnivel *s.m.* **1** *(falta de igualdad)* ⇒gap **2** *(diferencia de alturas)* ⇒drop **3** *(en una carretera)* ⇒ramp
desnudar ▮ *v.* **1** ⇒to undress ▮ **desnudarse** *prnl.* **2** ⇒to undress ⇒to strip
desnudo, da *adj.* **1** ⇒naked **2** *(en contextos artísticos)* ⇒nude **3** *(brazos, pies)* ⇒bare
desobedecer *v.* ⇒to disobey
desobediencia *s.f.* ⇒disobedience
desobediente *adj.* ⇒disobedient
desocupado, da *adj.* **1** *(vacío)* ⇒free **2** *(ocioso)* ⇒idle **3** AMÉR. *(parado)* ⇒unemployed
desodorante *s.m.* ⇒deodorant
desorden *s.m.* **1** *(de cosas)* ⇒mess: *No deberías dejar la mesa con tanto desorden* - You shouldn't leave your table on such a mess; ⇒disorder **2** *(comportamiento violento)* ⇒disorder: *desorden en las calles* - disorder in the streets
desordenado, da *adj.* ⇒disorganized ⇒disorganised UK; ⇒messy: *La habitación estaba completamente desordenada* - The room was completely messy; ⇒untidy
desordenar *v.* ⇒to mess up: *Deja de desordenar la habitación de tu hermano* - Stop messing up your brother's room; ⇒to disarrange
desorganizado, da *adj.* ⇒disorganized ⇒disorganised UK
desorganizar *v.* ⇒to disorganize ⇒to disorganise UK: *Este caos está desorganizando mi vida* - This chaos is disorganising my life; ⇒to disrupt: *La huelga desorganizó los vuelos* - The strike disrupted the flights
desorientar ▮ *v.* **1** *(extraviar)* ⇒to mislead **2** *(confundir)* ⇒to confuse: *Tenía dudas y la respuesta me desorientó todavía más* - I already had doubts but the answer confused me even more; ⇒to disorient ▮ **desorientarse** *prnl.* **3** *(extraviarse)* ⇒to get lost: *Me desoriento con frecuencia porque todas las calles parecen iguales* - I often get lost because all the streets look similar **4** *(confundirse)* ⇒to get confused: *Me desoriento con tus cambios de humor* - I get confused by your mood changes
despachar ▮ *v.* **1** *(un producto)* ⇒to sell **2** *col.* *(a un cliente)* ⇒to serve: *A mí siempre me despacha Joe* - It's always Joe who serves me **3** *(un asunto)* ⇒to deal with: *Despacho unos asuntos y enseguida voy* - As soon as I deal with some matters, I'll go **4** *col.* *(a una persona)* ⇒to get rid of: *Despachemos a estos pesados y vayámonos* - Let's get rid of these bores and go ▮ **despacharse** *prnl.* **5** *col.* ⇒to let off steam: *Me despaché a gusto con una amiga* - I enjoyed letting off steam with a friend of mine
despacho *s.m.* **1** *(en una casa)* ⇒study (*pl* studies) **2** *(en una empresa)* ⇒office **3** *(tienda)* ⇒shop
despacio ▮ *adv.* **1** ⇒slowly ▮ *interj.* **2** ⇒slow down!
desparramar *v.* ⇒to scatter
despectivo, va *adj.* **1** ⇒scornful *form:* *decir algo en tono despectivo* - to say sth in a scornful tone **2** *(una palabra)* ⇒pejorative ⇒offensive
despedida *s.f.* **1** ⇒goodbye ⇒saying goodbye: *Las despedidas me ponen triste* - Saying goodbye makes me feel sad **2** *(fiesta)* ⇒leaving party: *¿Por qué no organizamos una despedida para Susan?* - Why don't we organize a leaving party

for Susan? **3 de ~** ⇒goodbye: *Dame un beso de despedida* - Give me a goodbye kiss **4 ~ de soltera** ⇒hen night **5 ~ de soltero** ⇒stag night ⇒bachelor party *US* (*pl* bachelor parties)

despedir ▮ *v.* **1** *(decir adiós)* ⇒to see off: *Quiero ir a despedirte al aeropuerto* - I want to see you off at the airport **2** *(echar)* ⇒to dismiss: *Mi hermano fue despedido de su trabajo* - My brother was dismissed from his job; ⇒to lay off: *300 trabajadores fueron despedidos* - 300 workers were laid off; ⇒to fire *inform;* ⇒to sack *UK inform;* ⇒to make redundant *UK: Despidieron a los trabajadores mayores de 45 años* - Workers over 45 were made redundant **3** *(desprender)* ⇒to give off: *Ese cigarro despide un olor horrible* - That cigarette is giving off an awful smell; ⇒to release ▮ **despedirse** *prnl.* **4** *(decir adiós)* ⇒to say goodbye: *No te despediste de nosotros* - You didn't say goodbye to us **5** *(abandonar un cargo)* ⇒to leave *one's* job: *Me despedí porque no me gustaba el trabajo* - I left my job because I didn't like it **6** *col. (renunciar)* ⇒to forget ⇒to wave goodbye to: *Despídete de las vacaciones, te quedarás estudiando* - You can wave goodbye to your holidays; you're going to stay here and study

despegar ▮ *v.* **1** *(una cosa pegada)* ⇒to unglue: *Deberíamos despegar la mesa y arreglarla* - We should unglue the table and mend it; ⇒to unstick **2** *(arrancar)* ⇒to pull off **3** *(elevarse)* ⇒to take off: *El avión despegó a las ocho en punto* - The plane took off at eight o'clock ▮ **despegarse** *prnl.* **4** ⇒to come unstuck ⇒to come off: *La etiqueta se despegó* - The label came off

despegue *s.m.* **1** *(de un avión)* ⇒take-off **2** *(de un cohete)* ⇒lift-off

despeinar ▮ *v.* **1** ⇒to mess up *sb's* hair: *No despeines a tu hermana* - Don't mess up your sister's hair ▮ **despeinarse** *prnl.* **2** ⇒to get *one's* hair messed up: *Cuando hay viento, siempre me despeino* - When the wind blows, I always get my hair messed up

despejado, da *adj.* **1** *(el cielo)* ⇒clear ⇒cloudless **2** *(el día, la mente)* ⇒clear

despejar ▮ *v.* **1** *(una superficie)* ⇒to clear **2** *(algo incierto)* ⇒to clear up: *despejar dudas* - to clear up doubts ▮ **despejarse** *prnl.* **3** *(el cielo)* ⇒to clear up **4** *(una persona)* ⇒to wake up

despensa *s.f.* ⇒pantry (*pl* pantries)

desperdiciar *v.* **1** ⇒to waste: *No desperdicies el dinero* - Don't waste your money **2** *(una oportunidad)* ⇒to throw away

desperdicio *s.m.* **1** *(mal uso de algo)* ⇒waste [U] **2** *(residuo)* ⇒rubbish *UK* [U]; ⇒waste ⇒garbage *US* [U] **3** *(de una comida)* ⇒scraps *pl*

desperezarse *v.prnl.* ⇒to stretch

desperfecto ▮ *s.m.* **1** *(daño)* ⇒damage [U]: *Muchos edificios sufrieron serios desperfectos durante la guerra* - Many buildings were badly damaged during the war ▮ *s.m.* **2** ⇒flaw: *Le devolví el material porque tenía desperfectos* - I returned the material because it had a flaw in it; ⇒imperfection

despertador *s.m.* ⇒alarm clock: *Pusieron el despertador a las 6.30* - They set the alarm clock for 6.30

despertar ▮ *s.m.* **1** ⇒awakening **2** *tener un mal despertar* - to wake up in a bad mood ▮ *v.* **3** *(dejar de dormir)* ⇒to wake up **4** *(a una persona)* ⇒to wake ⇒to rouse **5** *(un recuerdo)* ⇒to bring back **6** *(un sentimiento, una sensación)* ⇒to arouse ▮ **despertarse** *prnl.* **7** ⇒to wake ⇒to wake up **8** *No me desperté a tiempo para llegar al examen* - I overslept and couldn't sit my exam

despido *s.m.* ⇒dismissal [U] *inform;* ⇒firing

despierto, ta *adj.* **1** *(sin dormir)* ⇒awake **2** *(espabilado)* ⇒alert ⇒bright

despilfarrar *v.* ⇒to waste ⇒to squander [CONSTR. to squander sth on sth]: *Despilfarraba su dinero en coches lujosos* - He squandered his money on luxury cars

despistado, da *adj./s.* **1** ⇒disconnected *adj;* ⇒absent-minded *adj: Este niño es un despistado* - This kid is very absent-minded **2** *Me vio pero se hizo la despistada* - She saw me but pretend not to

despistar ▮ *v.* **1** *(confundir)* ⇒to confuse ⇒to mislead ▮ **despistarse** *prnl.* **2** *(confundirse)* ⇒to get confused **3** *(distraerse)* ⇒to get distracted **4** *(extraviarse)* ⇒to get the wrong road

despiste *s.m.* **1** *(falta de atención)* ⇒absent-mindedness **2** *(fallo)* ⇒slip

desplazar *v.* **1** *(mover)* ⇒to move ⇒to shift **2** *(viajar)* ⇒to travel ⇒to go [CONSTR. to go to] **3** *(reemplazar)* ⇒to displace ⇒to take the place

desplegar *v.* **1** *(algo doblado)* ⇒to unfold: *desplegar un mantel* - to unfold a tablecloth; *El periódico se desplegó con el viento* - The newspaper unfolded with the wind; ⇒to spread: *desplegar las alas* - to spread one's wings **2** *(las velas, las alas, una pancarta)* ⇒to unfurl **3** *(un conjunto de personas)* ⇒to deploy: *desplegar las tropas* - to deploy the troops

desplomarse *v.prnl.* **1** *(una persona)* ⇒to slump ⇒to collapse: *Se desplomó en una silla* - He collapsed into a chair **2** *(un edificio)* ⇒to collapse

desplumar *v.* **1** *(a un ave)* ⇒to pluck **2** *col. (a una persona)* ⇒to fleece *inform*

D

despreciar *v.* ⇒to despise ⇒to scorn *form;* ⇒to look down [CONSTR. to look down on sb]: *No deberías despreciarles* - You shouldn't look down on them; ⇒to turn *one's* nose up *inform* [CONSTR. to turn one's nose up at sth/sb]: *¿Por qué desprecias la corbata que te he comprado?* - Why do you turn your nose up at the tie I bought you?

desprecio *s.m.* **1** ⇒disdain [U]: *Le miró con desprecio* - She looked at him with disdain; ⇒scorn *form* [U] *form;* ⇒contempt **2** *hacer un desprecio a alguien* - to snub sb

desprender ■ *v.* **1** *(separar)* ⇒to take off ⇒to remove **2** *(despedir, emanar)* ⇒to give off: *Ese cigarrillo desprende un olor desagradable* - That cigarette is giving off an awful smell ■ **desprenderse** *prnl.* **3** *(de algo)* ⇒to get rid [CONSTR. to get rid of sth]: *Quiero desprenderme del coche* - I want to get rid of my car **4** *(soltarse)* ⇒to come off

desprendimiento *s.m.* **1** *(de tierra)* ⇒landslide **2** *(de una pieza)* ⇒detachment

despreocupado, da *adj.* **1** ⇒unworried **2** *(desenfadado)* ⇒light-hearted: *un estilo despreocupado* - a light-hearted style; ⇒carefree **3** *(descuidado)* ⇒careless

desprevenido, da *adj.* **1** ⇒unprepared **2 pillar a alguien ~** ⇒to catch *sb* off guard ⇒to catch *sb* unawares: *Tu petición de mano me pilló desprevenida* - You caught me unawares when you proposed to me

después *adv.* **1** ⇒afterwards ⇒next: *Decidieron lo que harían después* - They decided what to do next; ⇒later: *tres años después* - three years later **2 ~ de** ⇒after [CONSTR. Nunca va seguido de un verbo en futuro] **3 ~ de Cristo** ⇒AD

despuntar ■ *v.* **1** *(quitar una punta)* ⇒to blunt: *Hemos despuntado este cuchillo de tanto usarlo* - We have blunted this knife by using it so much **2** *(una flor)* ⇒to come into bud: *Ya han empezado a despuntar las rosas* - The roses have started to come into bud **3** *(una planta)* ⇒to sprout **4** *(el día)* ⇒to break: *Nos levantamos al despuntar el día* - We got up when the day was breaking **5** *(destacar)* ⇒to stand out: *Despuntas entre todos por tu alegría* - You stand out from everyone due to your happiness ■ **despuntarse** *prnl.* **6** ⇒to get blunt: *Se me ha despuntado el lápiz* - My pencil has got blunt

desquiciar *v.* ⇒to drive mad ⇒to unhinge *hum*

destacado, da *adj.* ⇒outstanding: *Es un miembro destacado de la academia* - He is an outstanding member of the Academy

destacar *v.* **1** *(resaltar)* ⇒to stress: *He de destacar la importancia de este dato* - I must stress the importance of this piece of data **2** *(llamar la atención)* ⇒to stand out: *Shirley destaca por su altura* - Shirley stands out because of her height

destapar ■ *v.* **1** ⇒to uncover: *La biografía es un intento de destapar sus secretos* - The biography is an attempt to uncover his secrets **2** *(un recipiente)* ⇒to take the lid off **3** *(una botella)* ⇒to open ■ **destaparse** *prnl.* **4** *(en la cama)* ⇒to throw the bedclothes off

destartalado, da *adj.* **1** *(un coche)* ⇒clapped-out *inform;* ⇒beat-up *inform* **2** *(un edificio)* ⇒ramshackle ⇒tumbledown ⇒run-down

destello *s.m.* ⇒sparkle: *Vi un destello raro en la ventana* - I saw a strange sparkle in the window; ⇒glint [U]; ⇒flash (*pl* flashes)

desteñir *v.* ⇒to fade: *Los colores de mi camisa nueva se han desteñido* - The colours of my new blouse have faded; ⇒to discolour *UK;* ⇒to discolor *US*

desterrar *v.* ⇒to exile: *Le desterraron por razones políticas* - He was exiled for political reasons; ⇒to banish

destinar *v.* **1** *(dinero)* ⇒to use: *Parte del presupuesto lo destinan a hospitales* - Part of the budget is to be used for hospitals **2** *(a una persona)* ⇒to assign: *Lo destinaron a Burgos* - He was assigned to Burgos

destinatario, ria *s.* ⇒addressee

destino *s.m.* **1** *(lugar)* ⇒destination **2** *un tren con destino a Liverpool* - a train destined for Liverpool **3** *(fuerza desconocida)* ⇒destiny ⇒fate: *No merece la pena luchar contra el destino* - There's no point in fighting against fate; ⇒fortune

destituir *v.* ⇒to remove: *destituir a alguien de un cargo* - to remove sb from their office

destornillador *s.m.* ⇒screwdriver

destreza *s.f.* ⇒ability (*pl* abilities); ⇒skill [U]: *No tengo ninguna destreza con la costura* - I have no skill at sewing

destrozado, da *adj.* **1** *(roto, deteriorado)* ⇒ruined **2** *(abatido)* ⇒shattered *UK inform: Estaba destrozado por la noticia* - I was shattered by the news; ⇒devastated **3** *(agotado)* ⇒worn-out ⇒shattered

destrozar *v.* **1** *(romper, deteriorar)* ⇒to destroy ⇒to wreck ⇒to devastate: *El terremoto destrozó el alcantarillado* - The earthquake devastated the drains **2** *(estropear)* ⇒to ruin: *Has destrozado mis planes* - You have ruined my plans; ⇒to shatter **3** *(dejar abatido)* ⇒to devastate ⇒to shatter

destrozo *s.m.* ⇒destruction [U]; ⇒damage [U]

destrucción *s.f.* ⇒destruction
destructivo, va *adj.* ⇒destructive
destructor, -a ▌ *adj.* **1** ⇒destructive ▌ **destructor** *s.m.* **2** *(barco)* ⇒destroyer
destruir *v.* ⇒to destroy: *El rayo destrozó el edificio* - The lightning destroyed the building; ⇒to ruin ⇒to wreck
desvalijar *v.* ⇒to ransack: *Han desvalijado la casa* - The house has been ransacked
desván *s.m.* ⇒attic: *Llevé mis juguetes antiguos al desván* - I took my old toys to the attic; ⇒loft
desvanecer ▌ *v.* **1** *(una duda)* ⇒to dispel: *Tus comentarios desvanecieron mis dudas* - Your remarks dispelled my doubts ▌ **desvanecerse** *prnl.* **2** *(perder intensidad)* ⇒to fade away: *Mi entusiasmo fue desvaneciéndose* - My enthusiasm faded away gradually; *El sonido se desvaneció en la distancia* - The sound faded away into the distance **3** *(desaparecer)* ⇒to disappear **4** *(desmayarse)* ⇒to faint: *Estaba tan débil que me desvanecí* - I was so weak that I fainted
desvelar ▌ *v.* **1** *(quitar el sueño)* ⇒to keep awake **2** *(un secreto)* ⇒to reveal [CONSTR. 1. to reveal + that 2. to reveal + interrogativo]; ⇒to unearth ▌ **desvelarse** *prnl.* **3** *(desvivirse)* ⇒to do *one's* utmost
desventaja *s.f.* ⇒disadvantage: *estar en desventaja* - to be at a disadvantage; ⇒handicap ⇒drawback
desvergonzado, da *adj.* **1** *(sin vergüenza)* ⇒shameless ⇒unashamed **2** *(impertinente)* ⇒cheeky UK
desvestir ▌ *v.* **1** ⇒to undress: *desvestir a un niño* - to undress a child ▌ **desvestirse** *prnl.* **2** ⇒to get undressed **3** *(rápidamente)* ⇒to strip *one's* clothes off
desviación *s.f.* **1** *(de la trayectoria)* ⇒detour US **2** *(de la norma)* ⇒deviation **3** *(carretera)*: *Coge la primera desviación a la derecha* - Take the first road that branches off to the right **4** *(camino provisional)* ⇒diversion UK; ⇒deviation ⇒detour US
desviar ▌ *v.* **1** *(el tráfico)* ⇒to divert **2** *(cambiar la trayectoria)* ⇒to deflect **3** *(la mirada)* ⇒to avert *one's* eyes ▌ **desviarse** *prnl.* **4** ⇒to go off course **5** *(una carretera)* ⇒to branch off
desvío *s.m.* **1** *(de la trayectoria)* ⇒deviation **2** ⇒diversion UK; ⇒detour US
detalle *s.m.* **1** *(pormenor)* ⇒detail **2** *(muestra de cortesía)* ⇒nice gesture: *¡Qué detalle!* - What a nice gesture! **3 con todo ~** ⇒in great detail **4 entrar en detalles** ⇒to go into detail
detectar *v.* ⇒to detect
detective *s.com.* **1** ⇒detective **2** *(privado)* ⇒private detective
detención *s.f.* **1** *(arresto)* ⇒arrest: *Se hicieron dos detenciones* - Two arrests were made; ⇒detention [U] **2** *(interrupción)* ⇒halt
detener *v.* **1** *(parar)* ⇒to stop **2** *(arrestar)* ⇒to arrest: *Mark fue detenido por conducir bebido* - Mark was arrested for drink-driving **3 detenerse en** ⇒to dwell on
detergente *s.m.* **1** ⇒detergent **2** *(en polvo)* ⇒soap powder ⇒washing powder/liquid UK; ⇒laundry detergent US
deteriorado, da *adj.* ⇒damaged ⇒spoiled
deteriorar ▌ *v.* **1** ⇒to damage ⇒to spoil ▌ **deteriorarse** *prnl.* **2** ⇒to decay ⇒to deteriorate: *Su condición se está deteriorando demasiado rápido* - Her condition is deteriorating too fast
deterioro *s.m.* ⇒decay ⇒deterioration: *un deterioro continuo en las relaciones* - a continuing deterioration in relations
determinación *s.f.* **1** *(voluntad)* ⇒determination **2** *tomar una determinación* - to take a decision **3** *(especificación)* ⇒specification
determinado, da *adj.* **1** ⇒certain **2** *(específico)* ⇒specific **3** *(persona, actitud)* ⇒determined
determinar *v.* **1** *(fijar)* ⇒to fix **2** *(averiguar)* ⇒to determine *form* [CONSTR. to determine + interrogativo]: *La policía no ha determinado por qué fue asesinado* - The police haven't determined why he was murdered **3** *(causar)* ⇒to bring about
detestar *v.* ⇒to despise ⇒to detest [CONSTR. 1. to detest + doing sth]; ⇒to hate [CONSTR. 1. to hate + doing sth 2. to hate + to do sth]: *Detesto tener que madrugar* - I hate having to get up early
detrás *adv.* **1** ⇒behind: *Detrás de la casa hay un jardín* - There's a garden behind the house **2 estar ~ 1** ⇒at the back: *Mi casa está detrás* - My home is at the back **2** ⇒on the back: *La etiqueta está detrás* - The label is on the back **3 estar ~ de** *(gustar)* ⇒to be after: *Ben está detrás de ti* - Ben is after you
deuda *s.f.* ⇒debt
devoción *s.f.* **1** *(por una cosa, por una persona)* ⇒passion ⇒devotion **2** *(religioso)* ⇒devotion
devolución *s.f.* **1** *(hecho de devolver)* ⇒return **2** *(de dinero)* ⇒refund **3** *(fiscal)* ⇒rebate
devolver *v.* **1** ⇒to bring back: *Me devolvió la chaqueta* - He brought me my jacket back; ⇒to give back ⇒to return **2** *(vomitar)* ⇒to bring up: *Devolvió el desayuno* - She brought up her breakfast; ⇒to vomit **3** *(reembolsar)* ⇒to pay back ⇒to repay [CONSTR. to repay + dos objetos]; ⇒to refund: *Si no queda satisfecho le devolvemos el dinero* - If you are not satisfied we will refund your money **4** *devolver la llamada a alguien* - to call sb back

devorar *v.* **1** *(comida)* ⇒to devour: *Mi perro devora una lata de comida todos los días* - My dog devours one can of food per day; ⇒to chomp *inform* **2** *col. (un libro, el periódico)* ⇒to devour: *Mi hermana devora toda novela que encuentra* - My sister devours every novel she finds

D **día** *s.m.* **1** ⇒day ⇒daytime **2** *día laborable* - weekday **3** *día festivo* - public holiday **4 al ~** ⇒a day **5 buenos días** ⇒good morning **6 de ~** ⇒in the daytime **7 ~ a ~** ⇒day by day **8 ~ de acción de gracias** ⇒Thanksgiving Day **9 ~ de la madre** ⇒Mother's Day ⇒Mothering Sunday *UK* **10 ~ de los enamorados** ⇒St Valentine's Day **11 ~ de los inocentes** ⇒April Fool's Day **12 ~ del padre** ⇒Father's Day **13 ~ de Navidad** ⇒Christmas Day **14 ~ libre 1** *(sin compromisos)* ⇒free day **2** *(sin trabajar)* ⇒day off **15 durante el ~** ⇒during the daytime **16 el ~ de mañana** ⇒in the future **17 estar al ~** ⇒to be up to date **18 hacer buen ~** ⇒to be a nice day **19 hacerse de ~** ⇒to get light **20 poner al ~** ⇒to bring up to date ⇒to update **21 ser de ~** ⇒to be light **22 todos los días** ⇒every day **23 un ~ sí y otro no** ⇒every other day **24 vivir al ~** ⇒to live from hand to mouth ■ Ver cuadro

diablo *s.m.* **1** ⇒devil **2** *(niño travieso)* ⇒little devil **3 mandar a alguien al ~** *col.* ⇒to tell *sb* to go to hell *inform*

diadema *s.f.* ⇒hairband

diagnóstico *s.m.* ⇒diagnosis (*pl* diagnoses)

diagonal *s.f.* **1** ⇒diagonal **2 en ~** ⇒diagonally

diagrama *s.m.* ⇒diagram

partes del día	
mañana	**Morning** es el término que se utiliza para la primera parte del día, desde el amanecer o la hora de levantarse hasta el mediodía (**midday**) o la hora de la comida.
tarde	**Afternoon** se utiliza para la parte del día que abarca aproximadamente entre el mediodía o la hora de la comida y las seis de la tarde.
	Evening se utiliza para la parte del día después del trabajo o del colegio.
noche	**Night** se utiliza generalmente para la última parte del día, cuando no hay sol. La expresión "good night" se usa cuando nos despedimos de personas durante la tarde ('evening') o cuando nos vamos a acostar.

dialecto *s.m.* ⇒dialect

dialogar *v.* **1** *(conversar)* ⇒to converse *form: Estuvimos dialogando en el descanso de la película* - We were conversing during the interval of the film; ⇒to talk [CONSTR. to talk to/with sb (about sth)]: *Los profesores dialogan a menudo con los alumnos* - Teachers often talk to their students **2** *(negociar)* ⇒to negotiate: *Los terroristas han accedido a dialogar con el Gobierno* - The terrorists agreed to negotiate with the Government

diálogo *s.m.* ⇒conversation ⇒dialogue: *No pude entender la mitad del diálogo* - I couldn't understand half of the dialogue; ⇒dialog *US*

diamante ■ *s.m.* **1** *(piedra preciosa)* ⇒diamond ■ **diamantes** *pl.* **2** *(de una baraja)* ⇒diamonds

diámetro *s.m.* ⇒diameter

diana *s.f.* **1** *(el blanco)* ⇒bull's-eye: *Si das en la diana, ganas una muñeca* - If you hit the bull's-eye you win a doll **2** *(de dardos)* ⇒dartboard

diapositiva *s.f.* ⇒slide

diario, ria ■ *adj.* **1** ⇒daily: *mi rutina diaria* - my daily routine; ⇒everyday **2 a diario** ⇒daily ■ **diario** *s.m.* **3** *(de la vida de una persona)* ⇒diary (*pl* diaries); ⇒journal **4** *(periódico)* ⇒daily newspaper

diarrea *s.f.* ⇒diarrhoea *UK;* ⇒diarrhea *US*

dibujante *s.com.* **1** *(técnico)* ⇒draughtsman (hombre) *UK* (*pl* draughtsmen); ⇒draftsman (hombre) *US* (*pl* draftsmen); ⇒draughtswoman (mujer) *UK* (*pl* draughtswomen); ⇒draftswoman (mujer) *US* (*pl* draftswomen) **2** *(humorista)* ⇒cartoonist

dibujar *v.* ⇒to draw

dibujo *s.m.* **1** ⇒drawing ⇒picture: *Hizo en 10 segundos una foto de ella* - He made in 10 seconds a picture of her; ⇒design ⇒pattern: *Me gusta el dibujo de tu vestido* - I like the pattern on your dress **2 dibujos animados** ⇒cartoon **3 sin ~** ⇒plain

diccionario *s.m.* ⇒dictionary (*pl* dictionaries)

dicho, cha ■ *adj.* **1** *dicho siglo* - that century **2** *dicho de otra manera* - in other words ■ **dicho** *s.m.* **3** ⇒saying ⇒adage

diciembre *s.m.* ⇒December

dictado *s.m.* ⇒dictation [U]

dictador, -a *s.* ⇒dictator

dictadura *s.f.* ⇒dictatorship

dictar *v. (algo escrito)* ⇒to dictate [CONSTR. to dictate + interrogativo]

diecinueve *numer.* **1** ⇒nineteen **2** *(fecha)* ⇒nineteenth

diecinueveavo, va *numer.* ⇒nineteenth

dieciocho *numer.* **1** ⇒eighteen **2** *(fecha)* ⇒eighteenth

dieciochoavo, va *numer.* ⇒eighteenth

dieciséis *numer.* **1** ⇒sixteen **2** *(fecha)* ⇒sixteenth

dieciseisavo, va *numer.* ⇒sixteenth

diecisiete *numer.* **1** ⇒seventeen **2** *(fecha)* ⇒seventeenth

diecisieteavo, va *numer.* ⇒seventeenth

diente *s.m.* **1** ⇒tooth (*pl* teeth): *Deberías lavarte los dientes* - You should clean your teeth **2 ~ de ajo** ⇒clove of garlic **3 ~ de leche** ⇒milk tooth (*pl* milk teeth)

diestro, tra ▌ *adj.* **1** *(de la mano derecha)* ⇒right-handed **2** *(habilidoso)* ⇒skilful UK; ⇒skillful US ▌ **diestro** *s.m.* **3** *(torero)* ⇒bullfighter **4 a diestro y siniestro** ⇒all over the place ⇒left, right and centre

dieta *s.f.* **1** *(alimentación)* ⇒diet: *Tendré que ponerme a dieta* - I'll have to go on a diet **2** *(dinero)* ⇒expenses *pl: La empresa me paga dietas de viaje* - The company pays me travelling expenses

diez *numer.* **1** ⇒ten **2** *(fecha)* ⇒tenth

difamar *v.* **1** ⇒to slander: *Aquel hombre me difamó al decir que le había robado la cartera* - That man slandered me by saying I had stolen his wallet; ⇒to defame *form* **2** *(por escrito)* ⇒to libel

diferencia *s.f.* **1** ⇒difference **2** *(intervalo de tiempo)* ⇒gap: *Hay una diferencia de dos años entre nosotras* - There's a gap of two years between us **3 con ~** ⇒by far

diferenciar ▌ *v.* **1** *(distinguir)* ⇒to distinguish **2** *(hacer diferente)* ⇒to make different: *Eso es lo que te diferencia de los demás* - That's what makes you different from the others ▌ **diferenciarse** *prnl.* **3** ⇒to be different ⇒to differ: *Sus ideas se diferencian de las de él en muchos aspectos* - Her ideas differ from his in many ways

diferente ▌ *adj.* **1** ⇒different: *Tom es diferente a su hermano* - Tom is different from his brother; ⇒dissimilar ⇒distinct ▌ *adv.* **2** ⇒differently

difícil *adj.* **1** ⇒difficult ⇒hard: *El alemán me parece muy difícil* - I find German very hard; ⇒tough **2** *(poco probable)* ⇒unlikely: *Lo veo difícil* - It seems unlikely to me **3** *(una persona)* ⇒bloody-minded *inform;* ⇒problematic

dificultad *s.f.* ⇒difficulty (*pl* difficulties); ⇒trouble [U]

dificultar *v.* **1** ⇒to hinder: *dificultar la realización de un proyecto* - to hinder the carrying out of a project; ⇒to hamper **2** *dificultar el proceso* - to make the process difficult

difundir *v.* **1** ⇒to spread: *Los periódicos difundieron el escándalo* - The newspapers spread the scandal **2** *(por radio o televisión)* ⇒to broadcast **3** *(publicar)* ⇒to publish

difunto, ta *s.* ⇒deceased *form*

difusión *s.f.* **1** ⇒spreading **2** *(de programas)* ⇒broadcasting **3** *(de noticias, de artículos)* ⇒publishing **4** *(de calor, luz y sonido)* ⇒diffusion

digerir *v.* ⇒to digest: *difícil de digerir* - hard to digest

digestión *s.f.* **1** ⇒digestion **2** *La digestión es un proceso complejo de nuestro cuerpo* - Digestion is a complex process in out body

digestivo, va *adj.* ⇒digestive: *aparato digestivo* - digestive system

digital *adj.* **1** *(de los dedos): huella digital* - fingerprint **2** *(un instrumento)* ⇒digital: *un reloj digital* - a digital clock

dignidad *s.f.* ⇒dignity

digno, na *adj.* **1** ⇒graceful **2 ser ~ de** ⇒to be worth: *Este monumento es digno de ver* - This monument is worth seeing

dilatar *v.* **1** *(aumentar de tamaño)* ⇒to expand **2** *(la pupila)* ⇒to dilate

diluir ▌ *v.* **1** ⇒to dilute ⇒to thin ▌ **diluirse** *prnl.* **2** ⇒to dissolve

diluvio *s.m.* **1** ⇒deluge **2 el ~ universal** ⇒the Flood

dimensión *s.f.* **1** ⇒dimension **2** *de grandes dimensiones* - huge **3 en tres dimensiones** ⇒three-dimensional ⇒3D

diminutivo, va ▌ *adj.* **1** ⇒diminutive *form* ▌ **diminutivo** *s.m.* **2** ⇒diminutive

diminuto, ta *adj.* **1** ⇒tiny: *Tenía unos pies diminutos* - She had tiny feet **2** *(un sitio)* ⇒poky UK *inform*

dimisión *s.f.* ⇒resignation: *presentar la dimisión* - to hand in one's resignation

dimitir *v.* ⇒to resign: *dimitir de algo* - to resign from sth

Dinamarca *s.f.* ⇒Denmark

dinámico, ca *adj.* ⇒dynamic: *una persona dinámica* - a dynamic person

dinamita *s.f.* ⇒dynamite

dineral *s.m.* ⇒fortune

dinero *s.m.* **1** ⇒money: *ganar dinero* - to make money **2** *(en efectivo)* ⇒cash **3 andar mal de ~** ⇒to be short of money ⇒to be badly-off **4 ~ contante y sonante** ⇒hard cash **5 ~ negro** ⇒undeclared money **6 ~ suelto** ⇒change ⇒loose change

dinosaurio *s.m.* ⇒dinosaur
dioptría *s.f.* ⇒dioptre *UK;* ⇒diopter *US*
dios, -a *s.* **1** *(deidad masculina)* ⇒god **2** *(deidad femenina)* ⇒goddess (*pl* goddesses) **3** **¡Dios mío!** ⇒my God! ⇒oh dear! **4** **ni Dios** *col.* ⇒not a soul **5** **¡por Dios!** ⇒for God's sake! ⇒for goodness' sake! ⇒for Heaven's sake! **6** **si Dios quiere** ⇒God willing **7** **¡válgame Dios!** ⇒good heavens!
diploma *s.m.* ⇒diploma ⇒certificate
diplomacia *s.f.* ⇒diplomacy
diplomático, ca ■ *adj.* **1** *(forma de ser)* ⇒tactful ⇒diplomatic ■ *s.* **2** ⇒diplomat
diptongo *s.m.* ⇒diphthong
diputado, da *s.* ⇒Member of Parliament ⇒representative *US*
dique *s.m.* **1** ⇒dyke **2** *(en un puerto)* ⇒dock **3** *(en un río)* ⇒levee *US*
dirección *s.f.* **1** *(domicilio, calle)* ⇒address (*pl* addresses) **2** *(rumbo, sentido)* ⇒course ⇒way ⇒direction: *Estamos yendo en dirección sur* - We're going in a southerly direction **3** *(de una empresa)* ⇒management **4** *poner la dirección a una carta* - to address a letter **5** ~ **asistida** ⇒power-assisted steering **6** ~ **prohibida** *(señal)* ⇒no entry **7** ~ **única** ⇒one-way
directiva *s.f.* **1** *(de una asociación)* ⇒committee **2** *(de una empresa)* ⇒board of directors **3** *(norma oficial)* ⇒directive *form*
directivo, va *s.* ⇒director ⇒manager ⇒executive
directo, ta *adj.* **1** *(sin detenerse)* ⇒direct ⇒non-stop **2** *(de carácter brusco)* ⇒blunt **3** **en directo** ⇒live: *cantar en directo* - to sing live
director, -a *s.* **1** ⇒manager ⇒director: *director general* - managing director **2** *(de una escuela)* ⇒head teacher *UK;* ⇒headmaster (hombre) *UK;* ⇒headmistress (mujer) *UK* (*pl* headmistresses) **3** *(de una orquesta)* ⇒conductor **4** *(de una universidad, de un colegio)* ⇒principal **5** *(de cine)* ⇒film maker ⇒film-maker *UK* **6** *(de una tienda, de un restaurante)* ⇒manager (hombre) ⇒manageress (mujer) (*pl* manageresses)
dirigente ■ *s.com.* **1** ⇒leader **2** *(de una empresa)* ⇒manager ■ *adj.* **3** ⇒ruling
dirigir ■ *v.* **1** ⇒to direct ⇒to channel: *Una gran cantidad de dinero se ha dirigido hacia la investigación* - A lot of money has been channelled into research **2** *(una carta)* ⇒to address *form* **3** *(una empresa)* ⇒to manage **4** *(un negocio)* ⇒to run **5** *(una orquesta)* ⇒to conduct **6** *(un arma)* ⇒to aim: *El pistolero dirigía el arma hacia nosotros* - The gunman was aiming his gun at us **7** *(un evento, un proyecto)* ⇒to lead ⇒to orchestrate ■ **dirigirse** *prnl.* **8** *(a un lugar)* ⇒to go [CONSTR. to go to]; ⇒to head for **9** *(a un grupo de personas)* ⇒to address *form;* ⇒to speak: *La presidenta se dirigió a la multitud* - The president spoke to the crowd
discapacidad *s.f.* **1** ⇒disability **2** *(física, mental)* ⇒handicap ⇒impairment *form*
discapacitado, da ■ *adj.* **1** ⇒disabled ⇒handicapped [Se considera más apropiado utilizar *disabled*] ■ *s.* **2** ⇒disabled person ⇒handicapped person
disciplina *s.f.* **1** ⇒discipline **2** *(asignatura)* ⇒subject
discípulo, la *s.* ⇒disciple ⇒pupil
disco ■ *s.m.* **1** *(de música)* ⇒record ⇒album ⇒disc *UK;* ⇒disk *US* **2** *disco sencillo* - single **3** *(en informática)* ⇒floppy (disk) ⇒diskette ⇒disk **4** *(semáforo)* ⇒light **5** ~ **duro** ⇒hard disk ⇒hard drive **6** ~ **volador** ⇒frisbee ■ *s.f.* **7** *(discoteca)* ⇒disco
discoteca *s.f.* ⇒disco ⇒discotheque
discreción *s.f.* ⇒discretion ⇒secretiveness
discrepancia *s.f.* **1** *(desacuerdo)* ⇒disagreement **2** *(diferencia)* ⇒discrepancy (*pl* discrepancies)
discrepar *v.* **1** *(no estar de acuerdo)* ⇒to disagree [CONSTR. to disagree + that]; ⇒to dissent *form;* ⇒to diverge **2** *discrepar con alguien sobre algo* - to be at odds with sb over sth **3** *(diferenciar)* ⇒to differ *form*
discreto, ta *adj.* **1** *(carácter de una persona)* ⇒discreet ⇒tactful **2** *(no llamativo)* ⇒simple: *Llevaba un vestido discreto* - She was wearing a simple dress; ⇒plain
discriminación *s.f.* ⇒discrimination
discriminar *v.* ⇒to discriminate: *No se debe discriminar a nadie* - You shouldn't discriminate against anyone
disculpa *s.f.* **1** *(excusa)* ⇒excuse **2** *(perdón)* ⇒apology (*pl* apologies) **3** *pedir disculpas* - to apologize
disculpar ■ *v.* **1** ⇒to excuse [CONSTR. to excuse for + doing sth]: *No le podemos disculpar el llegar tarde* - We cannot excuse him for being late; ⇒to forgive ■ **disculparse** *prnl.* **2** ⇒to apologize ⇒to apologise *UK*
discurso *s.m.* ⇒speech (*pl* speeches): *pronunciar un discurso* - to give a speech; ⇒address *form* (*pl* addresses)
discusión *s.f.* **1** ⇒argument: *Tuvieron una discusión sobre las vacaciones* - They had an argument about the holidays; ⇒row *UK* **2** *(debate, tertulia)* ⇒discussion ⇒debate

discutir *v.* **1** ⇒to argue: *Estaban discutiendo por un par de zapatos* - They were arguing about a pair of shoes; ⇒to quarrel **2** *(hablar sobre un tema)* ⇒to discuss ⇒to debate

diseñador, -a *s.* ⇒designer

diseñar *v.* ⇒to design

diseño *s.m.* ⇒design ⇒pattern

disfraz *s.m.* **1** *(para no ser reconocido)* ⇒disguise **2** *(de fiesta)* ⇒costume ⇒fancy dress *UK* [U]: *una fiesta de disfraces* - a fancy dress party **3** *(apariencia)* ⇒guise *form*

disfrazar *v.* **1** *(para no ser reconocido)* ⇒to disguise oneself **2** *(vestirse de algo)* ⇒to dress up: *Disfracémonos de romanos* - Let's dress up as Romans **3** *(cifras, datos)* ⇒to massage

disfrutar *v.* **1** ⇒to enjoy [CONSTR. to enjoy + doing sth]: *Disfruté mucho* - I enjoyed it a lot; *Disfruto charlando sobre literatura* - I enjoy chatting about literature **2** ~ **de** ⇒to enjoy [CONSTR. Se construye sin preposición]: *disfrutar de la comida* - to enjoy the meal

disfrute *s.m.* ⇒enjoyment

disgustado, da *adj.* ⇒upset: *Mike se quedó muy disgustado cuando se enteró de la noticia* - Mike got very upset when he heard the news; ⇒displeased ⇒annoyed

disgustar ▌*v.* **1** *(poner triste, enfadar)* ⇒to upset **2** *(no gustar)* ⇒not to like ▌**disgustarse** *prnl.* **3** *(ponerse triste, enfadarse)* ⇒to get upset: *No te disgustes por esa tontería* - Don't get upset because of such a silly thing **4** *(enfadarse)* ⇒to get angry [CONSTR. to get angry at sb]

disgusto *s.m.* **1** ⇒upset ⇒sorrow **2** *dar un disgusto a alguien* - to upset sb **3** *llevarse un disgusto por algo* - to be upset about sth

disimular *v.* **1** *(ocultar)* ⇒to hide: *Mi profesor no disimuló su enfado* - My teacher didn't hide his annoyance **2** *(fingir)* ⇒to pretend [CONSTR. 1. to pretend + (that) 2. to pretend + to do sth]: *Lo sé todo, así que no disimules* - I know everything, so don't pretend

disimulo *s.m.* **1** *hacer algo con disimulo* - to do sth surreptitiously **2** *hacer algo sin disimulo* - to do sth openly

disminución *s.f.* ⇒decrease: *Esta nueva política supondrá una disminución de los delitos en esta zona* - This new policy will mean a decrease of the thefts in this are

disminuido, da *s.* **1** *desp. (físicamente)* ⇒disabled person ⇒physically-handicapped person **2** *(psíquicamente)* ⇒mentally handicapped person

disminuir *v.* ⇒to decrease ⇒to diminish: *El dolor disminuirá después de tomar las pastillas* - Your pain will diminish after taking the pills; ⇒to lessen

disolver *v.* ⇒to dissolve

disparar ▌*v.* **1** *(un arma)* ⇒to fire ⇒to shoot: *La policía disparó al ladrón* - The policewoman shot the thief **2** *(una flecha)* ⇒to shoot ▌**dispararse** *prnl.* **3** *(un precio)* ⇒to shoot up: *Los precios se han disparado* - Prices have shot up **4** *(un mecanismo, un arma)* ⇒to go off

disparate *s.m.* **1** *(al hablar)* ⇒nonsense [U]: *decir disparates* - to talk nonsense **2** *(al hacer algo)* ⇒stupid thing *inform;* ⇒crazy thing ⇒absurd thing

disparo *s.m.* ⇒shot

dispersar ▌*v.* **1** ⇒to disperse: *La policía antidisturbios dispersó a la multitud* - The riot police dispersed the crowd ▌**dispersarse** *prnl.* **2** *(hacia un lugar)* ⇒to scatter: *La multitud se dispersó al ver al león* - The crowd scattered when they saw the lion; ⇒to disperse: *El humo se dispersó en el aire* - The smoke dispersed in the air **3** *(en un asunto)* ⇒to spread oneself thinly: *No te disperses en tantas cosas y céntrate en una sola* - Don't spread yourself so thinly; work on one thing at a time

disponer ▌*v.* **1** *(organizar)* ⇒to arrange: *Los libros están dispuestos en orden alfabético* - The books are arranged in alphabetical order **2** *(tener)* ⇒to have ▌**disponerse** *prnl.* **3** ⇒to get ready: *Me disponía a salir cuando llegaste* - I was getting ready to go out when you arrived

disponible *adj.* ⇒available

disposición *s.f.* **1** *(ordenación)* ⇒arrangement **2** *Mi teléfono está a tu disposición* - My telephone is at your disposal **3** *(en derecho)* ⇒provision

dispositivo *s.m.* **1** ⇒device **2** *(militar)* ⇒force

dispuesto, ta *adj.* **1** *(decidido)* ⇒willing: *Estaba dispuesto a trabajar* - He was willing to work; ⇒prepared **2** *(preparado)* ⇒ready ⇒amenable **3** *no estar dispuesto* - to be unwilling

disputa *s.f.* ⇒dispute: *No han sido capaces de solucionar la disputa por las condiciones laborales* - They have been unable to settle the dispute over working conditions; ⇒disagreement

disputar ▌*v.* **1** *(lidiar)* ⇒to dispute [CONSTR. 1. to dispute + (that) 2. to dispute sth with sb]: *Los nobles disputaban a los reyes el poder de los feudos* - Noblemen disputed the power over their domains with the kings **2** *(competir)* ⇒to play: *Los dos mejores equipos europeos disputarán el encuentro del sábado* - The two best European teams will play Saturday's match ▮ **disputarse** *prnl.* **3** ⇒to compete [CONSTR. 1. to compete for sth]: *¿Qué equipos se disputarán el primer premio este año?* - Which teams will compete for the first prize this year?

D

disquete *s.m.* ⇒disk ⇒floppy disk ⇒diskette

disquetera *s.f.* ⇒disk drive

distancia *s.f.* **1** ⇒distance **2 a mucha ~** ⇒a long way **3 a poca ~** ⇒not far away ⇒not far from: *Este restaurante está a poca distancia del mar* - This restaurant is not far from the sea **4 de ~** ⇒away ⇒off: *El pueblo está todavía a diez millas de distancia* - The village is still ten miles off **5 de larga ~** ⇒long-distance

distante *adj.* **1** *(en el tiempo, en el espacio)* ⇒distant ⇒remote: *galaxias distantes* - remote galaxies **2** *(en el trato)* ⇒distant

distinción *s.f.* **1** *(diferencia)* ⇒distinction ⇒style **2** *sin distinción de raza* - regardless of race **3** *(educación)* ⇒refinement **4** *(premio, reconocimiento)* ⇒award

distinguido, da *adj.* **1** *(valorado)* ⇒distinguished ⇒dignified **2** *(refinado)* ⇒courtly ⇒polished ⇒well-bred: *Viene de una familia distinguida* - He comes from a well-bred family

distinguir ▮ *v.* **1** *(diferenciar)* ⇒to distinguish: *distinguir dos partes diferentes* - to distinguish two different parts **2** *(reconocer)* ⇒to tell: *No pude distinguir cuál era el original* - I couldn't tell which was the original; ⇒to pick out ▮ **distinguirse** *prnl.* **3** *(caracterizarse)* ⇒to be known for

distintivo *s.m.* ⇒badge *UK;* ⇒button *US*

distinto, ta *adj.* ⇒different: *Esos libros son distintos* - Those books are different; ⇒distinct ⇒unlike

distracción *s.f.* **1** *(falta de atención)* ⇒distraction ⇒abstraction *form* **2** *(diversión)* ⇒amusement

distraer ▮ *v.* **1** *(hacer perder la atención)* ⇒to distract **2** *(entretener)* ⇒to entertain ▮ **distraerse** *prnl.* **3** *(desconcentrarse)* ⇒to get distracted **4** *(entretenerse)* ⇒to amuse oneself ⇒to relax

distraído, da *adj.* **1** *(despistado)* ⇒absent-minded ⇒distracted **2** *(entretenido)* ⇒entertaining

distribución *s.f.* **1** *(de bienes)* ⇒distribution **2** *(de mercancía)* ⇒delivery **3** *(disposición)* ⇒layout

distribuir *v.* **1** ⇒to distribute: *Los muebles sobrantes fueron distribuidos entre los amigos* - The leftover furniture was distributed among friends **2** *(repartir entregando en mano)* ⇒to distribute ⇒to give out: *Distribuí los folletos entre los delegados* - I gave out the leaflets to the delegates

distrito *s.m.* **1** ⇒district **2** *(electoral)* ⇒constituency (*pl* constituencies)

disturbio *s.m.* ⇒riot ⇒disturbance [U]

diversión *s.f.* **1** *(entretenimiento)* ⇒amusement ⇒fun **2** *(actividad que entretiene)* ⇒entertainment

diverso, sa *adj.* **1** *(distinto)* ⇒different **2** *(variado)* ⇒diverse

divertido, da *adj.* **1** *(entretenido)* ⇒amusing ⇒entertaining ⇒fun: *La fiesta fue muy divertida* - The party was great fun **2** *(gracioso)* ⇒funny: *Nos contaron una historia muy divertida* - They told us a very funny story; ⇒humorous

divertir ▮ *v.* **1** *(hacer gracia)* ⇒to amuse **2** *(entretener, distraer)* ⇒to entertain ▮ **divertirse** *prnl.* **3** ⇒to enjoy oneself **4 que te diviertas** ⇒have fun! ⇒have a good time!

dividir *v.* **1** ⇒to divide [CONSTR. to divide by/into sth]: *Si divides ocho entre dos, te da cuatro* - If you divide eight by two, you get four **2** *(en dos partes)* ⇒to halve ⇒to divide in two **3** *(separar una cosa de otra)* ⇒to separate [CONSTR. to separate into sth] **4** *(en grupos)* ⇒to categorize

divino, na *adj.* **1** *(de los dioses)* ⇒divine **2** *(extraordinario)* ⇒gorgeous ⇒heavenly *inform: una experiencia divina* - a heavenly experience

divisa *s.f.* ⇒currency (*pl* currencies)

divisar *v.* ⇒to make out

división *s.f.* **1** *(segmentación)* ⇒division ⇒splitting: *la división de un átomo* - the splitting of an atom **2** *(enemistad)* ⇒division **3** *(en matemáticas)* ⇒division **4** *(en deporte)* ⇒division **5** *(de un país)* ⇒break-up ⇒partition

divorciarse *v.prnl.* ⇒to get divorced

divorcio *s.m.* ⇒divorce

divulgar *v.* **1** *(un rumor, una noticia)* ⇒to spread: *La noticia del fin del conflicto se divulgó rápidamente* - News of the end of the conflict quickly spread **2** *(un secreto)* ⇒to disclose *form* [CONSTR. to disclose + that]; ⇒to divulge *form: El presidente se negó a divulgar aquel secreto de Estado* - The president refused to divulge that State secret

dobladillo *s.m.* ⇒hem: *el dobladillo de una falda* - the hem of a skirt

doblaje *s.m.* ⇒dubbing

doblar *v.* **1** *(plegar)* ⇒to fold: *doblar la ropa* - to fold clothes **2** *(curvar, flexionar)* ⇒to bend:

doblar las piernas - to bend one's legs **3** *(torcer)* ⇨to turn: *doblar una esquina* - to turn a corner **4** *(duplicar)* ⇨to double: *doblar una cantidad de dinero* - to double an amount of money **5** *(una película, a un actor)* ⇨to dub: *Peyton ha doblado a muchas actrices famosas* - Peyton has dubbed many famous actresses **6** *(una campana)* ⇨to toll: *Las campanas doblaban por el boticario* - The bells were tolling for the chemist **7** *(en años): Te doblo en edad* - I'm twice your age

doble ▮ *numer.* **1** ⇨double: *una habitación doble* - a double room **2** *una calle de doble sentido* - a two-way street ▮ *s.m.* **3** *(cantidad)* ⇨twice as much (as *sth*): *Mi novio come el doble que yo* - My boyfriend eats twice as much as I do; ⇨double ▮ *s.com.* **4** *(persona)* ⇨double ⇨lookalike **5** *(en una película)* ⇨stunt man (hombre) (*pl* stunt men); ⇨stunt woman (mujer) (*pl* stunt women)

doblez ▮ *s.amb.* **1** *(hipocresía)* ⇨deceitfulness ▮ *s.m.* **2** *(parte que se dobla)* ⇨fold: *hacer un doblez en un pañuelo* - to make a fold in a handkerchief

doce *numer.* **1** ⇨twelve **2** *(fecha)* ⇨twelfth

doceavo, va *numer.* ⇨twelfth

docena *s.f.* ⇨dozen: *una docena de huevos* - a dozen eggs; *por docenas* - by the dozen

docencia *s.f.* ⇨teaching

docente *adj.* *(personal docente)* ⇨teaching staff

doctor, -a *s.* ⇨doctor ⇨Dr

doctrina *s.f.* ⇨doctrine

documentación *s.f.* **1** ⇨papers *pl;* ⇨documents *pl* **2** *(de identificación personal)* ⇨identification ⇨ID **3** *(con carácter oficial)* ⇨documentation

documental *adj./s.m.* ⇨documentary (*pl* documentaries)

documento *s.m.* **1** ⇨document **2** **~ nacional de identidad** ⇨identity card

dólar *s.m.* ⇨dollar

dolencia *s.f.* ⇨ailment

doler *v.* **1** *(físicamente)* ⇨to hurt: *Me duelen las piernas* - My legs hurt; ⇨to ache: *Les dolía la espalda* - Their backs were aching **2** *(emocionalmente)* ⇨to hurt **3** *doler la cabeza* - to have a headache **4** *doler las muelas* - to have toothache **5** *doler los oídos* - to have earache **6** *doler el estómago* - to have a stomachache

dolor *s.m.* **1** *(físico)* ⇨ache ⇨pain: *Tengo dolor de cuello* - I have a pain in the neck **2** *(muy intenso)* ⇨agony **3** *dolor de cabeza* - headache **4** *dolor de espalda* - backache **5** *dolor de muelas* - toothache **6** *dolor de oídos* - earache **7** *dolor de estómago* - stomachache

dolorido, da *adj.* ⇨sore ⇨tender

doloroso, sa *adj.* **1** ⇨painful **2** *(una experiencia)* ⇨bruising

domador, -a *s.* **1** ⇨tamer **2** *(de caballos)* ⇨horse-breaker

D

domar *v.* **1** ⇨to tame: *domar a un león* - to tame a lion **2** *domar a un caballo* - to break a horse in

domesticado, da *adj.* ⇨tame

domesticar *v.* ⇨to tame

doméstico, ca *adj.* **1** ⇨domestic **2** *tareas domésticas* - housework

domicilio *s.m.* **1** ⇨residence *form;* ⇨address (*pl* addresses): *domicilio particular* - home address **2** **servicio a ~** ⇨delivery service

dominante *adj.* **1** *(una persona)* ⇨domineering ⇨authoritarian **2** *(una propuesta, una opinión)* ⇨prevailing **3** *(un sentimiento, una influencia)* ⇨pervasive *form*

dominar ▮ *v.* **1** *(ejercer un poder)* ⇨to dominate **2** *(tener bajo control)* ⇨to subdue **3** *(ser bueno en algo)* ⇨to be a master ⇨to be an expert [CONSTR. to be an expert at sth]: *Diane domina el esquí* - Diane is an expert at skiing **4** *(un idioma)* ⇨to have a very good command: *Domino el ruso* - I have a very good command of Russian **5** *(aprender a hacer algo muy bien)* ⇨to master: *dominar nuevas técnicas* - to master new techniques **6** *(un problema)* ⇨to conquer: *dominar el miedo a hablar en público* - to conquer the fear of public speaking ▮ **dominarse** *prnl.* **7** ⇨to control oneself

domingo *s.m.* **1** ⇨Sunday **2** **~ de Pascua** ⇨Easter Sunday

dominical ▮ *adj.* **1** ⇨Sunday *n: descanso dominical* - Sunday rest ▮ *s.m.* **2** *(periódico)* ⇨Sunday paper

dominicano, na *adj./s.* ⇨Dominican

dominio *s.m.* **1** *(poder)* ⇨rule ⇨control: *Estaban bajo el dominio de los romanos* - They were under control of the Romans **2** *(de un idioma)* ⇨command **3** *(gran conocimiento sobre algo)* ⇨mastery: *un gran dominio del ajedrez* - a deep mastery of chess **4** **ser de ~ público** ⇨to be common knowledge

dominó *s.m.* ⇨dominoes: *jugar al dominó* - to play dominoes

don *s.m.* **1** *(señor)* ⇨Mr **2** *(habilidad natural)* ⇨gift: *Tiene un don para la música* - He has a gift for music; ⇨talent **3** **ser un ~ nadie** *col. desp.* ⇨to be a nobody **4** **tener ~ de gentes** ⇨to have a way with people

D

donante *s.com.* ⇒donor: *un donante de sangre* - a blood donor
donar *v.* **1** ⇒to donate **2** *(sangre)* ⇒to give
donativo *s.m.* ⇒donation
doncella *s.f.* ⇒maid
donde *adv.relat.* ⇒where: *El abrigo está donde tú lo dejaste* - The coat is where you left it
dónde *adv.* **1** ⇒where: *¿Dónde está Nepal?* - Where is Nepal? **2** ⇒wherever: *¿Dónde has estado tanto tiempo?* - Wherever have you been so long? [Tiene valor enfático]
dondequiera *adv.* ⇒wherever: *Dondequiera que vayas, te seguiré* - Wherever you go, I'll follow you
doña *s.f.* **1** *(sin especificar estado civil)* ⇒Ms **2** *(mujer soltera)* ⇒Miss **3** *(mujer casada)* ⇒Mrs
dorado, da *adj.* **1** *(color)* ⇒gold ⇒golden **2** *(cubierto de oro)* ⇒gilded ⇒gilt **3** *(período de tiempo)* ⇒golden: *años dorados* - golden years
dormido, da *adj.* **1** *(una persona)* ⇒asleep **2** *(una parte del cuerpo)* ⇒numb: *Tengo el brazo dormido* - My arm's gone numb
dormir ▮ *v.* **1** ⇒to sleep **2** *(más de lo normal)* ⇒to sleep in **3** *(a un bebé)* ⇒to get to sleep ▮ **dormirse** *prnl.* **4** *(una persona)* ⇒to fall asleep **5** *(una parte del cuerpo)* ⇒to go to sleep
dormitorio *s.m.* **1** *(habitación)* ⇒bedroom **2** *(de un colegio)* ⇒dormitory (*pl* dormitories)
dorso *s.m.* **1** ⇒back: *Ver instrucciones al dorso* - See instructions on the back **2 sigue al ~** ⇒please turn over ⇒PTO
dos *numer.* **1** ⇒two: *Me compré dos pares de zapatos* - I bought two pairs of shoes; *Dame los dos* - Give me both of them **2** *(fecha)* ⇒second **3 de ~ en ~** ⇒in pairs **4 ~ puntos** *(signo ortográfico)* ⇒colon **5 ~ veces** ⇒twice
doscientos, tas *numer.* ⇒two hundred
dosis *s.f.* ⇒dose
dote ▮ *s.amb.* **1** ⇒dowry (*pl* dowries) ▮ **dotes** *s.f.pl.* **2** *tener dotes para el canto* - to have a gift for singing
dragón *s.m.* ⇒dragon
drama *s.m.* **1** *(obra literaria)* ⇒drama **2** *(suceso que conmueve)* ⇒drama
dramático, ca *adj.* ⇒dramatic
droga *s.f.* ⇒drug: *droga blanda* - soft drug; *droga dura* - hard drug
drogadicto, ta *s.* ⇒drug addict
drogar ▮ *v.* **1** ⇒to drug ▮ **drogarse** *prnl.* **2** ⇒to take drugs
droguería *s.f.* ⇒shop which sells household goods and cleaning material
ducha *s.f.* ⇒shower
duchar ▮ *v.* **1** ⇒to give a shower ▮ **ducharse** *prnl.* **2** ⇒to have a shower ⇒to take a shower US
duda *s.f.* **1** ⇒doubt: *No tengo ninguna duda sobre ella* - I don't have any doubts about her; ⇒misgiving **2** *sin duda* - undoubtedly; *sin duda alguna* - without a shadow of a doubt
dudar *v.* ⇒to doubt [CONSTR. to doubt + (that)]: *Dudo que lo consigas* - I doubt you'll manage it; ⇒to hesitate
dudoso, sa *adj.* **1** *(incierto)* ⇒doubtful ⇒uncertain: *de origen dudoso* - of uncertain origin **2** *(probablemente erróneo)* ⇒dubious: *una decisión dudosa* - a dubious decision **3** *(indeciso)* ⇒hesitant
duelo *s.m.* **1** *(lucha)* ⇒duel **2** *(dolor)* ⇒grief **3** *(luto)* ⇒mourning: *La familia está de duelo* - The family is in mourning
duende *s.m.* ⇒elf (*pl* elves)
dueño, ña *s.* **1** *(propietario)* ⇒owner **2** *(de una mascota)* ⇒master **3** *ser dueño de algo* - to own sth **4 ser ~ de sí (mismo,ma)** ⇒to be fully in control of oneself
dulce ▮ *adj.* **1** *(con azúcar)* ⇒sweet **2** *(agua)* ⇒fresh **3** *(una persona)* ⇒gentle: *Es muy dulce con los niños* - She's very gentle with the kids; ⇒sweet ⇒mild **4** *(un sonido)* ⇒mellow ⇒soft ▮ *s.m.* **5** *(pastel)* ⇒cake ⇒confection *form* **6** *(caramelo)* ⇒sweet UK; ⇒candy US (*pl* candies)
duna *s.f.* ⇒dune
dúo *s.m.* **1** *(composición musical)* ⇒duet: *Tocaron un dúo al piano* - They played a duet on the piano **2** *(conjunto)* ⇒duo: *un dúo de cantantes* - a singing duo
duodécimo, ma *numer.* ⇒twelfth
dúplex *s.m.* ⇒duplex (*pl* duplexes)
duplicado *s.m.* ⇒copy (*pl* copies)
duque ▮ *s.m.* **1** ⇒duke ▮ **los duques** *pl.* **2** ⇒the duke and the duchess
duquesa *s.f.* ⇒duchess (*pl* duchesses)
duración *s.f.* **1** ⇒length **2** *de larga duración* - long-lasting **3** *de corta duración* - whistle-stop **4** *(de una cosa)* ⇒life: *Este tipo de pilas son de mayor duración* - This type of battery has a much longer life
duradero, ra *adj.* ⇒lasting: *una amistad duradera* - a lasting friendship
durante *prep.* **1** *(mientras ocurre algo)* ⇒during: *No se permite fumar durante el vuelo* - Smoking is not allowed during the flight; ⇒over: *durante la comida* - over lunch; *durante el verano* - over the summer **2** *(el período de tiempo en el que ocurre algo)* ⇒for: *Estuvimos caminando durante dos horas* - We walked for

two hours **3** *durante todo el espectáculo* - throughout the show **4** *durante el día* - during the day / in the daytime

durar *v.* **1** *(conservarse, permanecer)* ⇨to last: *Espero que la comida dure hasta el sábado* - I hope the food lasts until Saturday; *La tormenta no durará mucho* - The storm won't last long **2** *(prolongarse en el tiempo)* ⇨to take: *El vuelo dura dos horas* - The flight takes two hours

duraznero *s.m.* AMÉR. ⇨peach tree

durazno *s.m.* AMÉR. ⇨peach (*pl* peaches)

duro, ra ▮ *adj.* **1** ⇨hard **2** *(severo)* ⇨tough ⇨harsh: *duras críticas* - harsh criticism **3** *(difícil, trabajoso)* ⇨hard ⇨rough **4** *(un pan, un bollo)* ⇨hard ⇨stale **5** *(la carne)* ⇨tough **6 ~ de oído** ⇨hard of hearing ▮ **duro** *s.m.* **7** *(moneda antigua)* ⇨five-peseta coin **8 no tener un duro** *col.* ⇨to be completely broke ▮ **duro** *adv.* **9** ⇨hard

e ▌ *s.f.* **1** *(letra del alfabeto)* ⇒e ▌ *conj.* **2** ⇒and

ebullición *s.f.* **1** ⇒boiling **2** *llevar a ebullición* - to bring to the boil

echar ▌ *v.* **1** *(tirar)* ⇒to throw: *Échame el balón* - Throw me the ball; ⇒to chuck *inform* **2** *(a suertes)* ⇒to toss: *Echemos una moneda al aire* - Let's toss a coin **3** *(tumbar, acostar)* ⇒to lay: *Voy a echar al bebé en la cama* - I'll lay the baby on the bed **4** *(poner)* ⇒to put: *No me eches otra manta en la cama* - Don't put another blanket on my bed **5** *(participar en un juego)* ⇒to play: *¿Echamos una partida de cartas?* - What about playing cards? **6** *(calcular, adivinar)* ⇒to guess [CONSTR. to guess + (that)]: *Te echo veinte años, pero puede que me equivoque* - I'd guess that you're twenty, but I may be wrong **7** *(servir una bebida)* ⇒to pour: *Échame un poco de agua, por favor* - Pour me a little water, please; ⇒to give **8** *(servir una comida)* ⇒to serve: *¿Te echo un poco más de sopa?* - Shall I serve you some more soup?; ⇒to give **9** *(hacer salir)* ⇒to throw out: *La eché de mi habitación* - I threw her out of my room **10** *(de un colegio)* ⇒to expel: *Ese colegio nunca ha echado a ningún alumno* - That school has never expelled any of its pupils **11** *(de un trabajo)* ⇒to lay off ⇒to dismiss: *La empresa ha echado a varios empleados* - The company has dismissed several employees **12** *col. (en el cine, en la tele)* ⇒to be on: *¿Qué echan esta semana en el cine?* - What's on the cinema this week? **13** *echar una carta* - to post a letter **14** **~ a** ⇒to start: *echar a correr* - to start running **15** **~ de menos** ⇒to miss: *Te echo mucho de menos* - I miss you a lot **16** **~ una mano** ⇒to give a hand: *Échame una mano, por favor* - Give me a hand, please **17** **~ una ojeada** ⇒to have a look: *Solo he venido a echar una ojeada al apartamento* - I've just come to have a look at the flat **18** **~ un ojo** ⇒to keep an eye on: *¿Puedes echarle un ojo a mi equipaje?* - Could you keep an eye on my luggage? **19** **~ un vistazo** ⇒to take a quick look ⇒to scan ⇒to glance: *Siempre le echo un vistazo a los titulares* - I always glance at the newspaper headlines ▌ **echarse** *prnl.* **20** *(tumbarse)* ⇒to lie ⇒to lie down: *Échate un ratito, pareces cansado* - Lie down for a while, you look tired **21** *echarse una siesta* - to have a nap **22** *(moverse)* ⇒to move: *echarse a un lado* - to move aside **23** **echarse atrás** *(rajarse, arrepentirse)* ⇒to back out: *Me eché atrás, porque me faltó valor* - I backed out because I didn't have the guts

eclipse *s.m.* ⇒eclipse

eco *s.m.* **1** ⇒echo (*pl* echoes) **2** *hacer eco* - to echo **3** **hacerse ~ de algo** ⇒to echo *sth*

ecología *s.f.* ⇒ecology

ecológico, ca *adj.* **1** ⇒ecological: *La organización trabaja para prevenir los desastres ecológicos* - The organization works in order to prevent ecological disasters **2** *(un producto)* ⇒environmentally friendly: *un champú ecológico* - an environmentally friendly shampoo; ⇒eco-friendly *UK* **3** *(un cultivo, la agricultura)* ⇒organic: *agricultura ecológica* - organic farming

ecologismo *s.m.* ⇒environmentalism

ecologista ▌ *adj.* **1** ⇒environmental ▌ *s.com.* **2** ⇒environmentalist

economía *s.f.* **1** ⇒economy (*pl* economies): *la economía española* - the Spanish economy; ⇒finance **2** *(ciencia)* ⇒economics [Se usa más con el verbo en singular]: *Estudio economía* - I study Economics

económico, ca *adj.* **1** *(de la economía)* ⇒economic **2** *(barato)* ⇒cheap: *Este coche me parece muy económico* - I found this car very cheap; ⇒economical **3** *(un restaurante, un hotel)* ⇒cheap

ecuador *s.m.* ⇒equator

Ecuador *s.m.* ⇒Ecuador

ecuatorial *adj.* ⇒equatorial

ecuatoriano, na *adj./s.* ⇒Ecuadorian

edad *s.f.* **1** *(de una persona)* ⇒age: *No había nadie de su edad en la fiesta* - There was no one her age in the party **2** *(época)* ⇒age: *la Edad de Piedra* - the Stone Age; *la Edad Media* - the Middle Ages **3 de cierta ~** ⇒getting on in years **4 de mediana ~** ⇒middle-aged **5 estar en la ~ del pavo** ⇒to be at an awkward age **6 mayor de ~** ⇒of age: *ser mayor de edad* - to be of age **7 menor de ~** ⇒under age: *ser menor de edad* - to be under age **8 tercera ~** ⇒retirement age

edición *s.f.* **1** *(conjunto de ejemplares)* ⇒edition: *una edición de bolsillo* - a paperback edition **2** *una edición especial* - a bumper issue **3** *(acción)* ⇒publication **4** *(industria)* ⇒publishing: *Trabaja en el mundo de la edición* - He works in the publishing world

edificar *v.* ⇒to build

edificio *s.m.* ⇒building

editar *v.* **1** *(publicar)* ⇒to publish **2** *(preparar un texto, una película)* ⇒to edit

editor, -a *s.* **1** *(que publica)* ⇒publisher **2** *(que prepara un texto, una película)* ⇒editor

editorial ▮ *adj.* **1** ⇒publishing *n: la industria editorial* - the publishing industry ▮ *s.m.* **2** *(artículo)* ⇒leading article ⇒editorial ▮ *s.f.* **3** *(empresa)* ⇒publisher: *¿De qué editorial es ese libro?* - Who are the publishers of this book?; ⇒publishing company (*pl* publishing companies)

edredón *s.m.* ⇒duvet UK

educación *s.f.* **1** *(enseñanza)* ⇒education: *educación superior* - further education **2** *(cortesía)* ⇒upbringing ⇒manners *pl: tener buena educación* - to have good manners; ⇒politeness **3 ~ a distancia** ⇒distance learning **4 ~ física** ⇒physical education ⇒PE **5 ~ vial** ⇒road education

educado, da *adj.* **1** ⇒polite **2 bien ~** ⇒well behaved **3 mal ~** ⇒impolite *form;* ⇒rude

educar *v.* **1** *(enseñar)* ⇒to educate: *Debemos educar a los niños en la tolerancia* - We must educate children in tolerance **2** *(criar)* ⇒to bring up: *Fue educada por sus abuelos* - She was brought up by her grandparents

efectivo, va ▮ *adj.* **1** ⇒effective ▮ **efectivo** *s.m.* **2** ⇒cash: *en efectivo* - in cash

efecto *s.m.* **1** *(consecuencia)* ⇒effect: *Este medicamento no me hizo efecto* - This medicine had no effect on me **2** *(impresión)* ⇒impression **3** *(propósito)* ⇒purpose: *a estos efectos* - for this purpose **4 ~ invernadero** ⇒greenhouse effect **5 efectos especiales** *(de una película)* ⇒special effects **6 efectos secundarios** *(de un medicamento)* ⇒side effects **7 en ~** ⇒indeed

efectuar *v.* ⇒to carry out: *Efectuamos el experimento en el laboratorio* - We carried out the experiment in the laboratory

efervescente *adj.* **1** *(bebida)* ⇒fizzy: *bebidas efervescentes* - fizzy drinks **2** *(pastilla)* ⇒effervescent

eficacia *s.f.* ⇒effectiveness: *la eficacia en el control* - effectiveness in control; ⇒efficiency

eficaz *adj.* **1** *(una cosa)* ⇒effective **2** *(una persona)* ⇒efficient

eficiencia *s.f.* ⇒efficiency

eficiente *adj.* ⇒efficient

egipcio, cia ▮ *adj./s.* **1** ⇒Egyptian ▮ **egipcio** *s.m.* **2** *(idioma)* ⇒Egyptian

Egipto *s.m.* ⇒Egypt

egoísta ▮ *adj.* **1** ⇒selfish: *No seas tan egoísta y comparte los pasteles con ellos* - Don't be so selfish and share the sweets with them; ⇒egoistic ⇒egotistic ▮ *s.com.* **2** ⇒selfish person ⇒egoist ⇒egotist

eje *s.m.* **1** *(línea)* ⇒axis (*pl* axes) **2** *(de un cuerpo giratorio)* ⇒axle: *el eje de una rueda* - the axle of a wheel; ⇒pivot **3** *(núcleo)* ⇒core: *el eje argumental de una película* - the core of a film's plot; ⇒linchpin **4 ~ de abscisas** ⇒x-axis **5 ~ de coordenadas** ⇒x and y axes *pl* **6 ~ de ordenadas** ⇒y-axis

ejecutar *v.* **1** *(llevar a cabo)* ⇒to carry out **2** *(a un condenado)* ⇒to execute *form* **3** *(una pieza musical)* ⇒to perform ⇒to play **4** *(en informática)* ⇒to run: *Estoy intentando ejecutar el programa, pero me da un error* - I'm trying to run the program but I get an error

ejecutivo, va *adj./s.* ⇒executive

ejemplar ▮ *adj.* **1** ⇒exemplary *form: un comportamiento ejemplar* - an exemplary behaviour ▮ *s.m.* **2** *(de una publicación)* ⇒issue ⇒copy (*pl* copies) **3** *(individuo de una especie)* ⇒specimen

ejemplo *s.m.* **1** ⇒example: *dar ejemplo* - to set an example **2 por ~** ⇒for example ⇒e.g. ⇒for instance ⇒such as

ejercer *v.* **1** *(una profesión)* ⇒to practise UK: *Mi padre ejerce la medicina desde hace más de veinte años* - My father has practised medicine for more than twenty years; ⇒to practice US **2** *(una influencia)* ⇒to exert: *Los dibujos animados ejercen fascinación en los niños* - Cartoons exert fascination among children **3** *(un derecho)* ⇒to exercise *form: Ejerce tu derecho al voto* - Exercise your right to vote **4** *(autoridad, poder)* ⇒to wield

ejercicio *s.m.* **1** *(de una profesión)* ⇒practice **2** *(gimnasia)* ⇒exercise: *hacer ejercicio* - to exercise **3** *(prueba)* ⇒test

ejército *s.m.* **1** *(de tierra)* ⇒army (*pl* armies): *el ejército enemigo* - the opposing army **2** *(de una nación)* ⇒the armed forces **3 ~ del aire** ⇒air force

el, la *art.determ.* **1** ⇒the: *¿Has leído ya el libro que te presté?* - Have you read the book I lent you yet? **2** ⇒the one: *Este es el que me gusta* - This is the one I like **3** *Ese no es el mío* - That one is not mine **4** *(quienquiera)* ⇒whoever: *El primero que llegue gana* - Whoever gets there first, wins ■ Ver cuadro a / an / the

él *pron.pers.* **1** *(sujeto)* ⇒he: *Nada más irte tú, llegó él* - As soon as you left, he turned up **2** *(sujeto al final de frase, precedido del verbo «ser»)* ⇒him: *¿Es él?* - Is it him? **3** *(precedido de una preposición)* ⇒him: *Se lo contaré a él más tarde* - I'll tell it to him later; *¿Quieres hablar con él?* - Do you want to talk to him? **4** *(con valor posesivo)* ⇒his: *No es mío, sino de él* - It's not mine, but his **5** *(referido a un animal)* ⇒it **6 ~ mismo 1** *(persona)* ⇒himself ⇒he himself: *Él mismo fue quien me lo dijo* - He himself told me about it **2** *(animal)* ⇒itself **7 ~ solo 1** *(persona)* ⇒by himself ⇒on his own: *Arregló la bicicleta él solo* - He mended the bicycle on his own **2** *(animal)* ⇒by itself ⇒on its own

elaborar *v.* **1** *(un producto)* ⇒to make **2** *(un plan, una idea)* ⇒to draw up ⇒to develop

elástico, ca ▮ *adj.* **1** *(un material, un objeto)* ⇒elastic ⇒resilient ▮ **elástico** *s.m.* **2** ⇒elastic

elección ▮ *s.f.* **1** ⇒choice ⇒option ⇒pick: *Me temo que hemos hecho una mala elección* - I'm afraid we have made a wrong pick ▮ **elecciones** *pl.* **2** ⇒election **3 elecciones autonómicas** ⇒regional election *sing* **4 elecciones generales** ⇒general election *sing* **5 elecciones legislativas** ⇒parliamentary election *sing;* ⇒legislative elections **6 elecciones municipales** ⇒local elections **7 elecciones primarias** ⇒primaries

elector, -a *s.* ⇒voter

electoral *adj.* **1** ⇒electoral: *colegio electoral* - electoral college **2** *campaña electoral* - election campaign

electricidad *s.f.* ⇒electricity

electricista *s.com.* ⇒electrician

eléctrico, ca *adj.* **1** *(relativo a la electricidad)* ⇒electrical **2** *(un aparato)* ⇒electric: *una cocina eléctrica* - an electric cooker

electrodoméstico *s.m.* ⇒appliance ⇒electrical appliance

electrónica *s.f.* ⇒electronics [Se usa más con el verbo en singular]: *conocimientos de electrónica* - knowledge of electronics; *La electrónica es un campo fascinante* - Electronics is a fascinating field

electrónico, ca *adj.* ⇒electronic

elefante *s.m.* ⇒elephant

elegante *adj.* **1** ⇒elegant ⇒smart **2** *(en sus movimientos)* ⇒graceful **3** *(la ropa)* ⇒dressy **4** *ponerse elegante* - to dress up

elegir *v.* **1** *(escoger entre varios)* ⇒to choose: *Debes escoger uno de estos juguetes* - You must choose one of these toys; ⇒to pick ⇒to select **2** *(por votación)* ⇒to elect: *Elegiremos a la chica más guapa* - We will elect the most beautiful girl **3** *(decidir)* ⇒to choose [CONSTR. to choose + interrogativo]

elemental *adj.* **1** *(fundamental)* ⇒essential ⇒fundamental **2** *(evidente)* ⇒elementary ⇒basic: *una teoría elemental* - a basic theory

elemento *s.m.* **1** ⇒element **2** *col. (persona)* ⇒specimen: *¡Vaya elemento!* - What a specimen!

elevado, da *adj.* **1** *(de gran altura)* ⇒elevated ⇒high **2** *(de gran categoría)* ⇒lofty *form: pensamientos elevados* - lofty thoughts; ⇒exalted **3** *(una cantidad)* ⇒hefty

elevar ▮ *v.* **1** *(subir)* ⇒to raise: *elevar la mirada* - to raise one's eyes **2** *(una petición)* ⇒to submit: *elevar un escrito ante las autoridades* - to submit a paper to the authorities **3** *(en matemáticas)* ⇒to raise to the power of: *elevar un número a la décima potencia* - to raise a number to the power of ten **4** *Dos elevado a cuatro es igual a dieciséis* - Two to the power of four equals sixteen ▮ **elevarse** *prnl.* **5** ⇒to rise: *El avión se elevó por encima de los 8.000 metros* - The plane rose to over 8,000 metres

eliminación *s.f.* ⇒elimination

eliminar *v.* **1** ⇒to eliminate **2** *(borrar)* ⇒to delete ⇒to remove **3** *(cortar)* ⇒to excise *form* **4** *(exterminar)* ⇒to kill off **5** *(en deporte)* ⇒to knock out: *Nos eliminaron de la Copa* - They knocked us out of the Cup

eliminatoria *s.f.* **1** *(en un torneo)* ⇒round **2** *(en atletismo)* ⇒heat **3** *(en fútbol)* ⇒tie

ella *pron.pers.* **1** *(sujeto)* ⇒she: *Ella es mi madre* - She's my mother; *Prefiero que lo haga ella* - I'd rather she did it **2** *(sujeto al final de frase, precedido del verbo «ser»)* ⇒her: *Es ella, ha venido* - It's her, she's come **3** *(precedido de una preposición)* ⇒her: *Dáselo a ella* - Give it to her; *Estoy hablando con ella, no contigo* - I'm talking to her, not to you **4** *(con valor posesivo)* ⇒hers: *No es mío, sino de ella* - It's not mine, but hers **5** *(referido a un animal)* ⇒it **6 ~ misma 1** *(persona)* ⇒herself ⇒she herself: *Ni ella misma está segura de ello* - She herself is not sure about it **2** *(animal)* ⇒itself **7 ~ sola 1** *(persona)* ⇒by herself ⇒on her own: *Mi tía pintó la cocina ella sola* - My aunt painted the kitchen on her own **2** *(animal)* ⇒by itself ⇒on its own

ello *pron.pers.* ⇒it ⇒that: *Debbie le dijo que era una vaga y ello provocó la pelea* - Debbie told her she was a lazybones, and that caused the fight

ellos, ellas *pron.pers.* **1** *(sujeto)* ⇒they: *Si ellas lo dicen, será verdad* - If they say so, it must be true **2** *(sujeto al final de frase, precedido del verbo «ser»)* ⇒them: *Son ellas, ¿les puedes abrir, por favor?* - It's them; could you open the door, please? **3** *(precedido de una preposición)* ⇒them: *Explícaselo a ellos* - Explain it to them; *¿Ya has hablado con ellas?* - Have you talked to them already? **4** *(con valor posesivo)* ⇒theirs: *No es nuestro, sino de ellos* - It's not ours, but theirs **5** ~ **mismos,mas** ⇒themselves ⇒they themselves: *Ellos mismos fueron a la policía* - They themselves told the police **6** ~ **solos,las** ⇒by themselves ⇒on their own: *Mis hermanos arreglaron los frenos ellos solos* - My brothers repaired the brakes on their own

elogiar *v.* ⇒to praise: *Elogiaron mi valor* - They praised my courage; ⇒to eulogize *form;* ⇒to eulogise *UK;* ⇒to commend *form: El juez la elogió por su valentía* - The judge commended her for/on her bravery

elogio *s.m.* ⇒praise [U]: *hacer elogios de algo* - to sing the praises of sth

elote *s.m. AMÉR.* ⇒corncob

embajada *s.f.* ⇒embassy (*pl* embassies)

embajador, -a *s.* ⇒ambassador

embalaje *s.m. (envoltorio o caja)* ⇒packaging

embalar *v.* **1** *(poner en paquetes)* ⇒to pack **2** *(envolver)* ⇒to wrap

embalse *s.m.* ⇒reservoir

embarazada ▮ *adj.* **1** ⇒pregnant ▮ *s.f.* **2** ⇒pregnant woman (*pl* pregnant women)

embarazo *s.m.* ⇒pregnancy (*pl* pregnancies)

embarazoso, sa *adj.* ⇒embarrassing

embarcación *s.f.* ⇒craft (*pl* craft)

embarcadero *s.m.* **1** ⇒pier **2** *(más pequeño)* ⇒jetty (*pl* jetties)

embarcar *v.* **1** *(una persona)* ⇒to board ⇒to embark *form* **2** *(una mercancía)* ⇒to load

embargo *s.m.* **1** *(incautación)* ⇒seizure: *El juez ordenó el embargo de todos sus bienes* - The judge ordered the seizure of all his assets **2** *(comercial)* ⇒trade embargo (*pl* trade embargoes); ⇒embargo (*pl* embargoes) **3 sin** ~ ⇒however: *No tengo tiempo; sin embargo, quiero estudiar otro idioma* - I don't have time; however, I want to study another language; ⇒nevertheless ⇒yet

embestir *v.* **1** ⇒to attack **2** *(un toro)* ⇒to charge

emborrachar ▮ *v.* **1** ⇒to get *sb* drunk: *El vino lo emborrachó* - The wine got him drunk ▮ **emborracharse** *prnl.* **2** ⇒to get drunk: *Nunca me he emborrachado* - I've never got drunk

emboscada *s.f.* ⇒ambush (*pl* ambushes): *tender una emboscada a alguien* - to lay an ambush for sb

embotellado *s.m.* ⇒bottling

embotellamiento *s.m.* **1** Véase **embotellado** **2** *(de coches)* ⇒traffic jam

embotellar *v.* ⇒to bottle [CONSTR. to be bottled]

embrague *s.m.* ⇒clutch (*pl* clutches): *pisar el embrague* - to press the clutch

embudo *s.m.* ⇒funnel

emergencia *s.f.* **1** *(urgencia)* ⇒emergency (*pl* emergencies): *Romper en caso de emergencia* - Break in case of emergency **2** *(salida a la superficie)* ⇒emergence

emigración *s.f.* **1** *(una persona)* ⇒emigration **2** *(un animal)* ⇒migration

emigrante ▮ *adj.* **1** *trabajadores emigrantes* - migrant workers ▮ *s.com.* **2** ⇒emigrant

emigrar *v.* **1** *(una persona)* ⇒to emigrate **2** *(un animal)* ⇒to migrate

emisión *s.f.* **1** *(emanación)* ⇒emission: *las emisiones de dióxido de carbono a la atmósfera* - the emission of carbon dioxide gas to the atmosphere **2** *emisión de acciones* - flotation **3** *(de un programa de radio o televisión)* ⇒broadcast ⇒transmission **4** *(programa de televisión o radio)* ⇒programme *UK;* ⇒program *US*

emisora *s.f.* **1** *(canal)* ⇒channel **2** *(compañía, cadena)* ⇒station: *emisora de radio* - radio station

emitir *v.* **1** *(emanar)* ⇒to emit: *emitir luz* - to emit light **2** *(expresar)* ⇒to express: *emitir un juicio* - to give one's opinion **3** *(transmitir)* ⇒to broadcast: *emitir un programa de radio* - to broadcast a radio programme

emoción *s.f.* **1** *(excitación)* ⇒excitement ⇒thrill **2** *(sentimiento)* ⇒emotion

emocionado, da *adj.* **1** *(entusiasmado)* ⇒excited: *El niño estaba emocionado al ver a Papá Noel* - The kid was excited seeing Father Christmas; ⇒thrilled **2** *(conmovido)* ⇒moved

emocional *adj.* ⇒emotional

emocionante *adj.* **1** *(excitante)* ⇒exciting: *Los planes parecían emocionantes* - The plans seemed exciting; ⇒thrilling **2** *(conmovedor)* ⇒moving: *una escena emocionante* - a moving scene; ⇒stirring

emocionar ▮ *v.* **1** *(excitar)* ⇒to excite ⇒to thrill **2** *(conmover)* ⇒to move ▮ **emocionarse** *prnl.* **3** *(excitarse)* ⇒to get excited **4** *(conmoverse)* ⇒to be moved: *Me emocioné durante la ceremonia* - I was moved during the ceremony

emotivo, va *adj.* **1** *(una persona)* ⇒emotional ⇒rousing **2** *(un discurso, un acto)* ⇒emotional ⇒moving
empacar *v. AMÉR.* ⇒to pack
empachar ▮ *v.* **1** ⇒to cause indigestion **2** *estar empachado* - to have indigestion **▮ empacharse** *prnl.* **3** ⇒to get indigestion: *empacharse de algo* - to get indigestion from sth; ⇒to stuff oneself [CONSTR. to stuff oneself with sth]: *Me empaché de golosinas* - I stuffed myself with sweets
empacho *s.m.* ⇒indigestion ⇒upset stomach
empalagoso, sa *adj.* **1** *(una comida)* ⇒sickly sweet **2** *(una persona)* ⇒cloying ⇒trying
empalmar *v.* ⇒to connect
empalme *s.m.* **1** ⇒connection **2** *(en un medio de transporte, en una carretera)* ⇒junction
empanada *s.f.* **1** ⇒pie: *una empanada de carne* - a meat pie **2 ~ mental** *col.* ⇒complete mix-up *inform;* ⇒confusion
empanadilla *s.f.* ⇒pasty (*pl* pasties)
empañar ▮ *v.* **1** *(la vista)* ⇒to blur **2** *(un cristal)* ⇒to steam up: *Su aliento empañó el cristal* - Her breath steamed up the glass; ⇒to mist up **3** *(la reputación)* ⇒to tarnish **▮ empañarse** *prnl.* **4** *(un cristal)* ⇒to steam up: *Las ventanas del coche se han empañado* - The car windows have steamed up; ⇒to mist up **5** *(los ojos)* ⇒to fill with tears
empapado, da *adj.* ⇒soaking wet ⇒soaked
empapar ▮ *v.* **1** ⇒to soak **▮ empaparse** *prnl.* **2** ⇒to get soaked
empapelar *v.* ⇒to decorate ⇒to paper: *empapelar una pared* - to paper a wall
empaquetar *v.* ⇒to pack ⇒to pack up
emparejar *v.* **1** *(a dos personas)* ⇒to pair up: *Lo emparejaron con mi hermana para el partido de tenis* - He was paired up with my sister for the tennis match **2** *(dos cosas)* ⇒to match: *Empareja la palabra con su significado* - Match the word with its meaning
empastar *v.* ⇒to fill: *La dentista me va a empastar dos muelas* - My dentist is going to fill two of my teeth
empaste *s.m.* ⇒filling
empatar *v.* ⇒to tie ⇒to draw
empate *s.m.* **1** ⇒tie: *El partido terminó en empate* - The match ended in a tie; ⇒draw *UK: Acabaron con empate a uno* - They finished with a one-all draw **2** *(en una carrera)* ⇒dead heat
empeine *s.m.* ⇒instep
empeñar ▮ *v.* **1** ⇒to pawn: *empeñar un objeto* - to pawn an object; ⇒to hock *inform* **▮ empeñarse** *prnl.* **2** ⇒to insist [CONSTR. to insist on + doing sth]: *Trevor se empeñó en ayudarme* - Trevor insisted on helping me; ⇒to be determined [CONSTR. to be determined + to do sth]: *Se han empeñado en terminar hoy el trabajo* - They are determined to finish the work today
empeño *s.m.* **1** *(cambio por dinero)* ⇒pawning **2** *(insistencia, afán)* ⇒determination
empeorar *v.* ⇒to get worse: *La salud financiera de la empresa ha empeorado* - The financial health of the company has got worse; ⇒to deteriorate
emperador *s.m.* ⇒emperor
emperatriz *s.f.* ⇒empress (*pl* empresses)
empezar *v.* **1** ⇒to begin [CONSTR. 1. to begin + doing sth 2. to begin + to do sth]: *Empezó a nevar* - It began to snow; ⇒to start [CONSTR. 1. to start + doing sth 2. to start + to do sth]: *¿A qué hora empezaron a tocar?* - What time did they start to play? **2** *empezar con buen pie* - to make a good start
empinado, da *adj.* ⇒steep
empinar ▮ *v.* **1** ⇒to lift ⇒to raise **▮ empinarse** *prnl.* **2** ⇒to stand on tiptoe: *Me empiné para colocar las cortinas* - I stood on tiptoe to put the curtains up
empleado, da *s.* **1** ⇒employee **2** *empleado del hogar* - domestic servant **3 estar bien empleado** ⇒to serve somebody right
emplear *v.* **1** *(dar empleo)* ⇒to employ *form* [CONSTR. to employ + to do sth]: *La empresa empleó a mil trabajadores para construir el complejo* - The company employed 1,000 workers to build the resort; ⇒to hire **2** *(gastar tiempo, dinero)* ⇒to spend **3** *(utilizar)* ⇒to use [CONSTR. to use + to do sth] **4** *(emplear mal, malgastar)* ⇒to misuse
empleo *s.m.* **1** *(trabajo, colocación)* ⇒employment ⇒job: *Tiene un empleo en un banco* - He has a job in a bank **2** *Están sin empleo* - They are unemployed **3** *(uso)* ⇒use
empollar *v.* **1** *(un ave)* ⇒to brood ⇒to incubate: *empollar un huevo* - to incubate an egg **2** *col. (una persona)* ⇒to swot *UK inform;* ⇒to swot up *UK inform: Empollé mucho para los exámenes finales* - I swotted up a lot for my final exams; ⇒to cram *US inform*
empollón, -a *adj./s. col.* ⇒swot *UK inform n*
empotrado, da *adj.* ⇒built-in
empotrar ▮ *v.* **1** ⇒to build in: *empotrar un armario* - to build in a cupboard **▮ empotrarse** *prnl.* **2** ⇒to crash
emprender *v.* **1** *(un proyecto, una tarea)* ⇒to undertake *form;* ⇒to start: *Vamos a emprender una nueva vida* - We are going to start a new life **2** *(un viaje)* ⇒to embark ⇒to set off
empresa *s.f.* **1** *(compañía)* ⇒company (*pl* companies); ⇒firm **2** *(tienda, negocio)* ⇒business (*pl* businesses); ⇒enterprise

empresario, ria *s.* **1** *(de negocios)* ⇒businessman (hombre) (*pl* businessmen); ⇒businesswoman (mujer) (*pl* businesswomen); ⇒entrepreneur **2** *(patrón)* ⇒employer ⇒industrialist

empujar *v.* **1** ⇒to push: *Empuja la puerta con fuerza para abrirla* - Push the door strongly to open it; ⇒to hustle ⇒to jostle: *Empujábamos a la gente para llegar a la puerta principal* - We jostled the people so as to reach the main door; ⇒to shove **2** *(algo con ruedas)* ⇒to wheel: *Empujaron la bici hasta el jardín* - They wheeled his bike into the garden

empujón *s.m.* **1** ⇒push (*pl* pushes) **2 a empujones** ⇒in fits and starts

empuñar *v.* **1** *(una espada)* ⇒to take by the hilt: *Empuñó la espada* - He took the sword by the hilt **2** *(un cuchillo, un revólver)* ⇒to grip

en *prep.* **1** *(un país, una ciudad)* ⇒in **2** *(dentro de un lugar)* ⇒in: *Nora vive en un piso* - Nora lives in a flat; ⇒at: *Te esperaré en casa* - I'll be waiting for you at home; ⇒onto **3** *(un lugar al aire libre)* ⇒in ⇒at: *No lo vi en el funeral* - I didn't see him at the funeral **4** *(una cosa dentro de otra)* ⇒in **5** *(al indicar movimiento)* ⇒into: *Entró en la cocina* - He went into the kitchen **6** *(encima de)* ⇒on: *Puse la radio en la estantería* - I put the radio on the shelves; *Pasamos el día en la playa* - We spent the day on the beach **7** *(avión, tren, barco, autobús)* ⇒on **8** *(coche, taxi)* ⇒in: *Me acordé en el taxi* - I remembered in the taxi **9** *(modo de transporte)* ⇒by: *Vino a casa en taxi* - She came home by taxi **10** *(una época del año)* ⇒in: *en verano* - in summer **11** *(un momento concreto)* ⇒at **12** *(la forma en la que se hace algo)* ⇒in: *Están hablando en francés* - They are speaking in French **13** *(con cifras): La economía se incrementó en un 2%* - The economy increased by 2% **14** *(el número de una calle)* ⇒at: *Vive en el 33 de Charing Cross Road* - He lives at 33 Charing Cross Road **15** *(para la transformación de una cosa)* ⇒into: *Este sillón se puede transformar en una cama* - This armchair can be turned into a bed **16** *(cómo está algo)* ⇒in: *Se encuentra en un estado terrible* - She is in a terrible state **17** ⇒for: *No hemos visto una casa en kilómetros* - We haven't seen a house for kilometres **18** *(para introducir un período temporal)* ⇒within: *Deberíamos estar allí en un par de horas* - We should be there within a couple of hours **19** *Fui el único en saberlo* - I was the only one to know it

enamorado, da ▌ *adj.* **1** ⇒in love: *Estoy enamorado de ella* - I am in love with her ▌ *s.* **2** ⇒lover

enano, na ▌ *adj.* **1** *(para personas)* ⇒dwarf **2** *(para animales y plantas)* ⇒pygmy **3** *(para cosas)* ⇒tiny ▌ *s.* **4** ⇒dwarf (*pl* dwarves, dwarfs): *siete enanos* - seven dwarves **5** *col. (un niño)* ⇒sprog *UK inform*

encabezamiento *s.m.* ⇒heading

encabezar *v.* **1** *(en una competición)* ⇒to lead: *Encabecé la carrera de principio a fin* - I led the race from start to finish; ⇒to head **2** *(una protesta)* ⇒to spearhead

encadenar *v.* **1** *(atar con cadenas)* ⇒to chain: *Encadené la bici a una farola* - I chained my bike to a lamppost **2** *(unir)* ⇒to link: *encadenar las ideas* - to link ideas

encajar ▌ *v.* **1** *(una pieza)* ⇒to fit ⇒to shoehorn *inform* **2** *col. (una broma)* ⇒to come out with **3** *col. (un gol)* ⇒to concede **4** *col. (aceptar)* ⇒to come to terms: *encajar una derrota* - to come to terms with a defeat **5** *col. (adaptarse)* ⇒to fit in: *La secretaria encajó bien en la empresa* - The secretary fitted in well in the company ▌ **encajarse** *prnl.* **6** ⇒to get stuck: *La ventana se ha encajado* - The window has got stuck

encaje *s.m.* ⇒lace [U]

encantado, da *adj.* **1** *(satisfecho, muy contento)* ⇒delighted **2** *(embrujado)* ⇒haunted ⇒spooky *inform* **3 ~ de conocerte** ⇒pleased to meet you ⇒delighted to meet you

encantador, -a *adj.* **1** ⇒charming ⇒delightful ⇒lovely: *Es una chica encantadora* - She is a lovely girl **2** *(bonito, mágico)* ⇒enchanting ⇒bewitching

encantamiento *s.m.* ⇒spell

encantar *v.* **1** *(gustar mucho)* ⇒to delight **2** *(cautivar)* ⇒to enchant ⇒to charm: *Tu sonrisa me encantó* - I was charmed by your smile **3** *(tener afición por algo)* ⇒to love [CONSTR. 1. to love + doing sth 2. to love + to do sth]: *Me encanta ir al cine* - I love going to the cinema **4** *(hechizar)* ⇒to cast a spell

encanto *s.m.* ⇒charm

encapricharse *v.prnl.* ⇒to take a fancy [CONSTR. to take a fancy to sth]: *El niño se encaprichó con aquel juguete* - The child took a fancy to that toy

encapuchado, da ▌ *adj.* **1** ⇒hooded ▌ *s.* **2** *(hombre)* ⇒hooded man (*pl* hooded men) **3** *(mujer)* ⇒hooded woman (*pl* hooded women)

encarcelar *v.* ⇒to imprison [CONSTR. to imprison for sth]

encargar ▌ *v.* **1** *(una compra, un pedido)* ⇒to order [CONSTR. to order + dos objetos] ▌ **encargarse** *prnl.* **2** *(ocuparse)* ⇒to see to ⇒to take charge: *encargarse de un asunto* - to take charge of a matter

E

encargo *s.m. (de una compra, un pedido)* ⇒order
encariñarse *v.prnl.* ⇒to grow fond of ⇒to become attached to ⇒to get attached to: *Me he encariñado mucho con él* - I have got very attached to him
encendedor *s.m.* ⇒lighter
encender ▌*v.* **1** *(un fuego, una vela)* ⇒to light: *Me encendí un cigarrillo* - I lit a cigarette; ⇒to ignite *form* **2** *(la luz, un aparato eléctrico)* ⇒to turn on ⇒to switch on: *Enciende la luz, por favor* - Switch on the light, please; ⇒to put on ▌**encenderse** *prnl.* **3** *(conectarse)* ⇒to come on ⇒to go on: *De repente se encendió la luz* - All of a sudden the light went on
encendido, da *adj.* **1** *(un fuego)* ⇒lit ⇒alight UK **2** *(un cigarrillo, una vela)* ⇒lighted **3** *(la luz, un aparato eléctrico)* ⇒on: *Las luces están todavía encendidas* - The lights are still on **4** *(un sentimiento)* ⇒inflamed
encerado *s.m. (pizarra)* ⇒blackboard
encerrar *v.* ⇒to lock up: *Lo encerraron en un calabozo* - He was locked up in a cell; ⇒to lock in
encestar *v.* ⇒to score a basket
encharcado, da *adj.* ⇒flooded
enchufado, da *s.* **1** *col. (en el colegio)* ⇒teacher's pet **2** *col. (persona con influencias)* ⇒well-connected person
enchufar *v.* **1** *(a un enchufe)* ⇒to plug in: *Enchufa la televisión* - Plug the television in **2** *(encender, conectar)* ⇒to turn on **3** *col. (a una persona)* ⇒to pull strings *inform: enchufar a alguien* - to pull strings for sb
enchufe *s.m.* **1** *(de un aparato)* ⇒plug **2** *(de la pared)* ⇒socket ⇒outlet US **3** *col. (recomendación)* ⇒contact: *conseguir un trabajo por enchufe* - to get a job through one's contacts
encía *s.f.* ⇒gum
enciclopedia *s.f.* ⇒encyclopaedia UK; ⇒encyclopedia
encima *adv.* **1** *(sobre)* ⇒on: *La taza está encima de la mesa* - The cup is on the table **2** *(arriba)* ⇒above: *Solo hay dos jefes por encima de ella* - There are only two people above her **3** *(además)* ⇒on top of that: *Encima, vas y me dices que no vas a venir* - On top of that, you come and tell me you're not coming **4** *(conmigo)* ⇒on me: *No llevo las llaves encima* - I haven't got my keys on me **5** *(contigo, con vosotros)* ⇒on you ⇒with you: *¿Tienes la cartera encima?* - Do you have your wallet with you? **6** *(consigo)* ⇒on him ⇒on her **7** *(con nosotros)* ⇒on us **8** *(con ellos, con ellas)* ⇒on them **9 echarse ~** ⇒to be just around the corner **10 ~ de** ⇒on ⇒on top of ⇒over **11 estar ~** *(vigilar)* ⇒to be on *one's* back **12 por ~ 1** ⇒on top of ⇒over ⇒above **2** *(superficialmente)* ⇒superficially **13 quitarse de ~** ⇒to get rid of ⇒to get shot of
encina *s.f.* ⇒holm oak
encoger *v.* **1** ⇒to shrink **2** *encogerse de hombros* - to shrug
encontrar ▌*v.* **1** ⇒to find: *No encuentro las llaves* - I can't find my keys ▌**encontrarse** *prnl.* **2** *(con una persona)* ⇒to meet: *Me la encontré de camino a casa* - I met her on my way home **3** *(en un lugar)* ⇒to be: *El museo se encuentra en las afueras de la ciudad* - The museum is on the outskirts of town **4** *(de salud)* ⇒to feel: *¿Cómo te encuentras hoy?* - How do you feel today?
encrucijada *s.f. (de caminos)* ⇒crossroads (*pl* crossroads)
encuadernación *s.f.* ⇒binding
encuadernar *v.* ⇒to bind: *encuadernar un libro* - to bind a book
encubrir *v.* **1** *(una intención)* ⇒to hide **2** *(un delito)* ⇒to cover up ⇒to conceal **3** *(a una persona)* ⇒to harbour UK; ⇒to harbor US
encuentro *s.m.* **1** *(entre personas)* ⇒meeting ⇒encounter *form* **2** *(competición deportiva)* ⇒game ⇒match (*pl* matches)
encuesta *s.f.* ⇒survey: *Hicimos una encuesta sobre el tipo de música que le gusta a la gente* - We did a survey on the type of music people like; ⇒poll ⇒opinion poll
enderezar *v. (poner derecho)* ⇒to straighten ⇒to straighten up
endeudar *v.* ⇒to get into debt
endulzar *v.* **1** *(poner dulce)* ⇒to sweeten: *endulzar el café* - to sweeten coffee **2** *(hacer más agradable)* ⇒to brighten up: *Tu sonrisa endulza mis días grises* - Your smile brightens up dull days
endurecer ▌*v.* **1** *(poner duro)* ⇒to harden ⇒to firm up: *endurecer las piernas* - to firm up one's legs **2** *(volver insensible)* ⇒to harden: *La vida lo ha endurecido* - Life has hardened him ▌**endurecerse** *prnl.* **3** *(ponerse duro)* ⇒to harden ⇒to go hard ⇒to be hard: *El pan se ha endurecido* - The bread has gone hard
enemigo, ga ▌*adj.* **1** ⇒enemy ▌*s.* **2** ⇒enemy (*pl* enemies); ⇒foe *lit*
energía *s.f.* **1** *(para mover una máquina)* ⇒energy ⇒power **2** *(de una persona)* ⇒energy: *Es una mujer de mucha energía* - She is a woman of great energy **3** *energía nuclear* - nuclear power **4** *energía solar* - solar power
enérgico, ca *adj.* **1** *(lleno de energía)* ⇒energetic: *Fue lo suficientemente enérgico para acabar*

E

su trabajo - He was energetic enough to finish his job; ⇒vigorous **2** *(duro, firme)* ⇒firm

enero *s.m.* ⇒January

enfadado, da *adj.* ⇒angry: *Estaba enfadado con nosotros* - He was angry with us; ⇒cross ⇒annoyed

enfadar ▌*v.* **1** ⇒to make angry: *No enfades a tus padres* - Don't make your parents angry; ⇒to fire up ▌**enfadarse** *prnl.* **2** ⇒to get angry ⇒to get cross: *Me enfadé cuando me dejaste plantado* - I got cross when you stood me up

enfado *s.m.* ⇒anger ⇒annoyance

énfasis *s.m.* ⇒emphasis

enfermar *v.* ⇒to fall ill

enfermedad *s.f.* **1** ⇒illness (*pl* illnesses); ⇒sickness [U]: *Hay mucha enfermedad este año* - There's a lot of sickness around this winter **2** *(al especificar el nombre)* ⇒disease: *enfermedad de Alzheimer* - Alzheimer's disease **3** *coger una enfermedad* - to go down with an illness

enfermería *s.f.* **1** *(lugar)* ⇒infirmary *UK* (*pl* infirmaries); ⇒sick bay **2** *(estudios)* ⇒nursing

enfermero, ra *s.* ⇒nurse

enfermizo, za *adj.* ⇒unhealthy: *una persona enfermiza* - an unhealthy person

enfermo, ma ▌*adj.* **1** ⇒ill ⇒sick **2** *ponerse enfermo* - to fall ill **3** *Me pones enfermo* - You make me sick ▌*s.* **4** ⇒sick person ⇒patient

enfocar *v.* **1** *(iluminar)* ⇒to shine a light **2** *(una cámara)* ⇒to focus **3** *(un asunto)* ⇒to look at ⇒to approach: *No sé como enfocar este problema* - I don't know how to approach this problem

enfoque *s.m.* **1** ⇒focus (*pl* foci, focuses) **2** *(de un asunto)* ⇒approach

enfrentamiento *s.m.* ⇒clash (*pl* clashes); ⇒confrontation

enfrentar ▌*v.* **1** *(poner frente a frente)* ⇒to bring face to face ⇒to put face to face: *enfrentar dos espejos* - to put two mirrors face to face **2** *(enemistar)* ⇒to confront ⇒to divide ▌**enfrentarse** *prnl.* **3** *(en una lucha)* ⇒to clash: *enfrentarse a alguien* - to clash with sb **4** *(en una competición deportiva)* ⇒to play against: *Escocia se enfrenta a Francia* - Scotland is playing against France **5** *(a una situación difícil)* ⇒to face: *enfrentarse a un problema* - to face a problem

enfrente *adv.* ⇒in front: *Vivo enfrente del colegio* - I live in front of my school; ⇒opposite

enfriar ▌*v.* **1** ⇒to cool ⇒to chill ▌**enfriarse** *prnl.* **2** *(un alimento)* ⇒to cool down: *Deja que se enfríe antes de comértelo* - Let it cool down before you eat it **3** *(una persona)* ⇒to get a cold **4** *(una relación)* ⇒to cool

enfurecerse *v.prnl.* ⇒to get furious: *Se enfureció conmigo* - She got furious at me; ⇒to lose *one's* temper ⇒to fly into a rage

enfurecido, da *adj.* ⇒in a fury: *estar enfurecido* - to be in a fury

enfurruñarse *v.prnl.* ⇒to sulk

enganchar ▌*v.* **1** *(con un gancho)* ⇒to hook **2** *col. (a una persona)* ⇒to buttonhole ▌**engancharse** *prnl.* **3** ⇒to get caught: *Se me ha enganchado la camiseta* - My tee-shirt got caught **4** *(a la droga)* ⇒to get hooked *inform*

engañar ▌*v.* **1** ⇒to deceive: *Mi hermano engañó a todo el mundo* - My brother deceived everyone; ⇒to trick ⇒to fool [CONSTR. to fool into + doing sth] **2** *Las apariencias engañan* - You can't judge a book by its cover **3** *(mentir)* ⇒to lie **4** *(ser infiel)* ⇒to be unfaithful ▌**engañarse** *prnl.* **5** ⇒to deceive oneself ⇒to delude oneself [CONSTR. to delude into + doing sth]

engaño *s.m.* **1** ⇒deceit **2** *(truco)* ⇒trick ⇒hoax (*pl* hoaxes) **3** *(farol)* ⇒bluff ⇒pretence *UK*

engatusar *v. col.* ⇒to sweet talk

engendrar *v.* **1** *(concebir)* ⇒to conceive: *engendrar un niño* - to conceive a child **2** *(producir)* ⇒to breed: *El odio solo engendra odio* - Hate only breeds hate

engordar *v.* ⇒to {gain/put} on weight: *He engordado 4 kilos en el último mes* - I've put 4 kilos on the last month; ⇒to get fat

engrasar *v.* **1** ⇒to grease **2** *(con aceite)* ⇒to oil

engullir *v.* ⇒to bolt: *Estaba hambriento y engulló la comida en cinco minutos* - He was hungry and bolted his food in five minutes; ⇒to gobble *inform*

enhebrar *v.* ⇒to thread

enhorabuena *s.f.* **1** ⇒congratulations *pl* **2** *dar la enhorabuena* - to congratulate

enigma *s.m.* ⇒enigma

enjabonar *v.* ⇒to soap: *enjabonar a alguien la espalda* - to soap sb's back; *enjabonarse las manos* - to soap one's hands

enjambre *s.m.* ⇒swarm

enjaular *v.* ⇒to put in a cage

enjuagar ▌*v.* **1** ⇒to rinse ⇒to flush ▌**enjuagarse** *prnl.* **2** ⇒to rinse *one's* mouth out

enlace *s.m.* **1** *(unión)* ⇒link **2** *(boda)* ⇒wedding **3** *(de medios de transporte)* ⇒connection

enlatar *v.* ⇒to can: *enlatar alimentos* - to can food

enlazar *v.* ⇒to connect ⇒to link

enloquecer *v.* **1** *(volver loco)* ⇒to drive mad ⇒to drive crazy: *Tantas preocupaciones acabarán por enloquecerte* - So many worries will drive you crazy in the end **2** *(volverse loco)* ⇒to go mad ⇒to go crazy: *Enloqueció tras la muerte de su mujer* - He went crazy after his wife's death **3** *Me enloquecen los helados* - I'm crazy about ice-cream

enmarcar *v.* **1** *(encuadrar)* ⇒to frame: *enmarcar un cuadro* - to frame a picture **2** *(delimitar)* ⇒to place: *La crítica enmarca la obra del pintor en el renacimiento* - Critics place the painter's works in the Renaissance

enmendar *v. (algo que está mal)* ⇒to put right ⇒to amend ⇒to mend *one's* ways

enmienda *s.f.* **1** ⇒correction ⇒atonement *form* **2** *hacer propósito de enmienda* - to mend one's ways

enmudecer ▮ *v.* **1** *(hacer callar)* ⇒to silence ⇒to go quiet ▮ **enmudecerse** *prnl.* **2** ⇒to fall silent ⇒to say nothing

enojado, da *adj.* ⇒angry ⇒cross

enojar ▮ *v.* **1** ⇒to annoy ⇒to make angry: *Tus comentarios me enojaron* - Your remarks made me angry ▮ **enojarse** *prnl.* **2** ⇒to lose *one's* temper ⇒to get angry: *enojarse con alguien* - to get angry at sb

enojo *s.m.* **1** *(irritación)* ⇒annoyance **2** *(ira)* ⇒anger

enorgullecer ▮ *v.* **1** ⇒to make proud: *Tu comportamiento me enorgullece* - Your conduct makes me proud of you ▮ **enorgullecerse** *prnl.* **2** ⇒to be proud ⇒to feel proud: *Me enorgullezco de mis hijas* - I feel proud of my daughters

enorme *adj.* ⇒enormous: *Tienen una casa enorme* - They have an enormous house; ⇒huge

enredadera *s.f.* ⇒creeper ⇒vine

enredar ▮ *v.* **1** *(a una persona)* ⇒to involve ⇒to embroil *form;* ⇒to implicate **2** *enredar el pelo* - to get hair tangled up **3** *(hacer travesuras)* ⇒to get up to mischief ▮ **enredarse** *prnl.* **4** ⇒to get involved **5** *(en algo negativo)* ⇒to get mixed up

enrevesado, da *adj.* **1** ⇒complicated **2** *(una persona)* ⇒awkward

enriquecer ▮ *v.* **1** *(hacer rico)* ⇒to make rich: *enriquecer a una persona* - to make sb rich **2** *(mejorar la calidad)* ⇒to enrich: *enriquecer el vocabulario* - to enrich one's vocabulary ▮ **enriquecerse** *prnl.* **3** *(hacerse rico)* ⇒to get rich: *Se enriquecieron gracias a ese negocio* - They got rich thanks to that business

enrojecer *v.* **1** *(de vergüenza)* ⇒to blush **2** *(de enfado)* ⇒to go red **3** *enrojecer de ira* - to go red with anger **4** *(la piel, los ojos)* ⇒to redden ⇒to make red

enrollado, da *adj.* **1** *(papel, persiana)* ⇒rolled up **2** *col. (abierto, amistoso)* ⇒cool *inform;* ⇒great ⇒neat **3** *Estoy enrollado con la limpieza general de la casa* - I'm into the spring cleaning of my house **4** *estar enrollado con alguien* - to be involved with sb

enrollar ▮ *v.* **1** ⇒to wind ⇒to roll **2** *(una persiana, una alfombra)* ⇒to roll up ▮ **enrollarse** *prnl.* **3** *col. (al hablar)* ⇒to go on and on talking: *No te enrolles y ve al grano* - Don't go on and on talking and get to the point **4** *(empezar a hablar)* ⇒to get talking **1 2**

enroscar ▮ *v.* **1** *(colocar algo con rosca)* ⇒to screw: *Enrosca el tapón en la botella* - Screw the top on the bottle ▮ **enroscarse** *prnl.* **2** *(colocar en forma de rosca)* ⇒to twist

ensalada *s.f.* ⇒salad: *ensalada de lechuga* - green salad; *ensalada de col* - coleslaw; *ensalada mixta* - mixed salad

ensaladera *s.f.* ⇒salad bowl

ensanchar ▮ *v.* **1** *(un camino)* ⇒to widen: *ensanchar la acera* - to widen the pavement; ⇒to broaden ▮ **ensancharse** *prnl.* **2** *(un camino)* ⇒to get wider: *La calle se ensancha en ese cruce* - The street gets wider at that junction **3** *(una prenda de vestir)* ⇒to stretch: *Se me ha ensanchado el jersey* - My pullover has stretched

ensangrentado, da *adj.* ⇒bloody ⇒gory

ensangrentar *v.* ⇒to get blood on: *La sangre de las heridas ensangrentó la ropa del preso* - The prisoner got blood on his clothes from his wounds

ensayar *v.* **1** *(repetir varias veces)* ⇒to rehearse **2** *(hacer pruebas)* ⇒to test

ensayo *s.m.* **1** *(de una obra de teatro, de un concierto)* ⇒rehearsal: *ensayo general* - dress rehearsal **2** *(prueba)* ⇒practice ⇒run-through **3** *(experimento)* ⇒test **4** *(género literario)* ⇒essay **5 tubo de ~** ⇒test tube

enseguida *adv.* ⇒straightaway: *Vete enseguida* - Go there straightaway!; ⇒immediately: *Deberías llamarla enseguida* - You should call her immediately

enseñanza *s.f.* **1** *(profesión)* ⇒teaching **2** *(educación)* ⇒education **3** *(últimos dos años de la enseñanza secundaria)* ⇒sixth form UK **4 ~ primaria** ⇒primary education **5 ~ secundaria** ⇒secondary education **6 ~ superior** ⇒higher education

enseñar *v.* **1** *(dar clases)* ⇒to teach **2** *(aportar conocimientos)* ⇒to instruct [CONSTR. to instruct in sth]; ⇒to teach [CONSTR. to teach sb + to do sth] **3** *(educar)* ⇒to educate **4** *(mostrar)* ⇒to show [CONSTR. 1. to show + doing 2. to show + interrogativo 3. to show + dos objetos]: *Nos enseñó a hacer tarta de chocolate* - He showed us how to make a chocolate cake

ensillar *v.* ⇒to saddle: *ensillar un caballo* - to saddle a horse
ensordecedor, -a *adj.* ⇒deafening
ensordecer *v.* ⇒to deafen
ensuciar ▌*v.* **1** ⇒to dirty ⇒to get dirty: *No te ensucies las manos* - Don't get your hands dirty **2** *(tirar basura al suelo)* ⇒to litter ▌**ensuciarse** *prnl.* **3** ⇒to get dirty
entender ▌*v.* **1** *(comprender)* ⇒to understand: *No pude entender lo que quería decir* - I couldn't understand what he meant; ⇒to grasp **2** *entender mal* - to misunderstand **3** *¿Lo entiendes?* - Do you get it? **4** *No te entiendo* - I am not with you **5** *(saber de una materia)* ⇒to know [CONSTR. to know + interrogativo]: *No puedo entender cómo pudo hacerlo* - I can't understand how she could do it **6** **¡entendido!** ⇒agreed! ⇒right! **7** **¿entendido?** ⇒all right? ▌**entenderse** *prnl.* **8** *(llevarse bien)* ⇒to get on well: *Siempre me he entendido con mis hermanos* - I've always got on well with my brothers and sisters
enterarse *v.prnl.* **1** *(averiguar, llegar a saber)* ⇒to find out **2** *(estar informado)* ⇒to hear **3** *(comprender)* ⇒to understand **4** *(darse cuenta)* ⇒to realize ⇒to realise *UK* [CONSTR. 1. to realize/-ise + (that) 2. to realize/-ise + interrogativo] **5** *Se va a enterar* - He will get what for
enternecedor, -a *adj.* ⇒moving ⇒touching
entero, ra *adj.* **1** *(de una pieza)* ⇒whole **2** *(completo, entero)* ⇒entire ⇒whole **3** *(leche)* ⇒whole
enterrar *v.* **1** ⇒to bury **2** *enterrarse en vida* - to shut oneself away
entierro *s.m.* **1** *(enterramiento)* ⇒burial ⇒funeral **2** *(cremación)* ⇒funeral
entonación *s.f.* ⇒intonation
entonar ▌*v.* **1** *(cantar)* ⇒to sing in tune: *No soy muy bueno entonando* - I'm not very good at singing in tune **2** *(dar fuerzas)* ⇒to tone up: *entonar los músculos* - to tone muscles up ▌**entonarse** *prnl.* **3** *(recobrar fuerzas)* ⇒to feel better: *Me entonaré con una taza de café* - I will feel better with a cup of coffee
entonces *adv.* ⇒then
entornar *v.* ⇒to half-close ⇒to half-open: *entornar los ojos* - to half-open one's eyes
entorno *s.m.* **1** *(de una planta, un animal)* ⇒habitat **2** *(lugar, emplazamiento)* ⇒setting **3** *(ambiente)* ⇒environment
entrada ▌*s.f.* **1** *(lugar por donde se entra)* ⇒entrance ⇒access [U]; ⇒way in **2** *(admisión a un lugar)* ⇒admission: *entrada libre* - free admission **3** *(hecho de entrar)* ⇒entry ⇒access **4** *(para un espectáculo)* ⇒ticket **5** *(de un período de tiempo)* ⇒start: *la entrada del nuevo milenio* - the start of the new millennium **6** *(para un piso)* ⇒deposit **7** *(de una casa)* ⇒hall *UK*; ⇒hallway *UK* **8** *(a un edificio)* ⇒doorway **9** *(en un diccionario)* ⇒headword **10** *(en informática)* ⇒input **11** *(en fútbol)* ⇒tackle **12** **de ~** ⇒right from the start ▌**entradas** *s.f.pl.* **13** ⇒receding hairline *sing*
entrañable *adj.* **1** *(una persona)* ⇒charming **2** *(amistad)* ⇒close **3** *(amigo)* ⇒dear **4** *(algo que se recuerda)* ⇒fond: *recuerdos entrañables* - fond memories
entrar *v.* **1** ⇒to enter ⇒to go into: *entrar en un edificio* - to go into a building **2** *(pasar adentro)* ⇒to come in: *¡Entra!* - Come in! **3** *(estar incluido)* ⇒to come up: *¿Qué va a entrar en el examen?* - What will come up in the exam? **4** *(llevar una cosa dentro)* ⇒to hold: *En este bolso entra de todo* - This bag holds lots of things **5** *(forzando algo)* ⇒to break in: *La semana pasada entraron ladrones en casa* - Last week sb broke into our house **6** *(sigilosamente)* ⇒to creep in: *Entré sin hacer ruido* - I crept in silently **7** *entrar en calor* - to warm up **8** *(en la universidad)* ⇒to matriculate *form* **9** *(en un ordenador, en un sistema)* ⇒to log in **10** *(caber)* ⇒to fit: *Estos vaqueros no me entran* - This jeans doesn't fit me **11** **~ en vigor** ⇒to take effect ⇒to come into force
entre *adv.* **1** *(dos elementos diferentes)* ⇒between: *¿Qué diferencia hay entre «comer» y «devorar»?* - What's the difference between «to eat» and «to devour»? **2** *(dos elementos iguales)* ⇒between: *El colegio está entre dos iglesias* - The school is between two churches **3** *(al hacer un cálculo aproximado)* ⇒between: *entre diez y quince libras* - between ten and fifteen pounds **4** *(al hablar de una hora aproximada)* ⇒between: *entre las 4 y las 6 de la mañana* - between 4 and 6 in the morning **5** *(compartido, repartido)* ⇒between: *Pagamos la cuenta entre todos* - We paid the bill between us **6** *(más de dos cosas o personas)* ⇒among: *Entre toda esa ropa, encontrarás una falda roja* - Among those clothes you'll find a red skirt; ⇒amongst **7** *(en una división)* ⇒divided by: *Diez entre cinco son dos* - Ten divided by five goes two **8** **~ sí 1** *(dos personas)* ⇒each other **2** *(varias personas)* ⇒among themselves **9** **~ todos** ⇒together ■ Ver cuadro en la página siguiente
entreabrir *v.* ⇒to half-open
entreacto *s.m.* ⇒interval
entrecejo *s.m.* ⇒space between the eyebrows
entrega *s.f.* **1** ⇒delivery (*pl* deliveries) **2** *(en público)* ⇒presentation: *la entrega de medallas* - the presentation of medals **3** *(dedicación)*

⇒commitment ⇒dedication **4** *(fascículo)* ⇒instalment UK

entregar ▌ *v.* **1** ⇒to deliver ⇒to hand **2** *(un ejercicio, un trabajo)* ⇒to hand in: *Entregamos el cuaderno de ejercicios* - We handed the exercise books in **3** *(premios)* ⇒to present ▌ **entregarse** *prnl.* **4** *(a las autoridades)* ⇒to give oneself up **5** *(a una causa)* ⇒to commit oneself ⇒to devote oneself to **6** *(al enemigo)* ⇒to surrender

E

entrenador, -a *s.* **1** ⇒coach (*pl* coaches); ⇒trainer **2** *(de un equipo de fútbol)* ⇒manager **3** *(de un animal)* ⇒handler

entrenamiento *s.m.* ⇒training

entrenar ▌ *v.* **1** ⇒to train ▌ **entrenarse** *prnl.* **2** ⇒to train [CONSTR. to train + to do sth] **3** *(en un gimnasio)* ⇒to work out

entretanto *adv.* ⇒in the meantime ⇒meanwhile

entretener ▌ *v.* **1** *(mantener ocupado)* ⇒to amuse: *Entretuve a los niños durante toda la tarde* - I amused the children the whole afternoon **2** *(divertir)* ⇒to entertain ⇒to keep amused **3** *(retrasar)* ⇒to delay: *El tráfico me entretuvo* - I was delayed by the traffic; ⇒to hold up **4** *(distraer)* ⇒to keep busy ▌ **entretenerse** *prnl.* **5** *(mantenerse ocupado)* ⇒to amuse oneself: *Me entretuve durante horas con aquel juego* - I amused myself for hours with that game; ⇒to occupy **6** *(retrasarse)* ⇒to be delayed ⇒to be held up: *Me entretuve hablando con ellos* - I was held up talking to them

entretenido, da *adj.* ⇒amusing ⇒entertaining

entretenimiento *s.m.* **1** *(ocupación)* ⇒amusement **2** *(diversión)* ⇒entertainment

entrever *v.* ⇒to glimpse

entrevista *s.f.* ⇒interview

entrevistar ▌ *v.* **1** ⇒to interview ▌ **entrevistarse** *prnl.* **2** ⇒to have a meeting

entristecer ▌ *v.* **1** ⇒to make sad ⇒to sadden *form;* ⇒to upset ▌ **entristecerse** *prnl.* **2** ⇒to grow sad ⇒to become sad

entrometerse *v.prnl.* ⇒to interfere ⇒to meddle [CONSTR. to meddle in/with sth]: *No te entrometas en mis asuntos* - Don't meddle in my business

entrometido, da ▌ *adj.* **1** ⇒interfering ⇒meddling ▌ *s.* **2** ⇒busybody *inform* (*pl* busybodies); ⇒meddler

enturbiar ▌ *v.* **1** *(un líquido)* ⇒to make cloudy: *No hagas eso, que vas a enturbiar el café* - Don't do that, you'll make the coffee cloudy **2** *(estropear)* ⇒to spoil: *Los celos enturbiaron nuestro amor* - Jealousy spoilt our love **3** *(un asunto)* ⇒to cloud ▌ **enturbiarse** *prnl.* **4** *(un líquido)* ⇒to become cloudy: *El agua del río se enturbió con la tormenta* - The river water became cloudy after the storm **5** *(estropearse)* ⇒to be spoilt: *No dejes que tu tranquilidad se enturbie por cosas insignificantes* - Don't let your peace be spoilt by trivialities

entusiasmado, da *adj.* ⇒excited ⇒very enthusiastic

entusiasmar ▌ *v.* **1** ⇒to thrill: *La orquesta entusiasmó al público* - The orchestra thrilled the audience ▌ **entusiasmarse** *prnl.* **2** ⇒to be delighted with ⇒to get enthusiastic: *entusiasmarse con algo* - to get enthusiastic about sth; ⇒to rave about *inform*

entusiasmo *s.m.* ⇒enthusiasm: *con gran entusiasmo* - with great enthusiasm

entusiasta *adj. (emocionado)* ⇒enthusiastic: *No pareces muy entusiasta sobre la fiesta* - You don't seem very enthusiastic about the party; ⇒keen

enumerar *v.* ⇒to enumerate *form*

enunciado *s.m.* **1** *(de un problema)* ⇒wording **2** *(en gramática)* ⇒wording ⇒statement

entre (among / between)

Among se utiliza normalmente para indicar una posición entre tres o más personas o cosas:	**Between** se utiliza para indicar una posición entre dos personas o cosas:
 *The house is **among** the trees.* (La casa está entre árboles)	 *The house is **between** two trees.* (La casa está entre dos árboles)

enunciar *v.* ⇒to word ⇒to enunciate *form*: *enunciar una idea* - to enunciate an idea
envasar *v.* **1** ⇒to bottle ⇒to package **2** *(en una caja)* ⇒to pack **3** *(en una lata)* ⇒to can
envase *s.m.* **1** ⇒packaging [U]; ⇒container **2** *(botella vacía)* ⇒empty bottle **3** *(paquete)* ⇒packet
envejecer *v.* ⇒to grow old
envenenar *v.* ⇒to poison
envergadura *s.f.* **1** *(de un ave, un avión)* ⇒wingspan **2** *(importancia)* ⇒importance **3** *(alcance)* ⇒scope ⇒extent
enviado, da *s.* **1** *(corresponsal)* ⇒correspondent **2** *(de un gobierno, de una organización)* ⇒envoy
enviar *v.* ⇒to send: *enviar una postal* - to send a postcard
envidia *s.f.* **1** ⇒envy [U] **2** *¡Qué envidia!* - I really envy you! **3 morirse de ~** ⇒to be green with envy **4 tener ~** ⇒to be jealous
envidiar *v.* ⇒to envy [CONSTR. to envy + dos objetos]
envidioso, sa ▮ *adj.* **1** ⇒envious: *ser un envidioso* - to be envious; ⇒jealous ▮ *s.* **2** ⇒envious person
envío *s.m.* **1** *(hecho de enviar)* ⇒sending ⇒dispatch (*pl* dispatches) **2** *(paquete)* ⇒packet **3 ~ contra reembolso** ⇒cash on delivery **4 gastos de ~** ⇒postage and packing
enviudar *v.* **1** ⇒to be widowed **2** *(un hombre)* ⇒to lose *one's* wife: *Mi hermano enviudó hace dos años* - My brother lost his wife two years ago **3** *(una mujer)* ⇒to lose *one's* husband
envoltorio *s.m.* ⇒wrapping
envolver *v.* **1** ⇒to wrap: *Envolví los paquetes para la fiesta* - I wrapped the presents for the party **2** *¿Me lo puede envolver para regalo?* - Can you gift-wrap it for me, please? **3** *(implicar en un asunto)* ⇒to involve ⇒to embroil *form*
envuelto, ta *adj.* **1** ⇒wrapped **2** *(implicado en un asunto)* ⇒involved: *Se vio envuelto en el problema* - He found himself involved in a trouble; ⇒embroiled
enyesar *v.* **1** *(una parte del cuerpo)* ⇒to put in plaster *UK;* ⇒to put in a cast *US* **2** *(la pared)* ⇒to plaster
epidemia *s.f.* ⇒epidemic ⇒plague
episodio *s.m.* **1** *(suceso)* ⇒episode ⇒incident *form* **2** *(parte, capítulo)* ⇒episode ⇒part
época *s.f.* **1** ⇒time **2** *(en historia)* ⇒period ⇒epoch *form*: *El Presidente dijo que el país iba hacia una nueva época* - The president said that his country was moving into a new epoch **3** *(del año)* ⇒time of the year ⇒season **4 de ~** ⇒vintage: *un coche de época* - a vintage car
equilibrar *v.* ⇒to balance
equilibrio *s.m.* **1** *(sin caerse)* ⇒balance: *perder el equilibrio* - to lose one's balance **2** *(armonía)* ⇒equilibrium ⇒balance: *el equilibrio perfecto* - the perfect balance
equilibrista *adj./s.com.* **1** ⇒tightrope walker *n* **2** *(acróbata)* ⇒acrobat
equipaje *s.m.* **1** ⇒baggage ⇒luggage: *equipaje de mano* - hand luggage **2** *hacer el equipaje* - to pack
equipamiento *s.m.* ⇒equipment [Se dice *the equipment, some equipment* o *a piece of equipment.* Incorrecto: *an equipment*]; ⇒gear
equipar *v.* *(a una persona)* ⇒to equip [CONSTR. to equip with sth]; ⇒to kit out ⇒to fit out
equipo *s.m.* **1** *(de cosas)* ⇒equipment [Se dice *the equipment, some equipment* o *a piece of equipment.* Incorrecto: *an equipment*] [U]; ⇒kit **2** *(de deportistas)* ⇒team ⇒side *UK* **3** *(de especialistas)* ⇒team **4** *(para un trabajo, un deporte)* ⇒gear: *un equipo de pesca* - fishing gear **5** *equipo de música* - hi-fi system **6** *trabajar en equipo* - to work in a team; *trabajo en equipo* - teamwork
equitación *s.f.* ⇒horse riding *UK;* ⇒horseback riding *US*
equivalente *adj./s.m.* ⇒equivalent
equivaler *v.* **1** *(en cantidad)* ⇒to be equal to ⇒to be equivalent to: *Un kilómetro equivale a mil metros* - A kilometre is equivalent to one thousand metres **2** *(en significado)* ⇒to amount to: *Eso equivale a chantaje* - That amounts to blackmail
equivocación *s.f.* ⇒mistake ⇒error: *Hacer eso fue una equivocación* - It was an error to do so
equivocado, da *adj.* ⇒wrong ⇒mistaken
equivocar *v.* **1** *(cometer un error)* ⇒to make a mistake **2** *(estar confundido)* ⇒to be mistaken ⇒to be wrong **3** *Me equivoqué al llamar* - I got the wrong number **4** *Me equivoqué de camino* - I went the wrong way
era *s.f.* **1** *(época)* ⇒age ⇒era **2** *(en agricultura)* ⇒threshing floor
erguir ▮ *v.* **1** *(la cabeza)* ⇒to hold up **2** *(los hombros)* ⇒to hold straight ▮ **erguirse** *prnl.* **3** *(levantarse)* ⇒to stand up: *Al erguirme me mareé* - I felt dizzy when I stood up **4** *(ponerse derecho)* ⇒to hold oneself up straight: *Yérguete, que se te va a agarrotar la espalda* - Hold yourself up straight, otherwise your back will get stiff **5** *(una cosa)* ⇒to rise up: *Las montañas se yerguen sobre el valle* - The mountains rise up over the valley
erizo *s.m.* **1** ⇒hedgehog **2 ~ de mar** ⇒sea urchin
ermita *s.f.* ⇒hermitage
erosión *s.f.* ⇒erosion
errar *v.* **1** *(un tiro)* ⇒to miss **2** *(una respuesta)* ⇒to get wrong **3** *(equivocarse)* ⇒to be wrong **4** *(vagar)* ⇒to wander

E

errata *s.f.* **1** *(de un texto a mano)* ⇒mistake **2** *(de un texto impreso)* ⇒misprint **3 fe de erratas** ⇒errata

erróneo, a *adj.* ⇒incorrect ⇒wrong ⇒erroneous *form: una creencia errónea* - an erroneous belief

error *s.m.* **1** ⇒error: *error humano* - human error; ⇒mistake: *por error* - by mistake; *cometer un error* - to make a mistake; ⇒botch (*pl* botches); ⇒delusion **2** *(de cálculo)* ⇒miscalculation **3** *(de imprenta)* ⇒misprint

eructar *v.* ⇒to belch ⇒to burp

eructo *s.m.* ⇒belch (*pl* belches); ⇒burp

erudito, ta *s.* ⇒scholar ⇒learned person

erupción *s.f.* **1** *(volcánica)* ⇒eruption **2** *(en la piel)* ⇒rash (*pl* rashes) **3** *entrar en erupción* - to erupt

esbelto, ta *adj.* ⇒slender ⇒slim: *Es esbelta y muy elegante* - She is slim and very elegant

escabeche *s.m.* **1** ⇒marinade **2 en ~** ⇒in brine

escabullirse *v.prnl.* ⇒to slip away ⇒to slip out

escafandra *s.f.* **1** *(de buzo)* ⇒diving suit **2** *(de astronauta)* ⇒space suit

escala *s.f.* **1** *(de una representación gráfica)* ⇒scale **2** *(de un plan, de una idea)* ⇒scale: *a escala mundial* - on a worldwide scale **3** *(de un viaje)* ⇒layover *US;* ⇒stopover *UK* **4** *un vuelo sin escalas* - a non-stop flight **5** *(musical)* ⇒scale **6** *(centígrada, de Celsius)* ⇒centigrade scale ⇒Celsius scale **7** *(de Fahrenheit)* ⇒Fahrenheit scale **8 a ~** ⇒to scale

escalada *s.f.* **1** *(deporte)* ⇒climbing ⇒climb **2** *(incremento)* ⇒increase

escalar *v.* **1** ⇒to climb ⇒to scale **2** *(posiciones, puestos)* ⇒to move up

escalera *s.f.* **1** *(dentro de un edificio)* ⇒stairs *pl* **2** *(fuera de un edificio)* ⇒steps *pl* **3** *(de mano)* ⇒ladder **4** *(de tijera)* ⇒stepladder **5** *(mecánica)* ⇒escalator **6** *(de incendios)* ⇒fire escape **7** *(de caracol)* ⇒spiral staircase **8** *bajar las escaleras* - to go downstairs; *subir las escaleras* - to go upstairs

escalerilla *s.f.* **1** *(de un avión)* ⇒steps *pl* **2** *(de una piscina)* ⇒steps *pl*

escalofriante *adj.* ⇒horrifying

escalofrío *s.m.* **1** ⇒shiver **2** *tener escalofríos* - to shiver **3 dar escalofríos** ⇒to send shivers down your spine

escalón *s.m.* ⇒step: *¡Cuidado con el escalón!* - Mind the step!

escalope *s.m.* ⇒escalope

escama *s.f.* **1** *(de un animal, de un pez)* ⇒scale **2** *(de la piel)* ⇒flake

escampar *v.* ⇒to stop raining ⇒to clear up

escandalizar ▌ *v.* **1** ⇒to shock: *escandalizar a alguien* - to shock sb; ⇒to scandalize ⇒to scandalise *UK* ▌ **escandalizarse** *prnl.* **2** ⇒to be shocked: *escandalizarse con algo* - to be shocked at sth

escándalo *s.m.* **1** *(situación que escandaliza)* ⇒scandal **2** *armar un escándalo* - to make a stink **3** *(situación ruidosa)* ⇒racket *inform;* ⇒uproar [U]

escandaloso, sa *adj.* **1** *(polémico, inmoral)* ⇒shocking ⇒scandalous ⇒outrageous: *Los precios son escandalosos* - The prices are outrageous **2** *(ruidoso)* ⇒noisy ⇒loud

escáner *s.m.* ⇒scanner

escaño *s.m.* **1** *(en política)* ⇒seat **2** *(banco)* ⇒bench (*pl* benches)

escapada *s.f.* **1** *(huida)* ⇒escape **2** *(en ciclismo)* ⇒breakaway **3** ⇒short trip ⇒short break

escapar ▌ *v.* **1** ⇒to escape **2** *(deprisa o a escondidas)* ⇒to run away **3 dejar ~ 1** *(a una persona)* ⇒to let get away **2** *(una oportunidad)* ⇒to miss ▌ **escaparse** *prnl.* **4** ⇒to escape ⇒to get away ⇒to run off **5** *(de una prisión)* ⇒to break out of

escaparate *s.m.* *(en una tienda)* ⇒shop window *UK;* ⇒store window *US*

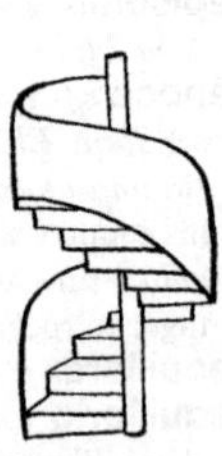

escape *s.m.* **1** *(de un fluido)* ⇒leak: *un escape de gas* - a gas leak **2** *Tenemos un escape en las tuberías* - Our pipes leak **3** *(en un motor)* ⇒exhaust: *tubo de escape* - exhaust pipe

escarabajo *s.m.* ⇒beetle

escarbar *v. (en la tierra)* ⇒to dig ⇒to scratch

escarcha *s.f.* ⇒frost

escarmentar *v.* **1** *(aprender de un error)* ⇒to learn *one's* lesson: *Ya he escarmentado* - I've already learned my lesson **2** *(castigar)* ⇒to punish: *Para escarmentarme, mi madre me prohibió salir* - To punish me, my mother prevented me from going out

escarola *s.f.* ⇒endive *UK*

escasear *v.* ⇒to be scarce ⇒to be in short supply

escasez *s.f.* ⇒scarcity ⇒shortage

escaso, sa *adj.* **1** ⇒scarce ⇒slight: *una diferencia escasa* - a slight difference; ⇒limited **2 ~ de** ⇒short of

escatimar *v.* ⇒to be sparing with: *escatimar medios* - to be sparing with resources

escayola *s.m.* **1** *(vendaje)* ⇒plaster cast **2** *(material)* ⇒plaster

escayolar *v.* ⇒to put in plaster

escena *s.f.* **1** *(de una película, de una obra de teatro)* ⇒scene **2** *(situación, lugar)* ⇒scene **3** *(escenario)* ⇒stage: *salir a escena* - to walk on stage **4 montar una ~** ⇒to make a scene

escenario *s.m.* **1** *(en un local)* ⇒stage **2** *(de un suceso)* ⇒scene

esclavitud *s.f.* ⇒slavery

esclavizar ▌*v.* **1** ⇒to enslave *form: esclavizar a alguien* - to enslave sb; *Nadie debería quedar esclavizado por la pobreza* - No-one shall be enslaved by poverty ▌**esclavizarse** *prnl.* **2** ⇒to be enslaved *form*

esclavo, va *s.* ⇒slave

escoba *s.f.* **1** ⇒broom **2** *(de bruja)* ⇒broomstick **3 coche ~** ⇒sweeper bus (*pl* sweeper buses)

escobilla *s.f.* **1** ⇒brush (*pl* brushes) **2** *(del váter)* ⇒toilet brush (*pl* toilet brushes)

escocer ▌*v.* **1** *(picar)* ⇒to sting ▌**escocerse** *prnl.* **2** *(una parte del cuerpo)* ⇒to redden ⇒to get sore

escocés, -a ▌*adj.* **1** ⇒Scotch ⇒Scottish: *Tiene un amigo escocés* - She has a Scottish friend ▌*s.* **2** *(hombre)* ⇒Scotsman (*pl* Scotsmen) **3** *(mujer)* ⇒Scotswoman (*pl* Scotswomen) **4** *(plural genérico): los escoceses* - the Scots

Escocia *s.f.* ⇒Scotland

escoger *v.* ⇒to choose [CONSTR. to choose + interrogativo]; ⇒to pick [CONSTR. to pick + to do sth]

escolar ▌*adj.* **1** ⇒academic: *curso escolar* - academic year **2** *el sistema escolar* - the education system ▌*s.com.* **3** *(sin especificar sexo)* ⇒schoolchild (*pl* schoolchildren) **4** *(chico)* ⇒schoolboy **5** *(chica)* ⇒schoolgirl

escolta ▌*s.com.* **1** *(persona)* ⇒escort: *El ministro tiene escolta policial* - The minister has police escort ▌*s.f.* **2** *(protección)* ⇒escort **3** *(en baloncesto)* ⇒shooting guard

escoltar *v.* ⇒to escort

escombro *s.m.* ⇒rubble [U]

esconder *v.* ⇒to hide: *El pirata escondió el tesoro* - The pirate hid the treasure; *Me escondí debajo de la cama* - I hid under the bed; *¿De quién se está escondiendo?* - Who is she hiding from?

escondidillas *s.f.pl.* AMÉR. *(escondite)* ⇒hide-and-seek

escondido, da *adj.* **1** ⇒hidden **2** *(un lugar)* ⇒secluded **3 a escondidas** ⇒secretly

escondite *s.m.* **1** *(juego)* ⇒hide-and-seek **2** *(lugar)* ⇒hiding place

escondrijo *s.m.* ⇒hiding place ⇒hideout ⇒hideaway *inform*

escopeta *s.f.* ⇒shotgun

escorpio *adj.* / *s.com.* ⇒Scorpio *n*

escorpión ▌*adj.* / *s.com.* **1** *(signo del Zodíaco)* ⇒Scorpio *n* ▌*s.m.* **2** *(animal)* ⇒scorpion

escote *s.m.* **1** *(de una prenda de vestir)* ⇒neckline **2 pagar a ~** ⇒to pay for *one's* own: *Pagamos la cena a escote* - We all paid for our own dinner

escozor *s.m.* ⇒sting ⇒stinging pain

escribir *v.* **1** ⇒to write **2** *(en ortografía)* ⇒to spell: *¿Cómo se escribe esa palabra?* - How do you spell that word? **3** *(a máquina)* ⇒to type **4** *(con letras de imprenta)* ⇒to print **5** *(a mano)* ⇒to write out by hand

escrito *s.m.* **1** *(uno individual)* ⇒text ⇒document **2** *(conjunto de varios textos)* ⇒writing [U] **3 por ~** ⇒in writing

escritor, -a *s.* ⇒writer

escritorio *s.m.* **1** ⇒desk ⇒bureau (*pl* bureaux, bureaus) **2** *(en un ordenador)* ⇒desktop

escritura *s.f.* **1** *(caligrafía)* ⇒handwriting **2** *(sistema)* ⇒script: *escritura fonética* - phonetic script **3** *(técnica, arte)* ⇒writing **4** *(de una casa)* ⇒deed ⇒title deed **5** *(en religión)* ⇒Scripture: *las Sagradas Escrituras* - the Holy Scriptures

escrupuloso, sa *adj.* **1** *(con el deber)* ⇒scrupulous **2** *(con la suciedad)* ⇒fussy ⇒fastidious

escrutinio *s.m.* **1** *(recuento)* ⇒count **2** *(inspección)* ⇒scrutiny

escuadra *s.f.* **1** *(para trazar dibujos)* ⇒set-square *UK* **2** *(grupo de gente)* ⇒squad

escuchar *v.* ⇒to listen [CONSTR. to listen to sth/sb]: *escuchar música* - to listen to music; *escuchar a alguien* - to listen to sb

E

escudo *s.m.* **1** *(arma defensiva)* ⇒shield **2 ~ de armas** ⇒coat of arms
escuela *s.f.* **1** *(centro de enseñanza)* ⇒school **2** *(formación)* ⇒teaching **3** *(tendencia)* ⇒school: *la escuela flamenca* - the Flemish school **4 ~ de enseñanza primaria** ⇒junior school ⇒primary school *UK;* ⇒elementary school *US* **5 ~ de idiomas** ⇒language school **6 ~ infantil** ⇒nursery school ⇒pre-school *US* **7 ~ privada** ⇒private school ⇒independent school **8 ~ pública** ⇒state school *UK;* ⇒public school *US*
escuincle, cla *adj./s.* **1** *AMÉR. col.* ⇒young **2** *AMÉR. col. (hombre)* ⇒child ⇒kid ⇒nipper *UK inform;* ⇒youth *offens* **3** *AMÉR. col. (mujer)* ⇒girl ⇒maiden *lit, old-fash*
esculpir *v.* **1** *(en madera)* ⇒to carve **2** *(en piedra)* ⇒to sculpt
escultor, -a *s.* ⇒sculptor
escultura *s.f.* **1** *(arte)* ⇒sculpture **2** *(figura)* ⇒carving ⇒sculpture
escupir *v.* ⇒to spit: *escupirle a alguien* - to spit at sb
escurreplatos *s.m.* ⇒plate rack
escurridor *s.m.* **1** *(escurreplatos)* ⇒plate rack **2** *(colador grande)* ⇒colander
escurrir ❚ *v.* **1** ⇒to drain: *escurrir los platos* - to drain the plates **2** *(con fuerza)* ⇒to wring out: *escurrir la ropa húmeda* - to wring out the wet clothes **3** *(un alimento)* ⇒to strain ❚ **escurrirse** *prnl.* **4** ⇒to wring: *escurrirse de las manos* - to wring one's hands **5** *(deslizarse)* ⇒to slip: *Se me escurrió de las manos* - It slipped out of my hands; *Me escurrí y perdí el equilibrio* - I slipped and lost my balance
ese, sa *demos.* ⇒that (*pl* those): *Alcánzame esa toalla, por favor* - Could you give me that towel, please?; *Ése es mi cuaderno* - That is my notebook ■ Ver cuadro demonstratives
esencia *s.f.* **1** *(lo más característico)* ⇒essence: *la esencia humana* - the human essence **2** *(lo más importante)* ⇒base ⇒essence: *la esencia de una teoría* - the essence of a theory **3** *(extracto)* ⇒essence: *esencia de vainilla* - vanilla essence **4** *(perfume)* ⇒essence: *esencia de rosas* - essence of roses
esencial *adj.* ⇒essential ⇒integral
esfera *s.f.* **1** *(forma geométrica)* ⇒sphere **2** *(de un reloj)* ⇒dial ⇒face **3** *(de la sociedad)* ⇒echelon **4 ~ armilar** ⇒celestial globe **5 ~ celeste** ⇒celestial sphere **6 ~ de influencia** ⇒sphere of influence **7 ~ terrestre** ⇒globe
esforzar ❚ *v.* **1** ⇒to force ❚ **esforzarse** *prnl.* **2** ⇒to strain: *esforzarse en conseguir algo* - to strain to achieve sth
esfuerzo *s.m.* **1** ⇒effort ⇒exertion: *esfuerzo físico* - physical exertion **2** *sin esfuerzo* - effortlessly
esfumarse *v.prnl.* **1** *(desvanecerse, desaparecer)* ⇒to fade away **2** *col. (marcharse)* ⇒to clear off *UK inform: Esfúmate* - Clear off!
esgrima *s.f.* ⇒fencing
esguince *s.m.* **1** ⇒sprain **2** *hacerse un esguince* - to sprain
eslabón *s.m.* ⇒link
eslogan *s.m.* ⇒slogan
Eslovaquia *s.f.* ⇒Slovaquia
Eslovenia *s.f.* ⇒Slovenia
esloveno, na ❚ *adj./s.* **1** ⇒Slovene ❚ **esloveno** *s.m.* **2** *(idioma)* ⇒Slovene
esmalte *s.m.* **1** *(barniz, laca)* ⇒enamel **2** *(de uñas)* ⇒nail polish (*pl* nail polishes); ⇒nail varnish *UK* (*pl* nail varnishes) **3** *(dental)* ⇒enamel
esmeralda *s.f.* ⇒emerald
esmerarse *v.prnl.* ⇒to try *one's* hardest [CONSTR. to try one's hardest + to do sth]
esmero *s.m.* **1** ⇒neatness ⇒care **2** *con esmero* - very carefully
esmoquin *s.m.* ⇒dinner jacket *UK;* ⇒tuxedo *US*
eso *pron.demos.* **1** ⇒that: *¿Eso es tuyo?* - Is that yours? ■ Ver cuadro demonstratives **2 a ~ de** ⇒at about: *a eso de las once* - at about eleven o'clock **3 ~ es** ⇒that's it ⇒that's right **4 por ~** ⇒so ⇒therefore
esos, sas *demos.pl.* ⇒those: *¿Esas flores son para mí?* - Are those flowers for me?; *Esas son mis cartas, y esos, mis bolígrafos* - Those are my letters, and those are my pens ■ Ver cuadro demonstratives
espabilado, da *adj.* **1** *(no dormido)* ⇒awake **2** *(avispado)* ⇒bright ⇒clever: *Tu hijo parece muy espabilado* - Your son looks very clever
espabilar ❚ *v.* **1** *(quitar el sueño)* ⇒to wake up **2** *(avispar)* ⇒to give *sb* a push: *Tienes que espabilar a este niño* - You should give this child a push **3** *(darse prisa)* ⇒to get a move on: *Espabila, que vas a llegar tarde* - Get a move on! You'll be late ❚ **espabilarse** *prnl.* **4** *(despertarse)* ⇒to wake up: *Espabílate, que ya está preparado el desayuno* - Wake up, breakfast is ready! **5** *(avisparse)* ⇒to get going: *Déjala, ya se espabilará cuando crezca* - Leave her alone, she'll get going once she's older; ⇒to pull *one's* socks up
espacial *adj.* **1** *(geométrico)* ⇒spatial: *la estructura espacial de una ciudad* - the spatial structure of a city **2** *(cósmico): misión espacial* - space mission
espacio *s.m.* **1** *(sitio, lugar)* ⇒room ⇒space **2** *(en un texto)* ⇒gap **3** *(firmamento)* ⇒space **4** *(en radio, en televisión)* ⇒broadcast **5 ~ aéreo** ⇒air

space **6 ~ exterior** ⇒outer space ⇒space **7 ~ vital** ⇒living space

espada *s.f.* **1** ⇒sword **2 estar entre la ~ y la pared** ⇒to have *one's* back to the wall

espagueti *s.m.* ⇒spaghetti [U]

espalda *s.f.* **1** ⇒back **2** *(en natación)* ⇒backstroke: *nadar a espalda* - to do the backstroke **3 a espaldas de** ⇒behind *sb's* back: *Él lo vendió a espaldas de Michael* - He sold it behind Michael's back **4 dar la ~** ⇒to turn *one's* back: *El profesor nos dio la espalda* - The teacher turned his back on us **5 por la ~** ⇒from behind: *matar a alguien por la espalda* - to kill sb from behind

espantapájaros *s.m.* ⇒scarecrow

espantar ▮ *v.* **1** *(dar miedo)* ⇒to terrify: *La bruja espantó a los niños* - The witch terrified the children **2** *(ahuyentar)* ⇒to frighten away: *espantar a alguien* - to frighten sb away ▮ **espantarse** *prnl.* **3** *(asustarse)* ⇒to be terrified: *Me espanté al oír aquel ruido* - I was terrified when I heard that noise **4** *(ahuyentarse)* ⇒to get frightened away

espantasuegras *s.m.* AMÉR. ⇒party tooter

espanto *s.m.* **1** ⇒fright ⇒horror: *chillar de espanto* - to cry in horror **2** *col. ¡Qué espanto!* - How awful!

espantoso, sa *adj.* ⇒dreadful ⇒appalling ⇒frightening: *Oímos un grito espantoso* - We heard a frightening cry

España *s.f.* ⇒Spain

español, -a ▮ *adj.* **1** ⇒Spanish: *Tiene un amigo español* - She has a Spanish friend ▮ *s.* **2** ⇒Spaniard **3** *(hombre)* ⇒Spanish man (*pl* Spanish men) **4** *(mujer)* ⇒Spanish woman (*pl* Spanish women) **5** *(plural genérico): los españoles* - the Spanish ▮ **español** *s.m.* **6** *(idioma)* ⇒Spanish

esparadrapo *s.m.* ⇒plaster *UK;* ⇒sticking plaster *UK;* ⇒Band-Aid® *US*

esparcir *v.* ⇒to scatter ⇒to spread

espárrago *s.m.* **1** ⇒asparagus [U] **2 ~ triguero** ⇒wild asparagus **3 irse a freír espárragos** ⇒to go jump in the lake **4 mandar a freír espárragos** *col.* ⇒to tell *sb* to get lost *inform*

esparto *s.m.* ⇒esparto

especia *s.f.* ⇒spice

especial *adj.* **1** ⇒special ⇒especial *form* **2 en ~** ⇒especially ⇒in particular

especialidad *s.f.* ⇒speciality *UK* (*pl* specialities); ⇒specialty *US* (*pl* specialties)

especialista *s.com.* **1** *(experto)* ⇒specialist **2** *(para escenas arriesgadas de cine)* ⇒stunt man (hombre) (*pl* stunt men); ⇒stunt woman (mujer) (*pl* stunt women)

especializar *v.* ⇒to specialize ⇒to specialise *UK*

especie *s.f.* **1** ⇒species (*pl* species) **2** *(tipo, clase)* ⇒kind ⇒sort

específico, ca *adj.* ⇒specific

espectacular *adj.* ⇒spectacular

espectáculo *s.m.* **1** ⇒show **2 dar el ~** ⇒to make a scene

espectador, -a *s.* **1** *(de un suceso)* ⇒spectator **2** *(de un espectáculo)* ⇒spectator ⇒member of the audience **3** *(de televisión)* ⇒viewer

espejismo *s.m.* **1** ⇒illusion **2** *(en el desierto)* ⇒mirage

espejo *s.m.* **1** ⇒mirror: *el espejo retrovisor* - the rear-view mirror **2 ~ retorvisor** ⇒rear-view mirror

espejuelos *s.m.pl.* AMÉR. ⇒glasses

espeluznante *adj.* ⇒horrifying ⇒hair-raising: *una situación espeluznante* - a hair-rising situation; ⇒blood-curdling

espera *s.f.* **1** ⇒wait: *una espera de tres horas* - a three-hour wait **2 en ~** ⇒on hold

esperanza *s.f.* **1** ⇒hope: *Hay pocas esperanzas de encontrarlo vivo* - There is little hope of finding him alive; ⇒expectation **2 ~ de vida** ⇒life expectancy

esperar *v.* **1** *(aguardar)* ⇒to wait [CONSTR. to wait + to do sth]: *esperar a alguien* - to wait for sb; ⇒to await *form;* ⇒to hang on *inform;* ⇒to hold on *inform: Espera un segundo* - Hold on for a second **2** *(desear)* ⇒to hope: *Espero que lleguen a tiempo* - I hope they will arrive in time **3** *(prever)* ⇒to expect [CONSTR. 1. to expect + to do sth 2. to expect + (that)]; ⇒to anticipate **4 eso espero** ⇒I hope so ⇒I expect so

esperma *s.m.* ⇒sperm *inform*

espesar *v.* ⇒to thicken: *espesar una salsa* - to thicken a sauce; *El chocolate se espesó demasiado* - The chocolate thickened too much

espeso, sa *adj.* **1** ⇒thick **2** *Estoy espesa hoy* - I'm not with it today

espesor *s.m.* ⇒thickness: *medio metro de espesor* - half a metre in thickness

espía *s.com.* ⇒spy (*pl* spies)

espiar *v.* ⇒to spy: *espiar a alguien* - to spy on sb

espiga *s.f.* ⇒ear

espina *s.f.* **1** *(de un pescado)* ⇒bone ⇒fishbone **2** *(de una planta)* ⇒thorn **3 dar mala ~** *col.* ⇒to have a bad feeling **4 ~ dorsal** ⇒backbone ⇒spine

espinaca *s.f.* ⇒spinach [U]

espinilla *s.f.* **1** *(hueso)* ⇒shin **2** *(grano)* ⇒blackhead ⇒pimple

espionaje *s.m.* ⇒spying ⇒espionage

espiral *s.f.* ⇒spiral ⇒coil

espíritu *s.m.* **1** ⇒spirit **2 Espíritu Santo** ⇒Holy Spirit

espiritual *adj.* ⇒spiritual
espléndido, da *adj.* **1** *(magnífico)* ⇒magnificent ⇒splendid **2** *(generoso)* ⇒generous
espolvorear *v.* ⇒to sprinkle ⇒to dust
esponja *s.f.* ⇒sponge
esponjoso, sa *adj.* ⇒spongy
espontáneo, a *adj.* ⇒spontaneous
esporádico, ca *adj.* ⇒sporadic ⇒occasional
esposar *v.* ⇒to handcuff: *esposar a un preso* - to handcuff a prisoner; ⇒to manacle ⇒to cuff *inform*
esposas *s.f.pl.* ⇒handcuffs
esposo, sa *s.* **1** ⇒partner ⇒spouse *form* **2** *(hombre)* ⇒husband **3** *(mujer)* ⇒wife (*pl* wives)
espuela *s.f.* ⇒spur
espuma *s.f.* **1** *(de un jabón)* ⇒lather **2** *(de detergente)* ⇒soapsuds *pl* **3** *(del mar)* ⇒foam ⇒surf **4** *(de una cerveza)* ⇒head **5** *(de un líquido)* ⇒froth **6** *(para el cabello)* ⇒mousse
espumoso, sa *adj.* **1** ⇒foamy ⇒frothy **2** *(un vino)* ⇒sparkling
esquela *s.f.* ⇒death announcement
esquelético, ca *adj.* ⇒skinny
esqueleto *s.m.* ⇒skeleton
esquema *s.f.* **1** *(cuadro)* ⇒diagram **2** *(esbozo)* ⇒sketch (*pl* sketches)
esquemático, ca *adj.* **1** *(una idea)* ⇒simplified **2** *(un diagrama)* ⇒schematic
esquí *s.m.* **1** *(objeto)* ⇒ski **2** *(actividad)* ⇒skiing **3** ~ **acuático** ⇒water-skiing **4** ~ **alpino** ⇒downhill skiing **5** ~ **de fondo** ⇒cross-country skiing
esquiador, -a *s.* ⇒skier
esquiar *v.* ⇒to ski
esquilar *v.* ⇒to shear: *esquilar una oveja* - to shear a sheep
esquimal *s.com.* **1** ⇒Inuit ⇒Eskimo *offens* **2** AMÉR. *(prenda de vestir para bebés)* ⇒rompers
esquina *s.f.* ⇒corner: *doblar la esquina* - to turn the corner
esquivar *v.* **1** *(a una persona, un asunto)* ⇒to avoid **2** *(un golpe)* ⇒to dodge
estabilidad *s.f.* ⇒stability
estabilizar *v.* ⇒to stabilize ⇒to stabilise UK: *estabilizar los precios* - to stabilise prices; *El estado del enfermo se ha estabilizado* - The condition of the patient has stabilised
estable *adj.* **1** *(una estructura)* ⇒stable **2** *(una relación)* ⇒steady ⇒stable **3** *(un trabajo)* ⇒steady
establecer ▌*v.* **1** ⇒to establish ⇒to set up: *Han establecido una nueva empresa* - They have set up a new company **2** *(una norma)* ⇒to lay down **3** *(una fecha)* ⇒to set ▌**establecerse** *prnl.* **4** ⇒to settle
establo *s.m.* **1** *(para los caballos)* ⇒stable **2** *(para las vacas)* ⇒cowshed
estación *s.f.* **1** *(del año)* ⇒season **2** *(de tren o de autobús)* ⇒station
estacionar *v.* *(aparcar)* ⇒to park
estadio *s.m.* ⇒stadium (*pl* stadia, stadiums)
estadística *s.f.* **1** *(ciencia)* ⇒statistics **2** *(conjunto de datos)* ⇒statistic
estado *s.m.* **1** *(situación, condición)* ⇒condition: *estar en buen estado* - to be in good condition **2** *(gobierno, administración)* ⇒state **3 en estado (de buena esperanza)** ⇒expectant: *mujeres en estado* - expectant women **4** ~ **civil** ⇒marital status **5** ~ **de ánimo** ⇒state of mind (*pl* states of mind) **6** ~ **físico** ⇒fitness ⇒physical fitness: *Tiene un buen estado físico* - She has a physical fitness
Estados Unidos *s.m.pl.* ⇒(the) United States
estadounidense *adj. / s.com.* ⇒American
estafa *s.f.* **1** ⇒fraud: *Esta ley es una estafa completa* - This law is a complete fraud **2** *(de dinero)* ⇒racket: *Hay algunas líneas de teléfono que son una estafa* - There are some telephone lines are a real racket
estafar *v.* **1** *(engañar)* ⇒to trick ⇒to con *inform* [CONSTR. to con sb out of sth] **2** *(robar)* ⇒to swindle [CONSTR. to swindle sb out of sth]: *Estafó a la empresa 200.000 libras* - He swindled 200,000 pounds out of his firm
estallar *v.* **1** *(un neumático)* ⇒to burst **2** *(una bomba)* ⇒to explode **3** *(un vaso)* ⇒to shatter **4** *(una guerra)* ⇒to break out **5** *(una noticia)* ⇒to break **6** *(una emoción)* ⇒to erupt
estallido *s.m.* **1** *(de una bomba)* ⇒explosion **2** *(de un vaso)* ⇒shattering **3** *(ruido)* ⇒bang
estampa *s.f.* ⇒engraving ⇒print
estampado, da ▌*adj.* **1** ⇒patterned ▌**estampado** *s.m.* **2** ⇒pattern: *La falda tenía un estampado de flores* - The skirt had a floral pattern; ⇒print
estampilla *s.f.* AMÉR. ⇒stamp
estancia *s.f.* **1** *(permanencia)* ⇒stay **2** *(habitación)* ⇒large room
estanco *s.m.* ⇒tobacconist's (*pl* tobacconists')
estándar *adj. / s.m.* ⇒standard
estandarte *s.m.* ⇒banner
estanque *s.m.* ⇒pond
estanquillo *s.m.* AMÉR. ⇒grocer's UK (*pl* grocers')
estante *s.m.* ⇒shelf (*pl* shelves)
estantería *s.f.* **1** ⇒shelves *pl* **2** *(de libros)* ⇒bookcase
estaño *s.m.* ⇒tin
estar ▌*v.* **1** *(encontrarse en un lugar)* ⇒to be: *Los servicios están a la izquierda* - The toilets are

on the left; *No, mis padres no están* - No, my parents aren't in **2** *(tener una cualidad)* ⇒to be: *La habitación está fría* - The room is cold **3** *(sentar bien o mal)* ⇒to fit: *Estos zapatos me están perfectamente* - These shoes fit me perfectly **4** *Está bien* - It's ok **5** *Estamos a dos de junio* - It's the second of June **6** *¿A cuánto están las peras?* - How much are the pears? **7** *Estamos a 25 grados* - It's 25 degrees **8 ¿cómo estás?** ⇒How are you? **9 ~ a favor de** ⇒to be in favour of ⇒to be for **10 ~ a gusto** ⇒to be at ease ⇒to feel at ease **11 ~ a punto de** ⇒to be about to **12 ~ de acuerdo** ⇒to approve ⇒to agree [CONSTR. 1. to agree + (that) 2. to agree with sb 3. to agree on sth]: *Él está de acuerdo conmigo* - He agrees with me **13 ~ en contra de** ⇒to be against **14 ~ en desacuerdo** ⇒to disagree [CONSTR. 1. to disagree + (that) 2. to agree with sb 3. to agree on sth] **15 ~ fuera** ⇒to be away **16 ~ sin blanca** *col.* ⇒to be broke *inform* **17 no ~ para bromas** ⇒not to be in the mood for jokes ▮ **estarse** *prnl.* **18** *(entretenerse, quedarse)* ⇒to keep: *estarse quieto* - to keep still ■ Ver cuadro be

estático, ca *adj.* **1** ⇒static **2** *quedarse estático* - to freeze

estatua *s.f.* ⇒statue

estatura *s.f.* ⇒height ⇒stature *form*

este, ta ▮ *demos.* **1** ⇒this (*pl* these): *¿Este lápiz es tuyo?* - Is this pencil yours?; *¿Es esta tu hermana?* - Is this your sister? ■ Ver cuadro demonstratives ▮ **este** *s.m.* **2** *(punto cardinal)* ⇒east **3** *países del este* - eastern countries **4 hacia el este** ⇒eastwards

estela *s.f.* **1** *(en el agua)* ⇒wake **2** *(en el aire)* ⇒trail **3** *dejar una estela imborrable* - to mark for life

estéreo *adj. col.* ⇒stereo

estereotipo *s.m.* ⇒stereotype

estéril *adj.* **1** *(una mujer)* ⇒infertile **2** *(un hombre)* ⇒sterile **3** *(un terreno)* ⇒barren *old-fash*

esteticista *s.com.* ⇒beautician

estético, ca ▮ *adj.* **1** ⇒aesthetic ⇒esthetic *US* ▮ **estética** *s.f.* **2** *(en arte)* ⇒aesthetics ⇒esthetics *US* **3** *(apariencia)*: *la estética del edificio* - the aesthetic of the building

estiércol *s.m.* ⇒dung ⇒manure

estilo *s.m.* **1** ⇒style: *Me gusta su estilo de escribir* - I like his style of writing **2** *(elegancia)* ⇒finesse: *Tiene una estilo especial* - She has a special finesse **3** *(en la expresión)* ⇒phrasing **4** *El presidente dijo algo por el estilo* - The president said sth like that **5 ~ indirecto** ⇒reported speech ■ Ver cuadro reported speech **6 ~ libre** *(en deportes)* ⇒freestyle

estilógrafo *s.m.* AMÉR. ⇒fountain pen

estima *s.f.* ⇒regard *form*; ⇒esteem *form*

estimar *v.* **1** *(calcular)* ⇒to estimate [CONSTR. to estimate + that]: *Han estimado que perderán menos dinero que el año pasado* - They have estimated that they will lose less money than last year; ⇒to guess [CONSTR. to guess + (that)] **2** *(suponer)* ⇒to reckon [CONSTR. to reckon + (that)]: *Estimo que llegarán pronto* - I reckoned that they will arrive soon **3** *(apreciar)* ⇒to respect ⇒to hold in high esteem: *Estima a su jefa* - She holds her boss in high esteem

estimular *v.* **1** *(una acción)* ⇒to stimulate ⇒to encourage [CONSTR. to encourage + to do sth] **2** *(el apetito)* ⇒to stimulate

estímulo *s.m.* ⇒stimulus (*pl* stimuli); ⇒encouragement

estirar ▮ *v.* **1** ⇒to stretch ⇒to stretch out: *estirar las piernas* - to stretch out one's legs **2** *(alisar)* ⇒to smooth out ⇒to tighten **3** *(crecer)* ⇒to shoot up ▮ **estirarse** *prnl.* **4** *(desperezarse)* ⇒to stretch

estirón *s.m. dar un estirón* - to shoot up

esto *pron.demos.* ⇒this: *Ya me temía yo que esto iba a pasar* - I was afraid this would happen ■ Ver cuadro demonstratives

estofado *s.m.* ⇒stew

estómago *s.m.* ⇒stomach

Estonia *s.f.* ⇒Estonia

estoniano, na *adj.* / *s.* Véase **estonio, nia**

estonio, nia ▮ *adj.* / *s.* **1** ⇒Estonian ▮ **estonio** *s.m.* **2** *(idioma)* ⇒Estonian

estorbar *v.* **1** *(entorpecer el desarrollo)* ⇒to be in the way ⇒to hinder **2** *(molestar)* ⇒to disturb

estornudar *v.* ⇒to sneeze

estornudo *s.m.* ⇒sneeze

estos, tas *demos.pl.* ⇒these: *Estas flores son para ti* - These flowers are for you; *Estos son mis apuntes* - These are my notes ■ Ver cuadro demonstratives

estrangular *v.* ⇒to strangle

estrategia *s.f.* **1** ⇒strategy (*pl* strategies) **2** *cambiar de estrategia* - to try a different tack

estrechar ▮ *v.* **1** *(una cosa)* ⇒to get narrower ⇒to narrow: *Esta calle se estrecha más adelante* - This street narrows further on **2** *(una relación)* ⇒to grow stronger ⇒to strengthen: *Nuestra amistad se ha estrechado este año* - Our friendship has strengthened this year **3** *(a una persona)* ⇒to embrace: *Lo estreché con fuerza* - I embraced him tightly; ⇒to hug ▮ **estrecharse** *prnl.* **4** *(apretarse)* ⇒to squeeze up: *Si nos estrechamos, cabremos todos* - If we squeeze up, we'll all get in

estrecho, cha ▮ *adj.* **1** ⇒narrow **2** *(una prenda)* ⇒tight **3** *(una relación)* ⇒close ▮ **estrecho** *s.m.* **4** ⇒strait

estrella *s.f.* **1** *(cuerpo celeste)* ⇒star **2** *(persona)* ⇒star: *una estrella de cine* - a film star **3** *(lo que destaca)* ⇒centrepiece *UK* **4 ~ de mar** ⇒starfish (*pl* starfish, starfishes) **5 ~ fugaz** ⇒shooting star ⇒falling star

estrellar ▮ *v.* **1** ⇒to smash: *Emily estrelló el despertador contra la pared* - Emily smashed the alarm clock against the wall; ⇒to cannon ▮ **estrellarse** *prnl.* **2** ⇒to crash [CONSTR. to crash into sth]: *Josh se estrelló contra una farola* - Josh crashed into a lamp-post

estremecer *v.* **1** ⇒to shake: *La muerte del abuelo estremeció a toda la familia* - Grandpa's death shook the whole family **2** *estremecerse de miedo* - to tremble with fear; *estremecerse de frío* - to shiver with cold

estrenar *v.* **1** *(una cosa): El sábado estrenaré los zapatos* - I'll wear my new shoes on Saturday **2** *(una película)* ⇒to première ⇒to release **3** *(una obra de teatro)* ⇒to open

estreno *s.m.* **1** *(de una cosa): un vestido de estreno* - a new dress **2** *(de una película)* ⇒première **3** *(de una obra de teatro)* ⇒first night ⇒opening

estreñido, da *adj.* ⇒constipated

estreñimiento *s.m.* ⇒constipation

estreñir *v.* ⇒to make constipated: *El arroz estriñe* - Rice makes you constipated

estrépito *s.m.* ⇒clash (*pl* clashes); ⇒smash (*pl* smashes); ⇒clatter

estrés *s.m.* ⇒stress

estribillo *s.m.* ⇒chorus (*pl* choruses)

estribo *s.m.* **1** ⇒stirrup **2 perder los estribos** ⇒to lose *one's* temper

estribor *s.m.* ⇒starboard

estricto, ta *adj.* ⇒strict ⇒stern

estrofa *s.f.* ⇒verse

estropajo *s.m.* ⇒scourer

estropeado, da *adj.* **1** ⇒spoilt *UK;* ⇒spoiled *US;* ⇒damaged **2** *(un aparato)* ⇒broken ⇒broken-down **3** *(un alimento)* ⇒off ⇒bad

estropear ▮ *v.* **1** *(un aparato)* ⇒to break ⇒to damage **2** *(un plan)* ⇒to ruin ⇒to spoil ⇒to disrupt **3** *(una sorpresa)* ⇒to give the game away *UK* ▮ **estropearse** *prnl.* **4** *(un alimento)* ⇒to go bad ⇒to go off *UK*

estructura *s.f.* ⇒structure ⇒frame ⇒set-up *inform*

estruendo *s.m.* ⇒clash (*pl* clashes); ⇒din ⇒rumble

estrujar *v.* **1** *(apretar con fuerza)* ⇒to squeeze **2** *(aplastar)* ⇒to crush

estuche *s.m.* ⇒case

estudiante *s.com.* **1** ⇒student **2** *(hombre)* ⇒schoolboy **3** *(mujer)* ⇒schoolgirl **4** *(universitario)* ⇒undergraduate

estudiar *v.* **1** ⇒to study **2** *(considerar)* ⇒to consider **3** *(examinar detenidamente)* ⇒to study

estudio *s.m.* **1** *(actividad)* ⇒study (*pl* studies) **2** *(análisis)* ⇒consideration [U]; ⇒survey **3** *(apartamento)* ⇒studio ⇒studio flat ⇒bedsit *UK* **4** *(habitación donde se estudia)* ⇒study (*pl* studies)

estudioso, sa *adj.* ⇒studious

estufa *s.f.* ⇒stove ⇒heater

estupendo, da *adj.* **1** ⇒terrific: *Es una idea estupenda* - That's a terrific idea; ⇒brilliant *UK;* ⇒great ⇒fantastic *inform;* ⇒marvellous *UK* **2** ¡estupendo! ⇒great! ⇒terrific!

estupidez *s.f.* ⇒stupidity (*pl* stupidities): *Dejar al niño solo ha sido una estupidez* - Leaving the kid alone was a stupidity; ⇒howler *inform*

estúpido, da *adj. desp.* ⇒stupid *offens*

etapa *s.f.* ⇒stage

eternidad *s.f.* ⇒eternity

eterno, na *adj.* ⇒eternal

ético, ca *adj.* ⇒ethical

etiqueta *s.f.* **1** ⇒label ⇒tag **2 de ~** ⇒formal: *un traje de etiqueta* - a formal dress

etiquetar *v. (un producto)* ⇒to label: *etiquetar un producto* - to label a product

étnico, ca *adj.* ⇒ethnic

eucalipto *s.m.* ⇒eucalyptus (*pl* eucalyptus)

Europa *s.f.* ⇒Europe

europeo, a *adj./s.* ⇒European

eutanasia *s.f.* ⇒euthanasia

evacuar *v.* **1** *(desalojar)* ⇒to evacuate **2** *(expulsar los excrementos): evacuar el vientre* - to have a bowel movement

evadir ▮ *v.* **1** *(una obligación)* ⇒to avoid [CONSTR. to avoid + doing sth] **2** *(dinero)* ⇒to smuggle: *evadir una suma del dinero* - to smuggle an amount of money **3** *(un asunto, una pregunta)* ⇒to evade ▮ **evadirse** *prnl.* **4** ⇒to escape: *evadirse de la cárcel* - to escape from gaol

evaluación *s.f.* **1** *(de un alumno)* ⇒assessment **2** *(del valor de algo)* ⇒assessment

evaluar *v.* **1** *(calificar)* ⇒to give a mark ⇒to grade **2** *(calcular el valor)* ⇒to assess: *evaluar los daños* - to assess the damage

evangelio *s.m.* ⇒gospel

evaporación *s.f.* ⇒evaporation

evaporar ▮ *v.* **1** *(convertir en vapor)* ⇒to evaporate **2** *(desaparecer)* ⇒to vanish ▮ **evaporarse** *prnl.* **3** *col. (una persona)* ⇒to disappear into thin air

evasión *s.f.* **1** *(distracción)* ⇒escape **2** *(elusión)* ⇒evasion: *evasión de impuestos* - tax evasion

eventual *adj.* **1** *(posible)* ⇒possible **2** *(temporal)* ⇒temporary: *un trabajo eventual* - a temporary job

evidente *adj.* ⇨apparent ⇨evident *form;* ⇨obvious
evitar *v.* **1** *(algo desagradable)* ⇨to avoid ⇨to prevent [CONSTR. to prevent (from) + doing sth]; ⇨to escape **2** *No pude evitarlo* - I couldn't help it **3** *(una acción)* ⇨to avoid [CONSTR. to avoid + doing sth] **4** *(un tema)* ⇨to keep off *sth UK* **5** *(a una persona)* ⇨to avoid
evocar *v.* **1** *(revivir)* ⇨to recall: *En la fiesta, evocamos los viejos tiempos* - At the party, we recalled the good old days **2** *(despertar)* ⇨to evoke
evolución *s.f.* ⇨evolution ⇨development
evolucionar *v.* ⇨to evolve ⇨to develop
ex *s.com.* ⇨ex *inform* (*pl* exes): *¿Todavía mantienes relación con tu ex?* - Do you still keep in touch with your ex?
exactitud *s.f.* **1** ⇨accuracy **2 con ~** ⇨exactly: *No lo sé con exactitud* - I don't know exactly
exacto, ta ▮ *adj.* **1** *(preciso, correcto)* ⇨exact: *Ese es el color exacto que estábamos buscando* - This is the exact colour we were looking for; ⇨accurate: *una descripción exacta de los hechos* - an accurate description of the facts; ⇨precise ⇨correct **2** *(igual)* ⇨identical: *dos copias exactas* - two identical copies ▮ **¡exacto!** *interj.* **3** ⇨exactly!
exageración *s.f.* ⇨exaggeration
exagerado, da *adj.* ⇨extravagant ⇨excessive
exagerar *v.* **1** ⇨to exaggerate **2** *(al actuar)* ⇨to overdo **3** *(al hablar)* ⇨to overstate
examen *s.m.* **1** *(evaluación)* ⇨examination *form;* ⇨test ⇨exam: *hacer un examen* - to do an exam; *poner un examen* - to set an exam **2** *(prueba médica)* ⇨examination **3 estar de exámenes** ⇨to be doing exams **4 ~ de conducir** ⇨driving test **5 ~ de recuperación** ⇨resit **6 ~ final** ⇨end-of-year-exam **7 ~ tipo test** ⇨multiple-choice exam
examinar ▮ *v.* **1** *(poner un examen)* ⇨to examine *form;* ⇨to test **2** *(analizar)* ⇨to inspect ⇨to study: *Están examinando todos los detalles* - They are studying all the details ▮ **examinarse** *prnl.* **3** ⇨to take an exam ⇨to do an exam
excavación *s.f.* ⇨excavation
excavadora *s.f.* ⇨excavator
excavar *v.* ⇨to excavate
exceder ▮ *v.* **1** ⇨to exceed ▮ **excederse** *prnl.* **2** ⇨to go too far: *No es bueno excederse en la bebida* - Going too far in drinking isn't a good thing
excelente *adj.* ⇨excellent ⇨fine
excéntrico, ca *adj./s.* ⇨eccentric
excepción *s.f.* **1** ⇨exception **2 {a/con} excepción de** ⇨except for
excepcional *adj.* **1** *(fuera de lo normal)* ⇨unusual ⇨outstanding: *resultados excepcionales* - outstanding results **2** *(muy bueno)* ⇨exceptional
excepto *prep.* **1** ⇨but: *Excepto tú, todos están de acuerdo con esta idea* - Everybody but you agrees with this idea; ⇨except: *Cojo el metro todos los días excepto los viernes* - I take the tube every day except Friday; ⇨except for **2** *(en oraciones negativas)* ⇨other than
exceptuar *v.* ⇨to except ⇨to exclude: *He dicho que salgáis todos y no exceptúo a nadie* - I've told you all to leave, and I don't exclude anybody
excesivo, va *adj.* ⇨excessive
exceso *s.m.* **1** ⇨excess (*pl* excesses) **2 en ~** ⇨excessively ⇨in excess ⇨too much **3 ~ de confianza** ⇨over-confidence **4 ~ de equipaje** ⇨excess baggage **5 ~ de velocidad** ⇨speeding **6 trabajar en ~** ⇨to overwork
excitante *adj.* **1** ⇨exciting **2** *(una bebida)* ⇨stimulating
excitar *v.* **1** *(poner nervioso)* ⇨to excite *form* **2** *(provocar, avivar)* ⇨to rouse **3** *(sexualmente)* ⇨to arouse ⇨to turn *sb* on
exclamación *s.f.* **1** ⇨exclamation ⇨gasp **2 signo de ~** ⇨exclamation mark ⇨exclamation point *US*
exclamar *v.* ⇨to exclaim
excluir *v.* ⇨to exclude [CONSTR. to exclude from sth]; ⇨to leave out
exclusivo, va *adj.* ⇨exclusive
excursión *s.f.* **1** ⇨excursion ⇨outing ⇨trip: *Fuimos de excursión a la isla* - We went on a trip to the island **2** *(paseo por el campo)* ⇨ramble: *Vayamos de excursión* - Let's go on a ramble
excursionista *s.com.* ⇨hiker ⇨rambler
excusa *s.f.* ⇨excuse
excusar ▮ *v.* **1** *(librar)* ⇨to excuse [CONSTR. to excuse from sth] ▮ **excusarse** *prnl.* **2** *(disculparse)* ⇨to apologize ⇨to apologise *UK* [CONSTR. 1. to apologize/-ise to sb for sth 2. to apologize/-ise to sb for + doing sth]
exento, ta *adj.* ⇨exempt: *estar exento de una obligación* - to be exempt from a duty; *exento de impuestos* - tax-exempt; *Hoy estoy exenta de hacer gimnasia* - I'm excused from gym today
exhaustivo, va *adj.* ⇨thorough ⇨exhaustive
exhibición *s.f.* ⇨display: *una exhibición de cortesía* - a display of courtesy; ⇨exhibition ⇨show
exhibir *v.* *(mostrar)* ⇨to display ⇨to exhibit *form*
exigencia *s.f.* **1** *(petición)* ⇨demand **2** *(necesidad)* ⇨requirement
exigente *adj.* ⇨demanding

E

exigir *v.* **1** *(reivindicar)* ⇨to demand [CONSTR. 1. to demand + that 2. to demand + to do sth] **2** *(necesitar)* ⇨to require [CONSTR. to require + that]
exiliado, da ▮ *adj.* **1** ⇨exiled ▮ *s.* **2** ⇨exile
exilio *s.m.* ⇨exile: *en el exilio* - in exile
existencia ▮ *s.f.* **1** ⇨existence ▮ **existencias** *pl.* **2** ⇨stock [U]
existir *v.* **1** ⇨to exist **2** *Existen varias formas de hacerlo* - There are many ways of doing it
éxito *s.m.* **1** ⇨success [U] **2** *tener éxito* - to be successful **3** *con éxito* - successfully **4** *(para libros)* ⇨bestseller **5** *(para discos y películas)* ⇨hit **6** ~ **de taquilla** ⇨box office hit **7** ~ **de ventas** ⇨sales success
exótico, ca *adj.* ⇨exotic
expectación *s.f.* ⇨expectation
expectativa *s.f.* **1** ⇨expectation **2 a la** ~ ⇨waiting: *estar a la expectativa de que ocurra algo* - to be waiting for sth to happen
expedición *s.f.* **1** *(envío)* ⇨sending **2** *(de un documento)* ⇨issue **3** *(viaje)* ⇨expedition **4** *(conjunto de personas)* ⇨expedition
experiencia *s.f.* **1** *(práctica)* ⇨experience ⇨time **2** *sin experiencia* - inexperienced **3** *(vivencia)* ⇨experience
experimentar *v.* **1** *(científicamente)* ⇨to experiment **2** *(un sentimiento, una sensación)* ⇨to feel ⇨to undergo: *experimentar un cambio* - to undergo a change **3** *(un cambio)* ⇨undergo
experimento *s.m.* ⇨experiment
experto, ta ▮ *adj.* **1** ⇨expert ▮ *s.* **2** *(con habilidad)* ⇨expert ⇨master ⇨past master: *Joe es un experto en conseguir invitaciones para fiestas* - Joe is a past master at getting invitations to parties **3** *(especialista)* ⇨specialist ⇨authority (*pl* authorities)
expirar *v.* ⇨to expire: *Mañana expira el plazo de pago* - The payment period expires tomorrow
explanada *s.f.* ⇨open area
explicación *s.f.* ⇨explanation
explicar ▮ *v.* **1** ⇨to explain [CONSTR. 1. to explain + (that) 2. to explain sth to sb 3. to explain + interrogativo]: *Explícamelo* - Explain it to me ▮ **explicarse** *prnl.* **2** *(hacerse entender)* ⇨to make oneself clear: *Explícate mejor, que no entiendo nada* - Make yourself clearer, I don't understand a word **3** *¿Me explico?* - Do you see what I mean? **4** *(llegar a comprender)* ⇨to understand [CONSTR. to understand + interrogativo]: *No me explico cómo Clark llegó tan rápido* - I can't understand how Clark arrived so quickly
explorador, -a *s.* ⇨explorer
explorar *v.* **1** ⇨to explore **2** *(en medicina)* ⇨to examine
explosión *s.f.* **1** ⇨explosion ⇨blast **2** *El artefacto hizo explosión* - The device exploded
explosivo, va ▮ *adj.* **1** ⇨explosive ▮ **explosivo** *s.m.* **2** ⇨explosive
explotación *s.f.* **1** *(instalaciones)* ⇨farming [U] **2** *(de un recurso)* ⇨working: *la explotación de una mina* - the working of a mine **3** *(de una persona)* ⇨exploitation
explotar *v.* **1** *(hacer explosión)* ⇨to explode ⇨to burst **2** *(una bomba)* ⇨to explode ⇨to go off **3** *(un recurso)* ⇨to exploit ⇨to work **4** *(a un trabajador)* ⇨to exploit
exponer *v.* **1** *(mostrar)* ⇨to exhibit ⇨to display **2** *(expresar)* ⇨to state [CONSTR. 1. to state + (that) 2. to state + interrogativo] **3** *(arriesgar)* ⇨to put at risk
exportación *s.f.* ⇨export ⇨exportation
exportar *v.* ⇨to export
exposición *s.f.* **1** *(de objetos)* ⇨exhibition ⇨display ⇨show **2** *(de un tema)* ⇨presentation **3** *(contacto)* ⇨exposure: *exposición al sol* - exposure to the sun
exprés *adj.* **1** *(un electrodoméstico)*: *una olla exprés* - a pressure cooker **2** *(un café)* ⇨espresso **3** *(un servicio)* ⇨express: *correo exprés* - express post
expresar ▮ *v.* **1** ⇨to express ⇨to convey **2** *(una opinión)* ⇨to voice ▮ **expresarse** *prnl.* **3** ⇨to express oneself
expresión *s.f.* **1** *(de la cara)* ⇨expression **2** *(conjunto de palabras)* ⇨expression **3** *(modo de expresarse)* ⇨phrasing: *La expresión del texto es ambigua* - The phrasing of the text is ambiguous **4** *(de cariño)* ⇨endearment **5** *(personal)* ⇨self-expression
expresivo, va *adj.* **1** ⇨expressive **2** *(una mirada, una sonrisa)* ⇨meaningful
expreso, sa ▮ *adj.* **1** ⇨express: *órdenes expresas* - express orders ▮ **expreso** *s.m.* **2** *(tren)* ⇨express (*pl* expresses)
exprimidor *s.m.* **1** *(manual)* ⇨squeezer **2** *(eléctrico)* ⇨juice extractor
exprimir *v.* ⇨to squeeze
expulsar *v.* **1** *(a alguien)* ⇨to eject ⇨to expel **2** *(del colegio, de un club)* ⇨to expel **3** *(de un partido)* ⇨to send off *UK*; ⇨to eject *US* **4** *(algo)* ⇨to expel: *expulsar el aire de los pulmones* - to expel air from one's lungs
expulsión *s.f.* **1** *(marcha obligada)* ⇨expulsion **2** *(en deporte)* ⇨sending-off **3** *(salida)* ⇨expulsion: *expulsión de gases* - gas expulsion
exquisito, ta *adj.* **1** ⇨exquisite **2** *(una comida)* ⇨delicious
extender ▮ *v.* **1** *(en el espacio)* ⇨to extend **2** *(un mantel, un mapa)* ⇨to spread out **3** *(la mantequilla)* ⇨to spread **4** *(en el tiempo)* ⇨to last ▮

extenderse *prnl.* **5** *(un terreno)* ⇒to extend ⇒to stretch ⇒to run **6** *(un fuego)* ⇒to spread

extendido, da *adj.* **1** *(propagado)* ⇒widespread **2** *(los brazos, las manos)* ⇒outstretched **3** *(una mapa, un mantel)* ⇒outspread

extensión *s.f.* **1** *(área)* ⇒area ⇒stretch (*pl* stretches) **2** *(aumento)* ⇒spread **3** *(de un texto)* ⇒spread **4** *(de teléfono)* ⇒extension: *¿Podría pasarme con la extensión 221, por favor?* - Could you put me through to extension 221, please? **5** **por ~** ⇒by extension

extenso, sa *adj.* **1** *(en el espacio)* ⇒extensive **2** *(en el tiempo)* ⇒long

exterior ▌*adj.* **1** *(de fuera)* ⇒outside **2** *(de otro país)* ⇒foreign: *comercio exterior* - foreign trade ▌*s.m.* **3** ⇒exterior ⇒outside

exterminar *v.* **1** *(aniquilar)* ⇒to exterminate **2** *(arrasar)* ⇒to destroy

externo, na ▌*adj.* **1** ⇒external ⇒outer ⇒outside ▌*adj./s.* **2** *(una persona): un alumno externo* - a day pupil

extinción *s.f.* **1** *(hecho de extinguir)* ⇒extinguishing **2** *(de un fuego)* ⇒putting out **3** *(fin)* ⇒extinction: *animales en peligro de extinción* - animals in danger of extinction

extinguido, da *adj.* **1** *(una especie animal, un volcán)* ⇒extinct **2** *(un fuego)* ⇒extinguished

extinguir *v.* **1** *(apagar)* ⇒to extinguish ⇒to put out: *Han extinguido el fuego* - They have put the fire out **2** *(agotar)* ⇒to extinguish **3** *(una especie)* ⇒to wipe out

extintor *s.m.* ⇒extinguisher ⇒fire extinguisher

extra ▌*adj.* **1** *(superior)* ⇒extra special **2** *de calidad extra* - top quality **3** *(complementario)* ⇒extra ⇒additional ▌*s.m.* **4** *col. (dinero)* ⇒bonus (*pl* bonuses) **5** *col. (complemento)* ⇒extra ▌*s.com.* **6** *(en el teatro o en el cine)* ⇒extra

extracto *s.m.* **1** *(resumen)* ⇒summary (*pl* summaries) **2** *(de una cuenta bancaria)* ⇒bank statement **3** *(de un texto)* ⇒excerpt **4** *(sustancia)* ⇒extract

extraer *v.* **1** *(sacar)* ⇒to extract *form: extraer una muela* - to extract a tooth **2** *(sangre)* ⇒to take: *Le extrajeron sangre* - They took blood from her **3** *(deducir)* ⇒to draw **4** *(obtener)* ⇒to extract: *extraer aceite de oliva* - to extract olive oil

extranjero, ra ▌*adj.* **1** ⇒foreign ▌*s.* **2** ⇒foreigner ▌**extranjero** *s.m.* **3** *(país distinto del propio)* ⇒abroad [Se dice *to go abroad* - *ir al extranjero*. Incorrecto: *to go to abroad*]

extrañar ▌*v.* **1** *(sorprender)* ⇒to surprise: *Me extraña que llegue tarde* - His arriving late surprises me **2** *(echar de menos)* ⇒to miss: *La extrañamos mucho* - We miss her a lot ▌**extrañarse** *prnl.* **3** *(sorprenderse)* ⇒to find strange ⇒to be surprised: *No me extraña* - I'm not surprised

extraño, ña ▌*adj.* **1** ⇒strange ⇒odd: *Era un animal extraño* - It was an odd animal; ⇒funny: *¡Qué extraño! Pensé que había dejado el bolso en esa mesa* - How funny!, I thought I had left my bag on that table; ⇒peculiar ▌*s.* **2** ⇒stranger: *No hables con extraños* - Don't talk to strangers!; ⇒freak

extraordinario, ria *adj.* **1** *(fuera de lo normal)* ⇒extraordinary ⇒remarkable ⇒special **2** *(mejor de lo normal)* ⇒excellent

extraterrestre *s.com.* ⇒extraterrestrial ⇒alien

extravagante ▌*adj.* **1** ⇒eccentric ⇒extravagant **2** *(un aspecto)* ⇒flamboyant **3** *(un comportamiento)* ⇒outrageous ▌*s.com.* **4** ⇒eccentric

extraviado, da *adj.* **1** *(una persona)* ⇒lost **2** *(un animal)* ⇒lost ⇒stray *n* **3** *(un objeto)* ⇒lost ⇒stray

extraviar ▌*v.* **1** ⇒to lose ⇒to mislay *form: extraviar un objeto* - to mislay an object ▌**extraviarse** *prnl.* **2** *(una persona o un animal)* ⇒to get lost: *Hansel y Gretel se extraviaron en el bosque* - Hansel and Gretel got lost in the woods **3** *(un objeto)* ⇒to be missing

extremidad *s.f.* **1** *(en una persona)* ⇒limb **2** *(extremo)* ⇒end

extremo, ma ▌*adj.* **1** ⇒extreme **2** *(lejano)* ⇒far: *Extremo Oriente* - the Far East ▌**extremo** *s.m.* **3** ⇒end **4** *(en deporte)* ⇒wing

extrovertido, da *adj.* ⇒extrovert

f *s.f. (letra del alfabeto)* ⇒f

fábrica *s.f.* ⇒factory (*pl* factories): *una fábrica de coches* - a car factory

fabricación *s.f.* **1** ⇒manufacture ⇒making **2 de ~ casera** ⇒home-made **3 de ~ española** ⇒made in Spain **4 ~ en serie** ⇒mass production

fabricante *s.com.* ⇒manufacturer

fabricar *v.* **1** ⇒to manufacture ⇒to make **2** *fabricar en serie* - to mass-produce

fábula *s.f.* ⇒fable

facha ❚ *adj.* / *s.com.* **1** *col. (en política)* ⇒fascist ❚ *s.f.* **2** *col. (aspecto)* ⇒look ⇒appearance **3 estar hecho una ~** ⇒to look a sight *inform*

fachada *s.f.* **1** *(de un edificio)* ⇒front ⇒facade **2** *(apariencia, aspecto)* ⇒appearance ⇒facade ⇒façade: *Es solo fachada* - He's just a mere façade

fácil ❚ *adj.* **1** ⇒easy: *Los deberes eran muy fáciles* - The homework was very easy **2** *(probable)* ⇒likely [CONSTR. to be likely + to do sth]: *Es fácil que papá se enfade si coges ese dinero sin preguntar* - Dad's likely to be angry if you take that money without asking ❚ *adv.* **3** ⇒easily: *Se aprende fácil* - It can easily learn

facilidad ❚ *s.f.* **1** *(habilidad, sencillez)* ⇒ease: *Los monos trepan a los árboles con facilidad* - Monkeys climb trees with ease; ⇒facility **2** *(habilidad, aptitud)* ⇒facility: *facilidad de expresión* - facility of expression; ⇒aptitude: *Tienes facilidad para los idiomas* - You have an aptitude for languages ❚ **facilidades** *pl.* **3** *(ayuda económica)* ⇒credit facilities

facilitar *v.* **1** ⇒to make easier: *Internet facilita mucho el trabajo* - The Internet makes work much easier; ⇒to facilitate *form* **2** *(proporcionar)* ⇒to supply ⇒to provide [CONSTR. to provide with sth]: *Les facilitaron información* - They provided them with information

factura *s.f.* **1** ⇒bill **2** *(recibo)* ⇒invoice

facturar *v.* **1** *(en un aeropuerto)* ⇒to check in: *¡Rápido! Tenemos que facturar 45 minutos antes de la salida* - Hurry up! We have to check in 45 minutes before departure **2** *(mercancía)* ⇒to invoice: *Me facturaron las mercancías dos veces* - They invoiced me twice for the goods **3** *(ventas totales)* ⇒to turn over: *La empresa factura 500 millones al año* - The company turns over 500 million a year

facultad *s.f.* **1** *(capacidad)* ⇒faculty (*pl* faculties): *facultades mentales* - mental faculties **2** *(sección de una universidad)* ⇒faculty (*pl* faculties): *Facultad de Derecho* - Faculty of Law

faena *s.f.* **1** *(jugarreta)* ⇒dirty trick: *Su amigo le hizo una faena* - His friend played a dirty trick on him **2** *(contratiempo)* ⇒nuisance: *He olvidado mi cartera, ¡qué faena!* - I've forgotten my wallet, what a nuisance! **3** *(trabajo)* ⇒task ⇒job ⇒work [Se dice *some work, a piece of work* o *a job*. Incorrecto: *a work*]: *faenas del campo* - farm work **4** *(del hogar)* ⇒chore ⇒housework [U] [Se dice *some housework*. Incorrecto: *a housework*]

faisán *s.m.* ⇒pheasant

faja *s.f.* **1** *(interior)* ⇒girdle *old-fash* **2** *(exterior)* ⇒sash (*pl* sashes): *La faja del traje era del mismo color que la corbata* - The sash of the suit had the same colour of the tie **3** *(tira larga)* ⇒band

fajo *s.m.* **1** *(de papeles)* ⇒bundle ⇒sheaf (*pl* sheaves) **2** *(de billetes)* ⇒roll

falda *s.f.* **1** *(prenda)* ⇒skirt **2** *(escocesa, de cuadros)* ⇒kilt **3** *(de una montaña)* ⇒lower slope

fallar *v.* **1** ⇒to fail: *Le fallaron las fuerzas* - His strength failed him **2** *(no acertar)* ⇒to miss: *Me lanzó una bola de nieve, pero falló* - He threw a snowball at me but he missed **3** *(una facultad)* ⇒to fail: *Me falla la memoria* - My memory fails me **4** *(a una persona)* ⇒to let down **5** *(una pregunta)* ⇒to award ⇒to decide

fallecer *v.* ⇒to die

fallecimiento *s.m.* ⇒death ⇒passing

fallo *s.m.* **1** *(error, equivocación)* ⇒error ⇒mistake: *¿Cuántos fallos tuviste en el dictado?* -

How many mistakes did you make in the dictation?; ⇒lapse **2** *(error sin importancia)* ⇒slip **3** *(en un aparato, en un mecanismo)* ⇒flaw ⇒shortcoming: *Como cualquier sistema político, tiene sus fallos* - Like any political system, it has its shortcomings; ⇒failure **4** *(en derecho)* ⇒order ⇒finding **5** *(en informática)* ⇒crash (*pl* crashes)

falsificación *s.f.* **1** *(cosa falsificada)* ⇒fake **2** *(actividad)* ⇒forging

falsificar *v.* ⇒to falsify ⇒to forge: *falsificar una firma* - to forge a signature; ⇒to fake ⇒to counterfeit

falso, sa *adj.* **1** ⇒untrue ⇒false: *pruebas falsas* - false evidence; ⇒fake **2** *(una persona)* ⇒deceitful ⇒two-faced

falta *s.f.* **1** *(carencia)* ⇒lack [U]: *La falta de agua potable causa muchas enfermedades* - The lack of drinkable water causes many diseases **2** *(ausencia)* ⇒absence: *Todos en la fiesta notaron su falta* - Everybody at the party noticed his absence **3** *(error)* ⇒mistake: *falta de ortografía* - spelling mistake **4** *(en deporte)* ⇒foul **5** *(fallo, defecto)* ⇒fault **6** **echar en ~** ⇒to miss **7** **~ de atención** ⇒carelessness ⇒inattention **8** **~ de respeto** ⇒disrespect **9** **~ personal** *(en baloncesto)* ⇒personal foul **10** **hacer ~** *(necesitar)* ⇒to need: *Te hace falta un diccionario* - You need a dictionary

faltar *v.* **1** *(carecer de algo)* ⇒to lack **2** *(no estar)* ⇒to be missing: *Faltaron dos alumnos* - Two pupils were missing **3** *(no ir)* ⇒to miss ⇒not to go: *Falté a la reunión* - I didn't go to the meeting **4** *(un período de tiempo): Falta una semana para la fiesta* - There's a week to go until the party; *Falta poco para el verano* - The summer is nearly here **5** *(tener necesidad de)* ⇒to need: *Me falta harina para hacer la tarta* - I need some flour to make the cake **6** *(insultar)* ⇒to be rude **7** **lo que faltaba** ⇒that's all I needed

falto, ta *adj.* **1** *Su pelo está falto de brillo* - Her hair is lacking in lustre **2** *falto de tacto* - tactless

fama *s.f.* **1** *(éxito, popularidad)* ⇒fame: *La fama de la ciudad reside en su preciosa abadía* - The town's fame rests on its beautiful abbey **2** *(reputación)* ⇒reputation: *Tiene fama de ser un buen médico* - She has the reputation of being a good doctor **3** *Este restaurante tiene buena fama* - This restaurant has a good name

familia *s.f.* **1** ⇒family (*pl* families) **2** **~ numerosa** ⇒large family

familiar ▮ *adj.* **1** *(de la familia): problemas familiares* - family problems; *una reunión familiar* - a family get-together **2** *(conocido)* ⇒familiar: *Ese chico me resulta familiar* - That boy looks familiar **3** *poco familiar* - unfamiliar ▮ *s.m.* **4** *(pariente)* ⇒relation ⇒relative: *Es un familiar mío* - He is a relative of mine

famoso, sa ▮ *adj.* **1** ⇒famous [Tiene un matiz positivo]: *mundialmente famoso* - world-famous; ⇒well-known [Tiene un matiz positivo]; ⇒notorious [Tiene un matiz negativo] ▮ *s.* **2** ⇒famous person ⇒well-known person

fan *s.com.* ⇒fan

fanático, ca ▮ *adj.* **1** ⇒fanatical ⇒rabid: *un político fanático* - a rabid politician ▮ *s.* **2** ⇒fanatic: *ser un fanático de la música* - to be a music fanatic

fanfarrón, -a *s. col.* ⇒braggart *old-fash;* ⇒boaster

fanfarronear *v.* **1** *(pavonearse)* ⇒to show off ⇒to boast [CONSTR. 1. to boast about sth/sb 2. to boast + that]: *Fanfarroneaba de los logros de sus nietos* - He boasted about his grandchildren's achievements **2** *(presumir de lo que no se es)* ⇒to bluff ⇒to talk big

fango *s.m.* ⇒mud

fantasía *s.f.* ⇒fantasy (*pl* fantasies)

fantasma *s.m. (espíritu)* ⇒phantom ⇒ghost

fantástico, ca *adj.* **1** *(de la fantasía)* ⇒fantastic *inform* **2** *(muy bueno)* ⇒fantastic *inform;* ⇒great

farmacéutico, ca ▮ *adj.* **1** ⇒pharmaceutical: *el sector farmacéutico* - the pharmaceutical industry ▮ *s.* **2** ⇒chemist *UK;* ⇒pharmacist *US;* ⇒druggist *US*

farmacia *s.f.* **1** ⇒chemist's *UK* (*pl* chemists'); ⇒pharmacy *US* (*pl* pharmacies); ⇒drugstore *US* **2** **~ de guardia** ⇒all-night chemist

faro *s.m.* **1** *(en un vehículo)* ⇒headlight **2** *(en la parte trasera de un vehículo)* ⇒rear light *UK;* ⇒tail light *US* **3** *(en las costas)* ⇒lighthouse

farol *s.m.* **1** *(lámpara)* ⇒lantern **2** *(engaño)* ⇒bluff **3** *AMÉR.* ⇒headlight **4** *tirarse un farol* - to bluff

farola *s.f.* ⇒lamppost

fascículo *s.m.* ⇒instalment *UK;* ⇒installment *US*

fascinante *adj.* ⇒fascinating: *una historia fascinante* - a fascinating story

fascinar *v.* ⇒to fascinate: *La India me fascina* - India fascinates me; ⇒to captivate

fase *s.f.* ⇒stage ⇒phase: *las fases iniciales del proceso* - the earliest stages of the process

fastidiar *v.* **1** *(molestar, irritar)* ⇒to irritate ⇒to bother: *Deja de fastidiarme* - Stop bothering me!; ⇒to annoy **2** *(estropear)* ⇒to ruin: *El mal tiempo fastidió nuestra barbacoa* - Bad weather ruined our barbecue **3** **fastidiarla** ⇒that's done it! *inform*

fatal ▮ *adj.* **1** *(muy malo, terrible)* ⇒terrible: *un tiempo fatal* - terrible weather ▮ *adv.* **2** *(muy mal)* ⇒terribly: *Dormí fatal ayer por la noche* - I slept terribly last night

fatigar ▮ *v.* **1** ⇒to tire: *Trabajar con el ordenador me fatiga la vista* - Working on the computer tires my eyes ▮ **fatigarse** *prnl.* **2** ⇒to get tired

fauna *s.f.* **1** ⇒fauna **2** *flora y fauna* - wildlife

favor *s.m.* **1** ⇒favour *UK: pedir un favor a alguien* - to ask sb a favour; ⇒favor *US* **2 en ~ de alguien** ⇒on behalf of **3 estar a ~ de algo** ⇒to be in favour of ⇒to be for **4 hacer un ~** ⇒to do a good turn ⇒to do a favour [Incorrecto: *to make sb a favour*] **5 por ~** ⇒please

favorable *adj.* ⇒favourable *UK;* ⇒favorable *US*

favorito, ta ▮ *adj.* **1** ⇒favourite *UK;* ⇒favorite *US* ▮ *s.* **2** ⇒favourite *UK;* ⇒favorite *US: el favorito del profesor* - the teacher's pet **3** *(en una competición)* ⇒front-runner **4** *(en informática)* ⇒bookmark

fax *s.m.* **1** *(aparato)* ⇒fax (*pl* faxes); ⇒fax machine **2** *(documento)* ⇒fax (*pl* faxes): *Me envió un fax* - She sent me a fax

fe *s.f.* **1** *(confianza)* ⇒faith: *Tiene una fe absoluta en su hermano* - She has absolute faith in her brother **2** *(creencia religiosa)* ⇒faith **3 dar ~ de algo** ⇒to testify to *sth*: *Puedo dar fe de su honestidad* - I can testify to his honesty **4 de buena ~** ⇒in good faith **5 de mala ~** ⇒in bad faith

febrero *s.m.* ⇒February

fecha *s.f.* **1** ⇒date: *¿Qué fecha es hoy?* - What's the date today? **2 ~ de caducidad** ⇒sell-by date *UK;* ⇒expiry date **3 ~ tope** ⇒deadline **4 hasta la ~** ⇒to date *form: No hemos recibido nada hasta la fecha* - We have received nothing to date

federación *s.f.* ⇒federation

felicidad ▮ *s.f.* **1** ⇒happiness ▮ **felicidades** *s.f.pl.* **2** ⇒best wishes **3** *(en cumpleaños)* ⇒Happy Birthday **4** *(enhorabuena)* ⇒congratulations

felicitación ▮ *s.f.* **1** *(de Navidad)* ⇒Christmas card ▮ **felicitaciones** *s.f.pl.* **2** ⇒congratulations: *Mis felicitaciones en este día tan especial* - They received the King's congratulations; ⇒greeting: *Recibieron las felicitaciones del Rey* - Greetings on this special day

felicitar *v.* ⇒to congratulate [CONSTR. to congratulate sb on sth]

felino *s.m.* ⇒cat

feliz *adj.* **1** ⇒happy **2** *¡Feliz cumpleaños!* - Happy birthday! **3** *¡Feliz Navidad!* - Merry Christmas! **4** *¡Feliz Año Nuevo!* - Happy New Year!

felpudo *s.m.* ⇒doormat ⇒mat

femenino, na *adj.* **1** *(sexo)* ⇒female **2** *fútbol femenino* - women's football **3** *(aspecto)* ⇒feminine: *Su nuevo peinado le da un aspecto más femenino* - Her new hairstyle makes her look more feminine

feminista *adj. / s.com.* ⇒feminist

fenomenal ▮ *adj.* **1** ⇒wonderful: *Lo pasamos fenomenal* - We had a wonderful time; ⇒great ▮ *adv.* **2** ⇒really well

fenómeno *s.m.* **1** *(de la naturaleza)* ⇒phenomenon (*pl* phenomena) **2** *(persona): Es un fenómeno en el baloncesto* - She is a wonderful basketball player

feo, a *adj.* **1** *(aspecto)* ⇒ugly: *una persona fea* - an ugly person **2** *(desagradable)* ⇒nasty: *Esa es una costumbre muy fea* - That's a very nasty habit **3** *(negativo)* ⇒ugly: *La cosa se está poniendo fea* - Things are getting ugly

feria *s.f.* **1** ⇒fair: *feria de artesanía* - craft fair **2** *(con atracciones)* ⇒funfair *UK* **3** *AMÉR. (dinero)* ⇒change

feriado *s.m. AMÉR.* ⇒public holiday

feroz *adj.* ⇒ferocious ⇒fierce: *una mirada feroz* - a fierce look

ferretería *s.f.* ⇒ironmonger's *UK old-fash* (*pl* ironmongers'); ⇒hardware store *US*

ferrocarril *s.m.* ⇒train

ferry *s.m.* ⇒ferry (*pl* ferries)

fértil *adj.* ⇒fertile

fertilizante *s.m.* ⇒fertilizer ⇒fertiliser *UK*

festejar *v.* ⇒to celebrate

festín *s.m.* ⇒feast

festival *s.m.* ⇒festival: *un festival de cine* - a film festival

festividad *s.f. (religiosa)* ⇒feast

festivo *s.m.* ⇒public holiday: *El centro comercial cierra los domingos y festivos* - The shopping centre closes on Sundays and public holidays

feto *s.m.* ⇒foetus *UK* (*pl* foetuses); ⇒fetus *US* (*pl* fetuses)

fiable *adj.* ⇒reliable

fiambre *s.m.* **1** *(alimento)* ⇒cold meat **2** *col. (cadáver)* ⇒stiff *very inform*

fiambrera *s.f.* **1** ⇒food container **2** *(para llevar al trabajo o al colegio)* ⇒lunchbox (*pl* lunchboxes)

fianza *s.f.* **1** *(señal)* ⇒deposit: *El casero nos pidió una fianza* - The landlord asked us for a deposit **2 bajo ~** ⇒on bail

fiar ▮ *v.* **1** *(en una tienda)* ⇒to give on credit ▮ **fiarse** *prnl.* **2** ⇒to trust

fibra *s.f.* ⇒fibre *UK;* ⇒fiber *US*

ficción *s.f.* ⇒fiction

ficha *s.f.* **1** *(en un juego de mesa)* ⇒counter ⇒chip **2** *(usada como dinero)* ⇒token **3** *(policial)*

⇒police record **4** *(con ejercicios, preguntas)* ⇒exercise sheet

fichaje *s.m.* ⇒signing UK: *el fichaje de un jugador* - the signing of a player

fichar *v.* **1** *(a un jugador)* ⇒to sign up: *Han fichado a un buen jugador* - They've signed up a good player **2** *(por un equipo)* ⇒to sign up for: *He fichado por el Manchester United* - I've signed up for Manchester United **3** *(contratar)* ⇒to take on: *Esa empresa ha fichado a mi hermana* - That company has taken my sister on **4** *(al llegar al trabajo)* ⇒to clock in **5** *(al salir del trabajo)* ⇒to clock off **6** *col. (tener ojeriza)* ⇒to have taped UK *inform: El jefe me tiene fichado* - My boss has taped me

fichero *s.m.* **1** *(mueble)* ⇒filing cabinet **2** *(en informática)* ⇒file

fidelidad *s.f.* **1** *(de una persona)* ⇒fidelity **2** *(de un animal)* ⇒loyalty **3** *(en la reproducción de algo)* ⇒fidelity ⇒accuracy: *la fidelidad de una traducción* - the accuracy of a translation **4 alta ~** ⇒high fidelity ⇒hi-fi: *un equipo de alta fidelidad* - a hi-fi set

fideo *s.m.* **1** ⇒noodle: *sopa de fideos* - noodle soup **2** *col. estar hecho un fideo* - to be a beanpole

fiebre *s.f.* **1** ⇒fever ⇒temperature: *Me dio una aspirina cuando vio que tenía fiebre* - He gave me an aspirin when he found I had a temperature **2** *(pasión)* ⇒craze: *fiebre por la música rock* - a craze for rock music

fiel ▌*adj.* **1** *(leal)* ⇒faithful: *un fiel amigo* - a faithful friend; ⇒loyal **2** *(exacto)* ⇒accurate: *un relato fiel* - an accurate account ▌*s.* **3** *(creyente)* ⇒worshipper

fiera ▌*s.* **1** *(persona)* ⇒demon: *Es una fiera tocando el violín* - She plays violin like a demon ▌*s.f.* **2** *(animal)* ⇒beast *form: las fieras en la selva* - the beasts on the jungle; ⇒wild animal **3** *(arpía)* ⇒shrew *old-fash* **4 ponerse hecho una ~** *col.* ⇒to be furious

fiero, ra *adj.* ⇒savage ⇒fierce

fiesta ▌*s.f.* **1** ⇒party (*pl* parties) **2** *(celebración)* ⇒celebration **3** *(para conseguir dinero)* ⇒fête UK; ⇒carnival US **4** *(día que no se trabaja)* ⇒holiday: *Mañana es fiesta* - Tomorrow is a holiday **5** *fiesta nacional* - bank holiday ▌**fiestas** *s.f.pl.* **6** *(festejos)* ⇒celebrations ⇒festival *sing: ¿Vendrás a las fiestas de mi barrio?* - Are you coming to the street festival in my neighbourhood? **7** *(Navidad)* ⇒Christmas: *¡Felices fiestas!* - Merry Christmas!

figura *s.f.* **1** *(de arte)* ⇒figure **2** *(del espectáculo)* ⇒star **3** *(persona que destaca)* ⇒important figure

figurar ▌*v.* **1** *(estar, hallarse)* ⇒to be: *No figura en la lista* - It isn't on the list ▌**figurarse** *prnl.* **2** *(suponer)* ⇒to imagine: *Me figuro que mi prima traerá el coche* - I imagine my cousin will bring her car

fijar ▌*v.* **1** *(sujetar)* ⇒to fix: *Fijó el dibujo en la pared con algunas chinchetas* - She fixed the picture on the wall with some drawing pins **2** *(una fecha, un precio)* ⇒to fix ⇒to set **3** *(la mirada)* ⇒to stare **4** *(la atención)* ⇒to focus ▌**fijarse** *prnl.* **5** *(darse cuenta)* ⇒to notice: *¿Te has fijado en la nueva tienda?* - Have you noticed the new shop? **6** *(prestar atención)* ⇒to pay special attention [CONSTR. to pay special attention to sth]: *Se fijaron en mis errores* - They paid special attention to my mistakes **7** *(tener cuidado)* ⇒to watch [CONSTR. 1. to watch + (that) 2. to watch + interrogativo]: *¡Fíjate por dónde vas!* - Watch where you are going! **8 ¡fíjate!** ⇒fancy! UK; ⇒imagine!

fijo, ja ▌*adj.* **1** *(inmóvil)* ⇒fixed **2** *(estable, permanente)* ⇒permanent: *un trabajo fijo* - a permanent job **3** *(regular)* ⇒regular: *un salario fijo* - a regular salary; ⇒set ▌**fijo** *adv.* **4** *(seguro)* ⇒definitely: *Fijo que no salgo hoy* - I'm definitely not going out today

fila *s.f.* **1** ⇒line US; ⇒row: *primera fila* - front row **2** *(cola de gente)* ⇒queue UK; ⇒line US **3** *(hilera)* ⇒row: *Tiene filas y filas de libros* - She has rows and rows of books **4** *aparcar en doble fila* - to double-park **5 en ~ india** ⇒in single file **6 ponerse en la ~** ⇒to line up

filete *s.m. (de carne)* ⇒steak: *un filete de ternera* - a beef steak

Filipinas *s.f.pl.* ⇒(the) Philippines

filipino, na *adj./s.* ⇒Philippine

filmar *v.* ⇒to film ⇒to shoot: *Están filmando una nueva película en Barcelona* - They are shooting a new film in Barcelona

filo *s.m.* **1** *(de algo que corta)* ⇒blade: *Ese cuchillo tiene mucho filo* - That knife has a very sharp blade **2** *(borde)* ⇒edge: *Estaba al filo de la carretera* - I was on the edge of the road

filosofía *s.f.* **1** *(saber, conocimiento)* ⇒philosophy **2** *(forma de pensar)* ⇒philosophy

filósofo, fa *s.* ⇒philosopher

filtrar ▌*v.* **1** *(un líquido)* ⇒to filter **2** *(llamadas)* ⇒to screen: *Están filtrando las llamadas de los sospechosos* - They are screening the calls of the suspects **3** *(información)* ⇒to leak: *Alguien filtró la noticia a la prensa* - Someone leaked the news to the press ▌**filtrarse** *prnl.* **4** *(un líquido, un gas)* ⇒to leak

fin *s.m.* **1** ⇒end: *a fin de mes* - at the end of the month **2** *(objetivo)* ⇒purpose **3 a ~ de** ⇒in order

F

to **4 al ~** ⇒at last ⇒eventually **5 al ~ y al cabo** ⇒at the end of the day *UK;* ⇒after all **6 con el ~ de** ⇒with the aim of **7 de principio a ~** ⇒all the way through ⇒from beginning to end **8 en ~** ⇒anyway *spoken* **9 ~ de año** ⇒New Year's Eve **10 ~ de semana** ⇒weekend **11 por ~** ⇒at last ⇒finally **12 sin ~** ⇒endless ⇒no end

final ▮ *adj.* **1** ⇒final ⇒last: *la parte final de la película* - the last part of the film **2** ⇒eventual: *el fracaso final del negocio* - the eventual failure of the business **3** *(un resultado)* ⇒net ▮ *s.m.* **4** *(fondo)* ⇒end: *al final de la clase* - at the end of the class; ⇒bottom **5** *(de una historia, de una película)* ⇒ending: *No me gusta el final de la película* - I don't like the ending of the film; ⇒close **6 a finales de** ⇒at the end of **7 al ~** ⇒in the end: *Al final decidieron no ir* - In the end they decided not to go **8 al ~ de** ⇒at the end of ▮ **final** *s.f.* **9** *(en una competición)* ⇒final: *la final de la Copa* - the Cup final

F

finalista *adj. / s.com.* ⇒finalist *n: los equipos finalistas* - the finalists; *los finalistas de los Juegos Olímpicos* - the finalists at the Olympic Games

finalizar *v.* ⇒to end ⇒to finish: *Cuando finalices esto, llámame* - When you finish this, call me; ⇒to finalize

financiar *v.* ⇒to finance ⇒to fund

financiero, ra ▮ *adj.* **1** ⇒financial ▮ *s.* **2** ⇒financier

finanzas *s.f.pl.* ⇒finance [U]

finca *s.f.* **1** *(en el campo)* ⇒country estate **2** *(agrícola)* ⇒farm **3** *(edificio)* ⇒property (*pl* properties): *Tienen una finca en el centro de la ciudad* - They have a property on the city centre **4** *(casa de campo)* ⇒country house

fingir *v.* ⇒to pretend [CONSTR. 1. to pretend + to do sth 2. to pretend + (that)]: *Katie finge ser feliz* - Katie pretends that she's happy; *Se fingió enfermo* - He pretended to be sick

finlandés, -a ▮ *adj.* **1** ⇒Finnish ▮ *s.* **2** ⇒Finn ▮ **finlandés** *s.m.* **3** *(idioma)* ⇒Finnish

Finlandia *s.f.* ⇒Finland

fino, na ▮ *adj.* **1** *(delgado)* ⇒fine ⇒thin: *Las paredes eran muy finas* - The walls were very thin **2** *(educado)* ⇒polite **3** *(agudo)* ⇒fine ⇒keen: *Tiene un fino sentido del olfato* - She has a keen sense of smell **4** *(suave)* ⇒soft **5** *(de buena calidad)* ⇒fine: *sedas finas* - fine silks; ⇒excellent ▮ **fino** *s.m.* **6** ⇒dry sherry

firma *s.f.* **1** *(de una persona)* ⇒signature **2** *(de un acuerdo)* ⇒signing *UK* **3** *(empresa)* ⇒firm ⇒company **4** *(estilo)* ⇒hallmark: *Esa es la firma de la empresa* - That's the hallmark of the company

firmar *v.* ⇒to sign: *Firmé el cheque* - I signed the cheque

firme *adj.* **1** *(constante, resistente)* ⇒firm ⇒secure: *Esa escalera no me parece muy firme* - That ladder doesn't look very secure to me; ⇒assertive **2** *(fuerte)* ⇒firm: *un firme apretón de manos* - a firm handshake; ⇒strong **3 de ~** ⇒strongly ⇒hard: *trabajar de firme* - to work hard **4 ¡firmes!** ⇒attention!

fiscal ▮ *adj.* **1** ⇒fiscal: *ejercicio fiscal* - fiscal year ▮ *s.com.* **2** ⇒public prosecutor *UK;* ⇒district attorney *US* **3 ~ general del Estado** ⇒Director of Public Prosecutions *UK;* ⇒Attorney General *US*

fisgar *v.* ⇒to rummage: *No fisgues entre mis cosas* - Don't rummage through my stuff; ⇒to snoop

física *s.f.* ⇒physics [Se usa más con el verbo en singular]: *La física es una asignatura difícil* - Physics is a difficult subject

físico, ca ▮ *adj.* **1** *(del cuerpo)* ⇒physical: *ejercicio físico* - physical exercise ▮ *s.* **2** ⇒physicist ▮ **físico** *s.m.* **3** *(aspecto)* ⇒looks ⇒physique: *Tiene un físico espléndido* - He has a splendid physique

flaco, ca *adj.* ⇒thin ⇒skinny *inform: Estás demasiado flaco* - You are too skinny

flamante *adj.* ⇒brand new ⇒smart

flamenco, ca ▮ *adj.* **1** *baile flamenco* - flamenco dancing **2** *(de Flandes)* ⇒Flemish: *pintores flamencos* - Flemish painters ▮ **flamenco** *s.m.* **3** *(baile, música)* ⇒flamenco **4** *(ave)* ⇒flamingo

flan *s.m.* ⇒crème caramel

flaqueza *s.f.* ⇒weakness (*pl* uncount); ⇒frailty: *Mostró flaqueza* - He showed frailty

flauta *s.f.* **1** *(instrumento)* ⇒flute **2 ~ dulce** ⇒recorder

flautista *s.com.* **1** ⇒flautist ⇒flutist *US* **2** *el flautista de Hamelin* - the Pied Piper of Hamelin

flecha *s.f.* **1** *(arma)* ⇒arrow **2** *(indicación)* ⇒arrow: *Sigue las flechas y encontrarás la salida* - Follow the arrows and you'll find the exit

flechazo *s.m.* **1** *(herida)* ⇒arrow wound **2** *col. (enamoramiento)* ⇒love at first sight

fleco *s.m.* **1** *(adorno)* ⇒fringe: *una falda de flecos* - a fringed skirt **2** *(borde deshilachado): Le han salido flecos a la falda* - The skirt is frayed

flemón *s.m.* ⇒gumboil

flequillo *s.m.* ⇒fringe *UK;* ⇒bangs *US*

flexible *adj.* **1** *(un material)* ⇒flexible **2** *(una persona)* ⇒flexible

flexión *s.f.* ⇒press-up *UK: Haz unas flexiones tumbándote en el suelo boca abajo* - Do some press-ups lying face down on the floor; ⇒push-up *US*

flexo *s.m.* ⇒reading lamp ⇒anglepoise® lamp

flipar *v.* **1** *col. (gustar mucho)* ⇒to love [CONSTR. 1. to love + doing sth 2. to love + to do sth]: *Me flipa surfear* - I love surfing; ⇒to be mad [CONSTR. to be mad about sth]: *Me flipa el cine* - I'm mad about cinema **2** *col. (sorprenderse)* ⇒to be amazed [CONSTR. to be amazed by sth]: *Flipé con tu casa* - I was amazed by your house

flirtear *v.* ⇒to flirt

flojo, ja *adj.* **1** *(suelto)* ⇒loose: *La radio no funciona muy bien, quizá tenga algún cable flojo* - The radio is not working very well. Maybe there's a wire loose **2** *(débil)* ⇒weak: *Se ha quedado bastante flojo desde su enfermedad* - He has been quite weak since his illness **3** *(de mala calidad)* ⇒weak ⇒poor: *Su examen fue bastante flojo* - Her exam was rather poor

flor *s.f.* **1** ⇒flower **2** *ramo de flores* - bouquet **3 a ~ de piel** *Tiene los nervios a flor de piel* - He's really on edge **4 en ~** ⇒in bloom ⇒in flower: *El naranjo está en flor* - The orange tree is in flower

flora *s.f.* **1** ⇒flora **2** *flora y fauna* - wildlife

florecer *v.* **1** *(una planta, un árbol)* ⇒to bloom ⇒to blossom ⇒to flower **2** *(un negocio, una actividad)* ⇒to flourish

florero *s.m.* ⇒vase

floristería *s.f.* ⇒florist's (*pl* florists')

flota *s.f.* **1** *(de barcos, de vehículos)* ⇒fleet **2** *(en el ejército)* ⇒armada

flotador *s.m.* **1** ⇒float **2** *(de cintura)* ⇒rubber ring

flotar *v.* ⇒to float ⇒to hang

fluido, da ▮ *adj.* **1** *(expresión oral o escrita)* ⇒fluent: *Ella habla un francés fluido* - She speaks fluent French **2** *(el tráfico)* ⇒free-flowing ▮ **fluido** *s.m.* **3** *(un líquido, un gas)* ⇒fluid *form*

fluir *v.* ⇒to flow

flujo *s.m.* **1** *(un líquido, un gas)* ⇒flow: *flujo sanguíneo* - blood flow **2** *(de personas)* ⇒flow ⇒flux

flúor *s.m.* **1** *(gas)* ⇒fluorine **2** *(para los dientes)* ⇒fluoride: *un dentífrico con flúor* - a fluoride toothpaste

fluorescente ▮ *adj.* **1** ⇒fluorescent ▮ *s.m.* **2** ⇒fluorescent light

fluvial *adj.* **1** ⇒fluvial *form: navegación fluvial* - fluvial navigation **2** *valle fluvial* - river valley

foca *s.f.* ⇒seal

foco *s.m.* **1** ⇒focus (*pl* focuses) **2** *(en el teatro)* ⇒spotlight **3** *(en un estadio)* ⇒floodlight **4** *(centro de atención)* ⇒focus (*pl* focuses) **5** *(núcleo, centro de origen)* ⇒hotbed: *un foco de problemas* - a hotbed of problems; ⇒pocket **6** *AMÉR. (bombilla)* ⇒bulb ⇒light bulb **7** *AMÉR. (farola)* ⇒lamppost

fogata *s.f.* ⇒bonfire

folio *s.m.* ⇒sheet of paper

follaje *s.m.* ⇒foliage

folleto *s.m.* **1** *(de varias hojas)* ⇒pamphlet ⇒brochure: *un folleto de viajes* - a travel brochure **2** *(de una hoja)* ⇒leaflet

follón *s.m.* **1** *col.* ⇒rumpus *inform;* ⇒fuss: *No organices tanto follón por unos pocos peniques* - Don't make so much fuss over a few pence **2** *(exceso de ruido)* ⇒racket **3 armarse un ~** *col.* ⇒to kick up a fuss ⇒to get in a mess

fomentar *v.* ⇒to promote ⇒to encourage [CONSTR. to encourage + to do sth]: *Se fomenta que los niños hagan deporte* - Children are encouraged to do sport; *Tenemos que fomentar la participación* - We have to encourage participation

fondo *s.m.* **1** *(de una cosa)* ⇒bottom **2** *(de un cuadro, de una foto)* ⇒background **3** *(del mar, de un río)* ⇒bed **4** *(de un escenario)* ⇒back **5** *(de dinero)* ⇒fund **6** *al fondo del pasillo* - at the end of the corridor **7 a ~** ⇒thorough: *una limpieza a fondo* - a thorough cleaning **8 en el ~ 1** *(lo principal, lo esencial)* ⇒basically: *En el fondo, creo que es más bien tímido* - Basically, I think he's rather shy; ⇒at heart **2** *(la parte más profunda)* ⇒deep down **9 ~ de inversión** ⇒unit trust *UK;* ⇒mutual fund *US*

fonética *s.f.* ⇒phonetics [Se usa más con el verbo en singular]: *La fonética es una parte esencial de la lingüística* - Phonetics is an essential part of linguistics

fonético, ca *adj.* ⇒phonetic: *símbolos fonéticos* - phonetic symbols

fontanería *s.f.* **1** ⇒plumbing [U] **2** *(tienda)* ⇒plumber's

fontanero, ra *s.* ⇒plumber

forastero, ra *s.* ⇒foreigner

forcejear *v.* ⇒to struggle

forense ▮ *adj.* **1** ⇒forensic: *medicina forense* - forensic medicine ▮ *s.com.* **2** ⇒forensic scientist ⇒pathologist

forestal *adj. tala forestal* - tree felling; *incendio forestal* - forest fire

forjar *v.* **1** *(un metal)* ⇒to forge **2** *(un vínculo)* ⇒to strike up: *Dione y Janet forjaron una estrecha amistad* - Dione and Janet struck up a close friendship; ⇒to forge **3** *(una idea)* ⇒to draw up: *Rowan forjó un plan nuevo* - Rowan drew up a new plan

forma *s.f.* **1** ⇒form **2** *(de una cosa)* ⇒shape **3** *(modo, manera)* ⇒way: *No me gusta la forma en que habla a sus padres* - I don't like the way he talks to his parents **4** *(física)* ⇒fitness ⇒physical fitness **5 de cualquier ~** ⇒anyhow ⇒anyway

6 de todas formas ⇒anyway ⇒anyhow **7 en ~** ⇒in shape ⇒fit: *mantenerse en forma* - to keep fit

formación *s.f.* **1** *(educativa)* ⇒education **2** *(laboral)* ⇒training **3** *(creación)* ⇒formation: *formación de palabras* - word formation

formal *adj.* **1** *(ropa, lenguaje)* ⇒formal **2** *(relación)* ⇒serious **3** *(evento)* ⇒dressy **4** *(en la forma de actuar)* ⇒serious ⇒reliable: *un trabajador formal* - a reliable worker

F

formar *v.* **1** *(dar forma)* ⇒to form: *formar un círculo* - to form a circle **2** *(componer, constituir)* ⇒to comprise: *Este grupo de amigas forma un ejemplo para todos* - This group of friends comprises an example to us all; ⇒to make up **3** *(en el ejército)* ⇒to fall in: *¡A formar!* - Fall in! **4** *(a un alumno)* ⇒to educate **5** *(a un trabajador)* ⇒to train **6 ~ pareja** ⇒to pair up with: *Formó pareja con mi hermana en el torneo de tenis* - He was paired up with my sister in the tennis tournament

formidable *adj.* **1** ⇒wonderful: *Es una idea formidable* - That's a wonderful idea; ⇒terrific **2** *(imponente)* ⇒formidable

fórmula *s.f.* **1** *(en matemáticas, en ciencias)* ⇒formula (*pl* formulae, formulas) **2** *(composición de algo)* ⇒formula: *La fórmula de la Coca Cola es secreta* - The formula for Coca Cola is secret

formulario *s.m.* ⇒form: *Rellena el formulario en casa* - Fill in the form at home

fornido, da *adj.* ⇒well-built ⇒strapping

forofo, fa *s. col.* ⇒fan

forrar ▌ *v.* **1** *(por fuera)* ⇒to cover **2** *(por dentro)* ⇒to line: *Forró los cajones del armario con un papel muy bonito* - She lined the drawers of her wardrobe with pretty paper ▌ **forrarse** *prnl.* **3** *col.* ⇒to make a fortune

forro *s.m.* **1** *(por fuera)* ⇒cover **2** *(de un libro)* ⇒book jacket **3** *(por dentro)* ⇒lining: *el forro de la chaqueta* - the jacket's lining

fortalecer ▌ *v.* **1** ⇒to strengthen ⇒to make stronger ▌ **fortalecerse** *prnl.* **2** ⇒to become stronger

fortaleza *s.f.* **1** *(fuerza)* ⇒strength **2** *(construcción)* ⇒fortress (*pl* fortresses): *Había una fortaleza en el centro de la ciudad* - There was a fortress in the city centre

fortuna *s.f.* **1** *(riqueza)* ⇒fortune **2** *(suerte)* ⇒fortune ⇒luck [Se dice *some luck, a stroke of luck* o *a piece of luck.* Incorrecto: *a luck*] **3** *hacer fortuna* - to make a fortune **4** *probar fortuna* - to try one's luck

forzar *v.* **1** *(hacer un esfuerzo)* ⇒to strain [CONSTR. to strain + to do sth]: *Tenía que forzar la vista para ver la pizarra* - He had to strain his eyes to see the blackboard **2** *(obligar)* ⇒to force [CONSTR. to force + to do sth]: *Les forzaron a hablar* - They forced them to speak **3** *(algo con cerradura)* ⇒to force open: *forzar una puerta* - to force open a door **4** *(hacerse daño)* ⇒to strain

forzoso, sa *adj.* **1** ⇒forced: *un aterrizaje forzoso* - a forced landing; ⇒forcible **2** *ser de forzoso cumplimiento* - to be compulsory

fosa *s.f.* **1** *(hoyo)* ⇒pit ⇒trench (*pl* trenches) **2** *(tumba)* ⇒grave **3** *(nasal)* ⇒nostril **4** *(marina)* ⇒basin

fosforescente *adj.* ⇒phosphorescent

fósil *s.m.* ⇒fossil

foso *s.m.* ⇒pit ⇒trench (*pl* trenches); ⇒hole

foto *s.f.* ⇒photo: *hacer fotos* - to take photos; *sacarse una foto* - to have one's photo taken

fotocopia *s.f.* ⇒photocopy (*pl* photocopies)

fotografía *s.f.* **1** ⇒photograph ⇒picture: *Hizo cerca de cincuenta fotos* - She took about fifty photos **2** *(arte, técnica)* ⇒photography

fotografiar *v.* ⇒to photograph ⇒to take a photograph

fotográfico, ca *adj.* ⇒photographic

fotógrafo, fa *s.* ⇒photographer

fracasar *v.* **1** ⇒to fail [CONSTR. to fail in sth]; ⇒to fall through: *Nuestros planes fracasaron* - Our plans fell through **2** *(una empresa)* ⇒to go under

fracaso *s.m.* **1** ⇒failure ⇒write-off **2** *un proyecto condenado al fracaso* - an ill-fated plan **3** *(referido a una película, una obra, una fiesta)* ⇒flop *inform*

fracción *s.f.* **1** *(en matemáticas)* ⇒fraction **2** *(parte)* ⇒fraction: *Cerré mis ojos durante una fracción de segundo* - I closed my eyes for a fraction of a second

fracturar *v.* ⇒to fracture *form: Sheila se fracturó la rodilla* - Sheila fractured her knee; *Los desacuerdos internos están fracturando el gobierno de coalición* - Intense disagreement is fracturing the coalition government

fragancia *s.f.* ⇒fragrance ⇒scent

fragante *adj.* ⇒fragrant ⇒sweet-smelling

frágil *adj.* **1** *(una cosa)* ⇒easily breakable ⇒fragile **2** *(una persona)* ⇒frail ⇒slight

fragmento *s.m.* **1** ⇒fragment ⇒snatch: *fragmentos de una conversación* - snatches of a conversation **2** *(de una obra)* ⇒passage

fraile *s.m.* ⇒monk

frambuesa *s.f.* ⇒raspberry (*pl* raspberries)

francés, -a ▌ *adj.* **1** ⇒French: *Tiene un amigo francés* - She has a French friend ▌ *s.* **2** *(hombre)* ⇒Frenchman (*pl* Frenchmen) **3** *(mujer)* ⇒Frenchwoman (*pl* Frenchwomen) **4** *(plural genérico): los* *franceses* - the French ▮ **francés** *s.m.* **5** *(idioma)* ⇨French: *¿Hablas francés?* - Do you speak French?

Francia *s.f.* ⇨France

franco, ca ▮ *adj.* **1** *(sincero)* ⇨direct ⇨frank **2** *(patente)* ⇨marked ▮ **franco** *s.m.* **3** *(moneda antigua)* ⇨franc: *El franco era la moneda de Francia antes del euro* - The franc was the former currency of France before the Euro

franja *s.f.* **1** *(de color)* ⇨stripe **2** *(tira)* ⇨strip: *una franja estrecha de tierra* - a narrow strip of land

franqueza *s.f.* ⇨frankness ⇨candour *UK*

frasco *s.m.* ⇨bottle

frase *s.f.* **1** *(oración)* ⇨sentence **2** ~ **hecha** ⇨set phrase

fraternal *adj.* ⇨brotherly: *amor fraternal* - brotherly love; ⇨fraternal *form*

fraude *s.m.* ⇨fraud: *fraude fiscal* - tax fraud

frazada *s.f.* *AMÉR.* ⇨blanket

frecuencia *s.f.* **1** ⇨frequency **2** *con frecuencia* - frequently **3** ~ **modulada** ⇨frequency modulation

frecuentar *v.* ⇨to visit frequently ⇨to frequent *form*: *frecuentar un lugar* - to frequent a place

frecuente *adj.* ⇨frequent ⇨common

freezer *s.m.* *AMÉR.* ⇨deep freeze ⇨freezer

fregadero *s.m.* ⇨sink

fregar *v.* **1** *(con energía)* ⇨to scrub **2** *(el suelo)* ⇨to mop ⇨to clean **3** *(muebles, cristales)* ⇨to wash **4** *(los platos)* ⇨to do the washing-up *UK;* ⇨to wash the dishes *US* **5** *AMÉR. col. (molestar)* ⇨to annoy ⇨to bother ⇨to disturb

fregona *s.f.* *(objeto)* ⇨mop

freír *v.* *(un alimento)* ⇨to fry

frenar *v.* **1** *(un vehículo)* ⇨to brake **2** *(contener)* ⇨to stop ⇨to hold back: *Consiguieron frenar las aguas* - They managed to hold back the waters

frenazo *s.m.* **1** *(acción)* ⇨a jam on the brakes **2** *(sonido)* ⇨squeal of brakes: *Se oyó un frenazo* - A squeal of brakes was heard

freno *s.m.* **1** *(de un vehículo)* ⇨brake **2** *poner freno* - to put a stop **3** *(contención)* ⇨curb ⇨deterrent **4** ~ **de mano** ⇨handbrake *UK;* ⇨emergency brake *US*

frente ▮ *s.f.* **1** *(parte de la cara)* ⇨forehead ▮ *s.m.* **2** *(parte delantera de algo)* ⇨front **3** **al** ~ *(hacia adelante)* ⇨forward: *dar un paso al frente* - to take a step forward **4** **al** ~ **de** ⇨in charge of: *El profesor la dejó al frente de la clase* - The teacher left her in charge of the class **5** **de** ~ **1** *(hacia adelante)* ⇨straight ahead: *mirar de frente* - to look straight ahead **2** *(con ímpetu)* ⇨head-on: *chocar de frente* - to crash head-on **6** ~ **a** ⇨opposite: *La chica sentada frente a nosotros* - The girl sitting opposite us **7** ~ **a** ~ ⇨face to face **8** **hacer** ~ **a** ⇨to face: *hacer frente al pasado* - to face the past; ⇨to stand up to

fresa *s.f.* **1** *(fruto)* ⇨strawberry (*pl* strawberries) **2** *(planta)* ⇨strawberry plant

fresco, ca ▮ *adj.* **1** *(frío)* ⇨fresh ⇨chilly ⇨cold **2** *(un alimento)* ⇨fresh: *verdura fresca* - fresh vegetables **3** *col. (descarado)* ⇨cheeky *UK;* ⇨sassy *US inform* ▮ **fresco** *s.m.* **4** ⇨cool: *Hace fresco por las noches* - It gets cool at night **5** *tomar el fresco* - to get some fresh air

frescura *s.f.* **1** *(temperatura)* ⇨coolness ⇨cool: *la frescura de la noche* - the cool of the night **2** *(descaro)* ⇨nerve: *¡Qué frescura!* - What a nerve!; ⇨cheek *UK* **3** *(lozanía)* ⇨freshness: *la frescura de un rostro* - the freshness of a face

fresno *s.m.* ⇨ash (tree)

fresón *s.m.* ⇨strawberry (*pl* strawberries)

frigorífico *s.m.* ⇨refrigerator ⇨fridge

frío, a ▮ *adj.* **1** ⇨cold: *El vino está demasiado frío* - The wine is too cold; ⇨icy ⇨cool ⇨chilly: *Hace demasiado frío* - The weather is too chilly **2** *un comportamiento frío* - standoffish conduct ▮ **frío** *s.m.* **3** ⇨cold [Se dice *to be cold* - *tener frío*. Incorrecto: *to have cold*]: *No me gusta el frío* - I don't like the cold; *Hace frío* - It's cold; *Tengo tanto frío que no siento las manos* - I'm so cold that I can't feel my hands; *coger frío* - to catch cold

friolero, ra *adj.* **1** ⇨sensitive to the cold **2** *Mi madre es friolera* - My mother feels the cold

frito, ta *adj.* **1** *(un alimento)* ⇨fried **2** *col. (dormido)* ⇨asleep: *quedarse frito* - to fall asleep **3** *tener frito* - to fed up with sb

frondoso, sa *adj.* ⇨leafy ⇨luxuriant: *un abedul frondoso* - a luxuriant birch

frontal *adj.* **1** *(de la frente)* ⇨frontal: *hueso frontal* - frontal bone **2** *(de la parte delantera)* ⇨head-on: *una colisión frontal* - a head-on collision **3** *(de forma directa)* ⇨frontal: *un ataque frontal* - a frontal attack; ⇨head-on

frontera *s.f.* **1** *(entre países o provincias)* ⇨frontier: *El río actúa como frontera natural* - The river acts a natural frontier; ⇨border **2** *(entre dos zonas)* ⇨boundary (*pl* boundaries)

frontón *s.m.* **1** *(en arquitectura)* ⇨pediment ⇨gable **2** *(deporte)* ⇨pelota **3** *(lugar)* ⇨pelota court

frotar *v.* ⇨to rub: *frotarse las manos* - to rub one's hands together

fruncir *v.* **1** *(una tela)* ⇨to gather **2** *(el ceño)* ⇨to frown: *Frunció el ceño como señal de desacuerdo* - He frowned in disagreement

frustrar ▮ *v.* **1** *(a una persona)* ⇨to frustrate ⇨to cramp *inform* **2** *(un plan)* ⇨to thwart ⇨to frustrate **I frustrarse** *prnl.* **3** *(una persona)* ⇨to get frustrated ⇨to feel frustrated: *Suelo frustrarme cuando suspendo un examen* - I usually feel frustrated when I fail an exam **4** *(un plan)* ⇨to fall through ⇨to come to nothing: *Nuestro plan de irnos fuera se frustró* - Our plans of going abroad came to nothing

fruta *s.f.* ⇨fruit [Normalmente se usa como nombre incontable. Se dice *the fruit, some fruit* o *a piece of fruit*. Incorrecto: *a fruit*]

F **frutal I** *adj.* **1** *adornos frutales* - fruit ornaments **I** *s.m.* **2** *(árbol)* ⇨fruit tree

frutería *s.f.* **1** *(puesto)* ⇨fruit stall **2** *(tienda)* ⇨fruit shop ⇨greengrocer's *UK* (*pl* greengrocers')

frutero, ra I *s.* **1** ⇨fruit seller ⇨greengrocer *UK* **I frutero** *s.m.* **2** *(objeto)* ⇨fruit bowl

fruto *s.m.* **1** *(de una planta, un árbol)* ⇨fruit: *dar fruto* - to bear fruit **2 frutos secos** ⇨dried fruit and nuts

fuego *s.m.* **1** ⇨fire: *apagar un fuego* - to put out a fire; *prender fuego* - to set on fire **2** *(incendio)* ⇨blaze **3** *(para un cigarrillo)* ⇨light: *¿Tienes fuego?* - Have you got a light? **4 a ~ lento** ⇨on a low heat **5 alto el ~** ⇨ceasefire **6 en el ~** *(un alimento)* ⇨on the heat **7 fuegos artificiales** ⇨fireworks ⇨rockets

fuente *s.f.* **1** *(decorativa)* ⇨fountain ⇨water feature **2** *(para beber)* ⇨drinking fountain **3** *(origen, procedencia)* ⇨source: *la fuente del problema* - the source of the problem; ⇨fountainhead *lit* **4** *(manantial)* ⇨spring **5** *(en una vajilla)* ⇨serving dish (*pl* serving dishes) **6** *(tipo de letra)* ⇨font

fuera *adv.* **1** *(ausente de casa, del trabajo)* ⇨out: *Cuando llamé a Margaret, estaba fuera de casa* - When I phoned Margaret, she was out **2** *(ausente de un lugar)* ⇨away: *Martin no está en Madrid, está fuera* - Martin is not in Madrid, he's away **3** *(en otro lugar)* ⇨away: *Este verano nos vamos fuera, a Grecia* - This summer we're going away to Greece **4** *(al aire libre)* ⇨outdoors: *Si el tiempo es bueno cenaremos fuera* - If the weather's fine we'll have dinner outdoors **5** *(de un lugar cerrado)* ⇨outside: *Solo se puede fumar fuera del edificio* - You can only smoke outside the building **6 ¡fuera!** ⇨get out! **7 ~ de** ⇨out of *US*: *fuera de peligro* - out of danger; *Estaba fuera de la caja* - It was out of the box **8 ~ de banda** ⇨into touch *UK* **9 ~ de control** ⇨out of control **10 ~ de juego** *(en deporte)* ⇨offside *UK*; ⇨offsides *US* **11 ~ del alcance** ⇨{beyond/out of} reach **12 ~ de lugar** ⇨misplaced ⇨uncalled-for: *Creo que esos comentarios están fuera de lugar* - I think those comments are uncalled-for; ⇨out of place **13 ~ de plazo** ⇨after the deadline **14 ~ de serie** *(el mejor)* ⇨one in a million **15 ~ de servicio** *(estropeado)* ⇨out of order: *Los ascensores están fuera de servicio* - The lifts are out of order; ⇨off-duty **16 ~ de sí** ⇨beside oneself **17 hacia ~** ⇨outward

fuerte I *adj.* **1** *(físicamente)* ⇨strong: *No es tan fuerte como creía* - He isn't as strong as I thought **2** *(de carácter)* ⇨forceful **3** *(resistente)* ⇨tough ⇨strong: *Necesitaremos que la cuerda sea muy fuerte* - The rope will need to be very strong **4** *(el sabor, el olor)* ⇨strong **5** *(muy intenso)* ⇨heavy: *Se avecinan fuertes lluvias* - A heavy rain is approaching; ⇨intense **6** *(impactante): La película tiene escenas fuertes* - The film has some shocking scenes **7** *(la voz, el ruido)* ⇨loud **8** *(una luz)* ⇨bright **9** *(un golpe)* ⇨hard ⇨hefty **10** *(un dolor)* ⇨severe **11 ¡qué fuerte!** ⇨heavy! **I** *s.m.* **12** *(fortaleza)* ⇨fort ⇨forte **I** *adv.* **13** ⇨tight: *El nudo de los cordones está demasiado fuerte* - The knot in these shoelaces is too tight; ⇨hard **14** *hablar fuerte* - to speak loudly

fuerza *s.f.* **1** *(física)* ⇨strength [U]: *No tengo fuerza para levantar estas cajas* - I haven't got the strength to lift these boxes **2** *(potencia)* ⇨potency **3** *(poder)* ⇨power [U]; ⇨force: *fuerza legal* - legal force **4 a ~ de** ⇨by dint of *form* **5 a la ~** ⇨by force **6 ~ aérea** ⇨air force **7 ~ de la gravedad** ⇨force of gravity **8 ~ de voluntad** ⇨willpower **9 ~ magnética** ⇨pull **10 fuerzas armadas** ⇨armed forces

fuga *s.f.* **1** *(evasión)* ⇨escape ⇨getaway **2** *(de un líquido, un gas)* ⇨leak **3 darse a la ~** ⇨to flee

fugarse *v.prnl.* **1** *(de una prisión)* ⇨to escape **2** *(huir)* ⇨to run away: *Los ladrones se fugaron en una furgoneta robada* - The robbers ran away in a stolen van; ⇨to run off *inform*

fugaz *adj.* **1** ⇨brief: *una visita fugaz* - a brief visit; ⇨fleeting **2 estrella ~** ⇨shooting star ⇨falling star

fulano, na *s.* **1** *col.* ⇨so-and-so *inform*: *No le digas a mengano lo que te ha dicho fulano* - Don't tell what's-his-name what so-and-so told you **2** *col. (hombre)* ⇨what's-his-name *inform* **3** *col. (mujer)* ⇨what's-her-name *inform*

fulbito *s.m.* *AMÉR.* ⇨table football

fulminante *adj. (inmediato)* ⇨sudden ⇨withering

fumador, -a *s.* ⇨smoker

fumar *v.* ⇨to smoke: *¿Te molesta si fumo?* - Do you mind if I smoke?

función *s.f.* **1** *(de una cosa)* ⇨function **2** *(de una persona)* ⇨duty (*pl* duties); ⇨function ⇨role **3**

(de una actuación) ⇒performance ⇒show **4 en ~ de** ⇒according to ⇒depending on

funcionar *v.* ⇒to function *form;* ⇒to go ⇒to work: *Este vídeo no funciona* - This video recorder doesn't work; ⇒to operate: *Los tranvías no funcionan los domingos* - Trams do not operate on Sundays

funcionario, ria *s.* **1** *(público)* ⇒civil servant **2** *(con un cargo de autoridad)* ⇒official

funda *s.f.* **1** ⇒case ⇒cover **2** *(de una almohada)* ⇒pillowcase **3** *(de un disco)* ⇒jacket

fundación *s.f.* ⇒foundation

fundamental *adj.* ⇒fundamental: *los principios fundamentales de una teoría* - the fundamental principles of a theory

fundar *v.* **1** *(crear)* ⇒to found: *fundar una ciudad* - to found a city **2** *(basar)* ⇒to base [CONSTR. to base sth on sth]: *¿En qué fundas tu afirmación?* - What do you base your statement on?

fundir ▌*v.* **1** ⇒to melt ⇒to fuse: *Se fundieron las dos partes* - Both parts fused together **2** *(una bombilla, un fusible)* ⇒to blow: *Se han fundido los plomos* - The fuses have blown ▌**fundirse** *prnl.* **3** ⇒to melt

fúnebre *adj.* **1** *(de un funeral)* ⇒funeral: *cortejo fúnebre* - funeral procession; *coche fúnebre* - hearse **2** *(una situación)* ⇒funereal: *un ambiente fúnebre* - a funereal atmosphere **3** *(un comportamiento)* ⇒mournful: *una voz fúnebre* - a mournful voice; ⇒lugubrious: *un andar fúnebre* - a lugubrious way of walking

funeral *s.m.* ⇒funeral

funeraria *s.f.* ⇒undertaker's *UK* (*pl* undertakers'); ⇒funeral parlour *UK;* ⇒funeral parlor *US*

funicular *s.m.* ⇒funicular railway

furgón *s.m.* *(de un tren)* ⇒wagon *UK;* ⇒goods wagon *UK;* ⇒freight car *US*

furgoneta *s.f.* ⇒van

furia *s.f.* **1** ⇒fury ⇒rage **2** *Estaba hecho una furia* - He was furious; *Se puso hecho una furia* - She got mad

furioso, sa *adj.* **1** ⇒furious ⇒mad *inform: Estaba furioso conmigo* - He was mad at me **2 ponerse ~** ⇒to fly into a rage

furtivo, va ▌*adj.* **1** ⇒furtive **2** *(una mirada)* ⇒sly **3** *caza furtiva* - poaching ▌*s.* **4** *(un cazador, un pescador)* ⇒poacher

fusible *s.m.* ⇒fuse: *¿Han saltado los fusibles?* - Have the fuses blown?

fusil *s.m.* ⇒rifle

fusión *s.f.* **1** *(de dos o más cosas)* ⇒fusion ⇒joining **2** *(de empresas o de organizaciones)* ⇒merger **3** *(de un metal)* ⇒melting ⇒fusion

fusionar *v.* **1** *(de dos o más cosas)* ⇒to fuse **2** *(de empresas o de organizaciones)* ⇒to merge: *Los dos clubes de fútbol de mi ciudad se van a fusionar en uno* - The two football clubs in my town are going to merge into one

fútbol *s.m.* **1** ⇒football *UK;* ⇒soccer *US: un partido de fútbol* - a game of soccer **2 ~ americano** ⇒American football **3 ~ sala** ⇒five-a-side football

futbolista *s.com.* ⇒footballer *UK;* ⇒soccer player

futuro, ra ▌*adj.* **1** ⇒future: *las generaciones futuras* - future generations; ⇒prospective **2** *(tiempo verbal)* ⇒future tense ■ Ver cuadro future tense: will / be going to ▌**futuro** *s.m.* **3** ⇒future **4 con futuro** ⇒with prospects: *un violinista con futuro* - a violinist with prospects

F

g

G

g *s.f. (letra del alfabeto)* ⇒g
gabardina *s.f.* ⇒raincoat
gafas *s.f.pl.* **1** *(graduadas)* ⇒glasses: *Tengo dos gafas* - I have two pairs of glasses **2** *(de sol)* ⇒sunglasses **3** *(de bucear)* ⇒diving goggles **4** *(protectoras)* ⇒safety goggles **5** *(bifocales)* ⇒bifocals
gafe ▮ *adj.* **1** *col.* ⇒jinxed ▮ *s.com.* **2** *col.* ⇒jinx (*pl* jinxes): *Empezó a pensar que era un gafe* - He began to think he had a jinx
gaita *s.f.* ⇒bagpipes *pl: tocar la gaita* - to play the bagpipes
gajo *s.m.* ⇒segment: *un gajo de naranja* - an orange segment
galápago *s.m.* ⇒terrapin
galardón *s.m.* ⇒award: *un galardón al mejor actor* - an award for best actor
galaxia *s.f.* ⇒galaxy (*pl* galaxies)
galería *s.f.* **1** *(de arte)* ⇒gallery (*pl* galleries); ⇒art gallery (*pl* art galleries) **2** *(interior)* ⇒gallery **3** *(exterior)* ⇒balcony **4** **~ comercial** ⇒arcade
galés, -a ▮ *adj.* **1** ⇒Welsh ▮ *s.* **2** *(hombre)* ⇒Welsh man (*pl* Welsh men) **3** *(mujer)* ⇒Welsh woman (*pl* Welsh women) **4** *(plural genérico): los galeses* - the Welsh ▮ **galés** *s.m.* **5** *(idioma)* ⇒Welsh
gallego, ga ▮ *adj./s.* **1** ⇒Galician **2** AMÉR. ⇒Spanish *adj;* ⇒Spaniard *n* ▮ **gallego** *s.m.* **3** *(idioma)* ⇒Galician
galleta *s.f.* **1** *(alimento)* ⇒biscuit *UK;* ⇒cookie *US* **2** *(bofetada)* ⇒slap ⇒wallop *inform*
gallina ▮ *s.f.* **1** *(animal)* ⇒hen ▮ *adj.* **2** *col. (cobarde)* ⇒coward ▮ *s.com.* **3** *col. (persona)* ⇒coward ⇒chicken *inform*
gallinero *s.m.* **1** ⇒coop **2** *col. (en un cine o en un teatro)* ⇒upper circle ⇒gallery **3** *(lugar ruidoso)* ⇒madhouse
gallo *s.m.* **1** *(animal)* ⇒cock *UK;* ⇒rooster *US* **2** *(pescado)* ⇒john dory **3** *(al cantar)* ⇒flase note **4** **en menos que canta un ~** *col.* ⇒in a flash *inform*
galón *s.m.* **1** *(medida)* ⇒gallon **2** *(distintivo)* ⇒stripe
galopar *v.* ⇒to gallop
galope *s.m.* ⇒gallop
gama *s.f.* ⇒range: *una amplia gama de colores* - a wide range of colours
gamba *s.f.* **1** ⇒prawn *UK;* ⇒shrimp *US* **2** *(rebozada)* ⇒scampi *pl: Me encantan las gambas rebozadas* - I love scampi **3** **meter la ~** *col.* ⇒to put *one's* foot in it
gamberrada *s.f.* **1** ⇒loutish behaviour [U] **2** *hacer gamberradas* - to make trouble
gamberro, rra ▮ *adj.* **1** ⇒rough ⇒loutish ▮ *s.* **2** ⇒thug ⇒lout
gana *s.f.* **1** *tener ganas de hacer algo* - to feel like doing sth **2** *hacer algo con ganas* - to do sth enthusiastically **3** *Tocaron la canción sin ganas* - They played the song half-heartedly **4** *de buena gana* - willingly **5** *de mala gana* - reluctantly **6** *No me da la gana* - I can't be bothered **7** *quedarse con las ganas* - to be left disappointed **8** *tener ganas de comer* - to be hungry **9** *Puedes hacerlo como te dé la gana* - You can do it however you want
ganadería *s.f. (actividad)* ⇒farming ⇒livestock farming ⇒dairy farming
ganadero, ra *s.* ⇒cattle dealer ⇒rancher *US*
ganado *s.m.* **1** ⇒livestock **2** *(bovino)* ⇒cattle *pl* **3** *(ovino)* ⇒sheep *pl* **4** *(porcino)* ⇒pigs *pl*
ganador, -a ▮ *adj.* **1** ⇒winning: *el número ganador* - the winning number ▮ *s.* **2** ⇒winner
ganancia ▮ *s.f.* **1** *(beneficio)* ⇒profit: *Conseguimos 220 libras de ganancias en la rifa de la escuela* - We made 220 pounds profit on the school lottery ▮ **ganancias** *pl.* **2** *(ingreso económico)* ⇒earnings
ganar ▮ *v.* **1** *(en una competición)* ⇒to win: *ganar una carrera* - to win a race; ⇒to beat: *ganar a alguien al tenis* - to beat sb at tennis; ⇒to defeat **2** *(dinero)* ⇒to earn: *¿Sabes cuánto dinero gana?* - Do you know how much money

does he earn?; ⇒to make **3** *(una batalla)* ⇒to win **4** *(adquirir)* ⇒to gain: *ganar experiencia* - to gain experience **5** *(un sentimiento ajeno)* ⇒to gain: *ganar en confianza* - to gain in confidence ▮ **ganarse** *prnl.* **6** *(algo merecido)* ⇒to earn: *Te lo has ganado* - You earned it **7** *ganarse la vida* - to earn one's living **8 ganársela** *col.* ⇒to cop it *inform*

gancho *s.m.* **1** *(para colgar algo)* ⇒hook: *Cuelga tu gorra en este gancho* - Hang your cap on this hook **2** *col. (atractivo, encanto)* ⇒charm ⇒appeal **3** AMÉR. ⇒staple **4** AMÉR. ⇒clothes peg UK; ⇒clothes pin US **5** AMÉR. ⇒coat hanger

gandul, -a *adj. col.* ⇒lazy ⇒idle ⇒loafer *inform: Venga, levántate, que eres un gandul* - Come on, get up! You are a loafer

ganga *s.f.* ⇒bargain ⇒snip UK *inform: Ese coche ha sido una ganga* - That car has been a snip

ganso, sa ▮ *s.* **1** ⇒goose (*pl* geese) **2** *(macho)* ⇒gander ▮ *adj. / s.* **3** *col. (persona)* ⇒fool *n* **4 hacer el ganso** ⇒to play the fool

garabato *s.m.* **1** ⇒scribble: *No puedo entender tus garabatos* - I can't understand your scribble **2** *hacer garabatos* - to doodle

garaje *s.m.* ⇒garage

garantía *s.f.* **1** ⇒guarantee ⇒assurance **2** *(de una compra)* ⇒warranty ⇒guarantee: *Este televisor tiene un año de garantía* - This television has a one year guarantee **3 estar en ~** ⇒to be under guarantee

garantizar *v.* **1** *(prometer)* ⇒to guarantee [CONSTR. 1. to guarantee + (that) 2. to guarantee + dos objetos 3. to guarantee + to do sth]: *Te puedo garantizar que te lo pasarás muy bien* - I can guarantee that you'll have a great time; ⇒to assure [CONSTR. 1. to assure + (that) 2. to assure sb of sth] **2** *(certificar)* ⇒to ensure [CONSTR. 1. to ensure + (that) 2. to ensure + dos objetos]: *Las lluvias garantizan el abastecimiento de agua* - Rain ensures the water supply; ⇒to insure US *form*

garbanzo *s.m.* ⇒chickpea UK; ⇒garbanzo (bean) US

garbo *s.m.* **1** ⇒grace ⇒panache **2** *andar con garbo* - to walk gracefully

garfio *s.m.* ⇒hook

garganta *s.f.* **1** ⇒throat: *Tengo dolor de garganta* - I've got a sore throat **2** *(desfiladero)* ⇒gorge

gargantilla *s.f.* ⇒necklace

garra *s.f.* **1** *(zarpa)* ⇒claw ⇒paw **2** *(fuerza)* ⇒punch (*pl* punches); ⇒clutch (*pl* clutches) **3** *(atractivo)* ⇒bite

garrafa *s.f.* **1** ⇒carafe **2** *una garrafa de vino* - a large container of wine

garrapata *s.f.* ⇒tick

gas ▮ *s.m.* **1** ⇒gas: *una fuga de gas* - a gas leak **2 con ~** *(una bebida)* ⇒fizzy: *una bebida con gas* - a fizzy drink; ⇒carbonated ⇒sparkling: *agua mineral con gas* - sparkling mineral water **3 ~ butano** ⇒butane **4 sin ~** ⇒still: *agua sin gas* - still water ▮ **gases** *pl.* **5** *(en el aparato digestivo)* ⇒wind

gasa *s.f.* **1** *(para cubrir heridas)* ⇒gauze bandage ⇒compress (*pl* compresses); ⇒lint: *Limpiaron las heridas con gasas limpias* - They covered the wounds with clean lints **2** *(para hacer ropa)* ⇒chiffon

gaseoso, sa ▮ *adj.* **1** ⇒carbonated ⇒sparkling ⇒fizzy: *bebidas gaseosas* - fizzy drinks ▮ **gaseosa** *s.f.* **2** *(bebida)* ⇒fizzy drink

gasóleo *s.m.* ⇒gas oil ⇒diesel oil ⇒diesel

gasolina *s.f.* **1** ⇒petrol UK: *gasolina con plomo* - leaded petrol; ⇒gas US; ⇒gasoline US **2** *(sin plomo)* ⇒lead-free petrol UK; ⇒unleaded gasoline US **3** *(súper)* ⇒four-star petrol UK; ⇒premium (gas) US

gasolinera *s.f.* ⇒garage ⇒petrol station UK: *Tardamos media hora en encontrar la gasolinera* - It took us half an hour to find the petrol station; ⇒gas station US; ⇒service station US

gastado, da *adj.* **1** *(ropa, calzado)* ⇒worn **2** *(idea, excusa)* ⇒well-worn **3** *(una pila)* ⇒dead ⇒flat

gastar *v.* **1** *(dinero, esfuerzo)* ⇒to spend: *Gasté todos mis ahorros en ese jersey* - I spent all my savings on that pullover; ⇒to lash out **2** *(energía)* ⇒to expend **3** *(ropa, calzado)* ⇒to wear out **4** *(un producto)* ⇒to use ⇒to use up: *Has gastado toda la tinta* - You've used up all the ink **5 ~ una broma** ⇒to play a joke ⇒to play a trick: *Los niños gastaron una broma a su padre* - The children played a trick on their father

gasto *s.m.* **1** *(hecho de gastar)* ⇒spending **2** *(lo que se gasta)* ⇒expense ⇒cost **3** *(doméstico)* ⇒housekeeping

gastronomía *s.f.* ⇒gastronomy ⇒cuisine *form*

gatear *v.* ⇒to crawl: *El bebé ha empezado a gatear* - The baby has started crawling

gatillo *s.m.* ⇒trigger: *apretar el gatillo* - to pull the trigger

gato, ta *s.* **1** *(animal)* ⇒cat **2** *(cría)* ⇒kitten **3** *(hidráulico)* ⇒jack

gaviota *s.f.* ⇒gull ⇒seagull

gay *adj. / s.m.* ⇒gay

gel *s.m.* **1** ⇒gel **2** *(de baño)* ⇒bath gel **3** *(de ducha)* ⇒shower gel

gelatina *s.f.* **1** *(postre)* ⇒jelly UK: *Tomé gelatina de fresa de postre* - I had strawberry jelly for dessert **2** *(sustancia)* ⇒gelatin ⇒aspic

gemelo, la ▮ *adj.* **1** ⇒twin ▮ *s.* **2** ⇒identical twin **3** *Elizabeth y Charlotte son gemelas* - Elizabeth and Charlotte are twins ▮ **gemelos** *s.m.pl.* **4** *(prismáticos)* ⇨binoculars

gemido *s.m.* ⇨groan ⇨moan

géminis *adj./s.com.* ⇨Gemini *n*

gemir *v.* ⇨to groan ⇨to moan: *Gemía porque estaba desilusionada* - She was moaning because she was disappointed; ⇨to wail: *gemir de dolor* - to wail in pain

generación *s.f.* ⇨generation

general ▮ *adj.* **1** *(principal, más importante)* ⇨general: *una idea general* - a general idea **2** *(carretera)* ⇨main: *la carretera general* - the main road **3** *(una mejoría)* ⇨all-round **4 en ~** ⇨in general ⇨on the whole: *En general, estoy de acuerdo con la idea* - On the whole, I agree with the idea; ⇨all in all **5 por lo ~** ⇨usually [CONSTR. Se sitúa detrás del verbo *to be* y de los verbos auxiliares y modales *I'm usually on time for school - Por lo general llego al colegio puntual* y delante de los demás verbos *We usually eat dinner at 6 - Por lo general cenamos a las 6*] ▮ **general** *s.com.* **6** *(militar)* ⇨general

generalizar ▮ *v.* **1** ⇨to generalize ⇨to generalise UK: *Nuestro profesor siempre está generalizando* - Our teacher generalises all the time ▮ **generalizarse** *prnl.* **2** ⇨to become widespread: *Hace unos años se generalizó el uso del ordenador* - The use of computers became widespread a few years ago

generar *v.* ⇨to generate

género *s.m.* **1** *(conjunto de seres): género humano* - mankind **2** *(sexo)* ⇨sex **3** *(en botánica, en zoología)* ⇨genus (*pl* genera) **4** *(clase)* ⇨kind ⇨type: *un género diferente de personas* - a different kind of people **5** *(tejido)* ⇨material ⇨fabric: *Los géneros de seda y de lana son muy suaves al tacto* - Silk and woollen fabrics are very soft to the touch **6** *(mercancía)* ⇨goods *pl* **7** *(en gramática)* ⇨gender: *género femenino* - feminine gender **8** *(en literatura)* ⇨genre *form*

generosidad *s.f.* ⇨generosity: *Demostró una gran generosidad hacia sus amigos* - He showed great generosity towards his friends

generoso, sa *adj.* **1** ⇨generous ⇨unstinting *form* **2** *(abundante)* ⇨handsome: *Le sacaron un generoso beneficio a su casa* - They made a handsome profit on their house; ⇨liberal ⇨bountiful

genial ▮ *adj.* **1** ⇨terrific ⇨great: *una idea genial* - a great idea; *pasárselo genial* - to have a great time; ⇨cool *inform* **2** *(con talento)* ⇨outstanding: *Siempre ha sido un estudiante genial* - He has always been an outstanding student; ⇨brilliant ▮ **¡genial!** *interj.* **3** ⇨great! ⇨terrific!

genio *s.m.* **1** *(persona con talento)* ⇨genius ⇨wizard *inform* **2** *(personaje fantástico)* ⇨genie (*pl* genii, genies) **3** *(carácter, temperamento)* ⇨terrible temper **4** *(estado anímico)* ⇨mood: *Hoy está de mal genio* - She is in a bad mood today

genital ▮ *adj.* **1** ⇨genital ▮ **genitales** *s.m.pl.* **2** ⇨genitals

gente *s.f.* **1** ⇨people *pl: Hay mucha gente* - There are a lot of people; ⇨folk UK **2** *Hay gente para todo* - It takes all sorts

gentil ▮ *adj.* **1** *(amable)* ⇨kind ⇨courteous ⇨gentle: *Es muy gentil con sus amigos* - He is very gentle with his friends; ⇨congenial *form* **2** *(apuesto)* ⇨elegant ▮ *s.* **3** *(en religión)* ⇨Gentile

gentío *s.m.* ⇨crowd

genuino, na *adj.* ⇨genuine ⇨real: *piel genuina* - real leather

geografía *s.f.* ⇨geography

geográfico, ca *adj.* ⇨geographical

geología *s.f.* ⇨geology

geometría *s.f.* ⇨geometry

geométrico, ca *adj.* ⇨geometric

geranio *s.m.* ⇨geranium

gerente *s.com.* **1** ⇨manager **2** *(mujer)* ⇨manageress (*pl* manageresses) **3** *(de una prisión, de un hospital)* ⇨governor

germen *s.m.* **1** *(microbio)* ⇨germ ⇨embryo **2** *(raíz)* ⇨germ: *Encontró el germen de la historia en un viejo periódico* - He found the germ of a story in an old newspaper; ⇨seed

gerundio *s.m.* ⇨gerund ▪ Ver cuadro gerund

gesticular *v.* **1** ⇨to gesticulate: *No gesticules tanto* - Don't gesticulate so much **2** *(con la cara)* ⇨to grimace ⇨to pull a face

gestión *s.f.* **1** *(dirección)* ⇨management **2** *(trámite)* ⇨step: *hacer gestiones* - to take steps; ⇨business *pl: tener que hacer unas gestiones en la oficina* - to have some business in the office

gesto *s.m.* **1** *(con la cara)* ⇨expression **2** *hacer un gesto con la cara a alguien* - to pull a face at sb **3** *(con la cabeza, con la mano)* ⇨gesture: *Estaba haciendo gestos raros* - He was making funny gestures; ⇨motion ⇨sign **4** *(acción significativa)* ⇨gesture

gigante, ta ▮ *s.* **1** *(personaje de cuento)* ⇨giant **2** *(persona muy alta)* ⇨giant ▮ **gigante** *adj.* **3** ⇨giant ⇨gigantic

gigantesco, ca *adj.* ⇨giant ⇨gigantic: *El coste fue gigantesco* - The cost had been gigantic

gimnasia *s.f.* **1** ⇨gymnastics [Se usa más con el verbo en singular]: *La gimnasia es un deporte olímpico* - Gymnastics is an Olympic sport **2** *(asignatura)* ⇨PE ⇨physical education **3 hacer ~** ⇨to do gymnastics

gimnasio *s.m.* ⇒gymnasium (*pl* gymnasia, gymnasiums); ⇒gym *inform*
gimnasta *s.com.* ⇒gymnast
ginebra *s.f.* ⇒gin
gira *s.f.* **1** ⇒tour ⇒circuit **2** *hacer una gira* - to tour **3** *estar de gira* - to be on tour **4** *ir de gira* - to go tour
girar ▮ *v.* **1** *(dar vueltas)* ⇒to turn: *Gira e intenta aparcar en el otro lado de la carretera* - Just turn and try to park on the other side of the road; ⇒to go round: *El viento hacía girar la veleta* - The wind was making the weathercock go round **2** *(alrededor de un eje)* ⇒to revolve ⇒to spin round: *La Tierra gira sobre su eje* - The Earth spins on its axis **3** *(cambiar de dirección)* ⇒to turn: *Cuando llegues a la estación, gira a la izquierda* - When you get to the station, turn left; ⇒to slew around **4** *(una parte del cuerpo)* ⇒to twist **5 ~ en torno a** ⇒to centre around ▮ **girarse** *prnl.* **6** ⇒to turn around ⇒to turn round
girasol *s.m.* ⇒sunflower
giratorio, ria *adj.* ⇒revolving: *las puertas giratorias de los hoteles* - the revolving doors of the hotels; ⇒rotary
giro *s.m.* **1** *(cambio de dirección)* ⇒turn: *un giro a la izquierda* - a left turn **2** *(vuelta)* ⇒spin ⇒whirl **3** *(de una conversación)* ⇒turn **4** *(cambio de situación)* ⇒slant **5** *(modo de expresión)* ⇒expression ⇒turn of phrase **6** *(postal)* ⇒giro ⇒postal order **7** *(bancario)* ⇒giro ⇒banker's draft
gis *s.m.* AMÉR. ⇒chalk
gitano, na *adj./s.* ⇒gypsy *n* (*pl* gypsies); ⇒gipsy UK *n* (*pl* gipsies)
glacial *adj.* **1** *(muy frío)* ⇒bitter: *un viento glacial* - a bitter wind **2** *(un lugar)* ⇒glacial
glaciar *s.m.* **1** ⇒glacier **2** *período glaciar* - Ice Age
global *adj.* ⇒global: *el calentamiento global* - global warming; ⇒overall
globo *s.m.* **1** ⇒balloon: *El padre compró a la niña un bonito globo azul y blanco* - The father brought the girl a nice blue and white balloon **2** *(aerostático)* ⇒balloon: *un paseo en globo* - a balloon trip **3** *(terráqueo)* ⇒globe: *el globo terráqueo* - the globe **4** *(ocular)* ⇒eyeball
glóbulo *s.m.* ⇒blood cell: *glóbulos blancos* - white blood cells; *glóbulos rojos* - red blood cells; ⇒globule
gloria *s.f.* **1** *(fama)* ⇒glory **2** *(placer)* ⇒bliss: *Estoy en la gloria* - It's bliss **3** *(celebridad)* ⇒great name **4 oler a ~** ⇒to smell *sth* delicious **5 saber a ~** ⇒to taste *sth* delicious
glorieta *s.f.* **1** *(para vehículos)* ⇒roundabout UK; ⇒rotary US (*pl* rotaries) **2** *(plaza)* ⇒circus UK *old-fash* (*pl* circuses)
glosario *s.m.* ⇒glossary (*pl* glossaries): *un glosario de términos científicos* - a glossary of scientific terms
glotón, -a ▮ *adj.* **1** ⇒greedy ▮ *s.* **2** ⇒glutton
gobernador, -a *s.* ⇒governor
gobernante ▮ *adj.* **1** ⇒governing ▮ *s.com.* **2** ⇒ruler
gobernar *v.* **1** *(un país)* ⇒to govern ⇒to rule **2** *(un negocio)* ⇒to run: *Gobierna el negocio con mano firme* - He runs the shop with steady hand **3** *(un vehículo, un barco)* ⇒to steer: *Intentó gobernar el autobús* - He tried to steer the bus; ⇒to captain
gobierno *s.m.* **1** ⇒government ⇒administration US **2** *gobierno central* - central government
gol *s.m.* **1** ⇒goal: *Ganamos el partido por tres goles a uno* - We won the match by three goals to one; *gol en propia puerta* - own goal **2** *meter un gol* - to score
golear *v.* ⇒to thrash: *golear a un equipo* - to thrash a team
golf *s.m.* ⇒golf
golfo, a ▮ *adj./s.* **1** *(persona)* ⇒rogue *old-fash;* ⇒crook *inform* ▮ **golfo** *s.m.* **2** *(geográfico)* ⇒bay ⇒gulf: *el golfo Pérsico* - the Persian Gulf
golondrina *s.f.* ⇒swallow
golosina *s.f.* ⇒sweet UK; ⇒candy US (*pl* candies)
goloso, sa *adj./s.* *ser goloso* - to have a sweet tooth
golpe *s.m.* **1** ⇒blow ⇒bang: *Recibió un golpe en el brazo izquierdo* - She got a bang on her left arm **2** *(con fuerza)* ⇒hit **3** *(rápido y brusco)* ⇒jab **4** *(sobre una superficie)* ⇒knock **5** *(con suavidad)* ⇒tap: *un golpecito en la ventana* - a tap at the window **6** *(en golf, en tenis)* ⇒shot: *¡Buen golpe!* - Good shot! **7** *(en boxeo, en una pelea)* ⇒punch (*pl* punches) **8** *(de risa, de tos)* ⇒fit: *un golpe de tos* - a fit of cough **9** *(contrariedad)* ⇒blow: *La derrota fue un duro golpe* - The defeat was a hard blow **10** *(ruido)* ⇒bump: *oír un golpe* - to heard a bump **11** *(robo)* ⇒robbery (*pl* robberies) **12 dar un ~** *(robar)* ⇒to rob **13 de ~ y porrazo** *col.* ⇒all of a sudden ⇒out of the blue **14 ~ bajo 1** *(en boxeo)* ⇒punch below the belt **2** *(jugarreta)* ⇒dirty trick **15 ~ de Estado** ⇒coup ⇒putsch (*pl* putsches) **16 ~ militar** ⇒military coup
golpear *v.* **1** *(una cosa)* ⇒to hit ⇒to strike: *Golpeó la pared con una silla* - He struck the wall with a chair **2** *(a una persona)* ⇒to strike ⇒to hit **3** *(de manera repetitiva)* ⇒to hammer ⇒to

G

beat: *La lluvia golpeaba en los cristales* - The rain was beating against the windows **4** *(suavemente)* ⇒to tap **5** *(contra una superficie dura)* ⇒to rap **6** *(la lluvia)* ⇒to spatter **7** *(en algunos deportes)* ⇒to hit

goma *s.f.* **1** *(pegamento)* ⇒gum **2** *(de borrar)* ⇒rubber *UK;* ⇒eraser *US* **3** *(material)* ⇒rubber **4** *(elástica)* ⇒rubber band *US;* ⇒elastic band *UK* **5** *(de mascar)* ⇒chewing gum [U]

gomina *s.f.* ⇒hair gel

gordo, da ▌*adj.* **1** *(físicamente)* ⇒fat **2** *(rellenito)* ⇒plump **3** *(grosor)* ⇒thick: *Las paredes en esta parte de la casa son muy gordas* - The walls in this part of the house are very thick **4** *(grande, importante)* ⇒big: *pez gordo* - big shot **5** *(grave)* ⇒serious: *Me temo que tenemos un problema gordo* - I'm afraid we have a serious problem **6** *Me cae gordo* - I can't stand him ▌*s.* **7** ⇒fat person ▌**gordo** *s.m.* **8** *col. (en la lotería)* ⇒first prize

G

gorila *s.m.* **1** *(animal)* ⇒gorilla **2** *col. (guardaespaldas)* ⇒bodyguard **3** *col. (en la puerta de un local)* ⇒bouncer

gorra *s.f.* **1** ⇒cap **2 de ~** *col. (gratis)* ⇒free

gorrión *s.m.* ⇒sparrow

gorro *s.m.* **1** ⇒hat **2** *(de un bebé)* ⇒bonnet **3** *(de piscina)* ⇒swimming cap ⇒bathing cap **4** *(de lana)* ⇒woolly hat **5 estar hasta el ~** *col.* ⇒to be fed up [CONSTR. to be fed up with + doing sth]: *Estoy hasta el gorro de ver la tele* - I'm fed up with watching TV

gorrón, -a *adj./s. col.* ⇒freeloader *n*

gota *s.f.* **1** ⇒drop ⇒drip: *una gota de sudor* - a drip of sweat **2** *(de lluvia)* ⇒sprinkle **3** *(de pintura)* ⇒speck **4** *(en medicina)* ⇒gout **5 como dos gotas de agua** ⇒like two peas in a pod **6 ser la ~ que colma el vaso** *col.* ⇒to be the last straw **7 sudar la ~ gorda** *col.* ⇒to sweat blood

gotear *v.* **1** ⇒to drip ⇒to dribble **2** *(fluir lentamente)* ⇒to trickle: *El agua goteaba por las paredes* - The water trickled down the walls **3** *(perder, tener un escape)* ⇒to leak

goteo *s.m.* ⇒dripping: *Había un goteo constante de agua del grifo* - There was a constant dripping of water from the tab

gotera *s.f.* ⇒leak

gótico, ca ▌*adj.* **1** ⇒Gothic ▌**gótico** *s.m.* **2** ⇒Gothic

gozar *v.* **1** *(disfrutar)* ⇒to enjoy [CONSTR. to enjoy + doing sth]: *Goza viendo a su hijo jugar* - She enjoys watching her son play; ⇒to take pleasure in **2** *(tener, poseer)* ⇒to have ⇒to enjoy: *gozar de buena salud* - to enjoy good health

gozo *s.m.* ⇒enjoyment ⇒pleasure: *Sus visitas llenaban a sus abuelos de gozo* - His visits gave his grandparents such pleasure; ⇒merriment

grabación *s.f.* ⇒recording

grabado *s.m.* **1** ⇒engraving **2** *(en un libro)* ⇒illustration

grabadora *s.f.* **1** ⇒recorder **2** *(de sonido, música)* ⇒cassette recorder ⇒tape recorder

grabar *v.* **1** *(una imagen)* ⇒to film ⇒to record **2** *(en una cinta de vídeo)* ⇒to videotape **3** *(un sonido)* ⇒to record ⇒to tape **4** *(un programa de televisión)* ⇒to video ⇒to tape **5** *(letras, dibujos)* ⇒to engrave **6** *(las iniciales, una inscripción)* ⇒to inscribe *form* **7** *(un recuerdo)* ⇒to engrave: *Aquella imagen se me grabó en la cabeza* - That image is engraved on my mind

gracia *s.f.* **1** *(comicidad)* ⇒funniness **2** *¡Qué gracia!* - How funny! **3** *No le veo la gracia* - I can't see what's so funny **4** *(broma)* ⇒giggle **5** *(ingenio)*

⇨wit: *Ya no me gustan sus gracias* - I don't like his wits anymore **6** *(estilo, elegancia)* ⇨grace **7 hacer ~** ⇨to amuse: *Tus comentarios no nos hicieron gracia* - We weren't amused by your remarks **8 tener ~** ⇨to be funny

gracias *interj.* **1** ⇨thank you ⇨thanks *inform* **2** *dar las gracias a alguien por algo* - to thank sb for sth **3 ~ a** ⇨thanks to **4 muchas ~** ⇨thanks a lot

gracioso, sa ▮ *adj.* **1** *(divertido, cómico)* ⇨funny ⇨droll: *Era un chico muy divertido* - He was a really droll boy; ⇨amusing **2** *(ingenioso)* ⇨witty **3** *(con estilo, elegante)* ⇨graceful **4** *(lindo, mono)* ⇨cute ▮ *s.* **5** *(bromista, guasón)* ⇨joker

grada *s.f.* ⇨terrace ⇨stand *UK: Nos sentamos en uno de los niveles más altos de las gradas del estadio de fútbol* - We sat in one of the upper tiers of the football stands

grado *s.m.* **1** ⇨degree: *quemaduras de segundo grado* - second-degree burns **2** *(de temperatura)* ⇨degree **3** *(de un ángulo)* ⇨degree **4** *(nivel)* ⇨plane **5 de buen ~** *(de buena gana)* ⇨willingly **6 de mal ~** *(de mala gana)* ⇨reluctantly

graduación *s.m.* **1** *(de un militar)* ⇨rank **2** *(universitaria)* ⇨graduation **3** *(clasificación en grados)* ⇨rating

gradual *adj.* ⇨gradual: *un incremento gradual* - a gradual increase

graduar ▮ *v.* **1** *(un aparato)* ⇨to adjust ▮ **graduarse** *prnl.* **2** *(conseguir una titulación)* ⇨to graduate **3** *graduarse la vista* - to have one's eyes tested

gráfica *s.f.* ⇨graph ⇨chart

gráfico, ca ▮ *adj.* **1** ⇨graphic ▮ **gráfico** *s.m.* **2** ⇨chart ⇨graph: *gráfico de barras* - bar graph

gramática *s.f.* ⇨grammar

gramatical *adj.* ⇨grammatical

gramo *s.m.* ⇨gram ⇨g: *«g» es la abreviatura de «gramo»* - «g» is the abbreviated form for «gram»; ⇨gramme *UK*

gran *adj.* Véase **grande**

granada *s.f.* **1** *(fruta)* ⇨pomegranate **2** *(bomba)* ⇨hand grenade

granate ▮ *adj./s.m.* **1** *(color)* ⇨maroon ▮ *s.m.* **2** *(mineral)* ⇨garnet

Gran Bretaña *s.f.* ⇨Great Britain

grande ▮ *adj.* **1** *(tamaño)* ⇨large ⇨big: *Este jersey me está grande* - This pullover is too big for me **2** *(cantidad)* ⇨large **3** *(estatura)* ⇨tall **4** *(monumental)* ⇨great **5** *(extenso, amplio)* ⇨extensive **6** *(importante)* ⇨big ⇨grand: *una gran idea* - a grand idea; ⇨great **7** *(especial)* ⇨particular **8** *(adulto, mayor)* ⇨grown-up **9 pasarlo en ~** *col.* ⇨to have a great time ▮ *s.m.* **10** ⇨greats *pl: los grandes del cine español* - the greats of Spanish cinema ■ Ver cuadro

grandioso, sa *adj.* **1** *(en tamaño)* ⇨enormous **2** *(en calidad)* ⇨magnificent ⇨grand

granel (a ~) ⇨loose: *comprar a granel* - to buy loose

granero *s.m.* ⇨barn ⇨granary (*pl* granaries)

granizado *s.m.* **1** ⇨crushed ice drink **2** *un granizado de limón* - an iced lemon drink

granizar *v.* ⇨to hail

granizo *s.m.* ⇨hail ⇨hailstone

granja *s.f.* ⇨farm: *Pasan el verano en una granja cuidando del ganado* - They spend the summer time on a farm taking care of the cattle; ⇨farmstead *US form*

granjero, ra *s.* ⇨farmer

grano *s.m.* **1** *(de un cereal)* ⇨corn *UK* [U]; ⇨grain *US* [U] **2** *(de una planta)* ⇨bean: *granos de café* - coffee beans **3** *(de arena)* ⇨grain **4** *(en la cara, el cuerpo)* ⇨spot *UK;* ⇨zit *inform* **5** *con granos* -

G

grande (big / great)

- **Big** se utiliza para referirse al tamaño o a la cantidad:
  - *London is a very **big** city.* (Londres es una ciudad muy grande.)
  - *A **big** crowd waited outside the stadium.* (Una gran multitud esperaba fuera del estadio.)
- **Great** se utiliza para referirse:
  - Al tamaño o a la cantidad, pero en un registro más formal que "big":
    - *I saw a **great** light shining in the distance.* (Vimos un gran resplandor a lo lejos.)
  - A la calidad de alguien o de algo:
    - *You are a **great** friend.* (Eres un gran amigo.)
  - A la importancia o el reconocimiento de alguien o de algo:
    - *She is a **great** actress.* (Es una gran actriz.)
  - A algo que te parece muy bien, en lenguaje coloquial:
    - *That's a **great** idea!* (¡Es una idea fantástica!)

spotty **6 ir al ~** *col.* ⇒to get to the point ⇒to get down to business

grapa *s.f.* ⇒staple

grapadora *s.f.* ⇒stapler

grapar *v.* ⇒to staple: *grapar tres papeles* - to staple three pieces of paper

grasa *s.f.* **1** *(de una persona)* ⇒fat **2** *(de un animal)* ⇒grease ⇒fat **3** *(para engrasar)* ⇒grease

grasiento, ta *adj.* **1** *(con aceite)* ⇒greasy: *Tenía las manos grasientas después de arreglar el coche* - My hands were greasy after mending the car; ⇒oily **2** *(con grasa)* ⇒fatty

G

graso, sa *adj.* **1** ⇒oily **2** *(piel, pelo)* ⇒greasy **3** *(una comida)* ⇒fatty

gratis ▌ *adj.* **1** ⇒for nothing ⇒free: *entradas gratis para el circo* - free tickets for the circus ▌ *adv.* **2** ⇒free: *viajar gratis* - to travel free

gratitud *s.f.* ⇒gratitude

grato, ta *adj.* ⇒pleasant: *una grata compañía* - a pleasant company

gratuito, ta *adj.* **1** *(gratis)* ⇒free ⇒free of charge **2** *(sin fundamento o razón)* ⇒gratuitous: *una acusación gratuita* - a gratuitous accusation

grave *adj.* **1** *(serio, preocupante)* ⇒grave ⇒serious: *una enfermedad grave* - a serious illness; ⇒severe: *una lesión grave* - a severe injury **2** *(una situación)* ⇒grave **3** *(sonido)* ⇒low **4** *(voz)* ⇒deep ⇒husky **5** *(una palabra)* ⇒stressed on the penultimate syllable

gravedad *s.f.* **1** *(en física)* ⇒gravity *form* **2** *(importancia)* ⇒seriousness ⇒gravity ⇒severity: *Era una situación de mucha gravedad* - It was a situation of great severity

graznar *v.* **1** ⇒to squawk **2** *(un cuervo)* ⇒to caw ⇒to croak **3** *(un pato)* ⇒to quack **4** *(un ganso)* ⇒to honk

Grecia *s.f.* ⇒Greece

griego, ga ▌ *adj./s.* **1** ⇒Greek ▌ **griego** *s.m.* **2** *(idioma)* ⇒Greek

grieta *s.f.* **1** ⇒crack ⇒fissure **2** *(de una roca)* ⇒crevice **3** *(de un glaciar)* ⇒crevasse

grifo *s.m.* ⇒tap *UK: cerrar el grifo* - to turn the tap off; ⇒faucet *US: abrir el grifo* - to turn the faucet on

grill *s.m. (parrilla)* ⇒grill ⇒broiler *US*

grillo *s.m.* ⇒cricket

grima *s.f. dar grima* - to set sb's teeth on edge

gripe *s.f.* **1** ⇒flu: *Tengo gripe* - I have the flu; ⇒influenza *form* **2 ~ aviar** ⇒bird flu ⇒avian flu

gris ▌ *adj./s.m.* **1** *(color)* ⇒grey *UK;* ⇒gray *US* ▌ *adj.* **2** *(tiempo atmosférico)* ⇒dull ⇒gloomy: *¡Qué mañana tan gris!* - What a gloomy morning! **3** *(corriente, sin interés)* ⇒dull: *Su trabajo fue bastante gris* - His work was rather dull

gritar *v.* **1** ⇒to shout [CONSTR. 1. *to shout at sb* cuando la persona que grita está enfadada o está advirtiendo de algo]: *Les grité que se apartaran* - I shouted at them to move away; ⇒to roar **2** *(con enfado)* ⇒to yell [CONSTR. to yell at sb]: *No le grites a tu padre* - Don't yell at your father **3** *(con chillidos)* ⇒to scream [CONSTR. to scream at sb]: *Deja de gritarme* - Stop screaming at me; ⇒to bawl *inform*

grito *s.m.* **1** ⇒shout ⇒yell ⇒holler *US inform* **2** *(chillido)* ⇒scream **3** *(ahogado, susurrado)* ⇒gasp **4** *dar un grito* - to shout **5** *(de queja, alegría, dolor)* ⇒cry (*pl* cries): *grito de alegría* - cry of joy **6 a ~ pelado** ⇒at the top of *one's* voice

grosella *s.f.* **1** ⇒currant ⇒gooseberry (*pl* gooseberries) **2** *(negra)* ⇒blackcurrant **3** *(roja)* ⇒redcurrant

grosería *s.f. (comentario)* ⇒rude remark ⇒vulgarity

grosero, ra *adj.* ⇒rude ⇒uncouth: *Fue grosero con ellos* - He was uncouth to them; ⇒impolite *form*

grosor *s.m.* ⇒thickness: *medio metro de grosor* - half a metre in thickness

grúa *s.f.* **1** *(en una obra)* ⇒crane ⇒hoist **2** *(para vehículos averiados)* ⇒breakdown truck **3** *(para vehículos mal aparcados)* ⇒tow truck **4** *Se le ha llevado el coche la grúa* - Her car has been towed away **5** *(en un puerto)* ⇒derrick

grueso, sa *adj.* **1** *(una cosa)* ⇒thick ⇒coarse **2** *(una prenda de vestir, una joya)* ⇒chunky **3** *(una persona)* ⇒thickset ⇒stout

grumo *s.m.* **1** ⇒lump **2** *un puré con grumos* - a lumpy purée

gruñido *s.m.* **1** *(de un animal)* ⇒snarl ⇒growl **2** *(de queja)* ⇒groan: *dar un gruñido* - to let out a groan; ⇒grunt

gruñir *v.* **1** *(un animal)* ⇒to snarl [CONSTR. to snarl at sb]; ⇒to growl: *Su perro gruñe a todo el mundo* - Their dog growls at everyone **2** *(como un cerdo)* ⇒to grunt **3** *(quejarse)* ⇒to grumble [CONSTR. to grumble about sth]: *Se pasó la tarde gruñendo por su trabajo* - She spent the evening grumbling about her job; ⇒to groan

gruñón, -a *s. col.* ⇒grumbler ⇒grouch *inform* (*pl* grouches)

grupo *s.m.* **1** *(de personas, de cosas)* ⇒group **2** *(de música)* ⇒band ⇒group **3** *(personas que van juntas)* ⇒group ⇒party (*pl* parties): *un grupo de turistas japoneses* - a party of Japanese tourists **4 ~ sanguíneo** ⇒blood group

gruta *s.f.* ⇒cave ⇒grotto

guadaña *s.f.* ⇒scythe

guajolote *s.m. AMÉR.* ⇒turkey

guantazo *s.m.* ⇒slap

guante *s.m.* **1** ⇒glove **2 echar el ~** *col. (capturar)* ⇒to catch: *La policía le echó el guante* - The police caught him

guantera *s.f.* ⇒glove compartment

guapo, pa *adj.* **1** *(sin especificar sexo)* ⇒good-looking ⇒attractive **2** *(una mujer)* ⇒pretty **3** *(un hombre)* ⇒handsome **4** *(en la forma de vestir)* ⇒smart **5** *estar guapo* - to look nice

guarda ▮ *s.com.* **1** ⇒guard: *guarda jurado* - security guard; *guarda forestal* - forest ranger; *guarda de seguridad* - security guard **2** *(en un zoo, en un museo)* ⇒keeper ▮ *s.f.* **3** *(acción protectora)* ⇒guarding ⇒safekeeping **4** *(cuidado)* ⇒protection **5** *(tutela)* ⇒custody **6** *(en un libro)* ⇒flyleaf (*pl* flyleaves)

guardabarros *s.m.* ⇒mudguard UK; ⇒fender US

guardabosques *s.com.* ⇒forest ranger

guardaespaldas *s.com.* ⇒bodyguard ⇒minder

guardar *v.* **1** *(en un sitio)* ⇒to keep: *Guarda aquí tu cepillo* - Keep your brush here **2** *(conservar)* ⇒to keep: *Guarda todos sus viejos vestidos* - She keeps all her old clothes; ⇒to save: *guardar un archivo* - to save a file **3** *(recoger)* ⇒to put away: *Por favor, guarda tus juguetes* - Please put your toys away; *Guardé los caramelos en el bolsillo* - I put the sweets in my pocket; ⇒to stow **4** *(ahorrar)* ⇒to save ⇒to put by **5** *(proteger)* ⇒guard: *El perro nos guarda la casa* - Our dog guards the house **6** *guardar un secreto* - to keep a secret **7** *guardar un minuto de silencio* - to have a minute's silence

guardarropa *s.m.* ⇒cloakroom

guardería *s.f.* ⇒nursery (*pl* nurseries); ⇒day nursery (*pl* day nurseries)

guardia ▮ *s.com.* **1** *(vigilante)* ⇒guard **2** *(policía)* ⇒police officer **3** *(de tráfico)* ⇒traffic warden UK **4** *(urbano)* ⇒local police officer ▮ *s.f.* **5** *(vigilancia)* ⇒duty **6 bajar la ~** ⇒to lower *one's* guard **7 de ~ 1** *(una persona)* ⇒on duty: *Está de guardia en el hospital* - He is on duty at the hospital **2** *(un local)* ⇒all-night: *una farmacia de guardia* - an all-night chemist **8 estar en ~** ⇒to be on *one's* guard **9 hacer ~** ⇒to mount guard **10 poner en ~** ⇒to put on guard

guardián, -a *s.* ⇒guardian *form;* ⇒keeper

guarida *s.f.* **1** *(de un animal)* ⇒den ⇒lair **2** *(de una persona)* ⇒hideout: *Los ladrones se escondieron en su guarida* - The thieves hid on their hideout

guarnición *s.f.* **1** *(de comida)* ⇒garnish: *una guarnición de ensalada* - a garnish of salad; ⇒accompaniment **2** *(de soldados)* ⇒garrison

guarrada *s.f.* **1** *col. (faena)* ⇒dirty trick **2** *col. (suciedad)* ⇒filthy thing **3** *col. (imagen indecente)* ⇒filth [U]

guarro, rra ▮ *adj.* **1** *col.* ⇒filthy ▮ *s.* **2** *(animal)* ⇒pig **3** *col. (persona)* ⇒pig *inform, offens;* ⇒swine *offens* (*pl* swine, swines)

guay ▮ *adj.* **1** *col.* ⇒great: *¡Qué guay!* - That's great!; ⇒cool *inform: Esa chaqueta es guay* - That jacket is really cool ▮ *adv.* **2** *Lo pasamos guay* - We had a great time

guerra *s.f.* **1** *(entre países, entre personas)* ⇒war: *guerra mundial* - world war **2** *(contra algo perjudicial)* ⇒war: *Deberíamos declararle la guerra a las drogas* - We should declare war on drugs **3 en ~** ⇒at war

guerrero, ra ▮ *adj.* **1** *(de la guerra)* ⇒warlike **2** *(travieso)* ⇒naughty **3** *(revoltoso)* ⇒boisterous ⇒rebellious ▮ *s.* **4** ⇒warrior

guerrilla *s.f.* ⇒guerrilla ⇒guerilla: *guerra de guerrillas* - guerilla warfare

guerrillero, ra *s.* ⇒partisan

guía ▮ *s.com.* **1** *(persona)* ⇒guide: *guía turístico* - tour guide ▮ *s.f.* **2** *(modelo, pauta)* ⇒guidance ⇒model **3** *(de viajes)* ⇒guidebook **4** *(de espectáculos)* ⇒listings guide **5** *(de teléfonos)* ⇒phone book ⇒telephone directory (*pl* telephone directories) **6** *(de conversación)* ⇒phrase book

guiar ▮ *v.* **1** *(hacia un lugar)* ⇒to guide ⇒to conduct *form* **2** *(a un grupo)* ⇒to guide ⇒to lead *form: Guió al grupo a las partes más interesantes de la ciudad* - He led the group to the most interesting parts of the city **3** *(aconsejar)* ⇒to guide **4** *(un vehículo)* ⇒to navigate ⇒to steer ▮ **guiarse** *prnl.* **5** ⇒to go ⇒to be guided: *guiarse por la intuición* - to be guided by intuition

guijarro *s.m.* ⇒pebble

guinda *s.f.* **1** ⇒morello cherry (*pl* morello cherries) **2 poner la ~** ⇒to put the icing on the cake

guindilla *s.f.* ⇒chilli UK (*pl* chillies)

guiñar *v.* ⇒to wink: *¿Me estás guiñando el ojo?* - Are you winking at me?

guiño *s.m.* ⇒wink

guiñol *s.m.* ⇒puppet show

guión *s.m.* **1** *(signo ortográfico)* ⇒hyphen ⇒dash (*pl* dashes) **2** *(de cine)* ⇒script ⇒screenplay **3** *(esquema)* ⇒plan

guionista *s.com.* ⇒scriptwriter

guisado *s.m.* ⇒stew

guisante *s.m.* ⇒pea

guisar *v.* **1** ⇒to cook **2** *(con salsa)* ⇒to stew ⇒to braise

guiso *s.m.* ⇒stew

guitarra *s.f.* ⇒guitar

guitarrista *s.com.* ⇒guitarist

gula *s.f.* **1** *(exceso en la comida)* ⇒greed **2** *(pecado)* ⇒gluttony (*pl* gluttonies)

gusano *s.m.* **1** ⇒worm **2** *(de pequeño tamaño)* ⇒maggot **3** *(de mariposa)* ⇒caterpillar **4** *(de seda)* ⇒silkworm

gustar ▌*v.* **1** ⇒to like [CONSTR. 1. to like + doing sth 2. to like + to do sth]: ***Me gusta jugar al fútbol*** - I like playing football **2** *Me gusta más tu coche* - I prefer your car **3** *(con intensidad)* ⇒to love [CONSTR. 1. to love + doing sth 2. to love + to do sth]: ***Me gusta caminar bajo la lluvia*** - I love to walk in the rain; ⇒to enjoy [CONSTR. to enjoy + doing sth]: ***Me gusta mi trabajo*** - I enjoy doing my job **4** *(sentir atracción)* ⇒to fancy *UK inform: Me gustas* - I fancy you ▌**gustarse** *prnl.* **5** ⇒to like each other

gusto *s.m.* **1** *(sentido)* ⇒taste **2** *(sabor)* ⇒taste: *un gusto amargo* - a bitter taste **3** *(capacidad para apreciar algo)* ⇒taste: *Tienes buen gusto para la ropa* - You have good taste in clothes **4** *(placer)* ⇒pleasure: *Da gusto verlo* - It's a pleasure to see him **5 con mucho ~** ⇒with pleasure **6 de buen ~** ⇒tasteful **7 de mal ~** ⇒tasteless: *una broma de mal gusto* - a tasteless joke; ⇒naff *UK inform* **8 estar a ~** ⇒to be at ease ⇒to feel confortable **9 mucho ~** ⇒pleased to meet you

G

h *s.f. (letra del alfabeto)* ⇒h
haba *s.f.* ⇒broad bean
haber ▮ *v.* **1** *(existir): Hay queso en el frigorífico* - There is cheese in the fridge; *Aquí hay muchos libros* - There are many books here **2** *(para formar los tiempos compuestos)* ⇒to have: *Ellos han visto esa película* - They have seen that film; *Ya he tenido bastante* - I've had enough **3 ~ de** *(obligación)* ⇒to have to: *He de hacer una traducción* - I have to do a translation; ⇒must: *He de irme* - I must go **4 hay que** ⇒must ⇒to have to: *Hay que terminarlo hoy* - It has to be finished today; ⇒to need **5 qué hay 1** *(en cartelera)* ⇒what's on: *¿Qué hay en el cine esta semana?* - What's on at the cinema this week? **2** *(saludo)* ⇒what's up?: *¿Qué hay? ¿Cómo estás?* - What's up? How are you?; ⇒how are things? ▮ *s.m.* **6** ⇒credit side ■ Ver cuadro en página siguiente
hábil *adj.* **1** *(al hacer algo)* ⇒skilful *UK: Es una hábil costurera* - She is an skilful dressmaker; ⇒skillful *US* **2** *(listo)* ⇒adroit ⇒clever ⇒deft
habilidad *s.f.* ⇒ability (*pl* abilities): *Tenía la habilidad de explicar las cosas con claridad* - He had the ability to explain things clearly; ⇒skill [U]
habilidoso, sa *adj.* **1** ⇒skilful *UK* **2** *(mañoso)* ⇒handy
habitación *s.f.* **1** ⇒room: *habitación doble* - double room; *habitación individual* - single room; *habitación libre* - vacancy; *dejar la habitación de un hotel* - to check out **2** *(dormitorio)* ⇒bedroom
habitante *s.m.* ⇒inhabitant
habitar *v.* **1** *(en un lugar)* ⇒to inhabit *form;* ⇒to live **2** *(vivir, residir)* ⇒to live ⇒to dwell
hábitat *s.m.* ⇒habitat
hábito *s.m.* **1** *(costumbre)* ⇒habit ⇒custom **2** *(prenda de vestir)* ⇒habit
habitual *adj.* **1** ⇒habitual ⇒usual: *Fuimos al restaurante habitual* - We went to the usual restaurant **2** *(un cliente)* ⇒regular
habla *s.m.* **1** *(capacidad)* ⇒speech: *Me quedé sin habla* - I was left speechless; ⇒diction **2** *(acto)* ⇒speech **3** *(modo de hablar)* ⇒way of speaking **4** *un país de habla francesa* - a French-speaking country **5 al ~** ⇒speaking
hablador, -a *adj.* ⇒talkative ⇒chatty *inform;* ⇒chatterbox *inform*
hablante *s.com.* ⇒speaker
hablar *v.* **1** ⇒to speak: *Hablamos durante horas* - We spoke for hours; ⇒to talk: *No quiere hablarme* - She doesn't want to talk to me **2** *(de un tema importante)* ⇒to discuss: *Hoy hablaremos de la delincuencia juvenil* - Today we will be discussing juvenile delinquency; ⇒to talk [CONSTR. to talk (to/with sb) about sth] **3** *(brevemente)* ⇒to have a word: *¿Tienes cinco minutos? Quiero hablar contigo* - Do you have five minutes? I'd like to have a word with you **4** *(un idioma)* ⇒to speak **5** *¡No hay más que hablar!* - There's nothing more to be said! **6 ~ entre dientes** ⇒to mumble **7 ~ por los codos** *col.* ⇒to talk nineteen to the dozen *UK inform;* ⇒to talk non-stop **8 ni ~** ⇒no way ⇒out of the question: *¡De eso ni hablar!* - That's out of the question!; ⇒not likely! **9 oír ~ de algo** ⇒to hear of *sth/sb*
hacer ▮ *v.* **1** ⇒to do: *Hazlo así* - Do it this way; ⇒to make: *hacer la cama* - to make the bed **2** *(un deber, una tarea)* ⇒to do: *Hicimos el examen ayer* - We did the exam yesterday **3** *(fabricar, elaborar, cocinar)* ⇒to make: *Voy a hacer café* - I'm going to make coffee **4** *(tiempo atmosférico)* ⇒to be: *Hace frío* - It's cold **5** *(obligar)* ⇒to get [CONSTR. 1. to get + to do sth 2. to get + doing sth]; ⇒to have [CONSTR. to have sb + do sth]: *Hice que fregaran los platos* - I had them do the washing-up; ⇒to make [CONSTR. to make sb + do sth] **6** *(una actividad de ocio)* ⇒to go [CONSTR. to go + doing sth]: *¿Has hecho alpinismo alguna vez?* - Have you ever gone climbing? **7** *(en operaciones matemáticas)* ⇒to make: *Dos y dos hacen cuatro* - Two and two make four **8** *(con períodos de tiempo)*

haber (there is / there are)

- **presente**

	afirmativo	negativo	interrogativo
singular	**there is (there's)**	**there isn't**	**is there?**
plural	**there are**	**there aren't**	**are there?**

· ***There is*** *a man waiting for you.*
(Hay un hombre esperándote.)

· ***Are there*** *many people in the street at the moment? No,* ***there aren't.***
(¿Hay mucha gente en la calle en este momento? / No.)

- **pasado**

	afirmativo	negativo	interrogativo
singular	**there was**	**there wasn't**	**was there?**
plural	**there were**	**there weren't**	**were there?**

· ***There was*** *a letter for you yesterday.*
(Había una carta para ti ayer.)

- **futuro**

	afirmativo	negativo	interrogativo
singular / plural	**there will be**	**there won't be**	**will there be?**

· ***Will there be*** *many people at the party tonight?*
(¿Habrá mucha gente en la fiesta esta noche?)

	afirmativo	negativo	interrogativo
singular	**there's going to be**	**there isn't going to be**	**is there going to be?**
plural	**there are going to be**	**there aren't going to be**	**are there going to be?**

· ***There's going to be*** *a big party tonight.*
(Va a haber una gran fiesta esta noche.)

- **presente perfecto**

	afirmativo	negativo	interrogativo
singular	**there has been**	**there hasn't been**	**has there been?**
plural	**there have been**	**there haven't been**	**have there been?**

· ***There has been*** *a lot of rain this year.*
(Ha llovido mucho este año.)

- **condicional**

	afirmativo	negativo	interrogativo
singular / plural	**there would be**	**there wouldn't be**	**would there be?**

· ***There would be*** *fewer people at your parties if you weren't such a nice person.*
(No habría tantas personas en tus fiestas si no fueras una persona tan agradable.)

⇨**ago** [CONSTR. Se sitúa detrás del período al que hace referencia. El verbo siempre va en pasado simple o en pasado continuo]: *Llegué hace cinco minutos* - I arrived five minutes ago **9 ~ de 1** *(trabajar)* ⇨to act as: *Hace de secretario en las reuniones del colegio* - He acts as the secretary at school meetings **2** *(representar un papel)* ⇨to play the role of ▌**hacerse** *prnl.* **10** ⇨to get: *hacerse mayor* - to get older **11** *(convertirse en)* ⇨to become: *Se hizo sacerdote* - He became a priest **12** *(una comida)* ⇨to do ⇨to cook **13 hacerse con** *(ganar)* ⇨to win ■ Ver cuadro

hacha *s.f.* **1** ⇨axe ⇨ax *US* (*pl* axes) **2 ser un ~** *col.* ⇨to be an ace *inform: Soy un hacha dibujando* - I'm an ace drawer; ⇨to be a genius: *Eres un hacha en matemáticas* - You're a genius at maths

hachís *s.f.* ⇨hashish ⇨hash *inform*

hacia *prep.* **1** *(un lugar)* ⇨towards *UK;* ⇨toward *US* **2** *(arriba)* ⇨upwards *UK;* ⇨upward *US* **3** *(abajo)* ⇨down ⇨downward *US;* ⇨downwards *UK* **4** *(adelante)* ⇨forward ⇨forwards ⇨onwards **5** *(atrás)* ⇨back ⇨backward *US;* ⇨backwards *UK* **6** *(adentro)* ⇨inwards *UK;* ⇨inward *US* **7** *(afuera)* ⇨outward ⇨outwards *ALSO UK* **8** *(un lado)* ⇨sideways **9** *Tu actitud hacia mí me incomoda* - Your attitude towards me makes feel me uncomfortable **10** *(un período de tiempo)* ⇨around: *hacia medianoche* - around midnight **11** *(el interior de un país)* ⇨inland: *Viajamos hacia el interior* - We travelled inland

hacienda *s.f.* **1** *AMÉR. (de ganado)* ⇨ranch (*pl* ranches) **2** *(de cultivo)* ⇨farm **3** *(finca)* ⇨estate **4** *(Ministerio de Hacienda)* ⇨Treasury *UK;* ⇨Ministry of Finance **5** *(los responsables del cobro de impuestos)* ⇨tax authorities

H

hacer (to do / to make)

Cuando nos referimos a una actividad en general normalmente se usa **do**:

- *The children aren't **doing** anything.*
  (Los chicos no estaban haciendo nada.)
- *I have to **do** a new job.*
  (Tengo que hacer un nuevo trabajo.)

Con el significado de 'construir', 'crear' o 'fabricar' generalmente se utiliza **make**:

- *Let's **make** a model aeroplane.*
  (Vamos a hacer la maqueta de un avión.)
- *He's **making** a cake.*
  (Estaba haciendo un pastel.)

do	make
to do the cooking (hacer la comida) to do the cleaning (hacer la limpieza) to do the shopping (hacer la compra)	to make a deal (hacer un trato) to make a pact (hacer un pacto)
to do some swimming (hacer natación) to do some boxing (hacer boxeo) to do some snowboarding (hacer esquí)	to make a journey to make a trip to make a voyage to make a tour (hacer un viaje)
to do an exam (hacer un examen) to do an exercise (hacer un ejercicio) to do homework (hacer deberes)	to make a sound (hacer un sonido) to make a noise (hacer un ruido)
to do well (hacer bien) to do bad (hacer mal)	to make damage (hacer daño) to make harm (hacer daño)
to do a job (hacer un trabajo)	to make a bed (hacer una cama)
to do business (hacer negocios)	to make a mistake (cometer un error)
to do somebody a favour (hacer un favor a alguien)	to make money (hacer dinero)
to do one's best (hacerlo lo mejor posible)	to make an excuse (poner una excusa)
to do nothing (no hacer nada)	to make an offer (hacer una oferta)

hada *s.f.* ⇒fairy (*pl* fairies): *un cuento de hadas* - a fairy tale
halagar *v.* ⇒to flatter
halago *s.m.* ⇒flattering comment
halcón *s.m.* ⇒hawk ⇒falcon
hallar ▌*v.* **1** ⇒to find [CONSTR. to find + dos objetos]; ⇒to trace **2** *(averiguar algo)* ⇒to find out: *Halló el motivo por el que no vinieron* - She found out the reason why they hadn't come ▌**hallarse** *prnl.* **3** ⇒to be: *hallarse lejos* - to be far away; ⇒to find oneself
hallazgo *s.m.* ⇒discovery (*pl* discoveries); ⇒find
hamaca *s.f.* **1** ⇒hammock **2** *(tumbona)* ⇒deck chair
H
hambre *s.f.* **1** *(apetito)* ⇒hunger [Se dice *to be hungry - tener hambre*. Incorrecto: *to have hunger*] **2** *(en un país, en una zona)* ⇒famine **3** *morirse de hambre* - to starve **4** *pasar hambre* - to go hungry **5** *¡Tengo tanta hambre que me comería un caballo!* - I'm so hungry I could eat a horse! **6** *tener mucha hambre* - to be starving
hambriento, ta ▌*adj.* **1** ⇒hungry ⇒starving *inform* ▌*s.* **2** ⇒starving person
hamburguesa *s.f.* **1** ⇒hamburger ⇒burger **2** *hamburguesa con queso* - cheeseburger
hámster *s.m.* ⇒hamster
harapo *s.m.* ⇒rag
harina *s.f.* ⇒flour
hartar ▌*v.* **1** *(cansar)* ⇒to wear down ⇒to tire out ⇒to pall ▌**hartarse** *prnl.* **2** *(cansarse)* ⇒to get fed up: *hartarse de algo* - to get fed up with sth **3** *(saciarse)* ⇒to stuff oneself [CONSTR. to stuff oneself with sth]: *Nos hartamos de palomitas* - We stuffed ourselves with popcorn; ⇒to be full up
harto, ta *adj.* **1** ⇒fed up *inform* **2** *(estar harto)* ⇒tired [CONSTR. to be tired of + doing sth]: *Estoy harta de hacer siempre lo mismo* - I'm tired of always doing the same things; ⇒fed up [CONSTR. to be fed up with + doing sth]: *Estoy harto de ver la televisión* - I'm fed up with watching TV **3** *(de comida)* ⇒full
hasta *prep.* **1** *(indicando tiempo)* ⇒until ⇒up to ⇒till: *Esperé hasta las seis* - I waited till six **2** *(indicando lugar)* ⇒as far as ⇒up to ⇒to UK: *Ve hasta el cruce* - Go to the junction **3** *(incluso)* ⇒even: *Se oía hasta desde la calle* - You could even hear it from the street **4** ~ **ahora** ⇒until now ⇒so far: *Hasta ahora, todo ha ido bien* - So far everything's gone fine **5** ~ **luego** ⇒goodbye ⇒see you later *inform;* ⇒see you *inform* **6** ~ **que** ⇒till ⇒until [CONSTR. Nunca va seguido de un verbo en futuro] **7** ~ **qué punto** ⇒how far ⇒to what extent **8** **llegar** ~ ⇒to reach: *El jardín llega hasta el borde de la calle* - The garden reaches the edge of the road
haya *s.f.* ⇒beech (*pl* beeches); ⇒beech tree
hazaña *s.f.* ⇒deed *form;* ⇒feat: *Fue toda una hazaña* - It was quite a feat
hebilla *s.f.* ⇒buckle
hebra *s.f.* **1** *(de hilo)* ⇒a piece of thread ⇒strand **2** *(vegetal)* ⇒fibre
hechicero, ra ▌*adj.* **1** *(atrayente, cautivador)* ⇒enchanting ⇒bewitching **2** *(mágico)* ⇒magical ▌*s.* **3** *(hombre)* ⇒sorcerer ⇒wizard **4** *(mujer)* ⇒sorceress ⇒witch **5** *(de una tribu)* ⇒witch doctor
hechizar *v.* **1** *(hacer un hechizo)* ⇒to cast a spell: *hechizar a alguien* - to cast a spell on sb; ⇒to bewitch **2** *(fascinar)* ⇒to enchant
hechizo *s.m.* ⇒spell: *hacer un hechizo a alguien* - to cast a spell on sb
hecho, cha ▌*adj.* **1** *¡Bien hecho!* - Well done! **2** **muy** ~ *(un filete)* ⇒well-done **3** **poco** ~ *(un filete)* ⇒rare **4** *hecho a mano* - handmade ▌**hecho** *s.m.* **5** ⇒deed ⇒fact: *Los hechos hablan por sí solos* - The facts speak for themselves; ⇒event: *nuestra versión de los hechos* - our version of events **6** **de hecho** *(en realidad)* ⇒actually ⇒in fact
hectárea *s.f.* ⇒hectare
helada *s.f.* ⇒frost
heladería *s.f.* ⇒ice cream parlour UK; ⇒ice cream parlor US
heladero, ra ▌*s.* **1** *(sin especificar sexo)* ⇒ice cream vendor ⇒ice cream seller **2** *(hombre)* ⇒ice cream man (*pl* ice cream men) **3** *(mujer)* ⇒ice cream woman (*pl* ice cream women) ▌*s.f.* **4** AMÉR. ⇒freezer
helado, da ▌*adj.* **1** *(una cosa)* ⇒freezing *inform;* ⇒frozen ⇒icy: *una carretera helada* - an icy road **2** *(una persona)* ⇒freezing *inform: Estoy helada* - I'm freezing **3** *col. (por algo sorprendente): quedarse helado ante algo* - to be shocked at sth ▌**helado** *s.m.* **4** ⇒ice cream: *un helado de cucurucho* - an ice cream cone
helar ▌*v.* **1** ⇒to freeze ▌**helarse** *prnl.* **2** *(morirse de frío)* ⇒to freeze to death
helecho *s.m.* ⇒fern ⇒bracken [U]
hélice *s.f.* *(de un barco, un helicóptero)* ⇒propeller
helicóptero *s.m.* ⇒helicopter
hembra *s.f.* **1** *(en botánica y en zoología)* ⇒female: *un tigre hembra* - a female tiger **2** *(de un pájaro)* ⇒hen **3** *(en un objeto con dos piezas encajables)* ⇒female ⇒female part
hemisferio *s.m.* ⇒hemisphere: *el hemisferio sur* - the southern hemisphere
hemorragia *s.f.* ⇒haemorrhage UK; ⇒hemorrhage US
heno *s.m.* ⇒hay

herbívoro, ra ▮ *adj.* **1** ⇒herbivorous ▮ **herbívoro** *s.m.* **2** ⇒herbivore
heredar *v.* ⇒to inherit ⇒to come into: *Heredó un montón de dinero* - He came into a lot of money
heredero, ra ▮ *adj.* **1** *princesa heredera* - crown princess ▮ *s.* **2** *(sin especificar sexo)* ⇒inheritor **3** *(hombre)* ⇒heir **4** *(mujer)* ⇒heiress (*pl* heiresses)
hereditario, ria *adj.* ⇒hereditary
herencia *s.f.* **1** *(conjunto de bienes)* ⇒inheritance ⇒legacy (*pl* legacies) **2** *(histórica o cultural)* ⇒heritage **3** *(biológica)* ⇒heredity
herida *s.f.* **1** *(por accidente)* ⇒injury (*pl* injuries) **2** *(de arma)* ⇒wound
herido, da ▮ *adj.* **1** ⇒injured **2** *(dolido, triste)* ⇒hurt ▮ *s.* **3** *(en un accidente)* ⇒injured person **4** *(plural genérico): los heridos* - the injured **5** *(en una batalla)* ⇒wounded person **6** *(plural genérico): los heridos en combate* - the wounded in combat
herir *v.* **1** ⇒to injure **2** *(con un arma)* ⇒to wound **3** *(emocionalmente)* ⇒to hurt
hermanastro, tra *s.* **1** *(de madrastra o de padrastro)* ⇒stepbrother (chico) ⇒stepsister (chica) **2** *(de madre o de padre)* ⇒half-brother (chico) ⇒half-sister (chica)
hermano, na *s.* **1** *(pariente)* ⇒brother (chico): *¿Cuántos hermanos y hermanas tienes?* - How many brothers and sisters do you have?; ⇒sister (chica) ⇒sibling *form* **2** *(de madre o de padre)* ⇒half-brother (chico) ⇒half-sister (chica) **3** *(en una comunidad religiosa)* ⇒brother (hombre) ⇒sister (mujer) **4** *hermano gemelo* - twin brother; *hermana gemela* - twin sister; *hermanos gemelos* - twins; *hermanos siameses* - Siamese twins
hermético, ca *adj.* **1** *(un recipiente)* ⇒airtight ⇒hermetic **2** *(un carácter, una persona)* ⇒secretive
hermoso, sa *adj.* **1** ⇒beautiful **2** *(sano, robusto)* ⇒healthy
hermosura *s.f.* ⇒beauty ⇒loveliness
héroe *s.m.* ⇒hero (*pl* heroes)
heroína *s.f.* **1** *(mujer)* ⇒heroine **2** *(droga)* ⇒heroin
herradura *s.f.* ⇒horseshoe
herramienta *s.f.* ⇒tool: *caja de herramientas* - tool box
herrar *v.* ⇒to shoe: *herrar un caballo* - to shoe a horse
herrero, ra *s.* ⇒blacksmith
hervir *v.* **1** ⇒to boil ⇒to seethe **2** *(a fuego lento)* ⇒to simmer
hexágono *s.m.* ⇒hexagon
hidratante ▮ *adj.* **1** ⇒moisturizing ⇒moisturising UK ▮ *s.f.* **2** ⇒moisturizing cream
hidratar *v.* ⇒to moisturize ⇒to moisturise UK: *hidratar la piel* - to moisturise one's skin; *Tienes que usar crema para que tu piel se hidrate* - You should use cream to keep your skin moisturised
hidrógeno *s.m.* ⇒hydrogen
hiedra *s.f.* ⇒ivy
hielo *s.m.* **1** ⇒ice [U] [Se dice *some ice, a piece of ice* o *an ice cube*. Incorrecto: *an ice*]: *patín de hielo* - ice skate; *patinar sobre hielo* - to ice skate **2** **cubito de ~** ⇒ice cube **3** **romper el ~** ⇒to break the ice
hiena *s.f.* ⇒hyena
hierba *s.f.* **1** *(en el campo, en un jardín)* ⇒grass **2** *cortar la hierba* - to mow the grass **3** *mala hierba* - weed **4** *(como medicina, como alimento)* ⇒herb
hierbabuena *s.f.* ⇒mint
hierro *s.m.* ⇒iron: *hierro forjado* - wrought iron; *una barra de hierro* - an iron bar
hígado *s.m.* ⇒liver
higiene *s.f.* ⇒hygiene
higiénico, ca *adj.* ⇒hygienic
higo *s.m.* **1** ⇒fig **2** **de higos a brevas** *col.* ⇒once in a blue moon *inform* **3** **~ chumbo** ⇒prickly pear
higuera *s.f.* ⇒fig tree
hijastro, tra ▮ *s.* **1** *(sin especificar sexo)* ⇒stepchild **2** *(chico)* ⇒stepson **3** *(chica)* ⇒stepdaughter ▮ **hijastros** *s.m.pl.* **4** ⇒stepchildren
hijo, ja *s.* **1** *(sin especificar sexo)* ⇒child (*pl* children) **2** *(chico)* ⇒son **3** *(chica)* ⇒daughter **4** **~ adoptivo,va** **1** *(sin especificar sexo)* ⇒adopted child **2** *(chico)* ⇒adopted son **3** *(chica)* ⇒adopted girl **5** **~ de papá** ⇒rich kid **6** **~ natural** ⇒love child *old-fash* (*pl* love children) **7** **~ único,ca** ⇒only child
híjole *interj.* AMÉR. *col.* ⇒golly *inform, old-fash*
hilar *v.* *(para hacer ropa)* ⇒to spin
hilera *s.f.* ⇒row ⇒line: *una larga hilera de chopos* - a long line of poplars; ⇒column
hilo *s.m.* **1** *(para coser)* ⇒thread: *aguja e hilo* - needle and thread **2** *(de una tela)* ⇒fibre UK **3** *(tela)* ⇒linen: *una sábana de hilo* - a linen sheet **4** *(de un líquido)* ⇒trickle: *un hilo de agua* - a trickle of water **5** *(cable transmisor)* ⇒wire **6** **~ dental** ⇒dental floss ⇒floss **7** **~ musical** ⇒piped music ⇒Muzak® **8** **perder el ~** ⇒to lose the thread ⇒to lose the plot *inform*
himno *s.m.* **1** *(nacional)* ⇒national anthem ⇒anthem **2** *(religioso)* ⇒hymn
hincapié **(hacer ~)** ⇒to put special emphasis: *hacer hincapié en algo* - to put special emphasis on sth; ⇒to stress

hincar *v.* ⇒to thrust into: *Hincó el tenedor en el filete* - He thrust his fork into the steak; ⇒to drive into
hincha *s.com.* ⇒supporter UK; ⇒fan
hinchar ▌*v.* **1** *(un objeto)* ⇒to blow up: *hinchar un globo* - to blow up a balloon; ⇒to inflate **2** *(un suceso)* ⇒to blow up ⇒to exaggerate: *Los periódicos hincharon la noticia* - The papers exaggerated the news ▌**hincharse** *prnl.* **3** *(una parte del cuerpo)* ⇒to swell up **4** *(saciarse)* ⇒to stuff oneself
hinchazón *s.f.* ⇒swelling
hindú *adj./s.com.* ⇒Hindu ⇒Indian
hipermercado *s.m.* ⇒hypermarket ⇒superstore
hipnotizar *v.* **1** *(producir hipnosis)* ⇒to hypnotize ⇒to hypnotise UK: *hipnotizar a alguien* - to hypnotise sb **2** *(fascinar)* ⇒to mesmerize *old-fash;* ⇒to mesmerise UK: *La sonrisa del joven me hipnotizó* - The young man's smile mesmerised me
hipo *s.m.* ⇒hiccoughs *pl;* ⇒hiccups *pl: Tengo hipo* - I've got hiccups
hipócrita ▌*adj.* **1** ⇒hypocritical ▌*s.com.* **2** ⇒hypocrite
hipódromo *s.m.* ⇒racecourse UK; ⇒racetrack US
hipopótamo *s.m.* ⇒hippopotamus (*pl* hippopotami, hippopotamuses); ⇒hippo *inform*
hipoteca *s.f.* ⇒mortgage
hipótesis *s.f.* ⇒hypothesis (*pl* hypotheses); ⇒theory (*pl* theories)
hispano, na ▌*adj.* **1** *(de España)* ⇒Spanish **2** *(de Hispanoamérica)* ⇒Latin American ⇒Spanish American ⇒Hispanic US ▌*s.* **3** *(de España)* ⇒Spaniard **4** *(de Hispanoamérica)* ⇒Latin American ⇒Spanish American ⇒Hispanic US
hispanoamericano, na *adj./s.* ⇒Spanish American
hispanohablante ▌*adj.* **1** ⇒Spanish-speaking ▌*s.com.* **2** ⇒Spanish speaker
histérico, ca *adj.* ⇒hysterical
historia *s.f.* **1** *(estudio, disciplina)* ⇒history **2** *(acontecimientos del pasado)* ⇒history **3** *(narración, cuento)* ⇒story (*pl* stories): *Me encantan las historias de miedo* - I love ghost stories; ⇒tale
historial *s.m.* **1** ⇒record ⇒track record **2** *historial médico* - medical history
histórico, ca *adj.* **1** *(del pasado)* ⇒historical **2** *(digno de ser recordado)* ⇒historic: *un acontecimiento histórico* - a historic event
historieta *s.f.* ⇒comic strip ⇒strip cartoon ⇒cartoon story
hobby *s.m.* ⇒hobby (*pl* hobbies)
hocico *s.m.* **1** ⇒muzzle **2** *(de un cerdo)* ⇒snout
hockey *s.m.* ⇒hockey: *hockey sobre hielo* - ice hockey
hogar *s.m.* **1** *(casa)* ⇒home: *hogar dulce hogar* - home sweet home **2** *estar sin hogar* - to be homeless **3** *(chimenea)* ⇒fireplace ⇒hearth *lit* **4** *(familia)* ⇒household
hoguera *s.f.* ⇒bonfire
hoja *s.f.* **1** *(de una planta)* ⇒leaf (*pl* leaves): *una hoja de laurel* - a bay leaf **2** *(de papel)* ⇒sheet **3** *hoja de reclamaciones* - complaint form **4** *(de un libro, de un cuaderno)* ⇒page **5** *(de un cuchillo, de una navaja)* ⇒blade **6** *(de afeitar)* ⇒razor blade **7** *(de una puerta, de una ventana)* ⇒leaf (*pl* leaves)
hojalata *s.f.* ⇒tin
hojaldre *s.m.* ⇒pastry [U]
hojear *v.* ⇒to flick through: *hojear una revista* - to flick through a magazine; ⇒to browse ⇒to leaf through
hola *interj.* ⇒hello! ⇒hallo! UK; ⇒hi! *inform*
Holanda *s.f.* ⇒Holland
holandés, -a ▌*adj.* **1** ⇒Dutch: *queso holandés* - Dutch cheese ▌*s.* **2** *(hombre)* ⇒Dutchman (*pl* Dutchmen) **3** *(mujer)* ⇒Dutchwoman (*pl* Dutchwomen) **4** *(plural genérico): los holandeses* - the Dutch ▌**holandés** *s.m.* **5** *(idioma)* ⇒Dutch
holgado, da *adj. (una prenda de vestir)* ⇒loose ⇒baggy
holgazán, -a ▌*adj.* **1** ⇒idle ⇒lazy: *¡Eres muy holgazán!* - You are a lazy boy! ▌*s.* **2** ⇒idler: *Nunca quiere trabajar; es un holgazán* - He

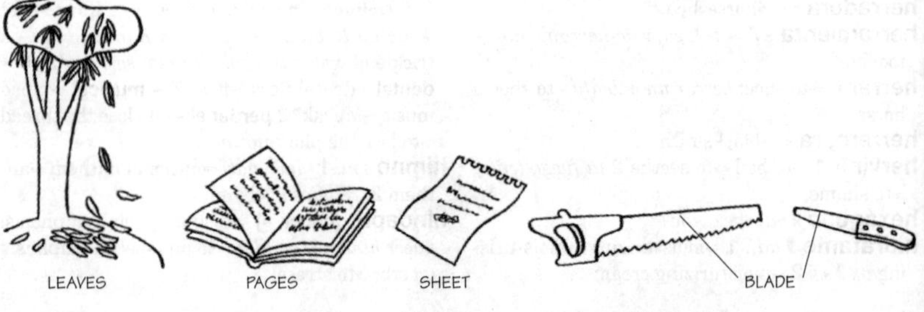

never wants to work; he is an idler; ⇒slacker *inform*

holgazanear *v.* ⇒to loaf about: *¡Deja de holgazanear y empieza a limpiar las ventanas!* - Stop loafing about and get on with cleaning the windows!; ⇒to laze ⇒to laze {about/around}: *A clase no se viene a holgazanear* - You shouldn't laze about in class; ⇒to lounge {about/around} ⇒to hang {about/around} *inform*

hollín *s.m.* ⇒soot

hombre *s.m.* **1** ⇒man (*pl* men); ⇒fellow *inform, old-fash* **2** *(ser humano)* ⇒mankind **3** **~ a ~** ⇒man-to-man **4** **~ del saco** ⇒bogey man (*pl* bogey men) **5** **~ del tiempo** ⇒weatherman *inform* (*pl* weathermen) **6** **~ de negocios** ⇒businessman (*pl* businessmen) **7** **~ lobo** ⇒werewolf (*pl* werewolves) **8** **~ rana** ⇒frogman (*pl* frogmen)

hombrera *s.f.* ⇒shoulder pad

hombro *s.m.* **1** ⇒shoulder: *Llevaba al chico a hombros* - She carried the child on his shoulders **2** **mirar a alguien por encima del ~** ⇒to look down on *sb*

homenaje *s.m.* **1** ⇒tribute: *rendir homenaje a alguien* - to pay tribute to sb; ⇒homage **2** **en ~ a** ⇒in honour of

homicida *s.com.* ⇒murderer ⇒murderous

homicidio *s.m.* **1** ⇒murder ⇒homicide *US form* **2** *(involuntario)* ⇒manslaughter

homosexual *adj./s.com.* ⇒homosexual ⇒gay

hondo, da *adj.* ⇒deep

honestidad *s.f.* ⇒honesty

honesto, ta *adj.* ⇒honest ⇒upstanding: *un ciudadano honesto* - an upstanding citizen

hongo *s.m.* ⇒fungus (*pl* fungi); ⇒mushroom

honor *s.m.* **1** ⇒honour *UK*: *Tengo el honor de presentarles...* - I have the honour of introducing to you...; ⇒honor *US* **2** *(prestigio)* ⇒good name **3** **en ~ de alguien** ⇒in honour of *sb*: *una cena en honor de Tom* - a dinner in honour of Tom

honra *s.f.* **1** ⇒honour *UK;* ⇒honor *US* **2** *tener algo a mucha honra* - to be proud of sth

honradez *s.f.* ⇒honesty

honrado, da *adj. (honesto)* ⇒honest ⇒upright

honrar ▌ *v.* **1** *(respetar)* ⇒to honour *UK*: *Siempre he honrado a mis padres* - I've always honoured my parents; ⇒to honor *US* **2** *(homenajear)* ⇒to honour *UK*: *Honraron al poeta con una cena* - They honoured the poet with a dinner; ⇒to honor *US* **3** *(enorgullecer)* ⇒to do credit: *Te honra ser tan sincera* - Being so sincere does you credit ▌ **honrarse** *prnl.* **4** ⇒to be honoured *UK*: *Me honro en presentarles a esta gran escritora* - I am honoured to introduce to you this great writer; ⇒to be honored *US*

hora *s.f.* **1** ⇒hour: *media hora* - half an hour; *una hora y media* - an hour and a half; ⇒hr (*pl* hrs) **2** *cada hora* - hourly **3** *(reloj, horario)* ⇒time: *¿Qué hora es?* - What time is it? **4** *decir la hora* - to tell the time **5** *estudiar durante horas* - to study for hours **6** *(momento determinado)* ⇒time: *hora de apertura* - opening time; *hora de cierre* - closing time; *la hora estimada de llegada* - the estimated time of arrival **7** *Es la hora de acostarse* - It's bedtime; *Es la hora de comer* - It's lunchtime **8** *(cita)* ⇒appointment: *Tengo hora con el dentista* - I've got an appointment with the dentist **9** **a todas horas** ⇒all the time **10** **de última ~** ⇒up-to-the-minute **11** **entre horas** ⇒between meals **12** **~ extra** ⇒overtime [U] **13** **~ punta** ⇒rush hour **14** **¡ya era hora!** ⇒about time too! ⇒it was time

horario *s.m.* **1** *(lista)* ⇒timetable: *horario de autobuses* - bus timetable; ⇒schedule *US* **2** ⇒hours: *horario de apertura* - opening hours

horca *s.f.* **1** *(para ejecutar a una persona)* ⇒gallows (*pl* gallows) **2** *(de labranza)* ⇒fork

horchata *s.f.* ⇒tiger nut milk

horizontal *adj.* ⇒horizontal

horizonte *s.m.* ⇒horizon

hormiga *s.f.* ⇒ant

hormigón *s.m.* ⇒concrete: *hormigón armado* - reinforced concrete

hormiguero *s.m.* **1** ⇒ants' nest ⇒anthill **2** *(hervidero)* ⇒warren

hornear *v.* ⇒to bake ⇒to cook in the oven

horno *s.m.* **1** ⇒oven ⇒furnace **2** *(para cerámica)* ⇒kiln **3** *horno microondas* - microwave **4** *hecho al horno* - baked; *pescado al horno* - roast fish

horóscopo *s.m.* ⇒horoscope

horquilla *s.f.* ⇒hairpin ⇒hairgrip

horrendo, da *adj.* ⇒horrendous ⇒horrific

horrible *adj.* **1** *(tremendo, terrible)* ⇒horrible: *El tiempo era horrible* - The weather was horrible; ⇒awful: *Tengo un horrible dolor de cabeza* - I've got an awful headache **2** *(sucio, desagradable)* ⇒foul **3** *(de mala calidad)* ⇒appalling ⇒shocking *UK*

horror *s.m.* **1** ⇒horror ⇒eyesore **2** *¡Qué horror!* - How terrible!

horrorizar ▌ *v.* **1** ⇒to terrify ⇒to horrify: *Me horroriza pensar que este año no tengo vacaciones* - It horrifies me to think I have no holidays this year ▌ **horrorizarse** *prnl.* **2** ⇒to be horrified: *Alice se horrorizó al ver el precio del piso* - Alice was horrified when she saw the price of the flat

horroroso, sa *adj. (aterrador)* ⇒terrifying: *Se encontraba en un estado horroroso* - She was in a terrifying state; ⇒horrifying ⇒appalling: *El* *viaje a casa fue horroroso* - The journey home was appalling

hortaliza *s.f.* ⇒vegetable

hortera *adj. / s.com.* **1** *desp.* ⇒naff UK *inform adj;* ⇒showy **2** *ser un hortera* - to have really naff taste

hospedar ▮ *v.* **1** ⇒to put *sb* up: *La hospedaron en su casa* - They put her up in their house; ⇒to board ▮ **hospedarse** *prnl.* **2** ⇒to stay: *Se hospedan en un hotel* - They are staying in a hotel; ⇒to lodge [CONSTR. to lodge at/with sb] *form*

hospital *s.m.* **1** ⇒hospital ⇒infirmary UK *form* (*pl* infirmaries) **2** *sala de hospital* - ward

hospitalario, ria *adj.* **1** *(amable)* ⇒hospitable **2** *(del hospital)* ⇒hospital **3 atención hospitalaria** ⇒hospital treatment

hospitalidad *s.f.* ⇒hospitality

hostal *s.m.* ⇒cheap hotel ⇒inn

hostelería *s.f.* **1** *(actividad)* ⇒hotel management ⇒hotel trade **2** *(estudio, profesión)* ⇒hotel and catering: *He hecho un curso de hostelería* - I did a course in hotel and catering

hostia ▮ *s.f.* **1** *vulg. (golpe)* ⇒punch (*pl* punches) **2** *(sagrada forma)* ⇒host ▮ **¡hostia!** *interj.* **3** *vulg.* ⇒bloody hell! UK *very inform;* ⇒jeez! US *very inform*

hostil *adj.* ⇒hostile: *una multitud hostil* - a hostile crowd; ⇒unfavourable UK

hostilidad *s.f.* ⇒hostility ⇒antagonism

hotel *s.m.* ⇒hotel

hoy *adv.* **1** ⇒today **2 ~ día** ⇒these days **3 ~ en día** ⇒nowadays ⇒today

hoyo *s.m.* ⇒hole ⇒hollow

hucha *s.f.* ⇒moneybox (*pl* moneyboxes); ⇒piggy bank

hueco, ca ▮ *adj.* **1** ⇒hollow **2** *(vacío)* ⇒empty ▮ **hueco** *s.m.* **3** *(abertura)* ⇒break ⇒gap **4** *(espacio)* ⇒opening ⇒space **5** *(espacio en blanco)* ⇒blank **6** *(agujero)* ⇒hole: *Había un hueco en la pared* - There was a hole on the wall; ⇒hollow **7** *(tiempo libre)* ⇒gap: *Tengo un hueco el jueves por la tarde* - I've got a gap Thursday afternoon; ⇒free time

huelga *s.f.* **1** ⇒strike: *declararse en huelga* - to go on strike; ⇒stoppage **2 ~ de celo** ⇒work-to-rule ⇒go-slow UK; ⇒slowdown US **3 ~ de hambre** ⇒hunger strike

huella *s.f.* **1** *(de una pisada)* ⇒footprint **2** *(en la tierra)* ⇒track **3** *(influencia)* ⇒imprint **4** *(rastro de una persona)* ⇒trace: *Desapareció sin dejar huella* - He disappeared without leaving a trace **5 ~ dactilar** ⇒fingerprint

huérfano, na *adj. / s.* **1** ⇒orphan *n* **2** *huérfano de padre* - fatherless; *huérfano de madre* - motherless

huerta *s.f.* **1** *(de verduras, de legumbres)* ⇒vegetable garden ⇒kitchen garden **2** *(de árboles frutales)* ⇒orchard **3** *(tierra de regadío)* ⇒irrigated region

huerto *s.m.* **1** *(próximo a una casa)* ⇒garden ⇒vegetable garden **2** *(de árboles frutales)* ⇒orchard

hueso *s.m.* **1** *(del cuerpo)* ⇒bone **2** *(de un fruto)* ⇒stone UK; ⇒pit US **3** *(color)* ⇒ivory **4 quedarse en los huesos** *col.* ⇒to be nothing but skin and bone **5 ser un ~** *col.* ⇒to be strict **6 ser un ~ duro de roer** *col.* ⇒to be a hard nut to crack

huésped, -a *s.* **1** *(de una casa particular)* ⇒lodger UK; ⇒boarder US **2** *(de un hotel)* ⇒guest

huevo *s.m.* **1** ⇒egg: *poner un huevo* - to lay an egg **2 ~ de Pascua** ⇒Easter Egg **3 ~ duro** ⇒hard-boiled egg **4 ~ escalfado** ⇒poached egg **5 ~ frito** ⇒fried egg **6 ~ pasado por agua** ⇒boiled egg **7 huevos revueltos** ⇒scrambled eggs

huida *s.f.* ⇒flight: *La huida de los ladrones captó la atención de la prensa* - The flight of the robbers captured the attention from the press; ⇒getaway

huir *v.* **1** *(escapar)* ⇒to run away **2** *(de un peligro)* ⇒to flee: *Huyó de las llamas* - He fled from the flames **3** *(de la justicia)* ⇒to be on the run

humanidad ▮ *s.f.* **1** *(género humano)* ⇒humanity ⇒mankind **2** *(cualidad)* ⇒humanity ▮ **humanidades** *s.m.pl.* **3** *(disciplina)* ⇒the humanities ⇒liberal arts US

humanitario, ria *adj.* ⇒humanitarian: *ayuda humanitaria* - humanitarian aid; ⇒caring

humano, na *adj.* **1** *(de las personas)* ⇒human **2** *(ser humano)* ⇒human being **3** *(justo, solidario)* ⇒humane

humareda *s.f.* ⇒cloud of smoke

humedad *s.f.* **1** ⇒damp [U]: *La casa huele a humedad* - The whole house smells of damp **2** *(atmosférica)* ⇒humidity

humedecer ▮ *v.* **1** ⇒to wet ⇒to dampen ▮ **humedecerse** *prnl.* **2** ⇒to get damp

húmedo, da *adj.* **1** *(mojado)* ⇒wet: *un trapo húmedo* - a wet cloth **2** *(ligeramente)* ⇒damp ⇒moist **3** *(el aire)* ⇒humid ⇒steamy **4** *(los ojos)* ⇒watery

humildad *s.f.* ⇒humility ⇒humbleness

humilde *adj.* **1** *(una persona)* ⇒humble **2** *(una zona, un barrio)* ⇒poor **3** *(un trabajo, una posición)* ⇒lowly

humillar *v.* ⇒to humiliate ⇒to degrade ⇒to put down *inform*

humo ▮ *s.m.* **1** *(de un fuego)* ⇒smoke **2** *(vapor de un líquido)* ⇒steam ⇒vapour UK; ⇒vapor US **3** *(de un coche)* ⇒fumes: *humo del tubo de escape*

- exhaust fumes **4 echar alguien ~** *col.* ⇒to be in a terrible mood ‖ **humos** *pl.* **5** ⇒airs and graces: *Tienes demasiados humos* - You have too many airs and graces **6 bajar los humos a alguien** *col.* ⇒to {bring/take} *sb* down a peg (or two) *inform*

humor *s.m.* **1** *(estado de ánimo)* ⇒spirits *pl: estar de buen humor* - to be in high spirits; ⇒temper ⇒mood: *estar de mal humor* - to be in a bad mood **2** *(gracia, comicidad)* ⇒humour *UK: tener sentido del humor* - to have a sense of humour; ⇒humor *US: humor negro* - black humor **3** *un programa de humor* - a comedy programme **4 estar de un ~ de perros** ⇒to be in a foul mood **5 tener mal ~** ⇒to be bad-tempered

humorista *s.com.* ⇒comedian ⇒humorist

hundido, da *adj.* **1** *(en el agua)* ⇒sunken ⇒washed-up **2** *(una persona)* ⇒depressed **3** *(una cara o unos ojos)* ⇒hollow

hundir ‖ *v.* **1** *(en el agua)* ⇒to sink: *hundir un barco* - to sink a boat; ⇒to go under **2** *(hacer fracasar, arruinar)* ⇒to destroy ⇒to ruin ‖ **hundirse** *prnl.* **3** *(en el agua)* ⇒to sink **4** *(desplomarse)* ⇒to collapse **5** *(un negocio)* ⇒to collapse ⇒to go under **6** *(deprimirse, entristecerse)* ⇒to get depressed

húngaro, ra ‖ *adj./s.* **1** ⇒Hungarian ‖ **húngaro** *s.m.* **2** *(idioma)* ⇒Hungarian

Hungría *s.f.* ⇒Hungary

huracán *s.m.* ⇒hurricane

hurgar ‖ *v.* **1** *(buscando)* ⇒to delve: *Hurgó en los bolsillos en busca de cambio* - She delved into her pocket to find some change; ⇒to ferret *inform* **2** *(entre cosas)* ⇒to rout about ⇒to rummage **3** *(en asuntos ajenos)* ⇒to poke *one's* nose into *sth inform: No hurgues en la vida de los demás* - Don't poke your nose in other people's business ‖ **hurgarse** *prnl.* **4** *hurgarse la nariz* - to pick one's nose

hurra *interj.* **1** ⇒hurrah! ⇒hurray! **2 tres hurras por** ⇒three cheers for

hurtadillas (a ~) ⇒on the sly

husmear *v.* **1** *(olfatear)* ⇒to sniff: *A los perros les encanta husmear todo* - Dogs love sniffing everything; ⇒to scent **2** *col. (fisgar)* ⇒to sniff about ⇒to nose about

huy *interj.* **1** *(dolor)* ⇒ouch! ⇒ow! **2** *(sorpresa)* ⇒Jesus! ⇒jeez!

i *s.f. (letra del alfabeto)* ⇒i
iceberg *s.m.* ⇒iceberg
ida *s.f.* **1** ⇒outward journey **2 de ~ y vuelta** *un billete de ida y vuelta* - a return ticket **3 idas y venidas** ⇒comings and goings
idea *s.f.* **1** ⇒idea: *no tener la menor idea* - not to have the faintest idea **2** *Tuvo una idea brillante* - She had a brainwave; *captar la idea general* - to get the drift **3** *(una opinión, un juicio)* ⇒view **4 cambiar de ~** ⇒to change *one's* mind **5 hacerse a la ~** ⇒to get used to the idea
ideal *adj.* ⇒ideal
idealista ▌*adj.* **1** ⇒idealistic ▌*s.com.* **2** ⇒idealist
ídem *adv.* ⇒ditto
idéntico, ca *adj.* ⇒identical
identidad *s.f.* ⇒identity (*pl* identities)
identificación *s.f. (documento de identidad)* ⇒identification ⇒ID
identificar ▌*v.* **1** ⇒to identify **2** *(distinguir entre varios)* ⇒to pick out ▌**identificarse** *prnl.* **3** *(dar datos personales)* ⇒to identify oneself **4** *(simpatizar)* ⇒to identify: *identificarse con alguien* - to identify with sb
idioma *s.m.* **1** ⇒language **2** *hablar en varios idiomas* - to be multilingual
idiota ▌*adj.* **1** *desp.* ⇒stupid *offens* ▌*s.com.* **2** *desp.* ⇒idiot *offens*
idiotez *s.f.* **1** *(comportamiento)* ⇒stupid thing *inform* **2** *(estupidez)* ⇒idiocy (*pl* idiocies) **3** *decir idioteces* - to talk nonsense
ido, da *adj.* **1** *col.* ⇒spaced out *very inform* **2** *estar ido* - to be miles away
ídolo *s.m.* ⇒idol
idóneo, a *adj.* ⇒most suitable ⇒ideal
iglesia *s.f.* ⇒church (*pl* churches)
iglú *s.m.* ⇒igloo
ignorancia *s.f.* ⇒ignorance
ignorante *adj.* ⇒ignorant: *Soy un ignorante en lo que a física se refiere* - I'm an ignorant about physics
ignorar *v.* **1** *(no saber algo)* ⇒not to know: *Ignoro su dirección* - I don't know his address **2** *(no hacer caso, no prestar atención)* ⇒to ignore
igual *adj.* **1** ⇒equal ⇒the same: *Tu coche es exactamente igual que el mío* - Your car is exactly the same as mine **2** *(semejante)* ⇒alike: *Estos gemelos son iguales* - These twins are alike **3** *(inalterado)* ⇒unchanged **4** *(en una operación matemática)* ⇒equal: *Dos más dos es igual a cuatro* - Two and two equals four **5 dar ~** ⇒to make no difference: *Me da igual* - It makes no difference **6 por ~** ⇒equally ⇒alike
igualar *v.* ⇒to equalize ⇒to equalise UK: *igualar los salarios* - to equalise the wages; ⇒to make equal
igualdad *s.f.* **1** ⇒equality **2** *igualdad de derechos* - equal rights; *igualdad de oportunidades* - equal opportunities **3 en ~ de condiciones** ⇒on equal terms ⇒on an equal basis: *Les van a juzgar en igualdad de condiciones* - They will be judged on an equal basis
ilegal *adj.* ⇒illegal
ilegible *adj.* ⇒illegible
ilógico, ca *adj.* ⇒illogical
iluminación *s.f.* ⇒lighting ⇒illumination *form*
iluminar *v.* ⇒to light: *Habían iluminado el escenario con velas* - The stage had been lit with candles; ⇒to illuminate *form: Han iluminado el castillo* - They have illuminated the castle
ilusión *s.f.* **1** *(esperanza)* ⇒hope: *hacerse ilusiones* - to build up one's hopes **2** *(imagen falsa, engaño)* ⇒illusion **3** *(alegría, satisfacción): ¡Me hace mucha ilusión!* - I'm excited about it!
ilusionado, da *adj.* ⇒excited: *estar ilusionado por algo* - to be excited about sth
ilusionar *v.* ⇒to get excited: *ilusionarse por algo* - to get excited about sth
ilustración *s.f.* **1** ⇒illustration: *El libro tenía ilustraciones muy bonitas* - The book had very nice illustrations; ⇒artwork ⇒picture **2** *(período histórico)* ⇒the Enlightenment

ilustrar *v.* ⇒to illustrate [CONSTR. to illustrate + interrogativo]: *Este libro ilustra cómo se hace* - This book illustrates how it is done

ilustre *adj.* ⇒illustrious *form*

imagen *s.f.* **1** *(dibujo)* ⇒image ⇒picture **2** *(apariencia)* ⇒window dressing **3 dar buena ~** ⇒to make a good impression **4 dar mala ~** ⇒to give a bad impression

imaginación *s.f.* ⇒imagination

imaginar *v.* **1** *(visualizar)* ⇒to imagine [CONSTR. 1. to imagine + (that) 2. to imagine + doing sth 3. to imagine + interrogativo]: *Imagina que vas de viaje a la Luna* - Imagine you are going on a trip to the moon **2** *(suponer, sospechar)* ⇒to imagine [CONSTR. to imagine + (that)]: *Imagino que no se lo vas a decir* - I imagine that you are not going to tell him

imaginario, ria *adj.* *(inventado)* ⇒imaginary ⇒mythical

imán *s.m.* ⇒magnet

imbécil ▮ *adj.* **1** *col. desp.* ⇒stupid *offens* ▮ *s.com.* **2** *col. desp.* ⇒moron *offens;* ⇒idiot *offens*

imitación *s.f.* **1** ⇒imitation ⇒mimicry **2** *(falsificación)* ⇒fake **3** *(de una persona)* ⇒impression

imitar *v.* **1** *(copiar)* ⇒to imitate ⇒to copy **2** *(a una persona)* ⇒to copy ⇒to imitate **3** *(parodiar)* ⇒to mimic ⇒to imitate

impaciente *adj.* ⇒impatient [CONSTR. impatient + to do sth]: *Estaba impaciente por saber el resultado* - He was impatient to know the outcome

impacto *s.m.* ⇒impact

impar *s.m.* ⇒odd: *número impar* - odd number

imparcial *adj.* ⇒impartial ⇒unbiased

impecable *adj.* ⇒impeccable ⇒faultless: *Habla un francés impecable* - He speaks faultless French

impedir *v.* ⇒to prevent [CONSTR. to prevent from + doing sth]: *Me impidieron irme* - They prevented me from leaving; ⇒to stop [CONSTR. to stop from doing sth]

impensable *adj.* **1** *(ilógico)* ⇒unthinkable **2** *(inviable)* ⇒out of the question ⇒unthinkable

imperativo *s.m.* **1** *(modo verbal)* ⇒imperative ■ Ver cuadro imperative **2** *(exigencia)* ⇒imperative

imperdible *s.m.* ⇒safety pin

imperdonable *adj.* ⇒unforgivable ⇒inexcusable

imperfección *s.f.* **1** *(falta de perfección)* ⇒imperfection: *Nunca tolerará imperfecciones en su trabajo* - She wouldn't tolerate imperfections on her work **2** *(defecto)* ⇒flaw: *Hay una imperfección en la tela* - There's a flaw on the fabric

imperfecto, ta ▮ *adj.* **1** ⇒fallible **2** *(una cosa)* ⇒flawed ▮ **imperfecto** *s.m.* **3** *(en gramática)* ⇒imperfect

imperio *s.m.* ⇒empire

impermeable ▮ *adj.* **1** ⇒waterproof ⇒impermeable ▮ *s.m.* **2** *(prenda de vestir)* ⇒mackintosh *UK old-fash* (*pl* mackintoshes); ⇒mac *UK;* ⇒raincoat

impertinente *adj./s.com.* ⇒impertinent *form adj: un comentario impertinente* - an impertinent remark

implicar *v.* **1** *(conllevar, significar)* ⇒to mean ⇒to involve [CONSTR. to involve + doing sth]: *Esto implica regresar al pasado* - This involves going back to the past; ⇒to imply [CONSTR. to imply + (that)] **2** *(participar en una situación)* ⇒to involve ⇒to drag into: *Les implicaron en la trama* - They were dragged into the plot; ⇒to implicate

imponer ▮ *v.* **1** *(hacer obligatorio)* ⇒to impose [CONSTR. to impose on sth/sb]: *Les impusieron un castigo* - They imposed a punishment on them **2** *(producir respeto)* ⇒to command *form* **3** *(una tarea)* ⇒to set ▮ **imponerse** *prnl.* **4** *(hacerse valer)* ⇒to assert oneself: *Deberías imponerte más* - You should assert yourself more **5** *(hacerse muy popular)* ⇒to become popular: *Este año se han impuesto las minifaldas* - Miniskirts have become popular this year

importación *s.f.* **1** *(actividad)* ⇒importation: *importación de coches* - car importation; ⇒import: *comercio de importación* - import trade; *productos de importación* - imported goods **2** *(conjunto de productos)* ⇒imports *pl*

importancia *s.f.* **1** ⇒importance **2** *adquirir importancia* - to become important; *tener importancia* - to be important; *sin importancia* - unimportant; *una operación de poca importancia* - a minor operation **3 no tiene ~** ⇒it doesn't matter

importante *adj.* **1** *(de gran valor)* ⇒important **2** *(famoso, poderoso)* ⇒important: *un abogado importante* - an important lawyer; ⇒of renown *form* **3** *(significativo)* ⇒significant: *cambios importantes* - significant changes; ⇒meaningful **4** *(de gran volumen)* ⇒important ⇒considerable: *una cantidad importante* - a considerable quantity

importar *v.* **1** *(tener importancia)* ⇒to matter [CONSTR. 1. to matter + that 2. to matter + interrogativo]: *No te preocupes, no importa lo que digan* - Don't worry, it doesn't matter what they say **2** *(preocupar, molestar)* ⇒to mind [CONSTR. 1. to mind + doing sth 2. to mind + interrogativo]: *¿Le importaría no fumar aquí?* - Would you mind not smoking here?; *No me importa* - I don't mind **3** *(introducir un producto de otro país)* ⇒to import

importe *s.m.* *(precio)* ⇒cost

imposible *adj.* ⇒impossible

impostor, -a *s.* ⇒fraud ⇒impostor

impotente *adj.* **1** *(falto de poder para hacer algo)* ⇒powerless **2** *(falto de capacidad para hacer algo)* ⇒helpless **3** *(falto de capacidad sexual)* ⇒impotent

imprenta *s.f.* **1** *(máquina)* ⇒press (*pl* presses) **2** *(máquina que imprime libros o periódicos)* ⇒printing press (*pl* printing presses) **3** *(empresa)* ⇒printer **4** *(lugar)* ⇒printer's (*pl* printers')

imprescindible *adj.* ⇒essential ⇒vital: *Una oposición fuerte es imprescindible para una buena democracia* - A strong opposition is vital to a healthy democracy

impresión *s.f.* **1** *(sensación)* ⇒impression: *Tengo la impresión de que estás aburrido* - I have the impression you're bored; ⇒feeling **2** *(efecto que algo causa)* ⇒impression **3** *(ante algo desagradable)* ⇒shock **4** *(de un texto)* ⇒printing

impresionante *adj.* **1** ⇒very impressive ⇒stunning: *Hizo progresos impresionantes* - He made stunning advances **2** *(poniendo énfasis)* ⇒amazing: *Es impresionante lo que estás haciendo con esos niños* - It's amazing what you are doing with those kids; ⇒incredible *inform*

impresionar *v.* **1** *(suscitar admiración)* ⇒to impress **2** *(sorprender)* ⇒to impress ⇒to stun **3** *(conmocionar, conmover)* ⇒to shock

impreso, sa ▮ *adj.* **1** ⇒printed ▮ **impreso** *s.m.* **2** ⇒form: *Rellena el impreso* - Fill in the form

impresora *s.f.* *(en informática)* ⇒printer

imprevisto, ta ▮ *adj.* **1** ⇒unforeseen ⇒unexpected: *un gasto imprevisto* - an unexpected expense ▮ **imprevisto** *s.m.* **2** *Si no surge ningún imprevisto* - If nothing unexpected happens

imprimir *v.* **1** ⇒to print: *imprimir un texto* - to print a text **2** *(una marca, un dibujo)* ⇒to imprint

improbable *adj.* ⇒improbable ⇒unlikely

improvisar *v.* **1** ⇒to improvise: *El cantante improvisó algunas canciones* - The singer improvised some songs **2** *(en el teatro)* ⇒to improvise ⇒to ad-lib

imprudente ▮ *adj.* **1** ⇒unwise: *un comentario imprudente* - an unwise remark; ⇒careless ⇒rash ▮ *s.com.* **2** ⇒careless person

impuesto *s.m.* **1** *(del gobierno)* ⇒tax (*pl* taxes) **2** *(al comprar algo en otro país)* ⇒duty (*pl* duties) **3** **libre de impuestos** ⇒duty-free

impulsar *v.* **1** *(empujar)* ⇒to push **2** *(incitar)* ⇒to prompt: *¿Qué te impulsó a decir eso?* - What prompted you to say that? **3** *(promocionar)* ⇒to promote ⇒to stimulate

impulsivo, va *adj.* ⇒impulsive

impulso *s.m.* **1** *(eléctrico)* ⇒impulse **2** *(deseo repentino)* ⇒impulse ⇒urge **3** *(estímulo)* ⇒boost

inadecuado, da *adj.* **1** *(insuficiente)* ⇒inadequate **2** *(sin las condiciones necesarias)* ⇒unfit **3** *(poco apropiado)* ⇒unsuitable: *Creo que tu ropa es inadecuada para la entrevista* - I think your clothes are unsuitable for the interview

inagotable *adj.* **1** *(una cosa)* ⇒inexhaustible **2** *(una persona)* ⇒tireless ⇒unflagging **3** *(un impulso, una energía)* ⇒unflagging

inaguantable *adj.* ⇒unbearable

inapropiado, da *adj.* ⇒inappropriate

inauguración *s.f.* ⇒opening ⇒inauguration *form*

inaugurar *v.* ⇒to open ⇒to inaugurate *form*

incalculable *adj.* ⇒incalculable

incapacidad *s.f.* ⇒inability

incapaz *adj.* ⇒incapable ⇒unable: *Fui incapaz de decirle la verdad* - I was unable to tell him the truth

incendiar ▮ *v.* **1** ⇒to set fire to US: *Alguien incendió el centro comercial* - Somebody set fire to the shopping centre ▮ **incendiarse** *prnl.* **2** ⇒to catch fire **3** *(un edificio)* ⇒to burn down

incendio *s.m.* **1** *(de poca importancia)* ⇒fire **2** *(de grandes dimensiones)* ⇒blaze **3** *(provocado)* ⇒arson **4** **escalera de incendios** ⇒fire escape

incentivo *s.m.* **1** *(ayuda económica)* ⇒incentive ⇒fringe benefit **2** *(estímulo)* ⇒stimulus (*pl* stimuli): *La inversión extranjera ha sido un incentivo para la industria* - Foreign investment has been a stimulus to the industry

incidente *s.m.* ⇒incident *form*

incinerar *v.* **1** ⇒to incinerate **2** *(a un cadáver)* ⇒to cremate

inclinar ▮ *v.* **1** ⇒to tilt: *Incliné la cabeza hacia la izquierda* - I tilted my head to the left **2** *(un asiento)* ⇒to recline ▮ **inclinarse** *prnl.* **3** ⇒to lean ⇒to slant: *El cuadro no está recto, se inclina hacia la izquierda* - The picture's not straight, it slants to the left; ⇒to tilt **4** *(agacharse)* ⇒to bend down **5** *(hacer una reverencia)* ⇒to bow **6** *(estar en pendiente)* ⇒to slope [CONSTR. to slope up/down]: *El camino empezó a inclinarse hacia abajo* - The path began to slope down **7** *(dar una opinión)* ⇒to be inclined: *Me inclino por el primero que hemos visto* - I'm inclined towards the first one we saw

incluir *v.* **1** ⇒to include [CONSTR. to include + doing sth]: *Su plan incluye visitar el Museo Británico* - His plan includes visiting the British Museum; ⇒to embrace **2** *(adjuntar)* ⇒to enclose: *Incluyo una foto en esta carta* - I'm enclosing a photo with this letter

inclusive *adv.* ⇒inclusive: *Del 1 al 3, ambos inclusive* - From the 1st to the 3rd inclusive

incluso *prep.* ⇒even

incógnito *s.m.* *de incógnito* - incognito; *Viajé de incógnito para despistarlos* - I travelled incognito to confuse them

incoloro, ra *adj.* ⇒colourless UK; ⇒colorless US

incómodo, da *adj.* **1** *(poco cómodo)* ⇒uncomfortable **2** *(violento, embarazoso)* ⇒awkward ⇒embarrassing

incompleto, ta *adj.* ⇒incomplete ⇒unfinished

incomprensible *adj.* ⇒incomprehensible

incomunicado, da *adj.* *(aislado)* ⇒cut off

incondicional *adj.* **1** ⇒unconditional: *apoyo incondicional* - unconditional support **2** *(una persona)* ⇒completely loyal ⇒staunch: *un amigo incondicional* - a staunch friend

inconfundible *adj.* ⇒unmistakable

inconsciente ▮ *adj.* **1** *(sin conocimiento)* ⇒unconscious **2** *(involuntario)* ⇒unconscious: *un acto inconsciente* - an unconscious act ▮ *adj. / s. com.* **3** *(sin sensatez)* ⇒irresponsible *adj: ser un inconsciente* - to be irresponsible; ⇒thoughtless *adj*

incontable *adj.* ⇒uncountable ▪ Ver cuadro countable / uncountable nouns

incontrolable *adj.* **1** *(una situación, una persona)* ⇒uncontrollable **2** *(una necesidad)* ⇒irrepressible: *Sintió una necesidad incontrolable de correr* - He felt an irrepressible need to run

inconveniente ▮ *adj.* **1** ⇒inconvenient ▮ *s.m.* **2** *(problema)* ⇒inconvenience [U]; ⇒problem **3** *(desventaja)* ⇒disadvantage ⇒drawback: *Fue un inconveniente para nuestros planes* - It was a drawback on our plans **4** *(reparo, objeción)* ⇒objection

incordiar *v. col.* ⇒to aggravate *inform;* ⇒to be a nuisance: *Tus gritos me están incordiando* - Your shouts are a real nuisance; ⇒to bother ⇒to annoy: *¡Deja ya de incordiar!* - Stop annoying me!

incorporación *s.f.* ⇒inclusion ⇒addition: *incorporación a la plantilla* - addition to the staff

incorporar ▮ *v.* **1** ⇒to incorporate: *Este avión incorpora varias medidas de seguridad* - This aircraft incorporates several new safety features ▮ **incorporarse** *prnl.* **2** *(levantarse)* ⇒to sit up **3** *(a un equipo, un grupo)* ⇒to join **4** **incorporarse a filas** ⇒to join up ⇒to enlist

incorrecto, ta *adj.* **1** *(erróneo)* ⇒incorrect: *un diagnóstico incorrecto* - an incorrect diagnosis; ⇒inaccurate **2** *(un comportamiento)* ⇒incorrect ⇒discourteous *form*

increíble *adj.* ⇒incredible *inform;* ⇒unbelievable

incrementar *v.* ⇒to increase

incremento *s.m.* ⇒increase

inculto, ta *adj.* ⇒uncultured ⇒uneducated ⇒ignorant

incultura *s.f.* ⇒lack of culture ⇒ignorance

incumplir *v.* ⇒to break: *incumplir la ley* - to break the law

incurable *adj.* ⇒incurable

indecente ▮ *adj.* **1** *(con mal aspecto)* ⇒filthy **2** *(sin pudor)* ⇒indecent ⇒obscene ▮ *s.com.* **3** *(persona)* ⇒shameless person

indeciso, sa ▮ *adj.* **1** ⇒indecisive ▮ *s.* **2** ⇒indecisive person

indefenso, sa *adj.* ⇒defenceless UK; ⇒defenseless US

indefinido, da *adj.* ⇒indefinite: *pronombre indefinido* - indefinite pronoun

independencia *s.f.* ⇒independence

independiente *adj.* **1** ⇒independent **2** *(una persona)* ⇒self-reliant **3** *(en un trabajo)* ⇒freelance **4** *(cine o música)* ⇒indie *inform*

independizar ▮ *v.* **1** ⇒to make independent ▮ **independizarse** *prnl.* **2** ⇒to become independent

indestructible *adj.* ⇒indestructible

India *s.f.* ⇒India

indicación ▮ *s.f.* **1** *(recomendación, consejo)* ⇒suggestion ⇒hint ⇒advice [U]: *dar una indicación a alguien* - to give sb a piece of advice **2** *(indicio)* ⇒indication: *Hay indicaciones que muestran que la economía está en un período a la alza* - There are few indications that the economy is on an upswing; ⇒sign **3** *(señal)* ⇒signal ▮ **indicaciones** *pl.* **4** *(para ir a un sitio)* ⇒directions **5** *dar indicaciones a alguien* - to direct sb

indicador *s.m.* **1** *(señal)* ⇒indicator **2** *(dispositivo)* ⇒gauge: *indicador de gasolina* - fuel gauge **3** *(en economía)* ⇒indicator: *un indicador de inflación* - an inflation indicator

indicar *v.* **1** *(señalar, mostrar)* ⇒to indicate [CONSTR. 1. to indicate + (that) 2. to indicate + interrogativo]: *La flecha indica donde estás* - The arrow indicates where you are; ⇒to show [CONSTR. to show + interrogativo] **2** *(con el dedo)* ⇒to point [CONSTR. to point to sth] **3** *(mediante señales)* ⇒to signal

índice *s.m.* **1** *(alfabético)* ⇒index (*pl* indices, indexes) **2** *(dedo)* ⇒index finger **3** *(tasa)* ⇒rate

indicio *s.m.* **1** *(prueba)* ⇒evidence [U] **2** *(señal)* ⇒sign

indiferencia *s.f.* ⇒indifference: *Lo que más me duele es su indiferencia* - His indifference hurts me most

indiferente *adj.* ⇒indifferent

indígena ▮ *adj.* **1** ⇒native ▮ *s.com.* **2** ⇒native

indigestión *s.f.* ⇒indigestion

indignación *s.f.* ⇒indignation ⇒disgust: *Me salí del cine con indignación* - I walked out of the cinema in disgust

indignado, da *adj.* ⇒indignant ⇒angry

indignante *adj.* ⇒outrageous ⇒infuriating

indignar ▮ *v.* **1** ⇒to make angry: *Me indigna llegar tarde* - Being late makes me angry ▮ **indignarse** *prnl.* **2** ⇒to get indignant ⇒to get angry: *indignarse con algo* - to get angry about sth

indigno, na *adj.* **1** *(impropio)* ⇒unworthy: *Esas palabras son indignas de una persona como tú* - Those words are unworthy of a person like you **2** *(detestable)* ⇒ignoble *form;* ⇒despicable
indio, dia *adj./s.* **1** *(de la India)* ⇒Indian **2** *(de América)* ⇒Indian ⇒American Indian **3 hacer el indio** *col.* ⇒to play the fool
indirecta *s.f.* **1** *(insinuación)* ⇒hint: *lanzar indirectas* - to drop hints **2** *(pulla)* ⇒innuendo (*pl* innuendoes, innuendos); ⇒dig: *¿Me estás soltando una indirecta?* - Are you making a dig at me?
indirecto, ta *adj.* ⇒indirect
indiscreción *s.f.* **1** *(cualidad de lo indiscreto): Ha sido una indiscreción preguntar* - It was tactless of me to ask; *Si no es indiscreción, ¿cuánto ganas?* - If you don't mind my asking, how much do you earn? **2** *(hecho)* ⇒indiscretion: *las indiscreciones de la juventud* - youthful indiscretion
indispensable *adj.* ⇒essential ⇒indispensable
individual *adj.* **1** ⇒individual **2** *(una habitación, una cama)* ⇒single
individuo, dua *s.* ⇒individual
índole *s.f.* **1** *(tipo)* ⇒kind ⇒sort **2** *(carácter, naturaleza)* ⇒nature
indoloro, ra *adj.* ⇒painless
indudable *adj.* **1** ⇒undoubted ⇒indubitable *form* **2** *Es indudable que estudiaste mucho para aprobar el examen* - There's no doubt that you studied a lot to pass the exam
indumentaria *s.f.* ⇒clothes ⇒apparel *US*
industria *s.f.* ⇒industry (*pl* industries): *industria automovilística* - car industry
industrial ▮ *adj.* **1** ⇒industrial ▮ *s.com.* **2** ⇒industrialist
inepto, ta *adj./s.* ⇒inept: *¡Eres un completo inepto!* - You're completely inept!
inercia *s.f.* **1** *(en física)* ⇒inertia **2** *(falta de dinamismo): hacer algo por inercia* - to do sth through force of habit
inesperado, da *adj.* ⇒unexpected
inestable *adj.* **1** *(el tiempo)* ⇒changeable **2** ⇒unsteady ⇒unstable: *Ella es emocionalmente inestable* - She is emotionally unstable
inevitable *adj.* ⇒inevitable
inexacto, ta *adj.* ⇒inaccurate ⇒inexact
inexperiencia *s.f.* ⇒lack of experience
inexperto, ta *adj.* ⇒inexperienced ⇒inexpert
inexplicable *adj.* ⇒inexplicable
infancia *s.f.* ⇒childhood
infantería *s.f.* ⇒infantry
infantil *adj.* **1** *(para niños)* ⇒children's **2** *(forma de ser, carácter)* ⇒childish: *Es demasiado infantil para su edad* - He's too childish for his age
infarto *s.m.* ⇒heart attack
infección *s.f.* ⇒infection: *una infección de oído* - an ear infection
infeccioso, sa *adj.* ⇒infectious
infectar ▮ *v.* **1** ⇒to infect [CONSTR. to infect with sth]: *Se ha infectado con el virus de la gripe* - They have been infected with the flu virus ▮ **infectarse** *prnl.* **2** ⇒to become infected
infeliz ▮ *adj.* **1** ⇒unhappy ⇒miserable ▮ *s.com.* **2** *col. (ingenuo)* ⇒simple soul **3** *(con mala suerte)* ⇒wretch (*pl* wretches); ⇒wretched
inferior *adj.* **1** *(parte más baja)* ⇒lower **2** *(en calidad)* ⇒inferior
infierno *s.m.* **1** *(en religión)* ⇒hell *inform* **2** *(situación insoportable)* ⇒hell: *Aquella situación era un infierno* - That situation was hell **3** *(lugar desagradable)* ⇒hellhole *inform*
infinidad *s.f.* **1** *(gran cantidad)* ⇒enormous quantity **2** *infinidad de veces* - countless times; *infinidad de personas* - a huge number of people
infinitivo *s.m.* ⇒infinitive
infinito, ta ▮ *adj.* **1** *(en matemáticas)* ⇒infinite ▮ **infinito** *s.m.* **2** *(lugar indefinido y lejano)* ⇒distance: *mirando al infinito* - staring into the distance
inflación *s.f.* ⇒inflation
inflamable *adj.* ⇒inflammable ⇒flammable
inflar *v. (llenar de aire)* ⇒to inflate: *inflar un globo* - to inflate a balloon; ⇒to blow up ⇒to puff up
influencia *s.f.* ⇒influence
influir *v.* ⇒to influence [CONSTR. to influence + to do sth]
influyente *adj.* ⇒influential
información *s.f.* **1** ⇒information [U] [Se dice *some information* o *a piece of information*. Incorrecto: *an information*]: *pedir información sobre algo* - to ask for information on sth **2** *(lugar, establecimiento)* ⇒information desk: *Pregunta en información* - Ask at the information desk **3** *(noticias)* ⇒news [U]
informal *adj.* **1** ⇒informal **2** *(persona)* ⇒unreliable ⇒laid-back *inform* **3** *ropa informal* - casual clothes
informar ▮ *v.* **1** *(a una persona)* ⇒to inform [CONSTR. to inform + (that)]: *Me informaron de que todo estaba bien* - I was informed that everything was alright; ⇒to report [CONSTR. 1. to report + that 2. to report + doing sth] ▮ **informarse** *prnl.* **2** ⇒to enquire *form UK;* ⇒to inquire *form* [CONSTR. 1. to inquire about sth 2. to inquire + interrogativo]: *He estado informándome sobre los cursos de verano* - I have been inquiring about summer courses
informática *s.f.* ⇒information technology ⇒IT ⇒computing
informático, ca ▮ *adj.* **1** *programa informático* - computer program ▮ *s.* **2** ⇒computer specialist
informativo, va ▮ *adj.* **1** ⇒informative ▮ **informativo** *s.m.* **2** *(programa)* ⇒news programme

informe ▮ *adj.* **1** *(sin forma definida)* ⇒shapeless ▮ *s.m.* **2** *(sobre un tema, un asunto)* ⇒report ▮ **informes** *pl.* **3** *(sobre una persona)* ⇒references

infringir *v.* ⇒to break: *infringir la ley* - to break the law; ⇒to breach

infusión *s.f.* ⇒herbal tea

ingeniar *v.* **1** ⇒to devise ⇒to think up: *No quiero ir esta noche, pero no soy capaz de ingeniar una buena excusa* - I don't want to go tonight but I can't think up a good excuse **2 ingeniárselas** ⇒to find a way

ingeniería *s.f.* ⇒engineering: *ingeniería de caminos, canales y puertos* - civil engineering

ingeniero, ra *s.* ⇒engineer

ingenio *s.m.* **1** *(capacidad mental)* ⇒ingenuity ⇒wits *pl: Tiene el ingenio para hacerlo* - She has the wits to do it **2** *(gracia)* ⇒wit

ingenioso, sa *adj.* **1** *(inteligente)* ⇒ingenious: *una idea ingeniosa* - an ingenious idea; ⇒artful **2** *(con habilidad, con gracia)* ⇒witty: *Siempre hace comentarios ingeniosos* - He's always making witty remarks

ingenuo, nua *adj.* ⇒naive ⇒gullible

Inglaterra *s.f.* ⇒England

ingle *s.f.* ⇒groin

inglés, -a ▮ *adj.* **1** ⇒English: *El cricket es un juego inglés* - Cricket is an English game ▮ *s.* **2** *(hombre)* ⇒Englishman (*pl* Englishmen) **3** *(mujer)* ⇒Englishwoman (*pl* Englishwomen) **4** *(plural genérico): los ingleses* - the English ▮ **inglés** *s.m.* **5** *(idioma)* ⇒English

ingrato, ta *adj.* **1** *(una persona)* ⇒ungrateful **2** *(un trabajo)* ⇒thankless

ingrediente *s.m.* ⇒ingredient

ingresar *v.* **1** *(dinero)* ⇒to deposit ⇒to pay in **2** *(en el banco)* ⇒to bank **3** *(en un hospital)* ⇒to hospitalize **4** *ingresar en un centro hospitalario* - to be admitted to a hospital **5** *(en una asociación)* ⇒to join

ingreso ▮ *s.m.* **1** *(en un lugar, en una asociación)* ⇒joining **2** *(en un hospital)* ⇒admission: *el ingreso de un paciente en un centro médico* - the admission of a patient to a medical centre **3** *(de dinero)* ⇒deposit ▮ **ingresos** *pl.* **4** *(paga, sueldo)* ⇒earnings ⇒income *sing*

inhalar *v.* ⇒to inhale *form: inhalar un gas* - to inhale a gas

inhumano, na *adj.* **1** *(cruel)* ⇒inhuman **2** *(adverso, injusto)* ⇒inhumane: *condiciones inhumanas* - inhumane conditions

inicial ▮ *adj.* **1** *(primero)* ⇒initial ▮ *s.f.* **2** *(letra)* ⇒initial

iniciar *v.* **1** *(empezar)* ⇒to begin: *iniciar una conversación* - to begin a conversation; ⇒to start ⇒to initiate *form* **2** *(enseñar)* ⇒to introduce **3** *(en informática)* ⇒to boot

iniciativa *s.f.* **1** ⇒initiative **2 tomar la ~** ⇒to take the initiative

inicio *s.m.* ⇒beginning: *Tuvieron un inicio complicado* - They had a tough beginning; ⇒start

injusticia *s.f.* ⇒injustice

injusto, ta *adj.* ⇒unfair ⇒unjust

inmaduro, ra *adj.* **1** *(una persona)* ⇒immature **2** *(una fruta)* ⇒not ripe

inmediato, ta *adj.* ⇒immediate ⇒instant

inmenso, sa *adj.* *(muy grande)* ⇒immense ⇒enormous ⇒huge: *El lago era inmenso* - The lake was huge

inmigración *s.f.* ⇒immigration

inmigrante *s.com.* ⇒immigrant

inmobiliaria *s.f.* **1** *(de compra y venta)* ⇒estate agency *UK;* ⇒real estate agency **2** *(de construcción)* ⇒property company (*pl* property companies)

inmoral *adj.* ⇒immoral

inmortal *adj.* ⇒immortal

inmóvil *adj.* ⇒still

innecesario, ria *adj.* **1** ⇒unnecessary **2** *Fue innecesario decirle que no viniera* - It was needless to tell him not to come

innumerable *adj.* ⇒innumerable ⇒countless

inocencia *s.f.* ⇒innocence

inocentada *s.f.* ⇒practical joke

inocente *adj. / s.* **1** *(libre de culpa)* ⇒innocent **2** *(ingenuo)* ⇒artless

inofensivo, va *adj.* ⇒harmless ⇒inoffensive

inoportuno, na *adj.* **1** ⇒inconvenient: *Llegó en un momento muy inoportuno* - She arrived at a very inconvenient moment **2** *(pregunta, comentario)* ⇒unfortunate

inoxidable *adj.* *acero inoxidable* - stainless steel

inquietar *v.* *(preocupar)* ⇒to disturb ⇒to worry [CONSTR. 1. to worry + (that) 2. to worry about sth/sb]

inquieto, ta *adj.* **1** *(preocupado)* ⇒uneasy ⇒worried **2** *(intranquilo, nervioso)* ⇒restless

inquietud ▮ *s.f.* **1** *(preocupación)* ⇒worry ▮ **inquietudes** *pl.* **2** *(intelectuales)* ⇒interest

inquilino, na *s.* ⇒tenant ⇒occupier *UK*

insalubre *adj.* ⇒unhealthy ⇒insalubrious *form: El campamento estaba en un estado insalubre* - The camp was in an insalubrious state

inscribir *v.* ⇒to register ⇒to enrol *UK: inscribirse en un curso* - to enrol on a course; ⇒to enroll *US*

inscripción *s.f.* **1** *(hecho de inscribir)* ⇒registration ⇒enrolment *UK;* ⇒enrollment *US* **2** *(texto grabado)* ⇒inscription

insecticida *s.m.* ⇒insecticide

insecto *s.m.* ⇒insect

inseguridad *s.f.* **1** *(riesgo)* ⇒insecurity ⇒lack of security **2** *(indecisión)* ⇒uncertainty (*pl* uncertainties) **3** ~ **ciudadana** ⇒lack of safety on the streets
inseguro, ra *adj.* **1** *(dudoso)* ⇒uncertain **2** *(poco seguro, poco estable)* ⇒insecure ⇒unsure **3** *(inestable)* ⇒unsteady ⇒rocky
insensato, ta ▌*adj.* **1** ⇒foolish ⇒senseless ▌*s.* **2** ⇒fool ⇒blind fool *inform*
insensible *adj.* **1** *(sin sentimientos)* ⇒insensitive ⇒unfeeling **2** *(sin sensibilidad)* ⇒insensitive ⇒dumb
inservible *adj.* ⇒unusable
insignia *s.f.* ⇒badge UK
insignificante *adj.* ⇒insignificant
insinuar ▌*v.* **1** ⇒to hint: *insinuar una opinión* - to hint at one's point of view; ⇒to insinuate [CONSTR. to insinuate + (that)] ▌**insinuarse** *prnl.* **2** *col.* ⇒to give *sb* the come-on *inform*
insípido, da *adj.* ⇒bland ⇒tasteless ⇒insipid: *La sopa está insípida* - The soup is insipid
insistente *adj.* ⇒insistent
insistir *v.* ⇒to insist [CONSTR. 1. to insist + (that) 2. to insist on + doing sth]
insolación *s.f.* ⇒sunstroke [U]
insomnio *s.m.* ⇒insomnia
insoportable *adj.* ⇒unbearable
inspección *s.f.* ⇒inspection ⇒check
inspeccionar *v.* ⇒to inspect ⇒to check [CONSTR. 1. to check + (that) 2. to check + interrogativo]
inspector, -a *s.* ⇒inspector
inspiración *s.f.* **1** *(estímulo, influencia)* ⇒inspiration **2** ⇒inhalation
inspirar ▌*v.* **1** *(sugerir ideas)* ⇒to inspire **2** *(aspirar aire)* ⇒to inhale ▌**inspirarse** *prnl.* **3** ⇒to get inspiration: *inspirarse en algo* - to get inspiration from sth
instalación *s.f.* **1** *(hecho de instalar)* ⇒installation **2** *(lugar acondicionado)* ⇒facilities *pl*: *instalaciones deportivas* - sports facilities
instalar ▌*v.* **1** *(una cosa)* ⇒to install ▌**instalarse** *prnl.* **2** *(en una vivienda)* ⇒to move into **3** *(en un lugar)* ⇒to settle down **4** *(acomodarse)* ⇒to install oneself
instantáneo, a *adj.* **1** *(preparado en el momento)* ⇒instant: *café instantáneo* - instant coffee **2** *(muy rápido)* ⇒instant: *alivio instantáneo* - instant relief
instante *s.m.* **1** ⇒instant ⇒moment **2** *al instante* - instantly
instinto *s.m.* ⇒instinct: *instinto de supervivencia* - survival instinct
institución *s.f.* **1** ⇒institution **2** *(benéfica)* ⇒charity (*pl* charities)
instituto *s.m.* **1** *(centro social, cultural)* ⇒institute **2** *(centro de enseñanza secundaria)* ⇒comprehensive school UK; ⇒grammar school UK; ⇒secondary school UK; ⇒high school US
instrucción ▌*s.f.* **1** ⇒training ⇒education: *Recibió una instrucción muy completa* - She received a very complete education **2** *(en el ejército)* ⇒drill ▌**instrucciones** *pl.* **3** *(para ir a un lugar)* ⇒directions **4** *(para usar algo)* ⇒instructions
instructor, -a *s.* ⇒instructor
instrumento *s.m.* **1** *(objeto)* ⇒instrument **2** *(musical)* ⇒instrument: *un instrumento de viento* - a wind instrument
insuficiente *adj.* ⇒inadequate ⇒insufficient
insultar *v.* ⇒to insult
insulto *s.m.* ⇒insult ⇒abuse [U]: *proferir insultos a alguien* - to hurl abuse at sb
intacto, ta *adj.* **1** *(sin tocar)* ⇒untouched **2** *(sin daño)* ⇒intact: *A pesar del golpe, mi reloj quedó intacto* - Despite the blow, my watch remained intact; ⇒undisturbed
íntegro, gra *adj.* **1** *(entero)* ⇒whole: *Ya me he gastado todo el dinero* - I've already spent the whole amount; ⇒undivided **2** *(una persona)* ⇒honest **3** *(una grabación, un texto)* ⇒unabridged: *Esta es la versión íntegra del libro* - This is the unabridged version of the book
intelectual ▌*adj.* **1** *(del intelecto)* ⇒intellectual ▌*adj./s.com.* **2** *(una persona)* ⇒intellectual
inteligencia *s.f.* ⇒intelligence
inteligente *adj.* ⇒intelligent ⇒smart
intención *s.f.* **1** ⇒intention **2** *hacer algo con buena intención* - to mean well **3** *tener la intención de hacer algo* - to intend to do sth
intencionado, da *adj.* ⇒intentional ⇒deliberate: *un ataque intencionado* - a deliberate attack
intensidad *s.f.* ⇒intensity
intenso, sa *adj.* **1** ⇒intense **2** *(un color)* ⇒deep
intentar *v.* **1** *(hacer un esfuerzo)* ⇒to try [CONSTR. to try + to do sth]: *Intentó encontrar el cuaderno que yo había perdido* - He tried to find the notebook I had lost; ⇒to attempt [CONSTR. to attempt + to do sth] **2** *(intentar hacer algo)* ⇒to try [CONSTR. to try + doing sth]: *Intenta meter la pelotita en el agujero* - Try getting the little ball into the hole
intento *s.m.* **1** ⇒try (*pl* tries); ⇒attempt: *al primer intento* - at the first attempt **2** *un intento fallido* - a false start
intercambiar *v.* ⇒to exchange: *Nos intercambiamos las camisetas* - We exchanged the t-shirts; ⇒to swap *inform*
intercambio *s.m.* **1** *(entre entidades o países)* ⇒exchange: *un intercambio cultural* - a cultural

exchange **2** ⇒interchange: *intercambio de opiniones* - interchange of ideas

interceder *v.* ⇒to intercede: *interceder en favor de alguien* - to intercede on behalf of sb; *Mi hermana siempre intercedía ante mis padres para que no me castigaran* - My sister was always interceding with my parents so that I wouldn't be punished

interés *s.m.* **1** *(curiosidad)* ⇒interest: *tener interés por algo* - to have interest in sth **2** *(importancia)* ⇒consideration ⇒concern **3** *(para beneficio propio)* ⇒self-interest ⇒expediency *form*

interesado, da *adj.* **1** *(que tiene interés)* ⇒interested [CONSTR. 1. interested in + doing sth 2. interested + to do sth]: *Estoy interesado en trabajar en su laboratorio* - I'm interested in working in his laboratory **2** *(que actúa por interés)* ⇒self-seeking

interesante *adj.* **1** ⇒interesting **2** *poco interesante* - uninteresting

interesar ▌ *v.* **1** ⇒to interest ▌ **interesarse** *prnl.* **2** *(mostrar interés)* ⇒to be interested: *interesarse por algo* - to be interested in sth; *interesarse por alguien* - to ask after sb

interior ▌ *adj.* **1** *(en la parte de dentro)* ⇒inner ⇒interior ⇒inside: *Aunque fuera hacía calor, se estaba bien en el interior* - Though it was hot outside, it was nice on the inside **2** *(de un edificio)* ⇒indoor ▌ *s.m.* **3** *(en la parte de dentro)* ⇒interior **4** *(de una cosa)* ⇒inside **5** *(de un país)* ⇒inland

interjección *s.f.* ⇒interjection *form*

intermediario, ria ▌ *adj.* **1** ⇒intermediary **2** *(en un conflicto)* ⇒mediating ▌ *s.* **3** *(de mercancías)* ⇒middleman (*pl* middlemen) **4** *(en un conflicto)* ⇒mediator **5** *(en un diálogo)* ⇒linkman *UK* (*pl* linkmen) **6** *(coordinador)* ⇒liaison *US*

intermedio, dia ▌ *adj.* **1** ⇒intermediate ▌ **intermedio** *s.m.* **2** ⇒interval *UK;* ⇒intermission *US*

interminable *adj.* ⇒endless

intermitente ▌ *adj.* **1** ⇒intermittent **2** *(una luz)* ⇒blinking **3** *(la niebla)* ⇒patchy ▌ *s.m.* **4** ⇒indicator *UK;* ⇒turn signal *US* **5** *poner el intermitente* - to indicate

internacional *adj.* ⇒international *UK*

internado *s.m.* ⇒boarding school

internar ▌ *v.* **1** *(en una institución)* ⇒to put into ▌ **internarse** *prnl.* **2** *(en el interior)* ⇒to go deep [CONSTR. to go deep into a place]: *Nos internamos en la selva* - We went deep into the jungle **3** *(en una institución)* ⇒to be admitted [CONSTR. to be admitted to a place]

internet *s.f.* ⇒internet ■ Ver cuadro

interno, na ▌ *adj.* **1** ⇒internal: *un órgano interno* - an internal organ ▌ *adj./s.* **2** *(un médico)* ⇒intern *US n* **3** *(un alumno)* ⇒boarder *UK n*

interpretación *s.f.* **1** *(de un significado)* ⇒interpretation **2** *(actuación)* ⇒acting ⇒performance: *Su interpretación fue excelente* - Her performance was excellent **3** *(traducción)* ⇒interpreting

interpretar *v.* **1** *(dar sentido)* ⇒to interpret **2** *(actuar)* ⇒to perform **3** *(tocar un instrumento)* ⇒to play

intérprete *s.com.* **1** *(traductor)* ⇒interpreter **2** *(artista)* ⇒performer

interrogación *s.f.* *(signo ortográfico)* ⇒question mark

interrogar *v.* ⇒to question: *¡Deja de interrogarme a todas horas!* - Stop questioning me all the time!

interrogativo, va *adj.* ⇒interrogative ■ Ver cuadros interrogative pronouns and adverbs e interrogative structures

interrogatorio *s.m.* **1** ⇒questioning **2** *(de un testigo)* ⇒cross-examination

interrumpir *v.* **1** ⇒to interrupt: *No me gusta que me interrumpan cuando estoy hablando* - I

internet

- Página de inicio ('home page')
  - Contraseña ('password')
  - Buscador ('search engine')
  - Chat ('chat')
  - Grupo de chat ('chat room')
  - Blog ('blog')
  - Foro ('Forum')
  - Emoticono ('emoticon; smiley')
  - Correo no deseado ('spam')

  - Entrar en el sistema ('to log in/on')
  - Salir del sistema ('to log off/out')
  - Navegar por la red ('to surf the Net')
  - Buscar ('to search')
  - Bajarse un archivo ('to download a file')
  - Subir un archivo ('to upload a life')
- CORREO ELECTRÓNICO ('EMAIL')
  - Mandar un correo ('to send an email')
  - Recibir un correo ('to receive an email')
  - Leer los correos ('to read *one's* emails')
  - Responder a un correo ('to reply to an email')
  - Borrar un correo ('to delete / erase an email')
- SÍMBOLOS ('SYMBOLS')
  - Arroba @ ('at')
  - Barra / ('slash/oblique')
  - Punto . ('dot')
  - Guión bajo _ ('underscore / low dash')
  - Guión - ('dash')
  - Asterisco * ('asterisk')
  - Almohadilla # ('hash')

don't like being interrupted when I'm speaking; ⇒to cut off ⇒to break in **2** *(un viaje)* ⇒to break

interrupción *s.f.* **1** ⇒interruption **2** *(descanso)* ⇒break **3** *(de un servicio, de la luz)* ⇒cutoff ⇒failure

interruptor *s.m.* ⇒switch (*pl* switches): *el interruptor de la luz* - the light switch

interurbano, na *adj.* *(llamada telefónica)* ⇒long-distance: *una llamada interurbana* - a long-distance phone call

intervalo *s.m.* **1** ⇒interval ⇒gap **2** *(en el teatro, en un deporte)* ⇒intermission

intervención *s.f.* **1** *(en un conflicto)* ⇒intervention **2** *(en un debate)* ⇒contribution **3** *(médica)* ⇒operation

intervenir *v.* **1** *(participar)* ⇒to participate [CONSTR. to participate in sth]; ⇒to take part [CONSTR. to take part in sth] **2** *(en un conflicto)* ⇒to intervene [CONSTR. to intervene + to do sth] **3** *(en un debate)* ⇒to contribute **4** *(operar a un paciente)* ⇒to operate [CONSTR. to operate on sb]

intestino *s.m.* ⇒intestine

intimidad *s.f.* **1** ⇒privacy ⇒intimacy **2** *(vida privada)* ⇒private life

intimidar *v.* ⇒to intimidate ⇒to bully [CONSTR. to bully into + doing sth]: *No voy a dejar que me intimides* - I'm not going to let you bully me

íntimo, ma *adj.* **1** *(amistad)* ⇒intimate *form;* ⇒close: *un amigo íntimo* - a close friend **2** *(privado, personal)* ⇒private ⇒personal ⇒intimate: *una conversación íntima* - an intimate conversation

intolerante *adj.* ⇒prejudiced ⇒intolerant

intoxicación *s.f.* ⇒poisoning

intranquilo, la *adj.* ⇒restless ⇒worried

intrascendente *adj.* ⇒unimportant

intriga *s.f.* **1** *(conspiración)* ⇒intrigue **2** *(misterio)* ⇒mystery: *una película de intriga* - a mystery thriller

intrigar *v.* **1** *(conspirar)* ⇒to plot [CONSTR. to plot + to do sth]; ⇒to scheme: *Intrigaron con las potencias extranjeras hasta derrocar al presidente* - They schemed with foreign powers until they had ousted the president **2** *(producir curiosidad)* ⇒to intrigue: *Tu extraño comportamiento de estos últimos días me intriga* - Your strange behaviour during the past few days intrigues me

introducción *s.f.* **1** *(de una cosa en otra)* ⇒insertion **2** *(prólogo)* ⇒introduction

introducir *v.* **1** *(meter)* ⇒to put in ⇒to insert *form: Introduzca las monedas* - Insert the coins; ⇒to enter **2** *(hacer que se conozca algo)* ⇒to introduce: *Introdujeron un nuevo producto en el mercado* - They introduced a new product into the market **3** *(datos en un ordenador)* ⇒to feed

intromisión *s.f.* ⇒interference

introvertido, da ▌*adj.* **1** ⇒introverted ▌*s.* **2** ⇒introvert

intruso, sa ▌*adj.* **1** ⇒intrusive ▌*s.* **2** ⇒intruder: *Me sentí como un intruso cuando visité su casa* - I feel like an intruder when I visit their home

intuición *s.f.* ⇒intuition ⇒feeling

intuir *v.* ⇒to sense [CONSTR. 1. to sense + (that) 2. to sense + interrogativo]; ⇒to intuit

inundación *s.f.* ⇒flood

inundar *v.* **1** ⇒to flood **2** *(llenar por completo)* ⇒to inundate [CONSTR. to inundate by/with sth]: *Inundaron el mercado de zapatos baratos* - They inundated the market with cheap shoes

inusual *adj.* ⇒unusual

inútil ▌*adj.* **1** *(imposible de usar)* ⇒useless **2** *(innecesario)* ⇒pointless **3** *(sin valor, sin utilidad)* ⇒worthless **4** *(imposible)* ⇒hopeless **5** *(que no sirve)* ⇒fruitless ▌*s.com.* **6** *desp. ¡Eres un inútil!* - You're useless! / You're hopeless!

invadir *v.* ⇒to invade ⇒to overrun

inválido, da ▌*adj.* **1** ⇒disabled **2** *(un documento)* ⇒invalid *old-fash;* ⇒null and void ▌*s.* **3** *desp.* ⇒disabled person ⇒invalid **4** *(plural genérico): los inválidos* - the disabled

invasión *s.f.* ⇒invasion

invasor, -a ▌*adj.* **1** ⇒invading ▌*s.* **2** ⇒invader

invencible *adj.* ⇒invincible

invención *s.f.* ⇒invention

inventar ▌*v.* **1** ⇒to invent **2** *(una excusa)* ⇒to manufacture ⇒to concoct ▌**inventarse** *prnl.* **3** ⇒to make up: *Se inventó un montón de historias* - He made up loads of stories

invento *s.m.* ⇒invention

inventor, -a *s.* ⇒inventor

invernadero *s.m.* ⇒greenhouse: *efecto invernadero* - greenhouse effect

invernal *adj.* **1** *(de invierno)* ⇒wintry: *un paisaje invernal* - a wintry landscape **2** *(el frío)* ⇒bitter **3** *Hace un frío invernal* - It's bitterly cold

inversión *s.f.* **1** ⇒inversion *form* **2** *(de dinero)* ⇒investment

inverso, sa *adj.* **1** *(sentido, dirección)* ⇒contrary **2** *a la inversa* - the other way round

invertebrado, da ▌*adj.* **1** ⇒invertebrate ▌**invertebrado** *s.m.* **2** ⇒invertebrate

invertir *v.* **1** *(una dirección)* ⇒to reverse **2** *(el orden)* ⇒to invert *form* **3** *(dinero)* ⇒to invest [CONSTR. to invest in sth]

investigación *s.f.* **1** ⇒investigation ⇒inquiry (*pl* inquiries) **2** *(académica)* ⇒research [U]: *una investigación sobre el cáncer* - research on cancer

investigador, -a *s.* **1** ⇒researcher **2** *investigador privado* - private detective
investigar *v.* ⇒to investigate [CONSTR. to investigate + interrogativo]
invierno *s.m.* ⇒winter
invisible *adj.* ⇒invisible
invitación *s.f.* ⇒invitation
invitado, da *s.* ⇒guest
invitar *v.* ⇒to invite [CONSTR. to invite + to do sth]; ⇒to ask to: *Nos invitaron a cenar* - They asked us to dinner; ⇒to buy [CONSTR. to buy + dos objetos]
involuntario, ria *adj.* ⇒involuntary
inyección *s.f.* ⇒injection [CONSTR. to give sb an injection]
inyectar *v.* ⇒to inject [CONSTR. to inject sb with sth]: *Una enfermera me inyectó un antibiótico* - A nurse injected me with an antibiotic
ir ▌ *v.* **1** ⇒to go: *Voy al cine todos los miércoles* - I go to the cinema every Wednesday; *Ve tú primero y nosotros te seguimos* - You go first and we'll follow **2** *(transcurrir)* ⇒to go: *Me ha ido mal en el examen* - My exam didn't go well **3** *(indicando futuro)* ⇒to be going to: *¿Cuándo vas a darme el libro?* - When are you going to give me the book? **4** *Voy mejorando* - I'm improving **5** *(combinar)* ⇒to go with: *¿Va bien esta bufanda con este jersey?* - Does this scarf go with my pullover? **6** *(disfrazarse): En la fiesta de disfraces fuimos de policías* - We went dressed as policemen to the fancy dress party **7** *(con un libro, un trabajo): Voy por la página 20* - I'm up to page 20 **8** **~ a buscar** *(recoger)* ⇒to fetch: *Fui a buscar a Scott al colegio* - I fetched Scott from school; ⇒to pick up **9** **~ a dar** *(desembocar)* ⇒to lead: *Esta calle va a dar a una plaza* - This street leads to a square **10** **~ a lo suyo** ⇒to go *one's* own way: *Bruce va a lo suyo* - Bruce goes his own way **11** **ir (a) por alguien** ⇒to go for *sb* **12** **ir (a) por todas** *col.* ⇒to go for broke *inform* **13** **ni me va ni me viene** *col.* ⇒that's nothing to do with me ⇒I don't care **14** **que te vaya bien** ⇒all the best **15** **¡qué va!** *col.* ⇒no way! ⇒not at all! **16** **¡vamos!** ⇒come on! **17** **vamos a ver** ⇒let's see **18** **¡vaya!** ⇒good heavens! **19** **vayamos** ⇒let's go **20** **¡vaya por Dios!** ⇒oh dear! **21** **¡ya voy!** ⇒coming! **22** ▌ **irse** *prnl. (marcharse)* ⇒to leave ⇒to go away ⇒to go **23** *(la luz, un dolor)* ⇒to go **24** *(el gas, un líquido)* ⇒to leak out **25** **¡vete!** ⇒go away!
Irán *s.m.* ⇒Iran
iraní *adj./s.com.* ⇒Iranian
Iraq *s.m.* ⇒Iraq
iraquí *adj./s.com.* ⇒Iraqi
Irlanda *s.f.* ⇒Ireland
irlandés, -a ▌ *adj.* **1** ⇒Irish ▌ *s.* **2** *(hombre)* ⇒Irishman (*pl* Irishmen) **3** *(mujer)* ⇒Irishwoman (*pl* Irishwomen) **4** *(plural genérico): los irlandeses* - the Irish ▌ **irlandés** *s.m.* **5** *(idioma)* ⇒Irish
ironía *s.f.* ⇒irony
irónico, ca *adj.* ⇒ironic ⇒ironical
irracional *adj.* ⇒irrational
irreal *adj.* ⇒unreal
irreconocible *adj.* ⇒unrecognizable
irregular *adj.* **1** *(desigual en la forma)* ⇒irregular ⇒uneven: *La carretera era irregular* - The road was uneven **2** *(desigual en el desarrollo)* ⇒fitful ⇒erratic **3** *(un verbo)* ⇒irregular
irremediable *adj.* ⇒irremediable
irresistible *adj.* ⇒irresistible
irresponsable *adj./s.com.* ⇒irresponsible *adj*
irrigar *v.* ⇒to irrigate: *irrigar un terreno* - to irrigate a piece of land
irritación *s.f.* **1** *(enfado)* ⇒irritation **2** *(escozor)* ⇒irritation
irritado, da *adj.* **1** *(enfadado)* ⇒irritated ⇒annoyed: *Estaba verdaderamente irritado por su comportamiento* - He was really annoyed by his behaviour **2** *(dolorido)* ⇒sore ⇒itchy
irritar *v.* **1** *(enfadar, molestar)* ⇒to irritate ⇒to annoy **2** *(escocer, picar)* ⇒to irritate
irrompible *adj.* ⇒unbreakable
isla *s.f.* **1** ⇒island: *una isla desierta* - a desert island **2** *(cuando se cita el nombre)* ⇒isle: *Nací en la isla de Wight* - I was born on the Isle of Wight
islam *s.m. (religión)* ⇒Islam
islámico, ca *adj.* ⇒Islamic
islamismo *s.m. (religión)* ⇒Islam
islandés, -a ▌ *adj.* **1** ⇒Icelandic ▌ *s.* **2** ⇒Icelander ▌ **islandés** *s.m.* **3** *(idioma)* ⇒Icelandic
Islandia *s.f.* ⇒Iceland
Israel *s.m.* ⇒Israel
israelí *adj./s.com.* ⇒Israeli
Italia *s.f.* ⇒Italy
italiano, na ▌ *adj./s.* **1** ⇒Italian ▌ **italiano** *s.m.* **2** *(idioma)* ⇒Italian
itinerario *s.m.* ⇒route ⇒itinerary (*pl* itineraries)
izar *v.* ⇒to put up ⇒to hoist
izquierda *s.f.* **1** ⇒left: *a la izquierda* - on the left; *Gire a la izquierda* - Turn left **2** **de izquierdas** ⇒left-wing: *un político de izquierdas* - a left-wing politician
izquierdo, da *adj.* ⇒left: *al lado izquierdo* - on the left hand side

J

j *s.f. (letra del alfabeto)* ⇒j
jabalí *s.m.* ⇒wild boar
jabalina *s.f. (en deporte)* ⇒javelin: *lanzamiento de jabalina* - javelin throwing
jabón *s.m.* ⇒soap: *una pastilla de jabón* - a bar of soap
jabonera *s.f.* ⇒soap dish (*pl* soap dishes)
jadear *v.* ⇒to pant ⇒to puff ⇒to gasp: *Jadeaba después de la carrera* - I was gasping after the run
jaleo *s.m.* **1** *col. (ruido)* ⇒row *UK*: *¡Deja de armar tanto jaleo!* - Stop making such a row!; ⇒rumpus *inform;* ⇒racket *inform;* ⇒hubbub **2** *col. (desorden, confusión)* ⇒mess: *¡Qué jaleo tienes en tu mesa!* - What a mess you've got on your table!; ⇒confusion
jamás *adv.* ⇒never [CONSTR. Se usa con oraciones afirmativas. Se sitúa detrás de los verbos auxiliares y modales: *I've never been to China - Nunca he estado en China*; y delante de los demás verbos: *I never take the car to go to work - Nunca cojo el coche para ir al trabajo*]
jamón *s.m.* **1** ⇒ham **2 ~ de york** ⇒cooked ham **3 ~ serrano** ⇒cured ham
Japón *s.m.* ⇒Japan
japonés, -a ▌*adj./s.* **1** ⇒Japanese ▌**japonés** *s.m.* **2** *(idioma)* ⇒Japanese
jaqueca *s.f.* ⇒migraine
jarabe *s.m.* ⇒syrup: *jarabe para la tos* - cough syrup
jardín *s.m.* **1** ⇒garden [Se usa más en plural cuando se refiere a los jardines públicos]: *Los jardines de Kensington* - Kensington Gardens **2** *(de una casa)* ⇒garden *UK;* ⇒yard *US* **3** *(en la parte de atrás de una casa)* ⇒backyard *US* **4 ~ de infancia** ⇒nursery school ⇒kindergarten
jardinera *s.f.* ⇒window box (*pl* window boxes)
jardinería *s.f.* ⇒gardening
jardinero, ra *s.* ⇒gardener
jarra *s.f.* **1** *(para contener un líquido)* ⇒jug *UK* [Hay dos formas de decir *una jarra de agua*: *a jug of water* (si está llena) y *a water jug* (si está vacía)]; ⇒pitcher *US* **2** *(de cristal, para beber cerveza)* ⇒beer mug **3** *(de metal, para beber cerveza)* ⇒tankard
jarro *s.m.* ⇒jug *UK* [Hay dos formas de decir *un jarro de agua*: *a jug of water* (si está lleno) y *a water jug* (si está vacío)]; ⇒pitcher *US*
jarrón *s.m.* ⇒vase
jaula *s.f.* ⇒cage
jauría *s.f.* ⇒pack: *una jauría de sabuesos* - a pack of hounds
jazmín *s.m.* ⇒jasmine
jazz *s.m.* ⇒jazz
jefatura *s.f.* **1** *(categoría de jefe)* ⇒leadership **2** *(oficina)* ⇒headquarters *pl*
jefe, fa *s.* **1** *(de una persona)* ⇒boss (*pl* bosses) **2** *(de un departamento)* ⇒head: *jefe de ventas* - head of sales **3** *(de un grupo)* ⇒leader **4** *(de una tribu)* ⇒chief ⇒chieftain **5** *(de Estado)* ⇒head of State **6** *(de estudios)* ⇒head of studies **7** *(de una tienda, de un restaurante)* ⇒manager (hombre) ⇒manageress (mujer) (*pl* manageresses)
jeringa *s.f.* ⇒syringe
jeringuilla *s.f.* ⇒syringe ⇒hypodermic
jeroglífico, ca ▌*adj.* **1** ⇒hieroglyphic ▌**jeroglífico** *s.m.* **2** *(símbolo)* ⇒hieroglyph ⇒hieroglyphics **3** *(juego)* ⇒rebus **4** *(cosa difícil de entender)*: *Estas instrucciones son un jeroglífico* - I can't make sense of these instructions
jersey *s.m.* **1** ⇒jersey: *Mi abuela me ha tejido este jersey* - My grandmother has knitted me this jersey; ⇒jumper *UK;* ⇒pullover ⇒sweater **2** *(de cuello alto)* ⇒polo neck *UK;* ⇒turtleneck *US*
jeta *s.f.* **1** *(cara)* ⇒face **2** *(caradura)* ⇒nerve ⇒cheek *UK*: *¡Qué jeta tienes!* - You've got a cheek!
jinete *s.m.* ⇒rider ⇒horseman (*pl* horsemen)
jirafa *s.f.* ⇒giraffe
jitomate *s.m.* *AMÉR.* ⇒tomato (*pl* tomatoes)
jolgorio *s.m. col.* ⇒revelry *lit;* ⇒jamboree
jolín *interj.* ⇒goodness! ⇒gosh!

jornada *s.f.* **1** *(día)* ⇒day: *una jornada de cinco horas* - a five-hour day **2** *(de trabajo)* ⇒working day **3** *un trabajo de jornada completa* - a full-time job; *un trabajo de media jornada* - a part-time job

jornalero, ra *s.* ⇒day labourer *UK;* ⇒day laborer *US*

joroba *s.f.* ⇒hump

jorobar ▌*v.* **1** *col. (a una persona)* ⇒to get on *sb's* nerves *inform* **2** *(estropear)* ⇒to muck up: *El mal tiempo nos ha jorobado el día de playa* - The bad weather has mucked up our day in the beach ▌**jorobarse** *prnl.* **3** *(estropearse)* ⇒to be ruined **4** *(aguantarse)* ⇒to put up with

jota *s.f.* **1** *(naipe)* ⇒jack ⇒knave **2 ni ~** *col.* ⇒a thing *inform: no entender ni jota* - not to understand a thing; ⇒a clue *inform: no entender ni jota* - not to have a clue

joven ▌*adj.* **1** *(de edad)* ⇒young **2** *Mi marido es dos años más joven que yo* - My husband is two years my junior **3** *(de espíritu)* ⇒youthful ▌*s.com.* **4** *(hombre)* ⇒young man (*pl* young men); ⇒youth *offens* **5** *(mujer)* ⇒young woman (*pl* young women) **6** *(adolescente)* ⇒teenager ⇒youngster **7** *(plural genérico): los jóvenes* - the young people

jovial *adj.* ⇒jolly ⇒cheerful ⇒jovial: *Parecía un tío muy jovial* - He seemed a very jovial chap; ⇒bouncy

joya ▌*s.f.* **1** *(objeto)* ⇒jewel ⇒a piece of jewellery *UK;* ⇒gem **2** *(persona u objeto de gran valor)* ⇒jewel: *¡Eres una joya!* - You're a jewel!; ⇒gem ⇒pearl ▌**joyas** *pl.* **3** ⇒jewels ⇒jewellery *UK* [U] [Se dice *some jewellery* o *a piece of jewellery*. Incorrecto: *a jewellery*]; ⇒jewelry *US* [U]; ⇒gems

joyería *s.f.* ⇒jeweller's *UK* (*pl* jewellers'); ⇒jewellery shop *UK;* ⇒jewelry store *US*

joyero, ra ▌*s.* **1** *(persona)* ⇒jeweller *UK;* ⇒jeweler *US* ▌**joyero** *s.m.* **2** *(objeto)* ⇒jewellery box

jubilación *s.f.* **1** ⇒retirement: *jubilación anticipada* - early retirement **2** *(pensión, paga)* ⇒pension: *una jubilación muy baja* - a very low pension

jubilado, da ▌*adj.* **1** ⇒retired ▌*s.* **2** ⇒pensioner *UK;* ⇒retiree *US*

jubilar ▌*v.* **1** *(a una persona)* ⇒to pension off *UK: Jubilaron a dos empleados de la empresa* - Two employees of the company were pensioned off **2** *col. (un objeto)* ⇒to discard *UK* ▌**jubilarse** *prnl.* **3** ⇒to retire: *Me jubilé a los sesenta y cinco años* - I retired when I was sixty five

judaísmo *s.m.* ⇒Judaism

judía *s.f.* **1** ⇒bean **2 ~ verde** ⇒green bean ⇒French bean *UK* **3 ~ blanca** ⇒haricot bean

judicial *adj.* ⇒judicial: *el sistema judicial* - the judicial system

judío, a ▌*adj.* **1** ⇒Jewish ▌*s.* **2** ⇒Jew **3** *(plural genérico): los judíos* - the Jews

judo *s.m.* ⇒judo

juego *s.m.* **1** ⇒game: *juego de azar* - game of chance **2** *(en el que se apuesta)* ⇒gambling [U] **3** *(de cosas que van juntas)* ⇒kit: *un juego de herramientas* - a tool kit; ⇒set **4** *(efecto)* ⇒play [U]: *el juego de las luces sobre el agua* - the play of light on the water **5 a ~** ⇒matching: *llevar los zapatos a juego* - to wear matching shoes **6 en ~** ⇒at stake: *Está en juego nuestra relación* - Our relationship is at stake **7 fuera de ~** *(en deporte)* ⇒offside *UK* **8 hacer ~** *(combinar)* ⇒to go with ⇒to match **9 hacer juegos malabares** ⇒to juggle **10 ~ del ahorcado** ⇒hangman (*pl* hangmen) **11 ~ de manos** ⇒conjuring trick **12 ~ de mesa** ⇒board game **13 ~ de niños** ⇒child's play **14 ~ de ordenador** ⇒computer game **15 ~ de palabras** ⇒play on words ⇒pun **16 ~ de rol** ⇒role-play ⇒role-playing game **17 ~ limpio** ⇒fair play **18 Juegos Olímpicos** ⇒Olympic Games ⇒Olympics **19 ~ sucio** ⇒foul play

juerga *s.f.* **1** ⇒fling *inform* **2** *estar de juerga* - to be out on the town; *ir de juerga* - to go out partying

jueves *s.m.* ⇒Thursday

juez *s.* **1** ⇒judge **2 ~ de instrucción** ⇒examining magistrate **3 ~ de línea** ⇒linesman (*pl* linesmen) **4 ~ de paz** ⇒justice of the Peace

jugada *s.f.* **1** *(en deporte)* ⇒move ⇒play *US: una jugada* - a piece of play **2** *(en ajedrez)* ⇒move **3** *(faena)* ⇒dirty trick: *hacerle una mala jugada a alguien* - to play a dirty trick on sb **4 ~ ensayada** *(en deportes)* ⇒set-piece

jugador, -a *s.* **1** *(en un juego, en un deporte)* ⇒player **2** *(que apuesta dinero)* ⇒gambler **3** *(en cricket)* ⇒cricketer **4** *(en fútbol)* ⇒footballer *UK* **5** *(en naipes, jugador que reparte)* ⇒dealer

jugar ▌*v.* **1** ⇒to play: *jugar a las cartas* - to play cards **2** *(en un deporte)* ⇒to play: *Me gusta jugar al fútbol* - I like playing football **3** *(apostando dinero)* ⇒to gamble [CONSTR. to gamble on sth]: *Solía jugar en las carreras* - He used to gamble on the races **4 ~ con** *(burlarse, tomar a broma)* ⇒to trifle with *sth/sb form, old-fash* **5 ~ limpio** ⇒to play fair **6 ~ sucio** ⇒to play dirty ▌**jugarse** *prnl.* **7** *(apostarse)* ⇒to bet **8** *(arriesgar)* ⇒to risk

jugarreta *s.f. col.* ⇒dirty trick: *hacer una jugarreta a alguien* - to play a dirty trick on sb

jugo *s.m.* **1** *(salsa)* ⇒gravy (*pl* gravies): *Me encanta el jugo del asado* - I love the gravy of the roast beef **2** *AMÉR. (de una fruta)* ⇒juice ⇒fruit juice **3 sacar ~ a algo** ⇒to get the most out of *sth*

jugoso, sa *adj.* **1** *(un alimento)* ⇒juicy **2** *(la carne)* ⇒succulent **3** *(un tema)* ⇒substantial: *un asunto jugoso* - a substantial topic; ⇒meaty **4** *(una oportunidad)* ⇒tempting

juguete *s.m.* **1** ⇒toy **2** *(una persona o un objeto)* ⇒plaything ⇒toy

juguetería *s.f.* ⇒toy shop

juguetón, -a *adj.* ⇒playful ⇒frisky *inform*

juicio *s.m.* **1** *(sensatez)* ⇒sense ⇒good sense **2** *perder el juicio* - to lose one's reason **3** *(opinión)* ⇒judgment ⇒estimation ⇒opinion: *emitir un juicio* - to give an opinion **4** *(en un tribunal)* ⇒trial ⇒proceedings *form* **5** *ir a juicio* - to go to court **6** *llevar a alguien a juicio* - to take sb to court

juicioso, sa *adj.* ⇒sensible ⇒judicious: *Parecía una persona juiciosa* - She seemed to be a judicious person

J

julio *s.m.* ⇒July

jungla *s.f.* ⇒jungle

junio *s.m.* ⇒June

junta *s.f.* **1** *(zona de unión)* ⇒joint *UK;* ⇒gasket **2** *(reunión)* ⇒assembly ⇒meeting **3 ~ anual** ⇒annual general meeting *UK;* ⇒annual meeting *US* **4 ~ directiva** ⇒board

juntar ❚ *v.* **1** ⇒to join ⇒to put together: *Intenta juntar las dos piezas* - Try to put the two pieces together **2** *juntar dinero* - to raise money **3** *(formando un grupo, un conjunto)* ⇒to lump together: *Todos los niños se juntan en una clase* - All the children are lumped together in one class; ⇒to round up ❚ **juntarse** *prnl.* **4** ⇒to meet ⇒to hang out *inform;* ⇒to get together **5** *(un grupo grande)* ⇒to mass *form*

junto, ta *adj.* **1** ⇒together ⇒close together: *Separa las sillas, están demasiado juntas* - Separate the chairs, they are too close together **2 junto a 1** *(cerca)* ⇒beside ⇒by: *El restaurante está junto al río* - The restaurant is by the river; ⇒next to: *La silla está junto al sofá* - The chair is next to the sofa **2** *(en compañía)* ⇒with ⇒together with **3 junto con** ⇒together with ⇒alongside ⇒along with: *Fui de acampada junto con tres amigos* - I went camping along with three friends

jurado, da ❚ *adj.* **1** ⇒qualified **2** *intérprete jurado* - sworn translator ❚ **jurado** *s.m.* **3** *(de un juicio)* ⇒jury (*pl* juries); ⇒panel

juramento *s.m.* **1** *(promesa)* ⇒oath: *prestar juramento* - to take the oath; ⇒vow **2** *(palabra ofensiva)* ⇒swearword ⇒expletive *US form* **3 estar bajo ~** ⇒to be {on/under} oath

jurar *v.* ⇒to swear [CONSTR. 1. to swear + (that) 2. to swear + to do sth]: *Te lo juro* - I swear to you; ⇒to vow [CONSTR. 1. to vow + (that) 2. to vow + to do sth]

jurídico, ca *adj.* ⇒legal

justicia *s.f.* **1** *(aplicación de la ley)* ⇒justice ⇒law **2** *(actitud)* ⇒fairness ⇒justice

justificar *v.* ⇒to justify [CONSTR. to justify + doing sth]: *¿Cómo se puede justificar el que te hayas gastado tanto dinero?* - How can you justify spending so much money?; ⇒to explain ⇒to account for: *Tendrá que justificar su comportamiento* - He will have to account for his behaviour

justo, ta ❚ *adj.* **1** ⇒fair: *un precio justo* - a fair price; ⇒just ⇒clean ⇒legitimate **2** *(preciso, exacto)* ⇒exact **3** *(ajustado, apretado)* ⇒tight **4** *(suficiente)* ⇒just enough: *Tengo el dinero justo* - I have just enough money ❚ **justo** *adv.* **5** *(en el preciso lugar)* ⇒right: *Estás justo en medio* - You're right in the middle; ⇒full **6** *(en el preciso momento)* ⇒just: *Llegas justo a tiempo* - You have arrived just in time **7** *(exactamente)* ⇒just: *Esto es justo lo que yo quise siempre* - This is just what I always wanted; ⇒exactly

juvenil ❚ *adj.* **1** ⇒youthful ⇒juvenile: *ropa juvenil* - juvenile clothes; ⇒boyish **2** *(aspecto, apariencia)* ⇒young-looking **3** *(en deporte)* ⇒junior ❚ **juveniles** *s.m.pl.* **4** ⇒youth team

juventud *s.f.* **1** *(período)* ⇒youth *form* **2** *(conjunto de jóvenes)* ⇒young people ⇒youth

juzgado *s.m.* ⇒court

juzgar *v.* **1** *(creer, considerar)* ⇒to judge **2** *(en un tribunal)* ⇒to think ⇒to consider

k *s.f. (letra del alfabeto)* ⇒k
karaoke *s.m.* ⇒karaoke
katiuska *s.f.* ⇒wellington boots *UK pl;* ⇒wellingtons *UK pl;* ⇒wellies *UK inform pl;* ⇒rubber boots *US*
Kenia *s.f.* ⇒Kenya
keniano, na *adj. / s.* Véase **keniata**
keniata *adj. / s.com.* ⇒Kenyan
ketchup *s.m.* ⇒ketchup
kilo *s.m.* ⇒kilo
kilogramo *s.m.* ⇒kilogram ⇒kilogramme *UK*
kilómetro *s.m.* ⇒kilometre *UK;* ⇒kilometer *US*
kiosco *s.m.* **1** ⇒kiosk **2** *(de periódicos)* ⇒news-stand
kiwi *s.m.* **1** *(ave)* ⇒kiwi **2** *(fruta)* ⇒kiwi (fruit)
koala *s.m.* ⇒koala ⇒koala bear

l *s.f. (letra del alfabeto)* ⇒l

la ▌*art.determ.* **1** ⇒the: *la habitación de al lado* - the next room ▌*pron.pers.* **2** *(a ella)* ⇒her: *Estoy buscando a Julie porque la necesito* - I'm looking for Julie because I need her **3** *(a usted)* ⇒you: *¿Quiere que la ayude?* - Do you want me to help you? **4** *(referido a una cosa o a un animal)* ⇒it: *¿Me la das?* - Give it to me ▌*s.m.* **5** *(nota musical)* ⇒A

laberinto *s.m.* **1** *(lugar)* ⇒labyrinth ⇒maze: *Los arbustos habían formado un laberinto en el jardín* - The bushes had created a maze in the garden **2** *(situación complicada)* ⇒maze ⇒morass (*pl* morasses)

labio *s.m.* ⇒lip

labor *s.f.* **1** *(trabajo)* ⇒work [U] [Se dice *some work, a piece of work* o *a job*. Incorrecto: *a work*] **2** *(de costura)* ⇒sewing [U]; ⇒needlework [U] **3** *(de punto)* ⇒knitting [U] [Se dice *some knitting* o *a piece of knitting*. Incorrecto: *a knitting*]

laborable ▌*adj.* **1** ⇒working ▌*s.m.* **2** *(día laborable)* ⇒working day ⇒weekday

laboratorio *s.m.* ⇒laboratory (*pl* laboratories); ⇒lab

labrador, -a *s.* **1** *(propietario)* ⇒small farmer **2** *(jornalero)* ⇒farm worker

labrar *v.* **1** *(la tierra)* ⇒to farm ⇒to work **2** *(la piedra, la madera)* ⇒to carve

laburar *v. AMÉR. col.* ⇒to work

laburo *s.m.* **1** *AMÉR. col.* ⇒work [U] [Se dice *some work, a piece of work* o *a job*. Incorrecto: *a work*]: *estar sin laburo* - to be out of work **2** *AMÉR. col. (empleo)* ⇒job: *un laburo fijo* - a permanent job

laca *s.f.* **1** *(del pelo)* ⇒hairspray **2** *(barniz)* ⇒lacquer

lacio, cia *adj.* **1** *(el pelo)* ⇒straight ⇒lank **2** *(una planta)* ⇒withered

lacrimógeno, na *adj.* **1** ⇒tearful ⇒lachrymose **2** *gas lacrimógeno* - tear gas

ladera *s.f.* **1** *(de una colina, de un cerro)* ⇒hillside **2** *(de una montaña)* ⇒mountainside

lado *s.m.* **1** ⇒side: *Quédate a mi lado* - Stay by my side **2** *(lugar)* ⇒place: *¿Vamos a otro lado?* - Shall we go to another place? **3** *(camino)* ⇒way: *Fuimos por otro lado* - We went a different way **4 al ~ de** ⇒beside ⇒next to **5 al otro ~** ⇒on the other side ⇒across ⇒over: *al otro lado del río* - over the river **6 a un ~** ⇒to one side ⇒aside: *Déjelo a un lado* - Leave it aside **7 de al ~** ⇒next door **8 de ~** ⇒sideways: *ponerse de lado* - to turn sideways; ⇒edgeways *UK;* ⇒edgewise *US* **9 de un ~ a otro** ⇒from side to side ⇒to and fro **10 hacia un ~** ⇒sideways **11 por todos lados** ⇒on all sides ⇒all around **12 por un lado... por otro...** ⇒on the one hand... on the other hand...: *Por un lado es caro, por otro me durará años* - On the one hand it's expensive, but on the other hand it will last for years **13 uno al ~ de otro** ⇒side by side

ladrar *v.* ⇒to bark [CONSTR. to bark at sth/sb]: *El perro ladraba a los coches que pasaban* - The dog barked at the passing cars

ladrido *s.m.* ⇒bark

ladrillo *s.m.* ⇒brick

ladrón, -a ▌*s.* **1** *(de guante blanco)* ⇒thief (*pl* thieves) **2** *(de un banco)* ⇒robber **3** *(de una casa)* ⇒burglar **4** *(de una tienda)* ⇒shoplifter **5** *(de ganado)* ⇒rustler ▌**ladrón** *s.m.* **6** *col. (enchufe)* ⇒adaptor ⇒adapter

lagartija *s.f.* ⇒small lizard

lagarto *s.m.* ⇒lizard

lago *s.m.* ⇒lake

lágrima *s.f.* **1** ⇒tear **2** *(cantidad)* ⇒drop: *una lágrima de aceite* - a drop of oil **3 llorar a ~ viva** *col.* ⇒to weep bitterly ⇒to cry *one's* eyes out *inform*

laguna *s.f.* **1** *(lago pequeño)* ⇒small lake ⇒pool **2** *(desconocimiento)* ⇒gap: *Tengo algunas lagunas* - I've got a few gaps **3** *(de la memoria)* ⇒memory lapse

lamentable *adj.* ⇒deplorable: *un comportamiento lamentable* - a deplorable behaviour; ⇒lamentable *form*

lamentar ▮ *v.* **1** ⇒to regret *form* [CONSTR. 1. to regret + (that) 2. to regret + doing sth]: *Lamento haber llegado tarde* - I regret having been late; ⇒to be sorry: *Lamento mucho la muerte de tu abuelo* - I'm very sorry to hear about your grandfather's death; ⇒to bewail *form* ▮ **lamentarse** *prnl.* **2** ⇒to complain: *No sirve de nada lamentarse si no haces nada por solucionar el problema* - It's no use complaining if you don't do anything to try and sort the problem out; ⇒to deplore *form*

lamer *v.* ⇒to lick: *Odio cuando los perros me lamen* - I hate when dogs lick me

lámina *s.f.* **1** *(de un libro)* ⇒illustration **2** *(placa)* ⇒plate: *Está compuesto por láminas de metal* - It is composed of steel plates; ⇒steel **3** *(grabado)* ⇒engraving

lámpara *s.f.* ⇒lamp: *lámpara de pie* - standard lamp

lana *s.f.* **1** ⇒wool **2 de ~** ⇒woollen *UK;* ⇒woolen *US;* ⇒woolly *UK;* ⇒wooly *US*

lancha *s.f.* **1** ⇒launch (*pl* launches) **2** *lancha motora* - powerboat

langosta *s.f.* **1** *(crustáceo)* ⇒lobster **2** *(insecto)* ⇒locust: *Una plaga de langostas está destruyendo las cosechas* - A locust plague is destroying the crops

langostino *s.m.* ⇒king prawn

lanza *s.f.* **1** ⇒spear **2** *(de un jinete)* ⇒lance

lanzado, da *adj.* **1** *col. (confiado, seguro)* ⇒confident **2** *col. (muy rápido)* ⇒very fast

lanzamiento *s.m.* **1** *(de objetos)* ⇒throw: *Está prohibido el lanzamiento de objetos al campo* - The throw of objects to the field is forbidden **2** *(de un cohete)* ⇒blast-off ⇒launch (*pl* launches) **3** *(de un producto)* ⇒launch (*pl* launches): *Están preparando una fiesta para el lanzamiento del nuevo producto* - They are preparing a party for the launch of the new product **4** *(en béisbol)* ⇒pitch (*pl* pitches)

lanzar ▮ *v.* **1** *(un objeto)* ⇒to throw **2** *(una pelota)* ⇒to throw ⇒to chuck *inform* **3** *(un cohete)* ⇒to launch **4** *(un producto)* ⇒to launch ▮ **lanzarse** *prnl.* **5** ⇒to charge ⇒to rush ⇒to throw oneself: *lanzarse a hacer algo* - to throw oneself into doing sth

lapicero *s.m.* ⇒pencil

lápida *s.f. (de una sepultura)* ⇒tombstone ⇒gravestone

lápiz *s.m.* **1** ⇒pencil: *a lápiz* - in pencil **2** *(de colores)* ⇒crayon **3 ~ pasta** *AMÉR.* ⇒biro® ⇒ballpoint pen

largar ▮ *v.* **1** *col. (al hablar)* ⇒to come out with: *Aquel tipo me largó una sarta de insultos* - That guy came out with a string of insults **2** *largar un sermón* - to give a lecture **3** *col. (un golpe): largar una bofetada a alguien* - to slap sb's face **4** *col. (de un lugar)* ⇒to throw out: *Nos largaron del bar* - We were thrown out of the bar **5** *col. (de un trabajo)* ⇒to chuck out *inform: Lo largaron de la empresa* - He was chucked out of the company ▮ **largarse** *prnl.* **6** *col.* ⇒to clear off *inform: Me dijo enfurecido que me largara de allí* - He told me in a rage to clear off; ⇒to hightail *US inform*

largo, ga ▮ *adj.* **1** ⇒long: *un día muy largo* - a very long day **2** *(una redacción)* ⇒lengthy ⇒long **3 a la larga** ⇒eventually ▮ **largo** *s.m.* **4** ⇒length **5** *Esto tiene 15 metros de largo* - This is 15 metres long **6** *(en natación)* ⇒lap *US;* ⇒length *UK* **7 a lo largo de 1** *(en el espacio)* ⇒all through ⇒along: *a lo largo del río* - along the river **2** *(en el tiempo)* ⇒all through ⇒throughout: *a lo largo del año* - throughout the year; ⇒during **8 pasar de largo** ⇒to pass by

las ▮ *art.determ.* **1** ⇒the: *las casas del barrio* - the houses in the neighbourhood ▮ *pron.pers.* **2** *(a ellas)* ⇒them: *Las vi en el cine* - I saw them in the cinema **3** *(a ustedes)* ⇒you: *¿Quieren que las ayude?* - Do you want me to help you? **4** *(referido a cosas o a animales)* ⇒them: *¿Te gustan estas pulseras? Las compré ayer* - Do you like these bracelets? I bought them yesterday **5 ~ dos 1** *(nosotras)* ⇒both of us **2** *(vosotras)* ⇒both of you **3** *(ellas)* ⇒both of them

láser *s.m.* ⇒laser

lástima *s.f.* ⇒pity: *¡Qué lastima!* - What a pity!; ⇒shame: *Es una lástima que no puedas venir* - It's a shame you cant attend

lastimar *v.* ⇒to hurt: *lastimar a alguien* - to hurt sb; *El corredor se cayó y se lastimó* - The runner fell down and hurt himself

lata *s.f.* **1** *(de comida)* ⇒can ⇒tin *UK: una lata de sardinas* - a tin of sardines **2** *guisantes en lata* - tinned peas **3** *(de bebida)* ⇒can [Hay dos formas de decir *una lata de limonada*: *a can of lemonade* (si está llena) y *a lemonade can* (si está vacía)] **4** *col. (molestia)* ⇒drag *very inform: ¡Qué lata!* - What a drag!; ⇒pain **5 dar la ~ a alguien** ⇒to go on at *sb* ⇒to nag *sb*: *Deja de darme la lata* - Stop nagging me

lateral ▮ *adj.* **1** ⇒lateral **2** *puerta lateral* - side door ▮ *s.m.* **3** *(lado)* ⇒side: *en uno de los laterales de la casa* - on one of the sides of the house **4** *lateral derecho* - right back **5** *(jugador)* ⇒winger

latido *s.m.* **1** *(del corazón)* ⇒beat ⇒beating: *latido del corazón* - heat beating **2** *(en la sien, en una herida)* ⇒throb ⇒throbbing

latigazo *s.m.* **1** *(golpe)* ⇒lash (*pl* lashes) **2** *(restallido, chasquido)* ⇒crack
látigo *s.m.* ⇒whip
latín *s.m.* ⇒Latin
latino, na ▮ *adj.* **1** ⇒Latin ▮ *adj./s.* **2** *(un país)* ⇒Latin *adj*
latir *v. (el corazón)* ⇒to beat: *Mi corazón late muy deprisa* - My heart beats very fast
latitud *s.f.* ⇒latitude
latón *s.m.* ⇒brass
latoso, sa *adj./s.* ⇒pest *inform n: Tener que esperar cada día al autobús es muy latoso* - Having to wait every single day for the bus is a real pest; ⇒pain in the neck *inform n*
laurel *s.m.* **1** *(árbol)* ⇒laurel **2** *(especia)* ⇒bay leaf **3 dormirse en los laureles** *col.* ⇒to rest on *one's* laurels
lava *s.f.* ⇒lava
lavabo *s.m.* **1** *(pila)* ⇒washbasin *UK;* ⇒basin *UK;* ⇒sink *US* **2** *(cuarto de baño)* ⇒toilet *UK;* ⇒bathroom *US*
lavadero *s.m.* **1** *(pila)* ⇒sink **2** *(lugar)* ⇒washing place
lavado *s.m.* **1** *(hecho)* ⇒wash (*pl* washes): *un lavado de ropa oscura* - a dark wash **2** *lavado en seco* - dry-cleaning **3 ~ de cara** *col.* ⇒facelift **4 ~ de cerebro** ⇒brainwashing
lavadora *s.f.* ⇒washing machine
lavamanos *s.m. AMÉR. (lavabo)* ⇒washbasin *UK;* ⇒basin *UK;* ⇒sink *US*
lavandería *s.f.* **1** *(servicio)* ⇒laundry (*pl* laundries) **2** *(establecimiento)* ⇒launderette *UK;* ⇒laundrette *UK;* ⇒laundromat *US*
lavaplatos *s.m.* **1** ⇒dishwasher **2** *AMÉR.* ⇒sink
lavar *v.* **1** ⇒to wash *UK: lavar la ropa sucia* - to wash the dirty clothes; *lavarse la cara* - to wash one's face; ⇒to wash up *US* **2** *lavar con lejía* - to bleach **3** *lavar en seco* - to dry-clean **4** *lavar una herida* - to bathe **5** *lavar los platos* - to do the washing up
lavavajillas *s.m.* **1** *(electrodoméstico)* ⇒dishwasher **2** *(detergente)* ⇒washing-up liquid
laxante *adj./s.m.* ⇒laxative
lazo *s.m.* **1** *(tipo de nudo)* ⇒bow **2** *(vínculo)* ⇒link
le *pron.pers.* **1** *(a él)* ⇒him: *Le dieron un premio* - They gave him a prize **2** *(a ella)* ⇒her: *Le compramos un vestido* - We bought her a dress **3** *(a usted)* ⇒you: *Le agradezco mucho todo* - Thank you very much for everything **4** *(referido a una cosa o a un animal)* ⇒it: *Le puse gasolina* - I filled it with petrol
leal *adj.* ⇒loyal ⇒faithful ⇒constant
lealtad *s.f.* ⇒loyalty
lección *s.f.* **1** ⇒lesson **2 dar una ~** ⇒to teach a lesson: *Me dieron una lección de honradez* - They taught me a lesson in honesty **3 tomar la ~** ⇒to test *sb*
leche *s.f.* **1** ⇒milk **2** *café con leche* - white coffee; *chocolate con leche* - milk chocolate **3** *col. (golpe): Se van a dar una leche* - They are going to crash **4 ~ condensada** ⇒condensed milk **5 ~ desnatada** ⇒skimmed milk **6 tener mala ~** *col.* ⇒to be nasty ⇒to be vicious
lechería *s.f.* ⇒dairy (*pl* dairies)
lechero, ra ▮ *adj.* **1** ⇒dairy: *una vaca lechera* - a dairy cow ▮ *s.* **2** *(hombre)* ⇒milkman (*pl* milkmen) **3** *(mujer)* ⇒milkwoman (*pl* milkwomen)
lecho *s.m.* **1** ⇒bed **2** *lecho de muerte* - deathbed
lechuga *s.f.* ⇒lettuce
lechuza *s.f.* ⇒barn owl
lector, -a *s.* ⇒reader
lectura *s.f.* **1** ⇒reading: *una agradable hora de lectura* - a nice hour of reading **2** *sala de lectura* - reading room
leer *v.* **1** ⇒to read [CONSTR. 1. to read + (that) 2. to read + dos objetos]: *He leído que va a llover* - I've read it's going to rain; *Leyó un cuento a su hija* - She read a book to her daughter **2 ~ en voz alta** ⇒to read out ⇒to read aloud **3 ~ los labios** ⇒to lip-read
legal *adj.* **1** ⇒legal: *consejo legal* - legal advice; ⇒lawful *form* **2** *col. (una persona)* ⇒trustworthy
legalizar *v.* **1** ⇒to legalize ⇒to legalise *UK* **2** *(un documento)* ⇒to authenticate: *legalizar un contrato* - to authenticate a contract
legaña *s.f.* ⇒sleep *inform* [U]: *tener una legaña en el ojo* - to have a sleep in the eye
legible *adj.* ⇒legible
legislación *s.f.* **1** ⇒legislation [CONSTR. legislation + to do sth]: *una legislación para salvaguardar los derechos de las mujeres* - a legislation to protect women's rights **2** *la legislación española* - Spanish laws
legumbre *s.f.* ⇒pulses *pl: Deberíamos comer legumbres tres veces por semana* - We should eat pulses three times a week
lejano, na *adj.* ⇒distant ⇒far
lejía *s.f.* ⇒bleach
lejos *adv.* **1** *(en oraciones interrogativas y negativas)* ⇒far ⇒far away [También se puede usar en oraciones afirmativas, detrás de *too*, *so* y *as*. De hecho, con estas partículas solo se puede usar *far* o *far away*: *The station is too far away to walk - La estación está demasiado lejos para ir andando*] **2** *(en oraciones afirmativas)* ⇒a long way: *La estación está lejos de aquí* - It's a long way to the station from here **3 a lo ~** ⇒in the distance ⇒far-off

lema *s.m.* ⇒slogan: *Tenemos que encontrar un buen lema para la empresa* - We need to find a good slogan for the company

lengua *s.f.* **1** *(en la boca)* ⇒tongue *form: sacar la lengua* - to stick out one's tongue **2** *(idioma)* ⇒language: *Habla muchas lenguas* - He speaks many languages **3** *lengua materna* - mother tongue **4 malas lenguas** ⇒gossip [U]: *Las malas lenguas dicen que va a dimitir* - Gossip says that he is going to resign **5 tirar de la ~ a alguien** *col.* ⇒to get *sb* talking

lenguado *s.m.* ⇒sole (*pl* sole)

lenguaje *s.m.* ⇒language: *lenguaje de signos* - sign language

lente *s.amb.* **1** ⇒lens (*pl* lenses) **2 ~ de contacto** ⇒contact lens (*pl* contact lenses)

lenteja ▮ *s.f.* **1** ⇒lentil ▮ **lentejas** *pl.* **2** *(plato)* ⇒lentil soup

lentilla *s.f.* ⇒contact lens (*pl* contact lenses)

lento, ta ▮ *adj.* **1** ⇒slow ▮ **lento** *adv.* **2** ⇒slowly

leña *s.f.* ⇒firewood: *Debemos juntar leña para el fuego* - We must gather some firewood for the fire

leño *s.m.* **1** *(trozo de madera)* ⇒log ⇒lumber *US* **2** *col. (cosa aburrida)* ⇒drag *very inform: ¡Este libro es un leño!* - This book is a drag!

leo *adj./s.com.* ⇒Leo *n*

león, -a *s.* **1** *(macho)* ⇒lion **2** *(hembra)* ⇒lioness (*pl* lionesses)

leopardo *s.m.* **1** *(genérico y macho)* ⇒leopard **2** *(hembra)* ⇒leopardess (*pl* leopardesses)

leotardo *s.m.* ⇒woollen tights *UK pl: Teníamos que llevar leotardos con el uniforme* - We had to wear woollen tights with the uniform; ⇒pantyhose *US*

les *pron.pers.* **1** *(a ellos, a ellas)* ⇒them: *Les regalé unos bombones* - I gave them some sweets **2** *(a ustedes)* ⇒you: *Perdón, ¿les importa que entre?* - Excuse me, do you mind if I come in? **3** *(referido a cosas o a animales)* ⇒them: *Les di de comer cacahuetes en el zoo* - I gave them some peanuts in the zoo

lesbiana *s.f.* ⇒lesbian

lesión *s.f.* **1** *(daño)* ⇒wound ⇒lesion: *lesiones cerebrales* - brain lesions **2** *(por un accidente o un ataque)* ⇒injury (*pl* injuries) **3** *(en un órgano)* ⇒damage: *una lesión en el corazón* - a heart damage

letal *adj.* ⇒lethal

letargo *s.m.* **1** *(de un animal)* ⇒hibernation **2** *(de una persona)* ⇒lethargy

letra *s.f.* **1** *(signo gráfico)* ⇒letter: *Escribió una letra en el papel y lo dobló* - He wrote a letter in the paper and folded it **2** *(forma de escribir)* ⇒handwriting: *No entiendo tu letra* - I can't understand your handwriting; ⇒writing **3** *(impresa)* ⇒print **4** *(de una canción)* ⇒lyrics *pl: ¿Te sabes la letra?* - Do you know the lyrics? **5 ~ mayúscula** ⇒capital letter **6 ~ minúscula** ⇒small letter

letrero *s.m.* ⇒sign: *Había un letrero en la puerta* - There was a sign on the door; ⇒notice

levadura *s.f.* ⇒yeast

levantado, da *adj.* ⇒up: *Ya estaba levantado a las seis de la mañana* - I was already up at six o'clock

levantar ▮ *v.* **1** *(alzar)* ⇒to lift: *Levanta los pies* - Lift your feet; ⇒to raise **2** *(un objeto caído)* ⇒to pick up **3** *(un edificio)* ⇒to erect *form;* ⇒to build **4** *(un imperio)* ⇒to build **5** *(un castigo)* ⇒to lift ▮ **levantarse** *prnl.* **6** *(de la cama)* ⇒to get up **7** *(ponerse de pie)* ⇒to stand up

leve *adj.* **1** *(de poca importancia)* ⇒slight: *una lesión leve* - a slight injury **2** *(suave)* ⇒slight: *una leve brisa* - a gentle breeze **3** *(ligero)* ⇒light

léxico *s.m.* ⇒vocabulary

ley *s.f.* **1** ⇒law [CONSTR. 1. a law + doing sth 2. a law + to do sth]: *Votaron en contra de una ley para acabar con la discriminación* - They voted against a law to stop discrimination **2** *(principio)* ⇒law: *las leyes de la gravedad* - the laws of gravity

leyenda *s.f.* ⇒legend: *La leyenda dice que es una varita mágica* - The legend says it's a magic wand

liar ▮ *v.* **1** *(un cigarrillo)* ⇒to roll **2** *(a una persona)* ⇒to confuse **3** *(convencer)* ⇒to twist *sb's* arm: *No quería ir pero Linda me lió* - I didn't want to go but Linda twisted my arm **4 estar liado,da** *(estar muy ocupado)* ⇒to be very busy ⇒to be tied up ▮ **liarse** *prnl.* **5** *col. (confundirse)* ⇒to get into a muddle: *Me he liado* - I've got into a muddle **6** *(tener una relación amorosa)* ⇒to get involved [CONSTR. to get involved with sb]

libélula *s.f.* ⇒dragonfly (*pl* dragonflies)

liberal *adj.* ⇒liberal: *un político liberal* - a liberal politician; *Mi abuela es muy liberal* - My grandma is very liberal

liberar *v.* **1** ⇒to liberate ⇒to release ⇒to set free: *Me liberó de mis obligaciones* - He set me free of my duties **2** *(a un prisionero)* ⇒to free **3** *(una sustancia)* ⇒to emit

libertad *s.f.* **1** ⇒freedom ⇒liberty *form* **2 con ~** ⇒freely **3 ~ bajo fianza** ⇒bail **4 ~ condicional** ⇒probation ⇒parole **5 ~ de expresión** ⇒freedom of speech

libra *adj./s.com.* **1** *(signo del Zodíaco)* ⇒Libra *n* **2** *(unidad de peso)* ⇒pound ⇒lb (*pl* lbs) **3 ~ esterlina** ⇒pound ⇒sterling ⇒£ **4 mil libras**

esterlinas ⇒K *inform: Mi salario era de veinte mil libras esterlinas al año* - My salary was 20 K a year

librar *v.* **1** *(uno mismo de un peligro)* ⇒to escape: *Me libré de la tormenta por los pelos* - I just escaped the storm **2** *(a alguien de un peligro)* ⇒to save [CONSTR. to save sb from sth] **3** *(uno mismo de una obligación)* ⇒to get out of: *Me libré de fregar los platos* - I got out of doing the washing up **4** *(a alguien de una obligación)* ⇒to free [CONSTR. to free sb from sth] **5** *(tener el día libre)* ⇒to have a day off: *Libré dos días la semana pasada* - Last week I had two days off

libre *adj.* **1** ⇒free **2** *(desocupado)* ⇒vacant ⇒free: *¿Está este asiento libre?* - Is this seat free? **3** *(un piso, una silla)* ⇒empty **4** *(el tiempo)* ⇒off **5** *(de impuestos)* ⇒duty-free

librería *s.f.* **1** *(tienda)* ⇒bookshop *UK;* ⇒bookstore *US* **2** *(mueble)* ⇒bookcase

libreta *s.f.* **1** ⇒notebook: *Estaba escribiendo todo en una libreta negra* - He was writing everything down on a black notebook **2** *(de ahorros)* ⇒savings book

L

libro *s.m.* **1** ⇒book **2** ~ **de bolsillo** ⇒paperback **3** ~ **de consulta** ⇒reference book **4** ~ **de ejercicios** ⇒workbook **5** ~ **de lectura** ⇒reader **6** ~ **de texto** ⇒textbook ⇒coursebook *UK*

licencia *s.f.* **1** *(documento oficial)* ⇒licence *UK;* ⇒license *US* **2** *(permiso)* ⇒permit: *licencia de obras* - working permit

licenciado, da *s.* ⇒graduate: *Es licenciado en física* - He's a graduate on physics

licenciatura *s.f.* ⇒degree

licor *s.m.* **1** ⇒spirits *UK pl;* ⇒liquor *US* **2** *(de algún sabor)* ⇒liqueur: *licor de manzana* - apple liqueur

licuado *s.m. AMÉR.* ⇒milkshake

licuadora *s.f.* ⇒blender

líder ▮ *adj.* **1** ⇒top ⇒brand ▮ *s.com.* **2** ⇒leader

liderazgo *s.m.* ⇒leadership

liebre *s.f.* **1** *(genérico y macho)* ⇒hare **2** *(hembra)* ⇒doe **3** *AMÉR. col. (microbús)* ⇒minibus

lienzo *s.m.* ⇒canvas

liga *s.f.* **1** *(cinta)* ⇒suspender *UK;* ⇒garter *US* **2** *(competición deportiva)* ⇒league **3** *(asociación)* ⇒league

ligamento *s.m.* ⇒ligament: *romperse un ligamento* - to tear a ligament

ligar *v.* **1** *(relacionar, unir)* ⇒to link: *Gracias a tus explicaciones empecé a ligar cosas* - Thanks to your explanation I began to link things; ⇒to tie **2** *col. (flirtear)* ⇒to chat *sb* up *UK inform: Se pasó casi toda la noche ligando con una de mis amigas* - He spent most of the evening chatting up one of my friends **3** *col. (establecer relaciones)* ⇒to get off with *UK inform: Paul ligó con una chica muy guapa llamada Mary* - Paul got off with a beautiful girl called Mary

ligero, ra ▮ *adj.* **1** *(de poco peso)* ⇒light ⇒lightweight **2** *(sin importancia)* ⇒slight: *un ligero problema* - a slight problem **3** *(desenfadado, poco serio)* ⇒light-hearted **4** *(una idea, una posibilidad o una esperanza)* ⇒faint: *No tengo la más ligera idea sobre ello* - I haven't got the faintest idea about it **5** *(una prenda de vestir)* ⇒flimsy ▮ **ligero** *adv.* **6** ⇒quickly

light *adj.* **1** ⇒low-calorie **2** *(descremado, desnatado)* ⇒low-fat

ligón, -a *adj. / s.* **1** *col.* ⇒flirt *n* **2** *col. (hombre)* ⇒womanizer *n;* ⇒womaniser *UK n* **3** *col. (mujer)* ⇒heartbreaker *n*

ligue *s.m. col.* ⇒date *US: ¿Conoces al nuevo ligue de Rachel?* - Have you met Rachel's new date?

lija *s.f.* ⇒sandpaper

lijar *v.* ⇒to sand down

lila ▮ *adj. / s.m.* **1** *(color)* ⇒lilac **2** *col. (tonto)* ⇒fool *n* ▮ *s.f.* **3** *(flor)* ⇒lilac

lima *s.f.* **1** *(herramienta)* ⇒file: *Consiguió cortar los barrotes con una lima* - He managed to cut the bars with a file **2** *(fruto)* ⇒lime **3** *(árbol)* ⇒lime tree **4** *(bebida)* ⇒lime juice **5** **comer como una** ~ *col.* ⇒to eat like a horse **6** ~ **de uñas** ⇒nailfile

limar *v.* ⇒to file

limitar *v.* **1** ⇒to limit **2** **limitarse a algo** ⇒to confine *sth/sb* to *sth*

límite *s.m.* **1** ⇒limit: *límite de velocidad* - speed limit **2** *(frontera)* ⇒boundary (*pl* boundaries) **3** *(tope)* ⇒ceiling ⇒cutoff

limón *s.m.* **1** ⇒lemon: *zumo de limón* - lemon juice **2** *(refresco)* ⇒lemonade *UK*

limonada *s.f.* **1** *(zumo de limón)* ⇒lemon juice **2** *(refresco sin gas)* ⇒lemonade *US* **3** *(refresco con gas)* ⇒lemonade *UK*

limonero *s.m.* ⇒lemon tree

limosna *s.f.* **1** ⇒alms *pl: dar limosna* - to give alms **2** *pedir limosna a alguien* - to beg

limpiaparabrisas *s.m.* ⇒wiper ⇒windscreen wiper *UK;* ⇒windshield wiper *US*

limpiar ▮ *v.* **1** ⇒to clean **2** *(con un trapo)* ⇒to wipe **3** *(en seco)* ⇒to dry-clean **4** *(quitar algo de en medio)* ⇒to clear away **5** *(quitar lo perjudicial)* ⇒to clean up **6** *(enjuagar)* ⇒to flush **7** *(los zapatos)* ⇒to polish ▮ **limpiarse** *prnl.* **8** ⇒to wipe

limpieza *s.f.* **1** ⇒cleaning [U]: *limpieza general* - spring cleaning **2** *(en profundidad)* ⇒clean-up **3** ~ **en seco** ⇒dry cleaning

limpio, pia *adj.* **1** ⇒clean **2** *(transparente, claro)* ⇒clear **3** *(fresco, nuevo)* ⇒fresh: *agua limpia* - fresh water **4** *(justo, legal)* ⇒right ⇒fair: *juego limpio* - fair play **5 pasar a limpio** ⇒to make a neat copy **6 sacar en limpio 1** *(conclusiones, soluciones)* ⇒to get out of: *No sacó nada en limpio* - He didn't get anything out of it **2** *(dinero)* ⇒to clear: *Saqué dos mil libras en limpio* - I cleared two thousand pounds

lince *s.m.* **1** ⇒lynx (*pl* lynxes, lynx) **2 ser un ~** *col.* ⇒to be very sharp

lindo, da *adj.* **1** ⇒cute ⇒sweet: *¡Qué bebé tan lindo!* - What a sweet baby! **2** *AMÉR. (divertido, entretenido)* ⇒nice ⇒good **3 de lo lindo** *col.* ⇒a lot: *Nos divertimos de lo lindo* - We enjoyed a lot

línea *s.f.* **1** *(trazo)* ⇒line **2** *(de teléfono)* ⇒line **3** *(de un texto)* ⇒line **4** *(de un autobús)* ⇒route **5** *(aérea)* ⇒airline **6** *(de meta)* ⇒finishing line **7** *(de puntos)* ⇒dotted line **8 cuidar la ~** ⇒to watch *one's* weight **9 en ~** *(en informática)* ⇒online **10 en ~ recta** ⇒as the crow flies **11 leer entre líneas** ⇒to read between the lines **12 ~ de alta tensión** ⇒high-tension cable **13 por línea {materna/paterna}** ⇒on *one's* {mother's/father's} side

lino *s.m.* **1** *(tela)* ⇒linen **2** *ropa de lino* - linen clothes **3** *(planta)* ⇒flax

linterna *s.f.* ⇒torch *UK* (*pl* torches); ⇒flashlight *US*

lío *s.m.* **1** ⇒jam: *Estoy en un lío* - I'm in a mess; ⇒trouble [U]; ⇒difficulty (*pl* difficulties) **2** *(desorden)* ⇒mess **3** *(aventura amorosa) col.* ⇒affair **4 estar hecho,cha un ~** ⇒to be really confused ⇒to be in a muddle

liquidación *s.f.* **1** ⇒clearance: *liquidación por cierre* - clearance sale **2** *(pago)* ⇒liquidation ⇒payoff

liquidar *v.* **1** *(los productos de una tienda)* ⇒to sell off **2** *(una cuenta, una deuda)* ⇒to pay off **3** *col. (matar)* ⇒to bump off *very inform*

líquido, da ▌*adj.* **1** ⇒liquid: *un yogur líquido* - a liquid yoghurt ▌**líquido** *s.m.* **2** ⇒liquid **3** *(fluido)* ⇒fluid **4** *(por efecto del calor)* ⇒runny: *La nata se ha quedado líquida* - The cream has gone runny

lirio *s.m.* ⇒lily (*pl* lilies)

liso, sa *adj.* **1** *(llano)* ⇒even **2** *(sin dibujos)* ⇒plain **3** *(suave)* ⇒smooth **4** *(el pelo)* ⇒straight

lista *s.f.* **1** ⇒list **2** *(de una clase)* ⇒register **3** *(clasificación, registro)* ⇒ranking: *el primero de la lista* - the first of the ranking **4** *(en una prenda, una tela)* ⇒stripe **5 ~ de espera** ⇒waiting list

listado *s.m.* ⇒list

listillo, lla ▌*adj.* **1** *col.* ⇒cute *US inform* ▌*s.* **2** *col.* ⇒know-all *inform;* ⇒smart alec *inform*

listín *s.m.* ⇒telephone directory (*pl* telephone directories); ⇒phone book

listo, ta *adj.* **1** *(inteligente)* ⇒clever ⇒smart: *¡Te crees muy listo!* - You think you are too smart! **2** *(en los estudios)* ⇒brainy *inform;* ⇒bright ⇒clever **3** *(preparado, dispuesto)* ⇒ready

litera *s.f.* **1** *(en un tren, en un barco)* ⇒bunk ⇒sleeper **2** *(en una habitación)* ⇒bunk bed

literario, ria *adj.* ⇒literary

literatura *s.f.* ⇒literature

litoral *s.m.* ⇒coastline ⇒littoral *form*

litro *s.m.* ⇒litre *UK: Se bebió medio litro de agua* - She drunk half a litre of water; ⇒liter *US*

Lituania *s.f.* ⇒Lithuania

lituano, na ▌*adj./s.* **1** ⇒Lithuanian ▌**lituano** *s.m.* **2** *(idioma)* ⇒Lithuanian

living *s.m. AMÉR.* ⇒living room

llaga *s.f.* ⇒sore

llama *s.f.* **1** ⇒flame **2** *estar en llamas* - to be on fire **3** *(animal)* ⇒llama

llamada *s.f.* **1** *(telefónica)* ⇒phone call ⇒call: *llamada a cobro revertido* - reverse-charge call **2** *devolver la llamada* - to call back **3** *pasarle una llamada a alguien* - to put sb through

llamado, da ▌*adj.* **1** ⇒called ⇒named ⇒so-called: *el llamado rey de las olas* - the so-called king of the waves ▌**llamado** *s.m.* **2** *AMÉR. (llamamiento)* ⇒call ⇒appeal **3** *AMÉR. (llamada telefónica)* ⇒phone call ⇒call

llamar ▌*v.* **1** ⇒to call: *Alguien me llamó desde esa habitación* - Somebody called me from that room **2** *(por teléfono)* ⇒to call: *Llámame mañana* - Call me tomorrow; *¿Podrías decirle a Moira que me llame?* - Could you tell Moira to call me back, please?; ⇒to phone ⇒to ring *UK;* ⇒to telephone *form* **3** *(poner un nombre)* ⇒to name [CONSTR. to name + dos objetos]: *La madre insistió en llamar a su hijo Peter como su padre* - The mother insisted on naming his son Peter after his father; ⇒to call: *La llamaron Cheryl* - They called her Cheryl **4** *(a la puerta)* ⇒to knock [CONSTR. to knock at/on]: *entrar sin llamar* - to come in without knocking; *Alguien está llamando a la puerta* - Someone's knocking at the door **5 ~ a cobro revertido** ⇒to reverse the charges *UK;* ⇒to call collect *US: Llamé a mis padres a cobro revertido* - I called collecto to my parents **6 ~ la atención** ⇒to attract attention ⇒to strike ▌**llamarse** *prnl.* **7** *(una persona): Me llamo Gwendy* - My name is Gwendy **8** *(un animal)* ⇒to be called: *Mi perro se llama Rex* - My dog is called Rex **9** *(un objeto)* ⇒to be called

llamativo, va *adj.* ⇒eye-catching ⇒striking: *un color llamativo* - a striking colour

llano, na ▮ *adj.* **1** *(nivelado)* ⇒flat ⇒level **2** *(liso)* ⇒even **3** *(una persona)* ⇒straightforward **4** *(una palabra)* ⇒stressed on the penultimate syllable ▮ **llano** *s.m.* **5** ⇒plain

llanto *s.m.* ⇒crying ⇒weeping

llanura *s.f.* ⇒plain

llave *s.f.* **1** ⇒key **2** *cerrar algo con llave* - to lock sth up **3 ~ inglesa** ⇒spanner *UK;* ⇒wrench *US* (*pl* wrenches)

llavero *s.m.* ⇒key ring

llegada *s.f.* ⇒arrival: *Su llegada está programada para las 3 de la tarde* - Their arrival is scheduled by 3 o'clock

llegar *v.* **1** ⇒to get [CONSTR. to get to]: *¿Cuándo llegaste a Madrid?* - When did you get to Madrid?; ⇒to arrive [CONSTR. 1. to arrive in se usa con países, ciudades, pueblos, etc.: *We arrived in London at 10 p.m. - Llegamos a Londres a las 10 de la noche* 2. to arrive at se usa con edificios, estaciones, aeropuertos, etc.: *What time did you arrive at the hotel? - ¿A qué hora llegaste al hotel?* 3. Cuando se hace referencia a la llegada a casa, se usa sin preposición: *I arrived home late - Llegué a casa tarde*]; ⇒to reach **2** *llegar pronto* - to be early; *llegar tarde* - to be late; *llegar a tiempo* - to be on time **3** *(aparecer)* ⇒to turn up **4** *(lograr algo)* ⇒to come [CONSTR. to come + to do sth]: *Llegué a ser profesor después de años de práctica* - I came to be a teacher after years of practice **5** *(ser suficiente)* ⇒to be enough: *No me llega el dinero* - I don't have enough money **6 ~ a 1** *(alcanzar)* ⇒to reach: *No llego al estante* - I can't reach the shelf **2** *(en altura)* ⇒to come up: *El agua me llegaba al cuello* - The water came up to my neck **3** *(conseguir)* ⇒to manage **7 ~ hasta** ⇒to reach **8 ~ lejos** ⇒to go far

llenar ▮ *v.* **1** *(rellenar)* ⇒to fill **2** *(cubrir una superficie)* ⇒to cover **3** *(por completo)* ⇒to fill up: *Llene el depósito, por favor* - Fill up the tank, please **4** *(un lugar)* ⇒to pack **5** *(saciar, hinchar)* ⇒to be filling: *El arroz llena mucho* - Rice is filling ▮ **llenarse** *prnl.* **6** ⇒to fill up **7** *col. (atiborrarse)* ⇒to stuff oneself: *llenarse de algo* - to stuff oneself with sth

lleno, na ▮ *adj.* **1** ⇒full: *El depósito está lleno* - The tank is full **2** *(al completo)* ⇒full up **3** *(concurrido)* ⇒busy **4** *(cubierto)* ⇒covered: *Tengo los pantalones llenos de manchas* - My trousers are covered in stains **5** *(de comida)* ⇒full ▮ **lleno** *s. m.* **6** *(en un espectáculo)* ⇒full house

llevadero, ra *adj.* ⇒bearable

llevar ▮ *v.* **1** *(algo liviano)* ⇒to take: *llevar el periódico* - to take the newspaper **2** *(algo pesado)* ⇒to carry: *llevar una caja llena de libros* - to carry a box full of books **3** *(algo a alguien)* ⇒to take **4** *(hacia un lugar)* ⇒to lead: *Esta carretera lleva directo a Coventry* - This road leads straight to Coventry **5** *(hacia una opinión)* ⇒to lead **6** *(un negocio)* ⇒to run **7** *(tener)* ⇒to have: *¿Qué llevas ahí?* - What do you have there? **8** *(una prenda o un complemento)* ⇒to wear: *Llevo gafas* - I wear glasses **9** *(manejar a una persona)* ⇒to handle: *Veo que sabes llevar bien a tu hermana* - I see you can handle your sister without any problem **10** *(durar, tardar)* ⇒to take: *La instalación del horno llevó dos horas* - The installation of the oven took two hours **11** *(acercar en coche)* ⇒to give a lift: *¿Quieres que te lleve?* - Would you like me to give you a lift? **12 ~ a cabo** ⇒to carry out **13 ~ la delantera** ⇒to lead **14 para ~** *(comida)* ⇒take away ▮ **llevarse** *prnl.* **15** *(robar, quitar)* ⇒to take: *¿Quién se ha llevado mi libro?* - Who's taken my book? **16** *(estar de moda)* ⇒to be in fashion: *Este año se llevan las minifaldas* - Miniskirts are in fashion this year **17 llevarse bien con alguien** ⇒to be friendly with *sb* ⇒to get on well with *sb*

llorar *v.* **1** ⇒to cry: *No podía dejar de llorar después de ver la película* - She couldn't stop crying after the film **2** *(por una persona)* ⇒to mourn ⇒to grieve **3 echarse a ~** ⇒to burst into tears ⇒to burst out crying **4 ~ a moco tendido** *col.* ⇒to cry *one's* eyes out

llorón, -a *adj./s. desp.* ⇒cry-baby *inform n* (*pl* cry-babies): *Es una llorona* - She is a cry baby

llover *v.* **1** ⇒to rain **2 ~ a cántaros** ⇒to pour ⇒to rain cats and dogs: *Está lloviendo a cántaros* - It's raining cats and dogs

llovizna *s.f.* ⇒drizzle

lloviznar *v.* ⇒to drizzle ⇒to spit *UK: Está lloviznando* - It is spitting

lluvia ▮ *s.f.* **1** ⇒rain **2** *AMÉR. (alcachofa de la ducha)* ⇒shower **3 bajo la ~** ⇒in the rain ▮ **lluvias** *pl.* **4** *(precipitaciones)* ⇒rainfall [U]: *fuertes lluvias* - heavy rainfall

lluvioso, sa *adj.* ⇒rainy ⇒wet

lo ▮ *art.determ.* **1** ⇒the: *Lo gracioso es que no me importa* - The funny thing is I don't care ▮ *pron. pers.* **2** *(a él)* ⇒him: *Lo vi cuando salíamos de mi casa* - I saw him when we were leaving home **3** *(a usted)* ⇒you: *Venga aquí, que lo necesito* - Come here, I need you **4** *(referido a una cosa o a un animal)* ⇒it: *No te lo compres* - Don't buy it

lobo, ba *s.* **1** ⇒wolf (*pl* wolves) **2** *lobo de mar* - seal

local ▮ *adj.* **1** *(cerca de donde se vive)* ⇒local: *escuela local* - local school **2** *(de casa, de un* *país)* ⇒home: *Ganó el equipo local* - The home team won ▌*s.m.* **3** ⇒place ⇒premises [U]: *Prohibido fumar en el local* - No smoking on the premises

localidad *s.f.* **1** *(asiento)* ⇒seat **2** *(billete, entrada)* ⇒ticket **3** *no hay localidades* - sold out **4** *(lugar, población)* ⇒village ⇒town ⇒city (*pl* cities)

localizar *v.* ⇒to locate *form;* ⇒to get hold of: *Necesito localizar a Sharon* - I need to get hold of Sharon

loción *s.f.* ⇒lotion: *una loción para el sol* - a sun lotion

loco, ca ▌*adj.* **1** ⇒crazy ⇒mad *inform;* ⇒loopy *inform* **2** *col. (enamorado)* ⇒smitten ⇒mad: *Estoy loco por ti* - I'm mad about you ▌*s.* **3** *(hombre)* ⇒madman (*pl* madmen) **4** *(mujer)* ⇒madwoman (*pl* madwomen) **5 estar ~ de remate** *col.* ⇒to be completely nuts *inform;* ⇒to be completely round the bend *inform* **6 estar ~ por algo** *col. (gustar mucho)* ⇒to be crazy about *inform;* ⇒to be mad about *inform: Está loca por el fútbol* - She is mad about football **7 hacerse el ~** *col.* ⇒to pretend not to notice **8 ni ~** *col.* ⇒no way *inform: No hago eso ni loca* - No way will I do that **9 volverse ~** *col.* ⇒to go bananas *inform: Se ha vuelto loco* - He's gone bananas; ⇒to go mad *inform*

locomotora *s.f.* ⇒engine *UK: La locomotora estaba pintada de rojo brillante* - The engine was painted bright red; ⇒locomotive

locución *s.f.* ⇒phrase ⇒idiom

locura *s.f.* **1** ⇒madness [U] **2** *(insensatez)* ⇒crazy thing

locutor, -a *s.* **1** *(presentador)* ⇒announcer **2** *(hombre)* ⇒linkman *UK* (*pl* linkmen) **3** *(mujer)* ⇒linkwoman *UK* (*pl* linkwomen) **4** *(comentarista)* ⇒commentator

lodo *s.m.* ⇒mud

lógico, ca *adj.* ⇒natural

lograr *v.* **1** *(conseguir)* ⇒to achieve **2** *(un premio)* ⇒to obtain **3** *(un objetivo)* ⇒to reach

logro *s.m.* ⇒achievement ⇒accomplishment

lombriz *s.f.* **1** ⇒worm **2** *(de tierra)* ⇒earthworm **3** *(intestinal)* ⇒tapeworm

lomo *s.m.* **1** *(de un animal)* ⇒back **2** *(carne)* ⇒loin **3** *(de un libro)* ⇒spine

lona *s.f.* ⇒canvas *UK;* ⇒burlap *US*

loncha *s.f.* **1** ⇒slice: *una loncha de jamón* - a slice of ham **2** *en lonchas* - sliced

lonchera *s.f.* *AMÉR.* ⇒lunchbox (*pl* lunchboxes)

longitud *s.f.* **1** *(de una superficie)* ⇒length **2** *(de la Tierra)* ⇒longitude

loro *s.m.* **1** ⇒parrot **2** *col. (radiocasete)* ⇒ghetto blaster *inform* **3** *col. (persona)* ⇒chatterbox **4 como un ~** *col. (sin reflexionar)* ⇒parrot-fashion **5 hablar como un ~** *col.* ⇒to jabber on

los ▌*art.determ.* **1** ⇒the: *los chicos* - the boys ▌*pron.pers.* **2** *(a ellos)* ⇒them: *Los he esperado, pero no han venido* - I've waited for them, but they haven't come **3** *(a ustedes)* ⇒you: *Vengan aquí, que los necesito* - Come here, I need you **4** *(referido a cosas o a animales)* ⇒them: *Los cogí porque no sabía que eran tuyos* - I took them because I didn't know they were yours **5 ~ dos 1** *(nosotros)* ⇒both of us **2** *(vosotros)* ⇒both of you **3** *(ellos)* ⇒both of them

losa *s.f.* ⇒flagstone

lote *s.m.* **1** ⇒lot **2** *AMÉR. (parcela)* ⇒plot ⇒plot of land **3 darse el ~** *vulg.* ⇒to neck *inform, old-fash*

lotería *s.f.* ⇒lottery (*pl* lotteries): *jugar a la lotería* - to play the lottery

loza *s.f.* **1** *(material)* ⇒china [U] **2** *(vajilla)* ⇒crockery [U]

lubina *s.f.* ⇒sea bass (*pl* sea bass)

lucha *s.f.* **1** *(pelea)* ⇒fight ⇒struggle **2** *(por una causa importante)* ⇒fight: *la lucha por la paz* - the fight for peace; ⇒struggle

luchador, -a *s.* **1** ⇒fighter **2** *(deportista)* ⇒wrestler

luchar *v.* **1** *(pelear)* ⇒to fight ⇒to struggle [CONSTR. to struggle for sth/sb] **2** *(por una causa importante)* ⇒to fight [CONSTR. 1. to fight against sth/sb 2. to fight for sth/sb]: *luchar por la libertad* - to fight for freedom; ⇒to struggle **3** *(intentar algo con esfuerzo)* ⇒to struggle [CONSTR. to struggle + to do sth] **4** *(en deporte)* ⇒to wrestle

lucir ▌*v.* **1** *(dar luz)* ⇒to shine ⇒to glow **2** *(llevar puesto)* ⇒to wear ▌**lucirse** *prnl.* **3** *(fanfarronear)* ⇒to show off

luego ▌*adv.* **1** *(en el tiempo)* ⇒later **2** *(a continuación)* ⇒then **3 desde ~** ⇒of course **4 hasta ~** ⇒see you ▌*conj.* **5** ⇒therefore

lugar *s.m.* **1** ⇒place ⇒location **2** *(para hacer algo)* ⇒place ⇒scene ⇒site: *un buen lugar para acampar* - a good site to camp **3** *(espacio)* ⇒room **4** *(sitio)* ⇒place **5** *(posición)* ⇒place ⇒position **6** *(de interés turístico)* ⇒sights *pl* **7 algún ~** ⇒somewhere **8 dar ~ a algo** ⇒to cause *sth* **9 en ~ de** ⇒in place of ⇒instead of [CONSTR. instead of + doing sth] **10 en primer ~ 1** *(antes de nada)* ⇒first **2** *(en una enumeración)* ⇒first of all ⇒firstly **11 en segundo ~** ⇒secondly **12 en su ~** ⇒instead **13 en tu ~** ⇒in your place **14 en último ~** ⇒ultimately **15 fuera de ~** *(inapropiado)* ⇒out of order ⇒uncalled for **16 otro ~** ⇒elsewhere **17 sin ~ a dudas** ⇒undoubtedly **18 tener ~** ⇒to take place

lujo *s.m.* **1** ⇒luxury (*pl* luxuries) **2** *(capricho)* ⇒indulgence

L

lujoso, sa *adj.* ⇒luxurious
lumbre *s.f.* **1** ⇒fire **2** *(para cocinar)* ⇒stove
luminoso, sa *adj.* **1** *(un lugar)* ⇒well lit ⇒light **2** *(un color)* ⇒bright **3** *(que da luz)* ⇒luminous **4** *letrero luminoso* - neon sign
luna *s.f.* **1** ⇒moon: *luna nueva* - new moon; *luz de luna* - moonlight **2** *(parabrisas)* ⇒windscreen UK; ⇒windshield US **3** *(espejo)* ⇒mirror **4 estar en la ~** ⇒to be miles away ⇒to have *one's* head on the clouds **5 ~ creciente** ⇒waxing moon **6 ~ de miel** ⇒honeymoon **7 ~ llena** ⇒full moon **8 ~ menguante** ⇒waning moon
lunar ▌*adj.* **1** *(de la Luna)* ⇒lunar ▌*s.m.* **2** *(en la piel)* ⇒mole ⇒spot **3** *(en una tela)* ⇒polka dot
lunático, ca *adj.* / *s.* ⇒lunatic
lunes *s.m.* ⇒Monday: *Voy a clases de ruso los lunes* - I attend Russian lessons on Mondays
lupa *s.f.* ⇒magnifying glass (*pl* magnifying glasses)
luto *s.m.* ⇒mourning: *ir de luto* - to be dressed in mourning; *estar de luto* - to be in mourning
Luxemburgo *s.m.* ⇒Luxembourg
luxemburgués, -a ▌*adj.* **1** ⇒from Luxembourg ▌*s.* **2** ⇒person from Luxembourg
luz *s.f.* **1** ⇒light ⇒radiance ⇒illumination *form* **2** *(de luna)* ⇒moonlight **3** *(del día)* ⇒daylight **4** *(del sol)* ⇒sunshine ⇒sunlight **5** *a la luz de algo* - in the wake of sth **6** *(corriente eléctrica)* ⇒electricity **7** *(claridad mental): tener muchas luces* - to be bright **8 dar a ~** ⇒to give birth to: *Dio a luz gemelos* - She gave birth to twins **9 luces de cruce** ⇒dipped headlights **10 ~ de freno** ⇒brake light **11 ~ verde** ⇒go-ahead **12 sacar a la ~** ⇒to bring into the open **13 salir a la ~** ⇒to come to light **14 ver la ~** ⇒to see the light

L

m *s.f. (letra del alfabeto)* ⇒m

macabro, bra *adj.* ⇒macabre ⇒ghoulish

macarrón *s.m.pl.* ⇒macaroni [U]

macedonia *s.f.* ⇒fruit salad

maceta *s.f.* ⇒flowerpot

machacar *v.* **1** *(deshacer)* ⇒to crush **2** *(estropear)* ⇒to steamroller: *Nos machacó el plan* - He steamrollered the plan **3** *col. (insistir mucho)* ⇒to go on **4** *col. (derrotar)* ⇒to overwhelm ⇒to pummel *inform: Les machacaron en la segunda ronda* - They were pummelled in the second round

machete *s.m.* ⇒machete

machista ▮ *adj.* **1** ⇒chauvinistic ▮ *s.com.* **2** ⇒male chauvinist

macho *adj./s.m.* **1** ⇒male *adj* **2** *(de algunos animales como el ciervo o el conejo)* ⇒buck *n* **3** *(un hombre)* ⇒he-man *inform n* (*pl* he-men); ⇒macho *inform adj;* ⇒butch *inform n*

macizo, za ▮ *adj.* **1** ⇒solid ▮ *adj./s.* **2** *col. (atractivo)* ⇒horny *inform;* ⇒drop dead gorgeous *inform;* ⇒hunk *inform* ▮ **macizo** *s.m.* **3** *(de flores)* ⇒flowerbed **4** *(de montañas)* ⇒massif

madera *s.f.* **1** *(material)* ⇒wood ⇒timber *UK;* ⇒lumber *US* **2** *(tabla)* ⇒log ⇒plank **3 de ~** ⇒wooden

madero *s.m.* ⇒log

madrastra *s.f.* ⇒stepmother

madre *s.f.* **1** ⇒mother ⇒mum *UK inform;* ⇒mummy *UK inform* (*pl* mummies); ⇒mom *US inform;* ⇒mommy *US* (*pl* mommies) **2 ~ adoptiva** ⇒foster mother **3 ~ de alquiler** ⇒surrogate mother **4 ¡madre mía!** ⇒goodness! **5 salirse de ~ 1** *(un río)* ⇒to overflow: *La lluvia hizo que el río se saliera de madre* - The rain made the river overflow **2** *(una persona)* ⇒to completely lose control of oneself

madriguera *s.f.* **1** ⇒burrow **2** *(de conejos)* ⇒warren

madrina *s.f.* ⇒godmother

madrugada *s.f.* **1** *(alba)* ⇒daybreak [U]; ⇒dawn **2** *(después de medianoche)* ⇒small hours: *Llegué a casa de madrugada* - I arrived home on the small hours

madrugar *v.* ⇒to get up early

madurar *v.* **1** *(un fruto)* ⇒to ripen **2** *(una persona)* ⇒to mature **3** *(una idea)* ⇒to mature: *Tardó varios años en madurar sus ideas* - It took several years for her ideas to mature; ⇒to think through: *Tengo que madurar el proyecto un poco más* - I have to think the project through a bit more

maduro, ra *adj.* **1** *(una fruta)* ⇒ripe **2** *(una persona)* ⇒mature

maestro, tra *s.* **1** *(profesor)* ⇒teacher ⇒schoolteacher **2** *(hombre)* ⇒schoolmaster *old-fash* **3** *(mujer)* ⇒schoolmistress (*pl* schoolmistresses) **4** *(persona que es muy buena en algo)* ⇒master: *Era un maestro del disfraz* - He was a master of disguise

mafia *s.f.* **1** ⇒mafia **2 la ~** ⇒the Mafia

magdalena *s.f.* ⇒fairy cake

magia *s.f.* **1** ⇒magic **2 como por arte de ~** ⇒by a twist of fate **3 ~ negra** ⇒black magic

mágico, ca *adj.* **1** ⇒magical ⇒magic *UK inform: trucos mágicos* - magic tricks **2** *(misterioso, excitante)* ⇒magical

magnetófono *s.m.* ⇒tape recorder

magnífico, ca *adj.* **1** *(muy bonito)* ⇒magnificent ⇒splendid **2** *(muy bueno)* ⇒wonderful: *Es un cocinero magnífico* - He is a wonderful cook; ⇒tremendous ⇒terrific ⇒great

mago, ga *s.* **1** ⇒magician **2** *(de leyenda)* ⇒wizard

magullar *v.* ⇒to bruise

mahonesa *s.f.* ⇒mayonnaise

maillot *s.m.* ⇒leotard

maíz *s.m.* **1** *(cereal)* ⇒maize *UK;* ⇒corn *US* **2** *(granos)* ⇒sweetcorn

majestad *s.f.* **1** ⇒majesty **2** *(realeza)* ⇒Majesty: *Sus Majestades, el rey y la reina* - their Majesties, the King and Queen

majo, ja *adj.* ⇒nice

mal ▮ *adj.* **1** Véase **malo, la** ▮ *s.m.* **2** ⇒evil: *el bien y el mal* - good and evil; ⇒malaise **3** *(enfermedad)* ⇒malady (*pl* maladies); ⇒malaise ▮ *adv.* **4** *(de mala manera, de forma incorrecta)* ⇒badly: *hacer algo mal* - to do sth badly; ⇒wrong **5** *(con olores y sabores)* ⇒bad: *Huele mal* - It smells bad **6** *Sus hijos están muy mal educados* - Their children are extremely badly-behaved [CONSTR. Se construye con formas de participio pasado de un verbo para añadir un valor negativo a la acción: *badly-fed - mal alimentado, badly-dressed - mal vestido*] **7** *entender mal* - to misunderstand **8** *calcular mal* - to miscalculate **9** *(con grandes dificultades)* ⇒hardly: *Lo veía mal* - I could hardly see it **10** *(de salud)* ⇒ill *form: encontrarse mal* - to feel ill **11** **ir de ~ en peor** ⇒to go from bad to worse **12** **menos ~** ⇒thank God: *Menos mal que no fui* - Thank God I didn't go **13** **salir ~** ⇒to go wrong **14** **tomar a ~** ⇒to resent ⇒to be offended

malabarista *s.com.* ⇒juggler

malcriado, da *adj.* ⇒spoilt *UK: No soporto a esos niños malcriados* - I can't stand those spoilt children; ⇒spoiled *US*

malcriar *v.* ⇒to spoil

M

maldad *s.f.* **1** *(carácter)* ⇒evil ⇒wickedness **2** *(acción)* ⇒evil deed: *Me parece que se comenten muchas maldades en nombre del bienestar* - It seems to me that a lot of evil deeds are done in the name of welfare **3** *Lo que hiciste fue una maldad* - It was an evil thing to do

maldecir *v.* ⇒to swear ⇒to curse: *¿Quieres dejar de maldecir y calmarte?* - Could you stop swearing and calm down?

maldición *s.f.* ⇒curse: *Alguien te ha echado una maldición* - Someone has put a curse on you

maldito, ta *adj.* **1** *(molesto)* ⇒damned *inform;* ⇒wretched *inform: Este maldito coche se ha vuelto a estropear* - This wretched car's broken down again **2** *(por una maldición)* ⇒cursed **3** **¡maldita sea!** *col.* ⇒damn! *inform*

maleducado, da *adj.* ⇒rude

malestar *s.m.* ⇒unease: *un malestar creciente* - a growing unease

maleta *s.f.* **1** ⇒suitcase ⇒case *UK* **2** *hacer las maletas* - to pack **3** *deshacer las maletas* - to unpack

maletero *s.m. (de un coche)* ⇒boot *UK;* ⇒trunk *US*

maletín *s.m.* **1** ⇒briefcase **2** *maletín de primeros auxilios* - first-aid box

malgastar *v.* ⇒to misuse ⇒to waste

malhablado, da *adj. / s.* ⇒foul-mouthed *offens adj*

malherido, da *adj.* ⇒badly hurt

maligno, na *adj.* **1** ⇒evil **2** *(en medicina)* ⇒malignant

malintencionado, da *adj.* ⇒vicious ⇒malicious

malinterpretar *v.* **1** ⇒to misunderstand: *Me temo que has malinterpretado mis palabras* - I'm afraid you have misunderstood my words; ⇒to misinterpret ⇒to misread **2** *No me malinterpretes* - Don't get me wrong

malla ▮ *s.f.* **1** *(tela)* ⇒mesh (*pl* meshes) **2** *(prenda)* ⇒leggings *pl* **3** *(para hacer ballet o gimnasia)* ⇒leotard **4** *AMÉR. (bañador)* ⇒swimsuit ⇒swimming costume *UK;* ⇒bathing suit *US* ▮ **mallas** *pl.* **5** ⇒tights *UK;* ⇒pantyhose *US*

malo, la ▮ *adj.* **1** ⇒bad: *Esta sopa tiene un sabor malo* - This soup has a bad taste **2** *(travieso)* ⇒naughty **3** *(un enfermo)* ⇒ill *form* **4** *(un alimento)* ⇒off *inform;* ⇒rotten **5** *(un dato)* ⇒wrong **6** *(un presentimiento)* ⇒foreboding **7** *(un chiste, una broma)* ⇒corny *inform* **8** *(un olor)* ⇒foul ▮ **malo** *s.m.* **9** *(de una película)* ⇒baddie *UK inform* (*pl* baddies); ⇒villain

maloliente *adj.* ⇒smelly ⇒stinking

maltratar *v.* **1** ⇒to abuse: *Habían maltratado emocionalmente a varios de los niños* - Several of the children had been emotionally abused; ⇒to ill-treat **2** *(pegar)* ⇒to batter ⇒to brutalize: *Se cree que han maltratado a los prisioneros* - It is believed that they have brutalized the prisoners

malva ▮ *adj. / s.m.* **1** *(color)* ⇒mauve ▮ *s.f.* **2** *(flor)* ⇒mallow **3** **estar como una ~** *col.* ⇒to be as meek as a lamb **4** **estar criando malvas** *col.* ⇒to be pushing up the daisies

malvado, da ▮ *adj.* **1** ⇒wicked ⇒evil ▮ *s.* **2** ⇒villain: *el malvado de la película* - the villain of the movie

mamá *s.f. col.* ⇒mummy *UK inform* (*pl* mummies); ⇒mum *UK inform;* ⇒mommy *US inform* (*pl* mommies); ⇒ma *inform*

mamadera *s.f. AMÉR.* ⇒baby's bottle

mamar *v.* **1** ⇒to suckle **2** **dar de ~** ⇒to suckle ⇒to breast-feed

mamífero *s.m.* ⇒mammal

manada *s.f.* **1** ⇒herd ⇒drove *UK* **2** *(de perros, de lobos)* ⇒pack **3** *(de personas)* ⇒crowd **4** *(de leones)* ⇒pride

manantial *s.m.* ⇒spring

manar *v.* ⇒to flow

manazas ▮ *adj.* **1** *col.* ⇒clumsy: *ser un manazas* - to be clumsy ▮ *s.com.* **2** *col.* ⇒clumsy person ⇒butterfingers *inform*

mancha *s.f.* **1** *(de suciedad)* ⇒stain **2** *(en la piel de una persona)* ⇒spot ⇒mark **3** *(en la piel de* *un animal)* ⇒marking **4** *(en el pelo de un animal)* ⇒patch (*pl* patches) **5** *(de tinta)* ⇒blot

manchar ❙ *v.* **1** *(ensuciar)* ⇒to stain: *manchar de grasa un mantel* - to stain a tablecloth with grease **2** *(mancillar)* ⇒to tarnish: *La reputación de este actor estuvo manchada por el escándalo* - The reputation of this actor was tarnished by the scandal ❙ **mancharse** *prnl.* **3** ⇒to get dirty: *Te vas a manchar* - You are going to get dirty

manco, ca *adj.* ⇒one-handed ⇒one-armed

mandamiento *s.m.* ⇒commandment

mandar *v.* **1** *(ordenar)* ⇒to order [CONSTR. to order + to do sth]: *Mi padre me mandó salir del coche* - My father ordered me to get out of the car; ⇒to instruct [CONSTR. to instruct + to do sth] **2** *(gobernar)* ⇒to be in charge **3** *(enviar)* ⇒to send **4** *(por correo)* ⇒to post *UK;* ⇒to send ⇒to mail *US* **5** *(por fax)* ⇒to fax: *Le mandé por fax una copia* - I faxed him a copy [CONSTR. to fax + dos objetos]

mandarina *s.f.* ⇒tangerine

mandato *s.m.* **1** *(orden)* ⇒mandate: *Este territorio está bajo mandato de Naciones Unidas* - This territory is under UN mandate **2** *(período)* ⇒mandate

mandíbula *s.f.* ⇒jaw

mando *s.m.* **1** *(poder)* ⇒command: *estar al mando de una actividad* - to be in command of an activity; ⇒control **2** *(de televisión)* ⇒remote control **3** *(de un avión)* ⇒controls *pl;* ⇒joystick **4** *(en informática)* ⇒joystick

mandón, -a *adj. col.* ⇒bossy

manecilla *s.f.* ⇒hand

manejable *adj.* ⇒easy to use ⇒manageable

manejar *v.* **1** *(tratar)* ⇒to handle **2** *(controlar)* ⇒to control ⇒to handle **3** *(usar)* ⇒to operate: *¿Sabes cómo manejar esta cámara?* - Do you know how to operate this camera? **4** *AMÉR. (un vehículo)* ⇒to drive

manejo *s.m.* **1** *(uso)* ⇒handling **2** *col. (chanchullo, treta)* ⇒underhand dealings *pl* **3** *AMÉR. (de un vehículo)* ⇒driving ⇒control

manera *s.f.* **1** *(forma de hacer algo)* ⇒manner ⇒way: *de la misma manera* - in the same way **2** **a {mi/tu/su...} manera** ⇒*one's* way: *Lo hizo a su manera* - She did it her way **3** **de alguna ~** ⇒somehow **4** **de cualquier ~** **1** *(de todos modos)* ⇒anyhow *spoken;* ⇒anyway *spoken;* ⇒by hook or by crook **2** *(sin cuidado)* ⇒anyhow: *Iba vestida de cualquier manera* - She was dressing anyhow **5** **de ~ extraña** ⇒oddly **6** **de ninguna ~** ⇒by no means ⇒on no account **7** **de otra ~** ⇒otherwise

manga *s.f.* **1** *(de una prenda)* ⇒sleeve **2** *una camiseta sin mangas* - a sleeveless T-shirt **3** *una camisa de manga corta* - a short-sleeved shirt; *una camisa de manga larga* - a long-sleeved shirt

mangar *v. col.* ⇒to pinch *UK inform;* ⇒to nick *UK inform;* ⇒to swipe *inform;* ⇒to filch *inform col.* *Alguien me ha mangado los lápices* - Someone has filched my pencils

mango *s.m.* **1** *(de una cosa)* ⇒handle **2** *(de un arma)* ⇒shaft **3** *(fruta)* ⇒mango (*pl* mangoes, mangos)

manguera *s.f.* ⇒hose: *manguera de incendios* - fire hose

manía *s.f.* **1** *(trastorno mental)* ⇒mania: *Siempre está limpiando, es una especie de manía* - She's always cleaning; it's like a mania with her **2** *col. (antipatía)* ⇒dislike: *cogerle manía a algo* - to take a dislike to sth; ⇒spite **3** *(particularidad)* ⇒foible: *Todos tenemos nuestras pequeñas manías* - We all have our little foibles

maniático, ca *adj.* ⇒fussy: *Es muy maniático en lo que respecta a la casa; todo tiene que estar completamente perfecto* - He's so fussy about the house; everything has to be absolutely perfect; ⇒fanatical ⇒particular: *Es muy maniática con la comida* - She's very particular about what she eats

manicomio *s.m. col.* ⇒asylum *old-fash;* ⇒mental hospital

manifestación *s.f.* **1** *(expresión o muestra de algo)* ⇒expression **2** *(concentración de personas)* ⇒demonstration: *una manifestación contra la guerra* - an anti-war demonstration

manifestante *s.com.* ⇒demonstrator

manifestar ❙ *v.* **1** *(declarar)* ⇒to state *form* [CONSTR. 1. to state + (that) 2. to state + interrogativo]: *Manifestó que no consideraba oportuno intervenir* - He stated that he didn't think it was appropriate to intervene **2** *(mostrar)* ⇒to show [CONSTR. to show + interrogativo]: *En la carta manifestaba cuánto la quería* - In the letter he showed how much he loved her ❙ **manifestarse** *prnl.* **3** *(un grupo de personas)* ⇒to demonstrate **4** *(surgir, brotar)* ⇒to become apparent

manillar *s.m.* ⇒handlebars *pl*

maniobra ❙ *s.f.* **1** ⇒manoeuvre *UK;* ⇒maneuver *US* **2** *hacer una maniobra a la derecha* - to manoeuvre to the right ❙ **maniobras** *pl.* **3** *(militares)* ⇒manoeuvres *UK;* ⇒maneuvers *US*

maniobrar *v.* ⇒to manoeuvre *UK;* ⇒to maneuver *US: maniobrar a la izquierda* - to manoeuvre to the left

manipular *v.* **1** *(tocar)* ⇒to handle: *Lávate siempre las manos antes de manipular la comida* - Always wash your hands before handling food;

⇒to process **2** *(influir)* ⇒to manipulate: *Ha conseguido manipular a los medios de comunicación con éxito* - She has very successfully manipulated the media

maniquí ▌ *s.com.* **1** *(persona)* ⇒model ▌ *s.m.* **2** *(figura)* ⇒dummy (*pl* dummies)

manitas *s.com.* **1** ⇒jack-of-all-trades **2** *Soy muy manitas* - I'm good with my hands

manivela *s.f.* ⇒handle

manjar *s.m.* ⇒delicacy (*pl* delicacies)

mano *s.f.* **1** ⇒hand ⇒paw *inform* **2** *(en fútbol)* ⇒handball **3** *(de pintura)* ⇒coat **4 a ~ 1** *(manualmente)* ⇒by hand: *hecho a mano* - made by hand / handmade **2** *(cerca)* ⇒handy *inform: tener algo a mano* - to have sth handy **5 a ~ derecha** ⇒on the right hand side **6 a ~ izquierda** ⇒on the left hand side **7 con las manos en la masa** ⇒red-handed **8 dar la ~** ⇒to shake hands **9 dejar en manos de alguien** ⇒to deposit *sth* with *sb* **10 de la ~** ⇒hand in hand **11 de ~** ⇒carry-on: *bolso de mano* - carry-on bag **12 de primera ~** ⇒first-hand **13 de segunda ~** ⇒second-hand **14 echar una ~** ⇒to give a hand ⇒to help out **15 en las manos de alguien** ⇒in *sb's* power **16 entre manos 1** *(trabajo, asunto)* ⇒in hand **2** *¿Qué te traes entre manos?* - What are you up to? **17 ~ a ~** ⇒hand-to-hand **18 ~ de obra** ⇒manpower ⇒labour *UK* **19 ~ derecha** *(persona de confianza)* ⇒right-hand man **20 pedir la ~** ⇒to propose to **21 ponerse manos a la obra** ⇒to get down to **22 saludar con la ~** ⇒to wave

manojo *s.m.* **1** ⇒bunch (*pl* bunches) **2** *ser un manojo de nervios* - to be a bundle of nerves

manopla *s.f.* **1** *(para el frío)* ⇒mitten **2** *(para la cocina)* ⇒oven glove

manosear *v.* **1** *(una cosa)* ⇒to touch ⇒to handle: *Deja de manosear las naranjas* - Stop handling the oranges **2** *(a una persona)* ⇒to touch up *UK inform;* ⇒to paw ⇒to grope *inform;* ⇒to pet

mansión *s.f.* ⇒mansion

manso, sa *adj.* **1** *(un animal)* ⇒tame **2** *(una persona)* ⇒meek ⇒mild **3** *(una cosa)* ⇒peaceful ⇒quiet: *aguas mansas* - quiet water

manta ▌ *s.f.* **1** *(para abrigarse)* ⇒blanket **2** *(pez)* ⇒manta ray ▌ *s.com.* **3** *col. (persona): ser un manta* - to be inept **4 liarse la ~ a la cabeza** *col.* ⇒to take the plunge

manteca *s.f.* **1** ⇒fat **2** *AMÉR.* ⇒butter **3** *manteca de cerdo* - lard **4** *manteca de cacao* - cocoa butter

mantel *s.m.* **1** ⇒tablecloth **2** *(individual)* ⇒mat

mantener *v.* **1** *(conservar algo en buenas condiciones)* ⇒to maintain *form;* ⇒to sustain: *mantener una relación* - to sustain a relationship; ⇒to keep: *mantener el orden* - to keep order **2** *(sujetar)* ⇒to hold **3** *(económicamente)* ⇒to support

mantenimiento *s.m.* ⇒maintenance

mantequilla *s.f.* ⇒butter

manual ▌ *adj.* **1** ⇒manual ▌ *s.m.* **2** ⇒manual ⇒handbook

manufacturar *v.* ⇒to manufacture

manuscrito, ta ▌ *adj.* **1** ⇒handwritten ▌ **manuscrito** *s.m.* **2** ⇒manuscript

manzana *s.f.* **1** *(fruta)* ⇒apple **2** *(de casas)* ⇒block: *La tienda de la que te hablé está en la manzana siguiente* - The shop I told you about is on the next block

manzanilla *s.f.* **1** *(planta)* ⇒camomile **2** *(infusión)* ⇒camomile tea: *Si estás enfermo, una manzanilla te sentará bien* - If you feel sick, a camomile tea will do you good; ⇒chamomile tea

manzano *s.m.* ⇒apple tree

maña *s.f.* ⇒skill ⇒cunning

mañana ▌ *s.m.* **1** *(tiempo futuro)* ⇒future: *pensar en el mañana* - to think about the future ▌ *s.f.* **2** *(parte del día)* ⇒morning: *Tenemos tres clases por la mañana* - We have three lessons in the morning **3 a media ~** ⇒mid-morning **4 de la ~** *(para las horas)* ⇒a.m. [Procede de *ante meridiem* (antes del mediodía)] [Cuando se dice *a.m.* no se dice *o'clock*]: *Llegaré a las 8 de la mañana* - I'll arrive at 8 a.m. ▌ *adv.* **5** *(el día siguiente)* ⇒tomorrow **6 pasado ~** ⇒the day after tomorrow

mañoso, sa *adj. col.* ⇒skilful *UK;* ⇒skillful *US*

mapa *s.m.* **1** ⇒map **2 desaparecer del ~** ⇒to vanish off the face of the earth

maqueta *s.f.* **1** *(de un edificio)* ⇒model **2** *(de un disco)* ⇒demo *UK inform*

maquillaje *s.m.* ⇒make-up: *Siempre lleva maquillaje* - She always wears make-up

maquillar *v.* ⇒to make up: *maquillar a alguien* - to make sb up; *La joven se maquilló para ir a la fiesta* - The girl made herself up to go to the party

máquina *s.f.* **1** ⇒machine: *máquina de coser* - sewing machine **2 ~ de afeitar 1** *(cuchilla)* ⇒razor **2** *(eléctrica)* ⇒shaver **3 ~ de escribir** ⇒typewriter **4 ~ de fotos** ⇒camera

maquinaria *s.f.* ⇒machinery

maquinilla *s.f.* **1** ⇒razor **2 ~ eléctrica** ⇒shaver

maquinista *s.com.* ⇒engine driver *UK;* ⇒engineer *US*

mar *s.amb.* **1** ⇒sea: *por mar* - by sea **2 la ~ de** *(mucho)* ⇒a lot of: *hacer la mar de cosas* - to do a lot of things **3 ~ gruesa** ⇒heavy sea

maratón *s.amb.* ⇒marathon

maravilla *s.f.* ⇒marvel ⇒wonder: *las siete maravillas del mundo* - the seven wonders of the world

maravillar ▮ *v.* **1** ⇨to amaze ▮ **maravillarse** *prnl.* **2** ⇨to marvel [CONSTR. 1. to marvel at sth 2. to marvel + (that)]; ⇨to wonder [CONSTR. 1. to wonder at sb 2. to wonder + (that)]: *Se maravilló de que pudieras hacerlo* - She wondered that you could make it

maravilloso, sa *adj.* ⇨marvellous *UK;* ⇨marvelous *US;* ⇨wonderful: *¡Es una idea maravillosa!* - That's a wonderful idea!

marca *s.f.* **1** *(señal)* ⇨mark **2** *(de un producto)* ⇨make

marcador *s.m.* **1** *(tablero)* ⇨scoreboard **2** *(rotulador)* ⇨marker **3** *(para un libro)* ⇨bookmark

marcar *v.* **1** *(un número de teléfono)* ⇨to dial **2** *(registrar)* ⇨to register ⇨to show: *El reloj marca las diez en punto* - The clock shows 10 o'clock **3** *(señalar)* ⇨to tick *UK: marcar la respuesta correcta* - to tick the correct answer; ⇨to check *US* **4** *(un tanto)* ⇨to score **5** *(a un jugador)* ⇨to mark

marcha *s.f.* **1** *(caminata)* ⇨walk **2** *(grupo organizado de personas)* ⇨march (*pl* marches) **3** *(de un coche o de una bicicleta)* ⇨gear **4** *col. (animación)* ⇨action: *un sitio con mucha marcha* - a place with a lot of action **5 en ~** ⇨on: *La lavadora está en marcha* - The washing machine is on **6 poner en ~** ⇨to start

marchar ▮ *v.* **1** *(ir)* ⇨to march: *Marcharon hacia el pueblo nada más conocer la noticia* - They marched towards the town as soon as they heard the news **2** *(transcurrir)* ⇨to go: *¿Cómo marchan las cosas entre vosotros dos?* - How are things going between you two? **3** *(un coche)* ⇨to run: *El coche marcha bien* - The car is running ok **4** *(un mecanismo)* ⇨to work: *La impresora no marcha bien* - The printer isn't working well ▮ **marcharse** *prnl.* **5** ⇨to go ⇨to go away: *Márchate, por favor* - Please, go away

marchito, ta *adj.* **1** *(una flor)* ⇨withened **2** *(una cualidad, un sentimiento)* ⇨faded

marchoso, sa *adj. / s. col. ser muy marchoso* - to be into the nightlife

marciano, na *adj. / s.* ⇨Martian

marco *s.m.* **1** *(de un cuadro)* ⇨frame ⇨picture frame **2** *(de una puerta)* ⇨doorframe **3** *(moneda)* ⇨mark: *El marco era la moneda de Alemania antes del euro* - The mark was the German coin before the euro

marea *s.f.* **1** ⇨tide: *marea baja* - low tide **2 ~ negra** ⇨oil slick

mareado, da *adj.* **1** *(con naúseas)* ⇨dizzy **2** *(con pérdida de equilibrio)* ⇨sick **3** *(por ir en un coche)* ⇨carsick **4** *(por ir en un barco)* ⇨seasick

marear ▮ *v.* **1** *(producir náuseas)* ⇨to make feel sick: *Leer en el coche me marea* - Reading in the car makes me feel sick **2** *(perder el equilibrio)* ⇨to make feel dizzy: *Me marean las alturas* - Heights make me feel dizzy **3** *col. (hartar): Me estás mareando con tus tonterías* - You're doing my head in with your nonsense **4** *(perder uno mismo el equilibrio)* ⇨to feel dizzy: *Te mareaste porque tenías la tensión baja* - You felt dizzy because your blood pressure was low ▮ **marearse** *prnl.* **5** *(sentir náuseas)* ⇨to feel sick: *Se mareó con el olor* - He felt sick because of the smell; *Me mareé en el barco* - I got seasick on the ship

mareo *s.m.* **1** *(pérdida del equilibrio)* ⇨dizziness **2** *Me ha dado un mareo* - I feel dizzy **3** *(con nauseas)* ⇨sickness **4** *(causado por el movimiento de un barco)* ⇨seasickness **5** *col. (fastidio)* ⇨drag *inform: ¡Todo este papeleo es un mareo!* - All this paperwork is such a drag!

marfil *s.m.* ⇨ivory

margarina *s.f.* ⇨margarine

margarita *s.f.* ⇨daisy (*pl* daisies)

margen *s.m.* **1** *(extremo)* ⇨margin ⇨fringe **2** *(flexibilidad)* ⇨scope: *margen de acción* - scope for action **3** *(orilla)* ⇨bank **4 al ~** ⇨apart: *al margen de algo* - apart from sth

marginar *v.* **1** *(a un colectivo)* ⇨to marginalize ⇨to marginalise *UK: marginar a un grupo* - to marginalise a group **2** *(a una persona)* ⇨to shun: *Sus amigos y su familia le marginaron* - He was shunned by friends and family alike; ⇨to ostracize *form;* ⇨to ostracise *UK form: Los niños de su clase nunca lo marginaron en sus juegos* - The children in his class never ostracised him in their games

marido *s.m.* ⇨husband

marimandón, -a ▮ *adj.* **1** *col.* ⇨bossy ▮ *s.* **2** *col.* ⇨bossy boots *inform* (*pl* bossy boots)

marina *s.f.* ⇨navy: *Se alistó en la marina* - He joined the navy

marinero, ra *s.* ⇨sailor

marino, na ▮ *adj.* **1** *(del mar): sal marina* - sea salt; *corrientes marinas* - ocean currents ▮ **marino** *s.m.* **2** *(persona)* ⇨sailor

marioneta *s.f.* ⇨puppet

mariposa *s.f.* ⇨butterfly (*pl* butterflies)

mariquita *s.f. (insecto)* ⇨ladybird *UK;* ⇨ladybug *US*

marisco *s.m.* **1** ⇨seafood [U]: *Soy alérgico al marisco* - I am allergic to seafood **2** *(con caparazón, con concha)* ⇨shellfish (*pl* shellfish)

marisma *s.f.* ⇨marsh (*pl* marshes)

marítimo, ma *adj.* **1** ⇨maritime *form;* ⇨marine **2** *paseo marítimo* - promenade; *puerto*

marítimo - seaport; *un pueblo marítimo* - a coastal town
mármol *s.m.* ⇒marble
marqués, -a ▮ *s.* **1** *(hombre)* ⇒marquis (*pl* marquises); ⇒marquess (*pl* marquesses) **2** *(mujer)* ⇒marchioness (*pl* marchionesses) ▮ **marqueses** *pl.* **3** *(marqués y marquesa)* ⇒marquis and marchioness (*pl* marquises and marchionesses); ⇒marquess and marchioness (*pl* marquesses and marchionesses)
marranada *s.f.* **1** *col. (cosa sucia)* ⇒filth [U] **2** *col. (imagen indecente)* ⇒filth [U] **3** *col. (faena)* ⇒dirty trick
marrano, na ▮ *s.* **1** *(animal)* ⇒pig ▮ *adj./s.* **2** *col. desp. (persona)* ⇒pig *inform, offens*
marrón ▮ *adj./s.m.* **1** ⇒brown ▮ *s.m.* **2** *col. (asunto desagradable)* ⇒sticky situation ⇒mess: *Me metí en un marrón por copiar en el examen* - I got myself into a mess by cheating in the exam
marroquí *adj./s.com.* ⇒Moroccan
Marruecos *s.m.* ⇒Morocco
martes *s.m.* ⇒Tuesday
martillear *v.* ⇒to hammer
martillo *s.m.* ⇒hammer
mártir *s.com.* ⇒martyr
marzo *s.m.* ⇒March
más ▮ *s.m.* **1** ⇒plus: *Dos más tres es igual a cinco* - Two plus three is five ▮ *adv.* **2** *(en comparativos): Mi sillón es más confortable que el tuyo* - My armchair is more comfortable than yours; *Eres más alto que yo* - You are taller than me [CONSTR. Se construye con la forma comparativa del adjetivo añadiendo *-er* en aquellos adjetivos de una sílaba, o de dos sílabas que acaban en -y (*louder, easier*), y *more* en el resto (*more expensive*)] **3** *(en superlativos): Esta película es la más emocionante de todas* - This film is the most exciting of them all; *Soy la más baja de mi clase* - I am the shortest in my class [CONSTR. Se construye con la forma superlativa del adjetivo añadiendo *-est* en aquellos adjetivos de una sílaba, o de dos sílabas que acaban en -y (*loudest, easiest*), y *most* en el resto (*most expensive*)] **4** *(con pronombres interrogativos, indefinidos o negativos)* ⇒else: *¿Algo más?* - Anything else?; *¿Qué más necesitas?* - What else do you need?; *Nadie más nos ayudó* - Nobody else helped us **5** *No lo sabe nadie más que ella* - Nobody knows it but her **6 de ~ 1** *(de sobra)* ⇒spare: *Tengo un bolígrafo de más* - I have a spare pen; ⇒extra **2** *(en exceso)* ⇒too much: *El camarero me dio 2 libras de más* - The barman gave me 2 pounds too much **7 es ~** ⇒what's more **8 lo que está de ~** ⇒odd man out **9 ~ allá** ⇒beyond: *más allá de algo* - beyond sth **10 ~ bien** ⇒rather: *Es más bien estúpido* - He is rather stupid **11 ~ de** ⇒over: *Hoy somos más de diez en clase* - Today we are over ten people in the classroom **12 ~ o menos** ⇒more or less ⇒or so **13 ~ vale que** ⇒had better: *Más vale que vayamos a casa* - We had better go home **14 ~ y ~** ⇒more and more **15 nunca ~** ⇒never again
masa *s.f.* **1** ⇒mass (*pl* masses): *Había masas de gente en la ciudad hoy* - There were masses of people in town today **2** *(para hacer pan)* ⇒dough **3** *(para hacer pasteles)* ⇒pastry
masacrar *v.* ⇒to massacre
masacre *s.f.* ⇒massacre ⇒slaughter
masaje *s.m.* ⇒massage
masajear *v.* ⇒to massage
masajista *s.com.* **1** *(hombre)* ⇒masseur **2** *(mujer)* ⇒masseuse
mascar *v.* ⇒to chew
máscara *s.f.* ⇒mask: *máscara de oxígeno* - oxygen mask
mascarilla *s.f.* **1** *(para protegerse)* ⇒mask **2** *(producto de belleza)* ⇒face mask
mascota *s.f.* **1** *(animal de compañía)* ⇒pet **2** *(talismán)* ⇒mascot
masculino, na *adj.* **1** *(biológicamente)* ⇒male **2** *(en las formas)* ⇒masculine **3** *(en gramática)* ⇒masculine
masivo, va *adj.* ⇒massive: *un ataque masivo* - a massive attack
masticar *v.* **1** ⇒to chew **2** *(algo crujiente)* ⇒to crunch
mástil *s.m.* **1** *(de un barco)* ⇒mast **2** *(de una bandera)* ⇒flagpole
mata *s.f.* ⇒bush (*pl* bushes); ⇒shrub
matadero *s.m.* ⇒slaughterhouse ⇒abattoir *UK*
matanza *s.f. (de personas, de animales)* ⇒killing ⇒slaughter ⇒massacre
matar ▮ *v.* **1** ⇒to kill **2 ~ el tiempo** *col.* ⇒to kill time ▮ **matarse** *prnl.* **3** ⇒to get oneself killed: *Dave casi se mata escalando una montaña* - Dave almost got himself killed climbing up a mountain **4** *(suicidarse)* ⇒to kill oneself **5** *col. (trabajar mucho)* ⇒to slave away *inform;* ⇒to work hard
matasellos *s.m.* ⇒postmark
mate ▮ *adj.* **1** *(que no brilla)* ⇒matt *UK;* ⇒matte *US: La fotografía está disponible en acabado mate o brillo* - The photo is available in matt or gloss finish ▮ *s.m.* **2** *(infusión)* ⇒maté **3** *(en baloncesto)* ⇒slam dunk *UK;* ⇒dunk *US* **4 jaque ~** ⇒checkmate
matemática *s.f.* ⇒mathematics *form* [U]; ⇒maths *UK* [U]; ⇒math *US* [U] [Se usa normalmente con un verbo en singular]: *Las matemáticas es una*

M

asignatura difícil - Mathematics is a difficult subject

matemático, ca ▮ *adj.* **1** *(de la matemática)* ⇒mathematical **2** *(exacto)* ⇒exact ▮ *s.* **3** *(persona)* ⇒mathematician

materia ▮ *s.f.* **1** *(física)* ⇒matter: *materia orgánica* - organic matter **2** *(asignatura)* ⇒subject **3 ~ prima** ⇒raw material ▮ **materias** *pl.* **4** ⇒contents

material ▮ *s.m.* **1** ⇒material ▮ **materiales** *pl.* **2** ⇒equipment *sing;* ⇒materials

materialista ▮ *adj.* **1** ⇒materialistic ▮ *s.com.* **2** ⇒materialist

maternal *adj.* ⇒maternal

maternidad *s.f.* **1** *(situación)* ⇒motherhood ⇒maternity **2** *(hospital)* ⇒maternity hospital

materno, na *adj.* **1** ⇒motherly **2** *(parentesco)* ⇒maternal: *mi abuelo materno* - my maternal grandfather **3 lengua materna** ⇒mother tongue

matinal *adj. un paseo matinal* - a morning walk

matiz *s.m.* **1** *(tono)* ⇒shade **2** *(detalle)* ⇒shade ⇒nuance

matón, -a *s. col.* ⇒thug

matorral *s.m.* ⇒scrub ⇒thicket

matrícula *s.f.* **1** *(de un vehículo)* ⇒registration number ⇒number plate *UK;* ⇒license plate *US* **2** *(tasas, dinero para inscribirse)* ⇒fee ⇒tuition *US* **3** *(inscripción)* ⇒registration: *matrícula gratuita* - free registration; ⇒enrolment *UK;* ⇒enrollment *US*

matricular *v.* ⇒to register ⇒to enrol *UK: Su madre lo matriculó en un colegio público* - His mother enrolled him in a state school; *Me he matriculado en un curso nuevo* - I've enrolled on a new course; ⇒to enroll *US*

matrimonio *s.m.* **1** *(institución)* ⇒marriage ⇒matrimony *form* **2** *(pareja casada)* ⇒married couple

matutino, na *adj. periódico matutino* - morning paper; *sesión matutina* - morning session

maullar *v.* ⇒to miaow

maullido *s.m.* ⇒miaow

Mauritania *s.f.* ⇒Mauritania

mauritano, na *adj./s.* ⇒Mauritanian

máximo, ma ▮ *adj.* **1** ⇒highest: *la máxima autoridad* - the highest authority; ⇒maximum ⇒top ▮ **máximo** *s.m.* **2** ⇒maximum **3 al máximo** *trabajar al máximo* - to work to one's maximum capacity; *esforzarse al máximo* - to try one's utmost **4 como máximo** ⇒at most

mayo *s.m.* ⇒May

mayonesa *s.f.* ⇒mayonnaise

mayor ▮ *adj.* **1** *(de edad, con un uso comparativo)* ⇒older: *Mi prima es mayor que yo* - My cousin is older than me; ⇒elder: *¿Cuál es la mayor de las dos hermanas?* - Which is the elder of the two sisters? **2** *(de edad, con un uso superlativo)* ⇒oldest: *Soy el mayor de mis hermanos* - I am the oldest brother; ⇒eldest: *John es el mayor de mis cuatro hijos* - John is the eldest of my four children **3** *(de edad avanzada)* ⇒old ⇒elderly: *Hay que respetar a las personas mayores* - We have to respect elderly people **4** *(de tamaño, con un uso comparativo)* ⇒bigger: *Necesito una caja mayor* - I need a bigger box **5** *(de tamaño, con un uso superlativo)* ⇒biggest: *Soy la mayor de mi clase* - I am the biggest in my class; ⇒largest: *Este es el puente mayor que he visto* - This is the largest bridge I have ever seen **6** *(de importancia, con un uso comparativo)* ⇒greater: *Debes dedicarle un mayor esfuerzo a los estudios* - You must make a greater effort to study **7** *(de importancia, con un uso superlativo)* ⇒greatest: *Mis nietos son mi mayor alegría* - My grandchildren are my greatest joy; ⇒main: *La plaza mayor y la calle mayor están en el centro* - The main square and the main street are in the town centre ▮ *s.com.* **8** *(persona adulta)* ⇒adult: *Escucha lo que los mayores tienen que decirte* - Listen to what the adults have to tell you **9** *(persona de más edad)* ⇒elder: *Él es el mayor* - He is the elder **10 al por ~** ⇒wholesale ⇒in bulk **11 hacerse ~** ⇒to grow up

mayordomo *s.m.* ⇒butler

mayoría *s.f.* **1** ⇒majority: *Esto es importante para la mayoría* - This is important for the majority; ⇒generality *form* **2 la ~ de** ⇒most: *la mayoría de la gente* - most people; ⇒most of [Normalmente se usa con un verbo en plural]: *La mayoría de nosotros tiene correo electrónico* - Most of us have e-mail address

mayúscula *s.f.* ⇒capital letter ⇒capital: *en mayúsculas* - in capitals; ⇒upper case letter ⇒upper case ■ Ver cuadro en página siguiente

mazapán *s.m.* ⇒marzipan [U]

mazo *s.m.* ⇒mallet

me *pron.pers.* **1** *(no reflexivo)* ⇒me: *Me dijo que vendría* - He told me that he was coming; *Llámame* - Call me **2** *(reflexivo)* ⇒myself: *Me corté con el cuchillo del pan* - I cut myself with the bread knife

mear ▮ *v.* **1** *vulg.* ⇒to piss *vulg* ▮ **mearse** *prnl.* **2** *vulg. (hacerse pis)* ⇒to wet oneself **3** *vulg. (tener ganas)* ⇒to be dying for a pee *inform: Me estoy meando* - I'm dying for a pee; ⇒to be pissing **4** *vulg. (reírse mucho)* ⇒to piss oneself laughing *vulg*

mecánico, ca ▮ *adj.* **1** *(de la mecánica)* ⇒mechanical **2** *(sin pensar)* ⇒mindless: *un trabajo bastante mecánico* - a fairly mindless work; ⇒mechanical ⇒mechanistic: *una respuesta mecánica* - a mechanistic answer ▮ *s.* **3** ⇒mechanic
mecanismo *s.m.* **1** ⇒device ⇒mechanism **2** ~ **de cuerda** ⇒clockwork
mecanografiar *v.* ⇒to type
mecanógrafo, fa *s.* ⇒typist
mecedora *s.f.* ⇒rocking chair
mecer ▮ *v.* **1** ⇒to rock ▮ **mecerse** *prnl.* **2** ⇒to rock **3** *(en un columpio)* ⇒to swing
mecha *s.f.* **1** *(de una vela)* ⇒wick **2** *(de un explosivo)* ⇒fuse **3** *(en el pelo)* ⇒highlight **4 a toda ~** *col.* ⇒at full speed
mechero *s.m.* ⇒lighter
mechón *s.m.* ⇒lock
medalla *s.f.* ⇒medal
media ▮ *s.f.* **1** *(promedio)* ⇒average **2** *(para hablar de la hora)* ⇒half (*pl* halves): *las nueve y media* - half past nine; *media hora* - half an hour ▮ **medias** *pl.* **3** *(prenda de vestir)* ⇒tights *UK pl;* ⇒pantyhose *US* **4** *(hasta el muslo)* ⇒stockings
mediados **(a ~)** ⇒halfway: *Le llamaré a mediados de semana* - I'll call him through the week; ⇒in the middle of: *a mediados de mes* - in the middle of the month; ⇒mid: *Me iré a mediados de agosto* - I'll be leaving by mid August
medialuna *s.f.* **1** *(objeto con forma de luna)* ⇒crescent **2** *(cruasán)* *AMÉR.* ⇒croissant
mediano, na *adj.* **1** ⇒medium **2** *(común, normal)* ⇒average
medianoche *s.f.* ⇒midnight
mediante *prep.* ⇒through: *Lograste el ascenso mediante una recomendación* - You got your promotion through recommendation; ⇒by means of: *Subí el cubo mediante una polea* - I got the bucket up by means of a pulley
medicamento *s.m.* ⇒drug ⇒medicine
medicina *s.f.* **1** *(ciencia)* ⇒medicine: *medicina alternativa* - alternative medicine **2** *(medicamento)* ⇒drug ⇒medicine

uso de la mayúscula

Las mayúsculas se usan más en inglés que en español. Siempre se utilizan mayúsculas con:

- Los días de la semana y los meses:
  - *I have an appointment with the dentist on **Tuesday**, 10th of **July**.*
    (Tengo cita con el dentista el próximo martes, 10 de julio.)
- Las épocas y los grandes hitos históricos:
  - *the **Middle Ages***
    (la Edad Media)
  - *the **Industrial Revolution***
    (la Revolución industrial)
- Las lenguas y las nacionalidades:
  - *In this **Swiss** school we learn **German**, **French** and **Italian**.*
    (En este colegio suizo estudiamos alemán, francés e italiano.)
- El pronombre personal de primera persona de singular (yo):
  - ***I** need some help, please.*
    (Necesito ayuda, por favor.)
- Los títulos de libros, artículos, películas y canciones:
  - *The film* **Gone With The Wind** *is based on the novel of the same title.*
    (La película *Lo que el viento se llevó* está basada en una novela del mismo título.)
- Los nombres de ríos, mares, montañas, países, regiones, ciudades y pueblos:
  - *The **River Thames** runs through **London**.*
    (El río Támesis pasa por Londres.)

médico, ca ▌ *adj.* **1** ⇒medical ▌ *s.* **2** ⇒doctor **3 médico de familia** ⇒general practitioner ⇒GP ⇒family doctor

medida *s.f.* **1** *(medición de algo)* ⇒measurement **2** *(unidad)* ⇒measure **3** *(acción)* ⇒measure: *tomar medidas para conseguir algo* - to take measures to do sth **4 a la ~ de** ⇒suited to **5 a ~ que** ⇒as **6 en la ~ de lo posible** ⇒as far as possible

medieval *adj.* ⇒medieval

medio, dia ▌ *adj.* **1** *(mitad)* ⇒half: *medio paquete* - half a pack **2** *(mediano, corriente)* ⇒average ⇒medium: *Tiene una estatura media* - She's medium height **3 a medias 1** *(a partes iguales)* ⇒half and half: *pagar a medias* - to pay half and half; ⇒fifty-fifty **2** *(no del todo)* ⇒half: *una verdad a medias* - a half-truth **4 y media** ⇒and a half: *una hora y media* - one hour and a half ▌ **medio** *s.m.* **5** *(centro)* ⇒middle **6** *(recurso, forma)* ⇒way: *Es el único medio de hacerlo* - This is the only way to do it; ⇒method ⇒means **7 en medio de** ⇒in the middle of **8 medio ambiente** ⇒environment **9 medio de transporte** ⇒means of transport **10 medios de comunicación** ⇒media **11 medios económicos** ⇒means **12 ponerse en medio** ⇒to get in the way ⇒to be in the way **13 por el medio** ⇒in half **14 por medio de** ⇒by means of **15 quitar de en medio** *col.* ⇒to take *sth* out of the way **16 quitarse de en medio** *col.* ⇒to get out of the way

mediocre *adj.* ⇒mediocre

mediodía *s.m.* **1** *(a las doce)* ⇒midday ⇒noon: *a mediodía* - at noon **2** *(período de tiempo)* ⇒midday

medir *v.* **1** ⇒to measure: *Mido un metro setenta* - I'm 1.70 m tall **2** *(valorar, apreciar)* ⇒to weigh up: *medir los riesgos* - to weigh up the risks **3** *(moderar): medir las palabras* - to moderate one's language

meditar *v.* ⇒to meditate *form;* ⇒to think about: *meditar sobre algo* - to think about sth

mediterráneo, a *adj.* ⇒Mediterranean

medusa *s.f.* ⇒jellyfish (*pl* jellyfish, jellyfishes)

megáfono *s.m.* ⇒megaphone

mejicano, na *adj. / s.* Véase **mexicano, na**

mejilla *s.f.* ⇒cheek

mejillón *s.m.* ⇒mussel

mejor *adv.* **1** *(en comparativos)* ⇒better: *El libro es mejor que la película* - The book is better than the film **2** *(en superlativos)* ⇒best: *Lo mejor es consultarlo con ellos* - The best thing is to consult them about it **3 a lo ~** ⇒maybe **4 ~ que ~** ⇒so much the better

mejora *s.f.* ⇒improvement ⇒refinement

mejorar ▌ *v.* **1** ⇒to improve: *Parece que su estado mejora* - Her condition seems to be improving; ⇒to progress ⇒to better ▌ **mejorarse** *prnl.* **2** ⇒to get better: *El tiempo está mejorando* - The weather is getting better; *Ya me he mejorado del catarro* - My cold has got better already

mejoría *s.f.* ⇒improvement

melancólico, ca *adj.* ⇒sad ⇒melancholic *form*

melena *s.f.* **1** *(de una persona)* ⇒long hair **2** *Llevaba la melena suelta* - She wore her hair down **3** *(de un animal)* ⇒mane

mellizo, za *adj. / s.* ⇒twin

melocotón *s.m.* ⇒peach (*pl* peaches): *melocotón en almíbar* - peaches in syrup

melocotonero *s.m.* ⇒peach tree

melodía *s.f.* **1** ⇒melody (*pl* melodies); ⇒tune: *Me gusta mucho esa melodía* - I really like that tune **2** *(de un teléfono móvil)* ⇒ringtone

melón *s.m.* ⇒melon

membrillo *s.m.* **1** *(árbol)* ⇒quince tree **2** *(fruto)* ⇒quince **3** *(dulce)* ⇒quince jelly

memoria ▌ *s.f.* **1** *(facultad, recuerdo)* ⇒memory: *tener buena memoria* - to have a good memory **2** *(escrito)* ⇒report: *Todavía no he escrito la memoria anual* - I still haven't written the annual report **3** *(en informática)* ⇒memory **4 de ~** ⇒by heart **5 hacer ~** ⇒to try to remember **6 traer a la ~** *(recordar)* ⇒to bring back **7 venir a la ~** ⇒to come to mind ▌ **memorias** *pl.* **8** *(libro)* ⇒memoirs

memorizar *v.* ⇒to memorize ⇒to memorise *UK: memorizar una lección* - to memorise a lesson

menaje *s.m.* **1** ⇒household items *pl* **2** *menaje de cocina* - kitchen utensils

mencionar *v.* ⇒to mention [CONSTR. 1. to mention + (that) 2. to mention + doing sth 3. to mention + interrogativo]: *Mencioné que iba a Australia, pero no dijo nada* - I mentioned going to Australia but he didn't say anything; *¿Ha mencionado lo que iba a hacer?* - Did he mentioned what he was going to do?; ⇒to bring up *UK: Siempre mencionaba lo triste que estaba* - She was always bringing up how sad she was

mendigar *v.* ⇒to beg [CONSTR. to beg for sth]: *Mendigaba comida* - He was begging for food

mendigo, ga *s.* ⇒beggar

menear ▌ *v.* **1** ⇒to shake ⇒to wag: *El perro meneaba el rabo* - The dog wagged its tail **2** *(las caderas)* ⇒to wiggle ▌ **menearse** *prnl.* **3** *col.* *(una persona)* ⇒to fidget: *El niño no paraba de menearse en su asiento* - The child didn't stop fidgeting in his seat

menestra *s.f.* ⇒vegetable stew

menguante *adj.* **1** ⇒decreasing **2** *(la luna)* ⇒waning: *luna menguante* - waning moon **3 cuarto ~** ⇒last quarter

menor ▮ *adj.* **1** *(de edad, con un uso comparativo)* ⇒younger: *Mi prima es menor que yo* - My cousin is younger than me **2** *(de edad, con un uso superlativo)* ⇒youngest: *Soy el menor de mis hermanos* - I am the youngest brother **3** *(de tamaño, con un uso comparativo)* ⇒smaller: *Mi casa es menor que la tuya* - My house is smaller than yours **4** *(de tamaño, con un uso superlativo)* ⇒smallest: *Necesito la caja de menor tamaño* - I need the smallest box **5** *(en música)* ⇒menor **6** *(poco importante)* ⇒minor: *un poeta menor del siglo XVI* - a minor poet of the 16th-century ▮ *s.com.* **7** *no apto para menores de 18 años* - not suitable for under-eighteens **8 vender al por ~** ⇒to retail

menos ▮ *s.m.* **1** ⇒minus: *Siete menos dos es igual a cinco* - Seven minus two is five ▮ *adv.* **2** *(en comparativos)* ⇒less: *Kimberly tiene menos paga que yo* - Kimberly gets less pocket money than I do **3** *(en comparativos, con nombres contables)* ⇒fewer: *Tengo menos libros que tú* - I have fewer books than you **4** *(en superlativos)* ⇒least: *Roy es la persona que menos habla en clase* - The person who speaks the least in this class is Roy **5** *(en superlativos, con nombres contables)* ⇒fewest: *Este es el libro que tiene menos páginas* - This is the book that has the fewest pages **6** *(para indicar la hora)* ⇒to: *las ocho menos diez* - ten to eight **7** *(excepto)* ⇒but: *Vinieron todos menos él* - They all came but him; ⇒except **8 a ~ que** ⇒unless: *No iré a menos que vengas conmigo* - I will not go unless you come with me **9 de ~** ⇒too little: *El camarero me dio 2 libras de menos* - The barman gave me 2 pounds too little; ⇒too few **10 echar de ~** ⇒to miss **11 más o ~** ⇒more or less ⇒or so **12 ~ cuarto** ⇒quarter to **13 por lo ~** ⇒at least **14 ser lo de ~** ⇒to be the least important thing: *No te preocupes, eso es lo de menos* - Don't worry, that's the least important thing

M

menospreciar *v.* **1** *(mostrar hostilidad)* ⇒to despise: *Los dos grupos se menospreciaban el uno al otro* - The two groups despise each other **2** *(mostrar superioridad)* ⇒to look down on *sb*: *Siempre me menosprecia* - She always looks down on me; ⇒to pour scorn on **3** *(infravalorar)* ⇒to belittle ⇒to deprecate: *Siempre menosprecia mis logros* - He always deprecates my achievements; ⇒to underestimate

mensaje *s.m.* **1** ⇒message: *captar el mensaje* - to get the message **2 ~ de error** *(en informática)* ⇒error message **3 ~ de socorro** ⇒SOS message **4 ~ de texto** ⇒text message

mensajero, ra *s.* ⇒messenger

mensual *adj.* ⇒monthly

mensualidad *s.f.* **1** *(salario)* ⇒monthly salary (*pl* monthly salaries) **2** *(pago)* ⇒monthly payment

menta *s.f.* **1** ⇒mint **2 ~ poleo** ⇒peppermint tea

mental *adj.* ⇒mental

mentalidad *s.f.* **1** ⇒mentality **2** *tener una mentalidad abierta* - to be open-minded

mentalizar ▮ *v.* **1** *(concienciar)* ⇒to mentally prepare ⇒to make aware [CONSTR. to make sb aware of sth] ▮ **mentalizarse** *prnl.* **2** *(concienciarse)* ⇒to mentally prepare oneself ⇒to get *sth* into *one's* head: *Ya me he mentalizado para dejar de fumar* - I've already got it into my head that I have to give up smoking; ⇒to become aware [CONSTR. to become aware of sth]; ⇒to come to terms [CONSTR. to come to terms with sth]

mente *s.f.* ⇒mind

mentir *v.* ⇒to lie: *No me mientas* - Don't lie to me

mentira *s.f.* ⇒lie: *mentira piadosa* - white lie

mentirijillas (de ~) ⇒in jest: *Lo dije de mentirijillas* - I said it in jest

mentiroso, sa ▮ *adj.* **1** ⇒lying ▮ *s.* **2** ⇒liar

menú *s.m.* **1** ⇒menu **2** *(de un programa informático)* ⇒menu: *un menú desplegable* - a drop-down menu **3 ~ del día** ⇒set menu

menudo, da *adj.* **1** *(pequeño)* ⇒small ⇒tiny **2** *(en exclamaciones)*: *¡Menudo lío!* - What a fuss!; *¡Menuda suerte tiene!* - He is so lucky! **3 a menudo** ⇒often [CONSTR. Se sitúa detrás del verbo *to be* y de los verbos auxiliares y modales *He's often late for school - Llega tarde al colegio con frecuencia* y delante de los demás verbos *I often go to the theatre - Voy al teatro a menudo*]

meñique *s.m.* ⇒little finger

mercadillo *s.m.* ⇒street market

mercado *s.m.* ⇒market

mercancía *s.f.* ⇒goods *pl: Todavía no ha llegado la mercancía* - The goods haven't arrived yet; ⇒merchandise *form*

mercería *s.f.* ⇒haberdasher's *UK* (*pl* haberdashers'); ⇒notions store *US*

mercurio *s.m. (elemento químico)* ⇒mercury

merendar *v.* **1** ⇒to have a snack **2** *Merendaré un bocadillo* - I'll have a sandwich

merendero *s.m.* ⇒picnic area

merengue *s.m.* ⇒meringue

meridional *adj.* ⇒southern

merienda *s.f.* **1** ⇒afternoon snack **2** *(en el campo)* ⇒picnic **3** *(merienda-cena)* ⇒tea *UK*

mérito *s.m.* ⇒merit *form: Conseguí el trabajo por méritos propios* - I got the job on my own merits

mermelada *s.f.* ⇒jam UK; ⇒jelly US (*pl* jellies)
mero, ra ▌*adj.* **1** ⇒mere: *El mero hecho de pensarlo me pone enfermo* - The mere thought of it makes me feel ill ▌**mero** *s.m.* **2** *(pez)* ⇒grouper
merodear *v.* **1** *(sin malas intenciones)* ⇒to hang about **2** *(con malas intenciones)* ⇒to prowl
mes *s.m.* **1** ⇒month: *dentro de un mes* - in a month's time **2** *al mes* - monthly; *una vez al mes* - once a month **3** *Está de cinco meses* - She is five month pregnant
mesa *s.f.* **1** ⇒table: *la mesa del comedor* - the dining table **2** *(de una oficina)* ⇒desk: *Mi mesa está cubierta de papeles* - My desk is covered with papers **3** ~ **auxiliar** ⇒side table ⇒coffee table **4** ~ **redonda** *(reunión)* ⇒round table **5** **poner la** ~ ⇒to lay the table **6** **quitar la** ~ ⇒to clear the table
meseta *s.f.* ⇒plateau (*pl* plateaux, plateaus)
mesilla *s.f.* ⇒bedside table
mesón *s.m.* **1** *(de comidas)* ⇒tavern **2** *(de hospedaje)* ⇒inn
mestizo, za ▌*adj.* **1** ⇒of mixed race ▌*s.* **2** ⇒person of mixed race
meta *s.f.* **1** ⇒finishing-line **2** *(en una carrera de caballos)* ⇒winning post **3** *(portería)* ⇒goal **4** *(propósito, aspiración)* ⇒goal: *alcanzar una meta* - to achieve a goal
metáfora *s.f.* ⇒metaphor
metal *s.m.* ⇒metal
metálico, ca *adj.* **1** ⇒metallic **2** *una lámina metálica* - a metal sheet **3** **en metálico** ⇒in cash: *En el mercado tienes que pagar en metálico* - In the market, you have to pay in cash
metalizado, da *adj.* ⇒metallic: *azul metalizado* - metallic blue
meteorología *s.f.* ⇒meteorology
meteorológico, ca *adj.* **1** ⇒meteorological **2** *parte meteorológico* - weather report
meter ▌*v.* **1** *(poner)* ⇒to put: *No olvides meter una toalla en la bolsa* - Don't forget to put a towel on the bag **2** *(introducir)* ⇒to insert: *Tienes que meter una moneda por la ranura* - You have to insert a coin on the slot **3** *(datos en un ordenador)* ⇒to feed **4** *(con dificultad)* ⇒to squeeze: *No pude meter más ropa en la lavadora* - I couldn't squeeze any more clothes into the washing machine **5** *(implicar)* ⇒to involve: *Estaba metido en aquellos asuntos sucios* - He was involved on those shady business **6** *(un punto, un gol)* ⇒to score: *Metió dos goles en el partido* - He scored two goals on the match **7** ~ **la pata** *col.* ⇒to put *one's* foot in it **8** ~ **prisa** ⇒to hurry up ⇒to rush [CONSTR. to rush + to do sth] ▌**meterse** *prnl.* **9** *(entrar)* ⇒to get into: *meterse en una habitación* - to get into a room **10** *(en un asunto)* ⇒to get involved **11** *(entrometerse)* ⇒to interfere **12** *(con alguien)* ⇒to pick on
meticuloso, sa *adj.* **1** *(una persona)* ⇒careful ⇒conscientious **2** *(un documento)* ⇒meticulous ⇒thorough: *un estudio meticuloso de los problemas* - a thorough study of the problems
método *s.m.* ⇒method ⇒system
metralleta *s.f.* ⇒submachine gun
métrico, ca *adj.* ⇒metric: *el sistema métrico* - the metric system
metro *s.m.* **1** *(unidad de medida)* ⇒metre UK; ⇒meter US **2** *(cinta métrica)* ⇒tape measure **3** *(regla)* ⇒ruler **4** *(medio de transporte)* ⇒underground UK; ⇒tube *inform* UK *inform;* ⇒subway US **5** *(en poesía)* ⇒metre UK; ⇒meter US **6** ~ **cuadrado** ⇒square metre UK; ⇒square meter US **7** ~ **cúbico** ⇒cubic metre UK; ⇒cubic meter US
mexicano, na *adj. / s.* ⇒Mexican
México *s.m.* ⇒Mexico
mezcla *s.f.* **1** ⇒mixture **2** *(de té, de café)* ⇒blend
mezclar ▌*v.* **1** ⇒to mix ⇒to blend **2** *(revolver)* ⇒to jumble **3** *(ideas, palabras)* ⇒to scramble ▌**mezclarse** *prnl.* **4** *(involucrarse)* ⇒to get mixed up: *mezclarse con algo* - to get mixed up in sth
mezquino, na *adj.* **1** *(tacaño)* ⇒mean UK; ⇒miserly **2** *(ruin)* ⇒contemptible: *Su comportamiento fue mezquino* - Her behaviour was contemptible; ⇒shabby
mezquita *s.f.* ⇒mosque
mi ▌*poses.* **1** ⇒my: *Mi padre es piloto, y mi madre, médico* - My father is a pilot and my mother is a doctor; *Mis primos viven en Inglaterra* - My cousins live in England ▌*s.m.* **2** *(nota musical)* ⇒E
mí *pron.pers.* **1** *(no reflexivo)* ⇒me: *¿Eso es para mí?* - Is that for me? **2** *(reflexivo)* ⇒I: *A mí también me duele la cabeza* - I have got a headache too **3** ⇒myself: *Voy a pensar en mí misma* - I'm going to think of myself
micro *s.m.* ⇒mike *inform*
microbio *s.m.* ⇒germ ⇒microbe
micrófono *s.m.* ⇒microphone ⇒mike *inform*
microondas *s.m.* ⇒microwave oven ⇒microwave
microscopio *s.m.* ⇒microscope
miedica *adj. / s.com. col.* ⇒chicken *inform*
miedo *s.m.* **1** ⇒fear **2** *dar miedo a alguien* - to scare sb **3** **tener** ~ **a** ⇒to be afraid of *sth/sb*
miedoso, sa ▌*adj.* **1** ⇒timid ⇒fearful *form* ▌*s.* **2** ⇒coward
miel *s.f.* ⇒honey
miembro *s.m.* **1** *(de una colectividad)* ⇒member **2** *(del cuerpo humano)* ⇒limb
mientras ▌*adv.* **1** ⇒meanwhile ⇒in the meantime: *Tiene una reunión por la mañana. Mientras,*

M

yo intentaré acabar el informe - She's got a meeting in the morning. In the meantime I'll try to finish the report **2** ~ **tanto** ⇨meanwhile ⇨in the meantime ▮ *conj.* **3** ⇨while: *Lo haré mientras esperas* - I'll do it while you wait **4** ~ **que** ⇨whereas

miércoles *s.m.* **1** ⇨Wednesday **2 Miércoles de Ceniza** ⇨Ash Wednesday

miga *s.f.* **1** ⇨crumb **2 hacer buenas migas con alguien** *col.* ⇨to get on well with *sb*

mil *numer.* **1** ⇨thousand: *mil libras* - a thousand pounds; *Había miles de personas* - There were thousands of people **2** ~ **millones** ⇨billion

milagro *s.m.* ⇨miracle: *hacer milagros* - to work miracles

milagroso, sa *adj.* ⇨miraculous

milenio *s.m.* ⇨millennium

milésimo, ma *numer.* ⇨thousandth

mili *s.f.* ⇨military service

miligramo *s.m.* ⇨milligramme ⇨milligram

milímetro *s.m.* ⇨millimetre *UK;* ⇨millimeter *US*

militante ▮ *adj.* **1** ⇨militant ▮ *s.com.* **2** ⇨activist

militar ▮ *adj.* **1** ⇨military ▮ *s.m.* **2** *(sin especificar sexo)* ⇨soldier **3** *(hombre)* ⇨serviceman (*pl* servicemen) **4** *(mujer)* ⇨servicewoman (*pl* servicewomen)

milla *s.f.* ⇨mile

millar *s.m. millares de personas* - thousands of people

millardo *pron.numer. (mil millones)* ⇨billion

millón *pron.numer.* ⇨million

millonario, ria *adj./s.* ⇨millionaire *n*

millonésimo, ma *numer.* ⇨millionth

mimado *adj.* ⇨spoilt *UK;* ⇨spoiled *US*

mimar *v.* **1** *(mostrar cariño)* ⇨to pamper: *Me gusta que me mimen* - I like being pampered; ⇨to cuddle **2** *(consentir)* ⇨to spoil: *mimar a un niño* - to spoil a child; ⇨to pamper **3** *(proteger excesivamente)* ⇨to mollycoddle: *No estás ayudando nada a los niños mimándolos así* - You're not helping the children by mollycoddling them

mimbre *s.amb.* **1** *(árbol)* ⇨willow **2** *(material)* ⇨wicker

mímica *s.f.* ⇨mime

mimo *s.m.* **1** *(representación teatral)* ⇨mime **2** *hacer mimo* - to mime **3** *(cariño)* ⇨loving care **4** *dar mimos* - to pamper **5** *(actor)* ⇨mime artist

mina *s.f.* **1** *(de minerales)* ⇨mine: *mina de carbón* - coal mine; ⇨pit **2** *(de un lápiz)* ⇨lead **3** ~ **de oro** *col. (buen negocio)* ⇨goldmine ⇨money-spinner

mineral ▮ *adj.* **1** ⇨mineral: *agua mineral* - mineral water ▮ *s.m.* **2** ⇨mineral

minero, ra *s.* ⇨coalminer ⇨miner

miniatura *s.f.* **1** ⇨model: *una miniatura de un avión* - a plane model **2 de** ~ ⇨miniature: *una colección de coches de miniatura* - a collection of miniature cars

minifalda *s.f.* ⇨miniskirt

mínima *s.f.* ⇨minimum temperature

mínimo, ma ▮ *adj.* **1** ⇨minimal: *una diferencia mínima* - a minimal difference; ⇨least ▮ **mínimo** *s.m.* **2** ⇨minimum ⇨modicum *form: No hay ni un mínimo de verdad en sus declaraciones* - There's not even a modicum of truth in her statement **3 como mínimo** ⇨at the very least

minino, na *s. col.* ⇨pussy *inform* (*pl* pussies); ⇨kitty *inform* (*pl* kitties)

ministerio *s.m.* **1** ⇨ministry (*pl* ministries): *Ministerio de Sanidad* - Ministry of Health **2** *(en Gran Bretaña)* ⇨department: *Ministerio de Sanidad* - Department of Health

ministro, tra *s.* **1** ⇨minister *UK: el ministro de Defensa* - the Minister for the Defence **2** *(en Gran Bretaña)* ⇨secretary *US* (*pl* secretaries): *el ministro de Asuntos Exteriores* - the Foreign Secretary; ⇨Secretary of State *UK: el ministro de Educación* - the Secretary of State for Education **3** *(de la iglesia protestante)* ⇨minister **4 primer ministro** ⇨Prime Minister

minoría *s.f.* ⇨minority (*pl* minorities)

minucioso, sa *adj.* ⇨meticulous ⇨thorough

minúscula *s.f.* ⇨small letter ⇨lower case letter ⇨lower case

minúsculo, la *adj.* ⇨tiny ⇨minute

minusválido, da ▮ *adj.* **1** ⇨disabled ⇨handicapped [Se considera más apropiado utilizar *disabled*] ▮ *s.* **2** ⇨disabled person: *Hay una zona de aparcamiento reservada para minusválidos* - There is a reserved parking area for disabled people; ⇨handicapped person ⇨cripple *offens, old-fash*

minutero *s.m.* ⇨minute hand: *Se ha parado el minutero de mi reloj* - The minute hand of my watch has stopped

minuto *s.m.* ⇨minute

mío, a *poses.* **1** *(precedido del verbo «ser»)* ⇨mine: *Este osito de peluche es mío* - This teddy bear is mine; *Ese es tu lápiz y este es el mío* - That is your pencil and this is mine **2** *(precedido de un sustantivo)* ⇨of mine: *Una amiga mía vive en Rusia* - A friend of mine lives in Russia **3** *(pronombre)* ⇨mine: *El mío es más bonito* - Mine is prettier

miope ▮ *adj.* **1** ⇨short-sighted *UK;* ⇨nearsighted *US;* ⇨myopic *form* ▮ *s.com.* **2** ⇨short-sighted person *UK;* ⇨nearsighted person *US;* ⇨myopic person *form*

miopía *s.f.* ⇨short-sightedness *UK;* ⇨near-sightedness *US;* ⇨myopia *form*

mirada *s.f.* **1** ⇨look **2** *(ojeada, vistazo)* ⇨glance **3** *(de forma fija)* ⇨stare **4** *(de arriba abajo)* ⇨once-over *inform* **5 echar una ~ a algo** ⇨to have a look at *sth* ⇨to take a glance at *sth*

mirador *s.m.* **1** *(en un edificio)* ⇨balcony (*pl* balconies) **2** *(en un lugar natural)* ⇨viewpoint

mirar ▮ *v.* **1** ⇨to look [CONSTR. to look at sth/sb]: *Mira esta foto* - Look at this picture **2** *(algo en movimiento)* ⇨to watch: *mirar la televisión* - to watch TV **3** *(observar)* ⇨to watch [CONSTR. 1. to watch sb + doing sth 2. to watch + do sth 3. to watch + interrogativo]: *¿Por qué me miras tanto?* - Why are you watching me so much? **4** *(buscar)* ⇨to look **5** *(en un diccionario)* ⇨to look up **6** *(ser cuidadoso)* ⇨to be careful: *Mira lo que haces* - Be careful what you do **7** *(aguzando la vista)* ⇨to peer at **8** *(fijamente)* ⇨to stare **9** *(con atención)* ⇨to eye **10** *(airadamente)* ⇨to glare **11** *(furtiva y rápidamente)* ⇨to peek **12** *(a hurtadillas)* ⇨to peep **13** *(estar orientado)* ⇨to face: *Mi ventana mira al sur* - My window faces south **14 quedarse mirando** ⇨to gaze [CONSTR. to gaze at sth/sb] ▮ **mirarse** *prnl.* **15** *(uno mismo)* ⇨to look at oneself: *Se miró en el espejo* - He looked at himself in the mirror **16** *(uno a otro)* ⇨to look at each other ■ Ver cuadro see / look at / watch

mirón, -a *adj./s.* **1** *col. ser un mirón* - to enjoy gawking at people **2** *col.* ⇨snoop

misa *s.f.* **1** ⇨mass (*pl* masses) **2** *ir a misa* - to go to church

miserable ▮ *adj.* **1** *(infeliz)* ⇨miserable ⇨wretched **2** *(insignificante)* ⇨miserable ⇨paltry: *Las becas que reciben los estudiantes hoy en día son miserables* - Student grants these days are paltry **3** *desp. (malvado)* ⇨villainous ⇨despicable ⇨miserly: *una persona miserable* - a miserly person ▮ *s.com.* **4** *desp. (malvado)* ⇨wretch (*pl* wretches); ⇨scoundrel *old-fash;* ⇨miser

miseria *s.f.* **1** *(pobreza)* ⇨poverty **2** *(sufrimiento, desgracia)* ⇨misery **3** *(cantidad insignificante)* ⇨pittance: *Gana una miseria* - He earns a pittance

misil *s.m.* ⇨missile

misión *s.f.* **1** *(deber)* ⇨task **2** *(orden)* ⇨mission **3** *(lugar)* ⇨mission

misionero, ra *s.* ⇨missionary (*pl* missionaries)

mismo, ma *adj.* **1** ⇨same: *Siempre haces lo mismo* - You always do the same **2** *¡Tú mismo lo dijiste!* - You said it yourself! **3** *Los vi en este mismo sitio* - I saw them in this very place **4** *Me enteré de lo ocurrido ayer mismo* - I learned of the incident only yesterday

misterio *s.m.* **1** ⇨mystery (*pl* mysteries) **2** *(algo difícil de comprender)* ⇨puzzle ⇨mystery (*pl* mysteries)

misterioso, sa *adj.* ⇨mysterious

mitad *s.f.* **1** ⇨half (*pl* halves) **2** *(de un período)* ⇨middle **3 a ~ de camino** ⇨halfway **4 a ~ de precio** ⇨half-price **5 por la ~** ⇨in half

mítico, ca *adj.* ⇨mythical

mitin *s.m.* ⇨political meeting ⇨rally (*pl* rallies)

mito *s.m.* **1** ⇨myth **2** *(persona)* ⇨legend

mixto, ta *adj. (un colegio)* ⇨mixed

mobiliario *s.m.* ⇨furniture [U]

mocasín *s.m.* ⇨moccasin

mochila *s.f.* ⇨rucksack *UK;* ⇨backpack *US*

moco *s.m.* **1** ⇨mucus [U]; ⇨snot *inform* [U] **2 llorar a ~ tendido** *col.* ⇨to cry *one's* eyes out *inform;* ⇨to sob *one's* heart out *inform*

mocoso, sa ▮ *adj.* **1** *(con mocos): estar mocoso* - to have a runny nose ▮ *s.* **2** *desp. (crío)* ⇨squirt *old-fash;* ⇨monkey

moda *s.f.* **1** ⇨fashion **2 a la ~** ⇨trendy **3 de ~** ⇨fashionable ⇨in fashion **4 pasado de ~** ⇨old-fashioned ⇨out of date ⇨out of fashion

modal ▮ *adj.* **1** *(en gramática)* ⇨modal: *verbos modales* - modal verbs ▮ **modales** *s.m.pl.* **2** ⇨manners ■ Ver cuadro modal verbs

modelar *v.* **1** ⇨to shape ⇨to model **2** *(en escultura)* ⇨to sculpt

modelo ▮ *s.com.* **1** *(persona)* ⇨model ▮ *s.m.* **2** *(ejemplo de perfección)* ⇨model **3** *(patrón)* ⇨mock-up: *Nos enseñó un modelo de cómo sería el coche* - She showed us a mock-up of what the car will look like

moderado, da *adj.* ⇨moderate

moderador, -a *s.* **1** *(sin especificar sexo)* ⇨moderator **2** *(hombre)* ⇨chairman (*pl* chairmen) **3** *(mujer)* ⇨chairwoman (*pl* chairwomen)

moderar *v.* **1** *(disminuir)* ⇨to reduce: *moderar la velocidad* - to reduce speed **2** *(el tono de voz)* ⇨to soften **3** *(el lenguaje, los impulsos)* ⇨to mind: *Modera tus palabras* - Mind your words **4** *(tranquilizar)* ⇨to moderate: *Las condiciones meteorológicas se han moderado, haciendo posible un intento de rescate* - Weather conditions have moderated, making a rescue attempt possible **5** *(un debate)* ⇨to chair

modernizar ▮ *v.* **1** ⇨to modernize ⇨to modernise *UK* ▮ **modernizarse** *prnl.* **2** *(un proceso)* ⇨to become modernized ⇨to become modernised *UK* **3** *(una persona)* ⇨to become more modern

moderno, na *adj.* **1** *(de la época presente)* ⇨modern **2** *(a la moda)* ⇨fashionable ⇨trendy

modestia *s.f.* **1** ⇨modesty **2 ~ aparte** ⇨without boasting

M

modesto, ta *adj.* ⇒modest
modificar *v.* **1** ⇒to modify **2** *(un texto)* ⇒to amend ⇒to alter: *Alguien ha modificado mi informe* - My report has been altered
modisto, ta ▮ *s.* **1** *(de ropa de mujer)* ⇒dressmaker ▮ **modisto** *s.m.* **2** *(diseñador)* ⇒fashion designer
modo *s.m.* **1** ⇒way ⇒mode *form: un modo de expresión* - a mode of expression **2** *(en gramática)* ⇒mood **3 de ~ que** ⇒so: *De modo que te vas* - So, you are leaving **4 de ningún ~** ⇒absolutely not **5 de todos modos** ⇒anyway *spoken;* ⇒anyhow *spoken;* ⇒in any case
moflete *s.m. col.* ⇒chubby cheek *inform*
mogollón *s.m. col. (mucha cantidad)* ⇒loads *inform*
moho *s.m.* ⇒mould *UK;* ⇒mold *US*
mojado, da *adj.* ⇒wet
mojar ▮ *v.* **1** ⇒to wet: *Creo que esas camisetas están todavía mojadas* - I think those t-shirts are still wet **2** *(un alimento)* ⇒to dunk ⇒to dip: *Me gusta mojar la galleta en el té* - I like dunking my biscuit in my tea ▮ **mojarse** *prnl.* **3** ⇒to get wet: *Estaba lloviendo tanto que nos mojamos completamente* - It was raining so hard that we got utterly wet **4** *col. (tomar parte en un asunto)* ⇒to commit oneself: *Mójate y da tu opinión* - Commit yourself and give your opinion
molde *s.m.* **1** ⇒mould *UK: romper el molde* - to break the mould; ⇒mold *US* **2** *(de horno)* ⇒pan *US*
moldear *v.* **1** ⇒to mould *UK;* ⇒to mold *US* **2** *(el pelo)* ⇒to give a soft perm
molécula *s.f.* ⇒molecule
moler *v.* **1** ⇒to grind: *moler el café* - to grind coffee **2** *(cansar)* ⇒to wear out ⇒to exhaust: *Estábamos molidos cuando llegamos a la meta* - We were exhausted by the time we reached the finishing-line
molestar ▮ *v.* **1** *(causar molestia)* ⇒to annoy ⇒to bother: *Siento molestarte* - I'm sorry to bother you; ⇒to disturb ⇒to trouble *form: ¿Le molesta que fume?* - Does it trouble if I smoke?; ⇒to intrude ⇒to bug *inform* **2** *(ofender)* ⇒to upset ▮ **molestarse** *prnl.* **3** *(en hacer algo)* ⇒to take the trouble ⇒to bother [CONSTR. 1. to bother + doing sth 3. to bother + to do sth 3. to bother + that] **4** *(ofenderse)* ⇒to be offended: *No deberías molestarte por sus palabras* - You shouldn't be offended by her words
molestia *s.f.* **1** ⇒bother ⇒inconvenience [U] **2** *(dolor)* ⇒discomfort: *Puede sentir ligeras molestias algunos días después de la operación* - You may feel a little discomfort for a few days after the operation; ⇒ache
molesto, ta *adj.* **1** ⇒annoying **2** *(incómodo)* ⇒uncomfortable: *Hizo que me sintiera molesto* - He made me feel uncomfortable **3** *(enfadado)* ⇒cross ⇒peeved *inform*
molido, da *adj.* **1** *(triturado)* ⇒ground **2** *(cansado, agotado)* ⇒exhausted ⇒shattered *inform UK*
molino *s.m.* **1** ⇒mill **2** *(de viento)* ⇒windmill *UK;* ⇒pinwheel *US*
momento *s.m.* **1** ⇒moment ⇒point: *el momento crítico* - the turning point; ⇒second *inform* **2 al ~** ⇒at once ⇒straight away ⇒immediately **3 de ~** ⇒so far ⇒for the moment ⇒for now **4 de un ~ a otro** ⇒at any moment **5 en el último ~** ⇒at the last moment ⇒at the eleventh hour **6 en este ~** ⇒at the moment **7 hace un ~** ⇒just now **8 por el ~** ⇒for the time being ⇒presently **9 un ~** ⇒just a minute ⇒just a moment ⇒just a second
momia *s.f.* ⇒mummy (*pl* mummies)
monaguillo *s.m.* ⇒altar boy
monarca *s.m.* ⇒monarch
monarquía *s.f.* ⇒monarchy (*pl* monarchies)
monasterio *s.m.* ⇒monastery (*pl* monasteries)
monda *s.f.* **1** ⇒peel [U] **2 ser la ~** *col.* ⇒to be a scream *inform*
mondar ▮ *v.* **1** *(pelar)* ⇒to peel ▮ **mondarse** *prnl.* **2** *col. (reírse)* ⇒to laugh *one's* head off *inform*
moneda *s.f.* **1** *(unidad monetaria)* ⇒currency (*pl* currencies) **2** *(pieza metálica)* ⇒coin **3** *tirar una moneda al aire* - to toss a coin
monedero *s.m.* ⇒purse *UK;* ⇒coin purse *US*
monigote *s.m.* **1** *col. (muñeco)* ⇒rag doll ⇒daub **2** *desp. (persona)* ⇒nobody: *Es un monigote en la empresa* - He's a nobody in the company
monitor, -a ▮ *s.* **1** ⇒instructor ⇒monitor **2** *(en un colegio)* ⇒prefect *UK* ▮ **monitor** *s.m.* **3** *(pantalla)* ⇒monitor
monja *s.f.* ⇒nun
monje *s.m.* ⇒monk
mono, na ▮ *adj.* **1** ⇒cute ⇒sweet ▮ *s.* **2** ⇒monkey ▮ **mono** *s.m.* **3** *(de trabajo)* ⇒overalls *UK pl;* ⇒jumper *US* **4** *(síndrome de abstinencia)* ⇒withdrawal symptoms ⇒cold turkey *very inform*
monopatín *s.m.* ⇒skateboard
monopolio *s.m.* ⇒monopoly (*pl* monopolies)
monótono, na *adj.* ⇒monotonous
monstruo *s.m.* ⇒monster
monstruoso, sa *adj.* **1** *(horrible)* ⇒monstrous **2** *(enorme)* ⇒monstrous ⇒huge: *Han levantado un edificio monstruoso* - They have erected a huge building
montaje *s.m.* **1** *(de piezas)* ⇒assembly **2** *(de un espectáculo)* ⇒staging **3** *(farsa)* ⇒set-up *inform:*

M

Dice que es un montaje - She claims that it is a set-up
montaña *s.f.* **1** ⇒mountain **2 ~ rusa** ⇒roller-coaster ⇒big dipper **3 puerto de ~** ⇒pass (*pl* passes); ⇒mountain pass (*pl* mountain passes)
montañero, ra *s.* **1** ⇒mountain climber **2** *(en deporte)* ⇒mountaineer
montañismo *s.m.* ⇒climbing ⇒mountaineering ⇒hill-walking: *hacer montañismo* - to go hill-walking
montañoso, sa *adj.* **1** ⇒mountainous ⇒hilly **2** *cadena montañosa* - mountain range
montar *v.* **1** *(armar las piezas de algo)* ⇒to assemble ⇒to put together **2** *(una tienda de campaña)* ⇒to pitch: *Montamos la tienda en una sombra* - We pitched our tent in the shade **3** *(un texto, una película)* ⇒to edit **4** *(en un autobús, un tren, un avión)* ⇒to get on **5** *(en un coche, un taxi)* ⇒to get in **6** *(a caballo)* ⇒to ride **7** *(en bicicleta)* ⇒to ride ⇒to cycle **8** *(un negocio)* ⇒to set up **9** *(en cocina)* ⇒to whip: *montar las claras* - to whip the whites
monte *s.m.* **1** *(montaña)* ⇒mountain **2** *(cuando se cita el nombre)* ⇒Mount: *el monte Everest* - the Mount Everest **3** *(poblado de árboles)* ⇒woodland
montículo *s.m.* ⇒hump
montón *s.m.* **1** ⇒heap ⇒pile ⇒mound **2** *(gran cantidad)* ⇒loads *inform pl: Tengo un montón de trabajo* - I've got loads of work; ⇒masses *pl*
montura *s.f.* **1** *(animal)* ⇒mount **2** *(silla de montar)* ⇒saddle **3** *(de las gafas)* ⇒frame
monumental *adj.* **1** *(de un monumento)* ⇒monumental **2** *col. (descomunal)* ⇒tremendous ⇒monumental
monumento *s.m.* **1** ⇒monument **2** *(conmemorativo)* ⇒memorial: *levantar un monumento conmemorativo* - to erect a memorial
moño *s.m.* **1** ⇒bun **2 estar hasta el ~** *col.* ⇒to be fed up: *estar hasta el moño de algo* - to be fed up with sth
moqueta *s.f.* ⇒carpet ⇒wall-to-wall carpet *US*
mora *s.f.* ⇒mulberry (*pl* mulberries)
morado, da *adj.* **1** ⇒purple **2 pasarlas moradas** *col.* ⇒to have a tough time **3 ponerse ~** *col. (atiborrarse)* ⇒to stuff oneself
moral ▮ *adj.* **1** ⇒moral ▮ *s.f.* **2** *(moralidad)* ⇒ethic ⇒morality (*pl* moralities) **3** *(ánimo, confianza)* ⇒morale **4 estar bajo de ~** ⇒to be in low spirits
moraleja *s.f.* ⇒moral
moratón *s.m.* ⇒bruise
mordaza *s.f.* ⇒gag
mordedura *s.f.* ⇒bite
morder *v.* **1** ⇒to bite: *morder a alguien* - to bite sb; *morderse las uñas* - to bite one's nails **2** *(un animal): Ese perro intentó morderme* - That dog snapped at me **3 morderse la lengua** *(contenerse)* ⇒to bite *one's* tongue
mordisco *s.m.* ⇒bite
mordisquear *v.* ⇒to snap
moreno, na ▮ *adj.* **1** *(el pelo)* ⇒dark **2** *(la piel)* ⇒brown: *ponerse moreno* - to go brown; ⇒suntanned ⇒tanned **3** *(la tez)* ⇒dark-skinned **4** *(el azúcar)* ⇒brown **5 ponerse ~** ⇒to get a tan ▮ *s.* **6** ⇒dark-haired person ▮ **moreno** *s.m.* **7** *(bronceado)* ⇒suntan ⇒tan *US*
moribundo, da *adj.* ⇒dying ⇒moribund *form*
morir ▮ *v.* **1** ⇒to die **2** *morir de frío* - to freeze to death **3** *morir de hambre* - to starve ▮ **morirse** *prnl.* **4** ⇒to die **5 morirse por hacer algo** ⇒to be dying to do *sth inform*
morriña *s.f.* **1** ⇒homesickness **2** *tener morriña* - to be homesick
morro ▮ *s.m.* **1** *(hocico)* ⇒snout **2** *(parte delantera)* ⇒nose: *el morro de un coche* - the nose of a car **3** *col. (desvergüenza)* ⇒nerve: *¡Qué morro tienes!* - What a nerve! **4 a ~** *col.* ⇒from the bottle: *beber a morro* - to drink from the bottle **5 tener el ~ de** *col.* ⇒to have the nerve to *inform: Martin tuvo el morro de pedirme más dinero* - Martin had the nerve to ask me for more money ▮ **morros** *pl.* **6** *col. (labios)* ⇒lips **7 de morros** *col. (muy enfadado)* ⇒cross
mortadela *s.f.* ⇒mortadella
mortal *adj.* **1** *(que va a morir)* ⇒mortal *lit* **2** *(que puede producir la muerte)* ⇒deadly ⇒fatal
mortero *s.m.* ⇒mortar
mosaico *s.m.* ⇒mosaic
mosca *s.f.* **1** ⇒fly (*pl* flies) **2 estar ~** *col.* ⇒to be annoyed **3 por si las moscas** *col.* ⇒just in case
mosquear ▮ *v.* **1** *col. (enfadar)* ⇒to piss off *vulg;* ⇒to annoy **2** *col. (desconfiar)* ⇒to make *sb* suspicious ▮ **mosquearse** *prnl.* **3** *col. (enfadarse)* ⇒to get pissed off *inform;* ⇒to get annoyed **4** *col. (desconfiar)* ⇒to become suspicious: *Se está mosqueando* - She's becoming suspicious
mosqueo *s.m. col. (enfado): pillarse un mosqueo* - to get into a strop
mosquito *s.m.* ⇒mosquito (*pl* mosquitoes)
mostaza *s.f.* ⇒mustard
mosto *s.m.* ⇒grape juice ⇒must
mostrador *s.m.* **1** *(en un bar)* ⇒bar **2** *(en una tienda)* ⇒counter
mostrar ▮ *v.* **1** *(enseñar)* ⇒to show: *Muéstrame las fotos* - Show me the photographs **2** *(denotar)* ⇒to manifest *form* ▮ **mostrarse** *prnl.* **3** ⇒to seem: *Se mostró algo reacio a contestar* - He seemed a bit reluctant to answer
mota *s.f.* ⇒speck

mote *s.m.* ⇒nickname
motín *s.m.* ⇒mutiny (*pl* mutinies)
motivar *v.* **1** *(causar)* ⇒to bring about: *Los continuos conflictos económicos motivaron el cambio político* - The constant economic conflicts brought about political change **2** *(animar)* ⇒to motivate [CONSTR. to motivate + to do sth]: *El entrenador motiva a sus futbolistas para que lo den todo en el campo* - The coach motivates his footballers to play their best on the pitch
motivo *s.m.* ⇒motive ⇒reason: *¿Cuál es el motivo de tu visita?* - What is the reason for your visit?; ⇒purpose
moto *s.m.* **1** *col.* ⇒bike *inform;* ⇒motorbike **2** *(acuática)* ⇒jetski®
motocicleta *s.f.* ⇒motorbike ⇒motorcycle
motociclismo *s.m.* ⇒motorcycling
motociclista *s.com.* ⇒motorcyclist
motocross *s.m.* ⇒motocross
motor, -a ▌*adj.* **1** ⇒motive ▌**motor** *s.m.* **2** *(de un vehículo)* ⇒engine **3** *(de un aparato eléctrico)* ⇒motor
motorista *s.com.* ⇒motorcyclist
mover *v.* **1** ⇒to move **2** *(agitar)* ⇒to agitate ⇒to stir **3 ¡muévete!** ⇒get a move on!
móvil ▌*adj.* **1** ⇒mobile ⇒moving ▌*adj./s.m.* **2** *(teléfono)* ⇒mobile (phone) ■ Ver cuadro ▌*s.m.* **3** *(motivo, razón)* ⇒motive
movimiento *s.m.* **1** ⇒movement ⇒motion **2** *(actividad)* ⇒activity (*pl* activities)
mozo *s.m.* **1** ⇒assistant **2** *(del equipaje)* ⇒porter **3** *(de cuadra)* ⇒groom **4** *AMÉR. (en un café o restaurante)* ⇒waiter
muchacho, cha *s.* **1** *(hombre)* ⇒boy ⇒lad *UK* **2** *(mujer)* ⇒girl ⇒lass *UK* (*pl* lasses) **3** *(criada)* ⇒maid
muchedumbre *s.f.* ⇒crowd

TELÉFONO MÓVIL

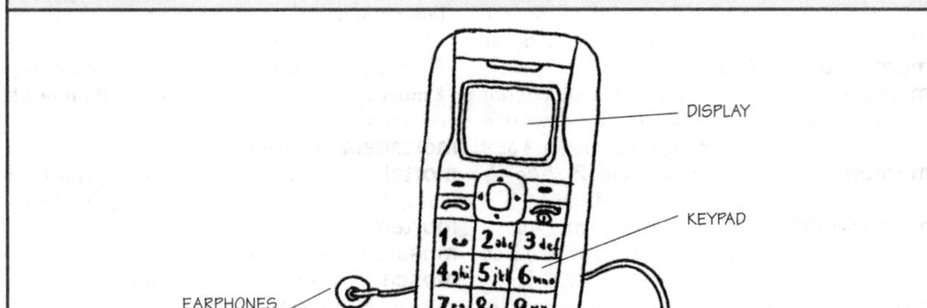

Teclas, funciones (key & functions)	Frases (phrases)
· asterisco ('asterisk') · buzón de voz ('voice mail') · contactos ('contacts') · directorio ('directory') · espacio ('space') · manos libres ('hands-free') · menú ('menu') · registro de llamadas ('call register') · almohadilla ('hash') · llamadas perdidas ('missed calls')	activar el vibrador ('to set the vibrate mode') · apagar el móvil ('to switch/turn off the mobile phone') · borrar mensajes ('to delete messages') · encender el móvil ('to turn on the mobile phone') · hacer una llamada perdida ('to give a missed call') · hacer una llamada perdida ('to give a missed call') · recargar la batería ('to recharge the battery') · mandar un mensaje ('to text/to send *[someone]* a text message') · no tener cobertura ('to have no reception / to be out of range') · liberar el móvil ('to unlock the mobile phone') · recibir un mensaje ('to receive a message') · tener una llamada perdida ('to have a missed call')

mucho, cha ▮ *indef.* **1** *(con nombres incontables, en oraciones afirmativas)* ⇒a lot of *inform: Tengo mucho trabajo* - I've got a lot of work; *Tengo mucho que hacer* - I've got a lot to do; ⇒much; *(con nombres incontables, en oraciones interrogativas y negativas): No tengo mucho que contarte* - I don't have much to tell you **2** *(con nombres contables, en oraciones afirmativas)* ⇒a lot of *inform: Tengo muchos libros* - I've got a lot of books; ⇒lots of *inform: Kevin tiene muchas ideas* - Kevin has got lots of ideas; ⇒no end of; *(con nombres contables, en oraciones interrogativas y negativas)* ⇒many *inform: Muchos creen en esas cosas* - Many believe in those things **3** *(demasiado, con nombres incontables)* ⇒too much: *No tengo mucho tiempo* - I don't have too much time **4** *(demasiado, con nombres contables)* ⇒too many: *Te metes en muchas cosas a la vez* - You are dealing with too many things at a time **5** *(con sensaciones o sentimientos)* ⇒very: *Tengo mucha hambre* - I'm very hungry **6 mucho tiempo** ⇒for hours *inform;* ⇒long: *¿Llevas esperando mucho tiempo?* - Have you been waiting long? ▮ **mucho** *adv.* **7** ⇒very much [Se sitúa al final de la oración]: *Te quiero mucho* - I love you very much; ⇒a lot *inform* [Se sitúa al final de la oración]: *Me gusta mucho tu regalo* - I like your present a lot; ⇒quite {a bit/a lot} **8 como mucho** ⇒at most **9 hace mucho** ⇒for ages *inform* **10 ni mucho menos** ⇒far from it **11 por mucho que** ⇒however much

mudanza *s.f.* **1** ⇒removal *UK;* ⇒move *US* **2** *estar de mudanza* - to be moving house

mudar ▮ *v.* **1** *(cambiar)* ⇒to shed **2** *(un animal)* ⇒to slough: *Las culebras mudan la piel con cierta regularidad* - Snakes slough their skin regularly ▮ **mudarse** *prnl.* **3** ⇒to move (out)

mudo, da *adj.* ⇒dumb

mueble ▮ *s.m.* **1** ⇒a piece of furniture ▮ **muebles** *pl.* **2** ⇒furniture [U] [Se dice *the furniture, some furniture* o *a piece of furniture*. Incorrecto: *a furniture*]

mueca *s.f.* ⇒face: *hacer muecas* - to make faces; ⇒grimace

muela *s.f.* **1** ⇒tooth (*pl* teeth) **2** *dolor de muelas* - toothache

muelle *s.m.* **1** *(de un puerto)* ⇒quay **2** *(puerto artificial)* ⇒dock ⇒pier **3** *(pieza elástica)* ⇒spring

muerte *s.f.* **1** ⇒death **2 de mala ~** *col.* ⇒awful ⇒lousy

muerto, ta ▮ *adj.* **1** ⇒dead **2 ~ de cansancio** ⇒dead tired **3 ~ de envidia** ⇒green with envy **4 ~ de frío** ⇒freezing *inform* **5 ~ de miedo** ⇒scared to death **6 ~ de sed** ⇒dying of thirst ▮ *s.* **7** ⇒dead person **8** *(plural genérico): los muertos* - the dead

muestra *s.f.* **1** *(para estudiar)* ⇒specimen ⇒sample: *una muestra de sangre* - a blood sample **2** *(anticipo de algo)* ⇒taster ⇒sample: *una muestra gratis de champú* - a free sample of shampoo; ⇒foretaste **3** *(demostración)* ⇒token: *una muestra de cariño* - a token of affection

mugir *v.* ⇒to moo

mugre *s.f.* ⇒grime

mujer *s.f.* **1** ⇒woman (*pl* women) **2** *(esposa)* ⇒wife (*pl* wives)

mulato, ta *adj. / s.* ⇒mulatto

muleta *s.f.* ⇒crutch (*pl* crutches): *andar con muletas* - to walk on crutches

muletilla *s.f.* ⇒pet word ⇒pet phrase

mulo, la *s.* ⇒mule

multa *s.f.* ⇒fine ⇒penalty (*pl* penalties)

multicolor *adj.* ⇒multicoloured

múltiple *adj.* ⇒multiple ⇒many ⇒numerous: *en múltiples ocasiones* - on numerous occasions

multiplicación *s.f.* ⇒multiplication

multiplicar ▮ *v.* **1** *(en matemáticas)* ⇒to multiply: *Multiplica cinco por tres* - Multiply five by three ▮ **multiplicarse** *prnl.* **2** *(aumentar)* ⇒to multiply

multitud *s.f.* ⇒crowd ⇒multitude *form*

mundial ▮ *adj.* **1** ⇒worldwide ⇒global **2** *el récord mundial* - the world record ▮ *s.m.* **3** *(en deportes)* ⇒world championship **4** *(de fútbol)* ⇒World Cup

mundo *s.m.* **1** ⇒world: *diferentes partes del mundo* - different parts of the world; *el mundo animal* - the animal world **2 el ~ del espectáculo** ⇒show business **3 el ~ de los negocios** ⇒the business world **4 el ~ es un pañuelo** *col.* ⇒it's a small world **5 hacer un ~ de algo** *col.* ⇒to make a meal of *sth UK inform* **6 no ser nada del otro ~** *col.* ⇒to be nothing special **7 Tercer Mundo** ⇒the Third World **8 todo el ~** ⇒everybody ⇒everyone

munición *s.f.* ⇒ammunition [U]

municipal *adj.* ⇒municipal

municipio *s.m.* **1** *(territorio)* ⇒municipality (*pl* municipalities); ⇒borough **2** *(ayuntamiento)* ⇒city council ⇒town council

muñeca *s.f.* **1** *(para jugar)* ⇒doll **2** *(parte del cuerpo)* ⇒wrist

muñeco *s.m.* **1** *(para jugar)* ⇒doll **2** *(de peluche)* ⇒soft toy **3 ~ de nieve** ⇒snowman (*pl* snowmen)

muñequera *s.f.* ⇒wristband

mural *s.m.* ⇒mural

muralla *s.f.* ⇒wall ⇒rampart
murciélago *s.m.* ⇒bat
murmullo *s.m.* ⇒murmur
murmurar *v.* **1** *(hablar en voz baja)* ⇒to murmur ⇒to mutter **2** *(cotillear)* ⇒to gossip
muro *s.m.* ⇒wall
musa *s.f.* ⇒muse
musaraña *s.f.* **1** ⇒shrew **2 pensar en las musarañas** *col.* ⇒to daydream
muscular *adj.* ⇒muscular
músculo *s.m.* ⇒muscle
musculoso, sa *adj.* ⇒muscular
museo *s.m.* ⇒museum
musgo *s.m.* ⇒moss
música *s.f.* **1** ⇒music: *música clásica* - classical music **2 ~ en directo** ⇒live music
musical ▮ *adj.* **1** ⇒musical **2 escala ~** ⇒scale ▮ *s.m.* **3** ⇒musical
músico, ca *s.* ⇒musician
muslo *s.m.* **1** *(de una persona)* ⇒thigh **2** *(de pollo)* ⇒leg
mustio, tia *adj.* **1** *(una flor)* ⇒withered **2** *(una planta)* ⇒droopy *inform* **3** *(triste)* ⇒down-hearted ⇒down **4** *AMÉR. (hipócrita)* ⇒two-faced
musulmán, -a *adj. / s.* ⇒Moslem ⇒Muslim
mutilar *v.* ⇒to mutilate
mutuo, tua *adj.* ⇒mutual
muy *adv.* **1** ⇒very ⇒extremely ⇒really [CONSTR. Se sitúa delante del adjetivo] **2 por ~** ⇒however ⇒no matter how: *Por muy hambriento que estés, tendrás que esperar* - No matter how hungry you are, you will have to wait

n

n *s.f. (letra del alfabeto)* →n

nabo *s.m.* →turnip

nacer *v.* **1** →to be born [Se dice: *I was born in London* - *Nací en Londres*. Incorrecto: *I born in London*]: *Nigel nació en 1985* - Nigel was born in 1985; *nacer para actor* - born to be an actor

nacimiento *s.m.* **1** →birth **2** *Es ciego de nacimiento* - He was born blind **3** *(de un río)* →source **4** *(belén)* →nativity scene

nación *s.f.* →nation

nacional *adj.* →national →domestic: *vuelos nacionales* - domestic flights

nacionalidad *s.f.* →nationality (*pl* nationalities)

nada ▮ *pron.indef.* **1** *(cuando el verbo en inglés está en forma afirmativa)* →nothing: *No tengo nada* - I have got nothing **2** *(cuando el verbo en inglés está en forma negativa)* →anything: *No pude ver nada* - I couldn't see anything **3** →any: *No tengo nada de dinero* - I haven't got any money; →none **4 de ~ 1** →not at all →you're welcome: *«Gracias» «De nada»* - «Thanks» «You're welcome»; →don't mention it **2** *(carente de importancia)* →little **5 ~ más 1** *(enseguida)* →as soon as: *Nada más llegar, me puse a trabajar* - As soon as I arrived, I got down to work **2** *(eso es todo)* →that's all: *Quiero dos kilos de manzanas y nada más* - I want two kilos of apples and that's all **6 ~ más y ~ menos 1** *(una persona)* →none other than **2** *(cantidad)* →no less than **7 ~ menos** →no less: *Nos felicitó nada menos que la directora* - The director, no less, congratulated us ▮ *s.f.* **8** →void →nil →nothingness: *Una gran guerra podría reducirnos a la nada* - A big war could reduce us to nothingness **9 de la ~** →out of nowhere →out of the blue ▮ *adv.* **10** *(en absoluto)* →at all: *No te veo nada contento* - You don't seem happy at all **11 ~ mal** →not bad at all **12 para ~** *col.* →none too →not at all

nadador, -a *s.* →swimmer

nadar *v.* **1** →to swim **2** *nadar a braza* - to do the breaststroke; *nadar a crol* - to do crawl

nadie *pron.indef.* **1** *(cuando el verbo en inglés está en forma afirmativa)* →nobody: *Nadie me llama* - Nobody calls me; →no one: *No hay nadie en casa* - There's no one home **2** *(cuando el verbo en inglés está en forma negativa o interrogativa)* →anybody: *No tienes por qué hablar con nadie si no quieres* - You don't have to talk to anybody if you don't want to; →anyone: *No se lo contó a nadie* - He didn't tell anyone **3 ser un don ~** →to be a nobody

nailon *s.m.* →nylon®

naipe *s.m.* →playing card

nana *s.f.* **1** *(canción)* →lullaby (*pl* lullabies) **2** AMÉR. *(niñera)* →nanny (*pl* nannies)

naranja ▮ *adj./s.m.* **1** *(color)* →orange ▮ *s.f.* **2** *(fruta)* →orange **3 ser la media ~ de alguien** →to be *sb's* other half

naranjada *s.f.* →orange drink →orangeade

naranjo *s.m.* →orange tree

narciso *s.m.* →daffodil →narcissus (*pl* narcissi, narcissus)

nariz *s.f.* **1** →nose: *sonarse la nariz* - to blow one's nose **2** *Lo hizo en mis narices* - She did it under my nose **3** *¡No me toques las narices!* - Don't mess me around! **4 estar hasta las narices** *col.* →to be fed up with *sth/sb* →to have had enough of *sth*: *Estoy hasta las narices de los atascos* - I've had enough of traffic jams **5 meter las narices en algo** *col.* →to poke *one's* nose into *sth inform*: *Charles siempre mete las narices en mis asuntos* - Charles is always poking his nose into my business; →to stick *one's* nose into *sth inform*

narrador, -a *s.* →narrator →storyteller

narrar *v.* **1** →to tell [CONSTR. 1. to tell + dos objetos 2. to tell + (that)] **2** *(un suceso)* →to relate *form* [CONSTR. to relate + interrogativo] **3** *(una historia, un cuento)* →to narrate *form*

nasal *adj.* →nasal: *fosas nasales* - nasal cavities

nata *s.f.* **1** ⇨cream **2** *(líquida, para cocinar)* ⇨single cream **3** *(líquida, para montar)* ⇨double cream ⇨whipped cream

natación *s.f.* ⇨swimming

natal *adj.* **1** ⇨native **2** *ciudad natal* - home town

nativo, va *adj. / s.* ⇨native

natural ▮ *adj.* **1** *(de la naturaleza)* ⇨natural **2** *(sin ingredientes artificiales)* ⇨natural ▮ *s.m.* **3** *(carácter)* ⇨nature

naturaleza *s.f.* **1** ⇨nature **2** *(carácter)* ⇨complexion **3** ~ **muerta** ⇨still life **4** **por** ~ ⇨naturally

naturalidad *s.f.* **1** ⇨naturalness **2** *con naturalidad* - naturally

naufragar *v.* **1** *(un barco)* ⇨to be wrecked **2** *(una persona)* ⇨to be shipwrecked

naufragio *s.m.* *(de una embarcación)* ⇨shipwreck

náufrago, ga *s.* ⇨castaway

náusea *s.f.* **1** ⇨nausea [U] **2** *sentir náuseas* - to feel sick

náutico, ca *adj.* ⇨nautical

navaja *s.f.* ⇨penknife (*pl* penknives)

navajazo *s.m.* **1** ⇨knife wound **2** *dar un navajazo* - to stab

naval *adj.* ⇨naval

nave *s.f.* **1** *(barco)* ⇨ship ⇨craft **2** *(espacial)* ⇨spacecraft (*pl* spacecraft); ⇨spaceship **3** *(almacén)* ⇨warehouse ⇨industrial unit

navegación *s.f.* **1** ⇨sailing ⇨navigation **2** *(por internet)* ⇨surfing

navegar *v.* **1** *(por el agua)* ⇨to sail ⇨to navigate **2** *(por el aire)* ⇨to navigate **3** *(por internet)* ⇨to navigate ⇨to surf

Navidad *s.f.* ⇨Christmas ⇨Xmas

neblina *s.f.* ⇨mist

nebuloso, sa *adj.* **1** *(con niebla)* ⇨misty ⇨hazy **2** *(poco claro)* ⇨hazy ⇨vague

necesario, ria *adj.* ⇨necessary

neceser *s.m.* ⇨toilet bag ⇨toilet kit *US;* ⇨sponge bag *UK*

necesidad *s.f.* **1** *(impulso irresistible)* ⇨need: *una necesidad imperiosa* - an urgent need **2** *(cosa necesaria)* ⇨necessity (*pl* necessities): *necesidades básicas* - basic necessities **3** *(pobreza)* ⇨need ⇨poverty **4** **no hay** ~ ⇨there is no need

necesitado, da *adj. / s.* **1** ⇨needy *adj* **2** *(plural genérico): los necesitados* - the needy

necesitar *v.* ⇨to need [CONSTR. to need + to do sth]: *Necesito comprar fruta* - I need to buy some fruit; *¿Qué más necesitas?* - What else do you need?; ⇨to require: *¿Cuánto dinero necesitas?* - How much money do you require?

neerlandés, -a ▮ *adj.* **1** ⇨Dutch ▮ *s.* **2** *(hombre)* ⇨Dutchman (*pl* Dutchmen) **3** *(mujer)* ⇨Dutchwoman (*pl* Dutchwomen) **4** *(plural genérico): los neerlandeses* - the Dutch ▮ **neerlandés** *s.m.* **5** *(idioma)* ⇨Dutch

negación *s.f.* ⇨denial

negado, da *adj. col.* ⇨useless *inform: Soy una negada para la informática* - I'm useless at computing

negar ▮ *v.* **1** ⇨to deny [CONSTR. 1. to deny + (that) 2. to deny + doing sth 3. to deny + dos objetos]: *Niega haber robado el cuadro* - He denies stealing the painting **2** *negar con la cabeza* - to shake one's head ▮ **negarse** *prnl.* **3** ⇨to refuse

negativa *s.f.* **1** *(ante una propuesta)* ⇨refusal **2** *(ante una acusación)* ⇨denial

negativo, va ▮ *adj.* **1** ⇨negative: *estructura negativa* - negative structure ■ Ver cuadro negative structures ▮ **negativo** *s.m.* **2** *(de una fotografía)* ⇨negative

negligencia *s.f.* **1** ⇨neglect ⇨negligence **2** *negligencia médica* - medical malpractice

negociar *v.* ⇨to negotiate

negocio *s.m.* **1** *(actividad económica)* ⇨business [U] **2** *(gestión)* ⇨deal: *un buen negocio* - a good deal **3** *(establecimiento)* ⇨shop *UK;* ⇨store *US* **4** **de negocios** ⇨on business **5** **hacer** ~ ⇨to make money **6** **hombre de negocios** ⇨businessman (*pl* businessmen) **7** **mujer de negocios** ⇨businesswoman (*pl* businesswomen)

negro, gra ▮ *adj.* **1** *(color)* ⇨black **2** *(persona)* ⇨black ▮ *s.* **3** *(persona)* ⇨black person ▮ **negro** *s.m.* **4** *(color)* ⇨black

neozelandés, -a ▮ *adj.* **1** ⇨{of/from} New Zealand ▮ *s.* **2** ⇨New Zealander ⇨Kiwi *inform*

nervio ▮ *s.m.* **1** *(en anatomía)* ⇨nerve **2** *(en la carne)* ⇨sinew ⇨gristle ▮ **nervios** *pl.* **3** *(nerviosismo)* ⇨nerves **4** *¡Qué nervios!* - How stressing! **5** **poner de los nervios** *col.* ⇨to get on *sb's* nerves

nerviosismo *s.m.* ⇨nervousness ⇨nerves *pl*

nervioso, sa *adj.* **1** *(en anatomía)* ⇨nervous: *el sistema nervioso* - the nervous system; ⇨nerve *n* **2** *(una persona)* ⇨nervous: *Se puso muy nerviosa* - She got nervous; ⇨excited ⇨wound up

neto, ta *adj.* **1** *(una cantidad de dinero)* ⇨net: *ingresos netos* - net income **2** *(nítido)* ⇨clear: *un neto recuerdo* - a clear memory

neumático *s.m.* ⇨tyre *UK;* ⇨tire *US*

neutral *adj.* ⇨neutral

neutro, tra *adj.* **1** *(indefinido)* ⇨neutral **2** *(en química y en física)* ⇨neutral **3** *(en gramática)* ⇨neuter *adj: género neutro* - neuter gender

nevada *s.f.* ⇨snow [U]; ⇨snowfall [U]

nevado, da *adj.* ⇒snowy
nevar *v.* ⇒to snow
nevera *s.f.* ⇒fridge ⇒refrigerator
ni *conj.* **1** ⇒neither... nor...: *No me gusta ni el fútbol ni el baloncesto* - I like neither football nor basketball **2** ⇒not even [Se usa con oraciones afirmativas]: *Ni el presidente lo sabe* - Not even the president knows **3** *ni un día más* - not another day **4** ~ **aunque** ⇒even if **5 ¡ni que fuera...!** ⇒anyone would think...!: *¡Ni que fuera rico!* - Anyone would think I was a rich man!
Nicaragua *s.f.* ⇒Nicaragua
nicaragüense *adj./s.* ⇒Nicaraguan
nicho *s.m.* **1** *(para un muerto)* ⇒deep recess in a wall used as a tomb **2** *(para un objeto)* ⇒niche
nicotina *s.f.* ⇒nicotine
nido *s.m.* ⇒nest
niebla *s.f.* **1** ⇒fog **2 con** ~ ⇒foggy
nieto, ta *s.* **1** *(sin especificar sexo)* ⇒grandchild (*pl* grandchildren) **2** *(chico)* ⇒grandson **3** *(chica)* ⇒granddaughter
nieve *s.f.* **1** ⇒snow [U] **2** AMÉR. *(helado)* ⇒ice cream
Nigeria *s.f.* ⇒Nigeria
nigeriano, na *adj./s.* ⇒Nigerian
ningún *indef.* Véase **ninguno, na**
ninguno, na ▌*indef.* **1** *(cuando el verbo en inglés está en forma afirmativa)* ⇒no: *No fue herido ningún animal* - No animal was hurt **2** *(cuando el verbo en inglés está en forma negativa)* ⇒any: *No conozco a ninguna amiga tuya* - I don't know any of your friends **3 de ninguna manera** ⇒no way **4 ninguna parte** ⇒anywhere: *¡Hoy no irás a ninguna parte!* - You're not going anywhere today! ▌*pron.* **5** *(cuando el verbo en inglés está en forma afirmativa)* ⇒neither (entre dos): *Ninguno de los dos equipos ha marcado gol* - Neither team scored any goals; ⇒none (entre más de dos): *Ninguno de los invitados vino a la fiesta* - None of the guests came to the party **6** *(cuando el verbo en inglés está en forma negativa)* ⇒either: *No quiero ninguno de los dos* - I don't want either of them
niñera *s.f.* ⇒nanny (*pl* nannies)
niñez *s.f.* **1** *(sin especificar sexo)* ⇒childhood **2** *(de un hombre)* ⇒boyhood **3** *(de una mujer)* ⇒girlhood
niño, ña *s.* **1** *(sin especificar sexo)* ⇒child (*pl* children): *Viví allí de niño* - I lived there when I was a child; ⇒infant *form* **2** *(chico)* ⇒boy **3** *(chica)* ⇒girl **4** *(recién nacido)* ⇒baby (*pl* babies) **5** ~ **bien** ⇒rich kid **6** ~ **prodigio** ⇒child prodigy (*pl* child prodigies)
niqui *s.m.* ⇒polo shirt
níspero *s.m.* **1** *(fruto)* ⇒medlar **2** *(árbol)* ⇒medlar tree
nivel *s.m.* **1** *(altura)* ⇒level: *al nivel del mar* - at sea level **2** *(en una escala)* ⇒level **3** *(categoría, grado)* ⇒standard: *nivel de vida* - standard of living
nivelado, da *adj.* ⇒level
no *adv.* **1** *(en respuestas)* ⇒no **2** *(en oraciones negativas)* ⇒not: *Jane no es feliz aquí* - Jane is not happy here **3** *(con un sustantivo)* ⇒non: *no fumadores* - non-smokers **4** *(cuando se espera una confirmación): Él es alemán, ¿no?* - He is German, isn't he?; *No habrás visto mi libro, ¿no?* - You haven't seen my book, have you?; *No fumas, ¿no?* - You don't smoke, do you? **5 si** ~ ⇒otherwise: *Haz los deberes; si no, no saldrás* - Do your homework; otherwise, you won't go out; ⇒unless: *Si no estudias, no aprobarás el examen* - Unless you study, you won't pass your exam
noble ▌*adj.* **1** *(cualidad moral)* ⇒noble **2** *(linaje familiar)* ⇒noble **3** *(un material)* ⇒fine ▌*s.com.* **4** *(sin especificar sexo)* ⇒noble **5** *(hombre)* ⇒nobleman (*pl* noblemen) **6** *(mujer)* ⇒noblewoman (*pl* noblewomen)
nobleza *s.f.* ⇒nobility
noche *s.f.* **1** ⇒night ⇒night-time **2** *(después de las seis)* ⇒evening **3** *Se toma un vaso de leche caliente cada noche* - She takes a glass of hot milk every night **4 buenas noches** ⇒good evening ⇒good night [*Good night* se usa solo antes de acostarse]: *dar las buenas noches* - to say good night **5 de la** ~ **a la mañana** ⇒overnight **6 de** ~ ⇒at night ⇒overnight **7 de una** ~ ⇒overnight ⇒one night **8 esta** ~ ⇒tonight **9 hacerse de** ~ ⇒to get dark **10 por la** ~ ⇒in the evening ⇒at night
nochebuena *s.f.* ⇒Christmas Eve
nochevieja *s.f.* **1** ⇒New Year's Eve **2** *(en Escocia)* ⇒Hogmanay *UK*
noción ▌*s.f.* **1** ⇒idea ▌**nociones** *pl.* **2** ⇒basic knowledge
nocivo, va *adj.* ⇒harmful
nocturno, na ▌*adj.* **1** *clases nocturnas* - evening classes; *la vida nocturna* - nightlife **2** *(un animal o una planta)* ⇒nocturnal *form* ▌**nocturno** *s.m.* **3** *(en música)* ⇒nocturne
nogal *s.m.* **1** *(árbol)* ⇒walnut tree **2** *(madera)* ⇒walnut
nómada ▌*adj.* **1** ⇒nomadic ▌*s.com.* **2** ⇒nomad
nomás *adv.* **1** AMÉR. *(sólo)* ⇒only **2** AMÉR. *(acabar de)* ⇒just
nombramiento *s.m.* ⇒appointment
nombrar *v.* **1** *(mencionar)* ⇒to name [CONSTR. to name + dos objetos] **2** *(para un cargo)* ⇒to appoint

N

nombre *s.m.* **1** ⇒name **2** *(en gramática)* ⇒noun **3 a ~ de** ⇒in the name of **4 de ~** ⇒by name: *Lo conozco de nombre* - I know him by name **5 en ~ de** ⇒on behalf of **6 llamar a alguien por su ~** ⇒to call *sb* by their name **7 ~ de pila** ⇒Christian name ⇒first name ⇒given name *US* **8 poner de ~** ⇒to name **9 segundo ~** ⇒middle name

nómina ▮ *s.f.* **1** *(lista de empleados)* ⇒payroll ▮ *s.f.* **2** *(sueldo)* ⇒salary (*pl* salaries) **3** *(documento)* ⇒wage slip

nonagésimo, ma *numer.* ⇒ninetieth

noquear *v.* ⇒to knock out

nordeste *s.m.* **1** ⇒northeast **2** *dirección noroeste* - northeasterly direction

noreste *s.m.* **1** ⇒north-east **2** *la región noroeste* - the northeastern region **3** *vientos del noroeste* - northeasterly winds

noria *s.f.* **1** *(atracción de feria)* ⇒big wheel *UK;* ⇒ferris wheel *US* **2** *(para sacar agua)* ⇒water wheel

norma *s.f.* **1** *(regla)* ⇒regulation ⇒rule: *infringir las normas* - to break the rules **2** *(situación habitual)* ⇒norm: *un país donde la pobreza es la norma* - a country where poverty is the norm **3** *(en lingüística)* ⇒the standard form **4 como norma (general)** ⇒as a rule: *Como norma, nunca ceno después de las nueve* - I never have dinner after nine as a rule **5 normas de circulación** ⇒highway code **6 normas de conducta** ⇒rules of behaviour

normal *adj.* **1** ⇒normal: *La temperatura está por debajo de lo normal para esta época del año* - The temperature is below normal for the time of year; ⇒natural: *Es normal que te preocupes* - It's natural for you to worry; ⇒standard: *Estos son los procedimientos normales* - These are standard procedures; ⇒usual: *Este verano ha llovido más de lo normal* - There was more rainfall than usual this summer **2 ~ y corriente** ⇒ordinary: *Es un hombre normal y corriente* - He is an ordinary man

noroeste *s.m.* **1** ⇒northwest **2** *los territorios del noreste* - northwestern territories **3** *en dirección noroeste* - in a northwesterly direction

norte *s.m.* **1** ⇒north **2** *la zona norte de la ciudad* - the northerly area of the city **3 hacia el ~** ⇒northwards **4 perder el ~** *col.* ⇒to lose *one's* way ⇒to lose the plot

norteamericano, na *adj./s.* ⇒North American

Noruega *s.f.* ⇒Norway

noruego, ga ▮ *adj./s.* **1** ⇒Norwegian ▮ **noruego** *s.m.* **2** *(idioma)* ⇒Norwegian

nos *pron.pers.* **1** *(no reflexivo)* ⇒us: *Cuéntanos qué te pasa* - Tell us what's wrong **2** *(reflexivo)* ⇒ourselves: *Nos arrastramos hasta las trincheras* - We dragged ourselves to the trenches **3** *(con valor recíproco)* ⇒each other: *Nos abrazamos durante un largo rato* - We hugged each other for a long while

nosotros, tras *pron.pers.* **1** *(sujeto)* ⇒we: *Nosotras no lo hicimos* - We didn't do it **2** *(objeto)* ⇒us: *A nosotros nadie nos ha dicho nada* - Nobody told us anything **3 con ~ mismos,mas** ⇒with ourselves: *Estamos contentos con nosotros mismos* - We're pleased with ourselves **4 entre ~** ⇒between ourselves **5 ~ mismos,mas** ⇒ourselves: *Vamos a reparar la bicicleta nosotros mismos* - We're going to repair the bike ourselves; ⇒we ourselves **6 ~ solos,las** ⇒all by ourselves ⇒on our own: *Pintamos la puerta nosotros solos* - We painted the gate on our own

nostalgia *s.f.* **1** ⇒nostalgia **2** *tener nostalgia de algo* - to miss sth **3** *(del hogar)* ⇒homesickness

nostálgico, ca *adj.* **1** *(cuando se está lejos del hogar)* ⇒homesick **2** *(del pasado)* ⇒nostalgic

nota *s.f.* **1** *(apunte)* ⇒note: *tomar notas* - to take notes **2** *(mensaje)* ⇒note: *Le voy a dejar una nota a mi madre* - I'm going to leave a note for my mum **3** *(anuncio, aviso público)* ⇒notice **4** *(calificación)* ⇒mark *UK;* ⇒grade *US*: *Este año ha sacado notas muy altas* - He's got very high grades this year **5** *(de música)* ⇒note **6 dar la ~** *col.* ⇒to stand out

notable ▮ *adj.* **1** *(evidente, considerable)* ⇒noticeable ⇒notable: *una notable colección de plantas exóticas* - a notable collection of rare plants **2** *(excelente, extraordinario)* ⇒outstanding ⇒remarkable: *Fue una interpretación notable* - It was a remarkable interpretation ▮ *s.m.* **3** *(calificación)* ⇒very good ⇒B (*pl* B's)

notar ▮ *v.* **1** *(darse cuenta)* ⇒to note [CONSTR. 1. to note + (that) 2. to note + interrogativo]: *Noté que había dejado de llover* - I noted that the rain had stopped; ⇒to notice **2** *(detectar)* ⇒to spot: *¿Notas la diferencia?* - Can you spot the difference? **3** *(tener la impresión)* ⇒to sense [CONSTR. 1. to sense + (that) 2. to sense + interrogativo]: *Noté que estaban mintiendo* - I sensed that they were lying **4** *(percibir por medio de los sentidos)* ⇒to feel ▮ **notarse** *prnl.* **5** ⇒to show: *Está enamorado y eso se nota* - He is in love and it shows

notario, ria *s.* ⇒notary (public)

noticia *s.f.* **1** ⇒a piece of news ⇒news [U] [Se dice *the news, some news* o *a piece of news*. Incorrecto: *a news*]: *Esa noticia me acongojó* - That news distressed me **2** *(reportaje, informe)* ⇒report

noticioso *s.m.* *AMÉR.* ⇒news [U]

novatada *s.f.* ⇒practical joke

novato, ta ▮ *adj.* **1** ⇒inexperienced ⇒green ▮ *s.* **2** ⇒beginner **3** *(en un colegio)* ⇒new pupil **4** *(en el ejército)* ⇒new recruit

novecientos, tas *numer.* ⇒nine hundred

novedad *s.f.* **1** *(cualidad de lo nuevo)* ⇒novelty: *la novedad de un argumento* - the novelty of a plot **2** *(lo que es nuevo)* ⇒new feature: *las novedades de la moda* - the new features of fashion; ⇒innovation **3** *(cambio)* ⇒change: *Todo sigue igual, sin novedad* - Everything is the same, there's no change

novela *s.f.* **1** ⇒novel **2** ~ **corta** ⇒novella **3** ~ **de suspense** ⇒thriller **4** ~ **policíaca** ⇒detective novel ⇒crime novel **5** ~ **rosa** ⇒romance ⇒romantic novel

noveno, na *numer.* ⇒ninth

noventa *numer.* **1** ⇒ninety **2** *estar en los noventa* - to be in one's nineties

noviazgo *s.m.* ⇒engagement

noviembre *s.m.* ⇒November

novillo, lla *s.* **1** ⇒young bull **2 hacer novillos** *col.* ⇒to skive *UK inform;* ⇒to play hooky *US*

novio, via *s.* **1** *(hombre)* ⇒boyfriend **2** *(mujer)* ⇒girlfriend **3** *(prometido)* ⇒fiancé (hombre) ⇒fiancée (mujer) **4** *(en una boda)* ⇒bridegroom (hombre) ⇒groom (hombre) ⇒bride (mujer)

nube *s.f.* **1** ⇒cloud **2** *(de polvo, de humo)* ⇒pall **3 estar en las nubes** ⇒to have *one's* head in the clouds

nublado, da *adj.* ⇒cloudy ⇒overcast

nuboso, sa *adj.* ⇒cloudy

nuca *s.f.* ⇒nape

nuclear *adj.* ⇒nuclear

núcleo *s.m.* **1** *(centro de algo)* ⇒core **2** *(en física, en química y en biología)* ⇒nucleus (*pl* nuclei, nucleuses) **3** *(en lingüística)* ⇒nucleus (*pl* nuclei, nucleuses)

nudillo *s.m.* ⇒knuckle

nudo *s.m.* **1** ⇒knot: *un nudo corredizo* - a slip knot **2 tener un ~ en la garganta** ⇒to have a lump in *one's* throat

nuera *s.f.* ⇒daughter-in-law (*pl* daughters-in-law)

nuestro, tra *poses.* **1** *(delante de un sustantivo)* ⇒our: *Nuestra cocina es muy pequeña* - Our kitchen is very small **2** *(detrás de un sustantivo)* ⇒of ours: *Un vecino nuestro nos contó lo ocurrido* - A neighbour of ours told us what had happened **3** *(precedido del verbo «ser»)* ⇒ours: *Esa silla es nuestra* - That chair is ours **4** *(pronombre)* ⇒ours: *Este piso es más nuevo que el nuestro* - This flat is newer than ours

Nueva Zelanda *s.f.* ⇒New Zealand

nueve *numer.* **1** ⇒nine **2** *(fecha)* ⇒ninth

nuevo, va *adj.* **1** ⇒new **2** *(recién estrenado)* ⇒brand new **3** *(próximo)* ⇒further: *La biblioteca permanecerá cerrada hasta nuevo aviso* - The library is closed until further notice **4 como ~** ⇒as good as new **5 ¿qué hay de nuevo?** ⇒what's new?

nuez *s.f.* **1** *(fruto)* ⇒walnut **2** *(de un hombre)* ⇒Adam's apple **3 ~ moscada** ⇒nutmeg

nulo, la *adj.* **1** *(anulado)* ⇒null ⇒void **2** *(desastroso, incapaz)* ⇒hopeless **3** *(en una carrera deportiva)* ⇒false

numeración *s.f.* **1** *(hecho de numerar)* ⇒numbering **2** *(sistema)* ⇒numerals *pl: numeración arábiga* - arabic numerals

numerado, da *adj.* ⇒numbered

numeral *adj./s.m.* ⇒numeral *n*

numerar *v.* ⇒to number

número *s.m.* **1** ⇒number ⇒No. **2** *números romanos* - roman numerals; *números arábigos* - arabic numerals **3** *(cifra)* ⇒figure ⇒number **4** *(de calzado)* ⇒size **5** *(de una revista, un periódico)* ⇒issue: *número atrasado* - back issue **6** *(de teléfono)* ⇒telephone number ⇒phone number **7 en números rojos** ⇒in the red ⇒overdrawn **8 montar un ~** *col.* ⇒to make a scene **9 ~ primo** ⇒prime number

numeroso, sa ▮ *adj.* **1** *(grande)* ⇒large: *familia numerosa* - large family ▮ **numerosos, sas** *pl.* **2** ⇒many ⇒numerous *form: numerosas peticiones* - numerous requests

nunca *adv.* **1** ⇒never [CONSTR. Se sitúa detrás de los verbos auxiliares y modales: *I've never been to China - Nunca he estado en China*; y delante de los demás verbos: *I never eat meat - Nunca como carne*. Se usa en oraciones afirmativas: *I will never do that again - Nunca volveré a hacerlo*] **2** ⇒ever [Se usa en oraciones cuyo sujeto o verbo va en forma negativa]: *¡Nunca vuelvas a hacer eso!* - Don't you ever do that again! **3 casi ~** ⇒hardly ever **4 más que ~** ⇒more than ever **5 ~ jamás** ⇒never ever **6 ~ más** ⇒never again

nutria *s.f.* ⇒otter

nutrición *s.f.* ⇒nutrition

nutrir ▮ *v.* **1** *(un ser vivo)* ⇒to nourish *form: nutrir una planta* - to nourish a plant **2** *(un sentimiento)* ⇒to feed ⇒to nourish: *nutrir las esperanzas de alguien* - to nourish sb's hopes ▮ **nutrirse** *prnl.* **3** ⇒to feed [CONSTR. to feed on sth]: *Los animales herbívoros se nutren de vegetales* - Herbivorous animals feed on plants

N

ñ *s.f. (letra del alfabeto)* [No existe en el alfabeto inglés]

ñoño, ña ▌*adj.* **1** *col.* ⇒wet: *No seas tan ñoño* - Don't be so wet ▌*s.* **2** *col.* ⇒drip *inform*

ñoqui *s.m.* ⇒gnocchi *pl*

ñu *s.m.* ⇒gnu ⇒wildebeest

o ▌ *s.f.* **1** *(letra del alfabeto)* ⇒o ▌ *conj.* **2** ⇒or **3** **o..., o...** ⇒either... or...
oasis *s.m.* ⇒oasis (*pl* oases)
obedecer *v.* ⇒to obey
obediencia *s.f.* ⇒obedience
obediente *adj.* ⇒obedient
obesidad *s.f.* ⇒obesity
obeso, sa *adj.* ⇒overweight ⇒obese
obispo *s.m.* ⇒bishop
objeción *s.f.* ⇒objection
objetar *v.* **1** *(replicar)* ⇒to object [CONSTR. to object to sth] **2** *(negarse a hacer el servicio militar)* ⇒to be a conscientious objector
objetivo, va ▌ *adj.* **1** *(imparcial)* ⇒objective ▌ **objetivo** *s.m.* **2** *(finalidad)* ⇒aim: *el principal objetivo de la investigación* - the main aim of the research; ⇒objective ⇒goal **3** *(blanco)* ⇒target **4** *(en fotografía)* ⇒lens (*pl* lenses)
objeto *s.m.* **1** *(cosa)* ⇒object **2** *(propósito, fin)* ⇒object: *Se convirtió en el objeto de sus burlas* - He became the object of their mockeries; ⇒purpose **3** *ser objeto de críticas* - to be the target of criticism **4 objetos perdidos** ⇒lost property *UK* [U]; ⇒lost and found *US* ■ Ver cuadro en página siguiente
obligación *s.f.* **1** ⇒duty (*pl* duties); ⇒obligation **2** *tener la obligación de hacer algo* - to be obliged to do sth
obligar *v.* ⇒to force ⇒to compel *form*
obligatorio, ria *adj.* ⇒compulsory: *educación obligatoria* - compulsory education; ⇒obligatory
oboe *s.m.* ⇒oboe
obra *s.f.* **1** *(creación, labor)* ⇒work: *una obra literaria* - a literary work **2** *(en una carretera)* ⇒roadworks *UK;* ⇒roadwork *US* **3** *(en un edificio)* ⇒building work ⇒construction work **4 ~ maestra** ⇒masterpiece
obrar *v.* ⇒to act
obrero, ra ▌ *adj.* **1** *(del trabajador)* ⇒working-class: *un barrio obrero* - a working-class district ▌ *s.* **2** ⇒labourer *UK;* ⇒worker
obsequio *s.m.* ⇒present ⇒gift
observación *s.f.* **1** ⇒observation **2** *(comentario)* ⇒remark: *una observación interesante* - an interesting remark; ⇒observation **3 estar en ~** ⇒to be under observation
observador, -a ▌ *adj.* **1** ⇒observant ▌ *s.* **2** ⇒observer
observar *v.* **1** *(mirar)* ⇒to observe [CONSTR. to observe + interrogativo]; ⇒to watch [CONSTR. 1. to watch + doing sth 2. to watch + do sth 3. to watch + interrogativo]: *Observé cómo salía de la biblioteca* - I watched him going out of the library **2** *(notar)* ⇒to notice **3** *(comentar)* ⇒to remark [CONSTR. to remark + (that)]; ⇒to observe [CONSTR. to observe + that] **4** *(una ley, una orden)* ⇒to adhere to *form* **5** *(considerar)* ⇒to contemplate
observatorio *s.m.* ⇒observatory (*pl* observatories)
obsesión *s.f.* **1** ⇒obsession **2** *Tienen obsesión por los coches* - They are obsessed with cars
obsesionar ▌ *v.* **1** ⇒to obsess [CONSTR. to obsess about sth]: *Está obsesionado con su altura* - He's obsessed about his height; ⇒to haunt: *Me obsesiona la idea de no volver a verlo* - The idea of not seeing him any more haunts me ▌ **obsesionarse** *prnl.* **2** ⇒to get obsessed: *obsesionarse con algo* - to get obsessed with sth
obstáculo *s.m.* ⇒obstacle: *eliminar el último obstáculo* - to remove the last obstacle
obstrucción *s.f.* ⇒obstruction ⇒blockage
obstruir *v.* ⇒to obstruct ⇒to block
obtener *v.* **1** ⇒to obtain *form;* ⇒to get [CONSTR. to get + dos objetos] **2** *(beneficios)* ⇒to derive
obvio, via *adj.* ⇒clear ⇒obvious
oca *s.f.* **1** ⇒goose (*pl* geese) **2** *(juego)* ⇒snakes and ladders
ocasión *s.f.* **1** *(momento)* ⇒occasion ⇒time **2** *(oportunidad)* ⇒opportunity ⇒chance **3** *(acontecimiento)* ⇒affair **4 de ~** ⇒used: *comprar un coche de ocasión* - to buy a second-hand car **5 en ocasiones** ⇒occasionally

ocasional *adj.* **1** *(fortuito)* ⇒chance **2** *(esporádico)* ⇒occasional **3** *(un trabajo)* ⇒casual UK
occidental ▌*adj.* **1** *(del Oeste)* ⇒western ⇒occidental *form: las culturas occidentales* - the occidental cultures ▌*s.* **2** *(de los países de Occidente)* ⇒westerner
Occidente *s.m.* ⇒the West
Oceanía *s.f.* ⇒Oceania

verbos con dos objetos

Muchos verbos ingleses pueden ir acompañados por dos objetos: un objeto directo y un objeto indirecto. En estos casos, el orden habitual es **verbo + objeto indirecto (OI) + objeto directo (OD)**:

- *I'll **lend** you* (OI) *my car* (OD).
  (Te dejaré mi coche.)

En el diccionario, en las notas de construcción de estos verbos se indica "+ dos objetos".
En algunos casos es posible **invertir el orden** de los objetos:

– Añadiendo "to" al objeto indirecto:

- *I sent Jim* (OI) *a letter* (OD). → *I sent a letter* (OD) ***to** Jim* (OI).
  (Envié una carta a Jim.)

Estos son algunos verbos que permiten cambiar el orden de los objetos añadiendo "to":

· award · feed · give · lend · mail · offer · owe
· pass · promise · sell · show · throw · teach · tell

– Añadiendo "for" al objeto indirecto:

- *I'll make you* (OI) *a cup of coffee* (OD). → *I'll make a cup of coffee* (OD) ***for** you* (OI).
  (Te prepararé una taza de café.)

Estos son algunos verbos que permiten cambiar el orden de los objetos añadiendo 'for':

· bake · book · buy · choose · cook · find
· get · knit · make · save · order · reserve

– Algunos verbos pueden invertir el orden de sus objetos **con "to" o con "for"**:

- Sin que cambie el significado:
  - *He read the newspaper **to/for** me.*
    (Me leyó el periódico.)
- Con un cambio de significado:
  - *She sent the letter **to** me. / She sent the letter **for** me.*
    (Me envió la carta. / Envió la carta en mi lugar.)

Estos son algunos verbos que permiten cambiar el orden de los objetos añadiendo "to" o "for":

· bring · leave · pay · play · post
· read · send · sing · take · write

Sin embargo, algunos verbos no admiten cambio en el orden de los objetos.

- *It **cost** me a lot of money.* (No: *It cost a lot of money ~~to me~~.*)
  (Me costó mucho dinero.)
- *Did you ask him his name?* (No: *Did you ask his name ~~to him~~?*)
  (¿Le preguntaste su nombre?)

Algunos de estos verbos son:

· allow · ask · cost · deny
· envy · forgive · permit · refuse

O

océano *s.m.* ⇒ocean
ochenta *numer.* **1** ⇒eighty **2** *estar en los ochenta* - to be in one's eighties
ocho *numer.* **1** ⇒eight **2** *(fecha)* ⇒eighth
ochocientos, tas *numer.* ⇒eight hundred
ocio *s.m.* ⇒leisure
octavo, va *numer.* ⇒eighth
octogésimo, ma *numer.* ⇒eightieth
octubre *s.m.* ⇒October
oculista *s.com.* ⇒ophthalmologist
ocultar ▌*v.* **1** ⇒to hide: *ocultar la verdad* - to hide the truth **2** *(un sentimiento)* ⇒to disguise **3** *(información)* ⇒to suppress ⇒to hold back ▌**ocultarse** *prnl.* **4** ⇒to hide: *ocultarse de alguien* - to hide from sb; ⇒to sink
oculto, ta *adj.* ⇒hidden
ocupación *s.f.* ⇒occupation
ocupado, da *adj.* **1** *(un lugar)* ⇒occupied US **2** *(un taxi, un asiento)* ⇒taken **3** *(una persona)* ⇒busy ⇒occupied **4** *(una línea telefónica)* ⇒engaged UK; ⇒busy US
ocupante ▌*adj.* **1** ⇒occupying ▌*s.com.* **2** ⇒occupant *form*
ocupar ▌*v.* **1** *(un lugar)* ⇒to occupy ⇒to take: *ocupar un asiento* - to take a seat **2** *(un país)* ⇒to occupy **3** *(un cargo)* ⇒to hold ▌**ocuparse** *prnl.* **4** ⇒to deal with ⇒to take care of ⇒to see to: *Yo me ocuparé* - I'll see to it
ocurrencia *s.f.* **1** *(idea)* ⇒idea **2** *(dicho ingenioso)* ⇒quip ⇒sally (*pl* sallies); ⇒witticism **3** *¡Qué ocurrencia!* - What will you think of next!
ocurrir ▌*v.* **1** ⇒to happen ⇒to occur *form* ▌**ocurrirse** *prnl.* **2** ⇒to occur to *sb*: *Se me ocurrió una idea genial* - A great idea occured to me
odiar *v.* ⇒to hate [CONSTR. 1. to hate + doing sth 2. to hate + to do sth]: *Odio no tener tiempo para leer* - I hate not having time to read
odio *s.m.* ⇒hatred: *odio racial* - racial hatred; ⇒hate [U]; ⇒loathing *form* [U]
odioso, sa *adj.* ⇒hateful ⇒odious
oeste *s.m.* **1** ⇒west **2** *en dirección oeste* - in westerly direction
ofender ▌*v.* **1** ⇒to offend [CONSTR. to offend + that]: *Perdona si te he ofendido* - I am sorry if I have offended you; ⇒to slight **2** *(con insultos)* ⇒to abuse ▌**ofenderse** *prnl.* **3** ⇒to offend: *Me ofende que lo sugieras* - I am offended that you suggest it; ⇒to resent [CONSTR. to resent + doing sth]; ⇒to take offence [CONSTR. to take offence at sth]
ofensa *s.f.* ⇒insult
ofensivo, va *adj.* ⇒offensive
oferta *s.f.* **1** ⇒offer: *hacer una oferta* - to make an offer **2** *(de dinero)* ⇒bid **3** *(ganga)* ⇒special offer **4** ~ **de empleo** ⇒job vacancy ⇒job offer
oficial ▌*adj.* **1** ⇒official ⇒formal **2** *(una religión)* ⇒established ▌*s.* **3** ⇒officer
oficina *s.f.* **1** ⇒office: *oficina de objetos perdidos* - lost property office **2** ~ **central** ⇒head office ⇒headquarters *pl;* ⇒HQ **3** ~ **de correos** ⇒post office **4** ~ **de información** ⇒information bureau **5** ~ **de turismo** ⇒tourist information office
oficinista *s.com.* ⇒clerk
oficio *s.m.* ⇒trade ⇒profession
ofrecer ▌*v.* **1** ⇒to offer [CONSTR. to offer + dos objetos]: *Nos ofreció una taza de té* - He offered us a cup of tea **2** *(dinero)* ⇒to bid [CONSTR. to bid + dos objetos]: *Ofreció mil libras por el cuadro* - She bid a thousand pounds for the picture ▌**ofrecerse** *prnl.* **3** ⇒to offer oneself [CONSTR. to offer + to do sth]
ofrecimiento *s.m.* ⇒offer
oh *interj.* ⇒oh!
oído *s.m.* **1** ⇒ear: *Tengo taponados los oídos* - My ears are blocked **2** *(sentido)* ⇒hearing **3** *(aptitud)* ⇒ear: *No tengo oído para la música* - I have no ear for music
oír *v.* **1** ⇒to hear: *No te oigo* - I can't hear you; *He oído hablar de esa película* - I've heard about that film **2** *(escuchar)* ⇒to listen: *Estaba oyendo la radio cuando llamó* - I was listening to the radio when he called **3** *(por casualidad)* ⇒to overhear [CONSTR. 1. to overhear + doing sth 2. to overhear + do sth]: *Oí que hablaban sobre la fiesta* - I overheard them talking about the party **4** **¿oiga?** ⇒hello? ⇒excuse me?
ojal *s.m.* ⇒buttonhole
ojalá *interj.* ⇒if only ⇒I wish: *Ojalá tuviera más tiempo* - I wish I had more time
ojeada *s.f.* **1** ⇒glance ⇒peep [CONSTR. to have/take a peep]: *¿Podrías echarle una ojeada?* - Could you have a peep at it? **2** **echar una** ~ ⇒to take a glance at: *Eché una ojeada a la lista y vi mi nombre en ella* - I took a glance at the list and saw my name on it
ojear *v.* **1** *(mirar rápidamente)* ⇒to have a quick look: *ojear los titulares de un periódico* - to have a quick look at the newspaper headlines **2** AMÉR. *(echar mal de ojo)* ⇒to give the evil eye
ojo *s.m.* **1** ⇒eye **2** *(de la cerradura)* ⇒keyhole **3** **echar el** ~ **a algo** ⇒to have *one's* eye on *sth inform* **4** **echar un** ~ *col.* ⇒to keep an eye on *sb*/sth **5** **en un abrir y cerrar de ojos** ⇒in a flash **6** **guiñar el** ~ ⇒to wink **7** **no pegar** ~ *col.* ⇒not to sleep a wink **8** **vendar los ojos** ⇒to blindfold
ola *s.f.* **1** *(de agua)* ⇒wave **2** *(fenómeno atmosférico)* ⇒wave: *ola de calor* - heatwave; *ola de frío* - cold spell **3** *(de una enfermedad, de descontento)* ⇒outbreak

oleada *s.f.* ⇒stream
oleaje *s.m.* ⇒surf
óleo *s.m.* **1** *(pintura)* ⇒oil **2** *(cuadro)* ⇒oil painting **3** *pintar al óleo* - to paint in oils
oler *v.* **1** ⇒to smell [Se dice *to smell like/of sth*. Incorrecto: *to smell to sth*]: *Huele a vainilla* - It smells of vanilla **2 olerse algo** ⇒to suspect *sth*
olfatear *v.* ⇒to sniff: *El cachorro olfateaba el suelo* - The puppy was sniffing the ground; ⇒to scent: *Mi perro olfateó un gato* - My dog scented a cat
olfato *s.m.* **1** *(sentido)* ⇒smell **2** *(astucia)* ⇒nose: *tener buen olfato para los negocios* - to have a good nose for business
olímpico, ca *adj.* ⇒Olympic
oliva *s.f.* ⇒olive
olivar *s.m.* ⇒olive grove
olivo *s.m.* ⇒olive (tree)
olla *s.f.* **1** ⇒pot **2 ~ exprés** ⇒pressure cooker
olmo *s.m.* ⇒elm
olor *s.m.* **1** ⇒smell: *olor a gas* - smell of gas **2** *(desagradable)* ⇒odour *UK*; ⇒odor *US*
oloroso, sa *adj.* ⇒sweet-smelling
olvidar *v.* **1** ⇒to forget [CONSTR. 1. to forget + (that) 2. to forget + to do sth 3. to forget + interrogativo]: *He olvidado cómo llegar a tu casa* - I've forgotten how to get to your house **2** *(algo en un lugar)* ⇒to leave: *Olvidé las llaves en casa* - I left my keys at home; ⇒to leave behind **3** *(un dato)* ⇒to elude
ombligo *s.m.* ⇒navel ⇒belly button *inform*
omitir *v.* ⇒to omit [CONSTR. to omit + to do sth]: *Omitió mencionar que se iba de vacaciones* - She omitted to mention that she was leaving on holidays; ⇒to miss out *UK*
once *numer.* **1** ⇒eleven **2** *(fecha)* ⇒eleventh
onceavo, va *numer.* ⇒eleventh
onda *s.f.* ⇒wave
ondear *v.* ⇒to wave ⇒to flutter
ondulado, da *adj.* **1** *(el pelo)* ⇒wavy **2** *(una superficie)* ⇒undulating
onza *s.f.* ⇒ounce ⇒oz
opaco, ca *adj.* ⇒opaque
opción *s.f.* ⇒option ⇒choice: *No tener más opción que hacer algo* - to have no choice but to make sth; ⇒chance: *opción de ganar* - chance of winning
opcional *adj.* ⇒optional
ópera *s.f.* ⇒opera: *cantante de ópera* - opera singer
operación *s.f.* **1** *(quirúrgica)* ⇒operation: *Tuve una operación en la rodilla* - I had an operation on my knee **2** *(proceso)* ⇒process (*pl* processes) **3** *(maniobra)* ⇒operation: *operación de rescate* - rescue operation **4** *(en economía)* ⇒transaction
operador, -a *s. (de teléfonos)* ⇒operator
operar ▮ *v.* **1** *(intervenir quirúrgicamente)* ⇒to operate [CONSTR. to operate on sth/sb]: *Ese es el médico que me operó la pierna* - That's the doctor who operated on my leg **2** *operarse de anginas* - to have one's tonsils out ▮ **operarse** *prnl.* **3** ⇒to have an operation
opinar *v.* **1** ⇒to give an opinion **2** *(pensar)* ⇒to think [CONSTR. 1. to think + (that) 2. to think about/of sth]: *Opino que deberías irte a dormir* - I think you should go to bed **3** *¿Qué opina él de eso?* - What does he make of that?
opinión *s.f.* **1** ⇒opinion ⇒view: *¿Qué opinión tienes de este tema?* - What's your view on this subject? **2 ~ pública** ⇒public opinion
oponente *s.com.* ⇒opponent
oponer ▮ *v.* **1** ⇒to counter [CONSTR. to counter with sth]: *Matt dijo que no estaba de acuerdo y opuso sus razones* - Matt said he didn't agree and he countered with his reasons **2** *oponer resistencia* - to offer resistance ▮ **oponerse** *prnl.* **3** ⇒to object: *Me opongo a que vengas* - I object to you coming; ⇒to oppose: *Mi madre se opuso a la idea* - My mother opposed the idea; ⇒to be opposed
oportunidad ▮ *s.f.* **1** ⇒chance ⇒opportunity (*pl* opportunities) ▮ **oportunidades** *pl.* **2** ⇒bargains section
oportuno, na *adj.* **1** *(apropiado)* ⇒appropriate **2** *(en el momento justo)* ⇒timely
oposición *s.f.* **1** ⇒opposition **2** *(examen)* ⇒competitive examination
opositor, -a *s.* ⇒candidate *UK*
opresión *s.f.* **1** *(represión)* ⇒oppression **2** *(molestia)* ⇒tightness
oprimir *v.* **1** *(apretar)* ⇒to be too tight: *Estos zapatos me oprimen* - These shoes are too tight **2** *(someter)* ⇒to oppress: *oprimir a un pueblo* - to oppress a people
optar *v.* **1** *(decidirse)* ⇒to opt [CONSTR. 1. to opt + to do sth 2. to opt for sth]: *Optamos por ir al teatro* - We opted to go to the theatre **2** *(aspirar)* ⇒to apply [CONSTR. to apply for sth]: *optar a un puesto* - to apply for a job
optativo, va *adj.* ⇒optional: *una asignatura optativa* - an optional subject
óptico, ca ▮ *adj.* **1** ⇒optical: *instrumentos ópticos* - optical instruments **2** *(el nervio)* ⇒optic ▮ *s.* **3** ⇒optician
optimismo *s.m.* ⇒optimism
optimista ▮ *adj.* **1** ⇒optimistic: *Es optimista a pesar de la situación* - She is optimistic despite the situation ▮ *s.com.* **2** ⇒optimist
opuesto, ta *adj.* ⇒opposite: *La casa está en el lado opuesto de la calle* - The house is on the opposite side of the street

oración *s.f.* **1** *(rezo)* ⇒prayer **2** *(frase)* ⇒sentence **3 parte de la ~** ⇒part of speech

orador, -a *s.* ⇒speaker ⇒orator *form*

oral *adj.* ⇒oral

orar *v.* ⇒to pray [CONSTR. 1. to pray + that 2. to pray for sb 3. to pray to sb]: *orar a Dios* - to pray to God

órbita *s.f.* *(de un planeta)* ⇒orbit

orden ▌ *s.m.* **1** *(colocación determinada)* ⇒order **2 ~ del día** ⇒agenda **3 ~ público** ⇒public order ▌ *s.f.* **4** *(mandato)* ⇒command ⇒order

ordenado, da *adj.* ⇒neat ⇒tidy ⇒organized: *Deberías llevar una vida más ordenada* - You should carry a more organized life

ordenador *s.m.* **1** ⇒computer **2 ~ personal** ⇒personal computer ⇒PC **3 ~ portátil** ⇒laptop computer ⇒laptop ■ Ver cuadro

ordenar *v.* **1** *(colocar en orden)* ⇒to tidy *UK;* ⇒to put in order: *ordenar las ideas* - to put one's ideas in order **2** *(tirando lo inservible)* ⇒to clear out **3** *(mandar algo)* ⇒to command *form* [CONSTR. to command + to do sth]; ⇒to order [CONSTR. to order + to do sth]

ordeñar *v.* ⇒to milk

ordinario, ria *adj.* **1** *(común, corriente)* ⇒usual ⇒ordinary **2** *(vulgar)* ⇒coarse: *No soporto este lenguaje ordinario* - I can't stand this coarse vocabulary; ⇒crude

orégano *s.m.* ⇒oregano ⇒marjoram

oreja *s.f.* ⇒ear

ORDENADOR

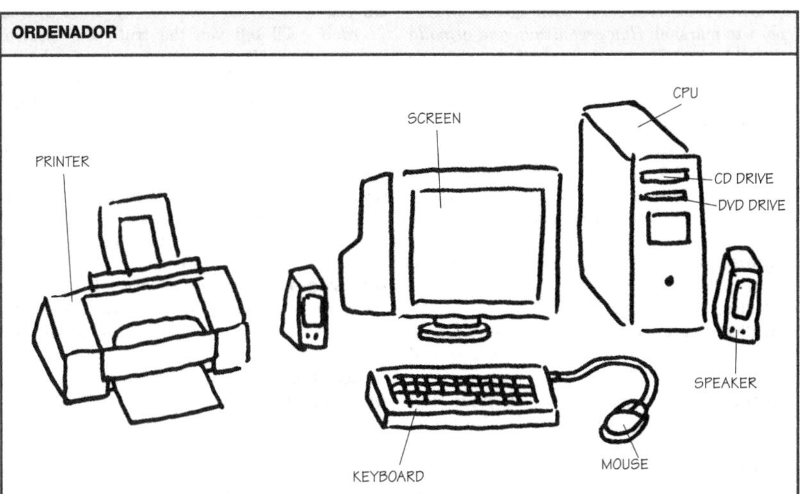

• Comandos clave ('key commands')

- arrastrar un archivo ('to drag a file')
- avanzar ('to scroll down')
- borrar ('to delete')
- buscar ('to search')
- copiar ('to copy')
- cortar y pegar ('to cut and paste')
- cortar ('to cut')
- deshacer ('to undo')
- ejecutar ('to run')
- guardar como ('to save as')
- retroceder ('to scroll up')

• Teclas ('keys')

- barra espaciadora ('spacebar')
- intro/retorno ('enter/return')
- mayúsculas ('shift')
- menú desplegable ('pull-down menu; drop-down menu')
- tabulador ('tab')

• Letra ('letter') - Tipos de fuentes ('font type')

Cursiva ('Italics')
Negrita ('Bold')
Subrayar ('Underline')

orfanato *s.m.* ⇒orphanage
organismo *s.m.* **1** *(de un animal, de un vegetal)* ⇒system **2** *(ser vivo)* ⇒organism **3** *(organización)* ⇒organization ⇒organisation *UK*: *Esta zona está llena de organismos europeos* - This area is full of European organizations; ⇒agency (*pl* agencies)
organización *s.f.* **1** ⇒organization ⇒organisation *UK* **2 ~ benéfica** ⇒charity (*pl* charities)
organizado, da *adj.* ⇒organized ⇒organised *UK*
organizador, -a ▌*adj.* **1** ⇒organizing ▌*s.* **2** ⇒organizer ⇒organiser *UK*
organizar ▌*v.* **1** *(poner en orden)* ⇒to organize ⇒to organise *UK*; ⇒to arrange ⇒to sort out: *Los estudiantes están organizados por edades* - The students are sorted out by their ages **2** *(un grupo)* ⇒to marshal: *Han organizado una armada de mil barcos* - They had marshalled an armada of 1000 boats **3** *(hacer planes)* ⇒to organize ⇒to organise *UK* [CONSTR. to organize/-ise + to do sth]: *Ha organizado una reunión para resolver esta situación* - She has organized a meeting to solve this situation **4** *(preparar, montar)* ⇒to mount: *organizar una exposición* - to mount an exhibition; ⇒to orchestrate ▌**organizarse** *prnl.* **5** ⇒to get organized
órgano *s.m.* **1** *(parte del cuerpo)* ⇒organ **2** *(instrumento musical)* ⇒organ
orgullo *s.m.* ⇒pride
orgulloso, sa ▌*adj.* **1** ⇒proud: *estar orgulloso de algo* - to be proud of sth; ⇒lofty ▌*s.* **2** ⇒proud person
orientación *s.f.* **1** *(posición)* ⇒orientation *form* **2** *(de un edificio)* ⇒aspect **3** *(información, consejo)* ⇒guidance [U]; ⇒counselling *UK*
orientado, da *adj.* *(estar orientado)* ⇒face: *Nuestra casa está orientada al mercado* - Our house faces the market
oriental ▌*adj.* **1** *(del Este)* ⇒eastern ▌*s.com.* **2** *(de los países de Oriente)* ⇒easterner
orientar ▌*v.* **1** *(indicar un lugar)* ⇒to give directions **2** *(aconsejar)* ⇒to advise ▌**orientarse** *prnl.* **3** ⇒to find *one's* way ⇒to get *one's* bearings
Oriente *s.m.* **1** ⇒the East **2 el Lejano ~** ⇒the Far East **3 ~ Medio** ⇒Middle East **4 ~ Próximo** ⇒Near East
origen *s.m.* **1** *(principio, procedencia)* ⇒origin ⇒beginning **2** *(causa, motivo)* ⇒cause **3** *(ascendencia, linaje)* ⇒birth ⇒cradle ⇒extraction: *Es de origen francés* - He is of French extraction
original *adj./s.m.* **1** ⇒original **2** *(un texto)* ⇒manuscript
orilla *s.f.* **1** *(de un río)* ⇒bank ⇒riverside **2** *(del mar)* ⇒seashore ⇒shore: *pasear por la orilla* - to walk along the shore **3** *(de un lago)* ⇒shore ⇒lakeside **4** *(de un camino)* ⇒edge ⇒side
orina *s.f.* ⇒urine
orinar ▌*v.* **1** ⇒to urinate ▌**orinarse** *prnl.* **2** *(hacerse pis)* ⇒to wet oneself
oro *s.m.* ⇒gold
orquesta *s.f.* **1** ⇒orchestra **2** *(banda de música)* ⇒band
orquídea *s.f.* ⇒orchid
ortiga *s.f.* ⇒nettle
ortografía *s.f.* **1** ⇒spelling **2 error de ~** ⇒spelling mistake
oruga *s.f.* ⇒caterpillar
orzuelo *s.m.* ⇒stye ⇒sty (*pl* sties)
os *pron.pers.* **1** *(no reflexivo)* ⇒you: *Os diré la verdad* - I'll tell you the truth **2** *(reflexivo)* ⇒yourselves: *¿Por qué os consagrasteis al estudio de la psicología infantil?* - Why did you dedicate yourselves to studying child psychology? **3** *(con valor recíproco)* ⇒each other: *¿Os estuvisteis viendo durante mucho tiempo?* - Were you seeing each other for long?
oscilar *v.* **1** *(hacer un movimiento de vaivén)* ⇒to swing **2** *(crecer y disminuir)* ⇒to range ⇒to fluctuate: *Su peso oscila mucho* - Her weight fluctuates wildly; ⇒to oscillate
oscurecer *v.* **1** *(hacerse de noche)* ⇒to get dark **2** *(hacer más oscuro)* ⇒to get darker: *Se me ha oscurecido el pelo* - My hair has got darker; ⇒to darken
oscuridad *s.f.* ⇒dark ⇒darkness
oscuro, ra *adj.* **1** ⇒dark ⇒dusky *lit* **2** *(gris, triste)* ⇒gloomy: *una mañana oscura* - a gloomy morning **3** *(una calle)* ⇒unlit **4** *(incierto)* ⇒black ⇒obscure: *Su futuro es oscuro* - Their future is obscure **5 a oscuras** ⇒in darkness ⇒in the dark
oso, sa *s.* **1** ⇒bear **2 oso de peluche** ⇒teddy bear ⇒teddy *UK* (*pl* teddies) **3 oso hormiguero** ⇒anteater **4 oso panda** ⇒panda **5 oso pardo** ⇒brown bear **6 oso pardo americano** ⇒grizzly bear **7 oso polar** ⇒polar bear
ostra *s.f.* **1** ⇒oyster **2 aburrirse como una ~** *col.* ⇒to be bored stiff
otoñal *adj.* ⇒autumnal
otoño *s.m.* ⇒autumn ⇒fall *US*
otorgar *v.* **1** ⇒to give [CONSTR. to give + dos objetos]: *Le otorgaron una beca* - She was given a scholarship **2** *(un premio)* ⇒to award [CONSTR. 1. to award + dos objetos 2. to be awarded] **3** *(una ley)* ⇒to pass
otro, tra ▌*indef.* **1** ⇒another [Se usa con sustantivos en singular sin artículo u otros determinantes, o con

sustantivos en plural acompañados de un numeral: *another time - en otra ocasión; another two weeks - otras dos semanas*]: *Quiero comprar otro jersey* - I want to buy another pullover; *Esta chaqueta no me gusta; quiero otra* - I don't like this jacket; I want another; ⇒new **2** ⇒other [Se usa con sustantivos en singular con artículo delante u otros determinantes o con sustantivos plurales. Con los sustantivos indeterminados va sin artículo: *my other sister - mi otra hermana; other people - otras personas*]: *el otro día* - the other day; *El otro jersey te sienta mejor* - The other jumper suits you better; *Los otros vendrán algo más tarde* - The others will come a bit later **3 otra cosa 1** *(en oraciones afirmativas)* ⇒something else: *Tengo otra cosa que puede interesarte* - I've got sth else that may interest you **2** *(en oraciones interrogativas y negativas)* ⇒anything else: *¿Alguna otra cosa?* - Anything else? **4 otra vez** ⇒again: *Lo has hecho otra vez* - You did it again **5 otro día** ⇒some other time **6 otro lugar** ⇒somewhere else: *Vete a otro lugar* - Go somewhere else ▌**¡otra!** *interj.* **7** *(en un concierto)* ⇒more!: *El público gritaba: «¡Otra! ¡Otra!»* - The audience was shouting «More! More!»; ⇒encore!

ovalado, da *adj.* ⇒oval

ovario *s.m.* ⇒ovary (*pl* ovaries)

oveja *s.f.* **1** ⇒sheep (*pl* sheep) **2 ~ negra** ⇒black sheep

ovillo *s.m.* ⇒ball

ovino, na *adj. ganado ovino* - sheep

ovni *s.m.* ⇒UFO

oxidado, da *adj.* ⇒rusty

óxido *s.m.* ⇒rust

oxígeno *s.m.* ⇒oxygen

oyente *s.* ⇒listener: *Esta radio ha doblado el número de oyentes* - This radio has doubled the number of listeners

ozono *s.m.* ⇒ozone: *la capa de ozono* - the ozone layer

p *s.f. (letra del alfabeto)* ⇒p
pabellón *s.m.* **1** *(edificio)* ⇒pavilion **2** *(de deportes)* ⇒sports hall ⇒pavilion *US* **3** *pabellón auditivo* - outer ear
pacer *v.* ⇒to graze
pachanguear *v. AMÉR. col.* ⇒to party
pachucho, cha *adj.* ⇒poorly *UK inform*
paciencia *s.f.* ⇒patience
paciente ▮ *adj.* **1** *(que tiene paciencia)* ⇒patient ▮ *s.com.* **2** *(que está bajo atención médica)* ⇒patient
pacificar *v. (calmar)* ⇒to calm down
pacífico, ca *adj.* ⇒pacific ⇒non-violent: *una manifestación pacífica* - a non-violent demonstration
pacifista *adj. / s.com.* ⇒pacifist
pactar *v.* ⇒to negotiate ⇒to agree on: *pactar las condiciones de un contrato* - to agree on the terms of a contract
pacto *s.m.* ⇒agreement: *Intentamos llegar a un pacto con ellos* - We tried to reach an agreement with them; ⇒pact
padecer *v.* ⇒to suffer: *padecer una enfermedad* - to suffer from an illness
padrastro *s.m.* **1** *(pariente)* ⇒stepfather **2** *(en un dedo)* ⇒hangnail
padre ▮ *s.m.* **1** ⇒father ⇒dad *inform;* ⇒daddy *inform* (*pl* daddies) ▮ **padres** *pl.* **2** *(padre y madre)* ⇒parents
padrenuestro *s.m.* ⇒Lord's Prayer ⇒Our Father
padrino ▮ *s.m.* **1** *(de un niño)* ⇒godfather **2** *(de boda)* ⇒best man (*pl* best men) ▮ **padrinos** *pl.* **3** ⇒godparents
paella *s.f.* ⇒paella
paga *s.f.* **1** ⇒pay [U] **2** *(la que dan los padres a sus hijos)* ~ **semanal** ⇒pocket money *UK;* ⇒allowance *US* **3** ~ **extra** ⇒bonus (*pl* bonuses)
pagano, na *adj. / s.* ⇒pagan
pagar *v.* ⇒to pay [CONSTR. to pay for sth]; ⇒to shell out *inform*
página *s.f.* **1** ⇒page: *pasar las páginas de un libro* - to turn over the pages of a book; ⇒leaf (*pl* leaves) **2** ~ **de inicio** *(en internet)* ⇒home page ⇒page **3** ~ **web** ⇒web page
pago *s.m.* ⇒payment: *pago al contado* - cash payment
país *s.m.* ⇒country (*pl* countries)
paisaje *s.m.* ⇒landscape ⇒scenery [U]: *Desde su ventana se podía ver un paisaje precioso* - From her window you could see a lovely scenery
paisano, na *s.* **1** *(del mismo país)* ⇒fellow countryman (hombre) (*pl* fellow countrymen); ⇒fellow countrywoman (mujer) (*pl* fellow countrywomen) **2** *(de la misma provincia): Ese gaditano es mi paisano* - That man is from Cádiz, like me **3** *(persona de campo)* ⇒country man (hombre) (*pl* country men); ⇒country woman (mujer) (*pl* country women) **4 de paisano** *(un militar)* ⇒in civilian dress
paja *s.f.* **1** ⇒straw **2** *(de un tejado)* ⇒thatch **3** *col. (en un texto)* ⇒padding
pajar *s.m.* ⇒hay loft
pajarería *s.f.* ⇒pet shop
pajarita *s.f.* **1** *(corbata)* ⇒bow tie **2** *(de papel)* ⇒paper bird
pájaro *s.m.* ⇒bird
paje *s.m.* ⇒page
Pakistán *s.m.* ⇒Pakistan
pakistaní *adj. / s.* ⇒Pakistani
pala *s.f.* **1** *(para la tierra)* ⇒spade **2** *(para jugar)* ⇒bat
palabra *s.f.* **1** ⇒word **2 cumplir alguien su ~** ⇒to keep *one's* word **3 dar alguien su ~** ⇒to give *one's* word **4 en otras palabras** ⇒in other words **5 tener la última ~** ⇒to have the last word **6 tener unas palabras con...** ⇒to have a word with...
palabrota ▮ *s.f.* **1** ⇒swear word ▮ **palabrotas** *pl.* **2** ⇒bad language [U]; ⇒swearing [U]
palacio *s.m.* ⇒palace
paladar *s.m.* ⇒palate ⇒velum

palanca *s.f.* **1** ⇒lever *US* **2 ~ de control** ⇒joystick
palco *s.m.* ⇒box (*pl* boxes)
paleta *s.f.* **1** *(en pintura)* ⇒palette **2** *(para construcción)* ⇒trowel **3** *(en ping-pong)* ⇒bat **4** *AMÉR. (un helado o polo)* ⇒ice lolly (*pl* ice lollies)
paleto, ta *s. desp.* ⇒peasant *inform, offens;* ⇒bumpkin *inform, offens*
palidecer *v.* ⇒to turn pale
pálido, da *adj.* **1** *(una persona)* ⇒pale: *ponerse pálido* - to go pale **2** *(una luz)* ⇒dim
palillo *s.m.* **1** *(de los dientes)* ⇒toothpick **2** *(para comer)* ⇒chopsticks **3** *(de un instrumento musical)* ⇒drumstick
paliza *s.f.* **1** ⇒hiding *UK old-fash;* ⇒bashing **2** *col. (en deporte)* ⇒thrashing **3** *darle una paliza a alguien* - to thrash sb **4** *col. (trabajo agotador)* ⇒killer **5 dar la ~** *col.* ⇒to hassle *inform*
palma *s.f.* **1** *(de la mano)* ⇒palm **2** *dar palmas* - to clap
palmada *s.f.* **1** ⇒pat ⇒slap **2** *dar palmadas* - to clap
palmera *s.f.* ⇒palm tree
palmo *s.m.* **1** *crecer un palmo* - to grow several inches **2 dejar a alguien con un ~ de narices** *col.* ⇒to take the wind out of *sb's* sails **3 ~ a ~** ⇒inch by inch: *Estudió la zona palmo a palmo* - He studied the area inch by inch; ⇒meticulously
palo *s.m.* **1** ⇒stick **2** *(estaca)* ⇒stake **3** *(de una baraja)* ⇒suit **4** *col. (experiencia difícil)* ⇒downer *inform;* ⇒blow: *Su muerte fue un palo* - Her death was a blow **5 de tal ~ tal astilla** ⇒a chip off the old block
paloma *s.f.* ⇒dove: *la paloma de la paz* - the dove of peace; ⇒pigeon
palomar *s.m.* ⇒pigeon loft ⇒dovecote
palomita *s.f.* ⇒popcorn [U]
palpar *v.* ⇒to feel ⇒to palpate *form*
palpitar *v.* ⇒to beat
pan *s.m.* **1** ⇒bread [Se dice *a piece of bread, a slice of bread* o *a loaf of bread*. Incorrecto: *a bread*]: *pan integral* - wholemeal bread; *pan duro* - stale bread; *pan de molde* - sliced bread; *pan de pita* - pitta bread **2 ~ rallado** ⇒breadcrumbs *pl*
pana *s.f.* **1** ⇒corduroy: *un par de pantalones de pana* - a pair of corduroy troussers **2** *AMÉR. (de un motor)* ⇒failure ⇒breakdown
panadería *s.f.* ⇒baker's (*pl* bakers'); ⇒bakery (*pl* bakeries)
panadero, ra *s.* ⇒baker
panal *s.m.* ⇒honeycomb
Panamá *s.m.* ⇒Panama
panameño, ña *adj./s.* ⇒Panamanian
pancarta *s.f.* ⇒banner
panceta *s.f.* ⇒bacon
panda *s.m.* **1** *(oso)* ⇒panda **2** *col. (de personas)* ⇒gang ⇒crowd *inform;* ⇒group of friends
pandereta *s.f.* ⇒tambourine
pandilla *s.f.* ⇒gang
panecillo *s.m.* ⇒roll
panel *s.m.* ⇒panel
panfleto *s.m.* ⇒pamphlet
pánico *s.m.* ⇒panic
panorama *s.m.* **1** *(paisaje)* ⇒view ⇒panorama **2** *(de una situación)* ⇒scene: *el panorama político* - the political scene
panqueque *s.m. AMÉR.* ⇒crêpe ⇒pancake
pantalla *s.f.* **1** *(de cine, de un ordenador)* ⇒screen **2** *(de una lámpara)* ⇒lampshade
pantalón *s.m.* **1** ⇒trousers *pl;* ⇒pants *US pl* **2** *(corto)* ⇒shorts *pl* **3** *pantalones vaqueros* - jeans **4** *pantalones de chándal* - sweatpants
pantano *s.m.* **1** *(artificial)* ⇒reservoir **2** *(natural)* ⇒marsh (*pl* marshes); ⇒swamp
pantera *s.f.* ⇒panther
panza *s.f.* ⇒belly *inform* (*pl* bellies)
pañal *s.m.* ⇒nappy *UK* (*pl* nappies); ⇒diaper *US*
paño *s.m.* **1** ⇒cloth ⇒dishcloth **2** *(para secar los platos)* ⇒tea towel *UK;* ⇒dishtowel *US*
pañuelo *s.m.* **1** *(para el cuello)* ⇒scarf (*pl* scarves) **2** *(para la cabeza)* ⇒headscarf (*pl* headscarves) **3** *(para la nariz)* ⇒handkerchief ⇒hankie *inform;* ⇒hanky *inform* (*pl* hankies) **4** *(de papel)* ⇒tissue
papa *s.m.* **1** ⇒pope **2** *(sumo pontífice)* ⇒The Pope **3** *AMÉR. (patata)* ⇒spud *inform;* ⇒potato (*pl* potatoes)
papá *s.m.* **1** ⇒dad *inform;* ⇒daddy *inform* (*pl* daddies); ⇒pop *US inform* **2 Papá Noel** ⇒Father Christmas *UK;* ⇒Santa Claus *US*
papada *s.f.* ⇒double chin
papagayo *s.m.* ⇒parrot
papel *s.m.* **1** *(material)* ⇒paper [U] [Se dice *some paper, a piece of paper* o *a sheet of papers*. Incorrecto: *a paper*] **2** *(en una obra de teatro o en una película)* ⇒part ⇒role **3 ~ celo** ⇒tape **4 ~ de {aluminio/plata}** ⇒foil ⇒silver foil ⇒aluminium foil *UK* **5 ~ de envolver** ⇒wrapping paper **6 ~ de periódico** ⇒newspaper **7 ~ higiénico** ⇒toilet paper **8 ~ transparente** ⇒plastic wrap *US* **9 perder los papeles** *col.* ⇒to lose *one's* cool *inform*
papeleo *s.m.* **1** ⇒paperwork **2** *(burocrático)* ⇒red tape
papelera *s.f.* **1** *(en una oficina o en un local)* ⇒wastepaper basket *UK;* ⇒(wastepaper) bin *UK;* ⇒wastebasket *US* **2** *(en la calle)* ⇒litter bin *UK*
papelería *s.f.* **1** ⇒stationer's *UK* (*pl* stationers') **2** *artículos de papelería* - stationery

papeleta *s.f.* **1** *(en una votación)* ⇒ballot paper **2** *(en un sorteo)* ⇒raffle ticket
paperas *s.f.pl.* ⇒mumps [U] [Se usa más con el verbo en singular]: *Pasé las paperas cuando era niño* - I had mumps when I was a kid
papilla *s.f.* **1** ⇒baby food ⇒formula *US* **2 estar hecho ~ 1** *(un objeto)* ⇒to be smashed to pieces **2** *(una persona)* ⇒to be shattered
paquete *s.m.* **1** *(conjunto de cosas envueltas para enviar)* ⇒package *US;* ⇒parcel **2** *(de galletas)* ⇒packet *UK* [Hay dos formas de decir *un paquete de galletas*: *a packet of biscuits* (si está lleno) y *a biscuit packet* (si está vacío)]; ⇒package *US* **3** *(de tabaco)* ⇒packet *UK;* ⇒pack *US*
paquistaní *adj./s.* Véase **pakistaní**
par ▌*adj.* **1** ⇒even: *número par* - even number ▌*s.m.* **2** *(de zapatos, de pantalones)* ⇒pair **3** *(conjunto pequeño)* ⇒couple: *hace un par de días* - a couple of days ago
para *prep.* **1** *(indica razón o motivo)* ⇒for [CONSTR. El verbo que le sigue siempre va en gerundio]: *Necesito una lámpara para leer* - I need a lamp for reading **2** *(indica el destino)* ⇒to ⇒for: *Perdone, ¿es este el autocar para Bristol?* - Excuse me, is this the coach for Bristol? **3** *(indica el destinatario)* ⇒for: *Mamá ha comprado algunos regalos para nosotros* - Mum has bought some presents for us **4** *(indica tiempo)* ⇒by: *Tengo que acabar el libro para el viernes* - I have to finish the book by Friday **5** *(indica finalidad)* ⇒to: *Se necesita una raqueta para jugar al tenis* - You need a raquet to play tennis; ⇒in order to: *Me fui a Londres para mejorar mi inglés* - I went to London in order to improve my English; ⇒so (that): *Apúntatelo para que no se te olvide* - Write it down so that you wouldn't forget about it **6** *(indica contraposición)* ⇒for: *Es muy bueno para ser un principiante* - He's good for a beginner **7 ~ que** *(de manera que)* ⇒so that **8 ¿para qué?** ⇒what for? **9 ~ siempre** ⇒for ever ⇒for good **10 ~ variar** *col.* ⇒for a change ▪ Ver cuadro

parabólica *s.f.* ⇒satellite dish (*pl* satellite dishes)
parabrisas *s.m.* ⇒windscreen *UK;* ⇒windshield *US*
paracaídas *s.m.* **1** ⇒parachute **2** *lanzarse en paracaídas* - to parachute
paracaidista *s.com.* **1** ⇒parachutist **2** *(militar)* ⇒paratrooper **3** *AMÉR. col.* ⇒squatter
parachoques *s.m.* ⇒bumper ⇒fender *US*
parada *s.f.* **1** *(de autobús o de tren)* ⇒stop **2** *(de taxis)* ⇒cab stand *US;* ⇒taxi rank *UK*
parado, da ▌*adj.* **1** *(sin trabajo)* ⇒out of work ⇒unemployed **2** *(tímido o indeciso)*: *Es un poco parado* - He has no go **3** *(un vehículo)* ⇒stationary **4** *(una máquina)* ⇒idle ▌*s.* **5** ⇒unemployed person **6** *(plural genérico)*: *los parados* - the unemployed
parador *s.m.* ⇒parador (*pl* paradors, paradores)
paraguas *s.m.* ⇒umbrella

para (for / to)

- **For** se utiliza para expresar:
  - Una razón o un motivo:
    - *I need a calculator **for** my maths class.* (Necesito una calculadora para mi clase de matemáticas.)
  - Un destino:
    - *Excuse me, is this the bus **for** Canterbury?* (Disculpe, ¿es este el autobús para Canterbury?)
  - El destinatario:
    - *This bouquet is **for** you.* (Este ramo de flores es para ti.)
  - Contraposición:
    - *She's very mature **for** being so young.* (Es muy madura para ser tan joven.)
- **To** se utiliza para expresar:
  - El destino:
    - *Excuse me, is this the bus **to** Canterbury?* (Disculpe, ¿es este el autobús para Canterbury?)
  - La finalidad:
    - *I went to Sydney **to** visit my aunt and uncle.* (Fui a Sydney para visitar a mis tíos.)

Atención: Para referirse a la finalidad de una acción determinada, se utiliza siempre "to". Sin embargo, para referirse al motivo de una actividad general se utiliza "for":

- *I want to see Rob **to** ask him about my marks.* (Quiero ver a Rob para preguntarle por mis notas.)
- *I need a pair of trainers **for** running.* (Necesito un par de zapatillas para correr.)

Paraguay *s.m.* ⇒Paraguay
paraguayo, ya *adj. / s.* ⇒Paraguayan
paraíso *s.m.* **1** ⇒paradise **2 ~ fiscal** ⇒tax haven
paraje *s.m.* ⇒spot
paralelo, la *adj.* ⇒parallel
parálisis *s.f.* ⇒paralysis [U]
paralítico, ca ▮ *adj.* **1** ⇒paralytic ⇒paralysed *UK* ▮ *s.* **2** ⇒paralysed person *UK;* ⇒paralyzed person *US*
paralizar ▮ *v.* **1** *(impedir el movimiento)* ⇒to paralyse *UK: El miedo la paralizó* - Fear paralysed her; ⇒to paralyze *US* **2** *(detener)* ⇒to bring to a halt: *Paralizamos el proyecto* - We brought the project to a halt ▮ **paralizarse** *prnl.* **3** ⇒to seize up
páramo *s.m.* ⇒moor
parapente *s.m.* **1** *(deporte)* ⇒paragliding **2** *(objeto)* ⇒paraglider
parar ▮ *v.* **1** ⇒to stop: *Para el motor del coche* - Stop the engine **2** *(dejar de hacer)* ⇒to stop [CONSTR. 1. to stop + doing sth 2. to stop + to do sth]: *Para de dar saltos* - Stop jumping **3** *(impedir)* ⇒to stop [CONSTR. to stop from doing sth] **4** *(en deportes)* ⇒to block ⇒to parry **5 sin ~** ⇒without stopping ⇒on and on ▮ **pararse** *prnl.* **6** *(detenerse)* ⇒to stop **7** *(dejar de funcionar)* ⇒to stop: *Mi reloj se ha parado* - My watch has stopped **8** *AMÉR.* *(ponerse de pie)* ⇒to stand ⇒to stand up
pararrayos *s.m.* ⇒lightning conductor *UK;* ⇒lightning rod *US*
parásito, ta ▮ *adj.* **1** ⇒parasitic: *una enfermedad parásita* - a parasitic disease ▮ *s.* **2** ⇒parasite **3** *(una persona) col.* ⇒scrounger
parcela *s.f.* ⇒plot ⇒plot of land
parche *s.m.* **1** ⇒patch (*pl* patches) **2** *(remedio)* ⇒stopgap solution
parchís *s.m.* ⇒ludo *UK*
parcial ▮ *adj.* **1** *(una opinión, una persona)* ⇒biased ⇒one-sided ▮ *s.m.* **2** *(examen)* ⇒mid-year assessment exam
pardo, da *adj.* ⇒light brown
parecer ▮ *s.m.* **1** ⇒point of view: *Según mi parecer se ha comportado de muy mala manera* - According to my point of view he has behaved on a really bad way; ⇒opinion **2** *(aspecto): de buen parecer* - good-looking ▮ *v.* **3** *(tener determinada apariencia emocional)* ⇒to seem [CONSTR. to seem + (that)]: *Parece que nadie lo sabe* - It seems that nobody knows it **4** *(tener determinada apariencia física)* ⇒to look like: *Pareces una princesa* - You look like a princess **5** *(opinar)* ⇒to think: *¿Qué te parece?* - What do you think? **6 al ~** ⇒apparently **7 ~ bien** ⇒to suit: *¿Te parece bien este plan?* - Does this plan suit you? **8 qué te parece si** ⇒how about ▮ **parecerse** *prnl.* **9** ⇒to resemble ⇒to take after ⇒to look alike: *Os parecéis mucho* - You look very alike
parecido, da ▮ *adj.* **1** *(personas)* ⇒alike: *Los gemelos son muy parecidos* - The twins are very much alike **2** *(cosas)* ⇒similar **3** *(una persona): bien parecido* - good-looking ▮ **parecido** *s.m.* **4** ⇒resemblance
pared *s.f.* ⇒wall
pareja *s.f.* **1** *(relación amorosa)* ⇒couple: *Hacen muy buena pareja* - They make a really nice couple **2** *(cónyuge)* ⇒partner **3** *(de baile, de juego)* ⇒partner **4** *(dos cosas relacionadas)* ⇒pair ⇒brace **5 en ~** ⇒in pairs **6 formar ~** ⇒to pair up with
parentesco *s.m.* ⇒relationship
paréntesis *s.m.* ⇒(round) brackets *pl: entre paréntesis* - in brackets
pariente *s.com.* ⇒relation ⇒relative: *Es uno de los parientes más cercanos* - He's one of the closest relatives
parir *v.* ⇒to give birth
parking *s.m.* ⇒car park *UK;* ⇒parking lot *US*
parlamentario, ria *s.* ⇒Member of Parliament ⇒parliamentary
parlamento *s.m.* ⇒parliament
parlanchín, -a *adj. col.* ⇒talkative: *Se pone muy parlanchina cuando bebe vino blanco* - She gets very talkative when she drinks white wine; ⇒chatty *inform*
paro *s.m.* **1** *(carencia de trabajo)* ⇒unemployment **2** *en paro* - out of work **3** *(cantidad de dinero): cobrar el paro* - to get the dole **4** *(huelga)* ⇒strike: *un paro de 24 horas* - a 24-hour strike
parpadear *v.* **1** *(una persona)* ⇒to blink **2** *(una luz, una vela)* ⇒to flicker **3** *(una estrella)* ⇒to twinkle
párpado *s.m.* ⇒eyelid
parque *s.m.* **1** ⇒park **2 ~ de atracciones** ⇒funfair *UK;* ⇒amusement park **3 ~ de bomberos** ⇒fire station **4 ~ temático** ⇒theme park
parqué *s.m.* ⇒parquet ⇒wood-block floor
parqueadero *s.m. AMÉR.* ⇒car park *UK;* ⇒parking lot *US*
parquear *v. AMÉR.* *(un vehículo)* ⇒to park
parra *s.f.* ⇒vine ⇒climbing vine
párrafo *s.m.* ⇒paragraph
parrilla *s.f.* **1** *(utensilio de cocina)* ⇒grill ⇒broiler *US* **2** *a la parrilla* - grilled **3** *AMÉR.* *(baca)* ⇒roof rack
párroco *s.m.* **1** *(católico)* ⇒parish priest **2** *(protestante)* ⇒vicar
parroquia *s.f.* ⇒parish church (*pl* parish churches)

parte ▮ *s.m.* **1** ⇨bulletin ▮ *s.f.* **2** *(de un todo)* ⇨part **3** *(de un reparto)* ⇨share: *una parte de la herencia* - a share of the inheritance **4** *(lugar)* ⇨somewhere: *en alguna parte del mundo* - somewhere in the world **5** *(de un partido)* ⇨half (*pl* halves): *Metieron un gol en la primera parte* - They scored in the first half **6** *(en derecho)* ⇨party (*pl* parties) **7** ⇨side: *Está de mi parte* - He is on my side **8** *Salúdale de mi parte* - Say hello from me **9 a cualquier ~** ⇨anywhere **10 a ninguna ~** ⇨nowhere **11 de ~ de** ⇨from ⇨on behalf of **12 en gran ~** ⇨to a large extent **13 en ~** ⇨partly **14 en su mayor ~** ⇨largely **15 en todas partes** ⇨everywhere **16 la mayor ~ de** ⇨most of **17 ~ de abajo** ⇨bottom **18 ~ de arriba** ⇨top **19 ~ de atrás** ⇨back ⇨rear **20 ~ delantera** ⇨front **21 por todas partes** ⇨all over **22 por una parte... por otra...** ⇨on the one hand... on the other hand... **23 tomar ~ en** ⇨to take part in

participación *s.f.* **1** *(en una actividad)* ⇨participation **2** *(en economía)* ⇨share **3** *(en unas elecciones)* ⇨turnout

participante *s.com.* **1** ⇨participant ⇨collaborator **2** *(en una carrera)* ⇨competitor ⇨starter *US*

participar *v.* ⇨to take part: *participar en algo* - to take part in sth; ⇨to participate [CONSTR. to participate in sth]

participio *s.m.* ⇨participle

partícula *s.f.* **1** ⇨particle **2** *partículas de polvo* - specks of dust

particular *adj.* **1** ⇨particular ⇨distinctive ⇨special: *Su casa no era nada particular* - Their home was nothing special **2** ⇨private: *clases particulares* - private classes

P

partida *s.f.* **1** *(en un juego)* ⇨game: *echar una partida* - to have a game **2** *(marcha)* ⇨departure **3** *(copia certificada)* ⇨certificate: *partida de nacimiento* - birth certificate

partidario, ria *s.* **1** ⇨supporter *UK: los partidarios de una política* - the supporters of a policy; ⇨follower **2 ser ~ de algo** ⇨to be in favour of *sth*

partido *s.m.* **1** *(en deportes)* ⇨match (*pl* matches) **2** *(en política)* ⇨party (*pl* parties) **3 ~ conservador** ⇨Conservative Party **4 ~ laborista** ⇨Labour Party

partir *v.* **1** *(cortar)* ⇨to cut **2** *(romper)* ⇨to break ⇨to snap **3** *(en dos)* ⇨to split in two **4** *(marchar)* ⇨to set {off/out}: *Creo que deberíamos partir* - I think we should be setting off **5 partirse de risa** *col.* ⇨to laugh *one's* head off *inform*

partitura *s.f.* ⇨score

parto *s.m.* **1** *(nacimiento)* ⇨birth **2 estar de ~** ⇨to be in labour *UK;* ⇨to be in labor *US*

parvulario *s.m.* ⇨nursery (school) (*pl* nurseries)

pasa *s.f.* ⇨currant ⇨raisin

pasada *s.f.* **1** *(limpieza del polvo): dar una pasada a los muebles* - to dust the furniture **2** *col. (cosa sorprendente): ¡Este ordenador es una pasada!* - This is an amazing computer! **3 de ~** ⇨in passing **4 mala ~** *col.* ⇨dirty trick

pasadizo *s.m.* ⇨passage ⇨passageway

pasado, da ▮ *adj.* **1** *(último)* ⇨last: *el domingo pasado* - last Sunday **2** *(después de)* ⇨after [CONSTR. Nunca va seguido de un verbo en futuro]: *pasado mañana* - the day after tomorrow **3** *(un alimento)* ⇨off: *Lo yogures están pasados* - The yoghourts are off **4 ~ de moda** ⇨old-fashioned ⇨out of date ⇨unfashionable ▮ **pasado** *s.m.* **5** *(época)* ⇨the past: *Eso ocurrió en el pasado* - That happened in the past **6** *(en gramática)* ⇨past tense ■ Ver cuadro past tense **7 pasado continuo** *(en gramática)* ⇨past continuous

pasador *s.m.* **1** *(del pelo)* ⇨hair slide *UK;* ⇨barrette *US* **2** *(de la corbata)* ⇨tie-pin **3** *(en una puerta o en una ventana)* ⇨latch (*pl* latches)

pasaje *s.m.* **1** *(billete)* ⇨ticket **2** *(callejón)* ⇨passage **3** *(fragmento de una obra)* ⇨passage

pasajero, ra *s.* ⇨passenger

pasaporte *s.m.* ⇨passport

pasar ▮ *v.* **1** *(por un lugar)* ⇨to go past: *El autobús pasa por mi casa* - The bus goes past my house; ⇨to run **2** *(de largo)* ⇨to pass by **3** *(un objeto)* ⇨to pass ⇨to hand: *Pásame ese cuchillo, por favor* - Hand me that knife, please **4** *(aprobar un examen)* ⇨to pass **5** *(tirar una pelota)* ⇨to pass **6** *(transcurrir el tiempo)* ⇨to pass **7** *(una temporada en un lugar)* ⇨to spend: *Nosotros pasamos el verano en Escocia* - We spent the summer in Scotland **8** *(entrar)* ⇨to go in: *Pasamos dentro* - We went in **9** *(mandar entrar)* ⇨to come in: *¡Pasen!* - Come in! **10** *(suceder)* ⇨to happen: *¿Qué ha pasado?* - What happened? **11** *(atravesar)* ⇨to experience: *Está pasando una mala racha* - He's experiencing a bad patch **12** *col. (no interesarse): El nuevo alumno pasa de todo* - The new student isn't bothered about anything **13** *(una casete)* ⇨to fast forward: *Pasa la cinta, por favor* - Fast forward the tape, please **14** *pasar las páginas de un libro* - to turn over the pages of a book **15 pasarlo en grande** ⇨to have a great time ⇨to enjoy oneself ⇨to have fun **16 ~ por** ⇨to go through **17 ~ por alto** ⇨to omit to mention ⇨to overlook ▮ **pasarse** *prnl.* **18** *col.* ⇨to go too far: *¡Esta vez te has pasado!* - This time you have gone too far! **19** *(emplear el tiempo)* ⇨to spend: *Se ha pasado todo el día durmiendo* - He has spent the whole day sleeping

20 *(estropearse)* ⇒to go bad **21** *(visitar)* ⇒to come round: *Pásate cuando quieras* - Come round any time

pasarela *s.f.* **1** *(puente)* ⇒footbridge ⇒gangway **2** *(de modelos)* ⇒catwalk

pasatiempo ▮ *s.m.* **1** ⇒hobby (*pl* hobbies); ⇒pastime ⇒leisure occupation *form* ▮ **pasatiempos** *pl.* **2** ⇒puzzles

Pascua *s.f.* **1** ⇒Easter **2 de Pascuas a Ramos** ⇒once in a blue moon *inform*

pase *s.m.* **1** *(tarjeta)* ⇒pass (*pl* passes) **2** *(de cine)* ⇒session **3** *(de una pelota)* ⇒pass (*pl* passes)

pasear ▮ *v.* **1** ⇒to stroll ⇒to take for a walk ▮ **pasearse** *prnl.* **2** ⇒to go for a walk ⇒to stroll

paseo *s.m.* **1** *(a pie)* ⇒stroll ⇒walk **2** *(en coche)* ⇒drive: *dar un paseo* - to go for a drive **3** *(en un animal, en un vehículo de una feria, en bicicleta)* ⇒ride **4** *(lugar público)* ⇒promenade ⇒parade

pasillo *s.m.* ⇒corridor ⇒aisle

pasión *s.f.* **1** ⇒passion [U] **2** *(amor)* ⇒passion: *Se besaron con pasión* - They kissed each other with passion

pasiva *s.f.* *(en gramática)* ⇒passive: *en pasiva* - in the passive ▪ Ver cuadro the passive

pasivo, va *adj.* ⇒passive

pasmado, da *adj.* ⇒amazed: *quedarse pasmado* - to be amazed

paso *s.m.* **1** *(al andar)* ⇒step: *dar un paso atrás* - to take a step backwards **2** *(sonido de una pisada)* ⇒footstep **3** *(parte de un proceso)* ⇒step: *Sigue cada paso cuidadosamente cuando hagas este modelo* - Follow each step carefully when making this model **4** *(desarrollo del tiempo)* ⇒passage: *el paso de los años* - the passage of the years **5** *(lugar)* ⇒crossover: *Cruzamos el río por un pequeño paso* - We crossed the river through a small crossover; ⇒passing **6 ceder el ~** ⇒to give way *UK;* ⇒to yield *US* **7 dar el primer ~** ⇒to make the first move **8 dejar ~** ⇒to make way **9 de ~** ⇒in passing **10 ~ a nivel** ⇒level crossing **11 ~ a ~** ⇒step by step *UK;* ⇒grade crossing *US* **12 ~ de cebra** ⇒pedestrian crossing *UK;* ⇒zebra crossing *UK;* ⇒crosswalk *US* **13 ~ de peatones** ⇒crossing ⇒crosswalk *US;* ⇒pedestrian crossing *UK;* ⇒zebra crossing *UK* **14 ~ elevado** ⇒flyover *UK;* ⇒overpass *US* (*pl* overpasses) **15 ~ subterráneo** ⇒subway *UK;* ⇒underpass *US* (*pl* underpasses)

pasota *adj./s.com. col. Eres una pasota* - You couldn't care less

pasta *s.f.* **1** *(comida italiana)* ⇒pasta **2** *(masa cremosa)* ⇒paste **3** *col. (dinero)* ⇒cash *inform* **4** *(encuadernación)* ⇒cover **5 ~ de dientes** ⇒toothpaste

pastar *v.* ⇒to graze

pastel *s.m.* **1** *(dulce)* ⇒cake **2** *(salado)* ⇒pie **3 ~ de manzana** ⇒apple pie

pastelería *s.f.* ⇒bakery (*pl* bakeries); ⇒baker's (*pl* bakers')

pastelero, ra *s.* ⇒pastry cook

pastilla *s.f.* **1** *(medicina)* ⇒pill ⇒tablet: *pastilla para dormir* - sleeping pill **2** *(de jabón)* ⇒bar: *una pastilla de jabón de lavanda* - a bar of lavanda soap

pasto *s.m.* **1** *(para el ganado)* ⇒pasture **2** *AMÉR. (césped)* ⇒lawn ⇒grass

pastor, -a *s.* ⇒shepherd

pata *s.f.* **1** *(de una persona o un animal)* ⇒leg **2** *(de un mueble)* ⇒leg **3 meter la ~** ⇒to put *one's* foot in it: *Metí la pata hasta el fondo* - I really put my foot in it **4 metida de ~** *AMÉR.* ⇒bloomer ⇒boob *inform*

patada *s.f.* **1** ⇒kick **2** *dar una patada a alguien* - to kick sb

patalear *v.* **1** *(dar patadas en el suelo)* ⇒to stamp *one's* feet: *La niña estaba enfadada y empezó a patalear* - The child was angry and started to stamp her feet **2** *(quejarse)* ⇒to make up a fuss: *El cliente pataleó ante la escasa higiene de la habitación* - The customer made up a fuss about the lack of hygiene in the room

pataleta *s.f. col.* ⇒tantrum: *tener una pataleta* - to throw a tantrum

patata *s.f.* **1** ⇒potato (*pl* potatoes); ⇒spud *inform* **2** *(frita)* ⇒chip *UK;* ⇒French fry *US* (*pl* French fries) **3** *(frita de bolsa)* ⇒crisp *UK;* ⇒potato chip *US*

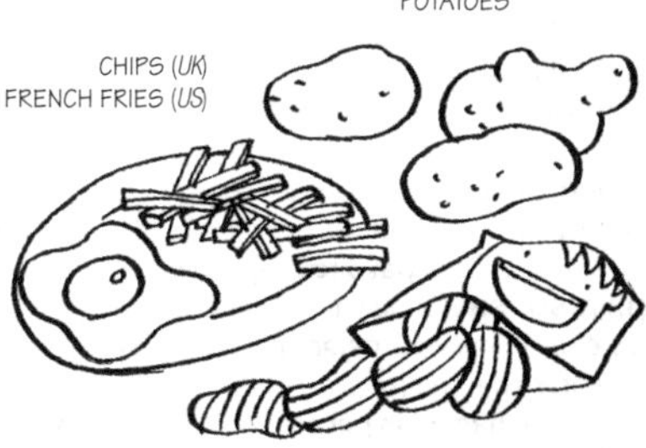

paté *s.m.* ⇒pâté

patear *v.* **1** *col. (dar golpes con los pies)* ⇒to stamp **2** *col. (recorrer a pie)* ⇒to cover on foot ⇒to tramp

P

patente ▮ *adj.* **1** ⇒obvious ▮ *s.f.* **2** ⇒patent *form* **3** *AMÉR. (de un vehículo)* ⇒number plate *UK;* ⇒license plate *US*
paternal *adj.* ⇒fatherly ⇒paternal
paternidad *s.f.* ⇒fatherhood ⇒paternity: *un test de paternidad* - a paternity test; ⇒parenthood
paterno, na *adj.* ⇒paternal
patilla *s.f.* **1** *(pelo)* ⇒sideburns *pl;* ⇒whiskers *old-fash pl* **2** *(de las gafas)* ⇒sidepiece ⇒arm **3** *AMÉR. (fruta)* ⇒watermelon
patín *s.m.* **1** *(con ruedas)* ⇒roller skate ⇒skate **2** *(sobre hielo)* ⇒ice skate ⇒skate **3** *(embarcación)* ⇒pedalo (*pl* pedaloes, pedalo)
patinador, -a *s.* ⇒skater
patinaje *s.m.* **1** ⇒skating **2** *(sobre hielo)* ⇒ice skating **3** *(sobre ruedas)* ⇒roller skating
patinar *v.* **1** *(con ruedas)* ⇒to roller-skate ⇒to skate **2** *(sobre hielo)* ⇒to ice skate ⇒to skate **3** *(en monopatín)* ⇒to skateboard **4** *(un vehículo)* ⇒to skid
patineta *s.f. AMÉR.* ⇒skateboard
patinete *s.m.* ⇒scooter®
patio *s.m.* **1** *(de un edificio)* ⇒yard ⇒courtyard **2** *(de una granja)* ⇒farmyard **3** *(de recreo)* ⇒playground ⇒schoolyard *US*
pato, ta *s.* ⇒duck (genérico) ⇒drake (macho)
patoso, sa *adj.* ⇒clumsy ⇒awkward
patria *s.f.* ⇒homeland
patriota *adj.* / *s.com.* ⇒patriot *n*
patriotismo *s.m.* ⇒patriotism
patrocinador, -a *s.* ⇒sponsor
patrocinar *v.* ⇒to sponsor
patrón, -a ▮ *s.* **1** *(de un grupo de trabajadores)* ⇒employer ⇒boss (*pl* bosses) **2** *(santo)* ⇒patron saint ▮ **patrón** *s.m.* **3** *(de una falda, de un vestido)* ⇒pattern **4** *(de una embarcación)* ⇒skipper *inform*
patrulla *s.f.* ⇒patrol
patrullar *v.* ⇒to patrol
pausa *s.f.* ⇒pause ⇒break: *hacer una pausa* - to take a break
pavimento *s.m.* ⇒surface
pavo, va *s.* **1** *(animal)* ⇒turkey **2** *col. (persona)* ⇒nerd *inform* **3 pavo real** ⇒peacock
payaso, sa *s.* ⇒clown
paz *s.f.* **1** ⇒peace **2 dejar en ~** ⇒to leave *sb* alone **3 estar en ~** *col. (relativo al dinero)* ⇒to be quits *inform* **4 hacer las paces** ⇒to make it up with
peaje *s.m.* **1** *(dinero)* ⇒toll **2** *(lugar)* ⇒toll barrier
peatón, -a *s.* ⇒pedestrian
peatonal *adj.* ⇒pedestrian: *zona peatonal* - pedestrian area
peca *s.f.* ⇒freckle
pecado *s.m.* ⇒sin
pecar *v.* ⇒to sin
pecera *s.f.* ⇒goldfish bowl
pecho *s.m.* **1** *(tórax)* ⇒chest **2** *(seno)* ⇒breast **3 dar el ~** ⇒to breast-feed ⇒to suckle **1 2**
pechuga *s.f. (de un ave)* ⇒breast
pecoso, sa ▮ *adj.* **1** ⇒freckled ▮ *s.* **2** ⇒person with freckles
peculiar *adj.* ⇒peculiar
pedal *s.m.* ⇒pedal
pedalear *v.* ⇒to pedal
pedante ▮ *adj.* **1** ⇒pedantic ▮ *s.com.* **2** ⇒pedant
pedazo *s.m.* **1** ⇒piece ⇒scrap: *un pedazo de papel* - a scrap of paper **2 hacer pedazos 1** ⇒to smash to pieces ⇒to rip up **2** *(el papel)* ⇒to tear up **3 romperse en pedazos** ⇒to smash **4 un ~ de** *col.* ⇒a hell of *inform: un pedazo de artista* - a hell of an artist
pediatra *s.com.* ⇒paediatrician *UK;* ⇒pediatrician *US*
pedido *s.m.* ⇒order
pedir *v.* **1** *(un objeto, una opinión)* ⇒to ask for ⇒to demand **2** *pedir un favor a alguien* - to ask sb a favour **3** *(en un bar o en un restaurante)* ⇒to order **4** *(algo oficial)* ⇒to request *form*
pedo *s.m.* **1** *col. (ventosidad)* ⇒fart *very inform* **2** *col. (borrachera): cogerse un pedo* - to get plastered
pedorreta *s.f. col. hacer una pedorreta* - to blow a raspberry
pega *s.f.* **1** *col.* ⇒snag *inform;* ⇒drawback **2** *Solo sabes poner pegas a mis propuestas* - You are always finding sth wrong with my proposals **3 de ~** *col.* ⇒fake ⇒counterfeit
pegadizo, za *adj.* ⇒catchy: *una canción pegadiza* - a catchy song
pegajoso, sa *adj.* ⇒sticky
pegamento *s.m.* ⇒glue ⇒gum ⇒paste
pegar *v.* **1** *(con pegamento)* ⇒to glue ⇒to stick **2** *(un golpe)* ⇒to hit **3** *col. (combinar)* ⇒to go with **4** *col. (dar o producir): pegar un salto* - to jump up suddenly; *pegar un grito* - to yell out **5** *col. (ser propio de alguien): A mi hermana no le pega eso de bailar en público* - Dancing in public is not my sister's style
pegatina *s.f.* ⇒sticker
pegote *s.m.* **1** *col. (sustancia espesa)* ⇒daub: *un pegote de pintura* - a daub of paint **2** *col. (cosa chapucera)* ⇒patch-up job
peinado *s.m.* ⇒hairstyle
peinar *v.* **1** *(el pelo)* ⇒to comb **2** *(una zona)* ⇒to scour: *Han peinado la zona buscando al niño perdido* - They have scoured the area looking for the missing child
peine *s.m.* ⇒comb

pelar ▮ *v.* **1** *(una fruta)* ⇨to peel ▮ **pelarse** *prnl.* **2** *pelarse de frío* - to freeze to death

peldaño *s.m.* **1** *(de una escalera)* ⇨step **2** *(de una escalera de mano)* ⇨rung **3** *(de la puerta)* ⇨doorstep

pelea *s.f.* **1** ⇨fight ⇨struggle: *una pelea con un ladrón* - a struggle with a robber; ⇨scrap *inform* **2** *(enfado que dura)* ⇨quarrel

pelear ▮ *v.* **1** *(reñir)* ⇨to fight: *pelearse por algo* - to fight over sth **2** *(trabajar mucho)* ⇨to struggle [CONSTR. to struggle + to do sth]: *Peleé mucho por conseguir ese trabajo* - I struggled hard to get that job ▮ **pelearse** *prnl.* **3** *(enfadarse)* ⇨to quarrel

peletería *s.f.* ⇨furrier's (*pl* furriers'); ⇨fur shop

pelícano *s.m.* ⇨pelican

película *s.f.* **1** *(en el cine, en la televisión)* ⇨film ⇨movie *US;* ⇨picture **2** *película de suspense* - thriller **3** *película de vaqueros* - western **4** *(para la cámara de fotos)* ⇨film

peligrar *v.* ⇨to be in danger: *Tu vida peligra* - Your life is in danger

peligro *s.m.* **1** ⇨danger ⇨menace *form* **2 correr el ~ de** ⇨to run the risk of **3 en ~** ⇨at risk ⇨endangered

peligroso, sa *adj.* ⇨dangerous: *un viaje peligroso* - a dangerous trip; ⇨unsafe ⇨hairy *inform*

pelirrojo, ja ▮ *adj.* **1** ⇨ginger-haired *UK;* ⇨red-haired ▮ *s.* **2** ⇨redhead *inform*

pellejo *s.m.* **1** ⇨skin **2** *(de un animal)* ⇨hide ⇨pelt **3 jugarse el ~** *col.* ⇨to risk *one's* neck

pellizcar *v.* ⇨to pinch

pellizco *s.m.* ⇨pinch (*pl* pinches): *un pellizco de sal* - a pinch of salt

pelma *adj. / s.com. col.* ⇨bore *inform n;* ⇨pain *inform n: ¡No seas pelma!* - Don't be such a pain!

pelmazo, za *s. col.* ⇨drag *very inform;* ⇨bore *inform*

pelo *s.m.* **1** ⇨hair **2** *cortarse el pelo* - to get a haircut **3 poner los pelos de punta** ⇨to make *one's* hair stand on end **4 por los pelos** *col.* ⇨by the skin of *one's* teeth: *Lo consiguieron por los pelos* - They did it by the skin of their teeth **5 tomar el ~** ⇨to take the mickey *UK inform;* ⇨to tease

pelota ▮ *s.f.* **1** *(balón)* ⇨ball ▮ *adj. / s.com.* **2** *col. (persona)* ⇨creep *UK inform n;* ⇨crawler *inform n: Ha conseguido el puesto porque es un pelota* - He's getting the post because he is a crawler **3 en pelotas** *col.* ⇨stark naked **4 hacer la ~** *col.* ⇨to suck up *inform;* ⇨to creep *inform*

pelotón *s.m.* **1** *(de soldados)* ⇨squad **2** *(en ciclismo)* ⇨main group

peluca *s.f.* ⇨wig

peluche *s.m.* **1** ⇨cuddle toy ⇨stuffed toy **2** *(oso)* ⇨teddy bear ⇨teddy *UK* (*pl* teddies)

peludo, da *adj.* ⇨hairy

peluquería *s.f.* **1** *(de caballeros)* ⇨barber's (*pl* barbers') **2** *(de señoras)* ⇨hairdresser's (*pl* hairdressers')

peluquero, ra *s.* **1** *(de hombres)* ⇨barber **2** *(de mujeres)* ⇨hairdresser

pelusa *s.f.* **1** *(pelo)* ⇨down ⇨fuzz [U] **2** *(polvo)* ⇨fluff **3** *col. (celos): tener pelusa de alguien* - to be jealous of sb

pena *s.f.* **1** *(tristeza)* ⇨sorrow *form;* ⇨sadness [U] **2** *(lástima)* ⇨pity: *Qué pena que no vinieras* - It's a pity you didn't come; ⇨shame [CONSTR. 1. a shame + (that) 2. a shame + to do sth] **3** *(ante la pérdida de alguien)* ⇨grief **4** *(condena)* ⇨sentence **5 dar ~** ⇨to feel sorry **6 ~ de muerte** ⇨death penalty **7 valer la ~** ⇨to be worth: *¿Vale la pena leer el libro?* - Is the book worth reading?

penalti *s.m.* ⇨penalty (*pl* penalties)

pendejo, ja *s. AMÉR. col.* ⇨moron *offens;* ⇨nerd *inform*

pendiente ▮ *adj.* **1** ⇨outstanding: *Todavía hay una par de problemas pendientes* - There are still a couple of problems outstanding; ⇨undecided **2** *una asignatura pendiente* - a subject to resist **3 estar ~ de 1** *(estar esperando)* ⇨to be awaiting *sth*: *Estoy pendiente del resultado* - I'm awaiting the outcome **2** *(estar atento)* ⇨to be attentive to: *Está muy pendiente de su madre* - He is very attentive to his mother ▮ *s.m.* **4** *(joya)* ⇨earring ▮ *s.f.* **5** *(terreno)* ⇨slope ⇨incline *form;* ⇨gradient: *una pendiente suave* - a gentle gradient

pene *s.m.* ⇨penis (*pl* penises)

penetrar *v.* ⇨to penetrate

penicilina *s.f.* ⇨penicillin

península *s.f.* ⇨peninsula

penique *s.m.* **1** ⇨penny (*pl* pennies, pence); ⇨p. **2** *dos peniques* - two pence

penitencia *s.f.* ⇨penance

pensamiento *s.m.* **1** *(reflexión)* ⇨thought: *Deja que conozca tus pensamientos* - Let me have your thoughts **2** *(flor)* ⇨pansy (*pl* pansies)

pensar *v.* **1** *(una idea)* ⇨to think [Se dice: *to think about/of sth - pensar en algo*. Incorrecto: *to think in/on sth*]: *¿En qué estás pensando?* - What are you thinking about? **2** *(tener una opinión)* ⇨to believe [CONSTR. to believe + (that)]: *Pienso que esta es la mejor manera de hacer las cosas* - I believe that this is the best way of doing things; ⇨to think [CONSTR. to think + (that)]: *Pienso que está bien* - I think he is ok **3** *(planear algo)* ⇨to intend [CONSTR. 1. to intend + doing sth 2. to intend + to do sth]:

P

No pienso volver a llamarle - I don't intend calling him again **4 dar que ~** ⇨to give food for thought: *Esto me da que pensar* - This gives me food for thought

pensativo, va *adj.* ⇨thoughtful ⇨pensive

pensión *s.f.* **1** *(dinero que da el gobierno)* ⇨pension **2** *(alojamiento y desayuno)* ⇨bed and breakfast **3 ~ completa** ⇨full board

pensionista *s.com.* ⇨old age pensioner *UK;* ⇨pensioner *UK*

pentagrama *s.m.* ⇨stave *UK;* ⇨staff *US*

penúltimo, ma ▌*adj.* **1** ⇨last but one: *Noviembre es el penúltimo mes del año* - November is the last month of the year but one; ⇨next to last *US;* ⇨penultimate *form* ▌*s.* **2** ⇨second to last: *Estoy el penúltimo en la lista* - I'm the second to last on the list

penumbra *s.f.* ⇨half-light

peña *s.f.* **1** *(roca)* ⇨rock [U] **2** *(grupo que apoya algo)* ⇨supporters' club

peñasco *s.m.* ⇨rock [U]; ⇨outcrop

peñón *s.m.* ⇨wall of rock ⇨crag

peón *s.m.* **1** *(trabajador)* ⇨labourer *UK* **2** *(pieza de ajedrez)* ⇨pawn

peor *adv.* **1** *(en comparativos)* ⇨worse: *La situación se está poniendo cada vez peor* - The situation is getting worse **2** *(en superlativos)* ⇨worst: *Es la peor película que he visto* - It's the worst film I've ever seen; *Lo peor de todo es que no volveré a verlo* - The worst thing about it is that I won't see him any more

pepa *s.f.* *AMÉR.* ⇨pip *UK;* ⇨seed *US*

pepinillo *s.m.* ⇨gherkin

pepino *s.m.* ⇨cucumber

pepita *s.f.* **1** *(de un fruto)* ⇨pip *UK;* ⇨seed *US* **2** *(de oro)* ⇨gold nugget

pequeño, ña *adj.* **1** *(de tamaño, de edad)* ⇨little ⇨small **2** *(sin importancia)* ⇨slight **3** *(el más joven)* ⇨youngest: *Es mi hermano pequeño* - He is my youngest brother **4 muy ~** ⇨tiny **5 quedarse ~** ⇨to outgrow ■ Ver cuadro

pera *s.f.* ⇨pear

peral *s.m.* ⇨pear tree

percha *s.f.* **1** *(para la ropa)* ⇨(coat) hanger **2** *(para los pájaros en una jaula)* ⇨perch (*pl* perches)

perchero *s.m.* ⇨clothes rack ⇨hatstand

percibir *v.* **1** *(comprender)* ⇨to understand **2** *(apreciar, notar)* ⇨to note ⇨to sense: *El terremoto se percibió por todo el país* - The earthquake was sensed all over the country; ⇨to discern *form: Solo pude percibir una figura en la oscuridad* - I could just discern a figure in the darkness; ⇨to perceive *form*

perdedor, -a *s.* ⇨loser

perder ▌*v.* **1** ⇨to lose: *He perdido la cartera* - I've lost my wallet **2** *(el autobús, el tren)* ⇨to miss **3** *perder el equilibrio* - to lose one's balance **4** *perder el tiempo* - to waste one's time **5** *perder peso* - to lose weight **6** *¡Estamos perdidos!* - All is lost! **7 ~ los estribos** ⇨to lose *one's* temper ▌**perderse** *prnl.* **8** ⇨to get lost

pérdida *s.f.* ⇨loss (*pl* losses)

perdido, da *adj.* **1** *(extraviado)* ⇨lost **2** *(desaparecido)* ⇨missing **3** *(una mirada)* ⇨unfocused

perdigón *s.m.* ⇨pellet

perdiz *s.f.* **1** ⇨partridge **2 marear la ~** ⇨to turn *sth* over and over

perdón ▌*s.m.* **1** ⇨forgiveness **2** *pedir perdón a alguien* - to apologize to sb ▌*interj.* **3** *(antes de interrumpir)* ⇨excuse me! **4** *(tras haber hecho algo)* ⇨sorry!

perdonar *v.* **1** *(no tener en cuenta)* ⇨to forgive [CONSTR. to forgive for + doing sth]: *Te perdonaré por lo que has hecho* - I will forgive you for what you have done; ⇨to pardon [CONSTR. to pardon + doing sth]; ⇨to overlook **2** *(no castigar)* ⇨to let off: *Esta vez te perdono* - I'll let you off this time **3** *(excusar)* ⇨to excuse [CONSTR. to excuse for + doing sth]: *Perdona, por favor, que haya llegado tarde* - Please excuse me for arriving late **4** *perdonarle la vida a alguien* - to spare sb's life

pequeño (small / little)

- **Small** y **little** se utilizan para referirse al tamaño:
  - *I live in a **small / little** village.*
    (Vivo en un pueblo pequeño.)
- **Small** se utiliza para referirse a una edad muy temprana:
  - ***Small** children are full of energy.*
    (Los niños pequeños tienen mucha energía.)
- **Little** se utiliza:
  - Para referirse a la cantidad de algo incontable:
    - *I have **little** time for that kind of things.*
      (Tengo poco tiempo para esas cosas.)
  - Para referirse a la edad en comparación con la de un hermano:
    - *Tom is my **little** brother.*
      (Tom es mi hermano pequeño.)

P

peregrino, na *adj.* / *s.* ⇨pilgrim *n*
perejil *s.m.* ⇨parsley
perenne *adj.* **1** ⇨perennial **2** *árboles de hoja perenne* - evergreen trees
pereza *s.f.* **1** ⇨laziness **2** *Me da pereza salir de casa cuando hace frío* - I can't be bothered to go out when it's cold
perezoso, sa *adj.* ⇨lazy
perfección *s.f.* **1** ⇨perfection **2** *hacer algo a la perfección* - to do sth perfectly
perfeccionar *v.* ⇨to improve ⇨to perfect
perfecto, ta *adj.* **1** ⇨perfect **2** *(en gramática)* ⇨perfect tense
perfil *s.m.* ⇨profile
perforar *v.* **1** ⇨to pierce ⇨to perforate *form* **2** *(con una máquina)* ⇨to punch
perfumar ▮ *v.* **1** ⇨to perfume: *perfumar una habitación* - to perfume a room ▮ **perfumarse** *prnl.* **2** ⇨to put on perfume
perfume *s.m.* ⇨perfume ⇨scent
perfumería *s.f.* ⇨perfume shop
perilla *s.f.* **1** ⇨goatee **2 venir de perillas** *col.* ⇨to come in handy *inform*
periódico *s.m.* ⇨newspaper ⇨paper ⇨daily (*pl* dailies)
periodismo *s.m.* ⇨journalism
periodista *s.com.* **1** ⇨journalist **2** *(reportero)* ⇨reporter
período o periodo *s.m.* **1** *(de tiempo)* ⇨period ⇨term **2** *(menstruación)* ⇨period **3** ~ **de vacaciones** ⇨recess (*pl* recesses)
peripecia *s.f.* ⇨adventure
periquito, ta *s.* ⇨parakeet
perjudicar *v.* **1** ⇨to harm: *Su reputación se ha visto perjudicaba por una serie de escándalos* - His reputation has already been harmed by a series of scandals; ⇨to clobber **2** *El tabaco perjudica seriamente la salud* - Tobacco seriously damages your health
perjudicial *adj.* ⇨harmful: *perjudicial para la salud* - harmful for your health; ⇨detrimental ⇨disruptive: *una influencia perjudicial* - a disruptive influence
perjuicio *s.m.* **1** ⇨harm [U]; ⇨detriment **2 en ~ de alguien** ⇨to the detriment of *sb form*
perla *s.f.* ⇨pearl
permanecer *v.* ⇨to remain *form: La casa de mi abuela permanece igual después de años* - My grandmother's house remains the same after the years; ⇨to stay: *¿Cuánto tiempo vas a permanecer en el hotel?* - How long will you stay at the hotel?
permanente ▮ *adj.* **1** ⇨permanent ▮ *s.f.* **2** *(en peluquería) col.* ⇨perm
permiso *s.m.* **1** ⇨permission [U] **2** *(documento oficial)* ⇨licence *UK;* ⇨permit **3** *(días libres)* ⇨leave **4 con ~** ⇨if you'll excuse me ⇨may I?
permitir ▮ *v.* **1** *(consentir, admitir)* ⇨to allow [CONSTR. 1. to allow + dos objetos 2. to allow + to do sth]: *No está permitido hacer fotografías* - You are not allowed to take photographs; ⇨to permit *form* [CONSTR. 1. to permit + to do 2. to permit + doing] **2** *(hacer posible)* ⇨to make possible ⇨to enable [CONSTR. to enable + to do sth]: *El atajo nos permitirá llegar a tiempo* - The shortcut will enable us to arrive on time ▮ **permitirse** *prnl.* **3** *(económicamente)* ⇨to afford: *No me lo puedo permitir* - I can't afford it
pero *conj.* ⇨but: *Lo siento, pero tengo que irme* - I'm sorry, but I have to go now
perpendicular *adj.* ⇨perpendicular
perpetuo, tua *adj.* ⇨perpetual ⇨constant
perplejo, ja *adj.* ⇨perplexed ⇨baffled
perrera *s.f.* ⇨pound
perro, rra *s.* **1** *(macho)* ⇨dog **2** *(hembra)* ⇨bitch (*pl* bitches) **3** *(cachorro)* ⇨puppy (*pl* puppies) **4 de perros** *col.* ⇨awful **5 llevarse como el perro y el gato** *col.* ⇨to fight like cat and dog **6 perrito caliente** ⇨hot dog **7 perro callejero** ⇨stray dog **8 perro guardián** ⇨guard dog **9 perro lazarillo** ⇨guide dog **10 perro policía** ⇨sniffer dog *UK inform* **11 perro salchicha** *col.* ⇨dachshund ⇨sausage dog *UK inform*
persecución *s.f.* **1** ⇨pursuit [U] **2** *(por una idea)* ⇨persecution [U]
perseguir *v.* **1** ⇨to chase: *Estaban persiguiendo a alguien* - They were chasing someone; ⇨to give chase **2** *(un sueño, un deseo)* ⇨to pursue: *perseguir un sueño* - to pursue a dream; ⇨to go after
persiana *s.f.* ⇨blind: *subir la persiana* - to raise the blinds; *bajar la persiana* - to lower the blinds
persistir *v.* **1** *(insistir)* ⇨to persist: *No persistas en esa idea* - Don't persist with that idea **2** *(perdurar)* ⇨to last: *Si persiste la sequía, perderemos la cosecha* - If the drought lasts, we'll lose the harvest
persona *s.f.* ⇨person (*pl* people): *Es una buena persona* - He's is a good person; ⇨human ⇨human being
personaje *s.m.* **1** *(de ficción)* ⇨character **2** *(famoso, celebridad)* ⇨personality (*pl* personalities)
personal ▮ *adj.* **1** ⇨private ⇨personal: *pronombre personal* - personal pronoun ■ Ver cuadro personal pronouns ▮ *s.m.* **2** ⇨staff: *Confía completamente en su personal* - She trusts her staff completely

P

personalidad *s.f.* **1** ⇒personality (*pl* personalities); ⇒character: *Tienes una personalidad muy fuerte* - You have a strong character **2** *(persona destacada)* ⇒burgher *old-fash* **3 doble ~** ⇒split personality (*pl* split personalities)

perspectiva *s.f.* **1** *(técnica)* ⇒perspective **2** *(punto de vista)* ⇒point of view

persuadir *v.* ⇒to persuade [CONSTR. 1. to persuade + to do sth 2. to persuade + (that)]: *Me persuadió para que fuera a la fiesta* - He persuaded me to go to the party

persuasión *s.f.* ⇒persuasion

persuasivo, va *adj.* ⇒persuasive

pertenecer *v.* ⇒to belong [CONSTR. to belong to sb]: *Esto me pertenece* - This belongs to me

pertenencia ▌*s.f.* **1** ⇒membership ▌**pertenencias** *pl.* **2** ⇒belongings

pértiga *s.f.* ⇒pole: *salto con pértiga* - pole-vault

perturbar *v.* ⇒to disturb ⇒to upset ⇒to perturb: *La noticia la perturbó* - She was perturb by the news

Perú *s.m.* ⇒Peru

peruano, na *adj./s.* ⇒Peruvian

perverso, sa *adj.* ⇒perverse: *una sonrisa perversa* - a perverse smile; ⇒wicked ⇒evil

pervertir ▌*v.* **1** ⇒to corrupt: *pervertir a alguien* - to corrupt sb **2** *(sexualmente)* ⇒to pervert ▌**pervertirse** *prnl.* **3** ⇒to become corrupted **4** *(sexualmente)* ⇒to become perverted

pesa *s.f.* ⇒weight: *hacer pesas* - to do weights

pesadez *s.f.* **1** *(lentitud): moverse con pesadez* - to move slowly **2** *(cosa aburrida)* ⇒bore *inform* **3** *Esta película es una pesadez* - This film is very boring **4** *(sensación de peso)* ⇒heaviness

pesadilla *s.f.* **1** *(en un sueño)* ⇒nightmare **2** *(preocupación)* ⇒bête noire ⇒bugbear

pesado, da ▌*adj.* **1** *(de mucho peso)* ⇒heavy **2** *(aburrido)* ⇒boring **3** *(fastidioso)* ⇒tedious: *una cosa pesada de hacer* - a tedious thing to do **4** *(un movimiento)* ⇒laboured ⇒ponderous **5** *(una comida)* ⇒rich ⇒stodgy *UK inform* ▌*s.* **6** *desp. (pelmazo)* ⇒drag *very inform;* ⇒bore *inform;* ⇒nuisance: *¡No seas pesado!* - Don't be a nuisance!

pesar ▌*s.m.* **1** ⇒regret: *Nos dieron las malas noticias con gran pesar* - They gave us the bad news with great regret; ⇒sorrow *form.* **2 a ~ de** ⇒despite: *A pesar del clima, salimos a correr* - Despite the weather, we went for a run; ⇒in spite of **3 a ~ de que** ⇒although: *A pesar de que hayas venido, no te perdono* - Although you've come, I won't forgive you **4 a ~ de todo** ⇒regardless: *Tienes que continuar, a pesar de todo* - You have to carry on regardless ▌*v.* **5** *(medir el peso)* ⇒to weigh: *pesar un pollo* - to weigh a chicken **6** *(ser una carga)* ⇒to weigh on: *No sabes cómo me pesa haberte ofendido* - You have no idea how it weighs on me to have offended you

pesca *s.f.* ⇒fishing

pescadería *s.f.* ⇒fishmonger's *UK* (*pl* fishmongers')

pescadero, ra *s.* ⇒fishmonger *UK*

pescado *s.m.* ⇒fish [Se dice *some fish* o *a piece of fish*. Incorrecto: *a fish*]: *pescado empanado* - fish in breadcrumbs

pescador, -a *s.* **1** *(hombre)* ⇒fisherman (*pl* fishermen) **2** *(mujer)* ⇒fisherwoman (*pl* fisherwomen)

pescar *v.* **1** *(peces)* ⇒to fish: *ir a pescar* - to go fishing **2** *col. (a una persona)* ⇒to catch: *pescar a un ladrón* - to catch a thief **3** *col. (una enfermedad)* ⇒to catch: *pescar un resfriado* - to catch a cold

pescuezo *s.m.* ⇒neck

pesimismo *s.m.* ⇒pessimism

pesimista ▌*adj.* **1** ⇒pessimistic ▌*s.com.* **2** ⇒pessimist

pésimo, ma *adj.* ⇒dreadful: *un conductor pésimo* - a dreadful driver; ⇒awful ⇒abominable: *en condiciones pésimas* - in abominable conditions

peso *s.m.* **1** ⇒weight **2** *(adelgazar): perder peso* - to lose weight **3** *(carga)* ⇒burden **4** *(sobrepeso): exceso de peso* - excess weight **5** *(báscula)* ⇒scales *UK pl;* ⇒scale *US* **6** *(importancia): una decisión de peso* - a weighty decision **7 lanzamiento de ~** ⇒shot putting **8 ~ ligero** ⇒lightweight **9 ~ medio** ⇒middleweight **10 ~ pesado** ⇒heavyweight **11 quitar un ~ de encima a alguien** ⇒to take a weight off *sb's* mind ⇒to take a weight from *sb's* shoulders

pesquero, ra ▌*adj.* **1** *industria pesquera* - fishing industry ▌**pesquero** *s.m.* **2** ⇒fishing boat

pestaña *s.f.* ⇒eyelash (*pl* eyelashes)

pestañear *v.* **1** ⇒to blink: *Estás pestañeando mucho, ¿te pasa algo?* - You are blinking a lot, is there anything wrong? **2 sin ~** ⇒without batting an eyelid

peste *s.f.* **1** *(olor)* ⇒stink [U] **2** *(enfermedad)* ⇒plague

pestillo *s.m.* **1** *(cerrojo)* ⇒bolt **2** *(de una cerradura)* ⇒catch (*pl* catches)

petaca *s.f.* **1** *(para el tabaco)* ⇒tobacco pouch (*pl* tobacco pouches) **2** *(para una bebida)* ⇒hip-flask **3 hacer la ~** *col.* ⇒to make an apple-pie bed *inform: hacer la petaca a alguien* - to make an apple-pie bed for sb

pétalo *s.m.* ⇒petal

petardo *s.m.* **1** *(explosivo)* ⇒banger *UK;* ⇒firecracker **2** *col. (aburrimiento)* ⇒bore

petición *s.f.* **1** ⇒appeal: *hacer una petición* - to make an appeal; ⇒request **2** *(por escrito y firmada)* ⇒petition

peto *s.m.* ⇒overalls *US;* ⇒dungarees *UK pl*

petróleo *s.m.* ⇒oil

petrolero *s.m.* ⇒tanker ⇒oil tanker

pez *s.m.* **1** ⇒fish (*pl* fish, fishes) **2 ~ de colores** ⇒goldfish **3 ~ espada** ⇒swordfish (*pl* swordfish, swordfishes) **4 ~ gordo** *col.* ⇒big shot *inform*

pezón *s.m.* ⇒nipple

pezuña *s.f.* ⇒hoof (*pl* hooves, hoofs); ⇒foot (*pl* feet)

piadoso, sa *adj.* ⇒merciful

pianista *s.com.* ⇒pianist

piano *s.m.* ⇒piano

piar *v.* ⇒to chirp ⇒to cheep

picadura *s.f.* **1** *(de mosquito)* ⇒bite **2** *(de avispa)* ⇒sting

picante *adj.* **1** *(una comida)* ⇒hot ⇒spicy **2** *(un tema)* ⇒dirty: *un chiste picante* - a dirty joke

picaporte *s.m.* ⇒handle ⇒door handle

picar ▮ *v.* **1** *(un mosquito)* ⇒to bite **2** *(una avispa)* ⇒to sting **3** *(por escozor, por irritación)* ⇒to itch ⇒to tickle **4** *(un abono de viaje)* ⇒to punch **5** *(un alimento)* ⇒to be hot: *Esta salsa pica mucho* - This sauce is too hot **6** *(trocear)* ⇒to chop **7** *(comer)* ⇒to have a snack **8** *(un pez)* ⇒to bite **9** *col. (una persona)* ⇒to rise to the bait ⇒to take the bait: *Si intentan convencerte, no piques* - If they attempt to convince you, don't take the bait ▮ **picarse** *prnl.* **10** *(enfadarse)* ⇒to get annoyed **11** *(el mar)* ⇒to get rough

picardía *s.f.* ⇒cunning ⇒guile *form*

pichón *s.m.* ⇒pigeon

picnic *s.m.* ⇒picnic: *Vayamos de picnic al bosque* - Let's go for a picnic in the woods

pico *s.m.* **1** *(de una montaña)* ⇒peak **2** *(de un ave)* ⇒beak ⇒bill **3** *col. (boca)* ⇒gob *very inform: ¡Cierra el pico!* - Shut your gob!; ⇒trap *inform* **4 no abrir el ~** *col.* ⇒not to say a word **5 un ~** *col. (una fortuna)* ⇒a fortune

picor *s.m.* ⇒itch (*pl* itches)

picotazo *s.m.* ⇒peck

pie *s.m.* **1** *(de una persona)* ⇒foot (*pl* feet) **2** *estar de pie* - to stand; *ponerse de pie* - to stand up **3** *(de un objeto)* ⇒base ⇒bottom **4** *(de una montaña)* ⇒foot *sing* **5** *(unidad de medida)* ⇒foot (*pl* feet) **6 al ~ de la letra** ⇒word for word **7 andar con pies de plomo** *col.* ⇒to tread carefully **8 a ~** ⇒on foot **9 de pies a cabeza** *col.* ⇒from top to toe **10 empezar con buen ~** ⇒to get off on the right foot **11 no tener ni pies ni cabeza** *col.* ⇒to be absurd **12 pies planos** ⇒flat feet

piedad *s.f.* **1** *(comportamiento)* ⇒mercy **2** *(devoción)* ⇒piousness *form*

piedra *s.f.* **1** ⇒stone **2 quedarse de ~** *col.* ⇒to be stunned

piel *s.f.* **1** *(de una persona, de un animal)* ⇒skin **2** *(cuero)* ⇒fur: *piel sintética* - imitation fur **3** *(de una fruta, una verdura)* ⇒peel **4** *(cuero)* ⇒leather **5 ~ de gallina** ⇒goose pimples *pl*

pienso *s.m.* ⇒fodder

pierna *s.f.* **1** ⇒leg **2 estirar las piernas** ⇒to stretch *one's* legs

pieza *s.f.* **1** ⇒piece **2** *(de una máquina)* ⇒part: *pieza de recambio* - spare part **3** *AMÉR. (habitación)* ⇒room

pijama *s.m.* ⇒pyjamas *UK pl;* ⇒pajamas *US pl*

pijo, ja ▮ *adj.* **1** *col. desp.* ⇒posh *UK inform* ▮ *s.* **2** *col. desp.* ⇒rich kid

pila *s.f.* **1** *(fregadero)* ⇒sink **2** *(para generar corriente)* ⇒battery (*pl* batteries) **3** *(montón)* ⇒pile ⇒heap: *Hay una pila de papeles en mi mesa* - There is a heap of papers on my table **4 cargar las pilas** *col. (cargarse de energía)* ⇒to recharge *one's* batteries *inform*

pilar *s.m. (en arquitectura)* ⇒pillar

píldora *s.f.* ⇒pill ⇒tablet

pillar ▮ *v.* **1** *(coger)* ⇒to catch **2** *col. ¿Te pillo en mal momento?* - Have I caught you at a bad time? **3** *(atropellar)* ⇒to run over **4** *col. (atrapar)* ⇒to catch: *¡Te pillé!* - I caught you!; ⇒to nab *inform* **5** *¡Te he pillado!* - Got you! **6** *col. (una enfermedad)* ⇒to catch ⇒to go down with *sth UK inform* **7** *col. (entender)* ⇒to get the picture ⇒to latch on *UK inform* ▮ **pillarse** *prnl.* **8** ⇒to catch ⇒to get caught: *Me he pillado los dedos con la puerta* - I got my fingers caught in the door

pilotar *v.* **1** *(un avión)* ⇒to pilot **2** *(un barco)* ⇒to steer ⇒to navigate **3** *(un coche)* ⇒to drive

piloto *s.com.* **1** *(de un avión, un cohete)* ⇒pilot ⇒navigator **2** *(de un coche)* ⇒driver **3 ~ automático** ⇒automatic pilot ⇒autopilot

pimentón *s.m.* ⇒paprika

pimienta *s.f.* ⇒pepper: *pimienta blanca* - white pepper

pimiento *s.m.* ⇒pepper: *pimiento rojo* - red pepper; *pimiento verde* - green pepper; ⇒bell pepper *US*

pimpón *s.m.* ⇒ping-pong *inform;* ⇒table tennis

pin *s.m.* ⇒badge *UK*

pinar *s.m.* ⇒pine forest ⇒pine wood

pincel *s.m.* **1** ⇒paintbrush (*pl* paintbrushes) **2 ir hecho un ~** *col.* ⇒to be immaculately dressed ⇒to be very smartly dressed

pinchadiscos *s.com.* ⇒disc jockey ⇒DJ

pinchar ▌ *v.* **1** ⇒to jab: *El médico me pinchó con una aguja* - The doctor jabbed me with a needle; ⇒to prick **2** *(una rueda)* ⇒to get a puncture **3** *col. (un disco)* ⇒to play **4** *col. (inyectar)* ⇒to give an injection **5** *(un teléfono)* ⇒to bug ⇒to tap **6** *col. (chinchar)* ⇒to needle *inform;* ⇒to get a rise out of ▌ **pincharse** *prnl.* **7** *col. (inyectarse droga)* ⇒to shoot up

pinchazo *s.m.* **1** ⇒jab **2** *(de una rueda)* ⇒puncture ⇒flat tyre UK: *Me temo que tenemos un pinchazo* - I'm afraid we have a flat tyre **3** *(marca que deja en la piel)* ⇒needle scar

pincho *s.m.* **1** *(de metal)* ⇒spike **2** *(en una planta)* ⇒thorn **3** *(de comida)* ⇒portion

pingüino *s.m.* ⇒penguin

pino *s.m.* **1** ⇒pine (tree) **2** *(en gimnasia)* ⇒handstand **3 en el quinto** ~ *col.* ⇒miles away ⇒miles from anywhere **4 hacer el** ~ ⇒to do a handstand ⇒to do a headstand

pinta *s.f.* **1** ⇒pint **2 tener buena** ~ *col.* ⇒to look good: *Esto tiene buena pinta* - This looks good **3 tener mala** ~ *col.* ⇒to look bad: *Esto tiene mala pinta* - This looks bad

pintada *s.f.* ⇒graffiti [U]

pintado, da *adj.* **1** ⇒painted **2** *pintado a mano* - hand-painted **3** *recién pintado* - wet paint

pintalabios *s.m.* ⇒lipstick

pintar ▌ *v.* **1** *(una pared, un edificio)* ⇒to decorate ⇒to paint **2** *(un cuadro)* ⇒to paint **3** *(colorear)* ⇒to colour in **4** *(importar, valer)* ⇒to count for: *Yo aquí no pinto nada* - I don't count for anything here ▌ **pintarse** *prnl.* **5** *(maquillarse)* ⇒to put on *one's* make-up

pintor, -a *s.* ⇒painter

pintoresco, ca *adj.* ⇒picturesque

pintura ▌ *s.f.* **1** *(sustancia para pintar)* ⇒paint **2** *(cuadro, obra)* ⇒painting ▌ **pinturas** *pl.* **3** ⇒coloured pencils

pinza ▌ *s.f.* **1** *(para la ropa)* ⇒clothes peg UK; ⇒clothes pin US **2** *(para el pelo)* ⇒hair grip ⇒clip ▌ **pinzas** *s.f.pl.* **3** *(para las cejas)* ⇒tweezers **4** *(para el hielo)* ⇒tongs

piña *s.f.* **1** *(fruta)* ⇒pineapple **2** *(del pino)* ⇒pine cone **3 ser una** ~ *col.* ⇒to be a very well-knit group

piñón *s.m.* **1** *(fruto)* ⇒pine nut **2** *(de una bicicleta)* ⇒back cog ⇒gear wheel

pío, a *adj.* **1** ⇒pious **2 no decir ni pío** *col.* ⇒not to say a word **3 pío-pío** *(de un ave)* ⇒tweet-tweet

piojo *s.m.* ⇒louse (*pl* lice)

pionero, ra ▌ *adj.* **1** ⇒pioneering: *técnicas pioneras* - pioneering techniques ▌ *s.* **2** ⇒pioneer

pipa *s.f.* **1** *(para fumar)* ⇒pipe: *fumar en pipa* - to smoke a pipe **2** *(semilla)* ⇒pip UK; ⇒seed US **3 pasarlo** ~ ⇒to have a great time

pique *s.m.* **1** ⇒rivalry **2 irse a** ~ **1** *(un barco)* ⇒to sink **2** *col. (un negocio)* ⇒to go under

pirado, da ▌ *adj.* **1** *col.* ⇒nuts *inform* ▌ *s.* **2** *col.* ⇒nut *inform*

piragua *s.f.* ⇒canoe

piragüismo *s.m.* ⇒canoeing

pirámide *s.f.* ⇒pyramid

pirata ▌ *adj.* **1** *(falso)* ⇒bootleg: *un disco pirata* - a bootleg record **2** *(de los piratas)* ⇒pirate: *un barco pirata* - a pirate ship ▌ *s.com.* **3** ⇒pirate

piropo *s.m.* ⇒compliment: *decir un piropo a alguien* - to pay sb a compliment

pirrar *v. col.* ⇒to be crazy about: *Me pirra la escalada* - I'm crazy about climbing; *Le pirra cómo cocina mi madre* - He's crazy about my mother's cooking

pirulí *s.m.* ⇒lollipop ⇒lolly UK (*pl* lollies)

pis *s.m. col.* ⇒pee *inform;* ⇒piss *vulg*

pisada *s.f.* **1** *(huella)* ⇒footprint **2** *(paso)* ⇒footstep

pisar *v.* **1** ⇒to step ⇒to tread UK: *Por favor, intenta no pisarme el pie* - Please try not to tread on my foot **2** *(el acelerador)* ⇒to step: *pisar el acelerador* - to step on the accelerator **3** *(avasallar)* ⇒to walk all over **4** *(estar en un lugar)* ⇒to set foot {in/on}

piscina *s.f.* ⇒swimming pool ⇒pool

piscis *adj. / s.com.* ⇒Pisces *n*

piso *s.m.* **1** *(para vivir)* ⇒flat UK; ⇒apartment US **2** *(suelo)* ⇒floor **3** *(planta, nivel)* ⇒storey UK; ⇒floor: *Vivo en el segundo piso* - I live on the second floor **4 autobús de dos pisos** ⇒double-decker ⇒double-decker bus (*pl* double-decker buses) **5** ~ **piloto** ⇒show flat

pisotear *v.* **1** *(con los pies)* ⇒to trample **2** *(avasallar)* ⇒to walk over

pisotón *s.m. dar un pisotón a alguien* - to tread on sb's foot

pista *s.f.* **1** *(indicio)* ⇒clue: *buscar pistas* - to look for clues **2** *(rastro)* ⇒trail **3** *(cancha)* ⇒court: *una pista de tenis* - a tennis court **4** *(de coches de carreras)* ⇒track **5** *(de atletismo)* ⇒track **6** *(de aterrizaje)* ⇒runway **7** *(de patinaje)* ⇒skating rink ⇒rink **8** *(de patinaje sobre hielo)* ⇒ice rink **9** *(de baile)* ⇒floor **10** *(de esquí)* ⇒slope

pistacho *s.m.* ⇒pistachio

pistola *s.f.* ⇒pistol ⇒gun

pistolero, ra *s.* **1** *(hombre)* ⇒gunman (*pl* gunmen) **2** *(mujer)* ⇒gunwoman (*pl* gunwomen)

pitar *v.* **1** *col. (con el claxon)* ⇒to beep *inform;* ⇒to blow the horn **2** *col. (abuchear)* ⇒to boo and hiss **3** AMÉR. *(fumar)* ⇒to puff **4 salir pitando** *col.* ⇒to dash off *inform*

pitido *s.m.* **1** *(de un silbato)* ⇒whistle **2** *(de un claxon)* ⇒beep ⇒honk

pito *s.m.* **1** *(silbato)* ➾whistle **2** *col. (pene)* ➾willie ➾willy **3 entre pitos y flautas** *col.* ➾what with one thing and another

pitorro *s.m.* ➾spout

piyama *s.m.* AMÉR. ➾pyjamas *UK pl;* ➾pajamas *US pl*

pizarra *s.f.* **1** *(para escribir)* ➾board **2** *(en un colegio, negra)* ➾blackboard ➾chalkboard *US* **3** *(en un colegio, blanca)* ➾whiteboard **4** *(piedra)* ➾slate [U]

pizca *s.f.* **1** *col.* ➾a little bit: *Ten una pizca de paciencia* - Have a little bit of patience; ➾crumb **2** *(de sal)* ➾pinch **3 ni ~** ➾not a bit ➾not a jot

pizza *s.f.* ➾pizza

pizzería *s.f.* ➾pizzeria ➾pizza restaurant

placa *s.f.* **1** ➾plate **2** *(conmemorativa)* ➾plaque **3** *(insignia)* ➾badge *UK* **4** AMÉR. *(de un vehículo)* ➾number plate *UK;* ➾license plate *US*

placard *s.m.* AMÉR. ➾built-in closet

placentero, ra *adj.* ➾pleasant

placer ▌*s.m.* **1** *(goce)* ➾pleasure ➾delight [U] **2** *(satisfacción)* ➾pleasure: *Es un placer* - It's a pleasure ▌*v.* **3** ➾to please

plaga *s.f.* **1** *(de un animal dañino)* ➾pest ➾infestation: *una plaga de cucarachas* - an infestation of cockroaches **2** *una plaga de langostas* - a plague of locusts **3** *(de una enfermedad infecciosa)* ➾plague

plan ▌*s.m.* **1** *(proyecto)* ➾plan ➾scheme **2** *(manera de actuar): Lo dije en plan broma* - I said it as a joke ▌**planes** *pl.* **3** ➾arrangements ➾plans: *¿Tienes planes para mañana por la noche?* - Have you got plans for tomorrow night?

plancha *s.f.* **1** *(electrodoméstico)* ➾iron **2** *(actividad)* ➾ironing **3** *(lámina)* ➾plate **4 a la ~** ➾grilled ➾done on the griddle *US*

planchar *v.* ➾to iron ➾to do the ironing: *Tengo que planchar* - I have to do the ironing; ➾to press

planear *v.* **1** *(tramar un plan)* ➾to plan [CONSTR. 1. to plan + to do sth 2. to plan + interrogativo]: *Estoy planeando visitarte* - I'm planning to go visit you **2** *(un avión)* ➾to glide **3** *(un ave)* ➾to glide ➾to soar

planeta *s.m.* ➾planet

planificación *s.f.* ➾planning: *planificación familiar* - family planning

planificar *v.* ➾to plan [CONSTR. 1. to plan + to do sth 2. to plan + interrogativo]

plano, na ▌*adj.* **1** ➾level ➾flat ▌**plano** *s.m.* **2** *(de una construcción)* ➾plan **3** *(mapa)* ➾plan: *un plano de calles* - a street plan **4** *(diseño)* ➾design **5** *(en fotografía): un primer plano* - a close-up **6** *(en matemáticas)* ➾plane

planta *s.f.* **1** *(vegetal)* ➾plant **2** *(de un edificio)* ➾floor ➾storey *UK: un edificio de cuatro plantas* - a four-storey building **3** *(del pie)* ➾sole **4 ~ baja** ➾ground floor *UK;* ➾first floor *US*

plantación *s.f.* ➾plantation

plantado, da *adj.* **1** ➾planted **2 dejar ~** ➾to stand *sb* up: *Me dejaste plantado* - You stood me up

plantar *v.* **1** *(una planta)* ➾to plant **2** *(poner)* ➾to put **3** *col. (abandonar)* ➾to dump *inform: Si es tan terrible, ¿por qué no te plantas?* - If he's so awful, why don't you just dump?

plantear ▌*v.* **1** *(un asunto)* ➾to set out: *plantear una cuestión* - to set out an issue; ➾to raise: *plantear dudas* - to raise doubts ▌**plantearse** *prnl.* **2** ➾to consider: *plantearse una posibilidad* - to consider a possibility; ➾to think about

plantilla *s.f.* **1** *(de una empresa)* ➾staff **2** *(de un equipo deportivo)* ➾squad ➾players *pl* **3** *(de un zapato)* ➾inner sole

plantón *s.m. dar plantón a alguien* - to stand sb up

plasta *s.com.* **1** ➾pest *inform;* ➾nuisance ➾drag *very inform* **2** *dar la plasta* - to nag

plástico *s.m.* ➾plastic: *una bolsa de plástico* - a plastic bag

plastilina® *s.f.* ➾plasticine® *UK*

plata *s.f.* **1** ➾silver **2** AMÉR. *col.* ➾dough *very inform, old-fash* **3** *hablar en plata* - to speak frankly

plataforma *s.f.* **1** ➾platform **2 ~ petrolífera** ➾oil rig

plátano *s.m.* **1** *(fruto)* ➾banana **2** *(árbol)* ➾banana tree

plateado, da *adj.* **1** *(color): zapatos plateados* - silver shoes **2** *(con una capa de plata)* ➾silver-plated

platillo ▌*s.m.* **1** *(de una taza)* ➾saucer **2 ~ volante** ➾flying saucer ▌**platillos** *pl.* **3** *(instrumento)* ➾cymbals

platino *s.m.* ➾platinum

plato *s.m.* **1** *(recipiente)* ➾plate: *plato hondo* - soup plate **2** *(comida elaborada)* ➾dish (*pl* dishes): *Ese plato de carne tiene un aspecto realmente bueno* - That meat dish looks really nice **3** *(componente de un menú)* ➾course: *De primer plato hay sopa* - For first course there's soup **4** *(en un tocadiscos)* ➾turntable

plató *s.m.* ➾set

playa *s.f.* **1** ➾beach (*pl* beaches): *Pasamos el día en la playa* - We spent the day on the beach **2** *(zona de vacaciones)* ➾seaside: *Pasaré el verano en la playa* - I'm going to spend the summer at the seaside

plaza *s.f.* **1** *(en una ciudad, en un pueblo)* ⇒square **2** *(mercado)* ⇒market **3** *(de un vehículo)* ⇒seat **4** *(en un centro, en una escuela)* ⇒place **5 ~ de garaje** ⇒parking place **6 ~ de toros** ⇒bullring

plazo *s.m.* **1** ⇒term: *a corto plazo* - in the short term; *a largo plazo* - in the long term; *en un plazo de dos meses* - within two months / in a period of two months **2** *(fecha tope)* ⇒deadline **3 a plazos** ⇒on credit ⇒in instalments: *pagar algo a plazos* - to pay for sth in instalments

plegable *adj.* ⇒folding: *una mesa plegable* - a folding table

plegar *v.* ⇒to fold

pleito *s.m.* ⇒lawsuit

pleno, na ▌*adj.* **1** *(lleno)* ⇒full: *estar en pleno uso de las facultades* - to be in full command of one's faculties **2** *(en el tiempo)* ⇒middle: *en pleno otoño* - in the middle of the autumn **3** *(en el lugar)* ⇒right: *en pleno centro de la ciudad* - right in the centre of the city ▌**pleno** *s.m.* **4** ⇒plenary (*pl* plenaries) **5 en pleno** ⇒whole ⇒entire

pliegue *s.m.* **1** ⇒fold **2** *(de una tela)* ⇒pleat

plomo ▌*s.m.* **1** ⇒lead **2 sin ~** *(gasolina)* ⇒lead-free *UK;* ⇒unleaded *US* ▌**plomos** *s.m.pl.* **3** ⇒fuses: *Se han fundido los plomos* - The fuses have blown

pluma *s.f.* **1** *(de un ave)* ⇒feather **2** *(para escribir)* ⇒fountain pen ⇒pen ⇒quill *old-fash*

plumero *s.m.* **1** *(objeto)* ⇒feather duster **2** *(adorno)* ⇒plume **3 vérsele el ~ a alguien** *col.* ⇒to know what *sb* is up to: *Se te ve el plumero* - I know what you are up to

plural *adj. / s.m.* ⇒plural ■ Ver cuadro plural forms of nouns

población *s.f.* **1** ⇒population **2** *(lugar)* ⇒village ⇒town ⇒city (*pl* cities)

poblado *s.m.* **1** *(lugar poblado)* ⇒settlement **2** *(pueblo)* ⇒village

pobre ▌*adj.* **1** ⇒poor ▌*s.com.* **2** *(persona sin medios económicos)* ⇒poor person **3** *(persona que da pena)* ⇒poor thing: *Está enfermo, el pobre* - He's ill, the poor thing

pobreza *s.f.* ⇒poverty ⇒misery

pocilga *s.f.* **1** ⇒pigsty (*pl* pigsties); ⇒sty (*pl* sties) **2** *col. (lugar sucio)* ⇒slum *inform*

poco, ca ▌*indef.* **1** *(con nombres incontables)* ⇒little: *un poco de azúcar* - a little sugar **2** *(con nombres contables)* ⇒few: *Había pocos coches el domingo* - There were few cars on Sunday ▌**poco** *s.m.* **3** ⇒a little: *Comió un poco* - She ate a little; ⇒a bit: *Solo te pido un poco de tiempo* - I'm only asking for a bit of time **4 unos pocos** ⇒some ⇒a few: *Solo vinieron unos pocos* - Only a few came over **5 un poco de** ⇒some: *¿Me pasas un poco de leche, por favor?* - Could you pass me some milk, please? ▌*adv.* **6** ⇒not very: *Esa dieta es poco saludable* - That diet is not very healthy; ⇒little: *Salgo muy poco* - I go out very little **7** *(con un verbo)* ⇒not much: *Queda poco en la nevera* - There isn't much left in the fridge **8 dentro de poco** ⇒soon ⇒shortly **9 hace poco** ⇒a little while ago **10 poco a poco** ⇒little by little ⇒gradually **11 poco hecho** *(un filete)* ⇒raw **12 por poco** ⇒nearly: *Por poco me caigo* - I nearly fall ■ Ver cuadro few / a few / little / a little

podar *v.* ⇒to prune

poder ▌*s.m.* **1** *(tener permiso)* ⇒power: *Tiene el poder para hacerlo* - She has the power to do it **2** *(tener capacidad)* ⇒power: *Tiene el poder de mover cosas* - She's has the power to move things; ⇒ability (*pl* abilities) **3** *(control)* ⇒power: *No tengo poder sobre él* - I've no power over him; ⇒dominion *form* **4 en el ~** ⇒in power ▌*v.* **5** *(ser capaz)* ⇒can: *Puedo hacerlo* - I can do it; ⇒to be able to **6** *(para pedir permiso)* ⇒can [CONSTR. can + do sth]: *¿Puedo ir al pueblo caminando?* - Can I go to the village on foot?; ⇒may *form: ¿Puedo ir al cuarto de baño?* - May I go to the toilet? **7** *(para expresar posibilidad)* ⇒may ⇒might *form: Puede que vaya al cine esta noche* - I might go to the cinema tonight **8 no ~ con** *No puedo con él* - I can't handle him; *No puedo con este ruido* - I can't take this noise **9 no ~ más** ⇒to have had enough: *No puedo más con esta situación* - I've had enough of this situation

poderoso, sa *adj.* ⇒powerful ⇒mighty *lit*

podrido, da *adj.* **1** ⇒rotten **2 estar ~ de dinero** *col.* ⇒to be filthy rich

poema *s.m.* ⇒poem

poesía *s.f.* **1** *(género)* ⇒poetry **2** *(poema)* ⇒poem

poeta *s.com.* ⇒poet

poético, ca *adj.* ⇒poetic

polaco, ca ▌*adj.* **1** ⇒Polish ▌*s.* **2** ⇒Pole ▌**polaco** *s.m.* **3** *(idioma)* ⇒Polish

polar *adj.* **1** ⇒polar **2** *Círculo Polar Ártico* - Arctic Circle **3** *forro polar* - fleece

polea *s.f.* ⇒pulley

polémico, ca *adj.* ⇒controversial

polen *s.m.* ⇒pollen

policía ▌*s.com.* **1** *(hombre)* ⇒policeman (*pl* policemen) **2** *(mujer)* ⇒policewoman (*pl* policewomen) ▌*s.f.* **3** *(institución)* ⇒police *pl*

policial *adj. investigación policial* - police investigation

polideportivo *s.m.* ⇒sport complex (*pl* sport complexes); ⇒sports centre *UK;* ⇒sports center *US*

polígono *s.m.* *polígono industrial* - industrial estate
polilla *s.f.* ⇨moth
política *s.f.* **1** ⇨politics [Se usa más con el verbo en singular]: *política internacional* - international politics; *Me gusta la política* - I like politics **2** *(plan de acción)* ⇨policy (*pl* policies): *política exterior* - foreign policy; *política interior* - domestic policy
político, ca ▌*adj.* **1** ⇨political: *un partido político* - a political party **2** ⇨in-law: *mi primo político* - my cousin-in-law ▌*s.* **3** ⇨politician
póliza *s.f.* **1** ⇨official tax stamp **2** *póliza de seguros* - insurance policy
polizón *s.m.* ⇨stowaway
pollera *s.f.* AMÉR. ⇨skirt
pollo *s.m.* **1** ⇨chicken: *pollo asado* - roast chicken **2** *(cría)* ⇨chick
polo *s.m.* **1** *(helado)* ⇨ice lolly UK (*pl* ice lollies); ⇨lolly UK (*pl* lollies) **2** *(en geografía)* ⇨pole: *Polo Norte* - North Pole; *Polo Sur* - South Pole **3** *(en electricidad)* ⇨pole **4** *(deporte)* ⇨polo **5** *(prenda de vestir)* ⇨polo shirt
Polonia *s.f.* ⇨Poland
polución *s.f.* ⇨pollution
polvareda *s.f.* ⇨cloud of dust
polvo ▌*s.m.* **1** *(suciedad)* ⇨dust **2** *quitar el polvo* - to dust **3** *(sustancia)* ⇨powder [U]: *detergente en polvo* - soap powder **4 estar hecho,cha ~** ⇨to be exhausted ▌**polvos** *pl.* **5** *(de maquillaje)* ⇨face powder
pólvora *s.f.* ⇨gunpowder
polvoriento, ta *adj.* ⇨dusty
pomada *s.f.* ⇨ointment
pomelo *s.m.* ⇨grapefruit
pomo *s.m.* ⇨doorknob: *El pomo de la puerta se cayó haciendo un fuerte ruido* - The doorknob fell with a bang; ⇨knob
pompa *s.f.* **1** *(burbuja)* ⇨bubble **2** *(ostentación)* ⇨pageantry ⇨pomp **3 pompas fúnebres** *(ceremonia)* ⇨funeral
pómulo *s.m.* **1** *(hueso)* ⇨cheekbone **2** *(mejilla)* ⇨cheek
ponente *s.com.* ⇨speaker
poner ▌*v.* **1** *(colocar)* ⇨to put: *Pon los libros en la estantería* - Put the books on the shelf; ⇨to place ⇨to set UK **2** *(mandar una tarea)* ⇨to set UK: *El profesor nos puso algunos ejercicios* - The teacher set us some exercises **3** *(dejar en un sitio)* ⇨to put: *Pon las bolsas allí* - Put the bags over there; ⇨to stick *inform* **4** *(añadir)* ⇨to put sth in: *Pon más azúcar* - Put more sugar in it **5** *(conectar, encender)* ⇨to turn on ⇨to switch on **6** *(comunicar por teléfono)* ⇨to put through: *Ponme con tu hermano* - Put me through to your brother **7** *(un fax, un telegrama)* ⇨to send **8** *(una película, un programa)* ⇨to show **9** *(la mesa)* ⇨to lay **10** *(una comida, una bebida)* ⇨to give [CONSTR. to give + dos objetos]: *Ponme un zumo de naranja, por favor* - Give me an orange juice, please **11** *(programar)* ⇨to set: *Puse el despertador a las siete* - I set the alarm clock for seven **12** *poner al día* - to update **13** *volver a poner* - to replace **14 ¿qué ponen?** ⇨what's on? ▌**ponerse** *prnl.* **15** *(en una posición)* ⇨to stand **16** *(cambiar el estado de algo)* ⇨to turn: *Se está poniendo oscuro* - It's turning dark **17** *(empezar)* ⇨to start: *ponerse a trabajar* - to start working **18** *(vestirse)* ⇨to put on [Se construye con un complemento: *to put on a jumper - ponerse un jersey*]; ⇨to get dressed [No se usa con complemento: *to get dressed after a swim - ponerse la ropa después del baño*] **19** *(el sol)* ⇨to set
poni *s.m.* ⇨pony (*pl* ponies)
ponqué *s.m.* AMÉR. ⇨cake
popa *s.f.* ⇨stern
popote *s.m.* AMÉR. *(pajita)* ⇨straw
popular *adj.* **1** *(famoso, conocido)* ⇨popular **2** *(tradicional)* ⇨traditional
popularidad *s.f.* ⇨popularity
póquer *s.m.* ⇨poker
por *prep.* **1** *(a través de)* ⇨through: *Entramos por la ventana pequeña* - We went through the small window; ⇨via: *Me enteré por mi hermana* - I only found out about it via my sister; ⇨across: *Paseamos por el bosque* - We walked across the wood **2** *(indica diferentes lugares)* ⇨around: *Viajar por Europa* - Travel around Europe; ⇨round **3** *(indica tiempo aproximado)*: *por la noche* - at night; *por la tarde* - in the evening **4** *(indica el modo de hacer algo)*: *por orden alfabético* - in alphabetical order **5** *(indica la causa de algo)*: *por necesidad* - out of necessity **6** *(indica la persona o cosa que hace algo)* ⇨by: *Esta música fue compuesta por Chopin* - This music was composed by Chopin **7** *(indica la razón de algo)* ⇨for: *Me disculpé por llegar tarde* - I apologized for being late **8** *(indica el precio)* ⇨for: *Me he comprado un CD por tres libras* - I've bought a CD for 3 pounds **9** *(indica por dónde)* ⇨up: *Camina por la calle conmigo* - Walk up the street with me **10** *(en sustitución de)* ⇨for: *Cambié el jersey por una falda* - I changed the pullover for a skirt **11** *(en una multiplicación)* ⇨times: *Tres por tres son nueve* - Three times three is nine **12** *(precedido y seguido de un verbo)*: *hablar por hablar* - to talk for the sake of it **13** *(cantidad que se reparte)* ⇨per: *kilómetros por hora* -

kilometres per hour; *por cabeza* - per head **14 ~ mucho que** ⇨however hard ⇨however much **15 ¿por qué?** ⇨why? **16 ¿por qué no?** ⇨why not?

porcelana *s.f.* **1** ⇨china **2** *vajilla de porcelana* - china **3** *(material)* ⇨porcelain

porcentaje *s.m.* ⇨percentage ⇨rate: *el porcentaje of nacimientos* - the birth rate

porche *s.m.* ⇨porch (*pl* porches)

porcino, na *adj. ganado porcino* - pigs

porción *s.f.* **1** *(de comida)* ⇨portion ⇨helping **2** *(rebanada)* ⇨slice: *una porción de sandía* - a slice of watermelon **3** *(parte)* ⇨part ⇨share

pornográfico, ca *adj.* ⇨pornographic

porque *conj.* ⇨because

porqué *s.m.* ⇨reason: *El porqué de mi dimisión no te concierne* - The reason for my resignation doesn't concern you

porquería *s.f.* **1** ⇨muck *inform* [U]; ⇨filth [U] **2** *(comida)* ⇨junk food **3** *col. (algo de poco valor)* ⇨rubbish *UK inform*

porra *s.f.* **1** *(apuesta)* ⇨sweepstake **2** *(de un policía)* ⇨truncheon *UK;* ⇨nightstick *US* **3** *col. mandar a alguien a la porra* - tell sb to go to hell

porrazo *s.m.* **1** ⇨blow ⇨thump: *Se cayó al suelo de un porrazo* - She fell to the floor with a thump; ⇨bash *inform* (*pl* bashes); ⇨whack *inform* **2 de golpe y ~** *col.* ⇨all of a sudden

portaaviones *s.m.* ⇨aircraft carrier

portada *s.f. (de un periódico)* ⇨front-page

portaequipajes *s.m.* **1** *(maletero)* ⇨boot *UK;* ⇨trunk *US* **2** *(baca)* ⇨roof rack

portal *s.m.* **1** *(puerta)* ⇨street door ⇨doorway **2** *(entrada)* ⇨entrance hall

portátil ▮ *adj.* **1** ⇨portable ▮ *s.m.* **2** *(ordenador)* ⇨laptop

portavoz *s.com.* **1** *(sin especificar sexo)* ⇨spokesperson **2** *(hombre)* ⇨spokesman (*pl* spokesmen) **3** *(mujer)* ⇨spokeswoman (*pl* spokeswomen)

portazo *s.m.* **1** ⇨bang **2** *dar un portazo* - to slam the door

portento *s.m.* ⇨genius ⇨marvel

portería *s.f.* **1** *(en deportes)* ⇨goal **2** *(de un edificio)* ⇨porter's lodge **3** *(vivienda de un portero)* ⇨porter's house

portero, ra *s.* **1** *(en deportes)* ⇨goalkeeper ⇨goalie *inform* **2** *(de un edificio)* ⇨porter ⇨caretaker *UK;* ⇨janitor *US* **3** *(de un hotel, de una discoteca)* ⇨doorman (*pl* doormen)

portorriqueño, ña *adj./s.* Véase **puertorriqueño, ña**

Portugal *s.m.* ⇨Portugal

portugués, -a ▮ *adj./s.* **1** ⇨Portuguese **2** *(plural genérico): los portugueses* - the Portuguese ▮ **portugués** *s.m.* **3** *(idioma)* ⇨Portuguese

P

porvenir *s.m.* ⇨future

posada *s.f.* ⇨inn

posar ▮ *v.* **1** *(para una foto, para una obra de arte)* ⇨to pose ▮ **posarse** *prnl.* **2** ⇨to perch **3** *(un avión)* ⇨to land **4** *(el polvo)* ⇨to settle

posavasos *s.m.* ⇨coaster

posdata *s.f.* ⇨postscript ⇨PS

poseer *v.* **1** *(bienes)* ⇨to own ⇨to possess *form* **2** *(cultura, conocimientos)* ⇨to have

posesión *s.f.* ⇨possession *form*

posesivo, va ▮ *adj.* **1** ⇨possessive ▮ **posesivo** *s.m.* **2** *(en gramática)* ⇨possessive ■ Ver cuadro possessive adjectives and pronouns

posibilidad ▮ *s.f.* **1** ⇨possibility (*pl* possibilities); ⇨chance ⇨alternative: *No hay otra posibilidad* - There's no alternative; ⇨option ▮ **posibilidades** *pl.* **2** *(medios, recursos)* ⇨means

posible *adj.* **1** ⇨possible: *Esa es una de las posibles decisiones del problema* - That's one possible solution to the problem **2 a ser ~** ⇨if possible: *A ser posible, llámame* - Call me, if possible **3 hacer algo lo mejor ~** ⇨to do *sth* as best one can **4 hacer todo lo ~** ⇨to do *one's* best ⇨to do everything in *sb's* power **5 ser ~ que** ⇨might: *Es posible que vaya* - I might go

posición *s.f.* **1** ⇨position **2** *(en una competición)* ⇨position ⇨place **3 en ~** ⇨in position **4 en ~ vertical** ⇨upright

positivo, va *adj.* **1** ⇨positive **2** *(en matemáticas)* ⇨plus: *números positivos* - plus numbers

poso *s.m.* ⇨dregs *pl*

posponer *v.* ⇨to postpone [CONSTR. to postpone + doing sth]: *Hemos tenido que posponer el viaje al extranjero* - We've had to postpone travelling abroad; ⇨to delay [CONSTR. to delay + doing sth]; ⇨to defer [CONSTR. to defer + doing sth]

posta (a ~) ⇨on purpose: *Lo hizo a posta* - He did it on purpose; ⇨deliberately

postal ▮ *adj.* **1** ⇨postal: *el servicio postal* - the postal service ▮ *s.f.* **2** ⇨postcard ⇨card: *Te enviaré una postal desde Escocia* - I'll send you a card from Scotland

poste *s.m.* **1** ⇨post **2** *(en deportes)* ⇨goalpost

póster *s.m.* ⇨poster ⇨pin-up

posterior *adj.* **1** *(en el tiempo)* ⇨subsequent: *De eso ya hablé en mi intervención posterior a la charla* - I referred to that during my contribution subsequent to the talk **2** *(en el espacio)* ⇨back: *el asiento posterior de un coche* - the back seat of a car

postgraduado, da *s.* ⇨postgraduate ⇨postgrad

postizo, za *adj.* ⇨false: *dientes postizos* - false teeth

postre *s.m.* ⇨dessert ⇨afters *UK inform;* ⇨pudding *UK inform: ¿Qué hay de postre?* - What's for pudding?

postura *s.f.* **1** *(forma de estar)* ⇨position *form;* ⇨posture: *Estás sentada con una mala postura* - You are sitting on a bad posture **2** *(forma de pensar)* ⇨attitude ⇨position *form;* ⇨posture: *una postura bastante defensiva* - a rather defensive posture

potable *adj.* **1** ⇨drinkable **2** *agua potable* - drinking water; *agua no potable* - water not fit for drinking

potaje *s.m.* ⇨vegetable stew

potencia *s.f.* **1** ⇨power: *potencia mundial* - world power; ⇨potency **2** *(en física)* ⇨output

potente *adj.* ⇨powerful

potro, tra ▮ *s.* **1** *(genérico)* ⇨foal **2** *(macho)* ⇨colt **3** *(hembra)* ⇨filly (*pl* fillies) ▮ **potro** *s.m.* **4** *(en gimnasia)* ⇨vaulting horse

pozo *s.m.* **1** ⇨well: *un pozo de petróleo* - an oil well **2** *(agujero)* ⇨shaft: *el pozo del ascensor* - the elevator shaft

práctica ▮ *s.f.* **1** ⇨practice: *Todavía necesita un poco de práctica* - She still needs a little practice **2** *(experiencia)* ⇨experience ▮ **prácticas** *pl.* **3** ⇨work experience

practicante ▮ *adj./s.com.* **1** *(de una religión)* ⇨practising *adj;* ⇨churchgoer *n* ▮ *s.com.* **2** ⇨medical assistant

practicar *v.* **1** *(una actividad, una profesión)* ⇨to practise *UK: Mi madre practica la medicina* - My mother practises medicine; ⇨to practice *US* **2** *(un deporte)* ⇨to do: *Todos deberíamos practicar algo de deporte* - We should all do some sport **3** *Practico el baloncesto desde hace años* - I've been playing basketball for years **4** *(una operación quirúrgica)* ⇨to perform: *Practicaron una autopsia al cadáver* - They performed an autopsy of the dead body

práctico, ca *adj.* **1** *(real)* ⇨practical **2** *(útil)* ⇨handy ⇨practical: *conocimientos prácticos* - practical experience

pradera *s.f.* ⇨meadow

prado *s.m.* ⇨meadow

precaución *s.f.* ⇨caution ⇨precaution

precavido, da *adj.* ⇨cautious ⇨wary

precedente ▮ *adj.* **1** ⇨preceding ⇨foregoing *form* ▮ *s.m.* **2** ⇨precedent: *sentar un precedente* - to set a precedent **3** *sin precedentes* - unprecedented

preceder *v.* ⇨to precede *form: El otoño precede al invierno* - Autumn precedes winter

precintar *v.* ⇨to seal

precio *s.m.* **1** ⇨cost ⇨price **2** *(tarifa)* ⇨fare **3 a mitad de ~** ⇨half-price **4 a ~ de coste** ⇨at cost price **5 no tener ~** ⇨to be priceless **6 ¿qué ~ tiene...?** ⇨How much is...?

preciosidad *s.f. ¡Qué preciosidad de casa!* - What a lovely house!

precioso, sa *adj.* **1** *(de gran valor)* ⇨precious ⇨valuable **2** *(por su belleza)* ⇨beautiful ⇨lovely

precipicio *s.m.* **1** ⇨precipice **2** *al borde del precipicio* - on a razor edge

precipitado, da *adj.* ⇨hasty: *decisiones precipitadas* - hasty decisions; ⇨rash

precipitar ▮ *v.* **1** *(desencadenar)* ⇨to precipitate: *precipitar un acontecimiento* - to precipitate an event **2** *(lanzar)* ⇨to throw ⇨to hurl ▮ **precipitarse** *prnl.* **3** *(apresurarse)* ⇨to rush in to it: *No te precipites y piénsalo bien* - Don't rush in to it, think carefully about it **4** *(lanzarse)* ⇨to throw oneself

precisar *v.* **1** *(necesitar)* ⇨to need [CONSTR. to need + to do sth]; ⇨to require [CONSTR. to require + that]: *Si precisas más información...* - If you require any further information... **2** *(especificar)* ⇨to specify: *¿Puede precisar el día exacto de tu llegada?* - Could you please specify the exact date of your arrival?

precisión *s.f.* ⇨precision ⇨accuracy

preciso, sa *adj.* **1** *(exacto)* ⇨accurate ⇨precise **2** *(necesario)* ⇨necessary

precoz *adj.* **1** ⇨early **2** *(un niño)* ⇨precocious **3** *(para cosas negativas)* ⇨premature

predecir *v.* ⇨to predict [CONSTR. to predict + that]; ⇨to forecast: *Han predicho nieve para esta noche* - Snow has been forecast for tonight

predicar *v.* **1** ⇨to preach: *predicar con el ejemplo* - to practice what one preaches **2** *(defender)* ⇨to advocate: *predicar una idea* - to advocate an idea

predicción *s.f.* ⇨prediction ⇨forecast: *la predicción meteorológica* - the weather forecast

preescolar *s.m.* ⇨nursery school

prefabricado, da *adj.* ⇨prefabricated: *una casa prefabricada* - a prefabricated house

prefacio *s.m.* ⇨preface

preferencia *s.f.* **1** *(inclinación)* ⇨preference **2** *(primacía)* ⇨precedence **3** *dar preferencia a algo* - to give priority to sth

preferible *adj.* ⇨preferable ⇨better

preferido, da ▮ *adj.* **1** ⇨favourite *UK;* ⇨favorite *US* ▮ *s.* **2** *(en una clase)* ⇨teacher's pet

preferir *v.* ⇨to prefer [CONSTR. 1. to prefer + doing sth 2. to prefer + to do sth]: *Prefiero ir sola* - I prefer to go alone; ⇨would rather: *Preferiría no hablar de ello* - I'd rather not talk about it

prefijo *s.m.* ⇨prefix (*pl* prefixes)

pregonar *v.* **1** *(una noticia)* ⇨to spread **2** *(a voces)* ⇨to proclaim: *No vayas pregonando tus* *virtudes por ahí* - Don't go round proclaiming your virtues

pregunta *s.f.* ⇒question: *hacer una pregunta* - to ask a question

preguntar ▮ *v.* **1** ⇒to ask [CONSTR. 1. to ask + dos objetos 2. to ask + interrogativo]: *Deja de preguntarme lo mismo* - Stop asking me the same thing **2** *(por una información concreta)* ⇒to enquire *UK form;* ⇒to inquire *form* [CONSTR. 1. to inquire about sth 2. to inquire + interrogativo]: *Preguntó por el futuro de la empresa* - He inquired about the future of the company **3** *(acerca de algo)* ⇒to ask about **4** *(buscar)* ⇒to ask for: *Hay una mujer en la puerta que pregunta por ti* - There's a woman at the door asking for you **5** *(interesarse)* ⇒to ask after: *Mi madre preguntó por el recién nacido* - My mother asked after the newly born ▮ **preguntarse** *prnl.* **6** ⇒to wonder [CONSTR. to wonder + interrogativo]

preguntón, -a *adj. col.* ⇒inquisitive

prejuicio *s.m.* **1** ⇒prejudice [U]; ⇒bias **2** *tener prejuicios* - to be prejudiced

preliminar *adj.* ⇒preliminary: *resultados preliminares* - preliminary results

prematuro, ra *adj.* ⇒premature: *un bebé prematuro* - a premature baby

premiado, da *adj.* **1** *(número)* ⇒winning **2** *(persona, obra)* ⇒prize-winning

premiar *v.* **1** *(dar un premio)* ⇒to award a prize: *Fue premiada por el mejor dibujo* - She was awarded the prize for the best drawing **2** *(recompensar)* ⇒to reward

premio *s.m.* **1** ⇒award ⇒prize **2** *dar un premio a alguien* - to award sb a prize **3** *(recompensa)* ⇒reward **4 ~ en efectivo** ⇒cash prize **5 ~ gordo** ⇒first prize ⇒big prize

prenda *s.f.* ⇒a piece of clothing ⇒article of clothing

prender ▮ *v.* **1** *(con alfileres)* ⇒to pin **2** *(incendiar)* ⇒to set light *UK;* ⇒to set fire *US: prender fuego a algo* - to set fire to sth; ⇒to ignite *form: El fuel se prende de manera espontánea por culpa de la alta temperatura* - The fuel spontaneously ignites because of the high temperature **3** *AMÉR. (encender)* ⇒to switch on ⇒to plug in ▮ **prenderse** *prnl.* **4** *(incendiarse)* ⇒to catch fire: *Esa casa se prendió debido a una fuga de gas* - That house caught fire due to a gas leak

prensa *s.f.* **1** ⇒press **2** *(conjunto de periodistas)* ⇒press **3 ~ amarilla** ⇒gutter press **4 ~ del corazón** ⇒gossip magazines

preocupación *s.f.* ⇒worry (*pl* worries); ⇒concern

preocupado, da *adj.* ⇒anxious ⇒concerned: *Estoy preocupada por tu salud* - I'm a bit concerned for your health; ⇒worried ⇒troubled: *estar preocupado por algo* - to be troubled by sth; ⇒apprehensive

preocupante *adj.* ⇒worrying: *Es una situación muy preocupante* - It's a very worrying situation; ⇒fraught *UK*

preocupar *v.* **1** *(producir intranquilidad)* ⇒to worry [CONSTR. 1. to worry + (that) 2. to worry about sth/sb]: *No te preocupes por mí* - Don't worry about me **2** *(importar)* ⇒to concern: *Me preocupa el bienestar de mi familia* - The well-being of my family concerns me

preparación *s.f.* **1** *(estudio)* ⇒preparation: *No necesité mucha preparación para el examen* - I didn't need much preparation for the exam **2** *(realización)* ⇒preparation: *En esta receta se tardan 20 minutos para su preparación* - This recipe needs 20 minutes of preparation **3** *(para un deporte, una profesión)* ⇒training ⇒coaching **4 en ~ para** ⇒in preparation for

preparado, da *adj.* **1** *(listo)* ⇒ready: *¿Estás preparado para el viaje?* - Are you ready for the trip?; ⇒poised: *La empresa está preparada para lanzar su nueva campaña comercial* - The company is poised to launch its new advertising campaign; ⇒prepared **2** *(para desempeñar una labor)* ⇒qualified: *estar muy preparado* - to be highly qualified; ⇒educated **3 preparados, listos, ¡ya!** ⇒ready, steady, go! *UK;* ⇒on your marks, get set, go! *US*

preparador, -a *s.* **1** ⇒trainer ⇒coach (*pl* coaches) **2 ~ físico,ca** ⇒fitness coach

preparar ▮ *v.* **1** ⇒to prepare [CONSTR. to prepare + to do sth]: *¿Están los jugadores preparados para jugar un partido difícil?* - Are the players prepared to play a tough game? **2** *(una comida)* ⇒to concoct: *Nos preparó un plato sorprende* - He concocted the most amazing dish; ⇒to make **3** *(una infusión)* ⇒to brew **4** *(para un deporte, un trabajo)* ⇒to train [CONSTR. to train + to do sth] ▮ **prepararse** *prnl.* **5** ⇒to prepare oneself ⇒to get ready: *prepararse para un acontecimiento* - to get ready for an event

preparativos *s.m.pl.* ⇒preparations

preposición *s.f.* ⇒preposition ■ Ver cuadro

presa *s.f.* **1** *(animal cazado)* ⇒prey: *pájaro de presa* - bird of prey **2** *(de un río, un canal)* ⇒dam

prescindir *v.* **1** ⇒to do without: *No puedo prescindir de ti* - I can't do without you **2** *(omitir)* ⇒to dispense with

presencia *s.f.* **1** ⇒presence **2** *(aspecto exterior)* ⇒appearance **3 en ~ de** ⇒in the presence of

presenciar *v.* **1** *(ser testigo)* ⇒to witness [CONSTR. to witness + doing sth]: *Tuvo que presenciar cómo*

preposiciones de posición

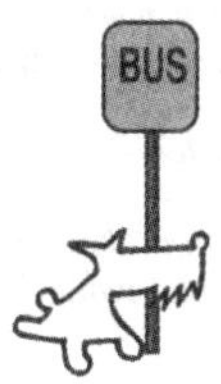

AT

IN

ON

UNDER

BEHIND

IN FRONT OF

NEXT TO

BETWEEN

AMONG

OPPOSITE

UP

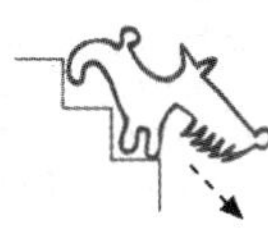

DOWN

INTO

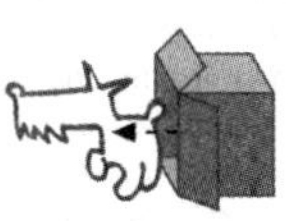

OUT OF

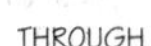

THROUGH

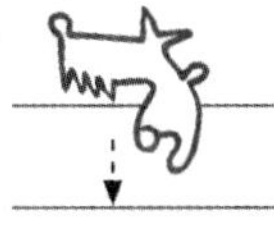

ACROSS

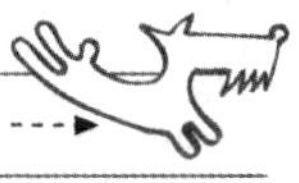

ALONG

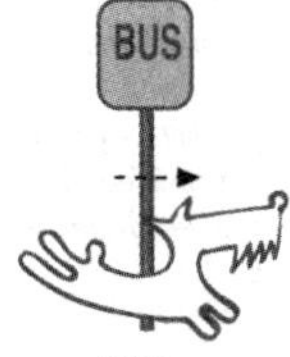

PAST

ONTO

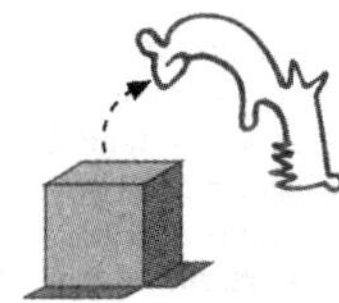

OFF

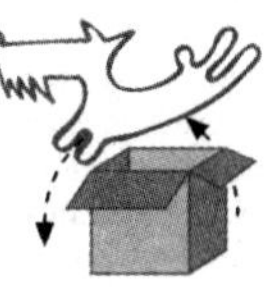

OVER

se llevaba la policía a su amiga - She had to witness his friend being taken by the police **2** *(asistir)* ⇒to attend: *Mucha gente presenció el partido* - Many people attended the match

presentación *s.f.* **1** *(de una persona)* ⇒introduction **2** ⇒presentation

presentador, -a *s.* **1** ⇒presenter *UK*: *un presentador de televisión* - a television presenter; ⇒host *US* **2** *(en la radio)* ⇒announcer **3** *(de un espectáculo)* ⇒compere *UK*

presentar ▌*v.* **1** *(a una persona)* ⇒to introduce [CONSTR. to introduce sb to sb]: *Mi novio me presentó a sus padres* - My boyfriend introduced me to his parents **2** *(un programa de radio o televisión)* ⇒to present *UK*; ⇒to host *US* **3** *(tener)* ⇒to have: *El testigo presenta una herida de bala* - The witness has a bullet wound **4** *(pruebas)* ⇒to submit ▌**presentarse** *prnl.* **5** *(llegar, aparecer)* ⇒to show up ⇒to turn up **6** *presentarse a un examen* - to sit an exam

presente ▌*adj.* **1** ⇒present **2** *(actual)* ⇒present ⇒current: *Los problemas presentes hoy en día* - Current problems **3 tener ~** ⇒to bear in mind ▌*s.m.* **4** *(momento actual)* ⇒present **5** *(en gramática)* ⇒present tense

presentimiento *s.m.* ⇒feeling: *Tengo el presentimiento de que las cosas van a salir bien* - I have the feeling that things will turn out ok; ⇒hunch (*pl* hunches): *Tuvo el presentimiento de que iba a pasar algo malo* - She had the hunch that sth bad was going to happen

presentir *v.* ⇒to have the feeling ⇒to have a hunch

preservar *v.* ⇒to preserve ⇒to protect [CONSTR. to protect against/from sth]

preservativo *s.m.* ⇒condom *UK*

presidencia *s.f.* ⇒presidency ⇒chairmanship

presidente, ta *s.* **1** *(de un gobierno)* ⇒president ⇒prime minister **2** *(de una empresa)* ⇒chair (sin especificar sexo) ⇒chairman (hombre) (*pl* chairmen); ⇒chairwoman (mujer) (*pl* chairwomen)

presidiario, ria *s.* ⇒prisoner ⇒convict

presidio *s.m.* ⇒prison

presidir *v.* **1** *(un acto)* ⇒to chair: *presidir una reunión* - to chair a meeting **2** *(ocupar el lugar más importante)* ⇒to preside [CONSTR. to preside at/over sth]: *presidir la mesa* - to preside at the table **3** *(imperar)* ⇒to dominate: *El entusiasmo ha presidido mi vida* - Enthusiasm dominates my life

presión *s.f.* **1** ⇒pressure [U] **2 ~ arterial** ⇒blood pressure

presionar *v.* **1** ⇒to press [CONSTR. to press + to do sth]: *Presionó el botón para poner en marcha la máquina* - Press the button to start the machine **2** *(a una persona)* ⇒to put pressure on: *Le presionaron para que contestase a la pregunta* - They put pressure on him to answer the question

preso, sa *s.* ⇒prisoner: *preso político* - political prisoner; ⇒convict

prestado, da *adj.* **1** *dejar prestado* - to lend **2** *tomar prestado* - to borrow

préstamo *s.m.* **1** ⇒loan: *préstamo bancario* - bank loan **2** *(en lingüística)* ⇒borrowing **3** *(en economía)* ⇒lending

prestar *v.* **1** *(dejar)* ⇒to lend [CONSTR. to lend + dos objetos]: *Devuélveme los discos que te presté* - Give me back the records I lent you **2** *(al pedir prestado)* ⇒to borrow: *¿Me prestas tu boli?* - Can I borrow your pen? **3** *(en un juicio)* ⇒to give: *prestar declaración* - to give evidence **4 ~ atención** ⇒to pay attention

prestigio *s.m.* ⇒prestige ⇒standing

presumido, da *adj.* ⇒boastful ⇒vain

presumir *v.* **1** *(alardear)* ⇒to boast [CONSTR. 1. to boast about sth/sb 2. to boast + that]: *Ella nunca presume de sus notas* - She never boasts about her marks; ⇒to show off: *Se compró ese coche enorme solo para presumir* - He bought that huge car just to show off; ⇒to brag **2** *Este chico presume de guapo* - This boy reckons he's handsome **3** *(suponer)* ⇒to presume: *Presumo que no vas a ir* - I presume you are not attending

presuntuoso, sa *adj.* ⇒boastful ⇒conceited ⇒pretentious

presupuestar *v.* ⇒to budget

presupuesto *s.m.* **1** *(dinero)* ⇒budget **2** *(cálculo)* ⇒estimate

pretender *v.* **1** *(aspirar a algo improbable)* ⇒to expect [CONSTR. to expect + to do sth]: *¿Qué pretendes que diga?* - What do you expect me to say? **2** *(aspirar a algo probable)* ⇒to hope: *Mi primo pretende batir el récord del mundo en salto de altura* - My cousin hopes to break the world record in the high jump **3** *(intentar)* ⇒to try [CONSTR. to try + to do sth]: *No pretendas hacer tantas cosas al mismo tiempo* - Don't try to do so many things at the same thing **4** *(cortejar)* ⇒to try to win *sb's* hand: *Este hombre me pretende* - This man is trying to win my hand

pretérito *s.m.* **1** *pretérito perfecto* - present perfect **2** *pretérito imperfecto* - imperfect **3** *pretérito perfecto simple* - past tense **4** *pretérito pluscuamperfecto* - past perfect

pretexto *s.m.* ⇒excuse

prevención *s.f.* ⇒prevention

prevenir *v.* **1** *(impedir)* ⇒to prevent [CONSTR. to prevent (from) + doing sth] **2** *(avisar)* ⇒to warn [CONSTR.

1. to warn + (that) 2. to warn + to do sth]: *Nos previnieron que no comiésemos el pescado* - We were warned not to eat the fish

prever *v.* ⇨to anticipate [CONSTR. to anticipate + that]; ⇨to foresee: *No preveo ninguna dificultad* - I don't foresee any difficulties

previo, via *adj.* **1** ⇨previous **2** *previo pago de una cantidad* - on payment of an amount of money

previsión *s.f.* ⇨forecast: *previsión meteorológica* - weather forecast

previsor, -a *adj.* ⇨far-sighted: *Es muy previsora y siempre tiene las cosas preparadas* - She is very far-sighted and always has things ready

previsto, ta *adj.* *tener algo previsto* - to plan to do sth

prima *s.f.* ⇨bonus (*pl* bonuses)

primario, ria *adj.* **1** ⇨primary: *educación primaria* - primary education **2** *(básico)* ⇨basic

primavera *s.f.* ⇨spring

primaveral *adj.* *(parecido a la primavera)* ⇨spring-like

primer *adj.* Véase **primero, ra**

primera *s.f.* **1** *(marcha de un vehículo)* ⇨first gear **2** *(clase)* ⇨first class: *viajar en primera* - to travel first class

primero, ra ▌ *numer.* **1** ⇨first **2 a la primera** ⇨at the first go **3 a primeros** ⇨at the beginning: *a primeros de mayo* - at the beginning of May **4 de primera** *col. (excelente)* ⇨great **5 lo primero de todo** ⇨first of all ⇨the most important thing **6 primera clase** ⇨first class **7 primeros auxilios** ⇨first aid ▌ **primero** *adv.* **8** ⇨first: *Primero lee el libro, y luego, resúmelo* - Read the book first, and then summarize it; ⇨first of all

primitivo, va *adj.* **1** *(simple)* ⇨primitive **2** *(hecho por primera vez)* ⇨original **3** *(de los orígenes)* ⇨primitive: *una especie primitiva* - a primitive species

primo, ma *s.* *(familiar)* ⇨cousin: *primo hermano* - first cousin; *prima hermana* - first cousin

princesa *s.f.* ⇨princess (*pl* princesses)

principal *adj.* ⇨chief ⇨main: *Este es el edificio principal* - This is the main building; ⇨principal: *la razón principal para mudarme* - the principal reason for moving; ⇨central

príncipe *s.m.* **1** ⇨prince **2 los príncipes** ⇨the prince and the princess **3 ~ azul** ⇨Prince Charming **4 ~ heredero** ⇨crown prince

principiante *s.com.* ⇨beginner ⇨novice

principio *s.m.* **1** *(comienzo)* ⇨beginning: *Tienes que pagar al principio de la autopista* - You have to pay at the beginning of the motorway; ⇨start **2** *(norma de conducta)* ⇨principle **3** *(idea de una doctrina)* ⇨principle: *los principios de la física moderna* - the principles of modern physics; ⇨tenet *form* **4 al ~** ⇨at first ⇨initially ⇨to begin with **5 a principios de** ⇨at the beginning of **6 desde el ~** ⇨from the outset **7 en ~** ⇨in principle

prioridad *s.f.* ⇨priority (*pl* priorities)

prisa *s.f.* **1** ⇨haste [U]; ⇨rush: *¿A qué viene esa prisa?* - What's the rush?; ⇨hurry **2 correr ~** ⇨to be urgent **3 meter ~** ⇨to hurry *sb* up **4 tener ~** ⇨to be in a hurry ⇨to be in a rush

prisión *s.f.* ⇨prison ⇨jail: *Ha estado en prisión desde 1980* - He has been in jail since 1980; ⇨gaol *UK old-fash*

prisionero, ra *s.* ⇨prisoner

prismáticos *s.m.pl.* ⇨binoculars

privado, da *adj.* ⇨private: *en privado* - in private

privilegiado, da *adj. / s.* ⇨privileged *adj*

privilegio *s.m.* ⇨privilege

proa *s.f.* ⇨prow ⇨bow

probabilidad *s.f.* ⇨probability (*pl* probabilities)

probable *adj.* **1** ⇨likely: *Es probable que lleguen tarde* - They are likely to be late; ⇨probably: *Es probable que hagas lo mismo que yo* - You'll probably do the same as me; ⇨probable: *Es probable que me ganes al tenis* - It is probable that you'll beat me at tennis **2** *lo más probable es que...* - chances are that... **3 poco ~** ⇨unlikely

probador *s.m.* ⇨fitting room

probar ▌ *v.* **1** *(el funcionamiento de algo)* ⇨to test ⇨to try out: *Fui a la montaña a probar mis esquís nuevos* - I went to the mountains to try my new skis out **2** *(una comida, una bebida)* ⇨to taste ⇨to try ⇨to sample: *Siempre prueba la comida de mi plato* - He always samples the food from my dish **3** *(demostrar que es verdad)* ⇨to prove [CONSTR. to prove + that]: *Tendrás que probar que estabas allí* - You will have to prove that you were there; ⇨to demonstrate: *Estas cifras prueban que la empresa está creciendo* - These figures demonstrate that the company is growing; ⇨to show **4** *(intentar hacer)* ⇨to try [CONSTR. to try + doing sth]: *Prueba a comer cinco veces al día* - Try eating five times a day ▌ **probarse** *prnl.* **5** ⇨to try on: *¿Dónde me puedo probar estos vaqueros?* - Where can I try these jeans on?

problema *s.m.* **1** ⇨problem ⇨trouble [U]: *Me temo que tienes un problema* - I'm afraid you are in trouble **2** *¿Cuál es el problema?* - What's the matter? **3** *meterse en problemas* - to get into trouble **4 sin ~** ⇒without any problems ⇒without difficulty ⇒smooth

procedencia *s.f.* ⇒source ⇒origin: *¿Cuál es la procedencia de este producto?* - What's the origin of this product?

procedente *adj. (procedente de)* ⇒from

proceder *v.* **1** *(venir, ser de un sitio)* ⇒to come from: *proceder de Marte* - to come from Mars **2** *(ejecutar)* ⇒to proceed

procedimiento *s.m.* ⇒method ⇒procedure

procesador *s.m.* ⇒processor: *procesador de textos* - word processor

procesar *v.* **1** *(en un tribunal)* ⇒to prosecute ⇒to arraign *form: Le procesaron por perjurio* - He was arraigned on charges of perjury **2** *(unos datos)* ⇒to computerize

procesión *s.f.* ⇒procession

proceso *s.m.* **1** ⇒process (*pl* processes) **2** *(juicio)* ⇒prosecution

procurar *v.* ⇒to try [CONSTR. to try + to do sth]: *Procuraré hacerlo bien* - I'll try to do it well; ⇒to endeavour *UK form;* ⇒to endeavor *US*

prodigio *s.m.* ⇒prodigy (*pl* prodigies)

producción *s.f.* **1** *(acción de producir)* ⇒production: *la producción de acero* - the production of steel; ⇒yield **2** *(resultado)* ⇒output ⇒throughput: *Tenemos que mejorar la producción* - We need to improve our throughput **3** *(agrícola)* ⇒produce [U]

producir ▮ *v.* **1** *(un producto)* ⇒to produce **2** *producir en serie* - to mass-produce **3** *(causar)* ⇒to produce ⇒to prompt: *Sus palabras produjeron una sensación de miedo* - Her words prompted a sensation of fear ▮ **producirse** *prnl.* **4** ⇒to take place

producto *s.m.* ⇒product: *producto de fabricación casera* - home-made product

productor, -a *s.* ⇒producer

proeza *s.f.* ⇒feat

proferir *v.* ⇒to utter *form;* ⇒to hurl: *proferir insultos* - to hurl insults

profesión *s.f.* ⇒profession ⇒occupation *form;* ⇒trade: *Es carpintero de profesión* - He is a carpenter by trade

profesional *adj.* ⇒professional

profesor, -a *s.* **1** ⇒teacher ⇒schoolteacher **2** *(de colegio (hombre))* ⇒master *old-fash;* ⇒schoolmaster **3** *(de colegio (mujer))* ⇒mistress (*pl* mistresses); ⇒schoolmistress (*pl* schoolmistresses) **4** *(de universidad)* ⇒lecturer *UK* **5** *(de algún deporte)* ⇒instructor **6** *profesor de autoescuela* - driving instructor **7 sala de profesores** ⇒staff room

profesorado *s.m.* ⇒teachers *pl;* ⇒teaching staff

profeta *s.m.* ⇒prophet

profundidad *s.f.* **1** ⇒depth **2 en ~** ⇒in depth ⇒deeply

profundo, da *adj.* **1** ⇒deep **2** *(grande, sincero)* ⇒profound: *Tienes mi más profunda simpatía* - You have my profound sympathy **3** *Este pozo es poco profundo* - This well is shallow

programa *s.f.* **1** *(de radio, televisión)* ⇒programme *UK;* ⇒program *US* **2** *(de una obra de teatro, un concierto)* ⇒programme *UK;* ⇒program *US* **3** *(en informática)* ⇒program **4** *(plan)* ⇒schedule: *un programa de vacaciones* - a holiday schedule

programación *s.f.* **1** *(de radio, televisión)* ⇒programmes *UK pl;* ⇒programs *US* **2** *(de un mecanismo)* ⇒programming *UK;* ⇒programing *US* **3** *(en informática)* ⇒programming *UK;* ⇒programing *US*

programador, -a *s.* ⇒computer programmer *UK;* ⇒computer programer *US*

programar *v.* **1** *(planificar)* ⇒to schedule ⇒to time **2** *(en informática)* ⇒to program [CONSTR. to program + to do sth] **3** *(un vídeo)* ⇒to set

progresar *v.* ⇒to make progress ⇒to get on *UK: ¿Cuánto estás progresando con el inglés?* - How are you getting on with your English?; ⇒to advance

progresista *adj. / s.com.* ⇒progressive

progreso *s.m.* ⇒progress [U]; ⇒advance

prohibición *s.f.* ⇒ban

prohibido, da *adj.* **1** ⇒forbidden ⇒off-limits **2** *Nos tienen prohibido fumar* - We are not allowed to smoke **3** *(en carteles)* ⇒no: *Prohibido aparcar* - No parking

prohibir *v.* **1** ⇒to forbid [CONSTR. 1. to forbid + to do sth 2. to forbid from + doing sth 3. to be forbidden]: *Le prohibieron ir al concierto* - She was forbidden from attending the concert; ⇒to prohibit *form* **2** *(mediante una ley o una norma)* ⇒to ban: *La nueva ley prohíbe fumar en lugares públicos* - The new law bans smoking in public places

prójimo *s.m.* ⇒fellow man (*pl* fellow men)

prólogo *s.m.* ⇒preface ⇒prologue

prolongar ▮ *v.* **1** ⇒to prolong: *Hemos decidido prolongar nuestra estancia una semana más* - We have decided to prolong our stay by another week; ⇒to stretch ▮ **prolongarse** *prnl.* **2** ⇒to go on: *Nuestra propiedad se prolonga más allá del río* - Our property goes on beyond the river

promedio *s.m.* **1** ⇒average **2 como ~** ⇒on average

promesa *s.f.* **1** ⇒promise: *romper una promesa* - to break a promise; *cumplir una promesa* - to keep a promise **2 falsas promesas** ⇒hot air *inform*

prometedor, -a *adj.* ⇒promising

prometer ▮ *v.* **1** *(asegurar como cierto)* ⇒to promise [CONSTR. 1. to promise + (that) 2. to promise + to do sth 3. to promise + dos objetos]: *Había prometido que vendría conmigo* - She had promised to come with me; ⇒to pledge: *Ambas partes han prometido acabar con los enfrentamientos* - Both sides have pledged to end the fighting; ⇒to vow: *Después del terrible viaje en autobús prometí que me compraría un coche* - After an awful bus trip I vowed to buy a car **2** *(tener un gran futuro)* ⇒to show promise ▌**prometerse** *prnl.* **3** *(una pareja)* ⇒to get engaged

prometido, da ▌*adj.* **1** *(asegurado como cierto)* ⇒promised **2** *(para casarse)* ⇒engaged ▌*s.* **3** *(hombre)* ⇒fiancé **4** *(mujer)* ⇒fiancée

promoción *s.f.* **1** *(ascenso)* ⇒promotion **2** *(de un curso académico)* ⇒year **3 de ~** ⇒on special offer

promocionar *v.* **1** *(un producto)* ⇒to promote **2** *(ascender)* ⇒to promote: *La promocionaron después de estar trabajando un año en la empresa* - She was promoted after a year in the company

promover *v.* ⇒to promote: *Están promoviendo un estilo de vida sana en los colegios* - They are promoting a healthy way of life on schools

pronombre *s.m.* ⇒pronoun

pronosticar *v.* ⇒to forecast ⇒to predict [CONSTR. to predict + that]

pronóstico *s.m.* ⇒forecast: *el pronóstico meteorológico* - the weather forecast; ⇒prediction

pronto *adv.* **1** ⇒soon [Hace referencia a un acontecimiento futuro]: *Estaré pronto en casa* - I'll be back home soon **2** ⇒early [Hace referencia al principio de un período]: *Sam se levanta pronto para ir a trabajar* - Sam gets up early to go to work **3 de ~** ⇒suddenly ⇒all of a sudden **4 ¡hasta pronto!** ⇒see you soon! **5 tan ~ como** ⇒as soon as [CONSTR. Nunca va seguido de un verbo en futuro]

pronunciación *s.f.* ⇒pronunciation

pronunciar *v.* **1** *(decir algo)* ⇒to utter *form;* ⇒to say **2** *pronunciar un discurso* - to make a speech **3** *(articular un sonido)* ⇒to pronounce *form*

propaganda *s.f.* **1** ⇒advertising **2** *propaganda política* - political propaganda

propagar *v.* **1** ⇒to spread: *El incendio se propagó rápidamente* - The fire spread rapidly **2** *(una doctrina)* ⇒to propagate

propiedad *s.f.* **1** ⇒property ⇒estate **2 ~ privada** ⇒private property

propietario, ria *s.* ⇒owner ⇒proprietor

propina *s.f.* **1** ⇒tip **2** *dar propina* - to tip **3** *col. (en un espectáculo)* ⇒encore

propio, pia *adj.* **1** ⇒own **2** *(típico)* ⇒typical **3** *(para un fin)* ⇒convenient **4** *La propia autora hizo la presentación de su obra* - The author herself presented her work

proponer ▌*v.* **1** ⇒to propose [CONSTR. 1. to propose + that 2. to propose + doing sth]: *Propuso ir a Turquía de vacaciones* - He proposed going to Turkey on holidays; ⇒to suggest ▌**proponerse** *prnl.* **2** *(tener como objetivo)* ⇒to aim

proporción ▌*s.f.* **1** ⇒proportion ▌**proporciones** *pl.* **2** ⇒size

proporcionar *v.* **1** *(poner a disposición)* ⇒to provide [CONSTR. to provide with sth]: *Me proporcionaron todo lo necesario* - They provided me with what was necessary; ⇒to supply **2** *(una alegría, una satisfacción)* ⇒to give [CONSTR. to give + dos objetos]

proposición *s.f.* **1** ⇒proposal: *Creo que su proposición es muy interesante* - I think her proposal is very interesting; ⇒suggestion ⇒proposition **2** *(en gramática)* ⇒clause

propósito *s.m.* **1** *(objetivo)* ⇒aim ⇒object ⇒objective **2** *(razón, motivo)* ⇒purpose **3** *(intención)* ⇒intention **4 a ~ 1** *(con intención)* ⇒on purpose ⇒deliberately **2** *(por cierto)* ⇒by the way **5 a ~ de** ⇒on the subject of

propuesta *s.f.* ⇒proposal

prórroga *s.f.* *(en deporte)* ⇒extra time *UK;* ⇒tie-break ⇒overtime *US*

prosa *s.f.* ⇒prose

prospecto *s.m.* **1** ⇒information leaflet ⇒prospectus **2** *(de un medicamento)* ⇒instructions *pl*

prosperar *v.* **1** *(económicamente)* ⇒to prosper ⇒to flourish **2** *(tener éxito)* ⇒to be successful

prosperidad *s.f.* ⇒prosperity

próspero, ra *adj.* ⇒prosperous

protagonista *s.com.* **1** ⇒main character **2** *(hombre)* ⇒hero (*pl* heroes) **3** *(mujer)* ⇒heroine **4** *el protagonista de una fiesta* - the centre of attention at a party

protagonizar *v.* **1** ⇒to star: *Una famosa actriz protagoniza esa película* - A famous actress stars in that film **2** *protagonizar un escándalo* - to be involved in a scandal

protección *s.f.* **1** ⇒protection **2** *protección civil* - civil defence

protector *s.m.* **1** *(de material blando)* ⇒pad **2** *(de material duro)* ⇒protector

proteger ▌*v.* **1** ⇒to protect [CONSTR. to protect against/from sth]: *Intenté protegerme del viento* - I tried to protect myself from the wind; ⇒to guard ⇒to shelter **2** *proteger del sol* - to shade **3** *(a un fugitivo o delincuente)* ⇒to harbour *UK* ▌**protegerse** *prnl.* **4** ⇒to shield ⇒to protect oneself

protesta *s.f.* **1** ⇒protest **2** *(escrita y firmada)* ⇒petition

protestante *s.com.* ⇒Protestant

protestantismo *s.m.* ⇒Protestantism

protestar *v.* **1** *(quejarse)* ⇒to complain [CONSTR. 1. to complain + that 2. to complain about + sth]: *Siempre está protestando del tiempo* - She is always

P

complaining about the weather **2** *(estar en desacuerdo)* ⇒to protest [CONSTR. to protest + that]

provecho *s.m.* **1** *sacarle provecho a algo* - to benefit from sth **2 ¡buen provecho!** ⇒enjoy your meal! ⇒bon appetit!

provechoso, sa *adj.* **1** *(útil)* ⇒useful **2** *(rentable)* ⇒profitable

proveer *v.* ⇒to supply: *proveer a alguien de algo* - to supply sb with sth

provincia *s.f.* ⇒province

provisión ■ *s.f.* **1** *(hecho de proveer)* ⇒provision ⇒supply ■ **provisiones** *pl.* **2** ⇒provisions ⇒supplies ⇒stores

provisional *adj.* ⇒provisional

provocar *v.* **1** *(un efecto)* ⇒to cause [CONSTR. 1. to cause + dos objetos 2. to cause + to do sth]; ⇒to bring about **2** *(enfado, violencia)* ⇒to provoke **3** *(el deseo sexual)* ⇒to be provocative **4** *(un incendio)* ⇒to start

proximidad ■ *s.f.* **1** ⇒closeness ⇒proximity *form* ■ **proximidades** *pl.* **2** ⇒vicinity *sing*

próximo, ma *adj.* **1** *(siguiente)* ⇒next: *Voy a coger el próximo tren* - I'm taking the next train **2** *(en el espacio)* ⇒nearby ⇒close

proyección *s.f.* **1** ⇒projection **2** *(de una película)* ⇒showing

proyectar *v.* **1** *(planear)* ⇒to plan [CONSTR. 1. to plan + to do sth 2. to plan + interrogativo] **2** *(diseñar)* ⇒to design **3** *(una película)* ⇒to show

proyectil *s.m.* ⇒missile ⇒projectile

proyecto *s.m.* **1** *(plan)* ⇒project: *un proyecto de investigación científica* - a scientific research project; ⇒scheme ⇒plan **2** *(diseño)* ⇒design **3** *(trabajo)* ⇒project

proyector *s.m.* ⇒projector

prudencia *s.f.* ⇒good sense ⇒prudence ⇒wisdom

prudente *adj.* ⇒wise ⇒sensible: *Sé prudente y no conduzcas muy deprisa* - Be sensible and don't drive too fast; ⇒prudent *form*

prueba ■ *s.f.* **1** *(concurso, competición)* ⇒contest ⇒event **2** *(examen)* ⇒test **3** *(de un artista)* ⇒audition **4** *(de algo que se acaba de comprar)* ⇒trial **5** *(de que algo es cierto)* ⇒proof [U] **6 hacer una ~** ⇒to experiment **7 poner a ~** ⇒to test **8 ~ de fuego** ⇒acid test **9 ~ del embarazo** ⇒pregnancy test ■ **pruebas** *pl.* **10** ⇒evidence [U]

psicología *s.f.* ⇒psychology

psicólogo, ga *s.* ⇒psychologist

psiquiatra *s.com.* ⇒psychiatrist

psiquiatría *s.f.* ⇒psychiatry

psiquiátrico *s.m.* ⇒mental hospital ⇒asylum *old-fash*

púa *s.f.* **1** *(en una planta)* ⇒thorn **2** *(pincho de metal)* ⇒spike **3** *(de un erizo)* ⇒quill ⇒spine **4** *(en música)* ⇒plectrum (*pl* plectra, plectrums)

pub *s.m.* ⇒bar ⇒pub

publicación *s.f.* ⇒publication

publicar *v.* ⇒to publish

publicidad *s.f.* **1** *(para anunciar un producto)* ⇒publicity [Se dice *some publicity* o *a piece of publicity*. Incorrecto: *a publicity*]; ⇒advertising **2** *(conjunto de anuncios por TV)* ⇒adverts *pl*

publicitario, ria *adj.* ⇒advertising

público, ca ■ *adj.* **1** ⇒public: *transporte público* - public transport **2 relaciones públicas** ⇒public relations [U] ■ **público** *s.m.* **3** ⇒public **4** *(de un cine, de un teatro)* ⇒audience **5** *(de un acontecimiento deportivo)* ⇒crowd ⇒spectators *pl*

puchero *s.m.* **1** *(recipiente)* ⇒pot **2 hacer pucheros** *col.* ⇒to pout

pudor *s.m.* ⇒embarassment

pudrir ■ *v.* **1** ⇒to rot: *Este plátano pudrió el resto de la fruta* - This banana rotted the rest ■ **pudrirse** *prnl.* **2** ⇒to decompose ⇒to rot ⇒to go off *UK inform*

pueblo *s.m.* **1** *(población)* ⇒village ⇒town **2** *(conjunto de personas)* ⇒people **3** *(país, nación)* ⇒nation

puente *s.m.* **1** ⇒bridge **2** *(de vacaciones)* ⇒long weekend **3 ~ aéreo 1** *(servicio)* ⇒shuttle service **2** *(tipo de vuelo)* ⇒shuttle

puerco, ca *s.* ⇒pig

puerro *s.m.* ⇒leek

puerta *s.f.* **1** ⇒door: *puerta corredera* - sliding door; *puerta principal* - front door; *puerta trasera* - back door **2** *llamar a la puerta* - to knock at the door **3** *(de una valla)* ⇒gate **4** *(en fútbol)* ⇒goal **5 ~ de embarque** ⇒gate *UK*

puerto *s.m.* **1** ⇒harbour *UK;* ⇒harbor *US;* ⇒port **2** *(de montaña)* ⇒pass (*pl* passes); ⇒mountain pass (*pl* mountain passes) **3** *(pesquero)* ⇒fishing port

Puerto Rico *s.m.* ⇒Puerto Rico

puertorriqueño, ña *adj./s.* ⇒Puerto Rican

pues *adv.* **1** *(puesto que)* ⇒because: *Vuélvemelo a contar, pues no me he enterado de nada* - Tell it to me again, because I didn't understand anything **2** *(entonces)* ⇒then: *¿Pues qué hacemos?* - What do we do then? **3** *(respuesta dubitativa)* ⇒well: *Pues, no sé si iré o me quedaré* - Well, I don't know whether I'll go or I'll stay

puesta *s.f. puesta de sol* - sunset

puesto, ta ■ *adj.* **1** *(una prenda de vestir)* ⇒on: *Llevo puestas las zapatillas de deporte* - I have my trainers on **2** *(la mesa)* ⇒set [CONSTR. to be all set + to do sth]; ⇒laid ■ **puesto** *s.m.* **3** *(empleo, colocación)*

⇨post *form;* ⇨position **4** *(en un mercado)* ⇨stand ⇨stall *UK* **5** *(en una feria, en una exposición)* ⇨stand **6** *(en una carrera, en una competición)* ⇨place: *primer puesto* - first place **7** *(militar)* ⇨post **8** *(de periódicos)* ⇨newsagent's *UK* (*pl* newsagents'); ⇨newspaper stand **9 puesto que** ⇨as ⇨since

púgil *s.m.* ⇨boxer

pulcritud *s.f.* ⇨neatness

pulcro, cra *adj.* ⇨neat: *un aspecto pulcro* - a neat appearance; ⇨immaculate

pulga *s.f.* **1** ⇨flea **2 tener malas pulgas** *col.* ⇨to be bad tempered

pulgada *s.f.* *(medida)* ⇨inch (*pl* inches)

pulgar *s.m.* ⇨thumb

pulir *v.* ⇨to polish

pulmón *s.m.* ⇨lung

pulmonía *s.f.* ⇨pneumonia [U]

pulóver *s.m. AMÉR.* ⇨pullover

pulpa *s.f.* ⇨pulp

pulpo *s.m.* ⇨octopus (*pl* octopuses)

pulsación *s.f.* **1** *(al escribir a máquina): cinco pulsaciones por minuto* - one word per minute **2** *(latido)* ⇨heartbeat

pulsar *v.* ⇨to press

pulsera *s.f.* **1** *(joya)* ⇨bracelet **2** *(del reloj)* ⇨strap

pulso *s.m.* **1** *(pulsación)* ⇨pulse **2** *(firmeza en la mano)* ⇨steady hand

pulverizar *v.* **1** *(un sólido)* ⇨to pulverize ⇨to pulverise *UK* **2** *(un líquido)* ⇨to spray **3** *(derrotar)* ⇨to crush **4** *(romperse en pedazos)* ⇨to smash

punta *s.f.* **1** ⇨point ⇨tip **2** *(de la nariz)* ⇨end **3** *(clavo pequeño)* ⇨drawing pin *UK;* ⇨tack *US;* ⇨thumbtack *US* **4** *(del dedo)* ⇨fingertip **5** *(del pelo)* ⇨end: *puntas abiertas* - split ends **6** *(de un lápiz)* ⇨stub **7** *sacarle punta a un lápiz* - to sharpen a pencil **8** *(de una flecha)* ⇨barb **9 de ~ en blanco** ⇨dressed up to the nines **10 en la ~ de la lengua** ⇨on the tip of *one's* tongue: *Lo tengo en la punta de la lengua* - It's on the tip of my tongue

puntada *s.f.* ⇨stitch (*pl* stitches)

puntapié *s.m.* ⇨kick

puntear *v.* **1** *(un instrumento de cuerda)* ⇨to pluck **2** *AMÉR. (liderar)* ⇨to lead

puntería *s.f.* **1** ⇨marksmanship **2** *tener buena puntería* - to be a good shot / to be a good marksman

puntiagudo, da *adj.* ⇨pointed ⇨sharp

puntilla *s.f.* **1** *(encaje)* ⇨lace edging **2** *(puñal)* ⇨dagger **3 de puntillas** *andar de puntillas* - to tiptoe

punto *s.m.* **1** *(círculo pequeño)* ⇨dot **2** *(signo ortográfico)* ⇨full stop *UK;* ⇨period *US* **3** *(en una lista de cosas)* ⇨item **4** *(en una competición deportiva)* ⇨point **5** *(lugar)* ⇨place **6** *(en costura, en una herida)* ⇨stitch (*pl* stitches) **7** *(argumento)* ⇨point **8 a ~ de** ⇨on the point of **9 dos puntos** ⇨colon **10 en ~ 1** *(para horas)* ⇨o'clock: *Son las tres en punto* - It's three o'clock **2** *(para minutos)* ⇨on the dot: *Son las ocho y diez en punto* - It's ten past eight on the dot **11 en su ~** ⇨done just right ⇨medium **12 estar a ~ de** ⇨to be about to **13 hacer ~** ⇨to knit **14 hasta qué ~** ⇨how far ⇨to what extent **15 labor de ~** ⇨knitting [U] [Se dice *some knitting* o *a piece of knitting*. Incorrecto: *a knitting*] **16 ~ cardinal** ⇨point of the compass **17 ~ débil** ⇨weakness (*pl* weaknesses); ⇨weak point **18 ~ de ebullición** ⇨boiling point **19 ~ de partida** ⇨starting point **20 ~ de vista** ⇨point of view **21 puntos suspensivos** ⇨three dots ⇨dot, dot, dot **22 ~ y aparte** ⇨new paragraph **23 ~ y coma** ⇨semicolon **24 y ~** ⇨end of story ⇨full stop *UK*

puntuación *s.f.* **1** *(de un texto)* ⇨punctuation **2** *(de un examen)* ⇨mark **3** *(de una competición)* ⇨score ■ Ver cuadro en página siguiente

puntual *adj. (una virtud)* ⇨punctual ⇨on time: *Seré puntual* - I will be there on time

puntualidad *s.f.* ⇨punctuality

puntuar *v.* **1** *(un texto)* ⇨to punctuate **2** *(un examen)* ⇨to mark *UK;* ⇨to grade *US* **3** *(en una competición)* ⇨to score

punzada *s.f.* ⇨stabbing pain ⇨puncture

puñado *s.m.* ⇨handful ⇨pocketful

puñal *s.m.* ⇨dagger

puñalada *s.f.* ⇨stab *inform*

puñetazo *s.m.* ⇨punch (*pl* punches)

puño *s.m.* **1** ⇨fist **2** *(en una herramienta)* ⇨handle **3** *(de una camisa)* ⇨cuff

pupa *s.f.* *(en los labios)* ⇨cold sore

pupitre *s.m.* ⇨desk

puré *s.m.* **1** ⇨purée *US* **2** *puré de patatas* - mashed potatoes **3** *(sopa)* ⇨soup: *puré de verduras* - vegetable soup

pureza *s.f.* ⇨purity

purificar *v.* ⇨to purify: *purificar el aire* - to purify air

puro, ra ▌*adj.* **1** ⇨pure ⇨sheer: *Fue pura suerte* - It was sheer luck ▌**puro** *s.m.* **2** ⇨cigar

purpurina *s.f.* ⇨glitter

pus *s.m.* ⇨pus

puzle *s.m.* ⇨jigsaw puzzle ⇨jigsaw

P

signos de puntuación		
.	**full stop** (punto) **dot** (punto)	Se usa: – Al final de una oración: · *My name is James Bond.* / (Me llamo James Bond.) – Para marcar una abreviación: · *R.A.F. (Royal Air Force)* / (Fuerza Aérea Real) – Para separar el dominio (.com, .org, etc.) de una dirección de correo electrónico. En este caso, se denomina **dot**. – Para señalar el final de los números enteros: · *a rise of 12.6%* / (una subida del 12,6%)
,	**comma** (coma)	Se usa: – Para indicar una pausa breve en una oración: · *He worked very hard**,** but he failed the exam.* (Trabajó muy duro pero suspendió el examen.) – Para separar palabras en una enumeración: · *The box contained red, blue, yellow, green, brown, black and orange pencils.* (La caja contenía lápices rojos, azules, amarillos, verdes, marrones, negros y naranjas.) Atención: generalmente no se usa coma delante de "and": · *I washed the dishes and Linda dried them.* / (Yo lavé los platos y Linda los secó.) – Para separar los millares en una cifra: · *150,000 pounds* (150.000 libras)
:	**colon** (dos puntos)	Se usan delante de una enumeración: · *Please come to my class with the following: paper, pens, ruler and pencils.* (Por favor, venid a mi clase con lo siguiente: papel, bolígrafos, regla y lápices.)
;	**semicolon** (punto y coma)	Se usa para enlazar diferentes partes de una oración: · *The sun was getting low**;** it would soon be dark.* (El sol estaba poniéndose; pronto oscurecería.)
?	**question mark** (signo de interrogación)	Se usa al final de una pregunta directa: · *What time is it?* (¿Qué hora es?)
!	**exclamation mark** (signo de exclamación)	Se usa para expresar sorpresa, enfado, entusiasmo o para dar órdenes: · *What a wonderful surprise!* (Qué maravillosa sorpresa!)
" " or ' '	**quotation marks** (comillas)	Se usan para reproducir lo que una persona dice o piensa: · *'Can you tell me the way to the library?', I asked.* (¿Puede decirme cómo se va a la biblioteca? –pregunté.)
'	**apostrophe** (apóstrofo)	Se usa: – Para indicar que se han omitido letras en una forma apostrofada: · *I'm (I am) happy to see you.* / (Estoy contento de verte.) – Seguido de "s" para expresar posesión: · *This is my dad's car.* / (Este es el coche de mi padre.)
( )	**brackets** (comillas)	Se usan para separar una información extra del resto de la oración: · *Plymouth (on the south coast of Devon) is a naval port.* (Plymouth (en la costa sur de Devon) es un puerto naval.)
-	**hyphen** (guión)	Se usa: – Para formar palabras compuestas: · *He's a well-known actor.* (Es un actor conocido.) – Para escribir las cifras compuestas entre el 21 y el 99: · *thirty-five.* (treinta y cinco)
—	**dash** (raya)	Se usa para separar información en una oración: · *Some of the players —about seven or eight of them— had already left the field.* (Algunos de los jugadores —unos siete u ocho— ya habían abandonado el campo.)

q *s.f. (letra del alfabeto)* ⇒q

que ▌*conj.* **1** ⇒that: *Liam me dijo que había llamado a las nueve menos cuarto* - Liam said that he had rung at a quarter to nine **2** *(con valor comparativo)* ⇒than [Se dice *taller than me.* Incorrecto: *taller that me*]: *Mi hermana es más alta que yo* - My sister is taller than me **3** *(con valor consecutivo)* ⇒that: *Hace tanto frío que no quiero salir a la calle* - It's so cold that I don't want to go out **4** *(con valor causal)* ⇒because: *Ahora no puedo hablar, que estoy trabajando* - I can't talk now because I'm working; *Vamos, que es tarde* - Come on, it's late **5** *(con valor final): Ven, que te voy a dar algo* - Come here, I'm going to give you sth **6** *(con valor distributivo)* ⇒whether... or...: *Que vaya yo, que vengas tú, el resultado será el mismo* - Whether you go or I go, the result will be the same **7** *(con valor enfático): Sí que quiero ir* - I do want to go **8 para ~** ⇒so that: *Les di caramelos, para que se callaran* - I gave them some sweets, so that they would be quiet ▌*pron.relat.* **9** *(referido a personas)* ⇒who (sujeto): *Este es el hombre que me prestó el dinero* - This is the man who lent me the money; ⇒whom (objeto): *La mujer con la que me viste es mi madre* - The woman whom you saw me with is my mother; *El chico que viste ayer es mi hermano* - The boy you saw yesterday is my brother **10** *(referido a cosas o a animales)* ⇒which: *Ese es el gato que se comió la tarta* - That is the cat which ate all the cake; *La falda roja que compré ayer fue muy cara* - The red skirt I bought yesterday was very expensive; ⇒that: *Este es el perro que me mordió* - This is the dog that bit me; *Este es el jarrón que compré en China* - This is the vase I bought in China **11** *(precedido de un adjetivo)* ⇒how: *Me contaron lo divertida que fue la fiesta* - They told me how entertaining the party was **12 lo ~** ⇒what: *No sabes lo que quieres* - You don't know what you want **13 yo ~ tú** ⇒if I were you: *Yo que tú, no lo haría* - If I were you, I wouldn't do it

qué ▌*interrog.* **1** *(una elección entre un número amplio de opciones, o entre distintas opciones que no están establecidas)* ⇒what: *No sé qué decir* - I don't know what to say; *¿Qué ingredientes le pusiste a la sopa?* - What ingredients did you use in the soup? **2** *(una elección entre un número limitado de opciones ya establecidas)* ⇒which: *¿Qué jersey te gusta más?* - Which pullover do you like best?; *¿En qué autobús vas?* - Which bus do you take? **3** *(para preguntar por la edad)* ⇒how: *¿Qué edad tiene tu hermano?* - How old is your brother? **4 ¿para qué?** ⇒what... for?: *¿Para qué es eso?* - What's that for? **5 ¿por qué?** ⇒why? **6 ¿qué tal...?** ⇒how...?: *¿Qué tal la fiesta?* - How was the party? **7 ¿qué tal estás?** ⇒how are you? **8 ¿qué tal si...?** ⇒how about...?: *¿Qué tal si vamos al cine?* - How about going to the cinema?; ⇒what about...?: *¿Qué tal si cenamos en un italiano?* - What about having dinner in an Italian? **9 ¿qué te parece si...?** ⇒how about...?: *¿Qué te parece si cenamos fuera?* - How about going out for dinner? **10 ¿y qué?** ⇒so what?: *¿Y qué?, eso a mí no me importa* - So what? I don't care ▌*excl.* **11** *(con un sustantivo)* ⇒what: *¡Qué día tan bonito!* - What a lovely day!; *¡Qué tiempo tan malo!* - What awful weather! **12** *(con un adjetivo, sin sustantivo, o un adverbio)* ⇒how: *¡Qué feo!* - How ugly!

quebrar *v.* **1** *(romper)* ⇒to break **2** *(arruinarse)* ⇒to go bankrupt

quedar ▌*v.* **1** *(concertar una cita)* ⇒to arrange to meet: *He quedado con mis amigos a las siete* - I've arranged to meet my friends at seven **2** *(una prenda de vestir)* ⇒to suit ⇒to fit: *Estos zapatos te quedan muy bien* - These shoes fit you perfectly **3** *(haber)* ⇒to be left: *Quedan solo dos yogures* - There are only two yogurts left **4** *(acordar algo)* ⇒to agree [CONSTR. 1. to agree + (that) 2. to agree + to do sth]: *Quedamos en que se*

Q

subiría el sueldo - We agreed that the salary would go up; ⇒to arrange **5 ~ bien** ⇒to make a good impression: *No he quedado muy bien* - I didn't make a good impression ▌**quedarse** *prnl.* **6** *(permanecer)* ⇒to stay: *Nos quedamos en casa* - We stayed at home **7** *(despierto)* ⇒to stay up **8** *quedarse de pie* - to remain standing **9** *(reaccionar)* ⇒to be: *Me quedé sorprendida* - I was surprised **10** *(terminar en un estado)* ⇒to end up: *Al final me quedaré solo* - I'll end up alone **11** *quedarse dormido* - to oversleep **12** *quedarse mirando algo fijamente* - to stay gazing at sth **13** *Me he quedado sin azúcar* - I've run out of sugar **14** *(apropiarse)* ⇒to keep: *¡Quédatelo!* - Keep it!

queja *s.f.* **1** *(lamento)* ⇒moan **2** *(protesta)* ⇒complaint: *presentar una queja* - to make a complaint

quejarse *v.prnl.* ⇒to complain [CONSTR. to complain + that]; ⇒**to grumble** [CONSTR. to grumble about sth]; ⇒**to moan** [CONSTR. 1. to moan + (that) 2. to moan about sth]: *quejarse del tiempo* - to moan about the weather; ⇒to protest

quejica ▌*adj.* **1** *col.* ⇒whingeing *UK inform;* ⇒whining ▌*s.com.* **2** *col.* ⇒whinger *UK inform;* ⇒whiner

quejido *s.m.* ⇒moan ⇒groan

quemado, da *adj.* **1** ⇒burned ⇒burnt **2** *(por el sol)* ⇒sunburned ⇒sunburnt **3** *col.* *(harto)* ⇒burnt-out ⇒hacked off *inform*

quemadura *s.f.* **1** ⇒burn **2** *(por el sol)* ⇒sunburn

quemar ▌*v.* **1** ⇒to burn: *He quemado los papeles* - I've burnt the sheets of paper **2** *(incendiar)* ⇒to set fire to: *Han quemado el bosque* - They've set fire to the forest **3** *(con agua hirviendo)* ⇒to scald ▌**quemarse** *prnl.* **4** ⇒to burn oneself **5** *(por el sol)* ⇒to get sunburnt **6** *(una comida)* ⇒to burn **7** *(un edificio)* ⇒to burn down

querer *v.* **1** *(desear)* ⇒to want [CONSTR. to want + to do sth]: *Quiero comer algo* - I want sth to eat **2** *(amar)* ⇒to love **3 no ~ decir** *Perdón, no quise decir eso* - I'm sorry, I didn't mean to say that **4 ~ decir** ⇒to mean [CONSTR. to mean + that]: *Iré con ellos, con Nicholas y Heather, quiero decir* - I'll go with them, with Nicholas and Heather, I mean **5 sin ~** ⇒by accident ⇒accidentally

querido, da *adj.* **1** ⇒dear ⇒precious ⇒beloved *lit: su querido hijo* - his beloved son **2** *(en una carta)* ⇒dear **3** *(apelativo)* ⇒darling ⇒honey *US*

queso *s.m.* ⇒cheese: *queso rallado* - grated cheese; *queso azul* - blue cheese; *queso de untar* - cheese spread

quicio *s.m.* **1** ⇒frame **2 sacar a alguien de ~** *col.* ⇒to drive *sb* mad

quiebra *s.f.* **1** ⇒bankruptcy **2** *llevar a la quiebra* - to bankrupt **3 declararse en ~** ⇒to go under

quien *pron.relat.* **1** ⇒who: *Fue él quien me lo dijo* - It was him who told me **2** *(indefinido)* ⇒whoever: *Quien quiera algo, que venga* - Whoever wants sth, let them come; *No hay quien te entienda* - Nobody can make sense of you **3** *(precedido de una preposición)* ⇒whom *form: Esas son las personas con quienes he hablado* - Those are the people with whom I've spoken; *Esos son los niños con quienes juega Jen* - Those are the children Jen plays with **4 no ser ~ para** *col. Tú no eres quién para insultarme* - Who are you to insult me? **5 ~ más, ~ menos** *col.* ⇒each one in their own way: *Quien más quien menos, aquí todos ayudamos* - Everybody helps here, each one in their own way

quién ▌*pron.interrog.* **1** *(sujeto)* ⇒who: *¿Quién es esa chica?* - Who's that girl?; *Me pregunto quién habrá llamado* - I wonder who phoned **2** *(objeto)* ⇒who: *¿A quién estás hablando?* - Who are you speaking to? **3** *(precedido de una preposición)* ⇒whom *form: ¿A quién debo enviarle mi solicitud?* - To whom should I send my application? **4 de ~** ⇒whose: *¿De quién es este abrigo?* - Whose is this coat? ▌*pron.excl.* **5** *¡Quién pudiera viajar en el tiempo!* - If only I could travel backwards in time!

quienquiera *pron.indef.* ⇒whoever: *Quienquiera que haya hecho esto, lo pagará* - Whoever has done this, will pay for it

quieto, ta *adj.* ⇒still: *¡Estate quieto!* - Keep still!

química *s.f.* ⇒chemistry

químico, ca ▌*adj.* **1** ⇒chemical **2 sustancia química** ⇒chemical ▌*s.* **3** ⇒chemist

quince *numer.* **1** ⇒fifteen **2** *(fecha)* ⇒fifteenth

quinceañero, ra *s.* **1** *(de quince años)* ⇒fifteen-year-old **2** *(adolescente)* ⇒teenager

quinceavo, va *numer.* ⇒fifteenth

quincena *s.f.* ⇒fortnight *UK: Pasamos una quincena allí* - We spent a fortnight there; ⇒two weeks

quincenal *adj.* ⇒fortnightly *UK;* ⇒bimonthly *US*

quincuagésimo, ma *numer.* ⇒fiftieth

quiniela *s.f.* ⇒pools *pl*

quinientos, tas *numer.* ⇒five hundred

quinto, ta *numer.* ⇒fifth

quiosco *s.m.* ⇒kiosk ⇒stand: *quiosco de periódicos* - newspaper stand

quirófano *s.m.* ⇒operating theatre *UK;* ⇒operating room *US*

quirúrgico, ca *adj.* **1** ⇒surgical **2** *intervención quirúrgica* - surgery

quisquilloso, sa *adj.* **1** *(que se ofende fácilmente)* ⇒touchy **2** *(tiquismiquis)* ⇒fussy ⇒choosy *inform*

quitamanchas *s.m.* ⇒stain remover

quitar ▮ *v.* **1** ⇒to take away ⇒to remove ⇒to take off: *No quites las manos del volante* - Don't take your hands off the steering wheel **2** *(la ropa)* ⇒to take off **3** *(algo que estorba)* ⇒to clear away **4** *(lo que cubre algo)* ⇒to strip: *Quitamos el papel de las paredes* - We stripped the wall paper off the walls **5** *(robar)* ⇒to steal ▮ **quitarse** *prnl.* **6** *(apartarse): ¡Quita!* - Get off!; *¡Quítate de ahí!* - Move aside! **7** *(una mancha)* ⇒to come out: *Esta mancha no se quita* - This stain won't come out **8 quitarse algo de encima** ⇒to get rid of *sth*

quizá *adv.* ⇒maybe ⇒perhaps

quizás *adv.* Véase **quizá**

r *s.f. (letra del alfabeto)* ⇒r
rábano *s.m.* **1** ⇒radish (*pl* radishes) **2** *Me importa un rábano* - I don't give a hoot
rabia *s.f.* **1** *(enfermedad)* ⇒rabies: *Este perro tiene la rabia* - This dog has rabies **2** *(enfado)* ⇒rage ⇒anger **3** *Me da rabia llegar tarde* - Being late makes me angry **4** *hacer algo con rabia* - to do sth angrily **5** *tener rabia a algo* - to be angry about sth **6** *tener rabia a alguien* - to be angry at sb
rabieta *s.f. col.* ⇒tantrum: *cogerse una rabieta* - to throw a tantrum
rabioso, sa *adj.* ⇒furious
rabo *s.m.* **1** *(de un animal)* ⇒tail **2** *mover el rabo* - to wag its tail **3** *(de una fruta)* ⇒stalk
rácano, na *adj. col.* ⇒stingy *inform*
racha *s.f.* **1** *(de suerte)* ⇒spell **2** *(de viento)* ⇒gust of wind **3 una mala ~** ⇒a run of bad luck
racial *adj.* ⇒racial
racimo *s.m.* ⇒bunch (*pl* bunches)
ración *s.f.* **1** *(parte racionada)* ⇒ration **2** *(trozo o porción)* ⇒portion
racional *adj.* ⇒rational
racismo *s.m.* ⇒racism
racista *s.com.* ⇒racist
radar *s.m.* ⇒radar [U]
radiactivo, va *adj.* ⇒radioactive: *desechos radiactivos* - radioactive waste
radiador *s.m.* ⇒radiator
radiante *adj.* **1** *(muy brillante)* ⇒glorious ⇒radiant: *un sol radiante* - a radiant sun **2** *(muy alegre)* ⇒radiant: *Hoy estás radiante* - You look radiant today
radical *adj.* ⇒radical ⇒drastic
radio ▮ *s.m.* **1** *(de una circunferencia)* ⇒radius (*pl* radii) **2** *(de una rueda)* ⇒spoke **3** *(hueso del antebrazo)* ⇒radius ▮ *s.f.* **4** *(aparato)* ⇒radio
radiocasete *s.m.* ⇒radio cassette recorder ⇒ghetto blaster *inform*
radiografía *s.f.* **1** ⇒X-ray ⇒radiography **2** *hacer una radiografía* - to X-ray
radioyente *s.com.* ⇒listener
ráfaga *s.f.* **1** ⇒gust: *una ráfaga de aire* - a gust of wind **2** *(de disparos)* ⇒burst ⇒round
raído, da *adj.* ⇒frayed ⇒worn
raíl *s.m.* ⇒rail
raíz *s.f.* **1** *(de una planta, de un diente)* ⇒root **2** *(en matemáticas)* ⇒root: *raíz cuadrada* - square root **3 echar raíces 1** *(una planta)* ⇒to take root **2** *col. (una persona)* ⇒to put down roots
raja *s.f.* **1** ⇒crack ⇒split **2** *(rebanada)* ⇒slice
rajar ▮ *v.* **1** *(abrir)* ⇒to cut: *Raja la sandía para probarla* - Cut the water-melon to taste it; ⇒to slit **2** *(un tejido)* ⇒to tear: *Se me rajó el vestido* - My dress tore **3** *(un neumático)* ⇒to slash **4** *col. (con un arma)* ⇒to stab ⇒to slash **5** *col. (hablar mucho)* ⇒to chatter: *Deja de rajar, ¿quieres?* - Stop chattering, will you? ▮ **rajarse** *prnl.* **6** *col. (arrepentirse)* ⇒to back out ⇒to get cold feet: *Me rajé y no fui* - I got cold feet and didn't go
rajatabla (a ~) ⇒to the letter ⇒rigorously
rallado, da *adj.* ⇒grated
rallar *v.* ⇒to grate: *rallar queso* - to grate cheese
rama *s.f.* **1** *(de un árbol)* ⇒branch (*pl* branches) **2** *(de una ciencia)* ⇒branch (*pl* branches) **3 irse por las ramas** *col.* ⇒to go off the point ⇒to beat about the bush
ramo *s.m.* **1** *(conjunto de flores)* ⇒bunch (*pl* bunches) **2** *(de flores, muy artístico y decorado)* ⇒bouquet
rampa *s.f.* ⇒ramp
rana *s.f.* **1** ⇒frog **2 salir ~** *col.* ⇒to turn out badly ⇒to disappoint
rancho *s.m.* **1** *(casa)* ⇒ranch (*pl* ranches) **2** *(en el ejército)* ⇒grub *inform;* ⇒food
rancio, cia *adj.* **1** *(comida)* ⇒rancid ⇒musty **2** *(persona)* ⇒unpleasant
rango *s.m.* **1** ⇒rank **2** *de alto rango* - high-ranking
ranura *s.f.* ⇒slot ⇒groove
rapar *v. col.* ⇒to crop
rape *s.m.* **1** *(pez)* ⇒monkfish ⇒goosefish US **2** *col. (hecho de rapar)* ⇒cropping **3 al ~** ⇒closely cropped

rapidez *s.f.* **1** ⇒speed **2 con ~** ⇒quickly
rápido, da ▮ *adj.* **1** *(referido a la velocidad)* ⇒fast ⇒rapid ⇒swift **2** *(servicio veloz de trenes o de correo)* ⇒express **3** *(breve, en poco tiempo)* ⇒quick ⇒prompt ⇒rapid **4** *(inteligente, despierto)* ⇒quick ▮ **rápido** *adv.* **5** ⇒quickly ⇒fast ⇒in a hurry
raptar *v.* ⇒to kidnap ⇒to snatch
rapto *s.m.* ⇒kidnapping
raqueta *s.f.* ⇒racket ⇒racquet
rareza *s.f.* **1** *(manía)* ⇒quirk **2** *(singularidad)* ⇒eccentricity (*pl* eccentricities); ⇒peculiarity (*pl* peculiarities): *Creo que todos tenemos nuestras pequeñas rarezas* - I think that we all have our little peculiarities; ⇒rarity (*pl* rarities)
raro, ra *adj.* **1** *(extraño)* ⇒strange ⇒odd: *¡Qué raro!* - How odd!; ⇒unusual: *un comportamiento raro* - an unusual behaviour; ⇒curious ⇒funny **2** *(excéntrico)* ⇒weird **3** *(poco común)* ⇒rare **4 raro en** ⇒unlike: *Es raro en ella ser tan cruel* - It's unlike her to be so cruel
rascacielos *s.m.* ⇒skyscraper ⇒high rise
rascar *v.* **1** *(la piel)* ⇒to scratch: *Deja de rascarte* - Stop scratching yourself **2** *(quitar rascando)* ⇒to scrape *sth* off **3** *col. (una toalla, una prenda)* ⇒to be itchy
rasgar *v.* **1** ⇒to rip **2** *(papel)* ⇒to tear
rasgo *s.m.* **1** *(de la cara)* ⇒feature **2 a grandes rasgos** ⇒in broad outline
rasguño *s.m.* ⇒scratch (*pl* scratches)
raso, sa *adj.* **1** *(plano, liso)* ⇒flat **2** *(cucharada)* ⇒level: *una cuchara rasa* - a level spoonful **3** *(el cielo)* ⇒cloudless ⇒clear **4** *(un soldado)* ⇒enlisted *US*
raspar *v.* **1** ⇒to scrape off: *Raspé la pintura de la pared* - I scraped the paint off the wall; *Me he raspado el codo con la pared* - I scraped my elbow on the wall **2** *(al contacto con la piel)* ⇒to be rough: *Esta toalla raspa* - This towel is rough
rastrear *v.* ⇒to track ⇒to trail
rastrillar *v.* ⇒to rake
rastrillo *s.m.* **1** ⇒rake **2** *AMÉR. (aparato)* ⇒razor
rastro *s.m.* **1** *(huella, pista)* ⇒trace ⇒trail ⇒scent **2** *(mercado)* ⇒flea market
rasuradora *s.f. AMÉR.* ⇒shaver
rata ▮ *s.com.* **1** *col. (tacaño)* ⇒mean *UK;* ⇒cheapskate *inform* ▮ *s.f.* **2** ⇒rat
ratificar *v.* ⇒to confirm ⇒to ratify: *ratificar un tratado* - to ratify a treaty; ⇒to approve
rato *s.m.* **1** ⇒while **2** *ratos libres* - spare time **3** *pasar el rato* - to mess around
ratón, -a *s.* **1** ⇒mouse (*pl* mice) **2** *(en informática)* ⇒mouse **3 ~ de biblioteca** *(persona)* ⇒bookworm *inform*
ratonera *s.f.* **1** *(trampa)* ⇒mousetrap **2** *(agujero)* ⇒mousehole

raudal *s.m.* **1** ⇒torrent ⇒flood **2** *entrar a raudales* - to stream in
raya *s.f.* **1** *(línea)* ⇒line **2** *(de color)* ⇒stripe **3** *(signo ortográfico)* ⇒dash (*pl* dashes) **4 de rayas** ⇒striped
rayar ▮ *v.* **1** *(hacer rayas)* ⇒to scratch ⇒to scuff **2** *(estar cerca)* ⇒to border on ⇒to verge on: *Tu bondad a veces raya en la tontería* - Your kindness sometimes verges on stupidity ▮ **rayarse** *prnl.* **3** ⇒to get scratched
rayo *s.m.* **1** *(relámpago)* ⇒(flash of) lightning: *Hubo muchos rayos durante la tormenta* - There was a lot of lightning during the thunderstorm; ⇒bolt **2** *(de sol)* ⇒ray **3** *(de luz)* ⇒beam **4** *pasar como un rayo* - to flash past **5 ~ láser** ⇒laser beam **6 rayos X** ⇒X-rays
raza *s.f.* **1** *(de personas)* ⇒race **2** *(de animales)* ⇒breed **3** *un perro de raza* - a pedigree dog; *un caballo de pura raza* - a thoroughbred horse
razón *s.f.* **1** *(motivo)* ⇒purpose: *¿Cuál es la razón de esto?* - What's the purpose of that?; ⇒reason **2** *(capacidad de pensar)* ⇒reason **3 con ~** ⇒justly **4 no tener ~** ⇒to be wrong **5 tener ~** ⇒to be right [Se dice *to be right* - *tener razón*. Incorrecto: *to have reason*]: *¡Tienes razón!* - You're right!
razonable *adj.* **1** ⇒reasonable ⇒healthy ⇒rational **2** *ser poco razonable* - to be unreasonable
razonamiento *s.m.* **1** *(hecho de razonar)* ⇒reasoning **2** *(conjunto de razones)* ⇒argument
razonar *v.* ⇒to reason [CONSTR. to reason + (that)]; ⇒to argue [CONSTR. to argue + that]
reacción *s.f.* **1** ⇒reaction ⇒response **2 ~ en cadena** ⇒chain reaction ⇒knock-on effect *UK*
reaccionar *v.* ⇒to react ⇒to respond
reacio, cia *adj.* ⇒reluctant ⇒unwilling
reactor *s.m.* **1** *(avión)* ⇒jet **2** *reactor nuclear* - nuclear reactor
real *adj.* **1** *(verdadero)* ⇒real ⇒actual **2** *(de la realeza)* ⇒royal
realeza *s.f.* ⇒royalty
realidad *s.f.* **1** ⇒reality ⇒truth: *La realidad es que nunca pensé que vendría* - The truth is that I never thought he was going to come **2 en ~** ⇒actually ⇒in fact ⇒as a matter of fact *inform*
realismo *s.m.* ⇒realism
realista *adj.* **1** ⇒realistic ⇒down-to-earth: *un proyecto realista* - a down-to-earth project **2** *(una descripción)* ⇒gritty ⇒lifelike
realización *s.f.* **1** ⇒carrying out ⇒realization *form* **2** *(cinematográfica)* ⇒production
realizar ▮ *v.* **1** *(hacer, llevar a cabo)* ⇒to realize ⇒to realise *UK;* ⇒to make **2** *(conseguir, alcanzar)*

⇒to achieve ⇒to carry out ⇒to fulfil *UK* ▌ **realizarse** *prnl.* **3** *(uno mismo)* ⇒to fulfil oneself *UK;* ⇒to fulfill oneself *US* **4** *(cumplirse, alcanzarse)* ⇒to come true

reanimar *v.* ⇒to revive ⇒to resuscitate

reanudar ▌ *v.* **1** ⇒to resume *form* [CONSTR. to resume + doing sth] **2** *(una amistad)* ⇒to renew ▌ **reanudarse** *prnl.* **3** ⇒to begin again

rebaja ▌ *s.f.* **1** ⇒reduction ⇒deduction ⇒discount: *¿Puede hacerme una rebaja?* - Could you give me a discount? ▌ **rebajas** *pl.* **2** ⇒sales: *las rebajas de enero* - the January sales **3 en rebajas** ⇒on offer *UK*

rebajar ▌ *v.* **1** ⇒to reduce ⇒to demean ▌ **rebajarse** *prnl.* **2** *(humillarse)* ⇒to lower oneself

rebanada *s.f.* ⇒slice

rebaño *s.m.* **1** ⇒herd ⇒drove *UK* **2** *(de ovejas)* ⇒flock

rebeca *s.f.* ⇒cardigan

rebelarse *v.prnl.* **1** *(una persona)* ⇒to rebel **2** *(un grupo de personas)* ⇒to revolt

rebelde ▌ *adj.* **1** ⇒fractious ⇒rebellious ⇒unruly ▌ *s.com.* **2** ⇒rebel

rebelión *s.f.* ⇒rebellion ⇒uprising ⇒revolt

rebobinar *v.* ⇒to rewind

rebosante *adj.* ⇒overflowing: *estar rebosante de felicidad* - to be overflowing with joy; ⇒bouncing ⇒ebullient

rebosar *v.* **1** *(desbordar)* ⇒to overflow: *El agua ha rebosado y ha inundado el baño* - The water has overflowed and flooded the bathroom; ⇒to spill over **2** *(derrochar un sentimiento)* ⇒to be overflowing with ⇒to be brimming with: *rebosar simpatía* - to be brimming with charm

rebotar ▌ *v.* **1** *(un balón)* ⇒to bounce ⇒to rebound ⇒to ricochet **2** *col. (enfurecer)* ⇒to bug *inform: Lo que me rebotó fue la ironía de tus palabras* - What bugged me was the irony of your words; ⇒to piss off *very inform* ▌ **rebotarse** *prnl.* **3** *col. (enfurecerse)* ⇒to get in a huff *inform: Te rebotas por cualquier cosa* - You get in a huff about anything

rebote *s.m.* **1** *(en deporte)* ⇒bounce ⇒rebound **2** *(hecho de rebotar)* ⇒rebounding **3** *col. (enfado): pillarse un rebote* - to get into a temper **4 de ~** *col.* ⇒by chance

rebozar *v.* ⇒to fry in batter: *rebozar el pescado* - to fry fish in batter

rebuznar *v.* ⇒to bray

recado *s.m.* **1** *(mensaje)* ⇒message: *Tengo un recado para ti* - I have a message for you **2** *(tarea)* ⇒errand: *hacer un recado a alguien* - to run an errand for sb

recaer *v.* **1** *(un enfermo)* ⇒to suffer a relapse ⇒to relapse **2** *(un premio): El premio ha recaído en la escritora más joven* - The prize has gone to the youngest writer

recalcar *v.* ⇒to stress ⇒to emphasize ⇒to emphasise *UK* [CONSTR. to emphasize/-ise + that]: *Recalcó que era importante acabar a tiempo* - She emphasised that it was important to finish on time

recámara *s.f.* **1** *(cuarto)* ⇒dressing room ⇒side room **2** *(en un arma)* ⇒chamber ⇒breech *(pl* breeches) **3** *AMÉR. (dormitorio)* ⇒bedroom

recambio *s.m.* **1** *(para una máquina, un coche)* ⇒spare part ⇒spare ⇒replacement **2** *(de un bolígrafo, de una pluma)* ⇒refill

recapacitar *v.* ⇒to reconsider ⇒to retrain

recargar *v.* **1** *(una batería)* ⇒to recharge: *recargar las pilas* - to recharge the batteries; ⇒to charge **2** *(una decoración)* ⇒to decorate excessively **3** *(forzar demasiado)* ⇒to get overloaded: *Procura no recargarte de trabajo* - You shouldn't overload yourself with work

recaudar *v.* ⇒to collect: *recaudar fondos* - to collect money; ⇒to raise

recepción *s.f.* **1** ⇒reception **2** *(de un hotel)* ⇒reception

recepcionista *s.com.* ⇒receptionist ⇒clerk *US*

receptor *s.m.* **1** *(aparato)* ⇒set **2** *(televisión)* ⇒receiver **3** *(persona)* ⇒recipient **4** *(en deporte)* ⇒catcher ⇒receiver

receta *s.f.* **1** *(médica)* ⇒prescription **2** *(de cocina)* ⇒recipe

recetar *v.* ⇒to prescribe [CONSTR. to prescribe + dos objetos]: *La doctora me recetó unos calmantes* - The doctor prescribed me some painkillers

rechazar *v.* **1** ⇒to reject ⇒to decline *form* [CONSTR. to decline + to do sth] *form;* ⇒to turn down **2** *(una invitación)* ⇒to refuse [CONSTR. to refuse + to do sth]; ⇒to turn down **3** *(un cheque)* ⇒to bounce

rechistar *v. hacer algo sin rechistar* - to do sth without saying a word

rechupete **(de ~)** *col.* ⇒scrumptious ⇒delicious

recibidor *s.m.* ⇒hall

recibir *v.* **1** ⇒to receive ⇒to get **2** *(dar la bienvenida)* ⇒to welcome ⇒to greet **3** *(un premio)* ⇒to collect **4** *(una señal)* ⇒to pick up

recibo *s.m.* **1** *(de haber pagado algo)* ⇒receipt **2** *(de agua, teléfono)* ⇒bill

reciclar *v.* ⇒to recycle ⇒to reclaim

recién *adv.* **1** ⇒newly ⇒recently ⇒freshly **2** *(cosa): recién estrenado* - brand-new **3** *AMÉR. (apenas)* ⇒just ⇒a moment ago

reciente *adj.* **1** *(hace poco tiempo)* ⇒recent **2** *(pan, alimento)* ⇒fresh

R

recipiente *s.m.* ⇨container

recital *s.m.* **1** *(de música)* ⇨concert ⇨recital **2** *(de poesía)* ⇨reading
recitar *v.* ⇨to recite: *recitar un poema* - to recite a poem
reclamación *s.f.* **1** *(petición)* ⇨claim ⇨demand **2** *(queja)* ⇨complaint ⇨protest
reclamar *v.* **1** *(pedir)* ⇨to claim ⇨to demand [CONSTR. 1. to demand + to do sth 2. to demand + that]; ⇨to assert **2** *(quejarse)* ⇨to make a complaint ⇨to complain [CONSTR. to complain + that]
reclinar ▌*v.* **1** *(una parte del cuerpo)* ⇨to rest ⇨to lean ▌**reclinarse** *prnl.* **2** *(echarse, tumbarse)* ⇨to lean back ⇨to recline
recluso, sa *s.* ⇨prisoner ⇨intern
recluta *s.m.* ⇨recruit ⇨conscript
reclutamiento *s.m.* ⇨recruitment ⇨conscription
reclutar *v.* ⇨to recruit ⇨to conscript
recobrar *v.* ⇨to recover ⇨to get back
recodo *s.m.* ⇨twist ⇨bend
recogedor *s.m.* ⇨dustpan
recogepelotas *s.com.* ⇨ball boy ⇨ball girl
recoger *v.* **1** *(del suelo)* ⇨to pick up ⇨to retrieve **2** *(a una persona)* ⇨to pick up ⇨to fetch **3** *(flores, frutos)* ⇨to collect *UK;* ⇨to pick ⇨to reap **4** *(ordenar)* ⇨to clear away ⇨to put away ⇨to tidy up *UK* **5** *(juntar, reunir)* ⇨to gather ⇨to pack up
recomendable *adj.* ⇨recommended ⇨advisable
recomendación *s.f.* ⇨recommendation
recomendar *v.* ⇨to recommend [CONSTR. 1. to recommend + (that) 2. to recommend + doing sth 3. to recommend sb + to do sth]: *Te recomiendo que vayas al médico* - I recommend that you see a doctor; *Te recomiendo que lo veas* - I recommend you to see it; ⇨to advise ⇨to suggest
recompensa *s.f.* ⇨reward ⇨payoff
recompensar *v.* ⇨to reward ⇨to repay
reconciliar ▌*v.* **1** ⇨to reconcile: *reconciliar a dos personas* - to reconcile two people; ⇨to bring together ▌**reconciliarse** *prnl.* **2** ⇨to make it up: *Después de la pelea se reconcilió con su novia* - After the quarrel he made it up with his girlfriend; ⇨to be reconciled: *Me he reconciliado con mi hermano* - I'm reconciled with my brother
reconocimiento *s.m.* **1** *(aceptación)* ⇨acknowledgement ⇨admission **2** *(médico)* ⇨examination **3** *(identificación de una persona)* ⇨recognition
reconquista *s.f.* ⇨reconquest
reconstruir *v.* **1** *(un edificio)* ⇨to reconstruct ⇨to rebuild **2** *(un acontecimiento)* ⇨to reconstruct: *reconstruir los hechos* - to reconstruct events
récord *s.m.* ⇨record: *batir un récord* - to break a record; ⇨record-breaking
recordar *v.* **1** *(traer a la memoria)* ⇨to remember [CONSTR. 1. to remember + that 2. to remember + to do sth 3. to remember + interrogativo]: *No puedo recordar su número de teléfono* - I can't remember his number; *Recuerda ir al banco mañana* - Remember to go to the bank tomorrow; *¿Recuerdas haber estado aquí?* - Do you remember having been here?; ⇨to recall ⇨to recollect *form* **2** *(hacer que no se olvide algo)* ⇨to remind [CONSTR. 1. to remind + (that) 2. to remind + to do sth]: *Recuérdame que le compre a mamá un regalo* - Remind me to buy Mum a present **3** *(parecerse)* ⇨to remind: *Me recuerdas a una amiga* - You remind me of a friend of mine
recorrer *v.* **1** *(sin un rumbo fijo)* ⇨to roam ⇨to tour **2** *(un lugar)* ⇨to go round: *Recorrí toda la ciudad buscando esa tienda* - I went round the whole city looking for that shop
recorrido *s.m.* **1** ⇨route ⇨journey **2 tren de largo ~** ⇨long-distance train
recortar *v.* **1** ⇨to cut out: *recortar una foto* - to cut a photograph out **2** *(reducir)* ⇨to prune ⇨to cut down
recorte *s.m.* **1** *(de un periódico, una revista)* ⇨cutting *UK;* ⇨clipping **2** *(en un presupuesto)* ⇨cut ⇨cutback
recreativo, va ▌*adj.* **1** ⇨recreational ▌**recreativos** *s.m.pl.* **2** ⇨amusement arcade
recreo *s.m.* **1** *(descanso)* ⇨playtime ⇨break *UK;* ⇨recess *US* (*pl* recesses) **2 patio de ~** ⇨playground ⇨schoolyard *US*
recta *s.f.* **1** ⇨straight line **2 ~ final** ⇨home straight
rectangular *adj.* ⇨rectangular ⇨oblong
rectángulo *s.m.* ⇨rectangle ⇨oblong
rectificar *v.* **1** *(un dato)* ⇨to correct: *rectificar una información* - to correct a piece of information; ⇨to rectify **2** *(una conducta)* ⇨to rectify ⇨to reform **3** *(un error)* ⇨to correct oneself

recto, ta ▮ *adj.* **1** *(derecho)* ⇒straight **2** *(honrado)* ⇒honest ▮ **recto** *adv.* **3** ⇒straight ⇒straight ahead: *Sigue recto hasta el semáforo* - Go straight ahead as far as the traffic lights; ⇒straight on ⇒upright **4 todo recto** ⇒straight ahead ⇒straight on

recuadro *s.m.* ⇒box (*pl* boxes); ⇒inset

recuerdo ▮ *s.m.* **1** *(del pasado)* ⇒memory (*pl* memories); ⇒recollection **2** *(de un lugar)* ⇒souvenir ▮ **recuerdos** *pl.* **3** *(saludo)* ⇒regards

recuperación *s.f.* **1** ⇒recovery ⇒regeneration **2** *(de información)* ⇒retrieval: *recuperación de datos* - data retrieval **3** *(de materiales)* ⇒reclamation

recuperar ▮ *v.* **1** ⇒to recover: *Se recuperará pronto de la gripe* - She will soon recover from the flu **2** *(una asignatura)* ⇒to pass **3** *(en informática)* ⇒to retrieve: *recuperar datos* - to retrieve data **4** *(dinero)* ⇒to recoup ▮ **recuperarse** *prnl.* **5** *(recobrar la salud)* ⇒to recover ⇒to get better

recurrir *v.* **1** *(a una persona)* ⇒to turn to: *Recurrieron a mí para que los ayudara* - They turned to me for help **2** *(en derecho)* ⇒to appeal: *recurrir una sentencia* - to appeal against a sentence

recurso ▮ *s.m.* **1** *(método)* ⇒method ⇒resort **2** *(en derecho)* ⇒appeal **3 como último ~** ⇒as a last resort ▮ **recursos** *pl.* **4** ⇒resources: *recursos naturales* - natural resources

red *s.f.* **1** *(material)* ⇒net ⇒mesh (*pl* meshes) **2** *(informática)* ⇒network **3 la ~** ⇒the internet

redacción *s.f.* **1** *(hecho de redactar)* ⇒writing **2** *(trabajo escrito)* ⇒composition ⇒essay **3** *(oficina)* ⇒editorial office **4** *(plantilla)* ⇒editorial staff

redactar *v.* **1** ⇒to write ⇒to edit ⇒to compose **2** *(un contrato, un testamento)* ⇒to draw up

redactor, -a *s.* ⇒writer ⇒editor

redada *s.f.* ⇒raid

redicho, cha *adj. col.* ⇒la-di-da *inform;* ⇒pedant

redil *s.m.* ⇒pen ⇒fold

redondear *v.* **1** *(hacer redondo)* ⇒to round off **2** *(una cifra)* ⇒to round off: *Me redondearon el precio a 30 libras* - They rounded off the price to 30 pounds **3** *(una cifra, hacia arriba)* ⇒to round up **4** *(una cifra, hacia abajo)* ⇒to round down

redondel *s.m. col.* ⇒circle ⇒ring

redondo, da *adj.* ⇒circular ⇒round

reducción *s.f.* ⇒reduction ⇒cutback

reducido, da *adj.* **1** ⇒reduced ⇒depleted **2** *(pequeño)* ⇒small ⇒sparse

reducir *v.* **1** ⇒to reduce: *El coche redujo su velocidad* - The car reduced speed **2** *(gastos, personal)* ⇒to cut **3** *(un dibujo)* ⇒to reduce **4** *(la velocidad)* ⇒to slow down **5** *(un precio)* ⇒to depress

reembolso *s.m.* ⇒refund ⇒repayment

reemplazar *v.* ⇒to replace ⇒to displace

referee *s.* AMÉR. ⇒referee

referencia *s.f.* **1** ⇒reference **2 ~ cruzada** ⇒cross-reference

réferi o referí *s.* AMÉR. ⇒referee

referir ▮ *v.* **1** *(contar)* ⇒to tell ⇒to relate *form* [CONSTR. to relate + interrogativo]: *referir una historia* - to relate a story; *El superviviente refirió cómo escapó del incendio* - The survivor related how he escaped from the blaze ▮ **referirse** *prnl.* **2** *(aludir)* ⇒to refer: *En su discurso, el científico se refirió a un importante descubrimiento* - In his speech, the scientist referred to an important discovery; ⇒to talk: *Me refiero a lo que pasó el otro día* - I'm talking about what happened the other day

refilón (de ~) ⇒out of the corner of *one's* eye: *mirar algo de refilón* - to look at sth out of the corner of one's eye; ⇒glancing

refinar *v.* ⇒to refine ⇒to polish

reflejar ▮ *v.* **1** ⇒to reflect ⇒to mirror ▮ **reflejarse** *prnl.* **2** ⇒to be reflected

reflejo *s.m.* **1** ⇒reflection **2** *(movimiento)* ⇒reflex (*pl* reflexes)

reflexión *s.f.* ⇒reflection *form;* ⇒thought ⇒thinking

reflexionar *v.* ⇒to think about ⇒to reflect *form: reflexionar sobre un problema* - to reflect on a problem

reforma ▮ *s.f.* **1** ⇒reform ▮ **reformas** *pl.* **2** *(de un edificio)* ⇒repairs

reformar ▮ *v.* **1** ⇒to reform **2** *(un edificio)* ⇒to repair ⇒to do up ▮ **reformarse** *prnl.* **3** *(comportarse mejor)* ⇒to turn over a new leaf ⇒to reform

reformatorio *s.m.* ⇒reformatory (*pl* reformatories)

reforzar *v.* **1** ⇒to reinforce ⇒to shore up ⇒to bolster **2** *(un vínculo, una cantidad)* ⇒to strengthen ⇒to tighten: *reforzar la vigilancia de un lugar* - to tighten the security of a place

refrán *s.m.* ⇒saying ⇒proverb

refrescante *adj.* ⇒refreshing

refrescar ▮ *v.* **1** *(el tiempo)* ⇒to get cooler ⇒to freshen **2** *(poner más fresco)* ⇒to cool **3** *(recordar)* ⇒to refresh: *refrescar la memoria* - to refresh one's memory ▮ **refrescarse** *prnl.* **4** *(quitarse el calor)* ⇒to cool down: *Me metí en el agua para refrescarme* - I got in the water to cool down; ⇒to cool off

refresco *s.m.* **1** ⇒soft drink **2** *(de frutas)* ⇒squash *UK* (*pl* squashes) **3** *(de limón)* ⇒lemonade *UK*

refrigerador *s.m.* ⇒refrigerator

refuerzo *s.m.* ⇒reinforcement

refugiado, da *s.* ⇒refugee

refugiar ▮ *v.* **1** ⇒to shelter ⇒to give refuge: *Refugié a un inmigrante en mi casa* - I gave refuge to an immigrant in my house ▮ **refugiarse** *prnl.* **2** ⇒to shelter: *refugiarse de la lluvia* - to shelter from the rain; ⇒to take refuge ⇒to take shelter: *Me refugié en una cabaña* - I took shelter in a hut

refugio *s.m.* **1** ⇒shelter ⇒refuge **2** *(de montaña)* ⇒mountain refuge

refunfuñar *v.* ⇒to grumble [CONSTR. to grumble about sth]; ⇒to grouch *inform*

regadera *s.f.* **1** ⇒watering can **2** *AMÉR. (aparato)* ⇒shower **3** **estar como una ~** *col.* ⇒to be out to lunch *inform*

regadío *s.m.* ⇒irrigation

regalar *v.* **1** ⇒to give [CONSTR. to give + dos objetos]: *Me regalaron un CD* - They gave me a CD **2** *(a desconocidos)* ⇒to give away

regaliz *s.m.* ⇒liquorice *UK* [U]; ⇒licorice *US*

regalo *s.m.* ⇒gift ⇒present

regañadientes **(a ~)** ⇒reluctantly ⇒grudgingly

regañar *v.* **1** *(reprender)* ⇒to scold *old-fash;* ⇒to tell off: *No me regañes* - Don't tell me off **2** *(discutir)* ⇒to argue

regar *v.* **1** *(una planta)* ⇒to water **2** *(la tierra)* ⇒to irrigate

regata *s.f.* ⇒regatta

regate *s.m. (en fútbol)* ⇒dribble

regatear *v.* **1** *(al comprar)* ⇒to haggle ⇒to bargain **2** *(en deportes)* ⇒to dribble

regazo *s.m.* ⇒lap: *Ven y siéntate en mi regazo* - Come and sit on my lap

régimen *s.m.* **1** *(dieta)* ⇒diet **2** *hacer régimen* - to diet **3** *(sistema político)* ⇒regime **4** **a ~** ⇒on a diet: *estar a régimen* - to be on a diet

regimiento *s.m.* ⇒regiment

región *s.f.* ⇒region

regional *adj.* ⇒regional

registrar ▮ *v.* **1** ⇒to examine ⇒to search: *Nos registraron en el aeropuerto* - They searched us at the airport; ⇒to go through ⇒to inspect ▮ **registrarse** *prnl.* **2** ⇒to register **3** *(en un hotel)* ⇒to check in ⇒to register

registro *s.m.* **1** *(lista)* ⇒register **2** *(búsqueda)* ⇒search (*pl* searches) **3** **~ civil** ⇒registry office

regla *s.f.* **1** *(para hacer líneas)* ⇒ruler **2** *(norma)* ⇒rule **3** *col. (menstruación)* ⇒period: *tener la regla* - to have one's period **4** **en ~** ⇒in order: *Todo está en regla* - Everything's in order

reglamentario, ria *adj. uniforme reglamentario* - regulation uniform

reglamento *s.m.* ⇒rules *pl;* ⇒regulations *pl*

regocijar ▮ *v.* **1** ⇒to rejoice *form* [CONSTR. to rejoice + to do sth] ▮ **regocijarse** *prnl.* **2** ⇒to rejoice *form;* ⇒to be delighted

regocijo *s.m.* ⇒joy

regresar *v.* **1** ⇒to be back: *Regreso a las 20.00* - I'll be back at 8 pm; ⇒to return [CONSTR. to return + to do sth] **2** *(venir)* ⇒to come back **3** *(ir)* ⇒to get back ⇒to go back **4** *AMÉR. (a una persona)* ⇒to give back

regreso *s.m.* ⇒return

reguero *s.m.* ⇒trail ⇒trickle

regulación *s.f.* ⇒regulation

regular ▮ *adj.* **1** *(de grado medio)* ⇒middling *inform: una representación regular* - a middling performance; ⇒so-so ⇒average **2** *(constante)* ⇒steady ⇒frequent **3** *(normal, ordenado)* ⇒regular **4** *(en gramática)* ⇒regular ▮ *v.* **5** ⇒to adjust ⇒to regulate

regularidad *s.f.* **1** ⇒regularity ⇒consistency **2** **con ~** ⇒regularly

rehabilitación *s.f.* ⇒rehabilitation

rehacer *v.* ⇒to do again ⇒to redo

rehén *s.com.* ⇒hostage

rehuir *v.* ⇒to avoid ⇒to shun

rehusar *v.* ⇒to refuse [CONSTR. to refuse + to do sth]

reina *s.f.* ⇒queen

reinado *s.m.* ⇒reign

reinar *v.* ⇒to reign [CONSTR. to reign over sth/sb]; ⇒to rule

reino *s.m.* ⇒kingdom

reintegro *s.m.* ⇒refund

reír ▮ *v.* **1** ⇒to laugh ▮ **reírse** *prnl.* **2** ⇒to laugh: *No se rieron cuando les conté el chiste* - They didn't laugh when I told them the joke **3** *(burlarse)* ⇒to make fun of: *Se rieron de mi apariencia* - They made fun of my appearance; ⇒to laugh at: *No te rías de mí, estoy hablando en serio* - Don't laugh at me, I'm serious **4** *(a carcajadas)* ⇒to cackle **5** *(tontamente)* ⇒to giggle **6** *(con sarcasmo)* ⇒to snigger **7** *(disimuladamente)* ⇒to titter

reivindicar *v.* ⇒to claim

reja *s.f.* **1** ⇒bar ⇒grille **2** **entre rejas** ⇒behind bars

rejilla *s.f.* **1** ⇒gride ⇒grating ⇒grille **2** *(para equipaje)* ⇒rack ⇒luggage rack

rejuvenecer *v.* ⇒to feel rejuvenated: *Rejuvenecí al volverte a ver* - I felt rejuvenated when I saw you again

relación *s.f.* **1** ⇒relationship ⇒relation **2** *(nexo)* ⇒connection ⇒correspondence ⇒link **3** *(de amistad,* *de amor)* ⇒relationship ⇒interaction **4** *(matemática)* ⇒ratio **5** *(información escrita)* ⇒record ⇒account **6 en ~ con** ⇒regarding *form;* ⇒vis-à-vis **7 relaciones públicas 1** *(profesión)* ⇒public relations **2** *(persona)* ⇒public relations officer **8 relaciones sexuales** ⇒sexual relations

relacionado, da *adj.* ⇒related [CONSTR. related to sth/sb]; ⇒allied

relacionar ▌*v.* **1** ⇒to link ⇒to relate: *Los médicos relacionan el tabaco con el cáncer* - Doctors relate smoking with cancer; ⇒to associate ⇒to connect ⇒to correlate ▌**relacionarse** *prnl.* **2** *(estar conectado con)* ⇒to be related to **3** *(dos o más personas)* ⇒to socialize ⇒to socialise UK: *relacionarse con otra gente* - to socialise with other people

relajación *s.f.* ⇒relaxation ⇒release

relajado, da *adj.* ⇒relaxed ⇒free and easy

relajante *adj.* ⇒relaxing

relajar *v.* ⇒to relax: *relajar los músculos* - to relax one's muscles; *Esta música me relaja* - This music relaxes me; *Relájate* - Relax

relamer ▌*v.* **1** ⇒to lick ▌**relamerse** *prnl.* **2** ⇒to lick *one's* lips: *El niño se relamía saboreando el helado* - The kid was eating an ice cream and licking his lips; ⇒to smack *one's* lips

relámpago *s.m.* **1** *(rayo)* ⇒flash of lightning: *No hubo relámpagos durante la tormenta* - There was no lightning during the thunderstorm; ⇒bolt ⇒whistle-stop **2** *(lo que es muy rápido)* ⇒lightning: *una visita relámpago* - a lightning visit

relatar *v.* ⇒to relate *form* [CONSTR. to relate + interrogativo]; ⇒to recount *form;* ⇒to narrate *form*

relativo, va ▌*adj.* **1** *(alusivo)* ⇒relating **2** *(que no es absoluto)* ⇒relative ▌**relativo** *s.m.* **3** *(en gramática)* ⇒relative: *pronombre relativo* - relative pronoun

relato *s.m.* **1** *(historia, cuento)* ⇒story (*pl* stories); ⇒tale ⇒narration *form* **2** *(informe, noticia)* ⇒report **3** *(de algo que ha ocurrido)* ⇒account

relevar *v.* **1** *(liberar de un peso)* ⇒to relieve **2** *(sustituir)* ⇒to substitute

relevo *s.m.* **1** ⇒change-over ⇒changing **2** *hacer un relevo* - to relieve sb

relieve *s.m.* **1** *(cosa que sobresale)* ⇒relief: *en relieve* - in relief **2** *(conjunto de accidentes geográficos)* ⇒relief **3** *(importancia)* ⇒prominence **4 poner de ~** ⇒to stress

religión *s.f.* ⇒religion

religioso, sa *adj.* ⇒religious

relinchar *v.* ⇒to neigh ⇒to whinny

reliquia *s.f.* ⇒relic ⇒antique

rellano *s.m.* ⇒landing

rellenar *v.* **1** *(un impreso, un formulario)* ⇒to fill in ⇒to complete **2** *(un pollo)* ⇒to stuff [CONSTR. to be stuffed with sth] **3** *(un agujero)* ⇒to plug **4** *(un vaso)* ⇒to refill

relleno, na ▌*adj.* **1** ⇒filled **2** *un bollo relleno de chocolate* - a cake with chocolate filling **3** *un impreso relleno* - a completed form **4** *(un pollo)* ⇒stuffed **5** *col. (una persona)* ⇒plump ⇒podgy ⇒pudgy US ▌**relleno** *s.m.* **6** *(de un dulce)* ⇒filling **7** *(de un pollo)* ⇒stuffing

reloj *s.m.* **1** *(en una pared)* ⇒clock **2** *(en la muñeca)* ⇒watch (*pl* watches) **3** *(despertador)* ⇒alarm clock **4** *(de péndulo)* ⇒grandfather clock **5** *(de bolsillo)* ⇒pocket watch (*pl* pocket watches) **6** *(de cuco)* ⇒cuckoo clock **7** *(de arena)* ⇒hourglass (*pl* hourglasses) **8 contra ~ 1** *col.* ⇒against the clock: *trabajar contrarreloj* - to work against the clock **2** *(en ciclismo)* ⇒time trial

relojería *s.f.* ⇒clock and watch shop ⇒watchmaker's ⇒watchmakers'

reluciente *adj.* ⇒shining ⇒gleaming ⇒glossy

relucir *v.* ⇒to glitter ⇒to shine

remangar *v.* ⇒to roll up *one's* sleeves

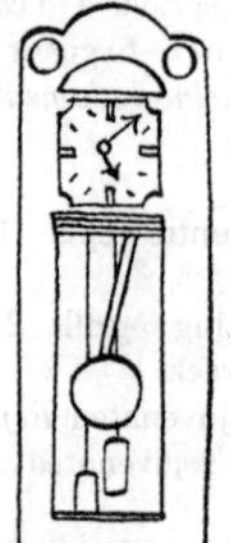

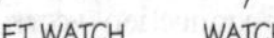
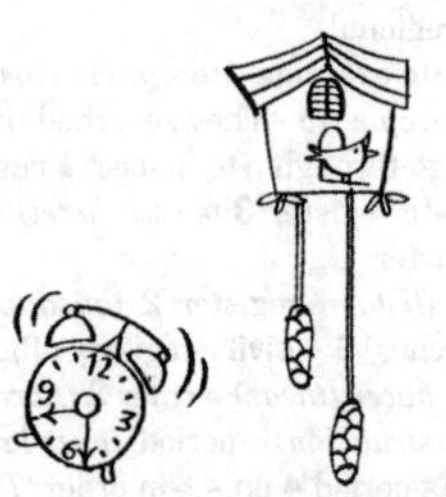

GRANDFATHER CLOCK POCKET WATCH WATCH ALARM CLOCK CUCKOO CLOCK HOURGLASS

remar *v.* **1** ⇒to row **2** *(en una canoa)* ⇒to paddle
rematar *v.* *(finalizar, acabar)* ⇒to finish off ⇒to follow through
remate *s.m.* **1** *(en deportes)* ⇒shot **2 de ~** *col. loco de remate* - barking mad
remediar *v.* **1** *(un daño)* ⇒to put right ⇒to redress ⇒to repair **2** *No lo puedo remediar* - I can't avoid it
remedio *s.m.* **1** *(cura)* ⇒cure ⇒remedy (*pl* remedies) **2** *(solución)* ⇒remedy (*pl* remedies); ⇒solution **3 no queda más ~ que** ⇒there's nothing else for it but: *No queda más remedio que comprar otro* - There's nothing else for it but to buy another one
remendar *v.* **1** ⇒to mend ⇒to correct **2** *(ropa)* ⇒to patch ⇒to darn
remiendo *s.m.* *(parche)* ⇒patch (*pl* patches); ⇒darn
remite *s.m.* ⇒return address (*pl* return addresses)
remitente *s.com.* ⇒sender
remitir ▮ *v.* **1** *(enviar)* ⇒to send: *remitir una carta* - to send a letter **2** *(enviar dinero)* ⇒to remit *form* **3** *(disminuir)* ⇒to abate *form*: *Dentro de unos días remitirá el calor* - In a few days the heat will abate; ⇒to recede **4** *(hacer referencia)* ⇒to refer: *remitir a una página* - to refer to a page ▮ **remitirse** *prnl.* **5** *A las pruebas me remito* - The proof is there for all to see
remo *s.m.* **1** ⇒oar **2** *(de una canoa)* ⇒paddle **3** *(deporte)* ⇒rowing
remojo *s.m.* *dejar algo en remojo* - to leave sth to soak
remolacha *s.f.* ⇒beetroot *UK*; ⇒beet *US*
remolcador *s.m.* ⇒tug
remolcar *v.* ⇒to tow
remolino *s.m.* **1** ⇒eddy (*pl* eddies); ⇒swirl **2** *(de aire)* ⇒whirlwind **3** *(de agua)* ⇒whirlpool ⇒maelstrom
remolón, -a *adj. col.* ⇒lazy: *No seas remolón y levántate* - Don't be lazy, come on, get up!
remolque *s.m.* ⇒trailer ⇒tow: *a remolque* - on tow
remontar *v.* **1** *(elevarse en el aire)* ⇒to soar up: *El pájaro remontó el vuelo* - The bird soared up **2** *(vencer)* ⇒to overcome: *remontar un problema* - to overcome a problem **3** *(subir)*: *remontar una cuesta* - to go up a slope; *remontar un río* - to go up river **4** *(en deporte)*: *remontar un partido* - to come from behind
remordimiento *s.m.* ⇒remorse ⇒pang of conscience ⇒regret
remoto, ta *adj.* ⇒remote ⇒far-off
remover *v.* **1** *(un líquido)* ⇒to stir ⇒to churn **2** *(la tierra)* ⇒to turn over **3** *(un asunto)* ⇒to stir up **4** *AMÉR.* *(a una persona)* ⇒to depose
remunerar *v.* ⇒to pay [CONSTR. to pay for sth]; ⇒to remunerate *form*
renacimiento *s.m.* **1** *(resurgimiento)* ⇒rebirth **2** *(movimiento cultural)* ⇒the Renaissance
renacuajo *s.m.* *(cría de la rana)* ⇒tadpole
rencor *s.m.* ⇒resentment ⇒grudge
rencoroso, sa ▮ *adj.* **1** ⇒resentful ⇒unforgiving ▮ *s.* **2** ⇒resentful person
rendido, da *adj.* ⇒exhausted ⇒washed-out
rendija *s.f.* ⇒gap ⇒crack
rendimiento *s.m.* **1** *(económico)* ⇒yield ⇒profit **2** *(de una persona)* ⇒performance ⇒achievement **3** *(de una empresa o un país)* ⇒productivity **4** *(de una máquina)* ⇒output
rendir ▮ *v.* **1** *(dar beneficio)* ⇒to produce ⇒to yield ⇒to be profitable **2** *(cansar, fatigar)* ⇒to exhaust **3 ~ homenaje** ⇒to pay a tribute ▮ **rendirse** *prnl.* **4** *(desistir)* ⇒to give up [CONSTR. to give up + doing sth] **5** *(en una batalla)* ⇒to surrender [CONSTR. to surrender to sb]
renegar *v.* **1** *(de una religión)* ⇒to renounce: *renegar de una creencia* - to renounce one's belief **2** *(de una persona)* ⇒to disown: *Nunca renegaré de mi familia* - I will never disown my family **3** *col.* *(protestar)* ⇒to grumble [CONSTR. to grumble about sth]
renglón *s.m.* ⇒line
reno *s.m.* ⇒reindeer (*pl* reindeer)
renovación *s.f.* **1** ⇒renewal ⇒regeneration ⇒revamp **2** *(de un edificio)* ⇒renovation **3** *(puesta al día)* ⇒updating
renovar *v.* **1** ⇒to renew ⇒to modernize ⇒to renovate **2** *(poner al día)* ⇒to update
renta *s.f.* **1** *(ingresos)* ⇒income ⇒revenue **2** *AMÉR.* *(alquiler)* ⇒rent **3 declaración de la ~** ⇒tax return: *Tienes que hacer la declaración de la renta* - You have to do your tax return
rentable *adj.* ⇒profitable ⇒cost-effective
renunciar *v.* **1** *(rechazar)* ⇒to refuse [CONSTR. to refuse + to do sth]: *renunciar a una oferta* - to refuse an offer; *Renunció a trabajar para esa empresa* - He refused to work for that company; ⇒to renounce **2** *(abandonar)* ⇒to abandon ⇒to give up: *renunciar a una idea* - to give up an idea; ⇒to forswear
reñido, da *adj.* *(un partido)* ⇒hard-fought ⇒close
reñir *v.* **1** *(regañar)* ⇒to tell off ⇒to argue ⇒to squabble **2** *(pelear)* ⇒to quarrel [CONSTR. to quarrel with sb]
reojo **(de ~)** ⇒out of the corner of *one's* eye: *mirar a alguien de reojo* - to look at sb out of the corner of one's eye; ⇒sideways
reorganizar *v.* **1** ⇒to rearrange ⇒to reorganize ⇒to reorganise *UK* **2** *(en política)* ⇒to reshuffle
reparación *s.f.* ⇒repair: *en reparación* - under repair; ⇒overhaul ⇒refit

reparar *v.* **1** *(algo material)* ⇨to fix: *Me van a reparar el teléfono* - I'm having my phone fixed; ⇨to repair ⇨to mend **2** *(un daño)* ⇨to make amends for ⇨to atone *form* **3** *(notar, darse cuenta)* ⇨to notice [CONSTR. 1. to notice + (that) 2. to notice + interrogativo]

reparo *s.m.* **1** ⇨objection ⇨inhibition ⇨qualm **2** *poner reparos* - to object

repartidor, -a *s.* **1** *(hombre)* ⇨delivery man (*pl* delivery men) **2** *(mujer)* ⇨delivery woman (*pl* delivery women)

repartir ▮ *v.* **1** ⇨to deal [CONSTR. to deal + dos objetos]: *Repartí una carta a cada jugador* - I dealt each player a card; ⇨to give out ⇨to hand out **2** *(compartir)* ⇨to share **3** *(a domicilio)* ⇨to deliver ▮ **repartirse** *prnl.* **4** ⇨to be shared out

reparto *s.m.* **1** *(entrega)* ⇨delivery (*pl* deliveries): *reparto a domicilio* - delivery service **2** *(distribución)* ⇨distribution ⇨share-out *UK* **3** *(de actores)* ⇨cast ⇨cast list

repasador *s.m.* *AMÉR. (para secar los platos)* ⇨tea towel *UK;* ⇨dishtowel *US*

repasar *v.* **1** ⇨to revise *UK;* ⇨to review *US;* ⇨to go over **2** *(revisar)* ⇨to check [CONSTR. 1. to check + (that) 2. to check + interrogativo]

repaso *s.m.* ⇨revision *UK;* ⇨review *US*

repelente ▮ *adj.* **1** *(repulsivo)* ⇨repellent ▮ *s.m.* **2** *(de insectos)* ⇨insect spray ⇨insect repellent **3** *col. (sabihondo)* ⇨know-all *inform*

repente (de ~) ⇨suddenly ⇨all of a sudden

repentino, na *adj.* ⇨sudden ⇨overnight

repercutir *v.* ⇨to affect: *Los conflictos entre los dos países repercutieron en la industria pesquera* - The conflicts between the two countries affected the fishing industry

repertorio *s.m.* **1** *(conjunto de obras)* ⇨repertoire **2** *(colección de cosas)* ⇨collection

R

repetición *s.f.* **1** ⇨repetition ⇨repeat **2** *(en un concierto)* ⇨encore

repetir ▮ *v.* **1** ⇨to repeat [CONSTR. to repeat + that]: *¿Podrías repetirlo?* - Could you repeat it, please? **2** *(un ejercicio)* ⇨to do again ▮ **repetirse** *prnl.* **3** *(un suceso)* ⇨to happen again: *Aquello nunca volvió a repetirse* - That never happened again **4** *(una persona)* ⇨to repeat oneself

repicar *v.* ⇨to chime ⇨to peal

repisa *s.f.* ⇨ledge ⇨shelf (*pl* shelves)

repleto, ta *adj.* ⇨packed: *La habitación estaba repleta de gente* - The hall was packed with people; ⇨crammed ⇨full up *UK*

replicar *v.* ⇨to reply [CONSTR. to reply + that]; ⇨to rejoin

repollo *s.m.* ⇨cabbage

reponer ▮ *v.* **1** *(reemplazar)* ⇨to replace **2** *(responder)* ⇨to reply **3** *(una obra teatral, una película)* ⇨to put on again ⇨to rerun ⇨to revive **4** *reponer fuerzas* - to get back one's strength ▮ **reponerse** *prnl.* **5** ⇨to recover

reportaje *s.m.* **1** ⇨report **2** *(escrito)* ⇨article

reportero, ra *s.* ⇨reporter

reposar *v.* **1** *(descansar)* ⇨to rest **2** *(estar enterrado)* ⇨to be buried ⇨to lie **3** *reposar la comida* - to let one's meal settle

reposo *s.m.* **1** ⇨rest **2** *guardar reposo* - to rest

reprender *v.* ⇨to tell off: *Me reprendieron por llegar tarde* - I was told off for being late; ⇨to reprimand *form*

representación *s.f.* **1** ⇨representation ⇨recreation **2** *(de una obra)* ⇨performance

representante *s.com.* ⇨representative ⇨agent

representar *v.* **1** *(significar)* ⇨to stand for ⇨to spell **2** *(actuar)* ⇨to perform **3** *(hacer un papel)* ⇨to act ⇨to play ⇨to portray **4** *(actuar en nombre de alguien)* ⇨to represent **5** *(simbolizar)* ⇨to represent **6** *(aparentar)* ⇨to look

represión *s.f.* ⇨repression ⇨suppression

reprimir *v.* **1** *(un sentimiento)* ⇨to suppress: *reprimir la risa* - to suppress a laughter; ⇨to control ⇨to hold back **2** *(una revuelta)* ⇨to suppress ⇨to crush: *reprimir una rebelión* - to crush an uprising; ⇨to put down ⇨to resist

reprochar *v.* ⇨to reproach

reproche *s.m.* ⇨reproach *form* (*pl* reproaches)

reproducción *s.f.* **1** *(copia)* ⇨reproduction ⇨print **2** *(de los seres vivos)* ⇨reproduction

reproducir ▮ *v.* **1** ⇨to reproduce ▮ **reproducirse** *prnl.* **2** *(un ser vivo)* ⇨to reproduce *form*

reproductor *s.m.* *(de discos compactos)* ⇨CD player ⇨compact disc player

reptar *v.* **1** *(una serpiente)* ⇨to slither **2** *(un soldado)* ⇨to crawl ⇨to slink

reptil *s.m.* ⇨reptile

república *s.f.* ⇨republic

República Checa *s.f.* ⇨(The) Czech Republic

República Dominicana *s.f.* ⇨Dominican Republic

republicano, na *adj./s.* ⇨republican

repuesto, ta ▮ *adj.* **1** ⇨recovered ▮ **repuesto** *s.m.* **2** ⇨spare part **3 de repuesto** ⇨spare

repugnante *adj.* ⇨revolting: *Esos comentarios son repugnantes* - Those comments are revolting; ⇨disgusting ⇨loathsome

reputación *s.f.* ⇨reputation

requerir *v.* **1** *(necesitar)* ⇨to require [CONSTR. to require + that] **2** *(pedir)* ⇨to demand ⇨to call for

requesón *s.m.* ⇨curd cheese ⇨cottage cheese

requisito *s.m.* ⇨requirement

res *s.f.* ⇨cattle *pl*
resaca *s.f.* **1** *(de las olas)* ⇨undertow **2** *col. (de alcohol)* ⇨hangover
resaltar *v.* **1** *(destacar)* ⇨to stand out **2** *(recalcar)* ⇨to emphasize ⇨to emphasise *UK* [CONSTR. to emphasize/-ise + that]
resbaladizo, za *adj.* ⇨slippery
resbalar *v.* **1** ⇨to slip: *El suelo estaba cubierto de hielo y me resbalé* - The ground was icy and I slipped; ⇨to skid ⇨to slide **2** *(implicando caída)* ⇨to slip over: *Me resbalé y caí al suelo* - I slipped over on the floor **3** *(ser resbaladizo)* ⇨to be slippery
resbalón *s.m.* **1** ⇨slip **2** *dar un resbalón* - to slip
rescatar *v.* **1** ⇨to rescue ⇨to retrieve ⇨to save **2** *(del olvido)* ⇨to recover
rescate *s.m.* **1** *(liberación)* ⇨rescue **2** *(dinero)* ⇨ransom
reseco, ca *adj.* ⇨very dry ⇨parched
resentimiento *s.m.* ⇨resentment ⇨umbrage
reseña *s.f.* ⇨review ⇨profile ⇨write-up
reseñar *v.* ⇨to review
reserva ▌*s.com.* **1** *(suplente de un equipo)* ⇨reserve ⇨substitute ▌*s.f.* **2** *(de animales)* ⇨reserve ⇨game park **3** *(de un grupo de personas)* ⇨reservation: *una reserva india* - an Indian reservation **4** *(de un billete, un hotel)* ⇨booking *UK;* ⇨reservation **5** *(provisión, suministro)* ⇨reserve ⇨supply (*pl* supplies) **6** *(discreción, comedimiento)* ⇨reticence ⇨secretiveness **7 tener algo en ~** ⇨to have *sth* in reserve
reservar *v.* **1** *(ahorrar, guardar)* ⇨to save ⇨to put aside ⇨to set aside **2** *(un billete, una habitación)* ⇨to book ⇨to reserve
resfriado, da ▌*adj.* **1** *estar resfriado* - to have a cold ▌**resfriado** *s.m.* **2** ⇨cold
resfriarse *v.prnl.* ⇨to catch a cold
resguardar *v.* ⇨to shelter ⇨to protect [CONSTR. to protect against/from sth]
resguardo *s.m.* **1** *(de una compra)* ⇨receipt ⇨sales slip *US* **2** *(protección, refugio)* ⇨shelter
residencia *s.f.* **1** ⇨residence *form* **2** *(de ancianos)* ⇨old people's home **3** *(de estudiantes)* ⇨hall of residence *UK*
residente *s.com.* ⇨resident
residir *v.* ⇨to live ⇨to dwell *form: Residen en un agradable pueblecito* - They dwell in a small, nice village
residuo *s.m.* ⇨waste [U]: *residuos radioactivos* - nuclear waste; ⇨jetsam [U]; ⇨residue
resignarse *v.prnl.* ⇨to reconcile ⇨to resign oneself [CONSTR. to resign oneself to + doing sth]: *El estudiante se resignó a pasar el verano estudiando* - The student resigned himself to spending the summer studying
resistencia *s.f.* **1** ⇨resistance **2** *(física)* ⇨stamina: *Necesitas resistencia física para subir a esa montaña* - You need stamina to climb that mountain; ⇨endurance **3** *(en electricidad)* ⇨resistor
resistente *adj.* ⇨strong ⇨resistant ⇨hard-wearing: *ropas resistentes* - hard-wearing clothes
resistir *v.* **1** ⇨to resist [CONSTR. to resist + doing sth] **2** *(soportar)* ⇨to bear [CONSTR. 1. to bear + doing sth 2. to bear + to do sth] **3** *(un peso)* ⇨to hold out
resolver *v.* **1** *(un problema)* ⇨to solve ⇨to resolve **2** *(un misterio)* ⇨to solve ⇨to settle **3** *(una situación)* ⇨to sort out **4** *(decidir)* ⇨to decide [CONSTR. 1. to decide + (that) 2. to decide + to do sth 3. to decide + interrogativo]; ⇨to determine
respaldar *v.* ⇨to support ⇨to back (up)
respaldo *s.m.* **1** *(ayuda)* ⇨support ⇨backing **2** *(de un asiento)* ⇨back
respectivo, va *adj.* ⇨respective ⇨relative
respecto *s.m.* **1** *No tengo nada que decir al respecto* - I don't have anything to say regarding this matter **2** *con respecto a algo* - with regard to sth
respetable *adj.* ⇨respectable ⇨worthy
respetar *v.* **1** *(mostrar respeto)* ⇨to respect **2** *(obedecer, acatar)* ⇨to obey
respeto *s.m.* **1** ⇨respect **2** *faltar el respeto a alguien* - to be rude to sb
respetuoso, sa *adj.* ⇨respectful
respiración *s.f.* **1** ⇨breath: *quedarse sin respiración* - to be out of breath; ⇨breathing **2 contener la ~** ⇨to hold *one's* breath ⇨to catch *one's* breath **3 cortar la ~** ⇨to take *sb's* breath away **4 ~ boca a boca** ⇨kiss of life
respirar *v.* **1** ⇨to breathe: *respirar aire puro* - to breathe clean air **2** *(respirar hondo, una vez)* ⇨to take a deep breath **3** *(respirar hondo, varias veces)* ⇨to breathe deeply
resplandecer *v.* ⇨to shine: *Las estrellas resplandecían en el cielo* - The stars shone on the sky; ⇨to beam ⇨to glow
resplandeciente *adj.* ⇨shining ⇨gleaming
resplandor *s.m.* **1** *(del sol)* ⇨glare ⇨radiance **2** *(de un objeto)* ⇨gleam ⇨shine
responder *v.* **1** *(contestar)* ⇨to answer ⇨to reply [CONSTR. to reply + that]; ⇨to respond [CONSTR. 1. to respond + that 2. to respond by + doing sth 3. to respond to sth] **2** *(tener el efecto deseado)* ⇨to respond **3** *(responsabilizarse)* ⇨to take responsibility [CONSTR. to take responsibility for sth]: *Yo respondo de mis actos* - I take responsibility for my acts
responsabilidad *s.f.* ⇨responsibility (*pl* responsibilities); ⇨liability: *responsabilidad civil* - public liability

responsabilizar | *v.* **1** *(culpar)* ⇒to hold responsible [CONSTR. to hold responsible for sth]: *Me responsabilizaron del accidente* - They held me responsible for the accident **2** *(asignar)* ⇒to put in charge [CONSTR. to put in charge of sth]: *Te responsabilizo de la contabilidad* - I'm putting you in charge of the accounts | **responsabilizarse** *prnl.* **3** ⇒to take responsibility [CONSTR. to take responsibility for sth]: *No te preocupes, yo me responsabilizo de esto* - Don't worry, I'll take responsibility for this

responsable | *adj.* **1** ⇒responsible ⇒accountable | *s.com.* **2** *(encargado)* ⇒person in charge: *Yo no soy la responsable de este cometido* - I'm not the person in charge of this assignment; *¿Quiénes son los responsables de la gestión?* - Who are the people responsible for managing this? **3** *(culpable)* ⇒person responsible: *¿Quién es el responsable de esto?* - Who's the person responsible for this?; *Nosotros somos los responsables del accidente* - We're the ones responsible for the accident **4 hacerse ~ de** ⇒to take responsibility for *sth* **5 ser ~ de** ⇒to be responsible for *sth*

respuesta *s.f.* ⇒answer ⇒reply (*pl* replies); ⇒response

resquebrajarse *v.prnl.* ⇒to crack ⇒to split

resta *s.f.* ⇒subtraction

restablecer | *v.* **1** ⇒to restore: *restablecer la calma* - to restore calm; ⇒to redress | **restablecerse** *prnl.* **2** *(recuperarse)* ⇒to recover: *restablecerse de una enfermedad* - to recover from an illness

restar *v.* **1** *(en matemáticas)* ⇒to subtract [CONSTR. to subtract sth from sth]; ⇒to take away ⇒to deduct **2** *(quedar)* ⇒to remain

restaurante *s.m.* **1** ⇒restaurant **2** *(de comida para llevar)* ⇒takeaway *UK;* ⇒takeout *US*

restaurar *v.* ⇒to restore *form;* ⇒to reconstruct ⇒to renovate

resto | *s.m.* **1** ⇒rest: *Te pagaré el resto mañana* - I'll pay you the rest tomorrow; ⇒remainder | **restos** *pl.* **2** ⇒remains: *los restos de la comida* - the remains of the meal; ⇒remnants

restregar *v.* ⇒to rub ⇒to scrub

restricción *s.f.* ⇒restriction ⇒constraint: *restricciones económicas* - financial constraints; ⇒restraint

resucitar *v.* **1** ⇒to raise from the dead ⇒to resurrect **2** *(renovar energías)* ⇒to breathe life into

resuelto, ta *adj.* ⇒determined: *Parece muy resuelta* - She seems to be really determined; ⇒resolute *form;* ⇒decided

resultado *s.m.* **1** ⇒result ⇒effect **2** *tener como resultado* - to result in **3** *(de un partido)* ⇒score ⇒final score

resultar *v.* **1** *(funcionar, ir bien)* ⇒to work out: *Nuestro plan no resultó* - Our plan didn't work out; ⇒to go off **2** *(ser)* ⇒to be: *Este libro resulta caro* - This book is expensive; ⇒to prove **3 ~ que** ⇒to turn out that: *Resultó que se casaron* - It turned out that they got married

resumen *s.m.* **1** ⇒summary (*pl* summaries); ⇒extract **2** *(académico)* ⇒abstract

resumir *v.* ⇒to summarize ⇒to summarise *UK;* ⇒to compress ⇒to condense

resurrección *s.f.* ⇒resurrection ⇒resuscitation

retablo *s.m.* ⇒tableau (*pl* tableaux)

retar *v.* ⇒to challenge

retener *v.* **1** *(a una persona)* ⇒to detain ⇒to hold ⇒to keep **2** *(una cantidad de dinero)* ⇒to withhold ⇒to deduct ⇒to impound **3** *No hay nada que me retenga aquí* - There's nothing to keep me here **4** *retener en la memoria* - to keep in one's head

retirado, da *adj.* **1** *(jubilado)* ⇒retired **2** *(alejado)* ⇒remote ⇒secluded

retirar | *v.* **1** *(quitar)* ⇒to remove ⇒to dislodge **2** *(apartar)* ⇒to move *sth* out of the way **3** *(retractarse)* ⇒to withdraw: *Retiro lo dicho* - I withdraw my remarks **4** *(del mercado, de la venta)* ⇒to recall | **retirarse** *prnl.* **5** *(jubilarse)* ⇒to retire **6** *(de una competición)* ⇒to withdraw **7** *(en una batalla)* ⇒to retreat

retiro *s.m.* **1** *(jubilación)* ⇒retirement **2** *(alejamiento temporal)* ⇒retreat

reto *s.m.* ⇒challenge

retocar *v.* ⇒to touch up: *retocar el peinado* - to touch up one's hair

retoque *s.m.* ⇒retouching [U]; ⇒touch (*pl* touches)

retorcer *v.* **1** ⇒to twist **2** *(la ropa)* ⇒to wring out **3** *retorcerse de dolor* - to writhe in pain

retorcido, da *adj.* **1** *(una idea)* ⇒convoluted *form;* ⇒kinky **2** *(una persona)* ⇒devious ⇒perverse

retorno *s.m.* ⇒return ⇒comeback

retortijón *s.m. col.* ⇒stomach cramp

retraído, da *adj.* *(tímido)* ⇒shy ⇒retiring ⇒withdrawn

retransmisión *s.f.* ⇒broadcast

retransmitir *v.* ⇒to broadcast ⇒to network ⇒to relay

retrasado, da *adj.* **1** ⇒late ⇒behind ⇒overdue **2** *desp. (en el desarrollo mental)* ⇒backward

retrasar | *v.* **1** *(posponer)* ⇒to delay: *El vuelo se retrasó una hora* - The flight was delayed by an hour **2** *(ralentizar)* ⇒to hold up: *Un accidente retrasó el tráfico* - The traffic was held up by an accident; ⇒to set back **3** *(un reloj)* ⇒to put back | **retrasarse** *prnl.* **4** ⇒to be late **5** *(en los estudios)* ⇒to fall behind ⇒to get behind

retraso *s.m.* **1** *(demora)* ⇨delay **2** *(tardanza)* ⇨lateness **3** *con retraso* - behind schedule

retratar *v.* **1** ⇨to paint a portrait **2** *(describir)* ⇨to portray: *El escritor retrata la sociedad de la época en su novela* - The writer portrays the society of that time in his novel; ⇨to depict

retrato *s.m.* **1** *(pintura)* ⇨portrait ⇨portrayal **2** *(fotografía)* ⇨photograph ⇨portrait **3** **~ robot** ⇨identikit picture **4** **ser el vivo ~ de alguien** ⇨to be the living image of *sb*

retrete *s.m.* **1** *(inodoro)* ⇨toilet ⇨lavatory *UK form* (*pl* lavatories) **2** *(habitación)* ⇨lavatory *UK form* (*pl* lavatories); ⇨loo *UK inform;* ⇨john *US inform;* ⇨cubicle

retroceder *v.* **1** *(ir hacia atrás)* ⇨to back away ⇨to move back ⇨to recede **2** *(en una batalla)* ⇨to retreat ⇨to fall back **3** *(en una clasificación)* ⇨to go down

retrovisor *s.m.* **1** *(dentro del coche)* ⇨rear-view mirror **2** *(a los lados del coche)* ⇨wing mirror *UK;* ⇨side mirror *US*

retumbar *v.* **1** ⇨to boom ⇨to echo ⇨to rumble **2** *(como un trueno)* ⇨to thunder

reunión *s.m.* **1** *(hecho de reunir)* ⇨gathering **2** *(sesión)* ⇨meeting: *asistir a la reunión* - to attend the meeting; ⇨assembly ⇨conference **3** *(de personas que no se ven hace tiempo)* ⇨reunion

reunir ▌*v.* **1** *(dinero)* ⇨to raise ⇨to collect **2** *(personas)* ⇨to get together ⇨to round up **3** *(información)* ⇨to garner *lit* ▌**reunirse** *prnl.* **4** *(personas)* ⇨to gather ⇨to meet ⇨to assemble

revancha *s.f.* **1** ⇨revenge **2** **tomar la ~** ⇨to get *one's* revenge [CONSTR. to get one's revenge for sth]

revelación *s.f.* ⇨revelation ⇨exposure

revelar *v.* **1** *(un secreto)* ⇨to reveal [CONSTR. 1. to reveal + that 2. to reveal + interrogativo]; ⇨to expose **2** *(una foto)* ⇨to develop

reventar *v.* **1** ⇨to burst ⇨to pop **2** *(explotar)* ⇨to explode

reverencia *s.f.* ⇨bow: *hacer una reverencia* - to take a bow; ⇨curtsy (*pl* curtsies)

reversible *adj.* ⇨reversible: *una cazadora reversible* - a reversible jacket

reverso *s.m.* *(de un papel)* ⇨back: *escribir algo en el reverso* - to write sth on the back; ⇨the other side ⇨reverse

revés *s.m.* **1** *(de una prenda de vestir)* ⇨wrong side **2** *(en tenis)* ⇨backhand **3** **al ~** **1** *(con lo de delante hacia atrás)* ⇨back to front *UK;* ⇨backwards *UK;* ⇨backward *US* **2** *(con lo de dentro fuera)* ⇨inside out **3** *(con lo de arriba abajo)* ⇨upside down **4** *(con el sentido contrario)* ⇨the wrong way round: *Lo entendí al revés* - I got it the wrong way round **5** *(contrario a los planes)* ⇨backwards: *Todo ocurrió al revés* - Everything happened backwards **6** *(contrariamente)* ⇨contrary: *Al revés de lo que se esperaba, llegaron* - Contrary to what was expected, they arrived **4** **del ~** ⇨inside out

revisar *v.* **1** *(comprobar)* ⇨to check [CONSTR. 1. to check + (that) 2. to check + interrogativo]; ⇨to inspect ⇨to examine **2** *(para mejorar algo)* ⇨to revise ⇨to review

revisión *s.m.* **1** ⇨check: *Hizo una última revisión del texto* - She gave the text a final check; ⇨review ⇨revision **2** *(médica)* ⇨examination ⇨check-up **3** *(de un coche)* ⇨service

revisor, -a *s.* ⇨collector ⇨inspector: *el revisor del autobús* - the bus inspector

revista *s.f.* **1** ⇨magazine **2** *(especializada)* ⇨journal ⇨periodical

revivir *v.* ⇨to revive

revolcar ▌*v.* **1** ⇨to knock down ⇨to knock over ▌**revolcarse** *v.prnl.* **2** *(dar vueltas)* ⇨to roll around ⇨to wallow **3** *vulg.* *(practicar juegos amorosos)* ⇨to pet

revolotear *v.* **1** *(un insecto, un ave pequeña)* ⇨to flutter: *Las mariposas revoloteaban por el jardín* - Butterflies were fluttering around the garden; ⇨to flit **2** *(un ave grande)* ⇨to wheel: *Las gaviotas revoloteaban en la playa* - The seagulls were wheeling above the beach **3** *(moverse alrededor de alguien)* ⇨to swarm: *Los niños no dejaban de revolotear alrededor del abuelo* - The children didn't stop swarming around grandpa

revoltijo *s.m.* ⇨jumble

revoltillo *s.m.* Véase **revoltijo**

revoltoso, sa *adj.* ⇨naughty ⇨unruly

revolución *s.f.* ⇨revolution

revolucionar *v.* **1** ⇨to revolutionize ⇨to revolutionise *UK: Las nuevas medidas económicas revolucionaron la industria pesquera* - The new economic measures revolutionised the fishing industry **2** *(a una persona)* ⇨to stir [CONSTR. to be stirred] **3** *(un motor)* ⇨to rev

revolucionario, ria *adj.* ⇨revolutionary

revolver *v.* **1** *(desordenar)* ⇨to jumble [CONSTR. Se usa generalmente seguido de las preposiciones together y up]; ⇨to turn over **2** *(una sustancia)* ⇨to stir **3** *(un huevo)* ⇨to scramble **4** *(con las manos)* ⇨to fumble **5** *(un asunto)* ⇨to stir up

revólver *s.m.* ⇨revolver ⇨handgun

revuelto, ta *adj.* **1** *(un huevo)* ⇨scrambled **2** *(el estómago)* ⇨upset **3** *(el mar)* ⇨choppy ⇨rough

rey *s.m.* **1** ⇨king **2** **los reyes** ⇨the king and the queen **3** **los Reyes Magos** ⇨the Three Wise Men

rezagarse *v.prnl.* ⇨to fall behind ⇨to lag

rezar *v.* **1** ⇨to pray [CONSTR. 1. to pray + that 2. to pray for sth/sb] **2** *(un texto, un cartel)* ⇨to read

ría *s.f.* ⇒long inlet
riachuelo *s.m.* ⇒brook ⇒stream
riada *s.f.* ⇒flood
ribera *s.f.* *(orilla)* ⇒bank ⇒riverside
rico, ca ▌ *adj.* **1** *(con dinero)* ⇒rich ⇒wealthy: *Su familia es bastante rica* - Her family is rather wealthy; ⇒affluent **2** *(comida)* ⇒delicious ⇒tasty **3** *(encantador)* ⇒lovely *col.* ▌ *s.* **4** *(persona con dinero)* ⇒rich person
ridiculizar *v.* ⇒to ridicule ⇒to deride
ridículo, la *adj.* **1** ⇒ridiculous ⇒foolish ⇒nonsensical **2 hacer el ridículo** ⇒to make a fool of oneself **3 poner a alguien en ridículo** ⇒to make a fool of *sb*
riego *s.m.* **1** *(de una planta)* ⇒watering **2** *(de un cultivo)* ⇒irrigation ⇒watering
rienda *s.f.* **1** ⇒rein **2 dar ~ suelta** ⇒to give free rein to **3 llevar las riendas** ⇒to be in charge
riesgo *s.m.* **1** ⇒risk ⇒gamble ⇒danger **2** *correr el riesgo* - to take a chance
riesgoso, sa *adj.* AMÉR. ⇒risky ⇒dangerous ⇒chancy *inform*
rifa *s.f.* ⇒raffle
rifar *v.* ⇒to raffle: *Van a rifar tres libros* - They're going to raffle three books
rifle *s.m.* ⇒rifle
rígido, da *adj.* **1** ⇒rigid ⇒stiff: *Tenía las piernas rígidas después de estar en la misma posición durante mucho tiempo* - Her legs were stiff after being in the same position for a long time; ⇒inflexible **2** *(severo)* ⇒strict
riguroso, sa *adj.* **1** *(difícil de soportar)* ⇒harsh **2** *(muy severo)* ⇒strict ⇒severe **3** *(minucioso)* ⇒rigorous ⇒meticulous
rima *s.f.* ⇒rhyme
rimar *v.* ⇒to rhyme
rincón *s.m.* ⇒corner ⇒nook
rinoceronte *s.m.* ⇒rhinoceros (*pl* rhinoceroses, rhinoceros); ⇒rhino *inform*
riña *s.f.* **1** *(discusión)* ⇒row UK; ⇒argument: *Tuvieron una riña estúpida* - They had an stupid argument; ⇒quarrel **2** *(pelea, lucha)* ⇒fight
riñón ▌ *s.m.* **1** ⇒kidney **2 costar un ~** *col.* ⇒to cost an arm and a leg ▌ **riñones** *pl.* **3** *(parte baja de la espalda)* ⇒lower back
riñonera *s.f.* ⇒money belt
río *s.m.* **1** ⇒river **2** *río abajo* - downstream; *río arriba* - upstream
riqueza *s.f.* **1** ⇒riches *lit* [U]; ⇒wealth [U]; ⇒affluence [U] **2** *(cualidad)* ⇒richness
risa ▌ *s.f.* **1** ⇒laugh **2 entrarle a alguien la ~ floja** *col.* ⇒to get the giggles *inform* **3 mondarse de ~** *col.* ⇒to laugh *one's* head off *inform* **4 partirse de ~** *col.* ⇒to laugh *one's* head off *inform;* ⇒to split *one's* sides *inform* ▌ **risas** *pl.* **5** ⇒laughter [U]

risueño, ña *adj.* **1** ⇒cheerful **2** *(expresión)* ⇒smiling
ritmo *s.m.* **1** *(velocidad)* ⇒rate: *ritmo de crecimiento* - rate of growth; ⇒pace **2** *(en música)* ⇒rhythm ⇒beat
rito *s.m.* **1** *(regla)* ⇒rite **2** *(ceremonia, costumbre)* ⇒ritual
rival *s.com.* ⇒rival ⇒competitor
rivalidad *s.f.* ⇒rivalry (*pl* rivalries); ⇒competition
rizado, da *adj.* ⇒curly
rizar *v.* **1** ⇒to curl: *rizarle el pelo a alguien* - to curl sb's hair; *El pelo se me riza con la lluvia* - My hair curls with the rain **2** *(el mar)* ⇒to ripple ⇒to ruffle
rizo *s.m.* **1** ⇒curl **2 rizar el ~** *col.* ⇒to loop the loop ⇒to split hairs
robar *v.* **1** *(un objeto)* ⇒to steal: *Alguien ha robado mi monedero* - Somebody has stolen my purse; ⇒to pinch UK *inform* **2** *(un lugar)* ⇒to rob: *Una banda de ladrones robó el banco* - A gang of thieves robbed the bank **3** *(a una persona)* ⇒to rob [CONSTR. to be robbed]: *Anoche me robaron* - I was robbed last night ■ Ver cuadro
roble *s.m.* ⇒oak ⇒oak tree
robo *s.m.* **1** *(de guante blanco)* ⇒theft **2** *(en una casa)* ⇒burglary (*pl* burglaries) **3** *(en un banco, una tienda)* ⇒robbery (*pl* robberies) **4** *(abuso)* ⇒gyp US; ⇒rip-off *inform*

robar (steal / rob / burgle)

- **Steal** se usa cuando se especifica aquello que se roba, pero no la persona o el lugar que se roban:
  - *My car has been **stolen**!* (¡Me han robado el coche!)
  - *Someone has **stolen** my handbag!* (¡Alguien me ha robado el bolso!)
- **Rob** se usa cuando se refiere a la persona o el lugar que han sido robados:
  - *We have been **robbed**!* (¡Nos han robado!)
  - *The man who **robbed** the bank has been caught.* (Han cogido al hombre que robó el banco.)
- **Burgle** se usa cuando se roba en un edificio:
  - *A band of thieves **has burgled** some houses in my neighbourhood.* (Una banda de ladrones ha robado en varias casas de mi barrio.)

R

robot *s.m.* ⇒robot ⇒droid
robusto, ta *adj.* ⇒robust: *un árbol robusto* - a robust tree; ⇒sturdy ⇒strong
roca *s.f.* ⇒rock [U]
roce *s.m.* **1** *(rozamiento)* ⇒rubbing ⇒friction **2** *(discusión)* ⇒brush (*pl* brushes)
rociar *v.* ⇒to sprinkle ⇒to spray
rocío *s.m.* ⇒dew
rock *s.m.* **1** ⇒rock **2 ~ duro** ⇒heavy metal
rocoso, sa *adj.* ⇒rocky
rodaja *s.f.* ⇒slice: *una rodaja de melón* - a slice of melon
rodaje *s.m.* *(de una película)* ⇒filming ⇒shooting
rodar *v.* **1** *(dar vueltas)* ⇒to roll: *rodar por el suelo* - to roll along the floor **2** *(una película)* ⇒to shoot ⇒to film
rodear *v.* **1** ⇒to surround ⇒to circle ⇒to ring **2** *rodear a alguien con los brazos* - to put one's arms around sb
rodeo *s.m.* **1** ⇒detour **2** *Déjate de rodeos* - Stop beating about the bush **3** *(espectáculo)* ⇒rodeo
rodilla *s.f.* **1** ⇒knee **2 estar de rodillas** ⇒to be on *one's* knees **3 ponerse de rodillas** ⇒to kneel down **4 sobre las rodillas** ⇒on *sb's* knee
rodillera *s.f.* **1** *(parche)* ⇒knee patch (*pl* knee patches) **2** *(banda elástica protectora)* ⇒knee bandage **3** *(en deporte)* ⇒knee pad
rodillo *s.m.* **1** *(de cocina)* ⇒rolling pin **2** *(de pintura)* ⇒paint roller **3** *(de un mecanismo)* ⇒roller
roedor *s.m.* ⇒rodent
roer *v.* **1** *(algo duro)* ⇒to nibble: *Las ardillas roían las piñas* - Squirrels were nibbling the pine cones **2** *(un hueso)* ⇒to gnaw
rogar *v.* **1** ⇒to plead [CONSTR. 1. to plead with sb 2. to plead for sth]: *Rogué a mi padre que me dejara ir* - I pleaded with my father to let me go; ⇒to beg [CONSTR. to beg + to do sth]: *Rogué a Mark que me ayudara* - I begged Mark to help me; ⇒to request [CONSTR. 1. to request + that 2. to request + to do sth]: *Les rogamos que se abrochen los cinturones* - We request you to fasten your seat belts **2 hacerse de ~** ⇒to play hard to get **3 se ruega no fumar** ⇒please do not smoke **4 se ruega silencio** ⇒silence please
rojizo, za *adj.* ⇒reddish
rojo, ja ▮ *adj.* **1** ⇒red **2** *(la cara)* ⇒flushed **3** *(un ojo)* ⇒bloodshot **4 ponerse ~** ⇒to go red ⇒to blush ▮ **rojo** *s.m.* **5** *(color)* ⇒red
rollizo, za *adj.* ⇒plump
rollo *s.m.* **1** *(con forma cilíndrica)* ⇒roll: *un rollo de papel higiénico* - a roll of toilet paper **2** *(de película)* ⇒film **3** *col. (lo que resulta pesado)* ⇒drag *very inform: La película fue un rollo* - The film was a real drag; ⇒bind *inform* **4** *¡Qué rollo!* - What a pain!
romance *s.m.* ⇒romance
románico, ca ▮ *adj.* **1** ⇒Romanesque: *una fachada románica* - a Romanesque façade; ⇒Norman ▮ **románico** *s.m.* **2** ⇒Romanesque
romano, na *adj./s.* ⇒Roman
romántico, ca *adj.* ⇒romantic
rombo ▮ *s.m.* **1** ⇒rhombus (*pl* rhombuses); ⇒lozenge ▮ **rombos** *pl.* **2** *(de una baraja)* ⇒diamonds
romería *s.f.* ⇒traditional celebration in which people go in a procession to a local shrine
romo, ma *adj.* ⇒blunt
rompecabezas *s.m.* **1** *(juego de piezas)* ⇒jigsaw ⇒jigsaw puzzle **2** *(acertijo)* ⇒puzzle ⇒conundrum
romper *v.* **1** ⇒to break ⇒to shear off **2** *(en varias piezas)* ⇒to smash **3** *(haciendo ruido)* ⇒to snap ⇒to crash **4** *(una relación)* ⇒to sever **5** *(una relación sentimental)* ⇒to break up ⇒to split up ⇒to break off **6** *(tela, papel)* ⇒to tear up **7** *(una promesa)* ⇒to breach *form*
ron *s.m.* ⇒rum
roncar *v.* ⇒to snore
ronco, ca *adj.* ⇒hoarse: *una voz ronca* - a hoarse voice; ⇒gruff ⇒husky
ronda *s.f.* ⇒round
rondar *v.* **1** *(una persona)* ⇒to hover **2** *(un animal, un ladrón)* ⇒to prowl **3** *(una cifra, una edad)* ⇒to be around ⇒to be going on **4** *(un fantasma)* ⇒to haunt
ronquido *s.m.* ⇒snore ⇒snoring
ronronear *v.* ⇒to purr
roñoso, sa *adj.* **1** *col. (una persona)* ⇒tight-fisted *inform;* ⇒stingy *inform* **2** *(un metal)* ⇒rusty
ropa *s.f.* **1** ⇒clothes *pl;* ⇒clothing **2** *tender la ropa* - to hang out the washing **3** *ropa blanca* - linen **4** *ropa de cama* - bedclothes **5** *ropa de sport* - casual clothes **6** *ropa interior* - underwear **7** *ropa de abrigo* - warm clothes
ropero *s.m.* ⇒wardrobe ⇒closet *US*
rosa ▮ *adj./s.m.* **1** *(color)* ⇒pink ▮ *s.f.* **2** ⇒rose
rosado, da ▮ *adj.* **1** ⇒pink ▮ **rosado** *s.m.* **2** *(vino)* ⇒rosé
rosal *s.m.* ⇒rose bush (*pl* rose bushes)
rosario *s.m.* **1** *(oraciones)* ⇒rosary: *rezar el rosario* - to say the rosary **2** *(cuentas)* ⇒rosary beads *pl*
rosca *s.f.* **1** *(de pan)* ⇒roll **2** *(de un tornillo)* ⇒thread **3 no comerse una ~** *col.* ⇒not to get off with anyone *very inform* **4 pasarse de ~** *col.* ⇒to go too far
roscón *s.m.* **1** ⇒ring-shaped bun **2** *Roscón de Reyes* - ring-shaped cake which is eaten at Epiphany
rostro *s.m.* ⇒face

rotación *s.f.* ⇒rotation

roto, ta ▌*adj.* **1** ⇒broken **2** *col. (agotado)* ⇒worn out ▌**roto** *s.m.* **3** *(en una tela)* ⇒tear ⇒hole

rotonda *s.f.* ⇒roundabout *UK;* ⇒traffic circle *US*

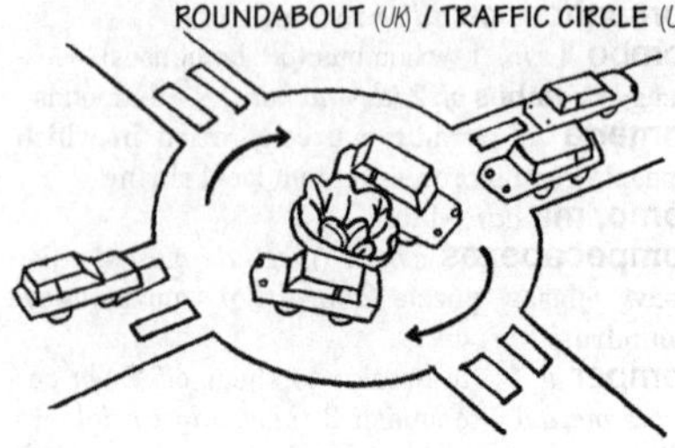

rotulador *s.m.* ⇒felt pen ⇒felt-tip pen ⇒marker

rótulo *s.m. (letrero)* ⇒sign

rotundo, da *adj.* ⇒categorical: *una respuesta rotunda* - a categorical reply; ⇒emphatic ⇒outright

rotura *s.f.* **1** ⇒fracture ⇒breakage **2** *La inundación provocó la rotura de las cañerías* - Pipes burst due to the flood

rozadura *s.f.* **1** *(en la piel)* ⇒chafed skin [U] **2** *(en una superficie)* ⇒scratch (*pl* scratches)

rozar *v.* **1** *(tocar)* ⇒to touch **2** *(acariciar)* ⇒to brush: *Noté tu pelo rozando mis hombros* - I felt your hair brushing my shoulders **3** *(raspar)* ⇒to scrape: *Rocé el coche de al lado al aparcar* - I scraped the car next to me as I was parking **4** *(hacer herida)* ⇒to rub: *La mochila me está rozando el hombro* - The rucksack is rubbing into my shoulder

rubí *s.m.* ⇒ruby (*pl* rubies)

rubio, bia ▌*adj.* **1** *(color natural)* ⇒fair ⇒fair-haired **2** *(color natural y teñido)* ⇒blond **3** *(la cerveza)* ⇒lager ▌*adj./s.* **4** *(una persona)* ⇒blonde

ruborizarse *v.prnl.* ⇒to blush ⇒to go red *UK;* ⇒to redden

rucio, cia ▌*adj.* **1** *(canoso)* ⇒grey *UK;* ⇒gray *US* **2** *AMÉR. (rubio)* ⇒fair ⇒blond ▌*s.* **3** ⇒grey *UK;* ⇒grey horse *UK*

rudo, da *adj. (grosero)* ⇒rough ⇒rude

rueca *s.f.* ⇒spinning wheel

rueda *s.f.* **1** ⇒wheel: *rueda de repuesto* - spare wheel **2** *(neumático)* ⇒tyre *UK;* ⇒tire *US* **3** ~ **de prensa** ⇒press conference

ruedo *s.m.* ⇒bullring ⇒arena

ruego *s.m. (petición, súplica)* ⇒request

rugido *s.m. (de un animal)* ⇒roar

rugir *v.* ⇒to roar ⇒to howl

ruido *s.m.* **1** ⇒noise: *hacer ruido* - to make noise; ⇒bump ⇒rattle ⇒roll ⇒sound **2** *(jaleo)* ⇒row *UK* **3** ~ **sordo** ⇒thud

ruidoso, sa *adj.* ⇒noisy: *Tus vecinos son muy ruidosos* - Your neighbours are too noisy; ⇒loud ⇒rowdy

ruina ▌*s.f.* **1** *(situación)* ⇒downfall: *Esto será mi ruina* - This will be my downfall; ⇒ruin **2** *estar en la ruina* - to be ruined **3** *(destrucción)* ⇒collapse **4** **estar hecho,cha una ~** *col.* ⇒to feel like a wreck *inform* ▌**ruinas** *pl.* **5** *(de un edificio)* ⇒ruins

ruiseñor *s.m.* ⇒nightingale

ruleta *s.f.* ⇒roulette

Rumanía *s.f.* ⇒Romania

rumano, na ▌*adj./s.* **1** ⇒Romanian ⇒Rumanian ▌**rumano** *s.m.* **2** *(idioma)* ⇒Romanian ⇒Rumanian

rumbo *s.m.* **1** ⇒course ⇒direction **2** **ir ~ a** ⇒to head towards ⇒to head for

rumor *s.m.* ⇒rumour *UK: difundir un rumor* - to spread a rumour; ⇒rumor *US;* ⇒hearsay

ruptura *s.f.* **1** ⇒break ⇒rift ⇒rupture *form* **2** *(de una pareja)* ⇒break-up

rural *adj.* ⇒rural

Rusia *s.f.* ⇒Russia

ruso, sa ▌*adj.* **1** ⇒Russian: *Tiene un amigo ruso* - She has a Russian friend ▌*s.* **2** ⇒Russian **3** *(hombre)* ⇒Russian man (*pl* Russian men) **4** *(mujer)* ⇒Russian woman (*pl* Russian women) **5** *(plural genérico): los rusos* - the Russian ▌**ruso** *s.m.* **6** *(idioma)* ⇒Russian

rústico, ca *adj.* **1** ⇒rustic **2** **en rústica** *(encuadernación)* ⇒paperback

ruta *s.f.* **1** ⇒route **2** *(en navegación y en aviación)* ⇒lane **3** *AMÉR. (carretera)* ⇒road

rutina *s.f.* ⇒routine

s *s.f. (letra del alfabeto)* ⇒s
sábado *s.m.* ⇒Saturday
sábana *s.f.* ⇒sheet
saber ▌*v.* **1** *(conocer, tener noticia)* ⇒to know [CONSTR. 1. to know + (that) 2. to know + to do sth 3. to know + interrogativo]: *No sabía que ibas a venir* - I didn't know that you were coming; *¿Sabes ir?* - Do you know how to get there? **2** *(dominar una habilidad)* ⇒to can: *No sé nadar* - I can't swim **3** *(tener conocimientos)* ⇒to know **4** *(un idioma)* ⇒to speak **5** *(tener un sabor determinado)* ⇒to taste [CONSTR. to taste like/of sth] **6** *(tener noticias)* ⇒to hear from: *No sé nada de Penny desde hace dos semanas* - I haven't heard from Penny for two weeks **7 para que lo sepas** ⇒for your information **8 que yo sepa** ⇒as far as I know *inform* [Se utiliza para dar una opinión o hacer un comentario] **9 quién sabe** ⇒who knows **10 yo qué sé** *col.* ⇒how should I know? *inform* ▌*s.m.* **11** ⇒wisdom ⇒knowledge
sabiduría *s.f.* ⇒wisdom
sabio, bia ▌*adj.* **1** ⇒wise ▌*s.* **2** ⇒wise person ⇒learned person
sabor *s.m.* ⇒flavour *UK;* ⇒flavor *US;* ⇒taste: *Esto tiene un fuerte sabor a cebolla* - This has a strong taste of onions
saborear *v.* **1** *(paladear)* ⇒to savour *UK;* ⇒to savor *US: saborear un plato* - to savour a dish **2** *(deleitarse)* ⇒to savour *UK;* ⇒to savor *US;* ⇒to relish: *saborear un triunfo* - to relish a triumph
sabotaje *s.m.* ⇒sabotage
sabroso, sa *adj.* **1** *(una comida)* ⇒tasty **2** *col. (una historia)* ⇒juicy *inform*
sacacorchos *s.m.* ⇒corkscrew
sacapuntas *s.m.* ⇒pencil sharpener ⇒sharpener
sacar *v.* **1** ⇒to take out: *¿Puedes sacar las llaves del cajón?* - Can you take the keys out of the drawer?; ⇒to draw out **2** *(obtener)* ⇒to get [CONSTR. to get + dos objetos] **3** *(producir)* ⇒to bring out: *Han sacado una edición especial* - They have brought out a special edition **4** *(comprar)* ⇒to buy [CONSTR. to buy + dos objetos]; ⇒to get [CONSTR. to get + dos objetos] **5** *(resolver)* ⇒to work out **6** *sacar una foto* - to take a photo **7** *sacar el máximo partido* - to make the most of **8** *(en fútbol)* ⇒to take the throw-in ⇒to take the kick **9** *(en tenis)* ⇒to serve **10** *(una parte del cuerpo)* ⇒to stick out: *sacar la lengua* - to stick out one's tongue **11 ~ a la luz** ⇒to bring to light
sacarina *s.f.* ⇒saccharin
sacerdote *s.m.* ⇒priest
saciar ▌*v.* **1** *(el hambre)* ⇒to satisfy: *saciar el hambre* - to satisfy one's hunger; ⇒to sate *form* **2** *(la sed)* ⇒to quench: *saciar la sed* - to quench one's thirst ▌**saciarse** *prnl.* **3** *comer hasta saciarse* - to eat one's fill; *He comido fresas hasta saciarme* - I've eaten my fill of strawberries
saco *s.m.* **1** ⇒sack [Hay dos formas de decir *un saco de patatas*: *a sack of potatoes* (si está lleno) y *a potato sack* (si está vacío)] **2** *saco de dormir* - sleeping bag **3** *AMÉR. (prenda de vestir)* ⇒jacket
sacramento *s.m.* ⇒sacrament
sacrificar ▌*v.* **1** *(un animal)* ⇒to slaughter **2** *(renunciar a algo)* ⇒to sacrifice ▌**sacrificarse** *prnl.* **3** ⇒to make sacrifices
sacrificio *s.m.* **1** ⇒sacrifice **2** *hacer un sacrificio* - to sacrifice
sacudida *s.f.* **1** ⇒shake ⇒shaking **2** *(impresión)* ⇒shock
sacudir *v.* **1** *(mover de un lado a otro)* ⇒to shake ⇒to jerk **2** *(para limpiar algo)* ⇒to shake the dust off: *sacudir una alfombra* - to shake the dust off a carpet **3** *(conmocionar)* ⇒to shake: *La noticia sacudió a todo el país* - The whole country was shaken by the news
safari *s.m.* **1** ⇒safari: *ir de safari* - to go on a safari **2** *(parque zoológico)* ⇒safari park
sagitario *adj./s.com.* ⇒Sagittarius *n*
sagrado, da *adj.* ⇒holy ⇒sacred
sal *s.f.* **1** ⇒salt **2 ~ fina** ⇒table salt **3 ~ gorda** ⇒sea salt

sala *s.f.* **1** *(habitación)* ⇨room: *sala de espera* - waiting room; *sala de profesores* - staff room; *sala de fiestas* - nightclub **2** *(para conciertos, para reuniones)* ⇨hall **3** *(de un hospital)* ⇨ward **4 ~ de estar** ⇨living room

salado, da *adj.* **1** *(con mucha sal)* ⇨salty ⇨salted **2** *(gracioso, ingenioso)* ⇨witty **3** *(el agua)* ⇨briny **4** AMÉR. *(con mala suerte)* ⇨unlucky

salar *v.* **1** ⇨to salt **2** AMÉR. *(un plan)* ⇨to upset ⇨to ruin ⇨to spoil

salario *s.m.* **1** ⇨pay [U] **2** *(al mes, al año)* ⇨salary (*pl* salaries) **3** *(al día, a la semana)* ⇨wage ⇨wages **4 ~ mínimo** ⇨minimum wage

salchicha *s.f.* ⇨sausage ⇨banger UK *inform;* ⇨wiener US

salchichón *s.m.* ⇨spiced sausage

salero *s.m.* **1** *(recipiente)* ⇨salt cellar UK; ⇨salt shaker US **2** *(donaire)* ⇨grace ⇨gracefulness

salida *s.f.* **1** *(lugar por donde se sale)* ⇨exit ⇨way-out **2** *(partida a otro lugar)* ⇨departure **3** *col. (dicho ocurrente)* ⇨quip ⇨sally (*pl* sallies) **4** *(solución)* ⇨solution **5 ~ de emergencia** ⇨emergency exit **6 ~ de incendios** ⇨fire escape **7 ~ del sol** ⇨sunrise

salir ▌*v.* **1** *(pasar de dentro afuera)* ⇨to exit *form* **2** *(a divertirse)* ⇨to go out **3** *(del interior de un lugar)* ⇨to go outside **4** *(de un coche)* ⇨to get out **5** *(a la superficie)* ⇨to emerge **6** *(marcharse de un lugar)* ⇨to leave ⇨to go out **7** *(tener una relación)* ⇨to go out ⇨to see: *¿Sales con alguien?* - Are you seeing anybody? **8** *(aparecer)* ⇨to appear **9** *(el Sol y la Luna)* ⇨to rise **10** *salir un momento* - to pop out **11** *salir a comer* - to eat out **12** *salir corriendo* - to run away **13 ~ bien** ⇨to turn out well **14 ~ mal** ⇨to turn out badly ▌**salirse** *prnl.* **15** *(un líquido)* ⇨to leak ⇨to boil over **16** *(un gas)* ⇨to leak **17** *(de un límite)* ⇨to go off **18 salirse alguien con la suya** *col.* ⇨to get *one's* own way

saliva *s.f.* ⇨saliva

salmón *s.m.* ⇨salmon (*pl* salmon): *salmón ahumado* - smoked salmon

salón *s.m.* **1** *(de una casa)* ⇨living room ⇨sitting room UK **2** *(de un hotel)* ⇨lounge UK **3** *(para reuniones)* ⇨hall **4 ~ de actos** ⇨main hall

salpicar *v.* ⇨to splash: *Me salpiqué de aceite* - I got splashed with oil; ⇨to splatter

salsa *s.f.* **1** ⇨sauce **2** *(jugo de la carne)* ⇨gravy (*pl* gravies) **3** *(baile)* ⇨salsa **4 estar alguien en su ~** *col.* ⇨to be in *one's* element

saltador, -a *s.* ⇨jumper: *saltador de altura* - high jumper; *saltador de longitud* - long jumper

saltamontes *s.m.* ⇨grasshopper

saltar ▌*v.* **1** ⇨to jump ⇨to jig **2** *(una gran distancia)* ⇨to bound ⇨to leap **3** *(de repente)* ⇨to spring **4** *(un fusible)* ⇨to fuse UK **5** *(una alarma)* ⇨to go off ▌**saltarse** *prnl.* **6** *(una clase)* ⇨to skip **7** *(una norma)* ⇨to ignore **8** *(un semáforo)* ⇨to jump UK; ⇨to run US

salto *s.m.* **1** ⇨jump: *salto de altura* - high jump **2** *(de una gran distancia)* ⇨leap **3 ~ de longitud** ⇨long jump

salud *s.f.* **1** ⇨health: *gozar de buena salud* - to be in good health **2** *(buen estado físico)* ⇨fitness **3 ¡salud!** 1 ⇨cheers! 2 *(al estornudar)* ⇨bless you!

saludable *adj.* **1** *(sano)* ⇨healthy **2** *(provechoso)* ⇨salutary *form*

saludar *v.* **1** ⇨to say hello **2** *(al encontrarse con alguien)* ⇨to say hello ⇨to greet **3** *(en el ejército)* ⇨to salute **4** *(con la mano)* ⇨to wave **5 le saluda atentamente** *(en cartas)* ⇨yours faithfully [Se usa cuando en una carta no se nombra al destinatario]; ⇨yours sincerely [Se usa cuando en una carta se nombra al destinatario]

saludo ▌*s.m.* **1** *(al encontrarse con alguien)* ⇨greeting **2** *(en el ejército)* ⇨salute **3** *(con la mano)* ⇨wave ▌**saludos** *pl.* **4** *(recuerdos)* ⇨regards

salvación *s.f.* ⇨salvation

salvador, -a *adj./s.* ⇨saviour UK *n;* ⇨savior US *n*

Salvador (El ~) ⇨El Salvador

salvadoreño, ña *adj./s.* ⇨Salvadoran

salvaje *adj.* ⇨wild ⇨savage

salvamanteles *s.m.* ⇨mat ⇨place mat

salvamento *s.m.* **1** ⇨rescue ⇨salvage **2** *bote de salvamento* - lifeboat

salvar ▌*v.* **1** ⇨to save: *Aquella mujer me salvó la vida* - That woman saved my life ▌**salvarse** *prnl.* **2** ⇨to be saved **3 ¡sálvese quien pueda!** ⇨every man for himself!

salvavidas *s.m.* **1** ⇨lifebelt **2** *chaleco salvavidas* - life jacket

salvo, va ▌*adj.* **1** *a salvo* - safe ▌**salvo** *prep.* **2** ⇨except

san *adj.* ⇨Saint

sanar *v.* ⇨to get better ⇨to heal: *Sanará pronto* - She will be healing soon; ⇨to cure ⇨to recover

sanción *s.f.* **1** ⇨sanction ⇨punishment [U] **2** *(multa)* ⇨fine **3** *(en deporte)* ⇨suspension

sancionar *v.* **1** *(castigar)* ⇨to penalize ⇨to penalise UK: *sancionar a alguien por exceso de velocidad* - to penalise sb for exceeding the speed limit **2** *(aprobar)* ⇨to sanction: *sancionar una ley* - to sanction a law **3** *(en deporte)* ⇨to suspend

sandalia *s.f.* ⇨sandal

sandía *s.f.* ⇨watermelon

S

sánduche *s.m.* AMÉR. ⇒sandwich (*pl* sandwiches); ⇒sarnie UK *inform*
sándwich *s.m.* ⇒sandwich (*pl* sandwiches); ⇒sarnie UK *inform*
sangrar *v.* **1** ⇒to bleed **2** *(un texto)* ⇒to indent **3** *col. (aprovecharse de una persona)* ⇒to milk
sangre *s.f.* **1** ⇒blood **2 a ~ fría** ⇒in cold blood **3 ~ fría** ⇒nerve [CONSTR. nerve + to do sth]; ⇒cool nerve
sangría *s.f.* ⇒type of punch made of red wine and fruit
sangriento, ta *adj.* ⇒bloody ⇒bloodthirsty
sánguche *s.m.* AMÉR. ⇒sandwich (*pl* sandwiches); ⇒sarnie UK *inform*
sanidad *s.f.* ⇒public health
sanitario, ria ▌*adj.* **1** ⇒sanitary **2** *personal sanitario* - health workers ▌**sanitario** *s.m.* **3** AMÉR. ⇒toilet ⇒bathroom
sano, na *adj.* **1** ⇒healthy **2 ~ y salvo,va** ⇒safe and sound
santiamén (en un ~) ⇒in no time at all ⇒in a jiffy *inform*
santo, ta ▌*adj.* **1** ⇒holy ⇒saintly ▌*s.* **2** ⇒saint ▌**santo** *s.m.* **3** *(día de una persona)* ⇒saint's day **4 santo y seña** ⇒password **5 ser algo santo de la devoción de alguien** *col.* ⇒to be *one's* cup of tea
santuario *s.m.* ⇒sanctuary (*pl* sanctuaries)
sapo *s.m.* ⇒toad
saque *s.m.* **1** *(en fútbol)* ⇒kick: *saque de esquina* - corner kick; *saque de puerta* - goal kick; *saque de banda* - throw-in **2** *(en tenis)* ⇒serve ⇒service
saquear *v.* ⇒to sack
sarampión *s.m.* ⇒measles
sarcástico, ca *adj.* ⇒sarcastic
sardina *s.f.* ⇒sardine ⇒pilchard
sargento *s.m.* ⇒sergeant
sartén *s.f.* **1** ⇒frying pan ⇒pan **2 tener la ~ por el mango** ⇒to be in control
sastre *s.m.* ⇒tailor
satélite *s.m.* ⇒satellite
satisfacción *s.f.* ⇒satisfaction ⇒pleasure: *Le contestó con satisfacción* - She answered him with pleasure; ⇒contentment
satisfacer *v.* **1** ⇒to satisfy **2** *(contentar, agradar)* ⇒to please
satisfactorio, ria *adj.* **1** ⇒satisfactory **2** *un resultado poco satisfactorio* - an unsatisfactory result
satisfecho, cha *adj.* **1** ⇒satisfied ⇒pleased **2 darse por ~** ⇒to be happy
sauce *s.m.* ⇒willow
saudí *adj.* / *s.* ⇒Saudi
saudita *adj.* / *s.* Véase **saudí**
sauna *s.f.* ⇒sauna
savia *s.f.* ⇒sap
saxo *s.m.* ⇒sax *inform* (*pl* saxes)
saxofón *s.m.* ⇒saxophone
scout *s.com.* **1** *(sin especificar sexo)* ⇒Scout **2** *(chico)* ⇒Boy Scout **3** *(chica)* ⇒Girl Scout
se *pron.pers.* **1** *(él, con valor reflexivo)* ⇒himself: *El niño se cortó con un cuchillo* - The boy cut himself with a knife **2** *(ella, con valor reflexivo)* ⇒herself: *Mi hermano se arregló mucho para la fiesta* - My brother dolled himself up for the party **3** *(una cosa, con valor reflexivo)* ⇒itself: *El perro se ha estado rascando* - The dog has been scratching itself **4** *(usted, con valor reflexivo)* ⇒yourself: *¿Se ha hecho daño?* - Have you hurt yourself? **5** *(ellos, ellas, con valor reflexivo)* ⇒themselves: *Mis primas se lesionaron jugando al rugby* - My cousins both injured themselves when they were playing rugby **6** *(con valor recíproco)* ⇒each other: *Mis abuelos se quieren* - My grandparents love each other; ⇒one another **7** *(a él)* ⇒to him: *¿La cinta? Se la di ayer* - The tape? I gave it to him yesterday **8** *(a ella)* ⇒to her: *¿El libro? Ya se lo he mandado* - The book? I've already sent it to her **9** *(a ellos, a ellas)* ⇒to them: *¿La carta? Fiona se la llevó (a los abuelos)* - The letter? Fiona took it to them **10** *(a usted, a ustedes)* ⇒to you: *¿Quiere que se lo traiga?* - Do you want me to bring it to you? **11** *(con valor pasivo): Aquí se venden sellos* - Stamps are sold here **12** *(con valor impersonal): Se recibió a los embajadores en el palacio* - The ambassadors were received at the palace
secador *s.m.* ⇒hairdryer ⇒dryer
secadora *s.f.* ⇒tumble dryer UK; ⇒dryer US
secar ▌*v.* **1** ⇒to dry **2** *(con un trapo)* ⇒to wipe ⇒to wipe up ▌**secarse** *prnl.* **3** ⇒to dry oneself **4** *(por completo)* ⇒to dry out ⇒to dry up UK
sección *s.f.* ⇒department ⇒section
seco, ca *adj.* **1** ⇒dry ⇒withered: *Me temo que las flores están secas* - I'm afraid the flowers are withered **2** *(un tono de voz)* ⇒crisp ⇒curt **3** *col. (con mucha sed)* ⇒parched *inform* **4 parar en seco** ⇒to stop dead
secretaría *s.f.* **1** ⇒secretary's office **2** *(colegio, universidad)* ⇒admissions office
secretario, ria *s.* ⇒secretary (*pl* secretaries)
secreto *s.m.* **1** ⇒secret: *contar un secreto* - to tell sb a secret **2 en ~** ⇒in secret ⇒secretely
secta *s.f.* ⇒sect
sector *s.m.* ⇒industry ⇒area ⇒sector
secuestrador, -a *s.* **1** *(de una persona)* ⇒kidnapper ⇒captor **2** *(de un avión, un vehículo)* ⇒hijacker

secuestrar *v.* **1** *(a una persona)* ⇒to kidnap ⇒to abduct **2** *(un avión, un vehículo)* ⇒to hijack
secuestro *s.m.* **1** *(de una persona)* ⇒kidnapping **2** *(de un avión, un vehículo)* ⇒hijacking
secundaria *s.f.* ⇒secondary education
secundario, ria *adj.* ⇒secondary
sed *s.f.* **1** ⇒thirst [Se dice *to be thirsty* - *tener sed*. Incorrecto: *to have thirst*] **2** *Tenía tanta sed que me bebí un litro de agua sin parar* - I was so thirsty I drank a whole litre of water without stopping **3** *(deseo intenso)* ⇒thirst: *sed de aventuras* - thirst for adventure
seda *s.f.* **1** ⇒silk **2 como la ~ 1** *(suave)* ⇒very smooth ⇒extremely smoothly **2** *col. (sin complicaciones)* ⇒like a dream
sede *s.f.* **1** ⇒base **2** *(central)* ⇒headquarters *pl;* ⇒HQ **3** *(en deportes)* ⇒venue
sediento, ta *adj.* ⇒thirsty
segar *v.* ⇒to mow
segmento *s.m.* ⇒segment
seguido, da *adj.* **1** ⇒running **2 todo seguido** ⇒straight ahead
seguidor, -a *s.* ⇒fan ⇒follower
seguir *v.* **1** *(ir detrás)* ⇒to follow ⇒to dog **2** *(continuar)* ⇒to keep [CONSTR. to keep + doing sth]; ⇒to keep on [CONSTR. to keep on + doing sth]: *Siguen visitándonos de vez en cuando* - They keep on visiting us from time to time; ⇒to go on [CONSTR. to go + doing sth]; ⇒to carry on [CONSTR. to carry on + doing sth]; ⇒to continue [CONSTR. 1. to continue + doing sth 2. to continue + to do sth] **3** *(permanecer en un estado): ¿Sigue lloviendo?* - Is it still raining? **4** *(dar apoyo)* ⇒to support **5** *(órdenes)* ⇒to follow **6 ~ el ritmo** *(en música)* ⇒to keep time
según *prep.* **1** ⇒according to: *Según dice él, el incendio fue provocado* - According to what he says, it was arson **2** *según el calendario previsto* - on schedule
segundo, da ▌ *numer.* **1** ⇒second ▌ **segundo** *s.m.* **2** *(unidad de tiempo)* ⇒second
seguridad *s.f.* **1** ⇒safety ⇒security **2** *(certeza)* ⇒certainty **3** *(en sí mismo)* ⇒self-confidence **4 ~ ciudadana** ⇒public safety **5 ~ social** ⇒social security *UK;* ⇒welfare *US* **6 ~ vial** ⇒road safety
seguro, ra ▌ *adj.* **1** *(sin duda)* ⇒certain ⇒sure: *¿Estás seguro?* - Are you sure? **2** *(libre de peligro)* ⇒safe ⇒secure **3** *(firme)* ⇒safe ⇒secure **4** *(de sí mismo)* ⇒self-confident ⇒clear ▌ **seguro** *s.m.* **5** ⇒insurance **6** *(dispositivo)* ⇒safety catch **7 seguro a terceros** ⇒third-party insurance **8 seguro de vida** ⇒life insurance ⇒life assurance *UK* ▌ *adv.* **9** ⇒certainly ⇒fast **10 seguro que** ⇒to be bound to
seis *numer.* **1** ⇒six **2** *(fecha)* ⇒sixth
seiscientos, tas *numer.* ⇒six hundred

S

seísmo *s.m.* ⇒tremor ⇒earthquake
selección *s.f.* **1** ⇒selection ⇒choice ⇒pick **2** *(en deporte)* ⇒team: *la selección nacional* - the national team
seleccionar *v.* **1** *(elegir)* ⇒to select ⇒to choose **2** *(marcar)* ⇒to tick *UK: seleccionar la respuesta correcta* - to tick the correct answer; ⇒to check *US* **3** *(en un espectáculo)* ⇒to cast
selecto, ta *adj.* **1** *(conjunto de personas)* ⇒select: *lo más selecto de la sociedad* - the most select people of society **2** *(una cosa)* ⇒choice: *un vino selecto* - a choice wine **3** *(un lugar)* ⇒exclusive
sellar *v.* **1** ⇒to stamp **2** *(lacrar)* ⇒to seal
sello *s.m.* ⇒stamp
selva *s.f.* **1** ⇒jungle **2** *(tropical)* ⇒rainforest
semáforo *s.m.* ⇒traffic light
semana *s.f.* **1** ⇒week **2** *Nos reunimos cada dos semanas* - We meet fortnightly **3 entre ~** ⇒during the week **4 fin de ~** ⇒weekend **5 ~ santa** ⇒Easter ⇒Holy Week
semanal *adj.* ⇒weekly
sembrar *v.* ⇒to sow
semejante *adj.* ⇒similar
semestre *s.m.* ⇒semester *US*
semicírculo *s.m.* ⇒semicircle
semifinal *s.f.* ⇒semi-final
semilla *s.f.* ⇒seed
seminario *s.m.* **1** *(de sacerdotes)* ⇒seminary *(pl* seminaries) **2** *(de un tema)* ⇒seminar **3** *(departamento)* ⇒department
senado *s.m.* ⇒Senate
senador, -a *s.* ⇒Senator
sencillez *s.f.* **1** *(de un estilo, de una tarea)* ⇒simplicity **2** *(de una persona): comportarse con sencillez* - to behave in an unassuming way
sencillo, lla ▌ *adj.* **1** *(simple, sin dificultad)* ⇒simple ⇒straightforward **2** *(sin adorno)* ⇒plain ⇒simple **3** *(una persona)* ⇒unpretentious ⇒simple ▌ **sencillo** *s.m.* **4** *(disco)* ⇒single
senda *s.f.* ⇒trail: *Están intentando encontrar una senda para subir a la montaña* - They are trying to find a trail to go up the hill; ⇒track ⇒path
senderismo *s.m.* ⇒hiking
sendero *s.m.* **1** *(para ir a pie)* ⇒path ⇒footpath *UK* **2** *(carretera)* ⇒track
Senegal *s.m.* ⇒Senegal
senegalés, -a *adj./s.* ⇒Senegalese
seno *s.m.* **1** *(pecho)* ⇒breast **2** *(de una organización)* ⇒heart **3** *(de una familia)* ⇒bosom
sensación *s.f.* **1** ⇒feeling ⇒sensation: *una sensación indescriptible* - an indescribable sensation **2** *causar sensación* - to cause a sensation

sensacional *adj.* ⇒sensational
sensatez *s.f.* ⇒sense ⇒good sense
sensato, ta *adj.* ⇒sensible ⇒reasonable: *Tu petición parece razonable* - Your requests seem reasonable; ⇒well-advised
sensibilidad *s.f.* ⇒sensitivity ⇒feeling
sensible *adj.* **1** ⇒sensitive **2** *(notable, evidente)* ⇒noticeable ⇒appreciable *form*
sentado, da *adj.* **1** ⇒sitting ⇒seated **2 dar algo por sentado** ⇒to take *sth* for granted
sentar ❙ *v.* **1** *(una prenda de vestir)* ⇒to fit ⇒to suit **2** *(una acción)* ⇒to go down: *Tus comentarios les sentaron mal* - Your remarks didn't go down well with them **3** *(un alimento)* ⇒to agree with: *La leche no me sienta bien* - Milk does not agree with me ❙ **sentarse** *prnl.* **4** ⇒to sit ⇒to sit down ⇒to take a seat
sentencia *s.f.* **1** ⇒sentence **2** *(dicho breve)* ⇒maxim
sentenciar *v.* ⇒to sentence [CONSTR. to sentence sb to sth]: *Lo sentenciaron a tres años de prisión* - He was sentenced to three years imprisonment
sentido *s.m.* **1** *(capacidad para percibir)* ⇒sense **2** *(significado)* ⇒meaning ⇒sense **3** *¿En qué sentido?* - In what way? **4** *no tener sentido* - to be senseless **5** *(dirección)* ⇒direction **6** *calle de sentido único* - one-way street **7 dejar sin ~** ⇒to knock out **8 en el ~ de las agujas del reloj** ⇒clockwise **9 ~ común** ⇒common sense **10 ~ del humor** ⇒sense of humour **11 tener ~** ⇒to make sense [Se dice: *It makes sense* - *Tiene sentido*. Incorrecto: *It has sense*]
sentimental *adj.* ⇒emotional ⇒sentimental
sentimiento *s.m.* **1** ⇒feeling **2** *sentimiento de culpabilidad* - guilt
sentir *v.* **1** ⇒to feel: *sentir frío* - to feel cold **2** *(intuir)* ⇒to sense [CONSTR. 1. to sense + (that) 2. to sense + interrogativo] **3** *(lamentar)* ⇒to regret *form* [CONSTR. 1. to regret + (that) 2. to regret + to do sth]: *Siento haber llegado tarde* - I regret to have been late; ⇒to be sorry: *Siento no poder contestarte a esa pregunta* - I'm sorry I can't answer that question; *Lo siento* - I'm sorry **4** *(oír)* ⇒to hear: *Lo sentí entrar* - I heard him coming in **5** *(tener la sensación)* ⇒to have the feeling: *Siento que algo malo va a pasar* - I have the feeling sth bad is going to happen **6 lo siento** ⇒I'm sorry
seña ❙ *s.f.* **1** ⇒signal **2** *hacer señas a alguien* - to signal to sb ❙ **señas** *pl.* **3** ⇒address *sing*
señal *s.f.* **1** ⇒sign ⇒indication **2** *(letrero)* ⇒sign **3** *(de dinero)* ⇒deposit **4** *(marca)* ⇒mark **5** *(de tráfico)* ⇒road sign ⇒signpost **6** *(en un contestador automático)* ⇒tone
señalado, da *adj.* ⇒distinguished
señalar *v.* **1** ⇒to indicate [CONSTR. 1. to indicate + (that) 2. to indicate + interrogativo]; ⇒to show ⇒to point: *El niño señaló el juguete que quería* - The child pointed at the toy he wanted **2** *(entre muchas cosas)* ⇒to point out
señalización *s.f.* ⇒roadsigns *pl;* ⇒signposting
señalizar *v.* ⇒to indicate *UK*
señor, -a *s.* **1** *(hombre)* ⇒man (*pl* men); ⇒sir *form* **2** *(mujer)* ⇒woman (*pl* women); ⇒madam *form* **3** *(tratamiento de respeto)* ⇒gentleman (caballero) (*pl* gentlemen); ⇒lady (dama) (*pl* ladies) **4** *(usado con un apellido)* ⇒Mr (hombre) ⇒Mrs (mujer casada) ⇒Ms (mujer, sin especificar estado civil) **5** *(usado en cartas)* ⇒sir (hombre) *form;* ⇒madam (mujer) *form*
separación *s.f.* **1** *(espacio)* ⇒space **2** *(distanciamiento)* ⇒division ⇒separation **3** *separación de bienes* - division of property **4** *(matrimonial)* ⇒separation
separar ❙ *v.* **1** ⇒to separate [CONSTR. to separate from sth/sb]; ⇒to detach **2** *(alejar)* ⇒to move away ❙ **separarse** *prnl.* **3** ⇒to part *form* **4** *(una pareja)* ⇒to separate [CONSTR. to separate from sth/sb]; ⇒to split up ⇒to break up
sepia ❙ *adj.* / *s.m.* **1** *(color)* ⇒sepia ❙ *s.f.* **2** *(molusco)* ⇒cuttlefish (*pl* cuttlefish)
septentrional *adj.* ⇒northern
septiembre *s.m.* ⇒September
séptimo, ma *numer.* ⇒seventh
septuagésimo, ma *numer.* ⇒seventieth
sepultar *v.* *(enterrar)* ⇒to bury
sepultura *s.f.* ⇒grave ⇒tomb
sequía *s.f.* ⇒drought
ser *v.* **1** ⇒to be: *Es amigo mío* - He is a friend of mine; *¿Cuánto es?* - How much is it? **2** *(estar hecho de)* ⇒to be made of: *Esta mesa es de madera* - This table is made of wood **3** *(al indicar origen)* ⇒to be from ⇒to come from: *¿De dónde eres?* - Where do you come from? **4** *(pertenecer)* ⇒to belong to: *Ese reloj era de mi abuelo* - That watch belonged to my grandfather **5 a no ~ que** ⇒unless **6 de no ~ por** ⇒if it wasn't for **7 no {sea/vaya a ser} que** ⇒just in case **8 o sea** ⇒or rather **9 sea como sea** ⇒no matter how **10 sea lo que sea** ⇒whatever it is **11 ~ de** ⇒to become: *¿Qué ha sido de ella?* - What has become of her? **12 ~ para** ⇒to be intended for ⇒to be for: *Este vestido es para la fiesta* - This dress is for the party ■ Ver cuadro be
Serbia *s.f.* ⇒Serbia
serbio, bia ❙ *adj.* **1** ⇒Serbian ❙ *s.* **2** ⇒Serb ⇒Serbian ❙ **serbio** *s.m.* **3** *(idioma)* ⇒Serbian
serenar ❙ *v.* **1** ⇒to calm *sb* down: *Traté de serenarlo, pero estaba demasiado nervioso* - I tried

to calm him down, but he was too excited ▮ **serenarse** *prnl.* **2** ⇨to calm: *El mar se serenó* - The sea calmed; ⇨to calm down: *Serénate, no es para tanto* - Calm down, it's not that important
serenidad *s.f.* ⇨serenity ⇨composure ⇨calmness
sereno, na ▮ *adj.* **1** ⇨calm: *El bebé estaba sereno en su cuna* - The baby was calm on its cradle; ⇨peaceful ⇨serene ▮ **sereno** *s.m.* **2** ⇨night watchman
serial *s.m.* ⇨serial ⇨series (*pl* series)
serie *s.f.* **1** *(cosas relacionadas)* ⇨series (*pl* series): *Ha habido una serie de apagones en la ciudad* - There has been a series of blackouts in the city; ⇨succession **2** *(de radio, televisión)* ⇨series (*pl* series)
serio, ria *adj.* **1** *(importante)* ⇨serious: *Su enfermedad no es tan seria como pensábamos* - Her illness is not as serious as we thought; ⇨severe ⇨grave **2** *(fiable)* ⇨reliable ⇨serious **3** *(una persona)* ⇨earnest ⇨formal **4** *una persona poco seria* - an unreliable person **5** *ponerse serio* - to become serious **6** *(una expresión, un gesto)* ⇨grim **7 en serio** ⇨seriously ⇨honestly **8 ¿en serio?** ⇨really? **9 tomarse algo en serio** ⇨to take *sth* seriously
sermón *s.m.* **1** ⇨sermon ⇨homily *inform* (*pl* homilies) **2** *col. (amonestación)* ⇨lecture
serpentear *v.* ⇨to twist and turn ⇨to wind ⇨to snake: *El río serpentea por el bosque* - The river snakes through the forest
serpentina *s.f.* ⇨streamer
serpiente *s.f.* **1** ⇨snake **2** *serpiente de cascabel* - rattlesnake
serrar *v.* ⇨to saw
serrín *s.m.* ⇨sawdust
servicial *adj.* **1** ⇨helpful **2** *ser poco servicial* - to be unhelpful
servicio *s.m.* **1** ⇨service **2** *(religioso)* ⇨service **3** *(cuarto de baño)* ⇨toilet UK; ⇨W.C. UK; ⇨bathroom US **4** *(de caballeros)* ⇨gents UK *inform* **5** *(de señoras)* ⇨ladies UK **6** *(en tenis)* ⇨service **7 de ~** ⇨on duty **1 2 8 libre de ~** ⇨off duty **9 ~ a domicilio** ⇨delivery service **10 ~ militar** ⇨military service
servidor, -a ▮ *s.* **1** *col. (usado en cartas): tu servidor* - yours truly ▮ **servidor** *s.m.* **2** *(en informática)* ⇨server
servilleta *s.f.* ⇨napkin ⇨serviette UK
servir ▮ *v.* **1** *(una comida)* ⇨to serve **2** *(una bebida)* ⇨to pour **3** *(en una organización, en un grupo)* ⇨to serve **4** *(estar capacitado)* ⇨to be good **5** *(ser de utilidad)* ⇨to be good: *Esta sartén no sirve* - This frying pan is no good; ⇨to be no use: *¿De qué sirve estudiar las lecciones de memoria?* - What's the use of learning lessons by heart?; ⇨to be useful ▮ **servirse** *prnl.* **6** *(una comida)* ⇨to help oneself **7** *(una bebida)* ⇨to pour oneself
sesenta *numer.* **1** ⇨sixty **2** *(sexagésimo)* ⇨sixtieth **3 los ~** *(década)* ⇨the sixties: *estar en los sesenta* - to be in one's sixties
sesión *s.f.* **1** ⇨session **2** *(de cine)* ⇨showing **3** *(de teatro)* ⇨performance
seso ▮ *s.m.* **1** *(juicio, sensatez)* ⇨sense ▮ **sesos** *pl.* **2** ⇨brains **3 devanarse los sesos** *col.* ⇨to rack *one's* brains *inform*
seta *s.f.* ⇨mushroom
setecientos, tas *numer.* ⇨seven hundred
setenta *numer.* **1** ⇨seventy **2** *estar en los setenta* - to be in one's seventies **3** *(septuagésimo)* ⇨seventieth
seto *s.m.* ⇨hedge
seudónimo *s.m.* ⇨pseudonym ⇨pen name
severo, ra *adj.* **1** *(estricto)* ⇨severe ⇨stern ⇨strict: *un castigo severo* - a strict punishment **2** *(clima)* ⇨harsh
sexagésimo, ma *numer.* ⇨sixtieth
sexo *s.m.* **1** *(género)* ⇨sex **2** *(relaciones sexuales)* ⇨sex
sexto, ta *numer.* ⇨sixth
sexual *adj.* **1** ⇨sexual **2** *vida sexual* - sex life
sexualidad *s.f.* ⇨sexuality
sexy *adj.* **1** ⇨sexy **2** *(una mujer)* ⇨foxy *inform*
si *conj.* **1** *(en una oración condicional)* ⇨if: *Si llama, dile que me he ido* - If she rings, tell her I'm out; *¿Y si llueve?* - What if it rains? **2** *(al expresar un deseo o algo imposible)* ⇨if only: *¡Si tuviera más dinero!* - If only I had more money! **3** *(al expresar una duda)* ⇨whether: *No sabemos si vendrán* - We don't know whether they will come **4** *(nota musical)* ⇨B **5 como ~** ⇨as if ⇨as though **6 ~ no** ⇨otherwise: *Estudia, si no no vas a aprobar el examen* - Study; otherwise you won't pass the exam; ⇨or else
sí ▮ *pron.pers.* **1** *(él, con valor reflexivo)* ⇨himself: *Se rió para sí* - He laughed to himself **2** *(ella, con valor reflexivo)* ⇨herself: *Karen dijo para sí que nunca lo olvidaría* - Karen said to herself that she would never forget him **3** *(ellos, ellas, con valor reflexivo)* ⇨themselves: *Se rieron para sí* - They laughed to themselves **4 por ~ misma** ⇨by herself ⇨on her own **5 por ~ mismo** ⇨by himself ⇨on his own **6 por ~ mismos** ⇨by themselves ⇨on their own ▮ *s.m.* **7** ⇨yes ⇨yeah *inform, spoken* ▮ *adv.* **8** ⇨yes ⇨yeah *inform, spoken* **9 ¡claro que sí!** ⇨of course! **10 creo que ~** ⇨I think so **11 de**

por ~ ⇒in itself: *De por sí, no es una mala idea* - It's not in itself a bad idea; ⇒per se **12 porque ~** ⇒just because: *¿Por qué lo has hecho? Porque sí* - Why did you do that? Just because

sida *s.m.* ⇒AIDS

sidra *s.f.* ⇒cider *UK;* ⇒hard cider *US*

siembra *s.f.* ⇒sowing

siempre *adv.* **1** ⇒always [CONSTR. Se sitúa detrás del verbo *to be* y de los verbos auxiliares y modales: *James has always been late - James siempre llega tarde*; y delante de los demás verbos: *I always walk to school - Siempre voy andando al colegio*] **2 como ~** ⇒as usual ⇒as always **3 para ~** ⇒for ever *UK;* ⇒for good **4 ~ que 1** *(con la condición de)* ⇒as long as: *Te ayudaré siempre que me pagues* - I'll help you as long as you pay me **2** *(cada vez que)* ⇒whenever: *Evita los atascos siempre que puedas* - Avoid traffic jams whenever possible **5 ~ y cuando** ⇒as long as

sien *s.f.* ⇒temple

sierra *s.f.* **1** *(herramienta)* ⇒saw **2** *(cordillera)* ⇒(mountain) range **3** *la sierra de Madrid* - the mountains near Madrid

siesta *s.f.* ⇒nap

siete *numer.* **1** ⇒seven **2** *(fecha)* ⇒seventh

sigiloso, sa *adj.* ⇒stealthy

sigla *s.f.* ⇒abbreviation ⇒acronym

siglo *s.m.* **1** ⇒century (*pl* centuries): *en el siglo XIX* - in the 19th century **2 por los siglos de los siglos** ⇒world without end **3 ~ de oro** ⇒golden age

significación *s.f.* **1** *(sentido, significado)* ⇒meaning **2** *(importancia)* ⇒significance

significado *s.m.* ⇒meaning

significar *v.* **1** *(querer decir)* ⇒to mean [CONSTR. to mean + that]: *La luz roja significa que hay que parar* - The red light means that you must stop; ⇒to stand for: *«ONU» significa «Organización de las Naciones Unidas»* - «UN» stands for «United Nations»; ⇒to signify **2** *(tener importancia o valor)* ⇒to mean: *Ella significa mucho para mí* - She means a lot to me

significativo, va *adj.* ⇒significant

signo *s.m.* **1** ⇒sign: *signo del zodíaco* - star sign **2** *(de admiración)* ⇒exclamation mark **3** *(de interrogación)* ⇒question mark **4** *(de puntuación)* ⇒punctuation mark

siguiente *adj.* **1** ⇒following ⇒next **2 ¡el siguiente!** *(en un establecimiento)* ⇒next, please!

sílaba *s.f.* ⇒syllable

silbar *v.* ⇒to whistle

silbato *s.m.* ⇒whistle

silbido *s.m.* ⇒whistle ⇒whistling

silencio *s.m.* **1** ⇒silence **2 en ~** ⇒in silence ⇒quietly **3 guardar ~** ⇒to keep quiet **4 ¡silencio, por favor!** ⇒quiet, please!

silencioso, sa *adj.* ⇒silent ⇒quiet

silla *s.f.* **1** ⇒chair **2** *(de un bebé)* ⇒pushchair *UK;* ⇒buggy (*pl* buggies); ⇒stroller *US* **3** *(giratoria)* ⇒swivel chair **4** *(de jardín)* ⇒garden chair **5** *(de ruedas)* ⇒wheelchair **6** *(de montar)* ⇒saddle **7** *(eléctrica)* ⇒electric chair

sillín *s.m.* ⇒saddle

sillón *s.m.* ⇒armchair

silueta *s.f.* ⇒silhouette ⇒outline: *la silueta de la ciudad* - the outline of the city; ⇒contour

silvestre *adj.* ⇒wild

simbólico, ca *adj.* ⇒symbolic

símbolo *s.m.* ⇒symbol

simetría *s.f.* ⇒symmetry (*pl* uncount)

similar *adj.* ⇒similar

similitud *s.f.* ⇒similarity (*pl* similarities); ⇒affinity (*pl* affinities)

simio, mia *s.* ⇒ape

simpatía *s.f.* **1** ⇒affection ⇒liking **2** *(encanto)* ⇒charm **3 tomarle ~ a alguien** ⇒to become fond of *sb*

simpático, ca *adj.* ⇒nice ⇒likeable

simpatizar *v.* ⇒to get on well: *simpatizar con alguien* - to get on well with sb

simple *adj.* **1** ⇒simple ⇒plain **2** *(mero)* ⇒mere **3** *(una persona)* ⇒geek *inform*

simplificar *v.* ⇒to simplify

simultáneo, a *adj.* ⇒simultaneous

sin *prep.* **1** ⇒without [CONSTR. without + doing sth]: *Lo hice sin pensar en las consecuencias* - I did it without thinking of the consequences; *un libro sin ilustraciones* - a book without pictures; *sin que lo supiera nadie* - without anybody knowing; ⇒free from: *sin ingredientes artificiales* - free from artificial ingredients **2 quedarse ~** ⇒to run out of: *quedarse sin mantequilla* - to run out of butter **3 ~ embargo** ⇒but: *No estudié mucho, sin embargo, aprobé* - I didn't study much, but I passed; ⇒however: *Llegaron tarde, sin embargo, no se disculparon* - They were late, however, they didn't apologize; ⇒nevertheless: *No me encuentro bien, sin embargo, iré* - I don't feel well, but I'll go nevertheless; ⇒though ⇒yet

sinagoga *s.f.* ⇒synagogue

sincero, ra *adj.* ⇒sincere ⇒frank ⇒truthful ⇒honest: *Para serte sincera, no me gusta nada* - To be honest, I don't like it at all

sindicato *s.m.* ⇒union ⇒trade union *UK;* ⇒labor union *US*

singular *adj.* / *s.m.* ⇒singular *form*

siniestro, tra ▮ *adj.* **1** ⇒sinister ▮ **siniestro** *s.m.* **2** ⇒accident
sino ▮ *s.m.* **1** ⇒destiny (*pl* destinies); ⇒fortune ▮ *conj.* **2** ⇒but: *No quiero esto, sino aquello* - I don't want this but that
sinónimo, ma ▮ *adj.* **1** ⇒synonymous ▮ **sinónimo** *s.m.* **2** ⇒synonym
síntesis *s.f.* ⇒synthesis *form* (*pl* syntheses); ⇒summary (*pl* summaries)
sintético, ca *adj.* ⇒synthetic
síntoma *s.m.* ⇒symptom
sintonizar ▮ *v.* **1** *(ajustar)* ⇒to tune: *sintonizar una radio a una emisora* - to tune a radio to a station ▮ **sintonizarse** *prnl.* **2** *(escuchar una cadena de radio)* ⇒to tune in
sinvergüenza ▮ *adj.* **1** ⇒shameless ▮ *s.com.* **2** ⇒cheeky devil *UK inform*
siquiera *adv.* **1** *(al menos)* ⇒at least **2 ni ~** ⇒not even: *Ni siquiera me avisaron* - They didn't even warn me
sirena *s.f.* **1** *(ser fabuloso)* ⇒mermaid **2** *(alarma)* ⇒siren
Siria *s.f.* ⇒Syria
sirio, ria *adj.* / *s.* ⇒Syrian
sirope *s.m.* ⇒syrup
sirviente, ta *s.* ⇒servant
sisear *v.* ⇒to hiss
siseo *s.m.* ⇒hissing
sistema *s.m.* **1** ⇒system: *sistema decimal* - decimal system **2 ~ montañoso** ⇒mountain range
sitio *s.m.* **1** *(lugar)* ⇒spot: *Este es mi sitio favorito de la playa* - That's my favourite spot of the beach; ⇒place ⇒location **2** *(espacio)* ⇒space ⇒room: *No había sitio para todos* - There wasn't room for everyone **3** *(lugar cercado)* ⇒siege **4 hacer ~ a alguien** ⇒to make room for *sb* **5 ir de un ~ a otro** ⇒to rush around **6 otro ~** ⇒elsewhere ⇒somewhere else **7 ~ web** ⇒web site
situación *s.f.* **1** *(posición)* ⇒situation ⇒position ⇒location **2** *(estado)* ⇒climate: *la situación política* - the political climate; ⇒condition ⇒state
situado, da *adj.* **1** ⇒located ⇒situated *form* **2** *Está situado junto al río* - It is by the river **3 estar ~** ⇒to stand: *un edificio que está situado junto al río* - a building which stands by the river
situar *v.* **1** *(localizar)* ⇒to locate *form;* ⇒to find [CONSTR. to find + dos objetos]; ⇒to place: *No lo sitúo* - I can't place it **2** *(poner, colocar)* ⇒to place ⇒to put ⇒to situate *form*
sobaco *s.m.* ⇒armpit
sobar *v.* **1** *col. (una tela)* ⇒to finger: *Deja de sobar el mantel* - Stop fingering the cloth **2** *col. (a una persona)* ⇒to paw *inform;* ⇒to touch up *UK inform* **3** *col. (dormir)* ⇒to get some shut-eye *inform*
soberano, na *s.* ⇒sovereign *form*
soberbio, bia *adj.* **1** *(muy bueno)* ⇒superb **2** *(arrogante)* ⇒arrogant ⇒proud
sobornar *v.* ⇒to bribe [CONSTR. to bribe + to do sth]: *Me sobornaron para que me mantuviera callado* - They bribed me to keep quiet
sobra ▮ *s.f.* **1** *Hay tiempo de sobra* - There's plenty of time ▮ **sobras** *pl.* **2** ⇒remains ⇒leftovers
sobrante *adj.* **1** ⇒spare ⇒remaining **2** *(comida)* ⇒leftover
sobrar *v.* **1** *(haber de sobra)* ⇒to have too much (con incontables): *Nos sobra comida* - We have too much food; ⇒to have too many (con contables): *Les sobran caramelos* - They have too many sweets **2** *(quedar)* ⇒to have left: *Me ha sobrado una docena de huevos* - I've got a dozen eggs left
sobre ▮ *s.m.* **1** *(de cartas)* ⇒envelope ▮ *prep.* **2** *(encima de)* ⇒on ⇒onto ⇒upon **3** *(por encima, sin tocar)* ⇒over **4** *(acerca de)* ⇒about **5** *(alrededor de)* ⇒about: *Estaré allí sobre las tres* - I'll be there at about three **6 ~ todo** ⇒above all
sobrecogedor, -a *adj.* ⇒frightening: *una situación sobrecogedora* - a frightening situation; ⇒shocking ⇒startling ⇒overwhelming: *un silencio sobrecogedor* - an overwhelming silence
sobredosis *s.f.* ⇒overdose
sobrenatural *adj.* ⇒supernatural
sobrepasar *v.* **1** ⇒to exceed: *sobrepasar el límite de velocidad* - to exceed the speed limit; ⇒to overtake **2** *(ser mejor)* ⇒to outdo
sobresaliente ▮ *adj.* **1** *(que sobresale)* ⇒overhanging ⇒salient *form* **2** *(excelente)* ⇒outstanding ▮ *s.m.* **3** *(nota)* ⇒A (*pl* A's)
sobresalir *v.* **1** *(salirse)* ⇒to bulge ⇒to overhang **2** *(destacar)* ⇒to stand out ⇒to stick out
sobresaltar ▮ *v.* **1** ⇒to startle: *El trueno me sobresaltó* - The thunder startled me ▮ **sobresaltarse** *prnl.* **2** ⇒to jump: *Me sobresalté al oír el teléfono* - I jumped when I heard the telephone; ⇒to start
sobrevivir *v. (vivir con estrechez)* ⇒to survive
sobrino, na ▮ *s.* **1** *(chico)* ⇒nephew **2** *(chica)* ⇒niece ▮ **sobrinos** *s.m.pl.* **3** ⇒nieces and nephews
sobrio, bria *adj.* **1** *(no borracho)* ⇒sober **2** *(decoración)* ⇒sober ⇒restrained
sociable *adj.* **1** ⇒sociable **2** *una persona muy sociable* - a good mixer
social *adj.* ⇒social: *vida social* - social life
socialismo *s.m.* ⇒socialism
socialista *adj.* / *s.com.* ⇒socialist

sociedad *s.f.* **1** ⇒society (*pl* societies) **2** *(unión de personas o países)* ⇒league **3** *(empresa)* ⇒company (*pl* companies) **4 ~ anónima** ⇒public limited company **5 ~ de consumo** ⇒consumer society **6 ~ limitada** ⇒limited company

socio, cia *s.* **1** *(en un negocio)* ⇒partner **2** *(en un grupo, una asociación)* ⇒member **3** *hacerse socio de un club* - to join a club

socorrer *v.* ⇒to go to the aid of

socorrista *s.com.* ⇒lifeguard

socorro *s.m.* **1** *(ayuda)* ⇒aid ⇒relief: *una operación internacional de socorro* - an international relief operation; ⇒SOS: *una llamada de socorro* - a SOS call **2 ¡socorro!** ⇒help!

sofá *s.f.* **1** ⇒sofa ⇒couch (*pl* couches); ⇒settee UK **2 ~ cama** ⇒sofa-bed

sofocante *adj.* ⇒suffocating ⇒stifling

sofocar ▮ *v.* **1** *(un fuego)* ⇒to put out: *sofocar un incendio* - to put a fire out; ⇒to extinguish **2** *(cansar mucho)* ⇒to exhaust: *El aeróbic me sofoca* - Aerobics exhausts me ▮ **sofocarse** *prnl.* **3** *(por el calor)* ⇒to suffocate: *En verano siempre me sofoco al andar* - In summer I always suffocate when I'm walking **4** *(por un esfuerzo)* ⇒to get out of breath: *Los asmáticos se sofocan fácilmente* - Asthmatics get out of breath very easily **5** *(enfadarse)* ⇒to get worked up

soga *s.f.* **1** ⇒rope **2 estar con la ~ al cuello** *col.* ⇒to be in deep trouble ⇒to be in deep water

soja *s.f.* ⇒soya UK; ⇒soy US

sol *s.m.* **1** ⇒sun **2** *(nota musical)* ⇒G **3** *luz del sol* - sunshine **4** *Hace sol* - It's sunny **5** *tomar el sol* - to sunbathe **6 no dejar a alguien ni a ~ ni a sombra** ⇒not to leave *sb* alone **7 puesta de ~** ⇒sunset **8 salida de ~** ⇒sunrise

solapa *s.f.* **1** *(de una prenda)* ⇒lapel **2** *(de un libro)* ⇒flap

solar ▮ *adj.* **1** ⇒solar **2** *luz solar* - sunlight ▮ *s.m.* **3** *(terreno)* ⇒building site ⇒plot

soldado *s.m.* **1** ⇒soldier **2 ~ raso** ⇒private ⇒GI US

soleado, da *adj.* ⇒sunny

soledad *s.f.* ⇒loneliness ⇒solitude

solemne *adj.* ⇒solemn *form;* ⇒dignified

soler *v.* **1** *(para hablar del presente)* [CONSTR. usually + to do sth]: *Suelo ducharme todos los días* - I usually have a shower every day **2** *(para hablar del pasado)* ⇒to used to [CONSTR. to use to + do sth]: *Cuando era pequeño solía ir al parque todos los días* - When I was little, I used to go to the park every day

solicitar *v.* **1** ⇒to request *form* [CONSTR. 1. to request + that 2. to request + to do sth]: *Se solicita a los visitantes que respeten las instalaciones* - They request the visitors to respect the installations; ⇒to solicit *form* **2** *(un empleo)* ⇒to apply for: *Va a solicitar un trabajo para este verano* - He's going to apply for a job for this summer

solicitud *s.f.* **1** ⇒request **2** *(por escrito)* ⇒application ⇒application form: *Rellena la solicitud* - Fill in the application form

solidaridad *s.f.* ⇒solidarity

solidez *s.f.* ⇒solidity

sólido, da ▮ *adj.* **1** ⇒solid **2** *(firme, fuerte)* ⇒firm ⇒strong **3** *(un conocimiento)* ⇒sound ▮ **sólido** *s.m.* **4** ⇒solid

solista *s.com.* ⇒soloist ⇒lead singer

solitario, ria ▮ *adj.* **1** *(persona)* ⇒lonely ⇒solitary **2** *(vacío, desierto)* ⇒deserted ▮ **solitario** *s.m.* **3** *(juego de cartas)* ⇒patience [U]

sollozar *v.* ⇒to sob

sollozo *s.m.* ⇒sob

solo, la ▮ *adj.* **1** *(sin compañía)* ⇒alone [Hace referencia al estado de soledad. CONSTR. Nunca va seguido de un nombre]: *Me gusta estar sola* - I like being alone; ⇒lonely [Hace referencia al sentimiento de soledad]: *Me siento triste y sola* - I feel sad and lonely; ⇒solo **2** *(uso enfático)* ⇒single: *No me queda ni un solo minuto libre* - I don't have one single minute free **3** *(yo solo)* ⇒by myself **4** *(tú solo)* ⇒by yourself **5** *(él solo)* ⇒by himself **6** *(ella sola)* ⇒by herself **7** *(nosotros solos)* ⇒by ourselves **8** *(vosotros solos)* ⇒by yourselves **9** *(ellos solos)* ⇒by themselves **10** *(una cosa sola, un animal solo)* ⇒by itself [En este caso puede hacer referencia tanto al estado como al sentimiento de soledad] **11** *(una bebida alcohólica)* ⇒neat **12 café solo** ⇒black coffee ▮ **solo** *s.m.* **13** *(de música)* ⇒solo

solomillo *s.m.* ⇒fillet steak ⇒tenderloin steak

sólo o solo *adv.* **1** ⇒only ⇒just **2 solo que** ⇒only

soltar ▮ *v.* **1** *(dejar de sujetar)* ⇒to let go of **2** *(liberar)* ⇒to release ⇒to free **3** *(aflojar)* ⇒to loosen **4** *(decir)* ⇒to let out ▮ **soltarse** *prnl.* **5** *(desatarse)* ⇒to come undone **6** *(desprenderse)* ⇒to come off **7 soltarse la melena** *col.* ⇒to let *one's* hair down *inform*

soltero, ra ▮ *adj.* **1** ⇒single ⇒unmarried ▮ *s.* **2** *(hombre)* ⇒bachelor ⇒single man (*pl* single men); ⇒unmarried man (*pl* unmarried men) **3** *(mujer)* ⇒single woman (*pl* single women); ⇒unmarried woman (*pl* unmarried women)

soltura *s.f.* **1** ⇒fluency ⇒ease **2** *conducir con soltura* - to drive smoothly and easily **3** *hablar con soltura* - to speak fluently

solución *s.f.* ⇒solution: *una solución ingeniosa* - an ingenious solution; ⇒key

solucionar *v.* **1** ⇒to solve ⇒to sort *sth* out *inform* **2** *(un problema)* ⇒to work *sth* out: *¿Puedes solucionarlo?* - Can you work it out?
somalí *adj. / s.com.* ⇒Somali
Somalia *s.f.* ⇒Somalia
sombra *s.f.* **1** *(lugar protegido del sol)* ⇒shade **2** *(que proyecta un cuerpo)* ⇒shadow **3** *(señal, atisbo)* ⇒shadow **4 ~ de ojos** ⇒eyeshadow
sombrero *s.m.* **1** ⇒hat: *sombrero de copa* - top hat **2 quitarse el ~** *col.* ⇒to take off *one's* hat to *sth/sb*
sombrilla *s.f.* **1** ⇒parasol **2** *(de la playa)* ⇒beach umbrella
sombrío, a *adj.* **1** *(un lugar)* ⇒gloomy ⇒dark **2** *(una persona)* ⇒sombre UK; ⇒somber US; ⇒gloomy
someter ▌*v.* **1** ⇒to subjugate: *Los romanos sometieron a muchos pueblos* - The Romans subjugated many peoples; ⇒to subdue **2** *someter algo a votación* - to put sth to the vote ▌**someterse** *prnl.* **3** ⇒to undergo: *someterse a una operación* - to undergo an operation
somier *s.m.* ⇒sprung bed base
somnífero *s.m.* ⇒sleeping pill
somnoliento, ta *adj.* ⇒sleepy ⇒drowsy: *Tuvo que madrugar y estuvo somnolienta todo el día* - She had to get up early and was drowsy the whole day; ⇒somnolent *lit*
son *s.m.* **1** ⇒pleasant sound **2 sin ton ni ~** *col.* ⇒without rhyme nor reason
sonajero *s.m.* ⇒rattle
sonámbulo, la *s.* ⇒sleepwalker ⇒somnambulist *form*
sonar ▌*v.* **1** ⇒to sound **2** *(un timbre)* ⇒to ring **3** *(las campanadas de un reloj)* ⇒to strike: *En el reloj sonaron las siete* - The clock struck seven **4** *(un despertador)* ⇒to beep **5** *(producir un recuerdo)* ⇒to look familiar: *Tu cara me suena* - You look familiar to me; ⇒to sound familiar **6 ~ a** ⇒to sound like ▌**sonarse** *prnl.* **7** *(la nariz)* ⇒to blow *one's* nose
sonido *s.m.* **1** ⇒sound **2** *(metálico)* ⇒clang
sonoro, ra *adj.* ⇒resounding: *una crítica sonora* - a resounding criticism; ⇒loud ⇒sonorous
sonreír *v.* ⇒to smile: *Aquel chico me sonrió desde la ventana* - That boy smiled at me from the window; ⇒to grin
sonriente *adj.* ⇒smiling
sonrisa *s.f.* ⇒smile ⇒grin
sonrojar ▌*v.* **1** ⇒to make blush: *Con tantos elogios vas a sonrojarme* - You're going to make me blush with so many compliments ▌**sonrojarse** *prnl.* **2** ⇒to go red ⇒to blush: *Es muy tímido y se sonroja con facilidad* - He's very shy and blushes easily
soñador, -a *s.* ⇒dreamer
soñar *v.* **1** *(mientras se duerme)* ⇒to dream [CONSTR. to dream + (that)] **2** *(desear)* ⇒to fantasize **3** *soñar despierto* - to daydream **4 ¡ni soñarlo!** ⇒no way!
sopa *s.f.* **1** ⇒soup: *sopa de verduras* - vegetable soup **2 hasta en la ~** *col.* ⇒all over the place
soplar *v.* **1** *(con la boca)* ⇒to blow **2** *(una vela)* ⇒to blow out **3** *col. (un secreto)* ⇒to blab **4** *col. (beber)* ⇒to booze *inform*
soplo *s.m.* **1** ⇒puff **2** *soplo de aire fresco* - breath of fresh air **3 en un ~** ⇒in a flash
soplón, -a *s. col.* ⇒informer ⇒grass *very inform* (*pl* grasses)
soportar *v.* **1** *(tolerar)* ⇒to bear [CONSTR. 1. to bear + doing sth 2. to bear + to do sth]: *No soporto ir de compras* - I can't bear going shopping **2** *(un peso)* ⇒to support ⇒to bear
soporte *s.m.* **1** ⇒support: *El suelo se mantiene con soportes de madera* - The floor is held up by wooden supports **2** *(para el equipaje)* ⇒rack **3** *(atril)* ⇒stand
sorber *v.* **1** ⇒to sip **2** *(con una pajita)* ⇒to suck
sorbo *s.m.* **1** ⇒sip **2** *beber a sorbos* - to sip
sordera *s.f.* ⇒deafness
sordo, da ▌*adj.* **1** *(persona)* ⇒deaf **2** *(sonido)* ⇒dull ▌*s.* **3** ⇒deaf person **4 hacerse el ~** ⇒to turn a deaf ear **5 quedarse ~** ⇒to go deaf **6 ~ como una tapia** *col.* ⇒as deaf as a post *inform*
sordomudo, da *adj.* ⇒deaf and dumb
sorprendente *adj.* ⇒surprising ⇒amazing
sorprender ▌*v.* **1** ⇒to surprise ⇒to amaze **2** *(coger desprevenido)* ⇒to catch unaware **3 no me sorprende** ⇒no wonder ⇒it doesn't surprise me ▌**sorprenderse** *prnl.* **4** ⇒to be surprised
sorprendido, da *adj.* ⇒surprised
sorpresa *s.f.* ⇒surprise: *La miró con sorpresa* - He looked at her in/with surprise
sortear *v.* **1** ⇒to draw lots ⇒to raffle **2** *(un obstáculo)* ⇒to find a way around ⇒to dodge **3** *(una dificultad)* ⇒to overcome
sorteo *s.m.* ⇒draw ⇒drawing UK; ⇒raffle: *Nunca he ganado nada en un sorteo* - I have never won anything in a raffle
sortija *s.f.* ⇒ring: *sortija de compromiso* - engagement ring
sosiego *s.m.* ⇒tranquillity ⇒calm
soso, sa *adj.* **1** *(con poco sabor)* ⇒bland ⇒tasteless **2** *(con poca animación, sin gracia)* ⇒dull: *La fiesta fue bastante sosa* - The party was rather dull; ⇒uninteresting ⇒insipid
sospecha *s.f.* ⇒suspicion
sospechar *v.* ⇒to suspect [CONSTR. to suspect + (that)]

sospechoso, sa ▮ *adj.* **1** ⇒suspicious ▮ *s.* **2** ⇒suspect
sostén *s.m.* **1** ⇒bra **2** *(soporte)* ⇒support
sostener *v.* **1** *(sujetar)* ⇒to support **2** *(sujetar con las manos)* ⇒to hold **3** *(una charla, una conversación)* ⇒to have **4** *(una opinión)* ⇒to maintain *form* [CONSTR. to maintain + that]
sotana *s.f.* ⇒cassock
sótano *s.m.* **1** *(piso, planta)* ⇒basement **2** *(para guardar cosas)* ⇒cellar
sprint *s.m.* **1** ⇒sprint **2** *hacer un sprint* - to sprint
stop *s.m.* ⇒stop sign
su *poses.* **1** *(de él)* ⇒his: *Su madre es intérprete* - His mother is an interpreter; *Sus padres no están en casa* - His parents aren't home **2** *(de ella)* ⇒her: *Su padre es profesor* - Her father is a teacher; *Sus amigos se burlaron de ella* - Her friends mocked her **3** *(referido a una cosa o a un animal)* ⇒its: *Sus orejas son enormes* - Its ears are huge **4** *(de ellos, de ellas)* ⇒their: *Mis padres están decorando su habitación* - My parents are decorating their room **5** *(de usted, de ustedes)* ⇒your: *¿Su nombre, por favor?* - Your name, please?; *¿Llevan ustedes sus entradas?* - Do you have your tickets with you?
suave *adj.* **1** *(al tacto)* ⇒smooth ⇒soft **2** *(al gusto)* ⇒mild **3** *(carácter)* ⇒gentle **4** *(un clima)* ⇒mild
suavidad *s.f.* **1** *(tersura)* ⇒smoothness ⇒softness **2** *(dulzura)* ⇒gentleness
suavizante *s.m.* **1** *(del pelo)* ⇒conditioner **2** *(de la ropa)* ⇒fabric softener
suavizar *v.* ⇒to make *sth* smoother ⇒to soften
subasta *s.f.* ⇒auction
subastar *v.* ⇒to auction
subida *s.f.* **1** ⇒rise: *una subida de precios* - a rise in prices **2** *(cuesta, pendiente)* ⇒slope
subir **1** *(a un coche, a un taxi)* ⇒to get in **2** *(a un avión, a un tren, a un autobús)* ⇒to get on ⇒to board **3** *(el volumen)* ⇒to turn up **4** *(escalar)* ⇒to climb **5** *(ascender)* ⇒to rise: *El precio de la gasolina ha subido* - The price of petrol has risen **6** *(incrementar, aumentar)* ⇒to raise: *El Gobierno ha subido los impuestos* - The Government has raised taxes **7** *(levantar)* ⇒to raise **8** *(trepar)* ⇒to scramble up **9** *(cuando el que habla está abajo)* ⇒to go up: *Sube por una manta* - Go up and bring a blanket **10** *(cuando el que habla está arriba)* ⇒to come up: *¡Sube, quiero enseñarte algo!* - Come up, I want to show you sth! **11** **~ andando** ⇒to walk up **12** **~ corriendo** ⇒to run up ▮ **subirse** *prnl.* **13** *(una prenda de vestir)* ⇒to pull *sth* up
submarinismo *s.m.* ⇒scuba diving ⇒underwater exploration
submarino, na ▮ *adj.* **1** ⇒underwater ▮ **submarino** *s.m.* **2** ⇒submarine ⇒sub *inform*
subrayar *v.* **1** *(marcar con una raya)* ⇒to underline: *subrayar una palabra* - to underline a word **2** *(recalcar)* ⇒to stress: *Mi profesora subrayó la importancia de la lectura en voz alta para aprender lenguas* - My teacher stressed the importance of reading aloud when learning a second language; ⇒to emphasize ⇒to emphasise *UK* [CONSTR. to emphasize/-ise + that]
subsistir *v.* ⇒to survive: *Subsistieron a base de pan y agua* - They survived on bread and water
subterráneo, a ▮ *adj.* **1** ⇒underground ▮ **subterráneo** *s.m.* **2** *AMÉR.* *(medio de transporte)* ⇒metro ⇒underground *UK;* ⇒subway *US*
subtítulo *s.m.* ⇒subtitle
suburbio *s.m.* **1** *(de bajo nivel económico)* ⇒poor area **2** *(en malas condiciones)* ⇒slum area
subvención *s.f.* ⇒subsidy (*pl* subsidies); ⇒grant
suceder *v.* **1** *(ocurrir)* ⇒to happen **2** *(en oraciones interrogativas o negativas)* ⇒to go on: *¿Qué sucede?* - What's going on? **3** *(sustituir)* ⇒to succeed: *El príncipe sucederá al trono a los veinte años* - The prince will succeed to the throne when he's twenty
suceso *s.m.* ⇒happening ⇒event
suciedad *s.f.* ⇒dirt
sucio, cia *adj.* **1** ⇒dirty **2** *(sucio y desordenado)* ⇒messy
sucursal *s.f.* ⇒branch (*pl* branches)
sudadera *s.f.* ⇒sweatshirt
Sudáfrica *s.f.* ⇒South Africa
sudafricano, na *adj. / s.* ⇒South African
sudar *v.* ⇒to sweat
sudeste *s.m.* ⇒south-east
sudor *s.m.* ⇒sweat
suegro, gra ▮ *s.* **1** *(hombre)* ⇒father-in-law (*pl* fathers-in-law) **2** *(mujer)* ⇒mother-in-law (*pl* mothers-in-law) ▮ **suegros** *pl.* **3** *(suegro y suegra)* ⇒parents-in-law
suela *s.f.* ⇒sole
sueldo *s.m.* **1** ⇒pay [U] **2** *(al mes, al año)* ⇒salary (*pl* salaries) **3** *(al día, a la semana)* ⇒wage ⇒wages
suelo *s.m.* **1** *(de una vivienda)* ⇒floor **2** *(en la tierra)* ⇒ground **3** *(para cultivar)* ⇒soil
suelto, ta ▮ *adj.* **1** *(sin atar)* ⇒loose **2** *llevar el pelo suelto* - to wear one's hair down **3** *(holgado)* ⇒loose **4** *(al hablar)* ⇒fluent ▮ **suelto** *s.m.* **5** *(monedas)* ⇒loose change
sueño *s.m.* **1** *(estado de reposo)* ⇒sleep **2** *tener sueño* - to be sleepy **3** *(lo que se sueña)* ⇒dream ⇒vision **4** **echar un sueñecito** ⇒to have a nap

suerte *s.f.* **1** ⇨luck [Se dice *some luck, a stroke of luck* o *a piece of luck*. Incorrecto: *a luck*]; ⇨fortune ⇨chance **2** *Soy un tío con suerte* - I'm a lucky guy **3 buena ~** ⇨good luck **4 echar algo a suertes** ⇨to draw lots **5 mala ~** ⇨misfortune **6 por ~** ⇨fortunately

suéter *s.m.* ⇨sweater

suficiente ▌*adj.* **1** ⇨enough ⇨sufficient ⇨adequate ■ Ver cuadro demasiado / suficiente ▌*s.m.* **2** *(calificación)* ⇨pass (*pl* passes)

sufijo *s.m.* ⇨suffix (*pl* suffixes)

sufrimiento *s.m.* ⇨suffering

sufrir *v.* **1** *(un daño físico)* ⇨to suffer **2** *(un daño moral o emocional)* ⇨to go through **3** *(un accidente)* ⇨to have

sugerencia *s.f.* ⇨suggestion: *hacer una sugerencia* - to make a suggestion

sugerir *v.* ⇨to suggest [CONSTR. 1. to suggest + (that) 2. to suggest + doing sth 3. to suggest + interrogativo]: *Les sugerí que pidieran un préstamo* - I suggested they should ask for a loan; *Sugerí que fuéramos al cine* - I suggested going to the cinema

suicidarse *v.prnl.* ⇨to commit suicide ⇨to take *one's* own life: *Esa poetisa se suicidó en el mar* - That poet took her own life at sea

suicidio *s.m.* ⇨suicide

sujetador *s.m.* ⇨bra

sujetar *v.* **1** ⇨to hold: *Sujétalo bien, que no se caiga* - Hold it tight so that it doesn't fall **2** *(atar, abrochar)* ⇨to fasten **3** *(amarrar)* ⇨to strap

sujeto, ta ▌*adj.* **1** *(fijo, firme)* ⇨secure ⇨fastened ⇨held in place **2 estar ~ a** ⇨to be subject to ▌**sujeto** *s.m.* **3** *(en gramática)* ⇨subject **4** *(persona)* ⇨person (*pl* people)

suma *s.f.* **1** *(operación matemática)* ⇨addition ⇨sum *UK* **2** *(cantidad)* ⇨amount ⇨sum **3** *(total)* ⇨total ⇨sum

sumar *v.* ⇨to add ⇨to add up

sumario *s.m.* ⇨summary (*pl* summaries)

suministrar *v.* ⇨to supply ⇨to provide [CONSTR. to provide with sth]

súper ▌*adj.* **1** *col.* ⇨super *inform* ▌*s.m.* **2** *(supermercado)* ⇨supermarket

superar ▌*v.* **1** *(exceder)* ⇨to exceed **2** *(un récord)* ⇨to break ⇨to beat **3** *(una dificultad)* ⇨to overcome **4** *(una prueba)* ⇨to pass ▌**superarse** *prnl.* **5** ⇨to surpass oneself ⇨to get better

superficie *s.f.* **1** ⇨surface **2** *(de tierra)* ⇨area

superior *adj.* **1** *(mejor)* ⇨superior **2** *(más alto)* ⇨upper **3** *(más importante)* ⇨senior

superioridad *s.f.* ⇨superiority

superlativo, va *adj.* ⇨superlative ■ Ver cuadro comparative and superlative forms of adjectives

supermercado *s.m.* ⇨supermarket

superstición *s.f.* ⇨superstition

supervisar *v.* ⇨to supervise

supervisión *s.f.* ⇨supervision

supervivencia *s.f.* ⇨survival

superviviente *s.com.* ⇨survivor

suplente *s.com.* **1** ⇨substitute ⇨replacement **2** *(profesor)* ⇨supply teacher

suplicar *v.* ⇨to beg [CONSTR. to beg + to do sth]; ⇨to implore [CONSTR. to implore + to do sth] *lit;* ⇨to plead [CONSTR. to plead with sb]

suponer *v.* **1** *(imaginar)* ⇨to suppose ⇨to imagine ⇨to assume [CONSTR. to assume + (that)] **2** *(traer consigo, significar)* ⇨to mean ⇨to involve [CONSTR. to involve + doing sth]

suposición *s.f.* ⇨assumption ⇨guess (*pl* guesses)

supuesto, ta *adj.* **1** ⇨supposed **2** *(cuando se desconfía)* ⇨ostensible *form: El supuesto asesino fue detenido* - The ostensible murderer has been arrested **3** *dar algo por supuesto* - to take sth for granted **4 por supuesto** ⇨of course

sur *s.m.* **1** ⇨south **2** *del sur* - southern **3** *en dirección sur* - in a southerly direction

surafricano, na *adj. / s.* Véase **sudafricano, na**

suramericano, na *adj. / s.* ⇨South American

sureste *s.m.* ⇨south-east

surf *s.m.* **1** ⇨surfing **2** *hacer surf* - to surf **3** *tabla de surf* - surfboard

surfista *s.com.* ⇨surfer

surgir *v.* **1** ⇨to arise ⇨to emerge **2** *(un problema)* ⇨to arise ⇨to come up

suroeste *s.m.* ⇨south-west

surtido, da ▌*adj.* **1** ⇨assorted: *galletas surtidas* - assorted biscuits ▌**surtido** *s.m.* **2** ⇨selection ⇨assortment

surtidor *s.m.* ⇨petrol pump *UK*

suscripción *s.f.* ⇨subscription

suspender *v.* **1** *(un examen)* ⇨to fail **2** *(cancelar)* ⇨to suspend ⇨to cancel

suspense *s.m.* **1** ⇨suspense **2** *novela de suspense* - thriller; *película de suspense* - thriller

suspensores *s.m.pl.* *AMÉR.* ⇨braces *UK;* ⇨suspenders *US*

suspicaz *adj.* ⇨suspicious ⇨distrustful

suspirar *v.* ⇨to sigh

suspiro *s.m.* ⇨sigh

sustancia *s.f.* **1** ⇨substance **2** *(química)* ⇨chemical

sustancial *adj.* ⇨essential ⇨fundamental

sustantivo *s.m.* ⇨noun

sustitución *s.f.* ⇨replacement ⇨substitution

sustituir *v.* ⇨to replace [CONSTR. to replace sth/sb with sth/sb]: *Sustituyeron a Wally por Rebecca* - They replaced Wally with Rebecca; ⇨to substitute [CONSTR. to substitute sth/sb for sth/sb]: *Me* *sustituyeron por otra empleada* - They substituted me for another employee

sustituto, ta *s.* ⇒substitute ⇒replacement ⇒deputy

susto *s.m.* ⇒fright: *dar un susto a alguien* - to give sb a fright; ⇒scare

sustracción *s.f.* ⇒subtraction ⇒taking away

susurrar *v.* ⇒to whisper: *susurrar al oído* - to whisper in sb's ear

sutil *adj.* ⇒subtle

suyo, ya *poses.* **1** *(de él, precedido del verbo «ser»)* ⇒his: *¿Ese coche es de tu hermano? Sí, es suyo* - Is that car your brother's? Yes, it's his **2** *(de ella, precedido del verbo «ser»)* ⇒hers: *¿Esta falda es de tu hermana? Sí, es suya* - Is that skirt your sister's? Yes, it's hers **3** *(de ellos, de ellas, precedido del verbo «ser»)* ⇒theirs: *¿Esto es de tus padres? Sí, es suyo* - Is this your parents'? Yes, it's theirs **4** *(de usted, de ustedes, precedido del verbo «ser»)* ⇒yours: *¿Este abrigo es suyo?* - Is this coat yours? **5** *(de él, precedido de un sustantivo)* ⇒of his: *Una vecina suya me dijo que se sentía muy solo* - A neighbour of his told me he felt a bit lonely **6** *(de ella, precedido de un sustantivo)* ⇒of hers: *Ha llegado un sobrino suyo* - A nephew of hers has arrived **7** *(de ellos, de ellas, precedido de un sustantivo)* ⇒of theirs: *Un compañero suyo me contó lo que habían hecho* - A classmate of theirs told me what they had done **8** *(de usted, de ustedes, precedido de un sustantivo)* ⇒of yours: *¿Ese médico es amigo suyo?* - Is that doctor a friend of yours? **9** *(de él, pronombre)* ⇒his: *El suyo es más pequeño* - His is smaller **10** *(de ella, pronombre)* ⇒hers: *La suya es más bonita* - Hers is prettier **11** *(de ellos, de ellas, pronombre)* ⇒theirs: *El suyo es de color rojo* - Theirs is red **12** *(de usted, de ustedes, pronombre)* ⇒yours: *¿El suyo es azul?* - Is yours blue? **13 ir a lo suyo** ⇒to go *one's* own way: *Mi hermana va a lo suyo* - My sister goes her own way; ⇒to think only of oneself **14 salirse con la suya** ⇒to get *one's* own way: *Siempre te sales con la tuya* - You always get your own way

t *s.f. (letra del alfabeto)* ⇒t

tabaco *s.m.* **1** ⇒tobacco [U] **2** *(cigarrillos)* ⇒cigarettes *pl* **3 ~ de liar** ⇒rolling tobacco **4 ~ negro** ⇒black tobacco ⇒dark tobacco

tabaquería *s.f.* AMÉR. ⇒tobacconist's (*pl* tobacconists')

taberna *s.f.* ⇒tavern *US;* ⇒inn

tabique *s.m.* **1** *(pared)* ⇒partition ⇒partition wall **2** *(nasal)* ⇒bone of the nose

tabla ▌*s.f.* **1** *(de madera)* ⇒board ⇒plank **2** *(de números, cifras)* ⇒table: *la tabla de multiplicar* - the multiplication table; *la tabla periódica* - periodic table **3** *tabla de planchar* - ironing board **4** *tabla de surf* - surfboard ▌**tablas** *pl.* **5** *(empate)* ⇒stalemate: *acabar en tablas* - to be drawn **6 tener tablas** *col. (en una actividad)* ⇒to be an old hand

tablero *s.m.* **1** *(de juegos de mesa)* ⇒board: *tablero de ajedrez* - chessboard **2** *(panel)* ⇒board

tableta *s.f.* **1** *(pastilla)* ⇒tablet **2** *tableta de chocolate* - bar

tablón *s.m.* ⇒board: *tablón de anuncios* - noticeboard; ⇒plank

taburete *s.m.* ⇒stool

tacaño, ña *adj. desp.* ⇒mean *UK;* ⇒stingy ⇒tight-fisted *inform*

tachadura *s.f.* ⇒crossing-out ⇒correction

tachar *v.* ⇒to cross out

tachuela *s.f.* **1** *(chincheta)* ⇒drawing pin *UK* **2** *(clavo)* ⇒tack **3** *(adorno)* ⇒stud

taco ▌*s.m.* **1** *(de madera, de plástico)* ⇒plug **2** *(de billar)* ⇒cue **3** *(de queso, de jamón)* ⇒cube **4** *(comida mejicana)* ⇒taco **5** *(de una bota de fútbol)* ⇒stud **6** AMÉR. *(en un zapato)* ⇒heel **7** *col. (palabrota)* ⇒swear word **8** *decir tacos* - to swear **9** *col. (mezcla de ideas)* ⇒muddle: *hacerse un taco con algo* - to muddle sth; ⇒mess **10** *col. (gran cantidad)* ⇒pile: *Tengo un taco de cosas que hacer* - I have a pile of things to do ▌**tacos** *pl.* **11** *col. (años): Eva tiene veintitrés tacos* - Eva's twenty-three

tacón *s.m.* **1** ⇒heel **2** *zapatos de tacón* - high-heeled shoes

táctica *s.f.* **1** *(estrategia)* ⇒tactic **2** *(juego)* ⇒ploy ⇒gambit

táctil *adj.* ⇒tactile

tacto *s.m.* **1** *(sentido)* ⇒touch **2** *(textura)* ⇒feel: *un tacto resbaladizo* - a slippery feel **3** *(delicadeza)* ⇒tact **4** *tener tacto* - to be tactful **5** *hacer algo con tacto* - to do sth tactfully **6** *hacer algo sin tacto* - to do sth tactlessly

tajada *s.f.* **1** *(trozo)* ⇒slice: *una tajada de carne* - a slice of meat **2** *col. (ganancia)* ⇒cut *inform;* ⇒percentage *US* **3** *col. (borrachera): llevar una tajada* - to be smashed

tal *adj.* **1** ⇒such: *No hay tal cosa* - There's no such thing **2 con ~ de (que)** ⇒as long as ⇒provided that: *con tal de que me llames* - provided that you phone me **3 ¿qué tal...?** *¿Qué tal la obra de teatro?* - How was the play? **4 ¿qué ~ estás?** ⇒How are you? **5 ¿qué ~ si...?** ⇒How about...? ⇒What about...? **6 ~ como** ⇒just as **7 ~ cual** ⇒just as it is ⇒exactly as it is **8 ~ vez** ⇒maybe ⇒perhaps

taladradora *s.f.* **1** ⇒drill **2** *(para la calle)* ⇒pneumatic drill **3** *(de papel)* ⇒paper punch

taladrar *v.* **1** ⇒to drill **2** *(con máquinas grandes)* ⇒to bore **3** *(un ruido, una mirada)* ⇒to pierce: *Le taladró con la mirada* - He pierced her with the eyes

taladro *s.m.* ⇒drill

talar *v.* ⇒to cut down ⇒to fell

talco *s.m.* ⇒talc ⇒talcum powder

talento *s.m.* **1** ⇒talent **2** *una persona con talento* - a talented person **3** *(capacidad, habilidad)* ⇒ability (*pl* abilities)

talla *s.f.* **1** *(escultura)* ⇒carving **2** *(de ropa)* ⇒size: *¿Qué talla usas?* - What's your size?; *Mi hermana usa la talla 40* - My sister takes size 40 **3** *(categoría)* ⇒stature: *una persona de gran talla intelectual* - a person of great intelectual stature **4 dar la ~** ⇒to measure up

tallar *v.* **1** ⇨to carve ⇨to work: *tallar la madera* - to work wood **2** *(una piedra)* ⇨to sculpt **3** *(una joya)* ⇨to cut

taller *s.m.* **1** *(lugar de trabajo)* ⇨workshop **2** *(de vehículos)* ⇨garage **3** *(de arte)* ⇨studio

tallo *s.m.* ⇨stalk ⇨stem

talón *s.m.* **1** ⇨heel **2** *(de dinero)* ⇨cheque *UK;* ⇨check *US* **3 pisar los talones a alguien** ⇨to be on *sb's* heels

talonario *s.m.* ⇨chequebook *UK;* ⇨checkbook *US*

tamaño *s.m.* **1** ⇨size: *¿Qué tamaño tiene?* - What size is it? **2 ~ familiar** ⇨family size

tambalearse *v.prnl.* **1** ⇨to stagger: *El terremoto hizo que me tambaleara* - The earthquake made me stagger; ⇨to reel **2** *(una creencia)* ⇨to waver

también *adv.* **1** ⇨too [CONSTR. Siempre se sitúa al final de la oración]: *Me encantan las vacaciones, pero también me gusta trabajar* - I love holidays but I like working too; ⇨as well [CONSTR. Siempre se sitúa al final de la oración] **2** *(delante del verbo inglés)* ⇨also [CONSTR. Se sitúa delante del verbo principal y después del verbo auxiliar]: *También estudio alemán* - I'm also studying German

tambor *s.m.* **1** ⇨drum **2** *(músico)* ⇨drummer

tampoco *adv.* **1** ⇨either [CONSTR. Se usa con oraciones negativas y se sitúa al final]: *A él no le gusta el fútbol y a mí tampoco* - He doesn't like football and I don't either **2** ⇨nor *UK* [CONSTR. Se usa en frases después de *neither* o *not*]: *No voy a aprobar el examen. Yo tampoco* - I am not going to pass the exam. Nor am I; ⇨neither [CONSTR. Se usa con oraciones afirmativas]: *Julie nunca hace su cama, ni tampoco su hermano* - Julie never makes her bed, and neither does her brother

tampón *s.m.* **1** *(para los sellos)* ⇨ink pad **2** *(para el flujo menstrual)* ⇨tampon

tan *adv.* **1** *(con un adverbio, con un adjetivo)* ⇨so: *¿Por qué eres tan desagradable conmigo?* - Why are you so nasty to me?; ⇨that: *No es tan malo* - It's not that bad **2** *(con un adjetivo seguido de un sustantivo en plural)* ⇨such: *Nunca he visto naranjas tan grandes* - I've never seen such big oranges **3** *(con un adjetivo seguido de un sustantivo en singular)* ⇨such a ⇨such an: *Este es un lugar tan bonito que me quedaría aquí para siempre* - This is such a nice place that I could stay here for ever **4 tan... como** ⇨as... as: *Mi hermano pequeño es tan alto como yo* - My younger brother is as tall as I am **5 ~ pronto como** ⇨as soon as [CONSTR. Nunca va seguido de un verbo en futuro] **6 ~ solo** ⇨only

tanque *s.m.* **1** ⇨tank: *un tanque de agua* - a water tank; ⇨reservoir **2** *(carro de combate)* ⇨tank

tantear *v.* **1** ⇨to sound out: *tantear a alguien* - to sound sb out **2** *tantear el terreno* - to see how the land lies **3** *(palpar)* ⇨to feel

tanteo *s.m.* **1** *(en deporte, en un juego)* ⇨score **2** *(cálculo)* ⇨estimate

tanto, ta ❚ *adj./s.* **1** *(con nombres incontables)* ⇨so much **2** *(con nombres contables)* ⇨so many **3 hasta las tantas** ⇨until the small hours **4 tanto... como 1** *(con nombres incontables)* ⇨as much... as: *No tiene tanto dinero como tú* - She hasn't got as much money as you **2** *(con nombres contables)* ⇨as many... as: *Hay tantos libros como alumnos* - There are as many books as pupils **3** *(igualdad)* ⇨both... and: *Tanto España como Francia están en la Unión Europea* - Both Spain and France are in the European Union ❚ **tanto** *s.m.* **5** *(en ciertos deportes)* ⇨point **6** *(en fútbol)* ⇨goal **7 estar al tanto de** ⇨to be aware of: *No estoy al tanto de la situación* - I am not aware of the situation; ⇨to keep track of *sth/sb* ❚ *adv.* **8** *(cantidad)* ⇨so much: *Me reí tanto* - I laughed so much **9** *Venga, ¡no es para tanto!* - Come on, it's not such a big deal! **10** *(duración)* ⇨so long ⇨such a long time **11** *(frecuencia)* ⇨so often **12 en tanto que** ⇨in that *form* **13 mientras tanto** ⇨in the meantime ⇨meanwhile **14 por tanto** ⇨thus ⇨so ⇨therefore

tapa *s.f.* **1** ⇨lid: *la tapa de la caja* - the lid of the box; ⇨top ⇨cap **2** *(de un libro)* ⇨cover **3 ~ dura** *(de un libro)* ⇨hardback

tapadera *s.f.* **1** *(para cerrar algo)* ⇨lid ⇨cover **2** *(para encubrir algo)* ⇨cover

tapar ❚ *v.* **1** *(cubrir)* ⇨to cover **2** *(con las sábanas)* ⇨to cover *sb* up **3** *(con ropa)* ⇨to wrap *sb* up **4** *(una caja, un bote)* ⇨to put the lid on **5** *(una botella)* ⇨to put the top on ⇨to put the cork on **6** *(un agujero)* ⇨to plug **7** *(obstruir)* ⇨to bar ⇨to block (out) **8** *(esconder)* ⇨to hide ❚ **taparse** *prnl.* **9** *(abrigarse)* ⇨to wrap up **10** *(con las sábanas)* ⇨to cover oneself up

tapete *s.m.* **1** ⇨table cloth **2** *(para jugar a las cartas)* ⇨card table **3** *AMÉR. (alfombra)* ⇨carpet **4** *AMÉR. (felpudo)* ⇨mat ⇨doormat

tapia *s.f.* ⇨wall

tapicería *s.f.* **1** *(tela)* ⇨upholstery **2** *(lugar)* ⇨upholsterer's **3** *(técnica)* ⇨tapestry-making

tapiz *s.m.* ⇨tapestry (*pl* tapestries)

tapizar *v.* ⇨to upholster

tapón *s.m.* **1** *(de un recipiente)* ⇨top: *un tapón de rosca* - a screw top; ⇨stopper **2** *(de corcho)* ⇨cork **3** *(en un fregadero, un lavabo)* ⇨plug **4** *(para el oído)* ⇨ear plug **5** *col. (atasco)* ⇨jam

taponar ❚ *v.* **1** ⇨to block ⇨to plug ❚ **taponarse** *prnl.* **2** ⇨to get blocked: *Se me taponaron los* *oídos en el avión* - My ears got blocked on the plane

taquilla *s.f.* **1** ⇨ticket office **2** *(en un cine, en un teatro)* ⇨box office **3** *(en un vestuario)* ⇨locker

taquillero, ra ❚ *adj.* **1** *un espectáculo taquillero* - a box-office hit show ❚ *s.* **2** ⇨box-office clerk

tarántula *s.f.* ⇨tarantula

tararear *v.* ⇨to hum: *tararear una canción* - to hum a melody

tardar *v.* **1** *(un período de tiempo): Tardaré dos días en terminar el trabajo* - It will take me two days to finish the work **2** *(más tiempo del normal)* ⇨to take a long time: *El presidente tardó en llegar al lugar* - It took the president a long time to get to the place **3** *No tardes mucho* - Don't be too long **4** *¿Cuánto se tarda en llegar?* - How long does it take to get there? **5** *Se tarda unas tres horas* - It takes about three hours

tarde ❚ *s.f.* **1** *(hasta las seis)* ⇨afternoon: *Llegaré por la tarde* - I will arrive in the afternoon **2** *(a partir de las seis)* ⇨evening **3 a media ~** ⇨at the end of the afternoon **4 buenas tardes** *(hasta las seis)* ⇨good afternoon; *(a partir de las seis)* ⇨good evening **5 de la ~** *(para las horas)* ⇨p.m. [Cuando se dice *p.m.* no se dice *o'clock*] [Procede de *post meridiem* (después del mediodía)]: *Llegaré a las 6 de la tarde* - I'll arrive at 6 p.m. **6 hacerse ~** ⇨to be getting on ❚ *adv.* **7** ⇨late: *No llegues tarde* - Don't be late **8 como muy ~** ⇨at the latest **9 más ~** ⇨later on **10 más vale ~ que nunca** ⇨better late than never **11 ~ o temprano** ⇨sooner or later

tarea *s.f.* **1** ⇨task ⇨job **2** *(del colegio)* ⇨homework [Se dice *some homework* o *a piece of homework*. Incorrecto: *a homework*] **3** *(del trabajo)* ⇨assignment ⇨undertaking

tarifa *s.f.* **1** ⇨rate ⇨price **2** *(de un medio de transporte)* ⇨fare

tarima *s.f.* ⇨platform ⇨dais (*pl* daises)

tarjeta *s.f.* **1** ⇨card: *tarjeta del día de San Valentín* - Valentine card **2** *(de un cajero automático)* ⇨cash card *UK;* ⇨cashpoint card **3 ~ de crédito** ⇨credit card **4 ~ de embarque** ⇨boarding card **5 ~ de teléfono** ⇨phone card **6 ~ de visita** ⇨business card **7 ~ postal** ⇨postcard

tarrina *s.f.* ⇨tub

tarro *s.m.* **1** ⇨jar [Hay dos formas de decir *un tarro de mermelada*: *a jar of jam* (si está lleno) y *a jam jar* (si está vacío)]; ⇨pot **2** *col. comerse el tarro* - to think hard

tarta *s.f.* **1** ⇨cake ⇨gateau (*pl* gateaux, gateaus) **2** *(de hojaldre)* ⇨tart **3** *(dulce o salada)* ⇨pie

tartamudear *v.* ⇨to stammer

tartamudo, da ❚ *adj.* **1** *ser tartamudo* - to have a stutter ❚ *s.* **2** ⇨stutterer ⇨stammerer

tasa *s.f.* **1** *(cantidad de dinero)* ⇨fee ⇨charge **2** *(número indicativo)* ⇨rate: *tasa de natalidad* - birth rate **3** *(impuesto)* ⇨tax

tasca *s.f.* ⇨bar ⇨pub

tatarabuelo, la ❚ *s.* **1** *(hombre)* ⇨great-great-grandfather **2** *(mujer)* ⇨great-great-grandmother ❚ **tatarabuelos** *s.m.pl.* **3** *(tatarabuelo y tatarabuela)* ⇨great-great-grandparents

tatuaje *s.m.* ⇨tattoo

tauro *adj.* / *s.com.* ⇨Taurus *n*

taxi *s.m.* ⇨taxi ⇨cab *inform US*

taxista *s.com.* ⇨taxi driver

taza *s.f.* **1** ⇨cup [Hay dos formas de decir *una taza de café*: *a cup of coffee* (si está llena) y *a coffee cup* (si está vacía)] **2** *(más alta y grande)* ⇨mug **3** *(contenido)* ⇨cupful: *Necesitas una taza y media de azúcar* - You need one and a half cupfuls of sugar **4** *(retrete)* ⇨bowl

tazón *s.m.* **1** *(sin asa)* ⇨bowl **2** *(con asa)* ⇨mug

te *pron.pers.* **1** *(no reflexivo)* ⇨you: *Te he llamado varias veces* - I phoned you several times; *¡Cállate!* - Shut up! **2** *(reflexivo)* ⇨yourself: *¿Te has cortado?* - Have you cut yourself?

té *s.m.* **1** ⇨tea **2** *(con limón)* ⇨lemon tea

teatro *s.m.* **1** *(lugar)* ⇨theatre *UK;* ⇨theater *US* **2** *(género)* ⇨theatre *UK;* ⇨theater *US;* ⇨drama **3** *Deja de hacer teatro* - Stop making such a fuss **4 obra de ~** ⇨play

tebeo *s.m.* ⇨comic

techo *s.m.* **1** *(de una habitación)* ⇨ceiling **2** *(tejado de un edificio)* ⇨roof

tecla *s.f.* ⇨key

teclado *s.m.* **1** *(conjunto de teclas)* ⇨keyboard ⇨keys *pl* **2** *(instrumento musical)* ⇨keyboard

teclear *v.* **1** ⇨to key in **2** *(en una máquina de escribir)* ⇨to type (in)

técnica *s.f.* **1** ⇨technique **2** *(tecnología)* ⇨technology

técnico, ca ❚ *adj.* **1** ⇨technical ❚ *s.* **2** ⇨technician **3** *(más especializado)* ⇨engineer

tecnología *s.f.* **1** ⇨technology (*pl* technologies) **2 de alta ~** ⇨high-tech **3 ~ punta** ⇨the latest in technology

teja *s.f.* ⇨tile

tejado *s.m.* ⇨roof

tejer *v.* **1** *(una tela)* ⇨to weave ⇨to spin **2** *(hacer punto)* ⇨to knit

tejido *s.m.* **1** ⇨fabric ⇨material **2** *tejidos* - textiles **3** *(en anatomía)* ⇨tissue **4** *(trama)* ⇨weave **5** *AMÉR. (labor de punto)* ⇨knitting

tela ❚ *s.f.* **1** ⇨fabric ⇨cloth: *un trozo de tela* - a piece of cloth; ⇨material **2** *(escocesa de cuadros)* ⇨tartan *UK;* ⇨plaid *US* **3** *(vaquera)* ⇨denim **4** *(lienzo)* ⇨canvas **5 ~ de araña** ⇨spider's web

⇒cobweb ▮ *adv.* **6** *col. (mucho)* ⇒loads *inform: Compro tela de cosas* - He bought loads of things

telaraña *s.f.* ⇒spider's web ⇒cobweb

tele *s.m. col.* ⇒telly UK *inform: ¿Qué hay en la tele?* - What's on the telly?; ⇒boob tube US *inform*

telediario® *s.m.* ⇒news [U]

teleférico *s.m.* ⇒cable car ⇒funicular railway

telefonazo *s.m. col.* ⇒ring ⇒call

telefonear *v.* ⇒to telephone *form;* ⇒to phone ⇒to call

telefónico, ca *adj.* ⇒telephonic ⇒telephone: *una llamada telefónica* - a telephone call

telefonillo *s.m.* ⇒entryphone® UK; ⇒intercom US

telefonista *s.com.* ⇒operator ⇒telephonist

teléfono *s.m.* **1** ⇒telephone ⇒phone: *¿Cuál es tu número de teléfono?* - What's your phone number? **2 estar al ~** ⇒to be on the phone **3 llamar por ~** ⇒to telephone *form;* ⇒to phone ⇒to call **4 ~ inalámbrico** ⇒cordless phone **5 ~ móvil** ⇒mobile phone UK; ⇒mobile UK *inform;* ⇒cellphone US

telegrama *s.m.* ⇒telegram

telenovela *s.f.* ⇒soap opera ⇒serial

telepatía *s.f.* ⇒telepathy

telescopio *s.m.* ⇒telescope

telesilla *s.m.* ⇒chair lift ⇒ski lift

telespectador, -a *s.* ⇒viewer

televisar *v.* ⇒to televise

televisión *s.f.* **1** ⇒television ⇒TV: *Lo vi en la televisión* - I watch it on TV **2 ~ por cable** ⇒cable television **3 ~ por satélite** ⇒satellite television

televisivo, va *adj. programación televisiva* - television programmes

televisor *s.m.* ⇒television ⇒television set

telón *s.m.* ⇒curtain

tema *s.m.* **1** ⇒topic ⇒subject: *Vamos a cambiar de tema* - Let's change the subject; ⇒issue **2** *(asunto)* ⇒matter: *Este tema me preocupa* - I am worried about this matter **3** *(musical)* ⇒theme

temblar *v.* **1** ⇒to tremble **2** ⇒to shiver: *temblar de frío* - to shiver with cold **3** *(la voz)* ⇒to quaver **4** *(un edificio)* ⇒to shudder ⇒to shake

temblor *s.m.* **1** ⇒trembling ⇒shaking **2** *(de la voz)* ⇒quaver **3** *(por frío, de fiebre)* ⇒shivering **4 ~ de tierra** ⇒tremor ⇒earthquake

temer *v.* **1** ⇒to fear [CONSTR. to fear + (that)]: *Temo que llegue tarde* - I fear that he will be late; ⇒to be afraid of **2 me temo que** ⇒I'm afraid: *Me temo que ya no podemos hacer nada para remediarlo* - I'm afraid we can't do anything about it now

temerario, ria *adj.* ⇒reckless ⇒rash

temible *adj.* ⇒fearsome ⇒fearful

temor *s.m.* ⇒fear

temperamento *s.m.* **1** *(naturaleza)* ⇒temperament **2** *Tiene mucho temperamento* - He is very temperamental **3** *(firmeza)* ⇒fighting spirit ⇒determination

temperatura *s.f.* ⇒temperature: *a temperatura ambiente* - at room temperature

tempestad *s.f.* ⇒storm ⇒tempest *lit*

templado, da *adj.* **1** ⇒warm **2** *(tiempo)* ⇒mild **3** *(comida)* ⇒lukewarm

templo *s.m.* **1** ⇒temple **2** *(iglesia)* ⇒church

temporada *s.f.* **1** *(época)* ⇒season: *la temporada de baloncesto* - the basketball season **2** *(tiempo)* ⇒spell: *Viví en Madrid una temporada* - I lived in Madrid for a spell; ⇒time [U]; ⇒period **3 de ~** ⇒seasonal: *fruta de temporada* - seasonal fruit; ⇒in season **4 ~ alta** ⇒high season **5 ~ baja** ⇒low season

temporal ▮ *adj.* **1** ⇒temporary ▮ *s.m.* **2** ⇒storm

temprano, na ▮ *adj.* **1** ⇒early: *fruta temprana* - early fruit ▮ **temprano** *adv.* **2** ⇒early: *Me levanté temprano* - I woke up early

tenaz *adj.* ⇒tenacious ⇒determined

tendedero *s.m.* **1** *(cuerda)* ⇒clothes line ⇒washing line **2** *(utensilio)* ⇒clothes horse **3** *(habitación)* ⇒drying room

tendencia *s.f.* **1** ⇒tendency (*pl* tendencies) **2** *(moda)* ⇒trend

tender *v.* **1** *(la ropa)* ⇒to hang out **2** *(extender)* ⇒to spread ⇒to extend **3** *tender la mano* - to offer to shake hands **4** *(mostrar una tendencia)* ⇒to tend: *tender a algo* - to tend towards sth **5** *(una trampa)* ⇒to lay

tendero, ra *s.* **1** ⇒shopkeeper UK; ⇒storekeeper US **2** *(de una tienda de ultramarinos)* ⇒grocer

tendón *s.m.* ⇒tendon

tenedor *s.m.* **1** ⇒fork **2** *(de un restaurante)* ⇒star: *un restaurante de cuatro tenedores* - a four star restaurant

tener *v.* **1** *(poseer)* ⇒to have: *Tengo una bicicleta de montaña* - I have a mountain bike; ⇒to have got: *Tengo un lunar en la frente* - I've got a mole on my forehead **2** *(sentir)* ⇒to have got: *Tengo un dolor en la pierna* - I've got a pain in my leg **3** *(sujetar)* ⇒to hold **4** *(una característica)* ⇒to be: *Irene tiene cincuenta años* - Irene is fifty **5** *¿Qué tiene eso de malo?* - What's wrong about it? **6 ~ lugar** ⇒to take place: *La cumbre tuvo lugar en Italia* - The summit took place in Italy **7 ~ que** ⇒must [Se usa cuando la obligación es de carácter personal]: *Tengo que irme* - I must go; ⇒to have to [Cuando la obligación es externa o impuesta, se usa *to have to* como verbo modal]

teniente *s.com.* **1** *(categoría militar)* ⇒lieutenant ⇒first lieutenant US **2** *(sustituto): teniente de alcalde* - deputy major

tenis *s.m.* **1** ⇒tennis **2 ~ de mesa** ⇒ping-pong® ⇒table tennis

tenista *s.com.* ⇒tennis player

tenor *s.m.* **1** *(cantante)* ⇒tenor *form* **2** *(significado)* ⇒meaning ⇒sense **3 a ~ de algo** ⇒in accordance with *sth form*

tensar *v.* ⇒to tauten ⇒to tighten: *tensar una cuerda* - to tighten a string

tensión *s.f.* **1** ⇒tension **2** *(de una persona)* ⇒strain: *hacer algo en tensión* - to do sth under strain; ⇒stress **3** *(eléctrica)* ⇒voltage ⇒tension **4 ~ arterial** ⇒blood pressure

tenso, sa *adj.* **1** *(apretado)* ⇒tight ⇒tense **2** *(nervioso, ansioso)* ⇒tense

tentación *s.f.* ⇒temptation

tentáculo *s.m.* ⇒tentacle

tentador, -a *adj.* ⇒tempting: *una propuesta tentadora* - a tempting suggestion

tentar *v.* **1** *(seducir)* ⇒to tempt [CONSTR. to tempt + to do sth]: *Me tentó para que me fuera de vacaciones con ellos* - He tempted me to go on holidays with them **2** *(tocar, palpar)* ⇒to feel

tentempié *s.m. col.* ⇒bite ⇒snack

tenue *adj.* **1** *(una tela)* ⇒soft ⇒thin **2** *(un color, un olor)* ⇒faint ⇒dim ⇒pale **3** *(una relación, un acuerdo)* ⇒tenuous

teñir *v.* **1** *(una tela)* ⇒to dye ⇒to tint **2** *(el pelo)* ⇒to dye

teología *s.f.* ⇒theology

teoría *s.f.* **1** *(conocimiento)* ⇒theory (*pl* theories) **2** *(hipótesis)* ⇒thesis *form* (*pl* theses)

teórico, ca ▮ *adj.* **1** ⇒theoretical ▮ *s.* **2** ⇒theoretician ⇒theorist

terapia *s.f.* ⇒therapy (*pl* therapies)

tercer *adj.* Véase **tercero, ra**

tercero, ra *numer.* ⇒third

tercio *numer.* ⇒third

terciopelo *s.m.* ⇒velvet

terco, ca *adj.* ⇒obstinate ⇒stubborn

terminación *s.f.* ⇒ending

terminal ▮ *adj.* **1** *un enfermo terminal* - a terminally ill patient ▮ *s.f.* **2** *(de un aeropuerto)* ⇒terminal **3** *(de una línea de transporte)* ⇒terminus (*pl* terminuses, termini)

terminar *v.* **1** *(finalizar)* ⇒to finish [CONSTR. to finish + doing sth]: *Cuando termines la novela, ayúdame con los platos* - When you finish reading your novel, help me with the dishes; ⇒to end ⇒to come to an end **2** *tener algo sin terminar* - to have sth unfinished **3 ~ por** ⇒to end up: *La cocina se estropeó, así que terminamos por cenar fuera* - The cooker broke so we ended up going out for supper

término *s.m.* **1** *(vocablo)* ⇒term **2** *(fin)* ⇒end ⇒conclusion **3** *(condición)* ⇒terms *pl* **4 ~ medio** ⇒the happy medium

termo® *s.m.* ⇒Thermos® (*pl* Thermoses); ⇒Thermos flask® ⇒vacuum flask

termómetro *s.m.* ⇒thermometer

ternera *s.f.* *(carne)* ⇒veal

ternero, ra *s.* *(animal)* ⇒calf (*pl* calves)

ternura *s.f.* ⇒tenderness ⇒affection

terraza *s.f.* **1** *(de una vivienda)* ⇒balcony (*pl* balconies) **2** *(en el piso superior)* ⇒flat roof **3** *(muy grande, con techo)* ⇒veranda ⇒porch US (*pl* porches) **4** *(de un bar, un restaurante)* ⇒terrace

terremoto *s.m.* ⇒earthquake

terreno *s.m.* **1** ⇒ground [U]; ⇒land: *Se ha comprado un terreno* - She has bought a piece of land **2** *(en geología)* ⇒terrain *form*

terrestre *adj.* **1** *(por la tierra)* ⇒overland: *un viaje terrestre* - an overland journey **2** *(de la Tierra)* ⇒terrestrial *form: la fauna terrestre* - the terrestrial fauna

terrible *adj.* ⇒terrible ⇒fearful *form;* ⇒shocking

territorio *s.m.* **1** ⇒territory (*pl* territories) **2** *(esfera de acción)* ⇒domain *form*

terrón *s.m.* ⇒lump: *un terrón de azúcar* - a sugar lump

terror *s.m.* ⇒terror

terrorífico, ca *adj.* ⇒terrifying ⇒frightening

terrorismo *s.m.* ⇒terrorism

terrorista *s.com.* ⇒terrorist: *una banda terrorista* - a terrorist group

tertulia *s.f.* *(reunión)* ⇒gathering

tesorero, ra *s.* ⇒treasurer

tesoro *s.m.* **1** ⇒treasure **2** *(persona)* ⇒jewel **3 ~ público** ⇒Treasury

testamento *s.m.* **1** ⇒will **2 Antiguo Testamento** ⇒Old Testament **3 Nuevo Testamento** ⇒New Testament

testarudo, da *adj.* / *s.* ⇒stubborn *adj;* ⇒pigheaded *inform adj*

testículo *s.m.* ⇒testicle

testigo *s.com.* **1** ⇒witness (*pl* witnesses) **2** *(en una carrera de relevos)* ⇒baton: *entregar el testigo* - to pass the baton

testimonio *s.m.* ⇒testimony (*pl* testimonies)

tetera *s.f.* ⇒pot ⇒teapot

tetilla *s.f.* ⇒teat UK; ⇒nipple US

textil *adj.* ⇒textile

texto *s.m.* **1** ⇒text **2** *libro de texto* - textbook **3** *procesador de textos* - word processor

tez *s.f.* ⇒complexion ⇒skin

ti *pron.pers.* **1** *(no reflexivo)* ⇒you: *Esto es para ti* - This is for you **2** *(reflexivo)* ⇒you: *¿A ti también te duele la espalda?* - Have you got backache too?

tibio, bia *adj.* **1** ⇒lukewarm ⇒tepid **2 ponerse ~** *col.* ⇒to stuff oneself

tiburón *s.m.* ⇒shark

tiempo ▮ *s.m.* **1** *(duración)* ⇒time: *pasar el tiempo* - to spend time; *perder el tiempo* - to waste time; *ahorrar tiempo* - to save time **2** *(clima)* ⇒weather: *Hoy hace buen tiempo* - The weather is nice today; *Ayer hizo mal tiempo* - The weather was bad yesterday **3** *(en deporte)* ⇒half (*pl* halves) **4 a ~** ⇒in time **5 a ~ completo** ⇒full-time **6 a ~ parcial** ⇒part-time **7 ¿cuánto tiempo...?** ⇒how long...? **8 hace ~** ⇒a long time ago: *Eso pasó hace tiempo* - That happened a long time ago; ⇒ages ago *inform* **9 llegar a ~** ⇒to be on time: *Tranquilo, llegaremos a tiempo* - Take it easy, we'll be on time **10 ~ libre** ⇒free time ⇒spare time **11 ~ muerto** *(en baloncesto)* ⇒time out **12 ~ verbal** ⇒tense ▪ Ver cuadro verb tenses **▮ tiempos** *pl.* **13** ⇒times: *en los viejos tiempos* - in the good old days

tienda *s.f.* **1** ⇒shop: *tienda de regalos* - gift shop; ⇒store *US* **2** *(de comestibles)* ⇒grocer's (*pl* grocers'); ⇒grocery (*pl* groceries) *US* **3** *ir de tiendas* - to go shopping **4 ~ de campaña** ⇒tent

tierno, na *adj.* **1** *(un alimento)* ⇒tender **2** *(pan)* ⇒fresh **3** *(una persona)* ⇒affectionate ⇒tender **4** *(una historia)* ⇒tender **5** *(una mirada o una voz)* ⇒melting

tierra *s.f.* **1** *(planeta)* ⇒earth: *¡Salvemos la Tierra!* - Save the Earth! **2** *(terreno)* ⇒land *lit* [U] **3** *(superficie)* ⇒ground: *bajo tierra* - underground **4** *(materia)* ⇒soil: *Compré un saco de tierra* - I bought a bag of soil **5** *(patria)* ⇒home ⇒native land **6 ejército de ~** ⇒army (*pl* armies) **7 la ~ prometida** ⇒the promised land **8 por ~** ⇒overland **9 ~ batida** *(tenis)* ⇒clay **10 ~ de nadie** ⇒no-man's land **11 tierras altas** ⇒highlands **12 tomar ~** ⇒to land

tieso, sa *adj.* **1** ⇒rigid ⇒stiff **2** *(asombrado)* ⇒speechless: *Se quedó tieso con la noticia* - He was left speechless with the news **3** *col.* *(de frío)* ⇒frozen stiff

tiesto *s.m.* ⇒flowerpot

tigre *s.m.* **1** ⇒tiger **2** *AMÉR.* *(animal)* ⇒jaguar

tijera *s.f.* ⇒scissors *pl*

tila *s.f.* *(infusión)* ⇒lime tea ⇒lime flower tea

tilde *s.f.* ⇒accent

timar *v.* ⇒to con *inform* [CONSTR. to con sb out of sth]; ⇒to swindle *inform* [CONSTR. to swindle sb out of sth]: *Me han timado con la compensación* - They have swindle me out of my compensation

timbre *s.m.* **1** ⇒bell **2** *(de una puerta)* ⇒doorbell **3** *(sello)* ⇒stamp **4** *(de la voz)* ⇒pitch

timidez *s.f.* ⇒shyness ⇒timidity

tímido, da *adj.* ⇒shy: *¡Venga, no seas tímido!* - Come on! Don't be shy!; ⇒timid

timo *s.m.* ⇒con *inform;* ⇒trick

timón *s.m.* **1** ⇒rudder **2** *AMÉR.* *(de un vehículo)* ⇒steering wheel

tímpano *s.m.* ⇒eardrum ⇒tympanum *form*

tinaja *s.f.* ⇒large earthenware jar

tinta *s.f.* ⇒ink

tinte *s.m.* **1** *(sustancia)* ⇒dye **2** *(lugar)* ⇒dry cleaner's (*pl* dry cleaners') **3** *(cariz)* ⇒overtone: *un ligero tinte de optimismo* - a slight overtone of optimism

tintinear *v.* **1** *(un objeto de metal)* ⇒to jingle **2** *(una campanilla)* ⇒to tinkle **3** *(algo de cristal)* ⇒to chink ⇒to clink

tinto ▮ *adj.* **1** ⇒red **▮** *s.m.* **2** ⇒red wine

tintorería *s.f.* ⇒(dry) cleaner's (*pl* (dry) cleaners')

tío, a ▮ *s.* **1** *(pariente)* ⇒uncle (hombre) ⇒aunt (mujer) ⇒auntie (mujer) *inform* **2** *col.* *(individuo)* ⇒guy (hombre) *inform;* ⇒girl (mujer) ⇒woman (mujer) (*pl* women) **▮ tíos** *pl.* **3** *(tío y tía)* ⇒aunt and uncle

tiovivo *s.m.* ⇒merry-go-round ⇒roundabout *UK;* ⇒carousel *US*

típico, ca *adj.* **1** ⇒typical: *Es típico de él* - It is typical of him! **2** *(tradicional)* ⇒typical: *un plato típico* - a typical dish

tipo *s.m.* **1** *(modelo, clase)* ⇒kind ⇒sort: *No me gusta este tipo de pasteles* - I don't like this type of sweet; ⇒type **2** *(hombre)* ⇒guy *inform;* ⇒bloke *UK inform* **3** *(aspecto de una mujer)* ⇒figure: *Esa chica tiene buen tipo* - That girl has a good figure **4** *(aspecto de un hombre)* ⇒physique **5 ~ duro** ⇒hard man ⇒tough guy

tique *s.m.* **1** ⇒ticket **2** *(de compras)* ⇒receipt ⇒sales slip *US*

tiquismiquis *adj.* ⇒fussy ⇒picky

tira *s.f.* **1** ⇒length ⇒strip **2 la ~** *col.* ⇒a lot ⇒loads *inform pl: Había la tira de gente* - There were loads of people there

tirachinas *s.m.* ⇒catapult *UK;* ⇒slingshot *US*

tirador ▮ *s.* **1** *(persona)* ⇒shot **▮ tirador** *s.m.* **2** *(de una puerta)* ⇒doorknob ⇒knob ⇒handle **3** *(de un cajón)* ⇒knob ⇒handle

tiranía *s.f.* ⇒tyranny

tirano, na *s.* ⇒tyrant

tirante ▮ *adj.* **1** *(estirado, tenso)* ⇒tight ⇒taut **2** *(una relación)* ⇒strained ⇒tense **▮** *s.m.* **3** *(de un vestido)* ⇒strap **▮ tirantes** *s.m.pl.* **4** ⇒braces *UK;* ⇒suspenders *US*

tirar ▮ *v.* **1** *(lanzar)* ⇒to throw **2** *(derribar)* ⇒to knock down ⇒to pull down **3** *(desechar)* ⇒to throw away **4** *(disparar un arma)* ⇒to shoot **5** *(volcar, echar al suelo)* ⇒to knock over ⇒to tip over **6** *(atraer hacia sí, arrastrar)* ⇒to pull **7** *(malgastar)* ⇒to be free with ⇒to waste **8** *(de algo)* ⇒to tug: *No me tires del brazo* - Don't tug my arm **9** *(en deporte)* ⇒to shoot ▮ **tirarse** *prnl.* **10** *(permanecer, estar)* ⇒to spend: *Me tiré toda la semana con él* - I spent the whole week with him **11** *tirarse de cabeza* - to dive

tirita® *s.f.* ⇒plaster *UK;* ⇒sticking plaster *UK;* ⇒Band-Aid® *US*

tiritar *v.* ⇒to shiver: *tiritar de frío* - to shiver with cold

tiro *s.m.* **1** *(de un arma de fuego)* ⇒shot **2** *pegar un tiro* - to shoot **3** *(en un deporte)* ⇒throw ⇒shot: *parar un tiro* - to stop a shoot **4 al ~** *AMÉR.* ⇒on the spot ⇒at once ⇒immediately **5 ~ al blanco** ⇒target shooting **6 ~ con arco** ⇒archery **7 ~ libre 1** *(en baloncesto)* ⇒free throw **2** *(en fútbol)* ⇒free kick

tirón *s.m.* **1** ⇒pull ⇒tug **2** *(un motor)* ⇒jerk ⇒twitch (*pl* twitches) **3 de un ~** ⇒in one go

tiroteo *s.m.* ⇒firing ⇒shooting ⇒shoot-out

títere ▮ *s.m.* **1** ⇒puppet ▮ **títeres** *s.m.pl.* **2** *(guiñol)* ⇒puppet show

titular ▮ *s.m.* **1** *(de un periódico)* ⇒headline **2** *(de una cuenta bancaria)* ⇒holder ▮ **titularse** *v. prnl.* **3** *(llevar como título)* ⇒to be called: *¿Cómo se titula?* - What's it called? **4** *(en una universidad)* ⇒to graduate

título *s.m.* **1** *(de una película, un libro)* ⇒title **2** *(nobiliario)* ⇒title **3** *(documento, diploma)* ⇒certificate ⇒diploma **4** *(académico)* ⇒qualification **5** *(universitario)* ⇒degree

tiza *s.f.* ⇒chalk [U]: *Dame una tiza* - Give me a piece of chalk

toalla *s.f.* **1** ⇒towel **2 tirar la ~** *col.* ⇒to throw in the towel *inform* **3 ~ de baño** ⇒bath towel

tobillo *s.m.* ⇒ankle

T

tobogán *s.m.* **1** ⇒slide **2** *(con forma de castillo)* ⇒helter-skelter *UK*

tocadiscos *s.m.* ⇒record player

tocar *v.* **1** ⇒to touch **2** *(palpar)* ⇒to feel: *Como estaba oscuro, llegué hasta la puerta tocando las paredes* - As it was dark, I managed to reach the door feeling the walls **3** *(un instrumento)* ⇒to play: *¿Tocas la guitarra?* - Do you play the guitar? **4** *(en algunos juegos)* ⇒to be *sb's* turn: *Te toca a ti* - It's your turn **5** *(un premio)* ⇒to win **6** *Nos toca estudiar este fin de semana* - We have to study this weekend **7** *(las campanadas de un reloj)* ⇒to strike **8** *(un timbre)* ⇒to ring ⇒to press

tocayo, ya *s.* ⇒namesake

tocino *s.m.* ⇒pork fat

todavía *adv.* **1** *(en oraciones afirmativas)* ⇒still: *Mi padre todavía disfruta jugando con trenes* - My dad still enjoys playing with train sets **2** *(en oraciones negativas)* ⇒yet [CONSTR. Se sitúa al final de la oración]: *El cartero no ha venido todavía* - The postman hasn't come yet; *¿Has terminado? Todavía no* - Have you finished? Not yet **3** *(en oraciones negativas expresando énfasis)* ⇒still: *Son las cuatro de la mañana y todavía no hemos acabado* - It's four in the morning and we still haven't finished **4** *(incluso)* ⇒even: *Él es todavía más guapo que su hermano* - He is even more handsome than his brother ■ Ver cuadro en página siguiente y ver cuadro already / yet

todo, da ▮ *indef.* **1** ⇒all: *He estado enferma toda la semana* - I've been ill all week **2** *(referido a cosas)* ⇒everything: *Guardamos todo en el armario* - We put everything away in the wardrobe **3** *(entero)* ⇒whole: *Todo el país votó en contra* - The whole country voted against it **4 así y todo** ⇒nevertheless **5 con todo** ⇒even so ⇒all the same **6 del todo** ⇒completely: *No estoy del todo satisfecha* - I'm not completely satisfied **7 lo primero de todo** ⇒first of all **8 por todas partes** ⇒all over: *Hubo inundaciones por todas partes del país* - There were floods all over the country **9 sobre todo** ⇒above all ⇒especially: *Sobre todo, no olvides los anillos* - Don't forget the rings, especially **10 todo el mundo** ⇒everybody ⇒everyone **11 todo recto** ⇒straight ahead: *Sigue por esta calle todo recto* - Follow this road straight ahead **12 y todo lo demás** ⇒and so on ▮ **todos, das** *pl.* **13** ⇒all: *Todos fuimos al cine* - We all went to the cinema; *Quedan reservados todos los derechos* - All rights reserved **14** *(frecuencia)* ⇒every: *todos los días* - every day

toga *s.f.* ⇒robe

toilet *s.m.* *AMÉR.* ⇒toilet *UK;* ⇒W.C. *UK;* ⇒bathroom *US*

toldo *s.m.* ⇒awning

tolerancia *s.f.* ⇒tolerance

tolerante *adj.* ⇒tolerant

tolerar *v.* ⇒to tolerate ⇒to put up with *sth/sb*: *No tolera su actitud* - He cannot put up with his attitude

toma *s.f.* **1** *(de una ciudad)* ⇒taking **2** *(en cine)* ⇒take **3** *(de poder)* ⇒assumption **4** *(de corriente)* ⇒socket **5** *(de agua, gas)* ⇒mains **6** *(de un medicamento)* ⇒dose

tomado, da *adj./s.* *AMÉR.* *col.* ⇒drunken ⇒drunk

tomar *v.* **1** ⇒to take: *Toma estas manzanas* - Take these apples **2** *(coger)* ⇒to catch: *¡Tómalo!* - Catch it! **3** *(comer, beber)* ⇒to have: *¿Tomamos un café?* - Shall we have a coffee? **4** *(una ciudad, una población)* ⇒to take: *Tomaron la ciudad en dos días* - They took the city in two days; ⇒to capture **5** *(una medicina)* ⇒to take: *Necesito tomarme una aspirina* - I need to take an aspirin **6** *(un medio de transporte)* ⇒to take: *Tengo que tomar el autobús para ir a trabajar* - To go to work, I have to take the bus **7** *AMÉR. (una bebida alcohólica)* ⇒to drink **8** *tomar apuntes* - to take notes **9** *tomar el sol* - to sunbathe **10** *tomar medidas* - to take measures **11** *tomarse algo en serio* - to take sth seriously **12** *tomarse algo bien* - to take sth well **13** **toma** ⇒here you are: *Toma, mi número de teléfono* - Here you are; my phone number **14** **~ a mal** ⇒to resent **15** **~ el pelo** ⇒to tease: *Deja de tomarme el pelo* - Stop teasing me!; ⇒to take the mickey *UK inform* **16** **~ parte en** ⇒to take part in **17** **~ prestado** ⇒to borrow

tomate *s.m.* **1** ⇒tomato (*pl* tomatoes) **2** **~ frito** ⇒tomato sauce

tomillo *s.m.* ⇒thyme

tomo *s.m.* **1** ⇒volume: *Tengo una enciclopedia en ocho tomos* - I have an encyclopedia in eight volumes **2** **de ~ y lomo** *col.* ⇒out-and-out

tonalidad *s.f.* ⇒tonality (*pl* tonalities)

tonel *s.m.* ⇒barrel

tonelada *s.f.* ⇒ton ⇒tonne *UK*

tónico, ca ▮ *adj.* **1** *(en gramática)* ⇒stressed: *una sílaba tónica* - a stressed syllable; ⇒tonic ▮ **tónico** *s.m.* **2** *(reconstituyente)* ⇒tonic **3** *(loción capilar)* ⇒hair tonic **4** *(loción dérmica)* ⇒skin tonic

tono *s.m.* **1** *(de un sonido)* ⇒tone ⇒pitch (*pl* pitches) **2** *(de un color)* ⇒shade **3** *(de un discurso)* ⇒tone **4** *(música)* ⇒key (*pl* keys) **5** **~ de llamada** *(en un teléfono)* ⇒ringtone

tontear *v.* **1** *(hacer cosas tontas)* ⇒to play the fool **2** *(decir cosas tontas)* ⇒to talk nonsense **3** *col. (coquetear)* ⇒to flirt: *Estaba tonteando con el vecino* - She was flirting with the neighbour

tontería *s.f.* ⇒nonsense [U]: *No digas tonterías* - Don't talk nonsense

tonto, ta ▮ *adj.* **1** ⇒silly ⇒foolish: *No seas tonto* - Don't be foolish; ⇒dumb *US offens;* ⇒stupid ▮ *s.*

todavía (still / yet)

- **Still** indica que una acción continúa:

  · *My dad **still** enjoys playing with train sets.*
  (Mi padre todavía disfruta jugando con los trenes de juguete.)

Se usa en oraciones afirmativas, interrogativas y en las negativas que se quiere dar énfasis. **Still** se sitúa detrás de los verbos auxiliares y modales, y delante del resto de los verbos.

afirmativa	negativa	interrogativa
*That plant **still** has flowers.* (Esa planta todavía tiene flores.) *I'm **still** waiting.* (Estoy todavía esperando)	*It's ten o'clock and he **still** hasn't come.* (Son las diez y él todavía no ha llegado.)	*Is he **still** here?* (¿Está aquí todavía?)

- **Yet** afirma que algo no ha ocurrido o pregunta si va a ocurrir:

  · *I haven't seen the film **yet**.*
  (Todavía no he visto la película.)

Se usa en oraciones negativas y en interrogativas. ***Yet*** se sitúa al final de la oración.

afirmativa	negativa	interrogativa
–	*He isn't here **yet**.* (Todavía no está aquí.)	*Hasn't he gone **yet**?* (¿No se ha marchado todavía?)

(Ver también cuadro **alredy / yet**.)

T

2 ⇒fool: *Soy tan tonta* - I'm such a fool; ⇒idiot ⇒simpleton **3 hacer el ~** *col.* ⇒fool about ⇒play the fool **4 hacerse el ~** *col.* ⇒to act dumb: *No te hagas el tonto que te he visto* - Don't act dumb, I've seen you

tope *s.m.* **1** *(límite)* ⇒limit ⇒maximum: *el tope de los descuentos* - the maximum of my discounts **2** *(pieza)* ⇒stop **3** *(de una puerta)* ⇒doorstop **4 a ~** *col.* ⇒flat out *inform;* ⇒packed: *La sala estaba a tope* - The room was packed

topo *s.m.* ⇒mole

toque *s.m.* **1** ⇒touch (*pl* touches) **2** *(llamada telefónica)* ⇒call **1 2 3 ~ de queda** ⇒curfew

toquilla *s.f.* ⇒shawl

torbellino *s.m.* **1** ⇒whirlwind **2** *(de cosas)* ⇒whirl: *un torbellino de sensaciones* - a whirl of sensations

torcer ▮ *v.* **1** ⇒to twist **2** *(doblar)* ⇒to bend **3** *(cambiar de dirección)* ⇒to turn: *Tuerza a la izquierda, por favor* - Turn left, please ▮ **torcerse** *prnl.* **4** *(una parte del cuerpo)* ⇒to sprain **5** *(ir mal)* ⇒to go wrong **6** *(doblarse)* ⇒to bend: *La viga se ha torcido últimamente* - The beam has recently bent a little

torear *v.* **1** *(a un toro)* ⇒to fight **2** *col. (una dificultad)* ⇒to sidestep

torero, ra ▮ *adj.* **1** ⇒bullfighting ▮ *s.* **2** ⇒bullfighter

tormenta *s.f.* **1** ⇒storm **2** *(con rayos y truenos)* ⇒thunderstorm **3 ~ de ideas** ⇒brainstorming

tormento *s.m.* **1** *(suplicio)* ⇒torment: *Escucharla todos los días es un tormento* - Listening to her everyday is a real torment **2** *(tortura física)* ⇒torture

tormentoso, sa *adj.* **1** *(el tiempo atmosférico)* ⇒stormy **2** *(una situación)* ⇒stormy

tornado *s.m.* ⇒tornado (*pl* tornadoes, tornados); ⇒twister US *inform*

torneo *s.m.* ⇒tournament

tornillo *s.m.* **1** ⇒screw **2** *(con tuerca)* ⇒bolt **3 faltarle a alguien un ~** ⇒to have a screw loose

torno *s.m.* **1** *(de un carpintero)* ⇒lathe **2** *(de un alfarero)* ⇒potter's wheel

toro ▮ *s.m.* **1** ⇒bull **2** *(una persona fuerte)* ⇒strong man ▮ **toros** *pl.* **3** *(corrida)* ⇒bullfight **4** *(toreo)* ⇒bullfighting: *¿Te gustan los toros?* - Do you like bullfighting?

torpe *adj. (patoso)* ⇒clumsy ⇒graceless

torpedo *s.m.* ⇒torpedo (*pl* torpedoes)

torpeza *s.f.* **1** *(falta de habilidad)* ⇒clumsiness **2** *(acción poco acertada)* ⇒blunder: *Fue una torpeza de tu parte* - That was a blunder of you **3** *(falta de inteligencia)* ⇒stupidity

torre *s.f.* **1** ⇒tower **2** *(en ajedrez)* ⇒castle ⇒rook **3 ~ de viviendas** ⇒tower block

torrencial *adj.* ⇒torrential

torrente *s.m.* **1** ⇒torrent **2** *(de palabras)* ⇒stream: *un torrente de insultos* - a stream of insults; ⇒rush

torrija *s.f.* ⇒French toast

torso *s.m.* ⇒torso: *ejercicios para fortalecer el torso* - exercises to strengthen the torso; ⇒trunk

torta *s.f.* **1** *(masa)* ⇒dough **2** *col. (bofetada)* ⇒smack ⇒slap **3** *(caída) col.* ⇒fall **4** *(choque) col.* ⇒crash **5** AMÉR. *(tarta)* ⇒cake **6** AMÉR. *(bocadillo)* ⇒sandwich (*pl* sandwiches) **7 ni ~** *col. No entiendes ni torta* - You don't understand a thing

tortazo *s.m.* **1** ⇒trad 3 *col.* ⇒clout UK *inform;* ⇒slap: *un tortazo* - a slap in the face; ⇒smack **2** *(golpe) col.* ⇒thump

tortícolis *s.f.* ⇒stiff neck: *Tengo tortícolis* - I've got a stiff neck

tortilla *s.f.* **1** ⇒omelette **2 ~ española** ⇒potato omelette **3 ~ francesa** ⇒plain omelette

tortita *s.f.* ⇒pancake

tórtolo, la *s.* **1** ⇒turtledove **2** *col. (persona)* ⇒lovebird

tortuga *s.f.* **1** *(de tierra)* ⇒tortoise **2** *(de agua)* ⇒turtle

tortura *s.f.* ⇒torture

torturar *v.* ⇒to torture

tos *s.f.* **1** ⇒cough: *una tos seca* - a hacking cough **2** *un ataque de tos* - a coughing fit

toser *v.* ⇒to cough

tostada *s.f.* ⇒toast [U]

tostador *s.m.* ⇒toaster

tostar ▮ *v.* **1** ⇒to toast **2** *(la piel)* ⇒to tan ▮ **tostarse** *prnl.* **3** ⇒to tan ⇒to go brown

total ▮ *adj.* **1** ⇒total: *un éxito total* - a total success ▮ *s.m.* **2** ⇒total ⇒grand total: *El total después de todas las operaciones es muy elevado* - The grand total after all the operations is really high

tóxico, ca ▮ *adj.* **1** ⇒toxic ▮ **tóxico** *s.m.* **2** ⇒poisonous substance

trabajador, -a ▮ *adj.* **1** ⇒hardworking ▮ *s.* **2** ⇒worker **3 ~ social** ⇒social worker

trabajar *v.* **1** ⇒to work: *trabajar mucho* - to work hard; ⇒to labour UK *form* **2** *¿En qué trabajas?* - What do you do?

trabajo *s.m.* **1** ⇒work [U]: *quedarse sin trabajo* - to find oneself out of work; *estar en el trabajo* - to be at work; ⇒labour UK [U] **2** *(empleo)* ⇒job: *un trabajo fijo* - a permanent job **3** *(tarea)* ⇒task ⇒piece of work ⇒job: *hacer un trabajo* - to do a job; ⇒assignment **4** *(para clase)* ⇒project **5 ~ en equipo** ⇒teamwork **6 ~ eventual** ⇒casual work

UK; ⇒temporary work **7 ~ manual** ⇒manual labour [U]; ⇒manual labor US [U] **8 trabajos forzados** ⇒hard labour [U]; ⇒hard labor US [U] **9 trabajos manuales** *(artesanía)* ⇒handicrafts ⇒craftwork *sing*
trabalenguas *s.m.* ⇒tongue twister
tractor *s.m.* ⇒tractor
tradición *s.f.* ⇒tradition
tradicional *adj.* ⇒traditional
traducción *s.f.* ⇒translation
traducir *v.* **1** *(de forma oral)* ⇒to interpret **2** *(de forma escrita)* ⇒to translate: *Lleva meses traduciendo este libro* - He has been translating that book for months
traductor, -a *s.* ⇒translator
traer *v.* **1** ⇒to bring [CONSTR. to bring + dos objetos]: *¿Puedes traerme el monedero?* - Could you bring me my wallet?; ⇒to get [CONSTR. to get+ dos objetos] **2** *(causar)* ⇒to bring: *Esto traerá problemas* - This will bring problems **3** *(cargar)* ⇒to carry: *Traía muchas bolsas* - He was carrying many bags
traficante *s.com.* ⇒dealer ⇒trafficker
traficar *v.* ⇒to deal ⇒to traffic
tráfico *s.m.* **1** ⇒traffic **2** *tráfico de drogas* - drug trafficking
tragaperras *s.f.* ⇒fruit machine
tragar ▌*v.* **1** ⇒to swallow **2** *(aguantar, soportar)* ⇒to put up with: *Tuve que tragar con sus insultos toda la noche* - I had to put up with their insults all night ▌**tragarse** *prnl.* **3** ⇒to swallow: *Me tragué un chicle* - I swallowed a chewing-gum **4** *col. (creerse)* ⇒to swallow: *No me tragué tu historia* - I didn't swallow your story; ⇒to buy US *inform*
tragedia *s.f.* ⇒tragedy (*pl* tragedies)
trágico, ca *adj.* ⇒tragic
trago *s.m.* **1** ⇒drink ⇒gulp ⇒drop *inform: un trago de cerveza* - a drop of beer **2** *(contratiempo)* ⇒cruel blow ⇒hard time: *pasar un mal trago* - to go through a hard time
tragón, -a *adj./s. col.* ⇒glutton *n;* ⇒pig *inform*
traición *s.f.* **1** ⇒treachery [U] **2** *(contra el país)* ⇒treason [U]: *alta traición* - high treason **3** *(acto)* ⇒betrayal **4 a ~** ⇒treacherously
traicionar *v.* **1** ⇒to betray ⇒to double-cross *inform* **2** *(los nervios)* ⇒to let down
traidor, -a *s.* ⇒traitor
traje *s.m.* **1** ⇒suit ⇒outfit **2** *traje de noche* - evening dress **3 ~ de baño 1** *(para hombres)* ⇒swimming trunks *pl* **2** *(para mujeres)* ⇒swimming costume **4 ~ de novia** ⇒wedding dress (*pl* wedding dresses)
trama *s.f.* ⇒plot
tramar *v.* ⇒to be up to: *Creo que ellos están tramando algo* - I think they are up to sth; ⇒to scheme ⇒to plot
tramo *s.m.* **1** *(de una superficie larga)* ⇒section ⇒stretch (*pl* stretches) **2** *(de una escalera)* ⇒flight
trampa *s.f.* **1** *(para cazar)* ⇒trap ⇒snare **2** *(engaño)* ⇒trap ⇒set-up **3** *hacer trampas* - to cheat **4 caer en la ~** *col.* ⇒to fall for a trick *inform* **5 tender una ~** ⇒to lay a trap (for)
trampolín *s.m.* ⇒springboard ⇒diving board
tramposo, sa *s.* **1** ⇒cheat **2** *(en las cartas)* ⇒card-sharp
tranquilidad *s.f.* ⇒peace: *Necesito tranquilidad para leer* - I need some peace to read; ⇒quiet
tranquilizar ▌*v.* **1** ⇒to calm ⇒to calm down: *Tranquiliza a tu padre, que está muy nervioso* - Calm your father down, he is very nervous; ⇒to reassure [CONSTR. 1. to reassure + (that) 2. to reassure + to do sth] ▌**tranquilizarse** *prnl.* **2** ⇒to calm down
tranquilo, la 1 *adj. (un sitio)* ⇒calm: *El mar estaba muy tranquilo* - The sea was really calm; ⇒quiet ⇒peaceful **2** *(sin nervios)* ⇒calm: *Parecía tranquila* - She looked calm; ⇒relaxed ⇒undisturbed **3** *(música)* ⇒soft
transatlántico *s.m.* ⇒ocean liner ⇒liner
transbordador *s.m.* **1** ⇒ferry (*pl* ferries) **2** *(espacial)* ⇒space shuttle
transbordo *s.m.* **1** ⇒change **2** *(en un viaje)* ⇒connection ⇒transfer
transcurrir *v.* ⇒to pass ⇒to elapse *form: Transcurrieron tres semanas* - Three weeks elapsed
transeúnte *s.com.* ⇒passer-by (*pl* passers-by)
transformar *v.* **1** *(un objeto en otra cosa)* ⇒to convert ⇒to turn [CONSTR. to turn something into something]: *transformar el hielo en agua* - to turn ice into water **2** *(a una persona, un proceso)* ⇒to transform ⇒to change
transfusión *s.f.* ⇒transfusion: *transfusión de sangre* - blood transfusion
transición *s.f.* ⇒transition *form*
transmitir *v.* **1** *(una señal)* ⇒to transmit *form* **2** *(una enfermedad)* ⇒to pass on **3** *(una información)* ⇒to hand down ⇒to convey **4** *(un programa)* ⇒to broadcast ⇒to transmit
transparentar ▌*v.* **1** *(mostrar)* ⇒to show [CONSTR. to show + interrogativo]: *Tus ojos transparentaban cuán asustado estabas* - Your eyes showed how scared you was ▌**transparentarse** *prnl.* **2** *(clarearse)* ⇒to be see-through: *Tu vestido se transparenta* - Your dress is see-through
transparente *adj.* **1** ⇒clear ⇒transparent **2** *(una tela)* ⇒see-through ⇒sheer **3** *(sin tapujos)* ⇒open ⇒clear ⇒transparent
transportar *v.* **1** ⇒to transport ⇒to carry **2** *(mercancías)* ⇒to freight ⇒to convey
transporte *s.m.* **1** ⇒transport UK: *transporte público* - public transport; ⇒transportation US **2**

(envío) ⇒conveyance *form;* ⇒shipment ⇒shipping **3 medios de ~** ⇒means of transport *UK*
tranvía *s.m.* ⇒tram *UK;* ⇒streetcar *US*
trapecio *s.m.* **1** *(barra)* ⇒trapeze **2** *(figura plana)* ⇒trapezium ⇒trapezoid *US*
trapo ▌*s.m.* **1** ⇒rag ⇒cloth **2** *(para secar los platos)* ⇒dishcloth **3** *(de cocina)* ⇒tea towel *UK;* ⇒dishtowel *US* **4** *(para el polvo)* ⇒duster *UK* ▌**trapos** *s.m.pl.* **5** *col. (ropa)* ⇒clothes
tras *prep.* **1** ⇒after: *Tras recibir la noticia se puso a saltar* - He began to jump after hearing the news **2** *(por detrás)* ⇒behind: *Está tras la puerta* - She is behind the door
trasero, ra ▌*adj.* **1** ⇒back: *asiento trasero* - back seat; ⇒rear: *puerta trasera* - rear door ▌**trasero** *s.m.* **2** *col.* ⇒behind *euphem, inform;* ⇒bottom *inform*
trasladar ▌*v.* **1** *(un mueble)* ⇒to move **2** *(a una persona)* ⇒to transfer ⇒to second *UK* ▌**trasladarse** *prnl.* **3** *(una persona)* ⇒to move: *Me trasladé a otra sección* - I moved to another section **4** *(mudarse)* ⇒to move
traslado *s.m.* ⇒transfer ⇒move
trasluz (al ~) ⇒against the light
trasnochar *v.* ⇒to stay up late ⇒to have a night on the tiles *inform*
traspasar *v.* **1** *(un cuerpo)* ⇒to go through: *La bala traspasó la pierna del soldado* - The bullet went through the soldier's leg; ⇒to pierce **2** *(un negocio)* ⇒to sell **3** *(un límite)* ⇒to go beyond: *traspasar una barrera* - to go beyond a barrier **4** *(el alma)* ⇒to pierce
traspaso *s.m.* ⇒transfer
trasplantar *v.* **1** *(una planta)* ⇒to transplant **2** *(un órgano)* ⇒to transplant **3** *Los médicos consiguieron transplantarle un corazón al paciente* - The doctors managed to transplant the patient a heart
trasplante *s.m.* ⇒transplant
trastada *s.f. col.* ⇒prank *old-fash;* ⇒mischief
trastero, ra ▌*adj.* **1** *cuarto trastero* - junk room ▌**trastero** *s.m.* **2** ⇒junk room
trasto *s.m.* **1** *(objeto)* ⇒a piece of junk *inform* **2** *col.* ⇒little devil: *Eres un trasto* - You are a little devil! **3 tirarse los trastos a la cabeza** *col.* ⇒to have a blazing row
trastornar ▌*v.* **1** *(causar molestias)* ⇒to disturb **2** *(hacer perder la razón)* ⇒to cause to become deeply disturbed ▌**trastornarse** *prnl.* **3** ⇒to become deeply disturbed: *El anciano se trastornó cuando creyó haber perdido a su hijo* - The old man became deeply disturbed when he thought he had lost his son
trastorno *s.m.* **1** *(cambio anormal)* ⇒disruption **2** *(molestia)* ⇒bother **3** *(problema médico)* ⇒disorder

tratado *s.m.* **1** *(acuerdo)* ⇒treaty (*pl* treaties): *tratado de paz* - peace treaty **2** *(estudio)* ⇒treatise: *un tratado de física* - a physics treatise
tratamiento *s.m.* **1** ⇒handling ⇒processing **2** *(de un problema)* ⇒handling ⇒treatment **3** *(médico)* ⇒treatment
tratar ▌*v.* **1** ⇒to handle ⇒to process **2** *(a un enfermo)* ⇒to treat: *La están tratando los mejores médicos* - The best doctors are treating her **3** *(un problema)* ⇒to deal with ⇒to handle **4** *(un asunto, a alguien)* ⇒to deal with **5** *(intentar)* ⇒to try [CONSTR. to try + to do sth] **6** *(un libro)* ⇒to deal with ⇒to be about: *¿De qué trata la novela?* - What's the novel about? ▌**tratarse** *prnl.* **7** *(un asunto)* ⇒to be about
trato *s.m.* **1** *(entre personas)* ⇒contact ⇒treatment **2** *(comercial)* ⇒deal ⇒bargain
trauma *s.m.* **1** ⇒trauma **2** *(lesión)* ⇒trauma ⇒injury
través (a ~) 1 *(por entre, de un lado a otro)* ⇒across ⇒over: *Saltó a través de la cancela* - She jumped over the gate **2** *(por medio de)* ⇒through: *Le conocí a través de su padre* - I met her through his father
travesía *s.f.* **1** *(viaje)* ⇒crossing ⇒cruise **2** *(calle)* ⇒street
travesti o travestí *s.m.* ⇒transvestite ⇒cross-dresser
travesura *s.f.* ⇒mischief [U]; ⇒prank: *A los niños les encanta hacer travesuras* - Kids love playing pranks
travieso, sa *adj.* ⇒mischievous ⇒naughty
trayecto *s.m.* **1** ⇒journey ⇒haul **2** *(de una línea de transporte)* ⇒route **3** ⇒distance
trayectoria *s.f.* **1** *(dirección)* ⇒path ⇒trajectory (*pl* trajectories) **2** *(evolución)* ⇒development ⇒progression **3 4 ~ profesional** ⇒career
trazar *v.* **1** *(dibujar)* ⇒to draw **2** *(concebir)* ⇒to draw up ⇒to devise
trébol ▌*s.m.* **1** *(planta)* ⇒clover **2** *(símbolo irlandés)* ⇒shamrock ▌**tréboles** *pl.* **3** *(de una baraja)* ⇒clubs
trece *numer.* **1** ⇒thirteen **2** *(fecha)* ⇒thirteenth **3 mantenerse en sus ~** ⇒to stick to *one's* guns
treceavo, va *numer.* ⇒thirteenth
trecho *s.m.* ⇒stretch (*pl* stretches); ⇒distance: *Hay un trecho entre tu casa y la mía* - There is a bit of distance between your house and mine
tregua *s.f.* **1** ⇒truce **2 sin ~** ⇒without respite
treinta *numer.* **1** ⇒thirty **2** *estar en los treinta* - to be in one's thirties **3** *(fecha)* ⇒thirtieth
tremendo, da 1 *adj. (terrible)* ⇒tremendous ⇒terrific ⇒horrendous ⇒howling **2** *(extraordinario)* ⇒formidable ⇒mighty ⇒stupendous

tren *s.m.* **1** ⇒train: *ir en tren* - to go by train; *estación de tren* - railway station **2 ~ de alta velocidad** ⇒high-speed train **3 ~ de cercanías** ⇒local train **4 ~ de largo recorrido** ⇒long-distance train **5 ~ de lavado** ⇒car wash **6 ~ de vida** ⇒lifestyle

trenca *s.f.* ⇒duffle coat

trenza *s.f.* ⇒plait *UK: Ayer llevaba trenzas* - I had plaits yesterday; ⇒braid *US*

trepar *v.* **1** ⇒to climb ⇒to scramble **2** *(una planta)* ⇒to creep

tres *numer.* **1** ⇒three **2** *(fecha)* ⇒third

trescientos, tas *numer.* ⇒three hundred

tresillo *s.m.* **1** ⇒three-seater sofa **2** *(un sofá y dos sillones)* ⇒three-piece suite

triangular *adj.* ⇒triangular

triángulo *s.m.* ⇒triangle: *un triángulo equilátero* - an equilateral triangle

tribu *s.f.* ⇒tribe: *las tribus indígenas* - the indigenous tribes

tribuna *s.f.* **1** ⇒platform **2** *(en deporte)* ⇒stand ⇒grandstand

tribunal *s.m.* ⇒court ⇒tribunal

tributo *s.m.* **1** *(impuesto)* ⇒tax (*pl* taxes) **2** *(homenaje)* ⇒tribute

triciclo *s.m.* ⇒tricycle

tricota *s.f.* *AMÉR.* ⇒jersey ⇒pullover ⇒jumper *UK*

tricotar *v.* ⇒to knit

tridimensional *adj.* ⇒three-dimensional

trigésimo, ma *numer.* ⇒thirtieth

trigo *s.m.* ⇒wheat

trimestral *adj.* **1** ⇒quarterly ⇒three-monthly **2** *una revista trimestral* - a magazine published every three months

trimestre *s.m.* ⇒term: *He estudiado mucho este trimestre* - I've studied a lot this term; ⇒session *US, SCOT*

trinar *v.* **1** *(un pájaro)* ⇒to twitter ⇒to warble **2** *col. (una persona): Están que trinan* - They are hopping mad

trinchar *v.* ⇒to carve: *¿Puedes trinchar el pavo?* - Could you please carve the turkey?; ⇒to slice

trinchera *s.f.* ⇒trench (*pl* trenches)

trineo *s.m.* **1** ⇒sledge *UK;* ⇒sled *US* **2** *(tirado por perros o caballos)* ⇒sleigh ⇒sledge *UK*

trío *s.m.* **1** *(conjunto de tres personas)* ⇒threesome ⇒trio **2** *(composición musical)* ⇒trio

tripa *s.f.* **1** ⇒belly *inform: tener tripa* - to have a belly; ⇒tummy *inform* **2** *Me duele la tripa* - I've got stomach ache

triple *numer.* ⇒triple ⇒treble

triplicar ▮ *v.* **1** ⇒to triple: *triplicar una cantidad* - to triple an amount of money ▮ **triplicarse** *prnl.* **2** ⇒to treble: *La población de la ciudad se ha triplicado* - The population of the city has trebled

tripulación *s.f.* ⇒crew

tripular *v.* **1** *(un barco)* ⇒to sail ⇒to man **2** *(un avión)* ⇒to fly

triste 1 *adj. (con tristeza)* ⇒sad: *La película me puso triste* - The film made me sad; ⇒miserable: *Me siento muy triste* - I feel miserable; ⇒gloomy **2** *(lamentable)* ⇒sorry ⇒sad **3** *(desalentador)* ⇒gloomy

tristeza *s.f.* ⇒sadness ⇒sorrow *form: un sentimiento de tristeza* - a feeling of sorrow

triturar *v.* **1** ⇒to crush: *triturar almendras* - to crush almonds **2** *(papel)* ⇒to shred

triunfal *adj.* **1** ⇒triumphal **2** *(un gesto)* ⇒triumphant

triunfar *v.* **1** *(ganar)* ⇒to triumph ⇒to win **2** *(tener éxito)* ⇒to succeed [CONSTR. to succeed in + doing sth]; ⇒to be successful **3** *(en los naipes)* ⇒to trump

triunfo *s.m.* **1** ⇒triumph **2** *(en los naipes)* ⇒trump

trocear *v.* ⇒to chop up ⇒to cut into pieces

trofeo *s.m.* ⇒trophy (*pl* trophies)

trombón *s.m.* ⇒trombone

trompa *s.f.* **1** *(de un elefante)* ⇒trunk **2** *(instrumento musical)* ⇒horn

trompeta *s.f.* ⇒trumpet

tronar *v.* ⇒to thunder ⇒to boom

tronco *s.m.* **1** ⇒trunk **2** *(ya cortado)* ⇒log

trono *s.m.* ⇒throne: *subir al trono* - to come to the throne

tropa *s.f.* **1** *(de soldados)* ⇒troop **2** *(de gente)* ⇒troop ⇒crowd **3** *entrar en tropa en un lugar* - to troop in a place

tropezar ▮ *v.* **1** ⇒to trip [CONSTR. to trip over sth]: *Tropecé con el cable* - I tripped over the cable; ⇒to stumble: *Tropecé con la silla* - I stumbled against the chair **2** *(con una dificultad)* ⇒to run into: *Tropecé con varios problemas* - I ran into several problems ▮ **tropezarse** *prnl.* **3** *(encontrarse por casualidad)* ⇒to come across: *Estaba buscando un libro y me tropecé con un montón de viejos cómics* - I was looking for a book and I came across a lot of old comics **4** *(encontrarse con alguien)* ⇒to bump into ⇒to come across

tropezón *s.m.* ⇒stumble ⇒trip

tropical *adj.* ⇒tropical

trópico *s.m.* ⇒tropic

trotar *v.* ⇒to trot

trote *s.m.* ⇒trot: *ir al trote* - to go at trot

trozo *s.m.* **1** ⇒piece ⇒bit: *un trozo de comida* - a bit of food **2** *(grande)* ⇒hunk

trucha *s.f.* ⇒trout (*pl* trout)

truco *s.m.* **1** ⇒trick **2** *(maña)* ⇒knack: *cogerle el truco a algo* - to get the knack of sth **3** *(acción deshonesta)* ⇒dodge

trueno *s.m.* ⇒thunderclap ⇒thunder [U]: *un trueno* - a clap of thunder

tu *poses.* ⇒your: *Ha sonado tu despertador* - Your alarm clock went off

tú *pron.pers.* **1** ⇒you: *¿Fuiste tú la que llamó?* - Was it you that rang? **2** ~ **mismo** ⇒yourself: *Hazlo tú mismo* - Do it yourself; ⇒you yourself **3** ~ **solo** ⇒by yourself ⇒on your own: *¿Lo hiciste tú solo?* - Did you do it on your own?

tubería *s.f.* **1** ⇒pipe **2** *(de desagüe)* ⇒drainpipe

tubo *s.m.* **1** ⇒tube **2** *(para bucear)* ⇒snorkel **3** AMÉR. *(de un teléfono)* ⇒earpiece **4** ~ **de ensayo** ⇒test tube **5** ~ **de escape** ⇒exhaust pipe

tuerca *s.f.* ⇒nut

tuerto, ta ❚ *adj.* **1** ⇒one-eyed ❚ *s.* **2** ⇒one-eyed person

tulipán *s.m.* ⇒tulip

tumba *s.f.* **1** ⇒grave **2** *(sepulcro)* ⇒tomb

tumbar ❚ *v.* **1** *(derribar)* ⇒to knock down: *La tumbó con la propuesta* - He knocked her down with the proposal; ⇒to knock over ⇒to blow down: *El viento tumbó los árboles de la avenida* - The wind blew down the trees of the avenue ❚ **tumbarse** *prnl.* **2** ⇒to lie down

tumbona *s.f.* ⇒deckchair

tumor *s.m.* ⇒tumour UK; ⇒tumor US

tumulto *s.m.* ⇒commotion: *Su llegada provocó un tumulto* - His arrival caused quite a commotion; ⇒tumult *form;* ⇒turmoil ⇒rush

túnel *s.m.* ⇒tunnel

túnica *s.f.* ⇒tunic ⇒robe

turbante *s.m.* ⇒turban

turbio, bia *adj.* **1** *(un líquido)* ⇒cloudy ⇒muddy **2** *(un asunto)* ⇒shady *inform: un asunto turbio* - a shady business; ⇒murky

turco, ca ❚ *adj.* **1** ⇒Turkish ❚ *s.* **2** *(de Turquía)* ⇒Turk **3** AMÉR. *(árabe)* ⇒Middle Easterner ❚ **turco** *s.m.* **4** *(idioma)* ⇒Turkish

turismo *s.m.* **1** *(actividad)* ⇒tourism: *un experto en turismo a países extranjeros* - an expert on overseas turism **2** *(hecho de hacer turismo)* ⇒sightseeing: *hacer turismo* - to go sightseeing **3** *(coche)* ⇒car **4** **oficina de** ~ ⇒tourist information office

turista *s.com.* **1** ⇒tourist **2** *(visitante)* ⇒sightseer

turístico, ca *adj.* **1** ⇒tourist: *información turística* - tourist information; ⇒tour: *un guía turístico* - a tour guide **2** *(lleno de turistas)* ⇒popular among tourists

turnarse *v.prnl.* ⇒to take turns ⇒to alternate

turno *s.m.* **1** ⇒turn: *Tienes que esperar a que sea tu turno* - You have to wait for your turn **2** *(de trabajo)* ⇒shift: *turno de noche* - night shift **3** **a turnos** ⇒in turns

Turquía *s.f.* ⇒Turkey

turrón *s.m.* ⇒sweet traditionally eaten at Christmas ⇒nougat

tutear *v.* ⇒to address *sb* using the «tú» form

tutor, -a *s.* **1** *(a nivel jurídico)* ⇒guardian **2** *(en la enseñanza)* ⇒tutor UK

tutoría *s.f.* **1** *(cargo)* ⇒tutorship **2** *(sesión)* ⇒tutorial

tuyo, ya *poses.* **1** *(precedido del verbo «ser»)* ⇒yours: *Este lápiz es tuyo* - This pencil is yours; *Esta es mi camisa, y aquella es la tuya* - This is my shirt, and that is yours **2** *(precedido de un sustantivo)* ⇒of yours: *He conocido a un amigo tuyo* - I've met a friend of yours **3** *(pronombre)* ⇒yours: *La tuya es mejor* - Yours is better

u ▮ *s.f.* **1** *(letra del alfabeto)* ⇒u ▮ *conj.* **2** ⇒or: *uno u otro* - one or the other
Ucrania *s.f.* ⇒Ukraine
ucraniano, na ▮ *adj./s.* **1** ⇒Ukrainian ▮ **ucraniano** *s.m.* **2** *(idioma)* ⇒Ukrainian
úlcera *s.f.* ⇒ulcer ⇒sore
ultimar *v.* **1** ⇒to finalize ⇒to finalise UK: *ultimar los detalles* - to finalise the details **2** AMÉR. *(a una persona)* ⇒to kill ⇒to murder
ultimátum *s.m.* ⇒ultimatum
último, ma *adj.* **1** *(en el tiempo)* ⇒last [CONSTR. the last + to do sth]; ⇒final **2** *(en el espacio)* ⇒last ⇒back: *Su novio está sentado en la última fila* - Her boyfriend's sitting in the back row **3** *(más reciente)* ⇒latest: *¿Has escuchado su última canción?* - Have you heard their latest song? **4** *(más alto)* ⇒top **5** *(extremo)* ⇒last: *la última solución* - the last solution **6** **por último** ⇒lastly
ultramarinos *s.m.* ⇒grocer's UK (*pl* grocers'); ⇒convenience store US
umbilical *adj.* ⇒umbilical: *cordón umbilical* - umbilical cord
umbral *s.m.* **1** *(de una puerta)* ⇒threshold **2** *(principio)* ⇒threshold: *en el umbral de una nueva época* - on the threshold of a new age; ⇒verge
un, -a ▮ *art.indeterm.* **1** *(delante de un sonido no vocálico en inglés)* ⇒a: *una araña* - a spider **2** *(delante de un sonido vocálico en inglés)* ⇒an: *un insecto* - an insect ▮ *indef.* **3** Véase **uno, na** ■ Ver cuadros a / an y a / an / the
unánime *adj.* ⇒unanimous
unanimidad *s.f.* **1** ⇒unanimity **2** **por ~** ⇒unanimously
undécimo, ma *numer.* ⇒eleventh
único, ca ▮ *adj.* **1** ⇒only ⇒sole **2** *(excepcional)* ⇒unique **3** **hijo,ja ~** ⇒only child ▮ *s.* **4** *el único* - the only one ▮ **únicos, cas** *pl.* **5** ⇒the only ones
unidad *s.f.* **1** *(medida)* ⇒unit **2** *(pieza)* ⇒piece **3** *(uniformidad)* ⇒unity **4** *(sección)* ⇒unit: *unidad de cuidados intensivos* - intensive care unit
uniforme ▮ *adj.* **1** ⇒uniform ⇒steady: *un desarrollo uniforme* - an steady development ▮ *s.m.* **2** ⇒uniform
unión *s.f.* ⇒union
unir ▮ *v.* **1** ⇒to join: *Estaba intentando unir las dos piezas* - He was trying to join the two pieces; ⇒to connect: *Uní los dos cables* - I connected both wires together; ⇒to unite: *Deberíamos permanecer unidos para conseguir lo que queremos* - We should be united to get what we want **2** *(relacionar)* ⇒to link **3** *(estar unido a)* ⇒to be attached to ▮ **unirse** *prnl.* **4** *(agruparse)* ⇒to join
universal *adj.* **1** ⇒universal **2** *(mundial)* ⇒world: *historia universal* - world history; ⇒world-wide
universidad *s.f.* ⇒university (*pl* universities); ⇒college US
universitario, ria ▮ *adj.* **1** *ciudad universitaria* - university campus ▮ *s.* **2** ⇒university student **3** *(licenciado)* ⇒graduate
universo *s.m.* ⇒universe
uno, na ▮ *numer.* **1** *(cantidad)* ⇒one *form: Solo tengo un bolígrafo* - I've only got one pen **2** *(fecha)* ⇒first: *Mi prima nació el uno de marzo* - My cousin was born on the 1st of March ▮ *indef.* **3** ⇒a: *He visto pasar una mariposa* - I saw a butterfly; ⇒one: *Yo también he visto una* - I saw one too ■ Ver cuadro a / an **4** ⇒someone: *Ha venido uno y se lo ha llevado* - Someone came and took it **5** **cada uno** ⇒each one: *Cada uno debe hacer sus deberes* - Each one should do their homework **6** **de ~ en ~** ⇒one at a time **7** **el uno al otro** ⇒one another: *Se abrazaron el uno al otro* - They hugged one another **8** **~ mismo,ma** ⇒oneself **9** **~ tras otro,tra** ⇒one after the other ▮ **unos, nas** *indef.pl.* **10** ⇒some: *¿Quieres unas galletas?* - Would you like some cookies?; ⇒a few ▮ *adj.* **11** *(aproximadamente)* ⇒about: *unas cincuenta personas* - about fifty people
untar *v.* **1** ⇒to spread **2** *(con mantequilla)* ⇒to butter **3** *(con aceite o grasa)* ⇒to grease **4** *col.* *(sobornar)* ⇒to bribe

uña *s.f.* **1** ⇒nail **2** *(de la mano)* ⇒fingernail **3** *(del pie)* ⇒toenail **4 ser ~ y carne** ⇒to be inseparable
urbanización *s.f.* **1** ⇒housing estate *UK;* ⇒residential development ⇒housing development *US* **2** *(proceso)* ⇒urbanization ⇒urbanisation *UK: la urbanización de terrenos rurales* - the urbanisation of rural land
urbano, na *adj.* ⇒urban ⇒town
urgencia ▮ *s.f.* **1** ⇒emergency (*pl* emergencies); ⇒urgency ▮ **urgencias** *pl.* **2** *(en un hospital)* ⇒casualty *UK* [U]; ⇒casualty department *UK;* ⇒casualty ward *UK;* ⇒emergency room *US*
urgente *adj.* **1** ⇒urgent **2** *(el correo)* ⇒express
urna *s.f.* **1** *(de votos)* ⇒ballot box (*pl* ballot boxes) **2** *(para las cenizas)* ⇒urn **3** *(vitrina)* ⇒glass case
urraca *s.f.* ⇒magpie
Uruguay *s.m.* ⇒Uruguay
uruguayo, ya *adj./s.* ⇒Uruguayan
usado, da *adj.* **1** ⇒used **2** *(pila)* ⇒flat **3** *(desgastado)* ⇒worn-out ⇒cast-off
usar *v.* **1** ⇒to use: *Siempre me usa para obtener lo que quiero* - She always uses me to get what she wants **2** *(una prenda, un perfume)* ⇒to wear: *Uso vaqueros a diario* - I wear jeans daily **3 de ~ y tirar** ⇒disposable ⇒throwaway **4 sin ~** ⇒unused ⇒unworn
uso *s.m. (utilización)* ⇒use: *uso habitual de* - regular use of [U]; ⇒usage: *uso industrial* - industrial usage
usted *pron.pers.* **1** ⇒you: *Usted estuvo aquí ayer, ¿no?* - You were here yesterday, weren't you?; *Era usted* - It was you **2** *(con valor posesivo)* ⇒yours: *¿Es de usted este libro?* - Is this book yours? **3 ~ mismo** ⇒yourself: *Sírvase usted mismo* - Help yourself **4 ~ solo** ⇒by yourself ⇒on your own: *¿Lo ha hecho usted solo?* - Did you do it on your own?
usual *adj.* ⇒usual
usuario, ria *s.* **1** ⇒user **2** *saber informática a nivel usuario* - to be computer literate
utensilio *s.m.* ⇒utensil ⇒tool: *utensilios de cocina* - kitchen tools
útero *s.m.* ⇒womb ⇒uterus (*pl* uteri, uteruses)
útil ▮ *adj.* **1** ⇒useful: *un consejo útil* - an useful piece of advice ▮ *s.m.* **2** *(herramienta)* ⇒tool
utilidad *s.f.* **1** *(cualidad de ser útil)* ⇒usefulness **2** *(provecho)* ⇒profit
utilizar *v.* ⇒to use: *No deberías utilizar aparatos eléctricos en el baño* - You shouldn't use electric devices on the bathroom; ⇒to make use of: *Los jugadores pueden utilizar todas las instalaciones* - The players can make use of all the facilities; ⇒to deploy: *utilizar los recursos* - to deploy resources
uva *s.f.* **1** ⇒grape **2 estar de mala ~** *col.* ⇒to be in a bad mood
UVI *s.f. (Unidad de Vigilancia Intensiva)* ⇒intensive care unit

V **v**

v *s.f. (letra del alfabeto)* ⇒v

vaca *s.f.* **1** *(animal)* ⇒cow: *enfermedad de las vacas locas* - mad cow disease **2** *(carne)* ⇒beef

vacación *s.f.* **1** ⇒holiday *UK: vacaciones de verano* - summer holidays; *irse de vacaciones* - to go on holiday; ⇒vacation *US* **2** *(en la universidad)* ⇒vacation **3** *(de mitad de trimestre)* ⇒half-term holiday *UK;* ⇒half-term break *US*

vacante ▌ *adj.* **1** ⇒vacant: *Queda una habitación vacante* - There's a vacant room; ⇒unoccupied ▌ *s.f.* **2** ⇒vacancy (*pl* vacancies): *Hay una vacante en mi empresa* - There's a vacancy on my company

vaciar *v.* **1** *(dejar vacío)* ⇒to empty: *vaciar una habitación* - to empty a room **2** *(en arte)* ⇒to cast: *vaciar una estatua en bronce* - to cast a statue in bronze

vacilación *s.f.* ⇒hesitation

vacilar *v.* **1** *(dudar)* ⇒to hesitate ⇒to dither *offens* **2** *(sin estabilidad)* ⇒to wooble ⇒to tooter **3** *col. (fanfarronear)* ⇒to show off **4** *col. (tomar el pelo)* ⇒to banter with *sb* ⇒to tease

vacío, a ▌ *adj.* **1** *(sin cosas, sin gente)* ⇒empty **2** *(sin cosas)* ⇒hollow ▌ **vacío** *s.m.* **3** *(sentimiento)* ⇒void **4 envasado al vacío** ⇒vacuum-packed **5 vacío legal** ⇒loophole

vacuna *s.f.* **1** ⇒vaccine **2** *(acción)* ⇒vaccination **3 ~ de recuerdo** ⇒booster (shot)

vacunar *v.* ⇒to vaccinate ⇒to inoculate

vacuno, na *adj.* **1** ⇒bovine **2** *ganado vacuno* - cattle

vadear *v.* ⇒to wade ⇒to ford

vado *s.m.* **1** *(de un río)* ⇒ford **2** *(de una acera)* ⇒entrance ⇒access [U]

vagabundo, da *s.* ⇒tramp ⇒hobo *US* (*pl* hoboes, hobos); ⇒bum *US inform;* ⇒vagrant *form*

vagar *v.* ⇒to roam: *vagar por las calles* - to roam the streets / to roam about the streets; ⇒to wander: *vagar por la ciudad* - to wander around the city

vagina *s.f.* ⇒vagina

vago, ga ▌ *adj.* **1** *(perezoso)* ⇒lazy ⇒(bone) idle **2** *(impreciso)* ⇒vague ⇒dim: *recuerdo vago* - a dim memory ▌ *s.* **3** *(perezoso)* ⇒dosser *UK inform;* ⇒loafer *inform* **4 hacer el vago** ⇒to laze about ⇒to loaf around **5 ojo vago** ⇒lazy eye

vagón *s.m.* **1** *(de pasajeros)* ⇒carriage *UK;* ⇒coach *UK* (*pl* coaches); ⇒car *US* **2** *(de mercancías)* ⇒wagon *UK;* ⇒goods wagon *UK;* ⇒freight car *US* **3 ~ restaurante** ⇒dining car ⇒buffet *UK*

vaguear *v.* ⇒to laze ⇒to laze {about/around}: *Mi hermana estuvo vagueando todo el día ayer* - My sister lazed about all day long yesterday; ⇒to doss {about/around} *UK inform*

vaho *s.m.* **1** ⇒steam **2** *(en un cristal)* ⇒condensation

vaina *s.f.* **1** *(de un puñal)* ⇒sheath **2** *(de una espada)* ⇒scabbard **3** *(cáscara)* ⇒pod **4** *AMÉR. (un asunto)* ⇒issue

vainilla *s.f.* ⇒vanilla

vaivén *s.m.* **1** ⇒rocking ⇒swinging ⇒swaying: *el vaivén de las olas* - the swaying of the waves **2** *(cambio)* ⇒up and down: *La vida tiene muchos vaivenes* - Life has a lot of ups and downs

vajilla *s.f.* **1** ⇒crockery [U]; ⇒service **2** *(de porcelana)* ⇒china [U]

vale ▌ *s.m.* **1** ⇒coupon ⇒token *UK;* ⇒voucher: *vale descuento* - discount voucher ▌ *interj.* **2** ⇒okay! *inform;* ⇒(all) right! ⇒fine!

valentía *s.f.* ⇒bravery: *Les otorgaron las medallas por su valentía* - They were awarded medals for their bravery; ⇒boldness ⇒gallantry *form*

valer ▌ *v.* **1** *(costar)* ⇒to cost: *¿Cuánto vale?* - How much does it cost? **2** *(tener un valor)* ⇒to be worth: *no valer nada* - not to be worth anything; *Esta radio no vale ese dinero* - This radio isn't worth that money **3** *(servir, ser útil)* ⇒to be useful ⇒to be of use: *Eso solo vale para leña* - That's only of use as firewood **4** *No vale* - It's useless **5** *No valgo para esto* - I'm no use for this **6** *(contar)* ⇒to count: *Ese tiro no vale* - That shot doesn't count **7** *(estar permitido)* ⇒to be allowed: *Eso no vale* - That's not allowed **8** *(ser válido)* ⇒to be valid: *Este documento ya no vale* - This document is no longer valid **9** *(una prenda)* ⇒to fit **10 más vale que** ⇒had better: *Más vale que me cuentes la verdad* - You had better tell me the truth **11 ~ la pena** ⇒to be worth [CONSTR. to be worth + doing sth]: *Vale la pena verlo* - It's worth seeing it **12 ¡vale ya!** ⇒enough! ▮ **valerse** *prnl.* **13** *(manejarse)* ⇒to manage by oneself

válido, da *adj.* ⇒valid

valiente *adj.* ⇒brave ⇒bold: *Era una escaladora valiente y decidida* - She was a bold and fearless climber; ⇒courageous ⇒gritty: *una decisión valiente* - a gritty decision; ⇒lion-hearted *lit*

valioso, sa *adj.* ⇒valuable

valla *s.f.* **1** ⇒fence ⇒barrier: *levantar una valla* - to erect a barrier **2** *(en atletismo)* ⇒hurdle: *100 metros vallas* - 100 metres hurdles **3 ~ publicitaria** ⇒billboard *US;* ⇒hoarding *UK*

valle *s.m.* ⇒valley ⇒hollow *US;* ⇒vale *lit, old-fash*

valor *s.m.* **1** *(precio)* ⇒value ⇒worth **2** *(valentía)* ⇒bravery ⇒nerve [CONSTR. nerve + to do sth]: *Tuvo el valor de correr detrás del ladrón* - He had the nerve to run after the burglar; ⇒valour *UK lit* **3** *(desvergüenza, frescura)* ⇒nerve **4** *tener valor* - to be brave **5 armarse de ~** ⇒to plack up courage **6 ~ adquisitivo** ⇒purchasing power **7 ~ sentimental** ⇒sentimental value

valorar *v.* **1** *(poner precio)* ⇒to value ⇒to assess **2** *(apreciar, estimar)* ⇒to value: *No sabes cómo valorar la dedicación de tu madre* - You don't know how to value your mother's dedication; ⇒to appreciate ⇒to appraise

vals *s.m.* ⇒waltz (*pl* waltzes)

válvula *s.f.* ⇒valve: *una válvula de seguridad* - a safety valve

vampiro *s.m.* ⇒vampire

vandalismo *s.m.* ⇒vandalism

vanguardia *s.f.* **1** *(movimiento cultural)* ⇒avant-garde: *un movimiento de vanguardia* - an avant-garde movement; ⇒avantgarde **2** *(de un ejército)* ⇒vanguard **3 estar a la ~** ⇒to be in the vanguard

vanidad *s.f.* ⇒vanity [U]

V **vanidoso, sa** *adj.* ⇒vain

vano, na *adj.* **1** *(inútil)* ⇒pointless ⇒vain **2** *(infundado)* ⇒unfounded: *esperanzas vanas* - unfounded hopes; ⇒forlorn **3** *(presumido)* ⇒vain **4 en vano** ⇒in vain

vapor *s.m.* **1** ⇒steam ⇒(water) vapour *UK;* ⇒(water) vapor *US* **2** *echar vapor* - to steam

vaquero, ra ▮ *adj.* **1** ⇒denim: *una cazadora vaquera* - a denim jacket ▮ *s.* **2** ⇒cowboy ⇒cowherd **3** *película de vaqueros* - western ▮ **vaqueros** *s.m.pl.* **4** *(pantalones)* ⇒jeans

vara *s.f.* **1** ⇒stick ⇒cane *UK* **2 dar la ~** *col.* ⇒to nag [CONSTR. 1. to nag about sth 2. to nag at sb] *inform: Ese tío siempre me está dando la vara* - That guy is always nagging at me; ⇒to go on at sb *inform: Mi hermana siempre me está dando la vara para que le preste ese vestido* - My sister is always going on at me to lend her that dress; ⇒to annoy

variable *adj.* ⇒changeable: *El tiempo es bastante variable* - The weather is notoriously changeable; ⇒variable: *una tasa de interés variable* - a variable interest rate; ⇒varying

variación *s.f.* ⇒variation

variar *v.* **1** ⇒to vary ⇒to alter: *Se ha modificado la tasa de interés* - The rate of interest has been haltered **2 para ~** ⇒for a change: *Llegó tarde, para variar* - He arrived late, just for a change

varicela *s.f.* ⇒chickenpox

variedad *s.f.* **1** ⇒variety (*pl* varieties) **2** *(surtido)* ⇒range: *Esa pastelería tiene una gran variedad de dulces* - That confectionery has a great range of sweets; ⇒choice

varilla *s.f.* **1** ⇒rod **2** *(de un paraguas, de un abanico)* ⇒rib

varios, rias ▮ *adj.* **1** *(diversos)* ⇒various: *libros varios* - various books **2** *(algunos)* ⇒several: *varios amigos* - several friends ▮ *pron.* **3** ⇒some: *han venido varios* - some came

varón *s.m.* ⇒male ⇒boy: *Enhorabuena, es un varón* - Congratulations! It's a boy

varonil *adj.* ⇒manly

vasco, ca ▮ *adj./s.* **1** ⇒Basque ▮ **vasco** *s.m.* **2** *(idioma)* ⇒Basque

vasija *s.f.* **1** ⇒vessel *old-fash* **2** *(de barro)* ⇒crock ⇒pot

vaso *s.m.* **1** ⇒glass (*pl* glasses) [Hay dos formas de decir *un vaso de agua*: *a glass of water* (si está lleno) y *a water glass* (si está vacío)] **2** *(de plástico)* ⇒cup **3** *(en anatomía)* ⇒vessel: *vaso sanguíneo* - blood vessel **4 ahogarse en un ~ de agua** ⇒to get worked up over nothing **5 ~ capilar** ⇒capillary (*pl* capillaries)

vasto, ta *adj.* ⇒vast: *la vasta extensión del desierto* - the vast extension of the desert; ⇒immense ⇒huge

vaya *interj.* **1** *¡vaya por Dios!* - oh dear! **2** *¡vaya catarrazo!* - what a stinking cold! **3** ⇒gee *US inform*

vecindario *s.m.* ⇒neighbourhood *UK;* ⇒neighborhood *US*

vecino, na ▮ *adj.* **1** ⇒neighbouring *UK;* ⇒neighboring *US* ▮ *s.* **2** ⇒neighbour *UK;* ⇒neighbor *US* **3**

los vecinos de un barrio - the residents of an area
vegetación ▮ *s.f.* **1** ⇒vegetation ⇒greenery ▮ **vegetaciones** *pl.* **2** ⇒adenoids
vegetal ▮ *adj.* **1** ⇒vegetable: *aceite vegetal* - vegetable oil ▮ *s.m.* **2** ⇒vegetable
vegetariano, na *s.* **1** ⇒vegetarian ⇒veggie *UK inform* **2** *(estricto)* ⇒vegan: *Los vegetarianos más estrictos ni siquiera comen miel* - The strictest vegans won't even eat honey
vehículo *s.m.* ⇒vehicle *form*
veinte *numer.* **1** ⇒twenty **2** *(fecha)* ⇒twentieth **3** *estar en los veinte* - to be in one's twenties
vejez *s.f.* **1** *(período)* ⇒old age **2** *(conjunto de características)* ⇒old nature
vela *s.f.* **1** *(de luz)* ⇒candle ⇒taper **2** *(de un barco)* ⇒sail **3** *(deporte)* ⇒sailing **4** *hacer vela* - to sail **5 en ~** ⇒sleepless: *pasar la noche en vela* - to have a sleepless night
velar ▮ *v.* **1** *(proteger)* ⇒to look after: *Vela por tus intereses* - Look after your interests **2** *(a un enfermo)* ⇒to sit up with: *Cuando tuve la varicela, mi padre me veló toda la noche* - When I had chickenpox, my father sat up with me the whole night **3** *(a un muerto)* ⇒to keep vigil [CONSTR. to keep vigil for sb]: *Ayer velamos a mi abuelo* - Yesterday we kept vigil for my grandfather ▮ **velarse** *prnl.* **4** *(un carrete)* ⇒to get exposed: *Se me veló la película* - The film of my camera got exposed
velatorio *s.m.* ⇒wake
velero *s.m.* ⇒sailing ship ⇒sailing boat *UK;* ⇒sail boat *US*
veleta ▮ *s.f.* **1** *(objeto)* ⇒weather vane ▮ *s.com.* **2** *col. (persona)* ⇒fickle **3** *ser un veleta* - to blow with the wind
vello *s.m.* ⇒fuzz ⇒hair
velo *s.m.* ⇒veil
velocidad *s.f.* **1** ⇒speed: *límite de velocidad* - speed limit; *ir a gran velocidad* - to go at high speed; *aumentar la velocidad* - to speed up; *reducir la velocidad* - to slow down; ⇒velocity *form* **2** *(en una caja de cambios)* ⇒gear: *segunda velocidad* - second gear
veloz *adj.* ⇒fast
vena *s.f.* **1** ⇒vein **2 en ~** *col.* ⇒in the mood for
vencedor, -a ▮ *adj.* **1** ⇒winning ⇒victorious ▮ *s.* **2** ⇒winner
vencer *v.* **1** ⇒to win **2** *(al enemigo)* ⇒to defeat ⇒to beat **3** *(un sentimiento)* ⇒to overcome: *vencer la tristeza* - to overcome sadness **4** *(en una competición)* ⇒to beat ⇒to defeat **5** *(un plazo)* ⇒to expire
venda *s.f.* **1** ⇒bandage **2** *(para los ojos)* ⇒blindfold
vendaje *s.m.* ⇒bandage ⇒dressing
vendar *v.* **1** ⇒to bandage **2** *(los ojos)* ⇒to blindfold
vendaval *s.m.* ⇒gale
vendedor, -a *s.* **1** ⇒seller ⇒vendor: *El vendedor de la casa quiere cerrar el contrato esta semana* - The vendor of the house wants to exchange contracts this week **2** *(en una tienda)* ⇒shop assistant *UK;* ⇒retailer ⇒sales clerk *US* **3** *(hombre)* ⇒salesman (*pl* salesmen) **4** *(mujer)* ⇒saleswoman (*pl* saleswomen) **5** *vendedor de periódicos* - newsagent
vender *v.* **1** ⇒to sell: *vender al por menor* - to sell retail **2** *(de forma ilegal)* ⇒to bootleg **3** *(un negocio)* ⇒to sell off **4 se vende** ⇒for sale
vendimia *s.f.* ⇒grape harvest
vendimiar *v.* ⇒to harvest grapes
veneno *s.m.* **1** ⇒poison **2** *(de las serpientes o los insectos)* ⇒venom
venenoso, sa *adj.* ⇒poisonous ⇒venomous
venezolano, na *adj./s.* ⇒Venezuelan
Venezuela *s.f.* ⇒Venezuela
venga *interj.* **1** *col. (para apremiar)* ⇒go on! *inform;* ⇒come on! *inform* **2** *col. (para expresar incredulidad)* ⇒come on! *inform;* ⇒come off it! *inform*
venganza *s.f.* ⇒vengeance ⇒revenge
vengar ▮ *v.* **1** ⇒to avenge *lit: vengar la muerte de alguien* - to avenge sb's death ▮ **vengarse** *prnl.* **2** ⇒to take vengeance ⇒to take revenge [CONSTR. to take revenge on sb]: *Me vengué de todos ellos* - I took revenge on them all
venir *v.* **1** ⇒to come [CONSTR. to come + to do sth]: *Vino de vacaciones* - He came on holidays; *¿De dónde viene?* - Where does he come from? **2** *venir a la memoria* - to come into sb's mind **3** *(en un medio escrito)* ⇒to appear ⇒to be: *No viene en el diccionario* - It isn't in the dictionary **4** *(una prenda)* ⇒to be: *Este vestido me viene pequeño* - This dress is too small **5** *(volver)* ⇒to come back ⇒to be back: *Esperadme que vengo pronto* - Wait for me, I'll be back soon **6 que viene** ⇒the coming ⇒next: *el año que viene* - next year **7 ~ a ser** ⇒to amount to **8 ~ bien** ⇒to be welcome **9 ~ mal** ⇒to not suit ⇒to not be convenient
venta ▮ *s.f.* **1** *(de un producto)* ⇒sale **2** *(fonda)* ⇒inn **3 a la ~** ⇒on sale **4 en ~** ⇒for sale ⇒on the market ▮ **ventas** *pl.* **5** ⇒sales ⇒selling
ventaja *s.f.* **1** ⇒advantage **2** *(en una competición)* ⇒lead **3** *(en tenis)* ⇒advantage
ventana *s.f.* ⇒window
ventanilla *s.f.* **1** *(ventana de un vehículo)* ⇒window **2** *(taquilla)* ⇒box office

ventilación *s.f.* **1** ⇒ventilation **2** *(hueco)* ⇒opening (for ventilation): *Dejaron una ventilación en la bodega* - They left an opening for ventilation in the cellar
ventilador *s.m.* ⇒fan ⇒ventilator
ventilar *v.* ⇒to ventilate ⇒to air
ventisca *s.f.* ⇒blizzard
ventoso, sa *adj.* ⇒windy ⇒blustery: *un día ventoso* - a blustery day
ventrílocuo, cua *s.* ⇒ventriloquist
ver ▮ *v.* **1** ⇒to see: *No veo sin lentillas* - I can't see without contact lenses **2** *(observar atentamente)* ⇒to look **3** *(la televisión)* ⇒to watch: *ver los dibujos* - to watch the cartoons **4** *(visitar)* ⇒to see: *Ven a vernos cuando quieras* - Come and see us any time! **5** *(comprender)* ⇒to see: *No veo por qué no* - I don't see why not **6** *(considerar)* ⇒to think **7** *Te veo contento* - You seem happy **8 vamos a ~** ⇒let's see **9 veamos** ⇒let's see **10 ~ de repente** ⇒to spot **11 ~ por casualidad** ⇒to catch sight of **12 ya veré** ⇒I'll see ▮ **verse** *prnl.* **13** ⇒to see each other **14** *(encontrarse)*: *verse obligado a hacer algo* - to be obliged to do sth **15 vérselas con** *col.* ⇒to reckon with ▪ Ver cuadro see / look at / watch
veranear *v.* ⇒to spend the summer: *Solemos veranear en la costa* - We usually spend the summer at the coast; ⇒to holiday *UK;* ⇒to vacation *US*
veraneo *s.m.* ⇒summer holiday: *lugar de veraneo* - summer holiday resort
veraniego, ga *adj.* ⇒summery: *¡Qué veraniega vienes hoy!* - You look summery today!
verano *s.m.* **1** ⇒summer **2** *(en zonas tropicales)* ⇒dry season
veras (de ~) ⇒really [CONSTR. Se sitúa delante del adjetivo]: *Lo siento de veras* - I'm really sorry; ⇒truly
veraz *adj.* ⇒truthful
verbena *s.f.* ⇒fair ⇒jamboree
verbo *s.m.* **1** ⇒verb **2 ~ auxiliar** ⇒auxiliary verb **3 ~ modal** ⇒modal verb ▪ Ver cuadro en esta página y cuadros auxiliary verbs, modal verbs y verbos con dos objetivos
verdad *s.f.* **1** ⇒truth: *decir la pura verdad* - to tell the plain truth **2** *ser verdad* - to be true **3** *(en un contexto interrogativo)*: *Estás de acuerdo, ¿verdad?* - You agree, don't you?
V **verdadero, ra** *adj.* **1** ⇒real: *Es la verdadera propietaria de la casa* - She is the real owner of the house; ⇒true: *Creo que sus comentarios son verdaderos* - I think their comments are true; ⇒proper *UK* **2** *(sincero)* ⇒truthful
verde ▮ *adj.* **1** ⇒green **2** *(una fruta)* ⇒green ⇒unripe **3** *(un terreno)* ⇒green: *una zona verde* - a green area **4** *col.* *(una persona)* ⇒green ⇒inexperienced **5** *Estoy verde en matemáticas* - I'm weak at maths **6** *col.* *(un chiste)* ⇒dirty ⇒blue *inform* ▮ *adj./s.com.* **7** *(ecologista)* ⇒green: *el partido de los verdes* - the Green party ▮ *s.m.* **8** *(color)* ⇒green **9** *(césped)* ⇒grass **10 poner ~** *col.* ⇒to have a right go *inform*: *poner verde a alguien* - to have a right go at sb
verdugo *s.m.* ⇒hangman (*pl* hangmen)
verdura *s.f.* ⇒vegetables *pl*: *Odio la verdura* - I hate vegetables; ⇒greens *pl*
veredicto *s.m.* ⇒verdict: *emitir veredicto* - to give a verdict

verbos transitivos e intransitivos

Según el tipo de objeto que lleven, los verbos pueden ser transitivos o intransitivos:

- Los **verbos transitivos** necesitan un objeto directo para que su significado sea completo:
  - *The jury **chose** the winner.* (El jurado eligió al ganador.)
  - *The chest **contained** a treasure.* (El cofre contenía un tesoro.)

  En el diccionario estos verbos aparecen marcados como "**v** [T]".

- Los **verbos intransitivos** nunca llevan un objeto directo:
  - *The train **arrived** two hours late.* (El tren llegó dos horas tarde.)
  - *Robin always **lies** about his age.* (Robin siempre miente acerca de su edad.)

  En el diccionario estos verbos aparecen marcados como "**v** [I]".

- Algunos verbos pueden ser **transitivos e intransitivos**, dependiendo del contexto:
  - *She **opened** the window. / The window **opened** suddenly.* (Abrió la ventana. / La ventana se abrió de repente.)
  - *I can't **start** the car. / The car won't **start**.* (No puedo arrancar el coche. / El coche no arranca.)
  - ***Move** those boxes from here. / John has moved to another flat.* (Quita esas cajas de aquí. / John se ha mudado a otro piso.)

  En el diccionario estos verbos aparecen como "**v** [T, I]".

vergonzoso, sa *adj.* **1** ⇒disgraceful ⇒shameful: *un acto vergonzoso* - a shameful act **2** *(tímido)* ⇒shy

vergüenza *s.f.* **1** *(bochorno)* ⇒embarrassment ⇒shame: *No tienes vergüenza* - You have no shame **2** *(deshonra)* ⇒disgrace **3** *hacer pasar vergüenza* - to embarrass **4** *Debería darte vergüenza* - Shame on you **5** **¡Qué vergüenza!** ⇒How embarrassing! **6** **tener ~** ⇒to be embarrassed ⇒to feel embarrassed

verídico, ca *adj.* ⇒true: *una historia verídica* - a true story

verja *s.f.* **1** *(valla)* ⇒railings *pl*: *No pude saltar la verja* - I couldn't jump over the railings **2** *(puerta)* ⇒iron gate

verruga *s.f.* ⇒wart

versión *s.f.* ⇒version: *versión original* - original version

verso *s.m.* ⇒verse

vértebra *s.f.* ⇒vertebra (*pl* vertebrae)

vertebrado, da ▮ *adj.* **1** ⇒vertebrate ▮ **vertebrado** *s.m.* **2** ⇒vertebrate

vertedero *s.m.* ⇒dump ⇒(rubbish) tip *UK*

verter *v.* **1** *(basuras)* ⇒to dump **2** *(líquido en un recipiente)* ⇒to pour **3** *(lágrimas)* ⇒to shed **4** *(derramar líquido)* ⇒to spill: *Vertí agua por toda la habitación* - I spilt water all over the room

vertical *adj.* ⇒vertical ⇒upright: *en posición vertical* - in an upright position

vértigo *s.m.* **1** ⇒vertigo **2** *tener vértigo* - to be afraid of heights

vestíbulo *s.m.* **1** ⇒hall *UK*; ⇒hallway *UK* **2** *(en un edificio público)* ⇒foyer ⇒lobby (*pl* lobbies): *el vestíbulo del hotel* - the lobby of the hotel

vestido, da ▮ *adj.* **1** ⇒dressed: *vestido de negro* - dressed in black; ⇒clad *lit*; ⇒clothed ▮ **vestido** *s.m.* **2** ⇒dress (*pl* dresses) **3** *(largo)* ⇒gown

vestir ▮ *v.* **1** *(poner ropa)* ⇒to dress ⇒to clothe **2** *(llevar puesto)* ⇒to wear: *Esa mujer vestía pantalones de rayas* - That woman was wearing a pair of striped trousers; *Ese hombre siempre viste de negro* - That man always dresses in black **3** **~ de** ⇒to dress in ▮ **vestirse** *prnl.* **4** *(ponerse ropa)* ⇒to get dressed

vestuario *s.m.* **1** *(conjunto de ropa)* ⇒wardrobe ⇒clothes *pl* **2** *(ropa de teatro, cine)* ⇒costumes **3** *(en instalaciones deportivas)* ⇒changing room *UK*; ⇒locker room *US*

veterano, na *adj./s.* **1** *(con experiencia)* ⇒veteran: *un actor veterano* - a veteran actor; ⇒old hand ⇒old-timer *inform* **2** *(de guerra)* ⇒veteran *n*; ⇒vet *US inform*

veterinario, ria *s.* ⇒veterinary *form* (*pl* veterinaries); ⇒veterinarian *US form*; ⇒vet ⇒veterinary surgeon *UK form*

vez *s.f.* **1** ⇒time: *Vi a Emma varias veces* - I saw Emma several times **2** *(turno)* ⇒turn: *pedir la vez* - to ask for one's turn; ⇒go **3** **a la ~** ⇒at once: *No habléis todos a la vez* - Don't talk all at once; ⇒at the same time **4** **alguna ~** ⇒ever **5** **a veces** ⇒at times ⇒sometimes **6** **cada ~ más** ⇒every time ⇒more and more **7** *cada vez más lento* - slower and slower **8** **cada ~ mayor** ⇒increasing **9** **cada ~ menos** ⇒less and less **10** **de una ~** ⇒once and for all **11** **de ~ en cuando** ⇒from time to time ⇒now and again **12** **en ~ de** ⇒instead of **13** **érase una ~** ⇒once upon a time **14** **otra ~** ⇒again **15** **por primera ~** ⇒for the first time **16** **una ~** ⇒once: *Solo te lo diré una vez* - I'll only tell you once **17** **una ~ más** ⇒once {again/more}: *¿Podrías repetirlo una vez más?* - Could you please repeat it once more?; ⇒yet again **18** **una y otra ~** ⇒again and again ⇒over and over

vía ▮ *s.f.* **1** *(de un tren)* ⇒track: *El tren se salió de la vía* - The train went off the tracks; ⇒railway {line/track} ⇒railroad *US* **2** *(ruta)* ⇒route **3** *(en anatomía)* ⇒tract: *vías respiratorias* - respiratory tracts **4** **en vías de extinción** ⇒dying **5** **la Vía Láctea** ⇒the Milky Way **6** **por ~ aérea** ⇒by air **7** **por ~ terrestre** ⇒by land **8** **~ pública** ⇒thoroughfare *form* ▮ *prep.* **9** *(a través de)* ⇒via: *El tren de Londres a Manchester va vía Watford* - The train from London to Manchester goes via Watford

viajante *s.com.* ⇒travelling sales representative *UK*; ⇒travelling sales rep *UK*

viajar *v.* ⇒to travel: *Me encanta viajar en invierno* - I love to travel in winter; ⇒to journey *lit*

viaje *s.m.* **1** *(excursión)* ⇒trip: *hacer un viaje* - to make a trip; ⇒jaunt **2** *(trayecto)* ⇒journey **3** *(visitando varios lugares)* ⇒tour **4** *(por mar, por el espacio)* ⇒voyage **5** **¡buen viaje!** ⇒have a good trip! **6** **estar de ~** ⇒to be on a trip ⇒to be away **7** **~ de estudios** ⇒field trip **8** **~ de ida** ⇒outward journey **9** **~ de ida y vuelta** ⇒round trip ⇒return journey *UK* **10** **~ de negocios** ⇒business trip **11** **~ de novios** ⇒honeymoon **12** **~ de vuelta** ⇒return journey

viajero, ra *s.* **1** *(persona que viaja)* ⇒traveller *UK*; ⇒traveler *US*; ⇒voyager **2** *(dentro de un medio de transporte)* ⇒passenger

vial *adj.* *educación vial* - road awareness

víbora *s.f.* **1** *(serpiente)* ⇒viper **2** *col. (persona)*: *ser una víbora* - to have a vicious tongue

vibración *s.f.* ⇒vibration

vibrar *v.* **1** *(un objeto)* ⇒to vibrate **2** *(la voz)* ⇒to quiver **3** *(emocionarse)* ⇒to be thrilled
viceversa *adv.* ⇒vice versa
vicio *s.m.* ⇒vice ⇒bad-habit: *Ha cogido el vicio de no querer comer pescado* - He's got into the bad-habit of rejecting fish
vicioso, sa ▮ *adj. / s.* **1** ⇒hooked *inform adj: vicioso de algo* - hooked on sth ▮ *s.* **2** ⇒addict
víctima *s.f.* **1** ⇒victim **2** *(de un accidente, de una guerra)* ⇒casualty (*pl* casualties) **3 hacerse la ~** ⇒to play the victim
victoria *s.f.* **1** ⇒victory (*pl* victories) **2 no cantes ~ antes de tiempo** ⇒Don't count your chicken before they are hatched
victorioso, sa *adj.* ⇒victorious
vid *s.m.* ⇒vine ⇒grapevine
vida *s.f.* **1** ⇒life (*pl* lives) **2** *(como período de tiempo)* ⇒lifetime: *He visto dos guerras en mi vida* - I've seen two wars in my lifetime **3 así es la ~** ⇒that's life **4 en la ~** ⇒never **5 estilo de ~** ⇒way of living **6 ganarse la ~** ⇒to earn a living **7 lleno de ~** ⇒full of life **8 para toda la ~** ⇒for life **9 pasar a mejor ~** ⇒to pass away *euphem* **10 pegarse la gran ~** *col.* ⇒to live it up *inform* **11 quitarse la ~** ⇒to take *one's* own life ⇒to commit suicide
videocasete *s.m.* ⇒videocassette
videoclip *s.m.* ⇒video
videoclub *s.m.* ⇒video shop
videojuego *s.m.* ⇒video game ⇒computer game
vídeo o video *s.m.* **1** *(aparato)* ⇒video cassette recorder ⇒video *UK;* ⇒VCR *US* **2** *(cinta)* ⇒video ⇒videocassette ⇒videotape
vidrio *s.m. (material)* ⇒glass
viejo, ja *adj.* ⇒old ▮ *s.* **1** *(hombre)* ⇒old man (*pl* old men) **2** *(mujer)* ⇒old woman (*pl* old women); ⇒old lady *inform* (*pl* old ladies) **3 hacerse ~** ⇒to grow old
viento *s.m.* **1** ⇒wind **2** *Hace viento* - It's windy **3** *(muy fuerte)* ⇒gale **4** *(de costado)* ⇒crosswind **5** *(de una tienda)* ⇒string **6** *(instrumentos)* ⇒wind instruments: *Esa es la sección de viento* - Those are the wind instruments **7 contra ~ y marea** ⇒no matter what **8 ~ a favor** ⇒tail wind **9 ~ en contra** ⇒headwind
vientre *s.m.* **1** ⇒stomach ⇒belly *inform* (*pl* bellies) **2** *(materno)* ⇒womb
viernes *s.m.* **1** ⇒Friday **2 Viernes Santo** ⇒Good Friday
Vietnam *s.m.* ⇒Vietnam
vietnamita ▮ *adj. / s.* **1** ⇒Vietnamese ▮ *s.m.* **2** *(idioma)* ⇒Vietnamese
viga *s.f.* **1** *(de madera)* ⇒beam **2** *(de hierro)* ⇒girder **3** *(de un techo)* ⇒rafter
vigente *adj.* **1** *(una costumbre, un precio)* ⇒current **2** *(una ley)* ⇒in force
vigésimo, ma *numer.* ⇒twentieth
vigía *s.com.* ⇒lookout ⇒watchman
vigilancia *s.f.* **1** ⇒vigilance ⇒watchfulness ⇒alertness **2** *(policial)* ⇒surveillance ⇒security
vigilante ▮ *adj.* **1** ⇒vigilant ⇒watchful ▮ *s.com.* **2** *(de un edificio)* ⇒guard ⇒caretaker *UK* **3** *(hombre)* ⇒watchman (*pl* watchmen) **4** *(mujer)* ⇒watchwoman (*pl* watchwomen) **5** *(de un zoo, de un museo)* ⇒keeper **6 ~ jurado** ⇒security guard **7 ~ nocturno** ⇒nightwatchman (*pl* nightwatchmen)
vigilar *v.* **1** ⇒to keep watch over ⇒to keep an eye on: *Vigila mi cámara mientras me doy un baño* - Keep an eye on my camera while I go for a swim **2** *(la policía)* ⇒to police **3** *(en un examen)* ⇒to invigilate
vigor *s.m.* **1** ⇒vigour *UK;* ⇒vigor *US;* ⇒energy (*pl* energies) **2 entrar en ~** ⇒to take effect ⇒to come into force **3 poner en ~** ⇒to put into operation ⇒to enforce
vigoroso, sa *adj.* **1** ⇒vigorous **2** *(un esfuerzo)* ⇒strenous
vikingo, ga *s.* ⇒Viking
villa *s.f.* **1** ⇒villa **2** *(población)* ⇒town
villancico *s.m.* ⇒carol ⇒Christmas carol
vinagre *s.m.* ⇒vinegar
vínculo *s.m.* ⇒link: *un vínculo muy estrecho* - a very tight link
vino *s.m.* **1** ⇒wine: *vino tinto* - red wine; *vino blanco* - white wine **2** *vino rosado* - rosé
viña *s.f.* **1** ⇒vineyard **2** *(planta)* ⇒vine
viñedo *s.m.* ⇒vineyard
viñeta *s.f.* **1** ⇒vignette **2** *(en un periódico)* ⇒cartoon
violación *s.f.* **1** *(de una norma)* ⇒violation ⇒infringement: *violación de la ley* - infringement of the law **2** *(de una persona)* ⇒rape
violar *v.* **1** *(una norma)* ⇒to violate ⇒to break: *violar una ley* - to break a law **2** *(a una persona)* ⇒to rape
violencia *s.f.* **1** ⇒violence **2 con ~** ⇒roughly **3 ~ doméstica** ⇒domestic gender
violento, ta *adj.* **1** *(agresivo)* ⇒violent ⇒rough **2** *(situación)* ⇒awkward ⇒embarrassing
violeta ▮ *adj. / s.m.* **1** *(color)* ⇒violet ▮ *s.f.* **2** *(flor)* ⇒violet
violín *s.m.* ⇒violin
violinista *s.com.* ⇒violinist
violonchelo *s.m.* ⇒cello
virgen *adj.* **1** ⇒virgin **2** *(una cinta, un CD)* ⇒blank
virgo *adj. / s.com.* ⇒Virgo *n*

virtud *s.f.* **1** *(cualidad)* ⇒virtue **2** *(capacidad)* ⇒power ⇒capacity: *Tiene la virtud de enfadarme* - He has the capacity to make me angry
virtuoso, sa *adj. / s.* **1** *(con virtudes)* ⇒virtuous *adj* **2** *(experto)* ⇒virtuoso (*pl* virtuosi, virtuosos): *un virtuoso del violín* - a virtuoso violinist; *una actuación virtuosa* - a virtuouso performance
viruela *s.f.* ⇒smallpox
virus *s.m.* ⇒virus (*pl* viruses): *un virus informático* - a computer virus
visado *s.m.* ⇒visa
visera *s.f.* **1** *(de una gorra)* ⇒peak UK **2** *(de un casco)* ⇒visor US **3** *(gorra)* ⇒cap
visibilidad *s.f.* ⇒visibility
visible *adj.* ⇒visible ⇒clear: *en un lugar visible* - on a clear spot
visillo *s.m.* ⇒net curtain
visión *s.f.* **1** *(capacidad)* ⇒vision ⇒eyesight **2** *(imagen irreal)* ⇒vision ⇒fantasy **3** *(punto de vista)* ⇒view ⇒insight **4 ~ de futuro** ⇒foresight **5 ~ general** ⇒overview
visita *s.f.* **1** *(hecho de ir a un lugar)* ⇒visit **2** *(persona que visita)* ⇒visitor **3** *(a una página web)* ⇒hit **4** *(a un museo)* ⇒viewing **5 hacer una ~** ⇒to call on ⇒to drop in: *Decidimos hacerles una visita al pasar por allí* - We decided to drop in as we were passing **6 ~ guiada** ⇒tour **7 ~ relámpago** ⇒flying visit **8 ~ turística** ⇒sightseeing trip
visitante *s.com.* **1** ⇒visitor ⇒caller UK **2** *(turista)* ⇒sightseer
visitar *v.* ⇒to visit ⇒to pay a visit to
vislumbrar *v.* ⇒to catch sight of ⇒to glimpse
visón *s.m.* ⇒mink
víspera *s.f.* **1** ⇒eve **2** *La víspera de su cumpleaños* - The day before his birthday **3 ~ de Todos los Santos** ⇒Hallowe'en ⇒Halloween
vista *s.f.* **1** *(capacidad de ver)* ⇒eyesight ⇒sight **2** *(órgano)* ⇒eyes *pl*: *a la altura de la vista* - at eyes' level **3** *(lo que se ve)* ⇒view: *La vista desde mi ventana es muy hermosa* - The view from my window is very pretty **4 a la ~** ⇒in view ⇒in sight: *estar a la vista* - to be in sight **5 a primera ~** ⇒at first sight ⇒at a glance **6 a simple ~** ⇒at first glance ⇒to the nacked eye **7 de ~** ⇒by sight: *La conozco de vista* - I know her by sight **8 en ~ de** ⇒in view of *form* **9 ¡hasta la vista!** ⇒see you! **10 ~ cansada** ⇒eyestrain **11 ~ panorámica** ⇒panoramic view
vistazo *s.m.* ⇒glance ⇒quick look: *echar un vistazo a algo* - to take a quick look at sth
visto, ta ▌*adj.* **1** *Está visto que no quieres venir* - Obviously, you don't want to come **2** *Ese vestido ya está muy visto* - That dress is too unoriginal **3 estar bien ~** ⇒to be well thought of: *Está bien visto ceder el asiento* - Giving up one's seat is well thought of **4 estar mal ~** ⇒to be frowned upon: *Escupir en la calle está mal visto* - Spitting in the street is frowned upon **5 por lo visto** ⇒apparently ▌**visto** *s.m.* **6** *visto bueno* - approval
visual *adj.* ⇒visual
vital *adj.* **1** *(importante)* ⇒vital **2** *(lleno de vida)* ⇒vital *form*
vitalidad *s.f.* ⇒vitality
vitamina *s.f.* ⇒vitamin
vitorear *v.* ⇒to cheer: *El público vitoreó al cantante en cuanto salió* - The public cheered the singer as he went out
vitrina *s.f.* **1** ⇒glass case ⇒cabinet **2** AMÉR. ⇒shopwindow
viudo, da *s.* **1** *(hombre)* ⇒widower **2** *(mujer)* ⇒widow
vivar *v.* AMÉR. ⇒to cheer
víveres *s.m.pl.* ⇒provisions
vivero *s.m.* **1** *(de plantas)* ⇒nursery (*pl* nurseries); ⇒garden centre UK **2** *(de peces)* ⇒fish farm
vivienda *s.f.* **1** ⇒home: *segunda vivienda* - second home; ⇒flat UK **2** *(alojamiento)* ⇒housing ⇒accommodation
vivir *v.* **1** ⇒to live: *vivir hasta los noventa y nueve* - to live to ninety-nine **2** *(sufrir una experiencia)* ⇒to experience **3** *(ganarse el sustento)* ⇒to live off: *Vivo de mis cuadros* - I live off my paintings
vivo, va *adj.* **1** *(con vida)* ⇒alive ⇒living **2** *(animado)* ⇒lively **3** *(inteligente)* ⇒sharp ⇒clever **4** *(un color)* ⇒bright ⇒vivid **5 vivo o muerto** ⇒dead or alive
vocabulario *s.m.* ⇒vocabulary
vocación *s.f.* ⇒vocation
vocal ▌*adj.* **1** ⇒vocal: *cuerdas vocales* - vocal cords ▌*s.f.* **2** ⇒vowel
vocero, ra *s.* **1** AMÉR. *(sin especificar sexo)* ⇒spokesperson **2** AMÉR. *(hombre)* ⇒spokesman (*pl* spokesmen) **3** AMÉR. *(mujer)* ⇒spokeswoman (*pl* spokeswomen)
volador, -a *adj.* ⇒flying
volante *s.m.* **1** *(de un coche)* ⇒steering wheel **2** *al volante* - at the wheel **3** *(de tela)* ⇒frill **4** *(papel escrito)* ⇒referral note
volantín *s.m.* AMÉR. ⇒kite
volar *v.* **1** ⇒to fly: *Odio volar* - I hate flying **2** *(con el viento)* ⇒to blow away: *Se me voló el sombrero* - The wind blew my hat away **3** *(hacer explotar)* ⇒to blow up: *Volaron el edificio* - They blew the building up; ⇒to blow open **4** *(desaparecer)* ⇒to disappear: *Cuando llegué, los bombo-*

nes habían volado - By the time I got there all the bonbons had disappeared

volcán *s.m.* ⇒volcano (*pl* volcanoes)

volcar ▌*v.* **1** ⇒to knock over ⇒to upset: *El cliente volcó el vaso* - The customer upset the tumble **2** *(para vaciar el contenido)* ⇒to empty out **3** *(un coche)* ⇒to turn over ⇒to overturn **4** *(una embarcación)* ⇒to capsize ▌**volcarse** *prnl.* **5** *(darse la vuelta)* ⇒to tip over ⇒to keel over **6** *(desvivirse)* ⇒to do *one's* utmost

voleibol *s.m.* ⇒volleyball

voltereta *s.f.* **1** ⇒somersault: *dar volteretas* - to turn somersaults **2 ~ lateral** ⇒cartwheel

voltio *s.m.* ⇒volt

volumen *s.m.* **1** *(espacio que ocupa un cuerpo)* ⇒volume **2** *(sonido de un aparato)* ⇒volume: *subir el volumen* - to turn the volume up **3 ~ de trabajo** ⇒workload

voluminoso, sa *adj.* ⇒bulky ⇒sizeable

voluntad *s.f.* **1** ⇒will **2** *(determinación)* ⇒willpower ⇒determination **3 buena ~** ⇒goodwill ⇒willingness **4 última ~ 1** *(último deseo)* ⇒last wish **2** *(testamento)* ⇒last will and testament

voluntario, ria ▌*adj.* **1** ⇒voluntary: *trabajadores voluntarios* - voluntary workers ▌*s.* **2** ⇒volunteer

volver ▌*v.* **1** ⇒to come back ⇒to get back: *volver a la normalidad* - to get back to normality; ⇒to return **2** *(girar)* ⇒to turn **3** *volver a poner* - to replace **4** *(convertirse)* ⇒to go: *volverse loco* - to go crazy; ⇒to become **5 ~ a llamar** ⇒to call back **6 ~ en sí** ⇒to come round **7 ~ loco** ⇒to drive *sb* mad ▌**volverse** *prnl.* **8** *(hacia algo)* ⇒to turn **9 volverse atrás** ⇒to go back on: *Se volvió atrás en su decisión* - He went back on his decision

vomitar *v.* **1** ⇒to vomit ⇒to throw up *inform;* ⇒to be sick *UK inform* **2 tener ganas de ~** ⇒to feel sick

vómito *s.m.* **1** *(hecho de vomitar)* ⇒vomiting **2** *(devuelto)* ⇒vomit [U]

vosotros, tras *pron.pers.* **1** *(sujeto)* ⇒you: *¿Vosotras fuisteis a la fiesta?* - Did you go to the party? **2** *(objeto)* ⇒you: *¿No os han dicho nada a vosotros?* - Haven't they told you anything? **3 con ~ mismos,mas** ⇒with yourselves: *¿Estáis contentos con vosotros mismos?* - Are you pleased with yourselves? **4 ~ mismos,mas** ⇒yourselves: *¿Iréis vosotros mismos?* - Are you going yourselves?; ⇒you yourselves **5 ~ solos,las** ⇒by yourselves ⇒on your own: *¿Lo habéis hecho vosotros solos?* - Did you do it on your own?

votación *s.f.* ⇒vote ⇒voting

votante *s.com.* ⇒voter

votar *v.* ⇒to vote [CONSTR. 1. to vote + (that) 2. to vote + to do sth]: *votar a favor de alguien* - to vote for sb

voto *s.f.* **1** ⇒vote: *voto nulo* - blank vote **2** *(promesa religiosa)* ⇒vow **3 ~ a favor** ⇒aye ⇒yea **4 ~ en contra** ⇒nay **5 ~ nulo** ⇒spoilt ballot paper

voz *s.f.* **1** ⇒voice: *Tenía una voz encantadora* - She had a lovely voice **2 en ~ alta** ⇒aloud **3 en ~ baja** ⇒in a quiet voice **4 no tener ni ~ ni voto** ⇒to have no say **5 ~ de alarma** ⇒warning **6 ~ pasiva** ⇒passive ■ Ver cuadro the passive

vuelo *s.m.* **1** ⇒flight: *vuelo regular* - scheduled flight **2 alzar el ~** ⇒to fly off **3 ~ sin motor** ⇒gliding

vuelta *s.f.* **1** *(regreso)* ⇒return **2** *(movimiento alrededor de un punto)* ⇒turn **3** *(paseo)* ⇒turn ⇒walk **4** *(en bici)* ⇒ride **5** *(en coche)* ⇒drive **6** *(en una carrera)* ⇒lap **7** *(dinero que sobra de pagar algo)* ⇒change **8** *(de un pantalón)* ⇒turn-up *UK;* ⇒cuff *US* **9** *(en una competición)* ⇒leg ⇒round: *Todavía están en la primera vuelta* - They are still on the first round **10** *dar la vuelta a algo* - to turn sth over **11** *dar la vuelta a la manzana* - to go round the block **12 a la ~** ⇒on the way back: *Te recogeré a la vuelta* - I'll pick you up on the way back **13 a la ~ de la esquina** ⇒just around the corner **14 darle vueltas a algo** ⇒to go over and over *sth* in *one's* head **15 darse la ~** ⇒to turn around **16 de ~** ⇒back

vuelto, ta ▌*adj.* **1** *un jersey de cuello vuelto* - a polo neck sweater ▌**vuelto** *s.m.* **2** *AMÉR. (dinero)* ⇒change

vuestro, tra *poses.* **1** *(delante de un sustantivo)* ⇒your: *Vuestro padre me ha contado lo que habéis hecho* - Your father told me what you've done **2** *(detrás de un sustantivo)* ⇒of yours: *Vuestro amigo me cae muy bien* - I really like that friend of yours **3** *(precedido del verbo «ser»)* ⇒yours: *¿Es esto vuestro?* - Is this yours? **4** *(pronombre)* ⇒yours: *Esta casa es más pequeña que la vuestra* - This house is smaller than yours

vulgar *adj.* **1** *(poco educado)* ⇒vulgar *offens;* ⇒common *UK offens* **2** *(corriente)* ⇒common ⇒everyday

w *s.f. (letra del alfabeto)* ⇒w
walkman® *s.m.* ⇒Walkman® ⇒personal stereo
whisky *s.m.* **1** ⇒whisky (*pl* whiskies) **2 ~ escocés** ⇒Scotch

windsurf *s.m.* ⇒windsurfing: *hacer windsurf* - to go windsurfing

x *s.f. (letra del alfabeto)* ⇒x
xenofobia *s.f.* ⇒xenophobia
xenófobo, ba ▌*adj.* **1** ⇒xenophobic ▌*s.* **2** ⇒xenophobe
xilófono *s.m.* ⇒xylophone

y ▮ *s.f.* **1** *(letra del alfabeto)* ⇨y ▮ *conj.* **2** ⇨and **3** *(al decir la hora)* ⇨past [Se dice *twenty-five past four - las cuatro y veinticinco.* Incorrecto: *four past twenty-five*]: *Son las seis y veinticinco* - It's twenty-five past six; ⇨after US: *Son las nueve y diez* - It's ten after nine **4** *¿Y tú?* - What about you? **5** **¿y si...?** **1** ⇨how about...?: *¿Y si hacemos un descanso?* - How about if we stop for a while? **2** ⇨what if...?: *¿Y si no voy?* - What if I don't go?

ya ▮ *adv.* **1** *(antes del momento actual)* ⇨already: *Yo he leído este libro ya* - I've read this book already **2** *(antes de lo esperado)* ⇨already: *¿Ya has acabado?* - Have you finished already? **3** *(ahora)* ⇨now: *Nos vamos ya* - We're leaving now; ⇨right now **4** *Ya lo sé* - I know **5** ~ **no** ⇨no longer ⇨not any longer: *Ya no son amigos* - They aren't friends any longer; ⇨not any more **6** ~ **que** ⇨as ⇨since: *Ya que no vienes conmigo, le diré a ella que venga* - Since you are not coming with me, I will tell her to come along; ⇨inasmuch as *form* ▮ **¡ya!** *interj.* **7** *(al acordarse de algo)* ⇨of course! **8** *(al entender algo)* ⇨yes! ⇨ok! **9** *(por fin)* ⇨at last!

yacimiento *s.m.* **1** *(de minerales)* ⇨field: *yacimiento petrolífero* - oilfield; ⇨pit **2** *(arqueológico)* ⇨site

yanqui *s.com. col.* ⇨Yankee *inform*

yarda *s.f.* ⇨yard ⇨yd

yate *s.m.* ⇨yacht

yegua *s.f.* ⇨mare

yema *s.f.* **1** *(del huevo)* ⇨yolk **2** *(de un dedo)* ⇨fingertip

yerba *s.f.* **1** *(en el campo, en un jardín)* ⇨grass **2** *con yerba* - grassy **3** *cortar la yerba* - to mow the grass **4** *(como medicina, como alimento)* ⇨herb **5** *mala yerba* - weed **6** *quitar las malas yerbas* - to weed

yerno *s.m.* ⇨son-in-law (*pl* sons-in-law)

yeso *s.m.* **1** ⇨plaster **2** *col. (vendaje)* ⇨plaster of Paris

yo *pron.pers.* **1** ⇨I: *Yo antes jugaba al tenis* - I used to play tennis **2** *(sujeto al final de frase, precedido del verbo «ser»)* ⇨me: *¿Quién es? Soy yo* - Who is it? It's me; *Soy yo quien tiene que pedirte perdón* - It's me who should apologize to you **3** ⇨self: *mi yo interior* - my inner self **4** ~ **mismo,ma** ⇨myself: *Lo hice yo mismo* - I did it myself **5** **¡yo qué sé!** *col.* ⇨don't ask me! *inform;* ⇨search me! *inform* **6** ~ **que tú** ⇨if I were you **7** ~ **solo,la** ⇨by myself ⇨on my own: *Lo hice yo sola* - I did it on my own

yodo *s.m.* ⇨iodine

yoga *s.f.* ⇨yoga

yogur *s.m.* ⇨yoghurt ⇨yogurt

yudo *s.m.* ⇨judo

z *s.f. (letra del alfabeto)* ⇒z
zafiro *s.m.* ⇒sapphire
zamarra *s.f.* ⇒sheepskin jacket
zambomba ▌*s.f.* **1** *(instrumento musical)* ⇒traditional percussion instrument ▌**¡zambomba!** *interj.* **2** *(sorpresa, admiración)* ⇒wow!
zampar *v. col.* ⇒to stuff oneself *inform: Me he pasado todo el día zampando* - I've been stuffing myself all day; ⇒to scoff *UK inform: Se zampó la tarta entera* - He scoffed the whole cake; ⇒to wolf *inform;* ⇒to polish off *inform*
zanahoria *s.f.* ⇒carrot
zancada *s.f.* ⇒stride
zancadilla *s.f.* **1** ⇒trip **2** *poner la zancadilla a alguien* - to trip sb up
zángano, na ▌*s.* **1** *col. (persona)* ⇒lazybones *inform (pl* lazybones); ⇒loafer *inform* ▌**zángano** *s.m.* **2** *(abeja macho)* ⇒drone
zanja *s.f.* ⇒trench *(pl* trenches); ⇒ditch *(pl* ditches)
zapatería *s.f.* ⇒shoe shop *UK;* ⇒shoe store *US*
zapatero, ra ▌*adj.* **1** *la industria zapatera* - the shoe industry ▌*s.* **2** *(persona)* ⇒shoemaker ⇒cobbler *UK old-fash* ▌**zapatero** *s.m.* **3** *(mueble)* ⇒shoe cupboard
zapatilla *s.f.* **1** *(para andar por casa)* ⇒slipper ⇒carpet slipper *UK* **2** *(para hacer deporte)* ⇒trainer *UK: tres pares de zapatillas* - three pairs of trainers; ⇒sneaker *US: Me puse unas zapatillas gastadas* - I put on a pair of worn sneakers **3** *(de ballet)* ⇒ballet shoe
zapato *s.m.* **1** ⇒shoe: *unos zapatos planos* - flat shoes; *unos zapatos de tacón* - high-heeled shoes **2 zapatos de cordones** ⇒lace-ups
zapping *s.m.* ⇒zapping
zarandear *v.* ⇒to shake: *No me zarandees* - Don't shake me; ⇒to push around
zarpa *s.f.* ⇒paw
zarpar *v.* ⇒to set sail: *La expedición zapará el próximo viernes* - The expedition will set sail next Friday; ⇒to sail
zarza *s.f.* ⇒bramble ⇒blackberry bush *(pl* blackberry bushes)
zarzamora *s.f.* **1** *(fruto)* ⇒blackberry *(pl* blackberries) **2** *(planta)* ⇒blackberry bush *(pl* blackberry bushes); ⇒bramble
zigzag *s.m.* ⇒zigzag
zodíaco *s.m.* ⇒zodiac: *signo del zodíaco* - sign of the zodiac
zombi ▌*adj./s.* **1** *col. (medio dormido)* ⇒zombie *inform* ▌*s.m.* **2** *(muerto)* ⇒zombie
zona *s.f.* **1** ⇒area ⇒zone: *una zona montañosa* - a mountanious area; ⇒region **2** ~ **euro** ⇒Eurozone *inform* **3** ~ **peatonal** ⇒pedestrian precinct *UK* **4** ~ **verde** ⇒green space
zoo *s.m.* ⇒zoo
zoquete ▌*adj.* **1** *col.* ⇒dense ▌*s.com.* **2** *col.* ⇒dimwit ⇒
zorro, rra *s.* **1** ⇒fox *(pl* foxes) **2** *(hembra)* ⇒vixen
zueco *s.m.* ⇒clog
zumbar *v.* **1** *(un insecto)* ⇒to buzz **2** *(una máquina)* ⇒to drone ⇒to whirr *UK*
zumbido *s.m.* **1** *(un insecto)* ⇒buzzing [U]; ⇒buzz **2** *(una máquina)* ⇒hum ⇒whirr *UK;* ⇒drone
zumo *s.m.* ⇒fruit juice ⇒juice
zurcir *v.* ⇒to darn: *Ya he zurcido los calcetines* - I've already darned my socks
zurdo, da ▌*adj.* **1** ⇒left-handed: *un jugador de béisbol zurdo* - a left-handed baseball player ▌*s.* **2** ⇒left-hander
zurrar *v. col.* ⇒to wallop *inform*
zurrón *s.m.* ⇒bag

Terms and conditions of use

This dictionary is available in two versions: either as a book or as a book with CD-ROM. If you have the book with CD-ROM, then the following licence and instructions apply.

Terms and conditions of use

This is a legal agreement between you ('the Customer') and Cambridge University Press ('the Publisher'):

1. Licence

(a) The Publisher grants the Customer the licence to use one copy of this CD-ROM (i) on a single computer for use by one or more people at different times, or (ii) by a single person on one or more computers (provided the CD-ROM is used on only one computer at any one time and is only used by the Customer), but not both.

(b) The Customer shall not: (i) copy or authorise the copying of the CD-ROM, (ii) translate the CD-ROM, (iii) reverse-engineer, disassemble or decompile the CD-ROM, (iv) transfer, sell, assign or otherwise convey any portion of the CD-ROM, or (v) operate the CD-ROM from a network or mainframe system.

2. Copyright

All material contained within the CD-ROM is protected by copyright and other intellectual property laws. The Customer acquires only the right to use the CD-ROM and does not acquire any rights, expressed or implied, other than those expressed in the licence.

3. Liability

To the extent permitted by applicable law, the Publisher is not liable for direct damages or loss of any kind resulting from the use of this product, or from errors or faults contained in it and in every case the Publisher's liability shall be limited to the amount actually paid by the Customer for the product.

Condiciones de uso

Este diccionario se puede adquirir en dos versiones: sólo como libro o como libro con CD-ROM complementario. Si ha adquirido esta última versión, se aplicarán la licencia y las instrucciones que siguen.

Condiciones de uso

Éste es un acuerdo entre usted ('el cliente') y Cambridge University Press ('la editorial'):

1. Licencia

(a) La editorial otorga el cliente la licencia de uso de un ejemplar de este CD-ROM (i) en un solo ordenador que pueden utilizar uno o varios usuarios de modo no simultáneo, o (ii) por una sola persona en uno o varios ordenadores (siempre y cuando el CD-ROM lo use el cliente en un solo ordenador en un momento dado), pero no en ambos casos.

(b) El cliente no puede: (i) copiar ni autorizar la copia del CD-ROM, (ii) traducir el CD-ROM, (iii) realizar ingeniería inversa, desensamblar ni descompilar el CD-ROM, (iv) transferir, vender, asignar ni traspasar ninguna porción del CD-ROM, ni (v) utilizar el CD-ROM desde un sistema ni una red.

2. Copyright

Todo el contenido del CD-ROM está protegido por derechos de autor y otras leyes de propiedad intelectual. El cliente adquiere únicamente el derecho de uso del CD-ROM, sin más derechos, explícitos ni implícitos, que los expresados en la licencia.

3. Responsabilidad

En la medida permitida por la ley aplicable, la editorial no se hace responsable de ningún daño directo ni pérdida de cualquier tipo como consecuencia de uso de este producto, o de errores o fallos en él contenidos o en cualquier caso la responsabilidad de la editorial se limitará a la cantidad abonada por el cliente para adquirir el producto.

Installing the dictionary

Windows

1. Turn on your computer and start Windows.
2. Insert the CD in the CD-ROM drive: an installation window will appear on the screen.
3. To start the installation process, choose *'Sí'*.

Next, a window will appear on your screen. It will inform you of the state of the installation process. Please bear in mind that this process could take up to 15 minutes. Leave the window on the screen until you receive a message informing you that the installation process has been completed.

IMPORTANT

If installation does not begin automatically, the Autorun function on the CD has been turned off by Windows and you will need to complete the following steps to start installation:

a. Double-click on the icon, *Mi PC.*

b. Within *Mi PC*, double-click on the CD-ROM icon.

c. Once the CD-ROM is open, double-click on the file: win-install.bat.

Mac OS X

1. Turn on the computer and start Mac.
2. Insert the CD in the CD-ROM drive.
3. Double-click on the CD-ROM icon and once it is open, double-click on the file: instaladorMAC.

Linux

1. Open the file: linux-install.tar.gz, found inside the CD-ROM.
2. Drag to the desktop: linux-install.sh
3. Double-click on the file: linux-install.sh or use a terminal window.

How to start the dictionary

Double-click on the *Diccionario Cambridge Pocket* icon on your desktop.
For support and frequently asked questions, go to www.cambridge.org/elt/cdrom.

SYSTEM REQUIREMENTS

For all platforms:
128 MB RAM; 600 MB hard disk space available; graphic resolution: 1024x768 and 16 colour bits; CD-ROM drive; Adobe Flash Player 9

Recommended Navigators:
Internet Explorer 6.0 or higher
Mozilla firefox 1.5 or higher
Safari 2.0 or higher

Instalación del diccionario

Windows

1. Encienda el ordenador e inicie Windows.
2. Introduzca el CD en la unidad de CD-ROM, le aparecerá la ventana del instalable.
3. Para iniciar el proceso pulse 'Sí'.

A continuación saldrá una ventana que le irá informando del proceso de instalación; puede tardar hasta 15 minutos. Deje la ventana en la pantalla hasta que aparezca un mensaje informando de la finalización de la instalación.

IMPORTANTE

Si la instalación no se inicia automáticamente, es debido a que la función de inicio automático del CD está desactivada; debe realizarse el siguiente procedimiento para comenzar la instalación:

a. Haga doble clic en el icono de Mi PC.

b. Dentro de Mi PC abra el CD-ROM haciendo doble clic sobre su icono.

c. Una vez abierto el CD-ROM haga doble clic sobre el fichero win-install.bat.

Mac OS X

1. Encienda el ordenador e inicie Mac.
2. Introduzca el CD en la unidad de CD-ROM.
3. Haga doble clic sobre el icono CD-ROM y, una vez abierto, doble clic sobre el fichero instaladorMAC.

Linux

1. Abrir el fichero linux-install.tar.gz situado dentro del CD-ROM.
2. Arrastrar al escritorio linux-install.sh.
3. Ejecutar el fichero linux-install.sh haciendo doble clic sobre el mismo o en una ventana de terminal.

Inicio del diccionario

Haga doble clic en el icono del Diccionario Cambridge Pocket, situado en el escritorio.
Para recibir asistencia o consultar las respuestas a las preguntas más habituales, visite la página www.cambridge.org/elt/cdrom.

REQUISITOS DEL SISTEMA

Para todas las plataformas:
128 MB de memoria RAM; 600 MB de espacio en disco disponible; resolución gráfica de 1024x768 y 16 bits de color; unidad de CD-ROM; Adobe Flash Player 9

Navegadores recomendados:
Internet Explorer 6.0 o superior
Mozilla firefox 1.5 o superior
Safari 2.0 o superior